ISBN 978-0-483-00317-0
PIBN 10763725

COLLECTION INTEGRALE ET UNIVERSELLE
DES
ORATEURS CHRÉTIENS.
DEUXIÈME SÉRIE,

RENFERMANT :

1° Les Œuvres oratoires des Prédicateurs qui ont le plus illustré la Chaire française depuis 1789 jusqu'à nos jours,

SAVOIR :

DE MONTIS, MONMOREL, MAUREL, J. LAMBERT*, RIBIER, DESSAURET, BERGIER, DE LIGNY, PERRET DE FONTENAILLES, SALAMON, LENFANT, VILLEDIEU, DE BEAUVAIS, DE NOÉ, COSSART, DE BEAUREGARD, CORMEAUX, DE BOISGELIN, GÉRARD, ANOT, GUÉNARD, L'ABBÉ RICHARD, LEGRIS DUVAL, DE LA LUZERNE, BERTIN, DE BOULOGNE, DE BILLY, FOURNIER, BORDERIES, LONGIN, DOUCET, ROBINOT, LABOUDERIE, FRAYSSINOUS, BOYER, ROY, BONNEVIE, CAFFORT, BOUDOT, GUILLON, FEUTRIER, OLIVIER, DE MONTBLANC, TAILLAND, LES FRÈRES LACOUDRE ;

2° Les plus remarquables Mandements, ou Discours

DE LEURS ÉMINENCES LES CARDINAUX DE BONALD, ARCH. DE LYON ; DU PONT, ARCH. DE BOURGES ; BONNET, ARCH. DE BORDEAUX ; VILLECOURT, ANCIEN ÉV. DE LA ROCHELLE, MAINTENANT CARDINAL ; BILLIET, ARCH. DE CHAMBÉRY ; DE BONNECHOSE, ARCH. DE ROUEN ;

DE NOSSEIGNEURS MELLON-JOLLY, ARCH. DE SENS ; DEBELAY, ARCH. D'AVIGNON ; CHARVAZ, ARCH. DE GÊNES ; GUIBERT, ARCHEV. DE TOURS ; DE PRILLY, ÉV. DE CHALONS ; THIBAULT, ÉV. DE MONTPELLIER ; DE MARGUERYE, ÉV. D'AUTUN ; DE MAZENOD, ÉV. DE MARSEILLE ; LACROIX, ÉV. DE BAYONNE ; RIVET, ÉV. DE DIJON ; MENJAUD, ÉV. DE NANCY, DEPUIS ARCHEV. DE BOURGES ; RÆSS, ÉV. DE STRASBOURG ; GIGNOUX, ÉV. DE BEAUVAIS ; BARDOU, ÉV. DE CAHORS ; ANGEBAULT, ÉV. D'ANGERS ; DUFÊTRE, ÉV. DE NEVERS ; GROS, ÉV. DE VERSAILLES ; BUISSAS, ÉV. DE LIMOGES ; DEPÉRY, ÉV. DE GAP ; LAURENCE, ÉV. DE TARBES ; WICART, ÉV. DE LAVAL ; PAVY, ÉV. D'ALGER ; DE MORLHON, ÉV. DU PUY ; DE GARSIGNIES, ÉV. DE SOISSONS ; FOULQUIER, ÉV. DE MENDE ; PIE, ÉV. DE POITIERS ; MABILE, ÉV. DE VERSAILLES ; DUPANLOUP, ÉV. D'ORLÉANS ; DE DREUX-BRÉZÉ, ÉV. DE MOULINS ; LYONNET, ÉV. DE VALENCE, MAINTENANT ARCHEV. D'ALBY ; REGNAULT, ÉV. DE CHARTRES ; DANIEL, ÉV. DE COUTANCES ; DE LA BOUILLERIE, ÉV. DE CARCASSONNE ; DELALLE, ÉV. DE RODEZ ; PLANTIER, ÉV. DE NÎMES ; JOURDAIN, ÉV. D'AOSTE ; VIBERT, ÉV. DE MAURIENNE ; RENDU, ÉV. D'ANNECY ; DELEBECQUE, ÉV. DE GAND ; MALOU, ÉV. DE BRUGES ; DE MONTPELLIER, ÉV. DE LIÉGE ; BOURGET, ÉV. DE MONTRÉAL ; LECOURTIER, ÉV. DE MONTPELLIER.

3° Les Sermons

DE MGR ROSSI, PRÉLAT DE LA MAISON DU SAINT-PÈRE ; MGR COQUEREAU, CHANOINE-ÉVÊQUE DE SAINT-DENIS ; MM. DE GENOUDE, DU CLERGÉ DE PARIS ; ROBITAILLE, VIC. GÉN. D'ARRAS ; NOEL, VIC. GÉN. DE RODEZ ; LALLIER, VIC. GÉN. DE SENS ; FAUDET, CURÉ DE ST-ROCH, A PARIS ; GAUDREAU, CURÉ DE ST-EUSTACHE, IBID. ; PETIT, VIC. GÉN. A LA ROCHELLE ; DECHAMPS, SUPÉRIEUR DES PP. RÉDEMPTORISTES DE BRUXELLES, MAINTENANT ÉVÊQUE DE NAMUR ; GRIVEL, CHANOINE-PRÊTRE DE SAINT-DENIS ; DASSANCE, CHANOINE DE BAYONNE ; LALANNE, DIRECTEUR DU COLLÉGE STANISLAS ; MAUPIED, DU CLERGÉ DE SAINT-BRIEUC ; BARTHÉLEMY, DU CLERGÉ DE PARIS ; DE CASSAN-FLOYRAC, ID. ; SAINT-ARROMAN, ID. ; LE NOIR, ID. ; CABANÈS, DU CLERGÉ DE TOULOUSE ; BARTHE, ID. DE RODEZ ; MANNING, MAINTENANT ARCHEVÊQUE DE WESTMINSTER, TRADUITS PAR M. MERMILLOD, CURÉ DE GENÈVE, MAINTENANT ÉVÊQUE D'HÉBRON ; MERCIER, DU CLERGÉ DE LYON ;

4° Un grand nombre de Cours de Prônes

TIRÉS DES MEILLEURS PRONISTES ANCIENS ET MODERNES, SAVOIR : THOMAS A KEMPIS, DUPERRON, DE RICHELIEU, S. VINCENT DE PAUL, DE CONDREN, FOUCAULT, DE LAMONT, PÉZENNE, GAMBART, BEUVELET, DE RANCÉ, LE VALOIS, CHENART, MONMOREL, GIRARD, LAMBERT, CHEVASSU, DE FITZ-JAMES, BILLOT, REGUIS, GRISOT, DE BULONDE, CARRELET, BESPLAS, COCHIN, HENRI, REYRE, JAUFFRET, LACOSTE, MÉRAULT.

5° Une série d'ouvrages sur les règles de la bonne prédication ;

6° Un grand nombre de tables, présentant sous toutes leurs faces les innombrables matières de cette immense collection ;

PUBLIÉE PAR M. L'ABBÉ MIGNE,

ÉDITEUR DE LA BIBLIOTHÈQUE UNIVERSELLE DU CLERGÉ,

OU DES COURS COMPLETS SUR CHAQUE BRANCHE DE LA SCIENCE RELIGIEUSE.

35 VOL. IN-4°. PRIX : 5 FR. LE VOL. POUR LE SOUSCRIPTEUR A LA SÉRIE ENTIÈRE ; 6 FR. POUR LE SOUSCRIPTEUR A TEL OU TEL ORATEUR EN PARTICULIER.

TOME QUATRE-VINGT-QUINZIÈME DE LA PUBLICATION ENTIÈRE,
ET TOME VINGT-HUITIÈME DE LA SECONDE SÉRIE.
BILLOT, REGUIS.

S'IMPRIME ET SE VEND CHEZ J.-P. MIGNE, EDITEUR,
AUX ATELIERS CATHOLIQUES, RUE THIBAUD (AUPARAVANT D'AMBOISE), 20,
AU PETIT-MONTROUGE, AUTREFOIS BARRIÈRE D'ENFER DE PARIS, MAINTENANT DANS PARIS.

1866

SOMMAIRE

DES MATIÈRES CONTENUES DANS LE TOME QUATRE-VINGT-QUINZIÈME

DE LA PUBLICATION ENTIÈRE DES ORATEURS

ET TOME VINGT-HUITIÈME DE LA SECONDE SÉRIE.

Paris. — Imprimerie J.-P. MIGNE.

NOTICE SUR J. BILLOT

BILLOT (Jean), prêtre du diocèse de Besançon, né à Dôle, en Franche-Comté, l'an 1709, est connu par des *Prônes* qu'il composa *pour les Dimanches et Fêtes principales de l'année*, souvent réimprimés. Ils ont été traduits en allemand, *Augsbourg*, 1774, 4 vol. in-8°. Cet auteur est mort à Macherans, diocèse de Besançon, en 1767.

ŒUVRES ORATOIRES

DE

J. BILLOT

ANCIEN DIRECTEUR DU SÉMINAIRE DE BESANÇON ET CURE DE MALANGE.

PRONES

REDUITS EN PRATIQUE

POUR LES DIMANCHES ET PRINCIPALES FÊTES DE L'ANNÉE.

PREFACE.

L'instruction est un des devoirs les plus essentiels d'un pasteur ; c'est par elle que la religion s'est établie dans le monde, qu'elle s'y conserve et s'y perpétue ; sans elle, le monde serait bientôt enveloppé des ténèbres de l'erreur et du mensonge ; au lieu de la vertu, on verrait régner l'impiété et le libertinage, qui se trouvent ordinairement où la vertu n'est pas. La parole de Dieu affermit les justes et convertit les pécheurs ; si tous ne se convertissent pas, du moins tous ne périssent pas faute de l'entendre : c'est ce qui doit engager un pasteur à nourrir ses ouailles de ce pain céleste. Quelque multipliées que soient les homélies des Pères, les sermons, les explications de l'Evangile, il n'a pas paru inutile de présenter cet ouvrage sous le titre de *Prônes pratiques :* ce ne sont pas, à la vérité, des discours ornés des fleurs de l'éloquence, de pensées sublimes, de termes recherchés ; ce sont des instructions simples, à la portée de tout le monde. C'est perdre son temps que de chercher à plaire à un curieux, tandis qu'on laisse le peuple dans l'ignorance. Sans avilir la parole de Dieu par des termes bas et rampants, on peut et on doit la faire écouter avec cette majestueuse simplicité qui ne dédaigne point une certaine éloquence toujours utile et toujours proportionnée à quelque auditoire que ce soit. Les pratiques que l'on propose dans cet ouvrage auront cela d'utile, qu'en faisant envisager le fruit qu'il faut tirer d'un évangile qu'on nous explique, elles nous enseigneront le bel art de réduire à l'effet ce que l'on se fait gloire de ne connaître que dans la spéculation.

On y trouvera l'explication de quelques Evangiles en forme d'homélie, ce qu'il est nécessaire de savoir sur les Commandements de Dieu, les Vertus qu'il faut pratiquer, et les Vices qu'il faut combattre. En combattant un vice dans une instruction, on trouvera dans la suivante la vertu qui doit lui servir de remède ; on parle de la vertu, des effets que produisent en nous les Sacrements, et les dispositions avec lesquelles il faut les recevoir ; on y a mis dans un jour simple et précis les obligations d'un chrétion ; les pratiques sont placées à la fin de chaque discours ; et quand les sujets sont tous pratiques, elles y sont mélangées, pour n'être pas obligé de les répéter; souvent les Epîtres de saint Paul, quand elles ont du rapport avec l'évangile du jour, ont servi de matière à ces instructions.

Si quelques-uns de ces Prônes paraissaient trop longs, on pourra ne traiter qu'un point; les sous-divisions de chaque point suffisent pour le partage, et alors on se servira des pratiques placées à la fin de tout le discours; et en faisant un autre exorde, ou pour exorde récapitulant le premier point, on fera servir le second à une nouvelle instruction : par ce moyen, on aura une suffisante quantité de prônes pour deux années, et on évitera une répétition qui dégoûte, quand elle est rapprochée de près.

Si l'on n'a pas traité tous les points de la morale chrétienne, on a eu soin de développer ceux qui sont les plus utiles et les plus nécessaires aux peuples. Le dessein de l'auteur est d'aider les commençants, et de seconder leur zèle pour la gloire de Dieu. Le siècle délicat dans lequel nous vivons, dédaignera peut-être de pareilles productions ; mais la piété des vrais sages, en usant d'indulgence à notre égard, décidera de leur valeur par l'intention que nous avons eue de les mettre au jour. Nous avons consulté de ces vrais sages, qui nous ont enhardis à les faire paraître. Ce n'est point du fond de ces instructions, ni de leur style, que nous nous en promettons le fruit, mais uniquement de Celui qui donne l'accroissement à la divine semence : un prédicateur parle toujours éloquemment quand l'exemple monte en chaire avec lui : *Qui docti fuerint, fulgebunt quasi splendor firmamenti ; et qui ad justitiam erudiunt multos, quasi stellæ in perpetuas æternitates.* (*Dan.*, XII, 3.)

PRONES.

PRONE PREMIER.

LE CHRÉTIEN RAISONNABLE.

Discours préliminaire sur la vérité de la Religion chrétienne, qui doit servir de fondement à toutes les instructions.

Depuis l'établissement de la religion chrétienne, les ministres de l'Evangile croyaient satisfaire à leur devoir en s'appliquant seulement à bien établir les vérités de sa morale, à inspirer aux peuples la pratique des vertus qu'elle enseigne. Mais depuis que dans le sein même du christianisme, il s'est formé une faction d'esprits incrédules, qui, pour saper par ses fondements la morale de la religion, s'élèvent insolemment contre les dogmes, et qui, non contents de secouer le joug de la foi, s'efforcent de la détruire dans les autres ; il est du devoir d'un ministre de l'Evangile de travailler de son mieux à établir la vérité de la religion, soit pour confondre l'impiété de ceux qui ne veulent pas croire, soit pour affermir et animer la foi des fidèles, qui est exposée au naufrage parmi les tempêtes dont elle est agitée, et qui n'est stérile dans un grand nombre de chrétiens, que parce qu'ils ne font pas assez d'attention aux motifs de crédibilité qui doivent engager tout esprit raisonnable à se soumettre aux vérités saintes de la foi. Avant que d'entrer en matière, on demande une raison exempte de tout préjugé, et affranchie de la servitude des passions, qui sont les obstacles ordinaires aux bonnes impressions que ces motifs peuvent faire sur l'esprit : une raison bien épurée doit se ranger sous l'étendard d'une religion qui se présente à elle dans toute sa majesté et avec toute la splendeur des vérités qui l'accompagnent. Il y a tant d'accord entre la religion et la raison, qu'il suffit d'être raisonnable pour être bientôt chrétien.

Ce sujet, au reste, est d'autant plus important, qu'il s'agit de combattre des ennemis domestiques de la religion, plus à craindre pour elle que les ennemis étrangers qui l'ont attaquée à force ouverte, et dont les guerres n'ont servi qu'à lui donner un nouveau lustre; au lieu que la secte impie, à qui nous avons affaire, lui porte des coups d'autant plus dangereux, qu'elle prend l'homme par son faible, en se servant de ses passions pour le soustraire à l'empire de la foi. Puissions-nous dissiper les nuages que l'esprit de ténèbres a déjà répandus parmi nous dans quelques esprits ! puissions-nous arracher l'ivraie que l'homme ennemi a sursemée dans le champ du père de famille ! Pour réussir dans ce dessein, faisons voir : 1° qu'il y a une religion révélée de Dieu ; 2° que cette religion est la religion chrétienne; 3° que la véritable religion ne se trouve que dans l'Eglise catholique, apostolique et romaine.

PREMIÈRE VÉRITÉ.

Nécessité d'une religion révélée de Dieu.

Il y a un Dieu créateur de toutes choses, qui se manifeste d'une manière si sensible dans ses ouvrages, qu'il faut fermer les yeux à la lumière pour douter de son existence.

Ce beau monde que nous voyons, ne s'est pas fait lui-même ; incapable d'agir, il n'a pu se donner l'existence; il est donc l'effet d'une cause supérieure qui était avant lui. Le bel ordre que nous admirons dans l'univers, qui y règne depuis tant de siècles d'une manière si constante, ne peut être aussi que l'effet d'une intelligence infinie, qui soutient tout par sa puissance, qui gouverne tout par sa sagesse. Ces idées d'un premier principe de toutes choses sont nées avec nous ; il n'est point d'homme raisonnable qui puisse les effacer de son esprit, et qui ne sente sa dépendance d'un Etre souverain. Ce serait être aussi aveugle que le hasard, de lui attribuer un ouvrage aussi parfait que l'univers. Or, le plus parfait, le plus excellent des ouvrages de Dieu, est sans contredit l'homme, qui renferme en lui les perfections des autres, et qui n'en est pour ainsi dire que l'abrégé. Mais pour quelle fin Dieu a-t-il formé cette créature si parfaite? Ce ne pouvait être que pour en être servi et glorifié ! c'est pour cela qu'il lui a donné une âme capable de le connaître et de l'aimer. En effet, un être intelligent et bon ne fait rien en vain ; il n'agit même que pour de bonnes fins; et comme Dieu est un agent infiniment parfait, il se propose toujours dans ses opérations la fin la plus parfaite, qui est lui-même. C'est donc pour être connu, aimé et glorifié de l'homme, que Dieu lui a donné l'être ; autrement, il faudrait dire que Dieu n'a fait l'homme que pour l'homme même ; ce qu'on ne peut supposer dans un ouvrier aussi excellent, dans une intelligence aussi parfaite que Dieu. Puisque Dieu ne fait rien en vain, aurait-il donné à l'homme des facultés qui le portent à lui par la voie de connaissance, pour que l'homme n'en fît aucun usage? et si l'homme doit faire usage des facultés que Dieu lui a données, s'il doit connaître, aimer et glorifier l'auteur de son être, il doit en espérer des récompenses; parce que Dieu est un maître infiniment bon, qui ne peut laisser sans récompenses les services que l'homme peut et doit lui rendre : si l'homme refuse à Dieu le culte qui lui est dû, il doit craindre ses châtiments, parce que Dieu est un maître infiniment juste, qui ne peut laisser impunie l'injustice que l'homme ferait à sa gloire, en lui refusant le culte qu'il est obligé de lui rendre.

Ces principes supposés, il faut donc convenir qu'il y a une religion révélée de Dieu, qui doit apprendre à l'homme la manière de glorifier son Créateur, les moyens dont il doit se servir pour mériter ses récompenses, et pour éviter ses châtiments. Car s'il était de la gloire de Dieu que l'homme reconnût par quelques hommages la souveraineté de son être, il était de sa sagesse d'apprendre à l'homme le genre de culte dont il devait se servir pour marquer à Dieu sa dépendance. Or, c'est la religion qui apprend à l'homme tout cela ; car la religion n'est autre chose qu'un commerce entre Dieu et l'homme, par lequel Dieu manifeste ses volontés à l'homme, en lui apprenant les hommages qu'il exige de lui, et l'homme s'acquitte envers Dieu de ce qu'il lui doit. Or, il était de la grandeur et de l'autorité de Dieu qu'il intimât lui-même ses volontés à l'homme, et l'homme ne pouvait apprendre que de Dieu même ce qu'il devait faire pour le glorifier; et certes, n'est-il pas juste que le serviteur soit soumis à son maître, le sujet à son roi, la créature à Dieu? n'est-il pas juste que cette créature reconnaisse par quelques hommages sa dépendance du Créateur? Mais de qui le serviteur et le sujet doivent-ils apprendre les services qu'ils doivent à leur maître, sinon du maître lui-même? Quelle serait l'autorité d'un maître qui aurait des serviteurs qui ne voudraient faire que ce qui leur plairait, qui disposeraient d'eux-mêmes et de leurs actions sans consulter leur maître, et sans avoir d'autre règle que leur fantaisie et leur caprice? N'est-ce pas au maître plutôt qu'au serviteur à régler, à prescrire les services qu'on lui doit? Y aurait-il de la subordination, ou plutôt ne serait-ce pas un désordre dans la société, si un sujet ne rendait à son maître, à son roi, qu'un service arbitraire? Quoi donc! l'autorité de Dieu sur ses créatures est-elle moindre ou plutôt n'est-elle pas supérieure à celle de tous les maîtres sur leurs serviteurs, de tous les rois sur leurs sujets? N'est-il pas juste au moins d'accorder à Dieu le même privilége que les maîtres et les rois de la terre ont, en vertu de leur autorité, de faire des lois? C'est donc à Dieu, qui a toute autorité sur l'homme, à lui prescrire, et non pas à l'homme à se prescrire soi-même le culte et les services qui sont dus à l'Etre souverain : par conséquent Dieu a dû se communiquer à l'homme par la voie d'une religion révélée, dans laquelle l'homme apprît le genre de service qu'il doit rendre à l'Auteur de son être. Il était de la gloire de Dieu de se servir de cette voie pour faire sentir à l'homme son autorité; il était aussi de sa sagesse de lui donner cette règle de conduite pour le guider. Car dire comme les incrédules, que Dieu a donné à l'homme la raison pour se conduire, et que c'est à elle à lui apprendre le culte qu'il doit à son souverain, c'est tomber dans les plus grandes absurdités. La raison elle-même nous fournit des armes pour combattre ce système : car, en premier lieu, il serait toujours vrai, dans cette supposition, que Dieu aurait abandonné son autorité à la volonté de l'homme, qui deviendrait le seul arbitre du culte et de l'hommage qu'il voudrait rendre à son Créateur ; ce qui est contraire aux principes que nous venons d'établir. Mais si l'on admet ce système monstrueux, c'est exposer l'homme aux plus grands égarements, c'est ouvrir la porte au débordement de toutes les passions. N'est-il pas de la sagesse de Dieu d'obvier à tous ces inconvénients, en donnant à l'homme un autre guide que sa raison? En effet, de quoi l'homme n'est-il pas capable, abandonné à lui-même? dans quels écarts ne peut-il pas donner avec sa seule raison? c'est ce que nous apprend l'expérience de tant de siècles. N'a-t-on pas vu des hommes qui se piquaient d'en avoir, prodiguer leur encens à leurs semblables, à des hommes sujets aux mêmes passions qu'eux; se prosterner même devant des statues de bois et de pierre; que dis-je, rendre les honneurs divins aux plus vils animaux, aux plantes les plus communes? Hélas! peut-être que si nous n'étions pas éclairés de la lumière de la foi, nous serions tombés dans de pareils égarements.

Mais je veux que, faisant un meilleur usage de notre raison, nous reconnaissions un Etre souverain, créateur de toutes choses, que nous devons servir et glorifier; la raison peut aller jusque-là; mais quel genre de culte cette raison nous apprendra-t-elle à lui rendre? sait-elle la fin à laquelle Dieu nous a destinés en nous créant? peut-elle découvrir par elle-même les récompenses que nous devons en espérer, les châtiments que nous en devons craindre, les moyens dont nous devons nous servir pour mériter les unes et éviter les autres? C'est sur quoi elle ne pourra jamais rien décider. Elle reconnaîtra toujours l'insuffisance de ses lumières et le besoin qu'elle a d'une lumière supérieure pour la guider dans la voie qu'elle doit tenir. Car enfin, cette raison ne peut disconvenir qu'elle est bornée dans ses connaissances, variable dans ses idées, incertaine dans les jugements qu'elle porte sur les choses qui ne lui sont pas évidentes, incapable par conséquent de nous fixer à quelque chose de certain. En faut-il d'autre preuve que les différents sentiments qui ont partagé les plus grands génies du monde au sujet de la religion? Parmi toutes les sectes contraires les unes aux autres qui règnent dans le monde, ne voit-on pas que chacun prétend avoir la raison pour soi, que chacun abonde en son sens? D'où viennent donc tant de variétés de sentiments parmi ceux qui prétendent suivre la raison? Preuve certaine qu'elle n'est pas une règle infaillible et qu'elle a besoin d'une règle supérieure pour se décider. Hélas! si nous n'avions point d'autre guide que ce guide aveugle en fait de croyance, nous tomberions bientôt dans le précipice de l'erreur; notre esprit, dit l'Apôtre, serait flottant çà et là, comme un enfant emporté à tout vent de doctrine, sans savoir à quoi s'en tenir. Or, est-il croyable que la providence de Dieu, qui gouverne toutes choses avec tant de sagesse, qui a établi un si bel ordre dans l'univers parmi les créatures même inanimées, qui a pourvu avec tant de bonté à tous les besoins de l'homme, lui ait manqué dans un point si essentiel, l'ait abandonné à ses incertitudes, à des perplexités continuelles sur ce qu'il doit faire pour glorifier son Créateur, mériter ses récompenses, éviter ses châtiments? Dire que Dieu a laissé à l'homme la liberté de se conduire par ses lumières et de suivre la religion qu'il lui plairait, c'est dire que Dieu approuve la bizarrerie, le mensonge; puisqu'il est impossible que la vérité, qui n'est qu'une, se trouve en différents sentiments contraires les uns aux autres; c'est dire que Dieu, indifférent sur la conduite des hommes, souffrirait tranquillement dans les uns l'idolâtrie, la superstition; dans les autres le vice, l'impiété : ces idées sont-elles compatibles avec celle d'une providence infiniment sage? Il était donc de la sagesse de Dieu de ne pas abandonner l'homme à lui-même, mais de lui fixer dans une religion révélée un culte commun et perpétuel, où il trouverait de quoi s'acquitter des hommages qu'il doit à son Auteur. Cette religion était nécessaire à l'homme, non-seulement pour préserver son esprit des erreurs où il pourrait tomber, mais encore pour servir de frein à ses passions et arrêter les désordres où il pourrait s'abandonner.

En effet, s'il n'y avait point de religion qui servît de barrière aux passions de l'homme, il n'y aurait point de vice qui ne levât l'étendard : on verrait l'injustice, la vengeance, l'impureté régner avec audace; le monde ne serait plus qu'un théâtre affreux de désordre, de libertinage, de toutes sortes de dissolutions. Car, s'il n'y avait point de religion, qui est-ce qui retiendrait les passions dans le devoir? seraient-ce les châtiments d'un Dieu? mais dès qu'on rejette la religion, on ne craint point les châtiments dont Dieu menace les pécheurs. Et que ne doit-on pas craindre d'un homme qui ne craint rien, qui n'espère rien. Serait-ce la justice des hommes? mais la justice humaine ne punit que les crimes publics : tout ce qui se ferait donc en secret demeurerait impuni.

La raison pourrait-elle servir de frein aux passions? mais cette raison n'est-elle pas souvent aveuglée par la passion jusqu'au point d'être confondues l'une avec l'autre. Que de prétextes la passion ne fournit-elle pas à la raison pour justifier ses dérèglements? Ne regarde-t-on pas comme juste et raisonnable, dit saint Augustin, tout ce qui est conforme aux inclinations? Ainsi, si la religion ne vient au secours de la raison séduite par la passion, l'homme se croira en droit d'accorder à ses passions tout ce qu'elles lui demanderont : il n'y aura point d'excès où l'homme ne s'abandonne pour satisfaire ses désirs; les plaisirs sensuels et brutaux seront regardés comme des droits, des inclinations naturelles; les biens des particuliers ne seront plus en sûreté contre les invasions d'un injuste usurpateur, ni la vie même contre les poursuites d'un vindicatif. Il n'y aura plus de subordination parmi les hommes, parce que tout homme se regardant égal à un autre, se croira exempt de toute dépendance. Plus d'amis à qui on puisse se confier, plus d'engagement sur qui l'on puisse compter, plus de fidélité dans les mariages, plus de probité dans le commerce; la société humaine ne sera plus qu'un affreux composé de traîtres, de perfides, contre qui il faudra toujours être en garde; les plus adroits et les plus forts feront toujours la loi aux plus simples et aux plus faibles. Car, encore une fois, s'il n'y a point de religion qui propose à l'homme des récompenses de la vertu, et qui réserve des châtiments aux vices; s'il n'y a point d'éternel avenir, tel que la religion nous l'enseigne, quel encouragement y aura-t-il pour la vertu, et quelle barrière pourrait-on opposer au vice? Si tout doit périr avec le corps, l'homme ne regardera cette vie que comme sa fin dernière; il rapportera tout à son plaisir, à son intérêt; il prétendra avoir droit de leur tout sacrifier; il n'épargnera rien pour se faire un bonheur aussi parfait qu'il puisse goûter en ce monde: et sur ce principe, qu'il croira fondé sur la raison, il n'y aura point de désordre où il ne s'abandonne, dès qu'il y trouvera un moyen de se satisfaire; il sacrifiera à sa passion la justice, la bonne foi, les engagements les plus sacrés. Telles sont les conséquences où conduit l'irréligion; telle est aussi la conduite ordinaire des ennemis de la religion, qui ne la rejettent que parce qu'elle gêne leurs passions, qu'elle les trouble dans la jouissance de leurs plaisirs : ils croiraient volontiers ce qu'elle enseigne, si elle les laissait vivre à leur gré. Mais en vain veulent-ils se soustraire à son empire, à la mort, ils n'en seront pas moins jugés selon les vérités et les maximes du saint Evangile. D'ailleurs, si ces incrédules dont le monde est inondé, suivaient les lumières d'une droite raison, ils conviendraient sans peine que la religion était nécessaire pour contenir les passions dans les bornes du devoir, pour assurer la paix et la tranquillité parmi les hommes, à moins qu'ils ne s'aveuglent à soutenir que la providence de Dieu leur ait encore manqué en ce point, et que sa divine sagesse, qui règle avec tant d'ordre l'univers, ait abandonné le genre humain au trouble et au désordre; ce qui est tout à fait incroyable, et ce qu'on ne peut avancer sans blasphème. Ah! plutôt reconnaissons dans la religion un des plus aimables effets de la Providence sur les hommes, puisque cette religion sert de barrières à leurs passions, qu'elle les détourne des crimes, et les anime à la vertu; c'est elle qui maintient le bon ordre dans la société, qui produit et cimente l'union dans les familles; c'est elle qui fait rendre la justice à qui elle est due, et qui inspire l'obéissance envers les puissances; elle est le fondement de toutes les vertus, le fond et le caractère de l'homme de probité, le principe et le mobile des bons services que les hommes reçoivent les uns des autres. La seule différence d'un homme qui a de la religion et de celui qui n'en a point, suffit pour faire décider en sa faveur, et pour en faire reconnaître la nécessité. Mais quelle est la véritable religion? C'est ce qu'il faut démontrer.

SECONDE VÉRITÉ.

La religion chrétienne est la seule véritable.

Comme il n'y a qu'un Dieu, il ne peut y avoir qu'une religion; parce que la religion est la voie pour aller à Dieu. On ne peut aller à Dieu que par la voie de la vérité : or, la vérité, qui n'est qu'une, ne peut se trouver en différentes religions opposées les unes aux autres. Mais quelle est cette seule religion véritable que l'on doit suivre préférablement à toute autre qui en porte le nom? C'est sans contredit la religion chrétienne, parce qu'elle est seule revêtue des caractères de divinité qu'on ne trouve dans aucune autre et qui doivent la faire regarder comme une religion révélée de Dieu. Ces caractères, nous les trouverons dans l'accomplissement des prophéties qui ont annoncé ces mystères, dans les miracles que Dieu a faits pour la confirmer et dans la sainteté de la doctrine et de la morale qu'elle enseigne. C'est à ces traits qu'on doit la reconnaître pour une religion divine; c'est par ces armes qu'elle doit triompher de tout esprit raisonnable.

Les prophéties. — Il n'appartient qu'à Dieu de prédire l'avenir, dont les circonstances ne dépendent point de l'enchaînement des causes naturelles, mais de la pure détermination des causes libres. Les connaissances des hommes sont trop bornées pour pouvoir pénétrer dans ces sortes d'événements. Or la religion chrétienne a été annoncée avant son établissement par des prophéties dont on ne peut récuser l'authenticité, puisqu'elles nous ont été transmises par les Juifs mêmes, ennemis de notre religion; prophéties si claires et si détaillées, qu'à les comparer avec tous les mystères de la religion qu'elles ont prédits, on dirait qu'elles sont plutôt des histoires des choses passées, que des prédictions des faits futurs. On y voit clairement le lieu de la naissance du Messie, sa mission, ses prodiges, les circonstances de sa vie et de sa mort, sa résurrection, sa sépulture, son ascension dans le ciel, l'établissement de l'Eglise sur les ruines de la Synagogue, la désolation, la dispersion du peuple juif, qui n'a pas voulu reconnaître le Messie. Tous ces événements prédits sont arrivés d'une manière si conforme aux prédictions qui en ont été faites, que les païens eux-mêmes, par les seules lumières de la raison, en ont reconnu l'accomplissement; et cette conformité de faits avec les prophéties faisait tant d'impression sur leur esprit, qu'ils se déterminaient à embrasser la religion chrétienne. Sur quoi saint Augustin fait ce raisonnement, si capable de porter la conviction dans les esprits en faveur de la religion chrétienne : Une religion qui a été prédite par tant d'oracles vérifiés dans toutes leurs circonstances, doit sans doute être regardée comme une religion divine. Or telle est la religion chrétienne : il suffit d'en rapprocher les faits avec les prophéties. Mais d'où savez-vous, disent les païens, que les oracles sur la religion ont un caractère de divinité? Ce n'est pas, leur répondrons-nous, à notre témoignage que vous devez vous en rapporter; vous pourriez le suspecter; mais ce sont les Juifs, nos ennemis, qui nous ont transmis ces oracles dans les livres qui les renferment, et qui nous assurent qu'ils sont divins. Vous devez d'autant plus les en croire, qu'ils ont conservé ces livres de génération en génération, comme leur plus précieux trésor, comme l'histoire de leur nation, que les pères avaient soin de faire lire à leurs enfants, que les rois et les sujets avaient entre leurs mains, et qui contenait la religion d'un peuple entier. Le même saint Augustin, s'adressant aux Juifs pour les convaincre de la vérité de notre religion : Vous nous avez, leur dit-il, transmis les livres qui contiennent les prophéties qui annoncent nos mystères; vous ne voulez cependant pas reconnaître l'accomplissement de ces mystères que nous y reconnaissons. Mais si vous ne voulez pas nous en croire, écoutez à ce sujet le témoignage des païens, qui, en suivant les seules lumières de la raison, trouvent tant de conformité entre les prophéties et les faits qu'elles annoncent, que si ces livres sont divins, on ne peut s'empêcher de la reconnaître pour une religion révélée de Dieu. Vous nous dites, vous, que ces livres sont divins : les païens reconnaissent la liaison entre les prophéties qu'ils contiennent, et les événements qui les ont suivies : pourquoi donc refuser d'embrasser une religion dont la vérité est appuyée sur vos oracles et sur la raison même des païens. C'est ainsi, conclut saint Augustin, que nos ennemis fournissent des armes contre eux-mêmes en faveur de notre religion, et que leur propre aveu tourne à notre avantage : *Salutem ex inimicis.*

Ce serait ici le lieu de rapporter quelques-unes de ces prophéties, dont l'accomplissement prouve la vérité de la religion chrétienne : mais, parmi le grand nombre que l'on pourrait citer, arrêtons-nous à celle dont l'événement se fait sentir d'une manière plus palpable dans la situation actuelle où se trouve le peuple juif. Ce peuple, qui, de son propre aveu, et au témoignage des autres nations, était un peuple florissant, qui possédait une des plus riches portions de la terre, qui avait ses rois, son temple, ses sacrifices, se trouve aujourd'hui dans une entière désolation, sans forme de gouvernement, sans prêtres, sans temple, sans sacrifices; errant, vagabond dans les différentes parties du monde, haï, abhorré de toutes les nations de la terre, sans espérance de jamais recouvrer sa première splendeur. Peut-on là ne pas reconnaître la vérité de la fameuse prophétie de Daniel, qui avait prédit longtemps auparavant que, dès que le Messie serait venu, et qu'il aurait été mis à mort par son peuple, ce peuple serait dispersé, désolé, que son temple serait détruit, ses sacrifices abolis, et que sa désolation durerait jusqu'à la consommation des siècles? C'est du peuple juif lui-même que nous avons reçu cette prophétie; elle n'est donc pas supposée : elle s'est vérifiée dans toutes ses circonstances; nous en voyons l'accomplissement sous nos yeux; ce peuple sera un monument éternel de la vérité de notre religion. On a vu disparaître les plus grands empires du monde; celui des Assyriens, des Babyloniens, des Mèdes, des Grecs, des Perses, celui même des Romains qui a détruit les autres empires, et celui des Juifs ne subsistent plus : cependant cette nation subsiste toujours sans chef, sans appui, chargée de la haine des autres nations. Dieu le permet ainsi, pour faire voir en elle la vérité de notre religion, dont ils sont, pour ainsi dire, les prédicateurs muets et forcés, parce que leur situation fait voir, d'une manière sensible, la mission du divin Législateur qu'ils n'ont pas voulu reconnaître, qui est venu accomplir ce que leur religion avait prédit, et qui, en substituant la réalité du Nouveau Testament aux figures de l'Ancien, nous a donné une religion aussi ancienne que le monde; parce que le fond de cette religion était renfermé dans la religion judaïque, et que celle-ci n'était véritable avant le Messie, que par la liaison et le rapport qu'elle avait avec la religion chrétienne. Venons maintenant à la preuve des miracles.

Les miracles. — On peut dire des miracles, par rapport à la religion, ce que le Roi-Prophète disait des ouvrages de Dieu qui annoncent sa gloire, que c'est un langage clair et intelligible qui se fait entendre à tout le monde, qui est à la portée de l'ignorant comme du savant : *Non sunt loquelæ neque sermones, quorum non audientur voces eorum.* (*Psal.* XVIII, 4.) C'est une lumière vive et perçante qui éclaire les esprits les plus grossiers. Il n'est point d'esprit si borné qui ne doive se rendre à une conviction aussi sensible. Il ne faut pas, en effet, beaucoup de raisonnement pour convenir que Dieu, qui est la vérité même, ne peut faire un miracle pour confirmer un mensonge : si donc il a fait des miracles pour autoriser la religion chrétienne, il faut conclure qu'elle est véritable.

Or, que Dieu ait manifesté par des prodiges les vérités de notre religion, c'est ce qu'on ne peut nier sans contredire les principes de la certitude, et les lumières du bon sens. Qu'on lise les histoires de l'Ancien et du Nouveau Testament, les annales de l'Eglise, les écrits de tant de savants; qu'on voie les monuments de ces miracles qui subsistent encore, on verra des miracles de tout genre opérés en faveur de la religion, des maladies de toute espèce subitement guéries, des aveugles éclairés, des démoniaques délivrés, des morts ressuscités, des tempêtes apaisées, les éléments qui ont suspendu leur activité, les lois de la nature entièrement changées en mille occasions où il s'agissait de la gloire et de la vérité de la religion : miracles opérés, non dans un seul endroit, ni devant quelques témoins, mais dans une infinité d'endroits, devant des milliers de témoins qui les ont examinés avec la dernière exactitude, qui les ont attestés par tout ce qu'il y avait de plus sacré, qui les ont soutenus par le sacrifice de ce qu'ils avaient de plus cher, par l'effusion même de leur sang; ce qu'ils n'auraient pas fait s'ils n'en avaient été bien convaincus et bien persuadés : miracles qui ont converti à la religion ses plus cruels ennemis, nouseulement le simple peuple, mais encore les grands et les savants qui ne l'auraient sûrement pas embrassée s'ils n'avaient connu l'évidence des miracles : miracles dont on voit encore, dans beaucoup d'endroits, des monuments authentiques, que l'on n'aurait point érigés si les faits n'avaient été bien constatés : miracles, au reste, qu'on ne pouvait regarder comme l'effet du hasard, puisqu'ils se sont faits dans des circonstances de choix, à la prière de ceux qui demandaient quelque faveur au Ciel, ou qui voulaient confirmer quelque dogme de la foi : miracles, par conséquent, que l'on ne pouvait regarder comme l'effet de quelque cause naturelle et inconnue, mais que l'on pouvait sûrement attribuer à la toute-puissance de Dieu, qui agissait contre les lois de la nature en faveur de la religion. Car il est certain que Dieu a donné à l'homme des lumières pour juger des choses selon l'expérience qu il en a; par conséquent, lorsqu'en matière de croyance il voit un fait qui surpasse les forces de la nature, il peut juger que Dieu en est l'auteur : car si c'était l'effet d'une cause naturelle, et que Dieu ne lui donnât point de moyen pour découvrir l'illusion, ce serait sur Dieu même que tomberait son erreur; conséquence qu'on ne peut admettre sans faire injure à la souveraine véracité et à la providence de Dieu. Car il faut, ou nier la Providence, ou dire qu'elle n'a pas pu permettre des faits extraordinaires qui nous auraient induits en erreur en fait de religion; bien moins encore donner à l'homme des connaissances qui le porteraient à croire des choses qui ne sont pas. Les incrédules n'ont qu'à voir le parti qu'ils veulent prendre. Nieront-ils la Providence? c'est un blasphème. Nieront-ils que ces miracles soient arrivés? mais il faut pour cela s'inscrire en faux contre toute une respectable antiquité; contre les histoires de plusieurs siècles et de plusieurs pays du monde; contre les écrits de tant de savants hommes, de tant de saints personnages qui les ont débités tels qu'ils les ont appris des témoins oculaires, et à qui on aurait sûrement donné le démenti si les choses n'étaient pas arrivées telles qu'ils les ont racontées. Comment est-ce que ces saints et savants hommes auraient donné pour des vérités des faits qui n'auraient été que des fables et des chimères, eux qui n'avaient nul intérêt à les débiter; au contraire, il eût été de leur avantage de les rejeter? Comment est-ce que ces faits auraient emporté la croyance, non-seulement du simple peuple, mais encore des plus grands génies du monde? Est-il croyable que tant de nations de différents pays et de différents siècles aient donné toutes ensemble dans la rêverie et l'illusion sur des choses qui contrariaient leurs passions, et qu'il leur importait, par conséquent, de ne pas croire? Les hommes éclairés auraient-ils pris tant de fables pour des vérités, aussi longtemps et aussi constamment qu'on l'a fait? Ne doit-on pas du moins ajouter autant de foi aux histoires des miracles de la religion, qu'aux histoires profanes des empereurs, des rois, des peuples de la terre? On n'a pas plus de raison de la refuser aux uns qu'aux autres. Si l'on veut révoquer en doute tout ce qui s'est fait dans les siècles passés, il n'y a plus rien de sûr dans le monde; les siècles à venir seront en droit de ne pas croire ce qui se passe de nos jours : telles sont les absurdités où conduit l'irréligion. Quand les incrédules voudraient contester quelque fait miraculeux que l'on cite en faveur de la religion, peuvent-ils raisonnablement douter de ceux que Jésus-Christ et les apôtres ont opérés? l'univers qui les a vus n'a pu y résister; entraîné par la force de ces miracles, l'univers a changé de croyance, et est devenu chrétien : peuvent-ils douter de ceux qui sont approuvés par l'Eglise après l'examen le plus exact, et qui sont à l'épreuve de la sévère critique? Et si à tous ces faits on en joint une infinité d'autres rapportés par des auteurs dignes de foi, peut-on disconvenir qu'il n'en soit au moins arrivé quelqu'un? et ne serait-ce pas une folie de les tous révoquer en doute? Comment pouvoir résister à une nuée de témoins, à un assemblage de preuves tirées de tant d'histoires, de la mort de tant de milliers de martyrs, de tant de monuments qui subsistent encore? Tout cela ne fait-il pas un poids de raisons sous lequel tout esprit doit plier? Si nous n'avons pas ici une évidence appuyée sur le témoignage des sens, nous avons du moins une évidence morale, qui équivaut à la plus grande certitude, que l'on ne peut prudemment récuser. Et combien de choses les incrédules ne croient-ils pas, où ils n'ont pas tant de certitude qu'on leur en fait voir dans les faits de la religion? Ce n'est que parce que cette religion ne s'accommode pas à leurs inclinations perverses qu'il leur plaît de contester la vérité de ses miracles. Mais au moins ne peuvent-ils contester un prodige qu'ils ont devant les yeux, qui suppose et qui surpasse même tous les autres, qui est la religion elle-même. Oui, la religion chrétienne doit paraître, à tout esprit qui pense juste, le plus grand des prodiges, soit qu'on la considère dans son établissement, soit qu'on l'envisage dans son progrès et dans sa durée.

Qu'était-ce que la religion chrétienne dans son commencement, et comment s'est-elle établie? Nous le savons tous, et ses ennemis ne peuvent en disconvenir. Semblable au petit grain de sénevé, pour me servir des termes de l'Evangile, et en même temps les justifier, cette religion ne fut d'abord connue que dans un petit coin du monde, où elle fut annoncée par un homme pauvre, qui n'avait rien que d'abject dans son extérieur, et qui n'avait pas dans les secours humains de quoi attirer les hommes à son parti : qui fut rebuté, méprisé de ceux mêmes chez qui il avait pris naissance. Quels hommes s'associa-t-il pour l'établissement de cette religion? Ce ne fut ni des conquérants, qui par le bruit de leurs armes auraient porté la terreur parmi les nations de la terre; ni des savants, qui par leur éloquence auraient triomphé des esprits : en cela la religion n'eût passé que pour être l'ouvrage des hommes Il se servit au contraire de ce qu'il y avait de plus faible et de plus abject, pour confondre et réduire ce qu'il y avait de plus fort et de plus grand. Ce furent douze pauvres ignorants, grossiers, faibles et imparfaits, qui n'avaient ni talents, ni éloquence, ni richesses. Et qu'est-ce que devaient apprendre aux autres ces hommes si peu capables de les instruire? une religion remplie d'obscurités, qui propose des mystères les plus impénétrables à l'esprit humain, des maximes toutes contraires aux inclinations les plus naturelles, la haine de soi-même, l'amour de ses plus cruels ennemis, la mortification des sens, le crucifiement de la chair. Et à qui ces hommes devaient-ils enseigner ces mystères impénétrables, ces maximes rebutantes? Ce n'était pas seulement au simple peuple, mais aux plus grands génies du monde, aux rois, aux puissances de la terre, qui avaient en horreur et la doctrine qu'on leur prêchait, et les hommes qui la leur annonçaient; qui les menaçaient des supplices les plus affreux, de la mort la plus cruelle. Cependant, ô prodige de la toute-puissance et de la sagesse de Dieu! cette religion, quelque impénétrable qu'elle fût à l'esprit humain, toute rebutante aux inclinations du cœur, a été non-seulement annoncée, mais persuadée au peuple, et qui plus est, aux savants, aux plus habiles philosophes, qui n'étaient pas capables de se laisser surprendre, et qui ne l'auraient sûrement pas embrassée, s'ils n'avaient eu des raisons capables de les déterminer. Elle a été annoncée, persuadée aux rois, aux puissances les plus redoutables; elle a fait plier sous son joug les têtes couronnées; elle a été suivie, embrassée par une infinité de nations, qui, toutes différentes de mœurs, de caractère, de langage, se sont réunies sous ses étendards, et cela malgré tous les obstacles qu'on a formés à son établissement, malgré toutes les persécutions qu'on lui a suscitées, à la vue des affreux supplices dont on menaçait ses sectateurs et auxquels plusieurs ont été condamnés. Le sang même des disciples était comme une semence qui en produisait une infinité d'autres. Ne faut-il pas convenir qu'il y avait là du miraculeux, et qu'un tel changement dans l'univers ne pouvait être que l'ouvrage de la toute-puissance de Dieu? *A Domino factum est istud.* (*Psal.* CXVII, 23.) Car pour raisonner ici avec saint Augustin, ou la conversion du monde à la religion chrétienne a été la suite et l'effet des miracles, où elle s'est faite sans miracles. Si cette conversion fut l'effet des miracles, c'est donc Dieu qui en est l'auteur; si elle s'est faite sans miracles, c'est le plus grand des miracles que le monde se soit converti sans miracles; et celui qui ne veut point croire, doit être regardé comme un prodige d'incrédulité. Or il est certain, 1° que la religion ne s'est pas établie sans miracles, parce que la conversion de l'univers est un miracle qui suppose tous les autres. En effet, comment est-ce que des troupes innombrables d'hommes de tout état, de tout sexe, de tout pays, auraient embrassé une religion impénétrable dans ses mystères, aussi rebutante dans ses maximes, s'ils n'avaient eu des preuves convaincantes de sa vérité? On ne peut nier que les apôtres n'aient converti un grand nombre de Juifs, leurs contemporains. Ce fut d'abord à eux que l'Evangile fut annoncé; ils en furent les premières conquêtes, surtout lorsqu'à la fête de la Pentecôte, les Juifs assemblés de différents pays du monde, entendirent prêcher les apôtres, et se convertirent au nombre de plusieurs milliers. Or, une conversion si subite et si générale se serait-elle opérée, si Jésus-Christ et les apôtres n'eussent point fait des miracles pour persuader la religion qu'ils prêchaient? Car si les apôtres eussent annoncé des miracles que Jésus-Christ n'eût pas faits, n'auraient-ils pas eu le démenti de ceux qui l'ayant vu, pouvaient rendre témoignage du contraire? ou si les apôtres eux-mêmes n'eussent pas fait des miracles, les aurait-on crus, les aurait-on suivis? Jugeons-en par cette supposition que je vais faire : Si quelque homme de la lie du peuple se disant envoyé de Dieu, entreprenait aujourd'hui d'établir une religion nouvelle; qu'il s'associât pour ce sujet douze personnes de la même condition que lui, sans talents, sans richesses, sans crédit; que cet homme, en haine de sa religion, fût mis à mort par un supplice infâme, et qu'il n'eût point donné d'autres preuves, non plus que ses associés, de la religion qu'ils prêcheraient, que leur simple témoignage; qui est-ce qui voudrait suivre cette religion, quand même elle serait moins sévère que celle que nous professons? Comment donc Jésus-Christ et les apôtres auraient-ils établi une religion si austère sur les ruines de l'idolâtrie, qui favorisait toutes les passions, s'ils n'avaient donné d'autres preuves que leur simple témoignage, et si la force de leur parole n'eût été soutenue, comme dit saint Paul, par celle des prodiges? Les hommes ne sont pas si faciles à se défaire de leurs premiers préjugés; on ne quitte pas si aisément et sans raison tout ce qui flatte les inclinations naturelles, pour embrasser tout ce qu'il y a de plus austère et de plus pénible. Jugeons-en par nous-mêmes qui, quoique instruits et convaincus des vérités de notre religion, avons tant de peine à suivre ses maximes. Les prédicateurs de l'Evangile auraient eu beau dire qu'ils ne prêchaient que la vérité, et qu'on devait les en croire, on aurait ri de leurs avances; on ne les aurait jamais suivis, s'ils n'avaient donné des signes évidents d'une mission divine. D'ailleurs, comment ces prédicateurs de l'Evangile, comment les apôtres auraient-ils entrepris d'établir leur doctrine aux dépens de tout ce qu'ils avaient de plus cher, de leur vie même? Comment se seraient-ils dévoués à souffrir toute la fureur des tyrans, la rigueur des supplices les plus affreux, pour soutenir une religion dont ils auraient connu la fausseté? Si Jésus-Christ qui leur avait donné le miracle de sa résurrection pour preuve de sa mission, n'était pas ressuscité comme il leur avait dit, comment auraient-ils persisté à suivre le parti d'un homme qui les eût trompés, et qu'ils n'avaient aucun intérêt de suivre, qu'il était au contraire de leur grand intérêt d'abandonner, puisqu'il s'agissait de leur fortune, de leur vie? N'eût-ce pas été en eux un excès de folie et d'extravagance de soutenir à de si grands frais une insigne fausseté? Est-il croyable que les apôtres et tant d'autres aient pris plaisir à se laisser emprisonner, tourmenter, crucifier, pour rendre témoignage à la résurrection de Jésus-Christ et à la vérité de la religion, s'ils n'en avaient eu des preuves certaines et évidentes? Un témoignage qui a tant coûté, ne doit-il pas être pour nous une preuve invincible que la religion chrétienne s'est établie par des miracles?

Si cette religion s'est établie sans miracle, j'ai dit en second lieu que c'était le plus grand des miracles, que cela se soit fait sans miracle. C'est une plus grande merveille, dit saint Chrysostome, que douze pauvres pêcheurs, tels qu'étaient les apôtres, aient converti le monde entier, que si douze hommes de la lie du peuple, sans forces, sans argent, sans armes, sans équipages militaires, eussent entrepris et fussent venus à bout de faire la conquête de l'empire romain, qui faisait la loi à toute la terre. Cette merveille est arrivée, nous la voyons de nos yeux; ne cherchons point d'autres miracles. En effet, que malgré les guerres les plus sanglantes qui ont été suscitées contre la religion, elle se soit établie avec tant de rapidité, et soutenue avec autant de succès, que si elle l'avait été par la force de l'éloquence et des armes; qu'elle ait étendu ses conquêtes avec la pauvreté de la croix, plus loin que les Césars n'ont étendu les bornes de leur empire avec des armées formidables et des millions de bras, peut-on là ne pas reconnaître l'ouvrage de la toute-puissance de Dieu? Que cette religion ait été embrassée aussi universellement, qu'elle ait subsisté aussi longtemps, malgré la sévérité de ses maximes, si rebutantes à la nature! convenons qu'il n'appartient qu'à Dieu d'assujettir ainsi l'esprit et le cœur de l'homme. Si cette religion était l'ouvrage des hommes, elle serait bientôt tombée elle-même, on s'en serait bientôt lassé. C'est le raisonnement que faisait un fameux docteur de la loi chez les Juifs assemblés pour condamner à mort les apôtres. Si cette entreprise, leur disait-il (*Act.* V, 38, 39), est l'ouvrage des hommes, elle tombera d'elle-même, comme on a vu bien d'autres sectes tomber! mais si c'est l'ouvrage de Dieu, c'est en vain que vous entreprenez de le détruire, il subsistera malgré vous. Or, si, au témoignage d'un ennemi déclaré de la religion chrétienne, on pouvait la regarder comme l'œuvre de Dieu, dès qu'elle se serait soutenue, même sans contradiction; à plus forte raison doit-elle être regardée pour telle après qu'elle a soutenu tout le feu de la persécution, et qu'elle a essuyé tout le fort des orages. Je demande à une droite raison si ce n'est pas là porter un caractère de divinité, et si une autre autorité que celle de Dieu pouvait ainsi soumettre les cœurs des hommes aux lois les plus sévères, aux maximes les plus rebutantes: ***A Domino factum est istud.*** Non, on ne peut se défendre de suivre une religion qui se montre avec tant d'éclat, soit dans l'accomplissement de ses prophéties, soit dans l'évidence de ses miracles, soit dans son établissement miraculeux. Si nous sommes trompés en la suivant, ce serait sur Dieu même que retomberait uotre erreur, puisque sa vérité est établie sur tant de preuves capables de contenter la raison que Dieu nous a donnée pour nous conduire. Ou il n'y a point de providence en Dieu, et il nous a donné de fausses lumières pour juger des choses; ou s'il y a une providence, et une droite raison dans l'homme, il faut nécessairement convenir de la vérité de la religion chrétienne.

Sainteté de la religion. — Ajoutons encore un trait de vérité, qui est le caractère de sainteté dont notre religion est revêtue, que l'on doit regarder comme un caractère de divinité. Fut-il jamais, en effet, de religion aussi sainte dans son auteur, dans sa doctrine, dans ses sectateurs? Il est facile de s'en convaincre par le détail.

L'auteur de la religion chrétienne est Jésus-Christ, le plus saint des hommes qui fût jamais. Un coup d'œil sur l'histoire de sa vie nous ferait voir l'innocence la plus pure, le détachement le plus universel, l'humilité la plus profonde, la douceur la plus inaltérable, la pureté la plus exacte, la mortification la plus austère, la conduite la plus irréprochable, en un mot, les vertus les plus héroïques. Il se comporta pendant toute sa vie mortelle d'une manière si sainte et si édifiante, qu'il ne craignait pas de défier ses ennemis de lui faire le moindre reproche: ***Quis ex vobis arguet me de peccato?*** (***Joan.***, VIII, 46.) Ce ne sont pas seulement ses historiens, ses disciples, mais encore ses ennemis, qui ont rendu témoignage à sa sainteté. Quoiqu'on l'ait accusé devant les juges pour le faire condamner, l'examen le plus critique ne trouva jamais prise sur ses actions; Pilate lui-même ne put s'empêcher de reconnaître son innocence: ***Nullam invenio in eo causam.*** (***Joan.***, XIX, 4.) La réputation de sa sainteté avait fait tant d'impression sur l'esprit des païens mêmes qui le connaissaient, qu'un empereur romain proposa dans le sénat de le mettre au rang des dieux. Josèphe, historien juif non suspect, le regarde comme un homme divin. Mahomet lui-même lui donne la qualité de grand Prophète. Mais laissons là ces éloges étrangers, pour venir à celui que mérite la sainteté de sa doctrine.

Quelle doctrine nous a-t-il enseignée dans son Evangile? quelle pureté dans sa morale! quelle perfection dans les maximes qui la composent! Cette doctrine condamne non-seulement tous les vices, elle embrasse encore la pratique de toutes les vertus. Elle condamne non-seulement les vices grossiers, et qui d'eux-mêmes font horreur à la nature, comme l'homicide, le larcin, l'adultère; mais encore les fautes les plus légères, les vices qui se forment dans le cœur, comme ceux qui se manifestent au dehors. Elle interdit jusqu'aux mauvais désirs, jusqu'à la pensée même du mal. Elle veut, cette sainte religion, que le cœur de l'homme soit tellement réglé, qu'il étouffe jusqu'aux premières naissances, jusqu'aux premiers sentiments du crime. Elle ne veut pas que l'on conserve le moindre ressentiment, ni même de l'indifférence pour son prochain, que l'on s'arrête à une seule pensée contraire à la pudeur. Peut-on porter plus loin la haine et l'horreur du péché? Elle embrasse la pratique de toutes les vertus et de tous les devoirs à l'égard de Dieu, du prochain et de soi-même. A l'égard de Dieu, elle prescrit le culte le plus parfait, les sacrifices les plus grands, les cérémonies les plus majestueuses dans le divin service. A l'égard du prochain, l'amour le plus sincère et le plus efficace; amour qui doit aller jusqu'à aimer ses plus cruels ennemis, jusqu'à faire du bien à ceux qui nous font du mal, à prier pour ses persécuteurs. Y a-t-il une autre religion qu'une religion révélée de Dieu, qui puisse porter l'homme à des actes si héroïques? A l'égard de nous-mêmes, quels sont les devoirs que cette religion sainte nous prescrit? un entier détachement des biens du monde, un renoncement parfait aux plaisirs des sens, un généreux mépris des honneurs et de la gloire du siècle, la patience dans les afflictions, l'amour des humiliations et des souffrances, l'abnégation de soi-même, une mortification continuelle des sens et des passions. Une autre religion, encore une fois, qu'une religion révélée de Dieu, pouvait-elle porter l'homme à une si haute perfection? Peut-on, en lisant l'Evangile, s'empêcher de convenir que la doctrine qu'il contient vient du Ciel, et qu'elle a été dictée par une souveraine sagesse? On sent, malgré qu'on en ait, que sa morale vient de Dieu, et qu'elle conduit à Dieu; qu'on ne peut craindre de s'égarer en la suivant, et qu'on doit tout espérer en observant ses pratiques.

C'est aussi par l'éclat de sa sainteté qu'elle s'est attiré un si grand nombre de disciples, et la sainteté de ses disciples n'a pas eu moins de force pour lui donner de l'étendue, que l'authenticité de ses miracles. Quels ont été en effet les disciples de la religion? quelle vie sainte n'ont-ils pas menée? Lisons la vie des apôtres, la vie des saints qui ont édifié le monde par leurs exemples. Vous y verrez des hommes si détachés des biens du monde, qu'ils renonçaient à tout, qu'ils vendaient tout ce qu'ils avaient pour le donner aux pauvres; qui aimaient leur prochain jusqu'au point de pardonner les injures les plus atroces, et d'embrasser les bourreaux qui les faisaient mourir; qui se livraient à toutes les rigueurs de la pénitence; qui s'ensevelissaient tout vivants dans les solitudes, pour ne s'occuper que de Dieu et de l'espérance d'une éternelle félicité. Combien voyons-nous encore de ces âmes généreuses qui font de pareils sacrifices? combien d'âmes saintes qui renoncent à toutes les espérances du siècle pour prendre le parti de la retraite, où elles mènent une vie plus angélique qu'humaine? Combien dans le monde même ne voit-on pas encore de fidèles chrétiens qui, en suivant les sentiments de leur religion, remplissent avec édification tous les devoirs qu'elle leur impose; qui sont pauvres dans l'abondance, humbles dans les honneurs, patients dans les afflictions, sobres, chastes, tempérants, pardonnant les injures et les affronts les plus sanglants? Si tous les disciples de la religion ne sont pas tels, ce n'est pas à elle qu'il faut l'imputer, mais aux mauvaises dispositions de ceux qui ne veulent pas en suivre les maximes. Si tous les suivaient, ces maximes saintes et salutaires, la société des chrétiens serait la plus parfaite et la plus heureuse; ce serait une société de saints qui ne feraient qu'un cœur et qu'une âme, où il n'y aurait ni disputes ni contentions sur les biens du monde; où les riches ne s'élèveraient pas avec fierté au-dessus des pauvres; où les pauvres recevraient des riches tous les soulagements nécessaires à leurs misères; où chacun, en un mot, s'empresserait à l'envi de se prévenir, de se rendre service les uns aux autres. Tels furent les premiers disciples que la religion forma; et ce fut leur exemple qui attira dans son sein un si grand nombre d'idolâtres, qui ne pouvaient se persuader qu'une religion qui réglait si bien la société, qui portait les hommes à de si grandes vertus, ne fût pas une religion inspirée et émanée du Ciel. Les ennemis qui l'attaquent, lui rendraient aujourd'hui le même témoignage, s'ils n'étaient aveuglés par leurs passions déréglées, qui se trouvent gênées de la sévérité de l'Evangile, dont ils ne s'efforcent de secouer le joug que pour vivre à leur liberté. Mais c'est par là même qu'ils rendent, sans le vouloir, un témoignage aux vérités de la foi, puisqu'ils ne rejettent la religion que parce qu'elle contrarie leurs inclinations perverses; preuve certaine qu'elle est sainte et qu'elle vient de Dieu, qui est le principe de toute sainteté. Soyons saints, soyons raisonnables, nous conviendrons aisément de la vérité de la religion. C'est le meilleur et le plus sûr parti que l'homme puisse prendre pour être tranquille, heureux et content même dès cette vie. Je ne demande à l'incrédule qu'une sérieuse réflexion sur ce point, pour le déterminer à se soumettre au joug de la religion. Il verra sans peine que le chrétien est plus prudent et plus raisonnable que lui, et qu'il a plus d'intérêt à suivre le parti de la religion, qu'à la combattre et à la rejeter.

En effet, que l'incrédule, l'impie, le libertin raisonne tant qu'il lui plaira sur la religion; qu'il révoque en doute, qu'il nie les vérités le plus solidement établies; qu'il invente des systèmes à son gré, pour combattre les mystères de la foi : outre qu'il tombe dans des absurdités plus incompréhensibles que les mystères mêmes qu'il veut combattre; quelque système qu'il puisse imaginer pour mettre à couvert ses passions, il ne pourra jamais se rassurer contre les terreurs qu'une religion conforme au bon sens a droit de lui inspirer. Il aura beau faire des plaisanteries ridicules sur la croyance du fidèle, il aura beau chercher quelque lueur de raison pour s'aveugler et s'étourdir sur les terribles vérités qu'il ne veut pas croire; j'ose lui faire le défi qu'avec toutes ses subtilités, ses détours, ses critiques malignes sur la religion, il puisse se persuader qu'elle n'est pas vraie. Tout ce qu'il peut faire, c'est de nier, de douter, de combattre par quelque sophisme les vérités saintes que nous croyons; mais pourra-t-il jamais avancer quelque chose de positif et de certain qui les détruise? Car pour se persuader que la religion est fausse, il faudrait faire voir évidemment que tout ce qu'on dit de son établissement miraculeux, des prodiges opérés par Jésus-Christ, par les apôtres et ceux qui les ont suivis, n'est pas vrai. Et comment l'incrédule le prouverait-il? A-t-il été dans tous les lieux et dans tous les temps où les choses se sont passées, pour découvrir l'illusion, s'il y en avait eu, et pour s'inscrire en faux contre tous les faits? N'a-t-on pas du moins autant de raison de croire tout ce qui en est rapporté, que de ne le pas croire? Tout ce que l'incrédule pourrait donc gagner de plus, ce serait de douter, et d'un doute bien mal fondé. Il n'ira jamais plus loin, quelque torture qu'il puisse donner à son esprit, et quelque système qu'il puisse imaginer.

Or, dans ce doute, je demande lequel des deux est le plus tranquille, ou du chrétien qui a la foi, ou de l'incrédule qui ne l'a pas. Il est aisé de prouver que c'est le chrétien : car, ou notre religion est vraie, ou elle ne l'est pas. Si elle n'est pas vraie, si ce qu'on nous dit des récompenses et des châtiments d'une autre vie, est faux; s'il n'y a ni paradis ni enfer, le chrétien ne risque rien de le croire, puisque s'il n'y en a point, il ne risque pas d'être éternellement malheureux. Mais si la religion chrétienne est véritable, comme il est démontré par toutes les preuves qu'on en donne, et qui sont capables de déterminer tout esprit raisonnable; vous impie, vous incrédule, vous devez vous attendre d'être un jour renfermés dans ce lieu d'horreurs et de désespoir, qui sera la demeure des pécheurs; vous devez vous attendre d'éprouver à vos dépens ce que la religion m'oblige de croire à ce sujet. Quelque raison que vous puissiez alléguer pour justifier votre conduite, vous devez du moins douter que vous courez tout le risque d'un malheur éternel, en ne prenant pas le meilleur parti pour l'éviter. Or, dans un doute et dans un risque aussi grand que celui-là, peut-on être heureux et tranquille? Et le chrétien qui croit, et qui agit conformément à sa croyance, n'est-il pas plus sage et plus tranquille que celui qui ne croit pas? Le chrétien, il est vrai, se prive de quelque plaisir que le libertin trouve en contentant ses passions : mais ne vaut-il pas mieux se priver de quelque plaisir passager pour s'assurer un bonheur éternel, que de prendre sur soi tout le risque d'un malheur sans fin, pour jouir d'un plaisir qui disparaît comme un éclair? Pour peu que l'incrédule veuille rentrer en lui-même, je le défie de s'apaiser sur les remords de sa conscience, et sur la crainte d'une éternité malheureuse. Car si la religion chrétienne est vraie, doit-il dire en lui-même, et que je ne la suive pas, l'enfer sera après cette vie mon partage; je risque au moins d'y tomber. Or cette pensée, cette inquiétude, cette crainte qui est si bien fondée, n'est-elle pas capable de troubler tous les plaisirs? n'a-t-elle pas quelque chose de plus amer, que les plaisirs n'ont de douceurs? Quoi que l'impie puisse faire, dire ou penser, le malheureux avenir ne dépend pas de ses idées; quoiqu'il ne le croie pas, il n'en est pas moins réel; il doit au moins craindre d'y tomber. En vain voudrait-il se rassurer contre lui-même, la foi porte toujours la terreur dans son cœur. Or, y a-t-il plaisir au monde qui puisse contrebalancer cette crainte, et peut-on jouir de quelque tranquillité dans cet état? Au lieu que le chrétien sevré des plaisirs criminels, accablé, si vous le voulez, des maux de la vie, demeure tranquille sur son sort éternel; il peut se dire à lui-même : Les maux de la vie passeront; mais si la religion que je professe est vraie, comme j'ai grand sujet de croire, je serai bien dédommagé par un bonheur éternel qui m'est réservé dans le ciel. Le chrétien ne risque donc que de souffrir pour quelque temps, et non pour l'éternité; il sacrifie peu pour avoir beaucoup, et encore ne sacrifie-t-il que des plaisirs que Dieu lui défend : il jouit même de quelque contentement permis dans la vie; au lieu que l'incrédule, l'impie, sacrifie tout pour avoir peu; il s'expose à un malheur éternel pour quelques plaisirs d'un moment, dont il ne lui restera qu'un triste souvenir. Or je demande lequel des deux est le plus sage et le plus content? Hélas! pour peu que l'incrédule ait à cœur ses vrais intérêts, il sera bientôt le disciple d'une religion qui ne fait que des heureux. C'est surtout à l'heure de la mort que nous l'attendons pour savoir ce qu'il pensera. Pourra-t-il alors se rassurer sur les systèmes qu'il a eus pendant sa vie? Pourra-t-il se persuader que son âme mourra avec son corps, et qu'elle ne doit pas paraître devant un juge souverain qui doit décider de son sort éternel? persistera-t-il à croire que la religion n'est qu'un préjugé de naissance et de l'éducation? ou plutôt ne reconnaîtra-t-il pas que ce prétendu préjugé était appuyé sur un fondement solide? Ah! c'est alors que la passion qui s'éteindra, fera place à la religion qui se réveillera, et qui se montrera dans toute la force et la splendeur de sa vérité. C'est alors que ces prétendus esprits forts deviendront bien faibles contre la terreur d'un jugement terrible qui les menace et les attend. Pour lors l'incrédule voudrait bien avoir cru, et avoir vécu en bon chrétien. Il en est peu qui pour lors n'appellent la religion à leur secours, et ne cherchent dans les remèdes qu'elle offre au pécheur de quoi se rassurer contre un malheureux avenir. Mais il est bien tard d'ouvrir les yeux quand les ténèbres sont venues, et d'entreprendre de voyager quand le soleil est couché. Je ne demande aux ennemis de la religion que d'être raisonnables, et d'avoir à cœur leurs vrais intérêts, pour suivre notre parti.

TROISIÈME VÉRITÉ.

La véritable religion ne se trouve que dans l'Eglise catholique, apostolique et romaine.

Dès que l'on démontre la nécessité d'une religion révélée, et la vérité de la religion chrétienne, il est facile à prouver que ce n'est que dans l'Eglise romaine que l'on trouve la religion véritable. Et dans le fond, les incrédules eux-mêmes qui balancent sur le parti de la religion, conviennent qu'il n'en faut point suivre, ou que si l'on en doit suivre une, c'est à la religion romaine qu'il faut s'attacher, parce qu'ils trouvent tant de faussetés et de variétés dans les autres, qu'on ne peut les regarder comme des religions révélées de Dieu. Nous ne traiterons pas ce point dans toute l'étendue qu'il pourrait l'être; nous en donnerons seulement quelques preuves principales, capables de convaincre tout esprit raisonnable.

La religion est la voie qui doit nous conduire à Dieu, et le moyen dont Dieu veut se servir pour sauver les hommes. Par conséquent cette religion n'a pu être cachée; mais elle a dû, et elle doit encore être connue et manifestée par des signes qui la rendent visible à ceux qui veulent et doivent l'embrasser pour être sauvés. Car comment pourrait-on la suivre, si on ne la connaissait pas? Il faut donc qu'il y ait une société d'hommes qui en fassent une profession publique, et qui puissent l'apprendre à ceux qui l'ignorent. Dans cette société il doit y avoir des chefs revêtus de l'autorité de Dieu, qui puissent la conduire, soit pour instruire les ignorants et les simples qui font le plus grand nombre, et qui ne sont pas capables de juger, ni de se décider par eux-mêmes sur les points de leur croyance; soit pour terminer les disputes entre les savants qui pensent différemment sur la religion, qui s'entêtent souvent des opinions les plus contraires à la foi et au bon sens, et qui ont besoin, comme le simple peuple, d'une autorité suprême et infaillible qui corrige leurs préjugés, qui fixe leur incertitude, et qui les réduise à l'unité de la foi. Si Dieu n'avait établi dans la religion un tribunal infaillible pour décider tous les différends qui s'élèvent à tous moments entre les hommes, sa providence leur aurait manqué dans un point essentiel; il y aurait eu autant de religions que d'esprits particuliers, qui en auraient expliqué les dogmes à leur manière: absurdité qu'on ne peut admettre. Or cette société d'hommes conduits par des chefs revêtus de l'autorité de Dieu, ou pour mieux dire, ces chefs eux-mêmes qui conduisent la société des hommes fidèles, c'est ce que nous appelons l'Eglise. C'est elle qui est dépositaire de la religion, la colonne de la vérité, et la règle de notre foi; c'est, selon l'oracle de Jésus-Christ, cette ville située sur la montagne, qui est vue de tout le monde, où toutes les nations de la terre peuvent se rassembler. C'est le flambeau mis sur le chandelier pour éclairer tous les peuples; et c'est à la faveur de ce flambeau que nous pouvons marcher en sûreté dans les routes obscures de la foi.

Mais parmi toutes les sociétés qui se flattent aujourd'hui de suivre la religion chrétienne, où trouverons-nous cette véritable Eglise dépositaire des oracles de Jésus-Christ et l'appui de la vérité! N'en cherchons point d'autre que l'Eglise romaine dont nous sommes les enfants. C'est elle qui peut se glorifier, à l'exclusion de toute secte, d'être la véritable Eglise de Jésus-Christ. Quelle est en effet l'Eglise de Jésus-Christ? C'est celle qu'il a fondée lui-même, dont il a donné le gouvernement à ses apôtres, dont il a établi pour chef saint Pierre, prince des apôtres, lorsqu'il lui dit : *Vous êtes Pierre, et sur cette pierre j'édifierai mon Eglise, et les portes de l'enfer ne prévaudront point contre elle : « Tu es Petrus, et super hanc petram ædificabo Ecclesiam meam, et portæ inferi non prævalebunt adversus eam.* (*Matth.*, XVI, 18.) Cette Eglise n'a pas été établie pour un temps, elle doit durer jusqu'à la consommation des siècles, professant toujours la même foi. Il faut donc que saint Pierre et les apôtres n'étant plus sur la terre pour gouverner l'Eglise, leurs successeurs aient la même autorité pour conserver le sacré dépôt de la foi; autrement Jésus-Christ aurait abandonné son Eglise à l'erreur et au mensonge. Or, qui sont les successeurs de saint Pierre et des apôtres? ce sont les souverains Pontifes et les évêques. Ils ont donc reçu dans leur personne la juridiction et l'autorité infaillible pour gouverner l'Eglise. Quelle autre société que l'Eglise de Rome peut se flatter d'avoir une succession des apôtres et des premiers pasteurs? La tradition et l'histoire de tous les siècles en sont une preuve convaincante. On sait l'origine de toutes les sectes, le temps où elles ont commencé, sans avoir aucune mission; elles montrent dans leur établissement un caractère de division et de fausseté. Avant la naissance de ces sectes, l'Eglise romaine subsistait donc; elle était la vraie Eglise; autrement il faudrait dire que pendant plusieurs siècles il n'y a point eu d'Eglise visible : ce qui est contre l'oracle de Jésus-Christ, qui a établi sa durée jusqu'à la consommation des siècles.

N'est-ce pas l'Eglise de Rome qui a toujours été victorieuse de toutes les hérésies qui se sont élevées dans le monde depuis l'établissement de la religion chrétienne? Combien de ces monstres n'a-t-elle pas terrassés, dont on ne voit plus de vestiges? de l'aveu même de ses ennemis, elle a été reconnue pour véritable dans les premiers siècles. Or, si elle a été telle dans son commencement, elle doit toujours l'être, parce que, selon l'oracle de Jésus-Christ, les portes de l'enfer ne peuvent point prévaloir contre la véritable Eglise : ce qui serait néanmoins arrivé, si l'Eglise de Rome était tombée dans l'erreur. Mais non, l'oracle de Jésus-Christ subsistera toujours, il sera toujours avec son Eglise, comme il l'a promis, jusqu'à la consommation des siècles. Nous devons donc écouter la voix des pasteurs qui gouvernent cette Eglise, comme celle de Jésus-Christ même; mépriser cette voix, c'est mépriser celle de Jésus-Christ comme lui-même nous en assure : *Qui vos spernit, me spernit.* (*Luc.*, X, 16.) Si les pasteurs de l'Eglise nous trompaient, ce serait sur Jésus-Christ même que tomberait cette erreur, puisque c'est lui qui les a préposés pour nous conduire : *Posuit episcopos regere Ecclesiam Dei.* (*Act.*, XX, 28.) Or, Jésus-Christ ne peut pas nous tromper, ni par conséquent l'Eglise, qui est son organe. Telle est la règle que les grands hommes ont toujours suivie, comme un saint Augustin, un saint Jérôme. Le premier avait tant de respect pour l'autorité de l'Eglise, qu'il protestait que sans elle il n'ajouterait point foi à l'Evangile : *Evangelio non crederem, nisi me moveret Ecclesiæ auctoritas;* parce qu'en effet c'est par l'autorité de l'Eglise que nous sommes assurés que l'Evangile est la parole de Dieu. Plusieurs choses, disait ce saint docteur, me retiennent dans le sein de l'Eglise : la succession des pasteurs non interrompue, l'autorité confirmée par les miracles, la conformité de doctrine des siècles présents avec celle des siècles primitifs. Je m'attache, disait saint Jérôme, à la chaire de saint Pierre; quiconque n'est pas dans sa barque est sûr de faire naufrage. J'omets, pour abréger, plusieurs autres autorités du même poids.

Enfin, pour renfermer en peu de mots ce que nous avons dit jusqu'ici, la sainte Eglise romaine possède seule les caractères de la véritable Eglise, qu'on ne trouve en nulle autre société, qui sont l'ancienneté, l'infaillibilité, la sainteté. Caractère d'ancienneté, elle subsiste depuis Jésus-Christ par une succession de pasteurs qui a duré jusqu'à nous. Caractère d'infaillibilité, que Jésus-Christ lui a donné, et qu'il lui conservera jusqu'à la fin des siècles; c'est de son tribunal que toutes les erreurs qui ont paru dans le christianisme ont reçu leur condamnation. Caractère de sainteté : c'est dans cette Eglise que l'on enseigne la morale la plus parfaite, et que l'on trouve les moyens les plus sûrs d'arriver à la plus haute sainteté. C'est de son sein que sont sorties ces troupes innombrables de martyrs qui ont scellé de leur sang les vérités de la foi : ce grand nombre de docteurs qui ont éclairé le monde par leurs lumières, dont les écrits sont admirés et adoptés même par les ennemis de l'Eglise. N'est-ce pas enfin à cette Eglise qu'appartient cette prodigieuse multitude de saints de tous les états qui, dès les premiers siècles jusqu'à nous, ont édifié le monde par leur vertu, et dont la mémoire est en vénération dans tout le monde chrétien. Ces saints ont été de la communion de l'Eglise romaine; ils ont été ses élèves, ses enfants. Peut-on à ces traits ne pas la reconnaître pour la véritable Eglise? Et si elle est la véritable Eglise, elle est donc seule dépositaire de la vraie religion, et la règle de notre foi, règle infaillible qui doit terminer tous les différends sur les articles de la religion; ainsi dès que l'Eglise propose quelque vérité à croire, ou qu'elle condamne quelque erreur, il faut nous soumettre, croire sans hésiter, et nous interdire toute dispute; l'humilité chrétienne nous apprendra cette soumission d'esprit et de cœur; il n'y a que l'orgueil dans les uns, et le défaut de charité dans les autres qui perpétuent parmi nous ces disputes intarissables. Convaincus qu'obéir à l'Eglise, c'est obéir à Dieu, craignons de donner des bornes à notre obéissance pour vouloir trop accorder à nos propres lumières : quand l'Eglise a parlé, tout est fini : il ne nous reste plus d'autre parti à prendre qu'une entière soumission: or, nous devons cette soumission à l'Eglise, soit qu'elle nous instruise par la voix des pasteurs assemblés en concile, ou dispersés dans leurs sièges, parce qu'ils font toujours un même corps avec Jésus-Christ qui est le chef invisible de l'Eglise, et qu'ils sont dans l'un et l'autre cas l'organe de Dieu. D'ailleurs Jésus-Christ a promis d'être toujours avec son Eglise jusqu'à la consommation des siècles : or, les pasteurs ne sont pas toujours assemblés; donc ils ont la même autorité étant dispersés. Une autre preuve : l'Eglise assemblée n'a d'autorité qu'autant qu'elle représente l'Eglise dispersée : or, celui qui représente un autre ne peut avoir plus d'autorité que lui; donc l'Eglise dispersée est un juge infaillible comme l'Eglise assemblée.

Voilà bien assez de quoi satisfaire tout esprit raisonnable qui ne cherche que la vérité. Quoique la foi nous présente des mystères impénétrables à l'esprit humain, Dieu les a rendus croyables, ces mystères, par l'évidence de la révélation, et par l'autorité qu'il a donnée à son Eglise pour nous assurer de sa divine parole. L'obscurité des mystères fait le mérite de la foi, l'évidence de la révélation rend notre soumission raisonnable. Que l'incrédule ne se plaigne donc pas que Dieu exige de lui une soumission aveugle et tyrannique, puisqu'il ne demande rien de contraire à la raison, et qu'il nous permet d'user de notre raison, pour nous soumettre au joug de la foi. Fallait-il pour croire les mystères, que Dieu les mît dans une évidence à nous ôter le mérite de la foi? Car quel mérite y a-t-il de croire ce qui paraît évident, et ce que l'on conçoit aisément? C'était donc assez que la révélation de ces mystères fût mise dans une évidence à n'en pouvoir douter, et à ne pouvoir être rejetés sans crime: c'est tout ce que l'homme pouvait demander à Dieu. Est-on en droit de ne pas croire des mystères impénétrables à l'esprit humain, parce qu'on ne les conçoit pas? Mais combien de secrets dans la nature sur lesquels nous sommes obligés d'avouer notre ignorance? Serait-on bien fondé à ne les pas croire parce qu'on ne les comprend pas? Demeurons dans les bornes de notre petitesse: marchons avec la simplicité de la foi dans les routes où elle nous conduit; on ne peut trouver de bonheur solide que dans la soumission à une religion qui est si conforme au bon sens: *Beati qui non viderunt et crediderunt.* (*Matth.*, XX, 29.) En vain l'incrédule voudrait-il le chercher, ce bonheur solide, dans les objets créés, dans les plaisirs des sens, il n'y trouvera jamais de quoi satisfaire pleinement ses désirs; il restera toujours dans son cœur un certain vide qui l'empêchera d'être heureux. Ce cœur qui est infini dans ses désirs, soupirera toujours pour une autre félicité que celle d'ici-bas, et il n'en trouvera jamais une solide assurance que dans la soumission aux vérités de la foi, et dans la pratique de ses maximes: c'est ce qui fait la véritable paix de l'âme; il est impossible d'en trouver une plus pure et plus solide. On invite les incrédules à en faire l'expérience; ils ne pourront s'empêcher de rendre justice à la vérité; ils s'épargneront la crainte d'un malheur éternel, ils trouveront dans la foi la consolation la plus solide contre les amertumes de la vie présente, et un gage assuré du bonheur de la vie future. Ainsi soit-il.

PRONE II.

Pour le jour de la Toussaint.

SUR LA SAINTETÉ (1).

Vidi turbam magnam quam dinumerare nemo poterat, ex omnibus gentibus... stantes ante thronum et in conspectu Agni, amicti stolis albis, et palmæ in manibus eorum. (*Apoc.*, VII, 9.)

J'ai vu une grande troupe que personne ne pouvait nombrer, ramassée de toutes les nations, qui étaient debout devant le trône et en présence de l'Agneau, revêtues de robes blanches, avec des palmes en leurs mains.

Elevons, mes frères, nos esprits et nos cœurs vers le séjour des bienheureux, pour y contempler la gloire de cette multitude innombrable de prédestinés dont nous célébrons la précieuse mémoire. A la vue d'un objet si consolant, nous nous sentirons animés du désir d'arriver au même bonheur: telle est l'intention de l'Eglise dans l'institution de cette solennité; non-seulement elle veut honorer aujourd'hui tant de saints, dont le temps ne lui permet pas de faire la fête particulière; mais encore elle se propose de nous donner le motif le plus pressant de travailler à notre sanctification: en ouvrant le ciel à nos yeux, elle prétend dissiper notre langueur au service de Dieu, et pour cela elle nous fait voir dans le séjour de la gloire des saints de tout âge, de tout état, de toute condition, des saints qui ont été riches, d'autres qui ont été pauvres; des vieillards, des enfants, de nos proches, de nos amis; des saints, en un mot, qui ont été ce que nous sommes, et dont l'exemple nous apprend que nous pouvons être un jour ce qu'ils sont aujourd'hui: à quoi tient-il donc que nous ne partagions bientôt la récompense dont ils jouissent. Ah! le plus grand nombre des élus n'a fait que ce que nous faisons nous-mêmes; mais ils le faisaient mieux. Ranimons notre foi et notre confiance. Chacun de nous en particulier a une place dans le ciel; hâtons-nous de la mériter, et c'est à quoi je viens vous exhorter aujourd'hui, en vous faisant voir l'indispensable obligation où nous sommes d'être saints, et la manière de le devenir.

PREMIER POINT.

Deux choses sont capables de faire impression sur l'esprit et sur le cœur de l'homme: le devoir et l'intérêt. Ce sont là les ressorts ordinaires de tous les mouvements qu'il se donne, de tous les projets qu'il forme et qu'il exécute. Tels sont aussi, mes frères, les deux motifs que nous avons d'être saints. La sainteté est pour nous un devoir indispensable; la sainteté nous procure les plus grands avantages. Donnez-moi toute votre attention.

En quoi consiste le devoir de l'homme et de l'homme chrétien sur la terre? A faire la volonté de Dieu, son créateur et son maître; à imiter Jésus-Christ son Sauveur et son modèle. Or, que demande Dieu de nous, mes frères? Il veut que nous travaillions à notre sanctification, dit l'Apôtre: *Hœc est voluntas Dei, sanctificatio vestra.* (I *Thess.*, IV, 3.) *Soyez saints*, nous dit-il lui-même, *parce que je suis saint: « Sancti estote, quia ego sanctus sum.»* (*Levit.*, XI, 45.) Remarquez, mes frères, que Dieu ne nous ordonne pas d'imiter ses autres attributs dont les opératinos sont au-dessus de nos forces. Il ne nous dit pas d'être puissants, indépendants comme lui; mais il veut que

(1) Si l'on veut se servir de cette instruction pour la tête de quelque saint particulier, comme d'un patron de paroisse, on fera l'exorde sur les vertus du saint, et ensuite on fera voir que l'intention de l'Eglise dans l'institution de la fête des Saints, a été non-seulement de nous donner des patrons que nous devons invoquer; mais encore des modèles que nous devons imiter: ce que nous ne pouvons faire qu'en marchant comme eux dans la voie de la sainteté.

nous soyons saints, parce que la sainteté n'étant autre chose que l'amour du souverain bien, que la conformité avec la loi éternelle, nous pouvons l'aimer, ce bien souverain, et nous conformer à cette divine loi qui est Dieu même. Voilà la ressemblance que nous pouvons avoir avec Dieu, et qu'il veut que nous ayons avec lui. C'est aussi ce que Jésus-Christ nous recommande dans l'Evangile, quand il nous dit d'être parfaits comme notre Père céleste : *Estote perfecti, sicut Pater vester cœlestis perfectus est.* (*Matth.*, V, 48.) Ce n'est pas, mes frères, qu'il nous soit possible d'égaler la perfection de Dieu, qui est infinie, mais nous devons, autant que notre faiblesse nous le permet, aspirer à un état de sainteté et de perfection, qui nous rende par participation ce que Dieu est par nature, c'est-à-dire, qui rende nos volontés conformes à la sienne.

Ce n'est aussi que par cette voie que nous pouvons atteindre à la fin que Dieu s'est proposée en nous donnant l'être. Quelle est cette fin? sa gloire et notre bonheur. Ce n'est pas pour être heureux selon le monde; ce n'est pas pour y posséder des richesses, des postes avantageux, mais pour vous sanctifier, et en vous sanctifiant, mériter un bonheur souverain, que vous avez été créés. C'est pour cela que Dieu vous a donné, et qu'il vous donne encore tous les secours dont vous avez besoin dans l'ordre de la nature et de la grâce. C'est pour sanctifier le monde qu'il a envoyé son Fils sur la terre. Si ce Fils adorable est né dans une étable, s'il est mort sur une croix, c'est pour mériter aux hommes les grâces qui leur sont nécessaires pour devenir saints; s'il ressuscite, c'est pour notre justification, dit l'Apôtre; s'il envoie son Saint-Esprit, c'est pour répandre dans nos cœurs l'amour de la sainteté : *Charitas diffusa est in cordibus nostris per Spiritum sanctum.* (*Rom.*, V, 5.) En un mot, mes frères, tous les mystères de notre sainte religion se sont opérés, et tous les sacrements de l'Eglise ont été institués pour la sanctification de l'homme; c'est donc la volonté de Dieu que nous soyons saints : *Hæc est voluntas Dei, sanctificatio vestra.* Jésus-Christ a plus fait, mes frères; il a non-seulement mérité aux hommes les grâces de sainteté, mais il leur a servi de modèle pour l'acquérir; il s'est rendu semblable à nous pour nous rendre semblables à lui; la sainteté de Dieu, qui était éloignée de nous, s'en est, pour ainsi dire, rapprochée, en s'unissant à notre nature, afin de nous donner dans cette nature sanctifiée par la Divinité, des exemples palpables de sainteté. En effet, si l'Homme-Dieu a vécu dans un entier détachement des biens, des honneurs du monde; s'il a embrassé la pauvreté, les humiliations, les souffrances et la croix, était-ce, mes frères, pour ses propres besoins qu'il en usait ainsi? Non, il ne voulait que nous frayer par ses exemples la voie de la sainteté. Voulez-vous donc être ses disciples? Marchez sur ses traces; il ne vous reste d'autre parti à prendre pour être saints sur la terre, tranquilles à la mort, et bienheureux dans le ciel.

Et certes, ignorez-vous quelle est votre vocation? ignorez-vous qu'être appelé au christianisme, c'est être appelé à la sainteté? On ne donnait point d'autre nom aux premiers chrétiens, que celui de saints : *Vocatis sanctis.* (*I Cor.*, I, 2.) Et de là, mes frères, que s'ensuit-il? que n'être pas saint, c'est n'être pas chrétien; c'est renoncer à sa vocation, puisque ce n'est pas être disciple de Jésus-Christ.

Cependant, mes frères, il n'y a que la sainteté qui puisse nous rendre solidement heureux; sans elle on ne peut espérer de bonheur, ni en ce monde ni en l'autre, mais avec elle on est heureux pour le temps et pour l'éternité.

En effet, mes frères, représentez-vous l'homme le plus heureux selon le monde, comblé des faveurs de la fortune, élevé au faîte des grandeurs, environné de toutes les commodités de la vie, régnant, si vous le voulez, sur tout l'univers; si cet homme n'est pas saint, s'il n'est pas l'ami de Dieu, s'il est esclave du péché et de ses passions, quel solide plaisir peut-il goûter? Au contraire, de quelles noires inquiétudes, de quels chagrins accablants son âme n'est-elle pas dévorée? Peut-il être jamais en paix avec lui-même, puisqu'il n'y a point de paix pour les impies : *Non est pax impiis.* (*Isa.*, XLVIII, 22.) Il a beau chercher dans ses plaisirs des adoucissements à ses peines, il en sent toujours l'amertume; il en porte tout le poids au milieu même de sa félicité prétendue; sans cesse il entend la voix importune de sa conscience qui lui reproche ses crimes, qui le menace d'un malheureux avenir. En vain voudrait-il se persuader qu'il n'a rien à craindre sur ce que la religion nous enseigne de l'éternité des peines réservées au pécheur; quelque faible que soit sa foi, elle est toujours assez forte pour devenir le supplice de son cœur, et ses incertitudes n'empêcheront jamais qu'il ne voie dans le Dieu qu'il offense un juge inexorable, sévère vengeur du crime.

Mais que la situation d'une âme juste est bien différente, mes frères! qu'elle est bien plus heureuse et plus tranquille! Exempte des reproches et des inquiétudes qui accompagnent une conscience déréglée, elle jouit d'une paix qui surpasse tout ce que les plaisirs du monde ont de plus flatteur. Assurée, autant qu'on peut l'être en cette vie, par le témoignage de sa conscience, qu'elle possède l'amitié de son Dieu, qu'elle est dans l'état de sa grâce, elle trouve dans cette amitié un gage certain du bonheur éternel; elle y trouve un parfait dédommagement de tout ce qu'elle peut souffrir; elle voit sans émotion toutes les révolutions de la vie: l'abaissement des uns et l'élévation des autres; rien de tout cela ne la touche, et ne saurait troubler sa sérénité; elle regarde avec indifférence les plaisirs, les biens, les honneurs du siècle, parce qu'elle n'y voit que vanité, qu'affliction d'esprit : l'abondance et l'indigence lui sont égales; elle sait, comme l'Apôtre, mettre l'une et l'autre à profit pour son salut : *Scio abundare, et penuriam pati.* (*Philip.*, IV, 12.) Ses jours, il est vrai, sont quelquefois traversés par des revers de fortune, par des accidents imprévus, par des dégoûts même qu'elle souffre dans la pratique de la vertu; mais un regard vers le ciel lui fait tout souffrir avec patience, et lui fait surmonter avec courage les obstacles qui se trouvent dans le chemin du salut, parce qu'elle sait qu'elle a affaire à un Dieu fidèle en ses promesses, et magnifique en ses récompenses : elle sait que Dieu se souviendra de ses justices, qu'un bonheur éternel est réservé à la vertu; c'est ce qui la rend heureuse, même dans la vallée de misères, en attendant qu'elle le soit dans l'éternité.

Quel est celui, dit le Roi-Prophète, qui sera digne de demeurer dans le tabernacle du Seigneur, et de reposer sur sa sainte montagne? *Domine, quis habitabit in tabernaculo tuo, aut quis requiescet in monte sancto tuo?* C'est celui, répond le même Prophète, qui marche dans l'innocence, qui remplit les devoirs de son état : *Qui ingreditur sine macula, et operatur justitiam.* C'est celui qui a le cœur droit et sans déguisement, qui est toujours sincère dans ses paroles, qui ne fait jamais tort au prochain, et qui ne souffre pas même qu'on lui en dise du mal. C'est celui, continue-t-il, qui n'a que du mépris pour l'impie, pendant qu'il honore ceux qui craignent le Seigneur, qui garde inviolablement sa foi, qui ne prête point à usure, qui ne se laisse point gagner par les présents pour opprimer l'innocent. Un homme de ce caractère sera à jamais heureux : *Qui facit hæc, non movebitur in æternum.* (*Psal.*, XIV, 1 seqq.) Telles sont les conditions qui caractérisent la vraie sainteté, et auxquelles le bonheur éternel est promis. Mais quel est ce bonheur, mes frères, et qui peut le concevoir? Il n'appartient qu'à vous, heureux prédestinés qui en goûtez les douceurs, de nous dire ce qu'il est. Vous nous diriez avec le grand Apôtre, que *l'œil n'a point vu*, que *l'oreille n'a point entendu*, que *l'esprit de l'homme ne peut comprendre les délices ineffables que Dieu réserve à ceux qu'il aime* (*I Cor.*, II, 9), qu'une seule goutte de ce torrent de délices dont vous êtes inondés, surpasse les plaisirs les plus doux que l'on peut goûter ici-bas; qu'un seul jour passé dans les tabernacles éternels vaut mieux que mille dans les plus magnifiques palais des rois; que le dernier d'entre vous est plus heureux que tous les rois du monde dans les plus beaux jours de leur félicité; que dans ce bienheureux séjour que vous habitez, la charité est la loi qui vous gouverne, la vérité est la lumière qui vous éclaire, l'éternité est la mesure de votre bonheur. Telle est, mes frères, la récompense de la sainteté, la gloire du ciel, le bonheur de Dieu même, c'est-à-dire la possession du souverain bien, capable de remplir tous nos désirs : *Gloria hæc est omnibus sanctis.* (*Psal.*, CXLIX, 9.) C'est un bonheur certain qui ne peut nous manquer, un bonheur universel qui renferme tous les biens, un bonheur éternel qui ne finira jamais. N'y a-t-il pas là, mes frères, de quoi nous animer à devenir saints? Ah! laissons aux amateurs du siècle tous les biens et les plaisirs de la terre qui ne font que passer, pour porter nos désirs vers des biens, des plaisirs qui sont plus dignes de nous. Ne nous mettons pas en peine d'être riches, heureux, estimés dans ce monde; pourvu que nous soyons saints, nous avons tout gagné. Si nous cherchons la gloire, il n'y en a de véritable, que celle qui accompagne la sainteté, c'est la seule digne de notre ambition : mais par quels moyens pouvons-nous parvenir à la sainteté?

DEUXIEME POINT.

Il faut d'abord supposer un principe incontestable, que Dieu, qui veut notre sanctification, nous donne toutes les grâces nécessaires pour en venir à bout. Car il est de la foi que nous ne pouvons rien sans la grâce de Dieu, et que Dieu ne nous commande rien d'impossible. Nous sommes donc sûrs d'avoir du côté de Dieu tous les moyens qui nous sont nécessaires pour devenir saints, sans quoi il nous commanderait l'impossible, ce qu'on ne peut penser d'un Dieu aussi juste et équitable que celui que nous servons. A qui tient-il donc, mes frères, que vous ne soyez saints? il ne tient qu'à vous-mêmes ; votre sort est entre vos mains, votre bonheur dépend de vous. Pour vous en convaincre, suivez le raisonnement que j'ai à vous faire : S'il vous était impossible d'être saints, cette prétendue impossibilité viendrait ou du côté des obstacles qu'il faut surmonter, ou des devoirs qu'il faut remplir pour le devenir. Or je soutiens que vous n'avez point d'obstacles insurmontables, point de devoirs impraticables pour acquérir la sainteté. La seule preuve que j'ai à vous donner de ces deux propositions, c'est l'exemple des saints. Les saints ont eu les mêmes obstacles que vous, et de plus grands encore que vous n'en avez : vous n'avez pas des devoirs plus difficiles à remplir que les saints en ont eus pour se sanctifier ; vous pouvez donc comme eux être saints.

Quels obstacles, mes frères, pourriez-vous alléguer qui vous empêchent de devenir saints? Ces obstacles ne peuvent venir que du côté de vous-mêmes, ou des causes étrangères; du côté de vous-mêmes, ce sont vos faiblesses, vos mauvais penchants, vos habitudes vicieuses, les péchés que vous avez commis et dont il faut faire pénitence. Voilà, dites-vous, ce qui rend la sainteté impraticable ou du moins très-difficile à acquérir. Comment se sauver, dites-vous? il faut pour gagner le Ciel toujours se faire violence, toujours combattre contre soi-même, réprimer ses inclinations les plus chères, renoncer à tout ce qui flatte les passions cela est trop difficile : il faudrait n'en point avoir, n'être pas composé d'une nature aussi corrompue que la nôtre. A ces prétextes qu'ai-je à répondre, mes frères, et comment devez-vous vous-mêmes les détruire? par l'exemple des saints. Vous dites que vous êtes faibles, que vous avez des passions à combattre pour être saints! Mais pensez-vous que les saints n'étaient pas faibles comme vous, composés de même nature que vous, sujets aux mêmes passions que vous? oui sans doute ils l'étaient; ils n'ont pas été saints pour avoir été exempts de faiblesse, de passions; mais pour avoir triomphé de leur faiblesse, pour avoir combattu leurs passions, pour avoir même fait servir leur faiblesse, leurs passions à leur sainteté. Comment cela, mes frères? ils se sont humiliés à la vue de leur faiblesse, ils ont corrigé ce qu'il y avait de défectueux dans leurs passions, en leur faisant changer d'objet. Ainsi sainte Madeleine, qui avait la passion d'aimer, tourna son cœur vers l'objet seul digne de son amour; ainsi saint Paul, qui avant sa conversion était transporté de colère et de fureur contre les disciples de la religion de Jésus-Christ, changea cette colère en zèle pour la gloire de cette sainte religion. Voilà, mes frères, ce que vous pouvez et ce que vous devez faire pour devenir saints. Vous avez des faiblesses; humiliez-vous devant Dieu; par là vous tirerez le bien du mal: vous avez des passions, combattez-les, corrigez-les, en les sevrant des objets qui vous sont défendus, et en les tournant vers ceux que vous devez rechercher.

Il est, dites-vous, difficile de résister à ses inclinations, de réprimer ce mauvais penchant. Mais les saints n'ont-ils pas eu la même difficulté que vous, la même violence à se faire que vous: pourquoi ne feriez-vous pas ce qu'ils ont fait? *Non poteris quod isti et istæ?* C'était l'argument dont saint Augustin se servait pour combattre contre lui-même; il sentait la difficulté qu'il y avait de renoncer au monde et à ses plaisirs, de rompre les liens qui l'attachaient aux créatures; mais d'autres, se disait-il à lui-même; ont bien surmonté ces difficultés, se sont bien fait violence, et sont venus à bout de se sanctifier par la victoire qu'ils ont remportée sur leurs passions; pourquoi n'en ferais-je pas autant qu'eux? étaient-ils plus intéressés que moi, et ne suis-je pas aussi intéressé qu'eux à devenir saint? *Non poteris quod isti et istæ?*

Ne dites donc pas, mes frères, que ces heureux prédestinés dont on vous propose les exemples étaient des gens parfaits, étaient des saints; qu'ils pouvaient bien faire des choses que vous ne faites pas. Ainsi vous convenez que la pratique de la vertu vous serait plus aisée, si vous étiez saints: mais est-ce que vous ne voulez pas le devenir? et si à la mort vous ne l'êtes pas, que serez-vous un jour? des réprouvés. Car il n'y a point de milieu: il faut vous résoudre à régner éternellement avec les saints dans le ciel, ou à souffrir éternellement avec les réprouvés dans les enfers.

Mais, dites-vous, les saints n'avaient pas tant commis de péchés que moi; la multitude de mes péchés m'effraye, et m'ôte l'espérance de pouvoir jamais entrer dans le ciel.

Il est vrai, mes frères, que le grand nombre des saints a vécu dans l'innocence, qu'ils ont fui tous les péchés plus que la mort, qu'ils en ont évité les occasions, qu'ils n'ont jamais été infectés de la contagion du monde, qu'ils en ont méprisé les biens et les plaisirs. Mais combien parmi eux ont commis les mêmes péchés que vous? Ils en ont fait pénitence, ils en ont obtenu le pardon; ils ont persévéré dans la grâce. C'est ce qui les a faits saints. La pénitence leur a ouvert le ciel que le péché leur avait fermé, et voilà, mes frères, le moyen qui vous reste pour vous assurer le même bonheur. Quelques péchés que vous ayez commis, faites-en pénitence; mais une pénitence sincère, une pénitence durable, qui vous préserve de nouvelles chutes, qui vous fasse persévérer jusqu'au dernier soupir dans la grâce de Dieu, et vous serez du nombre des saints.

Je dis plus: l'exemple des saints est encore pour nous une preuve que tout ce que les tentations, les occasions, les dangers de l'état et de la condition, peuvent mettre d'obstacles au salut, deviendra, si vous le voulez, une voie de sanctification et un sujet de mérite. Il est des tentations, il est vrai, qui nous détournent des sentiers de la justice, mais quelles tentations? Ce sont de celles où vous succombez, car au contraire celles auxquelles vous résistez contribuent à votre salut par la victoire que vous remportez sur vos ennemis. Les saints ont été tentés comme vous, et même plus que vous; l'ennemi les a suivis jusque dans les solitudes les plus impénétrables, mais ils se sont munis des armes de Dieu pour le vaincre, la prière, la vigilance sur eux-mêmes; employez les mêmes moyens, et vous serez vainqueurs des tentations, et vous vous sanctifierez par cette victoire.

Vous êtes, dites-vous, exposés à mille occasions de vous perdre; mais ces occasions auxquelles vous êtes exposés, vous sont-elles volontaires, pouvez-vous les fuir? Ah! s'il ne tient qu'à vous de les éviter, pourquoi donc vous y livrer vous-mêmes? Les saints tremblaient quand le hasard ou la nécessité les exposaient à quelque occasion dangereuse qui n'était même qu'éloignée pour eux; ils prenaient toutes les précautions pour se garantir du danger ou par la fuite ou par la vigilance sur eux-mêmes; et vous prétendez vous sauver en vous exposant témérairement dans l'occasion prochaine d'offenser Dieu, en fréquentant des maisons, des personnes qui sont un écueil à votre vertu. Vous vous trompez grossièrement, la témérité n'a jamais fait des saints; il est impossible de l'être quand on est sans précaution; ainsi, ne vous flattez pas, il faut fuir l'occasion, si vous le pouvez, ou si vous ne le pouvez pas, il faut la rendre éloignée: priez Dieu de vous soutenir, veillez sur vous-mêmes et vous ne succomberez pas. Quoi! mes frères, tandis que les saints, pour échapper aux dangers des occasions, se sont retirés dans les déserts les plus affreux, vous ne pourrez pas vous résoudre à quitter une mauvaise compagnie, une personne qui vous perd? Ne dites donc pas que vous ne pouvez être saints, mais dites plutôt que vous ne le voulez pas. Il est difficile, j'en conviens, de se sanctifier parmi les dangers du monde, de résister aux charmes des plaisirs, de ne pas succomber sous la force du respect humain. Mais les saints n'ont-ils pas renoncé à tous les plaisirs du monde? Ne se sont-ils pas mis au-dessus des respects humains? n'ont-ils pas méprisé les discours des hommes, pour s'attacher uniquement à la loi de Dieu?

Ah! mes frères, les saints ont eu bien d'autres combats à soutenir que vous; ils ont été mis à de bien plus rudes épreuves que vous. Ce n'était pas seulement aux railleries, aux mépris des hommes qu'ils étaient exposés; mais c'était, dit le grand Apôtre, les fouets, les fers, les supplices et la mort qu'il fallait souffrir : *Sancti ludibria et verbera experti.* (*Hebr.*, X, 36.)

Grâce au Ciel, nous ne sommes plus dans ce temps de persécutions, où l'on répandait le sang des chrétiens; on ne fait plus à la religion ces guerres sanglantes que l'on faisait autrefois, dit saint Chrysostome : *Non intentantur nobis bella;* au contraire, nous sommes dans un temps où nous voyons la religion sur le trône; on ne nous dit plus de donner notre vie pour sa défense : *Nulli nostrum dicitur, Pro me morere;* mais on nous dit seulement de sacrifier nos passions, de réprimer ces désirs que nous avons pour les biens, les plaisirs du monde : *Desideria tantum occide.* Pouvez-vous après cela, mes frères, vous plaindre qu'il vous est impossible ou même difficile de vous sanctifier, en voyant ce qu'il en a coûté aux saints, et le peu qu'on vous demande pour le devenir?

J'ajoute qu'il y a eu des saints dans le même état que vous, occupés des mêmes affaires que vous. Il y a eu des saints dans l'état des richesses, et dans celui de la pauvreté; des saints qui ont été sur le trône, d'autres qui ont vécu dans l'obscurité; des saints qui ont été dans le mariage, d'autres dans le célibat, en un mot, des saints de tout état, de toutes les conditions qui sont dans le monde : donc il n'y a point d'état incompatible avec la sainteté. Comment donc se sanctifier dans les différents états de la vie? En vivant comme les saints y ont vécu : les saints qui ont été riches, qui ont été en autorité, se sont servis de leurs richesses pour amasser des trésors dans le ciel, en soulageant les pauvres; ont employé leur autorité à réprimer les désordres, à rendre la justice, à faire glorifier Dieu par ceux qui leur étaient soumis. Voilà ce que vous devez imiter dans les saints, vous que Dieu a élevés au-dessus des autres, vous qu'il a favorisés des biens de la fortune. Les saints qui ont été pauvres se sont sanctifiés par la patience, par la résignation à la volonté de Dieu, par un saint usage des afflictions. Et voilà ce que vous devez faire, vous qui êtes réduits dans un état d'indigence et de misère. Votre état même, selon l'oracle de Jésus-Christ, vous donne un droit particulier au royaume des cieux; c'est à vous spécialement que ce royaume est promis : *Beati pauperes spiritu, quoniam ipsorum est regnum cœlorum.* (*Matth.*, V, 3.) Souffrez patiemment et vous serez saints.

Vous qui êtes engagés dans le mariage, imitez les saints qui ont vécu dans cet état. Il y a eu des hommes vertueux qui se sont sanctifiés avec des femmes infidèles et vicieuses, comme aussi il y a eu des femmes vertueuses qui se sont sanctifiées avec des hommes infidèles et débauchés, comme sainte Monique. Ne vous plaignez donc pas que vous ne pouvez pas vous sanctifier avec votre mari, avec votre épouse; les défauts des uns et des autres peuvent contribuer à votre sanctification par les occasions que vous avez d'exercer la charité, la patience et les autres vertus chrétiennes. Enfin, mes frères, il y a eu des saints de toute profession, les uns dans l'embarras des affaires, les autres occupés à l'agriculture, comme saint Isidore; les uns qui ont commandé en maîtres, d'autres qui ont obéi comme domestiques : il y a eu des saints dans les villes et les campagnes; saint Joseph s'est sanctifié dans sa profession d'artisan; sainte Geneviève en gardant des troupeaux. Mais comment ces saints ont-ils fait pour gagner le ciel? Ils n'ont pas fait autre chose que ce que vous faites tous les jours. Ils n'ont pas quitté leur emploi, leur profession; mais ils ont fait pour Dieu ce que vous ne faites souvent que pour le monde et pour votre intérêt.

Pratiques. — Il ne s'agit donc pas, mes frères, de faire de grandes choses pour être saints. La sainteté n'a rien d'impraticable dans ses devoirs; fuyons le péché, faisons de bonnes œuvres : *Declina a malo et fac bonum* (*Psal.* XXXVI, 27); voilà l'unique moyen d'arriver au ciel. Vous est-il impossible, par exemple, à vous, jureurs, de mettre un frein à votre langue, pour vous abstenir de ces jurements, de ces imprécations qui vous sont si fréquentes? Vous est-il impossible, à vous, impudiques, d'éloigner de vos esprits ces pensées déshonnêtes, de bannir de vos cœurs ces désirs grossiers auxquels vous vous laissez aller, de rompre ces commerces criminels que vous entretenez avec des personnes que vous ne devez pas voir? Vous est-il impossible à vous, ivrognes, de ne pas fréquenter les lieux de débauches, de ne pas vous livrer aux excès du vin qui vous font perdre la raison? Vous est-il impossible à vous, injustes usurpateurs du bien d'autrui, de ne pas vous emparer de ce qui ne vous appartient pas, et de restituer ce que vous avez mal acquis? Pécheurs, qui que vous soyez, vous sauriez fuir les occasions du péché, s'il s'agissait d'une fortune temporelle, de gagner un bien fragile ; pourquoi ne le feriez-vous pas pour avoir un royaume éternel, pour être du nombre des saints ?

Que faut-il encore pour être saint? il faut faire le bien, *et fac bonum*, c'est-à-dire garder les commandements de Dieu, pratiquer les vertus chrétiennes. Dieu ne vous demande pas, mes frères, de faire des miracles : c'est par leurs vertus, et non par les prodiges qu'ils ont opérés, que les élus se sont sanctifiés ; ou plutôt le grand miracle qu'ils ont fait, c'est d'avoir constamment pratiqué la vertu, et mérité le ciel par la sainteté de leur vie.

Soyez fidèles à vos devoirs, dit saint Chrysostome, et vous aurez fait un miracle qui vous fera saints : *Virtutis curam habeas, et miracula patrasti.* Si vous changez votre avarice en libéralité, et que vous ouvriez votre main pour répandre vos aumônes dans le sein des pauvres, vous avez guéri une main sèche et immobile, *siccam manum sanasti* ; si, au lieu d'assister aux spectacles et aux compagnies des mondains, vous allez visiter Jésus-Christ dans son temple ou dans ses membres souffrants, vous avez fait le miracle de faire marcher droit un boiteux : *Claudicanti pede incolumitatem restituisti.* Si vous détournez vos yeux d'un objet dangereux pour la pureté, vous avez éclairé un aveugle : *Cæcum illuminasti.* Si au lieu des chansons profanes, des paroles obscènes que vous prononciez, vous employez votre langue à chanter les louanges du Seigneur, vous avez fait le miracle de faire parler un muet ; voilà, mes frères, conclut le saint Docteur, les miracles que Dieu demande de vous : ce sont vos vertus, ce sont vos bonnes œuvres.

Vous pouvez donc être saints sans quitter votre emploi, votre famille, vos affaires : vivez comme les saints du même état que vous ont vécu. Le royaume de Dieu est au dedans de vous ; il est à votre portée ; il ne faut pas l'aller chercher bien loin. Accomplissez en tout la volonté de Dieu et je vous réponds que vous serez du nombre des saints.

Chrétiens qui m'écoutez, sera-t-il dit que vous ne serez pas de ce nombre fortuné?

Ah! nous sommes tous les enfants des saints, invoquons-les pour obtenir la grâce de les imiter. Invoquons celui dont nous portons le nom ; choisissons-en un chaque mois pour protecteur. Proposons-nous pour modèles ceux qui ont vécu dans le même état que nous ; c'est le moyen de régner un jour avec eux dans la gloire.

PRONE III.

Pour le temps de l'Avent (1).

SUR LE PREMIER AVÉNEMENT DU FILS DE DIEU OU SUR LE MYSTÈRE DE L'INCARNATION.

Veniet fortior me post me, cujus non sum dignus solvere corrigiam calceamentorum ejus. (*Luc.*, III, 16.)

Il en vient un après moi qui est plus puissant que moi, dont je ne suis pas digne de délier la courroie des souliers.

Nous ne pouvons mieux, mes chers frères, employer le saint temps de l'Avent que nous commençons aujourd'hui, qu'en nous occupant avec l'Eglise de l'avénement du Fils de Dieu sur la terre ; tel est l'objet que cette sainte Mère propose à nos réflexions pendant ce saint temps, soit dans les Offices qu'elle célèbre, soit dans les instructions qu'elle nous fait.

Or, il faut distinguer deux sortes d'avénement du Fils de Dieu : l'un qui a fait paraître sa miséricorde, et qui doit nous donner de la confiance ; l'autre qui manifestera sa justice, et qui doit nous inspirer de la crainte. Le premier a paru dans le mystère de l'Incarnation, où le Fils de Dieu s'est fait homme pour nous sauver. Le second se fera à la fin du monde où ce même Fils de Dieu fait homme viendra pour nous juger. C'est de ce premier avénement du Fils de Dieu dans le mystère de l'Incarnation que saint Jean-Baptiste rend témoignage, lorsqu'en parlant de Jésus-Christ, il dit qu'il en vient un après lui, qui a été avant lui, qui est plus puissant que lui, dont il n'est pas digne de délier la courroie des souliers : *Veniet fortior me*, etc. ; car en disant que Jésus-Christ a été avant lui, qu'il est plus puissant que lui, il confesse par là sa divinité ; et en ajoutant qu'il vient après lui, il exprime la génération temporelle de son humanité ; par là il déclare que Jésus-Christ est Dieu et Homme tout ensemble, par l'union qui s'est faite en lui de la nature divine avec la nature humaine ; qu'il est par conséquent le Messie attendu depuis tant de siècles, le Désiré des nations, le Sauveur du monde. Témoignage de saint Jean, qui était d'autant plus capable de persuader aux Juifs la venue du Messie en la personne de Jésus-Christ, qu'il partait d'un homme que l'on prenait pour le Messie lui-même, et qui, refusant cette auguste qualité pour l'attribuer à Jésus-Christ, devait sans doute être cru sur sa parole. Cet avénement du Fils de Dieu dans le mystère de l'Incarnation devait être, mes frères, le sujet continuel de nos réflexions, puisqu'il est le fondement de notre religion et de nos plus solides espérances ; c'est pour en rappeler le souvenir aux fidèles, que l'Eglise a spécialement destiné le saint temps de l'Avent. C'est pour ce sujet qu'elle met dans la bouche de ses ministres les discours que saint Jean-Baptiste faisait au peuple pour le

(1) Comme le temps de l'Avent est un temps destiné par l'Eglise à honorer le mystère de l'Incarnation du Fils de Dieu, il est à propos de faire dès le commencement une instruction sur ce sujet ; ce que l'on pourra faire le premier ou second Dimanche.

disposer à la venue du Rédempteur. Entrons, mes frères, dans les vues de cette sainte Mère; tâchons de pénétrer autant que la foi nous le permet la profondeur de ce mystère, pour y découvrir l'excès d'amour qu'un Dieu nous y témoigne : mais ne nous arrêtons pas à une stérile spéculation : efforçons-nous de montrer à notre Dieu que nous concevons toute la reconnaissance que mérite de notre part un si grand amour. Quel a été donc l'amour de Dieu pour les hommes dans le mystère de l'Incarnation? Premier point. Quel doit être notre amour pour un Dieu incarné? Second point. Ce mystère s'accomplit, quand l'Ange du Seigneur adressa à la très-sainte Vierge le salut que les prédicateurs ont accoutumé de lui adresser : *Ave, Maria*, etc.

PREMIER POINT.

Le Fils de Dieu égal en tout à son Père, Dieu de toute éternité comme lui, qui, sans cesser d'être ce qu'il était, est devenu ce qu'il n'était pas, c'est-à-dire un homme semblable à nous, composé de même nature que nous, et qui se nomme Jésus-Christ: je le répète, mes frères, c'est là ce que nous appelons l'Incarnation du Verbe; mystère caché en Dieu avant les siècles, dit l'apôtre saint Paul (I *Tim.*, III, 16), qui s'est manifesté en notre chair, qui a été vu des anges, prêché aux nations, qui a été prédit par un grand nombre de prophéties contenues dans des livres qui nous ont été transmis par les Juifs ennemis de notre religion : lesquelles prophéties, de l'aveu même des païens, se sont vérifiées à la lettre dans la personne de Jésus-Christ, et dont l'accomplissement a été confirmé par une infinité de miracles de cet Homme-Dieu et de ses disciples; miracles qui ont persuadé aux plus grands génies du monde et à toutes les nations de la terre la vérité de sa doctrine, la divinité de sa mission. Vous êtes, mes frères, pleinement convaincus de ce grand mystère, vous faites profession de le croire : sans nous arrêter donc à de plus grands raisonnements, entrons dans cet abîme de charité que Dieu a manifesté aux hommes; car c'est là, dit le même Apôtre, que la bonté et l'amour de notre Sauveur ont véritablement paru : *Apparuit humanitas et benignitas Salvatoris nostri.* (*Tit.*, III, 4.) Mais quelle bonté, quel amour! c'est l'amour le plus compatissant et le plus généreux : amour le plus compatissant, qui l'a engagé à nous délivrer des malheurs où le péché nous avait réduits; amour le plus généreux, qui l'a porté à tout sacrifier pour notre délivrance. Oui, mes frères, les maux dont Jésus-Christ nous a délivrés, nous prouvent la tendresse de son amour, comme le prix qu'il a donné pour notre rançon nous fait assez connaître la générosité de son amour.

Pour nous convaincre de l'immense charité de notre Dieu pour les hommes dans le mystère de l'Incarnation, rappelons pour un moment le triste état où le péché nous avait réduits. La foi nous apprend que le premier homme, en péchant, ne perdit pas seulement pour lui, mais encore pour tous ses descendants, la justice originelle et les autres avantages dont il jouissait dans l'état d'innocence : comme Dieu avait mis notre sort entre ses mains, et que notre bonheur dépendait de sa fidélité à garder le commandement que le Seigneur lui avait fait, sa chute fut la cause de notre malheur; sa prévarication nous donna le coup de la mort, en nous privant de la vie de la grâce que Dieu nous avait donnée en sa personne, par sa pure miséricorde et par un effet de sa sagesse : dès lors devenus enfants de colère, le ciel nous fut fermé, et nous fûmes condamnés à la mort, et aux autres misères qui accompagnent la triste condition des hommes. C'est là ce funeste péché d'origine qui est entré dans le monde par un seul homme, qui nous fait mourir avant que de naître, qui a effacé les beaux traits de divinité qui étaient gravés dans notre âme, pour y placer l'image du démon; c'est là cette plaie profonde qui a eu besoin d'un médecin aussi charitable que celui qui l'a lavée dans son sang : *Lavit nos a peccatis in sanguine suo.* (*Apoc.*, I, 5.) Car enfin, mes frères, que serions-nous devenus, si Dieu, touché de nos misères, ne nous avait tendu sa main pour nous tirer de l'abîme où nous étions tombés? Privés du droit que nous avions au céleste héritage, nous ne pouvions de nous-mêmes le recouvrer, parce que c'était un don de Dieu qui dépendait de sa miséricorde, et qu'il pouvait ne pas nous rendre : mais ce qui mettait le comble à notre misère, c'est qu'au péché d'origine qui nous avait fermé le ciel, nous avions ajouté, par le mauvais usage de notre liberté, un grand nombre de péchés actuels, qui nous auraient fait condamner aux enfers, pour y souffrir avec les démons les supplices les plus affreux. O triste et malheureuse condition des hommes! elle eût été désespérante, s'ils eussent manqué de ressource dans leur infortune!

Mais, grâces infinies en soient à jamais rendues à la miséricorde de notre Dieu qui nous a visités dans nos misères, et nous a rachetés de l'esclavage : *Visitavit et fecit redemptionem plebis suæ.* (*Luc.*, I, 68.) Sans avoir besoin de nous, il nous a recherchés le premier : c'était à nous à faire les premières démarches; mais nous ne pouvions faire un pas pour aller à lui. Il a donc eu égard à notre impuissance; il nous a tendu la main pour nous relever, il a détruit le mur de séparation que le péché avait mis entre nous et lui : ce médecin charitable est venu lui-même auprès de son malade, dit saint Bernard; ce bon pasteur a couru après sa brebis égarée pour la délivrer de la fureur du loup infernal; ce tendre Père est allé au devant de cet enfant prodigue, l'a reçu dans son amitié, l'a rétabli dans les droits qu'il avait perdus. Déjà la grâce de la réconciliation nous est offerte : affranchis de l'esclavage du démon, nous recouvrons la liberté des enfants de Dieu; délivrés des horreurs de la mort, nous reprenons une nouvelle vie: en un mot, le ciel, notre chère patrie, nous est ouvert; nos places y sont assurées : tels sont, mes frères, les fruits admirables de l'Incarnation d'un Dieu; tels sont les effets de son amour compatissant, puisque c'est pour nous délivrer de nos misères qu'il a opéré ce grand mystère. C'est pour nous racheter et nous rendre la vie, dit saint Paul (*Gal.*, IV, 4), que le Père céleste a envoyé son Fils dans la plénitude des temps prendre naissance d'une femme; c'est pour nous sauver que ce Fils adorable est descendu du trône de sa gloire, qu'il s'est anéanti pour nous : ***Qui propter nos homines et propter nostram salutem descendit de cœlis;*** et c'est ici que nous devons reconnaître la générosité de l'amour de Dieu dans ce mystère, par le prix qu'il donne pour notre rançon.

En effet, ce Seigneur, dont les miséricordes sont infinies, ne pouvait-il pas pardonner à l'homme son péché par une grâce toute pure et le rétablir dans ses droits sans aucune satisfaction; ou du moins se contenter d'une satisfaction moins noble et moins parfaite que celle qu'il a reçue dans ce mystère? Oui, sans doute, il le pouvait; maître de ses droits, il ne tenait qu'à lui de s'en relâcher, sa miséricorde aurait éclaté en cela, mais sa justice n'aurait pas été satisfaite. Cependant la justice de Dieu demandait une satisfaction égale à l'offense qu'elle avait reçue: et comme l'offense était infinie, il fallait une victime d'un prix infini pour réparer l'injure faite à la divine majesté. Or qui pouvait, mes frères, donner à la justice de Dieu cette satisfaction qu'elle exigeait en rigueur? Il n'y avait que les mérites de Jésus-Christ, parce qu'il était Dieu; et si la miséricorde de Dieu n'était venue au secours de l'homme pour lui fournir de quoi s'acquitter, en vain l'homme aurait-il cherché en lui-même et dans ses vertus de quoi payer ses dettes, il n'y trouvait que faiblesse et impuissance; il y trouvait bien la source de son mal, mais non pas le remède pour le guérir; son infinie bassesse, qui rendait son offense infinie, déprisait par là même ses mérites : ***Non dabit Deo placationem suam.*** (*Psal.* XLVIII, 8.) En vain aurait-il eu recours aux autres créatures pour trouver dans leurs mérites de quoi s'acquitter envers la divine justice; toutes les vertus des anges et des hommes n'auraient jamais eu de proportion avec l'offense faite à Dieu par l'homme pécheur : ***Frater non redimit.*** (*Ibid.*) Aussi serait-il toujours demeuré insolvable; il fallait donc pour une juste compensation de l'injure faite à la divine majesté, que Dieu lui-même se chargeât de la cause de l'homme pour se faire à ses propres dépens la réparation qu'il demandait, et pour épargner à l'homme criminel les coups dont il était menacé. Cependant comme c'était l'homme qui avait péché, et que Dieu par sa nature est incapable de souffrir et de mourir, il fallait, dit saint Augustin, que la victime qui devait expier le péché fût tirée de la nature humaine : ***Peccatum adeo tantum erat, ut illud solvere non haberet nisi homo.*** Mais comme il n'y avait que Dieu qui pût donner aux souffrances de l'homme les mérites et la dignité qui leur étaient nécessaires, il fallait, conclut ce Père, que cette victime fût Dieu et homme tout ensemble : ***Ita opus erat ut idem esset homo qui erat Deus.*** Or c'est là, mes frères, l'incomparable moyen que la miséricorde de Dieu a fourni à l'homme pécheur dans le mystère de l'Incarnation, pour payer la dette dont il était chargé; c'est par l'alliance admirable de la nature divine avec la nature humaine dans la personne de Jésus-Christ, que la miséricorde et la justice se sont rencontrées, comme dit le Prophète : ***Misericordia et veritas obviaverunt sibi.*** (*Psal.* LXXXIV, 11.) L'une et l'autre ont eu leurs droits; la miséricorde a pardonné l'homme coupable, et la justice a été vengée; ainsi la terre a été réconciliée avec le Ciel, l'homme avec Dieu. N'est-ce pas là, mes frères, de la part de Dieu, la preuve de l'amour le plus libéral et le plus généreux envers les hommes; et ne semble-t-il pas que dans ce mystère les trois adorables personnes de la sainte Trinité aient voulu, pour ainsi dire, se prodiguer, s'épuiser en faveur de l'homme pécheur? Quand elles résolurent dans leur adorable conseil de le tirer du néant : *Faisons*, dirent-elles, *l'homme à notre image et à notre ressemblance : « Faciamus hominem ad imaginem et similitudinem nostram. »* (*Gen.*, I, 26.) Mais pour cela qu'en coûta-t-il? une parole, un souffle de vie dont Dieu anima un peu de terre; voilà l'homme formé : et pour le racheter, il en coûte au Père éternel un Fils unique, l'objet de ses complaisances; il n'avait que ce Fils, dit l'apôtre, et il a tellement aimé le monde qu'il l'a donné pour le racheter : ***Sic Deus dilexit mundum, ut Filium suum unigenitum daret.*** (*Joan.*, III, 16.) Pesons la force et l'énergie de ces paroles: Dieu qui n'avait nul besoin de l'homme, Dieu outragé par l'homme, a eu tant d'amour pour cette vile créature, qu'il lui a livré, abandonné, non un de ses anges, mais son Fils unique, égal en tout à lui-même, vrai Dieu, engendré d'un vrai Dieu, l'objet de ses délices éternelles; et pourquoi l'a-t-il donné? Pour être sacrifié, immolé pour le salut de ce même homme. Quel excès d'amour? le concevez-vous, mes frères, ***Sic Deus dilexit mundum.*** Ce Fils adorable, pour obéir à la volonté de son Père, s'est offert de plein gré à être la caution de l'homme hors d'état de satisfaire à la justice divine; s'est chargé de nos iniquités, s'est abaissé, anéanti jusqu'à prendre la forme d'un esclave : ***Exinanivit semetipsum formam servi accipiens.*** (*Philipp.*, II, 7.) Dans cet état, il s'est offert à la justice de son Père pour être l'anathème et la victime d'expiation pour les péchés de l'homme. Vous n'avez point voulu, dit-il à son Père, les sacrifices que les hommes vous présentaient; vous avez rejeté leurs victimes comme incapables de vous satisfaire; mais vous m'avez formé un corps, me voici, je viens, je suis prêt: *Dixi, Ecce venio.* (*Psal.* XXXIX, 6, 7; *Hebr.*, X, 5-7.) Déjà je me destine à être l'objet de votre colère et de la fureur de mes ennemis; c'est sur moi que vous déchargerez les coups que les hommes ont mérités; je me mets à leur place, vengez-vous aux dépens de ma vie, ne m'épargnez pas, mais pardonnez-leur: *Ecce venio.* Excès de l'amour d'un Dieu pour les hommes! A peine, dit l'Apôtre, trouverait-on quelqu'un qui voulût mourir pour le juste: *Vix pro justo quis moritur.* (*Rom.*, V, 7.) Combien grande n'a donc pas été la charité de notre Dieu qui s'est offert à la mort pour des hommes pécheurs? Quel admirable genre de remèdes, dit saint Augustin, que le médecin lui-même se soit fait malade pour guérir ses malades! Qu'un Dieu s'abaisse pour élever l'homme, qu'il se fasse pauvre pour l'enrichir, qu'il se rende semblable à l'homme pour rendre l'homme semblable à lui; n'est-ce pas là, encore une fois, la preuve de l'amour le plus généreux? Ne fallait-il pas que l'Esprit-Saint, qui est tout amour, présidât à un si grand ouvrage? Les anges et les hommes auraient-ils jamais imaginé un pareil projet? et si Dieu nous avait permis de lui demander notre rançon à un si grand prix, aurions-nous jamais osé porter jusque-là nos espérances? C'est là cependant ce qu'il a fait dans le mystère de l'Incarnation. Quel amour! en fut-il jamais et de plus compatissant et de plus généreux? Mais quel doit être le nôtre pour un Dieu incarné? C'est le sujet de la seconde partie

DEUXIÈME POINT.

C'est le propre de l'amour, de ne se payer que par l'amour; plus il inspire de grandes choses en faveur de ceux que l'on aime, plus il a droit d'en attendre. Aimons donc notre Dieu, dit saint Jean (I *Joan.*, IV, 10), puisqu'il nous a aimés le premier d'une manière si tendre et si généreuse dans le mystère de l'Incarnation. Son amour tendre et compatissant nous a délivrés des malheurs où le péché nous avait plongés; son amour généreux l'a sacrifié pour être le prix de notre rédemption; cette immense charité d'un Dieu demande de notre part un amour tendre et reconnaissant qui nous rende sensibles à ses bienfaits, un amour généreux qui nous soumette à ses volontés.

Quelle serait, mes frères, notre reconnaissance pour un riche de la terre, pour un puissant du monde qui nous aurait délivrés des fers, qui par son crédit nous aurait épargné une mort honteuse et cruelle? que serait-ce, si ce riche, ce puissant du monde s'était lui-même chargé de nos fers pour nous mettre en liberté, s'il s'était offert à la mort pour nous conserver la vie? Que serait-ce, si le fils d'un roi de la terre eût apaisé par sa mort la colère d'un père? Oublierions-nous jamais un libérateur aussi bienfaisant? Mais que dis-je! quand ce ne serait qu'à un homme semblable à nous, au dernier même des hommes que nous serions redevables de la liberté ou de la vie, cet homme ne nous deviendrait-il pas aussi cher qu'un autre nous-même, et ne serait-ce pas être coupable de la plus noire ingratitude, que de le méconnaître ou de l'oublier?

Or, vous le savez, mes frères, ce n'est pas un homme comme nous, ce n'est ni un grand, ni un roi de la terre; c'est le Fils unique du Très-Haut, le Roi des rois, qui nous a délivrés, non des prisons où la justice des hommes renferme les coupables, mais de l'esclavage du démon et des prisons de l'enfer: non d'une mort temporelle, mais d'une mort éternelle; qui nous a délivrés, non au prix de l'or et de l'argent: *Non in corruptibilibus auro et argento* (I *Petr.*, I, 18), mais au prix de son sang et de sa vie; un cœur insensible à de tels bienfaits n'est-il pas un monstre dont la nature rougit? Lorsque nous lisons dans l'Ecriture (IV *Reg.*, IV) que le prophète Elisée ressuscita le fils de la veuve Sunamite, nous entrons aisément dans les sentiments de reconnaissance dont cette veuve fut pénétrée. Ce prophète, dit le texte sacré, s'ajusta de telle manière sur le corps de l'enfant, que les membres de l'un répondaient à ceux de l'autre; par là il ranima miraculeusement sa chaleur naturelle, le ressuscita, et remplit sa mère de joie: c'est ainsi, mes frères, que par le plus surprenant de tous les miracles, le Verbe de Dieu s'est, pour ainsi dire, raccourci pour nous rendre la vie, comme dit saint Bernard: *Verbum abbreviatum est.* Tout immense qu'il est, il s'est renfermé dans la petitesse d'un enfant; l'immortel s'est rendu sujet à la mort; par ses abaissements il nous a élevés; par sa mort il nous a ressuscités, en sorte que nous sommes plus redevables à la faiblesse dont il s'est revêtu pour nous racheter, qu'à sa toute-puissance qui nous a créés: par sa toute-puissance il nous a donné l'être; mais de quoi nous aurait-il servi de naître, dit saint Ambroise, si nous n'eussions été rachetés: *Non prodesset nasci, nisi redimi profuisset.* De quoi nous aurait servi la vie naturelle, si nous n'eussions reçu celle de la grâce, qui nous rend enfants de Dieu et les héritiers de son royaume?

Béni soit donc à jamais le Dieu des miséricordes, qui a jeté des yeux de compassion sur nos misères! béni soit le charitable Samaritain qui est venu au secours de l'homme blessé par le péché! Ce Dieu Sauveur, après avoir lavé nos blessures dans son sang, nous a rendu les richesses que l'ennemi nous avait enlevées: c'est à sa charité compatissante que nous devons la vie, ne perdons jamais le souvenir de ce bienfait; oublions plutôt notre droite et tout ce que nous avons de plus cher, que d'oublier cette faveur; c'est là, mes frères, ce que la reconnaissance demande de nous; rappeler sans cesse le bienfait inestimable de notre rédemption, en faire tous les jours de notre vie le sujet de nos plus sérieuses réflexions, pour chanter éternellement les miséricordes du Dieu qui nous a affranchis de la puissance de l'enfer, pour nous mettre en possession du royaume de son Fils : *Transtulit nos de potestate tenebrarum in regnum lucis suæ.* (*Coloss.*, I, 13.)

Mais hélas ! qu'il s'en faut bien que les hommes soient occupés comme ils devraient l'être du mystère ineffable qui est le fondement de leur bonheur ! A combien ne pourrait-on pas faire le même reproche que saint Jean-Baptiste faisait autrefois aux Juifs? Le Messie est au milieu de vous, leur disait-il, et vous ne le connaissez pas : *Medius vestrum stetit quem vos nescitis.* (*Joan.*, I, 26.) Le Fils de Dieu, la lumière du monde, est venu pour l'éclairer et dissiper ses ténèbres, et les hommes aveuglés par leurs passions ont fermé les yeux à la lumière; les Juifs se sont scandalisés de sa doctrine, les gentils l'ont traitée de folie, et les chrétiens ne la connaissent pas. Je ne parle point seulement de ces ignorants qui ne savent pas ce que c'est que Jésus-Christ, mais de ces faux sages du siècle qui se font gloire d'être habiles en toute autre science que dans celle du chrétien, et qui s'occupent de tout autre objet; sensibles au plus léger bienfait qu'ils reçoivent des hommes, ils méconnaissent le don de Dieu, et, par une ingratitude sans exemple, ils n'y répondent que par des offenses et des outrages.

Ah ! si nous avions pénétré avec les yeux d'une vive foi cet abîme profond de la charité de Dieu pour les hommes, nous nous en occuperions chaque jour; non contents de nous abandonner aux sentiments de la plus vive reconnaissance, nous les inspirerions aux autres, en publiant partout les miséricordes du Seigneur; nous rendrions amour pour amour à un Dieu qui nous a aimés jusqu'à se sacrifier lui-même pour notre salut; nous lui sacrifierions nos cœurs par une parfaite obéissance à ses lois.

C'est, mes frères, ce qu'il demande comme une récompense de son amour libéral et généreux; il ne demande pas nos biens, il n'en a pas besoin, dit le Prophète, mais il demande nos cœurs; n'est-il pas juste qu'il en soit le maître, puisqu'il les a mérités à si grands frais? Comme la ressemblance produit l'amour, le Fils de Dieu, pour gagner notre cœur, s'est rendu semblable à nous: *In similitudinem hominum factus.* (*Philipp.*, II, 7.) Mais que ne lui en a-t-il pas coûté pour cette ressemblance? Il s'est dépouillé de sa grandeur pour se revêtir de notre bassesse; il a caché la gloire de sa divinité sous les ombres de la faiblesse; il s'est soumis aux ordres les plus rigoureux de son Père, non-seulement jusqu'à paraître, mais jusqu'à être traité comme pécheur chargé de toutes les iniquités du monde; n'est-ce pas là, mes frères, acheter bien chèrement notre amour, et n'a-t-il pas droit d'exiger tout ce que nous sommes, puisque pour l'avoir il a donné tout ce qu'il est, dit saint Bernard : *Totum me exigit qui toto se totum me redemit ?*

Mais en quoi consiste cette intégrité de l'amour que Jésus-Christ nous demande? C'est à lui consacrer tous les mouvements de notre cœur, en sorte qu'il n'y en ait aucun qui ne soit pour lui; c'est à détacher ce cœur de tout objet qui peut lui en disputer la possession, à en bannir le péché et tout ce qui peut être pour nous occasion de péché : c'est à combattre ces inclinations perverses qui nous portent vers la créature, à sacrifier cette passion qui nous domine, ce ressentiment qui nous aigrit; c'est à renoncer à ce bien qui nous charme, à ce plaisir qui nous enchante, à ces engagements criminels qui nous perdent.

Quoi ! serait-il possible qu'un Dieu ait tant fait de démarches pour détruire en nous le règne du péché, et que nous l'y laissions dominer? Serait-il possible qu'il eût brisé nos chaînes, pour nous livrer nous-mêmes de nouveau à l'esclavage ? Serait-il possible qu'il se fût rendu obéissant aux volontés de son Père jusqu'à la mort de la croix, et que nous ne nous fissions aucune violence, et nous ne voulussions rien gagner sur nous, rien sacrifier pour obéir à ses divines lois, et lui donner par là la preuve qu'il demande de notre amour? Serait-il possible, enfin, qu'après qu'un Dieu s'est abaissé jusqu'à nous pour nous élever jusqu'à lui, nous voulussions ramper toujours sur la terre par des affections grossières, indignes d'une âme qui a mérité l'amour d'un Dieu?

Non, Seigneur, il ne sera pas dit que vous ayez tant fait pour gagner mon cœur, et que je vous le refuse; je connais trop, ô mon Dieu, ce que je vous dois, pour ne pas vous abandonner tout ce que je suis. Vous êtes venu sur la terre pour y allumer le feu de votre amour; faites que mon cœur en soit tout embrasé; que, sensible aux traits dont vous l'avez percé, il n'aime que vous dans le temps pour vous aimer dans l'éternité.

Pratiques pour le saint temps de l'Avent.

I. Faites souvent des actes de foi sur le mystère de l'Incarnation.

II. Unissez vos désirs à ceux des patriarches qui demandaient la venue du Messie par les vœux les plus ardents.

III. Adorez le Verbe incarné dans les mêmes sentiments que la sainte Vierge l'adorait, lorsqu'elle le portait dans ses chastes entrailles; faites surtout cet acte d'adoration, lorsque le prêtre se prosterne à la Messe à ces paroles du *Credo :* ET HOMO FACTUS EST.

IV. Remerciez Dieu de vous avoir envoyé son Fils pour vous racheter, et le Fils de s'être incarné pour vous sauver.

V. Récitez l'*Angelus* à genoux toutes les fois que la cloche vous en avertit; c'est un temps propre à faire les actes ci-dessus; les souverains Pontifes ont accordé des indulgences à cette prière.

VI. Faites quelques actes d'humilité pour honorer les humiliations du Verbe incarné; cachez ce qui peut vous attirer de la gloire aux yeux des hommes.

VII. Faites quelques mortifications, au moins les vendredis de l'Avent, chacun selon votre état, pour imiter en quelque chose celles de tant de saints religieux qui jeûnent pendant ce saint temps; offrez-vous à Dieu tous les matins en union du sacrifice qu'il a fait de lui-même pour vous sauver.

PRONE IV.

Pour le premier Dimanche de l'Avent.

SUR LE SECOND AVÉNEMENT DU FILS DE DIEU, OU SUR LE JUGEMENT GÉNÉRAL.

Tunc videbunt Filium hominis venientem in nube cum potestate magna et majestate. (*Luc.*, XXI, 27.)

Alors ils verront le Fils de l'homme venant sur une nuée avec une grande puissance et une grande majesté.

Voici, mes frères, un avénement du Fils Dieu bien différent de celui où il a paru la première fois sur la terre. C'est, à la vérité, le même Jésus-Christ, Fils de Dieu et Fils de l'homme, qui paraît dans l'un et dans l'autre. Mais dans ce second avénement, ce n'est plus ce Dieu revêtu d'infirmités, caché dans l'obscurité d'une étable, rassasié d'opprobres, accablé sous le pesant fardeau d'une croix, comme il a été dans le premier: c'est un Dieu revêtu de l'éclat de sa puissance et de sa majesté, qui fait annoncer sa venue par les prodiges les plus frappants, par l'éclipse du soleil et de la lune, par la chute des étoiles, par un entier bouleversement de toute la nature. Ce n'est plus un Sauveur qui vient avec la douceur d'un agneau pour être jugé des hommes et les racheter; mais c'est un juge irrité qui vient juger les hommes et les condamner. Ce n'est plus un pasteur miséricordieux qui vient chercher sa brebis égarée pour lui pardonner; mais c'est un Dieu vengeur qui vient séparer les boucs d'avec les agneaux, les méchants d'avec les bons, pour les accabler du poids de ses plus terribles vengeances.

Or, mes frères, quand verrons-nous ainsi paraître ce Fils de l'homme environné de gloire et de majesté? c'est à la fin du monde, au grand jour du jugement, où tous les hommes ressuscités paraîtront pour recevoir la récompense de leurs bonnes œuvres, ou la punition de leurs crimes. Mais quand viendra-t-il ce jour terrible et redoutable, ce jour rempli d'amertume et d'effroi dont l'Evangile nous fait la peinture? C'est ce que je ne puis vous dire, puisque Jésus-Christ, qui nous en dépeint l'appareil, nous assure que son heure n'est connue de personne que du Père céleste et de ceux à qui il lui a plu de le révéler. Mais en quelque temps qu'il arrive, toujours est-il vrai de dire que nous y devons tous paraître, et que nous y touchons même de plus près que nous ne pensons, puisque, pouvant mourir à chaque moment, nous subirons après notre mort l'arrêt décisif de notre éternité, qui sera le même qu'au jugement général. Mais quel sera cet arrêt, et quelle sentence entendrons-nous prononcer? Ce sera, mes frères, celle que nous aurons méritée pendant la vie. Notre sort est donc entre nos mains, il ne tient qu'à nous dès à présent de nous rendre notre Juge propice. Or, le moyen d'y réussir, c'est de nous pénétrer d'une crainte salutaire des jugements de Dieu. Cette crainte qui a peuplé les déserts, qui a fait un si grand nombre de saints, fera sur nous les mêmes impressions, si, comme eux, nous rappelons dans nos esprits ce jour redoutable, si nous nous rendons attentifs à cette voix terrible qui doit citer les morts au jugement de Dieu : *Surgite, mortui, venite ad judicium.*

O vous! qui êtes ensevelis dans le tombeau du péché, sortez de ce tombeau, et venez au jugement; venez vous instruire de la manière dont le pécheur y sera traité, pour vous ménager un sort plus favorable.

Le pécheur sera, au jugement de Dieu, accablé de la plus amère confusion : première partie.

Le pécheur sera, au jugement de Dieu, condamné avec la dernière rigueur : deuxième partie.

Confusion du pécheur, condamnation du pécheur; deux motifs bien capables de l'engager à prévenir, par une sincère pénitence, la rigueur des jugements de Dieu.

Nous ne traiterons que le premier point, qui nous fournit une assez ample matière d'instruction.

PREMIER POINT.

A peine les hommes ressuscités à la voix de l'ange seront-ils rassemblés dans le lieu destiné par le souverain Juge, que les anges ministres des vengeances du Seigneur sépareront les boucs d'avec les agneaux, les méchants d'avec les bons; les bons seront placés à la droite de Jésus-Christ, et les méchants à la gauche. Séparation cruelle, séparation humiliante, séparation éternelle, qui sera pour les méchants la source du plus affreux désespoir. Je dis séparation cruelle, qui divisera l'enfant d'avec le père, la mère d'avec la fille, le frère d'avec la sœur, l'époux d'avec l'épouse, les amis les plus intimes et les plus unis. Séparation la plus humiliante, où l'on ne connaîtra plus ces distinctions vaines et chimériques dont le monde fait tant de cas; où l'on n'aura plus d'égard ni au rang, ni à la qualité, ni aux richesses, ni au crédit, ni à la grandeur, ni à la puissance; où le pauvre humble sera élevé au-dessus du riche orgueilleux, le serviteur fidèle au-dessus du maître dur et cruel. Séparation humiliante : les saints et les réprouvés paraîtront dans ce grand jour, mais hélas! quelle différence! les saints y paraîtront avec des corps glorieux, impassibles, brillants comme des astres; les réprouvés avec des corps hideux, épouvantables, dont la seule vue serait capable de leur donner la mort, s'ils pouvaient encore une fois mourir. Etrange métamorphose pour ces beautés dont on prise maintenant les qualités, et dont on méprisera pour lors les attraits. Séparation éternelle, qui ne sera plus pour un temps, comme celle d'une longue absence, ou comme celle qui se fait maintenant par la mort, qui, en nous séparant de nos proches, de nos amis, nous laisse l'espérance de les revoir un jour et de nous réunir avec eux; mais la séparation qui se fera au jugement de Dieu, sera sans retour; elle sera irrévocable : jamais les méchants, quelques efforts qu'ils puissent faire, ne pourront se réunir avec les bons; le péché a formé entre les uns et les autres un mur de séparation qu'ils ne pourront jamais franchir. Nous voilà donc, diront les méchants dans l'amertume de leur cœur, séparés de ces heureux prédestinés dont nous traitions la conduite de folie! Mais que nous étions insensés nous-mêmes de ne pas vivre comme eux! ils sont du nombre des saints, et nous serons à jamais du nombre des réprouvés. *O nos insensati! vitam illorum æstimabamus insaniam, et inter sanctos sors illorum est.* (*Sap.*, V, 4.)

Voilà, mes frères, ce qui accablera déjà les méchants de la plus amère confusion au jugement de Dieu; mais combien cette confusion n'augmentera-t-elle pas par la manifestation qui se fera de leurs crimes? Manifestation la plus exacte, où rien ne sera oublié; manifestation la plus désolante, parce qu'elle se fera à la vue de l'univers.

A force de transgressions, on s'aveugle, on s'endurcit ici-bas, on avale l'iniquité comme l'eau, la conscience ne parle plus, nos résistances la rendent muette; mais au grand jour des vengeances, elle reprendra ses droits, ses cris seront importuns, et rien ne pourra les étouffer : oui, au jugement de Dieu le livre des consciences sera ouvert; toutes les actions y seront marquées en détail, et chacun pourra y lire avec facilité; déjà le souverain Juge, reprenant les chefs d'accusation qui ont servi au jugement particulier, va faire voir tous les crimes que le pécheur a commis, et dont il a été cause; toutes ces négligences à faire le bien qu'il devait faire et qu'il a omis, ou qu'il n'a pas bien fait; l'abus qu'il a fait de toutes les grâces qu'il a reçues, On lira dans ce livre toutes les œuvres d'iniquité, dont le pécheur s'est rendu coupable pendant sa vie, ces paroles déshonnêtes, injurieuses à Dieu ou au prochain; il n'y aura pas même jusqu'à une parole oiseuse qui n'y soit marquée. On découvrira tous les mouvements déréglés de son cœur, toutes les pensées criminelles de son esprit. En un mot, tous les péchés de pensées, de paroles, d'actions, de chaque année, de chaque mois, de chaque jour, y seront détaillés sans exception, sans déguisement, dans leur nombre, dans leurs circonstances; le pécheur les verra, il les verra tous, il les verra malgré lui, dans un clin d'œil, il en séchera de douleur : *Peccator videbit, et irascetur, et tabescet.* (*Psal.* CXI, 10.) Dans quelle confusion, dans quelle consternation ne les jettera pas la vue de ces objets si effrayants qui se présenteront à lui comme son ouvrage? Car il n'en sera pas, mes frères, de la connaissance que le pécheur aura pour lors de ses iniquités, comme de celle qu'il en a maintenant. L'ignorance qui obscurcit les lumières de son esprit, l'amour-propre toujours subtil à déguiser, toujours facile à se pardonner, lui cachent ici-bas ses défauts; il confond souvent le vrai avec le faux, le bien avec le mal par de fausses interprétations qu'une conscience mal réglée donne à la loi de son Dieu. Mais au grand jour des lumières, tout nuage sera dissipé, tout paraîtra à découvert; le péché dépouillé de tous les vains prétextes qui servaient à l'excuser, ne se montrera plus qu'avec les couleurs les plus noires; le Dieu, dont les yeux percent jusqu'aux replis les plus cachés des consciences, découvrira, dévoilera tout ce qui sera le plus secret : *Nihil autem opertum est quod non reveletur.* (*Luc.*, XII, 2.) Il fera sortir du fond de ces consciences, qui ne seront plus aveuglées par la passion, une infinité de péchés qu'on avait oubliés, ou qu'on n'avait jamais bien connus. Quelle sera donc, encore une fois, la confusion du pécheur à la vue de tous ces monstres qui se présenteront à lui dans toute leur difformité!

C'est alors, hommes vains et superbes, que paraîtra dans un plein jour cet orgueil qui vous domine, et que vous traitez maintenant de grandeur d'âme; cette envie que vous avez de paraître et de vous élever au-dessus des autres; ces artifices dont vous vous servez, ces démarches criminelles que votre ambition vous inspire pour arriver au but que vous vous proposez; ces ressorts d'iniquités que vous faites jouer pour tromper les uns et supplanter les autres, pour vous ingérer dans les emplois que vous êtes indignes d'occuper : alors la lumière de Dieu vous environnera, elle dissipera vos ténèbres, et vous connaîtrez vos erreurs : *Nihil est opertum quod non reveletur.*

Alors on connaîtra, hommes sensuels et voluptueux, cet amour profane qui captive votre cœur, ces pensées déshonnêtes, ces désirs grossiers, ces regards lascifs, ces intrigues secrètes dont vous vous servez pour entretenir un commerce criminel, ces infidélités dans le mariage, ces voluptés brutales que vous voudriez pouvoir vous cacher à vous-mêmes : *Nihil est opertum,* etc.

Alors on démasquera, hommes avares, cette aveugle passion qui vous attache aux biens de la terre; cette prétendue économie qui sert de manteau à votre passion : ces précautions pour l'avenir ne passeront plus que pour une sordide avarice, un aveugle attachement aux biens du monde, une monstrueuse insensibilité aux misères des pauvres : *Nihil est opertum,* etc.

Alors on dévoilera, hommes vindicatifs, toute la malignité de ces inimitiés que vous conservez, ces souplesses affectées dont vous usez, ces prétendus sentiments d'honneur dont vous vous prévalez dans la poursuite d'une injure : *Nihil est opertum,* etc.

Et vous, injustes usurpateurs, qui vous croyez en sûreté, parce que vous dérobez aux yeux des hommes vos injustices, ou que pour les commettre vous vous appuyez sur les principes d'une fausse conscience qui vous aveugle; usuriers, qui palliez vos usures sous le nom de contrat légitime, de dédommagement ou d'intérêt permis; vous qui, dans le négoce, usez de fraude et de mensonge pour tromper ceux qui traitent avec vous; toutes vos fourberies, vos malversations seront manifestées dans un plein jour; elles seront connues de tout l'univers. En un mot, pécheurs, qui que vous soyez, quelques péchés que vous ayez commis depuis le premier instant de votre raison jusqu'au dernier soupir de votre vie, quelque cachés qu'ils aient été, si vous ne les avez effacés par une sincère pénitence, ils paraîtront à découvert aux yeux de tous les hommes; c'est ce qui augmentera votre confusion : *Nihil est absconditum quod non sciatur.* (*Luc.*, XII, 2.)

En effet, dans quel état humiliant paraîtrez-vous? de quel opprobre ne serez-vous pas accablés, vous qui prenez tant de précautions pour cacher vos crimes aux yeux des hommes, lorsque le Seigneur les fera connaître à toutes les nations de la terre? Cherchez maintenant tant qu'il vous plaira les lieux les plus obscurs, les temps les plus favorables à contenter vos passions, le Seigneur mettra au jour toutes vos œuvres de ténèbres : *Illuminabit abscondita tenebrarum.* (*I Cor.*, IV, 5.)

Usez de tous les artifices qui peuvent en imposer aux hommes pour leur faire croire ce que vous n'êtes pas; vous pouvez les tromper, mais vous ne tromperez pas Dieu qui connaît tout, et qui découvrira tout ce que vous êtes. Couvrez vos vices du manteau de la vertu pour vous conserver l'estime des hommes; Dieu saura tirer le voile qui leur en imposait; il ouvrira ces sépulcres blanchis pour en manifester la corruption.

Dans quel état paraîtrez-vous, et quelle sera votre confusion, vous que la honte empêche de découvrir au ministre du Seigneur l'ulcère qui infecte votre âme?

Jugez-en par celle que vous ressentez au tribunal, lorsque vous déclarez vos turpitudes à un seul homme dont vous êtes assurés du secret. Jugez-en par celle que vous recevriez si vos actions étaient aperçues de quelque personne que vous considérez, et aux yeux de qui vous voudriez vous cacher; ce serait bien encore pire, si vos péchés étaient connus de toute cette assemblée, si à ce moment Dieu révélait toutes les pensées de votre esprit, toutes les inclinations déréglées de votre cœur à tous ceux qui sont ici.

Que sera-ce donc de paraître chargés des crimes les plus honteux, non aux yeux d'une paroisse, d'une ville, d'une province, mais à la face de l'univers? Vous aurez, pécheurs, autant de témoins de vos fautes, qu'il y aura eu d'hommes depuis le commencement du monde jusqu'à la fin.

Oh! qui pourra soutenir une confusion aussi générale et aussi accablante! Que sera-ce donc du pécheur qui, outre ces fautes personnelles, se verra encore chargé des péchés étrangers dont il aura été la cause, ou qu'il n'aura pas empêchés? Dieu lui imputera ces péchés, lui en fera subir la honte en présence de l'univers assemblé. Tremblez, pécheurs scandaleux, qui communiquez à ceux qui vous fréquentent la contagion dont vous êtes infectés: qui, par vos mauvais conseils, vos exemples pernicieux, leur apprenez le mal qu'ils ignoraient, les engagez dans vos parties de débauches, dans vos intrigues criminelles; vous qui, par vos paroles obscènes, vos discours séduisants, vos manières enjouées, servez de pierre d'achoppement à ces âmes innocentes, ou qui vous servez de votre autorité pour en faire les victimes de votre passion. Quels reproches amers de leur part! quel compte terrible Dieu ne vous fera-t-il pas rendre de leur perte? *Sanguinem ejus de manu tua requiram.* (*Ezech.*, III, 20.)

Tremblez, pères et mères, et vous tous à qui Dieu a donné l'autorité pour corriger et réprimer les désordres; si, au lieu de reprendre vos enfants et ceux qui vous sont sujets, vous les avez entretenus dans le vice par votre indolence à les instruire et à les corriger, plus encore si vous les avez autorisés par vos mauvais exemples, portés au mal par les mauvaises impressions que vous leur avez données, vous serez au jugement chargés de leur iniquité, vous en porterez la honte et la confusion : *Sanguinem ejus de manu tua requiram.* Ces enfants, ces inférieurs demanderont à Dieu vengeance contre vous d'avoir été la cause de leur damnation. Du moins si le pécheur avait fait de bonnes œuvres qui eussent réparé ses fautes; s'il avait fait pénitence de ses péchés; s'il les avait rachetés par des aumônes, expiés par des mortifications, il se serait mis à couvert de la confusion qu'il aura à subir, de la rigueur avec laquelle il sera traité au jugement de Dieu : mais combien de pécheurs auront à essuyer de la part du souverain Juge les reproches les plus justes de leur négligence à faire le bien qu'ils étaient obligés de faire? Combien de pécheurs dont la vie ne paraîtra au jour du jugement qu'un vide affreux de pénitence, de prières, d'aumônes, de bonnes œuvres? Et c'est encore là un des chefs qui servira particulièrement à confondre et à faire condamner le pécheur au dernier jugement : je dis à le confondre, par le changement d'idée et de sentiments que l'on aura à son égard, qui ne seront plus les mêmes qu'on avait autrefois. Ce pécheur passait dans l'esprit du monde pour un homme juste, parce qu'il ne faisait tort à personne, qu'il ne se livrait pas à des excès; mais Dieu fera voir que pour être juste à ses yeux, il ne suffisait pas d'éviter le mal, qu'il fallait encore faire le bien; et c'est ce qui m'a fait dire que l'omission des bonnes œuvres servira à faire condamner le pécheur; c'est après l'Evangile que je le dis : *Retirez-vous de moi*, dira Jésus-Christ aux réprouvés, *parce que j'ai eu faim, et vous ne m'avez pas donné à manger; j'ai eu soif, et vous ne m'avez pas donné à boire; j'ai manqué d'habillement, et vous ne m'avez pas revêtu; j'ai été pèlerin, et vous ne m'avez pas reçu; malade, et vous ne m'avez pas visité. Mais, quand est-ce, Seigneur*, diront les réprouvés, *que nous avons refusé ces soulagements? Toutes les fois que vous les avez refusés aux pauvres qui tenaient ma place, c'est à moi que vous les avez refusés: « Quandiu non fecistis uni de minoribus his, nec mihi fecistis.»* (*Matth.*, XXV, 41, 45.) Mais à quoi donc, grand Dieu! serviront ces jeûnes, ces prières, ces aumônes, ces confessions, ces communions? N'est-ce pas là le contrepoids de tant de péchés, de tant de négligences? Vous l'avez cru, pécheurs endormis, et le Dieu qui juge les justices mêmes, comme parle le Prophète, a trouvé tant d'adoucissement ou d'amour-propre dans ces jeûnes, tant de dissipations volontaires dans ces prières, d'ostentation dans ces aumônes, tant de rechutes après ces confessions, tant d'irrévérence et d'habitudes dans ces communions, qu'aujourd'hui sa justice trouve toutes vos œuvres dignes de sa colère, sans en rencontrer une qui mérite ses récompenses: *Ego justitias judicabo.* (*Psal.* LXXIV, 3.) C'est ainsi, mes frères, que le divin scrutateur des cœurs fera, comme dit l'Apôtre, la dissection de nos pensées et de nos intentions; qu'il séparera les motifs et les principes qui ont fait agir, et fera voir à un grand nombre de ceux qui se croyaient comblés de mérites pour le ciel, qu'ils n'ont rien fait pour le mériter. Quelle surprise pour tant de chrétiens abusés, qui, accablés de travaux pendant la vie, n'auront eu que la peine de la vertu, sans en avoir la récompense, parce que leur vertu n'avait qu'une écorce de sainteté qui leur avait mérité l'estime des hommes, mais non celle de Dieu? car le Seigneur juge bien autrement que les hommes nos actions. Les hommes s'attachent à l'extérieur, mais Dieu sonde le fond des cœurs, il démêle jusqu'aux intentions les plus secrètes qui rendent nos actions défectueuses: *Appendit corda Dominus.* (*Prov.*, XXI, 2.) Nouveau sujet de confusion pour les prétendus sages du siècle, qui, voyant leur vertu dépouillée des plus belles apparences, perdront au jugement de Dieu toute la réputation et toute l'estime que cette fausse vertu leur avait attirées sur la terre. Vous croyiez, dira le Seigneur, vos vertus parfaites, parce que les hommes les canonisaient; mais maintenant qu'elles sont pesées dans la balance de mon sanctuaire, elles n'ont pas le poids et la valeur qu'elles doivent avoir pour mériter mes récompenses: *Inventus es minus habens.* (*Dan.*, V, 25.) Vous vous croyiez riches en vertus et en mérites sur la terre; mais vous êtes véritablement pauvres et misérables, dénués de tout mérite pour le ciel. Terrible discussion, mes frères, qui a toujours fait trembler les plus grands saints pour leur justice même, qui faisait dire au Roi-Prophète, et qui nous doit faire dire avec plus de raison que lui: *Ah! Seigneur, Seigneur, n'entrez pas en jugement avec votre serviteur, parce que nul homme ne sera justifié devant vous: « Non intres in judicium.»* (*Psal.* CXLII, 2.) Malheur, dit saint Augustin, à la vie la plus louable, si Dieu la juge dans sa rigueur. De là, quelle précaution ne devons-nous pas prendre non-seulement pour ne rien faire qui puisse blesser les yeux d'un juge si éclairé, mais encore pour remplir tous nos devoirs avec toute la perfection qu'il demande de nous; pour mettre à profit toutes les grâces qu'il nous a faites, et dont l'abus achèvera de confondre le pécheur au jugement de Dieu?

En effet, sans parler de tous les biens de la nature et de la fortune qui pouvaient servir au pécheur de moyen de salut par le saint usage qu'il en devait faire, que de grâces et de secours n'a-t-il pas reçus dans l'ordre surnaturel, dont il n'a tenu qu'à lui de profiter pour gagner le ciel? Grâce de vocation au christianisme où le Seigneur l'a fait naître préférablement à tant d'autres qui n'ont pas eu cet avantage. Grâces reçues dans le sein du christianisme par les sacrements qu'on lui a administrés, par les instructions qu'on lui a faites, par les avis qu'on lui a donnés. Que de vives lumières qui ont éclairé son esprit? que de bons mouvements qui ont touché son cœur, qui l'ont détourné du mal et porté au bien! Que de secours de la part de ceux avec qui il a conversé, des bons livres qu'il a lus, et de mille événements où Dieu avait attaché le succès de son salut! Mais parce qu'il en a abusé, ces grâces seront pour lui, par un funeste retour, autant de sujets de réprobation. Malheur à vous, disait autrefois Jésus-Christ à Corosaïn; malheur à vous, Bethsaïda, parce que si Tyr et Sidon avaient vu les mêmes prodiges, ils auraient fait pénitence; mais parce que vous ne l'avez pas faite, quoiqu'ayant reçu plus de grâces que ces peuples, vous serez traités avec plus de sévérité qu'eux: *Tyro et Sidoni remissius erit in judicio quam vobis.* (*Luc.*, X, 14.)

Terrible, mais bien naturelle figure de votre destinée au jugement de Dieu, pécheurs qui m'écoutez; il vous faudra voir alors, pour votre confusion, une foule de nations plus barbares qui auraient peuplé le ciel, si elles avaient eu seulement une partie des grâces qu'on vous a données. Ces nations n'auront-elles donc pas sujet de s'élever contre vous, et de vous reprocher votre infidélité à la grâce de votre vocation? C'est alors que l'auguste caractère dont vous êtes revêtus, qui devait faire votre gloire, ne servira qu'à vous couvrir d'ignominie; il ne vous distinguera des autres que pour faire voir que vous avez été plus coupables de n'avoir pas vécu d'une manière conforme à la sainteté de votre vocation. Eh quoi! s'écrieront alors ces peuples idolâtres et infidèles; si nous eussions eu les mêmes secours pour gagner le ciel, les instructions dont ils n'ont pas profité, les sacrements qu'ils ont profanés, nous ne serions pas aujourd'hui des victimes destinées à l'enfer. Vengez-vous, Dieu juste, de l'injure que ces chrétiens vous ont faite; ils méritent mieux que nous d'éprouver la rigueur de vos châtiments.

A des reproches si amers et si désolants, qu'auront à répondre les chrétiens, que d'avouer avec autant de douleur que de confusion le tort qu'ils ont eu de n'avoir pas profité des grâces de salut? Malheur à nous, diront-ils dans l'amertume de leur cœur, parce que nous avons péché! Mais aveu inutile, pénitence infructueuse qui ne sera plus de saison! Dans les transports d'un affreux désespoir, ils prieront les montagnes de tomber sur eux pour les dérober à la confusion qui les accablera : *Montes, cadite super nos.* (*Apoc.*, VI, 16.) Mais les montagnes seront insensibles à leurs cris. Il faudra porter tout le poids de la confusion qui résultera de la manifestation de leurs péchés. Il faudra encore subir l'arrêt de condamnation qui sera porté contre eux. Mais, avant que d'entendre cet arrêt, faisons, mes frères, un peu de réflexions sur nous-mêmes pour fruit de ce premier point.

Pratiques. — Puisque la séparation qui se fera au jugement de Dieu des bons et des méchants doit causer aux pécheurs de si cuisants regrets, il faut donc, pécheurs, profiter maintenant des avantages que vous pouvez tirer de la compagnie des bons', en suivant leurs avis et en imitant leurs vertus.

Puisque le pécheur doit être accablé de la plus amère confusion au jugement de Dieu, par la manifestation qui se fera de ses crimes, il faut donc, pécheurs, en faire maintenant une sincère pénitence qui les effacera et qui les fera pour toujours oublier. Le moyen de vous épargner la confusion que vous auriez à souffrir au grand jour des révélations est de subir celle qui se trouve à déclarer vos péchés au ministre du Seigneur. Les manifester au tribunal de la pénitence, c'est les cacher pour toujours ; une fois pardonnés, ils ne vous seront plus reprochés. Or, ne vaut-il pas mieux souffrir une confusion légère et passagère, en déclarant vos péchés à un seul homme, que de les voir un jour manifester, non-seulement à cet homme, mais encore à tout l'univers? Animez-vous par cette réflexion à surmonter la difficulté que vous pouvez ressentir à les déclarer. Formez la sincère résolution de ne rien faire maintenant dont vous puissiez vous repentir au jugement de Dieu; faites au contraire tout ce que vous voudriez pour lors avoir fait. Or, s'il fallait aujourd'hui paraître devant votre Juge, que voudriez-vous avoir fait, comment voudriez - vous avoir vécu? Voudriez-vous paraître au jugement avec le bien d'autrui, avec la rancune contre votre prochain, engagé dans un commerce criminel et dans une mauvaise habitude? Non, sans doute; ne différez donc plus de restituer ce bien, de vous réconcilier avec le prochain, de rompre ce commerce, de corriger cette habitude. Quelle estime ferez-vous au jugement de Dieu, des biens, des honneurs, des plaisirs de la terre? Jugez-en maintenant comme vous en jugerez pour lors, et vous n'en aurez que du mépris. Quelle estime au contraire ne ferez-vous pas de la pauvreté, des croix, des humiliations? Vous voudriez avoir vécu comme les plus fervents anachorètes, et vous être enrichis de tous les trésors des bonnes œuvres. Faites donc maintenant ces provisions que vous ne serez plus à temps de faire pour lors. Oh! que les larmes des pénitents, dit l'auteur de l'*Imitation*, causeront alors bien plus de plaisir que les joies de la terre! Qu'on sera bien plus flatté d'avoir affligé sa chair par la mortification, que de l'avoir nourrie dans les délices; d'avoir fréquenté les églises, visité les malades, que d'avoir assisté aux assemblées profanes! qu'on se saura bien plus de gré d'avoir été assidu à la prière, à fréquenter les sacrements, que de s'être livré aux divertissements du monde! L'amour du silence, la patience dans les afflictions seront bien plus estimés que la plus brillante fortune, la réputation la plus éclatante; l'humilité sera préférable aux honneurs, la pauvreté aux richesses, la mortification aux plaisirs. Pensons, agissons, comme nous voudrions avoir fait alors. Remplissons avec fidélité toutes les obligations de notre état. Craignons pour toutes nos œuvres, défions-nous des intentions qui nous font agir, pour faire tout le bien qui dépend de nous avec la perfection que Dieu demande. Assurons notre prédestination par nos bonnes œuvres, qui feront toute notre consolation, et qui nous feront paraître en assurance avec les saints au jugement, pour y recevoir une même récompense, qui sera la vie éternelle.

SECOND POINT.

Pour un second Prône.

SUR LE JUGEMENT GÉNÉRAL.

Discedite a me, maledicti, in ignem æternum. (*Matth.*, XXV, 41.)

Retirez-vous de moi, maudits, allez au feu éternel.

Quelque redoutable que soit le jugement de Dieu par l'appareil qui doit le précéder, par l'éclipse du soleil et de la lune, la chute des étoiles, le bouleversement de toute la nature, par l'examen rigoureux qui se fera de la vie du pécheur, par la confusion dont il sera accablé, en conséquence de la manifestation qui se fera de ses crimes, il faut concevoir, mes frères, que ce qui rendra ce jugement plus terrible, sera la sentence de réprobation que le souverain Juge prononcera dans ce grand jour contre les pécheurs, telle que l'Evangile nous la rapporte dans les paroles de mon texte : *Discedite.* Si les pécheurs doivent sécher de frayeur, comme dit l'Evangile, à la vue de tout ce qui précédera le grand jour du jugement, combien cette frayeur n'augmentera-t-elle pas, lorsqu'ils verront leur Juge paraître tout à coup sur une nuée lumineuse, accompagné de ses anges, portant dans ses yeux et sur son front toutes les marques d'un implacable courroux? Autant les justes auront de consolation et de joie en voyant leur délivrance s'approcher, autant les pécheurs seront consternés en voyant les malheurs qui doivent fondre sur eux par l'exécution du terrible arrêt qui doit les condamner. Cet arrêt sera d'autant plus effrayant, qu'il sera prononcé par un Dieu vengeur des outrages qu'il a reçus des pécheurs.

Tâchons aujourd'hui, mes frères, de pénétrer tout le sens, et de concevoir toute la rigueur de l'arrêt de réprobation que Jésus-Christ prononcera contre les coupables au grand jour du jugement, afin de prendre les mesures nécessaires pour n'être pas compris avec ceux qui en seront les tristes victimes : c'est ce qui demande toute votre attention. Il y a bien de la différence, mes frères, entre les arrêts de la justice de Dieu et ceux des hommes. Les hommes, quelque habiles qu'ils puissent être, n'ont pas des connaissances universelles et infaillibles; c'est pourquoi, malgré toutes les précautions qu'ils peuvent prendre, et quelque bien intentionnés qu'ils puissent être, ils peuvent se tromper dans leur jugement, et condamner l'innocent pour le coupable, faute de connaissance; ou, s'ils ont assez de lumière pour découvrir les coupables, distinguer le vrai du faux, et décider du bon droit, ils se laissent fléchir par les prières, gagner par les présents, entraîner par les recommandations. Enfin, si les juges de la terre sont assez éclairés et assez inflexibles pour porter des jugements équitables, ils ne jugent pas toujours en dernier ressort; on peut appeler de leur arrêt à des tribunaux supérieurs; si enfin les tribunaux suprêmes ont rendu le dernier arrêt, quelque sévères qu'ils puissent être, leur puissance est limitée à certains effets, comme de priver ceux qui en sont les sujets de quelque bien temporel, et tout au plus d'une vie courte et passagère qui doit tôt ou tard finir.

Mais il n'en est pas ainsi des jugements de Dieu. Comme c'est un Juge infiniment éclairé, sage et équitable, la sentence qu'il prononcera à son jugement contre les réprouvés, sera la sentence la plus juste.

Comme il est un Juge souverain et inexorable, cette sentence sera sans appel : comme enfin c'est un Juge infiniment puissant qui peut perdre l'âme avec le corps, cette sentence sera suivie des plus terribles effets sur l'un et sur l'autre. Sentence juste, sentence sans appel, sentence la plus rigoureuse : trois circonstances bien capables de nous en inspirer une salutaire frayeur. Renouvelez vos attentions.

1. Si Dieu est bon, il est juste, et ses jugements sont remplis d'équité, comme dit le Prophète : parce qu'il est bon, il peut faire grâce à qui il lui plaît, dit saint Augustin; mais parce qu'il est juste, il ne condamne personne qui ne l'ait bien mérité : c'est ce que Dieu fera voir aux pécheurs en son dernier jugement par des preuves qui serviront comme de pièces justificatives dans la sentence de réprobation qu'il prononcera contre eux. Quelles seront ces preuves, et d'où seront-elles tirées? Elles se tireront du côté de l'homme et du côté de Dieu. Du côté de l'homme, qui verra dans lui-même le sujet de sa condamnation; du côté de Dieu, qui fera voir à l'homme tout ce qu'il a fait pour lui épargner la rigueur de ses jugements. Oui, pécheurs, Dieu se servira de vous-mêmes pour vous juger, pour vous condamner. Il vous citera au tribunal de votre conscience, et ne produira point d'autre témoin contre vous que vous-mêmes : il vous confrontera vous-mêmes à vous-mêmes; et, dans cette confrontation, il vous fera convenir de l'équité de ses jugements : *Arguam te, et statuam contra faciem tuam.* (*Psal.* XLIX, 21.) Comment cela? Le voici. Votre conscience, dont les lumières ne seront plus obscurcies par les nuages de vos passions, vous montrera, dans toute son évidence, l'injustice de vos égarements; elle vous rappellera tout ce qu'elle vous a dit, tout ce qu'elle a fait pour vous détourner du mal et vous porter au bien; ces reproches amers qu'elle vous faisait au milieu de vos désordres, et comme elle vous suivait partout pour vous faire entendre sa voix. Je n'ai rien oublié, dira-t-elle, pour vous faire connaître la vérité : mais vous avez fermé les yeux pour ne pas la voir. J'avais beau crier contre ces attachements criminels, contre ces haines, ces injustices, vous avez étouffé mes remords. Vous sentiez la vérité quand je vous disais qu'il n'était pas permis de garder ce bien d'autrui, de fréquenter ces maisons où votre vertu était exposée, ces personnes qui étaient pour vous une occasion de péché, mais vous n'avez pas voulu profiter de mes avis : de là vous avez mieux aimé laisser à des héritiers ingrats ce bien mal acquis, que de le restituer : de là vous n'avez pas renoncé à ces engagements que la mort a rompus malgré vous, et vous n'avez fait aucun effort pour vous corriger de cette mauvaise habitude, où vous avez croupi jusqu'à la fin de vos jours, malgré toutes les pressantes sollicitations que j'ai pu vous faire : prenez-vous-en donc à vous-même si Dieu vous condamne avec rigueur; s'il est sévère à votre égard, c'est vous qui l'avez rendu tel; il ne vous condamne que parce que vous l'avez mérité : vous connaissiez la route du ciel, et vous ne l'avez pas voulu suivre; c'est donc à vous qu'il faut vous en prendre si vous êtes réprouvé : *Perditio tua, Israel.* (*Osee*, XIII, 9.)

C'est ainsi, mes frères, que le pécheur trouvera dans lui-même une conviction évidente de la justice que Dieu exercera à son égard; il se verra sans défense, sans réplique, sans excuse : *Non habebunt in die agnitionis allocutionem.* (*Sap.*, III, 18.) Témoin et juge tout à la fois contre lui-même, il sera obligé d'avouer ses fautes, et de se condamner avant même que Dieu le condamne; et que pourrait-il répliquer pour excuse? Se plaindre qu'il n'a pas reçu de Dieu tous les secours nécessaires? Ah! Dieu lui fera voir qu'une infinité d'autres se sont sauvés dans le même état de vie où il était engagé, avec des secours moins abondants que ceux qu'il a reçus, et que beaucoup de réprouvés se seraient sanctifiés s'ils avaient eu les mêmes grâces qu'il a reçues. C'est pour justifier la conduite de Dieu à l'égard du pécheur, que l'on verra paraître au grand jour du Jugement le signe adorable de notre rédemption. La croix, sur laquelle Jésus-Christ a été attaché, le précédera et plaidera contre les pécheurs la justice de sa cause : *Tunc parebit signum Filii hominis.* (*Matth.*, XXIV, 30.) Comme si quelqu'un, dit saint Chrysostome, pour demander au juge justice des coups qu'il a reçus, portait en sa main la pierre dont il a été frappé, ou ses habits teints de son sang pour porter témoignage contre ses assassins : c'est ainsi qu'à la vue de sa croix, Jésus-Christ fera voir aux pécheurs toute l'injustice de leur conduite; cette croix seule les accusera, les condamnera de manière à ne souffrir aucune réplique. A la vue de cette croix, Jésus-Christ dira aux pécheurs : Voilà ce qu'il m'en a coûté pour vous sauver; mes pieds et mes mains percés, mon sang répandu, ne sont-ce pas des preuves assez convaincantes du désir sincère que j'ai eu de votre salut? Que fallait-il faire de plus, vigne ingrate et stérile, pour vous faire porter du fruit? *Quid potui facere vineæ meæ et non feci?* (*Isa.*, V, 4.) Si vous n'avez pas profité des mérites de mon sang, vous ne devez vous en prendre qu'à vous; c'est vous qui m'avez forcé à vous condamner avec toute la rigueur que demandent vos offenses et ma justice. Oh! que la vue de la croix et des plaies de Jésus-Christ jettera de consternation dans le cœur des réprouvés! Oh! qu'ils se repentiront de n'avoir pas porté cette croix pendant la vie, de l'avoir foulée aux pieds en se livrant aux déréglements : *Non habebunt in die agnitionis allocutionem.* Sur quoi le pécheur voudrait-il encore s'excuser? Serait-ce sur la violence des tentations qui l'ont attaqué, sur le danger des occasions où il a été exposé, sur la malice des personnes qu'il a fréquentées? Mais Dieu, pour le confondre, lui fera voir qu'il n'a jamais été tenté au delà de ses forces, et qu'avec les secours de la grâce il pouvait vaincre toutes les tentations; que s'il a été vaincu, c'est pour s'y être opposé témérairement lorsqu'il devait fuir, ou pour avoir résisté froidement lorsqu'il devait combattre.

Alors le pécheur verra qu'il devait quitter ces occasions où il a succombé, se séparer de ces personnes qui l'ont perdu, parce qu'il était averti que quiconque aimait le danger, y périrait. En vain voudrait-il encore, ce pécheur, alléguer le peu de temps qu'il a eu pour faire pénitence; qu'il a été surpris par la mort qui ne lui a pas permis d'exécuter un projet de conversion qu'il avait formé. Excuses frivoles qui ne seront point reçues au tribunal de Jésus-Christ : pour lors tout homme connaîtra que tous les instants de la vie étaient destinés et propres à opérer son salut, et qu'ainsi le temps n'a pas manqué au pécheur, plus privilégié en cela que les anges apostats; car ce temps si précieux dont il a abusé, n'a pas été accordé aux anges rebelles, réprouvés dès le moment qu'ils eurent péché; tandis que la miséricorde de Dieu a attendu cet homme pécheur, des mois, des années entières, pour lui laisser le temps de se reconnaître; que s'il a été surpris par la mort, il doit s'imputer cette surprise, puisqu'il en avait été souvent menacé, et qu'il devait prendre ses précautions pour l'éviter : *Perditio tua, Israel.* Ainsi, de quelque côté que se tourne le pécheur, il se verra sans excuse, il sera confondu au dedans de lui-même par le témoignage de sa conscience; il sera convaincu du côté de Dieu, qui lui fera voir tout ce qu'il a fait pour le sauver; il conviendra, malgré qu'il en ait, de l'équité des jugements du Seigneur : *Justus es, Domine, et rectum judicium tuum.* (*Psal.* CXVIII, 137.) Il lui faudra subir toute la rigueur d'une sentence qui sera sans appel.

2. Mais avant que d'entendre prononcer cette sentence, écoutons celle que Jésus-Christ prononcera en faveur de ses élus. *Alors*, dit l'Evangile, *le Roi dira à ceux qui sont à sa droite*, avec un air de douceur et de bonté : *Venez, les bénis de mon Père, prendre possession du royaume qui vous est préparé : « Venite, benedicti Patris mei, possidete paratum vobis regnum. »* (*Matth.*, XXV, 34.) Venez, non plus pour porter votre croix après moi, comme vous avez fait sur la terre, mais pour recevoir la récompense des peines et des travaux que vous avez soufferts pour moi. Sortez de cette terre d'exil, de cette vallée de larmes où vous avez gémi, pour entrer dans votre patrie, où vos larmes seront essuyées, et où vous goûterez les plaisirs les plus doux. Venez, saints apôtres qui avez établi ma religion avec tant de zèle; généreux martyrs, qui l'avez soutenue par votre courage; saints confesseurs, qui l'avez illustrée par vos exemples; venez, troupe choisie de solitaires et d'anachorètes, qui avez préféré les rigueurs de la pénitence aux plaisirs du monde; venez, fidèles chrétiens, qui avez vécu dans le monde sans en suivre les maximes; qui persécutés de ce monde, qui n'était pas digne de vous, en avez usé comme n'en usant pas; qui avez amassé des trésors pour le ciel, par le saint usage que vous avez fait de vos biens, en me donnant à manger lorsque j'ai eu faim, à boire lorsque j'ai eu soif, dans la personne des pauvres; qui m'avez visité, soulagé, revêtu dans eux : et vous, pauvres, qui avez souffert avec patience votre misère, venez apprendre qu'en me servant vous servez un Dieu fidèle en ses promesses, libéral en ses récompenses; possédez, non pas un royaume du monde, mais un royaume éternel, qui vaut plus que tous les empires de la terre : ce royaume est à vous, il vous a été préparé dès le commencement du monde, et vous l'avez mérité par vos services; entrez-y donc pour n'en jamais sortir, et pour jouir de tous les biens et de tous les plaisirs les plus ravissants : *Venite*, etc.

Oh! qu'il sera doux, qu'il sera consolant

d'être du nombre de ceux qui seront ainsi distingués au jugement de Dieu! Quelle joie pour les bienheureux d'entendre cette sentence favorable, de se voir à la fin de leurs travaux, et en possession de leurs récompenses! Déjà j'aperçois cette troupe de prédestinés qui s'élève dans les airs, qui prend son essor dans le sein de Dieu, où ils vont se reposer pour toujours.

Mais que vois-je dans cette troupe infortunée qui est restée sur la terre et qui attend la décision de son sort? Quel morne silence, quelle affreuse désolation de voir la porte du ciel fermée sur eux, et de n'avoir à attendre que de terribles malédictions? Quoi donc, s'écrieront-ils dans l'amertume de leur cœur, n'y a-t-il plus d'espérance pour nous? n'avez-vous, Seigneur, qu'une bénédiction à donner? ces infortunés Esaüs n'en peuvent-ils pas obtenir une seconde? Non, leur répondra-t-on, on ne vous connaît pas: *Nescio vos. Retirez-vous de moi, maudits,* leur dira le souverain Juge avec un visage irrité et plein de courroux, *allez au feu éternel: « Disceditea me, maledicti, in ignem æternum. »* Quel arrêt! l'avez-vous entendu, mes frères? Concevez, s'il se peut, toute la douleur qu'il excite: *Discedite;* allez, je ne vous connais plus pour mon peuple: vous avez méprisé ma croix, mon Evangile; vous m'avez renoncé, je vous renonce à mon tour; vous ne serez plus que les objets de mes malédictions et de mes vengeances éternelles: *Discedite*, etc. Mais quoi, Seigneur, n'est-il plus possible de révoquer cet arrêt? Voulez-vous perdre des créatures que vous avez créées à votre image et ressemblance, que vous avez rachetées au prix de votre sang? Faut-il que ce sang adorable que vous avez versé pour le salut de tous les hommes leur soit inutile? Non, répond le Seigneur, il n'y a plus d appel du jugement que j'ai prononcé. Je ne les avais pas créés pour les perdre, mais pour les sauver. Si mon sang leur est inutile, c'est leur faute; loin de profiter des grâces que je leur ai méritées, ils en ont abusé; ma croix qui devait être l'objet de leur imitation a été pour eux un sujet de scandale; mais parce qu'elle n'a pas servi à leur prédestination, elle sera le sujet de leur perte.

Mais, Seigneur, n'êtes-vous plus le Dieu des miséricordes? Cette miséricorde a toujours été un asile aux pécheurs; un seul soupir d'un cœur contrit et humilié était capable de vous fléchir; serez-vous insensible aux gémissements et aux larmes que ces pécheurs versent en abondance sur leurs iniquités passées? Comment est-ce que d'un Père tendre et miséricordieux vous êtes devenu un ennemi irréconciliable? Oui, mes frères, le temps de la miséricorde sera passé pour lors, et cette miséricorde dont les pécheurs ont abusé ne se fera plus voir à eux que sous les traits d'une justice irritée, d'une patience changée en fureur. Elle demandera vengeance à la justice, et lui fournira des armes pour se faire réparation des outrages qu'elle a reçus; elle l'animera, et se joindra à la justice pour sévir contre le pécheur et le punir avec d'autant plus de rigueur, que la miséricorde a eu plus d'indulgence pour lui pendant la vie; en sorte que l'on peut dire que la divine justice ne deviendra plus redoutable qu'à cause de la miséricorde. Plus le pécheur a reçu de grâce, plus il sera traité avec sévérité. Il n'y aura donc plus de pardon à espérer pour le pécheur au jugement de Dieu: plus de moyen de salut. Le sang de Jésus-Christ ne coulera plus sur lui pour le purifier; sa patience, sa bonté ne l'attendra plus. Il n'y aura plus de pénitence, plus de larmes pour effacer ses péchés, plus de sacrements pour le sanctifier. Le soleil de justice sera éclipsé pour lui: *In diluvio aquarum multarum ad eum non appropinquabunt.* (*Psal.* XXXI, 6.) Les anges l'abandonneront, toutes les créatures combattront contre lui, et demanderont justice. C'en est donc fait de nous, diront ces pécheurs, nous n'avons plus d'espérance! beau ciel pour lequel nous étions faits et où toutes nos places étaient marquées, nous ne te verrons jamais! Séjour des délices éternelles, vous ne serez jamais notre demeure! Croix adorable, vous ne serez plus notre espérance! Vierge sainte, vous ne serez plus notre refuge! Saints patrons et protecteurs, vous ne prierez plus pour nous! Anges vigilants, vous ne nous protégerez plus! Parents, amis, époux, épouses, frères et sœurs, nous voilà à jamais séparés de vous, nous vous perdons pour toujours; l'enfer est notre unique partage!

3. Ici, chrétiens, quel effrayant spectacle se présente à nos yeux; voici le dernier acte de cette redoutable scène qui se passera au jugement de Dieu. La sentence va s'exécuter de la manière la plus terrible; c'est pour la dernière fois que la terre porte les pécheurs. Déjà je vois cette terre ouvrir sous leurs pieds ses affreux abîmes pour les engloutir; déjà ces malheureux tombent confusément en jetant des cris affreux dans un gouffre immense; entraînés par le poids de leurs péchés et par les démons ministres des vengeances du Seigneur, ils sont précipités. L'abîme est fermé, celui qui en tient la clef ne l'ouvrira plus. Ils sont ensevelis dans l'enfer d'où ils ne sortiront jamais. O chute épouvantable! ô affreuse sépulture, abîme de malheurs! C'était donc là, ô monde, où devaient se terminer tes honneurs, tes plaisirs! Le pécheur enseveli dans l'enfer pour une éternité! ustice de mon Dieu, que vous êtes à craindre, et qu'il est terrible de tomber entre vos mains! Le pécheur, encore une fois, enseveli dans l'enfer pour l'éternité! voilà, ô péché, ta funeste production et le terme fatal du plaisir passager qui t'accompagne. Voilà, pécheurs, quelle sera votre destinée, si vous ne vous convertissez pas, si vous mourez dans votre péché. Ah! pourriez-vous encore en chercher les occasions, et ne pas en prévenir les suites par une sincère pénitence? Car il n'y a que la pénitence qui puisse vous mettre à couvert des traits de la divine justice. Si nous nous

jugeons nous-mêmes, dit l'Apôtre (I *Cor.*, XI, 31), nous ne serons point jugés. Voulons-nous, dit saint Augustin, éviter les châtiments du péché, punissons en nous le péché. Or, c'est à la pénitence de faire cet office : il faut qu'elle tienne la place du souverain Juge pour examiner nos fautes, pour nous condamner et nous punir, sinon autant que nous l'avons mérité, du moins autant que nous le pourrons. Moins nous nous épargnerons, plus Dieu sera indulgent à notre égard; plus au contraire nous nous ménagerons, plus Dieu nous traitera sévèrement.

Armons-nous donc contre nous-mêmes, punissons-nous nous-mêmes, afin de n'être pas jugés et condamnés de Dieu.

Pratiques. — Prononçons contre nous un arrêt semblable, mais plus salutaire que celui qui sera prononcé au jugement de Dieu. Arrêt de séparation, arrêt de rigueur. Arrêt de séparation : *Discedite*, retirez-vous, devons-nous dire à toutes les créatures, à tous les objets qui ont été la cause de nos chutes. Biens caducs et périssables, plaisirs passagers, liaisons dangereuses qui m'avez rendu si souvent infidèle à la loi de mon Dieu, je fais avec vous un divorce éternel; j'aime mieux me séparer de vous pendant la vie, que de me voir séparé de mon Dieu pour toujours : *Discedite.* Portons encore contre nous un arrêt de rigueur. Non contents de retrancher les plaisirs défendus, privons-nous de ceux mêmes qui sont permis. Portons sans cesse la mortification de Jésus-Christ sur nos corps. Embrassons joyeusement sa croix par une entière résignation à souffrir les misères de la vie, la pauvreté, la maladie, les persécutions de nos ennemis. La croix est l'instrument que Dieu nous a laissé pour venger et désarmer sa justice. A la pénitence qui répare le passé, joignons une continuelle vigilance sur nous-mêmes pour ménager l'avenir, et profiter du temps et des grâces que Dieu nous donne encore pour prévenir la rigueur de ses jugements. Hélas! peut-être que jusqu'à présent nous n'avions rien fait pour notre salut! Nous avons marché dans les ténèbres, *Nox præcessit :* mais réveillons-nous du profond sommeil où nous avons été ensevelis, dit l'Apôtre (*Rom.*, XIII, 11, 12) : tout nous invite à sortir de notre léthargie : *Hora est jam nos de somno surgere.* Profitons du jour qui nous éclaire, parce qu'il ne sera plus temps de travailler quand nous serons dans la nuit fatale, où l'on ne peut plus rien faire pour le salut : *Dies appropinquavit.* Quittons les œuvres de ténèbres qui sont nos péchés, pour nous revêtir des armes de lumière qui sont les bonnes œuvres; *Abjiciamus opera tenebrarum, et induamur arma lucis.* C'est toujours le grand Apôtre qui parle. (*Ibid.*) Marchons avec bienséance, comme on fait pendant le jour; loin de nous la débauche, l'ivrognerie, les plaisirs criminels, les impuretés, les dissensions, les jalousies, la vengeance, l'injustice et toute autre action défendue par la loi de Dieu. Revêtons-nous de Jésus-Christ par l'imitation de ses vertus, de son humilité, de sa modestie, de sa douceur, de sa tempérance : donnons-lui dans la personne des pauvres tous les secours qui dépendent de nous, puisque l'aumône est un titre assuré pour mériter la sentence favorable qu'il adressera aux élus : *Venite, benedicti*, etc.

Pratiques particulières. — Pensons souvent que nous n'emporterons rien avec nous que le bien que nous aurons fait; les bonnes œuvres sont les seuls trésors qui nous suivront. Faisons toutes nos actions comme si nous devions être jugés d'abord après les avoir faites : *Post hoc autem judicium.* (*Hebr.*, IX, 27.) Quand nous prions, que nous approchons des sacrements, représentons-nous que nous allons être jugés : *Post hoc*, etc. Demandons-nous souvent à nous-mêmes, surtout le matin et le soir : Voudrais-je être jugé dans l'état où je suis? Non, sans doute, si c'est dans l'état de péché. Il faut donc en sortir promptement.

Ecoutons les reproches que la conscience nous fait à ce sujet pour apaiser ses remords, et lui accorder ce qu'elle nous demande. C'est ce que Jésus-Christ enseigne dans son Evangile, lorsqu'il nous dit de nous accorder avec notre adversaire, tandis que nous sommes dans la voie : *Esto consentiens adversario tuo.* (*Matth.*, V, 25.) Cet adversaire, c'est la conscience, qui a sur nous des droits incontestables. Nous pouvons l'apaiser à peu de frais; mais il ne faut pas différer, crainte d'être surpris par la mort, temps auquel elle deviendra pour nous un accusateur inflexible, qui nous livrera à toute la rigueur de notre Juge : *Esto consentiens cito, ne forte te tradat judici.* Si nous prenons toutes ces précautions que la prudence chrétienne nous inspire, nous pouvons espérer d'être du nombre de ces heureux prédestinés à qui le Juge souverain adressera ces paroles consolantes : *Venite, benedicti*, etc. Amen.

PRONE V.

Pour le second Dimanche de l'Avent.

SUR LA NÉCESSITÉ DE LA PÉNITENCE.

Parate viam Domini, rectas facite semitas ejus. (*Matth.*, III, 3.)

Préparez les voies du Seigneur, rendez droits ses sentiers.

Préparer les voies du Seigneur, faire connaître aux hommes le Messie attendu depuis plusieurs siècles, leur apprendre les dispositions avec lesquelles ils devaient le recevoir; tel fut, mes frères, le noble emploi auquel la divine Providence avait destiné saint Jean-Baptiste, et qu'il remplit avec tout le zèle dont il fut capable : il fut cet ange envoyé de Dieu qui devait faire revenir plusieurs des enfants d'Israël; qui devait précéder le Messie pour lui gagner les cœurs, et lui préparer un peuple parfait.

Mais quel moyen ce divin Précurseur enseigna-t-il aux peuples qui l'écoutaient, pour se disposer à recevoir la grâce du salut qui leur était présentée? Point d'autre que la pénitence ; c'était le sujet ordinaire de ses discours. Préparez, leur disait-il, les voies du Seigneur, rendez droits ses sentiers ; faites de dignes fruits de pénitence : *Parate viam Domini,... facite fructus dignos pœnitentiæ.*

Que n'ai-je aujourd'hui, mes frères, la voix et les vertus du saint Précurseur, pour vous exhorter aussi efficacement qu'il le faisait, à vous disposer par la pénitence à la venue du Messie ? Le Fils de Dieu est venu en ce monde pour y apporter le salut ; il doit y venir encore pour juger les hommes sur l'abus qu'ils auront fait des grâces qu'il leur a méritées : or, le moyen de participer aux grâces du Sauveur, et de vous garantir des traits de sa justice, c'est la pénitence. C'est pourquoi l'Église, qui, dans ce saint temps de l'Avent, nous met devant les yeux les deux avénements d'un Dieu sauveur et d'un Dieu vengeur, nous représente saint Jean-Baptiste prêchant la pénitence aux peuples, et charge ses ministres de vous y exhorter par les mêmes paroles dont il se servait pour prêcher cette vertu. Faites donc pénitence, mes frères, préparez les voies du Seigneur : *Parate viam Domini, pœnitentiam agite.* La pénitence vous est nécessaire en quelque état que vous soyez, justes ou pécheurs.

Pécheurs, elle vous est nécessaire pour sortir de l'état du péché ; première partie.

Justes, vous avez aussi besoin de pénitence pour vous préserver de la contagion du péché ; seconde partie.

PREMIER POINT.

Si l'homme avait eu assez de reconnaissance envers la bonté de Dieu pour conserver le trésor de l'innocence dont il l'avait enrichi dans sa première origine, il n'aurait pas eu besoin de faire pénitence. Mais dès qu'il a perdu ce trésor par le mauvais usage qu'il a fait de sa liberté, la pénitence est devenue pour lui d'une obligation indispensable, parce qu'il n'y a que la pénitence qui puisse réparer le désordre et les suites du péché. En quoi consiste, en effet, la malice du péché, et quelles en sont les suites ? Tout homme qui transgresse la loi du Seigneur, se rend coupable envers lui de l'injure la plus atroce ; il se porte en même temps à soi-même le coup le plus fatal ; il se révolte contre un Souverain à qui il doit tout ce qu'il est, et de qui il dépend en toutes choses : voilà la malice du péché. Il se prive de la grâce de son Dieu, sans laquelle il lui est impossible d'être sauvé : voilà la suite et le funeste effet du péché. Or, il n'y a que la pénitence qui puisse apaiser la colère de Dieu, et réparer l'injure que le péché lui a faite. Il n'y a que la pénitence qui puisse remettre l'homme en grâce avec Dieu, et guérir la plaie profonde que le péché a faite à son âme ; d'où je conclus que la pénitence est nécessaire au pécheur comme justice et comme remède : justice par rapport à Dieu ; remède par rapport à lui-même. Renouvelez vos attentions.

Dieu étant notre premier principe et notre dernière fin, il est incontestable que nous ne devons vivre que pour lui ; chacune de nos actions doit être un hommage rendu à la souveraineté de son être, et c'est par la plus parfaite soumission à ses ordres qu'il faut reconnaître l'entière dépendance qu'il exige de nous. Or, que fait l'homme qui offense Dieu ? Il prodigue à un objet créé un culte, un encens qui n'est dû qu'à Dieu seul ; il dérobe à Dieu la gloire qui doit lui revenir de toutes ses actions, et par là même il se rend coupable envers Dieu de l'injustice la plus criminelle. Mais Dieu, qui ordonne de réparer l'injure faite à autrui, et de le dédommager des torts qu'il a soufferts, n'obligera-t-il pas le pécheur à réparer la gloire et l'honneur que le péché lui a ravis ? N'exigera-t-il pas que son péché soit vengé ou par les rigueurs d'une pénitence volontaire, ou par les châtiments de la colère divine ? Or, je vous le demande, y a-t-il à délibérer, et ne vaut-il pas mieux punir nous-mêmes les révoltes de notre cœur, que de forcer le Tout-Puissant à en tirer une vengeance éclatante ? Ah ! mes frères, admirons la bonté du Dieu que nous servons. Il veut bien remettre sa cause entre nos mains ; il nous établit juges entre lui et nous ; il est content de nos efforts, et réellement nous faisons ce qui dépend de nous pour satisfaire sa justice. Cependant, quoique nous puissions faire, notre satisfaction égalera-t-elle jamais celle qu'il se ferait lui-même, lorsqu'il nous accablerait du poids de ses vengeances ; car qui peut comprendre, dit le Prophète, jusqu'où peut aller la colère de Dieu ? *Quis novit potestatem iræ tuæ ?* (*Psal.* LXXXIX, 11.) Et qu'est-ce qu'une pénitence de courte durée, de quelques moments, en comparaison d'une pénitence éternelle ? Qu'est-ce qu'une douleur légère en comparaison des affreux tourments d'un feu qui ne s'éteindra jamais ? Qu'est-ce qu'une larme, un soupir d'un cœur contrit et humilié, en comparaison des regrets cuisants et éternels, en comparaison de l'océan de larmes que verseront les réprouvés dans les enfers ? Cependant cette larme, ce soupir d'un cœur sincèrement touché, cette courte pénitence de cette vie peuvent effacer tous les péchés, quelque multipliés qu'ils soient ; peuvent désarmer toute la colère d'un Dieu vengeur ; et des tourments extrêmes dans leur rigueur, éternels dans leur durée n'apaiseront jamais cette divine colère ; les larmes des damnés n'effaceront jamais la moindre de leurs fautes. Ah ! mes frères, ne seriez-vous pas bien aveugles et bien cruels envers vous-mêmes, si vous ne profitiez pas d'un moyen aussi facile que Dieu vous présente dans la pénitence pour apaiser sa colère, rentrer en grâce avec lui, et guérir en même temps la plaie mortelle que le péché a causée à votre âme ? Il faut, mes frères, que cette plaie soit bien profonde, puisque, au moment que l'âme pèche, elle meurt, c'est-à-dire qu'elle perd la vie de la grâce, l'amitié de son Dieu, le droit qu'elle avait au céleste héritage : *Anima quæ peccaverit, ipsa morietur.* (*Ezech.*, XVIII, 4, 20.) Au même moment elle devient esclave du démon, l'objet des vengeances éternelles. Quel malheur ! et quel remède peut-on y apporter? Nul autre, mes frères, que la pénitence; elle seule peut vous donner accès au trône de la miséricorde, et attirer sur vous le don précieux de la grâce qui guérit la plaie des péchés.

Si le péché donne la mort à l'âme, la pénitence lui donne la vie ; si le péché la rend ennemie de Dieu, la pénitence la réconcilie avec lui ; si le péché ferme le ciel au pécheur, la pénitence seule peut le lui ouvrir : je dis la pénitence, parce qu'en effet, selon l'oracle de Jésus-Christ même, on est sûr de périr éternellement, si l'on n'efface ses péchés par la pénitence : *Si pœnitentiam non egeritis, omnes similiter peribitis.* (*Luc.*, XIII, 5.) Remarquez, mes frères, avec saint Chrysostome, la force de ces paroles : le Sauveur compare la nécessité de la pénitence avec celle du baptême : comme il a dit du baptême, que quiconque ne serait pas régénéré dans ses eaux salutaires, n'entrerait jamais dans le ciel : *Nisi quis renatus fuerit ex aqua et Spiritu sancto* (*Joan.*, III, 5), il dit de même de la pénitence, que sans elle il n'y a point d'espérance au royaume éternel; c'est-à-dire, autant le baptême nous est nécessaire pour effacer le péché originel qui nous ferme l'entrée du ciel, autant la pénitence nous est nécessaire pour effacer le péché actuel qui nous fait perdre le droit que nous avions à l'héritage céleste ; c'est-à-dire, que comme un enfant qui meurt sans baptême, quoiqu'il n'y ait point de sa faute, ne sera jamais sauvé, de même un pécheur qui mourra sans avoir fait pénitence, ne le sera jamais, quoiqu'il n'ait pu faire cette pénitence, ou pour n'en avoir pas eu le temps, ou pour n'y avoir pas pensé : c'est ce que les théologiens appellent nécessité de moyen, c'est-à-dire, nécessité si grande pour le salut, que nul autre moyen ne peut y suppléer : en cela différente de la nécessité de précepte, dont on peut être dispensé par quelque raison légitime. Vous ne pouvez pas jeûner par faiblesse de santé ; vous ne pouvez entendre la Messe à raison de quelque empêchement légitime : vous ne serez pas réprouvés pour n'avoir pas satisfait à ces obligations. Mais si vous avez péché, quoi que vous puissiez faire d'ailleurs, quelques bonnes œuvres que vous puissiez pratiquer, si vous ne faites pénitence, point de salut pour vous. Il n'y a que la pénitence qui puisse détruire le mur de séparation que le péché a formé entre Dieu et vous, et elle seule peut vous remettre au rang des enfants de Dieu, vous rétablir dans les droits que vous avez perdus par le péché : *Si pœnitentiam*, etc.

Au contraire, si vous faites pénitence, vous êtes sûrs de trouver grâce auprès du trône de la miséricorde de Dieu, votre pardon est tout assuré. Vous avez pour garants sa divine parole et sa fidélité en ses promesses : *Convertissez-vous à moi*, vous dit-il, *et je me convertirai à vous : «Convertimini ad me, et ego convertar ad vos.»* (*Zachar.*, I, 3.) *Si l'impie fait pénitence de ses iniquités, je les oublierai, fussent-elles multipliées à l'infini.* (*Ezech.*, XVIII, 21. 22.) Témoignages bien consolants, mes frères, qui, en faisant sentir au pécheur la nécessité de la pénitence, lui en font connaître la vertu et l'efficacité; et pour vous rendre cette vérité plus sensible, rappelez l'exemple des Ninivites. Ces peuples sont menacés par un prophète d'une ruine prochaine : *Dans quarante jours*, leur dit-on, *votre ville sera détruite.* (*Jon.*, III, 4.) Ils recourent à la pénitence; ils se couvrent de cendres et de cilices : tous, enfants et vieillards, se condamnent au jeûne le plus rigoureux, et ils désarment la colère du Seigneur : cette ville qui allait être détruite à cause de ses iniquités, est conservée à cause de sa pénitence. Ah! qu'un pécheur pénitent et contrit a d'empire sur le cœur de Dieu ! il en dispose en quelque façon à son gré. C'est ce que nous apprend la parabole de l'enfant prodigue. Un père, dit Jésus-Christ, avait deux fils : le plus jeune, ennuyé de vivre dans la maison paternelle, et dans une dépendance qui faisait son bonheur, demanda à son père la part de son bien, pour aller dans un pays étranger, où, après avoir dissipé tout ce qu'il avait emporté avec lui, il se vit réduit à la dernière misère, obligé de vendre sa liberté et livré en proie à la faim, jusqu'à désirer la nourriture des plus vils animaux. Dans cet état il se rappelle les douceurs qu'il goûtait dans la maison paternelle; le souvenir des tendresses de son père lui fait prendre la résolution de retourner à lui, et de lui demander pardon dans l'amertume de son cœur. Il part, il arrive auprès de son père, qui n'attend pas que son fils ait fait tout le chemin, mais qui va au-devant de lui ; il se jette à son cou, le reçoit dans son amitié, et lui fait sentir par mille marques de tendresse que ce n'est pas en vain qu'il a mis sa confiance en lui ; il le fait entrer dans sa maison, lui rend ses habits, ordonne un festin magnifique pour se réjouir avec ses amis de ce qu'il a trouvé un fils qu'il croyait perdu. (*Luc.*, XV, 11-32.)

Telle est, mes frères, la consolante figure que Jésus-Christ nous donne de sa bonté à recevoir le pécheur. Mais quel est le pécheur pénitent qui, après avoir imité l'enfant prodigue dans ses égarements, le prend pour modèle dans sa conversion? Quel est le pécheur qui abandonne les voies de l'iniquité où il s'est égaré, pour retourner à Dieu et lui dire, comme l'enfant prodigue, dans les sentiments d'un cœur contrit et humilié : *Mon père, j'ai péché contre le ciel et devant vous : «Pater, peccavi in cœlum et coram te?»* Quel est enfin le pécheur qui répare, par sa pénitence et sa fidélité à garder la loi de son Dieu, les désordres de sa vie passée?

Pratiques. — Reconnaissez ici, pécheurs, pour fruit de cette première réflexion, et reconnaissons, tous tant que nous sommes, l'obligation que nous avons à la miséricorde de notre Dieu, qui nous a préparé dans la pénitence une ressource à nos malheurs.

Car, hélas! quel est celui qui n'a pas perdu son innocence par le mauvais usage qu'il a fait de sa liberté? Nous en avons la preuve dans le témoignage de notre conscience. Que serions-nous devenus, si Dieu, usant de ses droits comme il le pouvait, nous avait abandonnés à notre triste sort; si, après avoir irrité sa justice par nos offenses, le sein de sa miséricorde nous eût été fermé? L'enfer, après cette vie, serait devenu notre partage. Mais retournons à Dieu promptement, retournons-y sincèrement, retournons-y promptement, de crainte qu'en différant, nous n'ayons pas le temps ni la grâce de faire pénitence. Retournons-y sincèrement, en renonçant de bon cœur à ces objets criminels que nous avons aimés au préjudice de l'amour que nous devons à l'Etre suprême; retournons à Dieu, en détestant nos péchés par une vraie douleur de les avoir commis, par une ferme résolution de ne les plus commettre, d'en quitter les occasions, d'en corriger les habitudes. Tels sont les actes de la pénitence; tels sont les effets qu'elle doit produire dans les pêcheurs. Voyons maintenant sa nécessité pour les justes.

DEUXIÈME POINT.

L'âme juste a-t-elle besoin de pénitence? Oui, mes frères, et pourquoi? Parce qu'en premier lieu, quelque juste qu'on soit réellement, on ne peut pas cependant s'assurer d'avoir toujours conservé son innocence, ou de l'avoir recouvrée par la pénitence, si on l'a perdue par le péché. Personne ne sait s'il est digne de haine ou d'amour; ainsi quelque précaution que l'homme ait prise pour rentrer en grâce avec Dieu, après l'avoir offensé, il ne doit pas être sans crainte, dit le Saint-Esprit, sur son péché pardonné: *De propitiato noli esse sine metu.* (*Eccli.*, V, 5.) Il sera toujours incertain s'il a eu toutes les dispositions nécessaires pour obtenir son pardon. Il est vrai que Dieu ne refuse pas sa grâce et son amitié à celui qui fait tout ce qui dépend de lui pour l'avoir. Il est encore vrai que le pécheur converti peut avoir des conjectures consolantes sur son état, par le témoignage de sa bonne conscience, par le changement de ses mœurs et de sa conduite: mais quelque favorables que soient ces conjectures, elles ne sont pas des marques infaillibles de son parfait retour à Dieu. Il a toujours sujet de craindre de n'avoir pas fait peut-être de son côté tout ce qu'il devait pour recouvrer l'amitié de Dieu. Et comment peut-il être sûr que la douleur qu'il a conçue de ses péchés a véritablement été une douleur surnaturelle dans son motif, efficace dans son propos, suffisante dans son étendue; telle, en un mot, que la justice divine la demande, pour réparer parfaitement la malice et le désordre du péché? Il n'aurait pas, à la vérité, profané le sacrement de la réconciliation, ayant cru faire tout ce qu'il fallait pour le bien recevoir; mais le sacrement est quelquefois nul, sans être profané par un sacrilége, lorsque le pécheur croit avoir toutes les dispositions nécessaires, et qu'il ne les a pas en effet. Or, dans cette incertitude, ne devons-nous pas toujours recourir à la pénitence, pour assurer notre salut? Dieu, qui est riche en miséricorde, et qui offre toujours sa grâce au pécheur disposé à la recevoir, ne permettra pas que cet homme qui gémit, qui fait pénitence de son péché, soit frustré de son espérance; la grâce qu'il n'a pas eue dans un temps, il l'obtiendra dans un autre; en faut-il davantage pour engager les plus justes même à faire toujours pénitence. Ah! c'est assez d'avoir offensé Dieu une seule fois dans sa vie, dit le Saint-Esprit, pour se condamner à une pénitence aussi longue que cette vie.

Mais l'âme juste fût-elle assurée de posséder l'amitié de Dieu, combien de fautes légères qui lui échappent, et qui peuvent être expiées? Combien d'occasions de chutes où elle est exposée, et contre lesquelles elle doit se tenir en garde? Or la pénitence est tout à la fois le remède et le préservatif du péché. Elle supplée à la peine temporelle due aux péchés pardonnés, et elle éloigne la tentation qui pourrait nous rendre coupables. Hélas! il n'est personne, dit saint Augustin, si réglé dans sa conduite, dont la vertu ne soit ternie par quelques fautes légères. Une funeste expérience ne nous fait que trop sentir cette vérité. Or, quoique ces fautes vénielles ne nous privent pas de l'amitié de Dieu, elles sont cependant des offenses faites à sa divine majesté. Elles attaquent les droits de sa justice, en dérobant à Dieu la gloire que doit lui rendre toute créature raisonnable par une parfaite obéissance à ses plus petits commandements: il faut donc réparer par une satisfaction volontaire cette gloire offensée, ou s'attendre à éprouver dans le purgatoire les rigueurs de la justine divine; c'est là que Dieu punira même ses amis: il leur fera expier par des feux horribles, qui ne diffèrent de ceux de l'enfer que par leur durée; il leur fera expier, dis-je, des fautes que les pénitences faites dans cette vie eussent effacées. Bien plus, mes frères, quoique la miséricorde de Dieu ait pardonné le péché mortel, quant à la coulpe et à la peine éternelle, sa justice demande encore du pécheur une satisfaction, et qu'il subisse une peine temporelle, c'est-à-dire que, dans la réconciliation du pécheur avec Dieu, la peine éternelle est changée en peine temporelle. C'est pour ce sujet que l'on impose dans le sacré tribunal des pénitences aux pécheurs. Mais que sont ces satisfactions en comparaison de ce qu'ils méritent? Il faut donc qu'ils y suppléent par des pénitences volontaires, pour se soustraire aux châtiments que Dieu leur réserve dans l'autre vie. Or, qui de nous ne préférera des pénitences de courte durée aux peines rigoureuses que l'on souffrira en purgatoire pendant plusieurs années, avant que d'être assez purifiés pour être admis dans le séjour de la gloire éternelle?

Justes, qui que vous soyez, faites donc pénitence pour vous acquitter de vos dettes; priez, jeûnez, mortifiez-vous; moins vous

vous épargnerez, plus Dieu vous traitera avec douceur. Cette pénitence, en apaisant la justice de Dieu, vous servira de préservatif contre le péché. Il en est encore des maladies de l'âme, dit saint Bernard, comme des maladies du corps. Quoique une maladie soit guérie, il reste après elle une certaine langueur qui expose sans cesse à de nouvelles chutes, à moins qu'on ne prenne les plus exactes précautions. De même le péché remis par le sacrement laisse cependant après lui une certaine faiblesse, surtout lorsque c'est péché d'habitude, qui doit faire craindre toujours de nouvelles fautes. C'est une plaie dont la flèche est ôtée, dit saint Bernard, mais qui conserve encore une flétrissure dangereuse, capable de communiquer son venin, à moins qu'on n'y applique des remèdes pour l'arrêter. Or, le plus propre à préserver l'homme de la contagion du péché, c'est la pénitence; elle est comme un régime de vie qui soutient l'âme, et la rétablit dans une santé parfaite. En effet, quelle est la source du péché? Hélas! elle est dans nous. C'est notre convoitise, ce penchant funeste que nous avons au mal, que l'on appelle le foyer de péché : *Fomes peccati*. C'est un feu qui se rallume toujours par la présence des objets qui l'irritent et l'enflamment. Il faut donc pour l'éteindre, l'arroser des larmes de la pénitence; il faut que cette pénitence nous éloigne des objets capables d'entraînernos inclinations perverses, qu'elle retranche en nous non-seulement les plaisirs défendus, mais quelquefois encore ceux qui sont permis. Car comment ne pas succomber sous le poids du penchant qui nous entraîne au mal, si nous voulons ne nous faire aucune violence et suivre en tout nos inclinations; si, au lieu de gêner, de mortifier nos passions, nous leur accordons tout ce qu'elles demandent?

Pourquoi voit-on si peu de justes persévérer dans l'état de la grâce? C'est parce qu'ils abandonnent la voie de la pénitence. Trop contents d'eux-mêmes pour quelques efforts qu'ils ont faits pour sortir de l'état du péché, ils croient qu'ils n'ont plus qu'à se reposer, en attendant la récompense que le Seigneur promet à ses élus : au lieu de continuer à marcher dans les voies de la pénitence, de mortifier leurs passions, ils nourrissent ces ennemis domestiques qui ne veulent plus se soumettre, et reprennent bientôt le dessus ; la chair se révolte contre l'esprit, et l'esprit contre Dieu : *Incrassatus, impinguatus recalcitrabit*. (*Deut.*, XXXII, 15.) Voilà la cause de leur chute; la même cause produit les mêmes effets; les plaisirs qu'ils avaient recherchés les avaient rendus criminels; ils retournent à ces plaisirs; ils abandonnent la voie de la pénitence, et par une suite inévitable, la loi du Seigneur. Ah! ce n'est pas ainsi qu'en ont agi les saints pénitents dont nous honorons la mémoire, et que l'Eglise nous propose pour modèles de pénitence. Voyez l'exemple du roi David, qui, quoique assuré par un prophète du pardon de son péché, se reproche continuellement ses infidélités à la loi de son Dieu : il en est si pénétré de douleur, que, dans le temps même du repos, il arrose son lit de ses larmes : *Lavabo per singulas noctes lectum meum, lacrymis meis stratum meum rigabo*. (*Psal.* VI, 7.) Il s'offre à souffrir tous les châtiments auxquels la divine justice voudra le condamner : *Ego in flagella paratus sum*. (*Psal.* XXXVII, 18.) Voyez un saint Pierre, prince des apôtres, qui a eu le malheur de renier son divin Maître, et qui en est si touché, que ses yeux deviennent des sources de larmes, qui ne tarissent qu'avec sa vie. Voyez une sainte Madeleine, cette illustre pénitente, qui, quoique assurée par la bouche de Jésus-Christ même du pardon de son péché, se livre sans cesse aux rigueurs de la pénitence, et en devient la victime jusqu'à la mort. Considérez enfin un saint Paul, l'Apôtre des nations, qui, malgré le témoignage de sa bonne conscience, ne se croit pas encore justifié : *Nihil mihi conscius sum, sed non in hoc justificatus sum*. (I *Cor.*, IV, 4.) Il châtie son corps et le réduit en servitude, dans la crainte où il est d'être du nombre des réprouvés. (I *Cor.*, IX, 27.) La raison qui l'engage, c'est qu'il sait que Dieu luimême doit le juger, que c'est un juge infiniment éclairé, infiniment redoutable, qui punit jusqu'aux désirs formés contre sa sainte loi. Quelque justes que vous croyiez être, et que vous soyez en effet, l'êtes-vous plus que ces illustres pénitents dont je viens de vous parler? Votre pénitence égala-t-elle jamais celle qu'ils ont faite, et avez-vous autant de certitude qu'ils en avaient du pardon de vos péchés? Pourquoi donc quitteriez-vous la voie de la pénitence, qu'ils n'ont point abandonnée? Etes-vous moins intéressés qu'eux à prendre tous les moyens possibles pour assurer votre prédestination? Quelque justes que vous croyiez être, et que vous soyez en effet, l'êtes-vous autant que Jésus-Christ, le Saint des saints? Il a passé sa vie dans les souffrances, il s'est livré aux tourments les plus rigoureux, à la mort la plus cruelle : Jésus-Christ était-il obligé de souffrir toutes ces rigueurs? Non, sans doute; il n'avait point de péché à expier, mais il s'était chargé de satisfaire pour nos péchés, et il voulait aussi nous servir de modèle pour faire pénitence. Pouvons-nous, pécheurs que nous sommes, refuser de marcher sur les traces de Jésus-Christ? Il n'avait pas besoin de faire pénitence, et il l'a faite; comment ne la ferions-nous pas, nous à qui elle est si nécessaire?

Pratiques. — D'ailleurs ne trouvons-nous pas toujours en nous bien des choses à réformer : vanité, complaisance, recherches de la gloire et des plaisirs, certaine délicatesse sur le point d'honneur, sensibilité aux mépris, défaut d'attention en nos prières, tiédeur, négligences dans le service de Dieu ; que sais-je? un sérieux examen nous découvrira bien des sujets de faire pénitence. Appliquez-vous donc, mes frères, à corriger tout ce que vous remarquez en vous de défectueux ; produisez de fréquents actes de douleur sur vos fautes; renouvelez sans cesse vos bonnes résolutions; approchez-vous souvent du tribunal de la réconciliation, qui sert autant à sanctifier les justes, qu'à réconcilier les pécheurs; souffrez en esprit de pénitence toutes les peines attachées à votre état, toutes les afflictions qui vous viennent ou de la part de Dieu, ou de la part des hommes; portez sans cesse sur vous la mortification de Jésus-Christ par la victoire de vos passions et par le retranchement de tout ce qui flatte les sens. Soyez fidèles à suivre un régime de vie que vous vous serez prescrit, comme de vous lever à certaines heures. La pénitence, il'est vrai, a quelque chose de rebutant à la nature; c'est un chemin rempli de ronces et d'épines. Mais considérez les avantages qui l'accompagnent, et l'heureux terme où elle vous conduit. Ah! que les saints qui sont dans le ciel se savent bon gré des pénitences qu'ils ont faites sur la terre : leurs travaux sont passés, leurs douleurs sont finies; mais leur joie ne finira jamais : souffrez comme eux, pour jouir un jour avec eux du bonheur éternel. *Amen.*

PRONE VI.

Pour le troisième Dimanche de l'Avent.

SUR LE CHRÉTIEN.

Tu quis es? (*Joan.*, I, 19.)
Qui êtes-vous?

Jean dans le désert menait une vie si sainte, que les Juifs, incertains s'il était un prophète, ou le Messie lui-même, députent vers lui pour éclaircir leur doute, et s'instruire de ce qu'il fallait croire à son sujet. Qui êtes-vous? lui demandent les députés de la Synagogue : *Tu quis es?* Mais le serviteur de Dieu, loin de se laisser éblouir par l'éclat de la gloire que sa vertu lui attire, répond humblement qu'il est *la voix de celui qui crie dans le désert : Préparez les voies du Seigneur : « Ego vox clamantis in deserto : Parate viam Domini. »* (*Ibid.*, 23.) Souffrez, mes frères, que je vous fasse aujourd'hui, quoique dans un sens différent, la même demande que les Juifs firent à saint Jean-Baptiste : *Tu quis es? « Qui êtes-vous? »* Je sais qu'étant régénérés dans les eaux du baptême, et faisant profession de suivre la loi de Jésus-Christ, vous pouvez me répondre que vous êtes chrétiens. Mais avez-vous compris jusqu'ici la grâce de votre vocation au christianisme, et avez-vous été fidèles à y répondre? Reconnaissez aujourd'hui à quel degré d'honneur vous élève le christianisme; mais apprenez aussi à quel degré de sainteté vous devez tendre. C'est sur quoi je me propose de vous instruire dans cet entretien.

Quelle est la dignité du chrétien; première partie.

Quelles en sont les obligations; seconde partie.

Excellence du christianisme; devoir du christianisme. C'est tout mon dessein.

PREMIER POINT.

Que Dieu nous ait tirés du néant préférablement à tant d'autres, c'est un bienfait qui, quoique commun à tous les hommes, ne mérite pas moins notre reconnaissance. Ce bienfait néanmoins nous était inutile, dit saint Ambroise, si Dieu n'y avait ajouté celui de la rédemption : *Non prodesset nasci, nisi redimi profuisset.* Or Dieu, dont la charité est infinie pour les hommes, ne s'est pas contenté de leur donner l'être, il a bien voulu encore livrer son Fils pour les racheter. Mais ce qui met le comble aux desseins de miséricorde que Dieu a sur nous, c'est que, par une grâce spéciale, il ait bien voulu nous faire naître dans le sein du christianisme; que, sans autre raison qu'un plus grand amour pour nous, il nous ait distingués de tant d'infidèles privés du baptême; et qu'en nous séparant ainsi de cette multitude d'hommes, il nous fasse participer d'une manière plus abondante aux mérites de Jésus-Christ : car tel est le caractère sacré qui nous fait chrétiens : il produit dans nos âmes les effets les plus saints et les plus glorieux; et pour en mieux juger, rappelez, mes frères, ce que vous étiez avant votre baptême, et consultez votre foi. Elle vous apprendra que vous sortez non du néant de la nature, mais du néant du péché. Descendants infortunés d'un père prévaricateur, vous n'avez pas plutôt été formés dans le sein de vos mères, que vous êtes devenus esclaves du démon. Conçus dans le péché, vous êtes venus au monde enfants de colère, l'objet de la haine et de l'indignation de Dieu : *Eramus natura filii iræ.* (*Ephes.*, II, 3.) Vous étiez déchus du droit à son héritage. Le ciel, ce beau ciel qu'il nous avait destiné, vous était fermé pour toujours. Votre âme, dépouillée de tous les dons de la justice originelle, était devenue l'affreuse demeure du démon : ce prince des ténèbres exerçait sur vous son empire, mais un empire si honteux, qu'avant d'être baptisé, on vous jugeait indignes d'entrer dans la maison du Seigneur, parce que vous étiez regardés comme des enfants de malédiction. C'est pour cela que l'Eglise, avant que de vous donner le baptême, a fait de fréquents exorcismes, qu'elle a employé le souffle mystérieux de ses ministres pour donner la fuite au démon, et lui faire quitter une demeure où Jésus-Christ devait habiter.

Que d'actions de grâces n'avez-vous pas à rendre à Dieu, qui vous a affranchis par le baptême de l'esclavage honteux où vous étiez réduits, qui vous a appelés des ténèbres à sa lumière? Oui, mes frères, dans cet heureux moment où l'on a versé une eau salutaire sur vos têtes, votre âme, morte par le péché, a reçu une nouvelle vie. A mesure que l'on répandait cette eau sur votre corps, le sang de Jésus-Christ coulait sur votre âme pour la laver, la purifier de ses taches. Dans ce moment vous avez quitté le vieil homme pour être revêtus de nouvelles créatures en Jésus-Christ, comme dit l'Apôtre. Votre âme a recouvré sa première beauté, et, en place de l'affreuse image du démon qui la défigurait, Dieu y a gravé des traits de sa ressemblance qui vous rendent par participation ce qu'il est par nature : *Divinæ consortes naturæ* (II *Petr.*, I, 4), c'est-à-dire, mes frères, que par la grâce baptismale, vous avez non-seulement été purifiés de la tache du péché, vous avez été sanctifiés, mais en quelque sorte divinisés. Comment cela? C'est qu'en recevant cette grâce, vous avez contracté une alliance particulière avec les trois augustes Personnes de la sainte Trinité, en vertu de laquelle vous êtes devenus enfants de Dieu, membres et frères de Jésus-Christ, temples du Saint-Esprit. Que ces titres sont glorieux! que ces prérogatives sont estimables! Etre enfant de Dieu, quelle gloire pour une créature! N'était-ce déjà pas beaucoup qu'il nous permît de prendre la qualité de serviteurs? Quelle a donc été la charité de Dieu pour les hommes, dit saint Jean, de vouloir que nous fussions appelés, et que nous fussions en effet ses enfants? *Videte qualem charitatem dedit nobis Pater, ut filii Dei nominemur et simus.* (I *Joan.*, III, 1.) C'est là, dit saint Cyrille, le faîte de la grandeur, de la noblesse. Dieu, il est vrai, n'a qu'un Fils par nature; mais il a envoyé ce Fils dans la plénitude des temps pour racheter ceux qui étaient sous la loi, et accomplir l'adoption des enfants, c'est-à-dire, que Dieu nous a élevés par son Fils à la qualité d'enfants adoptifs, parce que ce Fils adorable, en se revêtant de notre nature, nous a revêtus de sa divinité; il nous a communiqué par son divin Esprit la grâce sanctifiante, dont le propre effet est de nous rendre enfants de Dieu, et de nous donner droit de l'appeler notre Père : *In quo clamamus, Abba, Pater.* (*Rom.*, VIII, 15.) Quelle gloire, encore une fois, pour de viles créatures, pour de misérables vers de terre tels que nous sommes!

Jugez-en, mes frères, par l'honneur que recevrait un pauvre sujet que le plus grand des rois du monde tirerait de la poussière pour le faire enfant adoptif, et lui donner droit à sa couronne; ne se croirait-il pas le plus heureux des mortels? Or, la faveur que Dieu nous a faite de nous avoir adoptés pour ses enfants, est infiniment plus glorieuse pour nous. Que les grands de la terre vantent tant qu'il leur plaira la noblesse de leur origine; qu'ils s'applaudissent et se glorifient de ces titres pompeux qui les élèvent au-dessus des autres hommes : mais que sont tous les titres de la grandeur humaine, comparés à l'auguste qualité d'enfants de Dieu, que nous recevons au baptême? Le plus pauvre, le plus misérable des hommes, qui en qualité de chrétien est enfant de Dieu, est infiniment au-dessus de tous les monarques du monde qui ne le sont pas. La robe d'innocence que nous avons reçue du baptême vaut infiniment mieux que la pourpre et le diadème dont les rois sont couverts. Hélas! mes frères, de quoi nous serviraient toutes les couronnes, tous les empires du monde, si nous n'étions pas chrétiens, enfants de Dieu? Sans cette qualité, nous n'aurions aucun droit au ciel; au lieu qu'étant enfants de Dieu, nous sommes les héritiers de son royaume, dit saint Paul : *Si filii et hæredes.* (*Rom.*, VIII, 17.) Nous y avons un droit incontestable qui nous a été acquis par le sang de Jésus-Christ, en sorte que, si nous mourons dans la grâce de Dieu, ce royaume éternel nous est aussi assuré que l'héritage d'un père l'est à son enfant : *Si filii*, etc. Faut-il, après cela, s'étonner si les saints ont préféré le titre de chrétien à toutes les dignités du monde? Ah! ils savaient les grandes prérogatives qui sont attachées à la qualité de chrétien; ils savaient que ce titre honorable, soutenu par la sainteté de vie, leur donnait droit à un royaume qui vaut mieux que tous les empires du monde. Témoin le grand saint Louis, roi de France, qui s'en croyait plus honoré que du titre de roi, puisqu'il signait son nom *Louis de Poissy*, parce qu'il avait reçu le baptême dans cet endroit. Concevons, mes frères, la même estime pour cette auguste qualité qui nous rend enfants de Dieu, nous fait héritiers de son royaume et membres de Jésus-Christ.

Oui, mes frères, vous êtes devenus, par le baptême, membres de Jésus-Christ; c'est encore l'apôtre saint Paul qui vous l'assure : *Ne savez-vous pas*, disait-il aux Corinthiens, *que vos corps sont les membres de Jésus-Christ? « Nescitis quoniam corpora vestra membra sunt Christi? »* (I *Cor.*, VI, 15.) Or, comment par le baptême avez-vous été incorporés en Jésus-Christ? C'est que ce sacrement vous donne entrée dans l'Eglise, qui est le corps mystique dont Jésus-Christ est le chef. Vous êtes, par le baptême, agrégés à cette nation sainte, à ce peuple choisi que Jésus-Christ a conquis par son sang. (*Act.*, XX, 28; I *Petr.*, II, 9.) Vous faites partie de cette Eglise qu'il a sanctifiée, comme dit l'Apôtre, qu'il a purifiée dans le baptême d'eau, pour la faire paraître devant lui pleine de gloire, pour se l'associer comme son épouse. (*Ephes.*, V, 25, 27.) Or, dès que vous êtes membre de l'Eglise dont Jésus-Christ est chef, vous participez aux grâces qu'il lui communique, vous êtes animés de son esprit, vous recevez de lui la vie comme un membre la reçoit du corps; et pour me servir de la comparaison dont il se sert lui-même, vous lui êtes unis comme la branche de la vigne l'est à son cep dont elle reçoit la nourriture : union si intime, qu'il la compare encore à celle qu'il a avec son Père : *Tu in me, et ego in eis.* (*Joan.*, XVII, 23.) Quoi de plus glorieux? Vous êtes encore par le baptême frères de Jésus-Christ, non-seulement parce qu'il a pris une nature semblable à la vôtre, mais parce qu'étant Fils de Dieu par sa nature, et vous par adoption, il vous a associés à ses droits, en vous faisant cohéritiers de son royaume : *Cohæredes Christi.* (*Rom.*, VIII, 17.) Vous voilà donc, en qualité de chrétiens, enfants de Dieu, frères d'un Dieu; ajoutons, temples du Saint-Esprit, qui est Dieu. C'est toujours le langage de saint Paul :

« *Ne savez-vous pas que vos membres sont les temples du Saint-Esprit qui habite en vous? Nescitis quoniam vos estis templum Spiritus sancti qui habitat in vobis?* » (I *Cor.*, III, 16.) Ce divin Esprit, qui était porté plus particulièrement sur les eaux du baptême que sur celles qui étaient répandues au commencement du monde, vous choisit dès lors pour sa demeure. Il vous purifia, il vous sanctifia, et vous marqua d'un sceau sacré et ineffaçable, que nous appelons caractère du baptême, caractère qui distingue les chrétiens des infidèles, et qui est représenté par le saint chrême, qu'on nous donne en nous administrant ce sacrement : *Unxit nos, signavit nos* (II *Cor.*, I, 21, 22.) Non-seulement le Saint-Esprit sanctifia vos âmes, mais aussi vos corps pour être des temples vivants qui lui fussent consacrés, où vous devez lui faire le sacrifice de vos passions, lui offrir l'encens de vos prières, l'hommage de vos cœurs. Avez-vous jamais fait réflexion, mes frères, à une cérémonie que fait l'Eglise aux obsèques des fidèles? Pourquoi la même main du prêtre qui offre l'encens au Dieu vivant, encense les corps après la mort? Quel respect, quel honneur méritent donc ces corps qui doivent être dans peu la pâture des vers? Ils n'en méritent aucun par eux-mêmes; mais ces corps ont été consacrés par le Saint-Esprit dans le baptême, ils sont devenus sa demeure; voilà ce qui les rend si respectables, ce qui leur fait rendre des honneurs après leur mort, et ce qui les fait inhumer dans des lieux saints, parce que l'on croirait les profaner de les mettre ailleurs.

Reconnaissez donc, ô chrétiens, l'excellence de votre vocation au christianisme! *Agnosce, o Christiane, dignitatem tuam* : reconnaissez-la, dis-je, pour ne point dégénérer de la noblesse de votre origine. Dieu, par une grâce particulière, vous a séparés des autres nations, qu'il a laissées dans les ténèbres, pour vous appeler à son admirable lumière. *Non fecit taliter omni nationi.* (*Psal.*, CXLVII, 20.) Il vous a élevés à une dignité qui surpasse tout ce que les couronnes du monde ont de plus grand et de plus brillant : quelle reconnaissance ne lui devez-vous pas pour un don si précieux? *Gratias Deo super inenarrabili dono ejus.* (II *Cor.*, IX, 12.) Mais cette qualité si auguste, est-ce celle dont on se fait le plus d'honneur dans le monde? On se glorifie de ses richesses, de sa naissance, de ses emplois; on étale aux yeux des hommes des titres pompeux qui ne sont que de la fumée, et on ne fait aucun cas du noble caractère de chrétien dont on est revêtu; que dis-je? bien loin de s'en glorifier, on a honte de le paraître, on rougit d'en donner des marques, on se croit déshonoré de se trouver à des assemblées de piété, aux cérémonies de l'Eglise, qui sont une profession publique du christianisme; Dieu veuille même qu'on ne les tourne pas en dérision! Bien loin de soutenir la religion contre les impies qui l'attaquent, on garde un criminel silence qui en est une espèce de désaveu; on se joint même à ceux qui la combattent pour lui faire la guerre; ou si on ne l'attaque pas de paroles, on la déshonore par une conduite irrégulière. On se contente de porter le nom de chrétien sans en remplir les devoirs. Quels sont ces devoirs? Sujet du second point.

DEUXIÈME POINT.

Pour vous donner d'abord une idée des devoirs et de la sainteté du christianisme, il faut envisager cet état sous deux rapports qui en renferment toutes les obligations. Nous devons regarder le christianisme comme un état de séparation et de consécration; cette idée suit naturellement de ce que nous avons dit de la dignité du chrétien. En effet, mes frères, si le baptême vous affranchit de l'esclavage du démon et du péché, il s'ensuit que vous devez renoncer au péché et à tout ce qui peut être pour vous occasion de péché. Si vous avez contracté dans le baptême une si auguste alliance avec les trois Personnes de l'adorable Trinité, en devenant enfants de Dieu, membres et temples d'un Dieu, ces glorieux titres vous engagent à vous consacrer au service de Dieu d'une manière qui réponde au choix qu'il a fait de vous, et à la dignité où il vous a élevés. Telle est la sainteté que l'apôtre saint Paul exigeait des premiers chrétiens, lorsqu'il les exhortait à se comporter comme des personnes mortes au péché, et vivantes de la vie de Dieu : *Existimate vos mortuos peccato, viventes autem Deo.* (*Rom.*, VI, 11.) Oui, tous tant que nous sommes, ajoutait-il, qui avons été baptisés en Jésus-Christ, nous avons été baptisés en sa mort. Car nous avons été ensevelis avec lui pour mourir, afin que, comme Jésus-Christ est ressuscité, nous menions une vie nouvelle. Nous devons tenir pour certain, continue cet Apôtre, que notre vieil homme a été crucifié avec Jésus-Christ, afin que le corps du péché soit détruit en nous, et que nous n'en soyons plus les esclaves. Que nous apprend cette admirable doctrine de saint Paul? sinon que le christianisme est un état de mort, puisqu'il compare le baptême à la mort de Jésus-Christ, et que Jésus-Christ étant véritablement mort, nous devons aussi mourir par le baptême; je dis plus, non-seulement mourir, mais être ensevelis, c'est-à-dire, que nous devons renoncer entièrement au péché, et n'avoir aucune attache pour tout ce qui peut être pour nous occasion de péché.

N'est-ce pas aussi, mes frères, ce que l'on vous a fait promettre au baptême, lorsqu'on vous présenta à l'Eglise pour être admis au nombre de ses enfants? On vous demanda si vous renonciez à Satan, à ses pompes et à ses œuvres : *Abrenuntias Satanæ?* Vous répondîtes par la bouche de ceux qui vous servaient de caution, que vous y renonciez : *Abrenuntio.* Vous fîtes donc pour lors un traité avec Dieu, un engagement solennel à la face de l'Eglise, dont le ciel et la terre furent les témoins. Cet engagement fut nouseulement inséré dans les registres de baptême, mais encore dans le livre de vie, dit saint Ambroise; Dieu en conservera toujours le souvenir. Or, en quoi consistaient ces promesses que vous fîtes de renoncer à Satan, à ses pompes et à ses œuvres ? Vous le comprenez aisément, et il n'est pas besoin de vous le dire. Vous promettiez à Dieu que si vous aviez eu le malheur d'être devenus, par une volonté étrangère, les esclaves du démon, vous ne vouliez plus l'être par votre propre choix; vous lui promettiez que le péché ne régnerait plus dans vous; que vous étiez pour cela résolus de résister à toutes les attaques de l'ennemi du salut, et de renoncer à tous les objets capables de lui donner entrée dans votre cœur. C'est ce que l'on entend par les pompes et les œuvres de Satan. Mais quels sont ces objets dont le démon se sert pour vous pervertir, et auxquels vous avez renoncé ? Ce sont les biens, les honneurs, les plaisirs du monde, les maximes pernicieuses qu'il débite, les mauvais exemples que l'on y voit; voilà les attraits que le démon présente aux hommes pour les faire tomber dans ses piéges ; il les tente par l'amour des biens terrestres, afin que les hommes, y attachant leur cœur, ne pensent point aux biens éternels que Dieu leur réserve dans le ciel; il les éblouit par l'éclat des honneurs, afin qu'en perdant de vue leur néant, ils s'élèvent et se précipitent ensuite dans le fond de l'abîme; il les amuse par les charmes des plaisirs pour rendre leur chair rebelle à la loi de Dieu.

Que devez-vous donc faire, mes frères, pour accomplir les promesses que vous avez faites au baptême ? Il faut vous détacher des biens du monde, mépriser ses honneurs, mourir à ses plaisirs. C'est à quoi le disciple bien-aimé vous exhorte, lorsqu'il vous dit de ne point aimer le monde, ni tout ce qui est dans le monde : *Nolite diligere mundum.* (I *Joan.*, II, 15.) Car tout ce qui est dans le monde, dit-il, est convoitise de la chair, convoitise des yeux, orgueil de la vie. Etes-vous pourvus des biens de la fortune ? n'y attachez point votre cœur, mais faites-en un saint usage et employez-les à secourir les misérables; êtes-vous dans un état de pauvreté ? adorez les desseins de la Providence qui vous y a réduits, et n'enviez point le bonheur des riches qui se changera, pour un grand nombre, en un malheur éternel. Fuyez les honneurs et la gloire comme un écueil fatal au salut de l'âme; un véritable chrétien fait consister sa gloire dans les mépris et les humiliations. Mourez enfin aux plaisirs des sens par une continuelle mortification de vos passions, car pour appartenir à Jésus-Christ en qualité de chrétien, il faut, dit saint Paul, crucifier sa chair avec ses convoitises : *Qui Christi sunt, carnem suam crucifixerunt cum vitiis et concupiscentiis.* (*Galat.*, V, 24.) Voilà, mes frères, les obligations que vous avez contractées par le baptême; voilà l'état de mort où vous devez être pour ressembler à Jésus-Christ mort. Ce n'est pas même encore assez de mourir ; il faut être ensevelis avec Jésus-Christ : *Consepulti sumus cum Christo.* (*Rom.*, VI, 4.) Un homme mort n'a plus de commerce avec le monde, mais le monde en a encore avec lui ; on lui rend des honneurs : mais un homme dans le tombeau est entièrement oublié des hommes. Telle est la situation où vous devez être par rapport au monde : vous devez être crucifiés au monde, et le monde doit vous être crucifié, comme dit l'Apôtre: *Mihi mundus crucifixus est, et ego mundo.* (*Galat.*, VI, 14.) Si votre état vous engage à vivre dans le monde, vous devez y être comme n'y étant pas, vivre dans une espèce d'insensibilité pour tous les objets créés, en sorte que vous ne soyez ni affligés de disgrâces, ni charmés de plaisirs; que vous soyez aussi indifférents à la gloire comme au mépris, à l'estime comme à l'oubli des hommes ; voilà en quoi consiste cette mort et cette sépulture mystique qui doit représenter la mort et la sépulture de Jésus-Christ : *Consepulti sumus per baptismum in mortem.*

Mais qu'il est rare, mes frères, de trouver des chrétiens assez fidèles aux promesses de leur baptême pour mourir au péché et aux pompes du siècle, pour s'ensevelir avec Jésus-Christ et n'avoir aucun attachement aux plaisirs du monde ! Combien en voit-on, au contraire, qui font revivre en eux le péché ; qui, après avoir été éclairés de la lumière de la grâce, après avoir goûté le don céleste, le foulent aux pieds, perdent de sang-froid la robe d'innocence par le mauvais usage qu'ils font de leur liberté ? Hélas! à peine conserve-t-on cette grâce baptismale dans l'âge le plus tendre; sitôt que la raison commence à se développer des ténèbres de l'enfance, le premier usage qu'on en fait, est de perdre par le péché cette grâce, qui est le fruit de la mort d'un Dieu. Du moins, si après l'avoir perdue, on se mettait en peine de la recouvrer par la pénitence, qui est comme un second baptême, le malheur serait moins grand ; mais non, bien loin de briser ses chaînes, on en augmente le poids par de nouveaux péchés, on persiste opiniâtrément dans ce funeste état ; on entretient des sociétés, des engagements criminels qu'on ne veut pas rompre ; on se fait gloire de marcher sous les étendards du démon à qui on a renoncé au baptême. O lâches chrétiens, chrétiens infidèles à vos promesses ! est-ce là ce que Dieu devait attendre de vous, quand il vous a tirés des ombres de la mort pour vous donner une vie nouvelle ? Est-ce là ce que l'Eglise se promettait quand elle vous a reçus au nombre de ses enfants ? Vous lui avez promis que vous renonceriez à Satan, à ses pompes et à ses œuvres ; mais ne dirait-on pas plutôt que vous avez promis de suivre le parti du démon, de rechercher ses pompes et ses œuvres, tant l'on vous voit attachés aux biens du monde, aux plaisirs des sens, aux maximes et aux coutumes du siècle ; tant l'on vous voit empressés pour les jeux, les spectacles, les assemblées, les plaisirs où préside le prince des ténèbres, et où il enlève tant d'âmes à Jésus-Christ. Au lieu d'honorer votre caractère par la sainteté de vos actions, vous le déshonorez par une conduite tout irrégulière, par une vie toute païenne. Or, sachez que ce caractère qui vous a été donné, et qui devait servir à votre salut, servira un jour à vous faire condamner avec plus de rigueur. On produira contre vous au jugement de Dieu, cette robe d'innocence que vous avez profanée par des actions criminelles, et on vous dira : Voilà, perfide, la robe dont tu fus revêtu quand tu reçus le baptême ; c'est cette robe qui devait te donner entrée dans le festin des noces éternelles : mais parce que tu l'as perdue par le péché, tu n'y auras jamais d'accès. Tu porteras, pour ta confusion, pendant toute l'éternité, le caractère que tu as reçu au baptême ; mais en te distinguant des autres réprouvés, il ne servira qu'à te faire essuyer de leur part les reproches les plus amers.

Pour éviter ce malheur, mes frères, mourez au péché et à tous les attraits du péché ; c'est le premier pas que vous devez faire dans la voie chrétienne ; vous remplirez par là le premier engagement de votre baptême, qui est un état de séparation ; j'ai ajouté un état de consécration.

Oui, mes frères, pour être fidèle aux promesses du baptême, il ne suffit pas de vivre séparé de tout ce qui constitue le vieil homme, il faut encore se consacrer à Dieu ; c'est-à-dire, qu'après être mort il faut ressusciter, il faut mener une vie nouvelle qui ressemble à celle de Jésus-Christ ressuscité : ***Viventes autem Deo.*** (***Rom.***, VI, 11.) Or, voici en quoi consiste cette vie nouvelle, cette consécration. En qualité d'enfants de Dieu, vous devez lui obéir ; comme membres et frères de Jésus-Christ, vous devez l'imiter ; comme temples du Saint-Esprit, vous devez vous conserver dans un état de pureté et de sainteté qui réponde au choix qu'il a fait de vous pour être sa demeure.

Quoi de plus juste que des enfants rendent à leur père l'obéissance qu'ils lui doivent? Dieu a droit sur la nôtre en qualité de maître et de créateur, mais il nous la demande encore sous l'aimable titre de père. Il veut nous soumettre à son empire, plutôt par la voie de l'amour et des récompenses, que par celle de la crainte et des châtiments. Pouvons-nous lui refuser cette obéissance qui lui est due par tant de titres ? Et ne devons-nous pas, en qualité d'enfants, nous faire un devoir d'accomplir en tout sa volonté? Ah ! Seigneur, devons-nous dire, commandez tout ce que vous voudrez, nous sommes prêts à vous obéir en tout ; il nous suffit de connaître qu'une chose vous plaît pour l'accomplir avec joie, ou qu'elle vous déplaît pour l'éviter avec soin.

Cependant, mes frères, où est votre docilité et votre exactitude à faire la volonté de Dieu ? dans votre conduite quelle règle suivez-vous? Ce qui vous décide dans vos actions, n'est-ce pas plutôt votre propre volonté que celle de Dieu ? Vous observez, il est vrai, quelques points de la loi quand vos intérêts s'y trouvent, que votre commodité vous le permet, que votre humeur s'y accommode ; mais pour ceux qui gênent vos passions, qui répugnent à votre amour-propre, vous ne voulez point vous y assujettir. Le Seigneur n'est-il pas en droit de nous dire ce qu'il disait autrefois par un prophète à un peuple qui lui était rebelle ? *Si je suis votre père, où est l'honneur que vous me devez ?* (*Malach.*, I, 6.) Ne me déshonorez-vous pas, au contraire, par vos résistances à mes volontés, par les outrages que vous faites à ma gloire ?

Vous êtes encore, par le baptême, membres et frères de Jésus-Christ. Comme membres, vous devez lui être unis par une vive foi, une espérance ferme, une ardente charité. Si vous en êtes séparés par le péché, vous n'êtes qu'un membre mort, indigne d'appartenir à un si noble chef. Comme frères de Jésus-Christ, vous devez l'imiter, c'est-à-dire, que vous devez être animés de son esprit, suivre ses maximes, imiter ses exemples. Or quels exemples de vertus Jésus-Christ ne vous a-t-il pas donnés ? Quelle pauvreté, quelle humilité, quelle patience, quelle douceur n'a-t-il pas fait paraître dans toute sa vie? Qu'est-ce donc, mes frères, qu'un véritable chrétien? C'est un homme qui se fait gloire d'être disciple de Jésus-Christ, qui pense, qui parle, qui agit comme Jésus-Christ, qui règle toutes ses actions sur celles de Jésus-Christ, qui se le propose en tout pour modèle. C'est un homme humble dans les honneurs, pauvre dans l'abondance, patient dans les souffrances, qui vit en paix avec ses frères, qui pardonne à ses plus cruels ennemis. C est un homme recueilli en Dieu, réservé dans ses paroles, juste dans ses actions, réglé dans ses mœurs, modéré dans ses passions ; qui porte sans cesse sur son corps la mortification de Jésus-Christ, en sorte qu'il peut dire comme l'Apôtre, que ce n'est pas lui qui vit, mais que Jésus-Christ vit en lui : *Vivo ego, jam non ego, vivit vero in me Christus.* (*Galat.*, II, 20.) A ces traits, mes frères, reconnaissez si vous êtes chrétiens. Ah ! qu'il s'en faut que vous puissiez vous rendre ce témoignage ! L'orgueil, l'intérêt, l'amour des plaisirs, la vengeance et les autres passions qui vous dominent, forment en vous un portrait bien différent de celui que je viens de vous faire d'un disciple de Jésus-Christ. Vous en portez le nom, il est vrai ; vous donnez quelques marques de christianisme ; vous récitez quelques prières, vous assistez à la Messe, aux Offices, vous êtes agrégés à des confréries : mais avec tout cela vous n'avez point l'esprit de Jésus-Christ, vous ne voulez pas porter sa croix ; vous contentez vos sens et vos passions ; vous aimez les biens, les honneurs, les plaisirs que Jésus-Christ a eus en aversion ; vous ne lui êtes donc point semblables et vous n'êtes point ses frères. Or, si vous n'êtes point frères de Jésus-Christ, comment pouvez-vous espérer d'être les cohéritiers de son royaume? Changez donc de conduite, ou bien changez de nom.

Enfin, mes frères, vous êtes devenus, par le baptême, les temples du Saint-Esprit; et, en cette qualité, vous devez conserver vos corps et vos âmes dans une pureté inviolable qui bannisse tout péché contraire à cette vertu. *Car sachez*, dit le grand Apôtre, *que si quelqu'un profane le temple du Seigneur, Dieu le perdra : « Si quis violaverit templum Domini, disperdet illum Dominus. »* (I *Cor.*, III, 17.) Or, c'est profaner le temple du Seigneur, que de livrer son cœur à la créature, et d'y laisser brûler un feu étranger au préjudice de l'amour que vous devez à Dieu. C'est profaner le temple du Seigneur, que de souiller vos corps par des voluptés brutales, par des libertés criminelles, qui sont, dans un chrétien, une espèce de sacrilége. Coupables d'une telle profanation, craignez le châtiment dont ce crime sera puni : *Disperdet illum Dominus.*

Et certes, mes frères, un attentat si noir pourrait-il être puni assez rigoureusement? car quelle indignité de faire des membres de Jésus-Christ les membres d'une prostituée? *Tollens membra Christi faciam membra meretricis? Absit!* (I *Cor.*, VI, 15.) A Dieu ne plaise, devez-vous dire, lorsque l'ennemi du salut vous porte à quelque péché honteux, lorsqu'il veut vous engager dans un commerce criminel! *Absit!* A Dieu ne plaise que je commette jamais aucune action contraire à la pureté du christianisme! *Absit!* A Dieu ne plaise que j'en aie même le désir ou la pensée! *Absit!*

Pratiques générales. — Pour vous en préserver, souvenez-vous, mes frères, que vous êtes devenus, à votre baptême, les membres de Jésus-Christ, les temples du Saint-Esprit; sachez que vous n'êtes plus à vous, mais que vous êtes particulièrement consacrés aux trois augustes Personnes de la sainte Trinité; que vous devez, par conséquent, être des hommes tout célestes. Tels étaient les premiers chrétiens auxquels vous succédez dans la même profession de religion. Que n'ai-je le temps de vous représenter ici la sainteté de leur vie? Je ne pourrais vous donner de meilleures pratiques pour vous apprendre à remplir les devoirs du christianisme. Ils étaient si fervents, qu'ils passaient les jours et les nuits en prières; si détachés des biens du monde, qu'ils ne possédaient rien en propre; si ennemis des plaisirs, qu'ils vivaient dans une continuelle mortification; si unis les uns avec les autres, qu'ils ne faisaient tous qu'un cœur et qu'une âme; si charitables envers leurs frères, que, bien loin de disputer sur l'intérêt, ils disputaient au contraire à qui ferait plus de bien l'un à l'autre; si peu amateurs de la vie, qu'ils s'offraient volontiers à la mort pour gagner une vie éternelle. Soyez tels, mes frères, et vous serez de parfaits chrétiens : c'étaient des hommes comme vous, sujets aux mêmes faiblesses que vous, ayant même plus d'obstacles à vaincre que vous pour remplir leurs devoirs; pourquoi ne feriez-vous pas ce qu'ils ont fait, puisque vous espérez la même récompense?

Pratiques particulières. — Rendez tous les jours à Dieu des actions de grâces du bienfait inestimable de votre vocation au christianisme; mais surtout le jour que vous avez reçu le sacrement de baptême, célébrez-en l'anniversaire en vous approchant des sacrements; renouvelez à l'église, auprès des fonts baptismaux, les promesses que vous avez faites de mourir au péché, de renoncer à Satan, à ses pompes et à ses œuvres, aux biens, aux plaisirs, aux honneurs du siècle, pour vivre de la vie de Dieu. Ne rougissez jamais, mais faites-vous une gloire de paraître chrétiens, surtout en certaines occasions, où il s'agit de défendre votre religion contre les discours des impies. Soyez assidus aux divins Offices, aux assemblées de piété qui entretiennent la ferveur du christianisme; fuyez les assemblées mondaines où l'on en perd l'esprit. Eloignez-vous surtout de celles qui se font dans les veillées, pendant l'hiver, en de certaines maisons où la vertu la plus solide est exposée à périr par le poison des discours obscènes, des chansons lascives qu'on y entend, des objets dangereux qu'on y voit, et au sortir desquelles on trouve des piéges funestes à la pureté et à l'innocence. Souvenez-vous que les joies du siècle ne sont point pour les chrétiens; notre royaume n'est pas de ce monde, nous ne devons chercher notre consolation que dans le Seigneur, comme dit saint Paul : *Gaudete in Domino.* (*Philipp.*, IV, 4.) Montrez-vous partout avec modestie, vous souvenant que le Seigneur est proche de vous, pour ne rien faire d'indigne du caractère saint dont vous êtes revêtus. Pour vous rappeler cette présence de Dieu, faites, au commencement de vos principales actions, le signe de la croix, qui est le signe du chrétien. En un mot, agissez en tout d'une manière digne de la vocation où vous avez été appelés, pour arriver au bonheur qu'elle vous assure. *Amen.*

PRONE VII.

Pour le quatrième Dimanche de l'Avent.

SUR LES QUALITÉS DE LA PÉNITENCE.

Parate viam Domini, rectas facite semitas ejus (*Matth.*, III, 3.)

Préparez les voies du Seigneur, rendez droits ses sentiers.

J'emprunte encore aujourd'hui, mes frères, les paroles et la voix de saint Jean-Baptiste, pour vous annoncer une vérité qui faisait le sujet ordinaire de ses discours : *Préparez les voies du Seigneur*, disait au peuple ce saint Précurseur, *parce que le royaume du ciel s'approche.* Hâtez-vous de prévenir la colère du Seigneur qui est toute prête à vous frapper. *Déjà la cognée est à la racine de l'arbre, et bientôt cet arbre sera coupé pour être jeté au feu. Faites donc de dignes fruits de pénitence*, si vous voulez éviter le malheur qui vous menace : *Pœnitentiam agite.* Le royaume du ciel s'approche, puis-je vous dire avec saint Jean-Baptiste : vous touchez au moment où le Messie doit prendre une seconde naissance dans vos cœurs, et régner en vous par sa grâce. Point de moyen plus propre que la pénitence pour vous préparer aux grâces qu'il veut vous faire; peut-être aussi approchez-vous de bien près du dernier moment de votre vie. Hâtez-vous donc de purifier votre âme, et puisque la pénitence est l'unique ressource qui vous reste pour mériter le salut, embrassez-la avec joie, et assurez-vous l'amitié de notre Dieu par les regrets d'un cœur contrit et les saintes rigueurs d'une vie mortifiée et souffrante; mais songez que le moindre délai, ou qu'une négligente lâcheté peut vous perdre. Que votre pénitence soit prompte, qu'elle soit sincère : c'est à cette promptitude, à cette sincérité de votre pénitence qu'est attachée l'amitié de votre Dieu.

PREMIER POINT.

Il est rare de trouver des pécheurs assez obstinés dans le crime pour ne vouloir jamais se convertir. Aussi n'en est-il aucun qui ne se propose de faire un jour pénitence de ses péchés: mais le plus grand nombre remet cette pénitence à un temps à venir. Ils ne voudraient pas renoncer aux délices éternelles, mais ils ne veulent pas non plus s'interdire les plaisirs de la vie. Ainsi, ils demeurent dans leurs péchés pour jouir des plaisirs d'ici-bas, et ils comptent sur une pénitence différée, pour avoir part aux plaisirs du Ciel. Mais que ce délai est injurieux à Dieu, qu'il est funeste pour le pécheur! puisque différer sa conversion, c'est tout à la fois abuser de la bonté divine dont on s'autorise pour persévérer dans le désordre, et mépriser la colère céleste qui assure l'impénitence et la damnation à l'âme qui remet toujours sa conversion.

Et d'abord, pour vous faire comprendre l'outrage que vous faites à Dieu, lorsque vous différez votre pénitence, je vous prie de considérer quelle est la bonté de Dieu à prévenir, à rechercher le pécheur dans ses égarements : il le presse, il l'invite à retourner à lui; sa miséricorde lui tend les bras pour le recevoir. *Venez à moi*, dit aux pécheurs cette divine miséricorde, *vous tous qui êtes chargés, et je vous soulagerai du poids qui vous accable : « Venite ad me, omnes qui laboratis et onerati estis, et ego reficiam vos. »* (*Matth.*, XI, 28.) *Convertissez-vous à moi, et je me convertirai à vous;* je vous rendrai mon amitié que vous avez perdue par le péché : *« Convertimini ad me, et ego convertar ad vos. »* (*Zachar.*, I, 3.) Mais qu'arrive-t-il! Loin de se rendre à ces tendres invitations et de se laisser toucher, le pécheur insensible aux traits de la bonté de Dieu s'en éloigne; il méprise les richesses de sa grâce, il refuse son amitié : quelle ingratitude!

Que diriez-vous d'un sujet devenu l'ennemi de son prince, et condamné à souffrir une mort honteuse et cruelle, qui mépriserait les offres que ce prince lui ferait de lui rendre ses bonnes grâces; qui ne daignerait pas seulement l'écouter quand ce prince lui-même s'abaisserait jusqu'à venir en personne chercher ce criminel dans le sombre cachot où il serait enfermé? Le mépris d'une si grande indulgence ne vous paraît-il pas digne de toute la colère d'un si bon prince? Tel est votre portrait, pécheurs rebelles à la voix de votre Dieu qui vous offre votre pardon. Ce Dieu de majesté, infiniment plus élevé au-dessus de vous que le plus grand roi au-dessus du dernier de ses sujets, daigne s'abaisser jusqu'à vous; il veut vous délivrer des fers qui vous tiennent captifs sous l'empire du démon, et vous n'êtes point touchés de ses démarches, vous êtes sourds à sa voix, insensibles aux traits de son amour! Une telle ingratitude ne mérite-t-elle pas qu'une si grande bonté vous abandonne, qu'elle se change en une justice rigoureuse qui vous accable du poids de ses vengeances? Aussi devez-vous vous attendre de les ressentir pour votre malheur; car en abusant ainsi de cette bonté, de cette patience de Dieu, *vous amassez*, comme dit l'Apôtre, *un trésor de colère dont vous sentirez toute la rigueur au jour de ses vengeances : « Thesaurizas tibi iram in die iræ. »* (*Rom.*, II, 5.) Vous vous flattez que Dieu est assez bon pour vous attendre, et qu'il vous donnera le temps et les grâces de faire pénitence; espérance vaine et trompeuse. Non, mes frères, vous n'aurez ni ce temps, ni ces grâces; vous méprisez, par ces délais, ce Dieu de bonté, il vous méprisera à son tour; vous le rebutez maintenant qu'il vous cherche, il vous rebutera aussi quand vous le chercherez : *Vocavi, et renuistis : ego quoque in interitu vestro ridebo, et subsannabo.* (*Prov.*, I, 26.) Oui, pécheurs, si vous différez encore votre conversion, vous mourrez dans votre péché, et vous tomberez dans un abîme de misère, parce que vous n'aurez pas mis à profit le temps de la miséricorde. *In peccato vestro moriemini.* (*Joan.*, VIII, 21.)

Il est donc de notre intérêt, autant que de la gloire de Dieu, de faire une prompte pénitence. Car en la différant, quelles pertes ne faites-vous pas, et de quels dangers n'êtes-vous pas menacés? Hélas! le peu de bien que vous faites dans l'état du péché, est entièrement perdu pour le ciel; vous priez, vous jeûnez, vous faites des aumônes, vous remplissez beaucoup de devoirs que la religion vous impose, vous assistez aux messes, aux divins Offices, vous rendez à votre prochain quelques services de charité; car il n'y a personne, dit saint Augustin, dont la vie soit si déréglée, qu'elle soit entièrement dépourvuê de quelque action de vertu. Or, toutes les bonnes œuvres que vous faites, étant ennemis de Dieu, ne sont d'aucun mérite pour l'éternité; vous aurez la peine de la vertu sans en avoir la récompense. Il est vrai que ces bonnes œuvres vous attirent des grâces de conversion pour recouvrer l'amitié de Dieu que vous avez perdue; mais de quoi vous serviront ces grâces, si vous n'y coopérez, et si vous mourez dans l'impénitence finale? elles ne serviront qu'à vous faire condamner avec plus de rigueur. D'ailleurs êtes-vous l'arbitre de vos jours? 1° La mort ne peut-elle pas vous surprendre, comme elle en a surpris tant d'autres qui avaient fait comme vous le projet de se convertir, et qui n'ont pas eu le temps de l'exécuter? 2° Quand vous auriez le temps de faire pénitence, Dieu vous en donnera-t-il la grâce après lui avoir si longtemps résisté? Ne devez-vous pas craindre au contraire que Dieu ne punisse, par la soustraction de ses grâces, l'abus que vous en auriez fait? 3° Mais eussiez-vous le temps et les grâces de faire pénitence, vous ne la ferez pas, à cause de la grande difficulté que vous y trouverez, et qui naîtra de l'habitude du péché que vous aurez contractée.

Car l'habitude du péché est l'effet ordinaire du délai de la pénitence; un péché que l'on a commis et dont on ne se corrige pas en attire un autre, et celui-ci un troisième; on tombe d'abîme en abîme : *Abyssus abyssum invocat* (*Psal.*, XLI, 3), et insensiblement se forme la chaîne fatale de la réprobation du pécheur. Dès qu'une fois on est engagé dans l'habitude du péché, cette habitude devient en nous une seconde nature, qu'il est presque impossible de changer. On forme bien quelque projet de conversion, mais on la remet toujours au lendemain : ce sont des désirs vagues et superficiels qu'on ne met jamais en exécution : on porte ces désirs jusqu'à la mort: on meurt avec ces désirs, et on paraît au jugement de Dieu sans avoir autre chose à lui présenter que de vains projets qui consomment la damnation.

Ah! mes frères, puisque Dieu vous offre aujourd'hui votre pardon, profitez d'un bienfait qui peut-être ne sera pas demain en votre pouvoir; la grâce a ses moments, malheur à celui qui les laisse passer sans en profiter! D'ailleurs, point d'obstacles que vous ne puissiez surmonter avec le secours du Ciel. Les liaisons, les engagements criminels que vous avez avec certaines personnes, vous les quitteriez, s'il s'agissait de votre fortune; votre salut éternel serait-il un motif pressant pour vous en détacher? ces liaisons sont-elles plus grandes que celles qui attachaient autrefois Madeleine au monde? Or, dès que la lumière de la grâce eut brillé à ses yeux, ne renonça-t-elle pas généreusement à tous les plaisirs du siècle? Elle ne délibéra point, elle n'hésita point à aller trouver Jésus-Christ, l'auteur de son salut. Aussi la rémission de son péché suivit de près sa pénitence : grâce qu'elle n'aurait peut-être plus été à temps de recevoir, si elle avait laissé échapper l'occasion favorable qui se présentait.

Au reste, mes frères, pour excuser vos délais criminels, en vain allégueriez-vous l'embarras des affaires où vous êtes engagés; car, dites-moi, je vous prie, avez-vous une plus grande affaire que celle de votre salut? et de quoi vous servirait-il d'avoir réussi dans toutes les autres, si vous échouez dans celle-ci? Mais mes passions sont si vives, dites-vous : le seront-elles moins dans la suite, quand les habitudes invétérées les auront fortifiées, et qu'elles leur auront donné un empire absolu sur vous? Ces passions sont-elles plus véhémentes que celle qui dominait Saul, lorsqu'il allait persécuter les chrétiens? Cependant, dès que la voix de Jésus-Christ eut frappé ses oreilles, il met bas les armes. Humilié, prosterné contre terre, il demande à son vainqueur : *Seigneur, que vous plaît-il que je fasse?* « *Domine, quid me vis facere?* » (*Act.*, IX, 6.) Le persécuteur de l'Eglise en devient le zélé défenseur.

Pratiques. — Heureuses dispositions où vous devriez, mes frères, entrer en ce moment que la grâce vous fait entendre sa voix, qu'elle vous presse de vous donner à Dieu. Seigneur, devez-vous dire, que vous plaît-il que je fasse? *Domine*, etc. Vous voulez qu'en cessant de pécher, je cesse de vous faire la guerre, que je renonce à cet objet qui m'enchante et me perd; je le quitte à ce moment, ce péché, je renonce à cette occasion où ma vertu a fait tant de fois naufrage; je bannis de mon cœur cette idole indigne de l'occuper. Seigneur, que vous plaît-il que je fasse? *Domine*, etc. Vous voulez que je me corrige de cette mauvaise habitude où je croupis depuis si longtemps; c'en est fait, je m'en corrigerai, et je m'appliquerai à la pratique de la vertu qui lui est contraire: Seigneur, etc. *Domine*, etc. Vous voulez que je rende ce bien que je conserve contre les reproches de ma conscience; je le rendrai, et réparerai tous les dommages que j'ai faits à mon prochain : *Domine*, etc. Vous voulez que je me réconcilie avec cet ennemi que je persécute depuis si longtemps; dès aujourd'hui j'en ferai la démarche, je l'irai trouver pour faire ma paix avec lui : *Domine*, etc. Seigneur, etc. Vous voulez que je sois assidu à fréquenter les sacrements, que je sois le bon exemple de ma famille, que je devienne plus humble, plus modéré, plus doux, plus patient, plus vigilant sur moi, plus exact, plus fervent à remplir mes devoirs : la résolution en est prise dès ce moment, ô mon Dieu! *Dixi, Nunc cœpi.* (*Psal.* LXXVI, 11.) Je vais mettre la main à l'œuvre, je vais corriger cette mauvaise humeur qui me rend insupportable aux autres; je ne serai plus si sensible sur le point d'honneur; je ne serai plus si amateur de mes aises et de mes commodités, je serai plus mortifié, plus retenu, plus fidèle à éviter jusqu'à la moindre apparence du mal; je réformerai dans moi tout ce que j'y connaîtrai d'irrégulier, pour ne suivre d'autre règle que votre volonté : ma patience sera non-seulement prompte, mais encore sincère et véritable.

DEUXIÈME POINT.

La justice demande qu'il y ait de l'égalité entre la satisfaction que l'on rend et les droits qu'on a blessés. Il faut donc que la pénitence ait une proportion avec l'injure que le péché fait à Dieu, qu'elle répare tout le désordre du péché, qu'elle fasse de l'homme pécheur un homme tout nouveau, en réformant son cœur et ses actions; et pour cela il faut qu'elle prenne sa source dans le cœur, et qu'elle se manifeste par les œuvres. Deux conditions essentielles pour rendre la pénitence sincère, que l'apôtre saint Paul a parfaitement expliquées, lorsqu'il exhortait les fidèles à se renouveler dans l'esprit intérieur : *Renovamini spiritu mentis vestræ* (*Ephes.*, IV, 23), et qu'il leur disait de faire servir à la justice et à la sainteté, les membres qui avaient servi à l'iniquité et au crime : *Sicut exhibuistis membra vestra servire immunditiæ et iniquitati, ita nunc exhibete membra vestra servire justitiæ.* (*Rom.*, VI, 19.)

La première fonction de la pénitence, c'est la réformation du cœur. C'est la première satisfaction que la justice de Dieu demande au pécheur. *Convertissez-vous à moi*, dit le Seigneur, *de tout votre cœur* : « *Convertimini ad me in toto corde vestro.* » (*Joel.*, II, 12.) *Brisez vos cœurs plutôt que vos vêtements* : « *Scindite corda vestra, et non vestimenta vestra.* » (*Ibid.*, 13.) *Si vous m'aviez demandé des sacrifices*, disait le saint Roi-Prophète, *je vous en aurais donné* : « *Sacrificium dedissem utique* (*Psal.*, L, 18) : mais je sais, ô mon Dieu ! que tout autre sacrifice que celui d'un cœur contrit et humilié est incapable d'apaiser votre justice, et que c'est celui qui la désarmera toujours : *Cor contritum et humiliatum, Deus, non despicies.* (*Ibid.*, 19.) C'est pourquoi, en vous offrant mon cœur brisé de douleur, j'espère vous offrir un sacrifice que vous n'avez jamais rejeté : *Cor contritum et humiliatum non despicies.* Mais pourquoi Dieu demande-t-il par préférence le sacrifice du cœur? Parce que, disent les Pères et les théologiens, c'est dans le cœur que consiste toute la malice du péché. Car le péché, dit saint Thomas, est un mouvement du cœur qui se détache de Dieu, pour s'attacher à la créature : *Peccatum est aversio a Deo et conversio ad creaturam.*

Si les actions de l'homme sont des péchés, c'est le cœur qui leur communique sa malice. *C'est du cœur*, dit Jésus-Christ, *que viennent les mauvaises pensées, les homicides, les adultères, les fornications, les larcins, les faux témoignages, les blasphèmes* (*Matth.*, XV, 19) : il n'y aurait jamais de péché dans les actions de l'homme, si le cœur n'y avait point de part. Or, de là que conclure, sinon que pour faire une vraie pénitence, il faut d'abord changer le cœur, en faire un nouveau : *Cor mundum crea in me, Deus.* (*Psal.*, L, 12.) Et comme par le péché le cœur a donné la préférence à la créature sur son Dieu, par la pénitence il doit donner la préférence à Dieu sur la créature. Il doit haïr ce qu'il aimait, aimer ce qu'il haïssait : C'est là, dit saint Augustin, le vrai caractère de la pénitence, la haine du péché et l'amour de Dieu : *Pœnitentiam non facit nisi odium peccati et amor Dei.*

Mais remarquez, mes frères, que cette haine du péché n'est pas seulement une simple aversion que l'on conçoit de sa laideur; les plus grands pécheurs haïssent le péché, et dans le temps même qu'ils sont à la poursuite des plaisirs qui peuvent contenter leurs passions, ils n'ont point en vue, dit saint Augustin, de faire le mal; ils voudraient même qu'il n'y eût point de péché dans la recherche du plaisir ou du bien qu'ils se proposent. Mais ils sont toujours coupables, parce qu'ils savent qu'ils ne peuvent posséder ce bien, jouir de ces plaisirs que la loi du Seigneur leur défend, sans se révolter contre cette divine loi; et c'est dans cette révolte que consiste le désordre du péché; en sorte que ce n'est pas assez pour être vraiment pénitent, de haïr simplement le péché; mais il faut encore haïr et détester ce qui a été la cause et la matière du péché, il faut en détacher son cœur pour l'attacher à Dieu.

Ainsi, mes frères, vous serez de vrais pénitents, si, après avoir livré votre cœur à cet objet qui était l'idole de votre passion, vous vous en séparez entièrement et pour toujours; si vous renoncez à toute société avec cette personne qui vous plaît et qui par ses charmes meurtriers a séduit votre cœur. Vous serez de vrais pénitents, si, après avoir possédé ce bien qui ne vous appartenait pas, vous le rendez à son maître légitime; si, après avoir attaché votre cœur au bien même qui vous est propre et dont l'amour excessif vous rendait insensibles aux misères des pauvres, vous pleurez ce trop grand attachement et soulagez l'indigence de vos frères. En un mot, faites à Dieu un généreux sacrifice de tout ce qui a été pour vous la cause et l'occasion du péché; changez de sentiments et d'inclination pour les objets que vous avez aimés et recherchés au préjudice de l'amour que vous deviez à Dieu. Sans ce changement intérieur, sans cette réformation de cœur, toute autre pénitence est vaine et hypocrite, dit saint Augustin; car il faut, dit ce Père, que la pénitence change l'homme, avant de changer ses œuvres : *Prius mutandus est homo, ut opera mutentur.*

Mais se contenter d'un simple renouvellement d'esprit et de cœur, sans changer de mœurs et de conduite, sans expier le péché par des œuvres extérieures de pénitence, ce n'est faire pénitence qu'à demi; c'est même rendre suspecte la pénitence du cœur, qui, pour être sincère et véritable, doit produire des fruits : *Facite fructus pœnitentiæ.* Or, ces fruits consistent premièrement dans une réformation entière que le pécheur doit faire de ses mœurs et de ses actions, dans une fidélité exacte à remplir tous ses devoirs : car ce n'est pas assez, pour faire pénitence, de cesser de faire le mal, dit le saint concile de Trente, il faut encore faire le bien. Ce n'est pas assez de quitter les voies de l'iniquité, il faut encore marcher dans les sentiers de la justice, il faut s'acquitter de ses obligations à l'égard de Dieu, du prochain et de soi-même; à l'égard de Dieu, en lui rendant l'honneur, l'amour, le respect, qui sont dus à sa suprême majesté, à son infinie bonté.

Comment donc nous persuaderez-vous, mes frères, que vous vous êtes corrigés de vos négligences au service de Dieu, que vous avez repris des sentiments de piété et de religion, quand vous ne serez pas plus assidus à la prière, ni aux divins Offices, ni aux autres exercices de piété qui rassemblent les fidèles ; quand on ne verra dans vous qu'éloignement pour la parole de Dieu et pour tout ce qui regarde le culte divin? Votre pénitence est vaine, dit Tertullien, dès qu'il n'y a point de changement dans votre conduite. Il faut donc remplir vos obligations à l'égard du prochain ; devoir de charité pour soulager l'indigent, devoir de justice pour rendre à chacun ce qui lui est dû, pour veiller sur les personnes dont vous êtes chargés, pour édifier par vos vertus ceux que vous avez scandalisés par vos désordres : or pourra-t-on dire, et vous-mêmes pourrez-vous le penser, que vous êtes vraiment pénitents, lorsqu'on verra toujours en vous la même dureté pour les pauvres, la même avidité à vous emparer du bien d'autrui, la même négligence à maintenir vos enfants, vos domestiques dans le bon ordre, les mêmes scandales que vous donniez auparavant? Enfin, vous avez des devoirs qui vous sont personnels, devoirs de sobriété, de charité et de pénitence. Mais quelle apparence que ces vertus résident dans un homme colère, jureur, intempérant, libre dans ses paroles, dissolu dans ses actions? Vos paroles et vos œuvres manifestent ce que vous êtes, et s'il est vrai de dire, selon saint Augustin, que dès que le cœur est changé, les actions le sont aussi : *Muta cor, et mutabitur opus;* ne faut-il pas conclure par raison des contraires, que s'il n'y a point de changement dans les actions, il n'y en a point dans le cœur ?

J'ai ajouté que pour faire de dignes fruits de pénitence, il faut expier le péché par des œuvres extérieures qui affligent tout à la fois et l'âme et le corps du pénitent. En effet, puisque le corps a été le complice du péché, il doit aussi avoir part à la pénitence : il a joui des plaisirs défendus par la loi de Dieu, il doit aussi en souffrir la peine; il a servi à l'injustice et à l'iniquité, il doit aussi servir à la justice et à la sainteté : *Sicut exhibuistis*, etc.

Tels ont été dans tous les siècles les sentiments et la pratique de l'Eglise et des saints. De là ces pénitences sévères, ces jeûnes longs et rigoureux que l'on imposait dans la primitive Eglise à certains pécheurs, qui n'étaient admis à la participation des saints mystères qu'après avoir longtemps gémi et porté le poids de la peine due à leurs péchés. Il est vrai que l'Eglise, par condescendance pour ses enfants, s'est beaucoup relâchée de son ancienne discipline ; mais elle n'a pas prétendu détruire l'esprit de pénitence, qui n'est, au témoignage de l'Evangile, qu'un esprit de mortification, de crucifiement de la chair, d'abnégation de soi-même; sans cela on ne peut se flatter d'être chrétien, à plus forte raison d'être pénitent.

En effet, la pénitence, disent les Pères, est un baptême laborieux : il faut donc dans la pénitence une sainte sévérité; l'austérité doit en faire le caractère; après le naufrage, il faut se faire violence pour arriver au port : ainsi le pécheur ne peut prétendre au bonheur éternel, s'il ne se punit à proportion du plaisir qu'il a goûté dans le péché. Or, je vous demande, un pécheur est-il assez puni, en détestant seulement sa vie passée, en cessant de mal faire? Et pourrait-on se persuader qu'un ivrogne, par exemple, et un impudique sont assez punis parce qu'ils récitent quelques prières, ou qu'ils font quelques aumônes, s'ils n'ajoutent des œuvres satisfactoires et pénibles, s'ils ne mortifient leurs corps pour expier leurs débauches? Non certes! Autrement, la réconciliation du pécheur avec Dieu ne serait pas si difficile que les Livres saints nous le disent.

Cependant, chose étrange! ce sont les plus grands pécheurs qui veulent être traités avec le plus de ménagements; le seul nom de pénitence les effraye, ou ils ne veulent que des pénitences commodes et conformes à leur inclination; des pénitences qui ne les gênent point, qu'ils savent adoucir par des tempéraments que l'amour-propre leur suggère. On veut être pénitent, mais on ne veut pas qu'il en coûte. Ah! ce n'est pas ainsi que les saints ont fait pénitence : livrés aux saintes rigueurs d'une vie souffrante et pénible, ils s'interdisaient les douceurs les plus permises; toujours en guerre avec eux-mêmes, ils se refusaient jusqu'aux choses les plus nécessaires de la vie, et l'unique consolation qu'ils goûtaient était de vivre sur la croix avec Jésus-Christ, et d'y rester attachés jusqu'à la mort.

Pratiques. — C'est sur de si saints exemples que nous devons désormais régler notre conduite; Dieu dans sa miséricorde nous attend. Il nous aime encore, tout pécheurs que nous sommes; mais il remet ses droits entre nos mains. Si nous avons encore quelque amour pour ce Dieu de bonté, vengeons-le des outrages qu'il a reçus de nous, et proportionnons notre pénitence au nombre et à l'énormité de nos crimes : ainsi, mes frères, vous qui avez fait tort à votre prochain, ne vous contentez pas de rendre le bien mal acquis, donnez encore du vôtre aux pauvres. Vous qui vous êtes livrés à l'impureté, à l'intempérance, il faut jeûner, vous mortifier, vous priver dans vos repas de quelques mets plus capables de satisfaire votre appétit, retranchez du moins certaines superfluités qui ne servent qu'à entretenir la délicatesse, et qui sont une source de péchés. Vous qui avez été libres en paroles, qui avez flétri par vos médisances la réputation de votre prochain, condamnez votre langue à un silence volontaire; éloignez vos sens des objets qui peuvent les flatter, retenez-les dans la contrainte et la gêne, pour punir la liberté que vous leur avez donnée, et le mauvais usage que vous avez fait de votre corps. Vous qui avez fréquenté des maisons suspectes, des sociétés dangereuses, évitez ces sociétés, condamnez - vous à la retraite; ou si vous sortez, que ce soit pour aller visiter Jésus - Christ dans son saint temple ou dans ses membres souffrants. Si votre pénitence n'égale pas dans sa sévérité l'énormité de vos fautes, qu'elle lui soit du moins proportionnée dans sa durée; c'est-à-dire, que toute votre vie se passe à faire pénitence des péchés qui ont mérité d'être punis pendant l'éternité; vous devez d'autant plus persévérer dans la pratique de la pénitence, que sans elle vous ne tiendrez jamais vos passions en servitude; elles reprendront le dessus et vous retomberez dans votre premier état; souvenez-vous que cette pénitence, quelque longue qu'elle puisse être, est bien légère en comparaison de celle que vous feriez en enfer, et n'oubliez jamais le bonheur qui vous est réservé dans le ciel. *Amen.*

PRONE VIII.

Pour le jour de Noël.

SUR LE MYSTÈRE DU JOUR.

Invenietis infantem pannis involutum et positum in præsepio. (*Luc.*, II, 12.)

Vous trouverez un enfant enveloppé de langes et couché dans une crèche.

N'est-ce pas une chose étrange qu'on ne nous donne pas d'autres signes qu'une étable, une crèche et des langes pour connaître celui que les prophètes ont prédit, que les patriarches ont figuré, que les nations ont désiré de voir? Est-il possible que celui qui doit être le libérateur de son peuple, paraisse lié comme un esclave; que celui qui doit être la joie de l'univers, naisse dans les larmes et la douleur; que celui enfin qui nous doit combler de toutes sortes de biens, prenne la pauvreté pour partage? Ne convenait-il pas mieux à sa grandeur qu'il parût dans l'éclat et l'opulence? C'était sous un appareil de puissance et de majesté, que le peuple juif attendait son Messie. Aussi, cette nation aveugle et incrédule, fut-elle scandalisée de la pauvreté et des humiliations de Jésus naissant. Mais que les desseins de Dieu sont bien différents! Si l'état de Jésus naissant paraît peu convenir à sa gloire et à sa grandeur, il était nécessaire pour nos propres intérêts. L'homme, perdu par le péché, avait besoin d'un Sauveur, et ce n'était pas assez de le racheter, il fallait encore que l'homme apprît à se sauver lui-même, en s'appliquant les mérites d'un Dieu Sauveur par la pratique de ses vertus. C'est ce que Jésus-Christ vient nous apprendre, en nous servant de modèle dès sa naissance. Or quels exemples nous donne-t-il? Exemple de pauvreté, exemple de souffrance et d'humilité. Tels sont les trois remèdes que Jésus naissant oppose aux trois maladies qui avaient infecté le genre humain, c'est-à-dire aux trois convoitises dont parle saint Jean : la première, qu'il appelle convoitise des yeux ou amour des richesses ; l'autre, convoitise de la chair ou amour des plaisirs; la troisième, orgueil de la vie. (I *Joan.*, II, 16.)

Jésus-Christ par sa pauvreté apprend à l'homme à combattre l'amour des richesses ; premier point.

Dans ses souffrances, il lui donne un remède contre l'amour des plaisirs; second point.

Dans ses humiliations, il lui enseigne à se garantir de l'orgueil de la vie; troisième point.

PREMIER POINT.

Le péché, qui avait perdu le premier homme, avait tellement infecté la nature humaine, que dans la suite des temps le monde se trouva presque entièrement inondé de crimes. L'ignorance et la concupiscence, tristes effets du péché d'origine, avaient jeté des racines si profondes, que l'esprit de l'homme, enveloppé d'épaisses ténèbres, ne suivait que l'erreur et le mensonge; la volonté, entraînée par les passions, ne cherchait de félicité que dans ce qui pouvait la contenter. De là l'empressement qu'il avait pour les biens, les plaisirs et les honneurs de la terre, auxquels il attachait son cœur au préjudice de l'amour qu'il devait à son Dieu. Mais, en recherchant ces faux biens ces vains plaisirs, et ces honneurs périssables, il s'éloignait du bien souverain qui seul pouvait le rendre heureux. Il avait donc besoin d'un guide qui le détrompât de ses erreurs, et qui le remît dans les voies de la justice.

Or, c'est ce que fait Jésus-Christ. Il naît dans la pauvreté, pour réformer les idées de l'homme sur les richesses de la terre, et l'engager par son exemple à les mépriser, et à mériter par ce mépris les biens éternels qui lui sont destinés dans le ciel. C'est une pauvreté volontaire, c'est une pauvreté extrême et universelle.

Non, mes frères, la pauvreté de Jésus-Christ n'est point l'effet du hasard ou de la nécessité; mais elle est de son choix. Comme il n'a été offert en sacrifice à Dieu son Père, que parce qu'il l'a voulu : *Oblatus est quia ipse voluit* (*Isa.*, LIII, 7); c'est aussi parce qu'il l'a voulu, qu'il est né dans un état pauvre. Souverain du ciel et de la terre, n'était-il pas maître de choisir un endroit convenable à sa grandeur, de naître dans un palais magnifique et dans le sein de l'opulence? Celui qui dispense les trésors de la terre, qui pourvoit aux besoins de toutes les créatures, ne pouvait-il pas subvenir à ceux de sa sainte humanité? ne pouvait-il pas commander à ses anges de le servir? Oui, sans doute, il pouvait tout cela; mais il donne la préférence à une pauvre étable. Il choisit la circonstance où Marie, sur le point de faire ses couches, doit se rendre à Bethléem en conséquence des ordres de l'empereur, afin que contrainte de se retirer dans une crèche abandonnée, elle y mette au monde le Sauveur des hommes, et qu'exposé dès sa naissance à toutes les rigueurs d'une indigence extrême, nous apprissions quelle estime il fait de la pauvreté, et combien nous devons l'estimer nous-mêmes. C'est ainsi, ô sagesse de mon Dieu! que ce que les hommes regardent comme l'effet du hasard, a été réglé dans vos décrets éternels. C'est ainsi que vous consacrez l'état de pauvreté par la préférence que vous lui donnez à celui des richesses et de la splendeur, où il ne tenait qu'à vous de naître: mais encore une fois, quelle pauvreté? je l'ai dit, pauvreté extrême et universelle.

Ne sortez pas, mes frères, de Bethléem, sans avoir examiné toutes les circonstances du mystère qui fait l'admiration du Ciel et l'étonnement de la terre : qu'y voyez-vous? une masure vile et abjecte, l'asile des animaux, exposée aux injures de l'air, aux incommodités de la saison. Voilà cependant le palais du Maître des rois; l'Arbitre des souverains y habite, c'est la demeure de Celui à qui la terre sert de marchepied, et qui habite au plus haut des cieux. Une crèche, voilà le trône, voilà le berceau où repose Celui qui, avant tous les siècles, a été engendré dans le sein du Père éternel, et qui est assis sur les Chérubins. Un peu de paille, voilà le lit où il est couché; une mère pauvre, qui n'a que quelques langes pour l'envelopper, qui manque de tout le reste, qui est abandonnée de tout le monde, et qui n'a que des larmes à lui donner pour compatir à sa misère. Quelle indigence! Les princes de la terre naissent au milieu de l'opulence, leurs berceaux sont ornés de tout ce que la nature a de plus magnifique et de plus précieux; ils sont environnés d'une foule de courtisans qui s'empressent de relever par des éloges pompeux l'éclat de leur naissance; et le Roi du ciel manque de tout, il est rebuté de chacun, si l'on en excepte quelques pauvres bergers qui viennent lui faire la cour; il n'a pas même les secours que l'on donne aux enfants les plus pauvres des hommes : que dis-je? les animaux de la terre ont leur tanière, les oiseaux du ciel leur nid pour se reposer, et se garantir de l'incommodité des saisons, et le Fils de l'homme n'a pas où reposer sa tête : *Filius hominis non habet ubi caput reclinet.* (*Luc.*, IX, 58.)

Qu'en pensez-vous, chrétiens, n'est-ce pas là un objet bien capable de vous jeter dans l'étonnement? Mais n'est-ce pas aussi une leçon bien éloquente que Jésus-Christ vous fait du détachement des biens du monde, et de l'amour que vous devez avoir pour la pauvreté? Car, si Jésus-Christ s'est réduit dans cet état d'indigence, c'est non-seulement pour notre salut, mais encore pour notre instruction, dit l'Apôtre, afin que, renonçant aux convoitises du monde, nous vivions selon les règles de la tempérance, de la justice et de la piété : *Apparuit gratia Dei Salvatoris erudiens nos, ut abnegantes desideria sæcularia, sobrie, et juste, et pie vivamus in hoc sæculo.* (*Tit.*, II, 11, 12.)

C'est cette convoitise, cet attachement aux biens qu'il a voulu déraciner de nos cœurs; il savait que les richesses étaient de grands obstacles au salut, et que l'homme qui s'était déjà perdu par la recherche des biens du monde, se perdrait encore s'il ne lui apprenait à les mépriser; c'est pourquoi il les a méprisés lui-même; il a embrassé la pauvreté, pour apprendre à l'homme à l'estimer comme la voie la plus sûre pour aller au ciel; ce Dieu Sauveur devait un jour annoncer un Evangile tout rempli de maximes de pauvreté; il devait dire aux hommes qu'il n'y avait de béatitude que pour les pauvres : *Beati pauperes.* (*Matth.*, V, 3.) Mais il savait aussi que s'il enseignait sa doctrine sans la mettre en pratique, les hommes ne l'auraient pas suivie, très-peu auraient voulu se mettre au nombre de ses disciples; la corruption du cœur aurait fait donner de fausses interprétations à ses maximes, et peut-être les aurait-on entièrement négligées. Aussi pratique-t-il le premier ce qu'il devait enseigner aux hommes : *Cœpit Jesus facere et docere.* (*Act.*, I, 1.) Or, dès que Jésus-Christ nous a donné l'exemple, peut-on refuser de le suivre, et n'est-ce pas vouloir s'égarer et se perdre, que de prendre une autre route que celle qu'il nous a marquée?

Approchez-vous donc de la crèche de Jésus-Christ, vous tous qui m'écoutez, pauvres et riches, grands et petits, venez entendre ce divin Maître qui vous prêche dans cette chaire de vérité; vous y apprendrez de lui ce que vous devez penser sur les biens du monde que vous recherchez avec tant d'empressement; vous y trouverez, riches du siècle, de quoi vous instruire et vous confondre tout à la fois, et vous pauvres, vous y trouverez de quoi vous aider à souffrir l'état de pauvreté où la Providence vous a réduits. L'enfant qui est couché dans cette crèche, est la sagesse éternelle, le Fils de Dieu; il est incapable de se tromper, et de vous induire en erreur; il faut donc l'écouter et profiter des leçons qu'il vous donne : *Ipsum audite.* (*Matth.*, XVII, 5.) Or, que vous dit-il, et quelles leçons vous fait-il? Déjà il vous prêche ce qu'il vous prêchera un jour, qu'il n'y a de véritable bonheur que pour les pauvres d'esprit; que c'est à ces pauvres que le royaume des cieux appartient : *Beati pauperes spiritu, quoniam ipsorum est regnum cælorum.* Si vous ne lui entendez prononcer aucune parole, tout ce qui l'environne vous exprime ses sentiments d'une manière bien éloquente : l'étable, la crèche, les langes tiennent un langage qui condamne bien hautement le désir insatiable que l'on a pour les richesses : *Clamat stabulum, clamat præsepe, clamant panni.* (S. BERNARD.)

Ah! pourriez-vous, riches du siècle, tenir contre un pareil langage? pouvez-vous ne pas craindre, ne pas trembler pour votre salut, en comparant l'état d'opulence où vous vivez, à l'extrême indigence où votre Dieu est réduit? Ne vous semble-t-il pas déjà entendre les arrêts foudroyants qu'il doit prononcer dans son Evangile : *Malheur à vous, riches ! « Væ vobis divitibus ! »* (*Luc.*, VI, 24.) Malheur à vous qui ne manquez de rien, qui avez toutes vos commodités en ce monde! *Væ vobis!* Et pourquoi? Parce que vous êtes dans un état tout opposé à celui que Jésus-Christ a choisi, et qu'il nous a marqué comme la voie sûre pour arriver au port du salut.

Que devez-vous donc faire pour vous garantir de ses anathèmes, et pour avoir part aux grâces qu'il nous a méritées par sa naissance? Faut-il renoncer à tous vos biens, et vous dessaisir de tout ce que vous possédez pour vous réduire à l'état de misère? Non, chrétiens, Jésus-Christ ne demande pas cela de vous. Il appelle à sa crèche les riches et les pauvres, parce qu'il vient pour sauver tous les hommes; il y appelle de pauvres bergers qui gardaient leurs troupeaux aux environs de Bethléem; il y appelle aussi des rois qui vinrent du fond de l'Orient lui rendre leurs hommages. Mais dans quelles dispositions ces rois parurent-ils devant Jésus-Christ ? Ils quittèrent leurs pays, et vinrent lui offrir leurs biens avec leur cœur. Voilà ce qu'il demande de vous, c'est un détachement d'esprit et de cœur des biens que vous possédez; c'est un hommage que vous lui devez faire du superflu de ces biens, en secourant les pauvres qui tiennent sa place, persuadés que vous devez être, qu'il tient comme fait à lui-même tout le bien que vous leur faites.

Si Jésus-Christ venant au monde vous eût demandé quelque secours, qui de vous ne se serait pas estimé heureux de le loger, de le soulager? Or, vous le recevez chez vous, vous le soulagez, quand vous recevez les pauvres; quand vous leur donnez à manger dans leur faim, à boire dans leur soif; quand vous les revêtez lorsqu'ils manquent d'habillement; quand vous les secourez dans leurs maladies. Ce n'est qu'à cette condition que vous pouvez espérer à la béatitude promise à la pauvreté : *Beati pauperes.* Oui, mes frères, dans l'opulence vous pouvez être pauvres; détachez-vous de vos biens; possédez-les comme ne les possédant pas, faites-en un saint usage; vous mériterez par là les éloges de Jésus-Christ : *Beati pauperes.*

Pour vous, pauvres de Jésus-Christ, misérables rebuts de la fortune, je n'ai rien que de consolant à vous dire, en vous voyant dans un état que Jésus-Christ a consacré par son choix; votre pauvreté est un trésor plus estimable que toutes les richesses de la terre, si vous en savez faire bon usage, c'est-à-dire, si vous la souffrez patiemment pour Dieu, si vous l'unissez à celle que Jésus-Christ a soufferte pour vous. Or, quoi de plus capable de vous engager à cette parfaite résignation, que de considérer que Jésus-Christ a préféré votre état à celui des riches; qu'il a appelé à sa crèche de pauvres bergers avant que d'y appeler des rois; en un mot, qu'il est né pauvre, qu'il a vécu, et qu'il est mort dans la pauvreté? Mais afin que votre pauvreté soit pour vous une source de salut, il faut qu'elle soit volontaire comme celle de Jésus-Christ.

Car en vain, mes frères, seriez-vous réduits à la dernière misère; si vous murmurez contre la Providence, si vous êtes riches d'affection par l'envie que vous portez aux riches, vous n'aurez jamais de part au royaume des cieux, parce que votre pauvreté n'étant pas volontaire, est sans mérite. Vous devez au contraire vous attendre qu'une pauvreté éternelle succédera à l'indigence que vous souffrez ici-bas. Ah! du moins si vous êtes misérables en ce monde, faites tous vos efforts pour être plus heureux en l'autre. Jésus-Christ naissant pauvre, vous apprend par son exemple l'estime que vous devez faire de la pauvreté; voyons comment il vous apprend encore à souffrir.

DEUXIÈME POINT.

Jésus naissant souffre dans son âme et dans son corps : dans son âme, par la vue des objets qui l'affligent; dans son corps, par les rigueurs où il l'abandonne. Souffrances intérieures, souffrances extérieures de Jésus-Christ; voilà, chrétiens, le nouvel exemple que le Sauveur vous donne, et le remède qu'il vous présente pour guérir cet amour du plaisir qui vous perd.

Ne jugeons pas, mes frères, de cet enfant qui vient de naître comme des autres enfants, dont l'âme enveloppée, pour ainsi dire, dans la matière, est incapable de connaissances et de réflexions. Jésus-Christ vient au monde avec toutes les connaissances d'un homme parfait; il n'a de l'enfance que la petitesse du corps, mais son âme unie à la Divinité est éclairée d'une étendue de lumières qui lui découvre ce qu'il est, ce qu'il sera, le présent, le passé et l'avenir. Il sait qu'il est le Maître du ciel et de la terre, le Souverain de tous les rois, et il se voit réduit à la dernière indigence, méconnu, rebuté des hommes; il sait qu'il est la sainteté même, et il se voit revêtu de la figure humiliante d'un pécheur; quelle impression cet état ne devait-il pas faire sur l'âme de Jésus-Christ? Néanmoins, ce n'était pas ce qui le faisait souffrir, puisque cet état d'indigence et d'humiliation était de son choix, et que la volonté humaine de Jésus-Christ étant soumise à celle de Dieu, il l'acceptait volontiers comme un remède nécessaire pour nous guérir de nos faiblesses et de nos infirmités; il se croyait même en quelque façon dédommagé de sa pauvreté, de ses anéantissements et de ses souffrances, s'il pouvait vous apprendre la pratique des vertus dont il nous donnait l'exemple.

Ce qui affligeait donc le cœur de Jésus-Christ et faisait l'objet de sa douleur, c'était le péché des hommes qu'il venait expier, c'était l'abus de tant de grâces qu'il venait leur mériter. Car ne croyons pas, remarque là-dessus saint Bernard, que les larmes que Jésus-Christ répand dans sa crèche soient produites par la même cause que celles des autres enfants. Les autres enfants pleurent sur leurs misères sans les connaître, et Jésus-Christ pleure sur les nôtres, et par ses larmes il veut laver nos péchés, dit saint Ambroise : *Meæ lacrymæ illæ delicta lavarunt.* Il les offre à Dieu son Père, en attendant que son sang soit formé dans ses veines pour être répandu pour la rédemption des hommes. Tout enfant qu'il est, il pénètre dans l'avenir le plus reculé, il voit tous les péchés des hommes, les injures faites à son Père, le mépris de la loi, la perte des âmes, le débordement des passions, en un mot, toutes les pensées, les paroles, les actions criminelles de tous les hommes qui avaient vécu jusqu'alors, et qui devaient vivre jusqu'à la fin du monde. Il sait que le sang qu'il doit répandre, est plus que suffisant pour réparer tous ces maux ; il voit néanmoins que ce sang sera inutile à plusieurs, que ses bienfaits seront payés d'ingratitude, et qu'il sera obligé de condamner aux flammes éternelles un grand nombre de ceux qu'il vient racheter. Quel sujet de douleur pour un cœur aussi sensible et aussi généreux que celui de Jésus-Christ!

Mais quelle instruction devons-nous tirer des larmes de Jésus-Christ, et que veut-il nous apprendre par la douleur où il s'abandonne dès son entrée en ce monde? En pleurant sur nos péchés, il prétend nous apprendre à les pleurer nous-mêmes, à gémir comme lui, à gémir sur le même sujet que lui; sans cela ses larmes, quelque efficaces qu'elles soient pour apaiser la colère de son Père, ne nous seraient d'aucune utilité, parce que sa douleur ne peut nous être salutaire, que par l'union de la nôtre avec la sienne. Comprenez, mes frères, ce mystère, et que la vue d'un Dieu, naissant dans les larmes et les souffrances, nous détache pour toujours des folles joies du monde, et nous inspire cette sainte tristesse qui opère le salut, comme dit l'Apôtre. Déjà Jésus-Christ nous dit : *Bienheureux ceux qui pleurent, parce qu'ils seront consolés* (*Matth.*, V, 5); *malheur* au contraire *à vous qui riez* (*Luc.*, VI, 25), qui avez tous vos contentements en ce monde, parce que vos joies se changeront en des douleurs amères, qui ne finiront jamais. Ah! mes frères, pourrions-nous être insensibles à un langage aussi touchant que les larmes de Jésus-Christ? Pouvons-nous, criminels que nous sommes, nous réjouir, tandis que nous voyons pleurer l'innocent? Pouvons-nous rechercher les vaines joies du siècle, tandis que Jésus-Christ les a condamnées hautement? Car c'est ainsi qu'il faut raisonner, dit saint Bernard, Ou Jésus-Christ se trompe, ou c'est le monde qui s'égare; or il est impossible que la divine Sagesse se trompe : c'est donc le monde qui est dans l'erreur; ce sont donc ceux qui pleurent qui prennent le meilleur parti.

Mais! ô dureté de notre cœur! s'écrie encore à ce sujet saint Bernard, bien loin de pleurer nos péchés avec Jésus-Christ, nous en rappelons avec plaisir le souvenir, nous demeurons de sang-froid dans l'état du péché, sans prendre les mesures pour en sortir par une sincère pénitence; que dis-je? nous donnons à Jésus-Christ de nouveaux sujets de pleurer, en ajoutant de nouveaux péchés à nos anciennes fautes; nous rendons inutiles les souffrances d'un Dieu naissant, en nous livrant aux folles joies du monde, en recherchant des plaisirs dont il a voulu nous détacher. Non, Seigneur, il n'en sera pas ainsi, j'aime mieux gémir et pleurer avec vous sur la terre pour avoir part aux délices de votre royaume, que de me réjouir avec le monde pour pleurer éternellement avec les réprouvés dans l'enfer ; j'aime mieux une pénitence qui ne dure que quelque temps et qui me sera utile, que de faire une pénitence éternelle qui ne me servira point. Je joindrai à cette pénitence, à cette douleur intérieure de mes péchés, les mortifications salutaires dont vous m'avez donné l'exemple dès votre naissance.

Quoique le péché soit pardonné à l'homme par les mérites et les souffrances d'un Dieu Sauveur, et par la douleur intérieure que l'homme en doit concevoir, la justice de Dieu exige une satisfaction pour la peine qui est due au péché, et quand cela ne serait pas, ne faudrait-il pas à l'homme un préservatif qui l'empêchât de retomber? Or ce préservatif, c'est cette peine du péché que Jésus-Christ porte dès sa naissance, et qu'il veut que nous portions après lui.

Quelles peines en effet, quelle rigueur Jésus-Christ n'endure-t-il pas dans l'étable où il est né? Un corps aussi délicat et aussi tendre que le sien, exposé aux rigueurs de la saison, tremblant de froid au milieu de la nuit, couché durement sur un peu de paille, serré dans une crèche, à peine couvert de quelques langes dont sa mère l'a enveloppé, et privé de tout autre secours; voilà comment le Fils de Dieu a voulu traiter son corps innocent, parce qu'il est revêtu de l'apparence du péché. Qu'en pensez-vous, chrétiens sensuels et délicats, qui procurez à vos corps tout ce qui peut les flatter, qui inventez tous les jours mille moyens pour garantir cette chair de péché de tout ce qui peut l'incommoder? Est-ce donc l'innocent qui doit seul souffrir, tandis que le coupable sera épargné? Vous avez mille fois transgressé la loi de votre Dieu; ces corps ont été souillés par des voluptés brutales, par des excès d'intempérance auxquels vous vous êtes livrés, et au lieu de leur faire expier par la mortification les péchés dont ils ont été les complices et les instruments, vous les traitez avec délicatesse, vous leur accordez mille superfluités, vous vous alarmez au seul nom d'un jeûne, d'une abstinence qui vous est commandée; vous cherchez par de vains prétextes à vous en dispenser; bien loin de faire à Dieu quelque satisfaction volontaire, vous ne voulez pas même accepter celles qui vous sont imposées, en un mot, tout ce qui s'appelle gêne, contrainte, mortification, vous fait horreur. Ah! pouvez-vous sans rougir vous approcher de la crèche de votre Sauveur et soutenir le contraire de votre mollesse avec les rigueurs qu'il endure? Pouvez-vous ne pas reconnaître l'extrême opposition qui se trouve entre une étable exposée aux rigueurs de la saison, et ces logements commodes que vous rendez avec tant de soin inaccessibles à tout ce qui peut vous incommoder; entre les pauvres langes dont il est couvert, et le luxe de vos habits; entre la paille où il est couché, et la mollesse de vos lits; entre la faim qu'il endure, et la délicatesse jointe à l'abondance de vos repas? Et s'il doit y avoir de la conformité entre le disciple et le maître, pouvez-vous vous flatter de la qualité de disciple de Jésus-Christ? Reconnaissez donc ici le besoin extrême que vous avez de porter sur vos corps la mortification de Jésus-Christ; non-seulement pour expier les péchés que vous avez commis, mais encore pour vous préserver de nouvelles chutes. Car vous le savez par une triste expérience, qu'une cause des plus ordinaires des désordres qui règnent dans le monde, est le soin excessif que l'on a de son corps, l'attention à flatter sa chair et à lui accorder tout ce qu'elle demande. C'est pourquoi le Sauveur du monde qui venait nous racheter et nous instruire, s'est particulièrement déclaré dès sa naissance et dans toute la suite de sa vie, contre la vie molle et sensuelle qui est la cause de la perdition des hommes. Il a traité son corps avec rigueur, pour nous apprendre à traiter le nôtre de même, et à le soumettre à la loi de Dieu. Il ne nous demande pas à la vérité de porter la mortification au degré de rigueur où il l'a portée; mais il veut que nous fassions du moins ce qui dépend de nous, eu égard à notre état, et à notre faiblesse; que nous renoncions non-seulement aux plaisirs défendus, mais que nous retranchions même beaucoup de ceux que nous croyons permis, pour ne pas nous exposer à franchir les bornes de la tempérance chrétienne : *Ut abnegantes sæcularia desideria, sobrie vivamus.* (*Tit.*, II, 12.) Il veut, en un mot, que nous fassions pénitence, mais une pénitence sévère et proportionée au nombre et à l'énormité des fautes que nous avons commises; il veut que nous souffrions en esprit de pénitence les peines attachées à notre état, que nous nous humilions à la vue de ce qu'il a fait pour nous, et du peu que nous faisons pour lui; il veut que nous lui fassions le sacrifice de nos passions et de nos cœurs, pour suppléer à ce que la faiblesse de nous permet pas de faire d'ailleurs. Ah! pouvons-nous refuser ces cœurs à un Dieu qui les a achetés si cher, qui nous les demande par ses soupirs et par ses larmes? Achevons de nous instruire par l'exemple de l'humilité qu'il nous donne dès sa naissance; troisième et dernier point.

TROISIÈME POINT,

Quoique l'homme trouve dans lui-même le sujet de son humiliation, il est néanmoins si rempli d'orgueil qu'il ne pense qu'à s'élever. Ce désir d'élévation qui fit tomber du ciel l'ange rebelle, perdit aussi l'homme dans le paradis terrestre. L'ange fut précipité du haut du ciel dans le fond de l'abîme, parce qu'il voulut s'égaler à Dieu; l'homme fut aussi chassé du paradis terrestre et privé des dons de l'innocence, parce qu'il se laissa faussement persuader par le tentateur, qu'en mangeant du fruit défendu, il deviendrait semblable à Dieu : *Eritis sicut dii.* (*Gen.*, III, 5.) Cet orgueil qui s'empara du cœur du premier homme au moment de sa chute, se communiqua aussi à ses descendants. Ce fut pour le satisfaire que l'on vit des hommes si remplis d'eux-mêmes, et si avides de gloire, qu'ils portèrent l'aveuglement et l'insolence jusqu'au point de se faire rendre les honneurs divins. Telle fut la source de l'idolâtrie, qui répandit si loin ses ténèbres dans l'univers, que le nombre des dieux égalait presque celui des hommes. Ce fut donc pour réparer un si grand désordre, que Dieu lui-même forma le dessein de se rendre semblable à l'homme, qui avait voulu se rendre semblable à Dieu, afin d'apprendre à l'homme à demeurer dans l'état de dépendance et d'abaissement qui lui convient.

Telle est, mes frères, la grande leçon que Jésus-Christ nous fait dans sa crèche. Mais quelle humilité dans ce Sauveur naissant! et qu'elle est bien capable de confondre l'orgueil de l'homme! Je ne puis, pour l'exprimer, me servir de termes plus énergiques, que ceux dont se sert saint Paul, pour nous faire connaître les humiliations du Verbe incarné. Ecoutons parler à ce sujet ce grand Apôtre, qui avait profondément médité ce mystère, et pesons bien la force de ses expressions : *Jésus-Christ*, dit-il, *qui était l'image de Dieu, n'a point cru que d'être égal à Dieu fût pour lui usurpation;* il s'est humilié, ce n'est pas assez dire, *il s'est anéanti jusqu'à prendre la figure d'un esclave, s'étant fait semblable aux hommes, et s'étant trouvé dans la condition de l'homme ;* «*Exinanivit semetipsum, formam servi accipiens in similitudinem hominum factus, et habitu inventus ut homo.*» (*Philipp.*, II, 6, 7.) Le Fils de Dieu anéanti! Quelle expression, mes frères, et peut-on dire quelque chose de plus fort?

Pour comprendre cette profonde humiliation, il faudrait concevoir la distance infinie qu'il y a entre Dieu et l'homme; entre Dieu qui est la toute-puissance, et l'homme qui n'est que faiblesse; entre Dieu qui est le souverain par excellence et le maître de l'univers, et l'homme qui n'est qu'un esclave; entre Dieu qui est la sagesse infinie, et l'homme qui n'est que ténèbres; en un mot, entre Dieu qui est tout et l'homme qui n'est rien.

Venez donc, hommes vains et superbes, contempler cet enfant qui est dans la crèche, venez admirer le mystère que la foi vous y découvre, vous y verrez la Majesté suprême réduite dans un état d'esclave, l'immensité d'un Dieu renfermé dans la petitesse d'un enfant, la sainteté même revêtue de l'apparence d'un pécheur, la sagesse éternelle, le Verbe de Dieu qui garde le silence, celui qui commande à toute la nature, qui se rend obéissant aux volontés de sa créature, qui obéira non-seulement à une Vierge Mère, à un homme juste, mais encore à des pécheurs et à des juges impies, à des bourreaux scélérats. Quel abaissement, quelle humiliation pour un Dieu! Mais est-il rien de plus capable de confondre l'orgueil de ces hommes qui ne cherchent qu'à s'élever au-dessus des autres, qui cachent avec tant d'artifice ce qu'ils sont, pour paraître ce qu'ils ne sont pas? Comment osez-vous, cendre et poussière, disputer de vaines préséances à la vue d'un Dieu couché dans une crèche, revêtu de la forme d'un esclave? Comment osez-vous, pécheurs hypocrites, vous parer du manteau de la vertu pour vous attirer les applaudissements des hommes, tandis que vous voyez un Dieu, la sainteté même, revêtu de la forme d'un coupable pour être exposé aux opprobres et aux mépris des pécheurs? Ah! si votre orgueil ne se brise pas contre la crèche d'un Dieu, c'est un prodige en quelque façon aussi incompréhensible que cet anéantissement dont le ciel et la terre sont étonnés. Apprenez à demeurer dans le centre de votre néant, et sachez que si vous ne devenez semblables à cet enfant que vous adorez, vous n'entrerez jamais dans le royaume des cieux. *Apprenez de moi*, vous dit-il déjà, comme il le dira toujours, *que je suis doux et humble de cœur : « Discite a me, quia mitis sum et humilis corde. »* (*Matth.*, XI, 29.) Apprenez que *celui qui s'humilie sera élevé, que celui qui s'élève sera humilié.* (*Matth*, XXIII, 12.) Pouvez-vous refuser de vous rendre à un exemple aussi touchant que celui qu'il vous donne? Il s'est abaissé pour vous élever; ne devez-vous pas aussi vous abaisser pour vous élever vous-mêmes à lui? C'est en ce point qu'il vous permet de lui devenir semblables, et si le crime de l'ange et du premier homme fut de vouloir s'égaler à Dieu, ce sera dans vous une vertu de devenir semblables à Jésus-Christ humilié. C'est en quoi, mes frères, nous devons bien admirer la sagesse et la bonté de Dieu qui s'est ainsi abaissé jusqu'à nous pour être notre modèle. Il n'est pas donné à l'homme d'atteindre aux perfections de Dieu, telles que sont sa puissance, sa providence, qui sont plutôt l'objet de notre admiration que de notre imitation, dit saint Bernard; mais Dieu a épousé notre nature pour nous donner en elle des exemples de vertu qui fussent à notre portée, comme l'humilité, la pauvreté et la patience. Entrons donc dans les sentiments de ce divin enfant, qui est tout à la fois et notre Sauveur et notre modèle : *Hoc sentite in vobis quod et in Christo Jesu.* (*Philipp.*, II, 5.)

Pratiques. -- Ne nous contentons pas de lui rendre nos hommages dans sa crèche, et de le remercier de ce qu'il est venu au monde pour notre salut; mais tâchons d'exprimer en nous les traits de ce divin original. Le Seigneur qui nous a parlé autrefois par ses prophètes, nous parle aujourd'hui par son propre Fils : il nous met devant les yeux le maître que nous devons suivre; rendons-nous dociles aux leçons qu'il nous fait et qu'il a lui-même le premier pratiquées. Imitons sa pauvreté par le détachement des biens du monde, et par la patience à souffrir celle où la Providence nous a réduits, et unissons-la à celle qu'il a soufferte pour nous. Si nous sommes dans l'opulence, honorons la pauvreté de Jésus-Christ par nos largesses envers les pauvres, secourons-les contre la rigueur de la saison; portons sur nous la mortification de Jésus-Christ, par le renoncement aux plaisirs sensuels et par les pratiques de pénitence que notre état et notre faiblesse peuvent nous permettre, humilions-nous enfin à l'exemple de Jésus-Christ, en réprimant le désir de paraître et de nous élever, et en souffrant patiemment les humiliations et les mépris. Bannissons surtout le péché de nos cœurs, où il demande à loger et où il veut prendre une seconde naissance. Malheur à ceux qui auront, comme les Juifs, la dureté de ne pas lui ouvrir la porte; mais heureux sont ceux dont les cœurs lui serviront de berceau par la sainteté de leur vie, et par la pureté des mœurs et par la pratique des vertus. Ils jouiront en ce monde de la paix qu'il a apportée aux hommes de bonne volonté; et en l'autre, de la gloire qu'il leur a méritée. *Amen.*

PRONE IX.

Pour le premier jour de l'an, ou le Dimanche le plus près.

SUR LE BON EMPLOI DU TEMPS.

Renovamini spiritu mentis vestræ, et induite novum hominem qui secundum Deum creatus est in justitia et sanctitate veritatis. (*Ephes.*, IV, 23.)

Renouvelez-vous en esprit, et revêtez-vous du nouvel homme qui a été créé à la ressemblance de Dieu dans la vraie justice et la vraie sainteté.

Pour bien commencer cette année, mes frères, et vous la rendre heureuse, vous ne pouvez mieux faire que de suivre l'avis que l'apôtre saint Paul vous donne. Renouvelez-vous donc dans l'esprit du christianisme, en imitant Jésus-Christ votre modèle, auquel vous devez être conformes pour être du nombre des prédestinés.

Il s'agit de vous dépouiller du vieil homme, pour me servir des termes du même Apôtre (*Ibid.*, 22), c'est-à-dire, renoncer à toutes vos inclinations perverses, et faire à Dieu dans ce nouvel an le sacrifice de toutes vos passions. Il faut qu'avec l'année qui vient de finir, finisse aussi le règne du péché; qu'avec elle finissent l'impiété, l'irréligion, les jurements, les imprécations, les haines, les vengeances, les injustices, les impuretés, les intempérances, les scandales, en un mot, tous les crimes qui se sont commis:

puissent-ils être ensevelis dans un oubli éternel! mais qu'en leur place on voie renaître dans ce nouvel an la piété, la religion, la modestie, la tempérance, la charité, l'union des cœurs. Telle est, mes frères, le précis de la morale renfermée dans les paroles du grand Apôtre : *Renovamini*, etc.

Si l'année que vous commencez se passe dans la pratique des vertus chrétiennes ; si c'est une année sainte, elle sera heureuse pour vous. En vain serait-elle accompagnée de la félicité la plus parfaite selon le monde ; en vain vous présenterait-elle tout ce qui peut mettre le comble à vos désirs dans les biens, les plaisirs et les honneurs passagers, si ce n'est pas une année chrétienne, elle sera malheureuse pour vous. Si, au contraire, vous la passez saintement, fût-elle d'ailleurs traversée par tous les revers de fortune, elle sera toujours heureuse, parce qu'elle vous conduira au bonheur éternel : profitez-en donc dans le dessein où Dieu vous la donne, c'est-à-dire, pour opérer votre salut; destinez-en tous les moments à cette heureuse fin.

C'est pour vous y engager que je viens vous proposer quelques réflexions sur le bon emploi du temps. Quels sont les motifs qui vous engagent à bien employer le temps ; premier point. Comment devez-vous l'employer; deuxième point.

PREMIER POINT.

Plus un bien qu'on nous offre est précieux et nécessaire, plus nous devons l'estimer; plus l'usage qu'on nous en donne est limité, plus nous devons nous presser de le mettre à profit, surtout, quand après l'avoir échappé, il n'est plus en notre pouvoir de le faire revenir pour en tirer avantage. Or, telle est la nature du temps de notre vie, il est précieux, il est court, il est irréparable : trois raisons qui nous engagent à le bien employer.

Le temps est précieux, et par rapport à la fin pour laquelle il nous est donné; et par rapport à ce qui en a coûté à Jésus-Christ pour nous le procurer. Pour quelle fin, en effet, Dieu vous a-t-il donné, mes frères, et vous donne-t-il encore du temps à vivre sur la terre? Est-ce pour amasser du bien, y faire fortune, vous élever aux honneurs, contenter vos passions? Non; mais c'est pour gagner le ciel. Le temps doit vous conduire à l'éternité, et votre éternité sera heureuse ou malheureuse selon le bon ou mauvais usage que vous aurez fait du temps. Vous pouvez à chaque instant gagner une éternité de bonheur, parce qu'il n'y a point d'instant dans la vie où vous ne puissiez entrer en grâce avec Dieu, si vous êtes pécheurs; ou si vous êtes en état de grâce, vous pouvez mériter autant de degrés de gloire que vous ferez de bonnes actions : voilà pourquoi l'on peut dire que d'un moment dépend l'éternité, parce qu'il ne faut qu'un moment pour la mériter ou la perdre. Si vous laissez passer ce moment qui vous est donné; si vous ne profitez pas du temps present, après la mort vous ne pourrez plus rien mériter : *Tempus non erit amplius*. (*Apoc.*, X, 6.) Après la mort vous n'aurez plus de pardon de vos péchés à obtenir, plus d'action qui puisse être récompensée dans le ciel. Les réprouvés dans les enfers ne pourront jamais, par tous les pleurs qu'ils verseront, tous les tourments qu'ils endureront, obtenir le pardon d'un seul péché; les saints dans le ciel ne pourront jamais, par tout l'amour qu'ils auront pour Dieu, augmenter un seul degré de leur béatitude, parce que hors de la voie il n'y a plus de mérite. Oh! que le temps de la vie est donc bien précieux, et qu'il est bien important de le mettre à profit! puisque chaque moment vaut, pour ainsi dire, la possession d'un Dieu, vaut un bonheur éternel.

Mais quelle estime ne devons-nous pas encore faire du temps, si nous considérons ce qu'il a coûté à Jésus-Christ pour nous le procurer? C'est pour nous mériter ce temps que ce Dieu sauveur est né dans une étable, qu'il s'est livré aux rigueurs des saisons, aux incommodités de la faim, de la soif, aux souffrances et à la mort ignominieuse de la croix : c'est pour nous mériter le temps de faire pénitence qu'il s'est offert à la justice de son Père, ce qu'il n'a pas fait pour les anges rebelles, qui n'ont pas eu un seul moment pour se relever de leurs chutes, tandis que Dieu nous donne des jours, des mois, des années pour effacer nos péchés, apaiser sa justice, mériter les dons de sa miséricorde. A qui sommes-nous redevables de cette faveur? aux mérites, aux souffrances, à la mort de Jésus-Christ. Combien de fois Dieu irrité contre le pécheur a-t-il levé le bras de sa justice pour couper cet arbre infructueux, et combien de ces arbres stériles seraient déjà dans le feu, si Jésus-Christ, le souverain Médiateur, n'avait pas demandé grâce pour eux, en priant son Père d'attendre encore pour leur donner le temps de porter du fruit? *Dimitte illam et hoc anno*. (*Luc.*, XIII, 8.)

Ah! Seigneur, attendez encore une année que cet arbre produise du fruit, et s'il n'en produit pas, vous le couperez. Voilà, pécheur, ce que Jésus-Christ demande pour vous, et ce temps, qui est le fruit de ses souffrances et de sa mort, quelle estime en faites-vous? à quoi l'employez-vous? Dieu vous le donne pour vous sauver; vous vous en servez pour vous perdre : ce temps a coûté la vie d'un Dieu; et loin de le mettre à profit, vous en faites un abus criminel. Les uns le passent à ne rien faire : *Nihil agentibus*. Ce sont ces gens oisifs et désœuvrés à qui l'on peut faire le reproche que faisait le Père de famille aux ouvriers qui étaient sur la place, et qui ne travaillaient point : *Quid hic statis tota die otiosi?* (*Matth.*, XX, 6.) On passe des journées, des semaines, des mois entiers sans faire aucune action pour le salut. On ne sait que faire, dit-on, on trouve le temps si long, il faut bien chercher à se désennuyer, et c'est pour cela qu'on le passe dans des amusements frivoles, à rendre des visites, à débiter des nouvelles, à s'entretenir de choses vaines et inutiles, à aller et venir d'une compagnie à une autre, à jouer, à se promener, parce que, dit-on, il faut bien passer le temps à quelque chose. Ah! insensés, vous n'avez rien à faire, dites-vous; vous trouvez le temps long : oh! que vous raisonnez bien mal, dit saint Bernard, de dire qu'il faut chercher à passer un temps qui vous est donné pour faire pénitence, pour obtenir votre pardon, pour mériter la grâce, pour vous procurer un bonheur éternel! Eh! que ne devez-vous pas faire? Ne faut-il pas prier, faire de bonnes œuvres, visiter les églises, les malades; vous instruire par des lectures de piété? N'avez-vous pas des devoirs à remplir, des vertus à pratiquer? Ah! si vous étiez persuadés que vous avez une affaire importante qui est celle du salut, et que vous n'avez que le temps de la vie pour y travailler, bien loin de le trouver long, il vous paraîtrait trop court, pour vous assurer le succès de cette affaire importante; vous en ménageriez avec soin tous les moments. Si les damnés qui sont dans les enfers avaient je ne dis pas tout le temps, mais seulement une partie de celui dont vous abusez, avec quelle précaution n'en useraient-ils pas?

On abuse encore du temps à faire autre chose que ce que l'on devrait faire : *Aliud agentibus*. Bien des gens s'occupent dans le monde : l'un passe tous ses jours à faire valoir son négoce, l'autre à poursuivre des procès, celui-ci à conduire des affaires étrangères, celui-là à faire des actions qui ne sont point de son état et de sa profession. Les uns ruinent leur santé par l'application d'esprit, les autres par les travaux du corps; mais presque aucun ne pense à son salut. Cependant ces jours si remplis sont entièrement vides de bonnes œuvres; on fait toute autre chose que ce qu'on devrait faire : et à quoi sert de travailler pour les autres, si on ne travaille pour soi? c'est se fatiguer inutilement, c'est perdre son temps : *Aliud agentibus*.

Mais l'abus le plus criminel que l'on fait du temps, se trouve dans ceux qui le passent à mal faire : *Male agentibus*. Abus qui n'est que trop commun parmi les hommes. Il suffit de voir ce qui se passe parmi eux. Les uns ne pensent, du matin au soir, qu'aux moyens de contenter une passion criminelle, d'entretenir une intrigue, de satisfaire leur cupidité, leur sensualité, par les délices et l'abondance du repos. Les autres, avides de s'enrichir, commettent autant d'injustices qu'ils trouvent d'occasions de s'emparer du bien d'autrui; toute leur vie se passe à méditer les moyens de supplanter l'un, et de tromper l'autre; de détruire ceux qui ne peuvent leur résister. A quoi se réduisent la plupart des conversations? A parler d'affaires projetées ou conclues pour le contentement de ses passions, à débiter des nouvelles pour le moins inutiles, à passer en revue tous les états, toutes les conditions; à rechercher scrupuleusement les devoirs de chacun, excepté les siens propres; à censurer sans discrétion, ceux qui partagent les différents emplois de la société. Me trompé-je? n'est-ce rien de tout cela? ce serait donc des discours contre la religion, contre les mœurs : enfin, par le malheur le plus déplorable, on ne voit, on entend parler partout que de crimes et de désordre: *Male agentibus*. C'est-à-dire, qu'un moyen que Dieu leur donne pour le sanctifier, pour mériter le ciel, ils s'en servent pour consommer leur réprobation. Quel aveuglement et quelle insensibilité pour ses vrais intérêts! puisque ce temps si précieux qui nous est donné pour nous sauver, est extrêmement court. Second motif qui doit nous engager à le mettre à profit.

En effet, mes frères, qu'est-ce que la vie de l'homme? C'est un songe qui disparaît au moment qu'on s'éveille; c'est, dit le saint homme Job, une feuille que le vent emporte, une fumée qui se dissipe dans l'air. A peine l'homme est-il venu au monde, qu'il faut penser à le quitter. Il n'y a, pour ainsi dire, qu'un pas du berceau au tombeau. La plupart des hommes vivent peu; et qu'est-ce que paraissent à la fin de la vie les années de ceux même qui vivent le plus? *Mille ans*, dit le Prophète, *ne sont devant Dieu que comme le jour d'hier qui est passé : «Mille anni tanquam dies hesterna quæ præteriit.»* (*Psal.*, LXXXIX, 14.) La vie la plus longue en comparaison de l'éternité, est moins qu'une goutte d'eau en comparaison de la mer. Que vous semble, mes frères, des vingt, quarante, soixante ans que vous avez vécu sur la terre? que vous semble de l'année qui vient de passer? c'est un jour, c'est un moment: toutes vos années passeront de même, et vous vous trouverez à la fin, comme si vous ne faisiez que commencer à vivre. Insensé est celui qui s'attache aux choses passagères de ce monde, qui cherche sa félicité dans une vie si courte, et qui n'en profite pas pour s'assurer un bonheur plus durable.

Dieu nous a donné le temps de la vie comme un bien à ferme, qu'il nous ôtera après un certain temps. Nos corps sont des maisons qui tombent tous les jours en ruine, et qu'il nous faut dans peu quitter; notre vie s'abrége tous les jours, en sorte que plus nous avons vécu, moins il nous reste à vivre. Dans peu viendra le dernier jour, où il n'y aura plus rien à compter. Hâtons-nous de profiter d'un temps qui s'enfuit avec précipitation, et dont la perte est d'ailleurs irréparable.

En effet, le temps qui est perdu ne reviendra plus; les années que nous avons vécu sur la terre, ne sont plus à notre disposition. Heureux si nous les avons bien passées: ce sont autant de trésors de mérite que nous avons acquis, et qui subsistent; car la vertu est le seul bien qui soit à l'abri de l'injure des temps; nos prières, nos jeûnes, nos aumônes, nous trouverons tout cela à la mort et dans l'éternité.

Mais si nous avons mal passé les jours de notre vie, la perte que nous avons faite est sans ressource. Nous pouvons, il est vrai, recouvrer la grâce de Dieu que nous avons perdue dans le temps passé; mais nous ne recouvrerons jamais ces moments favorables où Dieu avait attaché certaines grâces qu'il ne nous donnera peut-être plus, et qui auraient décidé de notre prédestination. Notre ferveur peut encore suppléer au nombre des bonnes œuvres que nous n'avons pas faites : nous pouvons encore, comme les ouvriers de la vigne, qui vinrent à la dernière heure, mériter la récompense qui fut donnée aux premiers ; mais jamais nous ne recueillerons cette abondance de fruits que tous les moments d'une constante ferveur nous auraient produits.

Quel sera donc à la mort le regret de ceux qui auront abusé du temps? Quel sera le regret de ces pécheurs qui verront ces beaux jours écoulés, qu'il ne tenait qu'à eux de ménager pour le ciel? ces beaux jours où la grâce les pressait de se détacher de la créature, de rompre des liens criminels qui les asservissaient à son empire. Ils verront leurs plaisirs passés avec le temps; ils souhaiteront d'avoir encore ce temps, mais ils ne pourront jamais par toutes leurs larmes et leurs tourments faire revenir un seul de ces moments qui auraient suffi pour les garantir du malheur éternel.

Attendrez-vous, mes frères, d'avoir le même sort, pour réfléchir sur le prix du temps, et regretter celui que vous avez perdu? Hélas! de combien de moments n'avez-vous pas déjà abusé? Interrogez là-dessus votre conscience, et demandez-vous à vous-mêmes : Depuis que je suis sur la terre, qu'ai-je fait pour mon salut? J'ai beaucoup travaillé pour les autres, et je n'ai rien fait pour moi ; peut-être que s'il me fallait maintenant paraître devant Dieu, ne pourrais-je pas lui présenter une seule action digne de ses récompenses : au contraire, toutes les actions de ma vie ne méritent que ses châtiments.

Ah! il est temps que je sorte de l'assoupissement où j'ai vécu jusqu'à présent ; que je commence à travailler pour moi, et que je répare le passé par un saint usage du temps. Quel doit être cet usage? C'est le second point.

DEUXIÈME POINT.

Pour faire un saint usage du temps, il faut le considérer, dit saint Bernard, par rapport au passé, au présent et à l'avenir. Il faut réparer le passé, ménager le présent, se précautionner contre l'avenir, et ne pas y compter.

Quoiqu'il ne soit pas en notre pouvoir de faire revenir le temps qui est passé, nous pouvons cependant le réparer, ou, pour me servir des termes de saint Paul, le racheter : *Redimentes tempus*, etc. (*Ephes.*, V, 16.) Or, qu'est-ce que racheter un fonds, dans le commerce du monde? C'est payer pour le retirer, le prix qu'on en a reçu; c'est acquitter une dette dont on l'a chargé. Vous aviez vendu, prostitué votre temps au monde et à vos passions; vous avez aliéné ce fonds que Dieu avait confié à votre économie, et par le mauvais usage que vous en avez fait, vous avez contracté des dettes envers la justice de Dieu. Or, quelles sont ces dettes? Ce sont les péchés que vous avez commis. Ces péchés sont passés, il est vrai; les plaisirs que vous avez goûtés à les commettre, ne subsistent plus; mais votre crime subsiste encore dans la tache qu'il a imprimée à votre âme, qui la rend difforme aux yeux de Dieu, et qui en fait l'objet de ses vengeances : cette tache restera toujours, jusqu'à ce qu'elle soit effacée par les larmes de la pénitence. C'est donc à la pénitence qu'il faut recourir pour vous purifier; et pour cela, entrez dans les sentiments d'un roi pénitent, qui repassait dans l'amertume de son cœur les années de sa vie : *Recogitabo tibi omnes annos meos in amaritudine animæ meæ.* (*Isa.*, XXXVIII, 15.)

Hélas! devez-vous dire, il y a tant d'années que je suis sur la terre, je n'ai encore rien fait pour mon salut; je n'ai pensé qu'à faire fortune en ce monde, qu'à satisfaire mes passions. De ces biens que j'ai recherchés, de ces plaisirs que j'ai goûtés, que m'en reste-t-il? Un triste souvenir qui pénètre mon âme de cuisants remords. Vains fantômes de douceurs, qui avez disparu comme un songe, vous n'êtes plus rien qu'une ombre qui s'est évanouie. Ah! malheur au temps auquel je vous ai recherchés; malheur au temps où je vous ai tant aimés! O mon Dieu, qui êtes une beauté toujours ancienne et toujours nouvelle! Ah! que j'ai été aveugle et insensé, de chercher d'autre contentement que celui que l'on goûte à vous aimer et à vous servir. J'en ai le cœur pénétré de la plus vive douleur; et puisque vous me donnez encore le temps de réparer mes malheurs, je veux en profiter pour ne m'attacher qu'à vous seul, et vous dédommager, par ma ferveur, de l'injure que je vous ai faite, en abusant du temps que vous m'avez donné.

Si vous êtes, mes frères, dans ces sentiments, et que vous les mettiez en pratique, vous mériterez que Dieu vous tienne compte de ces années que vous prostituâtes au monde, au démon et au péché : *Reddam vobis annos quos comedit locusta, bruchus et rubigo.* (*Joel*, XI, 25.) Par là, vous réparerez vos pertes, vous rachèterez le temps qui est perdu; mais il s'agit d'abord de faire un saint usage de celui qui est maintenant à votre disposition.

Vous ne pouvez plus disposer du temps passé, puisqu'il n'est plus; vous ne pouvez disposer du temps à venir, puisqu'il n'est pas encore, et que peut-être vous ne l'aurez pas; il n'y a que le temps présent qui est à vous, et encore vous échappe-t-il au moment qu'on en parle : profitez donc avec soin de celui que vous avez, parce que c'est le seul sur lequel vous pouvez compter; c'est un talent que Dieu vous donne; n'en laissez pas perdre la moindre partie : *Particula boni doni non defraudet te.* (*Eccli.*, XIV, 14.) Peut-être que Dieu a attaché au moment qui est maintenant à votre disposition, certaines grâces de choix d'où dépend votre salut éternel.

Si vous étiez sûrs que vous n'avez plus que cette année, cette journée à vivre, comment, je vous le demande, la passeriez-vous? Ne l'emploieriez-vous pas toute dans la pratique des bonnes œuvres? resteriez-vous un seul moment dans le péché? Eh bien! vivez de cette manière, et vous ferez un saint usage du temps. Dites-vous à vous-mêmes: C'est peut-être ici la dernière année de ma vie; il faut que je la passe, comme si ce l'était en effet, et vous la passerez saintement. Car enfin, mes frères, il y en aura une qui sera la dernière; quelle est-elle? Pouvez-vous assurer que ce n'est point celle-ci? Combien y en a-t-il eu qui avaient commencé l'année dernière en bonne santé, et qui n'en ont pas vu la fin? Combien qui commencent celle-ci, et qui ne la verront pas finir? Celui qui croit vivre encore plusieurs années, est peut-être celui qui mourra le premier, et dans peu. Si on avait dit à cette personne, à cet homme, à cette femme, qui ont été sous vos yeux ensevelis dans le tombeau de leurs pères: Vous n'avez plus que cette année à vivre; comment l'auraient-ils passée? On vous dit la même chose au commencement de celle-ci; elle sera pour quelqu'un la dernière, et il n'y a personne qui ne puisse dire: C'est peut-être pour moi; peut-être que mon tour est venu pour aller au tombeau, car, puis-je me flatter d'y aller plus tard qu'un autre?

Ah! il faut donc, sans hésiter, mettre ordre à ma conscience, restituer ce bien mal acquis, me réconcilier avec cet ennemi, corriger cette mauvaise habitude, dire adieu au péché, éloigner cette occasion dangereuse, cet objet séduisant; il faut enfin, que je fasse tout le bien qui dépend de moi, que je travaille à mon salut pendant que j'en ai le temps: *Dum tempus habemus, operemur bonum.* (*Galat.*, VI, 10.) Telles sont, mes frères, les salutaires résolutions que doivent vous suggérer la brièveté du temps, et l'importance du succès dans l'affaire de votre salut: effectivement, vous pouvez laisser le reste à terminer à vos héritiers, leur laisser ce bâtiment à achever, ce procès à finir, mais non pas votre salut; si vous n'y avez travaillé dans le temps, vous n'y pourrez plus travailler après la mort; et d'autres n'y travailleront pas pour vous. Profitez donc, encore une fois, du moment qui s'enfuit pour ne revenir jamais, et occupez-vous sans cesse à la pratique des bonnes œuvres qui vous suivront dans l'éternité: *Quodcunque potest manus tua instanter operare.* (*Eccle.*, IX, 10.) Distribuez votre temps à vous acquitter des devoirs de votre état; réglez si bien vos exercices de piété, que chaque chose ait son temps; que la prière, la Messe, la lecture de piété, l'adoration du Saint-Sacrement, la visite des pauvres, trouvent place dans la distribution que vous en ferez. Donnez, à la bonne heure, vos soins à vos affaires temporelles, au gouvernement de votre famille, mais que votre salut tienne toujours le premier rang, et que toutes les autres se rapportent à celle-là. Ainsi, vos jours se trouveront pleins, votre âme sera chargée de mérites pour le Ciel, et vous vous précautionnerez pour l'avenir, sur lequel vous ne devez pas compter.

Comment peut-on, en effet, compter sur un temps qui est si incertain? Dieu ne nous l'a pas promis, et la vigueur de l'âge, ni la force du tempérament ne peuvent nous l'assurer, puisque nous voyons souvent les jeunes personnes, et les plus robustes frappées du coup de la mort, aussi subitement que les infirmes et les vieillards. Tel qui se promet de vivre encore un grand nombre d'années, mourra dans peu; ce qu'il y a de bien certain, c'est qu'on meurt plus tôt qu'on ne pense. Il faut donc prévoir l'avenir, et agir comme si on ne devait pas l'avoir. C'est risquer son salut éternel, que de l'exposer à l'incertitude d'un temps à venir.

Ah! ce n'est pas ainsi, mes frères, que vous en agissez pour les affaires temporelles: quand vous trouvez l'occasion de vous enrichir, vous la saisissez avidement, rien ne vous détourne d'en profiter; s'il se présente une bonne acquisiton à faire, vous n'attendez pas au lendemain, crainte qu'un autre plus prompt que vous ne vous supplante.

Eh! que n'agissez-vous de même pour votre salut? Aujourd'hui, vous pouvez vous convertir, vous réconcilier avec Dieu, ne différez pas davantage; peut-être qu'il n'y a point de lendemain pour vous. La prudence demande que vous songiez à l'avenir; c'est pour cela que vous faites provision de ce qui vous sera nécessaire pour subsister un nombre d'années que vous croyez encore vivre sur la terre, et pour une saison où l'on ne peut pas travailler. Eh! peut-être que vous ne serez plus, dans cette année pour laquelle vous faites des amas; et vous ne pensez pas à faire des provisions pour l'éternité, où vous serez toujours. Quelle folie! quel aveuglement! Il semble, à vous voir, que vous êtes pour toujours sur la terre, et que vous êtes, pour ainsi dire, convenus avec la mort, afin qu'elle ne vous frappe que quand il vous plaira. Ah! insensés! vous mourrez peut-être avant d'avoir terminé une seule de vos affaires, et votre grand malheur sera de mourir sans avoir fait votre salut! Imitez un voyageur qui s'est amusé dans sa route à des amusements frivoles, et qui, voyant le déclin du jour, redouble ses pas pour réparer le temps perdu, et pour arriver au terme de son voyage. Vous vous êtes arrêtés aux bagatelles du siècle; les biens, les plaisirs ont occupé tous vos soins, et vous n'avez pas encore pensé au solide bonheur: cependant le soleil s'abaisse: *Inclinata est jam dies.* (*Luc.*, XXIV, 29.) Vous voilà à la fin de votre vie; peut-être touchez-vous au moment qui doit vous faire passer du temps à l'éternité. Profitez donc du temps qui vous reste, marchez pendant que la lumière vous éclaire, parce que la nuit s'avance, où vous ne pourrez plus rien faire pour le salut; précipitez votre course, car il vous reste encore beaucoup de chemin à faire.

Pratiques. — Le plus important et le plus pressant pour vous, est de sortir de l'état du péché, pour vous réconcilier avec Dieu par une bonne confession, qui renouvellera en vous l'image de l'homme nouveau : *Renovamini*, etc. Vous ne pouvez mieux commencer l'année, que par cette sainte pratique. Corrigez vos mauvaises habitudes, et réformez tout ce que vous connaissez de défectueux dans votre conduite. Telle est la circoncision spirituelle que Jésus-Christ demande de vous dans ce jour, où il a souffert la circoncision corporelle pour votre salut. Après qu'il a tant souffert pour être votre Sauveur, vous ne voudriez rien faire pour être sauvés? Puisqu'il s'est sacrifié pour vous, ne devez-vous pas aussi lui faire quelque sacrifice par le retranchement de ce qui lui déplaît en vous?

Rendez grâces à Dieu des biens qu'il vous a faits dans vos années passées; faites à ce sujet une visite à Jésus-Christ, offrez-lui le peu d'années qui vous restent, pour être employées à son service. Vivez cette année, ce jour même, comme si vous n'aviez plus que cette année, que ce jour à vivre; faites cette résolution tous les matins. Ranimez votre ferveur au service de Dieu, par ces paroles de saint Paul : *Dum tempus habemus, operemur bonum : « Faisons le bien, tandis que nous en avons le temps* (*Gal.*, VI, 10), » pour en recueillir le fruit dans l'éternité. Ainsi soit-il.

PRONE X.

Pour la fête des Rois.

SUR LE MYSTÈRE DE CE JOUR.

Vidimus stellam ejus, et venimus adorare eum. (*Matth.*, II, 2)

Nous avons vu son étoile, et nous sommes venus pour l'adorer.

A peine Jésus-Christ est-il né, qu'il appelle à son berceau des pasteurs de la Judée, et des mages de l'Orient, parce qu'il vient sauver tous les hommes. Après avoir fait annoncer sa naissance aux bergers par la voix d'un ange, il fait briller aux yeux de ces sages de la gentilité une étoile miraculeuse, qui les avertit qu'un nouveau roi est venu au monde pour les racheter. Aussitôt, fidèles à la grâce, ils quittent leur pays, viennent à Jérusalem s'informer où est né le roi des Juifs; ils apprennent des docteurs de la loi, que Bethléem, petite ville de Judée, est le lieu de sa naissance : ils sortent donc de Jérusalem, et à la faveur de la lumière nouvelle qui les guide, ils se transportent à Bethléem; ils y trouvent l'objet de leurs désirs, le trésor qu'ils cherchent, leur roi, leur Sauveur, dans la personne d'un enfant qui est entre les bras de Marie, sa mère. Sans être rebutés du pauvre appareil qui l'environne, ils pénètrent avec les yeux d'une vive foi le mystère d'un Dieu fait homme pour leur salut; ils se prosternent devant lui, et mettent à ses pieds leurs sceptres et leurs couronnes, ils lui offrent des présents avec leurs cœurs; et avertis par un ange, ils retournent dans leur pays par une autre route que celle qu'ils ont suivie : *Per aliam viam reversi sunt in regionem suam.*

Telle est, chrétiens, l'histoire du mystère que nous célébrons en ce jour : mystère de joie pour l'Eglise, puisqu'elle nous rappelle l'heureux moment de notre vocation au christianisme, dans la personne des rois mages. Bénissons mille fois la divine Providence, qui nous a tirés des ombres de la mort où nous étions plongés, pour nous appeler à l'admirable lumière de l'Evangile; mais en même temps, profitons de l'exemple que nous donnent les rois mages pour chercher Jésus-Christ et conserver sa grâce dans nos cœurs après l'avoir trouvée. Quel fut donc l'empressement des mages à chercher Jésus-Christ; premier point. Quelle fut leur fidélité à observer la grâce qu'ils avaient trouvée; second point. Tel est le modèle que nous devons imiter, et le sujet de vos attentions.

PREMIER POINT.

Quelle différence, mes frères, entre la conduite du roi Hérode et celle des rois mages! Hérode, qui régnait dans un pays où le Sauveur du monde était né, aveuglé par ses passions, ferme les yeux à la lumière qui l'éclaire. Quoique convaincu par le témoignage et les oracles des prophètes, que le Christ est né en Bethléem, à peu de distance de Jérusalem, il ne daigne pas faire la moindre démarche pour lui rendre hommage; et des rois qui habitent dans le fond de l'Orient, n'ont pas plutôt vu l'étoile qui leur annonce sa naissance, qu'ils se mettent en chemin pour venir l'adorer. Hérode ne connaît et ne cherche Jésus-Christ que pour le perdre; et les rois mages n'ont d'empressement qu'à se soumettre à lui, et le faire régner dans leurs cœurs. Détestons la conduite de ce prince aveugle et barbare, et imitons la fidélité des mages à correspondre à la grâce. Ils cherchent Jésus-Christ avec promptitude, avec courage et avec constance : ainsi devons-nous le chercher nous-mêmes, si nous voulons le trouver.

Non, les mages ne balancent point sur le parti qu'ils ont à prendre; ils ne s'arrêtent point à former de longs projets, ni à prendre de grandes mesures pour se mettre en marche : uniquement attentifs à la lumière qui les éclaire, ils vont chercher celui qu'elle leur annonce : pressés d'arriver au terme où l'étoile les appelle, ils sont dans l'impatience de n'y pas être encore; ils savent que, lorsqu'il s'agit de chercher son Dieu, et de se donner à lui, il ne faut pas s'arrêter, délibérer, raisonner; parce qu'en délibérant, quelque intention que l'on ait de trouver Dieu, on ne le trouve jamais.

Déjà ils ont quitté leur pays; il leur semble entendre la voix du divin enfant qui les appelle à lui : fidèles à cette voix, ils précipitent leurs pas, et s'empressent d'aller lui rendre leurs hommages. Arrivés à Jérusalem, et dans l'impatience de savoir l'endroit où est né le Sauveur, ils s'adressent à ceux qu'ils en croient le mieux informés. Où est-il donc, ce nouveau roi? car nous avons vu son étoile, et nous sommes partis pour venir l'adorer : *Vidimus stellam*, etc. Quel empressement! quelle promptitude! quelle activité! en peu de temps ils ont parcouru tout le chemin qui sépare l'Orient de la Judée. Ah! quand on cherche Dieu sincèrement, rien n'arrête l'âme fidèle.

Grâces immortelles vous en soient à jamais rendues, ô mon Dieu, qui nous avez appelés à la foi dans ces nobles prémices de la gentilité convertie! Tout petit que vous paraissez, vous êtes déjà le vainqueur des nations; vous les soumettez tout d'un coup sans résistance ; vous les abattez à vos pieds avec toute leur pompe et leur grandeur.

Imitez-vous, mes frères, la conduite de ces saints rois, vous qui, élevés dans le christianisme, avez plus de lumières pour marcher dans le chemin qui conduit à Dieu? Vous dont la foi doit être mieux établie et plus formée, et à qui la volonté de Dieu est plus clairement manifestée ; cette foi est votre étoile; pourquoi, comme les mages, n'en suivez-vous pas les mouvements? Outre la foi qui vous éclaire, combien de lumières Dieu ne fait-il pas briller à vos esprits, tantôt par les grâces intérieures, tantôt par la divine parole qui vous instruit de vos devoirs, tantôt par les bons exemples que vous avez devant les yeux, qui vous animent à la pratique de la vertu? Toutes ces grâces intérieures et extérieures sont autant d'astres lumineux qui vous conduiraient infailliblement à Dieu, si vous étiez fidèles à les suivre. Cependant, vous restez toujours dans vos ténèbres, plongés dans le bourbier du péché, vous ne faites aucun effort pour en sortir. Depuis longtemps la voix de Dieu vous appelle, et vous sollicite de vous défaire de cette attache qui partage votre cœur entre Dieu et la créature, de combattre cet orgueil secret qui vous domine, de rendre ce bien que vous possédez injustement, de pardonner à cette personne que vous ne voulez pas voir, de mener une vie plus mortifiée, plus pénitente et plus régulière ; et vous êtes encore à faire ce que la grâce vous demande depuis si longtemps. Mais ne devez-vous pas craindre que l'étoile qui vous éclaire maintenant, ne disparaisse à vos yeux, que cette grâce de conversion que Dieu vous donne, ne vous soit plus accordée, et que l'abus que vous en faites ne soit suivi de l'aveuglement, de l'endurcissement qui vous conduira à l'impénitence finale?

Voyez la promptitude des mages à suivre l'étoile qui les conduit ; ils partent aussitôt qu'ils l'ont vue ; *Vidimus, et venimus*. Voilà ce que vous devez faire, et conclure ainsi en vous-mêmes : J'ai vu l'étoile qui me conduit à Dieu, dans cette bonne pensée qu'il m'a inspirée, dans ce pieux mouvement qui a touché mon cœur : c'en est fait, je veux la suivre : je veux aimer mon Dieu mieux que je n'ai fait jusqu'ici, en lui donnant la préférence sur toutes les créatures. Je veux me réconcilier avec cet ennemi, rendre ce bien mal acquis, être le bon exemple dans ma famille, quitter ces occasions, ces lieux de débauche qui m'ont perdu, être assidu à la prière, fréquenter les sacrements, les recevoir avec de meilleures dispositions, observer la sainte loi du Seigneur; en un mot, vivre d'une manière plus régulière : *Vidimus, et venimus*.

Il faut pour cela du courage ; mais les mages vous en donnent encore l'exemple. Quel courage, en effet, ne font-ils pas paraître dans toutes leurs démarches! Faut-il pour obéir à la voix de Dieu qui les appelle, quitter, comme Abraham, leur pays, leurs maisons, leurs amis, leur royaume? ils les abandonnent généreusement. Faut-il entreprendre un long et pénible voyage, et s'exposer à tous les dangers, essuyer toutes les fatigues qui en sont inséparables, dans la saison la plus rigoureuse de l'année, sacrifier leur repos, leur tranquillité, renoncer à toutes leurs aises, à tous leurs plaisirs? ils renoncent à tout, ils sacrifient tout ; ni l'attache à leurs commodités ne peut les retenir, ni la rigueur des saisons les rebuter ; ni le soin de leurs familles et de leurs royaumes n'est capable de leur faire changer de résolution. Que de raisons cependant, que de prétextes pour des cœurs moins courageux que les leurs? Mais non, malgré tous les obstacles qui s'opposent à leur dessein, ils sont déjà arrivés à Jérusalem, capitale de la Judée, à la faveur de l'astre qui les éclaire. Mais, ô ciel! quelle nouvelle épreuve pour leur vertu! La lumière qui les conduit se dérobe à leurs yeux, l'étoile disparaît : leur foi toute naissante n'en sera-t-elle pas ébranlée? ne penseront-ils point à retourner dans leur pays? Non, non, mes frères, ne craignez pas, ils ne succombent point à la tentation ; et c'est ici où ils nous donnent un exemple du courage qui doit nous animer, lorsque Dieu semble se cacher à nous, et nous abandonner à nous-mêmes. C'est ici qu'ils nous apprennent à le chercher dans ces routes ténébreuses où il nous refuse ces consolations sensibles qui adoucissent le chemin de la vertu. C'est dans ces temps d'épreuve, où il lui plaît de nous mettre, que notre amour paraît plus courageux et plus sincère, parce qu'il ne cherche Dieu que pour Dieu seul. Mais admirons encore le courage des mages à chercher Jésus-Christ dans la ville de Jérusalem. Jusque dans la capitale de la Judée, jusque dans la cour d'un roi qui règne sur les Juifs, ils demandent où est né le roi des Juifs. Que ne doivent-ils pas craindre de la jalousie d'Hérode, qui s'offensera d'une pareille demande, et qui ne voudra point souffrir de rival? N'importe, qu'Hérode s'en offense, qu'il s'en trouble, ils veulent à quelque prix que ce soit, trouver Jésus-Christ et se donner à lui : ni le respect humain, ni la crainte des supplices et de la mort où ils s'exposent, ne fait impression sur ces cœurs généreux.

En agissez-vous ainsi, mes frères, lorsqu'éclairés, touchés par les vérités de la foi, vous prenez la résolution de quitter vos désordres et de retourner à Dieu? La moindre difficulté vous effraye; le plus léger obstacle vous paraît insurmontable; la plus légère tentation vous fait succomber. Il faudrait un peu de courage pour quitter cette habitude criminelle que vous avez de jurer, de vous emporter, et de vous livrer aux excès de l'impudicité; il faudrait faire quelques efforts pour rompre les liens qui vous attachent à cet objet de votre passion; il faudrait faire un peu de violence à votre humeur, à votre inclination : mais vous ne faites aucun effort, vous ne voulez point vous gêner, vous captiver: tantôt le poids de vos inclinations vous emporte, tantôt le respect humain vous abat, et déconcerte tous vos projets. Est-ce donc ainsi que vous prétendez trouver Dieu? est-ce ainsi que vous aspirez à son royaume, qui ne se remporte que par la violence? Ignorez-vous que pour y prétendre, il faut sacrifier ce que l'on a de plus cher, mortifier ses passions, les tenir captives sous la loi, mépriser le respect humain : en un mot, il faut combattre pour remporter la couronne. Or tout cela suppose en vous une force et un courage invincibles. Ce n'est donc pas assez d'avoir fait quelques pas pour chercher Jésus-Christ, d'avoir formé quelque bonne résolution ; il faut les exécuter, malgré les obstacles qui se présentent, il faut, comme les mages, sortir de la cour d'Hérode ; c'est-à-dire, quitter ces compagnies dangereuses, ces occasions de péché, où l'étoile du Seigneur ne vous éclairera plus, où la voix du Seigneur ne se fait pas entendre; et, comme les mages, cette étoile vous conduira à la crèche du Sauveur. Vous quittez bien ces compagnies dès qu'il s'agit de votre fortune, d'un intérêt temporel ; et dès qu'il s'agit de votre salut, de votre éternité, le moindre obstacle vous retient. Où est donc votre foi? où est donc votre raison? Dieu ne demande pas que, comme les mages, vous quittiez votre patrie, vos parents, vos amis, dès qu'ils ne sont pas une occasion pour vous de péché ; il ne demande pas que vous entrepreniez de longs voyages, que vous essuyiez des fatigues considérables : mais il vous demande le sacrifice de vos passions, il vous demande votre cœur, qui lui est déjà dû par tant de titres ; il vous demande un peu de gêne et de contrainte pour quitter vos aises et vos commodités, afin d'aller visiter ce pauvre malade ou prisonnier ; il demande que vous soyez assidus à le visiter dans son saint temple, à assister aux divins Offices, à vous approcher des sacrements, à remplir les devoirs d'un bon chrétien. Dieu veut vous rendre heureux à peu de frais, et vous êtes assez lâches pour ne vouloir pas faire le peu qu'il vous demande. Ah! ne soyez pas si insensibles à vos vrais intérêts. Vous avez dans ce nouvel an, formé ou dû former la sincère résolution d'être à Dieu, de le servir fidèlement pendant cette année, et tout le reste de votre vie : soyez donc, comme les mages, courageux et constants pour exécuter vos résolutions.

Au sortir de Jérusalem, les mages revirent l'étoile qui avait disparu à leurs yeux; ce fut pour eux un grand sujet de joie : sa vue ne fit que les confirmer dans le bon dessein qu'ils avaient formé d'aller adorer leur nouveau roi ; ils continuent donc leur route, ils arrivent à Bethléem ; ils entrent dans la maison : mais quelle doit être leur surprise à la vue de l'objet qui se présente à leurs yeux! une pauvre habitation, un enfant pauvre, qui est entre les bras d'une mère pauvre! est-ce donc là, dit leur faible raison, le roi que l'étoile nous a annoncé, le Souverain du ciel et de la terre, le désiré des nations, le Messie attendu depuis tant de siècles? Quel palais ! quels courtisans ! quel appareil de grandeur ! Ah ! c'est dans ce moment qu'ils font paraître toute l'activité et la constance de leur foi. Non, ils ne sont pas rebutés, ni de la pauvreté du lieu, ni de celle de l'enfant et de sa mère; leur foi, qui s'élève au-dessus de leur raison, leur montre un Dieu caché sous la faiblesse de cet enfant; et ils adorent, dit saint Léon, le Verbe dans la chair, la sagesse dans l'enfance, la force dans l'infirmité, et le Dieu de majesté sous la forme de notre nature. Ils lui donnent des témoignages de la foi qui les anime, par les présents qu'ils lui offrent; ils reconnaissent sa royauté par l'or qu'ils lui présentent; son humanité, par la myrrhe; et sa divinité par l'encens : mais l'hommage et le présent le plus précieux qu'ils lui font, est celui de leurs cœurs et de leurs personnes. Non contents de mettre à ses pieds leurs sceptres et leurs couronnes, ils lui font hommage de leurs esprits par une vive foi, et de leurs cœurs par l'amour le plus généreux ; ils se dévouent entièrement à son service, ils soumettent à son empire leurs personnes et leurs royaumes.

Tel est, chrétiens, le beau modèle que nous devons suivre. Dès que nous avons formé la résolution de nous donner à Dieu, nous devons être fidèles et constants dans nos bons desseins, nous donner à lui sans réserve. Il ne nous demande pas nos biens, il n'en a pas besoin; mais il demande nos cœurs. Non, ce n'est pas de l'or, ni de la myrrhe et de l'encens qu'il veut que vous lui présentiez, mais c'est l'amour de votre cœur, représenté par l'or; parce que, comme l'or est le plus précieux de tous les métaux, l'amour de Dieu est la plus précieuse de toutes les vertus : la mortification de vos corps, représentée par la myrrhe; parce que comme la myrrhe préserve le corps de la corruption, ainsi la mortification préserve l'âme de la contagion du péché. Enfin, pour l'encens que les mages offrirent à Jésus-Christ, il faut lui présenter le sacrifice de vos esprits par la prière ; parce que de même que l'encens s'élève par sa fumée dans les airs, ainsi la prière monte au trône de Dieu, pour faire descendre sur nous les grâces dont nous avons besoin. Tels sont, mes frères, les présents que Jésus-Christ attend de vous; par cette offrande, vous gagnerez son cœur, et il régnera sur vous. Il est votre Dieu, votre Roi, votre Sauveur : que de titres pressants de vous donner à lui sans réserve, de lui faire le sacrifice de vos esprits, de vos cœurs et de vos corps ! de vos esprits, par une vive foi et de ferventes prières; de vos cœurs, par un ardent amour; de vos corps, par une mortification continuelle que vous devez porter sur vous-mêmes, pour être du nombre de ses disciples. C'est ainsi qu'il faut chercher Jésus-Christ; c'est ainsi que vous le trouverez. Mais après l'avoir trouvé, il faut, comme les mages, conserver soigneusement sa grâce et son amour; c'est par où je finis en peu de mots.

DEUXIÈME POINT.

En vain les mages auraient-ils tant fait de démarches pour chercher Jésus-Christ, en vain auraient-ils surmonté tant d'obstacles pour le trouver, s'ils ne s'étaient donnés à lui pour toujours. Pour être à Dieu d'une manière efficace, il ne faut jamais se démentir des bonnes résolutions qu'on a formées; il faut persévérer dans son service jusqu'à la mort ; c'est de cette fidélité que dépend notre bonheur éternel. Les mages nous en donnent un bel exemple dans leur retour à leur pays.

Bien loin de retourner chez Hérode, comme ce prince impie le leur avait dit, ils prennent, dit l'Evangile, un autre chemin pour s'en aller chez eux : *Per aliam viam regressi sunt in regionem suam.* Ils savent que ce prince barbare médite la mort de Jésus-Christ; la crainte qu'il ne saisisse le moment d'immoler à sa fureur le nouveau Roi, leur fait préférer une route plus longue et plus difficile, pour éviter à Jésus-Christ la mort, et ne pas s'exposer eux-mêmes au danger de perdre la vie de la grâce.

Pratiques générales. — C'est ainsi, mes frères, que vous devez vous comporter. Après que Jésus-Christ a bien voulu prendre naissance dans vos cœurs, il faut fuir les occasions de l'offenser et de perdre la grâce; il faut avoir en horreur la maison d'Hérode; c'est-à-dire ces maisons de débauche et de libertinage où l'on médite, et où l'on donne la mort à Jésus-Christ, où l'on perd la vie de la grâce; il faut fuir Hérode lui-même, c'est-à-dire ces personnes scandaleuses qui servent d'instrument au démon pour engager les autres dans le péché.

En vain vous flatterez-vous de conserver la vie de la grâce dans les occasions qui autrefois vous l'ont fait perdre; si vous vous exposez au danger, vous y périrez infailliblement, quelque bonne résolution que vous ayez prise de vous sauver. Il faut, à l'exemple des mages, suivre une autre route que celle que vous avez suivie jusqu'ici. Au lieu d'aller dans ces maisons, de fréquenter ces personnes qui ont été pour vous des pierres d'achoppement, il faut vous en éloigner; vous devez plutôt fréquenter les lieux saints, les personnes de piété, dont les bons exemples vous animeront à la vertu. Veillez sur vous-mêmes, ayez une continuelle attention pour éviter les piéges que le monde et le démon vous présentent, si vous voulez conserver la grâce de votre Dieu. Hélas ! jusqu'à présent vous n'avez peut-être suivi que les voies d'iniquité, vous vous êtes abandonnés au torrent de vos passions; peut-être que toute votre vie s'est passée dans le crime et dans la disgrâce de Dieu : vous avez fait des efforts pour recouvrer son amitié; vous avez repassé dans l'amertume de votre cœur ces années qui se sont écoulées, et que vous avez si mal employées. Voici une nouvelle année que le Seigneur vous donne pour réparer le passé; peut-être n'avez-vous plus que celle-ci à vivre; peut-être n'en verrez-vous pas la fin. Employez-la donc uniquement à votre salut, profitez-en pour amasser des trésors pour le ciel, en vivant d'une autre manière que vous n'avez vécu jusqu'à présent; que l'on vous voie plus assidus aux divins Offices, plus exacts à fréquenter les sacrements, plus réguliers, plus édifiants dans votre famille; en sorte que vous en soyez les apôtres, comme les mages le furent dans leurs royaumes, où ils firent connaître leur Sauveur à ceux qui l'ignoraient. Faites-en de même par vos instructions, vos bons conseils et vos bons exemples. Conservez soigneusement le précieux dépôt de la foi; soyez fidèles à suivre les lumières de ce flambeau céleste qui vous éclaire; rendez cette foi pratiqué par les bonnes œuvres, et sa lumière vous conduira au port du salut éternel.

Pratiques particulières. — Venez adorer Jésus-Christ dans son saint temple, dans les mêmes sentiments que les mages l'adorèrent en son berceau; visitez-le dans les pauvres et les malades, qui tiennent sa place; mais que vos visites ne soient point stériles : offrez-lui quelque portion de vos biens dans la personne de ses pauvres; il tient comme fait à lui-même tout ce qu'on fait pour eux.

Remerciez ce divin Sauveur de vous avoir appelés à la foi, dans la personne des rois mages; produisez des actes de cette foi, faites-la connaître par les bonnes œuvres.

Au lieu des trois présents que les mages firent à Jésus-Christ, offrez-lui votre cœur enflammé de charité, c'est l'or qu'il demande de vous; offrez-lui votre esprit appliqué à l'exercice de la prière, c'est l'encens qu'il exige; offrez-lui votre corps dévoué à la pratique de la mortification, c'est la myrrhe qu'il attend de vous : en vertu de cette offrande, privez-vous de quelque commodité, évitez surtout les excès auxquels on s'abandonne dans ce saint jour. Demandez pardon pour ceux qui offensent le Seigneur, récitant à ce sujet le psaume *Miserere.* Si vous prenez quelque joie, que le Seigneur en soit le principe et la fin : *Gaudete in Domino.* (*Philipp.*, IV, 4.) Souvenez-vous toujours que vous ne devez chercher de véritable joie que dans le ciel. Je vous la souhaite, etc.

PRONE XI.

Pour le premier Dimanche après les Rois.

SUR LES DEVOIRS DES PARENTS ENVERS LEURS ENFANTS.

Jesus proficiebat sapientia, ætate et gratia apud Deum et homines. (*Luc.*, II, 2.)

Jésus croissait en sagesse, en âge et en grâce devant Dieu et devant les hommes.

Ah! qu'il serait bien à souhaiter, mes frères, que l'on pût dans un sens rendre le même témoignage des enfants de nos jours, que l'Evangile rend du saint Enfant Jésus, lorsqu'il nous dit que ce divin Enfant croissait en sagesse et en grâce à mesure qu'il croissait en âge? Qu'il en est bien peu qui méritent cet éloge! Ne peut-on pas dire au contraire que la plupart, à mesure qu'ils croissent en âge, croissent aussi en malice? Hélas! à peine conservent-ils leur innocence jusqu'à l'âge de raison! Mais à peine sont-ils parvenus à cet âge, qu'attirés par le mauvais exemple de leurs semblables, ils s'engagent dans les voies de l'iniquité. D'où vient ce malheur? De deux causes qui rendent les parents et les enfants également coupables : les parents n'ont pas soin de donner à leurs enfants une éducation convenable ; ils négligent de cultiver ces jeunes plantes que le Seigneur leur a confiées : ou si des parents vertueux emploient leurs soins pour bien élever leurs enfants, ceux-ci les rendent inutiles par leur indocilité et leur défaut de soumission à leurs parents. Telles sont les causes ordinaires des désordres qui règnent parmi les hommes. Il est donc bien à propos d'apprendre aux uns et aux autres leurs obligations, en leur proposant pour modèle la sainte Famille de Jésus, Marie et Joseph. Elle était si sainte, cette Famille, que tout s'y faisait dans la plus haute perfection. Outre les sublimes vertus qu'ils pratiquaient au dedans, qui n'étaient connues que de Dieu seul, ils en pratiquaient encore au dehors pour édifier le prochain; c'est pourquoi ils allaient tous les ans à Jérusalem, selon ce qui se pratiquait à la fête de Pâques, pour rendre à Dieu leurs devoirs dans son saint temple. Le saint enfant Jésus était aussi soumis à ses parents : *Erat subditus illis.* (*Luc.*, II, 51.)

Oh! que les familles seraient saintes et heureuses, si elles étaient formées sur celle-ci, si les parents imitaient les vertus de la sainte Vierge et de saint Joseph, et si les enfants se proposaient pour modèle la vie du saint enfant Jésus! Si les parents remplissaient leurs obligations à l'égard de leurs enfants, le christianisme ne serait plus qu'une société de saints ; on verrait fleurir la religion, la paix et le bonheur régner dans tous les états. C'est donc un sujet des plus importants à traiter, que les devoirs des parents à l'égard de leurs enfants, et les devoirs des enfants à l'égard de leurs parents : c'est ce qui fera le sujet de deux instructions. Nous commencerons aujourd'hui par les devoirs des parents.

Pour apprendre aux pères et aux mères quels sont leurs devoirs à l'égard de leurs enfants, il faut distinguer dans ces enfants deux sortes de besoins auxquels les pères et mères sont obligés de pourvoir; savoir, les besoins temporels et les besoins spirituels : les premiers regardent la vie du corps, et les autres, le salut de l'âme. Les pères et mères sont donc obligés de pourvoir à la vie de leurs enfants, par la nourriture, l'entretien et un établissement convenable ; vous le verrez dans mon premier point. Ils doivent aussi procurer le salut de leurs âmes par l'instruction, la correction, le bon exemple; je vous le montrerai dans mon second point. Telle est, pères et mères, l'étendue de vos obligations; c'est pour les remplir, que Dieu vous a revêtus de son autorité dans vos familles, qu'il vous y a établis les ministres de sa providence.

PREMIER POINT.

Je ne m'arrêterai pas ici à prouver aux pères et mères l'attention et les soins qu'ils doivent à la vie naturelle de leurs enfants. C'est un sentiment que la nature inspire aux nations les plus barbares, aux bêtes les plus féroces. Je me contenterai de leur prescrire quelques règles de prudence, qu'ils doivent suivre pour éviter deux extrémités également dangereuses, où tombent un grand nombre de personnes qui n'ont pas assez, ou qui ont trop d'amour pour leurs enfants.

Je commence d'abord par les premiers moments où les enfants sont formés dans le sein de leur mère. C'est dans ce temps critique où les parents doivent prendre toutes les précautions possibles pour conserver la vie de leurs enfants, en évitant tout ce qui peut leur nuire, comme des travaux trop pénibles, des charges trop pesantes, des nourritures pernicieuses, et surtout des excès de passions capables d'étouffer ces fruits encore tendres ; comme sont les chagrins, la colère, les emportements auxquels les mères ne doivent point se livrer, et que leurs maris ne doivent point occasionner. Les malheurs de ces enfants qui ne verront jamais Dieu, parce qu'ils auront été privés de la grâce du baptême, sont moins les effets du hasard, que la négligence des parents à prendre les mesures nécessaires pour éviter ce malheur. Comme ces enfants ont contracté la tache du péché par une volonté étrangère, on peut dire que Dieu veut aussi les sauver par le même moyen, c'est-à-dire par la volonté de leurs parents; de manière que si ces parents usent de toutes les précautions nécessaires pour conserver la vie à leurs enfants, soit en évitant ce qui peut leur nuire, soit en vivant d'une manière sainte et chrétienne, ces enfants auront le bonheur de voir, non-seulement la lumière du jour, mais encore de naître à celle de la grâce.

Prenez donc garde, pères et mères, de priver par vos péchés vos enfants d'un si grand bonheur; mais vivez dans la crainte du Seigneur; soyez toujours en grâce avec lui, afin de communiquer à ces fruits naissants les semences de vertus qui leur attireront la bénédiction du Seigneur. Priez-le souvent pour eux; recommandez-les à vos anges tutélaires, pour les garantir de la puissance du démon, toujours prêt à leur porter ses coups meurtriers : et dès le moment qu'ils sont nés, hâtez-vous de les faire régénérer dans les eaux du baptême; outre que la vie des enfants dans cet état est très-délicate, on ne saurait trop tôt les tirer du funeste esclavage du péché où ils sont réduits.

Vous devez ensuite les nourrir, les entretenir jusqu'à ce qu'ils soient en état de gagner leur vie, ou de prendre un établissement; c'est à quoi vous devez employer vos soins et votre attention, selon les règles que la prudence chrétienne vous inspirera. Si vous n'avez pas du bien à leur laisser, apprenez-leur à gagner leur vie par une profession honnête, et ne les laissez pas vivre dans l'oisiveté, comme font un grand nombre de parents qui se contentent de mettre au monde des enfants qu'ils abandonnent ensuite, ou à qui ils ne laissent d'autre partage que la misère, soit par leur négligence à les faire travailler, soit en dissipant en débauches et en folles dépenses, ce qu'ils devraient épargner pour leurs enfants. O cruauté inouïe! quel bien, ou plutôt quel mal ne faites-vous pas à vos enfants, pères barbares, en leur donnant une vie qui leur sera à charge? Mais prenez garde aussi de vous laisser aveugler par l'amour désordonné, comme font certains parents, qui, pour établir leurs enfants avantageusement, se servent de toutes sortes de voies, bonnes ou mauvaises, c'est de quoi ils ne s'embarrassent pas; pourvu qu'ils leur amassent du bien, ils sont contents; mais les aveugles ne voient pas qu'en amassant ce bien par des voies injustes, ils amassent sur eux et sur leurs enfants des trésors de colère, un déluge de malheurs qui les fera tous périr. *Irruet super te calamitas.* (*Isa.*, **XLVII, 11.**)

Prenez encore garde que votre amour pour vos enfants ne soit altéré par certaines préférences qu'on donne aux uns sur les autres; ce qui cause parmi eux des jalousies, des haines, des querelles qui ne finissent qu'au tombeau. L'innocent Joseph, pour avoir reçu plus de caresses de son père Jacob que ses autres frères, devint l'objet de leur jalousie et la victime de leur fureur. Si quelqu'un de vos enfants a plus de part à votre tendresse, faites en sorte qu'elle ne soit point aperçue des autres; ou si elle paraît, faites-leur comprendre que le mérite et la vertu seront toujours les titres les plus assurés pour mériter vos faveurs.

DEUXIÈME POINT.

Venons maintenant au soin que les parents doivent prendre du salut de leurs enfants, par une sainte éducation. Cette obligation est si grande, que le grand Apôtre ne fait pas difficulté de dire que ceux qui ne la remplissent pas, ont nié leur foi, et sont pires que des infidèles. C'est en effet de la bonne éducation des enfants que dépend le bon ordre de la vie; comme au contraire, c'est du défaut d'éducation que naissent tous les désordres. Si les enfants sont bien élevés, ils seront de bons chrétiens, et quand ils deviendront eux-mêmes pères et mères, ils élèveront saintement leurs enfants; ainsi la vertu se perpétuera de génération en génération. Si au contraire ils sont mal élevés, ils donneront à leurs enfants une mauvaise éducation, ceux-ci à d'autres; ainsi le vice se perpétuera de siècles en siècles. Souvenez-vous donc, pères et mères, que ce n'est pas assez pour vous de mettre au monde des enfants, que ce n'est pas assez de les aimer d'un amour tendre et naturel, mais vous devez les aimer selon Dieu. Vous ne les avez pas tant engendrés pour le temps que pour l'éternité; ce n'est pas seulement pour peupler la terre, mais plus encore pour peupler le ciel, que Dieu vous les a donnés, c'est pour en faire des héritiers de son royaume : c'est à quoi doivent se terminer tous vos soins et votre vigilance. Mais de quels moyens devez-vous vous servir pour les conduire dans le chemin du ciel? Je l'ai dit, de l'instruction, de la correction et du bon exemple.

Que les parents soient obligés d'instruire leurs enfants, c'est un devoir que la religion leur impose, et de l'observation duquel dépend le salut de ces enfants; ce n'est que par l'instruction que la religion se perpétue dans le monde : sans l'instruction, les ténèbres de l'erreur et du mensonge seraient bientôt répandues sur la surface de la terre. Que nous apprend cette sainte religion? A connaître, à aimer et à servir Dieu, et, par ce moyen, mériter un bonheur éternel. Or, comment les enfants connaîtront-ils Dieu leur Créateur, Jésus-Christ leur Sauveur? comment l'aimeront-ils et le serviront-ils? comment mériteront-ils les récompenses qu'il promet à ceux qui le servent fidèlement, s'ils ne sont pas instruits? Mais à qui est-ce d'instruire vos enfants, sinon à vous, pères et mères, que Dieu a chargés de leur conduite et de leur salut? Il vous l'ordonne expressément dans les saintes Ecritures : *Doce filium tuum et operare in illo.* (*Eccli.*, **XXX, 13.**) Enseignez, instruisez votre enfant, et faites en sorte, par vos soins, que vos instructions produisent leur effet. Vous êtes, dit saint Augustin, les pasteurs dans vos maisons, avec cette différence encore, que vous avez toujours vos enfants sous vos yeux; mais les pasteurs de vos âmes ne vous voient pas toujours : vous devez donc en faire les fonctions, en leur apprenant la science du salut. En vain leur apprendriez-vous tout autre art; en vain leur enseigneriez-vous le moyen de s'élever, de faire fortune dans le monde; tout leur sera inutile s'ils n'apprennent l'art de devenir saints. Or, on ne peut savoir un art sans avoir un maître qui en donne les règles : il faut donc, si vous voulez que vos enfants soient de bons chrétiens, qu'en qualité de maîtres vous leur appreniez l'art de le devenir.

Mais sur quoi les parents doivent-ils instruire leurs enfants? Ah! mes frères, cette matière est immense. Dès le moment que leur faible raison commence à se développer des ténèbres de l'enfance, vous devez faire en sorte que les premiers mouvements de leurs cœurs se tournent vers Dieu par des actes d'amour; que leurs premières paroles prononcent les saints noms de Jésus, Marie et Joseph; que leur première action libre soit le signe de la croix. Quand ils ont assez de connaissance, vous devez leur apprendre les premiers éléments de notre sainte religion, le mystère de la sainte Trinité, de l'incarnation du Verbe, de la mort d'un Dieu pour le salut des hommes, en leur faisant produire des actes de foi sur ces mystères, comme ils y sont obligés dès qu'ils ont l'usage de raison. A mesure qu'ils avancent en âge et en connaissance, vous devez aussi augmenter vos instructions, leur apprendre les prières du matin et du soir, l'Oraison dominicale, la Salutation angélique, le Symbole des apôtres, les Commandements de Dieu et de l'Eglise, la manière d'entendre la sainte Messe, de s'approcher des sacrements, à quoi vous devez les engager par vos exemples, encore plus que par vos paroles. Inspirez-leur surtout une grande horreur du péché, en leur répétant souvent ces belles paroles de la reine Blanche à son fils saint Louis : Mon fils, quelque cher que vous me soyez, j'aimerais mieux vous voir privé de votre royaume, et même de la vie, que de vous voir offenser votre Dieu par un seul péché; ou bien celles du saint homme Tobie à son fils : Mon fils, lui disait-il (IV, 23), nous avons peu de bien, mais nous sommes assez riches, pourvu que nous ayons la crainte du Seigneur. C'est, mes frères, le meilleur héritage que vous puissiez laisser à vos enfants, que la crainte de Dieu, qu'une sainte éducation.

Mais est-ce ainsi que les parents instruisent aujourd'hui leurs enfants? On leur apprend bien la science du monde, l'art de parler au monde, de s'élever, de s'enrichir dans le monde, on n'épargne rien pour les rendre habiles en toute autre profession, et on les laisse vivre dans une profonde ignorance de tout ce qui regarde le salut. Eh! le moyen que des parents apprennent à des enfants une science dont à peine ils ont quelque légère teinture? Un aveugle en peut-il conduire un autre? Ces parents sont eux-mêmes des ignorants; comment communiqueraient-ils une science qu'ils n'ont pas? Car telle est la témérité d'un grand nombre de ceux qui se mettent aujourd'hui dans le mariage, qui se chargent de conduire les autres, tandis qu'eux-mêmes ne savent pas se conduire, parce qu'ils ont passé leur jeunesse dans l'ignorance et le libertinage, qu'ils n'ont assisté à aucune instruction, qu'ils ont toujours eu en horreur les exercices de la vie chrétienne. Ah! quel compte ces parents ignorants ne rendront-ils pas à Dieu de l'ignorance de leurs enfants, qu'ils ne sont pas capables d'instruire!

Hélas! ne fussiez-vous coupables que de ce seul péché, c'en est assez, pères et mères, pour vous damner. Illusion étrange! on est dans la voie de la perdition, et on se croit en sûreté de conscience! Quels sont les pères et les mères qui s'accusent dans leurs confessions d'avoir omis l'instruction de leurs enfants?

Mais, nous les faisons instruire par d'autres, nous les envoyons au catéchisme, aux écoles chrétiennes. Vous faites en cela ce que vous devez, c'est le moyen de suppléer à ce que vous ne pouvez. Mais ce n'est pas assez; vous devez vous informer si ces enfants profitent des instructions étrangères, et pour cela les leur faire répéter quand ils sont à la maison, ou leur faire lire les livres de la doctrine chrétienne; par là vous vous instruisez vous-mêmes : veillez surtout à ce qu'ils soient assidus aux instructions qui se font à l'église; qu'ils soient sous vos yeux aux divins Offices; et s'ils manquent, punissez-les sévèrement pour leur absence; car la correction est encore un moyen dont vous devez vous servir pour donner à vos enfants une sainte éducation. C'est aussi le moyen que l'Apôtre vous recommande expressément pour rendre vos instructions efficaces : *Employez*, dit-il, *à l'éducation de vos enfants l'instruction et la correction selon le Seigneur : « Educate illos in disciplina et correptione Domini. »* (*Ephes.*, VI, 4.) C'est pour cela que Dieu vous a revêtus de son autorité, et que les lois humaines vous prêtent leur secours, quand il est question de punir certaines fautes des enfants rebelles à vos volontés. Servez-vous donc de cette autorité pour les reprendre de leurs défauts; et si vos réprimandes ne suffisent pas, employez la voie des châtiments. Celui qui aime bien, dit-on ordinairement, châtie bien : *Quos amo castigo.* (*Apoc.*, III, 19.) Si vous aimez vos enfants en chrétiens, si vous leur voulez un véritable bien, c'est en corrigeant leurs vices, en arrêtant les saillies de leurs passions, que vous ferez paraître votre tendresse.

Il en est des enfants comme des jeunes plantes, que l'on peut redresser aisément quand elles prennent un mauvais pli; mais si vous les laissez vivre et croître dans le vice, ils ressemblent à ces gros arbres difformes qu'on ne peut plus redresser. Un jeune homme, dit le Sage, suivra, dans sa vieillesse, la même route qu'il aura suivie dans sa jeunesse : *Adolescens juxta viam suam, etiam cum senuerit, non recedet ab ea.* (*Prov.*, XXII, 6.) Et parce que l'homme, de sa nature, a plus de penchant pour le vice que pour la vertu, il suit plutôt l'un que l'autre; c'est pourquoi il a besoin d'être redressé par de salutaires corrections. C'est aussi le défaut de correction qui est la source des désordres où la plupart des jeunes gens s'abandonnent : combien d'enfants qui se perdent en vivant au gré de leurs passions, parce que personne ne les reprend et ne les corrige. D'où vient que ce jeune homme est un débauché, un scandaleux dans une paroisse? pourquoi est-il tombé dans des fautes qui causent la désolation dans toute une famille? C'est la faute des parents trop indolents qui lui en ont trop souffert, qui l'ont laissé vivre à sa liberté, et ne l'ont pas retenu chez eux, pour l'empêcher de fréquenter les mauvaises compagnies qui l'ont perdu. D'où vient que cette jeune personne s'est abandonnée au libertinage; qu'elle est devenue l'opprobre du public? C'est par la négligence d'une mère qui a souffert ses vanités, qui n'a pas réprimé la licence qu'elle se donnait de voir, de fréquenter des personnes dont le commerce a été l'écueil fatal de son innocence.

Jugez de là, pères et mères, combien il vous importe de réprimer, par vos corrections, les désordres de vos enfants. Malheur donc à vous, si, crainte de perdre leur amitié par vos réprimandes, vous aimez mieux encourir l'inimitié de Dieu par votre indulgence! Ne fussiez-vous d'ailleurs coupables d'aucun péché, ceux de vos enfants que vous n'aurez pas corrigés, suffiront pour vous faire condamner au jugement de Dieu. Ah! il vaut bien mieux les traiter avec sévérité que d'éprouver avec eux la sévérité de la justice du Seigneur. Si la sévérité dont vous usez à leur égard n'est pas maintenant de leur goût, ils vous en sauront un jour gré, comme vous en savez vous-mêmes à vos parents, qui se sont servis de cette voie pour vous former à la vertu; au lieu que ces enfants vous maudiront un jour de la trop grande indulgence que vous aurez eue pour eux.

Mais comment faut-il corriger les enfants? La correction doit être réglée par la prudence, tempérée par la douceur, soutenue par la fermeté. La correction doit être prudente, c'est-à-dire, être faite à propos, selon le genre des fautes que les enfants commettent. Celles qui sont de malice, doivent être punies avec plus de rigueur que celles de faiblesse. On pardonne quelque chose à la légèreté de la jeunesse, on diffère quelquefois la punition pour la rendre plus salutaire. La privation de certaines choses qui font plaisir aux enfants, fait souvent plus d'impression sur eux que les mauvais traitements qui ont de fâcheuses suites.

Mais qu'il s'en faut bien que les parents suivent les règles de la prudence dans la correction de leurs enfants! On les punit avec rigueur pour quelque faute légère, pour quelque perte, quelques dommages qu'ils ont occasionnés dans la famille; et on ne leur dit mot sur des fautes considérables qu'ils commettent; on ne les reprend point de leurs jurements, de leurs paroles déshonnêtes, de leurs larcins, de leurs injustices; Dieu veuille qu'on ne les applaudisse pas, qu'on ne les soutienne pas même dans leurs désordres! on ménage, on épargne ceux pour qui l'on a le plus d'inclination, quoique sujets à des vices énormes, et on décharge tout le poids de sa colère sur d'autres qu'on ne peut voir ni souffrir, quoique moins vicieux et qu'ils aient plus de mérite.

J'ai ajouté que la correction que l'on fait aux enfants, doit être tempérée par la douceur, en leur faisant connaître que si on les punit, c'est par l'affection qu'on leur porte, que l'on ne cherche que leur bien et leur salut. Cette douceur doit bannir ces emportements, ces malédictions dont se servent la plupart des pères et mères pour corriger leurs enfants qui, bien loin de guérir le mal, ne font que l'aigrir, en rendant ces enfants plus mauvais par le scandale qu'on leur donne. Non, ce ne sont point les jurements qui corrigent les enfants; ils ne font que les pervertir. On a vu de terribles exemples des malédictions des pères et mères qui se sont vérifiées sur leurs enfants. Corrigez vos enfants, pères et mères, mais corrigez-les selon le Seigneur, comme dit l'Apôtre : *In correptione Domini;* c'est-à-dire, que votre correction ne vous rende pas vous-mêmes criminels devant Dieu. La douceur néanmoins qui doit l'accompagner, n'est pas incompatible avec une sainte colère où vous pouvez vous livrer sans péché, comme dit le Prophète : *Irascimini et nolite peccare.* (*Psal.*, IV, 5.) Il faut de la fermeté pour détruire le vice, pour déraciner les mauvaises habitudes des enfants, pour s'opposer à leurs inclinations perverses.

Ce n'est pas assez de les reprendre ni même de les menacer; ils s'accoutument aux paroles et aux menaces; mais il faut en venir aux effets, il faut appliquer le fer et le feu sur le mal, quand on ne peut le guérir autrement. Le grand prêtre Héli qui avait des enfants plongés dans les désordres les plus affreux, leur donnait bien des avis pour se corriger; il leur représentait l'énormité de leur faute pour les empêcher d'y tomber : mais parce qu'il ne les reprenait que faiblement, qu'il n'usait pas de son autorité pour les punir avec rigueur, il éprouva lui-même la sévérité de la justice de Dieu, par une mort tragique qui fut la peine de son indulgence pour ses enfants; exemple terrible, qui doit faire trembler les pères et mères qui ne corrigent pas leurs enfants avec la sévérité qu'ils méritent.

Mais en vain, mes frères, corrigeriez-vous vos enfants, en vain les instruiriez-vous, si vous ne soutenez vos instructions et vos corrections par vos exemples. Si au contraire vous les scandalisez par votre mauvaise conduite, vous renversez d'une main ce que vous édifiez de l'autre. Car de même que le bon exemple est la voie la plus sûre pour persuader la vertu, ainsi le mauvais exemple est un puissant mobile qui entraîne dans le vice; d'autant plus encore, que l'homme étant plus porté au mal qu'au bien, reçoit bien plus aisément les impressions du vice que celles de la vertu.

Prenez donc garde, pères et mères, à ce

que vous direz et ferez devant vos enfants; observez-vous en leur présence, et évitez même ce qui vous paraît permis et qui pourrait les scandaliser; que votre conduite leur serve, pour ainsi dire, de miroir où ils voient ce qu'ils doivent faire. Voulez-vous que vos enfants soient assidus à la prière, aux offices divins, à fréquenter les sacrements? soyez-y vous-mêmes assidus, commencez à faire ce que vous leur enseignez. Voulez-vous qu'ils soient sobres, chastes, patients, tempérants, charitables envers le prochain, miséricordieux envers les pauvres? Soyez vous-mêmes tels que vous désirez qu'ils soient. Vos exemples abrégeront beaucoup les leçons que vous leur donnerez. Car le moyen, mes frères, que des enfants soient exacts à remplir leurs devoirs de chrétiens, quand ils voient leurs parents manquer à ces devoirs? Le moyen qu'ils apprennent à prier, à fréquenter les sacrements avec des pères qui ne prient point, qui s'éloignent de ces sacrements? Le moyen que des enfants soient sobres, patients avec des pères débauchés et livrés à la crapule, ou qu'ils voient toujours en colère? Comment respecteront-ils une mère qu'un mari traite avec le dernier mépris, avec des paroles outrageantes? Comment voulez-vous que ces enfants apprennent les devoirs de justice et de charité à l'égard du prochain, avec des parents qui manquent non-seulement de charité, mais qui ravissent le bien d'autrui, qui se servent même, le dirai-je, de leur autorité sur leurs enfants pour leur faire commettre des injustices?

Ah! mes frères, convenez avec autant de douleur que de sincérité, que ce sont les scandales que vous donnez à vos enfants qui les pervertissent. Vous vous plaignez que vos enfants vous causent mille chagrins par leurs déréglements; mais imputez-vous à vous-mêmes ces désordres qui vous font gémir, et qui peut-être avanceront votre mort. Si vous étiez dans vos familles des modèles de vertu, vos enfants marcheraient sur vos traces et vous donneraient bien du contentement. Il est vrai qu'on voit des enfants libertins et débauchés, quoique ayant devant les yeux les bons exemples de parents vertueux. Mais il est vrai aussi que les vices des parents sont comme une tige fatale d'où naissent ceux des enfants; ce qui fait dire ordinairement, tel père, tel fils; telle mère, telle fille.

Qu'on demande à ce jeune homme, qui lui a appris à proférer ces jurements, ces malédictions, ces paroles injurieuses ou déshonnêtes qui lui sont si fréquentes, il dira qu'il les a entendu prononcer à ses père et mère; quand ce jeune homme aura lui-même des enfants, il prononcera devant eux ces mêmes paroles; ainsi le vice se perpétue dans les familles jusqu'à la fin des siècles, parce que des parents ne veulent pas se contenir devant leurs enfants. Qu'on demande à cette fille qui lui a appris la vanité, la médisance, la raillerie, les paroles outrageantes; elle dira que c'est à l'école d'une mère sujette à ces défauts: tant il est vrai que le mauvais exemple des pères et mères fait de terribles impressions sur l'esprit des enfants.

Ah! pères barbares, mères cruelles, quel compte ne rendrez-vous pas à Dieu de la perte de ces enfants? il vous les avait donnés pour en faire les héritiers de son royaume, et vous en faites des victimes de ses vengeances. Ne vaudrait-il pas mieux pour ces enfants que vous les eussiez étouffés dans le berceau, que de les perdre ainsi par vos mauvais exemples? Vous n'en êtes pas les pères, mais les parricides, parce que vous donnez à leur âme une mort mille fois plus funeste que celle du corps. Il vaudrait mieux pour vous, dit Jésus-Christ, qu'on vous attachât une meule de moulin pour vous jeter dans la rivière, que de scandaliser ainsi vos enfants, parce que vous les damnez et vous vous damnez avec eux. Quel reproche n'aurez-vous pas à essuyer de la part de ces enfants réprouvés, qui vous diront dans les enfers : C'est vous, malheureux pères et mères, qui êtes cause de notre damnation; fallait-il nous donner la vie pour être suivie d'une mort éternelle? Maudit soit le jour où vous nous avez mis au monde! ou que ne nous donniez-vous la mort, plutôt que de nous laisser vivre pour nous rendre éternellement malheureux?

C'est là, mes frères, ce qui augmentera les tourments des pères et mères dans les enfers; le malheur de leurs enfants les rendra plus malheureux. Prévenez un sort si funeste, en vivant dans vos familles d'une manière exemplaire, en élevant vos enfants à la vertu par vos instructions, par vos corrections, et par vos bons exemples. Ne craignez rien tant que de les scandaliser par vos paroles ou vos actions; mais édifiez-les par votre exactitude à remplir tous les devoirs de bons chrétiens.

Ajoutez à tout ce que je viens vous de dire une vigilance continuelle sur la conduite de vos enfants. Veillez sur eux en tout temps, veillez sur eux en tout lieu. En tout temps, la nuit comme le jour, parce qu'à la faveur des ténèbres, ils entretiennent des commerces, ils font bien des choses que vous ne savez pas. N'est-ce pas dans la nuit, comme dit l'Evangile., et pendant le sommeil du maître de la maison, que l'homme ennemi sème l'ivraie dans son champ? Prenez garde surtout à la trop grande liaison des enfants avec les domestiques; rien de si dangereux pour eux qu'un mauvais domestique. Veillez en tout lieu, informez-vous des maisons qu'ils fréquentent, pour les séparer de celles dont la société est fatale à leur vertu. Si quelqu'un d'eux n'habite point avec vous, vous n'êtes pas pour cela déchargés de veiller sur lui. Faites attention surtout qu'ils ne restent point dans des maisons, et au service de maîtres où leur vertu serait exposée; mais qu'ils ne servent que des personnes où ils soient en sûreté.

Enfin, mes frères, pour ne rien oublier de tout ce qui regarde vos devoirs à l'égard de vos enfants, recourez à la prière. Car il n'arrive que trop souvent que, malgré les soins et les attentions qu'un père et une mère se donnent pour l'éducation de leurs enfants, l'indocilité de ceux-ci rend inutiles les instructions les plus sages, les corrections les plus sévères, les exemples les plus touchants. Que devez-vous faire pour lors, pères et mères? Priez pour eux, pour leur conversion; le Seigneur l'accordera à vos prières, comme il accorda autrefois celle de saint Augustin aux prières de sa mère sainte Monique.

Pratiques. — Le salut des enfants dépend beaucoup des prières de leurs parents; demandez tous les matins à Dieu sa sainte bénédiction pour eux; recommandez-les souvent au saint sacrifice de la Messe, et faites de temps en temps quelque communion pour leur sanctification. Mettez-les sous la protection de leurs anges tutélaires; faites pour eux des aumônes aux pauvres, et servez-vous même de vos enfants pour les leur distribuer quand ils se présentent à vos portes; c'est un moyen de les accoutumer à la pratique de cette vertu. Conduisez-les avec vous dans les hôpitaux, les prisons, les églises, et non pas dans les assemblées mondaines, les jeux, les spectacles, dont vous devez leur donner une grande horreur. Mais ayez soin surtout d'attirer par vos vertus la rosée céleste sur ces jeunes plantes, que Dieu vous a données à cultiver. Demandez pour eux et pour vous les grâces et les secours qui sont nécessaires pour vivre chrétiennement, mourir saintement, afin d'être un jour tous ensemble réunis dans l'éternité bienheureuse : *Amen.*

PRONE XII.

Pour le premier Dimanche après les Rois.

DEVOIRS DES ENFANTS ENVERS LEURS PARENTS.

Erat subditus illis. (*Luc.*, II, 51.)

Jésus était soumis à Marie et à Joseph.

C'est tout ce que l'Evangile nous apprend de la vie de Jésus-Christ; depuis l'âge de douze ans jusqu'à celui de trente, qu'il passa à Nazareth dans la maison de ses parents : *Erat subditus illis*, il leur était soumis. Que ce peu de paroles, mes frères, renferme de mystère et d'instruction ! que l'amour que le Sauveur nous témoigne avoir pour la vie cachée, est digne de notre admiration ! Ne vous semble-t-il pas qu'il aurait fait un grand bien, s'il se fût d'abord consacré au ministère public ? Quel bien n'aurait-il pas fait dans une vie publique ? quelle gloire n'aurait-il pas procurée à son Père céleste? que de pécheurs n'aurait-il pas convertis par ses prédications et par ses miracles? Pourquoi donc a-t-il mené si longtemps une vie cachée et inconnue aux yeux des hommes? avait-il besoin de tout ce temps pour se préparer à la prédication de son Evangile, où il n'employa que trois années de sa vie? Non sans doute; il pouvait d'abord annoncer cet Evangile, parce qu'il avait toute la science et toute la capacité qu'il lui fallait pour remplir sa mission. Mais cet adorable Sauveur a voulu auparavant pratiquer ce qu'il devait dans la suite enseigner : *Cœpit Jesus facere et docere.* (*Act.*, I, 1.) Il a voulu garder le silence avant que de parler, obéir avant que de commander. Il nous a donné l'exemple de l'humilité et de l'obéissance qu'il voulait nous enseigner par ses paroles.

Exemple admirable, mes frères, qui doit nous persuader, d'une manière bien éloquente, la soumission et l'obéissance que nous devons à ceux qui ont reçu de Dieu l'autorité pour nous conduire et nous commander. Un Dieu d'une majesté suprême se soumet à des créatures, et la créature refusera de se soumettre à Dieu, en obéissant à ceux qui tiennent sa place? C'est à vous, enfants, à qui j'adresse aujourd'hui particulièrement la parole; venez à l'école de Jésus soumis à ses parents, apprendre le respect, l'obéissance que vous devez aux vôtres. Quels sont les devoirs des enfants à l'égard de leurs parents? c'est ce qui fera le sujet de mon entretien.

Nous ne pouvons, mes frères, apprendre d'une meilleure source les devoirs des enfants à l'égard de leurs parents, que du Saint-Esprit lui-même, qui nous les a expliqués par ces paroles de l'Ecclésiastique : *Honorez*, dit-il aux enfants, *votre père, et témoignez-lui votre respect par vos actions, vos paroles et votre patience : « In opere, et sermone, et omni patientia, honora patrem tuum.»* (*Eccli.*, III, 9.) Ces devoirs supposent un amour tendre et filial qui doit être dans le cœur des enfants; mais amour qui doit se faire connaître par le respect, l'obéissance et les services qu'ils doivent rendre à leurs parents. Enfants, voilà l'étendue de vos obligations. Aimez vos parents d'un amour tendre et respectueux : premier point. Aimez-les d'un amour efficace et compatissant : second point. C'est sur quoi je demande toute votre attention.

PREMIER POINT.

Que les enfants soient obligés d'aimer leurs parents, c'est un devoir que la nature, de concert avec la religion, inspire à chacun de nous. Car si nous sommes obligés d'aimer notre prochain, non-seulement parce que Dieu nous le commande, mais encore par les liaisons et la conformité de nature que nous avons les uns avec les autres; quel doit être notre amour pour des parents avec qui nous avons des liaisons si particulières? Car si nous jouissons de la vie, c'est à eux que nous en sommes redevables, après Dieu : l'existence qu'ils nous ont donnée ne leur donne-t-elle pas droit de dire que nous sommes une partie d'eux-mêmes, la chair de leur chair, le sang de leur sang, les os de leurs os? *Hoc nunc os ex ossibus meis, et caro de carne mea.* (*Gen.*, II, 23.) Quel amour ne devons-nous pas avoir pour des parents qui ont pris tant de soin pour nous conserver la vie, qui ont essuyé tant de fatigues et de travaux, se sont exposés à tant de dangers, se sont privés de ce qui pouvait leur faire plaisir, et même de leur nécessaire pour subvenir à nos besoins? Que d'attentions, que de peines, que d'inquiétudes, cette tendre mère n'a-t-elle pas eues, lorsqu'elle portait cet enfant dans son sein? que de douleurs n'a-t-elle pas endurées en le mettant au monde? et après l'y avoir mis, quelle vigilance pour fournir à ses besoins? que d'insomnies n'a-t-elle pas souffertes? de quelles caresses n'a-t-elle pas usé pour apaiser ses larmes? que de précautions pour le garantir des incommodités des saisons, pour le préserver des dangers de la mort? que d'alarmes au moindre signe de douleur et de maladie que ressentait cet enfant? Que d'embarras, que de peines d'esprit, que de travaux du corps ce père n'a-t-il pas essuyés pour trouver à ses enfants de quoi fournir à leur entretien, à leur subsistance? que de démarches pour leur procurer quelque établissement? Ne sont-ce pas là bien des motifs d'aimer un père et une mère, et d'user envers eux d'une juste reconnaissance? C'est aussi pour ces raisons que Dieu, dans le commandement qu'il nous fait, d'aimer notre prochain, propose nos parents pour premier objet de notre amour, parce qu'ils nous touchent de plus près, et que nous leur sommes plus redevables qu'à aucune autre personne. Sachez, enfants, que, quoi que vous fassiez pour marquer votre amour et votre reconnaissance à vos pères et mères, vous ne vous acquitterez jamais parfaitement de ce que vous leur devez; ils seront toujours vos créanciers, et vous serez toujours leurs débiteurs.

De quelle dureté, de quelle ingratitude ne se rendent donc pas coupables ces enfants dénaturés, qui, bien loin d'avoir pour leurs pères et mères l'amour et la reconnaissance qu'ils leur doivent, les haïssent, les méprisent, ne peuvent les voir ni les souffrir; qui en viennent jusqu'au point de cruauté que de leur faire de mauvais traitements, lorsque ces pauvres parents n'ont pas assez de force, ou pour les punir ou pour leur résister; qui sont si barbares que de souhaiter la mort à ceux qui leur ont donné la vie, pour posséder leur bien, et vivre au gré de leurs passions, sans gêne et sans contrainte?

Enfants ingrats, qui ne méritez pas de voir le jour, vous êtes des parricides, vous méritez que la terre ouvre ses abîmes sous vos pas pour vous engloutir: que les bêtes féroces vous dévorent, et que les corbeaux, pour me servir de l'expression de l'Ecriture, vous arrachent les yeux, vous déchirent le cœur, et vous rongent les entrailles. Aussi, tôt ou tard sentirez-vous la malédiction du Seigneur; les menaces qu'il vous en fait dans ses divines Ecritures, les terribles châtiments qu'il a exercés sur les enfants de votre caractère, en sont des preuves convaincantes. Nous en avons un exemple bien sensible dans la personne du perfide Absalon, à qui la haine et l'ambition firent prendre les armes contre son père David, pour lui ôter tout à la fois et la couronne et la vie. Mais quel fut son triste sort? Le Seigneur renversa ses desseins ambitieux, son armée fut mise en déroute par celle du roi David; et tandis qu'Absalon prit la fuite pour éviter la mort qu'il méritait, il demeura suspendu par ses cheveux à un arbre sous lequel il passait; il reçut dans cet état le coup de la mort du général de l'armée de David, qui le perça de trois coups de lance; et au lieu du tombeau magnifique qu'il avait fait bâtir pour y placer son corps après sa mort, il fut mis dans une fosse qui se trouva dans la forêt, où l'on jeta une quantité de pierres; ce que les passants continuèrent dans la suite, en exécration de sa perfidie, en disant : Voilà le fils rebelle qui a persécuté son père, et qui a voulu lui ôter la vie. (II *Reg.*, XVIII.)

Exemple terrible, mes frères, qui doit faire trembler les enfants du caractère d'Absalon, qui haïssent leurs pères et mères, qui leur souhaitent la mort! ils doivent craindre que Dieu ne les fasse mourir avant eux d'une mort tragique : heureux encore s'ils n'étaient punis qu'en cette vie; mais les châtiments qui leur sont réservés dans l'autre vie, sont bien plus terribles; ils le sont d'autant plus, que la haine et l'aversion des enfants pour leurs parents est un plus grand mal, que celle qu'ils auraient contre d'autres personnes.

Enfants, aimez donc vos pères et mères, c'est un devoir dont vous ne pouvez vous dispenser; mais à quoi connaîtrez-vous que vous avez pour eux cet amour que Dieu demande de vous? Ce sera lorsque vous leur voudrez autant de bien qu'à vous-mêmes; que vous leur souhaiterez une santé aussi parfaite, une vie aussi longue, une fortune aussi favorable qu'à vous-mêmes; ce sera lorsque vous aimerez leur compagnie; car on demeure volontiers avec les personnes qu'on aime, et quand on les fuit, comme font un grand nombre d'enfants, qui ne se croient jamais plus mal que quand ils sont avec leurs parents, c'est une marque qu'on ne les aime guère. Enfin, vous connaîtrez si vous avez cet amour pour vos parents, si vous leur témoignez le respect que vous leur devez.

C'est encore le Seigneur qui vous le commande : *Honorez*, vous dit-il, *votre père et votre mère : « Honora patrem tuum et matrem tuam.* » (*Exod.*, XX, 12.) Ne vous contentez pas d'avoir au dedans de vous pour eux des sentiments de tendresse et d'amitié; mais donnez-leur encore des marques extérieures du respect que vous leur portez. Pour vous y engager, faites attention que ces pères et ces mères tiennent à votre égard la place de Dieu, qu'ils en sont les images, et qu'après Dieu, ils sont les premiers objets de votre amour et de vos respects. Vous devez tout à Dieu comme à la cause première qui vous a donné l'être; vous devez tout à vos parents comme aux causes secondes à qui Dieu a donné la fécondité pour votre production. Honorer vos parents, c'est honorer

Dieu même, dont ils représentent la paternité; au contraire, les mépriser, c'est mépriser Dieu lui-même, qui leur a communiqué son pouvoir; c'est manquer de respect pour Dieu, que d'en manquer pour ses parents : *Qui timet Dominum, honorat parentes : « Celui qui craint le Seigneur, honore ses parents,»* dit le Saint-Esprit (*Eccli.*, III, 8) : celui donc qui manque à ce devoir, n'a point cette crainte de Dieu, qui est le commencement de la sagesse. (*Eccli.*, I, 16.)

Pour vous engager encore à ce respect, faites attention aux récompenses que le Seigneur promet aux enfants qui s'acquittent de ce devoir. Il en promet même dès cette vie; car, remarquez une prérogative attachée à ce commandement, qui ne l'est point aux autres. En effet, de tous les commandements que Dieu nous a marqués dans le Décalogue, il n'en est aucun à l'observation duquel il ait destiné une récompense temporelle, comme à celui d'honorer ses parents : *Honorez votre père et votre mère, afin d'avoir une longue vie sur la terre, « ut sis longævus super terram »* (*Exod.*, XX, 12) : c'est-à-dire une vie remplie des bénédictions du Seigneur, spirituelles et temporelles, une vie dont les douleurs et les chagrins seront adoucis par des douceurs intérieures : l'obéissance et le respect que vous rendez à vos parents, vous mériteront la consolation d'être vous-mêmes obéis et respectés de vos enfants.

Or, en quoi consiste cet honneur et ce respect que les enfants doivent à leurs parents? Ils doivent le manifester dans leurs paroles, et par leur obéissance. Les enfants doivent toujours parler à leurs parents avec modestie et humilité, leur donner dans toutes les occasions qui se présentent, des marques de la profonde vénération dont ils sont pénétrés pour eux, soit en les saluant, se levant par honneur quand ils entrent, ou qu'ils sortent, leur cédant le premier pas, et tout l'honneur qu'un maître peut exiger d'un serviteur. Ce respect consiste encore à souffrir leurs défauts, à écouter avec soumission leurs reproches, leurs réprimandes, à demander et à suivre leurs bons avis.

Que dirons-nous donc de ces enfants insolents, qui prennent des airs de hauteur avec leurs pères et mères, qui les contristent par des paroles injurieuses et méprisantes, qui les traitent avec dédain, qui les méprisent à cause de leurs défauts, les insultent, leur font d'amers reproches sur leurs faiblesses et leurs imperfections; qui ont quelquefois moins de déférence pour leur personne, qu'ils n'en ont pour un domestique ou pour un étranger? Ah! de quels crimes ne se rendent pas coupables des enfants qui traitent ainsi leurs parents, et quel déluge de maux n'attirent-ils pas sur leurs têtes criminelles? Car, si Dieu menace de sévères châtiments celui qui traitera son frère en paroles injurieuses, avec quelle rigueur punira-t-il des enfants qui parlent à un père, à une mère, d'une manière aigre et rebutante, qui les accablent d'injures et d'outrages, et qui portent quelquefois, le dirai-je, l'insolence, jusqu'à vomir contre eux des malédictions, des imprécations? Mais malédictions qui retomberont sur vous, enfants dénaturés, non-seulement au grand jour des vengeances du Seigneur, mais dès cette vie même; car, maudit est l'enfant, dit le Saint-Esprit (*Deut.*, XXVII, 16), qui n'honore pas son père et sa mère; maudit en lui-même par les misères qui l'accableront, maudit dans ses biens qui périront, maudit dans ses enfants qui le feront gémir, et lui feront passer ses jours dans l'affliction et la tristesse.

L'Ecriture sainte nous en fournit un exemple mémorable dans un fils de Noé qui, pour s'être moqué de son père, en fut maudit avec toute sa postérité : *Maledictus Chanaam.* (*Gen.*, IX, 25.) Chanaan, petit-fils de Noé, ressentit cette malédiction que le Seigneur confirma, en le condamnant lui et ses enfants à une honteuse et longue servitude : malédiction que nous voyons encore vérifiée dans un grand nombre de pères et de mères qui ont été des enfants rebelles et indociles, et qui ressentent la peine de leurs révoltes dans leurs propres enfants.

Apprenez donc, enfants, à honorer vos pères et mères, en quelque état que vous soyez, pauvres ou riches : si vous êtes élevés à une plus haute fortune qu'eux, vous ne devez pas les mépriser, comme certains enfants qui semblent méconnaître de pauvres parents, et qui se croiraient déshonorés de leur donner des marques publiques de leur respect, qui semblent être fâchés de leur appartenir. En quelque état que soient vos pères et mères, pauvres ou riches, en santé ou en maladie, ils sont toujours les images de Dieu, toujours par conséquent dignes de vos respects; qu'ils vous soient utiles ou non; je veux même qu'ils vous soient à charge, par leur maladie, leur caducité, leur faiblesse; je veux encore qu'ils soient fâcheux, de mauvaise humeur, qu'ils se mettent en colère pour rien, qu'ils trouvent à redire à tout, qu'il faille une grande patience pour les souffrir; n'importe, je reviens toujours à mon principe; ils vous tiennent la place de Dieu, vous devez toujours les honorer. Si vous les mettez en colère et de mauvaise humeur par votre faute, corrigez-vous; s'ils s'y mettent sans raison, vous n'avez pas droit de leur résister : il faut souffrir leurs défauts avec patience, dit le Saint-Esprit : *Honora in omni patientia.* Cette patience sera pour vous d'un grand mérite devant Dieu; parce qu'elle est une preuve du respect que vous avez pour vos parents : témoignez-leur encore ce respect par votre obéissance à leur volonté.

Il est du bon ordre et de la justice que tout inférieur soit soumis à son supérieur; or les parents, par le pouvoir qu'ils ont reçu de Dieu, sont les supérieurs des enfants; ceux-ci, par conséquent, leur doivent une prompte et entière obéissance. Obéissance si nécessaire aux enfants, qu'elle en fait le caractère essentiel : de sorte que, comme un rayon séparé du soleil ne luit plus, un ruisseau séparé de la source est desséché, une branche séparée de l'arbre devient aride; de même, dit saint Pierre Chrysologue, un enfant cesse d'être enfant dès qu'il manque d'obéissance à ses parents; c'est un monstre dans la nature, indigne d'y occuper une place. C'est pourquoi l'apôtre saint Paul recommandait si fort cette obéissance aux enfants, comme un devoir essentiel à leur état : *Filii, obedite parentibus per omnia.* (*Coloss*, III, 20.) Quelle doit donc être cette obéissance? Elle doit être prompte et universelle; prompte pour éloigner tous ces délais que la plupart des enfants apportent à exécuter les ordres de leurs parents, à qui ils n'obéissent qu'après plusieurs commandements réitérés, en murmurant, à force de rigueurs et de châtiments; ce qui leur fait perdre le mérite de l'obéissance. L'obéissance forcée ressemble à celle des démons, qui exécutent, malgré eux, les ordres de Dieu. Il faut donc, pour être agréable à Dieu, qu'elle soit volontaire, prompte, sans murmure et sans délai.

L'obéissance doit encore être universelle dans les enfants, pour obéir en tout ce qui leur est commandé, soit pour le temporel, soit pour le spirituel; pour le temporel, en travaillant, en rendant aux parents tous les services qu'ils demandent pour le bon ordre et le bien de la famille: pour le spirituel, soit en évitant les mauvaises compagnies, les jeux, les personnes dont la société est dangereuse pour le salut, soit en s'acquittant des devoirs de chrétiens; telles que sont la prière, la fréquentation des sacrements, l'assiduité à la sainte Messe, aux Offices divins, aux instructions et autres bonnes œuvres.

Mais est-ce ainsi qu'obéissent la plupart des enfants, qui ne veulent faire que ce qui leur plaît; qui témoignent par certains signes faire peu de cas de ce qu'on leur dit; qui se croient capables de se conduire eux-mêmes; qui, en dépit de leurs parents, entretiennent des commerces dangereux, vont dans les veillées, dans les danses, dans les cabarets, dans les maisons suspectes; qui, malgré les avis charitables d'un père, d'une mère, ne fréquentent point les sacrements, viennent à l'église quand il leur plaît; vivent, en un mot, comme s'ils n'avaient ni foi, ni religion? N'est-ce pas là le portrait d'un grand nombre de jeunes gens, qui par leur conduite déréglée donnent mille sujets de chagrins à leurs parents, abrègent leurs jours, et font eux-mêmes une fin malheureuse? parce que, tôt ou tard, le Seigneur, dont ils méprisent l'autorité dans celle de leurs parents, leur fait sentir les rigueurs de sa justice.

Enfants, obéissez donc à vos parents en tout ce qu'ils vous commandent, selon le Seigneur, comme dit l'Apôtre : *In Domino;* car s'ils vous commandent quelque chose contre sa sainte loi, comme l'injustice, la vengeance, et autres actions défendues, alors vous devez leur répondre, cependant avec douceur, que c'est à Dieu, et non pas aux hommes, que vous devez obéir.

Je ne dois pas omettre ici un article essentiel, sur lequel vous devez, enfants, consulter vos parents, même leur obéir; c'est dans le choix que vous devez faire d'un établissement. Je sais qu'ils ne doivent point forcer votre liberté; mais Dieu vous les a donnés pour guides et pour maîtres: ils ont plus de lumières et d'expérience que vous; ils connaissent mieux ce qui vous convient; vous devez donc plutôt suivre leurs avis, qu'une passion aveugle, qui fait ordinairement faire de fausses démarches : Dieu récompensera votre obéissance, par les bénédictions qu'il répandra sur un mariage que vous aurez fait de leur agrément. Ne croyez pas non plus que pour être dans cet état, vous ne leur deviez plus ni respect, ni obéissance, comme s'imaginent certains qui se croient être leurs maîtres; vous devez toujours les respecter, leur obéir, les consulter et suivre leurs avis. L'édification que vous devez à votre famille naissante, vous en fait encore une obligation étroite : et que pourraient penser vos propres enfants, s'ils vous voyaient désobéir et manquer de respect à vos pères et à vos mères?

DEUXIÈME POINT.

Achevons, mes frères, d'expliquer les devoirs des enfants, à l'égard de leurs pères et mères, qui consistent à leur rendre dans le besoin tous les services dont ils sont capables. Non, ce n'est pas assez pour vous, enfants qui m'écoutez, d'aimer vos pères et vos mères d'un amour tendre et filial; ce n'est pas assez de leur porter du respect; vous devez encore les assister dans tous leurs besoins du corps et de l'âme : les mêmes motifs qui vous engagent à les aimer, vous engagent aussi à les soulager. Rappelez pour un moment les motifs que je vous ai déjà proposés au commencement de ce discours. Les bienfaits dont vous êtes redevables à vos parents, vous feront comprendre qu'en leur donnant du secours, vous ne leur rendez que ce qu'ils vous ont prêté, et encore ne ferez-vous jamais ce qu'ils ont fait pour vous; vos services seront toujours au-dessous de ce que vous leur devez.

Cessez donc de dire que ces parents ne vous sont maintenant d'aucune utilité, qu'ils vous sont même à charge par leur grand âge, leur caducité, leurs maladies : je veux que cela soit ainsi; mais n'est-il pas vrai aussi qu'ils n'ont pas toujours été tels? Sans leurs soins et leurs travaux, vous n'auriez point ce que vous possédez; vous ne seriez pas ce que vous êtes.

Ne dites pas non plus, que vous ne leur devez rien de ce que vous possédez, que c'est le fruit de vos travaux, de votre industrie; je le veux encore : mais ne leur devez-vous pas la vie, la force, la santé dont vous jouissez? Ne vous ont-ils pas nourris et entretenus dans le temps que vous étiez hors d'état de vous procurer vous-mêmes ce qui vous était nécessaire? n'est-il pas juste que vous leur rendiez maintenant la pareille? les faiblesses, les maladies qu'ils ont contractées, sont les effets des inquiétudes, des travaux qu'ils ont eus à vous élever; pouvez-vous donc, sans ingratitude, leur refuser les secours dont ils ont besoin!

Vous n'avez rien, dites-vous, que ce qui vous est nécessaire pour vous et vos enfants. Mais combien de fois vos pères et mères se sont-ils privés de leur nécessaire pour vous le donner? Si vous aviez plus d'enfants, les laisseriez-vous manquer? votre industrie trouverait les moyens de pourvoir à leur subsistance : mettez vos pères et mères au nombre de vos enfants; faites pour eux ce que vous feriez pour vos enfants; Dieu répandra ses bénédictions sur vos travaux, sa providence pourvoira à tous vos besoins. Si vous êtes dans la misère, n'est-ce pas une punition de la dureté que vous avez pour vos parents, à qui non-seulement vous refusez ce qui leur est nécessaire, mais à qui peut-être vous le ravissez par une cruauté barbare? Soyez plus compatissants à leur égard, et Dieu le sera au vôtre : autrement il manquerait à la promesse qu'il vous a faite de récompenser, dès cette vie même, l'amour et les services que vous rendrez à vos parents; c'est ce qu'on ne peut penser d'un Dieu aussi bon et aussi fidèle à sa parole, que le Dieu que nous servons.

Mais en quoi les enfants sont-ils obligés de secourir leurs pères et mères? Je l'ai dit, mes frères, dans les besoins du corps et ceux de l'âme. Dans les besoins du corps, en les assistant dans leur pauvreté, en partageant leur pain avec eux, en leur fournissant ce qui leur est nécessaire pour la nourriture et l'entretien. S'ils ont besoin de vos services, vous devez les leur rendre préférablement à tout autre; ou si vous servez quelque autre maître, il faut employer ce que vous gagnez à les secourir. S'ils sont malades, c'est alors que vous devez redoubler tous vos soins, pour leur procurer les remèdes nécessaires et une bonne nourriture. Hélas! si quelque bête de charge qui vous appartient, est atteinte de maladie, vous n'épargnez rien pour la guérir, et souvent on laisse mourir un père, une mère, faute de quelque secours que l'on pourrait et qu'on devrait leur donner: plaise au Ciel que même on ne leur refuse pas ces secours pour accélérer leur mort!

Enfin, vous devez pourvoir aux besoins spirituels de vos parens, soit en les consolant dans leurs afflictions, soit en leur faisant administrer les sacrements, quand ils sont malades, le plus tôt qu'il est possibe; car il ne faut qu'une maladie de quelques jours, et même de quelques heures, pour mettre au tombeau des corps infirmes à qui la mort a déjà porté ses coups par le poids des années qui les accable.

C'est aussi dans ces moments critiques qu'il faut beaucoup prier et faire prier pour eux; c'est leur donner la preuve la plus certaine d'un amour vraiment filial, que de s'adresser au Ciel pour demander avec instance tout ce qui leur est nécessaire pour leur salut. Enfants bien nés, aimez vos parents, et à mesure que le danger de la maladie augmente, redoublez vos ferveurs : demandez pour eux une mort précieuse aux yeux du Seigneur, si vous ne pouvez obtenir une plus longue vie; ils vous laissent ce qu'ils ont possédé sur la terre; obtenez-leur le ciel : car votre amour doit encore aller au delà du tombeau, en priant pour le repos de leurs âmes, en exécutant au plus tôt les pieuses intentions qu'ils vous ont marquées dans leurs testaments, en acquittant les restitutions dont ils vous ont chargés. Mais, hélas! combien peu d'enfants voit-on aujourd'hui fidèles à remplir ces devoirs à l'égard de leurs parents défunts! avides, empressés de s'emparer des biens qu'ils leur ont laissés, ils ne pensent qu'à partager leurs dépouilles, à profiter de leur succession, sans se mettre en peine du triste état où ces pères et mères sont réduits, peut-être pour la trop grande tendresse qu'ils ont eue pour eux; semblables en cela aux cruels frères de Joseph, qui, après l'avoir mis dans une citerne, se divertissaient dans l'endroit même qui servait de théâtre à leur cruauté.

Combien même voit-on de ces enfants ingrats, qui, perdant jusqu'au souvenir de leurs pères et mères, font, des successions qu'ils en ont reçues, la matière de leurs querelles, des divisions, des procès qu'ils suscitent les uns contre les autres! divisions, procès qui se perpétuent de génération en génération, sans qu'on puisse les éteindre. Combien d'autres qui font de ces successions la matière de leurs débauches, et ne s'en servent que pour contenter des passions criminelles, sans réserver une seule portion des biens qu'ils ont reçus, pour soulager des parents qui souffrent de cruelles douleurs dans les feux du purgatoire! Voilà, pauvres parents, quel est le fruit de vos peines et de vos travaux. Ah! enfants ingrats, vous serez mesurés de la même mesure que vous aurez mesuré vos parents: on vous traitera avec la même rigueur que vous les aurez traités, et si vous continuez à faire un mauvais usage des biens que vous avez acquis, vous mourrez dans le péché, et vous deviendrez la victime, non des flammes du purgatoire, mais de celles de l'enfer.

Pratiques. — Prévenez ce malheur; instruits que vous êtes maintenant de vos devoirs à l'égard de vos pères et mères, soyez fidèles à les remplir, aimez-les, respectez-les, ne leur répondez et ne leur parlez qu'avec respect; aimez leur compagnie, ne faites rien sans les consulter: obéissez-leur comme à Dieu, quand ils vous commandent; priez pour eux, rendez-leur tous les services dont vous êtes capables, et Dieu vous récompensera, non-seulement d'une longue vie sur la terre, mais encore d'une vie éternelle dans le ciel. *Amen.*

PRONE XIII.

Pour le second Dimanche après les Rois.

SUR LE MARIAGE.

Nuptiæ factæ sunt in Cana Galilææ, et erat mater Jesu ibi : vocatus est autem et Jesus et discipuli ejus ad nuptias. (*Joan.*, II, 1, 2).

Il se fit des noces à Cana en Galilée, et la mère de Jésus s'y trouva : Jésus fut aussi invité aux noces avec ses disciples.

Oh! les heureuses noces que celles dont il est parlé dans l'Evangile de ce jour, qui furent honorées de la présence de Jésus-Christ, de la sainte Vierge, sa Mère, et de ses disciples, c'est-à-dire de la plus sainte et de la plus auguste compagnie qui fût au monde! Il fallait sans doute que ces nouveaux mariés fussent des personnes bien chères au Sauveur pour mériter de sa part une pareille condescendance. Aussi de quelle abondance de bénédictions leur maison ne fut-elle pas remplie? Non-seulement ils furent enrichis des dons de la grâce qui les sanctifia dans ce nouvel état, mais ils éprouvèrent encore d'une manière sensible les effets de la bonté et de la puissance du divin hôte qu'ils avaient le bonheur de posséder, car le vin ayant manqué dans le repas des noces, Jésus-Christ, à la prière de sa sainte Mère, fit en faveur de ces nouveaux mariés son premier miracle, en changeant l'eau en vin.

Heureux aussi, mes frères, les mariages qui sont faits selon Dieu, comme le fut celui de notre Evangile! ils méritent de posséder Jésus-Christ, sinon par sa présence corporelle, du moins par sa grâce et son amour. Il ne se contente pas de leur donner les grâces nécessaires pour se sanctifier dans leur état, mais il leur fait encore éprouver d'une manière sensible les soins d'une aimable providence, toujours attentive aux besoins de ses enfants.

Pourquoi donc, mes frères, voyons-nous si peu de personnes heureuses et contentes dans le mariage? pourquoi au contraire tant de malheureux qui souffrent et qui se damnent dans cet état? Ce malheur vient-il de ce que le mariage soit incompatible avec le salut? Non, le mariage est un état établi de Dieu, où beaucoup de personnes sont appelées, où l'on peut et où l'on doit se sauver. Mais le malheur est que la plupart de ceux qui se marient, n'ont pas soin d'appeler Jésus-Christ à leurs noces, c'est-à-dire, de se préparer comme il faut à recevoir ce sacrement, ou manquent de fidélité à correspondre aux grâces du sacrement. C'est donc à ceux qui ne sont pas encore engagés dans le mariage, comme à ceux qui le sont déjà, que je porte aujourd'hui la parole. Vous qui aspirez au mariage, souvenez-vous d'appeler Jésus-Christ à vos noces, c'est-à-dire d'y apporter de saintes dispositions; c'est le sujet de mon premier point. Vous qui êtes déjà engagés dans le mariage, soyez fidèles à correspondre aux grâces que vous avez reçues, en vous acquittant des obligations qu'il vous impose; c'est le sujet de mon second point. En deux mots, comment il faut se préparer au mariage, comment il faut y vivre; c'est tout mon dessein.

PREMIER POINT (1).

Comme le mariage est un état très-commun dans le monde, la plupart de ceux qui prennent aujourd'hui ce parti, pensent faussement qu'il ne faut pas s'y préparer, mais qu'il suffit de le vouloir, comme si c'était une chose indifférente et profane, qui ne demande que peu de dispositions de la part de ceux qui s'y engagent. Cependant, mes frères, de quelque côté que l'on considère le mariage, soit dans son origine, soit dans sa nature, soit dans sa fin, tout conspire à nous en faire connaître la dignité et l'excellence, et par conséquent l'indispensable obligation de s'y préparer comme il faut.

Si nous remontons d'abord à l'origine du mariage, nous trouverons que c'est Dieu lui-même qui en est l'auteur, que c'est lui qui en a formé les nœuds dans le paradis terrestre entre nos premiers parents, lorsqu'ils étaient encore dans l'état d'innocence. Si nous considérons le mariage dans sa nature, c'est, disent les auteurs, une société conjugale entre le mari et la femme, qui les oblige à vivre inséparablement l'un avec l'autre, union, société, que Jésus-Christ a élevée à la dignité de sacrement de la loi nouvelle, qui dans sa signification nous représente l'union de Jésus-Christ avec son Eglise: *Sacramentum hoc magnum est : ego autem dico in Christo et in Ecclesia.* (*Ephes.*, V, 32.)

En effet, comme le Fils de Dieu s'est uni à l'Eglise de deux manières, l'une dans le mystère de l'Incarnation, en prenant la nature humaine pour ne faire avec elle qu'une seule personne, et l'autre, en communiquant à cette Eglise sa grâce et son amour, ce qui est une union de charité; de même dans le sacrement de mariage, on contracte deux alliances. La première fait que deux personnes qui n'avaient auparavant aucun rapport entre elles, deviennent pour ainsi dire une même personne : *Erunt duo in carne una.* (*Gen.*, II, 24; *Matth.*, XIX, 5.) La seconde, selon l'esprit, c'est l'union des cœurs qui doit produire un amour réciproque l'un pour l'autre. Or, c'est pour sanctifier et soutenir cette union, que Jésus-Christ a donné au mariage de la loi nouvelle une vertu particulière de produire la grâce en ceux qui s'en approchent avec de saintes dispositions, au lieu qu'autrefois le mariage n'était qu'un contrat purement civil, et au plus une cérémonie de religion parmi les Juifs; il tient maintenant un rang parmi les sacrements de la loi nouvelle pour sanctifier ceux qui le reçoivent, et leur donner les grâces convenables à leur état : telle est, mes frères, la nature du mariage des chrétiens. Mais quelle en est la fin? elle est des plus nobles et des plus saintes. Le mariage a été établi de Dieu et sanctifié par Jésus-Christ, non pas seulement pour

(1) Ce point peut servir pour un prône.

peupler la terre, mais encore pour peupler le ciel, pour être une source féconde de saints destinés à remplir les sièges des anges prévaricateurs. Combien ce sacrement n'est-il donc pas respectable! et quelles dispositions ne demande-t-il pas de ceux qui veulent le recevoir? Quelles sont ces dispositions? Les voici :

Pour vous bien préparer au mariage, vous devez premièrement consulter Dieu par de ferventes prières, mériter ses lumières par une conduite régulière; vous devez vous proposer de bonnes fins dans le mariage, purifier vos consciences des moindres fautes, afin de recevoir les grâces attachées à ce sacrement.

Qu'il faille consulter Dieu avant que de s'engager dans le mariage, c'est une obligation, mes frères, que la religion vous inspire, et à laquelle votre propre intérêt est attaché. Vous êtes plus à Dieu qu'à vous-mêmes, vous ne pouvez par conséquent disposer de vous-mêmes contre la volonté de Dieu, ni vous engager dans le mariage, si Dieu ne vous y appelle pas. C'est à quoi non-seulement les enfants, mais encore les pères et mères doivent bien faire attention pour ne rien conclure dans une affaire de cette importance, sans avoir consulté Dieu: agir autrement, c'est attenter sur l'autorité de Dieu, qui a droit de disposer de ses créatures, c'est se porter à soi-même un préjudice très-considérable. Car, si Dieu a fixé à chacun de nous un état, où il lui prépare des secours particuliers pour le salut, qu'il ne lui donnerait pas dans un autre, ne serait-ce pas une grande témérité de vous engager dans le mariage, où il y a tant d'obligations à remplir, d'obstacles à surmonter, sans avoir les grâces particulières de cet état? Et comment vous flatter d'avoir ces grâces pour porter un si rude fardeau, si vous vous en chargez contre la volonté de Dieu qui vous destinait à un autre état? Aussi, combien de personnes, qui ne sont pas appelées au mariage, s'y damnent malheureusement, qui se seraient sauvées dans un autre genre de vie?

Apprenez donc, vous tous qui aspirez à cet état, que ce n'est pas assez que vous le vouliez, il faut que Dieu le veuille, mais aussi faut-il que votre mariage se fasse dans le ciel, avant que de se faire sur la terre. C'est ce qu'il faut demander à Dieu, le priant, comme le plus sage des Rois, de vous donner l'esprit de sagesse qui doit conduire vos pas. Priez-le de vous faire là-dessus connaître sa sainte volonté. Vous devez aussi le prier de vous éclairer sur la personne qu'il vous destine. Car les parents peuvent bien donner des richesses, dit le Saint-Esprit, mais une femme prudente est un don du Ciel : ***Divitiæ dantur a parentibus, a Domino autem uxor prudens.*** (*Prov.*, **XIX, 14.**) Il faut dire de même d'un mari sage et réglé. Votre bonheur en ce monde et en l'autre dépend du bon choix que vous ferez. Il est des personnes qui se conviennent mieux les unes que les autres, qui sont plus propres à entretenir l'union et la paix dans les mariages par la ressemblance de caractère, et surtout par leur sagesse et leur vertu. Vous ferez votre salut avec telle personne qui vous convient, et vous vous damnerez avec cette autre qui ne vous convient pas; craignez donc pour votre salut, si la passion a quelque part dans le choix que vous devez faire; faites attention que les qualités de la nature ou de la fortune peuvent vous aveugler; que ces qualités ne sont pas toujours accompagnées des vertus propres à former une sainte union, et prenez garde de ne pas vous laisser conduire par l'humeur et le caprice dans une affaire si importante; mais faites-y présider la raison, la religion, la volonté de Dieu. Voilà les guides que vous devez suivre. Cherchez plutôt la vertu que les qualités des personnes et les biens de la fortune.

Pour être encore plus sûrs de ne pas vous égarer, consultez des parents vertueux qui ne se laissent point conduire par la passion et l'intérêt, c'est par eux que Dieu vous fera connaître ses volontés. Il leur a donné les lumières nécessaires pour la direction de leur famille : ils savent mieux ce qui convient à leurs enfants que ceux-ci ne le savent eux-mêmes. La jeunesse est pour l'ordinaire aveugle et précipitée, par conséquent plus facile à se tromper dans le choix d'un établissement, parce qu'elle n'a souvent d'autre guide que les sens et la passion, qui ne savent pas distinguer ce qui lui est plus avantageux; au lieu que les parents, qui ont par devant eux l'expérience et la raison, agissent ordinairement avec plus de maturité et de succès. C'est pourquoi les lois ont sagement établi et ordonné aux enfants de demander le consentement de leurs parents en prenant le parti du mariage. Ces lois sont appuyées, non-seulement sur l'intérêt des enfants, mais encore sur celui des parents, à cause des nouvelles alliances. Ces personnes, ces gendres, ces belles-filles, doivent être mises au nombre des enfants de la maison, en partager les biens et les héritages; il convient donc que ce soit des personnes du goût des parents, afin que la paix règne parmi eux. Il ne faut cependant pas que les parents abusent de leur autorité sur leurs enfants, pour leur faire épouser contre leur inclination des personnes qui ne leur plaisent pas : on ne voit que trop de funestes exemples des mariages malheureux et forcés par la volonté des parents, qui sont responsables de tous les désordres qui en sont la suite. Ils doivent laisser à leurs enfants une honnête liberté de choisir des personnes d'inclination, qui leur conviennent d'ailleurs par leurs bonnes qualités et leur condition. Si les enfants ne doivent point suivre leur passion pour se marier contre le gré de leurs parents, les parents ne doivent pas non plus se laisser conduire par l'intérêt ou quelque autre motif humain, pour contraindre leurs enfants à se marier contre leur inclination. Ce sont deux extrémités et deux écueils qu'il faut éviter dans le mariage ; mais il faut pour cela que les uns et les autres adressent au Ciel de ferventes prières, pour réussir dans une affaire de cette importance. Joignez donc, pères et mères, vos prières à celles de vos enfants, pour leur obtenir de Dieu un heureux et saint établissement, mais souvenez-vous, enfants, si vous voulez être exaucés dans vos prières, de les soutenir par la régularité de votre conduite.

Car en vain adresseriez-vous au Ciel des vœux pour demander un saint mariage ; si vous ne vous y préparez par la pratique des vertus chrétiennes, il est bien à craindre que vous ne soyez pas écoutés; si au contraire vous vous comportez saintement, Dieu récompensera votre vertu d'un heureux mariage, c'est le Saint-Esprit lui-même qui vous en assure, quand il vous dit qu'une femme vertueuse sera la récompense de vos bonnes actions : *Mulier bona dabitur viro pro factis bonis.* (*Eccli.*, XXVI, 3.) Voulez-vous, dit saint Augustin, en trouver une telle qu'il vous convient? soyez vous-même tel que vous la désirez; voulez-vous en avoir une chaste, soyez-le vous-même : *Intactam quæris, intactus esto.* Voulez-vous aussi, filles chrétiennes, trouver des époux sages et vertueux, patients, modérés? méritez-les par votre conduite, soyez modestes, sages, réservées, fidèles à remplir vos devoirs; sans vous mettre en peine de vous produire, de vous faire connaître pour trouver un parti, Dieu saura vous pourvoir comme il convient.

Ne croyez pas, jeunesse effrénée, que Dieu répandra ses bénédictions sur des mariages qui ont été précédés par le crime et par le libertinage, par des entrevues, des commerces que vous entretenez, des visites à des heures indues, des libertés honteuses que vous vous permettez les uns aux autres, et par des dissolutions que la sainteté du lieu ne permet pas de nommer. Ne croyez pas, filles mondaines, que vous serez heureuses dans ces établissements que vous achetez au prix de votre âme, par des complaisances criminelles que vous avez pour des libertins, qui vous font de belles promesses pour vous séduire et contenter leurs passions. Ah ! ce n'est pas ainsi qu'on doit se préparer à recevoir la grâce du sacrement du mariage ; il vaudrait mieux renoncer à tout établissement, que d'y parvenir par des voies aussi capables d'attirer sur vous les malédictions du Seigneur. Aussi, combien peu voit-on prospérer de ces sortes de mariages, où l'on s'est préparé par le crime et le désordre ? Ne voit-on pas au contraire que ceux qui se sont le plus fréquentés de la sorte, sont ceux qui vivent le plus mal quand ils sont ensemble, qui sont les plus malheureux, et qui se damnent dans le mariage ; soit parce que ces personnes se privent ordinairement, par leur conduite, des grâces particulières attachées au sacrement, sans lesquelles il est bien difficile de se sauver ; soit parce que leur inclination, changeant à l'égard l'un de l'autre, ils rompent aisément l'union des cœurs, qui doit être le fondement de la sainteté et du bonheur des mariages. Avant le mariage, un jeune homme, une jeune fille, se servaient de mille artifices pour se faire connaître tels qu'ils n'étaient pas ; l'un paraissait doux, patient, sobre ; l'autre modeste, docile, prévenante : mais depuis que le masque est levé, et qu'on n'a plus d'intérêt à se tromper l'un l'autre, ce jeune homme est tout transformé en un homme colère, débauché, dissipateur ; cette femme est une orgueilleuse, une entêtée, une passionnée des plaisirs : de là vient qu'après avoir été traitée avant son mariage avec beaucoup d'égards, elle est après traitée avec le dernier mépris ; l'amitié qu'on a eue l'un pour l'autre, est pour ainsi dire toute épuisée, parce que ce n'était qu'une amitié aveugle et de passion, qui s'est changée en indifférence, en dégoût, en aversion si grande, qu'au lieu qu'auparavant on ne pouvait se lasser de se voir, on ne peut plus maintenant se souffrir ; tant il est vrai que ce ne sont pas les fréquentations les plus assidues qui sont les meilleures dispositions aux mariages, qu'elles sont au contraire un obstacle à la félicité, surtout quand elles sont criminelles.

Il est vrai qu'on ne peut trop connaître les personnes à qui l'on doit s'attacher ; qu'il ne faut point agir par précipitation, pour ne pas faire de fausses démarches dont on a tout le loisir de se repentir ; que le mariage demande de la réflexion, parce que c'est une affaire de conséquence, où il est bien dangereux de se tromper : mais faut-il que le crime et le libertinage y servent de préparatifs? Ne peut-on pas se voir honnêtement en présence des parents? et quand on connaît une alliance convenable, n'y a-t-il point de précautions à prendre pour éviter l'occasion du péché ?

Mais quelle fin doit-on se proposer dans cette alliance? celle que Dieu lui-même s'est proposée dans son institution. Vous devez, en prenant le parti du mariage, n'avoir en vue que d'y glorifier Dieu, et d'y faire votre salut, en vous aidant mutuellement l'un et l'autre à réussir dans cette grande affaire, à supporter les misères et les incommodités de la vie, à élever les enfants qu'il plaira au Seigneur de vous donner, pour être ses adorateurs et les héritiers de son royaume. Telles sont les fins du mariage. C'est sur quoi l'ange Raphaël instruisait le jeune Tobie, en lui disant : *Vous prendrez avec la crainte du Seigneur, Sara pour femme, dans le seul désir d'en avoir des enfants, et non de satisfaire votre sensualité : « Accipies virginem cum timore Domini, amore filiorum magis quam libidine ductus.* (*Tob.*, VI, 22.)

Loin donc de vous, mes frères, tout motif charnel et intéressé, tels qu'ils se trouvent dans la plupart des mariages d'aujourd'hui, que l'on peut appeler mariages d'intérêt ou de passion. Que cherche-t-on en effet dans les mariages? Le bien ou le plaisir, ce sont les deux mobiles qui les font faire. Est-il question de conclure un mariage : on ne s'informe pas de la vertu, du mérite des contractants, mais on demande s'il y a du bien; et dès qu'on en trouve, on passe sur tout le reste.

Le bien donne toutes les vertus, tout le mérite possible; c'est-à-dire, qu'on n'envisage dans le mariage que ce qu'il y a d'humain et de temporel, et non pas ce qui est spirituel et divin. On fait les mariages comme des contrats purement civils, on a bien soin d'y faire mettre toutes les clauses nécessaires; mais on ne fait nulle attention à la dignité du sacrement dont ce contrat est ennobli. Aussi quelle est la suite de ce contrat que l'on fait d'une manière toute humaine et charnelle? Vous le savez, mes frères, par une triste expérience. On éprouve tous les jours mille dégoûts, mille chagrins de se voir frustré d'une espérance dont on s'était flatté sur de belles promesses qu'on ne veut ou qu'on ne peut plus accomplir; car, que n'en coûte-t-il pas pour faire remplir les clauses d'un contrat où elles sont promises ? c'est pour ce sujet que l'on fait tant de poursuites, que l'on suscite des procès qui causent la division entre des familles qui étaient les mieux unies; en sorte que les mariages qui devraient entretenir parmi les hommes une douce société, la rompent le plus souvent entre ceux qui étaient les meilleurs amis. Quelle en est la cause? l'intérêt : voilà la source funeste des guerres domestiques qui se perpétuent quelquefois de génération en génération. Il est vrai, dit saint Ambroise, qu'il n'est pas défendu par les lois de chercher son avantage dans un établissement, quand on peut l'y trouver; mais il ne faut pas du moyen en faire la fin : on doit considérer plus la vertu que le bien, et observer autant qu'il est possible l'égalité des conditions, pour éviter les reproches qu'un des époux peut faire à l'autre, de lui avoir donné du bien. Telles sont les règles que la prudence inspire pour rendre les mariages heureux.

Mais si les mariages d'intérêt sont malheureux, ceux que la passion forme ne le sont pas moins. Tels sont les mariages où l'on n'a en vue que le plaisir de contenter des passions brutales, comme font les infidèles qui ne connaissent pas Dieu, dit l'Apôtre (*I Thess.*, IV, 5) : telle fut la cause du malheureux sort des sept premiers maris de Sara, épouse de Tobie, qui furent tués par le démon la première nuit de leurs noces; parce qu'en entrant dans le mariage, ils avaient éloigné Dieu de leur esprit, dit l'Ecriture, pour satisfaire les désirs déréglés de leur cœur. C'est pourquoi l'ange Raphaël, pour rassurer Tobie qui craignait le même sort, l'exhorta à élever son esprit et son cœur à Dieu dans l'alliance qu'il allait contracter avec cette femme, parce que, lui dit-il, le démon n'a d'empire que sur ceux qui cherchent à contenter leur brutalité.

N'en doutez pas, mes frères, c'est ce qui rend aujourd'hui malheureux un grand nombre de mariages où l'on ne cherche que la volupté. On se rend les indignes esclaves du démon ; et sous un tel maître, quel bonheur peut-on espérer ?

Ayez donc grand soin, vous qui aspirez à cet état, de purifier vos esprits et vos cœurs de toutes pensées contraires à la sainteté de ce sacrement, pour ne vous proposer que des fins honnêtes et dignes d'un chrétien; et pour éviter les dangers auxquels la chasteté conjugale est exposée, instruisez-vous auparavant au sacré tribunal de ce qui vous est permis ou défendu; priez votre confesseur de vous le dire, en le prévenant que vous vous confessez pour ce sujet; instruisez-vous aussi des autres devoirs de la religion, pour vous mettre en état d'en instruire les autres.

Mais pour attirer encore plus efficacement sur vous la bénédiction du Seigneur, ayez soin de purifier vos consciences par une bonne confession que vous devez faire quelques jours auparavant. Il est bon de la faire générale; cela est même nécessaire quand votre conduite n'a pas été régulière, quand votre mariage a été précédé de fréquentations criminelles, ou d'autres péchés, dont vous n'avez pas quitté l'occasion où corrigé l'habitude. Il est d'autant plus important pour vous d'être en état de grâce, pour recevoir le sacrement de mariage, que si vous le recevez en état de péché, vous vous rendez coupables d'un double sacrilége, en profanant un sacrement dont vous êtes tout à la fois, comme plusieurs le pensent, et les sujets et les ministres. Quel tort ne vous feriez-vous pas aussi de vous priver des grâces attachées à ce sacrement, si nécessaires pour remplir les obligations de votre état? pour obtenir ces grâces, adressez-vous à celui qui en est l'auteur, priez Jésus-Christ de vouloir bien se trouver à vos noces : c'est ce que vous lui demanderez particulièrement dans la communion que vous devez faire, où vous le choisirez pour l'époux de votre âme ; la veille de votre mariage, passez quelque temps au pied des autels, et redoublez vos ferveurs, afin que le Seigneur bénisse vos démarches. Ayez soin surtout que le jour se passe dans la modestie et le recueillement ; si vous prenez quelque joie, que le Seigneur en soit le principe, comme dit l'Apôtre : *Gaudete in Domino* (*Philipp.*, IV, 4.) Rappelez-vous de temps en temps sa sainte présence pour élever votre cœur à lui : *Dominus prope est.* (*Ibid.*, 15.) Evitez soigneusement ces excès et ces débauches qui rendent quelquefois ces jours-là les plus criminels de la vie. Quelle indignité de voir les mariages chrétiens se passer comme les bacchanales des païens ; de voir des chrétiens aller recevoir un sacrement au bruit des armes, au son des instruments ; ensuite passer la journée dans la dissipation, la danse, la débauche et mille autres excès qui attirent la malédiction de Dieu sur les mariages ; au lieu qu'ils en seraient bénis si tout se passait dans la modestie et la pratique des bonnes œuvres; et si au lieu de faire tant de dépenses, on faisait quelques aumônes aux pauvres. Ah! qu'il serait bien à souhaiter que les mariages se fissent comme celui de Tobie et de Sara, dont l'Ecriture nous rapporte de si belles circonstances! qu'il serait bien à souhaiter que les nouveaux mariés passassent les premiers jours de leurs noces, comme ces vertueux Israélites, dans la prière, la continence et la pratique des vertus! de si heureux commencements leur assureraient une suite d'années remplies des bénédictions du Seigneur. Mais comme ce n'est pas assez de bien commencer, voyons comment il faut vivre dans le mariage.

SECOND POINT.

Pour un second prône sur le Mariage.

Obsecro vos ego vinctus in Domino, ut digne ambuletis vocatione qua vocati estis. (*Ephes.*, IV, 1.)

Je vous conjure, moi qui suis prisonnier pour le Seigneur, d'avoir une conduite digne de votre vocation.

Le bon ordre de la vie dépend de la fidélité de chacun à s'acquitter fidèlement des obligations de son état. C'est ce que l'apôtre saint Paul recommandait singulièrement aux premiers chrétiens qu'il avait engendrés en Jésus-Christ; il avait d'autant plus de raison de leur tenir ce langage, qu'étant dans les chaînes pour l'amour de son Dieu, il leur donnait un exemple bien touchant de la fidélité que chacun doit avoir à répondre à la grâce de sa vocation : *Obsecro vos*, etc. C'est aussi, mes frères, la même exhortation que je viens vous adresser en quelque état que vous soyez.

Etes-vous dans le célibat, et avez-vous assez de vertus pour vous soutenir dans cet état? estimez votre sort, comme le plus heureux et le plus parfait, qui vous met à l'abri de beaucoup d'inquiétudes, et qui vous conduit plus sûrement au port du salut; témoignez-en votre reconnaissance au Seigneur par la plus exacte fidélité au divin époux que vous avez choisi.

Etes-vous engagés dans le mariage? vous n'avez point péché en choisissant cet état, dit saint Paul; ne cherchez point à rompre des nœuds que Dieu lui-même a formés; mais appliquez-vous à remplir fidèlement les obligations de l'état que vous avez choisi.

Or, comme il y a beaucoup plus de personnes engagées dans le mariage, que de celles qui n'y sont pas, que cet état est le plus commun dans le monde même chrétien; c'est aux personnes mariées que j'adresse aujourd'hui la parole pour les engager à répondre à la grâce de leur vocation: *Obsecro vos.*

Le mariage, il est vrai, est un état dur et pénible; c'est un joug qui a bien des amertumes; et le grand Apôtre avait bien sujet de dire que ceux qui s'y engagent auraient beaucoup de tribulations; mais ce qui rend encore ce joug plus dur et plus insupportable à plusieurs, c'est qu'ils ne savent pas mettre à profit les grâces que Dieu leur donne pour le porter. Si chacun était exact à remplir ses obligations, ce joug deviendrait léger, et ses amertumes se changeraient en douceur; on trouverait dans le mariage son bonheur pour le temps et pour l'éternité. Il est donc bien important, mes frères, de vous apprendre à vous acquitter fidèlement des devoirs que le mariage vous impose. C'est ce que je me propose de faire dans cette instruction que j'adresse aux personnes mariées.

On peut considérer le mariage sous deux qualités qui en renferment toutes les obligations; savoir, comme sacrement, et comme contrat de société. Comme sacrement, il impose de grandes obligations par rapport à Dieu; comme contrat de société, il impose de grandes obligations par rapport au prochain. Donnons quelques explications à ces deux chefs.

Quelles sont les obligations que le sacrement de mariage impose par rapport à Dieu? On peut dire d'abord qu'il demande de la part des personnes mariées une grande fidélité à mettre à profit la grâce sacramentelle qu'ils ont reçue, pour remplir les desseins de Dieu sur eux. Mais ce que je dois, mes frères, vous dire de particulier, c'est que le sacrement exige par un titre spécial, de la part de ceux qui vivent dans cet état, une chasteté conjugale, qui, quoique moins parfaite que la virginité, a cependant son mérite et ses difficultés; car ne croyez pas que pour être unis ensemble par des liens indissolubles, vous cessiez d'appartenir au Créateur. Le domaine réciproque que vous vous êtes donné l'un sur l'autre, ne peut en rien déroger à celui que le céleste époux a droit d'exercer sur vos corps et sur vos esprits. Or, ce Dieu de pureté veut que vous conserviez ces esprits et ces corps dans une continence qui retienne vos passions dans les bornes de ce qui vous est seulement permis pour remplir la fin du mariage. Il veut, dit saint Paul, que vous évitiez tout ce qui en peut blesser l'honnêteté : *Honorabile connubium in omnibus.* (*Hebr.*, XIII, 4.) Gardez-vous donc bien d'user du mariage comme des païens qui ne connaissent pas Dieu; mais agissez comme des chrétiens qui doivent respecter leurs corps comme les temples du Saint-Esprit. Pour vous mettre à couvert de tout danger, faites souvent, selon l'avis du même Apôtre, de sérieuses réflexions sur la brièveté du temps, sur la proximité de la mort, afin de vous comporter dans le mariage avec autant de précaution et de sagesse que si vous n'étiez pas mariés : *Qui habent uxores, tanquam non habentes sint.* (I *Cor.*, VII, 29) Elevez vos cœurs à Dieu par de fréquentes prières, pour obtenir les grâces nécessaires pour triompher des attaques de l'ennemi du salut. C'est tout ce que je puis vous dire, après saint Paul, sur un sujet dont le détail pourrait blesser les oreilles chastes, et pour lequel je vous renvoie au tribunal de vos consciences et aux avis de vos pères spirituels. Ayez soin de vous éclairer, si vous avez quelque doute, et n'agissez jamais contre votre conscience; mais suivez toujours les lumières de votre religion. Venons maintenant aux devoirs de la société que le mariage impose aux personnes qui en sont les sujets.

Si le mariage nous représente l'union que Jésus-Christ a contractée avec son Eglise, on peut dire aussi que les personnes mariées trouvent dans cette union le modèle parfait qu'ils doivent imiter pour remplir leurs obligations. Tel est celui que le grand Apôtre leur propose dans les instructions qu'il a faites à ce sujet. Or, comment Jésus-Christ s'est-il uni à son Eglise? quels sont les effets de cette union toute sainte et toute divine? Jésus-Christ s'est uni à l'Eglise d'une manière inséparable; le Verbe divin ne quittera jamais sa sainte humanité; il a promis d'être avec son Eglise jusqu'à la consommation des siècles; cette union est le fondement d'un amour pur et bienfaisant de la part du chef, et d'une obéissance parfaite de la part des membres. C'est sur ce modèle, mes frères, que votre société doit être formée. Elle doit être soutenue d'une fidélité inviolable l'un pour l'autre; elle doit être le nœud d'une amitié sincère et respectueuse entre l'époux et l'épouse; elle doit s'étendre sur les enfants qui en sont le fruit. Telles sont les obligations du contrat de société qui se fait dans le mariage.

Ce n'est pas seulement dans la loi de grâce que le mariage a été regardé comme un lien indissoluble; cette qualité lui a été propre dès sa première institution. Dieu lui-même ayant formé cette alliance, il n'était pas au pouvoir de l'homme de la rompre: *Quod Deus conjunxit, homo non separet.* (*Matth.*, XIX, 6.) Et certes, c'est avec raison que Dieu en a ainsi disposé; car du caractère qu'est le cœur de l'homme, si sujet au changement et si facile à se dégoûter même de ce qui lui plaît davantage, de combien d'inconvénients la rupture des mariages serait-elle la source? à combien de désordres n'ouvrirait-elle pas la porte? On verrait les enfants abandonnés, les familles troublées par les dissensions, la société humaine entièrement détruite et renversée. Il était donc de la sagesse de Dieu de prévenir ces débordements par l'indissolubilité du mariage? c'est ce qui le distingue des autres unions, qui peuvent cesser avant la mort de ceux qui les ont formées, au lieu que celle du mariage ne peut se rompre que par la mort de l'époux et de l'épouse. Mais depuis que ce contrat a été élevé par Jésus-Christ à la dignité de sacrement, il a reçu une plus grande perfection qu'il n'avait dans l'ancienne loi; il ne peut subsister maintenant qu'entre deux personnes qui se doivent l'une à l'autre une fidélité inviolable; fidélité que l'on se promet à la face des autels, en présence des anges et des hommes; fidélité qui doit durer jusqu'à la mort, pour ne plus faire de deux personnes qu'un seul esprit, un seul cœur, une seule âme. C'est par ce caractère d'indissolubilité que le mariage de la loi nouvelle représente plus parfaitement que celui de l'ancienne, l'alliance de Jésus-Christ avec son Eglise : *Sacramentum hoc magnum est in Christo et in Ecclesia.* (*Ephes.*, V, 32.)

Mais fait-on aujourd'hui grande attention à ces sacrés engagements qu'on a contractés dans le mariage, et qu'on viole à la première occasion, au mépris de ce que la religion a de plus sacré? O ciel! quel étrange renversement! Ce qui devait être un remède à la concupiscence de l'homme, ne sert dans ce siècle de misère qu'à le rendre plus licencieux et plus coupable. Quelles abominations et quelles turpitudes ne cache-t-on pas sous le voile du mariage? Quoi! mes frères, on rougirait de manquer à sa parole dans les ventes et les achats, et on ne rougira point de manquer à la fidélité qu'on a jurée au pied des autels! Quelle injustice criante! on promet aujourd'hui un attachement inviolable à la personne avec qui on contracte alliance, et demain on tourne ses vues et ses inclinations vers un objet étranger! il semble que le plaisir consiste à offenser Dieu, et que les choses permises ne méritent que vos dégoûts. Tel est le bizarre caractère de l'homme; il recherche avec ardeur ce qu'il n'a pas, après s'être dégoûté de ce qu'il possède.

Il faut donc, mes frères, vous fixer à l'objet que vous avez choisi, en vous persuadant qu'il vaut mieux que tout autre; comme le disait autrefois Tertullien aux personnes mariées, pour les engager à vivre en bonne intelligence. En effet, mes frères, ne vaudrait-il pas mieux n'avoir jamais formé des nœuds avec une personne, que de vivre ensemble comme les plus grands ennemis qui soient au monde? Puissiez-vous comprendre, vous tous qui m'écoutez, combien grand est le désordre de ces âmes criminelles, qui d'un lien aussi indissoluble que le mariage, en font le sujet d'une désunion, d'un divorce scandaleux qui fait passer des jours dans la tristesse, qui rend la vie plus dure que la mort, qui cause la ruine des familles, qui fait le scandale de la religion? Malheur à ceux qui en font par leur faute la triste expérience! ils se rendent coupables devant Dieu d'injustice, en violant les promesses et la foi conjugale; de sacrilége, en profanant un sacrement qui les oblige par un titre particulier à se garder une inviolable fidélité.

Voulez-vous, mes frères, éviter un aussi grand malheur? que vos mariages soient unis par les liens d'une amitié pure et solide, efficace et respectueuse. Le grand Apôtre vous en donne un modèle parfait dans l'amour que Jésus-Christ a pour son Eglise, et dans l'obéissance que l'Eglise rend à Jésus-Christ : ***Maris, aimez vos femmes comme Jésus-Christ a aimé son Eglise :*** *« Viri, diligite uxores vestras sicut et Christus dilexit Ecclesiam. »* (*Ephes*, V, 25.) Or, quel a été l'amour de Jésus-Christ pour l'Eglise? Il a été si grand, qu'*il s'est livré pour elle*, comme dit le même Apôtre, *afin de la rendre* *sainte et glorieuse*; il la nourrit, il pourvoit à tous ses besoins en lui communiquant ses grâces et ses trésors. C'est ainsi que les maris doivent aimer leurs épouses. Leur amour, pour être semblable à celui de Jésus-Christ, doit être pur, chaste et réglé, c'est-à-dire, qu'il ne doit point être conduit par la passion, mais selon Dieu, qui en doit être le principe et la fin. Cet amour pur et chaste doit être sans artifice et sans déguisement : *Dilectio sine simulatione.* (*Rom.*, XII, 9.) Il doit bannir toute défiance l'un de l'autre : il ne sait ce que c'est que cette jalousie morne et chagrine, ces soupçons injurieux, où certains maris s'abandonnent sur de mauvais rapports qu'on leur fait de la conduite d'une épouse, qui devient ainsi la victime d'une aveugle et funeste passion, sans avoir donné d'ailleurs aucun sujet de suspecter sa fidélité.

Une autre règle que le Docteur des nations propose à suivre pour l'amour que les maris doivent à leurs femmes, est celui qu'ils ont pour leur corps. *Celui*, dit-il, *qui aime sa femme, s'aime soi-même : « Qui suam uxorem diligit, seipsum diligit.* » (*Ephes.*, V, 28.) *Personne n'a jamais haï sa propre chair* (*Ibid.*, 29); les maris ne doivent point non plus haïr leurs femmes. Quelle tendresse n'a-t-on pas pour son corps ! on en a soin, on le nourrit pour le conserver en santé; s'il est malade, on le plaint, on le soulage, on n'épargne rien pour le guérir. C'est ainsi, maris, que vous devez aimer vos femmes, et c'est aussi la règle et le modèle que les femmes doivent suivre dans l'amour qu'elles doivent à leurs maris. En vertu de l'alliance que vous avez contractée ensemble, tous vos biens et vos maux doivent être communs ; les biens pour soutenir les charges du mariage, et les maux pour être adoucis par les secours que vous vous devez mutuellement. Si l'un est dans la joie, l'autre y doit participer; si l'un est dans la tristesse, l'autre doit la ressentir : *Gaudere cum gaudentibus, flere cum flentibus.* (*Rom.*, XII, 15.) Loin donc d'ici cette dureté de cœur qu'on remarque dans certains maris qui regardent leurs épouses comme des esclaves, plutôt que comme leurs compagnes; qui leur refusent jusqu'aux choses nécessaires pour elles et pour leur famille, tandis que d'ailleurs ils dissipent leurs biens dont ils ne sont que les économes; qui ne leur communiquent aucune de leurs affaires, ne veulent écouter aucun avis de leur part, mais veulent tout faire par eux-mêmes, comme si une femme était une étrangère qui ne dût point entrer en société de leur dessein. N'est-ce pas là pécher contre la fin du mariage, qui doit rendre tout commun entre les conjoints, l'esprit, le cœur et les biens?

Mais si les biens doivent être communs entre les personnes mariées, les maux le doivent être aussi pour recevoir l'un de l'autre les secours nécessaires pour les adoucir. Or, à combien de misères la condition humaine n'est-elle pas sujette? Tantôt ce sont des revers de fortune, des pertes de biens qui désolent les familles, des infirmités, des maladies qui en épuisent toutes les ressources, et qui, en ruinant la santé, rendent inutile un sujet qui n'est plus qu'à charge, et n'est plus capable que de causer de l'ennui, du dégoût, et mille accablantes inquiétudes. Il ne faut rien moins qu'une patience à toute épreuve, pour soutenir dans ces moments la nature accablée sous le poids de la tribulation. Mais c'est alors qu'un amour compatissant doit venir à son secours, pour la consoler dans l'affliction, pour la soulager dans l'infirmité : c'est alors que l'époux et l'épouse doivent se rappeler les promesses solennelles qu'ils se sont faites l'un à l'autre de se garder la foi, de se secourir en quelqu'état qu'ils soient. Que celui des deux qui n'est pas infirme et affligé, se mette à la place de celui qui l'est, pour lui donner tous les secours qu'il serait bien aise de recevoir lui-même dans le besoin; mais que ces secours se donnent avec joie, comme dit l'Apôtre : *Qui miseretur, in hilaritate* (*Rom.*, XII, 8), et non avec des manières rebutantes qui en font perdre le mérite : il ne faut pas même attendre que l'un demande du secours à l'autre; il faut le prévenir par des offres de service, par des civilités réciproques : *Honore invicem prævenientes.* (*Ibid.*, 10.) Mais si l'amour des époux doit être compatissant pour soulager les maux et les misères de la vie, il ne doit pas moins l'être pour supporter les défauts auxquels ils sont sujets.

C'est ici un point de morale que je vous prie de bien remarquer. Il est certain qu'il n'est personne dans le monde exempt de défaut : chacun a les siens; et ce serait se tromper grossièrement, que de croire n'en point avoir. Il ne faut donc pas s'imaginer qu'en épousant une personne, on doit la trouver parfaite : on épouse avec elle ses défauts et ses imperfections; on s'engage dès lors à les souffrir; et si on ne voulait pas supporter les défauts l'un de l'autre, il faudrait, ou ne jamais contracter de société, ou la rompre entièrement. Si toutes les personnes mariées étaient bien persuadées de ces vérités, verrait-on aujourd'hui dans les mariages tant de mésintelligences, de querelles, de guerres domestiques qui en troublent le repos et la paix? Entendrait-on tant de paroles injurieuses, tant de malédictions et d'imprécations d'un mari contre une femme, d'une femme contre son mari, qui scandalisent leur famille, et qui seront la cause de leur éternelle damnation? D'où viennent ces désordres? d'un défaut de patience à se souffrir l'un l'autre; on ne veut rien prendre sur soi, pour se pardonner mutuellement une offense; on veut bien que les autres nous souffrent et nous pardonnent, et on ne veut pas souffrir et pardonner aux autres : chacun veut avoir raison, et personne ne veut se rendre justice. Après cela on se plaint qu'il est impossible de faire son salut dans le mariage; on y regarde la vertu comme impraticable. Je n'en suis pas surpris, mes frères, c'est que vous ne savez pas faire de nécessité vertu, c'est que vous manquez de déférence l'un pour l'autre; au lieu que si vous souffriez patiemment les défauts des personnes avec qui vous êtes obligés de vivre, votre société serait bien plus douce, Dieu serait moins offensé, votre salut plus en sûreté. Supportez-vous donc les uns les autres, comme dit saint Paul : *Alter alterius onera portate.* (*Galat.*, VI, 2.) Ainsi, maris, supportez les défauts de vos épouses. Vous vous plaignez de leur mauvaise humeur, de leur caprice; vous leur reprochez qu'elles trouvent à dire à tout ce que vous faites; je le veux, elles méritent vos réprimandes; mais n'ont-elles pas à se plaindre de vous qui êtes un débauché, un dissipateur, un emporté? Vous voulez qu'elles vous pardonnent? pardonnez-leur aussi. J'en dis de même aux femmes à l'égard de leurs maris. Si la charité vous engage à vous reprendre l'un l'autre, que ce soit avec prudence, avec douceur, et dans un temps où vous puissiez guérir le mal, et non pas l'aigrir; si vos corrections prudentes, vos bons conseils ne servent de rien, priez l'un pour l'autre. A quoi bon vous inquiéter de ce que vous ne pouvez empêcher, et dont vous ne répondrez pas à Dieu qui jugerera chacun selon ses œuvres? Quand vous aurez fait ce que vous aurez pu, laissez faire à Dieu le reste; peut-être que votre patience, votre vertu, vos prières, ramèneront à son devoir la partie coupable. Quoi qu'il en soit, mes frères, je reviens au principe: il faut faire de nécessité vertu; en vous souffrant patiemment l'un et l'autre dans vos défauts, c'est le moyen de conserver l'union et la paix qui font le bonheur des mariages. Vous ne devez rien oublier pour conserver cette paix si précieuse qui doit être votre ressource contre les autres disgrâces de la vie. N'est-ce pas assez que vous ayez des inquiétudes étrangères, sans vous chagriner l'un et l'autre par des querelles, des inimitiés, de mauvais traitements? Ne devez-vous pas au contraire vous consoler mutuellement des autres malheurs qui vous arrivent ou par les revers de fortune, ou par les persécutions de vos ennemis? Or, pour avoir cette paix dans le mariage, il faut que chacun remplisse ses devoirs à l'égard l'un de l'autre, que les maris aiment leurs épouses, comme Jésus-Christ a aimé l'Eglise, que les épouses soient soumises à leurs maris, commme l'Eglise l'est à Jésus-Christ; c'est toujours la doctrine du grand Apôtre : *Sicut Ecclesia subjecta est Christo, ita mulieres viris suis in omnibus.* (*Ephes.*, V, 24.) La raison qu'il en donne, c'est que Jésus-Christ est le chef de l'Eglise, de même les femmes doivent regarder leurs maris comme leurs chefs à qui elles doivent être soumises, dans tout ce qui n'est pas contraire à la loi de Dieu. Car si leurs maris voulaient par leur autorité, les engager à faire quelque action contraire à la loi du Seigneur, elles doivent plutôt plaire à Dieu qu'à leurs époux. Il faut donc que ceux-ci n'usent de leur autorité qu'avec prudence et avec amour: avec prudence, pour ne rien commander contre la volonté de Dieu; avec amour, pour traiter leur épouse comme une compagne qui doit partager avec eux la douceur de la société. Pour achever de traiter les obligations des gens mariés, j'aurais encore à parler des devoirs à l'égard des enfants, qui en sont la suite; mais le sujet mérite une instruction particulière. C'est pourquoi je finis en vous exhortant à marcher fidèlement dans la vocation où Dieu vous a appelés: si vous n'êtes pas encore dans le mariage, et que vous aspiriez à cet état, préparez-vous-y par la prière, par la régularité de votre conduite, par la droiture de vos intentions, par la pureté de vos consciences. Si vous y êtes engagés, soyez fidèles à remplir vos obligations envers Dieu, et envers le prochain: envers Dieu, par la pureté de vos esprits et de votre corps; envers le prochain, par un amour pur, sincère, efficace et compatissant.

Si vous avez pris le parti du mariage contre la volonté de Dieu, et que vous ayez mal réussi dans le choix que vous avez fait, que vous soyez mécontents de votre sort comme il ne s'en trouve que trop aujourd'hui, il ne faut pas pour cela vous décourager ni désespérer de votre salut. Quoique Dieu ne vous ait pas placés dans les liens où vous vous êtes engagés, il veut néanmoins que vous y restiez, parce qu'il n'est pas en votre pouvoir de les rompre; et comme il veut sauver tous les hommes, en quelque état qu'ils soient, il vous donnera les grâces nécessaires auxquelles vous n'avez qu'à correspondre pour être sauvés. Il est donc inutile de vouloir retourner sur vos pas, de souhaiter un autre état, où vous ne pouvez pas être; ce serait vous tourmenter en vain; ce serait encore plus mal faire de vous livrer à l'impatience, de murmurer, de jurer contre ceux qui sont cause de votre malheur.

Pratiques. — Mais ce que vous devez faire, c'est d'offrir à Dieu les peines de votre état, en pénitence de la fausse démarche que vous avez faite: c'est de veiller si bien sur vous-mêmes, d'être si fidèles à remplir vos devoirs, que vous méritiez de la part de Dieu les grâces particulières de l'état où vous vous êtes engagés; c'est de vous faire un mérite de ce que vous ne pouvez éviter: souffrez avec patience les défauts de la personne qui ne vous convient pas; ne vous entretenez jamais avec d'autres de vos mécontentements; vos réflexions et vos discours là-dessus ne feraient qu'augmenter vos peines; mais cherchez en Dieu seul votre consolation. Allez dans cette vue visiter quelquefois le saint Sacrement pour demander à Jésus-Christ ce qui vous est nécessaire, la patience de souffrir pour l'amour de lui. Recourez à la protection de la sainte Vierge et de saint Joseph, protecteurs des personnes mariées; récitez tous les jours quelques prières en son honneur, fréquentez souvent les sacrements, où vous recevrez des grâces et des lumières qui vous soutiendront, eussiez-vous un mari, une femme infidèle ? l'Apôtre saint Paul ne dit-il pas (I *Cor.*, VII, 12-14), que la femme fidèle sanctifie le mari infidèle, et de même le mari fidèle sanctifie la femme infidèle, par les soins et les attentions que l'un se donne pour convertir l'autre et le porter à Dieu? C'est ainsi que sainte Monique en usa à l'égard de son mari, sainte Clotilde à l'égard de Clovis, le premier de nos rois chrétiens. Proposez-vous ces modèles à imiter, et tant d'autres dont vous voyez les exemples, et qui se sanctifient dans l'état de mariage, malgré les obstacles qu'ils y rencontrent. Servez Dieu comme eux avec ferveur en remplissant les devoirs de votre état. Pourquoi ne feriez-vous pas ce qu'ils font, puisque vous attendez la même récompense qui est la vie éternelle. *Amen.*

PRONE XIV.

Pour le troisième Dimanche après les Rois.

SUR LES DEVOIRS RÉCIPROQUES DES MAITRES ET DES DOMESTIQUES.

Domine, puer meus jacet in domo paralyticus et male torquetur. (*Matth.*, III, 6.)

Seigneur, j'ai dans ma maison mon serviteur qui est affligé d'une paralysie qui lui fait souffrir de cruelles douleurs.

Admirons, mes frères, la charité compatissante de ce centenier dont il est parlé dans l'Evangile de ce jour. Il a dans sa maison un serviteur affligé d'une paralysie qui le met hors d'état de lui rendre ses services; au lieu de le congédier comme font aujourd'hui un grand nombre de maîtres, qui se défont d'un domestique que la maladie leur rend inutile, il le garde chez lui; et comme tous les remèdes qu'il a employés à sa guérison n'ont servi de rien, informé du souverain pouvoir de Jésus-Christ sur les maladies des corps, il s'adresse à lui avec la confiance qu'inspire une vive foi : ***Seigneur***, lui dit-il, ***j'ai un domestique dans ma maison qui est tourmenté d'une paralysie : « Domine, puer meus, »*** etc. Remarquons en passant la grande foi de cet homme; il ne demande pas à Jésus-Christ de venir dans sa maison pour guérir son serviteur, persuadé que sa puissance n'est pas attachée à sa présence, et qu'il peut, de l'endroit où il est, opérer le miracle : il dit lui-même de ne pas y venir, parce qu'il se reconnaît indigne de le recevoir chez lui. Aussi sa prière eut-elle tout l'effet qu'il en attendait : Jésus-Christ guérit le serviteur de ce centenier, et donna des éloges à la foi de cet étranger, en disant qu'il n'en avait point trouvé de si grande en Israël: ***Non inveni tantam fidem in Israel.*** (*Ibid.*, 10.) Mais si la foi du centenier fut digne d'éloges, sa charité pour son domestique n'en méritait pas moins, et nous fournit en sa personne le modèle d'un bon maître. On peut dire de même, que le domestique pour qui il s'intéresse auprès de Jésus-Christ, avait mérité par sa fidélité et ses services une telle bienveillance de la part de son maître. C'est pourquoi, mes frères, dans le dessein où je suis d'instruire les maîtres et les domestiques de leurs devoirs réciproques à l'égard les uns des autres, j'ai cru devoir leur proposer ces exemples de notre Evangile, pour les animer à remplir leurs obligations, chacun dans leur état. Quels sont donc les devoirs des maîtres à l'égard des domestiques; ce sera mon premier point. Quels sont les devoirs des domestiques à l'égard des maîtres; ce sera le second.

PREMIER POINT (1).

Il faut que les maîtres et maîtresses soient chargés de grandes obligations envers leurs domestiques, puisque l'apôtre saint Paul ne fait pas difficulté de dire que celui qui n'a pas soin des siens, et particulièrement de ses domestiques, a renoncé à sa foi et est pire qu'un infidèle : *Si quis suorum, et maxime domesticorum, curam non habet, fidem negavit, et est infideli deterior.* (I *Tim.*, V, 8.) Quels sont donc les devoirs des maîtres envers leurs domestiques? Ils doivent remplir à leur égard les devoirs de justice, les devoirs de charité, les devoirs de piété : devoirs de justice, pour leur donner la nourriture et le salaire qui leur sont dus; devoirs de charité, pour les soulager dans leurs besoins et supporter leurs défauts; devoirs de piété pour les porter à servir Dieu, et avoir soin du salut de leur âme. Telle est, maîtres et maîtresses, l'étendue de vos obligations : c'est pour les remplir que Dieu vous a revêtus de son autorité, qu'il vous a établis les chefs de vos familles.

Que les maîtres soient obligés par justice de nourrir et de payer leurs domestiques, c'est une maxime universellement reçue, même dans le monde profane. En effet, si les domestiques qui s'engagent au service d'un maître, contractent une étroite obligation de le servir en conscience; le maître, à son tour, s'oblige par le même contrat à les nourrir et à leur payer un gage convenable. Les domestiques sacrifient pour le service de leur maître leur liberté, leur repos, leur santé, leur temps, leurs travaux : n'est-il pas juste que ces maîtres les nourrissent et les récompensent à proportion du service qu'ils en reçoivent? leur refuser donc la nourriture et le salaire, ce n'est pas seulement pécher contre la charité, mais encore contre la justice qui n'oblige pas moins à restitution les maîtres qui font du tort en ce point à leurs domestiques, que s'ils s'emparaient du bien d'autrui.

De quel péché ne se rendent donc pas coupables ces maîtres durs et cruels, qui refusent la nourriture à leurs domestiques, ou les nourrissent mal, ne leur voient qu'à regret manger le peu de pain qu'ils leur donnent, tandis que d'ailleurs ils les accablent de travaux, ne leur donnent aucun repos ni le jour ni la nuit, les traitant plus

(1) Ce point peut servir pour un prône.

durement qu'ils ne feraient de vils animaux? Quelle injustice de la part de ceux qui ne payent point à leurs domestiques les gages dont ils sont convenus; qui retiennent le salaire des ouvriers qui ont travaillé pour eux? C'est un péché qui demande vengeance au Ciel, dit le Saint-Esprit, comme le sang d'Abel le demandait contre la cruauté de Caïn qui l'avait assassiné: *Ecce merces operariorum qui messuerunt regiones vestras, clamat in aures Dei.* (*Jac.*, V, 4.)

Il est vrai qu'on ne trouve pas communément des maîtres qui refusent absolument les gages aux domestiques : on convient qu'il est juste de les payer. Mais combien y en a-t-il qui les font languir, en leur faisant attendre ces gages, et qui par ces injurieux délais, leur portent un préjudice considérable, en les privant de certains profits qu'ils feraient, s'ils étaient payés à temps? Comprenez, maîtres et maîtresses, l'indignité de votre conduite, et rougissez de votre cruauté; vous négligez de payer à ces pauvres gens ce que vous leur devez par tant de titres, tandis que vous ne vous refusez rien à vous-mêmes: et vous faites servir à vos plaisirs et à vos intérêts un bien qui leur appartient. Combien y en a-t-il encore de ces maîtres injustes qui retiennent à leurs domestiques une partie de leurs gages, sous le faux prétexte qu'ils n'ont pas bien servi, ou sous prétexte de quelque dommage qu'ils leur imputent sans raison, se faisant ainsi juges dans leur propre cause, sans vouloir écouter aucune justification de la part de ces domestiques? Combien qui les congédient avant leur terme pour quelque faute légère, et même sans l'avoir mérité; ce qui est une injustice d'autant plus grande, qu'après avoir profité de leurs travaux pendant une saison laborieuse, on les renvoie souvent dans un temps où ils ne peuvent trouver à gagner leur vie. Exceptons néanmoins les cas où l'on est convenu de ne les garder qu'un certain temps. C'est aussi une injustice de ne vouloir pas payer un domestique, parce qu'il sort avant le temps fixé par l'usage ou par les conventions, à moins qu'on en ressente un dommage qui ne puisse autrement se réparer; car ils doivent être payés à proportion du temps qu'ils ont servi; ce qui se doit entendre dans la circonstance même que la sortie vous causerait du dommage, s'il a de justes raisons de vous quitter; parce qu'il ne s'est point engagé à vous servir à son préjudice, surtout au préjudice du salut de son âme. Mais dans les différents cas de justice qui peuvent arriver entre les maîtres et les domestiques, il faut consulter un directeur sage et éclairé.

Venons maintenant aux devoirs de charité que les maîtres doivent exercer envers leurs domestiques. Cette charité les engage à les soulager dans leurs besoins, à les supporter dans leur faiblesse, à les traiter avec bonté et douceur. En effet, si l'on est obligé à secourir l'indigent dont on n'a reçu aucun service, à combien plus forte raison doit-on se prêter aux misères d'un pauvre serviteur qui a sacrifié sa santé au service d'un maître, qui a souffert pour lui des fatigues, des travaux qui l'ont épuisé? N'est-il pas juste, et la reconnaissance n'engage-t-elle pas à lui donner les soulagements qu'on ne refuse pas même aux animaux qui nous appartiennent? Si donc ces domestiques sont réduits dans un état de pauvreté ou de maladie, ne devez-vous pas leur tendre une main secourable pour les en tirer; surtout quand ce domestique a perdu sa santé, ou parce que vous lui avez refusé les aliments nécessaires, ou parce que vous l'avez surchargé de travaux; ce n'est pas seulement la charité, mais la justice qui vous oblige pour lors à lui donner du secours.

Je sais que la plupart des maîtres sont assez charitables pour soulager un domestique dans sa maladie : mais qu'il est rare que la charité ne se refroidisse, quand le mal dure quelque temps! on cherche bientôt à se défaire comme d'un fardeau insupportable d'une personne qui devient inutile. Mais que vous agiriez bien autrement, mes frères, si votre charité ressemblait à celle du centenier de l'Evangile qui gardait dans sa maison son serviteur quoique paralytique : *Jacet in domo mea paralyticus!* Que vous agiriez bien autrement, si vous regardiez le domestique comme une personne dont Dieu vous a confié le soin, et si vous envisagiez les grandes récompenses que Dieu promet à une charité qui n'a point d'autre borne que le pouvoir de celui qui la fait! Cette charité vous engage encore à supporter vos domestiques dans leurs défauts, à les traiter avec bonté et douceur.

Il faut l'avouer, mes frères, le sort des maîtres est bien à plaindre avec certains domestiques; les uns sont lents et paresseux, et ne font qu'à regret ce qu'on leur commande; les autres sont de violents qui s'emportent sur une parole qu'on leur dit; ceux-ci n'ont aucune attention pour vos intérêts; ceux-là aucune inclination pour le service de Dieu. La plupart vous manquent de respect, ou vous déchirent par leurs médisances; très-peu qui servent d'affection, et de qui vous n'ayez quelque grossièreté, quelque manière rebutante à essuyer. Mais quel parti prendre? Les congédier quand ils le méritent, c'est ce que la prudence inspire, et la religion même vous l'impose en certaines occasions, comme je le dirai ensuite : mais toujours changer de domestiques, c'est tomber dans des inconvénients quelquefois plus fâcheux que ceux que l'on veut éviter. Il faut donc de la charité pour souffrir les défauts, les imperfections de ces personnes dont vous ne devez pas attendre toute l'éducation que vous pourriez avoir. *Vous qui êtes spirituels*, dit saint Paul, *qui êtes raisonnables, donnez-leur des avis dans un esprit de douceur, vous considérant vous-mêmes dans leurs infirmités où vous pourrez tomber comme eux; supportez avec patience et avec humilité ce que vous ne pouvez éviter; et par là vous remplirez la loi de Jésus-*

Christ : « *Et sic adimplebitis legem Christi.* » *Galat.*, VI, 2, 3).

Vous pouvez corriger vos domestiques, vous y êtes même obligés; mais gardez-vous de vous servir de ces termes durs et injurieux dont se servent certains maîtres qui traitent leurs domestiques comme des esclaves qu'ils croient trop heureux d'être à leur service; qui voudraient les faire ramper sous eux comme des vers de terre : qui ne leur parlant jamais qu'en colère, ou d'une manière fière et hautaine, les chargent de malédictions, d'imprécations; qui affectent sur eux un empire tyrannique dont ils leur font sentir la rigueur par les mauvais traitements qu'ils ont pour eux; qui se déchargent même souvent, le dirai-je? avec fureur sur les pauvres domestiques du chagrin que leur cause une disgrâce, le mauvais succès d'une affaire, une perte qu'ils ont faite au jeu ou autrement, comme si leurs serviteurs en étaient la cause. Faut-il s'étonner si ces maîtres sont si mal servis, si souvent décriés, et s'ils ne peuvent garder aucun domestique?

Souvenez-vous, maîtres et maîtresses, que quoique vous soyez élevés par votre condition au-dessus de vos domestiques, ce sont vos frères chrétiens; ils ont le même Dieu pour père, la même Eglise pour mère, le même ciel pour héritage. Vous devez donc les aimer, les supporter dans leurs défauts, pardonner leurs fautes de fragilité. Votre rang vous donne droit de leur commander avec autorité, mais non pas de les insulter avec orgueil. Vous ne devez point vous familiariser avec eux, mais il ne faut pas les mépriser. Aimez-les comme vos enfants, donnez-leur des marques d'une charité bienfaisante, vous y trouverez votre propre avantage en ce que vous en serez bien servis. Mais vous devez agir par un motif encore plus noble et plus excellent; c'est Dieu même qui doit être votre fin, et si vous les aimez pour Dieu, vous les engagerez à le servir, vous leur procurerez le plus grand de tous les biens qui est le salut : c'est le devoir de la piété chrétienne que je dois encore vous expliquer.

Non, ce n'est pas seulement pour être servis de vos domestiques que Dieu vous a donné l'autorité sur eux; vous devez encore plus vous servir de cette autorité pour les obliger à servir Dieu, le premier de tous les maîtres. Vous devez employer tous vos soins à procurer le salut de leur âme; car s'ils se perdent par votre faute, vous en répondrez à Dieu; c'est l'apôtre saint Paul qui l'enseigne, lorsque instruisant les inférieurs de leurs obligations envers leurs supérieurs, il leur recommande de leur obéir comme à des personnes qui doivent veiller sur eux, qui doivent rendre compte à Dieu de leurs âmes : *Obedite præpositis vestris,.. ipsi enim pervigilant, quasi rationem pro animabus vestris reddituri.* (*Hebr.*, XIII, 17.) Or, comment les maîtres doivent-ils s'employer au salut de leurs domestiques, et de quels moyens doivent-ils se servir? Ces moyens sont l'instruction, la correction et le bon exemple. Vous devez, maîtres et maîtresses, être persuadés que c'est une œuvre indispensable d'instruire vos domestiques comme vos enfants : vous pouvez bien, dit saint Augustin, donner du meilleur pain à ceux-ci qu'à ceux-là, mais vous devez donner aux uns et aux autres le même pain spirituel, qui est l'instruction; vous devez vous regarder comme les apôtres et les pasteurs de vos maisons, pour y faire rendre à Dieu le culte et le service qui lui sont dus. Or, comment vos domestiques sauront-ils servir Dieu, s'ils ne sont instruits? Il faut donc leur apprendre la manière de le prier, et les engager à le faire le matin et le soir; il faut aussi les instruire des mystères de notre sainte Religion; et si vous n'êtes pas capables de leur faire ces instructions, les envoyer à celles que l'on fait à l'église, ou auprès des personnes qui puissent les leur donner. C'est une charité d'autant plus grande d'instruire de pauvres domestiques, que la plupart sont dans une grande ignorance, même des premiers éléments de notre sainte Religion. Ce sont quelquefois des enfants qui ont été délaissés par leurs pères et mères dès leur tendre jeunesse, qui ont erré d'un endroit à un autre, sans trouver personne qui ait pris soin d'eux. Oh! que les moments que l'on donne à les instruire sont bien employés! Vous en avez beaucoup de reste, que vous pourriez du moins employer à une si bonne œuvre, surtout dans les saisons où l'on ne travaille pas; le soir, à la veillée, leur apprendre leur catéchisme, ou le leur faire réciter, est une œuvre de miséricorde bien plus agréable à Dieu, que de donner du pain à un pauvre qui vous le demande à la porte. Ces domestiques sont des pauvres d'esprit qui vous demandent et qui ont besoin du pain de la parole; distribuez-leur donc ce pain céleste pour les nourrir dans leur faim, pour dissiper les ténèbres de l'ignorance dont ils sont enveloppés. Mais ne vous contentez pas des instructions que vous leur ferez, vous devez faire en sorte qu'ils assistent à la Messe, surtout les jours de fêtes; aux offices, aux prônes, au catéchisme; qu'ils fréquentent les sacrements, les fêtes solennelles, et surtout qu'ils ne manquent point au devoir pascal. Car si vous en avez quelqu'un qui ait assez peu de religion pour n'y vouloir point satisfaire, vous ne devez point le garder. Je prétends, leur devez-vous dire, n'avoir que de bons chrétiens à mon service, et non pas des gens sans religion, des gens vicieux et débauchés; c'est pourquoi il faut joindre la correction à l'instruction pour réprimer leurs désordres, lorsque vous en remarquez parmi eux. Ne leur souffrez donc aucune parole déshonnête, aucune chanson profane, aucun jurement, aucune médisance; veillez à ce qu'ils ne fréquentent point de mauvaises compagnies, qu'ils n'aient point de commerce criminel, ni entre eux, ni avec des étrangers; qu'ils ne s'entretiennent point à des heures indues pour se dérober à votre vigilance : veillez surtout à ce qu'il n'y ait point de ces commerces entre vos domestiques et vos enfants; point de ces complaisances, point de ces familiarités qui dégénèrent souvent en libertinage : une trop grande liaison entre des enfants et des domestiques, est ordinairement l'écueil fatal de l'innocence des uns et des autres. Un loup dans une bergerie n'y fait pas tant de dégât qu'un mauvais domestique dans une maison : la raison en est bien sensible : c'est que les enfants sont plus souvent avec les domestiques, qu'avec leurs parents ; ils ne se gênent point devant eux ; ils ont plus de familiarité ensemble. De là vient qu'un domestique débauché, impudique, jureur, colère, communique ordinairement ses vices aux enfants d'une maison : c'est pourquoi il faut bien prendre garde de recevoir à son service certains domestiques vagabonds qui, errant de côté et d'autre, ont pris tout ce qu'il y avait de mal et de contagieux dans les lieux où ils ont été, et le communiquent ensuite partout où ils se trouvent.

Instruisez-vous donc, pères et mères, des endroits d'où viennent ces domestiques, des personnes qu'ils ont servies, afin de n'en point recevoir qui soient jureurs, impudiques, voleurs, débauchés. Que si malgré vos recherches les plus exactes, vous êtes trompés, ou si ces domestiques se dérangent chez vous, s'ils s'échappent en paroles libres, en un mot, s'ils ne se comportent pas comme ils doivent, il faut les reprendre sévèrement, les menacer de les mettre dehors s'ils ne se corrigent ; et si, malgré vos corrections et vos menaces, ils persistent dans leurs mauvaises habitudes, il faut les congédier et leur fermer l'entrée de vos maisons, en leur disant que vous ne voulez point vous servir de mauvais chrétiens.

Il est d'autant plus important pour vous d'avoir des domestiques sages et vertueux, qu'ils attireront sur vous les bénédictions du Seigneur, comme Laban le disait à Jacob : *Je reconnais que Dieu bénit ma maison depuis que vous êtes avec moi.* (*Gen.*, XXX, 27.) Ces bons domestiques porteront vos enfants à la vertu par les bonnes impressions qu'ils leur donneront, au lieu que de mauvais domestiques, outre le scandale qu'ils donneront à vos enfants, attireront sur vous la malédiction du Seigneur.

N'épargnez donc rien, maîtres et maîtresses, pour avoir de bons domestiques, ou pour rendre bons ceux qui sont avec vous ; employez à ce sujet, non-seulement l'instruction, la correction, mais plus encore le bon exemple ; car c'est la voix la plus forte pour persuader la vertu. Faites les premiers ce que vous voulez que fassent vos domestiques, c'est-à-dire, vivez en bons chrétiens, et ils feront volontiers ce que vous leur commanderez pour leur salut. Comment leur persuaderez-vous l'assiduité à la prière, à l'Office divin, le fréquent usage des sacrements, si vous-mêmes négligez ces pieux exercices ? Comment les corrigerez-vous de leurs vices, étant vous-mêmes vicieux, et peut-être plus vicieux qu'eux ? Ils répondront à vos réprimandes, ce qu'on dit communément : *Médecin, guérissez-vous vous-même : « Medice, cura teipsum* (*Luc.*, IV, 23) ; au lieu que si vous soutenez vos corrections par le bon exemple, elles leur deviendront profitables, et vous en ferez de saints et vertueux domestiques.

De ces principes, sur lesquels nous avons établi le soin que les maîtres doivent prendre du salut de leurs domestiques, quelle funeste conséquence à tirer contre ceux qui ne se mettent pas plus en peine de leur salut que s'ils n'avaient point d'âme. Pourvu qu'ils soient bien servis, ils ne s'informent pas si leurs domestiques servent Dieu, que dis-je ! ne les détournent-ils pas même du service de Dieu, en ne leur laissant pas seulement le temps de faire leur prière, d'entendre une Messe, de fréquenter les sacrements, d'assister à une instruction, à un office, où ils se plaignent toujours qu'ils ont trop demeuré ? Ne se trouve-t-il pas même de ces maîtres sans religion, qui emploient leurs domestiques à des œuvres serviles les jours de fêtes, sans leur laisser aucun temps pour s'acquitter de leur devoir de chrétiens ? Sachez, maîtres et maîtresses, mettre des bornes à votre pouvoir, le temps de vos domestiques est à vous, il est vrai, mais Dieu qui est le premier maître, doit être le premier servi.

Combien d'autres maîtres indolents sur le salut de leurs domestiques, qui ne les corrigent point de leurs défauts ! ils se fâcheront, ils s'emporteront contre un domestique pour avoir manqué de ponctualité à les servir, ou à table, ou à quelqu'autre besoin, pour avoir négligé un animal ; que sais-je ? pour la moindre incongruité où ils seront tombés, et ils ne diront pas un mot sur leurs fréquentes chutes dans le péché, sur leurs jurements, leurs débauches, leur infidélité au service de Dieu. Ils souffriront, ils pardonneront tout à un domestique, quelque vicieux qu'il soit, parce qu'il est, dit-on, nécessaire, adroit, officieux ; ne sera-ce pas aussi parce qu'il est l'objet d'une passion criminelle ?

Mais quelle plus funeste conséquence encore se présente ici contre ces maîtres, qui non contents de détourner leurs domestiques du service de Dieu, les portent même à des choses contraires à la loi de Dieu ; qui ne négligent pas seulement le salut de ces domestiques, mais qui les précipitent dans l'abîme d'une damnation éternelle, en leur donnant de mauvais conseils, en les engageant dans des occasions de péché, en les rendant complices de leurs désordres, en se servant de l'autorité qu'ils ont sur eux pour faire des injustices au prochain, pour entretenir un commerce, une intrigue, ou même en rendant ces pauvres domestiques les victimes de leurs passions criminelles, où ils les font succomber par prières, par sollicitations, par menaces ; le dirai-je ? par violence et mauvais traitements.

Ah ! pauvres parents, qui croyez mettre vos enfants dans des maisons de sûreté, les confier à des maîtres vertueux ! il vaudrait mieux les garder chez vous que de les abandonner ainsi à la fureur des loups ravissants. Pour vous, malheureux maîtres, qui, au lieu de contribuer au salut de vos domestiques, les entraînez dans le précipice, quel compte ne rendrez-vous pas à Dieu de la perte des âmes qu'il vous a confiées pour les sauver? Quoi, vous dira le Seigneur, vous avez pris toutes les précautions pour vous faire bien servir par vos domestiques, et vous n'avez pris aucun soin pour me faire rendre par eux le culte qui m'était dû? Au contraire, vous les avez détournés de mon service pour les engager dans les voies de l'iniquité par vos mauvais conseils, vos exemples pernicieux, vos sollicitations criminelles ; rendez-moi compte de ces âmes que vous avez perdues.

Pratiques. — Craignez, maîtres et maîtresses, et prévenez de si terribles reproches, puisque votre salut dépend en quelque façon de celui de vos domestiques, employez-y tous vos soins. Ne vous contentez pas de pourvoir aux besoins du corps, par la nourriture, le salaire que vous leur devez, ne vous contentez pas de les soulager dans leurs besoins, de les supporter dans leurs défauts, mais pourvoyez encore à leurs besoins spirituels par l'instruction, la correction, le bon exemple; ayez soin qu'ils fassent leur prière le matin et le soir, faites-la leur faire avec vous en commun, que cette prière soit suivie d'une lecture spirituelle; il est bon les fêtes et les dimanches de lire ou leur faire lire un article du catéchisme; ayez soin qu'ils assistent aux offices, aux instructions, qu'ils fréquentent les sacrements, les assemblées de piété; reprenez-les de leurs fautes, ne souffrez point de libertés, de conversations dangereuses, faites en sorte, en un mot, qu'ils se comportent en bons chrétiens : en sauvant vos domestiques, vous vous sauverez vous-mêmes, et vous aurez pour récompense la gloire éternelle. Venons aux devoirs des domestiques envers leurs maîtres.

DEUXIÈME POINT.

Trois qualités sont nécessaires à un bon domestique : le respect, l'obéissance et la fidélité: la raison en est évidente. Les maîtres représentent dans leur famille la personne de Dieu, ils en tiennent la place, il faut donc qu'ils soient respectés par leurs domestiques. Les maîtres ne prennent des domestiques, ne les nourrissent et ne leur donnent des gages que pour en être servis; il faut donc que ces domestiques fassent leur volonté, et leur obéissent en tout ce qu'ils leur commandent. Enfin, les maîtres confient leurs maisons et leurs biens à leurs domestiques, il faut donc que ceux-ci leur soient très-fidèles. Telles sont, domestiques, les obligations de votre état, instruisez-vous-en pour les remplir.

Vous devez respecter vos maîtres et maîtresses, parce qu'ils tiennent la place de Dieu, qui leur a donné autorité sur vous. C'est l'apôtre saint Paul qui vous le dit, quand il vous avertit de regarder plutôt Dieu dans vos maîtres que les hommes : *Sicut Domino et non hominibus.* (*Ephes.*, VI, 7.)

Quelque pauvres, quelque vicieux que soient ces maîtres, il vous suffit de savoir qu'ils représentent la personne de Dieu, que leur condition les élève au-dessus de vous, et que la vôtre vous met dans un état de dépendance de leur autorité, pour leur rendre tous vos respects, si vous leur en manquez, vous en manquez à Dieu même, dont ils tiennent la place.

Loin donc d'ici ces domestiques fiers et hautains, qui sous le prétexte que leurs services sont fort nécessaires dans une maison, traitent leurs maîtres et maîtresses, non-seulement comme si c'étaient leurs égaux, mais comme leurs inférieurs, en viennent quelquefois jusqu'au point d'insolence, de les mépriser, se moquer de leurs défauts, leur dire des injures. Loin d'ici ces domestiques orgueilleux qui, se croyant plus parfaits que les maîtres, ne peuvent souffrir qu'on les reprenne de leurs défauts, qui se moquent de tout ce qu'on leur dit, ne veulent faire que ce qui leur plaît, répondent insolemment à un maître, à une maîtresse qui les avertissent de leurs devoirs, qu'ils savent bien ce qu'ils ont à faire, que chacun doit se mêler de soi. Combien de fois ne les avez-vous pas entendus vous faire ces répliques audacieuses, qui sont un effet de leur orgueil, de leur indocilité et de leur irréligion !

Que dirons-nous aussi de ces servantes fières et orgueilleuses, qui se prévalant des longs services qu'elles ont rendus dans une maison, ou de la criminelle condescendance des maîtres qui en font l'objet de leurs passions, traiteront une maîtresse avec le dernier mépris, l'accableront d'injures, ne peuvent ni la voir, ni la souffrir? Ah! ne méritent-elles pas d'être traitées avec plus de rigueur que l'insolente Agar, servante d'Abraham, qui se moquait de Sara sa maîtresse, et qui pour cette raison fut honteusement chassée de la maison de son maître, contrainte d'aller dans un bois avec son fils Ismaël, où elle éprouva les rigueurs d'un triste sort, de la faim, de la soif et d'une entière indigence de toutes choses? C'est bien la moindre peine que mériteraient ces insolentes domestiques, heureuses encore si, après avoir imité Agar dans sa conduite, elles l'imitaient dans sa pénitence, en reconnaissant comme elle l'autorité de leurs maîtresses, en leur rendant le respect qui leur est dû, et en se corrigeant de tous leurs défauts. Apprenez, domestiques, qui que vous soyez, quelque adroits, quelque utiles, quelque nécessaires que vous croyiez être dans une maison, que vous êtes toujours dans un état de dépendance, et par conséquent que vous devez toujours respecter vos maîtres comme Dieu même, que vous devez leur donner en toute occasion, soit dans votre parole, soit dans votre conduite, des marques de votre vénération. Mais vous devez surtout leur marquer ce respect, par une entière et parfaite obéissance en ce qu'ils vous commandent, pourvu que leurs ordres ne soient pas contraires à la loi de Dieu.

C'est toujours l'apôtre saint Paul qui vous donne cette instruction : *Serviteurs, obéissez à vos maîtres selon la chair;* de quelque qualité et condition qu'ils soient, fussent-ils des païens, vous êtes obligés à leur obéir : *Servi, obedite dominis carnalibus.* (*Ephes.*, VI, 5.) Mais comment devez-vous leur obéir? Apprenez-le encore du même Apôtre, qui a bien voulu s'appliquer à vous instruire : *Obéissez-leur avec crainte et simplicité de cœur, comme à Jésus-Christ, ne les servant pas seulement lorsqu'ils ont les yeux sur vous, comme si vous ne pensiez qu'à plaire aux hommes : « Non ad oculum servientes quasi hominibus placentes ; » mais faites de bon cœur, comme à Jésus-Christ, ce que Dieu demande de vous, servez-les d'affection, non en considérant les hommes, mais le Seigneur qui rendra à chacun la récompense de tout le bien qu'il aura fait.* (*Ibid.*, 6, 7.) C'est toujours la doctrine du grand Apôtre qui, en s'abaissant, comme vous le voyez, à donner des leçons aux personnes de votre état, ne l'a pas regardé comme incompatible avec le salut; au contraire, il le regarde comme un état où vous pouvez vous sanctifier, pourvu que vous en remplissiez les devoirs, c'est-à-dire que vous soyez respectueux, soumis, obéissants à vos maîtres, mais d'une obéissance prompte, volontaire, désintéressée, ponctuelle; car si vous n'obéissez qu'en grondant, en murmurant, que par force et contrainte; si vous n'obéissez que par des vues d'intérêt, sans aucun retour vers Dieu, votre obéissance ne lui est point agréable, elle perd tout son mérite devant lui.

Ah! pauvres domestiques, apprenez ici le secret de vous sanctifier et de devenir même de grands saints, quoique vous ne fassiez pas de grandes choses. Votre état est pénible, humiliant, j'en conviens; il en coûte d'obéir à des maîtres qui ne se conduisent quelquefois que par humeur, et par caprice; qui, quoique supérieurs, ne sont pas raisonnables; il en coûte d'essuyer des reproches amers que l'on n'a pas mérités, de faire des choses contre son inclination, en un mot, de captiver sa volonté à celle d'autrui : mais c'est en cela même que vous trouverez bien des occasions de mériter le ciel, et de le mériter à moins de frais et d'une manière plus sûre que dans un état plus élevé. Vous êtes premièrement dans votre état, moins exposés à offenser Dieu, n'ayant pas tous les écueils des tentations qui se trouvent dans la condition de ceux qui dominent sur les autres; vous ne risquez pas de perdre votre âme par le mauvais usage de vos biens, puisqu'à peine vous avez le nécessaire, ni de perdre votre innocence par les plaisirs, puisque vous n'éprouvez souvent que des rigueurs et des croix, il s'agit donc pour votre salut, de souffrir en vue de Dieu les peines attachées à votre état, de faire la volonté de vos maîtres comme celle de Dieu : vous êtes bien plus sûrs de faire la volonté de Dieu en obéissant, qu'en commandant; on ne commande pas toujours selon l'ordre de Dieu; mais quand on obéit, on fait toujours ce que Dieu veut, pourvu que ce ne soit pas dans des choses contraires à sa sainteté; car si vos maîtres et maîtresses étaient assez malheureux pour vous commander des choses de cette nature, vous ne devez pas leur obéir, comme s'ils vous commandaient l'injustice, la vengeance, s'ils vous sollicitaient à quelque action indigne d'un chrétien. Ah! il faut leur dire pour lors que vous avez un maître au-dessus d'eux, à qui vous devez plutôt obéir; que vous aimez mieux encourir la disgrâce des hommes que celle de votre Dieu; et que pour plaire aux hommes, vous ne voulez pas cesser d'être serviteurs de Jésus-Christ : *Si hominibus placerem, Christi servus non essem.* (*Galat.*, I, 10.)

Outre le respect et l'obéissance que les domestiques doivent à leurs maîtres, ils leur doivent encore la fidélité. C'est une des plus belles qualités d'un serviteur, puisque le Saint-Esprit nous assure que quand on trouve un serviteur fidèle, il faut le regarder comme son frère, comme un autre soi-même. Or, cette fidélité renferme bien des choses : 1° Un domestique doit témoigner sa fidélité dans la retenue de ses paroles, c'est-à-dire qu'il ne doit point rapporter ce qui se passe dans la maison de son maître, pour ne point révéler ses défauts ni ceux des enfants; ne point faire de mauvais rapports, qui sont la cause ordinaire des querelles, des inimitiés qui règnent entre les parents et les voisins : ce qui fait dire que l'homme n'a point de plus cruel ennemi que les domestiques, lorsqu'ils sont assez indiscrets pour trahir un maître, une maîtresse, pour dire ce qui se passe dans une maison. Heureux le serviteur qui a mis un frein à sa langue, et qui sait garder le silence! il est estimé de Dieu et des hommes. Il est cependant certaines occasions où il est à propos, et même nécessaire, qu'un domestique parle des désordres qui arrivent dans une famille. Mais à qui? A ceux qui doivent y remédier. Lorsque, par exemple, des enfants se dérangent, fréquentent mauvaise compagnie, et que les pères et mères n'en sont pas instruits, il est bon de les en informer; comme aussi des désordres qui arrivent entre d'autres domestiques; mais il faut user de beaucoup de prudence dans ces occasions; il faut être bien sûr des faits, ne point agir par passion, par prévention, par jalousie, ce qui est assez ordinaire aux domestiques : l'un, pour se faire mieux valoir, dira que l'autre fait contre lui de faux rapports; il tâchera de le détruire dans l'estime de son maître, ce qui lui cause quelquefois de grands préjudices; c'est à quoi les domestiques doivent bien faire attention.

Ils doivent encore donner des preuves de leur fidélité par leur sobriété, pour ne point contenter leur gourmandise par des mets dont les maîtres ne leur ont point permis l'usage; cette fidélité les engage à veiller à la conservation des biens de leurs maîtres, et à les avertir quand on leur fait du tort; ils doivent être soigneux pour ne rien perdre de ce qui appartient à leurs maîtres, et exacts à ne rien disposer contre leur volonté et sans leur agrément; enfin leur fidélité doit éclater, surtout dans l'administration des biens qu'on leur confie, pour n'en point retenir sous prétexte de l'industrie qu'ils ont eue à les faire valoir, d'un bon marché qu'ils auront fait, ou bien sous prétexte de dédommagement d'un salaire qu'ils ne croient pas suffisant et proportionné à leur service. Quand un domestique est lésé, il peut demander quelque chose de plus, ou se pourvoir d'une condition meilleure, mais non pas se faire lui-même justice: enfin, les domestiques doivent être fidèles dans leur travail, et il en faut dire de même de tous les ouvriers qui sont au service d'un maître; c'est-à-dire qu'ils doivent employer au travail le temps que la raison et le salaire demandent, travailler aussi fidèlement en l'absence du maître, comme en sa présence. Car si un domestique ou un ouvrier perd un temps considérable en des amusements frivoles, en des conversations inutiles, et qu'il ne s'occupe pas comme il le doit; si un ouvrier ne fait pas un ouvrage de la nature et de la qualité qu'il est convenu avec le maître, les uns et les autres ne peuvent en conscience se faire payer comme s'ils avaient bien travaillé: et s'ils le font, ils sont obligés à restitution à proportion du temps perdu, ou du défaut de l'ouvrage; ce qui doit être réglé par la prudence.

Pratiques. — Je finis, mes frères, en vous exhortant avec l'apôtre saint Paul, à vous comporter d'une manière digne de Dieu dans l'état où il vous a appelés. Avez-vous des domestiques à qui vous commandiez? regardez-les comme vos frères, et non comme des esclaves; donnez-leur tous les secours que la justice et la charité demandent de vous, soit en les nourrissant, leur payant leur salaire, les soulageant dans leurs besoins, leurs maladies, souffrant avec patience leurs défauts: rendez-leur le joug qu'ils portent doux et léger, par une bonté compatissante; ayez soin surtout du salut de leurs âmes que Dieu vous a confiées; instruisez-les, corrigez-les, et donnez-leur bon exemple. Etes-vous domestiques? servez fidèlement vos maîtres; ayez pour eux le respect, l'obéissance, la fidélité que Dieu demande de vous; c'est le moyen de vous sanctifier dans votre état. Il y a un Maître au-dessus de tous les autres, que vous devez servir préférablement à tous, en sorte que si les maîtres de la terre vous demandent quelque chose qui soit incompatible avec le service du Maître du ciel, la volonté de Dieu soit votre unique règle. Si l'on vous sollicite à quelque action défendue par la loi de votre Dieu, dites comme le chaste Joseph: *Comment pourrais-je être infidèle à mon Seigneur? « Quomodo possum peccare in Dominum meum? »* (*Gen.*, XXXIX, 9.) Si dans la condition où vous êtes engagés, vous ne pouvez y remplir vos devoirs de chrétien; si cette condition est pour vous une occasion de péché et de damnation, quelque avantageuse qu'elle soit d'ailleurs pour vous, fussiez-vous même dans le cas d'y faire la plus brillante fortune, il faut la quitter, et tout sacrifier à votre salut; votre âme vous doit être plus chère que tout le reste. Il vaut mieux être pauvre et misérable en ce monde, pour être éternellement heureux dans le ciel, que d'être heureux sur la terre, pour être éternellement réprouvé dans l'enfer.

Pour vous qui n'êtes point dans l'état des maîtres ni des domestiques, souvenez-vous que vous avez un grand Maître à servir, un Dieu à glorifier, un enfer à éviter, un paradis à gagner. Je vous le souhaite. *Amen.*

PRONE XV.

Pour le quatrième Dimanche après Rois.

SUR LA COLÈRE.

Domine, salva nos, perimus. (*Matth.*, VIII, 25.)

Sauvez-nous, Seigneur, nous allons périr.

Il est bien naturel à ceux qui se trouvent en danger de perdre la vie, de recourir à quelqu'un qui puisse les en retirer. Telle fut la situation où l'Evangile de ce jour nous représente les apôtres sur la mer de Tibériade, sur laquelle il s'éleva une si grande tempête, que les vagues couvraient la barque où ils étaient, ce qui les mit dans un danger évident de la mort. Mais heureusement pour eux qu'ils avaient en leur compagnie Celui qui commande aux vents et à la mer. Sous la conduite d'un tel pilote, ils ne pouvaient pas périr. C'est pourquoi ils s'adressèrent à lui pour le prier de les sauver du naufrage: *Domine*, etc. Prière qui eut tout l'effet qu'ils attendaient; car Jésus-Christ, éveillé à ce bruit, et se levant aussitôt, fit cesser l'orage, et rendit le calme à la mer, au grand étonnement de ceux qui furent témoins de ce prodige. Que nous représente, mes frères, cette tempête où les apôtres furent exposés? Elle est une figure de celles que les passions excitent dans le cœur de l'homme, lesquelles, comme des vents impétueux, l'agitent et le mettent en danger de faire naufrage contre les écueils dont la mer orageuse de ce monde est remplie. Or une des passions qui excite en nous de plus grandes tempêtes, qui fait périr un grand nombre d'hommes, est la passion de colère. Comme une mer furieuse agitée par l'orage, transporte un vaisseau d'un endroit à un autre, tantôt l'élevant jusqu'aux nues, tantôt le précipitant dans l'abîme, et le fait enfin briser contre les rochers qu'il rencontre; ainsi la colère transporte l'homme hors de lui-même, tantôt l'élevant par sa légèreté, tantôt l'abaissant par son poids, brise et renverse l'édifice spirituel de son salut, en lui faisant perdre la paix de l'âme et les richesses de la grâce. Quelle précaution ne devons-nous pas prendre pour nous garantir des saillies d'une passion aussi fougueuse, et pour résister à ses mouvements, quand nous en sommes attaqués? Une des meilleures précautions est de recourir, comme les apôtres, à celui qui commande aux tempêtes, qui peut faire cesser l'orage que cette passion excite dans le cœur de l'homme. Mais pour vous en préserver, ou vous en guérir, si vous y êtes sujets, tâchons encore d'en faire connaître toute la malignité et tout le désordre. Nous l'envisagerons pour cela dans sa cause et dans ses effets. Point de passion plus blâmable dans ses principes que la colère; vous le verrez dans mon premier point : point de passion plus pernicieuse dans ses effets que la colère; vous le verrez dans mon second point. Deux motifs bien puissants pour nous engager à adresser à Jésus-Christ la même prière que lui firent les apôtres : *Domine, salva nos*, etc. Honorez-moi de votre attention.

(*Ce Prône sur la colère peut encore servir pour le cinquième Dimanche après la Pentecôte: il faut alors substituer l'exorde suivant :*)

Omnis qui irascitur fratri suo, reus erit judicio. (*Matth.*, V, 22.)

Quiconque se met en colère contre son frère, mérite d'être condamné au tribunal du jugement.

Quand Jésus-Christ ne nous aurait pas dit en termes aussi clairs et aussi formels, qu'il n'était point venu détruire la loi ancienne, mais plutôt l'accomplir et la perfectionner, les maximes qu'il nous a laissées dans son Evangile ne nous laisseraient aucun lieu d'en douter. Vous avez appris, dit-il à ses apôtres dans l'Evangile de ce jour, qu'il a été dit à nos ancêtres : Vous ne tuerez point, et celui qui tuera méritera d'être condamné par le jugement. Mais moi, j'expose quelque chose de plus : je vous dis que quiconque se met en colère contre son frère, mérite d'être condamné par le tribunal du jugement : *Omnis qui irascitur*, etc. Ne vous contentez donc pas d'une justice semblable à celle des pharisiens, qui croient beaucoup faire que de s'abstenir de l'homicide, et d'autres crimes énormes qui révoltent d'eux-mêmes les sentiments de la nature. Je veux que la vôtre soit plus parfaite et plus abondante; car si elle ne surpasse pas celle de ces prétendus sages, je vous assure que vous n'entrerez jamais dans le royaume des cieux. Je veux que vous étouffiez tellement les sentiments d'aigreur et de colère que vous pourriez avoir contre votre prochain, que si allant à l'autel pour offrir votre présent, vous vous souvenez que votre frère a quelque chose contre vous, vous laissiez là votre offrande pour aller vous réconcilier avec lui. Vous voyez donc, mes frères, quelle est la perfection que Jésus-Christ demande de nous; il veut bannir de nos cœurs toute colère, toute aigreur, tout ressentiment contre notre prochain; il veut que la charité soit la marque distinctive de ses vrais disciples : or, si cela est ainsi, combien peu y a-t-il de parfaits chrétiens, puisqu'il y en a tant qui sont sujets à la colère? Il n'est guère de péché plus commun dans le monde. C'est le péché des grands et des petits, des pauvres et des riches, des savants et des ignorants : ne convenez-vous pas vous-mêmes que c'est le péché dans lequel vous tombez le plus souvent, et qui est la matière la plus ordinaire de vos confessions? Quel service ne vous rendrais-je donc pas, si je pouvais vous préserver ou vous guérir d'une passion qui fait tant de ravages dans la société humaine, et qui damne une grande partie des hommes? Pour vous inspirer toute l'horreur qu'elle mérite, nous la considérerons dans sa cause et dans ses effets. Point de passion plus blâmable dans ses principes que la colère; vous le verrez dans mon premier point. point de passion plus pernicieuse dans ses effets que la colère; vous le verrez dans mon second point. Deux motifs bien puissants pour nous engager à adresser à Jésus-Christ la même prière que lui firent les apôtres : *Domine, salva nos*, etc. Honorez-moi de votre attention.

PREMIER POINT.

La colère est un déplaisir que l'on ressent d'un mal qu'on ne peut souffrir, et que l'on s'efforce d'écarter. Si le mal est contre la droite raison et la loi de Dieu, la colère qui s'efforce de le détruire par des voies légitimes n'est pas blâmable; c'est l'effet du zèle que l'on a pour la gloire du Seigneur. Telle fut la colère de Moïse, qui, voyant les Israélites assemblés autour d'un veau d'or, qu'ils adoraient, en conçut tant d'indignation, qu'il en fit tuer vingt-cinq mille, en punition de cette idolâtrie. Ce fut ce même zèle de la gloire du Seigneur, qui fit mettre Jésus-Christ en colère contre les profanateurs du temple, d'où il les chassa à coups de fouet. Ainsi, mes frères, votre colère ne sera point blâmable, elle sera même louable et honnête, lorsque, plus sensibles aux intérêts de Dieu qu'à vos propres intérêts, vous concevrez une sainte indignation contre les crimes que vous verrez commettre, et que vous prendrez de justes mesures pour corriger celles des personnes qui vous sont soumises.

Mais la colère, qui est une passion déréglée et violente, qui engage l'homme à se venger d'une injure, ou qui l'irrite quand les choses ne réussissent pas comme il voudrait, est très-blâmable dans ses principes; soit que cette colère vienne, comme dans plusieurs, d'un tempérament brusque et bouillant, qui prend d'abord feu sur tout ce qui le choque ou lui déplaît? soit que ce soit une colère de réflexion, qui s'allume peu à peu, et qui médite à loisir les moyens de nuire à son ennemi. Voyons donc quels sont les principes de cette passion pour en faire connaître toute la laideur, et en inspirer toute l'aversion qu'elle mérite.

Pourquoi se met-on ordinairement en colère, et quelles sont les machines qui mettent en mouvement cette passion fougueuse? La colère vient ou d'un amour déréglé que l'on a de soi-même, ou d'un trop grand attachement aux biens de la terre, ou d'un défaut de soumission à la volonté de Dieu. Telles sont les sources empoisonnées qui donnent naissance aux débordements d'une passion qui fait tant de ravages dans le monde.

L'homme est tout rempli d'amour pour lui-même; c'est pourquoi il ne veut rien souffrir qui contrarie ses inclinations, qui blesse sa délicatesse; il voudrait se satisfaire en tout, et parce qu'il est impossible à l'homme de trouver tous ses contentements dans ce monde, la moindre chose qui trouble son repos l'impatiente et l'irrite. C'est donc l'amour-propre qui engendre ces humeurs noires et chagrines que l'on fait paraître en certaines circonstances qui dérangent l'ordre des plaisirs. C'est l'amour d'une vie commode et sensuelle, qui produit les saillies et les emportements où l'on se laisse quelquefois aller pour la moindre chose qui incommode; pour un rien qui choque et qui déplaît, pour un mets mal apprêté. Si l'homme était moins amateur de lui-même, s'il ne recherchait pas tant ses commodités, il ne serait pas si facile à se mettre en colère. Parce que l'homme est rempli d'amour pour lui-même, il veut qu'on ait des égards pour lui, qu'on défère à ses sentiments; surtout s'il est avantagé des biens de la fortune, s'il est dans un rang élevé au-dessus des autres, où il se croit en droit d'exiger d'eux des hommages qui flattent son orgueil. Lui refuse-t-on ces hommages, il n'en faut pas davantage pour mettre en mouvement son humeur contre ceux qui ont manqué à ce prétendu devoir. Telle fut la cause de la colère d'Aman contre Mardochée. Ce fier courtisan, infatué du pouvoir qu'il avait dans la cour de son prince, et indigné de ce que Mardochée ne fléchissait pas le genou devant lui, comme les autres, jura, dans sa colère, de faire périr ce fidèle Israélite avec toute sa nation; mais heureusement pour Mardochée, Aman ne put réussir dans son dessein. Telle est encore la cause funeste qui rend les petits la victime de la colère des grands; un fonds d'orgueil qui les indispose contre quiconque manque du respect qu'ils croient leur être dû. Le croirait-on? Il n'est pas même jusqu'à ceux qui sont dans un état de dépendance et d'abjection qui ne veulent qu'on ait pour eux des égards, et qui ne s'offensent à plus forte raison d'un mépris, d'une parole désobligeante. Bien plus, ceux qui méritent par leur conduite les plus justes réprimandes, ne veulent point les souffrir de la part de ceux qui ont droit de les corriger. Un avis salutaire qu'on leur donne pour leur avantage, excite leur indignation jusqu'aux transports les plus violents. Un père, une mère, un maître, une maîtresse, un pasteur charitable, prendront des mesures pour retirer du désordre ceux qui leur sont soumis, pour les faire rentrer dans le bon chemin; il n'en faut pas davantage pour devenir leurs ennemis; ils font éclater leur courroux par des plaintes, des murmures, et souvent des paroles outrageantes contre ceux qu'ils devraient respecter. C'est donc un amour déréglé que l'homme a de lui-même, un fonds d'orgueil qui est la source des désordres où la colère entraîne les hommes. J'en atteste ici, mes frères, votre expérience. D'où vient que vous vous livrez si aisément à la colère? Si vous en examinez bien la cause, vous verrez que c'est l'amour-propre qui vous domine et qui voudrait l'emporter sur tout. Vous ne voulez céder à personne, et vous voulez que tout le monde vous cède, parce que vous croyez avoir plus d'esprit et de raison que les autres. De là ces contentions amères avec ceux qui ne sont pas de votre sentiment; ces invectives, ces paroles aigres et piquantes dont vous vous servez pour leur imposer silence, et faire valoir vos raisons sur celles des autres. Vous croyez mériter des considérations à cause du rang que vous occupez, des biens que vous possédez; de là ces mécontentements, ces vivacités outrées que vous faites éclater contre ceux qui ne plient point devant vous. On vous a offensés par quelques paroles désobligeantes, vous croyez avoir aperçu dans votre prochain quelque figure de mépris; on vous a rendu quelque mauvais service; on aura, si vous voulez, attaqué votre réputation par quelque médisance : Ah! il faut, dites-vous dans les mouvements de votre colère, que j'aie satisfaction de cette injure; il ne convient pas de se voir méprisé, offensé, surtout par des gens qui sont au-dessous de nous; en un mot, il faut se venger, quoi qu'il en coûte. Or, d'où viennent ces dépits, ces fureurs, sinon du mauvais fonds qui est en vous? C'est l'orgueil qui vous inspire ces sentiments si opposés à l'esprit du christianisme.

Ne croyez pas, au reste, mes frères, que ce mauvais fonds qui engendre la colère, ne se trouve que dans ces esprits brutaux et fougueux qui prennent feu à la moindre occasion qui les irrite. Ce levain pestilentiel est souvent caché sous les belles apparences de la vertu, sous le manteau de la piété. La colère des premiers passe quelquefois presque aussitôt qu'un éclair, qui disparaît dès que la nuée est fendue; mais la colère qui se couvre du manteau de la piété est une colère de réflexion qui se conserve plus longtemps; c'est un feu caché sous la cendre, qui s'allume peu à peu, dit saint Grégoire; c'est une humeur sombre qui fermente, qui lance en secret ses mauvais coups, et qu'il est bien plus difficile de guérir qu'une colère d'un premier mouvement; la raison est qu'on se sert de mille prétextes pour rendre excusables ces colères secrètes. Ce sera un zèle de la gloire de Dieu, que l'on prétend avoir été offensé dans l'insulte qu'on a reçue. C'est un désordre, dit-on, qu'il faut corriger, c'est un honneur qu'il faut soutenir; et sous ces prétextes spécieux, on conserve une vengeance dissimulée, une haine secrète, qui se contraint pendant quelque temps, ou par raison de politique, ou par crainte de se diffamer; mais qui échappe tôt ou tard, lorsqu'elle trouve l'occasion favorable de porter ses coups. Quel est le principe de ces sortes de colères muettes et opiniâtres que l'on veut faire passer pour raisonnables? Je le répète, l'amour de soi-même, qui se trouve dans bien des personnes qui font profession de piété.

J'ai dit, en deuxième lieu, que la colère venait souvent du trop grand attachement que l'on a pour les biens du monde. Combien de fois en effet, mes frères, ne vous êtes-vous pas livrés aux transports de la colère, pour quelque perte de biens que vous avez faite, pour quelque dommage que l'on vous a causé, parce qu'un objet de fortune ne vous a pas réussi, parce qu'on a traversé vos desseins, que l'on vous a troublés dans la possession de ce qui vous appartient. Si vous n'étiez pas si attachés aux biens du monde, vous ne seriez pas si sensibles à leur perte, et si faciles à vous mettre en colère pour ce sujet. Quel est votre aveuglement! Croyez-vous vous dédommager de vos disgrâces par les emportements auxquels vous vous livrez, par les fureurs qui vous transportent hors de vous-mêmes, par les malédictions que vous prononcez contre ceux que vous croyez vous avoir fait quelque tort? Jurez blasphémez tant que vous voudrez; vos colères n'apporteront aucun remède à vos maux, parce qu'elles ne feront point changer les événements qui vous fâchent : au contraire, vos emportements ne serviront qu'à vous rendre coupables devant Dieu, et à vous attirer de plus grands malheurs que la perte de tous vos biens, puisque vous perdez votre âme. D'ailleurs, quand la colère pourrait réparer la perte de vos biens, faudrait-il les recouvrer à ce prix? Mais ce qui vous rend encore plus coupables, c'est que souvent vous vous emportez pour une perte légère, une bagatelle, un rien, un petit dommage qu'un enfant, un domestique, par légèreté ou par hasard, aura causé dans votre maison; vous vous courroucez jusqu'au point de le traiter avec la dernière sévérité. N'est-ce pas une preuve que votre colère ne vient que du trop grand attachement que vous avez pour les biens du monde? N'est-ce pas aussi de cette source fatale que naissent les colères, les fureurs où se livrent ceux qui font des pertes au jeu? Combien n'en a-t-on pas vus, et n'en voit-on pas encore qui, dans la fougue de leur passion, brisent et jettent par terre les fatals instruments de leur ruine, et qui portent leurs excès jusqu'à vomir les injures les plus outrageantes contre leurs adversaires, et les plus horribles blasphèmes contre Dieu? S'ils n'étaient pas si attachés à l'argent, ils ne prendraient pas feu si aisément, et s'ils étaient plus sensibles à la perte de leur âme, ils éviteraient, comme ils le doivent, une occasion aussi dangereuse pour leur salut.

Achevons, mes frères, de vous faire connaître les sources de la colère. La troisième est le défaut de soumission à la volonté de Dieu. *La vie de l'homme est remplie de beaucoup de misères*, comme dit le saint homme Job (XIV, 1); elle est traversée par mille fâcheux événements qui la rendent insupportable à ceux mêmes qui paraissent les plus heureux. Dieu le permet ainsi pour nous détacher du monde, et pour nous apprendre que nous ne devons point chercher ici de félicité permanente, mais aspirer à une plus durable qui est dans le ciel. Il nous afflige par des revers de fortune, des pertes de biens, des maladies, des temps fâcheux et d'autres accidents dont il se sert pour éprouver notre patience. Il veut par là tirer sa gloire de notre soumission à ses volontés, et nous faire mériter les récompenses qu'il promet à la vertu : *Ut probatio fidei vestræ multo pretiosior auro inveniatur in laudem et gloriam, in revelatione Domini Jesu Christi.* (I *Petr.*, I,7.) Mais que fait l'homme colère et impatient dans ses maux? Bien loin de se soumettre à la volonté de Dieu, il voudrait que la volonté de Dieu se conformât à la sienne. Il ne veut rien souffrir qui contrarie ses inclinations et qui trouble son bonheur. De là les impatiences, les murmures contre la providence de Dieu, quand les choses ne réussissent pas selon son gré. Le dérangement des saisons l'inquiète, les maladies le déconcertent. Voyez cet homme impatient réduit dans son lit malade; ce sont des plaintes continuelles, tantôt sur la violence de son mal, tantôt sur l'inutilité des remèdes; c'est un empressement démesuré de recouvrer une santé dont il lui est utile d'être privé. On a beau lui proposer les motifs de consolation que la religion nous fournit pour l'engager à prendre patience; rien ne le touche, rien ne le contente; à peine peut-il souffrir ceux qui s'empressent de le soulager; preuve de son peu de soumission à la volonté de Dieu. Voyez cet autre qui se plaint des temps fâcheux, qui voudrait disposer à son gré des saisons, et qui s'en prend à Dieu même de ce qu'elles ne lui sont pas favorables. Celui-ci se chagrine d'un malheur qui lui arrive; celui-là s'afflige d'une occasion de fortune échappée, de l'abandon d'un protecteur, d'un ami, de la perte d'un enfant en qui il mettait son espérance; et il ne voit pas, ou, pour mieux dire, il ne veut pas voir que Dieu permet tous ces événements fâcheux pour éprouver sa vertu, et lui donner lieu d'exercer sa patience; il n'a donc point de soumission aux volontés de Dieu; disons donc qu'il manque de religion. Ainsi, convenez, mes frères, que la colère, l'impatience ne viennent que de mauvais principes; vous venez de le voir. Voyons combien elle est pernicieuse dans ses effets.

DEUXIÈME POINT.

Tout ce qui vient de mauvais principes, ne peut être que pernicieux dans ses effets. Telle est la colère; suivons-la de près pour voir les terribles ravages qu'elle cause dans la société humaine; elle rend l'homme qui s'en laisse dominer, ennemi de lui-même, ennemi du prochain, ennemi de Dieu. La colère rend l'homme ennemi de lui-même par les grands maux qu'elle lui cause, ennemi des autres à qui il devient insupportable, ennemi de Dieu dont elle lui attire la disgrâce. Tels sont les pernicieux effets de la colère, qui doivent nous en donner une horreur extrême.

Pour vous faire connaître d'abord les grands maux que la colère attire à l'homme, je pourrais vous dire que cette passion altère sa santé, qu'elle abrége ses jours et les précipite vers le tombeau. J'en ai pour garant le témoignage de l'Esprit-Saint lui-même,qui nous dit dans l'*Ecclésiastique*, que *L'envie et la colère diminuent les jours :* « *Zelus et iracundia minuunt dies.* (*Eccli.*, XXX, 26.) La raison et l'expérience confirment cette vérité, parce que la colère échauffe le sang, met les humeurs en mouvement; ce qui est ordinairement la cause des grandes maladies. Cette seule réflexion pourrait servir de barrière aux débordements de cette passion furieuse, pour tout homme qui serait tant soit peu amateur de la vie.

Mais venons à quelque chose de plus intéressant, et voyons les funestes effets que la colère produit dans l'âme. Le propre de la colère est de troubler la raison de celui en qui elle domine, de lui ravir la paix et la tranquillité d'âme, sans laquelle on ne peut goûter en ce monde de vraie félicité.

La raison est le caractère essentiel de l'homme; c'est elle qui doit présider à toutes ses actions, à toutes ses démarches ; c'est le flambeau que Dieu lui a donné pour le conduire; or, quoi de plus opposé à la raison que la colère? car dès qu'elle s'empare du cœur de l'homme, elle le fait sortir de lui-même pour suivre son humeur qui, au lieu d'être soumise à la raison, en devient la maîtresse. Ce n'est donc plus la raison ; mais l'humeur qui agit dans l'homme colère; dès que les noires vapeurs de cette passion s'élèvent dans une âme, elles obscurcissent la lumière de la raison; l'homme ne voit plus ce qu'il fait, il ne sait plus ce qu'il dit. C'est pourquoi saint Chrysostome compare la colère à une espèce d'ivresse qui ôte la connaissance et la liberté d'esprit; et, pour me servir des termes de l'Ecriture, c'est une espèce de folie qui dérange toute l'économie de la raison : *Ira in sinu stulti requiescit.* (*Eccle.*, VII, 10.) Pour en être convaincu, il suffit de voir un homme en colère, d'observer toutes ses démarches, toutes ses actions, tous ses mouvements. Voyez-le en effet, cet homme agité, emporté par les fougues de sa passion ; son corps tout entier, tremblant, comme s'il avait une fièvre violente, son visage livide et altéré, ses yeux étincelants, ses regards menaçants, ses emportements furieux, sont-ce là les traits d'un homme raisonnable? Ne le prendriez-vous pas plutôt pour une bête féroce? tantôt pour un lion qui rugit, tantôt pour un loup qui veut tout dévorer; qui dans les transports de son humeur ne connaît personne, ne veut écouter aucune raison ; qui brise, qui renverse tout, sans qu'on puisse l'arrêter; qui décharge sa fureur sur l'innocent comme sur le coupable, qui maltraite sans sujet une épouse, des enfants, des domestiques; qui s'en prend aux créatures mêmes dépourvues de raison, comme si elles étaient la cause de ses malheurs. Quoi de plus déraisonnable qu'un homme en colère? il veut souvent des choses impossibles et chimériques, que des enfants qui n'ont pas encore l'usage de la raison, que les animaux même agissent comme s'ils en avaient, que les choses insensibles obéissent à ses volontés, et quand il ne peut en disposer à son gré, vous le verrez les jeter par terre, les mettre en pièces par dépit et par fureur. Est-ce là raisonner, est-ce avoir du bon sens? La légèreté d'un enfant, la lenteur d'un domestique; un meuble qui n'est pas à sa place, une parole échappée au hasard, que sais-je? une bagatelle, un rien, souvent même une chose indifférente qui serait pour un autre un sujet de récréation, met l'homme colère dans des transports que rien ne peut calmer. Qu'on lui propose des raisons capables de l'apaiser, il ne veut en écouter aucune; il est intraitable sur tout ce qu'on peut lui dire, il ne veut suivre que sa passion. Est-ce là, je vous le demande, se conduire par la raison? Non, sans doute; les hommes colères en conviennent eux-mêmes, dès que leur fougue est passée et que le calme a succédé à la tempête. Quand on leur représente l'injustice de leur procédé, ils disent pour excuse que c'est la colère qui les fait agir ou parler, qu'ils ne se possédaient pas alors, qu'ils étaient hors d'eux-mêmes : preuve certaine que la raison était obscurcie par la passion, que ce n'était pas la raison, mais la passion qui agissait en eux.

Faut-il après cela s'étonner si les hommes de cette trempe ne jouissent d'aucun repos? Ils se troublent, ils s'inquiètent, ils se livrent à l'impatience. Au moindre accident qui leur arrive, ils ne s'occupent que de sombres et fâcheuses réflexions sur les pertes qu'ils ont faites. Si les choses ne réussissent pas à leur gré, ils ne s'en affligent pas moins que des pertes; et comme les désirs de l'homme ne peuvent être entièrement satisfaits en cette vie, qu'il arrive au contraire une infinité d'événements qui contrarient ses inclinations, de là vient que l'homme colère et impatient vit toujours dans le trouble et l'inquiétude; quelqu'un l'a-t-il désobligé, offensé? il est sans cesse occupé des moyens de se venger; c'est la première pensée qui se présente à son réveil. Le seul aspect de son ennemi le trouble et le jette dans des convulsions qui le mettent hors de lui-même ; enfin l'homme colère et impatient est semblable à une mer agitée par ses flots, où l'on ne voit jamais de calme; il est toujours en mouvement et ne peut goûter ni repos, ni tranquillité; son âme est comme un enfer où il n'y a nul ordre, mais une horreur éternelle; c'est ainsi que vous l'avez ordonné, ô mon Dieu, dit saint Augustin, et que l'expérience le fait voir, que tout esprit déréglé devient lui-même son supplice.

Mais l'homme colère n'est pas seulement ennemi de lui-même, il l'est encore de ses frères. Il est insupportable à lui-même, comment ne le serait-il pas aux autres? L'homme est fait pour la société, et la société ne peut être douce et agréable qu'autant qu'elle est soutenue par l'union des cœurs, par l'éducation et les bonnes manières. Mais quelle société peut-on avoir avec un homme prompt et colère, qui se fâche de tout, qui prend feu sur tout? Nous avons tous des défauts qui nous rendent sujets à être offensés les uns par les autres; il faut, pour entretenir la société, supporter les défauts auxquels nous sommes tous sujets : *Alter alterius onera portate.* (*Galat.*, VI, 2.) Mais un homme colère ne veut rien souffrir, ne pardonne à qui que ce soit. A-t-il reçu quelque affront, quelque injure? vous le voyez s'élever comme une montagne qui jette feu et flamme, et dont il sort de noires vapeurs qui se forment ensuite en tonnerre qui éclate et qui tombe sur ceux qui l'ont touché : *Tange montes et fumigabunt.* (*Psal.* CXLIII, 5.) Ce sont des torrents d'injures, de malédictions qu'il vomira contre ceux qui ont excité sa bile; au lieu des bonnes manières qu'une bonne éducation nous inspire d'avoir les uns pour les autres, on ne voit dans un homme colère que des manières rebutantes; on n'ose lui parler, parce que l'on craint de l'irriter; on s'en éloigne comme d'une bête féroce, toujours prête à mordre et à dévorer. Le moyen, dit-on, de vivre avec cet homme dont l'humeur est intraitable, qui se livre aux saillies de sa passion pour le moindre sujet! il est plus prudent de l'éviter que de s'exposer à ses violences; si on est obligé de vivre avec lui, comme des enfants avec un père, une femme avec un mari, des domestiques avec un maître, on déteste sa compagnie, on n'y reste que malgré soi, et on n'est jamais si content qu'en son absence. Quel attachement peut avoir un domestique pour un maître qui ne lui parle que d'un ton menaçant, qui se met en colère pour le moindre sujet? Ces sortes de maîtres sont ordinairement les plus mal servis.

Quelle est, mes frères, la cause ordinaire des querelles, des procès, des guerres domestiques qui troublent la société des hommes? N'est-ce pas la colère? Cette passion qui ne veut rien souffrir, inspire tous les moyens qu'elle peut imaginer pour avoir satisfaction d'une injure, d'un mépris qui l'a blessée. Il n'est point d'aigreur où l'homme emporté ne se laisse aller contre ceux qui l'ont offensé; point de médisances, de calomnies qu'il n'emploie pour détruire leur réputation; point de poursuite qu'il ne fasse en justice pour avoir raison de son ennemi. Combien même n'en voit-on pas qui portent leur fureur jusqu'à maltraiter, jusqu'à vouloir ôter la vie à ceux qu'ils ne peuvent souffrir? *Veloces pedes eorum ad effundendum sanguinem* (*Psal.* XIII, 3); ce qu'ils feraient souvent, s'ils n'étaient retenus par la crainte de la justice des hommes. Combien, hélas! n'a-t-on pas vu de victimes immolées à cette maudite passion! Témoin un innocent Abel sacrifié à la colère de Caïn son frère, des milliers d'innocents à celle du cruel Hérode qui voulait faire mourir Jésus-Christ, et qui, pour avoir manqué son coup, ôta la vie à sa femme et à ses enfants.

N'est-ce pas la colère qui cause les batailles et les meurtres parmi les hommes, qui se détruisent avec la plus cruelle inhumanité? C'est la colère qui préside à tous les maux; cette furie infernale anime le père contre les enfants, les maîtres contre les domestiques, le mari contre la femme, la femme contre le mari. Un seul homme, une seule femme sera capable de troubler tout un voisinage, de mettre la division entre les amis les plus fidèles. Que dirai-je enfin? un homme colère ne peut vivre avec personne; il manque de respect à ses supérieurs, il traite avec mépris ses égaux, il accable ses inférieurs, il se rend odieux à tout le genre humain; or un homme de ce caractère est-il supportable dans la société?

Faut-il après cela s'étonner s'il encourt la disgrâce et l'inimitié de Dieu? Quoi de plus opposé en effet que la colère à l'esprit de Dieu et à l'esprit du christianisme? L'esprit de Dieu est un esprit de paix : il fait sa demeure dans la paix, il ne se plaît point dans le trouble : *Factus est in pace locus ejus* (*Psal.* LXXV, 3), *Non in commotione Dominus.* (III *Reg.*, XIX, 11.) C'est pour établir la paix dans le monde que le Fils de Dieu y a paru en qualité de prince pacifique : *On ne l'a point entendu*, dit le prophète Isaïe, *crier dans les rues; on ne l'a point vu briser le roseau déjà froissé, ni éteindre la lampe qui fume encore.* (*Isa.*, XLII, 2, 3.) Il nous a appris par ses exemples, aussi bien que par ses paroles, à être doux et humbles de cœur; il nous assure dans son Evangile que la béatitude est pour les pacifiques : *Beati pacifici.* (*Matth.*, V, 9.) Il nous a enseigné à aimer nos ennemis, à pardonner les injures, à rendre le bien pour le mal. Or, peut-on reconnaître l'esprit de Dieu, l'esprit du christianisme dans un homme colère qui n'est jamais dans une situation tranquille? Dieu peut-il reconnaître son image dans une âme troublée par ses saillies et ses emportements? ne peut-on pas dire au contraire qu'une telle âme est la demeure du démon, qu'elle en est la figure et l'image, puisque le démon n'aime que le trouble, la division et le désordre? Aussi l'apôtre saint Paul, en recommandant aux fidèles de ne point se mettre en colère, leur dit de ne pas donner place au démon dans leur cœur : *Nolite locum dare diabolo.* (*Ephes.*, IV, 27) : preuve certaine que le démon y règne avec passion. Or, dès que le démon a pris place dans une âme, elle ne peut être la demeure de Dieu, il ne se communique point à elle, il l'a en horreur, parce qu'il la voit dominée par l'ennemi de sa gloire. Jésus-Christ ne saurait reconnaître pour son disciple cet homme, parce qu'il ne possède pas son esprit, qui est un esprit de paix et de douceur, de patience et d'humilité. L'esprit du christianisme inspire le pardon des ennemis, et l'homme colère ne pense qu'à se venger ; l'esprit du christianisme inspire la patience dans les souffrances, et l'homme emporté ne veut rien souffrir. Quoi donc de plus opposé que la colère à l'esprit de Dieu et à l'esprit du christianisme? Mais aussi quel arrêt de condamnation Jésus-Christ ne prononce-t-il pas contre les hommes colères? Celui, dit-il, qui se met en colère contre son frère, mérite d'être condamné par le tribunal du jugement; quiconque dans la colère traite son frère d'insensé, mérite le supplice du feu : *Reus erit gehennæ ignis.* En faut-il davantage, mes frères, pour vous prouver que la colère rend l'homme ennemi de Dieu, puisque Jésus-Christ menace de traiter si sévèrement celui qui se livre aux mouvements de cette passion ? Mais cela ne prouve-t-il pas en même temps que l'homme n'a point de plus grand ennemi que sa colère, puisque tous les hommes et tous les démons même ne peuvent faire à l'homme autant de mal que la colère lui en fait?

Ah! chrétiens, voulez-vous vous venger d'un ennemi? Prenez-vous-en à votre colère, dit saint Augustin ; tournez contre elle toute votre indignation pour la dompter et résister à tous ses mouvements. Vous devez, ajoute le saint Docteur, craindre si fort cet ennemi, que, quelque juste que vous paraisse votre colère, il faut lui interdire l'entrée de votre cœur, parce qu'il est bien plus difficile de l'en faire sortir que de ne pas le laisser entrer. Or, pour vous rendre maîtres de cette passion, observez pour pratique les avis suivants : il faut 1° la prévenir avant qu'elle s'élève dans votre cœur; 2° il faut l'étouffer dès le moment qu'elle se fait sentir ; 3° en réparer les suites quand on a eu le malheur d'en suivre les mouvements. Il faut prévenir la colère en prévoyant les occasions que vous aurez de vous y mettre, afin de les éviter, sinon vous prémunir de quelque bonne pensée, de quelques prières qui vous serviront de rempart contre les attaques de cet ennemi. Rappelez-vous dans ce moment les récompenses que Jésus-Christ promet dans son Evangile à ceux qui ont le cœur pacifique : *Beati pacifici.* Adressez-lui la prière des Apôtres : *Domine, salva nos, perimus ;* sauvez-moi, Seigneur, du danger de la tempête qui va s'élever contre moi. Prenez la même précaution lorsque vous voyez quelque mal qui vous donnera matière à patience ; munissez-vous d'avance de cette vertu ; attendez-vous à souffrir : un mal qu'on prévient est moins sensible quand il arrive. Si malgré ces précautions, la colère vous fait sentir quelque atteinte, ayez grand soin d'étouffer dès leur naissance ces premières émotions ; il est plus facile d'éteindre une étincelle qu'un grand incendie : gardez-vous surtout d'agir dans la colère, donnez-lui le temps de s'apaiser. Quittez pour quelque temps l'occupation, l'endroit, la personne qui a mis votre humeur en mouvement : Si enfin vous avez eu le malheur de suivre les mouvements de la colère, réparez votre faute par quelque pénitence que vous vous imposerez autant de fois que vous aurez manqué à réprimer votre colère. Si la colère vous a engagés à quelque différend avec votre prochain, allez le trouver au plus tôt pour faire votre paix avec lui, afin que le soleil ne se couche point sur votre colère : *Sol non occidat super iracundiam vestram.* (*Eph.*, IV, 26.) Enfin, si vous êtes sujets à la colère, à l'impatience, demandez tous les jours à Dieu, surtout dans votre prière du matin, la victoire de cette passion. Formez dès lors la résolution de ne point vous fâcher, quoi qu'il vous arrive : rappelez-vous dans l'occasion la résolution que vous avez faite. Souvenez-vous que c'est la patience qui a fait les saints, et qui vous assurera une couronne éternelle. *Amen.*

PRONE XVI.

Pour le quatrième Dimanche après les Rois.

SUR LA DOUCEUR.

Jesus imperavit ventis et mari, et facta est tranquillitas magna. (*Marc.*, IV, 39.)

Jésus commanda aux vents et à la mer, et il se fit un grand calme.

Qu'il est doux, mes frères, de voir le calme succéder à une tempête où l'on s'est vu en danger de perdre la vie! Telle fut l'heureuse circonstance où se trouvèrent les apôtres sur la mer de Tibériade, où une violente tempête, qui s'y était élevée, les avait conduits aux portes de la mort. Avec quel plaisir ne virent-ils pas cesser les vents et l'orage par le commandement de celui à qui tous les éléments obéissent! Telle est aussi l'heureuse situation d'une âme qui a été le jouet de ses passions, qui s'est vue sur le point de tomber dans les horreurs de la mort éternelle, et qui, après en avoir secoué le joug, goûte les douceurs et la sérénité qui accompagnent la vertu. Voulez-vous, mes frères, en faire l'heureuse expérience? Domptez vos passions, soumettez-les à l'empire de la vertu, et vous goûterez la paix de l'âme. Or, une des vertus les plus propres à vous procurer cette paix, est, sans contredit, la vertu de douceur; puisque, autant la colère trouble le repos de l'âme, autant la douceur conserve la sérénité. Si l'état d'un homme colère ressemble à une mer agitée par les vents où l'on est exposé à tout moment à faire naufrage, on peut dire que celui d'une âme où règne la douceur, est semblable à une mer tranquille où l'on navigue en sûreté et avec une entière assurance d'arriver heureusement au port : *Facta est tranquillitas magna.* Ainsi, après avoir fait connaître le désordre de la colère, il est de mon devoir de vous montrer les avantages de la douceur qui en est le remède. Pour guérir en effet les maladies de l'âme, il faut en user comme on fait pour les maladies du corps : pour guérir celles-ci, on se sert des remèdes qui leur sont contraires, on rafraîchit quand il y a trop de chaleur, on réchauffe quand il y a du refroidissement. La colère est un feu qui fait dans l'âme d'étranges ravages; il faut donc lui opposer la douceur, comme une rosée qui en tempère les ardeurs. Quels sont les avantages de cette vertu; premier point : quelle en est la pratique; second point.

PREMIER POINT.

On peut dire de la douceur ce que Salomon dit de la sagesse, qu'elle nous met en possession de tous les biens qui peuvent nous rendre heureux en ce monde : *Venerunt mihi omnia bona pariter cum illa.* (*Sap.*, VII, 11.) La douceur nous procure les bonnes grâces de Dieu, l'amitié du prochain : elle nous rend maîtres de nous-mêmes. Tels sont les avantages qui doivent nous rendre cette vertu estimable. La douceur nous rend agréables à Dieu; ce fut par ce moyen que Moïse gagna ses bonnes grâces. Il fut aimé de Dieu, dit l'Ecriture, parce qu'il était le plus doux d'entre les hommes : *Dilectus Deo.* (*Sap.*, IV, 10.) Par la douceur nous possédons le cœur de Dieu, comme un enfant possède celui de son père. *Heureux*, dit le Sauveur, sont *les pacifiques, parce qu'ils seront appelés les enfants de Dieu : « Beati pacifici, quoniam filii Dei vocabuntur. »* (*Matth.*, V, 9.) En effet, autant le Seigneur abhorre une âme où règnent le trouble et la discorde, autant se plaît-il à faire sa demeure dans celle où règne la paix; il en fait ses délices, il y répand ses plus douces faveurs : *Mansuetis dabit gratiam.* (*Prov.*, III, 34.)

La douceur, dit saint Chrysostome, est une vertu qui donne à l'homme un caractère de ressemblance avec Dieu, et qui l'approche de plus près de la Divinité. Car l'idée la plus consolante que nous puissions nous former de Dieu, et qui nous inspire plus de confiance, est celle de la patience et de la douceur qu'il exerce envers les hommes. N'est-il pas surprenant, en effet, qu'un Dieu aussi puissant et aussi juste qu'il l'est, souffre avec tant de patience les outrages d'une infinité de pécheurs qu'il pourrait précipiter dans le fond de l'abîme? que non-seulement il les souffre, mais qu'il les recherche, qu'il leur pardonne quand ils reviennent à lui, qu'il les traite avec douceur, et qu'il comble de bienfaits ceux qui l'ont méprisé, offensé et outragé? C'est par ces traits de douceur et de bonté envers les hommes pécheurs qu'il fait particulièrement connaître sa puissance, comme nous l'annonce l'Eglise : *Deus, qui omnipotentiam tuam parcendo et miserando manifestas.* Et de là, mes frères, que s'ensuit-il? que l'homme qui a de la douceur pour ses frères, qui pardonne de bon cœur les injures, devient, autant qu'il peut l'être, semblable à Dieu; il est sur la terre une image vivante de la Divinité, et par conséquent l'objet des complaisances de Dieu qui se reconnaît dans cette âme, et qui se communique à elle par l'abondance de ses grâces. Aussi, ce sont les âmes douces et paisibles, dit le Prophète, que Dieu prend soin de conduire, à qui il enseigne les voies sûres par où il faut marcher : *Docebit mites vias suas.* (*Psal.* XXIV, 9.) Il veut bien leur servir de guide; et, sous sa conduite, elles ne feront point de faux pas. Ainsi, l'on peut dire que la douceur est une des marques les plus certaines de notre prédestination. Nous en avons pour garant la parole de Jésus-Christ qui nous assure que ceux qui sont doux sont heureux, parce qu'ils posséderont la terre : *Beati mites, quoniam ipsi possidebunt terram.* (*Matth.*, V, 4.)

Or quelle sera cette terre qui sera le partage des hommes pleins de douceur? Ce n'est pas, mes frères, cette terre habitée par les mortels, qui n'est qu'un lieu d'exil, une vallée de larmes; cette terre est occupée par les pécheurs aussi bien que par les justes; nous voyons même que les pécheurs sont quelquefois bien mieux partagés dans l'abondance de ses biens que les serviteurs de Dieu. La terre, qui est donc promise à ceux qui sont doux, est la bienheureuse terre des vivants où l'on ne meurt plus, d'où la tristesse, les maladies, les douleurs sont entièrement bannies; c'est ce séjour de paix où les élus de Dieu goûteront des délices ineffables, et jouiront de l'abondance de tous les biens : *Mansueti hæreditabunt terram, delectabuntur in multitudine pacis.* (*Psal.* XXXVI, 11.)

Pour vous faire sentir cette vérité, voyons la grande marque de prédestination que nous donne le grand Apôtre dans son *Epître aux Romains* (VIII, 29) : *Ceux-là*, dit-il, *seront prédestinés, que le Père céleste trouvera conformes à l'image de son Fils : « Quos prædestinavit conformes fieri imagini Filii sui. »* Et la douceur n'a-t-elle pas été le caractère particulier du Fils de Dieu? n'a-t-elle pas été une de ses vertus les plus chéries? Avec quelle douceur traita-t-il les pécheurs? En rebuta-t-il jamais aucun? Quelle fut sa patience à souffrir les grossièretés de ses apôtres? comment réprima-t-il le zèle amer de deux d'entre eux qui voulaient faire descendre le feu du ciel sur des peuples rebelles? Il n'a point employé d'autre défense contre les violences et les persécutions de ses ennemis : il n'a paru devant eux, selon l'expression d'un prophète, que comme un agneau qui se laisse tondre sans se plaindre : *Sicut agnus coram tondente se obmutescet.* (*Isa.*, LIII, 7.) Voyez ce divin Sauveur dans sa passion, rassasié d'opprobres, accablé d'injures et de mauvais traitements : comment se défendait-il? il ne disait pas un mot pour se plaindre : *Jesus autem tacebat.* (*Matth.*, XXVI, 63.) Ah! que ce silence de Jésus-Christ est éloquent pour nous inspirer la douceur et la patience à souffrir les injures qu'on nous dit, les mauvais traitements qu'on nous fait! Telles sont les armes qu'il nous a mises en main pour nous défendre de nos ennemis, et pour remporter la victoire qui doit assurer notre couronne. Il n'en donna point d'autres à ses disciples lorsqu'il les envoya prêcher son Evangile. *Je vous envoie*, leur dit-il, *comme des agneaux au milieu des loups; conservez toujours la simplicité de la colombe avec la prudence du serpent.* (*Matth*, X, 16.) Aussi les apôtres se sont-ils rendus plus recommandables, et ont-ils plus soumis de nations à l'empire de Jésus-Christ par la douceur et par la patience dans les afflictions, que par les miracles qu'ils ont opérés, dit saint Jérôme.

La douceur doit donc faire le caractère du chrétien, puisqu'elle a fait celui de Jésus-Christ et des saints : mais en faisant le caractère du chrétien, elle est la source de son bonheur, puisqu'elle lui gagne le cœur de Dieu, qu'elle le rend enfant de Dieu, et par conséquent héritier de son royaume, et qu'elle est une des marques les plus certaines de sa prédestination. Tels sont les avantages que la douceur nous procure du côté de Dieu; elle nous en procure encore de grands du côté du prochain, dont elle gagne aussi le cœur et l'amitié.

On peut se faire obéir par l'autorité; on peut convaincre l'esprit par la force des raisons; mais il n'y a que la douceur qui puisse gagner les cœurs; il n'est personne qui ne cède à ses charmes : *Elle a la vertu*, dit le Saint-Esprit, *de se faire des amis, et d'adoucir même ses ennemis : « Multiplicat amicos, mitigat inimicos. »* (*Eccli.*, VI, 5.)

Qui peut en effet se défendre d'aimer un homme doux et débonnaire, qui se fait un plaisir d'obliger tout le monde, qui est d'un caractère toujours égal? Autant l'on fuit la compagnie d'un homme colère, autant l'on recherche et l'on aime celle de ceux qui sont doux. Leur conversation a des charmes; on se plaît à s'entretenir avec eux, parce qu'on sait qu'ils ne se choquent de rien, et qu'ils pardonnent facilement les fautes auxquelles la fragilité humaine est sujette. Comme ils portent toujours le miel dans leur bouche, bien loin de disputer avec chaleur, ils cèdent même avec complaisance de leurs droits les plus légitimes : comme ils sont toujours officieux et toujours prêts à faire plaisir, on s'adresse à eux avec confiance, persuadé qu'on sera bien accueilli. S'ils ne peuvent accorder ce qu'on leur demande, ils accompagnent leurs refus de manières si obligeantes, qu'on s'en retourne très-satisfait de leur bonne volonté; le moyen, encore une fois, de ne pas aimer des gens de ce caractère? Oh! que la société des hommes serait tranquille et agréable si elle n'était composée que d'hommes doux et tranquilles! On n'entendrait parler ni de querelles, ni de procès, ni de rancune, ni de vengeance; la terre deviendrait semblable au ciel, où les cœurs sont tellement unis par les liens de la charité, qu'ils ont tous les mêmes sentiments et les mêmes affections. Mais que ces hommes sont rares, et qu'on devrait s'y attacher quand on les connaît! car rien n'est plus précieux dans la société humaine qu'un homme rempli de douceur. Cette vertu a non-seulement le pouvoir de faire des amis, mais encore de réconcilier les ennemis, *mitigat inimicos :* elle triomphe des cœurs les plus rebelles, il n'y a point d'homme si farouche qu'elle ne rende traitable : la plus violente colère, dit le Saint-Esprit, ne peut tenir contre une parole douce et obligeante.

J'en atteste ici l'expérience, mes frères, combien de fois n'avez-vous pas vu la vengeance la plus opiniâtre désarmée par la douceur? Et certes, dans telle circonstance, que n'aviez-vous pas résolu? Vous aviez formé de noirs desseins contre cette personne qui vous avait déplu, mais bientôt vous avez été apaisés : les excuses qu'elle vous a faites, les bonnes manières qu'elle a eues pour vous, et les services qu'elle vous a rendus, tout cela a changé vos mauvaises dispositions, et vous avez été forcés de louer sa douceur et son bon naturel : preuve certaine que rien ne résiste à la douceur. Non-seulement cette vertu calme nos ennemis, et nous réconcilie avec eux, mais encore elle pacifie ceux qui sont divisés ensemble.

Un homme de douceur, dit saint Chrysostome, sait tellement ménager les esprits, s'insinuer dans les cœurs, qu'il bannit toute l'aigreur qu'une insulte ou un mauvais service peut y avoir causée. Tantôt ce sont des motifs de religion qu'il propose pour engager à pardonner ; tantôt ce sont des excuses dont il se sert pour diminuer la faute de celui qui a offensé; sans prendre aucun parti, il donne à chacun son droit, et il prend si bien ses mesures, qu'il vient à bout de réunir les cœurs divisés. De quelle utilité cet ange de paix n'est-il pas dans la société humaine? C'est un vrai apôtre qui procure la gloire de Dieu et des hommes : *Dilectus Deo et hominibus.* (*Eccli.*, XLV, 1.) Or, s'il est maître du cœur des autres, il l'est encore plus de lui-même; troisième avantage de la vertu de douceur.

Si la colère transporte l'homme hors de lui-même, en sorte qu'il ne voit plus ce qui s'y passe, et ne sait plus ce qu'il fait; la douceur, au contraire, retient l'homme en lui-même, le rend maître de tous les mouvements de son cœur; il voit comme dans une eau claire, tout ce qui se passe dans ce cœur; le moindre orage qui s'y élève, il sait tout de suite l'apaiser, parce que la raison qui lui sert de pilote, conduit le gouvernail comme elle veut, et le fait jouir d'une tranquillité parfaite.

Telle est dès cette vie même la récompense de la douceur, en cela différente de beaucoup d'autres vertus qui n'auront leur récompense qu'en l'autre monde, comme la pauvreté, la patience, la mortification, qui n'ont rien que d'affligeant pour celui-ci; mais la douceur porte sa récompense avec elle, elle procure un repos qui fait dès cette vie un paradis anticipé. C'est ce que Jésus-Christ lui promet dans son Evangile, *Apprenez de moi que je suis doux, et vous trouverez* dans cette douceur *le repos de vos âmes : « Et invenietis requiem animabus vestris. »* (*Matth*, XI, 29.) Ah! que cette paix intérieure qui accompagne la douceur, procure à l'homme d'avantages! Elle le met au-dessus de tous les revers de fortune, de toutes les persécutions de ses ennemis, des affronts, des mépris auxquels les plus justes mêmes sont exposés. Qu'on lui enlève ses biens par des injustices, qu'on ternisse sa réputation par des calomnies; il est toujours égal, toujours content, parce qu'il possède la paix de Dieu qui surpasse tout ce qu'on en peut dire ou penser : *Pax Dei exsuperat omnem sensum.* (*Philipp.*, IV, 7.) Il est à l'abri de toutes les inquiétudes, de toutes les agitations, de tous les chagrins qui dévorent et font sécher inutilement l'homme colère. Il ne peut à la vérité être insensible aux maux; mais sa vertu et sa religion étouffent d'abord les sentiments de la nature, et lui font trouver dans lui-même un bien qui le dédommage au centuple de tous les maux qu'il peut souffrir, un bien d'autant plus solide, que personne ne peut le lui ravir, et qu'il dépend de lui de toujours conserver avec la grâce de Dieu, qui ne lui manque jamais. Ce seul avantage de la douceur devrait suffire pour nous la rendre estimable. Car rien de plus doux que d'être maître de soi-même, mais en même temps rien de plus grand; car il est plus glorieux, dit l'Esprit-Saint, de triompher de soi-même, que de gagner des batailles, de soumettre des villes et des provinces. Voulez-vous, mes frères, en faire l'heureuse expérience? apprenez quelle est la pratique de la douceur.

DEUXIÈME POINT.

La douceur n'est pas seulement l'effet d'un tempérament tranquille; il peut bien contribuer en quelque chose à cette vertu; mais il n'en fait pas le mérite. Autre chose est d'être doux par tempérament, autre chose de l'être par vertu. Ceux qui sont doux par tempérament, ont à la vérité moins de victoires à remporter pour dompter la colère, que ceux qui sont d'un tempérament vif et facile à s'emporter; mais cette douceur peut quelquefois dégénérer en lâcheté, si elle n'est soutenue et animée par la force, et réglée par la prudence, qui est l'âme des vertus. La douceur ne consiste pas non plus dans quelques manières honnêtes, dans quelques paroles affectées; elles en peuvent être l'effet, mais elles n'en sont pas une marque certaine : un cœur aigri et ulcéré se cache souvent sous les dehors de la politesse, et bien des gens font des caresses à ceux qui sont l'objet de leur rancune et de leur aversion.

La douceur réside donc principalement dans le cœur; et le propre de cette vertu, dit saint Chrysostome, est de réprimer ou modérer en nous la colère, et de céder à celle d'autrui : voilà en deux mots son caractère et sa pratique. Si la colère qui s'élève en nous est blâmable, la douceur en réprime les mouvements; si la colère est louable et honnête, la douceur la modère selon les règles de la prudence et de la charité. Cette vertu ne consiste donc pas dans l'insensibilité au mal qui nous arrive; car on peut avoir de la douceur, et ressentir vivement la douleur, une injure qu'on nous dit, un mépris que l'on fait de nous. La douceur n'est pas non plus incompatible avec une colère juste et raisonnable qui doit réprimer le vice, et soutenir les intérêts de Dieu. Mais le propre de la douceur, comme je viens de le dire, est de réprimer dans nous la colère qui est blâmable, et de modérer celle qui est louable.

Oui, mes frères, si vous avez de la douceur, vous aurez soin de réprimer tout mouvement de colère qui vous porte à vous venger, à nuire à votre prochain. Vous étoufferez même jusqu'au moindre sentiment d'aigreur et d'aversion que pourrait faire naître en vous une injure reçue, un mauvais service qu'on vous aurait rendu. C'est à quoi le grand Apôtre exhortait les premiers chrétiens : N'ayez parmi vous, mes frères, leur disait-il, nulle aigreur, nulle colère, nul dépit, nulle querelle; mais ayez les uns pour les autres de la bonté, de la compassion, pour vous pardonner mutuellement, comme Dieu vous a pardonné en Jésus-Christ : ***Estote invicem benigni, misericordes, donantes vobis in invicem sicut Deus in Christo donavit vobis.*** (*Ephes.*, IV, 32.)

Prenez donc garde, si quelqu'un vous désoblige, de ne pas chercher les moyens de lui rendre la pareille. Si l'on vous a fait quelque tort dans vos biens, dans votre honneur, et que vous ne puissiez avoir satisfaction que par justice, faites en sorte que la colère n'ait jamais de part à cette réparation; ne poursuivez point vos droits au préjudice de la charité; consultez-vous auparavant que de rien entreprendre, afin que la passion ne conduise point vos démarches, mais que la raison seule y préside : souvenez-vous toujours qu'il y a plus de gloire, plus de profit, plus de tranquillité à pardonner qu'à se faire rendre justice : gardez-vous surtout de rendre injure pour injure : ce n'est pas réparer son honneur, que de flétrir celui de son prochain; et afin que votre douceur remporte une victoire plus complète sur la colère, ne témoignez même à qui que ce soit le plaisir que l'on vous a fait, parce que vous pourriez trouver quelque génie turbulent, comme il n'y en a que trop, qui vous aigrirait davantage, qui vous engagerait à tirer satisfaction de votre ennemi; en un mot, quoi qu'il vous arrive de fâcheux de la part des hommes, élevez-vous au-dessus d'une nature sensible, toujours ennemie de ce qui la choque. On n'est pas maître, à la vérité, des premiers mouvements qui s'élèvent dans notre âme; mais ce n'est pas le sentiment qui nous rend coupables, c'est le consentement au mal : c'est à la douceur à le prévenir, à l'empêcher et nous faire posséder notre âme en paix au milieu des plus grandes tribulations : *In patientia vestra possidebitis animas vestras.* (*Luc.*, XXI, 19.)

J'ai dit, en second lieu, que la douceur

doit modérer la colère louable et la juste indignation que nous devons ressentir des fautes d'autrui. Car loin de nous, mes frères, une criminelle complaisance qui ne serait point touchée de l'offense de Dieu, qui souffre tout, qui ne corrige point le pécheur, dans la crainte de lui faire de la peine et d'encourir sa disgrâce. *Si je cherchais à plaire aux hommes*, disait l'Apôtre, *je ne serais plus serviteur de Jésus-Christ : « Si hominibus placerem, Christi servus non essem.* » (*Galat.*, I, 10.) La douceur doit donc être accompagnée de fermeté pour s'opposer au vice, pour réformer les abus surtout quand on a l'autorité, que l'on est chargé par devoir de procurer le salut du prochain. Cette colère est si nécessaire, dit saint Chrysostome, que sans elle le vice triompherait, et la vertu serait opprimée. Moïse, quoique le plus doux des hommes, se mit en colère contre les adorateurs du veau d'or, et en fit tuer vingt mille. Jésus-Christ, l'Agneau plein de douceur, se mit aussi en colère contre les profanateurs du temple. On peut donc se fâcher sans pécher, comme dit le Prophète, quand il est question de soutenir les intérêts de Dieu : *Irascimini, et nolite peccare.* (*Psal.* IV, 5.) Mais cette colère doit être modérée par la douceur. Elle s'efforce de détruire le vice, sans vouloir détruire le pécheur : on doit reprendre le pécheur avec fermeté; mais la douceur doit tempérer l'aigreur des réprimandes : *In spiritu lenitatis.* (*Gal.*, VI, 1.) Il faut mêler l'huile avec le vin pour guérir les plaies du malade, en lui faisant voir que c'est la charité et non la passion qui nous anime : *Charitas urget nos.* (II *Cor.*, V, 14.)

Loin donc de nous, mes frères, ces emportements furieux, ces paroles dures et injurieuses, ces tons menaçants, ces manières fières et hautaines, ces imprécations, ces mauvais traitements qui ne font qu'irriter le mal, au lieu de le guérir. Bien des gens qui se flattent d'avoir du zèle, n'ont de la sévérité que pour les autres, et de l'indulgence pour eux-mêmes. Le véritable zèle n'inspire de la rigueur que pour soi-même, et que de la douceur pour les autres. Il aime mieux pécher par trop de douceur que par trop de rigueur.

Enfin, la douceur nous fait céder à la colère d'autrui, et nous engage à prendre les mesures convenables pour la calmer.

Il est facile d'être doux et obligeant avec ceux qui le sont pour nous, d'avoir de la patience quand personne ne nous fait de la peine. Mais il n'est pas aisé de céder à la colère d'autrui, d'être toujours en paix comme le Roi-Prophète, avec ceux qui n'aiment que la guerre : *Cùm his qui oderunt pacem eram pacificus.* (*Psal.* CXIX, 7.) Il faut pour cela une douceur universelle et constante ; universelle pour souffrir en tout temps et toutes sortes de personnes : une douceur constante pour ne point se rebuter des rudes épreuves où elle est exposée. Telle doit être cependant la douceur chrétienne ; c'est en cédant plutôt qu'en combattant, qu'elle gagne les esprits. Car si la colère est un feu qui cherche à détruire tout ce qui lui est opposé, en vain pour l'éteindre voudrait-on lui opposer un autre feu ; on ne ferait que l'allumer davantage. Rien au contraire de plus capable de l'éteindre, que la douceur qui, au langage de l'Ecriture, est une douce rosée qui tempère les ardeurs de la colère. Voilà, chrétiens, les armes dont vous devez vous servir pour triompher de la colère d'autrui.

Vous avez à souffrir de toutes sortes de personnes, proches, parents, amis, voisins, ennemis, qui se choquent quelquefois de ce que vous avez dit, ou de ce que vous avez fait sans dessein de leur faire de la peine ; vous avez à vivre avec des gens bizarres, turbulents, farouches, qui vous cherchent querelle à tous propos ; avec des opiniâtres, qui ne veulent entendre aucune raison ; avec des violents, que les bonnes manières ne peuvent adoucir, à qui tout le bien que l'on fait ne sert qu'à les rendre plus mauvais. Comment devez-vous vous comporter avec ces sortes de gens ? Apprenez-le du grand Apôtre : *Ne vous laissez point vaincre par le mal, mais tâchez de vaincre le mal par le bien : « Noli vinci a malo, sed vince in bono malum.* » (*Rom.*, XII, 21.) C'est ainsi que Jésus-Christ et les saints se sont comportés à l'égard de leurs ennemis. A combien d'affronts et d'injures n'ont-ils répondu que par des bienfaits signalés? On chargeait Jésus-Christ d'outrages et de malédictions, dit saint Pierre, et il ne maudissait personne : *Christus cum malediceretur non maledicebat.* (I *Petr.*, II, 23.) On nous donne des malédictions, dit l'Apôtre, et nous donnons des bénédictions : on nous outrage de paroles, et nous faisons des prières pour ceux qui nous outragent : *Blasphemamur, et obsecramus.* (I *Cor.*, IV, 13.)

Ah ! si les chrétiens se comportaient bien de même, s'ils n'opposaient que la douceur à la colère de ceux avec qui ils sont obligés de vivre, verrait-on comme l'on voit aujourd'hui, tant de discordes et de dissensions dans les familles? Si une femme, par exemple, au lieu de répondre à son mari par des paroles aigres et piquantes, lorsqu'il se met en colère contre elle, n'opposait à ses violences que les voies de la douceur ; si elle gardait le silence quand elle ne peut autrement vaincre les emportements d'un mari furieux, elle n'exciterait pas sur elle des orages dont elle est la triste victime ; elle ne s'attirerait pas les mauvais traitements, qui viennent autant de sa faute, que de la colère de son mari. Ce fut par la douceur, que sainte Monique vint à bout de calmer et de convertir son mari idolâtre et furieux. Heureuses seraient les femmes qui suivraient ce modèle ! si leur patience ne convertissait pas leurs maris, elles y trouveraient du moins un grand fonds de mérite devant Dieu : de même si un époux avait la complaisance de céder, quand il voit une femme lui résister en face; s'il prenait sur lui de l'apaiser par de bonnes raisons, on verrait la paix régner dans les familles, on la verrait aussi régner parmi les voisins qui ne sont en guerre les uns avec les autres, que parce qu'aucun ne veut céder.

Mais si je cède toujours, direz-vous, si je souffre tout avec patience, ma douceur m'attirera de nouvelles insultes, on se moquera de moi, on me méprisera. La douceur n'a-t-elle pas ses bornes? doit-elle être si constante, et ne doit-elle pas enfin s'épuiser à force de pardonner? Ecoutez à ce sujet la réponse du grand Apôtre : La véritable charité ne doit jamais s'éteindre; c'est une dette que le chrétien doit toujours payer, et dont il n'est jamais quitte : *Nemini quidquam debeatis nisi ut invicem diligatis.* (*Rom.* XIII, 8.) Vous pouvez bien vous acquitter des autres dettes dont vous êtes chargés à l'égard du prochain, mais la charité est une dette de toute la vie; parce que, dit le même Apôtre, la charité est la plénitude de la loi; et celui qui satisfait à ce précepte, remplit toute la loi : *Qui diligit proximum, legem implevit.* (*Ibid.*) Il ne suffit donc pas d'avoir de la douceur en quelque occasion, d'en avoir pour quelque temps; cette douceur doit être constante pour soutenir en tout temps toutes les épreuves où elle peut être mise : quoi qu'il arrive de fâcheux, quoi qu'on nous dise de désobligeant, il faut toujours posséder son âme en paix.

Voulez-vous enfin, mes frères, avoir une douceur constante et inébranlable, ayez de l'humilité, soyez détachés de tout, et soumis aux volontés de Dieu; la douceur, appuyée sur de si solides fondements, deviendra ferme et invincible. Car si la colère vient de l'amour de soi-même, d'un orgueil secret, d'un attachement aux biens du monde, d'un défaut de soumission aux volontés de Dieu; la douceur est l'effet des vertus contraires à ces vices. Oui, mes frères, dès que vous aurez de l'humilité, vous aurez de la douceur. Jésus-Christ met ces deux vertus ensemble, comme deux compagnes inséparables : apprenez de moi que je suis doux et humble de cœur : *Discite a me*, etc. Dès que vous aurez de bas sentiments de vous-mêmes, vous vous croirez indignes de tout honneur, vous aimerez le mépris et les humiliations; vous ne serez donc pas fâchés du mépris qu'on fera de vous, des affronts, des insultes dont vous serez chargés, parce que vous y trouverez l'objet de votre humilité. Si vous avez de l'humilité, vous déférerez volontiers aux sentiments d'autrui, vous leur parlerez d'une manière affable, vous serez toujours d'une humeur égale, ce qui est l'effet de la douceur. Hélas! vous aimez la douceur et l'humilité dans les autres! que ne pratiquez-vous des vertus que vous trouvez si aimables, et dont vous êtes bien aises qu'on vous donne des preuves? Soyez détachés des biens du monde, et les pertes, ni les disgrâces ne sauraient vous irriter. Soyez détachés de vous-mêmes, soyez mortifiés, et vous aurez de la douceur; car la colère, l'impatience ne viennent que d'un cœur immortifié. Soyez aussi soumis aux volontés de Dieu, et vous aurez de la patience dans les afflictions, dans les tribulations dont il se servira pour éprouver votre vertu. Il n'y a point de vertu sans patience; mais c'est la patience, dit saint Jacques, qui donne à la vertu sa perfection : *Patientia opus perfectum habet.* (*Jac.*, I, 4.) C'est elle aussi qui couronne nos mérites et qui nous conduit au souverain bonheur. Je vous le souhaite. *Amen.*

PRONE XVII.

Pour le cinquième Dimanche après les Rois.

SUR L'ENFER.

Colligite primum zizania, et alligate ea in fasciculos ad comburendum. (*Matth.*, XIII, 30.)

Cueillez premièrement l'ivraie, et liez-la en petites gerbes pour brûler.

Il n'est pas difficile, mes frères, de comprendre le sens de cette parabole que Jésus-Christ nous propose dans l'Evangile de ce jour. Cette ivraie mêlée avec le bon grain qu'il veut qu'on laisse croître jusqu'à la moisson, nous représente les pécheurs qui sont pendant cette vie mêlés avec les bons. Dieu souffre le mélange des uns et des autres, pour des raisons, dit saint Augustin, qu'il ne nous appartient pas de pénétrer. Mais après la mort, au jugement de Dieu, qui sera le temps de la moisson, l'ivraie sera séparée du bon grain, les méchants d'avec les bons. Mais, hélas! que leur sort sera bien différent! les bons, comme le bon grain, seront placés dans le grenier du père de famille; ils iront jouir dans le ciel du bonheur qu'ils auront mérité; et les méchants, liés comme des faisceaux, seront précipités dans le fond des enfers : *Alligate*, etc.

Telle est la fin malheureuse des pécheurs: un enfer éternel; voilà le terme fatal où doivent aboutir leur vie criminelle, leurs joies, leurs plaisirs; telle est déjà la triste destinée de ceux qui sont morts dans la disgrâce de Dieu. Telle sera la vôtre, pécheurs qui m'écoutez, si vous ne vous convertissez, si vous ne retournez à Dieu par une sincère pénitence. C'est donc pour vous engager à cette pénitence, que je viens aujourd'hui ouvrir à vos yeux les abîmes éternels. Descendez-y en esprit, pendant la vie, vous dit l'Esprit-Saint; c'est le moyen de n'y pas descendre après la mort, ajoute saint Bernard : *Descendant in infernum viventes ut non descendant morientes.* Allez apprendre des réprouvés à penser juste sur les choses du monde, sur les biens et les plaisirs du monde; c'est de ce point de vue que vous devez les envisager, pour en concevoir un souverain mépris.

Rien de plus capable que la pensée de l'enfer pour vous détourner du péché, et vous porter à la vertu. Mais, hélas! comment traiterai-je une vérité si effrayante! Quel ordre peut-on suivre dans un sujet qui ne présente que désordre, qu'une confusion éternelle? Pour remplir néanmoins mon dessein, je suivrai les idées que les Docteurs et les Pères de la vie spirituelle qui ont traité cette matière, nous en ont données. Ils distinguent deux sortes de peines qu'on souffre en enfer : la première est la peine du dam, qui consiste dans la privation de Dieu; et l'autre est la peine du sens, qui consiste dans les vives douleurs qu'on y endure; enfin, la durée de ces peines, qui sera éternelle. Voilà, en peu de mots, ce que c'est que l'enfer. Le pécheur dans l'enfer, séparé de Dieu : quelle perte! Ce sera mon premier point. Le pécheur dans l'enfer, accablé de toutes sortes de maux : quel supplice Ce sera mon second point. Le pécheur dans l'enfer, éternellement misérable, éternellement souffrant : quelle durée! Ce sera mon troisième point. Ce sujet est trop vaste pour être renfermé dans une seule instruction; attachons-nous aujourd'hui au premier chef, qui est la peine du dam, réservant les autres pour d'autres instructions.

PREMIER POINT (1).

Quelle est, mes frères, la surprise et la consternation d'un homme qui possédait, il n'y a qu'un moment, des biens en abondance, qui goûtait les plaisirs de la vie, les douceurs d'une agréable société, et qui se voit tout à coup transporté dans un pays inconnu et barbare, réduit à une affreuse indigence, sans amis, sans appui, environné d'ennemis cruels qui ne cherchent qu'à le tourmenter, et qui, comme autant de bêtes féroces, voudraient le dévorer, sans qu'il puisse trouver du secours pour se défendre, et sans espérance de recevoir jamais aucun soulagement dans sa misère? Tel, et mille fois plus tragique encore, est le sort d'une âme que la mort a surprise en état de péché, et qui se voit tout à coup précipitée dans l'enfer, dénuée de tout bien, et devenue la proie des démons qui ne s'occuperont qu'à la tourmenter pendant toute l'éternité. Ah! qui pourrait exprimer la consternation de cette âme à son entrée dans l'enfer, surtout lorsqu'elle y est précipitée sans y avoir pensé, comme il arrive à ceux qui meurent de mort subite dans l'état de péché mortel, qui s'endorment en cet état dans leur lit, et qui à leur réveil se trouvent dans l'enfer sur des brasiers ardents; quelle est, dis-je, leur surprise, leur désolation? Me voici donc dans l'enfer, dit ce réprouvé, dont j'ai ouï si souvent parler, dont j'ai été tant de fois menacé, où j'ai même craint bien des fois de tomber! Ah! ce n'est pas un songe, m'y voici pour toujours; l'enfer est ma maison, ma demeure éternelle : *Infernus domus mea est.* (*Job*, XVII, 13.) O cruelle habitation où mes iniquités m'ont réduit, et d'où il ne me sera jamais permis de sortir! *Infernus domus mea est.* Que sont donc devenues ces autres demeures, ces maisons que j'ai pris tant de peine à édifier? Fallait-il tant me fatiguer pour les autres, pour n'avoir qu'une prison de feu pour ma demeure? Où sont ces biens, cet or, cet argent que j'ai amassés, ces héritages que j'ai acquis? Hélas! ils sont passés comme l'ombre et la fumée; ils ne sont plus à mon esprit que comme un vain fantôme qui a disparu; je me vois réduit au même état que ceux qui ont songé qu'ils étaient riches, et qui se trouvent à leur réveil dans une affreuse indigence : *Dormierunt somnum suum, et nihil invenerunt viri divitiarum in manibus suis.* (*Psal.*, LXXV, 6.) Tel est, mes frères, la déplorable situation d'un réprouvé dans l'enfer. Tout est passé pour lui : plus de biens, plus de plaisirs, plus d'amis qui se réjouissent avec lui dans la prospérité, ou qui le consolent dans l'adversité. Mais ce qui l'afflige encore plus, ce n'est pas tant la perte des biens temporels, puisqu'après tout l'expérience nous fait voir tous les jours qu'il les faut quitter, et que l'on n'emporte rien avec soi après la mort. Ce qui fait donc son plus grand supplice, c'est que non-seulement il a tout perdu sur la terre, mais encore qu'il a perdu le plus grand de tous les biens, le souverain bien, qui est Dieu lui-même, qui devait le rendre éternellement heureux. Ce sera là, mes frères, le vrai malheur de tous les réprouvés dans les enfers; le plus grand sujet de douleur ne sera pas pour ceux qui auront été riches, d'avoir perdu des biens périssables, parce qu'ils ne devaient pas les posséder toujours; ce ne sera pas non plus un sujet d'affliction pour les pauvres, puisqu'ils ont été déjà pendant leur vie privés des biens du monde : mais le souverain malheur de tous sera la perte d'un Dieu qui devait faire leur bonheur, et qu'ils ont perdu par leur faute. Un Dieu perdu, et un Dieu perdu par sa faute! voilà, mes frères, ce que nous appelons dans les réprouvés la peine du dam. Tâchons de vous en faire concevoir la rigueur.

I. Que l'homme s'éloigne de Dieu sans regret pendant la vie, qu'il perde sans douleur sa grâce et son amitié, il ne faut pas en être surpris. Occupé qu'il est des objets sensibles, entraîné par le plaisir, étourdi par le tumulte des passions, il perd aisément de vue le souverain bien; il est peu touché de ses infinies amabilités, qu'il ne connaît que d'une manière obscure et énigmatique, comme dit l'Apôtre. Si les remords de sa conscience lui font quelquefois sentir la grandeur de la perte qu'il a faite en offensant Dieu, il tâche de s'étourdir, et de se dédommager dans les créatures; il cherche dans ses biens et ses plaisirs de quoi distraire son esprit des pensées affligeantes qui lui font sentir son malheur.

Mais, pécheurs aveugles, que vos pensées seront bien différentes, lorsque les nuages seront dissipés, et que la mort aura levé ce bandeau fatal qui vous bouche les yeux, et vous empêche de voir l'excellence du bien que vous perdez par le péché! Alors votre âme, dégagée des objets sensibles qui l'occupaient pendant la vie, séparée de ce corps mortel qui l'appesantissait vers la terre, connaîtra clairement la perte qu'elle

(1) Chaque point peut servir pour un prône.

aura faite en perdant Dieu, parce qu'elle verra dans Dieu qu'elle a perdu un objet infiniment bon, infiniment aimable, seul capable de la rendre heureuse. Elle connaîtra que lui seul étant un bien infini qui renferme tous les biens, pouvait seul remplir la vaste étendue de ses désirs. Elle ne pourra plus chercher de consolation dans les créatures, dans ses biens, ses amis, ses plaisirs qui lui auront échappé comme un songe; ainsi, n'étant plus occupée, ni distraite par aucun objet créé qui puisse la charmer, elle fixera toute son attention au bien souverain. Elle souhaitera de le posséder; elle s'y portera avec des désirs mille fois plus impétueux qu'un feu renfermé, à qui on donne un libre essor, ne tend à sa sphère. Mais plus elle s'y portera, plus elle désirera de le posséder, plus elle en sera rebutée, rejetée. Elle verra que le péché a mis entre Dieu et elle un chaos immense qu'elle ne pourra pénétrer. Voilà ce qui fera sécher de douleur le pécheur réprouvé : *Peccator videbit et irascetur, dentibus suis fremet et tabescet, desiderium peccatorum peribit.* (*Psal.*, CXI, 10.) Il sentira de son côté des désirs véhéments de s'unir à Dieu comme à son centre, et il éprouvera du côté de Dieu les rebuts les plus amers : *Desiderium peccatorum peribit.* Non, lui dira le Signeur, vous n'aurez jamais de part avec moi; je ne vous connais point; vous m'avez refusé votre amour pendant la vie, vous vous êtes éloigné de moi, c'est ce qui a fait la malice de votre péché : mais je m'éloigne à mon tour de vous, c'est ce qui fera votre supplice pendant l'éternité : je vous refuserai pour toujours mon amour; vous ne serez plus mon peuple, ni mon enfant; je ne serai plus votre Dieu ni votre Père : *Voca nomen ejus : Non populus meus.* (*Osee*, I, 9.) Quel coup de foudre, quel chagrin pour une âme qui se verra ainsi rebutée de son Dieu! Représentez-vous, mes frères, la désolation d'une épouse qui a perdu son époux qu'elle aimait tendrement, ou l'affliction d'un enfant à qui la mort a ravi le meilleur des pères; ce n'est rien en comparaison de la douleur d'une âme séparée de son Dieu, le plus aimable des époux, le plus tendre des pères. Etre éloigné d'un objet qu'on connaît infiniment aimable et que l'on voudrait posséder; désirer toujours cet objet, sans espérance de le posséder jamais, tel est le déplorable sort du réprouvé dans l'enfer. Pour comprendre ce malheur, il faudrait pouvoir comprendre ce que c'est que Dieu; car de même que le souverain bonheur des saints dans le ciel sera de posséder Dieu, le souverain malheur des réprouvés dans l'enfer sera d'être privé de Dieu. Si l'on y pouvait posséder Dieu, l'enfer, malgré ses effroyables supplices, cesserait d'être enfer. Oui, j'ai perdu Dieu, dira cette âme infortunée, et en le perdant j'ai tout perdu. Beau ciel, pour lequel j'étais faite, jamais, non, jamais je ne te verrai! O charmante patrie, tu m'es fermée pour toujours; un trône de gloire m'y était préparé, et m'en voilà exclue pour l'éternité! Chers parents, chers amis qui en êtes les heureux habitants, je vous ai dit un éternel adieu; jamais je ne jouirai avec vous de la présence de mon Dieu, jamais je ne goûterai de ce torrent de délices dont vous êtes inondés : c'en est fait, j'ai tout perdu, et ma perte est irréparable. Et ce qui me rend inconsolable dans mon malheur, c'est que j'en suis moi-même l'auteur, c'est par ma faute que j'ai perdu le bien souverain : *Perditio tua, Israel.* (*Osee*, XIII, 9.) Deuxième circonstance qui nous marque la peine du dam.

II. C'est un sujet de consolation dans les maux de cette vie, de savoir qu'on n'a aucune part à la cause qui les a produits : on n'est pas toujours criminel pour être malheureux. Nous voyons souvent que les plus justes même sont affligés par des accidents imprévus, ou par la malice de leurs ennemis, ou par la main de Dieu même, qui veut éprouver leur vertu par la tribulation : mais ils trouvent dans le témoignage d'une bonne conscience une onction salutaire qui tempère bien les amertumes de leurs souffrances. Si au contraire on est malheureux par sa faute, si par sa mauvaise conduite on a perdu ses biens, son crédit, sa réputation, sa liberté, sa santé; c'est ce qui cause les chagrins les plus amers, les regrets les plus sensibles, et ce qui est même capable de changer de légères peines en des douleurs accablantes.

Telle est, mes frères, l'affligeante situation d'un réprouvé dans l'enfer. Il ne peut attribuer à d'autres qu'à lui-même son malheureux sort. Sans cesse le ver rongeur de sa conscience, qui, au langage de l'Ecriture, ne meurt jamais, lui fera ces amers reproches : C'est toi, malheureux, qui es l'artisan de ton infortune; tu ne dois t'en prendre qu'à toi-même, de la perte irréparable que tu as faite de ton Dieu. Il ne tenait qu'à toi de le posséder éternellement dans le ciel, de régner avec les saints qui y sont maintenant : la porte t'en était ouverte aussi bien qu'aux autres; mais tu n'as pas voulu y entrer, tu as quitté la voie qui pouvait t'y conduire, pour suivre la voie large qui t'a conduit à la perdition : *Perditio tua, Israel.* Ah! insensé, fallait-il pour des biens fragiles qui n'ont fait que passer entre tes mains, pour un fade plaisir dont il ne te reste que le triste souvenir, fallait-il perdre des biens éternels, des délices ineffables dont tu jouirais maintenant dans le séjour de la gloire? *Gustavi paululum mellis, et ecce morior.* (I *Reg.*, XIV, 43.) Fallait-il s'attacher à une indigne créature par préférence au Créateur, qui pouvait seul remplir la vaste étendue de tes désirs? Reconnais donc maintenant combien il est triste et amer d'avoir abandonné ton Dieu, puisqu'il t'a abandonné à son tour, et qu'il t'a pour jamais rejeté de sa divine face : *Scito et vide quia malum et amarum est dereliquisse te Deum tuum.* (*Jerem.*, II, 19.) Ah! que ces reproches, mes frères, causeront de douleur et d'amertume au réprouvé! que ces temords seront sensibles et cuisants! car il n'en sera pas de ceux-là comme de ceux que la conscience fait à présent aux pécheurs. Pendant cette vie, l'âme du pécheur sort, pour ainsi dire, d'elle-même, dit saint Bernard, en se répandant sur les objets extérieurs; d'où il arrive que le ver de conscience ne fait que de légères piqûres, ne touche, pour ainsi dire, que la superficie : mais dans l'enfer, l'âme, renfermée en elle-même, n'ayant plus de portes pour sortir et se dissiper, sentira toute la rigueur et la pointe des remords de conscience; elle en sera environnée, pénétrée de toute part; de quelque côté qu'elle se tourne, elle se roulera dans les épines qui pénétreront si avant dans sa substance, qu'elle ne pourra plus les arracher. Sans cesse elle se représentera, elle se reprochera les péchés qu'elle a commis, l'abus qu'elle a fait des grâces de son Dieu. Les péchés commis se présenteront à elle, non pas confusément, ni les uns après les autres, mais clairement, tous ensemble et dans toute leur difformité, et lui diront : Nous reconnais-tu bien maintenant? c'est toi qui nous a faits, nous sommes tes œuvres : *Opera tua sumus.* Reconnais-tu, orgueilleux, cette ambition démesurée que tu traitais de noble émulation? Avare, reconnais-tu cette sordide avarice que tu cachais sous le voile d'une prudente économie? Impudique, reconnais-tu ces voluptés brutales que tu regardais comme des faiblesses pardonnables? Vindicatif, reconnais-tu ces haines, ces rancunes, ces vengeances que tu prenais pour grandeur d'âme, pour sentiment d'honneur? Ah! cruel péché, en vain présentes-tu maintenant au pécheur des plaisirs trompeurs, tu deviendras un jour son bourreau dans l'enfer; après avoir fait ses délices sur la terre, tu feras son supplice éternel, parce qu'il verra, ce pécheur, que pour avoir goûté un moment de douceur qui t'accompagne, il a perdu son Dieu, son bonheur souverain, il est tombé dans les horreurs d'une mort éternelle : *Gustans gustavi paululum mellis, et ecce morior.*

Ce qui affligera encore le réprouvé, sera la vue des grâces dont il a abusé, grâces précieuses avec lesquelles il pouvait mériter la possession de Dieu, et qui n'ont servi qu'à le rendre plus criminel et plus malheureux. Il verra que Dieu ne l'ayant créé que pour le rendre heureux, il lui avait donné toutes les grâces nécessaires pour arriver à ce bonheur. Il n'était question que de garder les commandements que Dieu lui avait imposés : ces commandements n'avaient rien d'impossible; au contraire, le joug du Seigneur était doux et léger, le chemin du ciel n'était pas si difficile qu'il se l'imaginait : s'il y avait quelques difficultés à surmonter dans la voie du salut, la grâce du Seigneur les lui aplanissait; grâces qu'il a reçues en abondance dans le sein du christianisme, ou qu'il n'a tenu qu'à lui de recevoir et de puiser dans leur source, qui sont les sacrements. Mais, hélas! dira-t-il en se désespérant, au lieu de profiter des ces grâces, je les ai négligées, ou rendues inutiles par l'abus que j'en ai fait; j'ai profané les sacrements qui devaient me sanctifier; j'ai foulé aux pieds le sang d'un Dieu, qu'il avait répandu pour me sauver. Combien de salutaires instructions dont je pouvais profiter pour mon salut, et que j'ai méprisées? Combien de bons exemples que j'ai eus sous les yeux, qui m'animaient à la pratique de la vertu, et dont je me suis moqué? Combien de fois Dieu, qui me cherchait dans mes égarements, m'a-t-il parlé au cœur pour me convertir, et j'ai été sourd à sa voix? En tel temps, en tel lieu, je me souviens qu'entendant parler des terribles châtiments que j'endure, je formai la résolution de changer de vie, de renoncer au péché, à cette occasion qui m'a perdu. Il ne tenait qu'à moi de mettre à exécution ces bons desseins; il ne fallait que le soupir d'un cœur contrit et humilié, une larme de pénitence pour effacer tous mes péchés; il ne fallait qu'un peu de bonne volonté pour me détacher du péché, du monde et de ses plaisirs. J'ai eu tout le temps nécessaire pour travailler à mon salut; Dieu m'a attendu avec patience, il m'aurait reçu encore avec bonté, si j'eusse profité de ce dernier moment qui a précédé ma mort : mais me voilà dans la nuit fatale où je ne peux plus rien faire pour mon salut; plus de temps, plus de sacrements, plus de grâces à espérer; c'est donc par ma faute, par ma seule faute, que j'ai perdu cet héritage qui m'était destiné; il n'y en a plus pour moi, jamais je ne verrai Dieu, jamais je ne jouirai de sa présence. O rage! ô désespoir! que ne puis-je me délivrer de cette pensée importune? C'est à moi seul que je dois m'en prendre, si je suis éternellement malheureux : *Perditio tua, Israel.*

Mais non, mes frères, cette cruelle pensée ne quittera jamais le réprouvé; il en sera toujours occupé, affligé, tourmenté : elle sera, dit saint Ambroise, un de ses plus grands supplices; car s'il pouvait se dire à lui-même qu'il n'est pas l'auteur de son infortune, ses peines lui seraient moins insupportables; mais les reproches continuels qu'il se fait, l'agitent si cruellement, que quand il n'y aurait point de démons pour le faire souffrir, il sera lui-même son propre bourreau.

Ainsi, mes frères, qu'attendez-vous pour mettre ordre aux affaires de votre conscience? Attendez-vous que vous ayez le même sort que ces malheureux, pour faire de sérieuses réflexions sur la vanité des choses du monde, sur la laideur du péché, sur le prix de la grâce? Ah! plutôt prévenez ce malheur, en faisant maintenant d'une manière salutaire ce que vous feriez pour lors inutilement; et pour en venir à la pratique, entrez dans les sentiments d'un réprouvé; substituez vos lumières aux siennes pour envisager dans le même point de vue que lui les biens, les plaisirs, les honneurs du monde : demandez-lui ce qu'il pense des uns et des autres.

Ah! que ses pensées sont maintenant bien différentes! Ce qui était autrefois l'objet de son estime et de ses désirs, est devenu l'objet de son mépris et de son aversion, comme au contraire ce qu'il avait autrefois en aversion, ferait maintenant ses plus chères délices. Hélas! de quoi nous servent à présent, disent ces riches du siècle, l'abondance des biens que nous avons possédés, le faste des grandeurs où nous avons été élevés, les charmes des plaisirs que nous avons goûtés? *Quid profuit superbia? aut divitiarum jactantia quid contulit nobis?* (*Sap.*, V, 8.) Ne vaudrait-il pas mieux pour nous d'avoir été pauvres et misérables sur la terre pour être heureux dans le ciel, que d'avoir joui d'une abondance dont il ne nous reste qu'un triste souvenir, et qui a été suivie du dernier malheur où nous sommes réduits? Voilà, devez-vous dire quand vous êtes sur le point de contenter vos passions, ce qui m'en restera dans l'enfer. Si les damnés pouvaient maintenant revenir sur la terre, les verrait-on empressés après les biens et les plaisirs du monde? les verrait-on dans les assemblées profanes, les jeux, les spectacles? Quel mépris au contraire ne feraient-ils pas paraître pour les biens de la terre! Quel amour pour les humiliations et les souffrances! Quelle assiduité à la prière, à visiter les églises, à fréquenter les sacrements! Quelle exactitude à remplir les devoirs du christianisme! Il n'y aurait point de pénitence qui les rebutât, point de disgrâce qui les affligeât, point d'obstacles qu'ils ne surmontassent pour éviter de retomber dans le même malheur. Si ces misérables avaient seulement une partie du temps que vous employez si mal, que vous perdez dans l'oisiveté, ou dans la poursuite des bagatelles du siècle, avec quel soin n'en ménageraient-ils pas les moments pour gagner le ciel qu'ils ont perdu? C'est la seule affaire qui les occuperait, et sûrement ils viendraient à bout d'y réussir : or, ce qui n'est qu'une supposition pour eux, qui n'arrivera jamais, est une vérité pour vous; la grâce qui leur sera pour toujours refusée, vous est accordée : faites-vous donc sages à leurs dépens; mettez à profit le temps et les grâces que le Seigneur vous donne encore; pensez comme feraient ces misérables, s'ils étaient en votre place; ne cherchez et n'estimez d'autres biens que les biens éternels. Dieu seul mérite votre attention et votre amour; lui seul peut vous rendre heureux : attachez-vous donc à lui, et ne vous en séparez jamais par le péché, si vous ne voulez pas en être séparés pendant l'éternité. Si vous avez eu le malheur d'encourir sa disgrâce, recourez à lui par une prompte pénitence, crainte d'être surpris par la mort dans l'état de péché. Car si vous y êtes surpris, il n'y aura plus de ressource ni d'espérance, comme il n'y en a plus pour les réprouvés qui sont dans l'enfer : *In inferno nulla est redemptio.* Ecoutez la voix de votre conscience qui vous presse de vous donner à Dieu; laissez-vous toucher par ses remords pendant la vie, si vous ne voulez pas en ressentir les reproches pendant l'éternité. Ecoutez ce que vous dit cette conscience, quand vous êtes sur le point d'offenser votre Dieu : A quoi vous exposez-vous, dit-elle, pour un fade plaisir, pour un vil intérêt? A perdre votre âme, votre Dieu, votre bonheur éternel.

Ah! insensé, ne soyez pas si cruel à vous-même : si vous étiez maintenant dans l'enfer, quel regret n'auriez-vous pas d'avoir contenté cette passion brutale, d'avoir retenu ce bien d'autrui, de vous être vengé de cet ennemi? Pourquoi faire maintenant ce qui vous coûtera un repentir éternel? Ah! faites plutôt tout ce que voudraient avoir fait ceux dont je viens de vous dépeindre la triste destinée, et ce qu'ils feraient, s'ils étaient sur la terre; ce que vous feriez si Dieu vous avait tiré de l'enfer, après y avoir été condamné. Car n'est-ce pas une aussi grande grâce, et même une plus grande, qu'il ne vous y ait pas précipité après l'avoir mérité, que de vous avoir délivré après que vous y seriez tombé?

Pratiques. — Regardez-vous donc comme une malheureuse victime rachetée de l'enfer; cette vue vous inspirera de l'horreur du vice et vous portera à la pratique de toutes les vertus, et particulièrement de celles que l'Apôtre saint Paul nous recommande dans l'Epître de ce jour, qui sont l'humilité, la miséricorde, la patience : *Induite vos sicut electi Dei viscera misericordiæ..... humilitatem, patientiam.* (*Coloss.*, III, 12.)

Quel sentiment d'humilité ne doit pas vous inspirer la vue de l'enfer que vous avez mérité par vos péchés! Vous êtes sûr d'avoir péché, vous pouvez donc dire en toute sûreté : J'ai mérité l'enfer, et j'y serais déjà, si Dieu ne m'avait épargné. Vous n'êtes pas sûr si votre péché vous est pardonné; peut-être méritez-vous donc encore l'enfer. Y a-t-il orgueil, vanité, qui puisse tenir contre cette réflexion? A-t-on beaucoup d'estime pour un misérable condamné à mourir par un infâme supplice? En devez-vous avoir pour vous, qui méritez l'enfer?

La vue de l'enfer doit encore vous inspirer des sentiments de miséricorde pour votre prochain. Considérant la bonté de Dieu, qui ne vous a pas puni comme vous le méritiez, qui vous a épargné après l'avoir offensé : ne devez-vous pas aussi avoir des entrailles de miséricorde pour votre prochain, et lui pardonner les injures qu'il vous a faites, qui sont bien au-dessous de celles que vous avez faites à Dieu? *Donantes vobismetipsis..... sicut et Dominus donavit vobis.* (*Ibid.*) C'est le moyen d'obtenir auprès de lui votre pardon. Enfin, la vue de l'enfer doit vous engager à souffrir avec patience les maux de la vie, les maladies, les revers de fortune, l'abandon de vos amis, les persécutions de vos ennemis. Vous qui avez mérité des supplices éternels, pouvez-vous refuser de souffrir quelques maux passagers, quelques moments de tribulation qui peuvent opérer en vous un poids immense de gloire? *Amen.*

SECOND POINT.

Pour un second Prône sur l'Enfer (1).

Ligatis pedibus et manibus, mittite eum in tenebras exteriores; ibi erit fletus et stridor dentium. (*Matth.*, XX, 13)

Jetez cet homme pieds et mains liés, dans les ténèbres extérieures: là il y aura des pleurs et des grincements de dents.

Quelle douleur pour un homme qui se flattait de profiter du festin des noces qu'un roi avait préparé pour son fils, et pour ses conviés, et qui s'en voit honteusement chassé, pour être jeté dans les ténèbres extérieures, parce qu'il n'a pas apporté à ce festin la robe nuptiale!

Tel sera, mes frères, le malheureux sort des pécheurs qui paraîtront devant Dieu sans avoir la robe nuptiale, c'est-à-dire la grâce sanctifiante nécessaire pour entrer dans le ciel, représenté par ces noces dont il est parlé dans l'Evangile. Non-seulement ces pécheurs seront bannis de ce festin céleste, de ce bienheureux séjour des élus; mais ils seront condamnés aux ténèbres de l'enfer, pour y verser des pleurs, y souffrir des grincements de dents, et tous les tourments les plus affreux. Voilà, pécheurs, à quoi vous devez vous attendre, si vous mourez dans votre péché. Ah! pouvez-vous y penser sans frémir et sans prendre les mesures nécessaires pour rentrer en grâce avec Dieu? Si vous n'êtes pas sensibles à l'injure que le péché fait à Dieu, soyez-le du moins à vos intérêts, craignez le châtiment dont Dieu punira le péché. Si la crainte des châtiments que la justice des hommes prépare aux criminels est capable de les retenir, quelle impression ne doivent pas faire sur vous les châtiments de la justice de Dieu, infiniment plus redoutable que celle des hommes? Ce sont ces châtiments que je viens aujourd'hui exposer à vos yeux; je viens par là opposer une barrière aux progrès du vice qui règne dans le monde avec autant d'empire que s'il n'y avait point d'enfer. Je m'attacherai à ce qui est le plus capable de vous frapper dans les peines de l'enfer, je veux dire la peine du sens.

Si l'œil n'a point vu, l'oreille n'a point entendu, et si l'esprit ne peut comprendre les récompenses que le Seigneur promet à ceux qui l'aiment (*Isa.*, LXIV, 4; I *Cor*, II, 9), il en faut dire de même des châtiments qu'il réserve à ceux qui l'offensent; ils sont au-dessus de nos pensées et de nos expressions; et comme la récompense des saints est l'assemblage de tous les biens, sans mélange d'aucun mal, on peut dire aussi que la peine des réprouvés est l'assemblage de tous les maux, sans mélange d'aucun bien: *Malum sine bono*, dit saint Thomas. Cependant, mes frères, pour vous en former quelque idée, représentez-vous d'un côté quelle est la puissance de Dieu, qui emploie sa force à tourmenter le réprouvé; et de l'autre, quelle est la violence du feu qui lui sert d'instrument pour exercer ses vengeances. Un Dieu en fureur qui appesantit son bras vengeur sur le pécheur; première réflexion. Un feu des plus actifs qui tourmente le pécheur; seconde réflexion. La vue de ces deux objets vous fera comprendre que les peines de l'enfer sont extrêmes dans leur rigueur, comme dit saint Bonaventure: *Acerbitate intolerabili.* Donnez ici toute votre attention.

I. C'est tout dire, mes frères, quand on dit que Dieu lui-même emploie sa puissance à tourmenter le réprouvé. Cette seule idée est capable de nous faire frémir; car il n'en sera pas des châtiments que Dieu fera souffrir aux pécheurs dans l'enfer, comme de ceux dont il punit leurs crimes en cette vie. Lorsque Dieu châtie le pécheur en ce monde, il le punit en père, et le calice de sa colère ne coule sur lui que goutte à goutte; les traits de sa justice, arrêtés par la miséricorde, ne font qu'effleurer la superficie des pécheurs. Cependant qu'ils sont terribles les coups que cette justice leur porte quelquefois! Témoin les habitants de cinq villes réduites en cendres par le feu du ciel, un Antiochus rongé des vers, et tant d'autres châtiments que nous voyons sous nos yeux. Combien même le Seigneur n'est-il pas sévère quelquefois envers les justes, ses amis, qu'il veut éprouver dans le creuset de la tribulation? Témoin un saint homme Job, qui, réduit sur un fumier, couvert d'ulcères, ne croyait pouvoir mieux exciter la compassion de ses amis, qu'en leur représentant que la main du Seigneur l'avait frappé: *Manus Domini tetigit me.* (*Job*, XIX, 21.) Mais dans l'enfer, le calice de la colère du Seigneur ne dégouttera plus goutte à goutte; ce seront des torrents d'amertumes qu'il répandra sur le réprouvé; ce sera une mer de douleur, où ce malheureux sera plongé, abîmé, dont il sera pénétré de toute part: *Irruet super eum omnis dolor.* (*Job*, XX, 22.) Le bras de la justice de Dieu, qui ne sera plus retenu par la miséricorde, lancera ses traits dans toute sa force contre les pécheurs. Elle leur en fera sentir toute la pointe, elle les fera entrer jusque dans la moelle de leurs os, elle les imbibera, elle les enivrera, de leur sang, pour me servir de l'expression de Dieu même: *Sagittas meas inebriabo, complebo in illis.* (*Deut.*, XXXII, 42.) Ce ne sera pas seulement la main du Seigneur, mais sa toute-puissance, sa justice, sa sainteté, et toutes ses perfections qui seront occupées, non à éprouver un ami, comme l'était le saint homme Job, non à châtier en père un enfant, mais à poursuivre, à tourmenter avec toute la force d'un Dieu irrité, d'un Dieu vengeur, un ennemi qui, par l'abus qu'il a fait de ses grâces, a changé sa patience, sa bonté en fureur.

Un Dieu tout-puissant (concevez ceci, si vous le pouvez), un Dieu tout-puissant qui par une seule parole, a tiré ce vaste univers du néant, et qui peut de même l'anéantir,

(1) Ce Prône peut servir pour le XIXe Dimanche après la Pentecôte.

qui peut réduire en poudre toutes les armées les plus formidables, réunies ensemble : ce Dieu tout-puissant, encore une fois, emploie sa force à punir, à tourmenter une faible créature, qui est moins capable de lui résister, qu'une feuille sèche que le vent emporte : *Contra folium quod vento rapitur ostendis potentiam tuam.* (*Job*, XIII, 25.)

Ah! je frémis à cette pensée, et je vous avoue que je ne trouve rien sur la terre de si terrible qui puisse nous donner une idée de la triste destinée d'une âme devenue la victime des vengeances du Seigneur. En vain vous représenterais-je tout ce que l'on peut souffrir de plus affreux de la part des créatures; en vain rappellerais-je dans vos esprits tous les tourments que la cruauté des tyrans a pu inventer contre les martyrs: tout cela n'est rien, dit saint Augustin, en comparaison des supplices du réprouvé livré à la justice de Dieu. Pourquoi? Parce que tous les supplices que les hommes peuvent faire souffrir, quelque terribles qu'ils puissent être, ne viennent que d'une puissance finie et limitée. Mais qui peut comprendre, dit le Prophète, jusqu'où peut aller la puissance d'un Dieu irrité, qui punit le pécheur sans ménagement, et avec toute la rigueur qu'il mérite? *Iram tuam quis poterit dinumerare?* (*Psal.*, LXXXIX, 11.)

Vous frémiriez d'horreur, si vous aviez affaire à un roi puissant que vous auriez irrité, qui emploierait toute sa force et tous les supplices que sa colère pourrait lui inspirer pour se venger de votre offense. Que sera-ce donc d'avoir affaire à un Dieu, devant qui toute la puissance des rois n'est que faiblesse? Non, mes frères, on ne le comprendra jamais, c'est cette incompréhensibilité même qui doit vous faire comprendre la vérité que je vous prêche; et quand je ne vous ferais voir que par ce seul trait la rigueur des peines de l'enfer, j'en aurais dit assez pour vous faire concevoir combien il est terrible de tomber entre les mains d'un Dieu vivant: *Horrendum est incidere in manus Dei viventis.* (*Hebr.*, X, 31.) Mais pour vous en donner une idée encore plus sensible, considérons quelle est la violence du feu de l'enfer qui sert d'instrument aux vengeances du Seigneur.

II. Il est incontestable, mes frères, qu'il y a dans l'enfer un feu que la justice divine a allumé pour punir les pécheurs impénitents. C'est là que sont actuellement renfermés une infinité de coupables qui, comme le mauvais riche, jettent sans cesse des cris lamentables: *Crucior in hac flamma:* « *Je suis cruellement tourmenté dans ces flammes.* » (*Luc.*, XVI, 24.) Que les prétendus esprits forts, pour n'être pas troublés dans la jouissance de leurs plaisirs, disent, tant qu'ils voudront, que l'enfer n'est qu'une invention d'imagination pour intimider les faibles. Il faut pour cela qu'ils renoncent aux lumières de leur foi, qu'ils contredisent les textes les plus formels de la sainte Ecriture, qui nous assure que le feu sera la principale peine du sens dans l'enfer. Je n'en rapporte point d'autre que la sentence que Jésus-Christ prononce dans son Evangile contre les réprouvés. *Allez, maudits, au feu éternel:* « *In ignem æternum.* » (*Matth.*, XXV, 41.) Si les incrédules aiment mieux éprouver par leur expérience cette vérité que de la croire, pour nous, nous aimons mieux la croire que de l'éprouver, c'est bien le parti le plus sûr. Il y a un feu dans l'enfer destiné à tourmenter les pécheurs. Mais à ce mot de feu, quelle affreuse idée des tourments ne devons-nous pas nous former? Est-il quelque chose au monde de plus sensible, de plus actif, de plus pénétrant que le feu? Quelles cuisantes douleurs ne fait pas souffrir la moindre atteinte, ou même la seule proximité de cet élément?

Hélas! quand le feu de l'enfer ne serait que semblable à celui que Dieu nous a donné pour notre usage, ne serait-il pas bien terrible, puisque cet élément vorace produit des effets si surprenants, qu'il calcine les pierres et les rochers, qu'il fond les métaux les plus durs, qu'il réduit en cendre tout ce qui est susceptible de son activité? Aussi de quelle horreur n'est-on pas saisi lorsqu'on voit un criminel condamné au supplice du feu, quoiqu'il ne dure que quelques moments? et quel est celui d'entre nous qui ne frémirait s'il lui fallait subir cette peine pendant quelques heures seulement? Mais quelque terrible que soit le feu de ce monde, le croiriez-vous, mes frères, ce n'est que de la fumée, ce n'est qu'une peinture en comparaison de celui de l'enfer. Le feu élémentaire nous réjouit, nous éclaire; il nous a été donné pour notre utilité; mais le feu de l'enfer est un feu ténébreux, que Dieu n'a inventé que pour tourmenter. Le feu élémentaire n'est agité que par des causes finies et limitées; mais celui de l'enfer est animé par le souffle de la colère de Dieu; *Carbones succensi sunt ab eo.* (*Psal.*, XVII, 9.)

Ah! qu'il doit être violent par l'agitation qu'il reçoit d'une cause infinie! Jugeons-en par la vue d'un incendie poussé par un vent impétueux qui réduit en cendres les villes et les forêts: et qu'est-ce que le vent le plus violent, en comparaison du souffle de la colère d'un Dieu tout-puissant? Jamais nous ne le comprendrons. Aussi y a-t-il encore bien d'autres différences entre le feu de ce monde et celui de l'enfer. Celui-là n'agit que sur les corps, et ne brûle que par degrés; agissant sur le dehors, avant que de pénétrer au dedans, il détruit ce qu'il consume. Mais le feu d'enfer agit sur les âmes comme sur les corps, d'une manière qui, quoique surprenante, n'en est pas moins réelle, dit saint Augustin: *Miris sed veris torquentur modis.* Jamais ce feu ne s'arrête, et jamais il ne détruit ce qu'il brûle; il conserve au contraire sa victime, et lui sert d'aliments, dit Tertullien: *Non absumit quod exurit.* C'est un feu qui, participant en quelque façon de l'immensité et de toute la puissance de Dieu, agit partout en même temps, s'insinue partout; les damnés en seront non-seulement environnés, mais ils en seront tout pénétrés, plus qu'une éponge au milieu de l'eau. Ce feu sera dans l'âme et dans toutes ses puissances, dans le corps et dans tous les sens ; il sera la moelle des os, le sang des veines, la nourriture des entrailles. Il n'y aura aucune partie du corps qui n'en soit tourmentée; de quelque côté que se tournera ce corps, il ne sentira que du feu; abîme de feu au-dessus de lui, abîme de feu au-dessous, abîme de feu à côté de lui : *Dolores inferni circumdederunt me.* (*Psal.* XVII, 6.)

Oh! la cruelle situation que celle d'un réprouvé dans l'enfer! Que dirai-je encore de plus, mes frères, pour vous faire sentir la rigueur de ce feu ? C'est un feu universel qui fait sentir tout à la fois les supplices les plus horribles. En ce monde toutes les douleurs ne sont pas réunies dans un même sujet. Si l'on souffre les incommodités de la chaleur, on est exempt de la rigeur du froid ; tel qui est brûlé par les ardeurs de la fièvre, n'est pas tourmenté des douleurs de la goutte ; souvent une maladie se guérit par une autre, ou empêche du moins qu'on ne la sente aussi vivement : mais le feu d'enfer fait souffrir à la fois tous les maux imaginables. Avec une chaleur insupportable, il réunit toutes les rigueurs du froid le plus piquant : *Ad nimium calorem transeat ab aquis nivium.* (*Job.* XXIV, 19.) Il fait souffrir à un même sujet tout ce que les maladies ont de plus désespérant. Ce feu obéissant à toutes les volontés de Dieu pour exercer sa justice, tourmentera tous les sens selon les péchés qu'on aura commis. Tout ténébreux qu'il est, il aura assez de lumière pour faire voir aux yeux les spectres les plus horribles. Il tourmentera l'odorat par des puanteurs insupportables ; les oreilles, par des cris et des hurlements affreux ; le goût, par une faim et une soif insoutenables, par l'amertume et le fiel des dragons ; le toucher par des douleurs les plus aiguës et les plus sensibles. Plus on aura commis de péchés, et plus il fera sentir son activité : *Quantum in deliciis fuit, tantum date illi tormentum.* (*Apoc.*, XVIII, 7.)

O enfer, que tu es terrible! peut-on penser à toi sans te craindre? et peut-on te craindre, sans prendre des précautions salutaires pour l'éviter? Y a-t-il plaisir, honneur, fortune au monde qu'on puisse acheter au prix de tes rigueurs ? Y a-t-il pénitence, mortification, austérités, qui ne doivent paraître agréables pour s'en garantir ? Qu'en pensez-vous, mes frères, après tout ce que je viens de vous dire? Car il est temps de faire sur vous-mêmes quelque réflexion; souffrez donc que je vous demande après un prophète : Y a-t-il quelqu'un parmi vous qui se croie assez de courage pour supporter les rigueurs du feu de l'enfer : *Quis poterit habitare de vobis in igne devorante?* (*Isa.*, XXXIII, 14.) Qui est-ce qui le pourra? *Quis poterit?* Sera-ce vous, sensuels et délicats, qui ne pouvez souffrir la moindre incommodité, qu'une légère maladie déconcerte? Ah! comment pourrez-vous supporter toute la rigueur des peines de l'enfer? *Quis poterit?* Qui est-ce qui le pourra, encore une fois? Sera-ce vous qui ne pouvez supporter le jeûne de quelques jours, qui ne pouvez vous assujettir à quelque pénitence, qui êtes si ingénieux à procurer à vos sens tout ce qui peut les contenter, soit dans vos habillements, soit dans votre coucher, soit dans votre nourriture? Ah! comment pourrez-vous supporter les ardeurs d'une faim et d'une soif éternelles? Comment pourrez-vous rester sur des brasiers ardents qui vous brûleront toujours sans vous consumer? *Quis habitabit ex vobis cum ardoribus sempiternis?* (*Ibid.*) Si vous vous croyez assez de force pour soutenir ces chaleurs épouvantables, accoutumez-vous donc dès cette vie au supplice du feu : essayez du moins par avance à le toucher, pour voir si vous pouvez en soutenir les rigueurs. Ah! je ne vous crois pas assez de courage pour y tenir seulement la main pendant un quart d'heure. Comment en auriez-vous donc assez pour souffrir, dans tout votre corps et pendant toute l'éternité, un feu dont celui d'ici-bas n'est que la figure? Et cependant, chose étrange, et qui est aussi incompréhensible que l'enfer, c'est que vous, qui ne pourriez pas souffrir la plus légère atteinte de notre feu, vous vous déterminiez de sang-froid à souffrir la rigueur des feux qui ne s'éteindront jamais, pour contenter vos passions criminelles ; et que vous commettiez si aisément le péché qui mérite de si horribles châtiments. Quoi donc, croyez-vous que vous serez alors plus insensibles à la douleur que vous ne l'êtes maintenant? Non sans doute; autant le feu aura d'activité pour vous faire souffrir, autant aurez-vous de sensibilité pour en éprouver les rigueurs. Puisque vous craignez si fort la douleur, évitez donc ce qui peut vous en attirer de si cruelles dans l'enfer. Si l'on vous disait qu'après cette action criminelle que vous êtes sur le point de commettre, après cette injustice que vous allez faire au prochain, après ce jurement, cette médisance, cette parole obscène que vous allez prononcer, vous serez condamné à rester pendant un jour entier dans une fournaise ardente, telle que vous en avez vu quelquefois, vous seriez saisi d'horreur, et vous ne voudriez pas acheter si cher un fade plaisir, un vil intérêt; vous ne le voudriez pas, même pour tous les biens et tous les royaumes du monde; or, pour ce même plaisir, pour ce vil intérêt auquel vous renonceriez par la crainte de la justice des hommes, vous ne craignez pas de tomber entre les mains de la justice de Dieu? Ah! il faut de deux choses l'une, ou que vous ne croyiez point l'enfer, ou si vous le croyez, vous êtes un insensé et le plus grand ennemi de vous-même, de vous exposer aussi témérairement que vous le faites, à tomber dans cet abîme de malheur.

Je ne vous demanderai donc plus maintenant avec le prophète : *Qui est-ce qui pourra demeurer avec les feux dévorants de l'enfer?*

il n'est aucun de vous, fût-il le plus débauché, le plus hardi pécheur, qui puisse dire qu'il le pourra. Mais voici une autre demande, à laquelle le seul témoignage de votre conscience peut répondre : Qui est-ce qui demeurera effectivement dans ces cachots ténébreux ? Qui est-ce qui augmentera le nombre de ces malheureux dont je viens de vous dépeindre la triste situation (ne permettez pas, Seigneur, qu'il y en ait aucun dans cette assemblée) ? mais pour le savoir, vous n'avez qu'à examiner votre conduite.

Je le répète donc, qui est-ce qui descendra dans ces prisons de douleurs ? Ce sera vous, orgueilleux, qui remplis d'estime pour vous-mêmes et de mépris pour les autres, ne voulez rien souffrir qui blesse votre délicatesse, ne cherchez qu'à vous élever sur les ruines d'autrui ; ce sera vous qui serez accablés dans l'enfer de la plus amère confusion, qui serez foulés aux pieds, réduits au centre de l'humiliation. Ce sera vous, avares, qui faites votre Dieu de votre argent, qui ne vous occupez qu'à amasser, à entasser trésor sur trésor ; malgré vos soins, vous n'emporterez rien de ce monde, vous laisserez vos biens à des étrangers, et vous n'aurez pour partage qu'une affreuse indigence. Ce sera vous, injustes usurpateurs du bien d'autrui, qui serez livrés en proie à la voracité des feux que vous allumez par vos injustices. Vous aurez le même sort, voluptueux, impudiques, qui vous plongez dans de sales plaisirs ; qui ne voulez pas renoncer à cette idole de votre passion ; c'est sur vous particulièrement, et pour punir le péché de vos sens, que les flammes vengeresses agiront avec toute leur force et leur vivacité. Qui est-ce qui sera encore la victime des flammes éternelles ? ce sera vous, ivrognes, débauchés, qui faites un Dieu de votre ventre, qui n'êtes jamais contents que vous n'ayez trouvé de quoi satisfaire vos appétits sensuels, et que vous n'ayez perdu la raison dans le vin ; vous souffrirez une faim et une soif éternelles, sans avoir pour la soulager une seule goutte d'eau ; que dis-je ? vous serez abreuvés du fiel des dragons, et du venin des animaux les plus pestilentiels. Vous, médisants, médisantes, qui déchirez la réputation de votre prochain, vous serez à votre tour déchirés par les morsures des vipères infernales. Vous, vindicatifs, qui ne voulez pas pardonner, malgré les pressantes sollicitations de la grâce, malgré les avis de vos confesseurs ; qui voulez vous venger à quelque prix que ce soit ; c'est sur vous que Dieu se vengera à son tour, mais d'une manière bien plus terrible que vous ne pouvez vous-mêmes vous venger de votre ennemi. En faut-il davantage pour calmer votre passion ? car votre ennemi peut-il vous faire autant de mal que vous vous en faites à vous-mêmes ?

Qui est-ce enfin qui sera renfermé dans les prisons du feu éternel ? C'est tout homme, c'est tout pécheur qui mourra dans son péché ; c'est vous qui m'écoutez, si vous êtes en cet état, et si vous ne retournez à Dieu par une sincère pénitence, si vous ne vous corrigez de cette mauvaise habitude, si vous ne renoncez à cette occasion, si vous ne restituez ce bien d'autrui, si vous ne pardonnez à cet ennemi, votre place est toute prête dans l'enfer. Regardez-la par les yeux de la foi, et tremblez d'avance sur votre malheur. Ah ! pécheurs, où en seriez-vous maintenant, si Dieu vous avait traités comme vous l'avez mérité ; s'il vous avait tirés de ce monde en état de péché, vous seriez dans le fond de l'abîme, comme un grand nombre d'autres qui ne l'ont pas plus mérité que vous, et peut-être encore moins que vous.

Hélas ! peut-être y en a-t-il maintenant dans l'enfer qui ont entendu prêcher cette vérité, dans la même chaire que vous l'entendez aujourd'hui ; auriez-vous un jour le même souvenir et le même reproche à vous faire que ces misérables ? Si vous étiez maintenant avec eux, il ne vous serait plus possible d'en revenir. Dieu vous a épargnés ; quelles actions de grâces ne devez-vous pas rendre à son infinie miséricorde ? ***Misericordiæ Domini, quia non sumus consumpti.*** (*Thren.*, III, 22.)

Pratiques. — Commencez donc d'abord à lui en marquer toute votre reconnaissance, pour fruit de cette instruction ; mais ne vous en tenez pas là, puisqu'il dépend encore de vous de n'être pas du nombre des réprouvés : prenez toutes les précautions possibles pour éviter ce malheur. Il n'y a que le péché qui puisse vous l'attirer ; sortez donc de l'état du péché, si vous y êtes engagés ; fuyez le péché et les occasions du péché ; faites tout le bien qui dépend de vous, et je vous réponds que vous n'irez pas en enfer. Ah ! dussions-nous, mes frères, perdre tous nos biens, nous priver de tous les plaisirs, dussions-nous passer notre vie dans la plus austère pénitence, nous retirer dans les plus affreuses solitudes, nous ensevelir tout vivants dans des tombeaux, rien ne nous doit coûter, pourvu que nous évitions l'enfer : vertus, souffrances, mortifications, jeûnes, prières, aumônes, vous serez désormais nos plus chères délices, puisque vous nous servirez de moyens pour éviter l'enfer.

Telles sont, mes frères, les conséquences pratiques que vous devez retirer de cette vérité, la plus terrible de notre religion. Pensez-y souvent, surtout au temps de la tentation ; faites pour lors un acte de foi sur cette vérité. Je crois, devez-vous dire, que si je succombe à cette tentation, et que je meure en état de péché, ma place est toute prête au milieu des damnés. Ah ! que le feu de l'enfer est bien capable d'arrêter les mouvements de la convoitise, d'éteindre les feux des passions, et de donner de la ferveur pour la pratique de la vertu ! il n'y a point de difficulté qu'on ne doive surmonter pour éviter ce malheur : *Solutio omnium difficultatum infernus.* Pensez aussi à l'enfer dans vos souffrances ; bien loin de vous plaindre, vous disiez avec saint Augustin : Ah ! Seigneur, punissez-moi, frappez-moi en cette vie tant qu'il vous plaira, pourvu que vous m'épargniez pour l'éternité. *Amen !*

TROISIÈME POINT.

Pour un troisième Prône sur l'Enfer.

Discedite a me, maledicti, in ignem æternum. (*Matth.*, XXV, 41.)

Retirez-vous de moi, maudits, allez au feu éternel.

Ce sera, mes frères, la sentence que Jésus-Christ prononcera à la fin des siècles contre les méchants qui seront morts dans leurs péchés : ces terribles et effrayantes paroles fixeront pour toujours le sort des pécheurs impénitents, destinés à être les victimes des vengeances du Seigneur; ils seront condamnés à souffrir éternellement. C'est cette éternité des peines, qui rendra leur supplice plus rigoureux, et qui mettra le comble à leur malheur.

L'espérance fut toujours la consolation des misérables dans leurs plus grands maux; mais les peines les plus légères deviennent insupportables, lorsqu'on désespère d'en voir la fin. Que sera-ce donc de souffrir des peines extrêmes dans leur rigueur, et infinies dans leur durée ? Telles sont les peines de l'enfer : elles sont universelles, continuelles, éternelles; leur éternité ne diminue rien de leur rigueur, et leur rigueur n'abrége point leur durée : voilà ce qui est, à proprement parler, l'enfer. Car si les réprouvés, après avoir souffert pendant des millions de siècles des tourments encore plus violents que ceux qu'ils endurent, pouvaient espérer d'en voir la fin, l'enfer cesserait d'être enfer; l'espérance d'en sortir un jour calmerait leurs plus vives douleurs. Mais ce qui met le comble à leur malheur, c'est qu'ils seront toujours en proie aux maux les plus cuisants, avec une assurance parfaite que ces maux ne finiront jamais; voilà ce qui les jette dans le plus affreux désespoir. Commençons d'abord à donner quelques preuves de la vérité de l'éternité pour en faire ensuite connaître la rigueur. Rien de plus certain que l'éternité malheureuse; rien de plus rigoureux que l'éternité malheureuse : deux réflexions bien capables de faire sur les esprits et sur les cœurs de salutaires impressions.

I. Quoique vous soyez, mes frères, bien persuadés de la vérité que je vous prêche, parce que vous êtes soumis aux lumières de la foi, il n'est pas néanmoins hors de propos de vous rappeler ici les principes sur lesquels votre foi est appuyée, pour croire cette vérité de notre religion, soit pour réveiller votre foi, soit pour dissiper les ténèbres que certains prétendus esprits forts tâchent de répandre sur les vérités les plus claires qui les gênent dans la jouissance de leurs plaisirs. Or, la vérité que je vous prêche aujourd'hui, est si solidement établie, et si clairement révélée dans les saintes Ecritures, que ce serait renoncer à la foi que de la révoquer en doute. Entre plusieurs textes que je pourrais vous apporter, je m'attache aux paroles de la sentence que Jésus-Christ prononce dans son Evangile contre les réprouvés : *Allez, maudits, au feu éternel :* « *Discedite, maledicti, in ignem æternum.* » Rien de plus clair, rien de plus formel. Les châtiments des méchants dureront autant que la récompense des justes : or la récompense des justes sera la vie éternelle; la punition des méchants sera la mort éternelle : *Ibunt hi in supplicium æternum, justi autem in vitam æternam* (*Matth.*, XXV, 46.) Comme Dieu récompense en Dieu les prédestinés, il punit aussi en Dieu les réprouvés. Tant qu'il sera Dieu, il fera le bonheur des saints dans le ciel; tant qu'il sera Dieu, il sera aussi le vengeur du crime dans les enfers. Telle a toujours été la croyance de l'Eglise, qui s'en est clairement expliquée dans les décisions de ses conciles, et dans la condamnation des sentiments contraires à cette vérité. A ces principes de foi, ajoutons les raisons que les saints Pères, entr'autres saint Augustin et saint Thomas, apportent pour prouver l'éternité des peines de l'enfer; ces raisons sont fondées, d'un côté sur la justice de Dieu, et de l'autre, sur la nature du péché.

Dieu, qui est toute bonté de sa nature, a une si grande aversion du péché, qu'il ne peut le souffrir. Comme c'est un mal essentiellement opposé à ses perfections, il le hait nécessairement, souverainement; et parce que sa haine n'est point sans effet, tant que le péché subsiste, et qu'il n'est point effacé, sa justice demande qu'il soit toujours puni. Or, dans l'enfer, le péché subsistera toujours, et il ne sera jamais effacé. Que faut-il, en effet, pour effacer le péché? il faut, du côté de Dieu, qu'il ouvre le sein de sa miséricorde au pécheur, qu'il lui donne les grâces pour se convertir et sortir de l'état du péché; et il faut, du côté du pécheur, une pénitence sincère qui le réconcilie avec Dieu. Or, dans l'enfer, il n'y a plus de miséricorde à attendre de Dieu pour le pécheur : le temps des miséricordes est passé; ce n'est qu'en cette vie que Dieu exerce sa miséricorde; le pécheur n'en a pas voulu profiter; il en a au contraire abusé, tandis qu'il était sur la terre; il ne sentira donc plus dans l'enfer que les fléaux terribles de la justice : *In inferno nulla est redemptio.* Non, dans l'enfer il n'y a plus d'espérance de pardon; le sang de Jésus-Christ ne coulera plus sur le pécheur pour le purifier. Il n'y aura plus de grâces, plus de sacrements pour le sanctifier, plus de temps, plus de moyens de salut dont il puisse profiter.

A la vérité, les pécheurs se repentiront de leurs désordres, ils en feront pénitence ; mais ce sera une pénitence inutile et infructueuse, car la pénitence, pour être salutaire, doit être l'effet de la grâce ; elle en doit venir comme de son principe; elle doit être aussi l'effet d'une bonne volonté qui se porte à Dieu. Or, la pénitence des pécheurs réprouvés ne sera point l'effet de la grâce, puisqu'ils n'en auront point. Ce sera une pénitence forcée qui ne sera d'aucun mérite devant Dieu. Quand ces malheureux auraient versé autant de larmes qu'il y a de gouttes d'eau dans les rivières et dans toutes les mers du monde, jamais ils n'effaceront un seul péché; le péché subsistera, donc toujours, il sera donc toujours puni par la justice de Dieu.

L'autre raison vient de la nature même du péché. La malice du péché est si grande, qu'elle est infinie; parce que, disent les théologiens, elle attaque un objet infini qui est Dieu. Pour réparer l'injure qu'il fait à Dieu, il n'a fallu rien moins que le sang et la vie d'un Dieu, qui a payé à ses dépens la satisfaction qu'exigeait la justice de son Père. Si la malice du péché est infinie, il mérite une peine infinie. Mais la créature ne pouvant supporter une peine infinie dans sa nature, il faut donc que cette peine soit infinie dans sa durée; sans quoi il n'y aurait pas cette proportion que la justice demande entre le péché et la peine du péché.

Ne venez donc pas dire, pécheurs, pour vous rassurer contre les frayeurs du malheureux avenir, qu'il ne se peut pas faire que Dieu, qui est si bon, punisse d'une éternité de supplices le plaisir d'un moment, et qu'il n'y a point de proportion entre la faute et la peine. Dieu est bon, il est vrai; il est la bonté même: mais il est juste, et sa justice demande que le péché soit puni d'un châtiment proportionné à sa malice : or, quoique le péché ne dure qu'un moment, sa malice est infinie, parce qu'il attaque un Dieu d'une majesté infinie. Vous ne pouvez comprendre comment le plaisir d'un moment peut être puni d'une peine éternelle; mais comprenez-vous comment, pour expier le péché, il a fallu qu'un Dieu lui-même s'anéantît, et souffrît la mort de la croix? Je trouve l'un plus incompréhensible que l'autre. Qu'une vile créature en punition du péché souffre une éternité de peines, c'est quelque chose infiniment au dessous des souffrances et de la mort d'un Dieu devenu la victime du péché.

Mais c'est assez prouver la vérité et l'équité de l'éternité malheureuse. Qu'on la croie, qu'on ne la croie pas, elle n'est pas moins certaine; cette vérité ne dépend point de nos idées, elle est appuyée sur la divine révélation : malheur à ceux qui attendent, pour le croire, d'en faire l'expérience! Attachons-nous plutôt aux salutaires réflexions que la rigueur de cette éternité doit produire en nous pour la réformation de nos mœurs.

II. Quelque grands que soient les maux de cette vie, ils ne sont pas ordinairement de longue durée, ou s'ils durent longtemps, il y a toujours quelque bon intervalle qui en tempère l'amertume : on reçoit du soulagement, ou de la part de ceux qui prennent part à nos maux, ou par le secours qu'on se procure, ou enfin, par l'espérance d'en voir la fin. Mais dans l'éternité il n'y a nulle fin, nulle consolation, nul repos, nul adoucissement à espérer; et qui plus est, cette éternité se fait sentir tout entière à chaque instant aux réprouvés. Quoi de plus rigoureux et de plus désespérant!

Entrons d'abord dans cet abîme immense de l'éternité; mais comment pouvons-nous en mesurer l'étendue, en sonder la profondeur? Plus j'y pense, plus j'en parle, plus je trouve à penser, plus je trouve de choses à en dire. Comptez, supputez tant qu'il vous plaira, tant que l'imagination pourra fournir, jamais vous ne diminuerez rien de l'éternité.

Il y a six mille ans que le malheureux Caïn, le premier des réprouvés, est dans l'enfer; il n'est pas plus avancé qu'au commencement : après avoir encore souffert six mille ans, six cent mille ans, six cent mille millions d'années, sera-t-il bien avancé dans son éternité? pas plus qu'au premier jour : il aura toujours l'éternité à souffrir; l'éternité commencera toujours et ne finira jamais. Quand le réprouvé aura souffert autant de millions de siècles qu'il y a de gouttes d'eau dans la mer, de grains de sable sur la terre, il n'aura pas fait un seul pas dans l'éternité; jamais il ne la diminuera d'un seul moment, elle restera toujours tout entière.

Je vous avoue, mes frères, que mon esprit se perd et se confond dans cette pensée de l'éternité. Pour vous en donner encore quelque idée, supposons que de toutes les larmes que le réprouvé versera dans l'enfer, on n'en prenne qu'une seule à chaque siècle pour former des fleuves et des mers aussi grandes que celles que nous voyons sur la terre, et de mille mondes plus vastes que celui-ci, combien faudrait-il de temps pour venir à bout d'une telle entreprise? Eh bien! pécheurs, viendra le temps (pensez-y bien, et frémissez d'horreur!), viendra le temps que si vous êtes dans l'enfer, comme vous y serez si vous mourez dans votre péché, ce temps viendra que vous pourrez dire: Si de toutes les larmes que j'ai répandues depuis que je suis dans l'enfer, on en avait pris seulement une chaque siècle pour former les fleuves et les mers de mille mondes, ces espaces immenses seraient maintenant remplis, et cependant je n'ai encore rien diminué de mon éternité, je l'ai encore tout entière à souffrir, et je l'aurai toujours de même. Ah! je vous avoue, pécheurs, que si cette réflexion ne vous touche pas à ce moment, je ne sais plus que vous dire; je désespère de votre salut. Si du moins cette affreuse durée de tourments était interrompue par quelques moments de consolation, de repos, d'adoucissement, elle serait moins insupportable. Mais non, ces peines qui seront sans fin, seront continuelles, immuables; il n'y a nulle consolation, nul repos, nul adoucissement à espérer pour ceux qui les souffriront.

De qui ces malheureux pourraient-ils recevoir quelque consolation ou quelque secours? Serait-ce du côté de Dieu? mais il est devenu leur ennemi implacable; il a perdu pour eux le nom de père, pour ne conserver que le titre d'un juge sévère et inexorable. Si le réprouvé jette donc les yeux au ciel pour demander, comme le mauvais riche, seulement une goutte d'eau pour rafraîchir sa langue brûlée par les ardeurs de la soif, ce secours, quelque petit qu'il soit, lui est impitoyablement refusé : il y a, lui répond-on, entre vous et nous un chaos impénétrable qu'on ne pourra jamais passer. Serait-ce du côté des créatures que le damné pourrait recevoir quelque consolation? mais elles sont toutes armées contre lui pour le tourmenter. S'il jette les yeux devant lui, il voit les démons comme des bourreaux furieux qui ne s'appliquent qu'à le faire souffrir suivant le pouvoir que Dieu leur a donné. Il n'y a plus ni parents, ni amis à qui il puisse s'adresser; ils sont tous devenus irréconciliables les uns des autres. Le père et le fils, la fille et la mère, le frère et la sœur, l'époux et l'épouse se font les reproches les plus amers, la guerre la plus sanglante, et le nombre des malheureux, qui fait une espèce de consolation en cette vie pour ceux qui le sont, ne fera qu'augmenter la peine du réprouvé dans l'enfer. Enfin, il ne trouvera dans lui-même aucune consolation : il trouvera au contraire tous les sujets de la plus amère douleur; il ne voit rien dans le passé qui ne l'accable, rien dans l'avenir qui ne le désespère; ses douleurs sont sans interruption, sans adoucissement, il n'aura pas un moment de repos; bien loin de s'endurcir aux tourments par la longueur du temps, il sera toujours aussi sensible pendant toute l'éternité qu'au commencement; jamais le feu qui brûlera ne cessera, il ne perdra rien de son activité, ni la victime de sa sensibilité. Jamais il ne changera de situation, mais il sera toujours attaché par les liens qu'il ne pourra briser.

Ah! je ne suis pas surpris d'entendre ces malheureux appeler la mort à leur secours. O mort, qui étais autrefois un objet d'horreur, tu serais maintenant nos plus chères délices! Mort, que ne viens-tu terminer une vie qui nous est plus dure que toutes tes horreurs? mort, viens nous détruire, nous anéantir; mais la mort sera insensible à leurs cris; elle fuira toujours devant eux : *Mors fugiet ab eis*. (*Apoc.*, IX, 6.) Ou plutôt elle viendra, mais ce sera pour les faire toujours souffrir, pour leur servir de nourriture : *Mors depascet eos*. Ils vivront toujours, dit saint Bernard, pour mourir sans cesse, et ils mourront toujours pour toujours vivre; et ce qui mettra le comble à leur désespoir, c'est qu'à chaque instant ils souffriront l'éternité tout entière, parce qu'à chaque moment ils verront qu'ils ont une éternité entière à souffrir. L'éternité se présentera sans cesse à leur esprit dans toute son étendue; sans cesse cet objet les occupera, sans qu'ils puissent être distraits un seul moment par quelque autre objet. Sans cesse le réprouvé se dira à lui-même : Quelques progrès que j'aie faits dans l'affreuse carrière de l'éternité, je ne suis pas plus avancé qu'au premier jour. Jamais je ne verrai la fin de mes maux; toujours je pleurerai, toujours je gémirai, sans jamais entendre parler de délivrance. O jamais épouvantable! O funeste toujours! O éternité malheureuse! si les hommes pensaient à toi, jamais ils ne s'exposeraient à tes rigueurs. Car d'où vient, mes frères, que malgré ce que la foi nous enseigne sur la rigueur et la durée des peines de l'enfer, d'où vient qu'il y aura un si grand nombre de réprouvés condamnés à ces peines? Ce malheur vient de ce qu'on n'y pense pas. Les hommes ne regardent l'éternité que dans un point de vue fort éloigné; de là l'oubli de cette vérité si propre à inspirer une sainte frayeur; ou si on y pense quelques moments, comme vous venez de le faire, bientôt après on se dissipe ou dans les affaires qui occupent et partagent les soins de la vie, ou dans les compagnies que l'on trouve, ou dans les plaisirs que l'on recherche : comme les objets extérieurs ne suffiraient pas pour nous détourner de cette pensée, on l'éloigne autant que l'on peut de son esprit, on la chasse comme une pensée importune qui n'est capable, dit-on, que de nous inquiéter et nous déconcerter. Si l'on pensait toujours à l'éternité, il y aurait, dit-on, de quoi, non-seulement s'alarmer, mais encore de quoi se troubler; on ne passerait sa vie que dans la tristesse et dans l'amertume, on n'y pourrait goûter aucun plaisir. C'est ainsi, pécheurs, que pour jouir d'un faux calme dans vos désordres, vous éloignez la pensée de l'éternité par la fausse crainte d'un trouble qui ne serait pas tel que vous l'imaginez, mais qui vous deviendrait salutaire par les amertumes qu'il répandrait sur vos plaisirs; d'ailleurs, ne vaut-il pas mieux que vous soyez alarmés et troublés en cette vie par la pensée de l'éternité, que d'en souffrir un jour toutes les horreurs? Si cette pensée vous cause de la tristesse, ce sera une tristesse selon Dieu, telle que l'Apôtre se réjouissait de l'avoir inspirée à ses frères, parce que cette tristesse avait opéré leur salut : de même cette tristesse que vous causera la pensée de l'éternité, en vous détachant des biens de la terre, des plaisirs du monde, vous sauvera, et elle se changera en une joie que personne ne pourra vous ravir.

Pratiques. — Quelque triste et amère que soit donc la pensée de l'éternité, ne la perdez jamais de vue : si vous êtes pécheurs, rien de plus capable de vous engager à sortir de l'état du péché; si vous êtes justes, rien de plus efficace pour vous faire persévérer dans la vertu. En effet, pécheurs, comment pourriez-vous rester un seul moment dans le péché, si vous faisiez cette réflexion : Si je meurs dans cet état, je suis perdu pour l'éternité, l'enfer éternel sera mon partage? Il faut donc en sortir promptement, puisque à tout moment je puis être surpris par la mort, qui sera pour moi un passage à cette malheureuse éternité. Vous avez pitié d'un criminel contre qui on a prononcé un arrêt de mort, et vous n'aurez pas pitié de votre âme qui porte en elle même l'arrêt d'une mort éternelle ! Vous craignez la justice des hommes, et cette crainte vous empêche de commettre les crimes qu'ils punissent avec sévérité; et vous ne craindrez pas la justice de Dieu, qui peut perdre votre corps et votre âme pour une éternité! Où est votre foi, où est votre raison? Ah! pécheurs, ayez pitié de votre âme, et craignez du moins autant pour elle que vous craignez pour votre corps. Vous frémiriez d'horreur, si l'on vous annonçait que vous êtes condamnés à une prison perpétuel et vous ne voudriez pas acheter au prix de votre liberté tous les trésors de la terre : et qu'est-ce qu'une prison de quelques années que doit durer votre vie, en comparaison d'une prison éternelle? Quand cette prison éternelle ne devrait pas être plus fâcheuse pour vous que celle où la justice des hommes vous renfermerait, s'il fallait seulement être dans une situation incommode pendant toute votre vie, sans pouvoir changer de place, il y aurait donc de quoi vous désespérer; que serait-ce s'il y fallait toujours demeurer? Que sera-ce donc d'être pour toujours couché sur les brasiers ardents de l'enfer? Voilà cependant votre place, si vous mourez dans l'état du péché. Ah! pouvez-vous, encore une fois, y résister un seul instant, vous endormir tranquillement sur le bord du précipice? Ne devez-vous pas au contraire chercher votre sûreté dans une sincère et prompte conversion ?

Pour y réussir, pensez souvent à cette éternité; que cette pensée ne vous quitte jamais, ni le jour, ni la nuit. Pensez pendant le jour, qu'il viendra une nuit fatale où l'on ne pourra plus rien faire pour le salut : pensez-y la nuit où l'insomnie vous fait attendre avec impatience que le jour soit venu; faites tous les matins et tous les soirs cet acte de foi : Je crois qu'il y a une éternité de supplices où je tomberai infailliblement, si je meurs dans mon péché. Demandez-vous à vous-même : S'il me fallait rester ici pendant l'éternité dans la même situation, comment pourrais-je m'y soutenir? Que sera-ce donc de rester éternellement sur des lits de feu! Ah! cruel péché, direz vous à ce moment, je te déteste, je te renonce pour toujours, puisqu'il n'y a que toi qui sois capable de me perdre pour une éternité. Si j'étais maintenant dans la malheureuse éternité, je n'en reviendrais jamais; il faut donc que je profite du temps pour faire pénitence de mes crimes. Justes, pensez, pensez à l'éternité malheureuse, cette pensée est très-efficace pour vous engager à fuir le mal et à persévérer dans la pratique du bien. Il est vrai que les amabilités du Dieu que vous servez, les magnifiques récompenses qu'il vous promet, sont des motifs plus nobles, et seuls capables de vous attacher à lui. Mais on n'est pas toujours aussi sensible à ces motifs, qu'à la crainte d'un malheur éternel. Il n'est personne sur qui la vue de la malheureuse éternité ne doive faire de salutaires impressions. Les plus grands saints eux-mêmes se sont servis de cette pensée pour s'élever à la perfection. David en faisait le sujet de ses plus sérieuses réflexions : il roulait dans son esprit, il méditait les années éternelles : *Cogitavi dies antiquos, et annos æternos in mente habui.* (*Psal.* LXXVII, 6.) C'est aussi cette pensée qui a fait monter les martyrs sur les échafauds, qui a conduit les anachorètes dans les déserts, où ils ont préféré les rigueurs de la pauvreté et de la pénitence aux biens et aux plaisirs du monde; ils étaient persuadés qu'on ne saurait trop prendre de précautions où il s'agit de l'éternité. C'est pourquoi ils n'ont rien épargné, ils ont sacrifié biens, fortune, santé, et la vie même pour se mettre à couvert des supplices éternels. Cette pensée, mes frères, produira sur vous les mêmes effets; elle vous détachera du monde et de ses plaisirs; elle vous fera triompher des tentations, dompter les passions les plus rebelles.

Que le monde se présente donc à vous avec tous ses charmes, pour vous engager dans le crime; je ne veux, pour lui résister, que ce seul mot : *Eternité !* A ce moment, vous ne regarderez le monde que comme une figure qui passe, qui ne mérite pas votre attention. Que la chair se soulève contre l'esprit pour vous entraîner vers les plaisirs défendus; opposez-lui pour votre défense ce seul mot, *éternité;* je défie à l'attrait du plaisir de tenir contre la pensée d'un feu éternel dont il doit être suivi, si l'on y consent. Quoi! vous direz-vous à vous-même dans les tentations, pour un moment de plaisir, une éternité de supplices! pour un bien fragile, pour contenter une passion, je brûlerai éternellement dans l'enfer? Non, il n'y a ni bien, ni plaisir que je veuille acheter à ce prix. Tout doit céder à la crainte de l'éternité malheureuse.

Ce qui doit augmenter encore cette crainte, c'est non-seulement la rigueur et la durée des peines de l'enfer, mais encore le danger où vous êtes d'y tomber; car ce danger, mes frères, est plus commun qu'on ne pense. Que faut-il, en effet, pour mériter l'enfer? Un seul péché mortel suffit pour y être condamné : c'est une vérité de foi. Ainsi, quelque affermis que vous soyez dans la vertu, quelque favorisés que vous soyez des grâces du Seigneur, vous pouvez perdre sa grâce par une offense mortelle; et peut-être que ce péché que vous commettez, mettra le sceau à votre réprobation. Peut-être serez-vous abandonnés de Dieu à ce premier péché, comme l'ont été beaucoup d'autres réprouvés, comme l'ont été les anges rebelles, à qui Dieu n'a pas donné le temps de faire pénitence. Un seul péché les a précipités dans l'enfer ; qui peut vous répondre que Dieu ne vous traitera pas de même si vous l'offensez? *Que celui qui est debout, prenne donc garde de ne pas tomber,* dit l'Apôtre : « *Qui stat, videat ne cadat.* » (I *Cor.*, X, 12.) Que faut-il encore pour s'exposer au danger de l'enfer? Hélas! un petit détour de la voie du salut engage quelquefois dans celle de la perdition. La tiédeur au service de Dieu, la facilité à commettre des fautes légères ; bien plus, une seule faute légère peut vous conduire à un péché grief, et ce péché grief à la damnation éternelle. Combien de réprouvés qui ont commencé par là leur réprobation? La crainte de l'enfer doit donc bannir la tiédeur; elle ne doit pas seulement vous faire éviter les fautes grièves, mais elle doit vous éloigner de tout ce qui a l'apparence du péché.

Que faut-il enfin pour mériter l'enfer? La seule omission de ses devoirs, le défaut des bonnes œuvres, sera un sujet de réprobation; car ne croyez pas qu'il n'y aura de réprouvés que ceux qui se seront plongés dans le crime; c'est peut-être ce qui rassure aujourd'hui un grand nombre de chrétiens qui se croient en sûreté contre les jugements de Dieu, parce que leur vie n'est pas criminelle, parce qu'ils ne se livrent pas aux grands désordres. Mais ne vous y trompez pas; on n'est pas seulement damné pour avoir fait le mal, on l'est aussi pour n'avoir pas fait le bien. Il n'est pas dit que le mauvais riche, qui est dans l'enfer, ait été un impudique, un injuste usurpateur du bien d'autrui : il vivait de son bien, il ne faisait tort à personne; mais il ne faisait pas de ses biens l'usage qu'il en devait faire, il ne soulageait pas le pauvre Lazare qu'il laissait languir à sa porte : voilà ce que lui reproche l'Evangile. Le même Evangile nous apprend que le serviteur inutile fut jeté dans les ténèbres pour n'avoir pas fait valoir son talent; preuve certaine qu'une vie destituée de bonnes œuvres conduit à l'enfer. Ainsi la crainte d'y tomber doit vous engager à rendre votre vocation certaine par les bonnes œuvres, à vous acquitter fidèlement des devoirs de votre état, à servir Dieu avec toute la ferveur dont vous êtes capables; à beaucoup prier, à visiter les églises, à fréquenter les sacrements, à jeûner, à vous mortifier, à faire des aumônes aux pauvres, et les autres bonnes œuvres qui dépendront de vous. Par ce moyen vous éviterez l'enfer, et vous aurez part au bonheur éternel. *Amen.*

PRONE XVIII.

II° pour le cinquième Dimanche après les Rois.

HOMÉLIE SUR L'EVANGILE DU JOUR.

Domine, nonne bonum semen seminasti in agro tuo? Unde ergo habet zizania? (*Matth.*, XIII, 27.)

Seigneur, n'avez-vous pas semé de bon grain dans votre champ? D'où vient donc qu'il s'y trouve de l'ivraie?

Le royaume des cieux, dit l'Evangile de ce jour, *est semblable à un homme qui avait semé de bon grain dans son champ. Mais pendant le temps du sommeil, son ennemi vint, et sema de l'ivraie parmi le froment, et se retira. L'herbe ayant donc poussé, et étant montée en épi, l'ivraie parut aussi. Alors les serviteurs du père de famille vinrent lui dire : Seigneur, n'avez-vous pas semé de bon grain dans votre champ? D'où vient donc qu'il s'y trouve de l'ivraie?* « *Nonne*, » etc. *C'est*, répondit-il, *mon ennemi qui l'y a semée. Les serviteurs reprirent : Voulez-vous que nous allions la cueillir? Non, dit le maître, de peur qu'en cueillant l'ivraie, vous n'arrachiez aussi le froment. Laissez croître l'un et l'autre jusqu'à la moisson, et au temps de la moisson, je dirai aux moissonneurs : Cueillez premièrement l'ivraie, et liez-la en petites gerbes pour la brûler, mais amassez le froment dans mon grenier.* (*Matth.*, XIII, 24-30.)

Telle est, mes frères, la parabole que Jésus-Christ nous propose aujourd'hui dans l'Evangile dont j'entreprends de vous expliquer toutes les circonstances en forme d'homélie. Quel est ce champ, quel est ce bon grain, cette ivraie qui y sont mêlés ensemble? Quel est cet ennemi qui a fait ce mélange? Quel est ce temps de la moisson, où l'on séparera le bon grain d'avec l'ivraie? Apprenez-le de Jésus-Christ lui-même, qui veut bien nous donner l'explication de sa parabole : rendez-vous attentifs à ce qu'il va nous dire. *Le champ*, dit-il, *c'est le monde; le bon grain, ce sont les enfants du royaume; l'ivraie, ce sont les enfants du malin esprit; l'ennemi qui l'a semée, c'est le démon; la moisson, c'est la consommation des siècles; les moissonneurs sont les anges : de même donc*, dit Jésus-Christ, *qu'on cueille l'ivraie et qu'on la brûle, de même en arrivera-t-il à la consommation des siècles : le Fils de l'homme enverra ses anges, et ils enlèveront les scandaleux, et tous ceux qui font des œuvres d'iniquité, et ils les jetteront dans la fournaise ardente; les justes brilleront comme le soleil dans le royaume de leur Père.* (*Ibid.*, 37-43.) Telle est, mes frères, l'explication que Jésus-Christ nous a faite lui-même de sa parabole, à laquelle nous donnerons un peu plus d'étendue pour votre instruction, et pour vous en faire tirer le fruit que Jésus-Christ s'est proposé en nous la donnant.

Il n'est pas besoin, mes frères, de vous prouver ce que l'expérience nous fait voir d'une manière sensible, que les méchants, représentés par l'ivraie, sont mêlés avec les bons, représentés par le bon grain. Dans le ciel il n'y aura que des bons, parce que c'est le séjour des amis de Dieu, où ils jouissent de la récompense promise à la vertu. Dans l'enfer, il n'y aura que des méchants, parce que c'est le lieu destiné à punir les pécheurs ennemis de Dieu, qui ont irrité sa justice. Mais dans ce monde, les méchants sont mêlés avec les bons; Dieu le permet ainsi, parce que cette vie est un temps de mérite, et que la société des bons et des méchants fournit aux uns et aux autres beaucoup d'occasions de faire le bien. Que d'occasions, en effet, les bons ne trouvent-ils pas de pratiquer la vertu dans la société qu'ils sont obligés d'avoir avec les méchants! Que de sujets d'exercer la patience, l'humilité, la charité et beaucoup d'autres vertus qu'ils n'auraient pas, du moins dans un degré si parfait! Les méchants mettent souvent à l'épreuve la patience des bons, en ravissant leurs biens par des injustices, en flétrissant leur réputation par de noires calomnies, en les accablant d'injures atroces, d'affronts sanglants. Il faut bien de la vertu pour soutenir ces épreuves : mais si les bons, pour obéir à Dieu, les souffrent patiemment; s'ils étouffent tous les ressentiments que leur inspire la mauvaise conduite des méchants à leur égard, quels trésors de mérite n'amassent-ils pas pour le ciel? Il est facile d'être doux et patient, quand on ne nous dit rien, quand on vit avec des personnes qui ne cherchent qu'à nous faire plaisir; mais posséder son âme en paix parmi les traits meurtriers que nos ennemis lancent contre nous, rendre de bons offices pour les mauvais traitements qu'on nous fait, prier pour ceux qui nous calomnient et nous persécutent, c'est le caractère d'une âme généreuse, et l'effet d'une vertu vraiment chrétienne. Et certes, mes frères, si nous n'avions à vivre qu'avec des anges et avec des saints, si nous n'avions rien à souffrir les uns des autres, quelle violence aurions-nous à nous faire? Quelle difficulté d'aimer ceux qui nous aiment, de faire du bien à ceux qui nous en font? Les païens n'en font-ils pas autant? Il est donc en quelque façon nécessaire que notre vertu soit mise à l'épreuve par les tribulations que nous suscitent les méchants. S'il n'y avait point eu de tyrans qui eussent persécuté l'Eglise, elle n'aurait pas ce grand nombre de martyrs qui l'ont illustrée et empourprée de leur sang. Ainsi la malice des méchants contribue en quelque façon à la sainteté des bons, d'une manière, à la vérité, qui est funeste aux méchants, mais dont les bons peuvent tirer leur profit. Ne vous plaignez donc plus, qui que vous soyez, si vous avez affaire à des personnes d'une humeur fâcheuse, avec qui vous ne pouvez faire votre salut; vous, mari, ne vous plaignez point si vous avez une femme avec qui vous ne pouvez vivre en paix; et vous, femme, si vous avez un mari qui, par ses débauches et son peu de conduite, vous fait passer des moments de tristesse : ne vous plaignez point, mes frères, si vos enfants, par leur indocilité, vous donnent mille sujets d'impatience, vous ne pouvez rompre cette société que Dieu vous a formée; il faut tirer le bien du mal, mettre pour ainsi dire à profit les défauts des autres, pour vous élever à la perfection.

On connaît la valeur du soldat dans le combat, l'habileté d'un pilote dans les tempêtes qui agitent le vaisseau; de même la vertu du chrétien se perfectionne dans les guerres qui lui sont suscitées de la part des méchants. Cette vertu est souvent exposée aux railleries, aux mépris des libertins. Il se trouve dans une même famille des âmes bien nées, qui ont du goût pour la vertu, tandis que d'autres qui pensent différemment, les désapprouvent, les tournent en ridicule. Ce sera un mari qui ne peut souffrir dans une femme l'assiduité à la prière et l'application aux bonnes œuvres; il lui en fera de continuels reproches : ce sera un frère, une sœur qui répandront le venin d'une maligne critique sur les actions de celui ou de celle qu'ils ne veulent pas, et qu'ils devraient imiter. Ah! c'est alors que ces personnes vertueuses doivent renouveler toutes leurs ferveurs au service de Dieu, elles doivent montrer leur fidélité à s'acquitter de leur devoir, en s'élevant au-dessus des respects humains, des railleries et de tous les obstacles qu'on suscite à leur vertu; si elles ont assez de courage pour les vaincre, elles augmenteront en vertu et en mérite; leur humilité deviendra plus profonde, en souffrant les mépris; leur amour plus pur et plus ardent, en ne cherchant que Dieu seul pour leur récompense. Il a fallu, pour ainsi dire, que leur vertu fût mise à l'épreuve par la malice des méchants, comme l'or dans le creuset, pour recevoir son lustre et sa perfection. Mais faut-il pour cela que les méchants se prévalent de la patience des bons, et qu'ils continuent à les persécuter, pour les rendre plus vertueux? Non, mes frères, ce n'est pas là ce que la Providence s'est proposé, en permettant aux méchants d'avoir société avec les bons. Elle ne prétend pas que l'ivraie étouffe le bon grain, mais elle veut que cette ivraie devienne elle-même un bon grain, et c'est ce qui m'a fait dire que le mélange des bons et des méchants pouvait être aussi profitable aux méchants qu'aux bons.

En effet, que de secours les méchants ne peuvent-ils pas retirer du commerce qu'ils ont avec les bons, pour devenir aussi bons qu'eux? Secours de prières, secours de bons avis, secours de bons exemples. Secours de prières, un grand nombre de pécheurs doivent leur conservation, et souvent leur conversion au crédit que des âmes saintes ont auprès de Dieu. La justice de Dieu aurait déjà peut-être lancé ses traits vengeurs sur un grand nombre de ceux qui m'écoutent, si son bras n'avait été retenu par les prières des âmes saintes qui vivent parmi nous. Dieu ne dit-il pas à Abraham, que s'il y avait dix justes dans Sodome et Gomorrhe, il pardonnerait en leur faveur à tous les autres habitants qu'il voulait détruire, et qu'il fit périr en effet par le feu qui consuma ces grandes villes? Voilà, pécheurs, ce qui doit vous rendre respectables les personnes justes et vertueuses avec qui vous vivez, ce qui doit vous pénétrer de reconnaissance pour les bons services que vous en recevez; au lieu de les persécuter, de les mépriser, vous devriez écouter leurs avis salutaires, c'est encore là un grand secours que vous pouvez tirer de la société des bons. Dieu qui a chargé chacun de nous d'avoir soin du salut de son prochain, *Unicuique mandavit de proximo suo* (*Eccli.*, XVII, 19), ordonne spécialement aux justes de ramener les pécheurs dans le bon chemin, par de bons conseils, par de sages remontrances, par de bons exemples. C'est en quoi ils peuvent encore beaucoup profiter de la société qu'ils ont avec les méchants, parce qu'il n'y a point de charité plus grande que celle de retirer un pécheur de ses égarements, de le mettre dans la voie du salut. Mais si ces justes sont obligés par charité de procurer le salut des pécheurs, ces pécheurs doivent encore bien plus, par charité pour eux-mêmes, profiter des bons avis que les justes leur donnent, et du soin qu'ils prennent de leur salut. Heureux sont ceux qui sont assez dociles pour mettre à profit des secours aussi salutaires! Combien de pécheurs sont redevables de leur changement à un bon conseil qu'un ami juste leur a donné, aux exemples de vertu qu'ils lui ont vu pratiquer? car il n'est personne, mes frères, sur qui le bon exemple ne fasse quelque impression, et tel est encore le grand avantage que les méchants peuvent tirer de la société des justes. En voyant cette personne assidue à la prière, exacte à fréquenter les sacrements, appliquée aux bonnes œuvres, patiente à souffrir les injures; en la voyant embrasser avec joie les rigueurs de la pénitence, se mortifier par les jeûnes, par les austérités, se priver des plaisirs, des sociétés dangereuses, des jeux, des spectacles, n'est-on pas porté à se dire à soi-même ce que disait autrefois saint Augustin : Quoi! ne pourrais-je pas faire ce que font telles et telles personnes, d'un tempérament aussi délicat que moi? suis-je moins intéressé qu'elles à mériter le ciel, et n'ai-je pas autant de sujet de craindre un enfer éternel? Ah! plût à Dieu que tous les méchants qui sont maintenant avec les bons, fissent toujours ce raisonnement salutaire, et profitassent des bons exemples qu'ils ont devant les yeux! la face du christianisme serait bientôt renouvelée, la société des chrétiens ne serait plus qu'une société de saints : par là les desseins de la Providence, qui permet le mélange des bons et des méchants, seraient remplis au grand avantage des uns et des autres.

Mais, d'où vient, mes frères, qu'avec tous ces secours, le nombre des méchants surpasse de beaucoup celui des bons? D'où vient qu'il y a toujours tant d'ivraie parmi le bon grain, tant d'épines parmi les lis? Recourons à notre Evangile pour en savoir la cause. C'est le démon, l'ennemi de la gloire de Dieu et du salut des hommes, qui fait tout cela : *Inimicus homo hoc fecit.* L'envie que cet esprit tentateur a conçue contre l'homme que Dieu a destiné à occuper dans le ciel la place qui lui avait été préparée, lui fait mettre tout en usage pour empêcher l'homme de parvenir à ce bonheur. Il répand dans les âmes la semence fatale du péché par les mauvaises pensées, les mauvais désirs qu'il leur inspire; il engage les hommes dans le crime, en les séduisant par l'éclat des biens, par l'attrait du plaisir; et il ne réussit, hélas! que trop souvent dans ses pernicieux desseins : parce qu'il profite du temps du sommeil, c'est-à-dire, du temps que l'on n'est pas sur ses gardes, que l'on ne veille pas sur soi-même pour découvrir ses embûches; que l'on se laisse aller à une criminelle nonchalance dans la pratique de ses devoirs : *Cum dormirent homines, venit inimicus.* Voilà comment le démon est venu à bout de semer l'ivraie parmi le bon grain, d'introduire les méchants parmi les bons; que dis-je? il se sert même souvent des méchants pour pervertir les bons. Il emploiera ce libertin, ce scandaleux d'une paroisse, pour attirer dans une partie de débauche des jeunes gens qui avaient jusqu'alors conservé leur innocence; il mettra en usage les artifices de cette fille mondaine pour porter la contagion dans le cœur de ceux qui la fréquentent : il répandra la discorde entre des personnes qui étaient bien unies, par les mauvais rapports de ces langues empoisonnées qui se plaisent à répandre la zizanie, à susciter des querelles entre ceux qui vivent en paix; et telle est souvent la source fatale des inimitiés qui règnent parmi les hommes. Pourquoi ces personnes qui vivaient si bien ensemble auparavant, sont-elles maintenant divisées jusqu'au point qu'elles ne veulent ni se voir, ni se pardonner? Cette rupture ne vient que de la malice d'un ennemi qui a desservi l'un auprès de l'autre : voilà l'ivraie qui a étouffé le germe de la charité : *Inimicus homo hoc fecit.*

Or, quel parti doivent prendre les bons à l'égard des méchants qui servent d'instrument au démon pour porter les autres au mal? C'est de fuir leur société, de n'avoir aucun commerce avec eux. Car, s'il y a des méchants avec qui l'on ne peut absolument rompre toute société, et avec qui il faut, comme je l'ai déjà dit, faire de nécessité vertu, il y en a aussi dont le commerce est bien libre, qu'il faut rompre par conséquent pour ne pas ressentir la contagion qu'ils peuvent communiquer. Donnez-moi la personne la plus vertueuse, dès qu'elle fréquentera une mauvaise compagnie, elle cessera bientôt d'être ce qu'elle était, pour devenir ce qu'elle n'était pas. Ne sont-ce pas les mauvaises sociétés qui sont la cause de la perdition de tant de jeunes gens qui avaient reçu de bonnes semences de vertu, mais qui ont été entièrement étouffées par l'ivraie que l'on a répandue dans leur cœur? C'est à quoi doivent particulièrement veiller ceux qui sont chargés par état de la conduite des autres. Ils ne doivent rien oublier pour les détourner des mauvaises compagnies qui pourraient les pervertir. Telle est l'obligation des pères et mères à l'égard de leurs enfants, des maîtres et maîtresses à l'égard de leurs domestiques; en un mot, de tout supérieur à l'égard de ses inférieurs : ils ont besoin d'une continuelle vigilance sur ceux qui leur sont soumis; car, s'ils viennent à s'endormir sur leur devoir, l'ennemi du salut profitera du temps du sommeil pour faire des ravages, et pour introduire des abus : *Cum dormirent homines*, etc. Et certes, ce n'est qu'au défaut de vigilance d'un père, d'une mère sur leurs enfants, des maîtres et maîtresses sur leurs domestiques, qu'il faut attribuer tant de désordres qui règnent parmi ces enfants et ces domestiques. N'est-ce pas souvent pendant la nuit qu'un père vertueux, un maître, une maîtresse sont endormis, que ces enfants, ces domestiques entretiennent des commerces criminels, se livrent à toutes sortes de licences que je n'ose ici nommer? N'est-ce pas même aussi pendant le jour que l'ennemi profite de l'indolence et de l'inattention de ceux qui doivent veiller, pour semer l'ivraie dans le champ où l'on a semé le bon grain : *Cum dormirent homines*, etc. Veillez donc, pères et mères, veillez, vous tous à qui le Seigneur a donné ce champ à cultiver, pour empêcher que l'ennemi n'y sème de l'ivraie, qui étouffe la bonne semence que vous y avez répandue. Poursuivons l'explication de notre parabole.

Les serviteurs du maître voyant la quantité d'ivraie qui avait crû dans son champ, lui dirent : *Voulez-vous que nous allions arracher cette ivraie? Non, répondit le maître, de crainte qu'en arrachant l'ivraie vous n'arrachiez aussi le froment.* On ne connaît pas encore l'ivraie, lorsqu'elle est en herbe, à cause de la ressemblance qu'elle a avec le froment. Ainsi arrive-t-il souvent que l'on ne discerne pas les méchants d'avec les bons, parce que le vice se cache sous l'apparence de la vertu. Les méchants en imposent par un extérieur de religion qu'ils professent comme les autres. Mais le masque ne dure pas longtemps; on connaît l'ivraie dès qu'elle a jeté l'épi; on connaît les mauvais arbres par leurs fruits, ainsi les méchants se manifestent par leurs œuvres : *Apparuerunt et zizania.* Leurs injustices, leurs scandales, leurs désordres excitent l'indignation des gens de bien, jusqu'au point de souhaiter qu'ils soient détruits. Le zèle qu'ils ont pour la gloire de Dieu, les fait sécher de douleur, comme le Roi-Prophète, à la vue des outrages qu'on lui fait. Est-il possible, disent-ils souvent en eux-mêmes, que Dieu souffre tant de méchants, tant d'impies profanateurs du lieu saint; tant de jureurs, de blasphémateurs, tant d'injustes usurpateurs du bien d'autrui, tant de mauvais chrétiens qui ne cherchent qu'à faire du mal aux bons qu'à les inquiéter, les persécuter? Semblables à ces deux apôtres, qui demandaient que le feu du ciel tombât sur Samarie, parce que les habitants n'avaient pas voulu ouvrir leurs portes à Jésus-Christ, ils voudraient que Dieu fît éclater ses vengeances sur ces méchants, et qu'il les tirât de ce monde par quelque coup frappant de sa justice.

Mais ce zèle des bons, tout louable qu'il paraît dans son motif, est souvent blâmable dans son principe. C'est quelquefois un sentiment d'aigreur et de vengeance, qui est contraire à l'esprit de charité qu'on doit avoir, même pour les méchants. Tout zèle qui n'est pas animé par la charité, réglé par la prudence, n'est pas un zèle selon Dieu : un zèle amer, violent, immodéré, détruit et renverse plutôt que de planter et d'édifier. On peut donc dire à ces faux zélateurs ce que Jésus-Christ disait à ces deux apôtres, dont je viens de parler, qu'ils ne savent de quel esprit ils sont : *Nescitis cujus spiritus estis* (*Luc*, IX, 35); que le Fils de l'homme n'est point venu pour ôter la vie, mais pour la donner. Il est louable de souhaiter que le péché soit détruit, mais non pas de désirer la destruction des pécheurs; il faut demander leur conversion, et y travailler de son mieux, selon les talents que Dieu nous a donnés. Dieu pourrait, s'il le voulait, détruire les pécheurs, les abîmer, les anéantir au moment qu'ils l'offensent; il ne le fait pas, parce qu'il ne veut pas leur mort, mais leur conversion. Il ne veut pas qu'on arrache cette ivraie, parce qu'elle peut devenir froment. N'a-t-on pas vu des vases d'ignominie devenir des vases d'élection et d'honneur? Combien de pécheurs se sont convertis par la patience qu'on a eue à les avertir et à les corriger? Tel qu'on regarde aujourd'hui comme un grand pécheur, comme un réprouvé, peut devenir un jour un grand saint. Or, si Dieu veut bien souffrir les méchants, pourquoi ne les souffririons-nous pas aussi? Admirons au contraire la bonté et la patience de Dieu, qui veut bien leur donner le temps de faire pénitence, malgré tous les droits que sa justice a de les punir.

Et voilà, pécheurs, ce qui devrait bien vous engager à profiter du temps des miséricordes du Seigneur. Vous trouvez dans la patience qu'il a de vous attendre le motif le plus pressant d'une prompte et sincère conversion. Non-seulement les créatures raisonnables, les justes s'élèvent contre vous; les créatures, même inanimées, demandent votre destruction. Voulez-vous, disent les cieux dans leur langage, voulez-vous, Seigneur, que nous lancions nos foudres et nos carreaux sur cet indigne pécheur qui vous outrage? Voulez-vous, dit le tonnerre, que j'écrase ce jureur, ce blasphémateur qui déshonore votre saint nom? Voulez-vous, dit l'air, que j'étouffe cet impie, ce profanateur des choses saintes? Voulez-vous, dit la terre, que j'ouvre mes abîmes pour engloutir cet impudique, cet ivrogne, ce voleur? Voulez-vous, dit le feu, que je consume cette ivraie qui gâte le bon grain? *Vis ut colligamus zizania?* Non, répond le Seigneur; je veux qu'on la laisse croître jusqu'à la moisson. *Respondit : Non;* je veux donner le temps au pécheur de se convertir, de changer de vie. Pouvez-vous, pécheurs, être insensibles à une si grande bonté de la part de Dieu, et ne pas profiter de la grâce qu'il vous offre pour recouvrer son amitié? Ne serait-ce pas de votre part une noire ingratitude, et un mépris outrageant de la patience de Dieu, que de vous en prévaloir pour persister dans vos désordres? Mais ne serait-ce pas aussi bien mériter les terribles châtiments dont Dieu punira votre résistance à ses grâces? Car sachez, dit l'apôtre saint Paul, qu'en méprisant ainsi les richesses des bontés de votre Dieu, vous amassez sur vous un trésor de colère pour le jour des vengeances du Seigneur : *Divitias bonitatis contemnis;... thesaurisas tibi iram in die iræ.* (*Rom.*, II, 4, 5) Vous ne voulez pas, maintenant que vous le pouvez, devenir de bon froment; vous voulez toujours croître dans le mauvais état d'ivraie, et ne porter que des fruits d'iniquité : mais viendra le temps de la moisson, que le Seigneur dira à ses moissonneurs de cueillir cette ivraie pour la mettre en gerbes et la jeter dans le feu. C'est ce qui arrivera à la consommation des siècles, dit notre Evangile, où le Seigneur enverra ses anges, qui enlèveront de son royaume tout ce qu'il y aura de scandaleux et de gens qui font des œuvres d'iniquité; et ils les jetteront dans la fournaise ardente, où il y aura des pleurs et des grincements de dents. Il n'y aura point pour lors de pécheur qui puisse échapper à la vigilance et à l'activité de ces ministres des vengeances du Seigneur. Il n'y aura ni or, ni argent, ni rang, ni qualités personnelles, qui puissent les fléchir, ni puissance qui soit capable de leur résister. Alors on séparera la paille d'avec le froment, l'ivraie d'avec le bon grain, les méchants d'avec les justes; et ces méchants seront précipités dans les flammes éternelles pour y brûler, y souffrir toutes sortes de douleurs, sans espérance de recevoir jamais aucun soulagement: *Colligite ea in fasciculos ad comburendum.* Voilà, pécheurs, le terme fatal où doit aboutir votre vie criminelle, et l'abus que vous faites des grâces de Dieu : ne vous prévalez donc pas, méchante ivraie, de la patience de Dieu, à vous souffrir maintenant avec le bon grain, tremblez, au contraire, et gémissez d'avance sur votre malheureux sort. Plus Dieu aura de patience à vous souffrir, plus sa justice sera sévère à vous punir. Cette patience, qui se tournera en fureur, vous accablera, vous punira par des supplices d'autant plus rigoureux, que vos résistances à la grâce, et l'abus que vous aurez fait du temps des miséricordes, auront été plus criminels. Il ne tient encore qu'à vous de prévenir ce malheur par une prompte et sincère conversion; car le temps de la moisson n'est pas si éloigné que vous vous imaginez. Ce temps de la moisson est pour chacun de nous le temps de la mort; et la mort est plus près que vous ne pensez. Si cette moisson vous surprend en état d'ivraie, c'est-à-dire en état de péché, vous serez tels à la moisson générale, qui se fera à la fin du monde, et vous souffrirez déjà en attendant le triste sort auquel vous serez pour lors publiquement condamnés.

Pratiques. — Justes, vous qui êtes le froment du Seigneur, mêlé avec l'ivraie, et qui souffrez à regret ce mélange, croissez en grâce par des actes multipliés de vertu. N'attendez pas la moisson pour arracher de vos cœurs tant de mauvaises inclinations, de crainte qu'il ne vous soit trop difficile, ou que vous n'y soyez plus à temps; humiliez-vous devant Dieu, recourez à lui, priez-le de répandre dans vos cœurs la rosée de sa grâce, pour vous faire porter des fruits dignes d'être placés dans son grenier. *Triticum autem congregate in horreum meum.* Ayez donc soin de cultiver les précieuses semences que Dieu répand dans vos âmes, par les bonnes inspirations qu'il vous donne. Si le démon, votre ennemi, y répand aussi de mauvaises semences par les tentations, ayez soin d'en étouffer le germe; en résistant courageusement à ses attaques. S'il vous échappe quelque trait de faiblesse, si vous tombez en quelque faute, ne laissez point croître cette ivraie dans vos cœurs; humiliez-vous au contraire, en considérant que c'est à Dieu que vous devez le peu de bien que vous avez fait, et que, s'il vous abandonnait, vous seriez peut-être plus coupables que les méchants que vous connaissez. Si vous pouvez éviter leur société, vous le devez faire, de crainte qu'elle ne vous devienne préjudiciable. Si vous êtes obligés de vivre avec eux, observez les avis que saint Augustin vous donne; ne soyez point assez lâches pour approuver leur conduite; ne soyez pas négligents à les corriger quand vous le pouvez; ne vous élevez point au-dessus d'eux, parce que vous avez plus de vertu : *Celui qui est debout, doit prendre garde de tomber : « Qui stat, videat ne cadat. »* (I *Cor.*, X, 12.) Soyez patients à souffrir les injures des méchants, mettez-vous au-dessus de leurs railleries; ils regardent maintenant votre genre de vie comme une folie; ils vous méprisent, ils vous persécutent, ils mettent à toutes sortes d'épreuves votre patience, votre humilité, votre charité : mais viendra le temps de la moisson; pour lors le Seigneur vous séparera de ce mauvais grain, il exaltera votre vertu persécutée : viendra le temps où le Seigneur rendra justice à vos mérites, qu'il vous placera dans son royaume, pour y briller comme le soleil dans son plus beau jour : *Justi fulgebunt sicut sol in regno Patris eorum.*

PRONE XIX.

Pour le sixième Dimanche après les Rois.

SUR LA FOI.

Simile est regnum cœlorum grano sinapis, quod accipiens homo seminavit in agro suo. (*Matth.*, XIII 31.)

Le royaume des cieux est semblable à un grain de sénevé, qu'un homme prit et sema dans son champ.

Que signifie, mes frères, ce grain de sénevé, auquel Jésus-Christ compare dans l'Evangile de ce jour le royaume des cieux? Parmi les différentes explications que donnent les saints Pères de cette parabole, je m'arrête à celle de saint Chrysostome, qui dit que ce grain de sénevé représente la foi qui fait régner Dieu en nous, et qui nous dispose à posséder un jour son royaume. En effet, comme le grain de sénevé renferme dans sa petitesse la racine d'un grand arbre, ainsi la foi est le fondement des vertus chrétiennes, le principe et la racine de notre justification, comme dit le saint concile de Trente. Comme le grain de sénevé est la plus petite de toutes les semences, et devient ensuite un arbre assez étendu par ses branches, pour servir de demeure aux oiseaux du ciel : ainsi la foi nous rend petits en nous humiliant sous son joug; mais elle nous élève jusqu'à Dieu, par les connaissances qu'elle nous donne de ses perfections, et par le fruit des bonnes œuvres qu'elle nous fait produire pour le ciel, où elle nous conduit. Enfin, comme le grain de sénevé a une vertu particulière pour nous faire trouver du goût dans les choses les plus insipides; ainsi la foi nous fait surmonter nos dégoûts, et nous anime à la pratique de nos devoirs. C'est de cette foi, mes frères, la première des vertus chrétiennes, sans laquelle on ne peut être sauvé, que je viens vous entretenir. Il faut vous en faire connaître la nécessité, l'excellence, les qualités et les effets. La foi est un hommage de notre esprit, que nous soumettons à l'autorité de Dieu, pour croire les vérités qu'il nous a révélées; mais pour que cette foi opère notre salut, elle doit être aussi un hommage de nos cœurs, pour faire ce que Dieu nous a commandé; c'est-à-dire que la foi doit exercer son empire sur l'esprit et sur le cœur de l'homme : elle doit exercer son empire sur l'esprit pour se soumettre aux vérités révélées; elle doit exercer son empire sur le cœur, pour mettre en pratique ce qui est commandé. En deux mots, la foi doit nous rendre dociles à croire toutes les vérités que la religion nous propose; première partie. La foi doit nous rendre fidèles à observer les maximes que cette même religion nous enseigne; seconde partie. Il faut croire, il faut agir d'une manière conforme à sa croyance; c'est tout mon dessein, qui renferme toutes les obligations du fidèle.

PREMIER POINT.

La foi est, au langage du grand Apôtre, la base et *le fondement des choses que nous avons à espérer, et la conviction de celles que nous ne voyons pas* (*Hebr.*, XI, 1); elle est une vertu par laquelle nous croyons fermement à Dieu et à tout ce qu'il a révélé, quand même nous ne le comprendrions pas, parce qu'il est la vérité même. Cette vertu est si nécessaire à l'homme, que *sans elle il est impossible de plaire à Dieu*, impossible de le posséder. *Car le premier pas qu'il faut faire pour s'approcher de Dieu*, ajoute le saint Apôtre, *est de croire qu'il est, et qu'il récompensera ceux qui le cherchent.* (*Ibid.*, 6.) On ne peut arriver à la lumière de la gloire, dit saint Augustin, qu'en marchant dans les routes obscures de la foi ; sans la foi, point de vertus méritoires pour le ciel : celui qui ne croit pas, dit Jésus-Christ, porte dans son infidélité l'arrêt de sa condamnation; mais celui qui croit, possède dans sa foi un gage de la vie éternelle : *Qui crediderit salvus erit; qui vero non crediderit, condemnabitur.* (*Marc.*, XVI, 16.) Mais pour que la foi soit un hommage digne de Dieu, et avantageux pour l'homme, elle doit être ferme pour croire sans hésiter, simple pour croire sans raisonner, universelle pour croire sans réserve toutes les vérités qui nous sont révélées de la part de Dieu : fermeté de la foi, simplicité de la foi, intégrité de la foi; tels sont les caractères qu'elle doit avoir, tels sont les effets qu'elle doit produire sur l'esprit de l'homme. Votre foi, mes frères, a-t-elle ces qualités? c'est ce que vous devez examiner en m'écoutant.

I. Comme il n'y a qu'une religion, parce qu'il n'y a qu'un Dieu, il ne peut y avoir qu'une foi qui doit toujours avoir les mêmes vérités à croire, la même règle à suivre, le même motif qui la détermine. Il suffit donc de savoir quel est le motif et la règle de la foi, pour être convaincu qu'elle ne doit point varier, qu'elle doit être ferme et inébranlable dans la soumission aux vérités qui nous sont révélées. Or, quel est le motif de la foi? quelle en est la règle? Son motif, c'est la vérité suprême de Dieu; sa règle, c'est l'autorité de l'Eglise. Car, pourquoi croyons-nous les vérités que la religion nous propose? c'est parce que Dieu, qui est la vérité même, les a révélées : et comment sommes-nous assurés que Dieu a révélé certaines vérités? c'est par l'autorité de l'Eglise, qui est son organe.

Or, ce motif et cette règle étant infaillibles, la foi qui est appuyée sur de si solides fondements, ne doit-elle pas être ferme et inébranlable?

Il n'est pas surprenant que la foi qui est appuyée sur le témoignage des hommes, soit incertaine et chancelante. Cette incertitude vient de deux défauts auxquels les hommes sont sujets, savoir d'un défaut de connaissance, et d'un défaut de sincérité. Comme les connaissances des hommes sont bornées, ils se forment souvent de fausses idées sur les objets qui se présentent à leur esprit; ou s'ils réussissent à découvrir la vérité, ils ne sont pas toujours assez fidèles pour la communiquer telle qu'ils la connaissent; en un mot, ils peuvent se tromper, ou tromper les autres; de là vient que les connaissances qui sont appuyées sur leur témoignage, ne sont pas toujours sûres. Mais il n'en est pas ainsi de notre Dieu; infiniment parfait, il connaît la vérité, et parle toujours le langage de la vérité; il connaît les choses comme elles sont, et il les annonce comme il les connaît. Oui, mes frères, Dieu ne peut se tromper, ni nous tromper : il ne peut se tromper; car s'il était faillible dans ses connaissances, il cesserait d'être Dieu, puisqu'il lui manquerait une perfection ; il ne peut pas non plus nous tromper, parce qu'il est infiniment bon et fidèle, et que s'il nous induisait en erreur, cette erreur tomberait sur lui, ce qu'on ne peut penser sans faire injure à son infaillible vérité.

Aussi n'appartient-il qu'à Dieu d'exiger de la créature raisonnable une adhésion parfaite à tout ce qu'il lui a révélé. Quelque obscures, quelque impénétrables que soient à l'esprit humain les vérités que Dieu lui propose de croire, quoiqu'elles soient même combattues par le témoignage des sens, il suffit de savoir que Dieu a parlé pour croire sans hésiter; raisonnements, subtilités, témoignage des sens, tout doit plier sous l'autorité de Dieu et sous le joug de la foi.

Et certes, mes frères, pour prendre la chose dans son principe, n'est-il pas bien juste que l'homme fasse à Dieu cet hommage de son esprit, en sacrifiant ses lumières à celles de Dieu? Il n'y a rien dans l'homme qui ne dépende du Créateur, et qui n'en doive recevoir la loi. Or, Dieu ayant donné à l'homme deux facultés, l'entendement qui connaît les objets, et la volonté qui les aime ou les hait, n'est-il pas juste que l'homme fasse à Dieu le sacrifice de ces deux facultés? sacrifice que Dieu demande et qu'il a droit d'exiger. La volonté de l'homme doit être soumise à celle de Dieu, pour faire les choses mêmes qui ne sont pas de son gré; il faut aussi que l'entendement soit soumis à l'autorité de Dieu, pour croire des choses qui sont hors de sa portée. La volonté de l'homme ne serait pas dans une parfaite dépendance de celle de Dieu, s'il ne voulait faire que ce qui est conforme à ses inclinations; de même l'entendement ne serait pas assez humilié sous l'autorité de Dieu, s'il ne voulait croire que ce qui est proportionné à ses lumières. Il faut donc, pour que le sacrifice soit entier et parfait, que l'esprit de l'homme soit captivé sous le joug de la foi, comme la volonté l'est par la loi. Tel est l'hommage que Dieu a droit d'exiger de la créature raisonnable; hommage le plus juste et le plus indispensable, par rapport à l'homme, mais aussi le plus glorieux, par rapport à Dieu; parce que l'homme en croyant sur le seul témoignage de Dieu, ce qu'il ne conçoit pas, fait triompher la vérité de Dieu sur son esprit et sa raison, qui sont naturellement portés à s'assurer des choses par leurs propres lumières.

Ne croyons pas cependant, mes frères, que cette soumission d'esprit que Dieu demande de nous aux vérités de la foi, soit une servitude aveugle et tyrannique qui soit contraire à la raison. S'il emploie son autorité pour nous soumettre au joug de la foi, il nous permet aussi d'user de notre raison, dit saint Augustin, pour parvenir à la première vérité. Il veut que notre obéissance soit juste et raisonnable, comme dit l'Apôtre : *Rationabile obsequium vestrum* (*Rom.*, XII, 1) : c'est pourquoi, s'il nous propose des vérités incompréhensibles à nos faibles lumières, ce n'est qu'après les avoir rendues croyables par l'évidence de la révélation qu'il en a faite.

Mais est-il vrai, me direz-vous, que Dieu a parlé aux hommes et qu'il leur a révélé des vérités qu'il les oblige à croire? Ah! mes frères, la religion sainte que nous professons, nous en fournit des preuves sans réplique. Cette religion, qui est la parole même de Dieu, manifestée aux hommes, porte avec elle des caractères de divinité si marqués, soit dans son établissement, soit dans la sainteté de sa doctrine, qu'il faut s'aveugler pour ne pas les apercevoir. Caractères de divinité dans son établissement miraculeux, dont les faits sont si bien constatés, que les révoquer en doute, ce ne peut être que l'effet d'une opiniâtre incrédulité. Comment la religion chrétienne si obscure dans ses mystères, si austère dans ses maximes, aurait-elle été embrassée par tant de peuples différents de mœurs et de sentiments? Comment aurait-elle fait plier sous son joug les puissances de la terre, les plus grands génies du monde, si Dieu ne l'avait rendue croyable par des signes qui en démontraient la vérité, et si les miracles n'avaient pas soutenu, comme dit saint Paul, les discours de ceux qui prêchaient l'Evangile : *Evangelium nostrum non fuit in sermone tantum, sed in virtute et plenitudine multa.* (I *Thess.*, I, 5.) Si la religion s'est établie sans miracle, c'est, dit saint Augustin, le plus grand de tous les miracles, que cela soit ainsi arrivé; il n'appartient qu'à Dieu d'opérer une telle merveille, et de soumettre les esprits et les cœurs à tout ce qui est capable de les rebuter. Ici, mes frères, il vous est permis de raisonner : une religion confirmée par mille miracles, ne peut venir que de Dieu, pouvez-vous dire : une religion dont Dieu est l'auteur, ne peut enseigner que la vérité; ainsi, quand je crois ce que la religion chrétienne enseigne, je crois autant de vérités : à ce simple raisonnement, vous comprenez sans doute la solidité de notre foi; autre motif :

Caractère de divinité dans la sainteté de la religion, qui n'enseigne rien que de pur dans sa morale, rien qui ne conduise les hommes à la plus haute perfection : nous serions tous des anges sur la terre, si nous étions de fidèles observateurs de ses maximes. Or, peut-on raisonnablement douter qu'une telle religion ne vienne de Dieu? Et comme elle est la voie dont Dieu s'est servi pour parler aux hommes, et leur révéler certaines vérités à croire, voilà donc le motif de notre foi bien établi pour nous engager à croire ces vérités. Mais parce qu'il y a plusieurs sectes dans le monde, qui, quoique opposées les unes aux autres, se flattent de suivre la religion chrétienne, qui néanmoins ne peut se trouver dans toutes, parce que la vérité n'est qu'une, nous avons besoin d'une règle qui dirige notre foi, pour faire un juste discernement de la vraie religion.

Or, quelle est cette règle? C'est l'autorité de la sainte Eglise romaine, où nous avons eu le bonheur de naître, qui seule peut se flatter d'être, à l'exclusion de toute secte, la dépositaire de la parole de Dieu, soit par son antiquité, soit par son infaillibilité et sa sainteté. Antiquité de l'Eglise qui subsiste depuis Jésus-Christ par une succession non interrompue des pasteurs, qu'on ne trouve dans aucune secte dont on ne sait l'origine. Infaillibilité de l'Eglise contre laquelle, selon le témoignage de Jésus-Christ, les portes de l'enfer n'ont jamais prévalu; n'est-ce pas de son tribunal, que toutes les erreurs qui ont paru dans le monde ont reçu leur condamnation? Sainteté de l'Eglise qui a formé et qui forme encore tant de saints disciples. N'est-ce pas de son sein que sont sorties ces troupes innombrables de martyrs, qui ont scellé de leur sang les vérités de la foi, ce grand nombre de docteurs qui ont éclairé le monde, cette prodigieuse multitude de saints dont la mémoire est en vénération même parmi nos ennemis? C'est donc dans la sainte Eglise romaine qu'on trouve la vraie religion, la parole de Dieu. Elle seule est l'appui et la colonne de la vérité; c'est à cette colonne qu'il faut s'attacher pour ne pas tomber; quiconque n'est pas dans la barque de saint Pierre, dit saint Jérôme, est sûr de périr; quiconque n'écoute pas l'Eglise, doit être regardé comme un païen et un publicain. Voilà donc, mes frères, la règle de notre foi, règle infaillible qui doit terminer tout différend sur ce que nous devons croire; règle infaillible qu'il faut suivre, non-seulement avec fermeté et sans hésiter, mais encore avec simplicité et sans raisonner.

II. En effet, mes frères, dès que Dieu a parlé et que nous sommes assurés de sa divine parole, par l'autorité de l'Eglise qui en est l'organe, loin de nous tout raisonnement, toute recherche curieuse sur les articles que la foi nous propose de croire. Que les mystères de cette foi soient incompréhensibles, qu'ils surpassent nos faibles lumières, la raison appuyée sur la certitude de la révélation ne doit pas se rebuter, ni de l'obscurité des mystères, ni de la difficulté qu'elle a de croire. Car, il faut bien distinguer deux choses dans la révélation que Dieu nous a faite des mystères de la foi : les mystères en eux-mêmes et les signes de crédibilité que Dieu nous en a donnés. Les mystères, il est vrai, sont cachés sous des nuages épais, qui les rendent incompréhensibles à l'esprit humain; et c'est précisément ce qui fait le mérite de la foi; car, quel mérite y aurait-il de croire ce qui est évident, et ce que l'on conçoit aisément? L'évidence ôte la liberté; et où il n'y a point de liberté, il n'y a point de mérite. Il faut donc de l'obscurité pour exercer notre foi, qui ne peut subsister avec l'évidence, dit saint Grégoire : *Fides non habet meritum, ubi humana ratio experimentum habet.*

Mais aussi Dieu a rendu croyables les mystères de la religion, par des signes capables de convaincre tout esprit dégagé de préjugé et exempt de passion : voilà ce qui rend la soumission de la foi raisonnable. L'homme pouvait-il en demander davantage à Dieu? pouvait-il exiger de lui qu'il lui donnât une intelligence intime des mystères, ou qu'il les rendît évidents en eux-mêmes? Mais quel sacrifice l'homme aurait-il fait à Dieu de sa raison? quel mérite, encore une fois, aurait-il eu a croire? C'était donc assez que ces mystères fussent évidemment croyables dans la révélation que Dieu en a faite à l'homme, et dans l'autorité qu'il a donnée à son Eglise, pour fixer notre foi; comme nous venons de le faire voir. Voilà en peu de mots ce qui doit dissiper tous les doutes sur la foi, ce qui doit bannir tout raisonnement, et ce qui devrait suffire à l'incrédule pour se soumettre, s'il était raisonnable.

Si les mystères de la foi sont impénétrables à nos faibles lumières, le croirez-vous, mes frères, c'est dans cette faiblesse même de notre esprit que je trouve une raison capable de nous faire plier sous le joug de la foi. Car hélas! mes frères, nous ne sommes que ténèbres; notre esprit est si borné, qu'il ne peut pas même atteindre à la connaissance de bien des choses naturelles; il y en a infiniment plus de celles qui passent sa portée, que de celles qu'il peut découvrir : savons-nous seulement comment se forme une pensée dans notre esprit, comment un petit grain de semence est capable d'en produire une infinité d'autres? Hélas! un petit grain de sable, un atome est un écueil où les plus grands génies vont échouer. Nous sommes obligés tous les jours d'avouer notre ignorance sur mille secrets de la nature, et parce que nous ne les concevons pas, serions-nous bien fondés à ne pas les croire? ne serait-ce pas une folie de les révoquer en doute? Pourquoi donc ne croirions-nous pas les mystères de la religion, quoiqu'ils soient incompréhensibles? Tous les jours nous croyons des événements que nous n'avons pas vus, sur le témoignage des hommes, et pourquoi n'adhérerions-nous pas à celui de Dieu qui a plus d'autorité : *Si testimonium hominum accepimus, testimonium Dei majus est.* (I *Joan.*, V, 9.)

Vous ne concevez pas le mystère de la sainte Trinité, de l'Incarnation du Verbe, de l'adorable Eucharistie; et c'est pour cela même que vous ne devez pas faire difficulté de les croire, puisque vous croyez bien des choses que vous ne concevez pas. C'est ainsi, mes frères, que nous pouvons tirer avantage, et de l'obscurité des mystères de la foi, et de la faiblesse de nos lumières. Apprenons à demeurer dans les bornes étroites de nos connaissances, sans vouloir nous élever à des choses qui sont au delà de notre portée. Marchons avec la simplicité de la foi, dans les routes obscures où elle nous conduit; souvenons-nous que le simple fidèle, qui se soumet aveuglément, est plus grand devant Dieu que les plus grands génies du monde qui ne veulent pas croire.

Ah! si l'on suivait bien les règles de la foi que je viens de prescrire, verrait-on, comme on voit aujourd'hui, tant de chrétiens chancelants dans leur foi, qui doutent, qui examinent, qui veulent s'assurer par leurs propres lumières des vérités chrétiennes, au lieu de s'en rapporter au témoignage de l'adorable vérité et aux décisions de l'Eglise? Verrait-on tant de téméraires scrutateurs des divins mystères, qui, pour s'approcher trop de la Majesté de Dieu, ne peuvent en soutenir l'éclat, tombent dans l'aveuglement, dans l'infidélité, tandis qu'une humble soumission les conduirait sûrement au port? Car tel est le désordre du siècle, chacun veut raisonner en matière de religion; ceux même qui en savent le moins, sont ceux qui se déchaînent le plus contre elle. Ne voit-on pas des personnes sans talents, sans connaissances, parler du ton le plus décisif sur ce qu'il y a de plus relevé dans la religion? ce sont des orgueilleux qui croient tout savoir, parce qu'ils ont lu quelques mauvais livres. Pour atteindre la hauteur des vérités chrétiennes, ils s'élèvent au-dessus de leur portée, et parce qu'avec la petitesse de leur génie, ils ne peuvent les comprendre, ils prennent hardiment le parti de combattre, comme dit saint Augustin, les vérités célestes avec des armes terrestres, ils blasphèment ce qu'ils ignorent; ils font des plaisanteries ridicules sur ce que nous avons de plus saint dans la religion; et ce qui est encore plus condamnable, c'est que, non contents de secouer le joug de la foi, ils s'efforcent par leurs discours pernicieux d'entraîner les autres dans leur aveuglement, de détruire la foi dans leur esprit, par des doutes qu'ils y font naître sur les vérités les mieux établies.

Que de telles pestes soient à jamais bannies de la société des fidèles! Puissiez-vous, mes frères, ne les jamais fréquenter! Quoi qu'ils puissent vous dire, vous avez plus de raison de croire qu'ils n'en ont de douter; soyez donc fermes dans votre foi; croyez avec simplicité et sans raisonner toutes les vérités qu'elle vous propose, parce que celui qui doute, dit saint Jacques (I, 6), est semblable aux flots de la mer qui, à force d'être agités, viennent enfin se briser contre les rochers; au lieu que celui qui est ferme dans sa foi, qui se soumet aveuglément, marche à la faveur d'un calme tranquille, et arrive heureusement au terme de sa navigation. Si votre foi est ferme sans hésiter, simple sans raisonner, elle sera entière et universelle pour croire sans réserve toutes les vérités de la religion. Je n'ai pas besoin de vous donner ici de longues preuves.

III. En effet, si vous croyez quelques vérités que Dieu a révélées, ne devez-vous pas croire toutes les autres avec fermeté; puisque vous avez le même motif et la même règle pour les unes comme pour les autres? Ce motif, qui est la vérité et la parole de Dieu, s'étend à tous les objets de la foi; ils vous sont proposés par la même règle, qui est l'autorité de l'Eglise : votre foi doit donc être la même pour tous. Refuser de croire quelque vérité, c'est n'en croire aucune. Et c'est ici que l'on peut bien appliquer ce que dit l'apôtre saint Jacques, que *Celui qui manque en un point, est coupable de tous : « Qui peccat in uno, factus est omnium reus.»* (*Jac.*, II, 10.)

Pourquoi, vous demanderais-je, croyez-vous quelques articles de foi? C'est, répondez-vous, parce que Dieu les a révélés. Or tous les articles que l'Eglise vous propose, sont marqués au même sceau de la vérité; ils vous sont intimés par la même autorité : vous devez donc les croire, autrement votre foi n'est point dirigée par l'esprit de Dieu, mais par un esprit particulier qui n'est pas soumis à l'Eglise. Telle a été et telle est encore aujourd'hui la source fatale des hérésies qui ont désolé l'Eglise de Jésus-Christ: un esprit particulier conduit par l'orgueil, se confiant plus en ses lumières qu'au témoignage respectable de l'Epouse du Sauveur, a répandu l'ivraie dans le champ du père de famille; il s'est érigé un tribunal pour juger souverainement des vérités saintes de la foi : de là il explique les paroles les plus claires de l'Ecriture dans un sens forcé et imaginaire, et il rejette le sens que l'Eglise leur attribue; de là les schismes, les révoltes; de là les variations dans la doctrine, inséparables de cet esprit particulier qui s'est multiplié en autant de sujets qu'il a conduits; de là la ruine totale de la foi. Avec un guide aussi aveugle, peut-on ne pas tomber dans le précipice? A Dieu ne plaise, mes frères, que jamais vous vous abandonniez à sa conduite! vous en avez un plus sûr, qui est l'Eglise de Jésus-Christ, à qui il a promis son assistance jusqu'à la consommation des siècles, pour conduire le troupeau qu'il a confié à ses soins. Ainsi, mes frères, vous n'avez rien à craindre en écoutant l'Eglise, vous êtes dans la voie du salut; en croyant ce que l'Eglise croit, vous croyez ce qu'il faut croire pour être sauvé.

Pratiques.—Bénissez le Seigneur de vous avoir fait naître dans le sein de cette Eglise, de vous avoir fait part du don précieux de la foi; conjurez-le de conserver en vous ce dépôt, et de ne pas transporter ailleurs le flambeau qui vous éclaire. Mais pour le conserver vous-mêmes, loin de vous tout partage, toute distinction frivole en matière de foi. Dès que l'Eglise a parlé par la voix de ses pasteurs, vous devez vous soumettre, vous ne pouvez vous égarer en suivant la route qu'ils vous enseignent; s'ils vous trompaient, cette erreur retomberait sur Jésus-Christ même qui vous a dit de les écouter comme si lui-même vous parlait : *Qui vos audit, me audit.* (*Luc.*, X, 16.) Il faut donc croire, sans distinction, tout ce que les pasteurs de l'Eglise vous proposent à croire, soit dans les Ecritures, soit dans les Symboles, soit dans la tradition, soit dans leurs décisions. Au reste, mes frères, de quelque nature que soient ces décisions, et de quelque manière qu'elles aient été portées, vous devez vous soumettre; que les pasteurs de l'Eglise, chargés du dépôt de la foi, vous instruisent; assemblés en concile ou dispersés dans leurs sièges, ils méritent également votre croyance, parce qu'ils ont toujours la même autorité, et que le Seigneur est tous les jours avec eux *; Vobiscum sum omnibus diebus.* (*Matth.*, XXVIII, 20.)

Mais ce n'est pas assez de croire en général tout ce que l'Eglise croit; vous êtes obligés de faire, de temps en temps, des actes de foi sur certaines vérités particulières dont la connaissance est nécessaire au salut, tels que sont les mystères de la sainte Trinité, de l'Incarnation du Verbe, de la mort de Jésus-Christ pour le salut de tous les hommes. Faites souvent la profession de foi renfermée dans le Symbole des apôtres, en le récitant le matin, le soir, à la sainte Messe, et en vous arrêtant à chaque article. Instruisez-vous aussi des vérités qui regardent les sacrements, les commandements de Dieu et de l'Eglise, et pour cela assistez assidûment aux instructions que l'on vous fait pour ce sujet. Envoyez-y vos enfants, vos domestiques; car la foi se nourrit et s'affermit par les instructions, par la lecture des bons livres. Mais gardez-vous bien d'en lire ni d'en retenir qui soient contre la foi; évitez la compagnie de ceux qui parlent contre la religion, et si quelqu'un l'attaque en votre présence, défendez-la de votre mieux selon les talents que Dieu vous a donnés. Soutenez-la surtout, cette foi, par une vie sainte et exemplaire, qui fait souvent plus d'impression que les discours les plus éloquents. Par là vous serez non-seulement les disciples de la foi, mais encore les apôtres; et on pourra vous rendre le même témoignage que saint Paul rendait aux premiers chrétiens, quand il les félicitait d'avoir donné dans le monde une telle étendue à la foi, qu'il n'avait pas besoin lui-même d'en parler : *In omni loco fides vestra quæ est apud Deum, profecta est, ita ut non sit nobis necesse quidquam loqui..... memores operis fidei vestræ.* (I *Thess.*, I, 8, 3.) Appelez votre foi à votre secours; si vous êtes tentés, elle vous soutiendra dans vos tentations; si vous êtes affligés, elle vous consolera dans vos afflictions; si vous formez quelque projet, elle vous guidera dans vos entreprises pour ne rien faire de contraire au salut. C'est ainsi que le juste vit de la foi, et qu'après avoir marché dans les routes obscures, il arrive à la lumière de gloire que je vous souhaite.

SECOND POINT.

Pour un second Prône sur la Foi.

Gratias agimus Deo semper pro omnibus vobis, memores operis fidei vestræ. (I *Thess.*, I, 1 seqq.)

Nous rendons à Dieu pour vous de continuelles actions de grâces, ayant le souvenir de ce qu'opère votre foi.

Quelle consolation, mes frères, pour les ministres de l'Evangile, s'ils pouvaient vous rendre le même témoignage sur votre foi, que le grand Apôtre rend dans l'Epître de ce jour à celle des premiers chrétiens. *Nous rendons à Dieu*, dit cet Apôtre, *de continuelles actions de grâces, des œuvres que la foi vous fait opérer. Après être devenus nos imitateurs et avoir reçu la parole de Dieu, avec la joie de l'Esprit-Saint, vous êtes devenus vous-mêmes le modèle des autres fidèles; vous avez donné cours à la parole du Seigneur, et votre foi en Dieu s'est fait connaître partout, en sorte que nous n'avons pas besoin d'en rien dire. Ceux qui vous ont vu, nous disent de quelle manière nous sommes entrés chez vous, et comment vous avez quitté les idoles pour servir le Dieu vivant et véritable.*

Quel honneur ce témoignage de saint Paul ne fait-il pas à la foi des premiers chrétiens, et quel honneur ne feriez-vous pas aussi à la vôtre, mes frères, si vous étiez tels que ces premiers disciples de la foi? Vous avez reçu ce don précieux par la même voie que les premiers chrétiens; cette foi que les apôtres ont prêchée, que les martyrs ont scellée de leur sang, est parvenue jusqu'à vous par le ministère de ceux qui ont succédé aux apôtres; vous avez eu le bonheur de naître dans le sein de la véritable Eglise, où par une tradition constante de tous les siècles, la foi a conservé toute sa pureté. Mais cette foi produit-elle chez vous les mêmes effets que chez les premiers sectateurs? Vous avez, je l'avoue, une entière soumission d'esprit pour les vérités qu'elle vous propose? Cette foi est-elle ferme et agissante comme elle doit être pour opérer votre salut? Si elle ne se manifeste par les œuvres, elle ne servira qu'à vous condamner; si elle ne vous rend pas saints dans la vie, elle vous rendra malheureux dans l'éternité. Ce n'est donc pas assez que la foi exerce son empire sur vos esprits, pour vous faire croire les vérités révélées; elle doit encore agir sur vos cœurs pour vous faire observer ce qui vous est commandé : c'est ce que je me propose de vous apprendre dans cette instruction.

Je l'ai dit, et je le répète : ce n'est pas assez, mes frères, pour être sauvés, d'avoir la foi, et ce n'est pas assez que cette foi soumette nos esprits aux vérités spéculatives que la religion nous propose, il faut qu'elle soumette encore vos volontés aux vérités pratiques qu'elle nous enseigne. Si c'est une erreur de croire que les œuvres justifient sans la foi, c'en est aussi une de penser que la foi justifie sans les œuvres. La foi et les bonnes œuvres doivent concourir ensemble au grand ouvrage de notre prédestination; et ce n'est que par l'union de ces deux choses que l'on parvient au royaume de Dieu, dit saint Grégoire. La foi doit être animée par les bonnes œuvres, comme les bonnes œuvres doivent être animées par la foi : sans la foi, point de bonnes œuvres méritoires pour le ciel; mais sans les bonnes œuvres, point de foi qui opère le salut. En effet, pour que la foi soit pour nous un principe de salut, il faut la conserver, cette foi, jusqu'à la mort; il faut de plus que la foi rende nos mœurs conformes aux maximes de l'Evangile : or, il est difficile de conserver la foi sans les bonnes œuvres; et jamais la foi ne nous établira dans cet état de sainteté que demande le salut, si elle est séparée de la pratique des bonnes œuvres; les bonnes œuvres sont donc nécessaires, soit pour conserver la foi, soit pour la rendre efficace et fructueuse pour le salut : renouvelez votre attention à ces vérités intéressantes et pratiques.

I. Il faut d'abord convenir que la foi peut être sans la charité et les bonnes œuvres; c'est ainsi que l'Eglise l'a déclaré dans le saint concile de Trente, en prononçant anathème contre quiconque dirait que tout péché mortel fait perdre la foi; cette foi peut donc subsister avec une vie criminelle et destituée de bonnes œuvres; elle ne se perd que par le péché qui lui est opposé, c'est-à-dire par l'infidélité.

Mais il faut aussi convenir qu'il est bien difficile, sans la pratique des bonnes œuvres, de ne pas tomber dans l'infidélité qui fait perdre la foi; il est bien difficile que le flambeau de la foi ne s'éteigne parmi les noires vapeurs que les passions excitent dans un cœur qui s'en laisse tyranniser. Si l'infidélité conduit au libertinage, on peut dire que par retour le libertinage conduit à l'infidélité. Comment cela? C'est que les passions trouvant, dans la foi, un frein qui les gêne et les captive, elles s'efforcent d'en secouer le joug pour se donner une plus libre carrière. N'est-ce pas aussi le libertinage qui a été la source des hérésies qui ont troublé l'Eglise de Jésus-Christ? Qui sont ceux qui ont abandonné la foi, qui ont déclaré la guerre à la religion? Etaient-ce des gens réglés dans leur conduite, chastes, sobres, tempérants, détachés des biens du monde, fidèles observateurs des maximes de l'Evangile? Non, mes frères, tandis qu'ils vivaient régulièrement, ils étaient attachés à la religion; mais dès qu'ils ont cessé d'être fidèles, sous prétexte d'exalter la foi, en lui attribuant tout l'ouvrage du salut, ils ont rejeté les bonnes œuvres, parce que la morale de l'Evangile les troublait dans la jouissance de leurs plaisirs; mais c'est par là même qu'ils ont perdu la foi en se laissant aveugler par leur propre malice : *Excæcavit eos malitia eorum.* (*Sap.*, II, 21.)

Tant il est vrai que le défaut des bonnes œuvres conduit à l'infidélité, parce que, quand on ne fait point de bonnes œuvres, que l'on ne remplit pas ses devoirs, on se livre ordinairement à ses passions, n'y ayant guère de milieu entre une vie destituée de bonnes œuvres et une vie déréglée. Or, dès qu'on vit dans le dérèglement, on ferme les yeux aux lumières de la foi; on commence à raisonner, à critiquer certains articles qui gênent la nature corrompue; on les désapprouve; à force de les désapprouver, on en doute : on vient enfin jusqu'à les nier, à les combattre opiniâtrément; ainsi, on perd la foi. Eh! plût à Dieu que le désordre ne fût pas si commun parmi les chrétiens! il y aurait moins d'incrédules s'il y avait moins de libertins; la religion ne serait pas si souvent attaquée qu'elle l'est dans sa doctrine et sa morale, si les mœurs étaient plus innocentes parmi nous; car je vous le demande, par qui est-elle combattue, cette sainte religion? Est-ce par des gens vertueux, aimant le bien, et le pratiquant? Non, c'est par des libertins, des impies, qui admettraient volontiers les vérités spéculatives de la religion, si elles les laissaient vivre à leur gré, mais qui en rejettent les vérités pratiques, parce qu'elles sont contraires à leurs inclinations perverses; et c'est là ce qui fait la gloire de la religion, ce qui en démontre la vérité, puisque les guerres qu'on lui suscite sont une preuve de sa sainteté, qui ne peut souffrir le désordre et le libertinage. Mais c'est aussi une preuve que sans les œuvres, sans la pratique des vertus chrétiennes il est bien difficile de conserver la foi.

On peut dire que la foi est un arbre qui produit des fruits, et qui se nourrit par ses fruits; dès que les fruits manquent, l'arbre périt bientôt, ce n'est plus qu'un tronc sec et stérile qui ne peut servir que pour le feu, parce qu'il est mort. C'est la figure que l'apôtre saint Jacques nous donne d'une foi destituée de bonnes œuvres. De même, dit cet apôtre, qu'un corps séparé de l'âme n'a plus de vie, ainsi la foi séparée des bonnes œuvres est une foi morte : *Fides sine operibus mortua est.* (*Jac.*, II, 20.) Or qu'est-ce qu'un corps mort? Il n'est plus propre à rien, il n'est susceptible d'aucun mouvement, d'aucun commerce avec les hommes. Aussi dit-on d'un homme mort, qu'il n'est plus; et c'est ce qui m'a fait dire, que là où il n'y a point de bonnes œuvres, qui sont la vie de la foi, on peut dire en un sens qu'il n'y a plus de foi. Non pas, je le répète encore, que celui qui fait des bonnes œuvres, perde pour cela la foi; mais il n'a pas cette foi vive et animée qui opère le salut. Tel est l'état d'un grand nombre de chrétiens qui croient bien les vérités que la religion nous propose, soit dans ses mystères, soit dans sa morale, mais qui n'en viennent point à la pratique, qui sont chrétiens en spéculation, et païens dans leur conduite.

Vous dites, chrétiens infidèles à la grâce de votre vocation, que vous avez la foi; mais à quoi peut-on le connaître? Est-ce par vos œuvres? Eh! bien loin de vivre en chrétiens, d'en faire les actions, vous faites les œuvres d'un idolâtre. Comment une vie toute païenne peut-elle s'accorder avec la foi des chrétiens? vous parleriez plus juste et avec plus de vérité, si vous disiez que vous n'avez point de foi. Car *celui qui dit connaître Dieu, et qui ne garde pas ses commandements, est un menteur,* dit saint Jean · « *Qui dicit se nosse Deum, et mandata ejus non custodit, mendax est.* » (*I Joan.*, II, 4.) Si vous voulez donc nous persuader que vous avez la foi, faites-la voir par vos œuvres : *Ostende ex operibus fidem.* (*Jac.*, II, 18.) Vous croyez, par exemple, qu'il y a un Dieu infiniment grand, infiniment saint, qui sait et qui voit tout ce que vous faites, dont vous ne sauriez éviter la présence, qui peut, à chaque moment que vous l'offensez, vous punir; et cependant vous offensez ce Dieu infiniment redoutable, avec la même facilité que s'il ne vous voyait pas, ou qu'il ne pût vous punir. Ah! si vous croyiez bien ce que vous dites, vous agiriez bien autrement que vous ne faites : adorez la grandeur de Dieu, craignez sa justice, respectez sa présence, observez sa loi, et par là vous montrerez votre foi, et nous la louerons : *Ostende*, etc.

Vous croyez qu'il ne faut qu'un péché mortel pour vous damner éternellement, qu'il y a un enfer ouvert sous vos pieds dans lequel vous tomberiez si vous mouriez dans l'état où vous êtes; et cependant vous vivez tranquille dans cet état, comme si vous n'aviez rien à craindre, tandis que vous pouvez à tout moment être surpris par la mort. Bien loin de quitter le péché, vous persistez opiniâtrément dans vos mauvaises habitudes, dans vos attachements criminels, des mois, des années entières, quoique vous soyez menacés des plus terribles châtiments. Ah! il faut de deux choses l'une : ou vous ne croyez pas ce que vous dites, ou si vous le croyez, vous êtes un insensé de vivre dans un aussi grand danger, avec autant d'assurance que vous faites, sans prendre aucune précaution pour vous garantir du malheur dont vous êtes menacé. Regardez le péché comme le plus grand et l'unique mal qui puisse vous arriver; détestez ceux que vous avez commis, et faites-en pénitence; évitez ceux que vous pourriez commettre; éloignez-vous de toute occasion dangereuse : pour lors votre foi cessera de nous être suspecte, et elle vous servira pour le salut : *Ostende*, etc.

Vous croyez qu'il est impossible d'entrer dans le ciel avec le bien d'autrui, qu'il faut se réconcilier avec son ennemi pour obtenir le pardon de son péché, qu'à la mort notre sort éternel se décidera; et bien loin de réparer vos injustices, vous vous chargez davantage par de nouveaux dommages que vous causez à votre prochain; bien loin de vous réconcilier avec cet ennemi, vous cherchez l'occasion de lui nuire; bien loin de vous préparer à la mort par une sainte vie, vous vivez dans l'oubli de Dieu et dans la négligence de vos devoirs, vous vivez comme si vous ne deviez jamais mourir. Ah! je ne puis me persuader que vous croyez ce que vous dites, en voyant le peu de conformité de votre conduite à votre croyance : *Ostende*, etc.

Vous croyez ce que dit l'Evangile, que le ciel n'est que pour les pauvres d'esprit, pour ceux qui renoncent aux honneurs, aux plaisirs de la terre, qui portent continuellement leur croix après Jésus-Christ, et vous n'avez d'empressement que pour ces vains honneurs, ces biens fragiles, et ces plaisirs passagers : vous fuyez les croix et les souffrances; vous accordez à une nature corrompue tout ce qu'elle vous demande; tout ce qui l'incommode vous fait peur : vous cherchez en tout vos aises et vos commodités; vous ne regardez donc pas l'Evangile comme la règle de vos mœurs : *Ostende*, etc.

Vous croyez que Jésus-Christ, le Roi des rois, repose dans nos sacrés tabernacles, qu'il s'immole pour votre salut dans l'auguste sacrifice de nos autels, et vous n'adorez pas ce Dieu caché, vous ne paraissez dans sa maison que pour l'outrager par votre irréligion. Hélas! vous vous comportez, dans le lieu saint, avec autant d'immodestie que dans un lieu profane; si vous y entrez quelquefois pour participer aux saints mystères, aussitôt l'ennui vous en fait sortir au grand scandale de ceux qui vous voient. Qui est-ce qui vous prendra pour un homme qui croit ce qu'il dit? Un païen même, qui serait témoin de votre conduite, ne pourrait se le persuader; quel déshonneur ne faites-vous pas à la religion que vous professez? *Ostende*, etc.

La foi vous apprend que les pauvres sont les membres de Jésus-Christ, que c'est par eux qu'il veut recevoir le tribut des biens qu'il vous a donnés, et vous laissez languir ces pauvres dans la misère sans leur donner aucun secours; vous n'avez pour eux que des entrailles de fer, tandis que vous pourriez les soulager sans vous incommoder : votre conduite, en ce point, s'accorde-t-elle avec votre croyance? *Ostende*, etc. Elle vous apprend, cette foi, que ni les impudiques, ni les intempérants n'entreront jamais dans le royaume des cieux, et vous n'avez pas honte de souiller vos corps par des voluptés brutales, et de vous livrer aux excès de l'intempérance dans toutes les occasions qui se présentent. N'est-ce pas contredire, par vos mœurs, les vérités que la foi vous enseigne? *Ostende*, etc. Ah! que le Sauveur du monde avait bien raison de dire à ses apôtres, que s'il venait encore sur la terre, il ne trouverait plus de foi parmi les hommes! Reconnaîtrait-il, dans les mœurs des hommes, l'Evangile qu'il a prêché, la religion qu'il a enseignée? ne verrait-il pas, au contraire, l'Eglise, sa sainte Epouse, toute défigurée par les désordres de ses enfants? reconnaîtrait-il, dans cette Eglise, le beau lustre qu'elle recevait des mœurs des premiers chrétiens? Quelle différence, au contraire, ne verrait-il pas dans la conduite de ceux-là, et dans celle des chrétiens de nos jours? Ces premiers disciples de la religion lui faisaient honneur par une vie sainte et régulière, par la pratique de toutes les vertus; leur conduite était pour les païens une preuve de la religion qui les attirait en foule dans son sein; et les chrétiens d'aujourd'hui la déshonorent par une vie toute païenne, par les mêmes vices qui régnaient parmi les idolâtres, par des dissolutions, des injustices, des vengeances qui seraient capables d'en dégoûter ceux qui voudraient l'embrasser.

Les premiers Chrétiens ont conservé le précieux dépôt de la foi; parmi les guerres les plus sanglantes, et les persécutions les plus cruelles, ils ont soutenu cette foi contre la rage des tyrans; ils ont mieux aimé perdre leur vie que leur foi : et les Chrétiens d'aujourd'hui, dans un temps de paix où ils n'ont plus de persécutions à souffrir, déshonorent leur foi par les désordres d'une vie molle et sensuelle ; souvent le respect humain les fait rougir de l'Evangile ; et pour éviter le mépris des méchants, ils contredisent leur foi par leurs œuvres : ***Et nunc frangunt otia quos bella non fregerunt.***

Eh! de quoi sert, mes frères, d'avoir reçu le trésor de la foi, si vous vivez comme vivaient autrefois les idolâtres? A quoi sert d'avoir changé de religion, si vous n'avez pas changé de mœurs? Qu'importe que vous ne soyez pas idolâtres d'esprit comme ceux qui encensaient des idoles, si vous êtes idolâtres de cœur, comme tant de mondains qui donnent leurs affections aux créatures, au préjudice de l'amour qu'ils doivent au Créateur? Qu'importe que vous soyez chrétiens par le baptême, si vous ne l'êtes pas par vos œuvres? vous serez même plus sévèrement punis que ceux qui n'ont pas été éclairés du flambeau de la foi, parce que vous péchez avec plus de connaissance et de lumière. Cette foi que Dieu vous a donnée pour être l'instrument de votre prédestination, ne servira qu'à votre condamnation. Il vaudrait mieux pour vous ne l'avoir pas reçue, que d'en avoir fait un si mauvais usage. Il faut donc faire honneur à votre foi par la pratique des bonnes œuvres. C'est uniquement par là que votre foi aura, avec les maximes de l'Evangile, la conformité nécessaire pour être un principe de salut. Car ne vous attendez pas que la foi seule vous sauve; elle ne vous ouvrira les portes du ciel qu'autant qu'elle vous rendra exempts des vices qui la déshonorent dans un grand nombre de chrétiens, et en même temps qu'elle ornera votre âme des vertus que les saints ont pratiquées : ainsi, mes frères, ce serait une erreur grossière de croire que Dieu ne vous demande qu'un simple acquiescement aux vérités que l'Evangile contient, sans vous mettre en peine d'en observer les maximes : or, l'Evangile ne dit pas seulement qu'il faut croire, il dit encore qu'il faut agir, et que pour entrer dans la vie éternelle, il faut garder les commandements. Tantôt c'est la prière, tantôt c'est l'aumône qui nous y est recommandée, et partout la mortification des passions, l'abnégation de soi-même, le crucifiement de la chair. Ici je vois le figuier stérile frappé de malédiction, parce qu'il n'a pas porté du fruit; figure du chrétien stérile en bonnes œuvres. Là, j'aperçois le serviteur inutile condamné aux ténèbres extérieures, parce qu'il n'a pas fait valoir son talent; figure de la foi que le chrétien doit faire agir. Dans un autre endroit, je lis l'arrêt de condamnation porté contre les réprouvés, parce qu'ils n'ont pas donné à manger et à boire aux pauvres, et qu'ils ne les ont pas revêtus, ni visités dans leurs maladies; je vois au contraire les élus récompensés, parce qu'ils ont fait ces bonnes œuvres.

Et certes, mes frères, si la seule foi suffisait pour gagner le ciel, les saints avaient-ils besoin de faire tout ce qu'ils ont fait pour mériter ce bonheur? C'était donc en vain qu'ils passaient les jours et les nuits en prières, qu'ils donnaient leurs biens aux pauvres, qu'ils se livraient à toutes les rigueurs de la pénitence et de la mortification; ils n'avaient qu'à croire, et ils se seraient épargné bien des peines : mais non, les saints n'étaient point dans l'erreur, ils étaient bien instruits des maximes de l'Evangile; ils savaient que le ciel n'est promis qu'à une foi pratique; qu'il faut agir, qu'il faut souffrir pour être sauvé.

Qui sont donc ceux qui se trompent à ce sujet? Ce sont non-seulement les impies, les libertins qui déshonorent leur foi par une vie déréglée, mais encore une infinité de chrétiens qui se croient fort assurés de leur salut, parce qu'ils ne sont pas sujets à des vices grossiers, que la seule raison condamne, mais qui ne se mettent guère en peine de pratiquer la vertu. Ce seront, si vous voulez, des gens intègres qui ne font tort à personne, qui ne se livrent pas aux excès des passions, qui donnent même beaucoup de marques extérieures de religion, qui font profession de dévotion, car on trouve encore bien des personnes de ce caractère; mais tout cela ne suffit pas. Ce n'est pas assez de fuir le mal, d'être exempt de vices, il faut faire le bien pour être sauvé; il faut vivre d'une manière conforme à l'Evangile, c'est-à-dire, captiver ses sens, mortifier ses passions, porter sa croix. Hélas! qu'il est peu de personnes qui comprennent cette doctrine, et qui en conséquence suivent le parti de la dévotion qui humilie l'esprit, et qui crucifie la chair! On veut avoir son bien-être, vivre dans l'indépendance; on laisse languir ainsi la foi dans la mollesse et l'oisiveté, sans se faire aucune violence pour faire le bien que cette foi nous inspire et nous apprend. Or, est-ce là marcher dans le chemin qui conduit au ciel? Il faut, dit Jésus-Christ, faire beaucoup d'efforts pour y entrer (*Matth.*, XI, 12) : il faut, dit saint Pierre, rendre sa vocation certaine par les bonnes œuvres : *Satagite ut per bona opera certam vestram vocationem faciatis.* (II *Petr.*, I, 10.)

Pratiques. — Ainsi, mes frères, voulez-vous que votre foi vous sauve? prenez en main l'Evangile, et voyez si votre conduite y est conforme. Voyez ce que vous dit l'Evangile, de la prière, de l'aumône, de la mortification, du pardon des injures, de l'humilité, de la patience et des autres vertus, et réglez vos mœurs sur ces maximes. Ne vous contentez pas de croire ce qui vous est révélé; soyez encore fidèles à faire tout ce qui est commandé. Si votre foi est ferme et agissante, vous trouverez dans cette foi les plus solides avantages; elle sera votre lumière, votre force, votre consolation, votre joie, votre bonheur. Cette foi sera votre lumière; toute obscure qu'elle est, elle vous apprendra plus de choses en un moment que les plus habiles de l'antiquité profane n'en ont su, malgré leurs études profondes; elle sera aussi votre force dans vos combats.

Cette foi qui a rendu les saints victorieux des royaumes, comme dit saint Paul (*Hebr.*, XI, 33 seqq.), qui a fait monter les martyrs sur les échafauds, qui les a rendus insensibles aux traits de la douleur, vous rendra invulnérables aux traits de vos ennemis; elle vous servira de bouclier pour repousser tous les efforts du démon, du monde, et de la chair. Si vous avez soin de l'appeler à votre secours dans les tentations où vous serez exposés, elle vous soutiendra par la vue des récompenses que Dieu vous promet, si vous lui êtes fidèles, et par la crainte des châtiments, si vous lui êtes rebelles. A cette vue tous les charmes des plaisirs tomberont à vos pieds; uniquement occupés du bonheur éternel qui vous attend dans le ciel vous regarderez le monde comme une figure qui passe; les biens et les maux de la vie vous seront indifférents; la foi répandra même sur vos afflictions une onction salutaire, qui en tempérera l'amertume, en vous faisant voir qu'un moment de tribulation opérera dans vous un poids immense de gloire. Puissiez-vous comprendre la nécessité et les avantages de cette foi vive et agissante! puissiez-vous éprouver en vous ses admirables effets!

Hélas! sans la foi nous serions, dit l'Apôtre (I *Cor.*, XV, 19), les plus misérables des hommes dans cette vallée de larmes, où nous sommes exposés aux revers de la fortune, sans trouver aucune consolation de la part des créatures. Mais la foi nous soutient par l'espérance des biens futurs qui seront le terme de nos souffrances. Elle sera donc désormais notre consolation, notre joie, notre bonheur pendant la vie; elle le sera encore plus à la mort, temps auquel les ténèbres de la foi passeront pour faire place à la lumière de la gloire éternelle qui lui succédera. Ainsi soit-il.

PRONE XX.

Pour le Dimanche de la Septuagésime.

SUR LE SALUT.

Ite et vos in vineam meam. (*Matth.*, XX, 1 seqq.)
Allez-vous-en aussi à ma vigne.

Le royaume des cieux, dit Jésus-Christ dans l'Evangile de ce jour, *est semblable à un père de famille. qui sortit de grand matin pour louer des ouvriers qui travaillassent à sa vigne. Lorsqu'il eut fait marché avec les ouvriers à un denier par jour, il les envoya à sa vigne. Etant sorti à la troisième heure, il en vit d'autres sur la place qui ne faisaient rien : Allez aussi, leur dit-il, travailler à ma vigne, je vous donnerai ce qu'il faudra : « Ite et vos in vineam meam, et quod justum fuerit dabo vobis. » Il sortit encore sur la sixième, sur la neuvième, enfin sur la onzième heure, et ayant trouvé d'autres ouvriers : Pourquoi, leur dit-il, restez-vous tout le jour à ne rien faire? « Quid hic statis tota die otiosi?» Allez encore travailler à ma vigne : « Ite,»* etc. La journée finie, il fit assembler les ouvriers pour payer à chacun le salaire dont il était convenu avec eux; tous reçurent également un denier, quoique tous n'eussent pas travaillé aussi longtemps les uns que les autres, ce qui excita parmi eux quelque murmure; là-dessus, le père de famille leur fit remarquer qu'il ne faisait tort à personne, en donnant à chacun ce qu'il leur avait promis. *C'est ainsi*, conclut Jésus-Christ, *que les derniers seront les premiers, et les premiers seront les derniers; car beaucoup sont appelés, et peu sont élus.*

Cette vigne, mes frères, qui fait le sujet de cette parabole, est la figure de notre âme, au salut de laquelle nous devons travailler avec soin et sans discontinuer. C'est un fonds que nous devons cultiver, dès que nous avons atteint l'usage de raison, jusqu'au dernier moment de notre vie; c'est ce que Jésus-Christ a voulu nous apprendre par les différentes heures auxquelles le père de famille envoya des ouvriers à sa vigne. Enfin le denier qui fut donné pour récompense aux ouvriers à la fin de leur journée, nous représente la gloire éternelle qui nous est promise à la fin de notre vie, qui n'est qu'un jour en comparaison de l'éternité.

Il faudra donc, mes frères, si nous voulons mériter cette récompense, cultiver cette vigne que Dieu nous a confiée, c'est-à-dire travailler au salut de notre âme. Il l'appelle sa vigne, parce qu'elle lui appartient, par une infinité de titres, par celui de la création et de la rédemption. Il l'a plantée, il l'a achetée au prix du sang de son Fils. Cette vigne nous appartient aussi, parce que c'est nous qui en devons tirer le profit, et y donner par conséquent tous nos soins.

Mais hélas! combien de chrétiens négligents, qui abandonnent cette vigne comme une terre en friche, à qui on peut faire le même reproche que le Père de famille faisait à ces ouvriers oisifs : Pourquoi demeurez-vous là tout le jour sans travailler? *Quid hic statis tota die otiosi?* Avides, empressés pour tout ce qui regarde leur corps, ils oublient entièrement le salut de leur âme. Ce malheur vient sans doute de ce qu'ils ne font pas assez d'attention à l'importance de cette affaire; c'est ce qui m'engage à vous en parler aujourd'hui, et à vous proposer les deux réflexions suivantes : Rien n'est plus important que le salut; premier point. Rien cependant de plus négligé que le salut; second point.

PREMIER POINT.

Rien de plus commun parmi les hommes, que d'entendre dire aux uns qu'ils n'ont rien à faire, et aux autres qu'ils ont trop à faire. Les premiers sont des gens oisifs qui ne savent à quoi s'occuper, qui passent leurs jours dans la mollesse et le repos, et qui ne pensent pas plus au ciel que s'il n'y en avait point. Les autres sont des hommes embarrassés de mille affaires étrangères, qui absorbent tellement leurs soins, qu'ils oublient entièrement leur propre affaire qui est celle du salut. Les uns et les autres sont dans une erreur déplorable, dont il faut les tirer aujourd'hui, en leur faisant connaître l'importance du salut.

Vous vous trompez donc, vous qui dites n'avoir rien à faire, puisque vous avez une affaire importante à laquelle vous devez nécessairement travailler; c'est votre salut : *Necessarium.* Vous ne vous trompez pas moins, vous qui dites avoir trop d'affaires, puisque vous n'en avez qu'une qui mérite votre attention; c'est votre salut : *Unum necessarium.* (*Luc.*, X, 42.) En deux mots, le salut est notre importante affaire, puisque c'est dans le salut que consiste tout l'homme, comme dit le Sage : *Hoc est enim omnis homo.* (*Eccle.*, XII, 13.) Le salut est notre unique affaire, puisque sans le salut, tout l'homme n'est rien, conclut saint Bernard : *Ergo absque hóc nihil est omnis homo.*

Une affaire qui a mérité l'estime de Dieu, et dont le succès doit faire le bonheur éternel de l'homme, que vous en semble, mes frères, n'est-ce pas une affaire bien importante? Telle est celle du salut; soit qu'on l'envisage du côté de Dieu, soit qu'on la regarde du côté de l'homme, tout conspire à nous faire sentir son extrême importance.

Pourquoi Dieu vous a-t-il créés et mis au monde, vous demande-t-on, dans les premiers éléments de la doctrine chrétienne? Est-ce pour faire fortune, pour amasser du bien, parvenir aux honneurs, jouir des plaisirs de la vie? Votre religion ne vous permet pas de penser ainsi. Elle vous apprend au contraire, cette sainte religion, que Dieu ne vous a tirés du néant que pour le connaître, l'aimer et le servir; et par ce moyen mériter un bonheur éternel. Oui, mes frères, vous n'êtes sur la terre que pour gagner le ciel; en effet, Dieu qui ne peut rien faire que pour sa gloire, n'a pu vous créer que pour le glorifier; vous devez donc le servir comme votre Créateur et votre souverain Seigneur. Mais comme c'est un maître infiniment libéral, il n'a pas voulu laisser vos services sans récompense, il vous a promis pour salaire un bonheur éternel. Tels sont les desseins que Dieu a eus sur vous de toute éternité.

Comme sa gloire a été de toute éternité l'objet de ses vues et de ses décrets, il faut dire aussi que de toute éternité il a pensé à vous, il s'est occupé de votre bonheur, il a eu à cœur votre salut; en vous créant, il ne vous a confié d'autres soins que celui de votre salut : c'est pour vous faciliter le succès dans cette grande affaire, qu'il vous a fourni tous les secours qui vous étaient nécessaires dans l'ordre de la nature, et dans celui de la grâce. C'est pour cette fin qu'il vous a donné une âme raisonnable formée à son image et ressemblance, capable de le connaître et de l'aimer; qu'il a uni cette âme à un corps si bien composé, dont tous les sens et tous les membres doivent servir à glorifier Dieu et à vous sanctifier. Dans cette même vue, il a soumis à votre usage toutes les créatures, comme autant de moyens qui peuvent vous conduire au souverain bonheur. De sorte que la création de l'univers, le bel ordre que l'on voit régner dans toutes ses parties, le soin continuel que Dieu prend de le conserver, tous les avantages que l'homme en peut retirer, tout se rapporte au salut de l'homme, tout est destiné à cette fin : *Omnia propter electos.*

Mais si de l'ordre de la nature nous passons à celui de la grâce, que de preuves n'y trouvons-nous pas de l'estime que Dieu a faite de notre salut? Notre âme était perdue par le péché, qui, en la défigurant, l'avait rendue esclave du démon : dépouillée du droit qu'elle avait au céleste héritage, elle était devenue la victime des vengeances éternelles; c'était une vigne en friche qui était devenue la proie des bêtes féroces : *Singularis ferus depastus est eam.* (*Psal.*, LXXIX, 14.)

Qu'a fait le Seigneur pour la rétablir dans son premier état? il a envoyé, non un de ses prophètes, ni même un des princes de sa cour, mais son propre Fils, l'objet de ses complaisances éternelles, pour se revêtir d'une chair mortelle, pour se charger de nos infirmités et nous en guérir : *Misit Deus Filium suum in mundum, ut salvetur mundus per ipsum.* (*Joan.*, III, 17.) C'est pour sauver cette âme que ce Fils adorable, obéissant aux volontés de son Père, est descendu sur la terre; c'est pour notre salut qu'il s'est humilié, qu'il s'est même anéanti : *Propter nostram salutem descendit de cœlis.* C'est pour sauver notre âme qu'il est né dans une crèche, qu'il a vécu dans la pauvreté, qu'il a livré son corps aux rigueurs des saisons, qu'il a enduré la faim et la soif; qu'il a souffert toutes sortes de mépris et de douleurs; qu'il a sué sang et eau; qu'il s'est abandonné à la fureur des Juifs et des gentils; qu'il a été flagellé et mis à mort sur une croix : *Venit ille pati, venit ille mori, et hæc ille pro te.* Voilà ce que le Fils de Dieu a fait pour le salut de notre âme, pour rétablir cette vigne désolée.

Comprenez-vous à présent, mes frères, l'estime que Dieu a faite de votre salut? Cet ouvrage lui a plus coûté que la création du monde entier; car pour créer le monde, il n'a fallu qu'une parole; mais pour vous sauver, il a fallu qu'un Dieu s'humiliât, s'anéantît, devînt obéissant jusqu'à la mort de la croix. Tel est, dit saint Augustin, le prix que vous valez : *Tanti vales.* Ah! qu'il est grand, ce prix, qu'il est digne de votre attention! C'est le sang et la vie d'un Dieu, qui a estimé votre âme, pour ainsi dire, autant que lui-même. *Empti estis pretio magno.* (I *Cor.*, VI, 20.) Qu'a-t-il pu faire pour cette vigne qu'il n'ait pas fait, et que ne fait-il pas encore pour lui faire porter du fruit? Il fait tomber sur elle les rosées de sa grâce, il lui en ouvre les sources dans les sacrements qu'il a institués, il envoie tous les jours ses ouvriers pour y travailler par les instructions qui vous donnent la science du salut, et par les exhortations qui vous animent à la pratique des vertus. A voir ce que Dieu a fait et ce qu'il fait encore pour nous sauver, ne dirait-on pas que son bonheur dépend de notre salut? Quel intérêt cependant y a-t-il, puisqu'il se suffit à lui-même, et que quand tous les hommes périraient, il n'en serait pas moins heureux : mais il a voulu nous faire voir l'estime qu'il faisait de notre salut, et l'estime que nous en devons faire nous-mêmes par le grand intérêt que nous y avons, puisqu'il ne s'agit de rien moins dans ce salut que de notre bonheur éternel : quoi de plus important par rapport à nous?

Quand on voit les gens du siècle se donner bien des mouvements pour leurs affaires temporelles, on juge que ce sont des affaires de conséquence, ou du moins qu'ils les croient folles. Il y va, dit-on, de l'honneur, de la fortune, de l'établissement d'une famille, il ne faut donc rien épargner pour y réussir. Ah ! si les enfants de lumière étaient aussi prudents pour l'affaire de l'éternité, que les enfants du siècle le sont pour les affaires du temps, que ne feraient-ils pas pour leur salut, où il s'agit d'un bien infiniment au-dessus de toutes les fortunes du monde ?

De quoi s'agit-il donc dans cette affaire ? Est-ce de quelques profits temporels ? de quelque établissement avantageux selon le monde ? de gagner un procès considérable ? de conserver son bien, son honneur, et même sa vie ? Ah ! mes frères, tout cela n'est rien en comparaison du salut. Il est ici question de se procurer un bonheur éternel, c'est-à-dire, un bonheur qui surpasse tout ce que le monde peut nous offrir de plus grand dans ses honneurs, de plus étendu dans ses biens, de plus attrayant dans ses plaisirs, de plus amusant dans ses jeux, de plus agréable dans son commerce : il s'agit d'un bonheur qui renferme des biens que l'œil n'a point vus, que l'oreille n'a point entendus, que l'esprit de l'homme ne peut comprendre, dit l'Apôtre ; en un mot, il s'agit de la possession d'un bien infini, qui est Dieu même : voilà ce que vaut le salut, et voilà ce que nous perdons, si nous ne nous sauvons pas. Ce n'est pas tout ; ce qui doit nous faire encore sentir l'importance du salut, c'est que si nous perdons le souverain bien, nous devons nous attendre à un souverain malheur, à des maux qui surpassent tout ce qu'on peut endurer ici-bas de plus affligeant : à des maux, dis-je, excessifs dans leur rigueur, et éternels dans leur durée.

Voilà la terrible alternative qui se trouve dans le salut : être éternellement heureux, ou éternellement malheureux, il n'y a point de milieu, point de neutralité à garder. Pendant la vie, nous marchons entre les deux éternités de bonheur ou de malheur ; mais après la mort, l'un ou l'autre sera notre partage, le ciel ou l'enfer : il faut nécessairement se déterminer à l'un ou à l'autre.

Voilà, mes frères, de quoi il s'agit dans l'affaire du salut ; il faut tout perdre ou tout gagner : il s'agit de votre âme, il s'agit de vous-mêmes ; si vous la perdez, cette âme, vous perdez tout, et pour toujours : *Periisse semel æternum est.* Qu'en pensez-vous ? Le salut, n'est-ce pas une affaire bien importante ? importante dans l'estime de Dieu qui a tant fait pour nous sauver ; importante au jugement des saints, qui jamais ne croient en faire assez pour gagner le ciel ; importante en elle-même, puisqu'il s'agit de tout perdre ou de tout gagner : je n'en dis pas même assez : oui, le salut est une affaire non-seulement importante, mais nécessaire, *necessarium* ; mais la seule nécessaire, sans laquelle l'homme n'est rien : *Unum necessarium.*

Il n'en est pas, mes frères, de l'affaire du salut comme des autres affaires qui partagent la vie des hommes. Celles-ci, à proprement parler, sont des affaires étrangères, dont on peut se passer, et dont le bon succès n'est pas toujours pour celui qui en est chargé. Pour réussir dans les affaires du monde, on peut se reposer sur le secours d'autrui. Mais il en va tout autrement dans l'affaire du salut. C'est une affaire personnelle, dont le bon succès est pour nous seuls, et dépend de nous seuls : c'est donc notre unique affaire, *unum necessarium.* Oui, mes frères, on peut se passer des biens, des honneurs, de science, et même de santé, qui est le premier des biens dans l'ordre de la nature, parce que rien de tout cela ne nous est nécessaire pour être heureux. Mais notre souverain bonheur est attaché au salut, c'est le seul bien qui nous reste après la mort : eussions-nous réussi dans toutes les affaires du monde, si nous avons échoué dans celle du salut, nous n'avons rien fait ; eussions-nous possédé toutes les richesses de la terre, tous les empires du monde ; eussions-nous été élevés aux plus grands honneurs ; eussions-nous goûté tous les plaisirs des sens, si la mort nous surprend dans le péché, nous sommes les plus misérables des hommes ? De quoi nous serviront dans l'enfer nos richesses, nos honneurs, nos plaisirs ? De quoi nous servira-t-il, dit le Sauveur, d'avoir gagné tout le monde, si nous perdons notre âme ? *Quid prodest homini si mundum universum lucretur, animæ vero suæ detrimentum patiatur ? (Matth., XVI, 26.)* Nous n'emporterons rien avec nous après cette vie, nous laisserons tous les biens de fortune que nous aurons possédés sur la terre ; et si nous avons perdu notre âme, je le répète, je ne saurais trop le dire, nous avons tout perdu ; jamais nous ne pourrons nous dédommager de cette perte : *Quam dabit homo commutationem pro anima sua ? (Ibid.)*

Interrogez là-dessus ces heureux du siècle, qui autrefois ont fait tant de bruit, et dont la mémoire a été ensevelie dans le même tombeau qu'eux ; interrogez là-dessus ces riches avares qui ont vécu autrefois dans la prospérité et l'abondance, et à qui aujourd'hui il ne reste qu'un sépulcre ; interrogez là-dessus ces infâmes voluptueux qui autrefois coulèrent leurs jours dans les joies et les plaisirs du monde, et qui sont maintenant dans l'enfer. Hélas ! mes frères, que leurs réponses du milieu des brasiers ardents sont éloquentes et instructives ! De quoi nous servent, disent-ils, dans l'amertume de leurs cœurs, les biens que nous avons possédés, ces honneurs, ces plaisirs où nous avons mis notre félicité ? ils ont passé comme une ombre, et comme un songe dont il ne nous reste qu'un triste souvenir : *Quid nobis profuit superbia ? aut divitiarum jactantia quid contulit nobis ? (Sap., V, 8.)* Ne vaudrait-il pas bien mieux avoir été accablés de misères sur la terre, pour être heureux maintenant dans le ciel, que d'avoir goûté une félicité passagère qui a été suivie d'un malheur éternel?

Vous entendez parler quelquefois, mes frères, de ces fameux conquérants, qui ont fait retentir la terre du bruit de leurs armes, qui ont gagné des batailles, emporté des villes d'assaut, soumis des provinces, des royaumes entiers à leur domination: mais de quoi leur servent toutes leurs conquêtes, s'ils n'ont pas conquis le royaume des cieux? *Quid prodest?* Nous admirons les ouvrages de ces savants de l'antiquité, qui se sont acquis par leur érudition une espèce d'immortalité; mais de quoi leur sert cette réputation? les louanges qu'on leur donne où ils ne sont pas, peuvent-elles adoucir les peines qu'ils souffrent dans le lieu qu'ils habitent maintenant? *Quid prodest?* De quoi vous servira à vous-mêmes d'avoir rempli une charge avec honneur, d'avoir bien géré les affaires dont vous êtes chargés, si vous avez manqué celle qui vous regarde uniquement? *Quid prodest?* De quoi vous servira d'avoir réussi dans le commerce, d'avoir établi avantageusement des enfants par votre travail et votre industrie, de leur avoir bâti des logements commodes, si vous n'avez pas thésaurisé pour l'éternité, si vous n'avez pas travaillé à vous bâtir une demeure dans la maison du Père céleste? *Quid prodest?* Au contraire, quand vous échoueriez dans toutes les autres affaires, quand vous perdriez tous vos biens par des revers de fortune, que vous seriez réduits à la dernière misère, abandonnés, méprisés, persécutés des hommes; sans appui, sans amis, sans crédit, consolez-vous: si vous sauvez votre âme, si vous gagnez le ciel, vous avez tout gagné, vous n'avez besoin de rien, votre fortune est faite pour l'éternité.

Le sort du pauvre Lazare, qui du sein de la misère où il avait passé sa vie, fut transporté dans le sein d'Abraham, n'est-il pas bien à préférer à celui du mauvais riche, qui du centre des délices et des biens fut précipité dans le fond des enfers? Lazare voudrait-il avoir été le mauvais riche, ou plutôt le mauvais riche ne voudrait-il pas avoir été le pauvre Lazare? Songez, songez donc à vous les premiers, avant que de penser aux autres: le salut est votre unique affaire, vous en aurez seuls tout l'avantage. Dans les affaires du monde, on peut faire société avec un autre pour en partager la perte ou le profit; mais dans le salut il n'y a point de société, point de partage; chacun portera son fardeau, dit l'Apôtre; chacun recevra la récompense du bien, ou le châtiment du mal qu'il aura commis: *Referet unusquisque prout gessit, sive bonum sive malum.* (II *Cor.*, V, 10.) Vous moissonnerez ce que vous aurez semé; si vous avez semé dans les bénédictions, les fruits seront pour vous seuls; si vous avez semé dans l'iniquité, vous seuls en porterez la peine.

C'est donc pour vous seuls que vous travaillez dans l'affaire du salut, parce que vous seuls en aurez toute la perte ou le profit; c'est pourquoi Dieu a voulu que le succès ne dépendît que de vous seuls.

Pour réussir dans les affaires temporelles, on peut se reposer sur le travail et sur l'industrie d'autrui. Un homme qui a un procès à vider en confie le succès aux lumières d'un habile jurisconsulte. On peut par des mains étrangères cultiver une vigne, un héritage, élever un bâtiment; mais pour réussir dans le salut, il faut mettre la main à l'œuvre: c'est une vigne qu'il faut cultiver par soi-même, parce que le fruit est pour nous seuls; en vain d'autres ouvriers y travailleraient, si nous demeurons oisifs au lieu d'arracher les ronces et les épines, qui sont nos péchés, nos inclinations perverses: si nous-mêmes nous ne remuons, pour ainsi dire, la terre de nos cœurs pour y planter, y édifier les semences des vertus qui doivent produire des fruits pour l'éternité, l'ouvrage des autres ne nous servira de rien. Qu'un prédicateur zélé nous annonce les vérités de l'Evangile avec force et véhémence, qu'un directeur prudent et éclairé nous donne des avis pleins de sagesse, notre salut n'en sera pas plus avancé, si nous manquons de fidélité à pratiquer ce qu'on nous enseigne. En vain les justes qui sont sur la terre, les saints qui sont dans le ciel, prieraient-ils pour nous, offriraient-ils à Dieu pour nous le fruit de leur pénitence, de leurs travaux, de leurs bonnes œuvres; en vain offrirait-on pour nous dans tous les lieux du monde la précieuse victime du salut; jamais nous ne serons sauvés si nous ne prions nous-mêmes, si nous n'agissons nous-mêmes, si nous-mêmes ne faisons pénitence, et si nous n'assurons notre prédestination par nos bonnes œuvres. Dieu lui-même, tout puissant qu'il est, qui a bien pu nous créer sans nous, ne nous sauvera jamais sans nous, dit saint Augustin: *Qui creavit te sine te, non salvabit te sine te.*

C'est ainsi qu'il a réglé l'économie de notre salut; le succès en dépend en quelque manière autant de nous que de lui: sa grâce nous est nécessaire, elle ne nous manque pas; mais nous aurions toutes les grâces les plus abondantes qui ont été données aux plus grands saints, ces grâces ne nous sauveront jamais sans notre coopération. Le salut, en un mot, est notre unique affaire; ce doit être aussi notre ouvrage: *Salutem vestram operamini.* (*Philipp.*, II, 12.) Cependant, le croirait-on? quelque importante que soit l'affaire du salut, quoiqu'elle soit l'unique nécessaire, c'est l'affaire la plus négligée; second point.

DEUXIÈME POINT.

On appelle une affaire négligée, celle à laquelle on ne pense point du tout, à laquelle on ne veut même pas penser, à laquelle on ne travaille que d'une manière imparfaite, ou enfin que l'on remet à la dernière extrémité: c'est ainsi que les hommes en agissent à l'égard du salut; leur conduite en fait la preuve.

Qui sont ceux en effet qui pensent sérieusement à leur salut? Il n'en est presque pas un, dit le prophète, qui y fasse de sérieuses réflexions : *Nullus est qui recogitet corde.* (*Jerem.*, XII, 11.) Je ne parle pas seulement de ces hommes désœuvrés, dont toute l'occupation est de ne rien faire, qui passent les journées entières à des amusements frivoles, à rendre des visites, à débiter des nouvelles, et à mille autres bagatelles où ils cherchent à se désennuyer; on dirait que le temps leur est à charge : je parle de ceux même qui paraissent le plus occupés. Or, parmi ceux-là, qui sont ceux qui pensent sérieusement à leur salut? Est-ce cet homme ambitieux qui ne s'occupe que des moyens de s'élever et de parvenir à un poste qui flatte son ambition, qui passe ses jours à poursuivre des fantômes d'honneurs qui l'enivrent? Est-ce cet homme public chargé de mille affaires étrangères qui absorbent tellement son temps, qu'elles ne lui laissent pas même celui du repos? qui, toujours hors de lui-même, n'y rentre jamais pour songer à la grande affaire qui mérite tous ses soins? Qui est-ce qui pense à son salut? Est-ce cet homme avide de biens, qui ne songe qu'à entasser richesses sur richesses, à faire des acquisitions, à bâtir des maisons, à faire des profits, et qui pour réussir dans ses desseins se livre aux embarras d'une vie tumultueuse qui ne le laissent jamais à lui-même : *Nullus est qui recogitet.* Qui est-ce qui pense à son salut? Est-ce cet homme de travail, cet artisan, qui, sans cesse courbé vers la terre, ne pense qu'à en tirer la graisse pour avoir de quoi subsister, mais qui n'élève jamais les yeux vers le Ciel pour en attirer sur lui la rosée et pour en obtenir ce pain qui nourrit l'âme et qui conduit à la vie éternelle? *Nullus est qui recogitet.*

Qui est-ce qui pense, encore une fois, à son salut? Sont-ce ces hommes de plaisirs, qui ne cherchent qu'à contenter leurs passions et à satisfaire leurs sens; dont les moments ne sont variés que par une diversité d'amusements qui se succèdent les uns aux autres? Ah! bien loin de penser à leur salut, ils le sacrifient à des divertissements criminels, à l'intempérance, à la volupté, à des liaisons funestes, à la crapule et à mille autres excès où les passions les entraînent. Ils disent, comme les impies dont il est parlé dans l'Ecriture (*Sap.*, II, 1 seqq.) : Profitons du temps présent, goûtons les plaisirs de la vie, nous ferons demain comme aujourd'hui, et nous continuerons toujours de même; peu nous importe, quoi qu'il en arrive dans la suite : *Nullus est qui recogitet corde.*

O enfants des hommes! puis-je ici m'écrier avec le Prophète, *jusqu'à quand, le cœur appesanti vers la terre, chercherez-vous la vanité et le mensonge?* (*Psal.* IV, 3.) Ne penserez-vous jamais à la fin pour laquelle Dieu vous a créés? Il vous a donné une âme raisonnable pour le connaître et l'aimer, et mériter par ce moyen un bonheur éternel; il s'est occupé de toute éternité du salut de cette âme, et vous ne vous en êtes pas encore occupés peut-être un seul jour de votre vie. Il a estimé cette âme jusqu'au point de sacrifier sa vie pour la sauver. Quelle estime en faites-vous vous-mêmes? vous la sacrifiez à un fade plaisir, à un vil intérêt auquel vous ne voulez pas renoncer. Que faites-vous donc en ce monde? pourquoi y êtes-vous venus? Si vous négligez ainsi votre principal intérêt, si vous oubliez une affaire où il s'agit de tout perdre ou de tout gagner, n'aurait-il pas mieux valu pour vous de rester dans le néant, que d'être venus au monde pour vous perdre et vous damner? Vous vous donnez mille soins pour des objets qui ne vous regardent pas : *Turbaris erga plurima;* et vous vous oubliez vous-mêmes dans l'unique nécessaire qui vous regarde personnellement : *Porro unum necessarium.* (*Luc.*, X, 41.) Vous n'épargnez rien pour donner à vos corps toutes les satisfactions qu'ils vous demandent, et vous abandonnez votre âme comme si elle vous était étrangère; vous la traitez comme si vous étiez son plus cruel ennemi, tandis que cette âme est la plus noble partie de vous-mêmes, et qu'elle est destinée à jouir des délices éternelles, qu'il ne tient qu'à vous de lui procurer. Où est votre foi, où est votre raison? Si du moins ces réflexions faisaient quelque impression sur vos esprits, il y aurait quelque espérance pour vous; mais la plupart les rejettent comme des pensées importunes qui les inquiètent, qui les troublent dans la jouissance de leurs plaisirs; c'est-à-dire, que bien loin de travailler à leur salut, ils n'y veulent pas même penser.

De là cet éloignement, ce dégoût pour tous les moyens qui peuvent contribuer à leur sanctification; la prière, les sacrements, la parole de Dieu, la société des gens de bien. Dégoût de la prière si nécessaire pour obtenir les grâces du salut, mais dont ils n'ont presque aucun usage, ou qu'ils ne font qu'à la hâte et sans attention. Dégoût des sacrements, qui sont des sources du salut; mais dont ils ne s'approchent que rarement, et qu'ils ne recevraient pas même au temps marqué par l'Eglise si elle ne les y forçait par ses anathèmes. Dégoût de la parole de Dieu, où l'on apprend la science du salut, mais qu'ils ne veulent point entendre ou qu'ils n'entendent qu'avec ennui et sans profit; c'est pourquoi ils s'absentent si souvent des divins offices et méprisent ces assemblées de piété, où l'on trouve tant de moyens de salut, soit dans les entretiens pieux que l'on y donne, soit dans les saintes lectures que l'on y entend, dans les prières que l'on y fait en commun, dans les grâces abondantes qui s'y communiquent.

C'est pour cette même raison qu'ils évitent la société des gens de bien, qui, par leurs entretiens, leurs bons exemples, leur montreraient la voie du salut; mais ils craignent de trouver en eux des censeurs de leur conduite ; c'est pourquoi ils préfèrent la compagnie de leurs semblables, qui les autorisent dans leurs désordres : de là aussi ces détours dont ils se servent pour faire tomber le discours sur toute autre matière que celle du salut, et pour écarter un bon avis qui les ferait rentrer en eux-mêmes et les rendrait fidèles à leurs devoirs. De là ces excuses qu'ils allèguent pour se dispenser de quelques jours de retraite qu'on leur propose, où débarrassés des soins des affaires du temps, ils auraient tout le loisir de penser à celle de l'éternité. Ils ont, disent-ils, d'autres affaires qui les occupent et qu'il leur importe de terminer. A leur avis, ces jours de salut ne sont que pour ceux qui n'ont rien à faire.

En un mot, tout ce qui a rapport au salut leur est insipide et les rebute au point de ne vouloir pas même en entendre parler. Mais ils ont beau vouloir s'étourdir sur un point si important, pour peu qu'il leur reste la foi, ils ne peuvent disconvenir que le salut est d'une conséquence infinie ; ils ne pourront jamais s'apaiser sur la juste crainte où ils seront toujours d'échouer dans cette affaire : heureux si, fidèles aux impressions de la grâce, ils prenaient les moyens pour en assurer le succès ! Mais ce qui prouve encore combien le salut est négligé, c'est que ceux mêmes qui y pensent n'y travaillent que d'une manière imparfaite.

Non, mes frères, on ne perd pas entièrement de vue le salut; il en est peu, parmi les libertins mêmes, qui ne pensent quelquefois qu'ils ont une âme à sauver, et qui ne veuillent même être sauvés. Mais on se contente de le penser et de le vouloir, sans prendre les mesures efficaces pour en venir à bout : on pense à son salut, on veut être sauvé, mais on ne veut pas faire ce qui est prescrit par la loi de Dieu, on ne veut pas suivre la route qui conduit au salut. Quelle est cette route? Elle est marquée dans l'Evangile : renoncer à soi-même, mortifier ses passions, porter sa croix, souffrir patiemment toutes les adversités de la vie ; voilà en peu de mots le chemin du Ciel. On veut vivre à son aise, ne rien se refuser de tout ce qui flatte les passions, ne rien souffrir; et avec cela on veut être sauvé. Abus, illusion ! Vouloir la fin, et ne pas vouloir les moyens, c'est ne rien vouloir. Dira-t-on qu'un malade veut se guérir et recouvrer la santé, s'il ne veut prendre les remèdes nécessaires? Dira-t-on qu'un homme veut gagner un procès, quand il ne fait aucune démarche pour consulter, pour solliciter son affaire? Disons donc que vouloir être sauvé et rester dans l'inaction, c'est négliger, c'est ne pas vouloir son salut.

Je conviendrai encore qu'il y en a beaucoup qui se donnent quelques mouvements, qui font quelques efforts pour être sauvés. On fait des prières, des aumônes, on fréquente les sacrements, on assiste aux divins Offices, on se fait agréger dans quelques confréries, on donne des marques de religion; mais, sous ces belles apparences, on conserve un secret attachement pour l'objet d'une passion criminelle; on retient le bien d'autrui, on ne veut point pardonner à un ennemi : est-ce là vouloir efficacement être sauvé ? Non, sans doute ; il ne suffit pas pour cela de garder quelques commandements, il faut les observer tous : la transgression d'un seul est capable de faire échouer l'affaire du salut ; une seule passion épargnée peut nous empêcher d'arriver au port. Or, quel est celui qui ne se connaît pas coupable en quelque point de la loi ? quel est celui qui ne se laisse pas dominer par quelque passion ? quel est celui qui se fait toutes les violences nécessaires pour les dompter, pour observer tous les commandements, pour suivre toutes les maximes de l'Evangile? Ah! qu'il en est peu qui puissent se rendre ce témoignage ! Preuve certaine que le salut est bien négligé.

Ce qui prouve enfin la négligence des hommes sur ce point, c'est que la plupart remettent l'affaire de l'éternité à la dernière extrémité. Ils veulent bien travailler efficacement à leur salut; mais ils sont trop chargés d'affaires pour y penser ; il faut, disent-ils, être tout à soi-même ; il faut donc attendre que ce procès soit terminé, que ce bâtiment soit achévé, que ces enfants soient établis : après quoi nous penserons sérieusement à notre salut, nous mettrons entre la vie et la mort un intervalle qui ne sera employé qu'à cette grande affaire.

Pour être sauvé, il faut faire des restitutions, il faut payer ses dettes; mais les restitutions incommoderaient maintenant, dérangeraient les affaires ; on veut jouir d'un bien injustement acquis, et après en avoir joui pendant la vie, on se promet de le restituer à la mort ; or, souvent il arrive que la mort n'en donne pas le temps, et on meurt sans avoir réparé ses injustices.

Pour être sauvé, il faut se convertir, il faut changer de vie ; mais combien y en a-t-il qui diffèrent leur conversion à la mort, et qui se nourrissent de la flatteuse espérance d'y être toujours à temps? Ainsi, les hommes prétendent disposer à leur gré d'un temps qui est déjà si court, et que Dieu ne leur a donné que pour travailler à leur salut. Ils attendent que le feu des passions soit éteint pour donner à Dieu les misérables restes d'une vie passée dans le crime. Mais aussi combien y en a-t-il qui sont trompés dans leur espérance ? Dieu punit leur négligence par la soustraction du temps et des grâces dont ils n'ont pas voulu profiter.

Ecoutez donc, mes frères, ce que vous dit à ce sujet saint Augustin, dans la belle Homélie qu'il a faite sur notre Evangile ; Lorsque le père de famille alla chercher des ouvriers pour travailler à sa vigne, ceux qu'il appela à la troisième heure ne lui dirent point d'attendre, qu'ils y iraient à la sixième ; ni ceux de la sixième, à la neuvième ; ni ceux de la neuvième, à la onzième, sous prétexte qu'il auraient tous la même récompense; mais ils allèrent à l'heure qu'ils furent appelés. Il ne faut donc pas croire, dit saint Augustin, que si vous êtes appelés dans votre jeunesse pour travailler à votre salut, vous puissiez différer à un âge plus avancé, dans l'espérance d'avoir la même récompense. Dieu qui vous a promis le salaire à l'heure que vous viendrez, ne vous a pas promis de vous attendre au temps que vous voudrez; il faut donc aller à la vigne quand vous êtes appelés. Il faut cultiver cette vigne en tout temps: c'est-à-dire, que l'affaire du salut n'est pas l'affaire d'un seul jour, d'une année; elle demande tout le temps de la vie. Cette vigne est différente de celles qu'on cultive sur la terre, qui laissent un temps de repos: mais celle-ci n'en souffre aucun; ce n'est qu'après la mort, et dans l'éternité qu'on peut en espérer. Pour y avoir donné ses soins dès la première heure, c'est-à-dire dès la jeunesse, on n'est pas exempt d'y travailler à la onzième heure; c'est-à-dire, dans un âge avancé, ni l'espérance d'y travailler dans un âge avancé, ne peut exempter d'y employer le temps de la jeunesse. Quand on a négligé son salut au commencement de la vie, on peut et on doit réparer cette faute dans les autres temps: prenez donc garde, conclut saint Augustin, de perdre par vos délais le salaire qui vous est promis: *Vide ne quod tibi ille daturus est promittendo, tu tibi auferas differendo.*

Ah! mes frères, si vous n'avez pas encore pensé à votre salut, ne différez pas davantage d'y penser, et de mettre la main à l'œuvre. Voici peut-être la onzième heure; ayez pitié de votre âme, puisque c'est de vous seuls après Dieu que dépend sa perte ou son salut: *Miserere animæ tuæ.* (*Eccli.*, XXX, 24.) Pour en venir à la pratique:

Pratiques. — Demandez-vous quelquefois à vous-même, au moins une fois le jour, surtout le matin après votre prière: Pourquoi suis-je en ce monde? *Ad quid venisti?* Car enfin, je n'y suis pas pour toujours; le temps finira, et il sera suivi de l'éternité. Mais quelle sera pour moi cette éternité? Sera-t-elle heureuse? C'est ma conduite qui en décidera. Si la passion pour l'intérêt ou le plaisir vous demande la préférence sur la loi de Dieu, opposez-lui cette pensée salutaire: J'ai une âme à sauver, et je veux la sauver quoi qu'il m'en coûte: *Volo salvare animam meam.* Que ce soit là votre devise, votre cri de guerre dans tous les combats que vous aurez à soutenir de la part du monde, du démon et de la chair.

Si pour avoir ce bien, contenter cette passion, il faut perdre mon âme: cette âme, devez-vous dire, est plus que tout cela; je veux, quoi qu'il m'en coûte, la sauver. Tout doit céder au salut, et le salut doit l'emporter sur tout. Dussé-je perdre tout ce que j'ai au monde, dussé-je passer ma vie dans la pauvreté, la misère, les afflictions, peu m'importe, pourvu que je sois sauvé; les biens et les maux de la vie me deviendront indifférents, dès que je les comparerai à l'éternité: *Quid hæc ad æternitatem?* J'éviterai avec soin tout ce qui peut être un obstacle à mon salut, j'embrasserai avec joie tout ce qui peut contribuer au succès de cette grande affaire; pénitence, mortifications, vertus chrétiennes, vous serez mes plus chères délices, puisque vous assurez mon salut éternel. *Amen.*

PRONE XXI.

IIe pour le Dimanche de la Septuagésime.

SUR LES MOYENS DU SALUT.

Quid hic statis tota die otiosi? (*Matth.*, XX, 6.)

Pourquoi demeurez-vous là tout le long du jour sans travailler ?

A combien de chrétiens, mes frères, pourrait-on faire le même reproche que le père de famille fait dans notre Evangile à ces ouvriers qu'il trouva sans occupation? *Quid hic statis?* Ce sont ces chrétiens lâches et paresseux, qui passent toute leur vie dans l'inaction sur la plus importante affaire qu'ils aient au monde, qui est leur salut. Ce n'est pas au reste qu'ils ne soient bien occupés de mille affaires qui remplissent tout leur temps. Non, ils ne sont point oisifs pour les choses du monde, et la vie inutile n'est pas le vice le plus commun qu'on peut leur reprocher. Ils travaillent dès le matin jusqu'au soir, les uns pour amasser du bien, les autres pour s'élever aux honneurs, ou se procurer des plaisirs, mais le salut n'a aucune place dans leurs occupations: ils oublient, ils négligent cette affaire, comme si elle n'était de nulle conséquence, ou qu'elle ne les regardât pas. Ainsi, peut-on leur dire ce que le père de famille disait à ces ouvriers oisifs: *Quid hic*, etc.

Mais d'où vient, mes frères, cette criminelle oisiveté des chrétiens à l'égard de leur salut! J'en remarque deux causes ordinaires: la pusillanimité et la présomption. Les timides, qui se représentent le salut plus difficile qu'il n'est en effet, se rebutent des difficultés qu'il faut surmonter, et ne veulent rien entreprendre pour en assurer le succès. Les présomptueux, au contraire, qui regardent le salut comme une affaire facile et aisée, ne font pas les efforts nécessaires pour réussir, et faute de cette sainte violence que l'on doit se faire pour arriver au royaume des cieux, n'y parviennent pas. Il s'agit de détromper les uns et les autres; mais à Dieu ne plaise que, pour encourager les premiers et intimider les seconds, nous représentions la voie du salut plus large ou plus étroite qu'elle l'est en effet! Nous dirons donc aux timides, que le salut n'est pas si difficile qu'ils se l'imaginent; et aux présomptueux, qu'il y a plus de difficultés qu'ils ne croient. De là je tire deux propositions qui partageront cet entretien. Il faut travailler au salut avec confiance; premier point. Il faut y travailler avec crainte; deuxième point.

PREMIER POINT.

Une des plus dangereuses illusions dont le démon se sert pour détourner les hommes de la voie du salut, est de leur représenter cette voie comme impraticable. Il en coûte trop, disent-ils, pour être sauvé ; il n'est pas possible de faire tout ce que l'Evangile prescrit pour gagner le ciel ; il faut pour cela vivre dans une gêne continuelle, il faut s'interdire tout plaisir, toute société avec le monde ; les affaires auxquelles on est occupé, les embarras d'un état dans lequel on est engagé, les compagnies qu'on est obligé de voir, les occasions continuelles de péché auxquelles on est exposé, tout cela est incompatible avec le plan d'une vie régulière qu'il faut suivre, pour arriver au royaume de Dieu. Tels sont les spécieux prétextes dont les hommes se servent pour excuser leur indolence sur l'affaire du salut. Semblables aux Israélites qui craignaient d'entrer dans la terre promise, parce qu'il s'y représentaient des monstres qui dévoraient ses habitants, ces lâches chrétiens se figurent que la voie du salut est remplie d'obstacles insurmontables ; ainsi rebutés, ils ne font aucun effort, et ne veulent point combattre pour faire la conquête de cette terre promise ; ils sont effrayés des premiers abords du chemin qui doit les y conduire, ou s'ils font quelques pas, la moindre difficulté les fait retourner en arrière.

Qui que vous soyez, qui ne pouvez vous résoudre à franchir les bornes d'une coupable indolence pour votre salut, tandis que d'ailleurs vous êtes si actifs pour les biens de la terre, sachez que le chemin qui conduit à ce bienheureux séjour n'est pas si difficile à trouver, ni si pénible à tenir que vous vous l'imaginez ; qu'il est au contraire bien aplani, et que vous y trouvez de grandes facilités, soit du côté de Dieu qui vous donne toutes les grâces nécessaires au salut, soit du côté de vous-mêmes qui n'avez qu'à coopérer aux grâces du salut que Dieu vous donne. Tels sont les motifs qui doivent vous engager à travailler à votre salut avec confiance.

Dieu veut sauver tous les hommes : *Deus vult omnes homines salvos fieri* (I *Tim.*, II, 4), et il ne veut la perte d'aucun. *Jésus-Christ est mort pour le salut de tous*, dit l'apôtre saint Paul. (II *Cor.*, V, 15.) Ce sont là, mes frères, des vérités de foi si clairement marquées dans les saintes Ecritures, si conformes à la droite raison, que les révoquer en doute, c'est avoir perdu la foi. Car dire, comme les hérétiques l'ont osé avancer par un horrible blasphème, que Dieu ne veut sauver qu'une partie des hommes qu'il a choisis pour sa gloire, tandis qu'il destine les autres à une damnation éternelle, sans aucun démérite de leur part : quelle idée serait-ce se former d'un Dieu infiniment bon, infiniment juste, tel que celui que nous adorons ? Ne serait-ce pas plutôt en faire un tyran cruel, qui punirait des hommes sans l'avoir mérité ?

Loin de nous, mes frères, des sentiments si injurieux à la divine bonté : *Sentite de Domino in bonitate.* (*Sap.*, I, 1.) Il est notre Père commun, nous sommes tous ses enfants, il n'y a personne sur la terre qui ne puisse et qui ne doive l'invoquer sous cette aimable qualité, et lui dire mille fois le jour : *Notre Père, qui êtes aux cieux : «Pater noster, qui es in cœlis.»* Or, si Dieu est notre Père, il nous aime comme ses enfants ; aussi ne nous a-t-il pas créés pour nous perdre, mais pour nous sauver. Pourquoi donc aurait-il envoyé son Fils sur la terre ? pourquoi l'aurait-il livré aux supplices et à la mort de la croix ? pourquoi ce Fils adorable se serait-il sacrifié lui-même jusqu'à répandre la dernière goutte de son sang, s'il n'avait voulu sauver tous les hommes ? Ce Sauveur adorable aurait-il envoyé ses apôtres prêcher l'Evangile à toutes les nations de la terre : *Docete omnes gentes* (*Matth.*, XXVIII, 10), s'il n'avait voulu leur appliquer à tous les fruits de ses mérites ?

Ne raisonnons pas davantage sur une vérité si clairement révélée de la part d'un Dieu, mais tirons-en des conséquences capables de nous inspirer de la confiance pour le salut. Si Dieu veut sauver tous les hommes, si Jésus-Christ est mort pour le salut de tous, il faut donc convenir que tous les hommes ont les grâces nécessaires au salut, sans quoi la volonté de Dieu serait une volonté stérile ; la mort de Jésus-Christ leur serait inutile. Il n'est aucun homme de quelque nation qu'il soit, qui ne puisse espérer au salut ; il n'est point de pécheur si aveuglé, si endurci, qui doive en désespérer.

En quelque état que vous soyez donc, mes frères, quelque sujet que vous ayez de craindre pour votre salut, il ne tient qu'à vous d'en assurer le succès ; vous avez toutes les grâces nécessaires pour cela ; vous les avez même en plus grande abondance que le reste des hommes qui n'ont pas eu, comme vous, le bonheur de naître dans le sein de l'Eglise, où vous trouvez la source des grâces dans les sacrements que Jésus-Christ a institués pour votre sanctification, où vous trouvez beaucoup de secours, soit dans les instructions que vous entendez, soit dans les bons exemples que vous voyez, soit dans les sociétés saintes où vous êtes agrégés. Que de vives lumières qui éclairent vos esprits ! que de bons mouvements qui touchent et embrasent vos cœurs, soit pour vous détourner du mal, soit pour vous porter au bien ! Tels sont les secours du salut que Dieu vous donne dans toutes les occasions où vous en avez besoin ; c'est à vous à y répondre. Dieu a fait de son côté tout ce qu'il fallait pour vous sauver, et vous le seriez sûrement, si votre salut ne dépendait que de lui seul ; c'est à vous à faire de votre côté ce qu'il vous demande : si vous ne le faites pas, c'est à vous seuls que vous devez attribuer votre perte.

Mais enfin, que faut-il faire pour arriver au port du salut ? Est-ce un ouvrage au-dessus de vos forces ? Non, mes frères ; Dieu est trop bon et trop juste pour vous commander quelque chose d'impossible. Il veut que vous soyez sauvés, et en conséquence il vous ordonne d'y travailler; l'affaire est donc en votre pouvoir; il est même plus facile de réussir dans cette affaire qu'en mille autres qui se présentent dans le monde. Il n'est pas nécessaire de faire de longs voyages, de traverser les mers, d'exposer sa vie, comme on fait souvent pour une fortune périssable, quoique les récompenses que Dieu vous promet soient infiniment au-dessus de toutes les fortunes de la terre, celles-là coûtent moins cher que celles-ci ; il s'agit principalement d'une bonne volonté; pour être sauvés, il n'y a qu'à le vouloir, et le vouloir sincèrement. *Le royaume de Dieu est au dedans de nous*, comme dit Jésus-Christ (*Luc.*, XVII, 21) : nous en sommes en quelque façon les maîtres.

Si Dieu avait confié cette affaire à quelqu'autre, nous aurions pu nous plaindre du mauvais succès; mais nous ne pourrons nous en plaindre qu'à nous-mêmes si nous ne réussissons pas, parce que le succès dépend de nous, et il n'y aura aucun réprouvé dans l'enfer qui ne connaisse que c'est par sa faute qu'il est malheureux. On peut nous ravir nos biens par des injustices, notre honneur par des calomnies, notre vie par des attentats; mais personne ne peut nous ravir le bien le plus précieux, qui est le salut. Tout le monde, tout l'enfer même ligué contre nous ne pourraient venir à bout de nous perdre, si nous ne le voulons pas; notre âme est toujours entre nos mains : *Anima mea in manibus meis semper.* (*Psal.* CXVIII, 109.) Ainsi, mes frères, nous pouvons nous sauver, si nous le voulons bien sincèrement.

Mais qu'est-ce que vouloir efficacement ce salut, ce bonheur éternel? C'est, en deux mots, éviter les obstacles qui peuvent nous en fermer l'entrée; c'est prendre tous les moyens qui peuvent nous en assurer la possession. Le péché est le seul obstacle au salut; et l'observation des commandements, dit Jésus-Christ, est la voie sûre pour entrer dans la gloire. Fuyez donc le péché, observez les commandements de Dieu, et vous serez sûrement sauvés. Or tout cela ne dépend-il pas de votre volonté? Vous pouvez sans contredit éviter tout péché qui vous damnerait, puisqu'il ne peut y avoir de péché, que votre volonté n'y ait part; point donc d'obstacles au salut que ceux que vous y mettez vous-mêmes : en effet, qui est-ce qui pourrait arrêter cet ouvrage? Seraient-ce les tentations? mais n'avez-vous pas la grâce pour les surmonter? Seraient-ce les mauvais exemples que vous voyez, les occasions que vous trouvez dans le monde? mais ne tient-il pas à vous de les éviter? Seraient-ce les embarras de l'état où vous êtes engagés? mais vous n'avez qu'à en remplir fidèlement les obligations, et sans quitter votre état vous ferez votre salut. Car Dieu, qui veut sauver tous les hommes, a établi tous les états de la vie; il veut par conséquent que l'on se sauve dans tous, que chacun en trouve les moyens dans son état : et certes, n'y a-t-il pas eu des saints dans tous les états? faites ce qu'ils ont fait, et vous vous sanctifierez comme eux.

Tous les hommes ne peuvent pas remplir les mêmes emplois, avoir la même occupation; la diversité de conditions est un effet de la sagesse de Dieu, qui a voulu entretenir la société et la subordination parmi les hommes. Il n'est donc pas nécessaire pour être sauvé, de quitter le genre de vie, la profession où l'on est engagé, à moins qu'elle ne soit un obstacle au salut, par les occasions de péché auxquelles on serait exposé. Il n'est pas nécessaire à un magistrat, pour faire son salut, de quitter son emploi, à un marchand son négoce, à un artisan son travail, à un père, une mère de famille le soin de leurs enfants; mais il faut que chacun remplisse les devoirs de son état. Ainsi, magistrats, vous vous sanctifierez, si vous vous servez de votre autorité pour réprimer le vice et soutenir la vertu : vous, artisans, si vous cherchez plutôt la rosée du ciel que la graisse de la terre; vous, marchands, si vous négociez plutôt pour l'éternité que pour le temps; vous, pères et mères de famille, si vous élevez vos enfants dans la crainte de Dieu, et si, pour les établir, vous ne prenez que des voies conformes à ses volontés; vous, riches, si vous faites un saint usage de vos richesses, en donnant le superflu aux pauvres; vous, pauvres, si vous souffrez patiemment la misère où vous êtes réduits; vous tous enfin qui m'écoutez, vous vous sanctifierez, vous vous sauverez dans votre condition, si vous cherchez premièrement le royaume de Dieu et sa justice, en marchant dans la voie de ses commandements.

Or, est-il bien difficile de marcher dans cette voie? Demandez-le au Roi-Prophète, qui y courait dans la joie de son cœur : *Viam mandatorum tuorum cucurri.* (*Psal.* CXVIII, 32.) Demandez-le à tant de vertueux chrétiens, dont les exemples doivent être pour vous une preuve sans réplique, que l'observation de divers commandements n'est pas une chose si difficile que vous vous imaginez; il vous diront, au contraire, que le joug du Seigneur est léger, et qu'il ne paraît pesant qu'à ceux qui ne l'ont pas porté. Il ne tient qu'à vous d'en faire l'épreuve. Pourquoi ne feriez-vous pas ce que font tant d'autres de la même profession que vous, sujets aux mêmes faiblesses que vous, et qui n'ont pas plus d'intérêt que vous à se sauver? Pourquoi les voies du salut seraient-elles plus impraticables pour vous qu'elles ne le sont pour eux? Hélas! pour marcher dans ces voies, il ne vous faudrait que la bonne volonté de ceux qui y entrent et qui y persévèrent, parce qu'en conséquence de cette bonne volonté, vous vous feriez violence pour réprimer vos passions, et vous abstenir des choses défendues par la loi de Dieu; vous vous assujettiriez aux exercices de la vie chrétienne, à la prière, à la fréquentation des sacrements, et aux autres pratiques de piété qui peuvent contribuer à votre sanctification.

Ah! mes frères, si pour vous enrichir, pour vous élever dans le monde, il ne vous en coûtait pas plus que ce que l'on vous demande pour votre salut, il n y aurait parmi les hommes aucun misérable. Ne vous exposez-vous pas à bien plus de dangers, ne souffrez-vous pas bien plus de travaux et de fatigues pour les biens du monde, qu'on ne vous en demande pour les biens du ciel? Vos assiduités auprès d'un grand dont vous ménagez la protection, auprès d'une créature dont vous cherchez la trompeuse amitié, ne vous coûtent-elles pas plus cher que celles que vous auriez auprès de Jésus-Christ pour avoir son amitié? Pour parvenir aux honneurs du monde, pour conserver votre santé, ne faites-vous pas bien des efforts que vous pourriez également faire pour votre salut? Pour conserver votre honneur et votre santé, vous évitez certains excès qui pourraient vous nuire, vous renoncez aux plus douces sociétés, vous vous privez des choses les plus agréables au goût, vous gardez un régime de vie le plus austère, pourquoi ne seriez-vous pas aussi tempérants pour votre âme, que vous l'êtes pour votre corps? Quelques jeûnes, quelques mortifications que vous feriez, sont-ils plus difficiles qu'un régime de vie que vous gardez?

Convenez donc que vous ne voulez pas aussi efficacement votre salut que votre santé. S'il y avait quelque profit temporel à faire en observant quelques pratiques de piété, comme à fréquenter les sacrements, à visiter l'église, n'est-il pas vrai que votre empressement pour le bien vous y rendrait assidus? Et des biens éternels vous touchent moins qu'un bien caduc et périssable! N'est-il pas vrai au contraire, que si ce péché que vous commettez était suivi de quelque perte de bien, vous cesseriez bientôt de le commettre, votre intérêt l'emporterait sur votre passion? Et des maux infinis qui seront la peine de votre péché ne sont pas capables de vous retenir! Il faut que vous manquiez de foi ou de raison : s'il faut réussir dans une affaire, contenter une passion, vous prenez tant de mesures, que vous en venez à bout, parce que vous le voulez efficacement.

Si vous ne faites pas votre salut, ne dites donc pas qu'il vous est impossible, mais que vous ne le voulez pas, puisque le succès dépend plus de vous, que celui de toutes les autres affaires. Etrange aveuglement! on ne trouve rien de difficile pour les choses du monde, et tout paraît impossible, quand il est question du salut! Disons mieux, tout coûte pour se sauver, et rien ne coûte pour se damner. Ah! mes frères, si vous perdez votre âme, ce sera bien votre faute; ce malheur ne viendra pas de la difficulté du salut, mais d'un défaut de volonté de votre part, qui vous rendra inexcusables devant Dieu. Vous avez tous les secours et tous les moyens nécessaires pour assurer votre prédestination; il ne tient qu'à vous d'en profiter. Dieu veut vous sauver, veuillez-le autant que lui, et infailliblement vous le serez : en voilà bien assez pour inspirer de la confiance aux timides; mais il est temps d'inspirer de la crainte aux présomptueux.

DEUXIÈME POINT.

Tout homme doit craindre de ne pas réussir dans une affaire qui est par elle-même difficile, où il y a beaucoup de dangers, et dont le succès est incertain. Telle est l'affaire du salut; sa difficulté, ses dangers, son incertitude, sont de grands sujets de crainte à tout homme qui veut y penser sérieusement. C'est pourquoi l'Apôtre saint Paul exhortait si fort les fidèles à travailler à leur salut, non-seulement avec crainte, mais avec tremblement : *Cum metu et tremore salutem vestram operamini.* (*Philipp.*, II, 12.) Cette crainte, au reste, ne doit point abattre le courage des timides; elle doit seulement réveiller l'attention des présomptueux : car si le salut est difficile, il faut donc se faire violence pour y réussir; si le salut a ses dangers, il faut de la vigilance pour les éviter; si le salut est incertain, il faut prendre les moyens les plus efficaces pour en assurer le succès. Voilà ce qu'on appelle faire son salut avec crainte : *Cum metu et tremore*, etc.

Non, mes frères, il ne faut pas le dissimuler, le salut est une affaire difficile; il en coûte pour se sauver; Jésus-Christ la vérité même nous l'apprend dans son Evangile : ne nous dit-il pas que le royaume du ciel ne s'acquiert que par violence, qu'il n'y a que ceux qui se la font qui peuvent y parvenir, que le chemin qui y conduit est étroit, que la porte par où on y entre est bien petite, qu'il faut faire de grands efforts pour y avoir accès? *Contendite intrare per angustam portam.* (*Luc.*, XIII, 24.) La récompense des saints, dit le grand Apôtre, est une couronne qui ne sera donnée qu'à ceux qui auront bien combattu : *Non coronabitur nisi qui legitime certaverit.* (*II Tim.*, II, 15.)

Que faut-il faire en effet pour gagner le ciel, et quel chemin nous prescrit l'Evangile pour y arriver? Il faut vivre dans un entier détachement des biens, des honneurs, des plaisirs du monde, renoncer à soi-même, porter sa croix, pardonner les injures, aimer ses ennemis, remplir jusqu'à la mort tous ses devoirs à l'égard de Dieu, du prochain et de soi-même. Or, que n'en coûte-t-il pas pour faire tout cela, et que d'obstacles ne trouvons-nous pas au dedans de nous-mêmes à l'accomplissement de toutes ces obligations? Il faut dompter nos passions, combattre nos inclinations les plus naturelles, réduire nos sens en servitude, sacrifier l'amour-propre, en étudier les ruses, en réprimer les mouvements. Hélas! que de victoires à remporter! que de violences à se faire! toujours veiller sur soi-même, toujours se roidir contre soi-même, se haïr soi-même, se traiter avec rigueur; quoi de plus contraire aux inclinations d'une nature qui n'aime que ses aises et ses commodités?

S'humilier, aimer le mépris et l'abjection, quoi de plus opposé aux désirs que nous avons de paraître, d'être honorés, estimés des hommes? Tout cela coûte, il faut l'avouer, et tous les saints ont éprouvé les difficultés qui se rencontrent dans le chemin du ciel.

Mais de là, mes frères, quelle conclusion tirer? Faut-il, comme les lâches, se rebuter de l'entreprise, et se décourager comme ce jeune homme de l'Evangile, qui, après avoir entendu parler Jésus-Christ sur la voie étroite du salut, s'en alla triste et abattu : *Abiit tristis.* (*Matth.*, XIX, 22.) Est-ce ainsi qu'on se comporte dans les affaires de ce monde? Parce qu'une affaire est difficile, se décourage-t-on pour cela? Dès qu'elle est de conséquence, ne prend-on pas au contraire tous les moyens possibles pour en venir à bout? La difficulté donne de l'industrie aux plus ignorants, de l'activité aux plus paresseux. A-t-on un procès considérable à terminer, on consulte des gens habiles, on sollicite des juges, on fait des voyages, des dépenses pour avoir un heureux succès.

Si donc l'affaire du salut est difficile, et la plus importante de toutes, la difficulté, bien loin de nous abattre, doit nous engager à prendre toutes les précautions possibles pour la terminer heureusement. Si c'était une affaire indifférente, comme bien d'autres dont nous pouvons nous passer, nous pourrions l'abandonner; mais le salut est d'une conséquence infinie pour nous, parce que de son bon ou mauvais succès dépend notre bonheur ou malheur éternel. Il faut donc, quoi qu'il en coûte, tout entreprendre pour y réussir; il ne faut donc pas, comme les présomptueux, demeurer tranquilles sur l'événement, se contenter de simples désirs qui ne produisent aucun effet, il faut au contraire faire de grands efforts : *Contendite*, etc.

Car si, pour être sauvé, il suffisait simplement de le vouloir, il n'y aurait aucun réprouvé, puisqu'il n'est même aucun impie qui de sang-froid se détermine à la réprobation éternelle.

Vous aurez beau, mes frères, penser à votre salut, vous aurez beau vouloir être sauvés; en vain même craindrez-vous de ne pas l'être, vous ne le serez jamais, si vos désirs et vos craintes vous laissent dans l'inaction; ces désirs, ces craintes ne serviront qu'à vous conduire à la mort éternelle : *Desideria occidunt pigrum.* (*Prov.*, XXI, 25.) L'enfer est tout rempli de gens de bons désirs, de gens qui ont craint d'y tomber; vous aurez le même sort, si vos désirs sont inefficaces, et si la crainte d'être réprouvés ne vous engage à cette sainte violence qu'il faut se faire pour arriver au ciel; car, mes frères, le ciel ne se donne qu'à titre de conquête, il faut combattre pour le posséder; il ne se donne qu'à titre de salaire, il faut travailler pour l'obtenir; il ne se donne qu'à titre de récompense, il faut le mériter par des bonnes œuvres pour y régner un jour; ainsi ne vous y trompez pas, le salut demande de grands efforts, c'est une vigne où il faut porter le poids du jour et de la chaleur, c'est une terre promise, où l'on ne peut entrer qu'après bien des combats. Ne vous imaginez donc pas que vous y arriverez sans souffrir beaucoup de peines, sans vous livrer à une guerre continuelle, et sans faire tous les sacrifices que Dieu exige de vous.

Dussiez-vous, pour entrer dans la gloire, faire ce que vous dit le Sauveur, vous arracher un œil, vous couper un pied, une main; vous devez le faire, si cette main, ce pied et cet œil vous sont un sujet de chute et de perdition. C'est-à-dire, mes frères, que si vous voulez être sauvés, vous devez renoncer à cette liaison dangereuse, rompre avec cette personne, quitter cette maison, qui sont pour vous une occasion de péché, quand elles vous seraient aussi chères que votre œil, votre pied et votre main; c'est-à-dire, qu'il faut vous défaire de cet emploi, abandonner cette profession, quelque lucrative qu'elle puisse être pour vous, si vous n'en êtes pas capables, et si elle est pour vous une occasion de péché; c'est-à-dire, que vous devez rendre le bien qui ne vous appartient pas, quelque avantage que vous trouviez à le posséder pour vivre à votre aise; c'est-à-dire, que vous devez dompter cet orgueil qui vous domine, étouffer ce ressentiment qui vous aigrit; vous détacher de ces biens même qui vous sont propres, renoncer à cette vie molle et sensuelle qui vous perd; réprimer, en un mot, toutes vos passions, traiter rudement votre corps, détourner vos yeux des objets dangereux, retenir votre langue si libre en paroles, fermer vos oreilles aux discours des impies et des médisants; enfin, renoncer à vous-mêmes par une continuelle mortification.

Voilà les sacrifices que le salut demande : car tout ce qui est incompatible avec le salut, quelque agréable, quelque avantageux qu'il vous soit d'ailleurs, doit lui être sacrifié. Quelque durs au contraire que soient les moyens qui peuvent y contribuer, il faut les embrasser avec joie : telle est la sainte violence que doit produire en vous la difficulté du salut, et les dangers auxquels votre salut est exposé doivent exciter votre vigilance.

En effet, mes frères, de quelque côté qu'on jette la vue dans le monde, on n'y aperçoit que des dangers, on n'y voit que des objets qui tentent, des exemples qui entraînent, des précipices dont il est bien difficile de se garantir. On respire dans le monde un air contagieux qui infecte la plupart de ceux qui l'habitent. A chaque pas que l'on fait on trouve des pierres d'achoppement. Il n'est guère d'état où l'on ne trouve des écueils qui font périr tant d'âmes; écueils dans la prospérité qui aveugle, et rend presque toujours criminels ceux qui en jouissent; écueils dans l'adversité qui fait succomber la patience de ceux qui la souffrent : et combien de fois ne cherche-t-on pas à en sortir aux dépens de la justice et de l'honnêteté? Ecueils dans le négoce, où l'on s'écarte souvent des règles de la bonne foi et de la droiture, où l'on se rend coupable de tant d'usures palliées, jusque-là qu'on se sert des fléaux et des misères dont Dieu afflige son peuple, pour augmenter ses profits: écueil dans le travail le plus pénible, où l'on se livre au murmure, à l'impatience, et où on ne garde pas toujours les règles de l'équité. Que de dangers ne trouve-t-on pas dans les compagnies que l'on fréquente, dans les mauvais discours qu'on y entend, dans les objets séduisants qu'on y voit, dans les plaisirs du jeu et de la table auxquels on se livre souvent sans modération.

Si à tous ces dangers que l'on trouve dans le monde pour le salut, nous joignons ces attaques que nous livre l'ennemi commun du salut, qui tourne sans cesse autour de nous comme un lion rugissant pour nous porter au mal; et si à tout cela vous ajoutez encore le mauvais penchant qui nous entraîne, quel sujet de crainte ne devons-nous pas avoir de périr et de faire naufrage? Nous marchons au travers des piéges et des précipices; les traits volent de tous côtés: le moyen de ne pas tomber, et de n'être pas blessé à mort? C'est pour éviter ces dangers que tant d'âmes généreuses prennent le parti de la retraite, pour ne s'occuper que du soin de leur salut; et on verra des chrétiens tranquilles au milieu de ces dangers; des présomptueux qui vivent sans crainte, et comme s'ils étaient sûrs d'arriver heureusement au port. Ah! qu'il faut de vigilance pour n'être pas surpris! Que de précautions pour ne pas tomber dans les piéges dont nous sommes environnés! Hélas! mes frères, si nous craignons véritablement pour notre salut, nous prendrons ces précautions, nous fuirons ces dangers et ces occasions qui nous exposent à périr; et si nous sommes obligés par état de demeurer dans le monde, nous aurons soin de nous bâtir au dedans de nous-mêmes une retraite qui nous mette à couvert d'un malheur qui nous menace. Tel est le fruit que doit produire la crainte de ne pas réussir dans l'affaire de notre salut, *Cum metu*, etc. Enfin, mes frères, ce qui redouble cette crainte, c'est l'incertitude du succès.

Le salut est incertain, soit qu'on le regarde du côté du passé, soit du côté de l'avenir. Incertitude du salut du côté du passé. Nous avons péché, nous en sommes sûrs; mais avons-nous fait une pénitence salutaire qui ait effacé notre péché? Nous n'en savons rien, et cette incertitude nous accompagnera jusqu'au sacré tribunal de la pénitence; mais y avez-vous apporté les dispositions requises pour recevoir votre pardon? Avez vous accusé vos péchés avec simplicité? En avez-vous eu une douleur sincère dans son principe, une douleur surnaturelle dans son motif, efficace dans son propos? Qui est-ce qui peut le savoir? Vos rechutes dans le péché ne vous donnent-elles pas au contraire sujet de croire que votre pénitence a été vaine? Tout au moins devez-vous en douter.

Personne ne peut donc savoir s'il est digne de haine ou d'amour : « Nemo scit an amore aut odio dignus sit. » (Eccle., IX, 1.) Quand par une sincère pénitence nous aurions obtenu le pardon de nos péchés, ce qui mettrait notre salut en assurance du côté du passé, il serait encore incertain du côté de l'avenir. Car, pour être sauvé, il faut persévérer jusqu'à la fin, il faut mourir en état de grâce : or, qui peut s'assurer de cette persévérance qui renferme deux choses: une volonté constante dans le bien, une grâce spéciale qui couronne nos vertus à la mort? Or, quel est l'homme qui peut compter sur sa volonté? cette volonté si faible, si inconstante, qui se rebute si aisément des difficultés qu'il faut surmonter, qui succombe aux premières attaques de l'ennemi, qui passe bientôt de la plus grande ferveur à la tiédeur la plus relâchée.

Je ne dis rien, mes frères, dont on n'ait vu, et dont on ne voie encore de funestes exemples, dont vous-mêmes n'ayez fait la triste expérience. Combien de saints personnages qui avaient bien commencé, qui avaient fourni pendant longtemps une sainte et heureuse carrière, et qui malheureusement ont fait naufrage au port? Combien de fois ne vous-êtes vous pas démentis vous-mêmes, combien de fois n'avez-vous pas abandonné de saintes résolutions que vous aviez formées, un plan de vie que vous vous étiez prescrit? Ah! qu'il n'y a guère à compter sur l'homme! plus faible qu'un fragile roseau qui plie à tous vents, plus léger que la feuille que le moindre souffle agite, il n'a point de constance fixe et immuable : le salut ne peut donc être en assurance du côté de la volonté. Son plus grand appui, c'est la grâce de Dieu; elle ne lui manque pas; mais qui peut s'assurer d'avoir cette grâce finale qui couronne toutes les autres, que nous pouvons bien obtenir, mais que Dieu ne doit à personne, que les plus grands saints même n'ont pas méritée en rigueur de justice? Les plus fervents solitaires, les apôtres les plus zélés ont craint, ont tremblé de ne pas l'avoir, cette grâce. Comment est-ce que des âmes imparfaites, des pécheurs ne craindront pas sur leur éternelle destinée? Tremblons, mes frères, tremblons sur cette terrible incertitude de salut. Serons-nous du nombre des prédestinés, ou du nombre des réprouvés? Nous n'en savons rien. Tout ce que je viens de vous dire là-dessus, vous le prouve assez : quel motif pressant d'opérer notre salut avec crainte et tremblement! *Cum metu et tremore*, etc.

Pratiques. — Or, à quoi doit nous engager cette crainte? C'est à prendre toutes les précautions possibles, les moyens les plus efficaces pour mettre notre salut en assurance; c'est de suivre l'avis du prince des apôtres, lorsqu'il nous exhorte à faire de bonnes œuvres pour assurer notre prédestination : *Satagite ut per bona opera certam vestram vocationem et electionem faciatis.* (II *Petr.* I., 10.) Il ne faut donc rien épargner, rien omettre de ce que nous croirons capables de consommer ce grand ouvrage, prières, aumônes, jeûnes, mortifications, fréquentations des sacrements, visite des églises et des pauvres, pratiques de toutes les vertus chrétiennes, fidélité à remplir tous les devoirs de notre état: *Satagite*, etc. Ne comptons point sur nos pénitences passées, ni sur le bien que nous avons fait; ne cessons de faire pénitence, et appliquons-nous toujours aux bonnes œuvres, pour assurer de plus en plus notre pardon et notre persévérance : on ne peut prendre trop de précautions, où il s'agit de l'éternité.

Ecoutons encore à ce sujet la leçon que nous fait le grand Apôtre dans l'Epître de ce jour. Il nous propose l'exemple de ceux qui courent dans la lice, qui combattent pour avoir le prix; quelles mesures ne prennent-ils pas pour remporter la victoire? Ils s'abstiennent de tout ce qui peut diminuer leur force, ou les rendre moins agiles; ils gardent un régime de vie propre à endurcir et à fortifier leur corps : *Omnis qui in agone contendit, ab omnibus se abstinet.* Ils s'accoutument aux travaux, aux incommodités des saisons. Pourquoi tout cela? Pour avoir une couronne qui se flétrit : *Ut corruptibilem coronam accipiant.* Et nous, qui attendons une gloire immortelle, nous ne ferons aucun effort pour la mériter? *Nos autem incorruptam* (I *Cor.*, IX, 25.) Courons donc à cette couronne, conclut l'Apôtre, non pas à l'aventure et en battant l'air, c'est-à-dire en se contentant de quelques bons désirs, en combattant quelques passions, en prenant quelques moyens pour être sauvés; mais réprimons toutes nos passions, mortifions tous nos sens; soumettons-nous à tout ce que la loi a de pénible, embrassons les croix, les austérités, souffrons patiemment toutes les afflictions de la vie; car c'est ainsi que le grand Apôtre en agissait : *Je châtie mon corps, je le traite rudement : « Castigo corpus meum, » de crainte qu'après avoir prêché aux autres, je ne sois du nombre des réprouvés.* (*Ibid.*, 27.) Tels sont les effets que la crainte produisait dans son cœur, et qu'elle doit produire en nous.

Cette crainte, en nous faisant agir de la sorte, nous donnera de la confiance pour le succès du salut; pour cela il faut préférer le salut à tout, rapporter tout au salut, et que tout cède au salut. Préférer le salut à tout, en sorte qu'il soit le premier objet de nos vues et de nos désirs, qu'il soit le mobile de nos entreprises, qu'il tienne le premier rang dans nos occupations. Rapporter tout au salut, c'est-à-dire ne rien faire que dans cette vue. Ainsi, mes frères, si vous pensez, si vous désirez, si vous parlez, si vous agissez, si vous vous reposez, il faut que vos pensées, vos désirs, vos paroles, vos actions, vos délassements mêmes ne servent qu'à vous unir plus étroitement à Dieu, et par là tout entrera dans l'économie de votre salut. Sur le point d'entreprendre quelque affaire, il faut se demander : Quel rapport cela a-t-il avec l'éternité? *Quid hæc ad æternitatem?* Et si elle est incompatible avec le salut, l'abandonner, parce que tout doit céder à cette grande affaire où il s'agit de tout perdre ou de tout gagner. Quoi qu'il en coûte, il faut en venir à bout; si nous sommes rebutés des difficultés qui se trouvent dans le salut, pensons qu'il en coûtera infiniment plus d'être damné; il vaut donc bien mieux se faire violence, souffrir quelque temps en cette vie, pour régner éternellement dans le séjour de la gloire. *Amen.*

PRONE XXII.

Pour le Dimanche de la Sexagésime.

SUR LA PAROLE DE DIEU.

Semen est verbum Dei. (*Luc.*, VIII, 11.)

La semence, c'est la parole de Dieu.

Telle est, mes frères, l'explication que Jésus-Christ donne lui-même à la parabole qu'il nous propose dans l'Evangile de ce jour, où il nous fait voir d'une manière bien sensible les effets différents que sa parole produit dans les âmes, suivant les différentes dispositions de ceux qui l'entendent.

Il n'est pas besoin de chercher ailleurs que dans l'Evangile, ni d'apprendre d'autre bouche que de celle de Jésus-Christ, l'explication de cette parabole, puisqu'il veut bien lui-même nous la donner.

Il se compare à *un homme* qui *s'en alla semer du grain, et comme il le semait, une partie de ce grain tomba le long du chemin, fut foulée aux pieds et mangée par les oiseaux du ciel. Une autre partie tomba sur un endroit pierreux, et le grain sécha dès qu'il fut levé, parce qu'il manquait d'humidité. Une autre tomba au milieu des épines, et les épines venant à croître en même temps, elles l'étouffèrent. Enfin, la quatrième partie du grain tomba en bonne terre, et le grain ayant levé, rapporta du fruit au centuple.* Les apôtres ayant demandé au Sauveur l'explication de cette parabole, pour leur faire sentir l'importance du sujet qu'il avait à traiter, il leur dit : *Que celui-là entende qui a des oreilles pour entendre : Voici donc*, ajouta-t-il, *quel est le sens de cette parabole. La semence, c'est la parole de Dieu : « Semen est verbum Dei. » Ceux qui sont marqués par ce qui tombe le long du chemin, sont ceux qui écoutent la divine parole; mais le démon vient ensuite qui enlève de leur cœur cette parole, de peur qu'en croyant ils ne soient sauvés. Ceux qui sont marqués par ce qui tombe sur la pierre, sont ceux qui ayant ouï la parole de Dieu, la reçoivent avec joie; mais comme ils n'ont point un cœur assez disposé où elle puisse prendre racine, ils croient pour un temps, et succombent lorsqu'ils sont tentés. Ce qui tombe dans les épines sont ceux qui ont entendu la parole de Dieu, mais en qui elle est étouffée par les sollicitudes et par l'attachement aux richesses et aux plaisirs de la vie. Enfin ce qui tombe en bonne terre, marque ceux qui ayant entendu la parole avec un cœur droit et bien disposé, la conservent, et qui par la patience produisent du fruit.* (*Luc.*, VIII, 5-15.)

Il est aisé de voir, mes frères, par l'explication de cette parabole, que le plus grand nombre des personnes qui entendent la parole de Dieu, bien loin d'en profiter, en abusent. Ce n'est pas que cette divine semence n'ait toute la vertu nécessaire pour produire du fruit : car si le grain dont il est parlé dans la parabole, ne fut pas également fertile dans tous les endroits où il fût répandu, ce ne fut point par défaut de sa qualité, mais plutôt de celle des différents terrains : de même si la parole de Dieu ne produit pas son effet dans le cœur de tous ceux qui l'entendent, ce malheur ne vient que de leurs mauvaises dispositions à l'entendre, et des obstacles qu'ils opposent à sa fertilité.

Que ne puis-je aujourd'hui, mes frères, détruire ces obstacles, et vous engager à apporter à la divine parole les dispositions qu'elle exige de nous! Pour cet effet, il faut les connaître. Quels sont donc ces obstacles au fruit de la divine parole; c'est ce qui fera le sujet de mon premier point. Quelles sont les dispositions qu'il faut apporter à la parole de Dieu; ce sera le sujet du second point.

Il n'appartient qu'à vous, Seigneur, de rendre fertile la précieuse semence de votre parole dans le cœur de mes auditeurs, car ce n'est pas à celui qui plante ni qui arrose, mais à vous de donner de l'accroissement.

PREMIER POINT.

Dieu a fait entendre aux hommes sa divine parole en différents temps et en différentes manières. *Il leur a parlé autrefois*, dit l'Apôtre, *par ses prophètes, et en ces derniers temps par son propre Fils, qu'il a envoyé sur la terre pour leur manifester ses volontés.* (*Hebr.*, I, 1.) C'est pour cela que ce Fils adorable s'est revêtu de notre nature pour nous communiquer d'une manière plus intime et plus sensible la doctrine céleste qu'il a puisée de toute éternité dans le sein de son Père; c'est pour cela qu'il a conversé avec les hommes, qu'il leur a expliqué les vertus du royaume de Dieu, qu'il en a marqué les routes dans son saint Evangile. Ce Verbe incarné, après avoir répandu par lui-même la semence de sa divine parole, en a voulu perpétuer la fécondité jusqu'à la consommation des siècles. C'est pourquoi il choisit des apôtres; il les chargea du soin d'enseigner toutes les nations de la terre, et de leur apprendre ce qu'ils avaient appris de lui-même : *Euntes docete omnes gentes.* (*Matth.*, XXVIII, 18) On les vit, ces glorieux apôtres, envoyés de leur divin Maître, répandre la semence de cette sainte parole qu'il leur avait confiée, et c'est par la force de cette parole qu'ils ont soumis le monde entier à l'empire de Jésus-Christ. On a vu les statues des fausses divinités tomber au son de leur voix, comme autrefois on vit les murailles de Jéricho tomber au son des trompettes, et la religion du vrai Dieu prendre la place de l'idolâtrie qui régnait presque par toute la terre. C'est donc la parole de Dieu qui a établi la religion sainte que nous professons : c'est par elle que cette religion s'est conservée jusqu'à nous, et qu'elle se conservera jusqu'à la fin des siècles. D'où vient donc, mes frères, que cette sainte parole qui a été assez puissante pour convertir le monde entier, fait aujourd'hui si peu d'impression sur la plupart de ceux qui l'écoutent? Est-ce faute d'être annoncée aux hommes? Mais jamais cette précieuse semence fut-elle répandue avec plus d'abondance qu'elle l'est aujourd'hui? Jamais tant de prédications, tant d'instructions. Les églises et les chaires chrétiennes retentissent de toute part de la voix des ministres évangéliques qui annoncent la parole de Dieu.

D'où vient donc, encore une fois, le peu de fruit qu'elle produit sur les esprits et sur les cœurs? A-t-elle perdu quelque chose de cette force toute divine qu'elle avait dans la bouche des apôtres? Non, mes frères, la longueur du temps qui s'est écoulé depuis eux jusqu'à nous, n'a rien diminué de la vertu et de la pureté du saint Evangile : nous prêchons ce même Evangile que Jésus-Christ et les apôtres ont prêché au monde. Ce n'est donc, mes frères, que par la faute de ceux qui écoutent la parole de Dieu, qu'elle leur devient inutile. Ce qui empêche ce bon grain de germer dans leurs cœurs, ce sont les obstacles qu'ils opposent à sa fécondité. Quels sont ces obstacles? Nous ne pouvons mieux les connaître qu'en faisant, après Jésus-Christ, l'application de la parabole de l'Evangile aux différents caractères de ceux qui écoutent la parole de Dieu. Que celui qui a des oreilles entende donc cette application que nous en allons faire, pour reconnaître s'il est coupable et pour se corriger : *Qui habet aures audiendi audiat.*

Reprenons, mes frères, les circonstances de notre parabole, qui nous représentent, dans les différents terrains où la semence fut répandue, les différentes dispositions de ceux qui entendent la parole de Dieu. Les grands chemins où tomba la semence qui fut enlevée par les oiseaux du ciel, nous représentent ceux qui écoutent la parole de Dieu avec un esprit tout dissipé. Les endroits pierreux où la semence ne put croître, sont une image de la dureté et de l'inconstance des autres qui ne profitent point de la parole de Dieu. Enfin les épines qui empêchèrent le bon grain de croître dans les endroits où il fut semé, sont une image sensible de ceux en qui l'attachement aux richesses et aux plaisirs du siècle étouffe la précieuse semence de la divine parole. Dissipation d'esprit, dureté et inconstance de cœur, attachement aux biens et aux plaisirs de la terre, tels sont les obstacles ordinaires qui arrêtent la vertu et l'efficacité de la parole de Dieu : *Qui habet aures audiendi audiat.*

Je ne parlerai pas ici de ceux qui ne veulent pas écouter la sainte parole, qui ne daignent pas même entrer dans nos églises pour l'entendre, ou qui sortent pour ne pas en profiter : qui négligent de s instruire de leurs devoirs, méprisent les avis qu'on leur donne, fuient la compagnie de ceux qui s'efforcent de les remettre dans les voies du salut. Il est évident que ceux-là portent déjà un caractère de réprobation : car si c'est une marque de prédestination d'aimer à entendre la parole de Dieu : *Qui ex Deo est, verba Dei audit*, c'est aussi une marque de réprobation de ne vouloir pas l'écouter, comme Jésus-Christ le reprochait aux Juifs : *propterea vos non auditis, quia ex Deo non estis.* (*Joan.*, VIII, 47.)

Je ne parle pas non plus de ceux qui viennent écouter la parole de Dieu, mais qui l'entendent toujours avec dégoût, qui trouvent toujours trop long le temps des instructions : ce sont, dit l'Apôtre (*Hebr.*, VI, 8), des terres de malédiction, sur lesquelles tombe la rosée du ciel, mais qui ne produisent que des ronces et des épines : aussi coupables que les Israélites qui se dégoûtèrent de la manne que Dieu leur donna dans le désert : *Anima nostra nauseat super cibo isto levissimo* (*Num.*, XXI, 5), ils aiment mieux les oignons d'Egypte, c'est-à-dire les vanités du siècle, que la bonne nourriture qu'on leur donne. Ils sont dans un état aussi dangereux, dit saint Grégoire, qu'un malade qui ne trouve rien de bon de ce qu'il mange, ou qui ne peut garder aucun aliment : c'est une marque d'une mort prochaine.

Oui, mes frères, le dégoût de la parole de Dieu sera toujours, au sentiment des saints, une maladie très-dangereuse pour le salut ; craignez-en les suites, et cessez de vous éloigner des instructions ou de les écouter avec dégoût. Quoi qu'il en soit de ceux qui négligent la parole de Dieu, ou qui l'écoutent sans goût, nous n'en parlerons pas ici, nous parlerons seulement de ceux que Jésus-Christ nous a désignés plus particulièrement dans l'explication de sa parabole. Les premiers, représentés par ces grands chemins où la semence tomba, sont ceux qui, à la vérité, écoutent la parole de Dieu, mais qui l'entendent avec un esprit tout dissipé, tout rempli d'idées profanes et terrestres, qui assistent aux instructions, mais qui y viennent pour tout autre motif que pour celui d'en profiter. Les uns y viennent pour voir ou pour être vus; les autres pour y passer leur temps: attirés par la réputation du prédicateur, ou par la curiosité de l'entendre, ou engagés par la compagnie qui les y conduit, ils pensent à s'amuser, et non point à s'édifier. Comme les grands chemins sont ouverts et fréquentés par toutes sortes de personnes, de même leur esprit est ouvert au premier objet qui se présente, et il n'est point de pensée étrangère à laquelle il ne s'applique. Tel est le premier obstacle à la parole de Dieu ; obstacle qui se rencontre dans la plupart de ceux qui l'écoutent. Uniquement occupés des bagatelles et des amusements du siècle, ils sont toujours hors d'eux-mêmes. Ils reconnaîtront les autres au portrait que l'on aura fait d'un vice ; ils en feront même l'application au sortir d'un discours, en répandant sur celui-ci et sur celui-là la malignité de leur censure, mais jamais ils ne s'y reconnaissent eux-mêmes; ce n'est pas pour eux que le prédicateur a parlé. Ainsi un avare, un usurier qui entend parler du vice dont il est atteint, le condamne dans les autres; mais son sordide attachement pour les biens du monde ne passe dans son esprit que pour une prudente économie. Ses oreilles remplies du son d'un métal, sont inaccessibles à celui de la divine parole, dit saint Ambroise. Tel est l'effet de la passion : elle aveugle tellement les hommes, qu'ils la méconnaissent dans le temps même qu'on la leur dépeint avec les plus vives couleurs; si leur conscience leur en fait quelquefois sentir les désordres, ah ! ils savent bien se défaire de ces pensées importunes qui les inquiètent, pour s'occuper d'autres objets qui les dissipent et qui émoussent les pointes qui les ont piqués. C'est pourquoi ils sortent ordinairement d'un discours tels qu'ils y sont entrés Ils croupissent toujours dans le vice et ne veulent point se corriger. La divine semence n'ayant point pénétré dans leur cœur, le démon l'enlève bientôt pour y substituer les semences fatales du péché : ou s'il ne peut pas lui-même enlever cette semence, il se sert de ses suppôts, de ces ennemis de la vérité qui ne peuvent souffrir qu'on la prêche; de ces pécheurs hardis et décidés qui, par leurs pernicieux discours, s'efforcent de détruire dans les cœurs les salutaires impressions de la divine parole; qui élèvent des chaires de pestilence où ils ont la hardiesse d'opposer à la vérité les maximes d'un monde corrompu et corrupteur. Malheureux organes de Satan, qui ne sont que trop communs dans le siècle! Cruels oiseaux de rapine, qui tuent et perdent plus d'âmes que les prédicateurs n'en peuvent sauver! Puissiez-vous, mes frères, vous garantir de leurs coups meurtriers! Non-seulement il ne faut pas les écouter, mais il faut les fuir comme d'autres Antechrists.

Venons maintenant à ceux que Jésus-Christ nous a dépeints sous la figure de ces endroits pierreux où tomba la semence, et où elle ne put croître, parce qu'il n'y avait pas d'humidité. Ce ne sont pas seulement ces cœurs durs et insensibles comme la pierre, que rien ne peut toucher, qui ne sont ni attirés par les promesses, ni épouvantés par les menaces; que les exhortations les plus fortes ne peuvent résoudre à quitter le péché, à restituer un bien mal acquis, à pardonner à un ennemi; mettons-les au nombre de ceux dont nous avons déjà parlé, qui sont marqués au sceau de la réprobation. Ce sont donc ceux qui reçoivent d'abord avec joie, comme dit le Sauveur, la semence de la divine parole, qui forment quelque bonne résolution de changer de vie, de pratiquer le bien; mais qui ne persévèrent pas dans leurs bons désirs, parce qu'il faudrait se faire violence pour les rendre efficaces. Ce sont des terres qui produisent des fleurs et non pas des fruits; ils ressemblent à ces herbes qui, ayant pris racine dans des endroits pierreux, sont d'abord séchées par les ardeurs du soleil, parce qu'il n'y avait pas suffisamment de terre et d'humidité pour les entretenir et les soutenir contre la chaleur; ou qui sont renverées par les vents, parce qu'elles n'ont pas assez de racine: Ces personnes, dit Jésus-Christ, croient pour un temps, mais elles succombent dans la tentation. Les bons désirs qu'elles avaient formés, s'évanouissent à la présence des objets qui réveillent les passions. Le feu profane que l'on n'a pas eu soin d'éteindre dans son cœur, brûle et dessèche la divine semence jusque dans son germe; un respect humain qu'il faudrait mépriser, une difficulté qu'il faut surmonter, anéantit bientôt les meilleurs projets. Cet homme qui aura entendu parler sur la fragilité des biens du monde, sentira dans le moment ses liens se rompre; il condamnera son avarice, et se déterminera à donner le superflu aux pauvres; mais en proie à l'inconstance, il oubliera dans peu ses bons sentiments, et se laissera éblouir par l'éclat de ses biens, où il trouve de quoi contenter ses passions: de sorte que quelques moments après il y sera aussi attaché qu'il l'était auparavant. Cet autre entendant parler des avantages de l'humilité, de la patience et de la douceur, prendra la résolution de pratiquer ces vertus dans l'occasion; mais un mépris, une parole désobligeante rallumant bientôt le feu de la colère, il s'y laisse emporter, parce qu'il n'a pas soin de rappeler les motifs qui doivent le tenir dans le devoir. On est doux et patient, quand on n'a rien à souffrir; mais la moindre disgrâce jette dans l'impatience la plupart de ceux dont Dieu veut mettre la vertu à l'épreuve. Après un sermon sur les malheurs d'une mauvaise mort, on est effrayé, et plein d'ardeur pour son salut: il semble qu'on renonce pour toujours au péché, on en quitte même pour un temps l'occasion; mais dans peu on retourne à ces commerces criminels: tout le mal vient d'un défaut de constance dans les bonnes résolutions que la parole de Dieu avait fait naître. Ainsi, faute de racine et d'humidité, cette divine semence devient stérile dans les cœurs pierreux qui la reçoivent.

Enfin, mes frères, le troisième obstacle qui rend inutile la parole de Dieu en ceux qui l'écoutent, est l'attachement aux richesses et aux plaisirs de la terre. C'est ce que Jésus-Christ nous a représenté par ces épines qui étouffèrent le bon grain qu'on y jeta. Ce grain avait bien pris racine dans cet endroit plus que dans le précédent qui était rempli de pierres, mais les épines dont il était environné l'empêchèrent de venir à maturité, elles l'étouffèrent entièrement. Tel est l'effet funeste que produisent les richesses et les plaisirs de la vie. Ce sont des épines qui tourmentent et inquiètent nos esprits par leurs pointes meurtrières, c'est-à-dire par les soins et les embarras qu'elles nous causent, soit pour les amasser quand on n'en a pas, soit pour les conserver quand on en a. De là vient, mes frères, que la semence de la parole de Dieu, quelque bien enracinée qu'elle soit dans le cœur des riches, ne peut venir en maturité: elle croît jusqu'à un certain point; elle donne quelque espérance de récolte; mais les sollicitudes de la vie l'étouffent; en effet, on voit encore des gens du siècle qui se font honneur de la vertu, qui par la pratique de quelques bonnes œuvres, témoignent avoir quelque désir pour leur salut; mais souvent distraits de leur devoir, par les soins qu'ils se donnent pour faire une fortune selon le monde, ces premières impressions de grâce sont bientôt affaiblies, et ne produisent presque jamais une vie véritablement chrétienne. Tantôt ce sont des voyages qui les détournent du service de Dieu les jours qui lui sont destinés; tantôt ce sont des procès qu'il faut soutenir, où la charité fraternelle est ordinairement blessée, et mille autres embarras inséparables de la condition des riches, qui ne leur laissent guère le loisir de penser à leur salut; s'ils y emploient quelque temps, ce n'est qu'un temps bien court; s'ils s'acquittent de quelques devoirs de religion, c'est par coutume et par biensésance; et dans le temps qu'ils paraissent être occupés de Dieu, n'ont-ils pas l'esprit tout rempli de leurs affaires temporelles? Eh! le moyen, mes frères, que la semence de la parole divine ne soit pas étouffée dans ces terres toutes remplies de ronces et d'épines? Ajoutez à cela que les richesses, en fournissant de quoi contenter les passions, sont, pour la plupart de ceux qui les possèdent, la source funeste d'une infinité de crimes. Non-seulement ces richesses accablent l'esprit par les poids des inquiétudes qu'elles produisent; mais encore elles amollissent le cœur par le charme des plaisirs qu'elles nous font goûter; car quand on est riche, on veut avoir ses aises et ses commodités: et comme on a de quoi se les procurer, on ne refuse rien à une nature toujours ennemie de ce qui peut la gêner. Or comment, je le demande encore une fois, ce bon grain de l'Evangile qui ne parle que de croix et de mortification pourrait-il croître dans des cœurs esclaves de la mollesse et de la sensualité? Je n'y vois qu'un moyen de lui faire porter du fruit, c'est de détruire les obstacles qui arrêtent sa fécondité; c'est de se détacher de ses épines qui embarrassent et qui causent des plaies meurtrières à ceux qui s'en approchent de trop près; c'est de renoncer au moins de cœur et d'affection à ces richesses pour en faire un saint usage. C'est à quoi, riches de la terre, vous devez vous déterminer, si vous voulez écouter avec fruit la parole de Dieu; ce que je vais vous apprendre plus au long en vous parlant des dispositions qu'il faut apporter (1).

DEUXIÈME POINT.

La quatrième partie de la semence dont il est parlé dans la parabole de l'Evangile, tomba dans une bonne terre, et elle produisit du fruit au centuple. Quelle est cette bonne terre? *Ce sont*, dit Jésus-Christ, *ceux qui reçoivent la divine parole avec un cœur droit et bien disposé, et qui par la patience en produisent les fruits salutaires : « Qui verbum retinent, et fructum afferunt in patientia. »*

Ce n'est donc pas assez d'écouter la parole de Dieu, il faut l'écouter avec respect et attention, la méditer avec assiduité, la pratiquer avec constance : respect et attention pour la divine parole, opposés au mépris que l'on en fait, et à la dissipation avec laquelle on l'entend ; méditation assidue de la divine parole, qui fixe l'inconstance qui la fait oublier; fidélité constante à pratiquer la parole de Dieu, qui éloigne de nous tout ce qui peut en arrêter l'efficacité.

Il faut écouter la divine parole avec respect et attention. C'est la parole de Dieu ; quoi de plus respectable? *Verbum Dei*. C'est la parole du salut; quoi de plus digne de notre attention? *Verbum salutis*. Savez-vous, mes frères, quelle est notre fonction auprès de vous, lorsque nous vous annonçons la divine parole? *Nous faisons*, dit l'Apôtre, *la fonction d'ambassadeurs de Jésus-Christ, et quand nous vous parlons, quand nous vous exhortons, c'est comme si Dieu lui-même vous parlait, vous exhortait : « Pro Christo legatione fungimur, tanquam Deo exhortante per nos. »* (*II Cor.*, V, 20.) Auguste ministère qui honore infiniment ceux qui en sont revêtus, et dont ils doivent se bien reconnaître indignes! ministère infiniment respectable à ceux à qui nous sommes envoyés! car ce n'est, mes frères, ni la parole d'un homme, ni les qualités de celui qui vous parle, que vous devez regarder; mais c'est la parole de Dieu, c'est assez vous en dire : dès qu'elle vient de Dieu, elle mérite tous vos respects. Ecouter les ministres de cette sainte parole, c'est écouter Jésus-Christ même ; les mépriser, c'est mépriser Jésus-Christ : *Qui vos audit, me audit; qui vos spernit, me spernit.* (*Luc.*, X, 16.)

Quel respect n'a-t-on pas pour la parole des rois de la terre? De quelque part qu'elle nous soit annoncée, et de quelque qualité que soient ceux qui nous intiment les ordres du souverain, il suffit de savoir qu'ils nous parlent de sa part, pour que nous les écoutions avec respect. Le mépris que l'on en ferait, retomberait sur le souverain lui-même.

A combien plus forte raison devez-vous respecter la parole de votre Dieu, le maître de tous les souverains? Avec quelle soumission ne devez-vous pas recevoir ses ordres et ses jugements qui vous sont intimés par l'organe de ses ministres? de quelque qualité qu'ils soient, ils sont revêtus de l'autorité de Dieu ; c'est assez pour mériter une respectueuse docilité aux vérités qu'ils vous annoncent de sa part. Que cette parole, comme une eau salutaire, coule par des canaux souillés, elle a toujours la même dignité et la même vertu ; elle mérite par conséquent tous vos respects. Saint Augustin la met en parallèle avec le corps de Jésus-Christ; car de même, dit ce Père, qu'un homme se rendrait coupable de sacrilége, qui laisserait tomber la divine Eucharistie, celui qui méprise la parole de Dieu, qui la laisse tomber par terre, est aussi criminel que lui.

De là, mes frères, quelles funestes conséquences à tirer; non-seulement contre ceux qui ne veulent pas écouter sa sainte parole, qui la négligent; mais même contre ceux qui l'entendent sans respect, qui ne l'écoutent que par curiosité, qui ne viennent entendre les prédicateurs que pour les critiquer, les uns sur le style, les autres sur le débit? Car que cherchent aujourd'hui la plupart de ceux qui assistent à la prédication? On ne veut plus de cette simplicité évangélique qui faisait le caractère dès apôtres ; mais on veut la sublimité dans les pensées, l'élégance dans les paroles, des tours ingénieux et délicats, des portraits brillants, des figures hardies; on veut tout ce qui amuse l'esprit sans toucher le cœur, et si l'on ne trouve tout cela dans un prédicateur, on s'en dégoûte, on méprise son discours comme sa personne : s'il lui échappe quelque faute légère seulement contre la diction, il devient l'objet de la censure d'un grand nombre d'auditeurs. Tant il est vrai qu'il ne faut pas dans le saint ministère chercher à plaire aux hommes; tout ce qu'on en peut espérer de récompense dans les meilleurs succès, se termine à une stérile approbation qui passe comme l'ombre et la fumée.

A Dieu ne plaise, mes frères, que nous bornions nos vues à une récompense si peu digne de notre ambition! Vous devez aussi vous proposer d'autre fin, que de chercher ce qui peut vous plaire dans les discours sacrés que vous venez entendre. Ce que vous y devez rechercher, c'est votre conversion, votre édification, votre salut; car c'est la fin pour laquelle on vous annonce la parole de Dieu, c'est aussi ce qui la rend digne de toute votre attention : *Verbum salutis.*

Que faut-il faire pour être sauvé? il faut croire les vérités que Dieu a révélées, et observer les commandements qu'il nous a faits. Or qui est-ce qui nous apprend ces vérités qu'il faut croire, ces commandements qu'il faut observer? C'est la parole de Dieu. Le monde n'a pu croire en Jésus-Christ sans avoir entendu parler de lui; or, *comment aurait-il entendu parler de lui*, dit l'Apôtre, *si on ne lui avait prêché? « Quomodo audient sine prædicante? »* (*Rom.*, X, 14.) C'est donc par la parole de Dieu que la foi s'est établie ;

(1) Si l'on ne traite que le premier Point, on prendra les *Pratiques* à la fin du second.

c'est aussi par elle qu'elle se soutient; sans elle, elle se perdrait bientôt, le monde serait plongé dans les ténèbres de l'erreur et du mensonge. C'est elle qui instruit les ignorants, qui corrige les pécheurs, et qui forme, comme dit l'Apôtre, les âmes à la piété, à la justice: *Utilis ad docendum, ad arguendum, ad erudiendum in justitia.* (II *Tim.*, III, 16.) Où est-ce que vous apprenez, mes frères, les devoirs de votre religion, ce que vous devez à Dieu, au prochain et à vous-mêmes? N'est-ce pas en écoutant la parole de Dieu? Qui est-ce qui vous a appris les grands et profonds mystères de la sainte Trinité, de l'Incarnation du Verbe, de la Passion et de la mort d'un Dieu fait homme pour votre salut, et toutes les autres vérités nécessaires à savoir pour être sauvés? N'est-ce pas la parole de Dieu? D'où avez-vous su que vous aviez un paradis à gagner, un enfer à éviter, ce qu'il fallait faire pour mériter l'un et éviter l'autre? N'est-ce pas de la parole de Dieu? C'est d'elle encore que vous apprenez vos devoirs à l'égard du prochain : oui, c'est en écoutant la parole de Dieu que vous vous instruisez, pères et mères, de vos devoirs à l'égard de vos enfants; c'est là où vous puisez, maîtres et maîtresses, la connaissance de vos devoirs à l'égard de vos domestiques. C'est enfin la parole de Dieu qui vous instruit des devoirs à l'égard de vous-mêmes, qui vous enseigne l'humilité, la sobriété, la patience, la douceur et toutes les autres vertus qu'un chrétien doit pratiquer : *Utilis ad docendum* Non-seulement elle vous instruit, cette sainte parole, mais elle vous ramène de vos égarements : *Utilis ad arguendum.* Elle vous apprend les moyens de vous corriger de vos vices, de retourner à Dieu par de ferventes prières, par une sincère pénitence, par de saintes dispositions à recevoir les sacrements. En un mot, c'est à la parole de Dieu que vous serez redevables d'une vie sainte et d'une mort précieuse qui décidera de votre bonheur éternel.

Quelles raisons n'avez-vous donc pas de l'écouter avec toute l'attention dont vous êtes capables? Car comment produira-t-elle en vous ces admirables effets, si vous ne recueillez cette divine semence avec un esprit attentif et un cœur docile ? Comment vous instruira-t-elle de vos devoirs, vous corrigera-t-elle de vos défauts, si vous ne lui prêtez une oreille attentive? Cette trompette évangélique aura beau se faire entendre, si vous restez toujours dans un sommeil léthargique, vous ne saurez jamais la route qu'il faut suivre pour arriver au port du salut.

Mais quelle attention, mes frères, faut-il donner à la parole de Dieu? L'esprit et le cœur doivent ici agir de concert : l'esprit, pour s'appliquer les vérités que l'on entend ; le cœur, pour s'en laisser toucher, pénétrer. Cette attention ne consiste donc pas à suivre précisément un prédicateur dans tout ce qu'il vous dit, sans vous laisser distraire par aucun objet étranger. Il se trouve encore bien des auditeurs de ce caractère. On écoute avec assez d'attention les vérités saintes qui sont débitées par les ministres de l'Evangile, mais on ne s'en fait point l'application : on ne peut pas même se la faire, surtout quand les passions n'y trouvent pas leur compte. On aime à entendre des vérités qui plaisent, et non pas celles qui reprennent : *Loquimini nobis placentia.* (*Isa.*, XIII, 10.)

Le prédicateur fera-t-il de sévères reproches contre les vices de ses auditeurs? C'en est assez pour mériter leur indignation, c'est toucher des montagnes qui par leurs noires exhalaisons forment des tonnerres qui grondent et qui éclatent sur les censeurs des vices : *Tange montes, et fumigabunt.* (*Psal.* CXLIII, 15.) On ne veut point être repris, et quelque attention d'esprit que l'on donne à ceux mêmes que l'on écoute avec plaisir, le cœur a toujours soin de se mettre à l'abri des traits qui peuvent le blesser. On cherche encore à s'instruire, mais on ne veut pas se convertir. C'est donc la docilité du cœur qu'il faut particulièrement apporter pour écouter avec fruit la divine parole. Ce n'est pas même assez que le cœur soit ému, comme les plus grands pécheurs mêmes le sont quelquefois au récit des terribles jugements de Dieu ; mais il faut que ce cœur se convertisse, renonce au péché, et forme la sincère résolution de changer de vie, de marcher constamment dans les voies du salut. Telles sont, mes frères, les dispositions avec lesquelles vous devez écouter la sainte parole; vous devez lui donner toute l'attention de votre esprit pour vous en appliquer les vérités, et toute la docilité de votre cœur pour vous résoudre à faire tout ce qu'elle vous enseigne.

Mais comme les meilleures résolutions sont sujettes au changement, ce n'est pas encore assez de l'attention de votre esprit, et de la docilité de vos cœurs à la sainte parole; pour rendre vos résolutions efficaces et constantes, il faut la méditer et entretenir cette divine semence dans votre cœur par de sérieuses réflexions qui lui fassent prendre de profondes racines et produire des fruits abondants.

D'où vient, mes frères, que la plupart de ceux qui ont écouté avec attention les discours touchants qui les ont émus jusqu'aux larmes, jusqu'à leur faire prendre les meilleures résolutions, se démentent si facilement de leurs projets, succombent à la première attaque des ennemis de leur salut? Ce malheur vient d'un défaut de réflexion sur les vérités saintes qu'ils ont entendues; ce sont des canaux qui reçoivent les eaux qui leur sont communiquées et qui n'en conservent point; ou, pour me servir de la comparaison de saint Jacques (I, 23), ils ressemblent à des personnes qui se regardent dans un miroir, et qui oublient bientôt après leur figure. Ces personnes ont connu leurs défauts dans le portrait qu'on en fait; elles ont fait la résolution de changer de vie: mais comme elles n'ont pas eu soin de garder le régime qui devait opérer leur guérison, leur résolution a été sans effet. La nourriture céleste qu'elles ont prise n'étant pas bien digérée, ne leur sert à rien; la précieuse semence n'étant pas bien enracinée, est devenue stérile et n'a porté aucun fruit.

Il ne faut donc pas se contenter, mes frères, d'écouter avec attention et même avec docilité la parole de Dieu ; il faut, à l'exemple du Prophète, la cacher dans son cœur comme dans un réservoir, pour la méditer à loisir et en faire son profit dans l'occasion : *In corde meo abscondi eloquia tua.* (*Psal.* CXVIII, 11.) C'est ainsi que Marie Mère de Dieu la conservait : *Conservabat omnia verba hæc in corde suo.* (*Luc.*, II, 51); et c'est ainsi, mes frères, que vous devez la garder. Puisque la parole de Dieu est un pain, vous devez faire votre provision de ce pain quand on vous le distribue, imitant en cela ceux qui demandent leur pain et qui s'en réservent ce qui leur est nécessaire pour vivre plusieurs jours. Si vous emportez ce pain dans vos maisons, si tous les jours vous en nourrissez votre âme ; si chaque matin vous faites de sérieuses réflexions sur les vérités qu'on vous aura annoncées le dimanche, ce pain vous soutiendra, il vous fortifiera dans les occasions périlleuses auxquelles vous serez exposés. Si vous avez soin de rappeler de temps en temps dans votre souvenir les vérités saintes que vous avez entendues, qui vous ont le plus touchés, elles seront votre défense contre les tentations, votre consolation dans les disgrâces; elles vous serviront de préservatif contre le venin des plaisirs que le monde vous présentera.

Car, mes frères, soyez-en assurés, on ne tombe dans le péché que parce qu'on perd de vue les vérités saintes ; on serait impeccable, si, méditant jour et nuit la loi de Dieu, on n'oubliait jamais les châtiments réservés au pécheur et les récompenses promises au juste. Comment pourrait-on vivre au gré de ses passions, et devenir le partisan du monde, si l'esprit était toujours rempli de cette pensée : que l'enfer sera le séjour éternel des libertins et des mondains? Soyez donc assidus à méditer la parole de Dieu. Il faut enfin mettre en pratique la parole de Dieu : c'est à cette fin que doivent se rapporter toutes les dispositions avec lesquelles on l'entend. En vain l'écouterait-on avec tout le respect, toute l'attention et la docilité qu'elle demande; en vain la méditerait-on : si l'on n'accomplit tout ce qu'elle ordonne, on ne peut espérer la béatitude que Jésus-Christ a promise à ceux qui l'entendent comme il faut. Car remarquez, mes frères, qu'il ne dit pas seulement : *Heureux sont ceux qui écoutent la parole de Dieu;* mais il ajoute incontinent, *et qui la mettent en pratique :* « *Beati qui audiunt verbum Dei, et custodiunt illud.* » Ce fut la réponse qu'il donna à une femme qui, s'étant levée du milieu de la troupe à qui il prêchait son Evangile, lui dit avec admiration : *Heureuses les entrailles qui vous ont porté, et les mamelles qui vous ont allaité!* « *Beatus venter qui te portavit, et ubera quæ suxisti!* » *Dites plutôt,* repartit le Sauveur, *Heureux sont ceux qui écoutent la parole de Dieu et qui l'observent dans la pratique :* « *Beati,* » etc. (*Luc.*, XI, 27, 28.)

Il semble par là, mes frères, que cette pratique de la sainte parole l'emporte en quelque façon sur le privilège de Marie, qui porta le Verbe divin dans ses sacrés flancs. Aussi cette Reine des vierges fut-elle plus heureuse, dit saint Augustin à ce sujet, de l'avoir conçu dans son esprit et dans son cœur, par l'observation de sa sainte loi, que de l'avoir conçu selon la chair; parce que l'un faisait son mérite, et l'autre était une faveur émanée de la pure libéralité de son Dieu. C'est à ce mérite et à ce bonheur que vous pouvez et devez même aspirer par votre fidélité à faire agir dans vous la divine parole, en évitant ce qu'elle vous défend, et en faisant ce qu'elle vous ordonne. Car c'est à ces deux points que se termine toute sa pratique.

Vous entendez déclamer contre les vices, contre l'orgueil, l'avarice, l'impureté, la colère, la vengeance, l'injustice ; si vous en êtes coupables, il faut vous en corriger, et prendre toutes les précautions nécessaires pour n'y plus retomber. Vous écoutez avec plaisir et admiration les éloges qu'on donne à la vertu, à l'humilité, à la charité, à la tempérance, à la douceur, à la patience, et autres vertus chrétiennes ; vous ne devez point rester dans les bornes d'une stérile spéculation; mais vous devez, dans toutes les occasions qui se présentent, produire des actes de ces vertus.

Au récit que l'on vous fait des récompenses magnifiques que le Seigneur promet à ceux qui observent sa sainte loi, vous sentez votre cœur enflammé du désir de posséder un jour ce bonheur éternel; mais il faut vous résoudre à prendre les voies que sa sainte parole vous enseigne pour y arriver, qui sont le détachement des biens et des plaisirs du monde, la mortification des passions, la patience dans les adversités et les autres points de morale dont l'Evangile est rempli. Vous l'entendez si souvent prêcher, ce saint Evangile, vous ne pouvez en ignorer les maximes: mais c est là, mes frères, ce qui vous rendra bien plus condamnables au jugement de Dieu, si vous ne les pratiquez pas. Hélas! une infinité de peuples barbares se seraient convertis, et seraient devenus des saints, s'ils avaient entendu, je ne dis pas toutes les instructions, mais une partie de celles que l'on vous a faites; et vous êtes toujours les mêmes; toujours aussi vicieux, aussi orgueilleux, impudiques, vindicatifs, colères, médisants, que si vous n'aviez jamais entendu la sainte parole qui devait vous sanctifier: or, sachez que si cette précieuse semence n'est pas pour vous un germe de salut, elle deviendra le sujet de votre réprobation. Elle aura son effet d'une façon ou d'une autre; car elle ne retournera point à son principe sans avoir rien produit : *Non revertetur vacuum.* (*Isa.*, LV, 11.) Si elle n'a pas servi à votre sanctification, elle servira à vous faire condamner avec plus de rigueur au jugement de Dieu.

Prévenez ce malheur, mes frères, et pour cela ne vous contentez pas d'écouter la divine parole avec respect, attention, docilité, pour ne pas ressembler à ces grands chemins d'où la semence fut enlevée; ne vous contentez pas même de la méditer, pour n'être pas comme ces endroits pierreux où la semence ne put prendre racine ; mais arrachez de votre esprit et de votre cœur ces épines qui vous embarrassent, et qui empêchent la sainte semence d'y croître. Détachez-vous de ces biens frivoles et périssables qui emportent tous vos soins, terminez au plus tôt ces affaires qui absorbent tout votre temps, et ne vous permettent pas de penser à vous; renoncez à ces occasions, à ces engagements criminels qui vous empêchent de goûter la manne céleste qui est cachée dans la divine parole. Allez encore plus loin, soyez fidèles à observer tout ce que cette divine parole vous enseigne et vous apprend sur la loi de votre Dieu, sur le chemin qu'il faut tenir, et la violence qu'il faut se faire pour arriver au ciel; que cette divine parole soit la règle de vos mœurs ; en tout temps, en tout lieu, conformez-y vos pensées, vos désirs, vos actions, toute votre conduite ; mettez votre gloire et votre consolation dans une fidélité constante à la pratiquer, et cela pendant tout le cours de votre vie, dans la jeunesse, dans un âge plus avancé comme dans la vieillesse, à la campagne comme à la ville, en secret comme en public : *Estote factores verbi, et non auditores tantum.* (*Jac.*, I, 22.) Et pour vous disposer à bien profiter de cette divine nourriture,

Pratiques. — Imitez la conduite des laboureurs, qui préparent leurs champs avant que d'y semer le grain; ils en arrachent les mauvaises herbes, les ronces et les épines. Préparez de même vos esprits et vos cœurs à recevoir la divine parole, en éloignant de vous toutes les pensés profanes, tous les objets capables de vous distraire, et tous les obstacles qui pourraient s'opposer à la fertilité de la sainte parole.

Ayez soin d'attirer sur vous la rosée céleste par quelque prière que vous adresserez à Dieu pour lui demander la grâce de bien profiter de la parole que vous allez entendre. Pendant les instructions auxquelles vous assistez, ranimez votre foi, et regardez celui qui vous parle comme l'ambassadeur de Jésus-Christ qui vous est envoyé de sa part pour vous intimer ses ordres et vous apprendre ses volontés. Appliquez-vous les vérités que vous entendez : C'est de moi, devez-vous dire, que l'on parle ; c'est à moi de me corriger : *Tu es ille vir.* (II *Reg.*, XII, 7.) Tâchez de bien graver dans votre mémoire quelques-unes de ces vérités qui vous auront le plus touchés, pour vous en servir dans l'occasion.

Après avoir entendu la parole sainte, bénissez le Seigneur de vous avoir instruits de vos devoirs; méditez quelque temps sur ce que vous avez entendu ; ne vous dissipez point au sortir de l'instruction, et, pendant la semaine, rappelez de temps en temps dans votre souvenir ce que vous avez appris, ce qui vous a touchés, surtout lorsque vous serez exposés à l'occasion d'offenser Dieu, ou lorsqu'il se présentera quelque tribulation capable de vous abattre et de vous décourager. Lorsque vous serez tentés, cette divine parole vous apprendra à vous humilier, à recourir souvent à Dieu, à l'exemple de l'Apôtre, afin de dissiper la tentation : *Ter Dominum rogavi.* Lorsque vous serez dans l'infirmité et dans les souffrances, elle vous apprendra non-seulement à les supporter, mais encore à vous en réjouir : *In infirmitatibus meis gloriabor.* (II *Cor.*, XII, 8, 9.) Enfin, ne vous contentez pas d'entendre la divine parole à l'église, méditez-la dans vos maisons par la lecture de quelque bon livre, dont vous devez faire usage, surtout lorsque vous ne pouvez assister aux instructions. Un bon livre est un prédicateur, d'autant plus capable de faire de bonnes impressions dans les âmes, qu'il ne cherche pas à plaire, et qu'on ne s'offense pas de ce qu'il dit. Il est bon que chaque famille en soit pourvue, et que le chef ait soin de le faire lire à ses enfants et à ses domestiques, surtout les jours de fêtes. Quand on veut efficacement son salut, on prend tous les moyens d'y réussir; l'attention et la fidélité à observer la parole de Dieu en est un bien sûr.

Fasse le Ciel, mes frères, que vous le mettiez en pratique ; la divine semence produira en vous des fruits dignes de l'immortalité bienheureuse. *Amen.*

PRONE XXIII.

Pour le Dimanche de la Quinquagésime.

SUR LE PÉCHÉ MORTEL.

Tradetur enim gentibus, et illudetur, et flagellabitur, et conspuetur; et postquam flagellaverint, occident eum. (*Luc.*, XVIII, 32.)

Le fils de l'homme sera livré aux gentils : on se moquera de lui, on le fouettera, on lui crachera au visage; et après qu'on l'aura flagellé, on le fera mourir.

Telle est, mes frères, la prédiction que le Sauveur faisait à ses apôtres sur ce qui devait lui arriver dans la ville de Jérusalem. L'événement a vérifié cette prédiction. On l'a vu, ce Fils de l'Homme, ce Sauveur adorable, livré à la fureur des Juifs et des Gentils qui, malgré leur antipathie, se sont réunis pour lui faire souffrir les outrages les plus sanglants, les supplices les plus rigoureux, la mort la plus cruelle. Telle fut la reconnaissance qu'il reçut d'un peuple qu'il avait comblé de ses grâces et de ses faveurs. Ah ! du moins si la malice et l'ingratitude des hommes se fussent bornées aux outrages qu'il reçut pendant sa passion ; mais hélas ! nous voyons encore de nos jours la continuation des événements prédits par le Sauveur : tous les jours les pécheurs renouvellent, autant qu'il est en eux, comme dit l'Apôtre (*Hebr*., VI, 6), la passion et la mort d'un Dieu qui les a rachetés au prix de son sang. Non, ce n'est pas seulement par les Juifs qui étaient ses ennemis, et par les gentils, qui ne le connaissaient pas, que Jésus-Christ a été outragé, persécuté, mis a mort; mais il l'est encore par ses propres enfants. Quoi qu'aient pu faire pour ce sujet les apôtres par leur zèle infatigable, les martyrs par leurs souffrances; quoi que puissent faire encore les ouvriers évangéliques par la guerre continuelle qu'ils font au péché; quoi que fasse Dieu lui-même par les châtiments, par les calamités dont il afflige son peuple, pour arrêter le cours du libertinage: le péché néanmoins, ce monstre affreux, subsiste toujours pour déclarer la guerre à Dieu, pour renouveler la mort de Jésus-Christ et pour perdre les hommes. Ce poison mortel infecte toutes les conditions du monde, l'iniquité semble avoir inondé toute la terre. Pourrais-je aujourd'hui espérer d'arrêter ce torrent, en lui opposant quelque digue? Ah! que je m'estimerais heureux! C'est donc au péché que je viens déclarer la guerre, malgré l'empire qu'il a pris sur les hommes, surtout dans ce malheureux temps de débauche, où il lève plus hardiment l'étendard, par les excès honteux auxquels les mauvais chrétiens s'abandonnent avec plus de liberté, comme s'il était un temps où le péché fût moins énorme. C'est pour cela même que nous devons encore plus nous élever contre cet ennemi de la gloire de Dieu et du bonheur de l'homme. C'est sous ces deux traits qu'il faut vous le représenter pour vous en inspirer toute l'horreur qu'il mérite. Le péché est l'ennemi de Dieu, par l'injure qu'il lui fait: premier point. Le péché est l'ennemi de l'homme, à cause des grands maux qu'il attire sur celui qui le commet: second point. En deux mots, le péché est le souverain mal de Dieu et le souverain mal de l'homme. Comme cette matière est d'une grande étendue, nous nous bornerons aujourd'hui au premier point, où nous traiterons de l'injure que le péché fait à Dieu. Donnez moi toute votre attention.

PREMIER POINT.

Pour un premier Prône.

Qu'est-ce que le péché? C'est, dit saint Augustin, une pensée, une parole, une action contre la loi de Dieu: ou, comme dit saint Ambroise, une transgression des divins commandements: *Cœlestium inobedientia mandatorum.* Or, savez-vous, pécheurs, quelle est l'injure que vous faites à Dieu par le péché, et en quoi consiste sa malice? Le même saint Augustin, et après lui saint Thomas, nous en fournissent l'idée, lorsqu'ils nous disent que le péché est un éloignement de Dieu et un attachement déréglé à la créature: *Aversio ab incommutabili bono, et conversio ad creaturam.* Celui qui commet un péché mortel s'éloigne de Dieu, par la révolte la plus audacieuse; il s'attache à la créature, par la préférence la plus indigne et la plus injurieuse: c'est-à-dire que le pécheur se rend coupable envers Dieu de l'ingratitude la plus noire, du mépris le plus outrageant, de la révolte la plus audacieuse: trois caractères du péché mortel qui en font connaître toute la malice, et qui doivent nous en inspirer une extrême horreur.

Première réflexion. — Il est de l'ordre que le serviteur soit soumis à son maître, l'enfant à son père, le sujet à son roi, la créature à Dieu. C'est ce que reconnaissait autrefois un roi impie, accablé sous les coups de la divine justice: *Il est juste,* disait-il, *que l'homme soit soumis à Dieu: « Justum est subditum esse Deo. »* (II *Mach.*, IX, 12.) La dépendance est aussi essentielle à la créature que l'indépendance au Créateur, dépendance si universelle, que comme la créature ne peut subsister, ni agir sans Dieu, elle ne peut non plus et ne doit agir que pour Dieu. Elle doit lui obéir en tout, et s'appliquer sans cesse à accomplir toutes ses volontés. Que fait donc une créature quand elle pèche? elle veut sortir de son état de dépendance; c'est un serviteur qui veut se soustraire à l'autorité de son maître, un enfant qui ne connaît plus son père, un sujet qui se révolte contre son roi. C'est, dit saint Ambroise, un néant qui prend les armes contre le Tout-Puissant pour s'égaler à lui: *Nihilum armatum.* Peut-on concevoir une révolte plus audacieuse que celle de l'homme qui ne veut pas obéir a Dieu? Les serviteurs sont soumis à leurs maîtres, ils s'empressent d'exécuter ponctuellement leur volonté. Et que penseriez-vous vous-mêmes d'un domestique qui vous manquerait de soumission? Quel respect les sujets n'ont-ils pas pour leur roi! Non-seulement les petits, mais encore les grands se font un devoir de lui rendre les hommages d'une entière soumission. Faut-il pour cela dépenser son bien, sacrifier son repos, exposer sa santé et même sa vie aux plus grands dangers? On quitte tout, on sacrifie tout, pour marquer sa soumission à l'autorité du souverain. Et l'homme, qui de sa nature est serviteur de Dieu, qui dépend plus de lui que le serviteur de son maître, le sujet de son roi, refusera d'obéir à Dieu le plus grand de tous les maîtres, le Souverain de tous les rois; à Dieu, devant qui tous les potentats de l'univers ne sont que cendre et poussière! N'est-ce pas là le comble du désordre, et l'entier renversement de toute subordination? Voilà cependant ce que vous avez fait, mes frères, et ce que vous faites toutes les fois que vous tombez dans le péché.

Quand un serviteur est rebelle aux ordres de son maître, un sujet à ceux de son roi, il désobéit, à la vérité, à un homme qui est au-dessus de lui par son état et sa condition; mais dans le fonds, c'est à un homme semblable à lui, sujet à la même destinée que lui. Mais, ô homme! qui êtes-vous à l'égard de Dieu? *O homo! tu quis es?* (*Rom.*, IX, 20.)

Moins qu'un ver de terre en comparaison du plus grand Roi du monde. Comparez votre bassesse avec la grandeur de cet Etre suprême, qui par une seule parole a tiré ce vaste univers du néant, et qui peut l'y réduire avec la même facilité; devant qui toutes les nations sont comme si elles n'étaient pas. Comment osez-vous donc, cendre et poussière que vous êtes, vous soulever contre cette Majesté souveraine devant qui vous n'êtes rien ? Comment osez-vous secouer le joug qu'il vous impose, et dire comme cet impie dont parle l'Ecriture : Je ne veux point me soumettre : *Confregisti jugum, dixisti : Non serviam.* (*Jerem.*, II, 20.) Quelque autorité que Dieu ait de me défendre cette action criminelle, cette vengeance, je ne veux point lui obéir, je veux contenter ma passion : *Non serviam.*

Quoi! tandis que toutes les créatures exécutent les ordres de Dieu, que les colonnes du ciel tremblent au moindre signe de sa volonté, que les éléments obéissent à sa voix sans le connaître; vous qui le connaissez, vous vous servez de la connaissance et de la liberté qu'il vous a données pour lui résister ; quoi ! serez-vous le seul qui ne veuille point de subordination et qui trouble l'ordre? Vous êtes donc un monstre dans la nature, qui ne méritez pas que le soleil vous éclaire, que la terre vous porte et vous nourrisse ; mais qui méritez plutôt qu'elle ouvre ses abîmes pour vous engloutir. Vous êtes encore d'autant plus coupable, que vous l'offensez en sa présence, que vous lui résistez en face. Car ne savez-vous pas que ce Dieu que vous outragez est présent partout, qu'il a les yeux ouverts sur vous, que c'est en lui que vous vivez, et que vous n'avez de mouvement que par lui ? *In ipso vivimus, movemur et sumus.* (*Act.*, XVII, 28.) Comment osez-vous donc violer sa sainte loi, et faire devant lui des actions que vous n'oseriez faire devant le dernier des hommes ? Comment osez-vous faire servir sa puissance et son secours à l'offenser ? *Servire me fecistis iniquitatibus vestris.* (*Isa.*, XLIII, 24.) Ne savez-vous pas aussi que ce Dieu de toute majesté peut dans le moment que vous l'offensez vous réduire en poudre, vous précipiter dans le fonds de l'abîme. Quelle est donc votre audace et votre témérité de vous révolter contre lui, de l'irriter par vos péchés ?

Que penseriez-vous d'un sujet, d'un vil esclave qui irait insulter son roi, son maître, jusque sur son trône, armé de toute sa puissance pour le punir? Il n'y aurait point, diriez-vous, de châtiments assez rigoureux pour punir son insolence. La vôtre est encore plus grande, pécheurs, qui offensez votre Roi, votre Dieu, sans respecter sa présence, et sans craindre les châtiments de sa justice. Mais pourquoi vous révolter ainsi contre l'Auteur de votre être? Pourquoi vous éloigner de votre Dieu? Reconnaissez ici l'injure que vous lui faites; c'est pour vous attacher à la créature, à qui vous donnez une injuste préférence sur le Créateur. Quelle horreur, quelle indignité ! quel mépris ! en connaissez-vous de plus outrageant?

Deuxième réflexion.—Dieu mérite la préférence dans notre cœur sur tout autre objet, soit par l'excellence de son être, soit parce que lui seul peut nous rendre heureux, et qu'il le veut en effet. Il la mérite par l'excellence de son être : c'est l'objet le plus aimable, le plus accompli, le plus digne par conséquent de notre amour. Il renferme en lui les perfections les plus capables de gagner notre cœur ; grandeur, bonté, sagesse, beauté ; notre cœur n'est fait que pour lui, et ne peut trouver qu'en lui de quoi satisfaire ses désirs. Aussi Dieu veut-il faire notre bonheur, et se donner lui-même pour récompense d'un amour sur lequel il a les droits les plus incontestables. Si nous lui refusons cet amour, il nous menace de nous priver de cette récompense, de nous rejeter pour jamais de sa divine face.

Que fait donc l'homme en péchant? Voici, mes frères, ce que peut-être vous n'avez jamais compris, en quoi consiste le mépris souverain que l'homme fait de son Dieu en l'offensant. D'un côté Dieu se présente à l'homme avec tous les charmes de ses perfections, avec toute la magnificence de ses récompenses; de l'autre, se présente la créature avec ses imperfections, la caducité de ses biens, le vide de ses plaisirs. Dieu demande à l'homme la préférence sur la créature, et lui promet de se donner lui-même pour récompense de sa fidélité à le servir ; il le menace au contraire de le priver pour toujours de la possession de sa gloire, en punition de sa désobéissance. Que fait le pécheur ? Dans l'impuissance où il est de servir deux maîtres, Dieu et sa passion, il renonce au service de Dieu pour contenter sa passion. Un vil intérêt, un fade plaisir, un point d'honneur qui se trouve en concurrence avec la loi de Dieu, l'emporte sur l'obéissance qu'il lui doit. Il aime mieux renoncer à la possession du souverain bien, que de se priver de ce plaisir, de cet intérêt, de ce point d'honneur. N'est-ce pas là, mes frères, préférer la créature à Dieu ? faire plus d'estime d'un objet créé, que d'un objet infini ? N'est-ce pas là le comble du désordre ? Car au lieu que les créatures doivent nous servir de moyens pour arriver à notre fin dernière, qui est Dieu, le pécheur met sa fin dernière dans les créatures, il fait des moyens sa fin : il fixe sa jouissance et son bonheur dans ce qui ne lui est donné que pour son usage, dit saint Augustin ; et il fait son usage de l'objet qui devrait faire sa jouissance : *Omnis perversitas humana, frui utendis, et uti fruendis.*

Pensez-y sérieusement, opiniâtre pécheur; que faites-vous en transgressant la loi du Seigneur ? Il vous commande, et vous désobéissez ; il vous menace, et vous ne craignez point ses châtiments ; il vous promet des biens éternels, et vous méprisez ses récompenses : vous aimez mieux obéir à vos passions qu'à celui dont vous tenez la vie : quel mépris! en fut-il de plus outrageant? Hélas! mes frères, Dieu demande votre cœur ; il le demande en qualité de Père, et vous lui refusez ce cœur qu'il a créé, ce cœur qu'il a racheté, ce cœur qu'il a tant de fois sanctifié, et vous le donnez à la créature. O cieux! étonnez-vous, et frémissez d'horreur à la vue d'un tel renversement! Portes célestes, soyez dans la désolation, en voyant votre Dieu mis au-dessous du néant! *Obstupescite, cœli, super hoc; et portæ ejus, desolamimi vehementer.* (*Jerem.* II, 12.) C'est Dieu lui-même qui parle en ces termes, par un de ses prophètes. *Mon peuple,* dit-il, *a fait deux maux ; il m'a abandonné, moi qui suis la source d'eau vive, et il s'est creusé des citernes entr'ouvertes qui ne peuvent retenir les eaux.* Je suis le seul grand, le seul bon par excellence, qui mérite tout le respect et l'amour de l'homme, le seul bien capable de contenter ses désirs ; et cet homme m'a préféré un vil objet, un fantôme dont il fait son Dieu et sa félicité! « *Me dereliquerunt fontem aquæ vivæ, et foderunt sibi cisternas dissipatas, quæ continere non valent aquas.* » (*Ibid.*, 13.) Oui, pécheurs, vous prodiguez à ce monde périssable un encens qui devrait sans cesse s'élever vers le ciel; vous faites votre Dieu de la créature. Avare, ton Dieu est ton argent; impudique, ton Dieu est l'idole de ta passion ; sensuel, ton Dieu est ton ventre : *Quorum Deus venter est.* (*Philipp.*, III, 19.) Quelle indignité, pécheurs! et quelle espèce de divinité vous faites-vous! Les nations barbares changent-elles leur Dieu comme vous changez le vôtre, en lui préférant des objets créés qui sont infiniment au-dessous de lui? Aussi votre péché porte-t-il le caractère de la plus noire ingratitude.

Troisième réflexion. — Oublier les bienfaits que l'on a reçus, c'est ce que les hommes ont bien de la peine à pardonner. Rendre le mal pour le bien, c'est ce qui révolte encore plus les sentiments de la nature. Mais se servir des biens mêmes qu'on a reçus pour outrager son bienfaiteur, c'est un monstre d'ingratitude que l'on ne voit pas même parmi les bêtes féroces. Tels sont néanmoins les degrés d'ingratitude du pécheur à l'égard de Dieu. Il faut en effet, pécheurs, que vous ayez bien perdu le souvenir des biens que Dieu vous a faits, pour en agir comme vous faites avec lui. Eh quoi! ignorez-vous que celui que vous offensez est celui qui vous a donné l'être ; qu'il vous conserve à chaque instant, et que s'il cessait un moment de vous conserver, vous tomberiez dans le néant! Rappelez, si vous pouvez, tous les maux dont il vous a délivrés, tous les dangers dont il vous a préservés, tous les biens dont il vous a comblés; il n'est aucun moment de votre vie qui ne soit marqué de quelque trait de sa bonté. Si aux biens de la nature vous ajoutez ceux de la grâce, quels plus grands sujets de reconnaissance ne trouvez-vous pas? Consultez pour cela votre religion; elle vous apprendra que Dieu, non content de vous avoir créés à son image et ressemblance, vous a donné son Fils pour vous racheter de l'esclavage du péché et du démon ; qu'il a livré ce Fils à la mort pour vous donner la vie ; que par les mérites de ce Fils adorable il vous a adoptés pour ses enfants ; il vous prodigue ses grâces, il vous appelle à son royaume. Mais quelle reconnaissance lui rendez-vous pour tant de bienfaits? Vous n'y répondez que par une noire ingratitude. Est-ce donc là, disait autrefois Moïse (*Deut.*, XXXII, 6 seqq.) à un peuple ingrat et pervers comme vous, est-ce donc là le payement que le Seigneur devait attendre de ses bontés? *Hæccine reddis Domino, popule stulte et insipiens?* N'est-ce pas lui qui est votre père, qui vous a donné l'être, et à qui vous appartenez par une infinité de titres? *Numquid non ipse est Pater tuus, qui possedit te et fecit te?*

Consultez les temps passés, ces heureux moments où il vous a fait naître dans le sein de la véritable religion, préférablement à tant d'autres, qui n'ont pas eu le même bonheur que vous. Rappelez toutes les grâces dont il vous a prévenus, toutes les lumières dont il vous a éclairés, tous les bons sentiments qu'il vous a inspirés, toutes les démarches qu'il a faites pour vous rechercher dans le temps même que vous étiez ses ennemis, toutes les marques de tendresse qu'il vous a données, tous les moyens de salut qu'il vous a fournis : *Memento dierum antiquorum.* Il vous a choisis comme son héritage ; il vous a tirés d'une terre déserte et affreuse, pour vous conduire par divers chemins, et vous instruire de sa loi; il vous a gardés comme la prunelle de ses yeux : *Circumduxit, docuit, custodivit quasi pupillam occuli sui.* Comme un aigle voltige sur ses petits, et les excite à voler, ainsi le Seigneur a étendu ses ailes sur vous, il vous a portés sur ses épaules, comme l'aigle fait à ses aiglons : *Expandit alas suas, atque portavit in humeris suis :* il vous a établis dans une excellente terre, où vous avez trouvé le miel distillant de la pierre, et l'huile des plus durs rochers, où il vous a nourris de la fleur du froment et du vin le plus exquis, dans les sacrements qu'il a institués pour le salut de votre âme : *Ut sugeret mel de petra..... cum medulla tritici, et sanguinem uvæ biberet meracissimum.*

Mais comment avez-vous répondu à tant de faveurs? Comblés des biens de Dieu, engraissés de ses dons, vous vous êtes révoltés contre lui : *Incrassatus est dilectus, et recalcitravit.* Vous avez sacrifié à des dieux étrangers, et vous avez rendu au démon un culte que vous ne deviez qu'à Dieu seul : *Immolaverunt dæmoniis, et non Deo, diis quos ignorabant.* Vous avez abandonné le Dieu qui vous a donné la vie du corps et de l'âme, vous avez oublié le Seigneur qui vous a formés : *Deum qui te genuit dereliquisti, oblitus es Domini creatoris tui.* Comme des enfants dénaturés vous payez les caresses de ce tendre Père par l'indifférence la plus marquée ; ingrats, vous lui avez rendu le mal pour le bien. N'a-t-il donc pas droit de vous faire les mêmes reproches qu'il faisait autrefois par un de ses prophètes à un peuple dont vous imitez la conduite? J'ai élevé, dit-il, des enfants, je n'ai cessé de répandre sur eux mes faveurs les plus signalées : *Filios enutrivi et exaltavi;* et je n'ai eu pour récompense de mes bontés que des mépris outrageants : *Ipsi autem spreverunt me.* Vit-on jamais pareille ingratitude dans les animaux? Ils connaissent leurs maîtres, ils leur rendent service pour les biens qu'ils en reçoivent : *Bos cognovit possessorem suum.* Mais vous méconnaissez votre Dieu, vous ne lui rendez que des outrages pour les biens qu'il vous a faits : *Israel autem me non cognovit.* (*Isa.*, I, 2, 3.) Et ce qui met le comble à votre ingratitude, c'est que vous vous servez de ces biens mêmes pour l'offenser.

Quel usage en effet faites-vous des dons naturels et surnaturels dont Dieu vous a comblés? A quoi employez-vous, riches du siècle, ces richesses qu'il vous a données, sinon à contenter vos passions, à entretenir votre mollesse, votre luxe, votre cupidité? Comment vous servez-vous de la santé, sinon pour vous livrer à la débauche? Ces membres qu'il a formés pour vous aider, ne les employez-vous pas à commettre des injustices, ou d'autres crimes dont le détail serait trop long? Ces yeux qu'il vous a donnés pour vous conduire, vous les arrêtez sur l'objet d'une passion criminelle. Cette langue qu'il vous a donnée pour demander du secours dans vos besoins, de la consolation dans vos afflictions, vous en faites, comme dit saint Jacques (*Jac.*, III, 6), un monde d'iniquité, par les jurements, les paroles obscènes que vous proférez, les médisances, les calomnies, les injures, et tous les traits malins que vous lancez contre le prochain. Quel abus ne faites-vous pas des grâces, des sacrements, de la parole de Dieu? Les grâces, vous les foulez aux pieds par vos résistances à la voix de Dieu; les sacrements, vous les profanez par les mauvaises dispositions avec lesquelles vous les recevez; la parole de Dieu, vous ne daignez pas l'écouter, ou vous ne l'écoutez qu'avec dégoût; le temps que Dieu vous a donné pour faire pénitence, vous en abusez pour vous livrer à vos passions ; c'est-à-dire, que vous vous servez des moyens que Dieu vous a donnés pour le servir et le glorifier; vous vous en servez pour lui faire la guerre, vous tournez contre lui ses propres dons. N'est-ce pas là porter l'ingratitude à son comble? Ne seriez-vous pas vous-mêmes révoltés de la conduite d'une personne qui en agirait ainsi à votre égard, qui emploierait contre vous-mêmes vos bienfaits, qui s'en servirait pour vous détruire et vous ôter la vie? Car voilà, pécheurs, jusqu'à quel excès se porte votre ingratitude envers Dieu. Ce n'est pas que votre péché puisse lui ravir quelque portion de son bonheur et de ses perfections infinies; Dieu est toujours égal à lui-même, quelqu'outragé qu'il soit des pécheurs, son trône est inaccessible à leurs traits : mais il n'est pas moins vrai de dire que le pécheur veut, autant qu'il est en lui, détruire l'Auteur de son être, parce qu'il voudrait qu'il n'y eût point de vengeur de son crime, et par conséquent qu'il n'y eût point de Dieu, afin de pécher plus librement : *Dixit insipiens in corde suo : Non est Deus.* (*Psal.* LII, 1.)

Oh! qui pourrait comprendre combien cette ingratitude, jointe au caractère de révolte et de mépris qui accompagne le péché, est injurieuse à Dieu? l'injure que lui fait le péché, lui ravit plus de gloire que toutes les vertus des saints ne lui en ont pu procurer, et ne lui en procureront jamais. Non, mes frères, tout le zèle des apôtres, toutes les souffrances des martyrs, toutes les pénitences des anachorètes, tout l'amour des anges, toutes les vertus de la très-sainte Vierge, n'ont pas tant glorifié Dieu, qu'un seul péché le déshonore; parce que la même raison qui diminue le mérite de la créature, c'est-à-dire son extrême bassesse, augmente la malice du péché, et la rend infinie, par la distance infinie qui se trouve entre Dieu et l'homme. Par conséquent Dieu a plus d'horreur d'un seul péché mortel, qu'il n'a de complaisance dans toutes les vertus des saints.

Aussi a-t-il fallu, pour réparer l'injure que le péché fait à Dieu, que Dieu lui-même devînt une victime de propitiation pour l'homme : il a fallu qu'un Dieu s'humiliât, s'anéantît, devînt obéissant jusqu'à la mort de la croix, pour apaiser la colère de Dieu, irrité par le péché. Tous les hommes et tous les anges ensemble n'auraient jamais pu, par toutes les vertus les plus héroïques, donner à Dieu la satisfaction qu'il demandait, si le Fils de Dieu lui-même ne s'était fait notre caution auprès de son Père.

Concevez-vous, pécheurs, l'énormité de l'outrage que le péché fait à Dieu? Ah! si vous ne l'avez pas encore compris, jetez un moment les yeux sur Jésus-Christ attaché en croix, et dites-vous à vous-mêmes : Voilà donc ce qu'il en coûte pour réparer l'injure que le péché fait à Dieu? Un Dieu fait homme, un Dieu souffrant, un Dieu mourant, un Dieu immolé à la colère de son Père, parce qu'il s'est revêtu de la ressemblance du péché, parce qu'il a voulu porter le poids de nos iniquités : ah! c'est maintenant que je conçois la malice du péché, la haine qu'il porte à Dieu, et la haine que je dois avoir pour lui.

Mais ce qu'on ne peut concevoir, mes frères, c'est que le péché, qui est si détestable par les traits de malice qui l'accompagnent, soit néanmoins si commun dans le monde ; c'est qu'on se fait du péché un amusement, un jeu, un agrément. Le soleil semble n'éclairer que des coupables ; la terre ne porte que des criminels ; elle ne réunit que des rebelles aux ordres de Dieu. Partout on renouvelle la Passion de l'Homme-Dieu; je ne vois que calvaires, où l'on crucifie de nouveau Jésus-Christ. Oui, pécheurs, vous le crucifiez dans le lieu saint par vos irrévérences, comme dans les assemblées profanes par vos libertés criminelles; vous le crucifiez dans votre esprit par vos mauvaises pensées, comme dans votre cœur par vos désirs déréglés; vous le crucifiez dans vos yeux par vos regards lascifs, comme dans votre bouche par vos discours obscènes : *Ibi crucifixerunt eum.* (*Luc.*, XXIII, 33.) Cependant ce Dieu Sauveur ne vous a fait que du bien, et vous foulez aux pieds le prix de son sang, les mérites de sa passion et la vertu de sa croix : ô ingratitude sans exemple! Le Seigneur est le meilleur de tous les Pères, et il est le plus mal obéi; c'est le plus grand de tous les rois, et c'est le plus mal servi; le Souverain de tous les maîtres est le moins respecté. Que dis-je? Il n'est point d'ennemis que les hommes outragent d'une manière plus sensible que le Seigneur, le meilleur de tous les amis. C'est surtout, je le répète, dans ces malheureux temps de débauche où il est plus exposé aux insultes des pécheurs qui se livrent à la dissolution, qui font un Dieu de leur ventre, qui par mille intempérances se préparent à la sainte quarantaine, qui par leurs excès semblent vouloir se dédommager de la pénitence qu'ils vont faire malgré eux, qui changent l'image de Dieu en celle du démon, et qui renouvellent dans les veillées, dans les assemblées nocturnes, des outrages que Jésus-Christ reçut la nuit de sa passion de la part des Juifs.

Pratiques. Evitez, mes frères, ces assemblées détestables, pleurez amèrement sur de tels désordres, et pendant qu'une infinité de chrétiens fléchissent le genou devant Baal, allez vous prosterner aux pieds de Jésus-Christ dans son saint temple, pour lui faire amende honorable, lui demander pardon pour ceux qui l'offensent, et le dédommager en quelque façon, par vos respects et votre amour, des outrages qu'il reçoit de ses ennemis. Approchez-vous des sacrements, pour effacer par la pénitence les péchés que vous avez commis, et vous unir à Jésus-Christ dans la sainte communion. Protestez-lui, comme saint Pierre, que vous ne voulez pas le quitter, quand tous les autres l'abandonneraient. Où pourrais-je aller, Seigneur, pour être mieux qu'auprès de vous? *Domine, ad quem ibimus?* (*Joan.*, VI, 69.) Je veux être avec vous pendant l'éternité. *Amen.*

SECOND POINT.

Pour un second Prône sur le Péché mortel.

Domine, ut videam. (*Luc.*, XVIII, 41.)

Seigneur, faites que je voie.

Telle est, mes frères, la prière pleine de confiance qu'un aveugle adressa à Jésus-Christ lorsqu'il passait sur le chemin de Jéricho, suivi d'une foule de peuple qui voulait entendre ses discours, et être témoin de ses miracles. Cet aveugle qui mendiait sur le chemin, entendant passer cette troupe nombreuse, demanda ce que c'était, et comme on lui dit que c'était Jésus de Nazareth, animé de confiance, il s'écria : *Jésus, Fils de David, ayez pitié de moi : « Jesu, Fili David, miserere mei. »* Jésus, touché de la prière de ce pauvre malheureux, le fit amener, et lui demanda ce qu'il souhaitait. *Faites, Seigneur, que je voie,* répliqua l'aveugle : « *Domine, ut videam.* » Prière courte, mais bien efficace, qui obtint dans le moment ce que cet homme demandait. *Regardez,* dit le Sauveur, *votre foi vous a guéri : « Respice, fides tua te salvum fecit. »* (*Luc.*, XVIII, 35-42.)

Quelque triste et déplorable que fût l'état de cet aveugle, celui du pécheur privé de la lumière de la grâce l'est encore bien davantage. Le pauvre de Jéricho, privé de la lumière du jour, connaissait son malheur; mais le pécheur aveuglé par les ténèbres du péché ne connaît pas sa misère. Il croit qu'il est riche, et il est pauvre; il s'estime heureux, et il est réduit au dernier malheur; car il n'y en a point de plus grand que celui du péché. Ce pécheur a donc bien plus besoin de s'adresser à Jésus-Christ que l'aveugle de notre Evangile, et de lui dire : *Faites, Seigneur, que je voie : « Domine, ut videam.»* Dessillez mes yeux par un rayon de votre grâce, qui me fasse connaître mon malheureux état, et m'engage à prendre toutes les mesures pour en sortir. Puissiez-vous, pécheurs, ouvrir les yeux sur votre misère, et sur les maux que le péché vous attire. Peut-être que si vous n'avez pas été sensibles à l'injure que le péché fait à Dieu, vous le serez à vos propres intérêts; et comment pourriez-vous ne pas faire un divorce éternel avec le péché, quand vous reconnaîtrez qu'il est votre plus grand ennemi, le souverain et l'unique mal que vous devez craindre et éviter? C'est ce qui fera le sujet de cette instruction, qui vous mettra sous les yeux la haine que Dieu porte au péché et la punition qu'il en tire.

S'il est vrai de dire que l'homme par le péché s'éloigne de Dieu pour s'attacher à la créature, Dieu à son tour s'éloigne de l'homme qui pèche, par la haine qu'il porte au pécheur. Il se sert aussi des créatures pour punir d'une manière sensible l'abus que le pécheur en a fait. Deux peines du péché qui répondent aux deux traits de malice qui le caractérisent; savoir, à l'aversion que le pécheur a pour Dieu, et à la préférence qu'il donne à la créature.

Première réflexion. — Dieu hait le péché; mais comment le hait-il? Il le hait nécessairement, souverainement, infiniment. Dieu hait le péché, et l'on peut dire que le péché est la seule chose qu'il haïsse; il aime ses ouvrages, et il ne hait rien de ce qu'il a fait : *Nihil odisti eorum quæ fecisti.* (*Sap.*, XI, 25.)

Mais le péché n'est point l'ouvrage de Dieu; c'est votre ouvrage, pécheurs, c'est l'ouvrage d'une volonté contraire à la volonté de Dieu; par conséquent il ne peut l'aimer ni le souffrir. Dieu approuve les autres maux qui affligent l'homme, parce qu'ils servent, dans les desseins de sa providence, à faire éclater sa justice et sa miséricorde sur les hommes. Sa justice s'en sert pour le punir, et sa miséricorde pour l'attirer à lui. Mais le péché est entièrement opposé aux perfections de Dieu ; il les détruit même autant qu'il est en lui. Ainsi l'amour que Dieu a pour lui-même, est la mesure de la haine qu'il porte au péché. Or, Dieu s'aime d'un amour nécessaire, en sorte qu'il ne peut pas ne pas s'aimer, sans cesser d'être Dieu ; il ne peut par conséquent s'empêcher de haïr le péché. Dieu s'aime d'un amour souverain et infini ; en sorte qu'il ne peut pas s'aimer davantage : il hait donc le péché d'une haine infinie, et ne peut en avoir plus d'horreur qu'il en a. Or, si Dieu hait le péché d'une haine nécessaire, souveraine et infinie, il hait le pécheur de la même manière, c'est-à-dire qu'il ne peut s'empêcher de le haïr comme pécheur, ni le haïr davantage : *Odio sunt Deo impius et impietas ejus.* (*Sap.*, XIV, 9.)

Qu'en pensez-vous, mes frères, cette seule idée ne suffit elle pas pour vous faire concevoir le malheur du pécheur? Etre l'objet de la haine de Dieu, de l'abomination de Dieu, peut-on concevoir un sort plus triste et plus funeste? Car, il n'en est pas de la haine de Dieu contre le pécheur, comme de celle des hommes les uns contre les autres. La haine des hommes est souvent sans effet, ou par l'impuissance du sujet qui la conçoit, ou par la résistance de celui à qui elle porte ses coups ; mais la haine de Dieu contre le pécheur, est une haine qui porte des coups d'autant plus terribles, qu'ils partent d'un bras tout-puissant, qui s'appesantit sur la faiblesse même, et que toutes les forces créées ne sont pas capables d'arrêter. Pouvez-vous, pécheurs, penser sans frémir aux suites du péché? Quand vous l'avez commis, vous pouvez dire que vous avez un ennemi tout-puissant, qui peut dans un instant vous perdre, et contre lequel tous les hommes et tous les anges ensemble ne pourraient vous défendre. Ah! comment pouvez-vous de sang-froid commettre le péché, et comment, après l'avoir commis, pouvez-vous y rester un moment sans prendre les mesures pour en sortir?

Peut-être, pécheurs, que Dieu ne vous faisant pas éprouver d'une manière sensible les effets de sa colère, vous vous imaginez qu'il est insensible à vos outrages, et qu'il les laissera impunis ; peut-être même avez-vous la hardiesse de dire, comme cet impie dont parle l'Ecriture : *J'ai péché, et que m'est-il arrivé de fâcheux?* « *Peccavi, et quid mihi accidit triste?* » (*Eccli.*, V, 4.) Mais que vous penseriez bien autrement, si, ouvrant les yeux de la foi sur votre malheur, vous voyiez l'état déplorable où votre âme est réduite, depuis que Dieu s'en est séparé en haine de votre péché! par là vous connaîtriez les effets terribles de la haine qu'il vous porte. Sachez donc qu'au moment que vous vous révoltez contre Dieu, il vous dépouille du don précieux de la grâce sanctifiante qui vous unissait à lui ; il cesse par là d'habiter en vous, comme il y habitait auparavant ; vous n'êtes plus animés de son esprit, vous tombez dans un état de mort.

Pour vous faire comprendre ce malheur, il faudrait pouvoir vous faire connaître le bonheur d'une âme qui est unie à Dieu par la grâce. Ah! si vous connaissiez, mes frères, le prix de cette grâce, et les priviléges qui lui sont attachés : *Si scires donum Dei* (*Joan.*, IV, 10), quelle estime n'en feriez-vous pas, et quelle crainte n'auriez-vous pas de la perdre? Elle est si estimable, cette grâce, que toutes les richesses de la terre, toutes les couronnes les plus brillantes lui étant comparées sont moins que la boue. Lorsque Dieu vous sanctifia par la grâce, âme chrétienne, il vous ennoblit de l'auguste qualité d'enfant adoptif, il vous fit héritier de son royaume, il vous choisit pour son épouse : *Sponsabo te mihi in justitia* (*Ose.*, II, 20.) Devenue l'objet de ses complaisances, vous étiez toute belle à ses yeux : *Tota pulchra es, amica mea.* (*Cant.*, IV, 7.) Ornée de la robe nuptiale, vous étiez digne d'entrer, au sortir de cette vie, dans le festin des noces de votre divin Epoux Oh! qu'heureux était votre état! il était préférable à celui de tous les rois du monde. Mais depuis que vous avez voulu vous soustraire à une dépendance qui faisait votre bonheur, votre iniquité a rompu le lien qui vous unissait à Dieu. Dès lors le Seigneur ne vous regarde plus comme son enfant, comme son peuple choisi : *Vos non populus meus;* il a perdu pour vous le nom de père et d'ami : *Et ego non ero vester.* (*Ose.*, I, 9.) Vous voilà dépouillée des ornements qui vous faisaient regarder comme son épouse chérie : *Egressus est a filia Sion omnis decor ejus.* (*Thren.*, I, 6.) Cet or, qui vous rendait toute brillante aux yeux du Créateur, a perdu son éclat : *Obscuratum est aurum; mutatus est color optimus.* (*Thren.*, IV, 1.) L'affreuse image du démon a pris la place des beaux traits qui vous rendaient participante de la nature de Dieu même ; d'enfant et d'ami de Dieu que vous étiez, vous êtes devenue son ennemie ; d'héritière du royaume des cieux, vous êtes devenue la victime des vengeances éternelles ; en un mot, vous êtes réduite dans un état de mort, parce que vous êtes privée de cette vie surnaturelle dont la grâce est le principe : *Anima quæ peccaverit, ipsa morietur.* (*Ezech.*, XVIII, 4.) Car de même, dit saint Augustin, que le corps meurt, quand l'âme s'en sépare : ainsi l'âme meurt, lorsque Dieu se retire d'elle en punition de son péché : *Moritur corpus cum recedit anima; moritur ergo anima, cum recedit Deus.* O mort plus fatale que la mort du corps la plus affreuse, mort digne d'être pleurée par des larmes de sang!

Représentez-vous ici un cadavre privé de la vie naturelle, pâle, livide, tombant par morceaux : quels objets d'horreur! en soutiendrez-vous la vue? Hélas! l'expérience apprend assez que sa laideur, sa puanteur, en font un spectacle qu'on ne peut souffrir. Tel et plus affreux encore est l'état d'une âme séparée de Dieu et morte par le péché ;

elle est insupportable aux yeux de Dieu, et si vous pouviez vous-mêmes, voir son état, sa seule vue serait capable de vous faire mourir. Dites après cela qu'il ne vous est rien arrivé de fâcheux après votre péché : *Quid mihi accidit triste?* Parce que vous jouissez des mêmes biens de fortune, des mêmes plaisirs, de la même santé dont vous jouissiez auparavant, vous êtes tranquilles sur votre sort; vous vous croyez riches, vous vous estimez heureux, parce que vous ne vous conduisez que par des vues charnelles qui ne pénètrent point les choses de Dieu, *Animalis homo non percipit ea quæ sunt spiritus Dei.* (I *Cor.*, II, 14.) Mais, aveugles que vous êtes, vous ne voyez pas que votre pauvreté et votre misère vous réduisent aux plus affreux malheurs, parce que vous avez perdu le plus grand de tous les biens, qui est Dieu. Vous avez plus perdu que si l'on vous avait enlevé tous vos biens, votre santé, votre vie même; ainsi l'ont entendu tant de saints, qui, pour conserver la grâce, ont mieux aimé tout perdre, et souffrir toutes sortes de maux plutôt que de tomber dans le péché; et certes, de quoi peuvent vous servir tous vos biens, la réputation la plus brillante, la santé la plus parfaite, si vous êtes ennemis de Dieu; puisque, si vous mourez dans cet état, vous êtes perdus pour l'éternité? De quoi vous sert une santé, une vie qui vous est commune avec les animaux, si vous êtes morts par la perte de la grâce, qui est la vie de l'âme, et qui vous fait vivre de la vie de Dieu? Voilà, mes frères, ce qui devrait être le sujet de vos pleurs et de vos gémissements. Vous pleurez amèrement la mort de vos proches? que dis-je, celle d'un animal, la perte d'un bien frivole, et vous ne pleureriez pas la perte de la grâce, qui est la plus grande de toutes les pertes, la mort de votre âme, la plus funeste de toutes les morts! une telle insensibilité ne pourrait venir que d'un manque de foi ou de raison.

Voici encore, mes frères, un sujet qui mérite toute votre douleur, parce que c'est une suite de la division que le péché met entre Dieu et l'âme pécheresse. Dieu a une telle aversion pour cette âme, qu'il n'a plus d'égard à tout ce qu'elle a fait de bien; il ne lui tient plus compte de toutes les vertus qu'elle a pratiquées, de tous les trésors de mérites qu'elle pourrait avoir amassés. Qui est-ce qui vous en assure? Dieu lui-même par un de ses prophètes. *Si le juste*, dit-il, *se détourne de la justice et commet l'iniquité, toutes ses justices seront oubliées : « Si averterit se justus a justitia,... omnes justitiæ ejus non recordabuntur.»* (*Ezech.*, XVIII, 24.) Eussiez-vous, mes frères, comprenez bien ceci; eussiez-vous vécu dans l'innocence la plus parfaite, dans la pénitence la plus austère; eussiez-vous passé la vie la plus longue dans l'oraison la plus fervente, dans les jeûnes les plus rigoureux; eussiez-vous par votre zèle acquis tous les mérites des apôtres; par votre patience, celui des martyrs; par vos mortifications, celui des anachorètes; eussiez-vous, en un mot, pratiqué toutes les vertus des saints qui ont été dès le commencement, et qui seront jusqu'à la fin du monde, si vous commettez un seul péché mortel, et que vous mouriez sans l'avoir effacé par une sincère pénitence, toutes ces bonnes œuvres, toutes ces vertus seront perdues pour vous, et ne vous garantiront point d'une éternité de supplices. O cruel péché, que tes coups sont redoutables! Dites après cela, pécheurs, qu'il ne vous est rien arrivé de fâcheux après votre péché?

Ce n'est pas encore tout : Dieu est tellement irrité à l'égard du pécheur, que non-seulement il ne lui tient aucun compte de toutes ses bonnes œuvres passées, mais qu'il rejette encore, comme indignes de récompense, toutes celles qu'il fait en état de péché, parce que toutes les actions du pécheur, quelque bonnes qu'elles soient d'ailleurs par leur motif, viennent d'un ennemi de Dieu, et que Dieu n'agrée ni n'accepte rien de la part de son ennemi. Ce sont des œuvres mortes, parce qu'elles ne sont point animées du principe de vie, qui est la grâce sanctifiante, et qui ne peut être dans une âme esclave du péché. C'est ce que Jésus-Christ nous fait comprendre dans son Evangile, lorsqu'il nous dit qu'il est la vigne dont nous sommes les branches. Or, comme la branche de la vigne ne peut produire du fruit, si elle n'est entée sur le cep, et qu'en étant séparée elle n'est plus propre qu'à être jetée dans le feu; de même, dit-il (*Joan.*, XV), si vous ne demeurez en moi, si vous en êtes séparés par le péché, vous ne pouvez produire aucun fruit pour le ciel. Ainsi, pour parler le langage de l'Apôtre, quand vous auriez assez de foi pour faire changer de place aux montagnes, assez de charité pour donner tous vos biens aux pauvres, assez de force pour livrer vos corps jusqu'à être brûlés, quand vous feriez en un mot tout ce que les saints ont fait de plus grand et de plus héroïque, si vous manquez de charité, si vous n'êtes en état de grâce, tout cela ne vous sert de rien; vous n'êtes qu'un airain qui retentit, qu'une cymbale qui fait du bruit : *Si charitatem non habuero, factus sum velut æs sonans, vel cymbalum tinniens....* (I *Cor.*, XIII, 1.) Vous donnez bien des signes de vie, vous avez bien des apparences de mérites; mais parce que vous êtes dans un état de mort, vos actions ne sont d'aucune valeur pour le ciel : *Nomen habes quod vivas et mortuus es.* (*Apoc.*, III, 1.) Vous avez toute la peine de la vertu, sans espérance de récompense : semblables aux apôtres qui avaient bien travaillé toute la nuit sans rien prendre, vous travaillez dans les ténèbres du péché, et vous ne retirez aucun profit de vos travaux : *Per totam noctem laborantes, nihil cepimus.* (*Luc.*, V, 5.)

A Dieu ne plaise cependant, mes frères, que je prétende ici décourager le pécheur, et le dégoûter de faire de bonnes œuvres : non-seulement les vertus, les bonnes actions du pécheur sont louables, et malheur à quiconque dirait le contraire ; mais elles sont encore d'une grande utilité pour le salut, parce que ces bonnes œuvres faites par le mouvement de la grâce, disposent le pécheur à la conversion ; elles lui attirent de nouvelles grâces qui l'aident à sortir du péché. Le pécheur ne doit donc pas cesser de faire le bien : il doit toujours prier, pour fléchir la colère de Dieu ; toujours frapper à la porte, pour qu'on lui ouvre ; toujours pratiquer la vertu pour satisfaire à la justice de Dieu. Mais il n'est pas moins vrai de dire que ces actions ne seront jamais récompensées de la gloire éternelle, comme celles qui sont faites en état de grâce. Donnez, dans cet état, un verre d'eau aux pauvres de Jésus-Christ, il aura sa récompense dans le ciel ; donnez, en état de péché, tous vos biens aux pauvres, vous n'en serez jamais récompensés. Dites après cela qu'après votre péché il ne vous est rien arrivé de fâcheux : *Quid mihi accidit triste?* Pour peu qu'il vous reste de foi, vous en voyez les funestes suites, puisqu'il éloigne Dieu de votre âme, en vous privant de sa grâce et de tous vos mérites. Il l'engage encore à punir d'une manière sensible la préférence que vous donnez à la créature. Seconde peine du péché, qui fera peut-être plus d'impression sur vous que celles dont je viens de parler.

Deuxième réflexion. — C'est un arrêt porté par la justice de Dieu, que l'homme soit puni par les choses mêmes qui ont servi de matière à son péché. Le pécheur abuse des créatures pour se révolter contre Dieu : Dieu à son tour soulève les créatures contre le pécheur ; il s'en sert comme des instruments de ses vengeances, pour le punir avec toute la sévérité qu'il mérite. Le ciel, la terre et l'enfer nous en fournissent des exemples et des preuves des plus tragiques. Si je monte d'abord jusqu'au ciel, j'y vois les anges, les plus parfaites productions de la toute-puissance de Dieu, qui pour avoir tourné contre l'Auteur de leur être les dons qu'ils en avaient reçus, sont tout à coup privés des avantages qui étaient l'objet de leur complaisance et la matière de leur orgueil. Eblouis de leur beauté, ils veulent s'égaler à Dieu ; mais cette beauté se change en laideur épouvantable ; ces sublimes intelligences deviennent d'horribles démons ; et parce qu'ils ont voulu monter sur le trône de Dieu même, ils sont à l'instant précipités dans le fond de l'abîme pour être la proie des flammes dévorantes, qui, quoique matérielles, ont la vertu d'agir, et tourmenter de purs esprits, en punition de leur révolte. Or, si Dieu n'a pas épargné ces vases précieux qui renfermaient tant de richesses, épargnera-t-il des vases d'argile qui oseront combattre contre leur auteur ? Epargnera-t-il de faibles mortels qui auront l'audace de se soulever contre lui ?

Si je descends ensuite sur la terre, je vois le premier homme, à qui Dieu, pour éprouver son obéissance, a défendu de toucher au fruit d'un certain arbre, et qui, pour avoir transgressé le commandement du Seigneur, est condamné à la mort, et aux autres misères qui accompagnent notre triste condition. Dès lors la terre, qui d'elle-même lui fournissait tout ce qui était nécessaire à la vie, devient pour lui stérile, ne produit que des ronces et des épines à la place des fruits dont il a abusé ; il ne peut plus en tirer de nourriture que par un travail assidu et pénible, et il est obligé de manger son pain à la sueur de son front. Telle est encore la peine que tous les descendants de ce père infortuné doivent porter en punition de son péché. Mais que de châtiments leurs propres péchés ne leur ont-ils pas attirés dans la suite ? Si nous parcourons les différents âges du monde, quels affreux spectacles se présentent à nos yeux ? Je vois le monde entier, à l'exception d'une famille, périr dans un déluge universel. Ici, j'aperçois des villes réduites en cendres par le feu du ciel ; là, des provinces, des royaumes entiers désolés par les guerres, les pestes, les famines, et partout les plus terribles effets de la colère de Dieu.

Ainsi se sont vérifiées et se vérifient encore les menaces que le Seigneur fait de sévir contre le pécheur, dans le même endroit où il se plaint de son ingratitude. *Il a vu les iniquités de ses enfants, et il en a été ému de colère : « Vidit, et ad iracundiam concitatus est. » Je leur cacherai*, dit-il, *ma face, et je les verrai périr sans leur donner du secours : « Abscondam faciem meam, et considerabo novissima eorum. » Je les accablerai de maux, et j'épuiserai sur eux tous les traits de ma colère : « Congregabo super eos mala, et sagittas meas complebo in eis. » Ils seront consumés par la faim, et ils deviendront la proie des bêtes sauvages*, en punition du mauvais usage qu'ils ont fait des biens que ma providence leur a fournis : *le glaive au dehors et la peur au dedans, les immoleront à ma vengeance ; jeunes hommes, filles, enfants, vieillards, rien ne sera épargné : « Fortis vastabit eos gladius, et intus pavor, juvenem ac virginem, lactantem cum homine sene. »* (*Deut.*, XXXII, 19-25.) N'éprouvons-nous pas nous-mêmes tous les jours l'effet de ces menaces, dans les calamités qui nous arrivent ? Quelle est la cause des guerres qui nous épuisent, des maladies qui nous accablent, des tempêtes qui ravagent nos campagnes, des pertes de biens, et de tous les maux qui nous affligent ? N'en cherchons point d'autre que nos révoltes contre la loi de Dieu. Si nous sommes malheureux, c'est parce que nous sommes criminels. Heureux encore, si nous n'éprouvons qu'en cette vie les fléaux de la colère de Dieu ! Tout châtiment qui doit avoir une fin, laisse au coupable quelque ressource de consolation ; mais hélas ! la justice de Dieu sera bien plus sévère dans l'enfer, qui est le lieu destiné à punir les coupables.

Oui, mes frères, l'enfer est le châtiment du péché, c'est le terme fatal où il aboutit : si jamais il n'y avait eu de péché, jamais il n'y aurait eu d'enfer. Descendons en esprit dans ce lieu d'horreur, pour y voir la manière dont Dieu traite les criminels. C'est là, mes frères, que sa justice, pour punir l'abus que le pécheur a fait des créatures, se sert de tout ce qu'il y a de plus terrible dans les créatures mêmes pour le tourmenter; là, sa fureur se fait sentir par un feu dévorant qui sert d'instrument à ses vengeances : *Ignis succensus est in furore meo.* (*Deut.*, XXXII, 22.) Oh! qui pourrait exprimer les douleurs cuisantes que ce feu fait souffrir à ceux qui en sont les victimes? Ce sont des douleurs universelles, des douleurs qui n'auront jamais de fin. Ce sont des douleurs qui affligeront tous les sens, à proportion des plaisirs qu'ils auront eus dans le mauvais usage des créatures. C'est surtout aux âmes sensuelles et voluptueuses que ce feu s'attachera pour venger Dieu des désordres infâmes où elles se sont plongées. Là, les intempérants seront abreuvés du fiel des dragons et du venin des aspics, en punition des excès où ils seront livrés : *Fel draconum, vinum eorum, et venenum aspidum insanabile.* (*Ibid.*, 32, 33.) Là, en un mot, tout pécheur éprouvera que l'on ne se moque pas de Dieu impunément, et qu'il est bien terrible de tomber entre ses mains.

Ne croyez donc pas, pécheurs, que si Dieu ne vous punit pas en ce monde d'une manière sensible, vous en serez quittes pour la perte de son amitié; vous êtes peu touchés de cette perte, parce que vous ne connaissez pas le prix du bien que vous perdez; mais vous le connaîtrez dans l'enfer; vous verrez combien il est triste et amer d'avoir abandonné son Dieu, et de s'en voir abandonné; bien plus, vous souffrirez toutes les douleurs les plus sensibles, en punition de l'indigne attachement que vous avez eu aux créatures. Ah! mes frères, puisque vous craignez si fort la douleur, craignez une douleur éternelle, qui doit être la peine de votre péché. Vous ne voudriez pas commettre le péché, si vous saviez qu'il dût vous causer quelque perte ou quelque maladie; si vous saviez être privés de l'amitié de cette personne qui vous protège, être déshérité de ce père qui vous aime : votre intérêt l'emporterait sur votre passion; et la crainte de perdre le céleste héritage, le plus grand de tous les biens, la crainte d'un feu éternel, ne sera pas capable de vous retenir? Il faut que vous n'y pensiez pas, ou si vous y pensez, que vous soyez un insensé.

Pratiques. — Faites donc réflexion, lorsque vous êtes tentés de commettre un péché, qu'il y a sous vos pieds un enfer dans lequel vous pouvez tomber, et dans lequel vous tomberez infailliblement, si vous mourez dans votre péché. Si vous avez eu le malheur de succomber à la tentation, ne restez pas un moment dans le péché, parce que la mort peut vous surprendre à chaque instant; et si elle vous surprend, vous êtes perdus sans ressource. Allez au plus tôt vous prosterner aux pieds de Jésus-Christ dans son saint Temple, et lui dire dans l'amertume de votre cœur : Il vient, Seigneur, de m'arriver un grand malheur, plus grand que si j'avais perdu mes biens, ma santé, puisque j'ai perdu votre amitié. Je vous la demande avec un cœur pénétré de douleur, résolu que je suis de ne plus vous offenser. Ne différez pas de vous approcher du tribunal de la pénitence, pour mieux assurer votre pardon. Ne vous endormez jamais dans le péché : ayez soin auparavant de vous réconcilier avec Dieu par un acte de contrition. Quelque disgrâce qu'il vous arrive, estimez-vous heureux, si vous êtes sans péché; regardez-vous au contraire comme les plus malheureux des hommes, quelque bien que vous possédiez, si le péché règne en vous. Tous les hommes ensemble ne peuvent vous faire autant de mal que vous vous en faites vous-mêmes, en commettant un péché. Fuyez-le donc comme le plus grand de tous les maux, comme l'unique mal que vous devez craindre; évitez les occasions de le commettre, pour vous conserver dans l'innocence et pour arriver au bonheur éternel, persuadés que si vous vivez sans péché, vous mourrez sans péché. Ainsi soit-il.

PRONE XXIV.

Pour le premier Dimanche de Carême.

SUR LA TENTATION, QUI EST LA CAUSE DU PÉCHÉ.

Ductus est Jesus in desertum a Spiritu, ut tentaretur a diabolo. (*Matth.*, IV, 1 seqq.)

Jésus-Christ fut conduit dans le désert par l'Esprit, pour y être tenté par le démon.

Quel étrange spectacle, mes frères, que celui que l'Évangile de ce jour nous présente? On y voit Jésus-Christ, la sainteté même, aux prises avec le tentateur. L'aurait-on jamais cru, que le père du mensonge osât mesurer ses forces avec celles d'un Dieu, et qu'il eût entrepris de solliciter au péché celui qui de sa nature est impeccable? Tel est cependant le projet que sa hardiesse lui inspire. Cet ennemi commun de la gloire de Dieu, et du salut des hommes, voyant Jésus-Christ exténué par un jeûne de quarante jours, s'approche de lui, et lui dit : *Si vous êtes le Fils de Dieu, dites que ces pierres deviennent du pain.* Il ne tenait sans doute qu'au Sauveur de faire ce miracle pour soulager sa sainte humanité, comme il en fit beaucoup d'autres en faveur de ceux qui s'adressaient à lui dans leurs besoins. Mais il ne voulut point en cela satisfaire son ennemi; il se contente de lui répondre que, *L'homme ne vit pas seulement de pain, mais de la parole de Dieu.* Le démon, vaincu par cette réponse, fit une autre tentative; il le transporta, dit l'Evangile, dans la ville sainte, et l'ayant mis au-dessus du temple, il lui dit de se jeter en bas, parce qu'il est écrit que Dieu a commandé à ses anges de prendre soin de lui. *Il est aussi écrit*, repartit Jésus-Christ : *Vous ne tenterez point le Seigneur votre Dieu.* Le tentateur vaincu pour la seconde fois, devait, ce semble, se retirer; mais il ne se rebute point de cette seconde défaite. Il transporte encore Jésus-Christ sur une haute montagne, et lui montrant les royaumes du monde : *Je vous donnerai toutes ces choses*, lui dit-il, *si vous vous prosternez devant moi pour m'adorer. Retire-toi, Satan*, répliqua Jésus-Christ, *parce qu'il est écrit : Vous adorerez le Seigneur votre Dieu, et ne servirez que lui seul.*

Ce récit, mes frères, vous paraîtrait incroyable, s'il ne vous était rapporté aussi fidèlement dans le saint Evangile. N'en soyons pas surpris ; car comme tout ce que Jésus-Christ a souffert, il l'a souffert pour nous, il a permis au démon de le tenter, pour nous empêcher, dit saint Augustin, d'être vaincus par la tentation. Il était notre chef, il a voulu par là nous engager et nous donner les moyens de vaincre la tentation. *Nous n'avons pas*, dit saint Paul, *un Pontife qui ne puisse compatir à nos infirmités, puisqu'il a éprouvé toutes sortes de tentations, hors le péché.* (*Hebr.*, IV, 15.) Ce n'est donc pas un mal d'être tenté, puisque Jésus-Christ et les saints l'ont été ; mais le souverain malheur de l'homme est de succomber à la tentation. Il faut donc apprendre à y résister, et pour cela connaître les différentes tentations auxquelles l'homme est plus sujet, premier point ; quels sont les moyens de les vaincre, deuxième point.

PREMIER POINT.

La vie de l'homme sur la terre est une tentation, une guerre continuelle, dit le saint homme Job (*Job*, VII, 1 seqq.); il est attaqué en toute part, en tout temps, en tout lieu ; il est obligé de combattre et de résister. Conçu dans l'iniquité, il porte au dedans de lui un principe de corruption et de péché ; tantôt il sent dans ses membres une loi qui combat contre celle de l'esprit ; tantôt il trouve dans les créatures des objets qui irritent et enflamment la funeste convoitise qui lui reste du péché d'origine, et toujours le démon, qui tâche de tirer avantage de ses faiblesses, tourne autour de lui comme un lion rugissant pour le dévorer. Il n'y a ni âge, ni sexe, ni état de vie, quelque parfait qu'il puisse être, qui soit à l'abri de ses attaques ; les solitudes même les plus impénétrables, les lieux les plus saints ne sont pas inaccessibles à cet ennemi commun du salut des hommes. Il n'y a ni ruses, ni artifices qu'il n'emploie pour les perdre ; sans jamais se rebuter de ses défaites, il dresse toujours de nouvelles batteries contre ceux même qui l'ont vaincu. Que le sort de l'homme est donc à plaindre, mes frères, dans cette misérable vie où il est toujours en danger de périr ! Mais ce qui doit nous consoler, c'est que Dieu, qui ne permet la tentation que pour notre avantage, nous donne tous les secours nécessaires pour y résister. Il combat lui-même avec nous pour nous faire remporter la victoire. Oui, mes frères, c'est pour notre bien que Dieu permet que nous soyons tentés, parce que la tentation nous donne occasion de nous humilier et de recourir à Dieu ; elle sert à éprouver notre vertu ; elle nous fait mériter la couronne que Dieu nous a promise, tels sont les avantages que vous pouvez en retirer.

Quoi de plus propre en effet à humilier l'homme que la tentation, qui lui fait connaître sa misère, ce qu'il est, et de quoi il est capable ? Peut-on avoir bonne opinion de soi-même, quand on connaît sa faiblesse ? De là vient que l'homme se connaissant si faible et si rempli de misères, recourt à Dieu dans la tentation ; il sent le besoin qu'il a de son secours, sans lequel il ne peut rien ; il lui demande avec confiance la grâce de triompher dans ses combats. Tels furent, mes frères, les avantages que le grand Apôtre retira des attaques humiliantes qu'il ressentait de la part d'une chair rebelle à la loi de son Dieu : *De peur*, dit-il, *que la grandeur de mes révélations ne me donne de hautes idées de moi-même, l'aiguillon de ma chair m'a été donné comme un ange de Satan. C'est pourquoi j'ai prié trois fois le Seigneur de l'éloigner de moi : « Propter quod ter Dominum rogavi. »* (II *Cor.*, XII, 7, 8.)

La tentation sert encore à éprouver, à purifier la vertu de l'homme. Comme on connaît dans la guerre la valeur du soldat, ainsi dans la tentation le chrétien fait paraître l'attachement qu'il a pour son Dieu. Quand est-ce, en effet, que l'on produit des actes de vertu plus héroïques et plus fervents ? N'est-ce pas quand on combat les vices qui leur sont contraires, quand on résiste aux tentations qui les attaquent ? Quand est-ce que votre foi est devenue plus vive, votre espérance plus ferme, votre charité plus ardente, votre pureté plus solide ? N'est-ce pas quand vous avez résisté au combat que l'ennemi du salut vous a livré pour vous ravir ces vertus ? Auriez-vous acquis tant de mérites, remporté tant de victoires, si la tentation ne vous avait animés à combattre ? Vous avez trouvé votre salut dans les guerres que vos ennemis vous ont suscitées, et vos victoires vous ont assuré la couronne que Dieu promet à ceux qui auront légitimement combattu. Car, pour mériter cette couronne, il faut vaincre ; pour vaincre, il faut combattre ; et pour combattre, il faut être attaqué : ce n'est qu'après avoir résisté aux attaques, remporté la victoire, que vous serez couronnés.

Grand sujet de consolation, mes frères, pour les âmes timides et peu expérimentées dans les voies du salut ; qui s'inquiètent et s'affligent des tentations, qui croient que tout est perdu quand elles sont tourmentées de pensées importunes, de représentations ridicules, de mouvements contraires à la loi de Dieu. Ne vous troublez point, peut-on leur dire après Jésus-Christ, la vertu ne consiste pas à être exempt de tentation, mais à vaincre les tentations ; c'est cette victoire qui a fait les saints et qui vous rendra saints vous-mêmes. Mais quelles sont les tentations ordinaires que vous avez à combattre ?

Parmi les différentes tentations auxquelles

la vie de l'homme est sujette, j'en remarque trois principales dont le démon se sert le plus souvent pour perdre les hommes, savoir la tentation du plaisir, la tentation de vaine gloire, la tentation d'intérêt; tels furent les trois objets que l'esprit malin proposa à Jésus-Christ pour le tenter dans le désert : je les rappelle en peu de mots, pour les appliquer à mon sujet. Le démon tenta Jésus-Christ par l'attrait du plaisir, lorsqu'il lui dit de changer des pierres en pain pour soulager la faim extrême qui l'avait exténué. Il le tenta de vaine gloire et de présomption, selon la remarque de saint Cyprien, en l'incitant à se jeter en bas du temple, dans la confiance que les anges le soutiendraient dans l'air, et que par là il deviendrait au peuple un objet d'admiration; enfin il essaya de le gagner par des vues d'intérêt et par l'éclat des richesses en lui promettant les royaumes du monde, en récompense des hommages qu'il lui demandait. Tels sont, mes frères, les appâts funestes dont le démon se sert pour faire tomber les hommes dans ses piéges; ce sont ces trois sources de la corruption générale dont parle le disciple bien-aimé dans sa première Epître (II, 16) : *Tout ce qui est dans le monde*, nous dit-il, *se réduit à la concupiscence de la chair, à la concupiscence des yeux, et à l'orgueil de la vie.* Par la convoitise de la chair, il entend l'amour des plaisirs criminels; par la convoitise des yeux, l'avidité qu'on a pour les richesses; enfin l'orgueil de la vie est le désir de s'élever aux honneurs. Voilà, mes frères, les ennemis redoutables que nous avons à combattre, et dont le démon se sert pour nous tenter et nous vaincre. Puissions-nous en connaître toutes les ruses et toute la force, pour nous mettre à couvert de leurs coups et remporter sur eux une entière victoire!

L'ennemi le plus à craindre que nous ayons est l'attrait du plaisir. Il est d'autant plus dangereux pour nous qu'il sympathise, pour ainsi dire, avec notre nature. Nous portons au dedans de nous un poids qui nous y entraîne, et contre lequel il est bien difficile de nous défendre; car étant composés, comme nous sommes, d'une nature sensible, nous cherchons volontiers ce qui peut la flatter; et comme nous trouvons dans les plaisirs de quoi satisfaire nos sens, nous nous y livrons aisément, quand ils se présentent à nous : d'ailleurs, ce qui augmente notre malheur, c'est que par la chute de notre premier père, notre nature a été tellement déréglée, qu'au lieu de se contenter des plaisirs permis, elle se porte maintenant à des plaisirs défendus; nous éprouvons au dedans de nous-mêmes une funeste convoitise, qui se révolte sans cesse contre la loi de l'esprit, qui nous détourne du bien que nous voudrions faire, et qui nous sollicite au mal que nous ne voudrions pas. C'est aussi par là que le démon, qui connaît notre faible, nous attaque le plus souvent, comme un conquérant qui, pour s'emparer d'une place, dresse ses batteries du côté le moins fortifié, et s'en rend bientôt maître, quand les habitants sont d'intelligence avec lui pour la lui livrer : ainsi le démon, qui connaît notre penchant pour les plaisirs criminels, irrite nos passions; et par l'intelligence qu'il a avec elles, il s'assure la conquête de notre cœur. En quoi il est bien plus à craindre, dit saint Augustin, qu'un ennemi qui nous attaque à force ouverte; car on se tient plus sur ses gardes contre celui qui nous persécute avec fureur, que contre celui qui nous trahit par ses caresses.

Or, combien de victoires cet ennemi si dangereux n'a-t-il pas déjà remportées, et ne remporte-t-il pas encore tous les jours de cette manière sur le faible cœur de l'homme? N'est-ce pas par l'attrait du plaisir que le serpent infernal est venu à bout de séduire nos premiers parents, en leur faisant manger le fruit défendu? N'est-ce pas aussi par ce moyen qu'il fit périr les habitants de la terre dans un déluge universel, qui fut le châtiment dont Dieu punit les plaisirs d'une chair qui avait corrompu ses voies, et qui ne méritait plus de posséder l'esprit de Dieu. Cinq grandes villes sont réduites en cendres pour avoir été souillées des voluptés brutales qui furent la suite de la bonne chère et de la débauche où leurs habitants s'étaient plongés. Un David, un Salomon, ces hommes si remplis de l'esprit de Dieu, tombent dans de grands désordres, pour avoir été vaincus par les charmes d'une volupté qui a irrité leurs passions.

Mais ne cherchons point, mes frères, d'autres preuves des impressions funestes que l'attrait du plaisir fait sur le cœur, que les crimes et les désordres qui règnent aujourd'hui parmi les hommes. On ne cherche que les plaisirs d'une vie molle et sensuelle, et c'est pour se contenter sur ce point, que l'on forme tant de parties dans le monde, que l'on noue tant de commerces criminels, que l'on fait tant d'assemblées, de jeux, de repas, de spectacles. Mais quelles en sont les suites? vous le savez, mes frères, par une triste expérience. N'est-ce pas en recherchant vos plaisirs dans ces assemblées, dans ces repas, dans ces spectacles, que vous vous êtes rendus coupables de mille désordres? N'est-ce pas là que vous êtes devenus, ou que vous avez fait la conquête d'un cœur perverti? N'est-ce pas là que la mort est entrée dans votre âme par autant de fenêtres que vous avez de sens qui ont leurs plaisirs? N'est-ce pas pour contenter ces sens et surtout celui du goût, que vous vous êtes livrés à des excès d'intempérance dans ces repas, où l'abondance et la délicatesse des mets irritaient un appétit que vous n'avez pas su modérer? C'est ainsi que le démon se sert de l'appât du plaisir pour aveugler ou pervertir les hommes, ou plutôt c'est ainsi que les hommes aveuglés par des passions qui ne cherchent que le plaisir, tombent dans les piéges du démon; car il faut l'avouer, quelque puissant, quelque redoutable que soit cet ennemi de notre salut pour tenter et perdre les hommes, il n'en viendrait jamais à bout, si les hommes ne voulaient bien eux-mêmes céder à la tentation; mais non-seulement les hommes succombent aisément à la tentation qui se présente, ils vont encore la chercher: il n'est pas nécessaire que le démon les sollicite à se jeter dans le précipice, comme il tenta Jésus-Christ de se jeter en bas du temple : *Mitte te deorsum :* ils y courent d'eux-mêmes et affrontent le péril, en s'exposant à l'occasion d'offenser Dieu, dans la fausse confiance qu'ils auront des secours, ou pour se soutenir ou se relever de leur chute en faisant pénitence.

Ah! mes frères, n'est-ce pas assez que vous ayez de rudes combats à soutenir de la part des puissances de l'enfer, sans que vous augmentiez leur force par votre facilité à chercher l'occasion de vous perdre? Faut-il que vous soyez vos propres tentateurs, en vous précipitant de plein gré dans les piéges qui vous sont tendus par vos ennemis? Ah! soyez plus vigilants sur vous-mêmes, pour les éviter et ne pas vous exposer témérairement au danger du péril.

Un autre écueil bien dangereux qui détourne les hommes des voies du salut, et où la vertu la plus solide fait souvent naufrage, c'est la vaine gloire. C'est par elle que l'ange rebelle s'est perdu en voulant s'égaler à Dieu; c'est aussi par elle qu'il s'efforce de perdre les hommes : il ne leur dit pas comme à Jésus-Christ de se jeter en bas; il les incite au contraire de s'élever au-dessus du pinacle, de chercher la gloire, de briguer les honneurs, les emplois dont ils ne sont pas capables, parce qu'il sait bien que ces hommes environnés de gloire, élevés à ces emplois, à ces dignités, ne pourront pas soutenir le point d'élévation où ils seront placés, et qu'ils tomberont d'eux-mêmes, accablés par le poids dont ils seront chargés : *Dejecisti eos dum allevarentur.* (*Psal.* LXXI, 18.) Que fait donc le démon, ou plutôt que font les hommes pour s'élever à la gloire, aux honneurs où ils prétendent? Ils se persuadent qu'ils ont le mérite et les talents nécessaires pour remplir un poste distingué dans le monde; dans cette persuasion, ils remuent tous les ressorts imaginables pour y parvenir. Sont-ils venus à bout de leurs desseins? Eblouis de la gloire qui les environne, ils perdent de vue le néant et les misères qui devraient les humilier; ils ne pensent pas à remplir les devoirs dont ils sont chargés; n'en étant pas capables, ils ne songent pas même à le devenir; de là ces fautes considérables qu'ils commettent dans leur emploi, dont l'orgueil ne leur permet pas même de s'apercevoir. Ce même orgueil qui les a élevés, leur fait regarder avec dédain ceux qui sont au dessous d'eux; et tout remplis d'un mérite qu'ils croient avoir, ils n'ont que du mépris pour les autres; de là ces airs de hauteur qu'ils affectent à l'égard de ceux qui sont dans une condition inférieure, ces vengeances qu'ils méditent contre ceux dont ils se croient insultés, ou qui ne leur rendent pas les honneurs qu'ils croient mériter. C'est ainsi que l'orgueil et la vaine gloire perdent les hommes qui se laissent aveugler par ce faux brillant que le démon leur présente pour les gagner. Le croirait-on, mes frères, ce poison de la vanité est si subtil, qu'il fait souvent tomber la vertu même la plus solide. Que fait l'ennemi du salut pour faire perdre aux hommes le mérite de leurs meilleures actions? Il leur ménage et leur procure des louanges, des applaudissements de la part de ceux qui les connaissent; il les engage à faire leurs actions dans cette vue, ou du moins à se complaire dans les éloges qu'on leur donne, afin qu'ils perdent la récompense que Dieu leur promet. Ah! combien de vertus ont échoué à cet écueil fatal de la vaine gloire! Combien de jeûnes, d'aumônes, de prières ont perdu leur mérite et leur couronne, parce que l'amour-propre en était le principe; de sorte qu'il faut être sur ses gardes dans le temps même que l'on fait les meilleures actions.

Enfin la troisième source de la dépravation du cœur de l'homme, est la tentation de l'intérêt. Quel est celui en effet qui ne se laisse pas éblouir par l'éclat des richesses, qui ne cherche pas du bien quand il n'en a pas, ou qui ne s'attache pas à celui qu'il a? *Quis est hic, et laudabimus eum?* (*Eccli.* XXXI, 9.) Le bien, l'intérêt est le motif de la plupart des actions des hommes. On veut en avoir par quelque voie que ce soit, qu'elle soit juste ou injuste, c'est de quoi on ne se met pas en peine; on veut vivre dans le monde d'une manière aisée et commode; on veut établir avantageusement ses enfants, et pour cela il faut du bien. Si on n'en a pas, on veut en acquérir beaucoup, et en acquérir en peu de temps; mais pour en venir là, que d'injustices à l'égard du prochain? Faut-il accabler la veuve et l'orphelin, user de vexation contre les faibles? Trouve-t-on l'occasion de s'emparer du bien d'autrui, d'agrandir ses héritages au préjudice des autres, d'acheter leur bien à vil prix, à raison de la nécessité où ils sont, de grossir le capital des intérêts d'un argent que l'on prête; d'employer enfin tous les artifices que la cupidité peut inspirer et dont le détail ne finirait point? On met tout en usage, pourvu que l'on amasse du bien et que l'on fasse sa fortune. A combien d'autres désordres ne conduit pas cette malheureuse avidité? Que de noirs attentats n'a-t-elle pas fait commettre? De combien d'intrigues criminelles, d'impuretés, l'argent n'est-il pas l'attrait et le soutien? N'est-ce pas souvent en vue d'un intérêt sordide, d'un prétendu établissement, que l'on sacrifie son honneur, sa vertu, son salut? Combien de fois la faible vertu a-t-elle succombé sous l'espérance flatteuse d'un bien qu'on lui a promis, et dont on a payé sa malheureuse facilité à se livrer au crime? *Hæc omnia tibi dabo.*

Mais c'est surtout par l'amour du bien que le démon tient l'avare captif dans ses chaînes. Que ne lui fait-il pas faire pour en avoir? *Hæc omnia tibi dabo, si procidens adoraveris me.* Il adore le démon dans cet argent dont il fait son idole; l'attachement qu'il a pour ce bien lui fait transgresser en mille occasions la loi du Seigneur, le rend insensible aux misères des pauvres qui lui demandent de la part de Dieu la portion qui leur est due. Il préfère donc son argent à son Dieu, et voilà ce qui s'appelle adorer le démon en vue du bien et de l'argent: *Hæc omnia.* Malheureux esclaves d'un maître si cruel, vous payerez bien cher les hommages que vous lui rendez; vous serez réduits à la plus affreuse indigence dans l'enfer qui sera votre demeure.

J'aurais encore, mes frères, bien des choses à vous dire sur les différentes tentations que le démon suscite aux hommes. Il tente les uns par désespoir de leur salut, et les autres par présomption; il détourne ceux-ci de leurs devoirs par les mauvais exemples et les conseils pernicieux des suppôts dont il se sert pour les pervertir; il endort ceux-là dans le péché, parce qu'ils n'ont point de vices grossiers à se reprocher: et combien de fois ne se transforme-t-il pas en ange de lumière pour faire prendre le faux pour le vrai en fait de dévotion? mais il est temps de vous apprendre les moyens de résister à la tentation.

DEUXIÈME POINT.

Je l'ai dit, mes frères, quelque puissant que soit l'ennemi de notre salut pour nous tenter et nous perdre, nous ne sommes jamais vaincus que par notre faute; nous pouvons toujours sortir avec avantage de la tentation. Dieu est fidèle, dit l'apôtre saint Paul, et il ne souffre jamais que nous soyons tentés au delà de nos forces: il proportionne son secours aux forces de notre ennemi: comme il ne permet la tentation que pour éprouver notre vertu, le tentateur n'a de pouvoir sur nous qu'autant qu'il nous connaît plus ou moins de forces pour lui résister: *Non patietur tentari vos supra id quod potestis.* (I *Cor.*, X, 13.)

C'est pourquoi saint Augustin compare le démon à un chien enchaîné, qui peut bien aboyer et faire du bruit, mais qui ne peut mordre que ceux qui s'en approchent: *Latrare potest, mordere non potest nisi volentem.* Il peut bien nous solliciter au mal, mais non pas nous y contraindre. Tous les démons même ligués ensemble contre nous pour nous perdre, ne sauraient en venir à bout si nous ne voulons. Notre sort est toujours entre nos mains; soutenus par la grâce de notre Dieu, nous pouvons découvrir toutes leurs ruses, résister à tous leurs efforts: *Omnia possum in eo qui me confortat.* (*Philipp.*, IV, 13.) Nous sommes faciles, il est vrai, à être surpris, faibles à résister, dit saint Bernard, mais nous n'avons qu'à coopérer à la grâce qui soutient notre faiblesse, et nous ne serons jamais vaincus. Quels sont donc ces moyens? Il y en a deux principaux auxquels tous les autres peuvent se réduire, qui sont la vigilance et la prière. *Veillez et priez,* dit Jésus-Christ, *pour ne point entrer en tentation,* c'est-à-dire, comme l'explique saint Jérôme, pour n'y pas succomber: *Vigilate et orate, ut non intretis in tentationem.* (*Matth.*, XXVI, 41.)

En quoi consiste cette vigilance si nécessaire pour n'être point surpris et vaincu par la tentation? Elle consiste, mes frères, à se préparer à la tentation, à s'éloigner des objets de la tentation, à réprimer, à mortifier nos passions qui fournissent des armes à nos ennemis pour nous vaincre par la tentation. Tels sont les moyens que Jésus-Christ nous apprend dans notre Evangile par sa retraite dans le désert, par l'éloignement du monde, par le jeûne de quarante jours qu'il y pratiqua.

Le premier devoir de la vigilance chrétienne est de se préparer à la tentation; c'est celui que le Saint-Esprit lui-même nous apprend, quand il nous avertit de persévérer dans la justice et la crainte, et de préparer notre âme à la tentation: *Fili, accedens ad servitutem Dei, sta in justitia et timore, et præpara animam tuam ad tentationem.* (*Eccli.*, II, 1.) Qu'est-ce donc que de se préparer à la tentation? C'est la craindre, et en même temps se tenir ferme contre ses attaques: *Sta in justitia et timore.* Pour se préparer au combat, il faut craindre et se défier de soi-même; mais il ne faut pas se décourager. La crainte et la vigueur sont également nécessaires: l'une arrête la témérité, et l'autre bannit la pusillanimité; l'une nous empêche d'attaquer de front l'ennemi, et l'autre de succomber quand il nous attaque. Il faut craindre la tentation, se défier de ses forces, se tenir sur ses gardes quand elle vient; tout nous engage à cette crainte: le genre du combat, notre propre faiblesse, la force de nos ennemis, l'importance de la victoire. Quand il s'agit dans une guerre d'une place importante, et que l'on a affaire à de puissants ennemis, on craint avec raison de perdre la victoire; celui qui occupe cette place ne va pas le premier au combat, il se tient seulement sur la défensive s'il est attaqué, pour ne pas perdre ce qu'il possède. Il en faut faire de même dans les guerres du salut; d'autant plus, mes frères, qu'il ne s'agit pas ici de perdre une ville, une province, un royaume, mais le salut éternel, qui vaut plus que toutes les couronnes de la terre. Nous avons affaire à de puissants ennemis; *car nous n'avons pas seulement à combattre contre la chair et le sang,* dit l'Apôtre, *mais contre les principautés et les puissances de l'enfer, contre les maîtres de ce monde, de ce lieu de ténèbres, contre les malins esprits qui sont dans l'air: « Non est nobis colluctatio adversus carnem et sanguinem; sed adversus principes et potestates, adversus mundi rectores tenebrarum harum. »* (*Ephes.*, VI, 12.) Ah! qu'ils sont puissants, ces ennemis, qu'ils sont rusés, qu'ils sont redoutables par leur malice et leur nombre! Malheur à celui qui les irait attaquer de front; il ne pourait s'attendre qu'à une honteuse défaite. Défions-nous donc de nous-mêmes; convaincus de notre faiblesse, contentons-nous de nous tenir sur la défensive; quand Dieu ne demande pas de nous des attaques, il nous suffit pour lors de résister courageusement, et de nous armer de courage pour nous défendre contre leurs efforts, comme dit l'Apôtre : *Confortamini in Domino et in potentia virtutis ejus.* (*Ephes.*, VI, 10.) Quelque puissants qu'ils soient dans leurs attaques, ne craignons rien, nous pouvons en triompher avec le secours de Dieu, qui ne nous manque jamais. Si nous combattions seuls, nous n'aurions aucune espérance de triompher de nos ennemis; mais le Dieu qui a vaincu pour nous, combat encore avec nous, il nous soutient par la force de son bras tout-puissant; et si Dieu est pour nous, qui est-ce qui pourra être contre nous? *Si Deus pro nobis, quis contra nos?* (*Rom.*, VIII, 31.) Vérité bien consolante, mes frères, qui doit nous encourager, nous réjouir dans les guerres que nous avons à soutenir de la part du démon. Nous pouvons lui résister, le mépriser, le fouler aux pieds avec la même facilité, dit saint Grégoire, que nous le ferions d'une fourmi; c'est assez, pour le déconcerter, de lui montrer de la résolution, en lui faisant voir que nous sommes toujours prêts à nous défendre, et que nous ne le craignons pas. C'est ainsi, mes frères, qu'il faut nous préparer à la tentation : et comme notre force vient principalement de la grâce de Dieu qui nous soutient, il faut la mériter, cette grâce, par un grand éloignement de tout ce qui peut nous porter à la tentation : second devoir de la vigilance que Jésus-Christ nous a appris par sa fuite dans le désert.

Ce Dieu Sauveur n'avait pas besoin de se retirer dans la solitude; il pouvait également vaincre le tentateur dans le monde; il n'avait pas à craindre les mauvaises impressions des objets qu'on y voit, et qui portent à la tentation; mais comme il était venu pour être notre modèle, et qu'il connaissait notre faiblesse, il a voulu nous apprendre par son exemple à fuir les occasions du péché pour n'être pas vaincus. Car en vain, mes frères, prétendriez-vous triompher de votre ennemi, si vous vous exposez au danger d'être vaincus? Dieu vous a promis à la vérité de vous soutenir dans les tentations inséparables de votre état, que la malice de vos ennemis vous suscite, et que Dieu permet pour éprouver votre vertu. Mais croire qu'il vous soutiendra dans celle où vous vous livrerez vous-mêmes de plein gré, et qu'il commandera à ses anges d'avoir soin de vous, lorsque vous vous jetterez dans le précipice; c'est une illusion, c'est une présomption qui en a perdu plusieurs, et qui vous perdra, si vous n'y pensez. Remarquez, mes frères, que quand le démon sollicita Jésus-Christ de se jeter en bas du temple, dans la confiance que les anges auraient soin de lui, Jésus-Christ lui répondit qu'il ne fallait point tenter Dieu : *Non tentabis Dominum.* Or voilà ce que fait le pécheur téméraire qui s'expose dans l'occasion de tomber. Il tente Dieu en attendant un secours dont sa témérité le rend indigne, et que Dieu lui a fait entendre qu'il lui refuserait. Et certes, quelle grâce devez-vous espérer dans ces tentations qu'il vous est libre d'éviter? C'est une grâce de fuir : fuyez donc, point d'autres moyens pour vaincre votre ennemi : *Fuge et vicisti.* Car si vous vous approchez de trop près du loup infernal, quoiqu'il soit attaché, il vous mordra, et vous deviendrez sa proie. Combien de fois n'avez-vous pas déjà éprouvé ce malheur? La plupart de vos péchés ne viennent que de votre facilité à vous exposer au péril et à l'occasion d'offenser Dieu. Oui, mes frères, si vous vous rendez justice, vous conviendrez que vous n'avez perdu la grâce de votre Dieu, que parce que vous avez fréquenté ces personnes qui ont été un écueil funeste à votre vertu; vous conviendrez que si vous êtes tombés dans ce désordre, et que si vous avez contracté une telle habitude, c'est pour avoir voulu être de ces parties de plaisir où vous avez trouvé des objets qui ont séduit votre esprit et corrompu votre cœur. Fuyez donc, mes frères, fuyez, et vous remporterez la victoire sur la tentation : *Fuge et vicisti.*

Mais cette victoire ne sera pas encore complète, si vous ne mortifiez les passions qui vous portent au péché. Vous pouvez fuir les ennemis étrangers, mais ceux-ci sont des ennemis domestiques, que vous ne pouvez éviter; il faut donc les contenir, en arrêter les saillies par une mortification constante : c'est à quoi vous oblige encore la vigilance chrétienne.

C'est aussi la leçon que Jésus-Christ a voulu nous donner, en se préparant, par un jeûne de quarante jours, au combat et à la victoire qu'il remporte sur l'esprit tentateur. Ce n'est pas qu'il eût besoin de souffrir cette abstinence rigoureuse, pour vaincre son ennemi; mais comme il voulut par l'exemple de sa retraite, nous apprendre le secret d'éviter les coups des ennemis du dehors, il a voulu aussi par celui de la mortification nous enseigner le moyen de triompher des ennemis du dedans. Ces ennemis, comme vous le savez, sont nos passions; c'est notre chair sujette à la convoitise qui la porte sans cesse à se révolter contre la loi de Dieu : *Unusquisque tentatur a concupiscentia sua.* (*Jac.*, I, 14.) Il faut donc mortifier ces passions, châtier cette chair et la réduire en servitude, afin qu'elle n'ait point d'ascendant sur l'esprit. Car le moyen de vaincre un ennemi, c'est de l'affaiblir; or nous n'affaiblirons nos passions qu'en mortifiant notre chair, et en la traitant avec rigueur. Vous le savez, mes frères, par une fatale expérience; quand vous accordez à vos passions tout ce qu'elles vous demandent, quand vous ne refusez rien à votre corps de tout ce qui peut contenter ses appétits, c'est alors que la tentation se fait sentir avec plus de violence; une chair engraissée et nourrie délicatement est bien plus propre à seconder les desseins du démon, que celle qui est affaiblie par les austérités de la pénitence; parce que l'aiguillon de cette chair immortifiée lui sert d'instrument pour allumer le feu des passions : *Impinguatus recalcitravit.* (*Deut.*, XXXII, 15.) Voulez-vous donc affaiblir le démon, affaiblissez votre chair, dont la trop grande vigueur lui fournit des armes contre vous; par ce moyen vous trouverez votre force dans votre faiblesse même. C'est pour vous donner cette force que l'Eglise, en vous proposant l'exemple de notre divin Maître, vous ordonne ce jeûne de quarante jours qui doit vous servir de remède contre les vices, et d'aliment pour toutes les vertus : *Vitia comprimis, mentem elevas, virtutem largiris et præmia.* Nul moyen plus propre pour vous soutenir contre les révoltes de la chair, que de la dompter par le jeûne. Aussi le démon ne craint-il rien tant, dit saint Augustin qui l'avait éprouvé, que les jeûnes, les veilles et les austérités des serviteurs de Dieu : *Credite mihi experto, pertimescit Satanas recte viventium vigilias, orationes, jejunia.* Entrez donc avec joie dans cette sainte quarantaine, et passez-la dans toute la ferveur dont vous serez capables.

C'est un temps favorable pour le salut, comme l'Eglise nous l'annonce dans l'Epître de saint Paul : *Ecce nunc tempus acceptabile.* Employez des moments si précieux à gémir sur vos iniquités, faites-en pénitence, et observez le jeûne prescrit, sans écouter les plaintes d'une nature toujours ingénieuse à trouver des prétextes pour s'en dispenser. Essayez vos forces, vous verrez qu'elles sont plus grandes que vous ne pensez : *Exhibeamus nos in vigiliis, in jejuniis.* Si la maladie ou quelqu'autre excuse légitime vous en dispense, soyez plus assidus à la prière : *in orationibus.* Offrez à Dieu toutes les peines attachées à votre état, souffrez patiemment les tribulations de la vie : *in tribulationibus, in multa patientia.* Suppléez au jeûne que vous ne pouvez soutenir, par les aumônes que vous ferez aux pauvres : *multos locupletantes.* Donnez à la charité, dit saint Paul, ce que vous retranchez à la cupidité : *tanquam nihil habentes.* Détachez-vous de tout ce que vous possédez; par là vous remporterez la victoire sur l'amour des biens de la terre. Mais le jeûne le plus salutaire, et dont personne n'est exempt, est celui des passions. Faites mourir ces passions, en les sevrant des plaisirs qui les nourrissent et des objets qui les flattent : *Quasi morientes, ut castigati.* (II *Cor.*, VI, 2-9.) C'est un moyen sûr de parer les coups de vos ennemis, et de vaincre les tentations. Veillez sur tous vos sens pour les rendre inaccessibles à tout objet dangereux; mortifiez vos yeux par la modestie, votre langue par le silence, vos oreilles en les fermant aux discours des impies et des médisants; quand vous aurez réduit par la mortification tous vos sens en servitude, vous pourrez vous flatter d'avoir remporté une victoire complète sur vos ennemis, soit étrangers, soit domestiques. Les étrangers ne pourront avoir d'accès chez vous pour vous nuire, et les domestiques ne pourront s'échapper pour vous livrer aux objets séduisants qui sont dans le monde, et vous soumettre à leur empire. Etudiez surtout vos inclinations dominantes, pour en arrêter les saillies et les mouvements ; car ce sont celles-là que le démon lui-même étudie particulièrement pour vous tenter et vous perdre. Il vous présente des objets qui flattent votre humeur, il vous ménage des occasions où il sait que vous vous laissez gagner ; si vous aimez la gloire et l'honneur, il vous offrira les moyens de l'acquérir : mais pour le vaincre en ce point, soyez, comme dit le grand Apôtre, aussi indifférents pour la gloire comme pour le mépris : *Sicut qui ignoti et cogniti.* (*Ibid.*) Si vous vous laissez posséder par le désir des richesses et par l'amour des plaisirs, il en présentera à votre cupidité; et pour la satisfaire, il vous fera transgresser la sainte loi de votre Dieu. Mais pour vous garantir de ses ruses et de ses embûches, que devez-vous faire? C'est de recourir à cette sainte loi, comme Jésus-Christ nous l'apprend dans l'Evangile : *Scriptum est.* Si vous êtes tentés de donner votre cœur à d'autres qu'à celui qui l'a formé, lisez, méditez la loi; il est écrit que c'est Dieu seul qu il faut aimer de tout son cœur : *Scriptum est, Diliges Dominum Deum tuum.* Etes-vous sollicités, menacés même comme la chaste Susanne? vous voyez-vous réduits à de fâcheuses extrémités, ou de pécher contre Dieu, ou d'être en butte à la calomnie des méchants, si vous ne succombez à la passion de ce débauché, ou si vous ne violez en quelqu'autre point les commandements de Dieu : dans cette circonstance critique, quelle conduite tenir? Lisez la loi, vous y verrez qu'il vaut mieux tomber entre les mains des hommes qu'entre les mains du Dieu vivant, encourir la disgrâce des hommes que celle de Dieu. Etes-vous tentés par un esprit d'orgueil de vous élever au-dessus des autres? mais il est écrit : *Scriptum est*, que Dieu humilie les superbes, et donne sa grâce aux humbles. Etes-vous tentés par un esprit d'intérêt de vous enrichir aux dépens de votre prochain? mais il est écrit, *Scriptum est*, que bienheureux sont les pauvres, et qu'on n'entre point dans le ciel avec le bien d'autrui. La haine s'empare-t-elle de votre cœur, et la colère vous porte-t-elle à tirer vengeance d'un ennemi? mais il est écrit, *Scriptum est*, que bienheureux sont les pacifiques, et que Dieu ne pardonnera qu'à ceux qui auront pardonné. Des pensées contraires à la saine vertu troublent-elles votre imagination? Sentez-vous l'aiguillon mortel qui vous porte à des plaisirs défendus? mais il est écrit, *Scriptum est*, qu'il faut avoir le cœur pur pour voir Dieu : *Beati mundo corde, quoniam ipsi Deum videbunt.* (*Matth.*, V, 8.) C'est ainsi, mes frères, que vous devez en agir à l'égard de toutes vos passions; il faut leur opposer toujours les vérités éternelles, comme un bouclier invincible qui vous mettra à couvert de tous leurs coups, et qui arrêtera les saillies. Il faut surtout résister dès les premières attaques : on tue bien plus facilement le serpent quand il est petit, que quand il est dans toute sa force : dès que sa tête est entrée, il est difficile de le faire sortir, dit saint Grégoire de Nysse. On éteint plus aisément une étincelle qu'un incendie qui a déjà gagné tout le bâtiment. Ayez donc grand soin d'étouffer jusqu'aux premières étincelles de vos passions, de renoncer aux inclinations naissantes, de résister aux premiers désirs, et même à la première pensée qui est toujours péché, dès qu'elle est volontaire. Mais en vain, mes frères, combattrez-vous, si le Seigneur ne combat avec vous; en vain veillerez-vous, vous tiendrez-vous sur vos gardes contre la tentation, si le Seigneur ne vous donne son secours pour remporter la victoire : ***Nisi Dominus custodierit civitatem, frustra vigilat qui custodit eam.*** (*Psal.*, CXXVI, 1.)

Il faut donc lui demander ce secours par de ferventes prières : vous devez, comme le Prophète, élever vos yeux vers la sainte montagne, pour attirer sur vous ces grâces puissantes qui vous rendront victorieux dans le combat : ***Levavi oculos meos ad montes, unde veniet auxilium mihi.*** (*Psal.* CXX, 1.) Le Seigneur est tout prêt à vous secourir, il s'est même engagé à vous tenir sous l'ombre de ses ailes, pour vous mettre à couvert de la fureur de vos ennemis : *Scapulis suis obumbrabit tibi.* Mais à quelle condition vous promet-il son secours? A condition que vous le lui demanderez avec une vive confiance, et que vous élèverez votre voix vers lui pour invoquer son saint nom : ***Clamabit ad me, et ego exaudiam eum.*** (*Psal.*, XC, 4-9.) C'est aussi ce que Jésus-Christ nous a appris dans la prière qu'il nous a enseignée par ses apôtres : ***Et ne nos inducas in tentationem : « Ne souffrez pas, Seigneur, que nous succombions à la tentation. »*** Hélas! mes frères, si vous avez éprouvé votre faiblesse dans tant d'occasions, si vous avez succombé à telle ou telle tentation, ne vous en prenez qu'à votre négligence à prier : il est impossible d'éviter le péché et de vivre saintement, si on n'est assidu à la prière. Il faut prier avant la tentation pour vous préparer au combat, prier pendant la tentation pour vous y soutenir, prier après la tentation pour remercier Dieu des victoires remportées. Il faut donc prier souvent pour vaincre le tentateur. Mais en quoi consiste l'exercice de la prière, si nécessaire pour remporter cette victoire?

Pratiques. — C'est 1°, mes frères, de vous rappeler souvent la présence de Dieu. Souvenez-vous, dans vos tentations, que Dieu vous voit, qu'il est témoin de vos combats, et qu'il en sera la récompense; cette pensée, Dieu me voit, est très-efficace pour vous empêcher de céder à la tentation; plusieurs saints s'en sont servis utilement : on devient bientôt parfait, quand on a l'habitude de marcher devant Dieu : *Ambula coram me, et esto perfectus.* (*Gen.*, XVII, 1.) 2° Pensez souvent à vos fins dernières, qui sont la mort, le jugement, l'enfer, le paradis, et vous ne pécherez jamais : ***Memorare novissima tua, et in æternum non peccabis.*** (*Eccli.*, VII, 40.) Pourriez-vous en effet vous résoudre à commettre cette action criminelle, cette injustice, si vous pensiez sérieusement qu'après l'avoir commise, la mort peut vous surprendre dans cet état; et que si vous mouriez en état de péché, vous seriez perdus pour toujours? 3° Elevez souvent dans la tentation votre cœur à Dieu, suivant les circonstances où vous vous trouvez, et le genre de péché dont vous êtes tentés; rendez-vous familières les oraisons jaculatoires. Dans les tentations contre la foi, protestez à Dieu que vous croyez fermement tout ce qu'il vous a révélé par son Eglise. Etes-vous tentés par de mauvaises pensées contre la pureté? demandez à Dieu ce cœur pur que lui demandait le Roi-Prophète : *Cor mundum*, etc. (*Psal.* L.) Etes-vous saisis d'un mouvement de colère? Rappelez-vous la patience de Jésus-Christ dans les douleurs qu'il a souffertes pour vous, et dites-lui avec les apôtres : Apaisez, Seigneur, cette tempête; sauvez-moi, car autrement je périrai : ***Domine, salva nos, perimus*** (*Matth.*, VIII, 25); ainsi de tant d'autres. Tenez-vous surtout attachés aux pieds de Jésus-Christ, embrassez-les étroitement, et dites-lui souvent que vous ne voulez point le quitter. Renouvelez cette protestation autant de fois que la tentation reviendra; après lui avoir été unis sur la terre, vous le serez éternellement dans le ciel; après avoir remporté la victoire, vous recevrez la couronne immortelle. *Amen.*

PRONE XXV.

Pour le deuxième Dimanche de Carême.

SUR L'HABITUDE DU PÉCHÉ, QUI EST L'EFFET DU PÉCHÉ.

Miserere mei, Domine, fili David, filia mea male a dæmonio vexatur. (*Matth.*, XV, 22.)

Ayez pitié de moi, Seigneur, fils de David, ma fille est cruellement tourmentée du démon.

C'est ainsi, mes frères, qu'une femme cananéenne demandait à Jésus-Christ la guérison de sa fille possédée du démon. Sa prière fut accompagnée d'une foi si vive, et d'une confiance si constante, qu'elle obtint ce qu'elle désirait; cette fille fut délivrée du démon qui l'obsédait et rendue à sa mère. C'était sans doute un état bien déplorable; mais celui d'un homme en qui le démon a fixé sa demeure par le péché, est encore plus à plaindre, surtout quand le démon y règne par un péché d'habitude. Quand on commence à pécher, le démon fait son entrée dans l'âme, et il est facile de l'en faire sortir. Mais quand on est habitué au mal, et que le vice est enraciné dans une âme par une suite de péchés qu'elle a commis, le démon fixe tellement sa demeure dans cette âme, il la captive par des liens si forts qu'il est bien difficile d'en secouer le joug, il faut un miracle de la grâce pour délivrer cette âme du triste esclavage où elle est réduite. Ah! c'est pour lors que le pécheur doit recourir à Jésus-Christ et lui demander instamment sa délivrance. Seigneur, doit-il dire, en élevant sa voix comme la Cananéenne de notre Evangile, cette âme qui est votre fille, créée à votre image et ressemblance, à qui vous avez donné une nouvelle vie en mourant pour elle sur la croix, que vous avez purifiée dans votre sang précieux; cette âme est devenue la demeure du démon, elle est esclave d'une mauvaise habitude qui lui a porté les coups les plus meurtriers : *Male a dæmonio vexatur;* ayez donc pitié de sa misère, brisez ses chaînes, et mettez en fuite le démon qui s'en est rendu maître. Voilà, pécheurs, ce que vous devez faire pour sortir de vos mauvaises habitudes : pour vous qui n'y êtes pas encore engagés, craignez-en les malheurs, et que les uns et les autres apprennent aujourd'hui la conduite qu'ils doivent tenir, ou pour se corriger ou pour se préserver.

Si vous voulez ne jamais contracter de mauvaises habitudes, connaissez-en les pernicieux effets; premier point.

Si vous désirez sincèrement vous corriger de vos habitudes vicieuses, appliquez-vous à en connaître les moyens les plus efficaces; second point.

En deux mots, ce que l'habitude fait contre l'habitude : voilà tout le plan de ce discours et le sujet de vos favorables attentions.

PREMIER POINT.

L'habitude du péché est une facilité que l'on a de le commettre, qui s'acquiert par les actes réitérés que l'on en produit. Cette habitude peut même se contracter par un seul péché qui viendrait d'une passion véhémente, et qui laisserait dans le cœur de fortes impressions du mal. Il n'est donc pas toujours nécessaire pour juger qu'une habitude est formée, que les actes en soient souvent répétés; on le connaît par l'affection à commettre certains péchés quand l'occasion s'en présente. Ainsi l'on peut dire qu'un impudique, un intempérant qui se livrent à leurs passions dans les occasions qui ne se trouvent que rarement, sont des pécheurs d'habitude, parce que ce n'est que faute d'occasion, et non d'inclination, qu'ils ne pèchent pas fréquemment. Or, de quelque nature que soit l'habitude, de quelque manière qu'elle se contracte, elle est très-pernicieuse dans ses effets, elle rend le pécheur plus criminel, sa conversion plus difficile, et sa mort dans le péché plus certaine.

Plus la volonté est déterminée au mal et multiplie ses fautes, plus elle est criminelle devant Dieu. Or, comme l'habitude est l'effet d'une volonté opiniâtrément attachée au mal, et qu'elle est une source féconde de péchés, il faut convenir qu'elle rend le pécheur plus criminel.

L'ignorance, la fragilité, la surprise, une tentation violente, une occasion imprévue : tout cela diminue l'énormité du péché, parce que tout cela suppose moins de détermination dans le pécheur; mais rien n'excuse celui qui pèche par habitude, parce qu'il le fait avec connaissance de cause; bien loin de résister à la tentation, il se livre de plein gré à son ennemi; bien loin de fuir l'occasion, il la cherche de propos délibéré, il s'en fait une gloire et un honneur, il pèche avec mépris de la loi de Dieu, ce qui est le comble de la malice. Il pèche sans presque aucune résistance, car l'habitude, une fois formée, devient la cause d'une infinité de péchés : péchés de même espèce, péchés de différentes espèces. Il n'y en a point qu'un habitudinaire ne commette; l'habitude est une tige empoisonnée d'où sortent mille funestes rejetons : un péché en attire un autre, on tombe d'abîme en abîme : *Abyssus abyssum invocat.* (*Psal.*, XLI, 8.) On entasse, on accumule péchés sur péchés, désirs sur désirs, actions sur actions; par ce moyen la passion se fortifie; la passion fortifiée domine la raison, et la conduit comme elle veut : on avale l'iniquité comme l'eau, sans presque s'en apercevoir; en sorte que le pécheur se trouve lié et comme enveloppé des chaînes du péché; il fait autant de chutes que de pas : *Iniquitates suæ capiunt impium, et funibus peccatorum suorum constringitur.* (*Prov.*, V, 22.)

Oh! qui pourrait comprendre jusqu'à quel excès l'habitude conduit le pécheur? Qui pourrait découvrir au juste toutes les pensées criminelles qu'un impudique roule dans son esprit, tous les désirs grossiers auxquels se livre son cœur, tous les regards lascifs qu'il permet à ses yeux, toutes les voluptés brutales où il n'a pas honte de se plonger? Qui pourrait compter tous les jurements qu'un jureur prononce seulement dans un jour? Il n'est pas un de ses discours qui n'en soit empoisonné; lui-même ne pourrait les nombrer. Voyez cet homme livré à l'intempérance, qui ne sait plus garder de modération dans ses repas; il s'abandonne à la débauche toutes les fois qu'il en trouve l'occasion; il la recherche même avec empressement, et il n'est jamais plus content que quand il peut s'associer des compagnons de débauche avec qui il passe des journées entières à table, et souvent une grande partie de la nuit; perverse et funeste société, où on se fait gloire à qui boira le plus; de là quels excès! la raison en est troublée et la santé altérée.

L'habitude est encore la cause de beaucoup de péchés de différentes espèces. Un homme sujet à une passion met en jeu toutes les autres pour satisfaire celle qui domine en lui : ainsi un vindicatif emploie la médisance, la calomnie, l'injustice, les attentats pour exécuter les noirs desseins que sa passion lui inspire. De combien de désordres l'impureté, l'intempérance, ne sont-elles pas la cause? Combien d'autres passions ne font-elles pas marcher après elles pour parvenir au but qu'elles se proposent?

n'est-ce pas aussi l'habitude qui est la cause des sacriléges dont un grand nombre de pécheurs se rendent coupables? Car d'où vient qu'après tant de confessions et de communions, on voit si peu de changement dans la plupart de ceux qui s'approchent des sacrements? C'est qu'ils n'y apportent point les dispositions nécessaires : ils reçoivent les sacrements sans douleur du passé et sans bon propos pour l'avenir; c'est ainsi que l'usage des choses saintes les rend plus criminels, au lieu de les sanctifier. En effet, mes frères, ils n'ont point de douleur du passé, parce que leur péché est un péché favori auquel ils ne veulent point toucher, et que, bien loin de le détester, ils en rappellent avec plaisir le souvenir. Ils n'ont point de bons propos pour l'avenir, parce qu'ils ne veulent point changer : de là, trouvent-ils un confesseur zélé qui tente de les guérir par des remèdes salutaires; s'il les met à l'épreuve, et s'il exige d'eux de sages délais que la prudence lui inspire, ils se rebutent, ils ne reviennent plus au temps qu'on leur a marqué, ils aiment mieux croupir dans leur désordre, que de se mettre en état de profiter de la grâce des sacrements. Cependant dans un temps de Pâques ou dans d'autres solennités, comme ils veulent sauver les apparences et conserver dans le monde leur réputation, ils vont chercher d'autres confesseurs dans l'espérance de les trouver plus indulgents, ou à qui ils déguisent le triste état de leur âme, pour avoir une absolution dont ils sont indignes : c'est ainsi que pour paraître chrétiens devant les hommes, ils deviennent sacrilèges devant Dieu, et n'étant plus retenus par aucun motif, ils abusent de tout ce que la religion a de plus sacré. Car après avoir profané le sacrement de la réconciliation, ils franchissent le pas du tribunal à la sainte table, où ils vont encore profaner le corps et le sang de Jésus-Christ, qu'ils reçoivent dans un cœur esclave du péché. Voilà, mes frères, quel est le désordre et la suite de l'habitude; voilà ce qui fait que la vie d'un grand nombre de pécheurs n'est qu'un tissu de sacriléges; et voilà peut-être le triste état de ceux qui m'écoutent. Ne vous y trompez pas, il faut entièrement renoncer à vos mauvaises habitudes, si vous voulez recevoir dignement les sacrements ; autrement vous les profanerez, et ce qui doit servir à votre sanctification ne servira qu'à votre condamnation. Ouvrez donc les yeux, et remédiez à un si grand mal par une bonne confession qui répare tout le passé, et qui vous dégage pour toujours du poids de vos mauvaises habitudes ; vous le devez d'autant plus, que si vous tardez davantage, vous rendrez votre conversion plus difficile.

Je n'aurais besoin, mes frères, d'autres preuves que le témoignage même du pécheur d'habitude, pour faire voir combien il lui est difficile de se convertir. Tous les jours ne se plaignent-ils pas, ces pécheurs d'habitude, de cette grande difficulté? Je voudrais bien, dit ce jureur, me corriger de ces jurements qui offensent mon Dieu, scandalisent mon prochain ; mais je ne puis me retenir. Je voudrais bien, dit cet impudique, rompre cette attache criminelle que j'ai pour cette personne ; mais ma passion a pris sur moi un tel empire, que je ne puis me résoudre à la quitter. Il ne faut pas, mes frères, être surpris de cette difficulté. Jugeons de l'habitude du péché comme des autres. L'habitude, dit-on, est une seconde nature ; on fait avec plaisir et par une espèce de nécessité ce que l'on a coutume de faire. Cela est encore plus vrai du péché; dès qu'on se livre à sa passion, on passe à la coutume, dit saint Augustin, et de la coutume à une espèce de nécessité de faire le mal : *Dum servitur libidini, fit consuetudo, et dum consuetudini non resistitur, fit necessitas.* Nécessité, au reste, qui n'ôtant point la liberté, ne diminue point la malice du péché, soit parce que le pécheur s'est engagé de son propre choix dans cette fatale nécessité, soit parce qu'il ne tient qu'à lui de s'opposer à son mauvais penchant avec le secours de la grâce, et par les efforts qu'il doit faire pour y résister : mais ne faisant aucun effort, il se met dans une espèce d'impuissance de se convertir; car pour se convertir, il faut détruire ce corps de péché que l'habitude a formé, il faut amollir un cœur qui est endurci dans le crime ; ce qui est aussi difficile, dit le Saint-Esprit, que de faire changer de couleur à un léopard : *Si potest Æthiops mutare pellem suam, et pardus varietates suas, et poteritis benefacere, cum didiceritis male.* (*Jerem*, XIII, 23.)

Ah! mes frères, s'il est déjà si difficile de résister aux mauvais penchants de la nature, quand l'habitude n'est point encore formée, si les plus grands saints eux-mêmes ont éprouvé cette difficulté, que sera-ce lorsque l'habitude joindra ses forces à celles de la nature, et que l'on se sera accoutumé à faire ce à quoi on était déjà porté par son inclination ? Aussi voit-on bien peu de pécheurs se convertir. En vain pour réveiller ce pécheur d'habitude de son assoupissement, ferez-vous gronder le tonnerre sur sa tête, et lui annoncerez-vous la terreur des Jugements de Dieu, il s'étourdit à la voix de ces menaces : comme un autre Jonas, il reste dans un sommeil profond au milieu des orages dont il est agité; ou, s'il est frappé, ce n'est que pour un moment : semblable, dit saint Augustin, à un homme qui s'éveille, et qui se laisse bientôt aller au sommeil. En vain voudrez-vous encore attirer ce pécheur par la beauté des récompenses que le Seigneur promet à la vertu ; il est insensible à toutes les promesses qu'on lui fait. En vain l'exhortez-vous à s'approcher des sacrements, il s'en éloigne : ou s'il approche de ces sources de grâces, ses mauvaises dispositions en arrêtent le cours. En vain encore emploierez-vous les remontrances, les reproches de ses amis qui lui représentent ses désordres, qui le prennent par les sentiments d'honneur, il ne veut rien écouter : sa passion l'emporte sur tout, son habitude est comme un torrent qui renverse tout ce qu'on lui oppose ; ni la honte, ni la crainte, ni les remords de sa conscience ne sont point en état de le retenir : ce sont des barrières trop faibles ; elles peuvent bien arrêter certains pécheurs qui ne sont pas encore familiarisés avec le crime ; mais le pécheur d'habitude s'est fait un front d'airain ; il ne sait plus rougir ; rien n'est capable de le contenir dans son devoir : *Frons meretricis facta est tibi.* (*Jerem.*, III, 3.) Aussi point de conversion plus difficile que celle des pécheurs d'habitude.

Que Dieu lui-même cherche à ramener ces pécheurs, qu'il coupe la racine du mal, en leur enlevant l'objet de leurs passions criminelles, ils portent bientôt leur vue ailleurs, et pour changer d'objets, ils ne changent pas pour cela d'inclination. Ah ! que ces malades sont dans une triste situation, puisque tant de remèdes ne leur servent de rien ! Il faut pour les guérir un miracle de la grâce que Dieu accorde rarement.

C'est ce que Jésus-Christ a voulu nous représenter dans la résurrection du Lazare. Il y avait quatre jours que Lazare était dans le tombeau, pieds et mains liés, couvert d'une grosse pierre qui fermait son sépulcre : son corps commençait déjà à pourrir et répandait une odeur insupportable. Voilà l'état du pécheur d'habitude ; il est mort et enseveli dans le tombeau du péché, attaché à mille objets par des liens criminels, accablé sous le poids de ses inclinations perverses : il a des yeux, et il ne voit pas, il perd de vue son Dieu, son salut, son éternité : il a des oreilles, et il n'entend pas ; il n'a du goût que pour ce qui peut le flatter, et non le changer ; une grâce puissante a beau frapper à la porte de son cœur, l'exciter, l'attirer, le poids de son habitude le retient et l'empêche de s'élever à Dieu. Ah ! il faut un aussi grand miracle pour le tirer de cet état, que celui que fit Jésus-Christ pour ressusciter Lazare. Ce Dieu Sauveur qui avait déjà rendu la vie à plusieurs morts par une seule parole, pouvait de même la rendre à celui-ci ; mais il fait plus de démarches, il se trouble, il frémit, il pleure, il élève sa voix et pousse un grand cri : *Lazare, veni foras :* « *Lazare, sors du tombeau.* » (*Joan.*, XI, 43.) Pourquoi tout cela ? C'est pour nous apprendre, disent les Pères, combien il est difficile de faire sortir un pécheur d'habitude du péché ; ce pécheur se trouve même dans des dispositions qui rendent son retour à la vie plus difficile que celui du Lazare. Celui-ci ne fit aucune résistance à la voix de Jésus-Christ ; il sortit aussitôt du tombeau : *Statim prodiit.* (*Ibid.*) Mais le pécheur dont je parle, qui doit faire des efforts pour ressusciter, forme par sa résistance un obstacle à sa résurrection ; il se rend indigne non-seulement d'un miracle de la grâce, mais des grâces même communes que Dieu accorde aux hommes ; aussi son état le conduit aux portes de la mort éternelle.

Et voilà, pécheurs, le troisième, mais le plus triste effet de votre habitude : elle rend votre mort dans le péché plus certaine, et cela, pour deux raisons que je vous prie de bien remarquer, parce qu'elles doivent faire sur vous de salutaires impressions.

1° L'habitude vicieuse vous expose à être surpris par la mort dans l'état du péché.

2° Quand vous ne seriez pas surpris, et que vous auriez le temps de vous reconnaître, vous ne vous convertirez pas, et vous mourrez dans votre péché : *In peccato vestro moriemini.* (*Joan.*, VIII, 21, 24.)

Nous voyons quelquefois des morts subites causées par des accidents imprévus, ou par quelque maladie cachée à laquelle on ne peut parer. Mais la mort, pour être subite, n'est pas toujours imprévue. Un homme peut être surpris par la mort, et se trouver dans l'heureux état de la grâce qu'il a eu soin de conserver après qu'il l'a recouvrée par la pénitence ; en ce cas la mort n'est pas imprévue, quoiqu'elle soit subite. Celui par conséquent qui pèche rarement, qui se relève promptement, et qui persévère dans la grâce, a moins de sujet de craindre d'être surpris par la mort dans l'état du péché, qu'un pécheur d'habitude qui n'est presque jamais dans la grâce de Dieu. Car tel est, pécheurs, le triste état où vous réduit votre habitude, de pouvoir à peine trouver un seul jour dans votre vie où vous ne soyez en état de péché. Si par un coup miraculeux de la grâce, et par quelque effort extraordinaire de votre part, vous vous relevez quelquefois, combien de temps êtes-vous debout ? Hélas ! souvent le même jour qui vous a vus relever, vous voit retomber. Votre vie est donc comme un tissu de crimes, où il n'y a presque aucune interruption. Si donc vous devez mourir d'une mort subite, n'est-il pas vraisemblable que la mort vous surprendra dans le péché, puisque votre habitude vous y tient presque toujours engagés ? Or, qui peut vous assurer que vous ne mourrez pas de quelqu'un de ces genres de morts que vous avez vus arriver à tant d'autres qui n'ont pas eu le temps de se reconnaître ? Et si cela vous arrive, n'est-il pas évident que vous êtes perdus pour l'éternité ? Quoi ! mes frères, il y a dix, vingt ans que vous êtes dans le péché ; depuis que vous avez contracté cette habitude, tous vos jours sont des jours d'iniquité, et vous espéreriez que le jour de votre mort serait un jour de sainteté ? Etrange aveuglement ! je ne conçois pas comment vous pouvez vivre tranquilles, étant continuellement sur le bord du précipice. Si un aussi grand danger ne vous fait pas rentrer en vous-mêmes, vous avez perdu la foi ou la raison.

Mais supposons que vous ne soyez pas surpris par la mort, et que vous ayez le temps sur lequel vous comptez pour vous convertir ; je soutiens encore que vous ne vous convertirez pas ni dans un âge avancé, ni à l'heure de la mort. La raison en est bien sensible, je veux vous en convaincre par vous-mêmes. Vous ne pouvez, dites-vous, maintenant rompre cette mauvaise habitude, à cause de l'empire qu'elle a pris sur vous; et comment romprez-vous vos chaînes, lorsqu'elles seront devenues plus fortes? Vous ne pouvez vous décharger d'un poids qui vous accable; comment vous en déchargerez-vous, lorsqu'il sera devenu plus pesant? Vous n'avez pas voulu déraciner ces mauvaises habitudes, lorsqu'elles étaient encore comme de jeunes arbres que l'on peut aisément arracher; comment les arracherez-vous, lorsqu'elles seront devenues de gros arbres qui auront pris de profondes racines dans votre cœur? Car ne croyez pas que le retour de l'âge, la caducité du tempérament énerve la force de la mauvaise habitude; vous serez dans votre vieillesse tels que vous avez été dans votre jeunesse, et vous porterez dans un corps caduc et mourant toute la vigueur de vos passions; vous aurez à la mort les mêmes inclinations que pendant la vie; vous ne vous séparerez de l'objet de vos passions que malgré vous; et si Dieu prolongeait vos jours, vous prolongeriez vos crimes; ainsi votre attachement pour les biens du monde ne diminuera point à la mort. Si vous faites alors quelques pieuses dispositions, ce sera ou par mécontentement contre ceux qui prétendaient à vos biens, ou parce que vous ne pourrez les emporter avec vous. Vous n'avez pas voulu pardonner à votre ennemi pendant la vie; vous ne le ferez à la mort que pour sauver les apparences: en un mot, vous mourrez tels que vous aurez vécu; vous avez vécu dans le péché, vous mourrez dans le péché: *In peccato vestro moriemini.*

Telles sont, mes frères, les fâcheuses suites de l'habitude vicieuse; qui de vous ne craindra? Si vous n'êtes pas sujets au péché d'habitude, craignez d'y tomber, et que cette crainte vous rende plus vigilants; si vous y êtes sujets, craignez d'y mourir, et que cette crainte vous engage à vous corriger. Car à Dieu ne plaise que nous désespérions du salut de ces pécheurs! quelque difficile que soit leur conversion, elle n'est pas impossible; mais il faut pour cela se servir des moyens que je vais leur prescrire dans le second point.

DEUXIÈME POINT.

Pour se corriger d'une mauvaise habitude il faut surtout une bonne volonté; il n'y a rien dont on ne vienne à bout quand on le veut bien et que le succès dépend de nous. Dieu, dont la miséricorde est infinie, invite les pécheurs d'habitude, comme les autres, à retourner à lui; il leur offre son secours, il ne veut pas qu'ils restent dans leur esclavage; il est donc en leur pouvoir d'en sortir. N'a-t-on pas vu, et ne voit-on pas encore des hommes esclaves des passions les plus violentes, et sujets à des habitudes les plus invétérées? ne les voit-on pas en secouer le joug, et devenir des modèles de conversion pour les plus grands pécheurs? Témoin un saint Augustin, que l'on peut proposer pour un vrai modèle de pénitence. Qui fut jamais plus asservi à l'empire de l'habitude, qu'il l'était avant sa conversion? Cependant, mes frères, quelque dures que fussent ses chaînes, il vint à bout de les rompre, et quelqu'inflexible que fût le penchant qui le dominait, il en sut triompher; dès lors un amour souverain pour le Créateur régna dans son cœur à la place de celui qu'il avait eu pour les créatures; et il se fit un devoir de renoncer sincèrement et pour toujours à tous les plaisirs qu'il avait goûtés en suivant la route de ses passions. Et pourquoi, pécheurs, ne triompheriez-vous pas, comme ce grand saint, de vos habitudes? Pourquoi ne briseriez-vous pas comme lui les chaînes qui vous tiennent captifs? Vous n'avez qu'à le vouloir aussi efficacement que lui, et bientôt vous en viendrez à bout. Or, pour en venir à l'effet, il faut d'abord aller à la source du mal. Ou les habitudes viennent de l'occasion, ou elles sont l'effet de vos mauvais penchants: si elles viennent de l'occasion, il faut vous en éloigner, parce que l'occasion entretiendra toujours l'habitude: si vos habitudes viennent de vos penchants, il faut recourir aux remèdes capables d'opérer votre guérison, tels que sont la prière, la pénitence, les sacrements; il faut combattre ces penchants par les actes des vertus qui leur sont contraires.

En effet, mes frères, pour rompre une habitude, il faut des grâces fortes et puissantes; c'est la prière qui vous les obtiendra. Dieu ne vous doit pas ces grâces; il faut donc les mériter par la prière. La Chananée de notre Evangile nous donne une preuve de l'efficacité de ce moyen; elle s'adresse à Jésus-Christ pour demander la délivrance de sa fille; et quoique d'abord rebutée, elle ne cesse point de prier, elle crie toujours: *Clamat post nos* (*Matth.*, XV, 23), et mérite par sa persévérance dans la prière la grâce qu'elle demandait. Ce fut par la prière que les sœurs de Lazare obtinrent la résurrection de leur frère. Adressez-vous donc au Seigneur avec ferveur et confiance; lui seul peut vous guérir et vous ressusciter; il ne refuse rien à une prière qui part d'un cœur humilié. Elevez, comme le Roi-Prophete, votre voix du profond de l'abîme où vous êtes plongés: *De profundis clamavi ad te, Domine.* (*Psal.*, CXXIX, 1.) Ou bien, dites avec la Chananée: Seigneur, ayez pitié de moi, mon âme est cruellement tourmentée du démon qui la tient asservie sous son empire: *Filia mea male a dæmonio vexatur.* Ou enfin, comme les sœurs de Lazare: *Seigneur, celui que vous aimez est malade: « Ecce quem amas, infirmatur.* (*Joan.*, XI, 3.) Non-seulement il est malade, mais il est dans les ombres de la mort; il est dans le tombeau, accablé sous le poids d'une mauvaise habitude; venez donc lui rendre la vie qu'il a perdue par son péché: *Ecce quem amas*, etc. Mais la prière seule n'opérera pas votre guérison, elle ne vous tirera pas des liens de la mort, si vous n'y ajoutez un autre moyen, qui est la pénitence. Car il y a cette différence, entre la résurrection des morts et celle du pécheur, que la première se fait sans coopération de leur part; au lieu que pour ressusciter le pécheur, Dieu demande sa coopération. C'est ce que Jésus-Christ a voulu nous faire connaître dans les circonstances de la résurrection de Lazare. Car pourquoi ce Dieu Sauveur versa-t-il des larmes et frémit-il avant que de faire ce miracle ? si ce n'est pour apprendre au pécheur qu'il doit pleurer, gémir, que son cœur doit se briser par la douleur de ses péchés. Pourquoi Jésus-Christ ordonna-t-il qu'on déliât les bandes qui l'attachaient? c'était pour apprendre au pécheur qu'il doit briser les chaînes qui l'attachent à la créature. Remarquons encore que Jésus-Christ voulut que les apôtres déliassent les bandes qui tenaient attaché Lazare, pour apprendre aux pécheurs à s'adresser aux ministres de la pénitence qui ont reçu le pouvoir de délier dans le sacrement qu'il a institué pour ce sujet : *Solvite eum.* (*Joan.*, XI, 44.)

Le fréquent usage du sacrement de pénitence est donc un excellent moyen pour guérir une mauvaise habitude, soit par les grâces qu'il communique, soit par les avis salutaires que l'on reçoit d'un sage directeur. Venez donc, malades, vous plonger dans cette piscine salutaire qui doit vous rendre la santé. Mais avant que de vous présenter, faites un examen sérieux de toute votre vie, au moins depuis que votre habitude a commencé, pour réparer par une confession générale toutes celles que vous avez faites dans la mauvaise habitude, qui rend ordinairement les confessions nulles et sacriléges? N'attendez pas même, pour vous corriger, que vous vous approchiez du sacré tribunal; venez-y après avoir renoncé de cœur à tout péché, à toute habitude criminelle : c'est le premier pas que vous devez faire vers Dieu; car on ne saurait trop vous le dire, le saint ministère dont nous sommes chargés, ne nous permet pas de dispenser les choses saintes aux indignes; quoique munis du pouvoir de délier les pécheurs, nous avons nous-mêmes les mains liées, quand ils ne sont pas disposés à recevoir la grâce de notre ministère : or l'habitude qu'on n'a pas rétractée, dont on ne s'est pas corrigé, est un obstacle à cette grâce. Eprouvez-vous donc vous-mêmes avant de vous présenter au tribunal de la réconciliation ; ou si vous en approchez, demandez d'être éprouvés pendant quelque temps pour mettre en pratique les avis que l'on vous donnera. Nous ne demandons pas mieux, mes frères, que de plonger les pécheurs dans les bains sacrés qui doivent les purifier; il nous en coûte autant qu'à eux de les renvoyer; épargnez-nous cette peine, en levant les obstacles qui nous arrêteraient, en sorte que vous puissiez dire, quand vous vous confessez à Pâques, que depuis un certain temps, au moins pendant ce Carême, vous n'êtes pas tombés dans vos péchés ; pour lors nous vous recevrons à bras ouverts, ou plutôt Jésus-Christ vous recevra dans le sein de ses miséricordes.

Or, pour détruire vos habitudes vicieuses, il faut, comme je vous l'ai dit, produire des actes des vertus contraires. Voyez donc quelles sont les maladies de votre âme, quels sont vos mauvais penchants; opposez-leur les vertus qui les combattent; opposez à cet orgueil qui vous élève, l'humilité qui vous abaisse; à cette avarice qui vous domine, la libéralité qui aime à se communiquer; à cette envie qui s'afflige du bien d'autrui, la charité qui s'en réjouit; à cette colère qui vous emporte, la douceur qui vous retient; à cette intempérance qui vous dérange et vous abrutit, la sobriété, le jeûne, l'abstinence qui vous mortifient; car Dieu qui veut votre sanctification, comme dit l'Apôtre, prétend que vous évitiez tout ce qui peut ternir la beauté de cette vertu : *Hæc est voluntas Dei, sanctificatio vestra, ut abstineatis a fornicatione.* (I *Thess.*, IV, 3.) Opposez enfin à la paresse qui vous amollit, la ferveur qui vous anime à remplir tous vos devoirs de chrétien. Car s'il y a des habitudes qui portent au mal, il y en a qui détournent du bien; des premières naissent les péchés de commission, et des autres les péchés d'omission. On combat les premiers en les réprimant, en les privant des objets qui les flattent, et on combat les autres par les violences que l'on se fait pour agir, pour faire le bien que Dieu nous commande. Vous êtes négligents à faire vos prières, à fréquenter les sacrements, à assister aux divins Offices, à remplir les obligations de votre état; pour vaincre cette négligence, il faut de l'activité, de la ponctualité à faire ce à quoi vous êtes obligés.

Pour ce qui est de certaines habitudes qui sont très-difficiles à corriger, comme celles de jurer, de se mettre en colère, il faut beaucoup d'efforts; mais on vient à bout de tout quand on est rempli de bonne volonté et de zèle pour son salut. S'il y avait quelque profit à faire, si votre fortune dépendait de la victoire d'une mauvaise habitude, vous en viendriez sûrement à bout; preuve certaine que la victoire dépend de vous.

Pratiques. — Pour réussir à vous corriger de quelque habitude que ce soit, imposez-vous quelque pénitence toutes les fois que vous tomberez dans ce péché, comme de donner une aumône aux pauvres, de faire quelques mortifications; dès que vous vous apercevrez de votre chute, gémissez-en devant Dieu, faites un acte de contrition qui parte d'un cœur qui désire sincèrement sa conversion : tous les matins rétractez votre habitude, et proposez-vous de passer le jour sans péché; faites de même le lendemain, et vous viendrez à bout de vous corriger entièrement : tous les soirs, faites votre examen de conscience, et si vous découvrez quelque infidélité dans la journée, punissez-vous sévèrement des moindres fautes. Voudriez-vous, mes frères, à l'heure de la mort, être chargés du poids d'une mauvaise habitude, qui vous entraînerait dans l'abîme, si vous l'emportiez avec vous au jugement de Dieu? N'attendez donc pas à la mort pour vous en corriger, faites en sorte qu'il y ait un intervalle entre vos désordres et votre dernière heure, et que vous puissiez dire alors : Depuis un tel temps, depuis tant d'années, je me suis corrigé, j'ai commencé à mieux vivre ; ce sera pour vous un grand sujet de consolation.

Mais le plus sûr moyen de se garantir des suites d'une mauvaise habitude, c'est de ne point s'y engager, c'est de la prévenir en évitant le péché, c'est de l'étouffer dès sa naissance en réprimant ses premiers mouvements. Ne donnez point entrée au péché dans votre cœur, mais faites-y régner la vertu ; accoutumez-vous de bonne heure à la pratique du bien, soyez assidus à l'exercice des vertus chrétiennes, formez en vous de saintes habitudes, vous les contracterez aisément avec le secours de la grâce : une bonne habitude dépend quelquefois d'un acte héroïque que vous ferez en certaines circonstances où vous aurez une forte tentation à surmonter. On parvient aussi à de grandes vertus par la fidélité dans les petites choses, il est question de se faire un peu de violence : ce n'est que par la violence, dit Jésus-Christ, que l'on gagne le royaume des cieux. Je vous le souhaite. *Amen.*

PRONE XXVI.

Pour le troisième Dimanche de Carême.

SUR LA CONFESSION, QUI EST LE REMÈDE DU PÉCHÉ.

Et erat ejiciens dæmonium, et illud erat mutum. (*Luc.* XI, 14.)

Jésus chassa un démon qui était muet.

Cet homme, que le démon rendait muet, et qui, selon saint Matthieu (XII, 22), était encore aveugle, nous présente, mes frères, une triste, mais bien naturelle figure d'un grand nombre de pécheurs, dans l'âme desquels le démon opère les mêmes effets que cet homme éprouvait dans son corps. Faut-il commettre le péché? Le démon, tout esprit de ténèbres qu'il est, éclaire, pour ainsi dire, les pécheurs en leur apprenant les moyens de contenter leurs passions; il leur ôte, pour lors, la honte et la confusion qui devraient être inséparables du péché. Mais faut-il en faire pénitence? faut-il déclarer les péchés qu'il leur a inspiré de commettre? il les rend aveugles et muets, il leur ferme les yeux pour ne pas voir leurs fautes, et la bouche pour ne les pas déclarer. Il répand dans leurs esprits d'épaisses ténèbres qui les empêchent d'en connaître l'énormité, et leur inspire une honte criminelle qui les empêche de les dire. Par ce moyen, il établit si bien son empire dans leurs âmes, qu'il ne faut rien moins qu'un miracle de la grâce pour l'en faire sortir.

Or, ce malheur n'est que trop commun parmi les pécheurs qui s'approchent des sacrés tribunaux. Les uns sont des aveugles qui ne voient pas l'état de leurs âmes, qui, faute d'un examen suffisant, ne connaissent ni le nombre ni l'énormité de leurs péchés, et, par ce défaut de connaissance, ne les accusent pas comme ils doivent; les autres sont des muets à qui la honte ferme la bouche, pour ne pas déclarer certains péchés dont ils se sentent coupables. De là vient que ces pécheurs, au lieu d'être délivrés, par la vertu du sacrement, du démon qui possède leurs âmes, lui donnent sur eux un nouvel empire, par les sacrilèges dont ils se rendent coupables, et se réduisent, pour me servir des termes de notre Evangile, dans un état pire que celui où ils étaient auparavant.

Puissions-nous aujourd'hui, mes frères, apporter quelque remède à de si grands maux! puissions-nous éclairer ces aveugles, rendre la parole à ces muets, en apprenant aux premiers que, pour faire une confession entière de leurs péchés, ils doivent auparavant se bien examiner, et aux autres, qu'ils doivent déclarer tous les péchés dont ils se souviennent après un examen suffisant. En deux mots, le pénitent doit s'examiner avec soin pour ne rien oublier dans la confession, premier point. Il doit s'accuser avec sincérité pour ne rien cacher, deuxième point.

C'est à vous, Seigneur, qui avez rendu la vue et la parole à cet homme de notre Evangile, à éclairer ces aveugles, à faire parler ces muets; c'est plutôt l'ouvrage de votre grâce que de nos faibles efforts.

PREMIER POINT.

Comme l'examen de conscience est une condition nécessaire pour faire une bonne confession, les mêmes raisons qui prouvent la nécessité de la confession, prouvent aussi celle de l'examen; il faut donc d'abord établir pour principe que c'est une obligation de droit divin de confesser ses péchés pour en obtenir le pardon; c'est une vérité de foi que Jésus-Christ a donné aux apôtres et aux prêtres leurs successeurs le pouvoir de remettre et de retenir les péchés, de lier et de délier les pécheurs dans le ciel et sur la terre. *Ceux*, leur dit-il, *dont vous remettrez les péchés, ils leur seront remis; et ceux à qui vous les retiendrez, ils leur seront retenus : « Quorum remiseritis peccata, remittuntur eis; et quorum retinueritis, retenta sunt. »* (*Joan.*, XX, 23.) Pouvoir admirable, mes frères, qui rend les prêtres dépositaires de celui de Dieu même sur le sort éternel des hommes; puisqu'en leur remettant leurs péchés, ils leur ouvrent le ciel, ou ils le leur ferment en les retenant. Or, comment les prêtres pourraient-ils exercer leur pouvoir de remettre les péchés, si l'on n'était pas obligé de les leur déclarer? L'homme n'a pas assez d'humilité pour se soumettre de lui-même, sans y être obligé, à un joug si incommode à son orgueil. S'il pouvait obtenir le pardon de son péché par un autre moyen, le pouvoir des prêtres lui serait bien inutile, parce qu'il n'est aucun pécheur qui ne fût bien aise de se soustraire à cette juridiction si gênante à l'amour-propre.

Ce serait donc bien en vain, dit saint Augustin, que Jésus-Christ aurait donné aux prêtres les clefs de l'Eglise, pour lier et délier les pécheurs : *Frustra claves Ecclesiæ datæ sunt.* Les prêtres auraient-ils jamais lieu de se servir de ces clefs pour des pécheurs qui pourraient eux-mêmes se délivrer? Comment d'ailleurs les prêtres retiendraient-ils des péchés qu'on ne serait pas obligé de leur déclarer? Comment retiendraient-ils des captifs dans des liens que ceux-ci pourraient eux-mêmes briser? Car en vertu de ce pouvoir les prêtres sont établis par Jésus-Christ, pour faire, à l'égard des pécheurs, la fonction de juges et de médecins : comme juges, ils doivent juger leur cause; comme médecins, ils doivent les guérir de leurs maladies. Or un juge peut-il prononcer sur une cause sans en avoir la connaissance? Un médecin peut-il guérir un mal qui lui est inconnu? Non, sans doute, mes frères : il faut donc, pécheurs, qui voulez obtenir le pardon de vos péchés, vous présenter aux tribunaux de ces juges pour vous faire connaître tels que vous êtes : chargés qu'ils sont de venger la justice de Dieu contre vos révoltes, comment pourront-ils vous imposer des peines proportionnées au nombre et à la qualité de vos offenses, s'ils ne les connaissent par une confession entière que vous devez faire? Ces prêtres sont encore des médecins à qui Jésus-Christ a confié le soin de guérir vos blessures; il faut donc que, comme les lépreux de l'Evangile, vous vous montriez à ces prêtres, non pas à demi, mais dans toute la difformité où le péché vous a réduits, sans quoi vous ne recevrez jamais de guérison.

Or, mes frères, pour donner à ces juges et à ces médecins la connaissance dont ils ont besoin, il faut vous connaître vous-mêmes, puisqu'il n'y a que vous qui puissiez les instruire; mais pour vous connaître vous-mêmes, il faut vous examiner, il faut faire une recherche soigneuse et exacte de tous les péchés que vous avez commis, sans quoi vous manquerez à la juste déclaration que vous en devez faire. Quelle doit donc être la matière de cet examen? quelle doit en être la règle? C'est à quoi vous devez donner toute votre attention. Puisque la confession est fondée sur l'examen, il s'ensuit de là que l'examen doit rouler sur tous les péchés qu'il faut accuser en confession. Or, pour rendre la confession entière, telle que la demande le saint concile de Trente, il faut déclarer tous ses péchés, leur nombre et leurs circonstances : il faut accuser toutes les transgressions que vous avez faites des commandements de Dieu et de l'Eglise, tous les péchés de pensées, tous les désirs de votre cœur, toutes les paroles dissolues sorties de votre bouche, toutes les actions, toutes les omissions dont vous êtes coupables envers Dieu, le prochain et vous-mêmes; il faut encore manifester les causes, les effets de vos péchés, les occasions auxquelles vous vous êtes engagés, les habitudes que vous avez contractées, les péchés de votre état et de votre condition.

Il faut dire non-seulement les péchés que vous avez commis, mais encore ceux que vous avez fait commettre, ou que vous n'avez pas empêchés; tous les scandales que vous avez donnés, tous les dommages que vous avez causés au prochain dans ses biens ou dans sa réputation. Vous devez encore, pour rendre la confession entière, déclarer les circonstances du péché prises du temps, du lieu, de la quantité, de l'objet, de la qualité des personnes, à raison desquelles le péché change d'espèce, c'est-à-dire renferme en soi un autre ou plusieurs péchés de différente espèce, ou devient plus grief dans son espèce qu'il ne l'aurait été sans cette circonstance. Or, pouvez-vous déclarer tout cela sans le connaître? Et pouvez-vous le connaître sans vous examiner, sans faire une recherche soigneuse des endroits où vous avez péché, des objets que vous avez recherchés, des motifs qui vous ont fait agir, des inclinations qui vous ont dominés, des infidélités commises contre les devoirs de l'état où vous êtes engagés? Car tout cela, mes frères, doit entrer dans la matière de l'examen que vous devez faire avant votre confession. Il faut, pour avoir toutes les connaissances qui vous sont nécessaires, sonder le fond de votre cœur; il faut fouiller dans les replis les plus cachés de votre conscience, pour y découvrir le venin dont vous êtes infectés. Il faut repasser dans l'amertume de votre cœur, à l'exemple du roi Ezéchias, les années de votre vie, pour rappeler tous les péchés que vous avez commis chaque jour, chaque semaine, chaque mois, et les déclarer tels que vous les connaîtrez. Il faut enfin entrer dans le détail de toutes vos obligations pour reconnaître en quoi vous y avez manqué, et vous en accuser. D'où vient, mes frères, qu'un grand nombre de confessions sont nulles et sacriléges? C'est parce qu'on ne s'accuse qu'à demi, parce qu'on ne s'examine pas comme il faut. Vous déclarez quelques péchés en général, qui vous sont communs avec le reste des hommes; mais vous ne déclarez pas les péchés qui vous sont particuliers, parce que vous ne descendez pas par un examen sérieux dans le détail de vos obligations. Vous, pères et mères, vous vous accuserez bien de quelques jurements, de quelques mouvements de colère qui vous auront emportés, mais vous ne dites rien de votre peu de soin à instruire, à corriger vos enfants. Vous, maîtres et maîtresses, vous déclarez bien vos impatiences contre la négligence de vos domestiques à vous servir, mais vous ne dites rien de la négligence que vous avez eue vous-mêmes à les faire servir Dieu, le premier de tous les maîtres, ni de votre indolence à souffrir leurs désordres. Vous qui êtes engagés dans le négoce, ou dans une autre profession, vous ne manquez pas de vous confesser de vos distractions dans les prières, mais vous n'accusez pas vos infidélités, vos tromperies, vos injustices, vos malversations. Vous qui exercez un emploi, vous déclarez quelque mauvais propos que vous avez tenu en conversation, mais vous n'accusez pas votre inapplication à vos devoirs, votre peu de vigilance et de fermeté à réformer les abus, à rendre la justice à qui elle est due. Tout cela vient non-seulement d'un défaut d'examen que chacun doit faire sur les devoirs de son état, mais encore d'une grossière ignorance où vivent la plupart des chrétiens sur leurs obligations, parce qu'ils n'assistent point aux instructions où l'on apprend sa religion et ses devoirs. Ce sont des aveugles qui ferment les yeux à la lumière qui les éclaire, qui ne veulent pas connaître leurs devoirs pour les remplir : *Noluit intelligere ut bene ageret* (*Psalm.* XXXV, 4) : aveugles infiniment plus à plaindre que celui de notre Evangile, qui n'était point coupable de son aveuglement; au lieu que ceux-ci sont des aveugles criminels qui restent par leur faute dans les liens et les ténèbres du péché, et qui sont dans un état d'autant plus déplorable que ne se connaissant pas eux-mêmes, ils ne cherchent pas les moyens d'en sortir. Esclaves des plus honteuses passions, des habitudes les plus invétérées, ils ne voient pas leurs misères; de là vient qu'ils ne découvrent pas leurs plaies aux médecins qui pourraient les guérir. Or, combien y a-t-il de ces pécheurs d'habitude, aveuglés par une passion dominante, qui se sont fait une fausse conscience, et qui dorment tranquillement dans le péché? Ils sont sans remords, parce qu'ils sont sans connaissance. C'est à quoi, pécheurs, vous devez donner toute votre attention dans vos examens, pour bien connaître votre mauvais penchant, la passion qui domine en vous, et la découvrir au médecin de votre âme; parce que cette passion étant la cause de vos autres péchés, en la faisant connaître vous ferez voir le malheureux état de votre âme, et vous recevrez les remèdes convenables pour votre guérison : examinez donc sérieusement devant Dieu si c'est l'orgueil qui vous domine, ou l'envie qui vous ronge, l'avarice qui vous tyrannise, la volupté qui vous charme et vous séduit, la colère qui vous emporte, et vous verrez que c'est de cette source empoisonnée que naissent tous vos déréglements; vous la connaîtrez, cette passion, par les pensées qui roulent le plus souvent dans votre esprit, par les désirs qui s'élèvent dans votre cœur, par vos discours ordinaires, par les objets que vous recherchez avec le plus d'empressement. Vous aimez à paraître, vous cherchez la gloire et les honneurs, vous vous offensez d'un léger mépris, vous vous choquez d'une parole dite sans réflexion, votre passion dominante est l'orgueil. Vous ne vous occupez, dès le matin jusqu'au soir, que des moyens d'acquérir du bien, vous n'oubliez rien pour un petit profit; vous êtes aussi sensibles à la moindre perte qui vous arrive, qu'insensibles à la misère des pauvres; votre passion est un sordide attachement aux biens du monde, c'est l'avarice. Votre cœur est sans cesse occupé du souvenir d'un objet qui l'enflamme; vous en parlez avec plaisir, vous cherchez à voir cet objet, vous donnez toutes sortes de libertés à vos sens, vous êtes libres en paroles obscènes, vous ne rougissez point de certaines libertés contraires à la pudeur, votre passion est un amour profane qui vous conduit à mille désordres. Pour vous, jureurs, ivrognes, vindicatifs, il n'est pas besoin de vous faire votre portrait, vos paroles, vos actions manifestent assez ce que vous êtes. Combien, hélas! s'en trouve-t-il qui sont dominés de plusieurs passions, et qui pour cette raison ont besoin de faire beaucoup plus de recherches que les autres? Faites donc, mes frères, ces recherches avec la dernière exactitude. Si vous employez à faire cet examen tout le temps que demande une affaire si importante, vous donnerez à vos confessions l'intégrité nécessaire pour obtenir votre pardon.

Mais quelle règle faut-il observer pour faire cet examen? Et combien de temps faut-il y employer? La règle la plus infaillible que je puisse vous prescrire, c'est, mes frères, l'examen que Dieu fera lui-même à son jugement des péchés des hommes; car si le pécheur pénitent doit tenir la place de la justice de Dieu pour punir le péché, il faut qu'il la tienne aussi pour l'examiner. Or, avec quelle exactitude Dieu fera-t-il cet examen à son jugement? lorsque, appliquant les traits de sa lumière sur toute la vie de l'homme pécheur, il en dévoilera toutes les iniquités, il en démêlera toutes les pensées les plus secrètes, jusqu'aux intentions les plus cachées. Il n'y aura rien de si caché qui échappe à ses yeux infiniment pénétrants, rien de si obscur qui ne soit manifesté dans un plein jour. C'est ainsi que vous devez en quelque façon examiner, sonder la profondeur de vos plaies. Imitez la femme de l'Evangile, qui, ayant perdu une drachme, allume la lampe, renverse tout, fouille dans tous les coins de la maison, et n'est tranquille que lorsqu'elle a trouvé ce qu'elle cherche. Et certes, est-ce trop exiger de vous? Ce que vous avez perdu est bien plus précieux que cette drachme; vous avez perdu la grâce, et vous ne pouvez la recouvrer que par une confession précédée d'un examen suffisant : n'omettez donc rien pour connaître vos péchés, ranimez votre foi, et à la lueur de ce flambeau il vous sera facile de connaître vos transgressions. Oui, mes frères, descendez, pour ainsi dire, le flambeau à la main, jusque dans les replis les plus cachés de vos consciences, pour y découvrir tout ce qu'il y a de plus secret, et le manifester ensuite par un aveu sincère.

Il est vrai que, quoi que fasse le pécheur, jamais il ne connaîtra la laideur de son péché telle que Dieu la connaît; il est encore vrai que, malgré toutes les précautions que prendront certains pécheurs, dont les iniquités sont multipliées par-dessus les cheveux de leurs têtes, il leur sera bien difficile, pour ne pas dire impossible, de connaître le nombre de leurs péchés, et par conséquent de les déclarer tous. A Dieu ne plaise, mes frères, que je veuille représenter la confession comme un joug insupportable par la difficulté de se souvenir et de déclarer tous ses péchés! Ce que Jésus-Christ demande, comme s'en explique le saint concile de Trente, est que l'on déclare les péchés dont on se souvient après un examen suffisant, c'est-à-dire un examen proportionné aux faibles lumières de l'esprit humain; en sorte que si le pécheur, après s'être examiné autant de temps que la prudence le demande, omettait quelques péchés échappés à ses recherches, il ne laisserait pas que d'en obtenir le pardon comme des autres qu'il aurait déclarés, avec obligation néanmoins de les soumettre aux clefs de l'Eglise, lorsqu'il s'en souviendra.

Mais quel temps la prudence humaine peut-elle prescrire pour faire cet examen? C'est ce qu'on ne peut pas également déterminer pour tout le monde; le nombre des péchés qu'on a commis, le temps qui s'est écoulé depuis la dernière confession, peuvent servir de règle pour faire cet examen. Qui doute qu'un pécheur qui offense Dieu souvent, et qui se confesse rarement, ne doive employer plus de temps à faire son examen qu'un autre qui offense Dieu rarement, et qui se confesse souvent? Un pécheur d'habitude, qui peut à peine se souvenir des péchés qu'il commet dans un jour, ne doit-il pas employer plus de temps dans la recherche de ses péchés, que celui qui n'y tombe que quelquefois? Cependant, ce sont ces pécheurs d'habitude, ce sont ces pécheurs qui passent un long temps sans s'approcher du tribunal de la pénitence, qui mettent le moins de temps à s'examiner : leur confession est l'affaire d'un moment; à peine ont-ils commencé qu'ils finissent; car ne croyez pas qu'ils s'accusent ni du nombre ni des circonstances de leurs péchés : deux ou trois mots vagues, et qui ne disent presque rien, font toute leur confession. D'où vient cela? C'est que ces pécheurs d'habitude, à force d'entasser péchés sur péchés, ne se souviennent, pour ainsi dire, plus qu'en gros qu'ils sont criminels; en s'éloignant si longtemps du sacrement de pénitence, ils se sont mis dans une espèce d'impossibilité de se souvenir de leurs péchés; sur quoi leur ignorance ne les excusera pas devant Dieu, parce qu'ils auront pu la prévenir par des examens ou des confessions plus fréquentes. Ce qui rend encore plus coupables ces pécheurs chargés de crimes et d'iniquités qui demanderaient un long et sérieux examen, c'est qu'après s'être examinés superficiellement ils ne vont qu'à l'extrémité se présenter au tribunal de la confession; ils prennent le temps où les confesseurs sont le plus occupés, dans l'espérance qu'on les expédiera bientôt : ils se croient fort en sûreté sur une absolution reçue d'un confesseur qu'ils ont lâché de surprendre; ils vont tranquillement dans cet état se présenter à la sainte table : mais en vain se rassurent-ils; leurs confessions, leurs communions ne sont que des sacriléges, faute d'y avoir apporté les dispositions convenables.

Ah! ce n'est pas ainsi, pécheurs, que vous en agissez pour les affaires temporelles qui vous intéressent. Avez-vous un procès à faire juger? Combien de temps ne mettez-vous pas à étudier vos droits, à examiner les pièces qui peuvent vous être favorables? Vous comptez pour rien les jours entiers que vous passez à lire et à écrire, et quand il s'agit de trouver quelque nouveau moyen de défense, rien ne vous coûte. Avez-vous un compte à rendre? combien de revues ne faites-vous pas pour n'échapper aucun article? Quelle application n'apportez-vous pas à faire voir l'emploi des sommes qu'on vous a confiées? Voilà la règle que vous devez suivre pour le procès le plus important que vous ayez à faire juger, pour l'affaire la plus intéressante que vous ayez à terminer, qui est celle de votre salut, dont le succès dépend d'une bonne confession. Il s'agit de votre âme, et vous vous contentez de quelques revues superficielles, à peine employez-vous une demi-heure, un quart d'heure à examiner, à rechercher les faits que vous devez produire au sacré Tribunal. A peine êtes-vous entrés à l'église, que l'esprit encore occupé des affaires étrangères, vous allez vous présenter à un confesseur pour lui dire en gros quelques péchés qui se présentent d'abord à votre esprit, tandis que vous en omettez un grand nombre que vous n'avez pas examinés. Faut-il s'étonner si vos confessions sont nulles et sacriléges, si ce sont des confessions réprouvées de Dieu, parce qu'elles n'ont pas l'intégrité qui leur est nécessaire?

En vain direz-vous que vous ne cachez aucun de vos péchés par honte ni par malice, que vous déclarez tous ceux dont vous vous souvenez. Je le veux : mais si vous aviez employé plus de temps à vous examiner, si vous aviez recherché avec plus d'exactitude toutes vos fautes passées, vous en auriez déclaré davantage; vous n'êtes donc pas excusables devant Dieu, puisque cette omission de vos péchés vient de la négligence à vous examiner, à vous préparer soigneusement à la déclaration que vous devez en faire.

Voulez-vous, pécheurs, réussir dans une affaire de cette importance? observez les pratiques que je vous donne en finissant cette première partie.

Pratiques.—Avant que de vous approcher du sacré tribunal, adressez-vous d'abord au Père des lumières, élevez vos yeux vers la montagne sainte d'où vous viendra tout secours; réclamant ensuite la bonté de Jésus-Christ comme cet aveugle de l'Evangile, priez-le avec ferveur qu'il vous éclaire, qu'il vous fasse connaître l'état de votre âme, et la profondeur de vos plaies : *Domine, ut videam.* (*Luc*, XVIII, 41.) Ensuite, descendez en vous-même, sondez le fond de votre cœur, appliquez-vous surtout à connaître votre passion dominante, les devoirs de votre état, pour reconnaître vos infidélités. Prenez un temps suffisant, eu égard à celui que vous avez passé sans vous confesser; n'attendez pas le jour de votre confession pour vous examiner; mais préparez-vous quelques jours auparavant, en examinant chaque jour votre conscience sur quelques-uns des commandements de Dieu et de l'Eglise, et voyez en quoi vous les avez transgressés, en pensées, en désirs, en paroles, en actions et omissions. Adressez-vous à un bon confesseur, et priez-le de vous aider à faire une bonne confession. S'il y a quelque temps que vous ne vous êtes confessés, priez ce confesseur de vous différer l'absolution, pour avoir plus de temps d'examiner les péchés qui auraient pu vous échapper. Le moyen de rendre votre examen facile à faire, est de le faire tous les soirs, et de vous confesser souvent, parce que l'on se souvient bien plus aisément des péchés que l'on a commis depuis peu de temps. Si vous vous servez de ces pratiques, vos confessions seront pour vous des sources de grâces et de salut, parce que vous n'oublierez, du moins par votre faute, aucun de vos péchés. Vous devez encore être sincères pour ne rien cacher.

SECOND POINT.

Pour un second Prône sur la Confession (1).

Pater, peccavi in cœlum et coram te. (*Luc.*, XV, 21.)
Mon Père, j'ai péché contre le ciel et devant vous.

Tel est, mes frères, l'aveu que faisait l'enfant prodigue après son retour, et prosterné aux pieds de son père; et tel est l'aveu que doit faire un pécheur qui s'est éloigné de Dieu par le péché, et qui retourne à lui par la pénitence. Ce pécheur ingrat, comme l'enfant prodigue, a quitté la maison du meilleur des pères, non pas pour en avoir reçu quelque déplaisir, puisque au contraire il n'a éprouvé que les effets de sa tendresse; mais parce qu'ennuyé d'une dépendance qui fait son bonheur, il veut vivre avec liberté dans le crime, où il trouve son malheur. Heureux encore de trouver en Dieu un tendre père qui l'a attendu avec patience, qui le reçoit avec bonté, et qui veut bien le rétablir dans les droits qu'il a perdus!

O vous donc qui avez imité l'enfant prodigue dans ses égarements, imitez-le dans son retour : si comme lui vous vous êtes séparés du meilleur des pères, pour aller dans un pays éloigné, et pour servir des maîtres qui vous ont tenus dans le plus triste esclavage, rentrez en vous-mêmes comme cet enfant; formez dès ce moment la sincère résolution de retourner à ce tendre père qui va au-devant de vous, et qui vous tend les bras pour vous recevoir. Mais dans quelles dispositions devez-vous vous présenter à lui? Dans les mêmes que l'enfant prodigue se présenta à son père : Mon père, devez-vous lui dire, le cœur contrit et humilié, j'ai péché contre le ciel et devant vous; je ne mérite pas d'être appelé votre enfant; trop heureux que vous vouliez bien me recevoir seulement comme un de vos serviteurs. A cette condition, vous pouvez espérer que le Seigneur oubliera le passé, qu'il vous rendra son amitié et vous rétablira dans les droits que vous avez perdus. Mais devant qui devez-vous faire cet aveu? Devant les juges à qui Jésus-Christ a donné le pouvoir de vous réconcilier; votre confession doit être accompagnée, comme celle de l'enfant prodigue, de sincérité et d'humilité, pour ne point vous excuser, pour ne rien cacher ni déguiser.

Si les prêtres sont des juges établis par Jésus-Christ, dont ils tiennent la place pour prononcer sur la cause des pécheurs, il faut donc que ces pécheurs s'accusent auprès d'eux, avec la même sincérité que s'ils s'accusaient à Jésus-Christ lui-même; il faut qu'ils y paraissent comme des criminels qui, bien loin de s'excuser, avouent leur faute avec une humilité capable de fléchir la colère du souverain Juge qu'ils ont irrité. Or, si vous déclariez vos fautes à Jésus-Christ lui-même, oseriez-vous, mes frères, lui cacher quelque chose, lui à qui rien ne peut être caché? Si vous vous présentiez devant Jésus-Christ lui-même, de quels sentiments d'humilité ne seriez-vous pas pénétrés à la vue de vos crimes? C'est à quoi cependant un grand nombre de pécheurs ne font guère d'attention. Les uns, avec un esprit fourbe et déguisé, un cœur double, et une bouche trompeuse, se présentent au sacré tribunal, où ils cachent une partie de leurs péchés; les autres, comme l'orgueilleux Pharisien, viennent plutôt pour s'excuser que pour s'accuser, comme l'humble publicain : tous veulent se confesser dans le saint temps de Pâques, parce que tous veulent passer pour des chrétiens fidèles à remplir une obligation que la religion nous impose; et pour sauver leur honneur devant les hommes, ils ne craignent pas de se rendre sacriléges devant Dieu, par la profanation d'un sacrement qui demande de la part de ceux qui en approchent, une grande sincérité pour ne rien cacher, une profonde humilité pour ne point s'excuser : deux qualités essentielles à la confession d'un vrai pénitent. Renouvelez vos attentions.

Que prétendez-vous donc, pécheurs téméraires, qui, sous le manteau de la religion, cachez la fourberie et le mensonge; qui déclarez un certain nombre de péchés, tandis que vous en cachez d'autres que vous ne voulez pas dire? Vous pouvez en imposer aux hommes, qui ne voient pas le fond de votre cœur; mais vous n'en imposerez jamais à Dieu, qui en connaît les replis les plus cachés. Ce n'est donc pas aux hommes que vous mentez par vos déguisements, mais à Dieu : *Non mentitus es hominibus, sed Deo.* (*Act.*, V, 4.)

Mais encore une fois, que prétendez-vous?

(1) L'exorde est tiré de l'Evangile du samedi précédent.

Quels fruits espérez-vous tirer de ces confessions où vous n'accusez qu'une partie de vos péchés? Quelle serait votre ignorance, si vous pensiez que les uns vous seront remis sans les autres? Diéu ne sait ce que c'est que se réconcilier à demi; il ne remet pas un péché sans l'autre, puisque la grâce qui les efface est incompatible avec tous. D'ailleurs, quand vous obtiendriez le pardon de certains péchés, de quoi vous serviralt ce pardon, puisque les péchés que vous ne déclareriez pas par votre faute, et dont vous seriez toujours coupables, ne cesseraient de vous rendre l'objet de la haine de Dieu, et la victime des vengeances éternelles?

Un seul péché ne suffit-il pas pour être éternellement damné? Ainsi, je ne saurais trop vous le répéter, tandis que vous cacherez un seul péché, vous ne recevrez la rémission d'aucun. Bien loin de briser vos chaînes, vous y ajoutez un nouveau poids par la profanation que vous faites du sacrement, vous changez en poison le remède que Jésus-Christ vous présente pour vous guérir; vous arrêtez le cours des eaux qui devraient vous laver, et, au lieu de recevoir une sentence de vie au Tribunal de la miséricorde, vous n'y recevez qu'un arrêt de mort. Sur quoi, mes frères, écoutez le raisonnement convaincant que je vais vous faire : Ou vous voulez votre salut, ou vous ne le voulez pas; si vous ne le voulez pas, il est inutile de vous confesser; mais si vous voulez sincèrement votre salut, comme j'ai lieu de le croire, il faut prendre les moyens d'obtenir le pardon de tous vos péchés; or, il n'y en a point d'autre que de les tous déclarer; il faut en venir là, tôt ou tard, si vous voulez vous réconcilier avec Dieu, parce que le pardon de nos fautes est attaché à cette accusation entière; ainsi, que gagnez-vous d'en cacher? En différant de les accuser, vous ne vous déchargez pas de cette obligation, vous ne faites que la rendre plus onéreuse, puisque vous ajoutez à vos premières iniquités autant de sacriléges que vous faites de confessions; confessions sacriléges qu'il faudra enfin toutes répéter comme étant de nul effet. Or, que de peines ne vous imposez-vous pas? dans quel embarras ne vous jetez-vous pas? Et qui sait encore si vous aurez le temps dans la suite de déclarer ce péché, et de remédier à toutes vos confessions sacriléges? peut-être serez-vous surpris par la mort; et quand vous auriez le temps, n'aurez-vous pas autant et même plus de difficultés de le dire pour lors que maintenant?

D'ailleurs, je veux guérir votre mal par lui-même, et me servir de votre propre faiblesse pour vous faire connaître votre tort. Il y a de la honte, dites-vous, de déclarer ses fautes à un homme comme moi; pour qui passerai-je dans son esprit? Il y a de la honte, j'en conviens; mais lequel des deux partis est à préférer, ou que vos péchés soient connus d'un seul homme qui doit les garder sous un secret inviolable, ou qu'ils soient un jour, non-seulement révélés à cet homme à qui vous craignez de les dire, mais encore à tous ceux qui vous connaissent? Car quelque précaution que vous preniez, vos péchés ne peuvent être cachés, dit saint Augustin; ou il faut les produire vous-mêmes au tribunal de la pénitence, ou Dieu les manifestera un jour à tout l'univers. Or, quelle serait votre confusion, si Dieu à ce moment vous faisait connaître tel que vous êtes, seulement à cet auditoire? Quelle serait la confusion de cet homme qui veut passer pour un homme de probité, si l'on connaissait ses injustices, ses fourberies, ses malversations dans le commerce? Quelle serait la confusion de cette fille, de cette femme, si Dieu manifestait ces actions honteuses, ces intrigues criminelles qu'elle voudrait pouvoir se cacher à elle-même? Quelle serait la confusion de tous tant que vous êtes, si vos faiblesses étaient connues des autres, seulement comme vous les connaissez vous-mêmes? Or, elles le seront encore dans un plus grand jour, si vous ne les déclarez au Tribunal de la pénitence: *Revelabo pudenda tua.* (*Nahum.*, III, 5) Oui, mes frères, au jour des vengeances, tous les péchés, tous les crimes dont vous serez chargés en mourant, seront dévoilés à la face de toute la terre; il n'y aura point de mortel qui ne les connaisse; au contraire, Dieu oubliera et personne ne connaîtra les péchés que vous aurez accusés en confession, et dont vous aurez fait pénitence. Ah! si vous craignez si fort la honte et la confusion, faites-vous connaître tels que vous êtes, à celui qui tient la place de Jésus-Christ, puisque, en déclarant vos péchés, ils vous seront tous pardonnés; et dès qu'ils vous seront pardonnés, il ne sera plus question d'en souffrir la honte et l'opprobre. Le moyen donc le plus sûr de cacher votre péché, est de le confesser ingénument, dit saint Ambroise; et après tout, qu'il y ait de la honte à déclarer son péché, faut-il pour cela rester dans l'esclavage, et sous l'anathème d'un Dieu vengeur du crime?

Si vous aviez un abcès, une maladie cachée qu'il fallût montrer à un médecin pour être guéri, vous laisseriez-vous mourir par la honte de le faire voir? Non, sans doute : pourquoi ne feriez-vous pas pour la guérison de votre âme ce que vous faites pour la guérison de votre corps? Vous avez goûté la douceur d'un fruit défendu qui va vous donner la mort, n'est-il pas juste que vous souffriez l'amertume de la médecine qui doit vous rendre la santé et la vie? Par votre audace à commettre le péché, vous avez mérité une confusion éternelle; n'est-il pas juste que pour l'éviter, cette confusion éternelle, vous subissiez la confusion de quelques moments? Ah! quand la justice de Dieu vous demanderait de faire pendant toute votre vie une confession publique de vos fautes, ce ne serait vous rien demander qui ne fût au-dessous de ce que vous méritez; et pour éviter les peines éternelles, vous ne devriez pas balancer de vous y soumettre. Mais non, le Seigneur n'en demande pas tant : il se contente que vous déclariez vos faiblesses à un homme faible comme vous. Si c'était à un ange, à un homme parfait et impeccable qui ne connût point l'infirmité humaine, vous auriez plus de sujet d'appréhender ; mais c'est à un homme qui sait de quoi le cœur humain est capable, qui ne s'attend pas qu'on lui fasse le récit d'une vie sainte, mais le détail des fautes qu'on a commises ; à un homme obligé par toutes les lois divines et humaines à garder un secret inviolable sur ce qu'on lui confie ; en sorte que vos péchés sont plus en sûreté dans son cœur que dans le vôtre, puisque vous avez la liberté d'en parler, et que lui ne l'a pas. Qu'est-ce qui peut donc vous arrêter et vous empêcher de faire une accusation sincère ? Seriez-vous assez cruels envers vous-mêmes, que de ne pas vous épargner, à si peu de frais, un aussi grand malheur que celui de l'enfer réservé à ceux qui manquent de sincérité dans le tribunal ? Avec cette sincérité qui ne vous laisse rien cacher, vous devez encore apporter au tribunal une humilité profonde qui ne vous permette pas de vous excuser.

Cacher volontairement son péché, c'est à quoi l'on a bien de la peine à se résoudre, pour peu qu'on soit instruit des conditions nécessaires pour être justifié devant Dieu. Mais se servir de déguisements, de détours ; pallier certaines circonstances, s'excuser sur la cause ou l'occasion du péché pour en diminuer du moins la honte ou la confusion, c'est ce que l'orgueil inspire à un grand nombre de pénitents. On veut bien observer les conditions nécessaires pour obtenir son pardon, mais on voudrait se conserver l'estime dans l'esprit de son confesseur, on voudrait allier Jésus-Christ avec Bélial, se déclarer et ne pas se diffamer, ou du moins dans la déclaration de ses fautes se ménager, se concilier la réputation d'un humble pénitent ; et pour cela de combien de ruses, d'artifices, n'use-t-on pas dans cette déclaration ? On prend le ton et la voix de Jacob, tandis qu'on conserve les mains d'Ésaü. Ah ! chrétiens auditeurs, de quoi n'est pas capable l'esprit de l'homme si ingénieux à se faire valoir ou du moins à ne pas se dépriser ? On s'accuse donc de tous ses péchés ; mais comment ? Est-ce avec ce cœur contrit et humilié d'un enfant prodigue qui reconnaît ingénument sa faute : *Pater, peccavi?* Non ; mais en s'accusant, on rejette son péché sur une autre cause que sur sa propre volonté ; on s'excuse tantôt sur la faiblesse de son tempérament, tantôt sur la violence de la tentation, tantôt sur la misère des temps, sur l'engagement d'une profession, sur une occasion où l'on a été exposé, sur le caractère des personnes avec qui l'on est obligé de vivre.

Combien d'enfants d'Adam, qui cherchent comme lui de quoi couvrir leur turpitude, et qui veulent paraître tout autres qu'ils ne sont, cachent ou diminuent leurs fautes, par la déclaration de celles d'autrui qui leur servent de prétexte pour excuser leur malice ? Ainsi cet homme colère, emporté, jureur, s'accuse de ses jurements, de ses colères, mais il les rejette sur sa compagne ; cette femme rejette les siennes sur le serpent, sur la mauvaise humeur, sur les débauches d'un mari avec qui elle ne peut vivre. Ce vindicatif, cet homme, cette femme remplie de fiel et d'aigreur, commenceront à raconter les persécutions, les mauvais traitements qu'ils ont reçus de cet ennemi, pour justifier en quelque façon la haine, la rancune qu'ils conservent contre lui. De tous ceux qui sont divisés par des inimitiés, en voit-on bien qui se donnent le tort ? Il faut, pour ainsi dire, que le confesseur emploie tout ce qu'il y a de plus fort dans la religion, pour faire connaître la faute au coupable qui s'accuse, ou plutôt qui s'excuse : il y en a même qui portent l'orgueil jusqu'à disputer avec leur confesseur pour faire valoir de faux principes sur lesquels ils appuient leur mauvaise conscience ; et, s'ils se rendent enfin, c'est moins l'effet de leur humilité que des bonnes raisons qu'il faut leur donner pour les convaincre.

Combien d'autres qui, avant que de déclarer un péché qu'ils ont commis, font des préambules qui ne finissent pas, racontent des histoires inutiles, et tout cela pour faire entendre à leurs confesseurs que c'est comme malgré eux qu'ils ont commis le péché dont ils s'accusent ? C'est, dira-t-on, une compagnie où l'on s'est trouvé, dont il a été bien difficile de se défendre, qui a été cause qu'on est tombé dans le péché ; c'est une affaire qu'il a fallu terminer, qui a occasionné ces emportements ; ce sera peut-être même un bien que l'on aura voulu faire ; on s'en servira comme de prétexte pour disculper dans la confession mille infidélités. Combien encore qui dans la déclaration de leurs péchés pallient certaines circonstances nécessaires à savoir pour en connaître la grièveté, qui ne s'expliquent qu'à demi-mot !

On expose ses péchés sous des termes équivoques et capricieux, pour faire entendre au confesseur toute autre chose que ce qu'on est obligé de lui dire : sous les termes généraux de mauvaises pensées, on enveloppe des libertés honteuses et criminelles, que l'on croit suffisamment déclarées ; et on s'en tiendrait là, si un prudent confesseur n'avait soin d'interroger à propos pour connaître à fond la plaie qu'on lui cache. C'est là, mes frères, ce qui n'arrive que trop souvent à une infinité de jeunes personnes qui craignent de se déclarer ; elles veulent bien dire quelque chose de certaines fautes qu'elles ont commises, mais elles ne le disent qu'à demi. Elles s'accusent de ces fautes, mais elles les rejettent sur les pressantes sollicitations des libertins : elles ont été attaquées, à la vérité ; mais elles ne diront pas qu'elles ont été faibles à résister, ou faciles à s'exposer à la tentation, qu'elles ont donné occasion aux attaques de l'ennemi. C'est là cependant ce qu'il faut dire ingénument, sans se servir de détours et d'expressions adoucies, pour en imposer à un confesseur. Ce libertin, ce voluptueux s'accuse d'être tombé dans des péchés honteux; mais il ne dira pas les démarches qu'il a faites, les sollicitations, les moyens qu'il a employés pour venir à bout de contenter sa passion. Oh! qu'il y a bien peu d'humbles pénitents qui imitent l'enfant prodigue, dans l'aveu sincère qu'il fit de sa faute! Il dit simplement qu'il a péché, sans s'excuser, ni sur la vivacité de l'âge, ni sur la difficulté de résister aux occasions : *Pater, peccavi*. A entendre, au contraire, un nombre de pénitents s'accuser de leurs fautes, on dirait que ce sont les péchés d'un autre qu'ils accusent, et non pas les leurs : on se met en colère, disent-ils, on se laisse aller aux jurements, aux imprécations; mais il est bien difficile de faire autrement parmi tant d'occasions qu'on en trouve et de sujets qu'on nous en donne. C'est l'habitude qui m'a emporté, dira un autre; comme si l'habitude, qui est l'effet du péché et qui en augmente la grièveté, pouvait lui servir d'excuse. Enfin, parmi ceux mêmes qui s'accusent avec sincérité et humilité, ne s'en trouve-t-il pas qui cherchent à se faire un mérite de cette sincérité et de cette humilité à s'accuser, et qui prétendent par là se dédommager de la confusion qu'ils reçoivent à se déclarer coupables? Je le répète encore, mes frères, oh! qu'il est bien rare de trouver de vrais pénitents! Voulez-vous être de ce nombre? en vous approchant du sacré tribunal de la réconciliation, regardez-vous comme des criminels qui avez mérité toute la colère et l'indignation de votre juge.

Pratiques. — Si vous sentez quelque difficulté à déclarer certains péchés, commencez par ceux-là; quand une fois vous aurez remporté cette victoire sur le démon, le reste ne vous coûtera plus. Déclarez ingénument et simplement vos fautes, telles que vous les avez commises, en vous donnant tout le tort que vous méritez. Faites chacune de vos confessions comme si c'était la dernière de votre vie. Or, si vous vous confessiez pour la dernière fois, voudriez-vous cacher quelque chose, emporter avec vous quelque péché en l'autre vie dont vous ne pourriez plus recevoir le pardon, parce qu'il n'y aura plus pour lors de sacrement qui vous les remette? Considérez enfin que Dieu vous demande bien peu : il vous remet votre péché et vous délivre de l'enfer qu'il mérite, sur le simple aveu que vous en ferez à ses ministres. Si vous remarquez que, dans vos confessions passées, vous n'ayez pas bien examiné vos consciences, ou que vous ayez caché quelque péché, il faut répéter ces confessions dans une générale que vous devez faire pour réparer les autres : examinez pour cela tous les péchés que vous avez commis chaque année, chaque mois, chaque semaine, et chaque jour; les péchés que vous avez commis avant que vous fussiez dans l'état où vous êtes engagés, et ceux que vous avez commis depuis. N'attendez pas au temps de Pâques de faire cette confession générale; commencez-la auparavant; observez les mêmes avis, s'il y a longtemps que vous ne vous êtes approchés du tribunal. Ainsi, soit que vous vous disposiez à faire une confession générale, soit que vous pensiez à en faire une ordinaire, préparez-vous-y de loin, quittez dès à présent l'occasion du péché, corrigez vos mauvaises habitudes, mourez entièrement et pour toujours au péché. Commencez à être plus retenus dans vos paroles, plus réguliers dans votre conduite; par là vous vous disposerez à faire une bonne confession qui vous procurera la paix de l'âme, la joie d'une bonne conscience et l'entrée au royaume éternel.

PRONE XXVII.

Pour le quatrième Dimanche de Carême.

SUR LES AVANTAGES DE LA COMMUNION.

Accepit Jesus panes, et cum gratias egisset, distribuit discumbentibus. (*Joan.*, VI, 11.)

Jésus-Christ prit les pains, et après avoir rendu grâces, il les distribua à ceux qui étaient assis.

Il fallait, mes frères, une puissance aussi étendue et une bonté aussi compatissante que celle de l'Homme-Dieu, pour rassasier cinq mille personnes avec cinq pains. La multiplication de ces pains fut sans doute un grand sujet de reconnaissance pour ce peuple qui avait suivi Jésus-Christ dans le désert. Aussi le même Evangile qui nous rapporte ce miracle, nous apprend que ce peuple, pour marquer sa reconnaissance au Sauveur, voulut le faire roi; ce qu'il évita, en se retirant sur la montagne.

Quelque grand que fût ce prodige, il n'était rien, mes frères, en comparaison du miracle que ce Dieu Sauveur opère dans la sainte Eucharistie pour la nourriture de nos âmes. Car ce n'est pas ici un pain matériel et corruptible, multiplié pour la nourriture du corps; ce n'est pas même un pain formé miraculeusement par la main des anges, telle que fut la manne qui nourrit le peuple de Dieu dans le désert; mais c'est un pain céleste qui nourrit l'âme, c'est un pain composé de la chair et du sang d'un Dieu qui n'est plus donné à un simple peuple, ni multiplié en un seul endroit, mais qui est produit dans une infinité de lieux, et donné à tous les peuples qui veulent en profiter. Admirable invention de l'amour d'un Dieu pour les hommes, qui, non content de les avoir comblés de mille bienfaits, a épuisé, pour ainsi dire, sa magnificence en se donnant lui-même pour nourriture à de faibles mortels qui ne méritaient que ses châtiments! Non-seulement il leur permet de manger le pain céleste, mais par un nouveau prodige d'amour, il leur en fait un commandement exprès; commandement dont la transgression ne va à rien moins qu'à le priver de la vie éternelle. C'est ce divin commandement, mes frères, que l'Eglise vous renouvelle tous les ans, en vous ordonnant de participer à la sainte Table dans le temps pascal. Pour engager plus fortement ses enfants à remplir leur devoir, elle menace de ses anathèmes ceux qui refusent d'y satisfaire. Faut-il, mes frères, que nous ayons recours à cette voie pour vous soumettre? Faut-il vous dire qu'elle rejette de son sein ses enfants rebelles en ce point, qu'elle leur refuse la sépulture ecclésiastique? Non; je pense trop bien de votre piété, pour vous croire réfractaires à ces saints commandements : j'ai quelque chose de plus intéressant à vous proposer; ce sont les avantages attachés à une sainte communion, réservant pour une autre fois de vous parler des dispositions que vous devez y apporter. Je trouve ces avantages dans l'union intime que Jésus-Christ contracte avec l'âme fidèle qui le reçoit dans la sainte Eucharistie, et dans les grâces qu'il lui communique. L'âme unie à Jésus-Christ : premier avantage et premier point. L'âme comblée de grâces par Jésus-Christ dans la sainte communion : second avantage et second point. C'est tout mon dessein.

PREMIER POINT.

Pour vous donner, mes frères, une juste idée de cette union ineffable que l'âme contracte avec Jésus-Christ dans l'auguste sacrement de nos autels, il est important de vous proposer auparavant quelques-uns des points de foi que nous devons croire sur ce mystère, dont la connaissance doit servir à développer la vérité que je traite.

Et d'abord il faut savoir que sous les signes sensibles du pain et du vin que nous appelons les espèces sacramentelles, sont véritablement renfermés le corps et le sang de Jésus-Christ qui prennent la place du pain et du vin : ce qui se fait en vertu des paroles sacramentelles que le prêtre prononce au nom de Jésus-Christ par le pouvoir qu'il en a reçu dans la personne des apôtres; pouvoir admirable, qui rend Dieu obéissant à la voix d'un homme mortel, non pas pour arrêter le soleil, comme fit autrefois Josué, mais pour faire descendre le Fils de Dieu sur l'autel au moment qu'il prononce les paroles de la consécration : *Obediente Domino voci hominis.* (*Josue*, X, 14.) Il n'est pas moins vrai que le sang de Jésus-Christ est, depuis sa résurrection, réuni à son sacré corps pour n'en être plus séparé : de sorte que l'un ne peut être sans l'autre, parce que le corps de Jésus-Christ est un corps vivant; de là le fidèle qui, sous les espèces du pain, mange la chair de Jésus-Christ, est réellement abreuvé de son sang. Il est également certain que ce corps et ce sang sont unis hypostatiquement à la Divinité; de là le fidèle qui reçoit l'un et l'autre dans la communion, reçoit véritablement toute la Divinité, parce qu'il reçoit Jésus-Christ qui est Dieu et homme tout ensemble. Oui, mes frères, nous croyons, et c'est ici une vérité bien consolante, nous croyons et la foi nous l'apprend, que Jésus-Christ se multiplie par un amour ingénieux, et se trouve dans toutes les hosties consacrées, et qu'ainsi, sans quitter la droite de son Père, et sans se diviser, il est dans le ciel et sur la terre, avec cette différence qu'il se montre à découvert aux bienheureux dans le ciel, pour être l'objet de leur béatitude; au lieu qu'il se cache sous les voiles eucharistiques pour exercer notre foi. Mais nous pouvons dire que sous les symboles du pain et du vin, dans ce sacrement d'amour, nous possédons le même objet qui fait la félicité des saints; nous y possédons non-seulement le Fils de Dieu, la seconde personne de la sainte Trinité, unie à notre nature, mais encore les deux autres personnes, le Père et le Saint-Esprit, qui, étant inséparables l'un et l'autre du Fils, ne peuvent manquer de se trouver et de se communiquer tous les trois où l'un se trouve et se communique : ainsi, mes frères, lorsque vous communiez, votre corps devient le temple, le sanctuaire de la Divinité; la très-sainte Trinité réside au milieu de vous-mêmes; pour lors vous possédez ce que le ciel et la terre ont de plus précieux; et Dieu, tout puissant et tout riche qu'il est, ne peut rien vous donner de plus grand et de meilleur, dit saint Augustin : *Cum sit potentissimus, plus dare non potuit.*

Mais comment Jésus-Christ se communique-t-il à nous dans la sainte Eucharistie, et comment y possédons-nous les trois personnes de la sainte Trinité? Jésus-Christ, mes frères, s'y communique par l'union la plus intime, par l'union la plus glorieuse pour nous : union la plus intime dont lui-même nous a donné l'idée la plus sensible et la plus touchante, lorsqu'il la compare à celle qui se fait de la nourriture avec le corps qui la reçoit. *Ma chair*, nous dit-il, *est véritablement une nourriture, et mon sang un breuvage : « Caro mea vere est cibus, et sanguis meus vere est potus. »* (*Joan.*, VI, 56.) *Celui qui mange ma chair et boit mon sang, demeure en moi, et moi en lui : « Qui manducat meam carnem, et bibit meum sanguinem, in me manet, et ego in illo. »* (*Ibid.*, 55.) C'est-à-dire, mes frères, que comme il ne se fait qu'une substance de la nourriture, et de celui qui la prend, de même dans la sainte communion il ne se fait plus, pour ainsi dire, qu'une substance de Jésus-Christ avec le fidèle qui le reçoit; avec cette différence encore bien avantageuse pour nous, que la nourriture corporelle que nous prenons se change en notre chair; mais dans la sainte communion, Jésus-Christ nous change en lui, nous devenons d'autres lui-même, dit saint Léon : ce n'est pas seulement sa chair qui se communique à la nôtre, mais elle en prend, pour ainsi dire, la place: c'est son sang qui coule dans nos veines, c'est son âme, c'est sa divinité qui résident en nous; ce sont les trois adorables personnes de la sainte Trinité qui y font leur demeure, non-seulement par leur immensité, comme elles font partout ailleurs; non pas seulement par la grâce et la charité, comme dans l'âme des justes, mais par une présence particulière attachée à ce divin sacrement : en sorte que si, par impossible, ces divines personnes n'étaient pas en tous les lieux du monde, elles se trouveraient en nous par leur union avec ce divin sacrement. O prodige de l'amour d'un Dieu qui se communique d'une manière si intime à une chétive créature, qui s'unit à elle non pas seulement par des liens d'amitié, telle qu'elle se trouve entre des frères, entre des amis sincères, ce serait déjà beaucoup; mais c'est ici quelque chose de plus, c'est une union de substance, telle qu'elle se trouve, dit saint Cyrille d'Alexandrie, entre deux cires fondues et si bien mêlées ensemble, qu'on ne peut plus distinguer l'une de l'autre!

Que dirai-je de plus, mes frères? Jésus-Christ compare encore cette union à celle qu'il a avec son Père dans la sainte Trinité : *Comme je vis pour mon Père*, dit-il, *et de la même vie que mon Père, aussi celui qui mange ma chair vivra pour moi et de la même vie que moi : « Sicut ego vivo propter Patrem, qui manducat me, vivet propter me* (*Joan.*, VI, 58); » c'est-à-dire que, comme Jésus-Christ est un avec son Père, à raison de la nature divine qui leur est commune, il n'est qu'un dans un sens avec l'âme qui le reçoit dans la sainte communion, ne faisant, pour ainsi dire, qu'une substance avec elle; et comme Jésus-Christ reçoit de son Père une vie toute divine, de même à proportion il devient lui-même le principe d'une vie spirituelle et divine dans ceux qui s'unissent à lui par la participation de son corps et de son sang; ce n'est donc plus le fidèle qui vit, c'est Jésus-Christ qui vit en lui, comme dit l'Apôtre : *Vivo ego, jam non ego, vivit vero in me Christus.* (*Galat.*, II, 20.) Ce n'est plus le fidèle qui pense, qui parle, qui agit, c'est Jésus-Christ qui pense, qui parle, qui agit en lui, ou du moins c'est le fidèle qui doit penser, parler, agir comme Jésus-Christ; car s'il n'agit pas comme Jésus-Christ, si sa vie n'est pas conforme à la sienne, s'il ne vit pas pour lui, il doit dire qu'il n'a pas participé comme il faut à cette divine nourriture. Eh! comment pouvoir accorder des actions tout animales et terrestres avec le principe d'une vie céleste? Tremblez à ce sujet, vous en qui l'on remarque si peu de changement après tant de communions, et qui vivez d'une vie animale et sensuelle, comme si vous n'aviez jamais reçu ce pain des anges. Tremblez, vous qui après vous êtes si souvent nourris de la chair d'un Dieu plein d'amour et de douceur, êtes encore sujets à la haine et à la colère; tremblez, vous qui êtes si dominés par l'orgueil et si portés à la vanité, malgré les leçons d'humilité que Jésus-Christ vous donne dans son sacrement d'amour. Mais que cette crainte vous engage à faire tous vos efforts pour vous préparer avec plus de soin que vous n'avez fait jusqu'ici, à recevoir cette nourriture toute céleste où Jésus-Christ se communique à l'âme d'une manière si intime et si glorieuse pour elle.

Pour comprendre la gloire qui revient à l'âme fidèle de l'union qu'elle contracte avec Jésus Christ dans le saint Sacrement de l'autel, il faudrait pouvoir comprendre la distance infinie qu'il y a entre Dieu et la créature, entre la toute-puissance et la faiblesse, entre la grandeur infinie et la bassesse, entre le tout et le néant. L'aurait-on jamais cru, qu'il fût un jour permis à l'homme pécheur de manger à la table de son Dieu, de se nourrir de sa chair et de son sang adorables? Si Dieu eût promis à l'homme de lui accorder quelque grâce qu'il demandât, l'homme eût-il jamais osé porter jusque-là son espérance? Et certes, qui peut comprendre ce qui se passe dans la sainte communion? La créature non-seulement s'approche de son Dieu, son auteur, mais encore elle se nourrit de sa substance; un vil esclave s'engraisse de la chair de son Maître. N'est-ce pas ce qui doit faire l'étonnement du ciel et de la terre? *O res mirabilis! manducat Dominum pauper, servus et humilis.* (*Eccles.*) Qu'est-ce que l'homme, ô mon Dieu! pour que vous daigniez ainsi vous souvenir de lui et l'honorer de votre visite? C'était déjà beaucoup que vous l'eussiez reçu dans votre amitié; fallait-il porter la prodigalité jusqu'à le faire manger avec vous, jusqu'à le nourrir d'un pain qui fait dans le ciel la béatitude des anges? N'est-ce pas là, mes frères, l'excès de la tendresse d'un Dieu pour sa créature, et le comble de l'honneur où cette créature puisse être élevée?

Quelles seraient la surprise et la joie d'un sujet qu'un grand roi ferait manger à sa table, qu'il servirait de sa main, surtout si c'était un homme de néant, méprisable par son extraction et son état? Combien ce sujet ne se tiendrait-il pas honoré d'une telle faveur, puisque les grands eux-mêmes à qui elle est accordée se font une gloire de la publier? Quand le roi David présenta sa table à Miphiboseth, en considération de son père Jonathas, qu'il lui ordonna de n'en point prendre d'autre que la sienne : Qui suis-je, reprit cet humble Israélite en se prosternant jusqu'à terre, pour manger à la table de mon roi? Serait-il possible qu'un vil esclave, un homme comme moi, eût cet honneur : *Quis ego sum servus tuus, quoniam respexisti super canem mortuum similem mei?* (II *Reg.*, IX, 8.)

Quelque grande que fût cette faveur accordée par David au fils de Jonathas, quelque honoré que fût le dernier des sujets de manger à la table de son roi; qu'est-ce en comparaison, mes frères, de l'honneur que reçoit l'âme fidèle de manger à la table de son Dieu? Il y a infiniment plus de disproportion entre Dieu et la créature qu'entre le plus grand roi du monde et un ver de terre. D'ailleurs ce roi qui honorerait ainsi ce sujet, ne lui servirait pas des mets de sa propre substance : ce serait des viandes des animaux ou d'autres nourritures plus exquises à la vérité que celles qui sont communes aux autres hommes; mais se donnerait-il lui-même pour nourriture, comme le fait Jésus-Christ dans la sainte communion, à l'âme qui le reçoit, qui s'engraisse, pour ainsi dire, de la substance de Dieu même, et qui s'enrichit de ses dons? Dans ce moment cette âme devient l'épouse de son Dieu, le temple de la Divinité; elle participe au privilége de la sainte Vierge dans le mystère de l'incarnation du Verbe. Quelle gloire! quel honneur! Oui, mes frères, toutes les fois que nous recevons Jésus-Christ à la sainte communion, on peut dire qu'il renouvelle en nous ce qui se passa dans le mystère de son Incarnation; ce qui a fait dire aux saints Pères, que la communion est une extension de ce mystère. Dans le mystère de l'Incarnation, la chair de Marie devint la chair de Jésus-Christ, parce que celle-ci fut formée de la substance de celle-là. Un Dieu devient homme par l'union de la divinité avec l'humanité. Ainsi dans la sainte communion notre chair devient celle du Sauveur par l'union qu'elle contracte avec elle; nous sommes en quelque façon déifiés, divinisés, parce que nous devenons les membres d'un Dieu, le corps d'un Dieu, par le changement qu'il fait de nous en lui. Quelle gloire, encore une fois! quel honneur pour une créature!

Ce n'était pas assez que ce Dieu d'amour eût ennobli notre nature en l'épousant dans le mystère de son Incarnation: il a fallu encore, pour contenter cet amour, qu'il se communiquât à chacun de nous en particulier, en nous donnant pour nourriture, non-seulement la nature humaine qu'il a prise, mais encore la nature divine. Que pouvait-il faire de plus pour élever la créature? On peut donc dire du fidèle qui communie, ce que l'on disait de la très-sainte Vierge, qui avait porté le Fils de Dieu pendant neuf mois dans son sein virginal: *Heureuses*, disait-on en s'adressant à Jésus-Christ, *les entrailles qui vous ont porté: « Beatus venter qui te portavit! »* (*Luc.*, XI, 27.) Heureux, peut-on dire aussi, le corps du fidèle qui est sanctifié par la présence de Jésus Christ, en qui Jésus-Christ réside comme dans son sanctuaire: heureuses sont les lèvres et la langue qui sont teintes et arrosées de son sang précieux: heureux est le cœur de ce fidèle qui sert de trône à la Majesté d'un Dieu: heureuse est l'âme qui est, pour ainsi dire, divinisée par l'alliance ineffable qu'elle contracte avec son Dieu! elle peut dire qu'en le possédant, elle possède tous les biens. Oui, mes frères, quand vous communiez, Jésus-Christ vous tient lieu de tout, il est votre nourriture, votre gloire, votre trésor, votre ami, votre père, votre tout, comme dit saint Ambroise: *Omnia nobis est Christus.* Mais si le bonheur d'une âme qui reçoit Jésus-Christ dans la sainte communion est comparable à celui de Marie, quelle pureté, quelle disposition n'exige pas d'elle un don si précieux? Dieu, pour l'accomplissement du mystère de l'Incarnation, choisit une Vierge toute pure; en conséquence de ce choix, il la remplit de ses grâces les plus singulières; elle se prépare à cette grande faveur par les plus sublimes vertus: cependant, quelque pure, quelque accomplie que fût cette Vierge incomparable, l'Eglise est dans l'étonnement que le Fils de Dieu ait bien voulu descendre dans son sein: *Tu ad liberandum suscepturus hominem, non horruisti virginis uterum.* Quelle doit donc être, aux approches de la sainte Table, la frayeur d'une créature criminelle qui ne sait pas si elle a obtenu le pardon de son péché? Quelles précautions ne doit-elle pas apporter pour se purifier, crainte de faire une alliance monstrueuse de Bélial avec Jésus-Christ, et d'incorporer le Dieu de toute sainteté dans un corps de péché! Si ce corps devient par la communion le temple, le sanctuaire de la Divinité, quel respect ne doit-on pas avoir pour ce corps, et à quels châtiments ne doivent pas s'attendre ceux qui les profanent par des voluptés brutales, par des excès d'intempérance ou d'autres passions où ils s'abandonnent? Qu'il n'en soit pas ainsi de vous, mes frères; puisque Jésus-Christ s'unit à vous d'une manière si intime dans la sainte communion, unissez-vous à lui, demeurez en lui, comme il demeure en vous, si vous voulez profiter des grâces singulières qu'il communique à ceux qui le reçoivent avec de saintes dispositions.

DEUXIÈME POINT.

Puisque Jésus-Christ se communique à l'âme d'une manière si intime dans le sacrement de son amour, il faut convenir, mes frères, qu'il a de grands desseins sur elle, et nous pouvons espérer toutes sortes de grâces d'une communion sainte; Jésus-Christ y vient les mains pleines de dons propres à nous enrichir pour l'éternité; puisqu'il se donne lui-même en personne, comment ne donnerait-il pas avec lui ses grâces, ses mérites, ses trésors? Semblable aux princes de la terre, qui, en faisant leur entrée dans les villes, se plaisent à répandre leurs libéralités sur leurs peuples, Jésus-Christ se fait un plaisir de répandre les siennes dans nos cœurs. La manne céleste qu'il nous donne pour aliment a toutes sortes de vertus, et s'étend à tous nos besoins. Elle nous sert tout à la fois de nourriture et de remède: de nourriture, pour conserver et augmenter en nous la vie de la grâce; de remède, pour nous guérir de nos infirmités et nous garantir de la mort du péché. Tels sont les avantages d'une sainte communion.

Pourquoi pensez-vous, mes frères, que Jésus-Christ a institué la sainte Eucharistie sous les symboles du pain et du vin? C'est pour nous faire connaître les effets merveilleux qu'elle produit dans nos âmes. En effet, comme le pain et le vin font vivre nos corps, conservent en nous la vie et augmentent nos forces; de même cette viande céleste conserve en nous la grâce qui est la vie de l'âme, nous fait croître en vertu, et nous élève tellement au-dessus de nous-mêmes, dit saint Cyprien, que d'hommes terrestres elle nous rend des hommes tout célestes. Le pain et le vin conservent en nous la vie du corps, parce qu'ils entretiennent la chaleur naturelle, qui s'épuiserait par défaut de nourriture. Tel est l'effet que la sainte Eucharistie produit dans nos âmes; effet d'autant plus sûr qu'elle contient l'auteur et le principe de la vie. Car il y a cette différence entre le sacrement de l'autel et les autres sacrements, que les autres sacrements donnent la grâce; mais celui-ci contient l'auteur même de la grâce, qui est Jésus-Christ. De là quelle force et quelle vigueur ne recevons-nous pas en mangeant ce pain descendu du Ciel? C'est, mes frères, ce que vous avez tant de fois éprouvé : vous a-t-on jamais vus plus fidèles à vos devoirs, que les jours où vous vous êtes nourris du pain des forts? Et certes, comme la branche d'un arbre est toujours vivante, tandis qu'elle reste unie au tronc et à la racine, l'âme entée, pour ainsi dire, en Jésus-Christ par la sainte communion, sera toujours pleine de vie, tandis qu'elle sera attachée à lui. Il est vrai que nous portons la grâce dans des vases fragiles, sujets à tout moment à se briser contre les écueils des tentations; mais l'âme nourrie de Jésus-Christ, et remplie de sa vertu, n'est-elle pas en état de vaincre toutes les tentations? Puisqu'elle possède celui qui a vaincu et enchaîné le dragon, en peut-elle craindre les morsures? Non, mes frères, elle n'a qu'à demeurer unie à son Dieu, et ses ennemis ne prévaudront jamais sur elle. Le sacrement qu'elle a reçu lui donne un droit particulier à certains secours que nous appelons grâces actuelles, pour résister à tous les efforts des ennemis du salut. Or ces grâces puissantes nous sont données en temps et lieu, et dans les occasions où il faut combattre pour conserver la vie de la grâce.

Ainsi, mes frères, quand tous les ennemis de notre salut s'élèveraient contre nous; quand le démon, le monde et la chair conspireraient notre perte, nous n'avons qu'à nous approcher de la sainte table pour y manger le pain des forts, et nous remporterons sur eux une entière victoire. Pour surmonter les révoltes de la chair, nous n'avons qu'à prendre dans la coupe du Seigneur le vin qui germe les vierges; enivrés de cette précieuse liqueur, nous deviendrons insensibles à tous les attraits de la volupté; une rosée salutaire qui accompagne cette manne divine, éteindra les feux de la convoitise, en réprimera tous les mouvements. Que pourrions-nous craindre aussi des puissances infernales, à qui nous devenons terribles en sortant de la sainte table, comme des lions animés d'un feu divin, dit saint Chrysostome : *Tanquam leones ignem spirantes, facti diabolo terribiles.* Le démon voyant nos lèvres teintes du sang de Jésus-Christ ne peut manquer de prendre la fuite par la terreur que lui inspire le signe qui l'a vaincu et enchaîné : c'est ainsi que l'ange exterminateur épargna les maisons des Israélites, parce qu'elles étaient teintes du sang de l'Agneau pascal, figure de l'Eucharistie. Enfin, que pourrions-nous craindre du monde qui, par ses caresses et ses menaces, voudrait vous engager à suivre son parti? Ah! dès qu'on a goûté les douceurs de la sainte Eucharistie, toutes celles du monde nous deviennent insipides et se changent en amertume. On trouve son bonheur à soutenir ses plus cruelles persécutions : témoin les généreux martyrs, qui allaient se munir à la sainte table du pain des élus, avant que de monter sur les échafauds, où ils devaient soutenir la gloire de la religion par l'effusion de leur sang. C'est par le secours de ce divin froment que l'Église naissante a triomphé de mille monstres que l'enfer vomissait pour la dévorer dans son berceau. Alors les fidèles, comme de nouvelles plantes autour de la table du Seigneur, se nourrissaient, se fortifiaient et se multipliaient, malgré le feu des plus sanglantes persécutions : *A fructu frumenti multiplicati sunt.* (*Psal.* IV, 8.) Tels étaient, mes frères, les effets merveilleux que la divine Eucharistie produisait dans les premiers chrétiens; elle les conservait dans la ferveur d'une nouvelle vie, et les soutenait contre les attaques de leurs ennemis. Nous ne serions pas, hélas! si souvent vaincus par les nôtres, si comme eux nous avions la précaution de manger souvent, et avec les dispositions nécessaires, le pain céleste de la divine Eucharistie. Cette nourriture précieuse non-seulement conserverait en nous la vie de la grâce, en nous fortifiant contre les ennemis qui peuvent nous la faire perdre, mais encore elle augmenterait en nous cette grâce, et nous ferait croître de vertus en vertus, suivant les dispositions que nous apporterions pour la recevoir.

Le propre caractère des sacrements des vivants, est d'augmenter la grâce dans les sujets qui les reçoivent. Le sacrement de nos autels étant de ce nombre, doit produire cet effet dans ceux qui s'en approchent avec de saintes dispositions; mais avec cette heureuse différence que les autres sacrements, n'étant que des canaux qui font couler sur nous l'eau salutaire de la grâce, l'Eucharistie en étant la source, ce n'est pas seulement à quelque degré de grâces qu'un sujet bien disposé peut prétendre, mais à une abondance de grâces, à une plénitude de grâces dont l'âme est remplie : *Mens impletur gratia.* (*Eccles.*) Grâce qui est pour cette âme un gage assuré qu'elle est déjà, pour ainsi dire, dès cette vie mortelle, en possession du bonheur éternel, comme Jésus-Christ l'en assure : *Habet vitam æternam.* (*Joan.*, VI, 55.) Ce qui a fait dire à saint Augustin et à saint Thomas que dans ce sacrement Dieu a renfermé un moyen sûr de prédestination. De là, mes frères, quelle heureuse conséquence à tirer en faveur de ceux qui s'en approchent souvent, mais quel fâcheux présage de réprobation pour ceux qui s'en éloignent! O vous qui êtes brûlés par les ardeurs d'une soif meurtrière qu'excitent en vous les passions, venez puiser dans ces fontaines du Sauveur, cette eau salutaire qui tempérera vos ardeurs.

Vous aussi qui brûlez de la soif de la justice, qui désirez ardemment votre salut, venez vous désaltérer et prendre des forces dans cette citerne dont les eaux rejaillissent jusqu'à la vie éternelle. Non-seulement vous y croîtrez en grâces, vous vous avancerez encore en vertu et en mérite. Car cette viande céleste donne un nouvel accroissement à toutes les vertus chrétiennes; elle anime la foi, elle fortifie l'espérance, elle perfectionne la charité. La sainte Eucharistie anime et augmente la foi; c'est pour cette raison qu'on l'appelle mystère de foi, *mysterium fidei.* Nous en avons une preuve dans les deux disciples d'Emmaüs; ils sentaient à la vérité leur cœur s'embraser par les discours que Jésus-Christ leur tenait en chemin; mais ils ne connurent ce divin Maître qu'à la fraction du pain : jusqu'alors ils l'avaient pris pour un étranger, et leurs nuages ne furent dissipés que lorsque Jésus-Christ ayant béni et rompu le pain, il leur en donna : *Cognoverunt eum in fractione panis.* (*Luc.*, XXIV, 35.) La même chose arrive à une âme qui s'approche du Soleil de justice renfermé sous les voiles de l'Eucharistie; il l'éclaire dans son ignorance, il la rassure dans ses doutes, il dissipe ses perplexités, il lui découvre les embûches des ennemis, et dirige ses pas dans les voies d'une sainte paix. O vous qui êtes tentés de doutes contre la foi, que le démon, l'esprit de ténèbres, suscite en vous pour troubler la sérénité de votre âme, recourez à celui qui peut dissiper vos nuages et vous affermir dans une parfaite croyance à toutes les vérités qui vous sont révélées; priez-le d'augmenter votre foi : *Domine, adauge nobis fidem* (*Luc.*, XVII, 5); et bientôt les ténèbres feront place à la lumière : avec la foi, vous sentirez encore votre espérance se ranimer. En effet, que ne doit pas attendre une âme fidèle, d'un Dieu qui se donne tout à elle, qui lui dit, à son entrée chez elle, qu'il est son salut : *Salus tua ego sum?* (*Psal.* XXXIV, 3.) Que ses ennemis pour la déconcerter lui demandent, comme on demandait autrefois au Roi-Prophète, où est son Dieu? *Ubi est Deus tuus* (*Psal.* XLI, 4)? elle leur répondra qu'elle le tient, qu'elle le possède, qu'il est à sa disposition, qu'elle attend tout de lui comme étant l'auteur de son salut : *Salutare vultus mei et Deus meus* (*Psal.* XLI, 6) : elle répondra, cette âme, à ceux qui voudraient l'attrister, l'épouvanter, que son Dieu est sa lumière, qu'il est sa force, son protecteur; qu'elle est en sûreté à l'ombre de ses ailes : *Dominus illuminatio mea : quem timebo?* (*Psal.* XXVI, 1.)

Enfin, la charité se perfectionne et devient tout ardente et embrasée par la vertu de ce sacrement d'amour. Car quel est le cœur, fût-il plus insensible, fût-il plus froid que la glace, plus dur que le diamant; quel est le cœur, à moins qu'il ne veuille résister aux impressions du divin amour, qui ne s'amollisse, qui ne s'enflamme, qui ne se consume aux approches de ce buisson ardent? Comme le feu qui se communique au fer, le rend si ardent, qu'il ne semble plus du fer, mais du feu : de même, disent les Pères, Jésus-Christ dans l'Eucharistie échauffe tellement le cœur qui le reçoit, qu'il le change pour ainsi dire en lui-même. Et pour suivre cette comparaison, disons, mes frères, que comme le feu fait perdre au fer sa rouille, de même le feu divin qui se communique à l'âme dans la sainte Eucharistie, la purifie de ses taches, la rend pure et nette des souillures qu'elle a contractées par le péché. C'est dans ce sens que l'on peut dire que cette viande céleste qui sert de nourriture à l'âme, lui sert en même temps de remède, pour guérir ses blessures et ses infirmités.

En effet, si les malades qui s'approchaient de Jésus-Christ recevaient la guérison par la vertu qui sortait de cet Homme-Dieu; si le simple attouchement de sa robe fut capable de rendre la santé à une femme atteinte d'une perte de sang, quels salutaires effets ne doit pas produire dans une âme la présence réelle de Jésus-Christ? N'en doutez pas, mes frères, le même Sauveur qui a guéri les lépreux, qui a rendu la vue aux aveugles, l'ouïe aux sourds, le mouvement aux paralytiques, a le même pouvoir et la même bonté pour nous, qu'il avait pour ceux qui s'approchaient de lui pendant sa vie mortelle. Vous reste-t-il encore quelque peine temporelle à expier? ce sacrement vous la remettra, et achèvera de vous purifier. Votre âme s'est-elle rendue difforme aux yeux de son chaste époux par les fautes journalières, où les plus justes même tombent quelquefois? Ce céleste antidote vous en guérira, et rendra à votre âme sa première beauté; comme le charbon ardent qui purifia les lèvres du prophète, ce feu divin vous nettoiera de toutes les souillures, de toutes vos fautes les plus légères. C'est en ce sens que l'Eglise nous assure dans le saint concile de Trente, que ce sacrement opère la rémission des péchés : *Antidotum quo liberemur a culpis quotidianis.*

Etes-vous enveloppés des ténèbres de l'ignorance qui vous empêchent de connaître le mal que vous devez fuir, et le bien que vous devez pratiquer, les ennemis que vous devez combattre, et les devoirs que vous devez remplir? Vous avez dans ce sacrement de lumière le même Jésus-Christ qui rendit la vue aux aveugles, et qui vous éclairera sur tout ce que vous devez faire. Etes-vous accablés d'une langueur mortelle qui vous donne du dégoût pour les choses de Dieu, qui vous rend le joug du Seigneur plus pesant qu'il n'est en effet? Mangez ce pain qui fait les délices des rois, vous y trouverez le même Jésus-Christ qui a guéri les paralytiques, et qui vous donnera de l'agilité, qui dilatera votre cœur pour courir dans la voie de ses commandements : vos dégoûts se changeront en suavité; vous porterez non-seulement sans peine, mais avec une sainte allégresse, l'aimable joug du Seigneur. Interrogez ces âmes saintes à qui Jésus-Christ communique l'onction de sa grâce; elles vous diront, que depuis qu'elles ont le bonheur de participer aux saints mystères, la vertu des sacrements adoucit toutes leurs amertumes, et les élève au-dessus d'elles-mêmes, pour exécuter avec joie tout ce qui paraît de plus difficile au service de Dieu : *Gustate et videte quoniam suavis est Dominus.* (*Psal.* XXXIII, 9.) Goûtez et éprouvez vous-mêmes ces douceurs, et vous en conviendrez aisément. Si un pain cuit sous la cendre donna assez de force au prophète Elie, pour continuer son voyage jusqu'à la montagne d'Oreb, quelle force ne recevrez-vous pas de ce pain céleste pour continuer le grand voyage qui vous reste à faire vers l'éternité? Mangez-le donc, car vous avez encore beaucoup de chemin : *Grandis tibi restat via.* (III *Reg.*, X, 7.) Vous trouverez dans ce pain divin de quoi fournir toute votre carrière. Pourquoi donc, mes frères, sommes-nous si faibles, si chancelants dans les voies du salut avec un si puissant secours? Pourquoi tant de dégoût au service de notre Dieu? pourquoi même y en a-t-il tant parmi vous qui sont accablés d'infirmités spirituelles, qui sont dans le triste état de la mort du péché? *Inter vos multi infirmi et imbecilles, et dormiunt multi.* (I *Cor.*, XI, 30.) Ces malheurs, mes frères, ne viennent que de la négligence à s'approcher de la sainte Table, ou des mauvaises dispositions que l'on apporte pour y manger le pain qui nous y est présenté. La manne que les Israélites mangèrent dans le désert ne les empêcha pas de mourir; mais celui qui mange le pain de l'Eucharistie, vivra éternellement, dit Jésus-Christ : ce n'est donc pas la faute de ce pain si l'on meurt, ou si l'on est malade; c'est faute des dispositions que l'on doit apporter à le recevoir. Préparez-vous donc, mes frères, préparez-vous comme il faut à profiter d'un sacrement si auguste et si salutaire, où Jésus-Christ se donne à vous d'une manière si intime pour être votre nourriture, votre remède, votre vie, votre salut éternel.

Pratiques. — En quoi consiste la préparation à une sainte communion? En voici quelques pratiques que je vous propose en finissant, réservant de les traiter plus au long dans un autre discours. 1° La principale et la plus essentielle est la pureté d'âme, qui consiste à être exempt au moins de tout péché mortel, pour ne pas communier indignement, et de tout péché véniel pour recevoir plus de grâces de la communion. Cette manne céleste ne doit être mangée que par les enfants de la promesse : il ne convient pas d'y admettre ceux de l'esclave; car le fils de l'esclave, dit saint Paul, ne doit pas avoir part à l'héritage avec le fils de la libre : *Non hæres filius ancillæ cum filio liberæ.* (*Gen.*, XXI, 10; *Galat.*, IV, 30.) Ainsi, pour participer au don par excellence du testament de Jésus-Chris, qui est la sainte Eucharistie, il faut jouir de la liberté des enfants de Dieu que Jésus-Christ nous a méritée, et pour cela il faut avoir secoué le joug du péché et de ses passions : *Qua libertate Christus nos liberavit.* (*Galat.*, IV, 31.) Si vous n'êtes pas encore affranchis de l'esclavage de vos mauvaises habitudes, comme je vous ai exhortés dès le commencement du Carême, ne différez pas davantage à vous en corriger. Il faut surtout avoir quitté l'occasion du péché, en éloignant de vous celles qui sont chez vous, *ejice ancillam ;* et en vous éloignant de celles qui sont au dehors, jamais vous ne serez admis aux saints mystères avec l habitude et l'occasion du péché 2° Pleins d'estime et d'amour pour la sainte communion, ne négligez rien pour vous procurer les précieux avantages qu'elle renferme ; à cet effet, n'attendez pas de vous confesser le jour que vous devez communier; il est bon qu'il y ait un intervalle entre la confession et la communion : et il ne convient pas de s'approcher de la sainte Table avec un cœur encore tout fumant du feu que les passions y ont allumé, comme font certains pécheurs qui, en sortant du tribunal, vont s'y présenter. 3° Dans cet intervalle de la confession à la communion, lisez, ou faites lire quelques livres de piété qui traitent ce sujet ; faites quelques visites à Jésus-Christ surtout la veille de votre communion, pour le prier de préparer au dedans de vous-mêmes une demeure digne de lui : on peut dans ces visites produire les actes avant la communion. 4° Le jour de votre communion, ne soyez occupés que de la grande action que vous allez faire; priez votre bon ange de vous aider dans une affaire si importante, et de vous accompagner à la sainte Table. Soyez fidèles à ces pratiques, mes frères, et la communion sera pour vous le germe de la bienheureuse éternité. Je vous la souhaite. *Amen* (1).

PRONE XXVIII.

Pour le Dimanche de la Passion.

SUR LA CONTRITION.

Quis ex vobis arguet me de peccato? (*Joan.*, VIII, 46.)
Qui de vous me convaincra de péché?

Il n'appartient qu'à Jésus-Christ, la sainteté même, de défier ses ennemis avec autant d'assurance qu'il le fait dans l'Evangile de ce jour, de lui reprocher aucun péché. La sainte doctrine qu'il leur avait prêchée, les exemples de vertu qu'il leur avait donnés, le mettaient à l'abri de toute censure : il était lui-même en droit de leur faire les plus justes reproches sur leur criminelle résistance à la vérité qu'il leur prêchait, parce que sa vie sainte était une preuve convaincante de sa mission.

Qu'il s'en faut bien, mes frères, que nous puissions nous rendre le même témoignage que Jésus-Christ rend aujourd'hui à son innocence ! Outre qu'il n'est aucun de nous

(1) Les *Pratiques* pour la préparation prochaine se trouvent à la fin du Prône pour le Dimanche des Rameaux.

qui ne puisse et qui ne doive dire avec le Prophète (*Psal.* L, 6), qu'il a été conçu dans l'iniquité; en est-il aucun qui n'ait eu le malheur de tomber dans quelque péché actuel? En est-il aucun qui, bien loin de pouvoir dire avec Jésus-Christ : *Qui me convaincra de péché?* ne doive au contraire avouer ingénument qu'il a péché, qu'il a encouru la disgrâce de Dieu?

Convenons-en, mes frères, tous tant que nous sommes, avec autant de douleur que de sincérité, que nous sommes des criminels dignes de porter le poids de la colère de notre Dieu. Mais bénissons mille fois la divine miséricorde qui nous ouvre dans ses trésors une ressource à notre malheur. Quelque péché que nous ayons commis, elle nous en offre le pardon, pourvu que nous le demandions avec un cœur contrit et humilié. Ce bon Père est toujours prêt à recevoir l'enfant prodigue qui revient de ses égarements, et qui en fait un aveu sincère avec un cœur brisé de douleur. Voulez-vous donc, pécheurs, trouver grâce auprès de Dieu, ce Père tendre que vous avez quitté? Abandonnez vos cœurs aux sentiments d'une vive douleur : c'est un moyen sûr pour rentrer dans la maison paternelle, et pour recouvrer le droit que vous avez perdu. Dieu oublie tous nos péchés, dès que nous les détestons de tout notre cœur ; je veux aujourd'hui vous entretenir de cette douleur qui efface le péché; sujet d'autant plus important que la plupart des confessions qu'on fait, surtout dans ce temps pascal, sont nulles et sacriléges par le défaut de cette douleur. On examine ses péchés, on les accuse, mais il y en a très-peu qui aient la douleur nécessaire pour en obtenir le pardon. S'il y a quelque confession défectueuse par le défaut de déclaration, il y en a beaucoup plus qui le sont par défaut de contrition. Les uns manquent tout à fait de contrition, les autres n'ont pas la contrition telle que Dieu la demande pour accorder le pardon au pécheur. Voyons donc aujourd'hui la nécessité de la contrition, premier point; les qualités de la contrition, deuxième point.

PREMIER POINT.

La contrition, qui tient le premier rang parmi les actes du pénitent, comme dit le saint concile de Trente, est une douleur et une détestation du péché qu'on a commis, avec un ferme propos de ne plus le commettre à l'avenir. Ce n'est pas seulement une interruption ni même une cessation du péché, comme le prétendaient les hérétiques qui furent condamnés dans ce concile; c'est encore une tristesse et un brisement de cœur qui ramollit sa dureté, lui fait haïr le péché et détermine efficacement le pécheur à ne plus le commettre. Aussi la contrition a deux objets : l'un envisage le passé, et l'autre l'avenir. Elle afflige le cœur sur le passé, dit saint Grégoire, et lui fait prendre des précautions pour l'avenir : *Pœnitere est perpetrata plangere, et plangenda non perpetrare.*

Or cette contrition, cette douleur, comme dit encore le saint concile de Trente, a toujours été nécessaire pour en obtenir le pardon. Elle est la première porte pour rentrer dans l'état de justice et d'innocence dont l'homme est déchu par le péché. Dieu n'a jamais accordé et n'accordera jamais le pardon au pécheur qu'à cette condition : c'est une vérité dont l'Ecriture sainte et la raison nous fournissent des preuves sans réplique.

Ouvrons d'abord les Livres saints : qu'est-ce que Dieu demande aux pécheurs qui veulent rentrer en grâce avec lui? *Jetez loin de vous,* leur dit-il par un prophète, *vos iniquités, et faites-vous un cœur nouveau : « Projicite a vobis omnes prævaricationes vestras, et facite vobis cor novum. »* (*Ezech.*, XVIII, 31.) En vain donneriez-vous toutes les marques extérieures de pénitence; inutilement couvririez-vous vos têtes de cendres et vos corps de cilices; en vain déchireriez-vous vos vêtements, si vos cœurs ne sont pénétrés de regrets et brisés par la douleur : *Scindite corda vestra, et non vestimenta vestra.* (*Joel.*, II, 13.) Oui, mes frères, pour sortir de l'esclavage du péché et recouvrer la liberté des enfants de Dieu, vous auriez beau châtier vos corps et les réduire en servitude par les pénitences les plus austères, par les jeûnes les plus longs et les plus rigoureux; vous auriez beau vous dépouiller de tous vos biens pour les donner aux pauvres: si votre cœur aime encore l'objet de votre passion, votre pénitence est vaine, ce n'est qu'un fantôme, et vous demeurerez toujours sous l'anathème. *Convertissez-vous à moi de tout votre cœur,* vous dit le Seigneur, *et je me convertirai à vous : « Convertimini ad me in toto corde vestro, et ego revertar ad vos. »* (*Ibid.*, 12.)

Interrogez là-dessus, mes frères, tous ceux à qui le Seigneur a fait grâce et miséricorde; ils vous diront qu'ils n'ont trouvé la paix de leurs âmes que dans les pleurs et les gémissements; interrogez surtout le Roi-Prophète, ce grand modèle de pénitence, il vous apprendra que l'affliction du cœur est l'âme de la pénitence : aussi voyez les sentiments de douleurs dont ses Psaumes sont remplis. Il pleure et gémit tous les jours sur son péché qui est toujours devant lui. Le trouble et l'inquiétude se sont emparés de son âme jusqu'à pénétrer dans la moelle de ses os : *Conturbata sunt omnia ossa mea.* Sa douleur est si grande qu'elle interrompt son sommeil pour donner un libre cours aux larmes abondantes qui coulent de ses yeux : *Lavabo per singulas noctes lectum meum; lacrymis meis stratum meum rigabo.* (*Psal.* VI, 3, 7.) Quelle est la source de ces larmes? d'où vient la douleur où ce grand roi s'abandonne? c'est qu'il a offensé son Dieu, et que tout autre sacrifice ne peut l'apaiser que celui d'un cœur contrit et humilié : *Sacrificium Deo spiritus contribulatus; cor contritum et humiliatum, Deus, non despi-*

cies (*Psal.*, L, 19.) Aussi n'obtient-il le pardon de son péché que par la douleur qu'il a conçue; ses larmes furent le bain salutaire qui lavèrent son âme de son crime, et la rendirent aussi blanche que la neige. Or, si David, cet homme que Dieu avait choisi selon son cœur, ne put trouver grâce après son péché que par la douleur qu'il en eut, c'est bien en vain, pécheurs, que vous prétendez l'obtenir autrement; car cette douleur n'est pas moins nécessaire dans la loi de grâce que dans l'ancienne loi. En effet, quoique Jésus-Christ ait institué le sacrement de pénitence pour la rémission des péchés, il ne vous a pas, pour cela, dispensés de la douleur que vous devez concevoir; il a même voulu qu'elle fût une partie essentielle du sacrement, comme l'a déclaré le saint concile de Trente, appuyé sur ces paroles de Jésus-Christ : *Si vous ne faites pénitence, vous périrez tous : « Si pœnitentiam non egeritis, omnes similiter peribitis.»*(*Luc.*, XIII, 5.) C'est-à-dire, si vous ne vous repentez de vos péchés, si votre cœur n'est touché, amolli, changé, jamais vous ne recevrez de pardon; jamais, par conséquent, de salut pour vous. Car, remarquez avec saint Chrysostome, que, quoique le nom de pénitence puisse s'étendre à toutes les œuvres pénibles et satisfactoires qui disposent le pécheur à sa réconciliation avec Dieu, la pénitence consiste principalement dans la douleur de ses péchés, dans le changement du cœur, qui sont l'âme de la pénitence, sans laquelle toutes les autres n'en sont que l'ombre et l'écorce : *Pœnitentiæ larva et umbra ista sunt.*

En vain donc, mes frères, auriez-vous recours au sacrement de la réconciliation; en vain déclareriez-vous tous vos péchés aux ministres que Jésus-Christ a établis pour vous les remettre; en vain le ministre du Seigneur prononcerait-il sur vous la sentence de l'absolution: toutes vos confessions, toutes les absolutions que l'on vous donnerait vous seraient inutiles, dès que vous n'auriez pas la contrition. On peut vous dire dans un sens que la contrition est plus nécessaire au salut que la confession; non pas que celle-ci ne soit d'une obligation indispensable; mais la contrition peut suppléer à la confession, et non pas la confession à la contrition. Si vous êtes en état de péché mortel, et que par le motif d'un pur amour de Dieu, vous en conceviez de la douleur, quelques péchés que vous ayez commis, ils vous seront tous pardonnés; Dieu vous rendra son amitié, parce qu'il aime ceux qui l'aiment : *Ego diligentes me diligo.* (*Prov.*, VIII, 17.) Si vous mourez dans cet état, sans vous être présentés au tribunal de la pénitence, pourvu toutefois qu'il n'y ait point de votre faute, le ciel vous est ouvert. Il faut néanmoins observer que cette contrition, qui vient de la charité parfaite, doit renfermer le propos de soumettre vos péchés aux clefs de l'Eglise, sans quoi elle serait de nul effet, comme dit le concile de Trente. Au contraire, ne fussiez-vous coupables que d'un seul péché mortel, si vous mouriez sans l'avoir détesté, ou par une contrition parfaite hors le sacrement, ou par une contrition imparfaite avec le sacrement; eussiez-vous pratiqué toutes les autres vertus les plus héroïques, vous ne pouvez vous attendre qu'à une éternelle réprobation. Concevez dès là, mes frères, la nécessité de la bonne contrition; elle est si grande que rien n'en peut dispenser. C'est ainsi que Dieu en a ordonné pour la réconciliation du pécheur; c'est au cœur qu'il en veut; c'est la conversion du cœur qu'il demande, tout autre sacrifice ne saurait lui être agréable. En voulez-vous savoir la raison sensible et convaincante? la voici :

Dieu ne peut accorder à l'homme le pardon de son péché, qu'en changeant de disposition à l'égard de l'homme pécheur, c'est-à-dire, en lui rendant son amitié à la place de la haine qu'il avait conçue contre lui. Or Dieu ne peut changer de disposition à l'égard de l'homme pécheur, que ce pécheur ne change lui-même de disposition à l'égard de Dieu. Que fait l'homme en péchant? il se détache et s'éloigne de Dieu pour s'attacher à la créature à qui il donne une indigne préférence sur son Créateur; cette préférence est l'ouvrage du cœur; il faut donc que ce cœur change à l'égard de Dieu, en s'attachant à lui, en lui donnant la préférence qu'il mérite sur la créature; il faut que ce cœur devienne un cœur nouveau, en aimant ce qu'il haïssait, et en haïssant ce qu'il aimait. Voilà, dit saint Augustin, ce qui fait la vraie pénitence, la haine du péché et l'amour de Dieu : *Pœnitentiam non facit nisi amor Dei et odium peccati.* Or la haine et l'amour ne peuvent venir que du cœur. Il n'y a donc point de pardon à espérer pour le pécheur, que son cœur ne soit brisé, changé par la contrition qui est tout à la fois la haine du péché et l'amour de Dieu. D'ailleurs, n'est-ce pas le cœur qui a goûté le premier la douceur du fruit défendu, qui s'est livré aux plaisirs criminels en suivant l'attrait de sa passion? il doit opposer la douleur au plaisir, la tristesse à la joie, l'amertume de la pénitence aux fausses douceurs qu'il a recherchées dans le péché.

Est-ce ainsi, pécheurs, que vous l'avez compris, vous qui, jusqu'à présent, ne vous êtes attachés qu'à l'écorce de la pénitence; qui avez conservé le même cœur, c'est-à-dire un cœur également attaché à l'objet de votre passion; qui n'avez conçu ni douleur ni tristessse sur vos péchés? Hélas! mes frères, quelle illusion! illusion qui vous a trompés jusqu'ici. Vous avez cru être suffisamment disposés à recevoir votre pardon, parce que vous avez examiné votre conscience, accusé vos péchés, fait des actes de contrition, poussé des soupirs, versé quelques larmes; mais comme avec tout cela votre cœur n'était point changé, et qu'il ne détestait pas le péché comme il le devait, votre pénitence a été vaine, stérile et infructueuse. Si vous aviez affaire à un homme, il se contenterait de ces dehors de pénitence; mais Dieu ne s'en contentera jamais, parce qu'il voit le fond du cœur; et pendant que ce cœur aimera les plaisirs criminels, quelques larmes que vous répandiez, quelque protestation que vous fassiez de ne plus retomber, vous serez toujours coupables devant Dieu, vous serez toujours chargés du fardeau de vos péchés, et vos pleurs, comme vos paroles, qui sont tout autant de fourberies et de mensonges, bien loin de vous justifier, ne serviront qu'à vous rendre plus criminels. Je veux bien que pour vous exciter à la douleur de vos péchés, vous lisiez dans des livres quelques formules propres à vous l'inspirer; mais de croire que ces prières suffisent, et qu'à force de lire plusieurs formules propres à toucher le cœur, sans qu'il le soit en effet, on obtiendra le pardon de son péché, c'est une erreur. Lisez tant de prières qu'il vous plaira, prononcez de bouche autant d'actes de contrition que l'esprit peut en former; si la douleur n'est pas dans le cœur, si le cœur n'est pénétré de repentir de son péché, si le cœur, en un mot, n'est changé, toutes les prières ne servent à rien.

Mais en quoi, me direz-vous, consiste donc cette douleur, cette tristesse, que l'on doit avoir du péché? Cette douleur n'est pas une simple connaissance qu'on a de la difformité du péché; les démons ont cette connaissance, et ils n'ont pas la contrition. Ce n'est pas même un simple désaveu du péché, que tout homme raisonnable ne peut s'empêcher de condamner, dans le temps même qu'il se livre au péché. Que faut-il donc faire de plus, direz-vous encore? faut-il que le cœur soit ému par quelque déplaisir sensible, tel que nous le ressentons lorsqu'on nous annonce quelque fâcheuse nouvelle? Non, mes frères, cette douleur que Dieu nous demande n'est pas un sentiment de la nature, souvent il ne dépend pas de nous; ce ne sont pas non plus des larmes qu'il exige, elles ne sont pas toujours en notre disposition. Heureux cependant sont ceux qui en répandent par une vraie douleur de leurs péchés!

Voici donc en quoi consiste cette contrition nécessaire pour la justification : c'est un acte de la volonté qui rétracte, qui déteste, qui hait le péché, qui se repent de l'avoir commis, et qui met le pécheur en telle disposition qu'il voudrait ne l'avoir jamais commis; en sorte que s'il était à faire, il ne le commettrait pas, et qu'il voudrait que ce qui est passé n'eût jamais été.

Jugez, mes frères, de cette disposition où doit être le pécheur pénitent, par celle où vous vous trouvez, lorsque vous vous repentez d'avoir fait quelque action qui vous a causé une perte de bien, un déshonneur, la disgrâce d'une personne qui vous aimait et vous protégeait; vous rétractez cette action, vous avez du déplaisir de l'avoir faite, vous voudriez ne l'avoir pas faite. Telle est la disposition où vous devez être par rapport au péché; ce n'est pas assez de ne vouloir plus le commettre, mais il faut être fâché de l'avoir commis. Or, c'est en quoi bien des pénitents se trompent aujourd'hui. On croit bien détester le péché, parce qu'on n'y veut plus tomber; mais est-on toujours fâché, pour cela, de l'avoir commis? On a quitté une occasion, une personne qu'on ne veut plus fréquenter, peut-être parce qu'on en a été rebuté, ou que l'on s'y est déterminé de son choix. Mais ne se rappelle-t-on pas avec complaisance le souvenir de l'objet de sa passion, les plaisirs que l'on a goûtés, les désordres auxquels on s'est livré? On ne veut plus avoir de ces complaisances criminelles pour certaines personnes; mais se repent-on bien de celles que l'on a permises, qui ont été obtenues à prix d'argent, qui ont procuré l'amitié d'un grand, qui ont frayé le chemin à une certaine fortune, à un établissement avantageux, où l'on est bien aise d'être parvenu? Ah! qu'il est difficile, qu'il est rare de se repentir de ces sortes de péchés! On ne veut plus ravir le bien d'autrui; mais est-on fâché de s'être enrichi à ses dépens? Si on se repentait de ses injustices passées, on penserait à restituer. Un vindicatif pardonne à son ennemi, parce que l'humeur est passée; mais est-il bien marri d'avoir satisfait sa vengeance? c'est ce qui est bien rare. Ah! ce ne sont pas là, mes frères, des pénitences capables d'apaiser la colère de Dieu. Je l'ai dit, et je ne saurais trop le répéter : la pénitence du cœur, qui est la contrition, a deux objets : c'est un regret, un déplaisir du péché commis, avec un ferme propos de ne plus le commettre à l'avenir. Contrition absolument nécessaire pour obtenir la rémission du péché. Quelles en sont les qualités?

DEUXIÈME POINT.

La contrition, pour être agréable à Dieu et salutaire aux pécheurs, doit être surnaturelle dans son principe et son motif, universelle dans son objet, efficace et constante dans son propos. Elle doit être surnaturelle dans son principe et son motif; c'est-à-dire qu'elle doit être produite par un mouvement de la grâce, et par un motif surnaturel. La raison est que la contrition est une disposition prochaine à la justification du pécheur, c'est-à-dire, à cet heureux passage du péché à la grâce, où le pécheur devient l'ami de Dieu, l'héritier du royaume éternel. Or la foi nous apprend que tout ce qui nous dispose prochainement à la justification doit être surnaturel, c'est-à-dire, venir du Saint-Esprit; parce que la justification elle-même est un don surnaturel qui n'est point dû à l'homme, et où il ne peut parvenir par ses propres forces : il a donc besoin d'un secours qui l'élève au-dessus de lui-même; il doit avoir une disposition proportionnée à l'heureuse fin qu'il se propose, qui est de se réconcilier avec Dieu et de recouvrer ses droits au céleste héritage.

Il est vrai que ce secours surnaturel, ce don précieux nous vient du Père des lumières, qui est la source de tout don parfait; que c'est sa grâce toute-puissante qui agit en nous, qui nous élève au-dessus de nous-mêmes pour nous rendre participants de la nature divine : la contrition est un mouvement du Saint-Esprit, à qui seul il appartient de faire couler par son souffle divin, les eaux salutaires de la componction qui doivent laver nos iniquités : *Flabit Spiritus ejus, et fluent aquæ* (*Psal.*, CXLVII, 18) : mais Dieu est toujours prêt à nous donner son secours, pourvu que nous le lui demandions et que nous ne formions aucun obstacle à ses opérations. Il faut donc agir de notre côté pour correspondre à la grâce et nous rendre sensibles aux motifs de douleur qu'elle nous propose. Il faut de concert avec elle nous proposer nous-mêmes ces motifs de douleur, nous en laisser toucher, pénétrer, abandonner nos cœurs aux sentiments qu'ils ne manqueront pas de nous inspirer. Or quels sont ces motifs surnaturels qui doivent produire en nous la douleur de nos péchés? Ce sont des objets que la foi nous propose pour nous faire haïr le péché, en nous faisant considérer ce qu'il est par rapport à Dieu et à notre salut éternel.

Il faut donc que la foi agisse en cette occasion pour nous élever au-dessus de toute vue humaine, et nous représenter un Dieu outragé par le péché, ses bienfaits méprisés, la passion et la mort de Jésus-Christ, dont le péché a été la cause, un bonheur infini dont il nous a privés, des châtiments éternels qu'il nous a mérités : ce sont là les motifs surnaturels qui doivent nous faire détester le péché, ou comme le souverain mal de Dieu, ou comme le souverain mal de l'homme.

Si vous détestez le péché comme le souverain mal de Dieu, comme une injure faite à son infinie majesté, et non en vue des récompenses qu'il nous promet, ou des châtiments dont il nous menace, mais uniquement parce que le péché lui déplaît, parce qu'il est opposé à ses infinies perfections qui méritent tout l'amour de ses créatures; c'est l'effet de votre charité parfaite qui seule peut vous justifier, comme nous l'avons déjà dit, avant même que vous vous approchiez du sacrement de pénitence, en vous laissant néanmoins l'obligation de soumettre vos péchés aux clefs de l'Eglise; c'est la doctrine du saint concile de Trente : *Et si contritionem hanc aliquando charitate perfectam esse contingat, hominemque Deo reconciliare priusquam hoc sacramentum actu suscipiatur.* Heureux celui qui, porté sur les ailes de l'amour, s'élève ainsi jusqu'à Dieu, qui déteste le péché par l'opposition qu'il a à son infinie bonté, et qui par là s'assure de l'amitié de son Dieu qui aime ceux qui l'aiment : *Ego diligentes me diligo.*

Vous pouvez aussi et vous devez du moins détester le péché comme votre souverain mal, en ce qu'il vous prive de l'amitié de Dieu, de la possession de sa gloire, et qu'il vous rend l'objet des vengeances éternelles. Cette douleur, qui vient d'un amour imparfait et de la crainte des peines, quoique d'elle-même insuffisante pour vous justifier hors du sacrement, vous dispose néanmoins à recevoir dans le sacrement la grâce de la réconciliation; c'est encore la doctrine du saint concile que je viens de citer. Mais il faut pour cela qu'elle bannisse toute affection au péché, qu'elle vous porte à Dieu par l'amour de la justice, et qu'elle soit jointe à l'espérance du pardon. Car si vous n'évitez le péché que par la crainte des châtiments, en sorte que vous ne laisseriez pas de le commettre s'il restait impuni, cette crainte est non-seulement inutile, mais encore blâmable, dit saint Augustin, parce qu'elle ne change point votre cœur. Il faut donc qu'elle soit accompagnée de l'amour de la justice, c'est-à-dire d'une volonté sincère de faire en tout la volonté de Dieu, de pratiquer les vertus qu'il vous commande. Il faut qu'elle vous porte à Dieu par un amour d'espérance qui vous attache à lui comme à vòtre souverain bien, qui mérite d'être préféré à tout autre, de telle manière que vous fussiez disposés à perdre plutôt tous les biens créés, à souffrir tous les maux, que de perdre l'amitié de Dieu, sans quoi cette douleur imparfaite ne serait pas souveraine comme elle doit être pour vous justifier même avec le sacrement.

Loin donc d'ici, mes frères, toute autre douleur qui serait d'un ordre inférieur, qui n'aurait point de rapport à Dieu, ou au salut éternel de l'homme. Loin d'ici ces douleurs qui ne sont produites que par des motifs humains, et qui par là sont incapables de toucher le cœur de Dieu, et d'opérer la guérison du pécheur. Telle fut la douleur d'Antiochus, qui pleurait les maux qu'il avait faits à Jérusalem, qui promettait même de les réparer, et qui demandait à Dieu son pardon avec larmes et gémissements : mais sa douleur n'était que l'effet des maux dont Dieu l'avait accablé, et il n'obtint point le pardon qu'il demandait : *Orabat autem hic scelestus Dominum, a quo non esset misericordiam consecuturus.* (II *Mach.*, IX, 13.) Telle est encore la douleur d'un grand nombre de pénitents qui sont plus sensibles aux maux temporels qui ont été la suite de leurs péchés, qu'à l'outrage qu'ils ont fait à Dieu. Plusieurs pleurent, dit saint Augustin, et je pleure aussi avec eux; mais je pleure de ce qu'ils pleurent mal. Ce débauché pleure sa vie licencieuse, parce qu'il a dérangé ses affaires, ruiné sa santé. Cette fille repand des larmes, elle sèche de douleur, parce que son péché l'a déshonorée, qu'elle est devenue la fable du public. Cette femme raconte avec larmes les chagrins et les mauvais traitements que lui a faits son mari; je vois un autre pousser des sanglots et des soupirs que lui arrache la confusion naturelle qu'il a d'avouer certaines actions qu'il voudrait pouvoir cacher à lui-même. Qui ne voit, mes frères, que ces douleurs sont toutes naturelles, qu'elles sont moins l'effet de la grâce que de la nature, incapables par conséquent de réconcilier le pécheur avec Dieu? Ce sont, dit saint Bernard, des pluies froides qui causent la stérilité, au lieu d'apporter l'abondance. Ces tristesses du siècle ne sont capables que de causer la mort, dit saint

Paul; au lieu que la vraie contrition, qui est une tristesse selon Dieu, opère le salut : *Quæ secundum Deum tristitia est, pænitentiam in salutem stabilem operatur, sæculi autem tristitia mortem operatur.* (II *Cor.*, VII, 10.) Voulez-vous, mes frères, que la vôtre soit telle? élevez-vous par la foi au-dessus de tous les motifs humains, pour n'envisager dans le péché que l'offense de Dieu, la perte de son amitié, les malheurs éternels qui en sont la suite.

Si votre douleur est animée d'un motif surnaturel, elle sera universelle dans son objet, c'est-à-dire qu'elle détestera tous vos péchés sans exception. Car si vous détestez le péché ou comme le souverain mal de Dieu, ou comme notre souverain mal, quelque péché que vous ayez commis, dès qu'il est mortel, portant ces odieux caractères, mérite également votre haine et votre douleur. En vain donc offririez-vous à Dieu le sacrifice d'un cœur contrit sur certains péchés, tandis que ce cœur serait attaché à d'autres objets qui le rendraient coupable devant Dieu : en vain détestez-vous la vengeance par principe de charité, si votre cœur est occupé d'un amour profane pour l'objet d'une passion criminelle; en vain, par un principe de justice, ne vous emparez-vous point du bien d'autrui; si vous prodiguez le vôtre en folles dépenses, si vous l'employez à entretenir votre vanité, si vous le consumez en débauche, Dieu réprouvera vos sacrifices, comme il fit autrefois celui de Saül, qui dans la défaite des Amalécites en avait épargné le roi, contre la défense qu'il lui en avait faite. Non, mes frères, Dieu ne veut point de cœurs demi-blessés, comme dit saint Augustin, de ces cœurs demi-chrétiens, demi-païens, qui offrent d'une main de l'encens au vrai Dieu, et de l'autre aux idoles; qui détestent certains vices, et qui s'en pardonnent d'autres dont ils ne veulent pas se corriger. Le sacrifice du cœur, pour être agréable à Dieu, doit être entier : comme il ne pardonne pas à demi, et que dans le pardon qu'il nous accorde, il remet toutes nos dettes; il faut de même que le pécheur ne réserve aucun péché, que sa contrition s'étende à tous, qu'elle soit comme une mer qui les noie, qui les absorbe tous dans son sein: *Magna est velut mare contritio tua.* (*Thren.*, II, 13.) Le glaive de la douleur les doit tous immoler. Un seul épargné est un obstacle au pardon.

Enfin la contrition doit être efficace et constante dans le bon propos de ne plus pécher. Quiconque en effet est véritablement marri d'avoir offensé Dieu, doit être bien résolu de ne plus retomber dans le péché. Si la contrition, comme nous l'avons dit, renferme la haine du péché et l'amour de Dieu, peut-on haïr le péché, sans être résolu à l'éviter? peut-on aimer Dieu comme il doit être aimé, sans être disposé à observer ses divins commandements, ce qui est la marque la plus certaine de l'amour qu'on a pour lui? Telles doivent être, pécheurs, vos dispositions pour l'avenir, si vous voulez obtenir le pardon du passé.

Voulez-vous donc connaître si votre propos a été sincère et efficace? Jugez-en par le changement de vos mœurs et par votre fidélité à garder la loi du Seigneur. De là ce qui fait votre sécurité doit augmenter votre crainte; à la vue de vos péchés, vous vous rassurez sur vos confessions, vous croyez en avoir obtenu le pardon, parce que vous les avez accusés : erreur, mes frères; des confessions sacriléges ne sauraient vous justifier devant Dieu; des confessions faites sans un bon propos ne peuvent que vous rendre plus coupables. Or la promptitude et la facilité avec laquelle vous êtes tombés dans le péché mortel après vos confessions, nous prouve que peut-être jamais vous n'avez eu un sincère propos de ne plus pécher. Mais quelle qualité doit avoir ce propos? Il doit être accompagné de fermeté et de vigilance : de fermeté, pour résister aux tentations; de vigilance, pour fuir les occasions. Que tous les ennemis de votre salut, pour vous faire changer de résolution, se liguent contre vous; que le monde pour vous gagner, vous présente l'éclat de ses biens, les charmes de ses plaisirs; que le démon comme un lion rugissant tourne autour de vous pour vous dévorer; que de concert avec vos passions il vous sollicite à lui accorder des plaisirs que la loi du Seigneur vous défend, vous devez être fermes et inébranlables pour résister et triompher dans tous ces combats : *Je l'ai promis*, devez-vous dire avec le Prophète, *j'ai résolu de garder la loi du Seigneur : « Juravi et statui custodire judicia justitiæ tuæ. »* (*Psal.*, CXVIII, 106.) Mais pour remporter une victoire sûre et complète, il faut de la vigilance pour fuir les occasions du péché. Car en vain, mes frères, vous flattez-vous d'être fidèles à Dieu; si vous vous engagez dans les mêmes occasions, quelques résolutions que vous ayez prises, vous succomberez. Les mêmes causes produiront les mêmes effets; les objets qui ne vous touchaient point lorsque vous en étiez séparés, ranimeront par leur présence vos passions, et vous entraîneront dans les mêmes désordres dont vous êtes sortis.

Concevez donc, mes frères, une ferme résolution de fuir le péché et les occasions du péché, de corriger vos mauvaises habitudes, en vous servant des moyens que l'on vous a prescrits au tribunal de la pénitence; car ce n'est pas seulement pour recevoir le pardon de vos fautes que vous devez en approcher, mais encore pour vous corriger. De quoi vous servirait de recouvrer pour quelque temps la grâce de Dieu, si vous la perdiez par votre inconstance? votre état deviendrait pire qu'il n'était auparavant. Ah! c'en est fait, devez-vous dire, il y a assez longtemps que j'abuse des sacrements. Je me confesse et je retombe toujours; ma vie n'est qu'une vicissitude de péchés et de pénitence. Mais je veux que ma pénitence mette fin à mes péchés, que ce soit une pénitence ferme et durable qui ne finisse qu'avec la vie. Si votre douleur est ainsi constante dans son propos, vous aurez, mes frères, une marque aussi sûre qu'on puisse l'avoir en cette vie, qu'elle a été véritable et que vous avez obtenu votre pardon.

Pratiques. — 1. Demandez à Dieu cette douleur; puisque c'est l'effet de la grâce, il faut beaucoup de prières pour l'obtenir. 2. Pour vous exciter à la contrition de vos péchés, retirez-vous dans un lieu convenable : le plus propre, c'est l'église; là vous vous proposerez les motifs capables de toucher votre cœur, de le pénétrer des sentiments de la plus vive, de la plus amère componction. Vous regardant comme un enfant prodigue, qui a quitté le meilleur de tous les Pères, vous vous jetterez entre ses bras, en lui disant : Mon Père, j'ai péché contre le Ciel et devant vous, j'en suis bien marri ; je voudrais ne l'avoir jamais fait. Ah ! la résolution en est prise, je fais dès à présent un divorce éternel avec le péché; plutôt mourir, Seigneur, que de vous offenser, c'est la seule grâce que je vous demande. 3. Représentez-vous Jésus-Christ sur la croix (ayez, autant que vous pourrez, son image devant les yeux;) imaginez-vous qu'il vous dit : Voilà, pécheur, l'état où vous m'avez réduit par votre péché; ma mort est votre ouvrage ; ne vous repentez-vous pas de m'avoir ainsi traité ? voudriez-vous bien maintenant ne l'avoir pas fait? Ensuite répondez-lui de tout votre cœur : Oui, Seigneur, je le voudrais bien; je m'en repens sincèrement ; mais c'en est fait, plus de péché dans ma vie ; plus de tiédeur à votre service. Pour rendre votre douleur plus agréable à Dieu et plus salutaire pour vous, unissez-la à celle que ce divin Médiateur conçut dans le Jardin des Olives sur les péchés des hommes, qui lui causa une sueur de sang; mêlez vos larmes avec ce sang précieux; offrez à Dieu ses mérites pour suppléer à ce qui vous manque. Mais appliquez-vous aussi les mérites de ce sang adorable par la douleur que vous concevrez de vos péchés; ce n'est qu'à cette condition qu'il purifiera, comme dit l'Apôtre, vos consciences des œuvres mortes, c'est-à-dire des œuvres de péché, et que vous aurez part à l'héritage qui vous est promis. Jésus-Christ y est entré par son sang, vous devez y entrer par vos larmes; après avoir pleuré sur la terre, vous serez consolés dans le ciel. *Amen.*

PRONE XXIX.

Pour le Dimanche des Rameaux.

SUR LES DISPOSITIONS A LA COMMUNION.

Dicite filiæ Sion : Ecce Rex tuus venit tibi mansuetus. (*Matth.*, XXI, 5.)

Dites à la fille de Sion : Voici votre Roi qui vient à vous plein de douceur.

L'Eglise, cette tendre Mère, toujours attentive aux besoins de ses enfants, nous représente aujourd'hui dans l'Evangile l'entrée triomphante du Sauveur à Jérusalem : ce n'est pas sans dessein, mes frères ; elle veut par là nous mettre sous les yeux le modèle de ce que nous devons faire, pour nous préparer à la communion pascale; car si l'entrée de Jésus-Christ dans cette ville est une figure de celle qu'il fait dans nos âmes par la sainte communion, on peut dire que la réception que lui firent les peuples, est une leçon de ce que nous devons faire pour le recevoir.

Or l'Evangile nous dit qu'une grande multitude de peuple alla au devant de lui : les uns étendaient leurs vêtements sur son passage, les autres coupaient des branches d'arbres qu'ils mettaient sur le chemin par où il devait passer; tous ensemble lui donnaient mille bénédictions en disant : *Hosanna !* Salut et gloire au fils de David, béni soit celui qui vient au nom du Seigneur. Telle fut, mes frères, cette pompeuse cérémonie dont l'Eglise nous rappelle le souvenir par la bénédiction des rameaux et la procession qu'e e fait en ce jour ; tel est aussi le modèle des dispositions que vous devez apporter à une sainte communion. Vous devez, non pas ôter vos vêtements comme ces peuples, mais vous dépouiller du vieil homme, renoncer au péché, retrancher vos convoitises, porter en vos mains la palme des victoires que vous avez remportées sur vos passions, aller au devant de Jesus-Christ par une foi vive, par une ferme confiance, une ardente charité, une dévotion fervente, une profonde humilité. C'est à quoi, mes frères, l'Eglise vous invite par ses ministres, qu'elle charge de vous annoncer l'heureuse arrivée d'un Roi plein de douceur : *Ecce Rex tuus venit*, etc. Voilà qu'il vient, ce Roi, pour vous combler de ses grâces et de ses faveurs; déjà il est à votre porte, déjà vous touchez au moment où vous devez le recevoir dans votre cœur: *Ecce Rex tuus venit.* Allez donc au devant de lui ; préparez-vous avec soin à ce grand et auguste sacrement, quittez pour cela les voies de l'iniquité, et approchez-vous de Jésus-Christ avec un cœur pur, et une âme ornée de toutes les vertus ; cela seul peut lui rendre agréable la demeure qu'il veut bien se choisir au dedans de vous-mêmes. Voilà, mes frères, l'important sujet dont je vais vous entretenir ; il me fournit les deux réflexions suivantes : Pour recevoir dignement Jésus-Christ dans la sainte communion, il faut, 1° être exempt de tout péché; premier point : il faut, 2° être occupé à la pratique des vertus; deuxième point. En deux mots, la pureté de l'âme est la disposition éloignée ; la ferveur dans la vertu est la disposition prochaine que demande de nous tous la sainte communion.

PREMIER POINT.

Le saint roi David voulant bâtir un temple au Seigneur, crut devoir préparer pour ce grand ouvrage tout ce qu'il put trouver de plus précieux et de plus magnifique dans les richesses de la nature; parce que, disait-il, *ce n'est pas à un homme qu'il s'agit de préparer une demeure, mais à un Dieu : « Neque enim homini præparatur habitatio, sed Deo. »*

(I *Paral.*, XXIX, 1.) Le grand dessein que ce pieux roi ne put accomplir, fut exécuté par Salomon, son fils, le plus sage des rois. Or, s'il fallut faire tant de préparatifs pour placer l'arche d'alliance qui renfermait les tables de la loi et un peu de manne, donnée miraculeusement aux Juifs dans le désert, que ne doit pas faire un chrétien pour préparer dans son cœur un temple à Jésus-Christ, l'auteur de la loi, et pour manger cette manne délicieuse, descendue du ciel, dont l'ancienne n'était que la figure? Si les Juifs devaient observer tant de cérémonies pour manger l'agneau pascal; s'ils étaient punis de mort lorsqu'ils manquaient à quelqu'une de ces cérémonies, que ne doivent pas observer les chrétiens pour manger l'Agneau sans tache? quelles dispositions ne doivent-ils pas apporter en s'approchant du plus grand, du plus saint de nos sacrements, qui est un mémorial des mystères de notre sainte religion? Ah! mes frères, quand nous ne devrions participer qu'une seule fois dans notre vie à ces augustes mystères, cette vie, quelque longue qu'elle fût, ne le serait pas trop pour nous préparer à une seule communion. Mais si nous n'employons pas à cette action autant de temps que demanderait la grandeur et la sainteté de Celui que nous devons recevoir, nous devons du moins suppléer par notre ferveur au temps qui nous manque, et par un saint empressement, suppléer à l'impuissance où nous met notre faiblesse d'en faire davantage.

Que ne feriez-vous pas, mes frères, si vous deviez recevoir chez vous un grand du monde, un prince, un roi de la terre? Vous n'attendriez pas le jour de son arrivée pour vous y préparer, mais vous emploieriez plusieurs jours pour orner les appartements où il devrait loger, de ce que vous pourriez trouver de plus précieux; vous n'auriez pas la témérité d'y placer son ennemi, ou quelque objet qui lui déplût. Quelles précautions ne devez-vous donc pas prendre pour recevoir Jésus-Christ, le Roi des rois, qui veut loger, non pas dans votre maison, mais dans votre cœur? Vous savez que le péché est son ennemi; vous devez donc le bannir de votre âme, en la purifiant de tout ce qui peut déplaire aux yeux de ce Roi plein de douceur. C'est là, mes frères, la principale disposition qu'il faut apporter à la communion; une grande pureté d'âme, sans laquelle toutes les autres ne vous serviront de rien. Vous la devez à Jésus-Christ, votre divin hôte, vous la devez à vous-mêmes; parce que, sans cette disposition, bien loin que cette nourriture fût pour vous un principe de vie et de salut, elle serait un principe de mort et de condamnation.

En effet, si Jésus-Christ s'unit à nous dans la sainte communion d'une manière si intime, ne devons-nous pas nous unir à lui par l'amour le plus sincère? S'il veut bien demeurer en nous et nous honorer de sa présence, ne devons-nous pas demeurer en lui par sa grâce? Or, comment vous unir à Jésus-Christ, mes frères, tandis que le péché mettra entre lui et vous une barrière et un obstacle à cette union? Comment demeurer en Jésus-Christ, tandis que le péché vous en sépare, et que vous vous retranchez de sa société par celle que vous voulez avoir avec Bélial, son ennemi? *Quæ conventio Christi ad Belial?* (I *Cor.*, VI, 15.) Jésus-Christ viendra à la vérité loger en vous, si vous communiez, dans quelque état de crime ou de sainteté que vous soyez; car, par un prodige d'amour que nous ne saurions assez admirer, il se donne également aux bons et aux méchants; le péché qui règne dans un cœur qui le reçoit, ne lui fait pas pour cela perdre son être sacramentel : ***Sumunt boni, sumunt mali.*** Il entre et il demeure en corps et en âme dans ce cœur de péché, comme dans un cœur pur; mais que les effets qu'il y produit sont différents! les malédictions qu'il imprime dans cette âme téméraire et audacieuse, sont proportionnées aux outrages qu'il y reçoit. Or comment est-il reçu dans ce cœur de péché, comment y est-il traité, à quels mépris, à quelles insultes, à quelles indignités n'est-il pas exposé? Il s'y voit, pour ainsi dire, enchaîné comme un esclave sous les pieds du démon son ennemi, à qui l'indigne communiant donne la préférence sur son Dieu, par son attache au péché. Il souffre dans ce cœur des outrages inouis, qui lui sont plus insupportables que ne furent ceux qu'il souffrit dans sa vie mortelle; sa passion y est renouvelée, il est trahi par Judas, méprisé par Hérode, condamné par Pilate, mis à mort par les bourreaux; car l'indigne communiant ressemble à tous ces monstres de nature, qui ont commis les plus horribles attentats sur la personne du Fils de Dieu. Jésus-Christ a plus d'horreur d'être dans ce cœur esclave du péché, que dans la fange et l'ordure.

A quoi pensez-vous donc, et que prétendez-vous faire, pécheur qui vous approchez de la sainte table, avec un cœur souillé de péchés, livré aux désirs sensuels, esclave d'une habitude que vous n'avez pas corrigée, adorateur d'un objet à qui vous n'avez pas renoncé? Pensez-vous que le pain des enfants soit pour les chiens? Non, non, les choses saintes ne doivent être que pour les saints, et il ne convient pas de jeter des perles précieuses devant les animaux immondes; il ne convient pas de participer à la table du Seigneur et à celle des démons. L'Ecriture vous condamne trop ouvertement pour que vous trouviez quelque excuse à votre témérité. Que prétendez-vous, vindicatif, lorsque vous venez manger la chair de l'Agneau plein de douceur, avec un cœur rempli de fiel, avec une animosité secrète, avec un ressentiment opiniâtre qui vous sépare de votre frère, et qui vous rend si intraitable sur tous les accommodements qu'on vous propose? Ah! vous venez comme Judas, sous le signe de la paix, déclarer à Jésus-Christ la guerre la plus cruelle, lui plonger dans le sein le poignard que vous tenez caché sous le manteau de la piété et de la modestie. Vous êtes coupables du même attentat, vous qui n'avez pas renoncé à cette occasion qui vous perd, qui n'avez pas rompu cet engagement criminel, vous qui ne voulez pas restituer ce bien mal acquis, vous qui n'avez point eu de douleur de vos péchés, qui ne les avez point déclarés au tribunal; vous tous, enfin, qui avez quelque attache au péché; car pour être digne de communier, il ne suffit pas d'avoir interrompu le cours de ses péchés; auriez-vous passé plusieurs mois, plusieurs années, sans faire au dehors aucune œuvre de péché; si votre cœur aime encore le péché, s'il a pour lui quelque affection secrète, vous êtes dès lors sous l'esclavage du démon, et en communiant dans cet état, vous vous rendez coupables d'une communion sacrilége. Ah! sachez qu'on ne peut pas boire dans le calice du Seigneur et celui des démons, dit l'apôtre saint Paul (I *Cor.*, X, 20), mais qu'il faut vous éprouver, comme dit le même Apôtre, avant que de manger ce pain céleste : *Probet autem seipsum homo, et sic de pane illo edat.* (II *Cor.*, XI, 28.)

Or, en quoi consiste cette épreuve que demande le saint Apôtre de celui qui veut se nourrir du corps et du sang de Jésus-Christ? Cette épreuve, dit le saint concile de Trente, consiste à sonder le fond de son cœur, pour reconnaître s'il n'est point souillé de quelque péché; et s'il est tel, il faut laver, purifier ce cœur dans les eaux d'une salutaire pénitence; pénitence qui ne consiste pas seulement à détester le péché, mais encore à le déclarer par la confession : sans cette déclaration, quelque contrition qu'on ait d'ailleurs de son péché, le même saint concile de Trente défend à tout pécheur de s'approcher de la sainte table : la raison sur laquelle il appuie cette défense est la sainteté de ce grand sacrement, pour la réception duquel on ne peut trop se préparer.

Eprouvez-vous donc, pécheurs, qui que vous soyez, avant de vous approcher du Saint des saints : *Probet autem seipsum homo.* Ne vous contentez pas d'une revue superficielle sur l'état de votre âme, d'une simple déclaration de vos fautes, de quelques prières récitées qui sont moins l'ouvrage de votre cœur que d'une source étrangère; mais sondez le fond de votre cœur pour voir s'il n'est point l'esclave de quelque passion, s'il n'y a point quelque venin caché que votre amour-propre vous a déguisé, s'il n'est point dominé par un orgueil secret, rongé par l'envie, animé par la vengeance, asservi par la volupté. De l'examen du cœur venez à celui de vos paroles et de vos actions : voyez avec soin si cette langue qui doit être teinte du sang de Jésus-Christ, n'est pas souvent l'instrument fatal dont vous vous servez pour l'outrager par vos jurements, vos imprécations, vos médisances, vos paroles obscènes; et pour lors, quelle confusion n'auriez-vous pas de loger le Dieu de toute sainteté, de toute pureté, sur une langue et dans un cœur si indigne de le recevoir pour avoir servi de siége et de trône au démon son ennemi! Ah! que cette réflexion devrait bien dans la suite retenir votre langue, et bannir de votre cœur tout amour profane. *Probet autem seipsum homo.* Eprouvez-vous encore une fois, pécheur, et voyez si toutes vos actions sont celles d'un homme qui doit être incorporé en Jésus-Christ, si vos mains ne sont point chargées d'injustices; si elles ne sont point teintes du sang de la veuve et de l'orphelin: si votre corps, qui, à votre baptême, est devenu le temple du Saint-Esprit, n'est point profané par quelques voluptés secrètes; examinez quelles sont vos occupations, quels sont les devoirs de votre état, si vous les remplissez; et si vous reconnaissez en vous quelque chose de défectueux, il faut le redresser; si vous y remarquez quelque tache, quelque souillure, il faut vous purifier; si dans votre cœur règne quelque passion déréglée, il faut l'en bannir; si votre langue est un moule d'iniquité, il faut la condamner au silence; si votre conduite n'est pas régulière, il faut la réformer : il faut par une sincère pénitence réparer le passé, régler l'avenir; il faut, en un mot, par une bonne confession, accompagnée d'une vive douleur de vos péchés, vous mettre en état de participer à la table des anges : *Probet autem seipsum homo.*

Vous vous devez vous-mêmes, mes frères, cette épreuve, cette pureté d'âme qui vous rende agréables aux yeux de Celui que vous voulez recevoir. Car si vous avez la témérité de vous approcher de la sainte table, de manger le froment des élus, la nourriture des anges et des vrais enfants de Dieu, avec un cœur de démon, avec un cœur de réprouvé, avec un cœur de péché; si comme un autre Osa, vous portez une main téméraire sur l'arche de la nouvelle alliance; si vous incorporez la chair de Jésus-Christ dans une chair de péché, vous serez au même moment punis de la mort la plus terrible : le pain qui donne la vie aux bons, se changera pour vous en un poison fatal qui vous donnera la mort : *Mors est malis, vita bonis.* Le calice du salut sera pour vous un calice de condamnation. C'est le même Apôtre qui vous en assure après les paroles que je viens de vous expliquer : *Celui*, dit-il, *qui mange indignement le corps de Jésus-Christ, et qui boit indignement son sang*, c'est-à-dire, qui le reçoit sans disposition et en état de péché, *celui-là boit et mange son jugement : « Qui enim manducat et bibit indigne, judicium sibi manducat et bibit.* « I *Cor.*, XI, 29.) Quelle expression, mes frères ; qui de vous, pécheurs téméraires, n'en sera pas effrayé? Si ce jugement était écrit sur le papier, on pourrait le déchirer; s'il était gravé sur le bois, on pourrait le brûler; s'il était buriné sur le bronze, on pourrait l'effacer; mais il a pénétré jusque dans vos veines et la moelle de vos os; le moyen de le révoquer après l'avoir mangé, après qu'il s'est converti, pour ainsi dire, en votre substance! Quel malheur! comment le réparer? Ah! qu'il est difficile! L'aveuglement, l'endurcissement, l'impénitence finale où nous voyons réduits certains pécheurs, sont, mes frères, les funestes effets de leurs indignes communions ; dès qu'ils ont franchi le pas pour s'approcher de la sainte table, comme le perfide Judas, le démon s'empare de leur âme comme il fit de cet apôtre, qui ne fut point touché des bontés que Jésus-Christ eut encore pour lui malgré sa trahison, et qui alla se pendre de désespoir, et de son gibet descendit aux enfers. Tel est le sort des indignes communiants. Ils ne sont touchés de rien : ni prière, ni menace, ni grâces, ni exhortations ne font sur eux aucune impression; ils s'aveuglent, ils s'endurcissent sur tout ce qu'on peut leur dire de plus frappant; ils meurent, et sont après leur mort précipités dans le fond des enfers.

Ah! mes frères, s'il y a quelqu'un parmi vous qui soit dans ces mauvaises dispositions, s'il y a ici quelque Judas, c'est-à-dire, quelqu'un en état de péché, qu'il tremble à la vue de son état, qu'il appréhende les malheurs dont il est menacé, et qu'il ne s'approche pas de la sainte table pour faire la Pâque avec les disciples, mais qu'il s'en éloigne; car, s'il a la témérité de commettre ce sacrilége, il vaudrait mieux pour lui, comme il est dit de Judas, qu'il ne fût jamais né : *Melius erat illi si natus non fuisset homo ille.* (*Matth.*, XXVI, 21.) Il ne doit s'attendre qu'à un arrêt de mort le plus terrible. Sortez donc d'ici, vindicatifs qui n'avez pas encore fait votre paix avec votre ennemi, et allez vous réconcilier avec lui avant que d'offrir votre don à l'autel : *Foris canes.* Sortez d'ici, jureurs qui avez encore la langue toute noircie des exécrations que vous avez prononcées, qui n'avez fait aucun effort pour vous corriger, parce qu'aujourd'hui même que votre langue sera teinte du sang de Jésus-Christ, vous la ferez peut-être encore servir à l'outrager par vos jurements. Sortez d'ici, vous dont le cœur est encore fumant du feu qu'une infâme passion y avait allumé, allez auparavant éteindre ce feu par les larmes de la pénitence. Sortez d'ici enfin, vous tous qui n'avez pas encore jeté loin de vous les iniquités dont vous êtes chargés : le pain des anges ne doit point être distribué aux esclaves du démon; purifiez-vous auparavant par la pénitence. Il vaut bien mieux différer quelque temps votre communion, que de la faire en mauvais état : *Foris canes.* Le Dieu des miséricordes veut bien vous donner encore le temps qui vous est nécessaire, et vous y recevoir quand vous serez préparés.

Pour vous à qui la conscience ne reproche point des fautes griéves, purifiez-vous des taches même les plus légères que vous avez contractées, parce que les fautes légères, quoiqu'elles ne rendent pas la communion indigne, ne laissent pas que de vous priver de beaucoup de grâces que vous recevriez, si vous les aviez entièrement effacées. Si Jésus-Christ lava les pieds à ses apôtres avant que de manger avec eux cette divine Pâque, c'était, mes frères, pour vous faire connaître la grande pureté qu'il faut avoir pour y participer; il faut laver votre âme et la rendre aussi blanche que la neige, pour recevoir cette abondance de grâces que Jésus-Christ communique aux âmes saintes et ferventes qui s'approchent de lui : à cette pureté d'âme, joignez encore la pratique des vertus chrétiennes. En peu de mots le second point.

DEUXIÈME POINT.

Nous apprenons du texte sacré, que pour manger l'agneau pascal, il fallait observer beaucoup de cérémonies ; manquer à une seule, c'était s'exposer aux plus rigoureux châtiments. On devait manger cet agneau avec des laitues sauvages ; il fallait être debout, avoir les reins ceints et un bâton à la main. Tout cela, mes frères, nous marquait les dispositions où nous devons être, les vertus que nous devons pratiquer pour nous mettre en état de manger l'Agneau sans tache de la nouvelle alliance. Ces laitues sauvages qui doivent servir d'assaisonnement à l'Agneau de Pâques, nous représentaient la mortification qui nous est nécessaire pour profiter de la céleste nourriture qui nous est présentée dans la divine Eucharistie. La situation où devaient être les Israélites en faisant leur Pâque, était une figure du détachement des choses de ce monde, où nous devons être en qualité de voyageurs, et des empressements que nous devons avoir pour les biens du ciel ; quiconque n'est pas dans ces dispositions, est indigne de manger le pain des anges, qui est devenu, comme le chante l'Eglise, le pain des voyageurs : *Panis angelorum, factus cibus viatorum.* Pour participer à ces noces toutes divines, pour entrer à ce festin de l'Agneau, il faut être revêtu des vertus chrétiennes, être animé d'une vive foi, pénétré d'une crainte salutaire, embrasé d'un amour tout divin. Ce sont les dispositions prochaines que le ministre sacré annonçait autrefois à tous ceux qui voulaient s'approcher de la sainte table : *Accedite cum fide, tremore et dilectione.*

Il faut, mes frères, que vous soyez d'abord animés d'une vive foi qui vous représente d'un côté la grandeur, la majesté, la sainteté du Dieu que vous allez recevoir ; et de l'autre votre bassesse, votre misère, votre néant : quel est donc celui que je vais recevoir dans mon cœur, devez-vous vous dire à vous-mêmes ? Qui est-ce qui est renfermé dans cette hostie que l'on me présente ? c'est le Maître du ciel et de la terre, le Souverain de tous les rois ; c'est mon Dieu, mon Créateur, mon Sauveur, le même Jésus-Christ qui a fait tant de prodiges sur la terre, qui a guéri les malades, qui a ressuscité les morts, qui est mort en croix pour moi, qui est ressuscité, monté au ciel, assis à la droite de son Père, et qui doit un jour venir dans tout l'éclat de sa majesté juger les vivants et les morts : oui, je le crois, c'est le même Jésus-Christ que je vais recevoir qui fait le bonheur des saints dans la gloire. Ah ! quel bonheur pour moi ! Mais que suis-je, pauvre et misérable pécheur, ver de terre, cendre et poussière, pour m'approcher ainsi du Saint des saints, du Dieu de toute majesté et de toute grandeur ? Ah ! si du moins j'avais conservé mon innocence; que je n'eusse jamais offensé un Dieu si bon à mon égard ! Mais, après tant de péchés, comment ai-je la hardiesse de me présenter à sa table ! Tels sont, mes frères, les sentiments que la foi doit produire en vous : sentiments d'humilité qui vous fassent reconnaître, avec plus de raison que l'humble centenier de l'Evangile, votre indignité à recevoir un si grand bienfait. Non, Seigneur, devez vous dire comme lui, je ne mérite pas que vous entriez dans mon cœur, je suis indigne de vous recevoir ; une seule de vos paroles serait pour moi infiniment au-dessus de mes mérites ; ou bien dites avec saint Pierre : Ah ! Seigneur, bien loin de m'approcher de vous, je devrais plutôt vous dire de vous en éloigner, parce que je suis un pécheur. Ce serait déjà beaucoup pour moi que vous me permissiez, comme au publicain, de me tenir au bas de votre temple, et de vous dire comme lui: Seigneur, soyez-moi propice; ce serait beaucoup pour moi que vous me pardonnassiez mes péchés : mais que je m'approche de vous, après vous avoir si souvent offensé ; que je vous loge dans un cœur qui a été si souvent souillé par le péché: ah! ne dois-je pas craindre qu'un feu dévorant ne sorte du sacré tabernacle pour me consumer et punir ma témérité ? Quand j'aurais toute la pureté des anges et toutes les vertus des saints, je devrais trembler en approchant de vous; combien plus ne dois-je pas craindre après tant de péchés que j'ai commis, ne sachant pas surtout s'ils me sont pardonnés ? ne dois-je pas craindre de boire et de manger mon jugement, de recevoir l'arrêt de ma condamnation ?

Cette crainte néanmoins, mes frères, ne doit pas vous décourager, ni vous éloigner de cette source de grâces, si vous avez fait ce qui dépend de vous pour vous y préparer. Elle doit être au contraire accompagnée d'une ferme confiance que Jésus-Christ lui même a voulu nous inspirer, lorsqu'il nous invite à aller à lui : *Venez à moi, vous tous qui êtes chargés, et je vous soulagerai : « Venite ad me omnes.»* (*Matth.*, XI, 28.) Venez, mes amis, manger le pain que je vous ai préparé, enivrez-vous de ce vin délicieux qui germe les vierges : *Inebriamini, charissimi.* (*Cant.*, V, 1.) Mais, afin que ce pain délicieux vous profite, il faut le manger avec faim, et boire ce vin avec une soif ardente ; car de même que la nourriture du corps ne profite pas à ceux qui ont du dégoût, celle de l'âme ne vous sera pas salutaire, si vous ne brûlez d'un désir ardent de la recevoir. Or, quoi de plus propre à exciter en vous ce désir, que l'ardeur que Jésus-Christ lui-même vous témoigne de s'unir à vous? quel empressement de sa part pour vous combler de ses faveurs et vous remplir de ses grâces? C'est le meilleur de tous les pères, le plus libéral de tous les rois, qui se dépouille, pour ainsi dire, de sa majesté pour vous en revêtir et vous prodiguer ses dons avec magnificence. Car remarquez, mes frères, que Jésus-Christ vient à vous dans la sainte communion pour votre bonheur : *Venit tibi mansuetus;* il vient en qualité de conquérant faire la conquête de votre cœur, régner dans votre âme, et soumettre vos passions à sa loi ; il vient en qualité de maître vous instruire de vos devoirs, dissiper vos ténèbres, et vous apprendre toutes vérités : il vient en qualité de médecin guérir vos maladies spirituelles; il vient en qualité de pasteur pour vous ramener dans le bercail, ou comme un tendre époux pour faire une sainte alliance avec votre âme : tout cela n'est-il pas capable d'exciter en vous l'amour le plus ardent pour Dieu, qui vous aime avec tant d'excès ? C'est par amour qu'il se donne à vous; pouvez-vous lui refuser votre cœur? Que personne donc ne s'approche avec dégoût, avec tiédeur, dit saint Chrysostome; mais que tous soient dans la ferveur et l'amour le plus ardent.

Pratiques. — Pour vous préparer à une communion fervente, passez cette semaine sainte dans un profond recueillement; soyez plus pieux dans vos prières, plus fidèles à vos devoirs, plus assidus à l'église; allez avec joie répandre votre cœur au pied des autels, et transportez-vous en esprit sur le Calvaire pour contempler l'amour excessif d'un Dieu qui s'est rendu pour vous obéissant jusqu'à la mort de la croix; mortifiez votre chair, afin de ressentir en vous quelqu'une des douleurs que Jésus-Christ a souffertes pour vous : *Hoc sentite in vobis quod et in Christo Jesu.* (*Philip.*, II, 5.) La mortification jointe à la prière est une excellente disposition à la communion. Produisez souvent, avant que de communier, des actes de foi, d'adoration, d'humilité, de crainte, de confiance et d'amour. Si vous n'en savez pas assez pour vous entretenir longtemps, répétez souvent les mêmes actes, insistez particulièrement sur l'acte d'humilité; c'est celui qui convient le plus au pécheur. En recevant Jésus-Christ, entrez dans les sentiments de la sainte Vierge au moment de l'Incarnation ; adorez-le, remerciez-le, aimez-le, comme elle l'aimait, lorsqu'elle le portait dans son sein; offrez à Jésus-Christ les adorations et l'amour de sa divine Mère, et de toutes les âmes saintes, pour suppléer à ce qui vous manque; prosternez-vous à ses pieds comme sainte Madeleine pour les embrasser, les arroser de vos larmes; restez quelque temps à l'embouchure de cette fournaise ardente, pour laisser embraser votre cœur des feux du divin amour. Au sortir de la communion, fermez vos yeux et vos sens à tout autre objet, occupez-vous uniquement de Jésus-Christ, remplissant votre cœur. Ecriez-vous comme sainte Elisabeth : D'où me vient ce bonheur, que non pas la Mère de mon Dieu, mais mon Dieu lui-même, me soit venu visiter? Béni soit celui qui est venu au nom du Seigneur. Répétez souvent les actes de remercîment, d'offrande et de demande. Demeurez quelque temps, au moins un bon quart d'heure, à votre action de grâce ; n'imitez pas, comme font un grand nombre, le perfide Judas qui sortit d'abord après la Cène. Si vous possédiez chez vous un grand roi, prêt à vous accorder ce que vous lui demanderiez, vous profiteriez de ces moments favorables; vous possédez le Roi des rois et le meilleur de tous, que ne devez-vous pas en espérer? Passez la journée dans le recueillement et la pratique des bonnes œuvres. Visitez surtout Jésus-Christ pour le remercier de la grâce qu'il vous a faite. Répétez les actes après la communion ; priez-le de demeurer avec vous pendant le temps et l'éternité. *Amen.*

PRONE XXX.

Pour le saint jour de Pâques.

SUR LA RÉSURRECTION DE JÉSUS-CHRIST.

Surrexit, non est hic. (*Marc.*, XVI, 6.)

Jésus est ressuscité, il n'est plus ici.

Essuyez vos larmes, mes frères, et donnez un libre cours à votre joie : Celui qui a été livré à la mort pour vos péchés, est ressuscité pour votre justification; Celui qui faisait depuis peu de jours le sujet de votre tristesse, doit aujourd'hui être l'objet de votre joie : ne cherchez plus Jésus-Christ parmi les morts, il n'est plus dans le tombeau, il est ressuscité. Ce fut l'heureuse et agréable nouvelle que l'ange du Seigneur annonça à ces pieuses femmes qui vinrent au tombeau de Jésus-Christ, trois jours après sa mort, pour embaumer son corps. *Vous venez chercher*, leur dit cet ange, *Jésus de Nazareth, qui a été crucifié, mais vous ne le trouverez pas; il n'est plus ici. Hâtez-vous seulement d'aller annoncer la résurrection de votre Maître à ses disciples, et dites-leur qu'ils le trouveront en Galilée, où il va les devancer : « Ibi eum videbitis sicut dixit vobis.»* (*Marc.*, XVI, 6, 7.)

Tel est, mes frères, le grand mystère que nous célébrons dans ce beau jour, que le Prophète appelle le jour du Seigneur par excellence jour de joie et d'allégresse pour les hommes : *Hæc dies quam fecit Dominus, exsultemus et lætemur in ea.* (*Psal.*, CXVII, 24.) Ce jour est le jour du Seigneur, parce qu'il nous en manifeste la gloire et la puissance dans un prodige nouveau, qui jusqu'ici n'a point eu de semblable; je veux dire, dans la résurrection d'un Homme-Dieu, qui s'affranchit lui-même des horreurs du tombeau, pour reprendre une vie plus glorieuse que celle que la mort lui a enlevée. C'est en ce jour que ce temple mystérieux détruit par les Juifs est rétabli en son entier; que la Pierre angulaire qu'ils ont rejetée, reprend tout son éclat; que le second Jonas sort du sein de la terre, comme le premier sortit du sein de la baleine; que le véritable Samson brise les portes de la mort qui le tenaient captif, et emporte avec lui ses dépouilles, entraînant à sa suite un grand nombre de captifs qu'il délivre. O mort! où est ta victoire? Puissances des ténèbres, à quoi se sont terminés vos efforts? ils n'ont servi qu'à faire connaître la gloire et la puissance de Celui à la vie duquel vous avez osé attenter : *Hæc dies quam fecit Dominus.* Ce jour est aussi un jour de joie pour les hommes; car si Jésus-Christ est ressuscité pour sa gloire, c'est aussi pour notre salut et notre bonheur. Nous trouvons dans sa résurrection la cause et le modèle de notre résurrection à la grâce : *Exsultemus et lætemur in ea.* Nous trouvons dans la résurrection de Jésus-Christ la cause de notre résurrection, parce qu'elle nous en fournit les motifs les plus pressants : *Resurrexit propter justificationem nostram.* (*Rom.*, IV, 25.) Nous y trouverons le modèle de notre résurrection, parce que cette résurrection de Jésus-Christ nous en donne les règles les plus certaines : *Quomodo Christus surrexit a mortuis, ita et nos in novitate vitæ ambulemus.* (*Rom.*, VI, 4.) En un mot, la résurrection de Jésus -Christ est le fondement et le modèle de notre résurrection; c'est tout mon dessein; je le traiterai dans un seul point.

Je remarque dans la résurrection de Jésus-Christ deux qualités que doit avoir notre résurrection à la vie de la grâce : la vérité et la constance. Jésus-Christ est véritablement ressuscité : *Surrexit vere.* (*Luc.*, XXIV, 6.) Il est ressuscité pour ne plus mourir : *Christus resurgens ex mortuis, jam non moritur.* (*Rom.*, VI, 9) Voilà, chrétiens, le modèle de votre résurrection spirituelle. Il ne faut pas se contenter d'une résurrection apparente ; mais il faut sincèrement se convertir, il faut persévérer dans la vie nouvelle qui est le fruit d'une sincère conversion : *Quomodo Christus*, etc.

1. Jésus-Christ est véritablement ressuscité : on n'en peut plus douter, après toutes les preuves que nous en avons; le ciel et la terre, les anges et les hommes ont rendu témoignage à cette résurrection. Jésus-Christ en a donné des preuves dans les différentes apparitions qu'il a faites à ses apôtres, après sa résurrection : *Surrexit et apparuit.* Examinons toutes les circonstances de cette résurrection, pour nous instruire des qualités que doit avoir la nôtre.

Pour ressusciter, il faut mourir; Jésus-Christ est mort, et pour faire voir qu'il l'était véritablement, il resta trois jours dans le tombeau. Mais, comme la mort n'était point en lui la peine d'un péché qui lui fût personnel, puisqu'il était impeccable de sa nature, et qu'il n'a souffert la mort que pour effacer, comme dit saint Paul (*Coloss.*, II, 14), la cédule du péché qui nous était si contraire, la mort n'exerça point sur son corps innocent le même empire qu'elle exerce sur les coupables qu'elle réduit à un état de corruption : *Non dabis Sanctum tuum videre corruptionem.* (*Psal.*, XV, 10.) Aussi, dès qu'il eut consommé son ouvrage et accompli les oracles, il fit bien voir qu'on ne lui avait ôté la vie que parce qu'il l'avait voulu, et qu'il avait le pouvoir de la reprendre quand il voudrait. Il ne fit donc que s'endormir dans les prisons de la mort, comme il le dit par son Prophète : *Ego dormivi et soporatus sum.* (*Psal.*, III, 6.) Car bientôt après il triompha des horreurs du tombeau, et s'assura pour toujours l'immortalité. En signe de sa victoire il fit trembler la terre, il leva la pierre qui le couvrait, et laissa dans son sépulcre les suaires qui l'enveloppaient; les soldats qui le gardaient se retirèrent en désordre, et les pieuses femmes, comme les apôtres, qui vinrent au sépulcre, ne l'y trouvèrent plus : *Non est hic.* Toutes ces circonstances sont autant de figures de ce qui doit se passer dans la conversion du pécheur : premièrement il doit mourir. Hélas! pécheurs, il n'est que trop vrai que vous êtes morts par le péché qui vous a ôté la vie de la grâce; vous êtes dans le tombeau du péché, couverts d'une grosse pierre, par la mauvaise habitude que vous avez contractée. Or, pour sortir de ce tombeau, et détruire la mort du péché, il faut vous condamner à un autre genre de mort par un entier détachement du péché, par un renoncement général à tout ce qui a été pour vous l'occasion du péché; en sorte que vous puissiez dire avec le grand Apôtre : *Nous sommes morts au péché, comment est-ce que nous pourrions vivre encore dans le péché?* « *Mortui sumus peccato, quomodo adhuc vivimus in illo?* » (*Rom.*, VI, 2.) Voilà le genre de mort qui doit précéder votre résurrection à la grâce, ou plutôt qui doit l'accompagner, qui en est la condition essentielle : car mourir au péché, c'est ressusciter à la grâce. Mais pour en venir là, que devez-vous faire? Comme la terre trembla à la résurrection de Jésus-Christ, il faut de même que votre cœur tremble, qu'il soit ému, brisé par la douleur, déchiré et attristé de regret. Ce n'est pas assez de concevoir quelque désir de conversion qui vous laisserait dans le même état; mais votre cœur doit changer d'inclination en changeant d objet : changement qui doit être si parfait, que vo re cœur ne soit plus le même cœur; en sorte qu'il s'en cree un tout pur et tout nouveau au milieu de vous-même; comme le Prophète le demandait pour lui : *Cor mundum crea in me, Deus.* (*Psal.*, L, 12.) Voilà le premier pas qu'il faut faire pour passer à une vie nouvelle. Vous devez ensuite, pécheurs, lever la pierre du sépulcre, c'est-à dire rompre la mauvaise habitude qui vous tient captifs dans les liens de la mort, et qui empêche la rosée du ciel d'entrer dans votre âme. Cette pierre est grosse, il est vrai : l'habitude est si enracinée chez vous, qu elle est devenue comme une seconde nature. Mais cette habitude, cette pierre fût-elle encore plus difficile à lever que celle qui couvrait le corps de Jésus-Christ, vous devez imiter le courage de ces pieuses femmes qui allèrent de grand matin pour embaumer le corps du Sauveur, sans être effrayées ni de la grosseur de la pierre, ni retenues par la crainte des Juifs et des soldats qui gardaient le sépulcre. Il faut vous faire de saintes violences pour résister à ces habitudes, par les actes des vertus contraires. Si ces habitudes ne font encore que de naître, prenez-vous-y dès le matin, c'est-à-dire ayez soin d'en étouffer les premiers mouvements. Elevez-vous au-dessus de tous les respects humains qui seraient un obstacle à votre conversion; que la crainte de déplaire aux hommes ne vous retienne jamais dans un ouvrage où il s'agit de votre salut éternel. Il faut aussi lever le sceau du péché, c'est-à-dire rompre ces engagements criminels. vous éloigner de ces maisons, de ces personnes, de ces occasions de péché qui étaient comme les gardes qui tenaient votre âme captive dans les prisons de la mort; c'est à cette marque que l'on reconnaîtra que vous êtes véritablement ressuscités; en sorte que l'on puisse dire de vous, par rapport à ces occasions, ce que l'ange dit de Jésus de Nazareth à ces saintes femmes qui le cherchaient dans son tombeau : *Surrexit, non est hic.* Vous cherchez ce pécheur dans ces maisons qu'il fréquentait, avec ces personnes qui étaient un écueil à sa vertu; mais il ne les fréquente plus. Cet ivrogne ne va plus dans les cabarets; ces personnes ont rompu le commerce dangereux qu'elles avaient ensemble, on ne les voit plus l'une avec l'autre : *Non est hic.* Cet homme est vivant, il ne faut plus le chercher parmi les morts. *Quid quæritis viventem cum mortuis?* (*Luc.*, XXIV, 5.) Il a laissé dans le tombeau toutes les dépouilles de la mort, il a purgé le vieux levain qui était en lui pour devenir une nouvelle créature en Jésus-Christ; en un mot, il n'est plus ce qu'il était, il est entièrement changé.

Voilà, mes frères, ce qui est absolument nécessaire pour une véritable résurrection. Car autrement en vain prétendez-vous être ressuscités à la grâce et avoir part à la résurrection du Sauveur; ce n'est pas assez d'avoir donné au temps pascal, comme le commun des fidèles, des marques extérieures de religion, de vous être approchés des sacrements de pénitence et d'Eucharistie : si vous n'êtes véritablement changés et convertis, si vous conservez encore quelque levain du péché, si vous avez quelque attache à l'idole de votre passion, si vous n'êtes pas encore réconciliés avec votre ennemi, et s'il reste dans votre cœur quelque fiel contre lui; si vous n'avez pas satisfait, ou que vous ne soyez pas résolu de satisfaire au plus tôt au prochain à qui vous avez fait tort, votre résurrection n'est qu'une résurrection apparente, qui peut bien en imposer aux hommes, mais non pas à Dieu. Vous paraissez être du nombre des vivants, mais vous êtes effectivement du nombre des morts : *Nomen habes quod vivas, et mortuus es.* (*Apoc.*, III, 1.) Hélas! combien y en a-t-il peut-être parmi vous de ce caractère, qui ne sont ressuscités qu'en apparence? Ce n'est pas à moi à en juger, Dieu seul les connaît; mais vous pouvez bien vous juger vous-mêmes par les dispositions où vous vous trouvez à l'égard du péché et des occasions du péché; vous connaîtrez que votre résurrection est véritable et sincère par les rapports qu'elle doit avoir avec celle de Jésus-Christ. Or, comme nous l'avons dit, Jésus-Christ par sa résurrection a repris une nouvelle vie toute différente de celle qu'il avait auparavant; son corps est non-seulement sorti du tombeau, mais il a reçu des qualités qui le rendent participant de la nature des esprits; de passible et mortel qu'il était, il est devenu impassible et immortel : ce n'est plus un corps appesanti par la matière, mais un corps agile et subtil, qui pénètre et va partout où il lui plaît ; c'est un corps, en un mot, qui, quoique sur la terre, ne tient plus à la terre; qui est devenu tout céleste, et tout autre qu'il n'était auparavant.

Tel doit être le chrétien vraiment ressuscité à la grâce; c'est un homme qui ne tient plus à la terre, qui use de ce monde comme n'en usant pas, qui ne cherche que les choses du ciel : *Si consurrexistis cum Christo, quæ sursum sunt quærite.* (*Coloss.*, III, 1.) Un chrétien ressuscité avec Jésus-Christ est un homme insensible aux plaisirs et à la gloire, qui se regardant sur la terre comme un voyageur, ne respire que pour le ciel, sa chère patrie. C'est un homme qui n'a de l'ardeur que pour faire du bien, qui se porte aisément aux bonnes œuvres et à l'accomplissement de ses devoirs, qui ouvre ses mains à l'indigent, qui visite Jésus-Christ dans le lieu saint, ou dans ses membres souffrants. C'est un homme enfin qui est devenu tout céleste, dont les pensées et les discours ne roulent que sur le royaume de Dieu, et dont les actions ne tendent qu'à cette fin.

A ces marques, mes frères, reconnaissez-vous que vous êtes véritablement ressuscités avec Jésus-Christ? Ah! que je crains que votre conscience ne vous rende un témoignage contraire! Si vos pensées, vos désirs, vos paroles, vos actions, n'ont pour objet que les biens de ce monde, vous êtes tout terrestres, et votre vie ne ressemble point à celle de Jésus ressuscité. Réformez-vous donc sur ce modèle, en purifiant le vieux levain qui est en vous, en corrigeant vos inclinations basses et terrestres, en mortifiant vos passions, pour devenir une nouvelle créature, et pour célébrer la Pâque de Jésus-Christ avec les azymes de sincérité et de vérité, c'est-à-dire, avec les sentiments d'un homme entièrement renouvelé : *Expurgate vetus fermentum, ut sitis nova conspersio; epulemur in azymis sinceritatis et veritatis.* (I *Cor.*, V, 7, 8.)

Pour que votre résurrection soit véritable, il faut encore en donner des marques, comme Jésus-Christ en donna de la sienne dans les différentes apparitions qu'il fit à ses apôtres: *Apparuit.* Et pourquoi pensons-nous, mes frères, que le Sauveur ressuscité demeure encore quarante jours sur la terre avant son ascension dans le ciel, si ce n'est pour donner à ses apôtres des preuves sensibles de sa résurrection? C'est pour cela qu'il se manifesta à eux en différentes fois et en différents endroits : aujourd'hui à Jérusalem, demain au château d'Emmaüs; ensuite en Galilée, tantôt à quelques-uns en particulier, tantôt à tous rassemblés en un même lieu. Il ne voulait leur laisser aucun doute de sa résurrection; mais il voulait aussi nous apprendre que ce n'est point assez d'être convertis, qu'il faut le paraître en effet ; il voulait surtout apprendre aux pécheurs qui l'ont déshonoré devant les hommes, à réparer, par une vie exemplaire, l'outrage qu'ils lui ont fait; aux pécheurs qui par leur scandale ont engagé les autres dans les voies de l'iniquité, à les édifier par une conduite régulière; il voulait, en un mot, que tout pécheur converti se montrât devant les hommes tel qu'il est devant Dieu, soit pour l'intérêt de sa gloire, soit pour l'édification de ses frères; car si tout homme doit rendre témoignage à l'Evangile, il doit confesser Jésus-Christ devant le monde, à moins que de vouloir en être méconnu devant le Père céleste. C'est surtout le pécheur qui lui a ravi la gloire qui lui était due, parce que le témoignage de ce pécheur, en réparant l'injure qu'il a faite à Dieu, sera pour les autres un attrait puissant pour la vertu. Vous donc qui vous faites gloire de vous absenter des divins Offices, qui par indévotion restez au bas de nos églises; vous que l'on ne voyait presque jamais approcher des sacrements; vous qui par vos jurements, vos paroles obscènes, portiez une odeur de mort dans vos familles et dans le cœur de ceux qui vous fréquentaient : il faut que l'on vous voie approcher des sacrements, que l'on ne vous entende plus prononcer que des paroles édifiantes; il faut que vous soyez la bonne odeur de Jésus-Christ par une conduite régulière, que vous paraissiez enfin tout autres que vous n'étiez auparavant : c'est ainsi, et non autrement, qu'on pourra dire de vous que vous êtes véritablement ressuscités, et que vous en donnez des marques : *Surrexit vere et apparuit.*

2. Mais ce n'est pas assez de ressusciter à la vie de la grâce, il faut que cette résurrection soit constante comme celle de Jésus-Christ l'a été. Pourquoi ne propose-t-on pas la résurrection de Lazare pour modèle d'une parfaite résurrection? C'est que Lazare, après avoir recouvré la vie par la puissance de Jésus-Christ, fut ensuite soumis à l'empire de la mort. Mais Jésus-Christ ressuscité ne meurt plus : *Christus resurgens jam non moritur.* Dans ce combat admirable où la vie et la mort ont été aux prises, il a fait perdre à la mort son aiguillon, il l'a entièrement absorbée dans la victoire qu'il a remportée sur elle : *Absorpta est mors in victoria.* (I *Cor.*, XV, 54.) Juifs inhumains, vous avez pu exercer une fois sur lui votre fureur par les tourments que vous lui avez fait endurer; mais l'heure des ténèbres est passée, votre puissance est finie, tous les efforts que vous pourriez faire pour attenter à sa vie seraient inutiles. Il a bien voulu souffrir la mort par l'infirmité de notre nature qu'il avait prise; mais il vit maintenant par la vertu de Dieu : *Crucifixus est ex infirmitate, sed vivit ex virtute* (II *Cor.*, XIII, 4), et sa vie égalera la durée de tous les siècles : *Ecce sum vivens in sæcula sæculorum.* (*Apoc.*, I, 18.) Telle doit être, mes frères, votre résurrection à la grâce ; elle doit porter un caractère d'immortalité qui vous rende invincibles aux

traits de vos ennemis. Car de quoi vous servirait-il d'être sortis pour un temps, comme Lazare, du tombeau, si vous retombez dans un état de mort, en retombant dans le péché qui vous fait perdre la vie de la grâce? Quelle injure ne feriez-vous pas à Dieu, et quel tort ne vous porteriez-vous pas à vous-mêmes? Injure à Dieu, parce que vous payeriez de la plus noire ingratitude la patience qu'il a eue de vous attendre à pénitence, la bonté qu'il a eue de vous recevoir, et le bien qu'il vous a fait de vous tirer des ombres de la mort pour vous rendre à la vie. Vous vous porteriez aussi à vous-mêmes un dommage considérable, parce qu'en retombant dans votre péché et en perdant la grâce de Dieu, vous vous exposez au danger de ne jamais la recouvrer, soit parce que la mort peut vous surprendre, soit parce que vous aurez plus de peine à vous relever. Hélas! peut-être que le premier péché que vous commettrez mettra le sceau à votre réprobation, et que Dieu ne vous donnera plus le temps ni la grâce de faire pénitence! pensez-y bien, afin que cette pensée vous retienne dans l'heureux état où la grâce vous a rétablis. Mais hélas! combien peu de chrétiens se soutiendront dans leurs résolutions! Combien de ceux qui m'écoutent, vont reprendre la route de leurs passions criminelles, qu'ils ont abandonnées pour quelque temps! Ils ont voulu satisfaire à un devoir que la religion impose, et pour être admis à la manducation de l'Agneau pascal, ils se sont privés de certains plaisirs auxquels leur cœur est toujours attaché : ils se sont fait quelque violence, mais ne se démentiront-ils pas à la première occasion? Tout le monde sans doute satisfera dans cette paroisse au devoir pascal; mais en sera-t-on plus pieux envers Dieu, plus charitable envers son prochain, plus vigilant sur soi-même? Hélas! n'est-il pas à craindre qu'on ne soit toujours également sujet aux mêmes défauts? Voilà, mes frères, ce qui est capable de changer la joie de ces solennités en deuil et en tristesse, parce que nous voyons tous les ans que les fêtes ne sont pas plutôt passées, que le vice et le libertinage qui semblaient être éteints, se raniment et ressuscitent, pour ainsi dire, pour faire souffrir à Jésus-Christ, dans le cœur des pécheurs une seconde mort, en quelque façon plus cruelle que celle que les Juifs lui ont fait éprouver.

Qu'il n'en soit pas ainsi de vous, mes frères; perdez plutôt tout ce que vous avez de plus cher au monde, que de perdre la grâce de votre Dieu.

Pratiques. — Faites pendant ces fêtes de fréquentes visites à Jésus-Christ pour lui demander la grâce de la persévérance; fuyez les occasions, les assemblées, les parties de plaisir que l'on a interrompues pendant le temps de la pénitence, et que l'on va reprendre pour se dédommager de celles dont on s'est privé. La gloire de la résurrection de Jésus-Christ ne doit pas vous faire oublier ses souffrances. C'est pour nous en faire souvenir qu'il a conservé ses sacrées plaies. Ainsi le bonheur d'une sainte résurrection ne doit pas mettre fin à votre pénitence; c'est au contraire par la pénitence, par la mortification, jointe à la grâce de la résurrection; ce n'est qu'en suivant les traces de Jésus souffrant que l'on peut espérer de régner avec Jésus-Christ glorieux et triomphant: *Si compatimur, ut et conglorificemur.* (*Rom.*, VIII, 17.) Gémissez, et faites amende honorable à Jésus-Christ des outrages sanglants que tant de mauvais chrétiens lui font par les communions sacriléges dont ils se rendent coupables dans ce temps pascal : priez le Seigneur qu'il daigne éclairer ces téméraires sur leur malheureux sort, et sollicitez-le qu'il veuille conserver précieusement le fruit des bonnes communions dans ceux qui ont mangé, ou qui mangeront le pain des anges aves de saintes dispositions : ces sentiments de zèle vous mériteront des grâces abondantes qui vous conduiront à la vie éternelle. Je vous la souhaite. *Amen.*

PRONE XXXI.

Pour le premier Dimanche après Pâques.

SUR LA PERSÉVÉRANCE.

Pax vobis. (*Joan.*, XX, 21.)

La paix soit avec vous.

Que ces paroles, mes frères, que Jésus-Christ adresse à ses apôtres après sa résurrection, sont consolantes pour eux et pour nous! Elles nous annoncent le plus grand bien que l'homme puisse désirer sur la terre, qui est la paix du Seigneur, don précieux et inestimable qui surpasse, dit l'Apôtre (*Philipp.*, IV, 7), tout ce que l'on peut penser. C'est cette paix ineffable que je viens aujourd'hui, mes frères, vous souhaiter avec d'autant plus de raison, que vous avez fait votre possible pour vous la procurer dans ce saint temps de Pâques, par les soins que vous avez pris de vous réconcilier avec Dieu, en vous approchant des sacrements de pénitence et d'Eucharistie. Comme l'enfant prodigue, vous aviez quitté la maison du meilleur de tous les pères, mais par un sincère retour vous êtes rentrés en grâce avec lui; vous avez quitté le vieil homme pour vous revêtir du nouveau, et devenir de nouvelles créatures en Jésus-Christ. Affranchis de l'esclavage du péché, vous êtes rétablis dans les droits que vous aviez perdus. Que la paix du Seigneur, encore une fois, soit donc avec vous! Puissiez-vous la goûter longtemps, cette heureuse paix qui fait le bonheur de l'homme en ce monde, et ne la perdre jamais! C'est un trésor qui est maintenant entre vos mains et qu'il dépend de vous de conserver toujours; il n'y a que le péché qui puisse vous le ravir; gardez-vous donc de retomber dans le péché; car, si vous faites de nouveau la guerre à votre Dieu, vous n'avez point de paix à espérer avec lui. *Il n'y a point de paix pour les impies,* dit le Saint-Esprit : « *Non est pax impiis.* »

(*Isa.*, LXVII, 21.) La paix du Seigneur n'est que pour les âmes qui sont à lui par la sainteté de leur vie. Ah ! si vous connaissiez bien, mes frères, le don de Dieu, le prix inestimable de la paix dont jouissent les âmes saintes, quelles précautions ne prendriez-vous pas pour la conserver ! Avec quel soin n'éviteriez-vous pas tout ce qui peut vous la faire perdre ? C'est pour vous engager à la conserver, cette heureuse paix du Seigneur, que je viens aujourd'hui vous exhorter à la persévérance dans les bonnes résolutions que vous avez prises, dans ce saint temps, d'éviter le péché, et de servir fidèlement le Seigneur votre Dieu. Je pourrais vous y engager par des motifs de reconnaissance et de fidélité que vous devez à Dieu; mais je veux vous prendre par vos propres intérêts, et vous faire regarder les avantages de la persévérance comme autant de motifs puissants pour vous animer à y travailler; je veux vous instruire sur les moyens les plus efficaces que vous devez employer : ce qui me fournit les deux réflexions suivantes. Il est important pour vous de persévérer dans la grâce; premier point. Quels sont les moyens dont vous devez vous servir pour persévérer ; deuxième point.

PREMIER POINT.

Quoique le pécheur justifié soit affranchi des liens du péché, et qu'il ait reçu dans la grâce de la justification un gage de la vie éternelle, il n'est pas encore arrivé au port du salut ; le grand nombre d'ennemis qu'il a à combattre, les occasions de péché dont il est environné, le monde qui cherche à le séduire, les mauvais exemples qui l'entraînent, les faiblesses auxquelles il est sujet, tout conspire à lui donner de justes craintes sur le danger où il est de faire naufrage en perdant la grâce de Dieu. Le démon, notre ennemi commun, bien loin d'être affaibli et rebuté des premières défaites, nous attaque avec de nouvelles forces; c'est aux justes surtout qu'il en veut, parce qu'il regarde le pécheur comme une place qui lui est déjà assurée. Il tourne sans cesse autour de nous, comme un lion rugissant qui cherche à nous dévorer; il n'y a ni ruses, ni artifices qu'il n'emploie pour retourner dans la maison dont il est sorti : *Revertar in domum meam.* (*Matth.*, XII, 44.)

Voilà, encore une fois, ce qui doit faire trembler l'homme, quelque assuré qu'il puisse être en cette vie de la rémission de ses péchés. Or, le moyen de se rassurer dans cette crainte, c'est de persévérer jusqu'à la fin. C'est la perévérance, dit saint Bernard, qui soutient nos mérites : *Nutrix ad meritum.* C'est elle qui assure notre couronne : *Mediatrix ad præmium.* Deux qualités qui nous en font connaître le prix.

Heureuse et mille fois heureuse l'âme qui possède la grâce de son Dieu ! elle est l'objet de ses complaisances : héritière du royaume éternel, elle a un droit incontestable sur ce céleste héritage; et ses prétentions sont si certaines, qu'au sortir de cette vie la possession lui en est assurée : tout ce qu'elle fait dans cet heureux état, lui sert pour le ciel. Un verre d'eau donné au nom de Jésus-Christ, une parole de compassion dite à un affligé, une courte prière, tout sera récompensé dans le ciel; et c'est ainsi, mes frères, qu'il est vrai de dire qu'à chaque moment nous pouvons mériter une éternité de gloire. Comment cela ? le voici : C'est une vérité de foi, fondée sur le témoignage des Livres saints, que Dieu récompensera les justes selon leurs mérites; que la gloire dont ils jouiront dans le ciel sera proportionnée à la grâce qu'ils auront au sortir de cette vie, selon l'oracle de Jésus-Christ, qui nous assure que dans la maison de son Père il y a plusieurs demeures : *In domo Patris mei mansiones multæ sunt* (*Joan.*, XIV, 2); c'est-à-dire, que les récompenses seront plus ou moins grandes dans le ciel selon les degrés de mérite des saints. Or, à chaque moment que vous possédez la grâce de Dieu pendant cette vie, vous pouvez, mes frères, augmenter vos mérites par autant de bonnes actions que vous pouvez faire.

Oh ! si vous connaissiez, justes qui m'écoutez, le riche fonds de mérites que vous possédez dans la grâce de Dieu, quels soins n'auriez-vous pas de conserver, de faire fructifier ce fonds par votre persévérance dans la pratique du bien ? Vous ressemblez, dit le Prophète, à ces arbres, qui, plantés le long des eaux, portent toujours du fruit dans la saison, et qui conservent leur verdure et leur beauté : *Erit tanquam lignum secus decursus aquarum, quod fructum suum dabit in tempore suo.* Tout ce que vous faites, tout ce que vous souffrez, tourne à votre avantage : *Omnia quæcunque faciet prosperabuntur.* (*Psal.* I, 3.) Et pour me servir de la comparaison de Jésus-Christ même (*Joan.*, XV, 5), vous êtes comme la branche de vigne, qui, étant unie au cep, donne toujours du fruit. Tandis que vous serez unis à Jésus-Christ, qui est la véritable vigne, vous serez fertiles en bonnes œuvres, vous irez de vertus en vertus, et tous vos jours à la fin seront trouvés pleins devant Dieu : *Dies pleni invenientur in eis.* (*Psal.* XII, 10.) Mais si par malheur vous venez à vous séparer par le péché de ce divin cep, vous ne serez plus qu'une branche sèche et aride : toutes les œuvres que vous ferez après votre chute, quelque bonnes qu'elles soient d'ailleurs par leur motif, seront des œuvres mortes qui ne seront d'aucune valeur pour le ciel, parce qu'elles ne seront point animées du principe de vie qui est la grâce sanctifiante, sans laquelle, dit l'Apôtre, nous ne sommes qu'*un airain qui résonne et une cymbale qui fait du bruit : « Velut æs sonans aut cymbalum tinniens.»* (I *Cor.*, XIII, 1.)

Et si vous mourez dans le péché, quel sera votre sort ? le même que celui de la vigne séparée de son cep, que l'on jette au feu, sans avoir égard à l'abondance des fruits qu'elle a portés. C'est-à-dire que les bonnes œuvres mêmes que vous aurez faites en état de grâces, en eussiez-vous autant pratiqué que tous les saints, ne seront comptées pour rien, et ne vous garantiront pas des horreurs de la mort éternelle; car, de même que le Seigneur, comme il le dit par un de ses prophètes, oublie toutes les iniquités du pécheur qui retourne à lui par la pénitence, il oublie aussi toutes les vertus du juste qui s'en sépare par le péché : *Si averterit se justus a via sua, omnes justitiæ ejus non recordabuntur.* (*Ezech.*, XVIII, 24.) Quel malheur! Le comprenez-vous? et si vous le comprenez, comment la crainte de l'éprouver ne vous engagerait-elle pas à garder à Dieu une inviolable fidélité?

Mais l'avez-vous compris, pécheurs, vous qui, par votre inconstance, avez déjà perdu le don précieux du Saint-Esprit, dont vous avez été faits participants, il n'y a que quelques jours; qui, après avoir été éclairés de la lumière de la grâce, êtes déjà rentrés dans les ténèbres du péché? A quoi peut-on comparer l'état misérable où vous êtes réduits? Vous ressemblez à un arbre qui était chargé de fruits, dont on a secoué les branches pour les faire tomber par terre, et qui n'a plus que des feuilles. Lorsque vous étiez dans la grâce de Dieu, vous étiez fertiles en bonnes œuvres; mais depuis que le péché a fait tomber ces fruits, il ne vous reste plus que des feuilles, c'est-à-dire, des apparences de mérites, qui peuvent bien faire croire à ceux qui ne jugent que par l'écorce, que vous êtes du nombre des vivants, mais qui ne vous empêchent pas d'être de celui des morts : *Nomen habes quod vivas, et mortuus es.* (*Apoc.*, III, 1.)

Pauvres laboureurs, vous aviez jeté beaucoup de grains en terre que vous avez arrosée de vos sueurs, cultivée par vos travaux; mais une tempête est venue, qui a ravagé toute votre moisson, vous ne ferez aucune récolte. Vous aviez, pécheurs, fait beaucoup de démarches pour rentrer en grâce avec Dieu, un examen sérieux de vos péchés; la douleur que vous avez conçue, les larmes que vous avez versées, la violence à surmonter la honte de les déclarer; voilà les travaux qui vous promettaient une abondante moisson; vous aviez même produit déjà des fruits de bonnes œuvres, pendant le temps que vous étiez dans la grâce de Dieu; mais, comme un fragile roseau, vous avez succombé au vent de la tentation, vous n'avez pas eu la fermeté de résister à l'attrait d'un fade plaisir, d'un vil intérêt; c'est donc bien en vain que vous avez tant travaillé, tant souffert, puisque vous avez perdu tous les fruits de bénédiction que vous aviez amassés.

En effet, quel est celui qui sera sauvé? C'est, dit Jésus-Christ, celui qui persévérera jusqu'à la fin : *Qui perseveraverit usque in finem, hic salvus erit.* (*Matth.*, XXIV, 13.) Il ne suffit donc pas, mes frères, de bien commencer, mais il faut bien finir. Il ne suffit pas de passer quelques jours, quelques années, ni même la plus grande partie de sa vie dans les exercices de la vie chrétienne; mais il faut être fidèle jusqu'à la mort, pour mériter la couronne d'immortalité; il faut que la mort nous trouve les armes à la main sans quoi tous nos combats ne nous serviront de rien. *Plusieurs courent dans la lice; mais il n'y en a qu'un*, dit l'Apôtre, *qui remporte le prix :* « *Unus accipit bravium.* » C'est celui qui va droit au but : *courez de telle manière*, conclut le même Apôtre, *que vous l'atteigniez aussi : Sic currite ut comprehendatis.* (*I Cor.*, IX, 24.) Quand vous auriez fourni avec succès une partie de votre carrière; quand vous auriez eu assez de courage pour surmonter tous les obstacles qui se rencontrent dans la voie du salut, si vous vous arrêtez dans cette voie et que vous n'alliez pas jusqu'au terme, vous ne trouverez point la couronne de justice. En vain aurez-vous combattu pendant quelque temps vos passions; en vain aurez-vous triomphé de votre orgueil par l'humilité, de l'avarice par la libéralité, de la colère par la douceur et la patience; en vain aurez-vous dompté votre chair par les rigueurs de la mortification chrétienne; toutes ces vertus sont, à la vérité, bien estimables, mais elles ne seront jamais récompensées sans la persévérance; c'est la persévérance qui doit les couronner : *Qui perseveraverit*, etc. Quelque progrès que vous ayez donc fait dans la vertu, gardez-vous bien de vous arrêter : si après avoir mis la main à la charrue, vous venez à regarder derrière vous, vous n'êtes plus propres au royaume de Dieu, dit Jésus-Christ (*Luc.*, IX, 62); si vous êtes sortis de Sodome, ne tournez plus la vue de ce côté-là, dit saint Jérôme, de crainte d'être infectés de la contagion; car si vous aviez assez de faiblesse pour regarder derrière vous, pour retourner sur vos pas, vous verriez non pas une ville embrasée du feu du ciel, des maisons réduites en cendres, mais vous verriez l'édifice spirituel de votre salut, que vous avez élevé avec tant de soins et de travaux, vous le verriez renversé et détruit; vous verriez toutes vos peines sans profit; toutes vos prières, vos aumônes, vos mortifications, vos bonnes œuvres, vos vertus, vos mérites sans récompense. De quelle douleur seriez-vous saisis à la vue d'un tel spectacle? Jugez-en, mes frères, dit saint Basile, par celui d'un marchand qui après une longue navigation, où il a évité les dangers et les écueils de la mer, vient malheureusement faire naufrage au port avec un vaisseau chargé de précieuses marchandises. Tel et mille fois plus triste encore serait votre sort, si, après avoir marché pendant quelque temps dans les routes du salut, après avoir échappé aux dangers qui se rencontrent sur la mer orageuse du monde, vous veniez malheureusement briser votre vaisseau contre l'écueil d'une tentation où vous succomberiez. Ah! vous perdriez à ce moment, comme je vous l'ai déjà dit, tous les trésors de mérites et de vertus que vous auriez acquis; et si la mort vous surprend dans cet état, vous voilà privés de la couronne immortelle qui vous était préparée dans le ciel. Combien de réprouvés dans les enfers qui auraient été de grands saints, s'ils avaient fini comme ils avaient commencé ! L'Evangile nous en donne un exemple bien remarquable dans la personne du perfide Judas. Cet homme, choisi par Jésus-Christ même pour être au nombre de ses apôtres, avait eu d'heureux commencements; témoin des merveilles que le Sauveur opérait, il en avait éprouvé toutes les bontés : heureux, si, comme les autres apôtres, il avait répondu à la grâce de sa vocation; mais parce qu'il y fut infidèle, qu'il se laissa aveugler par la passion de l'argent, il est réprouvé; au lieu que Paul, qui avait commencé par persécuter les chrétiens, est un grand saint : tant il est vrai, mes frères, que c'est la persévérance qui donne la couronne. Que celui qui est debout, prenne donc garde de tomber, dit l'Apôtre (*I Cor.*, X, 12); craignez, qui que vous soyez, que ce malheur ne vous arrive; conservez soigneusement le trésor que vous possédez, de crainte qu'un autre ne vous le ravisse. Peut-être que dans le moment que je vous parle, vous vous sentez pressés, sollicités de retourner au monde, à vos parties de plaisirs, à vos engagements criminels; peut-être croyez-vous en avoir assez fait pour votre salut, et que, contents de vous-mêmes, vous regardez déjà votre récompense toute prête dans le ciel; peut-être vous rebutez-vous de quelque violence qu'il faut se faire pour y arriver; mais souvenez-vous que ce n'est pas assez d'avoir bien commencé, qu'il faut bien finir; quelque progrès que vous ayez fait dans la vertu, il faut toujours avancer sans jamais se rebuter des obstacles qui se présentent; souvenez-vous que la conversion la plus sincère, la pénitence la plus exacte, les vertus les plus héroïques, ne vous serviront de rien sans la persévérance : vous en venez de voir la nécessité, voyons-en les moyens.

DEUXIÈME POINT.

Quoique la persévérance finale dans l'heureux état de grâce soit une faveur spéciale qui dépend de la pure miséricorde de Dieu, l'on peut cependant la demander et l'obtenir, comme dit saint Augustin; mais les justes même ne peuvent la mériter en rigueur de justice; il est vrai que c'est toujours par notre faute que nous en sommes privés, que notre réprobation est notre unique ouvrage, et qu'il n'y aura aucun réprouvé qui n'ait pu être un prédestiné.

En effet, comme c'est le propre de la bonté de Dieu de se rendre favorable à nos désirs, et de seconder nos efforts, nous pouvons non-seulement ne pas nous rendre indignes du don de la persévérance, mais nous pouvons encore la mériter d'un mérite que les théologiens appellent mérite de convenance; c'est-à-dire engager Dieu, par notre fidélité à ses grâces, à nous accorder celle qui doit couronner toutes les autres : ainsi l'on peut dire que la grâce finale, quoique dépendante de la miséricorde de Dieu toute gratuite, est en quelque manière à notre disposition. Car si nous sommes assez heureux de posséder la grâce de Dieu, il ne tient qu'à nous d'y persévérer avec les secours qu'il nous donne, et qui ne nous manquent pas dans le besoin : et si nous persévérons jusqu'à la mort, nous aurons la grâce finale qui doit couronner toutes nos œuvres.

Mais comment nous flatter, mes frères, d'obtenir ce don de persévérance, cette grâce finale, si vous perdez par vos péchés la grâce que vous possédez, au lieu de vous en servir pour mettre en pratique les moyens qui peuvent assurer votre persévérance ? Quels sont ces moyens ? En voici quelques principaux que je vous prie de bien retenir : la fuite des occasions, la fidélité à remplir les plus petits devoirs, la défiance de vous-mêmes, la confiance en Dieu, un fréquent usage de la prière et des sacrements, sont des moyens très-propres pour persévérer, et en même temps des marques aussi certaines que l'on puisse avoir en cette vie de la persévérance; renouvelez vos attentions pour les mettre en pratique.

Oui, mes frères, si vous êtes ressuscités à la vie de la grâce par une sincère conversion, un des moyens les plus efficaces pour la conserver est de fuir les occasions qui vous l'ont fait perdre autrefois; la victoire est attachée à votre fuite : *Fuge et vicisti.* Car, en vain prétendriez-vous vous sauver du naufrage en vous exposant aux mêmes écueils où vous avez échoué; en vain voudriez-vous conserver la santé de votre âme dans un air corrompu qui vous a si souvent infectés de sa contagion; ne savez-vous pas que *celui qui aime le danger, y périra?* « *Qui amat periculum, in illo peribit.* » (*Eccli.*, III, 27.). Vous accuseriez de témérité une personne convalescente qui, sortant d'une dangereuse maladie, vivrait sans ménagement, voudrait user des choses qui lui ont été nuisibles, suivrait en tout son appétit, s'exposerait à un air froid et contagieux : or, s'il y a de la témérité à s'exposer aux dangers de perdre la santé du corps, n'y en a-t-il pas autant, lorsqu'on s'expose à perdre la grâce qui est la vie de l'âme? On blâme avec raison l'indiscrétion d'un convalescent qui ne retranche pas les causes de son mal, et on excuserait la facilité du pécheur à s'exposer dans les occasions où il a mille fois succombé ! Non, non, mes frères, ne vous y trompez pas; la même cause produit les mêmes effets; si vous n'évitez pas soigneusement ce qui a été pour vous une pierre d'achoppement, vous retomberez infailliblement dans votre péché. En vain me direz-vous, que quand vous serez dans l'occasion du péché, dans ces compagnies, dans ces maisons où vous avez perdu votre innocence, vous vous observerez mieux que vous n'avez fait par le passé; vous veillerez sur vos sens, vous vous tiendrez sur vos gardes, vous prendrez toutes les précautions possibles pour ne pas vous laisser entraîner au mal : ah ! vous vous trompez avec cette prétendue résolution, où vous croyez être. Prétemdre s'engager dans l'occasion et ne pas y succomber, c'est vouloir rester dans un incendie et ne pas y brûler, se plonger un poignard dans le sein et ne pas se donner la mort. Car, pour ne pas offenser Dieu dans l'occasion, il faut deux choses : une de la part de Dieu, et l'autre de la part des hommes. De la part de Dieu, il faudrait un secours extraordinaire de sa grâce pour soutenir la faiblesse de l'homme dans un pas glissant où il est si difficile de ne pas tomber. Or, comment pourriez-vous, mes frères, vous promettre ce secours extraordinaire de la part de Dieu, puisque votre témérité et votre peu de crainte de lui déplaire vous en rendent si indignes? Mais quand Dieu même, par un effet de sa grande miséricorde, vous accorderait cette grâce, elle ne vous sauverait du danger qu'autant que vous y seriez fidèles. Or, je prétends que vous manqueriez de cette fidélité; donnez-moi la personne la plus régulière et la mieux affermie : sa vertu, quelque solide qu'elle puisse être, ne se soutiendra pas dans l'occasion. Les objets font bien plus d'impression, quand ils sont présents, que quand ils sont éloignés. Leur présence enflamme les passions, et fait évanouir les meilleures résolutions; des tisons encore tout fumants se rallument d'abord, quand on les approche du feu. Il en est de même des passions; il est facile de les contenir en l'absence des objets qui les irritent; mais quand ces objets sont présents, ils produisent dans l'âme téméraire des incendies qu'il est presque impossible d'éteindre; ainsi on tombe dans le précipice, et on y périt sans presque s'en apercevoir. Combien d'exemples ne pourrais-je pas apporter pour confirmer cette vérité? N'a-t-on pas vu les plus grands hommes, les Samson, les David, les Salomon, et tant d'autres perdre leur force et leur vertu pour s'être témérairement engagés dans le péril. Mais sans recourir à des exemples étrangers, n'avez-vous pas fait, vous-mêmes qui m'écoutez, la triste expérience de ce que je dis, et n'en voyons-nous pas tous les jours des preuves convaincantes? Qu'on demande à cette jeune personne, pourquoi elle est retombée dans ces désordres qu'elle avait détestés au tribunal de la pénitence? C'est, dira-t-elle, la fréquentation qu'elle a eue avec ce libertin, à qui elle a permis des libertés criminelles, au lieu que si elle ne l'avait point fréquenté, elle aurait conservé la grâce de sa réconciliation. Qu'on demande à ce débauché, pourquoi il s'est abandonné tout de nouveau à la crapule? C'est, dira-t-il, pour avoir été dans les cabarets, avec d'autres débauchés, qui l'ont engagé dans leurs parties de plaisirs. Je serais infini, mes frères, si je voulais vous rapporter tous les exemples qui prouvent que c'est l'occasion qui pervertit les mœurs les plus innocentes, qui anéantit les meilleures résolutions, qui empêche la conversion des pécheurs, et qui cause la chute des justes. Enfin, je veux supposer encore pour un moment, ce qui n'arrive presque jamais, que cette personne qui s'expose dans l'occasion de commettre un péché, ne le commette pas en effet; par là même qu'elle se met dans l'occasion prochaine d'offenser Dieu, elle se rend coupable de péché, parce que Dieu lui défend de se mettre en danger de l'offenser. Or, je vous demande, mes frères, comment se flatter de persévérer dans la grâce et l'amitié de Dieu, avec de si grands obstacles à cette persévérance?

Ah! si vous avez un peu de zèle pour le salut de votre âme, prenez du moins les mêmes précautions dont vous usez pour la santé du corps et pour le succès de vos affaires temporelles. Quelle attention n'avez-vous pas d'éloigner tout ce qui peut altérer votre santé, ou empêcher le succès de vos affaires? Pourquoi n'en feriez-vous pas de même pour votre âme, en vous éloignant de tout ce qui peut la perdre éternellement? oseriez-vous de sang-froid vous exposer au milieu d'un incendie? Et si vous y étiez, n'en sortiriez-vous pas bien promptement, de crainte d'être enveloppés dans le feu? Sortez de même de l'occasion du péché, éloignez-vous-en comme d'un incendie, de crainte d'y perdre la grâce de Dieu, qui est la vie de votre âme. Sortez de cette Babylone empoisonnée où vous ne pouvez respirer qu'un air contagieux; quittez cette maison qui vous perd, quelque agrément que vous y puissiez trouver, quelque chère que vous soit cette personne dont le commerce est si fatal à votre innocence, quelque engageantes que soient ces parties de plaisirs, quelque lucratifs que soient cet emploi, ce jeu, qui vous rendent coupables de tant de péchés; éloignez-vous de tous ces objets. Car si votre œil, votre pied, votre main vous scandalisent, dit Jésus-Christ (*Matth.*, XVIII, 9), vous devez vous en défaire, et les jeter loin de vous, parce qu'il vaut mieux entrer dans la vie éternelle avec un œil, un pied, une main, que d'être précipité dans l'abîme avec tous vos membres : c'est-à-dire, mes frères, que quand ce qui est pour vous une occasion de péché vous serait aussi cher qu'un de ces membres, il vaut mieux y renoncer que de renoncer au bonheur éternel. Car, pour arriver à ce bonheur, il faut persévérer dans la grâce; et vous n'y persévérerez jamais, si vous ne fuyez l'occasion du péché. Mais à la fuite des occasions joignez une extrême défiance de vous-mêmes, et une grande confiance en Dieu.

En effet, mes frères, quelque protestation que vous ayez faite à Dieu de le servir constamment; quelque avancés que vous soyez déjà dans le chemin de la vertu, vous ne devez point compter sur vos propres forces : vous portez la grâce de Dieu, dit l'Apôtre (II *Cor.*, IV, 7), dans un vase fragile qui peut se briser à chaque pas que vous faites : vous devez toujours craindre, toujours être en garde contre vous-mêmes : vous devez encore vous ressentir des coups de vos ennemis, et la triste expérience que vous avez faite si souvent de votre faiblesse, doit toujours vous les faire craindre. Soyez donc sur vos gardes, jetez les yeux de tous côtés pour observer les endroits par où ils peuvent vous attaquer; vous marchez parmi les précipices, vous êtes environnés des piéges qui vous sont tendus de toute part, et il est d'autant plus dangereux pour vous d'y tomber que vous ne les voyez pas. Veillez donc continuellement sur vous-mêmes, veillez sur vos sens; ce sont les portes par où la mort peut entrer chez vous : *Mors ascendit per fenestras.* (*Jerem.*, IX, 21.) Tenez soigneusement ces portes fermées, de crainte qu'on ne vous enlève le précieux trésor de la grâce que vous possédez au dedans de vous. Si vous aviez trouvé un trésor, vous le garderiez soigneusement, vous le mettriez dans l'endroit le plus caché de votre maison, vous en fermeriez toutes les avenues, pour que les voleurs n'y pussent pénétrer; agissez-en de même pour conserver la grâce de Dieu, gardez-la comme la prunelle de votre œil, pour la mettre à couvert de tous les traits de vos ennemis. Défiez-vous encore plus de ceux qui sont au dedans de vous-mêmes : ce sont vos passions, ennemis d'autant plus à craindre qu'ils vous flattent davantage; réprimez, mortifiez ces passions toujours prêtes à se soulever contre la loi de Dieu. Craignez surtout les ruses de l'amour-propre, qui vous fera prendre le change en mille occasions, en vous colorant le vice du nom de vertu, en vous persuadant, si vous voulez l'écouter, qu'il n'y a point de mal à tenir certains discours, à faire de certaines actions, parce qu'elles sont autorisées par la coutume et l'exemple des autres. Gardez-vous bien de suivre ces guides aveugles qui vous conduiraient infailliblement au précipice. Abandonnez plutôt le soin de votre conduite à un sage et éclairé directeur, qui, comme un autre Raphaël, vous conduira dans les voies du salut. C'est un moyen sûr de vous prémunir contre votre faiblesse; mais autant vous devez vous défier de vous-mêmes, autant vous devez mettre votre confiance en Dieu; c'est lui qui par sa grâce a commencé l'ouvrage de votre prédestination, c'est lui qui l'achèvera, dit l'Apôtre : *Qui cœpit bonum opus, ipse perficiet.* (*Philipp.*, I, 6.)

Pouvons-nous, ô mon Dieu, chercher ailleurs qu'auprès de vous le secours qui nous est nécessaire pour réussir dans une affaire de cette importance? Puisque la persévérance finale est un don qui dépend de votre miséricorde, comment ne vous la demanderions-nous pas tous les jours avec les prières les plus ferventes, telles que le Roi-Prophète vous les adressait? Eclairez-moi, Seigneur, de crainte que je ne m'endorme dans la mort du péché : *Illumina oculos meos, ne unquam obdormiam in morte.* Soutenez-moi dans mes combats, pour que l'ennemi de mon salut ne puisse prévaloir contre moi : *Nequando dicat inimicus, Prævalui adversus eum.* (*Psal.* XII, 4, 5.) Ce n'est point sur moi que je compterai pour en triompher, mais sur la force de votre bras tout-puissant : je ne suis capable de moi-même que de vous trahir; mais, appuyé sur votre grâce, il n'est rien dont je ne puisse venir à bout : je vous la demande donc, ô mon Dieu, cette sainte grâce, et surtout celle de la persévérance, grâce finale qui doit couronner toutes celles que vous m'avez déjà faites. Telle est, chrétiens, la prière que vous devez faire à Dieu : à toutes les grâces que vous lui demanderez, ajoutez toujours celle de la persévérance, celle d'une sainte mort : on ne saurait trop la demander, on ne saurait trop faire pour obtenir une faveur d'où dépend notre bonheur éternel; mais il faut que votre prière soit accompagnée d'une conduite régulière, d'une persévérance éternelle de votre part dans la pratique du bien.

Vous avez besoin pour cela du secours de la grâce; mais elle ne vous manquera pas, si vous la demandez à Dieu, et si vous avez soin d'aller puiser cette eau salutaire dans les fontaines du Sauveur, c'est-à-dire dans les sacrements; les mêmes causes qui vous ont donné la santé de l'âme, vous la conserveront. Si le prophète Elie reçut autrefois assez de force d'un pain miraculeux qu'un ange lui apporta pour continuer son chemin jusqu'à la montagne d'Horeb, combien n'en recevrez-vous pas du pain de vie, du pain des forts, qui vous est présenté dans la sainte Eucharistie, pour arriver à la sainte montagne de Sion, la demeure des élus? *Prenez donc et mangez ce pain*, puis-je vous dire, comme l'ange le dit au prophète : *car il vous reste encore beaucoup de chemin à faire : « Surge, comede; grandis enim tibi restat via. »* (III *Reg.*, X, 7.)

Pratiques. — Sans examiner ce que vous avez fait pour votre salut, ne pensez qu'au chemin qui vous reste, comme si vous n'aviez encore rien fait. Travaillez toujours, comme si vous ne faisiez que commencer à servir Dieu. Car, il en est, mes frères, du salut de l'âme, comme d'une vigne, d'une terre que l'on doit toujours cultiver pour en tirer du fruit. Après avoir fait la récolte dans ce champ, dans cette vigne, il faut, pour en faire de nouvelles, y travailler de nouveau. Ainsi en est-il du salut: quelque travail que vous ayez supporté pour le ciel, il ne faut jamais se reposer; il faut toujours travailler comme si on n'avait encore rien fait, toujours avancer dans la route qui conduit à l'éternité; car ne pas avancer, c'est reculer, dit saint Bernard : *Non progredi, regredi est.* Retenez bien cette maxime pour la mettre en pratique : c'est un excellent moyen de persévérance : servez-vous de ceux que je vous ai appris; craignez le péché comme le plus grand mal qui puisse vous arriver; pensez souvent à ce qu'on vous a déjà dit, que le premier que vous commettrez sera peut-être le dernier, et que vous n'aurez peut-être pas le temps d'en faire pénitence. Fuyez-en les occasions, défiez-vous de vous-mêmes, mettez votre confiance en Dieu; recourez à lui par la prière, fréquentez souvent les sacrements. Confessez-vous au moins une fois le mois;

méditez les grandes vérités du salut, remplissez-en votre esprit, en lisant fréquemment de bons livres; soyez fidèles à suivre un règlement de vie, et constants dans les pratiques de piété que vous vous serez prescrites; tenez-vous toujours prêts, comme les vierges prudentes, ayez toujours de l'huile dans vos lampes, c'est-à-dire, occupez-vous sans cesse de bonnes œuvres, afin qu'à l'arrivée de l'Epoux, vous soyez introduits dans le festin éternel que Dieu prépare à ses élus.

PRONE XXXII.

Pour le deuxième Dimanche après Pâques.

HOMÉLIE SUR LE BON PASTEUR.

Ego sum Pastor bonus. (*Joan.*, X, 14.)

Je suis le bon Pasteur.

C'est sous cette aimable qualité, mes frères, que Jésus-Christ veut nous faire connaître sa bonté pour les hommes, et surtout pour les hommes pécheurs. Ce n'est plus sous les noms de Dieu de grandeur, de Dieu de majesté qu'il nous fait entendre sa voix; ce n'est plus sous des symboles effrayants et parmi les éclairs et les tonnerres qu'il veut se manifester, comme il faisait autrefois à un peuple qu'il gouvernait par la crainte: plus empressé de gagner nos cœurs par les marques de sa tendresse, que d'attirer nos respects par les traits de sa puissance, il se manifeste sous les images sensibles et consolantes, tantôt d'un tendre père qui nous regarde comme ses enfants, tantôt d'un pasteur charitable qui a soin de ses brebis, et qui les aime jusqu'au point de donner sa vie pour elles: *Ego sum Pastor bonus: bonus pastor animam suam dat pro ovibus.* Oui, mes frères, Jésus-Christ est notre bon pasteur, et nous sommes ses brebis; il a fait pour nous ce que jamais pasteur n'a fait pour ses ouailles, puisqu'il s'est sacrifié pour notre salut; il veille sans cesse sur nous, il nous porte dans son cœur, il nous nourrit, nous soutient dans cette vie de misère, il nous conduit au séjour de la gloire dont il nous a ouvert l'entrée par sa mort. Que ces traits de bonté de la part d'un Dieu méritent bien notre reconnaissance et notre amour, et doivent bien nous engager à nous comporter à son égard comme de fidèles brebis! Car ce serait peu pour nous de savoir que Jésus-Christ est le bon pasteur, qu'il en a rempli les fonctions : cette connaissance ne servirait même qu'à notre condamnation, si elle ne nous engageait à user de retour, et à mériter par la docilité des brebis fidèles la tendresse du bon Pasteur. Voyons donc comment Jésus-Christ a rempli la qualité de bon pasteur; ce sera mon premier point. Voyons en même temps ce que nous devons faire pour être de fidèles brebis, second point : ce qu'il a fait pour nous, ce que nous devons faire pour lui, c'est tout mon dessein.

PREMIER POINT.

Connaître ses brebis, les conduire dans les bons et fertiles pâturages; veiller sur elles pour les mettre à couvert de la fureur des loups, et pour empêcher qu'aucune ne s'écarte du troupeau, ramener celles qui sont égarées, enfin s'exposer à beaucoup de fatigues et de travaux, et donner sa vie pour le salut de ses brebis : telles sont, au témoignage de Jésus-Christ même, les qualités du bon pasteur; qualités qu'il a remplies à notre égard d'une manière à ne nous laisser aucun doute de sa charité pastorale pour les hommes. Quel autre, en effet, connaît mieux ses brebis que Jésus-Christ? quel autre a donné plus généreusement sa vie pour elles? quel autre les a mieux nourries que lui? quel autre enfin a recherché avec plus d'empressement celles qui s'égaraient? C'est donc à juste titre qu'il peut s'attribuer la qualité de bon pasteur : *Ego sum Pastor bonus.*

Que Jésus-Christ connaisse ses brebis, c'est une qualité qu'il n'a point acquise par expérience, mais qu'il a de sa nature; car étant le Verbe de Dieu, engendré de toute éternité par voie de connaissance, dans le sein de Dieu, Dieu lui-même, il connaît non-seulement tout ce qui est, mais encore tout ce qui doit être ; toutes choses lui ont été présentes, avant même qu'elles fussent; il voit aussi clairement tout ce qui sera, comme ce qui est déjà. Il peut donc bien dire qu'il connaît ses brebis, qu'il en sait le nombre; il les distingue les unes des autres, il les appelle par leur nom. Il vous a connus, mes frères, avant que vous fussiez; de toute éternité il a pensé à vous, il s'est occupé de vous, il a eu sur vous des desseins de paix et de salut. Confiez-vous en ce divin Pasteur, il n'ignore aucun de vos besoins, il connaît la faiblesse de votre nature, les ténèbres de votre esprit, l'inconstance de votre cœur, la violence de vos passions; les dangers qui vous environnent, et il est toujours prêt à vous tendre une main charitable; car la connaissance que Jésus-Christ a eue, et qu'il a de ses brebis, n'est pas une connaissance stérile et de spéculation, qui se termine à en savoir le nombre : les mauvais pasteurs peuvent le connaître de cette manière; mais c'est une connaissance d'amour et d'approbation, qu'il compare à celle qu'il a de son Père, et que son Père a de lui : *Sicut novit me Pater, et ego agnosco Patrem, et animam meam pono pro ovibus meis.* (*Joan.*, X, 15.) Or, à quoi se termine la connaissance qui est entre Dieu le Père et son Fils? à l'amour le plus parfait, le plus intime, le plus efficace qu'on puisse imaginer. Amour si parfait et si fécond, qu'il produit une personne semblable au Père et au Fils, je veux dire le Saint-Esprit, qui est le terme de cet amour. Nous sommes donc aussi les objets de cette connaissance et de cet amour qui règne entre les trois personnes de la sainte Trinité, et c'est de cet amour que le divin Pasteur nous fait sentir la tendresse et la profusion. N'est-ce pas en effet cet amour qui l'a fait descendre du ciel en terre, pour venir au secours de ces infortunées brebis, qui étaient devenues la proie du loup infernal? N'est-ce pas pour les délivrer de sa fureur, qu'il s'est revêtu lui-même de la peau de brebis, en prenant notre nature dans le mystère de l'incarnation, afin d'être immolé pour notre salut? Cette innocente victime a été immolée plutôt par le glaive de son amour, que par les mains des bourreaux qui l'ont attachée sur la croix. Ce divin Pasteur a répandu son sang sur nos plaies pour les guérir; il est mort pour nous donner la vie, il est ressuscité pour notre justification, il nous a ouvert l'entrée au céleste héritage que nous avions perdu. O charité vraiment pastorale! Jamais pasteur porta-t-il sa tendresse jusqu'à se sacrifier pour le salut de ses brebis, comme Jésus-Christ l'a fait pour nous : *Animam meam pono pro ovibus meis!*

Ce bon Pasteur, non content d'avoir donné sa vie pour ses brebis, en se sacrifiant pour elles, leur procure tous les secours nécessaires pour se conserver dans un état de vigueur: il les conduit dans de bons et de fertiles pâturages qui les soutiennent, les nourrissent et les engraissent. Quels sont, mes frères, ces bons pâturages? C'est la doctrine de Jésus-Christ; ce sont ses grâces, ce sont ses sacrements. Par sa doctrine, il nous éclaire; par ses sacrements, il nous sanctifie. Doctrine sainte et salutaire, qui nous préserve de l'erreur et du mensonge; grâces abondantes, qui nous détournent du mal, et nous portent au bien; sacrements augustes, qui sont la source de cette eau salutaire qui rejaillit à la vie éternelle; sacrements où nous trouvons les moyens de conserver la vie de la grâce, et les remèdes pour la recouvrer quand nous l'avons perdue. Ainsi nous pouvons dire avec le Roi-Prophète, que rien ne nous manque sous la conduite de notre bon Pasteur : *Dominus regit me, et nihil mihi deerit.* Après nous avoir sauvés du naufrage et nous avoir fait naître à la vie de la grâce dans les eaux du baptême qui ont effacé en nous la tache du péché originel : *Super aquam refectionis educavit me*, il nous a préparé dans la pénitence un remède aux blessures où notre fragilité ne nous expose, hélas! que trop souvent : *Animam meam convertit.* Il nous conduit dans les sentiers de la justice, en éclairant notre entendement par de vives lumières; en échauffant nos volontés par de saintes ardeurs, en nous instruisant par la voix des autres pasteurs qu'il a établis et laissés sur la terre, pour avoir soin de son troupeau : *Deduxit me super semitas justitiæ.* Il éloigne de nous les obstacles qui pourraient nous écarter de notre fin dernière; il nous défend par la vertu de sa croix, contre la fureur du dragon infernal, qui tourne sans cesse autour de nous pour nous dévorer; il nous soutient dans nos faiblesses, nous console dans nos afflictions; il est toujours avec nous, pour nous empêcher de tomber dans les horreurs d'une mort éternelle : *Si ambulavero in medio umbræ mortis, non timebo mala, quoniam tu mecum es.* Sommes-nous pressés par la faim, et avons-nous besoin de nourriture pour ne pas tomber en défaillance dans la pénible carrière que nous avons à fournir pour arriver au port du salut? il nous a préparé une nourriture, la plus exquise que jamais pasteur ait donnée à ses brebis : *Parasti in conspectu meo mensam adversus eos qui tribulant me.* Quelle est cette nourriture, mes frères? C'est son corps adorable, son sang précieux, qu'il nous offre pour aliment dans l'auguste sacrement de nos autels. O merveille digne de l'admiration du ciel et de la terre! Quel est le pasteur, remarque à ce sujet saint Jean Chrysostome, qui nourrisse ses brebis de sa propre substance? Ne voyons-nous pas, au contraire, que les autres pasteurs se nourrissent de leurs brebis, qu'ils profitent de leurs laines? Et Jésus-Christ, le souverain Pasteur, se donne lui-même en nourriture à ses brebis; il les engraisse de sa propre substance, il se livre tout entier à leur usage; n'est-ce pas là porter l'amour jusqu'à l'excès? Que pouvait-il faire davantage pour mériter de notre part un parfait retour? Et ce que ce divin Pasteur a fait, ne sera-t-il pas capable de nous inspirer un saint empressement pour la divine nourriture qu'il nous offre sur ses autels, et qui doit nous servir de rempart contre les attaques de nos ennemis? *Parasti in conspectu meo mensam adversus eos qui tribulant me.* Achevons de représenter avec le Roi-Prophète les soins du bon Pasteur pour ses brebis. Après les avoir conduites pendant la vie, il les accompagne encore à la mort, temps auquel elles ont plus besoin de son secours, parce qu'elles sont aux prises avec l'ennemi du salut, qui redouble ses efforts pour les perdre; alors il les fortifie par les onctions saintes de ses grâces et de ses sacrements; il les dispose ainsi à combattre, comme de généreux athlètes, et les met en état de remporter la victoire sur les puissances infernales : *Impinguasti in oleo caput meum.* Enfin, après les avoir conduites et fortifiées dans ces derniers moments, il met le comble à ses miséricordes, et les fait passer par une mort sainte dans ses tabernacles, pour y goûter les douceurs d'un repos éternel : *Et ut inhabitem in domo Domini in longitudinem dierum.* (*Psal.* XXII, 2-6.)

Heureuses donc, et mille fois heureuses les brebis qui sont sous la conduite du bon Pasteur! Mais malheureuses celles qui s'en éloignent! Elles deviennent bientôt la proie du loup infernal, si le bon Pasteur ne vient à leur secours, pour les ramener dans son bercail; et c'est en quoi Jésus-Christ nous prouve encore d'une manière plus spéciale sa charité pastorale pour les hommes; les brebis égarées, comme les brebis fidèles, sont l'objet de sa vigilance et de ses soins; il conserve les unes, il cherche et ramène les autres. Il est donc véritablement le bon Pasteur : *Ego sum*, etc.

J'ai d'autres brebis qui ne sont point de cette bergerie, dit Jésus-Christ (*Joan.*, X, 16). *Il faut que je les amène pour ne faire qu'un seul troupeau*, c'est-à-dire que Jésus-Christ est venu non-seulement pour sauver les Juifs, mais encore les gentils ; qu'outre les brebis de sa nation, qui lui étaient originairement acquises, il en comptait d'autres qui devaient le devenir par leur conversion, pour ne plus faire qu'un peuple réuni sous le même chef, et dans le sein de la même Eglise. Nous sommes, mes frères, du nombre de ces brebis conquises et converties. Nous étions auparavant des brebis errantes, marchant dans les ténèbres, assises aux ombres de la mort : *Eratis sicut oves errantes.* (I *Petr.*, II, 25.) Mais le souverain Pasteur de nos âmes, touché de notre infortune, a jeté sur nous des yeux de compassion, il nous a appelés à la lumière de son Evangile. Grâces lui en soient à jamais rendues. Nous voilà maintenant *un peuple saint, un peuple d'acquisition : « Gens sancta, populus acquisitionis. »* (I *Petr.*, II, 9.) Heureux, si, fidèles à la grâce de notre vocation, nous savons profiter du don de Dieu! Mais, hélas! il n'arrive que trop souvent que, indociles à la voix du bon Pasteur, nous abandonnons son bercail, nous quittons les sources d'eau vive, pour aller boire dans les citernes empoisonnées de ce siècle maudit. Il n'arrive que trop souvent que, comme l'enfant prodigue, nous quittons le meilleur de tous les pères, pour aller dans des pays étrangers dissiper les biens qu'il nous a donnés, et vivre au gré de nos passions. Que fait pour lors le bon Pasteur? Tout autre que lui se rebuterait de nos caprices et de nos infidélités; s'il n'était pas aussi bon qu'il l'est, il nous abandonnerait à notre triste sort. Mais non, ce Pasteur charitable, qui n'a pas voulu retenir cette brebis malgré elle, parce qu'il ne veut point de service forcé, ne peut la sentir éloignée de lui; il souffre de la voir exposée à la voracité des bêtes féroces. Il aime mieux quitter les brebis fidèles, pour aller chercher celle qui est égarée; mais que ne lui en coûte-t-il pas pour la ramener? que de courses, que de fatigues n'a-t-il pas souffertes? Ici je le vois sur le bord du puits de Jacob, fatigué du chemin, attendre avec empressement qu'une femme pécheresse vienne recevoir le pardon de ses crimes, et lui demande de l'eau qui rejaillit à la vie éternelle. Là, je l'aperçois recevant avec bonté, et prenant même la défense d'une autre pécheresse, que l'orgueilleux Pharisien, par une sévérité outrée, méprise et condamne impitoyablement. Partout je l'entends appeler les pécheurs à la pénitence, et les inviter de venir à lui pour se décharger du pesant fardeau de leurs crimes : *Venite ad me, omnes.* (*Matth.*, XI, 28.) Non content de les appeler, il va au devant d'eux, comme s'il avait besoin du pécheur; il le cherche, il le poursuit partout : ici c'est une vive lumière dont il l'éclaire, là un bon mouvement dont il l'anime; et si les douceurs de sa grâce sont inutiles, il emploie la force de cette grâce ; il fait entendre à ce pécheur cette voix qui fait sortir les morts du tombeau ; il frappe ce pécheur de quelque coup terrible, moins dans le dessein de le blesser, que de le faire rentrer au bercail, et s'il arrive enfin que cette brebis égarée, que ce pécheur tant de fois sollicité, se rende à la voix de son Pasteur, alors quel accueil favorable ne lui fait-il pas? Bien loin de lui faire subir quelque mauvais traitement, comme il l'a mérité, il ne lui fait que des caresses; il ne se contente pas de ramener la brebis fugitive, il veut même lui épargner la fatigue du chemin, en la portant sur ses épaules; et, comme s'il avait fait une précieuse conquête, il invite ses amis à s'en réjouir avec lui. *Congratulamini mihi, quia inveni ovem quæ perierat.* (*Luc.*, XV, 6.) Il compte pour rien ses travaux, ses fatigues, la faim, la soif, les incommodités des saisons, les souffrances et la mort : pourvu qu'il ramène sa brebis, il se croit bien récompensé, il semble oublier en quelque façon la tendresse qu'il a pour les brebis fidèles, pour ne penser qu'à la joie que lui cause la conquête de celle qui était perdue. *Il y aura*, dit-il, *dans le ciel, plus de joie pour la conversion d'un pécheur, que pour la persévérance de quatre-vingt dix-neuf justes.* (*Ibid.*, 7.) Jésus-Christ, mes frères, pouvait-il nous marquer d'une manière plus sensible sa sollicitude pastorale pour la brebis égarée? Peut-on dire que c'est sa faute s'il s'en perd quelqu'une? N'a-t-il pas fait tout ce qu'il a pu pour conserver celles que le Père céleste lui avait données, et recouvrer celles qui étaient perdues? Ce sera donc à lui-même que le pécheur qui ne se convertit pas, devra s'en prendre de sa réprobation. Pour éviter ce malheur, voyons ce que nous devons faire pour être des brebis fidèles.

DEUXIÈME POINT.

Connaître le bon Pasteur, écouter sa voix, marcher sur ses traces, tel est, mes frères, le portrait que Jésus-Christ nous a fait lui-même de la brebis fidèle. *Je connais*, dit-il, *mes brebis et mes brebis me connaissent : « Cognoscunt me meæ. » Les brebis écoutent la voix du Pasteur : « Vocem ejus audiunt, » elles le suivent partout : « Illum sequuntur. »* (*Joan.*, X, 4, 14.)

Le premier pas qu'il faut faire pour entrer dans le bercail de Jésus-Christ, c'est de le connaître. C'est dans cette connaissance que consiste la vie éternelle, comme il nous l'assure lui-même : *Hæc est vita æterna, ut cognoscant te solum Deum verum et quem misisti Jesum Christum.* (*Joan.*, XVII, 3.) Toutes les lumières de l'esprit, toutes les autres connaissances, sans celles-ci, sont incapables de nous conduire au port du salut. Hélas! de quoi nous servirait de savoir tous les secrets de la nature, de connaître, comme les philosophes, le mouvement des astres, de posséder toutes les sciences humaines, si nous n'avons celle du salut, qui est la connaissance de Jésus-Christ? De quoi ont servi aux savants de l'antiquité, et de quoi servent encore à nos prétendus sages les découvertes qu'ils ont faites, les sciences qu'ils ont acquises, s'ils ignorent la doctrine de Jésus-Christ, s'ils méconnaissent son Evangile? Toutes leurs lumières ne sont que ténèbres, et leur science n'est que vanité et égarement. Le plus simple, le plus grossier des hommes qui connaît la religion de Jésus-Christ, qui en pratique les maximes, qui a la crainte de Dieu et qui le sert fidèlement, vaut beaucoup mieux, dit l'auteur de l'*Imitation*, que ces philosophes superbes, que tous les savants qui s'appliquent à toute autre chose qu'à ce qui doit les sauver. Appliquons-nous donc, mes frères, à bien connaître Jésus-Christ et son Evangile, à l'exemple du grand Apôtre (I *Cor.*, II, 2), qui se glorifiait de ne savoir autre chose que Jésus-Christ crucifié.

Mais qu'est-ce que connaître Jésus-Christ comme il veut être connu? Est-ce savoir ce qu'il est, ce qu'il peut, et ce qu'il a fait pour notre salut? Est-ce savoir qu'il est tout à la fois un Dieu engendré de toute éternité dans le sein de son Père, et un homme formé dans le temps, dans le sein d'une Vierge; que ce Dieu fait homme s'est livré à la mort pour nous donner la vie, qu'il est l'arbitre de notre sort éternel? Tout cela est nécessaire à savoir, mais cela ne suffit pas. Les réprouvés et les démons connaissent Jésus-Christ de cette manière; ceux-ci même ont rendu témoignage à sa divinité : mais cette connaissance ne sert qu'à les faire trembler sous les coups de sa justice : *Dæmones credunt et contremiscunt.* (*Jac.*, II, 19.) Nous devons donc connaître Jésus-Christ, non d'une connaissance stérile et infructueuse, mais d'une connaissance pratique et d'amour. Comme Jésus-Christ connaît ses brebis pour leur faire du bien, ainsi la connaissance de Jésus-Christ doit produire dans nos cœurs l'amour le plus sincère, l'attachement le plus inviolable : amour sincère, qui lui consacre tous les mouvements de notre cœur, qui bannisse de ce cœur tout objet capable de lui en disputer la possession, qui nous fasse observer en tout point ses divins commandements; attachement inviolable, qui nous fasse défier, comme faisait le grand Apôtre, toutes les créatures de nous séparer de Jésus-Christ : *Quis ergo nos separabit a charitate Christi?* « *Qui sera capable de nous séparer de l'amour de Jésus-Christ?* » *Ce ne sera ni la mort, ni la vie, ni la grandeur, ni l'abaissement, ni la pauvreté, ni les richesses, ni les puissances, ni aucune autre créature :* « *Neque mors, neque vita, neque creatura alia poterit nos separare a charitate Dei.* » (*Rom.*, VIII, 35-38, 39.) Tel est le langage et la conduite que doit avoir une brebis fidèle qui connaît son Pasteur; elle doit être disposée à tout sacrifier pour lui, à se détacher de tout pour l'amour de lui, à tout entreprendre, à tout souffrir pour lui; en sorte qu'il n'y ait rien sur la terre dont le désir, la crainte ou la passion lui puisse faire encourir la disgrâce de son Dieu. Voilà ce que c'est, mes frères, que connaître Jésus-Christ comme il veut être connu; voilà ce qu'il demande d'une brebis fidèle, en récompense de ce qu'il a fait pour son salut; s'il ne demande pas vie pour vie, il demande du moins amour pour amour.

Si vous êtes, mes frères, dans ces dispositions, vous serez dociles à la voix du bon Pasteur : *Vocem ejus audiunt.* Seconde qualité d'une brebis fidèle.

Jésus-Christ, le bon Pasteur, fait entendre sa voix aux hommes en différentes manières, tantôt par les grâces intérieures qu'il leur donne pour les attirer à lui, tantôt par la voix de ses ministres qu'il leur envoie pour les instruire; ici, par la lecture d'un bon livre qu'il fait tomber entre leurs mains; là, par de bons exemples qu'il leur met devant les yeux; aujourd'hui, par les bienfaits qu'il répand sur eux; demain, par les disgrâces dont il les afflige pour les faire rentrer en eux-mêmes. J'en appelle ici à votre expérience; vous tous qui m'écoutez, combien de fois n'avez-vous pas entendu, et n'entendez-vous pas encore tous les jours la voix de Dieu qui vous appelle, vous sollicite et vous presse de retourner à lui ou de le servir plus fidèlement? Que de vives lumières répandues dans vos esprits, pour vous faire connaître la vanité et le néant des choses de la terre! Que de salutaires onctions ont touché vos cœurs pour vous dégoûter du monde et de ses plaisirs! Malgré les tendres soins de ce charitable Pasteur, n'y en a-t-il pas ici plusieurs qui endurcissent leurs cœurs à sa voix? Ah! brebis infidèles, jusques à quand résisterez-vous aux charmes de la divine miséricorde qui frappe à la porte de votre cœur, qui vous cherche et qui vous poursuit au milieu de vos désordres? N'est-il pas de votre intérêt de céder à ses poursuites? car, si vous continuez à lui résister, quel sera votre sort? A force de vous égarer dans les voies de l'iniquité, vous deviendrez la proie des bêtes féroces, vous tomberez enfin dans un abîme de malheurs. Si le bon Pasteur vous recherche, si sa miséricorde vous tend les bras, et est toujours prêt à vous recevoir, ne devez-vous pas correspondre à ses desseins, et faire des efforts pour sortir du bourbier d'où il veut vous tirer? Car, croire que Dieu fera tout de son côté pour vous sauver, tandis que vous ne voudrez rien faire du vôtre; croire que le bon Pasteur emportera sa brebis malgré elle au bercail, et sans qu'elle fasse aucune démarche pour y retourner, ce serait, pécheur, outrager la miséricorde de Dieu et la faire servir à vos iniquités. Non, mes frères, ce n'est pas ainsi qu'il faut penser de la bonté de Dieu : lorsque cette bonté n'a servi de rien, que sa patience à attendre le pécheur n'a eu d'autre effet que de le rendre plus criminel; alors cette patience se change en colère, et demande vengeance. Alors le pécheur qui a méprisé les poursuites de son Dieu et résisté à ses grâces, en est méprisé à son tour, il en est abandonné; et plus il a été recherché avec tendresse, plus il est puni avec rigueur. Prévenez, mes frères, un malheur aussi grand par votre docilité à écouter la voix du bon Pasteur qui vous appelle. Ouvrez la porte de vos cœurs aux rayons de la grâce qui vous éclaire, pour sortir de vos égarements. Profitez du temps de miséricorde du Seigneur, pour lui dire, dans les mêmes sentiments que le Roi-Prophète : Oui, Seigneur, c'en est fait, dès aujourd'hui, dès ce moment, je prends le parti de retourner à vous : *Dixi, Nunc cœpi.* (*Psal.* LXXVI, 11.) Il y a assez longtemps que vous me cherchez, pour ne pas vous lasser davantage par ma fuite et mes résistances à vos grâces. *Je me suis égaré comme une brebis errante et vagabonde* : «*Erravi sicut ovis.*» (*Psal.* CXVIII, 176.) Mais si vous avez eu tant de bonté pour cette brebis dans le temps même qu'elle vous fuyait, que ne ferez-vous pas lorsqu'elle reviendra à vous? C'est, encore une fois, le parti que je prends, résolu que je suis de m'attacher pour toujours au service d'un aussi bon Maître que vous; je serai docile à votre voix, de quelque manière qu'il vous plaise me la faire entendre ; que vous me parliez par vous-même ou par vos ministres, je serai fidèle à suivre la route que vous me marquerez. Tels sont, mes frères, les sentiments d'une âme qui reconnaît ses égarements. Comme un autre Saul, elle est prête à faire en tout la volonté de Dieu pour s'en instruire; elle va trouver Ananie, c'est-à-dire elle écoute la voix des pasteurs que Jésus-Christ a préposés pour l'instruire. C'est par eux, en effet, que le souverain Pasteur fait encore entendre sa voix à ses brebis; comme il n'est plus sur la terre pour nous instruire par lui-même, il a mis en sa place d'autres pasteurs pour avoir soin de son troupeau : *Pascite qui in vobis est gregem Dei.* (I *Petr.*, V, 2.) Ecouter la voix des pasteurs qui gouvernent l'Eglise, c'est écouter Jésus-Christ même; les mépriser, c'est avoir du mépris pour lui : *Qui vos audit, me audit; qui vos spernit, me spernit.* (*Luc.*, X, 16.) Soyez donc, mes frères, dociles à la voix des pasteurs que Dieu vous a envoyés comme des ambassadeurs pour vous apprendre ses volontés; soyez assidus aux instructions qu'ils vous feront à l'église, surtout à la Messe de paroisse; vous y apprendrez des choses que l'on ne vous dira pas autre part; peut-être que votre salut est attaché à une instruction qui vous regarde particulièrement, et que vous n'entendrez plus, si vous la manquez.

Ecoutez aussi les avis de vos confesseurs qui tiennent la place de Jésus-Christ pour vous intimer ses ordres. Votre guide spirituel vous fait-il comprendre que cette vie de dissipation que vous menez est préjudiciable à votre âme; qu'il ne suffit pas, pour être sauvé, d'éviter le mal, qu'il faut encore pratiquer le bien, et en conséquence vous trace-t-il un plan de vie pour donner à vos actions le prix de l'obéissance : soumettez-vous et obéissez sans raisonner, c'est le caractère de la bonne brebis, elle va partout où son pasteur veut la conduire; telle doit être la disposition d'une âme pour celui qui la dirige dans les voies du salut. Ecoutez, enfants, la voix de vos pères et mères; ils sont comme des pasteurs dans leurs maisons, qui doivent veiller sur le troupeau que le Seigneur leur a confié, et qui doivent le nourrir par les instructions et le bon exemple.

Enfin, pour être des brebis fidèles, il faut suivre les traces du bon Pasteur, c'est-à-dire l'imiter : *Oves illum sequuntur.* Loin du pasteur, la brebis est exposée à mille dangers; elle doit être sans cesse autour de lui et ne jamais le quitter, pour être à couvert de la fureur des bêtes féroces : suivons de même Jésus-Christ, mes frères; ne quittons point sa compagnie, marchons fidèlement sur ses traces, et nous sommes sûrs de ne pas périr. Il est la voie que nous devons suivre, et la vie que nous devons rechercher; nous ne pouvons arriver à cette vie que par l'imitation de ses vertus et de ses exemples. Quiconque suit une autre route est sûr de s'égarer. Or, quelle route Jésus-Christ nous a-t-il marquée, quels exemples nous a-t-il donnés? C'est une route difficile ; elle est remplie de ronces et d'épines, pauvreté volontaire, renoncement à soi-même, mortification des sens et des passions, détachement des plaisirs, patience dans les souffrances; voilà ce que Jésus-Christ nous a appris, voilà la route qu'il nous a tracée. Or, ce qui doit nous engager à le suivre, c'est qu'il y a marché le premier devant nous : *Ante eos vadit.* Il en a aplani les difficultés, il ne nous demande rien qu'il n'ait pratiqué le premier. ***Jésus-Christ a souffert pour nous,*** dit saint Pierre, ***il nous a laissé l'exemple, afin que nous suivions ses traces*** : «*Christus passus est pro nobis,*» etc. (I *Petr.*, II, 21.) Conviendrait-il que l'innocent fût entré dans la gloire par les souffrances et par un chemin difficile, et que les coupables y entrassent par un chemin de fleurs et de plaisirs? Non, il n'y aura de prédestinés que ceux que le Père céleste trouvera conformes à l'image de son Fils.

Pratiques. — Envisagez donc, mes frères, le modèle qui vous est présenté dans la vie de Jésus-Christ afin de vous y conformer. Considérez quel a été cet homme tout divin, pendant la vie mortelle qu'il a menée sur la terre. Vous verrez en lui un homme doux et humble de cœur, sobre, chaste, patient, un homme si détaché et si dépourvu des biens de la terre, qu'il n'avait pas où reposer sa tête; si miséricordieux, qu'il pardonne à ses plus cruels ennemis ; si amateur des croix et des souffrances, que non-seulement il les souffrit avec patience, mais qu'il les rechercha avec empressement. Voilà le modèle que vous devez imiter : *Inspice, et fac secundum exemplar.* (*Exod.*, XXV, 40.) A la vue d'un tel modèle, rougissez de votre vie molle et sensuelle, de votre délicatesse dans les repas, de votre sensibilité sur le point d'honneur, de votre éloignement pour les souffrances, de votre aversion pour tout ce qui gêne la nature ; mais que la confusion qui naîtra de ce parallèle vous fasse prendre la résolution de réformer votre conduite, de vous faire une sainte violence pour dompter vos passions, pour réduire vos sens en servitude, pour vous priver des plaisirs défendus et retrancher ceux même qui vous sont permis. Que la vue des exemples de Jésus-Christ vous rende plus doux et plus humbles que vous n'avez été jusqu'ici, vous détache des biens du monde, de ses plaisirs ; qu'elle vous rende plus assidus à la prière, plus charitables envers les pauvres, plus ennemis des maximes du monde, plus réguliers dans votre conduite : *Inspice*, etc.

Après avoir suivi et imité Jésus-Christ sur la terre comme une brebis fidèle, vous serez agrégé à ce troupeau choisi de prédestinés qui jouissent du bonheur de le voir dans le ciel. *Amen.*

PRONE XXXIII.

Pour le deuxième Dimanche après Pâques.

SUR LA RECHUTE.

Eratis sicut oves errantes, sed conversi estis ad Pastorem et Episcopum animarum vestrarum. (I *Petr.*, II, 25.)

Vous étiez comme des brebis égarées, mais vous êtes revenus au Pasteur et à l'Évêque de vos âmes

Telle est, mes frères, la différence que l'apôtre saint Pierre met entre l'état qui a précédé votre conversion, et celui qui l'a suivi. Avant votre conversion, vous étiez séparés du bercail de Jésus-Christ comme des brebis égarées, exposées à la fureur des loups dont vous seriez devenus la proie, si le bon Pasteur, touché de vos égarements, n'était allé lui-même vous chercher pour vous ramener à son troupeau. Mais maintenant que fidèles à la voix de ce bon Pasteur, vous êtes rentrés dans sa bergerie, vous êtes en sûreté sous l'ombre de ses ailes, vous pouvez espérer qu'il vous défendra de sa houlette, et qu'il vous conduira toujours dans de bons et fertiles pâturages. *Eratis sicut oves.* Parlons sans figures, mes frères ; dans l'état de péché vous étiez les esclaves du démon, cet esprit de ténèbres exerçait sur vous son empire, et vous aurait conduits dans les prisons d'une mort éternelle ; mais depuis votre résurrection à la grâce, vous êtes sous l'empire de Jésus-Christ qui vous promet, si vous lui êtes fidèles, un bonheur sans fin. Ah ! pourriez-vous encore vous déterminer à quitter un aussi bon Maître pour vous ranger du parti de son ennemi, et vous rendre malheureux ? Ce bon Pasteur a tant fait de démarches pour vous ramener à son troupeau ; il a souffert la mort, comme il le dit dans l'Evangile, pour vous donner la vie. Voudriez-vous rendre ses démarches inutiles, sa mort infructueuse ? pour peu que vous ayez de zèle pour vos vrais intérêts, ne devez-vous pas lui demeurer fidèles jusqu'à la mort ? Vous voilà guéris de vos maladies, puis-je vous dire comme le disait ce divin Sauveur au paralytique qui était auprès de la piscine depuis trente-huit ans : *Ecce sanus factus es :* gardez-vous donc bien de retomber dans votre péché, de crainte qu'il ne vous arrive quelque chose de pis : *Jam noli peccare, ne deterius tibi aliquid contingat.* (*Joan.*, V, 14.) Car si vous venez à retomber, votre péché sera plus injurieux à Dieu, premier point. Votre état sera pire qu'il n'était auparavant, deuxième point. Deux raisons qui doivent vous donner de l'horreur du péché de rechute et vous en préserver.

PREMIER POINT.

Quoiqu'il soit vrai de dire que tout péché est une injure faite à la divine Majesté, parce qu'il est une désobéissance à ses lois et un mépris de ses bienfaits, il faut avouer que ces odieux caractères conviennent plus particulièrement au péché de rechute, parce qu'il renferme ordinairement plus de malice, et qu'il porte avec soi un trait d'ingratitude et d'infidélité qui ne se trouve pas dans un péché que l'on commet pour la première fois.

On est toujours coupable et digne de châtiment quand on offense Dieu. Mais il se trouve quelquefois dans un premier péché des circonstances qui en diminuent la grièveté : l'ignorance, une occasion imprévue, une tentation violente, voilà, mes frères, des circonstances qui, à la vérité, n'excusent pas tout à fait le péché, mais le rendent cependant plus pardonnable que celui qui se commet avec une pleine connaissance de cause, et avec une volonté opiniâtrément attachée au mal, telle qu'elle se trouve dans le péché de rechute

Sur quoi en effet pourrait s'excuser le pécheur qui retombe dans son péché ? Serait-ce sur l'ignorance de ses devoirs ? Mais peut-il prétexter cette cause, puisque son esprit a été éclairé des lumières de la grâce qui lui a fait connaître la laideur du péché, et qu'il a été instruit de ses obligations par le ministre du Seigneur qui lui a enseigné ses volontés ? Peut-il alléguer qu'il ne connaît pas la malice de cette action criminelle, de cette injustice, de cette vengeance, de cette impureté, puisqu'il s'en est accusé ? Ce qu'il n'aurait pas fait, s'il n'avait connu qu'elle était défendue par la loi de Dieu.

Peut-il s'excuser, ce pécheur, sur la violence de la tentation, sur la force de la mauvaise habitude, sur le danger de l'occasion où il s'est trouvé engagé ? Mais n'a-t-il pas reçu dans le sacrement de la pénitence et de l'Eucharistie des grâces abondantes pour résister aux tentations ? Eh bien ! loin d'y résister, il se tente lui-même en recherchant les objets qui irritent ses passions. N'a-t-il pas reçu les avis nécessaires pour se corriger de ses mauvaises habitudes ? Mais bien loin de profiter des remèdes qu'on lui a donnés, il s'abandonne à ses désirs déréglés, sans faire aucun effort pour les combattre ; bien loin de fuir les occasions de s'éloigner des objets qui ont été pour lui des sujets de chute, il s'expose témérairement dans ces occasions ; il les cherche, il se précipite lui-même dans l'abîme dont il est sorti, malgré les pressantes sollicitations de la grâce qui l'en détourne, malgré les avis d'un confesseur qui lui a défendu de fréquenter ces personnes, ces maisons où sa vertu a fait si souvent naufrage : ce pécheur veut suivre le même genre de vie qu'il suivait auparavant ; son péché est donc moins l'effet de la tentation qui l'attaque, de l'habitude qui le domine, de l'occasion qui l'entraîne, que de son propre choix ; il ne peut, par conséquent, disconvenir que sa rechute est un péché de pure malice, puisqu'il le commet avec toutes les connaissances et les secours qui devaient l'en détourner.

Ainsi, cet homme sait par son expérience que toutes les fois qu'il a fréquenté cette maison de débauche, il s'est laissé aller à des excès d'intempérance : on lui a défendu d'y entrer, on l'a même condamné à une sévère pénitence, s'il venait à récidiver; n'importe, il veut toujours y aller, comme s'il n'avait rien promis ; il ne se met en peine ni de la pénitence qu'on lui a imposée, ni des autres péchés où il se laisse aller, quand il a perdu sa raison. Qu'il s'impute donc à lui-même ses désordres, et non aux compagnons de débauche qui l'ont engagé dans leurs parties de plaisirs. Ces jeunes personnes à qui on a défendu de se fréquenter, ont, pour recevoir l'absolution, cessé pendant quelque temps leur commerce criminel ; mais bientôt après leur réconciliation, elles renouent leur fatale amitié, s'engagent tout de nouveau dans le crime contre les promesses réitérées qu'elles ont faites; ainsi, ce n'est pas à la difficulté d'éviter l'occasion qu'elles doivent attribuer leur rechute, mais à elles-mêmes. Ce jureur d'habitude à qui on prescrit des remèdes pour se corriger de sa colère, qui est la cause de ses jurements, néglige les pratiques qu'on lui a inspirées ; est-il donc surprenant qu'il prenne feu à la moindre chose qui le choque ? Ainsi ses jurements sont moins l'effet de son habitude que de sa propre volonté, parce qu'il ne se fait aucune violence pour résister aux mouvements de sa passion. En un mot, tout pécheur qui retombe dans son péché, le fait avec réflexion, avec une volonté entièrement déterminée au mal, qui rend inutiles les secours qui devraient l'en éloigner. Il est ce méchant serviteur dont parle Jésus-Christ (*Luc.*, XII, 47), qui, connaissant la volonté de son maître, ne la fait pas, et qui en sera plus rigoureusement puni, parce que son péché est plus injurieux à Dieu, étant accompagné non-seulement d'une plus grande malice, mais encore d'une ingratitude plus noire et d'une perfidie plus énorme.

Pour concevoir la noire ingratitude du pécheur qui retombe, il faudrait pouvoir comprendre la grandeur du bienfait de sa réconciliation avec Dieu. Qu'étiez-vous, pécheurs, avant que Dieu vous affranchît par sa grâce de l'esclavage du péché? Privés de son amitié, vous étiez l'objet de sa colère, et la triste victime de ses vengeances ; vous portiez au dedans de vous l'arrêt de votre condamnation, qu'il ne tenait qu'à Dieu d'exécuter. Le bras de sa justice se serait appesanti sur vous, s'il n'avait été retenu par sa miséricorde ; cette justice demandait vengeance contre vous ; et si Dieu l'avait écoutée, que seriez-vous devenus ? Hélas ! vous seriez maintenant au milieu des enfers.

Mais la miséricorde a fléchi la justice, qui lui a cédé ses droits, et vous a épargné les châtiments que vous méritiez : *Misericordiæ Domini, quia non sumus consumpti.* (*Thren.*, III, 22.) C'est à cette miséricorde que vous devez votre heureux passage des ténèbres à la lumière, de l'esclavage à la liberté ; vous avez recouvré le droit au céleste héritage que vous aviez perdu par le péché. Faveur immense, qui n'a pas été accordée aux anges rebelles, qu'un seul péché a précipités dans l'enfer, et à tant d'autres pécheurs moins coupables que vous. Ne devriez-vous pas du moins, par reconnaissance pour un si grand bienfait, garder à Dieu la fidélité que vous lui avez promise, et n'est-ce pas être bien ingrat que de méconnaître les bontés de Dieu, jusqu'au point de vous révolter de nouveau contre lui ; jusqu'au point de crucifier de rechef Jésus-Christ à qui vos premiers péchés ont déjà donné la mort? C'est l'apôtre saint Paul qui l'assure : Oui, dit ce grand Apôtre, toutes les fois que les pécheurs retombent dans leurs péchés, ils crucifient de nouveau Jésus-Christ, autant qu'il est en eux : non pas qu'effectivement ils lui donnent la mort, puisque, comme dit le même Apôtre (*Rom.*, VI, 9), Jésus-Christ ressuscité ne meurt plus ; mais s'il pouvait mourir une seconde fois, les pécheurs le feraient mourir autant de fois qu'ils retombent dans leurs péchés ; parce que tous les péchés qu'ils commettent, sont autant de sujets capables de donner la mort à Jésus-Christ : *Rursum crucifigentes sibimetipsis Filium Dei.* (*Hebr.*, VI, 6.) Ah ! pécheurs ingrats, n'est-ce pas assez que vous ayez une fois donné la mort à votre Dieu, que vous l'ayez une fois attaché sur la croix, sans renouveler ses douleurs, sans attenter encore à sa vie par vos rechutes dans le péché? N'est-ce pas assez que vous ayez une fois répandu son sang précieux, sans fouler encore aux pieds ce sang adorable, en perdant la grâce de la justification qui en a été le prix ? Vous ne pensez qu'avec horreur à la perfidie de Judas, qui trahit son divin Maître, après l'avoir reçu dans la communion ; vous condamnez avec raison les Juifs qui l'ont attaché à la croix ; mais vos rechutes dans le péché ne lui font-elles pas plus d'outrages, puisque Judas n'a trahi Jésus-Christ, les Juifs ne l'ont crucifié qu'une fois? Mais vous le faites mourir plusieurs fois, tandis qu'il n'a rien épargné pour vous détourner d'un si mauvais dessein. N'est-ce pas porter l'ingratitude au souverain degré? *Rursum crucifigentes*, etc.

Ce Dieu de bonté vous a attendus avec patience, il vous a reçus avec bonté, vous a comblés de mille bienfaits ; en vous rendant son amitié, il s'est donné à vous dans la sainte communion : malgré vos continuelles résistances à sa grâce, ce Dieu de sainteté a bien voulu entrer dans un cœur qui avait été mille fois souillé par le péché ; après cela vous le chassez de ce cœur, comme s'il était indigne de l'occuper, pour y placer le démon, son cruel ennemi et le vôtre! Après avoir participé à la table du Seigneur, vous allez participer à celle des démons ; quelle horreur! quelle indignité! Ne semble-t-il pas que faisant le parallèle du service de Dieu avec celui du prince des ténèbres, vous trouviez plus d'avantage à celui-ci qu'à celui-là? puisqu'au lieu de donner la préférence à votre Dieu, vous la donnez au démon en vous rangeant de nouveau sous ses étendards. Peut-on concevoir une plus grande ingratitude?

Ah! voilà ce qui fait repentir les ministres du Seigneur de vous avoir reçus au sacrement de la réconciliation; voilà ce qui les faisait trembler, lorsqu'ils vous donnaient à la sainte table le pain des anges ; votre inconstance les effrayait, et ils avaient autant d'horreur de loger le Saint des saints dans votre cœur, que de le livrer entre les mains des Juifs, parce qu'ils craignaient que ce cœur ne lui servît de théâtre pour souffrir une seconde mort plus sensible que la première : *Rursum crucifigentes*, etc.

Ah! fallait-il, sous le baiser de paix, cacher une si noire trahison, une si atroce perfidie? car enfin, qu'avez-vous promis à Dieu, lorsque vous vous êtes présentés au sacré tribunal, pour obtenir la rémission de vos péchés? Attirés par les charmes d'une miséricorde qui vous attendait à la pénitence, le cœur pénétré de douleur, les larmes aux yeux, prosternés aux pieds des ministres de Jésus Christ, vous avez protesté, comme le Roi-Prophète, que vous seriez fidèles à garder la loi de votre Dieu : *Juravi et statui custodire judicia justitiæ tuæ* (*Psal.* CXVIII, 166) ; que vous auriez désormais plus de religion, que vous seriez plus assidus aux divins Offices, et plus exacts à fréquenter les sacrements ; vous avez promis que vous romppriez avec ces personnes, que vous quitteriez ces lieux de débauches qui ont été pour vous une occasion de péché ; que vous seriez plus vigilants sur vous-mêmes pour réprimer vos passions ; que vous rendriez ce bien mal acquis ; que vous n'auriez plus de différend avec le prochain : le prêtre du Seigneur, comptant sur l'épreuve qu'il a exigée de vous, et se fiant à vos promesses tant de fois réitérées à ses pieds, vous a renvoyés absous : Allez en paix, vous a-t-il dit : *Vade in pace.* Et vous rompez par vos rechutes le traité de paix que vous aviez fait avec Dieu! que doit-on penser de vous, sinon que vous êtes infidèles et inconstants? Jésus-Christ vous a-t-il donné quelque sujet de quitter son service? n'est-il pas le même aujourd'hui à votre égard qu'il était hier? aussi aimable, aussi bienfaisant, aussi magnifique dans ses récompenses, qu'il l'était auparavant : *Christus heri et hodie?* (*Hebr.*, XIII, 8.) Pourquoi donc changez-vous à son égard? pourquoi, après avoir connu le néant des créatures, la fragilité des plaisirs, retournez-vous à des objets qui sont indignes d'occuper votre cœur, et dont vous vous rendez esclaves : *Quomodo convertimini ad infirma et egena elementa?* (*Galat.*, IV, 9.) Est-ce ainsi que vous vous comportez à l'égard des hommes à qui vous engagez votre parole? Vous vous faites gloire d'en être esclaves ; vous quittez vos affaires les plus importantes pour remplir vos promesses ; et à l'égard de Dieu vous n'en tenez aucune ; c'est-à-dire, que vous avez moins d'égard pour lui que pour une faible créature. N'ai-je donc pas eu raison de dire que vos rechutes portent un caractère d'infidélité qui vous rend plus coupables qu'auparavant ; mais peut-être serez-vous plus sensibles à vos intérêts. Voyons donc le danger de cet état.

DEUXIÈME POINT.

Une âme qui tombe pour la première fois dans le péché est à plaindre : que son état est triste! puisque perdant la grâce, elle perd l'amitié de Dieu et devient l'objet de sa colère. Mais son malheur est bien plus grand, lorsque après avoir recouvré son innocence, et goûté le don de Dieu, elle vient à se plonger de nouveau dans le bourbier du péché : son état devient pire que le premier, selon l'expression de Jésus-Christ : *Fiunt novissima pejora prioribus* (*Matth.*, XII, 45) ; parce que sa rechute dans le péché rend sa pénitence très-suspecte, et sa conversion très-difficile : deux raisons qui prouvent combien la rechute est funeste au pécheur. Si l'homme ne doit pas être sans crainte sur son péché pardonné, lors même qu'il ne retombe pas, à plus forte raison s'il retombe : car quoique la grâce de la réconciliation ne rende pas le pécheur impeccable, parce qu'elle ne le met pas à l'abri des ténèbres, et ne le délivre pas de ses passions ; il est cependant vrai de dire que celui qui retombe aisément dans le péché, surtout s'il retombe d'abord après s'être approché des sacrements, donne grand sujet de croire qu'il n'a pas reçu la grâce de la justification, et que sa pénitence par conséquent est très-douteuse.

Que faut-il en effet pour une vraie pénitence? Il faut, dit saint Augustin, une haine souveraine du péché, et un amour souverain du bien infini qui est Dieu : *Pœnitentiam non facit nisi odium peccati et amor Dei.* Or, peut-on croire que le pécheur a conçu une telle haine du péché, lorsqu'on le voit sitôt se rengager dans ses liens? Quelque changeante que soit sa volonté, elle conserve pendant quelque temps les mêmes dispositions qu'elle a conçues pour un objet ; elle ne passe pas dans un moment de la haine à l'amour, du mépris à l'estime ; il n'est donc pas aisé de se persuader que le pécheur ait véritablement renoncé au péché, qu'il l'ait haï, détesté, comme il le devait, lorsque ce péché devient, quelques jours après, l'objet de ses recherches, et qu'il y met son plaisir et sa félicité. Jugeons-en, mes frères, par quelques comparaisons sensibles qui vous feront sentir cette vérité. Direz vous qu'un homme a été bien guéri, lorsqu'on le voit retomber promptement dans sa maladie? qu'un homme qui a été exposé sur mer à un danger évident de f ire naufrage, a véritablement craint de perdre la vie, lorsqu'on le voit s'embarquer de sang-froid sur le même vaisseau où il n'était pas en sûreté? Peut-on dire de même que vous avez craint la mort éternelle qui est la peine du péché, lorsqu'on vous voit rentrer avec tant d'assurance dans les routes criminelles que vous avez quittées?

En vain direz-vous que votre cœur a été pénétré d'une vive componction aux approches du sacré tribunal; que vous avez versé des larmes sur vos péchés, que vous les avez déclarés avec toute la sincérité nécessaire à une bonne confession. Je veux bien convenir que vous avez manifesté les replis les plus cachés de vos consciences, que vous avez ressenti quelques mouvements de douleur : mais votre facilité à retomber dans le péché ne donne-t-elle pas lieu de penser que cette douleur n'a été que superficielle; que le glaive de la contrition n'a fait qu'effleurer votre cœur, qu'il n'a point percé l'ulcère qui l'infectait, et n'a point détruit l'attache que vous aviez à l'objet de votre passion?

En vain direz-vous encore que les sentiments de dévotion dont vous étiez pour lors pénétrés semblaient vous répondre que vous étiez bien réconciliés avec Dieu. Mais qu'il est à craindre que ces sentiments de dévotion n'aient été que des illusions qui vous ont fait prendre le change! Croiriez-vous qu'un ennemi s'est bien réconcilié avec vous, qui vous insulterait aussitôt après vous avoir demandé pardon? Vous regarderiez sa réconciliation comme une réconciliation feinte et simulée, sur laquelle vous ne feriez aucun fond. Concluons donc avec Tertullien, que la pénitence est vaine, dès qu'il n'y a point de changement : *Ubi emendatio nulla, ibi pœnitentia vana.* Avouons en même temps qu'une telle pénitence a besoin d'être réparée par une pénitence plus sincère, parce qu'elle n'a servi qu'à vous faire profaner les sacrements; en sorte que vous êtes sortis plus coupables du sacré tribunal que vous n'y étiez entrés, puisqu'aux péchés dont vous étiez coupables vous avez ajouté un sacrilége, qui vous a rendus plus criminels devant Dieu : *Fiunt novissima*, etc. Voilà, mes frères, ce qui doit faire trembler un grand nombre de pécheurs de rechute sur leurs confessions passées, qui ont été pour eux un tissu de sacriléges; et voilà peut-être l'état où sont réduits plusieurs de ceux qui m'écoutent. Ne vous y trompez pas, mes chers auditeurs, et quand nous vous demandons si vous n'avez pas quelques peines sur vos confessions passées, cessez de nous dire que vous êtes tranquilles là-dessus, parce que vous avez tout dit : non, non, ce n'est pas l'accusation de vos fautes, mais la réformation de vos mœurs qui doit vous tranquilliser sur un point si important; si vous n'êtes pas retombés dans le péché mortel depuis cette confession générale que vous avez faite depuis quelques années, et dans laquelle vous avez réparé tous les défauts qui s'étaient glissés dans les précédentes, vous pouvez pour lors nous répondre que vous êtes tranquilles; mais tandis que vos confessions seront suivies d'une prompte rechute, craignez vos pénitences même. Or, c'est ce qui arrive tous les ans.

En effet, vous vous êtes tous empressés, au saint temps de Pâques, de vous approcher des sacrements pour satisfaire à votre devoir de chrétien. Mais, j'ose le dire, la pénitence d'un grand nombre n'a été qu'une interruption de désordres qui ont cessé pour quelque temps, et qui reprennent ensuite leur cours avec la rapidité d'un torrent qui devient plus impétueux, lorsqu'une fois il a rompu la digue qui l'arrêtait.

Ainsi, après les solennités de Pâques, qui ont retenu quelque temps les pécheurs, on voit ces mêmes pécheurs reprendre leurs anciennes habitudes, retourner à leur vomissement, rentrer dans la carrière de leurs passions criminelles.

Malheureusement, vous ne verrez que trop la preuve de ce que j'avance dans la conduite d'un grand nombre de ceux qui sont ici; vous les verrez donner les mêmes scandales, fréquenter les assemblées de débauches, se livrer aux jurements, aux querelles, aux vengeances, aux injustices; tous ces crimes reprendront le même cours qu'auparavant: et peut-être l'ont-ils déjà repris dans le peu de temps qui s'est écoulé depuis leur confession jusqu'à présent. Peut-on dire qu'une pénitence aussi peu durable a été sincère? On peut du moins avancer qu'elle a été très-suspecte, et que ceux qui l'ont faite y doivent peu compter : qu'elle doit, au contraire, les troubler et donner les plus justes frayeurs sur l'état de leurs consciences. Première raison qui prouve le malheur du pécheur de rechute. Ajoutons que la rechute rend la pénitence très-difficile pour l'avenir : *Fiunt novissima*, etc.

Il en est du pécheur de rechute comme d'un malade qui retombe dans sa maladie, qui en devient plus difficile à guérir, parce que la rechute change la disposition du corps, détruit l'économie du tempérament, l'affaiblit, l'appesantit de telle manière, qu'il succombe sous le poids de la maladie; de telle sorte que les remèdes qui lui avaient auparavant rendu la santé ne lui servent plus de rien. C'est pourquoi l'on voit ordinairement que les rechutes conduisent au tombeau. Il en est de même d'un pécheur qui retombe dans le péché, qui est la maladie de l'âme; sa guérison devient plus difficile, soit à raison des obstacles qui s'opposent à sa conversion, soit par l'inefficacité des remèdes qui lui deviennent inutiles. Que d'obstacles le pécheur de rechute n'a-t-il pas à craindre pour se convertir, soit du côté de lui-même, soit du côté du démon! Obstacles du côté de lui-même dans le penchant au mal, qui se fortifie par la rechute; obstacle du côté du démon, qui prend sur lui un nouvel empire. On ne devient pas tout d'un coup méchant; il en coûte de commettre un premier péché, on n'y consent qu'avec crainte, on est sensible aux remords de sa conscience : mais dès qu'on a franchi la barrière qui retenait, on n'a plus tant d'horreur du péché, on le commet même avec plaisir, parce que le cœur s'attache à l'objet de la passion, et se familiarise avec le crime; un péché en attire un autre par son poids; des actes plusieurs fois réitérés se forme l'habitude : effet ordinaire du péché de rechute. A force de pécher, on passe à la coutume, dit saint Augustin, et de la coutume à une fatale nécessité de faire le mal; nécessité au reste qui, n'ôtant point la liberté, ne diminue point la malice du péché, parce qu'elle est volontaire au pécheur, qui s'est engagé par ses fréquentes rechutes dans une espèce d'impossibilié d'éviter le mal : dès lors la crainte cesse, la conscience se tait, et, par un monstrueux renversement, on se fait une gloire de ce qui faisait auparavant rougir. Ce jureur, qui ne pouvait entendre qu'avec horreur dans la bouche d'autrui ces paroles d'exécration qu'il prononce maintenant, et qu'il ne proférait au commencement, pour ainsi dire, qu'à demi-mot, à force de les répéter, en fait maintenant l'ornement de ses discours. Cet ivrogne, qui rougissait de l'intempérance, dès qu'il s'est livré à plusieurs excès, ne sait plus se retenir. Cette jeune personne, que la seule présence d'un libertin faisait trembler, ne consentait qu'avec peine à ses libertés criminelles : quel regret, quelle inquiétude, quelle alarme ne lui causa pas cette première faute qu'elle commit! Mais dès qu'elle a franchi le pas pour retomber dans une autre faute occasionnée par les liaisons criminelles qu'elle a entretenues avec son complice, elle retombe de sang-froid dans les mêmes désordres; aveuglée par les sens trompeurs, charmée par les attraits du plaisir, elle aime son esclavage, elle continue ses fréquentations dangereuses, malgré les avis d'un père, d'une mère, d'un pasteur; elle lève hardiment le masque, et se fait un front d'airain qui ne sait plus rougir. C'est ainsi que la rechute fortifie dans une âme son penchant pour le mal, et forme un grand obstacle à sa conversion. Obstacle qui augmente du côté du démon, qui prend sur cette âme un nouvel empire. C'est ce que Jésus-Christ nous apprend dans son Evangile, lorsqu'il nous dit, que l'esprit immonde étant sorti d'une âme, fait tous ses efforts pour y rentrer; et pour réussir plus sûrement dans son dessein, il en amène d'autres plus méchants que lui, qui y font leur entrée et leur demeure, et rendent son état pire qu'il n'était auparavant. Voilà ce qui arrive à un pécheur de rechute : le démon, que la pénitence avait fait sortir de sa maison, revient l'attaquer avec de nouvelles forces : on a peut-être résisté à ses premiers assauts; mais comme ce pécheur ne s'est pas tenu sur ses gardes, et que dans la suite, il n'a résisté que faiblement, qu'il a même ouvert la porte à son ennemi par sa facilité à donner dans ses pièges, le démon se rend maître de la place, il la réduit sous sa puissance, et dès lors le pécheur n'est plus l'esclave d'un seul démon, mais il le devient d'autant de démons qu'il commet de péchés différents, qui sont la suite inévitable de sa rechute. Et quels sont ces péchés! c'est l'orgueil, c'est l'impureté, c'est la désobéissance, c'est le mépris des choses de Dieu; péchés qui conduisent ce pécheur à l'aveuglement, à l'endurcissement, à l'impénitence finale: *Fiunt novissima.* Ah! qu'il est difficile de guérir un malade de cette espèce! les remèdes les plus efficaces lui deviennent inutiles.

Les remèdes capables d'opérer la guérison du pécheur sont la grâce de Dieu, les sacrements, la divine parole et les autres secours que la miséricorde du Seigneur lui présente pour l'aider à se relever. Mais le pécheur de rechute rend tous ces secours inutiles. Il ferme les yeux à la lumière de la grâce qui l'éclaire; il résiste aux bons mouvements qu'elle excite en lui. Il s'approche des sacrements, et il n'en devient pas meilleur, parce qu'il ne les reçoit qu'avec de mauvaises dispositions, sans douleur du passé, sans bons propos pour l'avenir. On se repent aisément du premier péché, parce que l'on est encore sensible aux remords de la conscience qui en fait sentir toute l'horreur. Mais quand on a étouffé les remords de la conscience, comme fait un pécheur de rechute, quand on a recherché avec empressement ce qui faisait horreur, on devient insensible aux motifs les plus capables d'en inspirer de la douleur : de là il n'est pas surprenant que ce pécheur manque de bons propos pour l'avenir; son cœur ne change point à l'égard des objets qu'il a aimés. Aussi qu'arrive-t-il? il n'est pas plutôt sorti de la piscine sacrée de la pénitence, qu'il retourne se plonger tout de nouveau dans le bourbier, comme ces animaux immondes qui n aiment que la fange. Faut-il aussi s'étonner que tous les autres secours capables de ramener les pécheurs lui soient inutiles? Il entend la parole de Dieu, mais il n'en profite pas : il voit les exemples des gens de bien, et il ne les suit pas; en un mot, il est comme un malade accoutumé aux remèdes qui ne produisent aucun effet sur lui. Ses plaies deviennent si profondes que la gangrène s'y met enfin, et qu'il faut un miracle pour le guérir : *Putruerunt et corruptæ sunt cicatrices meæ.* (*Psal.* XXXVII, 6.) Voilà ce qui a fait dire au grand Apôtre cette parole remarquable, et qui, étant prise à la lettre, serait capable de jeter ces pécheurs dans le désespoir : *Il est impossible*, dit saint Paul, *que ceux qui ont été éclairés, qui ont goûté le don céleste, qui ont été rendus participants du Saint-Esprit, et qui sont retombés, il est impossible qu'ils soient renouvelés par la pénitence : « Impossibile est eos qui semel sunt illuminati, gustaverunt etiam donum cœleste, et participes facti sunt Spiritus sancti,... et prolapsi sunt, rursus renovari ad pœnitentiam.* » (*Hebr.*, VI, 6.) Il est vrai que les saints Pères n'ont pas pris ces paroles à la rigueur; et à Dieu ne plaise que leur attribuant le sens d'une impuissance absolue, nous fermions aux pécheurs de rechute la voie de la pénitence! quelque multipliés que soient les péchés des hommes, ils peuvent toujours en obtenir le pardon, parce la miséricorde de Dieu surpasse toutes leurs iniquités : mais il n'est pas moins vrai que saint Paul a voulu du moins nous faire connaître la grande difficulté où se trouvait un pécheur qui est retombé, de se relever de ses chutes. Et voilà, mes frères, ce qui devrait bien vous retenir et vous donner une grande horreur de ce péché : si vous avez déjà eu le malheur de vous y engager, ne différez pas davantage votre retour, parce qu'en ajoutant péché sur péché, vous rendrez votre conversion bien plus difficile qu'auparavant. Si vous n'êtes pas encore retombés, soyez fermes et tenez-vous debout, pour persévérer dans la grâce de Dieu. Perdez plutôt tout ce que vous avez au monde de plus cher, que de perdre cette sainte grâce.

Pratiques. — Fuyez pour cela les occasions dangereuses, qui sont la cause ordinaire des rechutes; veillez sur vous-mêmes et sur tous vos sens, pour ne donner aucune prise à l'ennemi de votre salut, qui va redoubler tous ses efforts pour rentrer dans votre cœur. Evitez jusqu'aux moindres apparences du mal, parce que les plus légères infidélités peuvent vous conduire à de plus grandes; fréquentez souvent les sacrements qui conservent la santé de l'âme; ayez recours à la prière pour demander à Dieu la persévérance, qui est un don de sa miséricorde, et qui doit décider de votre bonheur éternel. Concevez-en le prix, et pour vous conserver soigneusement dans l'innocence, faites souvent réflexion que sans la grâce, vous n'entrerez jamais dans le royaume des cieux; mais que si vous la conservez, la possession de ce royaume vous est assurée au sortir de cette vie; je vous le souhaite. *Amen.*

PRONE XXXIV.

Pour le troisième Dimanche après Pâques.

SUR LES SOUFFRANCES.

Plorabitis et flebitis vos, mundus autem gaudebit: vos autem contristabimini, sed tristitia vestra vertetur in gaudium (*Joan.*, XVI, 20.)

Vous serez affligés et vous pleurerez, le monde se réjouira : vous serez dans la tristesse, mais votre tristesse se changera en joie.

Qui l'aurait cru, mes frères, que les pleurs, les croix, les afflictions dussent être le partage des élus, tandis que la joie, la prospérité seraient celui des partisans du monde? C'est cependant une vérité prononcée par Jésus-Christ même, que les apôtres et les serviteurs de Dieu devaient s'attendre à passer leur vie dans la tribulation et la tristesse; vérité qui s'est déjà accomplie depuis tant de siècles; vérité qui renferme pour les chrétiens, comme pour les apôtres, de grands sujets de consolation, puisque leurs pleurs et leur tristesse doivent se changer en une joie qui ne finira jamais : *Tristitia vestra vertetur in gaudium.*

Consolez-vous donc, réjouissez-vous même, ô vous qui passez vos jours dans les pleurs et les souffrances! laissez la joie aux amateurs du siècle, n'enviez point leur funeste prospérité qui se changera en une tristesse éternelle. Laissez encore les plaintes et les murmures à ceux qui n'ont point d'espérance : pour vous, qui ne cherchez point votre bonheur sur la terre, et qui aspirez à une félicité plus solide que celle d'ici-bas, estimez-vous heureux dans les souffrances, c'est un trésor plus estimable que toutes les richesses de la nature; vous devez les préférer à tous les plaisirs que le monde peut vous offrir, à cause des grands avantages qu'elles vous procurent.

En effet, mes frères, ou vous êtes pécheurs, ou vous êtes justes : si vous êtes pécheurs, les souffrances servent à vous retirer du péché; si vous êtes justes, elles servent à perfectionner votre vertu. En deux mots, utilité des souffrances pour les pécheurs; premier point. Utilité des souffrances pour les justes; second point.

PREMIER POINT.

Commencer sa vie par des larmes, la passer dans les afflictions, la terminer dans la douleur, tel est, mes frères, le sort de l'homme sur la terre; en quelque état qu'on l'envisage, sa vie, quoique très-courte, est remplie de beaucoup de misères, dit le saint homme Job : *Repletur multis miseriis.* (*Job*, XIV, 1.) Il n'y a personne qui n'ait ses croix; ceux qui paraissent le plus heureux n'en sont pas exempts. Le roi souffre sur le trône, comme le pauvre dans sa chaumière; les richesses ont leurs épines, comme la pauvreté ses amertumes; le bonheur de l'homme sur la terre ne consiste donc pas à être exempt des souffrances, mais à en faire un saint usage. Or les souffrances sont d'une grande utilité aux pécheurs, parce qu'elles servent admirablement à retirer l'homme du péché, et à lui faire expier la peine due à son péché; deux circonstances qui doivent engager les pécheurs à en profiter.

Vous vous regardez, pécheurs, comme des objets de la haine et de la colère de Dieu. lorsque le bras de sa justice vous fait sentir la pesanteur de la croix. Vous avez raison, eu égard aux péchés que vous avez commis; mais si vous faites attention à la fin que Dieu se propose, vous devez les regarder, moins comme des effets de sa colère que comme des marques de son amour pour vous. Il agit à votre égard comme un bon père qui châtie ses enfants, moins par la haine qu'il leur porte, que par l'envie qu'il a de les corriger : *Quem Deus diligit, castigat.* (*Hebr.*, XII, 6.) Quoi de plus capable en effet que les souffrances et l'adversité pour faire rentrer le pécheur en son devoir? tandis qu'il goûte les douceurs de la prospérité, qu'il se livre à la joie et aux plaisirs, il oublie son Dieu, il s'oublie lui-même ; son cœur tout rempli de l'amour des créatures, est entièrement vide de l'amour de Dieu ; il ne pense pas même à lui rendre le culte et l'hommage qu'il doit à l'Auteur de son être ; il s'oublie lui-même ; ébloui par l'éclat des biens, enchanté par les charmes des plaisirs, il est insensible sur le triste état où son âme est réduite par le péché. Jouit-il d'une santé parfaite? il s'en sert pour se livrer à la débauche. A-t-il des biens en abondance? il en est avare ou prodigue. Avare, il n'est occupé que du soin de les conserver et de les accumuler ; prodigue, il s'en sert pour contenter des passions criminelles à qui la prospérité sert pour l'ordinaire d'aliment. Est-il environné de gloire et d'honneur? est-il élevé au-dessus des autres par le rang qu'il occupe? enflé d'orgueil, il n'a que du mépris pour ceux qui sont au-dessous de lui. Tout rempli des desseins ambitieux que son amour-propre lui inspire, il ne pense qu'aux moyens de les exécuter : il suit le torrent de ses passions, il perd de vue son éternité ; en un mot, il vit comme s'il ne devait jamais mourir. Ainsi, il court au précipice, un bandeau sur les yeux, sans savoir où doit se terminer sa course.

Que fera le Seigneur pour arrêter ce pécheur, et le tirer d'un état aussi déplorable? Fera-t-il briller à ses yeux quelque rayon de sa grâce qui lui fasse connaître le néant des choses de la terre? Hélas! combien de grâces a-t-il déjà reçues, auxquelles il a résisté! Combien de saintes inspirations n'a-t-il pas étouffées! Dieu enverra-t-il à ce pécheur quelque ministre zélé de sa divine parole pour lui annoncer les vérités du salut? Lui suscitera-t-il quelque ami fidèle qui s'efforce par ses avis salutaires de le remettre dans le bon chemin? Combien de vérités n'a-t-il pas déjà entendues qui ne l'ont point touché! Combien d'avis salutaires n'a-t-il pas méprisés! Peut-être même serait-il sourd à la voix des morts que Dieu ferait parler, et insensible aux miracles qu'il opérerait pour sa conversion. Que fera enfin le Seigneur pour guérir ce pécheur? Le voici, mes frères : il fera à son égard tout ce qu'il fit en faveur de Tobie, qu'il guérit de son aveuglement avec le fiel d'un poisson qu'il appliqua sur ses yeux. Le Seigneur se servira de l'amertume des souffrances pour dessiller les yeux de ce pécheur, et le tirer de l'aveuglement fatal où son âme est plongée. Il le privera de cette santé dont il abusait, et l'accablera de maladies. Il enlèvera à cet homme riche les biens dont il faisait un mauvais usage, et le réduira à l'indigence. Il renversera cet orgueilleux élevé comme les cèdres du Liban, et le chargera d'opprobre et de confusion. Il fera perdre à cette femme cette beauté qui, par ses charmes meurtriers, portait la contagion dans son cœur et dans le cœur des autres. Il enlèvera à celui-ci ce parent, cet ami, ce grand du monde en qui il mettait sa confiance ; à celui-là cette créature qui était l'objet de sa passion ; à ce père, à cette mère, cet enfant qui était l'objet d'un amour désordonné.

Que fera le pécheur ainsi humilié, accablé sous la pesanteur de la croix? aurait-il recours aux créatures pour y trouver du soulagement dans ses peines? mais l'adversité lui en fait connaître le néant. Comment pourrait-il encore s'appuyer sur de faibles roseaux qui se sont brisés entre ses mains? Abandonné des créatures sur lequelles il ne peut plus compter, il sera, pour ainsi dire, forcé de recourir au Créateur. Alors, ce pécheur ouvrant les yeux sur son malheur, rentrera en lui-même. Cet enfant prodigue, à qui la prospérité avait fait abandonner le meilleur des pères, rentrera dans la dépendance dont il avait secoué le joug. Ce pécheur privé de la santé, et réduit dans un état de langueur, reconnaîtra qu'il n'est pas immortel ; se voyant près de la mort, sur le point de paraître devant Dieu, il mettra ordre à sa conscience par une prompte et sincère conversion ; dépouillé de ses biens, accablé de pauvreté et de misère, n'ayant plus de quoi fournir à ses passions, il ne cherchera d'autre bonheur que celui qui accompagne la vertu. Cette femme, cette fille, ayant perdu les grâces que la nature lui avait données, prendra le parti de la retraite : elle n'osera plus paraître dans les compagnies dont elle faisait l'agrément, et par ce moyen évitera beaucoup de péchés qu'elle commettait et faisait commettre aux autres. Cet homme à qui la mort aura enlevé l'idole de sa passion, tournera son cœur vers un objet plus digne de ses recherches. Cet autre abandonné de ce parent, de cet ami, rebuté de ce grand du monde qui était son appui, reconnaîtra que c'est en Dieu seul, et non sur un bras de chair qu'il faut s'appuyer. En un mot, le pécheur, instruit par l'adversité, bénira mille fois le Seigneur de l'avoir mis dans l'heureuse nécessité de retourner à lui et de le servir fidèlement. Il dira avec le Roi-Prophète : Ah ! qu'il m'est avantageux, Seigneur, que vous m'ayez humilié, parce que ces humiliations m'ont appris à observer votre sainte loi : *Bonum mihi quia humiliasti me, ut discam justificationes tuas.* (*Psal.* CXVIII, 71.) Je m'étais éloigné de vous par mes dérèglements, et vous avez pris la verge en main pour me châtier, et par là vous m'avez instruit de mes devoirs : *Castigasti me, et eruditus sum.* (*Jerem.*, XXXI, 18.) Vous m'avez engagé à retourner à vous par une sincère pénitence : *Postquam convertisti me, egi pœnitentiam.* (*Ibid.*, 19.) O précieuses afflictions, que vous procurez d'avantages à ceux qui vous reçoivent avec soumission de la main de Dieu ! Je pourrais, mes frères, vous citer plusieurs exemples de la vérité que je vous annonce; mais je n'en veux point d'autres témoins que vous-mêmes.

Quand est-ce que vous vous êtes dégoûtés du monde et des créatures? C'est lorsque ce monde vous a trahis, que ces créatures vous ont abandonnés. Quand est-ce que vous avez pensé sérieusement à votre salut? C'est lorsque l'adversité a rompu les liens qui vous attachaient aux biens de la terre? Dans l'abondance dont vous jouissiez, vous n'étiez occupés que du soin de thésauriser, sur la terre; mais depuis que vous êtes réduits à l'indigence, vous n'avez plus pensé qu'à vous enrichir pour le ciel. Enfin, quand est-ce que vous avez formé les projets les plus efficaces de conversion? C'est lorsque, privés de la santé, et réduits par la maladie sur un lit de douleur, vous avez vu la mort s'approcher pour vous frapper de ses coups. Alors, saisis de la crainte des jugements de Dieu, vous avez pris les mesures convenables pour rentrer en grâce avec lui, vous avez demandé les sacrements que vous n'auriez jamais reçus, si vous aviez toujours joui d'une parfaite santé. Et certes, combien de fois le Seigneur, en vous affligeant, ne vous a-t-il pas obligés de penser à lui, pour trouver dans son sein paternel un adoucissement à vos maux? Lorsque la sécheresse a rendu vos campagnes stériles, que les tempêtes les ont ravagées, ou qu'il vous est arrivé tant d'autres accidents fâcheux, la divine Providence, qui a réglé ces divers événements, vous a mis dans l'heureuse nécessité de lui adresser vos vœux; ce que vous n'auriez pas fait, si elle avait laissé agir la nature selon vos souhaits. Que de péchés n'auriez-vous pas commis, si Dieu ne vous avait, pour ainsi dire, ôté les armes des mains, en vous privant d'une abondance qui fait, à la vérité, des heureux selon le monde, mais qui fait des criminels devant Dieu? Hélas! mes frères, nous voyons que malgré les misères du temps, malgré les malheurs dont Dieu afflige les peuples, le vice ne laisse pas que de régner parmi eux; que serait-ce si Dieu se rendait favorable à leurs désirs en les comblant de prospérités? La plupart seraient des superbes, tels que nous en voyons tous les jours, que la prospérité rend tout autres qu'ils ne seraient dans l'adversité. N'attribuez donc point vos malheurs, mes frères, aux caprices de la fortune, ni à la malice de vos ennemis; mais adorez la main de Dieu qui vous frappe et qui se sert des souffrances pour vous attirer à lui. Il agit à votre égard, dit saint Grégoire, comme un médecin qui applique le fer et le feu à une blessure qu'il veut guérir; qui coupe un membre corrompu et gangrené, de crainte que le mal ne gagne tout le corps. Ainsi Dieu, par l'amertume des souffrances, vous garantit du poison de la prospérité, d'autant plus capable de vous donner la mort, qu'il est accompagné d'une douceur apparente qui vous en cache la malignité; il agit encore à votre égard, dit saint Chrysostome, comme l'ouvrier qui met l'or dans le creuset pour en faire des vases précieux, ou comme celui qui taille la pierre pour la placer au lieu qu'il lui destine; de même le Seigneur vous met dans le creuset de la tribulation, parce que de vases d'ignominie il veut faire des vases d'honneur et de gloire, comme dit l'Apôtre (II *Tim.*, II, 21); il vous frappe du marteau des afflictions, pour vous donner la figure des pierres précieuses qui doivent construire l'édifice de la céleste Jérusalem, c'est-à-dire, remplir les places qui leur sont destinées dans le ciel : *Tonsionibus, pressuris expoliti lapides suis coaptantur locis per manus artificis.*

Heureux, mes frères, si vous recevez les tribulations dans les vues de la Providence; si, au lieu de vous endurcir au marteau, vous recevez les impressions que Dieu veut vous donner, pour opérer en vous un changement sincère de mœurs et de conduite; c'est le fruit que vous devez en tirer : vous trouverez encore dans les souffrances de quoi satisfaire à Dieu pour la peine due à vos péchés.

En effet, il n'est aucun de vous qui ne soit redevable à la justice divine pour les péchés que vous avez commis. Il n'en est aucun à qui on ne puisse dire, comme à ces débiteurs de l'Evangile : *Quantum debes?* combien ne devez-vous pas? Et à quelle satisfaction n'êtes-vous pas obligés pour tant d'impiétés, d'irréligion, de profanations, de haines, de vengeances, de médisances, de colère, d'impuretés, d'intempérances? *Quantum debes?* Hélas! où en seriez-vous, si Dieu vous avait punis comme vous l'avez mérité? Je veux que vous ayez déjà fait les efforts nécessaires pour rentrer en grâce avec lui et obtenir le pardon de vos fautes; mais outre que vous ne savez pas si ce pardon vous est accordé, ne vous reste-t-il pas, après le péché pardonné, une peine que vous devez expier en ce monde ou en l'autre; en ce monde par les souffrances, ou en l'autre, dans les feux du purgatoire? Dieu vous donne le choix de ces deux peines, ou plutôt il change des peines extrêmes dans leur rigueur, et souvent longues dans leur durée, qui surpassent tout ce qu'on peut souffrir ici-bas de plus douloureux; il les change, dis-je, ces peines du purgatoire, en des souffrances légères qui ne durent que quelques moments : ne serait-ce pas être ennemis de vous-mêmes, que de ne pas profiter d'un moyen aussi facile pour satisfaire à la justice de Dieu? Quel est celui d'entre vous qui, étant chargé de dettes considérables, refuserait de s'en acquitter pour quelque somme modique qu'on lui demanderait? Quel est le criminel condamné à mort qui ne fût charmé de racheter sa vie par quelques heures de prison? Or Dieu veut vous remettre des dettes plus considérables pour quelques moments de souffrances; pourquoi balanceriez-vous d'entrer dans ses desseins? Quelques gouttes de ce fiel qu'il vous présente à boire sont capables d'éteindre toute l'activité des feux dévorants que vous avez mérités. Ah! pouvez-vous refuser de boire dans le calice de miséricorde, pour éviter de boire tout le calice d'amertume que sa justice vous prépare dans ces lieux de tourments? Vous nous demandez quelquefois quelle satisfaction vous pouvez offrir à Dieu pour les péchés que vous avez commis; les ministres du Seigneur sont eux-mêmes en peine sur celles qu'ils doivent vous imposer : vous ne pouvez donner l'aumône à raison de votre pauvreté; vous ne pouvez, dites-vous, jeûner, vous mortifier, à raison de vos travaux, de vos infirmités : la bonté du Seigneur vous ménage dans les souffrances un moyen de satisfaire à sa justice; vous n'avez qu'à les recevoir avec résignation; c'est une pénitence d'autant plus salutaire, qu'elle est du choix de Dieu : il connaît votre délicatesse à vous punir vous-mêmes, c'est pourquoi il ne vous laisse pas le soin de venger sa justice; il prend lui-même la verge en main pour se faire réparation de l'injure que vous lui avez faite. Mais comme son amour guide la main qui vous frappe, il proportionne ses coups à votre faiblesse, et ne vous envoie des croix qu'autant que vous en pouvez porter; il faut donc les accepter si vous voulez vous acquitter de vos dettes; vous le devez d'autant plus qu'il faut faire de nécessité vertu. Car vous avez beau faire, il faut souffrir bon gré mal gré que vous en ayez : les croix sont inévitables, vous avez beau les fuir, elles vous suivront partout; le meilleur parti est de les porter patiemment, on n'en souffre pas davantage; la patience, au contraire, en diminue la pesanteur, en adoucit les amertumes. Mais est-ce ainsi que la plupart des hommes profitent des souffrances? Hélas! ils en ont horreur, et tandis que les apôtres sont remplis de joie au milieu des souffrances, les mauvais chrétiens s'efforcent, autant qu'ils peuvent, d'en secouer le joug; quoique instruits qu'on doit tous les jours porter sa croix pour être disciple de Jésus-Christ, ils se livrent à l'impatience et murmurent contre la Providence quand ils ont quelque chose à souffrir; de là qu'arrive-t-il? Leur croix devient plus pesante, et ils se tourmentent inutilement pour s'en décharger : ont-ils échappé à quelqu'une, ils en trouvent une autre plus fâcheuse qu'ils ne veulent point porter. Et, au lieu de s'acquitter de leurs dettes, ils en contractent de nouvelles; ils changent le remède en poison, ils irritent la justice de Dieu au lieu de l'apaiser; et, comme le mauvais larron, ils descendent de la croix dans l'enfer, au lieu que celle du bon larron lui servit d'échelle pour monter au ciel.

Il ne tient qu'à vous, mes frères, de faire, comme celui-ci, un saint usage de la croix; c'est un trésor que Dieu vous met en main pour payer vos dettes et acheter son royaume : vous trouvez ce trésor à chaque pas que vous faites, il n'est pas besoin de sortir de vos maisons, de quitter votre état. La croix est un fruit qui croît en tout lieu et en toute saison. Elle se présente à vous dans cette pauvreté où vous êtes réduits, dans ces malheurs qui vous arrivent, dans ces revers de fortune que vous essuyez, dans cette maladie qui vous afflige, dans la persécution de ces ennemis, dans l'abandon de cet ami, dans le rebut de ce grand du monde, dans ce mépris que l'on fait de vous, dans cette humiliation, dans ces coups que l'on porte à votre réputation, dans la perte de cet enfant, de ce parent qui vous était cher, dans la mauvaise humeur de ce mari, de cette femme, de ces personnes avec qui vous êtes obligés de vivre, dans le mauvais caractère de ces enfants, les manières grossières de ces domestiques, la dureté de ces maîtres; en un mot, vous trouvez des croix dans toutes les peines attachées à votre état; il s'agit seulement de les accepter avec résignation, et de les offrir à Dieu en satisfaction de vos fautes; si votre soumission est sincère dans ces occasions, vos dettes sont payées, et le ciel vous est acquis. Tout doit céder à cette réflexion. Si cependant vous avez encore quelque répugnance à porter la croix, ah! mes frères, pour vous encourager, descendez en esprit dans l'enfer, et voyez ce que vous y souffririez, si Dieu vous avait traités comme vous l'avez mérité : alors, bien loin de vous plaindre, vous bénirez mille fois le Seigneur de vous avoir épargnés, et d'avoir changé des supplices éternels qui vous étaient destinés, en de légères tribulations qui ne durent qu'un moment. Cette seule pensée, J'ai mérité l'enfer! est capable d'étouffer toutes les plaintes d'une nature trop sensible aux souffrances; elle est même suffisante pour nous les faire aimer; or, pécheurs, puisque vous connaissez combien il vous est avantageux de souffrir pour Jésus-Christ, supportez avec patience les peines de la vie, servez-vous-en pour vous convertir au Seigneur, et pour satisfaire à sa justice pour vos péchés; persuadés qu'après avoir été purifiés dans le feu de la tribulation, vous serez dignes d'avoir une place dans le royaume de délices, où il n'y aura plus rien à souffrir. Voyons à présent l'utilité des souffrances pour les justes.

Si l'on trouve ce premier point assez long pour un Prône, on peut employer le second Point pour le Dimanche suivant, qu'on précédera de l'Exorde qui suit, en prenant pour texte :

Expedit vobis ut ego vadam. (*Joan.*, XVI, 7.)

Il était expédient pour les apôtres que le Sauveur du monde se séparât d'eux, parce que leur attachement pour sa présence était un obstacle aux grâces que l'Esprit-Saint devait leur communiquer par sa venue; de même il est expédient pour les justes que Dieu leur retire ses consolations, qu'il les éprouve par la tribulation, etc.

DEUXIÈME POINT

Toutes choses contribuent à l'avantage de ceux qui aiment Dieu, dit le grand Apôtre (*Rom.*, VIII, 28), les biens et les maux de la vie : les biens, par le bon usage qu'ils en font; et les maux, par la patience avec laquelle ils les endurent : mais c'est surtout dans les souffrances que les justes trouvent des moyens surs, et en même temps des marques certaines de leur prédestination. Les souffrances nourrissent la foi du juste, elles fortifient son espérance, elles perfectionnent sa charité. Tels sont les avantages qu'elles procurent à l'homme juste.

La foi nous apprend à nous regarder en ce monde comme dans une terre étrangère, dit saint Pierre (I *Petr.*, II, 11), et à envisager le ciel comme notre patrie. Or, rien de plus capable que les souffrances pour entretenir dans le juste ces salutaires pensées. En effet, mes frères, pour peu que l'on considère ce qui se passe en ce monde, nous voyons que les justes ne sont pas les mieux partagés dans les biens de la fortune; tandis que l'impie prospère, qu'il est environné de gloire et d'honneur, le juste gémit dans l'obscurité et l'humiliation : *Dum superbit impius, incenditur pauper.* (*Psal.* X. 2.) Sa vertu est souvent même l'objet de la raillerie et du mépris des pécheurs. Tantôt il est affligé par des pertes, tantôt par des maladies; aujourd'hui persécuté par ses ennemis, demain abandonné par ses amis, il n'y a guère de jour qui ne soit marqué par quelque tribulation, et l'on peut dire que dans le mélange de biens et de maux qui partage la vie des hommes, les maux que l'on souffre l'emportent par leur vivacité et leur durée sur les biens et les plaisirs dont on jouit. Or, voilà ce qui apprend au juste à se regarder comme dans un lieu d'exil. Car, c'est ainsi que la foi doit le faire raisonner : Je suis sûr qu'il y a un Dieu rémunérateur de la vertu; ce n'est pas dans ce monde qu'il la récompense, puisque la terre n'est semée que de ronces et d'épines : mon royaume n'est donc pas de ce monde, un bonheur plus solide m'est réservé dans le ciel, où Dieu récompense la vertu.

De là ce détachement du monde que le juste conçoit dans les souffrances, ces désirs ardents qu'il forme pour le ciel, sa chère patrie. Comment, en effet, s'attacher à un monde où l'on ne trouve que misères, qu'affliction d'esprit; à un monde où l'on ne trouve aucun bien solide, aucun plaisir pur, aucun repos durable? Comment ne pas soupirer pour un séjour où il n'y aura plus rien à souffrir; où l'on jouira de l'abondance de tous les biens sans mélange d'aucun mal? C'est en quoi, mes frères, nous devons reconnaître la bonté et la sagesse de Dieu dans les souffrances qu'il nous envoie. Il connaît notre penchant pour les objets créés et sensibles; il sait que notre grand attachement pour ces objets, dès que nous les possédons, nous fait perdre de vue les biens éternels, nous expose même à perdre la foi; car dès que l'on jouit d'une prospérité constante, que l'on est enchanté, enivré des plaisirs sensuels, on ne goûte plus les choses de Dieu : *Animalis homo non percipit ea quæ sunt spiritus Dei.* (I *Cor.*, II, 14.) C'est pourquoi il éloigne de nous ces objets enchanteurs, il nous enlève les biens; il permet cette disgrâce d'un grand, cet abandon d'un ami, cette persécution d'un ennemi; il détrempe nos plaisirs de salutaires amertumes, et par là nous engage à ne chercher que les biens solides. Combien de fois ne l'avez-vous pas éprouvé? Quand tout a prospéré selon vos désirs, vous avez perdu de vue les intérêts de la foi ; mais lorsque le Seigneur a appesanti son bras sur vous, vous avez compris que les plaisirs que l'on goûte dans le ciel étaient les seuls dignes de nos recherches; jamais votre foi n'a été plus vive.

N'est-ce pas aussi ce que l'expérience de tous les états nous confirme tous les jours? Ne trouve-t-on pas plus de foi et plus de religion dans ceux qui sont dans l'adversité, que dans ceux qui goûtent les douceurs de la prospérité? Voyez-vous les riches du siècle, les gens de plaisir se signaler par des pratiques de vertu, par leur assiduité aux exercices de la religion? Ne les entendez-vous pas, au contraire, la combattre souvent par des discours impies, par des raisonnements frivoles? Parce que cette religion les gêne et les trouble dans les plaisirs, ils voudraient qu'il n'y en eût point; ils tâchent d'en éteindre les lumières, afin de marcher dans les ténèbres de l'iniquité; mais ils ont beau faire, cette foi n'est jamais si éteinte en leur esprit, qu'elle n'y fasse briller quelqu'une de ces vérités frappantes qui les déconcerte au milieu même de leurs plaisirs ; au lieu que le juste dans les souffrances, dégagé des nuages épais qui naissent des passions mal domptées, suit le flambeau de la foi; il en observe les maximes, et ne cherche d'autre bonheur que celui que cette foi lui propose. Ainsi, les souffrances nourrissent la foi du juste; elles fortifient encore son espérance.

En effet, mes frères, c'est une vérité constante, qui nous est manifestée dans plusieurs endroits de l'Ecriture, que ce n'est que par les tribulations que l'on peut arriver au royaume de Dieu : *Per multas tribulationes oportet nos intrare in regnum Dei.* (*Act.*, XIV, 21.) Il n'y aura de prédestinés, dit l'Apôtre (*Rom.*, VIII, 29), que ceux que le Père céleste trouvera conformes à l'image de son Fils. Personne ne suivra Jésus-Christ dans la gloire, qu'il ne soit monté auparavant avec lui sur le Calvaire. Quiconque ne porte pas sa croix, ne peut être son disciple, comme il nous l'assure lui-même (*Luc.*, XIV, 27) : heureux donc celui qui participe aux souffrances de l'Homme-Dieu, parce que dès lors il doit espérer de régner avec lui dans le ciel. *Si sustinebimus, et conregnabimus.* (II *Tim.*, II, 12.) Telle est la route que tous les saints ont tenue pour arriver au royaume de Dieu : témoin les illustres martyrs qui ont arrosé ce chemin de leur sang, en donnant leur vie pour Jésus-Christ; ces saints anachorètes qui l'ont arrosé de leurs larmes, en se livrant aux rigueurs de la pénitence ; ils étaient tous persuadés de ce que dit le grand Apôtre, que les tribulations de la vie devaient opérer en eux un poids immense de gloire? *Momentaneum tribulationis nostræ æternum gloriæ pondus operatur in nobis.*

(II *Cor.*, IV, 17.) Voilà donc ce qui soutient, ce qui fortifie l'espérance du juste dans les souffrances; il sait qu'il a affaire à un Dieu fidèle en ses promesses, magnifique en ses récompenses, qui lui promet un royaume éternel pour prix de ses travaux; il sait que les souffrances qu'il endure, lui donnent de la conformité avec un Dieu souffrant, le modèle des prédestinés; il sait que les élus, les amis de Dieu ont été éprouvés dans le feu de la tribulation, et que ce n'est qu'après ces épreuves que Dieu les a trouvés dignes de lui. Il peut donc s'assurer d'avoir le même sort que les saints, s'il souffre comme eux; les souffrances lui donnent un droit incontestable à la couronne que Dieu promet à ceux qui l'aiment. Ah! que ces pensées, mes frères, ont quelque chose de bien consolant pour le juste qui souffre! Qu'elles sont bien capables d'adoucir les amertumes de ses souffrances! Voilà ce qui remplissait de joie le grand Apôtre dans ses tribulations: *Superabundo gaudio in omni tribulatione nostra.* (II *Cor.*, VII, 4.) Le juste qui souffre, voit au milieu de ses douleurs le ciel qui lui est ouvert, la place qui lui est préparée. Encore un peu de temps, dit-il en lui-même, et bientôt je verrai la fin de mes maux; ma tristesse sera changée en une joie qui ne finira jamais. Tel est, justes souffrants, le digne objet qui doit vous occuper dans vos moments de tribulation. Regardez, puis-je vous dire, comme la mère des Machabées le disait à un de ses enfants, pour l'encourager à souffrir, regardez ce beau ciel pour lequel vous êtes fait, jetez les yeux sur le trône de gloire qui vous y est préparé: *Peto, nate, aspicias ad cœlum.* (II *Mach.*, VII, 28.) Voilà le terme de vos travaux, la fin de vos souffrances. A la vue de ce poids immense de gloire, vous conviendrez avec l'Apôtre, que toutes les tribulations de la vie ne méritent pas d'être mises en parallèle avec la récompense qui vous est promise: *Non sunt condignæ passiones hujus temporis ad futuram gloriam.* (*Rom.*, VIII, 18.) Vous conviendrez que bienheureux sont ceux qui souffrent, parce qu'ils sont dans la voie qui conduit au ciel; et vous regarderez au contraire comme malheureux ceux qui ne souffrent pas, et qui ont tout leur contentement en ce monde, parce qu'ils sont dans la voie de la perdition. Loin donc de vous plaindre de vos souffrances, vous les estimerez comme des gages que Dieu vous donne de l'heureuse immortalité; d'autant plus que ces souffrances sont encore pour vous une source abondante de mérites et de vertus, par la perfection qu'elles donnent à la charité.

En effet, mes frères, c'est dans les souffrances que la vertu se fait connaître, qu'elle s'affermit et se perfectionne, comme dit l'Apôtre: *Virtus in infirmitate perficitur.* (II *Cor.*, XII, 9.) C'est dans les souffrances que l'amour de Dieu, la patience, l'humilité et toutes les vertus chrétiennes paraissent dans tout leur éclat. On trouve encore, il est vrai, dans la prospérité, des personnes qui s'attachent à Dieu, qui lui protestent, comme le Roi-Prophète, une fidélité inviolable dans l'abondance des biens: *Ego autem dixi in abundantia mea, Non movebor in æternum.* (*Psal.* XX, 7.) Mais que l'on doit peu compter sur une vertu qui n'est pas à l'épreuve de l'adversité! Car, si l'on n'aime Dieu qu'autant qu'il nous fait du bien, et si on cesse de l'aimer dès qu'il cesse d'être favorable à nos désirs, ce n'est plus l'aimer pour lui, comme il veut être aimé; au lieu que s'attacher à Dieu dans le temps même qu'il nous afflige, lui demeurer constamment fidèle, lorsqu'il semble nous abandonner; c'est là ce qui s'appelle aimer Dieu d'un amour pur, sincère et véritable; car, plus l'amour est désintéressé, plus il est parfait. Or, un chrétien qui aime Dieu dans les souffrances, oublie ses intérêts, il s'attache à Dieu, non pas à cause du bien qu'il en reçoit, mais parce qu'il est en lui-même infiniment aimable; ce qui est l'effet d'une charité parfaite. Le chrétien souffrant peut dire à Dieu, comme le Roi-Prophète: Vous avez voulu, Seigneur, éprouver mon cœur, connaître mon amour: *Probasti cor meum.* Vous m'avez fait passer par le feu de la tribulation: *Igne me examinasti.* Et malgré toutes ces épreuves où vous m'avez mis, je ne me suis point détaché de vous; les accidents fâcheux, les revers de fortune ne m'ont point fait abandonner votre sainte loi: *Et non est inventa in me iniquitas.* (*Psal.* XVI, 3.) Les eaux des tribulations n'ont point éteint le feu du divin amour dont mon cœur est embrasé: *Aquæ multæ non potuerunt exstinguere charitatem.* (*Cant.*, VIII, 7.) Oh! qu'heureux est le chrétien qui peut tenir à Dieu un pareil langage! Quoique personne ne puisse être assuré en cette vie, s'il a pour Dieu un amour parfait, on peut dire que la patience dans les souffrances en est une preuve des plus certaines. Et voilà, justes, l'heureux témoignage par où vous pouvez reconnaître que vous aimez Dieu. C'est à cette marque que l'on a toujours reconnu ses véritables amis; témoin le saint homme Job, dont la vertu ne parut jamais avec plus d'éclat que dans la tribulation. Il n'est pas surprenant, disait à Dieu l'esprit tentateur, que Job soit un serviteur fidèle pendant que vous le comblez de bien; mais frappez-le rudement, et vous verrez si son amour est à l'épreuve de vos coups. Dieu frappa en effet son serviteur; mais ce saint homme, en demeurant fidèle à Dieu dans les souffrances, confondit le démon. (*Job.*, I, II.) Ne soyez donc pas surpris, justes qui m'écoutez, si Dieu vous afflige de temps en temps; pour rendre votre amour parfait, il le met à l'épreuve des souffrances, comme on met l'or dans le creuset pour lui donner tout son éclat: dans les beaux jours d'une santé parfaite, dans l'affluence des biens dont vous jouissez, il vous semble que vous aimiez Dieu parfaitement, parce que vous faisiez de bonnes œuvres. Mais une prospérité constante n'aurait-elle pas altéré votre vertu? Une santé toujours parfaite, une fortune toujours riante ne vous auraient-elles pas exposés à quelque chute où vous auriez perdu le mérite de vos actions? D'ailleurs, n'aviez-vous rien à craindre des recherches de l'amour-propre, qui accompagne souvent la pratique de la vertu? votre volonté propre n'était-elle pas la règle de votre conduite? au lieu qu'étant réduits dans un état de langueur et d'indigence, vous êtes d'autant plus sûrs de faire la volonté de Dieu, que les souffrances n'ayant rien que de rebutant à la nature, la volonté propre n'y a aucune part. Honorés et applaudis des hommes, vous receviez avec complaisance les louanges qu'ils vous donnaient; mais n'était-il pas à craindre que ce ne fût toute la récompense de votre vertu? Au lieu qu'étant devenus l'objet de leur mépris et de leur raillerie, vous avez appris à ne faire le bien qu'en vue de Dieu seul. Tandis que vos amis ne cherchaient qu'à vous obliger et à payer de reconnaissance les services que vous leur rendiez, votre vertu se bornait peut-être, comme celle des Pharisiens, à aimer ceux qui vous aimaient, à faire du bien à ceux qui vous en faisaient; mais depuis que tout le monde vous a abandonnés et que vous êtes devenus un objet d'indifférence pour les uns, et de haine pour les autres, vous avez porté la vertu à l'héroïsme, si, comme l'Evangile vous l'ordonne, vous avez aimé vos ennemis, et rendu le bien pour le mal. Avant qu'on vous eût ravi vos biens par des injustices, votre réputation par de noires calomnies, qu'on vous eût insultés par des injures atroces, vous possédiez votre âme en paix, vous faisiez votre salut dans la tranquillité; mais quel mérite aviez-vous? Est-il difficile de pratiquer la patience quand on n'a rien à souffrir? Au contraire, n'est-ce pas l'effet d'une vertu plus héroïque et plus parfaite de se posséder parmi les affronts et les injures? C'est marcher sur les traces de Jésus-Christ, qui nous a donné l'exemple. Tandis que vous ne goûtiez que des consolations sensibles au service de Dieu, vous disiez comme saint Pierre sur le Thabor: *Seigneur, qu'il fait bon être ici! « Bonum est nos hic esse.»* (*Marc.*, XI, 4.) Mais depuis que Dieu vous a retiré ses consolations, vous avez appris à moins chercher les douceurs de Dieu que le Dieu des douceurs. Oh! que les souffrances sont donc bien utiles aux justes pour éprouver, pour purifier et perfectionner leur vertu! Voilà, justes, ce qui doit bien vous engager non-seulement à les recevoir, mais à les rechercher avec empressement; si vous y avez encore quelque répugnance, montez en esprit sur le Calvaire, et jetez les yeux sur l'auteur et le consommateur de votre salut, qui a porté avec joie toute la pesanteur de la croix, qui a été rassasié d'opprobres, qui a bu jusqu'à la lie le calice de sa passion, qui a été couvert de plaies; or, sous un chef couronné d'épines, oseriez-vous porter des membres délicats et vous couronner de fleurs? Comparez vos souffrances avec les siennes: avez-vous résisté comme lui jusqu'à répandre votre sang? *Nondum enim usque ad sanguinem restitistis?* (*Hebr.*, XII, 4.) Ah! convenez plutôt que vos souffrances ne sont rien en comparaison de ses amertumes.

Pratiques. — Ne craignez donc plus de souffrir, dit saint Augustin, mais plutôt craignez de ne pas souffrir; craignez de ne pas bien souffrir, puisque les souffrances sont si utiles aux pécheurs et aux justes. Si vous n'avez rien à souffrir, appréhendez que Dieu ne vous abandonne, et que ce ne soit par un effet de sa colère; craignez qu'en vous laissant tranquilles dans la prospérité, il ne vous donne votre récompense en ce monde, et qu'il ne vous en réserve aucune pour l'autre où il vous dira comme au mauvais riche: *Vous avez reçu vos biens dans votre vie: «Recepisti bona in vita tua.»* (*Luc*, XVI, 25.) Vous y avez eu votre félicité, vous ne pouvez plus jouir de la félicité des saints dans le ciel. Dans cette crainte, conjurez le Seigneur, avec le même saint Augustin, de ne pas vous épargner, de vous frapper en ce monde, pour vous épargner dans l'autre: *Hic ure, hic seca, modo in æternum parcas.* Si vous n'avez pas assez de courage pour aller au devant des souffrances, et pour les rechercher, ayez du moins assez de résignation pour recevoir celles que Dieu vous envoie. Souffrez ce que Dieu voudra, et autant de temps qu'il voudra. Les croix qui sont de son choix sont plus salutaires que celles qui seraient du vôtre. Il faut, comme Jésus-Christ, boire le calice que Dieu vous donne préférablement à tout autre, qui serait peut-être plus amer pour vous: *Calicem quem dedit mihi Pater, bibam.* (*Joan.*, XVIII, 11.)

Enfin, mes frères, si le Seigneur ne nous afflige pas comme nous le méritons, prenons nous-mêmes la place de sa justice, prenons les armes à la main pour nous punir par les rigueurs de la pénitence. Efforçons-nous, comme dit l'Apôtre, de remplir par la mortification de nos corps et de nos passions, ce qui manque à la passion du Sauveur. Supportons en esprit de pénitence toutes les peines attachées à notre état; c'est une sainte pratique de les offrir à Dieu, non-seulement dès le matin, mais de temps en temps pendant le jour; quand il nous arrive quelque disgrâce, embrassons la croix en esprit, mettons aux pieds de cette croix les mépris, les affronts, les chagrins qui se présentent à souffrir. Ne cherchons qu'auprès de Dieu, et non auprès des hommes, notre consolation dans les souffrances; répétons souvent ces paroles de l'Oraison dominicale: *Fiat voluntas tua: Que votre volonté, ô mon Dieu, s'accomplisse!* ou celles du saint homme Job: *Que votre saint nom soit béni!* (*Job*, I, 21.)

Représentons-nous Jésus-Christ portant sa croix; il nous invite à le suivre, et à la porter avec lui: qui ne se fût estimé heureux de le soulager de ce pesant fardeau? Nous le pouvons et nous le faisons, mes frères, toutes les fois que nous acceptons avec une entière résignation les croix que sa bonté nous ménage, pour nous frayer une route au souverain bonheur ; je vous le souhaite. Ainsi soit-il.

PRONE XXXV.

Pour le quatrième Dimanche après Pâques.

SUR LA FAUSSE CONSCIENCE.

Cum venerit Spiritus veritatis, docebit vos omnem veritatem. (*Joan.*, XXI, 13.)

Lorsque l'Esprit de vérité sera venu, il vous enseignera toute vérité.

Quoique Jésus-Christ, pendant sa vie mortelle et après sa résurrection, eût instruit ses apôtres des vérités du royaume de Dieu, néanmoins ils n'avaient pas encore toutes les connaissances qui leur étaient nécessaires pour l'établissement de la religion que leur divin Maître les avait chargés d'annoncer au monde. Attachés d'une manière trop sensible à la présence corporelle de Jésus-Christ, ils étaient encore remplis d'idées grossières, et ne connaissaient qu'imparfaitement les mystères qui leur étaient révélés ; c'est pourquoi il était expédient, comme leur dit Jésus-Christ, qu'il se séparât d'eux, afin qu'ils fussent plus propres à recevoir l'Esprit-Saint qui devait perfectionner leur foi. Il est vrai que Jésus-Christ pouvait bien par lui-même leur donner toutes les lumières et la force qui leur étaient nécessaires pour travailler à la conversion du monde ; mais il voulait laisser au Saint-Esprit la consommation de son ouvrage ; cependant c'était toujours lui qui en était l'auteur, puisque c'était de sa part que le Saint-Esprit était envoyé pour enseigner toutes les vérités que les hommes devaient savoir.

Aussi, dès que le Saint-Esprit fut descendu sur les apôtres, ils furent éclairés des plus vives lumières, ils connurent toutes les vérités qu'ils devaient prêcher au monde ; animés d'une force toute divine, ils furent en état de soutenir ces vérités aux dépens même de leur vie.

Les apôtres prêchèrent en effet les vérités que le Saint-Esprit leur avait enseignées ; ils purgèrent le monde de ses erreurs, ils en bannirent l'idolâtrie, ils en réformèrent les mœurs. A la place du mensonge et de la corruption qui régnaient dans le monde, ils établirent une religion toute sainte, une morale toute pure, un culte tout divin. Nous avons reçu, mes frères, par la voie des apôtres, cette religion sainte, cette morale pure ; mais si la religion parmi nous s'est conservée dans son intégrité, combien la morale n'a-t-elle pas perdu de sa pureté dans le cœur des hommes ? Or, ce dérèglement n'est venu que de la fausse conscience que les hommes se sont faite et se font encore tous les jours sur les vérités de la morale. Le Saint-Esprit a enseigné et enseigne encore tous les jours le chemin de la vérité ; mais les hommes, aveuglés par leurs passions, ferment les yeux à cette vérité ; ils la font céder à leurs faux jugements, à leurs inclinations perverses ; ils préfèrent les ténèbres d'une fausse conscience dont il faut aujourd'hui vous découvrir les principes, en vous enseignant les remèdes pour la rectifier. Puisse l'Esprit-Saint, source de toute vérité, réformer aujourd'hui ces consciences perverses, fausses et déréglées ! Quels sont donc les principes d'une fausse conscience ? Question importante ; je la traiterai dans le premier point. Quels en sont les remèdes ? Instruction nécessaire ; je vous la donnerai dans le second point.

PREMIER POINT.

Il y a une voie, dit le Saint-Esprit, *qui paraît droite à l'homme, mais qui conduit à la mort : « Est via quæ videtur homini recta, et novissima ejus ducunt ad mortem. »* (*Prov.*, XVI, 25.) Quelle est cette voie, mes frères ? c'est la fausse conscience ; c'est-à-dire, la conscience qui n'est pas selon Dieu, qui n'est pas conforme à la loi de Dieu : car la conscience, qui est la science du cœur, dit saint Thomas, est une lumière intérieure qui nous enseigne le bien qu'il faut pratiquer, le mal qu'il faut éviter dans telle circonstance, en telle occasion où nous nous trouvons. Cette conscience est comme une application que chacun se fait de la loi de Dieu, pour savoir ce qui est permis ou défendu par cette divine loi. Il faut donc que cette application soit juste, qu'elle se fasse avec discernement et prudence. Car, si la conscience prend le faux pour le vrai, si elle nous enseigne autre chose que ce que la loi de Dieu nous prescrit, dès lors qu'on suit cette conscience déréglée, on s'écarte de la règle principale, à laquelle nous devons conformer toutes nos actions, qui est la volonté de Dieu. De là il s'ensuit que quoiqu'il ne soit pas permis d'agir contre sa conscience, parce que tout ce qui n'est pas selon la conscience, dit saint Paul, est péché : *Quod non est ex fide, peccatum est* (*Rom.*, XIV, 23) ; on ne peut cependant pas suivre toutes sortes de consciences, parce qu'il y a des consciences fausses, des consciences perverses qui rendent vicieuses les actions qui en procèdent. Ce sont des guides aveugles qui conduisent au précipice ceux qui les suivent. Et c'est cette fausse conscience dont il faut vous découvrir les principes, pour vous en faire éviter les dangers et les écueils.

Or, les principes ordinaires de la fausse conscience sont l'erreur, la passion, la coutume. Erreur de l'esprit, passion du cœur, coutume et usage du monde ; voilà ce qui pervertit la plupart des hommes.

Il faut convenir d'abord que quelque précaution que l'homme puisse prendre pour conformer ses actions à la loi de Dieu, il peut tomber dans quelques erreurs de conscience qui lui fassent prendre le faux pour le vrai : l'homme n'étant pas infaillible dans ses connaissances, il peut quelquefois se tromper en croyant permise une chose qui lui est en effet défendue ; mais s'il est plein de bonne volonté, si son intention est pure et droite, et qu'il prenne toutes les précautions que la prudence lui inspire pour bien agir, son erreur, n'étant pas volontaire, ne lui sera point imputée à péché : principe sûr et consolant pour les personnes d'une conscience inquiète et scrupuleuse, qui voudraient s'assurer par des preuves évidentes de la droiture de leur action, et du bon état de leur âme ; elles se fatiguent et se tourmentent mal à propos à faire des recherches inutiles, qui ne servent qu'à les détourner des voies du salut. Que ces personnes apprennent du grand Apôtre à être sages avec sobriété ; que pour cela il suffit d'avoir une certitude morale de la bonté des actions, c'est-à-dire, d'agir par un motif capable de déterminer une personne prudente. Je les renvoie aux avis d'un sage et prudent directeur, à qui elles doivent se soumettre pour tout ce qui regarde le salut.

Mais s'il y a des personnes d'une conscience scrupuleuse dont il faut adoucir les peines, il y en a beaucoup plus d'une conscience large qu'il faut intimider: conscience large qui vient d'une erreur où l'on tombe volontairement, d'une ignorance, des faux principes que l'on se fait à sa mode, et conformément à ses inclinations perverses : large et fausse conscience, qui est, dans un sens, autant la cause des désordres qui règnent dans le monde, que de la dépravation du cœur humain.

On trouve des pécheurs, il est vrai, qui offensent Dieu par pure malice contre toutes les lumières et les remords de leur conscience, qui n'ont d'autres motifs dans leurs transgressions que le plaisir qu'ils goûtent à contenter leurs passions, qui ne se déguisent point à eux-mêmes ni aux autres leurs crimes, qui s'en font même des reproches; en un mot, qui pèchent avec toute la connaissance et l'attachement qui fait la malice du péché. Mais combien plus y en a-t-il qui, à l'abri d'une fausse conscience, se croient bien des choses permises qui ne le sont pas, qui transgressent en mille occasions la loi du Seigneur, sur de vains prétextes qu'une conscience mal fondée ne manque pas de leur suggérer; car il n'y a guère de pécheurs qui ne cherchent à justifier leurs désordres par quelque raison qui apaise les remords de leur conscience: ils ne voudraient pas aller directement contre la volonté de Dieu, mais ils affectent de l'ignorer pour faire avec plus de sécurité ce qu'elle leur défend ; ils évitent de s'instruire de leurs devoirs pour ne pas les remplir : *Noluit intelligere ut bene ageret.* (*Psal.* XXXV, 22.) Tels sont ceux qui n'assistent point aux instructions, ou qui ne veulent pas s'appliquer les vérités qu'ils entendent. D'autres conviennent de l'obligation de la loi; ils en sont instruits, mais ils y apportent des modifications pour s'en dispenser: ils lui donnent de fausses interprétations ; ils recherchent certains adoucissements qui les puissent tranquilliser dans leurs prévarications ; ils ont recours à certains principes, sur lesquels ils se croient bien appuyés; pour agir autrement que la loi ne le permet. Ils voudraient obéir à Dieu, mais ils ne veulent rien refuser à leurs passions. De là vient qu'ils ne veulent point s'éclaircir sur certains doutes bien fondés, de crainte de s'acquitter d'une obligation qui gêne leur liberté, de faire des restitutions qui les incommoderaient. Dans ces doutes, ils prennent toujours plutôt le parti de la liberté que de la loi, ou ils ne se déterminent tout au plus que sur de faibles raisons qu'ils ne voudraient pas suivre en toute autre affaire que celle du salut, tandis qu'ils ferment les yeux sur de fortes raisons d'un sentiment qui est plus sûr et meilleur. De là aussi ces recherches de directeurs commodes et aisés, qui par leurs décisions favorisent les passions au préjudice de la loi de Dieu.

Car c'est la passion, mes frères, qui enfante tant d'erreurs en fait de morale; comme c'est elle qui donne naissance aux erreurs qui attaquent la foi. On ne chercherait pas tant à se tromper, à s'aveugler par de faux raisonnements, si le cœur n'était dominé par la passion. Mais du moment que la passion s'est emparée du cœur de l'homme, on décide toujours en sa faveur, on trouve juste et raisonnable tout ce qui lui plaît, dit saint Augustin ; il faut dès lors que la droite conscience cède à la passion; il n'y a ni raison, ni prétexte qu'on ne trouve pour s'autoriser dans ses vices, et se prémunir contre les terreurs de la loi. N'est-ce pas la passion qui fit trouver aux Juifs des prétextes pour condamner Jésus-Christ? Une prétendue infraction de la loi de Moïse dont ils l'accusaient ; voilà ce qui les autorisait à demander sa mort: mais c'était la passion qui présidait à leurs démarches. Ainsi arrive-t-il tous les jours, que la passion d'envie ou de vengeance se couvre du manteau du zèle pour perdre un ennemi : on se persuade aisément qu'on ne cherche que la gloire de Dieu dans le châtiment du crime, tandis qu'on n'a en vue que la perte du criminel. A-t-on de la passion pour le plaisir, on regarde comme innocents tous ceux que l'on se permet. De là cette vie molle et sensuelle dont on ne se fait point de reproche, et que l'on se pardonne aisément, dans la crainte de s'incommoder ; de là cette facilité à transgresser les lois de l'Eglise, dont on se croit exempt, qu'on se dispense du jeûne sous le moindre prétexte ; on n'observe point l'abstinence du Carême, de crainte d'altérer sa santé, tandis qu'on fait bien d'autres choses capables de la déranger. Si la passion d'intérêt domine dans le cœur, que de fausses consciences ne forme-t-elle pas encore! C'est elle qui aveugle l'avare jusque-là qu'il traite de prudence et d'économie pour l'avenir, son attachement démesuré pour les biens de ce monde. Hélas! combien de riches ont le cœur dur à l'égard des pauvres, parce qu'une fausse conscience leur fait entendre qu'ils n'ont que ce qu'il faut pour soutenir leur état! A la dureté pour les pauvres la fausse conscience ne joint-elle pas souvent l'injustice? On s'empare du bien de son voisin par un mauvais procès qu'on lui suscite : et parce qu'il n'est pas en état de se défendre, on se prévaut d'une sentence ou d'un accommodement forcé, comme d'un titre légitime, pour envahir le bien du pauvre, de la veuve et de l'orphelin. Combien qui, après avoir usurpé le bien d'autrui, ne se croient pas obligés de le rendre, parce que, dit-on, on dérangerait ses affaires, on appauvrirait sa famille, on perdrait son honneur. Autre faux prétexte d'une conscience mal réglée.

Oh! qu'il y a de gens qui s'aveuglent sur ce point, qui ne veulent point convenir du tort qu'ils font aux autres, qui sont ingénieux à trouver des prétextes pour cacher leurs usures, leurs malversations, tandis qu'ils sont fort clairvoyants pour apercevoir le tort qu'on leur fait, et qu'ils ne négligent rien pour défendre leurs droits. Mais tel est le désordre de la fausse conscience: les hommes se pardonnent aisément ce qu'ils ne peuvent souffrir dans les autres; ils voient une paille qui est dans l'œil d'autrui, et ils n'aperçoivent pas une poutre qui est dans le leur. D'où vient ce dérégtement? De la passion qui aveugle l'homme jusqu'au point de se croire permis tout ce qui est conforme à ses désirs. Mais dans quels écarts la conscience ne fait-elle pas encore tomber, lorsqu'elle est soutenue par la coutume? Il faut, dit-on, vivre dans le monde, et pour cela se conformer aux usages du monde; la société demande qu'on évite la singularité: pourquoi ne ferait-on pas ce que les autres font? Les autres ne sont-ils pas aussi intéressés que nous dans l'affaire du salut? Il ont aussi peur de perdre leur âme, et autant d'envie de la sauver que nous. On peut donc sans crainte vivre comme eux. On voit bien des gens d'une conduite régulière et exempte de reproche, qui se conforment aux coutumes; ne serait-ce pas une imprudence de les condamner? Et pourquoi ne les suivrait-on pas? Tels sont, mes frères, les principes pernicieux que la coutume fournit à la fausse conscience, sur lesquels elle s'autorise pour agir, et de là naissent la plupart des abus dans le monde. De là vient qu'on ne se fait point de scrupule de passer son temps dans l'oisiveté, dans les jeux, les parties de plaisir, les spectacles, parce qu'on en voit bien d'autres qui le font. De là la somptuosité qui règne dans les repas, le luxe dans les habits, l'immodestie des modes, la magnificence des meubles. Tout cela, dit-on, est nécessaire pour soutenir l'éclat de son rang; c'est la coutume, c'est le monde qui le veut, et qui trouverait ridicules ceux qui agiraient autrement. Après tout, Dieu demande-t-il qu'on se fasse moquer de soi, que l'on donne au monde une scène ridicule? La société que Dieu a établie parmi les hommes a des règles qu'il faut suivre: on n'est donc pas blâmable de s'y conformer; on peut en sûreté de conscience vivre comme les autres, pourvu qu'on évite les excès, les désordres auxquels s'abandonnent ceux qui vivent sans religion; que l'on ne fasse tort à personne, que l'on se serve honnêtement de ce que l'on a: que faut-il de plus? Le salut serait impossible dans les conditions du monde, s'il fallait observer toutes les pratiques des personnes qui en sont séparées, s'il fallait passer sa vie dans la prière, dans la mortification, dans l'éloignement des compagnies. Or Dieu demande-t-il l'impossible? Pourquoi donc nous rétrécir le chemin du ciel, et nous le rendre impraticable, en nous imposant un joug qui n'est pas à notre portée? Ainsi raisonne la fausse conscience de bien des gens, qui se croient en sûreté de salut à l'abri de quelques vertus morales qu'ils pratiquent, et d'une vie exempte de vices grossiers que la raison condamne, mais destitués des bonnes œuvres que la religion prescrit. Faux principes que nous espérons détruire dans le second point, où nous indiquons les remèdes qui doivent réformer les consciences. Vous en verrez d'autres qui suivent à la vérité quelques pratiques de dévotion, négligées par le commun des hommes; qui sont attachés jusqu'au scrupule à réciter certaines prières, à s'acquitter de certains exercices de piété que prescrit une confrérie où ils sont agrégés, mais qui ne se mettent d'ailleurs guère en peine de réformer leur intérieur: semblables aux Pharisiens qui se croyaient bien vertueux, parce qu'ils observaient au dehors certaines cérémonies prescrites par la loi, tandis qu'au dedans ils étaient remplis d'iniquités. Ces chrétiens s'imaginent avoir un droit bien acquis au royaume des cieux par ces pratiques de dévotion qui sont de leur goût, tandis qu'ils conserveront dans leur cœur du fiel contre leur prochain, que leur langue s'échappe en railleries piquantes, et en médisances noires. Ils croient que quelques aumônes qu'ils font aux pauvres les sauveront, tandis que leur cœur est attaché à l'objet de leur passion. Les uns font quelque mortification de caprice, et négligent celles qui sont commandées par l'Eglise; d'autres célèbrent des fêtes de dévotion, et profanent celles qui sont de commandement: fausses consciences qui conduisent à la perdition ceux qui les suivent. Mais il est temps de vous indiquer les remèdes qui doivent réformer les consciences dont je viens de vous parler.

DEUXIÈME POINT.

Puisque l'erreur, la passion, la coutume sont les principes de la fausse conscience, opposons à l'erreur les lumières d'une conscience droite et éclairée; à la passion, un désir sincère de plaire à Dieu et d'observer sa sainte loi; à la coutume, l'exemple des gens de bien et des saints. Telles sont les règles qui doivent diriger la conscience; et ce sont là les remèdes qu'il faut employer contre les consciences erronées. Renouvelez vos attentions.

La conscience est comme l'œil de notre âme, en ce qu'elle nous fait voir le bien que nous devons faire, et le mal que nous devons éviter. *Si l'œil du corps est simple*, dit Jésus-Christ (*Matth.*, VI, 22, 23), *tout le corps sera dans la lumière : mais si l'œil est ténébreux, le corps le sera aussi*. Il faut donc, mes frères, pour éviter les erreurs d'une fausse conscience, chercher la lumière qui dirige vos pas dans les voies du salut; il faut, selon l'avis de l'Esprit-Saint, que toutes vos actions soient précédées de la vérité, et des conseils de la prudence : *Ante omnia opera tua verbum verax præcedat te, et ante omnem actum consilium stabile.* (*Eccli.*, XXXVII, 20.) C'est ce qu'il faut demander à Dieu à l'exemple du Roi-Prophète : Enseignez-moi, Seigneur, quelles sont vos voies, apprenez-moi à faire votre volonté : *Vias tuas demonstra mihi, et semitas tuas edoce me.* (*Psal.*, XXIV, 4.) La crainte où je suis de me tromper sur la route que je dois tenir, m'engage à recourir à vous; daignez, Seigneur, me servir de guide, afin que je marche en sûreté parmi les dangers dont je suis environné : *Cum ignoramus quid agere debeamus, hoc solum habemus residui, ut oculos nostros dirigamus ad te.* (II *Paral.*, XX, 12.)

Après vous être adressés au Père des lumières, d'où nous vient tout don parfait, comme dit l'apôtre saint Jacques (I, 17), vous devez, mes frères, consulter votre foi, consulter l'Evangile; car ce sont les règles qui doivent diriger vos consciences. Que vous dit la foi, que vous dit l'Evangile? Rappelez-vous-en les maximes dans toutes les occasions où il s'agit de vous déterminer à ce que vous devez faire. En suivant ces règles, vous êtes sûrs de ne pas vous tromper, de ne pas confondre le vrai avec le faux, le bien avec le mal. Une conscience erronée vous dit, par exemple, que sous certains prétextes vous pouvez entretenir des liaisons avec cette personne qui vous est chère, qui vous est utile, et qui néanmoins est pour vous une occasion de péché; mais l'Evangile vous dit que quand l'occasion du péché vous serait aussi chère, aussi utile que votre œil, votre pied, votre main, il faut arracher cet œil, il faut couper ce pied, cette main, pour qu'ils ne vous soient pas un sujet de scandale. La passion que vous avez pour le bien, vous dit que vous pouvez en amasser par certaines voies qui vous paraissent permises, mais que la loi condamne. Pour arrêter cette avidité, pensez à ce que vous dit l'Evangile sur les biens du monde, sur la passion des richesses : Bienheureux sont les pauvres : *Beati pauperes.* (*Matth.*, V, 3.) Malheur à ceux qui sont riches, parce qu'ils sont dans la voie de perdition : *Væ vobis divitibus!* (*Luc.*, VI, 24.) La passion de vengeance vous dit qu'il est de votre honneur de tirer satisfaction de l'insulte que vous a faite cet ennemi; mais l'Evangile vous dit qu'il faut pardonner, qu'il faut rendre le bien pour le mal. Voilà un langage bien différent : lequel devez-vous écouter, lequel devez-vous suivre! Si vous suivez la passion, c'est un guide aveugle qui vous conduira au précipice; mais si vous suivez l'Evangile, si vous consultez la loi de votre Dieu, c'est une lumière qui éclairera vos pas, qui vous conduira au port du salut. C'était celle que suivait le Roi-Prophète; c'était à elle qu'il avait recours pour dissiper ses doutes et ses incertitudes, pour s'assurer de la droiture de ses démarches : *Lucerna pedibus meis verbum tuum, et lumen semitis meis.* (*Psal.* CXVIII, 5.) Soyez fidèles à suivre ce guide, et vous ne vous écarterez pas. Il faut pour cela sacrifier vos lumières aux siennes, et ne point vous appuyer sur votre prudence, mais beaucoup vous défier de vous-mêmes : *Ne innitaris prudentiæ tuæ.* (*Prov.*, III, 5.) On est sujet à s'égarer, quand on n'a point d'autre guide que soi-même, parce qu'on s'aveugle aisément en sa propre cause; on pense naturellement comme on est affectionné : or nos désirs, nos affections nous portent plus souvent au mal qu'au bien. Il est donc nécessaire de recourir à des lumières supérieures aux nôtres. La foi, l'Evangile, voilà les flambeaux qui doivent nous éclairer, et que nous devons suivre. Et comme nous pouvons encore nous tromper dans l'application que nous devons faire des maximes que cette foi nous enseigne, il est à propos de consulter des hommes habiles et éclairés dans les voies de Dieu, animés de l'esprit de Dieu, qui ne cherchent que sa gloire et le salut des âmes, et ne pas s'adresser à des conducteurs faciles et commodes, qui flattent les passions, qui donnent aux consciences une fausse sécurité, qui mettent, comme dit l'Ecriture (*Ezech.*, XIII, 18), des coussins sous les coudes des pécheurs, en les conduisant par des voies larges qui aboutissent à la perdition. Défiez-vous, mes frères, de ces faux prophètes; ne cherchez point pour vous conduire dans les voies du salut, des personnes qui s'accommodent à vos inclinations perverses, qui vous donnent des décisions telles que vous les souhaitez trouver, conformes à vos désirs et à vos intérêts; cherchez-en qui vous disent vos vérités, qui ne vous ménagent point dans vos vices, qui vous parlent sans déguisement. Si leur morale n'est pas pour un temps de votre goût, vous leur aurez dans la suite obligation de vous avoir conduits par un chemin sûr. Faites-vous connaître à eux tels que vous êtes; ne déguisez point, ne dissimulez point; quelque faute que vous ayez commise, déclarez-la ingénument à votre directeur ordinaire; n'en changez point à tout propos comme certaines personnes qui passent leur vie à chercher un guide, et qui ne savent à qui s'en tenir, parce qu'elles ne peuvent rencontrer des directeurs selon leur goût, qui s'accommodent à leurs sentiments. Quand vous aurez trouvé quelqu'un dont les avis vous auront été salutaires, soyez fidèles à les suivre; obéissez-leur en tout, parce que vous devez les regarder comme des envoyés de Dieu, qui vous expliquent ses volontés.

Après que vous aurez pris toutes ces précautions pour former votre conscience selon les maximes de la foi et de la prudence, appliquez-vous sérieusement à faire ce qu'elle vous dira de bien pour votre salut. Car c'est surtout la bonne volonté, l'attachement à la loi de Dieu, qui fait la bonne conscience. L'esprit peut tomber dans l'erreur; mais quand cette erreur n'est point volontaire, Dieu ne l'impute point à péché ; au lieu qu'on est toujours coupable en suivant une volonté perverse, de quelque belle connaissance que l'esprit soit éclairé. Formez donc une résolution ferme et sincère d'observer la loi de Dieu ; de sacrifier à cette divine loi vos plaisirs et vos intérêts : si vous êtes dans ces dispositions, vous conformerez votre conscience à la loi de Dieu, et non pas la loi de Dieu à votre conscience : vous vous abstiendrez, selon l'avis de l'Apôtre, de tout ce qui aura la moindre apparence de mal : *Ab omni specie mala abstinete vos.* (I *Thess.*, V, 22.) Vous prendrez toujours le parti de la loi de Dieu contre votre liberté dans les choses que vous douterez vous être permises ou défendues. Puisque j'ai sujet de croire, direz-vous, que Dieu me défend cette action, j'aime mieux ne la pas faire, que de m'exposer à transgresser cette sainte loi, que d'exposer mon salut. Car, ne devez-vous pas, mes frères, agir du moins pour votre salut, comme vous faites pour vos affaires temporelles, comme vous faites pour votre santé? Or, de deux moyens qui se présentent pour le succès d'une affaire, dont l'un est certain et l'autre douteux, ne préférez-vous pas le sûr à l'incertain? De deux remèdes que l'on vous offre pour guérir une maladie, dont vous savez que l'un opérera votre guérison, et l'autre vous donnera peut-être la mort ; hésitez-vous de prendre le premier plutôt que le second? ne devez-vous pas de même pour l'affaire de l'éternité prendre le parti le plus sûr? Car peut-on trop s'assurer, quand il s'agit d'une éternité de bonheur ou de malheur? *Nulla satis magna securitas, ubi periclitatur æternitas !* Ah! que la pensée de l'éternité est bien capable de nous déterminer en faveur de la loi de Dieu, plutôt que de la passion! Y a-t-il intérêt qu'on ne doive sacrifier, quand on réfléchit que ce plaisir, cet intérêt doit nous causer un malheur éternel? Munissez-vous, mes frères, de cette pensée quand votre passion se trouve en concurrence avec la loi de Dieu, quand il est question de vous décider, et que vous doutez si l'action est bonne ou mauvaise. Agissez comme si vous deviez mourir après l'avoir faite, comme si vous deviez paraître au jugement de Dieu. Ah! que voudriez-vous avoir fait pour lors? comment voudriez-vous vous être comportés? Agissez de même ; comportez-vous maintenant de même, et toutes les vaines lueurs d'une fausse conscience se dissiperont : vous vous déclarerez sûrement pour le meilleur parti ; vous obéirez à Dieu, vous accomplirez sa sainte volonté, vous éviterez jusqu'à l'ombre du péché. Bien loin de perdre ou de conserver le bien d'autrui, vous direz comme Zachée, que si vous avez quelque chose qui ne vous appartienne pas, vous voulez le rendre au quadruple : *Si quem defraudavi, reddo quadruplum.* (*Luc.*, XIX, 8.) Bien loin d'entretenir quelque liaison avec cette personne qui vous perd, vous ne jetterez pas même un regard sur elle : au lieu de cette vie molle et destituée de bonnes œuvres dont vous ne vous faites point de scrupule, vous embrasserez la pénitence, la mortification, les exercices de la vie chrétienne ; au lieu de suivre le torrent de la coutume sur laquelle vous vous fondez si témérairement pour assurer votre conscience, vous imiterez les gens de bien, vous prendrez pour votre modèle la conduite des saints; car c'est là le remède dont vous devez vous servir pour vous préserver de la contagion des coutumes du monde.

En effet, si la coutume conduit au relâchement, parce que l'on croit pouvoir faire en sûreté ce que font les autres, les bons exemples raniment la ferveur, en nous montrant ce que l'on doit faire. Or, voyez, mes frères, ce qu'ont fait les saints, les vertus qu'ils ont pratiquées. Etaient-ils plus intéressés que vous à faire le bien qu'ils ont fait? et n'avez-vous pas autant à craindre, si vous faites le mal qu'ils ont évité? Vous espérez les mêmes récompenses, vous devez craindre les mêmes châtiments ; vous devez donc prendre les mêmes précautions pour mériter les uns, et éviter les autres. Ils ont marché par la voie étroite, parce qu'ils savaient que c'était celle que Jésus-Christ avait enseignée pour aller au ciel. Ils ont évité la voie large, parce qu'ils savaient qu'elle conduit à la perdition. Fuyez donc comme eux cette voie large, pour entrer dans la voie étroite ; ne vous croyez point autorisés à faire certaines actions parce que les autres les font. N'alléguez point la coutume pour vous justifier, mais concluez au contraire que, parce que les autres le font, parce que c'est la coutume, il ne le faut pas faire. Le nombre des élus sera le plus petit, il faut donc faire comme le plus petit nombre.

Proposez-vous pour modèles ces âmes saintes et ferventes qui évitent avec soin tout ce qui peut blesser la délicatesse de leur conscience, qui s'éloignent des compagnies dangereuses, des jeux, des spectacles ; qui sont assidues à la prière, aux exercices de piété, charitables envers le prochain, édifiantes dans leurs discours, chastes, sobres, modestes, mortifiées, réservées dans toute leur conduite. Voilà des règles de conscience qui sont sûres à suivre, et non pas les exemples pernicieux de ces personnes déréglées qui vivent selon la coutume, qui ne savent ce que c'est que prier, fréquenter les sacrements, sanctifier les fêtes ; qui sont libres en paroles, qui ne cherchent que les plaisirs, les divertissements du monde, se conforment à ses usages et à ses maximes. Souvenez-vous que le monde a été réprouvé par Jésus-Christ, que les maximes de l'un sont incompatibles avec celles de l'autre. Ce n'est donc pas une bonne règle à suivre, que les coutumes du monde ; mais celles que vous devez suivre, c'est l'Evangile, c'est l'exemple de Jésus-Christ et des saints : en suivant ces règles, vous êtes sûrs de ne point vous égarer, et votre conscience, formée sur de tels modèles, sera pour vous une source de consolation et de joie la plus solide qu'on puisse goûter en ce monde. Quelque affligés que vous soyez par les maladies, par les revers de fortune, vous serez heureux au milieu de vos disgrâces, si votre conscience est bien réglée, si elle vous rend témoignage que vous êtes bien avec Dieu, que vous possédez son amitié.

Il n'y a point de plaisir sur la terre comparable à celui d'une bonne conscience; c'est un paradis anticipé que l'on porte partout avec soi : au lieu qu'une conscience mal réglée est une espèce d'enfer que l'on souffre dès cette vie. Quelque bien, quelque plaisir que l'on possède d'ailleurs, on n'est jamais tranquille quand la conscience est en mauvais état; c'est un bourreau qui suit partout le pécheur pour le tourmenter : *Non fugit seipsam mala conscientia.* (S. Aug.) On a beau faire pour éloigner ses reproches, pour étouffer ses remords, elle les fait sentir partout, partout elle dit au pécheur : Malheureux, tu es dans un état de damnation; si la mort vient à te surprendre, te voilà perdu sans ressource.

Heureux encore le pécheur qui écoute les remords de sa conscience, qui est sensible à sa voix pour sortir de l'état du péché! Voyez, mes frères, en quel état vous êtes maintenant, écoutez ce que la conscience vous dit : si elle vous fait quelque reproche, apaisez-la au plus tôt en vous réconciliant avec Dieu par une sincère pénitence; si elle ne vous reproche rien, conservez-vous dans cet heureux état; vivez toujours d'une manière conforme à ce qu'une conscience droite et éclairée vous inspirera.

Pratiques. — Pour la rendre telle, rappelez-vous, dans toutes vos actions, cette maxime des saints : On ne saurait trop prendre de précautions quand il s'agit de l'éternité : *Nulla satis magna securitas, ubi periclitatur æternitas.* Agissez comme vous voudriez avoir fait à la mort; examinez de temps en temps, mais surtout avant vos confessions, examinez si votre vie est conforme à la conduite du grand nombre; craignez de penser, de parler, d'agir comme le grand nombre : vous périrez infailliblement avec la foule, si vous ne vous en séparez. Attachez-vous à la loi de Dieu, aux maximes de l'Evangile, à l'exemple des saints; telles sont les voies qui doivent nous conduire au céleste royaume. *Amen.*

PRONE XXXVI.

Pour le cinquième Dimanche après Pâques.

SUR LA PRIÈRE.

Si quid petieritis Patrem in nomine meo, dabit vobis. (*Joan.*, XVI, 23)

Si vous demandez quelque chose à mon Père en mon nom, il vous sera accordé.

En faut-il davantage, mes frères, pour nous rendre précieux le saint exercice de la prière? Si un prince de la terre également puissant et bienfaisant nous donnait la même assurance, quel serait notre empressement à profiter de ses favorables dispositions à notre égard? d'où vient donc que nous sommes toujours si pauvres, si faibles, toujours accablés de misères, malgré la promesse que Jésus-Christ nous fait ici? Il n'est rien que le Ciel n'accorde à une prière chrétienne et fervente, et cependant nous sommes sans grâce et sans vertu. Ah! il n'est pas difficile de découvrir la cause de notre indigence: c'est que nous ne prions pas, ou, si nous prions, nos prières ne sont pas bien agréables à Dieu, ni par conséquent utiles pour nous: nous ne prions pas, parce que nous ne sommes pas bien convaincus de la nécessité et des avantages de la prière; nos prières ne sont pas agréables à Dieu, parce qu'elles ne sont pas accompagnées des conditions qui doivent les rendre telles. Faut-il s'étonner si nous sommes malheureux? Celui-là sait bien vivre, dit saint Augustin, qui sait bien prier. Faut-il donc être surpris si l'on vit si mal, puisque l'on ne prie pas, ou que l'on prie mal? C'est donc, mes frères, pour vous apprendre à bien vivre, que je viens vous apprendre à bien prier. Pour animer ceux qui ne prient point, je leur ferai voir la nécessité et les avantages de la prière. Pour instruire ceux qui prient mal, je leur en apprendrai les conditions. Ce sujet est d'autant plus important, qu'il regarde tout le monde, dans quelque état de vie que l'on soit, puisqu'il n'est personne qui ne puisse et qui n'ait besoin de prier. C'est pour animer votre zèle pour ce saint exercice, que l'Eglise consacre cette semaine à des prières publiques qu'elle adresse au Ciel pour les besoins de ses enfants; c'est pour ce sujet qu'on l'appelle semaine des Rogations, c'est-à-dire de prières. Pour me conformer à l'esprit de l'Eglise, je viens vous entretenir de la nécessité de la prière et de ses qualités. Il faut prier; ce sera mon premier point. Comment faut-il prier, ce sera mon second point. Obligations de prier, pour ceux qui ne prient pas. Conditions de la prière, pour ceux qui prient mal. Demandons à Dieu, comme les apôtres, la grâce de bien prier : *Domine, doce nos orare.* (*Luc.*, XI, 1.)

PREMIER POINT.

Nécessité et avantages de la Prière.

Quoique Dieu puisse dispenser aux hommes ses dons indépendamment de leurs prières, néanmoins dans le cours ordinaire de sa providence, il exige de leur part certaines dispositions, sans lesquelles il ne leur accorde pas toutes les grâces dont ils ont besoin. Il est vrai que ces premières dispositions de l'homme sont déjà un effet de la grâce qui nous prévient, et qui commence en nous la bonne œuvre, pour ensuite l'achever. Mais il est vrai aussi que nous devons coopérer à cette première grâce que Dieu nous donne, pour attirer les autres qui doivent consommer le grand ouvrage de notre sanctification. Il faut donc que nous exposions à Dieu nos misères pour ressentir en nous les doux effets de sa miséricorde; s'il daigne s'abaisser jusqu'à nous pour soulager nos maux, nous devons nous élever jusqu'à lui par de ferventes prières pour attirer sur nous ses faveurs. En un mot, mes frères, Dieu veut être prié; il nous en fait un commandement exprès : et quand il ne nous le commanderait pas, nos propres besoins nous obligent à le prier; tels sont les deux fondements sur lesquels est appuyée l'obligation de la prière.

Oui, mes frères, Dieu veut être prié, Dieu veut que nous lui demandions ce qui nous est nécessaire. C'est par là qu'il prétend se faire reconnaître pour auteur de tous nos biens, et nous faire sentir notre dépendance. Car si Dieu accordait à l'homme tout ce dont il a besoin, indépendamment de la prière, l'homme, qui est déjà si enclin à s'attribuer le bien qui vient de Dieu, se l'attribuerait bien davantage, si ce bien lui venait sans l'avoir demandé, en croyant qu'il lui est dû et qu'il ne peut lui être refusé. C'est donc avec sagesse que Dieu a commandé à l'homme de demander ses besoins, parce que l'homme, en priant, reconnaît que tout vient de Dieu; il lui fait un hommage de sa dépendance, en recourant à lui par la prière : c'est pourquoi Jésus-Christ nous dit si expressément dans l'Evangile : *Demandez et vous recevrez; frappez à la porte et on vous ouvrira : « Petite et accipietis, pulsate et aperietur vobis. »* (*Luc.*, XI, 9) Il a si fort à cœur l'observation de ce commandement qu'il veut que la pratique nous en soit continuelle. *Il faut*, dit-il, *toujours prier, sans jamais cesser : « Oportet semper orare, et non deficere. »* (*Luc.*, XVIII, 1.) Il ne nous commande pas de toujours jeûner, toujours faire l'aumône, parce qu'il n'est pas en notre pouvoir; mais il nous commande de toujours prier, parce que nous le pouvons toujours. Car de quoi est-il question pour cela? il suffit d'avoir son esprit et son cœur sans cesse élevés vers Dieu, toujours unis à lui.

Admirons ici, mes frères, la bonté de Dieu à l'égard de l homme. C'est beaucoup que les grands du monde, les princes de la terre, permettent qu'on leur demande quelque grâce; mais ils n'en font pas un ordre exprès, et ils ne sont pas même accessibles en tout temps et à toutes sortes de personnes. Or, non-seulement Dieu nous permet de nous adresser à lui, il veut même et nous ordonne de converser avec lui par la prière. Qu'est-ce que l'homme, ô mon Dieu! pour daigner penser à lui? Quoi! disait autrefois Abraham, *Je parlerai à mon Seigneur, moi qui ne suis que cendre et que poussière : « Loquar ad Dominum, cum sim pulvis et cinis. »* (*Gen*, XVIII, 27.) Je m'entretiendrai avec cette suprême Majesté, devant qui toutes les grandeurs de la terre ne sont que néant! Quoi! un tel honneur ne sera-t-il pas suffisant pour nous faire aimer le saint exercice de la prière? Si ce n'était qu'aux grands de la terre, qu'aux puissants du monde, qu'il fût permis de s'adresser à Dieu; si ce n'était qu'aux saints, aux âmes justes qu'il accordât un favorable accès auprès de son trône, ou si ce n'était qu'à un certain temps, peut-être seriez-vous excusables de négliger la prière; mais c'est à tous, aux petits comme aux grands, aux pauvres comme aux riches, aux ignorants comme aux savants, aux pécheurs comme aux justes; c'est en tout temps que Dieu permet non-seulement, mais encore qu'il veut qu on le prie, parce qu'en tout temps nous dépendons de lui, en tout temps nous devons espérer en lui, désirer de le posséder : or la prière est un acte d'espérance en la bonté de Dieu, c'est un désir de notre fin dernière. Comme nous devons toujours espérer, toujours désirer notre bonheur éternel, dit saint Augustin, il faut toujours prier. *Oportet semper orare, et non deficere.*

Outre le commandement que Dieu nous fait de prier, nos propres besoins nous y engagent; si vous sentez quelque difficulté à remplir ce précepte, peut-être serez-vous sensibles à vos véritables intérêts. Dieu veut sauver tous les hommes; mais aucun homme ne peut se sauver sans la grâce de Dieu. L'homme n'est que ténèbres et que faiblesse, que misère et que pauvreté; il est si aveugle qu'il ne connaît pas son vrai bonheur, si faible qu'il ne peut faire un pas pour y arriver; c'est un fonds si stérile, qu'il ne peut de lui-même produire une seule bonne pensée pour le salut, dit saint Paul : *Non quod sufficientes simus cogitare aliquod a nobis quasi ex nobis.* Toute sa puissance, toute sa force vient de Dieu, ajoute le saint Apôtre : *Sufficientia nostra ex Deo est.* (II *Cor.*, III, 5.) Il a donc besoin de la grâce pour être sauvé; sans la grâce point de salut : mais à quelle condition Dieu permet-il et donne-t-il sa grâce à l'homme? C'est à la prière qu'il l'accorde; ôtez cette condition, Dieu, sans être infidèle à sa parole, nous refusera sa grâce; autant la grâce est donc nécessaire pour être sauvé, autant la prière l'est-elle pour obtenir la grâce du salut.

Concevez-vous maintenant, mes frères, de quelle obligation est la prière? Ah! si vous connaissiez, si vous sentiez votre indigence, il ne serait pas besoin de vous en prouver la nécessité. Est-il besoin de dire à un pauvre de demander du soulagement à sa misère? Sa pauvreté le rend naturellement éloquent, et lui met à la bouche les paroles capables de fléchir la dureté des riches, et d'en obtenir les secours qu'il demande. Nous sommes des pauvres devant Dieu, dit saint Augustin, qui nous présentons à la porte de la miséricorde; pauvres infiniment plus à plaindre que ceux qui mendient leur pain, parce que ceux-ci connaissant leurs besoins, ils en sont touchés, tandis que nous y sommes insensibles, faute de les connaître.

Cependant, mes frères, pour peu que l'on y veuille réfléchir, il est aisé de voir à combien de misères nous sommes sujets. Le funeste penchant que nous avons au mal, notre répugnance extrême pour le bien, les occasions, les dangers dont nous sommes environnés, le grand nombre d'ennemis que nous avons à combattre et dont nous sommes si souvent attaqués, des tentations auxquelles il est difficile de résister, certains points de la loi que l'on a bien de la peine à observer; en faut-il davantage pour nous faire sentir le besoin que nous avons du secours du Ciel? Dieu, en nous commandant ces combats, dit saint Augustin, nous avertit de faire ce que nous pouvons, et de demander ce que nous ne pouvons pas : *Sed jubendo monet et facere quod possis, et petere quod non possis.* Et si vous lui demandez son secours, il vous l'accordera pour faire ce que votre faiblesse ne vous permettait pas d'exécuter : *Et adjuvat ut possis.* Ne vous plaignez plus de la difficulté que vous trouvez à combattre certaines tentations, à triompher de vos passions. Demandez-en la grâce à Dieu, et vous remporterez sûrement la victoire. Vous dites, par exemple, qu'il est bien difficile de ne pas succomber sous le poids de la cupidité qui vous entraîne vers les plaisirs défendus, qu'il faut bien de la vertu pour pardonner à un ennemi qui vous accable d'injures; j'en conviens, vous ne le pouvez pas de vous-mêmes; mais demandez-en la grâce à Dieu, et vous en viendrez à bout : *Et adjuvat ut possis.*

Il n'y a rien qu'on ne puisse obtenir par le secours de la prière; c'est le canal par où les grâces de Dieu coulent sur nous, c'est l'échelle mystérieuse de Jacob, qui porte nos désirs au ciel, et qui en fait descendre les trésors qui nous enrichissent; c'est la clef qui nous ouvre le sein de la miséricorde de Dieu, qui arrête le bras de sa justice : sa puissance est si grande, dit saint Chrysostome, qu'elle nous fait en quelque façon triompher de Dieu même : c'est par elle que les pécheurs peuvent obtenir leur conversion, les justes leur persévérance dans le bien. Recourez donc à la prière, en quelque état que vous soyez, pécheurs ou justes; si vous êtes pécheurs, ce moyen vous est absolument nécessaire pour vous aider à sortir du funeste état où vous êtes réduits; si vous êtes justes, la prière vous est nécessaire pour persévérer dans la grâce de votre Dieu.

Oui, pécheurs, c'est la prière qui doit briser vos chaînes, qui doit vous affranchir de l'esclavage du démon; il est d'autant plus important pour vous de vous servir de ce moyen, que dans l'état où vous n'avez pas droit aux secours du salut que la grâce sanctifiante donne aux âmes justes, la prière est peut-être pour quelques-uns d'entre vous la seule ressource qu'ils aient, et la première grâce qui doit contribuer à leur justification, en sorte que s'ils n'en profitent pas, ils n'ont plus d'espérance au salut. Car pour être sauvés, il faut, pécheurs, vous convertir; mais vous ne vous convertirez pas sans ces grâces fortes qui changent les affections du cœur, qui vous fortifient contre la contagion du siècle, et qui font triompher des ennemis du salut : or Dieu ne vous doit point ces grâces; par pure libéralité, il vous donne celle de la prière, c'est à vous à vous en servir pour demander et obtenir les autres. Ainsi on peut dire, mes frères, que la prière est en quelque façon aussi nécessaire au salut que le baptême. Sans le baptême on ne peut être sauvé; sans la prière point de grâces pour la conversion, par conséquent point de salut. N'est-ce pas aussi pour cette raison que comme Jésus-Christ a choisi l'eau élémentaire préférablement à toute autre pour être la matière du baptême, parce que ce sacrement étant si nécessaire, il a fallu une matière qui fût facile à trouver; il a de même attaché notre salut à la prière, parce que de tous les exercices de la religion, la prière est le plus facile, le plus à portée de tout le monde. Il n'est pas besoin pour cela d'être savant, riche ou en santé; les ignorants peuvent prier comme les savants, les pauvres comme les riches, les malades comme ceux qui sont en santé : en vain vous en excuseriez-vous sur vos occupations; en avez-vous plus que le Roi-Prophète, qui, étant chargé du gouvernement d'un grand royaume, priait cependant sept fois le jour? *Septies in die laudem dixi tibi.* (*Psal.* CXVIII, 164.) Si l'on ne pouvait prier qu'un certain temps, en certain lieu, vous seriez moins coupables de ne le pas faire aussi souvent : mais on peut prier en tout temps, en tout lieu : en tout temps, la nuit comme le jour et à toutes les heures du jour; dans le plus grand embarras des affaires, parmi les travaux les plus pénibles, on peut élever à Dieu son esprit et son cœur : en tout lieu on peut prier; quoique nos églises soient l'endroit le plus convenable, vous pouvez le faire dans vos maisons, à la campagne, dans vos voyages; partout vous trouverez le Seigneur prêt à écouter vos prières.

Ne seriez-vous donc pas bien coupables, mes frères, et ne serait-ce pas une grande marque de votre indifférence pour votre salut, que de négliger un moyen aussi facile que la prière pour en assurer le succès? Dieu vous offre, pécheurs, votre pardon; mais il veut que vous le lui demandiez : il l'a bien accordé à la prière du publicain, et à celle de beaucoup de pécheurs qui, au rapport de l'Evangile, se sont adressés à lui; pourquoi ne vous accorderait-il pas la même grâce? C'est par la prière que les paralytiques, les lépreux, les boiteux, les aveugles ont obtenu de Jésus-Christ, non-seulement la guérison de leurs infirmités corporelles, mais encore celle de leurs âmes; sa volonté n'est pas moindre pour vous; votre prière peut donc avoir le même effet : c'est par ce moyen que Corneille le centurion sortit des ténèbres de l'idolâtrie et parvint à la lumière de l'Evangile; ses prières et ses aumônes, dit l'Ecriture, étaient montées jusqu'au trône de Dieu, et firent descendre sur lui les grâces qui lui ouvrirent l'entrée dans l'Eglise de Jésus-Christ. Servez-vous, mes frères, du même moyen pour attirer sur vous les dons de la divine miséricorde. Du profond de l'abîme où vous êtes ensevelis, élevez, pécheurs, comme le Prophète, votre voix vers le ciel : *De profundis clamavi ad te, Domine.* (*Psal.* CXXIX, 1.)

Recourez aussi à la prière, justes qui possédez la grâce de Dieu ; c'est pour vous un moyen nécessaire pour y persévérer. Quoique la grâce sanctifiante que vous possédez vous donne un droit aux grâces actuelles qui vous sont nécessaires pour faire le bien, Dieu ne vous doit pas ces grâces particulières et de choix, qui font infailliblement persévérer et qui assurent votre prédestination. Personne, dit saint Augustin, ne peut mériter ces grâces en rigueur de justice, mais on peut les obtenir. Il faut donc prier pour les avoir. Vous portez la grâce de Dieu dans un vase fragile, qui peut se briser à chaque pas que vous faites : vous êtes dans un vaisseau agité de tempêtes, exposé à tout moment à faire naufrage; que devez-vous donc faire, sinon de recourir comme les apôtres, à Jésus-Christ, qui seul peut commander aux vents et aux tempêtes? *Domine, salva nos, perimus : « Seigneur, sauvez-nous, car sans vous nous sommes perdus.* » (*Matth*, VIII, 25.) Vous êtes entourés d'ennemis qui ne cessent de vous porter des coups pour vous donner la mort. Ennemis au dedans, ennemis au dehors; au dedans agités de crainte, au dehors exposés au combat : *Foris pugnæ, intus timores.* Au dedans vous avez des passions qui se soulèvent contre la loi de Dieu; au dehors c'est le démon qui voudrait vous cribler comme le froment, ce sont les mauvais exemples qui font sur vos cœurs de funestes impressions : en quel danger n'êtes-vous pas de périr, en perdant la grâce de votre Dieu? Que vous reste-t-il à faire dans ces conjonctures? Je le répète, c'est de prier, et de prier sans cesse celui qui a commencé en vous la bonne œuvre, afin qu'il l'achève, comme dit l'Apôtre : *Qui cœpit opus bonum, perficiet.* (*Philipp.*, I, 6.) Ce fut par la prière que Moïse remporta la victoire sur les Amalécites, ennemis du peuple de Dieu; c'est par ce moyen que vous triompherez de ceux de votre salut. Elle sera le bouclier qui vous mettra à couvert de leurs traits. Si vous êtes tentés, elle vous délivrera de la tentation; si vous êtes dans l'ignorance, et si vous ne savez quel parti prendre en de certaines affaires critiques pour le salut, élevez vos yeux au ciel, et vous serez éclairés. Si vous êtes dans l'affliction, la prière vous consolera; dans l'adversité, elle vous soutiendra; dans la prospérité, elle vous garantira de ses écueils : en un mot, quelque obstacle que vous trouviez au salut, la prière vous le fera surmonter.

Pour vous animer encore plus au saint exercice de la prière, voyez-en l'efficacité dans ceux qui y sont les plus assidus. Qui sont ceux qui vivent le plus régulièrement? Ce sont ceux qui prient souvent, et qui prient comme il faut; ceux au contraire qui ne prient point du tout, comment vivent-ils? vous le savez, et vous le voyez tous les jours; ce sont des hommes esclaves de leurs passions qui ne pensent qu'aux biens et aux plaisirs de la terre ; ils trouvent toujours du temps pour les affaires du monde, et ils n'en trouvent jamais pour prier : faut-il s'étonner s'ils vivent si mal, s'ils succombent si souvent aux tentations qui se présentent, s'ils se laissent entraîner aux mauvais exemples, au torrent de la coutume, s'ils n'ont que du dégoût pour le service de Dieu et pour leur salut? Leur âme est comme une terre sèche qui n'est point abreuvée des rosées célestes; c'est un fonds stérile qui ne produit aucun bon fruit. Pourquoi? parce qu'ils ne prient point, parce qu'ils n'ont pas soin de faire descendre sur cette terre ingrate les célestes influences qui la rendraient fertile.

Pour éviter ce malheur, soyez assidus à la prière, et que rien ne vous dispense de ce saint exercice; fixez dans votre journée le temps que vous y devez donner : vous trouvez bien le temps de donner à votre corps plusieurs fois dans le jour la nourriture qui lui est nécessaire; la prière est la nourriture de vos âmes, pourquoi la refuseriez-vous à cette âme qui vaut infiniment plus que votre corps? Et certes, mes frères, ne serait-il pas étrange que vous eussiez un temps pour tout, excepté pour prier? On remarque dans vos journées l'heure du sommeil, l'heure du repas, l'heure des affaires, l'heure des divertissements, des promenades et du jeu; pourquoi n'y remarquera-t-on pas l'heure de la prière? Quoi! vous avez le temps de plaire au monde, et vous n'avez pas le temps de servir Dieu! vous avez le temps d'amasser des richesses périssables, et vous n'avez pas le temps de thésauriser pour le ciel! c'est-à-dire que vous avez le temps de vous damner, et vous n'avez pas le temps de vous sauver; car ne vous y trompez pas, il n'y a que la prière qui puisse vous ouvrir le ciel. Priez donc de temps en temps, surtout le matin et le soir; priez même sans cesse dans la journée, par de fréquentes élévations de vos cœurs vers Dieu. Priez pour vous-mêmes, priez pour les autres; pères et mères, priez pour vos enfants; enfants, adressez des vœux au Ciel pour vos pères et mères; pécheurs, priez pour votre conversion; justes, demandez au Seigneur votre persévérance et la conversion des pécheurs; car la prière du juste est très-puissante auprès de Dieu : mais pour que vos prières soient efficaces, apprenez les conditions qui doivent les accompagner.

Si l'on trouve ce premier Point assez long pour un Prône, on peut employer le second Point pour le Dimanche suivant, qu'on précédera de l'Exorde ci-après :

Petite, et dabitur vobis. (*Luc.*, XI, 9.)
Demandez et il vous sera donné.

Telle est, mes frères, la voie que Jésus-Christ nous indique pour avoir accès auprès du trône de sa miséricorde. Demandez et vous recevrez, cherchez et vous trouverez, frappez à la porte et on vous ouvrira, car quiconque demande reçoit, qui cherche trouve et on ouvrira à celui qui heurte. Vérité bien consolante, mes frères, qui doit nous faire sentir l'efficacité de la prière. Jésus-Christ, pour nous la rendre encore plus sensible, se sert de la comparaison d'un homme qui va, pendant le temps même du sommeil, demander à son ami du pain pour donner à manger à un autre ami qui est venu loger chez lui, et qui par importunité obtient ce qu'il désire, malgré la difficulté de sa demande. Il se sert encore de la comparaison d'un père à qui un enfant demande du pain. Ce père a le cœur trop bon pour lui donner une pierre au lieu de pain, ou pour lui donner un serpent au lieu d'un poisson. Si donc vous autres, tout méchants que vous êtes, conclut Jésus-Christ, vous savez donner de bonnes choses à vos enfants, à combien plus forte raison le Père céleste donnera-t-il le bon esprit à ceux qui le demandent? Après des témoignages si sensibles que Jésus-Christ nous donne de sa bonté à exaucer nos prières, pouvons-nous ne pas lui adresser nos vœux, et ne devons-nous pas tout espérer du pouvoir de la prière? Mais afin que nos prières soient reçues favorablement, il faut qu'elles soient accompagnées des conditions qui les rendent agréables à Dieu; ce n'est donc pas assez de prier; mais il faut bien prier : c'est ce que je me propose de vous apprendre dans cet entretien.

DEUXIÈME POINT.

Conditions de la Prière.

S'il y a des hommes, et des hommes chrétiens, qui ne prient point du tout, il y en a encore plus qui prient mal, et l'on peut dire que le grand malheur de l'homme ne vient pas tant d'un défaut de prière, que des mauvaises dispositions avec lesquelles on prie. Jamais tant de pratiques de dévotion, jamais tant de prières qu'on en fait aujourd'hui; cependant vit-on jamais plus de désordres? Le vice règne partout avec empire; les passions commandent dans tous les états; l'orgueil, l'avarice, la volupté, la vengeance, traînent à leur suite une infinité d'esclaves qui gémissent sous le poids de leurs chaînes et de leurs misères, malgré le nombre de prières qu'ils adressent au Ciel. Quoi donc! la prière n'a-t-elle plus le même pouvoir auprès de Dieu qu'elle avait autrefois? Dieu est-il changé à notre égard? le bras de ses miséricordes est-il raccourci? Non, mes frères, Dieu est toujours le même, toujours riche en miséricorde envers ceux qui l'invoquent; mais la plupart de ceux qui prient ne reçoivent pas l'effet de leurs demandes, parce qu'ils prient mal, dit saint Jacques : *Non accipitis, eo quod male petatis.* (*Jac.*, IV, 3.) Au lieu d'apaiser Dieu par leurs prières, ils l'irritent davantage; au lieu de faire descendre sur eux la rosée du ciel, par l'encens de leurs prières, ce sont de noires vapeurs qui s'élèvent de leurs cœurs, qui ne forment que des foudres et des tempêtes que la justice de Dieu ferait tomber sur eux, si elle n'était retenue par sa miséricorde. Au lieu de prier au nom de Jésus-Christ, on ne fait que des prières judaïques, par lesquelles on demande des choses indignes de ce grand nom; ou si on en demande qui conviennent à sa grandeur, on ne les demande pas comme il faut; de sorte qu'on peut faire à la plupart des chrétiens le même reproche que Jésus-Christ faisait à ses apôtres : *Vous n'avez encore rien demandé en mon nom : « Usque modo non petistis quidquam in nomine meo. »* (*Joan.*, XVI, 24.)

Il faut donc, mes frères, pour bien prier, prier au nom de Jésus-Christ, c'est-à-dire demander des choses dignes de ce nom salutaire, et les demander avec les dispositions qu'il exige de nous, qui sont l'attention, la confiance, l'humilité, la persévérance : telles sont les conditions de la prière; donnez-y votre attention.

Pour prier au nom de Jésus-Christ, il faut premièrement demander des choses dignes de ce grand nom, c'est-à-dire, des choses qui se rapportent à la gloire de Dieu et à notre salut, dit saint Grégoire. Ainsi, pécheurs, vous prierez au nom de Jésus-Christ, lorsque vous demanderez votre conversion, la victoire de cet orgueil qui vous domine, de cette avarice qui vous tyrannise, de cette envie qui vous ronge, de cette passion qui vous amollit, de cette colère, de cette vengeance qui vous trouble; lorsque vous le prierez de faire régner en vous l'humilité, le détachement des biens du monde, la charité, la patience, la douceur, la pureté; vous prierez au nom de Jésus-Christ, lorsque vous demanderez l'affermissement dans le bien et la persévérance dans la grâce; en un mot, qui que vous soyez, vous prierez au nom de Jésus-Christ, lorsque, vous servant du modèle de prières qu'il vous a donné dans l'Oraison Dominicale, vous lui demanderez la gloire de son saint nom, l'avénement de son royaume, l'accomplissement de sa volonté, les grâces nécessaires au salut, la délivrance des tentations, l'éloignement du péché et des maux de la vie future : si vous demandez à Dieu quelqu'autre chose que son royaume, ou ce qui peut vous y conduire, ce n'est pas prier au nom de Jésus-Christ, dit saint Augustin.

Dieu ne vous défend pas cependant de former des vœux pour quelque bien temporel; il ne vous défend pas de le prier pour le recouvrement de votre santé, pour le succès d'une juste entreprise, pour avoir de quoi nourrir et établir votre famille. Jésus-Christ nous a appris, dans l'Oraison Dominicale, à demander notre pain de chaque jour; et l'Eglise, son Epouse, toujours conduite par l'Esprit-Saint, adresse ses vœux au Ciel pour la conservation des biens de la terre. Mais si Dieu vous permet de demander des biens temporels, ce n'est qu'avec restriction que vous devez les demander, c'est-à-dire, qu'autant qu'ils servent de moyens pour arriver à votre fin dernière : *Il faut premièrement chercher le royaume de Dieu*, dit Jésus Christ, *et tout le reste vous viendra.* (*Matth.*, VI, 33.) La gloire de Dieu et le salut de votre âme doivent être les premiers mobiles qui animent vos prières : car, si des moyens que Dieu vous donne pour arriver à votre fin dernière, vous en faites votre fin même ; si vous ne cherchez que la graisse de la terre, au lieu de demander la rosée du ciel ; si vous ne portez vos vues que sur des biens temporels, et non sur des biens éternels, vos prières sont criminellement intéressées ; vous ne priez pas au nom de Jésus-Christ, mais au nom des passions qui vous dominent : *Usque modo non petistis quidquam.* Bien moins encore prierez-vous au nom de Jésus-Christ, lorsque vous demanderez des choses contraires à sa volonté ; pourriez-vous croire que Jésus-Christ emploie sa médiation pour vous les obtenir, lui qui n'a cherché en tout qu'à faire la volonté de son Père, qu'à procurer sa gloire ? Ne serait-ce pas une abomination d'employer une médiation aussi puissante, aussi sainte, pour obtenir des choses criminelles, comme l'accomplissement de vos désirs déréglés pour le succès d'une injuste entreprise ? Loin donc d'ici ces prières qui partent d'un cœur ambitieux qui ne soupire que pour les honneurs ; loin d'ici les prières de cet homme intéressé, de cet avare qui ne met sa félicité que dans les biens passagers, qui ne cherche qu'à accumuler, et qui ne forme des vœux que pour la terre ; loin d'ici les prières de ce voluptueux, qui ne demande les commodités de la vie que pour contenter sa mollesse ; loin d'ici les prières de cet homme injuste, qui demande le succès d'un mauvais procès qu'il a suscité pour opprimer le pauvre, la veuve et l'orphelin : ah ! malheur à vous qui demandez ces choses ! si Dieu écoute vos prières, c'est par un effet de sa colère qu'il vous accorde ce qui ne servira qu'à votre réprobation. Priez-le plutôt de ne pas vous exaucer, ou, pour mieux faire, abandonnez vos criminelles entreprises, réprimez vos désirs déréglés pour ne faire à Dieu que de justes demandes, et pour lors vous pourrez espérer qu'il sera favorable à vos vœux.

Demandez, comme Salomon, avant toutes choses cet esprit de sagesse qui conduise vos pas, qui préside à toutes vos entreprises, et vous éprouverez comme lui les bontés d'un Dieu qui prodigue ses largesses au-delà de ce qu'on lui demande. *Parce que vous ne m'avez demandé*, dit Dieu à ce grand prince, *ni une longue vie, ni l'abondance des richesses, ni la victoire sur vos ennemis, je vous accorde non-seulement cette sagesse qui a fait l'objet de vos vœux, mais encore un règne si florissant qu'il n'y en a point eu et n'y en aura point de semblable au vôtre.* (III *Reg.*, III, 11-13.)

C'est ainsi, mes frères, qu'en demandant à Dieu des choses conformes à ses désirs, il vous en accordera de conformes aux vôtres. Si vous demandez avant toutes choses son saint amour, sa grâce, son royaume éternel, il vous donnera des biens temporels autant qu'il vous en faudra pour y arriver ; que s'il ne vous les accorde pas, vous devez croire qu'ils ne vous sont pas nécessaires, et qu'il est à propos pour vous qu'il vous les refuse. Mais aussi soyez bien convaincus qu'ayant affaire à un Dieu infiniment riche envers ceux qui l'invoquent, vous serez dédommagés par des biens infiniment plus estimables que les biens temporels ; ce seront des trésors de grâce qui vous enrichiront pour le ciel, qui vous feront croître en vertus, pourvu toutefois que vos prières soient accompagnées de l'attention et des autres qualités qui doivent les rendre agréables à Dieu.

Si nous demandons aux Pères de l'Eglise ce que c'est que la prière, et si nous consultons même l'idée commune qu'on en a, nous apprendrons que c'est une élévation de notre esprit et de notre cœur vers Dieu, par laquelle nous lui exposons nos besoins. Or, si la prière est une élévation de notre esprit et de notre cœur vers Dieu, il faut donc que dans la prière nous pensions à Dieu, que nous soyons occupés de Dieu, ou de ce que nous lui demandons; sans cette attention la prière est un corps sans âme. *Dieu est esprit*, dit Jésus-Christ (*Joan.*, IV, 24), *il faut donc que ceux qui l'adorent, l'adorent en esprit et en vérité;* il faut que l'esprit s'accorde avec les lèvres. Car enfin, mes frères, comment voulez-vous que Dieu vous entende quand vous lui parlez, si vous ne vous écoutez pas vous-mêmes, dit saint Cyprien? si, tandis que vous remuez vos lèvres, votre esprit est occupé de vos affaires, votre cœur de l'objet de sa passion, vous vous flattez en vain d'obtenir ce que vous demandez : votre prière, bien loin de plaire à Dieu, est pour vous un sujet de péché; vous en sortez plus coupables que vous n'y êtes entrés : *Oratio ejus fiat in peccatum.* (*Psal.* CVIII, 7.)

Cependant, mes frères, à combien de personnes Jésus-Christ pourrait-il faire le même reproche qu'il faisait autrefois aux Pharisiens, et que le Seigneur avait déjà fait par un de ses prophètes ? *Ce peuple m'honore du bout des lèvres, mais son cœur est loin de moi : « Populus hic labiis me honorat, cor autem eorum longe est a me. »* (*Isa.*, XXIX, 13 ; *Matth.*, XV, 8.) Vous adressez à Dieu un grand nombre de prières, tantôt en les lisant dans les livres de piété, tantôt en les récitant par mémoire ; mais votre esprit et votre cœur n'y ont aucune part, ils sont occupés à des objets étrangers; faut-il s'étonner si Dieu réprouve votre prière, et si vous ne recevez pas l'effet de vos demandes; c'est parce que votre cœur est loin de Dieu : *Cor eorum longe est a me.*

Mais, direz-vous, l'esprit de l'homme est si léger, le cœur si inconstant, qu'il est bien difficile de fixer l'un et l'autre par cette attention que l'on doit à la prière ; on est sujet à une infinité de distractions qui troublent l'esprit le plus recueilli, et qui l'empêchent de penser toujours au même objet.

A cela j'ai deux réponses à faire : la première est pour la consolation de ceux qui craignent Dieu, qui éprouvent, malgré eux, des distractions qui ne leur sont point imputées, parce qu'ils ont soin de les prévenir, ou de les rejeter quand elles viennent. Ces distractions, bien loin de diminuer le mérite de leurs prières, l'augmentent, au contraire, par la violence qu'ils se font pour captiver leurs esprits; ainsi, il ne faut point se troubler ni s'inquiéter quand on en a, pourvu qu'on ait soin de les éloigner : les plus grands saints ont éprouvé, sur ce sujet, la légèreté et l'inconstance de l'esprit de l'homme.

Mais les distractions volontaires, c'est-à-dire, celles qu'on n'a pas soin de prévenir par la préparation à la prière, ou de rejeter quand elles se présentent, ce sont celles-là qui rendent criminelles les prières d'une infinité de chrétiens de nos jours ; tels sont ceux qui, avec des sens égarés, avec un esprit dissipé, et tout occupé d'affaires étrangères, viennent se présenter à la prière et la continuent dans ces dispositions; qui parlent à Dieu avec moins de respect qu'ils ne feraient à un homme, qui récitent leurs prières avec tant de précipitation, qu'à peine l'esprit peut suivre la langue. Hé! le moyen, mes frères, que vous ayez de l'attention dans vos prières, quand vous ne prenez aucune précaution pour éloigner de votre esprit ce qui peut vous distraire; quand vous vous placez dans des endroits les plus propres à vous dissiper, pour voir et pour y être vus; quand vous donnez toutes sortes de libertés à vos sens, à votre imagination, sans faire aucun effort pour les réduire en servitude; quand, vous apercevant des égarements de votre esprit, au lieu de le ramener au point qui doit le fixer, vous le laissez errer à son gré d'objet en objet : voilà ce qui s'appelle distractions volontaires, qui rendent criminelles et inutiles les prières d'un grand nombre de chrétiens, et qui provoquent, dit saint Augustin, la colère de Dieu par les moyens mêmes qui devraient l'apaiser.

Pour éviter, mes frères, ce malheur, il faut, selon le conseil du Saint-Esprit, préparer son âme à l'oraison : *Ante orationem præpara animam tuam* (*Eccli.*, XVIII, 23); c'est-à-dire qu'il faut éloigner de vous les objets, les affaires qui peuvent vous dissiper; détacher vos cœurs des liens qui les tiennent captifs pendant le temps de la prière; s'occuper de la présence et de la grandeur de Dieu à qui vous parlez, ou de l'importance des choses que vous lui demandez; vous placer dans les endroits les plus propres à vous recueillir; vous tenir dans une posture de corps qui fasse connaître les sentiments respectueux dont vous êtes pénétrés pour la présence de Dieu : car il veut être honoré par l'attention de notre esprit et par la modestie du corps : quand vous aurez pris toutes ces précautions, si les distractions se présentent, ayez soin de les éloigner autant de fois qu'elles reviendront, en élevant vos esprits et vos cœurs à Dieu : continuez ainsi votre prière, et vous en éprouverez la vertu, surtout si elle est accompagnée d'une ferme confiance.

Quoi de plus capable d'exciter en vous cette confiance que de penser que vous vous adressez, en priant, à un Dieu dont la bonté égale la puissance, à un Dieu qui, fidèle en ses promesses, s'est engagé à vous donner tout ce que vous demandez : *Si quid petieritis Patrem in nomine meo, dabit vobis?* (*Joan.*, XVI, 23.) Remarquez bien l'étendue de sa promesse : elle n'est point bornée à quelque grâce particulière, mais elle s'étend à toutes les grâces, à tous les temps, à tous les lieux. C'est ce que Jésus-Christ nous dit encore clairement dans un autre endroit : *Croyez que tout ce que vous demanderez vous sera accordé : « Quæcunque orantes petieritis, credite quia accipietis. »* (*Marc.*, II, 24.) C'est un Dieu qui parle, qui peut tout ce qu'il veut, et qui ne peut non plus manquer de fidélité à sa parole, que cesser d'être Dieu. De là, mes frères, quelle heureuse conséquence à tirer en faveur de la prière, à qui Dieu a donné tant de vertu : comme il a tout fait d'une seule parole, de même l'homme peut tout faire auprès de lui, par une parole qui sort d'un cœur plein de confiance; Dieu se rend, pour ainsi dire, obéissant à la voix de l'homme qui le prie : *Voluntatem timentium se faciet, et deprecationem eorum exaudiet.* (*Psal.* CXLIV, 19.) Ne craignez donc pas, mes frères, de demander tout ce que vous voudrez. Si c'était à un homme, à un grand de la terre que vous exposassiez vos besoins, vous pourriez craindre de n'être pas exaucés dans toutes vos demandes, parce que les hommes ne sont pas toujours bien disposés à notre égard; et quand ils le seraient, ils ne peuvent pas toujours ce qu'ils voudraient : ils se lassent de donner, parce qu'en donnant ils s'appauvrissent, et s'ils donnaient toujours, ils tomberaient enfin eux-mêmes dans le besoin. C'est pourquoi les plus bienfaisants même se lassent de nos importunités. Mais il n'en est pas ainsi de notre Dieu; toujours riche en miséricorde envers ceux qui l'invoquent, il n'est point resserré, dit saint Thomas, par la modicité de ses richesses, ni par la crainte de s'appauvrir. Il ne se rebute point de nos importunités; il veut même être pressé, sollicité; plus il donne, plus il aime à donner; plus on lui demande, plus on le glorifie; toujours attentif à nos besoins, il est toujours prêt à nous écouter et à nous faire du bien. Si nous sommes donc dans la misère, ne nous en prenons qu'à nous-mêmes : elle ne vient que de notre négligence à prier, ou de ce que nous ne prions pas avec une ferme confiance.

Quoi de plus capable encore d'exciter cette confiance, que de penser que nos prières sont appuyées de la médiation de Jésus-Christ, qui prie avec nous, qui prie pour nous, qui offre à Dieu, son Père, ses mérites pour nous! Un tel Pontife, un tel Médiateur qui a été exaucé, dit l'Apôtre (*Hebr.*, V, 7), à cause de sa dignité, ne rend-il pas nos prières bien efficaces et bien puissantes auprès de Dieu? l'Eglise en est bien persuadée, puisque dans toutes ses prières elle interpose le crédit de ce puissant médiateur, en finissant ses oraisons par ces paroles : *Per Dominum nostrum*, etc. C'est au nom de Jésus-Christ, dit-elle, que nous vous prions, Seigneur, de nous exaucer. C'est aussi sur la vertu de ce saint nom que vous devez, mes frères, appuyer vos demandes, et vous en sentirez l'efficacité. Mais en quoi consiste cette confiance qui doit animer vos prières? C'est une ferme assurance, c'est un ardent désir d'obtenir ce que vous demandez; car, en vain prierez-vous, si le désir d'être exaucé ne rend vos prières ferventes; en vain, pécheurs, demanderez-vous votre conversion et le pardon de vos péchés, si vous êtes toujours dans la disposition d'en commettre. En vain demanderez-vous à Dieu de briser vos chaînes, de rompre vos engagements, vos habitudes criminelles, si vous-mêmes ne faites aucun effort pour vous corriger; si votre cœur est toujours attaché à l'objet de votre passion, aux richesses, aux plaisirs, Dieu ne vous en détachera pas malgré vous, et votre confiance serait téméraire.

C'est en ce sens qu'il est vrai de dire que Dieu n'écoute pas les pécheurs, et comment Dieu écouterait-il ces pécheurs qui viennent lui demander grâce, les armes à la main; qui sollicitent leur pardon sans prendre aucun moyen pour se convertir; qui n'apportent à la prière aucun bon désir, aucune de ces préparations de cœur que le Prophète demande pour être exaucés : non, le Seigneur n'a rien promis à ces pécheurs rebelles et obstinés; mais pour les pécheurs qui s'adressent à lui, comme le publicain, avec un cœur contrit et humilié, avec un désir de changer de vie; ah! Dieu les écoute, il leur donne les grâces dont ils ont besoin, pour opérer l'ouvrage de leur conversion. Présentez-vous donc, pécheurs, au trône de la miséricorde de Dieu avec la confiance et l'humilité qui doivent accompagner vos prières. Quelque énormes, quelque multipliés que soient vos péchés, vous en obtiendrez le pardon si vous le demandez dans ces dispositions. Dieu ne rejettera jamais un cœur humilié; il écoute favorablement la prière des humbles : *Respexit in orationem humilium.* (*Psal.*, CI, 18.) Il rejeta la prière d'Antiochus parce qu'il priait en impie, dit l'Ecriture : *Orabat scelestus.* (II *Mach.*, IX, 13.) Il réprouva aussi la prière du Pharisien, parce qu'il priait en superbe; mais il fut propice au publicain, parce qu'il s'humilia en se reconnaissant indigne de paraître devant Dieu, jusque-là qu'il n'osait lever les yeux vers le ciel, que son péché lui avait fermé. Priez de même, pécheurs, et Dieu vous sera propice comme à lui : *Deus, propitius esto mihi peccatori.* (*Luc.*, XVIII, 13.) Qui que nous soyons, humilions-nous sous la main toute-puissante de Dieu, en nous reconnaissant indignes de ce que nous demandons : par là, nous nous rendrons, en quelque façon, dignes de l'obtenir, parce que le même Dieu, qui résiste aux superbes, donne la grâce aux humbles : ***Humilibus dat gratiam.*** (*Jac.*, IV, 6.)

Enfin, la dernière qualité qui doit accompagner nos prières, c'est la persévérance. Nous en avons un bel exemple dans la Cananée, qui, demandant à Jésus-Christ la guérison de sa fille, n'éprouva d'abord que des rebuts; mais cette femme, pleine de confiance, ne se rebuta point, elle ne cessa de prier jusqu'à ce qu'elle eût obtenu sa demande. Par sa persévérance à prier, elle triompha de la résistance de Jésus-Christ qui loua sa grande foi : *Magna est fides tua.* (*Matth.*, XV, 28.) Voilà, mes frères, le beau modèle que nous devons suivre : il faut toujours prier, toujours solliciter, toujours frapper à la porte; Dieu se plaît à nos importunités; il veut qu'on lui fasse, pour ainsi dire, violence, parce que nous lui donnons par là de plus grandes preuves de notre dépendance. S'il nous accordait d'abord ce que nous demandons, nous cesserions de prier, et par conséquent de reconnaître notre dépendance. C'est donc avec sagesse que le Seigneur, pour augmenter nos mérites, met à l'épreuve notre confiance, en différant de nous accorder nos demandes; mais nous ne perdrons rien à ces délais; s'il ne nous exauce pas dans un temps, il nous exauce dans un autre. Ne vous rebutez donc pas, mes frères, quand il ne se rend pas d'abord propice à vos vœux; il sait mieux que vous ce qu'il vous faut; il veut vous faire sentir vos besoins et votre dépendance. Il vous accordera enfin ce que vous demandez, et au delà même de vos demandes, si vous persévérez constamment dans la pratique de la prière. Ce ne fut qu'au son réitéré des trompettes que les murs de Jéricho furent renversés; et si, comme Moïse, vous ne vous lassez point d'élever vos mains au ciel, vous triompherez de vos ennemis, comme il triompha des siens.

Pratiques.—Que la prière soit donc votre occupation la plus ordinaire, vous en avez vu la nécessité, les avantages, les conditions qui doivent la rendre agréable à Dieu et utile à vous-mêmes. Prions en tout temps, en tout lieu, dans les tentations, dans les afflictions; prions avec attention, avec confiance, humilité et persévérance. Pour avoir cette attention dans vos prières, avant que de les commencer, mettez-vous en la présence de Dieu, vous recueillant quelque temps, et demandez-lui la grâce de les bien faire : *Domine, doce nos orare.* (*Luc.*, II, 1.) Unissez-les à celles que Jésus-Christ a faites sur la terre. Priez votre ange gardien de présenter vos prières à Dieu; pendant la prière soyez tout pénétrés de sa sainte présence, vous demandant, de temps en temps : A qui est-ce que je parle? qu'est-ce que je demande? Ne vous pressez point à réciter vos prières; il vaut mieux en dire peu, et les bien dire, que beaucoup, et les mal réciter. Arrêtez-vous de temps en temps pour rappeler votre esprit, lorsque vous vous apercevez qu'il est dissipé. Après la prière, demandez pardon à Dieu des fautes que vous y avez faites; ne manquez jamais à vos prières du matin et du soir. Rendez-vous familières, pendant la journée, les oraisons jaculatoires, fixez-les à certaines heures du jour, tantôt adorant Dieu, le louant, le remerciant, tantôt l'aimant, lui demandant pardon, etc. Faites le soir la prière en commun ; Jésus-Christ a promis d'être au milieu de ceux qui s'assemblent en son nom : priez-le sans cesse qu'il règne en vous par sa grâce en ce monde, et en l'autre par sa gloire. *Amen.*

PRONE XXXVII.

Pour le jour de l'Ascension.

SUR LE BONHEUR DU CIEL.

Gaudete et exsultate, ecce enim merces vestra multa est in cœlo. (*Luc.*, VI, 22.)

Réjouissez-vous et faites éclater votre joie, car une grande récompense vous est réservée dans le ciel.

C'est par ces consolantes paroles (1) que Jésus-Christ animait ses apôtres à souffrir courageusement les croix et les persécutions qu'il leur avait prédites, et qui devaient leur arriver. Vous serez, leur dit-il, l'objet de la haine et du mépris des hommes; vous deviendrez la victime de leur fureur. Vous serez, en haine de mon nom, conduits devant les tribunaux des princes de la terre pour y être jugés, condamnés à des supplices affreux, à une mort cruelle : mais ne vous découragez point, réjouissez-vous au contraire, parce qu'une grande récompense vous est réservée dans le ciel : *Gaudete*, etc.

Ce fut en effet la vue de cette récompense magnifique, qui soutint les apôtres dans les travaux qu'ils eurent à endurer, dans les persécutions qui leur furent suscitées de la part de leurs ennemis. Ce fut cette même vue qui encouragea les martyrs au milieu des supplices que la fureur des tyrans avait inventés pour les faire renoncer à leur foi. La vue d'un tel objet éteignait l'ardeur des flammes qui les dévoraient, émoussait le tranchant des épées qui les frappaient. L'espérance d'une vie bienheureuse leur faisait volontiers sacrifier une vie qui ne devait durer que quelques moments. Tel est, mes frères, le digne objet que je viens proposer à votre foi pour vous animer à souffrir constamment les misères de la vie, à surmonter courageusement tous les obstacles qui se présentent dans la pratique de la vertu. Il en coûte, il est vrai, de dompter ses passions, de sacrifier ses plus chères inclinations pour obéir à Dieu ; il en coûte de souffrir les affronts, les injures, les persécutions, les maladies, la pauvreté, les revers de fortune; mais envisagez, mes frères, l'heureux terme où tout cela vous conduit, et bien loin de vous affliger et de vous plaindre, vous tressaillerez de joie, en voyant la récompense qui vous est promise : *Gaudete*, etc.

Cette récompense est grande par l'abondance des biens qu'elle renferme : ***Merces multa est in cœlo.*** C'est le sujet de mon premier point. Cette récompense est à vous, si vous prenez les moyens de la mériter : ***Merces vestra***, etc. C'est le sujet du second point.

On peut mettre la morale suivante à la fin du premier point.

Vous qui désirez d'être heureux, aspirez au bonheur éternel ; point d'objet plus digne de votre ambition. Si vous ambitionnez les honneurs, ne courez point après ceux du siècle, qui s'évanouissent comme la fumée. Si vous désirez du bien, ne vous fixez point à ceux de la terre qui périront, et que vous n'emporterez point avec vous. Si les plaisirs vous charment, ne vous attachez point à ceux qui passent, et qui laissent toujours après eux plus d'amertume qu'ils n'ont eu de douceur ; mais recherchez la véritable gloire qui est dans le ciel, aspirez à des biens où les vers et la rouille ne peuvent pénétrer ; procurez-vous des plaisirs qui sont toujours purs, et qui ne finiront jamais : voilà les seuls objets capables de fixer tous vos désirs.

Autre Exorde.

Vado parare vobis locum. (*Joan.*, XIV, 2.)

Je m'en vais vous préparer une place.

Il était juste, mes frères, que le Sauveur du monde, après avoir achevé le grand ouvrage de notre rédemption, retournât dans le sein de son Père qui l'avait envoyé. Il était juste que ce Fils adorable, après avoir glorifié son Père par ses souffrances et par sa mort, après avoir fait connaître son nom au monde, allât prendre possession de la gloire qu'il avait méritée. La terre, ce lieu d'exil, ne devait pas posséder plus longtemps un si grand trésor ; elle devait le rendre au ciel qui le lui avait accordé. Mais ce n'est pas seulement pour prendre possession de sa gloire que Jésus-Christ monte au ciel : comme il nous a mérité par sa mort ce royaume éternel, il va nous en ouvrir la porte, et nous y préparer une place; c'est par là qu'il console ses apôtres du chagrin que doit leur causer son départ de ce monde. Ne vous affligez pas, leur dit-il, si je me sépare de vous, dans peu vous me verrez ; je vais vous préparer une place dans le ciel : ***Vado parare vobis locum.*** C'est aussi à nous, mes frères, comme aux apôtres, que Jésus-Christ adresse, dans le jour de son Ascension, ces paroles consolantes. Il monte au ciel pour nous en ouvrir la porte. Il est notre chef, et nous sommes ses membres, nous devons espérer de nous réunir un jour avec lui. Ainsi nous pouvons dire, avec le grand saint Léon, que l'Ascension de Jésus-Christ fait notre élévation, et que le jour de son triomphe est un jour de bonheur pour nous. Le ciel qui était fermé dès le commencement

(1) Cet Exorde peut servir pour les deux Points, ou pour chacun séparément.

du monde, est maintenant ouvert à tous les hommes : déjà un grand nombre y sont entrés à la suite de Jésus-Christ; déjà ce bienheureux séjour est peuplé d'une multitude innombrable de saints, qui ont marché sur les traces du chef des prédestinés. Ne seronsnous pas aussi du nombre, mes frères? N'irons-nous pas aussi occuper les places qui nous y sont marquées? C'est pour nous engager à en prendre les moyens que l'Eglise nous rappelle en ce jour la triomphante Ascension du Sauveur. Elevons donc nos esprits et nos cœurs vers la céleste Jérusalem, où Jésus-Christ a emporté toutes nos espérances. Détachons-nous de la terre, pour ne penser qu'au ciel, où Jésus-Christ nous invite à le suivre; nous y avons tous une place marquée. Ah! que cette pensée est bien capable d'adoucir toutes les amertumes de la vie, et de nous animer à la pratique des vertus qui doivent nous mériter ce bonheur! Ne nous lassons donc point de contempler la gloire des bienheureux, et cherchons avec soin la route qui y conduit. Tel est le sujet que je vais traiter ici. Le bonheur du ciel est grand; premier point. Que faut-il faire pour le mériter? second point.

PREMIER POINT.

Il est certain, mes frères, que l'homme est fait pour être heureux, le désir continuel qu'il a de sa félicité lui en est une preuve convaincante: mais où peut-on trouver un bonheur parfait qui remplisse tous nos désirs? Ne le cherchons pas dans cette vallée de larmes, dans cette terre de bannissement remplie de ronces et d'épines, où l'homme fait la triste expérience d'une infinité d'événements fâcheux qui rendent sa vie misérable, où il est tantôt troublé par la crainte, tantôt abattu par le travail, accablé par la pauvreté et les revers de fortune; aujourd'hui dévoré par le chagrin, demain tourmenté par la maladie, et toujours sujet à la mort. Quelques biens, quelques plaisirs que nous offre cette région de mortels, ils sont incapables de remplir la vaste étendue d'un cœur infini dans ses désirs; et comment pourraient-ils nous contenter, ces faux biens qui sont si imparfaits et de si peu de durée? D'ailleurs, on ne peut les posséder tous à la fois. La noblesse distinguée n'a pas toujours du bien pour se soutenir, ou la fortune n'est pas toujours illustrée par la naissance : tel qui a des richesses manque de science ou de santé, ou bien il a des ennemis qui l'inquiètent et le persécutent. Aujourd'hui on est recherché des hommes; demain abandonné de ses meilleurs amis. Il n'y a point de plaisir qui ne soit détrempé, ou du moins suivi de quelque amertume : à quelque fortune qu'on soit parvenu, on n'est jamais content : à peine possède-t-on ce qu'on désirait avec ardeur, qu'on en est dégoûté; de nouvelles recherches succèdent aux premières. Ainsi la vie se passe dans les désirs et les dégoûts, sans trouver de quoi se fixer; mais quand l'homme posséderait tous les biens du monde, et tous les trésors de la terre, quand il jouirait de tous les honneurs du siècle, et de tous les plaisirs des sens, il ne sera jamais rassasié et content : pourquoi? c'est qu'il sera toujours convaincu, malgré qu'il en ait, qu'il faudra un jour quitter tous ces biens, être privé de tous ces plaisirs, que tout passera, que tout finira à sa mort. Cette seule pensée est capable de troubler son bonheur; car le cœur ne peut être solidement content, dès qu'il ne l'est pas pour toujours.

Le plus heureux et le plus sage en même temps des rois de la terre avait sans doute éprouvé cette vérité, lorsque, après avoir goûté toutes les douceurs de la vie, il avouait ingénument que tout n'est que vanité. Je n'ai rien refusé, dit-il, à mes yeux et à mon cœur de tout ce qu'ils pouvaient désirer : nul n'a porté la magnificence plus loin que moi : honneurs, biens, plaisirs, tout ce qui a pu me flatter, me rendre heureux sur la terre, je me le suis procuré; et dans tout cela je n'ai reconnu que vanité et affliction d'esprit : *Vanitas vanitatum, et omnia vanitas.* (*Eccle.*, I, 2.)

Aussi Dieu ne se sert point des biens fragiles de ce monde pour récompenser ses élus; souvent ils en sont privés, tandis que les méchants les possèdent en abondance: preuve certaine d'une autre félicité plus parfaite et plus solide, que nous devons attendre du juste Rémunérateur de la vertu.

Quel est donc, mes frères, ce bonheur parfait qui doit remplir tous nos désirs, et pour lequel notre cœur soupire incessamment? C'est, dit saint Augustin, le bien suprême, le bien solide et véritable, qui est la source de tous les biens; c'est Dieu luimême; il n'en faut point chercher ailleurs, mais se fixer à celui-là. C'est pour lui que nous sommes faits, dit le même saint docteur, et notre cœur sera toujours inquiet, jusqu'à ce qu'il se repose en lui : *Fecisti nos, Domine, ad te, et irrequietum est cor nostrum, donec requiescat in te.* Mais quand posséderonsnous ce bien suprême qui ne laissera aucun vide dans notre âme? C'est dans le ciel, où il sera, comme il le dit lui-même, notre récompense magnifique. En le possédant, nous posséderons tous les biens, et nous les posséderons pour toujours : ainsi, notre bonheur sera universel et éternel; deux sources de délices qui, selon l'expression du Prophète, rassasieront, enivreront les bienheureux de l'abondance des biens de la maison du Seigneur : *Inebriabuntur ab ubertate domus tuæ.* (*Psal.* XXXV, 9.)

Je pourrais d'abord, mes frères, pour vous donner quelque idée du bonheur éternel, vous le dépeindre par quelques-unes de ces comparaisons sensibles dont on se sert pour en faire une faible ébauche. Représentezvous, vous dirais-je, un homme aussi heureux qu'on peut l'imaginer dans le monde; un homme qui ne serait point sujet, ni aux chagrins ni à la douleur, à la maladie, aux revers de fortune, ni à tout ce qui peut nous affliger sur la terre; qui jouirait toujours d'une santé parfaite ; qui réunirait dans sa personne tout ce que les honneurs du monde ont de plus grand, tout ce que les richesses ont de plus brillant, tout ce que les plaisirs ont de plus charmant ; un homme, enfin, qui fût maître de tout l'univers, que rien n'afflige, et à qui rien ne manque de tout ce qu'il peut désirer. Le sort de cet homme, quelque flatteur, quelque désirable qu'il vous paraisse, est moins, à l'égard du bonheur éternel, qu'une goutte d'eau en comparaison de la mer. Le dernier des bienheureux est plus content mille fois que tous les rois du monde dans les plus beaux jours de leur vie. Pour concevoir encore quelque idée de ce bonheur, jetez les yeux sur tout ce que l'univers vous présente de plus beau et de plus magnifique dans la nature et dans l'art. La vaste étendue des cieux, le nombre des étoiles, la clarté du soleil, la fertilité de la terre, la beauté des fleurs, l'harmonie des concerts, les palais des grands, la magnificence des rois, en un mot, tout ce qu'on peut voir ici-bas de plus beau et de plus ravissant; tout cela n'est qu'une faible image de la beauté du ciel, où le Seigneur déploie toute sa magnificence en faveur de ses élus. *L'œil n'a point vu*, dit l'Apôtre, *l'oreille n'a jamais entendu, et l'esprit de l'homme ne peut comprendre ce que le Seigneur prépare à ceux qui l'aiment.* (I *Cor.*, II, 9.) Si je vous disais encore, que le ciel est un séjour de paix inaccessible à tout ce qui peut nous troubler; que c'est un jour toujours serein, qui ne sera obscurci d'aucun nuage, ni interrompu par les ténèbres de la nuit; que c'est un printemps continuel, exempt de toutes les incommodités des saisons; que c'est un royaume où tous les sujets sont rois, où il n'y aura plus d'envieux, ni d'ennemis qui puissent nous nuire, d'où les chagrins, l'ennui, la crainte, les maladies, la mort, sont bannis pour toujours, où l'on possède tous les biens sans mélange d'aucun mal. Le paradis est tout cela, et plus encore; car, ce que je vous en dis n'exprime que faiblement ce qu'il est. C'est un bonheur si grand, dit saint Augustin, qu'on ne peut assez dire pour le faire comprendre, ni assez faire pour le mériter. Voilà, chrétiens, l'idée la plus magnifique que je puisse vous en donner; mais quoi qu'on en puisse dire ou penser, il est infiniment au-dessus de nos pensées et de nos expressions. Cependant, pour remplir mon dessein, je m'attache à l'objet principal de la béatitude, qui est Dieu : c'est la possession de ce bien souverain qui rendra le bienheureux parfaitement content : *Satiabor cum apparuerit gloria tua.* (*Psal.* XVI, 15.)

On distingue trois opérations dans l'âme du bienheureux, qui font la béatitude essentielle et complète : la connaissance, l'amour et la joie. Le bienheureux connaît Dieu en lui-même, et tel qu'il est ; cette connaissance produit en lui l'amour le plus ardent et le plus conforme à ses inclinations; elle le remplit d'une joie qui surpasse tout ce qu'on en peut dire; voilà ce qui fait le bonheur des saints dans le ciel.

Dans cette vie mortelle, nous ne connaissons Dieu que d'une manière imparfaite et énigmatique, comme dit l'Apôtre; notre âme est dans notre corps comme dans une prison qui lui cache la beauté du bien souverain : c'est pourquoi cette âme l'aime si peu, et s'en détache si aisément : mais l'âme du bienheureux, dégagée des ténèbres qui lui cachaient le bien suprême, le connaîtra tel qu'il est; elle verra clairement cette lumière ravissante qui se manifestera dans toute sa beauté. Unité d'un Dieu, Trinité des personnes, mystère incompréhensible à notre faible raison, sagesse, toute-puissance, justice, éternité, immensité de Dieu, tout paraîtra à découvert ; ses adorables perfections dont cette âme a ouï si souvent parler, qu'elle a ardemment désiré de connaître, elle en verra, elle en distinguera toutes les ravissantes amabilités, et cette connaissance l'élèvera à un si haut point de gloire, qu'elle la rendra, dit saint Jean, semblable à Dieu même : *Similes ei erimus, quoniam videbimus eum sicuti est.* (I *Joan.*, III, 2.)

De là ces transports d'amour qui porteront cette âme vers Dieu avec une ardeur toujours nouvelle, que rien ne sera capable d'arrêter. Plus elle le verra, plus elle l'aimera. Comment pourrait-elle ne pas aimer un objet qu'elle connaît infiniment aimable, et qui se communique à elle avec les profusions d'un amour infini ? Dieu aura pour l'âme tant d'attraits, qu'elle en sera toujours occupée, toujours ravie, toujours absorbée en lui; et l'amour de cette âme pour son Dieu sera si ardent et si impétueux, qu'il sera toujours avide et toujours insatiable; mais cette ardeur et cette avidité sera sans inquiétude, parce qu'elle jouira toujours de l'objet de ses désirs; et comme cette jouissance sera sans dégoût, qu'elle donnera, au contraire, toujours de nouveaux plaisirs, le bienheureux désirera toujours ce qu'il aura, et il aura toujours ce qu'il désirera, dit saint Augustin : *Semper avidi, et semper pleni.* Telle sera pendant l'éternité sa situation; il trouvera dans la possession de Dieu de quoi contenter tous ses désirs. Cet objet charmant lui tiendra lieu de tout, et il sera sa récompense, sa force, sa santé, ses richesses, sa joie, ses délices; en un mot, il remplira tellement toute la capacité de son cœur, qu'il le rassasiera de tous les biens et de tous les plaisirs : *Erit omnia in omnibus.* O sort infiniment désirable ! Qui de nous, mes frères, ne l'ambitionnerait pas ? Mais voulons-nous être embrasés du feu de l'amour divin dans le ciel? laissons-nous-en pénétrer sur la terre; que ce feu céleste nous détache de tout ce qui n'est pas Dieu, pour le faire régner seul dans nos cœurs. Point de moyen plus sûr de mériter ce bonheur, qui se fait encore sentir par la joie la plus pure et la plus ravissante.

Il faut que la joie des saints soit bien grande, puisque l'Ecriture sainte la compare à une ivresse : *Inebriabuntur ab ubertate domus tuæ : « Vos élus, Seigneur, seront enivrés de l'abondance de vos biens, et vous les ferez boire dans un torrent de délices : » Et torrente voluptatis potabis eos.* (*Psal.* XXXV, 9.) Quelle expression, mes frères, et que pouvons-nous trouver en cette vie qui puisse nous représenter les douceurs de cette joie? Les joies de ce monde sont des joies mêlées d'amertumes; à peine en coule-t-il dans nos cœurs quelques gouttes qui soient pures, et qui ne se dissipent d'abord. Pour un moment de plaisir que l'on ressent, combien n'éprouve-t-on pas de chagrin? Mais la joie du bienheureux sera une joie pure, une joie abondante et solide: *Intra in gaudium Domini tui.* (*Matth.*, XXV, 21.) Non-seulement le cœur sera rempli de joie, mais la joie le renfermera, l'enivrera de telle manière, que de quelque côté qu'il se tourne, il ne trouvera que de la joie; quelque objet qui se présente à lui, ce sera toujours pour le réjouir. Soit qu'il regarde le passé, le présent, l'avenir, il n'y verra que des sujets qui le réjouiront. S'il regarde le passé, il voit que ses travaux sont finis; le présent lui en offre la récompense, et l'avenir lui en assure la durée éternelle. Quelle joie pour un combattant qui se voit couronné de lauriers après avoir échappé aux dangers de la mort où la guerre l'a mille fois exposé! Quelle joie pour un voyageur, qui, après avoir essuyé les fatigues d'une longue route, est enfin arrivé à sa patrie, pour laquelle il soupirait depuis longtemps! Quelle joie pour un marchand qui aborde heureusement au port avec un vaisseau chargé de riches marchandises, après qu'il a été sur la mer le jouet des tempêtes, exposé à une infinité de dangers et d'écueils, où il a failli perdre la vie avec ses richesses! Telle, et mille fois plus grande encore, est la joie d'un bienheureux qui se voit dans le ciel, sa chère patrie, à l'abri des tempêtes, des tentations, des écueils où il a été exposé pendant la vie. Quel contentement pour cette épouse fortunée d'avoir trouvé son cher époux qu'elle a cherché avec tant d'empressement sur les montagnes et dans les vallées! Ah! qu'elle est bien dédommagée des courses fatigantes que son amour lui a fait faire! Je l'ai enfin trouvé, dit-elle, cet Epoux, le bien-aimé de mon âme; je le tiens, et je ne le perdrai plus: *Tenui eum, nec dimittam.* (*Cant.*, III, 4.) J'ai pu être privée de mon bonheur, dit cette âme bienheureuse; j'ai pu être condamnée à des flammes éternelles : mais maintenant je possède en sûreté l'objet de mes désirs, et je ne crains plus de le perdre : me voilà enfin arrivée à cet heureux terme pour lequel j'ai longtemps soupiré; je suis en possession de ce royaume qui n'aura point de fin. Ah! que je me sais maintenant bon gré des pénitences, des jeûnes, des aumônes, des mortifications, et de tous les exercices d'une vie chrétienne qui m'ont mérité ce bonheur éternel! O sainte pénitence! ô croix et souffrances! que vous me donnez maintenant de consolation et de plaisirs! que je suis bien récompensée au-delà de ce que j'ai mérité! Que cette joie, mes frères, est pure! qu'elle est grande! qu'elle est ravissante! surtout quand on fait réflexion que personne ne peut la ravir : *Gaudium vestrum nemo tollet a vobis.* (*Joan.*, XVI, 22.)

Non, chrétiens, le bienheureux ne craindra plus son sort, parce qu'il sait que son bonheur est éternel; car il n'en sera pas des biens du ciel comme des biens fragiles de la terre. Ici-bas tout est sujet au changement, tout passe avec le temps. Les fortunes les mieux établies tombent en ruine, et ne laissent après elles que de tristes débris. Tel aujourd'hui est dans l'opulence, qui demain sera réduit à la misère : tel aujourd'hui compte sur une abondante moisson, qui dans peu sera frustré de ses espérances. Souvent l'obscurité et le mépris succèdent à la gloire et aux honneurs, la tristesse aux plaisirs. Et quand la vie ne serait pas sujette à cette vicissitude de biens et de misères, de plaisirs et de chagrins, toujours est-il vrai que tout finira à la mort; tout aura passé comme un songe. Mais les biens du ciel ne sont point sujets à cette caducité : ce sont des biens solides et permanents, des biens éternels que l'on possédera sans crainte de les perdre. Là, il n'y aura plus de concurrent qui puisse nous supplanter, plus d'envieux qui puisse nous nuire, plus d'ennemis qui nous persécutent, plus de douleur qui puisse nous faire perdre la vie du corps. Il n'y aura point non plus de tentation, de mauvais exemples qui puissent nous porter au mal; plus de danger qui puisse nous faire perdre notre innocence, puisque nous ne serons plus dans la voie, mais dans un état fixe et permanent, que rien ne pourra plus changer. Fixés par l'éternité de Dieu, nous serons heureux du même bonheur que lui; c'est-à-dire, tant qu'il sera Dieu, notre bonheur durera. Ah! que cette pensée, mes frères, a pour un bienheureux quelque chose de doux et de ravissant! Je suis assuré, peut-il dire, que tandis que Dieu sera Dieu, je le posséderai toujours, que personne ne pourra me ravir ce bonheur. Si le grand malheur des réprouvés est de sentir à chaque instant le poids de leur éternité malheureuse, n'est-ce pas un grand sujet de joie pour un prédestiné de sentir aussi à chaque instant les charmes et les douceurs de la bienheureuse éternité? Je suis dans le ciel pour toujours; voilà ce ce que peut dire à tout moment un bienheureux : que cette pensée, encore une fois, est bien capable d'inonder l'âme de joie! Quand le bonheur des saints ne serait pas si grand qu'il l'est, quand ce ne serait qu'une félicité telle que vous pourriez vous l'imaginer sur la terre, n'est-ce pas quelque chose de bien doux de savoir qu'on doit le posséder toujours? Mais ce qui met le comble à ce bonheur, c'est que dans son éternité il renferme tout ce qu'on peut imaginer de plus attrayant.

Que vos tabernacles, Seigneur, sont désirables, et qu'heureux sont ceux qui habitent en votre sainte maison! O sainte patrie! quand nous sera-t-il donné d'être un jour vos habitants? Ah! je ne suis plus surpris d'entendre le Roi-Prophète se plaindre de la longueur de son pèlerinage, et le grand Apôtre demander la délivrance de cette prison mortelle, pour être réuni à Jésus-Christ: *Desiderium habens dissolvi, et esse cum Christo.* (*Philip.*, I, 23.) Je ne suis plus surpris de voir des troupes innombrables de martyrs braver la fureur des tyrans, affronter les supplices et la mort, monter sur les échafauds comme sur les trônes, voler au martyre comme au festin le plus délicieux. Je ne suis plus surpris de voir une infinité de solitaires fouler aux pieds le monde avec ses douceurs, pour se retirer dans des déserts affreux, et se livrer aux rigueurs de la pénitence. Ce qui les animait tous, c'était la vue d'un bonheur éternel. Leur espérance pleine de l'immortalité les rendait insensibles, les uns aux tourments les plus cruels, les autres aux plaisirs les plus séduisants, parce qu'ils savaient bien qu'ils ne pouvaient acheter trop cher un royaume éternel, et que tout ce qu'ils faisaient, n'était rien en comparaison du poids immense de gloire qui les attendait dans le ciel.

Vous portez sans doute, mes frères, votre espérance jusqu'au séjour bienheureux des saints; et à la description que je viens de vous en faire, vous voudriez déjà occuper la place qui vous est préparée; mais ce n'est pas assez de la désirer, il faut la mériter: c'est ce que je dois vous apprendre dans mon second point.

DEUXIEME POINT.

Si le royaume des cieux est un héritage qui nous a été acquis par les mérites d'un Dieu Sauveur, c'est aussi une récompense qui ne sera donnée qu'à nos mérites. C'est une couronne de justice, dit l'Apôtre, que le Juge souverain ne distribuera qu'à ceux qui auront légitimement combattu. Jésus-Christ a fait de son côté tout ce qu'il fallait pour nous assurer le droit à ce royaume éternel; c'est à nous à faire ce que Dieu demande pour nous en mettre en possession. Or, à quelle condition cette couronne immortelle nous est-elle promise? que faut-il pour la mériter? Nous la mériterons, mes frères, nous la remporterons aux conditions que Jésus-Christ lui-même nous a marquées dans son Evangile. Mais quelles sont ces conditions? J'en remarque deux principales qui renferment toutes les autres: un entier détachement des choses du monde: *Beati pauperes* (*Matth.*, V, 3); une sainte violence qu'il faut se faire pour arriver à ce royaume: *Violenti rapiunt illud.* (*Matth.*, XI, 12.) Telle est, mes frères, la route qui vous y conduira: suivez-la, et vous êtes sûrs d'y arriver.

Je ne m'arrêterai pas, mes frères, à vous prouver ici que pour entrer dans le ciel, il faut être sans péché. On vous l'a dit cent fois, et vous ne pouvez l'ignorer, que rien de souillé ne peut avoir accès dans ce bienheureux séjour: *Non intrabit in eam aliquod coinquinatum.* (*Apoc.*, XXI, 27.) Ne fussiez-vous coupables que d'un seul péché mortel, si vous mourez dans cet état, jamais de ciel pour vous; vérité de foi qui nous est répétée dans beaucoup d'endroits de l'Ecriture. *Ne vous y trompez pas*, dit le grand Apôtre, *ni les ivrognes, ni les voleurs, ni les impudiques n'auront jamais de part au royaume de Dieu* (I *Cor.*, VI, 9), qui est la récompense de la vertu. Le péché, mes frères, est donc le seul obstacle qui peut vous fermer l'entrée du séjour de la gloire. Vivez sans péché, mourez sans péché, le céleste héritage vous est assuré.

Mais pour éviter le péché, il faut être détaché de tout ce qui peut vous porter à le commettre, de tout ce qui peut en être la cause ou l'occasion. Or quelles sont les causes ordinaires des péchés des hommes? Ce sont les biens, les honneurs, les plaisirs du siècle. Ce sont là les obstacles qui les arrêtent dans le chemin qui conduit à l'immortel séjour. Il faut donc vivre dans un entier détachement de toutes ces choses, si vous avez un vrai désir de l'éternelle félicité: car en vain, mes frères, vous flattez-vous d'aller au ciel, si vous rampez sur la terre par des désirs grossiers, par un criminel attachement aux biens du monde, aux honneurs, aux plaisirs du siècle. Ne savez-vous pas que Jésus-Christ ne promet son royaume qu'aux pauvres d'esprit; c'est-à-dire, à ceux qui souffrent la pauvreté où ils sont réduits, par soumission à la volonté de Dieu, ou à ceux qui possèdent les richesses sans y attacher leur cœur, qui en usent comme n'en usant pas, qui s'en servent pour amasser des trésors dans le ciel, par les pieuses libéralités qu'ils font aux pauvres? Que dit-il, au contraire, des riches avares, des riches attachés à leur trésor? qu'il leur est aussi difficile d'entrer dans le ciel qu'à un chameau de passer par le trou d'une aiguille. Terrible expression, mes frères, qui doit faire trembler ceux qui mettent leur félicité dans leurs richesses. A qui Jésus-Christ promet-il encore son royaume? c'est à ceux qui pleurent, qui gémissent sur la terre, qui ont faim et soif de la justice, qui souffrent patiemment les persécutions: *Beati qui lugent, beati qui persecutionem patiuntur.* (*Matth.*, V, 10.) Malheur, au contraire, dit-il, à ceux qui rient, qui ont tout leur contentement en ce monde, parce que leur joie se changera en des douleurs éternelles: *Væ vobis qui ridetis, væ vobis qui saturati estis, quia lugebitis.* (*Luc.*, VI, 24, 25.) Qui sont ceux encore qui seront exaltés dans la gloire? Ceux qui seront humiliés sur la terre; tandis que ceux qui s'y seront élevés, seront accablés d'une confusion éternelle.

Tels sont, mes frères, les oracles de Jésus-Christ, oracles qui subsisteront dans tous les siècles et qui prévaudront toujours contre les fausses maximes du monde; oracles, par conséquent, que nous devons croire, pour mettre en pratique ce qu'ils nous enseignent. Il n'y a point d'autre voie pour arriver au ciel que celle que Jésus-Christ nous a marquée. S'il y en avait une autre, montrez-moi-la, dit saint Cyprien, et je la suivrai. Mais quiconque ne suit pas celle qui est déjà tracée par la souveraine sagesse, est sûr de s'égarer. Suivez-la donc, cette voie, si vous voulez arriver sûrement au port du salut : vivez dans un entier détachement des choses du monde, et vous marcherez avec facilité, avec assurance. Un voyageur marche bien plus aisément quand il ne porte rien sur soi, que quand il est chargé. Les biens de la terre sont des fardeaux qui nous chargent par les obligations qu'ils nous imposent ; ce sont des épines qui nous arrêtent, par les soins et les embarras qu'ils nous donnent. Heureux donc et mille fois heureux ceux qui ne sont point chargés de ces fardeaux, et qui ne sont point arrêtés par ces épines, parce qu'ils ne sont occupés qu'à chercher les biens solides et véritables qui méritent leur empressement. Nous n'aurions aucune peine, mes frères, à nous détacher des choses du monde, si nous nous regardions sur la terre comme des voyageurs qui doivent aller à leur patrie. En effet, quelle indifférence et quel détachement, dans un voyageur, pour tous les objets qui se rencontrent sur la route ! quelle est son ardeur et son empressement pour se rendre dans sa chère patrie ! Toutes ses pensées, ses désirs, ses entretiens ne roulent que sur elle. En vain voudrait-on le retenir pour lui faire admirer la beauté, la magnificence des bâtiments que l'on trouve sur les chemins, pour lui faire goûter les plaisirs des compagnies, des fêtes que l'on y voit ; rien n'est capable de l'arrêter, il se contente de prendre ce qui lui est nécessaire pour soutenir ses forces, et suivre sa route. Ni les difficultés des chemins, ni l'incommodité des temps ne l'empêchent d'aller et de continuer son voyage. Si la nuit s'avance, il double ses pas, et il n'est point tranquille qu'il ne soit arrivé. C'est ainsi, mes frères, que nous devons nous comporter à l'égard du ciel, notre patrie. La terre est pour nous un lieu d'exil et de pélerinage, où nous ne pouvons nous fixer ; nous n'y avons point de demeure permanente ; après y avoir passé un certain temps, il faudra enfin la quitter : *Non habemus hic manentem civitatem.*

Nous sommes faits pour le ciel, cette bienheureuse terre des vivants, où nous devons demeurer éternellement : *Sed futuram inquirimus.* (*Hebr.*, XIII, 14.) Imitons donc la conduite des voyageurs ; que toutes nos pensées, nos désirs n'aient d'autre objet que cette bienheureuse patrie : n'ayons d'autres conversations que dans le ciel, comme dit l'Apôtre, ne cherchons que les choses du ciel ; c'est là qu'est notre trésor, c'est là aussi que doit être notre cœur : *Quæ sursum sunt quærite.* (*Coloss.*, III, 1.) Comme un voyageur n'use des biens qu'il trouve dans sa route, qu'autant qu'il lui en faut pour la continuer, usons de même des biens du monde qui passe, n'en prenons qu'autant qu'il nous en faut pour achever notre carrière. Imitons en cela les soldats de Gédéon, qui, en passant le Jourdain, se courbaient à peine pour prendre un peu d'eau dans leurs mains pour étancher leur soif. Ce fut à cette marque que ce vaillant capitaine reconnut ses véritables soldats. C'est aussi par le peu d'usage que nous ferons des biens du monde, que Dieu nous reconnaîtra pour les vrais héritiers de son royaume. Quiconque en use autrement, ne mérite pas cette qualité. Quiconque ne gémit pas comme un voyageur, dit saint Augustin, ne se réjouira pas comme citoyen : car ce n'est pas aimer sa patrie, que de s'attacher aux douceurs de son pèlerinage : *Qui non gemit ut peregrinus, non gaudebit ut civis.*

Ah ! si nous étions bien convaincus, dit saint Grégoire, de la grandeur des récompenses qui nous sont promises dans le ciel, nous regarderions comme vil et méprisable tout ce qu'on possède sur la terre ; tous les trésors du monde ne nous paraîtraient que comme de la boue : nous ne serions touchés ni de la perte, ni du gain des biens temporels ; nous n'estimerions rien digne de notre attention, que ce qui pourrait nous conduire au séjour immortel. En vain le monde voudrait-il nous tenter par ses honneurs, nous charmer par ses plaisirs, nous n'aurions d'ambition que pour les honneurs du ciel, nous ne prendrions d'autre plaisir que celui de nous occuper des délices ineffables qui doivent être la récompense de la vertu. Assis, comme autrefois les Israélites, sur les bords d'une infortunée Babylone, nous soupirerions sans cesse pour notre chère Jérusalem : *Super flumina Babylonis,* etc. En vain nous pressez-vous, dirions-nous aux habitants de Babylone, aux amateurs du monde, de participer à vos joies profanes, de nous livrer à vos divertissements ; comment peut-on se réjouir dans un lieu d'exil, dans une terre étrangère ? *Quomodo cantabimus..... in terra aliena?* Convient-il à des exilés, tels que nous sommes, de nous livrer à la joie, tandis que nous sommes éloignés de notre chère patrie ? Ah ! si nous avons quelque consolation dans cette vallée de larmes, c'est dans le souvenir de la Jérusalem céleste, et dans l'espérance de la voir un jour. Ce souvenir sera tellement gravé dans notre esprit, que nous oublierions plutôt notre main droite, et notre langue s'attachera plutôt à notre palais, que d'oublier la céleste Sion : *Si oblitus fuero tui, Jerusalem, oblivioni detur dextera mea.* (*Psal.* CXXXVI, 1, 4, 5.) Tels sont, mes frères, les sentiments d'une âme qui, détachée de la terre, ne soupire que pour le ciel, ne cherche que les choses du ciel. Mais sont-ce là les sentiments de la plupart des hommes ? A voir leur attachement pour les biens du monde, et leur empressement pour les plaisirs, ne dirait-on pas qu'ils ne sont faits que pour la terre, et non pour le ciel ? On ne voit dans le monde, dit saint Grégoire, que misère, que mort, que gémissements, qui devraient bien nous en détacher ; et on est assez aveuglé pour s'abandonner à ce monde trompeur qui nous fuit : pour quelques fades plaisirs qu'il nous présente, quelques biens frivoles qu'il promet, on renonce aux biens éternels. Quel aveuglement! quelle folie! Il est vrai qu'on n'est pas assez ennemi de soi-même pour y renoncer entièrement; mais que prétend-on? Sans perdre l'espérance de posséder les biens de l'éternité, on veut goûter ici-bas les plaisirs du monde, profiter de ses biens, s'enivrer de ses douceurs. Erreur! mes frères; on ne peut avoir deux félicités; si vous faites votre paradis dans ce monde, vous ne le ferez point dans l'autre; car pour goûter les plaisirs du ciel, pour jouir des biens immenses qui nous y sont réservés, il faut renoncer à ceux de la terre : autrement Jésus-Christ se serait trompé. Ce n'est pas assez, comme il nous l'assure, il faut encore se faire une sainte violence pour remporter ce royaume : *Violenti rapiunt illud.*

Oui, mes frères, le ciel est une place qu'on ne prend que par force; c'est une couronne qui demande des combats et des victoires. Personne ne l'aura qu'à cette condition : les Livres saints sont remplis d'expressions qui ne laissent pas le moindre doute sur cette vérité. Ici, ils nous disent que le chemin qui conduit au ciel est étroit, qu'il est parsemé de ronces et d'épines, et que peu de personnes osent s'y engager; là, que pour y arriver, il faut se renoncer soi-même, porter la croix; qu'il faut faire des efforts pour entrer par la petite porte : *Contendite intrare per angustam portam.* (*Luc.*, XIII, 24.) Et certes, n'est-il pas juste qu'il en coûte quelque violence et quelque effort pour mériter une couronne d'un si grand prix? Si l'on fait tant de démarches pour faire fortune dans le monde, si l'on voit le soldat s'exposer à mille dangers, pour avoir une récompense dont il est souvent frustré, ou dont il ne doit pas jouir longtemps : *Illi ut corruptibilem coronam accipiant;* que ne doit-on pas faire pour avoir une récompense qui ne peut nous manquer, si on la mérite, et qu'on est sûr de conserver pour toujours : *Nos autem incorruptam?* (I *Cor.*, IX, 25.) Un laboureur essuie les incommodités des saisons, souffre les plus pénibles travaux par l'espérance de la récolte. Un malade prend les remèdes les plus amers et les plus dégoûtants, par le désir qu'il a de prolonger sa vie de quelques jours : et on ne voudra rien faire de pénible, ni se gêner en rien, pour se procurer une vie éternelle, remplie de tous les biens et de tous les plaisirs imaginables? O vous, qui faites tant de choses pour vivre quelques jours de plus, dit saint Augustin, ne ferez-vous rien, ne voudrez-vous rien souffrir pour vivre toujours? Si vous aimez la vie, aimez celle qui ne finira jamais, et faites du moins pour elle autant que vous faites pour une vie misérable, qui tôt ou tard doit finir. Mais en quoi consiste cette sainte violence qu'il faut se faire pour mériter la vie éternelle? Il faudrait plus d'un discours pour vous l'expliquer, car c'est là où se réduit toute la morale de l'Evangile. Ce que je puis et dois vous dire en général sur ce sujet, c'est que cette violence nécessaire pour gagner le royaume des cieux, consiste à combattre continuellement contre les ennemis de votre salut, à résister constamment aux tentations du démon, du monde et de la chair; à mortifier vos passions, à dompter vos inclinations perverses, à réduire vos sens en servitude, à sacrifier l'amour-propre, à réprimer les désirs criminels, comme de vengeances, et tous les autres contraires à la loi du Seigneur; car c'est à l'accomplissement de cette sainte loi que Jésus-Christ a promis son royaume : Voulez-vous, dit-il, entrer en la vie? Gardez mes commandements : *Si vis ad vitam ingredi, serva mandata.* (*Matth.*, X, 17.) Veillez donc tellement sur tous les mouvements de votre cœur, sur toutes vos paroles, sur toutes vos actions, qu'il ne vous échappe aucune infidélité à la sainte loi de votre Dieu, et son royaume éternel vous est assuré.

Cette sainte violence, mes frères, consiste à souffrir patiemment les adversités, les affronts, les injures, les revers de fortune; en un mot, tout ce qui peut vous arriver de fâcheux dans la vie; à porter continuellement votre croix après Jésus-Christ, qui vous a précédés dans le chemin du ciel. Vous ne pouvez prétendre au même bonheur, si vous ne tenez la même route; or, par quelle voie Jésus-Christ est-il entré dans sa gloire, sinon par les souffrances et les tribulations; c'est par là que tous les saints ont passé avant d'arriver au ciel; ainsi n'espérez pas d'y parvenir par une autre route. Les saints étaient bien persuadés de la violence qu'il faut se faire pour mériter ce bonheur, puisque les uns ont renoncé à tout ce que le monde leur offrait de plus charmant, pour embrasser les rigueurs d'une sainte pénitence; les autres ont sacrifié leur vie dans les supplices les plus cruels, pour avoir cette couronne immortelle, qu'ils ne croyaient pas encore acheter trop cher. Dieu n'en demande pas tant de vous, mes frères, il ne vous demande pas de renoncer à vos biens, mais de les posséder sans affection, et d'en faire un saint usage. Il ne vous demande pas le sacrifice de votre vie, mais celui de vos passions : *Desideria tantum occide.* Il n'exige pas que vous vous retiriez dans les déserts, comme les anachorètes, mais que vous quittiez le péché et les occasions du péché. En un mot, ce qu'il vous demande essentiellement pour vous donner son royaume, est une entière fidélité à garder sa sainte loi. Fuyez le péché, pratiquez le bien, souffrez patiemment les afflictions; voilà en deux mots le chemin du ciel. N'est-ce pas vous donner pour rien cette bienheureuse terre des vivants? Quand le Seigneur ne vous l'accorderait qu'après une longue vie de tribulation, le poids immense de gloire serait toujours au-dessus de tous vos mérites. Pouvez-vous refuser de surmonter quelque difficulté qui se trouve dans la pratique de vos devoirs, de souffrir quelque amertume qui se présente à vous, en vue d'un bonheur éternel qui vous est préparé dans le ciel? Pensez souvent dans le lieu de votre pèlerinage, à votre chère patrie, où votre place est toute prête, et qu'il ne tient qu'à vous d'occuper après votre mort. Que cette pensée vous occupe tous les jours de cette octave. Pensez-y dans vos souffrances; cette vue en adoucira les rigueurs. Pensez-y dans les tentations, elle vous encouragera à les surmonter. Pensez-y dans vos plaisirs, elle en modérera l'usage, elle vous inspirera du mépris pour tout ce que le monde peut vous offrir de plus séduisant dans ses biens et ses plaisirs. En regardant le ciel, vous direz comme le grand saint Ignace : Que la terre me paraît méprisable, en comparaison de ce bienheureux séjour! Si quelque ravissant spectacle tombe sous vos sens, le ciel, direz-vous, est quelque chose de plus que tout cela. Rappelez souvent dans votre esprit cette maxime de Jésus-Christ : *Violenti rapiunt illud.* Il n'y a que ceux qui se font violence, qui gagneront le ciel. Vous n'avez que le temps de la vie pour le mériter : travaillez constamment à faire une fortune qui ne périra jamais; vous aurez assez de temps pour vous reposer dans l'éternité.

PRONE XXXVIII.

SUR LES DISPOSITION POUR RECEVOIR LE SAINT-ESPRIT.

Pour le sixième Dimanche après Pâques.

Cum venerit Paracletus quem ego mittam vobis a Patre, Spiritum veritatis qui a Patre procedit, ille testimonium perhibebit de me; et vos testimonium perhibebitis, quia ab initio mecum estis. (*Joan.*, XV, 26, 27.)

Quand le Consolateur, cet Esprit de vérité qui procède de mon Père et que je vous enverrai de sa part, sera venu, il rendra témoignage de moi, et vous rendrez aussi témoignage, parce que vous êtes dès le commencement avec moi.

Pourquoi, demande saint Augustin, Jésus-Christ, le Sauveur du monde, ne voulut-il faire descendre son Saint-Esprit sur les apôtres qu'après sa glorieuse Ascension dans le ciel? C'était pour leur faire connaître le besoin qu'ils en avaient : car, tandis qu'ils jouissaient de la présence visible de leur divin Maître, l'attachement sensible qu'ils avaient pour sa personne les occupait tellement, qu'ils ne pensaient pas à lui demander ce divin Esprit qui devait les instruire de toute vérité; mais lorsqu'ils furent séparés de Jésus-Christ, ils connurent le besoin extrême où ils étaient de le recevoir. Ils étaient chargés d'annoncer son Evangile par toute la terre; ils devaient pour cela être en butte à la haine et à la fureur des hommes, soutenir les plus sanglantes persécutions, comme Jésus-Christ leur avait prédit : de quelle force, de quel courage n'avaient-ils pas besoin pour venir à bout d'un si grand dessein? Mais Jésus-Christ les avait plus d'une fois rassurés par les promesses qu'il leur avait faites de leur envoyer son Saint-Esprit, qui leur apprendrait le langage qu'ils devaient tenir, et qui les soutiendrait dans leurs combats. *Lorsque cet Esprit consolateur que je vous enverrai,* leur dit-il, *sera descendu sur vous, il rendra témoignage de moi, il vous fera voir que je ne vous ai point trompés, et vous rendrez vous-mêmes témoignage à la gloire de mon nom; on vous chassera des synagogues, on croira même, par un faux principe de religion, rendre gloire à Dieu de vous faire mourir. Je vous dis tout ceci, afin que vous ne soyez point scandalisés, et que quand le temps sera venu, vous vous souveniez de toutes ces choses.* Les apôtres ne doutaient pas que les prédictions de Jésus-Christ ne dussent se vérifier; c'est pourquoi, après l'Ascension de leur divin Maître, ils se retirèrent dans le cénacle pour demander l'Esprit consolateur qui leur était promis; ils le demandèrent avec tant d'instance, qu'il le reçurent enfin, et se virent en état, par la force qu'il leur communiqua, de remplir leur mission.

Ce ne fut pas seulement aux apôtres que Jésus-Christ promit son Esprit; il le promit encore à tous les fidèles, à tous les membres de son Eglise, et il le communique avec tous ses dons à ceux qui sont bien disposés : préparez-vous donc, mes frères, à recevoir cet Esprit consolateur; et pour cet effet, sentez le besoin que vous en avez : premier point. Connaissez les dispositions que vous devez apporter pour mériter un si grand don : second point.

PREMIER POINT.

Il n'est personne, mes frères, qui ne désire un consolateur dans ses afflictions, un médecin dans ses maladies, un protecteur qui le défende contre ses ennemis. Or, telles sont les aimables fonctions de l'Esprit-Saint à l'égard d'une âme qui a le bonheur de le recevoir, et qui doivent nous faire comprendre le besoin que nous en avons.

Il n'est pas nécessaire, mes frères, de vous prouver ce qu'une triste expérience nous fait assez sentir, que la vie est toute remplie de misères et d'afflictions; qu'il n'est point d'état, de condition dans le monde qui n'ait ses croix. Les uns sont affligés par les maladies, les autres par les pertes de bien; ceux-ci par l'abandon de leurs amis, ceux-là par la persécution de leurs ennemis; aujourd'hui on nous ravit nos biens par des injustices, demain on ternit notre réputation par des calomnies. Que d'amertumes chacun ne trouve-t-il pas à dévorer dans sa propre maison, soit dans l'humeur de ceux avec qui il est obligé de vivre, soit dans les peines d'esprit et de corps qu'il faut souffrir pour subvenir aux besoins d'une famille, pour remplir les obligations d'un état où l'on se trouve engagé!

Mais où trouver de la consolation dans les maux qui nous affligent? Inutilement en cherchera-t-on auprès des hommes : on trouve bien peu d'amis sincères qui prennent part à nos peines. Comme l'amitié des hommes est ordinairement intéressée, la prospérité nous les attache, mais l'adversité les éloigne de nous; si l'on trouve quelque consolateur, ce ne sont que des consolateurs incommodes, tels que le saint homme Job en trouva dans sa douleur, qui ne nous donnent tout au plus que quelques sentiments de compassion incapables de nous procurer du soulagement.

Il n'y a donc que vous, ô divin Esprit! en qui nous puissions trouver de véritable consolation dans nos peines; vous seul êtes capable de tempérer l'amertume des maux qui nous affligent; c'est pourquoi nous vous appelons le divin Paraclet, c'est-à dire le consolateur par excellence: *Qui Paracletus diceris;* parce qu'étant la source de tous les biens, vous pouvez non-seulement nous dédommager de toutes nos pertes, mais encore tourner à notre avantage les maux que nous souffrons.

Car ce sont là, mes frères, les deux manières dont le Saint-Esprit console une âme qu'il visite. Cette âme a-t-elle fait quelque perte? le Saint-Esprit qui la visite, la dédommage du bien qu'elle a perdu, par un autre d'un plus grand prix: à la place des biens de fortune qu'on lui a ravis, il lui donne les biens de la grâce qui sont d'un ordre supérieur à tous les biens du monde: au lieu de cette santé que la maladie a altérée, il répand dans son cœur une onction salutaire qui adoucit ses douleurs; au lieu de cet ami, de ce protecteur qui l'a abandonné, il devient lui-même son protecteur et son ami: en un mot, il lui tient lieu de tout, et supplée abondamment à toutes les pertes qu'elle a faites. C'est ainsi que l'Esprit-Saint consola les apôtres affligés de l'absence de leur divin Maître; ils avaient une consolation sensible, lorsqu'ils jouissaient sur la terre de sa divine présence. Ils ne purent s'empêcher de lui témoigner leur tristesse, lorsqu'ils se virent sur le point d'en être séparés, et ils éprouvèrent en effet, après cette séparation, la douleur la plus amère. Ils avaient perdu leur Père et leur Maître, ils se voyaient exposés à la fureur et aux persécutions de leurs ennemis; mais dès que le Saint-Esprit fut descendu sur eux, ils furent remplis des plus douces consolations: ce divin Esprit leur fit sentir par sa présence une joie plus sensible et plus parfaite encore que celle qu'ils avaient ressentie dans leur attachement à la sainte humanité de Jésus-Christ. Il en agira de même à votre égard, âmes affligées; vous connaîtrez par les effets de sa visite, qu'il était expédient pour vous d'être privées des consolations sensibles que vous trouviez dans les créatures, pour mériter celles du divin Esprit, qui les surpasseront par leurs charmes et leur douceur.

Le Saint-Esprit fera encore plus; pour rendre votre consolation plus abondante, il vous fera tirer avantage des maux et des peines que vous souffrez. Comment cela? c'est qu'en élevant vos esprits et vos cœurs au-dessus des châtiments de la nature, il vous fera envisager ces peines comme des moyens sûrs et infaillibles pour vous assurer les biens éternels; il vous dira au fond du cœur, que toutes les tribulations de la vie ne sont pas dignes d'être mises en parallèle avec la gloire future qui en sera la récompense, et qu'un léger moment de ces tribulations peut vous conduire à la possession du souverain bonheur: *Momentaneum et leve tribulationis nostræ æternum gloriæ pondus operatur in nobis.* (II *Cor.*, IV, 17.) Dans cette vue, vous supporterez non-seulement avec patience, mais avec joie, tout le poids des afflictions qu'il plaira à Dieu de vous envoyer. Vous direz, comme l'Apôtre, que vous êtes remplis de joie dans toutes vos tribulations: *Superabundo gaudio in omni tribulatione nostra.* (II *Cor.*, VII, 4.)

Pourquoi voyons-nous, mes frères, des personnes accablées d'adversités aussi tranquilles et aussi contentes que si elles jouissaient des douceurs de la prospérité, souffrir avec une patience héroïque la douleur de la maladie, les rigueurs de la pauvreté, les affronts, les mépris, les injustices qu'on leur fait? N'en doutez pas; c'est la joie du Saint-Esprit dont leur cœur est rempli, qui les rend insensibles aux traits de la douleur, et qui les élève au-dessus de tous les événements les plus fâcheux. Oh! qu'on est heureux, quand on possède au dedans de soi une source de consolation aussi abondante que celle de l'Esprit-Saint! Il ne tient qu'à vous, mes frères, d'en faire l'expérience, vous trouverez encore en lui un médecin puissant qui vous guérira de vos maladies.

Ces maladies, dont nous devons souhaiter la guérison, ce sont, mes frères, nos péchés; maladies bien plus funestes et plus à craindre que les maladies du corps; car l'âme infectée de la maladie du péché se trouve dans un état de mort, incapable par conséquent de produire aucune action de cette vie surnaturelle qui nous unit à Dieu, et nous rend dignes de ses récompenses. Ah! que cette âme est à plaindre dans cet état! qu'elle a besoin d'un puissant médecin pour la guérir. Un malade peut encore désirer et demander sa guérison; mais l'âme morte par le péché, ne peut pas seulement d'elle-même concevoir le désir d'être guérie, ni demander de remède à ses maux, si le Saint-Esprit lui-même, qui est son médecin, ne lui inspire ces bons désirs. Car, nous ne sommes pas capables, dit l'Apôtre, d'avoir de nous-mêmes une bonne pensée pour le salut; nous ne pouvons prononcer le nom de Jésus que par le mouvement de l'Esprit-Saint: *Non sumus sufficientes cogitare aliquid a nobis quasi ex nobis.* (II *Cor.*, III, 5.) Quel besoin n'avons-nous donc pas de cet Esprit vivifiant qui nous tire de l'état de mort où le péché nous a réduits, qui nous anime de son souffle salutaire pour nous rendre la vie que nous avons perdue! Or, c'est là l'effet que sa visite produit dans une âme qui a le bonheur de le recevoir; il prévient d'abord cette âme par une grâce qui lui fait désirer sa conversion, qui l'aide à chercher du remède à ses maux; et quand cette âme est fidèle à répondre à la grâce qui l'appelle et la prévient, alors ce divin Esprit achève l'ouvrage qu'il a commencé, il embrase son cœur du feu de son amour qui détruit en elle le règne du péché, il brise les chaînes qui la rendaient esclave du démon, et lui rend la liberté des enfants de Dieu. C'est donc au Saint-Esprit que nous sommes redevables de l'ouvrage de notre sanctification, puisque c'est lui, comme dit l'Apôtre, qui répand dans nos cœurs cette charité surnaturelle qui nous rend les amis de Dieu et nous fait les héritiers de son royaume. Il est vrai que Jésus-Christ, par ses souffrances et sa mort, nous a mérité la grâce de la réconciliation avec son Père, qu'il a versé son sang sur nos plaies pour les guérir; mais c'est le Saint-Esprit qui nous applique les mérites de Jésus-Christ par l'infusion de la grâce qui nous justifie, parce que cette grâce étant l'effet du pur amour de Dieu pour les hommes, le Saint-Esprit, qui est l'amour par excellence du Père et du Fils, est le principe de cette grâce qui nous purifie de la tache du péché, pour nous unir à Dieu par les liens d'une parfaite charité : *Abluti estis, sanctificati estis in nomine Domini nostri Jesu Christi.* (I *Cor.*, VI, 11.) C'est pourquoi le concile de Trente l'appelle la rémission de nos péchés, *Remissio omnium peccatorum;* et que l'Eglise lui donne le titre d'Esprit vivifiant : *Spiritum vivificantem.*

Reconnaissez-vous maintenant, mes frères, le besoin que vous avez de la visite du Saint-Esprit? N'ai-je pas lieu de vous adresser ici les mêmes paroles que le prophète Ezéchiel adressa par l'ordre de Dieu à ces ossements épars qu'il vit dans une célèbre vision, pour leur faire reprendre une nouvelle vie? *Os secs et arides, écoutez la voix du Seigneur, voilà que je vais vous rendre l'esprit et la vie : « Ossa arida, audite verbum Domini; ecce intromittam in vos spiritum, et vivetis. »* (*Ezech.*, XXXVII, 4.) Vous ressemblez, pécheurs, à ces ossements dispersés qui n'avaient aucun principe de vie; le péché a fait dans vous ce que la mort a fait dans les corps qu'elle dépouille de ses chairs, qu'elle réduit en pourriture, et dont il ne reste, après un certain temps, que quelques restes inanimés. Ce péché vous a privés de la vie, de la grâce, et de tous les ornements dont Dieu avait décoré votre âme; vous êtes ensevelis dans un tombeau, comme des pitoyables débris de la mort; écoutez donc la voix du Seigneur qui vient vous rendre la vie, qui veut vous rétablir dans le premier état d'où vous êtes déchus : *Audite verbum Domini*, etc. Sortez du tombeau du péché, ô vous qui dormez dans les liens de la mort! *Surge, qui dormis et exsurge a mortuis.* (*Ephes.*, V, 14.) Mais en vain, ô Esprit tout-puissant! adressé-je ma voix à ces morts pour les faire sortir du tombeau, si vous ne les ressuscitez vous-même, si vous-même ne leur donnez les premiers mouvements qu'ils doivent faire pour recouvrer la vie; répandez sur ces morts votre souffle salutaire qui les ranimera : *Insuffla super interfectos istos et reviviscant.* (*Ezech.*, XXXVII, 9.) Eclairez ces aveugles qui ferment les yeux à la lumière, touchez ces cœurs durs et insensibles à vos attraits; car vous pouvez des pierres les plus dures tirer des enfants d'Abraham, des plus grands pécheurs en faire les plus grands saints. Fasse le Ciel, mes frères, que mes prières soient écoutées, et que je voie dans vous renouveler cette merveille que Dieu opéra par le ministère de son prophète, dans la réunion de ces os dispersés qui reprirent une nouvelle vie! Si vous répondez à la grâce du Saint-Esprit qui vous appelle, il vous animera de son souffle, il sera l'âme de votre âme, le principe de tous vos mouvements, comme votre âme est celui de tous les mouvements de votre corps; c'est lui qui pensera, qui parlera, qui agira dans vous, et qui imprimera à toutes vos pensées, vos paroles, vos actions, un caractère de sainteté qui sera pour vous un gage de la vie éternelle : *Unxit nos Deus, signavit nos, et dedit pignus spiritus in cordibus nostris.* (II *Cor.*, I, 22.) Si vous craignez, mes frères, que les ennemis de votre salut ne vous enlèvent le trésor précieux de la grâce dont il vous aura enrichis, il sera votre protecteur pour vous défendre contre leurs attaques : c'est le service que vous devez encore en attendre, et qui doit vous faire sentir le besoin de sa présence.

Or, que ne devez-vous pas craindre de ces ennemis redoutables à qui le Saint-Esprit aura enlevé ses conquêtes? Le démon qu'il aura chassé de sa maison, fera tous ses efforts pour y rentrer; il tournera autour de vous, comme un lion rugissant, pour vous dévorer; il n'y aura ni ruse, ni artifice qu'il ne mette en usage pour vous surprendre; il se servira de vos passions, il les soulèvera contre vous pour vous faire tomber dans ses piéges, le monde de son côté vous tentera par l'éclat de ses biens, par les charmes de ses plaisirs, par le faste de ses honneurs; vous aurez à soutenir les railleries des libertins; il faudra vous défendre contre le torrent de mauvaises coutumes, contre les engagements des compagnies; en un mot, vous serez exposés à tous les traits de ces deux puissants ennemis : mais rassurez-vous : le divin Esprit qui habitera dans vous, vous tiendra sous l'ombre de ses ailes, il vous couvrira de son bouclier : *Scapulis suis obumbrabit tibi, et sub pennis ejus sperabis.* Il parera tous les coups qu'on vous portera et vous ne recevrez aucune blessure : *Non accedet ad te malum.* (*Psal.*, XC, 4, 10.) Semblable à un prince, à un conquérant qui s'est emparé d'une place qu'il a fait fortifier, qui met des sentinelles pour en garder les avenues, ce divin Esprit vous fera garder par ses anges, il vous gardera lui-même, et il vous fera tirer avantage de toutes les tentations où vous serez exposés. Que pourrez-vous craindre avec un tel protecteur qui ne vous abandonnera pas, à moins que vous ne l'abandonniez vous-mêmes? Si vous lui demeurez fidèles, il vous conduira si bien parmi les dangers dont vous serez environnés, qu'il vous fera heureusement arriver au port, et vous couronnera de la grâce finale, qui est un don particulier de sa bonté pour ceux qui ont soin de le conserver : empressez-vous de le recevoir, préparez-lui une demeure dans votre cœur : vous connaissez le besoin que vous en avez; mais que devez-vous faire pour mériter ce bonheur?

DEUXIÈME POINT.

Je ne puis, mes frères, vous proposer un modèle plus excellent des dispositions que vous devez apporter pour recevoir le Saint-Esprit, que celles que les apôtres apportèrent pour s'y préparer. Or, l'Ecriture sainte nous apprend qu'après avoir été les témoins de la glorieuse ascension de leur divin Maître, ils se retirèrent dans le cénacle, selon l'ordre qu'ils en avaient reçu, où ils passèrent dix jours dans la retraite et dans l'exercice de la prière la plus fervente : *Erant perseverantes unanimiter in oratione.* (*Act.*, I, 14.) Voilà, chrétiens, la règle que vous devez suivre pour vous préparer à la descente du Saint-Esprit dans vos cœurs.

La retraite, la prière, la pureté d'âme, sont les dispositions aux grâces qu'il vous communique. La retraite fut toujours regardée comme l'endroit le plus propre aux communications du Saint-Esprit : ce n'est point dans le trouble et le tumulte qu'il fait entendre sa voix; mais c'est dans la solitude qu'il parle au cœur : *Ducam eam in solitudinem, et loquar ad cor ejus.* (*Osee*, II, 14.) C'est pour cela que tant de saintes âmes prennent le parti de se séparer du monde pour s'ensevelir dans des lieux impénétrables aux objets créés, et ne s'occupent que du soin de s'entretenir avec Dieu, et de penser à leur salut. Je sais, mes frères, que chacun n'est pas appelé à ce genre de vie, qui est le plus sûr et le plus parfait : Dieu a établi différents états dans le monde où l'on peut s'engager, sans perdre l'espérance qu'il nous a donnée de parvenir à son royaume. Mais quoique l'on soit dans le monde, on peut s'en séparer de temps en temps pour donner quelques jours à la retraite, comme le pratiquent beaucoup de chrétiens zélés pour leur salut, qui se dégagent pendant quelque temps du soin des affaires temporelles pour ne penser qu'à celles de l'éternité. Si les occupations qui partagent votre vie ne vous permettent pas, mes frères, de suivre cette pratique, ou si vous n'en avez pas l'occasion, vous êtes au moins obligés de vous faire une retraite intérieure qui dégage vos esprits et vos cœurs du trop grand empressement pour les affaires du monde, et qui vous applique à celle du salut, qui mérite tous vos soins; il n'est point de chrétien qui ne soit obligé à cette retraite; c'est-à-dire à un recueillement des puissances de l'âme qui la fasse rentrer en elle-même pour faire de sérieuses réflexions sur sa fin dernière, et sur les moyens d'y arriver : voilà ce que l'Esprit-Saint demande absolument d'une âme à qui il veut se communiquer. Car en vain, mes frères, prétendez-vous recevoir ce divin Esprit, tandis que vous vivrez dans une dissipation continuelle, que votre âme se répandra sur tous les objets qui l'environnent, et qu'elle ne se rappellera pas de temps en temps à elle-même pour s'entretenir avec Dieu, pour s'occuper des choses de Dieu; tandis que cette âme se livrera toute entière aux occupations d'un état, au commerce du monde, elle sera toujours remplie de mille fantômes qui ne laisseront aucune place aux communications de l'Esprit-Saint. Il faut donc dégager son esprit et son cœur de tous les objets extérieurs qui empêchent d'écouter la voix de l'Esprit divin, pour prendre les sentiments de l'homme intérieur qui vit de la foi, qui cherche le royaume de Dieu et sa justice, préférablement à tout le reste. Telle est, mes frères, la retraite que le Saint-Esprit demande de vous pour se communiquer : si vous ne vous séparez pas entièrement du monde, comme les apôtres, ce qui n'est pas absolument nécessaire, vous devez du moins vous séparer de certaines compagnies dangereuses, de certains engagements qui sont pour vous des occasions de péché, et qui seront toujours un obstacle aux grâces de l'Esprit-Saint, tandis que vous y serez attachés. Si votre état vous engage à rester dans le monde, il faut du moins vous séparer du monde pervers dont l'esprit et les maximes sont incompatibles avec celles de l'Esprit de Dieu. Car si vous conservez l'esprit du monde; si vous vous conformez à ses usages et à ses maximes, jamais vous ne recevrez l'Esprit de Dieu. Ce serait vouloir allier les ténèbres avec la lumière, Jésus-Christ avec Bélial. Car vous le savez, mes frères, quelles sont les maximes du monde? que cherche-t-on, qu'aime-t-on dans le monde? les biens, les honneurs, les plaisirs; voilà les objets qui fixent les inclinations des mondains, qui sont le sujet de leurs discours, la fin de leurs démarches et de leurs occupations. Mais que vous enseigne l'Esprit de Jésus-Christ? le détachement de toutes choses, l'amour de la pauvreté, des humiliations et des souffrances : quoi de plus opposé avec l'esprit du monde? Aussi Jésus-Christ nous assure que le monde ne peut recevoir son Esprit : *Quem mundus non potest accipere.* (*Joan.*, XIV, 17.) Vous ne pouvez donc recevoir ce divin Esprit, si vous ne renoncez à l'esprit du monde par un entier détachement de ses biens, de ses honneurs et de ses plaisirs : jamais l'Esprit de Dieu ne s'accordera avec un esprit mondain, c'est-à-dire un esprit qui juge des choses selon le monde, qui règle ses désirs, ses inclinations sur les lois du monde, qui a de l'horreur pour ce que le monde abhorre, et qui n'estime que ce que le monde estime. Si c'est là l'esprit qui vous conduit, n'espérez pas que l'Esprit de Dieu vienne faire en vous sa demeure. Vous devez encore pour l'attirer dans vos cœurs, recourir à la prière, qui fut le moyen dont se servirent les apôtres pour le faire descendre sur eux : *Erant perseverantes*, etc.

Oh! qui pourrait exprimer quelle fut l'ardeur avec laquelle ils s'adressèrent au Ciel! que de saints gémissements ne poussèrent-ils pas pour demander cet Esprit consolateur qui devait les dédommager de la perte qu'ils avaient faite de leur divin Maître! Ils connaissaient le besoin qu'ils en avaient, ils savaient que ce divin Esprit leur devait tenir lieu de père, de maître, de libérateur, de protecteur; qu'il devait les éclairer et leur donner toute la force qui leur était nécessaire, pour publier l'Evangile que Jésus-Christ les avait chargés d'annoncer à toute la terre; qu'il devait les soutenir contre les persécutions et la fureur des hommes; que sans lui ils ne viendraient jamais à bout du grand ouvrage qui leur était confié; c'est pourquoi ils le demandèrent avec tant d'instance et de persévérance, qu'ils ne cessèrent de prier pendant dix jours, jusqu'à ce qu'ils l'eussent reçu : vous le demanderez, mes frères, avec la même ferveur et avec la même constance, si vous connaissez le besoin que vous en avez. Or, pouvez-vous ne pas sentir ce besoin, après ce que je vous en ai dit dans la première partie de cette instruction? Que pouvez-vous donc faire de mieux que de vous unir d'esprit et de cœur aux désirs de cette sainte assemblée des apôtres et des disciples qui priaient tous ensemble le Saint-Esprit de descendre sur eux? Si vous priez comme eux, vous l'obtiendrez sûrement. Vous en êtes d'autant plus sûrs, qu'en demandant à Dieu son Saint-Esprit, vous ne lui demandez rien qui ne soit digne de lui, et qui ne vous soit nécessaire. Si vous demandiez les biens, les honneurs du monde, Dieu pourrait ne pas vous exaucer, parce que ces biens, ces honneurs pourraient être pour vous des obstacles au salut. Mais l'Esprit-Saint est un bien dont l'homme ne peut se passer, puisqu'il ne peut rien sans lui, qu'il a besoin de ses lumières pour être éclairé, de son secours pour être fortifié, de sa grâce pour opérer son salut. Or, si vous autres, tout méchants que vous êtes, dit Jésus-Christ, ne pouvez refuser à vos enfants le pain qui leur est nécessaire pour vivre, à combien plus forte raison le Père céleste qui est tout rempli de bonté pour vous, vous donnera-t-il son Esprit qui doit être votre soutien, votre force, votre nourriture, votre vie? *Si vos, cum sitis mali, nostis bona data dare filiis vestris, quanto magis Pater vester de cœlo dabit Spiritum bonum petentibus se?* (*Luc.*, XI, 13.) Mais ne vous contentez pas d'adresser à Dieu quelques vœux passagers, quelques prières d'un moment; persévérez, à l'exemple des apôtres, dans le saint exercice de la prière; employez-y du moins le temps qui vous reste d'ici au jour où nous devons célébrer cette grande fête; ne passez aucun jour de la semaine sans faire à Dieu quelques prières pour lui demander son Saint-Esprit; servez-vous de celle que l'Eglise met dans la bouche de ses enfants : Venez, Esprit-Saint, remplissez les cœurs de vos fidèles, allumez-y le feu de votre divin amour, *Veni, sancte Spiritus*. Récitez pour ce sujet sept *Pater*, sept *Ave*, pour demander les sept dons du Saint-Esprit. Mais en vain, mes frères, prierez-vous l'Esprit-Saint de venir faire en vous sa demeure, si vous ne purifiez vos cœurs de tout ce qui peut être un obstacle aux grâces qu'il veut vous faire.

Or quel est ce grand obstacle aux grâces du Saint-Esprit? Vous le savez, c'est le péché, c'est son ennemi mortel. Tandis que le péché règne dans une âme, elle ne peut être la demeure du Saint-Esprit. Comment en effet cet Esprit qui n'inspire que l'humilité, pourrait-il habiter dans un cœur enflé d'orgueil? Comment cet Esprit de charité pourrait-il loger dans un cœur rongé par l'envie? Comment cet Esprit de paix et de douceur, qui parut au baptême de Notre-Seigneur en forme de colombe, pour faire connaître qu'il est ennemi de tout fiel, pourra-t-il s'accorder avec l'amertume d'un cœur vindicatif? Comment cet Esprit de pureté qui ne se plaît que parmi les lis, se plairait-il dans un cœur charnel et voluptueux? Non, non, dit le Seigneur, mon Esprit ne restera point dans l'homme charnel : *Non permanebit spiritus meus in homine, quia caro est.* (*Gen.*, VI, 3.) Cet Esprit, qui est l'époux des âmes chastes, a trop d'horreur du péché contraire à la pureté pour se communiquer à une âme qui en est affectée. Bien loin de lui réserver ses faveurs, il ne lui garde que des trésors de colère. Sachez, dit l'Apôtre, que vos corps sont devenus à votre baptême les temples du Saint-Esprit; or, si quelqu'un profane ces temples par des voluptés brutales, par des péchés honteux, Dieu le perdra, dit le même Apôtre : *Si quis violaverit templum Domini, disperdet illum Dominus.* (*I Cor.*, III, 16, 17.) Voyez donc, mes frères, à quel péché vous êtes sujets : si c'est l'orgueil qui vous domine, la colère qui vous emporte, l'envie qui vous ronge, la volupté qui vous amollit; bannissez au plus tôt de votre cœur de si mauvais hôtes, pour y faire place au Saint-Esprit qui veut y loger. Purifiez-vous de tout mauvais levain qui corrompt votre cœur, pour goûter les douceurs de l'Esprit-Saint; abaissez cet orgueil par l'humilité; que la charité prenne la place de l'envie; réprimez la colère par la douceur; bannissez de votre cœur l'objet de cette passion impure; résistez à tous les mouvements, à toutes les pensées même contraires à la vertu de pureté, et le Saint-Esprit fera ses délices d'habiter en vous. En un mot, quelques péchés que vous ayez commis, prenez tous les moyens possibles pour les effacer par une sincère pénitence, par une bonne confession que vous ferez aux saintes fêtes dont nous approchons; n'attendez pas même à ce jour-là de vous approcher du sacré tribunal, ou du moins préparez-vous dès à présent à rendre votre réconciliation certaine par le renoncement à vos mauvaises habitudes, par l'éloignement des occasions, et par la pratique des vertus chrétiennes. Ce n'est pas tout : comme cet Esprit d'amour est un Esprit jaloux, qui ne peut souffrir le moindre partage, et qui demande l'entière possession de votre cœur, il faut, mes frères, le détacher de toute affection pour certains objets, qui, pour ne pas être criminels, ne laisseraient pas de mettre obstacle aux grâces qu'il veut vous faire. Quoique l'attachement des apôtres pour la personne de Jésus-Christ parût bien légitime, cependant ce divin Sauveur leur dit qu'il était expédient qu'il les quittât, parce que s'il ne s'en allait pas, le Saint-Esprit ne viendrait point en eux. Pourquoi cela, demande saint Augustin? c'est que les apôtres étant attachés à la présence visible de Jésus-Christ d'une manière trop sensible, ils n'étaient pas propres à recevoir les communications du Saint-Esprit; il fallait qu'ils fussent privés des douceurs de cette présence visible, pour en recevoir de plus grandes de la présence invisible du Saint-Esprit qui devait habiter en eux.

Or, si les apôtres devaient aller jusqu'à ce point de détachement pour recevoir la plénitude des dons que son Esprit devait leur communiquer, à combien plus forte raison devez-vous renoncer à toute inclination pour certains objets qui pourraient être un piége à votre vertu? Videz donc vos cœurs de toute affection terrestre; plus ces cœurs seront vides, plus ils seront propres à être remplis des douceurs, des consolations et des grâces du Saint-Esprit. Priez-le qu'il le purifie lui-même, qu'il brise par son feu consumant les liens qui vous attachent à la créature, qu'il prépare lui-même sa demeure en vous, afin qu'il y habite pendant le temps de l'éternité. *Amen.*

PRONE XXXIX.

Pour le jour de la Pentecôte.

SUR LES DONS DU SAINT-ESPRIT.

Repleti sunt omnes Spiritu sancto. (*Act.*, II, 2.)

Tous furent remplis du Saint-Esprit.

Le jour de la Pentecôte étant arrivé, c'est-à-dire le jour auquel les Juifs célébraient la fête de la publication de la loi par Moïse, qui était le cinquantième jour après leur délivrance d'Egypte, et qui était aussi le cinquantième jour après la résurrection de Jésus-Christ, le dixième après son Ascension, ce jour arrivé et les apôtres assemblés avec les disciples dans le lieu où Jésus-Christ leur avait dit de se rendre pour attendre la venue du Saint-Esprit, on entendit tout à coup venir du ciel comme le bruit d'un vent impétueux, qui fit retentir toute la maison où ils étaient. Au même moment on vit paraître comme des langues de feu dispersées qui s'arrêtèrent sur chacun d'eux : tous alors furent remplis de l'Esprit-Saint, et commencèrent à parler diverses langues : *Repleti sunt omnes Spiritu sancto et cœperunt loqui variis linguis.*

Tel est, chrétiens, le mystère que nous célébrons en ce jour; mystère ineffable qui est l'accomplissement des promesses de Jésus-Christ, la fin de sa miséricorde, le fruit de ses mérites, et qui met le comble à l'excessive charité d'un Dieu pour les hommes. Le Père éternel nous avait donné son Fils; son Fils s'était livré lui-même pour notre rédemption : que restait-il pour consommer l'ouvrage de notre salut, et rendre notre bonheur parfait? sinon que le Saint-Esprit qui procède du Père et du Fils, et qui est égal à l'un et à l'autre, se donnât lui-même à nous, ainsi que Jésus-Christ avait promis à ses apôtres de l'envoyer sur la terre pour sanctifier le monde.

C'est donc en ce jour que ce divin Esprit, qui ne s'était jusqu'alors communiqué que par ses grâces, se communique en personne; c'est en ce jour qu'il remplit non-seulement les apôtres, mais toute la terre d'une présence intime et particulière, qu'il se fait sentir par les bienfaits les plus signalés : *Spiritus Domini replevit orbem terrarum.* (*Sap.*, I, 7.) C'est en ce jour que ce divin Esprit vient graver sa loi, non plus sur la pierre, comme autrefois, mais dans le cœur des hommes avec les traits de l'amour le plus tendre et le plus libéral. C'est en ce jour enfin, que sur les ruines de la Synagogue s'élève une cité sainte, une nouvelle Eglise qui commence à se manifester à toutes les nations de la terre, qui sont témoins des prodiges que le Saint-Esprit opère par les apôtres. C'est pourquoi, mes frères, nous devons regarder cette fête comme la naissance de l'Eglise; parce que c'est en ce jour que les apôtres devenus des hommes tout nouveaux, ont publié l'Evangile d'une manière plus éclatante qu'il n'avait été jusqu'alors. Bénissons le Seigneur de cette faveur immense; mais travaillons en même temps à nous rendre dignes des grâces que le Saint-Esprit est venu répandre sur les hommes. Car ce n'est pas seulement aux seuls apôtres qu'il s'est communiqué, il se communique encore à toutes les âmes qui sont bien disposées à le recevoir : je vous fis voir dimanche dernier ce qu'il faut faire pour cela : voyons aujourd'hui les effets qu'il produit dans les âmes bien préparées. Quel est le bonheur d'une âme qui reçoit le Saint-Esprit; premier point. A quelles marques peut-on reconnaître si on l'a reçu; second point.

PREMIER POINT.

Nous ne pouvons mieux, mes frères, connaître le bonheur d'une âme qui reçoit le Saint-Esprit, et les admirables effets qu'il y produit, que par ceux qu'il produisit dans les apôtres, lorsqu'il descendit sur eux. Or, si nous considérons les circonstances du mystère de ce jour, que de prodiges n'y découvrons-nous pas, opérés par la vertu de ce divin Esprit? Il fait d'abord annoncer sa venue par le bruit d'un vent impétueux, qui fait retentir toute la maison où étaient les apôtres; admirable figure du zèle dont il venait les remplir; il les rendit si ardents pour la gloire de leur divin Maître, que, semblables à des nuées poussées par le souffle véhément du Tout-Puissant, il les fit voler jusqu'aux extrémités de la terre, pour enrichir les différents climats par les rosées d'une doctrine toute céleste. L'Esprit-Saint paraît ensuite sur les apôtres en forme de feu; autre figure encore bien sensible des merveilles qu'il opère en eux: car le propre du feu est d'éclairer, d'échauffer, de pénétrer, de purifier la matière à laquelle il s'attache; de même le Saint-Esprit venait éclairer les apôtres par ses lumières, les embraser de ses ardeurs, les purifier des imperfections auxquelles ils étaient sujets avant sa venue. Ce sont là les effets qu'il produit dans les âmes qui le reçoivent d'une manière, qui, quoique moins sensible, n'en est pas moins réelle : il les éclaire, il les anime, il les sanctifie.

Qu'étaient les apôtres, avant la venue du Saint-Esprit? Des hommes simples et grossiers, qui ne savaient autre chose que l'art de conduire une barque. Il est vrai qu'ils avaient été instruits à l'école de Jésus-Christ, qui leur avait expliqué pendant trois ans les vérités du royaume de Dieu. Mais leur esprit était enveloppé de si épaisses ténèbres, que malgré les leçons qu'ils avaient reçues de leur divin Maître, ils ne concevaient rien à bien des mystères qu'il leur proposait : ***Et erat verbum istud absconditum ab eis.*** (*Luc.*, XVIII, 34.) Ils se scandalisaient des souffrances, ils ne voulaient point croire sa résurrection, ils se défiaient des promesses qu'il leur avait faites; jusque-là que Jésus-Christ lui-même, avant que de monter au ciel, leur fit des reproches sur leur incrédulité et la dureté de leur cœur : ***Exprobravit incredulitatem eorum et duritiam cordis.*** (*Marc.*, XVI, 24.) Cette ignorance où étaient les apôtres, était accompagnée de beaucoup de faiblesse et de timidité. Ils la firent bien paraître au temps de la Passion du Sauveur, puisque les uns l'abandonnèrent, un autre le renia à la seule voix d'une servante; et quoique Jésus-Christ fût ressuscité, qu'il leur eût donné des marques de sa résurrection, ils ne laissaient pas que de se tenir cachés, de crainte de la persécution des Juifs.

Mais que furent les apôtres après la descente du Saint-Esprit? ils devinrent des hommes tout nouveaux, ils furent éclairés des plus sublimes connaissances, instruits des plus profonds mystères. L'Esprit-Saint qu'ils reçurent, leur enseigna, selon les promesses de Jésus-Christ, toutes les vérités de sa religion, toute la perfection de sa morale, toute l'étendue de ses maximes. Remplis de ce divin Esprit, qui dévoile tout ce qu'il y a de plus obscur, ils apprirent en un moment tout ce que les plus habiles hommes de l'antiquité n'avaient jamais pu savoir par l'étude de plusieurs siècles. Ici, mes frères, se vérifie ce que le Seigneur avait prédit par un de ses prophètes, qu'il répandrait son Esprit sur toute chair : ***Effundam Spiritum super omnem carnem;*** que les enfants prophétiseraient, auraient des visions, et les vieillards des songes qui étonneraient ceux qui les entendraient : ***Filii vestri prophetabunt.*** (*Joel.*, II, 28.)

Quel étrange et admirable spectacle de voir et d'entendre ces pauvres pêcheurs au sortir du Cénacle, où ils venaient de recevoir le Saint-Esprit, annoncer à des peuples innombrables, assemblés à Jérusalem, des différents climats du monde, les vérités les plus sublimes, les mystères les plus cachés, la doctrine la plus sainte, se faire entendre à eux en toutes sortes de langues, quoiqu'ils ne les eussent jamais apprises. C'est ce qui attira l'étonnement de ces peuples, qui, surpris de cette merveille, se demandaient les uns aux autres : Comment donc se peut-il faire que ces hommes qui sont Galiléens, qui n'ont jamais été dans nos contrées, parlent le langage de chacun de nous? ***Quomodo nos audivimus unusquisque linguam nostram in qua nati sumus.*** Parthes, Mèdes, Elamites, ceux qui habitent la Mésopotamie, la Judée, la Cappadoce, le Pont, l'Asie, la Phrygie, la Pamphilie, l'Egypte,... les Romains, les Arabes, nous les avons tous entendus en notre langue annoncer les merveilles de Dieu : ***Audivimus eos loquentes nostris linguis magnalia Dei.*** (*Act.*, II, 8-11.) Ce fut là, mes frères, la merveille qui donna d'abord un si grand accroissement à la religion chrétienne, qui la divulgua, pour ainsi dire, en un seul jour dans tout l'univers; car ces peuples convertis par les discours des apôtres, frappés des merveilles qu'ils venaient de voir et d'entendre, les annoncèrent à leur tour, quand ils furent dans leur pays, publièrent cette religion, et la firent embrasser à ceux qui l'ignoraient. Or, qui avait rendu les apôtres si savants pour annoncer cette sainte religion? sinon l'Esprit-Saint qui les avait éclairés de ses divines lumières, qui avait délié leurs langues pour parler avec tant d'éloquence. Il leur avait donné une science supérieure à celle des plus habiles philosophes, qui furent eux-mêmes confondus et obligés de se rendre aux vérités qu'ils entendaient. Avouons, mes frères, qu'il n'appartient qu'au Saint-Esprit de faire en si peu de temps de pareils disciples, ou plutôt de si savants maîtres.

Or, ce ne fut pas seulement du don de science que le Saint-Esprit remplit les apôtres; il les anima encore d'une force toute divine pour soutenir les vérités qu'ils devaient annoncer au monde. Quelle différence, en effet, de ce qu'étaient les apôtres avant la descente du Saint-Esprit, et de ce qu'ils furent après l'avoir reçu? Ces hommes grossiers, faibles et timides, qui n'osaient auparavant se montrer, parurent hardiment devant les puissances de la terre les plus formidables. Ils leur annoncèrent avec une sainte liberté la religion de Jésus-Christ, sans que les menaces des grands, la rigueur des supplices, la crainte de la mort la plus affreuse, fussent capables de les intimider. Bien loin de craindre la persécution et de la fuir, ils s'estiment heureux, et sont transportés de joie de ce qu'on les a trouvés dignes de souffrir pour le nom de Jésus : *Ibant gaudentes,... quoniam digni habiti sunt pro nomine Jesu contumeliam pati.* (*Act.*, V, 41.) Ils bravent la fureur des tyrans, ils affrontent les supplices et la mort, ils triomphent par leur patience de leurs plus cruels persécuteurs, ils cimentent de leur sang la religion qu'ils prêchent, et ils inspirent leur courage à ceux qui doivent leur succéder en leur ministère. D'où est venue, mes frères, cette force que les apôtres ont fait paraître pour l'établissement de la religion de Jésus-Christ? C'est la vertu d'en haut, c'est la puissance du Saint-Esprit qui les a soutenus, c'est son ardeur qui les a animés, fortifiés; et c'est cette même ardeur, cette même puissance qui a aussi soutenu des troupes innombrables de martyrs qui, marchant sur les traces des apôtres, ont répandu leur sang pour la gloire de Jésus-Christ et de son Evangile. Voilà les admirables effets que ce divin Esprit a produits dans les premiers sectateurs de la religion sainte que nous professons.

N'en doutez pas, mes frères, les opérations du Saint-Esprit ne se sont pas terminées aux seuls apôtres et à ceux qui les ont suivis dans leur ministère. Ce divin Esprit se communique encore aux âmes qui sont bien disposées à le recevoir; il les éclaire par ses lumières, il les anime par ses ardeurs, il les fortifie par ses grâces. Il les éclaire par ses lumières, en leur communiquant les dons de sagesse, d'entendement, de science et de conseil. Il fortifie leur volonté par les dons de force, de piété et de crainte de Dieu; dons admirables dont je veux vous donner une courte explication.

Le don de sagesse que le Saint-Esprit donne à l'âme, est une connaissance de la vanité des choses de la terre; connaissance qui lui fait mépriser les biens passagers, pour ne s'attacher qu'aux biens éternels, qu'elle juge seuls dignes de ses recherches et de ses empressements. Don de sagesse que le roi Salomon préférait à toutes les richesses et à tous les royaumes du monde : *Præposui sapientiam regnis et sedibus* (*Sap.*, VII, 8), parce qu'il trouvait en elle tout ce qui peut faire la félicité de l'homme. Cette sagesse lui faisait voir que tout ce qui est ici-bas n'est que vanité et affliction d'esprit, et que la seule chose qui n'est pas vanité, est d'aimer et de servir Dieu : *Vanitas vanitatum et omnia vanitas*, etc. (*Eccle.*, I, 2.) C'est, mes frères, ce que le Saint-Esprit vous fait voir de temps en temps, quand il vous ouvre les yeux sur le néant des honneurs, des biens et des plaisirs du monde, qui ne font que passer et qui sont incapables de contenter le cœur de l'homme; quand il vous inspire le désir d'une félicité digne de vous, et qu'il vous enseigne les moyens d'y parvenir.

Le don d'entendement est une connaissance des mystères de la foi dont le Saint-Esprit instruit une âme en qui il fait sa demeure, enseignant les vérités de la religion chrétienne autant qu'il lui est nécessaire pour remplir les devoirs de l'état où elle est engagée.

Le don de science est une lumière surnaturelle que le Saint-Esprit répand dans l'âme du juste, qui lui apprend l'usage qu'il doit faire des choses de ce monde, pour ne les employer qu'à la fin que Dieu s'est proposée en les créant; c'est-à-dire, pour ne s'en servir que pour sa gloire et notre salut.

Enfin le don de conseil, dont le Saint-Esprit éclaire l'entendement, est un juste discernement qu'il nous fait faire des moyens qui nous conduisent à notre fin dernière, pour ne pas confondre le bien avec le mal, pour savoir nous déterminer dans les cas particuliers où il faut agir, pour distinguer la vraie vertu de celle qui n'est qu'apparente et qui n'est pas selon Dieu. Après avoir éclairé notre entendement sur ce que nous devons faire, le Saint-Esprit fortifie notre volonté pour nous le faire exécuter, en nous communiquant les dons de force, de piété et de crainte de Dieu. Don de force, qui nous élève au-dessus de nous-mêmes, pour nous faire surmonter les obstacles qui se rencontrent dans les voies du salut; qui nous fait triompher des tentations, et vaincre nos ennemis; qui nous engage à cette sainte violence qu'il faut se faire pour la pratique des vertus et pour gagner le royaume des cieux. Don de force qui nous soutient dans les tribulations de la vie, qui nous accableraient par leur poids sans l'onction salutaire que le Saint-Esprit y répand, mais qui deviennent légères par les douces consolations dont ce divin Esprit tempère leurs amertumes. Don de piété qui nous rend doux et faciles les exercices de la religion, qui nous fait acquitter de nos devoirs à l'égard de Dieu et du prochain; à l'égard de Dieu, qu'elle nous fait respecter, et respecter comme notre vrai père; à l'égard du prochain, qu'elle nous fait aimer comme notre frère, en lui rendant tous les services qui dépendent de nous.

Don de crainte de Dieu qui nous retient et nous empêche de rien faire qui puisse lui déplaire, qui nous fait regarder le péché comme le plus grand mal qui nous puisse arriver. Par cette crainte de Dieu nous nous élevons au-dessus des respects humains, nous méprisons les menaces des hommes qui peuvent perdre nos corps, pour obéir à celui qui peut perdre le corps et l'âme pour une éternité.

Il me reste à vous dire comment le Saint-Esprit sanctifie l'âme en qui il vient faire sa demeure. C'est non-seulement en répandant dans cette âme la grâce sanctifiante, la charité habituelle qui la rend amie de Dieu, héritière du royaume éternel : *Charitas Dei diffusa est in cordibus nostris per Spiritum sanctum* (*Rom.*, V, 5), mais encore en la corrigeant de ses défauts, et en la vidant des imperfections qui lui restent, même dans l'état de la grâce. Hélas! mes frères, à combien de défauts ne sommes-nous pas sujets? Quel fonds d'orgueil dans notre âme! que de recherches de nous-mêmes, que de vanité! que d'amour-propre! quel penchant pour tout ce qui flatte nos sens! quelle aversion pour tout ce qui nous choque et fait souffrir notre nature! quelle facilité à nous emporter, à nous indigner contre ceux qui nous désobligent! Or, le Saint-Esprit, qui habite dans une âme, corrige ses défauts, rectifie ses inclinations perverses. Semblable au feu qui purifie le fer, le Saint-Esprit purifie une âme; de charnelle et de terrestre qu'elle était, il la rend toute céleste, il la détache de tous les objets créés, il brise les liens qui la tenaient captive, pour l'élever jusqu'à lui et s'en rendre le seul maître; il la transforme, pour ainsi dire, en lui-même, en lui communiquant les vertus qui la rendent par participation ce qu'il est par nature. La candeur, l'innocence, la douceur, l'humilité, la charité, la patience, la bonté, la modestie, la continence, la chasteté; ce sont les fruits qu'il produit en elle, dit l'apôtre saint Paul, et que l'âme produit elle-même de concert avec ce divin Esprit, qui est en elle le principe de toutes ses bonnes actions.

Oui, mes frères, si nous faisons quelque chose de bien, c'est au Saint-Esprit que nous le devons; c'est lui qui commence et qui achève dans nous le grand ouvrage de notre prédestination; c'est lui, dit saint Léon, qui fait couler les larmes des pénitents, qui produit les gémissements des suppliants, qui demande même pour nous par les gémissements ineffables, dit l'Apôtre: *Postulat pro nobis gemitibus inenarrabilibus.* (*Rom.*, VIII, 26.)

C'est ce divin Esprit qui inspire à tant d'âmes saintes dont les exemples nous édifient, ce généreux détachement des choses de la terre, ce renoncement à soi-même, cet amour de la croix, cette ferveur dans le service de Dieu que nous admirons dans ces personnes qui ont quitté le monde, et même dans celles qui vivent dans le monde: sont-ce là, mes frères, les effets que le Saint-Esprit a produits dans nous?

Hélas! peut-être s'en trouverait-il parmi vous qui pourraient dire comme ces peuples à qui on demandait, s'ils l'avaient reçu, et qui répondirent qu'ils ne savaient pas même s'il y avait un Saint-Esprit: je veux croire que vous n'êtes pas dans cette ignorance; vous savez que le Saint-Esprit est la troisième personne de la sainte Trinité, Dieu égal au Père et au Fils; vous savez les merveilles qu'il a opérées pour la sanctification des hommes. Mais avez-vous ressenti dans vous ces merveilles? êtes-vous maintenant dans un état de sainteté? pouvez-vous assurer par le témoignage de votre conscience que le Saint-Esprit habite en vous? vous le connaîtrez aux marques que je vais vous en donner.

DEUXIÈME POINT.

Comme c'est le propre de l'Esprit de Dieu de bannir de nos cœurs l'esprit du monde, de nous donner la force pour le combattre, d'unir les cœurs des fidèles par les liens d'une parfaite charité, et de nous inspirer une sainte ardeur au service de Dieu; à ces marques, mes frères, vous pouvez reconnaître si vous avez reçu le Saint-Esprit; ce seront aussi des moyens efficaces de le conserver si vous l'avez reçu.

Nous n'avons pas reçu l'esprit du monde, dit l'Apôtre, *mais l'esprit de Dieu que le monde ne peut recevoir: «Non spiritum hujus mundi accepimus.»* (I *Cor.*, II, 12.) Ces deux esprits sont incompatibles l'un avec l'autre; leurs lois et leurs maximes sont ordinairement contraires. Ainsi, mes frères, si vous avez reçu l'Esprit de Dieu, vous ne devez point suivre l'esprit du monde. Il faut nécessairement appartenir à l'un ou à l'autre. Il n'y a point de neutralité à garder; voyez donc lequel de ces deux esprits vous anime, et vous connaîtrez celui auquel vous appartenez; pour le savoir, il faut connaître leurs différents caractères.

Qu'est-ce que l'esprit du monde? C'est un esprit d'orgueil et de domination, un esprit d'intérêt, un esprit d'immortification, ennemi de la pénitence et des croix. Ce sont là les trois mobiles qui les conduisent et qui sont, dit saint Jean, les trois sources de la corruption et de la réprobation du monde. Premier caractère de l'esprit du monde; c'est l'esprit d'orgueil et de domination, qui ne cherche qu'à s'élever, qui ne s'occupe que d'idées de grandeur, qui est idolâtre de la gloire et des honneurs du siècle, qui, jamais content de ce qu'il a, ambitionne toujours ce qu'il n'a pas, et qui dit toujours comme le premier des esprits rebelles: *Ascendam*, je monterai encore plus haut. Esprit d'ostentation, qui se plaît à étaler tout ce qu'il a de brillant, qui se manifeste dans le luxe des habits, dans la magnificence des meubles, la nouveauté des modes, et par les dehors imposants dont il se sert pour éblouir ses partisans.

Esprit d'indépendance, qui ne reconnaît aucune subordination, se soustrait à l'autorité la plus légitime, méprise les lois les plus sacrées; qui cherche même à secouer le joug de la foi, combat avec une opiniâtre résistance les vérités de la religion. Telles sont les extrémités où l'esprit du monde conduit ceux qui s'en laissent dominer.

Ah! que l'Esprit de Dieu inspire des sentiments bien différents à une âme qu'il conduit! Ce sont des sentiments d'humilité la plus profonde, qui fuit la gloire et les honneurs, pour ne chercher que les humiliations; qui, au lieu de paraître et se manifester par ce qui peut lui faire honneur, ne cherche qu'à se cacher pour dérober aux yeux des hommes ce qui peut lui attribuer de la gloire; qui marche avec candeur et simplicité, ne cherche point à s'en faire croire, ne conteste point les préséances, cède volontiers aux sentiments des autres. Une âme conduite par l'Esprit de Dieu, au lieu de s'élever contre l'autorité, de combattre la vérité, se soumet avec docilité au joug qu'on lui impose; croit sans hésiter les vérités que la religion lui enseigne; elle parle, elle n'agit que pour la gloire de son Dieu. Telles furent les dispositions où se trouvèrent les apôtres après avoir reçu le Saint-Esprit. Ils n'eurent que du mépris pour la gloire et les honneurs du monde; ils se glorifièrent des humiliations; bien loin de disputer sur la préséance, il se regardèrent comme le rebut du monde: *Tanquam purgamenta hujus mundi* (I *Cor.*, IV, 13), ils n'eurent d'autre ambition que de procurer de la gloire à Dieu par leurs discours et leurs travaux: *Loquebantur magnalia Dei.*

Sont-ce là, mes frères, vos sentiments? Préférez-vous l'opprobre et l'humiliation de la croix à la gloire du monde? Ne cherchez-vous point à mériter son estime et ses applaudissements? aimez-vous mieux la dernière place que la première? êtes-vous indifférents aux louanges comme aux mépris? ne cherchez-vous en tout que la gloire de Dieu? Si cela est, vous avez reçu son divin Esprit, il fait en vous sa demeure; et vous l'y conserverez, tandis que vous serez dans ces sentiments; mais si l'orgueil, la vanité dominent dans votre cœur, c'est l'esprit du monde qui vous conduit. Et que devez-vous attendre? esclaves du monde, vous périrez avec le monde.

Vous le connaîtrez encore, si vous avez un esprit d'intérêt, qui est le second caractère de l'esprit du monde, opposé à l'Esprit de Dieu. Sur quoi roulent en effet tous les projets que l'on forme dans le monde? A quoi se terminent les démarches de la plupart des hommes? Ils n'ont en vue que l'intérêt; les richesses sont les idoles auxquelles ils sacrifient tout. On y met la félicité, et on n'estime heureux que ceux à qui la fortune prodigue ses faveurs, tandis qu'on regarde comme malheureux ceux qui sont dans la pauvreté et l'indigence. Aussi les riches sont-ils les seuls honorés, tandis que les autres sont dans l'opprobre et le mépris.

Mais l'Esprit de Dieu nous apprend à penser bien différemment sur les biens du monde. Ce divin Esprit que Jésus-Christ nous a envoyé pour nous enseigner les maximes de son Evangile, nous dit que bienheureux sont les pauvres, parce que le royaume des cieux est à eux; malheureux sont les riches, parce que les richesses sont un grand obstacle pour entrer dans ce royaume. C'est pourquoi il nous inspire le mépris des richesses et l'amour de la pauvreté. Tels furent les sentiments qu'il inspira aux apôtres et aux premiers disciples de la religion. Les apôtres qui avaient tout quitté pour suivre Jésus-Christ, ne vivalent que des aumônes qu'on leur faisait, et passèrent toute leur vie dans la pauvreté. Les premiers chrétiens ne possédaient rien en propre; mais ils vendaient tout ce qu'ils avaient pour en apporter le prix aux pieds des apôtres, et pour être distribués à chacun selon ses besoins. Voilà jusqu'à quel point on portait le désintéressement dans la primitive Eglise, parce qu'on suivait les mouvements de l'Esprit-Saint. Voyez donc, mes frères, si vous êtes animés de ce divin Esprit, par les dispositions où vous vous êtes trouvés à l'égard des biens de ce monde. A la vérité Dieu n'exige pas de vous que vous vous dépouilliez de vos biens comme les premiers chrétiens, par un renoncement réel et effectif; mais il faut du moins en détacher vos cœurs, en sorte que vous ayez autant d'indifférence pour les richesses que pour la pauvreté; vous ne devez tenir à rien de créé, Dieu seul doit faire votre trésor: or, si vous êtes pauvres, êtes-vous contents dans cet état? Si vous êtes riches, quel usage faites-vous de votre bien? en employez-vous le superflu à soulager les pauvres? êtes-vous prêts à tout quitter, si Dieu le demandait de vous? et quand il vous arrive quelque revers de fortune, quel est votre soumission à la volonté de Dieu qui le permet ainsi? A ces marques, vous connaîtrez si vous avez l'esprit de Jésus-Christ qui est un esprit de pauvreté; mais si vous êtes toujours avides des biens, si vous ne souffrez qu'à regret les pertes qui vous arrivent; si vous n'êtes contents que quand la fortune vous est favorable, c'est une marque que l'esprit du monde règne en vous, et non l'Esprit de Dieu.

Troisième caractère de l'esprit du monde opposé à celui de Jésus-Christ; esprit d'immortification et de mollesse, ennemi de la pénitence et des croix. Il suffit, pour en être convaincu, d'examiner la vie des mondains. Quelle attention à satisfaire leurs désirs! quelles précautions pour se procurer les plaisirs de la vie! quelle indulgence à flatter leur chair et à lui procurer tout ce qu'elle demande! quelle violence se font-ils pour réprimer leurs penchants déréglés! Toute leur vie n'est qu'un cercle de divertissements qui se succèdent les uns aux autres. Après s'être rendus coupables de plusieurs crimes, ils ne pensent nullement à en faire pénitence; ils laissent la mortification à ceux qui sont dans la retraite; pour eux, ils se croient en droit de vivre dans la joie et les plaisirs.

Mais que les maximes de l'Esprit de Dieu sont bien opposées à celles du monde! Ce divin Esprit qui porte la division jusque dans les puissances de l'âme, comme dit saint Paul, réprime non-seulement les penchants déréglés, mais il mortifie encore les inclinations les plus légitimes; il inspire l'abnégation de soi-même, la mortification des sens, l'amour de la pénitence et des croix. Une âme conduite par ce divin Esprit, se fait une violence continuelle pour se corriger de ses défauts; pour réduire ses passions en servitude, elle se livre aux rigueurs de la pénitence, et embrasse avec joie toutes les croix que le Seigneur lui présente. Est-ce ainsi, mes frères, que vous combattez contre vous-mêmes pour faire pénitence de vos déréglements, pour réprimer vos mauvais penchants? Aimez-vous la mortification et les croix? si cela est ainsi, vous avez reçu le Saint-Esprit; et si vous persistez dans vos saintes pratiques, il demeurera avec vous. Mais si vous vivez selon la chair, si vous ne la soumettez pas à l'esprit, si vous accordez à vos passions tout ce qu'elles demandent, si la pénitence et les croix vous rebutent, vous n'êtes pas animés de cette vie divine, que l'Esprit-Saint communique aux âmes qui le reçoivent: vous êtes, au contraire, dans un état de mort, parce que vous avez éteint dans vous l'esprit de vie par vos résistances à ses grâces : vous ne lui appartenez plus, mais vous appartenez à l'esprit de ténèbres qui est devenu votre maître : *Vos ex patre diabolo estis.* (*Joan.*, VIII, 44.) Quel malheur, mes frères! pouvez-vous y penser sans frémir, et ne pas faire vos efforts pour briser vos liens et recouvrer la liberté des enfants de Dieu? Il faut pour cela de la force: mais le Saint-Esprit vous la donnera; c'est par cette vertu même que vous connaîtrez si vous l'avez reçu.

Je vous ai fait voir, mes frères, la force que le Saint-Esprit communiqua aux apôtres, qu'il rendit intrépides au milieu des plus sanglantes persécutions, qu'il éleva au-dessus des menaces, des supplices et de la mort la plus affreuse. Tels sont les effets qu'il produit dans une âme qui l'a reçu. Si vous avez ce bonheur, vous soutiendrez la cause de Dieu contre tous les efforts du monde; vous vous élèverez au-dessus du respect humain, des discours et des persécutions des hommes; vous vous opposerez au torrent des mauvaises coutumes; vous réprimerez le vice dans ceux qui vous sont soumis; vous vous ferez gloire de la vertu devant ceux qui la méprisent, vous défendrez la gloire de votre religion devant ceux qui l'attaquent. Voilà ce que le Saint-Esprit exige d'une âme à qui il se communique. Mais si vous n'osez vous déclarer pour la vérité, ni prendre le parti de la vertu, dans la crainte de déplaire aux hommes; si un misérable respect humain vous ferme la bouche, tandis qu'il faut parler; si par de timides ménagements et une fausse prudence, vous applaudissez aux passions des autres; si vous tolérez le vice dans ceux que vous devez reprendre, de crainte d'encourir leurs disgrâces; si vous ne pratiquez la vertu qu'autant que vous aurez l'applaudissement du monde, et que vous l'abandonniez dès que vous serez exposés aux censures des hommes, ah! vous devez juger que vous n'avez pas reçu cet esprit de force, tel qu'il parut dans les premiers chrétiens, tel qu'il fut dans un saint Paul, qui ne se regardait plus comme disciple de Jésus-Christ, dès qu'il aurait le malheur de plaire aux hommes : *Si hominibus placerem, Christi servus non essem.* (*Galat.*, X, 1.) Non, dit ce grand Apôtre, nous n'avons pas reçu un esprit de timidité, mais un esprit de force et de fermeté, pour nous soutenir dans la pratique du bien, contre les fausses maximes du monde, contre les persécutions des hommes : *Non dedit nobis spiritum timoris, sed virtutis.* (*II Tim.*, I, 7.)

Enfin, mes frères, l'Esprit Saint est un esprit de paix qui unit les cœurs par les liens d'une parfaite charité. Union qui était si grande parmi les premiers chrétiens qu'ils ne faisaient tous qu'un cœur et qu'une âme. A cette marque, vous connaîtrez encore si vous possédez ce divin Esprit, si vous vivez en paix avec votre prochain, avec ceux-mêmes qui sont ennemis de la paix; si vous souffrez patiemment les affronts, les injures : si vous pardonnez à vos ennemis, et si vous rendez le bien à ceux qui vous font du mal, vous êtes la demeure du Saint-Esprit. Mais si vous êtes en dissension avec votre prochain, si vous semez la discorde parmi vos frères par vos mauvais rapports, ce n'est pas l'esprit de Dieu qui vous conduit, c'est l'esprit du démon, qui n'aime que le trouble et la discorde. Peut-on dire aussi que l'esprit de Dieu habite dans ces maisons où l'on n'entend que des querelles, où le mari et la femme sont toujours à se disputer, vomissant l'un contre l'autre les injures les plus atroces, au grand scandale de leurs enfants! Non ce divin Esprit ne se trouve point dans le trouble et les divisions : *Non in commotione Dominus.* (*III Reg*, XIX, 11.) Voulez-vous, mes frères, le posséder dans vos maisons, dans vos cœurs? vivez en paix les uns avec les autres; suivez en tout les mouvements de l'Esprit-Saint; qu'il soit le principe et la fin de tous vos projets et de toutes vos actions; remplissez avec ferveur tous vos devoirs; car le Saint-Esprit ne se plaît pas dans un cœur qui fait l'œuvre de Dieu négligemment; il demande un cœur qui agisse par amour, parce qu'il est tout amour. C'est un feu qui est toujours dans l'action, et qui communique à l'âme son activité : dès que vous cesserez d'agir, vous l'éteindrez, vous l'étoufferez; comme le feu s'éteint dès qu'on cesse de lui donner de la matière; ainsi le Saint-Esprit cessera d'être en vous, si vous n'agissez avec lui. Quand vous éviteriez le mal, la seule inaction, la négligence à faire le bien, seront capables de l'éloigner de vous. Mais s'il trouve en vous des ministres qui suivent son activité, il vous conduira de vertu en vertu à la gloire éternelle. Amen.

PRONE XL.

Pour la fête de la sainte Trinité.

SUR LE MYSTÈRE DU JOUR.

In nomine Patris, et Filii, et Spiritus sancti. (*Matth.*, XXVIII, 19.)

Au nom du Père, et du Fils, et du Saint-Esprit.

C'est dans ce peu de paroles, mes frères, que vous récitez tous les jours, en faisant le signe de la croix, que consiste l'abrégé de notre foi, le fondement de nos espérances, et l'objet de notre charité. Elles nous expriment le plus saint, le plus auguste des mystères de notre religion; c'est-à-dire, le mystère de la sainte Trinité, un seul Dieu en trois personnes, le Père, le Fils, et le Saint-Esprit; mystère qui est le principe et la fin de tous les autres que nous célébrons pendant le cours de l'année. Le mystère de la sainte Trinité est le principe de tous les autres, parce que ceux-ci ne sont que les effets et les témoignages de la bonté et de la libéralité des trois divines personnes, à l'égard des hommes. Si le Fils de Dieu est descendu sur la terre, pour prendre naissance parmi nous; s'il a conversé avec les hommes, s'il est mort sur une croix, s'il est ressuscité le troisième jour après sa mort; si le Saint-Esprit est descendu sur les apôtres pour sanctifier le monde, on peut dire que les trois personnes de la sainte Trinité ont eu part à ces mystères, et que tous ces mystères sont autant de bienfaits dont l'homme est redevable à l'adorable Trinité, qui l'a voulu sauver par leur accomplissement. Le mystère de la sainte Trinité est aussi la fin de tous les autres, parce que tous se rapportent à sa gloire comme à leur fin principale. Il faut dire encore que toutes les fêtes et les dimanches que nous célébrons pendant l'année, sont destinés à la même fin. En un mot, tout ce qui se pratique de saint dans la religion, c'est pour la gloire de la sainte Trinité. Cependant l'Eglise en fait aujourd'hui une fête particulière, pour renouveller dans l'esprit des fidèles la foi de ce mystère, et leur en imprimer une tendre dévotion. C'est pour me conformer à l'esprit de l'Eglise, que je vais vous proposer les motifs de cette dévotion; ce sera mon premier point. Je vous en apprendrai ensuite la pratique; ce sera mon second point.

PREMIER POINT.

Soit que l'on considère la dévotion à la très-sainte Trinité dans son objet, soit qu'on l'envisage dans ses effets, on peut dire que c'est la plus excellente, la plus utile de toutes les dévotions: deux motifs bien capables de nous la faire embrasser avec ardeur, et pratiquer avec exactitude.

Quel est, mes frères, l'objet que l'Eglise propose à votre dévotion, dans l'auguste mystère de la sainte Trinité? Ah! c'est ici que je ne puis que bégayer comme un enfant, et que je devrais dire, comme un prophète, que je ne sais plus parler: *Nescio loqui.* Si les saints Pères, qui ont approfondi ce mystère avec toute leur lumière, qui en ont parlé si éloquemment, ont avoué qu'il était au-dessus de leurs paroles et de leurs expressions, à combien plus forte raison dois-je reconnaître mon insuffisance? combien ne dois-je pas craindre d'être opprimé par la gloire de cette infinie Majesté? Cependant, pour remplir mon dessein, suivons les lumières de la foi, dont les dogmes nous sont exprimés dans les symboles de l'Eglise, et particulièrement dans celui de saint Athanase.

Que devons-nous révérer dans ce mystère ineffable, qui est le premier objet de notre culte? C'est un seul Dieu en trois personnes, Père, Fils et Saint-Esprit; c'est-à-dire un Etre infini, de qui toutes choses dépendent, un Etre infiniment saint, infiniment bon, infiniment juste, infiniment puissant, infiniment parfait; ce sont trois personnes qui, quoique distinguées l'une de l'autre, ont la même nature, la même essence, les mêmes perfections: le Père n'est point le Fils, le Fils n'est point le Saint-Esprit; cependant le Père, le Fils et le Saint-Esprit ne sont qu'un seul Dieu, un seul Seigneur, un seul Créateur de toutes choses. Le Père n'a pas été avant le Fils, ni le Fils avant le Saint-Esprit; mais le Père, le Fils et le Saint-Esprit sont tous trois de toute éternité : ainsi le Père est éternel, le Fils est éternel, le Saint-Esprit est éternel; cependant ce ne sont pas trois éternels, mais un seul éternel. Le Père est tout-puissant, le Fils est tout-puissant, le Saint-Esprit est tout-puissant, cependant ce ne sont pas trois tout-puissants, mais un seul tout-puissant. Le Père n'a point été créé ni engendré; le Fils n'a pas été créé, mais engendré du Père, de toute éternité, par voie de connaissance; le Saint-Esprit n'a pas été créé ni engendré, mais il procède, par voie d'amour, du Père et du Fils. Une seule de ces personnes est aussi parfaite que les deux autres, et deux ne sont pas plus parfaites qu'une, parce qu'une seule possède toutes les perfections des autres; en un mot, elles sont égales en toutes choses; en sorte que nous devons révérer l'unité de nature dans la Trinité des personnes, et la Trinité des personnes dans l'unité de nature. Tel est, mes frères, le grand objet que l'Eglise propose en ce jour à votre dévotion. C'est ce divin objet qui fait la béatitude des saints dans le ciel, à qui les anges et toute la cour céleste donnent sans cesse mille bénédictions, par ce beau cantique, qui est rapporté dans le prophète Isaïe : *Sanctus, Sanctus, Sanctus;* « *Saint, Saint, Saint.* » (*Isa.*, VI, 3.)

L'Eglise militante se joint à l'Eglise triomphante, pour en célébrer sa gloire. C'est pour cela que dans toutes ses cérémonies, dans tous ses Offices, elle a soin de faire mention de ces augustes mystères, pour en inspirer la dévotion à ses enfants; si elle offre le divin Sacrifice, c'est à la gloire de la sainte Trinité. Elle commence d'abord par l'invocation des trois personnes ; *In nomine Patris.* Après l'introït, elle ajoute ces paroles : *Gloire soit au Père, au Fils et au Saint-Esprit.* « *Gloria Patri,* » etc. Ensuite elle chante le cantique des anges : *Gloria in excelsis,* où il est fait mention particulière des trois personnes de la très-sainte Trinité; après l'Evangile, elle récite le symbole de Nicée, qui est une profession solennelle de ce mystère. A la préface de la Messe, elle se joint au cœur des Anges, des Trônes, des Dominations, des Chérubins, des Séraphins, pour chanter avec eux le cantique de la céleste Jérusalem.

Combien de fois, dans les offices qui se célèbrent dans l'Eglise, n'entendons-nous pas les ministres du Seigneur, répéter ces belles paroles, « *Gloria Patri,* etc. *Gloire soit rendue au Père, au Fils et au Saint-Esprit?* » C'est par là que l'Eglise commence ordinairement et finit ses psaumes, ses hymnes et ses cantiques : elle voudrait que ces paroles admirables fussent continuellement dans la bouche de ses enfants ; persuadée qu'elle est, que c'est une pratique des plus saintes dont on puisse se servir pour rendre aux trois adorables personnes de la sainte Trinité, l'honneur et la gloire qui leur sont dus.

Jugez de là, mes frères, combien cette dévotion est sainte et excellente, soit par la dignité de son objet, soit par la pratique de l'Eglise. C'est aussi la plus salutaire de toutes les dévotions, si on la considère dans ses effets.

Une dévotion qui est le fondement le plus solide de nos espérances, qui nous procure les grâces les plus signalées, doit sans doute être regardée comme une dévotion bien utile et bien salutaire. Or, telle est la dévotion envers la très-sainte Trinité. Quel est, mes frères, l'objet de nos espérances après cette vie? C'est un bonheur éternel, qui consiste à posséder Dieu, à voir, à contempler, à aimer les trois personnes de la sainte Trinité, pendant des siècles infinis. Or, la foi de ce mystère, soutenue des bonnes œuvres, nous conduit infailliblement à la possession de ce bonheur. Quel est celui qui sera sauvé? Celui qui croira, dit Jésus-Christ : *Qui crediderit, salvus erit.* (*Matth.*, XVI, 16.) Mais que devons-nous principalement croire? un seul Dieu en trois personnes ; voilà le premier et le principal objet de notre foi. C'est ce que Jésus-Christ a voulu nous faire entendre, lorsque, en envoyant ses apôtres prêcher aux nations de la terre, le royaume de Dieu, il leur recommande expressément d'établir la foi du mystère de la sainte Trinité. *Allez*, leur dit ce divin Sauveur, *instruisez toutes les nations, les baptisant au nom du Père, et du Fils, et du Saint-Esprit : « Euntes, docete omnes gentes, baptizantes eos in nomine Patris, et Filii, et Spiritus Sancti. »* (*Matth.*, XXVIII, 18, 19.)

Comme le sacrement du baptême devait être la porte par où l'on devait entrer dans le bercail de Jésus-Christ, il n'a pas voulu que personne y fût admis que par une profession solennelle du mystère de la sainte Trinité ; c'est pourquoi il l'a fait une partie essentielle de ce sacrement, pour nous faire connaître que toutes nos espérances au salut étaient fondées sur ce point fondamental de notre religion. Aussi l'Eglise ne reçoit personne au nombre de ses enfants, qu'après cette profession de foi : *Croyez-vous au Père tout-puissant*, demande-t-elle à celui que l'on présente au baptême? « *Credisne in Deum Patrem omnipotentem?* » *Et en Jésus-Christ son Fils unique, Notre-Seigneur?* « *Et in Jesum Christum, Filium ejus, Dominum nostrum?* » *Croyez-vous encore au Saint-Esprit?* « *Et in Spiritum Sanctum.* » — *Oui, je le crois*, répond celui à qui on doit administrer ce sacrement, *Credo.* Ensuite il est baptisé selon la formule prescrite par Jésus-Christ : *Ego te baptizo in nomine*, etc. L'Eglise emploie les mêmes paroles dans l'administration des autres sacrements ; si elle absout les fidèles, si elle confirme en grâce, c'est au nom de la très-sainte Trinité ; si elle consacre les prêtres, si elle unit les époux par les liens du mariage, c'est au nom de la très-sainte Trinité ; si elle bénit les enfants, si elle couronne les rois, si elle consacre les vierges, les temples, les vases destinés au service divin, c'est toujours en invoquant la très-sainte Trinité. Pourquoi tout cela? pour nous faire connaître que la confession de ce mystère est le fondement de nos espérances, le principe de nos mérites, et, pour m'expliquer avec le saint concile de Trente, le commencement et la racine de notre justification : *Initium et radix totius justificationis nostræ.*

Pour nous faire encore sentir l'utilité de cette dévotion, l'Eglise, suivant une ancienne et constante tradition qui nous vient des apôtres, exhorte ses enfants à se munir du signe adorable de la croix, parce que ce signe, étant une profession solennelle du mystère de la sainte Trinité, est un des moyens les plus excellents dont nous puissions nous servir pour attirer sur nous les bénédictions du Seigneur, et rendre nos actions méritoires pour le ciel. Combien de grâces accordées, combien de miracles opérés par la vertu de ce signe adorable! Je ne finirais pas si je voulais vous les tous rapporter. Des malades guéris, les démons mis en fuite en sont des preuves convaincantes ; mais que de grâces de salut, que de secours puissants les vrais adorateurs d'un seul Dieu en trois personnes ne doivent-ils pas en espérer? Si la dévotion que nous avons envers la sainte Vierge et les saints nous attire, par leur médiation, ces grâces et ces secours abondants qu'on ne saurait trop admirer, que ne devons-nous pas attendre de notre dévotion envers l'adorable Trinité? Vous pouvez, mes frères, tout espérer de la puissance du Père, d'où nous vient tout don parfait ; de la sagesse du Fils qui a tant souffert pour notre salut, et qui, dans le ciel, ne cesse d'intercéder en notre faveur : *Semper vivens ad interpellandum pro nobis* (*Hebr.*, VII, 25) ; de l'amour du Saint-Esprit, le sanctificateur de nos âmes, le principe de tous nos mérites, qui demande et qui prie pour nous, comme dit saint Paul, par des gémissements ineffables : *Postulat pro nobis gemitibus inenarrabilibus.* (*Rom.*, VIII, 26.) Mais c'est surtout à l'heure de la mort que nous ressentirons l'assistance de ces divines personnes que nous aurons invoquées pendant notre vie ; nous en avons la preuve dans les prières que fait l'Eglise en faveur des mourants. *Partez*, dit le ministre du Seigneur, *de ce monde, âme chrétienne, au nom du Père qui vous a créée, du Fils qui vous a rachetée, du Saint-Esprit qui vous a sanctifiée : que les puissances infernales prennent la fuite à ces noms redoutables, et qu'elles ne forment aucun obstacle à votre passage dans la bienheureuse éternité!* Ensuite le prêtre s'adressant à Dieu : *C'est pour un pécheur, il est vrai, que j'implore votre miséricorde, ô mon Dieu! il n'a pas été exempt des fai-*

blesses humaines; mais il a confessé votre auguste Trinité, il a reconnu et adoré le Père, le Fils et le Saint-Esprit : « Patrem et Filium et Spiritum non negavit, sed credidit. » Daignez donc, en faveur du zèle qu'il a eu pour votre gloire, lui faire grâce, et l'admettre dans le sein de la béatitude éternelle : « Zelum Dei in se habuit, et Deum qui fecit omnia adoravit. » Ah! qu'il sera consolant pour vous, mes frères, d'entendre ces dernières paroles, et de ressentir les effets de la dévotion que vous aurez eue envers la très-sainte Trinité! Vous en connaissez maintenant l'excellence et l'utilité; quelle en est la pratique?

DEUXIÈME POINT.

Comme notre âme est composée de trois puissances, l'entendement, la volonté et la mémoire, qui représentent les trois adorables personnes de la sainte Trinité, nous ne pouvons, mes frères, rendre à ces trois personnes un culte qui leur soit plus agréable qu'en leur consacrant ces facultés par les actes de vertus qui leur sont propres. Nous devons, 1° leur faire un sacrifice de notre entendement, par une entière soumission à la foi de ce mystère; 2° leur consacrer notre volonté par un amour parfait, et un attachement inviolable à la loi du Seigneur; 3° enfin, nous devons nous servir de notre mémoire pour rappeler les bienfaits que nous en avons reçus, et leur en marquer notre reconnaissance. Le premier sacrifice que nous devons faire à la sainte Trinité, est la soumission de notre entendement à la foi de ce mystère : quelque impénétrable, en effet, qu'il soit à nos faibles lumières, il nous suffit de savoir que Dieu l'a révélé pour le croire sans hésiter. Témoignage des sens, raisonnement, subtilité, tout doit plier sous le joug de la foi. Or, rien de plus certain que la révélation du mystère de la sainte Trinité. Il n'y a qu'un seul Dieu, est-il dit en plusieurs endroits de la sainte Ecriture, il n'y a qu'un seul Seigneur ou un seul Créateur de toutes choses : *Unus Deus, unus Dominus.* (*Deut.*, VI, 4; I *Cor.*, VIII, 6 *et alibi.*) Et, quand la foi ne nous le dirait pas, la seule raison suffit pour nous convaincre qu'il ne peut y avoir plusieurs dieux.

Il est pareillement révélé qu'il y a trois personnes en Dieu : outre les textes de l'Ancien Testament que je pourrais rapporter, je m'arrête à quelques-uns du Nouveau, et particulièrement à celui que j'ai déjà rapporté, où Jésus-Christ commande à ses apôtres de baptiser toutes les nations au nom du Père, et du Fils, et du Saint-Esprit : *Baptizantes eos*, etc. Sur quoi saint Augustin fait ce raisonnement : Vous n'ordonneriez pas, Seigneur, de baptiser les nations au nom de trois personnes, si elles n'étaient pas en effet; et si ces trois personnes n'étaient pas Dieu, vous n'ordonneriez pas de baptiser en un seul nom; et si Dieu le Père était le Fils son Verbe, on ne pourrait pas dire que le Père a envoyé son Fils : *Misit Deus Filium suum;* si le Fils était le Saint-Esprit, on ne pourrait pas dire non plus que le Père a envoyé son Saint-Esprit au nom du Fils : *Quem mittet Pater in nomine meo* (*Joan.*, XIV, 26), puisque celui qui est envoyé de la part d'un autre, en est réellement distingué. *Il y en a trois*, dit saint Jean, *qui rendent témoignage dans le ciel, et ces trois ne sont qu'un : « Tres sunt qui testimonium dant in cœlo, et hi tres unum sunt.»* (I *Joan.*, V, 7, 8.) En voilà assez, mes frères, pour vous prouver que l'unité d'un Dieu en trois personnes nous a été révélée; que nous devons, par conséquent, croire ce mystère sans hésiter, parce que Dieu, qui est la vérité même, ne peut se tromper, ni nous tromper.

Il ne faut donc plus raisonner, comment se peut faire que trois ne soient qu'un, puisqu'on ne voit rien de semblable dans les créatures.

Nous ne devons pas, mes frères, mesurer les faibles idées que nous avons de Dieu, sur celles que nous avons des créatures : dans Dieu, tout est infini, tout est incompréhensible; si nous pouvions le comprendre il ne serait plus ce qu'il est. C'est son incompréhensibilité qui nous donne, dit saint Augustin, une plus noble idée de sa grandeur, et c'est dans cette incompréhensibilité même que nous trouvons le motif de notre foi. Combien de choses d'ailleurs ne croyons-nous pas, que nous ne concevons pas? Est-ce donc une raison de ne pas croire le mystère de la sainte Trinité, parce que nous ne le concevons pas? Où serait le mérite de notre foi si nous le concevions; car il n'y a point de mérite sans difficulté, et il n'y a point de difficulté à croire ce que l'on comprend. Soumettons donc nos lumières à celles de Dieu, qui veut se cacher à nous sous des voiles obscurs, pour nous faire sentir notre ignorance, et humilier notre esprit sous sa suprême autorité. Par cette soumission, nous lui faisons le sacrifice le plus agréable et le plus méritoire pour nous, parce que nous renonçons à nos faibles lumières, pour croire des mystères qui sont non-seulement au-dessus de notre portée, mais encore qui nous paraissent contraires à la raison.

Au reste, mes frères, cette soumission de foi au mystère de la sainte Trinité nous est absolument nécessaire pour être sauvés : car, s'il est vrai de dire que celui qui ne croira pas sera condamné : *Qui non crediderit, condemnabitur* (*Marc.*, XVI, 16), cela doit particulièrement s'entendre du mystère que je vous prêche : oui, mes frères, non-seulement celui qui refusera de le croire, mais encore celui qui, par sa faute, aura vécu dans l'ignorance d'un seul Dieu en trois personnes, celui-là sera exclu à jamais du royaume des cieux, parce qu'il n'en est pas de cette vérité fondamentale de notre foi, comme de bien d'autres que l'on peut ignorer sans danger de salut; mais il n'est personne qui ne doive savoir et croire le mystère de la sainte Trinité et celui de l'Incarnation du Verbe; ce sont les deux points fondamentaux de notre religion : sans la connaissance et la foi de ces mystères il n'y a point de salut à espérer.

Et voilà pourquoi, mes frères, l'Eglise prend tant de soins d'en instruire les fidèles; voilà pourquoi, dans les premiers éléments de la doctrine chrétienne que l'on donne aux enfants, on commence par expliquer ces grandes vérités. Elles sont, il est vrai, les plus difficiles à comprendre : mais elles sont les plus nécessaires à savoir et à croire; c'est pour cela qu'on a soin de les inculquer de bonne heure aux enfants, pour leur faire connaître qu'ils sont obligés de produire là-dessus des actes de foi, dès qu'ils ont atteint l'âge de raison, de continuer ces actes pendant la vie, et de la finir par là. C'est pour cette raison que l'Eglise charge expressément les ministres de la foi de faire faire aux mourants leur profession de foi sur ces mystères, parce que, hélas! peut-être y en aurait-il qui partiraient de ce monde sans l'avoir faite. Concevez par là, mes frères, combien il est important pour vous d'assister aux instructions où l'on explique ces grandes vérités, et d'y envoyer vos enfants; malheur à vous si vous venez à mourir dans l'ignorance des principaux mystères de votre foi! vous n'avez point d'autre sort à attendre qu'un malheur éternel.

Nous devons encore faire le sacrifice de nos volontés aux trois divines personnes, par l'amour le plus parfait, et l'attachement le plus inviolable à la loi du Seigneur. Quoi de plus juste, en effet, que d'aimer un objet qui est infiniment aimable, qui possède toutes les perfections, tous les attraits qui peuvent fixer cet amour! quoi de plus avantageux que de nous attacher à un objet qui peut seul nous rendre heureux, hors duquel nous ne trouvons que misères et affliction d'esprit, et dont la possession bannira toutes nos inquiétudes! Non, mes frères, notre cœur ne sera jamais en paix, et ne goûtera de repos assuré, qu'il ne possède un Dieu en trois personnes; il nous a faits pour lui, et lui seul est capable de fixer tous nos désirs. Aimons donc ces trois divines Personnes que nous devons aimer pendant toute l'éternité, que les anges et les saints ne peuvent se lasser d'aimer, tant ils reconnaissent en elles d'amabilité. Si notre entendement ne peut maintenant les comprendre; s'il lui est même défendu de sonder la profondeur de ce mystère, de crainte d'être opprimé par la gloire de l'infinie majesté de Dieu, notre volonté a cet avantage au-dessus de l'entendement de pouvoir se livrer à tous les transports d'amour dont elle est capable.

Elevons-nous donc, dit saint Augustin, sur les ailes de l'amour vers ce divin objet qui ravit les cœurs des anges, et disons-lui avec ce saint docteur : O beauté toujours ancienne et toujours nouvelle! c'est bien tard que je vous ai aimée, je ne veux pas tarder davantage à le faire; embrasez mon cœur de votre divin amour, afin que je vous aime toujours plus, *Amem te validius.* Mais comment pouvons-nous marquer notre amour aux trois divines personnes de la sainte Trinité? Je l'ai dit, mes frères, par un attachement inviolable à la loi de Dieu, par un entier éloignement de tout ce qui peut lui déplaire : quoi de plus juste en effet, que de nous soumettre à celui de qui nous dépendons en toutes choses, qui a droit non-seulement sur toutes nos actions, mais encore sur tous les mouvements de notre cœur? Lorsque les trois personnes de la sainte Trinité voulurent tirer l'homme du néant, elles résolurent de le former à leur image et ressemblance : ***Faciamus hominem ad imaginem nostram.*** (*Gen.*, I, 28.) Or, elles ne pouvaient le former tel, que pour en être servies et glorifiées : elles lui donnèrent l'empire sur toutes les autres créatures; mais elles se réservèrent un domaine absolu sur toutes les puissances et les actions de l'homme; et ce n'est que par l'obéissance aux volontés de Dieu que l'homme peut remplir le dessein que Dieu eut en le tirant du néant; ce n'est que par cette obéissance et la soumission aux lois du Créateur que l'homme peut acquérir la parfaite ressemblance qu'il doit avoir avec lui.

Voyez donc, mes frères, si vous exécutez en tout les volontés de Dieu : ce n'est qu'en observant ses divins commandements, que vous serez de vrais adorateurs de la sainte Trinité; c'est le culte le plus parfait que vous puissiez lui rendre. Mais si vous vous contentez de croire ce mystère, et que votre conduite ne réponde pas à votre foi; si cette foi ne se fait pas connaître par les bonnes œuvres, il ne vous servira de rien d'avoir cru ; vous serez traités au contraire avec plus de rigueur que les païens, parce que vous aurez reçu dans le sein de la religion plus de grâces et plus de secours que ces peuples.

Achevons, mes frères: pour vous acquitter de vos devoirs envers la très-sainte Trinité, vous devez encore rappeler dans votre mémoire les bienfaits que vous en avez reçus ; de combien de grâces et de faveurs ces divines personnes ne vous ont-elles pas comblés? C'est le Père qui vous a créés, le Fils qui vous a rachetés, le Saint-Esprit qui vous a sanctifiés ; autant de bienfaits qui mériteraient autant de discours. Ce qui doit particulièrement exciter votre reconnaissance, c'est votre vocation au christianisme, c'est la grâce baptismale que vous avez reçue, l'auguste caractère de chrétien dont vous avez été honorés ; parce que cette grâce baptismale vous a fait contracter une alliance particulière avec les trois personnes de l'adorable Trinité, en vertu de laquelle vous êtes devenus enfants de Dieu, membres de Jésus-Christ, temples du Saint-Esprit. Une vile créature devenue l'enfant de Dieu, et par une suite nécessaire l'héritière de son royaume ; quelle faveur de la part du Père céleste! vous ne la comprendrez jamais, et jamais votre reconnaissance n'égalera un si grand bienfait. Vous êtes aussi devenus membres de Jésus-Christ, qui vous a incorporés dans son corps mystique, qui vous a associés à ses droits, enrichis de ses mérites. Enfin le Saint-Esprit vous a choisis pour son temple, pour faire sa demeure en vous, pour vous sanctifier, vous marquer au sceau de la divinité même : *Signavit nos Deus.* (II *Cor.*, I, 22.) De quels sentiments de reconnaissance ne devez-vous pas être pénétrés pour des faveurs aussi signalées ! Bénissez mille fois les divines Personnes qui vous ont ainsi privilégiés, parmi tant d'autres nations qui n'ont pas eu les mêmes avantages. Mais que votre reconnaissance paraisse surtout en soutenant par la sainteté de votre vie les glorieux titres dont vous avez été honorés ; c'est le culte le plus parfait que vous pouvez rendre à la sainte Trinité, et le moyen le plus sûr pour arriver à la contemplation de ce mystère, qui doit faire votre bonheur éternel.

Pratiques.— 1°. Faites souvent des actes de foi sur le mystère de la sainte Trinité, particulièrement aujourd'hui, et tous les dimanches de l'année. Je crois fermement qu'il n'y a qu'un seul Dieu en trois personnes, le Père, le Fils et le Saint-Esprit, parce que Dieu l'a révélé, et qu'il est la vérité même. Récitez à ce sujet le Symbole des apôtres, en vous arrêtant à chaque article, particulièrement à la sainte Messe, quand on chante le *Credo*. Si vous avez quelques doutes contre la foi, rejetez-les promptement, en disant avec l'Apôtre, *O altitudo !* « *O profondeur de la sagesse et de la science de Dieu ! que ses jugements sont incompréhensibles !* » (*Rom.*, XI, 38.)

2°. Répétez souvent ces belles paroles de l'Eglise : «*Gloire soit au Père, au Fils et au Saint-Esprit :* « *Gloria Patri,* » etc. Le matin, le soir, de temps en temps pendant le jour, surtout quand vous assistez aux divins Offices, ou quand vous entendez jurer, c'est une occasion d'honorer intérieurement le saint nom de Dieu que les autres blasphèment ; servez-vous vous-mêmes de cette pratique pour vous corriger, si vous avez l'habitude de prononcer de mauvaises paroles.

3°. Offrez aux trois personnes de la sainte Trinité les trois puissances de votre âme, votre entendement, votre volonté, votre mémoire, par des actes d'adoration, d'amour et de remerciement. Croyez ce que vous ne concevez pas ; aimez de tout votre cœur ce que vous croyez, pour le posséder pendant l'éternité.

PRONE XLI.

Pour le Dimanche de la Trinité.

SUR LA SANCTIFICATION DES DIMANCHES ET FÊTES.

Euntes, docete omnes gentes, baptizantes eos in nomine Patris, et Filii, et Spiritus sancti. (*Matth.*, XXVIII, 18, 19.)

Allez, instruisez tous les peuples, les baptisant au nom du Père, et du Fils, et du Saint-Esprit.

Un seul Dieu en trois personnes, le Père, le Fils et le Saint-Esprit, qui, quoique distinguées l'une de l'autre, n'ont cependant qu'une même nature et les mêmes perfections ; c'est, mes frères, ce que nous appelons le mystère de la sainte Trinité, dont l'Eglise célèbre en ce jour une fête particulière. Le Père n'était point avant le Fils, ni le Fils avant le Saint-Esprit; mais le Père, le Fils et le Saint-Esprit ont été tous trois de toute éternité : ils sont tous les trois partout; tous les trois sont également bons, également sages, également puissants, également dignes de nos adorations et de notre amour. Ce mystère ineffable est au-dessus de nos connaissances, et nos lumières sont trop bornées pour en pénétrer la profondeur ; il n'y a que Dieu lui-même qui puisse se comprendre, parce qu'il est infini. Il ne serait pas tel, si nous pouvions le comprendre nous-mêmes. Mais s'il ne nous est pas donné d'atteindre à la connaissance de ce mystère incompréhensible, nous pouvons et nous devons le croire, lui rendre hommage de nos esprits et de nos cœurs.

C'est pour exciter notre foi et notre amour que l'Eglise nous propose aujourd'hui ce mystère ineffable à honorer dans la fête particulière qu'elle en célèbre : entrons dans les desseins de cette tendre Mère ; et comme le saint jour du dimanche, appelé le jour du Seigneur, est consacré à la gloire de la sainte Trinité, nous ne pouvons mieux faire pour honorer un Dieu en trois personnes, que de passer saintement les dimanches et les fêtes ; c'est ce qui m'engage à vous parler de l'obligation et de la manière de sanctifier ces jours que la plupart des chrétiens profanent. Les jours de dimanches et de fêtes sont saints de leur institution ; premier point. Comment devez-vous les sanctifier ; second point.

PREMIER POINT.

Quoique Dieu mérite d'être servi dans tous les temps de la vie, et que l'homme en effet doive tous les jours s'acquitter envers lui de ce devoir, il y a néanmoins certains jours qu'il s'est réservés pour être spécialement consacrés à son service : tels sont les jours de dimanches et de fêtes, jours saints dans leur institution, parce qu'ils sont particulièrement destinés à glorifier Dieu et à sanctifier l'homme ; deux circonstances qui en prouvent la sainteté.

Que doit faire l'homme pour glorifier Dieu son créateur? il doit le reconnaître pour le premier principe de qui il dépend en toutes choses, il doit lui rendre grâces pour les biens qu'il en a reçus : et c'est pour ces deux fins particulières que les jours de dimanches et de fêtes ont été institués. Allons d'abord à la source de cette vérité, et nous en serons bientôt convaincus.

Si nous ouvrons les livres saints, nous y voyons que Dieu employa six jours à créer ce vaste univers : que pendant ces six jours, il s'occupa à former le ciel, la terre, les astres, les étoiles, les plantes, les animaux, et toutes les créatures ; mais qu'il sanctifia le septième jour, auquel il se reposa. Dieu avait-il besoin de repos, après avoir créé le monde, lui qui n'est susceptibile d'aucune peine, d'aucune fatigue? Non, sans doute, mes frères : que veut donc nous apprendre l'Ecriture, quand elle nous dit que Dieu se reposa au septième jour? C'est pour faire connaître à l'homme que s'il lui accordait six jours dans la semaine pour travailler, il voulait que le septième lui fût spécialement consacré par un saint repos, où l'homme eût le temps de reconnaître sa dépendance du Créateur, et les bienfaits qu'il en a reçus.

De là ces précautions que Dieu prit si souvent de rappeler à son peuple le souvenir du jour du Sabbat; de là ces préceptes réitérés qu'il lui fit de sanctifier ce jour: *Memento ut diem Sabbati sanctifices.* (*Exod.*, XX, 8.) Et pour quelle raison Dieu fait-il à son peuple un commandement si formel? Il s'en explique lui-même aux livres de l'*Exode* et du *Deutéronome: Vous travaillerez,* dit le Seigneur aux Juifs, *pendant les six jours de la semaine; au septième jour, qui est le Sabbat, vous ne vous chargerez d'aucun travail, ni vous, ni votre fils, ni votre fille, ni votre servante, ni votre serviteur, ni les animaux qui vous appartiennent, ni les étrangers qui se trouveront dans les enceintes de vos murailles.* Pourquoi? parce que le Seigneur a fait en six jours ses ouvrages, et s'est reposé le septième; et c'est la raison pour laquelle il a béni ce jour, et vous commande de le sanctifier: *Septimo autem die Sabbatum Domini tui est; non facies omne opus in eo.* (*Ibid.*, 10.) Vous voyez, mes frères, par ces paroles, que de sept jours de la semaine, Dieu s'en réserve un pour lui être consacré par un saint repos. Et pourquoi ce jour de repos? Pour nous rappeler le souvenir du repos qu'il a pris lui-même après nous avoir créés. Pourquoi enfin nous fait-il souvenir de ce repos, si ce n'est pour nous mettre devant le yeux le bienfait de notre création, et par conséquent nous faire reconnaître notre dépendance du Créateur? Voilà le premier motif de l'institution du jour du Sabbat.

Le Seigneur en propose encore un autre à son peuple au *Livre du Deutéronome.* Il tire ce motif de la liberté qu'il lui accorda, en le délivrant de la captivité d'Egypte: *Souvenez-vous,* dit Moïse au peuple de la part de Dieu, *que vous avez servi dans l'Egypte, d'où le Seigneur votre Dieu vous a tirés par la force de son bras. Sachez aussi que c'est la raison pour laquelle il a établi le Sabbat, et vous a commandé de l'observer: « Ideo præcepit tibi ut observares diem Sabbati.* (*Deut*, V. 15.) Ce fut aussi en mémoire de cette fameuse délivrance que le peuple juif célébra si religieusement tous les ans la fête de Pâques, et observa si régulièrement toutes les semaines le jour du Sabbat, pour rendre grâces à Dieu du bienfait qu'il en avait reçu. De là les terribles châtiments dont on punissait ceux qui n'observaient pas ce précepte. Témoin cet homme qui fut surpris un jour de Sabbat à amasser du bois, et qui fut condamné à être lapidé par tout le peuple hors du camp, parce que Dieu avait défendu sous peine de mort de transgresser ce saint jour: *Qui polluerit illud, morte moriatur.* (*Exod.*, XXXI, 14.)

De là aussi la précaution qui fut intimée aux Juifs de la part de Dieu même, de préparer, dès la veille du Sabbat, toutes les provisions nécessaires pour vivre, afin qu'on ne s'occupât ce jour-là que de ce qui regardait son culte. C'est pour cette raison que lorsque Dieu nourrit ce peuple d'une manne miraculeuse qui tombait du ciel, il voulut que dès la veille du Sabbat, il recueillît tout ce qui était nécessaire pour vivre ce jour-là, tandis que cette manne ne pouvait se conserver les autres jours au delà de celui où on la recueillait, et que le surplus qu'on amassait se corrompait; il arrivait, par un autre miracle, que celle qui était amassée pour le jour du Sabbat, se conservait assez de temps pour en profiter. N'était-ce pas là, mes frères, une preuve bien sensible que le jour du Sabbat était un jour saint, un jour où l'on ne devait rien faire de servile, un jour qui devait être spécialement consacré au culte du Seigneur, et employé à reconnaître sa grandeur et ses bienfaits?

Or, ce que le jour du Sabbat, c'est-à-dire, du samedi, était aux Juifs, le dimanche l'est par rapport aux chrétiens: car il y a deux choses à remarquer dans le commandement que Dieu fit autrefois d'observer le jour du Sabbat; l'une qui était de droit naturel, l'autre qui était de précepte cérémonial. Que l'on doive spécialement consacrer quelque jour au service de Dieu, c'est ce qui est de droit naturel; mais que ce jour ait été le jour du Sabbat plutôt qu'un autre, c'était une observance cérémoniale dont Jésus-Christ et l'Eglise, son Epouse, en vertu du pouvoir qu'elle en a reçu, a pu dispenser ses enfants, et ce qu'elle a fait pour de bonnes raisons, dit saint Augustin, en substituant le dimanche au jour du Sabbat, parce que c'est le jour du dimanche que se sont opérés les plus grands mystères de notre religion. C'est en ce saint jour que l'on tient que Jésus-Christ est venu au monde, que l'étoile en a annoncé la naissance aux Mages. C'est au jour de dimanche que Jésus-Christ est ressuscité, qu'il a envoyé le Saint-Esprit à ses apôtres. C'est pourquoi ce jour est appelé, par préférence à tous, le jour du Seigneur, *Dies Dominica.* Et de là que s'ensuit-il?

Il s'ensuit que l'observation du saint jour de dimanche est pour nous d'une aussi étroite obligation que le jour du Sabbat l'était pour les Juifs; que les œuvres nous sont autant défendues qu'elles l'étaient aux Juifs le jour du Sabbat; que ce jour doit être uniquement et entièrement employé à servir et à glorifier Dieu, à reconnaître son souverain domaine sur nous, à lui rendre grâces des biens que nous en avons reçus.

En effet, si le jour du dimanche nous rappelle le bienfait de notre création, nous devons plus particulièrement ce jour-là qu'en tout autre, faire à Dieu une protestation solennelle de la dépendance où nous sommes de son souverain domaine. Si le saint jour du dimanche nous remet devant les yeux les victoires que Jésus-Christ a remportées sur la mort par sa résurrection, nous devons regarder ce jour comme un jour de liberté, puisque Jésus-Christ en ressuscitant nous a donné la vie, et nous a affranchis de l'esclavage du démon, plus funeste pour nous que celui où étaient les Israélites chez les Egyptiens. Nous devons, par conséquent, rendre à Dieu de solennelles actions de grâces de cette heureuse délivrance, et de tous les biens qu'elle nous a procurés. C'est à quoi, mes frères, vous devez particulièrement employer ces saints jours; et c'est pour cela que l'Eglise nous oblige ces jours-là au saint sacrifice de la Messe, parce qu'il n'y a point d'action qui rende plus de gloire à Dieu, et qui lui marque mieux notre reconnaissance que cet adorable Sacrifice. Pour cette même fin, la sainte Eglise a institué ces jours-là des Offices, où les fidèles assemblés réunissent leurs voix, pour louer les perfections de Dieu, et lui rendre grâces de ses bienfaits. Entrez, mes frères, dans les sentiments de l'Eglise, respectez le saint jour du dimanche, et employez-le selon son institution. Dieu, qui mérite d'être servi tous les jours et tous les moments de votre vie, pouvait s'en réserver d'avantage, pour être spécialement consacrés à son culte. De sept jours, il vous en donne six pour vaquer à vos affaires temporelles et à votre travail; est-ce trop de s'en réserver un pour lui seul? Et ne serait-ce pas une grande injustice que de le lui refuser?

Au saint jour de dimanche ajoutons les fêtes que l'Eglise a instituées, soit pour nous rappeler le souvenir des mystères de notre sainte religion, soit pour honorer la sainte Vierge, Mère de Dieu, les apôtres, les martyrs, et d'autres saints dont l'Eglise nous propose les exemples à imiter; jours de fêtes que nous devons célébrer selon son intention, en nous abstenant des mêmes choses qui nous sont défendues les dimanches, et en pratiquant celles qui nous sont ordonnées, avec cette différence que le dimanche étant d'institution divine, et les autres fêtes d'institution ecclésiastique, ce jour-là a quelque chose de plus respectable, et souffre moins de dispense que ceux-ci. Mais les uns et les autres doivent être employés à glorifier Dieu et à nous sanctifier nous-mêmes: second motif de leur institution.

Il est vrai que l'homme doit tous les jours de la vie travailler à sa sanctification. En quelque état qu'il soit, à quelque affaire qu'il soit occupé, il ne doit jamais perdre de vue l'unique nécessaire qu'il ait en ce monde, qui est de sauver son âme. Toutes les autres affaires doivent être rapportées à celle du salut, et il ne doit rien faire qu'en vue de son salut.

Mais qu'il est difficile, mes frères, de ne pas perdre de vue cette grande affaire parmi les embarras du monde, dans les différentes occupations qui partagent la vie des hommes! car pour travailler à son salut, il faut du recueillement, de la réflexion, une attention continuelle sur soi-même. Or, ce recueillement, cette attention sont-ils compatibles avec la multitude des affaires, avec les occupations d'un état qui dissipent l'esprit et troublent le cœur? L'âme, remplie des soins d'une vie tumultueuse, est presque toujours hors d'elle-même; tantôt occupée de différents besoins auxquels il faut pourvoir, tantôt accablée sous le poids du travail ou de l'application, inséparables d'une profession où l'on est engagé, elle se livre à mille objets qui fixent tour à tour son attention, et ne lui laissent pas le loisir de penser à Dieu ni à son salut. J'en atteste ici l'expérience journalière. Un homme de justice n'est-il pas occupé dès le matin jusqu'au soir de différentes affaires qui se présentent, et n'est-il pas obligé de prendre souvent sur son repos pour satisfaire ses clients? Un homme de négoce n'emploie-t-il pas toute sa journée à faire valoir son trafic? Un laboureur, un artisan, toujours courbés vers la terre, portent le poids du jour et de la chaleur, pour subvenir aux besoins d'une famille; et à peine dans toute la semaine les uns et les autres prennent-ils quelques moments pour penser à Dieu et à leur salut; à peine se présenteront-ils devant Dieu le matin et le soir, pour lui rendre les hommages qu'une créature doit à son Créateur.

C'est donc avec sagesse, et pour notre intérêt particulier, que Dieu nous a fixé certains jours de repos, où dégagés du soin et de l'embarras des affaires étrangères, nous n'ayons qu'à nous occuper de la grande affaire du salut. C'est dans ces jours que, rentrant en nous-mêmes par un saint recueillement, nous réparons les brèches que les occupations de la semaine ont faites sur notre esprit et sur notre cœur. C'est alors que nous avons plus de loisir de nous demander en particulier: Pourquoi suis-je en ce monde? J'ai beaucoup travaillé pendant cette semaine, je me suis bien appliqué, bien fatigué pour les autres; mais je n'ai rien fait pour moi. J'ai fait des profits, amassé des biens temporels, mais j'ai négligé ma fortune éternelle. Il faut donc que maintenant je pense à moi, que je travaille pour moi. Je rends grâces à la miséricorde de mon Dieu de m'avoir mis dans cette heureuse nécessité, par le commandement qu'il m'a fait de sanctifier ce jour, et par là de me sanctifier moi-même. C'est aussi pour cette raison, mes frères, que l'Eglise vous ordonne les jours de dimanches et de fêtes, la pratique de certaines œuvres de piété, auxquelles elle ne vous oblige pas en d'autres jours, comme sont l'assistance au saint sacrifice de la Messe, aux divins Offices, l'assiduité à entendre la divine parole, parce que toutes ces actions sont autant de moyens efficaces qu'elle vous présente pour opérer votre salut. Moyens de salut dans le sacrifice de la Messe, qui vous obtient le pardon de vos péchés, et les grâces nécessaires pour persévérer dans la vertu. Moyens de salut dans les divins offices qui, vous élevant à Dieu, vous inspirent de saints désirs, et qui vous rappellent le bonheur que vous aurez un jour de chanter dans le ciel ses louanges, d'une manière bien plus parfaite encore qu'on ne les chante sur la terre. Moyens de salut dans la parole de Dieu que vous devez écouter ou méditer ou lire dans des livres de piété, parce que cette divine parole vous apprend ce que vous devez fuir et pratiquer, pour mériter le bonheur éternel. Enfin, moyens de salut que l'Eglise vous propose dans l'exemple des saints dont elle fait la fête, en vous mettant devant les yeux les vertus que ces saints ont pratiquées dans le même état que vous, quoique sujets aux mêmes faiblesses et aux mêmes tentations que vous. En vous retraçant les vertus de ces saints, leur humilité, leur pauvreté, leur détachement des biens, des honneurs, des plaisirs du monde, leur patience à souffrir toutes sortes d'afflictions, d'injures et de mépris, l'Eglise vous dit ce que saint Augustin se disait autrefois à lui-même : Quoi! ne pourrez-vous pas faire ce que tels et tels ont fait? *Non poteris quod isti et istæ?* Etes-vous moins intéressés qu'eux à suivre le même genre de vie qu'ils ont suivi? N'avez-vous pas autant à craindre et à espérer qu'ils l'avaient? Pourquoi ne feriez-vous donc pas ce qu'ils faisaient? *Non poteris quod isti et istæ?* N'est-il pas vrai, mes frères, qu'en entendant raconter des actions héroïques des saints, vous vous êtes sentis quelquefois animés du désir de les imiter, surtout lorsqu'on vous a représenté les magnifiques récompenses dont ils jouissent dans le ciel? Vous avez résolu de faire votre possible pour arriver au même bonheur, vous avez même pratiqué quelques bonnes œuvres à cette fin; ce que vous n'auriez pas fait dans d'autres jours. Convenez donc que ce sont des jours bien établis pour vous sanctifier. Mais comment devez-vous sanctifier ces jours? second point.

DEUXIÈME POINT.

Pour sanctifier les jours de dimanches et de fêtes, deux choses sont nécessaires; s'abstenir des œuvres serviles, et pratiquer les œuvres de piété : ce sont les propres termes de la loi, tels que je vous les ai déjà rapportés au commencement de cet entretien. Le septième jour, qui est le jour du Sabbat, vous ne travaillerez point, dit le Seigneur, ni vous, ni vos enfants, ni vos domestiques, ni vos animaux, parce que Dieu a béni ce jour et qu'il l'a sanctifié. *Vous n'y ferez aucune œuvre servile : « Omne opus servile non facietis in eo. »* (*Levit.*, XXIII, 7.) Or, qu'entendons-nous par les œuvres serviles qui sont défendues les jours de dimanches et de fêtes? Nous entendons celles auxquelles les gens de métier et de travail ont coutume de s'appliquer, comme cultiver la terre, exercer un art mécanique, négocier, faire des marchés, des contrats de vente et d'achat, ou autres de cette espèce; faire des actes de justice qui sont accompagnés de quelque état, comme de plaider, interroger des témoins, rendre des sentences. En un mot, les œuvres serviles sont toutes les actions qui, de leur nature, se rapportent à quelque profit, à quelque utilité temporelle.

Pourquoi ces œuvres serviles sont-elles défendues les jours de dimanches et de fêtes? parce qu'elles détournent l'esprit et le cœur du service de Dieu, auquel on doit employer ces saints jours; n'étant pas possible que l'esprit occupé et absorbé dans les affaires temporelles, puisse s'occuper de son Dieu et de son salut. Mais, hélas! mes frères, combien voyons-nous aujourd'hui de chrétiens séduits par l'appât d'un sordide intérêt, qui violent impunément la sainte loi du Seigneur! Les uns, sous le prétexte d'une nécessité qui ne subsiste que dans leur imagination, ne font point de difficulté de vaquer à certains travaux qu'ils se croient permis, selon les maximes d'une conscience qu'ils se font à leur mode, et conformément à leurs intérêts. Les autres s'abstiendront, à la vérité, d'un travail défendu par les lois civiles, de crainte d'encourir les peines portées par ces lois; mais ils ne se font point de scrupule d'employer les jours de dimanches et de fêtes à faire des voyages pour leurs affaires, après avoir entendu une Messe à la hâte, ou même de se mettre en campagne avant que d'y avoir assisté. Ils passeront tout le jour à aller d'un côté et d'un autre chercher ce qui leur est dû, feront des marchés avec celui-ci, des comptes avec ceux-là, et passent ainsi tout le jour dans une dissipation continuelle, qui les détourne du service de Dieu, et de l'affaire de leur salut. Est-ce là, mes frères, satisfaire au précepte qui nous ordonne de sanctifier les fêtes? Non, sans doute; c'est se rendre aussi coupable que de vaquer aux œuvres serviles, puisque le tumulte des affaires est aussi incompatible avec le recueillement nécessaire pour bien sanctifier les fêtes, que le sont les œuvres serviles. Je sais que tous ceux dont je viens de parler, ne manquent pas d'excuses et de prétextes pour justifier leur conduite. Je ne puis pas, dira l'un, différer cette œuvre servile, ce travail à un autre jour, sans en ressentir de grands dommages. Je ne trouverai, dira l'autre, que les jours de dimanches et de fêtes ceux avec qui j'ai affaire : il faut donc que je me mette en campagne ces jours-là pour les rencontrer, et finir avec eux.

Je conviens d'abord qu'une pressante nécessité peut adoucir la loi qui défend les œuvres serviles les jours de fêtes; qu'il y a certaines occasions où l'on ne peut différer ces œuvres sans en ressentir du dommage comme sont les temps de récolte pour les biens de la terre, ou d'autres cas semblables de nécessité, de piété, pour lesquels il est toujours à propos de consulter les pasteurs et de demander leur permission, surtout quand il y a du doute. Mais il ne faut pas confondre la nécessité avec la cupidité. On peut très-souvent différer un ouvrage que l'on croit nécessaire un jour de fête, à un autre jour, sans en ressentir du dommage. Il faut que l'intérêt cède à la loi de Dieu, et non pas la loi de Dieu à l'intérêt. Or, l'intérêt, qui aveugle la plupart des hommes, leur fait faire bien des choses les jours de fêtes, qu'ils pourraient remettre à d'autres jours. Car pourquoi anticipe-t-on sur un jour de fête pour faire certains ouvrages lucratifs? c'est qu'on en a d'autres dans la semaine que l'on n'aurait pas le temps de faire, c'est qu'on veut gagner les jours de fêtes comme dans les autres jours de la semaine : et voilà les dommages prétendus qui servent de prétexte à la cupidité, c'est-à-dire, un intérêt moins considérable que celui que l'on aurait, si l'on ne travaillait pas les jours défendus. Hé! si un profit qu'on ne fait pas, était une raison de transgresser la loi, il serait toujours permis de la violer. Faux principe, fausse conséquence. Pourquoi voyage-t-on les jours de dimanches et fêtes? c'est qu'on ne veut pas retrancher de son travail un jour de la semaine, pour vaquer à ses affaires. C'est donc la cupidité, et non pas la nécessité, qui fait entreprendre des voyages, qui fait faire des œuvres serviles. C'est la cupidité, et non la nécessité qui fait ouvrir à ce marchand ses boutiques, ou qui lui fait vendre en secret; qui occupe cet homme de justice dès le matin jusqu'au soir à des affaires qu'il peut remettre. C'est la cupidité, et non la nécessité, qui fait travailler cet artisan qui craint de perdre ses pratiques, ce laboureur qui craint un mauvais temps qui n'arrivera pas. C'est la cupidité, et non la nécessité, qui engage ce maître à mettre en œuvre des domestiques, sous prétexte qu'ils n'ont rien à faire; comme si Dieu n'avait pas défendu à tout homme de travailler par lui-même les jours de fêtes, ou de faire travailler ceux qui lui appartiennent.

Ah! mes frères, que vous entendez bien mal vos véritables intérêts? Savez-vous bien que les ouvrages que vous faites les jours de fêtes, vous sont nuisibles? Vous y perdez plus que vous n'y gagnez. Qui vous l'assure? Dieu lui-même : *Si vous ne gardez mes saints jours, je vous visiterai par la misère; vous aurez beau semer, vous ne recueillerez rien; le ciel sera de bronze, la terre de fer: la sécheresse brûlera vos récoltes, ou la grêle les emportera: les maladies, les pestes, les famines vous accableront; le feu se mettra dans vos maisons, et consumera tout ce que vous aurez amassé.* (*Levit.*, XXVI, 16-19.) N'est-ce pas, mes frères, ce que nous voyons souvent arriver? On voit avec étonnement des gens qui ne peuvent prospérer, malgré leur assiduité au travail : on en voit d'autres affligés par des pertes de biens, de bétail, accablés par des revers de fortune. D'où viennent ces malheurs? de ce que leur travail n'est pas selon Dieu. Plus empressés d'acquérir les biens de la terre que ceux du ciel, ils entreprennent des choses incompatibles avec le service de Dieu, ils travaillent les jours où ils ne devraient penser qu'à glorifier Dieu : voilà pourquoi Dieu ne les bénit pas, et qu'il les afflige. Heureux encore s'ils n'étaient punis qu'en cette vie; mais ils le seront bien plus sévèrement en l'autre. Au lieu que tout prospère, tout vient en abondance à ceux qui cherchent premièrement le royaume de Dieu ; ceux qui sanctifient les dimanches et les fêtes attirent sur eux les bénédictions du Seigneur, comme il leur a promis : *Si vous gardez les jours que je me suis consacrés, je vous donnerai des pluies dans leur temps; la terre produira en abondance, les arbres seront chargés de fruits; je vous bénirai vous et vos enfants.* (*Ibid.*, 4-8.) Et certes, mes frères, Dieu n'est-il pas le maître des temps et des saisons? c'est sa providence qui gouverne tout. Si vous obéissez à sa loi, ne peut-il pas rendre vos terres fertiles, et arrêter les tempêtes qui pourraient les ravager? au lieu que si vous transgressez cette sainte loi, il vous enlèvera vos biens, il vous affligera par des accidents fâcheux. Le meilleur parti que vous ayez donc à prendre, est de faire sa volonté, et il fera lui-même la vôtre, en se rendant favorable à vos désirs : *Voluntatem timentium se faciet.* (*Psal.*, CXLIV, 19.)

Outre les œuvres serviles qui sont défendues les jours de fêtes, et qui sont permises en d'autres temps, il y en a qui sont défendues en tout temps, et particulièrement les jours de fêtes. Ce sont les œuvres de péché, les divertissements criminels, les débauches auxquelles on se livre ces jours-là plus que les autres jours de la semaine. Nous les appelons, après saint Thomas, œuvres serviles, parce que *celui qui commet le péché est esclave du péché*, dit Jésus-Christ : « *Qui facit peccatum, servus est peccati.* » (*Joan.*, VIII, 34.) Ces œuvres sont particulièrement défendues les jours de fêtes, parce qu'elles sont formellement opposées à la fin pour laquelle les jours de fêtes sont institués, qui est de glorifier Dieu et de sanctifier l'homme. N'est-ce pas faire une grande injure à Dieu, dit saint Cyrille, et une espèce de sacrilége, que d'employer aux folies du monde, aux divertissements profanes, des jours qui sont consacrés au Seigneur d'une manière spéciale? N'est-ce pas aussi se porter à soi-même un grand préjudice, que des jours de salut en faire des jours de réprobation, par les péchés qu'on y commet?

Il semble néanmoins à un grand nombre de chrétiens que les jours de fêtes ne leur sont accordés que pour se divertir, et pour se dédommager par des plaisirs criminels, des travaux qu'ils ont endurés pendant la semaine. Quand est-ce en effet que les cabarets sont plus fréquentés? ce sont les jours de dimanches et fêtes. Quand est-ce que l'on voit le libertinage régner avec plus d'empire? quand est-ce que l'on entend plus de querelles, que l'on voit plus de désordres dans une paroisse? ce sont les jours de dimanches et de fêtes. Quand est-ce que la jeunesse se livre plus à la dissolution, forme des assemblées de spectacles, de danses, et d'autres parties de divertissements criminels? ce sont les jours de dimanches et de fêtes. Ce sont ces jours-là que l'on choisit pour entretenir des commerces dangereux, pour se voir, se donner des rendez-vous dans des promenades, dans des lieux retirés, et souvent à des heures indues. Ce sont ces jours-là que l'on fait servir la dévotion même au libertinage, lorsque, sous prétexte d'aller à quelque assemblée de piété, de faire des voyages en l'honneur des saints, on trouve le moyen de se rencontrer avec des personnes que l'on ne doit pas fréquenter. Ce sont enfin les jours de dimanches et de fêtes que les passions, qui ont été dans le repos et comme assoupies par les fatigues de la semaine, semblent se réveiller pour se livrer à tous les excès : en sorte que l'on peut dire que dans un jour de dimanche ou de fête, Dieu est plus offensé qu'il ne l'a été dans toute la semaine. Ah! faut-il, ô mon Dieu, que des jours destinés à vous servir et à vous glorifier, le soient à vous offenser? Faut-il que des jours que vous avez donnés à l'homme pour ne penser et ne travailler qu'à son salut, deviennent pour lui des jours de réprobation, par le mauvais usage qu'il en fait? Il vaudrait mieux en quelque façon qu'il n'y eût point de fête, ou du moins il vaudrait mieux, dit saint Augustin, que l'on travaillât ces jours-là, ou à labourer la terre, ou à exercer quelque autre métier, que de le profaner, comme l'on fait, par les désordres que l'on y commet : du moins le Seigneur ne serait pas s'y offensé. L'homme dans son travail, dans sa profession, ne pense qu'à ce qui l'occupe; et parce qu'il ne travaille pas les jours de fêtes, il ne pense qu'à offenser Dieu. Il vaudrait donc mieux encore une fois que cet intempérant labourât la terre les dimanches et fêtes, que de fréquenter dans ces saints jours les cabarets, où il perd, avec ce qu'il a gagné dans la semaine, sa santé, son âme, son salut. Du moins on ne verrait pas, au retour de son ouvrage, apporter chez lui le désordre, jurer, maltraiter sa femme et ses enfants, comme il le fait. Il vaudrait mieux pour cette femme qu'elle fût occupée à travailler dans son ménage, que de passer des heures entières et une grande partie des fêtes à médire de son prochain. Il vaudrait mieux que cette fille fût occupée à son fuseau les jours de fêtes, et que ce jeune homme cultivât la terre, que d'entretenir des commerces criminels, que d'aller dans ces danses, dans ces assemblées profanes, d'où l'on ne sort jamais aussi pur qu'on y est entré : danses et assemblées qui sont les misérables restes du paganisme; car c'est ainsi que les idolâtres honoraient leurs fausses divinités. Faut-il s'en étonner? ces faux dieux qu'ils honoraient étaient sujets eux-mêmes aux débauches, à l'impureté, et aux mêmes crimes que ceux qui leur rendaient des hommages. Mais n'est-ce pas une indignité, que des chrétiens qui adorent un Dieu crucifié, qui honorent des saints humbles, pénitents, mortifiés; des saints qui ont tout sacrifié, biens, plaisirs, vie même pour leur religion; que ces chrétiens, dis-je, célèbrent leurs fêtes comme les païens célébraient celles de leurs faux dieux? C'est ce qui est capable de jeter dans l'étonnement des idolâtres même, et de faire tourner en dérision nos fêtes par nos ennemis : ***Viderunt hostes sabbata ejus, et deriserunt.*** (*Thren.*, I, 7.) Voilà, mes frères, ce qui attire la malédiction de Dieu sur ses peuples. La profanation des fêtes est la cause des tempêtes qui ravagent vos campagnes, des incendies qui consument vos maisons, des contagions qui détruisent votre bétail, des maladies qui vous réduisent à la misère, parce que vous changez les jours saints en jours de dissolution; au lieu de vous rendre Dieu propice, vous en faites un Dieu vengeur; au lieu de vous ménager des protecteurs dans le ciel, en bien célébrant les fêtes des saints, vous vous en faites des ennemis qui, bien loin de demander des grâces pour vous, demandent à Dieu vengeance de la profanation que vous faites des jours de leur triomphe.

Ce n'est donc pas assez de vous abstenir des œuvres serviles les jours de dimanches et de fêtes; il faut encore vous interdire les divertissements criminels, qui sont si communs ces jours-là. Si vous prenez quelque repos, comme il ne vous est pas défendu, que ce soit dans quelque récréation honnête, et qui ne soit pas de longue durée : *Que votre joie,* dit saint Paul, *soit selon Dieu, que votre modestie soit connue de tout le monde : « Gaudete in Domino; modestia vestra nota sit omnibus* (*Philipp.*, IV, 5); » mais ne prenez point de récréation qu'après vous être acquittés des œuvres qui vous sont commandées.

Car il ne faut pas croire, mes frères, que le repos qui nous est ordonné les jours de fêtes, soit une cessation de toute œuvre, de toute action même corporelle. Si Dieu nous défend les œuvres serviles, c'est pour nous donner le loisir de vaquer aux œuvres de piété, c'est-à-dire aux œuvres qui regardent Dieu et notre salut : car si nous devons employer les jours de fêtes à glorifier Dieu et à nous sanctifier, ce n'est pas en nous reposant que nous remplirons les desseins de Dieu; c'est en agissant, c'est en accomplissant ce qu'il nous ordonne de faire, et ce que l'Eglise nous commande de sa part.

Pratiques. — Or, qu'est-ce que l'Eglise nous commande ces jours-là? C'est 1° d'assister au saint sacrifice de la Messe avec toute la modestie du corps et l'attention de l'esprit qui conviennent à cette grande action. Elle nous invite particulièrement, cette sainte mère, à assister à la Messe de paroisse, parce que c'est là que les fidèles unis ensemble pour faire leur prière, attirent sur eux une plus grande abondance des grâces; c'est là que ces mêmes fidèles écoutent la voix de leur pasteur, à qui Dieu inspire ce qu'il convient de dire à ses ouailles; c'est là qu'ils apprennent les vérités nécessaires au salut; leur âme en est nourrie; et ainsi fortifiée, elle combat fidèlement le reste de la semaine et triomphe constamment de ses ennemis.

2° L'Eglise exhorte, et ordonne même aux fidèles, pour sanctifier les fêtes, d'assister aux divins Offices. Car pourquoi charge-t-elle ses ministres de célébrer ces jours-là les louanges du Seigneur avec plus de solennité que les autres jours, si ce n'est pour que les fidèles viennent joindre leurs voix, ou du moins s'unir de cœur aux chants célestes dont on fait retentir nos églises? N'est-ce pas un abus intolérable, tandis que l'on chante les divins Offices, de voir nombre de gens dans les promenades publiques, dans les jeux, dans les spectacles, ou bien passer une grande partie de la journée à la chasse, ou dans des repas, dans des assemblées de divertissements? Contents d'une Messe qu'ils ont entendue le matin, ils se dispensent sans peine des autres exercices de religion, comme si une demi-heure passée au pied des autels était suffisante pour sanctifier tout le jour. Quoi! mes frères, ne se trouver à aucune des assemblées de piété que l'on fait les jours de fêtes, passer tout le reste du jour dans la mollesse et l'oisiveté, est-ce là sanctifier comme l'on doit ces saints jours? Non, c'est en abuser, c'est les profaner, comme les Juifs charnels qui, contents de s'abstenir des œuvres corporelles défendues les jours de leurs fêtes, profitaient de ces jours pour se livrer à la mollesse et aux plaisirs criminels.

3° Pour sanctifier les dimanches et fêtes, il faut entendre la parole de Dieu, ou, si on ne le peut, la lire et la méditer dans de bons livres. L'Eglise oblige ses ministres de distribuer le pain de la parole à ses enfants: or, à quoi bon les chargerait-elle de cette obligation, si les fidèles n'étaient aussi obligés de les entendre? L'obligation pour les uns emporte nécessairement un devoir pour les autres. Soyez donc assidus, mes frères, à la parole de Dieu que l'on vous débite en ces jours de salut, surtout aux prônes et aux catéchismes de vos pasteurs, où vous profiterez plus que dans toutes les autres instructions; soit parce que Dieu répand une bénédiction particulière sur celle des pasteurs, soit parce que ces sortes d'instructions sont plus à la portée de tout le monde. C'est une sainte pratique, les jours de fêtes, d'assister aux congrégations, aux assemblées de piété où l'on reçoit plus de grâces par les prières qui se font en commun, et où il se trouve des âmes justes qui attirent sur les autres les dons célestes. C'est aussi une sainte pratique de visiter le saint Sacrement les jours de fêtes; en rendant ses devoirs à Jésus-Christ, on en reçoit beaucoup de grâces; on ne sort point de sa maison sans remporter quelques faveurs.

Enfin, mes frères, pour bien sanctifier les dimanches et fêtes, il serait à propos de s'approcher des sacrements de pénitence et d'Eucharistie: car vous ne pouvez mieux vous sanctifier vous-mêmes, qu'en vous purifiant de vos péchés au tribunal de la pénitence, et en vous unissant à Jésus-Christ, l'auteur de toute sainteté. C'était la pratique des premiers fidèles, qui communiaient toutes les fois qu'ils assistaient au divin Sacrifice. L'Eglise souhaiterait bien que cette sainte pratique fût encore en vigueur parmi ses enfants: mais la ferveur des chrétiens s'étant ralentie sur ce point, il faut du moins les jours de fêtes purifier vos consciences dès le commencement du jour par une vive douleur de vos péchés, communier spirituellement par un désir ardent de vous unir à Jésus-Christ, lui rendre visite dans son saint temple, outre le temps de la Messe et des Offices; le visiter aussi dans la personne des pauvres et des malades; en un mot, pratiquer toutes les œuvres de piété que la religion vous inspirera.

Que ne puis-je, mes frères, pour vous animer à la pratique de ces bonnes œuvres, vous représenter ici la manière dont les premiers chrétiens célébraient les fêtes! Vous les verriez, ces premiers disciples de la religion, s'abstenir non-seulement de toute œuvre servile, de tout péché, de tout divertissement profane; mais encore s'occuper pendant ces saints jours, et même pendant la nuit, à la prière, à chanter les louanges de Dieu, et à faire toutes les actions de vertu que la ferveur du christianisme naissant leur inspirait.

Célébrez de même vos fêtes, mes frères, c'est le moyen de participer un jour aux joies de la fête éternelle qui se fera dans le ciel. Ainsi soit-il.

PRONE XLII.

Pour la Fête-Dieu, ou le Dimanche dans l'Octave.

SUR LE SAINT SACREMENT DE L'AUTEL.

Memoriam fecit mirabilium suorum misericors et miserator Dominus, escam dedit timentibus se. (*Psal.*, CX, 4.)

Le Seigneur plein de miséricorde a fait un abrégé de ses merveilles, en donnant une nourriture à ceux qui le craignent.

Le ciel et la terre sont remplis des merveilles du Seigneur: il n'est aucun de ses ouvrages qui ne nous manifeste ses adorables perfections. Si nous considérons l'étendue des cieux, la fertilité de la terre, la clarté des astres, ce bel ordre qui règne dans l'univers, tout nous annonce une puissance infinie qui a tout créé, une sagesse admirable qui gouverne tout, une bonté suprême qui pourvoit et se communique à tout. Si des merveilles de la nature nous passons à celles que la religion nous développe, elle nous fait voir, dans son origine, le premier homme créé dans un état d'innocence, placé dans un jardin de délices auprès d'un arbre dont les fruits lui auraient donné l'immortalité, s'il n'en avait point goûté d'autres; cette sainte religion nous représente dans la suite un peuple nourri miraculeusement dans le désert d'une manne qui descendait du ciel, qui avait toute sorte de goûts. Le Seigneur donna à son peuple cette nourriture, pour lui rappeler le souvenir des merveilles qu'il avait opérées en sa faveur. Dans la loi nouvelle, que de merveilles la foi ne nous découvre-t-elle pas? Un Dieu descendu du ciel, qui se fait semblable aux hommes, pour rendre les hommes semblables à lui : ce Dieu fait homme conversant parmi les hommes, rend la vue aux aveugles, l'ouïe aux sourds, la santé aux malades, la vie aux morts; nourrit plusieurs milliers de personnes avec quelques pains qu'il mutiplie au delà de ce qu'il fallait pour fournir aux besoins de tous : que de prodiges dignes de notre admiration!

Mais voici, mes frères, le prodige des miracles, la merveille par excellence des ouvrages de Dieu, la précieuse, la divine nourriture qui nous est donnée dans la sainte Eucharistie : ah! c'est ici que l'on peut dire avec le Prophète, que le Seigneur nous a laissé un abrégé, un mémorial dans toutes les merveilles qu'il a opérées : *Memoriam fecit*, etc. C'est ici que l'on voit éclater les adorables perfections de Dieu, sa toute-puissance, sa sagesse, sa bonté; ici se renouvellent d'une manière bien plus admirable que dans l'ancienne loi, les prodiges opérés en faveur d'un peuple chéri de Dieu, puisque nous possédons la réalité de ce qu'ils n'avaient qu'en figure. C'est ici véritablement l'arbre de vie qui donne l'immortalité, le vrai pain descendu du ciel, dont la manne n'était qu'un symbole; c'est un renouvellement et une extension du mystère de l'incarnation du Verbe qui nous nourrit dans notre faiblesse, nous éclaire dans notre aveuglement, nous donne la santé et la vie; en un mot, c'est l'ouvrage par excellence de la toute-puissance et de la bonté de Dieu pour les hommes. Ce sont ces deux attributs, comme dit le Prophète, qui se manifestent d'une manière particulière dans ses ouvrages : *Duo hæc audivi, quia potestas Dei est, et tibi, Domine, misericordia.* (*Psal.*, LXI, 12.) Mais c'est particulièrement dans la sainte Eucharistie que nous en voyons la preuve. Cet auguste Sacrement est une merveille de la toute-puissance de Dieu; premier point. C'est aussi une merveille de sa bonté et de son amour; second point : *Memoriam fecit*, etc.

PREMIER POINT.

De quelque manière que l'on envisage l'auguste Sacrement de nos autels, on n'y remarque que des prodiges de la toute-puissance de Dieu. Soit qu'on le considère dans sa nature, soit qu'on examine comment il est produit, soit enfin que l'on fasse attention à la manière dont il subsiste, tout y est miraculeux, tout y est prodigieux.

Et d'abord, mes frères, permettez-moi de vous le demander, qu'est-ce que le saint Sacrement de l'autel considéré en lui-même? Ah! ne consultons point ici nos sens aveugles et trompeurs, mais plutôt les lumières infaillibles de notre foi. Qu'est-ce qui est renfermé dans cette hostie que l'on nous propose à adorer sur nos autels, et que l'on nous donne en la sainte communion pour être la nourriture de nos âmes? C'est, répond la foi, le corps et le sang de Jésus-Christ qui tiennent la place du pain et du vin qui étaient avant la consécration, et dont il ne reste plus que les espèces et les apparences. Voilà, mes frères, le prodige de la toute-puissance de Dieu, le pain et le vin changés au corps et au sang de Jésus-Christ; changement réel et véritable, qui rend ce corps et ce sang aussi présent sous les voiles eucharistiques, qu'il l'était sur la terre, et qu'il l'est maintenant dans le ciel. Quoique je vous croie, mes frères, pleinement convaincus de cette vérité, il ne sera pas néanmoins hors de propos de vous en apporter ici quelques preuves, pour vous confirmer davantage dans la croyance de cet adorable mystère qui renferme le trésor de notre religion.

La première et principale que j'aie à vous alléguer, sont les paroles de Jésus-Christ même, qui s'est expliqué sur ce sujet d'une manière si claire et si précise, soit dans les promesses, soit dans l'institution qu'il a faite de cet auguste Sacrement. Ecoutez donc ce que dit Jésus-Christ quand il fit la promesse de cette divine nourriture : *Je suis*, dit-il, *le pain vivant qui est descendu du ciel; si quelqu'un mange de ce pain, il vivra éternellement, et le pain que je donnerai, c'est ma chair, pour la vie du monde : « Et panis quem ego dabo. caro mea est pro mundi vita. »* (*Joan.*, VI, 51, 52.) Peut-on s'expliquer d'une manière plus claire et plus intelligible? Car enfin que promettait Jésus-Christ à ceux qui l'écoutaient! C'est une autre nourriture que celle qu'il venait de leur donner dans la multiplication des pains matériels dont il venait de les rassasier dans le désert; donc ce pain matériel était déjà la figure de son corps : si Jésus-Christ n'avait promis qu'une nourriture en figure, comme le prétendent les hérétiques, il n'aurait rien promis de plus que ce qu'il leur avait déjà donné; comment aurait-on pu dire que ce pain matériel aurait été un pain descendu du ciel? C'est donc une nourriture bien plus excellente qu'il leur promet : c'est, comme il l'assure lui-même, une nourriture qui ne se consume point, et qui dure jusqu'à la vie éternelle; c'est sa propre chair qui donne la vie au monde : *Caro mea pro mundi vita.* Aussi les Juifs qui l'entendaient, prirent-ils bien ses paroles dans un sens réel et véritable, puisque disputant entre eux ils se demandaient : *Comment peut-il se faire que cet homme nous donne sa chair à manger? « Quomodo potest hic nobis carnem suam dare ad manducandum? »* (*Ibid.*, 53.)

Remarquez, mes frères, que Jésus-Christ, bien loin de les détromper, comme il aurait dû faire, s'il avait parlé d'une autre nourriture que de sa chair, les assure, par une espèce de serment, que : *S'ils ne mangent la chair du Fils de l'homme, et s'ils ne boivent son sang, ils n'auront point la vie éternelle : « Nisi manducaveritis carnem Filii hominis, et biberitis ejus sanguinem, non habebitis vitam in vobis. » Car ma chair*, continue-t-il, *est véritablement une nourriture, et mon sang est véritablement un breuvage ; celui qui mange ma chair et boit mon sang demeure en moi, et moi en lui : « Qui manducat meam carnem et bibit meum sanguinem, in me manet, et ego in eo.* » (*Ibid.*, 54, 56, 57.) Remarquez encore que plusieurs de ses disciples, trouvant ce discours trop dur et trop difficile à comprendre, l'abandonnèrent : n'importe; le Sauveur, bien loin de changer son discours, leur prouve la merveille qu'il leur annonce par une autre dont ils doivent être les témoins, et qui ne les doit pas moins surprendre : *Si vous êtes scandalisés*, leur dit-il, *de ce que je vous ai dit, que penserez-vous donc lorsque vous me verrez monter au ciel?* (*Ibid.*, 62, 63.) Or, si Jésus-Christ n'avait pas voulu persuader à ses disciples que c'était sa chair qu'il leur donnait pour nourriture, mais seulement un pain qui n'en aurait été que la figure, quelle comparaison, je vous le demande, pouvait-il faire entre cette nourriture et son ascension miraculeuse dans le ciel?

Venons maintenant aux paroles de l'institution du saint Sacrement de l'autel. Le Sauveur du monde, pour accomplir la promesse qu'il avait faite à son Eglise, dans la personne de ses apôtres, de lui donner pour nourriture, son corps adorable et son sang précieux, après avoir célébré la Pâque avec ces mêmes apôtres, la veille de sa Passion, prit du pain, dit l'Evangile, et le bénit, et le leur distribua, en disant : *Prenez et mangez, ceci est mon corps qui sera livré pour vous : « Hoc est corpus meum quod pro vobis tradetur.* » Ensuite ayant pris le calice où il y avait du vin, il le leur distribua aussi, en leur disant : *Buvez, ceci est mon sang qui sera répandu pour vous : « Hic est sanguis meus qui pro vobis fundetur.* » (*Matth.*, XXVI, 26-28.) Or, n'est-ce pas le vrai corps de Jésus-Christ qui a été livré pour nous? n'est-ce pas son vrai sang qui a été répandu pour nous? C'est donc réellement son corps qu'il a donné pour nourriture, et son sang pour breuvage, non-seulement à ses apôtres, mais encore à son Eglise, puisque aussitôt après, il leur donna, et aux prêtres leurs successeurs, le pouvoir d'en faire de même jusqu'à la consommation des siècles : *Hæc quotiescunque feceritis, in mei memoriam facietis.* (*Luc.*, XXII, 19.)

Après des paroles aussi claires et aussi précises, comment peut-on douter de la vérité de la sainte Eucharistie ? Quelle autre expression Jésus-Christ aurait-il pu employer pour nous en assurer, qu'en nous disant que ce qu'il donnait à ses apôtres était son corps, que le calice renfermait son sang? Ah! Seigneur, pouvons-nous dire ici avec un saint personnage, si nous sommes trompés, c'est vous qui nous avez trompés; mais à Dieu ne plaise que nous ayons des sentiments si contraires à votre infaillible vérité ! D'ailleurs, mes frères, c'est ici un testament que Jésus-Christ fait en faveur de son Eglise, où il lui explique ses dernières volontés, et où il lui donne une marque singulière de son amour. Or, dans un testament, un testateur s'explique ordinairement d'une manière intelligible : est-il à croire que Jésus-Christ le plus sage des législateurs, le meilleur des pères, se soit expliqué dans le sien d'une manière obscure? et que dans un sujet de cette importance, il ait voulu laisser ses enfants dans des incertitudes qui les eussent exposés à mille inconvénients, et aux funestes conséquences d'une idolâtrie perpétuelle où ils tomberaient en adorant Jésus-Christ dans un Sacrement où il ne serait pas en effet? Quelle marque d'amour leur aurait-il donnée dans l'institution de ce Sacrement, s'il avait seulement commandé de manger en sa mémoire un pain figuratif de son corps? était-il besoin pour cela de faire tant de préparatifs? Cependant c'est dans l'institution de l'Eucharistie que Jésus-Christ a particulièrement signalé son amour, comme dit saint Jean : *Cum dilexisset suos qui erant in mundo, in finem dilexit eos.* (*Joan.*, XIII, 1.) Leur aurait-il fait un don plus précieux que la manne que les Israélites reçurent dans le désert? ou plutôt la manne n'était-elle pas un pain plus excellent que le pain matériel dont Jésus-Christ aurait recommandé à ses apôtres l'usage? Puisque cette manne était formée de la main des anges, elle aurait du moins aussi bien signifié le corps de Jésus-Christ que tout autre pain. Cependant, selon l'oracle de Jésus-Christ, le pain eucharistique l'emporte infiniment sur la manne qui nourrit les Israélites dans le désert, puisque cette manne ne garantit point de la mort ceux qui la mangeaient, et que celui qui mange le pain que Jésus-Christ lui donne, vivra éternellement : *Qui manducat hunc panem, vivet in æternum.* (*Joan.*, VI, 5.) Ce pain est donc quelque chose de plus qu'une figure; c'est le corps de Jésus-Christ, il le dit lui-même ; et puisqu'il l'a dit, qui pourrait après cela en douter, dit saint Cyrille de Jérusalem ?

Telle a toujours été, mes frères, la foi de l'Eglise ; et jamais les hérétiques ne pourront nous citer un temps, depuis l'établissement de l'Eglise, où l'on n'ait pas eu cette croyance. Cette sainte épouse du Sauveur qui, de l'aveu de ses ennemis, a toujours conservé la sainte doctrine pendant les quatre premiers siècles, a-t-elle jamais réclamé contre le dogme de la présence réelle de Jésus-Christ dans l'Eucharistie? Trouve-t-on dans les histoires et la tradition de l'Eglise la moindre contradiction sur ce sujet? au contraire, toute l'antiquité et les ouvrages des saints Pères, même des premiers siècles, sont tous remplis de témoignages qui déposent en faveur du dogme catholique. Saint Ambroise, saint Augustin, saint Jérôme, saint Hilaire, saint Jean Chrysostome, et beaucoup d'autres ne parlent point d'autre langage que celui des catholiques d'aujourd'hui; il n'y a, pour s'en convaincre, qu'à lire leurs ouvrages. Le temps ne permet pas de vous les rapporter ici; mais je crois en avoir assez dit, mes frères, pour vous confirmer dans la foi du mystère adorable de l'Eucharistie, et vous prouver que c'est un ouvrage de la toute-puissance de Dieu, puisqu'il n'appartient qu'à un Dieu de changer ainsi une substance en une autre; je veux dire le pain et le vin au corps et au sang de Jésus-Christ. S'il n'était question que de changer la forme d'un corps, il n'y a rien qui passe la puissance créée; nous en voyons tous les jours l'expérience : du froment on fait du pain, le feu réduit le bois en cendres; mais pour détruire une substance et en mettre une autre en place, il faut une espèce de création, et par conséquent une puissance infinie qui ne convient qu'à Dieu seul. Or, c'est ce qui arrive dans la sainte Eucharistie, et ce que nous devons croire d'autant plus volontiers, dit saint Ambroise, parlant à ce sujet, que Celui qui de rien a fait toutes choses, peut bien changer ce qui est en ce qui n'était pas, et qu'il ne lui coûte pas plus de donner une nature différente, que d'en créer une nouvelle : *Non minus est dare novas quam mutare naturas.* Si Moïse revêtu de la puissance de Dieu, ajoute ce saint docteur, peut changer sa baguette en serpent; si Elie, par sa prière, fait descendre le feu du ciel, à combien plus forte raison la parole du Seigneur pourra-t-elle faire ici changer de nature aux éléments : *Nunquid non valebit sermo Christi, ut species mutet elementorum?*

Mais de quel instrument, de quel moyen Dieu se sert-il pour opérer ce changement miraculeux? comment le sacrement de nos autels est-il produit? C'est ici où nous devons encore admirer une merveille de la toute-puissance divine : *Memoriam fecit*, etc.

Quoique Dieu puisse seul et par lui-même produire, et qu'il produise, en effet, comme cause principale, le changement admirable du pain et du vin au corps et au sang de Jésus-Christ, il a voulu néanmoins s'associer le ministère des créatures, pour rendre en quelque manière ce changement sensible aux hommes, en les honorant du plus grand pouvoir qui soit au monde. Voici donc la merveille de la toute-puissance de Dieu. Jésus-Christ après avoir, par sa toute-puissance, changé le pain et le vin en son corps et en son sang, donna, comme je l'ai déjà dit, à ses apôtres, le pouvoir d'en faire de même, en mémoire de sa passion : *Hoc facite in meam commemorationem.* Mais comme ce mémorial de la passion du Sauveur devait durer jusqu'à la consommation des siècles, il a fallu que les apôtres eussent des successeurs revêtus du même pouvoir qu'eux, pour perpétuer ce mémorial et annoncer la mort du Seigneur, comme il le dit lui-même, jusqu'à sa dernière venue sur la terre : *Mortem Domini annuntiabitis, donec veniat.* (*I Cor.*, XI, 26.) Or, c'est ce pouvoir ineffable que les prêtres exercent à l'autel, lorsque prononçant, au nom de Jésus-Christ dont ils tiennent la place, les paroles de la consécration sur le pain et le vin, ils changent ce pain et ce vin au vrai corps et sang de Jésus-Christ. C'est donc à dire, mes frères, qu'à la parole du prêtre, il ne reste plus de pain et de vin dans l'hostie et le calice: mais que le corps et le sang de Jésus-Christ leur sont substitués; c'est-à-dire qu'à la parole du prêtre un Dieu se rend obéissant, non pas pour arrêter le soleil, comme il fit autrefois à celle de Josué, mais pour descendre lui-même du ciel en terre, pour résider parmi nous : *Obediente Domino voci hominis.* (*Josue*, X, 14.) N'avons-nous pas ici, mes frères, plus de sujet de nous étonner que les peuples dont il est parlé dans l'Evangile, qui admiraient en Jésus-Christ le pouvoir que Dieu avait donné aux hommes de remettre les péchés, que ce même Dieu ait revêtu de faibles mortels comme nous, d'un aussi grand pouvoir que celui de produire entre nos mains son corps adorable et son sang précieux? Ne faut-il pas pour cela que les hommes soient revêtus de la toute-puissance de Dieu même? Ce fut par une seule parole, dit le Prophète, que Dieu tira du néant ce vaste univers : *Ipse dixit, et facta sunt.* (*Psal.* XXXII, 2) Il y employa sa toute-puissance : or la même chose arrive ici : le prêtre dit et parle au nom de Jésus-Christ, et cette parole produit quelque chose même de plus grand que le monde, puisqu'elle produit Jésus-Christ sur l'autel, et le rend véritablement présent dans nos saints tabernacles. O pouvoir des prêtres, digne de l'admiration du ciel et de la terre! Il les élève au-dessus des hommes et des anges, puisqu'il n'y a aucun mortel, quelque saint et quelque puissant qu'il soit d'ailleurs, qui puisse faire ce que le prêtre fait en vertu de son caractère, en quelque état qu'il soit; pouvoir par conséquent digne de la vénération des hommes : *Hoc nemo valet alius*, etc. Pouvoir aussi qui doit remplir les prêtres de la plus vive reconnaissance, et leur inspirer les sentiments de la plus profonde humilité. Car plus ce pouvoir nous élève, plus nous devons nous humilier à la vue de notre indignité; mais ne cessons de louer, d'exalter la toute-puissance de notre Dieu, qui se sert d'aussi faibles instruments pour opérer de si grandes choses : *Memoriam fecit*, etc.

Pénétrons encore, mes frères, un peu plus avant dans cet abîme de merveilles, pour considérer la manière dont ce mystère subsiste; mais gardons-nous bien de le trop approfondir, de crainte d'être accablés par la gloire du Dieu de majesté qui réside sous les voiles eucharistiques. Pour éviter les écueils d'une téméraire curiosité, prenons toujours la foi pour guide; car si nous ne consultons que le témoignage des sens, il nous annonce du pain avec ses espèces; mais la foi nous dit que ces espèces subsistent sans le pain, qu'un Dieu est caché sous ces espèces, que son corps est dans l'hostie avec la même grandeur qu'il a dans le ciel, quoique dans un état différent; vivant néanmoins, mais sans mouvement; que ce corps est dans toutes les hosties consacrées qui sont au monde, et par conséquent multiplié en une infinité d'endroits; qu'il est même dans toutes les parties de l'hostie, sans néanmoins se diviser quand l'hostie est partagée : telle est la manière miraculeuse dont Jésus-Christ réside dans la divine Eucharistie ; tels sont les miracles de la toute-puissance de Dieu. Ce mystère, il est vrai, est incompréhensible à nos faibles lumières ; et c'est cette incompréhensibilité qui a rebuté ses ennemis. Mais si nous le comprenions, il ne serait plus mystère ; parce que l'on ne conçoit pas le mystère de la sainte Trinité, serait-on excusable de ne pas le croire ? Combien de choses qui sont au-dessus de nous, que nous ne concevons pas et que nous croyons cependant ? Il suffit de savoir que la puissance de Dieu va plus loin que notre intelligence, pour nous soumettre aveuglément à tout ce qu'il a révélé. Nous apprenons de la sainte Ecriture que la manne donnée aux Israélites dans le désert, avait le goût des choses qu'elle n'était pas ; pourquoi n'admettrait-on pas dans la sainte Eucharistie le goût du pain et des autres espèces, sans que le pain y soit en effet ? Nous savons que Jésus-Christ, après sa résurrection, parut à ses apôtres dans un lieu où ils étaient enfermés, que son corps passa au travers des corps les plus solides ; il fallait donc que ce corps fût, pour ainsi dire, spiritualisé, qu'il participât à la qualité des esprits : or un esprit peut être renfermé dans le plus petit espace ; qui nous empêcherait donc de croire que le corps de Jésus-Christ pût être dans une petite partie d'hostie ? Nous savons, indépendamment même des lumières de la foi, que Dieu, par sa toute-puissance, peut produire une infinité de corps différents en différents endroits ; nous en avons la preuve dans ses ouvrages : ne pourrait-il pas aussi produire le même corps en différents lieux du monde ? Quel inconvénient y aurait-il donc à croire que le corps de Jésus-Christ se trouve dans toutes les églises et dans toutes les hosties consacrées ? Ah ! mes frères, quand il s'agit d'un mystère, il ne faut pas raisonner. La foi n'a point de mérite, dit saint Grégoire, où la raison trouve de l'évidence. Il nous suffit, encore une fois, de savoir que Dieu peut tout, que sa puissance n'est point limitée selon nos faibles vues ; contentons-nous donc de considérer avec un religieux étonnement les œuvres du Seigneur : *Consideravi opera tua, et expavi.* Dieu a parlé, et s'est expliqué sur ce mystère d'une manière à ne nous laisser aucun doute : c'en est assez pour nous calmer, et pour nous engager à lui faire le sacrifice d'une humble foi, qui croit sans hésiter tout ce qu'il a plu à Dieu de nous révéler. Dieu marche avec les simples, il se découvre aux humbles, il donne l'intelligence aux petits, il cache sa grâce aux curieux et aux superbes, dit l'auteur de l'*Imitation de Jésus-Christ* : soyons donc, mes frères, de ces pauvres d'esprit, de ces humbles de cœur, à qui Jésus-Christ révèle ses secrets, et qui ne peuvent craindre de s'égarer en suivant la route qu'il leur a marquée. Croyons fermement cet adorable mystère que nous ne concevons pas, parce que nous sommes assurés que Dieu, qui nous l'a révélé, ne peut se tromper, ni nous tromper. Tel est le sacrifice que Dieu demande de nous, pour reconnaître la merveille de sa toute-puissance : voyons encore comment l'Eucharistie est la merveille de son amour : *Memoriam fecit*, etc.

DEUXIÈME POINT.

Ce n'était pas assez pour le Fils de Dieu d'avoir donné aux hommes une grande preuve de son amour, en se communiquant à notre nature dans le mystère de l'Incarnation ; il a fallu, pour contenter cet amour, qu'il se donnât à chacun de nous en particulier dans un sacrement, que l'on peut appeler le sacrement d'amour par excellence. Ce sacrement, mes frères, est celui de nos autels, qu'il institua sur la fin de sa vie, afin de prouver aux hommes que s'il les avait aimés, dès le commencement, il voulait encore, comme dit saint Jean, leur donner à la fin une marque plus signalée de son amour : ***Cum dilexisset suos qui erant in mundo, in finem dilexit eos.*** (***Joan.***, **XIII, 1.**) Fut-il jamais, en effet, d'amour plus libéral et plus généreux que celui que Jésus-Christ nous témoigne dans cet auguste sacrement ? On peut dire, comme l'assure le concile de Trente, que c'est là que sa libéralité et sa générosité ont épuisé toutes ses richesses : ***In quo divitias amoris sui effundit.*** Amour libéral, amour généreux de Jésus-Christ dans l'adorable Eucharistie : ***Memoriam fecit***, etc.

Nous ne pouvons mieux juger, mes frères, de la libéralité de l'amour de Jésus-Christ dans la sainte Eucharistie, que par la grandeur du don qu'il nous fait, par les motifs qui l'engagent à nous faire ce don, et par le nombre de ceux à qui il en fait part. Quel est donc le présent inestimable que Jésus-Christ nous fait ? Jamais la tendresse des pères pour leurs enfants, la libéralité des rois pour leurs favoris n'alla si loin que celle de notre Sauveur, le meilleur des pères, le plus libéral de tous les rois. Les pères donnent à leurs enfants dans leurs testaments, leurs biens, leur succession, leur héritage ; mais Jésus-Christ dans le testament qu'il fait avant que de mourir, nous donne son corps, son sang, et par conséquent un bien infiniment plus précieux que tous les trésors de la nature, et tous les empires du monde. En nous donnant ce corps, ce sang adorable, il nous donne en même temps son âme, sa divinité, sa personne, parce que ces choses étant inséparables l'une de l'autre, il ne peut en donner une qu'il ne les donne toutes. Quel présent ! quelle magnificence ! quelle prodigalité d'un Dieu à l'égard de sa créature ! Si ce Dieu de bonté avait permis à l'homme de lui demander tout ce qu'il eût voulu et pu imaginer, l'homme aurait-il jamais osé porter jusque-là ses espérances ? et Dieu, pour contenter les désirs de l'homme, aurait-il pu trouver quelque chose de meilleur à lui donner ? Non, dit saint Augustin, tout riche, tout puissant qu'il est, il n'avait rien, et ne pouvait rien trouver de plus précieux pour enrichir l'homme : *Cum sit divitissimus, plus dare non habuit.* C'est donc à dire, mes frères, que dans la sainte Eucharistie l'homme est enrichi de Dieu même, comme dit saint Ambroise; que Dieu lui tient lieu de tout; qu'en se donnant à lui, il lui donne en même temps tous les biens qu'il peut désirer : *De toto Deo dives.* Quel excès de tendresse, encore une fois ! quel prodige de libéralité, d'un Dieu pour sa créature ! Mais pour quelle fin ce Dieu si prodigue de lui-même, se donne-t-il à nous dans la sainte Eucharistie ? Vous le savez, mes frères, et on vous l'a souvent dit; c'est pour être la nourriture de nos âmes, c'est pour demeurer avec nous dans le lieu de notre exil, pour y écouter nos demandes, et nous accorder toutes les grâces dont nous avons besoin ; c'est pour s'offrir en qualité de victime à la justice de son Père irrité par nos péchés. Telles sont les fins que Jésus-Christ s'est proposées dans l'institution de l'adorable Eucharistie. Premièrement, il veut être notre nourriture : *Ma chair*, dit-il, *est véritablement une nourriture, et mon sang un breuvage; Celui qui mange ma chair et boit mon sang, demeure en moi et moi en lui : « Qui manducat meam carnem, »* etc. C'est donc à dire, mes frères, que comme il ne se fait qu'une même chose de la nourriture que nous prenons avec nos corps, ainsi nous devenons par cette nourriture céleste une même chose avec Jésus-Christ, nous lui sommes incorporés, nous devenons en quelque façon d'autres lui-même: quel honneur! quel avantage pour nous ! Les parents, dit à ce sujet saint Jean Chrysostome, donnent quelquefois leurs enfants à nourrir à d'autres ; mais un Dieu veut être notre nourriture. Dans sa naissance, il s'était donné pour notre compagnon, comme le chante l'Eglise après saint Thomas dans l'Office de ce jour : à sa mort, il s'est donné pour prix de notre rançon; dans sa gloire il se donne pour notre récompense ; mais dans la sainte Eucharistie, il nous sert de nourriture :

Se nascens dedit socium,
Convescens in edulium,
Se moriens in pretium,
Se regnans dat in præmium.

N'est ce pas, mes frères, se donner à nous en toutes les manières qu'il pouvait se donner? et n'est-ce pas là bien mériter de notre part l'amour le plus reconnaissant et le plus libéral.

Ah ! c'est bien ici que nous devons reconnaître avec le Sage que nous avons reçu le vrai pain descendu du ciel, qui renferme toute sorte de goûts et de délices : *Panem de cœlo omne delectamentum in se habentem.* (*Sap.*, XVI, 20.) L'eau qui sortit du rocher, pour abreuver les Israélites, ne les désaltéra que pour quelque temps, dit saint Ambroise, et celui qui boit le sang de Jésus-Christ, n'aura jamais soif ; ou s'il a soif, ce sera une soif de la justice, une soif des biens éternels qui lui fera trouver insipides tous les biens et tous les plaisirs de la terre. Venez donc manger ce pain, vous qui êtes accablés par la faim ; venez vous désaltérer, vous qui êtes brûlés par la soif; venez vous enivrer de ce vin qui germe les vierges ; c'est Jésus-Christ lui-même qui nous y invite avec l'amour le plus tendre : *Venite, comedite panem meum et bibite vinum quod miscui vobis.* (*Prov.*, IX, 5.) Venez vous rassasier dans ce repas où vous serez servis bien plus magnifiquement que ne le furent les conviés du grand Assuérus, dans ce superbe festin qu'il fit pour faire paraître les richesses de son royaume ; quelque splendide que fût ce repas, dont l'Ecriture fait mention (*Esther.*, I), qui dura six mois, qu'y servait-on? la viande des animaux avec un pain matériel : mais ici c'est un pain céleste, c'est la chair d'un Dieu qui nous y est préparée, et qui nous y est présentée avec tout l'empressement et l'amour d'un Dieu infiniment bon et infiniment riche en libéralités : ah ! si nous sommes pauvres et misérables avec un si grand trésor, c'est notre faute, il ne tient qu'à nous de thésauriser pour le ciel, puisque Jésus-Christ est dans ce divin sacrement pour y écouter nos prières, et nous y accorder ses grâces.

Quand le Fils de Dieu descendit sur la terre pour l'amour des hommes, il ne quitta pas pour cela le sein de son Père, il y demeura toujours comme il y avait été pendant l'éternité : sur le point de retourner dans le sein de son Père, ce même amour lui fait trouver le secret de rester encore avec les hommes; ainsi il monte au ciel sans quitter la terre, et c'est pour y demeurer qu'il se renferme sous les voiles eucharistiques, afin d'être avec nous jusqu'à la consommation des siècles : *Ecce ego vobiscum sum usque ad consummationem sæculi.* (*Matth.*, XXVIII, 20.)

N'est-ce pas, mes frères, une marque singulière de l'amour que Jésus-Christ a pour les hommes? Puisque l'effet de l'amitié qu'on a pour une personne est de nous faire aimer sa compagnie, il fallait donc que Jésus-Christ eût un grand amour pour nous, pour rester ainsi avec nous, pour faire ses délices d'être avec les enfants des hommes : *Deliciæ meæ esse cum filiis hominum.* (*Prov.*, VIII, 31.). Or, ce n'est pas en vain qu'il fait sa demeure parmi nous; il n'y est que pour nous faire du bien, et pour nous mettre à portée de nous adresser à lui dans nos besoins. Nous pouvons dire qu'il n'y a point de nation aussi privilégiée que nous, point de nation qui ait des dieux qui s'en approchent de si près, puisque notre Dieu est avec nous, il réside dans nos sacrés tabernacles comme sur un trône de miséricorde, où il nous donne un accès facile, et où il est toujours prêt à écouter nos prières : ce trône n'est ponit environné de gardes comme celui des princes de la terre; nous avons la liberté de nous en approcher toutes les fois que nous voulons : les rois de la terre ne sont pas accessibles en tout temps ; mais Jésus-Christ, notre roi, l'est toujours, et à tout le monde, son heure est toujours la nôtre; quoi que nous lui demandions, il est prêt à nous l'accorder. Sommes-nous dans l'ignorance, il nous instruit; affligés, il nous console; faibles, il nous soutient; attaqués des ennemis de notre salut, il nous défend? En un mot, il nous tient lieu de tout dans ce divin sacrement, il y est notre guide, notre médecin, notre avocat auprès de son Père.

Oui, mes frères, Jésus-Christ renouvelle sur l'autel le sacrifice qu'il présenta sur la croix pour le salut des hommes; sur l'autel comme sur la croix, il demande grâce pour nous, il sollicite notre réconciliation avec son Père; la voix de son sang, plus forte que celle d'Abel, s'élève jusqu'au trône de la suprême majesté, non pas pour demander vengeance contre un fratricide, mais pour obtenir miséricorde pour des enfants rebelles, et c'est à la vertu de ce sang adorable que le monde est redevable de sa conservation dans le déluge de crimes dont il est inondé. Convenons donc que ce divin sacrement est la preuve par excellence de l'amour libéral d'un Dieu pour les hommes.

Jugeons encore, mes frères, de la libéralité de cet amour de Jésus-Christ, par le nombre de ceux qui ont part aux richesses de cet adorable sacrement. Non, ce n'est pas seulement pour les riches, pour les grands du monde qu'il a été institué, c'est aussi pour les ignorants comme pour les savants, pour les malades comme pour ceux qui sont en santé, pour les justes et pour les pécheurs. C'est ce que ce divin Sauveur a voulu nous représenter sous la parabole d'un homme qui fit un grand festin, où il invita plusieurs personnes; et sur le refus que les conviés firent d'aller au festin, le maître envoya son serviteur dans les places et les rues de la ville, pour amener tous ceux qu'il trouverait; les pauvres, les perclus de leurs membres, les aveugles et les boiteux : vous voyez par là, mes frères, que Jésus-Christ ne rebute personne, que tous, de quelque condition qu'ils soient, sont reçus avec bonté à son festin : la pauvreté, la misère, qui nous empêchent d'approcher des grands, ne nous excluent pas du sein des miséricordes de Jésus-Christ; il n'y a que le péché qui soit un obstacle à l'effusion de ses grâces; mais pourvu qu'on le déteste avec un cœur contrit et humilié, pourvu qu'on l'ait effacé par une sincère pénitence, quelque énormes, quelque multipliés qu'ils aient été, il veut bien encore recevoir à son festin ce pécheur représenté sous la figure de ces aveugles, de ces boiteux de l'Evangile. Il est même permis à ce pécheur, quoiqu'il soit en état de péché, d'entrer dans le saint temple de Jésus-Christ, de s'approcher du trône de sa miséricorde, pour lui demander grâce. C'est aussi pour ce pécheur que cette précieuse victime s'offre à son Père dans l'adorable sacrifice de la Messe. Quelque aveugle et quelque endurci que soit ce pécheur, il peut toujours trouver son pardon, pourvu qu'il s'approche avec les sentiments du publicain, et qu'il renonce à son péché : *Deus, propitius esto mihi peccatori.* (*Luc.*, XVIII, 13.)

Quel motif puissant pour vous, pécheurs qui m'écoutez! allez à cette source de grâce, et mettez-vous en état, par une sincère pénitence, de participer à un festin où Jésus-Christ nous donne la preuve, non-seulement de l'amour le plus libéral, mais encore le plus généreux : *Memoriam fecit.*

Plus il en coûte, et plus on surmonte d'obstacles pour faire du bien, plus l'amour de celui qui le fait, est fort et généreux. Or, que n'en a-t-il pas coûté à Jésus-Christ! que d'efforts n'a-t-il pas faits, que d'obstacles n'a-t-il pas surmontés pour marquer aux hommes son amour dans l'institution de l'Eucharistie! obstacles du côté de lui-même, obstacles du côté des hommes. Obstacles du côté de Jésus Christ : il a fallu que, pour se mettre sous les voiles eucharistiques, il cachât la splendeur de sa majesté, qu'il en obscurcît pour ainsi dire la gloire, qu'il renfermât sa grandeur et son immensité dans la petitesse d'une hostie; qu'il se mît, en un mot, dans une espèce d'anéantissement encore plus grand que dans le mystère de l'incarnation. Dans l'incarnation, il cache sa divinité sous la forme d'un esclave, mais dans l'Eucharistie, il cache sa divinité et son humanité sous de viles espèces du pain. Dans sa naissance, il fut manifesté par une lumière céleste qui apparut aux bergers, par une étoile miraculeuse qui conduisit des rois à sa crèche : pendant sa vie mortelle, il fit des miracles qui firent admirer sa puissance; à sa mort, sa divinité fut reconnue par les prodiges qui arrivèrent dans la nature; mais dans l'Eucharistie, on ne voit aucun signe de divinité, ni d'humanité; il y est comme dans un état de mort; quoique vivant, il n'a aucun mouvement que celui qu'on lui donne; en sorte que l'on peut dire : O mon Dieu! vous êtes ici véritablement le Dieu caché : *Vere tu es Deus absconditus.* (*Isa.*, XLV, 15.) Autrefois vous faisiez entendre votre voix parmi les éclairs et les tonnerres qui inspiraient la frayeur pour votre sainte présence; mais ici, vous gardez le silence, vous ne paraissez rien de ce que vous êtes : or, c'est en cela même que vous méritez par un titre particulier notre amour et nos respects, dit saint Bernard : *Tanto mihi charior, quanto pro me vilior.*

Peut-on, en effet, mes frères, refuser son amour à un Dieu qui, pour l'amour de nous, s'est réduit dans un état si humiliant? il semble, pour ainsi dire, qu'il aime mieux se faire aimer que se faire craindre, par le soin qu'il prend de s'accommoder à notre faiblesse, et de faire éclipser l'état de sa grandeur, pour ne faire éclater que les charmes de son amour. Ce divin soleil se cache dans une nuée, pour ne pas nous éblouir par l'éclat de ses rayons; mais il nous fait sentir son ardeur, par les grâces qu'il nous donne.

Il ne cherche qu'à gagner nos cœurs par cet état d'humiliation où il s'abaisse; rien ne lui coûte, pourvu qu'il en puisse venir à bout; et cependant, toutes ses peines, toutes ses démarches sont souvent inutiles à l'égard d'un grand nombre de ceux qu'il recherche avec tant de bonté. Car où est la reconnaissance qu'il reçoit de ses bienfaits? Hélas! tout coûte, lorsqu'il s'agit de lui en donner la moindre marque. On peut même dire qu'un si grand amour n'est souvent payé que d'indifférence, d'ingratitude, d'outrage et de mépris, de la part des hommes qui semblent vouloir opposer au prodige de l'amour d'un Dieu, un prodige d'insensibilité, en quelque façon plus incompréhensible que cet amour même. Voilà, mes frères, les grands obstacles qui s'opposaient aussi à un amour si généreux, qui lui ont bien plus coûté à vaincre que ceux qui le regardaient lui-même; l'état d'humiliation, d'anéantissement et de mort, où il s'est réduit, lui était volontaire; il a choisi de son plein gré ces humiliations, cet anéantissement; mais les outrages et l'ingratitude des hommes l'ont toujours révolté; ces outrages, néanmoins, ne l'ont pas empêché de donner aux hommes des marques de son amour; et c'est en quoi, mes frères, nous devons encore plus reconnaître sa générosité.

C'est une satisfaction pour un cœur bienfaisant, d'obliger des personnes reconnaissantes : mais avoir affaire à des ingrats, c'est ce qui a toujours révolté un bon cœur; c'est là, cependant, ce que Jésus-Christ a éprouvé particulièrement dans le sacrement de son amour. Jugeons-en d'abord, mes frères, par les circonstances du temps où il l'institua : ce fut, dit l'apôtre saint Paul, la même nuit qu'il devait être livré à ses ennemis : *In qua nocte tradebatur* (*I Cor.*, II, 23); c'est-à-dire, la même nuit que Judas, son perfide disciple, le trahissait, que les Juifs faisaient le détestable complot de se saisir de son adorable personne, d'exercer sur lui leur barbare fureur; il connaissait, ce divin scrutateur des cœurs, tous les noirs desseins que les hommes formaient contre lui; il connaissait la trahison de Judas, et il prévoyait les mépris, les insultes qu'il allait recevoir de la part de ses ennemis, sa sanglante flagellation, son couronnement d'épines, son crucifiement : tout cela était présent à son esprit; rien de tout cela, néanmoins, ne fut capable d'arrêter son amour généreux, et ne l'empêcha d'en faire sentir aux hommes les effets les plus signalés, en leur donnant tout ce qu'il avait de plus précieux, en se donnant lui-même à ces hommes ingrats et indignes de son amour.

Il voyait aussi, mes frères, tous les outrages qu'il recevrait dans la suite de la part de tant de profanateurs de son adorable sacrement; non-seulement de la part des hérétiques, mais encore des mauvais catholiques; il prévoyait que le gage de son amour serait traité avec la dernière indignité; qu'il serait foulé aux pieds par les infidèles, que les prêtres seraient massacrés, les autels renversés et réduits en cendres, et mille autres désordres et sacriléges qui se sont commis depuis l'institution de ce divin sacrement; il connaissait aussi l'indifférence, l'ingratitude dont ses enfants mêmes devaient payer un si grand bienfait, soit par la profanation des lieux saints où il fait sa demeure, soit par les indignes communions des mauvais catholiques qui le reçoivent; mais sa bonté a surpassé la malice des hommes, elle a généreusement surmonté tous les obstacles qui se présentaient à l'effusion de ses grâces. Ah! mes frères, un amour si généreux ne sera-t-il pas capable de faire du moins cesser parmi vous les outrages et les insultes que ce Dieu d'amour n'a déjà que trop souvent reçus de votre part? N'est-il pas bien sensible à un cœur aussi bienfaisant que celui de Jésus-Christ, de voir qu'il est au milieu de nous, et que la plupart ne le connaissent pas? que, tandis que ses délices sont d'être avec nous, on se fasse un supplice d'être avec lui? qu'on l'abandonne, qu'on le fuie même, comme si c'était un ennemi? qu'il y en ait qui portent l'indifférence jusqu'à sortir de son saint temple dans le temps même qu'il s'immole pour eux? Chose encore plus sensible pour lui, de se voir exposé aux insultes des pécheurs qui l'outragent dans sa maison, par les discours profanes qu'ils y tiennent, par les postures indécentes qu'ils s'y permettent; chose enfin infiniment sensible, que non-seulement la plupart refusent de venir au festin qui leur est préparé, mais qu'un grand nombre de ceux qui s'y présentent, le reçoivent dans un cœur souillé de péchés, esclaves des passions, et renouvellent par là, autant qu'il est en eux, la mort douloureuse que ses bourreaux lui ont fait souffrir. C'est là, mes frères, ce que nous ne saurions trop déplorer, pour peu que nous ayons d'amour pour notre Dieu, et ce qui mérite de notre part des larmes de sang.

Pratiques. — C'est à vous, âmes saintes, à dédommager votre Sauveur de tous ces outrages, soit par de fréquentes visites que vous devez lui rendre, soit par de ferventes communions que vous devez faire, soit en empêchant de tout votre pouvoir la profanation des lieux saints, soit en contribuant de votre mieux à leur décoration.

C'est pour vous y animer et renouveler votre foi envers ce divin mystère, que l'Eglise a institué ces solennités à la gloire du très-saint Sacrement : cette sainte Epouse du Sauveur voudrait, autant qu'il est en elle, réparer tous les mépris, tous les affronts qu'il a reçus de ses ennemis; c'est pour cela qu'elle le fait porter en procession avec tant de pompe et de solennité, qu'elle l'expose sur nos autels pour y recevoir les adorations des fidèles. Entrons, mes frères, dans les sentiments de l'Eglise; allons nous prosterner aux pieds de Jésus-Christ, avec une vive foi, dont nous devons pour lors produire des actes; adorons-le avec les anges qui l'accompagnent dans cet auguste sacrement; rendons-lui mille actions de grâces du bienfait inestimable dont il a bien voulu nous faire part; rendons-lui amour pour amour; demandons-lui toutes les grâces qui nous sont nécessaires, sa sainte bénédiction pour nous et pour tous ceux qui nous appartiennent. Apprenons à nous humilier et à disparaître aux yeux des hommes, à la vue d'un Dieu qui, tout grand qu'il est, disparaît lui-même à nos yeux; louons, exaltons ses grandeurs; prononcez souvent, non-seulement dans l'Eglise, non-seulement en passant devant nos temples, mais encore partout ailleurs, ces belles paroles: *Loué soit à jamais Jésus-Christ dans le très-saint Sacrement de l'autel;* soyons assidus à lui faire notre cour dans sa sainte maison; suivons-le dévotement, quand on le porte aux malades, pour mériter qu'il vienne aussi nous visiter quand nous le serons nous-mêmes; demandons instamment pour lors cette honorable visite, et pour avoir ce bonheur, approchons-nous souvent, pendant la vie, de sa sainte table; mais ne nous en approchons jamais qu'après nous être éprouvés, comme dit l'Apôtre: *Probet autem seipsum homo* (*I Cor.*, XI, 28), c'est-à-dire, après avoir purifié nos consciences, par la douleur et la confession de nos péchés. Communions quelquefois en viatique, ou pour mieux dire, recevons toujours la sainte communion, comme si c'était pour la dernière fois de notre vie; si nous recevons Jésus-Christ avec ferveur pendant la vie, à la mort, il guidera notre passage pour l'éternité bienheureuse. Ainsi soit-il.

PRONE XLIII.

Pour le Dimanche dans l'octave du Saint-Sacrement.

SUR LA FRÉQUENTE COMMUNION.

Homo quidam fecit cœnam magnam, et vocavit multos. (*Luc.*, XIV, 16.)

Un homme fit un grand repas, et il y invita plusieurs personnes.

Quel est, mes frères, ce repas magnifique que Jésus-Christ a voulu nous représenter dans la parabole de l'Evangile de ce jour? Vous me prévenez sans doute dans l'explication que je dois vous en faire, et vous comprenez aisément qu'il a voulu nous parler de la nourriture qu'il nous a préparée dans l'auguste Sacrement de nos autels. Fut-il jamais en effet de repas plus grand, plus magnifique que celui-ci? Ce repas est grand de la part de celui qui le donne: ce n'est pas un prince, un roi de la terre, mais Jésus-Christ, le Roi des rois. Il est grand, ce repas, par la qualité des mets qu'on nous y sert: ce n'est pas un pain matériel, ni la viande des animaux la plus exquise; mais c'est la chair adorable, c'est le sang précieux d'un Dieu-Homme qui nous y sont présentés sous les espèces du pain et du vin. Il est grand par le nombre des conviés qui sont invités; ce sont tous les fidèles, tous les enfants de la sainte Eglise, de quelque qualité qu'ils soient, qui y sont admis. Il est grand par la pluralité des lieux où il est servi; c'est dans toutes les Eglises du monde chrétien. Il est grand enfin, ce repas, par la longueur du temps qu'il doit durer: ce n'est pas pour quelques jours, pour quelques mois, comme celui du grand Assuérus, qui en dura six, ni pour quelques années, mais c'est jusqu'à la fin des siècles qu'il durera, qu'il sera présenté à tous ceux qui voudront y participer: *Homo fecit cœnam magnam.* N'est-ce pas là, mes frères, un bienfait qui mérite, de notre part, l'amour le plus tendre et le plus reconnaissant? Cependant, le croirait-on? ce don ineffable que Jésus-Christ nous offre, n'est payé que d'indifférence et d'ingratitude de la part du plus grand nombre des chrétiens. Quoique Jésus-Christ les invite de s'approcher de lui, et de manger à sa table, la plupart, comme ces conviés dont il est parlé dans l'Evangile, qui ne voulurent point aller au festin qu'on leur avait préparé, apportent comme eux de vaines excuses pour s'en dispenser.

Ils n'ont que du dégoût pour une nourriture qu'ils devraient désirer avec empressement, où ils trouveraient la source des grâces et le gage de l'immortalité. Tâchons aujourd'hui de leur faire connaître les motifs qui les engagent à la fréquente communion; nous réfuterons ensuite les prétextes qu'ils apportent pour s'en éloigner. Rien de plus pressant que les motifs qui engagent à la fréquente communion; premier point. Rien de plus vain que les prétextes qui en éloignent; second point.

PREMIER POINT.

Tout nous engage, mes frères, à nous approcher souvent de la sainte Table, pour y manger le pain des anges, qui nous y est donné pour notre nourriture. Le désir que Jésus-Christ nous en témoigne, l'invitation qu'il nous en fait, et notre propre intérêt, tels sont les motifs que j'ai à vous proposer pour vous engager à la fréquente communion.

Qui pourrait exprimer le désir que Jésus-Christ a de se donner à nous dans l'auguste sacrement qu'il a institué pour être la nourriture de notre âme? Il le témoigna à ses apôtres, ce désir ardent, lorsque sur le point de les quitter, il voulut célébrer avec eux cette divine Pâque dont l'ancienne n'était que la figure. *J'avais un désir extrême*, dit-il, *de manger cette pâque avec vous: « Desiderio desideravi hoc pascha manducare vobiscum antequam patiar.»* (*Luc.*, XXII, 15.) Quelques marques que j'aie pu vous donner de mon amour pendant ma vie, cet amour n'eût point été satisfait, si je ne vous en avais encore donné ce dernier témoignage, avant que de me séparer de vous. Ce fut donc pour satisfaire ce désir qu'il institua l'adorable sacrement de nos autels, et qu'après avoir changé le pain en son corps et le vin en son sang, il dit à ses apôtres: *Prenez et mangez, ceci est mon corps: « Accipite et manducate, hoc est corpus meum. » Buvez aussi ce calice qui renferme mon sang: « Bibite hic est sanguis meus. »* (*Matth.*, XXVI, 26-28.) Par là, mes frères, nous devons reconnaître que Jésus-Christ nous a donné le sacrement de son corps et de son sang, comme une nourriture; c'est pour cela qu'il s'est servi des symboles du pain et du vin; parce que de même que le pain et le vin nourrissent notre corps, la chair et le sang de Jésus-Christ servent de nourriture à notre âme. Et comme le pain et le vin sont la nourriture la plus commune et la plus nécessaire, la nourriture journalière que nous prenons, Jésus-Christ a voulu nous faire connaître par ce choix, que son intention était que nous fissions un fréquent usage de la sainte communion.

N'est-ce pas aussi ce qu'il nous fait entendre dans la parabole de l'Evangile de ce jour, où il se compare à un homme qui fit un grand festin, où il invita plusieurs personnes? et comme un grand nombre de ceux qui furent invités refusèrent d'y venir, l'un apportant pour excuse qu'il avait acheté une métairie qu'il fallait visiter, l'autre qu'il avait acheté cinq paires de bœufs qu'il fallait essayer, un autre qu'il avait épousé une femme qu'il ne pouvait quitter; ce père de famille, indigné du mépris qu'ils faisaient de son invitation, dit à son serviteur d'aller dans les places, dans les rues de la ville, et de conduire à son festin tous ceux qu'il pourrait trouver, les pauvres, les boiteux et les aveugles. Le serviteur ayant exécuté les ordres de son maître, il se trouva encore de la place dans la salle du festin : Retournez, dit le maître à son serviteur, allez dans les chemins et le long des haies, et tous ceux que vous trouverez, pressez-les d'entrer, afin que ma maison soit remplie : *Compelle intrare, ut impleatur domus mea.*

Jésus-Christ, mes frères, pouvait-il nous marquer d'une manière plus sensible son empressement à se donner à nous, dans le repas qu'il nous a préparé à sa sainte table, figuré par celui de notre Evangile? Il envoie ses serviteurs, qui sont les ministres de sa parole, inviter de sa part tous les hommes à ce divin repas. Pour leur faciliter les moyens d'y avoir accès, il se multiplie, il se reproduit en une infinité d'endroits, par le pouvoir qu'il a donné aux prêtres de changer le pain en son corps et le vin en son sang, partout où l'on célèbre les divins mystères, deux ou trois paroles que les prêtres prononcent, le rendent en un instant présent dans un million d'hosties. Pourquoi tant de démarches et de merveilles? pourquoi un Dieu se rend-il ainsi obéissant à la voix d'un homme mortel? si ce n'est pour contenter le désir qu'il a de s'unir à nous, et de nous nourrir de sa propre substance.

Si ce n'était qu'aux grands du monde, qu'aux riches de la terre qu'il voulût faire part de sa faveur; mais c'est aux pauvres comme aux riches, aux malades comme à ceux qui sont en santé; il les invite tous, et ce sont des invitations les plus pressantes; c'est une espèce de violence qu'il veut que l'on fasse à ses conviés : *Compelle illos intrare.* Ce sont les termes les plus affectueux, les paroles les plus tendres que lui-même leur adresse : Venez, mes chers amis, manger le pain et boire le vin que je vous ai préparés : *Venite, comedite panem meum, et bibite vinum quod miscui vobis.* (*Prov.*, IX, 5.) Rassasiez-vous de ce vin délicieux, qui germe les vierges : *Inebriamini, charissimi.* Vous ne sauriez me faire un plus grand plaisir que de vous rendre à mon invitation, et vous me causeriez la peine la plus sensible, de ne pas l'accepter.

Ne semble-t-il pas, mes frères, que Jésus-Christ ait besoin de nous? à voir son empressement à nous rechercher, ne dirait-on pas que nous lui sommes utiles et nécessaires, qu'il ne peut vivre sans nous, tant il désire de s'unir à nous? C'était pour répondre à ces empressements du Sauveur, que, dans la primitive Eglise, les fidèles s'approchaient tous les jours des saints mystères; toutes les fois qu'on les célébrait, on voyait la table du Seigneur environnée d'une troupe de fervents chrétiens, qui donnaient des marques de leur empressement à s'unir à Jésus-Christ dans la sainte communion. Dans la suite, il est vrai, on se relâcha de cette louable coutume, et le relâchement alla si loin, que l'Eglise fut obligée de faire un commandement exprès de recevoir la sainte communion au moins une fois l'année au temps de Pâques. Mais de là peut-on conclure, comme ces chrétiens lâches et paresseux, qu'il leur suffit de communier à Pâques pour satisfaire au précepte, sans se mettre en peine de le faire en d'autres temps de l'année? Ce serait, mes frères, mal entendre les sentiments de l'Eglise; car en fixant un temps pour la communion, qu'on ne peut passer sans se rendre coupable de péché, elle n'a pas prétendu rendre les communions plus rares; elle s'est seulement proposé de corriger la négligence de certains chrétiens qui, sans ce commandement, auraient peut-être encore porté plus loin leur éloignement pour la sainte table. Cette bonne mère, bien loin de changer les sentiments qu'elle avait autrefois sur ce sujet, avertit, exhorte, conjure même ses enfants par la bouche des Pères assemblés au concile de Trente, de se mettre en état de recevoir souvent ce pain des anges, jusqu'à témoigner même qu'elle voudrait qu'ils communiassent à toutes les Messes qu'ils entendent.

Or, si l'Eglise est l'interprète de Jésus-Christ, comme nous n'en pouvons douter, ne trouvons-nous pas encore dans ses sentiments une preuve bien convaincante que Jésus-Christ souhaite que nous nous approchions souvent de lui par la participation de son corps et de son sang? Mais peut-être, mes frères, serez-vous plus sensibles à vos intérêts? Voyons donc les avantages qui sont attachés à la fréquente communion.

Le plus grand, ou, pour mieux dire, le seul intérêt que nous ayons à ménager en ce monde, c'est le salut de notre âme, c'est de nous rendre dignes par la sainteté de notre vie, de régner un jour avec les saints dans le ciel. Or, un des moyens les plus efficaces que nous avons pour arriver à la sainteté, c'est la fréquente réception de Jésus-Christ, et cela pour deux raisons que je vous prie de bien remarquer. C'est que la fréquente communion procure un grand nombre de grâces à l'âme qui en fait usage: c'est que l'âme qui communie souvent, pour se rendre digne de ces grâces, apporte des dispositions qui contribuent beaucoup à sa sainteté et à sa perfection.

Quelle abondance de grâces en effet ne trouve-t-on pas dans la réception d'un sacrement qui en contient la source et l'auteur! Ce n'est pas à quelques degrés de grâces, mais à une plénitude de grâces que l'âme qui communie doit s'attendre. Grâces de lumières qui l'éclairent dans ses ténèbres, qui lui font connaître le bien qu'elle doit faire, le mal qu'elle doit éviter; grâces de force qui l'élèvent au-dessus d'elle-même, qui la font triompher de ses passions, et la rendent supérieure à tous les efforts de ses ennemis: *Mens impletur gratia*. Or, si une seule communion bien faite remplit l'âme d'une abondance de grâces, combien cette communion plusieurs fois réitérée multipliera-t-elle, augmentera-t-elle cette abondance de dons célestes que Dieu répand sur les âmes qui sont bien préparées? Car si la chaleur du feu se fait plus sentir à celui qui en approche plus souvent, peut-on douter qu'une âme qui s'approche fréquemment du soleil de justice, ne soit tout embrasée de ses ardeurs? Si la branche reçoit de l'arbre toutes les bonnes qualités par le suc qu'elle en tire, peut-on douter que l'âme entée, pour ainsi dire, en Jésus-Christ dans la communion, comme le cep l'est à la vigne, ne reçoive de lui une vertu particulière qui la rende fertile en bonnes œuvres? A quelle éminente sainteté ne doit-elle pas s'élever, par l'union intime et continuelle qu'elle entretient avec Jésus-Christ, le Saint des saints, qui, l'animant de sa propre vie, la fait croître de vertus en vertus, la rend semblable à lui-même? Quels sentiments d'humilité ne lui inspire pas le roi des humbles qu'elle possède dans son cœur, et qu'elle voit s'anéantir jusqu'à faire sa demeure au milieu d'elle! quelle pureté ne lui communiquera pas la chair virginale de l'époux des âmes chastes, avec qui elle devient, pour ainsi dire, une même substance! Quel détachement des biens du monde, des vains plaisirs de la terre, à la vue d'un Dieu qui s'est fait pauvre pour l'enrichir de ses trésors, qui s'est livré aux rigueurs des souffrances, pour lui procurer des délices éternelles!

Oui, oui, mes frères, le saint autel est la source des grâces, l'école de la vraie sagesse: c'est là où un Dieu caché sous les voiles eucharistiques nous éclaire, nous fortifie, nous purifie, nous sanctifie, nous perfectionne; c'est là où le divin architecte taille et façonne les pierres qui doivent entrer dans la construction de la Jérusalem céleste.

Tels sont les fruits précieux, tels sont les avantages inestimables que l'on retire de la fréquente communion, que ceux qui les éprouvent pourraient mieux vous expliquer que tous mes discours. Mais quels moyens de sainteté celui qui communie souvent, ne trouve-t-il pas encore dans les dispositions qu'il faut apporter pour se rendre digne des grâces attachées à la fréquente communion? Il sait que pour communier souvent, ce n'est pas assez d'avoir l'âme pure et nette de tout péché mortel, ce qui est absolument nécessaire pour ne pas faire une communion indigne; mais il sait aussi que la fréquente communion n'est pas compatible avec une vie remplie de mille imperfections, lâche, tiède et négligente; que pour communier souvent, il faut se détacher du monde, se renouveler sans cesse dans la ferveur de la dévotion, s'adonner aux exercices d'une vie chrétienne: que faut-il donc pour se rendre digne des grâces attachées à la fréquente communion? Il ne se contente pas de purifier son âme de ces vices grossiers qui lui feraient trouver la mort dans la source même de la vie; mais il a soin de se purifier encore des moindres taches qui pourraient blesser les yeux infiniment délicats de celui qu'il veut recevoir. De là cet examen sérieux qu'il fait de ses faiblesses et de ses imperfections pour s'en humilier et s'en corriger. De là cette vive douleur qu'il conçoit des fautes les plus légères qu'il a commises, qui, sans le rendre indigne de la participation aux saints mystères, ne laisse pas d'être un obstacle à une plus grande effusion des dons célestes qu'il recevrait, si son cœur était exempt de ces fautes. De là ces résolutions qu'il forme d'être plus attentif à ses prières et plus vigilant sur les mouvements de son cœur, plus retenu dans ses paroles, plus réservé dans ses actions, plus patient dans les souffrances, plus mortifié dans l'usage des plaisirs, plus régulier dans toute sa conduite. Or, de telles dispositions ne sont-elles pas des moyens efficaces pour arriver à la sainteté? ou plutôt ne sont-elles pas la sainteté elle-même?

Ce sont les fruits de la fréquente communion que nous voyons dans ceux qui en font un saint usage. Car quelle différence de mœurs et de conduite ne devons-nous pas remarquer entre ceux qui communient souvent, et ceux qui communient rarement? Comment vivent ordinairement ceux qui s'éloignent de la sainte Table, qui ne s'en approchent qu'une seule fois dans une année, ou qui mettent un intervalle considérable entre leurs communions? Hélas! ils vivent dans l'entier oubli de Dieu. Ils donnent à la vérité quelques marques extérieures de religion; mais ils se livrent aux embarras du siècle, et suivent le torrent de leurs passions. N'est-il pas vrai que tout ce que nous voyons de libertins, ne s'approchent presque jamais des sacrements, et que la plupart ne sont devenus tels que depuis qu'ils ont abandonné la source des grâces? Pourquoi? parce qu'ils savent bien que, pour participer aux saints mystères, il faut se comporter autrement qu'ils ne le font; et parce qu'ils ne veulent se gêner en rien, ils aiment mieux vivre à leur liberté, que de se mettre en état, par la sainteté de leur vie, de profiter des avantages attachés à la réception des sacrements. Comment vivent au contraire ceux qui les reçoivent souvent? Il en est, mes frères, grâce au Ciel, parmi vous, et ce sont des hommes craignant Dieu, fidèles observateurs de sa sainte loi, assidus à la prière, exacts à remplir les devoirs de leur état, humbles, chastes, modestes, doux, patients, mortifiés, qui répandent partout par leur vie exemplaire la bonne odeur de Jésus-Christ. Puissiez-vous, vous qui n'êtes pas tels, vous former sur ces modèles! Le moyen de le faire est le fréquent usage de la communion; elle est le frein contre les passions : c'est une rosée céleste qui modère, qui éteint même le feu de la concupiscence; elle est un préservatif contre le péché, elle est un aiguillon pour la vertu; le Dieu qu'on y reçoit est un moniteur secret qui nous avertit sans cesse d'éviter le mal et de faire le bien.

Mais, direz-vous, n'en voit-on pas qui avec la communion fréquente allient une vie toute sensuelle et mondaine, qui ne sont pas meilleurs que ceux qui communient rarement; sensibles sur le point d'honneur, avides pour l'estime, vindicatifs, immortifiés, amateurs des plaisirs, se conformant à tous les usages du monde? Prenez garde d'abord, mes frères, que pour autoriser votre lâcheté, vous n'attribuiez aux autres des défauts qui ne leur conviennent pas, et que prenant pour une poutre ce qui n'est qu'une paille, vous ne traitiez de vice grossier ce qui n'est que légère imperfection. Après tout, si ceux dont vous parlez sont tels que vous le dites, combien n'en trouverez-vous pas aussi, et en plus grand nombre, qui ne sont point de ce caractère, qui profitent mieux de leurs communions? Ceux qui communient souvent, et qui ne sont pas meilleurs, doivent s'en prendre aux mauvaises dispositions avec lesquelles ils communient? les avantages de la fréquente communion ne sont destinés que pour ceux qui s'y préparent avec soin, qui s'y présentent avec une sainte crainte, et qui s'en retirent avec le désir de mieux faire; c'est à ceux-là que l'on en peut permettre l'usage. Quoi qu'il en soit du profit qu'on retire de la fréquente communion, il sera toujours vrai de dire que cette pratique a fait des saints; que les saints ont suivi cette pratique, et que la plus saine partie du christianisme sont ceux qui communient souvent. Il n'y a donc point de prétexte à alléguer pour s'en exempter. Quelle est la vanité de ces prétextes?

DEUXIÈME POINT.

N'est-il pas étonnant, mes frères, que malgré l'empressement que Jésus-Christ nous témoigne de s'unir à nous dans le sacrement de son amour, malgré les avantages qui reviennent à l'âme fidèle de la fréquente réception de ce divin sacrement, la plupart des hommes n'aient que du dégoût pour le pain céleste qui renferme toutes les douceurs? Plus coupables que les Israélites, qui se dégoûtèrent de la manne que Dieu fit tomber du ciel pour leur nourriture, ils apportent mille prétextes pour se dispenser de manger de celle-ci, dont l'autre n'était que la figure : *Anima nostra nauseat super isto cibo levissimo.* (*Num.*, XXI, 5.) Les uns, comme ces conviés dont il est parlé dans l'Evangile, qui s'excusèrent d'aller au festin où ils étaient invités, parce qu'ils avaient acheté une métairie qu'il fallait visiter, cinq paires de bœufs qu'il fallait essayer, apportent pour excuse le grand nombre d'affaires qui les occupent, et ne leur laissent pas le temps, disent-ils, de se préparer à une sainte communion. Les autres, semblables à celui qui avait épousé une femme qu'il ne pouvait quitter, apportent pour prétexte de leur éloignement de la sainte Table, la violence des passions qui les maîtrisent, et qui les rendent indignes de s'approcher d'un sacrement qui demande la plus grande pureté; prétextes d'affaires, prétextes d'indignité qu'il faut détruire, en faisant voir aux uns que le fréquent usage de la communion n'est pas incompatible avec les affaires d'un état où l'on est engagé, et aux autres qu'ils peuvent détruire l'obstacle d'indignité qui les empêche de participer aux saints mystères.

Pour se préparer à une sainte communion, il faut, disent les gens d'affaires, du recueillement, il faut être exempt du tumulte et des embarras qui dissipent l'esprit, qui dessèchent le cœur : cette action demande toute l'application d'un homme qui soit à lui-même, et le fréquent usage de la communion ne convient qu'aux personnes séparées du monde, engagées dans un état de sainteté, où elles n'ont d'autres occupations que celle de leur salut; ou bien aux personnes qui sont dans le monde, mais qui n'ont rien à faire qu'à suivre les exercices de la dévotion dont elles font profession. Or, comment nous préparer à une action aussi sainte, avec les embarras d'une famille qu'il faut élever, avec les pénibles travaux qu'il faut supporter, avec la dissipation qu'entraîne après soi le commerce, avec le fracas des affaires inséparables d'un emploi où l'on se doit tout entier au public, avec l'application qu'il faut donner à la suite d'un procès qui engage à tant de voyages, à tant de démarches incompatibles au recueillement? A-t-on le loisir de penser à cette épreuve qu'il faut faire de soi-même, par un examen sérieux de sa conscience, par la douleur que l'on doit concevoir de ses péchés, par la déclaration qu'il en faut faire au ministre de Jésus-Christ, ce qui est absolument nécessaire pour bien communier?

Tels sont, mes frères, les prétextes qui éloignent de la communion les gens occupés aux affaires du siècle : je n'ai qu'une réponse à donner pour détruire de si frivoles prétextes. Vous dites que l'embarras des affaires ne vous permet pas de vous préparer à la participation des saints mystères; mais avez-vous quelque affaire plus importante que celle de votre salut? Si cette affaire ne vous touche point, si elle ne vous tient point à cœur, si vous ne voulez pas prendre les moyens pour la faire réussir, je n'ai rien à vous dire, livrez-vous aux affaires du monde et abandonnez celle du salut; mais si vous prenez part au succès de cette affaire, ne vous ai-je pas fait voir qu'un des plus sûrs moyens de la faire réussir, est de vous approcher souvent de l'auteur, du consommateur de votre salut? Si vous négligez les moyens qu'il vous donne dans le banquet eucharistique, attendez-vous d'éprouver le même sort que les conviés de l'Evangile; le père de famille protesta qu'ils ne goûteraient pas de son repas, c'est-à-dire que, méprisant l'offre qu'il vous fait de manger à sa table en cette vie, vous ne goûterez pas du festin de délices qu'il prépare à ses élus dans son royaume: *Nemo virorum illorum gustabit cœnam meam.* Faut-il donc, pour les affaires du monde, vous priver pendant plusieurs mois, pendant des années entières, d'un secours aussi puissant que le pain des forts, pour faire réussir celle de l'éternité?

Mais Dieu demande-t-il, direz vous, que nous abandonnions le soin de nos affaires pour donner toute notre attention à celle du salut? Non, mes frères, Dieu ne demande pas cela de vous. Vous pouvez donner toute l'application nécessaire aux affaires de votre état sans oublier celle de l'éternité. Qui vous empêche d'être recueillis au milieu du monde? qui vous empêche d'être vigilants sur vous-mêmes dans la poursuite des affaires? Par ce moyen vous allierez ce que vous devez à votre état et à votre salut. D'ailleurs, les affaires temporelles occupent-elles tellement votre temps que vous n'en puissiez réserver une partie pour penser uniquement à vous-mêmes, pour vous recueillir en certains jours, et vous préparer à recevoir dignement le corps adorable de votre Sauveur? On trouve le temps pour tout quand on veut bien l'employer: quelque affaire que vous ayez, ne prenez-vous pas le temps qui vous est nécessaire pour donner à votre corps la nourriture qui lui convient? On vous regarderait comme homicide de vous-mêmes, si le trop d'empressement pour les affaires vous faisait passer un nombre de jours sans manger; votre corps tomberait bientôt dans la défaillance et dans un danger de mort. Quoi donc, auriez-vous moins d'attention pour votre âme infiniment plus noble que votre corps, et la laisserez-vous languir, faute de la bonne nourriture que vous pouvez lui procurer? Quelque affaire que vous ayez, ne trouvez-vous pas le temps de faire vos parties de plaisirs, de voir les compagnies qui vous plaisent, de recevoir celles qui vous rendent visite? Ah! mes frères, ne dites pas que c'est le temps qui vous manque, mais la bonne volonté: dites plutôt que c'est la tiédeur, que c'est la négligence pour votre salut qui fait que vous ne voulez pas vous gêner en rien, tandis que vous pourriez prendre certains jours, comme sont les jours de fêtes qui sont destinés à votre sanctification, pour vous préparer à recevoir les sacrements. Ah! ne voyez-vous pas que d'autres personnes engagées dans le même état que vous, occupées des mêmes affaires que vous, prennent bien leur temps pour se mettre en état de profiter de ces moyens de salut? Pourquoi ne feriez-vous pas de même; et certes, mes frères, êtes-vous plus occupés que le Roi-Prophète, qui, malgré les embarras d'un grand royaume, trouvait le temps de prier sept fois le jour? Etes-vous plus occupés qu'un saint Louis, qui, au milieu de ses armées, avait le loisir de vaquer à de longues prières, d'assister aux saints mystères et d'y participer. Sanctifiez votre travail par la prière; au milieu de vos affaires ne perdez point de vue le Seigneur, remplissez les devoirs de votre état dans un esprit de religion, et vos occupations mêmes, ainsi sanctifiées, vous disposeront à la sainte communion. Mais vous ne voulez rien prendre sur vous. Il faut vous faire violence comme à ces conviés de l'Evangile, pour vous faire entrer dans la salle du festin: *Compelle intrare.* Et ce n'est que malgré vous, ou par bienséance, que vous vous y présentez dans le temps que l'Eglise le commande; ce que vous ne feriez peut-être pas si vous ne craigniez ses anathèmes.

Ah! convenez, mes frères, que ce n'est pas l'embarras des affaires qui est le seul obstacle qui vous empêche d'approcher de l'autel du Seigneur: c'est même quelque chose de plus que la tiédeur et la négligence; c'est l'attachement que vous avez au péché, à l'objet d'une passion criminelle; c'est un bien qui ne vous appartient pas, que vous retenez, un ressentiment que vous conservez contre votre prochain. Voilà les grands obstacles qui vous éloignent de la communion, et qui vous fournissent le prétexte d'indignité pour ne pas vous en approcher: *Uxorem duxi;* mais prétexte qui ne peut vous servir, puisqu'il ne tient qu'à vous de détruire ces obstacles. Non, dites-vous, je ne suis pas digne de m'approcher du Saint des saints; je suis un trop grand pécheur pour avoir ce bonheur; il faut une grande pureté d'âme pour le recevoir; à Dieu ne plaise que par une indigne communion je me rende coupable du corps et du sang de Jésus-Christ; que je mange et boive mon jugement, comme dit saint Paul: il vaut donc mieux m'en éloigner que de m'en approcher!

Vous dites vrai, mes frères, il vaut bien mieux ne pas recevoir Jésus-Christ que de le recevoir dans un cœur de péché: à Dieu ne plaise aussi qu'en vous exhortant à la fréquente communion je veuille vous engager à la profanation des saints mystères! Mais n'y a-t-il pas un milieu entre profaner le sacrement du corps de Jésus-Christ et s'en abstenir tout à fait? Oui sans doute, et quel est-il ce milieu? c'est de se mettre en état de le bien recevoir par les saintes dispositions qu'on doit y apporter, et c'est ce que vous ne voulez pas faire: ainsi, votre indignité ne vient que de votre mauvaise volonté; vous ne voulez pas communier, parce que vous ne voulez pas renoncer à cette liaison criminelle qui vous perd, restituer ce bien mal acquis, vous réconcilier avec cet ennemi, abattre cet orgueil qui vous domine, réprimer cette cupidité; en un mot, vous ne communiez pas, parce que vous voulez toujours vivre au gré de vos passions. Voilà la cause de votre éloignement de la sainte table; mais cette excuse ne saurait justifier cet éloignement, puisqu'il ne tient qu'à vous de la détruire; il ne tient qu'à vous de vous mettre en état de communier souvent par la réformation de vos mœurs, par la sainteté de votre vie, par la pratique des vertus chrétiennes. Et, de bonne foi, en différant de communier, vous en rendez-vous plus dignes? ou plutôt n'en devenez-vous pas toujours plus indignes? Mes frères, à quoi vous exposez-vous aussi de ne pas prendre les moyens nécessaires pour recevoir dignement et plus souvent un sacrement que vous devez au moins recevoir quelquefois dans votre vie, au moins une fois par an,selon le précepte de l'Eglise, au moins à l'heure de la mort, temps auquel vous ne voudriez pas en être privés. Vous vous exposez à le profaner dans le temps même que vous serez obligés de le recevoir. Pourquoi? parce qu'il est bien difficile de bien faire une chose qu'on ne fait que rarement. On ne peut être habile dans un art dont on ne fait point d'exercice; ce qui augmentera cette difficulté et ce qui vous mettra en danger de faire un sacrilége,-sera l'ascendant que les passions auront pris sur vous. Vous ne voulez pas réprimer ces passions pour vous mettre en état de communier souvent; ces passions produiront dans vous des habitudes qui deviendront une seconde nature, et que vous ne pourrez plus déraciner. Ainsi, dans le temps qu'il faudra satisfaire au précepte de la communion, vous serez encore plus mal disposés que vous n'êtes maintenant, et vous tomberez dans le malheur dont vous vous faites à présent un prétexte pour ne pas communier, qui sera un sacrilége : le sacrement qui devrait vous sanctifier, deviendra l'instrument de votre réprobation. Ne devez-vous pas craindre aussi qu'en punition du mépris que vous aurez fait du sacrement pendant la vie, vous n'en soyez privés à la mort?

Il vaut donc bien mieux détruire à présent les obstacles qui vous empêchent de communier souvent, pour vous rendre la communion plus fréquente, pour la bien faire dans le temps que vous y serez obligés, et ne pas vous exposer au malheur d'en être privés à la mort. Nous en convenons, direz-vous, il faut se mettre au plus tôt dans les dispositions qui conviennent pour recevoir un si grand sacrement; mais quoi que nous puissions faire, nous en serons toujours indignes, nous n'arriverons jamais à cet état de pureté et de perfection où il faut être pour recevoir le Dieu de toute sainteté, qui a trouvé des taches jusque dans ses anges : ne convient-il donc pas plutôt de s'en éloigner par respect, et de lui dire, comme saint Pierre : *Ah! Seigneur, retirez-vous de moi, parce que je suis un pécheur : « Exi a me, Domine. »* (*Luc.*, V, 8)

Je l'avoue, mes frères, on ne saurait être trop pur pour s'approcher du Saint des saints : et quelques dispositions que nous puissions apporter à la communion, nous n'en serons jamais dignes, de cette dignité qui réponde à la grandeur du bien que nous recevons : eussions-nous la pureté des anges et l'amour de tous les saints, nous devons toujours nous regarder comme indignes de nous approcher de Jésus-Christ, mais cette indignité, que l'on peut appeler négative, n'est pas une raison légitime de nous en éloigner. Jésus-Christ ne demande pas de nous l'impossible, pourvu que nous ayons la conscience pure et nette de tout péché mortel, pour ne pas nous rendre coupables de sacrilége; que nous n'ayons aucune affection au péché véniel, pour recevoir les grâces abondantes qu'il veut nous communiquer : voilà un état de sainteté où chacun peut atteindre pour communier souvent. Jésus-Christ nous demande un désir sincère de notre perfection qui nous fasse prendre les moyens d'y parvenir; or le moyen d'arriver à cette perfection, c'est la fréquente communion. Ne voyons-nous pas qu'il appelle à son festin les infirmes, les boiteux, ceux qui sont perclus de leurs membres; c'est-à-dire, que les imperfections, les faiblesses auxquelles nous sommes sujets ne nous excluent pas de ce festin sacré, pourvu que, gémissant sur ces imperfections, nous nous humilions devant Dieu, nous fassions des efforts pour nous en corriger. Si nous sommes faibles, ce pain des forts nous fortifiera; si nous sommes languissants, il nous ranimera; si nous sommes froids, il nous échauffera. Approchons donc sans crainte d'être rebutés, puisqu'il nous invite lui-même, malgré nos infirmités : *Venite ad me, omnes qui laboratis et onerati estis.* (*Matth.*, XI, 28.) Faisons, en un mot, tout ce qui dépend de nous pour recevoir avec un cœur pur et plein d'ardeur ce pain de vie, et nous en ressentirons les salutaires effets.

Mais à Dieu ne plaise, mes frères, que, pour éviter les extrémités d'une morale sévère, qui demande à l'homme qui veut communier, des dispositions qui surpassent ses forces, nous tombions dans les écueils d'une morale relâchée, qui permet la fréquente communion à ces âmes tièdes et négligentes qui ne veulent point se contraindre pour se corriger de leurs défauts, qui tombent aisément dans les fautes vénielles dont elles ne se font point de scrupule, qui communient par routine, par habitude, se familiarisent avec les choses saintes sans en tirer aucun profit; qui sont toujours aussi vaines, aussi délicates, aussi immortifiées, aussi peu vigilantes sur les mouvements de leurs cœurs, qui se laissent aller à certaines antipathies, à certaines humeurs qui rendent leur société insupportable; en un mot, qui ne servent Dieu qu'avec tiédeur et nonchalance. Je dirais à ces personnes ou de se corriger, ou de s'éloigner pour quelque temps de la sainte table, parce qu'il est bien à craindre pour elles que, ne tirant aucun profit de leurs communions, ce pain de vie ne se change, dans la suite, en poison qui leur donne la mort, par les mauvaises dispositions dans lesquelles elles le reçoivent. Je les adresserais à un prudent confesseur qui rende leurs communions plus rares ou plus fréquentes, selon l'état où elles se trouveraient.

Voilà, mes frères, une des règles les plus certaines que je puisse vous donner pour fixer vos communions. Il ne faut pas vous en rapporter à vous-mêmes, mais au jugement d'un guide éclairé et prudent qui connaisse le fond de vos consciences. Vous pouvez aussi juger vous-mêmes si vous êtes en état de communier souvent, par l'horreur que vous avez non-seulement du péché mortel, mais encore des fautes vénielles; par la mortification de vos passions, par votre assiduité à remplir vos devoirs, par votre ferveur au service de Dieu, par un désir sincère de la communion qui vous fasse prendre tous les moyens de la bien faire. Vivez tous les jours, dit saint Augustin, de telle manière que vous méritiez de communier tous les jours : *Sic vive quotidie, ut merearis quotidie accipere;* car si c'est le pain de tous les jours, ajoute saint Ambroise, pourquoi ne pas vous mettre en état de le recevoir chaque jour?

Pratiques.— Que chaque communion que vous ferez soit une préparation à la suivante, et vous serez en état de les bien faire, et d'en faire souvent. Pour vous y préparer, ne vous contentez pas d'y penser quelque moment; il faut que toutes vos actions soient autant de préparations ; rapportez tout à Dieu, n'agissez que pour sa gloire, et cherchez en tout à lui plaire : c'est le moyen d'être toujours prêts à communier. N'assistez jamais à la sainte Messe sans y faire la communion spirituelle ; plusieurs fois le jour excitez même ce désir en vous; mais il faut que la communion spirituelle soit précédée d'une horreur extrême du péché, et accompagnée d'un ardent désir de votre perfection. Si la faim du pain céleste vous presse, il faut que ce soit pour participer à l'esprit de Jésus-Christ, qui est un esprit de charité, d'humilité et de mortification. Divisez le temps qui s'écoule entre deux communions; employez-en une partie à la préparation, et l'autre en actions de grâces. Oh! que vous seriez heureux, si vous vous comportiez de la sorte! tous les jours de votre vie seraient remplis de mérites, et, à la mort, vous vous trouveriez pleins de cette sainteté éminente qui est la robe nuptiale dont vous devez être revêtus pour avoir part au festin éternel des élus. Ainsi soit-il

PRONE XLIV.

Pour le deuxième Dimanche après la Pentecôte.

SUR LE PÉCHÉ VÉNIEL.

Estote perfecti, sicut Pater vester cœlestis perfectus est. (*Matth.*, V, 48.)

Soyez parfaits, comme votre Père céleste est parfait.

Quoiqu'il ne soit pas au pouvoir de l'homme d'atteindre à la même perfection que Dieu, cependant l'Etre suprême qui veut que nous soyons saints, parce qu'il est saint, nous propose sa sainteté pour modèle de la nôtre ; et il veut, autant que la faiblesse humaine nous le permet, que nous travaillions à notre perfection en suivant ce grand modèle. Or, comment pouvons-nous nous y conformer ? C'est non-seulement en évitant le péché mortel qui est souverainement opposé à la sainteté de Dieu, mais encore les fautes légères, qui, quoiqu'elles ne nous privent pas de son amitié, ne laissent pas que d'avoir une certaine opposition aux perfections de l'Etre souverain, qui ne peut souffrir la moindre tache dans ses créatures. Ce serait donc une erreur de croire que, pour parvenir à une sainteté parfaite, il suffit à l'homme de s'abstenir des fautes grossières qui nous ferment l'entrée au royaume des cieux, sans se mettre en peine d'éviter les fautes vénielles qui retardent l'entrée dans ce royaume. Erreur cependant bien commune dans le monde, parmi les personnes mêmes qui font profession de piété, qui se pardonnent aisément ces fautes, y tombent de propos délibéré, et ne prennent aucun soin de s'en corriger ; mais erreur qui peut avoir pour le salut les suites les plus funestes, puisque ces fautes légères sont un grand obstacle à la perfection que Jésus-Christ demande de ses disciples, pour imiter celle du Père céleste : car pour remplir les devoirs d'une justice parfaite, il faut avoir un grand amour pour Dieu, et un zèle ardent pour son propre salut. Or, le péché veniel est dans celui qui le commet une preuve du peu d'amour qu'il a pour Dieu; premier point. C'est aussi une preuve du peu de zèle qu'il a pour son salut; second point.

PREMIER POINT.

Le péché véniel, disent les théologiens, est une transgression de la loi du Seigneur, ou dans une chose qui est légère en elle-même, ou dans une chose considérable, mais à laquelle on ne donne qu'un léger consentement. On l'appelle véniel, parce que Dieu le pardonne aisément, vu la fragilité humaine et la facilité que l'on a de le commettre. On distingue deux sortes de péchés véniels, les uns de pure faiblesse, qui échappent même aux plus justes, et dont la vie la plus régulière n'est pas exempte, soit à cause du mauvais penchant de notre nature pour le mal, soit à raison des occasions et des dangers dont nous sommes environnés. *Nous péchons en beaucoup de choses,* dit saint Jacques (*Jac.*, III, 2); *et la vérité n'est point en nous*, ajoute saint Jean, *si nous osons dire que nous sommes sans péché.* (I *Joan.*, I, 8.) C'est sur quoi, mes frères, nous devons nous humilier.

Les autres péchés véniels sont de pure malice: ce sont ceux que l'on commet avec une entière délibération et une parfaite connaissance; péchés qui sont d'autant plus communs parmi les personnes même qui vivent régulièrement, qu'on les regarde comme peu de chose, parce qu'ils ne nous séparent pas de l'amitié de Dieu, qu'ils ne font pas perdre la grâce sanctifiante, et qu'ils ne méritent pas la damnation éternelle. Ce sont ces sortes de péchés à qui je viens aujourd'hui déclarer la guerre, et dont il est important de vous faire connaître l'injustice, parce qu'ils sont, dans ceux qui les commettent, une preuve du peu d'amour qu'ils ont pour Dieu.

Nous devons considérer en Dieu deux qualités qui doivent nous attacher à lui, sa qualité de père, et celle d'ami. Dieu est notre père, et nous sommes ses enfants; nous devons le respecter, le craindre et lui obéir en tout ce qu'il nous commande. Dieu veut bien encore prendre à notre égard la qualité d'ami.

Quoique déja trop honorés du nom de serviteurs de Dieu, il ne veut point nous regarder comme tels, mais il nous traite comme ses amis : *Jam non dicam vos servos, sed amicos.* (*Joan.*, XV, 15.) Cette aimable qualité demande de notre part l'amour le plus reconnaissant, le plus libéral : or, celui qui commet le péché véniel, n'a pas pour Dieu ce respect, cette obéissance, cette crainte filiale qu'un enfant doit à son père; il n'a pas cette reconnaissance parfaite qu'un ami doit au plus bienfaisant de tous les amis : jugez par là, mes frères, de son peu d'amour pour Dieu. Dieu est notre père, et le meilleur des pères. Et en fut-il jamais de plus tendre, de plus attentif à nos besoins? *Tam pater nemo.* C'est lui qui nous a donné l'être, qui nous a faits tout ce que nous sommes, qui nous conserve, qui nous porte entre ses bras, comme une mère porte son enfant dans son sein.

De combien de dangers ne nous a-t-il pas préservés? De combien de grâces et de faveurs ne nous a-t-il pas comblés? Plus libéral à notre égard qu'à l'égard d'une infinité d'autres hommes, il nous a fait naître dans le sein de la véritable religion, où il nous a adoptés pour ses enfants; il nous y nourrit de ses grâces, il nous sanctifie par ses sacrements, il nous fait sentir à chaque instant les douceurs de ses miséricordes et de ses bontés paternelles.

Or, si Dieu est notre père, et s'il a l'autorité de nous commander, n'est-il pas juste de lui obéir et de le respecter ? Il nous a fait des lois qu'il veut être observées sous peine d'encourir sa disgrâce et d'être exclus de son royaume; il nous en a fait aussi, qui, quoique moins importantes, doivent être observées sous peine d'être retardés dans la possession de ce royaume. Ce n'est donc pas assez, pour avoir une parfaite soumission à l'autorité d'un père aussi bon, aussi puissant que le Seigneur, d'obéir à sa loi dans les points considérables, il faut encore être fidèle jusqu'aux petites observances de cette loi : *Qui timet Dominum, nihil negligit.* (*Eccle.*, VII, 19.) Celui donc qui néglige les petites choses, qui commet des fautes légères, n'a pas pour Dieu cette crainte filiale qu'un enfant doit à son père.

Vous me direz que vous craignez le Seigneur en évitant le péché mortel, que vous ne voudriez pas perdre son amitié, ni être privé de son royaume. Il est vrai, mes frères, et je ne vous le dispute pas ; le péché véniel ne vous sépare pas de l'amitié de Dieu, parce qu'il n'est pas une révolte aussi outrageante que le péché mortel; ce n'est pas un mépris souverain des perfections de Dieu, ni une préférence de la créature au Créateur : mais n'est-il pas une désobéissance à la loi de Dieu, et par conséquent une offense faite à sa majesté? Or, n'est-ce pas un grand mal?

Si Dieu est notre père, où est l'honneur qu'on lui doit ? que diriez-vous d'un enfant qui se contenterait d'obéir à son père dans les choses importantes, et qui ne craindrait pas de lui donner mille petits chagrins, de lui déplaire en des choses qui, quoique de peu de conséquence, prouvent mieux quelquefois le bon naturel d'un enfant pour son père, que celles qui sont plus considérables ? un enfant qui a mille complaisances pour son père, qui craint de lui déplaire dans les plus petites circonstances, ne prouve-t-il pas mieux son amour, que celui qui n'obéit à son père, et ne le respecte que dans les occasions où il craint d'être privé de sa succession? Le premier fait voir qu'il aime son père d'un amour désintéressé, et l'autre ne l'aime que pour son intérêt.

Quand donc vous vous contenterez, mes frères, d'éviter les fautes considérables contre Dieu, sans vous mettre en peine d'éviter celles qui sont légères, ne peut-on pas dire que vous n'aimez pas Dieu pour lui-même, mais plutôt pour votre intérêt? Vous craignez de perdre son amitié par le péché mortel, parce qu'en la perdant, vous perdriez un royaume éternel; mais vous vous souciez peu de lui déplaire par des fautes qui l'offensent. Vous ne l'aimez donc pas pour lors à cause de lui-même ; car si vous l'aimiez de la sorte, vous auriez à cœur ses intérets, vous lui rendriez la gloire qui lui est due, en faisant toutes vos actions pour lui. Or, une faute vénielle que vous commettez ne peut être une action glorieuse à Dieu, puisqu'elle ne peut être rapportée à cette fin. C'est donc une injure que vous lui faites, en préférant votre satisfaction à l'obéissance parfaite que vous devez à ses lois, et en le privant par là de la gloire qui lui reviendrait de votre obéissance.

Et de là, mes frères, que s'ensuit-il? que le péché véniel, quelque léger qu'il vous paraisse, et qu'il soit en effet, est le mal de Dieu, un mal qu'il ne peut approuver, et qu'il est obligé de haïr ; un mal par conséquent infiniment supérieur à tous les maux des créatures. Que s'ensuit-il encore ? qu'il vaudrait mieux que l'univers entier pérît, que d'offenser Dieu par un seul péché véniel, que de dire, par exemple, un seul mensonge léger.

Si, par un seul péché véniel, vous pouviez convertir tous les pécheurs, les hérétiques, les idolâtres qui sont au monde ; si vous pouviez par ce seul péché délivrer tous les réprouvés qui sont dans les enfers, il vaudrait mieux laisser tous les pécheurs sur la terre dans leur funeste état, laisser tous les réprouvés dans leurs supplices, y laisser même tomber tous les prédestinés, que de commettre un seul péché véniel pour empêcher tous ces maux. Cela vous paraît surprenant; mais il ne doit pas l'être, quand on fait réflexion que le péché véniel est le mal de Dieu, et tous les autres ceux de la créature, que le vrai péché véniel ravit plus de gloire à Dieu, et lui déplaît davantage, que toutes les actions des saints ne lui sont agréables.

Jugez maintenant, mes frères, du peu d'amour que vous avez pour Dieu, par votre facilité à commettre le péché véniel. Ah! pouvez-vous encore traiter de bagatelles ces infidélités à remplir vos petits devoirs de chrétiens, ces distractions volontaires dans vos prières, quoique de peu de durée; ces vanités dans vos paroles, dans vos habillements, ces curiosités indiscrètes, ces raffinements d'amour-propre, ces recherches de vous-mêmes, cette délicatesse sur le point d'honneur, cette sensualité dans vos repas, ces petites jalousies contre le prochain, ces injustices de peu de conséquence, cette indifférence, cette aigreur, quoique peu considérable, que vous avez contre lui, ces médisances légères, ces railleries que vous faites des défauts d'autrui, ces mensonges joyeux, ces petites impatiences, cette vivacité d'humeur que vous n'avez pas soin de réprimer? Tout cela vous paraît léger et de peu d'importance; ce sont néanmoins des infractions de la loi de Dieu, des offenses faites à son infinie majesté, infractions et offenses qui viennent de votre peu de crainte de lui déplaire, et du peu d'empressement que vous avez à être agréables à ses yeux. Ah! si vous aviez de l'amour pour Dieu, ce serait assez qu'une chose lui déplût, pour l'éviter; rien ne vous paraîtrait léger et de peu de conséquence à l'égard d'un Dieu si grand, d'un père si tendre, d'un ami si bienfaisant.

Oui, mes frères, Dieu est le meilleur de tous les amis; il n'en est point de si généreux, de si fidèle que lui. Il nous a aimés le premier, et dans le temps même que nous étions ses ennemis, quoiqu'il n'eût pas besoin de nous, il nous a recherchés comme si nous lui étions utiles; il ne cesse de nous prodiguer ses faveurs, sans se rebuter de nos infidélités : nous sommes toujours sûrs de trouver en lui le cœur le plus bienfaisant dont nous pouvons disposer à notre avantage, il ne nous abandonne jamais, à moins que nous ne le voulions bien, et encore nous recherche-t-il, nous poursuit-il dans le temps même que nous l'abandonnons. Que si nous sommes en grâce avec lui, que si nous sommes du nombre de ces âmes justes en qui il met ses complaisances, nous avons bien plus de part à son amitié, sa grâce met entre lui et nous l'union la plus intime, la plus sincère et la plus glorieuse pour nous, puisqu'elle nous assure le titre d'amis de Dieu : *Jam non dicam vos servos, sed amicos.*

Or, je vous demande, mes frères, quelles sont les lois de l'amitié? que demandez-vous d'un ami à qui vous êtes sincèrement, constamment attachés, à qui vous donnez dans toute occasion des preuves de votre bon cœur, pour qui vous n'avez rien de caché, et à qui vous faites part de vos biens comme de votre tendresse? Vous demandez sans doute que cet ami use de retour à votre égard, qu'il n'ait aucune réserve pour vous, comme vous n'en avez point pour lui ; qu'il vous oblige en tout comme vous l'obligez, ou du moins qu'il ne vous déplaise en rien, comme vous évitez ce qui peut lui déplaire.

Que diriez-vous de cet ami qui bornerait son amitié aux devoirs essentiels; qui ne voudrait pas, à la vérité, rompre avec vous, encourir votre disgrâce par quelque mauvais service, par des outrages sanglants qu'il pourrait faire à votre honneur, ou des dommages considérables dans vos biens ; qui ne voudrait pas vous ôter la vie, mais qui se mettrait peu en peine de vous blesser par de petites railleries, qui vous choquerait par de légers mépris, qui ne prendrait pas votre parti dans l'occasion, et se déclarerait même un peu contre vous; en un mot, qui vous désobligerait en mille petites circonstances où l'amitié sincère se fait connaître ? Ces sortes d'amis sont quelquefois plus insupportables qu'un ennemi déclaré. Faites maintenant cette application à vous-mêmes par rapport à Dieu. Il est le meilleur de tous les amis, vous n'en pouvez douter, vous avez mille fois éprouvé, et vous ressentez encore tous les jours les effets de sa tendresse. Pourquoi donc usez-vous de réserve à son égard, jusqu'à lui refuser une petite obéissance qu'il vous demande, jusqu'à ne vouloir pas lui sacrifier ce léger ressentiment, cette courte satisfaction que les lois vous défendent, jusqu'à le désobliger en mille rencontres, où un amour reconnaissant et libéral doit se manifester? Ce que vous lui refusez est peu de chose, il est vrai, mais rien n'est petit à l'égard d'un ami qu'on aime sincèrement; et ce n'est pas aimer Dieu avec cette plénitude d'amour qu'il demande, que d'aimer quelque chose avec lui, qu'on n'aime pas pour lui, dit saint Augustin. Ah! vos petites infidélités sont en quelque façon plus sensibles au cœur de Dieu que les outrages d'un ennemi déclaré. Il vaudrait bien mieux, vous dit-il (*Apoc.*, III, 15, 16), que vous fussiez froids ou chauds; mais parce que vous êtes tièdes, je commence à vous vomir de ma bouche. Je ne puis vous supporter, je souffrirais plutôt les insultes d'un ennemi à qui je n'ai pas fait tant de bien qu'à vous; mais ce qui me révolte et ce qui excite mon indignation, c'est de vous voir payer d'une parfaite ingratitude les faveurs insignes dont je vous ai comblés tant de fois.

Non, encore une fois, Dieu ne peut souffrir aucune infidélité dans ses créatures, celles surtout qu'il aime d'un amour aussi tendre que les âmes justes. Le même amour qu'il a pour lui-même, lui donne de l'aversion pour tout ce qui est opposé à sa sainteté et à sa gloire. Il s'offense de la moindre difformité qu'il trouve en nous, la plus légère tache blesse ses yeux infiniment purs, parce que sa sainteté n'est autre chose qu'une parfaite conformité à sa loi. Or, si c'est le propre de l'amitié de produire une conformité de volonté entre les personnes qu'elle unit, pouvez-vous dire, mes frères, que vous suivez les règles de cette amitié, en aimant ce que Dieu ne veut pas, et en commettant des fautes qui, quoique légères, ne laissent pas de lui déplaire.

Si vous doutez encore que ces fautes lui déplaisent, représentez-vous ici pour un moment les vengeances terribles que Dieu en a tirées, et qu'il exerce encore sur les âmes en qui il en reste quelques taches. Un Moïse, cet homme de Dieu, l'instrument de ses merveilles, le dépositaire de son autorité, le confident de ses secrets, est privé de l'entrée dans la terre promise pour une légère défiance de la puissance de son Dieu. Cinquante mille Bethsamites sont frappés de mort pour avoir jeté un regard peu respectueux sur l'arche d'alliance. David voit son royaume affligé d'une peste, pour avoir fait par vanité le dénombrement de ses sujets. Ananie et Saphire son épouse tombent morts aux pieds des apôtres pour avoir dit un mensonge. Si ces exemples ne suffisent pas, descendez en esprit dans le purgatoire, où des âmes, qui sont les amies de Dieu, souffrent des supplices plus rigoureux que tout ce qu'on peut souffrir ici-bas d'affligeant pendant plusieurs années, pour avoir commis des fautes vénielles qu'elles n'ont pas expiées sur la terre et pour lesquelles elles sont quelquefois retenues pendant longtemps avant que d'entrer dans le séjour de la gloire où rien de souillé ne peut avoir accès. Dites après cela que ces fautes sont des bagatelles. Non, mes frères, il ne faut pas ainsi les traiter, puisqu'elles sont non-seulement une preuve du peu d'amour qu'on a pour Dieu, mais encore une preuve du peu de zèle qu'on a pour le salut.

DEUXIÈME POINT.

Quoique le péché véniel ne donne pas la mort à notre âme, puisqu'il ne lui enlève pas la grâce sanctifiante, qui est sa vie, c'est néanmoins, dit saint Thomas, une maladie qui produit à sa manière les mêmes effets sur notre âme, que les maladies corporelles sur les corps. Les maladies du corps l'affaiblissent, le précipitent vers le tombeau; de même le péché véniel dispose l'âme à mourir par le péché mortel. Ce n'est pas, à la vérité, comme dit encore saint Thomas, une aversion totale de notre dernière fin; mais c'est un détour qui nous met en danger de nous égarer, et de perdre notre bonheur éternel. Et de là, mes frères, que devons-nous conclure, sinon que celui qui commet aisément le péché véniel, a bien peu de soin de son salut, puisqu'il court risque de perdre son âme par le péché mortel.

Je ne parle pas ici de ceux en qui le péché véniel devient mortel à raison de quelque circonstance qui le rend tel; par exemple, du scandale avec lequel on le commet, d'une mauvaise intention ou affection criminelle qui l'accompagne, qui dispose à le commettre également s'il était mortel; ou enfin du doute où l'on est si le péché véniel est mortel, parce que celui qui agit dans ce doute pèche mortellement, par le danger où il s'expose de faire un péché mortel. Or, il est très-difficile, dit saint Augustin, de distinguer l'un de l'autre, et il arrive très-souvent que l'on prend pour une faute légère, que l'on traite de bagatelle une chose qui d'elle-même est un péché considérable. Je ne parle pas non plus de celui qui ne voudrait éviter aucun péché véniel, quelqu'assuré qu'il soit qu'il est tel de sa nature : cette disposition est de soi-même criminelle, par le danger où l'on se met de pécher mortellement. Il est certain que dans toutes les circonstances que je viens de proposer, celui qui commet le péché véniel court un risque évident de son salut. Parlons donc de celui qui, sans mauvaise intention, commet indifféremment le péché veniel, et faisons-lui connaître que, quelqu'assuré qu'il soit que son péché n'est que véniel, il se dispose néanmoins à tomber dans le mortel.

C'est un oracle prononcé par l'Esprit-Saint, que celui qui néglige les petites choses, tombera peu à peu : *Qui spernit modica, paulatim decidet.* (*Eccli*, XIX, 1.) *Celui*, dit le Sauveur, *qui est infidèle dans les petites choses, le sera aussi dans les grandes.* (*Luc*, XVI, 10.) Or, quelle est la cause de cette chute du péché véniel au mortel, et comment est-il vrai de dire que l'un est un acheminement à l'autre? Ce funeste progrès, mes frères, vient de deux causes; l'une est un châtiment de Dieu, et l'autre est la mauvaise disposition de l'homme : châtiment du côté de Dieu, par la privation de certaines grâces particulières qui empêcheraient l'homme de tomber dans le péché mortel; du côté de l'homme, c'est une inclination, une facilité que le péché véniel lui donne pour commettre le mortel. Tremblez, mes frères, pour un péché que vous avez regardé jusqu'ici comme peu de chose, et qui peut vous être si funeste.

Je ne prétends pas vous dire que Dieu refuse à celui qui pèche véniellement les grâces nécessaires pour éviter le péché mortel, en sorte que l'un soit une suite nécessaire de l'autre. Si Dieu donne aux pécheurs mêmes, qui sont ses ennemis, les grâces qui leur sont nécessaires, à plus forte raison les donne-t-il aux justes qui sont ses amis; et anathème, disons-nous avec l'Eglise, à quiconque dirait que Dieu abandonne le juste, et le laisse manquer de secours pour persévérer dans la justice. Mais si Dieu donne les grâces nécessaires, il n'est pas obligé de donner les grâces de choix et de prédilection, qui font faire infailliblement le bien, quoique librement. Nous pouvons donc demander ces grâces, et engager Dieu, par notre fidélité à sa loi, à nous les donner; mais nous n'y avons aucun droit.

Or, je vous demande: celui qui commet le péché véniel, qui transgresse la sainte loi, quoique dans des choses de peu de conséquence, engage-t-il Dieu à lui donner ces grâces particulières, ou plutôt ne l'engage-t-il pas à les lui refuser? Il se refroidit à l'égard de Dieu, il agit avec lui comme un avare qui ne veut pas lui faire certains petits sacrifices que Dieu demande d'un cœur généreux; il se réserve certaines satisfactions, certains petits plaisirs, certains attachements auxquels il ne veut pas renoncer pour obéir à Dieu: faut-il s'étonner que Dieu à son tour se refroidisse à l'égard de l'homme, qu'il ne répande pas sur lui ces dons précieux de la grâce qu'il communique aux âmes ferventes et généreuses qui cherchent à lui plaire dans les petites choses, qui n'ont pour lui aucune réserve, et qui blessent son cœur, comme l'épouse des Cantiques, par un seul de leurs cheveux, c'est-à-dire par une entière fidélité à accomplir les plus petits points de sa loi: *Vulnerasti cor meum in uno crine colli tui.* (*Cant.*, IV, 9.)

Or, qu'arrive-t-il à cette âme qui est privée par le péché véniel de certains secours qui étaient réservés à sa fidélité? Se trouvant dans un pas glissant, dans une conjoncture délicate, exposé à une tentation violente, où il est bien difficile de résister sans une grâce particulière, elle succombera à cette tentation, elle fera une chute déplorable, elle commettra un péché mortel qui lui fera perdre la grâce de son Dieu. Et c'est ainsi, mes frères, qu'une faute légère peut être cause de notre réprobation. Qui de nous après cela, ne craindrait le péché véniel, puisqu'il peut avoir des suites si fâcheuses? N'en avez-vous pas fait la triste expérience, vous qui le commettez si aisément? Car d'où vient cette dissipation de votre esprit que vous avez tant de peine à recueillir? cette aridité de cœur, qui vous rend secs et froids au pied des autels; cet ennui des exercices de piété, ce dégoût de la prière et de la lecture, en un mot, cette si grande tiédeur au service de Dieu? N'est-ce pas de votre négligence à éviter les fautes vénielles, de votre peu de délicatesse de conscience dans les petites choses que Dieu vous demande? Vous usez de ménagement à l'égard de Dieu, vous lui refusez cette petite régularité qu'il attend de vous; il vous refuse à son tour ces grâces de choix qu'il ne vous doit pas, et qui vous feraient marcher avec allégresse dans la voie de ses commandements. Mais si ce n'est pas seulement par la soustraction des grâces de Dieu que le péché véniel conduit au péché mortel, c'est encore par l'inclination et la facilité que l'un donne à commettre l'autre.

Personne ne devient tout à coup mauvais, dit saint Bernard; les plus grands crimes ont, pour ainsi dire, leur préparation: on en a trop d'horreur pour le commettre d'abord de plein gré, mais à force de commettre le péché véniel, on s'accoutume, on s'apprivoise insensiblement avec le mal. A mesure que les forces de la vertu s'affaiblissent par cette maladie, le poids de la cupidité s'augmente; la contagion s'insinuant peu à peu pénètre jusqu'au cœur. L'âme, affaiblie et entraînée par le penchant au mal, marche à grands pas vers le précipice, et y tombe enfin, sans presque s'en apercevoir. Le démon, toujours habile à profiter de nos faiblesses, en devient aussi plus fort pour nous faire tomber. Il ne nous propose pas d'abord de grands crimes; il nous fait croire que c'est peu de chose de tomber dans de petites infidélités, de se permettre certaines satisfactions, d'avoir certaines liaisons avec des personnes qui ne paraissent pas dangereuses, d'user pour elles de quelques complaisances qui ne vont pas au crime, et quand l'ennemi du salut a obtenu ce peu qu'il demandait, par un artifice secret et malin, il nous persuade qu'il n'y a plus de mal de lui en accorder un autre: par là il nous engage insensiblement dans ses filets, et nous entraîne dans l'abîme, par les fautes considérables qu'il nous fait commettre: le péché mortel ne coûte pas plus dans la suite que le péché véniel.

Voilà comme une légère étincelle, qu'on n'a pas eu soin d'éteindre dès le commencement, cause un grand incendie: *Ecce quantus ignis quam magnam silvam incendit.* (*Jac.*, III, 5.) Voilà comment un grand bâtiment tombe en ruine, pour y avoir laissé pénétrer quelques gouttes d'eau qui en ont pourri la charpente. Combien, hélas! a-t-on vu de grands personnages tomber du sublime degré de perfection où ils étaient élevés, dans la fange du péché! combien de défenseurs de la religion, qui en sont devenus les apostats! combien d'anachorètes, qui avaient blanchi sous le joug de la pénitence, ont fait de déplorables chutes par leur négligence à se maintenir dans l'observance de leurs petits devoirs! Le perfide Judas n'en vint pas tout à coup à la trahison, au déicide: ce fut l'effet de son attachement pour l'argent; mais il est à présumer que cet attachement fut léger dans son principe, qu'il s'y affectionna peu à peu, et qu'enfin il en fut si amateur que, pour en avoir, il vendit son divin Maître: *Ecce quantus ignis*, etc.

Mais sans rechercher des exemples étrangers, combien voyons-nous de nos jours des preuves de cette vérité? On est surpris que des personnes, qui pendant un certain temps ont vécu d'une manière régulière, qui ont été pour leurs frères la bonne odeur de Jésus-Christ, se démentent jusqu'au point d'en être le scandale par une conduite déréglée. Pensez-vous, mes frères, qu'ils soient venus tout à coup de l'extrémité de la vertu à celle du vice, sans avoir passé par un milieu? Non sans doute, il y avait trop de distance de l'un à l'autre; leurs grands désordres ont commencé par de petits relâchements : *Ecce quantus ignis*, etc. J'en atteste votre expérience même : quel a été le principe de ce sordide attachement pour les biens du monde, qui vous rend si insensibles aux misères d'autrui? N'est-ce pas une légère cupidité que vous n'avez pas réprimée dans sa naissance? N'est-il pas vrai que ces injustices criantes dont vous vous rendez coupables, ont commencé par de petits larcins, que vous regardiez comme peu de chose? Vos médisances, vos noires calomnies contre la réputation du prochain, ne viennent-elles pas de la facilité que vous avez eue à faire quelques petites railleries sur ses défauts? D'où viennent aussi ces vengeances, ces rancunes, ces inimitiés que rien ne peut éteindre? D'une légère indifférence que vous avez eue dans le commencement pour votre prochain, d'un petit refroidissement qui s'est tourné en aversion, d'aversion en fureur et en cruauté. Cette colère qui vous transporte hors de vous-même, qui éclate en jurements, en imprécations, en blasphèmes, n'était dans sa source qu'une légère impatience que vous n'avez pas réprimée. Qui est-ce qui allume dans vous cette passion brutale qui vous fait tomber dans les crimes les plus honteux? Un regard indiscret que vous avez jeté sur un objet dont vous n'avez pas assez promptement détourné la vue; une pensée, un désir, auxquels vous avez faiblement résisté. Ce commerce criminel que vous entretenez avec cette personne qui vous perd, par où a-t-il commencé? Par une liaison un peu trop tendre; par une conversation un peu enjouée, par quelques familiarités que vous traitiez de bagatelles : *Ecce quantus ignis quam magnam silvam incendit.*

Ah! mes frères, convenez-en avec autant de douleur que de confusion, que vous n'êtes tombés dans l'abîme, que parce que vous n'avez pas assez évité les petits écueils; que vous n'avez manqué de fidélité dans les points considérables de la loi de Dieu, que faute d'exactitude dans les moindres observances. Vous étiez autrefois dans la ferveur de la dévotion, rien ne vous coûtait pour ce qui regardait le service de Dieu; et vous êtes maintenant esclaves de vos passions, vous tombez de sang-froid dans des fautes considérables. D'où vient ce malheur, mes frères? *Quomodo obscuratum est aurum?* (*Thren.*, IV, 1.) Comment est-ce que ce bel or a perdu son éclat? comment êtes-vous déchus de cet état de ferveur où vous étiez auparavant? Par votre facilité à commettre les fautes légères. Ces petits péchés que vous traitiez de bagatelle, ont affaibli dans vous le feu de la charité, et dès que ce feu a cessé d'agir, vous avez perdu cette charité par des actes qui lui étaient contraires.

Pratiques. — Pleurez amèrement, pécheurs, la mort de votre âme, en retournant à Dieu par une sincère pénitence. Et vous, âmes justes, en qui le péché véniel n'a pas encore fait ce ravage, craignez-le comme un grand mal, puisqu'il a des suites si funestes; détestez-le de tout votre cœur, si vous l'avez commis. Pour effacer ce péché, recourez au sacrement de pénitence, qui a la vertu de le remettre. Vous pouvez aussi en obtenir le pardon par des actes de douleur de l'avoir commis, par des actes de vertus qui lui sont contraires, si vous les faites en vue de les effacer. Répétez souvent ces paroles du Prophète : *Amplius lava me, Domine : « Purifiez-moi, Seigneur, de plus en plus. »* (*Psal.* L, 4.) Faites une ferme résolution de ne le plus commettre. ***Evitez avec soin tout ce qui a la moindre apparence du mal : « Ab omni specie mala abstinete vos... »*** (I *Thess.*, V, 22.) Soyez fidèles à remplir vos plus petits devoirs; ne négligez rien de ce qui peut contribuer à votre perfection; observez régulièrement le plan de vie, les pratiques de piété que vous vous êtes prescrites? soyez assidus à la prière, pour obtenir les grâces de choix qui vous fassent éviter les fautes vénielles : ***In oratione estote.*** Vous deviendrez par là les héritiers des bénédictions du Père céleste : ***Ut benedictionem hæreditate possideatis*** (I ***Petr.***, III, 9), parce qu'en évitant le péché véniel vous parviendrez à cette sainteté parfaite que Dieu couronne dans le ciel. Ainsi soit-il.

PRONE XLV.

Pour le troisième Dimanche de la Pentecôte.

SUR LE DÉLAI DE LA CONVERSION.

Gaudium erit in cœlo super uno peccatore pœnitentiam agente, quam super nonaginta novem justis qui non indigent pœnitentia. (*Luc.*, XV, 9.)

Il y aura plus de joie dans le ciel pour un seul pécheur qui fait pénitence, que pour quatre-vingt-dix-neuf justes qui n'ont pas besoin de pénitence.

Qui l'aurait cru, mes frères, que la conversion d'un pécheur eût donné plus de joie au Ciel que la persévérance de quatre-vingt-dix-neuf justes? La persévérance de plusieurs justes ne procure-t-elle pas plus de gloire à Dieu que la conversion d'un pécheur? Quel avantage Dieu peut-il donc tirer de la conversion de ce pécheur, pour en faire un si grand sujet de joie? C'est cependant une vérité que Jésus-Christ nous assure dans l'Evangile, que les anges se réjouiront plus de l'un que de l'autre : non pas que la conversion d'un pécheur soit en effet un plus grand bien que la persévérance de quatre-vingt-dix-neuf justes : mais elle nous fait mieux connaître la fin de la mission du Sauveur du monde, et l'étendue de ses miséricordes sur eux. Aussi, dit-il ailleurs, que ce sont les pécheurs et non les justes qu'il est venu chercher; car il y a plus de miséricorde où il y a plus de misère : or, le pécheur est réduit dans un état de misère où le juste n'est pas. Ce pécheur est éloigné de son Dieu, il a perdu le souverain bien, il est l'objet des vengeances de Dieu; sa miséricorde ne peut le souffrir en cet état; c'est pourquoi elle le cherche, comme il est dit dans l'Evangile, avec autant d'empressement qu'un pasteur court après sa brebis égarée; et avec autant de soin qu'une femme qui a perdu une drachme, se donne de mouvement pour la retrouver. Que les pharisiens murmurent de cette condescendance de Jésus-Christ pour les pécheurs; qu'ils se plaignent de ce qu'il veut bien manger avec eux; il condamne la dureté des pharisiens, il se plaît avec les pécheurs, il leur fait sentir les charmes de sa miséricorde, afin de les ramener à lui.

Vérités bien consolantes pour vous, mes frères, qui avez eu le malheur de perdre par le péché la grâce de votre Dieu! La miséricorde de Dieu vous attend, vous invite à retourner à elle; elle est toute prête à vous recevoir, dès que vous reviendrez avec les sentiments d'un cœur contrit et humilié. Mais ne croyez pas, pécheurs, que parce que la miséricorde de Dieu vous attend, il vous soit permis de différer votre conversion, et qu'elle vous attendra tant qu'il vous plaira. Si d'un côté elle vous dit : revenez, et vous recevrez la vie; d'un autre, elle vous avertit de ne point différer, parce qu'en différant vous vous exposez au danger de ne jamais recevoir le pardon. Pourquoi? Parce que vous ne pouvez recevoir de pardon sans vous convertir : or, en différant votre conversion, vous vous mettez en un danger évident de ne jamais vous convertir, ou dans une espèce d'impossibilité de le faire. Danger de ne vous convertir jamais, parce que le temps peut vous manquer. Impossibilité ou extrême difficulté de vous convertir, parce que la grâce et la volonté peuvent aussi vous manquer. En deux mots : Conversion différée, conversion incertaine; premier point. Conversion différée, conversion difficile ; second point. Convertissez-vous donc promptement. Pouvez-vous refuser de donner aux anges un sujet de joie où vous trouvez votre bonheur, votre salut éternel?

PREMIER POINT.

On ne peut voir sans admiration les marques sensibles que Dieu nous donne, dans la sainte Ecriture, de sa miséricorde envers les pécheurs, et du désir sincère qu'il a de leur conversion. Ici, comme dans notre Evangile, cette divine miséricorde se peint sous les traits d'un pasteur charitable qui court après une brebis égarée, qui la ramène doucement dans le bercail, et la porte même sur ses épaules pour lui épargner la fatigue du chemin. Là, elle se manifeste sous le symbole d'un tendre père qui reçoit un enfant prodigue que ses débauches avaient réduit dans le plus déplorable état. Non-seulement Dieu attend le pécheur avec patience, mais il le cherche avec empressement, il l'invite, il le presse de revenir à lui; il fait les premières démarches, et quand le pécheur se rend à ses invitations, il le reçoit avec bonté, il le comble de ses bienfaits, il se réjouit de son retour comme d'une conquête, il s'en applaudit comme d'un triomphe. C'est ce qui nous est sensiblement marqué dans la parabole de cette femme qui invite ses amies à se réjouir avec elle de ce qu'elle a trouvé sa drachme qu'elle avait perdue.

Mais que devons-nous le plus admirer, mes frères, ou de la bonté de Dieu à rechercher et à recevoir le pécheur, ou de l'indifférence du pécheur à retourner à Dieu? Plus Dieu fait de démarches pour s'approcher du pécheur, plus ce pécheur paraît vouloir s'éloigner de son Dieu. Ennemi de son bonheur, il fuit la grâce qui le cherche, et comme si c'était un malheur de se rendre aux douces invitations de cette grâce, il aime mieux rester dans l'esclavage du péché que de briser des chaînes qui le rendent en effet malheureux. Mais à quoi vous exposez-vous, pécheurs rebelles à la grâce de votre Dieu, à quoi vous exposez-vous en différant votre conversion? Vous vous mettez dans un danger évident de ne jamais vous convertir. Pourquoi? Parce que vous comptez sur un temps à venir que vous n'aurez peut-être pas; car rien de plus incertain que ce temps, soit qu'on le considère en lui-même et dans sa nature, soit qu'on l'envisage par rapport à Dieu qui ne l'a pas promis. Votre conversion n'est pas plus certaine que le temps; par conséquent conversion différée, conversion incertaine.

Une des plus dangereuses illusions dont le démon se sert pour conduire les pécheurs aux portes de la mort éternelle, c'est de les nourrir de la flatteuse espérance d'un temps à venir où ils remettent leur conversion. On sait bien que pour être sauvé il faut changer de vie, quitter le péché, en fuir les occasions ; mais on se persuade qu'on y sera toujours à temps. Les jeunes gens comptent sur la bonté de leur tempérament, et n'envisagent la mort que de loin ; ils regardent la jeunesse comme un temps de plaisirs, dont ils peuvent profiter, et dont ils auront tout le temps de faire pénitence. Hé! pourquoi, disent-ils, ne ferions-nous pas comme les autres qui nous ont précédés? Chacun doit avoir son temps; quand nous serons dans un âge plus avancé, nous penserons à vivre autrement; mais il faut bien que la jeunesse se passe; il ne convient pas de se singulariser par un genre de vie différent de ceux de notre âge; on a des engagements, des sociétés à entretenir pour parvenir à un établissement, et pour cela il faut voir le monde et vivre à son gré.

On trouve dans la jeunesse une infinité d'obstacles à la vertu. Quand je n'aurai plus, dit ce jeune homme, dit cette fille, ces engagements, ces sociétés; quand je n'aurai plus tant d'occasions d'offenser Dieu, je me convertirai, je ferai pénitence des péchés de ma jeunesse ; mais à présent il m'est impossible. Or, pourquoi me demander une chose impossible maintenant, et que je pense faire dans un autre temps, puisque, suivant toute apparence, j'ai encore quelques années à vivre? Je suis d'un assez fort tempérament pour ne pas sitôt craindre la mort, bien résolu que je suis au reste, quand je la verrai approcher, de changer de vie, et de faire pénitence. Ne sont-ce pas là les sentiments d'un grand nombre de jeunes gens qui m'écoutent ? Leur conduite ne le fait que trop voir. Penser à me convertir, à faire pénitence, disent les autres plus avancés en âge, c'est ce qui n'est pas possible; les affaires dont nous sommes occupés, cette famille qu'il faut établir, ce procès qu'il faut terminer, ne nous permettent pas de penser à régler notre conscience qui demande l'homme tout entier. Il faut attendre que nous soyons débarrassés de ces affaires, que nous soyons tout à nous-mêmes pour penser à notre salut. Quand nous aurons un temps plus favorable, nous mettrons un intervalle entre la vie et la mort ; nous nous préparerons au grand voyage de l'éternité.

C'est ainsi, mes frères, que raisonnent une infinité de gens de toute sorte d'âge et de conditions; il n'est pas même jusqu'aux vieillards qui n'espèrent avoir du temps de reste pour réparer les fautes qu'ils ont faites pendant la vie. Mais qu'arrive-t-il à ces pécheurs qui remettent ainsi leur conversion, et à quoi se termine cette flatteuse espérance du temps à venir dont ils repaissent leurs idées? A n'en point avoir du tout. Pourquoi cela, mes frères? Parce que rien de plus incertain que le temps de la vie : c'est une feuille que le moindre vent emporte, dit le saint homme Job ; c'est une fumée qui se dissipe en un instant; c'est une ombre qui fuit; personne ne peut se promettre un seul jour, un seul moment de sa vie. Nous portons tous au dedans de nous une réponse de mort, dit l'Apôtre ; et celui qui compte vivre encore un certain nombre d'années, ne verra pas la fin de celle qu'il a commencée. Ce jeune homme qui s'appuie sur la force de son tempérament, sera enlevé par la mort dans un temps où il y pensera le moins : cet homme rempli de projets qui l'empêchent de songer à la plus importante affaire qu'il ait au monde, mourra avant que d'avoir exécuté un seul de ses projets, bien moins encore celui de la conversion, qu'il remet après les autres.

Combien n'en voit-on pas à qui la mort ne laisse pas le temps de se reconnaître? combien n'y en a-t-il pas qui sont enlevés dans une florissante jeunesse et qui sont arrachés du sein des plaisirs, pour être transportés dans celui de la douleur éternelle? Hélas! qu'est-il besoin de prouver ce que l'expérience démontre? N'avez-vous pas vu des personnes aussi jeunes que vous, d'un aussi fort tempérament que vous, mourir dans un temps où elles ne s'y attendaient pas? N'en avez-vous pas vu frappées d'une mort subite et imprévue? L'un que l'on a trouvé mort dans son lit, l'autre qui a péri dans l'eau ; celui-ci par le feu, celui-là par une chute, ou par quelqu'autre accident imprévu. L'un est attaqué d'une apoplexie qui lui ôte l'usage des sens, et le met hors d'état de recevoir les sacrements; l'autre est emporté par une fièvre maligne qui ne lui a pas donné le temps de mettre ordre à sa conscience : et voilà peut-être ce qui vous arrivera, à vous qui comptez si fort sur votre âge, sur votre tempérament. Qui peut vous assurer que vous ne serez pas, comme tant d'autres, surpris par la mort? Quelque jeune, quelque robuste que vous soyez, ne pouvez-vous pas être attaqué comme les autres d'apoplexie, frappé de quelque accident qui vous ôtera la vie sans que vous y pensiez? Ne pouvez-vous pas mourir de mort subite, et quand ce serait de maladie, peut-être ne serez-vous plus à temps de recevoir les sacrements, ou parce que vous les aurez demandés trop tard, ou parce qu'il ne se trouvera point de ministres de Jésus-Christ pour vous les donner, ou qu'ils n'arriveront pas assez tôt, malgré leur diligence à se rendre auprès de vous? N'est-ce donc pas une grande témérité et une grande folie de remettre votre conversion à un temps que vous n'aurez peut-être pas, et que vous avez tout sujet de craindre de ne pas avoir?

Mais peut-être aussi, direz-vous, ne mourrai-je pas sitôt? peut-être Dieu me donnera-t-il le temps de faire pénitence, de recevoir les sacrements, comme il le donne à d'autres? N'a-t-il pas promis le pardon aux pécheurs qui retourneraient à lui par une sincère pénitence, en quelque temps qu'ils la fassent.

Peut-être, direz-vous, ne mourrai-je pas sitôt, mais peut-être aussi mourrez-vous bientôt, vous n'êtes pas plus sûrs de l'un que de l'autre. Ne vaut-il pas bien mieux, dans cette incertitute, prendre le parti le plus sûr, qui est celui de vous convertir? Si le temps dépendait de vous, si vous pouviez disposer de l'heure de votre mort, vous ne seriez pas si téméraire de différer votre conversion; mais il n'y a rien qui dépende moins de nous que le temps, dit saint Augustin. Nous ne pouvons disposer d'un seul moment; c'est Dieu qui est le maître de tous les moments. Ah! qui sait, dit Jésus-Christ, ceux que le Père céleste a réservés en sa puissance : ***Momenta quæ posuit Pater in sua potestate.*** (*Act.*, I, 7.) Dieu peut vous donner un moment que vous vous promettez : peut-être, dites-vous, vous le donnera-t-il; mais peut-être aussi ne vous le donnera-t-il pas, car il ne vous l'a pas promis. C'est donc sur un peut-être que vous fondez votre espérance, c'est-à-dire la plus grande affaire que vous ayez au monde; n'est-ce pas tout risquer? n'est-ce pas vouloir périr éternellement?

Est-ce ainsi, mes frères, je vous le demande, que vous agissez pour une affaire temporelle, ou pour la santé de vos corps? Si vous trouvez aujourd'hui une occasion favorable de vous enrichir, ne la saisissez-vous pas avec empressement, crainte qu'après l'avoir manquée, vous ne la trouviez plus? Si vous êtes attaqués de maladie, attendez-vous qu'elle soit invétérée, qu'elle vous ait conduits aux portes de la mort, pour faire venir le médecin? Non, sans doute; vous prenez toutes les précautions possibles pour arrêter le mal dans son principe, et pour parer aux coups de la mort; et aujourd'hui vous pouvez guérir votre âme par le remède de la pénitence, aujourd'hui vous pouvez assurer le succès de la grande affaire du salut; pourquoi donc attendre à demain que vous n'aurez peut-être pas? Ah! il faut que vous ayez moins de zèle pour votre salut que pour votre santé, moins d'empressement pour les biens du ciel que pour ceux de la terre.

En vain appuyez-vous vos délais sur la confiance que Dieu vous accordera du temps, et qu'il vous recevra toutes les fois que vous retournerez à lui par une sincère pénitence? Dieu, il est vrai, a promis le pardon au pécheur qui se convertit sincèrement, il ne rebuta jamais un cœur contrit et humilié; mais remarquez, dit saint Augustin, qu'il y a deux choses dans cette promesse, l'heure et le pardon. Si vous vous convertissez, Dieu vous pardonnera, rien de plus sûr; mais vous donnera-t-il quand vous voudrez l'heure et le temps de la conversion? rien de plus incertain. Il a promis le pardon à l'heure que vous vous convertirez; mais vous a-t-il promis de vous donner cette heure, de vous attendre tant qu'il vous plaira de différer? Non; au contraire, il vous assure positivement qu'il vous surprendra dans un temps où vous ne vous y attendrez pas : *Qua hora non putatis.* (*Luc.*, XII, 40.) Il vous menace du même malheur que celui qui arriva aux habitants de la terre du temps de Noé, qui ne pensaient qu'à boire, à manger, à se divertir, et qui furent tout à coup ensevelis dans les eaux du déluge. C'est ainsi, dit Jésus-Christ, que le Fils de l'Homme viendra surprendre les pécheurs au milieu de leurs plaisirs; c'est ainsi qu'ils seront trompés dans l'espérance d'un temps à venir dont ils se flattaient : *Ita erit et adventus Filii hominis.* (*Matth.*, XXIV, 39.)

Combien de réprouvés dans l'enfer qui éprouvent maintenant les effets de cette terrible menace! Ils comptaient, comme vous, sur un temps à venir pour changer de vie, pour faire pénitence; ils en avaient fait plusieurs fois le projet; mais la mort les a surpris, et ne leur a pas donné le temps de l'exécuter. Ah! qu'ils regrettent bien amèrement le temps dont ils n'ont pas profité, et qu'ils voudraient bien avoir celui qui est maintenant en votre disposition, pour réparer la perte qu'ils ont faite; mais ils ne l'auront jamais. Attendez-vous, mes frères, que vous soyez réduits au même état que ces malheureux, pour penser comme eux sur le prix du temps? Vous pouvez encore ce qu'ils ne pourront jamais. Quel bonheur pour vous! mais quel malheur, si vous ne devenez pas sages à leurs dépens! Pourrez-vous vous excuser sur le temps que vous n'avez pas eu? Pourrez-vous dire que la mort vous a surpris? Mais vous l'avez, ce temps; vous êtes avertis que la mort peut vous surprendre; ce sera votre faute, si vous êtes surpris. Profitez donc du temps que vous avez maintenant, sans compter sur un temps qui ne vous est pas promis. Cherchez le Seigneur, tandis que vous pouvez le trouver; invoquez-le, tandis qu'il est proche, de crainte de tomber dans la nuit fatale où vous ne le trouverez plus, où vous l'invoquerez inutilement : *Quærite Dominum, dum inveniri potest: invocate eum, dum prope est.* (*Isa.*, LV, 6.)

Si vous aviez encouru la disgrâce d'un roi puissant qui aurait porté contre vous un arrêt de mort, et que l'on vous dît que vous pouvez aujourd'hui obtenir votre grâce, qu'on vous l'accordera, si vous la demandez, mais que peut-être demain vous n'y serez plus à temps, que l'arrêt de mort s'exécutera sur vous; attendriez-vous à demain pour demander cette grâce? ne la demanderiez-vous pas aujourd'hui?

Ah! vous savez, pécheurs, que l'arrêt d'une mort éternelle est porté contre vous par le Souverain des rois; les péchés dont vous êtes coupables ne vous laissent aucun lieu d'en douter : vous pouvez-vous en garantir aujourd'hui, à ce moment; pourquoi donc attendre à demain, que cet arrêt peut-être s'exécutera? Car ne pouvez-vous pas mourir aujourd'hui? Et si vous mourez en état de péché, vous voilà perdus pour l'éternité. Convertissez-vous donc aujourd'hui, et n'attendez pas à demain. Car, ou vous voulez quelque jour vous convertir, ou vous ne le voulez jamais. Ne vouloir jamais se convertir, c'est vouloir être réprouvé. Quelle barbare résolution! Mais si vous voulez vous convertir, pourquoi ne pas le faire aujourd'hui qui est à vous? pourquoi attendre à demain, qui n'est pas en votre pouvoir? Jusqu'à quand direz-vous, comme Augustin pécheur : *Modo*, tout à l'heure? Ah! dites plutôt comme Augustin pénitent le disait après le Roi-Prophète : dès aujourd'hui, dès ce moment je veux me donner à Dieu; c'en est fait, la résolution est prise : *Dixi, Nunc cœpi* (*Psal.*, LXXVI, 11); dès aujourd'hui, dès ce moment je veux quitter le péché, les occasions du péché, cette personne, cette maison qui me perd; dès aujourd'hui, dès ce moment, je veux restituer ce bien d'autrui, me réconcilier avec cet ennemi, me corriger de cette mauvaise habitude; non je n'attendrai plus à faire une chose que je devrais déjà avoir faite depuis longtemps. Vous le devez d'autant plus que si vous différez encore, votre conversion deviendra plus difficile; deuxième point.

DEUXIÈME POINT.

Deux choses sont nécessaires pour la justification du pécheur, la grâce de Dieu et la volonté de l'homme : l'homme ne peut rien sans la grâce, mais la grâce ne fait rien sans la coopération de l'homme : il faut donc que la grâce et la volonté agissent de concert, pour consommer l'ouvrage de la justification. Or, le pécheur qui remet sa conversion, s'expose à être privé de la grâce, et quand la grâce lui serait donnée, il a tout sujet de craindre que sa volonté ne soit pas fidèle à y répondre. Deux raisons qui prouvent que le délai de la conversion la rend très-difficile, et en quelque façon impossible; raisons qui doivent par conséquent engager le pécheur à se convertir promptement.

Il faut d'abord convenir, suivant les principes de la foi, que Dieu, qui veut sauver tous les hommes, leur donne à tous les grâces nécessaires pour être sauvés. En quelque état que le pécheur soit réduit, il ne doit jamais désespérer de son salut, qui est toujours possible; mais il ne faut pas croire que Dieu ouvre également le trésor de ses grâces à ceux qui lui résistent, comme à ceux qui lui sont fidèles : comme il récompense la fidélité à la grâce par des grâces plus abondantes, il punit les mépris qu'on en fait par la soustraction de ces dons célestes; non pas qu'il les refuse entièrement, mais ce ne seront pas des grâces de choix et de prédilection qu'il donnera aux âmes rebelles, comme à celles qui lui sont fidèles.

Car, comment voulez-vous que Dieu vous donne ces grâces de choix pour vous convertir, à vous pécheurs, qui, en différant votre conversion, vous vous en rendez si indignes par vos résistances continuelles? Comment pouvez-vous espérer les faveurs que Dieu réserve à ces âmes choisies qui se consacrent entièrement à lui, vous qui lui désobéissez les premiers, et même la plus grande partie de votre vie, pour ne lui garder que les misérables restes d'une vie passée dans le crime et le libertinage? Ne devez-vous pas craindre au contraire, et même tenir pour certain qu'il vous refusera ces secours que vous vous promettez de sa part, puisqu'il vous en menace si expressément? *Malheur à vous*, dit-il, *qui méprisez ma grâce, je vous mépriserai à mon tour : « Væ qui spernis, nonne et ipse sperneris ! »* (*Isa.*, XXXIII, 1.) Je vous ai appelé, dit-il ailleurs, et vous n'avez pas voulu m'écouter; je vous ai cherché, et vous m'avez fui; mais vous m'appellerez à votre tour, et je ne vous écouterai pas; *vous me chercherez, et vous ne me trouverez pas, et vous mourrez dans votre péché : « Quæretis me, et non invenietis, et in peccato vestro moriemini. »* (*Joan.*, VIII, 21.)

Ces témoignages et beaucoup d'autres que je pourrais citer, ne prouvent-ils pas clairement, mes frères, qu'il y a des moments favorables, des moments critiques et décisifs pour la conversion du pécheur, qu'on ne retrouve plus quand on les a échappés; qu'il y a des grâces particulières où notre prédestination est attachée? Que si on ne les met pas à profit, on se met dans un danger évident d'une éternelle réprobation. Et certes, il est de la justice divine d'en agir ainsi à l'égard d'un pécheur qui méprise ses grâces. Dieu a la patience d'attendre ce pécheur: Il lui donne tout le temps et les grâces pour faire pénitence; temps précieux qu'il n'a pas donné aux anges rebelles, et à beaucoup d'autres qui sont morts en état de péché; et ce pécheur abuse de la patience de Dieu pour l'offenser; il fait de la patience de Dieu le sujet de ses crimes : il est donc juste que ce pécheur soit privé de la grâce de Dieu, en punition du mépris qu'il en a fait. Ah! sachez, pécheurs, vous dit l'Apôtre, que puisque vous méprisez les richesses de la miséricorde du Seigneur, vous amassez sur vous un trésor de colère pour le jour de ses vengeances : *Thesaurizas tibi iram in die judicii.* (*Rom.*, II, 5.)

Cette vengeance de Dieu commence à s'exercer sur vous dès cette vie. Vous fermez les yeux à la lumière qui vous éclaire; vous êtes insensibles aux bons mouvements qu'elle fait naître dans vos cœurs; vous ne voulez pas vous convertir maintenant que Dieu vous en donne la grâce; mais viendra un temps que cette vive lumière ne vous éclairera plus; que cette grâce ne vous touchera plus, que ces menaces ne vous effrayeront plus; le Seigneur, dont vous vous moquez, se moquera de vous à son tour; rebuté de vos résistances, il vous abandonnera, il vous insultera dans vos malheurs : *Ego in interitu vestro ridebo, et subsannabo vos.* (*Prov.*, I, 26.)

Mais, direz-vous, n'a-t-on pas vu de grands pécheurs retourner à Dieu, et devenir de grands saints après une vie passée dans le dérèglement, comme une Madeleine, le bon larron, un saint Paul et tant d'autres? Ces vases d'ignominie ne sont devenus des vases d'élection que par une abondante effusion de la grâce, par ces coups que nous appelons grâces de choix et de prédilection : nous avons affaire au même Dieu; riche en miséricorde, le trésor de ses grâces n'est point épuisé ni fermé pour nous; ne pouvons-nous pas espérer d'y avoir part comme les autres qui en étaient aussi indignes que nous?

A cela j'ai deux choses à répondre : ou ces pécheurs, qui sont revenus à Dieu, après une vie déréglée, ont répondu à la première grâce décisive de leur conversion; ou, s'ils l'ont rejetée, ils ne sont devenus saints que parce que Dieu a fait éclater sur eux ces miracles d'une grâce extraordinaire qu'il donne à qui il lui plaît, pour faire voir qu'il a dans ses trésors des armes assez puissantes pour triompher de la résistance de l'homme le plus rebelle. Dans le nombre de ceux qui ont répondu à la première grâce décisive de leur conversion, reconnaissez ces illustres pénitents que vous nous citez, sainte Madeleine, un saint Paul, le bon larron. Quand est-ce que Madeleine prit le parti d'aller trouver auprès de Jésus-Christ le remède aux plaies de son âme? *Ut cognovit.* (*Luc.*, VII, 37.) Dès le moment que la lumière de la grâce eut brillé à ses yeux, dès qu'elle lui eut fait connaître les vanités du monde, elle le quitta sans retardement, elle surmonta généreusement tous les obstacles qui se présentaient à sa conversion. Le bon larron à côté de Jésus-Christ profite aussi du moment favorable qu'il avait pour lui demander place dans son royaume. Saul frappé, terrassé dans le chemin de Damas, demande à Jésus-Christ ce qu'il veut qu'il fasse : *Domine, quid me vis facere.* (*Act.*, IX, 6.) Dès qu'il a entendu la voix de son Dieu, il met bas les armes ; de persécuteur de l'Eglise, il en devint un fervent disciple.

Voilà, pécheurs, ce que vous devriez faire, et ce que vous ne faites pas. Déjà la lumière de la grâce vous a fait connaître la vanité du monde, comme à Madeleine, et vous êtes toujours attachés au monde trompeur ; vous ne pouvez vous résoudre à quitter ses vanités, ses pompes et ses plaisirs. Dieu, pour vous en détacher, vous a frappés, comme un Saul, en vous ôtant ces biens, cette santé dont vous abusiez, en vous humiliant par des revers de fortune, par des mépris, des rebuts que vous avez essuyés de la part des mondains; en brisant l'idole de votre passion, qui vous tenait captifs dans ses chaînes ; et malgré tous les coups dont Dieu vous a frappés, vous êtes toujours les mêmes, toujours esclaves de vos passions, toujours amateurs des biens, des plaisirs, toujours asservis à l'objet d'une passion criminelle.

Comment voulez-vous donc que Dieu en use avec vous ? Voulez-vous qu'il vous tire malgré vous de votre esclavage, qu'il vous arrache par force du bourbier où vous êtes enfoncés ? Mais il ne veut point forcer votre liberté; il fait de son côté tout ce qu'il faut pour vous aider à vous relever, il vous tend la main; et peut-être qu'à l'instant que je vous parle il vous presse, il vous touche par une grâce de choix qu'il vous donne, malgré l'abus que vous avez fait des autres. C'est à vous à coopérer à ses desseins; mais vous restez dans l'inaction; vous ne voulez rien faire. Sachez donc que c'est peut-être ici la dernière de ses faveurs, et que si vous n'en profitez pas, vous vous exposez à n'en avoir plus ; sachez que le mépris que vous ferez de cette grâce mettra peut-être le comble à la mesure de vos iniquités et le sceau à votre réprobation. Mettez donc à profit cette grâce pendant qu'il est temps, et ne comptez point sur les miracles d'une grâce que Dieu ne donne pas dans le cours ordinaire de sa providence. Ne serait-ce pas une grande témérité et une présomption bien condamnable d'attendre de la miséricorde de Dieu une grâce extraordinaire, qu'il ne doit pas même aux plus grands saints, tandis que vous vous en rendez si indignes par vos injurieux délais, par votre opiniâtre résistance aux grâces ordinaires dont il ne tient qu'à vous de profiter ?

Mais enfin, je veux supposer que Dieu vous donne encore les grâces de conversion sur lesquelles vous vous fondez; car la miséricorde de Dieu est plus grande que la malice du pécheur, et le pécheur doit moins craindre du côté de Dieu, que du côté de lui-même ; il peut toujours espérer les grâces nécessaires pour se convertir. Et à Dieu ne plaise que nous cherchions à faire désespérer le pécheur de sa conversion ! Mais je soutiens, pécheurs, que quelque grâce que Dieu vous donne, de quelque manière qu'il vous prévienne et vous touche, votre conversion sera toujours fort difficile du côté de vous-mêmes. Pourquoi? parce que votre volonté, à force de résister aux grâces de Dieu, deviendra insensible à tous ces mouvements, elle ne sera plus touchée de rien.

Tel est peut-être l'état d'insensibilité où vous vous trouvez maintenant ; vous êtes frappés dans un temps par un discours pathétique que vous avez entendu; la vue des terribles jugements de Dieu, de l'enfer que vous avez mérité, vous a fait prendre la résolution de changer de vie; la mort d'une personne mondaine a fait naître en vous le désir de vous détacher des biens de la terre, des plaisirs du monde; mais vous n'avez point effectué ces désirs : semblables à une personne qui s'éveille pour un moment, et qui se laisse ensuite aller au sommeil, vous vous êtes endormis dans le sein des plaisirs, vous vous êtes abandonnés à vos passions : ces passions, ces plaisirs ont pris un tel empire sur vous, que vous ne pouvez plus vous résoudre à rompre vos chaînes, vous voilà comme ensevelis dans un sommeil léthargique dont on ne pourra plus vous retirer. Le bruit effrayant de la trompette des jugements de Dieu, les menaces les plus sévères ne vous éveilleront pas, ne vous frapperont plus. Pourquoi? parce que vous êtes accoutumés à les entendre, sans vous rendre aux impressions qu'elles feraient sur votre esprit et sur votre cœur : vous ressemblez à un malade qui, étant accoutumé aux remèdes, ne trouve plus rien capable de le guérir.

Que faites-vous donc, pécheurs, en différant de vous convertir? Vous augmentez le poids de vos chaînes, au lieu de les briser ; à un léger obstacle que vous pouvez vaincre, vous en ajoutez cent qui seront presque insurmontables; une maladie légère que vous pouviez aisément guérir, se changera en une maladie invétérée où il n'y aura plus de remède; une étincelle que vous pouviez éteindre, causera un incendie que vous ne pourrez plus arrêter. Pourquoi donc ne prenez-vous pas les précautions pour vous garantir des flammes éternelles où vous êtes, pour ainsi dire, déjà engagés? Attendez-vous que vous soyez tout environnés de ces flammes? Mais quand vous y serez, vous ne pourrez plus en sortir : quelle cruauté pour votre âme !

Je vois bien sur quoi vous comptez, et l'époque où vous attendez de vous convertir; c'est sans doute à l'heure de la mort, temps auquel vous vous détacherez des créatures, et où vous ne pourrez plus contenter vos passions. Alors, dites-vous, désabusé des vanités du siècle, je ne penserai qu'à l'éternité. Il ne faut qu'un bon moment, un bon *peccavi* pour effacer tous mes péchés.

Je veux encore vous accorder, pécheurs, qu'à l'heure de la mort vous pourrez vous convertir; tant que l'homme est dans la voie, quand il n'aurait qu'un moment de vie, il ne doit pas désespérer de son salut. Mais je soutiens encore que vous ne vous convertirez pas dans ces derniers moments, par la grande difficulté que vous aurez à le faire; parce que, comme je viens de le dire, votre volonté qui aura contracté la funeste habitude de résister à la grâce, ne se rendra point à ses invitations. Alors les objets, les créatures changeront bien pour vous, mais vous ne changerez pas à leur égard; vous ferez pénitence, mais ce ne sera qu'une pénitence forcée: vous quitterez les biens, les plaisirs de la terre, parce que vous ne pourrez plus les posséder; c'est-à-dire que les biens, les plaisirs vous quitteront, mais vous n'en seriez pas détachés pour cela; vous ne seriez pas moins disposés à en profiter, si la vie vous était prolongée.

J'en atteste l'expérience journalière. On a vu grand nombre de ces pécheurs livrés à leurs passions réduits aux portes de la mort; mais recouvrant la santé, en a-t-on vu beaucoup sincèrement convertis? Que de signes de douleur n'ont-ils pas donnés? que de protestations n'ont-ils pas faites à la vue du danger dont ils étaient menacés? Ils ont demandé les sacrements, ils ont répandu des larmes à la vue d'un Dieu attaché en croix pour leur salut; s'ils étaient morts après toutes ces marques de pénitence, n'aurait-on pas dit que le ciel leur était ouvert! Mais pour juger de leur pénitence, voyez-les après qu'ils sont revenus des dangers de la mort; ne sont-ils pas les mêmes qu'ils étaient auparavant, aussi amateurs du monde, aussi débauchés, aussi médisants, aussi impudiques, aussi vindicatifs qu'ils étaient avant la maladie? Leur voit-on produire ces dignes fruits de pénitence qu'ils avaient promis, restituer le bien d'autrui, plus assidus à la prière, plus appliqués aux exercices de la vie chrétienne? Vous-mêmes, pécheurs qui m'écoutez, qui vous êtes trouvés en danger de mort, qui avez donné pour lors des marques de pénitence, êtes-vous devenus meilleurs? Suivez-vous une autre route que celle que vous suiviez auparavant? Votre conduite ne prouve que trop le contraire.

Et de là je conclus que presque toutes les conversions que l'on remet à l'extrémité sont des conversions fausses, ou du moins très-suspectes: la raison est que la conversion du cœur est un grand ouvrage; il faut, pour en venir à bout, passer d'une extrémité à l'autre, d'un amour souverain pour la créature à un amour souverain pour le Créateur. Or, le cœur ne change pas aisément de disposition. Vous éprouvez cette difficulté, maintenant que vous êtes à vous-mêmes, et que vous avez toutes les grâces pour la surmonter! Mais elle augmentera bien plus à la mort, temps auquel vous ne serez plus à vous! Accablés par la violence de la maladie, embarrassés du soin de mettre ordre à vos affaires, vous ne pourrez vous appliquer et donner toute l'attention que demande l'affaire du salut; comment pourrez-vous dans cet état mettre ordre à une conscience chargée de mille crimes, obligée à des restitutions, souillée par des sacriléges qu'il faut réparer par un examen général de toute sa vie, par une entière déclaration de tous ses péchés.

S'il est difficile de réussir dans un affaire de cette importance, à une personne même qui est en parfaite santé, à plus forte raison à une personne que la maladie, l'embarras des affaires mettent, pour ainsi dire, hors d'elle-même; à qui la maladie ôte tellement la connaissance et la liberté, qu'à peine, de l'aveu même des malades, peuvent-ils faire quelques prières, à peine sont-ils capables de quelques retours vers Dieu. Qu'arrive-t-il donc à ces pécheurs mourants? Ils demandent à Dieu, comme Antiochus; un pardon qu'ils n'obtiennent pas, parce qu'ils n'ont point de douleur de leurs péchés: ils croient recevoir les sacrements pour leur salut, mais ils ne les reçoivent que pour leur condamnation; car il est très-difficile de bien faire une chose qu'on n'a jamais bien faite: ces pécheurs, pendant la vie, n'ont jamais eu de la douleur de leurs péchés, ils n'en auront point à la mort; ils ont profané les sacrements pendant la vie, ils les profaneront encore à la mort; ils ont toujours résisté aux grâces de Dieu, ils n'ont jamais eu que de faibles désirs de conversion, ils n'en auront point d'autres à la mort; ils seront insensibles aux grâces les plus touchantes, ils mourront dans l'impénitence, et de l'impénitence ils tomberont dans les horreurs d'une mort éternelle: ***Et in peccato vestro moriemini.***

Pratiques. — Prévenez, mes frères, un si grand malheur par une prompte et sincère conversion. Incertains si vous aurez le temps de faire pénitence, profitez de celui qui est en votre disposition. Aujourd'hui vous avez la grâce, peut-être demain ne l'aurez-vous pas. Pourquoi compter sur une chose incertaine? Peut-on trop prendre de précautions où il s'agit de l'éternité? Aurez-vous moins d'obstacles à vaincre demain que vous n'en avez aujourd'hui? Au contraire, plus vous différerez, plus la chose sera difficile, et plus vous vous mettrez en danger de ne jamais vous convertir. Commencez donc dès aujourd'hui, dès ce moment, à quitter le péché, les occasions du péché; à vous défaire de cette mauvaise habitude qui vous entraînera, si vous n'y prenez garde, dans l'abîme éternel.

Il y a si longtemps que la conscience vous reproche que vous n'êtes plus en état de paraître devant Dieu; depuis longtemps vous sentez des remords sur certains péchés que vous n'avez pas déclarés, ce qui vous a rendus jusqu'ici coupables d'un grand nombre de sacriléges. Vous avez déjà plusieurs fois résolu d'y remédier par une confession générale, attendez-vous de la faire que vous n'en ayez pas le temps? Eh! ne différez pas de mettre votre conscience en repos, puisque vous le pouvez si aisément; n'attendez pas à un jour de fête de vous approcher du tribunal de la pénitence; tous les jours, tous les moments sont propres à la pénitence : commencez dès aujourd'hui à vous réformer, à changer de vie. Que celui qui volait ne vole plus, dit l'Apôtre : que celui qui se livrait à la débauche, à l'impureté, à la vengeance, soit chaste, sobre, charitable ; que celui qui était attaché aux biens du monde en fasse un saint usage, en soulage les pauvres : que celui qui recherchait les plaisirs, s'interdise tous ceux qui sont défendus, et se prive même quelquefois des permis ; que chacun modère ses passions, réduise ses sens en servitude ; car c'est là le devoir de la pénitence, de réformer l'homme dans son intérieur et dans ses actions, de lui faire changer d'inclination et de conduite.

Il n'y a personne qui ne trouve quelque chose à réformer en lui : ceux mêmes qui vivent le plus régulièrement ont à corriger certaines sensibilités sur le point d'honneur, certaines recherches des commodités de la vie, certaines délicatesses de l'amour-propre, certaines mauvaises humeurs qui font souffrir les autres, certaines négligences à s'acquitter de ses devoirs. En un mot, tant que nous serons sur la terre, nous aurons toujours à retrancher, et c'est à quoi, ô mon Dieu, nous travaillerons moyennant votre grâce. Ah ! c'en est fait, devons-nous tous dire, il y a si longtemps que vous nous avez cherchés, que vous nous pressez de retourner à vous ; il y a si longtemps que nous résistons aux mouvements de votre grâce ; mais nous cédons enfin, nous mettons bas les armes pour vous faire triompher de nos cœurs. Recevez ces brebis égarées qui reviennent à vous, ô divin Pasteur ! Puisque vous les avez cherchées dans le temps même qu'elles vous fuyaient, quel accueil ne leur ferez-vous pas, quand elles se rangeront sous votre conduite ? Mais faites par votre grâce qu'elles ne vous quittent jamais, afin de vous posséder pendant l'éternité.

PRONE XLVI.

Pour le quatrième Dimanche après la Pentecôte.

SUR LE TRAVAIL.

Præceptor, per totam noctem laborantes nihil cepimus. (*Luc.*, V, 5.)

Maître, nous avons travaillé toute la nuit, et nous n'avons rien pris.

Qu'il est triste, mes frères, après avoir beaucoup travaillé, de ne tirer aucun profit de son travail ! Telle fut la situation des apôtres, qui avaient pêché toute la nuit sans avoir rien pris. Ce malheur venait sans doute de ce qu'ils n'avaient pas Jésus-Christ avec eux ; aussi, dès qu'il leur eut commandé de jeter leurs filets, ils prirent une si grande quantité de poissons que leurs filets se rompaient, et qu'ils furent obligés d'appeler les autres à leur secours pour les tirer ; tant il est vrai que, que quand on travaille par l'ordre de Dieu, en sa divine présence, on est sûr de réussir dans son travail !

Que nous représente donc, mes frères, cette pêche fatigante et infructueuse que firent les apôtres en l'absence de Jésus-Christ? Elle nous représente non-seulement les travaux des pêcheurs, qui se lassent et se fatiguent dans les routes criminelles où les passions les conduisent, qui marchent dans les ténèbres du péché, et qui, après s'être bien fatigués, verront leur peine se terminer à un malheur éternel ; elle nous représente encore l'état où se trouveront, à la fin de la vie, un grand nombre de chrétiens qui auront travaillé à des ouvrages même permis, mais qui n'auront pas travaillé selon Dieu, qui n'auront pas sanctifié leur travail par le désir de lui plaire, et qui n'en recevront aucune récompense. On travaille beaucoup dans toutes les conditions du monde, et l'on peut dire que ce n'est pas l'oisiveté qui perd et qui damne la plupart des hommes.

Mais le grand nombre de ceux qui travaillent ne sont pas moins coupables devant Dieu que ceux qui sont oisifs, parce qu'ils ne travaillent pas comme il faut. Il est donc bien important, mes frères, de vous apprendre à sanctifier votre travail, puisque la vie de la plupart d'entre vous est une vie laborieuse et pénible. Que je m'estimerais heureux, si je pouvais vous apprendre ce secret ! Comme il se trouve cependant des personnes qui n'aiment pas le travail, qui passent une bonne partie de leur temps dans l'oisiveté, il faut aussi les instruire de l'obligation où ils sont de travailler. C'est donc à ceux qui ne travaillent pas, et à ceux qui travaillent, que j'adresse aujourd'hui la parole. A ceux qui ne travaillent pas, je leur ferai voir l'obligation où ils sont de travailler : premier point. A ceux qui travaillent, je leur apprendrai la manière de sanctifier leurs travaux : second point. En deux mots, on doit travailler: Comment doit-on travailler? C'est tout mon dessein.

PREMIER POINT.

De quelque côté que l'on envisage la condition de l'homme, soit que l'on considère ce qu'il est par sa nature, soit qu'on le regarde comme pécheur, tout conspire à faire sentir l'obligation où il est de travailler.

Qu'est-ce que l'homme considéré en lui-même? C'est un composé de corps et d'âme, le plus parfait des êtres qui habitent sur la terre. Son corps a des membres susceptibles de mouvement; son âme, des puissances à qui Dieu a fixé pour chacune une fonction particulière. Or, Dieu qui ne fait rien en vain, aurait-il donné à l'homme des membres capables de se mouvoir, des mains pour agir, des pieds pour marcher ; lui aurait-il donné un esprit capable des plus sublimes opérations, pour laisser l'un et l'autre dans le repos? L'inaction de l'homme serait un désordre dans la nature, et serait entièrement contraire au dessein du Créateur.

Ne voyons-nous pas, en effet, que les créatures, même insensibles, sont dans le mouvement, et travaillent chacune à la manière que leur auteur a disposée. Le soleil se lève tous les jours pour éclairer l'univers; la terre produit des fruits; les animaux que Dieu a soumis à l'homme, travaillent pour ses besoins; les anges, ces sublimes intelligences, qui approchent le plus près de la Divinité, sont dans une action continuelle; sans cesse occupés à faire la volonté de Dieu, ils remplissent chacun le ministère qu'il leur a confié, avec une activité que l'Ecriture nous représente sous le symbole de celle du feu : ***Facis angelos tuos spiritus et ministros tuos ignem urentem.*** (*Psal.*, CIII, 4.) N'y aura-t-il donc que l'homme qui sera exempt de la loi imposée à toutes les créatures? lui qui tient le milieu entre celles qui sont matérielles, et celles qui sont purement spirituelles; lui qui est élevé au-dessus de tous les êtres créés qui sont sur la terre, et qui approche par son esprit le plus près de anges qui sont dans le ciel. Non, non, mes frères, ce n'a pas été le dessein de Dieu : lorsqu'il forma le premier homme dans l'état d'innocence, il le plaça, dit l'Ecriture, dans le paradis terrestre pour y travailler : ***Posuit eum in paradiso ut operaretur.*** (*Gen.*, II, 15.) Son travail n'était pas, à la vérité, un travail pénible comme celui auquel il a été condamné après son péché, mais une occupation que Dieu lui avait donnée pour remplir les desseins que sa providence avait eus en le tirant du néant. Ainsi, quand le premier homme n'eût pas péché, lui et ses descendants auraient toujours été soumis à la loi du travail. L'homme entre dans le monde; il y vient pour y travailler comme l'oiseau pour voler, dit l'Ecriture : ***Homo nascitur ad laborem, et avis ad volatum.*** (*Job*, V, 7.) Celui qui ne travaille pas est un monstre dans la nature. ***Homme paresseux et oisif***, doit-on lui dire après le Saint-Esprit, ***allez à l'école de la fourmi pour vous instruire : « Vade ad formicam, o piger ! »*** (*Prov.*, VI, 6.) Voyez comme ce petit animal travaille pendant l'été, pour amasser de quoi vivre pendant l'hiver. Si vous ne travaillez pas vous-même, vous ne méritez pas de vivre, vous ne méritez pas que la terre produise des fruits pour vous nourrir, vous êtes indigne que les hommes vous souffrent dans leur société, comme étant un membre inutile. Chacun a ses occupations dans la vie, et dans les différents états que Dieu a établis sur la terre. Les uns ont les fatigues de l'esprit dans le maniement des affaires, dans l'étude, dans le barreau; les autres celles du corps en cultivant; celui-ci dans une profession pénible, celui-là dans le négoce; chacun, en un mot, doit travailler dans son état, et vous, paresseux, vous ne voudriez rien faire, tandis que cet homme de robe se prive d'un repos, même légitime, pour se mettre en état de remplir dignement sa charge; tandis que ce laboureur, ce vigneron, portent le poids du jour et de la chaleur, arrosent la terre de leur sueur et s'épuisent de travaux, vous prétendez mener une vie douce et tranquille, passer vos jours dans un languissant repos? Ah! vous êtes indigne de la société des hommes, insupportable à Dieu, aux hommes, et très-souvent à vous-même, par les ennuis dont vous êtes accablé. Poursuivons.

Vous êtes non-seulement obligés au travail, parce que vous êtes hommes, mais encore parce que vous êtes pécheurs, et en cette qualité, vous avez des péchés à expier, des péchés à éviter. Or le travail sert admirablement à l'une et à l'autre de ces fins. C'est une satisfaction qui expie les péchés passés, c'est un remède et un préservatif pour le péché à l'avenir; l'homme pécheur doit donc s'y soumettre par un esprit de pénitence. Si l'homme n'avait jamais péché, sa vie ne serait pas sujette aux travaux pénibles qui en partagent tour à tour les moments. Il aurait, à la vérité, travaillé de la manière que Dieu avait prescrit à l'homme innocent; mais son travail n'aurait été qu'une occupation aisée, un exercice commode et même agréable, exempt des peines et des fatigues qui accablent maintenant son esprit et son corps; mais dès que l'homme se fut révolté contre son Dieu, il fut condamné à un pénible travail ; la terre devint pour lui stérile et frappée de malédiction; elle ne produisit que des ronces et des épines ; et l'homme n'en dut tirer sa subsistance que par bien des sueurs et des travaux. ***Vous mangerez***, dit le Seigneur, ***votre pain à la sueur de votre front : « In sudore vultus tui vesceris pane tuo. »*** (*Gen.*, III, 19.) Malheureux enfants d'un père prévaricateur, nous avons participé à son péché, nous devons aussi participer à sa peine, et nous soumettre aux pénibles travaux qui accompagnent la triste condition des mortels; non-seulement parce que nous sommes héritiers de sa désobéissance, mais parce que nous commettons encore tous les jours des péchés dont nous devons faire pénitence pour apaiser la colère de Dieu. Or, quelle pénitence avez-vous faite jusqu'à présent, mes frères, pour expier tant de péchés dont vous vous êtes rendus coupables? Quelle pénitence, quelle satisfaction avez-vous présentées à Dieu pour tant de sacriléges, de jurements, de profanations des saints jours de fête; pour tant de haines, d'inimitiés, de vengeances, d'injustices; pour tant d'impuretés, d'intempérance où vous vous êtes abandonnés? N'est-il pas juste que vous souffriez les travaux, les peines attachées à votre état, puisque Dieu vous y a condamnés, et qu'il veut bien les accepter en satisfaction de vos péchés? Cette satisfaction est de son choix, et par conséquent plus propre à vous acquitter que toute autre satisfaction.

En vain donc me direz-vous que vous êtes d'une naissance, d'une qualité qui ne vous permettent pas de travailler; que vous avez du bien pour vivre sans rien faire; que le travail est à la vérité nécessaire à ceux qui ont besoin de gagner leur vie, mais que pour vous, vous ne manquez de rien; que votre état est un état de repos et de douceur, et que vous voulez vivre à votre aise.

C'est donc à dire, à vous entendre, que le travail n'est que pour les misérables, et que les richesses et la naissance doivent autoriser l'oisiveté. Mais quelque riches, quelque distingués que vous soyez dans le monde, vous êtes pécheurs, et peut-être plus coupables que ceux qui sont dans la misère, parce que vos biens sont pour vous une continuelle occasion de pécher. Vous avez donc autant de besoin que les autres, et peut être plus que les autres, de faire pénitence, de satisfaire à Dieu pour vos péchés. C'est donc à vous, riches, comme à vous, pauvres; à vous, nobles, comme à vous, roturiers, de vous soumettre à la peine du péché, commune à tous les pécheurs, c'est-à-dire au travail : *In laboribus comedes ex ea cunctis diebus vitæ tuæ.* (*Gen.*, III, 17.) Il est vrai que le travail auquel la justice de Dieu a condamné tous les hommes pécheurs n'est pas le même pour toutes les conditions de la vie; mais il n'est personne, en quelque état qu'il soit, qui ne doive s'occuper à quelque travail de l'esprit ou du corps, parce qu'il n'est personne qui n'ait péché, et qui ne doive par conséquent porter la peine du péché; et quand même l'homme n'aurait point de péché à expier, le travail lui est toujours nécessaire pour éviter les fautes qu'il pourrait commettre.

C'est un oracle prononcé par le Saint-Esprit, que l'oisiveté est la source de beaucoup de vices : *Multam malitiam docuit otiositas.* (*Eccli.*, XXXIII, 29.) Oracle qu'une funeste expérience n'a que trop souvent vérifié, et vérifie encore tous les jours! Ce fut dans l'oisiveté que les habitants de Sodome s'abandonnèrent aux monstrueux excès qui attirèrent sur eux les vengeances du ciel : *Hæc fuit iniquitas Sodomæ..... otium ipsius et filiarum ejus.* (*Ezech.*, XVI, 49.) Tandis que David fut occupé aux exercices de la guerre, il demeura fidèle à son Dieu; mais les douceurs du repos le firent tomber dans l'adultère et l'homicide : et sans chercher des exemples étrangers, de combien de désordres l'oisiveté n'est-elle pas encore la source parmi les hommes? Une âme appesantie et engourdie par le repos, n'a aucun goût pour les choses de Dieu; elle est insensible aux vérités du salut; la prière, les sacrements, les exercices de piété lui sont insipides; elle se rebute de la moindre difficulté; elle ne sait ce que c'est que se faire violence pour la pratique de la vertu; elle néglige ses devoirs, ou ne s'en acquitte qu'avec nonchalance de là cette facilité à succomber aux tentations, qui sont plus fréquentes et plus violentes dans cet état. Les gens désœuvrés sont tentés de plus d'un démon; ils se réunissent en légion pour entrer dans une âme oisive, dont ils s'emparent aussi aisément qu'une armée le fait d'une ville qui est sans défense et ouverte de tous côtés à l'ennemi : car tel est l'état d'une âme paresseuse; c'est une place d'autant plus facile à prendre, qu'elle se livre d'elle-même sans souffrir aucune attaque; son esprit n'est occupé que de pensées inutiles; son imagination remplie d'idées bizarres et extravagantes ; sa volonté, entraînée par ses désirs criminels, est semblable à ces eaux dormantes où s'engendrent les insectes et les plus vils animaux, et dont il sort des vapeurs qui infectent ceux qui s'en approchent. Cette âme stérile en bonnes œuvres, n'est féconde qu'en fruits d'iniquité; elle s'est abandonnée à tous les vices, à l'orgueil, à la débauche, à la dissolution, à l'impureté : tels sont, dit le Prophète, les rejetons funestes qui naissent de cette tige corrompue et gâtée : *In labore hominum non sunt; ideo venit eis superbia, operti sunt iniquitate et impietate sua.* Les gens oisifs ne cherchent qu'à contenter leurs désirs criminels, tantôt dans la bonne chère, tantôt dans les voluptés brutales où ils se livrent sans pudeur : *Prodiit quasi ex adipe iniquitas eorum.* Ils pensent et ils parlent mal de leur prochain, ils s'échappent en paroles obscènes, en chansons lascives : *Locuti sunt nequitiam.* Ils portent même la hardiesse jusqu'à blasphémer contre Dieu, et se railler des choses saintes, à combattre la religion par l'impiété de leurs discours : *Posuerunt in cœlum os suum.* (*Psal.* LXXII, 5-9.)

Qui est-ce qui a perdu ce jeune homme, cette fille qui, par leurs désordres, sont devenus le scandale d'une paroisse? C'est l'oisiveté, où des parents trop indolents les ont laissés vivre. Ce jeune homme a appris dans cette école, l'intempérance, le secret de commettre des larcins ; cette fille, la médisance, la vanité, la manière de former et d'entretenir des intrigues criminelles. Cet homme qui n'a rien à faire, cherchera des compagnons de débauche pour aller passer son temps au jeu, au cabaret. Cette femme oisive ira de maison en maison censurer par ses médisances la conduite des uns et des autres. J'atteste ici, mes frères, votre expérience. N'est-ce pas dans les jours de repos que vous avez commis plus de péchés ? Car il faut nécessairement que l'esprit de l'homme s'occupe à quelque chose ; s'il ne pense pas au bien, il pense au mal ; point de milieu entre l'un et l'autre. Il faut donc, pour éviter le mal, travailler. C'est l'exemple que tous les saints nous ont donné, témoin les illustres solitaires qui, après avoir passé une grande partie de leur temps à la prière, s'occupaient à des œuvres manuelles, afin, disaient-ils, que quand le démon viendrait les attaquer, il les trouvât toujours en défense. Suivez cette maxime, et l'ennemi du salut n'aura point de prise sur vous. Si vous ne pouvez supporter les fatigues d'un travail pénible, ou que votre condition vous en exempte, occupez-vous à quelque ouvrage d'esprit ou de corps, convenable à votre état. Vous, femmes, appliquez-vous à l'éducation de vos enfants, apprenez-leur à travailler, prenez le fuseau, à l'exemple de la femme forte dont le Saint-Esprit fait l'éloge ; faites quelques ouvrages des mains, pour vous, pour les autres, et encore mieux pour les pauvres. Par le travail, vous éviterez le péché, et vous expierez ceux que vous avez commis. Mais comment faut-il travailler?

PREMIER POINT.

On se perd et on se damne dans le travail comme dans l'oisiveté, quand le travail n'est pas selon Dieu. Ce n'est donc pas assez de travailler, ni même de beaucoup travailler, il faut travailler en homme raisonnable, en homme chrétien. Travailler en homme raisonnable, c'est s'occuper à un travail honnête et modéré; travailler en homme chrétien, c'est rapporter son travail à Dieu par une droite intention de lui plaire: deux conditions nécessaires pour sanctifier le travail.

Le travail, pour être saint, doit être honnête en sa nature, c'est-à-dire subordonné à la loi de Dieu : il doit être modéré, c'est-à-dire proportionné aux forces de l'homme et au temps qu'il doit donner à Dieu. En un mot, on ne doit point travailler aux choses que Dieu défend, ni qui détournent de son service. Que celui, dit l'Apôtre qui commettrait des injustices, travaille de ses mains à faire le bien; que chacun remplisse les devoirs de l'état auquel il est engagé. Tout travail, qui n'est pas selon Dieu, est une infraction de la loi de Dieu, inutile et préjudiciable à celui qui s'y occupe. Ce n'est pas travailler pour le ciel, mais pour l'enfer, que de faire des choses que Dieu défend; c'est ainsi que travaillent les pécheurs qui se fatiguent beaucoup, se lassent et s'épuisent dans les voies de l'iniquité, pour contenter les passions criminelles dont ils sont esclaves. Hélas! que ne fait-on pas, l'un pour satisfaire son ambition, l'autre son avarice; celui-ci la luxure, celui-là la vengeance? C'est ainsi que cet homme de robe travaille depuis le matin jusqu'au soir à un procès injuste, multiplie des écritures pour accabler de frais ses parties. Ainsi ce laboureur se fatigue par le poids du jour et de la chaleur, à agrandir ses héritages au préjudice de ses voisins, à amasser où il n'a point semé; ainsi ce marchand, tout appliqué à son négoce, y commet des fraudes, des injustices; cet ouvrier emploie mal son temps, ou fait un mauvais ouvrage pour celui qui l'occupe; ce plaideur fait beaucoup de voyages, se donne bien des mouvements pour gagner un procès injuste; cet autre exerce une profession, un métier incompatible avec son salut, parce qu'il est pour lui une occasion de péché. Voilà bien des travaux, bien des fatigues; mais ce sont des fatigues, des occupations défendues par la loi de Dieu : quel en sera le fruit, quelle en sera la récompense? *Quem fructum habuistis*, dit saint Paul? Quel profit peut-on tirer des choses qui doivent couvrir de confusion ceux qui les font? *Quem fructum habuistis in his in quibus erubescitis?* (*Rom.*, VI, 21.) Où aboutiront toutes les démarches criminelles des pécheurs? A une éternelle réprobation. Tel est le sort de ceux qui sont maintenant dans l'enfer, parce qu'ils n'ont travaillé que pour le monde, qu'ils n'ont cherché qu'à satisfaire leurs passions. Ah! c'est en vain, disent-ils, et pour notre malheur, que nous nous sommes lassés dans les voies de l'iniquité. Fallait-il prendre tant de peines, marcher par des chemins si difficiles, pour tomber dans un affreux précipice? *Lassati sumus in via iniquitatis; ambulavimus per vias difficiles.* (*Sap.*, V, 7.) Qu'il est triste d'avoir supporté tant de fatigues pour se rendre malheureux!

Qu'il n'en soit pas ainsi de vous, mes frères; ne faites rien dans votre travail qui soit contre la volonté de Dieu. Si la profession où vous êtes engagés est incompatible avec le salut, il faut la quitter; si elle n'est pas telle, vous y devez suivre toutes les règles de la sagesse et de l'équité. Travaillez, comme dit l'Apôtre, en mangeant votre pain, c'est-à-dire un pain qui soit le fruit d'un travail honnête, et non pas de l'injustice; un pain qui ne soit pas la substance de la veuve et de l'orphelin, mais que vous gagniez à la sueur de votre front, ou par une sage industrie.

Que votre travail soit aussi modéré, afin qu'il ne vous détourne pas de ce que vous devez à Dieu et à vous-mêmes. Car c'est un défaut assez commun parmi ceux qui s'occupent à un travail, même légitime, de s'y livrer tellement, qu'ils oublient la grande affaire qui doit uniquement les occuper. Tout empressés de gagner un pain matériel qui périt, ils ne pensent pas à faire provision d'un pain qui se conserve jusque dans la vie éternelle. Toujours courbés vers la terre où ils ne sont que pour un temps, ils n'élèvent jamais les yeux vers le ciel, où ils doivent régner éternellement : au lieu de mettre en Dieu leur confiance pour les besoins de la vie, ils semblent se défier de sa providence; ils ne comptent que sur leur industrie, ils se chargent de travaux, ils en accablent ceux qui sont à leur service. Les jours ne sont pas assez longs pour achever tout ce qu'ils entreprennent : le salut n'y trouve aucune place; ils n'en emploient pas la moindre partie à rendre à Dieu ce qu'ils lui doivent; ils prendront même les jours destinés à son service pour vaquer à leurs affaires, à leur négoce; ils travaillent ces jours-là sous de vains prétextes de nécessité, que l'avidité pour le gain fait toujours trouver! Ah! ce n'est pas là, mes frères, travailler selon Dieu; tout ouvrage qui vous détourne de son service, qui vous empêche de faire votre salut, quelque lucratif qu'il soit pour le temps, est préjudiciable pour l'éternité. Travaillez, à la bonne heure, dans la profession où vous êtes engagés; mais travaillez modérément; comptez plus sur la providence de Dieu que sur votre travail; contentez-vous d'une certaine fortune convenable à votre état; ne désirez que ce qui vous est nécessaire pour vous entretenir avec votre famille; ne suivez pas les mouvements d'une aveugle cupidité, qui n'est jamais contente, qui vous fait négliger votre salut, en vue d'une fortune où vous ne devez pas aspirer : souvenez-vous que la meilleure que vous puissiez faire, est celle de l'éternité; c'est à celle-là que vous devez vos premiers soins, et que toutes vos démarches doivent se rapporter : car vous devez travailler non-seulement en homme raisonnable, mais encore en chrétien; et pour cela, il faut rapporter votre travail à Dieu par une droite intention de lui plaire; telle est la noble fin qui doit vous animer en travaillant. *Soit que vous buviez, soit que vous mangiez, ou que vous fassiez quelque autre chose*, dit l'apôtre saint Paul, *faites tout pour la gloire de Dieu :* « *Sive manducatis, sive bibitis, sive quid aliud facitis, omnia in gloriam Dei facite.* » (I *Cor.*, X, 31.) Rien de plus nécessaire, mes frères, ni de plus utile, et l'on peut ajouter même de plus facile, que cette pratique pour vous sanctifier dans vos occupations. Vous êtes pour la plupart obligés de travailler, pour remplir les devoirs d'une profession où vous êtes engagés, pour subvenir aux besoins de la vie, pour gagner votre pain et celui de vos enfants. Eh bien! travaillez, Dieu vous l'ordonne, votre propre intérêt vous y engage. Mais voulez-vous savoir le secret de devenir saint sans quitter votre état et votre travail, sans qu'il vous en coûte beaucoup de peine. Offrez à Dieu pour lui plaire, en satisfaction de vos péchés, tout ce qu'il y a de pénible dans vos travaux; sans rien perdre du profit temporel que vous pouvez faire, vous en ferez de grands pour l'éternité.

Cette bonne intention n'augmentera pas vos peines et vos fatigues; elle les adoucira au contraire, elle les sanctifiera. Voilà le secret admirable dont se sont servis, pour gagner le ciel, un grand nombre de saints qui ont vécu dans le même état que vous, qui ont fait les mêmes choses que vous faites tous les jours, mais avec cette différence qu'ils ont travaillé pour Dieu, tandis que vous ne travaillez que pour ce misérable monde. Voilà aussi ce que vous pouvez, et ce que vous devez faire pour vous sanctifier. Pauvres, qui travaillez beaucoup, il n'est pas nécessaire, pour devenir saints, que vous fassiez des choses extraordinaires, que vous alliez comme les apôtres annoncer l'Evangile, que vous donniez pour sa défense votre vie comme les martyrs, que vous vous retiriez dans les déserts comme les anachorètes, que vous affligiez vos corps par les jeûnes, les cilices, les disciplines, et les autres pénitences; travaillez pour Dieu, faites tout en vue de lui plaire, et vos travaux vous vaudront les pénitences et les jeûnes des religieux qui sont actuellement dans la solitude : ainsi le travail qui vous est imposé comme châtiment du péché sera pour vous un moyen de satisfaction, et la voie qui conduit au véritable bonheur.

Que je plains donc à ce sujet le sort d'un grand nombre de chrétiens qui travaillent beaucoup dans les différents états où je les vois engagés, mais qui ne se proposent pas une fin digne de la religion qu'ils professent! Ils mènent une vie laborieuse, les uns dans le maniement des affaires, dans l'exercice d'une charge, dans une étude qui dessèche, dans des soins qui les accompagnent jusqu'à leurs repas, jusqu'à leur repos, sans avoir aucun loisir pour se délasser; les autres se fatiguent par les ouvrages du corps, dans la culture des terres qu'ils arrosent de leurs sueurs, dans les pénibles exercices d'un métier qu'ils ont appris pour gagner leur pain; mais, hélas! la plupart n'ont d'autres objets qu'une fortune temporelle; ils ne pensent qu'à s'enrichir ou à se tirer d'embarras; mais quel profit auront-ils à la fin de leur vie? Aucun; ils auront beaucoup semé, et ils ne recueilleront rien : *Seminastis multum, et intulistis parum.* (*Agg.*, I, 6.) Ils se verront dans le même état que les apôtres qui avaient travaillé toute la nuit à pêcher, et qui n'avaient rien pris : *Per totam noctem laborantes*, etc. Ils auront travaillé pour les autres, ils auront enrichi des enfants, des héritiers; mais de quoi leur servira ce qu'ils auront possédé, et qu'ils laisseront aux autres, dès qu'ils n'auront rien fait pour eux-mêmes? De quoi leur servira une fortune temporelle, qui aura usé leur santé, accéléré leur mort, dès qu'ils auront négligé la principale affaire pour laquelle Dieu les avait mis au monde? Quel sujet de chagrin, quel fonds de repentir d'avoir perdu son âme dans les embarras d'une vie pénible, comme ceux qui l'ont perdue dans l'oisiveté! Pensez-y, mes frères, et prévenez ce malheur tandis qu'il est encore temps. Jusqu'à présent vous avez beaucoup travaillé, vous vous êtes fatigués, vous avez vécu durement pour faire une fortune périssable; si vous aviez fait tout cela pour Dieu, si vous aviez souffert pour les autres, vous auriez amassé des trésors immenses pour le ciel : profitez donc du temps pour réparer les pertes que vous avez faites par le passé.

Dieu ne vous ordonne pas d'abandonner le soin de vos affaires temporelles; il veut que vous travailliez, mais que votre premier soin soit de lui plaire, de vous sanctifier; il veut que dans votre travail, vous ne cherchiez que l'accomplissement de sa volonté.

Pratiques. — Ayez donc soin de rapporter toutes vos actions à sa gloire; offrez-lui dès le matin dans votre prière tous vos travaux du jour; priez-le d'y répandre sa sainte bénédiction; rendez-lui, si vous le pouvez, une visite dans son saint temple, avant que d'aller au travail; renouvelez de temps en temps cette offrande en vous rappelant sa sainte présence, en lui adressant quelques oraisons jaculatoires. C'est pour vous, mon Dieu, devez-vous dire, que j'ai commencé mon travail; c'est pour vous que je le continue; je vous offre tout ce qu'il y a de rebutant en satisfaction de mes péchés. En vous servant de ces pratiques, mes frères, vous éviterez les péchés que l'on a coutume de commettre en travaillant, les jurements, les imprécations, les colères où se livrent ceux qui ne réussissent pas comme ils voudraient, qui s'emportent pour le moindre sujet. Si vous avez soin d'offrir votre travail à Dieu, si vous vous rappelez de temps en temps sa sainte présence, vous vous abstiendrez des paroles obscènes, des chansons profanes que l'on entend proférer à la plupart de ceux qui travaillent, qui attirent la malédiction de Dieu sur leurs ouvrages. Au lieu de ces paroles obscènes, aujourd'hui si fréquentes parmi les ouvriers, et que les maîtres ne doivent pas souffrir, vous vous entretiendrez par de saintes conversations, par des cantiques spirituels, comme faisaient autrefois les premiers chrétiens. Vous pouvez pendant votre travail vous occuper de saintes pensées; en exerçant une profession, vous représenter Jésus-Christ qui a travaillé lui-même pour les besoins de la vie, vous unir à ses travaux et à tout ce qu'il a fait sur la terre : en arrachant les ronces, les épines, les mauvaises herbes de votre héritage, priez-le d'arracher de votre cœur les semences du péché, d'en corriger les inclinations perverses; en labourant ou cultivant la terre, priez-le d'ouvrir vos cœurs pour recevoir la rosée céleste de sa grâce, et de les rendre fertiles en vertu et en bonnes œuvres. Quand vous souffrez des chaleurs excessives, pensez au feu éternel de l'enfer que vos péchés ont mérité. Si la chaleur d'ici-bas est si difficile à supporter, comment, devez-vous dire, pourrai-je souffrir les ardeurs éternelles dont celle-ci n'est que la figure? Souffrez les incommodités des saisons, et les autres peines attachées à votre travail en vue de la récompense éternelle que Dieu vous prépare dans le ciel; vous souvenant de ce que dit saint Paul, dans l'Epître de ce jour, que les souffrances d'ici-bas n'ont aucune proportion avec la gloire du ciel : *Non sunt condignæ pasiones hujus temporis ad futuram gloriam.* Pendant que votre corps souffre sur la terre, que votre cœur soupire sans cesse vers le ciel, où, affranchis de la servitude de ce corps mortel, vous jouirez de l'héritage promis aux enfants d'adoption qui auront travaillé pour le mériter : *Adoptionem filiorum exspectantes, redemptionem corporis nostri.* (*Rom.*, VIII, 18, 23.)

Après votre travail, remerciez Dieu des grâces qu'il vous a faites; rendez-lui encore, si votre temps le permet, une visite en son saint temple; allez ensuite prendre quelque délassement pour réparer vos forces : par ce moyen, mes frères vous vous sanctifierez dans votre travail, vous le rendrez utile et méritoire pour le ciel; et, après avoir travaillé sur la terre, vous vous reposerez dans l'éternité bienheureuse. *Amen.*

PRONE XLVII.

Pour le cinquième Dimanche après la Pentecôte.

SUR LA FAUSSE ET LA VRAIE DÉVOTION.

Nisi abundaverit justitia vestra plus quam Scribarum et Pharisæorum, non intrabitis in regnum cœlorum. (*Matth.*, V, 20)

Si votre justice n'est plus abondante que celle des Scribes et des Pharisiens, vous n'enrterez point dans le royaume des cieux.

Qui l'aurait cru, mes frères, qu'une justice qui paraissait aux yeux des hommes aussi parfaite que celle des Pharisiens, dût être réprouvée de Jésus-Christ, comme indigne d'être récompensée dans le royaume des Cieux? Qu'étaient-ce donc que les Pharisiens, et en quoi consistait leur justice? les Pharisiens étaient une société d'hommes séparés du commun du peuple, qui faisaient profession d'une dévotion extraordinaire, qui passaient même pour des saints. Ils faisaient de longues prières, ils donnaient de grandes aumônes aux pauvres, payaient exactement la dîme, jeûnaient deux fois la semaine. Quiconque en ferait autant aujourd'hui ne passerait-il pas pour un saint? D'où vient donc que Jésus-Christ condamne si hautement la justice des Pharisiens? Les actions qu'ils faisaient étaient-elles en elles-mêmes condamnables? La prière, le jeûne, l'aumône ne sont-ce pas des actes de vertus auxquels Jésus-Christ lui-même a promis de magnifiques récompenses? Oui, sans doute, ces actions sont louables en elles-mêmes et dignes des récompenses éternelles, quand elles sont accompagnées des conditions qui doivent les rendre telles; mais la prétendue justice des Pharisiens manquait de ces conditions; c'est pourquoi elle fut réprouvée de Jésus-Christ. En quoi les Pharisiens étaient-ils donc condamnables? Le voici, mes frères: c'est que ces hommes qui paraissaient si saints et si réguliers aux yeux du public, n'étaient pas tels aux yeux de Dieu. Les hommes qui ne jugent que par l'extérieur, canonisent pour l'ordinaire tout ce qui porte en dehors les marques de sainteté; mais Dieu qui connaît le fond du cœur, en juge bien autrement. Pour être saint aux yeux des hommes, il suffit de sauver les apparences; mais pour être saint aux yeux de Dieu, il faut être tel que l'on paraît. Il faut observer fidèlement tous les points de la loi; il faut surtout que la piété, la vertu résident dans le fond du cœur. Or, c'est en quoi manquaient les Pharisiens. Contents d'observer certains préceptes, d'éviter certains crimes qui d'eux-mêmes font horreur à la nature, ils transgressaient la loi du Seigneur en beaucoup de choses qu'ils regardaient comme de peu de conséquence, mais qui n'étaient pas telles devant Dieu. Leurs actions, quelque louables qu'elles paraussent aux yeux des hommes, n'étaient point animées du principe et de la fin qui devaient les rendre agréables à Dieu. En deux mots, leur justice n'était point entière, ce n'était qu'une justice partagée; leur justice n'était point intérieure, ce n'était qu'une justice apparente; deux défauts qui la firent réprouver de Jésus-Christ et qui ne se trouvent, hélas! que trop souvent dans la vertu de beaucoup de chrétiens, comme on en pourra juger par le parallèle que nous en ferons avec celle des Pharisiens. D'où nous conclurons que la piété, pour être véritable, doit être entière et intérieure; entière, pour accomplir toute la loi; intérieure, pour suivre l'esprit de la loi. Reprenons.

PREMIÈRE RÉFLEXION.

Premièrement, la justice des Pharisiens n'était point entière, parce qu'ils se contentaient d'observer quelques points de la loi. Ils étaient même attachés jusqu'au scrupule à certaines cérémonies, à quelques traditions qu'ils avaient reçues de leurs pères, qui ne les obligeaient point, tandis qu'ils se licenciaient à transgresser la loi du Seigneur en beaucoup de choses qui les obligeaient indispensablement : ils n'auraient pas osé blasphémer, parjurer, commettre un homicide; mais ils ne faisaient pas difficulté de prendre en vain le saint nom du Seigneur, de jurer par les créatures, pour assurer ce qu'ils voulaient persuader. Ils ne regardaient pas comme un grand mal de se laisser aller aux mouvements de la colère, de conserver des sentiments de haine de vengeance contre leur prochain, et de les manifester par des paroles injurieuses qui blessaient la charité ; et qui plus est, ils enseignaient aux autres ces pernicieuses maximes dont ils étaient infectés. C'est pourquoi Jésus-Christ, pour garantir ses apôtres des illusions de ces faux docteurs, fait à ses disciples cette belle leçon qui est rapportée dans notre évangile : vous avez appris, leur dit-il, qu'il a été dit à vos ancêtres : Vous ne ferez point d'homicide, et celui qui en fera, méritera d'être condamné au tribunal du jugement; mais moi, je vous dis que celui qui traitera son frère d'homme de peu de sens, méritera d'être condamné au tribunal du conseil; que celui qui dira, homme insensé, méritera le supplice du feu. Si donc vous vous souvenez, en faisant votre offrande à l'autel, que votre frère a quelque chose contre vous, laissez là votre présent, et allez vous réconcilier avec lui.

Telle est, mes frères, la perfection que Jésus-Christ demandait de ses disciples, afin que leur justice surpassât celle des Pharisiens ; ainsi, bien loin d'abréger la loi ancienne, il ne faisait que l'accomplir et la perfectionner ; il voulait que sa morale subsistât dans toute sa vigueur et qu'elle fût observée dans toute son étendue, en sorte qu'il ne fallait pas manquer à un seul point: *Iota unum aut unus apex non prœteribit a lege.* (*Matth.*, V, 18.) Ce n'était qu'à l'entière observance de la loi qu'il promettait son royaume, et quiconque en violerait un seul précepte, ne pourrait y avoir aucune prétention. Il ne faut donc pas s'étonner s'il déclare si ouvertement à ses disciples, que, si leur justice ne surpasse celle des Pharisiens, ils n'auront point de part à son royaume : *Nisi abundaverit*, etc.

Or, à combien de Chrétiens peut-on aujourd'hui adresser les mêmes menaces que le Sauveur adressait à ses disciples, et les mêmes reproches qu'il faisait aux Pharisiens? Et combien, en effet, qui se contentent d'observer la loi du Seigneur en certains articles qui ne les gênent pas, ou parce que leur honneur, leur intérêt y sont attachés, qui ne se croient nullement coupables, parce qu'ils évitent certains crimes qui portent en eux-mêmes un caractère d'infamie; mais se pardonnent aisément bien des fautes contre cette divine loi, dès que la passion du plaisir ou de l'intérêt y trouve son compte? Tel qui a de l'horreur, comme doit en avoir tout homme raisonnable, de tremper ses mains dans le sang de son frère, nourrira dans son cœur des sentiments d'aigreur, d'animosité, que rien n'est capable d'étouffer, déchirera la réputation d'autrui par de noires calomnies, par les traits meurtriers d'une maligne médisance, ne craindra pas même de l'offenser par des paroles injurieuses et outrageantes. Or, de quoi sert, mes frères, que vous ne soyez ni homicides ni voleurs, si vous êtes emportés et médisants, si vous conservez dans votre cœur de la haine contre votre prochain? Jésus-Christ ne vous dit-il pas dans l'Evangile, que *celui qui se mettra en colère contre son frère, subira la rigueur du jugement de Dieu*; que *celui qui l'outragera par des paroles qui détruisent la charité, sera condamné au supplice du feu?* (*Matth.*, V, 21, 22.) De quoi vous serviront même toutes les bonnes actions que vous ferez, si vous n'avez pas cette charité qui fait le caractère des disciples de Jésus-Christ? Vous ressemblerez, dit le grand Apôtre, à une cymbale qui ne fait que du bruit, et à l'airain qui résonne: en vain réciteriez-vous d'aussi longues prières que les Pharisiens; en vain donneriez-vous comme eux de grandes aumônes, et de plus grandes encore, jusqu'au point d'abandonner tous vos biens aux pauvres ; en vain jeûneriez-vous deux fois la semaine comme les sages du judaïsme, et tous les jours de la semaine plus austèrement qu'eux; en vain livreriez-vous votre corps à être brûlé; tous ces sacrifices, sans la charité, ne vous serviront de rien. Jésus-Christ ne vous dit-il pas dans l'Evangile, que, si en offrant votre don à l'autel, vous vous souvenez que votre frère a quelque chose contre vous, il faut auparavant aller vous réconcilier avec lui, sans quoi votre présent ne sera point reçu? *Si offers munus tuum ad altare, et ibi recordatus fueris quia frater tuus habet aliquid adversum te, ... vade prius reconciliari fratri tuo.* (*Matth.*, V, 23.)

Ne vous croyez donc pas bien avancés dans la vertu, parce que vous n'êtes pas homicides; vous n'avez encore, dit saint Augustin, monté qu'un degré; vous monterez plus haut, si vous ne dites point de paroles injurieuses ; mais il ne faut pas vous en tenir là, vous devez étouffer jusqu'au moindre ressentiment de colère et de rancune contre votre prochain : telle est la perfection que la loi de Jésus-Christ exige de vous. Or, je veux, mes frères, que vous ne soyez sujets ni à la colère, ni à la médisance, que vous ne fassiez aucun tort à votre prochain, votre justice n'aura pas encore l'intégrité qu'elle doit avoir, si vous êtes dominés de quelque autre passion que la loi du Seigneur vous interdit ; si votre cœur est esclave d'un amour profane, si vous entretenez des liaisons criminelles avec cette personne que vous ne devez pas voir; si vous faites servir vos biens à contenter votre vanité, votre sensualité; en un mot, si vous contrevenez à quelques-uns des commandements du Seigneur, ne fût-ce qu'à un seul, toutes vos vertus seront comptées pour rien au jugement de Dieu; vous n'aurez pas plus de récompense à espérer que si vous aviez été coupables de tous : *Quicunque autem totam legem servaverit, offendat autem in uno, factus est omnium reus.*(*Jac.*, II, 10.)

En vain seriez-vous parés, comme les Pharisiens, de certaines apparences de vertus; en vain auriez-vous fait des œuvres de surérogation, qui vous auraient attiré l'estime des hommes; si vous avez été infidèles à quelques-unes de vos obligations, votre justice sera réprouvée comme celle de ces faux docteurs de la loi: *Nisi abunaverit*, etc.

Tel est néanmoins l'abus qui se glisse dans la plupart des dévotions que l'on voit dans le monde chrétien : semblables aux Pharisiens qui étaient scrupuleusement attachés à quelques observances de la loi qui ne les obligeaient pas, et qui négligeaient les devoirs essentiels, un grand nombre de ceux qui font aujourd'hui profession de dévotion, seront exacts jusqu'au scrupule à certaines pratiques de piété qui ne sont que de conseil, à réciter quelques prières de confréries où ils sont agrégés, seront assidus à entendre la Messe les jours qui ne sont pas d'obligation, visiteront les églises, les hôpitaux, embrasseront avec joie des exercices de dévotion qui leur sont étrangers, parce que l'honneur, la coutume, une certaine bienséance les y portent; mais du reste ils ne se mettent guère en peine de remplir les devoirs de leur état, parce que ces devoirs les gênent et les incommodent. Cet homme fera des voyages de dévotion, et il n'assiste point aux offices de sa paroisse; il ne fréquente point les sacrements, donne mauvais exemple dans sa famille; cette femme récite de longues prières à l'église, et n'aura aucune complaisance pour son mari : elle sera dure et intraitable à ses domestiques, elle négligera l'éducation de ses enfants qu'elle laisse vivre dans le désordre; cet autre se fera un devoir d'assister à une assemblée de piété; mais il commet des fraudes dans le commerce, il néglige les affaires dont il est chargé ; sont-ce là, je vous le demande, des dévotions réglées selon l'esprit de l'Evangile ? Non sans doute; toute dévotion qui ne s'attache pas aux devoirs essentiels de l'état où l'on est engagé, et qui ne les remplit pas dans toute leur étendue, est une dévotion pharisaïque, réprouvée de Dieu; à plus forte raison celle qui détourne de l'accomplissement de ces devoirs.

Mais quoi! prétends-je ici blâmer les pratiques de piété, les saints exercices de la religion, les œuvres de surérogation qui peuvent être la source d'un grand mérite? A Dieu ne plaise! la véritable piété, bien loin de les rejeter, les embrasse au contraire comme des moyens propres à mériter les grâces de Dieu, et à s'entretenir dans la ferveur du christianisme; mais elle s'attache aux obligations de l'état préférablement aux œuvres qui n'en sont pas; elle remplit les préceptes avant les conseils; elle sait tellement réunir les uns avec les autres, qu'en faisant ce qui est de précepte, elle n'oublie pas ce qui est de conseil : *Hæc oportuit facere, et illa non omittere.* (*Matth.*, XXIII, 23.) Car s'en tenir précisément à ce qui est d'obligation, et négliger entièrement ce qui est de surérogation, c'est user de réserve avec Dieu, et s'exposer au danger de manquer à ses obligations. Il est difficile de remplir parfaitement ses devoirs sans faire quelque chose de plus. Si vous comptez, par exemple, à la rigueur ce que vous devez précisément faire d'aumône pour soulager les pauvres, vous ne parviendrez peut-être pas au point où votre charité doit se porter; il faut donc s'efforcer d'aller au delà de ce que l'on doit, pour être assuré de le faire parfaitement : la véritable vertu ne craint point d'être libérale à l'égard d'un Dieu qui ne sait point se laisser vaincre en libéralité. Si la vôtre est telle, mes frères, elle surpassera celle des Pharisiens, et vous assurera un droit au royaume des cieux, pourvu toutefois qu'elle soit intérieure, c'est-à-dire qu'elle parte du cœur comme de sa source, et qu'elle soit conforme à l'esprit de la loi.

DEUXIÈME RÉFLEXION.

2° Ce que la racine est à l'arbre, le cœur l'est à la piété : tout arbre qui n'a point de racine, ne peut produire de fruits; ainsi la piété qui n'est point dans le cœur, est stérile et infructueuse. Telle était la justice des Pharisiens : ils avaient de beaux dehors, de belles apparences de piété; mais ces dehors imposants servaient de voile à des vices grossiers dont ils étaient infectés; sous la peau de brebis, ils cachaient la voracité des loups ravissants : de là ces foudroyants anathèmes que Jésus-Christ prononce si souvent contre eux dans son Evangile : *Malheur à vous*, leur dit-il, *Scribes et Pharisiens hypocrites, qui nettoyez le dehors de la coupe, et qui au dedans êtes tous pleins de rapines et d'ordures! Malheur à vous, qui ressemblez à des sépulcres blanchis, dont le dehors paraît beau, mais dont le dedans est tout rempli d'ossements de morts et de pourriture : « Væ vobis, quia similes estis sepulcris dealbatis! »* (*Matth.*, XXIII, 25-27.)

C'est ainsi, mes frères, que ce souverain scrutateur des cœurs jugeait de la prétendue justice des Pharisiens, parce qu'il en connaissait tout le mauvais fond, et qu'il ne pouvait être trompé par le dehors spécieux dont ces faux sages se servaient pour en imposer aux hommes. En effet, s'ils faisaient de belles actions, c'était plutôt pour s'attirer l'estime des hommes que celle de Dieu; s'ils récitaient de longues prières, leurs cœurs étaient loin de Dieu, parce qu'ils désiraient moins d'en être écoutés que d'être aperçus des hommes. S'ils faisaient des aumônes aux pauvres, ils les faisaient publier au son de la trompette, bien moins pour rappeler les pauvres qu'ils devaient soulager, que pour s'attirer des admirateurs qui leur donnassent des applaudissements. S'ils jeûnaient deux fois la semaine, c'était avec un air abattu qu'ils affectaient, pour faire apercevoir leur pénitence; en un mot, la vanité était le principe de toutes leurs belles actions: aussi fut-elle l'écueil de leur mérite. Ils cherchaient avec empressement la gloire et l'estime des hommes: ce fut aussi toute la récompense qu'ils reçurent de leur fausse vertu : *Receperunt mercedem suam.* (*Matth.*, VI, 2.)

Comparons maintenant la vertu d'un grand nombre de chrétiens à celle de ces faux sages du judaïsme. Oh! combien y a-t-il de chrétiens qui ont hérité des vices des Pharisiens, et dont la piété est aussi superficielle que celle de ces hypocrites? Combien de faux dévots, qui, sous le manteau d'une vertu apparente, cachent des vices grossiers dont ils sont dominés? A voir la conduite de la plupart, on les prendrait pour des saints; ils donnent toutes les marques extérieures de la religion, ils prient, ils jeûnent, ils font des aumônes, ils sont de toutes les parties de dévotion; ils entrent volontiers dans toutes les entreprises de charité et de bonnes œuvres qui se feront dans une paroisse, dans une ville; mais, sous ce masque de dévotion, ils conservent un esprit superbe, un cœur sensuel et immortifié, attaché aux biens du monde, aux commodités de la vie, ennemis de toute gêne et de toute contrainte, souvent corrompus par d'infâmes voluptés. A voir cet homme, cette femme, réciter de longues prières à l'église, lire dans un livre de piété, ou rouler un chapelet dans leurs mains, qui croirait que l'un est un ravisseur du bien d'autrui, un fourbe, un trompeur, et l'autre une médisante, une emportée dans son ménage, une querelleuse avec ses voisines? A voir ce jeune homme, cette fille dans ces assemblées de piété, s'approcher des sacrements, qui croirait que l'un est un libertin, un débauché; l'autre une orgueilleuse, une impudique qui entretient des commerces criminels, qui fait autant de sacriléges qu'elle reçoit de sacrements, ou parce qu'elle ne veut pas découvrir ses désordres, ou parce qu'elle ne veut pas s'en corriger?

Oh! s'il nous était donné de percer la muraille, comme le Seigneur le disait autrefois à un prophète, que d'abominations cachées ne découvrirait-on pas? Si on ouvrait ces sépulcres blanchis si ornés au dehors, quelle odeur pestilentielle n'en sortirait-il pas? Il n'appartient qu'à Dieu, mes frères, qui sonde le fond des cœurs, d'en juger : les hommes sont trompés par les apparences; mais au jugement de Dieu, où tous les secrets des cœurs seront dévoilés, on connaîtra la vérité de ce que je dis. Ceux qui en imposent ainsi aux yeux des hommes, en sont déjà convaincus par le témoignage de leurs consciences : heureux si sensibles au reproche qu'elle leur fait, ils prenaient les mesures convenables pour être tels au dedans qu'ils paraissent au dehors.

Car enfin toute dévotion, toute vertu qui n'est point dans le cœur, n'est qu'une vertu superficielle; c'est une dévotion injurieuse à Dieu, inutile à celui qui en fait profession. Je dis dévotion injurieuse à Dieu, parce que c'est au cœur que Dieu en veut principalement, c'est le sacrifice du cœur qu'il demande préférablement à toute autre victime, et sur lequel il a les droits les plus incontestables, c'est par conséquent lui faire injure, que de lui refuser cet holocauste. Je dis que toute dévotion qui n'est point dans le cœur, est inutile et même pernicieuse; parce qu'avec toute la peine que l'on a de pratiquer la vertu au dehors, on en perd le mérite, et on attire sur soi la malédiction de Dieu. Ces faux dévots sont à la vérité loués et applaudis des hommes, comme le furent les pharisiens, mais c'est toute la récompense qu'ils reçoivent de leurs bonnes actions. Cet homme, qui dans le fond est un usurier caché, un fourbe, un trompeur, passera pour un homme de probité; cette femme médisante, pour une femme dévote; ce jeune homme, cette fille, pour des personnes modestes et réservées : ceux qui ne les connaissent pas, leur donneront des louanges, mais devant Dieu ce sont des réprouvés. Comme ils cherchent à plaire aux hommes plutôt qu'à Dieu, ils recevront leur récompense ici-bas, mais le Seigneur les rejettera de sa face, et leur dira d'aller chercher leur salaire auprès des maîtres étrangers qu'ils ont servis au préjudice de sa gloire : *Nescio vos.* Je ne vous connais point, retirez-vous de moi, vous tous qui n'avez eu que l'écorce de la piété, sans en avoir l'esprit : vous avez pu tromper les hommes par une vertu de parade, mais vous ne m'avez point trompé, moi qui connaissais le fond de vos iniquités; vous ne m'avez point servi en esprit et en vérité comme je devais l'être, je n'ai point de récompense à vous donner : *Discedite a me qui operamini iniquitatem.* (*Matth.*, VII, 23.)

C'est donc se tromper soi-même; c'est travailler en vain que de s'attacher à l'extérieur de la dévotion, sans en avoir l'esprit. La piété, il est vrai, doit se manifester par les œuvres, sans quoi c'est une piété imparfaite et stérile; mais si ces œuvres ne sont animées d'un bon principe, si elles ne sont ennoblies par une bonne fin, la piété devient un corps sans âme, c'est un arbre sans fruits, qui ne produit tout au plus que des fleurs qui ne servent de rien : *Toute la gloire de la fille du Roi*, dit le Prophète, *vient de sa beauté intérieure;* quelque magnifique qu'elle soit au dehors par la diversité de ses ornements, elle est encore plus charmante par les belles qualités dont son âme est ornée : *Omnis gloria filiæ Regis ab intus.* Tel est le portrait d'une âme vraiment dévote; cette âme doit avant toute chose s'appliquer à bien régler son intérieur pour attirer les regards de son divin Epoux, et se parer ensuite des ornements extérieurs des vertus, qui sont les bonnes actions : *In fimbriis aureis circumamictæ varietatibus.* (*Psal.*, XLIV, 14.)

Lorsque Dieu commanda à Moïse de dorer l'arche d'alliance, il voulut qu'il commençât par le dedans, avant que de dorer le dehors. Telle est la règle que l'on doit suivre dans la dévotion ; il faut que cette dévotion soit dans l'intérieur avant que de se manifester par les œuvres. L'âme dévote doit se regarder comme un temple vivant, où elle doit offrir à Dieu l'encens des prières les plus ferventes, le sacrifice des inclinations les plus chères. Ce temple doit être orné au dedans de l'or de la plus pure charité, de l'humilité la plus profonde, de la pureté la plus inviolable, en un mot, de toutes les vertus qui en fassent une demeure digne du Très-Haut. Ce temple doit aussi être orné au dehors par l'éclat des bonnes actions qui manifestent la beauté qui est au dedans ; actions qui soient animées du seul désir de plaire à Dieu, d'édifier le prochain, de se sanctifier soi-même; qui ne partent, en un mot, que d'une droite intention qui en est comme l'âme et qui en fait tout le prix. Tel est en peu de mots le caractère de la vraie piété et de la solide dévotion ; attentive à ne rien négliger de tout ce qui peut contribuer à la gloire de Dieu et au salut de l'homme, elle sait allier tous les devoirs de la religion avec ceux de la société, pour rendre en même temps à César ce qui est à César, et à Dieu ce qui est à Dieu, c'est-à-dire, pour remplir ses obligations à l'égard de Dieu et du prochain. Voyez, mes frères, quels sont vos devoirs, pour les remplir dans toute leur étendue : voyez ce que vous devez à Dieu, ce que vous devez au prochain, ce que vous devez à vous-mêmes. Vous devez à Dieu le sacrifice d'une vive foi par la soumission de vos esprits aux vérités qu'il vous a révélées; vous lui devez le sacrifice de votre volonté, pour faire tout ce qu'il vous a commandé. Vous lui devez le culte le plus religieux, l'amour le plus parfait, l'attachement le plus inviolable; attachement qui soit aussi constant dans les sécheresses et les rigueurs de la dévotion comme dans les douceurs; en sorte que vous cherchiez moins les consolations de Dieu, que le Dieu des consolations, et que vous soyez toujours prêts à faire ce qui ne serait pas de votre goût, comme ce qui serait le plus conforme à vos inclinations, parce que vous y trouverez plus la volonté de Dieu.

Vous êtes aussi chargés à l'égard du prochain de certains devoirs que la justice et la charité vous imposent, devoirs de justice, pour rendre à chacun ce qui lui est dû; devoirs de charité, pour soulager le prochain dans ses besoins; devoirs de société, qui vous rendent utiles et même agréables à ceux qui vous fréquentent : car la véritable dévotion, quoique sévère à elle-même, est douce à l'égard des autres; elle voudrait seule porter la peine de la vertu pour la leur épargner. En cela bien différente de la prétendue vertu des pharisiens, qui imposaient de rudes fardeaux sur les épaules des autres, et qui ne les voulaient pas toucher du bout du doigt. Elle ne connaît point cette humeur farouche et chagrine qui rend la vertu rebutante, mais s'attire l'amour et l'estime de tout le monde, parce qu'elle paraît toujours joyeuse dans l'accomplissement de ses devoirs. Elle évite également les excès de joie et de tristesse qui sont des marques d'une vertu peu solide; mais garde un juste tempérament entre l'un et l'autre. Si elle est triste, c'est d'une tristesse selon Dieu qui opère le salut, dit saint Paul : si elle se réjouit, c'est le Seigneur qui est le principe et la fin de sa joie ? *Gaudete in Domino. (Philipp.*, IV. 4.) Ennemie de la fourberie et du mensonge qui règnent dans le commerce des hommes, elle marche avec la simplicité de la colombe et la prudence du serpent, elle se fait toute à tous pour gagner tout le monde à Jésus-Christ.

Enfin, la dévotion vous impose des devoirs à l'égard de vous-mêmes, qui sont le renoncement aux honneurs, aux biens, aux plaisirs du siècle, la mortification des passions, le crucifiement de la chair, la patience dans les afflictions.

Vouloir être dévot, sans se faire aucune violence pour suivre les maximes de l'Evangile, prétendre allier la dévotion avec toutes les commodités de la vie, c'est illusion ; ce n'est pas en connaître le caractère, puisque la véritable dévotion consiste principalement dans l'imitation des vertus de Jésus-Christ.

Voulez-vous donc être vraiment dévots, mes frères, prenez ce divin original pour modèle de votre conduite. Tout ce que vous faites, même de plus indifférent, faites-le au nom de Jésus-Christ et en union de ce qu'il a fait de semblable sur la terre; c'est la meilleure pratique de dévotion que je puisse vous proposer pour mériter le bonheur éternel. Amen.

PRONE XLVIII.

Pour le sixième Dimanche après la Pentecôte.

SUR LA PROVIDENCE DE DIEU.

Misereor super turbam, quia ecce jam triduo sustinent me, nec habent quod manducent. (*Marc*, VIII, 2.)

J'ai pitié de cette troupe, parce qu'il y a déjà trois jours qu'ils ne me quittent point, et ils n'ont pas de quoi manger.

Que les soins de la divine Providence pour les hommes sont admirables, mes frères, et qu'heureux sont ceux qui s'abandonnent à sa conduite ! l'Evangile de ce jour nous en fournit une preuve bien sensible et bien convaincante. Il y avait déjà trois jours qu'une multitude de peuple suivait Jésus-Christ avec tant d'attachement, qu'ils oubliaient jusqu'aux besoins de la vie; plus empressés de nourrir leurs âmes du pain céleste, que de nourrir leurs corps d'un pain matériel, ils n'avaient rien réservé pour se nourrir dans le voyage. Mais Jésus-Christ, qui n'oublie jamais ceux qui s'attachent à lui, fut touché de compassion sur les besoins d'un peuple qui lui donnait une si grande marque de son attachement. Il demanda à ses apôtres, combien ils ont apporté de pain avec eux. Sept, répondirent-ils; mais comment, avec si peu de provisions, nourrir tant d'hommes? Ce qui leur est impossible, ne l'est point à Dieu. Jésus-Christ fera éclater sa puissance, de même que sa bonté, pour subvenir aux besoins de tous. Il prend donc les sept pains, les bénit, et les multiplie en si grande quantité, qu'il y a de quoi nourrir quatre mille personnes, sans compter les femmes et les enfants, et de quoi remplir sept corbeilles des morceaux qui restèrent. Ce ne fut pas, mes frères, en cette seule occasion que Jésus-Christ donna des preuves de sa providence paternelle envers ceux qui le suivaient; l'Evangile rapporte encore un autre miracle de cette nature, par lequel il nourrit et rassasia cinq mille personnes avec cinq pains d'orge et deux poissons. C'est ainsi que la providence de Dieu prévient et donne tous les secours qui sont nécessaires. Ah! que nous serions heureux, si, par un entier abandon entre les mains de cette divine Providence, et par un fidèle attachement à son service, nous savions mériter ses favorables attentions! On ne verrait pas tant de personnes languir dans la misère, ou du moins elles n'en ressentiraient pas tant les amertumes : elles la supporteraient avec plus de patience. C'est pour vous engager à ce parfait abandon à la providence de Dieu, que je viens vous représenter les soins qu'elle prend de vous, et vous instruire en même temps sur ce que vous devez faire pour y répondre. Ce que la providence de Dieu fait pour les hommes, premier point. Ce que les hommes doivent faire pour répondre aux soins de la divine Providence : second point.

PREMIER POINT.

Qu'il y ait une providence en Dieu qui préside à tout, qui gouverne tout, qui pourvoie aux biens de tous, c'est une vérité, mes frères, que la seule raison, indépendamment même de la foi, nous démontre d'une manière si sensible, qu'il faut fermer les yeux à la lumière pour la révoquer en doute. Que nous enseigne en effet la raison? Qu'il y a un Dieu, infiniment sage, bon et puissant, qui a créé toutes choses dans le bel ordre où nous les voyons, et qui les conserve dans le même état, sans quoi elles tomberaient bientôt dans le néant. Car la créature dépend autant de Dieu pour sa conservation que pour sa production; ou plutôt sa conservation est une production continuelle, par laquelle Dieu renouvelle à chaque instant l'existence de la créature, n'y ayant que lui seul qui existe indépendamment de tout autre. C'est donc Dieu qui, par sa sagesse et sa puissance, conserve et gouverne ce vaste univers; c'est lui qui donne le mouvement aux astres, la fertilité à la terre, la salubrité à l'air. C'est de lui que dépend la régularité des saisons qui se succèdent les unes aux autres; la vicissitude des jours et des nuits, qui nous invitent alternativement au travail et au repos; en un mot, toute l'harmonie que nous voyons régner dans la nature, est un effet de la divine Providence. Il suffit de jeter un coup d'œil sur les ouvrages de Dieu pour reconnaître les traits d'une sagesse infinie, et pour s'écrier avec le Prophète : *Que vos ouvrages, Seigneur, sont admirables!* (*Psal.* XCI, 6.) Votre sagesse reluit en tout ce que vous avez fait; la terre remplie de vos biens étale à nos yeux votre magnificence; toute la nature nous annonce une Providence qui la règle, qui la soutient dans le bel ordre que nous y admirons.

Or, si la providence de Dieu se manifeste d'une manière sensible dans le gouvernement de l'univers, c'est surtout aux besoins de l'homme, qui est le chef-d'œuvre de ses ouvrages, qu'elle étend ses soins paternels; car, dire que Dieu a créé l'homme pour l'abandonner à lui-même, c'est dire qu'un père a mis au monde des enfants pour n'en prendre aucun soin, c'est dire qu'un roi sage et équitable ne se met nullement en peine de ce qui se passe dans son royaume; ce qu'on ne peut supposer dans une créature raisonnable, à plus forte raison dans un Dieu créateur, le meilleur des pères, le plus sage et le plus équitable des rois. Mais combien grands sont les soins que la Providence de Dieu prend des créatures raisonnables! quelle est son attention, quelle est sa vigilance à pourvoir à leurs besoins! Ah! chrétiens; reconnaissez ici vos obligations à son égard; et instruisez-vous des motifs qui doivent vous engager à lui rendre vos hommages, et à vous abandonner à sa conduite.

Cette divine Providence connaît vos besoins, elle y pourvoit par des moyens d'autant plus efficaces, qu'elle dispose de tout avec autant de force que de sagesse et de douceur : *Attingit a fine usque ad finem fortiter, et disponit omnia suaviter.* (*Sap.*, VIII, 1.) Quel motif de mettre en elle toute notre confiance! Oui, mes frères, Dieu connaît tous vos besoins, et il les a connus de toute éternité, comme il les connaît maintenant; il a vu de toute éternité tout ce qui se passe dans le monde, et tout ce qui doit arriver jusqu'à la fin des siècles; en sorte que tous les événements que les hommes regardent comme un effet du hasard, ont été prévus, résolus ou permis dans les décrets éternels de la divine Providence. Quel motif de consolation pour vous qui gémissez sous la pesanteur de la croix, qui êtes réduits dans un état de misère, accablés de maladies, des revers de la fortune, de savoir que Dieu connaît tous vos maux, non pas d'une connaissance stérile, comme les heureux du siècle connaissent les misères des pauvres, sans en être touchés, et sans leur donner du secours; mais que la connaissance que Dieu a de nos misères, excite en lui les sentiments de la plus tendre compassion.

Nous en avons la preuve dans l'Evangile : Jésus-Christ voyant une foule de peuple à sa suite qui n'a pas de quoi subsister : *J'ai pitié de ce peuple*, dit il à ses apôtres : « *Misereor super turbam.* » *Je crains que si je le renvoie sans lui donner de nourriture, il ne tombe en chemin de défaillance : « Ne deficiant in via. »* C'est ainsi que la providence de Dieu s'attendrit sur les besoins de ceux qui s'attachent à elle; elle réunit toutes les circonstances qui peuvent la rendre sensible à leurs maux, pour leur donner les secours qui leur sont nécessaires. Mais cette divine Providence ne s'en tient pas à de stériles sentiments de compassion; elle prévient nos désirs, elle fournit abondamment à tous nos besoins. Faut-il pour cela employer sa puissance? il n'est rien qu'elle ne fasse, point de prodige qu'elle n'opère pour subvenir aux nécessités de son peuple. Outre le miracle de notre Evangile, combien d'autres exemples ne pourrais-je pas vous citer qui prouvent les soins de la Providence sur les hommes? Ici, je vois un peuple nombreux miraculeusement nourri, pendant l'espace de quarante ans, dans un désert affreux, où Dieu fait pleuvoir une manne qui a tous les goûts que ceux qui la mangent peuvent désirer; là, je vois ce même peuple vainqueur de ses ennemis, par le seul appui qu'il trouve dans la providence de Dieu. Plus loin, j'aperçois un prophète fatigué d'une pénible route, à qui le Seigneur donne la force de continuer sa carrière, par un pain miraculeux qu'un corbeau lui apporte soir et matin : c'est le prophète Elie. Dans un autre endroit, Daniel est miraculeusement préservé de la voracité des lions avec lesquels on l'a renfermé pour en être dévoré. Trois jeunes gens marchent dans une fournaise ardente où on les a jetés, sans recevoir aucune atteinte du feu. Tobie est conduit dans un long et pénible voyage par un ange tutélaire que la Providence lui envoie. Ne sont-ce pas là des traits bien marqués des soins de la providence de Dieu sur les hommes?

Revenons encore à l'Evangile pour écouter Jésus-Christ s'expliquer à ce sujet d'une manière à ne nous en laisser aucun doute. Considérez, nous dit ce divin Sauveur, les oiseaux du ciel qui vivent sans moissonner et sans amasser dans des greniers; les lis des campagnes qui croissent sans travailler et sans filer. Si donc, conclut le Sauveur, votre Père qui est dans le ciel nourrit si bien les oiseaux, quoiqu'il ne soit que leur Seigneur, à combien plus forte raison vous nourrira-t-il, vous autres qui êtes ses enfants, et qui valez plus que tous les animaux de la terre? Ne vous mettez donc nullement en peine d'où vous prendrez votre nourriture, votre habillement; votre Père céleste sait que vous avez besoin de toutes ces choses; cela suffit pour calmer toutes vos inquiétudes : *Scit Pater vester quia his omnibus indigetis.* (*Matth.*, VI, 32.) Jugez de son amour par celui que vous avez pour vos enfants. Quand ils vous demandent du pain, le leur refusez-vous, ou leur donnez-vous une pierre ou un scorpion? Si donc, vous, tout méchants que vous êtes, savez si bien pourvoir aux besoins de vos enfants, à combien plus forte raison le Père céleste, qui vous a formés à son image et ressemblance, aura-t-il soin de vous?

N'éprouvez-vous pas vous-mêmes, par votre expérience, la vérité de ces oracles? Car pouvez-vous ne pas faire attention à ce qui se passe tous les jours sous vos yeux, et qui ne mérite pas moins votre admiration, parce qu'il arrive ordinairement? A voir tout ce qui se passe dans la nature, ne semble-t-il pas que tous les soins de la Providence sont, pour ainsi dire, réunis pour l'homme, que c'est pour lui que Dieu a fait tout ce qu'il a fait, que toutes les créatures sont destinées à son usage, que tous les éléments, toutes les saisons ne travaillent que pour lui? Le feu sert à l'échauffer, l'air à le rafraîchir, l'eau à le purifier, la terre à le nourrir. Dieu, pour rendre la terre fertile, fait lever tous les jours son soleil, pour lui communiquer la chaleur nécessaire à produire des fruits; et comme la trop grande chaleur anéantirait la vertu des semences, ne voit-on pas aussi comment la Providence a soin de la tempérer par les pluies qu'elle fait tomber sur la terre pour leur donner l'accroissement? Mais quel accroissement, mes frères! Le miracle de la multiplication des pains, dont l'Evangile fait mention, se renouvelle chaque année sous vos yeux; pour quelques grains de semence que vous jetez en terre, quelle abondance n'en recueillez-vous pas? N'est-ce pas là une merveille de la Providence, digne de toute votre attention? Car en vain travailleriez-vous, en vain sèmeriez-vous; si Dieu lui-même ne donnait l'accroissement, n'ouvrait sa main libérale pour vous donner sa bénédiction, vos travaux seraient sans fruit : *Aperis manum tuam et imples omne animal benedictione.*

Remarquez encore un effet de la bonté et de la sagesse de cette divine Providence, qui a fixé à chaque saison de l'année les fruits différents que vous devez recueillir, pour vous épargner les fatigues que vous auriez à supporter si une seule les produisait tous à la fois. Ainsi, le printemps vous présente la beauté de ses fleurs; l'été, l'abondance de ses moissons; l'automne, l'excellence de ses fruits : *Tu das illis escam in tempore opportuno.* (*Psal.* CXLIV, 15, 16.) Ajoutez à tout cela les secours que la Providence vous a promis dans tous les animaux qu'elle a soumis à votre empire; les uns pour vous nourrir; les autres, pour vous habiller ou vous servir, et vous soulager dans vos travaux : pensez aussi aux remèdes que la nature vous donne pour rétablir et conserver votre santé. Rappelez dans votre esprit tous les dangers dont la Providence vous a préservés, tous les bienfaits dont elle vous a comblés, et qu'elle ne cesse de répandre sur vous tous les jours; en sorte qu'il n'y a pas un moment de votre vie qui ne soit marqué par quelqu'une de ses faveurs. Vous pouvez donc bien dire, comme le Roi-Prophète, que rien ne vous manque sous l'aimable conduite de la Providence : *Dominus regit me, et nihil mihi deerit.* Elle vous conduit comme un bon pasteur, dans de bons et fertiles pâturages;

In loco pascuæ ibi me collocavit. Quand vous marchiez au milieu des ombres de la mort, elle vous a soutenus; elle vous a défendus contre les ennemis qui voulaient vous perdre : *Si ambulavero in medio umbræ mortis, non timebo mala, quoniam tu mecum es.* Jusqu'au dernier moment de votre vie elle vous fera éprouver ses bontés paternelles : *Et misericordia tua subsequetur omnibus diebus vitæ meæ.* (*Psal.* XXII, 2, 4, 6.) Mais il me semble entendre ici la voix de la nature, qui voudrait une Providence toujours favorable à ses desseins, et qui se plaint des maux dont elle afflige les hommes. Il semble, dit-elle, qu'on ne devrait éprouver que des douceurs sous la conduite d'une Providence aussi aimable que vous nous la représentez. D'où vient donc qu'elle nous fait sentir des rigueurs?

Comment concilier, avec les soins de la Providence pour les hommes, tant de disgrâces qui les affligent, tant de maladies qui les accablent, tant de créatures qui leur sont nuisibles, tant d'événements contraires à leurs désirs? D'où vient aussi que les uns sont plus misérables que les autres? d'où vient même, comme le demandait autrefois le saint homme Job, que les justes qui devraient, ce semble, avoir plus de part aux faveurs de la Providence, sont dans la tribulation, tandis que les impies prospèrent et sont dans la joie? D'où vient, dites-vous, ce mélange de biens et de maux dont la Providence permet que la vie des hommes soit remplie? pourquoi détrempe-t-elle ses douceurs par les rigueurs des afflictions qu'elle nous envoie? A cela, mes frères, je n'aurais qu'une réponse à faire : l'homme a péché; cela suffit pour justifier la conduite de la Providence dans les maux dont elle l'afflige; en quelque état d'affliction qu'il lui plaise nous réduire, il n'est pe sonne qui ne doive convenir qu'il l'a mérité : *Merito hæc patimur.* (*Gen.*, XLII, 21.) Mais j'ai quelque chose de plus consolant à vous dire : la providence de Dieu frappe les hommes, ceux mêmes qui sont les plus justes, du marteau de la tribulation. Ah! chrétiens, c'est en cela même que nous devons reconnaître sa sagesse et sa bonté, surtout à l'égard des justes. Si la vie des hommes n'était pas traversée par quelque adversité, ils ne regarderaient plus le monde comme un lieu d'exil, ils y attacheraient leurs cœurs, et oublieraient entièrement leur fin dernière; ils ne penseraient pas à une autre félicité que celle d'ici-bas : c'est pourquoi Dieu répand sur la prospérité dont ils jouissent de salutaires amertumes qui les détachent de la vie : il se sert de l'adversité pour attirer à lui les pécheurs, et pour éprouver la vertu des justes : *Disponit omnia suaviter.* (*Sap.*, VIII, 1.) Si les justes sont dans l'affliction, tandis que les pécheurs sont dans la prospérité et dans la joie, voilà justement ce qui prouve une Providence qui réserve à la vertu une autre récompense que celle d'ici-bas. Voilà, justes, ce qui doit vous consoler dans vos souffrances, ce qui doit vous faire reconnaître une Providence pleine de bonté, qui veut vous conduire par une voie sûre au port du salut. Quel motif pressant de nous soumettre aux ordres de cette divine Providence! Voyons quels sont nos devoirs à son égard.

DEUXIÈME POINT.

Nous pouvons considérer la providence de Dieu par rapport aux biens que nous en recevons, et que nous en pouvons recevoir, ou par rapport aux maux dont elle nous afflige. Nous lui devons notre reconnaissance pour les biens qu'elle nous fait, une entière confiance pour ceux qu'elle peut nous faire. Nous devons aussi nous soumettre à ses ordres pour recevoir avec résignation les maux dont elle nous afflige. Tels sont nos devoirs à l'égard de la divine Providence.

La reconnaissance est un devoir que la nature inspire aux nations les plus barbares, aux animaux même, quoique dépourvus de raison. L'amour que nous avons pour nous-mêmes nous fait aimer ceux qui nous font du bien; et l'espérance d'en recevoir encore nous engage à leur marquer notre reconnaissance. Nous avons tous reçu de Dieu, nous sommes redevables à sa divine providence de tous les biens que nous possédons. Nous éprouvons à chaque instant ses bontés ses soins, sa vigilance : quoi de plus juste que de lui marquer une reconnaissance universelle, une reconnaissance continuelle! Reconnaissance universelle qui s'étende à tous ces biens que nous recevons; reconnaissance continuelle qui ne soit jamais interrompue, mais qui dure jusqu'au dernier soupir de notre vie.

En effet, la reconnaissance doit être proportionnée aux bienfaits. Nous devons à la providence de Dieu, notre vie, notre conservation, notre santé, nos talents, nos forces, tous les biens du corps et de l'âme que nous possédons. Rappelons, dans nos esprits, tous les heureux moments où nous avons éprouvé sa tendresse paternelle. A la vue de tant de bienfaits ne devons-nous pas être pénétrés des mêmes sentiments que le Roi-Prophète, lorsqu'il disait : *Mon âme, bénis le Seigneur ton Dieu, et que tout ce qui est en moi glorifie son saint nom;* ne perds jamais de vue les faveurs immenses dont il t'a comblée : *Benedic, anima mea, Domino, et omnia quæ intra me sunt nomini sancto ejus.* (*Psal.* CII, 1, 2.)

Telle doit être, mes frères, la digne occupation d'une âme reconnaissante. Comme les rivières, dit saint Bernard, retournent à la source d'où elles viennent, ainsi la reconnaissance renvoie les biens à Dieu qui en est l'auteur; et, par un admirable flux et reflux, elle fait couler sur nous de nouveaux torrents de faveurs; au lieu que l'ingratitude en arrête le cours et en tarit la source.

Mais qu'il s'en faut bien que les hommes, comblés des biens de la Providence, lui payent le tribut de la juste reconnaissance qu'ils lui doivent; ils s'adressent à Dieu dans leurs besoins, dans les calamités qui les affligent; ils forment des vœux pour le rétablissement de leur santé, pour obtenir des saisons favorables aux biens de la terre: Dieu se rend-il propice à leurs désirs? ingrats qu'ils sont, ils ne pensent pas à l'en remercier; ils reçoivent les biens de Dieu comme s'ils leur étaient dus; attribuent à leur industrie le succès de leurs affaires; à la vertu des remèdes le rétablissement de leur santé; l'abondance des biens à leurs travaux, et ils oublient celui qui en est l'auteur. Qui sont ceux d'entre-vous, je vous le demande, qui aient pensé à rendre grâces à Dieu, quand ils sont sortis de cette mauvaise affaire qu'on leur avait suscitée, quand ils ont recouvré la santé, quand la terre a été féconde à leur égard? vous ne pensez, au contraire, pour la plupart, qu'à recueillir avec avidité les dons du Seigneur; toujours courbés vers la terre, vous n'élevez jamais les yeux au ciel, d'où vous viennent tous les secours et tous les biens que vous possédez. Que dis-je? ne faites-vous pas même des bienfaits du Seigneur la matière de votre ingratitude? Ne vous en servez-vous pas pour contenter vos passions criminelles? c'est-à-dire, que vous tournez les biens de Dieu contre lui-même. Méritez-vous, après cela, qu'il vous en fasse? ou plutôt ne méritez-vous pas qu'il détourne ses regards favorables, et qu'au lieu de vous faire éprouver les douceurs de sa providence, il vous en fasse sentir les rigueurs? S'il le fait, prenez vous-en à vous-mêmes, et ne vous plaignez pas de la sévérité avec laquelle il vous traitera : ce sont vos désordres qui causent vos malheurs. Vous voulez que ceux à qui vous faites du bien aient pour vous de la reconnaissance, n'est-il pas juste que vous en ayez à l'égard de Dieu? et si, au lieu de cette reconnaissance que vous lui devez, vous ne payez ses bienfaits que d'ingratitude, devez-vous être surpris qu'au lieu de cette tendresse paternelle dont il vous a donné tant de preuves, il lance sur vous les traits de sa colère? Soyez donc plus sensibles pour vos intérêts, en vous ménageant, par votre reconnaissance, les intentions favorables d'un Dieu prêt à vous faire du bien; mais que cette reconnaissance se manifeste surtout par le bon usage que vous ferez des dons de Dieu, vous servant de vos biens pour soulager les pauvres, de votre santé, de vos talents pour glorifier celui qui vous les a donnés. Que votre reconnaissance soit non-seulement universelle, mais continuelle pour rendre grâces au Seigneur en tout temps, en tout lieu, disant, comme le Roi-Prophète : *Je vous bénirai, Seigneur, en toute occasion : vos louanges seront toujours en ma bouche*, la nuit comme le jour, à la campagne, à la maison, comme dans votre saint temple; je ne cesserai, pendant toute ma vie d'annoncer vos bontés pour moi : *Benedicam Dominum in omni tempore.* (*Psal.* XXXIII, 2.) Oh! que vous seriez heureux, mes frères, si vous étiez toujours remplis de ces sentiments, et si, à la reconnaissance que vous devez à Dieu pour les biens que vous en avez reçus, vous joigniez une entière confiance pour ceux dont vous avez encore besoin!

Pourriez-vous ne pas mettre une entière confiance en l'aimable providence de notre Dieu, si vous considériez en elle un père qui vous aime tendrement, une mère qui vous porte dans son sein? Ce sont les comparaisons dont Dieu lui-même se sert pour exciter votre confiance. *Une mère*, dit-il, *peut-elle oublier son enfant? et quand elle l'oublierait, pour moi, je ne vous oublierai jamais.* (*Isa.*, XLIX, 15.) Quoi de plus capable de bannir ces inquiétudes où se livrent la plupart des hommes pour les besoins de la vie, qui sont toujours en peine de ce qu'ils deviendront dans la suite, qui vivent dans une appréhension continuelle de manquer des choses nécessaires à leur entretien et à celui de leur famille? Hommes de peu de foi, puis-je leur dire ici après Jésus-Christ, pensez-vous à l'injure que vous faites à la divine Providence par une défiance aussi coupable? Car cette défiance ne peut venir que parce que vous croyez ou que Dieu ne connaît pas vos besoins, ou qu'il ne veut pas, ou ne peut pas vous donner les secours qui vous sont nécessaires : or, croire que Dieu ne connaît pas nos besoins, qu'il ne veut pas, ou ne peut les soulager, c'est faire outrage à sa sagesse qui connaît tout, à sa bonté qui vous aime, à sa puissance qui peut tout. Si vous aviez affaire aux dieux des nations païennes qui ont des oreilles et qui n'entendent pas, des mains et qui n'agissent pas, vous auriez sujet de n'en rien attendre ; mais servant un Dieu qui connaît tout, qui vous aime et qui peut tout ce qu'il veut, pourriez-vous manquer de confiance en sa bonté et en son pouvoir? Abandonnez-vous donc sans réserve à sa divine providence, et vous éprouverez que ce n'est pas en vain que l'on met sa confiance en elle : *Jacta super Dominum curam tuam, et ipse te enutriet.* (*Psal.* LIV, 23.) Voyez les peuples de notre Evangile, avec quelle confiance ils suivent Jésus-Christ; quoique pressés par la faim, ils ne lui demandent pas même de leur fournir de quoi subsister, parce qu'ils savent bien qu'ils ont affaire à un Dieu dont la bonté égale sa puissance; ils espèrent qu'il ne les renverra pas sans leur donner quelque nourriture; aussi éprouveront-ils le merveilleux effet de leur confiance en sa bonté. Ayez, mes frères, les mêmes sentiments à l'égard de la providence de Dieu, et vous ne manquerez pas d'en ressentir les effets. Si jusqu'ici vous avez souffert de pressants besoins, croyez que vous avez manqué de confiance.

Mais, direz-vous, je me suis abandonné à la providence de Dieu, cependant je languis toujours dans la misère, tandis que j'en vois d'autres à qui tout réussit, à qui la Providence semble prodiguer ses faveurs. A cela, mes frères, voici ce que j'ai à répondre : Vous n'avez pas ressenti, dites-vous, les effets de cette vive confiance que vous avez mise en Dieu; il faut donc, ou que votre confiance n'ait pas été ferme et entière, ou qu'elle ne soit pas soutenue de cette sainteté de vie qui attire aux justes les attentions favorables de la Providence, ou enfin que les choses que vous avez demandées ne vous soient pas nécessaires, ou soient même préjudiciables à votre salut. Si votre confiance n'a pas été ferme et entière, si vous n'avez eu recours à Dieu qu'après avoir éprouvé la faiblesse des secours humains, faut-il s'étonner que Dieu vous ait rejetés et qu'il vous ait renvoyés aux dieux étrangers sur qui vous vous êtes appuyés? *Dii in quibus habebat fiduciam..... Surgant et opitulentur vobis.* (*Deut.*, XXXII, 37, 38.) Il faut aussi que votre confiance n'ait pas été soutenue par une vie sainte qui seule mérite les faveurs de la Providence; car, *on n'a jamais vu*, dit le Prophète, *le juste abandonné de Dieu, ni ses enfants chercher du pain : « Non vidi justum derelictum, nec semen ejus quærens panem.* » (*Psal.* XXXVI, 25.) Quelque justes que vous croyez être, pouvez-vous assurer que vous n'ayez pas irrité la colère de Dieu, par quelque faute qui doit être expiée par le feu de la tribulation? Si enfin votre confiance n'est pas récompensée d'une prospérité temporelle conforme à vos désirs, croyez, mes frères, qu'elle ne vous est pas nécessaire, qu'elle serait même funeste à votre salut. Dieu sait mieux que vous ce qu'il vous faut; laissez agir sa Providence, et rien de ce qui vous sera nécessaire ne vous manquera : *Dominus regit me, et nihil mihi deerit.* (*Psal.* XXII, 1.) Autrement il faudrait dire que Dieu manquerait à sa parole ce qui ne sera jamais; mais souvenez-vous aussi d'agir de votre côté pour coopérer aux soins de sa providence, car elle ne prétend point favoriser une confiance oisive, qui ne mettrait point la main à l'œuvre pour seconder ses desseins. Dieu veut que nous nous appuyons sur lui pour ce qui ne dépend pas de nous; mais il veut aussi que nous agissions selon notre pouvoir; il veut que notre confiance bannisse toute sollicitude sur les besoins de la vie; mais il ne blâme pas, il exige même de notre part un soin raisonnable, un travail modéré, pour le succès des affaires temporelles; et c'est peut-être par trop de sollicitude, ou par votre négligence que vous avez arrêté le cours de ses faveurs.

Mais enfin, mes frères, je veux qu'à une entière confiance en la providence de Dieu, soutenue par la sainteté de la vie, vous joigniez de votre côté les soins et le travail que la prudence chrétienne demande de vous, et que cependant vos soins ne soient pas satisfaits; que vous gémissiez, au contraire, sous le poids des afflictions qui vous accablent. Que devez-vous faire? Votre devoir est de vous soumettre aux ordres de la divine Providence. Je ne vous rappellerai pas les motifs de cette soumission que je vous ai proposée dans la première réflexion, lorsque je vous ai dit que le Seigneur dispense, comme il lui plaît, les biens et les maux de la vie; que ce n'est que pour notre bien qu'il nous afflige, et qu'il sait faire tourner à notre avantage les afflictions qu'il nous envoie. Le meilleur parti est donc de vous soumettre et d'adorer la main qui vous frappe; car que gagneriez-vous de vous livrer à l'impatience et aux murmures? vous ne feriez que vous rendre plus coupables et plus malheureux. Quoi que vous puissiez faire, vous n'empêcherez pas le Seigneur de faire ce qu'il lui plaît. Vous ne pouvez, dit Jésus-Christ (*Matth.*, VI, 27), par tous vos efforts, ajouter une coudée, pas même un pouce à votre taille; en vain donc vous tourmenteriez-vous pour sortir de l'état où vous êtes, et vous élever à un état plus distingué: sa providence qui vous a placés dans cet état, veut que vous y restiez; il élève et il abaisse; il mortifie et vivifie ceux qu'il lui plaît : *Dominus mortificat et vivificat, pauperem facit et ditat.* (I *Reg.*, II, 6.) Il est maître, ce n'est pas à nous à lui demander compte de sa conduite: s'il veut que vous soyez dans l'indigence et l'humiliation, soyez contents de votre sort. Dieu qui veut votre salut et qui sait que vous vous perdriez dans un autre état, ne veut pas vous y élever. S'il était nécessaire pour être sauvé d'avoir du bien, de la santé, Dieu ne manquerait pas de vous les donner: puisqu'il ne vous les donne pas, vous devez donc croire qu'il vous en prive pour votre bonheur : lorsqu'il vous afflige par la maladie, par des revers de fortune, par les misères des temps que vous souffrez, vous ne connaissez pas alors pourquoi Dieu vous traite avec sévérité, vous le connaîtrez au jugement de Dieu, vous le connaîtrez dans l'éternité bienheureuse où vous recevrez la récompense de vos travaux : *Scies autem postea.* (*Joan.*, XVI, 7.) Soumettez-vous donc encore une fois aux dispositions de la divine Providence, recevez de sa main, à l'exemple du saint homme Job, les maux également comme les biens : *Si bona suscepimus de manu Domini, mala quare non suscipimus?* (*Job*, II, 10.) Dans l'adversité comme dans la prospérité, bénissez sans cesse le saint nom du Seigneur, à l'exemple du Roi-Prophète : *Benedicam in omni tempore.* (*Psal.* XXXIII, 2.) Vous trouverez dans cette soumission la paix de l'âme et un gage assuré du bonheur éternel. Amen.

PRONE XLIX.

II° Pour le sixième Dimanche après la Pentecôte.

SUR L'AUMONE.

Misereor super turbam. (*Marc.*, VIII, 2 seqq.)
J'ai pitié de cette multitude de peuple.

La vue des misérables inspira toujours des sentiments de compassion à un cœur rempli de miséricorde. Jésus-Christ, le plus miséricordieux des hommes, nous le manifeste d'une manière bien sensible dans l'Evangile de ce jour. Suivi d'une multitude de peuples que la faim pressait, et qui n'avalent pas de quoi manger, il sent ses entrailles émues de compassion : *J'ai pitié de ces peuples*, dit-il à ses apôtres, *car il y a déjà trois jours qu'ils ne me quittent point, et ils n'ont rien à manger : si je les renvoie, sans pourvoir à leurs besoins, les forces leur manqueront en chemin, et ils tomberont en défaillance.* « *Si dimisero eos jejunos, deficient in via.* » Cette compassion de Jésus-Christ pour ce peuple ne fut point une compassion stérile, telle qu'elle se trouve dans un grand nombre de riches du siècle, qui sont tous les jours témoins des misères des pauvres, qui en sont même touchés, mais qui ne leur donnent aucun secours. La compassion de Jésus-Christ fut une compassion efficace, puisqu'elle opéra en faveur de ces peuples un miracle qui pourvut abondamment à leurs besoins. Il demanda à ses apôtres s'il n'y avait rien à manger; et comme on lui présenta quelques pains et quelques poissons, qui ne pouvaient suffire pour une si grande multitude, il les bénit; et les multiplia en une si grande quantité entre les mains de ses apôtres, qu'ils eurent non-seulement de quoi nourrir tout le peuple, mais encore des restes de quoi remplir sept corbeilles. Quelle leçon Jésus-Christ veut-il nous faire, mes frères, dans ce miracle de la multiplication des pains, pour soulager ces peuples qui le suivaient? Il prétend par là nous inspirer des sentiments de compassion pour les misères de notre prochain, et nous engager à lui donner tous les secours qui dépendent de nous : il multiplie entre nos mains les biens qu'il nous a donnés, comme il multiplia les pains entre les mains de ses apôtres, pour en faire part à nos frères indigents; mais hélas! mes frères, qu'il s'en faut bien que l'on suive la leçon que Jésus-Christ nous fait aujourd'hui! On ne voit dans la plupart des gens du siècle, qu'indifférence, que dureté pour les misérables. C'est de ces misérables que je viens aujourd'hui plaider la cause auprès de vous. Heureux, si je puis toucher vos cœurs à l'égard des membres souffrants de Jésus-Christ! Je viens donc vous dire que c'est pour vous une obligation indispensable de soulager les pauvres par vos aumônes, et en même temps vous représenter les grands avantages qui sont attachés à cet acte de charité. En deux mots, faire l'aumône aux pauvres, c'est votre devoir; premier point. C'est votre intérêt; second point. Et comme ce serait peu de vous proposer les motifs qui doivent vous engager à faire l'aumône, si je ne vous en enseignais la pratique; j'ajouterai une troisième réflexion, où je dirai en peu de mots la manière de faire l'aumône. Ce sujet est intéressant pour les riches et pour les pauvres; rendez-vous-y attentifs (1).

PREMIER POINT.

C'est une erreur assez commune parmi les gens du siècle, de regarder l'aumône comme une œuvre de surérogation que l'on peut omettre sans scrupule. Cette erreur vient de l'attache criminelle que l'on a pour les biens de la terre, et de l'amour désordonné de tout ce qui peut flatter la nature; car c'est le propre de la passion d'aveugler; de là vient qu'on se croit aisément dispensé de faire l'aumône, parce que l'on ne veut pas se dessaisir de ce que l'on possède, et que l'on craint de manquer de ce qui peut contenter les sens. Il s'agit donc de détromper sur ce point quantité de riches du siècle, qui regardent d'un œil indifférent les misères des pauvres, sans leur donner du secours, parce qu'ils ne s'y croient pas obligés. Il faut, dis-je, les détromper, en leur faisant voir l'obligation indispensable où ils sont de faire l'aumône. Cette obligation est fondée sur le commandement que Dieu nous en fait, et sur les liaisons que les pauvres ont avec nous. Dieu commande l'aumône; les pauvres qui sont nos frères ont droit à nos largesses : deux raisons qui nous obligent à les soulager dans leurs misères.

Dieu commande aux riches de faire l'aumône, et il le leur commande sous peine d'encourir sa disgrâce; nous n'avons qu'à ouvrir les livres saints pour vous convaincre de cette vérité. *Je vous commande d'ouvrir votre main à l'indigent*, dit le Seigneur dans le *Deutéronome* (XV, 11) : *Præcipio tibi ut manum tuam aperias egeno.* Faites bien attention à ces paroles, *præcipio tibi* : il ne dit pas, je vous conseille, je vous invite; mais je vous ordonne, je veux que vous ouvriez votre main à l'indigent : *Præcipio tibi*, etc.

Et certes, mes frères, Dieu n'avait-il pas droit de faire à l'homme ce commandement? N'était-il pas même de sa sagesse de le faire, pour justifier sa providence sur l'inégalité des conditions qui sont dans le monde? 1° Dieu avait droit de faire aux hommes ce commandement de l'aumône : car n'est-ce pas lui qui est le Maître de tous les biens qui sont dans l'univers? *Domini est terra et plenitudo ejus.* (*Psal.* XXIII, 1.) Il pouvait donc en disposer à sa volonté : il pouvait donc en donner aux uns plus qu'aux autres, avec cette réserve que ceux qui auraient plus donneraient à ceux qui n'auraient rien. Si Dieu est maître de tous les biens que les hommes possèdent, les hommes n'en sont donc que les économes et les dispensateurs, ils ne les tiennent qu'à la charge de lui faire hommage, et de lui en payer le tribut. Or, ce n'est pas pour lui que Dieu exige ce tribut des biens qu'il a donnés aux hommes; souverainement heureux par lui-même, il n'a pas besoin de nos biens : *Bonorum meorum non eges.* (*Psal.* XV, 2.) C'est donc aux pauvres qui tiennent sa place, que les riches doivent payer le

(1) Le premier point peut suffire pour un Prône; on traitera les deux autres, le huitième Dimanche après la Pentecôte.

tribut des biens qu'ils ont reçus de Dieu, pour lui marquer par là leur dépendance. Refuser à Dieu cet hommage dans la personne des pauvres, c'est se révolter contre l'autorité et le souverain domaine de Dieu : car pourquoi, mes frères, les uns sont-ils mieux pourvus des biens de la fortune que les autres? Pourquoi les uns sont-ils dans l'abondance, les autres dans la misère? Est-ce parce que les uns ont plus de mérite que les autres? est-ce parce que Dieu a voulu de son propre choix rendre heureux les uns, et les autres misérables? Non, mes frères, cette inégalité ne vient point du mérite ni du démérite des hommes. Hélas! souvent ceux qui sont réduits à l'indigence, accablés de misères, sont plus agréables à Dieu par l'innocence de leurs mœurs, que ceux qui sont dans l'opulence.

Ne pensons pas non plus que Dieu ait voulu sans raison rendre les uns heureux, et abandonner les autres à un triste sort, sans leur préparer aucun secours contre la misère qui les accable. Ce serait supposer dans Dieu une espèce de dureté bien contraire à la tendresse qu'un père aussi bon que lui a pour ses enfants.

Il faut donc dire qu'il a préparé dans l'abondance des riches une ressource à la disette des pauvres; qu'il a établi les riches comme les économes de sa providence, pour fournir aux besoins de ces pauvres, sans quoi sa providence aurait manqué aux pauvres : ce qu'on ne peut penser sans lui faire injure.

Ne pensez donc pas, riches du siècle, que de ces biens que Dieu vous a donnés, vous puissiez en disposer selon votre humeur et votre caprice. Ne croyez pas qu'il vous soit permis de thésauriser, d'amasser de l'argent, pour y attacher votre cœur, ou pour l'employer en de folles dépenses, à entretenir votre luxe, votre vanité, à contenter votre sensualité. Non, non, détrompez-vous; si Dieu vous a donné du bien plus qu'aux pauvres, il veut que vous vous en serviez; mais il se réserve le surplus pour les pauvres; il veut que votre abondance supplée à leur disette; il se repose sur vous pour leur subsistance, et vous charge d'en prendre soin, de les soulager : *Tibi derelictus est pauper.* Il veut que vous nourrissiez ce pauvre dans sa faim, que vous le revêtiez, quand il manque d'habit, que vous le garantissiez des rigueurs des saisons : *Tibi derelictus est pauper.* Il veut que vous essuyiez les larmes de cette mère affligée, qui n'a pas de quoi nourrir et habiller ses enfants, que vous preniez soin de ces orphelins qui ont perdu leur père et mère, et qui n'ont d'autre ressource que dans votre charité : *Orphano tu eris adjutor.* C'est pour cette fin que la divine Providence rend vos moissons fertiles, qu'elle bénit vos travaux, qu'elle donne d heureux succès à vos entreprises : si vous employiez vos biens à d'autres usages que ceux pour lesquels Dieu vous les a donnés, vous mériteriez qu'il vous les ôtât, et qu'il vous punît sévèrement, comme vous feriez vous-mêmes à un économe infidèle qui disposerait de vos biens contre votre volonté, qui les dissiperait en dépenses criminelles.

Car vous ne pouvez, mes frères, refuser l'aumône aux pauvres, sans encourir la disgrâce de Dieu, et sans vous rendre coupables d'un péché grief, parce que vous transgressez un commandement que Dieu vous a fait, et dont la transgression ne va à rien moins qu'à vous priver de la vie éternelle.

Je n'ai, pour vous en convaincre, qu'à vous citer l'arrêt de condamnation que Dieu prononcera au jour du jugement contre les réprouvés. *Retirez-vous de moi,* leur dira-t-il, *allez au feu éternel : « Discedite a me, maledicti, in ignem æternum. »* Et pourquoi? parce que j'ai eu faim, et que vous ne m'avez point donné à manger : *Esurivi, et non mihi dedistis manducare.* (*Ibid.*) J'ai eu soif, et vous ne m'avez pas donné à boire : *Non dedistis mihi bibere.* J'ai été accablé d'infirmités et de maladies, souffrant dans les prisons, et vous n'avez pas daigné jeter les yeux sur ma misère : *Infirmus et in carcere, et non visitastisme.* J'ai souffert des besoins extrêmes, dénué de tout, en proie à la rigueur des saisons, et vous ne m'avez donné aucun soulagement pour m'en garantir, tandis que vous aviez toutes vos aises et vos commodités : *Nudus, et non cooperuistis me.*

Mais Seigneur, quand est-ce, diront les réprouvés, que nous vous avons refusé tous ces secours? Toutes les fois, répondra Jésus-Christ, toutes les fois que vous les avez refusés aux plus petits des miens, qui étaient les pauvres : *Quandiu non fecistis uni ex fratribus meis minimis, mihi non fecistis.* (*Matth.*, XXV, 41-45.)

N'entendez-vous pas déjà par avance, riches du siècle, l'arrêt de votre condamnation? pour peu qu'il vous reste de foi, ne devez-vous pas trembler sur votre dureté pour les pauvres, puisque le seul refus de l'aumône, quand vous auriez pratiqué toutes les autres vertus, sera pour vous un sujet de réprobation? Pouvez-vous à présent regarder l'aumône comme un simple conseil qui ne vous oblige point, puisque Dieu, qui est infiniment bon et juste, ne peut pas condamner aux flammes éternelles des âmes rachetées de son sang, pour n'avoir pas grièvement péché? or, Dieu réprouvera ceux qui n'auront pas fait l'aumône; il semble même que ce soit là un des chefs qui méritera plus singulièrement que tout autre, la rigueur de son jugement. Convenez donc que l'aumône est pour vous d'une obligation indispensable, parce que Dieu vous le commande : cette obligation est encore appuyée sur les liaisons que les pauvres ont avec vous. Oui, chrétiens, ces pauvres qui vous paraissent si méprisables, et dont la seule vue révolte votre délicatesse, sont vos frères en Jésus-Christ. Quand vous n'écouteriez que les sentiments de l'humanité, vous devriez compatir à leurs peines, puisqu'en qualité d'hommes ils sont vos semblables; mais ce qui doit encore plus vous toucher, c'est la ressemblance qu'ils ont avec vous en qualité de chrétiens. Comme tels, ils ont été rachetés au même prix que vous, c'est-à-dire au prix du sang d'un Dieu; ils ont été régénérés par le même baptême que vous, ils sont enfants de la même Eglise, héritiers du même héritage, qui est le ciel, et peut-être plus dignes que vous de le posséder. Vous devez donc les regarder comme d'autres vous-mêmes, leur faire tout le bien que vous seriez bien aises que l'on fît à vous-mêmes, si vous étiez dans leur situation : or, si vous étiez réduits à l'indigence, si vous manquiez de pain, d'habillements, ne seriez-vous pas bien aises que quelqu'âme charitable pourvût à vos besoins? si vous étiez réduits dans un lit, malades, dénués de tout secours, ne voudriez-vous pas qu'on vous allât visiter, et qu'une main charitable adoucît vos douleurs par quelque soulagement? Faites-en de même à l'égard de ces pauvres, qui sont vos frères; car si vous ne le faites pas, vous n'êtes pas un frère chrétien, vous êtes un fratricide, dit saint Ambroise : *Non pavisti, occidisti.*

Mais, ô dureté de notre siècle! On voit les pauvres languir dans la misère, exténués par la faim, manquant d'habillements, exposés aux rigueurs des saisons, accablés d'infirmités; on entend leurs tristes accents, on voit couler leurs larmes, et on n'a pour eux que des cœurs de marbre, des entrailles de fer. Ces infortunés Lazares sont à la porte des mauvais riches, tout couverts de plaies, épuisés de forces, et on leur refuse impitoyablement les secours qu'ils demandent : on ne leur donne pas même les miettes qui tombent de la table de ces mauvais riches, tandis que de vils animaux sont nourris et traités avec délicatesse, sont soignés dans leurs maladies. Non-seulement on ne donne aux pauvres aucun secours, mais on les traite avec de fiers dédains, on les renvoie avec des airs rebutants, on les accable d'injures, et quelquefois de mauvais traitements.

Combien même y en a-t-il qui portent encore plus loin leur dureté pour les pauvres? ce sont ces riches ambitieux qui les oppriment, et cherchent, par une criminelle industrie, à s'emparer de leurs biens, qui les accablent de pesants fardeaux, tandis qu'ils les frustrent d'ailleurs des avantages et des secours auxquels ils doivent participer, comme membres d'une même société. C'est ce que nous voyons avec douleur dans les villes et les campagnes, où les forts accablent les faibles, où, dans le partage que l'on fait de certains biens communs, on donne tout aux riches, et rien aux pauvres, à qui on ne laisse que des travaux et la misère pour leur portion.

Est-ce là, mes frères, je vous le demande, suivre les sentiments que la religion, de concert avec la nature, nous inspire? n'est-ce pas, au contraire, étouffer ceux que la seule nature fait naître dans vos cœurs? Faut-il que les peuples barbares fassent sur ce point la leçon aux chrétiens? Ces peuples, quoique privés des lumières de la foi, ont de la compassion pour les pauvres; la seule humanité leur inspire ces sentiments pour leurs semblables; et les chrétiens, qui font profession d'une religion qui n'inspire que charité, sont insensibles aux maux de leurs frères, et les verraient volontiers expirer à leurs pieds, sans leur donner le moindre soulagement.

Heureux temps de la primitive Eglise, qu'êtes-vous devenus? que ne revenez-vous encore pour renouveler la face du christianisme? Les premiers chrétiens, qui ne faisaient qu'un cœur et qu'une âme, possédaient tous leurs biens en commun, en sorte qu'il n'y avait parmi eux ni riches, ni pauvres; ou plutôt, ils étaient tous également riches, également pauvres. Ils étaient également pauvres, parce qu'ils étaient détachés des biens du monde; également riches, parce qu'ils avaient tous le nécessaire, et n'avaient pas plus que le nécessaire; mais, parmi les chrétiens de nos jours, que voit-on? du côté des riches, excès d'abondance; du côté des pauvres, excès de misère. Les tables des riches sont couvertes de mets délicieux et en tout genre; et à peine les pauvres ont-ils du pain pour soutenir leur vie languissante. Les riches sont logés superbement, meublés magnifiquement, et les pauvres n'ont pas de retraites pour se mettre à couvert des injures des saisons. Les riches ont des habits précieux pour toutes les saisons de l'année; et à peine les pauvres ont-ils de quoi se couvrir pour se garantir de la nudité; à peine peuvent-ils, avec de pauvres haillons, se garantir de la rigueur du froid. Les riches font de folles dépenses pour se donner toutes leurs aises et leurs commodités, par mille superfluités dont ils pourraient se passer, et les pauvres n'ont pas seulement le nécessaire. Est-ce que nous avons changé de religion, mes frères? hélas! le christianisme est toujours le même; mais quelle différence entre les chrétiens de nos jours et ceux de l'Eglise naissante!

Or, savez-vous, riches du siècle, de quel crime vous vous rendez coupables, en refusant votre superflu aux pauvres? Non-seulement vous péchez contre la charité, mais encore contre la justice : c'est après saint Ambroise que je vous le dis; car ce pain, cette bonne chère que vous avez de trop, est le pain de l'indigent : *Panis esurientis.* Ces habits dont vous pouvez vous passer, sont les vêtements des pauvres : *Nudi tunica.* Ces meubles précieux et superflus appartiennent aux pauvres. C'est donc une rapine que vous leur faites, de ne pas en employer le prix à les soulager : *Furtum est, rapina est.* Je vais plus loin, c'est à Jésus-Christ même que vous faites cette injustice, puisque les pauvres, en qualité de chrétiens, sont ses membres, sont ses frères, comme il le dit dans la réponse justificative de l'arrêt qu'il prononce contre les riches réprouvés : *Quandiu non fecistis ex fratribus meis minimis, nec mihi fecistis.*

Ah! mes frères, si tout ce que j'ai dit jusqu'ici en faveur des pauvres n'a pu encore émouvoir votre charité; si ces pauvres, ou par leurs dehors rebutants, ou par leurs manières grossières, si vous voulez même, par leurs vices et leurs défauts, ont révolté votre délicatesse, ont excité votre indignation, élevez-vous au-dessus des sentiments de la nature, et contemplez en eux, par les yeux de la foi, un Dieu pauvre, un Dieu souffrant dans ses membres, qui vous demande du secours. Quelque méprisables que paraissent ces pauvres, ils sont dignes de vos respects, puisqu'ils sont les membres de Jésus-Christ votre Sauveur, votre bienfaiteur, votre Père, votre Dieu. Ces corps tremblants, exténués par la faim, ces visages pâles et livides, sont les membres d'un Dieu qui sollicite pour eux votre compassion, et si au malheur de la condition des pauvres, vous ajoutez une insultante dureté, c'est sur Jésus-Christ même que retombent ces indignes traitements, c'est lui que vous méprisez, que vous outragez. Ah! pour peu qu'il vous reste de foi, pouvez-vous encore regarder avec indifférence les misères des pauvres, et ne pas les soulager? Si Jésus-Christ était encore sur la terre, vivant pauvre, comme il a déjà vécu, et qu'il vous demandât de le nourrir dans sa faim, de le recevoir dans vos maisons, ne vous feriez-vous pas un honneur et un devoir de lui offrir tous vos biens? Faites donc pour les pauvres quelque chose de ce que vous feriez pour lui, puisqu'il tient fait à lui-même le bien que l'on fait à ces pauvres, qui, en qualité de chrétiens, sont ses membres et ses frères, et qui sont aussi les vôtres. *Quandiu non fecistis uni*, etc.

Pratiques. — Quand des pauvres vous demandent l'aumône, écoutez la voix de Jésus-Christ qui s'adresse à vous par leurs organes. Respectez Jésus-Christ dans ces pauvres; ne leur parlez jamais avec mépris, mais toujours avec bonté : donnez-leur à manger et à boire, lorsqu'ils en ont besoin; revêtez-les d'habillements; recevez-les dans vos maisons, visitez-les dans leurs maladies; soulagez-les par la nourriture et les remèdes que vous leur procurerez; rendez aux pauvres les services qui dépendent de vous. Telles sont les œuvres de miséricorde que vous devez pratiquer à leur égard. Si vous n'êtes pas touchés des intérêts des pauvres, et de ceux de Jésus-Christ, peut-être le serez-vous plus des vôtres; et pourriez-vous faire attention aux avantages ineffables de l'aumône, sans vous sentir portés à répandre dans le sein de l'indigence le superflu de vos biens? Oui, mes frères, vous serez charitables, en toute circonstance, à l'égard de tous les pauvres, si vous pensez que l'aumône la plus légère sera récompensée dans le temps et dans l'éternité. Ainsi soit-il.

PRONE L.

Pour le septième Dimanche après la Pentecôte.

SUR LES BONNES OEUVRES.

Omnis arbor quæ non facit fructum bonum, excidetur et in ignem mittetur. (*Matth.*, VII, 19.)

Tout arbre qui ne porte pas de bons fruits, sera coupé et jeté au feu.

Quel est, mes frères, cet arbre infortuné que Jésus-Christ menace, dans sa colère, de faire couper et jeter dans le feu, pour n'avoir pas porté de bons fruits? Vous me prévenez sans doute dans la réponse que je dois vous faire; et pour peu que vous ayez pénétré le sens mystérieux des paroles de Jésus-Christ, vous comprenez aisément que cet arbre infructueux est le chrétien stérile en bonnes œuvres. L'homme chrétien, en effet, est comme un arbre que Dieu a planté dans son champ, en le faisant naître dans le sein de la véritable religion; Dieu a cultivé cet arbre par ses soins, afin de le rendre fertile; il a donc sujet d'en attendre du fruit, et c'est avec justice que, s'il n'en produit pas, il le condamne à être jeté au feu : *Excidetur*. Il faut donc produire des fruits de bonnes œuvres, et c'est à cette règle que Jésus-Christ veut que nous reconnaissions les bons chrétiens. Donnez-vous garde des faux prophètes, nous dit-il dans l'Evangile, ils viennent à vous sous la peau de brebis, et au dedans ils sont des loups ravissants; vous les connaîtrez par leurs fruits: *A fructibus eorum cognoscetis eos.* Un bon arbre ne peut produire de mauvais fruits, ni un mauvais arbre de bons fruits; et tout arbre qui n'en portera pas de bons, sera coupé et jeté au feu : *Omnis arbor*, etc. Or, il y a trois sortes d'arbres stériles qui ne portent pas de bons fruits, dit saint Bernard; les uns qui n'en portent point du tout: *Sunt qui fructum non faciunt;* les autres qui en portent, mais qui ne leur conviennent pas : *Qui fructum faciunt, sed non suum;* d'autres enfin, qui portent de bons fruits qui leur sont propres, mais qui ne les produisent pas dans le temps : *Sunt qui faciunt fructum suum, sed non suo tempore.* Ainsi, il y a des chrétiens qui ne font point du tout de bonnes œuvres; d'autres qui en font, mais qui ne leur sont pas propres; d'autres enfin, qui font de bonnes œuvres qui leur conviennent, mais qui ne les font pas dans le temps et de la manière que Dieu le veut. Il faut, mes frères, pour éviter le sort des arbres stériles qui seront mis au feu, produire des fruits de bonnes œuvres, en produire qui vous soient propres, et les produire dans le temps, de la manière que Dieu le demande, comme dit le Roi-Prophète, lorsqu'en parlant de l'homme qui s'attache à la loi de Dieu, il le compare à un arbre qui, planté le long des eaux, produit des fruits en son temps : *Fructum dabit in tempore suo.* (*Psal.* I, 3.) C'est à quoi, mes frères, je viens vous exhorter, en vous faisant voir la nécessité des bonnes œuvres; ce sera mon premier point. Quelles sont les bonnes œuvres que Dieu demande de vous; second point.

PREMIER POINT.

C'est une erreur assez commune parmi les chrétiens, de croire que pour être sauvé, il suffit de ne point faire de mal, et que les bonnes œuvres ne sont d'obligation que pour les personnes engagées dans un état de perfection. Mais ce n'est pas ainsi, mes frères, que Dieu l'entend. Il ne veut pas seulement que nous évitions le mal, il veut encore que nous pratiquions le bien; c'est à tous les hommes indifféremment que ce commandement s'adresse; fuyez le mal et faites le bien : *Declina a malo, et fac bonum.* (*Psal.* XXXVI, 27.) S'il y a des chrétiens damnés pour avoir fait le mal qui leur était défendu, il n'y en aura pas moins, et peut-être beaucoup plus, pour n'avoir pas fait le bien qui leur était commandé. Pour nous convaincre encore plus de cette vérité, ouvrons les livres saints; nous y apprendrons que sans les bonnes œuvres on ne peut être sauvé; que les bonnes œuvres, au contraire, sont le seul titre qui assure notre prédestination.

Sans quitter notre Evangile, reprenons le texte sacré que je vous ai déjà cité, pour lui donner plus d'explication. *Tout arbre*, dit Jésus-Christ, *qui ne portera pas de bons fruits, sera coupé et jeté au feu :* « *Omnis arbor.* » etc., c'est-à-dire, tout homme, tout chrétien qui néglige les bonnes œuvres; qui ne fait pas le bien que Dieu lui commande, qui est stérile en vertus, sera condamné aux flammes éternelles de l'enfer : *Omnis arbor*, etc. En faut-il davantage pour prouver la nécessité des bonnes œuvres? Il ne suffit pas, pour qu'un arbre soit bon, qu'il jette beaucoup de branches, qu'il produise des feuilles et même des fleurs; il doit encore produire des fruits; de même un chrétien ne doit pas se contenter des apparences de vertus, semblables aux feuilles que le moindre vent emporte, qui peuvent bien en imposer aux hommes et non pas à Dieu; il ne doit pas non plus se borner à de simples désirs qui tuent le paresseux, comme dit l'Ecriture (*Prov.*, XXI, 25); ni de belles paroles qui sont sans effets, comme les fleurs qui ne sont suivies d'aucuns fruits; mais il doit être fertile en bonnes œuvres; autrement il sera coupé, comme un arbre infructueux, et jeté dans les feux éternels : *Excidetur*, etc. Il n'y a point de milieu à chercher, reprend là-dessus saint Augustin; il faut que le bois de la vigne produise du raisin, ou qu'il soit mis au feu : *Aut vitis, aut ignis.* Pour qu'il ne soit pas dans le feu, il doit donner du fruit : *Ut ergo non sit in igne, sit in vite.* (S. Aug.)

De quoi en effet vous servira-t-il, mes frères, d'avoir formé de beaux projets de conversion, d'avoir conçu de bon desseins, d'avoir résolu cette restitution du bien d'autrui, cette réconciliation avec votre ennemi, d'avoir souvent promis de vous acquitter des devoirs de chrétien, et de ceux de votre état, si vos résolutions n'ont aucun effet, si vous ne mettez la main à l'œuvre. Seriez-vous bien reçus au tribunal de Jésus-Christ en ne lui présentant que des désirs et des paroles? Non, sans doute, mes frères; ce sont des vertus qu'il faudra lui présenter; vous serez condamnés avec vos désirs et vos paroles. Si l'enfer était ouvert à vos yeux, vous y verriez une infinité de gens qui ont formé, comme vous, de beaux projets, et peut-être encore de plus beaux que vous; mais pour ne les avoir pas effectués, les voilà condamnés comme des arbres stériles, à brûler dans un feu qui ne les consumera jamais. O arbres infortunés, tristes victimes des vengeances éternelles! fallait-il donc jeter de si profondes racines dans la terre, pousser vers le ciel une si grande quantité de branches, donner par vos feuilles et vos fleurs de si belles espérances, pour avoir le triste sort d'être jetés au feu? Le père de famille n'avait rien oublié pour vous rendre fertiles, il vous a plantés dans un bon fonds, en vous faisant naître dans le sein de l'Eglise : il vous avait cultivés par ses soins, échauffés par les rayons de son soleil; il vous avait arrosés par les pluies célestes de sa grâce; il avait retranché une partie de vos branches par les afflictions dont il s'était servi pour vous purifier, et vous faire porter de dignes fruits de pénitence; mais vous n'avez pas répondu à ses soins : vous avez rendu inutiles tous les secours qu'il vous a donnés, vous avez langui dans une vie lâche et stérile en bonnes œuvres; vous voilà pour toujours retranchés de la terre des vivants, condamnés à brûler éternellement dans une région de morts : *Excidetur, et in ignem mittetur.*

Ne déploré-je pas ici par avance, mes frères, le sort funeste d'un grand nombre de ceux qui m'écoutent, qui se rassurent beaucoup sur ce qu'ils ne font pas de mal, qu'ils ne sont pas sujets à des vices grossiers, qu'ils ne font tort à personne, qu'ils sont même modérés dans leurs passions; mais qui omettent le bien, ne pratiquent point de vertus, et qui négligent les bonnes œuvres? Arbres stériles et infructueux, qui occupez inutilement la terre, ne craignez-vous pas les menaces que le saint Précurseur du Messie faisait autrefois à ceux qui vivaient comme vous, quand il leur annonçait que la cognée était déjà à la racine, et que dans peu ils allaient être coupés et jetés dans le feu? Plût à Dieu, mes frères, que cette menace fît sur vous les mêmes impressions qu'elle fit sur ceux à qui saint Jean-Baptiste l'adressait! *Que ferons-nous*, disaient-ils, *pour éviter le malheur qui est prêt à fondre sur nous? Faites de dignes fruits de pénitence*, répond l'homme de Dieu; *que celui qui a deux habits en donne un à celui qui n'en a point, et que celui qui a de quoi manger en use de même* (*Luc.*, III, 10-11): voilà ce que je vous dirais. Pratiquez ces œuvres de miséricorde, et les autres vertus que votre état vous permet, et auxquelles il vous engage, c'est le seul moyen de parer aux coups dont vous êtes menacés.

Ne vous flattez point d'être les enfants d'Abraham, disait saint Jean-Baptiste aux peuples qui l'écoutaient (*Matth.*, III, 9); ne vous rassurez point, vous dirais-je aussi, sur l'auguste qualité de chrétien que vous avez reçue au baptême, sur la foi dont vous faites profession ; sachez que cette foi, ce caractère de chrétien ne vous serviront de rien sans les bonnes œuvres; que la foi sera pour vous, au contraire, un sujet de réprobation, si elle n'est animée par les autres vertus qui doivent l'accompagner.

La foi est un talent que Dieu nous a donné; il faut donc faire valoir ce talent dans les vues de Dieu, sinon vous résoudre à subir le même sort que ce serviteur de l'Evangile qui n'avait pas fait profiter le talent que son maître lui avait confié. Comment fut-il traité? Vous le savez, et vous l'avez souvent entendu dire : son maître lui fit ôter son talent; il ordonna que ce serviteur paresseux fût enfermé dans une étroite prison, qu'il fût jeté dans les ténèbres, où il y avait des pleurs et des grincements de dents : *Inutilem servum ejicite in tenebras exteriores, illic erit fletus et stridor dentium.* (*Matth.*, XXV, 30.) Qu'avait donc fait ce serviteur pour être traité si rigoureusement? Avait-il volé le bien de son maître? ne l'avait il pas, au contraire, défendu contre les injustes usurpateurs? s'était-il servi de son talent pour contenter ses passions criminelles, pour en faire la matière de ses débauches? Non, chrétiens, il n'en avait point abusé : au contraire, il l'avait caché, enfoui dans la terre, de crainte qu'on ne le lui enlevât : c'est sur quoi il prétendit s'excuser : je savais, dit-il à son maître, quelle est votre exactitude à demander compte des choses que vous confiez à vos serviteurs ; c'est pourquoi j'ai eu la précaution de cacher mon talent dans la terre, afin de le retrouver, quand vous me le redemanderiez. Mais son excuse ne fut point reçue ; le motif sur lequel il prétendit se justifier, fut justement, dit saint Jérôme, ce qui le fit condamner Puisque vous saviez, repartit le maître, que je moissonne où je n'ai pas semé, vous deviez donc faire profiter mon talent, afin qu'à mon retour, j'en pusse tirer quelque avantage : c'est pourquoi je vous ôte mon talent, et je vous condamne au châtiment que vous avez mérité.

Appliquez-vous vous-mêmes, mes frères, cette parabole : vous n'êtes pas sujets à de grands crimes, dites-vous; vous ne faites point de mal, vous n'êtes ni jureurs, ni calomniateurs, ni impudiques, ni ivrognes, ni injustes usurpateurs du bien d'autrui. Je le veux; vous ne serez pas condamnés pour ces crimes, mais vous le serez pour n'avoir pas fait le bien que Dieu demandait de vous dans l'état où il vous a placés; vous le serez pour n'avoir pas fait valoir le talent de la foi, pour ne l'avoir pas rendu par les bonnes œuvres méritoire de la vie éternelle; vous le serez pour avoir laissé languir cette foi dans une vie molle et paresseuse.

Quand vous auriez de la foi jusqu'à pouvoir transporter les montagnes, jusqu'à faire les plus grands prodiges, cette foi, ces prodiges ne vous serviront de rien sans les bonnes œuvres. Vous aurez le même sort au jugement de Dieu, que ceux dont parle Jésus-Christ, qui lui diront, pour avoir part à ses récompenses, qu'ils ont prophétisé en son nom, qu'ils ont chassé les démons, qu'ils ont fait de grands miracles, et qui ne seront cependant pas reconnus pour ses véritables serviteurs, parce qu'ils n'auront pas fait la volonté de Dieu, et qu'ils n'auront point de bonnes œuvres à lui présenter Le souverain Juge vous dira, comme à ces ouvriers stériles, qu'il ne vous connaît point : *Nunquam novi vos.* Il prononcera contre vous un arrêt de malédiction, qui vous séparera pour jamais de sa divine face : *Discedite a me, omnes qui operamini iniquitatem.* Car il ne suffit pas, dit Jésus-Christ, pour entrer dans le royaume des cieux, de dire : Seigneur, Seigneur, mais il faut pour cela faire la volonté du Père céleste, par la pratique des bonnes œuvres : *Qui facit voluntatem Patris mei, ipse intrabit in regnum cœlorum.* (*Matth.*, VII, 21-23)

Aussi devons-nous remarquer, mes frères, que l'omission des bonnes œuvres sera le motif particulier sur lequel portera la condamnation que Jésus-Christ prononcera contre les réprouvés. Retirez-vous de moi, leur dira-t-il, parce que j'ai eu faim et soif dans la personne des pauvres, et vous ne m'avez pas donné à boire et à manger ; j'ai été malade et prisonnier, et vous ne m'avez pas visité ; c'est comme s'il leur disait, remarque saint Augustin : Non, non, ce n'est pas pour le sujet que vous croyez, que je vous condamne; ce n'est pas seulement pour avoir commis des crimes; car si vous aviez fait de bonnes œuvres qui les eussent effacés, si vous aviez racheté vos péchés par des aumônes, je ne vous condamnerais pas; mais parce que vous avez négligé les bonnes œuvres, que vous n'avez pas fait le bien que je demandais de vous, je vous réprouve, et je vous condamne aux flammes éternelles. Vierges insensées, vous n'entrerez point dans la salle du festin, non pas seulement pour avoir perdu votre virginité, mais parce que vos lampes ne sont point remplies de l'huile de vos bonnes œuvres, vous serez exclues du festin éternel des élus : *Nescio vos : « Je ne vous connais point. »* Les bonnes œuvres sont donc le seul titre qui peut nous assurer l'entrée dans l'héritage du Seigneur ; c'est ce que nous pouvons encore remarquer dans la sentence que Jésus-Christ prononcera en faveur des élus. *Venez,* leur dira-t-il, *les bénis de mon Père, posséder le royaume que je vous ai préparé ; j'ai eu faim et soif, et vous m'avez donné à manger et à boire ; j'ai été nu et vous m'avez revêtu ; prisonnier et malade, et vous m'avez visité* (*Ibid.*, 34, 35) ; voilà ce qui fait votre mérite devant moi. Ce n'est pas pour avoir eu des richesses sur la terre, pour y avoir possédé d'honorables emplois, que je vous donne place dans mon royaume, mais parce que vous avez fait un saint usage des richesses en soulageant les pauvres, parce que vous vous êtes servis de votre autorité pour me faire honorer, respecter, c'est pour cela que je vous donne mes récompenses. Ce n'est pas à cause de la science, de la réputation, de la gloire que vous vous êtes acquise sur la terre, ni à cause des grandes conquêtes que vous y avez faites; mais c'est pour vous être humiliés dans les honneurs qui vous environnaient, pour vous être mortifiés au milieu des plaisirs, ou pour avoir souffert avec patience les revers de la fortune, les maladies, les afflictions; en un mot, pour avoir rempli vos devoirs de chrétien, pour avoir gardé mes commandements; c'est pour cela que je vous mets en possession de mon héritage, que je vous donne entrée dans la joie de votre Seigneur : *Quia super pauca fuisti fidelis, intra in gaudium Domini tui.* (*Ibid.*, 21.) Vous voyez donc, mes frères, qu'il n'y a que les bonnes œuvres qui vous mériteront un accès favorable au tribunal de Jésus-Christ; car il n'en est pas de votre Dieu comme des grands de la terre, auprès de qui la qualité, l'argent, le crédit, ont plus d'accès que le mérite. Dieu, qui ne fait acception de personne, n'aura égard qu'à la vertu. *Il rendra à chacun selon ses œuvres*, dit saint Paul. (*Rom.*, II, 6.) Le dernier des hommes, enrichi du mérite des bonnes œuvres, sera infiniment plus grand devant Dieu, que tous les monarques, que tous les potentats du monde qui seront dépourvus de ces mérites.

Tels sont, mes frères, les véritables richesses, les seuls trésors que vous devez vous empresser d'amasser; ce sont les seuls biens que vous emporterez avec vous après votre vie : la mort, l'implacable mort qui n'épargne personne, qui fait tomber sous ses coups les grands comme les petits, vous enlèvera les biens que vous possédez, les maisons que vous occupez, pour les faire passer à d'autres; mais elle ne peut enlever le mérite de nos bonnes œuvres; ce trésor est inaccessible aux vers, à la rouille; et aux traits de la mort : il suivra votre âme au tribunal de Jésus-Christ, c'est le seul bien qui vous restera.

O enfants des hommes! qui vous donnez tant de mouvement pour amasser des richesses que vous n'emporterez pas avec vous, quel est votre aveuglement de ne pas faire provision de celles qui vous suivront dans l'éternité? Car, comme dit l'Apôtre, vous ne moissonnerez que ce que vous aurez semé : *Quæ seminaverit homo, hæc et metet.* (*Galat.*, VI, 8.)

Efforcez-vous donc de rendre votre vocation certaine par les bonnes œuvres; elles vous sont nécessaires en quelque état que vous soyez; justes, ou pécheurs, cette obligation vous regarde tous; si vous êtes pécheurs, vous devez faire de bonnes œuvres, pour attirer sur vous des grâces de conversion, qui effacent vos péchés et vous réconcilient avec Dieu. Frappez à la porte de la miséricorde du Seigneur par de continuelles prières, et il vous l'ouvrira; rachetez vos péchés par vos aumônes, et ils vous seront pardonnés; mortifiez-vous par des œuvres de pénitence, et vous rentrerez dans des droits que le péché vous a ravis. Faites servir, comme dit l'Apôtre, à la justice et à la sainteté, ces membres qui ont servi à l'iniquité. Ces mains chargées d'injustice, ouvrez-les pour faire les restitutions auxquelles vous êtes obligés, et pour répandre vos libéralités dans le sein des pauvres. Servez-vous de ces pieds qui vous conduisaient dans des lieux de débauches, pour visiter Jésus-Christ dans son saint temple, et dans ses membres souffrants, qui sont les malades : *Sicut exhibuistis membra vestra servire injustitiæ et iniquitati, ita nunc exhibete membra servire justitiæ.* (*Rom.*, VI, 19.) Justes, vous devez aussi pratiquer les bonnes œuvres, pour persévérer dans la grâce de Dieu; car, dès que vous cesserez de faire le bien, vous commettrez le mal, n'y ayant point de milieu entre une vie criminelle et une vie destituée de bonnes œuvres Comment, en effet, résisterez-vous, sans la pratique des bonnes œuvres, aux tentations de vos ennemis? Comment dompterez-vous vos passions, sans les actes des vertus qui leur sont contraires? Comment combattrez-vous l'orgueil sans l'humilité, l'avarice sans la libéralité, la colère sans la douceur, l'amour des plaisirs sans la mortification des sens? Il faut donc faire le bien pour éviter le mal : *Declina a malo et fac bonum.* (*Psal.* XXXVI, 27.) Mais quelles sont les bonnes œuvres que chacun doit faire? second point.

DEUXIÈME POINT.

C'est par la qualité des fruits, que l'on connaît celle de l'arbre : *Un bon arbre*, dit Jésus-Christ, *ne peut produire de mauvais fruits, et un mauvais arbre n'en peut produire de bons : on ne cueille point des raisins sur les épines, ni des figues sur les chardons.* Un bon arbre doit donc porter le fruit qui lui est propre, c'est-à-dire qu'un chrétien doit faire les actions qui lui conviennent, et que Dieu demande de lui, et les faire de la manière qu'il le veut. Ce n'est pas assez d'agir, ni même de beaucoup agir; la perfection chrétienne ne consiste pas non plus à faire de grandes choses, mais à faire les actions propres de son état, à les faire avec une droite intention de plaire à Dieu. Telles sont les conditions nécessaires pour rendre nos œuvres dignes de la gloire éternelle.

Premièrement, il faut faire les actions propres de son état, c'est-à-dire celles qui dépendent de nous, et auxquelles nous sommes obligés. Non, mes frères, Dieu ne demande pas de nous des choses impossibles, et au delà de nos forces; il veut que nous soyons saints, et nous pouvons le devenir. Or, si la sainteté consistait à faire des choses qui ne dépendent pas de nous, à faire des actions extraordinaires, nous ne pourrions pas y parvenir, puisque chacun ne trouve pas l'occasion, ou n'a pas les talents et les forces nécessaires pour ces grandes actions. Il n'est pas donné à tous d'avoir des extases, des ravissements dans l'oraison; il ne convient pas à tous de faire les fonctions d'apôtre, d'annoncer l'Evangile aux nations de la terre; chacun n'a pas la force de souffrir ce que les martyrs ont souffert, et Dieu ne le demande pas de nous; il n'exige pas que, comme les solitaires, nous abandonnions tous nos biens pour nous enfoncer dans de profondes solitudes, et nous livrer à toutes les rigueurs des pénitences qu'ils ont faites. Ce que Dieu demande donc de vous, mes frères, c'est que vous remplissiez les devoirs de votre état, que vous fassiez les actions qui vous conviennent, conformément aux talents et aux grâces qu'il vous donne. Vous n'avez pas, par exemple, l'esprit assez élevé et pénétrant pour vous entretenir avec Dieu dans la contemplation; vous n'en avez pas même le temps; les affaires qui vous occupent, et les soins que vous devez à votre famille ne vous en laissent pas la liberté; vos occupations ne vous permettent pas de passer une partie de la journée à l'église, comme tant d'autres; mais quelque occupation que vous ayez, ne pouvez-vous, et ne devez-vous pas même donner quelque temps à la prière, comme le matin et le soir, temps auxquels vous ne devez jamais l'omettre? Qui vous empêche aussi pendant votre travail, d élever quelquefois votre cœur à Dieu? Il n'est pas besoin pour cela d'avoir de la science, de la pénétration d'esprit, il suffit de vous rappeler quelquefois sa sainte présence pour l'adorer, le remercier, l'aimer, lui offrir vos actions, les peines attachées à votre état. Qui vous empêche encore dans les jours où vous êtes moins occupés, de faire quelques lectures de piété dans un bon livre, de rendre quelques visites à Jésus-Christ dans son saint temple, puisque vous trouvez bien le temps d'en rendre aux personnes que vous aimez, et à qui vous voulez demander quelque grâce?

Vous n'êtes pas assez pourvus des biens de la fortune pour faire d'abondantes largesses aux pauvres, les riches y sont obligés; mais si vous n'avez pas de bien, n'avez-vous pas d'autres occasions d'exercer la charité à l'égard du prochain, rendant quelques services à ceux qui ont besoin de vous, en consolant les affligés, en visitant les malades, les prisonniers, ou vous servant de quelque autre moyen qu'une charité industrieuse sait bien trouver.

Vous n'êtes pas d'un tempérament assez fort pour vous mortifier par des jeûnes continuels et rigoureux; mais ne pouvez-vous pas du moins, et ne devez-vous pas observer ceux que l'Eglise vous commande? Ne pouvez-vous pas, par un esprit de pénitence, retrancher en d'autres temps quelque chose de vos repas; ce que vous faites bien souvent pour la santé, ou même pour éviter la dépense?

Vous ne pouvez pas, comme les apôtres, ou comme les ministres de l'Evangile, annoncer la parole de Dieu aux peuples; mais que d'occasions n'avez-vous pas d'exercer le zèle dans l'intérieur de votre famille, en instruisant, corrigeant vos domestiques, en apprenant aux ignorants les vérités du salut, en remettant, par un bon avis, dans le droit chemin, un pécheur qui s'en écarte.

En un mot, vous n'avez qu'à remplir les devoirs de votre état, faire le bien qui se présente, selon les différentes occasions et circonstances que la providence de Dieu ménage à vos connaissances, à vos talents, à votre condition; et voilà les fruits des bonnes œuvres que vous pourrez présenter au père de famille, pour être placés dans son grenier. Une ample moisson vous est ouverte, vous n'avez qu'à recueillir pour vous enrichir. Ne vous plaignez donc pas que le salut vous soit impossible, ni même difficile. *Le royaume de Dieu est au dedans de vous*, dit Jésus-Christ. (*Luc.*, XVII, 21) Faites ce qui dépend de vous, et ce que Dieu demande, et vous serez ce bon arbre qui porte de bons fruits.

Je dis, mes frères, ce que Dieu demande de vous; faites-y bien attention, pour ne pas vous laisser séduire par une fausse dévotion, qui se fatigue sans fruit, qui fait beaucoup de choses sans mérite, parce qu'elle ne fait pas la volonté de Dieu. Il faut donc vous attacher aux œuvres de précepte, préférablement à celles qui ne sont que de conseil. Vous êtes portés d'inclination à faire des aumônes aux pauvres; mais de quoi vous serviront ces aumônes, quand vous avez des dettes à payer, et que vous faites souffrir vos créanciers par vos délais? Vous visitez les églises, et vous y passez un certain temps à répandre votre cœur devant le Seigneur : je loue votre piété, si elle ne vous détourne pas de vos autres devoirs; mais si votre présence est nécessaire dans votre famille, pour veiller sur vos enfants, sur vos domestiques qui vivent dans le désordre, par votre défaut de vigilance, votre piété n'est plus de saison. Les fruits de vertu que Dieu demande de vous, sont les soins que vous devez prendre du salut de ceux qui dépendent de vous. Vous aimez la lecture des bons livres, vous y employez un certain temps : occupation bien louable, mais elle ne doit pas vous dérober le temps que vous devez à l'exercice d'un emploi, aux affaires dont vous êtes chargés. Vous avez du zèle pour réformer les défauts d'autrui, mais il faut commencer par vous-mêmes. Vous suivez scrupuleusement certaines pratiques de piété que vous vous êtes prescrites; vous récitez des prières de confréries, auxquelles vous êtes agrégés; mais vous négligez vos devoirs essentiels à l'égard de Dieu et du prochain : ainsi tout le bien que vous faites ne vous sert de rien; il faut avant toutes choses faire ce qui est d'obligation. Tels sont les fruits que vous devez porter pour être un bon arbre, un bon chrétien : *Fructum suum dabit*. Ce n'est pas encore assez de faire les bonnes œuvres auxquelles on est obligé; il faut les faire avec une droite intention de plaire à Dieu.

En effet, mes frères, l'intention est par

rapport à nos actions ce que l'œil est au corps, la racine à l'arbre, le soleil à l'univers: comme le corps est dans les ténèbres, s'il n'y a point d'yeux, l'arbre est stérile sans la racine; l'univers, sans le soleil, n'est qu'un chaos ténébreux; une action, quelque bonne qu'elle soit d'ailleurs par son objet, si elle n'est animée d'une droite intention de plaire à Dieu, est une action ténébreuse, inutile à celui qui la fait. Ce que Jésus-Christ a voulu nous faire entendre, quand il nous dit : *Si votre œil est simple, tout votre corps sera lumineux; mais si l œil est gâté, tout le corps sera dans les ténèbres: « Si oculus tuus fuerit simplex, totum corpus tuum lucidum erit; si autem oculus tuus fuerit nequam, totum corpus tenebrosum erit.* (*Matth.*, VI, 22.) Or, cet œil simple ou ténébreux qui donne de la lumière ou de l'obscurité au corps de nos actions, est, selon saint Augustin et saint Grégoire, la bonne ou mauvaise intention qui les accompagne. Si l'intention est bonne et pure dans son motif, l'action le sera de même; mais si l'intention est vicieuse, elle communiquera son défaut à l'action. Cette droite intention est, pour ainsi dire, le fondement et l'âme de la vie spirituelle; elle distingue les enfants de Dieu de ceux qui ne le sont pas. Avec elle, les actions les plus communes, les plus abjectes, sont des actions grandes devant Dieu; sans elle, les actions les plus extraordinaires n'ont aucun mérite, et ne servent de rien. Donnez tous vos biens aux pauvres, faites les actions les plus glorieuses devant les hommes; si vous n'êtes pas animés d'une droite intention, vous n'avez rien fait; vous n'aurez pas plus de récompense que les pharisiens qui jeûnaient, qui faisaient des aumônes et de longues prières; mais parce qu'ils faisaient leurs œuvres pour s'attirer l'estime des hommes, que dit Jésus-Christ en parlant d'eux : *Ils ont reçu leur récompense: « Receperunt mercedem suam. »* (*Ibid.*, 5.) On en dira de même de vous, mes frères; quelques bonnes œuvres que vous pratiquiez, si vous vous proposez d'autre fin que de plaire à Dieu, vous aurez toute la peine de la vertu, vous n'en aurez point la récompense.

Aussi, un des plus dangereux artifices dont le démon se sert pour détourner les hommes de la voie du salut, n'est pas de les empêcher de faire de bonnes actions, mais de les rendre autant qu'il peut défectueuses, en y glissant quelque motif capable de les vicier, comme le respect humain, l'intérêt, la vaine gloire; où Satan, transformé en ange de lumière, nous engage souvent à la pratique de certaines bonnes œuvres, qui, étant plus capables de nous attirer l'estime du monde, sont plus sujettes à perdre leur mérite devant Dieu. C'est à quoi, mes frères, il faut donner toute notre attention, quand il se présente une bonne œuvre à faire. Il faut avoir soin de bien rectifier votre intention par le motif de plaire à Dieu, qui vous fasse rejeter tout motif humain, qui ne se glisse que trop souvent dans les meilleures actions. Hélas! combien d'actions inutiles pour le ciel, combien de vertus sans mérite, parce que Dieu n'y voit pas cette droite intention de lui plaire! On fait des prières, des aumônes, mais on est bien aise que les hommes les connaissent, pour en avoir l'approbation. On ne cherche pas Dieu dans la plupart des meilleures actions; vous verrez des personnes chastes et modestes dans leur extérieur, mais si vous pénétriez le motif qui les anime, vous verriez que c'est l'honneur du monde, que c'est la crainte d'être blâmés pour les actions qu'il ne convient pas de faire; vous verrez des ennemis se réconcilier; mais dans quelle vue le font-ils? par certaines considérations pour des personnes qui les en ont priés, ou par crainte des suites fâcheuses qu'entraînent après soi l'inimitié et la vengeance. Combien de chrétiens sont parés des beaux dehors de la vertu, mais qui au dedans sont, comme dit Jésus-Christ (*Matth.*, VII, 15), remplis de l'infection du vice; qui, sous la peau de brebis, cachent la fureur des loups ravissants? Oh! que l'on est bien souvent trompé par les apparences! qu'il s'en faut bien que certains hommes soient tels au dedans qu'ils paraissent au dehors! C'est la bonne intention qui leur manque: or, dès que l'intérieur n'est pas réglé selon Dieu, tout ce que l'on fait à l'extérieur ne sert de rien; les meilleures actions, sans la droite intention, ressemblent à des fruits qui ont une belle peau et qui sont gâtés à l'intérieur.

Au contraire, mes frères, quand l'intérieur est bien réglé, quand on ne cherche qu'à plaire à Dieu, tout ce que l'on fait lui devient agréable, et nous sert pour le salut. Ne fût-ce qu'un verre d'eau donné au nom de Jésus-Christ, il aura sa récompense. La veuve de l'Evangile, qui ne mit que deux deniers dans le tronc, fut louée par Jésus-Christ, comme ayant plus donné que les Pharisiens, qui avaient mis de grosses sommes, parce que son intention était meilleure. Dieu n'a pas tant d'égard aux dons qu'on lui fait, qu'à l'affection qui les accompagne.

Bien plus, mes frères, les actions même les plus indifférentes, comme le boire, le manger, et autres semblables, deviennent des actions méritoires pour le ciel, dès qu'on les fait pour Dieu. Oh! l'excellent moyen que vous avez de vous enrichir, d'amasser des trésors pour le ciel! Une droite intention de plaire à Dieu dans toutes vos actions, voilà cette pierre précieuse de l'Evangile qui convertit en or tout ce qu'elle touche, qui rendra vos actions dignes d'une couronne éternelle; puisque, sans changer d'état, sans faire autre chose que ce que vous faites, sans augmenter votre peine et votre travail, vous n'avez qu'à changer d'objet, et faire pour Dieu ce que vous faites pour le monde, pour lors vous amassez des richesses immenses pour l'éternité. C'est ainsi qu'un grand nombre de saints ont gagné le ciel dans le même état que vous. Faites comme eux vos actions ordinaires en vue de plaire à Dieu, cherchez en tout sa gloire et vous aurez tout fait pour acquérir la sainteté.

Pratiques. — Voyez donc, mes frères, ce que vous pouvez faire de bien dans votre état, les bonnes œuvres qui dépendent de vous, pour les mettre en pratique dans la vue de glorifier Dieu. Rapportez tout à sa gloire, ou à quelque motif qui lui agrée : dès que ce motif sera bon, ce sera pour la gloire de Dieu que vous agirez. Bannissez de toutes vos œuvres, de vos pratiques de piété, l'humeur, la routine, la coutume, le respect humain. Priez dans votre solitude, pour que Dieu seul soit témoin de votre prière : quand vous donnez l'aumône, fuyez la vue des hommes, que votre main gauche même ignore ce que fait votre main droite. Il est cependant certaines occasions où vous devez faire publiquement des actions de vertu, pour édifier ceux qui vous connaissent, qui seraient scandalisés s'ils ne vous les voyaient pas faire. Car Jésus-Christ veut que la lumière de nos bonnes œuvres brille aux yeux des hommes, afin que le Père céleste en soit glorifié; mais c'est toujours à la gloire de Dieu que tout doit se rapporter : *Sic luceat lux vestra coram hominibus, ut videant opera vestra bona, et glorificent Patrem vestrum qui in cœlis est.* (*Matth.*, III, 16.) Mais à quoi connaîtrez-vous que vous êtes animés d'une droite intention? Ce sera quand vous ferez les bonnes œuvres qui ne seront pas de votre goût, comme celles qui seront plus conformes à vos inclinations; celles qui vous attireront moins de gloire, comme celles qui vous mériteront les applaudissements des hommes. Pour bien faire encore vos actions, faites-les chacune comme si vous n'aviez que celle-là à faire, sans vous occuper de ce que vous avez à faire dans un autre temps, bien moins encore de ce que vous feriez dans un autre état. où vous croyez que vous feriez mieux votre salut : Dieu ne vous demande que les œuvres de l'état où vous êtes, et c'est une tentation dangereuse pour le salut, de penser à faire autre chose que ce qu'on est obligé de faire, parce que cette pensée détourne de bien faire ce que l'on doit dans son état. Faites aussi chacune de vos actions comme si c'était la dernière de votre vie, comme si vous alliez être jugé après l'avoir faite : quand vous priez, quand vous vous approchez des sacrements de pénitence, d'Eucharistie, demandez-vous à vous-même : Comment prierais-je, me confesserais-je, communierais-je, si je n'avais plus que cette fois à prier, à me confesser, à communier? Ah ! que vos actions seraient parfaites, si vous les faisiez toujours dans cette disposition. Enfin, pour rendre vos œuvres méritoires pour le ciel, mettez-vous en état de grâce, parce que tout ce que l'on fait dans cet état est digne d'une couronne éternelle, au lieu que les actions faites en état de péché, quoique bonnes, louables et salutaires, ne seront point récompensées dans le ciel. Il faut cependant toujours en faire de bonnes en quelque état que l'on soit, parce que, comme je l'ai déjà dit, ces bonnes œuvres attirent aux pécheurs des grâces de conversion, et aux justes celles de la persévérance.

Ne vous contentez donc pas, mes frères, de fuir le mal que Dieu vous défend : faites encore le bien qu'il vous commande; amassez, autant que vous pourrez, des trésors de bonnes œuvres sur la terre ; c'est le seul bien que vous emporterez avec vous dans l'éternité bienheureuse. Amen.

Si l'on trouve le premier point assez long pour un Prône, on pourra faire un autre Prône du second point, en prenant pour texte et pour exorde ce qui suit :

A fructibus eorum cognoscetis eos, (*Matth.*, VII, 20.)
Vous les connaîtrez par leurs fruits.

Quoique le cœur de l'homme soit impénétrable, et qu'il n'appartienne qu'à Dieu seul d'en connaître les replis les plus cachés, nous pouvons cependant, selon la règle que Jésus-Christ nous en a donnée, juger de la bonne ou mauvaise qualité de ce fonds, par les fruits qu'il produit. De même que l'on connaît un arbre par la qualité de son fruit, que l'on juge de l'habileté d'un ouvrier par son ouvrage; ainsi l'on peut juger du bon ou mauvais caractère d'un chrétien par les actions qui le manifestent.

Vous êtes un homme exact à remplir les devoirs de votre état, fidèle à rendre à Dieu le culte et l'hommage qu'il demande de vous, vous vous acquittez à l'égard du prochain des obligations que la justice et la charité vous imposent; vous êtes un homme sobre, chaste, modéré, régulier dans toute votre conduite; on peut dire que vous êtes un bon arbre, parce que vous produisez de bons fruits ; mais vous êtes un homme sans religion, un jureur, un blasphémateur, un injuste usurpateur du bien d'autrui, un intempérant, un débauché ; vous vous échappez en discours impies contre la religion, en paroles obscènes ; vous scandalisez votre prochain par une vie licencieuse, par une conduite irrégulière : Ah ! l'on peut dire que vous êtes un mauvais arbre qui méritez d'être coupé et jeté dans le feu : *Excidetur, et in ignem mittetur.* Vous avez beau vous flatter du nom et du caractère de chrétien que vous portez; ce n'est pas le nom, ce n'est pas le caractère qui vous sauveront; ce seront les œuvres qui doivent répondre au nom et à l'auguste caractère dont vous êtes revêtus. C'est à cette marque que Jésus-Christ vous reconnaîtra pour son disciple; c'est à cette condition qu'il vous donnera une place dans son royaume. Ce n'est donc pas assez d'être chrétien, ce n'est pas même assez de fuir le mal pour être sauvé, il faut encore faire le bien, il faut faire de bonnes œuvres. Mais quelles bonnes œuvres faut-il faire? C'est sur quoi je dois vous entretenir.

—

PRONE LI.

Pour le huitième Dimanche après la Pentecôte.

SUR L'ABUS DES GRACES (1).

Redde rationem villicationis tuæ. (*Luc.*, XVI, 2 seqq.)

Rendez-moi compte de votre administration.

Dans quel embarras, mes frères, ne doit pas se trouver un homme qui ayant un grand compte à rendre, n'a pas de quoi payer, et se trouve obligé par sa mauvaise conduite de quitter un poste qui lui était avantageux, sans avoir d'ailleurs aucune ressource dans son travail, n'osant même demander l'aumône, pour avoir de quoi vivre? C'est sous cette parabole que Jésus-Christ nous représente, dans l'Evangile de ce jour, l'état d'une âme qui n'aura pas fait valoir les talents que Dieu lui a confiés, qui aura abusé des biens et des grâces qu'il lui a donnés.

Nous sommes tous les économes de Dieu, le souverain Maître des créatures; nous avons reçu de lui des biens dans l'ordre de la nature, et dans celui de la grâce. Richesses, santé, facultés de l'âme et du corps, voilà les biens naturels qu'il nous a confiés, et qu'il veut que nous fassions valoir pour sa gloire et notre salut. Si nous les avons employés à d'autres usages, il nous en fera rendre un compte terrible : *Redde rationem.*

Mais le plus grand compte que nous ayons à rendre, mes frères, sera celui des biens surnaturels, des biens de la grâce, qui nous sont donnés pour mériter ceux de la gloire : biens qui surpassent infiniment tous les autres; dont le mauvais usage rendra notre compte bien plus terrible. Si nous n'avons pas fait valoir ces biens, si nous avons abusé de ces grâces, Dieu nous dira, comme on dit à cet économe de l'Evangile : *Redde rationem* : rendez-moi compte de votre administration; on nous l'ôtera, cette administration, et nous nous trouverons dans le même embarras, et encore plus grand que l'économe de l'Evangile; outre que nous ne pourrons plus travailler pour notre salut, au moment de la mort, qui sera le temps où nous rendrons compte; nous ne trouverons point d'amis, comme cet homme, qui nous servent de ressource dans notre malheur; nous serons condamnés avec la dernière rigueur, à cause de l'abus que nous aurons fait des grâces de Dieu.

C'est de cet abus des grâces que je viens aujourd'hui vous faire sentir, s'il se peut, tout le crime et le malheur, pour vous engager à faire un saint usage de la grâce, et à prévenir le compte que vous rendrez un jour à Dieu, si vous n'en avez pas profité.

Quel est le crime d'une âme qui abuse de la grâce de Dieu; premier point; quel est son malheur; second point.

PREMIER POINT.

Plus un bien qu'on nous présente nous est nécessaire, plus on est condamnable de le refuser. Plus ce bien est précieux en lui-même et gratuit de la part de celui qui l'offre, plus on se sent offensé de l'abus qu'on en fait. Sur cette règle, mes frères, il est facile de juger combien une âme est coupable, quand elle rejette la grâce de son Dieu, quand elle en abuse.

Rien, en effet, de plus nécessaire, rien de plus précieux que la grâce, soit qu'on la considère en elle-même, soit qu'on envisage la fin pour laquelle elle nous est donnée, soit que l'on fasse attention à ce qu'elle a coûté à Jésus-Christ pour nous la mériter, et à la manière dont elle nous est donnée.

Qu'est-ce donc que la grâce dont vous entendez si souvent parler, qui est même l'objet de vos désirs et de vos prières? Ah! si vous connaissiez le don de Dieu : *Si scires donum Dei* (*Joan.*, IV, 10), quelle estime n'en feriez-vous pas, et quel serait votre empressement à le mettre à profit?

Pour vous expliquer, mes frères, la nature et l'exellence de ce don précieux qui nous vient du ciel, il faut vous rappeler ici ce que la religion nous apprend : savoir, que nous sommes tous créés pour être heureux du bonheur de Dieu même, que nous devons posséder dans le ciel par une claire vision de ses adorables perfections. Telle est la fin surnaturelle à laquelle Dieu nous a élevés par une disposition toute gratuite de sa providence. Comme cette fin ne nous était pas due, et que nous ne pouvions y parvenir par nos forces naturelles, il nous a fallu pour cela un secours surnaturel, c'est-à-dire un secours qui lui fût proportionné. C'est ce secours, que nous appelons la grâce de Dieu, qui supplée à notre faiblesse et à notre impuissance, en nous donnant non-seulement le pouvoir de faire le bien, mais encore le vouloir de le faire, comme dit saint Augustin.

Or, elle nous est si nécessaire, cette grâce, pour mériter le bonheur auquel Dieu nous a destinés, que sans elle nous ne pourrions jamais y arriver; car pour mériter la vie éternelle, il faut croire en Jésus-Christ, observer les commandements, ce qui ne peut se faire sans la grâce de Dieu. *Personne ne peut venir à moi*, dit Jésus-Christ, *qu'il ne soit attiré par mon Père.* (*Joan.* VI, 44.) *Sans moi*, nous dit-il encore, *vous ne pouvez rien faire* : « *Sine me nihil potestis facere.* » (*Joan.*, XV, 5.) *Notre fonds est si stérile, qu'il n'est pas seulement capable de produire une bonne pensée*, dit l'Apôtre : *tout notre pouvoir vient de Dieu* : « *Non sumus sufficientes cogitare aliquid a nobis quasi ex nobis; sufficientia nostra ex Deo est.* (II *Cor.*, III, 5.) Or, si nous ne sommes pas capables d'avoir une bonne pensée pour le ciel, à plus forte raison ne pouvons-nous pas nous-mêmes surmonter

(1) Ce Prône peut encore servir pour le IXe Dimanche après la Pentecôte, en prenant l'exorde qui se trouve à ce Dimanche.

tous les obstacles qui se trouvent dans la voie du salut, ni pratiquer les œuvres méritoires de la vie éternelle. Nous avons besoin pour cela de la grâce de Dieu. Semblables à des malades qui ne peuvent se soutenir, nous tomberions à chaque pas, si Dieu ne nous aidait de son secours, et jamais nous n'arriverions à l'heureux terme de notre félicité.

Mais comment la grâce de Dieu opère-t-elle en nous le grand ouvrage de notre prédestination? C'est ce qu'il faut encore vous dire, pour vous en faire reconnaître l'excellence, et, par une suite nécessaire, le crime de ceux qui en abusent. Cette grâce, dit saint Augustin, a deux propriétés: elle éclaire nos esprits, elle touche nos cœurs. En éclairant nos esprits, elle nous apprend ce que nous ne savions pas: *Ut innotescat quod latebat.* En touchant nos cœurs, elle nous fait aimer ce qui ne nous plaisait pas: *Et suave fiat quod non delectabat, gratiæ Dei est.* Oui, mes frères, c'est la grâce de Dieu qui dissipe les ténèbres de notre ignorance, qui nous découvre les pièges de nos ennemis, les dangers du salut, et nous instruit de nos devoirs.

Ce sont ces bonnes pensées que Dieu nous inspire, ces lumières qu'il répand dans notre âme, qui nous font connaître le mal que nous devons éviter, et le bien que nous devons faire. Cette grâce agit aussi sur nos cœurs, sur nos volontés, en les prévenant, les sollicitant, les aidant à fuir le mal, et à faire le bien que l'on connaît. C'est ce que vous éprouvez, mes frères, en mille occasions, lorsque vous sentez au dedans de vous ces bons mouvements qui vous portent au bien; lorsque après la lecture d'un bon livre, après une touchante exhortation, lorsqu'à la vue d'une mort subite, d'un événement fâcheux, ou même indépendamment d'aucune cause étrangère, vous vous sentez pressés, sollicités intérieurement de quitter le péché, de renoncer aux occasions, de vous détacher des biens, des plaisirs du monde, de pratiquer la vertu, de faire une aumône, une mortification, de vous approcher des sacrements, c'est la grâce de Dieu qui produit dans vous ces saintes inspirations, ces pieux mouvements; et quand vous vous rendez à ses invitations, c'est elle encore qui vous aide à faire ce qu'elle demande de vous, et que vous ne pourriez faire par vous-mêmes, sans son secours.

Enfin, mes frères, c'est la grâce de Dieu qui convertit le pécheur, qui fait persévérer le juste, qui couronne les saints; rien de tout cela ne se ferait sans elle. Combien ne sont donc pas coupables ceux qui ferment les yeux à la lumière de la grâce, et qui résistent à ses inspirations!

Dieu, par un pur effet de sa bonté, veut rendre heureux des hommes dont il pouvait se passer, qu'il pouvait laisser dans le néant. Il leur donne sa grâce pour mériter la place qu'il leur a préparée dans son royaume, où ils ne peuvent arriver sans le secours de cette grâce; et ces hommes ingrats envers Dieu, aveugles et insensibles sur leurs vrais intérêts, méprisent le don céleste; ils rejettent le remède que Dieu leur offre pour les guérir, le pain qu'il leur donne pour les nourrir, la lumière qu'il fait briller pour les éclairer; ils foulent aux pieds les dons que la libéralité d'un Dieu répand sur eux pour les enrichir. Ils préfèrent les ténèbres à la lumière, des biens périssables à des biens éternels, un état de mort et de misère à un état de vie et de félicité. Quelle ingratitude envers la bonté d'un Dieu si libéral pour de misérables créatures! Dieu a eu la bonté de tirer un pauvre de la poussière et de la fange où il était plongé, afin de l'élever sur un trône de gloire: *Suscitat de pulvere egenum* (*I Reg.*, II, 8); et ce misérable ne veut pas profiter de son bonheur. Ce ver de terre ne daigne pas écouter le créateur qui l'appelle, dit saint Bernard; il aime mieux rester dans la boue que d'en sortir. Ce pécheur, insensible à la voix de son Dieu, donne son attention aux amusements du siècle, aux folies du monde; il préfère l'esclavage du démon à l'heureuse liberté des enfants de Dieu. Encore une fois, quel outrage, quelle infidélité envers un Dieu qui l'a tant aimé!

Telle est cependant votre ingratitude, pécheurs qui m'écoutez, lorsque vous étouffez ces bonnes pensées, que vous résistez à ces bons mouvements qui vous pressent, qui vous sollicitent de retourner à Dieu, de rompre ces engagements criminels qui vous attachent au monde, aux plaisirs, à l'objet d'une aveugle passion, de restituer ce bien mal acquis, de vous corriger de cette habitude où vous croupissez depuis si longtemps, de vous réconcilier avec cet ennemi, que vous ne pouvez voir ni souffrir.

Hélas! peut-être qu'à l'instant que je vous parle, le Seigneur vous tend la main pour vous aider à vous relever: *Exsurge a mortuis.* (*Ephes.*, V, 14.) Et bien loin de lui tendre la vôtre, pour vous aider vous-mêmes à sortir de l'abîme, vous ne daignez pas seulement entendre sa voix; vous n'êtes ni touchés de ses caresses, ni intimidés de ses menaces; vous étouffez les remords de votre conscience, qui vous fait sentir votre malheur; vous méprisez les avis des prédicateurs, par qui Dieu vous fait entendre sa voix: car ce sont les moyens dont Dieu se sert pour vous avertir, pour vous remettre dans le bon chemin. Insensibles à toutes ces voix par qui Dieu vous parle, vous restez dans l'inaction et la nonchalance; et par une opiniâtre résistance à la grâce, vous la combattez, comme les Juifs, avec un cœur dur et incirconcis. Esclaves d'une vile créature, à qui vous donnez la préférence sur votre Créateur, vous aimez mieux vous perdre avec elle que de vous sauver en la quittant. Vous aimez mieux perdre votre âme, renoncer au ciel, et vous damner, que de vous priver d'un plaisir qui passera, d'un bien fragile qui ne vous appartient pas, et que vous n'emporterez pas avec vous. Ah! ne méritez-vous pas bien les justes reproches que saint Etienne faisait autrefois aux Juifs sur leur continuelle résistance à la grâce? *Vos semper Spiritui sancto resistitis* : « *Vous résistez toujours à l'Esprit-saint.* (*Act.*, VII, 51.) » Vous l'éloignez de vous, ce divin Esprit qui veut faire en vous sa demeure; vous profanez un temple qu'il a consacré; vous foulez aux pieds ses richesses dont il a orné votre intérieur, soit en perdant sa grâce par le péché, soit en refusant les moyens qu'il vous offre pour la recouvrer. *Vos semper*, etc.

Mais d'où vient, pécheurs, que vous abusez ainsi de la grâce de votre Dieu? Est-ce que vous n'en connaissez pas le prix? Ne savez-vous pas qu'elle a coûté le sang d'un Dieu, qu'elle est le fruit de sa passion et de sa mort, que c'est un bien qu'il ne vous doit pas? Et c'est là ce qui rend encore plus criminel l'abus que vous en faites. Oui, mes frères, la grâce est le fruit de la passion et de la mort d'un Dieu. Elle n'a pu être accordée aux hommes qu'à ce prix. Il a fallu, pour nous la mériter, qu'un Dieu s'humiliât, s'anéantît, devînt obéissant jusqu'à la mort de la croix; c'est-à-dire, mes frères, que la grâce a plus coûté à Dieu que le monde entier, puisque la création du monde ne lui a coûté qu'une parole, au lieu que la grâce lui a coûté le sang et la vie. C'est-à-dire encore, que la grâce vaut plus que tous les trésors et les richesses de la nature; l'or et l'argent comparés à elle ne sont que de la boue. Quel crime n'est-ce donc pas que de mépriser la grâce, que de la rejeter, que d'en abuser? C'est mépriser les souffrances et la mort d'un Dieu; c'est fouler aux pieds son sang adorable; c'est tourner contre Dieu même ses propres bienfaits, et s'en servir pour l'outrager. Fouler aux pieds le sang d'un Dieu! cette pensée vous fait horreur; voilà cependant ce que vous faites, quand vous rendez inutiles les inspirations de la grâce, quand vous résistez à ses mouvements pour suivre les mouvements d'une nature corrompue, qui vous porte à des plaisirs que Dieu vous défend; quand vous refusez de faire le bien que la grâce inspire; car tout cela est abuser de la grâce. Y pensez-vous, mes frères, et si vous y pensez, comment pouvez-vous vous résoudre à vous rendre coupables d'un attentat aussi énorme que celui des Juifs, qui n'eurent pas horreur de tremper leurs mains sacriléges dans le sang d'un Dieu, qu'ils répandaient sans en profiter? Vous avez répandu comme eux ce sang précieux par vos péchés et par vos résistances à la grâce; vous vous le rendez inutile, comme ils se le sont rendu, par leur obstination à ne vouloir point reconnaître pour le Messie celui qu'ils ont crucifié. Et de quoi vous sert que Jésus-Christ soit mort pour vous mériter tant de grâces, puisque vous n'en profitez pas plus que les Juifs et les infidèles mêmes, qui ne connaissent pas le don de Dieu? En quoi vous êtes plus coupables que ces infidèles, vous qui, dans le sein du christianisme, où vous avez eu le bonheur de naître, recevez une plus grande abondance de grâces que ceux qui n'y sont pas. Grâces de la divine parole, qui vous instruit de vos devoirs, qui vous manifeste les volontés de Dieu, qui vous fait voir la beauté de ses récompenses, les rigueurs de ses châtiments, et vous ne voulez pas l'écouter, cette divine parole; vous vous ennuyez, vous vous en dégoûtez, quand on vous l'annonce. Combien même y en a-t-il qui ne voudraient jamais l'entendre! Grâces des bons exemples qui devraient vous porter au bien; et vous les méprisez pareillement, ces bons exemples, pour ne suivre que les mauvais, le torrent, les coutumes du monde. Grâces des sacrements, qui sont comme les canaux de cette eau salutaire qui rejaillit à la vie éternelle; et vous ne les fréquentez pas, ces sacrements, vous vous en éloignez, comme si c'était un malheur pour vous de vous en approcher; ou si vous en approchez, c'est pour les profaner par les sacriléges dont vous vous rendez coupables.

Ah! chrétiens aveugles au milieu de la lumière qui vous éclaire, cœurs insensibles aux attraits de la grâce, vous méritez d'être traités au jugement de Dieu avec bien plus de rigueur qu'une infinité de peuples qui n'ont pas tant reçu de grâces que vous. *Malheur à vous, Bethsaïde*, dit Jésus-Christ dans l'Evangile, *malheur à vous, Corozaïm, parce que si Tyr et Sidon avaient vu les mêmes prodiges que vous, ils auraient fait pénitence* (*Matth.*, XI, 21); une infinité de païens se convertiraient, gagneraient le ciel, s'ils avaient, non pas toutes les grâces, mais une partie de celles que vous avez reçues; s'ils étaient instruits comme vous, s'ils avaient comme vous les bons exemples, les sacrements, ils deviendraient des saints; et toutes ces grâces n'ont pas encore pu faire de vous un bon chrétien: c'est pour cela, dit Jésus-Christ, que ces peuples seront vos juges, et qu'ils seront traités avec moins de rigueur que vous, parce que vous êtes plus coupables qu'eux, par l'abus que vous faites des grâces qu'ils n'ont pas.

Ce qui rend encore cet abus bien criminel, c'est que Dieu ne vous doit point sa grâce: quoiqu'il la donne à tous, parce qu'il veut sauver tous les hommes, il ne la doit cependant à personne; elle dépend de sa pure libéralité, autrement elle ne serait pas un don gratuit. Bien moins vous la doit-il, pécheurs, qui vous en rendez indignes par vos péchés, par vos continuelles résistances à sa grâce. Vous mériteriez que Dieu vous abandonnât à votre malheureux sort, qu'il vous laissât dans l'esclavage du démon, qu'il vous laissât périr éternellement.

Cependant, ce Dieu de bonté ne vous traite pas comme vous le méritez. Il vous cherche encore, dans le temps même que vous le fuyez; il vous offre son secours, pour vous aider à sortir de l'abîme où vous êtes tombés; il vous presse, il vous sollicite de retourner à lui. Pour vous mieux gagner, sa grâce s'accommode, pour ainsi dire, à vos inclinations; elle prend, dit l'apôtre saint

Pierre, autant de formes différentes qu'elle trouve de dispositions propres à seconder ses desseins : *Multiformis gratia Dei.* (I *Petr.*, IV, 10.) Pour vous dégoûter des plaisirs, elle y répand des amertumes ; pour vous faire aimer la vertu, elle vous en fait goûter les douceurs. Si vous craignez de souffrir, elle vous intimide par la vue des châtiments que la justice de Dieu prépare aux pécheurs : si vous aimez la récompense, elle vous attire par la vue de celle que sa bonté réserve aux élus. Ici, elle vous ménage un moyen de conversion, dans un bon avis, ou le bon exemple d'une personne que vous fréquentez ; là, dans une affliction qui vous arrive, et dans mille autres conjonctures favorables qu'elle vous présente, elle vous attire de la manière la plus propre à vous faire devenir sa conquête. Quelle gratuité ! quel ménagement de la part d'un Dieu, qui veut sauver sa créature ! mais quelle ingratitude, quelle infidélité de la part de cette créature, qui ménage si peu les faveurs de son Dieu ; qui, au lieu de les mettre à profit, en fait un abus criminel ! Ne mérite-t-elle pas les plus sévères châtiments ? C'est le sujet du second point.

DEUXIÈME POINT.

Comme c'est le propre de la grâce d'éclairer l'esprit et de toucher le cœur ; par un effet tout contraire, l'abus que l'on en fait cause l'aveuglement d'esprit et l'endurcissement du cœur. Le pécheur, en fermant les yeux aux lumières de la grâce, engage Dieu à le priver de cette grâce qui l'éclairerait ; c'est ce qui fait son aveuglement. Le pécheur, en résistant aux mouvements de la grâce, contracte une funeste insensibilité qui le met dans un état à n'en être plus touché ; c'est ce qui fait son endurcissement. Terrible châtiment de l'abus des grâces, qui doit bien vous engager à en faire un saint usage !

C'est une juste peine du péché, dit saint Augustin, que le pécheur soit privé du bien dont il n'a pas voulu profiter, et que, n'ayant pas usé des connaissances qu'il avait pour s'acquitter de ses devoirs, quand il le pouvait, il soit tellement aveuglé qu'il ne sache plus ce qu'il doit faire, quand il le voudrait. Cette soustraction de lumières et de grâces, dont Dieu punit le pécheur, nous est si clairement manifestée dans les saintes Ecritures, qu'on ne peut lire sans frayeur ce que le Saint-Esprit nous en a révélé. Tantôt c'est un abandon où Dieu laisse le pécheur ; tantôt ce sont d'épaisses ténèbres qui se répandent dans son esprit, et qui l'empêchent de voir la vérité. C'est un aveuglement dont Dieu le frappe, un éloignement qui le sépare de son cœur et de son souvenir. J'ai fait tout ce que j'ai pu, dit Dieu par un de ses prophètes, pour guérir Babylone, et cette ville ingrate n'a pas voulu profiter de mes soins ; je l'abandonne maintenant à sa fatale destinée : *Curavimus Babylonem, et non est sanata, derelinquamus eam.* (*Jerem.*, LI, 9.) Cet abandon nous est encore représenté sous la figure d'une vigne, que Dieu ne veut plus cultiver. Qu'ai-je pu faire, dit-il, à ma vigne, que je n'aie pas fait, pour lui faire porter de bons fruits ? Je l'avais plantée dans un bon fonds ; j'en avais ôté les pierres et les ronces ; j'avais élevé une tour au milieu pour la défendre de ses ennemis ; je l'avais fait entourer d'une haie forte, pour la rendre impénétrable aux voleurs ; après toutes ces précautions, j'ai cru qu'elle porterait du fruit. J'ai attendu un an, deux ans, trois ans ; et après tout ce temps, elle n'a produit que de mauvais verjus : *Expectavi ut faceret uvas, et fecit labruscas.* Mais puisque cette vigne ingrate n'a pas répondu à mon attente, voici le traitement que je lui ferai ; je l'abandonnerai, je ferai couper la haie qui la défendait : *Auferam sepem ejus* ; et par là elle deviendra la proie de ses ennemis : *Erit in derisionem* ; elle sera ravagée, et hors d'état de porter de bons fruits ; il n'y croîtra plus que des ronces et des épines. (*Isa.*, V, 1-6.)

Reconnaissez, pécheurs, sous cette figure sensible, quel est votre malheur, et quelle en est la cause. Dieu vous a cultivés, comme une vigne qui lui était chère. Il a planté cette vigne dans un bon fonds, en vous faisant naître dans le sein de l'Eglise ; il l'a arrosée des eaux salutaires de sa grâce, il l'a échauffée par les rayons du Soleil de justice ; il l'a fortifiée contre ses ennemis par les puissants secours qu'il lui a donnés, par les sacrements, et tous les moyens de salut qu'il a pu lui procurer ; et, au lieu de produire de bons fruits, au lieu de répondre à la grâce de votre vocation par la pratique des bonnes œuvres et des vertus chrétiennes, vous n'avez produit que des fruits d'iniquité. Dieu ne voit dans vous que des ronces et des épines, funestes rejetons des passions dont vous vous laissez dominer. Les noires vapeurs, les feux criminels qu'excitent en vous ces passions, vous empêchent de voir la lumière du soleil qui vous éclaire : *Supercecidit ignis, et non viderunt solem.* (*Psal.* LVII, 9.) Mais apprenez quel sera votre sort : Dieu ne fera plus briller sur vous son soleil ; d'épaisses ténèbres s'empareront de votre âme, qui lui feront perdre de vue la fin pour laquelle elle a été créée, et les moyens d'y arriver. Dieu ne fera plus tomber sur vous la rosée céleste de la grâce, et votre âme ne sera qu'une terre aride, qui ne portera point de fruits : exposée aux occasions dangereuses, elle n'en connaîtra pas les écueils ; livrée aux tentations du démon, à la tyrannie de ses passions, elle en deviendra le jouet, elle en suivra toutes les routes criminelles, elle tombera d'abîme en abîme, et de l'abîme du péché dans les abîmes de l'enfer.

Telles sont, mes frères, les fâcheuses extrémités où conduit l'abus que l'on fait des grâces de Dieu ; c'est le malheur que Jésus-Christ nous représente dans son Evangile, sous la figure de Jérusalem détruite et livrée en proie à la fureur de ses ennemis. *Ah ! si tu avais connu*, disait ce Dieu Sauveur en pleurant aux approches de cette ville, *et si à ce jour que je te parle, tu connaissais encore ce qui peut faire ta paix ! mais toutes choses sont maintenant cachées à tes yeux ; il viendra un temps malheureux pour toi, auquel tes enne-*

mis t'environneront, t'assiégeront, et te serreront de toutes parts ; ils raseront tes maisons, ils extermineront tes habitants : et ils ne laisseront pas pierre sur pierre, parce que tu n'as pas connu le temps de ta visite : « *Eo quod non cognoveris tempus visitationis tuæ.* » (*Luc.*, XIX, 42-44.) Ces temps malheureux sont arrivés ; les prédictions de Jésus-Christ se sont vérifiées : l'ingrate Jérusalem, que Dieu avait gouvernée par ses lois, qu'il avait comblée de ses faveurs, a été détruite et renversée de fond en comble, parce qu'elle a méconnu celui qui venait pour son bonheur, qu'elle a fermé les yeux à la lumière qui l'éclairait, et qu'elle n'a pas voulu recevoir le Messie qui lui était envoyé de Dieu.

Or, ce n'était pas tant la destruction de la ville de Jérusalem, le renversement de ses maisons qui tiraient les larmes des yeux de Jésus-Christ, que l'aveuglement où s'étaient plongés ses habitants, en ne voulant pas le reconnaître, et l'état de ténèbres et de désolation où devait être, dans la suite des siècles, cette nation incrédule. C'est ce que nous pouvons remarquer dans ces paroles, où il lui dit que les mystères qu'il était venu lui révéler, sont maintenant cachés à ses yeux : *Nunc abscondita sunt oculis tuis.* Il leur avait aussi prédit ce malheur, lorsqu'il leur annonçait que les enfants du royaume seraient chassés et jetés dans les ténèbres extérieures, tandis que les étrangers viendraient prendre leur place dans le ciel avec Abraham, Isaac et Jacob : *Filii regni ejicientur in tenebras exteriores.* (*Matth.*, VIII, 12.) On a vu, et l'on voit encore l'accomplissement de cette prophétie dans la réprobation des Juifs et la vocation des gentils. Les Juifs étaient les enfants du royaume, ils étaient le peuple choisi de Dieu, comblés de ses bénédictions et de ses faveurs; mais parce qu'ils n'ont pas reçu la visite du Seigneur, ils ont été frappés d'aveuglement : ils sont exclus du royaume de Jésus-Christ, où les gentils, les infidèles, ont été admis. C'est vous, chrétiens, mes frères, qui êtes maintenant les enfants de ce royaume ; c'est vous que Dieu a appelés par une grâce spéciale à son admirable lumière. Mais si, comme les Juifs, vous fermez les yeux à cette lumière, si vous ne profitez pas de la visite du Seigneur, il vous ôtera ces grâces dont vous aurez abusé, pour les donner à d'autres qui en feront un meilleur usage. Les étrangers occuperont les places qu'il vous avait préparées dans son royaume. Le temps viendra, âme infidèle à la grâce, que tu seras, comme Jérusalem, environnée, assiégée de tes ennemis; le démon, le monde et la chair te livreront des attaques; et, parce que tu auras méconnu la visite de ton Dieu, que tu auras méprisé ses grâces, tu seras dépourvue des secours célestes; tes ennemis s'empareront de tes richesses; ils renverseront l'édifice spirituel de ton salut; ils te précipiteront dans le plus profond des malheurs.

Craignez, mes frères, un châtiment aussi rigoureux de la divine justice, châtiment bien plus terrible que les pertes de biens, les maladies, les revers de fortune dont Dieu afflige les hommes, puisque ces maux peuvent être, par le bon usage qu'on en fait, des moyens de salut et de prédestination, au lieu que la soustraction des grâces ne peut conduire qu'à la réprobation éternelle.

Ah! Seigneur, devez-vous dire, punissez-moi plutôt de toute autre manière ; ôtez-moi les biens, la réputation, la santé, plutôt que de vous éloigner de moi par la soustraction de vos grâces. Je suis résolu, pour éviter ce malheur, d'être fidèle à cette grâce, d'en mettre à profit jusqu'à la moindre portion, de ne rien négliger de ce que cette divine grâce m'inspirera de faire pour mon salut. Vous le devez d'autant plus, mes frères, que si vous la négligez, cette grâce de Dieu, si vous y résistez ; de l'aveuglement d'esprit vous tomberez dans l'endurcissement du cœur : autre effet de l'abus des grâces.

Quelque sévère que soit la justice de Dieu dans la soustraction des grâces dont elle punit le pécheur qui en abuse, elle ne porte pas sa sévérité jusqu'à l'en priver tout à fait. En quelque état que soit le pécheur, il peut et il doit espérer le salut. Il a, par conséquent, les secours nécessaires pour être sauvé : son malheur ne vient donc pas tant de la soustraction de la grâce, que de la fatale insensibilité qu'il contracte en y résistant. Car à supposer, comme nous devons le croire, que Dieu donne au pécheur même qui abuse des grâces, celles qui lui sont nécessaires, elles ne lui servent de rien, parce qu'elles ne font sur lui aucune impression. Et pourquoi ne font-elles aucune impression sur ce pécheur? parce qu'à force d'y résister, il n'est plus touché de rien. Semblable à un malade qui, à force de prendre des remèdes, s'y accoutume enfin, et n'en reçoit aucun soulagement ; le pécheur, par son obstination, anéantit toute la vertu de la grâce qui est le remède à ses passions. Endurci et comme pétrifié dans le crime, il est sourd à la voix de Dieu, de quelque manière qu'elle se fasse entendre à lui : *Impius cum in profundum venerit, contemnit.* (*Prov.*, XVIII, 3.) S'il écoute la divine parole, il n'en est point touché, parce qu'on ne lui dit rien qu'il n'ait déjà bien des fois entendu, et dont il n'a pas profité. Il voit de bons exemples, et il n'en devient pas meilleur; il fréquente les sacrements, et il n'en reçoit point le fruit, parce qu'il n'y apporte pas les dispositions nécessaires; il les profane au contraire sans scrupule et sans remords, parce qu'il en a déjà abusé plusieurs fois. En un mot, le pécheur qui abuse de la grâce de Dieu, n'est amolli par aucune pratique de dévotion, ni attendri par la solennité des mystères, ni touché par les prières, ni effrayé par les menaces, ni attiré par les récompenses; il n'a ni crainte de Dieu, ni charité pour le prochain ; il méprise tous les avis qu'on lui donne, il ne se corrige point par l'adversité, il se perd dans la prospérité, il se fait un front d'airain qui ne rougit plus des choses les plus honteuses. Tel est le portrait que saint Bernard fait d'un cœur endurci. Et n'est-ce pas celui d'un grand nombre de ceux qui m'écoutent? Combien voyons-nous aujourd'hui de ces chrétiens durs et insensibles à tout ce qu'on peut leur dire pour les remettre dans les voies du salut, qui veulent vivre à leur liberté? Ils ne voudraient aucun exercice de religion, ni prières, ni parole de Dieu, ni sacrements; qui vont jusqu'au point d'aveuglement, d'endurcissement, que de vouloir justifier la conduite la plus irrégulière, et faire passer les plus grands désordres comme des choses permises. D'où vient ce malheur, mes frères? De l'abus qu'ils ont fait des grâces de Dieu: ils se sont, par leur obstination, réduits dans un état à n'être plus effrayés des dangers qui les menacent, et à ne vouloir prendre aucune précaution pour les éviter. Ce sont des Pharaons endurcis, qui verraient les miracles de la toute-puissance de Dieu, et qui n'en seraient point touchés. Les pierres et les rochers se fondraient plutôt que ces cœurs insensibles à la voix des ministres du Seigneur qui leur parlent. C'est ce qui est rapporté, dans l'Ecriture, d'un roi d'Israël à qui Dieu envoya un prophète pour le reprendre de l'impiété scandaleuse qui l'avait fait monter sur l'autel pour offrir de l'encens aux idoles. Le prophète n'adressa point la parole au roi, mais à l'autel, qui s'ouvrit en effet à la voix du prophète, tandis que le cœur du roi demeura insensible.

Voilà l'état déplorable des pécheurs qui, abusant de la grâce, se sont endurcis à ses traits les plus touchants.

Oh! que cet état est bien à plaindre, et qu'il est digne de larmes! Si c'est votre état, pécheurs qui m'écoutez, pleurez vous-mêmes votre malheur, et prenez toutes les précautions pour en sortir, car il est encore temps de le réparer. Dieu veut bien se faire entendre à vous, n'endurcissez pas davantage vos cœurs à sa voix : *Hodie si vocem ejus audieritis, nolite obdurare corda vestra.* (*Psal.* XCIV, 8.)

Pratiques. — Ne méprisez pas davantage les richesses de sa bonté et de sa patience, de crainte d'amasser un trésor de colère qui tombera sur vous, au jour de ses vengeances. Profitez du temps des miséricordes; ouvrez les yeux à la lumière qui vous éclaire, pour sortir des ténèbres du péché et rentrer dans les voies de la justice. Il y a si longtemps que la grâce vous presse de réformer vos mœurs pour suivre une autre route que celle que vous avez suivie jusqu'à présent. Ne différez pas à faire ce que vous devriez avoir déjà fait depuis si longtemps. Profitez de la grâce qui vous est donnée, qui, peut-être, ne reviendra plus. La grâce est un éclair qui ne fait que passer; il faut profiter, sans délai, de sa lumière. C'est à vous, justes, comme à vous, pécheurs, que cet avis s'adresse. Ne comptez point sur une grâce à venir qui ne vous est point due; mettez à profit celle qui vous est donnée. Si vous coopérez à cette grâce, Dieu vous en donnera une autre, en récompense de votre fidélité, qui décidera de votre conversion, si vous êtes pécheurs, ou de votre persévérance, si vous êtes justes. Mais si vous abusez de cette grâce, peut-être que celle qui doit décider de votre sort éternel ne reviendra plus. Car il y a une certaine mesure de grâces, passée laquelle Dieu ne donne plus ces grâces de choix et de prédilection qui rendent la prédestination certaine. Il est donc bien important de mettre à profit les grâces que Dieu vous donne, parce qu'il y en a de certaines qui sont décisives de notre bonheur éternel, et ce sera peut-être celles que vous négligerez.

C'est ce qui doit bien, mes frères, exciter votre vigilance et votre attention à répondre aux grâces de Dieu, en quelque état que vous soyez. Car il faut bien remarquer que ce ne sont pas seulement les grands pécheurs qui abusent de la grâce, ce sont encore ces chrétiens indolents et paresseux qui ne se croient pas autrement criminels, parce qu'ils ne tombent pas dans de grands désordres, et qu'ils ne font tort à personne; mais qui ne font point de bonnes œuvres, qui ne mettent pas à profit les occasions qu'ils ont de faire le bien. Ce sont encore ces chrétiens lâches et tièdes qui commettent sans scrupule des petites fautes, qui ne mènent pas une vie pénitente et mortifiée, qui accordent à la nature toutes les satisfactions qu'elle demande, qui négligent les pratiques de piété propres à entretenir la ferveur; en un mot, qui résistent à beaucoup de grâces, qui les élèveraient à une vertu plus parfaite. A force de résister à ces grâces, ils tombent insensiblement dans le crime, dans une espèce d'aveuglement et d'endurcissement, en quelque façon plus difficile à guérir que celui des grands pécheurs.

Daignez, Seigneur, répandre sur votre peuple ici assemblé, ces grâces fortes et puissantes qui les touchent et les tirent de leur malheur. Quelque endurcis que soient les pécheurs, la source des grâces n'est pas épuisée pour eux; s'ils sont sensibles aux traits de votre miséricorde, ils se convertiront, changeront de mœurs et de conduite : les tièdes deviendront plus fervents, plus humbles, plus mortifiés. Tel est le fruit que je me propose de cette instruction.

Pour vous assurer, mes frères, ces grâces de choix et de prédilection auxquelles les justes même n'ont pas droit, soyez fidèles à éviter jusqu'aux fautes les plus légères, qui sont un obstacle à ces grâces, et qui les éloigneraient de vous. Soyez ponctuels à remplir les plus petits devoirs de votre état, les pratiques de piété qui doivent régler votre vie, parce que Dieu a attaché des grâces particulières à la fidélité dans les plus petites choses. Dieu nous demande peu, pour nous donner beaucoup. Une prière faite dans le temps marqué, une lecture, un exercice de dévotion, une visite au Saint-Sacrement, une petite aumône donnée aux pauvres, une légère mortification, nous peuvent obtenir des grâces de choix et de prédestination.

Ainsi, quoique la grâce soit indépendante de nos mérites, notre salut est toujours entre nos mains, parce qu'il ne tient qu'à nous, en coopérant aux grâces que Dieu nous donne, d'en attirer de plus abondantes, de plus fortes, qui assurent notre bonheur éternel : ne manquons pas plus à la grâce, que la grâce ne nous manquera.

Suivons toutes les inspirations qui nous viennent du Ciel ; laissons-nous conduire par l'esprit de Dieu, qui nous fera vivre, dit saint Paul, et n'écoutons point la chair, qui nous fera mourir. Si nous sommes dociles aux mouvements du Saint-Esprit, nous sommes assurés d'être les enfants de Dieu : *Quicunque spiritu Dei aguntur, ii sunt filii Dei ;* et si nous sommes enfants de Dieu, nous serons héritiers de son royaume, que nous partagerons avec Jésus-Christ, son Fils: *Hæredes quidem Dei, cohæredes autem Christi.* (*Rom.*, VIII, 14, 17.) C'est ce que je vous souhaite, etc.

PRONE LII.

Pour le huitième Dimanche après la Pentecôte.

SUR L'AUMÔNE.

Facite vobis amicos de mammona iniquitatis, ut cum defeceritis, recipiant vos in æterna tabernacula. (*Luc.*, XVI, 19.)

Faites-vous des amis des richesses d'iniquité, afin que, lorsque vous viendrez à manquer, ils vous reçoivent dans les tabernacles éternels.

Tel est, chrétiens, le moyen salutaire que Jésus-Christ présente dans notre Evangile aux riches du siècle, pour se préserver du danger où ils sont de se perdre dans leur état. C'est de se faire de leurs richesses des amis qui leur ouvrent le ciel. Quoi de plus dangereux, en effet, pour le salut, que les richesses? Elles sont souvent et très-souvent le fruit et le principe de l'iniquité. Telle est l'idée que Jésus-Christ nous en donne : *Mammona iniquitatis :* elles sont le fruit de l'iniquité, parce qu'on ne les acquiert souvent que par des injustices, ou par d'autres voies défendues par la loi du Seigneur. Elles sont le principe de l'iniquité, parce que très-souvent ceux qui les possèdent en sont avares, ou prodigues : les avares y attachent leurs cœurs, et cet attachement les fait vivre dans l'oubli de Dieu, les rend durs et insensibles aux misères du prochain. Les prodigues les emploient à satisfaire des passions criminelles, à contenter leur vanité, leur sensualité; ce qui les rend coupables de beaucoup de péchés. De là, les anathèmes foudroyants que Jésus-Christ prononce contre les riches du siècle : *Væ vobis divitibus*, malheur à vous riches! Pourquoi? Parce que, comme dit encore Jésus-Christ, il est plus difficile à un riche d'entrer dans le royaume des cieux, qu'à un chameau de passer par le trou d'une aiguille. Quoi donc! les richesses sont-elles quelque chose de mauvais en elles-mêmes? N'est-il pas permis d'en avoir, et faut-il désespérer du salut des riches? Non, chrétiens; à Dieu ne plaise que je veuille vous faire tirer cette conséquence : on peut avoir du bien, et se sauver, quoique difficilement ; mais de quel moyen les riches doivent-ils se servir pour opérer leur salut dans un état où il est si difficile? Je l'ai dit, ou plutôt c'est Jésus-Christ qui le dit : *Faites-vous de ces richesses d'iniquité des amis qui vous reçoivent dans les tabernacles éternels.* Vous ne pouvez, riches du siècle, espérer le ciel qu'à cette condition; si vous faites un saint usage de vos richesses, ce ne seront plus des richesses d'iniquité et de réprobation, mais des richesses de vertu, qui seront l'instrument de votre prédestination : vous avez donc entre vos mains de quoi acheter le royaume de Dieu ; ce sont vos trésors; si vous les employez à soulager les pauvres comme Dieu vous le commande, ces pauvres vous recevront dans les tabernacles éternels. *Facite vobis amicos*, etc.

Ainsi, mes frères, vous êtes plus intéressés à faire l'aumône aux pauvres qu'ils ne le sont à la recevoir; c'est par un motif d'intérêt que je veux aujourd'hui vous engager à remplir vos obligations sur un point des plus négligés. Quels sont les avantages de l'aumône? vous le verrez dans mon premier point? Comment faut-il faire l'aumône? je le montrerai dans mon second point.

PREMIER POINT.

C'est un oracle prononcé par Jésus-Christ, que l'on donnera à celui qui aura donné : *Date, et dabitur vobis* (*Luc.*, VI, 38) ; que l'on versera dans son sein une mesure pleine, bien pressée, et qui, après avoir été secouée, se répandra encore par dessus les bords : *Mensuram bonam.... et supereffluentem dabunt in sinum vestrum.* (*Ibid.*) Or, quels sont les biens que Dieu donnera à l'homme charitable? il lui donnera en ce monde les biens de la fortune et de la grâce, et en l'autre les biens de la gloire : tels sont, mes frères, les avantages de l'aumône, et les motifs intéressants qui doivent vous engager à la faire.

Je ne m'arrêterai pas beaucoup à vous prouver que les biens temporels sont déjà dès cette vie la récompense de l'aumône. Je me contenterai de vous dire après le Sage, que celui qui a compassion des pauvres, prête à usure au Seigneur : *Feneratur Domino, qui miseretur pauperis.* (*Prov.*, XIX, 17.) C'est-à-dire que, répandre ses biens dans le sein des pauvres, c'est les mettre à intérêt dans les mains de Dieu, qui se charge lui-même de les faire valoir au double, et souvent au centuple : *Feneratur Domino*, etc. Cet intérêt qui revient à l'homme charitable de ses aumônes, est fondé d'un côté sur la bonté de Dieu, et de l'autre sur les prières des pauvres. Dieu est un maître si bon, qu'il ne sait ce que c'est de se laisser vaincre en libéralité; et comme il regarde fait à lui-même le bien que l'on fait aux pauvres, il sait toujours le récompenser par les bénédictions qu'il répand sur les âmes bienfaisantes. Ainsi fut récompensée la charité de la veuve de Sarepta : son huile se multiplia, et après en avoir donné au prophète Elie, elle en eut encore assez pour fournir abondamment à sa subsistance. Ainsi voyons-nous de nos jours des familles prospérer, s'élever à une haute fortune, des personnes réussir dans des entreprises où les autres échouent. Si nous cherchons le secret des uns et des autres, nous le trouverons dans leurs aumônes. Ce sont leurs pieuses libéralités envers les pauvres qui leur méritent la libéralité du Seigneur : ce sont les prières que ces pauvres adressent au Ciel; car je dois vous dire ici en passant, pauvres de Jésus-Christ, que vous êtes obligés de prier pour ceux qui vous font l'aumône; ce sont, dis-je, ces prières qui font descendre du ciel une rosée salutaire qui donne l'abondance à ceux qui leur font du bien; il ne faut pas douter que les prières des pauvres n'aient un grand accès auprès de Dieu : *Exaudivit pauperes Dominus.* (*Psal.* LXVIII, 34.) Le Seigneur exauce les pauvres qui le prient pour leurs bienfaiteurs. C'est par les prières de ce pauvre que cet homme riche, qui lui fait part de ses revenus, se soutient dans sa condition; c'est par les prières de ce pauvre que ce marchand, qui l'a associé dans son négoce, réussit dans ses entreprises. Le pauvre prie pour ce père de famille qui l'a mis au nombre de ses enfants, et celui-ci voit la prospérité dans sa maison. Ce pauvre prie pour ce laboureur qui lui donne la dîme de sa récolte, pour cet artisan qui lui donne une partie de son gain, et les uns voient la rosée du ciel tomber sur leur héritage, les autres leurs profits s'augmenter : au lieu que ceux qui n'ont pour les pauvres qu'un cœur de marbre, ne trouvent pour eux-mêmes qu'un ciel d'airain. Dieu leur ferme le sein de ses miséricordes, comme ils ferment eux-mêmes le sein de leur charité à l'indigent.

Ne craignez donc pas, mes frères, de vous appauvrir, en donnant vos biens aux misérables : ne croyez pas que ce soit un bien perdu; c'est un bien, au contraire, qui fructifiera, qui se multipliera à votre avantage. Ce que je puis vous dire de certain, c'est que jamais l'aumône ne vous appauvrira; vous ne pouvez qu'en espérer des avantages temporels, dès qu'ils ne seront pas un obstacle à votre salut. Mais comme on doit plutôt chercher la rosée du ciel que la graisse de la terre, dans la pratique des bonnes œuvres, c'est par ce motif particulier que je veux intéresser votre charité pour les pauvres. Quels sont donc les avantages spirituels de l'aumône? Je l'ai dit : ce sont les biens de la grâce, et ceux de la gloire. Que de grâces l'aumône n'attire-t-elle pas à ceux qui la font! Grâces de conversion pour les pécheurs, de persévérance pour les justes. Grâces de conversion pour les pécheurs, c'est l'Esprit-Saint qui nous en assure. L'aumône, dit Tobie, délivre du péché et de la mort : *Eleemosyna ab omni peccato liberat.* (*Tob.*, XIV, 11.) De même que l'eau éteint le feu, dit l'Ecclésiastique, ainsi l'aumône résiste au péché : *Ignem ardentem exstinguit aqua, et eleemosyna resistit peccatis.* (*Eccli.*, III, 33.) Donnez l'aumône, dit Jésus-Christ, et vous serez purifiés de tout : *Date eleemosynam, et ecce omnia munda sunt vobis.* (*Luc*, XI, 41.) C'est-à-dire que l'aumône purifie, sanctifie le pécheur : comment cela? c'est qu'elle attire sur les pécheurs qui la font des grâces de choix, qui les font passer de l'esclavage du péché à l'heureuse liberté des enfants de Dieu; elle attendrit le cœur de Dieu sur les misères des pécheurs comme ils s'attendrissent eux-mêmes sur les misères du prochain, et Dieu attendri les éclaire, les touche, les attire à lui; ces pécheurs éclairés, attirés par la voix de Dieu, se convertissent, et recouvrent son amitié, qu'ils avaient perdue par leurs péchés.

Corneille le centurion, quoique païen, fait des prières et des aumônes; et ses prières, ses aumônes montent jusqu'au trône de Dieu, lui méritent le bonheur d'être éclairé du flambeau de la foi; le Prince des apôtres l'instruit des vérités du salut : preuve certaine que Dieu agrée les aumônes que l'on fait en quelque état que l'on soit.

O vous donc, riches du siècle, qui jouissez de l'abondance de toutes choses, et qui néanmoins êtes pauvres et misérables dans cette abondance, parce que vous êtes privés du plus précieux de tous les biens, qui est la grâce de Dieu, retranchez de cette abondance pour donner aux pauvres, et cette privation vous enrichira pour le ciel. Vos aumônes monteront au trône de Dieu, désarmeront sa justice prête à lancer ses traits sur vous, et feront descendre les dons de sa miséricorde. Vous entrerez dans la voie d'une sincère pénitence, et vous obtiendrez le pardon de vos péchés.

Mais quand vous aurez obtenu ce pardon, ne cessez pas pour cela vos libéralités envers les pauvres; il vous reste une peine à expier pour ces péchés; il faut la racheter par l'aumône, qui a la vertu de payer vos dettes : *Peccata tua eleemosynis redime.* (*Dan.*, IV, 24.) Ce moyen vous est d'autant plus nécessaire et plus facile, que vous ne pouvez, dites-vous, par la faiblesse de votre tempérament, offrir à Dieu d'autres satisfactions pour vos offenses; si cela est, suppléez-y du moins par vos largesses envers les pauvres.

Ce sera donc pour vous un sûr moyen de persévérer dans la grâce de Dieu; car si l'aumône procure des grâces aux pécheurs pour se convertir, elle en attire aussi aux justes pour persévérer dans la justice. Deux choses sont nécessaires pour la persévérance des justes, les grâces de choix auxquelles ils soient fidèles, et la mort dans l'heureux état de la grâce. Or, ce sont là les deux effets de l'aumône. Car si les bonnes actions que le juste fait en état de grâce, attirent du côté de Dieu les secours particuliers qui font infailliblement persévérer, c'est singulièrement à l'aumône à qui ces secours sont promis. Dieu accorde sa protection à l'homme charitable : *Deus protector est ejus qui reddit gratiam.* (*Eccli.*, III, 34.) La mort dans la grâce en est aussi la récompense : heureux, dit le Prophète, qui prend soin des pauvres ! le Seigneur le délivrera dans le jour de trouble et d'affliction : *In die mala liberabit eum Dominus.* (*Psal.*, XL, 2.) Or, est-il un jour plus à craindre pour l'homme que celui de la mort ? c'est donc à ce moment critique, à ce moment décisif de l'éternité, où toutes les puissances de l'enfer redoublent leurs efforts pour nous perdre, que le Seigneur viendra au secours de l'homme charitable. Si le juste souffre alors des douleurs aiguës, elles seront pour lui un surcroît de mérite : parce que le Seigneur, en récompense de ce que cet homme aura fait pour ses membres souffrants, lui donnera sa grâce pour souffrir avec patience, il changera même son lit de douleur, en un lieu de rafraîchissement : *Universum stratum ejus versasti in infirmitate ejus.* (*Ibid.*, 4.) En vain tous les ennemis de son salut viendraient-ils fondre sur lui pour le perdre, parce qu'il a protégé le pauvre, le Seigneur le protégera lui-même, et lui donnera des forces pour triompher de ses ennemis : *Non tradat eum in animam inimicorum ejus.* (*Ibid.*, 3) Comme ce juste a été le libérateur des pauvres pendant sa vie, le Seigneur le délivrera à son tour des horreurs de la mort. Comme il a reçu les pauvres dans le sein de sa charité et de sa maison, Dieu recevra son âme dans le sein de sa miséricorde et de ses tabernacles éternels.

Ne craignez donc point la mort, chrétiens généreux et charitables, qui êtes le soutien des faibles, les consolateurs des affligés, l'asile des misérables ; la mort n'aura rien pour vous d'amer et d'effrayant, elle n'aura que des douceurs ; votre âme quittera tranquillement ce corps mortel, et à ce moment, ces pauvres que vous avez soulagés, ces malades que vous avez visités, qui seront déjà dans le sein de la gloire, viendront à votre rencontre ; ce seront des amis, des protecteurs qui vous ouvriront l'entrée du séjour de la gloire. Je dis plus, ce sera Jésus-Christ lui-même, qui viendra au devant de vous, et qui prononcera d'avance cette sentence favorable qu'il adressera à ses élus, au grand jour du jugement : Venez, les bénis de mon Père, posséder le royaume qui vous a été préparé dès le commencement du monde : *Venite, possidete paratum vobis regnum* (*Matth.*, XXV, 34) ; parce que j'ai eu faim, et vous m'avez donné à manger ; j'ai eu soif, et vous m'avez donné à boire : *Esurivi, et dedistis mihi manducare.* J'ai été nu, et vous m'avez habillé ; malade et vous m'avez visité ; pèlerin et étranger, et vous m'avez reçu dans vos maisons : *Hospes eram, et collegistis me.* Il est juste que je vous reçoive maintenant dans le sein de ma gloire ; venez donc prendre possession de cette gloire que vous avez si bien méritée Mon royaume est à vous, possédez-le comme votre héritage : *Possidete paratum vobis regnum.* Ah ! c'est alors, mes frères, que l'on connaîtra le prix de l'aumône ; c'est à ce grand jour, à ce jour terrible et redoutable où les cœurs durs envers les pauvres n'auront que des arrêts foudroyants à attendre ; c'est à ce jour, dis-je, que les hommes de miséricorde paraîtront avec confiance devant leur Juge, appuyés sur les aumônes qu'ils auront faites : *Fiducia magna erit coram Deo omnibus eleemosynam facientibus.* (*Tob.*, IV, 12.) Alors ils trouveront les biens qu'ils auront envoyés dans le ciel par les mains des pauvres. Ah ! que ces biens leur seront bien plus profitables que ceux que les avares laissent sur la terre à des héritiers ingrats qui s'en divertissent, pendant qu'eux, après leur mort, sont réduits à la plus affreuse indigence, et livrés en proie aux flammes éternelles.

Voulez-vous donc, mes frères, profiter de vos biens pour le temps et pour l'éternité, achetez-en le ciel par un saint usage, employez-les au soulagement des pauvres : en leur donnant vos biens, c'est à vous-mêmes que vous faites l'aumône, parce que le Seigneur vous les rendra au centuple : ceux que vous laisserez à vos héritiers, à quoi vous serviront-ils ? au contraire, vous goûterez pendant toute l'éternité les doux fruits des largesses que vous aurez faites aux pauvres. Faites-vous des amis de cette sorte qui vous reçoivent après votre mort dans les tabernacles éternels : *Facite vobis amicos,... ut recipiant vos in æterna tabernacula.* Les amis que vous aurez faits sur la terre en leur prodiguant vos biens par de folles dépenses, ces amis de table, de jeu, de divertissement, ne vous serviront de rien : semblables aux amis de Job, qui l'abandonnèrent dans sa misère, ils ne vous donneront aucun secours : au lieu que les pauvres sont des amis puissants, parce qu'ils sont les amis de Dieu ; ils plaideront votre cause auprès de lui : ces infidèles Israélites sauvés par Jonathas, écarteront par leurs prières l'arrêt de mort prononcé contre lui : *Ergone morietur Jonathas qui fecit salutem hanc magnam in Israel?* (I *Reg.*, XIV, 45.) Ah ! Seigneur, diront-ils, ne permettez pas que cette âme généreuse, qui nous a garantis de la mort temporelle par les secours qu'elle nous a donnés, tombe dans les horreurs d'une mort éternelle. Et quand ces pauvres ne solliciteraient pas la cause de leur bienfaiteur, les aumônes de ceux-ci parleront toujours : *Conclude eleemosynam in corde pauperis, et ipsa exorabit pro te.* (*Eccli.*, XX, 15.) Le Seigneur s'en souviendra ; il les récompensera de toute la magnificence de sa gloire ; il placera les hommes de miséricorde sur des trônes éclatants, où ils seront enrichis des biens de sa maison, et enivrés des torrents éternels : *Torrente voluptatis tuæ potabis eos.* (*Psal.* XXXV, 9.)

Je crois, mes frères, en avoir assez dit pour vous convaincre que les biens du ciel seront la récompense de l'aumône : quand vous n'auriez pas ceux de la terre qu'elle procure ordinairement à ceux qui la font, vous êtes toujours sûrs d'avoir les biens de la grâce et de la gloire. Quoi de plus capable de vous engager à remplir l'obligation de faire l'aumône, fondée sur le commandement que Dieu vous en fait, et sur les liaisons que vous avez avec les pauvres qui sont vos frères en Jésus-Christ.

Donnez donc, mes frères, donnez l'aumône aux pauvres, et vous en recevrez de grandes récompenses : *Date et dabitur vobis.* Mais comment devez-vous la donner? C'est ce qui me reste à vous expliquer.

DEUXIÈME POINT.

Faites l'aumône avec affection, donnez-la avec abondance, si vos facultés vous le permettent; donnez-la avec discernement, donnez-la au temps qu'il faut. Telle est, en peu de mots, la pratique de l'aumône.

Donnez l'aumône avec affection, car Dieu aime celui qui donne avec joie : *Hilarem enim datorem diligit Deus.* (II *Cor.*, IX, 7.) Il a plus d'égards à l'affection de celui qui donne, qu'au don qu'on lui fait; témoin la veuve de l'Evangile, qui fut louée par Jésus-Christ d'avoir donné plus que les autres, quoiqu'elle n'eût mis que deux petites pièces de monnaie dans le trésor. N'attendez donc pas que les pauvres par de fréquentes importunités arrachent, pour ainsi dire, de vos mains vos aumônes; ce qui leur fait perdre souvent, ou tout au moins en diminue le mérite. Allez au devant de ces pauvres, étudiez avec une sainte curiosité leurs besoins pour leur donner tous les secours qui dépendent de vous. Heureux, dit le Prophète, celui qui soulage; mais plus encore celui qui étudie, qui prévient les besoins des pauvres : *Beatus qui intelligit*, etc. (*Psal.*, XL, 2.) Cherchez ces pauvres honteux qui n'osent se montrer, ces malades, ces prisonniers qui n'ont pas la liberté de se présenter comme les autres. Faites quelque dépense pour procurer à ces malades la nourriture, et les remèdes nécessaires pour leur guérison. Employez votre argent, votre crédit, à délivrer ces pauvres prisonniers chargés de dettes. Que vos aumônes soient abondantes, c'est-à-dire proportionnées à vos facultés : si vous avez peu, vous donnerez peu; mais si vous avez beaucoup, disait le saint homme Tobié à son fils, il faut donner beaucoup : vous donnez aux pauvres le superflu de vos biens, la Providence leur en à donné le droit. Mais pour savoir en quoi consiste ce superflu, il ne faut pas consulter la passion, qui n'en trouvera jamais : jamais l'ambition n'a assez de biens pour s'élever; l'avare craint toujours de manquer pour l'avenir; le voluptueux est souvent dans le besoin pour contenter tous ses désirs : soyez exempts de passion, et vous trouverez du superflu pour les pauvres. Retranchez de vos repas cette multitude de mets délicats qui ne sont inventés que pour satisfaire la sensualité, et vous aurez de quoi nourrir les pauvres. Ne faites pas tant de dépenses en habillements, en meubles précieux, et vous aurez de quoi habiller les pauvres. Soyez modérés dans vos jeux et vos plaisirs, et les pauvres en seront mieux. C'est donc la religion et non la passion qu'il faut consulter pour savoir quel superflu vous devez aux pauvres : cette religion vous dira qu'après avoir pris ce qui est nécessaire pour vivre d'une manière convenable à votre état, et à votre état de chrétien, vous devez le reste aux pauvres.

Ne croyez donc pas avoir satisfait à vos obligations en donnant à ces pauvres quelques restes de vos tables dont vous ne pouvez plus vous servir décemment, quelques modiques pièces d'argent, ce que bien des hommes du commun font comme vous; mais examinez devant Dieu, avec un prudent directeur, quels sont vos moyens, ce que vous voudriez avoir fait à l'heure de la mort : suivez l'exemple des gens de bien du même état que vous, qui répandent à pleines mains leurs largesses dans le sein des pauvres.

Il faut encore faire l'aumône avec discernement, c'est-à-dire qu'il faut non-seulement avoir égard à vos facultés, mais encore aux différents besoins des pauvres. Ainsi ceux qui sont dans l'extrême nécessité, doivent être préférés à ceux qui n'y sont pas. Vous devez même vous priver d'une partie de votre nécessaire pour soulager les premiers, si vous n'avez pas du superflu. Vos pauvres parents doivent aussi avoir plus de part dans vos charités que les autres : ceux de l'endroit que vous habitez et où vous possédez des biens, méritent quelque préférence. Vous devez étudier les différents besoins des pauvres; car ce n'est pas s'acquitter de son obligation à ce sujet, que de se contenter de donner quelque chose à sa porte; tantôt il faut habiller le pauvre et lui donner de quoi se garantir des rigueurs de la saison, tantôt le visiter, le soulager dans sa maladie; aujourd'hui employer son argent pour éviter à ce débiteur les poursuites de cet homme réduit dans un lit malade, travailler pour cet artisan qui ne peut gagner sa vie. Ah! quand on a de la charité, on sait trouver l'occasion de la rendre utile au prochain.

Enfin, mes frères, il faut faire l'aumône dans un temps convenable; c'est-à-dire, ne pas attendre que le prochain soit dans une extrême nécessité : manquer aux besoins communs du prochain, c'est l'exposer à tomber dans une extrémité fâcheuse, ce qui est une espèce de cruauté. Vous devez aussi faire l'aumône pendant la vie, et ne pas attendre à l'heure de la mort. A Dieu ne plaise, mes frères, que je condamne les legs pieux que l'on fait dans ces derniers moments. Mais qu'il est à craindre qu'une charité si tardive n'ait plus de mérite devant Dieu! On donne son bien aux pauvres, parce qu'on ne peut plus en jouir, qu'on ne peut l'emporter avec soi : on charge les héritiers de ses aumônes; mais souvent les dispositions qu'on fait à la mort de ses biens sont contestées : une hoirie se consume en frais, elle est toute dispersée, et les pauvres sont frustrés de leurs droits; souvent aussi des héritiers ne suivent pas les intentions du testateur; ce sont des cœurs durs et insensibles à la misère des pauvres; ce sont des voluptueux, des gens passionnés, qui veulent profiter des biens pour satisfaire leurs désirs criminels;

combien n'en voit-on pas d'exemples? Preuves certaines que les aumônes faites à la mort sont souvent, ou sans mérite pour ceux qui les font, ou inutiles à ceux à qui elles sont destinées.

De tout cela concluons, mes frères, qu'il faut faire ses aumônes par soi-même pendant la vie, quand on en a le temps. Ne peut-on pas d'ailleurs être surpris par la mort? et cette surprise fait qu'on paraît les mains vides devant Dieu, qu'on n'a rien à lui présenter pour avoir son royaume. Prenez donc de bonne heure vos précautions en suivant les règles que je viens de vous marquer; donnez l'aumône avec affection, avec abondance, avec discernement, et pendant que vous en avez le temps : le Seigneur vous donnera le centuple en ce monde et la gloire éternelle en l'autre. Amen.

PRONE LIII.

Pour le neuvième Dimanche après la Pentecôte.

SUR LE SAINT SACRIFICE DE LA MESSE.

Domus mea, domus orationis est : vos autem fecistis illam speluncam latronum. (*Luc.*, X, 46.)

Ma maison est une maison de prière, et vous en avez fait une retraite de voleurs.

Il fallait, mes frères, que le temple de Jérusalem fût bien respectable, puisque le Sauveur du monde, qui était la douceur même, usa de tant de sévérité contre ceux qui le profanaient par des commerces indignes de la sainteté de ce lieu : sévérité qui le porta à reprendre, non-seulement comme il fait dans l'Evangile de ce jour, ces sacriléges profanateurs, mais encore à les chasser à coups de fouet, à renverser les tables qui portaient leurs marchandises, comme il est dit ailleurs dans l'Evangile. Qu'aurait donc fait Jésus-Christ, et que ferait-il aujourd'hui contre les profanateurs de nos églises, infiniment plus respectables que le temple de Jérusalem? de nos églises, dis-je, qui contiennent la réalité de ce qui n'était qu'en figure dans le temple de Salomon. Dans celui-ci qu'y avait-il? les tables de la loi, un peu de manne donnée miraculeusement aux Israélites dans le désert; mais dans nos temples nous possédons l'Auteur même de la loi, le vrai pain descendu du ciel, Jésus-Christ, le Fils de Dieu, qui réside en personne dans nos sacrés tabernacles.

Ce qui rendait encore le temple de Jérusalem digne de vénération, c'étaient les sacrifices qu'on offrait à Dieu, c'était le seul endroit destiné à les lui offrir. Mais qu'était-ce que ces sacrifices? C'étaient des sacrifices d'animaux qu'on égorgeait, le sang des taureaux, des béliers qu'on y répandait; au lieu que dans nos églises on présente à Dieu le sacrifice de l'Agneau sans tache. C'est dans nos seules églises qu'on peut offrir l'adorable sacrifice de nos autels, où Jésus-Christ s'offre à Dieu, son Père, par les mains des prêtres; et voilà, dit saint Augustin, ce qui rend nos églises si respectables, ce qui doit nous les faire regarder comme des maisons consacrées à Dieu, comme des maisons de prières, parce que c'est dans le sacrifice de la Messe que l'on rend à Dieu plus de gloire, et que l'on peut le prier d'une manière plus efficace que partout ailleurs.

C'est de ce divin sacrifice, mes frères, qui est la plus sainte action de notre religion, que je viens aujourd'hui vous entretenir, pour vous inspirer les sentiments de piété que vous devez y apporter, et pour ranimer aussi votre respect pour le lieu saint où il est offert. Pour remplir mon dessein, nous envisagerons le sacrifice de la Messe par les rapports qu'il a avec Dieu, et par ceux qu'il a avec nous-mêmes. La gloire qu'il procure à Dieu, et les avantages qu'il attire aux hommes : ce sont les deux propriétés du sacrifice que je trouve marquées dans les paroles du Roi-Prophète, où il dit qu'il offrira à Dieu un sacrifice de louange, et qu'il invoquera son saint nom : *Tibi sacrificabo hostiam laudis, et nomen Domini invocabo.* (*Psal.*, CXV, 17.)

De tous les sacrifices, celui de la Messe est le plus glorieux à Dieu : *Tibi sacrificabo hostiam laudis;* premier point.

De tous les sacrifices celui de la Messe est le plus salutaire aux hommes, et où ils peuvent plus efficacement invoquer le nom du Seigneur : *Et nomen Domini invocabo :* second point.

De là je tire deux conséquences pratiques : Si le sacrifice de la Messe est glorieux à Dieu, il faut donc y assister pour glorifier Dieu par nos hommages et nos respects. S'il est si utile aux hommes, il faut donc y assister avec confiance, pour demander les grâces dont on a besoin; c'est ce qui demande toute votre attention.

PREMIER POINT (1).

Le sacrifice, selon la définition qu'en donnent les théologiens après saint Thomas, est un acte de religion par lequel on offre à Dieu une chose, qui, dans l'oblation qu'on en fait, est détruite ou changée, pour reconnaître le souverain domaine de Dieu sur les créatures. Le sacrifice est si nécessaire à la religion, qu'on ne peut, sans lui, rendre à Dieu un culte parfait tel qu'il le mérite. Car pour rendre à Dieu ce culte parfait, il faut que la créature raisonnable lui fasse une protestation de sa dépendance, qu'elle le reconnaisse pour l'auteur de son être et de sa vie; et c'est ce qui se fait dans le sacrifice où la victime est détruite ou changée, pour marquer par là que Dieu est le maître de la vie et de la mort de chacun de nous. C'est pour cela qu'on offrait à Dieu dans l'ancienne loi des sacrifices que l'on appelait holocaustes, où la victime était entièrement détruite. C'étaient des animaux que l'on égorgeait, et que l'on faisait ensuite consumer par le feu, en signe du pouvoir absolu que Dieu a sur la vie des hommes. On offrait

(1) Chaque Point peut servir pour un Prône.

aussi des victimes pacifiques, soit en reconnaissance des biens que les hommes recevaient de la bonté de Dieu, soit pour attirer de nouvelles grâces. Enfin l'on offrait des sacrifices de propitiation pour apaiser la colère de Dieu, irrité par les péchés des hommes. Mais tous ces sacrifices étaient incapables de rendre à Dieu le culte qu'il mérite, ils n'avaient de vertu qu'autant qu'ils étaient unis, par la foi de ceux qui les offraient, au sacrifice du Rédempteur dont ils étaient la figure.

C'est pourquoi ces sacrifices ont passé, pour faire place au plus grand, au plus excellent de tous, qui est celui de nos autels: sacrifice qui renferme non-seulement, mais qui surpasse toute la vertu et le mérite des autres, parce qu'il nous fournit le moyen le plus excellent de nous acquitter de toutes nos obligations envers Dieu.

Que devons-nous à Dieu, mes frères? Nous devons glorifier la grandeur de son être, le reconnaître pour le souverain Seigneur de qui nous dépendons en toutes choses, le remercier comme l'auteur de tous nos biens. Dieu mérite nos hommages pour lui-même, et à cause de ses infinies perfections; il mérite notre reconnaissance, à cause des biens qu'il nous a faits. Or, le saint sacrifice de la Messe est le plus glorieux hommage que nous puissions rendre à la grandeur de Dieu, parce qu'il est le plus parfait holocauste qu'on lui ait jamais offert. Le sacrifice de la Messe est le plus juste payement que nous puissions faire à Dieu pour tous les biens que nous en avons reçus. C'est pour cela qu'il est appelé eucharistique, c'est-à-dire actions de grâces: deux propriétés du sacrifice qui prouvent combien il est glorieux à Dieu: suivez-moi, et ne perdez rien de ce que j'ai à vous dire de son excellence.

Nous pouvons, il est vrai, glorifier Dieu par tous les actes de vertus que nous pouvons pratiquer, tels que sont la prière, l'aumône, le jeûne, et les autres exercices de la religion. Mais quelque gloire que l'homme puisse rendre à Dieu par ses vertus, cette gloire sera toujours infiniment au-dessous de ce que Dieu mérite. Il n'y a que Dieu lui-même qui puisse se glorifier d'une manière digne de lui. Or, c'est dans le sacrifice de la Messe que nous trouvons le moyen excellent de rendre à Dieu tous les honneurs qu'il mérite. Comment cela, mes frères? C'est que dans le sacrifice de la Messe nous lui offrons un Dieu, et par conséquent une victime d'un prix infini, ou, pour mieux dire, c'est le Fils de Dieu lui-même qui s'offre à son Père, qui est tout à la fois et Prêtre et Victime, et qui s'offre en holocauste pour rendre à son Père, au nom de toutes les créatures, tous les hommages qui sont dus à sa grandeur. Tâchons de vous développer ce mystère de notre sainte religion, qui renferme de si grandes merveilles.

Déjà, mes frères, le Fils de Dieu s'était offert à son Père comme une hostie de suavité, dit l'Apôtre, par le sacrifice qu'il lui fit de sa vie, en se revêtant de notre nature, et qu'il consomma sur la croix par la mort qu'il y endura; sacrifice qui répara abondamment l'injure que le péché avait faite à Dieu, et qui lui rendit infiniment plus de gloire que toutes les créatures ne lui en pourraient procurer. Mais comme ce sacrifice ne s'est offert qu'une fois et dans un seul endroit du monde, et que néanmoins il fallait à Dieu une victime pure et sans tache, qui, selon la prédiction d'un prophète, rendît gloire à la grandeur de son nom dans tous les lieux du monde; c'est pour cela que le Fils adorable, par une admirable disposition de sa sagesse, a trouvé le moyen de perpétuer jusqu'à la fin des siècles le sacrifice qu'il offrit sur la croix à la gloire de son Père. Quel est ce moyen, mes frères? C'est l'adorable sacrifice de nos autels, qui est non-seulement un mémorial, mais encore un renouvellement du sacrifice du Calvaire. Pour vous en convaincre, rappelons-en pour un moment l'institution, et considérons la manière dont Jésus-Christ s'offre en ce divin sacrifice, pour renouveler la mémoire de la mort, et la mort même qu'il souffrit sur la croix.

Ce fut, comme vous le savez, la veille de sa passion, que le Sauveur du monde, pour faire la fonction de Prêtre selon l'ordre de Melchisédech, prit du pain et du vin, les bénit, et les changea en son vrai corps et sang. Par là il fit deux choses: il institua la sainte Eucharistie, comme sacrement et comme sacrifice: comme sacrement, en ce qu'il nous donna son corps et son sang pour être la nourriture de nos âmes; comme sacrifice, en ce qu'il voulut que cette consécration du pain et du vin en son corps et en son sang fût une représentation du sacrifice qu'il allait offrir sur la croix. C'est pour cela qu'il recommanda à ses apôtres que toutes les fois qu'ils en feraient de même ils annonceraient sa mort aux hommes. Ce fut aussi pour perpétuer ce sacrifice, que ce Dieu sauveur donna aux apôtres et aux prêtres leurs successeurs le pouvoir de faire ce qu'il avait fait; parce que, devant retourner au ciel, il ne pouvait faire sur la terre d'une manière visible la fonction de prêtre éternel: *Hæc quotiescunque feceritis, in mei memoriam facietis.* C'est donc ce pouvoir admirable que les prêtres exercent à la Messe, que nous appelons, et que nous devons reconnaître comme un mémorial de la mort de Jésus-Christ, c'est par ce pouvoir qu'ils continuent sur la terre d'une manière visible le sacerdoce de Jésus-Christ, selon l'ordre de Melchisédech: pouvoir qui ne consiste pas à bénir du pain et du vin, comme le grand pontife de la loi ancienne, car si cela était, quel privilège aurions-nous donc de plus dans la loi de grâce que dans la loi ancienne? mais pouvoir qui consiste à changer, comme fit Jésus-Christ, le pain et le vin en son vrai corps et en son vrai sang. Or, c'est dans ce changement, dans cette consécration que consiste le sacrifice si glorieux à

Dieu. Comment cela? Je l'ai dit; c'est que ce sacrifice est non-seulement un mémorial, mais une rénovation de celui de la croix. C'est la même victime qui est offerte à Dieu; *Ceci est mon corps, qui sera livré pour vous*, disent au nom de Jésus-Christ les prêtres qui célèbrent; *Ceci est mon sang, qui sera répandu pour vous.* Or, ce corps et ce sang sont unis à la Divinité; c'est donc un Dieu qu'on offre au sacrifice de la Messe, à la majesté de Dieu; c'est aussi un Dieu qui est sacrificateur. Jésus-Christ l'Homme-Dieu, le même qui s'est offert sur la croix, s'offre encore sur l'autel; les prêtres en sont les ministres; ils agissent en son nom, ils représentent sa personne; c'est pourquoi ils ne disent pas, ceci est le corps de Jésus-Christ, ceci est le sang de Jésus-Christ; mais ceci est mon corps, ceci est mon sang. C'est donc Jésus-Christ qui s'offre en holocauste par les mains des prêtres, en ce qu'il s'immole, qu'il meurt entre leurs mains d'une mort mystique, comme il mourut sur la croix d'une mort sanglante. Jésus-Christ mourut sur la croix d'une mort réelle par la séparation de son sang avec son corps. C'est ce qui se renouvelle en un sens au sacrifice de la Messe, parce qu'en vertu des paroles de la consécration, il n'y a précisément que le corps de Jésus-Christ sous les apparences du pain, et le sang sous les apparences du vin; non pas qu'effectivement le corps et le sang soient séparés l'un de l'autre, parce qu'ils sont pour toujours réunis par la résurrection du Sauveur; mais s'ils pouvaient être séparés, les paroles sacramentelles, comme un glaive mystérieux, les diviseraient l'un de l'autre, les produiraient l'un sans l'autre : et c'est en ce sens qu'il est vrai de dire que le sacrifice de la Messe représente le sacrifice de la croix, parce que la mort mystique de Jésus-Christ au sacrifice représente sa mort réelle et sanglante sur la croix. Il est donc vrai de dire que Jésus-Christ s'offre en holocauste à Dieu son Père, puisqu'il se met dans un état de mort pour lui rendre la gloire qui est due à sa grandeur.

Ce qui est encore à remarquer, c'est que Jésus-Christ, dans le sacrifice de la Messe, perd dans la communion du prêtre l'être sacramentel qu'il avait reçu à la consécration; en ce que les espèces étant détruites, Jésus-Christ cesse d'y être, et perd une manière d'exister qu'il avait auparavant. Il est non-seulement enseveli dans la poitrine du prêtre, comme dans le tombeau; mais son corps n'y est plus, dès que les espèces sont consumées; c'est ce que l'on peut dire, mourir d'une manière mystique. C'est ainsi, mes frères, que cet adorable Sauveur a su perpétuer, pour honorer son Père, le sacrifice qu'il a offert sur la croix. Comme il ne pouvait plus faire de son corps une victime sanglante, à cause de l'état glorieux et impassible dont il jouit, il a trouvé le secret de s'offrir d'une manière toute mystérieuse à la gloire de son Père, pour suppléer à l'impuissance où sont les hommes de lui rendre celle qu'il mérite. Quel excès de bonté de la part de ce Dieu Sauveur, et quelles heureuses conséquences pour nous à tirer de ce mystère ineffable!

Ce ne sont donc plus des victimes grossières et imparfaites, telles qu'on les offrait dans l'ancienne loi; ce n'est plus le sang des animaux que nous offrons à Dieu; mais c'est une victime d'un prix infini : c'est le sang même de Jésus-Christ l'Agneau sans tache, qui coule sur nos autels, et qui exhale vers le ciel une plus agréable odeur que les fumées grossières qui sortaient des anciens sacrifices. C'est par conséquent le plus glorieux holocauste que nous puissions offrir à Dieu, pour reconnaître sa grandeur, et le domaine souverain qu'il a sur sa créature. Si Dieu mérite une gloire infinie à cause de la souveraineté de son être, n'est-ce pas lui rendre cette gloire, que de lui offrir son cher Fils, en qui il a mis ses complaisances, qui est égal en tout à son Père, et qui se met dans un état de mort et d'anéantissement pour glorifier ce Père céleste d'une manière digne de lui?

Il me semble, mes frères, entendre ce Fils adorable, dans l'auguste sacrifice de la Messe, tenir à son Père le même langage que le Prophète lui fait tenir à son entrée au monde : Père saint, qui êtes infiniment adorable, mais qui ne receviez pas les hommages qui vous étaient dus par les victimes qu'on vous immolait; vous avez rejeté ces victimes, comme incapables de vous rendre un culte digne de votre grandeur, soit par défaut de raison et de liberté dans les animaux, soit par le défaut de sainteté dans les hommes : *Holocaustum pro peccato non postulasti.* (*Psal.*, XXXIX, 7.) Mais me voici, en place de ces victimes imparfaites, qui vous glorifie pour vos créatures, qui me sacrifie pour elles à la gloire de votre saint nom, qui veux vous rendre pour elles tous les hommages que vous méritez : *Dixi, Ecce venio.* (*Ibid.*, 8). Tel est, mes frères, le dessein qui fait descendre invisiblement Jésus-Christ sur nos autels, qui lui fait prendre une seconde naissance, et le fait mourir d'une mort mystique entre les mains des prêtres; c'est afin de glorifier son Père : *Ecce honorifico Patrem.* (*Joan.*, VIII, 49.) C'est pour nous acquitter pleinement de toutes les obligations de respect, d'honneur, d'adoration que nous devons à la suprême Majesté.

De là, encore une fois, quelle heureuse conséquence à tirer pour nous! Car de tout ce que nous avons dit, que s'ensuit-il? Il s'ensuit que Dieu est autant glorifié par une seule Messe qu'il mérite de l'être; qu'une seule Messe rend plus de gloire à Dieu que tous les hommes et les anges mêmes réunis ensemble ne pourraient lui en procurer par les actions les plus saintes et les plus héroïques; que cette Messe est d'un plus grand prix auprès de Dieu, et lui est plus agréable que toutes les souffrances des martyrs, toutes les pénitences des anachorètes, toutes les vertus des saints; qu'une seule Messe est plus que suffisante pour réparer tous les outrages que Dieu reçoit des pécheurs, parce que la dignité de la victime qui y est offerte surpasse toute la malice des hommes qui offensent le Seigneur. Quel motif pressant pour vous de vous rendre assidus à ce redoutable sacrifice, puisque vous y trouvez un moyen si excellent de glorifier Dieu comme votre souverain Seigneur, et de lui rendre grâces des biens que vous en avez reçus.

Nous avons tout reçu, mes frères, de la bonté de notre Dieu, nous sommes environnés de ses bienfaits et de ses faveurs : bienfaits dont il nous a comblés en si grand nombre dans l'ordre de la nature et celui de la grâce, que nous nous trouvons tous dans l'impuissance de lui marquer notre juste retour envers ses bontés.

Mais grâces vous en soient à jamais rendues, ô mon adorable Sauveur! qui nous avez fourni dans l'auguste sacrifice de nos autels de quoi nous acquitter pleinement de nos obligations envers votre divin Père. Nous ne serons plus en peine sur le tribut de notre reconnaissance que nous lui devons. Si nous en cherchons le moyen, comme le Roi-Prophète : *Quid retribuam Domino?* nous le trouverons comme lui dans le calice du salut : *Calicem salutaris accipiam.* (*Psal.*, CXV,12.) Ce calice nous est présenté dans le sacrifice de la Messe, il est à notre disposition pour l'offrir à Dieu en reconnaissance de ses bienfaits ; et en le lui offrant, nous sommes assurés que nous faisons à Dieu un présent digne de lui ; présent qui égale non-seulement tous les biens que Dieu nous a faits, mais qui les surpasse encore, à la réserve de celui par lequel il nous a donné son Fils, puisque ce présent n'est autre que ce Fils adorable qui s'est livré à nous pour nous acquitter pleinement de toutes nos obligations envers Dieu. Quand je vous offre donc, ô mon Dieu, cette précieuse victime, je puis dire que j'use envers vous de toute la reconnaissance que vous me demandez; que ma reconnaissance égale vos bienfaits, quelque nombreux qu'ils puissent être; qu'elle les surpasse même, puisque je vous offre une victime d'un prix infini, qui vaut plus que tous les biens, tous les empires du monde.

Puissiez-vous, mes frères, vous servir toujours d'un moyen aussi excellent pour rendre à Dieu ce que vous lui devez, pour le glorifier comme votre souverain Seigneur, pour le remercier comme votre bienfaiteur : mais il faut pour cela vous unir à ce divin sacrifice par le respect que vous devez y apporter, par la reconnaissance dont vous devez être pénétrés. Quoi de plus capable de vous inspirer ces sentiments de respect, que la grandeur et la majesté d'un Dieu à qui le sacrifice est offert, et les anéantissements d'un Dieu qui s'immole lui-même? Ah! si l'on était bien pénétré de cette pensée, que c'est à un Dieu qu'un Dieu lui-même se sacrifie, que ce sacrifice est l'action la plus sainte, la plus auguste de notre religion, que les cieux et la terre tremblent à la vue de ce qui se passe entre les mains du prêtre, avec quel respect n'assisterait-on pas à ce redoutable mystère? Or, en quoi consiste ce respect avec lequel on doit se présenter au saint sacrifice? Ce respect consiste à n'y paraître jamais que dans une posture décente, et avec les sentiments de l'humilité la plus profonde. Car l'homme étant composé de corps et d'âme, Dieu veut être honoré par ces deux parties de nous-mêmes : par une posture décente nous lui faisons le sacrifice de nos corps, et par l'humilité nous offrons le sacrifice de nos esprits. Cette modestie du corps doit retenir nos sens en servitude, pour qu'ils ne s'égarent pas sur des objets capables de nous distraire. Cette posture du corps doit être accompagnée de l'humilité de l'esprit qui nous fasse descendre dans notre néant, nous inspire du mépris pour nous-mêmes; pour rendre hommage à l'humilité d'un Dieu qui s'anéantit pour nous. Sans cela quelque parfait que soit le sacrifice de la part de la victime qui est offerte, il sera imparfait de notre part, et ne sera d'aucune utilité pour nous.

Humilions-nous donc avec un Dieu qui s'humilie, prosternons-nous devant son infinie Majesté : *Venite, procidamus.* (*Psal.* XCIV,9.) Rendons grâces au Seigneur pour tous les biens que nous en avons reçus, comme l'Eglise nous y invite par la voix du prêtre : *Gratias agamus Domino Deo nostro.*

Mais paraît-on aujourd'hui au saint sacrifice avec ce respect, cette humilité, cette reconnaissance qu'on doit y apporter? N'y paraît-on pas, au contraire, dans des postures indécentes, avec des airs de mondanité qui insultent aux humiliations d'un Dieu qui se sacrifie? N'y tient-on pas des discours profanes qui interrompent le silence des sacrés mystères? Ne donne-t-on pas toute sorte de liberté à ses sens qu'on laisse errer d'objet en objet, au lieu de les captiver sous le joug de la modestie et de l'humilité? Combien qui se laissent aller à des distractions volontaires, incompatibles avec l'attention que l'on doit au saint sacrifice? N'y en a-t-il pas même qui trouvant le temps trop long portent l'impiété jusqu'au point de sortir du saint temple, dans le temps même qu'un Dieu se sacrifie pour eux? Est-ce là, mes frères, je vous le demande, entrer dans les desseins de Jésus-Christ, qui, en se faisant victime pour nous a voulu que nous fussions victimes avec lui? N'est-ce pas, au contraire, déshonorer Dieu dans l'action même qui doit le plus l'honorer? C'est de quoi Jésus-Christ se plaint lui-même, comme il faisait autrefois contre les Juifs : Tandis que je rends gloire à mon Père par mes humiliations, vous m'insultez de la manière la plus outrageante : *Et vos inhonorastis me.* (*Joan.*, VIII, 49.) Tandis que les célestes Intelligences pour qui le sacrifice n'est pas offert, louent et adorent le Seigneur, que les anges, les trônes, les dominations sont dans un saint tremblement à la vue des humiliations d'un Dieu; de misérables pécheurs pour qui il s'immole s'élèvent insolemment contre lui, le méprisent et l'outragent. N'est-ce pas faire marcher de pair la plus noire ingratitude avec le plus signalé des bienfaits? Qu'il n'en soit pas ainsi de vous, mes frères; ne paraissez jamais aux saints mystères qu'avec un saint tremblement, avec un respect profond, et une vive reconnaissance qui vous rendront ce sacrifice salutaire, comme je vais vous l'apprendre dans le second point.

DEUXIÈME POINT.

Ce n'est pas seulement pour rendre gloire à Dieu son Père que Jésus-Christ a institué l'auguste sacrifice de nos autels; c'est encore pour l'avantage et pour le salut des hommes. Ce sacrifice est tout à la fois propitiatoire et impétratoire, mais d'une manière bien plus excellente que ceux de l'ancienne loi. Il est propitiatoire pour apaiser la colère de Dieu irrité par les péchés des hommes; il est impétratoire pour leur obtenir toutes les grâces dont ils ont besoin. Deux qualités bien capables d'inspirer une ferme confiance à tous ceux qui ont l'avantage d'y assister, soit pour demander le pardon de leurs péchés, soit pour obtenir les grâces qui leur sont nécessaires.

Quel moyen en effet plus propre et plus efficace pour fléchir la colère de Dieu, et pour obtenir le pardon de ses péchés, qu'un sacrifice où l'on offre à Dieu la victime qui a effacé tous les péchés du monde? Si le sang des boucs et des autres animaux que l'on immolait dans l'ancienne loi était capable de purifier, comme dit l'Apôtre, ceux qui avaient contracté quelque tache légale, à combien plus forte raison, ajoute le saint Apôtre, le sang de Jésus-Christ pourra-t-il purifier nos consciences, en les lavant de toutes leurs iniquités? Sang précieux qui, étant d'une valeur infinie, est plus que suffisant pour expier les péchés de mille mondes, encore plus criminels que celui-ci. Or, c'est la valeur de ce sang précieux qui nous est appliquée au sacrifice de la Messe: il coule sur l'autel pour nous laver de nos crimes; il est offert pour notre réconciliation par Jésus-Christ même qui se met à la place des hommes pécheurs, et qui dit à son Père sur l'autel, comme il lui dit sur la croix: Pardonnez, Seigneur, à ces hommes criminels qui ont mérité le poids de vos vengeances, je vous demande grâce pour eux, je me sacrifie pour eux: *Ego pro eis sanctifico meipsum* (*Joan.*, XVII, 19). Ils sont dignes, il est vrai, de subir toute la rigueur des arrêts que vous avez portés contre eux; mais voici le même sang, voici la même victime qui a déjà désarmé votre bras vengeur, qui a fait tomber la foudre d'entre vos mains; n'écoutez donc plus la voix des crimes qui s'élève jusqu'à vous; mais écoutez plutôt la voix de votre Fils, qui réclame votre miséricorde pour des criminels: *Ego pro eis sanctifico meipsum.* Dieu, mes frères, peut-il être insensible à la voix si touchante d'un Fils qui est l'objet de ses complaisances? Pourrait-il faire tomber son tonnerre sur des malheureux teints du sang de ce Fils adorable? Si la mort que ce Fils a endurée sur la croix a fait effacer, comme dit l'Apôtre, l'arrêt de mort éternelle porté contre les hommes; le sacrifice de la Messe, qui est un mémorial et une représentation de cette mort, n'aura-t-il pas la même vertu? Oui, mes frères, la vertu de ce sacrifice est si grande, que sans lui le monde aurait déjà péri par le nombre des crimes dont il est inondé; il serait devenu, selon la prédiction d'un prophète, comme Sodome et Gomorrhe, qui furent consumées par le feu du ciel. Il est si efficace, ce divin sacrifice, que du pécheur le plus aveuglé et le plus endurci, il en peut faire un grand saint, s'il est assez heureux pour y assister avec piété, et profiter des grâces qui y sont attachées.

Ce n'est pas que le sacrifice de la Messe remette immédiatement par lui-même le péché, comme les sacrements qui sont institués pour ce sujet; mais il obtient, comme dit le saint concile de Trente, aux pécheurs des grâces de conversion si grandes et en si grand nombre, que pour peu d'efforts qu'ils veulent faire de leur côté, il leur est facile d'entrer en grâce avec Dieu.

Enfin, ce sacrifice est propitiatoire en ce qu'il efface et remet la peine temporelle due aux péchés, et c'est là, selon la doctrine du même concile, un de ses effets particuliers: peine temporelle qui est remise dès cette vie aux personnes pour qui il est offert, et qui se remet aussi dans le purgatoire aux saintes âmes qui expient leurs péchés par des tourments incroyables. C'est pourquoi ces âmes souffrantes souhaitent et demandent avec tant d'ardeur aux fidèles qui sont sur la terre, de faire couler sur les flammes qui les dévorent le sang de Jésus-Christ par l'application du sacrifice de la Messe, afin d'éteindre ces flammes et d'abréger leurs tourments.

O vous donc qui êtes chargés du pesant fardeau de vos péchés, qui gémissez sous le poids de vos chaînes, approchez-vous du libérateur qui peut les briser; venez, malades, venez vous plonger dans cette piscine salutaire, où le sang de Jésus-Christ coule en abondance pour vous laver. Vous ne pouvez pas dire comme le paralytique de l'Evangile, que vous n'avez pas un homme pour vous y introduire, puisque vous trouvez dans tous les lieux du monde, dans toutes les églises, des sacrificateurs qui offrent la précieuse victime du salut pour l'expiation de vos péchés. Approchez-vous, encore une fois, de la sainte montagne où l'Agneau sans tache est immolé: une seule goutte du sang qu'il répand est capable de vous laver, de vous purifier de tous les crimes que vous avez commis, quelque nombreux, quelque énormes qu'ils puissent être. Mais pour obtenir votre pardon, il faut qu'au sacrifice de l'Homme-Dieu, vous joigniez celui d'un cœur contrit et humilié; c'est là le sacrifice que Dieu demande de vous, et qui vous fera trouver grâce auprès de lui: *Sacrificium Deo spiritus contribulatus; cor contritum et humiliatum, Deus, non despicies.* (*Psal.*, L, 19.) En vain Jésus-Christ s'offrira-t-il pour vous à Dieu, son Père, pour apaiser sa colère; si vous ne mêlez vos larmes avec le sang qu'il répand, si vous ne prenez en main le glaive de la pénitence pour immoler vos passions, vos habitudes, pour sacrifier cet objet qui occupe votre cœur, vous n'obtiendrez jamais votre pardon. L'évangéliste nous rapporte qu'à la mort de Jésus-Christ les rochers se fendirent, que le voile du temple se déchira, que plusieurs de ceux qui furent les témoins de ces prodiges s'en retournaient en frappant leur poitrine : ***Revertebantur percutientes pectora sua.*** (*Luc.*, XXIII, 48.) Telles doivent être, mes frères, vos dispositions quand vous assistez aux saints mystères, où l'on fait la mémoire de la mort de Jésus-Christ; il faut y paraître dans les sentiments du pauvre publicain qui n'osait lever les yeux vers le ciel, frappait sa poitrine en conjurant le Seigneur de lui être propice: ***Deus, propitius esto mihi peccatori.*** (*Luc.*, XVIII, 13.) Seigneur, devez-vous dire comme lui, soyez propice à un pauvre pécheur comme je suis. Ne regardez pas les iniquités que j'ai commises, mais regardez la face de votre Fils qui vous demande grâce pour moi : ***Respice in faciem Christi tui.*** (*Psal.* LXXXIII, 10.) La douleur que j'ai de vous avoir offensé me fera, comme Madeleine aux pieds de la croix, mêler mes larmes avec le sang de ce très-cher Fils, pour en attirer sur moi quelques gouttes qui me lavent de mes iniquités. Cette douleur me fera prendre la sincère résolution de ne me plus séparer de vous par le péché, de m'attacher inviolablement à votre service. Tels sont, mes frères, les sentiments dont vous devez être pénétrés à la sainte Messe. Quelle aurait été votre douleur, votre piété, si vous aviez été présents au sacrifice du Calvaire, si vous aviez vu Jésus-Christ mourant sur la croix pour votre amour! C'est ici le même sacrifice; il faut donc y être dans les mêmes dispositions où vous auriez été pour lors. De quelle indignation n'auriez-vous pas été saisis contre les cruels bourreaux qui attachèrent Jésus-Christ sur sa croix, contre les Juifs qui l'insultaient dans cet état, en lui disant: ***Si tu es le Fils de Dieu, descends de la croix! Si Filius Dei es, descende de cruce.*** (*Matth.*, XXVII, 40.) Ce sont là, pécheurs, les outrages que vous renouvelez contre Jésus-Christ, lorsqu'au lieu de paraître au saint sacrifice de la Messe avec des sentiments et la posture d'un pénitent, avec un cœur brisé de douleur, vous y paraissez dans des postures indécentes; lorsqu'à peine vous fléchissez le genou, dans le temps même qu'un Dieu s'immole pour nous. Vous renouvelez par là le salut impie que lui faisaient les Juifs, lorsqu'en mettant un genou en terre, ils lui disaient par dérision : ***Ave, Rex Judæorum!*** (*Matth.*, XXVII, 29.) Ce sont, encore une fois, ces outrages que vous renouvelez, lorsque vous venez au sacrifice pour y chercher l'objet de votre passion, lorsque votre cœur en est tout occupé, au lieu de le briser par la douleur de vos péchés, au lieu de le sacrifier par un entier détachement des créatures. Cette comparaison de votre conduite avec celle des Juifs vous fait sans doute horreur; mais qu'elle serve à vous faire rentrer en vous-mêmes, pour vous armer, comme dit l'apôtre saint Pierre, de la même pensée, des mêmes sentiments que Jésus-Christ a eus quand il a souffert pour vous : ***Christo passo in carne, et vos eadem cogitatione armamini.*** (I *Petr.*, IV, 1.)

Serait-il juste qu'après que le Fils innocent a fait de son côté ce qu'il n'était pas obligé de faire pour apaiser la colère de son Père, le coupable ne fît rien pour satisfaire la justice de Dieu, et pour s'appliquer les mérites qui ont expié ses fautes? C'est dans le sacrifice de la Messe que ces mérites vous sont particulièrement appliqués, mais à condition que la douleur et la pénitence feront sur vous cette application. Par là, mes frères, le sacrifice vous sera propitiatoire pour obtenir votre pardon : il sera encore impétratoire, pour vous procurer tous les secours et toutes les grâces dont vous avez besoin.

Il n'est rien, en effet, mes frères, que vous ne puissiez demander et obtenir par les mérites de la victime qui s'offre pour vous à la sainte Messe. Si l'on peut juger du succès de nos demandes par le crédit des personnes qui les appuient auprès de ceux à qui nous les adressons, que ne devons-nous pas espérer de la médiation de Jésus-Christ, le Fils de Dieu, qui a été exaucé, comme dit l'Apôtre, dans ce qu'il a demandé à son Père, à cause de la révérence qui lui est due? ***Exauditus est pro sua reverentia.*** (*Hebr.*, V, 7.) C'est le même médiateur qui intercède pour nous sur l'autel et dans le ciel, où il présente sans cesse à Dieu ses mérites pour faire descendre sur nous les trésors célestes : ***Semper vivens ad interpellandum pro nobis.*** (*Hebr.*, VII, 25.)

Dieu peut-il refuser quelque chose à un médiateur aussi puissant? et si cela est, jusqu'où ne pouvons-nous pas porter nos espérances? Aussi l'Eglise est-elle bien persuadée du grand pouvoir et de l'efficacité du crédit de Jésus-Christ auprès de son Père, puisque dans toutes les prières qu'elle adresse à Dieu dans le saint sacrifice de la Messe, elle emploie sans cesse le nom de Jésus-Christ : ***Per Dominum nostrum***, etc. C'est comme si elle disait à Dieu : Seigneur, dans tout ce que je vous demande, je vous offre, pour l'avoir, le sang, la vie, les mérites de votre cher Fils : c'est une monnaie, permettez cette expression, d'un prix infini dont je me sers pour acheter tout ce que je peux désirer. Tout ce que je puis demander est au-dessous de ce que je présente pour l'avoir : quelle assurance n'ai-je pas d'être exaucée dans mes demandes? N'est-ce pas là, mes frères, un motif bien capable d'animer votre confiance, pour demander à Dieu, à la sainte Messe, toutes les grâces dont vous avez besoin? Ce Dieu de bonté, qui nous a donné son cher Fils, qui l'a, pour ainsi dire, livré à notre disposition; comment nous refuserait-il quelqu'autre chose? *Comment, au contraire, ne nous donnera-t-il pas tous les autres biens avec lui*, dit l'Apôtre? « *Quomodo non etiam cum illo omnia nobis donabit?* » (*Rom.*, VIII, 32.) Ah! si nous sommes dans la misère et l'indigence, nous le méritons bien, puisque nous avons dans le saint Sacrifice un trésor inépuisable, une source intarissable de tous biens, où nous n'avons qu'à puiser pour nous enrichir pour le temps et pour l'éternité.

Voulez-vous donc, mes frères, sortir de l'état de pauvreté où vous êtes réduits, pour vous enrichir des trésors célestes de la grâce? Venez aux fontaines du Sauveur qui coulent sur l'autel, puiser cette eau salutaire qui rejaillit à la vie éternelle. Les Israélites qui burent de l'eau que Moïse avait fait sortir du rocher, ne laissèrent pas de périr. Mais celui qui boira de l'eau de ce rocher mystérieux, n'aura point soif, et il sera préservé de la mort éternelle. O vous donc, qui êtes brûlés de la soif meurtrière qui excite en vous le feu des passions, venez boire de cette eau qui vous guérira de votre soif, et vous donnera la vie! Pécheurs, qui gémissez sous l'esclavage du péché, et sous le poids des habitudes qui vous tyrannisent, demandez votre conversion. Justes qui craignez de perdre le don de la grâce qui vous assure de l'amitié de votre Dieu, demandez celui de la persévérance, demandez la victoire des tentations par la vertu de ce sacrifice, qui vous obtiendra des secours abondants pour les surmonter, demandez une foi vive, une charité ardente, une humilité profonde, une pureté inviolable, une patience à l'épreuve de toutes les afflictions dont vous êtes environnés; demandez surtout la grâce d'une sainte mort, dans ce divin Sacrifice, qui nous rappelle le souvenir de la mort de Jésus-Christ. Un temps bien propre à faire cette prière d'une bonne mort, est l'intervalle entre les deux élévations. Car c'est alors que Jésus-Christ meurt d'une mort mystique entre les mains du prêtre; priez-le pour lors de vous faire mourir entre les bras de sa croix.

Vous pouvez encore, mes frères, porter vos espérances au sacrifice de la Messe, jusqu'à demander les biens temporels qui vous sont nécessaires, comme le rétablissement de votre santé, le succès d'une affaire qui vous intéresse, la conservation de vos biens; mais que ce soit toujours en vue de Dieu et du salut de votre âme, et non pas pour contenter des passions criminelles, pour lesquelles on ne doit pas employer un moyen aussi précieux que l'adorable Sacrifice.

Vous pouvez enfin, mes frères, prier au saint Sacrifice, non-seulement pour vos besoins, mais encore pour les besoins de ceux qui vous appartiennent. Pères et mères, priez pour vos enfants; épouses, pour vos maris; maîtres et maîtresses, pour vos domestiques.

Mais pour rendre vos prières agréables à Dieu, et efficaces pour vous-mêmes, il faut assister à ce divin Sacrifice dans les dispositions que Dieu demande de vous, et que je vous invite à retenir.

Pratiques. — Deux choses sont absolument nécessaires pour bien entendre la sainte Messe : la modestie du corps et l'attention de l'esprit. La modestie du corps, comme je l'ai déjà dit, consiste non-seulement à être présent de corps et d'esprit au Sacrifice dès le commencement jusqu'à la fin, mais encore à se tenir dans une posture décente : la plus convenable est d'être à genoux, ne point regarder çà et là, ne point tenir de discours profanes, et observer, autant que faire se peut, ce qui se passe sur l'autel. Mais ce serait peu d'être présent de corps au Sacrifice, si l'on n'y était présent d'esprit. Car de même que ce serait un péché grief de manquer une partie considérable de la Messe, c'en serait aussi un d'y être volontairement distrait pendant un temps notable. Or, un des meilleurs moyens d'avoir cette attention, est de s'occuper, pendant la Messe, de la passion, de la mort de Jésus-Christ, dont elle nous rappelle le souvenir. C'est une pratique qui est d'autant plus à la portée de tout le monde, que l'Eglise nous l'a facilitée, par le soin qu'elle a eu de représenter, par les différentes cérémonies de la Messe, les circonstances de la passion et de la mort du Sauveur.

Ainsi, quand vous voyez le prêtre au bas de l'autel, prosterné, et faisant la confession de ses péchés, représentez-vous Jésus-Christ priant au Jardin des Olives, chargé des péchés des hommes : demandez alors pardon de vos péchés, par un acte de contrition, et par l'humble confession que vous en ferez. Quand le prêtre va aux différents côtés de l'autel, représentez-vous Jésus-Christ conduit dans les différents tribunaux; demandez-lui pardon de tous les pas que vous avez faits dans les voies de l'iniquité; récitez le *Credo* avec le prêtre. L'élévation de l'Hostie et du calice est un mémorial de Jésus-Christ élevé sur la croix, où il répandit son sang pour votre salut; faites pour lors un acte de foi sur sa présence réelle au saint Sacrement; remerciez-le d'avoir donné sa vie pour vous.

La communion du prêtre vous rappelle la sépulture de Jesus-Christ : si vous ne communiez pas à la Messe, il est bon pour lors de faire la communion spirituelle par un désir ardent de recevoir Jésus-Christ; dans les autres temps de la Messe, vous pouvez faire d'autres prières : ceux qui savent lire ont l'avantage d'en trouver sur les livres de piété : les autres peuvent réciter le chapelet, que l'on peut interrompre, pour faire attention aux actions principales de la Messe, de la manière dont je viens de l'expliquer. Il faut avoir soin surtout, dès le commencement, d'offrir le saint Sacrifice pour les fins que Jésus-Christ l'a institué; c'est-à-dire pour glorifier Dieu, pour le remercier des biens qu'il nous a faits, pour lui demander pardon de nos fautes, et pour les autres grâces qui nous sont nécessaires. Renouvelez de temps en temps cette offrande avec un acte de contrition; quand on ne ferait que cela pendant la Messe, c'est une manière excellente de l'entendre, et une pratique dont les ignorants mêmes sont capables de s'acquitter. Servez-vous-en, mes frères, pour satisfaire à une obligation dont l'accomplissement procure tant de gloire à Dieu, et de si grands avantages à vous-mêmes. Assistez, le plus souvent qu'il vous sera possible, au sacrifice de la Messe, les jours même qui ne sont pas d'obligation; lorsque vous ne le pouvez, en entendant sonner la cloche, unissez-vous à l'intention du prêtre et des assistants. Venez au sacrifice de la Messe, dans un esprit de sacrifice qui fasse mourir en vous le péché, vos passions, vos inclinations déréglées, qui vous consacre entièrement à Jésus-Christ, pour vivre et régner avec lui dans les siècles des siècles. Ainsi soit-il.

Si l'on voulait employer, pour le neuvième Dimanche après la Pentecôte, le prône sur l'*Abus des grâces*, qui est ci-devant, on le ferait précéder par le texte et l'exorde suivants :

Jesus ut appropinquavit, videns civitatem, flevit super illam. (*Luc.*, XIX, 41 seqq.)

Lorsque Jésus fut proche de la ville, en la voyant, il pleura sur elle.

Quel étonnant spectacle, mes frères, l'Evangile de ce jour offre-t-il à nos yeux ! Le Sauveur du monde fait son entrée triomphante dans la ville de Jérusalem, parmi les acclamations d'un peuple qui lui donne mille bénédictions; ce qui semble lui devoir donner de la joie, à cause du témoignage qu'on rend à sa divinité. Cependant ce Dieu Sauveur est pénétré de la douleur la plus amère, qui lui fait verser des larmes abondantes. Quel est donc le sujet de cette douleur et de ces larmes? Il le dit lui-même, en adressant ces paroles à la ville de Jérusalem : *O ville infortunée! si du moins en ce jour qui est pour toi, tu savais connaître les choses qui seraient capables de te donner la paix! mais elles sont maintenant cachées à tes yeux; il viendra un temps malheureux pour toi, et tes ennemis feront une circonvallation autour de tes murailles; ils t'enfermeront, et te presseront de tous côtés; ils te ruineront, toi et tes habitants; ils ne laisseront pas pierre sur pierre dans l'enceinte de tes murs, parce que tu n'as pas connu le temps où tu as été visitée.*

Cette prédiction du Sauveur s'est accomplie; Jérusalem fut détruite quelque temps après avec ses habitants; ce peuple, si chéri de Dieu, a été dispersé, et sa désolation durera jusqu'à la fin des siècles. Voilà quel fut le sujet des larmes de Jésus-Christ; mais ce qui augmentait beaucoup sa douleur, n'était pas tant la destruction de la ville de Jérusalem, et la désolation du peuple juif, que l'aveuglement et l'endurcissement où il devait être réduit, en punition de l'abus qu'il avait fait de la grâce du salut qui lui fut présentée. Tel est aussi, mes frères, le malheur d'une âme chrétienne qui abuse de la grâce de Dieu, qui ferme les yeux à la lumière qui l'éclaire, qui ne profite pas des visites du Seigneur. La ruine de Jérusalem, dit saint Grégoire, pape, est une figure sensible de la ruine de cette âme, et ces châtiments que lui mérite son crime. Que ne puis-je aujourd'hui, en versant avec Jésus-Christ des larmes sur son infortune, engager cette âme à rentrer en elle-même, et à faire un saint usage de la grâce de Dieu? Pour y réussir, faisons-lui voir l'énormité de son crime, et la rigueur de son châtiment.

PRONE LIV.

Pour le dixième Dimanche après la Pentecôte.

SUR L'ORGUEIL.

Omnis qui se exaltat humiliabitur, et qui se humiliat exaltabitur. (*Luc.*, XVIII, 14.)

Quiconque s'élève sera abaissé, et quiconque s'abaisse sera élevé.

Nous voyons, mes frères, dans l'Evangile de ce jour, un portrait bien naturel du vice de l'orgueil, et de la vertu d'humilité, qui lui est opposée. *Deux hommes*, dit le Sauveur, *montèrent au temple pour y faire leurs prières. L'un était Pharisien, l'autre Publicain. Le Pharisien tout rempli d'estime pour lui-même, y parut debout, et s'adressait à Dieu, en ces termes : Je vous rends grâces, Seigneur, de ce que je ne suis point comme les autres hommes, lesquels sont voleurs, injustes, adultères, ni tel aussi que ce publicain; je jeûne deux fois la semaine; je donne la dîme de tous mes biens. Le Publicain, de son côté, se tenant éloigné, n'osait pas même lever les yeux au ciel, mais frappait sa poitrine, en disant : Mon Dieu, soyez propice à un pécheur comme moi.* La prière de ces deux hommes, comme vous voyez, mes frères, était bien différente l'une de l'autre; aussi eurent-elles un effet bien différent. Celle du Pharisien, qui partait d'un cœur orgueilleux et enflé de son mérite, fut réprouvée de Dieu, et ne servit qu'à le rendre plus coupable; au lieu que celle du Publicain, qui était le langage de son humilité, lui obtint le pardon de ses péchés, et d'un pécheur qu'il était, en fit un juste comblé des grâces du Seigneur. Ainsi, conclut Jésus-Christ, *quiconque s'élève sera abaissé, quiconque s'abaisse sera élevé.*

Il est aisé, mes frères, de comprendre la leçon que Jésus-Christ a voulu nous faire dans le portrait de ces deux hommes. Dans l'un, il nous fait voir le caractère et les châtiments de l'orgueil; et dans l'autre, il nous représente les récompenses de l'humilité.

Le Pharisien, au lieu de paraître dans une posture humiliée, telle qu'il convient d'avoir dans le lieu saint, et devant la majesté de Dieu, y paraît debout, *stans :* ce qui marque l'élévation et l'orgueil de son cœur. Au lieu de rendre gloire à Dieu de tout le bien qu'il croit avoir fait, il se vante, il se glorifie d'un mérite imaginaire ; sa prière n'est qu'une ostentation, un récit de ses louanges : c'est pourquoi il est réprouvé de Dieu.

Le Publicain, au contraire, est si pénétré de confusion à la vue de ses péchés, qu'il n'ose pas même lever les yeux vers le ciel; et c'est par cette humble posture, par ces bas sentiments qu'il a de lui-même, qu'il mérite les favorables regards du Seigneur. Le Pharisien s'élève, et Dieu s'éloigne de lui. Le Pharisien s'abaisse, et Dieu s'en approche. Le Publicain sort du temple plus coupable qu'il n'y était entré, et le publicain s'en retourne justifié dans sa maison. Voilà, mes frères, des motifs bien capables de nous faire détester l'orgueil, et de nous faire aimer l'humilité. Châtiment de l'orgueil dans le pharisien; récompense de l'humilité dans le publicain; deux sujets capables de fournir à deux instructions. Nous n'en traiterons qu'un aujourd'hui, qui sera l'orgueil, réservant de parler une autre fois sur l'humilité. Comment le superbe résiste à Dieu, premier point. Comment Dieu résiste aux superbes, second point. Elévation criminelle, et juste humiliation de l'orgueilleux son crime, son malheur.

PREMIER POINT.

Il est étonnant, mes frères, que l'homme, trouvant dans soi-même tant de sujets de s'humilier, soit néanmoins si rempli d'orgueil. Ce vice infecte presque tous les états du monde; sa condition s'étend si loin, qu'il est peu de personnes qui n'y soient asservies. C'est donc pour en guérir ceux qui en sont atteints, et en préserver ceux qui n'y sont pas encore sujets, qu'il faut aujourd'hui vous en faire connaître le caractère, la malice et les effets.

Qu'est-ce que l'orgueil? C'est, dit saint Thomas, un amour désordonné de sa propre excellence, fondé sur la bonne opinion qu'on a de soi-même, qui fait qu'on s'estime, et qu'on recherche avec empressement la gloire et l'honneur : *Superbia est amor inordinatus propriæ excellentiæ;* et parce que l'orgueilleux n'estime que lui-même, il n'a pour les autres que du mépris; il s'efforce, autant qu'il peut, de les abaisser, pour s'élever au-dessus d'eux. S'estimer soi-même, mépriser les autres : voilà le caractère de l'orgueil, tel qu'il nous est présenté dans le pharisien. Cet homme infatué d'un mérite qu'il croit avoir, se vante, s'applaudit, se glorifie, raconte les bonnes actions qu'il a faites. Mais que dit-il des autres? il les blâme, il les charge de crimes, parce qu'il croit mettre sa vertu dans un plus grand jour, par la comparaison qu'il en fait avec les défauts d'autrui.

Remarquez bien son orgueil, dit saint Augustin : *Je ne suis pas,* dit-il, *comme les autres hommes :* s'il disait du moins, comme quelques hommes, comme la plupart des hommes; mais il se préfère à tous, il se croit seul homme de bien sur la terre : quelle vanité!

Combien ne voyons-nous pas encore de gens de ce caractère, qui sont remplis d'eux-mêmes, se vantent, se glorifient, l'un de sa noblesse ou de ses richesses, l'autre de son crédit; celui-ci de son esprit, de son savoir-faire; celui-là de ses vertus, de ses bonnes actions? combien qui s'applaudissent d'un mérite qu'ils n'ont pas? Et parce que ces orgueilleux se croient seuls dignes d'être estimés, honorés, ils n'ont pour les autres que du mépris; ils les abaissent autant qu'ils peuvent, pour établir leur réputation sur la ruine de celle d'autrui.

Or, voulez-vous savoir, mes frères, combien ce péché est opposé à Dieu? Jugez-en par les traits que je vais vous en donner. L'orgueil ravit au Créateur la gloire qui lui est due, pour l'attribuer à la créature; il détruit la charité qu'on doit avoir pour le prochain; il est la source funeste d'une infinité d'autres péchés : quelle horreur ne devons-nous pas en avoir!

C'est à Dieu seul que l'honneur et la gloire appartiennent, dit l'Apôtre : «*Soli Deo honor et gloria.*» (I *Tim.*, I, 17.) L'homme n'a rien de lui-même que le néant et le péché; tout ce qu'il est, et tout ce qu'il possède, il le tient de la main libérale de Dieu. Vie, santé, richesses, esprit, talents, biens de la nature, de la fortune et de la grâce, nous avons tout reçu de Dieu. Sans lui, nous serions dans le néant, dans l'indigence de tout : nous ne sommes de nous-mêmes capables de rien, pas même d'avoir une bonne pensée pour le salut. C'est à sa grâce que nous devons tout le bien que nous avons fait, si toutefois nous avons fait quelque chose pour le ciel.

Quelle injure ne faites-vous donc pas à Dieu, hommes vains et superbes! Au lieu de lui rendre gloire des biens, des talents que vous avez reçus, vous vous prévalez de ses dons, comme s'ils venaient de vous-mêmes; au lieu de rapporter à Dieu le succès de vos entreprises, vous les attribuez à votre industrie; au lieu de le reconnaître pour le principe et l'auteur de toutes vos bonnes œuvres, vous vous en arrogez la gloire, en les vantant, les publiant, comme si c'était votre seul ouvrage, et non pas celui de la grâce de Dieu? Si tout ce que vous possédez de biens dans l'ordre de la nature et de la grâce, vous le tenez de la main libérale de Dieu, pourquoi vous en glorifier, comme si vous ne l'aviez pas reçu, dit l'Apôtre? *Quid gloriaris, quasi non acceperis.* (I *Cor.*, IV, 7.) N'est-ce pas ravir à Dieu la gloire qui lui en revient? n'est-ce pas imiter l'insolence de l'ange rebelle, qui porta son orgueil jusqu'à disputer à Dieu sa gloire et son indépendance? Car ce fut là, comme vous le savez, son péché, et la cause de son malheur. Cet esprit céleste, le plus bel ouvrage qui fût sorti de la main de Dieu, s'aveugla par ses propres lumières; charmé de la beauté de son être, de l'excellence de ses perfections, il y mit tellement ses complaisances, qu'il se crut suffisant à lui-même; au lieu de se soumettre à Dieu, il prétendit s'élever jusqu'à lui, et se rendre semblable à l'auteur de son être : *Similis ero Altissimo.* (*Isa.*, XIV, 14.) Tel est l'excès de témérité où l'orgueil est capable de porter la créature. Usurper les honneurs divins, affecter l'indépendance qui n'appartient qu'à l'Etre suprême, telle a été son audace dans les anges rebelles, qui ont eu des imitateurs dans les hommes, dès les premiers siècles du monde. Car d'où pensez-vous, mes frères, que soit venue l'idolâtrie qui répandit de si épaisses ténèbres sur la face de l'univers, que presque tout le genre humain en fut enveloppé? Ce fut de l'orgueil des hommes, qui, remplis d'eux-mêmes, infatués, enivrés de leur grandeur, de leur puissance, de leur mérite, en vinrent jusqu'au point d'aveuglement, que de se faire respecter comme des dieux par ceux qui étaient assez aveugles pour déférer à leurs sentiments. Les uns firent construire des temples en leur nom, les autres dresser des statues à qui on rendrait des honneurs divins. Tel fut l'orgueil d'un Nabuchodonosor, qui fit mettre dans la fournaise les trois enfants Hébreux qui n'avaient pas voulu l'adorer.

C'est ainsi que l'orgueil des hommes est venu à bout de ravir au Créateur la gloire qui lui était due, pour l'attribuer à la créature : quelle injustice! quel dérèglement!

Si l'orgueil ne porte pas maintenant les hommes à des excès aussi monstrueux, n'en voit-on pas encore qui voudraient, pour ainsi dire, se regarder comme des divinités sur la terre, soit en s'élevant au-dessus des autres, qu'ils prétendent faire ramper devant eux, soit en exigeant qu'on ait pour eux certains égards, parce qu'ils ont plus de naissance, plus de biens, plus de crédit, plus d'autorité, plus de talents, plus d'esprit, et qu'ils sont dans un rang plus élevé : *Cendre et poussière* que vous êtes, *de quoi vous glorifiez-vous? « Quid superbis, terra et cinis? »* (*Eccli.*, X, 9.) Qu'êtes-vous devant Dieu? que néant et que péché. C'est de quoi vous pouvez vous glorifier, ou plutôt de quoi vous devez vous humilier; tout le reste n'est point à vous; la gloire en appartient à Dieu seul. Vous ressemblez à un vase d'argile qu'on aurait revêtu d'habits précieux, et qui n'est pas plus précieux en lui-même; c'est à celui qui l'aurait habillé qu'il devrait tout son éclat. Vous devez tout à Dieu; c'est donc lui ravir la gloire qui lui est due, que de vous glorifier vous-même de ce que vous en avez reçu.

Car enfin, pour vous faire encore mieux connaître l'injustice de votre orgueil, et combien il est mal fondé : sur quoi l'appuyez-vous? quel est le fondement de cette estime que vous avez de vous-même? Est-ce la noblesse de votre origine? mais cette noblesse ne vient pas de vous; c'est une chose étrangère; ce n'est pas votre mérite qui vous fait naître de parents illustres. Sont-ce les biens qui vous donnent de l'orgueil? mais ces biens ne donnent pas le mérite, ils ne le supposent pas même : ceux qui ont du bien sont souvent les plus vicieux : Qu'avez-vous fait à Dieu pour avoir plus de biens que tant d'autres qui sont dans l'indigence, et peut-être plus gens de bien que vous? D'où vous viennent ces biens? Ce sont les héritages de vos pères, qui ne vous ont rien coûté; peut-être sont-ils le fruit de leurs injustices, ou des vôtres; et par conséquent ils ne vous appartiennent pas : vous n'avez donc pas sujet de vous en glorifier. Mais je veux qu'ils vous appartiennent par de justes titres; peut-être seront-ils la cause de votre réprobation; et ils le seront en effet, si vous en faites un mauvais usage. N'est-ce pas là plutôt un sujet de vous humilier? De quoi vous glorifiez-vous encore? des qualités du corps, de l'esprit, de la santé, de la beauté, de vos talents? Mais tout cela ne vient-il pas de Dieu? il ne tenait qu'à lui de vous réduire dans un état aussi humiliant que ceux que vous méprisez, pour n'avoir pas ces agréments, ces qualités personnelles, qui sont la matière de votre orgueil. La seule chose qui vous fait honneur, c'est la vertu; mais cette vertu, ces bonnes œuvres, c'est à Dieu que vous en devez le mérite, et par conséquent la gloire. Si vous l'attribuez à vous-mêmes, vous faites injure à Dieu, et votre vertu cesse par là même d'être une véritable vertu; c'est une vertu pharisaïque, réprouvée de Jésus-Christ, parce que du moment que l'on cherche sa gloire dans la pratique de la vertu, que l'on fait de bonnes actions en vue de plaire aux hommes, de s'attirer l'estime des hommes, ce n'est plus l'estime de Dieu que l'on recherche comme on doit la rechercher, c'est une injure qu'on lui fait, en usurpant un bien qui lui appartient.

N'est-ce pas là, cependant, ce que vous faites en mille occasions, lorsque vous faites certaines actions de vertu devant les hommes, que vous ne feriez pas en particulier, et cela uniquement parce qu'on vous voit, que vous prévoyez qu'on vous louera, qu'on vous estimera?

N'est-ce pas aussi par un principe d'orgueil que vous vous donnez des louanges, que vous racontez le bien que vous avez fait, afin que l'on vous en donne? que vous vous vantez de vos talents, de vos belles qualités, de vos vertus? Combien de fois, par une damnable hypocrisie, vous êtes-vous parés du manteau de la vertu, que vous n'aviez pas, pour cacher les défauts auxquels vous étiez sujets, évitant le péché par la seule crainte du déshonneur, mais toujours prêts à le commettre, dès que votre honneur n'y est pas intéressé? Peut-être même que, par une détestable vanité, vous vous êtes fait honneur de ce qui devait vous couvrir de confusion? Car l'orgueil fait tout servir à ses desseins, les mauvaises actions comme les bonnes. Quelle injure ce péché ne fait-il donc pas à Dieu?

Mais il n'est pas moins opposé à la charité que l'on doit avoir pour le prochain. L'orgueilleux, qui n'estime que lui-même, traite les autres avec un souverain mépris. Ecoutez le discours du Pharisien : Je ne suis pas, dit-il, sujet à des vices honteux comme ce Publicain : *Non sum velut iste publicanus.* Il répand sur sa conduite la censure la plus outrée. C'est ainsi que l'orgueilleux se préfère à tout le monde. Je ne suis pas, dit-il, comme tel et tel : j'aurais mieux fait en telle occasion. Il se croit seul avoir plus d'esprit, entendre mieux les affaires. Tout ce qu'il pense, tout ce qu'il dit, tout ce qu'il fait, est toujours mieux que ce que les autres peuvent penser, dire ou faire. Uniquement occupé de son mérite, il ne voit dans les autres que des défauts : toujours ingénieux à se faire voir du bon côté, il ne s'étudie qu'à faire apercevoir le faible des autres, dans la pensée que le mépris que l'on en fera servira d'ombre au portrait qu'il fait de lui-même.

S'il est forcé de rendre justice au mérite, il fait tout ce qu'il peut pour en ternir la gloire, par de malignes interprétations qu'il donne aux meilleures actions. Jaloux de l'élévation d'autrui, il n'est aucun mouvement qu'il ne se donne pour le supplanter. Il veut avoir partout la meilleure place, dans les assemblées, jusqu'au pied du sanctuaire. Est-il élevé au-dessus des autres? il les regarde comme des vers de terre. De là cette fierté, ces airs de hauteur qu'il affecte à leur égard; de là cette affectation de méconnaître ceux qui lui appartiennent par les liens du sang, parce qu'ils sont réduits dans une pauvre et basse condition; tandis que d'ailleurs il se vantera d'appartenir à des gens plus riches et plus élevés, et qui souvent ne lui sont rien. De là ces prétentions ridicules que tout le monde défère à son sentiment vrai ou faux, tandis que lui-même n'a aucune déférence pour le sentiment des autres.

A ces traits, mes frères, qui ne font qu'ébaucher le portrait de l'orgueilleux, reconnaissez-vous qu'il y ait beaucoup de charité pour le prochain? Ah! que cette vertu est difficile à trouver dans les orgueilleux! La charité pense bien de tout le monde, et ne juge mal de personne, dit l'Apôtre. L'orgueilleux fait tout le contraire, il s'érige en juge critique de la conduite d'autrui, il condamne tout le monde. La charité est patiente pour souffrir les défauts d'autrui; elle ne s'irrite point du mal qu'on lui fait; mais un orgueilleux ne veut rien souffrir; il s'offense du moindre mépris, d'une parole quelquefois échappée par hasard, sans dessein de lui faire peine. C'est une montagne qui jette de noires vapeurs du moment qu'on la touche: *Tange montes et fumigabunt.* (*Psal.*, CXLIII, 5.) De là ces colères, ces emportements où il se livre; ces malédictions, ces injures qu'il profère, ces vengeances qu'il médite et qu'il exécute en effet contre ceux qui ont eu le malheur de lui déplaire, ou qui n'ont pas eu pour lui les égards qu'il croit mériter. C'est ce qui m'a fait dire que l'orgueil était la source de beaucoup de péchés.

N'attribuons pas, mes frères, à d'autres causes qu'à l'orgueil, tant de querelles et d'inimitiés qui règnent parmi les hommes. Pourquoi ces personnes, ennemies depuis si longtemps l'une de l'autre, ne sont-elles pas encore réconciliées, malgré les pressantes sollicitations de la grâce, malgré les avis d'un confesseur?

C'est l'orgueil qui les retient. Chacun croit avoir bon droit de son côté, ou s'il connaît son tort, il n'en veut pas convenir. On s'estime plus qu'un autre, on croirait s'abaisser de faire une première démarche, il en coûterait trop à l'amour-propre de faire les avances; ainsi l'on reste toujours dans le même état, c'est-à-dire dans un état de damnation. Pourquoi intente-t-on des procès à l'occasion des injures réelles ou prétendues? pourquoi est-on intraitable sur les voies d'accommodement qu'on propose? Il faut, dit-on, avoir satisfaction d'une injure reçue, il faut soutenir son honneur. Mais que cherche-t-on en cela? à satisfaire sa passion à humilier les autres pour s'élever. D'où viennent les médisances, les calomnies dont on se sert pour flétrir la réputation d'autrui, si ce n'est de l'envie de se faire valoir au-dessus du prochain? Ainsi, l'orgueil, le premier des péchés capitaux, en entraîne après lui une infinité d'autres. Il fait marcher à sa suite l'envie, l'injustice, la colère, la vengeance. Que dirai-je de plus? *Initium omnis peccati superbia.* (*Eccli.*, X, 15.) Il aveugle l'esprit et le jette dans mille erreurs; il enfle le cœur et lui inspire mille sentiments d'ambition; il aveugle l'esprit et l'empêche de voir les vérités qu'il doit croire: il combat même, par une opiniâtre résistance, celles qu'il reconnaît. Telle a été la source fatale des hérésies qui ont désolé l'Eglise de Jésus-Christ dès son établissement. Un esprit d'orgueil qui s'est emparé des hommes abondants en leur sens, leur fait préférer les lumières d'un génie borné aux oracles de la vérité éternelle; ils ont méprisé les respectables décisions de l'Eglise, quoiqu'ils aient reconnu que son autorité était la seule règle capable de fixer leur certitude; mais il en coûtait trop à leur orgueil de revenir sur leurs pas, de passer pour des hommes sujets à se tromper; c'est pourquoi ils ont persisté opiniâtrément dans leur erreur; ils ont fait naufrage, tandis qu'une humble soumission les eût conduits au port du salut. Tant il est vrai que quand l'enflure de l'orgueil est venue jusqu'à un certain point, il est bien difficile de la guérir. Ce poison se répand aussi dans le cœur par les désirs démesurés qu'il y fait naître, de s'élever aux honneurs, de parvenir à certains postes que l'on n'est pas capable de remplir. La bonne opinion que l'on a de soi-même fait tout entreprendre pour venir à bout de ses desseins; et quand une fois on est parvenu au point que l'on s'était proposé, on fait des chutes déplorables, par l'incapacité où l'on se trouve de remplir les devoirs d'un état où l'on s'est témérairement engagé. Telles sont les funestes suites de l'orgueil.

Ne croyez pas, au reste, mes frères, que ce vice ne s'insinue que chez les grands; il règne dans les conditions les plus viles et les plus abjectes. Souvent il y a plus d'orgueil sous un habit grossier que sous la pourpre et le diadème : on voit dans le simple peuple même l'envie de dominer les uns sur les autres ; même opiniâtreté, même attachement à son sens, que parmi les gens d'un rang plus élevé. Personne ne veut être soumis ; chacun veut commander; personne ne veut souffrir des réprimandes, ne veut être averti, corrigé de ses défauts ; on les pallie, on les excuse, on ne veut pas convenir qu'on ait mal fait. On en vient même jusqu'au point de justifier ses crimes ; on prend toutes les précautions possibles pour cacher ce que l'on est, et se montrer tel que l'on n'est pas. Il est même rare que parmi les personnes qui font profession d'une vie régulière, on en trouve qui n'aient quelque tache d'orgueil. Vous verrez de ces personnes qui ne peuvent souffrir une parole, un mépris qui blesse leur délicatesse ; qui veulent être applaudies en tout, n'être jamais contredites. Quel soin n'a-t-on pas de se montrer toujours du bon côté et de cacher ses défauts ? On ne recherche pas les louanges, mais on est bien aise de les recevoir ; on aime bien mieux les flatteurs que les censeurs du vice ; on n'est pas fâché d'être connu par certains traits qui font honneur, d'avoir une réputation dans le monde ; on a en horreur tout ce qui s'appelle humiliation, abjection. Que de complaisance et de retour n'a-t-on pas sur sa propre vertu, sur quelque bonne œuvre qu'on a faite ? On préfère ordinairement celles qui font honneur à celles qui se font dans l'obscurité. Quelle adresse à rejeter ses fautes sur l'ignorance, la surprise, ou quelqu'autre circonstance qui en diminue la confusion ? Quelle attention à faire apercevoir tout ce qui peut faire honneur ! C'est ce qui prouve que l'orgueil est un poison subtil dont il est bien difficile de se garantir. Ce n'est qu'à force de combats que l'on peut espérer de vaincre ce redoutable ennemi de la gloire de Dieu et du salut de l'homme. Car, si l'orgueil est opposé à Dieu, Dieu ne lui est pas moins opposé ; c'est ce que l'on peut connaître par les châtiments dont il le punit.

Deuxième point.

C'est une règle de la justice de Dieu de proportionner le châtiment à la malice du péché qu'il veut punir ; c'est ce qu'il a observé, et ce qu'il observe encore dans les châtiments qu'il exerce sur l'orgueilleux. L'homme, par son orgueil, ravit à Dieu la gloire qui lui est due : Dieu à son tour humilie l'homme superbe, et l'accable de confusion. L'homme orgueilleux méprise les autres; mais Dieu permet qu'il devienne à son tour l'objet de la raillerie et du mépris des hommes. L'orgueil enfin est une source empoisonnée, d'où naissent une infinité de vices et de péchés; cette source, par sa contagion, détruit le mérite des vertus. Quels coups fatals ne porte-t-il donc pas à ceux qui en sont infectés ? Encore un moment d'attention.

C'est de tout temps que Dieu, qui donne sa grâce aux humbles, a résisté aux superbes : plus les superbes ont voulu s'élever, plus Dieu les a abaissés. Nous en avons une preuve convaincante dans le châtiment des anges rebelles, que l'orgueil souleva contre Dieu, jusqu'au point de vouloir s'égaler à lui. A peine eurent-ils formé leurs audacieux projets, qu'au moment ils furent dépouillés des dons de la nature et de la grâce dont Dieu les avait enrichis. Chassés du ciel, ils furent précipités dans le profond de l'abîme : *Quomodo cecidisti de cœlo, Lucifer?* (*Isa.*, XIV, 12.) Comment est-ce que Lucifer est tombé du ciel avec ses adhérents? comment ces sublimes intelligences, de parfaites créatures qu'elles étaient, sont-elles devenues d'horribles démons? c'est par l'orgueil. C'est ce péché qui a creusé l'enfer, cette horrible demeure où ils seront pendant toute l'éternité, et qui sera aussi le partage de tous ceux qui auront imité les anges rebelles dans leur révolte.

Nous avons encore dans la sainte Ecriture un grand nombre d'exemples de châtiments de l'orgueil : en voici des plus mémorables. Absalon, le fils de David, est suspendu à un chêne, et frappé du coup de la mort, en punition du projet ambitieux qu'il avait formé de monter sur le trône de son père. Nabuchodonosor, poussé par un excès d'orgueil, veut être regardé comme le Dieu de la terre ; il fait élever une grande statue pour être adoré des hommes : mais dans le temps même qu'il s'élève, et qu'il se perd dans ses grandes idées, Dieu l'abaisse et l'humilie, en lui ôtant son royaume, en le retranchant de la société des hommes, et en le réduisant à la condition des bêtes, avec lesquelles il est obligé d'habiter, et de manger l'herbe dans les forêts. Ce n'est qu'après sept ans d'une si rude pénitence, que Dieu pardonne à ce prince ainsi humilié. Telle fut aussi l'humiliation du superbe Aman, lorsqu'il se vit condamné à mourir sur le gibet qu'il avait fait dresser pour Mardochée, qui ne voulait pas fléchir le genou devant lui. Ainsi Dieu se plaît à à humilier les orgueilleux ; et, sans sortir de notre Evangile, considérons comment Dieu y traite le superbe Pharisien. L'humble Publicain mérite, par son humilité, le pardon de ses péchés ; mais le Pharisien est réprouvé de Dieu : il s'en retourne chez lui plus coupable qu'il n'était avant qu'il entrât dans le temple du Seigneur pour y faire paraître son orgueil.

C'est ce qui arrive tous les jours aux orgueilleux; tandis qu'ils cherchent à s'élever, à se distinguer, à mériter la gloire et l'estime des hommes, Dieu s'éloigne d'eux, il leur retire ses grâces, il les livre à leurs désirs déréglés, comme dit l'Apôtre (*Rom.*, I, 24-26), à des passions d'ignominie, qui les déshonorent; ils tombent dans des fautes considérables, qui les chargent d'opprobres et de confusion; à mesure qu'ils se perdent dans les idées flatteuses de leur esprit, la chair les entraîne dans la fange la plus profonde, l'orgueil étant ordinairement suivi de l'impureté. Etre orgueilleux et chaste, c'est une espèce de chimère : Dieu retire son esprit de l'homme orgueilleux; et dès que l'homme n'est plus conduit par l'esprit de Dieu, il devient tout chair, et il s'abandonne à ses pensés déréglées; funeste châtiment du péché d'orgueil, qui couvre l'homme d'opprobres devant Dieu et devant les hommes : *Odibilis coram Deo est hominibus superbia.* (*Eccli.*, X, 7.)

Ainsi, l'orgueilleux, qui méprise les autres, devient à son tour l'objet de leur mépris, soit par les vices où son orgueil l'entraîne, soit par son orgueil même, qui le rend insupportable à tout le monde. On n'aime point les gens qui s'en font accroire, qui ne font que se louer, que se vanter de ce qu'ils ont dit, de ce qu'ils ont fait. Si, par une déférence que l'on a pour eux, ou par crainte de leur déplaire, on leur applaudit quelquefois, dans le fond on les méprise; on sait bien rétracter en leur absence les louanges qu'on leur a données en leur présence. On se moque à loisir de leur manière de parler ou d'agir. On n'aime point à être méprisé, insulté, ni traité avec hauteur; et comme l'orgueilleux méprise et insulte souvent les autres, qu'il veut primer partout, il ne faut pas être surpris si on ne peut le souffrir dans le monde. Tout révolte en lui, ses paroles, ses manières, son maintien; on ne le voit qu'avec peine paraître dans les sociétés, parce qu'il y cause du trouble, et on l'en voit toujours sortir avec plaisir. On préfère même, dans le monde profane, la conversation d'une personne humble et réservée, à celle d'un orgueilleux qui veut toujours l'emporter sur tout le monde ; tant il est vrai, comme dit le Sage, que la gloire fuit l'orgueilleux qui la recherche, et suit l'humble qui la fuit : *Superbum sequitur humilitas, humilem spiritu suscipiet gloria.* (*Prov.*, XXIX, 23.) La seule confusion, qui est dès cette vie même le châtiment de l'orgueil, devrait suffire pour guérir de cette maladie celui qui en est atteint, s'il y faisait attention. Mais le propre de la passion, surtout de celle-ci, est d'aveugler l'esprit et de corrompre le cœur. Un orgueilleux ne veut pas convenir de son défaut, et s'irrite même de ce qui devrait le guérir. Les mépris, les humiliations ne font qu'augmenter son mal. Quelle passion plus dangereuse pour le salut? elle est la source de tous les vices, elle anéantit les vertus.

C'est un vent brûlant, dit l'Ecriture (*Ezech.*, XVII, 9), qui dessèche, qui consume tout. Non, mes frères, il n'y a plus de mérite dans les actions de vertu les plus héroïques, dès que l'orgueil s'en mêle. Récitez les plus longues prières, donnez tout votre bien aux pauvres, jeûnez, mortifiez-vous par les plus austères pénitences, travaillez autant que les apôtres au salut des hommes, souffrez autant que les martyrs; si vous cherchez en tout cela à plaire aux hommes, à mériter l'estime des hommes; si c'est la vanité qui vous anime, et non le désir de plaire à Dieu, de glorifier Dieu, vous n'en recevrez jamais de récompense dans le ciel.

On vous dira, comme aux Pharisiens qui faisaient de longues prières, des aumônes abondantes, qui jeûnaient en vue de la gloire des hommes : Vous avez reçu votre récompense : *Receperunt mercedem suam.* (*Matth.*, VI, 5.) Votre orgueil est un pirate qui a fait couler à fond votre vaisseau, chargé de précieuses marchandises ; vous n'arriverez point au port du salut. Quel malheur! mais quelle folie! quel aveuglement de tant travailler à pure perte, de se fatiguer, de s'épuiser pour courir après une fumée d'honneur, où souvent l'on ne peut atteindre, ou qui se dissipe aussitôt qu'on y est parvenu! Car, qu'est-ce que l'estime des hommes que vous recherchez dans vos actions? C'est un vain fantôme qui s'évanouit. Aujourd'hui les hommes vous louent, demain ils vous blâment. Il ne faut donc pas plus compter sur leurs sentiments que sur les songes, dit saint Grégoire de Nazianze ; ils se trompent souvent dans leurs jugements, ils estiment ce qu'ils devraient mépriser, ils méprisent ce qu'ils devraient estimer. Il ne faut donc point s'attacher à leur estime; mais ne rechercher que celle de Dieu, qui sait lui seul faire le juste discernement de la vertu : *Quem deus commendat, ille probatus est.* (XXI *Cor.*, X, 18). On n'est pas sûr d'avoir l'estime des hommes, quand on la recherche : mais on l'est toujours d'avoir celle de Dieu. Ne recherchez que sa gloire en toutes choses, et vous trouverez la véritable et solide gloire pour vous.

Pratiques. — Pour vous garantir encore du poison de l'orgueil, observez la maxime suivante. Le propre de l'orgueil est de s'estimer soi-même, et de mépriser les autres : faites tout le contraire; n'ayez que du mépris pour vous-même, et de l'estime pour les autres. Pour en venir là, il faut changer d'objet. Envisagez vos défauts pour considérer les bonnes qualités du prochain. La vue de vos défauts vous inspirera du mépris pour vous-même, et les perfections des autres vous les feront estimer. Chacun a ses défauts et ses bonnes qualités. Dieu a partagé ses dons en différentes manières, comme dit saint Paul : *Divisiones gratiarum sunt.* (I *Cor.*, XII, 4), afin que l'un n'ayant pas ce que l'autre possède, il ne puisse s'élever au-dessus de lui. Il n'y a personne qui soit accompli, et qui ne puisse se regarder comme inférieur à un autre pour ce qu'il n'a pas. Si vous avez quelque talent, quelque vertu que d'autres n'ont pas, vous êtes sujets à des défauts auxquels ils ne sont pas sujets; ils ont des vertus, des qualités que vous n'avez pas. Ce sont ces vertus qu'il faut regarder en eux pour les estimer, puisqu'en cela ils vous surpassent. Vous trouverez dans vos défauts de quoi vous mépriser, et dans leurs vertus de quoi les estimer. S'ils sont tombés en quelque faute que vous n'ayez pas commise, vous ne devez pas vous en prévaloir, parce qu'il n'est aucun homme, dit saint Augustin, qui ne puisse tomber dans les mêmes égarements qu'un autre, si Dieu l'abandonnait à lui-même; cet homme que vous méprisez le plus, sera peut-être un plus grand saint que vous. Ne vous glorifiez de rien, ne vous vantez jamais de vos biens, ni de vos talents, de votre origine, de la noblesse de vos parents, encore moins de vos vertus. Renvoyez-en toute la gloire à Dieu, sans le secours duquel nous ne sommes pas capables, dit l'Apôtre (*I Cor.*, XII, 3), de prononcer seulement le nom de Jésus. Que votre devise la plus fréquente soit celle du même Apôtre : *Soli Deo honor et gloria.* Soyez content que vos bonnes œuvres soient connues de Dieu seul, puisque lui seul en doit être la récompense. *Amen.*

PRONE LV.

II° Pour le dixième Dimanche après la Pentecôte.

SUR L'HUMILITÉ (1).

Omnis qui se exaltat humiliabitur, et qui se humiliat exaltabitur. (*Luc.*, XVIII, 14.)

Quiconque s'élève sera abaissé, et quiconque s'abaisse sera élevé.

C'est par cette admirable maxime que Jésus-Christ conclut l'Evangile de ce jour, où il nous fait voir deux hommes d'un caractère bien différent l'un de l'autre, qui vont faire au temple leurs prières. L'un était le Pharisien orgueilleux, qui, rempli d'estime pour lui-même, se présenta au plus haut du temple, non pas pour y demander des grâces, mais pour y étaler son prétendu mérite, pour se vanter des aumônes qu'il faisait, des jeûnes qu'il observait. L'autre était un humble Publicain qui se tenait au bas du temple, n'osant lever les yeux vers le ciel; le cœur pénétré de douleur, il s'humiliait devant Dieu à la vue de ses péchés, lui en demandait le pardon, et l'obtint en effet; tandis que l'orgueilleux Pharisien fut réprouvé de Dieu, et sortit du temple plus coupable qu'il n'y était entré : funeste effet de son orgueil, qui en s'élevant fut abaissé, au lieu que l'humble Publicain en s'abaissant fut élevé à la glorieuse qualité d'ami de Dieu, et devint par son humilité l'objet de ses complaisances.

Vous voyez par là, mes frères, quel est le prix de l'humilité, et l'estime que nous en devons faire : pour être grand devant les hommes, il faut faire de grandes choses, parce qu'ils ne jugent des personnes que par l'éclat de leurs actions; mais Dieu, qui est la grandeur même, devant qui toutes les nations de la terre sont comme si elles n'étaient pas, en juge bien autrement. On n'est grand devant lui qu'à proportion que l'on s'abaisse : plus on est petit à ses yeux, plus on est grand à ceux du Seigneur. Admirable secret, mes frères, pour s'élever à la gloire solide qui est la sainteté. Dieu ne demande pas de nous que nous fassions de grandes choses : les actions héroïques ne sont pas à la portée de tout le monde; mais chacun peut s'humilier, s'abaisser; et c'est dans l'humilité et l'abaissement que l'on trouve le moyen d'être grand devant Dieu. Embrassons donc l'humilité, cette vertu si agréable à Dieu, et si utile aux hommes.

Je viens vous en proposer les motifs, premier point; ensuite je vous en apprendrai la pratique, second point.

PREMIER POINT.

L'humilité est une vertu qui inspire à l'homme de bas sentiments de lui-même, lui fait aimer l'abjection, souffrir les mépris avec joie, ou du moins avec patience. Or, rien de plus convenable, et en même temps, rien de plus salutaire pour l'homme que de se mépriser soi-même et de souffrir le mépris. Rien ne lui est plus convenable, soit qu'il envisage ce qu'il est en lui-même, soit qu'il considère ce qu'il est en qualité de pécheur et en qualité de chrétien. Rien de plus salutaire à l'homme que de s'humilier, à cause des grands avantages qui accompagnent l'humilité. Tels sont les motifs qui doivent lui rendre cette vertu précieuse.

Qu'est-ce que l'homme, ô mon Dieu! disait le Roi-Prophète, *pour que vous daigniez jeter sur lui vos regards?* (*Psal.*, VIII, 5.) Vous l'avez, il est vrai, élevé au-dessus de toutes les créatures, vous avez tout soumis à son empire; mais il ne doit point se prévaloir de cette supériorité, puisqu'il la tient de vous, et qu'il ne trouve en lui que néant, que faiblesse, que misère et humiliation. Néant dans son origine, misère et faiblesse dans sa nature, humiliation dans sa fin; en sorte qu'il n'a pour s'humilier qu'à considérer ce qu'il a été, ce qu'il est, et ce qu'il sera. Où étiez-vous? dans le néant, et vous y seriez encore, si Dieu ne vous en avait tiré. Qu'étiez-vous, homme, il y a cent ans? Qu'êtes-vous maintenant? hélas! qu'est-il besoin de le demander? vous ne l'éprouvez que trop tous les jours. L'homme né de la femme n'est qu'un amas de misères, dit le saint homme Job; il vit peu, n'y ayant, pour ainsi dire, qu'un pas, qu'un moment de sa naissance à sa mort : *Homo natus de muliere, brevi vivens tempore, repletur multis miseriis.* (*Job*, XIV, 1.) Il naît dans la douleur et les larmes, incapable de se donner par lui-même aucun secours étranger : plus misérable en cela que les animaux, qui du moment de leur naissance ont toute leur liberté, apportent sur eux de quoi se garantir des injures des saisons; ils se procurent par eux-mêmes les aliments nécessaires pour se soutenir. Qu'est-ce que l'homme pendant le cours de sa vie? elle se passe la plus grande partie dans les afflictions, elle est traversée de mille soins; c'est une fleur qui paraît le matin, et qui périt le soir; c'est une feuille sèche que le vent emporte, c'est une ombre

(1) Ce prône peut servir pour le sixième Dimanche après les Rois en prenant pour exorde la parabole du grain de senevé.

qui disparaît, et qui va se perdre dans l'obscurité de la nuit. A quelles tristes vicissitudes l'esprit et le cœur de l'homme ne sont-ils pas sujets? Son esprit enveloppé des ténèbres de l'ignorance perd souvent de vue la vérité, et tombe dans les plus grossières erreurs. Sa volonté est emportée par des désirs qu'elle ne peut satisfaire, agitée par des craintes qu'elle ne peut colorer; son corps sujet à beaucoup d'infirmités n'est qu'un amas de corruption qui doit un jour devenir la pâture des vers, être réduit en poussière dans le tombeau; voilà, mes frères, une partie de ce que nous sommes; or, quoi de plus propre à humilier l'homme? Allez, beautés mortelles, qui vous glorifiez de vos attraits, qui vous parez comme des idoles pour paraître avec éclat aux yeux des hommes, allez voir dans le tombeau ce que vous deviendrez un jour. Hommes vains et orgueilleux, allez considérer dans ce noir séjour de la mort ce que sont devenus ces grands, ces riches, ces puissants du monde, qui ont été ce que vous êtes et plus que vous. Qu'en reste-t-il? Quelques ossements, un peu de poussière; voilà quels seront les pitoyables débris de votre mondanité; voilà le terme fatal où doivent se terminer vos idées de grandeur, de fortune, d'ambition; c'est aussi l'écueil où votre orgueil devrait se briser, s'anéantir : *Quid superbis, terra et cinis.* (*Eccli.*, X, 9.) Cendre et poussière, de quoi vous glorifiez-vous? restez dans votre néant, et du profond de cet abîme, élevez les yeux vers le trône de celui qui est le seul grand, et seul puissant, et de qui vous dépendez en toutes choses; alors perdant de vue tout ce qui fait dans vous l'objet de vos complaisances et de votre vanité, vous reconnaîtrez avec le Roi-Prophète que vous n'êtes rien devant Dieu : *Substantia mea tanquam nihilum ante te.* (*Psal.* XXXVIII.)

Mais vos sentiments d'humilité augmenteront bien davantage, lorsque vous considérerez ce que vous êtes en qualité de pécheurs. Car ce n'est pas seulement du néant de la nature que vous tirez votre origine, c'est encore du néant du péché. Il n'est aucun d'entre nous, mes frères, qui ne puisse et qui ne doive convenir avec le Roi-Prophète, qu'il a été conçu dans l'iniquité : *Ecce in iniquitatibus conceptus sum.* (*Psal.*, L, 6.) Le moment qui nous a vus naître nous a vus enfants de colère, esclaves du démon : il est vrai que la grâce du Rédempteur nous a affranchis de ce funeste esclavage; mais l'ignorance et la convoitise, tristes restes du péché de notre premier père, ne nous exposent, hélas! que trop souvent à retomber dans le même état de disgrâce dont nous sommes sortis; et combien y en a-t-il parmi vous qui n'aient pas succombé sous le poids du malheureux penchant que nous avons au mal? Combien y en a-t-il qui ne se soient pas rendus coupables de quelque péché pendant leur vie? Combien même qui ont multiplié leurs péchés par-dessus les cheveux de leur tête? Cela étant ainsi, quel sujet n'avons-nous pas de nous humilier? car si nous avons péché, il est vrai de dire que nous avons mérité l'enfer, et si notre péché n'est pas encore pardonné, nous le méritons encore. Or, qui sait si son péché est pardonné? Celui qui est en péché mortel est l'esclave du démon, l'ennemi de Dieu, une victime destinée à l'enfer. Personne ne peut s'assurer qu'il n'est pas en péché mortel : personne n'est donc sûr s'il ne mérite pas actuellement l'enfer.

Ah! quel orgueil peut tenir contre une telle pensée? Un malheureux condamné par la justice des hommes, attaché à une chaîne avec d'autres criminels, qui va au lieu du supplice, aurait-il bonne grâce à s'élever insolemment, à chercher la gloire et les applaudissements des hommes dans un état où l'opprobe et la confusion sont devenus son partage? Comment pouvez-vous donc, pécheurs, vous glorifier? vous surtout qui êtes sûrs d'avoir offensé Dieu, et qui n'avez pris aucune mesure pour obtenir le pardon de votre péché; vous êtes ennemis de Dieu, esclaves du démon, prêts à tout moment à tomber dans l'enfer. Quel sujet, au contraire, de vous humilier par cette réflexion que vous devez faire sur votre état! Quoi! je mérite actuellement l'enfer, je mérite d'être avec les démons dans les supplices éternels! Je veux que vous ayez fait quelques démarches pour effacer votre péché; vous ne savez si vous en avez obtenu le pardon, et vous ne le saurez jamais. Vous pouvez donc toujours dire, peut-être que je suis encore dans un état de damnation. Ah! que cette pensée est bien capable d'abattre notre orgueil, notre vanité! Quelque bien que nous ayons fait, quelque vertu que nous ayons pratiquée, il nous suffirait de savoir que nous avons commis un seul péché mortel dans notre vie, pour nous abaisser dans le centre du néant.

Non-seulement nous avons péché, mais nous pouvons encore pécher; autre sujet d'humiliation. Nous portons la grâce de Dieu dans des vases fragiles qui peuvent à tout moment se briser. Notre esprit est sujet à mille pensées extravagantes : l'inconstance et la légèreté sont le partage de notre imagination. Nous sentons, dans nos volontés, une extrême répugnance pour le bien, et un penchant funeste pour le mal; nous sommes agités de mille passions qui, comme des vents impétueux, suscitent, à tout moment, des tempêtes, et nous exposent à des naufrages dont il est bien difficile de nous garantir. La moindre difficulté nous rebute, le plus léger attrait nous séduit; sans le secours de la grâce nous tomberions à chaque pas. Nos vertus même nous fournissent des sujets d'humiliation, à cause des imperfections et des défauts qui s'y glissent le plus souvent. Que de distractions dans nos prières; que de ménagements dans nos pénitences, nos jeûnes, nos mortifications! que de vaine gloire et d'ostentation dans nos aumônes, ou les services que nous rendons au prochain! que de tiédeur et de nonchalance dans nos exercices de piété! que de recherches de nous-mêmes! que de complaisances dans nos meilleurs actions! combien y en a-t-il où la bienséance, la coutume, le respect humain, l'intérêt, la vaine gloire, l'amour-propre ont souvent plus de part que le motif de plaire à Dieu? Hélas! peut-être ne trouverons-nous pas, dans toute notre vie, une seule action bien faite pour Dieu. C'est donc se tromper grossièrement que de croire être quelque chose, quand on n'est rien. Humilions-nous du moins devant Dieu : c'est ce qui nous convient le plus, et c'est la voie la plus sûre pour réussir dans l'affaire du salut. L'humilité nous est encore nécessaire comme chrétiens.

En effet, qu'est-ce qu'un chrétien? C'est un disciple de Jésus-Christ qui doit suivre ses maximes, imiter ses exemples. Or, quelle a été la grande maxime de Jésus-Christ? que nous a-t-il appris dans son Evangile? A être doux et humbles de cœur : *Discite a me quia mitis sum et humilis corde.* (*Matth.*, XI, 29.) Tantôt il nous dit que celui qui veut être le plus grand, doit être le plus petit; que celui qui veut avoir la première place, doit prendre la dernière : tantôt qu'il faut se réduire à la petitesse d'un enfant pour entrer dans le royaume des cieux; mais ses exemples nous prêchent, encore plus que ses paroles, la vertu d'humilité. Il s'est humilié, anéanti, comme dit l'Apôtre (*Philipp.*, II, 6), en prenant la forme d'un esclave; il est né dans les humiliations, il a passé pour pécheur dans la circoncision, il a fui les honneurs pendant sa vie; il a été chargé d'opprobres à sa mort. Or, si Jésus-Christ, notre maître, s'est ainsi humilié, pouvons-nous être ses disciples en cherchant la gloire et les honneurs? Jésus-Christ n'est monté au ciel qu'après être descendu, dit l'Apôtre (*Ephes.*, IV, 9), c'est-à-dire s'être humilié : pouvons-nous espérer d'y arriver par un autre chemin que par l'humilité? Non, mes frères, sans l'humilité point de christianisme; sans l'humilité point de salut : quelque autres vertus que nous ayons, elles ne seront jamais récompensées si elles ne sont appuyées sur l'humilité qui en est le fondement, et qui fait le caractère du vrai chrétien.

Mais quels avantages l'humilité ne nous procure-t-elle pas? avantages du côté de Dieu par l'abondance des grâces qu'il répand sur les humbles; avantages du côté de nous-mêmes, parce qu'elle devient en nous une source féconde de mérites et de vertus, et qu'elle conserve la paix dans notre âme; enfin, avantages du côté du prochain, par l'estime et les honneurs qu'on rend à la vertu d'humilité. Ainsi, l'on peut dire ce que Salomon disait de la sagesse, que tous les biens nous viennent avec elle : *Venerunt mihi omnia bona pariter cum illa.* (*Sap.*, VII, 11.)

Les mêmes oracles qui nous assurent que Dieu résiste aux superbes nous assurent aussi qu'il donne sa grâce aux humbles : *Humilibus dat gratiam.* (I *Petr.* V, 5.) *Sur qui jetterai-je les yeux*, dit le Seigneur dans Isaïe, *si ce n'est sur le pauvre et sur celui qui a l'esprit contrit?* (*Isa.*, LXVI, 2.) *C'est l'humble peuple que vous sauverez, Seigneur*, disait David, *tandis que vous humilierez les superbes : « Populum humilem salvum facies, oculos autem superborum humiliabis. »* (*Psal.* XVII, 28.) La très-sainte Vierge, Mère de Dieu, n'a été la plus favorisée, la plus élevée de toutes les créatures, que parce qu'elle a été la plus humble. Le Seigneur jeta les yeux sur sa bassesse, et parce qu'elle se contente de prendre l'humble qualité de servante du Seigneur, elle est élevée à la maternité divine : *Respexit humilitatem ancillæ suæ.* (*Luc.*, I, 48.) Les âmes qui sont humbles sont comme les vallées, qui reçoivent une plus grande abondance d'eau que les montagnes, qui sont la figure des superbes; ce ne sont pas seulement quelques gouttes de rosée céleste, mais ce sont des torrents qui coulent sur ces âmes; plus elles s'abaissent, plus Dieu s'en approche; au contraire, il s'éloigne de celles qui s'élèvent : ce sont des montagnes qui ne reçoivent que quelques gouttes des eaux de la grâce, qui ne les rendent point fertiles.

Voulez-vous donc, mes frères, attirer sur vous cette abondance d'eau qui rejaillit à la vie éternelle? humiliez-vous; Dieu s'approchera de vous et se communiquera à vous; ainsi, vous trouverez votre force dans votre faiblesse, un trésor dans votre pauvreté, parce que plus vous vous reconnaîtrez faibles, plus Dieu vous soutiendra par son secours; plus vous avouerez votre pauvreté, plus il vous enrichira. Dieu sait que par votre humilité vous lui renverrez ses dons, que vous les ferez servir à sa gloire; c'est pourquoi il vous les communiquera en plus grande abondance, il agira pour lui-même et se glorifiera lui-même en vous comblant de ses faveurs.

L'humilité est donc la clef qui nous ouvre les trésors de Dieu. Sommes-nous pécheurs? elle obtient notre pardon; témoin le Publicain, qui, quoique coupable d'un grand nombre de crimes, ne s'est pas plutôt humilié devant Dieu qu'il obtient sa grâce; de pécheur qu'il était, d'ennemi de Dieu, il devient son ami. Si nous sommes justes, nous avons besoin de grâces pour nous soutenir; et c'est l'humilité qui nous attire ces puissants secours, sans lesquels nous ne persévérerions jamais dans la justice. L'humilité, dit saint Bernard, conserve les vertus et les conduit à leur perfection. C'est pourquoi j'ai dit qu'elle était une source abondante de mérites et de vertus.

Si l'humilité nous attire, de la part de Dieu, une abondance de grâces et de secours pour le salut, la grâce étant donnée pour la pratique de la vertu, ne doit-on pas conclure que l'humilité est une source féconde de mérites? Comme l'orgueil fait marcher après lui tous les vices, ainsi l'humilité est-elle accompagnée de toutes les vertus. Donnez-moi une personne vraiment humble; ce sera une personne charitable, patiente, chaste, modeste, obéissante : charitable, parce que l'humilité qui inspire à l'homme de l'estime pour les autres, l'engage à leur faire du bien : patiente, parce qu'elle ne s'offense de rien, et souffre volontiers les mépris : obéissante, parce qu'elle n'a point de volonté que celle des autres à qui elle est soumise. L'humilité est la compagne de la chasteté, parce qu'elle attire dans une âme l'esprit de Dieu qui en chasse l'esprit immonde, l'ennemi de la pureté; elle tient cette vertu à l'ombre de ses ailes, pour la mettre à couvert des traits et des embûches, du prince des ténèbres. L'humilité fortifie encore et perfectionne les vertus : car elle est, par rapport aux autres, ce que la racine est à l'arbre : sans la racine, l'arbre n'est qu'un tronc stérile; plus, au contraire, l'arbre jette de profondes racines, plus il élève ses branches vers le ciel : ainsi, il n'y a point de vertu sans l'humilité; mais plus l'humilité est profonde, plus les vertus sont grandes et parfaites.

Voulez-vous donc, mes frères, élever bien haut l'édifice de votre salut, commencez à bâtir sur l'humilité qui en est le fondement. Descendez dans votre bassesse et votre néant, et vous deviendrez grands aux yeux de Dieu. Si vous manquez de vertus, l'humilité pourvoira à vos besoins. Vous ne pouvez jeûner, ni porter sur vos corps les rigueurs de la mortification, humiliez-vous : vous ne pouvez donner l'aumône à cause de votre pauvreté? humiliez-vous : *Humilia te in omnibus.* (*Eccli.*, III, 20.) Voilà le secret de suppléer à ce que vous ne pouvez faire d'ailleurs; voilà le secret de vous élever à une grande sainteté sans qu'il vous en coûte beaucoup; secret d'autant plus avantageux qu'il est plus facile, puisqu'il n'est personne qui ne puisse s'humilier, et qui n'en trouve le sujet en soi-même : *Humiliatio in medio tui.* (*Mich.*, VI, 14.)

Voilà encore quelque chose de plus : le croirait-on? L'humilité fait servir à notre sainteté jusqu'à nos défauts, nos imperfections, nos péchés; au lieu que l'orgueil détruit les vertus, l'humilité les conserve, et tire même avantage de nos fautes. Comment cela, mes frères? En nous inspirant de bas sentiments de nous-mêmes, en nous pénétrant d'une salutaire confusion à la vue de nos faiblesses et de nos chutes : ainsi, elle tire le remède du poison; la vie, de la mort. O précieuse vertu! que d'avantages ne nous procurerez-vous pas? vous êtes encore pour nous la source d'une paix solide, d'un repos inaltérable.

Quelle est la cause, mes frères, des troubles, des inquiétudes de la plupart des hommes? C'est l'orgueil. Les orgueilleux croient mériter les honneurs, les premières places; ils sont fâchés si on les leur refuse pour les donner à d'autres; ils ne peuvent souffrir la moindre chose qui les choque. Nous sommes néanmoins tous exposés à être offensés les uns des autres; il est bien difficile que les orgueilleux ne le soient pas. De là les chagrins, les dépits où ils se livrent, et dont l'humilité les garantirait; au lieu que l'humble chrétien qui n'a du mépris que pour lui-même, n'est point fâché, si on lui refuse des honneurs, parce qu'il ne croit pas les mériter; il ne s'offense point des mépris, parce qu'il croit qu'on lui rend justice; il ne demande ni réparations d'injure, ni satisfactions : ou, s'il est obligé de se défendre, il le fait avec modération. Qu'on l'estime ou qu'on le méprise, tout lui est égal; toujours le même, il possède son âme en paix : de là vient l'estime qu'on en fait, les honneurs qu'on lui rend, parce qu'il ne les cherche pas, et que l'on sait qu'ils sont dus à son mérite : on aime sa société, parce que l'on connaît qu'il n'offense personne, et qu'il ne se tient jamais offensé. S'il conteste, c'est pour avoir la dernière place, et mériter par là qu'on lui donne la première. Oh! que la société des hommes serait agréable, si elle n'était composée que de gens humbles et modérés! Quelle est la pratique de cette vertu?

DEUXIÈME POINT.

Il est facile d'estimer et de louer la vertu dans la spéculation; les avantages qui l'accompagnent en font même naître le désir; mais on se rebute aisément de la violence qu'il faut se faire pour en venir à la pratique. C'est ce qui arrive particulièrement pour l'humilité. Quelque pressants que soient les motifs qui nous y engagent, c'est une des plus rares vertus du christianisme; ce qui a fait dire à un saint Père qu'il y a peu d'élus, parce qu'il y a peu d'humbles : *Pauci electi, quia pauci humiles.* Ce n'est pas qu'il n'y ait bien des gens qui s'humilient et qui sont humiliés; mais, dans la plupart de ceux qui s'humilient, ce n'est qu'une humilité déguisée et artificieuse qui ne s'abaisse que pour être élevée; humilité fausse qui n'a que l'écorce et non le fond de la vraie humilité. D'autres auront de bas sentiments d'eux-mêmes; ils ne se louent point, ils refusent même les louanges qu'on leur donne; mais leur vertu ne dure qu'autant qu'elle n'est pas combattue. Est-elle mise à l'épreuve de quelque humiliation? elle ne se soutient plus; ils cessent d'être humbles dès qu'ils sont humiliés : l'orgueil, qui ne veut rien souffrir, prend bientôt la place de l'humilité. A ces deux défauts, opposons deux qualités que doit avoir la vraie humilité. Cette vertu doit être sincère et solide. Humilité sincère, qui inspire à l'homme de bas sentiments de lui-même; humilité solide, qui souffre constamment les mépris; voilà, en abrégé, la pratique de l'humilité.

C'est dans le cœur que toutes les vertus doivent prendre leur naissance pour être sincères et véritables : tout ce qui n'est pas au dedans, quoiqu'il paraisse au-dehors, n'est que fantôme de vertu, hypocrisie, déguisement. L'humilité doit donc partir du cœur comme de sa source. C'est l'humilité de cœur que Jésus-Christ nous a enseignée : *Discite a me quia mitis sum et humilis corde.* (*Matth.*, II, 29.)

Or, en quoi consiste cette humilité de cœur

qui est la base de la perfection évangélique? En voici quelques degrés qui nous sont indiqués par les Pères de la vie spirituelle. Il faut d'abord commencer par se connaître soi-même. Cette connaissance est le principe et le fondement de l'humilité, puisque l'opinion que l'on a de quelqu'un se règle sur la connaissance que l'on en a. Si vous vous connaissez bien vous-même, vous n'aurez aucun sentiment d'estime pour vous; au contraire, vous n'en aurez que du mépris. Demandez-vous donc souvent à vous-même : qui suis-je? *Tu quis es?* Reconnaissez devant Dieu ce qui se passe en vous, quels sont vos défauts, quelles sont vos imperfections; combien grande est votre misère ; combien de péchés vous avez commis depuis que vous êtes sur la terre; combien vous en commettriez encore, si la grâce de Dieu ne vous soutenait. Considérez les mauvaises productions de votre esprit, l'extravagance de votre imagination, la dépravation de votre cœur, la répugnance que vous avez pour le bien, l'inclination qui vous porte au mal, l'impétuosité des passions qui vous dominent : que verrez-vous qui ne soit capable de vous humilier, de vous charger de confusion?

Ah! si vous vous connaissiez comme Dieu vous connaît, vous auriez horreur de vous-même, vous ne pourriez vous souffrir? Quelle serait votre confusion, si les hommes vous connaissaient seulement comme vous vous connaissez vous-même! s'ils voyaient tout ce qu'il y a de plus secret et de plus intime dans vous, vous n'oseriez paraître en leur présence, vous vous enfonceriez dans les ténèbres, pour vous dérober à la vue des mortels, parce que vous vous regarderiez dans leur esprit comme un objet bien méprisable. Ne perdez donc jamais de vue votre misère et votre néant, et vous serez humble à vos yeux; car la vraie humilité consiste dans le mépris que l'on fait de soi-même. Or, dès que vous vous connaîtrez, vous vous mépriserez, à moins que par la dernière extravagance vous n'entrepreniez de vouloir estimer ce qui n'est digne que de mépris.

Quand on se connaît bien, on se rend justice ; l'orgueil de l'homme ne vient que de ce qu'il ne se connaît pas, et ne veut pas se connaître. Vous avez cru jusqu'à présent avoir du mérite, parce que les hommes, qui ne jugent que par les apparences, l'ont cru ; mais les hommes penseraient bien autrement, et vous en jugeriez comme eux, si, fermant les yeux sur vos prétendus mérites, vous ne regardiez que vos défauts et vos imperfections. Vous vous croyez riche en vertus, parce que vous n'êtes pas sujet à certains défauts qui portent avec eux un caractère d'infamie, parce que vous faites quelques bonnes actions qui vous attirent l'estime des hommes; mais ouvrez les yeux sur vos faiblesses, vos imperfections, vos défauts, et vous verrez que vous êtes misérable, nu, indigent : ***Miser, et pauper, et nudus.*** (*Apoc.*, III, 17.) Vous verrez que vous avez bien plus de défauts que de vertus, bien plus de sujets de vous mépriser que de vous estimer et de vous glorifier. Comparez vos vertus, vos bonnes œuvres, avec les actions héroïques des saints, avec leurs jeûnes rigoureux, leurs mortifications constantes, leurs prières, leurs aumônes ; comparez-vous vous-même à un grand nombre de personnes qui vivent plus régulièrement que vous, soit dans la religion, soit dans le monde, et vous trouverez dans ce parallèle de grands sujets de vous humilier. Alors, bien loin d'avoir bonne opinion de vous-même, vous n'en concevrez que du mépris. Bien loin de rechercher l'estime des hommes et leur approbation, vous la rejetterez comme une chose qui ne vous est point due ; bien loin de vous donner des louanges, vous ne souffrirez pas même qu'on vous en donne, vous ne mettrez point votre complaisance en celles que l'on vous donnera pour le bien que vous aurez fait, mais vous en renverrez à Dieu toute la gloire, dans les mêmes sentiments que le Roi-Prophète : *Ce n'est point à nous, Seigneur, mais à vous que la gloire appartient* : *«Non nobis, Domine, non nobis, sed nomini tuo da gloriam.* (*Psal.* CXIII, 1.) La connaissance et le mépris que vous aurez de vous-même, vous fera garder le silence sur tout ce qui peut vous faire honneur dans le monde; vous ne parlerez jamais avantageusement ni de vos biens, ni de la noblesse de vos parents, ni de votre réputation, ni de vos talents, ni de vos vertus. Vous ne contesterez point pour avoir la première place ou quelque préférence sur les autres ; mais vous céderez à tout le monde, vous choisirez les plus bas emplois ; au lieu de vous produire, vous vous plairez dans l'obscurité. Vous ne serez point fâché de paraître par quelque endroit méprisable aux yeux des hommes ; car c'est là un autre degré où l'humilité de cœur doit vous conduire.

Si pour être humble, il suffisait de connaître ce que l'on est, ou d'avoir même quelque bas sentiment de soi-même, l'humilité ne serait pas une vertu si rare. Mais être bien aise que les autres nous connaissent tels que nous sommes; du moins n'être pas fâché que notre peu de mérite soit connu; souffrir volontiers la confusion qui nous arrive ; quand nos faiblesses, nos défauts sont aperçus des autres, s'en humilier, ne point excuser ses fautes quand on nous reprend, se connaître et avouer son tort : voilà les traits de l'humilité de cœur. Se mépriser soi-même, aimer l'abjection ; en voilà le caractère, bien différent en cela de l'humilité fausse et artificieuse, qui n'est dans le fond qu'un raffinement d'orgueil, telle qu'elle se trouve dans une infinité de personnes, qui, remplies d'estime pour elles-mêmes, se blâment en vue d'être louées, s'abaissent pour être élevées, prennent la dernière place pour avoir la première.

Il est facile de dire qu'on n'est capable de rien, que l'on ne mérite pas l'attention des hommes ; mais quel est le but de cette humilité affectée ? On est bien aise dans le fond de recevoir les applaudissements ; et ce n'est que pour les avoir que l'on commence à se blâmer, afin d'engager les autres à donner les louanges que l'on recherche ; cela est si vrai, que l'on se plaît davantage avec les personnes qui nous louent, qu'avec celles qui refusent de le faire. Ces humbles orgueilleux seraient bien fâchés qu'on pensât sur leur compte d'une manière aussi désavantageuse qu'ils en parlent ; bien plus encore, si on tenait sur eux le même langage dont ils se servent pour s'abaisser. Preuve certaine qu'ils cherchent à se frayer par le mépris d'eux-mêmes un chemin à la gloire ; ils sont bien aises du moins de passer pour humbles, quoiqu'ils ne le soient pas en effet. Ceux qui le sont véritablement, se croient indignes de tout honneur ; ils cachent leurs vertus, et même leur humilité aux yeux des hommes : non contents de se mépriser eux-mêmes, ils souffrent volontiers d'être méprisés de tout le monde. Autre caractère de l'humilité chrétienne, qui en fait la solidité.

C'est une rare vertu, dit saint Bernard, que l'humilité dans les honneurs : *Rara virtus humilitas honorata.* On perd aisément de vue sa bassesse et son néant quand on se voit élevé à la gloire ; on a bien de la peine à se persuader que les hommes se trompent dans les sentiments avantageux qu'ils ont sur nous. On s'accorde volontiers avec eux pour penser de même ; surtout quand on est applaudi du grand nombre. De là vient que les honneurs sont souvent l'écueil fatal de l'humilité. On peut cependant éviter le naufrage sans beaucoup de difficulté, pour peu qu'on veuille rentrer en soi-même. Il n'y a qu'à se munir de cette pensée : Si les hommes me connaissaient tel que je suis, ils penseraient bien autrement de moi qu'ils n'en parlent. Mais que l'humilité se soutienne dans l'humiliation, c'est ce que je trouve en un sens plus difficile que dans les honneurs. Il y a bien des gens qui sont humbles quand on les loue, quand personne ne les contredit, que personne ne les méprise : bien des gens même qui s'humilient, qui s'abaissent de leur propre choix ; mais comme on trouve encore quelque gloire dans l'humiliation qui vient de nous-mêmes, on l'embrasse plus volontiers, on est bien aise d'être soi-même l'arbitre de son honneur, d'en disposer comme il nous plaît ; au lieu que l'on ne trouve que de l'amertume et la confusion dans une humiliation étrangère ; de là vient qu'on ne peut la souffrir. Nous sommes naturellement portés à bien penser de nous-mêmes, nous nous aimons nous-mêmes, et nous souhaitons que les autres pensent aussi avantageusement que nous sur notre compte.

Nous nous persuadons aisément que quand ils nous méprisent, ils ne nous connaissent pas, et qu'ils ne nous rendent pas justice. C'est donc en souffrant le mépris que l'on fait de nous, que l'humilité paraît véritablement solide ; c'est la vraie pierre de touche pour la connaître. Si on ne s'offense point, si on ne s'irrite point du mépris des autres, si on l'endure patiemment ; voilà, encore une fois, la vraie et solide humilité ; ce n'est cependant pas encore la plus parfaite. Quelle est-elle donc ? C'est celle qui non-seulement souffre, mais qui aime, qui recherche les mépris. Telle a été celle des grands saints. Les apôtres triomphaient de joie, dit l'Ecriture (*Act.*, V, 41), quand on les avait chargés d'opprobres et d'ignominie : saint Paul se glorifiait dans ses infirmités, dans ses humilités, dans les mépris que l'on faisait de lui. (II *Cor.*, XII, 5.) Cet homme semblait, pour ainsi dire, insatiable d'opprobres ; il se traitait avec le dernier mépris. Combien de saints, à qui leur vertu attirait l'admiration des hommes, faisaient exprès de certaines actions, en vue de faire éclipser la gloire dont ils étaient environnés !

Ah ! qu'il s'en faut bien, mes frères, qu'on trouve aujourd'hui des hommes de ce caractère ! On veut bien s'humilier soi-même, mais on ne veut pas être humilié des autres. On s'offense, on s'irrite du plus léger mépris ; ces humbles délicats ne veulent pas qu'on les touche, qu'on les reprenne de quelque faute ; ils s'offensent d'une parole quelquefois échappée au hasard ; ils se plaignent des discours qu'on a tenus sur leur compte, de certaines manières peu honnêtes qu'on a pour eux, des affronts qu'on leur a faits, sous prétexte que leur réputation est attaquée, leur honneur blessé, ils prennent souvent les moyens de se venger ; mais à l'ombre d'un honneur que l'on veut conserver, on cache pour l'ordinaire un orgueil secret, un raffinement de vanité que l'on cherche à contenter. On peut soutenir son honneur, il est vrai, mais ce doit être sans préjudice de l'humilité et de la modestie : soyez humbles, et Dieu aura soin de votre honneur.

Pratiques. — Humiliez-vous donc, non-seulement par les bas sentiments que vous aurez de vous-même, mais encore en souffrant ceux que les autres en auront. Si vous n'avez pas assez d'humilité pour rechercher les mépris, recevez du moins ceux qui se présentent, et que Dieu vous ménage pour épurer votre vertu. Si vous les avez mérités, on vous rend justice ; si vous ne les avez pas mérités en telle occasion, recevez-les en châtiment des autres fautes que vous avez commises. Ne vous excusez point de vos fautes, quand on vous reprend ; souffrez même d'être repris pour celles que vous n'avez pas faites. Humiliez-vous, quand on s'aperçoit de vos défauts ; soyez content de n'avoir pas certains talents, certaines qualités de corps ou d'esprit qui sont dans les autres, et qui seraient peut-être pour vous un écueil à la vertu, un sujet de vaine gloire et de perdition. Ne cherchez que Dieu seul dans vos bonnes actions.

Quelque bien que vous ayez fait, quelques louanges que l'on vous donne, regardez-vous toujours comme un serviteur inutile ; élevez votre cœur à Dieu en lui disant, comme le Roi-Prophète : *Ce n'est pas moi, Seigneur, mais vous seul qui méritez la gloire : « Non nobis, Domine, non nobis, sed nomini tuo da gloriam. » — Ama nesciri et pro nihilo reputari.* (*De Imit. Christi.*) Plus vous serez humilié sur la terre, plus vous serez élevé dans le ciel. *Amen.*

PRONE LVI.

Pour le onzième Dimanche après la Pentecôte.

SUR LA MÉDISANCE.

Solutum est vinculum linguæ ejus, et loquebatur recte. (*Marc.*, VII, 35.)

La langue de cet homme se délia, et il parlait distinctement.

Quel bonheur pour cet homme sourd et muet tout à la fois, dont parle l'Evangile, de trouver un médecin aussi charitable et aussi puissant que Jésus-Christ! Mais qu'aurait-on dit de cet homme, si après avoir reçu un si grand bienfait, il s'en était servi pour outrager son bienfaiteur; si au lieu de se servir de sa langue pour louer et bénir celui qui l'avait déliée, il l'avait employée à le maudire? il eût passé sans doute, et il passerait encore aujourd'hui dans votre esprit, pour un monstre d'ingratitude. Or, ce que vous auriez blâmé avec juste raison dans cet homme, c'est, mes frères, ce que vous faites tous les jours. Dieu vous a donné l'usage de la parole, c'est un bienfait que vous avez reçu de sa bonté : et comment vous servez-vous de cette parole? quel usage faites-vous de votre langue? Les uns s'en servent à jurer, à blasphémer le saint nom de Dieu; les autres à prononcer des paroles obscènes, ceux-ci à lancer des traits de médisance contre le prochain, ceux-là à multiplier des rapports qui le déshonorent; et si l'on voit tant de réputations flétries, tant de justes couverts d'opprobres, tant de haines se perpétuer dans les familles, n'est-ce pas à ces langues armées du fiel de la médisance qu'on en doit les horreurs? C'est donc à vous, médisants, que j'adresse aujourd'hui la parole, et à qui je voudrais, s'il se peut, imposer un éternel silence, puisque vous faites un si mauvais usage du talent que Dieu vous a confié, et qu'en attaquant la réputation du prochain que vous devriez épargner, vous attaquez Dieu lui-même, que vous devez aimer dans votre prochain. Mais comment puis-je espérer de détruire un mal qui est aujourd'hui si commun, et qui fait tant de ravages dans la société humaine? Que je m'estimerais heureux, si je pouvais du moins le corriger dans quelques-uns de ceux qui y sont sujets! Pour cela, je dis : Rien de si commun que la médisance, premier point; rien de si difficile à réparer que les suites de la médisance, second point. En connaissant la cause de la médisance, vous la détruirez; en découvrant ses funestes effets, vous la réparerez. Commençons.

PREMIER POINT.

C'est une grande obligation que nous avons à Dieu de nous avoir donné l'usage de la parole. Par elle nous pouvons manifester nos sentiments aux hommes, entretenir avec eux une douce et agréable société, chercher du secours dans nos besoins, de la consolation dans nos afflictions. Mais le malheur de l'homme est de faire servir à sa perte les dons qu'il a reçus de Dieu pour son avantage, et l'on peut dire que le don de la parole est un de ceux dont il fait le plus mauvais usage. C'est ce qui a fait dire à l'apôtre saint Jacques, que la langue est un feu dévorant, un monde d'iniquités, une source pleine d'un venin mortel : *Lingua ignis est, universitas iniquitatis! Malum inquietum, plena veneno mortifero.* (*Jac.*, III, 8.) C'est surtout par la médisance que cette source empoisonnée communique son venin, avec d'autant plus de rapidité qu'il y a plusieurs manières de médire, que l'on trouve plus de facilité et d'occasion de médire, et que presque personne ne s'abstient de médire. Les différentes espèces de médisances, la facilité de la médisance, le nombre des personnes sujettes à la médisance, voilà ce qui prouve que ce vice est bien commun.

Qu'est-ce que la médisance? C'est, dit saint Thomas, une parole injurieuse, par laquelle on noircit la réputation d'autrui; ce qui se fait en plusieurs manières, dit le même auteur; l'une qu'il appelle directe, et l'autre indirecte. On médit directement de son prochain : 1° lorsqu'on lui impute un crime dont il est innocent; voilà la calomnie; 2° quand on exagère une faute qu'il a faite, faisant passer pour un péché considérable ce qui n'est que faute légère; 3° quand on révèle une faute cachée qu'il a commise, ou un défaut auquel il est sujet; 4° quand on donne un mauvais tour aux actions du prochain, et qu'on interprète en mauvaise part le bien qu'il a fait; voilà la médisance. On médit indirectement, lorsqu'on nie le bien qu'un autre a fait, qu'on le diminue, ou que l'on garde un silence injurieux, quand on entend les éloges qu'on lui donne. Vous voyez déjà, mes frères, par ces différentes espèces de médisances, combien ce péché est commun, et peut-être vous reconnaissez-vous déjà coupables de quelqu'une de ces médisances.

Combien voyons-nous aujourd'hui de personnes innocentes que la calomnie a chargées de crimes atroces, auxquels elles n'ont pas même pensé? Calomnie qui n'a pour l'ordinaire d'autre fondement qu'un soupçon injurieux, un jugement téméraire porté sur le compte du prochain. Cet homme, cette femme, mal intentionnés à l'égard d'un autre, pensent mal sur sa conduite, interprètent en mauvaise part une action de soi indifférente, et même louable dans son principe et dans sa fin. On aura vu cette personne entrer dans une maison, parler à une autre, on lui prête quelque mauvaise intention. On aura fait quelque perte de bien, on soupçonnera celui-ci d'avoir commis cette injustice; on n'ose pas d'abord assurer ce que l'on ne prend que pour une conjecture; mais en manifestant ces soupçons injurieux que l'on a conçus sur le compte d'autrui, en avançant ces conjectures, on donne à croire que les termes avancés sont la vérité toute pure. C'est ce qui fait que du soupçon on en vient à la persuasion, et de la persuasion à l'accusation, à la calomnie, qui détruit tout à coup la réputation de la personne la plus innocente. Quelle précaution, mes frères, ne doit-on pas prendre, non-seulement pour retenir sa langue, mais pour ne former aucun soupçon injurieux sur la conduite du prochain, ni écouter ceux qui le jugent téméralrement? Il est vrai qu'on ne trouve pas communément des calomniateurs, qui franchissent les bornes de l'équité jusqu'à imputer le crime à un innocent. Mais combien n'y en a-t-il pas qui ne se font aucun scrupule de grossir les vices d'autrui, d'exagérer une faute qu'on lui a vu commettre, de faire passer pour un crime ce qui n'est qu'un léger écart ou qu'un oubli? Quelques paroles peu mesurées, échappées sans réflexion à une personne d'un certain rang, quelque bienséance omise, quelques légèretés, qui sont plus l'effet de la fragilité humaine que de la malice, passent dans certains esprits pour de grands crimes; on les débitera pour tels, on fera naître les idées les plus fâcheuses sur des fautes qui n'étaient point si considérables qu'on se l'est imaginé. N'est-ce pas là une espèce de calomnie bien commune dans le monde? Car au lieu d'excuser les fautes d'autrui, on se fait un plaisir malin de les augmenter et de les grossir. Eh! combien de fautes changent de nature à mesure qu'elles sont publiées par des langues médisantes!

Mais, diront d'autres, nous n'avançons rien que de vrai; nous n'ajoutons rien à la faute que nous révélons. N'est-il pas permis, et n'est-ce pas même un bien de faire connaître les hommes pour ce qu'ils sont, afin que l'on s'en défie, que l'on ne confonde pas la vertu avec le vice, qu'il importe de démasquer et de faire connaître dans tout son jour, pour ne pas s'y laisser surprendre?

C'est là, mes frères, une espèce de ressource à la médisance; pour s'accréditer dans ses démarches; sous le faux prétexte qu'on ne dit rien que de vrai, on croit qu'il est permis de tout dire, de révéler indifféremment les fautes du prochain. Eh! où est donc, mes frères, cette charité qui doit couvrir la multitude des péchés? *Charitas operit multitudinem peccatorum*, (I *Petr.*, IV. 8.) La charité nous défend de faire à autrui ce que nous ne voudrions pas qu'on nous fît à nous-mêmes : pourquoi donc vous donnez-vous la liberté de découvrir les fautes de votre prochain? En vain couvrez-vous votre médisance du prétexte de la justice et du bien public, qui demande, dites-vous, que l'on connaisse les hommes pour ce qu'ils sont. Tandis que la faute de votre prochain est secrète, il a droit à sa réputation, et c'est une injustice que de la lui ravir : le bien public ne demande pas non plus que vous fassiez connaître ce qu'il y a de défectueux dans votre frère. 1° En découvrant sa faute, vous ne la guérissez pas, mais vous l'aigrissez; 2° vous fournissez aux autres une occasion de péché, en leur apprenant ce qu'ils ne savaient pas, en leur apprenant l'écart de cette personne, pour qui ils avaient de l'estime, et qui était recommandable à leurs yeux par d'autres titres : par là vous autorisez le vice dans les méchants, et vos médisances deviennent pour les faibles une pierre d'achoppement. Mais, direz-vous, je n'ai révélé cette faute qu'à une personne de confiance, à qui j'ai recommandé de garder le secret. Or, je vous demande : par cette précaution presque toujours inutile, faites-vous moins perdre à cette personne l'estime qu'elle avait pour votre frère dont vous parlez mal? D'ailleurs, vous lui aviez confié sous le secret ce que vous avez dit; vous croyez donc qu'il n'était pas permis de divulguer cette faute : et pourquoi la révéler à cette personne? Pensez-vous que celle-ci sera plus fidèle à garder le secret que vous. Hélas! combien de choses, confiées sous le secret, deviennent publiques dans toute une paroisse, sous prétexte que chacun les a confiées sous le secret?

Il n'est donc point permis de parler des fautes de son prochain, quoique l'on n'en dise rien que de vrai; à moins que ce ne soit pour son bien, comme serait d'avertir un père, une mère, un maître, un supérieur, de corriger les désordres des enfants et de ceux qui leur sont soumis, ou pour le bien de celui à qui on révèle ces fautes, qui lui causeraient de grands dommages s'il ne les connaissait pas; mais il faut, dans ces occasions, user de beaucoup de prudence, et ne point suivre la passion, qui se porte ordinairement à des excès, ou contre la justice ou contre la charité.

Venons maintenant à d'autres espèces de médisances qui ne sont pas moins fréquentes, et que nous appelons médisances indirectes. On a horreur d'imputer à quelqu'un un crime dont il est innocent, on se fait même une peine de révéler une faute commise; mais on ne craint pas de répandre sur les vertus d'autrui un vernis qui en ternit tout l'éclat. Fait-on l'éloge de quelque action de vertu, on s'efforce d'en arracher la gloire à celui à qui elle est due, ou en niant qu'il ait fait cette action, ou en lui donnant un mauvais tour, ou en l'attribuant à une mauvaise intention, ou en diminuant son mérite par quelque circonstance vicieuse que l'on y ajoute. Certains Juifs accusaient le Sauveur de chasser le démon au nom de Béelzébub, d'aimer les plaisirs de la table, parce qu'il mangeait avec les pécheurs pour les attirer à lui. On va fouiller jusqu'au fond des consciences, pour y découvrir un mal qui n'y est pas. Un homme charitable pour les pauvres fera des aumônes, on dira que c'est par vanité, par ostentation; un autre aura rendu un service essentiel à cette personne qui en avait besoin, on dira que c'est par intérêt. Cette femme, cette fille sera réglée dans sa conduite; c'est, dira-t-on, par hypocrisie, ou parce que le monde n'en veut plus: c'est dans le dessein de passer pour dévote, et de s'attirer la gloire de la piété chrétienne.

Cet homme patient, modéré, pardonne une injure, rendra le bien pour le mal; c'est stupidité, c'est bassesse d'esprit : cet autre ménage avec prudence les biens que le Seigneur lui a donnés: c'est un avare, ou s'il en fait quelque libéralité, c'est un prodigue; en un mot, il n'est point de vertus que les médisants ne trouvent le secret d'empoisonner. Ils gardent sous leurs lèvres, pour me servir des termes du Prophète, le venin des aspics, et portent partout la contagion de leurs discours : *Venenum aspidum sub labiis eorum.* (*Psal.*, XIII, 3.)

D'autres non moins à craindre rendront au mérite la justice qui lui est due, conviendront volontiers de la valeur de cette action, du prix de cette vertu. Ils commenceront à faire l'éloge de ceux qu'ils veulent blâmer. Cet homme est charitable envers les pauvres; mais il a un faible qu'on ne peut lui pardonner, il a un commerce avec une personne qu'il ne devrait pas fréquenter. Cet autre fait de longues prières, est assidu aux divins Offices; mais c'est un usurpateur du bien d'autrui : cette femme est modeste à l'église, gouverne bien son ménage; mais c'est une médisante, une langue dangereuse. Quel dommage de ce jeune homme, de cette fille! Ils ont d'excellentes qualités; mais l'un est sujet à l'intempérance, l'autre à la vanité. L'auriez-vous cru, dira celui-ci, que cette personne que vous connaissiez si vertueuse fût tombée dans cette faute? j'en suis affligé et par rapport à elle, et par rapport à sa famille. Cet homme d'église, dira cet autre, (car le médisant n'épargne personne,) si zélé, si exact à remplir son devoir, serait parfait dans son genre, s'il n'était pas si attaché aux biens de la terre. C'est ainsi, mes frères, que le médisant, selon l'expression du Prophète, trempe ses traits dans l'huile, afin que, pénétrant plus avant, il fasse de plus profondes plaies : *Molliti sunt sermones ejus super oleum, et ipsi sunt jacula.* (*Psal.*, LIV, 22.) On loue les vertus, afin de mieux persuader les vices de ceux dont on veut flétrir la réputation. Si l'on n'ose les dénigrer ouvertement, on trouve le secret de le faire par certains signes, certains gestes, un clin d'œil, ou même par un silence affecté que l'on garde au récit des louanges d'autrui, une tristesse que l'on fait paraître à les entendre; silence et tristesse qui disent souvent plus que les paroles, parce que c'est une espèce de désaveu de ce qu'on avance. Je serais infini, mes frères, si je voulais vous représenter toutes les voies par où la médisance répand son venin. Ce qui donne encore une si grande étendue à ce vice, est la facilité qu'il y a d'y tomber, et les occasions que l'on trouve à le commettre.

Il n'en est pas, en effet, de la passion de médire, comme des autres passions, qui sont arrêtées par les obstacles qu'elles rencontrent. Un voleur ne peut pas toujours réussir dans les vols qu'il médite : un impudique ne trouve pas toujours l'occasion et les objets pour contenter sa passion; le vindicatif trouve de la résistance dans un ennemi qu'il poursuit; mais pour le médisant, tout concourt à lui rendre son crime facile : facile du côté de celui qui débite la médisance; facile par les occasions que l'on trouve à la débiter; facile du côté de ceux qui l'écoutent. La médisance est facile du côté de celui qui la débite. Que faut-il, en effet, pour contenter là-dessus son inclination? La langue et la parole sont toujours à notre disposition; un signe nous suffit pour venir à bout de notre projet, et porter à la réputation d'autrui le coup le plus funeste. Dans les uns c'est précipitation, c'est une certaine démangeaison de parler qui fait qu'ils ne peuvent rien retenir de ce qu'ils savent de diffamant sur le compte du prochain; c'est un poids qui les accable, dont il leur tarde de se soulager à la première occasion qu'ils trouveront; dans les autres, c'est une maligne jalousie de la gloire et de la prospérité d'autrui, qui les rend plus attentifs à chercher et à publier ses défauts que ses bonnes qualités; et que d'occasions ne trouve-t-on pas de se satisfaire sur ce point; occasions de la part de ceux qui donnent matière à la médisance. Car quel est l'homme si parfait qui ne montre quelquefois des traits de faiblesse, et qui ne soit exposé à la censure des médisants? Occasions dans le commerce que l'on a avec le monde, dans les conversations qui sont les liens de la société, et qui roulent pour la plupart sur les défauts d'autrui; sans cela, dit-on, elles tariraient; il faut bien mettre quelqu'un sur la scène; on est bien venu dans une compagnie, dès qu'on sait la divertir aux dépens de quelqu'un qui a donné matière à parler. Par ce moyen la médisance devient facile du côté de ceux qui l'entendent. Quoiqu'on ait de l'aversion pour les médisants, on aime la médisance, on l'écoute avec plaisir, on est curieux de savoir ce qu'un tel a dit, a fait; on s'informe de sa conduite, de sa façon d'agir, de ses mœurs; on veut pénétrer dans le secret des familles, et même des cœurs; on est bien aise de connaître les inclinations, les démarches de cette personne. Pour animer le médisant, on applaudit à ses discours, on loue les traits ingénieux dont il se sert pour lancer ses traits perçants contre ceux qui ne sont pas en état de les éviter, on garde un silence criminel, lorsqu'on entend mal parler du prochain; car quel est celui qui prend sa défense? voilà ce qui autorise; ce qui rassure le médisant. Il ne trouve que des approbateurs de son crime; il attaque des absents qui sont hors d'état de se défendre, et qui lui fermeraient la bouche, s'ils étaient présents; il ne se trouve personne assez charitable pour prendre leurs intérêts; au contraire, ceux qui écoutent le médisant se joignent souvent à lui pour cribler de leur maligne critique ceux à qui il a déjà porté des coups mortels. Faut-il s'étonner après cela que la médisance fasse de si grands progrès dans la société humaine, puisqu'elle ne trouve point d'obtacle qui lui résiste, que la plupart, au contraire, se font plaisir de l'écouter et de la débiter?

Car qui sont ceux, mes frères, qui sont exempts de ce vice? Hélas! presque toutes les conditions de la vie en sont infestées. Il règne dans les villes comme dans les campagnes; c'est-le vice des riches comme des pauvres, des grands comme des petits, des ignorants comme des savants. Que l'on entre dans les maisons, que l'on entende ce qui se dit dans les conversations, à peine verra-t-on deux ou trois personnes ensemble qui n'aient mis quelqu'un en jeu dans leurs discours, à peine une heure de temps s'écoule-t-elle, sans que la médisance en emploie une plus grande partie. N'est-ce pas surtout le défaut des gens oisifs, de ces personnes qui, ennuyées d'elles-mêmes, vont de cercle en cercle répandre le venin de leur maligne oisiveté, érigent partout des tribunaux où elles condamnent sans pitié tout ce qui leur déplaît? Vous les verrez parcourir en détail tous les états de la vie: tantôt c'est l'avarice ou la prodigalité d'un riche; tantôt c'est l'insolence d'un pauvre qui sert de matière à leur censure. Sans épargner le sacré non plus que le profane, vous les verrez se déchaîner impitoyablement contre la conduite des personnes consacrées à Dieu, dont la réputation est nécessaire au bien public. Ici, c'est un marchand qui en décrie un autre qu'il voit plus accrédité que lui dans son négoce; là, c'est un artisan qui pour se faire valoir déprise l'ouvrage de ceux de sa profession. Ne voit-on pas même des personnes d'ailleurs régulières dans leur conduite, qui, pour établir leur réputation sur la ruine de celle des autres, ne font pas difficulté de lancer les traits de leur maligne critique contre ceux dont la vertu leur fait ombrage? A entendre ces fins médisants, ce n'est pas par envie ni par haine qu'ils divulguent certaines faiblesses qu'ils ont aperçues dans leur prochain; mais c'est par zèle pour la gloire de Dieu, pour le bien public; et sous ce prétexte, ils se croient en droit de révéler ce qu'il faudrait cacher. Ce ne seront pas à la vérité d'atroces calomnies, de noires médisances qu'ils débiteront; mais ce sont certains tours dont ils se servent pour diminuer l'estime que l'on a pour les autres. C'est une compassion qu'ils portent à leur faiblesse; ce sont des soupirs que les fautes d'autrui arrachent de leur cœur; ce seront des plaintes sur quelque mauvaise manière qu'on a pour eux, sur quelque parole désobligeante qui a blessé leur amour-propre; et sous prétexte, de chercher de la consolation dans leur peine, ils ne pensent qu'à satisfaire leur vengeance, en dévoilant tout ce qu'ils reconnaissent de défectueux dans ceux qui ont eu le malheur de leur déplaire. Ah! qu'il est rare de trouver dans ce monde des personnes irréprochables sur cet article, et que c'est bien avec raison que saint Jacques a dit qu'il faut être bien parfait pour ne pas pécher en parlant! *Si quis in verbo non offendit, hic perfectus erit.* (*Jac.*, III, 2.) Mais autant la médisance est commune, autant ses suites sont difficiles à réparer.

DEUXIÈME POINT.

C'est un principe incontestable dans la religion et la morale, que, pour obtenir le pardon de son péché, il faut en faire la pénitence et la réparation. Si l'on s'est emparé du bien d'autrui, ou qu'on lui ait causé quelque dommage, il n'y a point de salut à espérer, qu'on ne l'ait rétabli dans ses droits. La même obligation subsiste pour le tort que l'on a fait par la médisance à l'honneur et à la réputation d'autrui. Mais combien cette réparation n'est-elle pas difficile? Difficile du côté de l'honneur qu'il faut réparer, difficile du côté de celui qui doit faire cette réparation.

La réputation consiste dans l'estime que l'on s'est acquise dans l'esprit des hommes par ses bonnes qualités, par des actions de vertu qui ont mérité leurs suffrages. C'est un bien dont chacun est si jaloux, que l'on sacrifierait volontiers tous les autres pour conserver celui-ci. Car de quoi servent tous les biens sans l'honneur? On n'ose plus paraître dans le monde, on y est mort civilement, dès qu'on est flétri sur cet article. Aussi quelle précaution le Saint-Esprit ne nous ordonne-t-il pas de prendre pour le conserver? *Curam habe de bono nomine.* (*Eccli.*, XLII, 15.) C'est un bien qui nous est personnel, c'est un bien qui est la source de beaucoup d'autres biens, qui nous suit même après la mort. Mais dès que cette réputation est ternie par les noires vapeurs qu'une langue médisante y a répandues, il n'est plus possible de lui rendre son premier éclat; c'est une plaie en quelque façon incurable.

En effet, pour guérir cette plaie, pour réparer le tort fait à la réputation, que faut-il faire? Il faut rétablir dans ses droits la personne à qui on a ravi son honneur, et pour cela effacer les idées sinistres que l'on a imprimées sur son compte dans l'esprit des autres: or, est-il facile de faire revenir les esprits des mauvaises impressions qu'on leur a données? l'orgueil qui domine les hommes ne leur inspire que de bons sentiments pour eux-mêmes, et du mépris pour les autres. De là vient qu'on prend ordinairement plus de plaisir à entendre blâmer quelqu'un qu'aux éloges qu'on lui donne; l'on aime à s'autoriser dans ses désordres par l'exemple de ceux qui sont déréglés. Voilà pourquoi on écoute et l'on croit si aisément ce qui flatte la passion, et qu'on revient difficilement des idées qui la favorisent. Ainsi un médisant aura beau faire pour détromper ceux à qui il a mal parlé de son prochain, il n'en viendra pas à bout; plusieurs discours ne suffiraient pas pour rendre à la réputation le premier lustre qu'un seul coup de langue lui a ôté. Car, ou celui qui a mal parlé, a dit vrai, ou il a dit faux; si ce qu'il a dit est vrai, ne pouvant plus s'en dédire, toutes les louanges qu'il donnera à son prochain pour réparer sa réputation, ne lui rendront jamais leur premier éclat; quelques actions de vertu qu'il publie sur le compte de la personne dont il a mal parlé, toujours sera-t-il vrai de dire que cette personne est coupable d'une faute qui diminue l'estime qu'on avait de sa vertu. Si le mal que le médisant a publié n'est pas vrai, et qu'il s'en dédise, c'est peut-être, dira-t-on, parce qu'un confesseur l'a obligé de le faire, ou qu'il a quelque raison particulière d'intérêt; peut-être les mauvais discours que l'on a tenus avaient-ils quelque fondement; quoi qu'il en soit, est-il bien commun que la rétractation de la médisance équivale à l'injure? c'est ce que l'expérience ne fait voir que trop sensiblement.

Cet homme passait pour un homme de bien dans l'esprit des autres, on l'estimait comme un homme juste et équitable; mais un ennemi jaloux de son honneur et de ses succès a répandu sur sa conduite le venin de sa censure; il l'a fait passer pour un homme de mauvaise foi, un fourbe, un imposteur, qui ne cherchait que son intérêt au préjudice d'autrui. Voilà cet homme devenu tout autre qu'il n'était dans l'esprit de ceux qui l'estimaient; ses vertus, ses mérites l'ont abandonné; il n'ose plus paraître, il n'est plus regardé que comme un homme dangereux à la société, quoi qu'il puisse faire pour soutenir sa réputation, et quoi que puisse faire le médisant pour détromper les esprits qu'il a prévenus contre lui.

Ce ministre du Seigneur, exact à remplir ses devoirs, a voulu corriger quelques désordres, reprendre un libertin de sa vie licencieuse; celui-ci, pour se venger et s'autoriser dans son crime, l'accusera injustement d'être sujet aux mêmes faiblesses. On le croira, malgré tout ce que pourra faire ce ministre du Dieu vivant pour effacer par une conduite édifiante les impressions qu'on a conçues contre lui. On ferme les yeux sur ses vertus: qu'on l'annonce pour un saint tant qu'on voudra, le libertin prévenu ne revient plus de ses préjugés, et l'homme de Dieu reste couvert d'opprobre, et devient inutile aux âmes qui lui sont confiées.

Cette femme, cette fille, régulières dans leur conduite, n'avaient jamais fait parler d'elles; mais une langue médisante a répandu de mauvais bruits sur leur compte, les voilà perdues de réputation; tout ce qu'elles pourront faire ne les empêchera pas d'être soupçonnées d'intrigues criminelles, de désordres auxquels elles n'ont pas même pensé; et quoi qu'en dise le médisant pour rétracter ses avances, on les a crues, et on les croira toujours.

Ah! mes frères, que les coups de langue d'un médisant sont terribles, et quels ravages un homme de cette espèce ne cause-t-il pas dans la société! *Terribilis homo linguosus.* (*Eccli.*, IX, 25.) C'est un incendie qui a mis le feu dans une maison, qu'on ne peut plus éteindre; c'est un meurtrier qui égorge autant de victimes que de personnes à qui il porte ses coups. C'est la division des familles, les haines, les querelles qu'il perpétue; c'est la perte des biens qu'il occasionne, et à laquelle il ne remédiera jamais. Cet époux, cette épouse étaient unis ensemble; ces parents, ces voisins vivaient en bonne intelligence; mais l'homme ennemi qui se plaît à semer l'ivraie parmi le bon grain, a fait de mauvais rapports contre les uns et les autres: l'homme et la femme ne peuvent plus se souffrir; les parents, les voisins sont devenus ennemis irréconciliables. Les confesseurs, les prédicateurs ont beau employer tout ce qu'il y a de plus fort dans la religion pour les réunir, ils n'en sauraient venir à bout. Qui est-ce qui est la cause de ces malheurs? C'est vous, langues de vipères, qui avez cherché des sujets de division, ou qui n'avez su garder le silence sur ces secrets qu'on vous a confiés. En vain ferez-vous des efforts pour faire revenir les esprits divisés; vous n'en viendrez pas à bout: vous avez mal parlé de cet homme qui occupe dans le monde un poste avantageux; de ce marchand, de cet artisan, de ce domestique; le poste de cet homme lui devient inutile; le négoce de ce marchand tombe; cet artisan perd ses pratiques; ce domestique ne peut plus trouver de condition. Vous avez flétri l'honneur de ce jeune homme, de cette fille qui étaient sur le point de prendre un établissement; ils sont maintenant frustrés de leurs espérances, ils ne peuvent plus trouver de partis. Comment réparerez-vous les dommages que vous leur avez causés? vous y êtes cependant obligés sous peine de damnation; mais il vous en coûterait trop pour vous acquitter de cette obligation: c'est pourquoi vous ne le ferez pas; et voilà ce qui rend votre péché en quelque façon irrémissible par l'espèce d'impossibilité où il vous jette d'en réparer les funestes effets; d'autant plus encore que cette réparation trouve dans vous-même des obstacles presque invincibles.

Lorsqu'on a fait du tort au prochain dans ses biens de fortune, on peut le réparer sans se faire connaître; on peut se servir d'une voie étrangère, comme d'un ami fidèle, d'un prudent confesseur pour faire la restitution à laquelle on est obligé; on peut même se trouver dans un état d'impossibilité qui exempte tout à fait de la restitution: mais il n'en est pas de même de la réparation qu'on doit faire à la réputation que l'on a flétrie. Comme cette obligation est personnelle, et ne peut être faite que par celui qui a mal parlé, il faut qu'il paraisse en personne, et qu'il se fasse connaître dans cette réparation; ce qu'il ne peut faire qu'au détriment de sa propre réputation. C'est-à-dire qu'il doit, ou se faire passer pour un fourbe, si ce qu'il a dit n'est pas vrai; ou pour un indiscret, ou un lâche, un envieux, un téméraire, si ce qu'il a dit est vrai: il faut donc qu'il répare l'honneur d'autrui par la perte du sien, comme on doit réparer les dommages de fortune par la perte de ses propres biens. Or est-il bien aise de sacrifier son honneur, sa réputation, de se noircir, de se décrier dans l'esprit des autres pour honorer ceux qu'il a flétris? Ah! que n'en coûte-t-il pas pour cela à l'amour-propre toujours ingénieux à éviter l'opprobre et à se conserver l'estime d'autrui! Un tel effort ne peut être que l'effet d'une grâce toute-puissante, et d'un désir ardent de son salut. Mais la preuve que cette démarche est difficile, c'est qu'on ne la fait pas. On entend beaucoup de gens médire; en voit-on beaucoup qui réparent le tort qu'ils ont fait au prochain par la médisance? Cependant c'est une obligation indispensable, où l'on ne peut apporter aucun prétexte d'impossibilité, parce que l'on est toujours maître de parler à l'avantage du prochain, et que rien n'est plus à notre disposition que l'usage de la parole.

Mais je veux encore que le médisant se fasse violence pour rendre à la réputation d'autrui le lustre qu'il lui a ôté; en pourrait-il venir à bout, quand le venin de sa médisance s'est répandu si loin, qu'il n'est presque plus possible de l'arrêter; quand sa médisance est parvenue aux oreilles d'un grand nombre de personnes, comme il arrive ordinairement lorsqu'elle est divulguée dans une paroisse, dans une ville, dans une province? Comment le médisant pourra-t-il réparer l'honneur d'autrui dans tous les endroits où il a été flétri, et faut-il vous dire, mes frères, que si Dieu demandait cette réparation en entier, la médisance deviendrait un péché irrémissible? Cependant si dans ces circonstances la réparation devient impossible, le médisant n'est pas moins obligé de faire tout ce qui dépend de lui pour réparer le mal qu'il a fait. Or, fera-t-il tout ce qu'il faut pour cela? prendra-t-il toutes les mesures convenables pour se décharger de l'obligation où il s'est engagé? Le ferez-vous? l'avez-vous déjà fait, vous qui avez ces reproches à vous faire? Ah! grand Dieu, juste Dieu, que de maux, et quelle difficulté pour les réparer! Prenez donc garde, dit le Saint-Esprit, de pécher par votre langue, de peur que votre chute devenue incurable, ne vous donne la mort : *Casus insanabilis ad mortem.* (*Eccli.*, XXVIII, 30.)

Pratiques. — Mettez donc un frein à votre langue, et ne vous en servez jamais pour attaquer la réputation d'autrui. Parlez toujours en bonne part des absents : si vous n'avez rien de bon à dire, gardez le silence. Car on ne se repent jamais tant de s'être tu que d'avoir parlé, comme disait un ancien: *Multum locutum fuisse sæpe pœnituit; tacuisse nunquam.* Mettez-vous à la place de ceux dont vous voudriez censurer la conduite. Seriez-vous bien aises que l'on vous traitât de la manière dont vous traitez les autres? ne voudriez-vous pas, au contraire, que si quelqu'un parlait mal de vous dans une compagnie, un autre prît votre défense? Faites-le de même à l'égard de votre prochain, et vous exercerez la charité que Dieu demande de vous. Imposez-vous pour pénitence de garder le silence un certain temps de la journée, et demandez à Dieu tous les matins la grâce de faire un saint usage de votre langue. Si vous avez noirci votre prochain de quelque crime que vous lui aviez imputé par calomnie, il faut vous en dédire, quoi qu'il vous en coûte : si le crime dont vous l'avez accusé est vrai, il faut, par toutes les louanges que vous lui donnerez, effacer les mauvaises impressions que votre médisance a faites sur l'esprit de ceux qui vous ont entendu. Comme la médisance vient ordinairement de l'orgueil et de l'envie qu'on a de s'élever au-dessus des autres, ayez de l'humilité et de bas sentiments de vous-mêmes, à l'exemple du grand Apôtre, qui se regardait comme un avorton, et le premier des pécheurs : pour lors vous ne parlerez mal de personne. Souvenez-vous aussi de l'avis que vous donne l'Esprit-Saint, de ne point fréquenter et de ne point écouter les médisants : *Cum detractoribus ne commisceamini.* (*Prov.*, XXIV, 21.) Car si vous leur prêtez l'oreille, vous vous rendrez complices de leur médisance par l'occasion que vous y donnerez. Vous seriez encore bien plus coupables, si vous engagiez le médisant à mal parler, ou par vos mauvais conseils, ou par des interrogations que vous lui feriez, ou par l'approbation que vous lui donnez, si vous gardiez un criminel silence. Lorsque devant vous on opprime un innocent qu'il ne tiendrait qu'à vous de justifier, vous êtes obligés dans cette occasion de prendre son parti, et de vous opposer à la calomnie. Si la médisance que l'on vous débite est vraie, vous êtes toujours coupables d'y prêter l'oreille. Que faut-il donc faire lorsqu'on entend médire? Ou ceux qui parlent mal sont vos inférieurs, ou vos égaux, ou vos supérieurs : si ce sont vos inférieurs, servez-vous de votre autorité pour leur imposer silence; si ce sont vos égaux, opposez-vous à la médisance, ou en détournant leur discours, ou en excusant ceux dont on médit, sur l'intention, la faiblesse, la fragilité humaine, ou quelque autre circonstance qu'une charité ingénieuse sait bien trouver; ou enfin en quittant la compagnie, si on le peut convenablement : si ce sont vos supérieurs qui parlent mal, témoignez votre douleur par votre silence: gémissez dans le fond de votre âme sur ce que vous entendez; mettez, selon le conseil de l'Esprit-Saint (*Eccli.*, XXVIII. 28), des épines à vos oreilles, pour que le venin de la médisance ne pénètre point dans votre cœur, c'est-à-dire rendez-les inaccessibles à l'impression qu'elle fait dans un cœur qui s'y prête volontiers ou qui ne sait pas s'en défendre. Enfin dans quelque occasion que le hasard ou la nécessité vous expose à entendre médire, comportez-vous de telle manière, que votre maintien fasse connaître combien la médisance vous déplaît; car de même, dit l'Ecriture, que *le vent d'aquilon dissipe les pluies, un visage triste arrête la langue du détracteur :* « *Ventus aquilo dissipat pluvias, et facies tristis linguam detrahentem.* » (*Prov.*, XXV, 23.) Faites-vous une loi non-seulement de ne jamais faire de rapport contre qui que ce soit, mais encore de ne jamais écouter ceux qui vous en feront; car ou celui qui vous rapporte quelque trait défectueux qui peut vous indigner contre un autre, est un ennemi, ou il est son ami. Si c'est un ennemi, il agit par haine, vous ne devez pas le croire. Si c'est un ami, c'est un ami faux, qui n'en mérite pas le nom; regardez-le comme un traître, un lâche, un infidèle, capable de vous rendre un aussi mauvais service qu'il a fait à autrui. Enfin, mes frères, gouvernez si bien votre langue, que vous ne vous en serviez jamais que pour bien parler, pour glorifier Dieu en ce monde, afin de le glorifier en l'autre. *Amen.*

Si on veut faire du second point un autre prône, on se servira de l'exorde et du texte suivants :

Nolite detrahere alterutrum. (*Jac.*, IV, 11.)
Gardez-vous de médire les uns des autres.

Quoi de plus juste, mes frères, que le précepte que l'apôtre saint Jacques nous donne ici de la part du Seigneur! il est fondé sur la loi de la charité qui nous défend de faire à autrui ce que nous ne voudrions pas qu'on nous fît à nous-mêmes. Aussi le même apôtre, après les paroles que je viens de citer, nous dit-il que celui qui médit de son prochain, médit de la loi, c'est-à-dire, méprise la loi de la charité qui défend la médisance. Cependant, mes frères, quoi de plus commun que le péché de médisance! Un orgueil secret qui domine la plupart des hommes, et qui les porte à s'élever au-dessus des autres, fait répandre sur leur conduite une critique maligne, afin de les abaisser. Non contents de publier les défauts de leur prochain, ils décrient ses vertus; ils répandent sur ses meilleures actions un poison mortel, qui en ternit tout l'éclat, et lui en ravit toute la gloire; en sorte qu'il n'est point de vertu, quelque solide qu'elle soit, qui soit à l'abri des traits de la médisance. C'est un péché qui règne dans tous les états, dans toutes les conditions du monde; il n'est guère de personnes, parmi ceux même qui vivent d'une manière régulière, qui n'aient quelque reproche à se faire là-dessus; souvent, sous le prétexte d'un zèle de religion, on cherche à satisfaire sa propre malignité. Quoi de plus injuste, quoi de plus lâche cependant que d'attaquer la réputation d'autrui, que de porter des coups à des personnes qui sont hors d'état de se défendre, puisque ceux dont on parle mal, sont toujours absents, et que, s'ils étaient présents, on n'oserait pas ainsi les attaquer? Tâchons aujourd'hui de faire connaître tout le venin de la médisance, soit pour en guérir ceux qui y sont déjà sujets, soit pour en préserver les autres. Quels sont donc les pernicieux effets de la médisance! ce sera le sujet de cette instruction.

PRONE LVII.

Pour le douzième Dimanche après la Pentecôte.

SUR L'AMOUR DU PROCHAIN.

Diliges proximum tuum sicut teipsum. (*Luc*, X, 27.)
Vous aimerez votre prochain comme vous-même.

Que faut-il faire pour posséder la vie éternelle, demandait un jour un docteur de la loi au Sauveur du monde? A quoi Jésus-Christ répondit : *Qu'est-il écrit, et que lit-on dans la loi? — Vous aimerez le Seigneur votre Dieu,* repartit le docteur, *de tout votre cœur, de toute votre âme, de toutes vos forces, de tout votre esprit, et votre prochain comme vous-même : « Diliges, »* etc. — *Vous avez bien répondu,* dit Jésus-Christ : *faites cela et vous vivrez.* Mais le docteur, voulant se faire passer pour un homme de bien, demanda à Jésus-Christ, qui était son prochain? Le Sauveur, pour l'en instruire, lui en fit le portrait dans cette parabole : *Un homme,* dit-il, *qui descendait de Jérusalem à Jéricho, tomba dans les mains des voleurs qui le dépouillèrent, et après l'avoir chargé de coups, le laissèrent à demi mort. Plusieurs passants virent cet homme dans ce triste état, sans lui donner la moindre marque de compassion; mais un Samaritain, qui faisait aussi voyage, l'ayant aperçu, vint jusqu'à lui; touché de compassion pour cet homme, il bande ses plaies, après y avoir versé de l'huile et du vin, le conduit à une hôtellerie, et prend soin de lui : le jour suivant, il donne deux deniers à l'hôte, et lui recommande ce malheureux jusqu'à son entière guérison, lui promettant de lui rendre à son retour tout ce qu'il aurait dépensé de plus. Lequel,* dit Jésus-Christ, *a été le prochain de cet homme? C'est,* repartit le docteur, *celui qui l'a traité charitablement.* Sur quoi Jésus-Christ lui dit : *Allez, et faites la même chose : « Vade et tu fac similiter. »* (*Luc.*, X, 25-37.)

Voilà, mes frères, le modèle que Jésus-Christ a voulu nous proposer, comme à ce docteur, pour apprendre la charité que nous devons avoir pour le prochain. Telle est la manière dont nous devons remplir ce grand précepte, qui nous ordonne d'aimer notre prochain comme nous-mêmes; c'est-à-dire, de lui faire tout le bien que nous voudrions qu'on nous fît à nous-mêmes : *Diliges proximum tuum sicut teipsum.*

Mais hélas! que ce précepte est aujourd'hui mal observé parmi nous! Ce beau feu que Jésus-Christ est venu allumer sur la terre, est presque entièrement éteint par les haines, les vengeances, les désordres que l'on voit régner dans les familles, les villes, les provinces et les royaumes. Que ne puis-je, mes frères, le rallumer en ce jour dans vos cœurs, ce beau feu qui fait le caractère des disciples de Jésus-Christ? C'est pour ce sujet que je viens vous en faire voir l'obligation, et la manière de le remplir. Vous aimerez votre prochain : *Diliges proximum* : voilà votre obligation et mon premier point. Vous l'aimerez comme vous-même : *sicut teipsum;* en voilà la règle et mon second point.

PREMIER POINT.

Ce n'est pas seulement dans la loi de grâce qu'il a été dit : *Vous aimerez votre prochain :* « *Diliges proximum;* » cette loi est aussi ancienne que le monde, elle a commencé avant lui; Dieu en grava le caractère dans le cœur de nos premiers parents, pour la transmettre à leur postérité. A mesure que les hommes se multiplièrent, elle reçut plus d'étendue ; et ce fut pour la perpétuer que le Seigneur voulut encore la graver sur des tables de pierre, que Dieu donna à Moïse pour la publier à son peuple. Mais comme cette loi n'avait pas encore sa perfection, et qu'elle était même déjà effacée dans le cœur de la plupart des hommes, Jésus-Christ, qui était venu pour accomplir ce qui lui manquait, la renouvela par son divin Esprit, et lui donna sa dernière perfection. C'est pour cela qu'il la met au rang des premières maximes de son Evangile, qu'il l'appelle son commandement particulier : *Hoc est præceptum meum, ut diligatis invicem.* (*Joan.*, XV, 12.) C'est un commandement nouveau que je vous donne : *Mandatum novum ;* il veut qu'on l'observe d'une manière toute nouvelle, et avec plus de perfection que dans l'ancienne loi ; c'est-à-dire que les hommes s'aiment les uns les autres, comme Jésus-Christ les a aimés; qu'ils aiment jusqu'à leurs plus cruels ennemis : *Mandatum novum do vobis ut diligatis invicem, sicut dilexi vos.* (*Joan.*, XIII, 34.)

Tels sont, mes frères, les termes de la loi qui commande l'amour du prochain ; loi formelle et précise qui ne souffre point d'équivoque; loi indispensable, contre laquelle on ne peut apporter aucune excuse pour s'en exempter ; loi la plus juste et la plus raisonnable, qui est appuyée sur les plus solides fondements; je veux dire, sur les rapports que les hommes ont avec Dieu, et sur les rapports qu'ils ont entre eux. Nous devons aimer notre prochain ; pourquoi ? Parce qu'il est l'ouvrage et l'image de Dieu, parce qu'il a été racheté par le sang d'un Dieu : voilà les rapports qu'il a avec Dieu. Nous devons aimer notre prochain; pourquoi? Parce qu'en qualité d'hommes, nous sommes tous frères, et plus encore en qualité de chrétiens : voilà les rapports qu'il a avec nous-mêmes.

1. L'homme est l'ouvrage et l'image de Dieu; c'est de quoi nous ne pouvons douter. Lorsqu'il forma le dessein de le tirer du néant, Faisons, dit-il, l'homme à notre image et ressemblance : *Faciamus hominem ad imaginem nostram.* (*Gen.*, I, 28.) Il forma son corps d'un peu de terre, qu'il anima d'un souffle de vie, d'une substance spirituelle qui représente dans son essence la Divinité même, qui l'imite dans ses opérations, et qui, étant immortelle, participe à son éternité. Cet homme, formé à l'image de Dieu, est encore le prix du sang d'un Dieu ; il a été racheté et sauvé par la mort d'un Dieu-Homme ; et en cette qualité, il est enfant adoptif de Dieu, l'héritier de son royaume, l'objet de son amour et de sa vigilance toute paternelle. Quels motifs pressants d'aimer ce prochain ! Lui refuser son amour, ne serait-ce pas le refuser à Dieu lui-même, dont il est l'ouvrage et la conquête? *Car si vous n'aimez pas votre prochain que vous voyez, comment aimerez-vous Dieu que vous ne voyez pas,* dit saint Jean? (I *Joan.*, IV, 20.) Si vous n'aimez pas votre prochain, comment pouvez-vous dire que vous aimez Dieu? puisque vous transgressez un des premiers commandements, et que c'est à l'observation de ses commandements qu'il connaît ceux qui l'aiment; et si l'on est coupable de prévarication contre tous les points de la loi, que de manquer à un seul, comme dit saint Jacques (*Jac.*, II, 10), que sera-ce de manquer, pour ainsi dire, à tous, en n'observant pas le précepte de la charité, qui est la plénitude de la loi ? Il n'y a donc point de salut à espérer pour ceux qui n'aiment pas leur prochain. En vain, mes frères, parleriez-vous le langage des anges; en vain auriez-vous une foi assez vive pour transporter les montagnes, comme dit saint Paul ; en vain passeriez-vous tous vos jours en prières; en vain livreriez-vous votre corps à toutes les rigueurs du jeûne et de la mortification, si vous n'avez pas la charité, ajoute le même apôtre, tout cela ne vous sert de rien : *Si charitatem non habuero, nihil mihi prodest.* (I *Cor.*, XIII, 1-4.) Il faut la pratiquer avant toute autre vertu, dit le Prince des apôtres : *Ante omnia in vobismetipsis mutuam charitatem habentes.* (II *Petr.*, IV, 8.) Et ne dites point que cet homme, cette personne que vous n'aimez pas, ne mérite pas votre amour ; que c'est un esprit bizarre, avec qui l'on ne peut vivre; que cet homme, que la loi vous ordonne d'aimer comme vous-même, est sujet à des défauts qui le rendent indigne de votre amitié ; qu'il est incapable d'entrer dans aucune société ; qu'il vous a même insulté, outragé, et qu'il est toujours dans de mauvaises dispositions à votre égard. Je veux le croire, que cette personne, par sa conduite, mérite plutôt votre indignation que votre amitié ; qu'elle est même sujette à des défauts qui la rendent l'objet du mépris et de l'horreur du genre humain : mais cette personne est l'image de Dieu, elle est le prix de son sang: voilà ce que vous devez envisager en elle. Ce ne sont pas ses vices, ses défauts, ses désordres, que Dieu vous commande d'aimer ; ce n'est pas sa conduite qu'il vous demande d'approuver, c'est sa ressemblance, c'est lui-même qu'il faut considérer; fermez les yeux sur tout le reste. Il vous suffit de savoir que Dieu est représenté par cet homme qui vous déplaît, qui vous a même offensé, pour passer sur toute autre raison, parce que c'est Dieu que vous devez aimer dans cet homme, et cet homme pour Dieu : *Diliges proximum.* Que l'image du roi soit gravée sur le plomb ou sur l'or, elle est toujours respectable ; que l'image de Dieu soit dans un homme

vicieux ou vertueux, elle est toujours, en cette qualité, digne de vos respects et de votre amour. Regardez cette image, ou plutôt regardez Dieu, et vous lui rendrez ce qu'il demande de vous; regardez aussi ce que le prochain est à vous-même, vous y trouverez un autre fondement de la charité que nous devons avoir les uns pour les autres.

2. On peut considérer l'homme, ou par ce qu'il est en lui-même, ou par ce qu'il est en qualité de chrétien. Sous ces deux qualités, les hommes ont des rapports, des liaisons les uns avec les autres, qui doivent former les nœuds d'une étroite charité. Tout homme est prochain à un autre homme, dit saint Augustin ; comme hommes, nous sommes tous sortis de la même origine, nous avons tous le même père. Afin que nous n'ayons tous qu'un même cœur, dit saint Chrysostome, nous sommes tous composés de la même nature, d'un corps et d'une âme semblables; nous habitons la même terre, nous sommes nourris des mêmes biens qu'elle porte. Ne croyez donc pas, dit saint Augustin, que, parce que vous êtes riche, et que votre prochain est pauvre, vous soyez dispensé de l'aimer. Parce que vous êtes riche, vous pouvez vous passer de lui, j'en conviens; mais ce pauvre, cet indigent, ce misérable, est homme comme vous, il est votre semblable, il ne tenait qu'à Dieu de l'enrichir, de l'élever comme vous, et peut-être l'a-t-il plus mérité que vous. Qu'avez-vous fait à Dieu de plus que lui, pour avoir des biens qu'il n'a pas? Dieu ne pouvait-il pas vous réduire dans le même état où il est? Regardez-vous donc vous-même dans cet homme que vous avez méprisé, ajoute saint Augustin : *Attende teipsum.* C'est votre frère, c'est un autre vous-même, et, en cette qualité, il est digne de votre amour; mais combien ne le mérite-t-il pas encore en qualité de chrétien?

Nous sommes, en effet, tous frères en Jésus-Christ, et la liaison que le christianisme produit entre les hommes est encore plus forte que celle de l'humanité. Comme chrétiens, nous sommes tous régénérés par le même baptême; nous avons tous le même père qui est Dieu, la même mère qui est l'Eglise, la même nourriture qui sont les sacrements, le même héritage qui est le ciel; nous sommes les membres d'un même corps dont Jésus-Christ est le chef. Pauvres et riches, grands et petits, nobles et roturiers, rois et sujets, savants et ignorants, tous appartiennent au corps mystique de Jésus-Christ, tous, par conséquent, doivent être unis par les liens d'une étroite charité. Voyez l'union et la correspondance qui sont entre les membres du corps humain; c'est la comparaison dont se sert le grand Apôtre : *Vos estis corpus Christi et membra de membro.* (I *Cor.*, XII, 27.) Tous ces membres s'intéressent l'un pour l'autre. La douleur de l'un se communique à tous les autres, et il n'est pas plutôt guéri qu'ils en ressentent du soulagement. Les yeux conduisent les pieds, les mains défendent la tête; dans la distribution qui se fait des aliments, chaque membre ne garde que ce qu'il lui faut, et laisse le reste pour la nourriture des autres. Si quelqu'un d'eux est incommodé ou faible, les autres le soulagent et le soutiennent; si le pied marche sur une épine, et qu'il en soit blessé, quelque élevés que soient les yeux, ils s'abaissent pour la chercher, la main se met en devoir de la tirer; tous les membres, en un mot, ont une telle liaison les uns avec les autres, que les biens et les maux leur sont communs à tous.

Tels sont les effets que la charité doit produire parmi les chrétiens qui sont les membres d'un même corps. Tous ces membres doivent être tellement unis ensemble, qu'ils se rendent réciproquement tous les secours dont ils ont besoin; en sorte que les uns fassent la fonction des yeux, les autres celle du pied, comme l'Ecriture le marque du saint homme Job, quand elle dit qu'il était l'œil de l'aveugle, le pied du boiteux : *Oculus fui cæco, pes claudo.* (*Job.*, XXIX, 15.) Ceux qui sont au-dessus des autres par leur autorité, et qui sont comme la tête du corps, doivent soutenir les faibles; les riches doivent descendre dans la misère des pauvres pour leur donner du secours; ceux qui sont en santé, soulager les malades; ceux qui ont de la science, instruire les ignorants, les aider de leurs conseils. Et pour suivre la comparaison de saint Paul, par rapport aux membres qui sont au-dessous des autres : les pieds du corps humain, quoique bien au-dessous de la tête, ne lui portent point envie; ainsi les chrétiens qui sont dans la pauvreté et l'abaissement, ne doivent pas envier le bonheur de ceux qui sont plus heureux. Quoiqu'un membre soit incurable, que par ses douleurs il fasse souffrir les autres, aucun cependant ne s'emporte contre lui; tous, au contraire, lui compatissent, et ne peuvent consentir à se séparer. Ainsi devons-nous souffrir les uns des autres, de nos plus cruels ennemis même qui mettent notre patience à l'épreuve. Rien ne doit éteindre la charité qui doit unir ensemble les membres de Jésus-Christ. Celui donc qui est séparé de son frère par l'inimitié qu'il a contre lui, n'appartient point à ce corps mystique dont Jésus-Christ est le chef; c'est un membre pourri qui est dans un état de mort : *Qui non diligit, manet in morte* (I *Joan.*, III, 14); parce qu'il n'a pas cet esprit de charité qui est la marque par où Jésus-Christ a voulu qu'on reconnût ses disciples : *Si quis spiritum Christi non habet, hic non est ejus.* (*Rom.*, VIII, 9.)

Cependant, mes frères, où trouve-t-on cette charité chrétienne qui doit être le lien des cœurs? On ne voit, au contraire, parmi les chrétiens, qu'inimitié, que division, que mésintelligence, que jalousie, qu'injustice. L'un cherche à détruire l'autre par des vexations, ou par des fourberies et des artifices. Celui-ci s'empare injustement d'un bien qui ne lui appartient pas; celui-là déchire inhumainement la réputation de son frère ; les grands accablent les petits; les petits portent envie aux grands : les égaux ne peuvent se souffrir; en sorte que l'on peut dire que, parmi les créatures, l'homme ne trouve point de plus cruel ennemi que l'homme lui-même. Il n'y a plus de fidélité parmi les amis; on ne sait plus, dit-on, à qui se fier; le commerce des hommes devient insupportable, et on ne trouve, pour ainsi dire, de tranquillité que dans leur éloignement; ceux même qui sont les plus proches par les liens de la chair et du sang, sont quelquefois les plus grands ennemis; on trouve souvent plus de secours auprès d'un étranger qu'auprès d'un parent. Témoin cet homme de notre Evangile, qui fut abandonné de ses proches, et soulagé par un Samaritain qui était étranger à sa nation. Souvent même, le dirai-je, vous verrez des personnes qui font profession de piété, qui se laissent aller à des antipathies, à des aversions contre celles qui ont le malheur de leur déplaire, qu'elles ne peuvent voir de bon œil, à qui elles donnent tout au plus quelques marques extérieures de charité feinte, qui sert de manteau à une rancune raffinée, à une coupable froideur; vous les voyez cependant approcher des sacrements, faire beaucoup de bonnes œuvres, observer exactement certaines pratiques de dévotion, qui, n'étant point animées de l'esprit de charité, ne peuvent être agréables à Dieu, ni mériter ses récompenses. O charité des premiers chrétiens qui les unissait si intimement, qu'ils ne faisaient tous qu'un cœur et qu'une âme! que ne régnez-vous encore dans l'esprit et le cœur des chrétiens de nos jours! Puissiez-vous, mes frères, rallumer en vous ce beau feu qui animait le christianisme naissant! Puissions-nous voir revivre parmi nous cette charité fraternelle qui fait le caractère des disciples de Jésus-Christ! Il faut vous en montrer la pratique : *Sicut teipsum.*

DEUXIÈME POINT.

Lorsque Dieu nous a fait le commandement d'aimer notre prochain, il prévoyait tous les faux prétextes dont se servirait l'amour-propre pour éluder la force de cette loi; il proscrivait par conséquent déjà d'avance, ces amitiés simulées et apparentes, stériles et inefficaces, ces amitiés politiques qui se terminent à quelques paroles obligeantes, à quelques offres de services : amitié apparente, qui n'est point dans le cœur; amitié stérile qui est sans effet. C'est pourquoi Dieu nous a commandé d'aimer notre prochain comme nous-mêmes : *Diliges sicut teipsum;* parce que l'amour que nous avons pour nous-mêmes est un amour sincère et efficace. Tel doit être aussi notre amour pour le prochain : ce doit être un amour sincère qui soit dans le cœur, opposé aux amitiés apparentes qui n'en ont que l'écorce; ce doit être un amour efficace, qui se manifeste par les œuvres, opposé aux amitiés stériles qui sont sans effet. Mais parce que l'amour que nous avons pour nous-mêmes, quelque sincère et efficace qu'il soit, n'est pas toujours bien réglé, n'est pas toujours animé d'un bon motif, qu'il est souvent vicieux, mondain, charnel, intéressé, Jésus-Christ a voulu encore purifier notre amour pour le prochain, en nous proposant pour modèle celui qu'il a pour nous-mêmes : *Sicut dilexi vos.* Ainsi, pour reprendre toutes les qualités et toutes les règles que doit avoir la charité fraternelle, elle doit être sincère dans son principe, efficace par ses œuvres, pure dans ses motifs. Telle fut celle du Samaritain, dont Jésus-Christ nous propose l'exemple.

Nous nous aimons d'un amour sincère, et l'on peut dire qu'en ce point nous ne sommes pas susceptibles de déguisement; non-seulement nous ne nous voulons point de mal, mais nous nous souhaitons encore tous les biens qui nous sont nécessaires, utiles et agréables. Faites donc attention, dit saint Augustin, combien vous vous aimez vous-mêmes, pour aimer de même votre prochain : *Attende quantum te diligis, sic dilige proximum.* Regardez votre prochain comme un autre vous-même, pour ne lui point souhaiter, ni lui faire plus de mal qu'à vous-même; pour lui désirer et lui faire tout le bien que vous seriez bien aise que l'on vous fît à vous-même. Voilà la règle de la charité chrétienne. Parce que vous vous aimez vous-même, vous ne voudriez pas qu'on s'emparât injustement de vos biens, que l'on ternît votre réputation par de noires calomnies, que l'on vous insultât par de sanglantes railleries? pourquoi donc en agissez-vous ainsi à l'égard de votre prochain? Parce que vous vous aimez vous-même, vous vous désirez tout le bien qui vous est nécessaire pour vous mettre à couvert des maux de la vie; vous devez avoir les mêmes sentiments pour votre prochain. Ne croyez donc pas satisfaire au devoir de la charité en vivant dans un état d'indifférence à son égard. Le précepte de l'amour demande votre cœur; lui refuser votre cœur, c'est manquer au précepte. Voyez le Samaritain de notre Evangile que Jésus-Christ vous propose pour modèle : à la vue de ce pauvre blessé qu'il trouve demi-mort sur le chemin, il ouvre son cœur à la compassion, *misericordia motus;* il se met à la place de ce misérable pour lui rendre tous les services que la charité lui inspire. C'est du cœur, c'est d'un amour sincère que viennent toutes les démarches qu'il a faites pour le soulager : *Misericordia motus.* Grand sujet d'instruction, mes frères, et en même temps de confusion pour ces cœurs durs et insensibles aux misères du prochain, qui sont indifférents sur les adversités d'autrui, et se contentent au plus de donner quelques marques extérieures de compassion où le cœur n'a aucune part! Si vous étiez dans l'affliction, accablés par la maladie, par des revers de fortune, ne seriez-vous pas bien aises que les autres vous portassent compassion, et prissent part à votre douleur? En vain donc vous flattez-vous d'aimer votre prochain, si vous n'avez pas pour lui les mêmes sentiments que vous seriez bien aises qu'on eût pour vous-mêmes : *Diliges*, etc.

Parce que vous vous aimez d'un amour sincère, vous voulez qu'on supporte vos défauts, qu'on ait de l'indulgence pour vous : supportez de même les défauts d'autrui, ayez pour les autres la même indulgence que vous voudriez qu'on eût pour vous, et vous accomplirez la loi de Jésus-Christ. *Alter alterius onera portate, et sic adimplebitis legem Christi.* (*Galat.*, VI,2.) C'est ici, mes frères, un point remarquable pour la pratique de la charité. Nous avons tous des défauts et des faiblesses qui nous exposent à être offensés les uns par les autres : nous sommes obligés cependant de vivre ensemble : il faut donc, pour rendre la société supportable, se pardonner mutuellement, souffrir nos faiblesses, sans quoi il faudrait rompre tout commerce avec les hommes. C'est en quoi consiste la sagesse admirable de notre Dieu, qui nous a commandé de nous aimer les uns les autres comme nous-mêmes, parce qu'en nous aimant de la sorte, nous nous pardonnons mutuellement. Dieu qui nous commande de souffrir les autres, leur commande aussi de nous souffrir. Si chacun se rend à son devoir, la paix ne sera jamais altérée, comme elle ne l'est que trop souvent par les querelles, les guerres intestines qui désolent les familles : quelle en est la cause? le défaut de charité à souffrir les défauts de son prochain. Combien n'y en a-t-il pas qui veulent qu'on les excuse, qu'on leur souffre tout? et ils ne savent rien souffrir des autres ; ils demandent qu'on ait de l'indulgence pour eux, tandis qu'ils traitent les autres avec hauteur, qu'ils les insultent, les méprisent à cause de leurs défauts? Est-ce là, je vous demande, aimer son prochain comme soi-même? Non sans doute, la charité chrétienne suit la même règle pour le prochain comme pour soi. Mais qu'elle est rare à trouver, cette charité qui souffre tout, qui pardonne tout, qui souhaite du bien à tous! On croit satisfaire au devoir de la charité par quelques démonstrations d'amitié que l'on donne au prochain ; mais sous ces beaux dehors il n'y a point d'amour solide et sincère; en voulez-vous la preuve? Qu'il arrive au prochain quelque affaire fâcheuse, quelque disgrâce, quelque perte de bien, on en ressent une joie secrète qu'on a soin de cacher sous des protestations simulées de la part qu'on prend à l'adversité d'autrui ; on s'afflige au contraire de sa prospérité, tandis qu'au dehors on paraît s'en réjouir, preuve certaine qu'on ne l'aime pas comme soi-même d'un amour sincère; parce que, pour l'aimer de la sorte, il faut prendre part à ses disgrâces et à ses prospérités, comme à nos disgrâces et à nos prospérités personnelles. Non, non, mes frères, ce n'est point dans les paroles que consiste la charité, c'est dans le cœur; et quand elle est dans le cœur, elle se montre par les effets : *Non diligamus verbo, sed in opere et veritate.* (I *Joan.*, III, 18.) Mais encore une fois, quel est l'amour que nous avons pour nous-mêmes? Non-seulement nous nous désirons du bien, nous prenons aussi tous les moyens de nous en procurer, et de trouver du soulagement dans nos besoins. Sommes-nous dans l'indigence? nous cherchons les voies de parvenir à une meilleure fortune; sommes-nous malades? nous avons recours aux médecins ; sommes-nous dans l'affliction? nous cherchons la consolation auprès d'un ami. En un mot, l'amour ingénieux que nous avons pour nous-mêmes, nous fait mettre tout en usage pour trouver tout ce qui nous est nécessaire. C'est ainsi qu'un amour sincère et efficace doit en agir pour le prochain. Car nous en tenir, mes frères, à de simples désirs, sans en venir à l'effet, est-ce remplir les devoirs de la charité? C'est imiter ces passants qui virent cet homme blessé sur le chemin de Jéricho, et qui se contentèrent d'avoir pour lui quelques sentiments de compassion, sans lui donner de secours. Que n'imitons-nous au contraire la conduite du charitable Samaritain, qui, suivant les mouvements de sa compassion, lui donna toutes les preuves d'une charité prévenante, sans attendre que ce pauvre blessé lui demandât du secours! Il s'approche de lui, bien différent de ces hommes durs qui ne craignent rien tant que l'aspect des misérables, et dont on ne peut rien obtenir qu'à force d'importunités ; il s'empresse d'apporter du remède à ses maux, il verse de l'huile et du vin sur ses plaies, il le porte à l'hôtellerie voisine, et par une charité généreuse, il s'engage à payer la dépense que cet homme fera jusqu'à sa guérison. Voilà, dit Jésus-Christ, le modèle que vous devez suivre : *Vade, et tu fac similiter.* Pour en venir à la pratique, il faut étudier tous les besoins du corps et de l'âme où votre prochain est réduit, pour lui donner tous les secours qui dépendent de nous. Votre frère est-il dans l'indigence, abattu par des revers de fortune, par les misères des temps, tendez-lui une main secourable pour l'aider à se relever, par votre argent, votre crédit, votre travail, et par tous les services qui dépendent de vous. Est-il pressé par la faim, dévoré par la soif, manque-t-il d'habillements, donnez-lui à manger, à boire, et de quoi se vêtir; prévenez même ses besoins, sans attendre que par des sollicitations importunes il arrache de vous une aumône qui perd beaucoup de son mérite, par le retardement ou la mauvaise grâce avec laquelle on la fait; faites les premières avances, à l'exemple d'Abraham qui allait au devant des pèlerins pour les engager à loger chez lui. Ce prochain est-il réduit dans son lit par la maladie, ou détenu dans les prisons par ses dettes ou ses crimes, rendez-lui visite; travaillez à soulager ce malade, à délivrer, ou du moins à secourir ce prisonnier; l'un et l'autre méritent d'autant plus votre charité, qu'ils ne peuvent sortir comme les autres indigents, pour chercher du soulagement à leurs misères. En un mot, rendez à votre prochain misérable tous les services que vous seriez bien aises qu'on vous rendît à vous-mêmes : *Vade, et tu fac similiter.*

Mais qu'il est rare de trouver des hommes assez sensibles aux misères d'autrui pour répandre dans leur cœur l'onction d'une charité bienfaisante! Combien de cœurs de bronze laissent languir des misérables qui manquent de tout, sans leur donner le moindre secours, tandis qu'ils ne veulent manquer de rien? Combien qui les traitent avec dédain et d'insultants mépris, qui ajoutent un nouveau poids à leurs misères? S'ils se déterminent à leur faire quelques largesses, ce n'est que pour se défaire de leurs importunités; encore sont-elles bien modiques et bien chèrement achetées par les manières rebutantes qui les accompagnent. D'où vient donc, mes frères, cette dureté, cette insensibilité que l'on a pour les malheurs d'autrui? D'un esprit d'intérêt qui domine la plupart des hommes. La charité, dit saint Paul, ne cherche point son intérêt: *Non quærit quæ sua sunt.* (*I Cor.*, XIII, 5.) Mais presque tous les hommes le recherchent, cet intérêt, dit le même Apôtre : *Omnes quæ sua sunt quærunt.* (*Philipp.*, II, 21.) Voilà ce qui détruit la charité parmi eux. La charité aime à se communiquer; mais l'esprit d'intérêt se resserre en lui-même; il rapporte tout à lui-même comme à son centre, il n'aime que soi-même, et n'a que de la dureté pour les autres. Cet esprit d'intérêt rend non-seulement les hommes insensibles aux misères de leur prochain, il met encore la division parmi ceux même qui devraient être les plus unis : il sépare les amis, les parents, l'enfant d'avec le père, le frère d'avec la sœur; il trouble toutes les sociétés. D'où vient que les premiers chrétiens ne faisaient qu'un corps et qu'une âme? C'est qu'ils n'avaient aucun intérêt à démêler; tous leurs biens étaient en commun, et ils disputaient à l'envi à qui ferait plus de bien l'un à l'autre : au lieu que l'intérêt partialise les chrétiens d'aujourd'hui, et en fait autant de cœurs différents que de sujets qui composent la société. Il faut donc, pour être charitable, se dépouiller, se relâcher de son intérêt, faire part aux autres de ses biens, selon leurs besoins, et sa propre faculté; en sorte que celui qui a beaucoup, donne beaucoup; et celui qui a peu donne peu, comme le disait Tobie à son fils. (*Tob.*, IV, 9.) Mais ne nous arrêtons pas seulement à vous prouver que les besoins du corps de notre prochain doivent être l'objet de la charité; il est des biens plus nobles, et ce sont ceux de l'âme. Ce sujet demanderait une instruction particulière, dont je ne fais que vous indiquer en peu de mots les principaux chefs. Votre prochain est-il dans l'affliction? Vous devez le consoler : c'est un exercice de charité qui convient à tous, et dont il n'est personne qui ne puisse s'acquitter. Que d'occasions n'en trouve-t-on pas dans les événements fâcheux qui traversent la vie des hommes? Une parole de consolation dite à propos à un malade, à un affligé, tempère l'amertume de ses douleurs. Votre prochain est-il dans l'ignorance, ou engagé dans quelque désordre? instruisez-le, corrigez-le. Que de pauvres ignorants ne trouve-t-on pas qui ont besoin d'instruction, et qui, faute d'en avoir, s'écartent des voies du salut? Que de pécheurs qui s'égarent dans les voies de l'iniquité, faute d'une correction salutaire, d'un avis prudent qui les ferait rentrer dans le devoir? La plus grande charité que l'on puisse donc faire, est de travailler à la conversion des pécheurs, de coopérer au salut de l'âme de son prochain, soit par des remontrances faites à propos, soit par les bons exemples qui sont encore plus efficaces que les paroles. Si vous voyiez une bête de charge tomber dans le fossé, vous la relèveriez par charité pour celui à qui elle appartient, et vous voyez votre frère que ses désordres conduisent au précipice, qui est près de tomber dans l'enfer, et vous ne feriez aucun effort pour le retenir? Où est votre charité, où est votre zèle pour la gloire de Dieu? Mais quelle cruauté serait-ce en vous, si, par vos mauvais conseils, par vos exemples pernicieux vous accélériez sa chute? Dieu vous demanderait un compte terrible de la perte de son âme.

Finissons. La charité doit être pure dans son motif; elle sera telle, si nous aimons notre prochain comme Jésus-Christ nous a aimés. C'est le modèle qu'il nous propose. *Sicut dilexi vos.* Comment Jésus-Christ nous a-t-il aimés, mes frères? Il nous a aimés sans aucun mérite de notre part, sans aucun intérêt de son côté. Il nous aime jusqu'à sacrifier ses biens, son repos, sa vie pour notre salut. Voilà la règle qu'il propose à notre charité, il en doit être la fin. Ce n'est donc ni la noblesse de l'origine, ni l'éclat des richesses, ni les qualités personnelles du corps et de l'esprit qui doivent fixer notre amour pour le prochain, bien moins encore la passion en doit-elle être le principe. Car de s'aimer pour le crime, c'est s'aimer pour l'enfer, dit saint Chrysostome; l'amour aveugle et profane ne doit tenir aucun rang dans l'ordre de la charité chrétienne. Vous pouvez bien avoir une affection particulière pour des parents, des amis, des personnes qui la méritent par leurs bonnes qualités, leurs bienfaits; mais cette affection doit toujours se rapporter à Dieu comme à son premier objet. Car si vous n'aimez votre prochain que par des vues humaines, seulement parce qu'il vous appartient par les liens du sang, ou par quelque attrait particulier qui vous plaît, si vous ne lui rendez service que par l'intérêt que vous en espérez, ou par une inclination purement naturelle, que faites-vous encore de plus que les païens? Votre charité n'étant point surnaturelle, comme elle le doit être, sera sans récompense auprès de Dieu. L'exemple du Samaritain de l'Evangile vous confondra encore en ce point. Que pouvait-il espérer de cet homme à qui les voleurs avaient enlevé tout ce qu'il possédait? Ce n'était donc point en vue de l'intérêt qu'il lui rendit de si bons offices, mais par le seul principe de la charité qui l'animait. Ah! que l'on trouve peu de charité aussi désintéressée! On aime, on cultive l'amitié de certaines personnes, ou parce qu'elles sont en crédit, ou par l'espérance de certains avantages qu'on en attend, on aime ceux qui sont dans la prospérité, et en état de faire du bien; mais dès qu'on ne trouve plus son intérêt, dès que la fortune a changé, il n'y a plus d'amitié. Preuve certaine que Dieu n'en est pas le principe et la fin. Voulez-vous connaître, mes frères, si votre charité vient de Dieu, et si elle se rapporte à Dieu? Vous le connaîtrez quand elle ne changera pas, malgré les revers de la fortune de votre prochain, malgré ses disgrâces, malgré les mauvais services qu'il vous rendra; parce que cette charité trouvant en Dieu un motif toujours constant, ne doit jamais varier.

Pratiques. — N'envisagez que Dieu en toutes choses, aimez votre prochain en Dieu, pour Dieu, et comme Dieu vous a aimés, et vous l'aimerez chrétiennement. Voulez-vous savoir si vous avez cette charité? reconnaissez-la aux marques que le grand Apôtre nous en donne, qui en renferment la pratique. *La charité,* dit-il, *est patiente et pleine de bonté* : « *Charitas patiens est, benigna est;* » elle est patiente pour souffrir de nos frères les affronts, les injures, les mépris; pleine de bonté pour leur faire du bien. *Elle n'est point jalouse :* « *Non æmulatur:* » parce que, ne s'attachant point aux choses d'ici-bas, et ne désirant que les biens du ciel, elle ne connaît point cette envie maligne qui s'afflige du bien d'autrui. *Elle ne s'enfle point, elle n'est point ambitieuse:* « *Non inflatur, non est ambitiosa :* » parce qu'elle ne croit rien mériter, et que, bien loin de mépriser les autres, elle n'a que d'humbles sentiments de soi-même. *Elle ne s'irrite point, parce qu'elle ne cherche point son intérêt :* « *Non irritatur, non quærit quæ sua sunt.* » *Elle ne pense ni ne juge mal de personne; elle ne se réjouit point du mal, mais plutôt du bien et de la vérité* : « *Non cogitat malum, congaudet veritate.* » *Elle croit tout, elle souffre tout, elle espère tout :* « *Omnia credit, omnia sperat, omnia sustinet.* » Fasse le Ciel, mes frères, que la vôtre soit telle, et qu'après avoir été unis sur la terre par les liens d'une étroite charité, vous le soyez un jour dans l'éternité bienheureuse! Ainsi-soit-il.

PRONE LVIII.

Pour le treizième Dimanche après la Pentecôte.

SUR LE FRÉQUENT USAGE DE LA CONFESSION.

Ite, ostendite vos sacerdotibus. (*Luc.*, XV, 14.)

Allez, montrez-vous aux prêtres.

Ce que Jésus-Christ dit à ces lépreux dont il est parlé dans l'Evangile, c'est, mes frères, ce qu'il nous charge de dire aux pécheurs couverts de la lèpre du péché, dont ceux-là étaient la figure. Pécheurs, qui gémissez sous le poids d'une maladie bien plus funeste que la lèpre du corps, puisque celle-ci ne lui ôte pas la vie, au lieu que le péché donne la mort à votre âme, voulez-vous être guéris de cette maladie mortelle qui vous a fait perdre la vie de la grâce? Allez la découvrir aux médecins que Jésus-Christ a préposés pour vous guérir : déclarez vos péchés aux prêtres, qu'il a revêtus de son autorité pour vous les remettre. *Ite,* etc.

Il est vrai que Jésus-Christ, le souverain Médecin de nos âmes, pourrait bien vous guérir par lui-même, sans vous envoyer à ses ministres, comme il guérit un lépreux de l'Evangile, au moment que celui-ci lui en eut fait la demande, et comme il guérit aussi ceux dont nous venons de parler. Mais remarquez, mes frères, que, quoique le Sauveur eût accordé la guérison à ces lépreux, il exigeait néanmoins d'eux que, pour obéir à la loi, ils allassent se montrer aux prêtres qui devaient les déclarer exempts de la tache légale qu'ils avaient contractée. Il voulait par là, selon la remarque des Pères de l'Eglise, nous faire connaître quel serait dans la suite le pouvoir des prêtres de la nouvelle loi, qui ne devaient pas seulement, comme ceux de l'ancienne, discerner les lépreux de ceux qui ne l'étaient pas, et les déclarer exempts d'une tache légale; mais qui devaient purifier les pécheurs de la lèpre et de la tache du péché. C'est ce pouvoir admirable que Jésus-Christ a laissé aux prêtres, dans la personne des apôtres, lorsqu'il leur dit : *Ceux dont vous remettrez les péchés, ils leur seront remis; et ceux dont vous les retiendrez, ils leur seront retenus.* (*Joan.*, XX, 23.) Par là il a établi les prêtres juges de la cause des pécheurs; en sorte que les jugements qu'ils prononcent sur la terre soient ratifiés dans le ciel. Il faut donc, pécheurs, qui voulez être absous de vos péchés, vous présenter au tribunal de ces juges; il faut vous adresser à ces médecins, si vous voulez être guéris de vos maladies. Vous ne pouvez vous soustraire à leur juridiction sans aller contre la volonté de Jésus-Christ qui ne leur aurait donné qu'un pouvoir inutile de vous lier ou vous délier, si vous n'étiez pas obligés de vous soumettre à leur jugement. Mais, outre la loi qui vous engage à vous montrer aux prêtres pour déclarer vos péchés, que d'avantages qui vous en reviennent! Et c'est par ce motif d'intérêt que j'entreprends aujourd'hui de vous exhorter à vous approcher souvent du sacré tribunal de la pénitence. Voyons donc quels sont les avantages d'une bonne et fréquente confession; premier point. Quel est le malheur de ceux qui s'éloignent de la confession; second point.

PREMIER POINT.

Il ne faut pas le dissimuler, mes frères, la confession est un joug qui a sa pesanteur; c'est un remède dont l'amertume rebute la nature : il en coûte de s'avouer coupable, de déclarer à un mortel ce que l'on a de plus secret, de dévoiler des choses dont on rougit, que l'on voudrait pouvoir se cacher à soi-même. Mais, sans envisager ce qu'il y a de dur et de pénible dans ce joug, ces peines et ces amertumes ne sont-elles pas bien adoucies par les avantages qu'on y trouve? En effet, que de biens la confession ne procure-t-elle pas aux pécheurs et aux justes? Aux pécheurs, elle est un moyen aussi efficace que facile pour rentrer en grâce avec Dieu ; aux justes, c'est un secours pour augmenter en vertus et persévérer dans la grâce. Il n'est personne d'entre vous, mes frères, que ce sujet n'intéresse, et qui ne doive être animé par ces motifs à faire un fréquent usage de la confession. Reprenons.

Que l'état d'un pécheur est déplorable! Ennemi de Dieu, il a perdu le droit qu'il avait au ciel ; esclave du démon, il est une victime destinée aux vengeances éternelles. Ah! comment pouvez-vous, pécheurs, rester un seul moment dans cet état, sur le point que vous êtes de tomber à chaque instant dans l'enfer, si vous êtes surpris par la mort? Comment ne recourez-vous pas au remède qui peut vous garantir de la mort éternelle? Ce remède est la confession ; remède efficace, qui, par la vertu que Jésus-Christ lui a donnée, peut effacer votre péché, vous réconcilier avec Dieu, vous rétablir dans les droits que vous avez perdus, et vous procurer la paix d'une bonne conscience. Tels sont pour les pécheurs les avantages d'une confession bien faite.

Oui, mes frères, quand vos péchés seraient multipliés au delà des gouttes d'eau qui sont dans la mer, des grains de sable qui sont sur la terre, ils sont tous effacés par une confession ; le Seigneur ne s'en souviendra plus, dit le Prophète : *Fussiez-vous aussi noirs que du charbon*, ajoute-t-il, *vous deviendrez plus blancs que la neige.* (*Isa.*, I, 18.) Anathème, dit le saint concile de Trente, à quiconque dirait qu'il y a quelque péché irrémissible, puisque Jésus-Christ a donné à ses apôtres et aux prêtres, leurs successeurs, un pouvoir qui n'est limité à aucun genre de péché. *Tout ce que vous délierez sur la terre*, leur dit-il, *sera délié dans le ciel : « Quodcunque solveritis super terram, erit solutum et in cœlis. »* (*Matth.*, XVIII, 18.) Fussiez-vous fratricides comme Caïn, adultères comme David, injustes comme Achab, impies comme Manassès; eussiez-vous, en un mot, commis autant de péchés que tous les hommes ensemble, ils seront tous effacés par le sang de Jésus-Christ qui vous sera appliqué par ce sacrement ; tous vos ennemis seront noyés, submergés dans cette mer Rouge sortie des fontaines du Sauveur ; les clefs que Jésus-Christ a confiées à son Eglise, fermeront l'enfer qui était ouvert pour vous engloutir, vous ouvriront le ciel qui vous était fermé ; d'esclaves du démon que vous étiez, vous deviendrez les enfants de Dieu, ses amis. Ce tendre Père, comme celui de l'enfant prodigue, vous recevra dans sa maison, vous donnera le baiser de paix, vous rendra votre premier vêtement, vous mettra l'anneau au doigt; c'est-à-dire vous enrichira de tous les trésors de grâces et de vertus que vous aviez perdus par le péché. Voilà un avantage de la confession que je vous prie de bien remarquer.

Le péché mortel, en donnant la mort à l'âme, lui fait perdre non-seulement la grâce sanctifiante qui est sa vie surnaturelle, mais encore tout le mérite des bonnes œuvres qu'elle peut avoir acquis : quand elle aurait amassé autant de trésors de mérite que tous les saints ensemble, le péché lui enlève toutes ces richesses : ô perte digne d'être pleurée par des larmes de sang! Mais console-toi, âme infortunée, voici un moment efficace de réparer tes malheurs. Le sacrement de pénitence te fait recouvrer cette grâce sanctifiante que tu avais perdue, et ramène avec elle tous les mérites qui l'accompagnaient. C'est ce que le Seigneur nous promet par un de ses prophètes, quand il dit qu'il nous rendra ces belles années que la rouille et de vils insectes avaient rongées et détruites : *Reddam vobis annos quos comedit locusta, bruchus et rubigo* (*Joel.*, II, 25); c'est-à-dire, selon l'explication de saint Jérôme, qu'une âme qui rentre en grâce avec Dieu, recouvre tous les mérites des bonnes œuvres qu'elle avait faites autrefois en état de grâce. Ces bonnes œuvres, qui étaient mortifiées par le péché, comme disent les théologiens, reprennent une nouvelle vie par la pénitence; en sorte que les actions de vertu qui n'auraient été comptées pour rien, si le pécheur était mort en état de péché, seront éternellement récompensées dans le ciel, s'il meurt dans l'état de la grâce qu'il a recouvrée : *Reddam vobis.* Heureuse réparation, mes frères, qui, en nous faisant connaître la bonté de Dieu pour le pécheur, nous fait voir en même temps quelle est la vertu et l'efficacité du sacrement de pénitence : l'âme y est affranchie de l'esclavage du péché et du démon, elle y recouvre sa première beauté.

De là cette paix, cette joie d'une bonne conscience, que l'on ressent après une confession bien faite : comme un malade tourmenté par les douleurs d'un abcès se trouve bien soulagé quand on l'a percé, et qu'on en a fait sortir tout le venin; ainsi le pécheur jouit d'un doux repos intérieur, quand il ne sent plus au dedans de lui ce poison mortel qui infectait son âme. Déchargé du poids de ses crimes, il goûte une paix qui surpasse toutes les joies du monde. Quelle joie pour un prisonnier qui était condamné à la mort, quand on vient lui annoncer qu'il a obtenu sa grâce! Quelle joie pour un malade qui s'est vu aux portes de la mort, et qui recouvre la santé la plus parfaite! pour un enfant qui avait encouru la disgrâce du meilleur des pères, dont il avait tout à craindre, et qui en possède toute la tendresse! Quelle satisfaction pour un marchand qui avait perdu, dans un naufrage, toutes les marchandises dont son vaisseau était chargé, et qui retrouve en un moment toutes ses richesses ! Telle est, et mille fois plus grande encore doit être la joie d'un pécheur réconcilié avec son Dieu. Il n'est plus tourmenté, ce pécheur, par les remords de sa conscience qui lui reprochait son crime, et qui lui faisait sentir le danger où il était de tomber dans un malheur éternel; mais il est assuré, autant qu'on peut l'être en cette vie, qu'il jouit de la liberté des enfants de Dieu, qu'il possède l'amitié de son Dieu, et que s'il meurt en cet heureux état, il prendra possession dans le ciel de la place qui lui a été destinée, et qu'il avait perdue. Ah! que cette pensée est consolante! J'en atteste votre expérience, mes frères, quand est-ce que vous avez goûté plus de repos, de paix et de plaisir? N'est-ce pas dans ces jours heureux où, le cœur pénétré de douleur, vous avez fait l'aveu de vos fautes aux pieds du ministre de Jésus-Christ, qui vous a dit de sa part ces consolantes paroles : *Allez en paix :* « *Vade in pace.* » Ne vous semblait-il pas, au sortir du tribunal de la réconciliation, que vous étiez déchargés d'un fardeau bien pesant? Avez-vous jamais été plus tranquilles et plus contents que dans les moments qui ont suivi votre réconciliation? Pourquoi donc ne vous servez-vous pas d'un moyen aussi efficace pour vous procurer tous les avantages dont je viens de parler, puisque ce moyen est si facile? Car enfin de quoi s'agit-il pour obtenir le pardon de vos fautes? Il s'agit de les avouer avec un cœur contrit et humilié, et votre grâce est assurée.

Quelle différence du tribunal de la miséricorde de Dieu, et de celui de la justice des hommes? Dans ceux-ci l'aveu du coupable le fait condamner, et dans celui-là l'aveu du criminel le fait absoudre : dans ceux-ci on produit des témoins, on met à la question pour tirer la preuve d'un crime; et dès que le crime est prouvé, on condamne à la mort, ou au supplice qu'on a mérité : mais dans le tribunal de la pénitence, il n'y a point d'autres témoins que le criminel; il est son accusateur, et dès qu'il s'accuse, il entend prononcer un jugement favorable, un jugement qui le délivre de la mort pour lui donner la vie. Peut-on se plaindre que le pardon est accordé à de rudes conditions, ou plutôt une grâce d'un si grand prix ne surpasse-t-elle pas toute la peine que l'on peut ressentir à se déclarer coupable? Ah! si les criminels détenus dans les prisons pouvaient aussi aisément rompre leur chaîne; si par le seul aveu de leurs crimes, ils pouvaient se mettre en liberté, et se garantir des supplices où ils doivent être condamnés, bientôt ces lieux d'horreur et de misère seraient ouverts pour en faire sortir tous les coupables; pas un qui n'avouât sa faute, qui ne s'estimât heureux de pouvoir à une condition si facile recouvrer sa liberté. Cependant, mes frères, quelle différence de leur état et de celui du pécheur qui est sous l'empire du démon! Quelle différence entre les supplices auxquels la justice des hommes condamne les criminels, et les tourments que la justice de Dieu réserve aux pécheurs! Les hommes peuvent tout au plus condamner les coupables à perdre une vie temporelle par des douleurs qui ne sont pas de durée; mais le pécheur mérite d'être condamné à une mort éternelle, à des supplices qui surpassent infiniment par leur rigueur et leur durée tout ce qu'on peut souffrir ici-bas de plus affligeant. Peut-on, encore une fois, trouver dur et amer un moyen aussi facile de se garantir de ces supplices, que celui de faire l'aveu de ses crimes ?

Si, pour être délivré de la mort éternelle que mérite le pécheur, Dieu lui demandait d'entreprendre des choses difficiles, de faire de pénibles voyages, de souffrir de longs et de cruels supplices, de donner tous ses biens et même la vie ; hélas ! il ne demanderait rien qui ne fût bien au-dessous de la grâce qu'il lui accorderait ; et le pécheur ne devrait pas hésiter un moment de se soumettre à tout pour éviter un malheur éternel. Mais non, mes frères, Dieu n'exige pas tant de vous ; un vif repentir, un aveu sincère de vos fautes fait aux pieds de ses ministres, désarme sa colère, vous ouvre le sein de ses miséricordes. De quelle reconnaissance ne devez-vous pas être pénétrés envers cette divine miséricorde si facile à pardonner, et avec quel empressement ne devez-vous pas vous servir du moyen qu'elle vous offre pour avoir votre pardon ?

Nous lisons dans l'Ecriture que Naaman, général des armées du roi de Syrie, étant venu en Israël pour être guéri de la lèpre, le prophète Elisée lui fit dire qu'il n'avait qu'à se laver sept fois dans le Jourdain. Ce seigneur regarda cette réponse comme une marque de mépris, et s'en retourna armé de colère: Valait-il la peine, s'écriait-il, de quitter ma patrie ? les fleuves qui l'arrosent ne valent-ils pas l'eau du Jourdain? Eh quoi! lui dirent ses serviteurs, si le prophète vous eût demandé quelque chose de plus difficile pour être guéri, vous l'auriez dû faire : *Si rem grandem dixisset tibi propheta, certe facere debueras.* A combien plus forte raison devez-vous accomplir un précepte aussi facile que celui de vous laver dans le Jourdain pour être guéri de votre lèpre : *Quanto magis quia nunc dixit tibi, Lavare et mundaberis.* (IV *Reg.*, V, 13.) C'est de vous, pécheurs, que l'Esprit-Saint parle dans cet exemple : si, pour être purifiés de la lèpre du péché dont vous êtes infectés, Dieu exigeait de vous des choses difficiles, devriez-vous balancer à lui obéir ? Mais non, ce qu'il demande est aisé ; il vous ordonne de vous laver dans cette piscine mystérieuse, dont l'ange du Seigneur ne fait pas seulement couler les eaux à certains temps, comme dans celle de Jérusalem, mais qui vous est ouverte dans tous les temps et dans tous les lieux ; pourquoi refusez-vous de vous y plonger ? Avez-vous à vous plaindre comme ce paralytique de la piscine de Jérusalem? Depuis trente-huit ans je n'ai personne, disait-il, pour faire couler sur moi les eaux médicinales ; vous manque-t-il, mes frères, des ministres du Seigneur prêts à vous recevoir toutes les fois que vous voudrez vous approcher des sacrés tribunaux de la pénitence ?

Allez donc vous plonger dans cette piscine pour être purifiés de toutes vos taches; montrez-vous aux prêtres tels que vous êtes : *Ite, ostendite vos sacerdotibus.* Révélez toutes vos voies comme vous le feriez à Dieu même : *Revela Domino viam tuam.* (*Psal.*, XXXVI, 5.) Ces anges du Seigneur, ces ministres de son autorité feront couler sur vous les eaux salutaires de la grâce qui vous laveront de toutes vos iniquités; ils vous diront, de la part de leur Maître, ce qu'il dit à ce lépreux de l'Evangile : *Volo, mundare* : « *Soyez guéri.* » La sentence qu'ils prononceront en votre faveur, opérera dans le moment ce qu'elle signifie; vous sortirez de ce second baptême blancs comme la neige : *Confestim mundata est lepra ejus.* (*Matth.*, VIII, 3.)

Admirable genre de guérison, mes frères, où il suffit de découvrir son mal au médecin pour en être délivré ! Oh ! si l'on pouvait aussi aisément guérir des maladies du corps, qui ne jouirait bientôt d'une santé parfaite? La guérison des maladies de votre âme dépend de l'aveu que vous en ferez au ministre de Jésus-Christ, votre médecin. Hésiterez-vous de profiter d'un moyen aussi prompt et aussi efficace pour l'obtenir? Vous trouverez non-seulement dans cette piscine un remède qui vous guérira de votre péché, mais encore un préservatif contre le péché, soit dans les grâces abondantes qu'on y reçoit par la vertu du sacrement, soit dans les bons avis que vous donnera un charitable confesseur, qui vous servira de guide dans les voies du salut. Munis de ces puissants secours, vous tomberez plus rarement, et vous vous relèverez plus promptement : en vous approchant souvent du sacré tribunal, vous vous souviendrez plus aisément de vos péchés; vous serez plus sûrs de faire une bonne confession, qui souvent est défectueuse par défaut d'examen, lorsqu'on se confesse rarement; mais le grand avantage que vous trouverez dans la fréquente confession, c'est l'assurance d'une bonne mort. Car, ou vous serez surpris par la mort, ou vous aurez le temps de vous reconnaître. Si vous êtes surpris par la mort, en vous confessant souvent, vous avez plus d'espérance de vous trouver en état de grâce dans ce dernier moment, que ceux qui ne le font que rarement. La mort, quoique subite pour vous, ne sera pas imprévue par la précaution que vous prendrez de conserver la grâce de Dieu : si vous avez le temps de vous reconnaître, vous recevrez les sacrements en bonne disposition par l'heureuse habitude que vous avez eue pendant la vie de les bien recevoir. Eh ! quel sujet d'espérance, que Dieu, en conséquence de votre assiduité à vous approcher des sacrements pendant la vie, ne permettra pas que vous en soyez privés à la mort ! Que d'avantages, mes frères, et que de motifs pressants pour engager les pécheurs à la fréquente confession !

Pour vous, justes, quoique vous ne soyez pas exposés au même malheur que les pécheurs, la confession ne vous est pas moins utile pour vous fortifier dans la pratique des bonnes œuvres, avancer en vertu, augmenter votre mérite, et persévérer dans la grâce du Seigneur. *Que celui qui est juste, le devienne encore plus,* dit le Saint-Esprit, *et que celui qui est saint, se sanctifie davantage* (*Apoc.*, XXII, 11.) Or, c'est par la confession fréquente que vous deviendrez toujours plus justes, toujours plus saints. Comment cela? Parce que la confession vous purifiera des taches les plus légères, que les plus justes même contractent en cette vie. Car le sacrement de pénitence, dit le concile de Trente, a la vertu d'effacer les fautes vénielles; en recevant la rémission de ces fautes vénielles, vous serez délivrés en tout ou en partie de la peine temporelle que vous devriez souffrir dans le purgatoire, vous ajouterez de nouveaux degrés à la grâce sanctifiante dont votre âme est ornée; cette nouvelle grâce vous donne droit à certains secours particuliers qui vous feront surmonter des tentations difficiles, qui vous faciliteront la pratique des plus héroïques vertus. En vous approchant du tribunal de la pénitence, vous examinerez vos défauts pour vous en corriger, vous vous humilierez à la vue de vos faiblesses, vous deviendrez plus vigilants sur vous-mêmes, vous augmenterez en amour pour Dieu, en ferveur dans son service par les bons propos que vous formerez d'éviter jusqu'à la moindre apparence du mal. Plus vous vous confesserez souvent, plus vous renouvellerez ces bons propos d'éviter jusqu'aux fautes les plus légères : en évitant les fautes légères par les secours que le sacrement vous procure, vous éviterez le danger de perdre la grâce de Dieu par le péché mortel; par là vous assurerez votre persévérance dans le bien, votre persévérance finale qui doit décider de votre bonheur éternel. De quelle utilité la confession n'est-elle donc pas pour les justes même comme pour les pécheurs? Voyons maintenant quels sont les malheurs de ceux qui s'en éloignent.

SECOND POINT.

Un grand nombre de pécheurs ne s'approchent que rarement du sacrement de pénitence, parce que, disent-ils, l'Eglise n'oblige pas à se confesser plus souvent qu'une fois l'année. D'autres s'en éloignent, parce qu'ils ne veulent pas se corriger de leurs mauvaises habitudes, quitter les occasions du péché; ce qu'il faut cependant faire pour une bonne confession. Mais les uns et les autres sont dans un aveuglement déplorable, et ne voient pas les malheurs qui sont la suite de cet éloignement. Or, mes frères, pour détruire ces préjugés, je dis que, quoique l'Eglise ait déterminé le précepte de la confession à tous les ans pour tous les fidèles de l'un et l'autre sexe, ce n'est pas à dire qu'on ne puisse et qu'on ne doive la faire plus fréquente dans le courant d'une année. L'Eglise, interprète des volontés de son divin Epoux, qui lui a laissé l'autorité de juger les pécheurs, et qui a prétendu soumettre tous les pêcheurs à cette autorité, oblige tous ses enfants, pour satisfaire au commandement de leur divin Maître, de s'approcher une fois l'an de son tribunal; parce qu'il est certain que le précepte oblige au moins quelquefois pendant la vie: et que si elle n'avait pas imposé aux pécheurs cette obligation pour chaque année, plusieurs auraient passé toute leur vie sans y avoir satisfait. Mais, quoique l'accomplissement de ce précepte ne puisse se différer à plus d'un an, bien d'autres raisons engagent les pécheurs à se confesser plus souvent.

Le pécheur ne doit point différer sa conversion, parce qu'en la différant ses péchés se multiplient, ses mauvaises habitudes se fortifient, et il s'expose au danger de l'impénitence finale, qui est la mort dans le péché. Or, tels sont les malheurs qui suivent de la rareté des confessions.

En effet, qui est-ce qui est capable de retenir le pécheur, et l'empêcher de tomber dans l'abîme du péché? C'est la grâce de Dieu, c'est la vue des malheurs où son péché le conduit, ce sont les reproches qu'il se fait à lui-même au tribunal de sa conscience, sur les désordres de sa vie; ce sont les avis d'un confesseur zélé pour son salut. Or, le pécheur qui ne s'approche que rarement du sacré tribunal, se prive des grâces du sacrement, des avis d'un confesseur; il ne rentre presque jamais en lui-même pour se reprocher ses désordres et s'en corriger. Faut-il s'étonner s'il entasse péché sur péché, s'il devient l'esclave de ses mauvaises habitudes.

Quoique Dieu ne refuse sa grâce à aucun pécheur, soit pour se convertir, soit pour éviter le péché, il veut que ce pécheur fasse de son côté des efforts pour avoir certaines grâces qui décident de sa conversion, et qui l'empêchent de se pervertir davantage; il veut qu'il ait recours à un moyen de salut qu'il lui a fourni pour se sanctifier, qui sont les sacrements qu'il a laissés à son Eglise. Ces sacrements sont comme les canaux par où il fait couler sur les âmes le sang adorable qui est sorti de ses plaies pour laver les pécheurs. Ce sont les instruments qu'il a mis, pour ainsi dire, entre les mains de ces pécheurs, pour opérer leur sanctification; ce sont des remèdes qu'il leur a donnés pour se guérir de leurs maladies, et se préserver de nouvelles chutes. C'est pourquoi il a attaché à ces signes du salut certaines grâces particulières qui répondent à la fin pour laquelle il les a institués; grâces qu'il ne donne pas communément à ceux qui s'éloignent de ces sources de salut; et de là, qu'arrive-t-il aux pécheurs qui négligent le remède de la pénitence? Ce qui arrive à un malade qui ne veut pas prendre un remède qu'un habile médecin lui a préparé, soit pour se guérir, soit pour empêcher que sa maladie ne fasse de plus grands progrès, et ne le conduise au tombeau. Ce pécheur, privé des grâces particulières attachées au sacrement de pénitence, exposé aux tentations de l'ennemi, livré à son propre penchant qui l'entraîne vers le mal, succombera à la tentation, suivra l'attrait de son penchant; un péché qui en attire un autre par son poids, le fait tomber d'abîme en abîme; il entasse, il accumule iniquité sur iniquité; ses mauvaises habitudes prennent tous les jours de nouvelles forces; enfin il devient incorrigible.

Encore si le pécheur rentrait en lui-même pour voir le triste état de son âme, les remords de sa conscience le ramèneraient au devoir, et c'est l'avantage que lui procurerait l'usage du sacrement de la pénitence. Car, avant que de s'y présenter, il faut que le pécheur sonde ses plaies, et fouille les replis de son âme, qu'il examine ses fautes, qu'il connaisse ses maladies pour se montrer au prêtre tel qu'il est: cette vue ne peut que lui donner de la confusion, et lui faire sentir les reproches les plus amers. Il faut de plus qu'il déteste ses fautes, et qu'avec le glaive de la douleur qu'il en doit concevoir, il perce l'ulcère qui infecte son âme : cette détestation, cette horreur qu'il conçoit du péché lui change le cœur, en lui faisant changer d'objet, en lui faisant haïr ce qu'il aimait, aimer ce qu'il haïssait. Enfin, il faut montrer sa lèpre au ministre de Jésus-Christ, lui déclarer sincèrement et entièrement toutes ses fautes; et la confusion qui accompagne cette déclaration humilie le pécheur, lui fait prendre la résolution de ne plus tomber dans ces fautes : résolution qui est soutenue par les bons avis qu'il reçoit d'un zélé confesseur, qui lui impose des pénitences salutaires pour expier ses péchés, qui lui propose des moyens pour n'y plus retomber, qui lui offre le secours de ses prières pour lui obtenir la persévérance. Or, le pécheur qui s'éloigne du sacré tribunal, se prive de tous ces secours, qui sont comme autant de barrières qui l'empêchent de se livrer au désordre. Il ne fait nul examen de conscience, il ne conçoit aucune douleur de ses péchés, il n'est point touché des malheurs que son crime attire. N'est-ce pas même pour éviter la discussion qu'il lui faudrait faire de ses fautes, l'humiliation qu'il aurait de les accuser, pour se soustraire aux terreurs de sa conscience qu'il ne veut point s'approcher du tribunal de la confession? N'est-ce pas aussi par la crainte des remontrances que lui ferait un charitable confesseur, qu'il refuse de se présenter à lui? Faut-il s'étonner qu'il suive aveuglément le torrent de ses passions qu'il sert au gré de ses désirs, n'ayant plus de frein qui le retienne, de guide qui le remette dans le chemin? et, ce qui augmente son malheur, c'est que le peu d'usage qu'il a fait du remède salutaire, le met dans un tel état, qu'il le tourne en poison, lors même qu'il veut satisfaire à l'obligation de se confesser au temps qui lui est marqué par l'Eglise. Car est-il bien aisé de s'acquitter comme il faut d'une obligation qu'on ne remplit que par nécessité? Comment ces pécheurs, qui ne se confessent qu'une fois dans l'année, au temps de Pâques, examinent-ils leurs péchés? Le nombre en est si grand qu'ils en perdent le souvenir, et qu'ils ne s'en souviennent qu'en général. Ils se contentent d'une revue superficielle. De là vient que leurs confessions sont plutôt faites que celles de ceux qui se confessent souvent, et qu'ils omettent par leur faute et par leur négligence à fréquenter les sacrements, un grand nombre de péchés : ce qui rend leurs confessions nulles et sacriléges. Quelle douleur ces pécheurs ont-ils de leurs péchés? Quel propos de se corriger? On en peut juger par le peu de changement que l'on voit dans leur conduite. Comme ils ne vont au tribunal de la pénitence que par une espèce de nécessité ou de bienséance, qu'ils ne cherchent qu'à sauver les apparences et à se conserver la réputation d'avoir fait leur devoir de chrétien, ils ne se mettent guère en peine du reste. Si un confesseur veut leur imposer une pénitence salutaire ou les éprouver par quelque délai, ils disputent sur le genre de pénitence qu'on leur prescrit; si on les renvoie pour quelque temps, ils menacent de ne plus revenir : comme si le ministre de Jésus-Christ devait se rendre coupable de sacrilége, pour leur donner une absolution qui ne leur servirait de rien!

Faut-il donc s'étonner si ces pécheurs qui se confessent rarement, qui diffèrent de Pâque en Pâque, sont si mauvais chrétiens? L'expérience ne le fait que trop voir; ce sont les moins assidus aux autres devoirs de la religion : les uns se livrent à l'intempérance, les autres à l'impureté; ceux-ci sont des injustes usurpateurs du bien d'autrui; ceux-là, des vindicatifs. Quelle est la cause de tant de désordres? La négligence à fréquenter les sacrements.

Mais, diront-ils, ceux qui s'en approchent souvent ne vivent pas mieux que nous, tombent dans les mêmes désordres que nous; ce n'est donc pas la fréquente confession qui retient les pécheurs, et qui rend les hommes plus saints. A cela je réponds, 1° qu'il est faux que ceux qui se confessent souvent soient ordinairement aussi déréglés que ceux qui ne le font que rarement; leurs rechutes, comme je l'ai dit, sont plus rares, et ils se relèvent plus promptement avec le secours qu'ils trouvent dans le remède de la pénitence. 2° S'il y a des pécheurs qui joignent une vie déréglée au fréquent usage de la confession, ce sont ceux qui abusent du remède et qui le tournent en poison, par les mauvaises dispositions qu'ils y apportent, ou par défaut de douleur, ou par défaut d'examen et de sincérité à s'accuser. Quelque efficace que soit le remède de la pénitence, il ne profite qu'autant qu'il est bien appliqué. Or, n'y a-t-il pas un milieu entre mal user du remède et n'en point user du tout? C'est de le recevoir dans les dispositions qui le rendent efficace: vous n'avez, pécheurs, qu'à vous en approcher avec ces dispositions, c'est-à-dire, avec cette sincérité qui doit accompagner la déclaration de vos fautes et vous en éprouverez l'utilité.

Mais si vous négligez de le faire, savez-vous le malheur où vous expose votre négligence? A mourir dans l'état du péché, à tomber dans les horreurs de la mort éternelle. Car, puisque vous restez des mois, des années entières dans les liens du péché, ne pouvez-vous pas être surpris par la mort, ne pouvez-vous pas être frappés d'une mort subite, ou de quelque maladie qui, vous ôtant toute connaissance, vous mette hors d'état de recevoir les sacrements? Combien n'en avez-vous pas vu qui ont été surpris de la sorte, pour qui on est allé chercher un confesseur, ou que l'on n'a pas trouvé, ou qui est arrivé trop tard, Dieu le permettant ainsi pour punir la négligence qu'ils ont eue de se confesser plus souvent? Voilà peut-être ce qui vous arrivera, pécheurs qui m'écoutez: pensez-vous que si Dieu veut vous enlever de ce monde par une mort imprévue, il choisira le temps que vous serez en état de grâce, que cette mort arrivera précisément au temps de Pâques, où vous serez confessés? Quelle témérité serait-ce à vous de compter sur un coup de grâce aussi extraordinaire dont vous vous rendez si indignes? N'est-il pas plus à craindre pour vous que, si vous êtes surpris par la mort, vous le serez en état de péché, puisque la plus grande partie de votre vie se passe dans ce malheureux état? Peut-être vous rassurez-vous sur quelque acte de contrition que vous produirez pour lors, ou que vous aurez produit auparavant, au défaut de la confession? Il est vrai qu'un acte de contrition parfaite, c'est-à-dire produit par un pur amour de Dieu, est capable d'effacer tous les péchés, quelque nombreux et quelque énormes qu'ils soient. Mais savez-vous que l'acte d'une parfaite contrition étant le plus héroïque de tous, est l'effet d'une grâce particulière que les plus saints eux-mêmes ne croyaient point mériter? Et vous compteriez sur cette grâce, vous qui résistez à tant d'autres qui vous pressent d'aller à la source, qui sont les sacrements!

Mais je veux qu'à la mort vous ayez toute la liberté de vous confesser; je dis que le sacrement dont vous n'avez pas profité pendant la vie, ne vous servira de rien pour lors; que, l'ayant profané pendant la vie, vous le profanerez à la mort par les mauvaises dispositions qui n'auront point changé en vous. Or, si vous mourez dans l'impénitence finale, quel sera votre regret dans l'enfer, d'avoir négligé un moyen de salut aussi efficace et aussi facile que la confession? Mais il ne sera plus temps; vous n'aurez plus de ministres de Jésus-Christ qui puissent vous délivrer des maux qui vous accableront dans ces prisons de feu où vous serez renfermés; il n'y aura plus de confession, plus de miséricorde, plus de pardon à espérer.

Prévenez, pécheurs, un malheur aussi grand qu'il est irréparable; profitez de l'occasion favorable que vous avez de vous réconcilier avec Dieu autant de fois que vous l'avez offensé; mais gardez-vous d'abuser de la bonté de Dieu à vous recevoir à pénitence, pour l'outrager; ce serait dans vous l'effet de la plus noire ingratitude, si la facilité du remède était pour vous une occasion de chute. Commencez donc dès aujourd'hui à vous mettre dans les dispositions où vous devez être pour en profiter; c'est-à-dire quittez à présent le péché, les occasions du péché; renoncez aux mauvaises habitudes; le ministre de la réconciliation n'est que pour le pécheur pénitent, le ministre de Jésus-Christ ne délie que celui qui veut quitter ses chaines. Eprouvez-vous donc avant que de vous présenter; préparez-vous d'avance à accepter les épreuves où le confesseur voudra vous mettre; ne cherchez pas de ces hommes qui flattent; ne fuyez pas ceux qui veulent par un juste délai s'assurer de votre retour à Dieu; ne quittez pas ceux qui, pour votre bien, s'alarment de vos chutes, et vous en demandent une pénitence proportionnée; et de là, prenez pour pratique, 1° de vous confesser une fois chaque mois; 2° si vous avez eu le malheur de perdre la grâce par un péché, gardez-vous de passer les jours entiers dans l'inimitié de Dieu; 3° si vous êtes malade, recourez au médecin de votre âme promptement et sans délai, ne soyez pas du nombre de ceux à qui l'on craint, dans une dernière maladie, de parler de sacrements et de confesseur, soyez le premier à réclamer ces précieux secours: votre âme, dit Jésus-Christ, vaut mieux que votre corps; secourez donc l'une plutôt que l'autre; et si le Ciel refuse à votre corps sa guérison, au moins accordera-t-il à votre âme un repos éternel au sortir de sa prison. Je vous le souhaite. *Amen.*

PRONE LIX.

Pour le quatorzième Dimanche après la Pentecôte.

SUR LE SERVICE DE DIEU.

Nemo potest duobus dominis servire. (*Matth.*, VI, 24 seqq.)

Personne ne peut servir deux maîtres.

Les hommes jaloux de leur autorité ne souffrent point que d'autres la partagent. Un maître peut avoir plusieurs serviteurs à sa suite, mais un serviteur ne peut avoir plusieurs maîtres. Dès qu'il se déclare pour l'un, il abandonne l'autre: s'il respecte l'un, il méprise l'autre, dit Jésus-Christ; c'est de là que conclut ce divin Sauveur, que nous ne pouvons servir Dieu et l'argent. Dès que nous nous attachons à l'un de ces maîtres, il faut nécessairement renoncer à l'autre: *Non potestis servire Deo et mammonæ.* Non, mes frères, nous ne pouvons allier le service de Dieu avec celui de nos passions; nous ne pouvons suivre tout à la fois les maximes du monde, et les maximes de l'Evangile, parce qu'elles sont entièrement opposées les unes aux autres. Si nous suivons le monde, si nous recherchons son amitié, nous encourons dès lors la disgrâce de Dieu; comme, au contraire, nous déplaisons au monde, dès que nous voulons plaire à Dieu. Si par de certains ménagements nous cherchions à composer avec l'un et avec l'autre, dès lors nous déplairions à tous les deux, parce que les préceptes et les maximes de ces deux maîtres ne peuvent se concilier ensemble: *Nemo potest,* etc.

Or, dans l'impuissance où nous sommes de contenter deux maîtres à la fois, quel parti devons-nous prendre? mais que dis-je? y a-t-il à délibérer? quel est le plus grand et le meilleur de ces maîtres? n'est-ce pas le Seigneur? c'est donc à lui qu'il faut donner la préférence. C'est à quoi je viens vous exhorter, mes frères, dans cette instruction, où je vous ferai voir les motifs pressants qui vous engagent à servir Dieu, et de quelle manière vous devez le servir: deux points importants qui combattent deux erreurs. Les uns ne pensent pas plus à Dieu que s'il n'existait pas; les autres se persuadent faussement faire tout ce que Dieu demande d'eux, tandis qu'ils ne remplissent qu'une partie de la loi; je ferai voir aux premiers que servir Dieu est une obligation des plus indispensables; premier point; je ferai voir aux seconds, que servir Dieu est une obligation des plus étendues; second point.

PREMIER POINT.

Aimer Dieu, le craindre, et le servir, c'est le devoir essentiel de l'homme sur la terre, c'est en cela que consiste tout l'homme, comme dit le Saint-Esprit: *Hoc est omnis homo.* (*Eccle.*, XII, 13.) Tout nous engage à nous acquitter de ce devoir, les droits que Dieu a sur nous, et notre propre intérêt. Dieu est notre Créateur, qui ne nous a donné l'être que pour le servir; il est notre souverain Seigneur, de qui nous dépendons en toutes choses; quoi de plus juste que de lui payer le tribut de nos hommages en le servant fidèlement? Mais, outre le droit que Dieu a d'exiger de nous ces services, il est un si bon maître qu'il veut encore nous attacher à lui par les récompenses qu'il nous promet; comme il nous connaît intéressés, il a fixé notre bonheur dans l'accomplissement de nos devoirs. La justice, l'intérêt, doivent donc nous engager de concert à servir notre Dieu comme le plus grand et le meilleur de tous les maîtres; la justice par rapport à Dieu, et l'intérêt pour nous-mêmes. Rendez-vous, mes frères, sensibles à ces motifs qui méritent toute votre attention.

Il n'était pas nécessaire que Dieu nous tirât du néant, il pouvait se passer de nous aussi bien que de toutes les autres créatures; quand il n'en aurait produit aucune, il n'en aurait été ni moins heureux, ni moins parfait; mais ayant résolu de nous donner l'être, il ne pouvait le faire pour d'autre fin que pour sa gloire. Il a tout fait pour lui-même: c'est donc pour lui-même qu'il a formé l'homme; aussi toutes les créatures publient-elles en leur langage la gloire de leur Auteur;

Les cieux l'annoncent, dit le Prophète : «*Cœli enarrant gloriam Dei* (*Psal.* XVIII, 1),» et la terre se joint aux cieux, dit saint Chrysostome, pour publier les merveilles du Créateur. *Chaque jour*, continue le Prophète, *apprend à louer le Seigneur au jour qui le suit, et chaque nuit instruit la nuit suivante dans l'art de chanter les grandeurs de Dieu.* (*Ibid.*, 3) Ces louanges qui ne sont jamais interrompues, ont un langage intelligible qui se fait entendre jusqu'aux extrémités de la terre. En un mot, toutes les créatures servent Dieu à leur manière, en manifestant ses adorables perfections ; les unes font connaître sa bonté, les autres sa puissance, sa sagesse, sa providence. Mais de toutes les créatures qui sont sur la terre, il n'en est point qui puisse et qui doive glorifier et servir Dieu d'une manière aussi parfaite que l'homme, parce que l'homme seul peut connaître la grandeur de cet Etre suprême, qui mérite tous nos hommages ; l'homme seul est capable d'aimer cette bonté infinie qui n'est point connue des autres créatures.

Que faut-il donc penser de l'homme qui manque à ce devoir? hélas ! c'est un monstre dans la nature, qui s'écarte de la fin pour laquelle il est créé ; c'est un plus grand désordre que si le soleil refusait au monde sa lumière, si la terre devenait stérile; car de même que Dieu a fait le soleil pour éclairer, la terre pour porter du fruit, il a fait l'homme pour en être servi et glorifié. Il n'est pas plus possible à l'homme d'être dispensé de ce devoir que de subsister sans Dieu : or il dépend nécessairement de Dieu comme de son premier principe ; il doit donc nécessairement rendre à Dieu, comme à sa dernière fin, ce qu'il ne peut faire qu'en le servant et lui rapportant toutes ses actions. Il serait d'autant plus coupable de se soustraire à cette obligation, que Dieu, pour l'y engager, a soumis toutes les autres créatures au service de l'homme : *Omnia subjecisti sub pedibus ejus.* (*Psal.* VIII, 8.) N'est-ce pas en effet pour l'homme que le soleil répand sur la terre sa lumière et sa chaleur ; que la terre produit une abondance de fruits en chaque saison de l'année ? n'est-ce pas à l'usage de l'homme que sont destinés les oiseaux du ciel, les animaux de la terre, les poissons de la mer ; les uns pour le nourrir, les autres pour le servir ? *Omnia subjecisti.* Ah ! que l'homme s'acquitterait dignement de ce devoir à l'égard de Dieu, s'il était aussi exact à le servir que les créatures le sont à remplir les desseins de Dieu ! mais qu'il s'en faut bien que cela soit ainsi ! l'homme seul semble n'avoir reçu le privilége de la connaissance et de la liberté, que pour se révolter contre l'Auteur de son être.

Cependant quel Maître plus grand et plus puissant ! on se fait gloire dans le monde d'être au service de ceux que la grandeur environne, que la puissance soutient, que la gloire accompagne, que la fortune favorise; les uns attirés par l'honneur de les approcher de près, les autres par les avantages qu'ils espèrent, s'empressent à l'envi de donner des marques de leur soumission ; cependant que sont tous les grands de la terre, les rois, les potentats de l'univers, en comparaison du Seigneur notre Dieu, dont la grandeur est infiniment au-dessus de toutes les grandeurs humaines, seul grand, seul puissant, devant qui toutes les puissances ne sont que faiblesse et que néant ? *Tu solus altissimus in omni terra.* (*Psal.* LXXXII, 19.) C'est lui qui met la couronne sur la tête des rois et le sceptre dans leur main ; qui peut, quand il lui plaît, briser ces sceptres et ces couronnes. C'est le Roi des rois, dont les souverains eux-mêmes se font une gloire de dépendre ; quel honneur n'y a-t-il donc pas de servir un si grand Maître ? le servir, c'est régner, c'est plus que de commander à tout l'univers ? *Servire Deo regnare est.* Et de là, mes frères, que s'ensuit-il ? que tout ce que l'on fait pour un si grand Maître, quelque petit qu'il paraisse, est infiniment au-dessus de tout ce que l'on peut faire de plus grand selon le monde ; que la moindre action de vertu, une courte prière bien faite, la plus légère mortification, l'aumône la plus modique, l'emporte sur toutes les actions de valeur, sur les victoires les plus signalées, sur les conquêtes des royaumes et des empires; parce que tout ce qui regarde un Dieu infiniment grand, participe en quelque façon de l'excellence de son être. Que s'ensuit-il encore ? qu'un véritable serviteur de Dieu, fût-il le dernier du monde, est infiniment au-dessus de tous les potentats ; jugeons-en, mes frères, par la différence que l'on fait aujourd'hui des César et des Alexandre, ces fameux conquérants, devant qui toute la terre a tremblé ; et d'un Pierre qui n'était qu'un pauvre pêcheur : le souvenir des uns s'est anéanti avec leurs conquêtes, et l'autre est devenu l'objet de notre culte ; aussi le saint roi David se faisait plus d'honneur de la qualité de serviteur de Dieu, que des titres de sa royauté : *Servus tuus sum ego.* (*Psal.* CXVIII, 125.)

O vous qui aspirez à la gloire et qui cherchez souvent celle qui vous fuit, servez-le Seigneur, et vous serez véritablement grands, puisqu'il est le plus grand de tous les souverains. Vous trouverez aussi votre bonheur à le servir, parce qu'il est le meilleur de tous les maîtres.

Un Maître qui nous laisse tout le profit de nos services, qui nous demande peu pour nous donner beaucoup, qui nous promet un bonheur infini pour récompense, doit sans doute être regardé comme le meilleur de tous les maîtres. Or c'est ainsi, mes frères, que Dieu en agit à notre égard ; quel motif pressant de s'attacher à lui ! Non, Dieu ne nous demande point de service pour son propre intérêt, bien différent des maîtres du monde, qui n'ont des serviteurs que par besoin, qui ne les récompensent qu'en vue des avantages qu'ils en retirent : Dieu n'a nullement besoin de nos services, il se suffit à lui-même : il trouve dans lui-même sa gloire et sa félicité. S'il tire sa gloire de la soumission et des services qu'il exige de ses créatures, il ne la tirera pas moins des vengeances qu'il exercera sur les infracteurs de sa loi. C'est donc pour nous seuls, mes frères, que nous travaillons en le servant : mais quels avantages, quel bonheur trouvons-nous au service de Dieu? les plus solides pour cette vie, et un bonheur éternel pour l'autre. Quels biens dès cette vie notre fidélité à servir Dieu ne nous procure-t-elle pas? demandez-le au Roi-Prophète? *Heureux*, dit-il, *sont ceux qui craignent le Seigneur, qui marchent dans la voie de ses commandements : « Beati omnes qui timent Dominum, qui ambulant in viis ejus. » Dieu bénit leurs travaux : ils en goûteront les fruits et ils seront comblés de biens : « Beatus es, et bene tibi erit. »* (*Psal.* CXXVII, 1, 2.) Ils éprouveront toute la tendresse d'une aimable Providence, toujours attentive à pourvoir à leurs besoins. Nous en avons pour garant le témoignage de Jésus-Christ dans notre Evangile. Considérez, dit-il, les oiseaux du ciel qui ne manquent point de nourriture, quoiqu'ils ne sèment ni ne moissonnent ; voyez les lis des champs qui sont mieux parés que Salomon dans sa gloire ; à combien plus forte raison le Père céleste aura-t-il soin de vous qui êtes ses enfants, et qui lui êtes bien plus chers que les fleurs et les animaux des campagnes.

Il est vrai qu'une prospérité temporelle n'est pas toujours la récompense de la vertu : Dieu en prive quelquefois ses serviteurs, pour leur faire connaître qu'il leur réserve un bonheur plus solide et plus durable : mais au lieu de cette prospérité que Dieu n'accorde pas à ses élus, il répand sur eux des grâces abondantes qui adoucissent les amertumes dont ils sont affligés, qui leur facilitent le chemin au bonheur qu'il leur prépare dans le ciel ; c'est une onction, une paix, une tranquillité d'âme qui surpasse par sa douceur toutes les joies et les plaisirs de la terre, qui leur fait dire qu'un jour passé au service du Seigneur, vaut mieux que mille au service du monde : *Melior est dies una in atriis tuis super millia.* (*Psal.* LXXXIII, 11.) Rendez ici témoignage à la vérité, âmes saintes qui en faites l'heureuse expérience : quelle joie, quel contentement ne ressentez-vous pas au dedans de vous-mêmes, en marchant dans la voie des commandements du Seigneur ! changeriez-vous votre sort contre celui de tous les heureux du siècle? rendez-vous-mêmes, pécheurs, témoignage à ce que je dis ; dans quel jour de votre vie avez-vous ressenti plus de contentement? n'est-ce pas dans ces jours de salut où vous avez fait votre paix avec Dieu, et que vous avez employés à le servir? au contraire, depuis que vous êtes asservis de nouveau à des dieux étrangers, depuis que vous avez repris la route de vos passions, de quels cuisants chagrins votre inconstance n'a-t-elle pas été suivie? goûtez donc et voyez encore combien le Seigneur est doux à ceux qui le servent, vous trouverez en lui un Maître qui vous récompensera infiniment au delà de vos services.

Il n'en est pas, en effet, du Dieu que nous adorons, comme des hommes qui promettent à leurs serviteurs ce qu'ils ne peuvent leur tenir, et qui par une bizarre inconstance, souvent manquent à leur promesse : on se fatigue, on s'épuise pour leur rendre service, et on se voit frustré d'une espérance dont on s'était flatté. Hé! pourquoi? parce que les hommes ne connaissent pas toujours ceux qui les servent, ou s'ils les connaissent, ils ne sont pas toujours bien disposés à leur égard, ou ils n'ont pas de quoi les satisfaire. Enfin si le monde récompense ses serviteurs, il leur demande beaucoup pour leur donner peu ; ce n'est qu'après bien des peines, bien des travaux qu'on peut mériter ses faveurs. Que n'en coûte-t-il pas pour parvenir à une fortune que l'on se propose ; pour satisfaire une passion que l'on a pour le plaisir? à quoi se terminent pour l'ordinaire toutes les démarches que l'on a faites, toutes les servitudes auxquelles on s'est assujetti? à une fumée d'honneur, à un bien fragile et périssable, à un plaisir d'un moment, qui n'égalent jamais ce que l'on a fait pour y parvenir, ou qui du moins ne satisfont jamais pleinement nos désirs.

Mais que les services que nous rendons à Dieu sont autrement payés! aussi magnifique dans ses dons que fidèle en ses promesses, il ne laisse aucun de nos services sans récompense ; c'est la récompense la plus certaine, la plus abondante, la plus durable : récompense la plus certaine, par la connaissance qu'il a de nos services, et par la fidélité à garder ses promesses. Souverain scrutateur des cœurs, il nous tient compte non-seulement des actions qui sont connues des hommes, mais encore de celles qui ne le sont que de lui seul. Rien n'échappe à ses lumières et à sa libéralité ; il ne peut non plus manquer à sa parole, que cesser d'être Dieu. Voilà ce qui consolait le grand Apôtre dans les fatigues et les travaux qu'il souffrait pour la gloire de Jésus-Christ : *Je sais*, dit-il, *à qui j'ai affaire, à qui j'ai confié mon dépôt : « Scio cui credidi. »* (II *Tim.*, I, 12.) *J'attends avec certitude la couronne de justice que le juste Juge m'a promise : « Reposita est mihi corona justitiæ. »* (II *Tim.*, IV, 8.)

J'ai dit récompense la plus abondante, soit qu'on la considère en elle-même, soit que l'on fasse attention à ce que Dieu nous demande pour la mériter. Quelle est cette récompense? c'est tout vous dire, quand on vous dit que Dieu même sera votre récompense : *Ero merces tua magna nimis.* (*Gen.*, XV, 1.) Oui, c'est moi qui veux être votre récompense ; moi qui suis le bien souverain, capable de contenter tous vos désirs ; c'est mon royaume que je vous destine pour prix de vos services ; *Ego dispono vobis regnum.* (*Luc.*, XXII, 29.) Les rois de la terre ont-ils jamais porté à un si haut degré leur libéralité? Hé! que sont tous les royaumes du monde en comparaison du royaume de Dieu? Mais qu'est-ce que Dieu nous demande, mes frères, pour nous donner cette récompense si abondante ? bien différent du monde qui demande beaucoup pour donner peu, il demande peu pour donner beaucoup. Et que nous demande-t-il ? rien qui soit au-dessus de nos forces, qui ne nous soit même facile avec la grâce qu'il nous donne pour l'accomplir. Son joug est doux et son fardeau léger ; un peu de gêne et de contrainte, un peu d'attention sur nous-mêmes pour observer ses commandements. C'est un si bon Maître, que le seul désir de lui plaire et de souffrir pour lui nous tient lieu de mérite, lorsque nous n'avons pas autre chose à lui présenter. Il n'est pas jusqu'à un verre d'eau donné pour l'amour de lui, une légère affliction soufferte avec patience, qui n'ait sa récompense dans le ciel. Or, si toutes les tribulations de la vie ne sont pas dignes d'être mises en parallèle avec le poids immense de gloire que Dieu réserve à ses élus, comme dit l'Apôtre (II *Cor.*, IV, 17), n'est-ce pas donner pour rien cette gloire, que de nous la donner pour quelques moments de douleurs et de souffrances ? *Pro nihilo salvos facies illos.* (*Psal.* LV, 8.) Peut-on refuser de l'acheter à ce prix ? surtout si l'on fait attention à sa durée qui est celle de Dieu même, c'est-à-dire, qui n'aura jamais de fin. Cherchez après cela un maître aussi libéral, aussi généreux, aussi magnifique envers ses serviteurs, que le Seigneur l'est à notre égard. Cependant, mes frères, qui sont ceux qui s'attachent sincèrement à son service ? hélas ! que le nombre de ses serviteurs est bien petit ! le monde trouve tant qu'il veut des partisans, tout injuste et tout perfide qu'il est ; il a beau rebuter ceux qui lui ont déplu, et qui lui sont devenus inutiles, on ne cesse de marcher sous ses étendards ; et le Dieu des miséricordes toujours prêt à recevoir ceux même qui l'ont offensé, qui n'a aucunement besoin de nous, ne voit que de l'indifférence dans la plupart des hommes pour tout ce qui regarde son service.

O enfants des hommes ! jusqu'à quand, insensibles à vos véritables intérêts, négligerez-vous de suivre le parti d'un si bon Maître, qui récompense si bien ses serviteurs, pour vous attacher à des étrangers qui payent si mal vos services ? vous courez, ambitieux, après une fumée qui vous échappe ; avares, vous vous attachez à votre argent qui vous cause mille inquiétudes ; voluptueux, vous livrez votre cœur à une créature qui se rit de vos complaisances ; ah ! que vous méritez bien le triste sort dont vous vous plaignez ! Mais vous en éprouverez un bien plus triste, lorsque, séparés de ces maîtres que vous servez, vous ne trouverez plus en Dieu qu'un juge sévère, qui tirera sa gloire des châtiments qu'il vous fera souffrir. Ne vaut-il pas mieux le glorifier par amour, que par vos tourments, en devenant la victime de ses vengeances ? Mais comment faut-il servir Dieu ?

DEUXIÈME POINT.

Servir Dieu comme il le mérite, ce n'est pas seulement lui rendre un culte de religion, par lequel on reconnaît son souverain domaine sur toutes les créatures ; il n'est personne, pour peu qu'il soit éclairé des lumières de la foi, et même de la raison, qui ne fasse à Dieu un hommage de sa dépendance. Mais Dieu n'a pas seulement commandé à l'homme de lui rendre le culte suprême en l'adorant, il lui a encore commandé de le servir : *Dominum Deum tuum adorabis, et illi soli servies.* (*Deut.*, VI, 13 ; *Matth.*, IV, 10.) Servir Dieu ; c'est donc quelque chose de plus que l'adorer, lui adresser des vœux, lui rendre certains hommages que la religion nous prescrit ; c'est encore se dévouer entièrement à lui, lui donner la préférence sur toutes choses ; lui consacrer toutes ses actions, accomplir en tout sa volonté, marcher avec joie dans la voie de ses commandements. Telle est l'idée générale que vous devez vous former d'abord du service de Dieu, et que je réduis à deux points principaux. Il faut servir Dieu sans partage, parce qu'il est le plus grand de tous les maîtres : *Illi soli servies.* Il faut le servir avec joie et ferveur, parce qu'il est le meilleur de tous les maîtres : *Servire Domino in lætitia.* (*Psal.* XCIX, 2.)

Dieu veut être servi sans partage, et c'est avec raison. Il est le seul Souverain qui ait droit d'exiger tous nos services ; il ne peut souffrir de rival qui partage avec lui la gloire qui lui est due ; ce serait donc lui faire injure que de lui en dérober une partie pour la donner à un autre maître que lui. Et comment pouvoir allier avec le service d'un Dieu le service d'un autre maître dont les lois sont entièrement opposées à celles qu'il nous a faites ? c'est allier les lumières avec les ténèbres. Jésus-Christ ne s'accorde point avec Bélial, dit l'Apôtre : *Quæ conventio Christi ad Belial ?* (II *Cor.*, VI, 15.) Si vous prenez donc le parti de servir le Dieu du ciel, il faut renoncer au service du monde, du démon et de vos passions ; car si vous vous attachez au service de ces maîtres ; si vous vous laissez dominer par l'amour des richesses, des honneurs et des plaisirs ; si vous suivez les maximes du monde corrompu, vous manquerez sûrement de fidélité à votre Dieu. Ces ministres étrangers que vous servirez, vous engageront pour leur plaire à bien des actions contraires à la volonté de Dieu. Si vous attachez votre cœur à l'argent, vous commettrez des injustices pour en avoir, ou du moins vous n'aurez pas cet esprit de pauvreté que Jésus-Christ nous recommande dans son Evangile. Si vous donnez place dans votre cœur à l'idole d'une passion criminelle, vous le dérobez à Dieu qui en doit être le maître absolu. Enfin, si vous cherchez à plaire aux hommes, je dis aux hommes profanes et pervertis, il faut adopter des sentiments contraires à l'Evangile ; il faut être de leurs parties de plaisir, se venger de ses ennemis avec eux, soutenir leurs prétentions injustes, s'assujettir à une infinité d'autres lois contraires aux lois du Seigneur.

En vain présenterez-vous à Dieu des sacrifices d'une main, tandis que de l'autre vous offrirez de l'encens à Baal; en vain lui adresserez-vous des prières, ferez-vous des aumônes, vous acquitterez-vous de certaines obligations que la religion vous prescrit; si vous ne renoncez à ces engagements qui sont pour vous une occasion de péché, si vous ne sacrifiez cette passion qui vous domine, Dieu réprouvera vos sacrifices, comme il réprouva celui de Saül, qui dans la défaite des Amalécites épargna leur roi contre la défense que Dieu lui en avait faite; il ne vous tiendra aucun compte de votre fidélité à certains points de la loi, si cette fidélité n'est entière. Il veut tout sans partage, c'est-à-dire, que de lui refuser un sacrifice, c'est lui refuser tout : c'est à l'intégrité de nos services qu'il en rappelle; il prétend que nous oubliions en quelque manière jusqu'aux choses même nécessaires à la vie. C'est pour cela qu'il nous recommande dans l'Evangile de ne pas nous mettre en peine où nous prendrons notre nourriture, nos habillements, parce que sa divine Providence s'est chargée d'y pourvoir; il veut que notre premier soin soit de chercher son royaume et sa justice, et il nous promet de nous donner tout le reste : *Quærite primum regnum Dei*, etc. Ce n'est pas, mes frères, que Dieu nous ordonne de quitter pour son service nos occupations, nos emplois; il nous permet de donner nos soins aux affaires temporelles; il veut même que nous remplissions les devoirs d'emploi auquel nous sommes engagés: mais il veut que nous le fassions en vue de lui plaire; il veut que son service tienne le premier rang parmi nos occupations; il nous défend toutes celles qui nous en détourneraient, et qui seraient incompatibles avec le service que nous lui devons.

Pourquoi, mes frères, tant délibérer sur le parti que vous devez prendre? Si Baal est votre Dieu, disait autrefois un prophète à un peuple infidèle, s'il peut vous rendre heureux, suivez-le, à la bonne heure; mais si c'est le Seigneur qui mérite tous vos services, jusqu'à quand balancerez-vous de vous donner à lui? *Usquequo claudicatis in utramque partem?* (III *Reg.*, XVIII, 21.) Y a-t-il un maître dont vous ayez plus à espérer, ou plus à craindre que du Seigneur votre Dieu! Hélas! les services que vous lui rendez sont déjà si peu de chose en comparaison des récompenses qu'il vous promet; faut-il encore lui en dérober une partie, pour les donner à des maîtres ingrats et perfides, qui ne veulent ni ne peuvent vous rendre heureux? Ah! si vous connaissiez la grandeur et la bonté du Maître que vous servez, bien loin de partager avec d'autres l'amour et les services que vous lui devez, vous feriez, au contraire, tous vos efforts pour aller au delà de ce qu'il vous demande, dans la crainte de ne pas faire tout ce qu'il vous ordonne, ou du moins vous répareriez par votre ferveur à le servir, ce que votre faiblesse ne vous permet souvent pas de faire. Non, mes frères, ce ne sont pas les actions héroïques que Dieu demande de nous, c'est le grand cœur avec lequel vous ferez ce que vous pourrez dans votre état; il aime ces serviteurs qui lui donnent avec joie, comme dit l'Apôtre : *Hilarem datorem diligit* (II *Cor.*, IX, 7); qui marchent avec allégresse dans la voie de ses commandements, qui faisant moins d'attention à ce qu'ils ont fait qu'à ce qu'ils ont à faire, s'exercent avec application, comme dit saint Bernard, dans la pratique des bonnes œuvres de leur état; qui loin de se rebuter des difficultés qu'ils trouvent dans la carrière de la vertu, les surmontent avec courage, sont assidus à la prière, à fréquenter les sacrements, ponctuels à suivre un règlement prescrit, dont toutes les actions sont animées d'un esprit intérieur; qui ne se plaignent jamais de la rigueur de la perfection, ni du temps qu'il faut employer aux exercices de la vie chrétienne; qui sont toujours contents dans quelque état qu'il plaise à la divine Providence de les placer: qui ne se contentent pas d'éviter les fautes considérables; mais qui s'abstiennent des moindres apparences du mal, qui ne cherchent, en un mot, dans toutes leurs actions qu'à faire la volonté de Dieu, et à lui plaire.

Tel est, mes frères, le caractère des vrais et fervents serviteurs de Dieu; ce sont là les fidèles adorateurs en esprit et en vérité que le Père céleste demande: bien différents de ces serviteurs lâches, tièdes et paresseux, qui trouvent le joug du Seigneur trop pesant, ne le portent, ou plutôt ne le traînent qu'avec tristesse, se plaignant toujours des difficultés qu'ils trouvent au service de Dieu, craignant d'en trop faire, et se rebutant du moindre obstacle qui se présente, ils ne s'engagent, pour ainsi dire, qu'à pas comptés dans les voies du salut: vous les voyez tantôt avancer, tantôt reculer; faisant plus d'attention à ce qu'ils ont fait, qu'à ce qu'ils ont à faire; ils croient être au bout de leur carrière, tandis qu'à peine l'ont-ils bien commencée. Comme ils sont plus touchés de leur intérêt que de ceux de Dieu, ils ne se font point de scrupule de tomber dans bien des fautes vénielles qu'ils se pardonnent aisément, et dont ils n'ont pas soin de se corriger; ils font l'œuvre de Dieu; mais ils la font négligemment, à la hâte, et par une espèce de contrainte, la regardant comme un fardeau, dont il leur tarde de se décharger; s'ils prient, c'est sans attention et sans recueillement; s'ils fréquentent les sacrements, ils n'en tirent aucun profit, le seul nom de pénitence leur fait peur, ils tremblent aux approches d'un jeûne, d'un carême qu'ils trouvent trop long, et dont il leur tarde de voir la fin.

Ils conviennent néanmoins qu'il faut se faire violence, se mortifier pour gagner le ciel; mais il ne faut pas qu'il leur en coûte; l'amour-propre veut avoir son compte : ils sont humbles quand on ne les méprise pas; patients quand on ne leur dit rien, chastes quand ils ne sont point tentés, charitables quand il ne faut pas se gêner pour soulager l'indigence. Sont-ils attaqués de quelque tentation, ils n'y résistent que faiblement? Faut-il faire quelques bonnes œuvres? ce sont les plus faciles qu'ils choisissent, et où ils ont le plus de goût. Comment les font-ils, ces bonnes œuvres? souvent par bienséance, par coutume, par une dévotion superficielle qu'un reste de religion leur inspire. Attachés scrupuleusement à certaines pratiques de piété qu'ils se sont prescrites, ils nourrissent au dedans des passions secrètes qu'ils n'ont pas soin de dominer; de là vient qu'ils abandonnent aisément leurs prières, leur lecture, et les autres exercices de la vie chrétienne, dès qu'il s'agit de se contraindre pour y être assidus. Les affaires, les compagnies qui se présentent, les dissipent d'abord, et leur font abandonner le service de Dieu; et après s'être contraints quelque temps, ils suivent bientôt toute l'impétuosité de leurs passions. Ne vous reconnaissez-vous pas, mes frères, au portrait que je viens de vous faire des serviteurs tièdes et paresseux? si cela est, tremblez pour vous-mêmes, parce que vous êtes dans un état bien dangereux pour le salut: *Et plût à Dieu*, dit le Seigneur à cet homme qui vous ressemble, *plût à Dieu que vous fussiez froid ou chaud! mais parce que vous êtes tiède, je commence à vous vomir de ma bouche: « Utinam frigidus esses, vel calidus! sed quia tepidus es, incipiam te evomere ex ore meo. »* (*Apoc.*, III, 16.) Quelle expression, mes frères! et la concevez-vous bien? c'est-à-dire qu'il en est d'un serviteur tiède, à l'égard de Dieu, comme d'une nourriture que l'estomac ne soutient plus. Le cœur de Dieu ne supporte plus cette créature, il s'en dégoûte, il ne peut la souffrir, il aime mieux qu'elle soit froide, c'est-à-dire qu'elle soit plongée dans le crime et le dérèglement, parce que l'horreur qu'elle aurait de sa conduite, la crainte des châtiments, la ferait rentrer en son devoir: au lieu qu'une âme tiède qui s'aveugle sur son état, qui ne se croit pas criminelle, est bien plus difficile à convertir; accoutumée à commettre des fautes légères, elle confond les mortelles avec les vénielles, elle tombe de sang-froid dans les unes comme dans les autres, elle éloigne d'elle les grâces particulières que Dieu attache à la fidélité à remplir ses devoirs; ainsi abandonnée de Dieu, aveuglée par ses illusions, elle tombe d'abîme en abîme, dans l'endurcissement, dans l'impénitence finale, et dans la mort éternelle. Que cet état est à craindre, mes frères, et quels efforts ne devez-vous pas faire pour en sortir, si malheureusement vous y êtes engagés, ou pour vous en préserver, si vous n'y êtes pas encore! point de moyens plus sûrs que de servir Dieu avec ferveur: *Servite Domino in lætitia:* c'est le plus grand de tous les maîtres de qui vous avez le plus à craindre; c'est le meilleur de tous les maîtres de qui vous avez le plus à espérer. Quoi de plus capable de ranimer en vous cet esprit de ferveur, avec lequel il exige qu'on le serve? *Spiritu ferventes, Domino servientes.* (*Rom.*, XII, 11.) Voyez comme les rois de la terre, les grands du monde sont servis, avec quelle ponctualité on se rend au moindre signe de leur volonté: Voyez vous-mêmes comment vous voulez être servis par ceux qui vous sont soumis; que diriez-vous d'un serviteur, d'un domestique qui ne vous obéirait qu'en murmurant, qui ferait de mauvaise grâce et avec nonchalance ce que vous lui commandez?

Comment voulez-vous donc que Dieu vous traite, si vous ne le servez que de cette manière? ah! plutôt considérez la grandeur du Maître que vous servez, les magnifiques récompenses qu'il vous promet; cette vue vous engagera à le servir sans partage, à le servir avec ferveur. Cette ferveur vous rendra tout facile, et donnera à vos actions même les plus indifférentes un degré de mérite pour le ciel. Considérez encore ce que Jésus-Christ a fait pour vous, avec quelle ferveur il s'est livré lui-même pour votre salut. Ce que vous ferez égalera-t-il jamais ce qu'il a fait pour vous? Faites donc toutes vos actions avec un esprit intérieur: *Spiritu ambulate.* (*Galat.*, V, 16.) Que cette ferveur se manifeste par la pratique des vertus que l'Apôtre nomme (*Ibid.*, 22) les fruits du Saint-Esprit, telles que sont la patience, la douceur, la longanimité, la continence, la chasteté; à ces marques vous connaîtrez que vous êtes les véritables serviteurs de Dieu. Ne regardez jamais ce que vous avez fait; car, quoi que l'on ait fait pour Dieu, il faut toujours se regarder comme serviteur inutile: *Servi inutiles sumus.* (*Luc.*, XVII, 10.) Ne pensez qu'à ce qui vous reste, pour avancer toujours de plus en plus dans la voie de la sainteté. Soyez fidèles à remplir vos plus petits devoirs; partagez si bien votre temps, que la prière, le saint Sacrifice, la lecture, la visite au Saint-Sacrement, y trouvent chacun leur place. Ne réglez jamais le service de Dieu sur vos affaires; mais plutôt que toutes vos affaires soient réglées, subordonnées au service du Seigneur; comportez-vous en toutes vos actions d'une manière digne de Dieu, soyez empressés pour ce qui regarde son service; donnez-lui d'un grand cœur ce qu'il vous demande: *Corde magno et animo volenti;* il vous récompensera aussi d'un amour digne de lui. *Amen.*

PRONE LX.

Pour le quatorzième Dimanche après la Pentecôte.

SUR LA SOBRIÉTÉ.

Spiritu ambulate, et desideria carnis non perficietis. (*Galat.*, V, 16.)

Marchez selon l'esprit, et vous n'accomplirez point les désirs de la chair.

Telle est, mes frères, la salutaire leçon que saint Paul donnait autrefois aux Galates, pour les engager à se comporter d'une manière digne de leur vocation. Vous êtes appelés à la liberté, leur disait-il; mais n'usez point de cette liberté pour suivre les mouvements de la chair: car la chair a des désirs contraires à l'esprit, et qui entretiennent la guerre entre l'un et l'autre. Or, ce qui vous rendra supérieurs à vos ennemis dans ces combats, ce sont les œuvres, ou plutôt les fruits de l'esprit, c'est-à-dire, la charité, la paix, la patience, la douceur, la bonté, la modération, la continence, la chasteté.

Voilà, mes frères, les armes que le saint Apôtre nous met en main pour combattre nos inclinations déréglées et les mouvements qui nous portent aux plaisirs des sens. Voulez-vous donc triompher des attaques de l'esprit impur? aimez la chasteté : voulez-vous étouffer la vengeance? aimez la douceur : voulez-vous vous garantir des excès de l'intempérance? aimez la sobriété, soyez modérés dans vos repas, suivez là-dessus les mouvements de l'esprit, et vous ne serez point esclaves de vos appétits : *Spiritu ambulate*, etc. Vous avez d'autant plus besoin de cette vertu de sobriété, que vous êtes souvent exposés à tomber dans le péché contraire, et qu'étant obligés de fournir aux besoins de la nature, il est difficile de faire toujours bien une action que l'on fait tous les jours, et qui tous les jours est une nouvelle tentation pour nous. Pour vous engager à la pratique de cette vertu, je vous en ferai voir les avantages dans le premier point; je vous en montrerai les degrés dans le second.

PREMIER POINT.

Si je n'avais à parler qu'à des hommes qui se laissent toucher par des avantages temporels, je leur ferais voir que la sobriété leur procure les plus essentiels qu'un homme raisonnable puisse chercher. Car si le vice qui est contraire à cette vertu est la ruine de la santé et de la raison, on peut dire que la sobriété est la gardienne fidèle de l'une et de l'autre : la preuve de cette vérité est appuyée sur l'expérience. La santé est-elle altérée par quelque maladie? la première précaution que l'on fait prendre pour la recouvrer, est le retranchement de nourriture. A-t-on recouvré la santé? il faut, dit-on, vivre de régime pour ne pas retomber.

Pourquoi voit-on dans la religion et au milieu du monde, des hommes, qui, avec un tempérament délicat, blanchissent dans la pratique d'une pénitence austère, tandis que la plupart périssent à la fleur de l'âge dans le sein de la mollesse? C'est que ceux-là n'accordant à la nature que ce qui lui est nécessaire, n'usent que d'une nourriture commune et la prennent d'une manière uniforme. Voilà ce qui prolonge les jours au delà quelquefois d'un siècle. Hé! faut-il en être surpris? Semblable à une plante qu'il suffit d'arroser de temps en temps, et à laquelle une pluie trop abondante deviendrait funeste, le corps non-seulement n'a pas besoin de beaucoup de nourriture pour se soutenir : mais cette même nourriture, si elle est portée au delà des bornes de la modération, devient le principe d'une destruction prochaine. Vous donc que la conservation de votre santé intéresse, prenez, pour y réussir, le moyen que l'Apôtre vous présente; et quoique la vie d'un homme sobre ne soit point toujours à l'abri des altérations qui en sont inséparables, on se ménage des jours heureux, par là même qu'on n'a rien à craindre des maux que l'intempérance entraîne après elle.

Je ne dis rien ici de cet état de liberté où la sobriété place la raison de l'homme. Maître de lui-même, son esprit dégagé de la matière est capable de l'application la plus sérieuse. Ses idées sont justes, ses expressions claires et analogues, toute sa conduite réglée. Vous ne le verrez jamais donner dans des écarts, faire de fausses démarches. Un homme sobre et tempérant est accessible en tout temps et à tout le monde; affable à tous, il est bienvenu de tous; on aime sa société, on lui confie volontiers les secrets de son cœur, on recherche son alliance; parce qu'on sait que sachant modérer sa bouche, il est capable de ménager ses biens, et de conduire ses affaires. Ainsi l'on peut dire de sa sobriété, ce que saint Paul disait de la piété; qu'*elle est utile à tout : «Ad omnia utilis est.»* (I *Tim.*, IV, 8.) Elle est utile pour la vie présente, par les avantages qu'elle y procure; mais elle l'est encore plus pour la vie future; avantage qu'un chrétien doit rechercher préférablement à tout autre, qui doit encore, mes frères, faire plus d'impression sur vous, et sur lequel, par conséquent, nous insisterons le plus.

La vie présente doit être regardée comme un état de guerre et de travaux : *Militia est vita hominis super terram.* (*Job*, VII, 1.) Pour parvenir au bonheur de la vie future, nous avons des ennemis à combattre, des victoires à remporter, des violences à nous faire; ennemis au dehors, ennemis au dedans de nous-mêmes. Ennemis au dehors, le monde et le démon; ennemis au dedans, nos passions. Or, la tempérance nous fournit des armes pour vaincre ces ennemis : c'est l'admirable doctrine que nous enseigne le Docteur des nations, lorsqu'il compare les guerres du salut à ces combats que soutenaient les athlètes dans les jeux publics pour avoir le prix. *Voyez*, dit ce grand Apôtre, *comment ceux qui combattent pour une couronne corruptible, font le sacrifice de tout ce qui peut amollir les forces, en flattant la nature : « Omnis qui in agone contendit, ab omnibus se abstinet,... ut corruptibilem coronam accipiant. »* Le désir d'être plus agiles, la crainte de diminuer leur vigueur par la mollesse, leur fait garder un régime de vie propre à endurcir le corps, jusqu'à s'interdire tout usage du vin et des nourritures délicates : *Ab omnibus se abstinet.* Et nous qui aspirons à une couronne immortelle, nous ne nous abstiendrions pas de tout ce qui pourrait nous arrêter dans notre course? *Nos autem incorruptam.* C'était la conclusion que tirait le Maître des nations. *Je cours donc*, disait-il, *avec assurance d'arriver au terme le premier; je combats avec une certitude entière de la victoire, parce que je châtie mon corps, et le réduis en servitude, dans la crainte où je suis d'être du nombre des réprouvés.* (I *Cor.*, IX, 25-27.) Servons-nous, mes frères, des mêmes armes pour triompher des mêmes ennemis : à ces traits. Jésus-Christ nous reconnaîtra pour ses vrais soldats, comme Gédéon reconnut les siens, dans ceux qui, en passant le fleuve, ne prenaient de l'eau que dans leurs mains pour apaiser la soif qui les pressait. Notre corps, en effet, est le plus grand ennemi que nous ayons à combattre pour arriver au ciel. Plus nous affaiblirons ce corps en nous refusant le plaisir des sens, plus nous aurons de force pour remporter la couronne. Si, au contraire, nous lui accordons toutes ses aises et ses commodités, si nous le nourrissons délicatement, qu'arrivera-t-il? nous entretiendrons nos passions, nous leur fournirons des armes pour nous vaincre; bientôt elles prendront le dessus, et l'âme énervée par la mollesse du corps en deviendra l'esclave, elle succombera sous le poids de la convoitise. Le moyen sûr de vaincre cet ennemi domestique est donc de le châtier, ou de le réduire en servitude par l'abstinence, pour n'être pas du nombre des réprouvés : *Castigo corpus meum.* Cette abstinence est encore nécessaire pour les ennemis du dehors, qui sont le monde et le démon. Voulez-vous vous garantir de la fureur de ce lion rugissant, qui, tournant sans cesse autour de nous, cherche à nous dévorer? soyez sobres, dit le Prince des apôtres : *Sobrii estote.* (I *Petr.*, V, 8.) Comment, en effet, pourrez-vous résister à certaines tentations violentes que le démon vous suscite? Comment vous défendrez-vous contre le torrent des plaisirs que le monde vous présente, si vous ne gardez la sobriété, si vous donnez à vos corps tout ce qu'ils demandent? Comme un fragile roseau, hélas! vous céderez bientôt au vent impétueux des tentations; vous tomberez dans le crime, entraînés par le poids de votre convoitise. En vain adresserez-vous à Dieu des prières pour vous sauver de la tempête, pour chasser le démon; vos prières seront inutiles, parce qu'elles ne seront pas accompagnées de l'abstinence et de la mortification. C'est ce que Jésus-Christ fit un jour entendre à ses apôtres, qui se plaignaient à lui de n'avoir pu chasser le démon du corps d'un enfant : *Ce genre de démons,* leur dit-il, *ne peut être mis en fuite que par la prière et par le jeûne : « Hoc genus in nullo potest exire, nisi in oratione et jejunio. »* (*Marc.*, IX, 18.) Vous êtes tentés d'un genre de démon, qui vous présente l'amorce d'un plaisir séduisant, pour vous engager à un crime contraire à la pureté? adressez à Dieu de ferventes prières; mais joignez à vos prières la mortification de vos corps, l'abstinence, le jeûne, s'il le faut, et vous remporterez sûrement la victoire sur votre ennemi : *Hoc genus in nullo potest exire, nisi in oratione et jejunio.*

Voilà de quel bouclier les saints se sont servis pour repousser les traits de l'ennemi commun des hommes; témoin un saint Antoine, cet homme à qui le démon livra tant d'assauts : quelque éloigné qu'il fût du monde et des occasions de pécher, il avait éprouvé l'efficacité de ce moyen; aussi en recommandait-il l'usage à ses disciples. Croyez-moi, leur disait-il, comme un homme qui en a fait une heureuse expérience; le démon craint les prières, les veilles, les jeûnes des serviteurs de Dieu; si nous sommes munis contre lui de ces remparts, nous n'avons rien à craindre de ses attaques : *Credite mihi experto, pertimescit Satanas recte viventium vigilias, orationes, jejunia.*

Les saints savaient aussi, mes frères, que pour partager avec Jésus-Christ sa gloire et sa couronne, il fallait partager ses souffrances; ils savaient que ce divin Chef avait passé sa vie dans l'abstinence la plus rigoureuse, qu'il avait souffert la faim, la soif, les rigueurs des saisons; qu'il avait traité rudement son corps, quoique innocent : aussi les voyons-nous les uns se livrer à toutes les rigueurs de la pénitence, et ne lui prescrire d'autre terme que celui de leurs jours; les autres borner leur nourriture à quelques racines dégoûtantes, et pousser l'austérité jusqu'à s'interdire pendant un temps considérable le boire, le manger; ceux-ci, comme un saint Bernard, n'allaient à leur repas que comme au supplice; ceux-là, comme un saint Augustin, ne le prenaient que comme un remède, gémissant sur la nécessité de se procurer ce soulagement. Tous gardaient exactement les règles d'une sévère tempérance : voilà d'où nous sont venus ces hommes d'oraison, détachés de tout, fervents au service de Dieu, et menant une vie angélique dans un corps mortel. La sobriété produira dans vous les mêmes effets; dès que vous aurez cette vertu, vous aurez bientôt les autres; vous aurez de la piété envers Dieu, de la charité et de la justice pour le prochain; car saint Paul fait marcher de pair toutes ces vertus : *Sobrie, pie et juste vivamus in hoc sæculo.* (*Tit.*, II, 12.) Vous aurez de la piété envers Dieu, parce que la sobriété rendra votre âme plus capable de s'élever à lui par l'exercice de la prière, qui demande un esprit dégagé des sens et de la matière : vous serez justes et charitables à l'égard du prochain; parce que contents du nécessaire, loin d'envier à vos frères les biens qu'ils tiennent du ciel, vous trouverez dans votre superflu de quoi soulager les malheureux. Vous serez chastes, humbles, modérés, parce que vous serez maîtres de vous-mêmes et de vos passions, et par conséquent dans le chemin assuré qui conduit au ciel; tels sont les avantages de la tempérance chrétienne. Quels en sont les effets; second point.

DEUXIÈME POINT.

C'est le propre des vertus de combattre les vices qui leur sont contraires, par le retranchement des choses qui leur servent d'aliments. L'intempérance consiste principalement dans l'usage immodéré des choses destinées à la nourriture du corps, soit dans leur quantité, soit dans leur qualité, soit dans la manière dont on les prend. La sobriété doit donc modérer ces excès : la quantité, en restreignant la nourriture au nécessaire; la qualité, en ne prenant que celle que la loi nous permet; la manière, en ne nous laissant envisager dans les aliments qu'un soulagement nécessaire. Elle nous enseigne encore à retrancher souvent quelque chose de ce qui est permis, pour ne pas nous exposer au danger de franchir les bornes qui nous sont prescrites. Ce détail est assez intéressant; soutenez, je vous prie, votre attention.

Que tout excès dans la quantité soit indigne, je ne dis pas seulement d'un chrétien, mais encore d'un homme raisonnable, il est aisé de s'en convaincre après ce que j'ai dit. Je me contente de quelques observations qui serviront comme de supplément aux instructions que je vous donnerai à ce sujet. Il est : 1° certain que tout excès qui nuit notablement à la santé et qui trouble la raison de celui qui le commet, est un péché grief; 2° pour connaître ces excès, il ne faut pas suivre la même règle pour toutes sortes de personnes; telle quantité légère dans cette rencontre, peut être grave dans une autre; il en est à qui il n'est pas plus permis d'être complaisant pour la plus petite quantité, qu'à d'autres pour les excès, parce que cette petite quantité leur nuit autant, vu la faiblesse de leur tempérament, ou la circonstance où ils se trouvent. En vain voudraient-ils s'excuser sur une surprise qu'ils n'ont pas prévue; ils ne sont pas moins coupables, surtout s'ils ont déjà éprouvé par leur expérience les suites fâcheuses de leur intempérance.

Le plus sûr parti est donc de ne donner à la nature que ce qu'il lui faut; voilà la première règle de cette sobriété, que tout homme doit suivre. Que ne puis-je, mes frères, pour vous y engager, vous représenter la manière dont vivaient les premiers chrétiens? Quelle frugalité dans leurs repas! Ils approchaient plus d'une sévère abstinence, qu'ils ne marquaient le désir de satisfaire aux besoins de la nature. On ne voyait point leurs tables chargées de cette profusion de mets qui couvrent les vôtres; mais contents du nécessaire, ils réservaient le superflu pour les pauvres. Que ne voit-on régner cette même frugalité parmi nous? Si on retranchait à la sensualité pour donner à la charité, verrait-on tant de malheureux languir, accablés de faim et de misères, attendre à la porte des riches, et s'y voir impitoyablement refuser les miettes qui tombent de leurs tables?

Craignez, mes frères, un pareil crime; retranchez de vos repas mille superfluités dont vous pouvez vous passer pour en soulager les pauvres. Si la religion de Jésus-Christ vous permet de garder sur vos tables la proportion du rang que vous tenez dans le monde, souvenez-vous qu'elle y condamne tout excès, ou qu'elle ne l'autorise qu'autant qu'il retourne dans le sein de l'indigent. Mais pour observer les règles de la tempérance, ce n'est pas assez d'être sobres sur la quantité des aliments, il faut encore l'être sur la qualité, pour ne pas prendre ceux dont l'usage est défendu. Vous le savez, mes frères, il y a certains jours de l'année où l'Eglise défend l'usage de la viande, comme les vendredis et samedis : d'autres, où elle ordonne que cette abstinence soit accompagnée de jeûnes, comme les Quatre-Temps, les Vigiles et le Carême. Ce sont des lois que l'Eglise fait à ses enfants pour de bonnes raisons; lois qui sont appuyées sur la tradition apostolique, contre lesquelles les maximes du monde, la noblesse du rang, les artifices de l'amour-propre ne pourront jamais prévaloir. Combien cependant y en a-t-il aujourd'hui, qui, sous de spécieux prétextes, ne se font point de scrupules de transgresser ces lois respectables! Une prétendue faiblesse de tempérament, la crainte d'une maladie qui n'arrivera pas, quelques dégoûts que l'on aura, sont les seuls fondements sur lesquels on s'appuie, pour se mettre au-dessus de la loi; il suffit d'être d'un certain rang, d'avoir du bien et d'être à son aise, pour s'exempter d'un joug qu'on laisse pour le commun du peuple, et que l'on est cependant plus en état de porter que lui, dont on a même plus besoin, à cause du grand nombre de péchés dont l'état d'opulence est la source ordinaire. Ah! chrétiens, que j'aurais de choses à vous dire sur cet article, si le temps me le permettait! Ce que je puis vous dire, c'est que ceux qui se seront laissé éblouir par ces vains prétextes, connaîtront leur erreur à l'heure de la mort, et se préparent pour ce temps-là et pour l'éternité les plus amers repentirs. Ce que je dois vous dire, et dont je vous conjure avec tout le zèle que m'inspire le désir de votre salut, c'est de faire maintenant ce que vous voudriez pour lors avoir fait; c'est d'user des aliments comme vous voudriez en avoir usé; c'est de n'en prendre que ce qui vous est nécessaire et permis; c'est enfin, de les prendre sans attachement et sans affectation : troisième degré de la tempérance.

Les biens de la vie sont donnés à l'homme pour s'en servir, et non pour en jouir; et le désordre de l'homme, dit saint Augustin, est de vouloir jouir de ce qui doit seulement lui servir de moyen pour arriver à sa fin. Ainsi en est-il de la nourriture que nous donnons à nos corps. Nous pouvons, et Dieu nous l'ordonne, user des aliments nécessaires pour nous soutenir; mais comment devons-nous les prendre? Sans rechercher à satisfaire nos appétits, sans avoir en vue le plaisir qui se trouve dans les mets qui se présentent, pour s'y arrêter comme à notre fin; mais comme des moyens que Dieu nous a donnés pour entretenir la vie, et soutenir nos forces afin de le servir. Ah! que de précautions et de vigilance sur soi-même pour ne pas se laisser aller au plaisir qui se trouve dans une nourriture trop bien préparée! Saint Augustin, tout détaché qu'il fût des plaisirs, éprouvait toute la difficulté de résister à celui-ci. Un penchant presque invincible, s'écriait-il, m'entraîne vers le plaisir quand je prends ma nourriture; je crains qu'en satisfaisant à la nécessité, je ne suive les mouvements de la sensualité. C'est pourquoi j'ai recours à vous, ô mon Dieu! pour détourner de moi les désirs de l'intempérance: afin que j'apprenne à vous louer dans le temps même que je prends mes repas. Tous les saints ont eu aussi cette tentation à vaincre : de là en eux cette attention continuelle à mortifier leurs corps, à user de pieux artifices pour rendre insipide la nourriture qu'ils prenaient; à élever sans cesse leurs cœurs à Dieu, pour n'être pas entraînés par les plaisirs qu'ils trouvaient dans les choses même qu'ils ne pouvaient se refuser. Telle est aussi, mes frères, la précaution que vous devez prendre pour vous détacher d'un plaisir d'autant plus dangereux, qu'il se présente plus souvent, soit par la nécessité où l'on est de subvenir aux besoins de la vie; soit parce que les repas sont comme l'âme des sociétés où l'on se trouve souvent engagé.

Rentrez donc ici en vous-mêmes, mes frères, examinez votre propre cœur, et voyez s'il peut vous rendre le doux témoignage de n'avoir envisagé dans les aliments que l'exécution des ordres de la Providence sur la conservation de votre santé : voyez si ces mets, qui favorisent le plus votre goût, n'irritent point votre appétit, et si en conséquence de ses désirs, vous ne l'avez point satisfait, quand l'occasion s'en est présentée. Voyez si vous n'avez point à vous reprocher cette ardeur à vous entretenir de bonne chère, à suivre avidement le moment des repas, à le prévenir, quand il paraît trop lent à la sensualité, à faire de cet assujettissement un temps précieux dont il faut prolonger les instants, au lieu de n'y paraître que comme des voyageurs qui regrettent les moments qu'exige la nature épuisée. Voyez enfin si, par un esprit de componction et de pénitence, vous prenez quelque chose sur le nécessaire : quatrième degré de la tempérance chrétienne. Je dis, par un esprit de pénitence et non d'avarice, qui, nous séduisant par l'appât d'un gain sordide qu'il nous représente comme le fruit d'une économie nécessaire, nous fait refuser à nous-mêmes et aux autres, jusqu'aux soulagements ordonnés. Ce n'est pas là la tempérance chrétienne que Jésus-Christ nous recommande. Cette vertu nous enseigne à nous contenter du nécessaire, à en user sans attachement, à nous priver même de temps en temps par un esprit de mortification de quelque chose de ce qui nous est permis, pour éviter le danger de tomber dans l'excès. Car il est bien difficile, mes frères, de distinguer précisément ce qui est nécessaire : on le confond souvent avec l'agréable. Les besoins de la nature et les attraits du plaisir se touchent de si près, que l'on prend aisément l'un pour l'autre, et que de l'agréable on passe aisément au superflu, du superflu à l'excès. Le parti le plus sûr est donc d'éloigner le plaisir par quelque sévérité et par le retranchement de quelque chose qui plaît dans le nécessaire. C'est par ce moyen que les saints se sont non-seulement conservés dans les bornes de la tempérance, mais sont encore parvenus à ces rigoureuses mortifications qui ont rendu leur vie édifiante.

Or, il ne vous sera pas difficile, mes frères, de faire dans vos repas quelques retranchements de nourriture, si vous considérez que pour la santé vous en faites de bien plus grands. De combien de choses ne se prive-t-on pas, en vue de recouvrer la santé que l'on a perdue, et de conserver celle que l'on a recouvrée? Combien de personnes qui par ce principe se contentent d'un seul repas? Pourquoi ne feriez-vous pas pour votre salut, quelque chose de moins difficile que ce que l'on fait pour la santé? Il ne faut peut-être qu'une mortification légère, comme la privation d'un fruit, d'un mets, pour vous attirer une grâce de prédestination. Si un verre d'eau, qui est peu de chose, donné au nom de Jésus-Christ, sera récompensé dans le ciel, croyez-vous qu'il laissera sans récompense ces petits sacrifices que vous ferez dans vos repas? Lorsqu'on vous présente quelque chose qui vous plaît, agissez comme si vous ne l'aimiez pas, il ne vous coûtera plus de vous en priver. Souvenez-vous que le royaume de Dieu, comme dit saint Paul, ne consiste pas dans le boire et le manger, mais dans la justice, la paix et la joie qui vient du Saint-Esprit. (*Galat.*, V, 21 seqq.) Pour posséder ce royaume, observez les règles de tempérance que je viens de vous expliquer. Contentez-vous du nécessaire, n'usez que de ce qui est permis, et sans attachement au plaisir que vous y trouvez : retranchez même quelque chose du nécessaire; la nature en murmurera, mais comptez pour rien ses répugnances, et sacrifiez ses penchants à l'acquisition d'une vertu dont la récompense sera un poids immense de gloire dans l'éternité. Ainsi soit-il.

PRONE LXI.

Pour le quatorzième Dimanche après la Pentecôte.

SUR L'INTEMPÉRANCE.

Nolite solliciti esse, dicentes: Quid manducabimus, aut quid bibemus? aut quo operiemur? (*Matth.*, VI, 31.)

Ne vous inquiétez point, en disant, Qu'aurons-nous pour manger, ou pour boire? ou de quoi pourrons-nous nous vêtir?

Telle est, mes frères, la confiance que Jésus-Christ demandait à ses disciples, confiance qui allât jusqu'à bannir toute inquiétude sur les besoins de la vie, en remettant ce soin entre les mains de la Providence. *Ne vous mettez point en peine*, leur disait ce divin Sauveur, *où vous prendrez de quoi vous nourrir et vous habiller; regardez les oiseaux du ciel, qui ne sèment ni ne moissonnent, et n'amassent point dans les greniers. Votre Père céleste les nourrit; ne valez-vous pas mieux qu'eux? Laissez donc aux gentils ces inquié-*

tudes : le Ciel connaît vos besoins : cherchez premièrement le royaume de Dieu et sa justice, et tout le reste vous sera donné comme par surcroît. Que les hommes seraient heureux, mes frères, s'ils mettaient en pratique ces maximes ! si, aussi attentifs au salut de leurs âmes qu'aux besoins de leurs corps, ils se reposaient sur les soins de la Providence pour ce qui regarde leur nourriture. Mais hélas ! combien y en a-t-il qui ne s'empressent qu'à donner à leur corps ce qu'il demande, et ne se mettent non plus en peine de leur âme, que s'ils n'en avaient point ? Comme s'ils n'étaient au monde que pour nourrir ce corps, satisfaire ses appétits ; ils n'ont d'inquiétude que pour lui ; vils esclaves de leur sensualité, ils demandent à tout moment : Où trouverons-nous de quoi boire et manger? *Quid manducabimus?... quid bibemus?* Ils mènent une vie tout animale, sans penser à la fin pour laquelle Dieu les a créés.

Déjà, mes frères, vous comprenez de qui je veux parler ; de ces sensuels, de ces intempérants, qui abusent des biens que Dieu a donnés aux hommes pour leur nourriture ; qui ne s'en servent que pour l'offenser, par les excès monstrueux où ils s'abandonnent : tâchons aujourd'hui de leur ouvrir les yeux sur leur crime et sur leur malheur, en leur faisant connaître l'opposition de ce vice à la raison et à la religion. L'intempérant est un homme sans raison ; premier point ; c'est un homme, par conséquent, sans religion ; second point.

PREMIER POINT.

Le vice que j'entreprends de combattre aujourd'hui, mes frères, se fait assez connaître par les traits qui le caractérisent dans ceux qui y sont sujets. L'intempérance consiste dans l'usage immodéré que l'on fait des choses nécessaires à la nourriture du corps. Or, cet excès se trouve, dit saint Augustin, ou dans la quantité, ou dans la qualité des aliments, ou dans la manière dont on les prend : excès dans la quantité, quand on en prend plus qu'il ne faut ; excès dans la qualité, quand on recherche, ou ce qui est défendu, ou ce qui peut flatter le goût ; excès dans la manière, quand on en prend avec trop d'avidité, et hors le temps qui convient. On ne trouve pas, à la vérité, tous ces excès dans toutes les conditions de la vie, parce que tous n'ont pas de quoi satisfaire leur appétit de la même manière ; il est cependant peu d'états où l'on ne trouve des personnes qui se livrent à quelque excès d'intempérance, tant il est facile de franchir les bornes de la sobriété. Or, celui que je veux combattre dans cette première réflexion, est l'excès de la quantité, parce qu'il est plus directement opposé à la droite raison. La raison nous inspire d'éviter tout ce qui tend à altérer en nous la santé, la fortune, et cette faculté qui nous distingue des animaux ; or ce désordre est nécessairement le fruit de l'intempérance ; elle est donc indigne d'un homme raisonnable. Que l'intempérance soit nuisible à la santé, c'est ce que l'Esprit-Saint nous assure, et ce que l'expérience nous démontre sensiblement : *L'ivrognerie*, dit l'*Ecclésiastique* (XXXVII, 34), *a causé la mort à plusieurs, tandis que l'abstinence a conservé la vie à ceux qui l'ont gardée : « Multi propter crapulam obierunt. »* Faut-il s'en étonner? On reçoit plutôt le coup de la mort d'un ennemi dont on ne se défie pas, que de celui contre lequel on est en garde. Une boisson qui flatte le goût, paraît d'abord ne présenter que des délices ; mais dès qu'elle est prise avec excès, c'est un poison d'autant plus dangereux qu'on ne trouve que des douceurs à le boire : *Ingreditur blande, et in novissimo mordet ut coluber.* (*Prov.*, XXIII, 32.) Venons à l'expérience : sans parler des morts subites, qui ont été l'effet de l'intempérance, et dont vous avez été peut-être les témoins, d'où viennent la plupart des maladies qui précipitent les hommes vers le tombeau? des excès que l'on fait dans le boire et dans le manger. L'estomac trop chargé de nourriture ne peut plus la supporter : de là les mauvaises humeurs qui se répandent dans le corps, qui dérangent l'économie du tempérament. Le vin, bu par excès, échauffe trop la bile, brûle le sang, affaiblit les nerfs, avance la vieillesse. Combien de personnes voyons-nous frappées de maladies à la sortie d'un repas d'intempérance, d'une partie de débauche ! En vain, pour les guérir, a-t-on recours aux remèdes, à la science des médecins ; les remèdes sont souvent inutiles, et même nuisibles par les obstacles qu'il faut vaincre pour avoir leur effet. De là cette vérité si connue, parce qu'elle se trouve consacrée par une funeste expérience : l'épée, moins que les excès de bouche, fournit des victimes à la mort : *Plus occidit gula quam gladius.* On vivait autrefois plus longtemps, parce qu'on était plus sobre, et aujourd'hui ce sont les débauches qui abrégent la vie de la plupart des hommes. Ne cherchons point ailleurs la cause de ces accidents terribles qui enlèvent subitement tant de mortels dans le printemps de leur vie. Prenez-vous-en donc à vous-mêmes, intempérants, ivrognes, sensuels et débauchés ; prenez-vous-en à vous-mêmes, de ces douleurs que vous souffrez, de ces fièvres ardentes qui vous brûlent, de ces violents maux de tête qui vous accablent, de ces infirmités que vous porterez jusqu'au tombeau ; ce sont vos débauches, les excès du vin et de nourriture qui vous ont réduits dans cet état ; ce sont ces amis de table qui vous ont rendu de pareils servives, qui ont ruiné votre santé ; ce sont ces excès qui vous ont causé les pertes de biens que vous souffrez : car un autre effet de l'intempérance est la ruine des fortunes les mieux établies.

Il ne faut pas beaucoup de temps, mes frères, pour vous prouver une vérité dont vous voyez tous les jours des exemples. Combien de familles ruinées par la débauche ! On consumera quelquefois dans un seul repas tout le revenu d'une année, et à force de multiplier ces repas, on perd enfin le fonds des biens qui sont absorbés dans l'intempérance, comme dans une mer qui engloutit tout. Combien de pères de famille, qui, pour se livrer à la crapule, négligent le travail, abandonnent les soins domestiques, conduisent mal leurs affaires, se plongent dans des embarras dont ils ne peuvent se retirer, sacrifient à la boisson leur intérêt et ceux de leurs enfants. Dès qu'un homme est sujet à ce vice, on le conduit à son gré, on le trompe quand on veut : donnez-lui de quoi contenter sa passion, vous êtes sûrs de l'intéresser en votre faveur. Et combien d'artisans, qui dans un jour dépensent le gain d'une semaine, et se réduisent pour le reste du temps à la dernière misère? Si du moins ils étaient seuls punis de ces excès, mais ils ne font avec eux que trop de malheureux. Une épouse languissante attend le fruit du travail d'un époux pour réparer des forces épuisées par les embarras du ménage; le cruel n'est ému ni de ses besoins, ni de ses soupirs. En vain elle lui présente une nombreuse famille, qui, couchée à ses pieds, le conjure par ses cris et ses larmes de conserver son propre ouvrage, et de les arracher d'entre les bras de la mort, en leur donnant une nourriture commune à tous les hommes; un spectacle capable d'amollir le sein même des rochers, trouve seul insensible le cœur de ce père barbare ; une passion brutale lui fait détourner les yeux, et pour la satisfaire, il consent à plonger une mère tendre dans le désespoir, et des enfants infortunés dans l'horreur du tombeau. Des créanciers, formés par ses débauches, viennent tout saisir chez lui, et ne laissent aucune ressource à sa famille; il le voit, mais d'un œil sec, comme un homme qui, aux dépens des lois les plus sacrées de la nature, compte pour rien ce qui ne va pas à satisfaire sa passion. J'ai ajouté que l'intempérance altérait la raison.

En effet, la raison ne nous permet de chercher dans les aliments qu'un soutien nécessaire à la santé; or, un débauché, un ivrogne, ne vivent que pour boire et manger. Toutes leurs pensées, tous leurs projets ne tendent qu'à contenter leur ventre; leurs discours ne roulent que sur la bonne chère. C'est le premier objet qui les occupe; à peine sortent-ils de leurs repas, qu'ils désirent être à table, qu'ils en cherchent l'occasion; il tarde à cet intempérant de se joindre à ses compagnons de débauche : en a-t-il trouvé l'occasion, à quels excès ne se livre-t-il pas? plus de mesure de sa part, il boit et mange non-seulement jusqu'à se rassasier, mais jusqu'à ne pouvoir plus soutenir la quantité de nourriture et de boisson qu'il a prise. Il s'abrutit et se dégrade jusqu'au dessous des animaux mêmes qui ne prennent que ce qu'il leur faut, et qui ne se livrent jamais aux excès où l'intempérant est capable de se porter. N'ai-je donc pas sujet de dire que cet homme n'est pas raisonnable, puisqu'il a perdu et noyé sa raison dans le vin? La raison doit présider sur les sens et sur l'appétit inférieur de l'homme; mais dans le débauché, ce sont les sens, c'est l'appétit, c'est là brutalité qui dominent la raison, qui lui en ôtent l'usage. Quels traits en trouverez-vous ? Examinez-le dans tout son maintien ; ses cheveux épars, ses yeux vagabonds, son visage livide, sa langue embarrassée, ses pensées confuses, ses démarches chancelantes, errant à l'aventure sans savoir où il va, tombant à chaque pas, sans pouvoir quelquefois se relever; exposé à être surpris par la nuit, à être dévoré par les bêtes féroces, si quelque personne n'en avait encore pitié. Grand Dieu! quel homme! quel monstre dans la nature qu'un débauché! sa seule vue est capable d'inspirer de l'horreur. C'est pour cela que les Lacédémoniens, pour donner à leurs enfants de l'aversion pour ce crime, faisaient paraître devant eux des esclaves abrutis par ces excès, afin qu'à la vue de ces objets rebutants, ils apprissent à craindre un pareil vice. Mais suivons notre intempérant dans sa maison : quel spectacle y donne-t-il? tantôt c'est un lion rugissant, un loup qui veut tout dévorer ; une femme, des enfants, des domestiques prennent la fuite pour se soustraire à ses fureurs : étant incapable d'en recevoir des avis ou des conseils, il ne peut que suivre sa brutalité et se mettre hors d'état de reprendre ses travaux : *Homo cum in honore esset, non intellexit, comparatus est jumentis insipientibus, et similis factus est illis.* (*Psal.* XLVIII, 13.) Quel monstre, encore une fois, dans la nature qu'un homme de cette espèce! Faut-il s'étonner s'il est insupportable à la société humaine, si les gens de bien l'ont en horreur? C'est avec raison qu'on fuit sa compagnie; on sait, comme dit le Sage (*Eccli.*, VIII, 2), que c'est un homme sans cesse armé de querelles, et qui insulte sans distinction le grand comme le petit; tout concourt à le rendre méprisable : incapable de garder un secret, parce que souvent la raison lui manque; incapable de remplir un emploi, parce qu'il est trop souvent hors d'état de s'en acquitter; on ne fera point d'alliance avec lui; parce que c'est un dissipateur, et que la plus brillante fortune entre les mains de l'intempérant, ne peut que pour très-peu de temps le soustraire à la plus affreuse indigence : *Homo cum in honore esset*, etc.

Mais il me semble entendre dire aux hommes de ce caractère, pour excuser leurs excès, qu'il est bien difficile de ne pas sortir quelquefois des bornes de la tempérance. C'est une société qu'il faut voir et entretenir, des parents, des amis qui nous rendent visite, des affaires qu'il faut terminer; ce qu'on ne peut accorder avec toute la sévérité et l'exactitude que demande la sobriété : on se trouvera surpris sans s'en être aperçu; est-on d'ailleurs aussi coupable qu'on dit? Voilà les excuses dont on veut couvrir ou autoriser cette passion. La société, dites-vous, a ses droits ; nous avons des devoirs à remplir à l'égard des amis et des parents; droits et devoirs qui sont l'écueil de la sobriété : objection frivole, 1° pour ceux qui font naître les occasions funestes à cette vertu ; cessez de nous l'opposer, intempérants déclarés, qui ne vous consolez de voir finir un jour de débauche, que par le dessein réfléchi de le rendre le modèle de ceux que le Ciel vous donnera encore : objection frivole, 2° pour ceux mêmes qui ne cherchent pas l'occasion : peuvent-ils croire que la Providence, en les fixant dans le commerce des hommes, leur fasse une nécessité de donner dans un excès qu'elle condamne et qu'elle punit? ou bien penseraient-ils qu'elle ordonne une vertu, sans rendre son acquisition possible? ne dites donc pas que vous ne pouvez concilier la tempérance avec les lois de la nature, de l'amitié et du négoce.

Fuyez donc, mes frères, suivant le précepte de l'Esprit-Saint, la compagnie de ces hommes qui ne savent être à table que pour en abuser : *Noli esse in comessationibus potatorum.* (*Prov.*, XXIII, 20.) Si l'on est obligé de les recevoir par bienséance, elle ne nous permet point de nous livrer aux excès, ni de perdre la raison. S'ils ne sont pas eux-mêmes raisonnables pour ne prendre que ce qu'il leur faut, ils le seraient encore moins d'exiger de vous des excès semblables aux leurs; regardez-les non comme des amis, mais comme des ennemis qui viennent vous ravir le plus grand bien que vous ayez. A quoi bon vous incommoder pour les autres? Si ces prétendus amis désapprouvent votre conduite, il vaut mieux perdre leur amitié que celle de Dieu. Votre salut et votre santé doivent vous être plus chers que tout le reste. D'autres apportent pour excuse la force d'un tempérament à qui la quantité ne saurait nuire. Mais depuis quand, parce qu'on est robuste, faut-il faire des excès ? Ignorent-ils, ces hommes, l'oracle du Saint-Esprit? *Malheur à vous, qui êtes puissants à boire, qui vous glorifiez de votre force à porter le vin : « Væ vobis, qui potentes estis ad bibendum. » Malheur à vous, qui mettez votre plaisir à éprouver, par une funeste liqueur, la force de votre tempérament ; « Væ vobis, viri fortes, ad miscendam ebrietatem.* (*Isa.*, V, 22.) Malheur aussi à vous, qui donnez vos maisons pour retraites aux débauchés, qui fournissez du vin au delà du nécessaire à ceux que vous recevez, à ceux à qui les lois vous défendent d'en donner; vous êtes coupables de tous les péchés qui se commettent chez vous, et de tous ceux qui en sont la suite. La malédiction de Dieu tombera tôt ou tard sur vos maisons; vous perdrez en peu de temps tout ce que vous aurez amassé. Ah! s'il vous restait encore un peu de foi, un peu de crainte de Dieu, serait-il besoin d'employer la rigueur des lois civiles pour vous empêcher de fournir aux autres l'occasion d'offenser Dieu, et de perdre votre âme : si vous êtes chrétiens, ne devez-vous pas avoir horreur d'un péché qui est si contraire à la sainteté du christianisme.

DEUXIÈME POINT.

De quelque manière que l'on envisage le vice de l'intempérance, soit dans la quantité, soit dans la qualité de la nourriture, soit dans la manière dont on en fait usage, il est opposé à l'esprit du christianisme : ce péché prive l'homme de la grâce de Dieu, il détruit les vertus chrétiennes, il met le salut dans un grand danger par la difficulté de s'en corriger, trois circonstances qui doivent en donner de l'horreur à tout chrétien.

Un péché, mortel de sa nature, et la source de plusieurs péchés, peut-il être compatible avec la grâce de Dieu? or tel est le péché de gourmandise. Pour connaître si un péché est mortel de sa nature, examinons la manière dont Dieu le punit en ce monde, et menace de le punir en l'autre, et en appliquant cette règle au péché d'intempérance, nous serons bientôt convaincus de sa grièveté. N'est-ce pas lui qui a perdu nos premiers parents, qui furent chassés du paradis terrestre pour avoir mangé du fruit défendu? Ce fruit, mangé contre l'ordre de Dieu, fit condamner Adam et toute sa postérité à la mort et aux autres calamités qui accompagnent la condition des hommes. Si je descends aux siècles postérieurs, je vois le peuple chéri de Dieu, devenu la victime de sa colère par l'intempérance à laquelle il se livra. Ce peuple, dégoûté de la manne que le Seigneur lui donnait dans le désert, quoique capable de contenter tous les goûts, désira de se rassasier de la viande des animaux de la terre et des oiseaux du ciel. Il satisfit son appétit déréglé : mais qu'arriva-t-il? *Ces viandes étaient encore dans leur bouche, lorsque la colère du Seigneur éclata contre eux : « Adhuc escæ eorum erant in ore ipsorum, et ira Dei ascendit super eos.* (*Psal.* LXXVII, 30.) Dieu envoya des serpents de feu, qui, par leurs morsures meurtrières, firent mourir une grande partie de ce peuple, et leur fit payer chèrement le plaisir sensuel qu'ils avaient recherché dans cette nourriture. Mais combien plus terribles sont les châtiments que Dieu réserve dans l'autre vie aux intempérants? Car c'est une vérité de foi prononcée par le grand Apôtre, que ceux qui se livrent à l'ivrognerie, à la débauche, n'auront point de part au royaume de Dieu: *Qui talia agunt, regnum Dei non consequentur.* (*Galat.*, V, 21.) Ceux qui aiment à se rassasier des viandes d'Egypte, ne mangeront point des fruits de la terre promise ; ceux qui boivent dans les coupes de Babylone, ne seront point abreuvés des torrents de délices, dont le Seigneur inonde ses amis dans la céleste Jérusalem. Quelle sera donc leur nourriture ? quel sera leur breuvage? Le fiel des dragons sera leur vin, le venin des aspics leur aliment dans les enfers, où ils souffriront à proportion des plaisirs qu'ils auront goûtés en ce monde : *Fel draconum vinum eorum, venenum aspidum.* (*Deut.*, XXXII, 23.) Voilà, intempérants, le sort auquel vous devez vous attendre. C'est ainsi que sont déjà traités les hommes de votre caractère; témoin le mauvais riche de l'Evangile, qui, du milieu des flammes, demande que Lazare trempe son doigt dans l'eau pour rafraîchir sa langue, et qui se voit impitoyablement refuser un secours si léger. Ah! qu'il paye bien cher maintenant les plaisirs qu'il a goûtés dans les mets délicats et les vins délicieux qui étaient servis à sa table! et que vous payerez bien cher vous-mêmes vos sensualités ou vos excès, dont vous n'aurez plus qu'un triste souvenir, et dont la peine durera toujours? Cette peine sera d'autant plus grande, que l'intempérance est la source de plusieurs autres péchés; elle entraîne avec elle l'impiété, l'irréligion, l'injustice, l'impureté, et mille autres désordres que je serais infini à vous exposer. N'est ce pas, en effet, ce péché qui fut cause des monstrueux excès auxquels les hommes se livrèrent du temps de Noé? Ils ne pensaient qu'à boire et à manger, dit l'Ecriture (*Matth.*, XXIV, 38), et ils devinrent si corrompus dans leurs voies, qu'il fallut purifier la terre par un déluge universel. D'où vinrent les abominations des Sodomites, sinon de la délicatesse et de la superfluité des mets dont ils se nourrissaient? Abominations que le Ciel punit par un feu vengeur qui consuma leur ville : *Hæc fuit iniquitas Sodomæ, saturitas panis et abundantia.* (*Ezech* , XVI, 49.)

Mais pour rendre cette vérité plus sensible, examinons la conduite d'un intempérant, par rapport au salut. A combien de péchés sa passion ne l'engage-t-elle pas? péchés contre Dieu, péchés contre le prochain, péchés contre soi-même. Péchés contre Dieu, qu'il outrage en mille manières. Cet homme qui n'a point d'autre Dieu que son ventre, comme dit l'Apôtre (*Philipp.*, III, 16), ne pense qu'à le satisfaire; toutes ses pensées, toutes ses actions se rapportent à cette fin. C'est pourquoi il vit dans un entier oubli de Dieu, il ne lui rend point les hommages qu'il lui doit, il ne fait de prières ni le matin, ni le soir, soit parce qu'il n'en veut pas prendre le temps, soit parce que souvent il n'est pas en état de le faire. Qu'on lui parle de pratiques de dévotion, de sacrements, c'est un langage inconnu pour lui; il aimerait bien mieux qu'on lui proposât quelque partie de débauche. Combien de fois, pour ne pas manquer ces parties, s'absente-t-il des divins Offices les dimanches et les fêtes, dont il passe la plus grande partie à table, dans les cabarets? A peine entend-il la Messe, et encore, c'est la plus courte qu'il peut trouver. La divine parole, ou il ne l'entend pas, ou il ne l'écoute qu'avec dégoût; c'est pourquoi il n'en profite pas. A ces péchés d'omission contre Dieu, que de péchés de commission l'intempérant n'ajoute-t-il pas! Que d'horribles blasphèmes, que de discours impies! quel mépris de ce que nous avons de plus respectable et de plus saint! Vous les avez souvent entendues, ces impiétés qui vous ont fait horreur, et qui doivent vous faire juger qu'un tel homme n'a ni foi ni religion.

Mais que de péchés contre le prochain! tantôt ce sont des injures qu'il vomit contre les uns, des querelles qu'il suscite aux autres, des batailles qu'il provoque, des coups funestes qu'il leur porte. De combien de meurtres l'ivrognerie n'a-t-elle pas été la cause? Que de sang le vin n'a-t-il pas fait répandre? je ne dis rien qui ne soit confirmé par de tristes exemples. Ne fut-ce pas dans un repas d'intempérance que Hérode fit apporter la tête de saint Jean-Baptiste, pour dégager sa parole auprès d'une infâme impudique qui la lui avait demandée? Voilà, dit saint Pierre Chrysologue, l'effet du vin que l'on boit avec excès. De combien d'injustices l'intempérant ne se rend-il pas coupable? dès qu'il n'a pas de quoi fournir à ses dépenses, il prend partout où il peut trouver; un enfant de famille dérobe dans la maison; un domestique vole son maître; un mari dissipe les biens de sa femme; la femme, sujette à ce vice, appauvrit ses enfants: ajoutons à tout cela les scandales que l'un et l'autre donnent dans leur famille, les mauvaises impressions que leur conduite fait sur leurs enfants, qui ne suivent que trop souvent l'exemple de leurs parents.

Venons aux péchés que l'intempérant commet contre lui-même. Il n'est point d'obscénité et de turpitude auxquelles il ne se laisse aller. Son esprit n'est rempli que de pensées déshonnêtes, son cœur se livre à des plaisirs grossiers, sa bouche, comme un sépulcre infecté, n'exhale que de mauvaises odeurs dans les discours licencieux, et dans les chansons lascives qu'il prononce; il souille son corps en se livrant aux plaisirs les plus infâmes; et sans égard pour cette aimable vertu qui caractérise l'homme de bien et le chrétien, vous le verrez suivre tous les mouvements d'une passion déréglée à la vue d'un objet qui se présente : il ne faut pas en être surpris, la luxure est la suite de l'intempérance, et surtout de l'ivrognerie, comme dit saint Paul : *Nolite inebriari vino, in quo est luxuria.* (*Ephes.*, V, 18.) Un corps engraissé, amolli par la bonne chère, échauffé par le vin, succombe bientôt sous le poids de la passion qui l'entraîne dans la fange du péché : jamais, dit saint Jérôme, on ne verra un ivrogne chaste : *Ebriosum nunquam castum putabo.* Or, si l'intempérance est la source de tant de péchés, faut-il s'étonner si elle est la ruine des vertus? Un intempérant, un ivrogne n'a ni piété envers Dieu, ni charité pour le prochain, ni humilité, ni modestie, ni pureté. Toutes ces vertus si recommandées dans l'Evangile sont ou inconnues ou méprisées de ces ennemis de la croix, qui, suivant les désirs d'un cœur déréglé, ne cherchent qu'à satisfaire leurs penchants, je ne dis pas seulement par les excès qu'ils font dans le boire et le manger, mais par ces recherches délicates qu'ils font de la qualité des mets qui flattent le plus une nature ennemie des souffrances; et c'est ici le lieu de combattre ces excès comme contraires à l'esprit du christianisme

On trouve encore bien des hommes qui, par principe de raison et pour conserver leur santé, ou par sentiments d'éducation dont ils sont remplis, s'abstiennent de ces monstrueux excès où se livrent certains débauchés qui n'ont ni religion, ni raison. Mais combien, sous prétexte de nécessité et de subvenir aux besoins de la nature, ne cherchent qu'à contenter leur sensualité! On emploie tout ce qu'on peut trouver de plus exquis, on le prépare avec toute l'industrie de l'art: on invente tout ce qu'on peut de plus propre à irriter l'appétit; on raffine sur tout, on fait des dépenses extraordinaires : on charge les tables de mille superfluités qui ne sont préparées que pour le plaisir, auxquelles souvent on ne touche point, et dont le prix serait bien mieux employé à soulager les pauvres; vous en voyez d'autres qui ne trouvent rien à leur goût, qui se plaignent à tout moment des mets qu'on leur présente. A ces traits, mes frères, peut-on reconnaître les disciples d'un Dieu crucifié, d'un Dieu abreuvé de fiel et de vinaigre? peut-on reconnaître un chrétien qui a renoncé aux plaisirs du siècle pour suivre les maximes de l'Evangile? Ah! je vous en laisse les juges; si pour appartenir à Jésus-Christ il faut crucifier la chair, si on ne peut trouver le royaume de Dieu que dans les croix et les mortifications, comment le trouvera-t-on dans une vie de délices et de plaisirs?

Mais, dira-t-on, n'est-il pas permis d'user de son bien? quand on a de quoi vivre autrement que le commun, les productions de la nature étant destinées à la nourriture de l'homme, n'est-il pas permis d'en profiter? est-ce péché de le faire? Ce n'est pas péché d'user des biens que la divine Providence a départis aux hommes, quand on le fait modérément, mais il ne faut pas du moyen en faire la fin. Dès que l'attachement que l'on a aux choses destinées aux besoins de la vie, détourne du Créateur, dit saint Thomas, c'est un désordre qui perd l'homme. Or, ces recherches des plaisirs de la table, ces raffinements de bonne chère, détournent ordinairement de l'amour qu'on doit à Dieu, et du soin que l'on doit avoir de son salut; parce que l'esprit en est tout occupé, que le cœur y est attaché; parce que l'on y perd son temps, et que l'on s'expose enfin à transgresser la loi du Seigneur. Le corps appesanti par la bonne chère, ne goûte pas les choses de Dieu, il succombe plus aisément aux tentations de l'ennemi : *Impinguatus recalcitrabit.* (*Deut.*, XXXII, 15.) Un homme asservi à son corps ne se fait aucune violence pour la pratique de certaines vertus qui demandent du courage dans un chrétien : quand on s'aime soi-même, on est dur à l'égard du prochain; enfin on est dans une disposition toute contraire à celle que demande Jésus-Christ dans son Evangile, qui est de se haïr pour être sauvé. Que reproche l'Evangile au mauvais riche? d'avoir aimé la bonne chère, d'avoir été dans des repas splendides : *Epulabatur quotidie splendide.* (*Luc.*, XVI, 19.) Voilà cependant de quoi on se glorifie dans le monde; mais c'est aussi ce qui doit faire trembler pour leur salut ceux qui aiment et recherchent ces repas. C'est ce qui m'a fait dire que l'intempérance exposait le salut à un grand danger, non-seulement à cause des péchés qui en sont la suite, mais encore par la difficulté de s'en corriger.

A-t-on bien vu, en effet, de ces hommes adonnés à la débauche, revenir de leurs égarements et s'en corriger? On a beau leur représenter l'énormité de leur vice, et les suites fâcheuses qu'il entraîne après lui; ils en conviennent, mais ils n'en deviennent pas meilleurs. Qu'on leur propose quelques remèdes pour se guérir, ils les refusent; ils s'éloignent des sacrements, parce qu'ils savent que pour s'en approcher, il faut se corriger, il faut quitter l'occasion. S'ils promettent à un confesseur de ne plus retomber, ce n'est pas pour longtemps qu'ils gardent leur résolution; ils succombent à la première occasion qui se présente : en vain le confesseur veut les éprouver par de salutaires délais, il ne peut rien gagner sur eux, ou, s'ils se contiennent quelque temps, ce n'est qu'en vue d'avoir l'absolution, après quoi, ils s'abandonnent aux mêmes excès qu'auparavant. Ils passent ainsi leur vie dans le désordre, ils portent leur habitude jusqu'à l'âge le plus avancé, enfin jusqu'au tombeau. Ce qui rend encore incorrigibles ces sortes de pécheurs, ce sont les vains prétextes dont ils se servent pour s'autoriser dans le crime, se persuadant faussement qu'ils ne font point de mal, où ils en font beaucoup.

Mais si ce vice est incorrigible dans les hommes, il l'est encore plus dans les femmes qui ont le malheur d'y être sujettes, soit par les occasions qu'elles trouvent souvent de se satisfaire, soit par la honte de déclarer un péché qui les couvre de confusion; de là vient qu'elles profanent les sacrements, et négligent dans l'avis d'un bon directeur, les seuls remèdes capables de les guérir.

Pratiques.—Finissons, mes frères, un sujet sur lequel je crois vous en avoir assez dit, pour vous inspirer l'horreur d'un vice si indigne d'un chrétien et d'un homme raisonnable. Pour peu que vous ayez à cœur votre salut, vous devez l'éviter avec tout le soin possible. *Prenez garde*, vous dit le Sauveur, *de laisser appesantir vos cœurs par le vin et la crapule : « Attendite ne graventur corda vestra in crapula et ebrietate. »* (*Luc.*, XXI, 34.) Fuyez les lieux et les personnes qui peuvent être pour vous une occasion de débauche. N'usez des aliments que pour la nécessité et non pour satisfaire la sensualité. Apprenez, comme dit saint Augustin, à ne vous en servir que comme de médicaments, dont on ne prend pas plus qu'il ne faut pour les besoins de la nature. Si vous vous trouvez engagés en quelque société, ayez soin d'éviter les excès, en usant modérément des mets qui vous sont présentés, et ne prenant que la quantité qui vous convient. Il faut pour cela élever de temps en temps votre cœur à Dieu, vous rappeler sa sainte présence, non-seulement avant le repas pour demander sa sainte bénédiction, mais encore pendant le repas : tantôt vous souvenant que Jésus-Christ, votre Maître, a été abreuvé de fiel et de vinaigre, et qu'il ne convient pas de porter des membres délicats sous un chef couronné d'épines ; tantôt faisant réflexion à la faim et à la soif que les reprouvés souffriront dans l'enfer pour avoir contenté leur appétit contre les règles sages que prescrit la tempérance. Enfin, après le repas, rendez grâces à Dieu des biens qu'il vous a donnés pour vous soutenir ; observez fidèlement la maxime du grand Apôtre : *Soit que vous buviez, soit que vous mangiez, faites tout pour la gloire de Dieu : « Sive manducatis, sive bibitis, omnia in Dei gloriam facite.* » (I *Cor.*, X, 31.) C'est le moyen d'être un jour admis au festin éternel qu'il vous prépare dans le ciel. Ainsi soit-il.

PRONE LXII.

Pour le quinzième Dimanche après la Pentecôte.

SUR L'AMOUR DE DIEU.

Diliges Dominum Deum tuum ex toto corde tuo, et in tota anima tua, et in tota mente tua. (*Matth.*, XXII, 37.)

Vous aimerez le Seigneur votre Dieu de tout votre cœur, de toute votre âme, et de tout votre esprit.

Voilà, dit Jésus-Christ dans l'Evangile de ce jour à un docteur de la loi, le premier et le plus grand de tous les commandements. Aimer Dieu de tout son cœur, de toute son âme, de tout son esprit, c'est l'abrégé, la perfection, la plénitude de la loi. Tout est grand dans ce commandement ; il est grand par rapport à son objet qui est Dieu ; grand par son étendue, qui renferme tous les hommes de quelque âge, de quelque condition qu'ils soient ; grand par rapport aux autres commandements, qu'il renferme tous, qu'il surpasse tous, et qui se rapportent tous à lui ; grand enfin par rapport à la durée, qui est de tous les temps, et dont l'exercice se continuera dans l'éternité.

Mais pourquoi, Seigneur, s'écrie saint Augustin, nous avez-vous fait un commandement de vous aimer ? Pourquoi nous menacez vous des plus grands châtiments, si nous ne vous aimons pas ? N'est-ce pas pour nous le plus grand malheur de ne pas vous aimer ? Avez-vous besoin de notre amour ? Ou si vous demandez l'amour de vos créatures, les intelligences célestes, les chérubins, les séraphins sont embrasés de ce feu sacré. N'est-ce pas déjà un grand honneur, une grande grâce pour nous qu'il nous soit permis de vous aimer ?

Non, mes frères, Dieu n'a pas besoin de notre amour ; c'est nous qui sommes intéressés à l'aimer ; cependant c'est notre cœur qu'il recherche. Le Fils de Dieu est descendu sur la terre pour y allumer le feu de son amour, il en a gravé la loi dans nos cœurs par son divin esprit, et néanmoins ce feu céleste est entièrement éteint ; la charité, cette reine des vertus, est presque entièrement bannie du cœur des hommes. D'où vient ce malheur ? du peu d'attention que font les hommes aux motifs qui les engagent à aimer Dieu. Tâchons aujourd'hui de leur en faire sentir toute la force ; et comme ce serait peu d'être sensible aux raisons d'aimer Dieu, si l'on n'en vient à la pratique, nous nous appliquerons aussi à leur apprendre les caractères du véritable amour. Ces motifs et ces caractères nous sont marqués dans les paroles de mon texte *Vous aimerez le Seigneur votre Dieu*, dit Jésus-Christ : « *Diliges Dominum Deum tuum ;* » voilà votre obligation et les raisons qui vous engagent à la remplir, premier point. *Vous aimerez le Seigneur votre Dieu de tout votre cœur, de toute votre âme, et de toutes vos forces : » Diliges ex toto corde tuo, ex tota anima tua*, etc. ; » voilà la manière de remplir cette obligation et les caractères de l'amour divin, second point. Donnez, Seigneur, à mes paroles toute la force et l'onction dont j'ai besoin pour allumer dans le cœur des hommes le feu de votre amour.

PREMIER POINT.

Le cœur de l'homme est fait pour aimer : l'amour est sa vie, dit saint Augustin, c'est sa fonction capitale et le centre où il se porte naturellement ; mais le grand malheur de l'homme, ou plutôt son unique malheur, c'est de prodiguer son amour à des objets qui en sont indignes, et de le refuser à celui seul qui mérite d'être aimé. Ardent à suivre les mouvements d'une passion qui lui présente des charmes trompeurs, et un bonheur chimérique dans des objets où une funeste expérience lui découvrira la source de tous ses maux, il ferme les yeux à la lumière de la raison et de la foi, qui lui font apercevoir en Dieu seul tout ce qui est capable de fixer son amour.

En effet, mes frères, quelques attraits que l'homme puisse trouver dans les créatures, il y rencontre plus de défauts capables de l'en dégoûter, que de qualités propres à gagner son cœur. Quelque bien qu'il en ait reçu, quelque avantage qu'il puisse s'en promettre, jamais il n'y a vu et n'y verra un bien capable de remplir ses désirs. Dieu seul possède toutes les perfections qui peuvent rendre un objet souverainement aimable en lui-même : Dieu nous a comblés d'une infinité de bienfaits, il veut encore nous rendre heureux du même bonheur dont il jouit lui-même ; que de raisons n'avons-nous pas de l'aimer, soit par rapport à lui, soit par rapport à nous ? Ses perfections adorables doivent nous engager à l'aimer pour lui-même d'un amour de bienveillance : *Diliges Dominum Deum.* Les biens que nous en avons reçus et que nous en espérons, doivent nous engager à l'aimer pour nous-mêmes d'un amour de reconnaissance : *Diliges Dominum Deum tuum.* Rendez-vous, mes frères, sensibles à de si pressants motifs.

A quoi, mes frères, m'engagé-je de vous parler ici des perfections, des amabilités d'un Dieu qu'aucune langue mortelle ne saurait exprimer, qu'aucun esprit créé ne peut concevoir ? Pour vous dire combien il est aimable, il faudrait pouvoir comprendre ce qu'il est. Or notre esprit est trop borné pour comprendre cet Etre infini; il n'y a que lui qui se connaisse parfaitement. Tout ce que nous pouvons en penser est infiniment au-dessous de ce qu'il est : pour le dire, il faut être lui-même. Ainsi, mes frères, quand je vous dirais que cet aimable objet est non-seulement grand et puissant, mais qu'il est la grandeur et la puissance même ; qu'il est non-seulement beau et bon, mais qu'il est la beauté, la bonté même; qu'il est non-seulement saint et sage, mais qu'il est la sainteté et la sagesse même; que c'est un esprit infiniment éclairé, qui connaît tout ; éternel, qui a toujours été et qui sera dans tous les temps: immense, qui remplit tous les lieux du monde, qui est au delà de la vaste étendue des cieux ; qu'il possède, en un mot, toutes les perfections imaginables, c'est vous dire quelque chose; mais en vous disant tout cela, je ne fais que bégayer comme un enfant, et je puis dire ici avec un prophète, que je ne sais pas parler : *Nescio loqui.* (*Jerem.*, I, 6.) Mais si notre esprit ne peut concevoir les perfections adorables de notre Dieu, si notre langue ne peut les exprimer; notre cœur peut les aimer, dit saint Augustin : autant notre esprit doit craindre d'être ébloui par l'éclat de sa gloire, autant notre cœur peut et doit s'abandonner au doux plaisir de l'aimer.

Représentez-vous donc, mes frères, pour exciter dans vos cœurs ce divin amour, tout ce qu'il y a de grand dans le monde, tout ce qui est le plus capable de charmer vos yeux, d'enchanter vos sens ; imaginez-vous tout ce qui peut ravir votre esprit en admiration, transporter votre cœur de tendresse, vous trouverez tout dans Dieu d'une manière infiniment plus parfaite que dans les créatures. J'admirais, disait à ce sujet saint Augustin, la lumière éclatante du soleil, la fécondité de la terre, la vaste étendue des mers, les charmes des beautés mortelles, la majesté des rois, la puissance des grands, l'éloquence des orateurs, la subtilité des philosophes; mais rentrant aussitôt en moi-même, je disais : rien de tout cela n'est égal à mon Dieu; il a infiniment plus que tout cela de quoi ravir mon cœur, de quoi remplir mes désirs.

Qu'aimez-vous donc, mes frères, si vous n'aimez pas Dieu ? Aimez-vous le faste des grandeurs, l'éclat de la puissance? êtes-vous éblouis par les dignités des grands de la terre? Mais y a-t-il quelque chose de si grand que Dieu? il est le Roi des rois, l'arbitre des souverains, tous les potentats de l'univers ne sont que poussière, que néant devant son adorable majesté. Etes-vous charmés des beautés des créatures? Mais quelle beauté est comparable à celle de Dieu, qui est le principe de toutes les autres qui n'en sont qu'un léger crayon? Il est cette beauté ravissante qui charme les regards des anges et des saints dans le ciel? *In quem desiderant angeli prospicere.* (I *Petr.*, I, 12.) Bien différente des beautés de la terre, qui n'ont qu'un temps et qui passent comme la fleur, Dieu est une beauté toujours ancienne et toujours nouvelle, dit saint Augustin : *Pulchritudo semper antiqua et semper nova;* beauté qui ne change jamais, dont la vue excite de nouveaux désirs de la voir et de la contempler. Enfin, mes frères, aimez-vous la bonté? Dieu est la bonté par essence, et il n'y a rien de véritablement bon que lui : *Nemo bonus nisi solus Deus.* (*Luc.*, XVIII, 18.) Tout ce qui est bon dans le monde, ne l'est que par un écoulement de la bonté infinie de Dieu. La bonté des créatures est finie et limitée, et s'épuise enfin à force de se communiquer; mais Dieu est un océan de bonté qu'on ne peut épuiser ; toujours prêt à nous communiquer tous les biens que nous pouvons désirer, sans pouvoir jamais s'appauvrir; toujours égal à lui-même, toujours aussi parfait de quelque manière qu'il exerce sa libéralité envers les hommes. Après cela peut-on refuser son amour à un objet aussi aimable ? L'amour même peut-il n'être pas aimé, dit saint Bernard? *Quidni ametur amor?* Hélas! nous connaissons tous les jours les imperfections des créatures; tel qui a de quoi plaire aux yeux, rebute l'esprit; l'un a des richesses, mais il n'a point de vertu; l'autre a du pouvoir, mais il n'a point de bonne volonté pour vous; celui-ci vous aime aujourd'hui, et demain il vous méprise; celui-là voudrait vous faire du bien, mais il ne le peut pas; cette beauté vous plaît quelque temps, mais dans peu elle vous dégoûte. Quelle est donc notre bizarrerie de livrer notre cœur à des objets si indignes de le posséder : les créatures, tout imparfaites qu'elles sont, possèdent tout l'amour de ce cœur ; et notre Dieu, le plus aimable de tous les objets, le meilleur de de tous les amis, n'y a aucune part; il ne voit dans nous qu'indifférence, qu'insensibilité; le dirai-je? que mépris de sa loi, outrage sanglant fait à son infinie majesté. D'où vient donc, mes frères, encore une fois, que vous n'aimez pas un Dieu si aimable ? Ah! je le vois. C'est que vous ne le connaissez pas, ou plutôt vous ne voulez pas le connaître ; mais admirez, contemplez ses ouvrages, et vous connaîtrez, dit l'Apôtre (*Rom.*, I, 20), par ces choses visibles, les perfections invisibles de celui qui les a faites. Quelle idée ne doivent pas vous donner de la puissance, de la sagesse, de la bonté de Dieu tant de merveilles que vous voyez dans la nature ? Ne faut-il pas que celui qui a fait ce monde, ces cieux, ces astres, cette terre, toutes ces créatures, soit un Etre puissant et bien parfait? et s'il est si parfait, peut-on refuser de l'aimer? Mais si vous êtes insensibles à la voix de la nature qui vous annonce les perfections de Dieu, peut-être ne le serez-vous pas à celle des bienfaits dont il vous a comblés, et qu'il vous fait espérer : second motif d'aimer Dieu : *Diliges Dominum Deum tuum.*

En effet, mes frères, si les biens que nous avons reçus, et que nous espérons recevoir d'une personne, sont de justes titres de lui payer le tribut de notre reconnaissance, combien ne devons-nous pas aimer Dieu, de qui nous avons reçu tant de bienfaits et de qui nous avons tant à espérer? Cette bonté infinie s'est communiquée à nous, s'y communique encore tous les jours en toute manière, par les biens de la nature et de la grâce; elle veut encore s'y communiquer pendant l'éternité par ceux de la gloire: en sorte que nous pouvons dire que Dieu, ce bien infini, est à nous, qu'il est non-seulement bon en lui-même, mais qu'il l'est par rapport à nous, qu'il est notre bien propre: *Deum tuum.* N'est-il donc pas juste que nous soyons aussi à lui par retour, que nous lui rendions amour pour amour, et que si nous n'avons pas été les premiers à l'aimer, nous soyons du moins empressés à reconnaître le sien par la vivacité du nôtre: *Si amare pigeat, redamare non pigeat.* Faut-il, mes frères, pour allumer dans vos cœurs cet amour de reconnaissance que vous devez à Dieu, vous rappeler les innombrables bienfaits que vous en avez reçus? Ne savez-vous pas que c'est lui qui vous a donné l'être, et que sans cette main bienfaisante vous retomberiez dans le néant? Ne savez-vous pas que c'est de lui que vous tenez tous les biens que vous possédez, la santé, les richesses, les talents, en un mot, tout ce qui vous appartient? Mais combien plus ne lui devez-vous pas pour les biens de la grâce qu'il vous a accordés? Non content de vous avoir créés, il vous a rachetés de l'esclavage du démon, et comment? Ce n'est ni par l'or, ni par l'argent, mais au prix de son sang. Dieu le Père vous a tellement aimés, qu'il vous a donné son Fils pour servir de victime d'expiation pour vos péchés. Quel plus grand don pouvait-il vous faire? Ce Fils adorable s'est livré par amour pour vous aux souffrances, au mépris, à la mort de la croix: quel excès de charité! Trouvez-vous quelqu'un dans le monde qui vous ait aimés jusqu'à donner, je ne dis pas ses biens, mais sa vie pour conserver la vôtre? Ah! si le dernier des hommes vous avait aimés de la sorte, quel serait votre amour pour lui? Vous aimez ceux à qui vous êtes redevables de votre fortune; que dis-je? le moindre bienfait a des droits sur votre cœur, et vous n'aimerez pas un Dieu de qui vous en avez tant reçu, un Dieu qui vous a donné la vie par sa mort, qui vous enrichit de ses grâces, qui vous nourrit de ses sacrements, qui vous destine pour héritage un royaume éternel, où lui-même sera votre récompense, et vous rendra heureux de son propre bonheur! Ah! malheur à vous si vous n'aimez pas un Dieu si bon! Ne méritez-vous pas bien l'anathème que prononce saint Paul contre ceux qui n'aiment pas Jésus-Christ? *Si quis non amat Dominum nostrum Jesum Christum, sit anathema.* (I *Cor.*, XVI, 22.) Oui, vous méritez, hommes ingrats, de sentir les traits de la justice de Dieu, puisque vous êtes insensibles à ceux de son amour. Vous êtes environnés de toute part de ses bienfaits; il s'en est servi comme d'autant de charmes pour attirer vos cœurs; il a acheté votre amour au prix de tout lui-même; et vous lui refusez un amour qui lui est dû par tant de titres: quelle injustice à son égard, mais quelle insensibilité pour vous-mêmes. Car qui est le plus intéressé dans l'amour que Dieu vous demande, de Dieu, ou de vous-mêmes? Il n'a besoin ni de vous ni de votre amour, mais vous avez besoin de lui; et si vous ne l'aimez pas, c'est pour vous la plus grande misère, dit saint Augustin, puisque vous ne pouvez être heureux sans le souverain bien, et que vous ne le posséderez jamais, si vous ne l'aimez. Si Dieu vous aime, c'est un pur effet de sa bonté: mais que vous aimiez Dieu, c'est votre devoir, votre intérêt; c'est vous qui y perdez le plus, si vous ne l'aimez pas.

Si un roi de la terre, un grand du monde, de qui vous auriez une fortune à espérer, vous offrait son amitié, et vous demandait la vôtre par retour, la lui refuseriez-vous? Mais les rois de la terre, les grands du monde ne vont pas jusqu'à un tel point de condescendance, que d'offrir leur amitié indifféremment à tous leurs sujets; ils les regardent comme leurs serviteurs. Mais notre Dieu, infiniment au-dessus des rois de la terre, ne nous traite pas seulement comme des serviteurs, il veut que nous soyons ses amis: *Jam non dicam vos servos, sed amicos.* (*Joan.*, XV, 15.) Le dernier, le plus pauvre des hommes, peut, comme le plus grand, aspirer à cette faveur; et quiconque le veut efficacement, est sûr d'y parvenir. Dès qu'on aime Dieu, on est sûr d'en être aimé; au lieu que parmi les hommes c'est assez quelquefois d'être empressé de leur amitié pour en être frustré: souvent, pour des hommages qu'on rend à une créature, par l'empressement qu'on a de lui plaire, on n'en reçoit que des rebuts; souvent les meilleurs services sont payés d'ingratitude; et malgré tout cela on s'attache à ces créatures, à ces hommes ingrats, et on n'aime pas Dieu, le meilleur, le plus sincère, le plus fidèle de tous les amis. O hommes aveugles, où est votre raison? où est votre cœur? Y a-t-il quelqu'un de qui vous ayez plus reçu de faveurs, et de qui vous ayez plus à attendre que du Seigneur notre Dieu? Y a-t-il quelqu'un qui mérite mieux que lui votre amour? Aimez-le donc, conclut saint Jean, puisqu'il vous a aimés le premier; rendons-lui amour pour amour; soyons tout à lui, puisqu'il est tout à nous: *Diliges.* Mais comment devons-nous l'aimer; second point.

DEUXIÈME POINT.

La manière d'aimer Dieu, dit saint Bernard, est de l'aimer sans mesure. Car il n'en est pas de la charité comme des autres vertus qui peuvent devenir défectueuses, dès qu'elles ne gardent pas un certain milieu; ainsi la libéralité dégénère en prodigalité, la force en témérité, quand elles passent les bornes qui leur sont prescrites. Mais quelque amour que nous ayons pour Dieu, il sera toujours infiniment au-dessous de ce qu'il mérite, parce que l'objet de cet amour étant infini, il mérite d'être infiniment aimé. Quelle règle puis-je donc vous prescrire, mes frères, pour remplir ce grand commandement? Point d'autre que celle qu'il nous a lui-même prescrite dans les termes de la loi. *Vous aimerez*, nous dit-il, *le Seigneur votre Dieu de tout votre cœur, de toutes vos forces : « Diliges Dominum ex toto corde tuo, ex tota anima tua, ex totis viribus tuis.* » Cet amour doit être dans le cœur comme dans son principe : *ex toto corde;* il doit se manifester par les actions : *ex totis viribus.* Amour sincère, amour efficace : deux qualités de l'amour de Dieu qu'il me reste à vous expliquer. ·

C'est au cœur, mes frères, que le Seigneur en veut : *Mon fils*, nous dit-il dans ses saintes Ecritures, *donnez-moi votre cœur* : « *Præbe, fili mi, cor tuum mihi.* » (*Prov.*, XXIII, 26.) Et c'est avec raison que Dieu demande l'amour de notre cœur. C'est lui qui l'a formé, et qui a un droit incontestable sur tous ses mouvements : or, nous l'aurait-il donné pour n'en être pas aimé, et pour le livrer à d'autres qu'à lui? Il en est le Seigneur et le Maître; c'est à lui par conséquent à déterminer à ce cœur l'objet qu'il doit aimer; tout autre que Dieu n'y a aucun droit. Les rois de la terre ont bien celui de se faire obéir par leurs sujets, les maîtres de se faire servir par leurs domestiques; mais le pouvoir des uns et des autres ne s'étend pas jusqu'à se faire aimer de ceux qui leur sont soumis: pourvu que ceux-ci fassent ce qui leur est commandé, c'est tout ce qu'on peut exiger d'eux. Mais Dieu qui connaît le fond de nos cœurs, et qui en est le maître absolu, en veut tous les hommages; il les regarde comme un temple animé où il doit recevoir des sacrifices; ces sacrifices sont ceux de l'amour qui doit bannir du cœur tout objet qui n'est pas Dieu, et qui doit entièrement le consacrer à Dieu. Or, en quoi consiste ce sacrifice de l'amour? ou qu'est-ce que Dieu demande à l'homme par le commandement qu'il lui fait de l'aimer de tout son cœur? C'est, répond saint Thomas, un amour de distinction, un amour de préférence, en vertu duquel ce cœur estimant son Dieu plus que tout autre objet, le préfère à tout ce qui n'est pas lui, et se trouve disposé à perdre plutôt tout autre bien que celui d'être séparé de Dieu : tel est l'amour que nous devons avoir pour Dieu; amour qui ne consiste pas dans une tendresse, une sensibilité qui n'est pas en notre disposition, ni même dans une étendue de ferveur qui peut nous être commune, et que Dieu ne demande pas de notre faiblesse; c'est donc, je le répète, un amour de préférence et de choix, qui, nous faisant envisager Dieu comme le plus parfait, le plus aimable de tous les objets, nous attache à lui par des liens si étroits, que nul autre n'est capable de nous en séparer. Tel était, mes frères, l'amour du grand Apôtre, qui défiait si hardiment toutes les créatures de pouvoir le séparer de l'amour de Jésus-Christ : « *Quis ergo nos separabit a charitate Christi?* » *Sera-ce*, disait-il, *la persécution, la faim, la nudité, le feu? Non*, répond ce grand cœur, embrasé de l'amour de son Dieu, *je suis sûr que ni la grandeur, ni l'abaissement, ni la vie, ni la mort, ni aucune créature, ne pourra nous séparer de l'amour de Jésus-Christ :* « *Neque altitudo, neque profundum, neque mors, neque vita, neque creatura alia poterit nos separare a charitate Dei.* » (*Rom.*, VIII, 35-39.)

Vous aimerez aussi Dieu, mes frères, de cet amour de préférence, si vous êtes prêts à tout sacrifier pour lui, à renoncer à tout pour l'amour de lui, à perdre plutôt vos biens, votre santé et la vie même, que de vous séparer de lui; à encourir plutôt la disgrâce de tous les hommes, à souffrir plutôt tous les maux du monde que de vous résoudre à perdre l'amitié de Dieu. Mais si vous êtes attachés à quelque objet que Dieu vous défend d'aimer, si vous aimez mieux renoncer à ses faveurs qu'à celles de cette créature qui est votre idole, de cet homme que vous craignez, ou de qui vous espérez quelque grâce ; si vous aimez mieux l'offenser que de vous priver de ce plaisir, que de renoncer à ce bien, que de souffrir cette épreuve, cet affront, ce mépris, ce revers de fortune; dès lors vous n'aimez pas Dieu de cet amour de préférence que vous lui devez, puisque vous le sacrifiez à la créature, à votre bien, à votre plaisir, à votre passion. En vain direz-vous que vous l'aimez, votre cœur dément vos paroles : interrogez-le donc, mes frères, et voyez s'il n'est pas occupé de l'amour de quelque objet créé, s'il n'est pas captivé par quelque bien criminel, s'il n'est pas dominé de quelque passion de plaisir, d'intérêt, de vengeance; et s'il est tel, vous n'aimez point Dieu, parce que l'amour doit bannir de votre cœur tout objet qui en ravit à Dieu la possession. Il veut votre cœur, il ne faut donc point le donner à d'autres, et dès que vous le livrez à d'autres objets, Dieu ne l'a plus; non-seulement Dieu vous demande ce cœur, mais il le demande tout entier : *Ex toto corde.* C'est un Dieu jaloux qui ne peut point souffrir de partage; lui en refuser une partie, c'est ne lui rien donner : l'amitié qui règne parmi les hommes peut se partager en différents objets ; une seule personne n'a pas toutes les qualités capables de fixer toute l'affection d'un ami ; on trouve dans l'un ce que l'on ne trouve pas dans l'autre; mais Dieu qui possède seul tout ce qu'il y a de grand et d'aimable, et qui mérite d'être infiniment aimé, a droit sur tous les mouvements de nos cœurs. Hélas! Seigneur, le cœur est déjà si petit et si borné dans son amour, son amour est si peu de chose en comparaison de ce que vous méritez ; comment pourrions-nous le partager? et ne serait-ce pas vous faire injure que d'y laisser régner quelqu'autre maître avec vous?

Loin donc d'ici, mes frères, ces cœurs doubles et partagés qui voudraient allier l'amour de la créature avec celui du créateur, qui sacrifieront volontiers à Dieu quelque passion, quelqu'objet qu'il leur défend d'aimer; mais qui se laissent dominer par d'autres qui ne leur sont pas moins interdits. Dieu n'agrée point l'amour d'un cœur qui n'est pas à lui tout entier; dès qu'il y voit quelqu'objet qui lui déplaît, il s'en retire, il s'en éloigne.

Je dis quelqu'objet qui déplaît : car Dieu ne nous défend pas, mes frères, d'aimer ses créatures; il ne nous défend pas d'aimer nos parents, nos amis, les personnes qui nous font du bien; il nous ordonne même d'aimer notre prochain comme nous-mêmes; mais cet amour doit se rapporter à Dieu, qui en doit être le motif : car si on aime quelque chose avec Dieu, dit saint Augustin, que l'on n'aime pas pour lui, ce n'est pas l'aimer comme on doit : *Minus te amat qui tecum aliquid amat, quod propter te non amat.* Quels sont donc les objets créés que Dieu vous défend d'aimer? Ce sont ceux dont l'amour est incompatible avec celui que nous devons à Dieu ; ce sont ces objets d'une aveugle passion qui sont pour vous une occasion de péché; ce sont ces personnes avec qui vous entretenez des liaisons criminelles : voilà les attachements que l'amour divin ne peut souffrir dans un cœur qui veut être à Dieu; cet amour qui est fort comme la mort, dit le Saint-Esprit (*Cant.*, VIII, 6), doit produire dans vos cœurs les effets que la mort naturelle produit sur le corps; c'est-à-dire, que de même que la mort sépare l'âme du corps, ainsi l'amour de Dieu doit vous séparer de tous les objets sensibles, dit saint Grégoire; il doit vous faire mourir à tous les faux plaisirs que vous trouvez dans les créatures, pour vous unir au Créateur. C'est un feu céleste, dit saint Augustin, qui doit détruire en vous toutes les inclinations terrestres, qui doit consumer tout amour profane, pour ne vous fixer qu'en Dieu seul. Ce feu doit agir non-seulement au dedans de vous, mais il doit encore se manifester au dehors par les effets; c'est ce qui vous est prescrit par la loi qui nous ordonne d'aimer Dieu de toutes nos forces : *Diliges ex totis viribus tuis.*

Si, pour remplir les préceptes de l'amour divin, il suffisait d'avoir pour Dieu ces sentiments d'estime et de complaisance qu'inspire comme naturellement la connaissance de ses infinies perfections; s'il suffisait pour l'intégrité de cet amour d'en prononcer de bouche les actes, de pousser du fond du cœur quelque soupir vers lui, de répandre même quelques larmes de tendresse, on peut dire que de tous les commandements de la loi, le premier serait le plus fidèlement observé, puisque ces sentiments d'estime et de complaisance, ces paroles affectueuses, ces soupirs, ces larmes se trouvent souvent dans ceux mêmes qui sont dominés de l'amour des créatures. Mais non, mes frères, le véritable amour n'est point renfermé en de si étroites bornes, il ne consiste point dans les grands sentiments qu'on peut avoir de Dieu, ni dans les paroles affectueuses que l'on peut prononcer. Ce n'est point la langue, mais ce sont les œuvres qui doivent le manifester, dit saint Jean : *Non diligamus verbo, sed opere et veritate.* (I *Joan.*, III, 18.) C'est à cette marque que Jésus-Christ reconnaît ceux qui l'aiment; c'est par l'observation de ses commandements que le véritable amour se fait connaître : *Qui habet mandata mea et servat ea, ille est qui diligit me.* (*Joan.*, XIV, 21.)

En effet, mes frères si l'amitié consiste dans la conformité des volontés, on ne peut aimer Dieu sans faire sa volonté, et on ne peut faire sa volonté sans l'aimer ; ainsi *celui qui dit qu'il aime Dieu et qui ne garde pas ses commandements, est un menteur,* dit le disciple bien-aimé, *et la vérité n'est point dans lui : « Qui dicit se nosse Deum, et mandata ejus non custodit, mendax est, et veritas in eo non est »* (I *Joan.*, I, 4.)

Voulez-vous donc, mes frères, connaître quel est l'homme qui aime véritablement son Dieu, et si cet amour règne aussi dans vos cœurs? Un homme qui aime Dieu, est celui qui ne craint rien tant que de lui déplaire et qui ne cherche en tout qu'à faire sa volonté, qui emploie toutes les puissances de son âme à le servir et à le glorifier; c'est un homme qui rend tous les jours ses devoirs à son Créateur par la prière, l'adoration et les autres exercices que la religion lui prescrit; qui ne prend jamais son saint nom en vain ; qui ne le prononce qu'avec respect; qui emploie à son service les saints jours de dimanches et de fêtes. Un homme qui aime véritablement Dieu, est celui qui rend à chacun ce qui lui appartient, l'honneur qui lui est dû ; qui ne fait tort à personne, qui pardonne volontiers les injures; qui conserve soigneusement avec le prochain les liens de la paix, comme l'Apôtre le recommandait aux premiers chrétiens. (*Ephes.*, IV, 3.) C'est celui qui est détaché des biens et des honneurs du monde, des plaisirs des sens, qui modère ses passions, qui est humble dans la prospérité, patient dans l'adversité; car la charité exerce son empire sur toutes les vertus, elle les fait toutes servir à ses desseins; elle se sert de la force pour surmonter tous les obstacles qui se présentent dans l'accomplissement de ses devoirs ; de la justice, pour conserver les droits d'autrui ; de la tempérance, pour vaincre les charmes des plaisirs; du zèle, pour procurer la gloire de Dieu; en un mot, elle renferme toutes les vertus, elle est l'accomplissement et la plénitude de la loi, dit saint Paul; elle ne fait exception d'aucun point, parce qu'elle sait que manquer à un seul, c'est se rendre coupable de tous, comme dit saint Jacques : *Qui peccat in uno, factus est omnium reus.* (*Jac.*, II, 10.)

Remarquez cependant, mes frères, que quoique la charité parfaite renferme une volonté sincère d'accomplir toute la loi, elle appartient elle-même à une loi particulière distinguée des autres ; elle a un objet propre, qui est Dieu, considéré dans ses infinies perfections; c'est-à-dire qu'en vertu du premier commandement, nous sommes obligés d'aimer Dieu non-seulement à cause du bien qu'il nous fait, mais encore à cause de lui-même, et qu'il est infiniment parfait. Obligation dont nous ne saurions nous acquitter trop souvent. Ah! si nous connaissions les infinies amabilités de l'Etre suprême, il n'y aurait pas un moment de notre vie qui ne fût marqué par quelque transport d'amour vers ce divin objet; nous ferions sur la terre ce que les saints font dans le ciel, où toute leur occupation est d'aimer Dieu, et nous mériterions par là de l'aimer avec eux pendant l'éternité: obligation au reste qu'il est facile de remplir avec la grâce de Dieu, et dont l'accomplissement nous procure les plus grands avantages.

En effet, mes frères, pour aimer Dieu, il n'est pas besoin d'être riche, savant, ni même d'avoir de la santé; il suffit d'avoir un cœur, et chacun est maître de son cœur pour le donner à Dieu. Ainsi le pauvre comme le riche, l'ignorant comme le savant, celui qui est malade comme celui qui est en santé, peut satisfaire au précepte de l'amour de Dieu; chacun ne peut pas jeûner, faire l'aumône, mais il n'est personne qui ne puisse et ne doive aimer Dieu. Or, si nous aimons Dieu, comme nous le devons, nous sommes sûrs d'en être aimés, et si nous sommes aimés de Dieu, nous n'avons plus rien à désirer; le dernier des hommes qui est l'ami de Dieu, est plus grand, plus heureux que tous les puissants monarques qui ne le sont pas, parce qu'il a dans cette amitié un gage assuré d'un bonheur éternel. Aimons donc, mes frères, aimons le Seigneur notre Dieu de tout notre cœur, puisqu'il nous le commande, et qu'il y va de notre intérêt; faisons souvent pendant la vie des actes de ce divin amour, et particulièrement à la mort. Mais à quelles marques connaîtrons-nous que cet amour règne dans nos cœurs? La première est un doux penchant à rappeler fréquemment dans notre esprit les amabilités du Dieu que nous servons.

La seconde, c'est d'en parler souvent, et d'aimer à en entendre parler. On s'entretient volontiers de ce qu'on aime; on en parle avec plaisir: un ami se plaît à manifester les qualités de son ami et les biens qu'il en a reçus. Parlez-vous souvent de Dieu? Quel est le sujet le plus ordinaire de vos conversations? Vous parlez de la terre, de vos plaisirs, de l'objet de votre passion; parce que votre cœur y est attaché, et que la bouche parle de l'abondance du cœur; mais vous ne parlez pas de Dieu, vous n'aimez pas même à en entendre parler, vous trouvez le temps trop long quand on vous débite sa divine parole: si vous l'aimiez, vous vous plairiez à entendre parler de lui, et vous en feriez les plus fréquents sujets de vos conversations.

La troisième marque de l'amour que l'on a pour quelqu'un, est d'aimer sa compagnie, de s'entretenir avec lui, de lui rendre souvent visite; si vous aimez Dieu, vous vous plairez avec lui, vous le visiterez dans son saint temple, dans la personne des pauvres.

La quatrième marque et pratique d'amour de Dieu, est d'agir pour lui, de lui offrir non-seulement toutes vos pensées, mais encore toutes vos actions; de ne rien faire qui lui déplaise, d'avoir une grande horreur du péché, et d'accomplir en tout sa sainte volonté, de la préférer à tout. Si vous aimez Dieu, non-seulement vous agirez, mais vous souffrirez encore pour lui. Quand on aime, on ne souffre point; ou si on souffre, on aime ses souffrances: *Ubi amatur, non laboratur, aut labor amatur.*

Enfin, si vous aimez Dieu, vous procurerez, autant qu'il est en vous, sa gloire: vous empêcherez qu'il ne soit offensé par les autres; ou si vous ne pouvez l'empêcher, vous gémirez, vous souffrirez de le voir offensé. Quoi! verriez-vous de sang-froid votre père, votre ami insulté en votre présence? et vous voyez votre Dieu offensé, sans prendre sa défense contre ceux qui l'outragent! où est votre zèle pour sa gloire. Faites souvent cette prière, avec le grand saint Ignace martyr: Ah! Seigneur, donnez-nous votre saint amour, et nous sommes assez riches; nous ne vous demandons ni les biens, ni les honneurs de la terre, mais la grâce de vous aimer: nous commençons enfin avec le secours de votre sainte grâce à vous aimer. Ajoutons avec le grand évêque d'Hippone: Beauté toujours ancienne et toujours nouvelle, que j'ai commencé tard à vous aimer! *Sero te amavi.* Malheur au temps que nous avons perdu! nous voulons le réparer par toute la ferveur de notre amour; ô feu divin qui brûlez sans vous éteindre, embrasez-nous de ces ardeurs qui consument en nous tout ce qu'il y a de terrestre, pour nous transformer en vous dans le temps et l'éternité. Ainsi soit-il.

PRONE LXIII.

Pour le quinzième Dimanche après la Pentecôte.

SUR LA MORT.

Ecce defunctus efferebatur filius unicus matris suæ. (*Luc.*, VII, 12.)

Voilà qu'on portait en terre le fils unique d'une mère qui était veuve.

Arrêtons-nous, mes frères, à considérer quelque temps le touchant spectacle que l'évangile de ce jour nous met devant les yeux: c'est un fils tendrement aimé, unique consolation d'une mère qui fondait sur lui de grandes espérances, mais que la mort vient de moissonner dans le printemps de ses jours. Faut-il s'étonner de voir cette mère, plongée dans la plus amère douleur, répandre des torrents de larmes à la suite d'une pompe aussi triste pour elle qu'elle était inespérée? Il est donc vrai, mon cher auditeur, que la mort ne respecte personne; que les jeunes gens, comme les vieillards, sont sujets à ses coups; que ni la vigueur de l'âge ni la force du tempérament ne sont point capables de nous en garantir. Approchez-vous donc du cercueil de ce jeune homme, vous tous qui m'écoutez, vous y verrez le terme fatal où doivent finir les grandeurs, les richesses, les plaisirs et les charmes du monde. Ah ! que la vue du tombeau est bien capable de nous détacher de la vie, de nous faire quitter le péché, de nous porter à la pénitence et à la pratique de toutes les vertus chrétiennes? La pensée de la mort est amère, il est vrai, à tout homme qui n'aime la vie que pour jouir des biens et des plaisirs qu'elle présente, parce que cette idée lui rappelle avec douleur qu'il doit les quitter un jour; mais, quelque fâcheux que soit son souvenir, rien de plus salutaire, puisqu'on y trouve le remède à tous les vices et les motifs les plus pressants pour pratiquer la vertu. Pensons donc à la mort, mes frères, et pensons-y souvent, c'est le moyen de nous y préparer comme il faut ; et, pour traiter ce sujet par ordre, nous envisagerons deux choses dans la mort : sa certitude et son incertitude. Rien de plus certain que la mort; nous devons donc nous y préparer, premier point. Rien de plus incertain que le temps de la mort; nous devons nous tenir prêts en tout temps, second point.

PREMIER POINT.

Nous mourrons tous, mes chers frères : *Statutum est hominibus semel mori.* (*Hebr.*, IX, 27.) Mais quand Dieu lui-même s'expliquerait moins clairement sur notre destinée, nous n'aurions, pour nous en convaincre, qu'à jeter les yeux sur ce qui se passe au dehors et au dedans de nous. La terre que nous foulons aux pieds nous dit en son langage que nous serons un jour renfermés dans son sein. Ces morts, que nous voyons porter en terre, nous avertissent que notre tour doit bientôt venir : *Hodie mihi, cras tibi:* Nous prenons un chemin où vous marcherez nécessairement comme nous. Nous portons aussi au dedans de nous le principe et la réponse de la mort, dit l'Apôtre. L'âge, les maladies, les travaux affaiblissent notre santé et précipitent chaque jour vers sa ruine la maison terrestre de notre corps. Chaque pas que nous faisons nous conduit au tombeau, et dans peu nous irons habiter avec les autres dans ce sombre et noir séjour des mortels ; rien de plus certain, rien de plus inévitable.

Sans m'arrêter davantage à vous prouver une vérité dont la seule expérience doit nous convaincre, tâchons aujourd'hui, mes frères, de pénétrer le sens de l'arrêt de mort porté contre tous les hommes et de vous en faire voir l'exécution, afin de tirer de ce principe les conséquences salutaires qu'il renferme. Cet arrêt doit s'exécuter sur tous les hommes : *Statutum est hominibus.* Il ne doit s'exécuter qu'une fois : *semel mori ;* deux circonstances qui doivent bien nous engager à nous préparer à la mort.

A peine le premier homme eut-il transgressé le commandement du Seigneur, qu'en punition de sa désobéissance il fut condamné à la peine dont il avait été menacé; mais ce ne fut pas contre lui seul que l'arrêt fut prononcé : comme tous ses enfants ont part à son crime, ils furent compris dans son châtiment. *La mort est devenue la solde de ce péché :* « *Stipendia peccati mors.* (*Rom.*, VI, 23.) En effet, dès ce moment, on vit s'accomplir dans la postérité d'Adam cette terrible menace que Dieu lui fit : *Morte morieris :* « *Vous mourrez.* » (*Gen.*, II, 17.) Oui, chrétiens, vous mourrez; c'est une chose résolue : *Statutum est.* Vous mourrez, c'est-à-dire qu'un jour vous sortirez de ce monde de la même manière que vous y êtes entrés. Après avoir demeuré sur la terre un certain nombre de jours que Dieu vous a fixés, le temps finira pour vous et vous ne serez plus du nombre des vivants : *Morte morieris.* Vous mourrez, c'est-à-dire qu'un jour vous quitterez biens, maisons, parents, plaisirs, société; vous n'aurez plus de commerce avec les hommes; la terre, la pourriture, les vers deviendront votre partage : ils vous tiendront lieu de père, de mère, de frères et de sœurs : *Putredini dixi : Pater meus es ; mater mea, et soror mea vermibus.* (*Job*, XVII, 14.) Vous mourrez, c'est-à-dire qu'un jour viendra où vos yeux ne verront plus, vos oreilles n'entendront plus, votre bouche ne parlera plus, vos mains n'agiront plus, vos pieds ne marcheront plus. Depuis le moment où votre âme sera séparée de votre corps, ce corps, dont vous prenez tant de soin, ne sera plus regardé que comme un objet d'horreur. Il sera placé dans un cercueil ; on le portera dans la terre pour le dérober à la vue des hommes. Ah ! que deviendra pour lors cette chair nourrie avec tant de délicatesse, cette beauté entretenue avec tant d'artifice ? Elle deviendra, mes frères, ce que sont devenus tant d'autres, que vous avez vus disparaître à vos yeux pour devenir la pâture des vers. Si vous en doutez, allez dans ces tombeaux voir la destinée de ceux qu'ils renferment; telle sera la vôtre : *Veni et vide.* (*Joan.*, XI, 34.) Venez et voyez dans ce sépulcre l'état où la mort a réduit cette personne que vous avez connue, avec qui vous avez vécu il n'y a que quelques mois, quelques jours : *Veni et vide.* Voyez cette chair pourrie, rongée par les vers, qui exhale une odeur insupportable; voyez ces os décharnés épars de tous côtés, cette tête défigurée. Reconnaissez-vous cette personne? distinguez-vous ce riche du pauvre, ce grand du petit, cette beauté qui charmait les yeux du monde, sur qui vous avez vous-même jeté des regards criminels? Ah ! quel changement la mort n'a-t-elle pas fait en si peu de jours?

Tel est, mes frères, le sort auquel vous devez vous-mêmes vous attendre ; ces morts ont été ce que vous êtes, aussi riches que vous, autant et même plus distingués que vous; vous serez un jour ce qu'ils sont, c'est-à-dire terre, cendre et poussière : *Quod vos estis nos fuimus, quod nos sumus vos eritis.* Ah! que cette vue du tombeau est capable de nous détacher de la vie, du monde et de nous-mêmes! C'est elle qui a fait les saints, par les impressions salutaires qu'ils en ont reçues. Témoin un François de Borgia, qui, voyant dans le cercueil le corps de la plus belle princesse de son siècle, la trouva si méconnaissable et si défigurée qu'il forma dès ce moment le dessein de quitter le monde pour ne s'attacher qu'à Dieu. Cette vue du tombeau produirait en nous les mêmes effets si nous nous regardions souvent dans ce miroir qui nous représente au naturel ce que nous serons tous un jour.

Car enfin, mes frères, il n'est aucun de nous qui puisse échapper aux redoutables coups de la mort : *Statutum est hominibus.* Elle n'épargne personne, elle frappe les riches comme les pauvres, les savants comme les ignorants, les rois sur leur trône comme les sujets dans leurs cabanes; rien ne peut la fléchir ou lui résister. En vain, pour s'en défendre, les potentats de l'univers feraient-ils assembler toutes leurs forces; en vain mettraient-ils en usage toutes les sciences et tous les arts : on peut bien prolonger sa vie de quelques jours, mais tôt ou tard il faut mourir. Depuis que le monde subsiste a-t-on vu quelqu'un exempt de cette loi? Combien de rois, de conquérants, de nations qui ne sont plus? Combien de grands du monde, de riches, de savants dont la gloire s'est terminée au tombeau? Combien de personnes avons-nous vues nous-mêmes, avec qui nous avons vécu? Combien de nos parents, de nos amis qui sont déjà réduits en poussière? Ils ont passé : nous passerons comme eux, et le jour viendra qu'on dira de nous ce qu'on dit d'eux : Il n'est plus, il ne vit plus, il est mort. Ah! que cette pensée : Un jour je ne serai plus sur la terre, est bien capable encore une fois de nous détacher de la vie, de nous inspirer un généreux mépris pour tout ce qu'on appelle grandeurs, richesses, fortune, établissements avantageux, joie, plaisirs, amusements du siècle! Tout doit se terminer au tombeau, et nous n'emporterons rien avec nous. Pensons souvent à cette vérité, c'est le moyen de nous préparer à bien mourir. Car en quoi consiste cette préparation à la mort? A vivre dans un entier détachement des choses du monde, à renoncer au péché, aux occasions du péché. Or, rien de plus capable de produire en nous ces effets que la pensée de la mort.

Comment pourrait-on s'attacher au monde si on le regardait, avec l'Apôtre, comme une figure qui passe? Comment rechercherait-on les honneurs, les biens, les plaisirs du monde, qui sont les funestes principes du péché, si on les envisageait dans le même point de vue qu'on les verra à l'heure de la mort? *Præterit figura hujus mundi.* (I *Cor.*, VII, 31.) Grands du monde, qui vous regardez au-dessus des autres à cause du rang que vous occupez et des honneurs qu'on vous rend, seriez-vous donc si fort entêtés de ces honneurs qui entretiennent votre orgueil, si vous pensiez qu'ils passeront comme une fumée, si vous regardiez le tombeau comme l'écueil nécessaire de la grandeur, de la noblesse et de la gloire? Auriez-vous du mépris pour les autres, si vous faisiez réflexion que la mort doit vous mettre au niveau du dernier des hommes? *Vos autem sicut homines moriemini.* (*Psal.* LXXXI, 7.)

Riches de la terre, qui vous donnez tant de mouvements pour augmenter vos trésors ou en former, et pour acquérir des héritages, comment pourriez-vous vous attacher à des biens frivoles et périssables, si vous étiez bien convaincus que ces biens passeront en d'autres mains, que vous n'emporterez rien avec vous; que ces maisons bâties avec tant de dépenses, ces chambres meublées avec tant d'art seront habitées par d'autres que par vous, et que vous n'aurez pour demeure qu'un tombeau? *Solum mihi superest sepulcrum.* (*Job*, XVII, 1.) Et vous qui, au mépris de la seule affaire digne de vos soins, je veux dire votre salut, ne pensez qu'à contenter des passions brutales, accorderiez-vous à ces passions ce qu'elles demandent, si vous pensiez que ces corps que vous nourrissez avec délicatesse, que vous livrez à l'intempérance, seront un jour la pâture des vers? Est-il besoin de faire tant de frais pour une chair qui doit périr? Et vous enfin, impudiques, dont le cœur est attaché à l'objet d'une passion impure, resteriez-vous si longtemps captifs dans ses chaînes, si vous envisagiez cet objet, cette beauté dans l'état où la mort doit la réduire, c'est-à-dire dans un état d'infection et de pourriture qui vous en ferait horreur? Ah! que cette vue serait capable de vous en dégoûter, si vous opposiez ces réflexions aux coups meurtriers dont la passion vous menace! Mais si, malgré les pressantes sollicitations de la grâce, malgré les avertissements des confesseurs, des prédicateurs, votre cœur se refuse à ce sacrifice dans un temps où vous le feriez avec mérite, le temps viendra où vous le ferez malgré vous et inutilement pour vous; la mort brisera ces liens fatals qui vous attachent à la créature : elle vous enlèvera cette idole que vous adorez ; elle vous séparera de ces personnes, de ces maisons, de ces occasions qui vous perdent. Ah! mes frères, n'attendez pas que la mort vous force à une séparation violente et infructueuse de ces objets funestes à votre bonheur; renoncez auparavant de vous-mêmes à tous les plaisirs que vous y pouvez trouver; et cette séparation, ce renoncement volontaire, sera la source de votre félicité. N'attendez pas de penser et de vous préparer à la mort, que le moment fatal en soit arrivé. On ne meurt qu'une fois, et du moment de la mort dépend notre bonheur ou notre malheur éternel : *Statutum est semel mori.* Seconde raison qui doit vous engager à vous y préparer.

Si la mort était une peine qu'on pût subir

plus d'une fois, y arriver sans y avoir pensé, ce serait une grande faute; cependant elle ne serait pas irréparable. Mais parce que l'arrêt est sans appel, tout ce qui est au delà de la mort est éternel et immuable. Ainsi, mourir sans y avoir pensé, c'est mourir pour être toujours malheureux : *L'arbre restera éternellement*, dit l'Ecriture, *du côté qu'il sera tombé; si c'est du côté du midi ou du septentrion, il ne changera plus de situation.* (*Eccle.*, XI, 3.) Que ce moment de la mort est donc terrible, mes frères, parce qu'il est difficile de bien faire ce qu'on ne fait qu'une fois, et ce qui a des suites si effrayantes s'il demeure imparfait. Mais comment se flatter de réussir dans une affaire de cette importance, si l'on n'a pas soin de s'y bien préparer? Toute la vie ne devrait être qu'une continuelle préparation à la mort. Toutes nos pensées, toutes nos démarches doivent se terminer là. En vain réussirions-nous dans toutes les autres affaires; si nous ne réussissons dans celle-là, nous n'avons rien fait.

Cependant, quelque intérêt qu'aient les hommes à se préparer à bien mourir, qui sont ceux qui s'y préparent? Qui sont ceux même qui y pensent? Rien de si fréquent que la mort, rien qui nous touche de si près et rien qui soit plus oublié. Le son des cloches nous avertit de la chute des uns; on voit porter en terre des hommes qui se portaient aussi bien que nous il n'y a que quelques jours, et on ne pense pas qu'on doit bientôt les suivre. C'est bien peu de chose que l'homme, dit-on à la vue d'une pompe funèbre, et on n'en devient pas meilleur, dit saint Augustin, parce qu'on oublie d'abord le spectacle qui devrait nous faire rentrer en nous-mêmes et qu'on doit bientôt donner aux autres. A voir la conduite de la plupart des hommes, on dirait qu'ils se croient immortels; ils agissent comme s'ils ne devaient jamais mourir. Qui dirait que cet homme avide de biens et de richesses pense qu'il doit mourir, lui qui ne songe qu'à amasser, à acquérir, à faire valoir un négoce; qui entreprend mille affaires, qui se charge de mille embarras auxquels la vie la plus longue ne pourrait pas suffire? Ne dirait-on pas qu'elle est à sa disposition? Ah! insensé, peut-être que cette nuit on va vous demander votre âme; et pour qui sera ce que vous avez amassé? Pour des héritiers ingrats qui voudraient peut-être déjà vous voir au tombeau. A quoi vous servira d'avoir travaillé pour les autres, tandis que vous ne faites rien pour vous-mêmes? Soyez plus attentifs à vos vrais intérêts et pensez, en vous préparant à la mort, à vous assurer un sort pour l'éternité.

Qui sont ceux encore une fois qui pensent et qui se préparent à la mort? Sont-ce ces hommes de plaisirs, qui ont mis tout leur contentement en ce monde; qui comptent sur la bonté de leur tempérament? Sont-ce ces pécheurs d'habitude, qui croupissent des mois, des années entières dans le péché, et qui renvoient leur conversion à la mort? Ils la regardent fort éloignée, tandis qu'elle les poursuit de près. Mais les insensés se trouvent tout d'un coup surpris : la mort vient, et ils ne sont pas prêts; après avoir passé leurs jours dans les biens et les délices, ils tombent dans les enfers. Voilà le terme fatal où conduit l'oubli de la mort. Pensez-y donc, mes frères; mais préparez-vous-y en tout temps. Car non-seulement il est certain que nous mourrons, mais nous n'en connaîtrons jamais le moment.

DEUXIÈME POINT.

Oui, mes frères, la mort est incertaine, et par rapport au temps où elle doit nous frapper, et par rapport à l'état où elle nous trouvera. Je dis d'abord qu'elle est incertaine, parce qu'elle doit nous surprendre. C'est Jésus-Christ lui-même qui nous l'assure, lorsqu'il dit qu'il viendra à l'heure que nous n'y penserons pas: *Qua hora non putatis.* (*Luc.*, XII, 40.) C'est pour cette raison qu'il compare la mort à un voleur, qui, pour venir à bout de ses desseins, choisit le moment où l'on ne se défie de rien : ainsi la mort viendra dans un temps où nous y penserons le moins. Elle enlèvera au milieu de ses plaisirs ce libertin qui se promettait encore de longues années de vie; elle surprendra cet homme qui avait formé des entreprises pour un nombre d'années, après lesquelles il en espérait voir l'exécution. N'est-ce pas, mes frères, ce que nous voyons arriver tous les jours? Combien de personnes qui ont commencé des affaires et que la mort ne leur a pas laissé le temps de finir? C'est ce qui vous arrivera à vous-mêmes qui m'écoutez; vous n'aurez pas terminé à la mort toutes vos affaires; mais ce qui sera plus funeste pour vous, c'est que vous n'aurez peut-être pas encore travaillé comme il faut. Vous comptez sur un temps que vous n'aurez peut-être pas. Il y aura pour vous une année, dans cette année un mois, dans ce mois un jour, dans ce jour une heure où vous mourrez; mais quand sera cette année, ce mois, ce jour, cette heure? c'est ce que vous ne savez pas : *Nescitis diem neque horam.* (*Matth.*, XXV, 13.) Sera-ce la trentième, la quarantième année de votre âge? sera-ce cette année? sera-ce l'année prochaine? c'est ce qui vous est inconnu. Combien de personnes qui avaient commencé cette année, qui croyaient la finir, et qui ont vu leurs espérances ruinées? Combien y en a-t-il qui ne la verront pas? Qui peut se flatter qu'après avoir vu le matin du jour, il en verra le soir, ou que le linceul où il repose ne servira pas à l'ensevelir? Personne ne peut se le promettre; personne ne peut compter sur un seul jour de vie. Dieu l'a ainsi voulu, mes frères; il l'a ainsi ordonné dans les desseins de sa sagesse; il nous cache notre dernier jour, dit saint Augustin, pour nous engager à bien régler tous les autres jours : *Latet ultimus dies, ut observentur omnes dies.* Car, mes frères, qu'arriverait-il, si chacun connaissait la mesure de ses années? Hélas!

nous verrions les hommes passer toute leur vie dans le crime, attendre pour se donner à Dieu, non pas la dernière année, non pas même le dernier jour, mais le dernier moment ? Si la plupart, malgré l'incertitude de la mort, diffèrent jusqu'à ce moment leur conversion, que serait-ce, si ce dernier moment leur était connu ? C'est donc avec beaucoup de sagesse et pour notre avantage que Dieu nous a laissés dans l'incertitude de l'heure de notre mort ?

Or, si elle est incertaine, quelle précaution ne faut-il pas prendre pour se garantir de ses surprises ? pourquoi ne pas corriger dès à présent cette mauvaise habitude, ne pas quitter cette occasion de péché, ne pas restituer ce bien mal acquis, ne pas se réconcilier avec cet ennemi ? Attendez-vous que la mort vous surprenne dans cette mauvaise habitude ? qu'elle vous trouve engagés dans cette occasion, chargés de ce bien d'autrui ? et si elle vous surprend dans ce mauvais état, serez-vous bien reçus au jugement de Dieu, quand vous direz que la mort ne vous a pas laissé le temps d'exécuter un projet de coversion que vous aviez formé? Le Seigneur vous répondra que vous étiez assez avertis des surprises de la mort, qu'il fallait vous tenir sur vos gardes, qu'il fallait être prêts quand elle viendrait : *Estote parati.* (*Matth.*, XXIV, 44.) Vous n'avez pas voulu profiter du temps, et des grâces qui vous étaient données ; c'est donc votre faute si vous êtes condamnés à la mort éternelle : *Perditio tua, Israel.* (*Osee*, XIII, 9.) Cet homme, averti que les voleurs doivent investir sa maison, la piller, et lui donner la mort, laisse-t-il ses portes ouvertes ? N'enlève-t-il pas son argent, ne se munit-il pas d'un secours ? Voilà votre portrait ; vous êtes sûrs que la mort doit venir comme un voleur, qu'elle vous surprendra à l'heure que vous y penserez le moins, et vous vivez aussi tranquilles que si vous n'aviez rien à craindre, que si Dieu vous avait promis un certain nombre d'années à vivre, que s'il dépendait de vous d'éloigner l'heure de votre mort ; tandis que vous ne savez pas si vous aurez seulement cette année, et que vous êtes sûrs d'ailleurs par le témoignage de votre conscience que vous n'êtes pas en état de paraître devant Dieu, et que vous y serez condamnés au feu éternel. Le glaive de la justice de Dieu est prêt à vous frapper, il ne tient qu'à un filet qui peut se casser en un instant, et vous ne prenez aucune mesure pour écarter le malheur dont vous êtes menacés ; vous dormez tranquilles sur le bord du précipice où vous êtes prêts à tomber. Quelle folie! quel aveuglement ! Ah! mes frères, soyez plus sages et plus sensibles à vos véritables intérêts ; incertains que vous êtes du jour que vous devez mourir, vivez tous les jours comme si vous deviez mourir tous les jours ; puisque la mort est incertaine, non-seulement quant au temps, mais encore quant à l'état où elle doit nous surprendre.

C'est cette dernière incertitude qui doit, mes frères, vous pénétrer d'une crainte salutaire, et vous faire prendre toutes les précautions possibles pour vous préparer à une sainte mort. Car enfin que nous importe d'ignorer le temps de notre mort, si nous sommes sûrs de mourir en bon état ? Mourir en état de grâce, c'est le don de la persévérance finale : grâce spéciale que nous pouvons demander à Dieu, dit saint Augustin, mais qu'aucun de nous ne peut mériter en rigueur de justice, ni sûrement se promettre : grâce dont un saint Hilarion, après quatre-vingts ans de pénitence, craignait encore d'être privé, parce qu'elle dépend de la pure miséricorde de Dieu. Or, qui de nous, mes frères, peut s'assurer de l'avoir, cette grâce ? qui de nous peut se promettre de mourir dans l'amitié de Dieu ? qui vous a dit, pécheurs, que Dieu attendra, pour vous tirer de ce monde, que vous ayez fait pénitence de vos péchés ? qui vous a promis que vous ne serez pas surpris par la mort dans ce funeste état, que vous serez assistés des sacrements et des autres secours nécessaires? Hélas! peut-être n'aurez-vous pas le temps de recevoir ces secours, parce que vous croirez toujours pouvoir le faire assez tôt ! Peut-être qu'au sortir de cette partie de plaisir, de ce lieu de débauche, de ce repas d'intempérance, de cette occasion de péché, la mort qui n'attend que ce moment pour vous frapper, ne vous laissera que le temps de reconnaître que vous mourrez en état de péché : *In peccato vestro moriemini.* (*Joan*, VIII, 21.) Voulez-vous, mes frères, prévenir ce malheur, voulez-vous même vous assurer de l'heureux état où vous devez mourir ? vivez mieux que vous n'avez fait jusqu'à présent, et quelqu'incertaine que soit la mort par rapport à ses circonstances, vous pouvez, autant qu'il est en vous, rendre certaine une mort précieuse. Pour cela que faut-il faire? Faites de bonne heure et pendant la vie, comme les vierges sages, provision d'huile, c'est-à-dire de vertus et de bonnes œuvres ; que vos lampes soient toujours allumées, afin qu'à l'arrivée de l'époux vous soyez admis dans la salle du festin. Craignez le sort des vierges insensées, qui en furent exclues pour s'y être prises trop tard ; en vain vont-elles chercher de l'huile lorsqu'elles sont averties de l'arrivée de l'époux, il vient pendant ce temps-là, et à leur retour, elles trouvent la porte fermée : *Clausa est janua.* En vain demandent-elles avec des cris lamentables qu'on leur ouvre : *Domine, aperi nobis* ; elles n'ont d'autre réponse que ces paroles rebutantes : *Nescio vos*, retirez-vous, vous venez trop tard, je ne vous connais pas. Oh ! qui pourrait comprendre, dit saint Grégoire pape, quel cuisant chagrin, quel affreux désespoir leur causera un rebut si amer ! Telle sera la douleur d'une âme qui, au sortir de cette vie, se trouvera dépourvue de bonnes œuvres : Retirez-vous, lui dira le Seigneur, je ne vous connais point ; vous n'entrerez jamais dans mon royaume : *Nescio vos. Veillez donc*, conclut Jésus-Christ, *parce que vous ne savez ni le jour, ni l'heure à laquelle il viendra : « Vigilate, quia nescitis diem neque horam.* (*Matth.* XXV, 10-13) Or, en quoi consiste cette vigilance qui doit vous servir de préparation à la mort? je la réduis à quelques points principaux que je vous propose pour pratique en finissant cette instruction.

Pratiques. — 1° Pour se bien préparer à la mort, il faut y penser souvent, non pas d'une manière vague et générale, mais d'une manière propre et particulière, qui fasse sur nous une salutaire impression. Je dois mourir un jour et je mourrai plutôt que je ne crois, devons-nous dire : il faut surtout faire cette réflexion, lorsqu'on assiste aux obsèques d'un mort : C'est peut-être pour moi que l'on fera bientôt cette cérémonie; c'est pour moi le premier que l'on doit ouvrir la terre. Conservez soigneusement cette pensée; allez de temps en temps, au moins une fois la semaine, méditer sur la mort à l'endroit que vous avez choisi pour votre sépulture. Occupez-vous, à l'exemple de saint Antoine, de cette pensée salutaire, le matin en vous levant : Peut-être que je ne verrai pas le soir; en vous couchant : Peut-être que je ne verrai pas le matin. Me voilà ce soir plus près du tombeau que je n'étais ce matin.

2° Pour se bien préparer à la mort, il faut toujours être dans l'état où l'on doit mourir, c'est-à-dire dans l'état où l'on doit rester; c'est-à-dire en état de grâce, et ne rester jamais dans celui où l'on ne voudrait pas mourir, c'est-à-dire en état de péché. Ainsi, mes frères, interrogez maintenant votre conscience. En quel état êtes-vous? est-ce dans celui du péché? sortez-en au plustôt, pour n'être pas surpris par la mort.

3° N'attendez pas à l'heure de la mort pour faire les restitutions dont vous êtes chargés, afin d'être à vous-mêmes dans ces derniers moments, et de ne penser qu'à l'affaire de votre salut.

4° Faites maintenant tout ce que vous voudriez avoir fait à l'heure de la mort, et ne faites rien de ce que vous voudriez alors n'avoir pas fait. Approchez-vous du lit d'un mourant, et demandez-lui quels sont ses sentiments, ce qu'il pense des biens, des honneurs, des plaisirs. Quel mépris n'en fait-il pas? Méprisez-les de même. Quelle estime, au contraire, ne fait-il pas des croix, des souffrances, des humiliations, et de tous les saints exercices de la vie chrétienne? Il voudrait que toute sa vie se fût passée comme celle des plus grands saints. Pensez maintenant comme lui : entrez dans ses sentiments, et vous ferez tout le bien que Dieu demande de vous pour vous préparer à bien mourir. Souvenez-vous que le temps de la mort est le temps de la moisson, et que la vie est le temps propre à semer. Vous ne recueillerez pas du grain dans un champ où vous n'avez rien semé; il faut donc, dit l'Apôtre, faire le bien sans interruption, afin de moissonner à la mort : *Bonum facientes non deficiamus, tempore enim suo metemus.* Profitez du temps pour gagner le ciel, parce qu'il n'y en aura plus après la mort; que ce soit là votre devise ordinaire : *Dum tempus habemus, operemur bonum.* (*Galat.*, VI, 8-10.)

5° N'aimez rien, n'estimez rien que ce que vous voudriez avoir aimé et estimé à la mort : dans toutes les affaires de la vie envisagez toujours la mort; en un mot, que la mort soit la règle de toutes vos actions. Vivez tous les jours, comme si vous deviez mourir tous les jours. Faites tous les matins cette résolution : Je veux vivre aujourd'hui, comme si je devais mourir aujourd'hui. Heureux le serviteur vigilant que le Seigneur trouvera fidèle en ces pratiques! il le fera entrer dans le séjour de sa gloire. Ainsi soit-il.

PRONE LXIV.

III° Pour le quinzième Dimanche après la Pentecôte.

SUR LA MORT DES BONS ET DES MÉCHANTS.

Noli flere. (*Luc.*, VII, 13.)

Ne pleurez point.

Qu'il est doux, mes frères, de trouver dans son affliction un consolateur aussi compatissant et aussi bienfaisant que Jésus-Christ! Tel fut le bonheur d'une veuve de la ville de Naïm, dont l'Evangile de ce jour fait mention, et à qui la mort avait enlevé un fils unique, qui faisait sa plus douce espérance. Jésus-Christ trouve sur ses pas cette pompe funèbre; touché de l'affliction de cette mère tendre, il fait arrêter le convoi, et faisant servir sa puissance à sa bonté, il touche le cadavre, lui ordonne de se lever, et la mort à l'instant, attentive à la voix du Maître de l'univers, rend à la vie sa victime, et à cette mère affligée l'unique objet de sa consolation. La mort de ce jeune homme me fournit l'occasion de vous entretenir aujourd'hui d'un sujet qui nous regarde tous comme lui. Sujet important! il nous anime à la fuite du mal, et à la pratique du bien. Nous sommes condamnés à mourir, c'est une loi immuable, il faut la subir, grands et petits, pauvres et riches, rois et sujets, savants et ignorants : tous sont sujets à la mort; tôt ou tard il faut payer ce tribut, vous en êtes tous convaincus par l'expérience. Mais ce que j'ai de consolant à vous dire pour adoucir les rigueurs de cet arrêt, c'est que s'il ne dépend pas de vous d'éviter la mort, il dépend de vous de bien mourir; et si vous faites une bonne mort, tout est gagné pour vous, le ciel sera votre héritage éternel. Ne pleurez donc point, puis-je vous dire aujourd'hui avec Jésus-Christ; si vous êtes condamnés à la mort, adorez avec soumission la main qui a porté cet arrêt, mais travaillez pendant la vie à mériter une sainte mort. Pleurez, au contraire, et frémissez d'horreur, si votre vie vous conduit à une fin malheureuse; c'est le comble des maux. C'est pour vous engager à mériter l'une, et à éviter l'autre, que je ferai le parallèle de la mort des bons et de celle des méchants. Combien la mort des justes est précieuse devant Dieu, premier point. Combien la mort des méchants est funeste, second point.

PREMIER POINT.

De quelque côté que l'on envisage la mort, soit en elle-même, soit dans ses suites, elle a quelque chose de bien terrible pour l'homme; en elle-même c'est la séparation de tout ce que nous avons de plus cher; c'est la destruction d'une partie de nous-mêmes. Or, tout homme est ennemi de sa destruction; quelque fâcheuse que soit la vie au plus misérable des hommes, il aime mieux vivre que mourir. La mort est encore bien plus terrible dans ses suites; elle est suivie d'un jugement qui doit décider de notre sort éternel, et nous fixer pour toujours ou dans le ciel ou dans l'enfer. Quel sera ce jugement, quelle sera cette éternité? Voilà, mes frères, voilà ce qui a toujours rendu la mort formidable, même aux plus grands saints. Cependant la mort, malgré ses horreurs, présente à l'homme juste bien des sujets de consolation, capables d'en adoucir les amertumes : elle finit ses misères, elle le console par le souvenir de ses vertus, qui reçoivent alors un nouveau degré de mérite; elle le réjouit par la vue de la récompense qui lui est préparée : trois circonstances qui rendent la mort des saints précieuse aux yeux de Dieu : ***Pretiosa in conspectu Domini mors sanctorum ejus.*** (*Psal.* CXV, 15.)

A combien de misères l'homme n'est-il pas sujet en cette vie! quelque peu de temps qu'il soit sur la terre, il en est tout rempli, dit Job : ***Brevi vivens tempore, repletur multis miseriis.*** (*Job*, XIV, 1.) Misères du corps, misères de l'âme, misères intérieures : misères du corps, qui est tantôt pressé par la faim, altéré par la soif; tantôt abattu par le travail, accablé par la maladie, exposé à souffrir les rigueurs des saisons : misères de l'âme, qui est souvent dévorée par le chagrin, troublée par la crainte, accablée par l'ennui, et jamais tranquille dans le sein même de la prospérité : misères extérieures dans les revers de fortune, dans la perte des biens, dans l'abandon des amis, les persécutions des ennemis, les railleries et les mépris que l'on fait souvent de la conduite de l'homme juste : misères intérieures, qui sont les tentations que lui suscitent les ennemis du salut, les dangers continuels où il se trouve de perdre son âme par le péché. Il peut dire, comme le disait saint Paul, qu'il est tout environné de dangers. Dangers dans la prospérité, qui le porte à s'élever au-dessus des autres; dangers dans l'adversité, où il se laisse si aisément abattre; dangers dans les compagnies, dont les mauvais exemples, les maximes pernicieuses sont capables de séduire l'homme le plus sage; dangers dans la solitude, qui n'est pas impénétrable aux attaques de l'ennemi, et où l'on porte toujours une chair rebelle à la loi de Dieu. Quel est l'homme le plus juste, le plus ferme dans la vertu, qui ne soit exposé aux tentations et au danger de se perdre? Hélas! nous portons tous la grâce de Dieu dans des vases fragiles, prêts à tout moment à se briser. Le monde est une mer, où l'on est continuellement exposé à faire naufrage. Chaque jour il y en a plusieurs qui y périssent; combien n'y en a-t-il pas, qui, après avoir bien commencé, finissent misérablement! or, la mort affranchit l'homme juste de toutes les misères de la vie; elle finit ses douleurs et essuie ses larmes; elle le délivre des dangers, et le conduit au port du salut. Avec quel plaisir cet homme voit-il ses travaux passés, son exil près de finir? Tel qu'un voyageur qui a essuyé beaucoup de fatigues pendant une course de longue durée, qui a porté le poids du jour et de la chaleur, souffert les incommodités des saisons, qui s'est vu exposé à périr ou par les mains des voleurs, ou par quelqu'autre accident fâcheux, se rappelle avec satisfaction, et raconte avec plaisir les accidents auxquels il a échappé; ainsi le juste mourant, qui a vécu en ce monde comme un voyageur, se voit avec plaisir à la fin de son pèlerinage. Il ne se ressent plus des fatigues ni des peines qu'il a endurées; il voit, au contraire, que ces fatigues et ces peines sont pour lui la source d'une consolation éternelle, parce qu'il les a souffertes avec patience. Il voit que Dieu ne l'a mis dans le feu et le creuset de la tribulation, que pour le rendre digne de lui; que les tentations, les combats qui lui ont été livrés par ses ennemis, n'ont servi qu'à éprouver, à purifier, à perfectionner ses vertus. Quelle consolation ne lui donnent pas les victoires qu'il a remportées sur ses ennemis, le démon, le monde et la chair! Semblable à un conquérant qui revient du combat chargé de lauriers, sans avoir reçu de blessures, ce juste mourant, qui a triomphé de ses ennemis, n'a plus rien à craindre de leurs embûches et de leurs attaques, il jouit tranquillement du fruit de ses victoires; la mort finit ses misères, elle change sa tristesse en joie, joie éternelle que personne ne lui ravira : oui, la mort le réjouit par le souvenir de ses vertus, qui reçoivent dans ce dernier moment un nouveau degré de mérite : seconde circonstance qui la rend précieuse devant Dieu : ***Pretiosa***, etc.

Il faut tout quitter à la mort, biens, richesses, dignités, appartements, meubles précieux; on n'emporte rien avec soi au tombeau : nos vertus, nos bonnes œuvres sont les seuls biens qui nous restent, et que la mort, toute cruelle qu'elle est, ne peut nous ravir : *Opera illorum sequuntur illos.* (*Apoc.*, XIV, 13.) Or, ce sont ces vertus, ces bonnes œuvres qui font la consolation du juste à la mort, et qui reçoivent leur dernier degré de mérite par les dispositions où il se trouve. Oui, mes frères, toutes les vertus du juste, toutes les bonnes œuvres qu'il a pratiquées, se présentent à son esprit au dernier moment, pour le rassurer contre les horreurs de la mort; il sait que ces vertus, ces bonnes œuvres sont écrites au livre de vie, et que Dieu en conserve le souvenir. Ah! quelle consolation ne trouve-t-il pas dans la possession d'un trésor aussi précieux! Qu'il se sait bon gré des pénitences, des jeûnes, des mortifications dont il a affligé son corps, des aumônes qu'il a répandues dans le sein des pauvres! Qu'il se sait bien plus de gré d'avoir fait un saint usage de ses biens, que de les avoir prodigués en folles dépenses! Repas somptueux, ameublements superbes, habits fastueux, vous ne fûtes jamais de son goût! Qu'il se sait bien plus de gré d'avoir été assidu à la prière, exact à fréquenter les sacrements, fidèle aux autres exercices de la religion, que d'avoir fréquenté les compagnies mondaines, d'avoir assisté aux spectacles! Eprouverez-vous, mes frères, ces consolations à votre mort? Alors les larmes que le juste a répandues, lui causeront bien plus de plaisir que toutes les joies du monde qu'il aurait pu goûter; alors l'humilité, les abaissements où il a vécu, lui donneront plus de satisfaction que tous les honneurs et la gloire du siècle. C'est alors qu'il connaîtra le prix de la pauvreté, de l'humiliation et des souffrances; il en goûtera tous les avantages dans le trésor des mérites qu'il s'est acquis, en se soumettant avec patience et résignation à la volonté de Dieu. Mais ce qui rend encore la mort du juste précieuse, c'est qu'elle met le comble à ses mérites par les dispositions où il se trouve, par un entier détachement où il est de toutes les choses du monde, par un sacrifice généreux qu'il fait à Dieu de sa vie et de tout lui-même.

En effet, ce juste qui a vécu dans le monde comme n'y étant pas, qui en a usé comme n'en usant pas, qui n'a eu que du mépris pour ses biens et ses plaisirs, tandis qu'il pouvait les posséder, quel attachement pourrait-il y avoir sur le point de les quitter? Il a fait pendant sa vie, comme le grand Apôtre, un continuel apprentissage de la mort, par un renoncement volontaire à tout ce qui passe : *Quotidie morior* (I *Cor.*, XV, 31); quel regret pourrait-il avoir d'en être privé? avec quel plaisir, au contraire, s'en voit-il séparé? *Que puis-je désirer sur la terre et dans le ciel*, dit-il avec le Roi-Prophète, *sinon vous, ô mon Dieu!* « *Quid mihi est in cœlo et in terra, et a te quid volui super terram?* (*Psal.* LXXII, 25.) *Tout ce que je souhaite avec le plus d'empressement, c'est de voir arriver la dissolution de ce corps mortel afin d'être réuni à Jésus-Christ :* « *Desiderium habens dissolvi et esse cum Christo.* » (*Philipp.*, I, 23.) *Ah! quand viendra-t-il, cet heureux moment où je posséderai l'objet de mes désirs?* « *Quando veniam, et apparebo ante faciem Dei?* (*Psal.* XLI, 3.) *Qui me donnera des ailes comme à la colombe, pour voler et aller me reposer dans le sein de la béatitude?* «*Quis dabit mihi pennas sicut columbæ, et volabo et requiescam?* » (*Psal.*, LIV, 7.) Tels sont, mes frères, les sentiments d'un juste mourant, qui sont tout à la fois et sa consolation et son mérite; mérite qui reçoit encore un nouvel accroissement de sa patience à souffrir les douleurs de la mort, et du sacrifice qu'il fait à Dieu de sa vie.

C'est un arrêt porté contre tous les hommes, que le moment qui doit séparer notre âme de notre corps, doit se faire sentir par de vives douleurs. Les plus justes mêmes n'en sont pas exempts : le bonheur du juste, à la mort, n'est donc pas d'être soustrait à ces douleurs, mais de trouver dans les douleurs un nouveau sujet de mérite par sa patience à les souffrir. Il sait que la mort est la peine du péché, que les douleurs en sont inséparables; il accepte l'un et l'autre en satisfaction des fautes qu'il a faites pendant la vie; il sait que Jésus-Christ est mort dans le sein de la douleur, quoiqu'il fût innocent: ainsi quelque innocent qu'il pourrait être lui-même, il ne se croit pas au-dessus de son Maître, il n'espère pas un meilleur sort; il s'estime heureux, au contraire, d'avoir quelque ressemblance avec lui, et de faire à Dieu le sacrifice de sa vie, en union de celui que Jésus-Christ a fait de la sienne. C'est dans ces sentiments qu'il reçoit tranquillement le coup de la mort, qui couronne ses vertus et qui lui en fait voir la récompense. Troisième circonstance qui rend la mort précieuse : ***Pretiosa in conspectu***, etc.

Je l'ai dit, et il faut en convenir, mes frères, les suites de la mort ont quelque chose de terrible pour l'homme, quelque juste qu'il soit. On mourrait tranquillement, si on était sûr d'un heureux avenir; mais on ne peut en être plus sûr que de l'état de la grâce, qui en est le titre certain. Or personne ne sait, dit l'Apôtre, s'il est digne de haine ou d'amour. Cependant le juste mourant a toutes les assurances qu'il peut avoir du bonheur éternel. D'un côté les trésors de mérites qu'il a acquis, et les vertus qu'il a pratiquées; de l'autre, la fidélité de Dieu à récompenser la vertu et les secours de l'Eglise dont il est muni dans ces derniers moments, tout contribue à le rassurer contre la crainte d'un malheureux avenir. Oui, mes frères, le juste mourant trouve dans ses vertus un titre assuré du bonheur éternel qu'il espère; il a observé exactement les commandements du Seigneur, il s'est acquitté fidèlement des obligations de son état, il a suivi les maximes de l'Eglise, il a mortifié ses passions, il s'est fait violence pour remporter la courone promise à ceux qui ont légitimement combattu. Il a été pauvre dans le sein de l'abondance, humble au milieu des honneurs; il a aimé les mépris, les humiliations, la pauvreté, les souffrances; il sait que c'est à ces conditions que le royaume du ciel est promis; il peut dire, comme l'Apôtre, qu'il a bien combattu, qu'il a achevé sa carrière, qu'il ne lui reste plus qu'à recevoir la couronne de justice que le souverain Juge lui a destinée : *Bonum certamen certavi, cursum consummavi; in reliquo reposita est mihi corona justitiæ.* (II *Tim.*, IV, 7, 8.) Les combats, mes frères, que vous livrez à vos passions, et les victoires que vous remportez sur vos ennemis, vous donneront-elles cette assurance à votre mort? Le juste a d'autant plus sujet d'espérer cette couronne immortelle, qu'il a affaire à un Dieu fidèle en ses promesses, qui ne peut lui manquer : *Je sais*, peut-il ajouter avec le même Apôtre, *à qui je me suis confié : « Scio cui credidi. » Et je suis assuré que le Seigneur a le pouvoir et la volonté de garder mon dépôt jusqu'au jour que je dois paraître devant lui : « Certus sum quia potens est depositum meum servare in illum diem. »* (II *Tim.*, I, 12.)

Ce n'est donc pas tant dans ses mérites que le juste mourant met sa confiance, que dans la bonté de Dieu et les mérites de Jésus-Christ son Sauveur, qui a satisfait pour lui : il sent toute sa confiance se ranimer à la vue de ce Dieu Sauveur dont on lui présente l'image! il se jette entre ses bras; il trouve en lui un médiateur qui le garantit des coups redoutables de la divine justice; s'il a quelque sujet de craindre sur ses péchés, il se rassure sur ce qu'il en a fait pénitence, et que Dieu fut toujours propice à un cœur contrit et humilié. Il s'assure aussi de la sincérité de sa pénitence, par la fidélité qu'il a eue à garder ses bonnes résolutions, par le changement de ses mœurs et la conduite régulière qu'il a tenue jusqu'à ce dernier moment. Comprenez, mes frères, ce motif de consolation, et tâchez de vous le procurer à la mort, en faisant pendant la vie vos confessions avec un ferme propos. J'ai péché, s'écrie le juste en mourant, j'ai péché grand Dieu! mais j'espère que vous m'avez pardonné mon péché. Si votre justice n'est pas encore entièrement apaisée, regardez la face de votre cher Fils, qui vous demande grâce pour moi : *Respice in faciem Christi tui.* (*Psal.* LXXXIII, 10.) Ah! mes frères, que le juste mourant trouve en Jésus-Christ de puissants motifs de confiance, quand il l'a pris pour son modèle! Quelle ressource n'a-t-il pas dans ses plaies adorables qui ont été ouvertes par son amour, quand il a rempli de son côté ce qui manque à la Passion de Jésus-Christ par sa conformité avec ce divin original ? La justice de Dieu ne se montre à lui que sous les traits d'une bonté et d'une miséricorde qui lui fait grâce, et qui veut le recevoir au rang des prédestinés.

Pour assurer encore davantage sa prédestination, l'Eglise le munit des secours dont elle a coutume de fortifier ses enfants dans les derniers moments de la vie : tels que sont les sacrements qu'elle lui fait administrer, les prières qu'elle fait pour lui. Comme le juste chrétien a été fidèle à fréquenter les sacrements pendant la vie, Dieu, pour récompenser sa fidélité, lui ménage les moyens de les recevoir à la mort. Il les a reçus avec de saintes dispositions pendant la vie, il les recevra de même à la mort. Le sacrement de pénitence lui remettra ses péchés, s'il en est coupable, ou le fera croître en grâce : le sacrement d'extrême-onction effacera le reste de ses péchés, le purifiera entièrement pour le rendre digne d'être reçu dans les tabernacles éternels, le fortifiera contre les tentations de l'ennemi du salut, qui redouble ses efforts dans ces derniers moments pour perdre une âme rachetée au prix du sang d'un Dieu. En vain les puissances de l'enfer se réuniront-elles toutes ensemble pour faire la conquête de cette âme, en la portant au péché : le Seigneur, qui est sa lumière, dissipera les ténèbres de la mort, ne permettra pas que l'ennemi du salut prévale sur elle : *Illumina oculos meos, ne unquam obdormiam in morte, nequando dicat inimicus, Prævalui adversus eum.* (*Psal.* XII, 4.) Cette âme, fortifiée comme un généreux athlète par l'onction de la grâce, ne craindra rien des attaques du prince des ténèbres, parce que Dieu est avec elle, combat pour elle : *Si ambulavero in medio umbræ mortis, non timebo mala, quoniam tu mecum es : impinguasti in oleo caput meum.* La miséricorde de Dieu qui l'a garanti pendant sa vie des embûches de Satan, ne l'abandonnera pas dans un temps où elle a besoin de son secours, pour arriver au port du salut: *Misericordia tua subsequetur me omnibus diebus vitæ meæ, ut inhabitem in domo Domini in longitudinem dierum.* (*Psal.* XXII, 4-6.)

Mais quelle force, quel secours cette âme ne trouvera-t-elle pas dans le saint Viatique? Si le prophète Elie reçut toute la force qui lui était nécessaire pour arriver jusqu'à la montagne d'Oreb, par un pain qu'un ange lui apporta, combien le juste mourant n'en recevra-t-il pas du pain céleste de la divine Eucharistie qui lui fournit un protecteur, un guide assuré pour le conduire jusqu'à la montagne sainte? Peut-il craindre avec un tel garant, et n'est-il pas déjà en possession de la vie éternelle, puisqu'il en possède le gage ? *Pignus futuræ gloriæ nobis datur.*

Quels secours enfin le juste mourant ne reçoit-il pas des prières que l'Eglise adresse pour lui au Ciel, au moment de son agonie? l'Eglise, cette bonne mère, toujours attentive aux besoins de ses enfants, leur donne jusqu'au dernier moment de la vie des marques de sa tendresse: elle les suit, elle les accompagne jusqu'au dernier soupir; elle députe son ministre vers le mourant, pour faire en sa faveur les prières les plus touchantes. Ce ministre, accompagné d'une troupe de fidèles qui joignent leurs prières aux siennes, après avoir exhorté l'âme à sortir de ce monde, au nom de la sainte Trinité, du Père qui l'a créée, du Fils qui l'a rachetée, du Saint-Esprit qui l'a sanctifiée, au nom de tous les anges, de tous les apôtres, de tous les martyrs, de toutes les vierges et de toute la cour céleste dont il a imploré la protection, s'adresse à Dieu en ces termes : Dieu de miséricorde et de clémence, qui pardonnez les péchés à ceux qui s'en repentent, daignez jeter vos regards favorables sur votre serviteur ; accordez-lui la rémission de tous ses péchés ; renouvelez en lui tout ce que la fragilité humaine ou la malice du démon a pu altérer, ayez pitié de ses gémissements, de ses larmes; délivrez-le de tous les dangers de l'enfer, recevez-le dans le lieu de votre repos; que tous les anges et les saints viennent au-devant de lui pour le présenter au trône de votre majesté, et le faire entrer dans la céleste Jérusalem: *Veniant illi obviam sancti angeli Dei, et perducant eum in civitatem cœlestem Jerusalem.*

A peine les prières de l'Eglise sont-elles achevées, que ce juste meurt, et s'endort dans le Seigneur. Son âme est portée par les anges dans le sein de la Béatitude éternelle. Fidèles, empressez-vous de rendre à son corps le dernier devoir. Ah! si l'heureux état de son âme vous était révélé, quel honneur ne rendriez-vous pas à sa cendre? Qui de vous ne s'empresserait pas d'avoir de ses précieuses reliques?

Pratiques. — Mais qui de vous aussi ne doit pas souhaiter de mourir de la mort des justes? *Moriatur anima mea morte justorum.* (*Num.*, XXIII, 10.) Que mon âme, devez-vous dire, meure de cette mort, et que ma fin ressemble à la leur. Mais voulez-vous la mériter? vivez de la vie des justes, craignez le Seigneur, servez-le fidèlement: c'est le moyen de faire une sainte mort: *Timenti Dominum bene erit in extremis.* (*Eccli.*, I, 13.) Qui sont ceux qui meurent dans le Seigneur? Ce sont ceux qui sont déjà morts au monde et à eux-mêmes: *Beati mortui*, etc. (*Apoc.*, XIV, 13.) Or, mourir au monde et à soi-même, c'est vivre dans un entier détachement de toutes choses, ne rien aimer pendant sa vie que ce que l'on aimera à la mort; ne rien faire de ce que l'on voudrait n'avoir pas fait, faire tout ce qu'on voudrait avoir fait. Pensez souvent à la mort, et réglez votre conduite sur cette pensée; faites attention que chaque pas vous approche du tombeau, et qu'il n'y a point d'instant qui ne puisse être le dernier de notre vie; dans vos entreprises, demandez-vous à vous-même: Si je devais mourir aujourd'hui, comment me comporterais-je dans la circonstance présente? Voilà, en peu de mots, la préparation à une sainte mort. Joignez à cette pratique quelques prières pour la demander à Dieu, recourez à la protection de saint Joseph; vivez en chrétien, et vous mourrez en saint. Ainsi soit-il.

DEUXIÈME POINT.

Pour un second Prône.

SUR LA MORT DES MÉCHANTS.

Quæ seminaverit homo, hæc et metet. (*Galat.*, VI, 8.)
L'homme recueillera ce qu'il aura semé.

Le temps de la vie est un temps que le Seigneur nous a donné pour travailler, pour semer; et celui de la mort, est le temps de la récolte. C'est la comparaison dont se sert le grand Apôtre dans l'Epître de ce jour. Un laboureur qui n'a semé que de mauvais grain dans son champ, ne peut pas espérer d'en recueillir du bon. Celui donc, conclut le même Apôtre, qui sème dans la chair, c'est-à-dire, celui qui mène une vie charnelle en suivant l'attrait de sa concupiscence, ne recueillera que de la corruption, comme celui qui sème dans l'esprit, c'est-à-dire qui se laisse conduire par l'esprit de Dieu, dans la pratique du bien, recueillera la vie éternelle. Sur cette règle, mes frères, vous pouvez juger quel sera votre sort à l'heure de la mort, et quelle récolte vous y ferez. Votre vie en doit décider: voyez donc quelle est la vie que vous menez. Si c'est une vie sainte et chrétienne, votre mort lui sera semblable, vous recueillerez les fruits de la vie éternelle. Mais si votre vie se passe dans le désordre, vous ne devez vous attendre qu'à une fin malheureuse, et à recueillir des fruits de malédiction: car la mort est l'écho de la vie: on meurt comme on a vécu. Quels sont donc, pécheurs, votre folie et votre aveuglement, de vous abandonner au torrent de vos passions? Si votre âme devait mourir avec votre corps, vous ne risqueriez rien de vivre de la sorte; mais vous le savez, et la foi vous l'apprend, que votre âme doit survivre à votre corps; que cette âme sera jugée sur l'état où elle se trouve à la sortie de ce monde: or, elle en sortira dans l'état que vous avez vécu, c'est-à-dire dans l'état du péché, si vous avez vécu dans le péché. Quel malheur pour vous! Eussiez-vous joui, pendant toute votre vie, de tous les plaisirs; eussiez-vous possédé des biens en abondance, fussiez-vous élevés aux plus grands honneurs; si vous mourez réprouvés, il vaudrait mieux n'être jamais nés: parce que cette mort funeste sera le commencement d'une malheureuse éternité. C'est donc pour vous engager à vous convertir, que je viens vous faire voir les horreurs d'une telle mort: puissiez-vous l'éviter, et mériter une mort précieuse?

Quelle différence, mes frères, entre la mort des justes et celle des pécheurs! Le souvenir du passé remplit le juste de joie, de consolation, et le pécheur n'y voit rien qui ne l'afflige et ne le déconcerte. Le juste souffre tranquillement ses douleurs, et en fait le sujet de nouveaux mérites; et le pécheur, accablé de douleurs violentes, consomme sa réprobation par les mauvaises dispositions où il se trouve. Le juste est rassuré par l'espérance d'un bonheur éternel qui lui est préparé, et le pécheur est livré au plus affreux désespoir, à la vue d'un malheur éternel qu'il a mérité; en sorte que le passé, le présent et l'avenir concourent tout à la fois à rendre la mort du pécheur très-affreuse: le passé, par les regrets les plus amers; le présent, par les douleurs les plus sensibles; et l'avenir, par le désespoir le plus accablant: *Mors peccatorum pessima.* (*Psal.* XXXIII, 22.)

Ire *Réflexion.* — Non, mes frères, le pécheur n'aperçoit à la mort, dans sa vie passée, que des sujets de regrets les plus amers; soit qu'il considère les plaisirs qu'il a goûtés, soit qu'il envisage les péchés qu'il a commis, soit qu'il fasse attention aux moyens de salut dont il a abusé, ce sont là autant de points de vue affligeants, qui font passer la douleur jusque dans le fond de son âme. Premièrement les plaisirs qui sont passés, tous les objets qui l'ont séduit et enchanté, ont disparu. Tout ne lui paraît plus que vanité et que mensonge. Ces agréables sociétés, ces parties de plaisirs, les jeux, les spectacles, les repas délicieux où il s'est trouvé, tout cela n'est plus; il ne lui en reste qu'un triste souvenir à la mort. Il en est des plaisirs qu'on a pris pendant la vie, ce qu'il en est aujourd'hui des plaisirs que vous avez pris il y a dix ans. Or, qu'en pensez-vous à présent, et qu'en penserez-vous à la mort? Hélas! les plaisirs sont des songes qui passent aussi vite que le temps, et après la vie la plus longue, on se trouve dans le même état que si on ne faisait que de naître. Ainsi le pécheur mourant, quelque longue qu'ait été sa carrière, quelques plaisirs qu'il ait goûtés, peut dire qu'il n'a fait que dormir, ou tout au plus, comme Jonathas, qu'il n'a fait que goûter un peu de miel, et qu'après l'avoir goûté, il faut mourir : *Gustavi paululum mellis, et ecce morior.* (I *Reg.*, XIV, 43.)

Mais ce qui fait son plus grand regret, c'est qu'en goûtant ce peu de miel, il a transgressé la loi du Seigneur, le meilleur de tous les pères. En cherchant ses plaisirs, il a rendu son âme criminelle; il l'a chargée d'iniquités, qui ont fait porter contre lui l'arrêt d'une mort éternelle : *Gustavi*, etc. Oui, mes frères, tous les crimes qu'un pécheur a commis pendant sa vie, se présentent à l'heure de sa mort, non plus avec les couleurs sous lesquelles son amour-propre et ses passions les lui déguisaient ; mais ils se font voir dans toute leur laideur, dans toute leur difformité. Toutes les pensées criminelles dont son esprit a été occupé, tous les désirs grossiers auxquels son cœur s'est livré, toutes les paroles dissolues qui sont sorties de sa bouche, toutes les actions mauvaises qu'il a faites; tous les désordres où il s'est plongé, les commerces criminels qu'il a entretenus, toutes les injustices qu'il a faites au prochain, tous les noirs desseins qu'il a formés ou exécutés ; tous ses péchés se présentent à lui dans leur nombre, leurs circonstances, leur énormité. C'est un pesant fardeau qui l'accable, et qu'il ne peut supporter : *Iniquitates meæ, sicut onus grave, gravatæ sunt super me.* (*Psal.* XXXVII, 5.) De quels cruels remords son âme n'est-elle pas déchirée, à la vue de tous ces monstres qui s'offrent à lui tout à la fois pour le tourmenter?

En vain le pécheur voudrait-il alors se cacher à lui-même ses iniquités, comme il a fait pendant la vie. Ses yeux étaient fascinés par mille objets qui l'enchantaient; mais la mort lève le bandeau fatal qui lui fermait les yeux, et les fait disparaître. Il ne pourra plus, dit saint Bernard, fuir la vue de ces désordres, quelqu'effort qu'il puisse faire pour en détourner les yeux. Il se trouvera dans le même état que l'impie Antiochus, qui, frappé de la main de Dieu, et sur le point de mourir, séchait de douleur à la vue des maux qu'il avait faits à Jérusalem. Je me souviens, disait cet impie, des profanations que j'ai faites dans le temple, de l'enlèvement des vases sacrés : *Reminiscor malorum quæ feci Jerusalem.* (I *Mach.*, VI, 12.) Ainsi, dira le pécheur mourant : je me souviens de toutes les impiétés que j'ai commises dans le lieu saint, de toutes les profanations que j'ai faites des sacrements, surtout en cachant certains péchés que je n'osais pas déclarer : *Reminiscor.* Je me souviens aussi de toutes les haines que j'ai eues contre mon prochain, de toutes les vengeances préméditées, de tous les mauvais traitements que je lui ai faits, de toutes les injures que je lui ai dites, de tous les dommages que je lui ai causés : *Reminiscor.* Je me souviens de toutes les voluptés, de toutes les intempérances auxquelles je me suis livré, de tous les scandales que j'ai donnés : *Reminiscor.* Ainsi, pécheurs, autant vous aurez eu de plaisir à commettre le crime pendant la vie, autant le crime, par un funeste retour, vous causera de douleur à la mort, dans les reproches amers que vous fera votre conscience. Ce qui augmentera encore la douleur du pécheur mourant, sera l'abus qu'il aura fait des moyens de salut qu'il a eus pendant la vie.

Que de grâces en effet ce pécheur n'a-t-il pas reçues! Que de saintes aspirations, que de bons mouvements l'ont porté à se donner à Dieu, à l'aimer, à le servir, à vivre en bon chrétien! Que de salutaires instructions n'a-t-il pas entendues! Que de bons exemples n'a-t-il pas vus! Quels puissants secours dans les sacrements, qu'il n'a tenu qu'à lui de fréquenter! Il se rappelle tout cela, et il voit qu'il a résisté à toutes ces inspirations, qu'il a méprisé toutes ces grâces; qu'il n'a profité ni des instructions, ni des bons exemples; qu'il s'est éloigné des sacrements, ou qu'il les a profanés. Hélas! il ne tenait qu'à moi, dira-t-il, de vivre en bon chrétien, de faire comme tant d'autres qui servent Dieu fidèlement; mais, au lieu de m'attacher au service d'un si bon Maître, dont le joug était doux et léger, qui me promettait les plus magnifiques récompenses, je me suis attaché à un monde perfide, qui me trahit et m'abandonne; au lieu de suivre les étendards de Jésus-Christ, j'ai suivi ceux du démon, qui ne cherchait qu'à me perdre, et qui n'attend que le moment où mon âme sorte de mon corps pour s'en saisir comme de sa proie, et la conduire dans les supplices éternels. O insensé! quel a été mon aveuglement, et que je paye bien cher les plaisirs que j'ai goûtés en suivant le torrent de mes passions! Il me faut donc quitter ce monde sans avoir rien fait pour le ciel, sans avoir aucune bonne œuvre à présenter à Dieu pour me garantir des traits de sa justice! O aveuglement terrible dans lequel j'ai vécu! J'étais sur la terre pour me sauver, et tout ce que j'ai fait n'a servi qu'à me perdre! je pouvais me sauver, et je meurs dans la disgrâce de mon Dieu! Je sens mon malheur; mais hélas! il est trop tard pour le prévenir. Tels sont, mes frères, les sentiments que vous verriez dans l'âme d'un pécheur mourant, si vous pouviez pénétrer dans le fond de son cœur. Mais ce n'est encore là qu'une partie de son supplice. Ce même cœur est encore accablé par les douleurs que le présent lui fait souffrir, mais qu'il souffre sans mérite et qui ne servent qu'à sa réprobation, par les mauvaises dispositions où il se trouve : *Mors peccatorum pessima.*

IIe Réflexion. — Que de sujets de douleur s'offrent au pécheur mourant dans les circonstances de sa mort! Douleur dans l'âme, causée par la séparation de tout ce qu'il a de plus cher. Il faut dire adieu à un époux, à une épouse, à des enfants qu'on a tendrement aimés, et pour qui on s'est sacrifié; les larmes que les uns et les autres répandent ne sont pas capables de faire révoquer l'arrêt de mort prononcé contre lui. Il faut mettre ordre à des affaires auxquelles il n'a pas pensé, et qu'il n'est pas en état de régler: ce qui lui cause de mortelles inquiétudes; il faut disposer de ces biens qui lui ont tant coûté à amasser. Mais avec quel regret quitte-t-il ces biens auxquels il était si attaché pendant la vie? La mort ne le dépouille pas seulement, dit saint Bernard, mais elle lui déchire impitoyablement le cœur. Est-ce ainsi, cruelle, lui dit-il, que tu me sépares de ce que j'ai tant aimé? *Siccine separat amara mors?* (I *Reg* , XV, 32.) Est-ce ainsi que tu m'enlèves encore cet argent que je gardais avec tant de soin? que tu me dépouilles de ces maisons, de ces héritages que j'ai acquis par tant de travaux, et dont je croyais jouir encore pendant longtemps? Mais que deviendront ces biens? entre les mains de qui tombera cet argent que j'avais si bien caché? *Quæ parasti cujus erunt?* Hélas! peut-être tomberont-ils entre les mains d'ingrats qui voudraient déjà me voir au tombeau pour s'en saisir plus promptement. Il voudrait, s'il le pouvait, ce riche avare, emporter son argent jusque dans le tombeau; il ne quitte ses biens que malgré lui; mais la douleur qu'il ressent d'en être privé lui est inutile, et le rend même plus coupable aux yeux de Dieu. Les douleurs qu'il souffre dans le corps n'en ont pas plus de mérites. Elles achèvent, au contraire, sa réprobation, parce qu'il ne les souffre qu'avec impatience. Tantôt il murmure contre la Providence qui l'afflige, tantôt il se plaint, il s'emporte contre ceux qui sont autour de lui pour lui donner le secours dont il a besoin. Voyez-le s'agiter continuellement, ne trouvant aucune situation tranquille, brûlé par une fièvre ardente, accablé par de violents maux de tête, ses entrailles déchirées par les plus douloureuses coliques. Parmi tous ses maux, son cœur demeure aigri contre la main qui le frappe. Aucune soumission à la volonté de Dieu. Déjà la mort s'approche pour lui procurer son dernier coup; je vois sa bouche livide, ses yeux égarés et à demi éteints, son visage pâle et défiguré; il succombe enfin sous la violence du mal, et il ne lui reste plus qu'un souffle de vie. Mais on ne lui a point encore parlé de son salut, parce qu'on craint de l'effrayer. Car tel est le sort malheureux de ceux qui ont vécu dans le péché; ils n'ont pas pensé à leur salut pendant la vie; ils n'y pensent pas plus sérieusement à la mort: ils ne seront jamais les premiers à demander les secours des mourants; il faut des ménagements infinis pour les convaincre de leur nécessité; et malheureusement pour eux, par un juste châtiment de Dieu, il arrive que personne ne se sent le courage de leur en parler; que dis-je? n'écarte-t-on pas même ceux qui voudraient leur en porter la parole? on ferme l'entrée jusqu'aux ministres du Seigneur, parce que, dit-on, il ne faut pas incommoder le malade en le faisant parler. Ainsi, il arrive très-souvent qu'un grand nombre de pécheurs meurent sans avoir eu le temps de se reconnaître, et, par une conséquence nécessaire, ils meurent dans la disgrâce de Dieu, et tombent dans les horreurs de la mort éternelle.

Mais je veux que ce pécheur ait le temps de penser à son salut, qu'on lui fasse faire, là-dessus, les réflexions qui conviennent. Ce sont ces réflexions mêmes qui le jettent dans le désespoir à la vue d'un malheur éternel dont il est menacé. Désespoir le plus accablant, qui rend au pécheur la mort très-amère : *Mors peccatorum pessima.*

IIIe Réflexion. — A la mort, la foi du pécheur qui avait été comme éteinte pendant la vie, se réveille et lui découvre les grandes vérités de la religion. C'est alors que les illusions, les préjugés, les faux raisonnements, les subtilités que l'on avait inventées pour les combattre et pour se procurer un faux calme dans la jouissance des plaisirs; c'est alors que tout disparaît comme un fantôme pour faire place à la religion qui se fait entendre et qui parle dans toute sa force. Alors on croit ce qu'on n'a pas voulu croire pendant la vie; on voit s'approcher à grands pas ce déluge de maux dont on a été menacé, et qui vont fondre sur la tête des coupables. Mais comment ce pécheur mourant se rassurera-t-il contre la crainte d'un enfer ouvert sous ses pieds? Sera-ce sur les vertus qu'il a pratiquées? mais il ne voit qu'une vie toute remplie de crimes et de désordres ; sur la bonté de Dieu toujours prêt à recevoir le pécheur? mais il sait, ce pécheur, qu'il a abusé de cette bonté, et que l'abus qu'il en a fait mérite d'être puni d'un abandon de Dieu, qui s'en est expliqué lui-même de manière à n'en laisser aucun doute. Je vous ai appelé, et vous n'avez pas voulu m'écouter; je ne vous écouterai plus à mon tour quand vous m'appellerez : vous m'avez méprisé quand je vous ai recherché, et moi je vous mépriserai à mon tour; vous me chercherez, et vous ne me trouverez pas, et vous mourrez dans votre péché : *Quæretis me, et in peccato vestro moriemini.* (*Joan.*, VIII, 21.) Telles sont les dispositions où le pécheur trouve Dieu à son égard à l'heure de la mort; dispositions qui sont un juste châtiment de celles où il a été à l'égard de Dieu pendant la vie. La divine bonté ne se montre plus à lui que sous les traits d'une justice irritée, qui va faire tomber sur lui le trésor de colère qu'il s'est amassé. Ce pécheur a beau demander grâce, il ne l'obtiendra pas plus que l'impie Antiochus : *Orabat hic scelestus Dominum, a quo non esset misericordiam consecuturus.* (II *Mach.*, IX, 13.)

Il est vrai que si le pécheur faisait une sincère pénitence, il trouverait grâce auprès de Dieu, puisque sa miséricorde est toujours prête à recevoir un cœur contrit et humilié. Mais comment ce pécheur ferait-il une pénitence sincère, lui qui a toujours eu horreur pour le nom même de cette vertu? Comment changer tout d'un coup de cœur, d'inclination, et devenir un homme tout nouveau, quand on a été endurci dans le crime? Il donnera peut-être quelque marque de pénitence; mais pénitence forcée, dit saint Augustin, qui ne lui fait quitter le péché que parce qu'il ne peut plus le commettre; pénitence toute naturelle, effet de la crainte des châtiments, sans aucun mélange d'amour de Dieu.

Qui rassurera donc le pécheur mourant? seront-ce les sacrements? Mais hélas! ils ne servent qu'à mettre le sceau à sa réprobation, parce qu'il les reçoit en mauvaises dispositions. Car, remarquez que s'il reçoit les sacrements, ce n'est pas parce qu'il les a désirés et demandés; il a fallu le presser, et s'il s'est rendu aux pressantes sollicitations du ministre de Jésus-Christ, ce n'est que pour se défaire de ses importunités et pour sauver les apparences. Or, des sacrements ainsi reçus peuvent-ils réparer une vie de désordres, apaiser la colère de Dieu, et ouvrir le ciel? C'est en vain qu'il embrasse le signe de sa rédemption dans le crucifix qu'on lui présente; comment peut-il espérer aux mérites d'un Dieu sauveur, avec qui il a eu si peu de conformité? n'y doit-il pas reconnaître son ennemi, un juge irrité qui va le condamner? C'est cette vue qui le jette dans le plus affreux désespoir; il sait qu'il va paraître devant son redoutable tribunal, qu'il n'a rien à lui présenter qu'une vie remplie de désordres; c'est ce qui l'alarme, c'est ce qui le consterne, sur le point de rendre son âme : *Formido mortis cecidit super me.* (*Psal.* LIV, 5.) S'il jette les yeux au ciel, il voit qu'il est fermé pour lui, et sous ses pas il aperçoit l'enfer ouvert prêt à l'engloutir : quelle source de douleur et de désespoir! Le ministre du Seigneur qui l'assiste a beau prier pour lui, ses prières ne servent à rien. Sortez, lui dit-il, âme chrétienne, de ce monde, pour aller dans le lieu de votre repos. Oui, s'il l'avait mérité par une vie sainte ou par une pénitence sincère; mais le repos éternel n'est que pour ceux qui meurent dans le Seigneur; et, pour mourir dans le Seigneur, il faut avoir vécu pour lui. Il meurt donc, ce pécheur impénitent; mais que sa mort est différente de celle du juste! La mort du juste est la fin de ses douleurs, et le commencement de son bonheur éternel; et la mort du pécheur est la fin de ses joies et le commencement de sa réprobation. Le juste meurt, et son âme, au sortir de son corps, est portée par les anges dans le sein de la béatitude; le pécheur meurt, et son âme, au sortir de son corps, est entraînée par les démons dans les abîmes du feu éternel. O fin tragique! ô fatale destinée! Etait-ce là le terme où devait aboutir la vie de cet homme, à qui rien ne manquait de ce qui pouvait le contenter? Sans doute que pour ménager encore son orgueil et celui de ses parents, on lui fait des obsèques magnifiques, tandis que celles du juste se font sans appareil : on place le corps de ce pécheur dans un lieu honorable, dans le temple du Seigneur; mais de quoi lui sert que son corps soit placé dans l'église, lorsque son âme est dans l'enfer? En vain sonne-t-on des cloches pour avertir les fidèles de prier pour lui, les prières ne lui servent de rien dans un lieu où il n'y a nulle rédemption à attendre ; en vain répand-on sur son corps l'eau bénite en abondance, cette eau n'est pas capable d'éteindre les feux qui le brûlent et le brûleront pendant toute l'éternité.

Que pensez-vous, mes frères, de la destinée d'un pécheur qui meurt sans pénitence? son sort vous fait-il envie, ou plutôt ne vous fait-il pas trembler? Hélas! ce sera peut-être le sort de plusieurs de ceux qui m'écoutent. Ce sera le vôtre, avares, dont le cœur place ses affections dans les biens périssables, tandis qu'il ne réserve que des entrailles de fer aux membres de Jésus-Christ; tremblez, et apprenez que cet argent, votre idole, ne vous suivra au delà du tombeau que pour devenir contre vous votre accusateur et votre juge.

Ce sera le vôtre, voluptueux, qui ne voulez pas rompre cette attache criminelle que vous avez pour l'objet de votre passion; vous mourrez, et la mort vous en séparant, vous fera payer malgré vous bien cher les vains plaisirs que vous aurez goûtés. Ce sera le vôtre, vindicatifs, qui ne voulez pas pardonner; vous mourrez dans vos ressentiments, dans votre rancune contre le prochain.

Ce sera le vôtre, injustes usurpateurs du bien d'autrui, qui ne voulez pas restituer, qui attendez à la mort pour le faire : elle vous surprendra avant que vous l'ayez fait, et vos injustices vous suivront dans la malheureuse éternité. Ce sera enfin le vôtre, pécheurs qui que vous soyez, si vous ne vous convertissez, si vous ne rétractez vos mauvaises habitudes, si vous différez votre conversion jusqu'à la mort; votre penchant vous entraînera dans l'abîme d'un malheur éternel, vous mourrez dans votre péché : *In peccato vestro moriemini.* Oui, vous mourrez dans ce péché que vous aimez et que vous pourriez effacer par les larmes de la pénitence; dans ce péché qu'une fausse honte vous a fait cacher en confession, et qui vous a rendus profanateurs des saints mystères. Vous mourrez dans ce péché qui a souillé toutes les facultés de votre âme et tous les membres de votre corps : *Et in peccato vestro moriemini.*

Pratiques.—Ah! mes frères, pour peu qu'il vous reste de foi et d'amour pour vos vrais intérêts, prévenez un sort si funeste. Vivez sans péché, vous mourrez sans regrets; soyez au milieu du monde sans attachement, et vous le quitterez sans peine ; employez saintement le temps, et vous verrez approcher l'éternité avec joie. Mettez ordre dès à présent à votre conscience par une bonne confession, corrigez-vous de vos défauts, faites en sorte que vous puissiez dire au moment de la mort : Depuis un tel temps, depuis un tel jour j'ai quitté le péché, j'ai vécu en bon chrétien. Réconciliez-vous avec le prochain, quittez l'occasion du péché, rendez ce bien mal acquis, corrigez vos mauvaises habitudes par les actes des vertus contraires, approchez-vous des sacrements; faites, en un mot, tout ce que vous voudriez avoir fait, et vous ferez une mort sainte que je vous souhaite. *Amen.*

PRONE LXV.

Pour le seizième Dimanche après la Pentecôte.

SUR L'AVARICE.

Ecce homo hydropicus erat ante illum. (*Luc.*, XIV, 2.)
Un hydropique fut présenté à Jésus-Christ.

C'est une remarque judicieuse des saints Pères, que les différentes maladies de ceux que l'on présentait à Notre-Seigneur pour être guéris, figuraient les maladies de l'âme qu'il guérissait en même temps que celles du corps. Ainsi, l'hydropique de notre Evangile qui fut guéri par Jésus-Christ est la triste et sensible figure d'une âme possédée par l'avarice, par l'amour des biens de la terre. En effet, comme l'hydropisie est causée par un amas d'humeurs qui donne à celui qui en est atteint une soif insatiable; ainsi l'avarice est ordinairement l'effet de l'abondance des biens de la fortune, qui, à mesure qu'elle augmente, fait naître et fortifie le désir de la voir augmenter encore. Comme l'hydropisie est une maladie très-difficile à guérir, et même incurable, quand elle est venue à un certain point, de même l'avarice, une fois enracinée dans l'âme, est un défaut très-difficile à corriger. Aussi voyons-nous dans l'Evangile que les Pharisiens ne voulaient pas écouter Jésus-Christ ni profiter de sa doctrine, parce qu'ils étaient avares : *Deridebant eum, quia avari erant.* (*Luc.*, XVI, 14.)

Faut-il donc désespérer du salut des avares, et les abandonner à leur triste sort, comme les hydropiques dont on n'espère plus la guérison? Non, mes frères; le même médecin qui a le pouvoir de guérir l'hydropique de notre Evangile, a des remèdes assez efficaces pour guérir cette maladie de l'âme, dont j'entreprends aujourd'hui de vous montrer toute la malignité et les pernicieux effets. Mais il faut pour cela que ces malades connaissent leurs plaies, qu'ils veuillent y appliquer les remèdes. Tâchons de leur ouvrir les yeux sur leur crime et leur malheur. Le Saint-Esprit déclare que rien n'est plus criminel qu'un avare : *Avaro nihil scelestius.* (*Eccli.*, X, 9.) Je remarque en effet qu'il est impie envers Dieu, dur et injuste à l'égard du prochain, cruel à lui-même. Développons ces trois principes, qui nous peignent au naturel les caractères de l'avare.

PREMIER POINT.

Les biens de la terre sont des dons de Dieu, sa divine providence les accorde aux hommes pour en user dans le besoin. Les posséder, en désirer même ce qu'exigent les nécessités de la vie, n'est donc pas un crime. Mais ce que Dieu réprouve et condamne dans les hommes, c'est l'amour déréglé pour les biens, qui les fait rechercher passionnément quand ils ne les ont pas, ou posséder avec trop d'attachement quand ils les ont; et c'est cet amour déréglé qu'on appelle avarice, passion aveugle et détestable qui règne dans presque toutes les conditions. Les riches, les pauvres en sont indifféremment la victime. Car, s'il y a des riches, pauvres d'esprit, qui possèdent leurs biens sans attachement, il y a aussi des pauvres, riches d'affection et de désir, qui non-seulement sont plus attachés au peu de bien qu'ils ont, que certains riches à leurs trésors, mais qui désirent encore passionnément les richesses, et qui prennent toutes sortes de moyens pour en acquérir. Or, dans quelqu'état que l'avarice domine le cœur de l'homme, elle le rend criminel à l'égard de Dieu, parce qu'elle porte avec soi un caractère d'impiété et d'inquiétude dont il faut vous faire connaître les traits pour vous en donner de l'aversion.

Vivre dans l'oubli de Dieu, méconnaître l'auteur de ses biens, préférer à Dieu un bien fragile, en faire son idole, au mépris de ce qu'il doit à l'Etre seul digne de ses adorations, n'est-ce pas là un caractère de malice et d'impiété qui mérite toute votre haine? Or, tel est celui de l'avarice. De quoi s'occupe l'avare? sur quoi roulent toutes ses pensées, ses projets? C'est sur le bien, sur l'argent; s'il n'en a pas, il ne pense qu'à en amasser; s'il en a, il ne pense qu'à le conserver, qu'à l'accumuler. La cupidité qui l'anime lui fait chercher toutes les occasions de s'enrichir et de s'agrandir : que ce soit par des voies licites ou illicites, peu lui importe, pourvu qu'il vienne à bout de ses desseins. Qu'on lui représente qu'il n'est point sur la terre pour faire une fortune périssable, qu'il a un Dieu à glorifier, un paradis à gagner, un enfer à éviter; le son du métal qui remplit ses oreilles, comme dit saint Jean Chrysostome, le rend sourd à la voix de la grâce qui lui parle : à le voir tout occupé du soin de conserver et d'augmenter son bien, on dirait qu'il est pour toujours ici-bas; il passera des journées entières sans penser à Dieu; ou, s'il y pense quelque moment, c'est dans une courte prière, où il a l'esprit occupé du soin de faire valoir son bien : les journées sont trop courtes pour remplir ses projets; les dimanches et les fêtes pour la plus grande partie sont employés à faire des voyages, pour persécuter un débiteur, passer des contrats, des marchés; à peine se réserve-t-il le loisir d'entendre une Messe à la hâte, il fuit la parole de Dieu, ou il s'ennuie de l'entendre; il n'assiste aux Offices divins qu'autant que ses prétendues affaires le lui permettent. Il ne craint point de prescrire à ses domestiques les œuvres serviles que la loi condamne ces jours-là, et que sa cupidité couvre toujours du prétexte de la nécessité. Qu'on lui parle de s'approcher des sacrements, il n'a pas le temps; qu'on lui propose une bonne acquisition, quelque profit considérable, le loisir ne lui manque jamais. En un mot, l'avare vit dans un entier oubli de Dieu et de son salut; toujours courbé vers la terre, il ne pense qu'à la terre, il ne parle que de la terre, parce qu'il est tout terrestre : *Qui de terra est, de terra loquitur.* (*Joan.*, III, 31.)

Tous les biens que nous possédons, c'est de la main libérale d'un Dieu que nous les tenons : bien loin de le connaître et de lui en rendre les actions de grâces qu'il doit, l'avare se les attribue à lui-même, à son travail, à son industrie. Au lieu de remettre sa confiance en Dieu, il vit en une totale défiance de sa providence : à le voir épargner, amasser, on dirait qu'il n'attend rien de lui, que Dieu n'a plus soin des hommes, qu'il les abandonne à leur mauvais sort. Jésus-Christ nous avertit de ne pas nous mettre en peine où nous prendrons notre nourriture, notre vêtement; mais l'avare est toujours inquiet sur ce qu'il deviendra : il compte plus sur son trésor, sur son épargne, que sur la bonté de Dieu : quelle injure ne lui fait-il pas? Et n'a-t-on pas raison de dire qu'il méconnaît l'Auteur de ses biens?

L'impiété de l'avare va encore plus loin; il préfère à Dieu un bien fragile; il en fait son idole, il le lui sacrifie. Sondons pour un moment son cœur, examinons ses démarches. Faut-il, pour assurer ses entreprises, employer le mensonge, l'injustice, le parjure, la fourberie, les vexations et mille autres crimes que l'avarice entraîne après elle? rien ne lui coûte : pourvu qu'il s'enrichisse, qu'il amasse des biens, il ne se met point en peine d'être criminel; et dans l'impuissance où il est de servir deux maîtres, il préfère les charmes trompeurs de la cupidité aux avantages réels d'une vie sainte et irréprochable. Il renonce à la possession de Dieu pour celle de l'argent; n'est-ce pas là ce qu'on peut appeler une espèce d'idolâtrie? et pourquoi ne lui donnerait-on pas ce nom, puisque l'apôtre saint Paul ne fait pas difficulté de dire que l'avare est un idolâtre? *Quod est idolorum servitus.* (*Ephes.*, V, 5.) Aussi le Saint-Esprit fait-il parler un avare en ces termes : *Je suis devenu riche, j'ai trouvé une idole : « Dives effectus sum, inveni idolum mihi.* » (*Osee*, XII, 8.)

Quelle ressemblance d'ailleurs n'y a-t-il pas entre un avare et un idolâtre? Les dieux des idolâtres sont d'or et d'argent, comme dit le Prophète; ces peuples aveugles donnaient de l'encens à des statues composées de ces métaux, et l'avare ne donne-t-il pas son cœur à l'or et à l'argent? Les idolâtres n'osaient toucher à leurs idoles, qu'ils regardaient comme sacrées : de même, dit saint Jean Chrysostome, l'avare n'ose toucher à son argent : il le renferme dans des coffres, il le respecte pour ainsi dire, peu s'en faut qu'il ne l'adore. Quel aveuglement! quelle folie! Se rendre vil esclave d'un peu de boue, et mépriser l'Etre suprême, pour ne chérir que les richesses; voilà le prodige d'impiété où l'avare ne craint pas de se porter.

Vous ne pouvez, mes frères, penser sans horreur à l'indigne trahison de Judas; cet apôtre perfide la porta jusqu'à vendre aux Juifs, pour le prix de trente deniers, le Maître le plus tendre, le plus digne de son respect et de son amour. Mais quel fut le principe d'un si noir attentat? A-t-il éprouvé quelque mécontentement de la part du Sauveur? Non, mes frères, jamais il n'en reçut que du bien; il avait été mis au nombre de ses apôtres : témoin de ses miracles, il ne pouvait douter qu'il ne fût Dieu; il avait en mille occasions éprouvé sa tendresse : mais Judas aimait l'argent, il trouva l'occasion d'en amasser en vendant son Maître à ses ennemis : *Combien*, dit-il, *voulez-vous me donner, et je vous livrerai Jésus de Nazareth? « Quid vultis mihi dare, et ego vobis eum tradam?* » (*Matth.*, XXVI, 15.) Les Juifs, qui ne demandaient que d'assouvir leur fureur sur la personne sacrée de Jésus-Christ, profitent de la malheureuse disposition où se trouve Judas; trente deniers lui sont offerts en récompense. Ce perfide n'hésite pas; et pour une somme aussi légère, Jésus-Christ, le Roi du ciel et de la terre, le meilleur de tous les maîtres, est livré entre les mains de ses ennemis. O détestable passion! de quoi n'es-tu pas capable, et qu'il est bien vrai de dire que celui qui s'en laisse aveugler, tombe bientôt dans les filets du démon; qu'il n'est point de tentation dont il ne soit susceptible, comme dit l'Apôtre, point de crime qu'il ne soit disposé à commettre pour satisfaire sa cupidité.

Eh! combien n'en avez-vous pas déjà commis, vous qui vous laissez tyranniser par la cupidité? Que d'infidélités à la loi de votre Dieu pour la contenter? Combien de fois n'avez-vous pas trahi Jésus-Christ, votre maître, comme le perfide Judas, peut-être pour une moindre somme que celle qu'il reçut des Juifs? Combien voulez-vous me donner, dira cet homme avide d'argent, je vous vengerai de cet ennemi? Combien voulez-vous me donner, dit cet homme de justice, et je vous sacrifierai le droit de votre partie : *Quid vultis mihi dare?* Ah! que de péchés l'esprit d'intérêt ne fait-il pas commettre dans tous les états de la vie? Pour une bagatelle, pour le plus léger profit, on franchit toutes les bornes de la justice et de l'honnêteté; pour une perte légère, pour un petit accident, on éclate en murmures contre la Providence, on se livre aux transports de la colère, on vomit des imprécations contre ceux que l'on en croit les auteurs. C'est ce qui se voit tous les jours parmi les personnes intéressées; c'est ce qui s'appelle sacrifier Dieu à son intérêt. Puisque l'intérêt l'emporte sur l'obéissance que l'on doit à Dieu, il bannit du cœur de l'homme l'amour et la fidélité qu'il doit à son Créateur. L'avare est donc un monstre d'impiété à l'égard de Dieu; il est encore dur et injuste à l'égard du prochain : *Avaro nihil scelestius.*

DEUXIÈME POINT.

La justice nous engage à rendre à chacun ce qui lui est dû, nous défend de prendre son bien, et la charité nous porte à lui faire part du nôtre, comme nous voudrions que l'on fît à notre égard. Or, l'avarice bannit ces deux vertus du cœur de l'homme : l'avare ne connaît point de charité pour son prochain; il viole même à son égard les droits de la justice, en prenant ce qui ne lui appartient pas : c'est donc un cœur dur et injuste, indigne de la société des hommes.

La charité nous engage à faire part au prochain de nos biens; mais l'avare, qui est tout resserré en lui-même, ne veut rien que pour lui. Il n'a pour les autres que des entrailles d'airain et de fer. Il voit son prochain dans l'indigence, il n'en est point touché; si on lui demande quelque secours, il le refuse impitoyablement, ou il ne donne tout au plus que quelques sentiments superficiels d'une stérile compassion : dans la crainte où il est de manquer du nécessaire, il ne veut pas même se dépouiller du moindre superflu. Que le besoin force le malheureux à recourir à son abondance, il ne peut en attendre qu'un refus; ou, s'il le trouve disposé, c'est à des conditions qui achèvent de manifester toute l'iniquité de son avarice. Que les pauvres se présentent à sa porte pour lui demander du soulagement dans leurs misères, ils sont renvoyés sans pitié et souvent même avec de rebutants mépris, des paroles outrageantes. Voyez le portrait de l'avare dans le mauvais riche de l'Evangile. C'était un homme qui nageait dans l'abondance et dans les délices : riches appartements, habillements magnifiques, repas délicieux, il avait tout à souhait, tandis que le pauvre Lazare était à la porte couvert de plaies, manquant de tout, et demandant seulement les miettes qui tombaient de sa table. Ce secours si léger lui est inhumainement refusé; le cœur dur de ce riche est insensible aux cris de l'indigent, dont il peut adoucir le sort sans s'incommoder. Ne vous reconnaissez-vous pas à ces traits, riches avares, qui voyez tous les jours les pauvres solliciter vos bienfaits contre la faim qui les presse, contre la rigueur des saisons qui les réduisent à la dernière extrémité? Vous entendez les gémissements qu'ils poussent, les plaintes auxquelles ils s'abandonnent, vous n'êtes point attendris; vous les renvoyez sans leur donner le moindre soulagement; quelle dureté, quelle insensibilité! Où est cette charité que vous voudriez qu'on eût pour vous, si vous étiez dans les mêmes circonstances? Vous n'êtes plus les enfants du même père, ou vous êtes des fratricides cruels, qui par votre dureté donnez la mort à cet homme qui succombe sous le poids de sa misère : *Non pavisti, occidisti.*

Vous voulez, dites-vous, jouir de votre fortune; mais pensez-vous que Dieu vous ait donné du bien pour vous seuls? Qu'avez-vous fait de plus pour l'avoir, que celui qui n'en a point? La Providence, qui a mis ce pauvre au monde, sut pourvoir à ses besoins : c'est vous qu'elle a choisis pour l'exécution de ses desseins à cet égard; et c'est pour cela qu'elle vous a prodigué ses largesses, afin de vous donner occasion de mériter le ciel. Ce bien est donc autant aux pauvres qu'à vous; c'est donc une dureté et une espèce d'injustice de le lui refuser.

Vous craignez, dites-vous, de vous appauvrir? mais on ne vous dit pas de donner tout ce que vous avez : l'indigent ne réclame que votre superflu; mais votre cupidité insatiable ne croit jamais avoir assez. C'est justement ce qui vous fait conserver avec tant de soin des choses inutiles, qui périssent entre vos mains, plutôt que de les donner aux pauvres. N'est-ce pas encore pour cela que vous vous refusez à vous-mêmes ce qui vous est nécessaire? Or, est-il surprenant que vous soyez durs envers les autres, quand vous l'êtes pour vous? *Qui sibi nequam est, cui bonus erit?* (*Eccli.*, XIV, 5.) Votre dureté est un effet de votre avarice et de votre sordide attachement aux biens de ce monde; elle vous fait désirer les biens d'autrui, elle vous afflige sur les succès des autres, elle vous fait réjouir de leur malheur. Vous en profitez dans ce temps de calamité publique, où vous fermez vos greniers pour vendre à un prix excessif ces grains dont ils regorgent; maxime défendue par le Saint-Esprit dans les saintes Ecritures : *Væ qui congregat in horrea.* (*Habac.*, II, 9.) Sont-ce là les sentiments de la charité chrétienne? Ah! vous l'avez entièrement bannie de votre cœur. Si du moins votre passion s'en tenait là, et qu'elle n'allât pas jusqu'à passer les bornes de la plus étroite justice, qui vous prescrit des devoirs indispensables à l'égard de vos frères! Mais l'avarice ne porte que trop souvent ceux qui en sont atteints, à ces excès. Second trait de la cruauté pour le prochain.

Quelle est la cause en effet des injustices qui règnent dans le monde? L'avidité qu'on a pour les biens. L'avare s'empare indifféremment du bien d'autrui, il ne peut se résoudre à le restituer, quand une fois il en jouit : il n'est rien qu'un avare ne mette en usage pour s'enrichir, s'agrandir aux dépens d'autrui. La fourberie, la violence, la concussion, qui sont, comme dit saint Thomas, les filles de l'avarice, lui servent de moyens au succès de ses desseins. Tantôt, c'est une vente ou un achat dont il profite, soit pour la qualité de la chose qu'il doit livrer, soit pour le prix qu'il en doit donner, et dont il retiendra une partie, s'il peut le faire sans qu'on s'en aperçoive; tantôt, ce sont des contrats usuraires pour tirer profit de son argent: mais pour éviter la honte attachée à ce crime, ou il ne fait pas paraître de contrats, ou il les pallie sous le nom d'autres actes usités parmi les hommes. Ici, il frustre un créancier de sa dette, ou il en diffère, autant qu'il peut, le payement par de fausses allégations, et, s'il se résout enfin à s'acquitter, il aime mieux se faire débiteur de quelqu'autre qu'il fera encore souffrir, que de se servir de son argent. Là, il exige d'un débiteur plus qu'il ne lui est dû, sous prétexte d'avoir attendu quelque temps. Vous le verrez disputer avec un ouvrier, un domestique, pour leur retenir quelque chose de leur salaire, sur de fausses raisons que son avarice ne manque pas de trouver, et qui sait si ce n'est pas pour leur refuser entièrement ce qui leur est dû? Vous le verrez encore, cet avare, mépriser les besoins d'une femme, des enfants, des domestiques: il dispute sur tout, il trouve à redire à tout, il se plaint toujours de la dépense; c'est lui arracher la prunelle de l'œil que de lui présenter des comptes dont il ne peut éviter la solde, et voilà ce qui trouble si souvent la paix dans les familles, et qui en occasionne ou le libertinage ou la division.

Si le mensonge et la fourberie ne sont pas pour l'avare des moyens assez efficaces pour s'emparer du bien d'autrui, il emploiera la violence, la vexation, la concussion. Il se fera donner par menace et par force ce qu'il ne pourra gagner par persuasion; il opprimera la veuve et l'orphelin pour avoir leur substance; il accablera celui qui se trouve hors d'état de lui résister; il le ruinera par un procès injuste, usera de toutes sortes de rigueurs pour le forcer de lui céder un héritage qui excite son envie. C'est ainsi qu'Achab en usa autrefois pour avoir la vigne du pauvre Naboth, qui ne voulait pas la céder, comme étant l'héritage de ses pères; il lui fit ôter la vie et s'empara de l'héritage. Il profitera de la nécessité d'un homme pour lui faire donner son bien à vil prix; et encore, comment le payera-t-il? Hélas! souvent la valeur en est déjà toute reçue par des avances que l'on a faites et que l'on se fait payer bien chèrement: si on refuse d'acquiescer aux volontés de cet homme avide, il faut s'attendre, sinon à perdre la vie, du moins à n'en plus recevoir de secours, à se voir accablé de frais, ruiné par des délais qu'on n'est pas en état de supporter. Car, c'est là une des ressources de l'avare; dans certains cas il épargne son argent; en d'autres, il sait bien le trouver pour soutenir un procès, gagner des juges; acheter, s'il se peut, non pas le bon droit, mais un jugement favorable à ses injustes prétentions: voilà de quoi sont capables les avares. Moyen funeste qui ne réussit, hélas! que trop auprès de ceux à qui l'argent fait pencher la balance du côté de celui qui donne plus abondamment, ou dont on espère davantage.

O passion détestable! de quoi n'es-tu pas capable? que c'est avec raison que l'on peut te nommer, avec l'Apôtre, la racine de tous les maux! *Radix omnium malorum cupiditas.* (I *Tim.*, VI, 10.) Tu mets le trouble partout; tu sépares l'ami d'avec l'ami, l'enfant d'avec le père, les parents les uns des autres. Toutes les contestations, les querelles qui règnent parmi les hommes, ne viennent la plupart, dit saint Jacques, que d'un sordide attachement qu'on a pour le bien, d'un esprit d'intérêt dont on ne veut pas se relâcher. Puissiez-vous, mes frères, le bannir de vos cœurs, cet esprit d'intérêt. Puissiez-vous dompter cette malheureuse convoitise pour les richesses, qui rend l'homme dur et injuste contre le prochain! J'ajoute, cruel à lui-même: *Avaro nihil scelestius.*

TROISIÈME POINT.

Si Dieu nous donne des biens en ce monde, c'est pour nous en servir et nous aider à gagner ceux de l'éternité. Mais les trésors de l'avare ne servent qu'à le rendre malheureux en ce monde, et malheureux pour l'éternité. Peut-on être plus cruel à soi-même que de se laisser dominer par l'avarice?

En quoi consiste, mes frères, le bonheur de l'homme sur la terre, autant qu'il peut y en trouver? A vivre content de son sort, à jouir paisiblement de ce que l'on possède. Mais l'avare n'est jamais content; il ne tire aucun profit de son bien; il est en quelque façon plus malheureux que s'il n'en avait point.

Pour être content de son sort, il ne faut ni désirer, ni craindre; parce que le désir et la crainte bannissent la tranquillité du cœur de l'homme. Or, l'avare est toujours agité de ces deux passions: il désire ce qu'il n'a pas, il craint de perdre ce qu'il a. Il désire ce qu'il n'a pas, parce que son insatiable cupidité n'est jamais satisfaite: *Insatiabilis oculus cupidi.* (*Eccli.*, XIV, 9.) Quelque immenses que soient ses possessions, il voudrait encore les étendre, parce qu'il regarde tout ce qu'il a comme s'il n'avait rien; tout ce qu'il n'a pas ne fait qu'irriter ses désirs. Tout ce qu'il voit dans les autres lui fait envie, et comme il ne lui est pas possible de remplir toutes ses vues, il est toujours inquiet, toujours chagrin, toujours mécontent. Sa passion est une maladie qui le tourmente, et qu'il ne peut guérir. C'est pourquoi on compare l'avare à un hydropique, dont la soif augmente à proportion qu'il veut l'apaiser. Il ressent au dedans de lui un feu que rien ne peut éteindre: c'est un abîme qu'on ne peut remplir: il demande continuellement, il ne dit jamais, C'est assez. Il crie sans cesse qu'on lui apporte toujours: *Nunquam dicit, Sufficit... Affer; affer.* (*Prov.*, XXX, 15.) A-t-on jamais vu un avare content de ce qu'il a? Donnez-lui de l'argent, son amour pour ce métal n'en devient que plus ardent; qu'il fasse une acquisition, elle ne suffit pas; il faut encore cet héritage, cette maison, ce champ, ce pré, qui appartiennent à un autre : *Affer, affer.* Or, si la félicité consiste dans l'accomplissement des souhaits que nous formons, l'avare peut-il être heureux parmi tant de désirs et d'inquiétudes? Si à l'ambition dont l'avare est dévoré, nous ajoutons les mouvements qu'il se donne pour la satisfaire, quelle vie plus misérable que la sienne? Ce sont des projets qu'il roule sans cesse dans son esprit, qui ne lui laissent aucun repos. Comment ferai-je, s'écrie-t-il, pour avoir ce bien qui me flatte, pour réussir dans cette affaire, dans ce procès que j'ai entrepris? *Quid faciam?* (*Luc.*, XII, 17.) Ce sont des voyages qu'il faut faire par des saisons rudes et incommodes; ce sont des protections qu'il faut solliciter; ce sont des rebuts qu'il faut essuyer; c'est une santé que l'on ruine souvent par les travaux et les dangers auxquels on s'expose; quelle triste vie, que celle d'un avare! Toujours désirer ce qu'on n'a pas, et après bien des mouvements, se voir frustré de son espérance; voilà sa situation ordinaire.

Si du moins il savait jouir des biens qu'il possède; mais la crainte qu'il a de les perdre le tourmente autant que le désir d'acquérir ceux qu'il n'a pas. S'il est dans la maison, il craint que d'injustes usurpateurs ne viennent attenter à sa vie pour avoir son argent; s'il la quitte, il est dans de continuelles alarmes qu'une main avide ne rompe toutes les mesures qu'il a prises pour dérober son trésor aux yeux des plus clairvoyants; il se défie de ses amis et de ses proches; il est toujours en garde pour qu'on ne lui fasse aucun tort. S'il essuie la moindre perte, le dommage le plus léger, il se livre au désespoir : n'est-ce pas là faire son supplice de son bien?

A entendre l'avare, c'est de tous les mortels le plus à plaindre. Il a raison, car n'est-ce pas être le plus misérable des hommes, que d'avoir du bien, et ne pas s'en servir, de pouvoir se donner les commodités de la vie, et se refuser jusqu'aux plus nécessaires? C'est être pauvre au milieu des richesses, c'est avoir faim dans l'abondance : *Divites eguerunt et esurierunt.* (*Psal.* XXXIII, 11.) Les temps sont-ils fâcheux, éprouve-t-on les effets de la stérilité, il n'ose toucher à ce qu'il a, dans la crainte de manquer à l'avenir. Si la terre, par une fécondité merveilleuse, répand avec profusion, sur les habitants, les fruits qu'elle renferme dans son sein, l'avare gémit de ne pouvoir profiter de la misère des autres pour s'enrichir; il conserve ses denrées pour des jours moins sereins, où il espère mettre à contribution l'infortune de ses vassaux ou de ses frères; il vit comme s'il était à la dernière indigence; il ne craint rien tant que la dépense, il se vêtit grossièrement, il se nourrit à demi, il épargne sur tout, il tire avantage de tout. Avouons donc que l'avare ne possède rien, qu'il ne jouit de rien, mais que le bien possède son cœur, qu'il le réduit au plus dur esclavage. C'est un homme qui est au milieu des eaux, brûlé par une soif ardente qu'il ne veut pas étancher; c'est un homme qui se roule parmi les épines, dont il reçoit les plus mortelles blessures. C'est à ce sujet, dit saint Augustin, que Jésus-Christ compare les richesses aux épines, parce que, comme les épines piquent et déchirent ceux qu'elles atteignent, les richesses produisent le même effet dans le cœur de ceux qui s'y attachent : elles les piquent et les déchirent, tantôt par le désir d'en avoir, tantôt par la crainte de les perdre; souvent par le dépit de les avoir perdues, enfin, par la misère où elles réduisent ceux qui les possèdent avec tant d'attachement.

Aussi voyons-nous des hommes dans un état de médiocrité, et même de pauvreté, plus heureux et plus contents que ceux qui ont de grands biens; ils profitent du peu qu'ils ont, sans se donner autant de mouvements ni autant de soucis : *Melius est modicum justo super divitias peccatorum multas.* (*Psal.* XXXVI, 16.) Mais le plus grand malheur des avares n'est pas en cette vie; les biens ne leur servent encore qu'à les rendre plus malheureux pour l'éternité.

Malheur à vous, riches du siècle, disait autrefois le Sauveur! *Væ vobis divitibus.* (*Luc.*, VI, 24.) Mais pourquoi ce terrible anathème? Ecoutez-en la raison qui doit vous faire trembler, pour peu qu'il vous reste de foi : parce que, dit encore le Sauveur, *il est plus difficile à un riche d'entrer dans le royaume des cieux, qu'à un chameau de passer par le trou d'une aiguille* : « *Facilius est camelum per foramen acus transire, quam divitem intrare in regnum Dei.* » (*Matth.*, XIX, 24.) Quoi donc! est-ce que l'état d'opulence est absolument incompatible avec le salut? Non, mes frères, les richesses ne sont pas par elles-mêmes un obstacle au salut; elles peuvent même en être un moyen, par le bon usage qu'on en fait. Il y aura donc des riches dans le ciel, comme il y aura des pauvres dans l'enfer; mais ce seront les riches qui auront été détachés de leurs richesses, qui en auront fait un saint usage par leurs libéralités envers les pauvres. Qui sont donc les riches à qui Jésus-Christ ferme l'entrée de son royaume? c'est aux riches avares : ceux-là, dit le grand Apôtre, n'auront jamais de part dans le royaume de Dieu : *Avarus non habet hæreditatem in regno Dei.* (*Ephes.*, V, 5.) Voyez-le dans l'exemple du mauvais riche, que je vous ai déjà cité. Il n'est pas dit, remarque saint Grégoire, que cet homme ait usurpé le bien d'autrui; mais parce que son cœur y était attaché, qu'il n'en faisait pas un bon usage, qu'il n'en assistait pas les pauvres, ce riche, après sa mort, a été enseveli dans l'enfer : *Sepultus est in inferno.* (*Luc.*, XVI, 22.) Tel sera votre sort, riches avares, qui, insensibles aux misères de vos semblables, mesurez vos désirs sur les biens qui peuvent les remplir. Vous les quitterez un jour, ces biens, malgré vous, vous les laisserez à des héritiers ingrats qui ne vous donneront aucun secours dans les tourments que vous souffrirez. On vous dira, comme au mauvais riche : *Vous avez reçu des biens en votre vie : « Recepisti bona. »* Vous n'en avez pas fait un bon usage; vous serez pendant toute l'éternité dans la plus affreuse misère, en proie aux flammes dévorantes, aux douleurs les plus cuisantes, sans espérance d'en voir la fin, ni de jamais recevoir aucune consolation, pas même une goutte d'eau pour adoucir la soif dévorante qui vous brûlera. Ah! insensés que vous êtes, à quoi bon vous donner tant de mouvement, pour des biens que vous n'emporterez pas avec vous? *Peut-être que cette nuit on va vous demander votre âme, et pour qui sera ce que vous aurez amassé? « Stulte, hac nocte animam tuam repetent a te, et quæ parasti cujus erunt? »* (*Luc.*, XII, 20.) Vos biens resteront aux autres, et vous aurez l'enfer pour partage. Mais l'avare ne veut point entendre ce langage; et ce qui paraît mettre le sceau à sa réprobation, c'est que la passion devient un obstacle presque insurmontable à son amendement. Oui, mes frères, l'avarice est un des vices les plus incorrigibles, parce qu'elle aveugle et endurcit celui qu'elle tyrannise; l'avare est toujours le dernier à apercevoir un défaut que tout le monde lui reproche. Comme il y a de la honte de passer pour avare, aucun ne veut convenir qu'il l'est; aucun même ne s'en accuse dans le tribunal de la pénitence. A les entendre, c'est économie sage, prudence éclairée, précaution nécessaire; on ne croit jamais avoir trop. Il faut, dit on, prendre des mesures pour la suite; on ne sait ce qui peut arriver; et, sous prétexte d'un besoin qui ne sera jamais, on amasse, on accumule, on entasse bien sur bien, argent sur argent : on se fait une abondance dont on pourrait se passer. De là cet endurcissement où il tombe : comme il n'aime que la terre, et que, selon saint Augustin, on devient ce que l'on aime, l'avare est tout terrestre; il n'est point touché des biens du ciel; il est insensible aux mouvements de la grâce, il ne veut écouter ni les remords de sa conscience, ni les conseils de ses amis : il fréquente les sacrements et il demeure sujet aux mêmes faiblesses, parce qu'il ne découvre pas son mal au médecin qui peut le guérir; il écoute la parole de Dieu, et il n'en profite point; c'est à d'autres qu'il en fait l'application; ou, s'il se reconnaît coupable, il ne peut se résoudre à quitter son idole : l'âge même, qui sert à guérir ou à affaiblir les autres passions, ne sert qu'à augmenter celle ci; plus on vieillit, plus on est attaché, et l'on peut dire que l'attachement au bien est la passion des vieillards. Plus ils approchent du tombeau, plus ils tiennent à la terre; parce que cette passion, lorsqu'elle a jeté de profondes racines dans le cœur, est bien difficile à arracher, et conduit à l'impénitence finale. Témoin le perfide Judas, qui, après avoir livré son divin Maître, ne voulant point reconnaître sa faute, dont il ne tenait encore qu'à lui d'obtenir le pardon, se pendit de désespoir, et rendit ses entrailles et son âme au démon.

Tremblez, avares qui m'écoutez, si vous ne bannissez de votre cœur cette cupidité qui vous attache aux biens de la terre, qui vous fait oublier Dieu et votre salut, qui vous rend insensibles aux misères des pauvres, et vous a déjà peut-être fait commettre tant d'injustices. Vous quitterez un jour vos biens, votre argent; vous rendrez votre corps à la terre, et votre âme descendra dans l'enfer. Voilà l'horrible sépulture qui vous attend; voilà le terme affreux où doivent aboutir toutes les démarches, tous les mouvements que vous vous donnez pour vous enrichir. La vie malheureuse que vous menez sur la terre vous conduira à une vie encore plus malheureuse dans l'éternité. Ah! insensés que vous êtes, ne serez-vous pas plus sages et plus sensibles à vos véritables intérêts? Amassez donc d'autres trésors que ceux qui ont été jusqu'ici l'objet de votre sollicitude. Mais quels trésors? des trésors de vertu, de mérites pour le ciel, où les voleurs, les vers, la rouille ne peuvent avoir d'accès. Faites souvent cette réflexion, quand l'avarice vous retient et vous empêche de faire l'aumône : C'est à moi-même, devez-vous dire, que je la fais, cette aumône, puisque je suis sûr de la trouver dans le ciel. De tous les biens, le mieux employé, c'est celui que je répands dans le sein de l'indigent; alors ce ne sera pas goutte à goutte, mais avec abondance que vous répandrez vos largesses. Donnez donc aux pauvres tous les secours qui dépendent de vous : s'ils ont faim, donnez-leur à manger; et à boire, s'ils ont soif : s'ils manquent d'habillements, revêtez-les; s'ils sont malades, visitez-les, et procurez leur guérison par quelque dépense que vous ferez à ce sujet. Pour vous détacher encore plus des biens du monde, pensez souvent que vous n'emporterez rien avec vous, que la mort vous enlèvera tout. *Je suis entré nu en ce monde,* disait Job, *et j'en sortirai de même.* (*Job*, I, 21.) Pensez au sort du mauvais riche, qui est maintenant dans l'enfer, et qui voudrait avoir la liberté de se racheter par une aumône.

Pour vous, qui vivez dans la pauvreté, bénissez la Providence de vous avoir mis à couvert des dangers des richesses, de vous avoir mis dans un état que Jésus-Christ a consacré par son choix, et qui est sans contredit le plus sûr pour aller au ciel. Considérez que les biens sont souvent la cause de la réprobation de ceux qui les possèdent; que vous vous damneriez peut-être dans l'opulence, tandis que vous vous sauverez dans la pauvreté. Vivez donc dans une parfaite résignation à la volonté de Dieu, et vous trouverez dans les souffrances de votre état un contentement d'esprit et de cœur qui sera comme le prélude de votre bonheur à venir.

Pour vous, puissants du siècle, ne passez aucun jour sans exercer les œuvres de miséricorde; ne vous contentez pas des occasions qui se présentent, recherchez même celles qui paraissent s'éloigner, et Dieu, qui ne laisse pas sans récompense un verre d'eau donné en son nom, vous voyant comblés de mérites, vous couronnera d'une gloire immortelle. *Amen.*

PRONE LXVI.

II° pour le seizième Dimanche après la Pentecôte.

SUR LA PAUVRETÉ.

Recumbe in novissimo loco. (*Luc.*, XIV, 10.)

Prenez la dernière place.

Les divers objets qui forment l'économie de la république, quoique librement établis par la Providence, sont néanmoins absolument nécessaires pour entretenir les hommes dans les devoirs mutuels. Il faut l'avouer, si les droits des particuliers étaient égaux entre eux, chacun trouverait dans son état de quoi se passer du secours d'autrui, voudrait vivre dans l'indépendance : ce qui détruirait la société qui règne aujourd'hui dans le monde. Conséquemment, l'Etre suprême a voulu que les uns fussent dans l'élévation, les autres dans l'abaissement; les uns dans l'abondance, les autres dans la pauvreté. Cette inégalité de condition fait que les pauvres ont besoin des riches, et les riches des pauvres. Ceux-là doivent soutenir ceux-ci dans leurs misères ; ces derniers ne peuvent, à leur tour, se dispenser de travailler et prier pour les premiers, qui leur font du bien : et comme Dieu veut sauver tous les hommes indifféremment, on peut dire qu'il n'y a aucune condition incompatible avec le salut. Les grands peuvent et doivent se sauver dans le poste qu'ils occupent, de même que les petits, dans le rang où le Tout-Puissant les a placés. Je puis donc, mes frères, vous adresser aux uns et aux autres ces paroles de saint Paul : *Opérez votre salut avec crainte et tremblement, en quelque état que vous soyez : « Cum timore et tremore salutem vestram operamini.»* (*Philipp.*, II, 12.) Etes-vous comblés des biens de la fortune, faites-en un saint usage ; répandez dans le sein de la veuve et de l'orphelin ce superflu que vous ne pouvez retenir sans crime, et vous serez sauvés. Etes-vous dans l'indigence, soyez contents de votre sort, aimez la dernière place que le Seigneur vous a donnée : *Recumbe in novissimo loco.* Ensuite vous monterez plus haut, lorsque vous serez élevés à la gloire où le Seigneur vous appelle. Or, comme l'état de pauvreté est le plus commun dans le monde, c'est à ceux qui le composent que j'adresse aujourd'hui particulièrement la parole. Je viens, véritables imitateurs de Jésus-Christ, vous apprendre l'estime que vous devez faire de la pauvreté, et vous consoler autant que je pourrai dans vos maux, en vous représentant les avantages qui l'accompagnent. Mais ces avantages ne sont que pour les véritables pauvres, c'est-à-dire pour ceux qui cherchent et trouvent dans leur état une continuelle occasion de mérites. Quels sont donc les avantages de la pauvreté, premier point; quelles sont les obligations des pauvres, second point.

PREMIER POINT.

A considérer la pauvreté par des vues humaines, elle ne présente d'abord rien que de fâcheux et de rebutant à la nature. Manquer des choses nécessaires à la vie, tandis qu'on en voit d'autres qui sont dans l'abondance; être souvent pressé par la faim et la soif, supporter la rigueur des saisons, à défaut de vêtements pour se couvrir et d'asile pour se retirer; être environné d'une troupe d'enfants, sans avoir du pain à leur donner; être chargé de dettes et poursuivi par des créanciers qu'on ne peut satisfaire ; être obligé de demander du secours à des gens intraitables, dont on ne reçoit souvent que des paroles de mépris et des regards insultants : cet état, je l'avoue, est dur, et il faut toute la force de la religion pour ne pas succomber sous le poids accablant des amertumes qui en sont inséparables.

Mais à envisager la pauvreté avec les yeux de la foi, elle renferme des avantages bien capables d'adoucir ses rigueurs; elle met en assurance le salut des pauvres, parce que, les préservant du danger des richesses, elle leur fournit l'occasion de pratiquer les plus sublimes vertus, et leur donne un droit particulier au royaume éternel. Voilà, membres de Jésus-Christ, de quoi vous consoler dans votre état; voilà ce qui doit vous rendre la pauvreté plus estimable, pour peu que vous ayez le désir de votre sanctification.

Et d'abord, quelle facilité pour votre salut dans un état qui vous met à couvert des soins et des embarras que traînent après elles les richesses, soit pour les amasser, soit pour les conserver? soins qui détournent les riches de la voie du salut. Semblables à des voyageurs qui marchent d'autant plus vite qu'ils sont moins chargés d'habillements et d'équipages, vous courez d'un pas léger dans les sentiers de la justice. Ces épines dont parle l'Ecriture n'y retardent pas votre marche : tandis que ceux-ci ne perdront point de vue les biens périssables, vous ne serez occupés que du désir de sanctifier les fêtes, de visiter le Seigneur dans son temple, de fréquenter les sacrements, de pratiquer des bonnes œuvres. Eloignés des occasions de contenter comme eux des passions criminelles, vous trouverez des moyens faciles de vous élever aux plus sublimes vertus. Cet orgueil, l'apanage des riches, vous sera inconnu ; vous trouverez au milieu de vous un fonds d'humilité qui sera votre caractère distinctif. Bien loin de disputer des premières places, de chercher les honneurs du siècle, vous vous regarderez comme inférieurs à tous, vous vous abaisserez devant tous : parce que vous dépendrez de chacun, vous ne serez ni fiers, ni dédaigneux, mais soumis, affables, empressés à rendre service à ceux qui vous le demandent ; au lieu de cette avarice qui attache les riches aux biens de la terre, vous vivrez dans un entier détachement de toutes choses ; bien loin de vous enrichir par des moyens illicites, vous céderez aux injustices d'autrui, et, contents d'avoir pour votre subsistance un peu de pain, vous ne porterez point envie à ceux qui en ont plus que vous. Vous combattrez, par une vie dure et mortifiée, la mollesse et la volupté qui font leur séjour dans les palais des grands; bien loin de vous livrer aux excès de l'intempérance et de la débauche, comme les riches, à qui l'abondance des biens fournit de quoi contenter leur sensualité, l'abstinence, le jeûne, la sobriété vous deviendront faciles à observer, parce que vous aurez à peine le nécessaire pour soutenir une vie languissante qui vous présente plus d'amertumes que d'agréments. Réduits à gagner votre pain à la sueur de votre front, vous ne serez pas exposés à tomber dans les vices qui sont la suite de l'oisiveté; le travail et la fatigue éteindront en vous le feu des passions que la mollesse entretient. Les occupations pénibles et continuelles qui seront votre partage, vous fourniront l'occasion de satisfaire la justice de Dieu pour vos péchés, et de mériter le ciel avec d'autant plus de raison que la pauvreté vous élève à la plus haute sainteté, c'est-à-dire à une parfaite ressemblance avec Jésus-Christ, le modèle des prédestinés.

En effet, pour peu de connaissance que l'on ait de la vie que cet Homme-Dieu a menée sur la terre, ne doit-on pas dire que la pauvreté a fait ses plus chères délices? Comment est-il né? dans une étable, dénué de tout secours, exposé à l'intempérie de l'air. Comment a-t-il vécu? dans une indigence extrême. Quelle consolation pour vous que la Providence a placés dans une condition si dure à la nature! Car, si pour être compté au nombre des élus, il faut, comme dit l'Apôtre, rassembler en sa personne les différents traits sous lesquels le Fils de Dieu s'est fait connaître aux hommes, quelle assurance de prédestination ne trouvez-vous pas dans la pauvreté, puisqu'elle vous donne un caractère de ressemblance avec Jésus-Christ, qui a préféré votre état à celui des richesses?

Aussi est-ce à l'état dont nous parlons, et à ceux qui s'y trouvent, que ce Dieu Sauveur a donné le privilége d'acquérir un droit particulier sur son royaume. L'Evangile est plein de ces maximes: *Heureux sont les pauvres d'esprit*: « *Beati pauperes spiritu.* » Et pourquoi? *parce que le royaume des cieux leur appartient*: » *Quoniam ipsorum est regnum cœlorum?* (*Matth.*, V, 3.) Remarquez, mes frères, cette heureuse expression en faveur des pauvres. Jésus-Christ ne dit pas qu'ils auront le royaume des cieux, mais qu'ils l'ont déjà: *Ipsorum est*, parce que la situation où ils se trouvent est un titre qui leur en assure, dès cette vie, la possession: *Beati*, etc.

Ah! que ces vérités sont consolantes, et qu'elles sont capables d'adoucir les amertumes qui accompagnent les revers de la fortune! que les pauvres seraient heureux et contents, s'ils en étaient bien pénétrés! ils ne changeraient pas leur sort avec celui de tous les riches du siècle, parce que la pauvreté est un trésor qui vaut mieux que toutes les richesses. Mais c'est surtout à la mort qu'ils en connaîtront le prix. Dans ces derniers moments où le riche n'abandonne la terre qu'à regret, parce qu'il se voit séparé des biens auxquels il a été attaché pendant la vie, le pauvre meurt content, parce qu'il regarde la mort comme un gain: *Mihi mori lucrum* (*Philipp.*, I, 21): parce qu'elle est tout à la fois et la fin de ses misères et le commencement de son bonheur. Le premier, dans cet instant fatal où son corps est prêt à se dissoudre, connaît, mais d'une manière infructueuse, qu'à de faux plaisirs qu'il a goûtés vont succéder des douleurs éternelles; le second, au contraire, sait, à n'en point douter, que ses maux vont être remplacés par des délices qui n'auront point de fin. Lazare, couvert de plaies pendant la vie, et à qui le mauvais riche a refusé les miettes de sa table, est reçu après sa mort dans le sein d'Abraham; et le mauvais riche qui a vécu dans la mollesse et l'abondance, à peine a-t-il rendu le dernier soupir, qu'il est enseveli dans des prisons de feu, où il demeurera sans recevoir le moindre adoucissement à ses maux: quelle différence dans le sort! Il est donc vrai, mes frères, que la pauvreté a des avantages réels sur l'opulence; mais, pour en mériter l'application, il faut que cette pauvreté soit volontaire, humble et soumise aux ordres de Dieu, laborieuse pour s'occuper selon Dieu. Tels sont, victimes de l'indigence, les moyens que vous devez employer pour vous sanctifier dans votre état.

DEUXIÈME POINT.

Quelque assurance que la pauvreté donne du royaume éternel, que les pauvres n'en deviennent pas plus présomptueux. La pauvreté a ses dangers et ses écueils, comme les richesses; et s'il y a des riches qui se damnent par le mauvais usage qu'ils font de leurs biens, il y aura des pauvres réprouvés pour n'avoir pas rempli les devoirs de leur état. Car Jésus-Christ ne promet son royaume qu'aux pauvres d'esprit; c'est-à-dire, ou à ceux qui le sont par choix et par un renoncement effectif à tout ce qu'ils possèdent sur la terre, ou à ceux qui possèdent les biens de la terre sans attachement, et qui soulagent les pauvres de leur superflu, ou à ceux enfin qui, pauvres ou par leur état, ou par quelques événements fâcheux, souffrent patiemment leurs misères. O vous donc qui gémissez sous le poids accablant de l'indigence, obligés à gagner votre pain à la sueur de votre front, ou à mendier un nécessaire que le secours de vos mains ne peut vous procurer, voulez-vous arriver au royaume de Dieu? vous êtes dans le chemin qui y conduit; mais, pour ne pas vous écarter, il faut de la patience, il faut de la soumission à la volonté de Dieu, il faut bannir de vos cœurs le désir des richesses, et l'envie d'en amasser. Car, si vous ne souffrez votre pauvreté qu'en murmurant contre les ordres de la Providence; si vous vous plaignez de votre sort, si, pour en sortir, vous prenez des voies illicites; si vous employez le mensonge, la fourberie, l'injustice, pour parvenir à un état meilleur, vous ne faites qu'irriter la colère du Seigneur et vous rendre plus malheureux. Que de trésors de grâces et de mérites ne perdez-vous pas pour le ciel! vous tournez le remède en poison, et la pauvreté, qui devrait être l'instrument de votre prédestination, devient le sujet de votre réprobation. Si les riches se perdent par le mauvais usage qu'ils font de leurs biens, ils profitent du moins des plaisirs de la vie. Mais vous, qui ne souffrez votre pauvreté qu'avec impatience, vous vous égarez dans le chemin même qui devrait vous conduire au ciel, et devenez, par une funeste nécessité, et malheureux dans le temps, et malheureux dans l'éternité. Ah! du moins si vous êtes accablés de misères dans cette vie, rendez-vous heureux pour l'autre; il ne tient qu'à vous; souffrez patiemment, et votre salut est assuré. Gardez-vous aussi d'envier le sort des riches ; car si vous vous laissez dominer par la cupidité, en ne voyant que d'un œil jaloux la prospérité de ceux qui sont dans un meilleur état, vous n'êtes plus pauvres d'esprit, mais riches d'affliction, et vous avez moins d'espérance au ciel que les riches qui sont dans l'abondance, mais qui vivent dans un entier détachement des biens du monde.

Je ne désapprouve pas que vous souhaitiez quelque ressource à la misère, que vous employiez des moyens permis pour fournir aux nécessités de la nature ; mais si le Ciel ne le permet pas, contentez-vous de votre sort, persuadez-vous que Dieu vous veut dans cet état : si la prospérité vous était nécessaire pour votre salut, la Providence ne vous manquerait pas, elle sait mieux que personne ce qu'il vous faut; abandonnez-vous à sa disposition, elle aura soin de vous: *Jacta super Dominum curam tuam, et ipse te enutriet*. (*Psal.* LIV, 23.) Pourvu que vous ayez la crainte du Seigneur, vous serez toujours assez riches. Tels étaient les sentiments du juste Tobie sur le point de mourir. Nous avons peu de bien, disait-il à son fils, nous avons mené une vie pauvre; mais nous aurons des biens en abondance, si nous craignons Dieu, et, si, nous éloignant du péché, nous faisons les bonnes œuvres dont nous sommes capables. Telles sont, mes frères, les faveurs incomparables que vous devez ambitionner. Les richesses de ce monde sont caduques et périssables, elles sont incapables de contenter le cœur de l'homme, on ne les emporte pas avec soi au sortir de cette vie ; mais l'amour de Dieu, la pratique des bonnes œuvres, la patience dans les afflictions, sont des trésors où les vers et la rouille ne peuvent avoir accès ; ce sont des prérogatives que les voleurs ne peuvent point vous enlever, que la mort même ne pourra vous ôter; vous les emporterez avec vous, lorsque vous paraîtrez devant le tribunal de Jésus-Christ : elles seront votre garant contre la sévérité de sa justice, et des titres assurés pour avoir son royaume. Que vous importe donc que vous soyez dénués des biens de la fortune, si vous êtes enrichis des biens de sa grâce ? La pauvreté vaut mieux que tous les biens de la nature, quand on en sait faire un bon usage.

Mais si les pauvres doivent être patients à souffrir leurs misères, ils doivent être laborieux pour y trouver du soulagement. Car si tous les hommes, ceux même qui sont pourvus des biens de la fortune, doivent travailler pour obéir à Dieu, et satisfaire pour leurs péchés, à plus forte raison ceux qui n'ont pas de quoi subsister; c'est à eux particulièrement que Dieu a commandé, dans la personne de notre premier père, de gagner leur pain à la sueur de leur front : *In sudore vultus tui vesceris pane tuo*. (*Gen.*, III, 19.) Le besoin où sont les pauvres leur fait assez sentir la nécessité du travail; c'est pourquoi je ne m'arrêterai pas à leur prouver cette obligation. Mais ce que je dois blâmer ici, c'est la conduite de certains pauvres qui, se reposant sur les charités qu'ils espèrent recevoir des riches, croupissent dans l'oisiveté, mènent une vie errante et vagabonde qui les expose à beaucoup de désordres. Ils ignorent jusqu'aux premiers principes de la religion; on ne les voit jamais assister aux Offices divins, ni fréquenter les sacrements. Ce sont des enfants qui dès leur jeunesse se sont accoutumés à mendier un secours qu'ils devraient se fournir par leur travail, et que des parents sans religion ont accoutumés à cette oisiveté continuelle. Ce sont des hommes robustes qui pourraient s'employer au service de quelque maître, cultiver la terre, exercer quelque profession, et qui se contentent de mendier; ce sont des hommes vicieux, qui font un mauvais usage des aumônes qu'on leur fait, qui se livrent à l'intempérance, à des passions brutales qui les rendent coupables d'un grand nombre de crimes. Ah! ce ne sont pas là ces véritables pauvres de l'Evangile. Ce n'est pas pour eux que Jésus-Christ réserve son royaume: c'est aux pauvres craignant Dieu, qui obéissent à sa sainte loi, qui vivent selon les maximes de l'Evangile. Loin d'ici les hypocrites, qui, sous le dehors de la misère, ne vivent que de bonne chère, enlèvent aux véritables pauvres ces charités qui leur sont destinées. Loin d'ici ces pauvres envieux qui se plaignent toujours d'être les plus mal partagés dans la distribution des aumônes, qui voudraient se les approprier toutes, qui ne voient qu'avec peine le bien que l'on fait aux autres.

Loin d'ici enfin ces pauvres hardis et téméraires, qui répondent par des injures et des invectives, qui se livrent à des imprécations contre ceux qui leur refusent ou qui ne leur donnent pas abondamment.

Evitez ces défauts, pauvres qui m'écoutez; si l'on vous donne l'aumône, priez pour ceux qui en sont les auteurs; le devoir et la reconnaissance vous y engagent; c'est le tribut que vous impose la libéralité de vos bienfaiteurs. Si on vous refuse l'aumône, si on vous traite même avec mépris, et d'une manière outrageante, souffrez patiemment ces mépris, gardez le silence, ne laissez pas de prier pour ceux qui vous traitent de la sorte. C'est la leçon que le grand Apôtre vous donne : *Blasphemamur et obsecramus* (**I Cor.**, IV, 13.) Plus votre patience sera mise à l'épreuve, plus elle sera digne de récompense. Ne perdez jamais cette belle vertu, qui vous est nécessaire et qui doit sanctifier vos souffrances. Si vous n'avez pas de bien, ou si vous avez perdu le vôtre, répétez souvent ces belles paroles du saint homme Job : *Le Seigneur a fait comme il voulait, son saint nom soit béni : « Sit nomen Domini benedictum.* (**Job**, I, 21.) Offrez à Dieu tous les jours votre pauvreté en union de celle de Jésus-Christ qui a été pauvre avant vous et plus que vous. Vous menez une vie triste, vous n'avez souvent d'autre pain que celui de vos larmes ; mais le temps viendra où le Seigneur en tarira la source, vous rassasiera d'une nourriture exquise, et vous enivrera d'un torrent de délices. Ainsi soit-il.

PRONE LXVII.

IIIe pour le seizième Dimanche après la Pentecôte.

SUR L'ENVIE.

Cum intraret Jesus in domum cujusdam principis Pharisæorum sabbato manducare panem, ipsi observabant eum. (*Luc.*, XIV, 1.)

Jésus entrant un jour de Sabbat dans la maison d'un chef des Pharisiens pour y manger, ceux-ci l'observaient.

Si les Pharisiens avaient observé le Sauveur du monde pour recueillir les oracles qui sortaient de sa bouche, leur conduite eût été louable ; mais ils ne l'observaient que pour le censurer et le condamner. Un hydropique paraît devant lui le jour du Sabbat pour obtenir sa guérison, les Pharisiens en prennent occasion d'accuser Jésus-Christ d'avoir transgressé les ordonnances de la loi. Mais la Sagesse éternelle leur apprend que les œuvres de charité sont toujours permises : *Qui de vous*, leur dit-il, *quand son animal domestique tombe dans un puits, ne l'en retire pas le jour du Sabbat? Pourquoi ne serait-il pas permis de guérir ce jour-là un hydropique?* Mais l'envie, qui fut toujours la passion dominante des Pharisiens contre Jésus-Christ, leur fermait les yeux sur tout ce qui pouvait justifier sa conduite. Ce fut cette passion qui suscita contre le Sauveur toutes les persécutions qu'il eut à souffrir de ses ennemis, et qui le conduisit enfin sur le Calvaire. Cruelle passion, qui a commencé avec le monde, qui s'est perpétuée dans tous les états, et que j'entreprends de combattre aujourd'hui, en vous faisant voir qu'il n'est point de passion plus injuste que l'envie, premier point ; point de passion qui soit plus aveugle que l'envie, second point.

PREMIER POINT.

S'affliger du bonheur d'autrui, et se réjouir de son malheur, voilà en deux mots le caractère de l'envie. Passion des plus injustes par l'opposition qu'elle a avec la charité, et par les grands maux qu'elle cause.

Tous les hommes composent une société, ou plutôt une même famille, dont Dieu est le chef et le père commun. Le Seigneur, qui est la charité même, se communique aux membres de cette société par les biens qu'il répand sur eux ; il veut aussi que ces membres entretiennent, les uns avec les autres, le commerce d'une officieuse charité qui rende les biens et les maux communs. Oui, mes frères, Dieu, comme un bon père, se communique aux hommes par les biens qu'il leur fait : biens de la nature, biens de la fortune, biens de la grâce. Il donne aux uns les qualités de l'esprit et du corps, il élève les autres aux honneurs, il comble ceux-ci de prospérités, il donne à ceux-là des talents propres à se distinguer et se faire une réputation dans le monde.

Mais l'envieux est entièrement opposé aux desseins de la bonté divine. Il voudrait resserrer la main du Seigneur, arrêter le cours des faveurs qu'il répand sur les hommes ; c'est-à-dire qu'il désapprouve ce que Dieu fait ; et comme il ne peut l'empêcher d'exécuter ses desseins, il en gémit, il s'en attriste. Quelle injustice! Ah! faut-il, méchant serviteur, comme dit Jésus-Christ dans son Evangile à un homme de cette espèce, que, parce que Dieu est bon, vous soyez méchant, et que la bonté de Dieu envers vos semblables ne serve qu'à irriter votre jalousie? Faut-il qu'elle vous rende prévaricateur, parce qu'elle ne réunit pas en vous seul tous ses dons? *An oculus tuus nequam est, quia ego bonus sum?* (**Matth.**, XX, 15.) Dieu, par sa bonté infinie, fait du bien à tous les hommes ; il fait lever son soleil sur les méchants comme sur les bons ; mais l'envieux les a tous en aversion. Plus coupable que le vindicatif qui ne hait que ses ennemis, celui-ci les regarde tous comme tels ; parents ou étrangers, c'est assez d'être heureux pour lui déplaire, et pour être l'objet de sa haine et de sa fureur. Dieu, par sa bonté, veut non-seulement se communiquer aux hommes, mais il veut encore, comme je l'ai dit, que les hommes aient des relations mutuelles qui les rapprochent les uns des autres, et les rendent participants des biens et des maux de leurs frères. Mais l'envie a des caractères tout opposés ; le propre de la charité est d'unir tous les cœurs ; mais l'envie les divise. *La charité est patiente et pleine de bonté*, dit saint Paul : « *Charitas patiens est, benigna est.* »

Patiente pour souffrir, pleine de bonté pour faire du bien ; mais l'envieux ne veut souffrir de qui que ce soit ; tout occupé de lui-même, il rapporte tout à lui, et ne fait du bien à personne : *La charité est sans ambition et sans jalousie : « Non æmulatur.* » Elle voit sans chagrin, et même avec plaisir, la prospérité d'autrui, ses bonnes qualités, son élévation, ses succès; mais l'envieux, toujours avide de ce qu'il n'a pas, toujours jaloux de posséder seul ce qu'il a, fait son tourment du bonheur des autres, et de leurs vertus l'objet de son indignation. Beauté du corps, qualités de l'esprit, talents propres à se faire distinguer, succès heureux, tout révolte son humeur noire. *La charité ne fait rien mal à propos*, toutes ses démarches sont réglées par la sagesse et la prudence : « *Non agit perperam.* » Mais l'envie agit en aveugle, elle ne se conduit que par caprice, indiscrétion et témérité. *La charité ne s'enfle point : « Non inflatur.* » Elle ne méprise personne, parce qu'elle n'a que de bas sentiments d'elle-même; mais l'envie, dont le venin se forme ordinairement de l'enflure du cœur, n'inspire que du mépris pour le prochain. L'envieux, se croyant seul digne d'estime et de louange, ne peut souffrir qu'on en donne aux autres, il voudrait être seul élevé aux honneurs, et que tous les autres fussent dans l'abaissement. *La charité ne cherche point son intérêt: «Non quœrit quæ sua sunt.»* Si elle fait du bien, ce n'est pas en vue du profit qu'elle en peut retirer; *elle ne s'irrite point d'un refus*, parce qu'elle ne croit rien mériter; elle ne se rebute pas même du mépris, des affronts qu'on lui fait : « *Non irritatur.* » L'envieux, au contraire, ne cherche en tout que son intérêt, c'est le seul mobile qui l'anime dans les services qu'il rend quelquefois au prochain; il se livre au dépit et à la colère, lors même qu'on lui refuse ce qui ne lui est pas dû. La charité ne pense mal de personne; bien loin de former des soupçons sur la conduite d'autrui, elle ferme, au contraire, les yeux sur ses défauts; elle défend l'innocent, excuse le coupable; mais l'envieux, toujours précipité dans ses jugements, soupçonne le mal sur les plus légères apparences; il donne un mauvais tour aux actions indifférentes par elles-mêmes; il condamne l'innocent comme le coupable; il flétrit la réputation de ses frères par d'atroces calomnies; il la détruit, s'il est possible, et sur ses ruines il établit la sienne. *La charité ne se réjouit point de l'injustice:* elle s'en afflige, au contraire, et ne voit qu'avec douleur les désordres qui règnent dans le monde : « *Non gaudet super iniquitate.* » Si le vice est proscrit et la vertu en honneur, elle est au comble de la joie; enfin elle prend part à toutes les bonnes œuvres qui se pratiquent, et par là elle s'approprie le mérite qui en découle : *Congaudet autem veritati.* (I *Cor.*, XIII, 4-6.) Mais les fautes de ses frères causent à l'envieux un contentement secret, parce qu'il se persuade que leur faisant perdre l'estime qu'on a pour eux, il en sera lui-même plus considéré; il s'afflige, au contraire, du bien que font les autres, parce qu'il croit que la gloire qui leur en revient est un diminutif de l'honneur qu'on doit lui rendre; de là vient qu'il combat opiniâtrément la vérité, qu'il use de mille artifices pour traverser les meilleurs desseins, pour empêcher les bonnes œuvres, pour les décrier dans ceux qui les font. Combien de fois l'envie n'a-t-elle pas arrêté le succès du zèle des ouvriers évangéliques, qui auraient étendu l'empire de Jésus-Christ dans les âmes, si une maligne jalousie n'avait empoisonné de son venin leurs meilleures actions? C'est-à-dire que l'envieux s'en prend à Dieu même; il voudrait qu'il fût moins glorifié, et il ne tiendrait pas à lui qu'il ne fût moins bien servi. Quelle injustice, quelle honte, que ce qui devrait combler de joie, accable l'envieux de tristesse! Ne reconnaîtrait-on pas là le caractère du démon, dont l'envie a été cause que le péché est entré dans le monde? *Invidia diaboli mors intravit in orbem terrarum.* (*Sap.*, II, 24.)

Enfin, la charité croit tout, espère tout, souffre tout : *Omnia credit, omnia sperat, omnia sustinet.* (I *Cor.*, XIII, 7.) Mais l'envieux se défie de tout : il est incertain dans sa foi, timide dans son espérance, impatient dans ses afflictions. Pour achever, mes frères, de peindre le caractère de l'envieux, on peut dire qu'il n'est point d'homme plus dangereux et plus à craindre dans la société. Il n'est point d'injustice qu'il ne soit prêt à commettre pour s'emparer d'un bien qui excite son avidité. Tantôt il se sert de ruses et de mensonges pour tromper les uns et supplanter les autres; comme un lion caché dans sa caverne, qui tend des embûches aux passants pour les dévorer, il ne s'occupe que de mauvais desseins, qu'il exécute quand il en trouve l'occasion : *Insidiatur in abscondito.* (*Psal.* X, 9.) Personne ne peut se confier en lui, parce qu'il ne profite de la confiance qu'on lui donne, que pour nuire à son prochain. Dans le temps même qu'il pourrait vous rendre des services, c'est alors qu'il pense à vous détruire; s'il paraît prendre part à vos disgrâces, il en est dans le fond comblé de joie.

Faut-il s'étonner, après cela, des grands maux que cette passion cause dans la société? Si je remonte jusqu'aux premiers jours du monde, quel spectacle vient frapper mes regards! Caïn n'a pas horreur de tremper ses mains dans le sang d'Abel. Quelle est donc la cause d'un attentat si horrible? Hélas! Caïn, ce mortel intraitable, ne peut voir d'un œil sec la préférence que Dieu donne à son frère; armé par la jalousie, il frappe, et d'un seul coup il immole à sa fureur celui qu'il ne peut égaler en sagesse. Si je descends dans les âges suivants, j'aperçois Joseph livré à la cruauté de ses frères, qui, guidés par l'envie, prennent le dessein de lui ôter la vie; et s'il s'échappe à cet arrêt fatal, la passion furieuse dont il est la victime, trouve le moyen de s'en défaire en le vendant à des marchands étrangers. Plus loin, j'aperçois David, le vainqueur des ennemis du peuple de Dieu, persécuté par celui même à qui il a rendu les services les plus signalés. Saül poursuit David, il attente plusieurs fois à sa vie. Pourquoi? Parce qu'il le voit combler d'honneur, et recevoir plus d'éloges que lui. Quelle conduite plus injuste et plus barbare que celle d'Hérode? Il apprend des Mages la naissance d'un nouveau Roi, à qui ils viennent rendre leurs hommages ; ce prince aveugle et insensible aux raisons qui pourraient le déterminer à suivre ces fidèles adorateurs, n'écoute que la rage qui le transporte : indigné qu'on reconnaisse un autre Roi que lui, il en médite la perte ; et pour réussir dans son barbare dessein, il fait massacrer des milliers d'innocents, dans l'espérance d'envelopper dans ce carnage celui qui était l'objet de son inquiétude. Quelle cruauté ! Mais ce que l'envie ne put faire par Hérode contre Jésus-Christ, elle le fit par les Juifs. N'est-ce pas elle qui les anima contre ce divin Sauveur, qui leur fit demander sa mort, en porter l'arrêt et le faire exécuter? Que faisons-nous, disaient-ils dans leurs assemblées? Cet homme fait plusieurs miracles, tout le monde le suit avec empressement, il est expédient de s'en défaire: *Quid facimus? hic homo multa signa facit.* (*Joan.*, XI, 47.) L'effet suit de près la résolution ; on traduit Jésus-Christ devant les tribunaux des juges de la terre, on l'accuse des crimes les plus atroces ; Jésus-Christ fait voir son innocence : Pilate lui-même la reconnaît et ne peut s'empêcher de convenir que c'est par envie que les Juifs le persécutent: *Sciebat enim quod per invidiam tradidissent eum.* (*Math*, XXVII, 18.) N'importe ; l'envie n'est point satisfaite qu'elle n'ait obtenu ce qu'elle demande; pour exécuter ses noirs complots elle s'associe au respect humain, elle menace Pilate de la disgrâce de César, s'il ne condamne Jésus-Christ à mort. C'en est fait, la passion triomphe de la justice, condamne le plus saint des enfants des hommes, et Jérusalem se rend coupable d'un déicide. Et combien ne voyons-nous pas encore de traits sanglants de cette passion dans les différents états où elle s'introduit. Elle communique partout son venin, elle entre dans les palais des grands, dans les maisons des riches, dans les cabanes des pauvres, et que de ravages n'y fait-elle pas? N'est-ce pas de l'envie que naissent les haines, les querelles, les divisions parmi les hommes du même état, de la même famille? N'est-ce pas elle qui irrite le frère contre le frère, la sœur contre la sœur, pour quelque intérêt temporel? N'est-ce pas l'envie qui divi e les meilleurs amis dont elle ne peut souffrir la bonne intelligence, qui empêche les ennemis de se réconcilier, par de mauvais rapports qui entretiennent leur mésintelligence? Le noble ne peut souffrir l'opulence du roturier, ni celui-ci l'élévation du noble : le pauvre ambitionne les biens du riche, le marchand ne voit qu'à regret le commerce de son voisin plus florissant que le sien ; l'artisan s'afflige du travail qui se multiplie chez son voisin; le laboureur voit d'un œil inquiet le champ d'un autre plus fertile que le sien. Cet homme, dira un envieux, a bien du bonheur, tout lui réussit, rien ne lui manque. Ce jeune homme, cette fille sont recherchés pour un établissement avantageux : c'en est assez pour devenir l'objet d'une aveugle jalousie. Le pauvre même ne voit qu'avec chagrin les libéralités qu'on fait aux autres ; de là les plaintes, les murmures, les calomnies même dont il charge celui à qui il porte envie.

Que dirai-je de plus? C'est l'envie qui est la cause des batailles, des meurtres, des torrents de sang qui ont inondé l'univers. Cette cruelle passion fait marcher avec elle toutes les autres, et les fait servir à ses desseins; la colère, la vengeance, la médisance, le mensonge, la fourberie. Or, si elle seule est capable de causer tant de ravage dans la société, que ne fait-elle pas avec les autres passions? Je serais infini à vous détailler tous les maux dont elle est la source ; ne suffisent-ils pas, mes frères, pour vous en inspirer une horreur qui vous en éloigne pour toujours? Mais je veux vous représenter cette passion sous un nouveau rapport, et vous démontrer qu'il n'en est point de plus aveugle que l'envie.

DEUXIÈME POINT.

C'est le propre des passions d'aveugler l'homme, parce que tout homme qui est docile à la voix et aux lumières de la raison, ne suivra jamais les mouvements de la passion. Il n'est point de passion qui aveugle plus l'homme que l'envie. Il suffit, pour s'en convaincre, d'en connaître la nature. N'est-ce pas être, en effet, bien aveugle que de se rendre malheureux parce que les autres sont heureux; de vivre dans l'affliction, parce que les autres sont dans la joie? Tel est l'effet de l'envie dans celui qu'elle domine : elle le tourmente et l'épuise sans pouvoir le satisfaire; elle le poursuit partout, sans lui laisser un sujet de consolation. Ainsi, mes frères, quand Dieu ne punirait pas le péché d'envie aussi sévèrement qu'il le fait en ce monde et en l'autre, l'envieux serait assez puni par son propre péché. Sa seule passion fait son supplice. Elle est son tyran, son bourreau : en un mot, être envieux, c'est être malheureux dès cette vie même, et se préparer pour l'autre un malheur éternel.

Si les autres passions ont des amertumes à souffrir, elles trouvent du moins quelque contentement dans les objets qu'elles recherchent; ainsi l'avare trouve de la satisfaction dans la possession de ses biens; le sensuel, dans la jouissance des plaisirs. Mais l'envieux ne se nourrit que de fiel et d'amertume; la tristesse est le seul fruit que lui produit sa passion. C'est une fièvre qui le sèche, un ver qui le ronge, une vipère qui lui déchire les entrailles, dit saint Augustin, un poison qui le mine et lui donne continuellement la mort. Voyez dans un envieux cet air triste et sombre, ce regard inquiet et languissant ; ce sont des signes peu équivoques du trouble dont son âme est agitée : il ne goûte aucune paix, et dès qu'on ne jouit pas de la paix de l'âme, on est malheureux. Non, l'envieux n'est jamais tranquille ;

le bonheur des autres le fait souffrir; les louanges qu'on leur donne, sont autant de traits qui lui percent le cœur; et comme il trouve souvent des objets qui irritent sa passion, et dans ceux qui jouissent des biens de la fortune, et dans ceux qu'il voit honorés et estimés dans le monde : de là vient que l'inquiétude ne l'abandonne jamais. S'il est seul, il se livre à une noire mélancolie par les réflexions qu'il fait; s'il est en compagnie, les objets qui l'ont frappé, renouvellent ses douleurs. Mais quelles douleurs! douleurs sans relâche, douleurs inutiles. Quel sort plus à plaindre! et ne faut-il pas être bien aveugle, pour suivre les mouvements d'une telle passion?

On se console quelquefois auprès d'un ami, on décharge son cœur d'un cruel chagrin que l'on ressent d'une perte de biens, d'un revers de fortune, d'un affront qu'on a reçu. Mais l'envieux n'ose communiquer sa peine à personne : comme l'envie est la passion d'une âme basse et d'un mauvais cœur, la honte de paraître tel retient tout le chagrin au dedans de l'âme, et ne lui permet pas de se manifester. Il ne trouve en lui-même aucun adoucissement à ses peines. Il compte pour rien tout ce qu'il a de bien, tous les plaisirs qu'on peut lui offrir, dès qu'il n'a pas ce que les autres possèdent. La fortune d'autrui, quoique moindre que la sienne, lui paraît digne de ses désirs; il est plus affligé des biens qu'il n'a pas, qu'il n'est content de ceux qui lui appartiennent : n'est-ce pas là se rendre malheureux par soi-même, devenir son propre tyran, son bourreau? Quelle folie! quel aveuglement! Non, rien ne contente l'envieux; fût-il élevé à la plus haute fortune, il se croit toujours malheureux, dès qu'il écoute sa passion. Saül sur le trône, vainqueur de ses ennemis, environné de toute la gloire qui accompagne le sceptre et la couronne, ferme les yeux sur toutes ses prospérités, se livre aux excès d'une noire manie qui trouble son repos, le tourmente jusqu'au point de ne plus se posséder. Il ne peut voir de bon œil un rival tel que David, dont le mérite fait ombrage à sa secrète jalousie. Aman, favori de son prince, élevé au plus haut point de grandeur où un courtisan puisse aspirer, est insensible à tout ce qui peut flatter son ambition, parce que le seul Mardochée ne fléchit pas les genoux devant lui; il se croit malheureux au milieu des honneurs qu'on lui rend. Encore si l'envieux, par le chagrin qu'il conçoit de la prospérité d'autrui, pouvait la diminuer, ce serait pour lui une espèce de consolation. Mais il a beau s'affliger, se tourmenter; il ne peut rien faire perdre aux autres de leur félicité. Cet homme dont la bonne fortune vous choque, dont la réputation vous déplaît, ne réussira pas moins dans ses affaires, s'il sait les conduire; il ne sera pas moins estimé, s'il a du mérite. Ce n'est pas le chagrin que vous aurez des profits de ce négociant, qui le fera abandonner de ses pratiques, s'il sait les entretenir. Ce n'est pas la jalousie que vous avez conçue contre les belles qualités de cette personne, qui en diminuera le mérite, ou l'empêchera de trouver un parti avantageux. N'est-ce donc pas une grande folie de vous consumer de désirs inutiles, de vous rouler dans les inquiétudes et les chagrins? Ne trouvez-vous pas au dehors assez d'afflictions, sans vous tourmenter vous-mêmes à pure perte? Vous vous attristez de voir les uns comblés de biens, les autres élevés aux honneurs; mais pouvez-vous aller contre la volonté de Dieu qui élève et enrichit qui lui plaît? n'est-il pas le maître de faire ce qu'il veut? pouvez-vous mettre des bornes à sa bonté et à sa puissance? Ne serait-ce pas le comble de la témérité de le prétendre?

Mais quand l'envieux verrait sa passion satisfaite, souvent il se ménage de plus dures mortifications. Pourquoi? parce que les moyens qu'il prend pour détruire la fortune et la réputation d'autrui, servent quelquefois dans les desseins de Dieu à la mieux établir; ainsi l'envie des frères de Joseph ne servit qu'à son élévation. Il ne serait pas devenu l'intendant du roi d'Egypte, s'il n'avait été conduit dans le pays par les marchands à qui ses frères l'avaient vendu. Tel homme que vous voyez aujourd'hui élevé à une haute fortune, la doit peut-être à la malice de ses envieux. Je dis plus : souvent les moyens que l'envieux emploie pour détruire les autres, servent à sa propre ruine : *Il tombe dans la fosse qu'il avait creusée pour les autres*, dit le Prophète : « *Incidit in foveam quam fecit.* » (*Psal.* VII, 16.) Ainsi Aman fut pendu au gibet qu'il avait fait préparer pour Mardochée, dont il avait résolu la perte. Un envieux qui veut porter ses coups à la fortune d'un autre, trouve souvent un rival qui lui résiste et lui en porte encore de plus funestes. Un envieux, en décriant les autres, se décrie lui-même, et perd la confiance qu'on avait en lui. Ainsi il est percé des mêmes traits dont il veut percer ses frères. Et qui ne sait pas combien de fois le Ciel prend la défense de l'innocent, fait sentir tôt ou tard à l'envieux les effets de sa colère et de sa vengeance? il le punit en ce monde par de sévères châtiments, et lui en réserve pour l'autre de plus terribles.

Par combien d'exemples pourrai-je vous prouver, mes frères, les châtiments dont Dieu punit le péché d'envie? Caïn, le premier des hommes possédé de cette passion, en éprouve les plus tristes effets. Après avoir donné la mort à son frère, il devient errant et vagabond sur la terre, ayant toujours devant les yeux l'affreuse image de son crime; maudit en lui-même et en sa postérité, il périt misérablement. Coré, Dathan et Abiron sont ensevelis tout vivants dans l'enfer, pour avoir envié la souveraine sacrificature, et s'être ingérés dans un ministère dont les fonctions étaient, par ordre de Dieu, réservées à d'autres. Elimas, le magicien, est frappé d'aveuglement en punition de la jalousie qu'il a conçue contre saint Paul, à la vue des prodiges et des succès que Dieu accordait à son apostolat.

Mais si Dieu punit sévèrement en ce monde le péché d'envie, quels supplices ne lui réserve-t-il pas en l'autre? Car il ne faut pas douter, mes frères, que les envieux, étant les imitateurs du démon dans sa malice, ne deviennent ses compagnons dans son malheur. Alors ils reconnaîtront dans l'amertume de leur cœur qu'ils sont devenus la victime de leur propre malice : *In malignitate nostra consumpti sumus.* (*Sap.*, V, 13.) Les autres réprouvés se sont attiré leur malheur par la jouissance des plaisirs, et par l'abus qu'ils ont fait de la prospérité; mais ceux-ci seront la proie des flammes éternelles, pour s'être livrés dans le temps au chagrin sur la prospérité d'autrui. Quelle stupidité! pouvez-vous, mes frères, ne pas détester une passion aussi aveugle qu'elle est injuste? Pour vous préserver de son venin, ou vous guérir, si vous en êtes infestés, faites les réflexions suivantes:

Pratiques. — Considérez que tous les biens et les honneurs du monde ne méritent pas l'attention d'un chrétien, parce qu'ils ne font que passer, et que ces biens sont souvent, pour ceux qui les possèdent, de grands sujets de chagrin et même de perdition, par le mauvais emploi qu'ils en font; que ce serait peut-être un grand malheur pour vous d'avoir ou des richesses, ou certaines qualités d'esprit et de corps, parce que vous en feriez la matière de votre orgueil et de votre réprobation.

Ainsi, bien loin d'envier ces biens, ces qualités, rendez grâces à Dieu de vous les avoir refusées, parce qu'il a levé de grands obstacles à votre salut; occupez-vous souvent de la pensée de l'éternité, à l'exemple d'un grand saint; faites-vous cette question: De quoi tous les biens, les honneurs, les talents, peuvent-ils me servir pour l'éternité? *Quid hæc ad æternitatem?* Quoique privé de tous ces avantages, je puis mériter le ciel, et si je le gagne, j'ai tout gagné, je n'aurai plus rien à désirer. Contentez-vous de ce que Dieu vous a donné, et de l'état où il vous a placé; le Seigneur ne nous doit rien; de quelque manière qu'il en agisse avec nous, nous ne pouvons nous plaindre de sa conduite. *Il a placé,* comme dit saint Paul, *chaque membre du corps dans l'endroit qui lui convient* : « *Posuit membra, unumquodque eorum prout voluit.* (I *Cor.*, XII, 18.) Conviendrait-il aux pieds de se plaindre de ce qu'ils sont plus bas que la tête? Ainsi il ne convient pas à ceux qui sont dans l'état d humiliation et de pauvreté, d'envier l'élévation et la prospérité des grands. Et de quoi vous serviraient, mes frères, ces plaintes et ces murmures contre la prospérité d'autrui? Serez-vous plus heureux, parce que les autres seront malheureux? Non; le bonheur ou le malheur de vos frères ne peut rien ajouter à votre infortune ni à votre félicité. Quel parti devez-vous prendre? Celui que la charité vous inspire : c'est de vous réjouir avec ceux qui sont dans la joie, et de pleurer avec ceux qui pleurent : *Gaudere cum gaudentibus, flere cum flentibus.* (*Rom.*, XII, 15.) Aimez votre prochain comme vous-mêmes, et vous aurez pour lui les mêmes sentiments que vous voudriez qu'on eût pour vous. Savez-vous, mes frères, ce qui doit être dans votre prochain le sujet de votre émulation? Ce sont ses bonnes qualités, ce sont ses vertus que vous devez vous efforcer d'imiter : *Æmulamini charismata meliora.* (I *Cor.*, XII, 32.) Bien loin de voir avec peine les autres plus vertueux que vous, tâchez de le devenir autant qu'eux; si vous ne pouvez faire tout le bien qu'ils font, réjouissez-vous-en, comme si vous le faisiez vous-mêmes, et vous aurez part à leur mérite; autant l'envie tourne à son détriment les vertus des autres, autant la charité les fait servir à son avantage : voilà un moyen facile et excellent de vous enrichir pour le ciel que je vous souhaite.

Nota. La vertu opposée à l'envie est la charité, que l'on peut prêcher le Dimanche suivant, parce que l'Evangile du jour en parle. Voyez ce sujet traité au XIIe Dimanche après la Pentecôte.

PRONE LXVIII.

Pour le dix-septième Dimanche après la Pentecôte.

SUR LA CHASTETÉ.

Glorificate et portate Deum in corpore vestro. (*I Cor.*, VI, 20.)

Glorifiez Dieu, et portez-le dans vos corps.

Telle est, mes frères, l'instruction salutaire que saint Paul donnait aux premiers chrétiens pour leur inspirer l'amour de la pureté qu'il leur avait si fort recommandée : *Fuyez*, leur disait ce grand Apôtre, *la fornication; car celui qui la commet, pèche contre son corps. Or, vous devez savoir que vos corps sont les temples du Saint-Esprit, qui demeure en vous; que vous n'êtes plus à vous-mêmes: car vous avez été rachetés à un grand prix, glorifiez donc Dieu, et portez-le dans vos corps.* « *Glorificate,* etc. Cette doctrine nous apprend que le péché opposé à la sainte vertu de pureté est plus condamnable dans un chrétien que dans tous les autres, puisque le chrétien appartient à Dieu d'une manière particulière, que son corps a été consacré par le baptême en devenant le temple du Saint-Esprit; qu'il doit, par conséquent, le conserver dans une pureté irrévocable, qui bannisse de ce temple mystique tout ce qui peut en ternir la beauté. La pureté doit donc être la vertu chérie d'un chrétien; elle est un des plus beaux ornements du corps mystique de Jésus-Christ, qui est l'Eglise; et tout membre de ce corps qui est taché du vice contraire, doit être regardé comme un membre pourri et infecté, qui mérite d'en être retranché. Cependant, mes frères, autant cette vertu est nécessaire à un chrétien, autant elle est rare à trouver. Cette belle fleur a perdu son éclat au milieu d'un monde pervers, qui répand la corruption dont il est infesté dans presque toutes les conditions qu'il réunit dans sa sphère. D'où vient ce malheur? C'est qu'on ne connaît pas le prix de la vertu de chasteté, et qu'on ne se sert pas des moyens propres pour la conserver. C'est sur quoi je me propose de vous instruire aujourd'hui.

La chasteté est une vertu bien précieuse, nous devons donc en avoir une grande estime ; premier point. La chasteté est une vertu bien délicate ; il faut donc en user avec beaucoup de précaution pour la conserver ; second point.

Que ne puis-je aujourd'hui parler le langage des anges, pour inspirer l'amour d'une vertu qui rend les hommes semblables à ces purs esprits ! Demandons-la par l'intercession de la Reine des vierges.

PREMIER POINT.

Une vertu qui vient du ciel, qui a fait descendre le Fils de Dieu du ciel en terre, qui élève l'homme au ciel par la ressemblance qu'elle lui donne avec les anges et Dieu lui-même, et par l'assurance où elle le met de son éternelle félicité, ne mérite-t-elle pas, mes frères, le titre de vertu précieuse, et digne de toute notre estime ? Or, telle est la vertu de chasteté : oui, la chasteté est la fille du Ciel, elle y a pris sa source et son origine : comment cela ? C'est qu'il n'y avait que Dieu lui-même qui pût apprendre et inspirer aux hommes la pratique d'une vertu aussi sublime et aussi parfaite. Les hommes charnels en étaient trop éloignés pour en donner des leçons ; comment, en effet, l'homme, que le péché avait rendu tout sensuel, aurait-il pu parvenir à la perfection d'une vertu qui contrarie les penchants de la nature ? il lui fallait un secours d'en haut qui l'élevât au-dessus de lui-même, qui le dégageât de ses sens et de ses inclinations. C'est ce que le plus sage des hommes reconnaissait, quand il disait que la continence est un don de Dieu, qu'il fallait lui demander : *Scivi quoniam continens esse non possem nisi Deus det.* (*Sap.*, VIII, 21.) C'est aussi ce que Jésus-Christ a voulu nous faire entendre, quand il nous dit dans son Evangile, que tous ne comprennent pas le mérite et le prix de la chasteté, qu'il n'y a que ceux à qui Dieu a fait part de ce don précieux : *Non omnes capiunt verbum istud, sed quibus datum est.* (*Matth.*, XIX, 11.) Si l'antiquité païenne a fourni quelques exemples de chasteté, ce n'était dans la plupart qu'une vertu d'ostentation ou apparente, qui servait de voile à des vices grossiers ; ou du moins qui n'approchera jamais de celle que la perfection de la religion chrétienne inspire à ses disciples. Vit-on jamais dans la gentilité des âmes assez généreuses pour faire à Dieu le sacrifice de leur vie, en faveur de cette vertu ? en vit-on jamais d'assez constantes pour s'engager à la conserver par un lien sacré qui dure autant que la vie ? Non, ce n'est que dans le sein de la religion sainte que nous professons, qu'on peut voir des chrétiens se séparer de tout commerce avec le monde, pour donner à cette vertu toute sa perfection. Il faut pour cela une grâce toute particulière, et l'on ne peut disconvenir que la chasteté est véritablement un don du Ciel, mais un don si précieux, que l'on ne trouve rien dans le monde qui égale son prix. L'or et les richesses perdent tout leur éclat, si on les compare à la beauté de cette vertu.

Mais si la chasteté vient du ciel, le Fils de Dieu, que son amour en a fait descendre, nous a laissé un exemple prodigieux de l'estime qu'il a pour cette vertu ; Dieu, en effet, ayant résolu, pour racheter l'homme, de prendre une nature semblable à la sienne, choisit une Vierge pour sa mère. Aussi avait-il prédit par un de ses prophètes, qu'une Vierge concevrait et enfanterait un Fils qui s'appellerait Emmanuel, c'est-à-dire Dieu avec nous : *Ecce Virgo concipiet et pariet Filium, et vocabitur nomen ejus Emmanuel.* (*Isa.*, VII, 14 ; *Matth.*, I, 23.) Toute autre conception que celle d'une vierge, n'aurait point convenu au Dieu de toute pureté, elle aurait en quelque façon terni l'éclat de sa sainteté, dit saint Bernard. Comme le Fils de Dieu était engendré de toute éternité par un Père vierge, il devait, en qualité d'homme, être engendré par une mère vierge ; et comme une vierge, ajoute saint Bernard, ne pouvait avoir d'autre Fils qu'un Dieu, aussi Dieu ne pouvait avoir d'autre mère qu'une vierge. Mais quelle fut cette créature privilégiée, sur qui le Seigneur jeta les yeux pour l'élever à une si haute qualité ? Ce fut l'incomparable Marie, qui, prévenue dès le moment de sa conception des grâces les plus abondantes de son Dieu, y répondit avec tant de fidélité, que dès l'âge le plus tendre elle se consacra entièrement à l'Epoux des vierges, par le sacrifice qu'elle lui fit de son corps et de son âme ; sacrifice qu'elle renouvela dans le temple du Seigneur, lorsqu'elle y fut présentée par ses parents, sacrifice le plus saint et le plus parfait que Dieu eût jusqu'alors reçu sur ses autels ; mais sacrifice que Marie soutint par une fidélité inviolable à garder sa pureté, et à éviter tout ce qui aurait pu en ternir l'éclat. Elle estimait si fort cette vertu, que quelque grande que fût pour elle la gloire de la divine maternité, elle eût plutôt renoncé à cette éminente dignité, si elle n'avait pu y être élevée qu'en cessant d'être vierge : *Quomodo fiet istud, quoniam virum non cognosco ?* Rassurez-vous, Vierge sainte, le Saint-Esprit qui vous a choisie pour son Epouse, opérera dans vous ce grand mystère : c'est par la vertu du Très-Haut que vous concevrez ce Fils adorable, qui doit être le Sauveur du monde : *Spiritus Sanctus superveniet in te*, etc. (*Luc.*, I, 34, 35.) A ces conditions, Marie se soumet aux volontés de son Dieu et conserve l'éclat de sa virginité avec la gloire de la fécondité : c'est donc par sa pureté inviolable que Marie a mérité de devenir le sanctuaire de la Divinité, et qu'elle s'est vue honorée de la plus haute dignité où une pure créature puisse être élevée : quel motif pressant d'estimer une vertu qui élève encore l'homme au ciel, par la ressemblance qu'elle lui donne avec les anges et Dieu même !

Non, mes frères, les âmes chastes ne tiennent plus à la terre ; cette vertu les élève jusque dans les cieux, dit saint Ambroise : *Hæc nubes aeraque transcendit.* Comment cela ? C'est que les faisant triompher des faiblesses humaines, et les éloignant des plaisirs sensuels, elle les met au-dessus de notre nature corrompue, et par ses sentiments et ses désirs une âme chaste vit de la vie même des anges ; c'est ce que Jésus-Christ nous apprend dans son Evangile, lorsqu'en parlant de l'état d'incorruptibilité où nous serons au jour de la résurrection, il ajoute que nous serons semblables à ces esprits bienheureux : *Erunt sicut angeli Dei... neque nubent neque nubentur.* (*Matth.*, XXII, 30.) Car remarquez la raison qu'en donne le Sauveur ; c'est qu'il n'y a plus pour lors de société conjugale ; d'où il s'ensuit que la chasteté qui nous affranchit des liens du mariage, représente dans ce lieu de misère et de bannissement, l'heureux état où nous serons dans la glorieuse immortalité, avec cette différence encore, que les anges de la terre ont par vertu ce que les anges du ciel ont par nature : en quoi, dit saint Chrysostome, la pureté des hommes, quoiqu'inférieure à celle des anges, la surpasse cependant en mérite. Les anges n'étant point composés de chair et de sang, ils n'ont point de passions à combattre pour conserver le trésor de la chasteté ; les anges ne conversant point avec les hommes, ne sont point exposés aux écueils qu'il faut éviter ; mais nous sommes environnés de dangers où la chasteté est sans cesse exposée : nous avons des ennemis à combattre, des passions à surmonter, une violence continuelle à nous faire pour ne pas perdre cette précieuse vertu ; et si nous la conservons, comme elle nous rend semblables aux anges, elle nous donne aussi un caractère de ressemblance avec Dieu. Oui, mes frères, les âmes chastes, dit saint Cyprien, sont les images vivantes de Dieu sur la terre, parce que plus une âme est détachée de son corps, plus elle s'attache à Dieu, et comme Dieu est tout esprit, *celui qui s'attache à lui devient un même esprit avec lui*, dit l'Apôtre : « *Qui adhæret Deo, unus spiritus est.* » (*I Cor.*, VI, 17.) Et par un heureux retour, Dieu s'attache aussi à l'âme chaste ; il la regarde comme son épouse chérie, il en fait l'objet de ses complaisances, il se plaît à habiter en elle comme dans un lieu de délices : *Qui pascitur inter lilia.* (*Cant.*, II, 16.) De là cette ferme assurance que la chasteté donne à une âme de son éternelle félicité.

Je n'ai pas besoin d'autre preuve de la vérité que j'avance, que les promesses que Jésus-Christ a faites, dans son Evangile, à la pureté du cœur. *Heureux*, dit-il, *ceux qui ont le cœur pur, parce qu'ils verront Dieu* : « *Beati mundo corde, quoniam ipsi Deum videbunt.* » (*Matth.*, V, 8.) Or, la chasteté est inséparable de la pureté du cœur. *C'est aux vierges*, dit saint Jean, *qu'est réservé l'avantage de suivre partout l'Agneau dans le séjour de la gloire* : « *Virgines sequuntur Agnum quocunque ierit.* » (*Apoc.*, XIV, 4.) De ces témoignages si consolants, que pouvons-nous et que devons-nous conclure ? Que la chasteté est une marque de prédestination, puisque les vierges auront dans le ciel des places et des couronnes distinguées, même au dessus des autres prédestinés.

Si nous voulons examiner de plus près pourquoi la chasteté est un des plus solides fondements de notre espérance au bonheur éternel, c'est qu'elle nous attire de la part de Dieu des grâces particulières et de choix, qui décident de notre prédestination, et que les âmes chastes sont ordinairement plus fidèles à répondre à ces grâces. En effet, si la chasteté donne à une âme un caractère de ressemblance avec Dieu, qui la regarde comme son épouse chérie, et si l'amitié règne ordinairement entre les semblables, peut-on douter que l'âme chaste ne possède l'amitié de son Dieu ? *Qui diligit cordis munditiam, habebit amicum regem* (*Prov.*, XXII, 11.) Et si l'amour divin n'est jamais stérile, peut-on douter que Dieu ne se communique à une âme chaste par une infusion de grâces et de faveurs, telles qu'on doit les supposer entre un époux bienfaisant et une épouse bien-aimée : de là ces vives lumières qu'il répand dans son esprit pour l'éclairer, cette intelligence qu'il lui donne des mystères de la religion les plus cachés, telle que l'a reçue le Disciple bien-aimé saint Jean, qui mérita par sa pureté de reposer sur le cœur de son divin Maître, et d'y puiser des connaissances qui l'élevèrent comme un aigle dans le sein de la Divinité ; comme elle est plus susceptible que les autres de ces divines influences, il ranime sa foi, il lui fait connaître la beauté de la vertu, la magnificence des récompenses qu'il lui promet : de là aussi ces bons mouvements qui la portent au bien, cette dévotion tendre, cette facilité qu'elle trouve au service du Seigneur, et comme les âmes pures apportent de leur côté une grande fidélité à la grâce, c'est ce qui achève et consomme l'ouvrage de leur sanctification.

En effet, donnez-moi une âme chaste ; je vous dirai, après saint Basile, qu'elle est dans la disposition la plus heureuse pour la sainteté et la perfection. C'est une âme douée de toutes les vertus chrétiennes, ou du moins à qui la pratique en est aisée : comment cela ? C'est que, pour être chaste, il faut se faire de grandes violences ; et dès qu'on a remporté cette victoire, le reste ne coûte presque rien. Une âme qui domine avec tant d'empire sur un corps sensuel surmonte aisément tous les obstacles qu'elle rencontre dans la voie de la sainteté. Quel sacrifice lui reste-t-il plus difficile à faire que celui qu'elle a fait pour y arriver ? Quel ennemi plus formidable que celui qu'elle a enchaîné, en se consacrant à son Dieu comme une victime pure et sans tache ?

Serait-ce le démon avec ses tentations? Mais elles ne sont ordinairement à craindre que parce que l'ange de ténèbres est d'intelligence avec l'ennemi domestique pour nous faire tomber dans les pièges; or, dès que la chair, qui est cet ennemi domestique, est réduite en servitude, le démon voit échouer ses projets. Serait-ce le monde avec ses biens et ses plaisirs? Mais cet attrait perd toute sa force contre une âme chaste et pure, que la chasteté a dégagée des plaisirs sensuels, parce qu'elle n'y envisage qu'un danger nécessaire d'y faire un triste naufrage; et comme l'amour des richesses et des honneurs est une suite ordinaire de l'amour du plaisir, parce qu'on trouve dans ce funeste mélange de quoi contenter ses passions, dès qu'on méprise les plaisirs du monde, on fait aussi peu de cas de ses faux biens, on les regarde, avec l'Apôtre, comme de la boue (*Philipp.*, III, 8), indignes d'attacher un cœur qui s'est donné à Dieu : la chasteté remporte donc la victoire sur toutes les tentations et sur toutes les passions. Elle est la compagne de toutes les vertus, puisqu'il faut les posséder toutes pour arriver à celle-là : il faut être humble, mortifié, mépriser tous les objets sensibles, s'élever au-dessus de soi-même, se renoncer, se crucifier sans cesse; n'est-ce pas la perfection de l'Evangile et la voie de la sainteté que Jésus-Christ nous a tracée? Aussi voyons-nous que ceux qui sont vraiment chastes, sont les chrétiens les plus parfaits : ils sont réservés dans leurs paroles, modestes dans leurs démarches, sobres dans leurs repas, respectueux dans les lieux saints, édifiants dans toute leur conduite : ils ressemblent, dit saint Augustin, aux lis qui s'élèvent vers le ciel, et qui répandent autour d'eux une agréable odeur; leur seule présence inspire de l'amour pour la vertu. Et il n'est pas difficile à comprendre comment la chasteté est une voie sûre pour arriver à la sainteté la plus consommée, surtout pour les âmes qui font une profession particulière de la virginité. Dès qu'une âme a choisi Jésus-Christ pour son Epoux, elle est dégagée d'une infinité d'objets qui détournent de la voie de la perfection. Uniquement attentive à plaire à ce divin Epoux, elle est exempte, comme dit l'Apôtre, de tous les soins, de tous les embarras où se trouvent les personnes qui ont partagé leur cœur avec quelques autres objets : *Virgo cogitat quæ Domini sunt, ut sit sancta corpore et spiritu.* (I *Cor.*, VII, 34.) Elle ne pense qu'à s'attacher à Dieu par une vie plus parfaite : l'amour divin trouve plus de place dans un cœur qui n'est point divisé ; ce cœur en est tout pénétré, tout embrasé, et il possède dans cet amour le gage assuré de sa prédestination.

Il est vrai que la chasteté, dont parle ici l'Apôtre sous le nom de virginité, n'est pas une vertu de tous les états ; il n'est pas donné à tout le monde de mener un genre de vie aussi parfait que celui des personnes qui se consacrent à Dieu par le célibat, ou dans la religion ou dans le monde. Mais il est une chasteté commune qui convient et qui est nécessaire dans tous les états, c'est-à-dire que, dans quelque genre de vie que l'on soit engagé, on doit éviter tout ce qui est capable de ternir cette belle fleur; la chasteté impose même quelques obligations à ceux qui sont engagés dans le lien du mariage comme à ceux qui n'y sont pas. Je n'entreprends pas ici de les expliquer, ces obligations; je me contente de dire, en général, que tout chrétien, dans quelque état qu'il soit, doit estimer la chasteté comme une vertu qui fait un des plus beaux ornements de la religion chrétienne; que tout chrétien étant devenu, par le baptême, membre de Jésus-Christ, temple du Saint-Esprit, doit avoir un grand respect pour lui-même et ne pas profaner ce temple par quelques taches qui en obscurciraient la beauté; qu'il doit bannir de son esprit et de son cœur tout objet étranger, toute inclination déréglée et toute pensée contraire à la sainte vertu de pureté. *Si quelqu'un*, dit l'Apôtre, *a la témérité de profaner le temple du Seigneur, qu'il sache que Dieu le perdra : « Si quis violaverit,* » etc. (I *Cor.*, XIII, 17.) Pour se garantir de ce malheur, quelle précaution faut-il prendre? Vous le verrez dans la seconde partie de ce discours.

DEUXIÈME POINT.

Il faut l'avouer, mes frères, si la chasteté est précieuse et estimable, elle est bien difficile à conserver et bien facile à perdre; il n'est point de vertu qui soit si exposée. Tout ce qui est au dehors et au dedans de nous nous met dans un danger presque continuel de la perdre; au dehors, que d'objets ne trouve-t-elle pas qui, par leurs charmes et leurs attraits, lui portent des coups d'autant plus funestes qu'elle s'en aperçoit moins. Elle est environnée et attaquée de toutes parts par des ennemis à qui nos sens donnent l'entrée dans notre cœur. Ici, c'est une Jésabel qui se présente pour attirer les regards de Jéhu; qui étudiera dans son vêtement, son maintien, tous les artifices capables de porter la contagion dans son cœur. Il ne faut qu'un regard pour donner à cette vertu le coup le plus mortel; la vue de certains objets fait quelquefois sur le cœur de si vives impressions qu'il est très-difficile de les effacer. Ce sont des paroles obscènes, des chansons lascives que l'on entend dans les compagnies où l'on se trouve, et où, hélas! la chasteté trop souvent reçoit de mortelles atteintes.

A quel danger cette vertu n'est-elle pas encore exposée dans ces liaisons qui se forment entre des personnes de sexe différent, dans ces visites préméditées, où, sous prétexte d'une amitié sensible, innocente, on entretient un feu caché qui n'en est pas moins vif et qui se manifeste souvent par des libertés que l'on prend et que l'on reçoit, dont on ne se fait pas beaucoup de scrupule, parce qu'on les regarde comme des signes d'amitié, mais qui, devant Dieu, ne sont rien moins que ces libertés criminelles qui conduisent enfin aux plus grands désordres. Ces inclinations mutuelles commenceront par des sentiments d'estime que l'on a l'un pour l'autre, fondés sur le mérite, sur les bonnes qualités des personnes: mais insensiblement la passion s'y glisse, les sens y prennent leur part, le cœur se captive, et, après avoir commencé par l'esprit, comme dit l'Apôtre (*Galat.*, V, 17), on finit honteusement par la chair. Il est vrai que l'honnêteté et la bienséance dont les personnes bien élevées suivent les règles les retiennent encore dans les bornes d'un certain devoir. Mais il n'est pas moins vrai que dans les conversations fréquentes, dans les assiduités que l'on se rend, la pureté y est ordinairement infectée du souffle du serpent infernal; que l'on n'en sort jamais aussi pur que quand on y est entré. Ces entretiens se passent-ils sans regards de complaisance, sans quelques protestations d'amitié? Or, quelle impression ne font pas, sur un cœur déjà porté au mal, ces regards, ces paroles, ces protestations, ces manières enjouées, cette humeur agréable, d'une personne qui a l'art de plaire! N'en est-on pas continuellement occupé quand on la quitte et ne soupire-t-on pas après le moment de la revoir? Or, dès que le cœur est ainsi captif d'un amour profane, la chasteté y peut-elle subsister? Elle s'y éteint tout à fait. En vain, dira-t-on qu'on résiste aux attaques de l'ennemi en renonçant aux idées et aux impressions que l'on a reçues de ces sortes de sociétés; mais n'est-ce pas toujours mettre la chasteté à de critiques épreuves que de l'exposer à un air infecté? Peut-on ignorer, en effet, qu'il est bien difficile de résister à tous les attraits que présente l'occasion et de ne pas se laisser aller à une certaine sensibilité qui entraîne le cœur? Et ne sait-on pas que les pensées contraires à la pureté, quoique désavouées et rejetées, sont volontaires dans la cause qui les fait naître; ce qui suffit pour blesser la délicatesse de cette vertu.

Il est donc vrai de dire que la chasteté est une vertu bien délicate et bien difficile à conserver par le grand nombre d'ennemis qui l'attaquent au dehors; mais, quand nul objet extérieur ne lui porterait des coups, nous avons au dedans de nous-mêmes le principe et la cause de sa ruine; nous portons ce trésor dans des vases fragiles prêts à tout moment à se briser. Nous sentons dans nos membres une loi funeste qui combat contre celle de l'esprit, et dont la vertu la plus solide et la plus sévère a bien de la peine de triompher. Témoin le grand Apôtre, qui s'en plaignait lui-même (II *Cor.*, XII, 5 seqq.), et qui, malgré les austérités dont il affligeait son corps, avait encore besoin de la grâce pour repousser les attaques de l'esprit impur; témoin les Jérôme, les Bernard, les Benoît, qui se frappaient rudement, se roulaient dans les épines, se jetaient dans des étangs glacés pour éteindre le feu naissant de la convoitise. Or, si les saints ont essuyé ces humiliantes attaques; si, éloignés des occasions, exténués par les rigueurs de la pénitence, ils ont gémi si longtemps sur l'affligeante nécessité où ils étaient de ressentir les aiguillons de la chair, comment nous assurer de la victoire, au milieu des occasions dont nous sommes environnés, avec une vie molle et sensuelle dont nous sommes les esclaves? Hélas! il ne faut qu'un souffle pour ternir la beauté de ce miroir; une seule pensée qui lui est contraire lui porte un coup mortel dès que l'on s'y arrête volontairement: les autres vertus ne sont pas toujours en danger de se perdre, mais la chasteté périclite en tout temps, la nuit comme le jour, dans les lieux profanes; la solitude même ne met pas à l'abri des attaques de son ennemi; on le porte partout avec soi dans une chair rebelle à la loi de Dieu.

Il y a des vertus qui peuvent et qui doivent paraître en public pour l'édification du prochain; mais la chasteté n'y paraît guère qu'à son détriment. Il est aussi difficile, dit saint Chrysostome, de la conserver dans un monde corrompu que de marcher sur des charbons sans être brûlé, sur des pointes d'épées sans être blessé. Mais de tout cela que faut-il conclure? Doit-on la rechercher, cette vertu, ou se décourager, pour se livrer au penchant d'une nature corrompue qui nous porte à ce qui peut la contenter? A Dieu ne plaise! reprend saint Chrysostome parlant à son peuple, à Dieu ne plaise, mes frères, que vous suiviez les maximes pernicieuses de ces impurs, de ces hommes voluptueux qui, se faisant une nécessité du vice, s'efforcent de détruire la vertu, et, faussement persuadés que ni l'un ni l'autre n'est libre, s'abandonnent à leurs passions! Si le dérèglement ne dépendait de la liberté, pourquoi, dit le même saint Chrysostome, Jésus-Christ, dans son Evangile, donnerait-il tant d'éloges à la virginité et proposerait-il comme un moyen salutaire l'exemple de ceux qui en suivent la pratique? S'il était impossible de garder la chasteté et que le vice contraire ne fût pas à notre choix, Dieu, infiniment juste, pourrait-il condamner à des peines éternelles les fornicateurs, les impudiques, pour avoir commis des crimes qu'ils ne pouvaient éviter? C'est ce qu'on ne peut dire sans blasphème. Dieu ne commande rien d'impossible et ne peut punir l'homme que pour le mauvais usage qu'il fait de sa liberté. Mais puisque cette vertu est si délicate, il faut aussi conclure que nous devons user de beaucoup de précautions pour la conserver. Quelles sont ces précautions? quels sont ces moyens? Je les réduis à trois principaux, qui sont: la fuite des occasions, la mortification des sens et la prière.

En effet, mes frères, pour conserver la chasteté, il faut la mettre hors d'atteinte des traits de ses ennemis et la munir de remparts qui la défendent. Or, la fuite des occasions nous fait triompher des ennemis du dehors; la mortification et la prière nous rassurent contre ceux qui sont au dedans de nous.

S'il y a des vertus qui attaquent l'ennemi de front, comme la force et le zèle, il en est aussi qui ne peuvent vaincre que par la fuite, comme la chasteté; ce n'est que dans la fuite qu'elle trouve sa sûreté : *Fuge, et vicisti.* En effet, si les ennemis de cette vertu sont déjà si redoutables dans le temps même qu'on ne les cherche pas et qu'ils se présentent à nous, que sera-ce quand on aura la témérité de les exciter au combat? S'exposer dans les occasions dangereuses à la pureté, c'est être déjà demi-vaincu, c'est être d'intelligence avec l'ennemi, c'est capituler avec lui pour lui livrer la place. Dès qu'on aime l'occasion du péché, on a de l'attache pour l'objet de sa passion; et dès que l'objet est présent, quelle impression ne fait-il pas sur un cœur déjà entraîné par son penchant? Hélas! les plus grands saints avaient bien de la peine de se défendre des traits de cet ennemi dans le temps même qu'ils les fuyaient, et que, pour les éviter, ils s'enfonçaient dans la solitude. Comment donc lui résister lorsqu'on s'en approchera avec des passions vives et toujours prêtes à s'enflammer? Hélas! une expérience funeste de la plupart des hommes annonce trop qu'on doit s'attendre à une honteuse défaite.

Il faut donc, mes frères, si vous voulez vaincre dans ce genre de combat, s'éloigner de tout ce qui est capable de vous pervertir, comme sont les spectacles, les danses, les assemblées dangereuses, la lecture des mauvais livres, les liaisons, les entretiens des personnes de sexe différent; en un mot, de tous les objets capables de donner quelques atteintes à la vertu de chasteté.

Je sais, et je dois le dire pour la consolation des âmes qui aiment Dieu, que, malgré toutes les précautions que l'on peut prendre, il est bien difficile de vivre dans le monde sans y trouver des objets dangereux; qu'il n'est pas possible d'éviter toutes les attaques de l'ennemi. Comme dit l'Apôtre (I *Cor.*, VII, 7 seqq.), chacun ne peut pas prendre le parti de la retraite pour échapper aux dangers; il est certaines sociétés honnêtes auxquelles on n'est pas obligé de renoncer, dès que la vertu n'y est pas exposée à faire naufrage. Mais ce qui est nécessaire à tous, c'est d'éviter les occasions prochaines, c'est-à-dire celles qui de leur nature sont capables de faire tomber dans le péché ou qui, n'étant pas telles de leur nature, le sont par rapport à une mauvaise disposition des personnes qui s'y exposent et qui éprouvent, par leur expérience, leur faiblesse à y résister.

Ce qui est nécessaire à ceux qui sont engagés dans certaines liaisons sensibles, quoiqu'on les croie innocentes, c'est de rompre ces sociétés dès qu'elles vont à la ruine de la chasteté; et quand elles n'iraient pas là, qu'elles n'auraient même rien de criminel, elles cessent d'être innocentes par là même qu'elles causent du scandale. Ce qui est enfin nécessaire à tous dans les occasions même éloignées et indifférentes, où la chasteté cependant peut souffrir quelques attaques, c'est, pour se garantir du danger de la perdre, de mortifier ses sens, qui sont comme les portes par où la mort entre dans notre âme.

Car, mes frères, est-il surprenant de voir l'ennemi maître d'une place, non-seulement ouverte à son passage, mais dans laquelle il s'est ménagé une intelligence secrète? Nous avons au dedans de nous-mêmes un ennemi domestique, qui est notre chair, une nature corrompue qui se porte vers les objets sensibles; il est donc à propos de dompter cet ennemi, de réduire cette chair en servitude, de mortifier ces sens par le retranchement de tout ce qui peut les satisfaire au préjudice de la loi de Dieu. Il faut surtout fermer les yeux aux objets dangereux; car c'est de tous les sens le plus difficile à contenir, celui qui nous échappe plus vite, et qui trouve plus aisément son objet que tous les autres. Faisons donc, comme Job, un pacte avec nos yeux pour ne les arrêter jamais sur des objets capables de faire sur nous quelques mauvaises impressions : *Pepigi pactum cum oculis meis, ne cogitarem de virgine.* (*Job*, XXXI, 1.)

Fermons nos oreilles aux chansons profanes, aux discours obscènes, aux conversations trop libres; mortifions notre goût, et que la tempérance nous éloigne des excès et de la délicatesse de la nourriture capable d'exciter en nous le feu des passions. La chasteté est une fleur entourée d'épines, et qui ne se trouve point dans les douceurs d'une vie molle et sensuelle. La modestie, qui est une suite de la mortification, sert encore de défense à la chasteté. Cette vertu contient non-seulement tous nos sens dans les bornes du devoir, elle règle encore tout notre extérieur, et dans les habillements, et dans les manières que nous devons avoir avec le prochain; elle ignore ces ajustements mondains, ces airs enjoués et trop libres, qui sont tout à la fois les marques d'un cœur peu chaste, et portent la contagion dans le cœur des autres.

Mais comme toute notre force vient de Dieu, c'est à lui qu'il faut s'adresser pour s'assurer de la victoire : La continence est un don de Dieu dit le Sage, et il ne l'accorde qu'à ceux qui l'a lui demandent : *Scivi quoniam continens esse non possem nisi Deus det.* (*Sap.*, VIII, 21.) En effet, si la grâce est nécessaire pour travailler à opérer le salut, elle doit l'être surtout dans les occasions où, pour acquérir et conserver la vertu, nous avons de grands obstacles à surmonter; or, la chasteté est des vertus la plus précieuse et la plus difficile à conserver : allons donc souvent au pied des autels, adresser à Dieu les prières du saint roi David; besoin du secours de la grâce, qu'il faut demander à Dieu par de ferventes prières, à l'exemple du Roi-Prophète : Donnez-moi, Seigneur, un cœur pur et détaché de tout objet sensible, pour ne m'attacher qu'à vous seul :

Cor mundum crea, etc. (*Psal.* L, 12.) Recourons encore pour ce sujet à la Reine des vierges, lui adressant tous les jours quelques prières pour obtenir cette grâce; approchons-nous souvent des sacrements qui en sont la source. La pénitence nous servira de remède contre le poison de la volupté; et la sainte Eucharistie nous unissant à la chair virginale de Jésus-Christ, nous conservera dans une inviolable pureté. Enivrés de ce vin qui fait germer les vierges, nous deviendrons inaccessibles aux traits de notre ennemi. *Heureux sont ceux qui ont le cœur pur*, dit Jésus-Christ, *parce qu'ils verront Dieu dans le séjour de sa gloire : « Beati mundo corde*, etc. *Amen.*

PRONE LXIX.

Pour le dix-huitième Dimanche après la Pentecôte.

SUR LE BLASPHÈME ET LE JUREMENT.

Quidam de Scribis dixerunt intra se : Hic blasphemat. (*Matth.*, IX, 3.)

Quelques-uns des Scribes dirent entre eux : Cet homme blasphème.

Comme on présentait à Jésus-Christ un paralytique pour en être guéri, le Sauveur dit à cet homme : *Mon fils, ayez confiance, vos péchés vous sont pardonnés.* Sur quoi les Scribes prirent occasion d'accuser Jésus-Christ de blasphème, parce que, dirent-ils, il s'attribuait le pouvoir de remettre les péchés, qui n'appartient qu'à Dieu : *Hic blasphemat.* Mais n'était-ce pas plutôt les docteurs de la loi qui blasphémaient eux-mêmes, en traitant Jésus-Christ de blasphémateur, puisqu'il leur avait donné, par ses miracles, des preuves convaincantes de sa divinité, et par conséquent du pouvoir qu'il avait de remettre les péchés? Ce fut aussi pour les convaincre et les confondre davantage, qu'il fit à cette occasion un nouveau miracle, en guérissant le paralytique qu'on lui présentait. *Lequel est le plus facile*, leur dit-il, *de dire à cet homme, Vos péchés vous sont remis, ou bien, Levez-vous, emportez votre lit, et marchez? Or, afin que vous sachiez que le Fils de l'homme a le pouvoir de remettre les péchés : Levez-vous, emportez votre lit et marchez*, dit-il au paralytique. Le paralytique obéit à l'instant; et les témoins de sa guérison glorifièrent Dieu d'avoir donné aux hommes un tel pouvoir. Ainsi les docteurs de la loi furent confondus, mais ils ne furent pas convertis; ils ne laissèrent pas de continuer la guerre contre le Sauveur, d'intenter contre lui de fausses accusations, et de blasphémer contre sa divinité. Péché horrible de blasphème, qui règne encore parmi les chrétiens, et qui mérite toute notre aversion! C'est pour vous en inspirer de l'horreur, mes frères, que j'entreprends aujourd'hui de le combattre, et avec lui, les autres jurements et les malédictions; parce que ces péchés, quoique différents entre eux, ont néanmoins quelque chose de semblable dans le caractère de malice que je dois vous dépeindre dans le blasphème. Ah! que ne puis-je, mes frères, détruire ces monstres parmi vous! ils sont si communs dans tous les états, que je m'estimerais heureux d'en diminuer le nombre. On blasphème, on jure, on donne des malédictions : les villes, les campagnes en retentissent; les pauvres et les riches, les grands et les petits, les vieux et les jeunes en sont coupables; à peine les enfants savent-ils parler, que c'est là, pour ainsi dire, le premier langage qui soit de leur bouche. Quel bien ne ferais-je donc pas, si je pouvais mettre une digue à ce torrent qui fait tant de ravages dans le monde? Pour y réussir, je tâcherai de vous en faire connaître l'énormité et les châtiments. Combien le blasphème et le jurement outragent Dieu; vous le verrez dans mon premier point. Comment Dieu punit ces péchés; vous le verrez dans le second point.

PREMIER POINT.

Avant que de vous représenter, mes frères, la grandeur de l'outrage que le jurement fait à Dieu, il faut vous expliquer la nature de ce péché, avec les différents degrés de malice qui le rendent plus grief, à raison des différentes manières dont on le commet. Jurer, c'est prendre le saint nom de Dieu à témoin que ce que l'on dit est véritable; ce qu'il n'est jamais permis de faire qu'avec ces trois modifications, que le Seigneur lui-même nous apprend par un de ses prophètes : *Vous ne jurerez point*, dit-il, *que pour la vérité, la justice et la nécessité : Jurabis in veritate, justitia et judicio.* (*Jerem.*, IV, 2.) Il n'est jamais permis de jurer que pour une chose véritable, juste et nécessaire. Qui sont donc ceux qui prennent en vain le saint nom de Dieu? Ce sont : 1° ceux qui jurent pour une chose fausse, ou qu'ils doutent être véritable; qui jurent de faire une chose qu'ils n'ont pas dessein d'accomplir; et ceux-là sont des parjures; 2° on jure en vain le saint nom de Dieu, lorsque l'on s'engage par serment à faire quelque chose de mauvais, comme de faire du mal au prochain, ce qu'il n'est jamais permis d'exécuter, quand même on a juré de le faire; 3° enfin, ceux-là pèchent contre ce commandement, qui jurent pour une chose véritable et bonne en elle-même, mais qui le font sans nécessité, sans discrétion, sans y être obligés par autorité légitime. Voilà, mes frères, ce que Dieu nous défend, quand il nous dit de ne point prendre son saint nom en vain; il nous défend aussi de jurer par les créatures, parce que les créatures ayant du rapport à Dieu, dont elles sont les ouvrages, assurer une chose sur la vérité des créatures, c'est l'assurer sur le témoignage de la vérité increée. C'est pourquoi Jésus-Christ nous dit dans l'Evangile, de ne point jurer ni par le ciel, ni par la terre; mais de dire simplement, Cela est, Cela n'est pas : *Est, est, Non, non.* (*Matth.*, V, 34-37.) Mais si l'on est coupable de se servir du saint nom de Dieu, pour assurer quelque chose de faux, ou même de vrai, que sera-ce, mes frères, d'attribuer une fausseté à ce saint nom, comme l'on fait par le blasphème? Car le blasphème, selon saint Augustin et saint Thomas, est une parole injurieuse à Dieu, par laquelle on lui attribue ce qui ne lui convient pas, ou par laquelle on lui ôte ce qu'il a: péché ordinaire à ceux qui murmurent contre la Providence divine.

Je renferme encore dans l'espèce du péché de jurement les malédictions, les imprécations que l'on donne aux créatures ou à soi-même, parce que dans ces malédictions, les hommes invoquent le nom et la puissance de Dieu, pour la faire servir à leur colère, à leur fureur, et que ces imprécations contre les crétaures retombent, en quelque façon, sur le Créateur, dont elles sont les ouvrages. Or le jurement, de quelque nature qu'il soit, tel que je viens de l'expliquer, est un des péchés qui offensent Dieu plus grièvement. Pourquoi? parce qu'il combat une des plus nobles vertus qui nous porte à Dieu, savoir la vertu de religion, par laquelle nous lui rendons la gloire et l'hommage qui sont dus à son infinie majesté. Ainsi le jurement diffère des autres péchés, en ce qu'ils n'attaquent Dieu qu'indirectement, et dans ses créatures, au lieu que celui-ci s'en prend à Dieu même, et l'attaque dans son être et ses perfections. Oui, le jureur est un criminel de lèse-majesté divine, par l'outrage qu'il fait à la grandeur, à la bonté, à la providence de Dieu. Il outrage sa grandeur, en déshonorant son saint nom, l'avilissant par l'usage profane qu'il en fait, en lui attribuant ce qui ne lui convient pas. Il outrage la bonté et la providence de Dieu, par le mépris qu'il fait de ses dons et de ses ouvrages dans les malédictions qu'il se donne à lui-même ou aux autres. Jugeons, par tous ces traits, de l'énormité de ce péché, et ne craignons pas de dire, qu'un jureur est un homme sans religion, sans respect pour Dieu, sans charité pour le prochain et pour lui-même.

Mon nom est grand, dit le Seigneur, *parmi les nations de la terre; dès le lever du soleil jusqu'à son coucher, on doit le respecter* : « *Magnum est nomen meum in gentibus a solis ortu usque ad occasum.* (*Malach.*, I, 11.) Nom de grandeur et de puissance, que l'on n'osait même prononcer chez le peuple de Dieu; nom de Majesté, à qui le Roi-Prophète ne croyait pouvoir donner assez de louanges; nom respectable, devant lequel tout ce qu'il y a dans le ciel, sur la terre et dans les enfers, doit fléchir le genou; nom saint par excellence, au témoignage de l'Esprit-Saint, par la bouche de la plus pure des vierges : *Et sanctum nomen ejus.* (*Luc.*, I, 49.) Nom que les anges ne cessent de louer et de bénir dans le ciel. C'est aussi pour glorifier ce saint nom, que Dieu nous a donné l'usage de la parole; c'est la première chose que Jésus-Christ nous apprend à demander dans l'Oraison dominicale : Que votre nom, Seigneur, soit connu, respecté, adoré par toute la terre, comme il l'est dans le ciel par les bienheureux; qu'il soit glorifié, exalté, sinon comme il le mérite, du moins autant qu'il peut l'être par de faibles mortels comme nous : *Sanctificetur nomen tuum.* (*Matth.*, VI, 9.) C'est enfin pour louer et bénir ce nom vénérable, que l'Eglise met dans la bouche de ses ministres des cantiques de louanges dans les offices qu'elle les charge de réciter à la gloire du Très-Haut.

Quel outrage ne faites-vous donc pas à ce nom si saint et si respectable, vous, jureurs, qui l'employez indifféremment à des usages profanes, qui vous servez de son autorité pour faire croire ce qu'il vous plaît; qui osez mesurer la certitude de vos connaissances bornées, avec la souveraine infaillibilité des connaissances de Dieu; vous qui prononcez à tout propos ce saint nom dans vos conversations, souvent dans des plaisanteries, quelquefois même dans des discours obscènes. Vous n'oseriez abuser du nom de votre roi, ou d'une personne pour qui vous auriez quelque considération; pourquoi donc respectez-vous si peu le nom du Seigneur votre Dieu, si digne de vos hommages? Mais quelle injure ne lui faites-vous pas, lorsque vous vous en servez pour attester le mensonge et l'imposture? Dieu est la vérité même : *Deus verax* (*Rom.*, III, 14); il est ennemi de tout mensonge, de tout déguisement, et vous prétendez, en jurant pour une chose fausse, que Dieu en soit le témoin; c'est-à-dire, que vous voulez, autant qu'il est en vous, rendre Dieu garant et auteur d'une fausseté; vous voulez par conséquent lui ôter un attribut qui lui est essentiel, puisqu'il ne peut attester et garantir une fausseté, sans perdre son infaillible vérité. Quel outrage, encore une fois, ne lui faites-vous donc point, parjures, et de quel crime ne vous rendez-vous pas coupables? Car cette matière est de nature à ne souffrir pas de légèreté, dès que l'action est volontaire; et ne fût-ce que pour assurer un léger mensonge, votre péché est toujours mortel.

Pour vous, blasphémateurs, vous portez encore l'outrage bien plus loin, puisque vous osez attaquer Dieu même dans sa nature, en lui attribuant ce qui ne lui convient pas, ou en prétendant lui ôter ce qui lui appartient. Si, dans la société, on regarde comme indigne du jour qui l'éclaire un homme qui se fait un jeu de charger de crimes supposés la réputation de ses semblables, que penser, mes frères, de celui qui attribue à Dieu des défauts incompatibles avec ses adorables perfections? Voilà cependant votre ouvrage, blasphémateurs impies, qui, dans les transports d'une aveugle fureur, donnez à la Divinité certains noms odieux qui ne peuvent convenir qu'à un homme passionné; qui parlez de lui comme d'un être fini et limité, composé de membres comme les hommes, sujet à des faiblesses, à la mort comme les hommes? N'est-ce pas vouloir dégrader, anéantir, pour ainsi dire, la Divinité même?

C'est ce qui a fait dire à saint Augustin, que le blasphème était une calomnie contre Dieu, une espèce de malédiction prononcée contre lui. Quelle horreur ! une créature maudire l'Auteur de son être ! peut-on y penser sans frémir ? Quel nom, en effet, donner à ces péchés ? Comment peut-on appeler ce péché ? Sacrilége, impiété ! Ce n'est pas assez, c'est une espèce de déicide, c'est le plus haut degré de malice où les hommes puissent aller ; car le blasphémateur ne se contente pas d'attribuer à Dieu ce qui ne lui convient pas, il lui ôte encore, autant qu'il le peut, ce qui lui appartient. Sagesse, puissance, bonté, justice, providence, ce sont les attributs inséparables de son Etre. Or la malice seule des démons peut mesurer la grandeur de ce crime ; car le blasphémateur ne les reconnaît point : ingrat envers son Dieu, il anéantit sa bonté ; plein de mépris pour ses jugements, il ne peut redouter sa justice ; murmurant sans cesse contre les desseins de sa providence, il veut en bannir la sagesse ; enfin il fait tous ses efforts pour affaiblir sa puissance, en refusant de se soumettre à lui comme à son Maître, son Père, l'auteur de tous ses biens : disons tout en un mot, il renie son Dieu. L'occupation des démons et des réprouvés dans l'enfer est de vomir contre Dieu les plus horribles blasphèmes, de le maudire, de le détester.

Que penser encore de ces malédictions si souvent réitérées parmi nous ? Sont-elles une moindre injure faite à la bonté de Dieu ? Renoncer à la place qu'il vous a préparée dans le ciel ; ne vouloir jamais voir Dieu, c'est-à-dire, ne jamais jouir de sa possession dans son royaume éternel ; sont-ce là des souhaits dignes d'un chrétien ? Vous appartenez à Dieu par une infinité de titres, et par vos imprécations, vous vous abandonnez à la puissance du démon à qui vous avez renoncé dans votre baptême ; n'est-ce pas là un mépris formel des augustes qualités dont vous fûtes revêtu en ce jour incomparable où l'Eglise vous adopta pour son enfant ? Peut-on dire, à vous entendre, que vous êtes un membre de Jésus-Christ, que le divin Esprit habite en vous ? ou plutôt n'est-ce pas le démon qui a fait sa demeure dans votre cœur, puisque vous avez toujours son nom à la bouche, et que la parole n'est que l'interprète des sentiments du cœur ? Chose étrange, que des chrétiens, dont la langue, tant de fois teinte du sang de Jésus-Christ dans la sainte communion, ne devrait être employée qu'à bénir son saint nom, soit si souvent profanée par le nom odieux du prince des ténèbres ! que des chrétiens qui sont incorporés à Jésus-Christ se mettent en société avec le démon, réclament sa puissance contre quiconque devient l'objet de leur haine, de leur fureur ! N'est-ce pas une indignité d'entendre ces chrétiens s'échapper à tout propos contre tout ce qui leur déplaît en ces paroles exécrables : que le démon emporte, qu'il extermine, tout ce qu'ils ne peuvent voir ou souffrir ? Ne faut-il pas que le démon ait acquis sur les chrétiens, le même empire qu'il avait autrefois sur les idolâtres, puisque cet esprit de mensonge ne pouvant plus s'expliquer par les statues de ces peuples infidèles, a trouvé le secret de parler par la bouche des chrétiens, de placer son nom dans tous leurs discours, de se servir de leur langue, pour blasphémer Dieu dans ses créatures. Voilà, chrétiens, les funestes inductions que votre facilité à jurer, à maudire, à prononcer à tout propos le nom du démon, nous engage à tirer contre vous.

Oui, mes frères, les imprécations que vous prononcez contre les créatures, retombent sur le Créateur. L'Ecriture sainte nous dit (*Gen.*, I, 21, 25, 31), que Dieu, après avoir créé le ciel et la terre, les plantes, les animaux, trouvait bons ses ouvrages ; qu'il les bénissait, parce qu'il y voyait un écoulement, une ressemblance de ses perfections divines. Les créatures, en effet, nous représentent en leur manière la beauté, la bonté, la puissance du Créateur, en sont les images et l'expression. Or, c'est contre ces images que vous vomissez des imprécations. Vous donnez des malédictions à ces créatures que Dieu a bénies : c'est donc contre Dieu même que vous les proférez ; et ne doit-il pas s'en tenir aussi offensé, que le serait un roi dont vous traiteriez l'image avec le même mépris ? A vous entendre maudire les animaux, les saisons, la pluie, les créatures même raisonnables, ne faites-vous pas connaître que vous désapprouvez ce que Dieu a fait ; que sa providence est injuste ? Vos malédictions sont donc des blasphèmes contre Dieu ; et ne dites pas, pour vous excuser, que vous êtes bien éloignés de désirer que vos malédictions s'accomplissent sur les personnes, ou sur les choses qui en sont les objets, ou bien qu'elles sont l'effet de la colère qui vous emporte, de l'impatience qui vous échappe, de l'habitude qui vous ôte la liberté.

Je veux bien convenir d'abord que, parmi ceux qui donnent des malédictions, il en est qui ne voudraient pas les voir accomplir, mais aussi y en a-t-il un grand nombre qui le voudraient, tels que sont ceux qui prononcent par haine, par colère, par vengeance, contre leur ennemi, contre ceux qui les ont désobligés. Ceux même qui n'en souhaitent pas l'exécution, doivent ces dispositions à des réflexions qui réforment les premières ; car très-souvent ils le voudraient dans le temps qu'ils les profèrent, ce qui suffit pour les rendre coupables de péché, puisqu'il ne faut qu'un moment pour y consentir. Mais je suppose encore qu'ils n'y donnent point de consentement pour que le mal arrive ; c'est toujours un mal de s'échapper en malédictions contre quelque créature que ce soit, ou à raison de la colère qui en est le principe, ou à raison du scandale que l'on donne, ou à raison enfin du danger où l'on s'expose de donner ces malédictions avec connaissance contre les créatures raisonnables.

En vain aussi prétendez-vous excuser vos imprécations sur la colère, l'impatience, l'habitude qui en sont la cause : c'est vouloir vous justifier d'un péché par un autre. Mais quand la colère ne serait point par elle-même un crime, les funestes effets qu'elle produit en vous vous imposeraient la nécessité de ne suivre jamais ses mouvements. Ne pensez pas non plus que l'habitude diminue la malice de votre péché, puisqu'elle en est tout à la fois et la cause et l'effet. D'où vient cette habitude où vous êtes de jurer, de maudire? N'est-ce pas d'un défaut de précaution qui accompagne tous vos discours, du peu de bonne volonté qui précède vos résolutions? Ainsi l'habitude étant volontaire, vous avez beau dire que vous ne faites point d'attention aux jurements, aux malédictions que vous proférez, ils sont assez libres dans la cause que vous ne voulez pas détruire. C'est ce qui doit vous engager à prendre des mesures pour vous corriger, parce qu'il n'est point d'habitude que l'on contracte si aisément, et dont on se corrige si difficilement. Mais ce qui augmente la malice de ce crime, c'est le sujet pour lequel on y tombe. Dans les autres péchés que l'on commet, le bien, les plaisirs servent d'attrait à la passion : ainsi un avare est attiré par l'éclat des richesses et par les avantages qu'il en reçoit ; l'impudique, par l'appas d'une volupté charnelle. Mais le jureur est bien plus coupable, puisque, ne trouvant dans son péché ni bien, ni plaisir, capables de le charmer, il outrage Dieu par pure malice ; il n'a d'autre satisfaction que de lui faire injure : et pourquoi outrage-t-il ainsi son Dieu? Souvent pour rien ; pour assurer une bagatelle, pour un vil intérêt, pour obliger une créature aux dépens de la fidélité qu'on doit au Créateur. On blasphème, on donne des malédictions pour une légère perte de bien, pour un jeu qui ne réussit pas, pour un mot qui choque, une manière qui déplaît ; vous entendrez des pères, des mères proférer des malédictions exécrables contre des enfants coupables de quelque légèreté ; des maîtres et maîtresses contre des domestiques, pour quelque négligence dans le service. Vous entendrez des ouvriers, des artisans, des laboureurs, s'échapper à tout propos en malédictions contre l'instrument d'un ouvrage ; que sais-je? contre un rien qui les contrarie, qui leur déplaît. Ils s'en prennent à Dieu, ils vomissent contre lui d'atroces injures, comme s'il était l'auteur de leur disgrâce; comme si les jurements, les malédictions pouvaient obvier à cette espèce de malheur. Quelle injustice! quelle ingratitude envers un Dieu qui ne nous fait que du bien! Quoi, pécheurs, Dieu vous comble à tous moments de ses bienfaits, il vous a donné une bouche pour le bénir; attendez-vous, en l'outrageant ainsi, aux terribles châtiments qu'il réserve à ceux qui ne s'en servent que pour le maudire : c'est le sujet du second point.

DEUXIÈME POINT.

On ne fait pas impunément la guerre à Dieu ; tôt ou tard il sait se venger du crime : c'est un Juge trop équitable, un ennemi trop puissant pour le laisser impuni, et plus l'outrage qu'on lui fait est grand, plus la vengeance qu'il en tire est sévère.

En effet, si la justice des hommes punit avec plus de sévérité les crimes de lèse-majesté que les autres, parce qu'ils attaquent directement la personne du prince, peut-on douter que la justice de Dieu n'exerce ses droits avec moins de ménagement contre un péché qui s'en prend à Dieu même, qui lui ravit sa gloire et son honneur? Il le châtie par des pertes temporelles en cette vie, et par des pertes éternelles en l'autre.

Peines temporelles du péché de jurement. Nous en avons plusieurs exemples dans l'Écriture : Dieu avait défendu à son peuple ce péché sous peine de mort. Cette loi était si rigoureusement observée, que du temps de Moïse, un homme qui, en se querellant avec un autre, avait blasphémé le saint Nom de Dieu, fut condamné, par l'ordre de Dieu même, à être chassé du camp et lapidé : le blasphème attira sur la maison de David les plus terribles vengeances du Seigneur : *Parce que vous avez été cause*, lui dit le prophète Nathan (II *Reg.*, XII, 14), *qu'on a blasphémé le nom de Dieu, votre enfant mourra*, et les châtiments du ciel ne cesseront d'éprouver votre maison durant le cours de votre vie.

Sennachérib, roi des Assyriens, blasphéma contre la puissance du Dieu d'Israël, en disant qu'il n'était pas assez puissant pour délivrer son peuple de ses mains : le Seigneur, pour punir ce blasphème, envoya son ange exterminateur, qui mit à mort dans une nuit cent quatre-vingt-cinq mille soldats de l'armée assyrienne.

D'où pensez-vous, disait autrefois saint Jean Chrysostome au peuple d'Antioche, que viennent les tremblements de terre et les calamités qui vous affligent, sinon des blasphèmes qui ont régné dans votre ville?

N'en doutez pas, mes frères, les fléaux terribles dont la justice de Dieu afflige les hommes viennent aussi en partie des jurements, des blasphèmes que l'on vomit contre son saint Nom. Si nos campagnes sont ravagées par des tempêtes, désolées par des sécheresses; si vous souffrez des pertes de biens et d'autres accidents fâcheux, ce sont vos jurements, vos malédictions qui vous attirent tous ces maux. On n'entend, dans votre langage ordinaire, qu'imprécations, tantôt contre les saisons, les vents, les pluies, la terre; tantôt contre les animaux qui vous servent : les campagnes comme les maisons, retentissent de vos paroles exécrables, qui s'élèvent comme de noires vapeurs jusqu'au trône de Dieu; faut-il s'étonner si elles en font descendre les foudres qui brûlent vos maisons, les tempêtes qui enlèvent vos récoltes, si vos animaux périssent, si vos ouvrages, vos affaires ont de mauvais succès? On voit dans vous se vérifier cette terrible prédiction du Prophète : *Vous avez aimé la malédiction, elle tombera sur vous* : « *Dilexit maledictionem, et veniet ei.* » *Vous avez renoncé aux bénédictions du ciel, vous en serez privés* : « *Noluit benedictionem, elongabi-*

tur ab eo. » *Vous vous êtes revêtus de la malédiction comme d'un vêtement*, continue le Prophète, vous en avez fait le sujet de vos discours; *elle pénétrera au dedans de vous; ainsi que l'eau s'insinue dans la terre, elle se glissera comme l'huile dans vos os :* « *Fiat ei sicut vestimentum quo operitur, et sicut zona qua semper præcingitur.* (*Psal.* CVIII, 18, 19.) Expressions, mes frères, qui devraient vous faire trembler toutes les fois que vous donnez des malédictions ou à vous-mêmes ou à d'autres, puisque ces malédictions se vérifient souvent d'une manière terrible, Dieu vous exauçant pour votre malheur, en juste châtiment de votre péché. Et ne le dites-vous pas souvent, qu'il semble que la malédiction de Dieu soit sur votre maison, que vous travaillez beaucoup, que vous essuyez bien des fatigues, et que cependant toutes vos entreprises échouent, les calamités s'amoncellent sur vous et sur tout ce qui vous appartient. Vous dites vrai, mes frères, et vous parlez encore plus juste, si vous dites que la malédiction est véritablement dans votre maison; elle y est en effet, mais qu'est-ce qui l'attire? Ce sont les malédictions que vous proférez vous-mêmes contre tout ce qui se présente : vous, mari, contre une femme; vous, femme, contre un mari; vous pères et mères, contre des enfants : prenez vous-en à vous-mêmes des inquiétudes que vous ressentez de la part des uns et des autres; prenz-vous-en à vous-mêmes, pères et mères, des chagrins que vous causent vos enfants par leur mauvais naturel, par les désordres où ils se plongent, par le déshonneur qu'ils attirent sur vos familles. Vous n'avez que des paroles de malédiction à donner à ces enfants : tantôt c'est au démon que vous les livrez, tantôt vous leur souhaitez la mort; et combien peu s'en faut-il que vous leur fassiez tout le mal que vous leur désirez? au lieu d'attirer sur eux la bénédiction du Seigneur, par vos prières et vos bons exemples, vous les livrez à la puissance de Satan, qui exerce sur eux son empire, qui les porte au mal, qui les entretient dans une vie licencieuse, qui les engage à jurer, à maudire comme vous; pervertis qu'ils sont par vos mauvais exemples, ils répètent les jurements, les malédictions qu'ils entendent, et Dieu veuille qu'ils ne vous en donnent pas aussi à leur tour! Ainsi ces enfants maudits par vous-mêmes, accoutumés à maudire, attirent sur eux et sur vous les malédictions du Seigneur, et vous donnent tous les soucis et les sollicitudes que vous méritez. On faisait autrefois tant d'estime de la bénédiction des pères et mères, qu'on la regardait comme la source du bonheur de la vie : voilà pourquoi le patriarche Jacob usa de tant d'adresse pour avoir la bénédiction de son père Isaac, et qu'Esaü fut si malheureux pour en avoir été privé. Quel malheur n'attira pas sur Cham, fils de Noé, la malédiction que son père lui donna? Saint Augustin rapporte un exemple mémorable d'une femme chargée d'enfants, à qui elle donna sa malédiction pour quelque mécontentement qu'elle en avait reçu. Ces enfants furent tous frappés d'un horrible tremblement dans toutes les parties du corps, qui les fit errer par toute la terre, et en fit périr misérablement la plus grande partie. Craignez donc de donner aucune malédiction contre qui que ce soit, parce que tôt ou tard elle tombera sur vous; et si Dieu ne vous punit en ce monde, il vous punira dans l'autre d'une manière plus terrible.

Oui, mes frères, c'est dans l'enfer que Dieu exercera ses vengeances sur les blasphémateurs. Ils ont fait pendant la vie ce que font les démons et les réprouvés dans ce lieu d'horreur; il est juste qu'ils soient, pendant l'éternité, les compagnons de leur supplice : ils continueront la maudite occupation dont ils ont fait l'apprentissage; ils n'ont pas loué et glorifié sur la terre le Seigneur qui les avait créés pour cette noble fin; il n'est pas juste qu'ils soient en société avec les bienheureux, qui le loueront dans le ciel pendant l'éternité. Leur langue et leur bouche, dit l'Ecriture, ont été comme des sépulcres, dont il n'est sorti que des exhalaisons infectées; il est juste que cette langue soit brûlée par un feu éternel (*Psal.* V, 11; XIII, 3), que cette bouche soit abreuvée du fiel des dragons, du venin des aspics! *Fel draconum vinum eorum.* (*Deut.*, XXXII, 33. Par leur conduite ils ont abandonné Dieu; Dieu les abandonnera à son tour, et les maudira pendant toute l'éternité. *Ite, maledicti, in ignem æternum.* (*Matth.*, XXV, 41.)

Ah! mes frères, pour peu qu'il vous reste de foi, pouvez-vous ne pas craindre d'être du nombre de ces infortunés qui sont éternellement maudits de Dieu? Et si vous le craignez, pourquoi vivre l'esclave du péché, qui vous attirera de grands malheurs? Voici quelques moyens que je vous suggère pour vous corriger.

Pratiques. — Ne prononcez jamais le saint nom de Dieu qu'avec un grand respect; ne vous en servez jamais que pour attester la vérité, et seulement quand vous y êtes obligés par autorité légitime et pour quelque raison considérable. Car, si vous vous accoutumez à jurer sans nécessité, même pour des choses véritables, vous tomberez aisément dans le parjure et dans le blasphème.

Pour vous corriger de tout jurement, de quelque espèce qu'il soit, allez à la source du mal. Ces péchés sont, pour l'ordinaire, les effets de la colère, de l'iniquité; modérez vos transports, ne souhaitez point au prochain le mal que vous ne vous souhaiteriez pas à vous-mêmes; dès que vous sentirez quelques mouvements d'impatience s'élever au dedans de vous, mettez un frein à votre langue pour la condamner au silence. Et, s'il vous échappe quelque parole de jurement ou d'imprécation, imposez-vous une pénitence que vous continuerez jusqu'à ce que vous n'y tombiez plus, comme de faire à ce moment un acte de contrition, de prononcer quelque bonne parole : Le nom du Seigneur soit béni; ou les saints noms de Jésus,

Marie et Joseph; ou bien de faire quelques aumônes aux pauvres. Si, toutes les fois que vous jurez, vous étiez obligés de payer une somme, quelque modique qu'elle fût, vous seriez bientôt corrigés de votre mauvaise habitude. Lorsqu'il vous arrive quelque accident fâcheux, au lieu de vous emporter en imprécations, entrez dans les sentiments de Job, cet homme si patient dans les souffrances : *Le Seigneur m'avait donné ces biens, il me les a ôtés, son saint nom soit béni : « Sit nomen Domini benedictum. »* (*Job*, I, 21.) Examinez tous les soirs le nombre de fois que vous serez tombés dans ce péché, pour en demander autant de fois pardon à Dieu par un acte de contrition, et en baisant la terre autant de fois : ne quittez point votre pénitence que vous ne soyez corrigés.

Ce n'est pas assez de détruire en vous ce péché, vous devez encore le détruire dans les autres autant qu'il est en vous, surtout dans les personnes qui dépendent de vous, comme les pères et mères dans leurs enfants, les maîtres et maîtresses dans leurs domestiques. Il faut vous servir de toute votre autorité pour leur imposer silence, et les châtier quand ils profèrent de semblables paroles; mais gardez-vous surtout de leur en donner l'exemple, sans quoi vos corrections seraient inutiles. Si vous n'avez point d'autorité sur ceux que vous entendez prononcer des jurements, demandez à Dieu pardon pour ceux qui l'offensent, répétant souvent ces paroles de l'Oraison dominicale : *Sanctificetur nomen tuum.* (*Matth.*, VI, 9.) Que ne puis-je, ô mon Dieu, devez-vous dire dans le cœur, vous dédommager par mes louanges des outrages que les hommes font à votre saint nom! Evitez la compagnie des jureurs, parce qu'en les fréquentant vous apprendrez bientôt à parler leur langage. Demandez tous les jours à Dieu la grâce de faire un saint usage de votre langue. Formez tous les matins la résolution de ne prononcer aucune mauvaise parole; je ferai en sorte aujourd'hui de ne point jurer; le lendemain faites-en de même, et peu à peu vous vous corrigerez. Ah! plutôt, ô mon Dieu, que ma langue s'attache à mon palais, que de m'en servir pour vous offenser, pour outrager votre saint nom! Vous ne me l'avez donnée que pour vous glorifier, et je ne m'en servirai que pour cette fin, afin qu'après avoir béni votre saint nom, chanté vos louanges sur la terre, j'aie le bonheur de vous louer à jamais dans le ciel. *Amen.*

PRONE LXX.

Pour le dix-neuvième dimanche après la Pentecôte.

SUR LE PETIT NOMBRE DES ÉLUS.

Multi sunt vocati, pauci vero electi. (*Matth.*, XXII, 14.)

Beaucoup sont appelés, mais peu sont élus.

C'est par cette terrible sentence que Jésus-Christ finit la parabole de l'Evangile de ce jour, où il compare le royaume des cieux à un roi qui fit un grand festin pour les noces de son fils, auquel il invita plusieurs personnes qui refusèrent d'y venir; et parmi ceux qui y assistèrent il s'en trouva un qui n'avait pas la robe nuptiale; ce qui lui attira le plus rigoureux châtiment, puisqu'il fut jeté pieds et mains liés dans les ténèbres extérieures.

C'est ainsi, conclut Jésus-Christ, *que plusieurs sont appelés, mais peu sont élus : « Multi, »* etc. Etonnante vérité, mes frères, qui a toujours rempli d'effroi les plus grands saints, et qui est bien capable de porter dans nos cœurs une frayeur salutaire, pour peu qu'il nous reste de religion! Aussi, quand je considère que c'est l'oracle même de la vérité, à qui seul est connu le nombre des prédestinés, qui nous assure, en termes précis et formels, qu'il y aura peu d'élus, ah! je tremble, et, à l'exemple du Roi-Prophète, je suis pénétré d'une crainte qui porte le trouble dans mes os et dans mon âme : *Conturbata sunt omnia ossa mea.* (*Psal.* VI, 3.) En effet, qu'il y ait après la mort un jugement terrible qui doit décider de notre éternité, que ceux qui y seront condamnés souffriront tous les tourments imaginables : il y a là, sans doute, de quoi faire trembler les plus intrépides; mais il y aurait moins de sujet de crainte si l'on pouvait s'assurer que le nombre des malheureux sera le plus petit; cependant la foi nous apprend le contraire : *Pauci electi.*

C'est, mes frères, de toutes les vérités évangéliques, celle que je trouve la plus frappante, et la plus capable de consterner les pécheurs; tâchons aujourd'hui de nous pénétrer de la crainte salutaire qu'elle doit naturellement inspirer; mais gardons-nous de tomber dans l'extrémité où elle pourrait nous jeter, si on lui donnait un autre sens que celui de l'Evangile; car, à Dieu ne plaise, mes frères, que je cherche à désespérer le pécheur, ni même à le décourager! Il faut lui donner de la crainte, mais en même temps l'animer à travailler avec confiance à la grande affaire du salut. C'est ce que je me propose de faire aujourd'hui, en vous développant le sens de la vérité du petit nombre des élus. Pourquoi si peu d'élus; premier point. Que devons-nous faire pour assurer sur chacun de nous les desseins de la miséricorde du Seigneur; second point. D'un côté, les pécheurs trouveront de quoi s'alarmer à la vue de leurs désordres, et de l'autre, de quoi s'animer et se convertir. Peut-être la conversion de quelqu'un de ceux qui sont ici est-elle attachée à ce sujet.

PREMIER POINT.

Qu'il y ait peu de prédestinés, et que la plupart soient réprouvés, rien de plus certain, si nous consultons l'Ecriture sainte et les Pères. Ici, je le vois, ce petit nombre d'élus, comparé à la famille de Noé, qui seule fut sauvée du déluge; là, je le vois représenté par le peu de fruits qui restent sur un arbre après la récolte, par le peu d'épis qui restent après la moisson. J'entends Jésus-Christ qui nous assure dans son Evangile, qu'il y aura peu d'élus, que la porte par où on entre au ciel est étroite, et qu'il y en a peu qui la trouvent; qui nous l'assure, dis-je, non pas simplement comme une autre vérité, mais par une espèce d'exclamation et d'étonnement. *Oh! que le chemin*, dit-il, *qui conduit à la vie est étroit! qu'il y en a peu qui le suivent!* « *Quam arcta via est quæ ducit ad vitam! quam pauci sunt qui inveniunt eam!* » (*Matth.*, VII, 14.) Si je m'en tenais à ces témoignages, j'en aurais assez dit pour vous prouver la vérité que j'ai avancée, et vous inspirer une sainte frayeur; mais je n'en aurais pas assez fait pour vous découvrir les raisons d'une vérité si terrible, et justifier la cause de Jésus-Christ.

Dieu appelle tous les hommes à son royaume, représenté par le festin dont il est parlé dans l'Evangile, où plusieurs personnes furent invitées, et où les serviteurs du roi avaient ordre de faire entrer tous ceux qu'ils pourraient trouver, sans exception de personne : *Quoscunque inveneritis vocate ad nuptias.* Il n'est aucun de nous, mes frères, à qui Jésus-Christ n'ait promis une place dans ce festin éternel. Il en a fait tous les frais, il nous en a ouvert la porte par ses souffrances et par sa mort; il a envoyé ses serviteurs les apôtres, et il envoie encore tous les jours les ministres de son Evangile pour y inviter les hommes : *Vocate ad nuptias.* Il leur donne à tous les secours nécessaires pour y mériter une place, sans quoi son invitation serait bien inutile, puisque, comme la foi nous l'apprend d'ailleurs, personne ne peut de ses propres forces parvenir à ce bonheur. N'attribuons donc point la cause du petit nombre des élus à un défaut de volonté de la part de Dieu pour le salut des hommes, ni à l'insuffisance des mérites de Jésus-Christ, ni à la soustraction des grâces nécessaires au salut. Ce n'est pas là le sens qu'il faut donner à la vérité que je vous prêche. S'il y a si peu d'élus, ce n'est pas, je le répète, parce que Dieu l'a ainsi déterminé; ce n'est pas non plus, parce que ce petit nombre nous est représenté sous des figures sensibles dont l'Ecriture et les Pères se servent pour nous instruire; ce n'est pas enfin par ce que Jésus-Christ en a dit dans ses oracles : ces figures et ces oracles prouvent bien la vérité du petit nombre des élus, mais ils en supposent déjà la cause dans la conduite des hommes. S'il y a donc si peu d'élus parmi les hommes, c'est à eux seuls qu'ils doivent s'en prendre. Dieu, par un effet de sa bonté, les appelle tous à son royaume : *Multi vocati.* Et la plupart, par un effet de leur indifférence et de leur malice, ne veulent pas se rendre à ses désirs. Voilà, mes frères, la véritable cause du petit nombre des élus : *Pauci electi.* Les uns, semblables à ces conviés qui refusent d'aller à ce festin, n'ont que du dégoût pour les biens éternels; les autres, semblables à cet homme qui n'avait point la robe nuptiale, méritent par leur conduite déréglée d'être comme lui condamnés à gémir dans ce séjour ténébreux où il y aura des pleurs et des grincements de dents : faut-il donc s'étonner que, quoique tous soient appelés, il y ait si peu d'élus? *Pauci electi.* Reprenons les circonstances de la parabole de notre Evangile.

Le roi, après avoir préparé le festin des noces de son fils, envoie ses serviteurs inviter plusieurs personnes qui, sous différents prétextes, refusèrent d'y venir. Les uns allèrent à leur métairie, les autres à leur trafic, et ne firent aucun cas de l'honneur qu'on voulait leur procurer: figure bien naturelle d'un grand nombre d'hommes qui sont appelés au festin éternel, aux noces de l'Agneau sans tache, et qui, peu touchés de ce bonheur, se livrent tout entiers aux intérêts du siècle, ne sont remplis que d'idées grossières et terrestres qui appesantissent leur cœur, et les entraînent vers la vanité et le mensonge. Dieu fait les premières avances pour les attirer; il les invite, il les sollicite tantôt par la voix intérieure de sa grâce, tantôt par l'organe de ses députés apostoliques, à chercher une félicité plus digne de leur attention que celle d'ici-bas; ces hommes sont insensibles à la voix qui les appelle. A les voir sans cesse occupés dans le négoce ou le travail, on dirait qu'ils ne sont faits que pour la terre. Qu'on leur parle du salut, de prières, de fréquentation des sacrements, de pratiques de piété, c'est un langage inconnu pour eux : ils n'ont pas le temps d'y penser. Semblable à ces conviés qu'il fallait forcer pour entrer dans la salle du festin, il faut leur faire violence pour les faire entrer dans la voie du salut. Ce n'est que malgré eux qu'ils entrent dans nos églises pour y assister aux Offices divins, pour entendre la divine parole; encore ne peuvent-ils s'y défendre de l'ennui et du dégoût. Rarement on les voit s'approcher des sacrements; ils diffèreront quelquefois d'une année à l'autre; à peine peut-on les retenir avec le commun des fidèles les jours consacrés au service de Dieu; leurs affaires temporelles en absorbant la plus grande partie, qu'ils emploient tantôt à faire des voyages, tantôt à faire des projets. Ne sont-ce pas là des faits dont l'expérience ne nous fournit que trop de preuves? On se donne bien des mouvements pour les affaires du temps, et on ne pense aucunement à celle de l'éternité. Or, je vous le demande, cette indifférence des hommes pour l'affaire du salut, leur laisse-t-elle beaucoup d'espérance d'être du nombre des élus? Mais ce n'est là qu'une cause de la réprobation des hommes, l'Evangile nous en découvre une autre dans celui qui parut au festin sans la robe nuptiale. En effet, mes frères, que signifie cette robe nuptiale qu'il fallait avoir pour entrer dans le festin des noces? Elle signifiait, selon saint Grégoire, pape, la grâce et la charité qui sont l'ornement d'une âme chrétienne, et sans laquelle on ne peut entrer dans le ciel. Or, combien de chrétiens peuvent se flatter d'avoir cette grâce sanctifiante, cette charité qui nous rend amis de Dieu et les héritiers de son royaume? Cette grâce ne peut se trouver que dans les âmes innocentes ou vraiment pénitentes. Il n'y a point d'autre chemin pour entrer dans le ciel, que l'innocence ou la pénitence : mais hélas! combien peu y en a-t-il qui aient conservé l'innocence, ou qui, après l'avoir perdue par le péché, l'aient recouvrée par la pénitence? L'innocence! Mais dans quel âge, dans quelle condition trouverons-nous ce trésor? Est-il rare de voir que le premier usage de notre raison commence par la perte de notre innocence? que les enfants ne sont pas plutôt sortis du sein de leur mère, qu'ils deviennent les prévaricateurs des ordonnances du Père céleste? *Erraverunt ab utero.* (*Psal.* LVII, 4); que leur bouche est dévouée au mensonge, leur esprit à la dissipation, leur cœur aux amusements passagers, et que, trop susceptibles des mauvais exemples de leurs parents, ils deviennent comme eux des jureurs, des injustes, des intempérants?

La jeunesse sera donc le siége de l'innocence? mais qui ne sait que les passions se font sentir avec plus de vivacité, où elles gouvernent avec plus d'empire? Combien trouve-t-on de jeunes gens qui ne soient pas d'une vie irrégulière, désobéissants à leurs parents, jureurs, libertins, impudiques, débauchés, remplis de vanité, engagés dans des commerces criminels? Que de mariages ou profanés par infidélités, ou troublés par les querelles et les divisions, et qui, bien loin de fournir un frein à la volupté, ne deviennent peut-être qu'un aiguillon nouveau qui l'excite, et fait apercevoir, jusque dans la vieillesse la plus grande, des désordres dont on ne rougit plus? Passons aux conditions différentes. En est-il une seule qui ne puisse et ne doive rendre témoignage qu'il n'y a plus d'innocence? Les riches n'ont que de la dureté pour les pauvres, les pauvres de l'envie contre les riches. Les riches se perdent dans l'oisiveté et la mollesse, parce que les richesses leur fournisseut de quoi contenter leurs passions : les pauvres se damnent dans la misère, parce qu'ils ne la souffrent qu'avec impatience, et que pour en sortir ils franchissent souvent les bornes de la justice et de la probité. Eh! qu'importe, mes frères, que votre damnation ne soit pas l'effet d'une vie molle et sensuelle, si vos impatiences, vos inimitiés, vos injustices en sont la cause? En quelque état que l'on soit, il faut, pour vivre dans l'innocence, suivre les maximes de l'Evangile, en pratiquer la morale. Prenons donc d'un côté l'Evangile, et voyons de l'autre la conduite des hommes dans les différents états, et l'on verra s'il y en a beaucoup qui puissent prétendre d'être du nombre des élus. Que vous enseigne l'Evangile. Qu'il faut aimer Dieu par-dessus tout, et le prochain comme soi-même; aimer Dieu par-dessus tout, c'est-à-dire, être prêt à tout sacrifier, à tout souffrir, plutôt que de l'offenser. Est-ce ainsi qu'on l'aime, lorsqu'un vil intérêt, un fade plaisir l'emporte sur l'obéissance qu'on lui doit? Il faut aimer son prochain comme soi-même, sans exception de ses plus cruels ennemis. Et qui sont ceux qui n'aient aucune aversion pour le prochain, et qui lui fassent tout le bien qu'ils désireraient qu'on leur fît à eux-mêmes? Que nous enseigne encore l'Evangile? Qu'il faut être détaché des biens, des plaisirs du monde, mortifier sans cesse ses passions, porter tous les jours sa croix. Et qui sont ceux qui ne cèdent pas à l'amour du bien, qui résistent à l'attrait du plaisir, et qui ne suivent pas leur penchant, et qui ne se laissent pas aller au torrent de la coutume? Ah! qu'il est rare, mes frères, de trouver de ces parfaits chrétiens qui soient toujours en garde contre eux-mêmes, qui se fassent les violences nécessaires pour ne ne pas succomber aux tentations, pour éviter les occasions de se perdre; de ces parfaits chrétiens qui soient assidus à la prière et au service de Dieu, charitables envers le prochain, humbles, patients, chastes, modestes, réservés! Combien au contraire qui vivent d'une manière tout opposée à l'esprit de l'Evangile? Il suffit d'ouvrir les yeux sur ce qui se passe dans le monde. On y voit régner l'orgueil, l'envie, l'injustice, la haine, la médisance, la volupté, la mollesse; au lieu de la bonne foi et de la probité, on y voit le mensonge, la fourberie, les vexations. Que l'on examine ce qui se passe dans les villes et dans les campagnes : que de disputes et de querelles! que de contestations et de procès qui troublent les familles! Que l'on entre dans les maisons, on n'y entend que jurements, que malédictions, que médisances, que paroles obscènes, on n'y voit que scandales, que mauvais exemples: *Totus mundus in maligno positus.* (I *Joan.*, V, 19). Tout le monde n'est rempli que de malice et de corruption : *Tous se sont écartés*, dit le Prophète, *il n'est presque personne qui fasse le bien* (*Psal.* LII, 2, 4); faut-il donc s'étonner s'il y a si peu d'élus, puisqu'il y a si peu de vertu et si peu de chrétiens qui remplissent leurs devoirs? Ce n'est pas qu'on les ignore, ces devoirs; manque-t-il d'instruction? et si cela suffisait pour être sauvé, s'il n'était même question que de donner quelques preuves de sa religion, de prier, de visiter des églises, d'entendre des Messes, d'être associé à de pieuses assemblées, on peut dire que le nombre des saints serait plus grand que celui des réprouvés; puisque, malgré la corruption générale du monde, on voit encore beaucoup de vestiges de religion. Mais ce qui rend le nombre des élus si petit, c'est qu'avec les marques extérieures de religion, il y a beaucoup de vices parmi les hommes; c'est qu'il en est peu qui observent exactement tous les points de la loi de Dieu; or, il suffit de manquer à un seul pour être réprouvé. Ah! si les saints qui ont fidèlement observé la loi du Seigneur, qui ont fait tant d'efforts, qui se sont livrés à tant de rigueurs pour entrer dans le ciel ont encore craint d'en être exclus, comment des chrétiens qui ne se font aucune violence pour être sauvés, peuvent-ils espérer de l'être ? Si du moins une véritable pénitence réparait l'innocence perdue, il y aurait autant d'élus que de vrais pénitents, puisque la pénitence a toujours ouvert aux pécheurs le sein de la divine miséricorde. Mais le croirait-on ? la vraie pénitence est presque aussi rare que l'innocence ? En effet, qu'est-ce que la pénitence ? c'est une vertu qui nous engage à satisfaire à la justice de Dieu pour les outrages faits à son infinie majesté : faire pénitence, c'est détester ses péchés passés et en concevoir une si grande horreur que l'on soit résolu à tout perdre, à tout souffrir plutôt que d'y retomber : faire pénitence, c'est expier par la mortification des passions les plaisirs qu'on leur a permis et faire servir, comme dit l'Apôtre, (*Rom.*, VI, 12) à la justice et à la sainteté les membres qui ont servi à l'iniquité ; c'est supporter avec plaisir les afflictions, les mépris, les pertes de biens, la maladie, les revers de fortune, en un mot, tout ce qui est capable d'humilier, de purifier l'homme pécheur. Or, est-ce ainsi, mes frères, que l'on fait pénitence ? Jugez-vous vous-mêmes sur le témoignage de votre conscience ; votre pénitence est-elle conforme aux règles qui lui sont prescrites ? Vous vous confessez, il est vrai : mais vos confessions sont-elles précédées d'un examen suffisant ? sont-elles accompagnées d'une vive douleur de vos péchés ? sont-elles suivies d'un changement de conduite ? Pour être pénitent, il faut encore satisfaire au prochain, pour le tort qu'on lui a fait dans ses biens, dans sa réputation ; le fait-on ? On entend bien parler d'injustice, mais presque jamais de restitution ; sans cela néanmoins point de vraie pénitence. De tout ce que je viens de dire, mes frères, est-il difficile à comprendre qu'il y a si peu d'élus ? La conduite des hommes n'en fournit-elle pas des preuves ? la vôtre peut-elle vous assurer que vous serez de ce nombre ? Répondez ingénument ; en quel état vous trouvez-vous ? oseriez-vous maintenant paraître avec confiance au tribunal du souverain Juge ? possédez vous dans un degré assez éminent les qualités que le Père de famille exige dans ceux qu'il faisait asseoir à sa table ? Si cela n'est pas, mettez-vous en bon état, en suivant les impressions salutaires que la vérité du petit nombre des élus doit produire sur vos esprits et sur vos cœurs.

DEUXIÈME POINT.

Après ce que je viens de vous dire du petit nombre des élus, il me semble, mes frères, vous entendre tenir le langage que les apôtres tenaient autrefois au Sauveur sur le même sujet. S'il est si difficile de se sauver, s'il y a si peu d'élus, qui pourra donc espérer de l'être ? *Quis poterit salvus esse ?* (*Matth.*, XIX, 25.) Tout le monde, mes frères ; mais il faut, ajouterai-je avec Jésus-Christ, faire tous vos efforts pour entrer et marcher dans cette voie étroite, puisque Dieu accorde à tous les grâces nécessaires : *Contendite intrare per angustam portam.* *Luc.*, XIII, 24.) De cette réponse du Sauveur, je tire deux conséquences bien capables de faire sur nous des impressions avantageuses qui seront le fruit de la vérité que je vous annonce. S'il est possible d'être sauvé, et si ce n'est que par la faute des hommes qu'il y aura si peu d'élus, il ne faut donc pas désespérer d'être de ce petit nombre. Il faut donc porter toutes nos vues, diriger tous nos pas vers la céleste patrie : tels sont les moyens que nous devons prendre pour nous assurer de notre prédestination.

Si le petit nombre des élus ne venait que du choix que Dieu en aurait fait : s'il ne devait y avoir si peu de prédestinés, que parce que Dieu l'a ainsi voulu, sans aucun démérite ou personnel ou imputé de la part des hommes ; ah ! je vous avoue, mes frères, que notre situation serait bien déplorable. Incertains si Dieu nous aurait distingués dans ce choix, nous n'aurions le courage d'entreprendre quoi que ce soit pour le salut, parce que, dirions-nous, si Dieu ne veut pas que je sois sauvé, j'aurai beau faire, je ne le serai jamais. De là naîtrait un affreux désespoir, et tous les crimes les plus énormes où les hommes s'abandonneraient. Telles sont les funestes conséquences d'une erreur qui refuse de reconnaître en Dieu une volonté sincère de sauver tous les hommes. Mais loin de nos esprits, mes frères, une pensée si injurieuse à la Divinité, et si affligeante pour nous. On ne saurait trop vous le répéter : Dieu veut le salut de tous les hommes, il ne nous a pas créés pour nous perdre, mais pour nous sauver. C'est pour ce sujet qu'il nous a donné son Fils, ses sacrements, ses grâces, et tous les autres secours nécessaires : en sorte que l'on peut dire que si notre salut dépendait de Dieu seul, son royaume nous serait assuré. pensée infiniment consolante, mes frères, puisqu'il n'est aucun de nous qui ne puisse dire : Dieu m'a préparé une place dans son royaume, il me donne tous les moyens nécessaires pour y arriver ; je n'ai qu'à être fidèle à ses grâces, et je suis sûr de mon salut. Quelques péchés que j'aie commis, je puis en obtenir le pardon, parce que Dieu l'a promis à tout pécheur qui retourne à lui sincèrement ; je puis donc espérer, tant que je suis sur la terre. Dieu veut que j'aie cette espérance ; je n'ai qu'à vouloir efficacement parvenir à la fin qui m'est proposée, et je l'obtiendrai infailliblement ; et si je m'en écarte, je ne pourrai m'en plaindre qu'à moi-même, puisque le nombre des élus ne sera petit que par la seule faute des hommes. Telle est, mes frères, l'impression salutaire et consolante que cette vérité, toute terrible qu'elle est, doit laisser dans nos esprits.

Sans vous arrêter à faire de vains raisonnements sur votre prédestination, efforcez-vous, selon l'avis du prince des apôtres, de la rendre certaine par vos bonnes œuvres :

Satagite ut per bona opera certam vestram vocationem et electionem faciatis. (II *Petr.*, I, 10.) Car, de quelque manière que l'on envisage le mystère de la prédestination, et quelqu'impénétrable qu'il soit à nos lumières, nous devons tenir pour certain, selon les principes de la foi, que Dieu rendra à chacun selon ses œuvres, qu'aucun ne sera sauvé que par ses mérites, et qu'aucun ne sera réprouvé que par sa faute. Or, pour mériter, il faut deux choses : la grâce de Dieu et la coopération de l'homme. La grâce de Dieu ne nous manque pas; ne manquons point nous-mêmes à la grâce, et nous serons prédestinés; nous n'avons à craindre que nous, et tout à espérer du côté de Dieu. Voilà bien de quoi calmer nos inquiétudes sur notre sort éternel. Si, malgré ces assurances, vous êtes encore troublés par la crainte d'une éternelle réprobation; si, comme le Roi-Prophète, vous vous demandez quelquefois : *N'aurai-je pas le malheur d'être rejeté pour toujours de la face de mon Dieu? mes iniquités ne me fermeront-elles pas le sein de ses miséricordes?* « *Nunquid in æternum projiciet Deus, aut in finem misericordiam suam abscindet* (*Psal.* LXXVI, 9)? » mes péchés, mes continuelles résistances à la grâce ne me donnent-elles pas lieu de le croire; et ne suis-je pas assuré que si je meurs dans l'état où je suis, je serai du nombre infortuné de ceux qui seront à jamais privés de la véritable lumière? alors que devez-vous faire pour vous rassurer? Il faut, comme le Roi-Prophète, vous déterminer à une sérieuse conversion, et prendre aussitôt le chemin qui y conduit: *Dixi: Nunc cœpi.* (*Psal.* LXXVI, 11.) Ah! c'en est fait, devez-vous dire, la résolution en est prise : je veux, sans plus attendre, changer de conduite, quitter le péché, rompre mes engagements criminels, me corriger de mes mauvaises habitudes: *Dixi: Nunc cœpi.* Ce ne sera pas pour un jour, pour un certain temps que je garderai ma résolution; c'est pour toute ma vie que je veux m'attacher à Dieu d'une manière si inviolable, qu'aucun objet créé ne sera capable de m'en détacher; puisqu'il dépend de moi d'être du nombre des élus, j'en serai, quoi qu'il m'en coûte, je me ferai toute la violence nécessaire pour en venir à bout: telle est l'autre conséquence salutaire qu'il faut tirer de la vérité que nous avons établie; c'est le second moyen efficace de salut.

En effet, mes frères, quoiqu'il dépende de chacun de nous, avec le secours de la grâce, d'être du nombre des prédestinés, il est toujours vrai de dire qu'il y en aura peu, parce que la plupart des hommes se rebutent à la vue des obstacles qui se rencontrent dans les sentiers de la justice : ce n'est donc pas assez de désirer le ciel, il faut encore faire de grands efforts pour y arriver. C'est à quoi tous les saints se sont déterminés; témoin le grand Apôtre, ce vase d'élection, cet homme élevé jusqu'au troisième ciel; quoique sa conscience ne lui reprochât rien, il ne se croyait cependant pas en sûreté; et, dans la crainte qu'après avoir prêché aux autres, il ne fût encore réprouvé, il châtiait rudement son corps, il portait sans cesse sur lui la mortification de Jésus-Christ : *Castigo corpus meum et in servitutem redigo, ne forte cum aliis prædicaverim, ipse reprobus efficiar.* (I *Cor.*, IX, 27.) Or, si ce grand saint, qui fut choisi par Jésus-Christ même pour annoncer la gloire de son nom; si cet homme incomparable, qui avait acquis tant de mérites, craignait pour son salut; et si ce sentiment dont il était toujours occupé, l'engageait à se traiter rudement, que ne devons-nous pas faire, nous qui sommes éloignés de la vertu de ce grand Apôtre?

Jetez encore les yeux sur cette troupe innombrable de martyrs qui ont mieux aimé sacrifier leur vie à la fureur des tyrans, que de tomber entre les mains d'un Dieu vengeur. Qui pouvait les soutenir dans de si rudes épreuves? Rien autre chose que la crainte de se voir exclus du royaume des cieux. Quel autre motif a pu transplanter dans les déserts tant de confesseurs et de vierges, qui, pour n'être pas exposés à périr avec la foule, préférèrent les austérités de la pénitence à tout ce que le monde peut offrir de plus séduisant dans ses biens et ses plaisirs? Tels sont les effets salutaires que la vérité du petit nombre des élus a produits dans les saints : ils savaient que le chemin qui conduit au ciel est étroit, qu'il n'est fréquenté que de peu de personnes; ils l'ont cherché soigneusement, l'ont suivi constamment; ils ont courageusement aplani les difficultés qui s'opposaient à l'exécution de leurs desseins. C'est ainsi, mes frères, que vous devez en agir; vous savez, comme les saints, que pour mériter la couronne, il vous reste à fournir une carrière semée de ronces et d'épines; vous êtes assurés que la route qui mène à la perdition est large et spacieuse, et qu'elle est suivie du plus grand nombre, parce qu'elle ne présente que des roses et des douceurs; d'un côté vous voyez un bonheur incomparable, de l'autre un malheur sans fin : que faire? Il faut, sans hésiter, dire un éternel adieu à ceux qui courent au précipice, pour marcher sur ces traces qui aboutissent à la gloire : il faudra pour cela, je l'avoue, soutenir bien des combats, dompter vos passions, porter sans cesse votre croix; mais il vaut bien mieux se sauver avec ce petit nombre, que de se perdre avec la multitude; et si les difficultés vous effrayent, que la récompense vous anime.

N'apportez donc plus pour excuse de vos désordres le grand nombre de ceux qui sont comme vous; car telle est la fatale illusion dont le démon se sert pour perdre les âmes. La plupart le font, dit-on ordinairement, je puis donc le faire aussi. Ah! bien loin de raisonner de la sorte, dites-vous à vous-mêmes : La plupart recherchent les biens, les honneurs, les plaisirs de la terre, donc il faut les mépriser; la plupart fuient les croix, la pauvreté, les mortifications, la pénitence, donc il faut les embrasser; la plupart sont jureurs, injustes, médisants, vindicatifs, voluptueux; donc il ne faut pas être tel : ou en voit peu, au contraire, qui soient humbles, chastes, mortifiés, patients; il faut donc imiter ce petit nombre, parce qu'il est certain que le nombre des réprouvés est le plus grand; il faut donc, pour être sauvé, conclut saint Augustin, quitter le grand nombre pour s'attacher au petit : *Esto de numero paucorum, si vis esse de numero salvandorum.* A cette marque, vous connaîtrez si vous êtes du nombre des élus.

Voulez-vous encore vous séparer davantage de la foule qui se perd, et vous assurer d'être du petit nombre qui se sauve? Voyez la conduite de ceux qui vivent d'une manière plus régulière que vous, qui sont plus assidus à la prière, à fréquenter les sacrements que vous; qui sont plus mortifiés que vous n'êtes, mettez-vous en parallèle avec tant de saints religieux, qui passent leurs jours dans la retraite, qui vivent dans un entier renoncement à tout ce qui peut flatter leurs penchants : combien trouverez-vous de personnes dans le même état que vous qui vous surpassent en mérites et en vertus? Concluez donc ainsi : Comment puis-je espérer d'être du nombre des élus, tandis que je vois des personnes qui ont plus d'espérances que moi, qui craignent cependant de n'en pas être? Si on craint avec une vie remplie de bonnes œuvres, comment espérer avec une vie destituée de vertus? Il faut donc, pour la sûreté de mon salut, que j'imite, que je surpasse même en vertu ceux qui vivent plus régulièrement que moi; puisque, parmi ceux qui courent dans la lice, il n'y en a qu'un qui remporte le prix, il faut donc ranimer mes forces pour parvenir au but; puisque la porte du ciel est si étroite, il faut que je fasse tous mes efforts pour y entrer. Si vous mettez en pratique ces utiles conséquences, le nombre des élus, fût-il encore plus petit qu'il n'est (et voici ce qui est consolant dans cette vérité), n'y dût-il avoir qu'un seul prédestiné au monde, vous le serez; l'Evangile et Jésus-Christ nous auraient trompés, en nous promettant son royaume à ces conditions, si nous n'y parvenions pas en les remplissant; au contraire, si vous vivez dans le désordre, si vous ne faites pénitence, si vous mourez dans le péché, n'y dût-il y avoir qu'un seul réprouvé, vous le serez, et ce sera votre faute : *Perditio tua, Israel.* (*Osee*, XIII, 9.) Ah! mes frères, si l'on vous disait seulement qu'il doit y en avoir un dans cette assemblée, ne devriez-vous pas craindre de l'être? Que serait-ce si l'on vous annonçait qu'il y en aura la moitié, et beaucoup plus encore? Voulez-vous savoir si vous serez de ce nombre? Interrogez votre conscience pour savoir en quel état vous êtes, portez vous-même votre jugement : si vous n'êtes pas dans la grâce de Dieu, si vous paraissez à son jugement sans avoir la robe nuptiale, vous êtes sûr d'être précipité dans les ténèbres éternelles. Quoi de plus capable de vous engager, pour peu qu'il vous reste de foi, à quitter le péché par une sincère pénitence? Tel est le fruit que vous devez retirer des salutaires réflexions que nous venons de faire sur le petit nombre des élus. Commencez donc, pécheurs, dès aujourd'hui sans plus tarder, le grand ouvrage de votre conversion; renouvelez-vous, comme dit le grand Apôtre, dans un esprit de ferveur, en vous revêtant de Jésus-Christ, c'est-à-dire, en le prenant pour modèle : *Renovamini spiritu mentis vestræ.* (*Ephes.*, IV, 23.) Bannissez de vos discours toute parole injurieuse à Dieu ou au prochain, pour y faire régner la vérité. Si la colère vous a engagés dans quelque différend à l'égard de votre prochain, allez au plus tôt vous réconcilier avec lui, afin que le soleil ne se couche point sur votre colère. Que celui qui faisait des injustices, n'en fasse plus, qu'il les répare au plus tôt, qu'il travaille même à soulager l'indigent. Pour vous, justes, si vous voulez persévérer dans la grâce de Dieu, méditez souvent cette grande vérité : *Pauci electi*, il y a peu d'élus; vous y trouverez une forte défense contre les attaques de vos ennemis. Animez-vous à la ferveur, à la pratique de la vertu, par ce beau mot que Jésus-Christ vous enseigne: *Contendite intrare per angustam portam :* efforcez-vous d'entrer au ciel par la petite porte. *Amen.*

PRONE LXXI.

Pour le vingtième Dimanche après la Pentecôte.

SUR LES MALADIES.

Domine, descende priusquam moriatur filius meus. (*Joan.*, IV, 49.)

Seigneur, descendez dans ma maison avant que mon fils meure.

Nous lisons dans l'Evangile qu'un seigneur, dont le fils était malade à Capharnaüm, ayant appris que Jésus-Christ venait de Judée en Galilée, s'adresse à lui, et le prie de descendre en sa maison pour guérir son fils qui touchait à sa dernière heure. Jésus-Christ lui accorde ce qu'il demande, et lui ordonne de retourner vers son fils, à qui il déclare qu'il a rendu la santé : il obéit, et trouve son fils parfaitement guéri; il apprend de ses serviteurs qu'il l'avait été à l'heure même que Jésus lui avait dit : Votre fils se porte bien; il croit en lui avec toute sa maison : *Credidit ipse, et domus ejus tota.*

A considérer les sentiments de la nature, c'était un grand sujet d'affliction pour ce seigneur de voir son fils aux portes de la mort; mais, à juger des choses par les lumières de la foi, ce fut un grand bonheur pour lui de trouver dans cette maladie une occasion favorable de croire en Jésus-Christ, et de devenir son disciple.

C'est ainsi, mes frères, que les afflictions, et particulièrement les maladies, deviennent pour nous, par la disposition de la divine Providence, la source de notre véritable bonheur, quand on sait en faire un bon usage. La maladie, il est vrai, est un état affligeant pour la nature; l'homme, ennemi de sa destruction, ne souffre qu'avec peine les douleurs et les infirmités qui abrègent ses jours, et le conduisent au tombeau; de là tant de précautions qu'il prend pour écarter la maladie, ou pour s'en délivrer, quand il en est atteint : mais il a beau faire; la santé n'est pas un bien toujours durable; il n'est point de tempérament si robuste qui ne soit sujet aux infirmités; ceux mêmes qui sont le plus en état de s'en garantir, n'en sont pas exempts, Dieu le permettant ainsi pour nous détacher de la vie; il est de notre intérêt d'entrer dans ses desseins, et de regarder les maux que nous souffrons ici-bas, comme autant de moyens efficaces que la Providence veut bien nous ménager : c'est à quoi, mes frères, je viens vous exhorter, en mettant sous vos yeux les avantages spirituels que procurent les douleurs et les infirmités auxquelles nous sommes assujettis, et les règles qu'il faut suivre pour les rendre profitables. En peu de mots : L'utilité des maladies; premier point. L'usage qu'il en faut faire pour qu'elles deviennent avantageuses; second point.

PREMIER POINT.

Si l'homme n'avait jamais péché, il n'aurait pas été sujet à la maladie, à la mort, et aux autres calamités inséparables aujourd'hui de sa triste condition. Mais dès que le péché a pris la place de l'innocence où le premier homme fut créé, une vie de misères a succédé à la félicité dont il jouissait dans cet état. Heureux encore de trouver, dans la peine de son péché, un moyen de l'expier, et un remède pour s'en préserver. Car ce sont là, mes frères, les deux avantages que nous pouvons retirer des maladies, dit saint Augustin : s'il nous afflige, c'est pour nous faire rentrer en nous-mêmes, et nous faire expier nos péchés passés : *ut peccasse non noceat*; c'est pour nous empêcher d'en commettre de nouveaux, *peccare non liceat.*

Rien de plus capable de porter l'homme pécheur à la pénitence que le souvenir de ses fins dernières. Mais quand est-ce que ce souvenir le frappe davantage, si ce n'est dans le temps de la maladie? Tant qu'il jouit des douceurs de la santé, il n'est que faiblement touché de la pensée de la mort, il la perd même souvent de vue : de là vient qu'il ne pense qu'à satisfaire ses passions, et qu'au lieu d'apaiser la justice de Dieu par la pénitence, il l'irrite par de nouveaux crimes; en santé, il regardait la mort comme fort éloignée, il n'était point épouvanté de ses suites, et ne pensait pas à les prévenir; mais la maladie lui annonce ses approches : déjà il la voit prête à le frapper de ses coups; il peut dire, comme l'Apôtre : *Tempus resolutionis meæ instat.* (II *Tim.*, IV, 6.) Quel parti prendra-t-il donc? D'un côté, les remords de la conscience dont il est agité, et de l'autre, la vue du terrible jugement auquel il sera cité, l'engageront à retourner à Dieu par une sincère pénitence. Pénétré des mêmes sentiments que le saint roi Ézéchias : *Me voilà*, dira-t-il au Seigneur, *sur la fin de mes jours, sur le point d'être enseveli sous les ombres de la mort* : « *Vadam ad portas inferi.* » *Que puis-je donc faire de mieux que de repasser dans l'amertume de mon cœur les années que j'ai passées dans le crime?* « *Recogitabo tibi omnes annos meos in amaritudine animæ meæ.* (*Isa.*, XXXVIII, 10. 11, 15.) J'ai vécu jusqu'à présent dans un entier oubli de mon salut; mais sur le point de fermer les yeux aux objets sensibles pour ne les ouvrir qu'à ceux de l'éternité, il faut sans plus tarder mettre la main à l'œuvre pour terminer cette grande affaire, parce qu'après la mort il ne sera plus temps d'y penser. Malheur au monde qui m'a séduit, aux plaisirs qui m'ont enchanté, aux compagnies qui m'ont perverti : *Non aspiciam hominem ultra*, etc.

Tels sont, mes frères, les sentiments que la maladie inspire ordinairement à ceux qui en sont attaqués; elle leur fait quitter le péché, elle les détache des créatures, elle les change, elle les convertit; de méchants et de réprouvés qu'ils étaient, elle en fait des justes, des amis de Dieu. J'en atteste votre expérience : n'est-il pas vrai que dans les maladies vous pensez bien autrement que lorsque vous êtes en bonne santé? n'est-il pas vrai que, frappés de la crainte de la mort, vous êtes rentrés en vous-mêmes pour demander à Dieu pardon de vos péchés? n'est-il pas vrai que vous avez fait tous vos efforts pour obtenir ce pardon par la douleur que vous avez conçue de ces péchés, par l'aveu que vous en avez fait au ministre du Seigneur, qui vous a dit de sa part : Mettez ordre à vos affaires, parce que dans peu vous devez mourir et paraître devant Dieu pour rendre compte des actions de votre vie? *Dispone domui tuæ, quia morieris* (*Ibid.*, 1); à quoi vous n'auriez pas pensé, si vous aviez toujours joui de la santé, et si Dieu, en vous envoyant cette maladie, ne vous avait mis dans une espèce de nécessité de retourner à lui par une sincère conversion. Convenez donc que la maladie est bien utile au pécheur, puisqu'elle l'engage à réparer par la pénitence les péchés qu'il a commis; elle est encore un moyen excellent pour satisfaire à Dieu pour la peine due au péché : *Ut peccasse non noceat.*

C'est un ordre établi par la justice de Dieu, comme on vous l'a souvent dit, que le péché, même pardonné, soit puni en ce monde ou en l'autre. Or, la maladie sert au pécheur pour s'acquitter envers la justice de Dieu de la peine due à son péché, parce qu'elle est une des plus sévères pénitences que l'homme puisse faire, et que d'ailleurs elle est du choix de Dieu même, qui châtie le pécheur à sa volonté, et d'une manière plus sûre et plus utile que le pécheur ne le ferait lui-même.

Il n'est pas besoin, mes frères, de vous prouver par de longs raisonnements ce que les maladies ont de dur et de fâcheux; ceux qui les ont éprouvées peuvent en rendre témoignage. Elles privent de la santé, qui est le plus cher de tous les biens; elles réduisent la nature humaine dans un état violent. Etre retenu dans un lit comme un captif dans une prison, privé des plaisirs de la société, ne pouvoir faire aucun usage des biens de la vie, qui sont alors interdits, ou pour lesquels on n'a que du dégoût; se voir obligé de dévorer toute l'amertume des remèdes, de s'abandonner aveuglément à la conduite des médecins, souffrir des maux de tête, être brûlé par les ardeurs d'une fièvre ardente, sentir ses entrailles déchirées par des coliques violentes, porter sur son corps certaines infirmités qui durent autant que la vie, qu'aucun remède ne peut guérir, ne sont-ce pas là des pénitences bien plus austères que les jeûnes, les disciplines, les macérations des anachorètes? Celles-ci sont volontaires et adoucies par les soulagements que la nature peut prendre; mais les maladies combattent toutes ses inclinations, et la fatiguent souvent autant par leur violence que par leur durée. Quel fonds de mérites et de satisfactions le pécheur n'y trouve-t-il pas pour payer ses dettes, et quelle assurance que cette pénitence plaît à Dieu, puisqu'elle est de son choix? Dieu, en effet, connaît notre délicatesse: il sait combien nous sommes ennemis de la pénitence, combien nous sommes portés à flatter notre chair, avec quelle indulgence nous la traitons, lors même que nous voulons la mortifier en expiation de nos fautes. Hélas! les coups que nous lui portons partent ordinairement d'une main faible et timide, qui l'épargne et ne la traite jamais aussi sévèrement qu'elle mérite. Que fait donc le Seigneur? il prend lui-même la verge en main pour nous châtier comme nous le méritons: il afflige par des maladies ce corps de péché, et punit l'abus que nous avons fait de la santé. En cela, mes frères, nous devons reconnaître sa sagesse et sa bonté, qui nous frappe en ce monde par ces châtiments légers, pour nous en épargner en l'autre de plus rigoureux; puisque les maladies, même les plus violentes, ne sont rien en comparaison des douleurs qu'on ressent dans le purgatoire, où l'on souffre plus dans un seul jour qu'on ne le ferait ici-bas dans plusieurs années d'infirmités. Cependant quelques moments de souffrances dès cette vie peuvent nous épargner les longs et rigoureux supplices de l'autre, nous acquitter même entièrement envers la justice de Dieu. Reconnaissons la main paternelle qui nous frappe, et qui ne veut pas qu'il nous reste aucune dette à payer au sortir de ce monde; tandis que s'il exigeait les droits de sa justice, nous lui serions ordinairement redevables, et il nous en coûterait beaucoup plus de la satisfaire, qu'il ne nous en coûte par la voie que la Providence nous fournit dans les maladies. Il est donc vrai qu'elles sont bien utiles pour nous corriger et nous faire expier nos fautes: elles le sont encore pour nous empêcher d'en commettre : *Ut peccare non liceat.*

Quel usage fait-on ordinairement de la santé? Hélas! mes frères, vous le savez peut-être par vous-mêmes : au lieu de s'en servir pour glorifier Dieu, on ne l'emploie qu'à l'offenser; on fait servir à l'injustice et à l'iniquité, comme dit l'Apôtre (*Rom.*, VI, 19), des membres que Dieu n'a donnés que pour servir à la sainteté; les uns vivent dans un entier oubli de Dieu et de l'affaire du salut; tant qu'ils jouissent d'une santé parfaite, ils ne pensent qu'à s'enrichir sur la terre, ils s'engagent dans l'embarras du siècle, et ne pensent point à la grande affaire de l'éternité. Les autres ne songent qu'à contenter des passions brutales, se livrent à la débauche, à l'intempérance, passent leur vie à courir de plaisirs en plaisirs, de la table au jeu, du jeu aux spectacles, des spectacles aux conversations dangereuses, aux fréquentations criminelles. Que fait le Seigneur pour arrêter les désordres qui règnent parmi les hommes? Il prévient le mal dans sa source, il prive de la santé ceux qui en abusent; il leur ôte les armes des mains pour les empêcher de lui faire la guerre; il arrête par la maladie tous les mouvements de cet homme de projets, embarrassé du soin de mille affaires; il le réduit dans un lit de douleur, où, débarrassé de toute sollicitude temporelle, il a tout le temps d'élever son cœur à Dieu, de penser à son salut, et d'y travailler. Ce débauché, ce voluptueux, qui ne pensaient du matin au soir qu'aux moyens de contenter leurs désirs criminels, qui abusaient de leur santé pour s'abandonner au crime, se verront par la maladie dans l'impuissance de commettre les excès où ils n'avaient pas honte de se plonger; leurs passions sevrées des objets qui étaient pour eux des occasions de péché, n'auront plus sur leur cœur l'empire qu'elles avaient auparavant; l'ivrogne ne pourra plus fréquenter les lieux de débauche; le voluptueux n'aura plus de commerce avec les complices de ses crimes : tandis qu'il jouissait d'une santé parfaite, qu'il nourrissait délicieusement son corps, il ressentait les aiguillons d'une chair rebelle à l'esprit, il en suivait les mouvements désordonnés: *Impinguatus recalcitravit.* (*Deut.*, XXXII, 15); mais la maladie, qui a exténué cette chair, a éteint le feu de la convoitise; l'âme, enveloppée de la douleur, n'est plus sensible au plaisir; la maladie, comme un rempart, la défend des traits de la volupté, qui ne peuvent avoir de prise sur un corps languissant et abattu par la douleur. Comment cet homme sensuel a-t-il appris les règles de la tempérance qu'il ignorait auparavant, si ce n'est par une maladie qui lui est survenue, qui l'a obligé de suivre un certain régime de vie où il s'abstient de ce qui flattait ses appétits? Heureux, s'il faisait pour son salut ce qu'il fait pour sa santé; et si, craignant les douleurs éternelles autant qu'il appréhende une douleur passagère, il se mortifiait pour éviter les unes de la même manière qu'il le fait pour éviter l'autre! telle est la salutaire impression qu'une maladie doit faire sur tout homme qui sait réfléchir. Qui a déterminé cette jeune personne qui ne songeait qu'à plaire au monde, à se retirer des compagnies pour prendre le parti de la dévotion? Une maladie qui l'a dépouillée de ces agréments qui la rendaient précieuse à elle-même et aux yeux des autres. Quelle différence d'un état avec l'autre! jugez-en par vous-mêmes et par les sentiments que vous aviez dans ce temps d'épreuve. Quelle estime faisiez-vous des biens, des honneurs, des plaisirs du siècle? De quel œil envisagiez-vous les fêtes et les divertissements du monde dont vous ne pouviez profiter? Combien de fois, ennuyés de la vie, avez-vous souhaité, comme l'Apôtre, la dissolution de ce corps mortel, pour jouir d'une vie meilleure, qui ne fût pas sujette aux langueurs et aux infirmités?

C'est ainsi que Dieu sait nous faire tirer avantage des maladies qu'il nous envoie. Ce n'est pas pour nous perdre qu'il nous afflige d'infirmités : *Infirmitas hæc non est ad mortem ;* mais il les fait servir à sa gloire et à notre salut : *sed ut manifestetur gloria Dei.* (*Joan.*, XI, 4.) Il se sert des maladies du corps pour guérir celles de notre âme et nous en préserver. C'est pourquoi il en fait part aux justes comme aux pécheurs ; la vertu du juste pourrait se ralentir, si elle n'était éprouvée par ces disgrâces; au lieu qu'elle se perfectionne dans l'infirmité, comme dit l'Apôtre : *Virtus in infirmitate perficitur.* (II *Cor.*, XII, 9.) C'est alors qu'elle paraît avec plus d'éclat. Témoin ce modèle de patience si vanté par l'Esprit-Saint lui-même : Job, après avoir perdu ses biens, ses enfants, ne fit jamais mieux connaître sa vertu que lorsqu'il se vit couvert de plaies, réduit sur un fumier. Ah! ce fut alors qu'il porta la patience à l'héroïsme, et que le démon fut obligé de lui céder la gloire des combats qu'il lui avait livrés.

Ainsi, dans quelque état que vous soyez, justes ou pécheurs, ne regardez plus les maladies comme des malheurs dont Dieu vous afflige pour vous faire sentir les traits de sa colère ; regardez-les plutôt comme des effets de son amour, puisqu'il s'en sert toujours pour vous convertir ou pour vous éprouver et vous attacher à lui, et vous faire ainsi expier des fautes légères dont la vie la plus sainte n'est pas exempte. Mais quel usage doit-on faire des maladies? Second point.

DEUXIÈME POINT

Puisque Dieu afflige les hommes de maladies, soit pour faire rentrer les pécheurs en eux-mêmes, soit pour éprouver la vertu des justes, il faut donc les recevoir en esprit de pénitence, il faut les souffrir avec patience et avec une entière résignation à la volonté de Dieu. Or, à quoi la pénitence engage-t-elle les pécheurs dans le temps de la maladie? A prendre les moyens les plus prompts et les plus efficaces pour rentrer en grâce avec Dieu, à offrir leurs maladies en expiation des péchés qu'ils ont commis.

En effet, si le pécheur ne doit point différer son retour à Dieu, lors même qu'il est en santé, dans la crainte de manquer du temps et des grâces nécessaires, cette raison l'engage encore plus, dans le temps de la maladie, à une prompte conversion, parce qu'il doit alors plus que jamais craindre de manquer de temps pour se convertir, et que ce délai peut le priver d'un trésor de mérites que lui procurerait une maladie sanctifiée par la grâce.

Nous portons tous au dedans de nous une réponse de mort, dit l'Apôtre (II *Cor.*, I, 9) ; ceux même qui paraissent les plus robustes sont quelquefois les plus près du tombeau. Mais dans quel temps doit-on plus craindre les surprises de la mort, si ce n'est dans la maladie qui lui prépare déjà sa victime, et qui commence à détruire ce corps mortel? Ce qu'il y a de vrai, c'est que la plupart des hommes meurent après certains maux, ou plus ou moins. Or, dans l'incertitude du temps que doit durer une maladie, que peut-on faire de mieux, dès les premières atteintes du mal, que de recourir aux remèdes qui doivent guérir l'âme de la maladie du péché et de se mettre en état de paraître devant Dieu par la réception des sacrements qui doivent opérer cette guérison, parce qu'il est dangereux qu'en différant d'user de ces remèdes on n'y soit plus à temps. Car ne peut-il pas arriver et n'arrive-t-il pas souvent qu'une maladie, qui paraissait légère dans son commencement, devient tout à coup mortelle, et, par son progrès rapide, donne au malade le coup de la mort au moment où il ne s'y attendait pas? ou bien que, lui dérobant la connaissance, elle le met hors d'état de recevoir les sacrements; ou enfin l'accable de douleurs si violentes, qu'il devienne incapable de s'appliquer à quoi que ce soit; qu'il ne puisse ni examiner sa conscience ni s'exciter à la douleur de ses péchés. De là qu'arrive-t-il à ceux qui attendent à l'extrémité pour se munir des secours des mourants? Ce que vous avez vu peut-être arriver à quelques-uns de ceux à la mort desquels vous avez été présents : ou ils en sont privés par surprise, ou ils les reçoivent sans dispositions, ou ils meurent dans l'impénitence.

De là n'est-il pas de la dernière importance de demander à recevoir les sacrements dès le commencement de la maladie? Peut-on s'y prendre trop tôt et user de trop de précautions, dès qu'il s'agit d'éviter une éternité malheureuse? Que risque-t-on de recourir aux remèdes qui guérissent l'âme de la maladie du péché? Ne reçoit-on pas les sacrements en santé? pourquoi ne les reçoit-on pas en maladie? Ces sources de vie, en rendant la santé à l'âme, ne contribuent-elles pas à celle du corps par la tranquillité et le repos d'une bonne conscience qui en est l'effet? Et que ne doit pas espérer un malade de la visite de Jésus-Christ, qui par une seule parole a guéri ceux qui avaient recours à lui? Témoin celui de notre Évangile. Et ne devrait-on pas s'adresser au souverain Médecin et de l'âme et du corps avec la même confiance que ce seigneur qui le priait de venir dans sa maison pour guérir un fils dont la maladie paraissait incurable? *Descende,* etc. Oui, Seigneur, devrait dire un malade, venez dans ma maison, venez loger dans mon cœur; vous pouvez, si vous le voulez, me guérir de toutes mes infirmités. Si je ne recouvre pas la santé du corps et s'il vous plaît me tirer de ce monde, je suis sûr du moins que vous me rendrez la santé de l'âme et que vous la délivrerez des horreurs de la mort éternelle : *Descende*, etc. Doit-on aussi se faire une peine de recevoir le sacrement d'extrême-onction, qui a une vertu particulière pour soulager un malade et rétablir ses forces, comme nous l'assure l'apôtre saint Jacques : *Infirmatur*, etc. (*Jac.*, V, 14.) Enfin, mes frères, de quoi s'agit-il pour guérir la maladie de cette âme? Il suffit de la découvrir au médecin spirituel, au ministre de Jésus-Christ revêtu du pouvoir de remettre les péchés : dès que le péché est avoué avec un cœur contrit et humilié, la guérison est opérée dans le moment. Ah! si l'on pouvait aussi aisément recouvrer la santé du corps, il ne serait pas besoin d'user de tant de précautions, de prendre tant de remèdes, qui souvent sont inutiles et jamais à l'épreuve de la mort. Pourquoi donc négliger un moyen aussi facile pour assurer le salut? Pourquoi, au moins, ne pas donner à une âme immortelle, et dont la perte est irréparable, les mêmes soins qu'on accorde à un corps destiné à devenir la pâture des vers?

Mais est-ce ainsi que l'on raisonne? Est-ce ainsi que l'on se comporte dans les maladies? Dès les premières attaques du mal, on a soin de se procurer les secours convenables pour recouvrer la santé : on appelle les médecins, on reçoit les remèdes qu'ils prescrivent; une telle conduite est assurément irréprochable, puisque la divine Providence a fourni des secours dans la nature, a donné la science aux hommes pour subvenir aux infirmités humaines. Mais ce que je blâme dans la plupart des malades, c'est 1° le peu de confiance qu'ils mettent en Dieu pour recouvrer la santé du corps; c'est qu'au lieu de recourir d'abord au souverain Médecin qui peut guérir le corps et l'âme, ils ne s'adressent à lui qu'après avoir éprouvé l'inutilité des secours humains.

2° Ce que je blâme encore plus, c'est que ces malades, uniquement occupés à soulager le corps, ne pensent point au salut de l'âme; c'est porter contre eux un arrêt de mort que de leur parler des sacrements : supposant que la maladie n'est pas dangereuse, encouragés par l'efficacité des remèdes qu'on leur applique, prévenus en faveur de leur tempérament, ils espèrent en revenir; et par malheur pour eux, c'est que la plupart de ceux qui les servent les entretiennent dans ces sentiments; on leur cache le danger où ils sont, on les nourrit de la flatteuse espérance d'un prompt rétablissement. Le malade, facile à croire ce qui le flatte, porte encore l'espérance de la vie jusqu'aux portes de la mort, et faute d'avoir été averti de mettre ordre à sa conscience, le voilà pour toujours enveloppé dans les horreurs d'une affreuse éternité. On a craint, mal à propos, de l'intimider en lui proposant une affaire si intéressante; peut-être même a-t-on éloigné le ministre du Seigneur qui s'est présenté à ce sujet, et cette crainte mal placée, ce funeste respect humain a été la cause de son malheur.

O cruel ménagement! ô perfide amitié si contraire à l'esprit du christianisme qui s'empresse à secourir le prochain dans les besoins les plus pressants! Quoi! mes frères, si vous croyiez votre parent, votre ami sur le point de tomber dans un précipice dont il ne tiendrait qu'à vous de le garantir en l'avertissant du danger où il est, ne vous feriez-vous pas un crime de votre silence, ou plutôt pourriez-vous le garder? Vous voyez ce malade, votre parent, votre ami, sur le point de tomber en enfer, et vous laisserez perdre cette âme pour n'oser lui dire de penser à son salut? *Peribit in tua scientia frater.* (*I Cor.*, X, 11.)

On ne peut trop louer, il est vrai, les secours que l'on rend aux malades; ces offices de charité ont d'autant plus de mérite qu'ils n'ont rien que de rebutant. Respirer auprès d'un malade un air contagieux, essuyer ses caprices et ses humeurs, entendre ses plaintes continuelles, ne voir aucun effet des remèdes qu'on lui donne; tout cela demande une charité à toute épreuve : vous êtes même obligés, mes frères, de vous rendre ces services dans les maladies, par les engagements qui vous lient les uns aux autres; mais, le premier objet de votre charité doit être le salut de l'âme de votre prochain; le meilleur service que vous puissiez lui rendre, c'est de préserver cette âme de la mort éternelle par votre attention à lui faire administrer les sacrements, et à lui ouvrir la porte du ciel, où il vous servira de protecteur pour vous attirer auprès de lui. Quelle consolation pour l'un et pour l'autre, d'avoir ainsi contribué à votre bonheur!

Une autre raison qui doit engager un malade à se mettre en bon état par la réception des sacrements, c'est qu'en restant dans le péché, il se prive du mérite des souffrances; au lieu que la grâce sanctifiante, qui est le fruit d'une sincère conversion, donne à sa maladie une vertu particulière pour satisfaire à Dieu pour ses péchés.

On vous l'a souvent dit, mes frères, dès que le pécheur est dans un état de mort, tout ce qu'il fait, tout ce qu'il souffre, quelque bon qu'il soit d'ailleurs, n'est d'aucun mérite pour le ciel, parce que ses actions et ses souffrances ne sont point animées du principe de vie qui doit les rendre agréables à Dieu. Quelle perte n'est-ce donc pas pour un malade esclave du péché, qui souffre beaucoup pendant des mois, des années entières, à qui Dieu ne tiendra aucun compte de ses souffrances? Il peut bien, par sa patience à souffrir, attirer les grâces dont il a besoin pour se convertir; mais s'il ne retourne à Dieu par une sincère pénitence, ses souffrances ne seront jamais récompensées dans le ciel. Oh! que de moments perdus où il pouvait s'acquitter envers la justice de Dieu, et amasser de grands trésors de mérites pour le ciel! Mais si ce pécheur, dès le commencement de sa maladie, se réconcilie avec Dieu, tous les moments de douleur seront comptés et marqués au livre de vie; un jour, un moment de souffrance peut lui épargner des années de purgatoire, peut lui mériter un poids immense de gloire, dit l'Apôtre : *Momentaneum tribulationis nostræ æternum gloriæ pondus operatur.* (II *Cor.*, IV, 17.) O moments de la maladie, que vous êtes précieux pour le salut, quand on en sait faire bon usage! Or, le meilleur usage qu'un pécheur en puisse faire, est de les offrir à Dieu en satisfaction de ses fautes; il le doit avec d'autant plus de raison, qu'il peut, sans témérité, regarder certaines maladies comme la suite des excès auxquels il s'est livré. Ah! c'est bien à juste titre, doit-il dire dans ce temps de douleur, que je souffre tous ces maux; je les ai mérités par mes péchés : *Merito hæc patimur, quia peccavimus.* (*Gen.*, XLII, 21.) Heureux encore, ô mon Dieu! que vous vouliez bien accepter ces souffrances en échange des supplices auxquels je serais maintenant condamné, si vous m'aviez traité conformément à ma malice; au lieu de me plaindre, je rends grâce à votre bonté, qui veut bien à ce prix réparer les droits de votre justice. Bien loin de vous demander la délivrance des maux que j'endure, je vous prierai, avec saint Augustin, de ne me pas ménager en ce monde, pourvu que vous m'épargniez en l'autre : *Hic ure, hic seca, modo in æternum parcas.*

Si vous êtes, mes frères, pénétrés de ces sentiments, vous souffrirez vos maladies avec patience, vertu qu'un malade peut regarder comme le souverain remède à tous ses maux, et l'unique ressource qui lui reste dans certaines maladies qui ne sont susceptibles d'aucun adoucissement. Ah! c'est alors qu'il faut s'armer de patience pour en soutenir toute la rigueur et la durée. Que gagneriez-vous en effet de vous livrer à l'impatience, qui, loin de guérir vos maux, ne fait que les aigrir, tandis que la patience en modère l'amertume : dans le premier cas, vous augmentez vos dettes, et vous changez le remède en poison. Dans le second, au contraire, vous trouvez votre avantage dans ce qui paraissait être nuisible. L'aversion pour les souffrances, vous fraie le chemin des enfers; la soumission aux desseins de Dieu fait, selon saint Jacques, la perfection de vos vertus et vous ouvre la porte du ciel. Quel malheur ne serait-ce donc pas pour vous de souffrir à pure perte, de vous rendre tout à la fois criminels et malheureux : *Tanta passi estis sine causa?* (*Galat.*, III, 4.) Pour quelques moments de douleurs une éternité de délices! ah! que cette pensée est consolante pour un chrétien qui sait tirer avantage des ressources que lui fournit la religion! Tandis que son corps est sur la terre plongé dans la douleur, son âme, qui s'élève dans le ciel, goûte par avance les joies que le Seigneur prépare à ses élus.

De là cet abandon de sa volonté à celle de Dieu; il regarde la maladie comme une précieuse visite que le Seigneur lui fait dans sa miséricorde, pour lui épargner les rigueurs de sa justice; il sait que Dieu se sert de la maladie pour le purifier comme l'or dans le creuset, afin de le rendre digne de lui. *Que votre volonté s'accomplisse donc, ô mon Dieu!* dit-il, à l'exemple de son Sauveur, *et non pas la mienne.* (*Luc.*, XXII, 42.) Quelque amer que soit le calice que vous me présentez, je l'accepte de bon cœur de votre main; puis-je refuser d'y boire, puisque mon divin Maître l'a bu jusqu'à la lie? Tandis que je vois l'innocent couvert de plaies, puis-je me plaindre de quelques légères souffrances, qui ne sont rien en comparaison de ce qu'il a souffert pour moi.

Pratiques. — Telles sont, mes frères, les dispositions où vous devez être, qui que vous soyez, justes ou pécheurs, quand le Seigneur vous a fait part de la croix de son cher Fils. Répétez souvent ces belles paroles de Jésus agonisant, qui doivent être l'oraison la plus fréquente d'un malade : *Fiat voluntas tua;* mais que ces paroles soient encore plus dans votre cœur que dans votre bouche. Ayez souvent devant les yeux l'image de votre Sauveur en croix : unissez vos douleurs aux siennes, et protestez-lui que vous voulez mourir entre ses bras. Regardez la maladie comme un temps propre à réparer les fautes que vous avez commises en santé. Rachetez, comme dit l'Apôtre, par ces moments de douleur ceux que vous avez passés dans les plaisirs : *Redimentes tempus, quoniam dies mali sunt.* (*Ephes.*, V, 16.)

Rendez grâces à Dieu, qui se sert des maladies pour vous attirer à lui. Mais quelqu'utile que soit la maladie pour votre conversion, n'attendez pas à ce temps-là pour y travailler; vous pouvez être surpris par la mort, sans être avertis par la maladie. Faites un saint usage de la santé que Dieu vous accorde, qu'elle serve à manifester sa gloire et à procurer votre salut. Quand il prolonge des jours que la maladie semblait terminer, dirigez vos premiers pas dans son saint temple pour lui en marquer votre reconnaissance; souvenez-vous surtout des résolutions que vous avez prises étant malades, de mieux vivre que par le passé; profitez du temps que Dieu vous donne encore pour vous sanctifier et mériter ses récompenses. *Amen.*

PRONE LXXII.

Pour le vingt-unième Dimanche après la Pentecôte.

SUR L'AMOUR DES ENNEMIS.

Sic Pater meus cœlestis faciet vobis si non remiseritis unusquisque fratri suo de cordibus vestris. (*Matth.*, XVIII, 35.)

C'est ainsi que mon Père céleste en usera à votre égard, si chacun de vous ne pardonne à son frère du fond de son cœur.

Ce n'est donc pas, mes frères, un simple conseil que Jésus-Christ nous donne, de pardonner les injures, mais un précepte qui oblige dans toute la rigueur! c'est de quoi il est facile de se convaincre par l'application de la parabole rapportée dans l'Evangile de ce jour. Un roi qui voulait faire rendre compte à ses serviteurs, en trouva un qui lui devait dix mille talents. Et comme cet homme n'avait pas de quoi payer, le roi ordonna qu'on le vendît avec sa femme, ses enfants et tout son bien, pour satisfaire cette dette ; ce serviteur se jette aux pieds de son maître, lui demande du temps, et lui promet qu'il fera tout ce qu'il pourra pour s'acquitter envers lui. Le maître, touché de compassion, lui accorda au delà de sa demande, et lui remit entièrement sa dette. Tant de charité devait sans doute instruire ce serviteur infidèle; mais non; il trouve un de ceux qui servaient avec lui, qui lui devait cent deniers, et le saisissant, il lui demande avec la dernière rigueur ce qui lui est dû. Celui-ci se jette à ses pieds pour lui demander du temps, mais l'autre le lui refuse, et le fait mettre en prison jusqu'à ce qu'il ait payé. Le maître, informé de la conduite de ce méchant serviteur, le fit venir, et lui dit : Fléchi par tes prières, je t'ai remis toute ta dette, ne fallait-il pas avoir pitié de ton compagnon ; comme j'ai eu pitié de toi? Aussitôt il le livra aux bourreaux pour le tourmenter jusqu'à ce qu'il eût payé ce qu'il devait.

Il n'est personne d'entre vous, mes frères, qui ne se révolte de la conduite de cet homme, et qui ne souscrive à l'arrêt de condamnation porté contre lui; mais ne vous reconnaissez-vous pas à ce portrait, et ne devez-vous pas tourner contre vous-mêmes toute votre indignation? n'êtes-vous pas, en effet, ce serviteur ingrat, qui, par une infinité de péchés, avez contracté avec le Roi des rois une dette que vous ne pourriez jamais payer exactement? Vous lui avez demandé grâce, et il vous l'a accordée une infinité de fois; et vous ne voulez pas pardonner une offense légère que votre frère vous a faite. Mais que dit Jésus-Christ à la fin de sa parabole? Vous avez vu comme ce méchant serviteur a été traité par son maître? *C'est ainsi que mon Père céleste vous traitera, si vous ne pardonnez à votre frère de tout votre cœur : « Sic Pater meus, »* etc. Ce n'est donc pas seulement notre devoir de pardonner les injures, c'est encore notre intérêt. Cependant on peut dire que cette loi est une des plus mal observées parmi les hommes. Rien de plus pressant que l'obligation de pardonner les injures, d'aimer ses ennemis; premier point. Rien de plus vain que les prétextes que l'on allègue pour s'en exempter; second point.

PREMIER POINT.

Une obligation qui est fondée sur un commandement que Dieu nous fait, sur l'exemple que Jésus-Christ nous donne, et sur notre propre intérêt, doit sans doute être regardée comme une obligation pressante : telle est celle de pardonner les injures, d'aimer ses ennemis.

Oui, mes frères, Dieu nous fait un commandement d'aimer nos ennemis, commandement le plus indispensable, commandement le plus juste et le plus utile au bien de la société : *Ego autem dico vobis, diligite inimicos vestros.* Ce sont les paroles de Jésus-Christ même : « *Pour moi je vous dis, aimez vos ennemis, faites du bien à ceux qui vous haïssent : « Benefacite eis qui oderunt vos.* » (*Matth.*, V, 44.) Vous avez cru jusqu'à présent, disait aux Juifs ce divin Sauveur, par une fausse tradition qui vient de vos pères, qu'il suffisait d'aimer ceux qui vous aiment, et que vous pouviez haïr ceux qui vous haïssaient; mais je vous dis, je vous ordonne d'aimer vos ennemis : *Ego autem*, etc. Pesez bien, mes frères, la force de ces paroles : *Ego*, c'est moi qui suis votre Maître, votre Roi, votre Dieu; moi, de qui vous avez tout à espérer et tout à craindre; qui ne vous prie pas, qui ne vous conseille pas seulement, mais qui vous commande de vouloir et de faire du bien à vos ennemis : *Ego autem.* Si c'était un grand du monde, un roi de la terre, qui vous intimât là-dessus ses ordres, vous pourriez dire que son pouvoir ne s'étend pas jusque-là ; mais pouvez-vous refuser de m'obéir, à moi qui suis votre Dieu, de qui vous avez reçu l'être, qui ai droit sur tous les mouvements de votre cœur, qui puis non-seulement perdre votre corps, mais encore votre âme pour l'éternité? *Ego autem.*

Dieu, mes frères, a tellement à cœur l'observation de ce précepte, qu'il rejette tout autre sacrifice qui n'est point accompagné de celui de la vengeance; car, *si vous offrez votre présent à l'autel*, dit Jésus-Christ, *et que vous vous souveniez que votre frère a quelque chose contre vous, laissez là votre présent, et allez auparavant vous réconcilier avec lui*, parce que je préfère la miséricorde à ce sacrifice : « *Vade prius reconciliari fratri tuo.* » (*Ibid.*, 24.) C'est-à-dire, mes frères, qu'en vain vous vous résoudriez à faire tout le bien possible, faisant tout le bien qui dépend de vous, prier, jeûner, vous mortifier par toutes les rigueurs de la pénitence, charger les autels de vos dons, enrichir les pauvres par vos aumônes, livrer vos corps jusqu'à souffrir le martyre : si vous conservez dans votre cœur quelque rancune contre votre prochain, si vous ne vous réconciliez avec cette personne avec qui vous avez été divisés, toutes vos mortifications, le martyre même ne vous servirait de rien. Pourquoi? parce que vous manquez à un point essentiel de la loi, vous n'avez pas la charité qui en est la plénitude, et sans laquelle tout le reste n'est rien: *Si charitatem non habuero, nihil sum.* (*I Cor.*, XIII, 2.) Peut-on, mes frères, ne pas déplorer à ce sujet le sort d'une infinité de chrétiens, qui vivent d'ailleurs d'une manière assez régulière, qui font beaucoup de bonnes œuvres, s'approchent des sacrements, fréquentent les églises, sont agrégés à de pieuses sociétés, et qui entretiennent dans leur cœur, contre leur prochain, des ressentiments qu'ils ne veulent pas étouffer, qui persévèrent opiniâtrément dans une indifférence criminelle pour certaines personnes qui les ont désobligés, ou qui leur déplaisent? Oh! que de prières inutiles, que de bonnes œuvres perdues, que de sacrements profanés, et qu'ils seront bien trompés à l'heure de la mort, après avoir tant travaillé, de ne recevoir aucune récompense de leurs prétendus mérites, parce qu'ils n'auront pas satisfait à un commandement dont l'accomplissement fait la perfection du christianisme, et un des caractères les plus distinctifs du chrétien!

En effet, mes frères, comme il n'appartenait qu'à Dieu de nous faire un pareil commandement, il n'appartenait qu'à l'homme chrétien de l'exécuter; car de borner sa vertu à aimer ceux qui nous aiment, à faire du bien à ceux qui nous en font, qu'est-ce faire de plus, dit Jésus-Christ (*Matth.*, V, 47), que ce que font les païens? Il faudrait n'être pas homme pour être insensible à l'amitié et aux bienfaits; vous êtes chrétiens, et en cette qualité vous êtes les enfants du Père céleste, qui fait lever son soleil sur les bons et sur les méchants: afin donc que vous soyez parfaits comme votre Père céleste est parfait, vous ne devez pas vous contenter d'aimer ceux qui vous aiment, de faire du bien à ceux qui vous en font; vous devez encore aimer ceux qui vous haïssent, faire du bien à ceux qui vous font du mal: *Benefacite iis qui oderunt vos.* (*Luc.*, VI, 27.)

Rien de plus juste, mes frères, que ce commandement, puisqu'il vient d'un Dieu qui a toute autorité sur vous, et qui peut disposer de vous; mais rien aussi qui prouve mieux la sagesse de la Providence. De l'observation de cette loi dépendent la paix et le bon ordre qui doivent régner dans le monde; car, si la vengeance était permise, que deviendrait la société? Sensibles comme nous le sommes, et remplis de l'amour de nous-mêmes, le monde ne serait plus qu'un théâtre sanglant de guerres, de meurtres et de carnage; quiconque se croirait offensé porterait lui-même ses arrêts contre le coupable, et, jusqu'à quelle extrémité n'irait pas la fureur des vindicatifs, contre ceux même qui les auraient offensés sans dessein? Qui peut s'assurer de ne jamais donner à son prochain sujet de mécontentement? Il faudrait, par conséquent, renoncer à tout commerce avec les hommes, pour habiter dans les forêts avec les animaux: c'est donc avec autant de sagesse que d'équité que Dieu, par le commandement qu'il nous a fait de pardonner les injures, d'aimer nos ennemis, a voulu opposer une digue aux débordements du cœur humain. Peut-on, après cela, ô mon Dieu, se plaindre d'une loi aussi sage et aussi juste, qui procure la tranquillité publique, surtout si l'on fait attention que vous en avez aplani les difficultés par l'exemple que vous nous avez donné de faire ce que vous nous commandez?

Non, mes frères, ce n'est pas seulement par la parole, mais encore par l'exemple, que Jésus-Christ nous a enseigné le pardon des injures, l'amour des ennemis; pour peu de connaissance que vous ayez de la vie que ce Dieu-Sauveur a menée sur la terre, pouvez-vous ignorer avec quel mépris il a été traité, quels affronts sanglants il a essuyés, de combien d'opprobres il a été rassasié? Comment s'est-il vengé des outrages de ses ennemis? Toujours par les bienfaits: il a rendu la vue aux aveugles, l'ouïe aux sourds, la parole aux muets; il guérissait les malades d'une nation qui ne cherchait qu'à le détruire. Que répondait-il aux accusations qu'on portait contre lui devant les tribunaux, où il était traité de séducteur, de malfaiteur, de scélérat? Il gardait le silence, dit l'Evangile: *Jesus autem tacebat.* (*Matth.*, XXVI, 63.) Oh! que le silence de Jésus-Christ, mes frères, est éloquent, que c'est une belle leçon pour vous! Quand on vous traite avec mépris, qu'on vous accable d'injures, souvenez-vous pour lors du silence de cet homme de douleur, pour le garder comme lui: *Jesus autem tacebat.* Avec quelle patience reçut-il dans la maison du Pontife l'outrage le plus humiliant par un soufflet dont on couvrit sa face adorable; quelle fut alors sa conduite? Il n'avait qu'à parler, et le malheureux auteur d'une action si détestable était précipité dans le fond de l'abîme; mais il se contente de lui dire: *Si j'ai mal parlé, rendez témoignage du mal que j'ai dit; mais si j'ai bien parlé, pourquoi me frappez-vous?* (*Joan.*, XVIII, 23.) O patience d'un Dieu! que vous êtes capable de confondre, d'arrêter les transports de la vengeance! Qu'auriez-vous fait en pareille occasion, vindicatifs, si vous aviez eu le pouvoir de Jésus-Christ, vous qui vous donnez tant de mouvements pour avoir satisfaction d'une insulte bien moins considérable que celle qu'il reçut?

Mais pour vous confondre encore davantage, transportez-vous en esprit sur le Calvaire, pour y entendre les dernières paroles d'un Dieu mourant sur une croix. Déjà il est tout épuisé de forces par l'effusion de son sang. Il n'a plus qu'un moment à vivre, et il emploie ce moment: il fait le dernier effort pour adresser à son Père une prière. Mais quelle prière? Est-ce pour solliciter la condamnation de ses bourreaux? Non, mes frères, c'est pour demander grâce en leur faveur. Mon Père, dit-il, exaucez les vœux d'un Fils mourant, qui vous prie de pardonner ses ennemis. Quelque dignes que soient ces malheureux d'éprouver toute la rigueur de votre courroux, pour le déicide dont ils se rendent coupables, oubliez leurs forfaits, pour ne leur faire sentir que les douceurs de votre miséricorde: *Pater, ignosce illis.* (*Luc.*, XXIII, 34.)

Que dites-vous à cet exemple, vindicatifs? Ne sera-t-il pas capable de calmer vos aigreurs, de réprimer les mouvements de votre vengeance? Tandis qu'un Dieu tout-puissant, qui peut en un instant écraser ceux qui le persécutent, devient leur protecteur, vous, vers de terre, cendre et poussière, misérables pécheurs, vous voulez-vous venger! Ah!

méritez-vous le nom de chrétiens et de disciples du Dieu des miséricordes? En vain direz-vous que Jésus-Christ était Dieu, et qu'il pouvait bien souffrir les outrages de ses ennemis; mais il était homme, et en cette qualité, il y était d'autant plus sensible qu'il ne les avait point mérités.

Mais voulez-vous des exemples plus proportionnés à votre faiblesse? Voyez un saint Etienne, premier des martyrs, assailli d'une grêle de pierres et de cailloux, que ses ennemis lancent sur lui, qui fléchit le genou pour demander à Dieu de ne point leur imputer ce péché : *Domine, ne statuas illis hoc peccatum.* (*Act.*, VIII, 59.) Voyez une foule de martyrs qui embrassent leurs bourreaux, leur pardonnent leur mort, et prient pour eux; c'est par cette héroïque charité qu'ils font connaître aux idolâtres la vérité de notre sainte religion, et qu'ils les attirent dans son sein; parce qu'il n'y a qu'une religion toute divine, au témoignage même des païens, qui puisse persuader une action aussi héroïque que le pardon des injures.

Est-ce par ce moyen, mes frères, que vous rendriez aujourd'hui témoignage à votre religion? Hélas! vos haines, vos vengeances, vos divisions, ne seraient-elles pas plutôt capables d'en détourner ceux qui voudraient l'embrasser? Mais que répondrez-vous devant Dieu, à l'exemple des saints? pourrez-vous excuser votre vengeance, comme vous prétendez maintenant, sur l'atrocité de l'injure que vous avez reçue? Mais avez-vous résisté comme eux jusqu'à répandre votre sang? Comparez les mauvais traitements dont vous vous plaignez, avec ceux qu'ils ont essuyés; imposez silence à une nature trop sensible, dont vous écoutez la voix plutôt que celle de votre religion.

Mais, mon cher auditeur, j'ai quelque chose de plus pressant encore à vous proposer; le salut est de toutes les affaires celle qui mérite le plus nos soins; or la foi nous enseigne que notre réprobation est inséparable de la haine que nous conservons pour nos ennemis.

Pour être sauvé, il faut obtenir le pardon de ses péchés; or, ce n'est qu'en pardonnant à ses ennemis, qu'on peut trouver grâce auprès de Dieu. L'Evangile est formel là-dessus : *Pardonnez-vous*, dit-il, *et on vous pardonnera : « Dimittite, et dimittemini. »* (*Luc.*, VI, 37.) Voulez-vous être traités avec miséricorde? traitez les autres de même, parce que vous serez mesurés de la même mesure avec laquelle vous aurez mesuré les autres; ce sont les oracles de Jésus-Christ (*Matth.*, VII, 2), la vérité même, qui ne souffre point d'équivoques, et qui ne peut manquer de s'accomplir. Vous avez, mes frères, une infinité de fois offensé, outragé votre Dieu : vous lui en demandez tous les jours pardon; il vous l'accordera, mais à condition que vous pardonnerez vous-mêmes à ceux qui vous ont offensés. C'est à vous à porter votre arrêt, et à décider de votre sort; pardonnez, et vous êtes sûrs d'obtenir votre pardon. Car quand vous aurez pardonné, vous pourrez dire à Dieu : Seigneur, j'ai fait ce que vous m'avez commandé; j'ai rempli la condition à laquelle vous avez attaché mon pardon : permettez-moi de vous sommer de votre parole : vous avez dit que vous feriez miséricorde à celui qui la ferait; je suis sûr de la sincérité de vos promesses; je puis donc regarder ma réconciliation comme certaine. Quel sujet de consolation, de pouvoir s'assurer, autant qu'on peut l'être en cette vie, que l'on est en grâce avec Dieu, que l'on porte une marque de prédestination qui nous donne droit à son royaume! Voilà, mes frères, le grand avantage que l'on trouve à pardonner les injures.

A quoi pensez-vous donc, vindicatifs, qui refusez de suivre une maxime si sage en elle-même, et si avantageuse dans ses effets? Vous savez que vous n'obtiendrez miséricorde qu'autant que vous l'aurez faite aux autres, et vous ne voulez pas exercer cette vertu envers celui qui vous a offensés? Renoncez donc à toute espérance de pardon et de salut éternel : semblables au serviteur de l'Evangile, les dettes que le prochain a contractées avec vous, ne sauraient approcher de ce dont vous êtes redevables à la justice de Dieu. Cependant, quelque nombreuses et griêves que soient vos offenses, quoique vous ayez contracté un grand nombre de dettes, Dieu veut bien se relâcher de ses droits, pourvu que vous vous relâchiez à l'égard de votre prochain; et vous vous refusez à de semblables propositions, vous voulez profiter de l'ascendant que vous avez sur lui, pour assouvir votre haine et votre fureur? Eh bien! vengez-vous, faites sentir à votre ennemi toute la vivacité de votre indignation; mais sachez que Dieu vous traitera sans miséricorde, comme vous avez traité votre frère : *Sic Pater meus cœlestis faciet vobis.* Ne récitez donc plus une prière que vous ne pouvez dire sans prononcer l'arrêt de votre condamnation; Dieu vous exauçant pour votre malheur vous dira : Vous m'avez demandé de vous pardonner, comme vous pardonniez à ceux qui vous avaient offensés; je vous juge par vous-mêmes, vous m'avez vous-mêmes dicté la sentence que je porte : puisque vous n'avez point fait miséricorde, vous n'en avez point à espérer de moi : *De ore tuo te judico.* (*Luc.*, XIX, 22.) C'est donc à dire que quand vous faites à Dieu cette prière, vous lui dites : Seigneur, je renonce à votre amitié, à mon bonheur éternel; je choisis l'enfer pour mon partage. O cruelle vengeance, bien plus nuisible à l'homme que toutes les disgrâces, les malheurs de la vie, que tous les mauvais traitements de ses ennemis! Tous les hommes ensemble pourraient-ils lui porter des coups aussi fâcheux qu'il s'en porte à lui-même, puisqu'il perd son âme pour l'éternité, et que pendant l'éternité il portera le poids des vengeances du Seigneur? Ah! mes frères, si vous voulez vous venger d'un ennemi, c'est contre votre vengeance et votre colère que vous devez vous armer, dit saint

Augustin. C'est le plus grand ennemi que vous ayez; vengez-vous de cet ennemi par la clémence et la douceur; cette victoire vous gagnera le cœur de Dieu, et sera couronnée d'une gloire éternelle.

DEUXIÈME POINT.

Pour un second Prône sur l'amour des ennemis.

Ego autem dico vobis, Diligite inimicos vestros. (*Matth.*, V, 44.)

Pour moi je vous dis, Aimez vos ennemis.

Je vous ai fait voir, mes frères, dans l'instruction précédente, l'obligation indispensable où nous sommes de pardonner les injures, d'aimer nos ennemis: obligation fondée sur le commandement que Dieu nous en fait, sur l'exemple que Jésus-Christ nous en donne, et sur notre propre intérêt. Cependant, quelque pressants que soient ces motifs pour tout homme chrétien, quoique ce précepte soit un des plus positifs et des plus précis qui soient dans l'Evangile, on peut dire qu'il n'en est point de plus combattu par l'amour-propre, et contre lequel on trouve plus de prétextes. Les uns, et ce sont les vindicatifs, veulent entièrement secouer le joug de la loi, ne point pardonner, rendre le mal pour le mal, et n'allèguent, pour justifier leurs vengeances, que des raisons qui en prouvent mieux l'injustice. Les autres, et ce sont les indifférents, voudraient adoucir le joug de la loi, la concilier avec leurs passions, pardonner à leurs ennemis; mais ils se persuadent qu'ils ne sont obligés ni de les aimer, ni de leur faire du bien: raisons frivoles, dont nous démontrerons le ridicule dans deux réflexions qui partageront cet entretien.

Quels sont les prétextes sur lesquels les vindicatifs appuient leur vengeance? 1° c'est la difficulté de pardonner une injure, surtout quand elle est atroce; ce qui est impossible à la nature; 2° c'est un point d'honneur qu'il faut soutenir ou venger; 3° c'est un zèle qu'il faut avoir pour réprimer le vice, afin de corriger les méchants; 4° la facilité qu'on donne à un ennemi de faire de nouvelles insultes; 5° on a été offensé le premier, on ne doit point accorder le pardon qu'on ne le demande.

Premier prétexte: la difficulté de pardonner une injure, surtout quand elle est atroce. Quoi! dit-on, aimer une personne qui nous hait et nous persécute, qui s'empare de nos biens, flétrit notre réputation, nous menace de la mort: ah! cela est bien dur? *Durus est hic sermo.* (*Joan.*, VI, 61.) Qui est-ce qui peut remporter sur soi une pareille victoire? Il faut être insensible, et n'être pas homme pour ne pas se venger. Non, mes frères, Dieu ne vous commande pas d'être insensibles; la religion ne détruit pas les sentiments de la nature, mais elle les réprime et les corrige. Elle vous permet la sensibilité, mais elle vous défend d'en suivre les mouvements. Dieu ne demande rien d'impossible; il vous ordonne d'étouffer tous ressentiments de vengeance, et de pardonner à votre ennemi. Cela est donc en votre pouvoir: la pratique en est difficile, j'en conviens, mais y a-t-il du mérite où il n'y a point de violence à se faire? Toutes les vertus chrétiennes n'ont-elles pas leur difficulté? Celle-ci est une des plus grandes, je le sais, parce que les répugnances de l'amour-propre n'y sont point écoutées et qu'il faut être animé d'un grand amour de Dieu pour faire un pareil sacrifice: mais vous le savez, mes frères, le ciel ne se gagne que par violence, et ceux qui remportent la couronne, ne l'obtiennent qu'à ce titre; il est dur de pardonner, mais il sera bien plus dur d'être damné: funeste alternative, à laquelle cependant vous devez vous attendre.

D'ailleurs, mes frères, la chose n'est pas si difficile que vous vous l'imaginez; il est souvent plus difficile de se venger, que de pardonner; pour pardonner, il n'y a qu'à le vouloir; et que n'en coûte-t-il pas pour satisfaire sa vengeance? à quoi ne s'expose-t-on pas? Quelle incertitude sur le succès des moyens que l'on prend pour cela! quelle crainte de trouver de la résistance dans un ennemi, qui trouve toujours l'occasion de nuire à un adversaire qui se venge! au lieu qu'en pardonnant, on se procure la paix de l'âme: paix délicieuse, qui seule sur la terre, est le principe et le garant de notre bonheur. Il est donc bien plus doux de pardonner, que de se venger d'une injure, quelqu'atroce qu'elle puisse être.

Second prétexte. Mais il y va de mon honneur, dit le vindicatif. Pour qui passerais-je dans le monde? On me prendrait pour un lâche, et je deviendrais l'objet du mépris et de la raillerie des hommes, si on m'offensait impunément; d'ailleurs mon honneur est blessé dans l'injure qu'il m'a faite; il a terni ma réputation par de noires calomnies; ne suis-je donc pas en droit de poursuivre, par une vengeance proportionnée, la restitution d'un bien dont Dieu m'a confié le soin? Ainsi parle la passion, ainsi parle le monde; et son langage n'est que trop souvent écouté, au mépris de celui que nous tient la religion. Mais lequel des deux doit l'emporter sur l'autre, ou de la passion qui demande la vengeance, ou de la religion qui ordonne le pardon? Lequel doit-on plus écouter, ou le monde, de qui nous n'avons rien à attendre; ou Dieu, de qui nous avons tout à craindre et tout à espérer? Le monde dit qu'il faut se venger, et Dieu ordonne de pardonner. Aimez-vous mieux encourir la disgrâce de Dieu pour plaire au monde, que de déplaire au monde pour avoir l'amitié de Dieu? Si c'est le monde qui doit vous rendre heureux, écoutez-le, à la bonne heure; mais si c'est Dieu seul de qui vous dépendez en tout, et qui doit faire votre félicité éternelle, pouvez-vous hésiter de lui obéir? Que le monde dise ce qu'il voudra; Dieu veut que vous pardonniez; il n'y a point d'esprit humain qui ne doive céder à une autorité aussi respectabl ; il y va de votre salut dans le pardon que vous devez accorder à un ennemi : le salut ne doit-il pas l'emporter sur une prétendue perte d'honneur, et sur tout ce qui peut d'ailleurs vous intéresser ? Cette seule raison suffit pour détruire tout prétexte que vous pourriez alléguer pour justifier cette vengeance.

Mais je veux vous prendre par le principe même de l'honneur auquel vous êtes si sensibles. En quoi consiste, mes frères, le véritable honneur ? N'est-ce pas à faire la volonté de Dieu, à remplir votre devoir de chrétien ? N'est-ce pas là ce qui vous attirera l'estime des gens de bien ? Et de qui devez-vous chercher l'estime ? N'est-ce pas des personnes de probité ? Si votre indulgence à pardonner vous attire quelque mépris, ce sera tout au plus de quelques personnes sans religion, dont vous devez mépriser les jugements, et dont vous devez sacrifier l'estime à celle de Dieu. Mais croyez-vous encore que le monde, même profane, vous méprisera pour avoir sacrifié un ressentiment contre un ennemi ? N'entend-on pas dire souvent aux hommes les plus pervers, qu'il n'y a rien de plus grand, rien de plus héroïque, que de pardonner ? David ne fut-il pas plus recommandable en pardonnant à Saül, dont il ne tenait qu'à lui de se défaire dans la caverne où il le trouva endormi, que par la victoire qu'il remporta sur le géant Goliath ? Il y a plus de gloire, dit le Sage (*Prov.*, XVI, 32), à triompher de ses passions qu'à remporter des victoires, gagner des batailles, conquérir des royaumes. Il ne vous faut donc pas vous épouvanter d'un fantôme d'ignominie qui ne subsiste que dans votre idée, puisqu'il est plus glorieux de pardonner que de se venger.

Mais, dites-vous, mon honneur est blessé, cet ennemi m'a décrié dans le monde, a tellement noirci ma réputation que je n'ose plus y paraître. Ne suis-je pas, et ne dois-je pas effacer les mauvaises impressions que ses discours ont laissées dans l'esprit des autres ? Oui, mes frères, vous pouvez effacer cette tache dont on vous a noirci : mais comment ? sera-ce par la vengeance ? Non, puisqu'elle vous est défendue. Vous avez d'autres moyens de rendre à votre réputation l'éclat qu'on lui a ôté. Car, ou vous avez donné occasion aux discours que l'on a tenus sur votre compte, ou ces discours sont le fruit de la calomnie. Si vous l'avez occasionné, corrigez-vous et fermez la bouche à vos ennemis. Si votre conscience vous traduit innocent à son tribunal, le monde vous connaîtra et prendra votre parti. La honte et l'ignominie dont votre ennemi a voulu vous couvrir retombera sur lui. Mais ne puis-je pas, dites-vous, me servir des voies de la justice pour avoir la réparation de mon honneur ? Vous le pouvez, il est vrai, si elles sont nécessaires pour réparer et conserver votre honneur. Mais que la passion ne conduise jamais vos démarches, et prenez garde que, sous prétexte de vous faire rendre justice, vous ne cherchiez à satisfaire la vengeance. Conservez toujours à la charité ses droits légitimes, et ne recourez aux priviléges des lois qu'après avoir éprouvé inutilement les autres moyens, parcequ'il est bien rare que dans la poursuite d'une injure on se tienne dans les bornes d'une exacte modération. D'ailleurs, que n'en coûte-t-il pas pour avoir une satisfaction par justice ? A quoi ne s'expose-t-on pas ? Un ennemi, pour se justifier, emploiera de nouvelles injures ; il examinera la vie de son accusateur ; il ira fouiller jusque dans les cendres de ses pères pour découvrir et révéler des choses infamantes, que l'on n'avait jamais sues, ou qui étaient déjà ensevelies dans les ombres du tombeau. Ainsi il arrive souvent que plus un vindicatif fait d'efforts pour se procurer une réparation, plus il se déshonore ; au lieu que la clémence procure le repos : on trouve sa tranquillité dans l'oubli des injures. Tout s'efface avec le temps ; soyez toujours homme de bien, et votre réputation, qui a été ternie, reprendra son premier éclat, elle sera toujours à couvert des traits de vos ennemis.

Troisième prétexte du vindicatif. Le vice s'autorise de l'impunité, et le bien public demande d'en arrêter les progrès. Un ennemi se prévaudra de mon indulgence pour me faire de nouvelles insultes. N'est-ce pas une raison légitime de poursuivre la réparation de l'offense que l'on m'a faite ?

Il ne faut pas souffrir le vice, il faut en arrêter les progrès, il est vrai, mais non par un moyen que Dieu nous défend : ce serait tomber dans un autre vice. Le Seigneur s'est réservé la vengeance : *Mea est ultio.* (*Deut.*, XXXII, 35.) Ce serait attenter à ses droits que de vous servir de ce moyen. C'est un effet de zèle de corriger le vice, de réprimer l'audace des méchants, mais qu'il est à craindre que la vengeance ne se couvre du manteau du zèle, et que, sous ce prétexte, on ne cherche à contenter sa passion. Savez-vous, mes frères, qu'un moyen excellent de corriger votre ennemi, est de lui pardonner et de lui rendre le bien pour le mal, parce que cet ennemi, s'il n'a pas étouffé dans lui tout sentiment de religion et de raison, sera touché de votre clémence, et se convertira ; par là, vous amasserez des charbons de feu sur sa tête, comme dit saint Paul (*Rom.*, XII, 20) ; car si vous le gagnez par vos bienfaits, la charité qui est un feu, s'emparera de son cœur, et il sera forcé de vous aimer ; s'il persiste dans sa dureté, il deviendra la victime des vengeances éternelles, et vous mériterez les récompenses célestes.

Quatrième prétexte. Non, me dites-vous, mon ennemi n'en devient pas meilleur ; je lui ai déjà pardonné plusieurs fois, et il ne laisse pas de m'offenser et de me persécuter. Faut-il donc toujours pardonner ? Il est dur, j'en conviens, d'avoir affaire à des hommes d'un si mauvais caractère ; mais enfin, mes frères, parce que cet homme est si méchant, voulez-vous l'être aussi et vous perdre comme lui, en vous rendant réfractaires d'une loi que Dieu vous impose : voulez-vous perdre un trésor de mérites, que vous pouvez acquérir par le sacrifice de vos ressentiments? Vous êtes chrétiens; vous devez donc regarder les persécutions de votre ennemi comme autant d'occasions favorables de mériter le ciel, puisque ce n'est que par les tribulations qu'on peut arriver à ce bienheureux séjour: ne devez-vous pas au contraire vous réjouir, comme les apôtres et les martyrs, que le Seigneur vous trouve dignes de souffrir quelque chose pour la gloire de son nom? Si vous écoutez les sentiments de votre religion, vous devez faire plus de cas des persécutions de votre ennemi qui vous flétrit, que des adulations d'un flatteur qui vous applaudit; parce qu'elles vous ouvrent le chemin du ciel, au lieu que les louanges d'un flatteur vous conduisent à la perdition.

Vous avez pardonné plusieurs fois, et vous n'avez rien pu gagner sur le cœur de votre ennemi, mais vous avez beaucoup gagné sur le cœur de Jésus-Christ, qui vous dit de pardonner septante fois sept fois, c'est-à-dire autant de fois que vous êtes offensés: *Septuagies septies.* (*Matth.* XVIII, 22.)

Mais cet ennemi s'empare injustement de mes biens, il me suscite de mauvaises affaires; faut-il tout laisser, et la religion nous ôte-t-elle les moyens de nous défendre? Non, mes frères, Dieu ne vous empêche pas de vous opposer aux injustices que l'on veut vous faire; mais ce n'est pas en rendant le mal, que vous devez vous soutenir. Vous avez des moyens légitimes que les lois vous accordent pour vous mettre à couvert des injustices. Servez-vous-en, à la bonne heure, si vous ne pouvez vous en dispenser: mais gardez-vous de suivre les mouvements de votre passion; perdez plutôt tout ce que vous avez au monde, que de perdre la charité qui fait l'esprit du christianisme. Vous pouvez conserver cette vertu, avec vos biens et votre honneur, pourvu que vous ne vous écartiez jamais des principes de votre religion: agissez toujours comme vous voudriez avoir fait à la mort, et vous n'y perdrez rien.

Cinquième prétexte. Je consens volontiers à pardonner, direz-vous, si mon ennemi reconnaît sa faute, s'il me fait des soumissions, et me rend la satisfaction que je demande. Car ce n'est pas moi qui l'ai offensé le premier: ce n'est donc pas à moi à faire les premières démarches de la réconciliation.

Je conviens, mes frères, que votre ennemi doit vous donner satisfaction; que dans les démarches d'une réconciliation, il y a certaines règles à observer suivant les circonstances du temps, et la qualité des personnes qui ont été offensées; ce que je n'entreprends pas de discuter ici. Mais quoique votre ennemi ne veuille vous donner aucune satisfaction, ni se soumettre à vous demander pardon, en quelque état que vous soyez, quelque rang que vous occupiez, vous n'êtes pas moins obligés de lui pardonner et de l'aimer. Le Seigneur ne vous dit pas de pardonner quand on vous demandera pardon; il vous dit simplement de pardonner l'offense qu'on vous a faite, d'aimer celui qui vous hait, de faire du bien à celui qui vous fait du mal; vous le devez donc indépendamment des soumissions, des réparations qu'il doit vous faire. Quelque élevés que vous soyez au dessus de cet ennemi, par votre rang et votre condition, il est votre frère chrétien; vous devez en cette qualité lui donner votre bienveillance. Mais d'ailleurs, quelque supérieur que vous soyez à cet ennemi, l'êtes-vous plus à son égard que Dieu l'est au vôtre? Cependant ne vous prévient-il pas le premier, ne vous recherche-t-il pas après que vous l'avez offensé? Voilà l'exemple que vous devez suivre. Vous avez, dites-vous, été offensé le premier: voilà le langage ordinaire de tous ceux qui ne veulent point pardonner. Entendez parler deux ennemis, personne ne veut convenir de son tort, chacun prétend avoir été offensé; de là vient que personne ne veut faire d'avances: l'orgueil qui domine la plupart des hommes, les retient, et les empêche d'exécuter un projet que la grâce inspire; on croit qu'il y a de la bassesse à faire des excuses, et que c'est à notre adversaire à rechercher nos bonnes grâces; cet ennemi pense de même: ainsi chacun reste dans son état, c'est-à-dire dans un état de damnation. Ah! si les hommes avaient plus d'humilité, celui qui aurait offensé, conviendrait de son tort; celui qui aurait été offensé s'abaisserait jusqu'à rechercher son ennemi pour lui donner des marques de sa charité.

Mais je crains, direz-vous, de paraître devant cette personne, elle me recevra mal, elle se moquera de ma simplicité, elle ira même jusqu'à conclure de ma démarche que je m'estime heureux encore d'avouer par là que j'ai tort, et de regagner son amitié par cet aveu prétendu: tels sont, mes frères, les retranchements de l'amour-propre, esclave d'une crainte frivole qui n'est que l'effet de l'orgueil. Vous craignez que cette personne ne vous reçoive mal; mais qu'en savez-vous? Commencez d'abord à faire les premières démarches par quelque ami commun; allez ensuite vous-même, et vous verrez que votre crainte était mal fondée. Mais j'ai déjà été mal reçu, cette personne s'est moquée de moi, et a publié que j'avais été bien aise de lui demander pardon. Il est vrai qu'il y a des hommes assez fiers dans leur inimitié pour agir de la sorte; mais malheur à ceux qui ne répondent pas aux démarches de la charité! Bien loin de les excuser, quelque droit qu'ils aient de leur côté, ils sont dans un état de damnation, dès qu'ils rejettent la paix qu'on leur offre. Pour vous, qui aurez fait votre devoir en faisant la volonté de Dieu, vous gagnerez le ciel; vous ne répondrez pas à Dieu de la volonté d'autrui, mais de la vôtre. Dieu n'exige pas que vous changiez cet ennemi, mais que vous changiez à son égard. Combien de moyens une charité ingénieuse ne sait-elle pas trouver pour désarmer le courroux d'un ennemi? Ayez cette charité, mes frères, et vous viendrez à bout de tout. Mais forçons l'orgueil jusque dans le dernier retranchement, en faisant voir à l'indifférent même que le sacrifice qu'il fait de ses ressentiments, est une transgression palliée du précepte de la charité ; seconde réflexion.

Je pardonne à mon ennemi, dit l'indifférent ; je renonce à la vengeance, je ne lui ferai point de mal, je ne lui en veux même aucun ; je suis décidé à ne plus conserver de haine pour lui, je consens à renouer avec lui les mêmes rapports que l'inimitié avait fermés ; cela ne suffit-il pas pour une parfaite réconciliation, et Dieu en demande-t-il davantage? Dernière et fatale illusion de l'amour-propre, qui, sous prétexte d'indifférence que l'on a pour un ennemi, damne plus les chrétiens que les haines les plus déclarées : l'on revient souvent de celles-ci par le trouble et les remords qu'elles causent dans les consciences ; mais on se tranquillise, on se croit en sûreté à l'abri d'une réconciliation qui n'en a que l'apparence ; on y croupit des années entières, on y vit, on y meurt, et on devient enfin la victime malheureuse d'une conscience fausse et criminelle. Or, savez-vous, mes frères, ce que c'est que ce faux calme sur lequel vous vous rassurez? C'est un feu caché sous la cendre ; c'est, dans le fond, une vraie inimitié entretenue sous les dehors de la charité. Vous dites que vous ne voulez point de mal à cette personne : d'où vient donc que vous ne pouvez souffrir qu'on en dise du bien, et que vous êtes bien aise qu'on en dise du mal? d'où vient cette joie que vous ressentez de son adversité, et cette tristesse de sa prospérité? Vous la laissez telle qu'elle est, vous ne lui voulez point parler, vous fuyez sa rencontre ; mais fuit-on la rencontre d'une personne qu'on aime? ne veut-on point lui parler? C'est donc une preuve que vous ne l'aimez point. Or, Dieu ne vous commande-t-il pas d'aimer vos ennemis, de vouloir et de faire du bien à ceux qui vous font du mal? En vain vous flattez-vous de remplir le précepte par votre indifférence à l'égard de votre ennemi, en vous contentant de ne lui point vouloir, et de ne lui point faire du mal ; il faut lui vouloir et faire du bien? *Diligite, benefacite.* Vous laissez cet ennemi pour ce qu'il est, vous ne lui voulez faire aucun bien ; mais seriez-vous bien aise que Dieu vous laissât pour ce que vous êtes, et qu'il ne vous fît aucun bien? C'est ainsi néanmoins qu'il vous traitera, si vous n'avez pas de meilleures dispositions à l'égard de votre ennemi.

Eh bien! dites-vous, je lui ferai du bien, puisqu'il le faut : je le verrai, je lui parlerai ; mais je ne le ferai que pour l'amour de Dieu, car il ne le mérite pas ; je le verrai, je lui parlerai par bienséance, pour éviter le scandale que je pourrais donner en évitant sa compagnie.

Vous faites bien d'agir pour l'amour de Dieu, c'est le seul motif qui doit vous animer, mais prenez bien garde qu'en vous servant de ces restrictions, vous ne donniez atteinte à la charité ; prenez bien garde qu'en agissant par bienséance, et pour éviter le scandale, ce ne soit une politique mondaine qui vous conduise. Vous pouvez bien tromper les hommes, qui ne connaissent pas le fond du cœur, mais vous ne pouvez pas tromper Dieu, qui en est le scrutateur. Il faut donc agir avec franchise et sincérité. Point de fourberies ni de dissimulation ; c'est le cœur, et un cœur rempli de charité, qui doit être le principe d'une vraie réconciliation, comme Dieu en doit être le motif. Pardonnez de tout votre cœur, dit Jésus-Christ : *De cordibus vestris* (*Matth.* XVIII, 35); car si vous ne vous réconciliez avec votre ennemi que par des vues humaines, parce qu'un ami vous en a prié, une personne pour qui vous avez de la considération s'en est mêlée, ou peut-être parce que vous craignez cet ennemi et que vous le ménagez pour vos intérêts, votre réconciliation est hypocrite ; il restera toujours dans le cœur un levain d'aigreur, dès que vous ne serez pas animés par les vues de la charité chrétienne.

Pour en venir à la pratique de cette charité, il faut renoncer à tout ressentiment que peut vous inspirer le mal qu'on vous a fait : gardez à-dessus le silence pour ne pas renouveler la plaie ; il ne faut point faire attention à ce que vous feriez, si Dieu ne vous avait commandé de pardonner; mais agir à l'égard de votre ennemi comme s'il ne l'était pas, comme vous agissiez avant qu'il vous eût désobligé, comme vous feriez à l'égard d'une personne qui ne vous serait point ennemie ; c'est-à-dire l'aimer, lui donner des marques de votre bienveillance, le saluer, lui rendre les devoirs de la société civile et chrétienne, et tous les services qui dépendent de vous ; priez pour lui, surtout dans l'Oraison dominicale, en répétant plusieurs fois ces paroles : *Pardonnez-nous nos offenses*, etc. Mais gardez-vous surtout de différer votre réconciliation; car plus vous la différerez, plus elle deviendra difficile ; ce qu'on voit par expérience.

Ces grandes inimitiés n'ont commencé que par une indifférence : cette indifférence s'est tournée en aversion, et l'aversion en obstination ; et dès que le mal est invétéré, il est bien plus difficile à guérir que dans son commencement ; il faut donc y apporter un prompt remède : si la haine que vous conservez contre votre prochain est déjà bien enracinée dans votre cœur, ne lui laissez pas jeter de plus profondes racines; mais dès aujourd'hui coupez, arrachez cette tige empoisonnée : *Que le soleil*, dit l'Apôtre, *ne se couche point sur votre colère : «Sol non occidat super iracundiam vestram.»* (*Ephes.*, IV, 26.) Car, ou vous voulez vous réconcilier avec votre ennemi, ou vous ne le voulez pas. Ne pas le vouloir, c'est se résoudre à être réprouvé. Mais si vous le voulez, pourquoi attendre à demain, et ne pas le faire aujourd'hui? Vous sera-t-il plus facile? Plus vous attendrez, plus vous vous rendrez coupables en multipliant vos haines, en profanant les sacrements, en donnant du scandale à ceux qui sont les témoins de votre conduite. Vous vous exposez même à ne jamais vous réconcilier; car ne pouvez-vous pas être surpris par la mort? ou si vous attendez à la mort, ne devez-vous pas craindre que votre réconciliation ne soit feinte et forcée, comme elle l'est dans la plupart de ceux qui attendent à la faire dans ces derniers moments, où elle perd tout son mérite, parce que le cœur n'y a point de part?

Si vous sentez encore quelque répugnance à suivre ces avis, armez-vous de courage; vous pouvez tout avec la grâce de Dieu : priez-le donc de vous aider pour vaincre une passion aussi rebelle que la vengeance : *Accipite armaturam Dei, ut possitis resistere in die malo.* (*Ephes.*, VI, 13.) Souvenez-vous du commandement que Dieu vous en fait, de l'exemple que Jésus-Christ vous en a donné, et des grands avantages qui vous en reviennent; la paix de l'âme et le pardon de vos péchés. Allez donc promptement vous réconcilier avec votre ennemi, au sortir de cette instruction, ou le plus tôt que vous pourrez; mais que votre réconciliation soit sincère et efficace. Si vous ne voulez pas écouter la prière de votre ennemi, qui vous demande grâce, écoutez celle de Jésus-Christ qui vous la demande pour lui; qui se met entre lui et vous pour être votre médiateur; si vous ne voulez pas avoir pitié de cet ennemi, ayez pitié de votre âme et ne la damnez pas, je vous en conjure par le sang que Jésus-Christ a versé pour elle, par tout le zèle que m'inspire le désir de nous voir réunis un jour dans ce lieu de délices, que je vous souhaite.

PRONE LXXIII.

Pour le vingt-deuxième Dimanche après la Pentecôte.

SUR LA RESTITUTION.

Reddite quæ sunt Cæsaris Cæsari, et quæ sunt Dei Deo. (*Matth.*, XXII, 21)

Rendez à César ce qui est à César, et à Dieu ce qui est à Dieu.

Admirons, mes frères, la réponse pleine de sagesse que Jésus-Christ fait, dans l'Evangile de ce jour, à la demande des Pharisiens, sur l'obligation de payer le tribut à César. Ces sectaires perfides et incrédules avait déjà tenté plusieurs fois de surprendre Jésus-Christ dans ses discours et ses actions, afin d'y trouver des sujets de le condamner; mais la sagesse éternelle les avait toujours confondus. Ils font cependant aujourd'hui une nouvelle tentative, et lui proposent une question d'autant plus captieuse, que de quelque manière qu'il la décide, il doit donner dans le piége. S'il répond qu'on doit payer le tribut à César, il se déclare ennemi de la nation juive, qui se prétendait exempte. Si Jésus-Christ répond qu'on ne doit pas payer ce tribut, il va contre les intérêts de l'empereur, et se fait passer pour un séditieux.

Que fera donc le Sauveur dans une conjoncture si délicate? Sans se déclarer contre le peuple, il leur apprend ce que l'on doit aux princes de la terre. Pourquoi me tentez-vous, hypocrites, leur dit-il? Apportez une pièce de monnaie, et dites-moi de qui est la figure qui y est? De César, répondirent-ils. *Rendez donc à César ce qui est à César, et à Dieu ce qui est à Dieu.* « *Reddite ergo,* » etc.

Je me sers aujourd'hui des termes de la demande et de la réponse que Jésus-Christ fit aux Juifs, pour vous proposer et décider une question, sur laquelle il est de la dernière importance que vous soyez instruits. A qui appartient ce bien, cet argent que vous possédez? *Cujus est imago hæc?* Si vous les avez acquis par un titre légitime; si c'est une succession de vos pères, ou le fruit de votre travail, conservez ce que la Providence vous a donné : mais si ces biens sont le fruit de vos rapines, si vous y reconnaissez quelque chose qui ne soit point à vous, si vous avez causé quelque dommage à autrui, rendez à César ce qui est à César, rendez ce bien mal acquis, réparez ce dommage que vous avez fait : *Reddite*, etc.

Déjà, mes frères, vous comprenez sur quoi je viens vous instruire; c'est sur l'obligation de restituer : obligation des plus importantes, obligation d'une vaste étendue, qui est néanmoins bien mal observée ; obligation importante, vous le verrez par les motifs qui vous engagent à la remplir; obligation d'une vaste étendue, à cause d'un grand nombre d'injustices qui se commettent dans le monde; obligation bien mal observée, vous le verrez par les règles que l'on doit suivre pour s'en acquitter. Pour renfermer en peu de mots tout mon dessein : Combien est grande l'obligation de restituer, premier point. Combien de personnes sont chargées de cette obligation, second point. Comment doit-on la remplir, troisième point.

PREMIER POINT.

La restitution est un acte de justice, par lequel on remet le prochain en possession d'un bien qu'on lui a pris, ou par lequel on répare le dommage qu'on lui a causé. Il suffit d'être éclairé de la lumière de la raison pour être convaincu de l'obligation de rendre le bien d'autrui et de réparer le tort qu'on lui a fait. Que nous enseigne en effet cette droite raison? Qu'il ne faut point faire à autrui ce que nous ne voudrions pas qu'on nous fît à nous-mêmes. Or, nous ne voudrions pas que l'on s'emparât injustement de nos biens, qu'on nous portât du dommage dans ce qui nous appartient; nous nous plaignons quand on nous fait du tort; ceux mêmes qui en font aux autres sont les premiers à condamner ceux qui en sont les auteurs. C'est donc avec autant d'équité que de sagesse, que Dieu a fait un commandement exprès de ne point dérober : *Non furtum facies* (*Exod.*, XX, 15); puisque de l'observation de ce commandement dépend le bon ordre de la vie; et que s'il était permis de s'emparer indifféremment du bien d'autrui, rien ne serait en sûreté; tout l'univers serait dans le désordre : chacun suivant l'avidité naturelle qu'il a pour le bien, dépouillerait hardiment son voisin de ce qu'il aurait légitimement acquis, ou par la succession de ses ancêtres, ou par un pénible travail : les plus paresseux et les plus hardis seraient les plus heureux. Or, s'il y a un commandement qui nous défend de nous emparer du bien d'autrui, il y en a par conséquent un qui nous ordonne de le rendre, ou pour mieux dire, la même loi qui nous défend le larcin, nous ordonne de le réparer par la restitution; car ne pas restituer lorsqu'on a volé, c'est faire tort au prochain, c'est continuer l'action défendue par le commandement : *Non furtum facies.* C'est donc une obligation de restituer, quand on a du bien d'autrui, ou qu'on lui a fait du tort; obligation fondée sur le droit naturel et sur la nécessité de notre salut éternel qui en dépend; obligation des plus indispensables qui ne souffre aucune excuse.

C'est une vérité incontestable de notre sainte religion, que l'on ne peut être sauvé sans avoir obtenu le pardon de son péché, parce que rien de souillé ne peut entrer dans le ciel. Or le péché n'est point remis, dit saint Augustin, qu'on ne restitue ce que l'on a pris : *Non dimittitur peccatum, nisi restituatur ablatum.* Le ciel n'est point pour les voleurs, dit l'apôtre saint Paul (I *Cor*, VI, 10); quiconque est chargé du bien d'autrui, n'entrera jamais dans cet heureux séjour qu'il ne l'ait restitué. Quelque bien que vous fassiez d'ailleurs, quelques vertus que vous pratiquiez, si vous avez quelque restitution à faire à laquelle vous manquiez par votre faute, toutes vos bonnes œuvres, toutes vos vertus ne vous serviront de rien. Passez la plus grande partie de votre vie dans la prière, châtiez votre corps par les mortifications les plus austères, faites des aumônes abondantes, souffrez même le martyre comme les défenseurs de la foi : si vous mourez sans avoir satisfait à quelque restitution dont vous étiez chargés, les flammes éternelles de l'enfer seront votre partage. Pourquoi? parce que vous avez manqué à un point essentiel que Dieu demandait de vous, qui était de remplir à l'égard du prochain les devoirs de la justice; devoirs si étroits que rien ne peut en dispenser. Les sacrements, quelque vertu qu'ils aient pour sanctifier et sauver les hommes, ne seront jamais pour vous des instruments de salut, tant que vous n'aurez pas satisfait à l'obligation de restituer. Vous pouvez obtenir le pardon de vos péchés en vertu du pouvoir que les prêtres ont reçu d'absoudre les pécheurs; mais le pouvoir de ces prêtres ne s'étend point jusqu'à vous décharger des devoirs de justice à l'égard du prochain. Quand ils vous remettent vos péchés, c'est à condition que vous réparerez ces injustices; quelque contrition que vous en ayez conçue, elle n'est agréée de Dieu qu'autant qu'elle renferme le propos de satisfaire au prochain, si vous lui avez fait du tort.

Entendez-vous ce langage, injustes usurpateurs du bien d'autrui? C'est le langage de la foi, c'est le langage de l'Evangile de Jésus-Christ. Si vous ne le croyez pas, renoncez à votre religion : il est inutile que vous vous approchiez de nos sacrements, que vous fréquentiez nos saints mystères, que vous vous mêliez parmi les chrétiens, et que vous fassiez profession de l'être, parce que le christianisme ne souffre point d'injustices, le paganisme même les condamne. Mais si vous croyez ce que la religion vous enseigne sur cet article, vous êtes des insensés de perdre votre âme, qui vaut plus que tous les biens du monde, pour une fortune que vous n'emporterez pas avec vous; vous êtes des aveugles de perdre un bonheur éternel, et de vous précipiter dans un abîme de malheurs, pour ne vouloir pas vous dessaisir d'un argent, d'un bien qui ne vous appartient pas. Ou perdre votre âme, ou perdre ce bien; ou restituer, ou être condamné. Or, ne vaut-il pas mieux être pauvre et misérable pour quelque temps, et heureux pendant l'éternité, que de se rendre éternellement malheureux pour avoir possédé quelque temps des biens dont il ne restera qu'un triste souvenir? Perdez donc plutôt tout votre argent, dit saint Augustin, que de perdre votre âme : *Perde pecuniam, ne perdas animam.* Telle est la conséquence, mes frères, que vous devez tirer des principes que je viens d'établir.

Je ne doute pas que vous ne soyez entièrement convaincus de cette obligation; mais il s'agit de la réduire en pratique. On condamne le larcin dans les autres, et souvent on est coupable d'injustices auxquelles on ne pense pas à remédier. On est éloquent à prouver l'obligation de réparer le tort qu'on nous a fait, mais on n'est pas plus fidèle à remplir ce devoir à l'égard des autres. Combien peu en est-il qui se fassent justice en ce point? On entend parler de larcins, de rapines, de brigandages; ne vous plaignez-vous pas vous-mêmes tous les jours du tort qu'on vous fait? Mais entend-on parler de restitution? J'en atteste ceux parmi vous à qui on a porté du dommage. En avez-vous vu beaucoup qui vous aient satisfaits sur ce point? D'où vient donc, mes frères, que l'on fait si peu de restitution? Ignore-t-on l'obligation de la faire? Non, sans doute : mais une malheureuse avidité pour les biens du monde, semble donner des droits sur ce qu'on ne possède point : on veut des richesses, et là-dessus on ne saurait mettre des bornes à ses désirs; on prend tous les moyens possibles d'en amasser; que ce soit par des voies justes ou injustes, c'est de quoi on ne s'embarrasse pas, pourvu que l'on vienne adroitement à bout de ses desseins, et que l'on s'épargne la honte qu'il y a de passer pour voleur; pourvu que l'on évite les châtiments dont la justice des hommes punit ce péché, on ne se met pas en peine de se rendre coupable devant Dieu, et dès qu'une fois on s'est emparé du bien d'autrui, qu'on l'a possédé quelque temps, on le regarde comme le sien propre : l'attachement criminel que l'on a pour ce bien, fait qu'on ne peut se résoudre à s'en dessaisir ; on trouve de la difficulté à le rendre, on s'aveugle, on se fait une fausse conscience, ou l'on étouffe les remords qu'on éprouve à ce sujet. Sur de vains prétextes on se dispense de restituer : tantôt c'est une possession que l'on regarde comme un juste titre, tantôt un besoin que l'on a du bien pour élever une famille que l'on craint d'appauvrir; d'autres fois le déshonneur dont on se couvrirait en s'avouant coupable d'injustice par la réparation qu'on en ferait; enfin une impuissance où l'on se croit de cette obligation. Tels sont, mes frères, les subterfuges de l'injustice, les vaines excuses que l'on allègue pour s'exempter de la restitution, à l'abri desquels on se croit en sûreté de salut; mais prétextes et excuses frivoles, qui ne prévaudront jamais contre la loi étroite de la restitution.

Je conviens que la possession du bien d'autrui et l'impuissance peuvent dispenser de la restitution. Mais quelle possession? Ce doit être une possession de bonne foi, et encore doit-elle avoir le temps prescrit par les lois; une possession de mauvaise foi, quelque longue qu'elle puisse être, ne sera jamais un titre pour conserver le bien d'autrui. De même une impuissance absolue suspend la restitution tant qu'elle dure, et non pas quand elle cesse, et qu'on devient en état de réparer le tort qu'on a fait. Mais dans la plupart de ceux qui ne restituent pas, par l'impuissance qu'ils allèguent de le faire, ce n'est qu'une impuissance chimérique qui ne subsiste que dans l'idée. J'ai besoin, dit-on, de ce bien pour vivre, je ne puis le restituer sans me priver de mon nécessaire, je m'appauvrirai, je ruinerai ma famille. Mais celui à qui vous avez pris ce bien n'en a-t-il pas besoin autant que vous? Est-il juste qu'il en soit privé plutôt que vous, que vous entreteniez une condition à ses dépens? Si la condition où vous êtes élevé est le fruit de vos injustices, il faut la quitter; si elle ne l'est pas, il faut épargner et retrancher pour rendre ce qui ne vous appartient pas. Vous craignez, dites-vous, de vous appauvrir et de ruiner votre famille; mais avez-vous droit de vivre à votre aise et de nourrir votre famille sur un bien qui n'est pas à vous? Aimez-vous mieux être riche en ce monde, et laisser de riches héritiers, pour être malheureux en l'autre, que de vivre pauvre, et ne point laisser de succession à vos enfants, pour sauver votre âme? Au milieu des flammes de l'enfer, vous serez réduit à la dernière indigence, serez-vous bien consolé par le souvenir du bien que vous aurez possédé sur la terre, et des riches héritiers qui profiteront de vos injustices; souvenir dont il ne vous restera que la peine et les châtiments? Qui vous empêche de faire vos restitutions et de conserver votre honneur, en prenant des moyens que la prudence vous inspirera pour faire rendre au prochain ce qui lui appartient? Si vous ne pouvez d'abord faire la restitution entière, tâchez au moins, et par vos épargnes et par votre travail, de satisfaire peu à peu. Prenez une voie d'accommodement, s'il se peut, pourvu que la fraude et la violence n'y aient aucune part, parce que la remise accordée alors n'étant point libre, ne vous déchargerait point. Voyons maintenant qui sont ceux qui sont obligés de restituer.

DEUXIÈME POINT.

Je n'entreprends pas, mes frères, de descendre ici dans le détail de toutes les injustices qui se commettent dans le monde; il faudrait plusieurs discours pour les faire connaître. Ce que l'on peut dire en général, c'est que l'injustice règne dans presque toutes les conditions de la vie. Ce n'est pas seulement dans les forêts et sur les chemins qu'habitent les hommes de rapine; il s'en trouve dans presque toutes les sociétés du monde : il y en a dans les campagnes et dans les villes; on commet des vols dans les endroits publics et dans les maisons des particuliers; l'injustice et l'adultère, comme le disait autrefois un prophète, se sont répandus comme un déluge sur la face de la terre : *Furtum et adulterium inundaverunt.* (*Osee,* IV, 2.) Pour vous en convaincre par un détail tel que les bornes d'un discours me le permettent, il faut distinguer, avec les théologiens, trois sources d'où naît l'obligation de restituer. On est obligé de restituer, ou à raison du bien d'autrui que l'on possède, ou à raison de l'injuste usurpation que l'on en a faite, ou à raison du dommage qu'on a causé.

On est obligé 1° à restitution, à raison du bien d'autrui que l'on possède, soit qu'on le possède de mauvaise foi, soit qu'on le possède de bonne foi. Le possesseur de bonne foi, c'est-à-dire celui qui possède le bien d'autrui en croyant que c'est le sien propre, est obligé à restitution, quand il reconnaît que ce bien ne lui appartient pas; à moins que sa possession n'ait duré le temps prescrit par les lois pour être légitime, ou qu'il n'ait perdu ce bien pendant sa bonne foi. Vous avez acheté une chose dérobée d'une personne que vous en croyiez le maître, vous venez à reconnaître son maître légitime, vous êtes obligés de la lui rendre. Vous avez reçu de vos pères un bien que vous reconnaissez mal acquis; il faut le rendre à celui à qui il appartient; ou si vous ne pouvez le découvrir, l'employer à ses intentions présumées. Or, y a-t-il bien des hommes qui veulent se dépouiller de ce qu'ils ont acquis de bonne foi, quand ils reconnaissent que ce bien appartient à un autre? Pourquoi, dit-on, me priverais-je d'un bien que je n'ai point acquis par injustice? C'est à ceux qui ont fait du tort à le réparer, je n'en ai fait à personne, puisque j'étais dans la bonne foi. Non, vous n'avez point fait d'injustice dans l'acquisition de ce bien; mais dès que vous reconnaissez qu'il appartient à un autre, vous faites une injustice de le garder, vous êtes obligé de le rendre. Hélas! combien voyons-nous aujourd'hui d'hommes élevés à une haute fortune, dont on pourrait trouver l'origine dans l'injustice et la mauvaise foi de ceux qui leur ont laissé ces biens, surtout quand ce sont des fortunes précipitées. Car *il est bien difficile*, dit le Saint-Esprit, *de s'enrichir en peu de temps, et de conserver son innocence: « Qui festinat ditari non est innocens.* (*Prov.*, XXVIII, 20.) On ne devient ordinairement riche en peu de temps que pour avoir ou usurpé adroitement le bien d'autrui, ou exigé d'une profession des droits qui n'étaient point dus; pour avoir exercé certains emplois où l'on a trouvé le secret de faire ces profits excessifs; pour avoir profité de la misère des autres, comme font certains hommes avides, qui, en amassant toutes les denrées d'un pays, y causent d'affreuses disettes, et par là obligent les autres à les acheter d'eux à des prix exorbitants; ce qui est expressément défendu par le Saint-Esprit, qui menace de sa malédiction cette espèce d'hommes : *Qui abscondit frumenta, maledictus.* (*Prov.*, XI, 26.) Je renvoie donc au tribunal de la conscience ces prétendus possesseurs de bonne foi de certains biens qui ont été, par eux ou leurs pères, amassés en peu de temps, pour examiner devant Dieu si leurs richesses ne sont point les dépouilles d'autrui, les fruits de l'usure; si elles ne sont point la substance de la veuve, du pauvre et de l'orphelin; et s'ils n'y reconnaissent pas une possession légitime, qu'ils rendent, qu'ils restituent, sans cela point de salut.

Venons aux possesseurs de mauvaise foi; c'est-à-dire à ceux qui retiennent le bien d'autrui avec connaissance de cause, et contre le témoignage de leur conscience. Combien qui s'étourdissent là-dessus? Ils savent que le bien qu'ils possèdent ne leur appartient pas, et ils ne peuvent se résoudre à le rendre; il faut que le maître légitime de ce bien se donne des mouvements, qu'il se pourvoie devant les tribunaux; il faut, malgré qu'il en ait, qu'il suscite un procès, qu'il fasse des voyages, des dépenses pour retirer son bien des mains d'un injuste possesseur, et se faire payer d'un mauvais débiteur.

Car, combien y en a-t-il de cette espèce, qui ne pensent nullement à satisfaire un créancier, à moins qu'on ne leur demande et qu'on ne les oblige par les voies de rigueur? Combien de riches qui entretiennent leur luxe aux dépens d'un marchand, qui vivent sur le crédit de ceux qui fournissent à leur nourriture, et dont ceux-ci ne peuvent avoir pour payement que des rebuts, ou tout au plus des promesses qu'on n'effectue que le plus tard que l'on peut, tandis que d'ailleurs on ne se refuse rien de tout ce qui peut contenter la sensualité et la vanité? Combien qui tâchent de cacher une partie de leurs dettes, qui ne font pas difficulté, quand ils le peuvent, de frustrer de leurs droits ceux à qui ils sont légitimement dus, parce qu'on ne s'aperçoit pas de leur injustice? Ah! mes frères, sondez bien là-dessus le fond de votre cœur, et examinez si vous avez toujours payé exactement ce que vous deviez, si vous n'avez pas trompé, caché, usé de détours pour jouir d'un bien qui ne vous appartient pas; quel est l'homme qui est irréprochable en ce point? *Quis est hic, et laudabimus eum.* (*Eccli.*, XXXI, 9.) On n'écoute que trop souvent la voix de la cupidité plutôt que celle de la justice, et c'est ce qui cause tant de mauvaise foi parmi les hommes; c'est ce qui rend l'injustice si commune, et la restitution si rare, non-seulement parmi les possesseurs du bien d'autrui, mais encore les injustes usurpateurs; c'est ce qu'on appelle vol ou larcin.

Sous le nom de vol ou de larcin, il ne faut pas seulement comprendre ces actions injustes par lesquelles on s'empare du bien d'autrui, comme font les voleurs, mais il faut entendre toutes sortes d'injustices que l'on fait au prochain, tous les moyens dont on se sert, tous les artifices, toutes les ruses, les fraudes que l'on emploie pour s'approprier le bien d'autrui. Or, que d'injustices ne se fait-il pas dans le monde, dans les campagnes, dans les villes et les maisons!

Injustices dans les campagnes, où l'on voit des hommes d'une insatiable avidité, qui ne peuvent se contenir dans les bornes de leurs héritages, qui les agrandissent, soit en anticipant sur leurs voisins, soit en transportant les bornes qui les séparent au delà de leur point fixe. Les plus adroits usent de fourberie, les plus forts de violence pour obtenir un fonds qui excite leur envie et qu'ils désirent joindre au leur, à quelque prix que ce soit. Vous en voyez d'autres qui ont le secret de faire d'abondantes récoltes sans avoir ni semé, ni travaillé; qui nourrissent leurs animaux sur les fonds d'autrui: ne vous plaignez-vous pas souvent du tort que l'on vous fait en ces différents cas? mais vous a-t-on dédommagés?

Injustices dans les campagnes et dans les villes, parmi les gens de commerce qui trompent en vendant à faux poids, à fausses mesures, ou de mauvaises marchandises, ou au delà du prix raisonnable; qui achètent à vil prix ou à cause de l'ignorance d'un vendeur, ou du besoin qu'il a de vendre; que de monopole! que de sociétés où l'on charge les autres de toute la perte, se réservant pour soi tout le profit! Que d'usures, en faisant payer plus cher ce que l'on vend à crédit! Que d'injustices dans les contrats par les faussetés qu'on y insère, soit dans les dates, soit par d'autres clauses préjudiciables à une partie intéressée. Tels sont ceux où, pour ôter tout moyen de retirer un fonds vendu, on exprime une somme plus considérable que celle qu'il a été acheté, et que l'on prend néanmoins, quand l'autre veut user de ses droits.

Injustices dans le barreau, où l'on voit des plaideurs impitoyables susciter sans fondement des procès pour impétrer, à la faveur d'une sentence judiciaire, un bien qui ne leur est point dû. Comment cela? parce qu'ils savent imaginer des tours et des chicanes que leurs compétiteurs n'ont point prévus, parce qu'ils sont assez puissants en argent et en crédit pour accabler ceux qui ne peuvent leur opposer qu'une faible résistance. C'est là souvent qu'un pauvre Naboth perd l'héritage de ses pères, qui fait envie au riche Achab, et à qui il est obligé de le céder ou par une sentence injuste, ou par un accommodement déraisonnable que la partie la plus faible accepte sans hésiter, pour se mettre à l'abri de vexations encore plus funestes. Sentences injustes, accommodement forcé, dont l'usurpateur se fait un titre légitime, mais qui ne le justifie pas devant Dieu, qui connaît l'injustice de son procédé. C'est encore devant les tribunaux de la justice, que l'on voit paraître de faux témoins, qui, gagnés par argent ou retenus par la crainte, trahissent la vérité, assurent le mensonge, et portent à l'innocent les coups les plus funestes. C'est devant ces tribunaux que l'on voit soutenir de mauvaises causes, où l'on a engagé des parties mal à propos, où les bonnes échouent et succombent sous le poids des recommandations; ou bien sont retardées par une multiplicité d'écritures, de nouvelles instances que l'on invente pour s'enrichir aux dépens d'une partie souffrante que l'on accable de frais, à qui l'on fait payer des droits qui ne sont pas dus. Que sais-je, et que ne dirais-je pas encore, si le temps me le permettait?

Injustices dans les maisons des particuliers, où l'on voit les pères de famille consumer en débauches et au jeu un bien dont ils n'ont que l'administration; d'autres qui obligent par violence des épouses à leur céder leurs prétentions; des épouses elles-mêmes qui dissipent en folles dépenses un bien qui n'est pas à elles: des enfants qui volent des pères et des mères, qui prennent dans la succession commune tout ce qu'ils trouvent leur convenir pour contenter leur vanité, pour fournir à leurs plaisirs. Ici, je vois des maîtres qui ne payent point les gages de leurs domestiques, qui les font souffrir par d'injurieux délais, qui retiennent le salaire aux ouvriers, ou en tout, ou en partie, ce qui est un péché énorme qui crie vengeance au ciel contre ceux qui se rendent coupables de ces injustices: *Ecce merces operariorum clamat, et clamor eorum in aures Domini introivit.* (*Jac.*, V, 4.) Là, j'aperçois des domestiques qui volent leurs maîtres, sous prétexte qu'ils ne sont pas suffisamment payés; des ouvriers qui ne travaillent pas fidèlement, ou par défaut de temps qu'ils devraient employer au travail, ou par la mauvaise qualité de la matière qu'ils y emploient, ou bien qui mettent trop de temps à faire ce qui pourrait être fait plus tôt; ou enfin, qui engagent ceux qui les occupent à des dépenses inutiles.

Il est donc vrai de dire, mes frères, qu'il y a bien des hommes coupables d'injustice et obligés à restitution pour les vols et les larcins que l'on commet dans les différents états de la vie; il y a une troisième source de restitution à cause du dommage qu'on fait au prochain.

On cause du dommage au prochain directement ou indirectement, c'est-à-dire par soi-même, ou par d'autres; par soi-même, en détruisant le bien qu'il a, ou l'empêchant injustement d'acquérir celui qu'il n'a pas. On lui cause du dommage par d'autres, lorsqu'on engage quelqu'un à lui en faire, ou qu'on ne l'empêche pas, quand on y est obligé.

Il n'est pas besoin, mes frères, et le temps ne le permet pas, de faire connaître les différentes injustices que l'on commet en causant du dommage au prochain dans ses biens. Ceux qui sont coupables en ce point, le connaissent assez. Je parle seulement de celle qui règne dans les communautés, dans la distribution des impositions et des charges publiques. Ceux qui sont préposés pour les faire, chargent les uns plus que les autres, sans consulter la proportion des biens. Que de complots pour faire tomber les suffrages d'un office onéreux sur des personnes ou incapables de le remplir, ou qui ne sont pas encore obligées de l'accepter! De là le tort fait à la communauté, ou à ceux qui sont chargés de ces emplois ordinairement préjudiciables; de là l'obligation de restituer: mais qui pense à s'en acquitter? On porte encore du dommage au prochain, en l'empêchant par des voies injustes d'acquérir un bien qu'il n'avait pas, et qu'il pouvait licitement se procurer, en traversant par fraude ou par violence un dessein qui lui était favorable. Vous détournez une personne bien intentionnée à l'égard d'une autre, de lui faire du bien, en la décriant dans son esprit, ou en vous servant de quelque voie frauduleuse ou violente pour empêcher la bonne volonté du bienfaiteur; par vos médisances et vos calomnies, vous empêchez cette personne de trouver un parti, ce domestique une condition, cet ouvrier une place; vous décriez ce marchand dans son négoce par les fausses accusations que vous intentez contre lui: vous êtes obligés de les dédommager; mais qui y pense?

On devient enfin coupable d'injustice et obligé à restitution, quand on coopère efficacement au dommage d'autrui; or, les uns y coopèrent d'une manière positive, d'autres, d'une manière négative. Les premiers sont ceux qui recommandent, qui conseillent, qui consentent, qui favorisent les injustices, ou en approuvant, ou en donnant asile à ceux qui les font. Les autres sont ceux qui ne les empêchent pas, qui ne les révèlent pas, lorsqu'ils y sont obligés par devoir. Dans le premier genre, je renferme les pères et mères, les maîtres et maîtresses, tous ceux qui ont quelque autorité, et qui s'en servent pour causer du dommage au prochain par ceux qui leur sont soumis. Ils sont obligés à le réparer comme étant la cause principale; en sorte que si l'on fait restituer ceux qui leur ont obéi, ils doivent les dédommager.

Or, combien y a-t-il de pères et de mères, de maîtres, de supérieurs qui engagent leurs enfants, leurs domestiques, leurs inférieurs, à prendre, à dérober ce qu'ils n'oseraient prendre eux-mêmes, ou du moins qui, les voyant faire du tort, ne se servent pas de leur autorité pour les en empêcher? Combien aussi trouve-t-on de mauvais conseillers qui solliciteront les autres à nuire au prochain, les engagent dans de mauvais procès, apprendront à celui-ci les mesures qu'il peut prendre pour réussir dans une injuste entreprise, indiqueront à celui-là l'endroit où il peut passer, les instruments dont il peut se servir pour faire un vol qu'il médite? Combien qui, par les flatteries et les louanges qu'ils donnent à ceux qui ont fait de mauvaises actions, les y engagent de nouveau; par les reproches qu'ils font à l'ennemi d'un autre de sa faiblesse et de sa timidité, le portent à se venger, à lui faire du tort? Pense-t-on bien à réparer les dommages qui sont la suite des mauvais conseils? Non, sans doute; on laisse cette obligation à ceux qui les ont exécutés, et on oublie qu'on est chargé du même fardeau.

Il en faut dire de même de ceux qui donnent asile aux voleurs, recèlent ou achètent les choses volées, comme font souvent les enfants de famille, des domestiques, qui ne prendraient pas si aisément, s'ils ne trouvaient des personnes qui les reçoivent chez eux, ou pour acheter ce qu'ils ont pris, ou leur fournir l'occasion de dépenser.

En vain, pour s'excuser, diraient-ils que s'ils n'avaient pas acheté, d'autres l'auraient fait, ou bien que ces enfants auraient ailleurs fait les mêmes dépenses. On ne peut justifier une action mauvaise par l'exemple d'autrui. Cesse-t-on d'être homicide, parce que, sans nous, un autre aurait commis ce crime? Non, sans doute. Voyez la conséquence dans son principe. Renfermons encore dans l'obligation de restituer ceux qui participent à l'injustice d'autrui, ou en lui donnant du secours, ou en profitant de ses larcins.

Enfin, ceux qui sont chargés, par devoir, de veiller à la conservation du bien d'autrui, sont obligés de restituer, si, voyant qu'on lui fait du tort, ils ne disent rien, ils ne s'y opposent point, ou ne les révèlent point quand ils les connaissent: tels sont ceux qui sont dans des emplois, des offices, qui les obligent à la conservation du bien des autres, ou qui reçoivent des salaires pour ce sujet.

Mais hélas! mes frères, combien y en a-t-il qui remplissent leur devoir? Combien, au contraire, qui reçoivent double récompense, et de ceux à qui l'on fait un tort qu'ils devraient empêcher, et de ceux qui le font pour ne pas s'y opposer? Ai-je eu raison de dire, mes frères, que les injustices sont bien communes dans le monde? que ce n'est pas seulement sur les chemins et dans les forêts que l'on commet le vol, mais que ce péché règne presque dans tous les états de la vie? Cependant, autant l'injustice est commune, autant la restitution est rare. Faut-il s'étonner si le nombre des réprouvés est si grand, puisqu'on ne peut entrer dans le ciel avec le bien d'autrui, et qu'une infinité de personnes ne peuvent se résoudre à s'en dessaisir, quand ils le possèdent? Ne soyez pas, mes frères, de ce nombre infortuné; si vous reconnaissez dans vos biens quelque chose qui ne vous appartient pas, rendez-le au plus tôt; si vous avez fait quelque tort, réparez-le sans différer; perdez tout ce que vous avez au monde, et conservez une âme qui a valu et coûté le sang d'un Dieu: renoncez à une fortune périssable, pour en faire une qui ne finira jamais. Vous avez vu l'obligation de restituer, voyons-en les règles et la manière de le faire.

TROISIÈME POINT.

Ce troisième point peut servir de matière à un second Prône sur le même sujet, en prenant le même texte que ci-dessus, ou celui-ci:

Redde omnibus debita. (*Rom.*, XIII, 7.)

Que la société serait tranquille, mes frères, et que l'on serait heureux, si l'on observait cette maxime que Jésus-Christ nous enseigne dans la réponse qu'il fit aux Juifs, sur l'obligation de payer le tribut à César! c'est-à-dire si l'on rendait à chacun ce qui lui est dû, l'honneur à qui il appartient, le tribut aux princes de la terre, le bien à celui qui a le domaine; si l'on ne faisait tort à personne, si l'on gardait, en un mot, à l'égard d'un chacun, les règles d'une exacte justice, on ne verrait pas la société troublée par les haines, les querelles, les procès, qui sont les effets ordinaires de l'injustice. Chacun se tenant dans les bornes de l'état où la divine Providence l'a placé, laisserait les autres tranquilles dans la possession de leurs biens.

Mais qu'il s'en faut, mes frères, que chacun se tienne dans les bornes de la justice! Une malheureuse avidité que l'on a pour le bien, fait qu'on s'empare indifféremment de celui des autres quand on en trouve l'occasion, et, comme l'occasion s'en présente assez fréquemment, de là vient que l'on commet beaucoup d'injustices. Si du moins, après avoir commis ces injustices, on se mettait en devoir de les réparer; mais non, l'attachement que l'on a pour le bien, fait qu'on ne peut se résoudre à le rendre: c'est pourquoi autant l'injustice est commune, autant la restitution est rare. C'est à cette restitution néanmoins que l'on est indispensablement obligé, dès que l'on a pris le bien d'autrui, ou qu'on lui a causé quelque dommage; et c'est à quoi je viens exhorter tous ceux qui se reconnaissent coupables en ce point, en leur apprenant l'obligation de restituer et la manière de le faire. Comme nous avons déjà prouvé cette obligation, nous rappellerons seulement en peu de mots ce que nous en avons dit; nous nous étendrons ensuite plus au long sur les règles qu'il faut observer pour faire la restitution.

Il faut restituer; c'est une obligation dont chacun convient, pour peu que l'on veuille écouter la voix de la religion et celle de la raison. Mais comment faut-il s'en acquitter, et quelles règles doit-on suivre en matière de restitution? Les règles de la restitution regardent ou la chose qu'il faut restituer, ou la personne à qui l'on doit restituer, ou le temps auquel se doit faire la restitution. La restitution doit être entière, quant à son objet; elle doit se faire à la personne lésée et intéressée; elle doit se faire promptement.

1. Pour vous expliquer la première règle de restitution, il faut d'abord convenir que l'on doit restituer la chose telle qu'elle est, si on la possède encore; ou telle qu'elle subsiste dans quelques-uns de ses effets, si on ne l'a plus. Cette règle comprend non-seulement le possesseur de mauvaise foi, mais encore celui qui possède de bonne foi; c'est-à-dire celui qui reconnaît que la chose ne lui appartient plus. L'un et l'autre doivent la rendre à son maître légitime telle qu'elle est, et non pas sa valeur, parce que le maître a un droit particulier sur la nature de son bien, et peut refuser le prix tandis qu'il subsiste encore. Si le bien ne subsiste plus, on doit lui en payer la valeur, avec cette différence contre le possesseur de bonne foi et celui de mauvaise foi, que si, durant la bonne foi, la chose a péri entre les mains du possesseur, et qu'il n'en ait tiré aucun profit, il n'est chargé d'aucune restitution; au lieu que le possesseur de mauvaise foi doit restituer la valeur du bien d'autrui, soit qu'il ait péri par sa faute ou par accident.

J'ajoute pour le possesseur de mauvaise foi, l'injuste usurpateur, et celui qui a causé du dommage, que non-seulement ils sont obligés de rendre le bien d'autrui selon sa valeur, mais encore de restituer tous les intérêts que le maître en aurait perçus, de réparer les dommages qu'il a soufferts pour en avoir été privé. Vous avez joui pendant un certain temps d'un fonds étranger, ce n'est pas assez de le rendre au maître, vous devez lui en restituer les fruits, déduction faite du travail nécessaire pour le cultiver. Vous n'avez pas payé ce créancier, ce marchand à qui vous deviez, et qui, pour avoir été privés de leur argent, ont souffert des dommages ou par des frais que leur ont faits d'autres créanciers, ou par des emprunts nuisibles qu'ils ont été obligés de faire pour s'acquitter. Vous avez pris à cet ouvrier un instrument, faute duquel il n'a pu travailler et gagner sa vie; vous avez ôté toute espérance de récolte à cet homme qui comptait sur sa moisson pour nourrir sa famille, pour payer ses dettes et les impôts, et vous l'avez réduit dans la dure nécessité de vendre ses meubles, ou de se voir poursuivre et accabler de frais. Qui doit répondre de tous ces dommages? C'est un injuste usurpateur du bien d'autrui; c'est vous qui avez ravagé la moisson de cet homme, ou qui ne lui avez pas payé ce que vous lui deviez: pensez-y sérieusement pour mettre entre l'injure que vous avez faite au prochain et la satisfaction que vous devez faire, cette égalité que l'équité exige.

C'est une vertu, mes frères, qui rend à chacun ce qui lui revient, elle veut que la chose retourne à son maître, selon l'égalité du droit qu'elle a sur elle. Or, le maître a droit sur toute la chose qui lui appartient, sur tous les fruits qu'il en peut retirer. Ce n'est donc pas assez de lui rendre une partie de son bien, ou même de lui rendre ce bien entier, si on ne le dédommage des intérêts qu'il aurait perçus en le faisant valoir. Quand l'égalité et la justice sont violées, dit saint Chrysostome, elles ne peuvent être rétablies que par une entière réparation de ce qui a produit l'inégalité; or, dès que le maître d'un bien a ressenti des dommages par l'usurpation qu'on lui en a faite, ces dommages n'étant pas réparés, il y aura toujours de l'inégalité dans la condition d'autrui, quoique son bien lui soit rendu.

Loin donc d'ici, mes frères, ces restitutions partagées dans lesquelles on ne rend qu'une partie de la chose qu'il faut restituer, où l'on ne répare pas les dommages qu'on a causés. On croit s'être acquitté de son obligation, parce qu'on a fait quelque effort pour faire une moitié de restitution, parce qu'on aura obtenu adroitement, par fraude ou par violence, une remise qui n'a été accordée que parce qu'il était nécessaire de perdre une partie de la créance; mais est-on quitte pour cela devant Dieu? non, mes frères: comme une plaie, quoique fermée, n'est pas bien guérie, dès qu'il y reste quelque corps étranger; ainsi un pécheur injuste qui retient quelque chose d'autrui, qui ne répare pas entièrement les dommages qu'il a faits, ne recevra point le pardon de son péché, qu'il n'ait entièrement satisfait au droit du prochain. Qu'il serait bien à souhaiter que tous ceux qui lui ont fait quelque tort, fussent dans les mêmes sentiments que Zachée, ce fidèle disciple de Jésus-Christ! Dans la crainte où il était d'avoir commis quelque injustice dans l'exercice d'une charge délicate, il ne se contente pas de rendre ce qu'il pouvait avoir pris au delà de ses droits; mais il veut le rendre au quadruple: *Si quid aliquem defraudavi, reddo quadruplum* (*Luc.*, XIX, 8); et il aimait mieux perdre tous ses biens, que de perdre son âme. Puissiez-vous prendre la même résolution, vous qui êtes chargés du bien d'autrui, sinon d'aller au delà des bornes que la justice vous prescrit, du moins d'y atteindre, en rendant tout ce qui ne vous appartient pas, en réparant tout le tort que vous avez fait.

2. Mais à qui faut-il restituer? seconde règle de restitution. Je réponds que l'on doit restituer à la personne à qui on a pris du bien ou causé du dommage, ou à ses héritiers, si la personne ne vit plus, parce qu'ils tiennent sa place, et sont avec elle une même personne. Cette réponse est appuyée sur les principes fondamentaux du droit, qui ne veut pas qu'on s'enrichisse aux dé-

pens de personne. En vain voudrait-on convertir en aumônes, en legs pieux, les restitutions dont on est chargé ; en vain sous le prétexte de la piété voudrait-on offrir à Dieu ce que l'on doit rendre au prochain ; il est louable de faire l'aumône, des présents aux autels ; mais il faut que ces aumônes, ces offrandes se fassent de nos biens. La justice doit aller avant la charité, dit saint Augustin. Si on a du bien d'autrui, si on a porté préjudice au prochain, si on a des dettes à payer, il faut auparavant rendre ce bien, réparer ces dommages, payer ces dettes. L'aumône ne décharge point de la restitution, non plus que les offrandes que l'on ferait au Seigneur. Car, de quel œil Dieu verrait-il ses autels chargés des larmes des pauvres, de la substance des orphelins? Quelle récompense donnerait-il à une charité cruelle qui violerait les droits de la justice? Je dis charité cruelle : car de même que ce serait une grande injustice, dit saint Chrysostome, d'ôter l'habit à un homme pour le donner à un autre, qui en aurait besoin, aussi est-on coupable de faire l'aumône des restitutions dont on est chargé.

Déplorons ici, mes frères, l'aveuglement de certaines personnes qui, après avoir vécu à leur aise aux dépens d'autrui, se croient bien déchargées devant Dieu, parce que dans les dispositions de leur dernière volonté, elles auront donné des legs pieux sur des biens qui ne leur appartiennent pas, et dont elles connaissent les maîtres légitimes. S'imaginent-elles que Jésus-Christ leur dira : Venez les bénis de mon Père, parce que j'ai eu faim et soif, et vous m'avez donné à manger et à boire; j'ai été nu, et vous m'avez vêtu. Non, mes frères, cette douce invitation ne sera que pour ceux qui auront fait des aumônes de leurs biens ; mais ceux qui seront chargés du bien d'autrui, qui auront fait tort au prochain, quelques aumônes qu'ils aient faites de ces biens, on leur dira : *Retirez-vous de moi, vous qui avez commis l'iniquité : « Discedite a me, qui operamini iniquitatem. »* (*Matth.*, VII, 23.)

Commencez donc par satisfaire aux devoirs de la justice, avant d'exercer la charité ; c'est ce que Dieu demande de vous. Mais je ne sais, me direz-vous, à qui je dois faire restitution ; c'est un bien trouvé dont je ne connais pas le maître, ne puis-je pas dans ces occasions employer en legs pieux les restitutions dont je suis chargé?

A cela je réponds, mes frères, que si après une scrupuleuse recherche que vous devez faire en effet pour découvrir le maître d'un bien que vous avez, ou pour trouver ceux à qui vous avez causé du dommage, vous ne venez point à bout de les découvrir, alors vous pouvez et vous devez même convertir les restitutions dont vous êtes chargés, en legs pieux, en usages profitables à ceux à qui vous avez fait tort, comme à faire prier Dieu pour eux; car c'est ainsi qu'il faut interpréter leurs intentions. Vous n'êtes donc pas exempts de restituer, pour ignorer ceux qui ont souffert de vos injustices et de vos délais à payer ; mais il faut, à cet égard, vous comporter selon l'avis d'un guide éclairé : pour cet effet rappelez avec soin les affaires que vous avez eu à négocier pendant le cours de votre vie; écoutez attentivement les reproches que votre conscience pourrait vous faire à cette occasion, et soyez-y sensibles : c'est ce qui vous intéresse, mes frères, et c'est à quoi je veux encore vous exhorter, en vous montrant qu'il ne suffit pas de restituer; mais qu'il faut encore restituer promptement.

3. N'attendez pas à la mort pour faire vos restitutions; exécutez-vous en ce point le plus tôt qu'il sera possible : car, plus on les diffère, plus elles deviennent difficiles, plus par conséquent on se rend coupable devant Dieu. La difficulté de restituer vient de deux causes, et du côté de la personne qui le doit faire, et du côté de la chose à restituer. Que le délai de la restitution la rende difficile à celui qui la doit faire, c'est ce que l'expérience de tous les jours nous prouve évidemment, parce que plus l'on conserve longtemps le bien d'autrui, plus se fortifie l'inclination qu'on a de le garder, et plus on a de peine à s'en défaire. En le retenant, ce bien, on le regarde comme le sien propre, on y trouve de quoi se nourrir, de quoi entretenir une famille, soutenir une condition, et quand on a vécu pendant longtemps sur un certain pied dans le monde, il en coûte infiniment de diminuer son état et ses dépenses. De là vient, mes frères, qu'on ne peut plus se résoudre à se dépouiller d'un revenu qui fait honneur ; on en vient jusqu'à un certain point d'endurcissement, que de ne vouloir plus écouter les raisons les plus pressantes qui engagent à restituer. On étouffe les remords, on promet de restituer pour recevoir une absolution du ministre de Jésus-Christ; mais on n'est pas disposé à le faire, ou l'on change bientôt de sentiment.

Que si enfin pressé par les cris d'une conscience alarmée, et les avis d'un directeur pathétique, on se résout à restituer, ce n'est, pour me servir des termes de l'Ecriture, qu'avec des efforts extraordinaires qu'on le fait : *Divitias, quas devoravit, evomet.* (*Job.* XX, 15.) Il faut, pour en venir là, un coup extraordinaire de la grâce, et encore n'en suit-on les mouvements que le plus tard qu'on peut ; c'est ce qui la rend encore plus difficile en elle-même, et quelquefois impossible.

Pourquoi cela, mes frères, c'est qu'en différant la restitution, on la remet à un temps incertain, à un temps où elle ne sera plus volontaire, à un temps où elle ne se fera plus du tout. Je dis à un temps incertain, où elle ne se fera peut-être pas, parce que personne ne peut disposer de l'avenir, et tel qui se promet d'exécuter un projet de restitution, ne verra pas le temps auquel il le remet.

J'ai ajouté à un temps où la restitution ne sera plus volontaire, c'est-à-dire à la mort; car la nécessité de quitter ses biens a souvent plus de part à la restitution que l'on fait alors, que la bonne volonté : si l'on espérait vivre encore quelque temps, on ne les abandonnerait pas ; et cela est si vrai, que ceux qui, après une sérieuse maladie, reviennent victorieux de la mort, le plus souvent ne s'acquittent pas de leur promesse. J'ai dit enfin qu'en différant la restitution, on la remet à un temps où elle ne se fera pas, parce qu'on en charge des héritiers qui ne penseront qu'à profiter des biens qu'on leur a laissés, et qui oublient les promesses qu'on aura faites de les rendre. Il est très-rare que des héritiers satisfassent à toutes les restitutions dont on les a chargés ; souvent on leur dissimule tout, de crainte de se diffamer, ou, si on leur dit la vérité, ils ne se mettent pas en peine d'exécuter les volontés qu'on leur a manifestées. Vous ne pouvez pas, mes frères, vous résoudre vous-mêmes à faire les restitutions dont vous êtes chargés, vous qui êtes les coupables, vous qui en connaissez l'indispensable nécessité ; comment pouvez-vous espérer que des héritiers les feront? Ils regarderont le bien que vous leur avez laissé comme un bien propre, et la bonne opinion qu'ils auront de votre probité, jointe à leur inclination pour les commodités de la vie, sera à leurs yeux un titre coloré pour retenir les richesses dont ils ne sont cependant que les dépositaires.

Que faites-vous donc, mes frères, en chargeant vos héritiers de vos restitutions? Vous les exposez à se damner avec vous, vous leur laissez des successions dont ils feront peut-être la matière de leurs débauches ; ils mourront sans avoir rempli vos dispositions ; ils en chargeront d'autres qui ne les feront pas mieux qu'eux, et les uns et les autres iront souffrir éternellement dans l'enfer la peine de vos injustices. Quel service par là rendez-vous à vos enfants, à vos héritiers, de leur laisser le bien d'autrui ? il vaudrait mieux pour eux et pour vous, ne leur laisser que la misère pour partage, et vous procurer comme à eux un bonheur éternel dans le ciel.

Mais enfin, je suppose que les restitutions que l'on fait à la mort soient volontaires; car je ne prétends pas les toutes condamner : je veux encore que vos héritiers s'en acquittent fidèlement; mais de combien de péchés ne vous rendez-vous pas coupables en les différant, par le tort que vous faites à ceux à qui vous devez restituer; parce que ces personnes profiteraient de leurs biens si elles les avaient; la privation qu'elles souffrent de leurs biens, devient souvent la cause de leur ruine; vos délais ne font donc qu'augmenter vos injustices. Je veux encore que la personne privée de son bien n'en souffre pas de dommage ; autant de fois que, pouvant et devant restituer, vous ne le faites pas, autant de péchés vous commettez. Car, telle est l'étrange différence, dit saint Augustin, du péché de larcin et des autres péchés : les autres péchés passent, mais celui du larcin dure toujours; quoique pardonné au sacrement de la pénitence, il laisse après lui l'obligation de le réparer; obligation, dis-je, qu'on ne peut négliger plusieurs fois, sans multiplier ses crimes. Qu'arrive-t-il de là? On ne fait qu'augmenter le poids de ses chaînes, au lieu de les briser: on aigrit toujours la plaie, au lieu de la guérir; et voilà, mes frères, ce qui rend la vie de bien des hommes un tissu de péchés, de sacriléges; ce qui rend inutiles toutes les bonnes œuvres qu'on fait d'ailleurs. Vous fréquentez les sacrements, et vous faites des sacriléges; vous priez, vous jeûnez, vous vous mortifiez, le bien d'autrui que vous possédez, comme un poison fatal, détruit le mérite de vos bonnes actions. Ah! qu'il y aura de chrétiens trompés à l'heure de la mort et au jugement de Dieu, où ils paraîtront les mains vides de bonnes œuvres et de mérites, parce que ces mains seront pleines du bien d'autrui, qu'elles seront teintes du sang de la veuve, de l'orphelin et du pauvre! Ces biens seront des obstacles qui les empêcheront d'entrer dans le ciel ; ce seront comme des fardeaux qui les entraîneront dans l'enfer.

Pratiques. — Ah! mes frères, pénétrez ici les plis et les replis de votre cœur, voyez si dans vos biens il y a quelque chose qui ne vous appartienne pas, ne tardez pas à le rendre, réparez sans différer les dommages qui vous sont imputables; car, ou vous voulez restituer, ou si vous ne le voulez pas, vous voulez donc vous damner et perdre le ciel pour les biens de ce monde; mais si vous le voulez, pourquoi ne pas le faire au plus tôt? La restitution vous sera-t-elle plus facile demain qu'aujourd'hui? Mais, me direz-vous peut-être, les circonstances où je me trouve ne me permettent pas de le faire en entier : eh bien ! faites tous vos efforts pour l'exécuter en partie, gênez-vous un peu, retranchez de vos dépenses tout ce qu'on peut appeler superflu; diminuez même quelque chose de votre nécessaire, s'il le faut; allez trouver la personne à qui vous avez affaire, et agissez avec elle de bonne foi ; prenez pour vous libérer tous les moyens qui sont en votre pouvoir, et dès lors soyez tranquilles sur la sincérité de vos résolutions et l'intégrité de votre conduite. Après tout, mes frères, il faut agir maintenant comme vous voudriez avoir fait à l'heure de la mort, au jugement de Dieu; conséquemment, ne point contracter de nouvelles obligations, et pour cela, ne rien prendre à autrui, ne faire tort à personne : priez le Seigneur, comme le Roi-Prophète, qu'il ne permette pas que votre cœur soit dominé par aucune injustice : *Non dominetur mei omnis injustitia.* (*Psal.* CXVIII, 133.) Rappelez souvent cette maxime de Jésus-Christ: *Que sert à l'homme de gagner tout le monde, s'il vient à perdre son âme? « Quid prodest*, etc. » (*Matth.*, XVI, 26.) Je l'ai dit, et on ne saurait trop le répéter : il vaut mieux être pauvre et misérable en ce monde, pour être heureux pendant l'éternité, que de jouir d'une fortune passagère qui se termine à un malheur éternel.

Souvenez-vous, mes frères, et pensez-y

souvent, que vous n'emporterez rien avec vous que les bonnes œuvres que vous aurez faites : que vous laisserez en ce monde, non-seulement le bien qui ne vous appartient pas, mais encore celui qui vous appartient légitimement. Détachez-vous donc dès à présent des biens de la fortune pour vous enrichir de ceux de la grâce ; que votre charité, comme dit l'Apôtre (*II Thess.*, I, 3), devienne toujours plus abondante ; que votre conduite soit pure et innocente jusqu'au jour de Jésus-Christ, afin que vous soyez pour lors remplis des fruits de la justice, qui seront suivis d'une récompense éternelle.

PRONE LXXIV.

Pour le vingt-troisième Dimanche après la Pentecôte.

SUR L'IMPURETÉ.

Mulier quæ sanguinis fluxum patiebatur duodecim annis, accessit retro et tetigit fimbriam vestimenti ejus. (*Matth.*, IX, 20.)

Une femme qui était malade depuis douze ans d'une perte de sang, s'approcha de Jésus-Christ, et toucha le bout de sa robe.

L'état de cette femme était digne de compassion, mes frères, puisqu'il y avait douze ans qu'elle était attaquée d'une maladie dangereuse. Mais que sa confiance fut grande et efficace pour obtenir ce qu'elle demandait ! Convaincue du pouvoir de cet Homme-Dieu sur les maladies du corps, elle ne crut pas qu'il fût nécessaire de lui adresser, comme les autres, sa prière, ou qu'il imposât les mains sur elle, comme ce chef de la Synagogue, dont il est parlé dans le même Evangile, le priait de faire sur sa fille qui venait de mourir. Pourvu qu'elle puisse percer la foule dont Jésus-Christ est environné, et toucher seulement le bout de sa robe, elle croit qu'elle sera guérie. Aussi éprouve-t-elle ce que peut, auprès d'un Dieu tout bienfaisant, une humble et vive confiance. Elle reçoit la guérison de sa maladie, et mérite par sa foi les éloges de Jésus-Christ même : *Femme, ayez confiance, votre foi vous a sauvée* : « *Confide, fides tua te salvam fecit.* »

La maladie de cette femme qui la chargeait de confusion, à cause de l'impureté légale qu'elle emportait avec elle, nous en présente, mes frères, une bien plus ignominieuse, qui infecte aujourd'hui un grand nombre d'âmes dans le sein d'une religion qui ne souffre aucune impureté. Vous me prévenez sans doute sur un objet que je n'ose presque vous expliquer, puisque c'est un péché que le grand Apôtre nous défend de nommer. (*Ephes.*, V, 3.) Hé ! plût à Dieu que je ne fusse pas obligé d'en parler, puisqu'on ne peut le faire sans crainte de blesser les oreilles chastes, et salir l'imagination par le récit des chose auxquelles on ne devrait jamais penser. Je garderais volontiers le silence sur une matière si critique, si mon ministère ne m'engageait à vous donner de l'horreur d'un monstre qui fait tant de ravages, d'un mal dont les progrès sont si étendus, et qui précipite un si grand nombre d'âmes dans les enfers. Faisons donc tous nos efforts pour remédier à une maladie aussi dangereuse que le vice de l'impureté. Pour y réussir, il faut vous en faire connaître la cause, et craindre les effets : d'un côté, vous verrez combien il est facile d'y tomber ; et de l'autre, combien il est funeste d'y être engagé. Quelles sont les causes du péché d'impureté ; premier point. Quels en sont les effets ; second point. Il est facile de le commettre, il faut donc user de beaucoup de précautions pour n'y pas tomber ; c'est un grand malheur de l'avoir commis, il faut user des remèdes nécessaires pour s'en guérir. C'est le fruit que je me propose de vous faire recueillir de cet entretien.

Demandons à Dieu qu'il purifie nos lèvres, comme il fit autrefois celles du Prophète, afin qu'il ne nous échappe rien qui blesse la pudeur et la sainteté de notre ministère.

PREMIER POINT.

L'impureté est un péché si détestable et si indigne d'un chrétien, qu'on ne peut trop s'étonner de voir des hommes qui le traitent de bagatelles, de faiblesse pardonnable, et qui, sous ce faux prétexte, se livrent aveuglément à cette infâme passion. Si c'étaient des païens, des idolâtres qui tinssent un pareil langage, cela serait moins surprenant ; mais que des hommes qui font profession d'une religion aussi pure et aussi sainte, regardent le péché d'impureté comme une chose indifférente, un amusement, ou tout au plus une fragilité excusable, c'est ce qu'on ne peut comprendre. Quoi donc ! ne savent-ils pas, ou ne doivent-ils pas savoir que le même Dieu, le même Législateur qui leur défend le blasphème, l'homicide, l'injustice, leur défend aussi l'impureté ? ceux-là sont des péchés, parce que ce sont des actions défendues par la loi de Dieu. Dieu n'a-t-il pas aussi expressément défendu à l'homme de commettre aucune impureté, par ce précepte du Décalogue : *Non mœchaberis : « Vous ne ferez aucune action contraire à la pureté ?* » (*Exod.*, XX, 14.) Et certes, si la luxure n'était pas un péché, et un péché considérable en sa nature, l'Apôtre saint Paul exclurait-il du royaume des cieux les fornicateurs, les impudiques, comme les ivrognes, les avares et les autres pécheurs de cette espèce. *Sachez donc, mes frères*, disait ce grand Apôtre, *que tout fornicateur, tout impudique et tout avare, n'aura point de part dans le royaume de Dieu* : « *Omnis fornicator, aut immundus... non habet hæreditatem in regno Dei.* » (*Ephes.*, V, 5.)

Mais comme je parle à des chrétiens instruits et convaincus de la vérité de leur religion, je ne m'arrête pas davantage à leur prouver que l'impureté est une transgression de la loi du Seigneur ; pour les garantir de sa contagion, je m'attache seulement à leur découvrir les sources empoisonnées où ce vice prend son origine, et comment il s'introduit dans l'âme. J'en remarque trois principales : le défaut de vigilance sur soi-même et sur ses sens, la facilité à s'exposer dans l'occasion, et l'oisiveté.

Je dis d'abord le défaut de vigilance sur soi-même : formés naturellement sensibles, portés par conséquent vers les objets qui frappent et charment, nos sens sont comme les canaux par où ils s'insinuent et font impression sur notre âme. Ce sont, au langage de l'Esprit-Saint, les fenêtres par où la mort entre dans nos maisons. (*Jerem.*, IX, 21.) Quiconque, par conséquent, ne veille pas continuellement sur ses sens, quiconque leur donne une pleine liberté de s'occuper indifféremment à ce qui peut les satisfaire, doit s'attendre à ressentir les atteintes mortelles des plaisirs qui lui sont défendus, et de voir le fort armé lui commander en maître, et l'assujettir au plus honteux esclavage.

En effet, mes frères, d'où est venue la chute des grands personnages dont les Histoires sacrées nous font la triste peinture, sinon d'un défaut de vigilance sur eux-mêmes, d'une trop grande liberté qu'ils donnèrent à leurs sens? Dina, fille de Jacob, eut la curiosité de voir les femmes de Sichem; mais qu'elle paya cher une démarche imprudente! elle fut enlevée de force, et devint la triste victime de la passion d'un étranger. Quelle fut la cause de la chute de David, cet homme selon le cœur de Dieu, ce roi si accompli? un regard qu'il jeta sur Bethsabée, femme d'Urie; au lieu de détourner sa vue de cet objet, il fut charmé de sa beauté, et cédant au mouvement de sa passion, il se rendit adultère et homicide. Mais, sans chercher des exemples étrangers, combien l'expérience journalière n'en fournit-elle pas, peut-être dans un grand nombre de ceux qui m'écoutent? L'infâme péché d'impureté fait d'abord horreur par lui-même à une âme pure et innocente ; elle le regarde comme un monstre, comme un écueil fatal au salut: on ne se plonge pas tout d'un coup dans des désordres que la religion et la raison condamnent également; tant qu'on se tient sur ses gardes, qu'on veille sur ses sens, on demeure invincible aux traits de l'ennemi. Mais la démangeaison de voir même sans précaution tout ce qui se présente, d'écouter tout ce qu'on dit, apprivoise insensiblement l'âme avec ce démon familier, qui, pour avoir un libre accès chez elle, la tente par les agréments des objets qu'il lui offre. Un regard de complaisance, une chanson qu'on a entendue avec plaisir, une parole peu honnête qu'on a prononcée, laissent dans l'âme des impressions dont on a bien de la peine à se défaire; elle s'occupe d'une idée qui l'a charmée; et quoique le corps ne soit pas encore souillé, l'âme a déjà reçu le coup de la mort par le consentement qu'elle a donné à une mauvaise pensée, par le désir criminel qu'elle a conçu : mais bientôt des pensées et des désirs, on en vient aux actions, on tombe dans les plus grands crimes.

Tels sont les funestes effets que produit l'impureté, lorsqu'on permet aux sens de se répandre sur toutes sortes d'objets; c'est ainsi que le poison fatal de la volupté s'insinue dans une âme, et en affaiblit tous les ressorts. Nous en avons une triste, mais bien sensible image dans ce qui arriva au temple de Jérusalem, lorsque les Romains en faisaient le siége : une torche allumée qu'un soldat ennemi jeta contre ce temple, y causa un si grand incendie, qu'il fut impossible de l'éteindre: ce riche et superbe bâtiment, l'ouvrage de tant de rois, le plus beau monument qu'on eût érigé à la gloire de Dieu, fut consumé et réduit en cendres. Ainsi une étincelle de feu impur, qui s'empare des facultés de l'homme, y cause le plus étrange désordre qu'on puisse imaginer : *Ecce quantus ignis quam magnam silvam incendit.* (*Jac.*, III, 5.) Cette âme qui était le temple de Dieu, ornée de la grâce et des dons du Saint-Esprit, perd toute sa beauté ; elle devient l'esclave du démon. Quoi de plus triste! avouez-le, mes frères, avec autant de douleur que de confusion, ne reconnaissez-vous pas ici la cause de vos chûtes? Si vous entrez dans une exacte discussion du mauvais usage que vous avez fait de vos sens, quels reproches n'auriez-vous pas à vous faire à ce sujet? que de regards arrêtés sur des objets qu'il ne vous était point permis de désirer? ce qui a suffi pour vous rendre coupables devant Dieu, dès que ces regards ont été volontaires: car, *quiconque*, dit Jésus-Christ, *jette les yeux sur une femme avec de mauvais désirs, a déjà commis l'adultère dans son cœur.* (*Matth.*, V, 28.) Vos yeux n'ont-ils pas même servi, pour ainsi dire, de messagers à votre cœur impur, pour manifester vos sentiments à l'idole de votre passion? N'est-ce pas aussi par la lecture de quelques mauvais livres, que le venin s'est glissé dans votre âme? Car, si les livres où règne l'esprit d'irréligion, affaiblissent la foi dans ceux qui les lisent, on peut dire que rien n'est plus préjudiciable à l'innocence des mœurs que ces brochures ténébreuses où la licence et le dérèglement se montrent à découvert. Que de chansons déshonnêtes, que de paroles à double sens n'entend-on pas tous les jours dans les cercles profanes? Ces discours obscènes, ces contes d'autant plus dangereux, que le venin y est plus insensiblement et adroitement insinué, sont aujourd'hui l'agrément des conversations ; ceux qui en disent les mieux venus dans les compagnies : on se plaît à les entendre, et bientôt on apprend à parler comme eux, parce qu'on croit pouvoir faire comme les autres. Ah! qu'il serait bien à souhaiter pour une partie de mes auditeurs, qu'ils n'eussent jamais entendu certains discours qui leur ont appris des choses qu'ils auraient dû toujours ignorer! Leurs mœurs en seraient plus pures, leur conduite plus réglée leur vie plus heureuse. Le goût qui n'engendre que trop souvent l'intempérance et la débauche, prête aussi ses services à l'impureté. Effectivement, une chair nourrie avec délicatesse, devient rebelle à l'esprit, et l'entraîne avec elle dans le péché; l'usage immodéré des liqueurs violentes ne peut augmenter la chaleur naturelle, sans préjudicier à l'âme; la raison en est troublée, et dans cet état, incapable de mettre un frein à ses passions, est-il étonnant qu'elle en suive les égarements? C'est pour celte raison que le grand Apôtre, adressant la parole aux premiers chrétiens, leur défendait si expressément les excès : *Nolite inebriari vino, in quo est luxuria?* (*Ephes.*, V, 18.)

Je ne vous dirai rien ici, mes frères, des péchés qui se commettent par le sens du toucher, qui sont les actions criminelles défendues par le sixième précepte : la sainteté du lieu où nous sommes ne me permet pas d'entrer dans un détail qui blesserait les oreilles chastes. Mais sous le nom de ces actions criminelles, je dois vous dire qu'il faut comprendre certaines libertés réciproques, qui n'ont pour principe qu'un amour profane, et pour but qu'un objet charnel. Libertés qu'on traite de badinage, de jeux, d'amusements, de signes d'amitié, mais qui ne sont rien moins que des péchés mortels qui deviennent plus griefs selon la qualité des personnes, les circonstances du lieu, et les suites qui entraînent, circonstances dont il faut s'accuser dans le tribunal de la pénitence, vous surtout qui êtes engagés dans le mariage; car cet état est pour plusieurs une occasion de péché et de perdition, lorsqu'ils ne savent pas se contenir dans les bornes de la chasteté conjugale. Il est une seconde cause de l'impureté; ce sont des occasions où l'on s'expose.

Si l'occasion du péché est un attrait pour le commettre, c'est ce qui arrive particulièrement dans le genre du péché dont nous parlons. En effet, si ce péché s'insinue par les sens dans le temps même que les objets sont éloignés, que sera-ce quand les circonstances contribueront à les rapprocher? Aussi l'occasion a toujours été l'écueil le plus fatal à la chasteté. Qui aurait cru que Salomon, le plus sage des hommes, ce roi si rempli de l'esprit de Dieu, qui avait fait de si grandes choses pour sa gloire, se fût oublié jusqu'à se plonger dans les désordres du péché honteux, et ensuite dans les ténèbres de l'idolâtrie? Or, quelle en fut la cause? Le commerce qu'il eut avec des femmes idolâtres qui captivèrent son cœur, et lui tirent encenser leurs idoles, après s'être rendues elles-mêmes les victimes de sa passion. D'où viennent tant de déréglements dans la jeunesse, tant d'infidélités dans le mariage, sinon des liaisons criminelles qu'on a entretenues avec des personnes qu'on ne devait pas voir, ou ne point garder chez soi; des maisons suspectes qu'on a fréquentées, des visites qu'on a rendues et reçues, des présents qu'on a faits ou acceptés, des lettres qu'on a écrites; car tout cela est compris sous le nom d'occasions de péché; parce que toutes ces choses portent au péché, et sont, comme dit saint Jérôme, les indices d'une chasteté mourante : *Moriturœ castitatis indicia.*

J'appelle encore occasions du péché impur ces assemblées, ces veilles qu'on fait en certaines maisons qui servent de retraite au libertinage, et où Dieu est plus offensé dans une seule nuit, qu'il n'est glorifié par toutes les âmes saintes qui sont sur la terre; où la pureté est flétrie par mille propos indécents qu'on y tient, par les objets qu'on y voit, et au retour desquelles on trouve des dangers et des pièges d'autant plus fatals à la vertu, qu'on se croit, à la faveur de l'obscurité, en sûreté de commettre le mal.

J'appelle occasions de péché, ces divertissements, ces spectacles où les passions sont représentées avec les traits les plus capables d'amollir le cœur; ces danses, où la chasteté fait ordinairement naufrage, par les regards lascifs qu'on y jette sur les objets dangereux, et tout au moins par les désirs criminels, par les pensées déshonnêtes qu'on y conçoit et qu'on y fait naître dans le cœur des autres. N'est-ce pas là que les personnes de sexe différent cherchent à plaire, à aimer, à se faire aimer? n'est-ce pas là que les passions excitées par les mouvements qu'on se donne, par le son des instruments qu'on y entend, se débordent et nous plongent dans les derniers excès? J'ose assurer qu'il est moralement impossible à la personne la plus vertueuse de sortir de ces assemblées aussi innocente qu'elle y est entrée; et je ne veux point d'autre preuve de ce que je dis, que le témoignage qu'en peuvent rendre ceux et celles qui s'y sont trouvés.

Que dirons-nous des habillements immodestes, des ajustements étudiés, dont les personnes du sexe se parent pour se donner en spectacle au monde, pour plaire à ceux qui les voient? Elles sont doublement coupables, et dans l'intention qui les anime, et dans la fin qu'elles obtiennent.

Enfin, j'appelle occasions de péché, ces entrevues mêmes qui paraissent innocentes entre des personnes qui se recherchent pour un établissement; entrevues criminelles, où, sous prétexte de se connaître, de se faire aimer, on franchit les bornes de l'honnêteté et de la pudeur : on peut se voir; mais on doit le faire honnêtement, rarement, et en présence d'un père, d'une mère, qui doivent veiller sur la conduite de leurs enfants. Quand on fuit leur compagnie, qu'on cherche les ténèbres, que l'on se voit à des heures indues, on ne se quitte pas ordinairement sans crime. Mais, hélas! cette morale n'est pas du goût de bien des gens, et souvent, le dirai-je, les pères et les mères ne favorisent que trop le libertinage de leurs enfants; sous prétexte de leur faire trouver un établissement, ils leur donnent la liberté d'aller où il leur plait, la nuit comme le jour, de fréquenter qui bon leur semble ; faut-il s'étonner s'il y a tant de désordres dans la jeunesse, si le libertinage et l'impureté font tant de progrès dans le monde, puisqu'on trouve tant d'occasions qui engagent à ce péché, auquel l'homme est déjà si enclin de sa nature, et qu'au défaut de vigilance sur soi-même, on ajoute la téméraire facilité de s'exposer aux occasions de le commettre? L'oisiveté lui donne encore un nouveau poids.

En effet si l'oisiveté est, au langage de l'Ecriture (*Eccli.*, XXXIII, 29), la source de tous les vices, c'est pareillement de l'impureté. Semblable à ces eaux qui, n'ayant point de cours, se corrompent, et répandent au loin la contagion dont elles sont infectées, l'âme croupissante dans l'oisiveté, ouverte en cet état au souffle empoisonné de l'esprit impur, voit ternir toute sa beauté, et périt enfin en se servant d'un poison qui la flatte : semblable encore à une place sans défense, qui est forcée au premier assaut qu'on lui donne, le cœur, énervé par l'oisiveté, laisse à l'esprit tentateur un abord facile, et, peu prévenu contre les ruses de l'ennemi, il devient bientôt son esclave. J'en atteste l'expérience de ces gens désœuvrés dont la vie se passe à ne rien faire ; à combien de mauvaises pensées leur esprit n'est-il pas sujet? que de mouvements criminels ne s'élèvent pas dans leur cœur? C'est une maison vacante, où le démon d'impureté trouve bientôt à se loger.

Dans quel temps, mes frères, êtes-vous le plus souvent tentés de l'esprit malin? dans quel temps avez-vous plus souvent succombé à ses tentations? Avouez que c'est dans ces jours où, n'étant occupés ni par le travail, ni par des œuvres de piété, vous vous êtes rendus, par votre inaction, accessibles à tous les traits de votre ennemi.

Avouons donc, mes frères, que quelque violent que soit le penchant de l'homme pour les plaisirs charnels, quelque puissant que soit le démon pour le faire succomber au mal, l'homme ne serait jamais vaincu s'il se tenait sur ses gardes, s'il veillait sur lui-même et sur ses sens, s'il fuyait l'occasion et l'oisiveté, qui sont les sources fatales de l'impureté. Mais le défaut de vigilance et d'occupation, la témérité dans la conduite, voilà les causes ordinaires de ce malheureux vice; c'est là ce qui le rend si commun dans le monde, qu'il n'en est aucun, dit saint Grégoire, qui perde plus les hommes. Ce péché est une des causes du petit nombre des élus, parce qu'il est certain, suivant l'Apôtre, qu'aucun de ceux qui y sont sujets n'entrera jamais dans le royaume des cieux : or, une infinité de personnes se laissent dominer par cette passion ; les jeunes et les vieux, les riches et les pauvres, ceux qui sont libres et ceux qui sont engagés dans le mariage; ce péché est encore d'autant plus pernicieux au salut, qu'il ne souffre pas légèreté de matière, comme beaucoup d'autres; tout y est mortel, dès qu'on y donne un entier consentement : ne fût-ce qu'à une seule pensée contraire à la pureté, il n'en faut pas davantage pour être damné; à plus forte raison faut-il le dire des désirs, des paroles, des actions : quelle précaution ne doit-on pas prendre pour s'en garantir? Pour vous engager à les prendre, ces précautions, voyons les tristes effets de ces péchés.

DEUXIÈME POINT.

Pour vous donner, mes frères, quelqu'idée des funestes effets qu'entraîne avec soi le péché que je combats, je pourrais d'abord vous représenter les terribles châtiments dont Dieu l'a puni même dès cette vie. Dès le commencement du monde, toute la terre ne fut inondée d'un déluge universel que pour éteindre les feux impurs que la concupiscence avait allumés dans le cœur des hommes. Cinq grandes villes furent réduites en cendres par le feu du ciel, parce qu'elles étaient toutes souillées des infâmes voluptés de leurs habitants. Plus loin, vous verriez vingt-quatre mille Israélites massacrés par les ordres de Dieu, pour s'être livrés aux désordres de cette infâme passion; je passe sous silence beaucoup d'autres exemples dont les Livres saints font mention. J'ajouterai seulement, en confirmation de la vérité, que le péché honteux est diamétralement opposé aux intérêts les plus essentiels de l'homme. Il ne faut pas beaucoup de temps pour prouver ce qu'une fatale expérience ne nous fait que trop voir : l'opprobre, la confusion, l'infamie sont le partage des voluptueux; quelque distingués qu'ils soient d'ailleurs dans le monde, dès qu'ils sont marqués à cette tache, ils deviennent l'objet du mépris, non-seulement des gens de bien, mais des libertins mêmes, qui, quoique sujets à ce vice, ne laissent pas de le blâmer dans les autres. La réputation la mieux établie ne peut se soutenir contre une accusation formée sur cet article.

Que dirai-je de la perte des biens, de la santé, de la vie même que ce péché entraîne après soi ? Car de quoi n'est pas capable un homme sujet à cette passion ? Faut-il s'épuiser en folles dépenses pour la contenter, et avoir accès auprès de l'idole à laquelle il a prodigué ses adorations aux dépens de la conscience, aux dépens de la fidélité qu'il doit à une compagne ? Il épargne sur tout le reste pour sacrifier tout à son inclination ; une famille manquera de tout, et sera même souvent la triste victime de ses crimes. Faut-il exposer sa santé à des veilles qui le fatiguent, à des maladies honteuses qui abrégent ses jours, sa vie à des dangers qui la menacent, et à mille autres maux que je passe sous silence? il n'est rien qu'il ne souffre, et à quoi il ne s'expose pour satisfaire une passion opiniâtre qui le fait misérablement et inutilement languir ; souvent il est frustré de son attente, il n'a pour récompense de ses recherches que des infidélités qui le déconcertent ; il craint toujours d'être supplanté par un rival : s'il parvient à satisfaire sa passion, ce plaisir prétendu n'est suivi que de chagrins cuisants, d'amertumes, de remords de conscience, de tourments; vous dirai-je de plus que cette passion produit les désunions dans le mariage, les divorces qui sont le scandale de la religion, les jalousies, les haines, les querelles, les batailles, les meurtres : en cela, rien dont on n'ait vu et dont on ne voie encore de tristes exemples dans les villes et les campagnes, dans les provinces et les royaumes ; elle porte partout le trouble, le désordre et la désolation. Mais je m'attache particulièrement à vous faire connaître les maux infinis qu'elle cause dans l'âme de celui qui en est possédé; ces maux sont l'aveuglement d'esprit, l'endurcissement du cœur, qui la conduisent à l'impénitence finale et à la réprobation éternelle.

Le propre du péché est d'aveugler celui qui le commet, parce qu'il éteint les lumières de la raison et de la foi : en effet, dans un homme raisonnable, l'esprit doit dominer sur la chair ; mais dans le voluptueux, c'est la chair qui domine sur l'esprit, qui lui commande, qui l'asservit à son empire. Cet esprit enveloppé dans la matière, ne voit plus ce qu'il fait ; il perd, pour ainsi dire, l'activité qui le constitue, parce qu'il est devenu tout terrestre et animal ; on se rend ordinairement semblable à ce que l'on aime, dit saint Augustin. Aussi dans combien d'écarts ne donne-t-il pas, à quels égarements n'est-il pas exposé ? il n'agit plus que comme les bêtes, il est même pire qu'elles, parce qu'il se sert du peu de lumière qui lui reste pour faire des choses que les bêtes mêmes ne font pas : *Comparatus est jumentis insipientibus, et similis factus est illis.* (*Psal.* XLVIII, 21.) Faut-il s'étonner si l'âme sensuelle perd les lumières de la foi ? *L'homme animal ne peut pas concevoir les choses de Dieu,* dit l'Apôtre : «*Animalis homo non percipit ea quæ sunt Spiritus Dei.*» I *Cor.*, II, 14. La loi apprend à cette âme qu'elle est créée à l'image de Dieu, qu'elle est rachetée au prix de son sang, qu'elle est devenue, par le baptême, le temple du Saint-Esprit : quoi de plus capable de retenir le voluptueux ? Mais il ne fait point attention à tout cela ; il perd de vue les titres dont il est honoré : d'enfant de Dieu, il se rend le vil esclave du démon ; il prostitue des membres qui sont incorporés avec ceux de Jésus-Christ ; il profane honteusement le temple auguste où le Saint-Esprit a fait sa demeure, pour en faire un cloaque d'iniquités. Quelle indignité ! quel aveuglement ! L'impudique porte si loin son aveuglement, qu'il voudrait faire passer son péché pour une chose indifférente, et même permise ; il met tout en œuvre pour le persuader aux autres, afin de faire plus aisément succomber à sa passion les victimes qu'il prétend lui sacrifier. Peut-on s'étourdir jusqu'à ce point ? et ne faut-il pas avoir perdu toute connaissance de son devoir et de sa religion ? L'homme, esclave de ce péché, n'a donc plus de sentiment de la religion qu'il professe, parce que la passion qui l'aveugle, couvre son âme de ténèbres qui éteignent en lui le flambeau de la foi.

N'est-ce pas aussi de cette source empoisonnée qu'on a vu naître les erreurs, les hérésies, qui ont désolé l'Eglise ? C'est elle qui a produit, et qui produit encore les déistes, les athées, qui n'ont l'esprit gâté en fait de croyance, que parce que leur cœur est corrompu par la volupté; ils ne rejettent la religion que parce qu'elle gêne et incommode leurs passions. Pourquoi voyons-nous aujourd'hui tant de libertins raisonner, disputer sur les vérités du christianisme, les combattre et les contredire, traiter nos saints mystères, les articles de notre croyance, de fables, de contes faits à plaisir, pour intimider les esprits faibles? Si nous remontons à l'origine de leurs doutes prétendus, de leurs critiques indiscrètes, nous la trouverons dans un cœur gâté, qui voudrait qu'il n'y eût point de religion, point de sacrements, point de parole de Dieu, point de Dieu même, vengeur des crimes, afin de s'y livrer avec plus de liberté. Voyons-nous que ceux qui sont esclaves de l'impureté, soient des gens bien réguliers, assidus à la prière et à la fréquentation des sacrements? Non, sans doute; s'ils donnent quelques marques extérieures de religion, c'est pour sauver les apparences, pour se conserver encore une réputation qui leur est nécessaire dans le monde, pour avoir un emploi, pour parvenir à un établissement. Mais si on les connaissait à fond, on verrait que leur esprit est aussi éloigné de la vérité, que leur cœur de l'innocence, et que le démon impur qui les possède, les aveugle autant qu'il les pervertit. Il ne faut pas s'étonner s'ils tombent dans l'endurcissement de cœur, qui est comme une suite nécessaire de l'aveuglement d'esprit.

Qu'est-ce qu'un pécheur endurci ? c'est un homme, dit saint Bernard, qui n'est ni touché par la componction, ni attendri par la piété, ni attiré par les promesses, ni intimidé par les menaces ; qui est insensible aux corrections, indocile aux remontrances ; c'est un homme à qui la prière, la parole de Dieu, les sacrements, et tous les moyens de salut que la religion nous fournit, sont inutiles. Tel est le déplorable état d'un pécheur enfoncé dans le bourbier des sales voluptés.

Ce pécheur n'est touché ni de la beauté des récompenses que Dieu promet aux âmes chastes, ni de la rigueur des châtiments qu'il réserve aux impudiques. Le feu de l'enfer, qui sera le supplice particulier du voluptueux, quelque terrible qu'on le lui représente, n'oppose qu'une barrière insuffisante aux fougues de la passion qui le transporte. Les autres vérités de la religion ne font pas plus d'impression sur lui. Ainsi la parole de Dieu, quelque puissante qu'elle ait été, et qu'elle soit encore, pour convertir les pécheurs, ne sert souvent de rien à un impudique. Il l'écoute sans être frappé ni converti ; il est sourd à toutes les corrections qu'on lui donne ; il ne veut écouter ni les avis d'un pasteur, ni les salutaires remontrances que des amis charitables lui feront, pour le tirer de ses désordres; il suffit même de lui en parler pour encourir sa disgrâce; c'est une plaie à laquelle il ne veut point qu'on touche, ou dont on ne peut entreprendre la guérison, qu'avec des ménagements difficiles à pratiquer.

Qui sera donc capable de ramener l'impudique à son devoir? La prière. Mais il prie souvent, et il est toujours le même : pourquoi? Parce qu'il ne prie pas avec un désir sincère d'être exaucé: pendant la prière, il est occupé de l'objet qui l'a séduit; comme Augustin pécheur, il demande à Dieu de briser des liens qu'il ne peut pas rompre, et qui ne se briseront pas sans lui. Les sacrements, qui sont les grands moyens de salut que Jésus-Christ nous a laissés, n'auront-ils pas la vertu de le guérir? Oui, sans doute, s'il en approchait avec de saintes dispositions : mais l'impudique s'éloigne des sacrements, parce qu'il ne veut pas modérer un penchant tyrannique; ou s'il s'en approche, au lieu de trouver la vie dans ces sources de grâces, il y trouve un poison fatal qui augmente son mal par la profanation qu'il en fait, et cela par deux raisons que je vous prie de bien remarquer : c'est qu'ordinairement l'impudique qui s'approche des sacrements, et particulièrement de celui de la pénitence, ou ne déclare pas son péché, ou il n'a pas un ferme propos de se corriger. Non, mes frères, il n'y a point de péché que l'on ne soit plus tenté de cacher au tribunal de la pénitence, et que l'on cache en effet plus souvent, que le péché d'impureté, parce qu'il porte un caractère d'infamie qu'on n'ose manifester. J'en atteste à votre expérience : vous qui gémissez encore sur tant de confessions sacriléges, quelle est la cause de vos regrets, sinon une malheureuse honte, qui dans le temps vous fit cacher quelques-uns de ces péchés, qui sont l'opprobre de la religion et le malheur du coupable.

Une autre raison qui rend les confessions de l'impudique nulles et sacriléges, c'est, qu'à lui supposer assez de courage pour déclarer son péché, il n'a pas un ferme propos de se corriger. Je trouve la preuve de cette vérité dans les fréquentes rechutes qui lui arrivent. Il n'est point en effet de péché dont l'habitude soit si difficile à corriger. Un voluptueux ne cherche-t-il pas sans cesse l'occasion de satisfaire sa passion? Non content de lui avoir immolé une malheureuse victime qu'il a gagnée par ses sollicitations, il fait de nouvelles tentatives, et si la conquête lui échappe, il trouve bien le moyen d'en faire d'autres. S'il ne peut réussir dans ses desseins, il n'est pas moins coupable par les désirs grossiers où son cœur s'abandonne. Ces personnes qui, pour avoir une absolution, ont rompu pour quelque temps leurs mauvais commerces, ennuyées d'une séparation qui les fait languir, décèlent d'abord le vice de leur résolution, en renouant bientôt la chaîne fatale qui les captivait l'une à l'autre. Ah! qu'il est rare de trouver de ces sortes de pécheurs qui se convertissent sincèrement; soit à cause du mauvais penchant qui les domine, et auquel ils ont bien de la peine à résister, soit à cause des violentes attaques que l'ennemi du salut livre à ceux qui lui ont donné entrée dans leur cœur. C'est ce que Jésus-Christ nous fait connaître dans son Evangile, quand il dit que l'esprit immonde n'abandonne une âme qu'il maîtrise à son gré, qu'à dessein d'y retourner, et d'y régner alors avec un empire plus absolu; aussi, dès qu'il y est rentré, l'état du pécheur devient pire qu'auparavant : *Fiunt novissima hominis illius pejora prioribus.* (*Matth.*, XII, 15.) C'est-à-dire que sa conversion devient plus difficile, par les fréquentes rechutes où son habitude l'expose : ces rechutes le conduisent à l'endurcissement, l'endurcissement à l'impénitence, et l'impénitence à la réprobation.

Voilà, mes frères, ce qui a toujours fait regarder ce péché comme un grand obstacle au salut; voilà ce qui doit vous en donner une extrême horreur, vous engager à faire tous vos efforts pour n'y pas succomber, et à prendre tous les remèdes les plus efficaces pour vous en guérir, si vous y êtes sujets. Car, à Dieu ne plaise que je prétende renvoyer les pécheurs de ce caractère sans espérance de guérison et de salut! Mais il faut pour cela mettre en pratique les moyens que je vais vous proposer en finissant ce discours.

Pratiques. — Pour guérir un mal, il faut aller à la source. Le péché d'impureté vient ordinairement d'un défaut de vigilance sur soi-même, des occasions auxquelles on s'expose, et de l'oisiveté. Il faut donc veiller sur vos sens, fuir les occasions, et vous occuper. Veillez sur vos sens, et particulièrement sur vos yeux, pour les détourner des objets propres à faire sur vos cœurs de mauvaises impressions : *Averte oculos meos ne videant vanitatem.* (*Psal.* CXVIII, 37.) Si vos yeux sont frappés des charmes trompeurs d'une beauté périssable, pour vous en dégoûter, pensez à l'état affreux où elle sera réduite par la mort, quand elle deviendra la pâture des vers : cette pensée vous garantira du poison de la volupté. Ne lisez jamais des livres capables de vous donner la moindre idée contraire à la vertu de pureté; si vous en avez quelques-uns, jetez-les au plus tôt dans le feu. Ne prêtez jamais l'oreille aux chansons profanes, aux discours lascifs; gardez-vous plus encore de proférer dans vos discours quelque parole qui blesse la pudeur; soyez exact sur ce point jusqu'au scrupule; fuyez surtout les occasions dangereuses à la chasteté; car, si vous manquez de prudence à cet égard, toute autre précaution sera inutile. Occupez-vous aussi selon votre état, et le démon, confus de se voir forcé jusque dans le dernier retranchement, ne manquera point d'abandonner une place qui de toutes parts lui oppose une égale résistance. Approchez-vous souvent des sacrements, ayez recours à la prière, qui est un moyen excellent pour obtenir la continence;

c'est celui dont se servait le grand Apôtre pour repousser l'aiguillon de Satan qui l'agitait : *Ter Dominum rogavi.* (II *Cor.*, XII, 8.) Mortifiez vos passions par l'abstinence, et ne soyez pas du nombre de ceux dont parle l'Ecriture (*Philipp.*, III, 19), qui faisant un Dieu de leur ventre, entretiennent par leur dissolution le feu impur qui les dévore; résistez fermement à la première pensée du mal, par quelque élévation de votre cœur à Dieu; dites-lui avec un sentiment de douleur de vous voir exposé à tant d'occasions de lui déplaire : Détournez de mon entendement, ô mon Dieu ! cette mauvaise pensée; embrassez en esprit la croix de Jésus-Christ; tenez vous-y attaché, jusqu'à ce que le calme succède à la tempête; chaque fois que l'ennemi du salut s'efforcera de vous attirer dans ses filets, munissez-vous de la pensée et du souvenir de vos fins dernières. Quoi! voudrais-je, direz-vous alors, pour un plaisir d'un moment, brûler pendant toute l'éternité? Si le portrait de l'enfer, que vous retracerez dans votre imagination, n'est pas assez effrayant pour écarter la tentation, essayez de toucher un moment le feu d'ici-bas, et demandez-vous à vous-même, comme faisait un saint solitaire, dans de pareilles tentations : Comment pourrai-je souffrir un feu éternel, qui sera le supplice de mon péché, moi qui ne peux souffrir un moment ce feu qui n'en est que la peinture? Non, non, je ne veux pas acheter à un si grand prix une satisfaction passagère, dont je n'aurai qu'un triste souvenir. Mourir plutôt que de souiller mon âme de la moindre tache du péché. Persévérez dans cette résolution, car vous serez bien dédommagé du sacrifice des plaisirs que vous ferez sur la terre, par les torrents de délices dont vous serez inondé dans le ciel. *Amen.*

PRONE LXXV.

Pour le vingt-quatrième Dimanche après la Pentecôte.

SUR LE SCANDALE.

Cum videritis abominationem desolationis... in loco sancto;... qui in Judæa sunt, fugiant ad montes. (*Matth.*, XXIV, 15, 16.)

Lorsque vous verrez l'abomination de la désolation dans le lieu saint, que ceux qui sont dans la Judée, s'enfuient sur les montagnes.

Quand est-ce, mes frères, que l'on a vu et que l'on verra cette abomination de la désolation dans le lieu saint, que Jésus-Christ prédit dans l'Evangile de ce jour? On l'a vue dans la ruine de Jérusalem, que les soldats Romains, quelques années après la mort de Jésus-Christ, renversèrent de fond en comble, où le temple du Seigneur fut profané par tous les désordres imaginables que les étrangers et les Juifs eux-mêmes y commirent; on la verra, cette abomination, dans le lieu saint à la fin du monde, où l'Evangile de Jésus-Christ sera combattu, ses temples seront renversés, son culte aboli. C'est alors, dit le Sauveur, que paraîtront de faux prophètes qui séduiront beaucoup de personnes, et qui feront des choses si extraordinaires, que les élus eux-mêmes auront bien de la peine à se garantir de leurs prestiges. Alors paraîtra l'Antechrist, qui emploiera tous les moyens possibles pour détruire l'empire de Jésus-Christ, en trompant les hommes par les erreurs qu'il répandra, et en les pervertissant ou par l'éclat des biens, ou par les charmes des plaisirs qu'il leur présentera.

Mais sans remonter aux siècles passés, et sans pénétrer dans le temps à venir, pour voir l'abomination de la désolation dans le lieu saint, nous n'avons, mes frères, qu'à considérer ce qui se passe de notre temps, et sous nos yeux, dans le sein même du christianisme. Ne voit-on pas déjà des séducteurs qui trompent les uns par des maximes qu'ils leur enseignent, pervertissent les autres par les mauvais exemples qu'ils leur donnent; maximes si pernicieuses, exemples si contagieux, que les élus eux-mêmes ont bien de la peine à se soutenir dans la vertu. C'est donc le scandale qui met l'abomination de la désolation dans le lieu saint, qui est l'Eglise de Jésus-Christ, et qui devrait, ce me semble, engager les âmes saintes à fuir sur les montagnes et dans les déserts pour en éviter la contagion : *Qui in Judæa sunt, fugiant ad montes.* Il n'est cependant pas possible à tous les justes de quitter le monde, il doit y en avoir pour servir d'exemple aux autres, et plusieurs sont par état engagés à y demeurer ? Que faire donc pour remédier à un scandale si fréquent dans le monde? Il faut, s'il se peut, corriger les scandaleux, en leur faisant comprendre toute l'énormité de leur crime. C'est ce que j'entreprends aujourd'hui, en leur montrant combien le scandale est injurieux à Dieu, premier point. Combien il est pernicieux à l'homme, deuxième point.

PREMIER POINT.

Le scandale, disent les théologiens, est une parole ou une action qui porte les autres au péché : *Dictum vel factum occasionem præbens ruinæ.* Sur quoi après eux j'observe deux choses : 1° Qu'il n'est pas nécessaire, pour qu'une parole ou une action soit scandaleuse, qu'elle soit de sa nature mauvaise ou criminelle; mais il suffit qu'elle ait quelque apparence de mal : *Quia habet speciem mali.* 2° Que pour être coupable de péché, il n'est pas non plus nécessaire d'avoir une intention directe de porter quelqu'un au mal; mais qu'il suffit de prévoir que ce qu'on dit, ou ce qu'on fait, sera pour lui un sujet de péché. Il y a aussi des scandales d'omission dont se rendent coupables ceux qui, faute de remplir certains devoirs, sont une occasion de chute pour leurs frères, qu'ils devraient animer par leur exactitude. Or, voulez-vous savoir l'injure que le scandale fait à Dieu ? Jugez-en par ces traits. Le scandale ravit au Créateur la gloire qui lui est due par ses créatures, il anéantit les desseins de Jésus-Christ sur le salut des hommes, il rend l'homme semblable au démon. N'est-ce donc pas un péché monstrueux, ou plutôt un péché diabolique que le scandale?

Dieu a fait les créatures raisonnables pour en être glorifié par l'hommage et l'obéissance qu'elles doivent à sa grandeur, à ses lois. Mais que fait le pécheur scandaleux? Il écarte les hommes du chemin qui conduit à Dieu, il les porte à l'indépendance, ou par les leçons d'iniquité qu'il leur fait, ou par les mauvais exemples qu'il leur donne. C'est un sujet rebelle qui ne se contente pas de quitter le service de son prince, de prendre les armes contre lui; mais qui engage encore ses semblables dans sa révolte, et se fait un parti, comme le perfide Absalon, pour détrôner son père et son roi. Ah! si c'est une lâcheté de ne pas se déclarer pour Dieu, quand les intérêts de sa gloire le demandent, de ne pas s'opposer aux outrages qu'on lui fait, d'être dans l'indifférence à la vue des désordres qui règnent dans le monde, et de ne pas empêcher le mal, quand on le peut faire; que sera-ce de l'accréditer par sa conduite, d'établir le règne de l'impiété sur les ruines de la religion, d'entraîner les autres dans le vice et le libertinage, et de susciter à Dieu autant d'ennemis qui l'outragent, que de personnes que l'on séduit par des maximes pernicieuses, et que l'on pervertit par de mauvais exemples? Or, voilà ce que vous faites, pécheurs scandaleux, vous qui détournez les autres du service de Dieu, ou par les discours impies que vous tenez sur la religion; ou par les railleries que vous faites sur la dévotion pour dégoûter ceux qui en suivent le parti; vous qui enlevez à Dieu la gloire que lui eussent procurée les jeûnes et les aumônes de vos frères, vous qui détournez cet autre des offices divins, des sacrements, des instructions, pour l'engager dans une partie de plaisirs et de débauche; vous tous en un mot qui vous opposez au bien que les autres peuvent faire, vous ravissez à Dieu la gloire qui lui en reviendrait; parce que vous êtes méchants, et que vous voudriez vous rassurer contre les remords de votre conscience, vous cherchez à rendre les autres aussi méchants que vous. C'est pour cela que, non contents de les éloigner du bien, vous les portez encore au mal par de mauvais conseils, par de mauvais exemples. Vous enseignez à celui-ci la manière dont il faut s'y prendre pour se venger d'un ennemi, en lui reprochant son indifférence à venger une injure : vous apprenez à celui-là le secret de réussir dans le pernicieux dessein de faire une injustice; vous prononcez devant des jeunes gens des paroles contre la pudeur, des chansons lascives qui font sur leur esprit les plus mortelles impressions et leur apprennent le mal qu'ils ignoraient. Hommes débauchés, vous sollicitez cette personne à contenter votre passion, ou par des promesses que vous lui faites, ou par de fausses persuasions; vous, filles mondaines, par vos ajustements, par votre immodestie, vous portez dans le cœur des autres la contagion dont vous êtes déjà infectées; vous qui paraissez dans le lieu saint avec une affectation dans les manières que la bienséance proscrit partout, qui troublez la dévotion des assistants par des entretiens déplacés : vous, pères et mères, maîtres et maîtresses, qui devez le bon exemple dans vos familles, vous y donnez publiquement des leçons d'iniquités, par les jurements, les imprécations que vous proférez devant vos enfants, vos domestiques, par le récit que vous leur faites des désordres de votre jeunesse, par les débauches où vous vous livrez encore, et la vie licencieuse que vous menez; vous qui faites de ces domestiques, ou les victimes de vos passions, ou les ministres de vos intrigues criminelles; vous tous enfin qui, par vos paroles ou vos actions, portez les autres au péché, leur donnez occasion d'offenser Dieu, ou en favorisant leur passion, leur trouvant des objets qui les contentent; ou donnant retraite chez vous au libertinage, vous levez ainsi publiquement l'étendard de la rébellion contre votre Dieu, en fournissant aux autres les armes pour lui faire la guerre. Hommes pervers, qui troublez le bel ordre de l'univers et ravissez à Dieu la gloire qu'il a droit d'attendre de ses créatures raisonnables, tandis que les êtres inanimés le glorifient à leur manière, vous le faites déshonorer, outrager par ceux qui sont capables de le connaître et de l'aimer. Votre conduite est non-seulement opposée aux desseins du Créateur; mais encore à ceux du Rédempteur, puisque vous rendez inutiles les démarches que Jésus-Christ a faites pour le salut des hommes.

Vous le savez, mes frères, quel a été le sujet de la venue du Fils de Dieu en ce monde. Il est descendu sur la terre pour sauver les hommes : *Propter nostram salutem descendit de cœlis.* Ce grand dessein l'a occupé de toute éternité; c'est pour l'accomplir dans le temps qu'il s'est revêtu d'une chair mortelle, qu'il a épousé nos faiblesses, qu'il est né dans une étable, qu'il a souffert la faim, la soif, la rigueur des saisons, les affronts, les mépris, une passion douloureuse, une mort cruelle. S'il est ressuscité, c'est pour notre justification, dit l'Apôtre (*Rom.*, IV, 25); avant que de quitter la terre pour aller au ciel prendre possession de sa gloire, il substitue en sa place des apôtres qu'il charge du soin d'instruire les nations, et de leur appliquer le fruit de ses travaux, de ses souffrances et de sa mort; c'est pour cela qu'il leur envoie son saint Esprit, qui leur donne toutes les lumières et toute la force dont ils ont besoin pour réussir dans ce grand ouvrage : en un mot, le salut des hommes a été la fin de tous les mystères d'un Dieu fait homme, l'objet de son Evangile, le prix de son sang. Mais que fait le pécheur scandaleux? Il rend inutile aux âmes qu'il pervertit, le sang que Jésus-Christ a répandu pour elles; il anéantit les mérites de ses souffrances et de sa mort, il ravit au

Sauveur des conquêtes qui lui ont coûté ce qu'il avait de plus cher : quel attentat !

C'est donc en vain, ô charitable Pasteur ! que vous avez pris tant de peine pour chercher la brebis égarée ; en vain vous vous fatiguez pour courir après elle ; en vain avez-vous sué sang et eau pour la ramener au bercail, avez-vous souffert la mort de la croix pour lui donner la vie ; vos travaux, vos larmes, vos souffrances, votre mort, tout devient inutile ; vous l'avez délivrée de la fureur du loup, et le scandaleux vient vous l'enlever pour la précipiter dans l'abîme. Quelle barbarie ! quelle cruauté ! Telle est la vôtre, pécheurs scandaleux, qui faites périr les âmes pour qui Jésus-Christ est mort : *Peribit frater infirmus propter quem Christus mortuus est.* (I *Cor.*, VIII, 11.) Quel outrage ne faites-vous pas à ce Dieu Sauveur, qui a aimé ces âmes jusqu'au point de se sacrifier pour elles ? outrage plus sanglant, dit saint Bernard, que le crime même dont les Juifs se rendirent coupables, en répandant le sang de Jésus-Christ, puisque ce sang répandu a servi à la rédemption des hommes ; au lieu qu'outre le déicide que vous commettez en la personne de Jésus-Christ en renouvelant sa mort, vous rendez cette mort inutile, vous mettez un obstacle à l'accomplissement de ses desseins, vous renversez l'édifice qu'il n'a construit qu'à grands frais ; vous détruisez une religion que ses apôtres ont prêchée avec tant de zèle, que les martyrs ont cimentée de leur sang, que tant de saints docteurs ont illustrée de leurs lumières, et que tant de ministres fidèles de l'Evangile ont bien de la peine à soutenir par leurs soins et leurs bons exemples ; c'est-à-dire, que vous renouvelez la guerre et les persécutions que les ennemis de cette sainte religion lui ont autrefois suscitées dans la personne des tyrans et des hérétiques ! Encore est-ce une guerre, une persécution qui a de plus funestes effets que celles de ses premiers ennemis.

En effet, mes frères, la persécution que les tyrans firent autrefois à la religion, servait à augmenter le nombre des fidèles ; le sang des chrétiens était, comme dit Tertullien, une semence qui en produisait au centuple. Mais le scandaleux fait une guerre à la religion d'autant plus dangereuse, qu'elle est moins sanglante. Ce n'est pas la cruauté des bourreaux, la rigueur des supplices, l'affreux appareil de la mort qu'il emploie pour faire succomber les fidèles ; il se sert de l'appât du plaisir, de l'éclat des richesses, des charmes trompeurs des objets qu'il leur présente pour les entraîner dans le désordre, pour leur faire abandonner la sainte loi du Seigneur. Voilà, mes frères, ce qui cause à l'Eglise, dans un temps de paix, de plus grandes amertumes que celles qu'elle a éprouvées dans le temps de guerre : *Ecce in pace amaritudo mea amarissima.* (*Isa.*, XXXVIII, 17.) Ah ! plût à Dieu, disait saint Hilaire, au sujet des hérétiques, et ne pourrions-nous pas dire au sujet des scandaleux ; plût à Dieu que nous eussions affaire à des tyrans, à des persécuteurs qui missent notre foi à l'épreuve des tourments ! Le Seigneur nous ferait la grâce de soutenir cette foi contre les efforts de ces ennemis étrangers ; mais ici, nous avons affaire à des ennemis domestiques qui vivent avec nous, qui sont de la même religion, et quelquefois de la même maison que nous ; ce qui nous porte des coups d'autant plus funestes, qu'ils sont cachés sous les dehors de l'amitié qu'ils nous témoignent ; des promesses, des caresses qu'ils nous font, pour nous engager dans leur société, pour nous faire succomber dans le péché.

Comment traiterons-nous donc, mes frères, ces ennemis de la gloire de Dieu et du salut des hommes ? Nous les appellerons du nom que leur donne le disciple bien-aimé, saint Jean. *Il y a maintenant*, dit-il, *plusieurs Antechrists : « Et nunc Antichristi multi facti sunt. »* (I *Joan.*, II, 18.) C'est-à-dire qu'il y a des chrétiens indignes d'un si beau nom, qui font déjà par avance l'office de l'Antechrist, qui est de détruire le royaume de Jésus-Christ, de pervertir les âmes, d'induire les esprits en erreur par les mauvais discours qu'ils débitent, par les mauvais livres qu'ils communiquent ; de corrompre les cœurs par les attraits du mauvais exemple qu'ils donnent : *Et nunc Antichristi multi facti sunt.* Les scandaleux sont les précurseurs de l'Antechrist; ils préparent dès maintenant ses voies, ils font dès à présent ce que l'Antechrist fera quand il paraîtra sur la terre, qui sera de faire la guerre à Jésus-Christ, de s'opposer à ses desseins, de lui ravir les âmes qu'il a rachetées au prix de son sang. Comprenez-vous, pécheurs scandaleux, l'énormité de votre crime ? je n'en dis pas encore assez ; votre ouvrage est celui du démon, cet ennemi commun de la gloire de Dieu et du salut des hommes.

Quelle est, en effet, l'occupation du démon sur la terre ? Hélas ! nous le savons par une triste expérience. Dès le commencement du monde, dit l'Evangile, il ne s'est appliqué qu'à faire périr les âmes créées à l'image de Dieu : *Homicida erat ab initio.* (*Joan.*, VIII, 44.) La jalousie qu'il a conçue contre les hommes que Dieu a destinés à occuper les places de ces anges prévaricateurs, lui fait employer toutes les ruses dont il est capable pour faire tomber l'homme dans le péché, et lui ravir par ce moyen le souverain bonheur pour lequel Dieu l'a créé ; et pour le malheur de l'homme, il ne réussit que trop souvent dans ses funestes projets. Souvent aussi il ne peut pas venir à bout de ses desseins ; il trouve dans l'homme de la résistance à ses attaques. Que fait donc cet esprit de ténèbres pour perdre les âmes, pour avoir la proie dont il veut s'emparer ? Ah ! mes frères, il se sert d'un pécheur scandaleux, de ces hommes vicieux qui ne se contentent pas de se perdre eux-mêmes, mais qui veulent encore se faire des compagnons dans leurs malheurs; voilà les suppôts de Satan, ce sont là ses ministres, et les instruments dont il se sert pour vaincre les hommes déjà ébranlés par ses tentations.

Que fait donc le démon, qui veut perdre ce jeune homme réglé dans sa conduite, cette fille modeste et réservée, qui avait conservé son innocence ? Il suscite à l'un quelque compagnon débauché, qui l'éloignera des voies de Dieu, qui l'engagera dans des parties de plaisirs, lui tiendra des discours licencieux, et lui apprendra à faire le mal qu'il ne soupçonnait pas même possible. Le démon enverra à cette jeune personne un libertin, qui ne la portera pas d'abord aux grands crimes; mais qui commencera à la gagner par des paroles flatteuses, prendra avec elle certaines familiarités contraires à la pudeur, et ensuite la fera tomber dans l'abîme du désordre ; ou bien elle fréquentera quelque mauvaise compagnie, qui l'entraînera dans ces assemblées de divertissements funestes à l'innocence de toutes celles qui s'y engagent ; et quoiqu'auparavant si réservée, elle deviendra comme les autres, elle perdra le goût de la dévotion, elle courra après la vanité et le mensonge, elle tombera dans le crime. C'est ainsi, mes frères, que le démon se sert des scandaleux pour pervertir les âmes innocentes, pour les faire tomber dans ses filets.

Que fera encore cet esprit de division pour séparer des amis, pour mettre le trouble dans une famille, indisposer des parents les uns contre les autres ? Il se servira de ces hommes turbulents et terribles dans la société, comme les appelle le Saint-Esprit, qui par les mauvais rapports, leur imposture, leur calomnie, sèmeront la zizanie dans le champ du père de famille, diviseront les esprits unis par les liens d'une étroite amitié. Car n'est-ce pas là la source ordinaire des inimitiés, des querelles que l'on voit régner dans les familles, entre les voisins, les parents ? Ce sont des langues indiscrètes qui ne peuvent se contenir, qui servent d'organe au serpent infernal, pour faire régner la discorde parmi les hommes, et les attirer dans le séjour du trouble et de l'horreur éternelle qu'il habite. Ainsi, mes frères, ce que le démon ne peut faire par lui-même, il le fait par la voie et le ministère des hommes pour les perdre. En quoi les scandaleux sont plus à craindre que le démon lui-même, parce que ce tentateur invisible ne peut pas porter les hommes au péché d'une manière sensible ; au lieu que l'homme étant porté naturellement à imiter son semblable, dont il se défie moins que du démon, il est plutôt vaincu que par le démon lui-même ; il est donc vrai que le scandale est un grand péché, puisqu'il ravit la gloire à Dieu. Voyons maintenant combien il est pernicieux à l'homme.

DEUXIÈME POINT.

Il n'en est pas du péché de scandale comme des autres péchés, qui ne nuisent qu'à ceux qui les commettent. Ceux-ci renferment leur malice et leur corruption au dedans, mais le scandale la répand au dehors ; c'est une peste qui infecte non-seulement celui qui en est atteint, mais encore ceux qui l'approchent ; en sorte que le scandale porte tout à la fois ses coups meurtriers, et à celui qui le donne, et à ceux qui le reçoivent : deux circonstances qui en font connaître les pernicieux effets. On ne peut douter que le scandale, étant un aussi grand péché, ne donne le coup de la mort à celui qui le commet, quand il est donné en matière importante. Mais ce qui rend cette mort plus tragique, c'est que ce péché étant plus grief que les autres, il sera plus rigoureusement puni, et que les suites en étant irréparables, le retour à la vie de la grâce est plus difficile.

Comme il y a des vertus de premier ordre auxquelles Dieu réserve des récompenses plus magnifiques, on peut dire aussi qu'il y a des péchés d'une malice supérieure, que Dieu punit par de plus sévères châtiments. Dans les vertus de premier ordre, il faut comprendre le zèle de la gloire de Dieu, du salut des âmes. On ne peut douter que cette vertu ne soit couronnée dans le ciel d'une gloire immense, puisque Jésus-Christ nous assure que celui qui aura pratiqué et enseigné, sera grand dans le royaume des cieux : *Qui fecerit et docuerit, hic magnus vocabitur in regno cœlorum.* (*Matth.*, V, 19.) Ainsi les apôtres ont dans le ciel un rang distingué, parce qu'ils ont établi le royaume de Jésus-Christ sur la terre ; ainsi les ministres de l'Evangile qui, suivant les traces des apôtres, enseignent les ignorants, ramènent les pécheurs à leurs devoirs, brilleront, dit l'Ecriture, comme les étoiles dans l'éternité : *Qui ad justitiam erudiunt multos, fulgebunt quasi stellæ in perpetuas æternitates.* (*Dan.*, XII, 3.) Jugeons de là, mes frères, à quels châtiments doivent s'attendre ces hommes de perdition qui détruisent le royaume de Dieu par leurs scandales ; qui, au lieu d'instruire les ignorants, répandent les ténèbres de l'erreur et du mensonge, leur font abandonner le parti de la vérité ; au lieu de ramener des pécheurs dans le bon chemin, le font quitter aux justes mêmes qu'ils pervertissent par leurs détestables maximes, ou leurs exemples pernicieux. Ah ! quel compte ne rendront-ils pas à Dieu, des âmes qu'ils auront perdues ? Par quels sévères châtiments Dieu ne leur fera-t-il pas payer la perte de ces âmes qui étaient le prix du sang de son cher Fils ? *Sanguinem ejus de manu tua requiram.* (*Ezech.*, III, 18 ; XXXIII, 8.) Oui, pécheurs scandaleux, Dieu se vengera sur vous de la manière la plus terrible, non-seulement pour la perte de ces âmes qu'il sera obligé de réprouver, parce que vous les avez rendues complices de vos désordres, mais plus encore à cause de l'outrage que vous avez fait au sang adorable de son Fils, que vous avez indignement profané : *Sanguinem ejus*, etc. Ce sang précieux, dont la voix sera plus forte que celle du sang d'Abel, qui demandait à Dieu vengeance contre son frère, sollicitera, animera la justice de Dieu à vous punir avec la dernière rigueur, et de vos propres péchés, et de ceux que vous aurez fait commettre. Je m'étais fait, vous dira Jésus-Christ, victime de la justice de mon Père pour sauver les âmes; je n'avais épargné ni sueurs, ni travaux, ni souffrances, ni ma vie même, pour les délivrer de l'esclavage du démon, et les placer dans le séjour de la gloire; et toi, malheureux, tu as fait de ces âmes la victime de ta cruauté; tu n'as rien épargné pour les perdre et les damner; ah! tu payeras pendant toute l'éternité l'injure que tu as faite à mon sang, à mes souffrances, à ma mort : *Sanguinem de manu tua requiram.* C'est de ce jugement terrible que Jésus-Christ menace déjà dans son Évangile le pécheur scandaleux, par les malédictions qu'il prononce contre lui : *Malheur*, dit-il, *à l'homme par qui vient le scandale : « Væ homini illi per quem scandalum venit! »* (*Matth.*, XVIII, 7.) Ce serait un moindre mal pour lui de n'avoir jamais vu le jour, que de se rendre doublement coupable, et du péché qu'il commet, et du péché qu'il fait commettre, parce qu'il sera plus rigoureusement puni; il le sera pour son péché, et il le sera pour les péchés d'autrui; plus il aura perdu d'âmes, plus ses châtiments seront augmentés; mais ce qui commence déjà son malheur dès ce monde, c'est l'extrême difficulté de réparer le scandale : *Væ homini illi*, etc.

En effet, mes frères, un scandaleux qui a inspiré aux autres de mauvais sentiments, qui leur a appris l'art fatal de commettre le crime, comment effacera-t-il les mauvaises impressions qu'il leur a données? Comment détruira-t-il le mauvais levain qu'il leur a communiqué? Hélas! ce mauvais levain a peut-être déjà corrompu toute la masse, soit dans le particulier qu'il a infecté, soit dans la multitude où il s'est répandu. Souvent il arrive que celui que le scandaleux a perverti, à qui il a enseigné le mal, en a déjà contracté l'habitude dont il ne peut plus se défaire; autorisé qu'il est par le mauvais exemple qu'on lui a donné, il se croit tout permis, et porte l'impudence jusqu'à se glorifier des actions qui le faisaient auparavant rougir.

Mais supposons que le scandaleux, par de bons conseils et par un changement de vie, vienne à bout de faire rentrer dans le devoir quelqu'un de ceux qu'il a pervertis, comment détruira-t-il tous les mauvais effets que la contagion de son crime a produits dans tous ceux à qui elle s'est communiquée? Celui qu'il a corrompu en a perdu d'autres; et le mal est devenu si général, que c'est une multitude, c'est une paroisse, c'est une ville, c'est une province, c'est un royaume qui en sera infecté. Il sera donc impossible de connaître tous ceux qui sont atteints de la maladie; et comment guérir un mal qu'on ne connaît pas? comment arrêter un incendie qui a déjà embrasé toute la maison? Qui pourrait, par exemple, arrêter les suites étranges de la lecture de tous ces mauvais livres contre la foi ou contre les mœurs? Qui peut effacer les mauvaises idées qu'une parole à double sens, une chanson déshonnête aura produites dans une compagnie où elle aura été récitée, et qui de là se répandra en beaucoup d'autres? Cependant, pour obtenir le pardon de son péché, il faut en réparer les suites; comment y réussir? Au moment où il demande miséricorde pour lui-même, les disciples qu'il a formés outragent le Dieu qu'il invoque. Ravir au prochain son bien par des injustices, son honneur par des calomnies, c'est un grand mal; lui ôter la vie par un homicide, c'est cruauté; mais lui faire perdre la vie de l'âme par le scandale qu'on lui donne, ah! mes frères, c'est à la fois injustice, cruauté; mais cruauté d'autant plus énorme, que la vie de la grâce surpasse tous les biens de la nature. Car, savez-vous, pécheur scandaleux, le tort que vous faites à votre frère, quand vous lui ravissez le trésor de la grâce, par le péché que vous lui faites commettre? Vous le privez de l'amitié de son Dieu, vous lui faites perdre le droit qu'il avait au céleste héritage, vous en faites une victime de la colère de Dieu; en sorte que si cette personne meurt dans le péché où vous l'avez réduite, la voilà perdue pour une éternité, l'enfer devient pour toujours son partage. C'est une perte irréparable, dont jamais vous ne la dédommagerez, quoi que vous puissiez faire. Si vous avez pris le bien d'autrui, si vous lui avez ravi son honneur, vous pouvez le rétablir dans ses premiers droits par des restitutions qui égalent l'injure que vous lui avez faite; mais si vous avez précipité une âme dans l'enfer par vos scandales, jamais vous ne l'en ferez sortir. Hélas! peut-être y en a-t-il déjà, pécheurs qui m'écoutez, qui sont tombés par leur faute; peut-être entendriez-vous les plaintes lamentables de ces infortunés, qui crient du milieu des flammes : Je brûle dans ces feux, parce que j'ai écouté les mauvais discours, j'ai suivi les mauvais exemples de ce pécheur qui m'a entraîné dans le crime : périsse le moment auquel je l'ai connu et fréquenté! Ah! pécheurs, n'êtes-vous pas saisis d'horreur à ce récit? ne vaudrait-il pas mieux, pour les malheureux que vous avez ainsi perdus, que vous leur eussiez ôté leurs biens, leur réputation, leur vie même, que de les avoir précipités dans les horreurs de la mort éternelle? Si vous voulez encore nuire à votre prochain, si quelqu'un de vos frères est devenu l'objet de votre haine, vengez-vous sur ses biens, sur son honneur, sur sa vie même; armez-vous d'un poignard, et le lui plongez dans le sein; mais du moins épargnez son âme : *Verumtamen animam illius serva.* (*Job*, II, 6.) Si vous voulez vous damner vous-mêmes, n'enveloppez point les autres dans votre malheur, parce que les complices du crime, en devenant les compagnons de vos châtiments, n'en diminueront point la rigueur, ils ne feront au contraire que l'augmenter; plus le nombre en sera grand, plus la justice de Dieu exercera sur vous ses rigueurs.

Or, vous ne devez pas douter que vos

scandales ne perdent un grand nombre d'âmes; car c'est là un des pernicieux effets de ce péché, de joindre à sa cruauté la contagion; c'est pourquoi on le compare à une peste qui se communique avec une rapidité qu'il est bien difficile d'arrêter. On peut dire, en effet, que le scandale a été la cause de tous les maux qui ont désolé l'Eglise de Jésus-Christ, et qu'il est encore la source empoisonnée d'où naissent les crimes qui inondent l'univers. Quel ravage n'a pas fait dans l'Eglise un seul Arius, un Calvin, un Luther, qui ont déjà perdu tant d'âmes, et qui en perdront encore dans la suite des siècles? Mais, sans sortir de l'enceinte de l'Eglise catholique, que de crimes le scandale ne produit-il pas tous les jours? L'homme, il est vrai, est porté de son fond au péché; il est tenté par le démon, mais il est retenu par la crainte et la honte attachée au péché. Or, que fait le scandale? il ôte à l'homme cette crainte et cette honte qui le retenaient. L'homme, naturellement porté à imiter ses semblables, se croit autorisé à faire ce qu'il voit faire aux autres, surtout quand il s'agit du mal, pour lequel il a plus de penchant que pour le bien. La coutume, la licence que l'on voit dans les autres, n'est-elle pas le prétexte ordinaire dont se servent les libertins pour excuser leurs désordres? On se croit tout permis, quand on est soutenu par l'exemple; dès que le péché est devenu le péché du grand nombre, il perd en quelque façon le caractère d'infamie qui en est inséparable; on lève hardiment le masque, on ne sait plus rougir du crime, on se fait gloire d'être aussi vicieux que les autres.

Tels sont les funestes progrès de ce péché contagieux, qui a déjà précipité plus d'âmes dans l'enfer, que l'exemple des saints n'en a pu sauver. Il ne faut pas en être surpris. Pour imiter les méchants, il n'y a qu'à suivre son penchant naturel : mais pour imiter les saints, il faut se faire violence. Or, le nombre de ceux qui cèdent aux inclinations d'une nature corrompue, est bien plus grand que le nombre de ceux qui y résistent : et dès que les mauvaises inclinations sont entraînées par le poids du mauvais exemple, à quels excès ne se livrent-elles pas? Combien de jeunes gens qui, dociles aux leçons qu'on leur avait données dans leur enfance, étaient déjà pour les grands mêmes des exemples de vertu? On les voyait fidèles aux résolutions formées à une première communion, s'approcher régulièrement des sacrements, assidus aux Offices divins, obéissants à leurs parents, sobres, chastes, réguliers dans leur conduite; mais depuis que, croissant en âge, ils ont fréquenté les méchants, ils sont devenus semblables à eux; ils sont libres en paroles, dissolus, débauchés, indociles, et pleins de mépris pour les secours de la religion et les préceptes de l'Eglise. Si je demande à ce jeune homme comment il a perdu le trésor de son innocence, qui lui a appris ces œuvres d'iniquités qui souillent la pureté de son âme? il me répondra que c'est un débauché qu'il a fréquenté : ainsi la contagion du scandale se communique, pour ainsi dire, à l'infini; et un scandaleux qui est déjà depuis longtemps dans l'enfer, pèche encore sur la terre dans la personne de ceux qu'il a pervertis. De qui les enfants apprennent-ils à jurer, à dire de mauvaises paroles? des pères et mères, ou d'autres personnes qui ne se contiennent pas devant eux. Ces enfants, quand ils seront eux-mêmes pères ou mères, apprendront les mêmes choses à leurs enfants, ceux-ci à leurs descendants; ainsi le scandale est comme un péché originel qui se perpétue de siècle en siècle, de génération en génération, qui perd la plus grande partie du genre humain.

Et ne croyez pas que le scandale consiste toujours dans certains péchés qui portent avec eux un caractère d'infamie, et qui par là même en inspirent de l'horreur à ceux qui les voient. Il peut y avoir un scandale dans les fautes même légères, surtout si on les aperçoit dans les personnes qui doivent par profession édifier les autres. Les faibles, qui voient franchir les bornes de quelque bienséance, croient pouvoir aller plus loin. Quelque familiarité, quelqu'entrevue, quelque liaison que l'on verra entre des personnes qui ne penseront pas même à faire mal, il n'en faut pas davantage pour scandaliser les âmes faibles et innocentes, qui craignent jusqu'à l'apparence du mal. Une personne du sexe qui n'aura pas toute la modestie qui lui convient dans ses habillements, dans ses paroles, dans ses manières, qui cherche à plaire par certains enjouements, où elle ne pense, dit-elle, à faire aucun mal, sera une pierre d'achoppement pour ceux qui la verront, qui la fréquenteront. Bien plus, mes frères, souvent des âmes faibles prendront sujet de scandale des choses qui sont en elles-mêmes indifférentes. Ainsi manger de la chair immolée aux idoles, dont l'usage n'était point par lui-même interdit aux premiers chrétiens, était une chose indifférente : le grand Apôtre le leur défendait néanmoins, parce qu'il prévoyait qu'il en arriverait du scandale, et il protestait lui-même que jamais il n'en usera dans la crainte de scandaliser ses frères : *Si esca scandalizat fratrem meum, escam non manducabo in æternum.* (I *Cor.*, VIII, 13.) C'est ce qui doit vous engager, mes frères, à vous abstenir de certaines choses que vous croyez permises, et qui sont néanmoins défendues par la loi de la charité, dès qu'elles sont pour le prochain un sujet de scandale. Il ne faut pas néanmoins omettre le bien que l'on est obligé de faire à raison du scandale que d'autres en prendraient mal à propos. C'est un scandale pharisaïque qu'ils doivent imputer à eux-mêmes, tel qu'était celui des Juifs sur la conduite et la doctrine de Jésus-Christ.

Pratiques.—Mais ce qu'il vous importe de bien savoir et de pratiquer, c'est de vous observer si bien dans toutes vos actions, que vous vous comportiez toujours d'une manière édifiante et digne de Dieu : *Ut ambuletis digne Deo.* (*Coloss.*, I, 10.) C'est de concourir, autant que vous le pourrez, au salut du prochain, par vos paroles et vos exemples, en sorte que vous soyez partout la bonne odeur de Jésus-Christ. Ce qu'il vous importe encore de savoir et de pratiquer, c'est d'éviter la compagnie des scandaleux ; quelque affermis que vous soyez dans la vertu, vous tomberez, et vous deviendrez méchants avec les méchants. Pour vous, qui avez été pour vos frères une odeur de mort, par les mauvais exemples que vous leur avez donnés, il faut, autant qu'il est en vous, réparer le mal que vous avez fait, en demander pardon à Dieu : *Ab alienis parce servo tuo* (*Psal.* XVIII, 14); rétracter les mauvais conseils que vous leur avez donnés, les maximes pernicieuses que vous leur avez enseignées; réparer par votre conduite les mauvaises impressions que vous avez causées. Vous avez scandalisé par votre éloignement des sacrements et des Offices divins, il faut vous approcher des premiers, et que l'on vous voie assidus aux seconds. Vous donnez du scandale par la fréquentation de certaines maisons, ou des personnes que vous ne deviez pas voir ; il faut éviter ces maisons, ces personnes, quelque chères qu'elles vous soient, et quelqu'avantage que vous en puissiez retirer. Vous ne ferez peut-être pas tant de bien par vos bons exemples, que vous avez fait de mal par vos scandales ; mais Dieu aura égard à votre bonne volonté, aux prières que vous lui adresserez pour la conversion de ceux que vous avez pervertis ; ne quittez point la bonne voie que vous avez prise, elle vous conduira au séjour de la gloire. *Amen.*

—

OBSERVATIONS

Sur les quatre Dimanches que l'on a ajoutés dans le nouveau Bréviaire après ceux qui suivent la Pentecôte.

Comme les sujets de l'Evangile de ces quatre Dimanches se rapportent à quelques-uns de ceux que l'on a traités pendant le cours de l'année, on pourra se servir de ceux-ci pour les Prônes de ces quatre Dimanches, de la manière qui suit :

POUR LE XXVe DIMANCHE APRÈS LA PENTECÔTE.

Si l'on prend pour texte : *Omnia quæcunque vultis ut faciant vobis homines, et vos facite illis* (*Matth.*, VII, 12), on prend pour sujet l'Amour du prochain, qui est au XIIe Dimanche après la Pentecôte ; ou bien on pourra traiter le petit nombre des Elus, en prenant pour texte : *Intrate per angustam portam.* Voyez le XIXe Dimanche après la Pentecôte. Ou enfin l'on pourra parler de l'Enfer, en prenant pour texte : *Omnis arbor quæ non facit fructum bonum, excidetur et in ignem mittetur* (*Ibid.*, 19); d'autant plus que si l'on fait l'office de ce Dimanche-ci, on ne fait pas celui du Ve Dimanche après les Rois, où ce sujet est traité.

POUR LE XXVIe DIMANCHE.

Omnis qui audit omnia verba hæc et facit ea, assimilabitur viro sapienti qui ædificavit domum suam supra petram. (*Matth.*, VII, 24.) On prendra le second point de la Foi, qui est au VIe Dimanche après les Rois, dont on ne fait point l'Office, à supposer qu'on le fasse de celui-ci.

Ce n'est pas assez d'écouter la parole de Dieu, de croire ce qu'il nous a dit ; ce n'est pas même assez de prier, d'invoquer le nom du Seigneur : il faut faire ce qu'il nous a enseigné.

POUR LE XXVIIe DIMANCHE.

Simile est regnum cœlorum decem virginibus, quæ accipientes lampades suas exierunt obviam sponso et sponsæ. (*Matth.*, XXV, 1.)

On rapportera dans l'exorde la parabole des Vierges sages et des Vierges insensées, d'où l'on conclura la nécessité des bonnes œuvres. Voyez le VIIe Dimanche après la Pentecôte. Si on a traité ce sujet ce jour-là, on pourra parler de la Mort des justes, et de celle des pécheurs. Les vierges sages représentent les justes, qui seront enrichis de bonnes œuvres à la mort, et qui auront entrée dans le festin éternel. Les vierges insensées représentent ceux qui ne seront pas préparés à la mort ; à qui on dira : *Nescio vos.* Voyez le XVe Dimanche après la Pentecôte. On pourra aussi parler de la Chasteté, qui est traitée au XXIIIe.

POUR LE XXVIIIe DIMANCHE

Pater, quos dedisti mihi, volo ut ubi sum ego et illi sint mecum, ut videant claritatem meam quam dedisti mihi. (*Joan.*, XVII, 24.)

On pourra parler de la Gloire du ciel, qui est traitée au jour de l'Ascension. Jésus-Christ ne demande pas pour ses apôtres les biens, les honneurs, les dignités du monde ; mais les biens du ciel, la gloire éternelle. Tel doit être l'objet de nos désirs et la fin de nos actions.

S'il arrive, ce qui sera bien rare, qu'on traite le même sujet pour deux Dimanches, on prendra le premier point pour l'un, et le second pour l'autre.

Le sermon qui suit sur la dévotion à la sainte Vierge, peut se prêcher toutes les fêtes établies en son honneur, en y faisant un exorde particulier.

—

PRONE LXXVI.

Pour l'Assomption de la sainte Vierge.

SUR LE MYSTÈRE DU JOUR.

Quæ est ista quæ progreditur quasi aurora consurgens, pulchra ut luna, electa ut sol? (*Cant.*, VI, 9.)

Quelle est celle-ci qui s'élève comme l'aurore, qui est belle comme la lune, éclatante comme le soleil?

Vous me prévenez sans doute, mes frères, dans l'application que je dois faire de ces paroles de mon texte, et vous comprenez sans peine que cette magnifique description que fait ici l'Esprit-Saint, convient parfaitement à l'incomparable Vierge dont nous célébrons en ce jour la triomphante Assomption.

Mais quelle gloire, mes frères, et qui peut en exprimer l'excellence? le tombeau même où la gloire des autres mortels s'évanouit, est glorieux pour Marie : *Erit sepulcrum ejus gloriosum.* (*Isa.*, XI, 10.) Comme elle avait été préservée de la corruption du péché, et qu'elle avait servi de sanctuaire à la Divinité même, il ne convenait pas que son corps fût sujet à la corruption du tombeau. C'est pourquoi Marie ne s'est pas plutôt endormie dans le sein de la mort, que son corps reprend une nouvelle vie, et que réuni à son âme, il est élevé avec elle au trône de gloire qui lui est préparé dans le ciel. Ne cherchons donc plus Marie dans cette région de mort qui ne méritait pas de la posséder; mais suivons-la en esprit jusque dans le ciel, où elle monte accompagnée d'une troupe d'anges, qui s'empressent de lui rendre les honneurs qu'elle mérite. Déjà cette Arche mystérieuse est introduite dans les tabernacles éternels, et va se reposer dans la place qui lui est destinée. Déjà je vois cette Vierge incomparable élevée au-dessus des chœurs des anges, assise sur un trône à côté de son cher Fils, où ne reconnaissant personne au-dessus d'elle que Dieu même, elle est reconnue et révérée pour Reine des anges et des hommes.

Tel est, mes frères, le grand sujet de joie qui occupe le ciel et la terre dans cette solennité : sujet de joie pour Marie, qui voit en ce jour ses vertus récompensées de la gloire qu'elle a méritée : sujet de joie pour les hommes, à qui cette divine Mère va servir de Patronne et d'Avocate auprès de Dieu, pour leur obtenir toutes les grâces dont ils ont besoin.

Mais quels seront ceux qui ressentiront les effets de sa protection, qui auront part à ses faveurs? Tous ceux, mes frères, qui auront pour elle une véritable dévotion. C'est pour la renouveler dans vos cœurs, cette dévotion envers la Mère de Dieu, que je viens vous en proposer les motifs, vous en apprendre la pratique. Quels sont les motifs qui nous engagent à la dévotion envers la sainte Vierge; premier point. En quoi consiste cette dévotion; second point. *Ave, Maria.*

PREMIER POINT.

Quoique Dieu seul mérite le culte suprême, à cause de l'excellence et de l'indépendance de son être, cela n'empêche pas que nous ne devions honorer les saints, qui sont ses serviteurs et ses amis. Loin d'ici donc ces hérétiques, qui condamnent cette pratique de notre sainte religion, comme si nous déshonorions le Fils de Dieu par les honneurs que nous rendons à ses élus. Le culte que nous leur rendons est toujours un culte subordonné ; ce n'est qu'un culte de vénération, dont toute la gloire se rapporte encore à Dieu, parce qu'en honorant les saints, nous n'honorons en eux que l'excellence des dons qu'ils ont reçus du Ciel. Dieu même qui, selon le témoignage de l'Evangile, honore ses serviteurs : *Honorificabit eum Pater meus* (*Joan.*, XII, 26), nous fait un devoir de les honorer à son exemple. Or, si c'est une obligation d'honorer et d'invoquer les saints, ne devons-nous pas, à plus forte raison, décerner le même honneur à Celle qui, entre tous les saints, occupe le premier rang? L'élévation de Marie répond et à sa qualité de Mère de Dieu, et à la plénitude de ses mérites; et c'est aussi sur cette divine maternité, et sur les vertus sublimes qui l'accompagnèrent, qu'est fondé tout le culte religieux que nous lui devons.

Que Marie soit Mère de Dieu, c'est une qualité qu'on ne peut lui disputer sans attaquer la foi, contredire l'Ecriture, et mépriser l'autorité de l'Eglise dans ses décisions.

En effet, lorsque l'Evangile nous dit que c'est de Marie qu'est né Jésus : *De qua natus est Jesus* (*Matth.*, I, 16), n'est-ce pas dire qu'elle est Mère de Dieu? puisque ce Jésus qui est né d'elle, est le Fils du Dieu vivant, Dieu de toute éternité comme lui, égal à lui dans toutes ses perfections. En vain, pour ravir à Marie l'auguste qualité de Mère de Dieu, l'impie Nestorius eut-il la témérité d'avancer qu'il y avait deux personnes en Jésus-Christ, et que Marie n'était que la Mère d'un homme ; ce blasphème fut frappé des anathèmes de l'Eglise assemblée à Ephèse pour ce sujet, et il y fut décidé que, quoiqu'il y eût deux natures en Jésus-Christ, il n'y avait qu'une personne ; et que Marie étant la Mère d'un homme qui était Dieu, était par conséquent Mère de Dieu Ce fut pour en conserver le précieux souvenir aux fidèles que l'Eglise, assemblée dans ce concile, mit dans la bouche de ses enfants cette belle prière que nous adressons tous les jours à la sainte Vierge : *Sancta Maria, Mater Dei, ora pro nobis peccatoribus.*

Or, si Marie est Mère de Dieu, quel respect, quelle vénération de notre part ne lui mérite pas une si grande qualité? Car, si Marie est Mère de Dieu, il est vrai de dire qu'elle a donné la vie à l'auteur de son être et de toutes les créatures ; qu'elle a engendré dans le temps Celui que le Père éternel a engendré de toute éternité; qu'elle a porté dans son sein Celui que la terre et les cieux ne peuvent contenir; qu'elle partage, en quelque façon, les droits du Père céleste sur son Fils adorable; que Celui qui commande à toute la nature lui a été soumis : c'est ce que l'Evangile nous apprend par ces paroles : *Erat subditus illis.* (*Luc.*, II, 51.) Jésus était soumis à Marie et à Joseph. Quoi de plus glorieux pour une pure créature?

Si Marie est Mère de Dieu, elle est, pour me servir des termes de saint Bernard, la Réparatrice de tous les siècles, le Salut de tout l'univers, non pas, à la vérité, dans le sens que Jésus-Christ l'a été; lui seul est notre Sauveur, il est notre unique Rédempteur, parce que lui seul a pu, par ses souffrances et sa mort, satisfaire pleinement à la justice de Dieu son Père, et qu'il a seul versé son sang pour nous racheter. Mais ne peut-on pas dire que la sainte Vierge a coopéré à cette rédemption, en ce qu'elle a fourni son plus pur sang pour former ce corps adorable, offert pour notre rançon? Elle a nourri de son propre lait la Victime qui devait être immolée pour les péchés des hommes. Elle a offert dans le temple et au pied de la croix, son Fils adorable pour la rédemption du genre humain. Elle a donc eu la gloire de coopérer à notre salut : et c'est à cette gloire que la divine maternité l'a élevée. Quel sujet, encore une fois, de lui rendre nos hommages et nos respects!

Si Marie est Mère de Dieu, elle a contracté une alliance plus particulière qu'aucune créature, avec les trois augustes Personnes de la sainte Trinité. Elle est devenue Fille du Père éternel, Mère du Fils, Epouse du Saint-Esprit: comme Fille du Père éternel, elle est le chef-d'œuvre de sa toute-puissance; comme Mère du Fils, elle a été la demeure et comme le siége de sa sagesse: *Sedes sapientiæ;* comme Epouse du Saint-Esprit, elle possède les trésors de son amour. En un mot, elle est, selon l'expression de saint Augustin, l'ouvrage par excellence des desseins éternels: *Æterni consilii opus;* et, pour parler avec saint Bonaventure, elle est un rayon de la Divinité: *Radius Divinitatis.*

Oui, mes frères, Marie est le chef-d'œuvre de la toute-puissance du Père éternel, de la sagesse du Fils, de l'amour du Saint-Esprit, puisqu'il n'est aucune créature en qui ces divins attributs se soient plus manifestés qu'en elle. La toute-puissance de Dieu s'est manifestée en Marie, en ce qu'elle est non-seulement la plus parfaite de toutes les créatures, mais parce que Dieu n'a pu, comme dit saint Thomas, faire une mère plus grande que Marie: *Majorem matrem Virgine Maria facere non poterat.* La raison qu'en apporte ce saint docteur est que pour faire une mère plus grande que Marie, il faudrait avoir pu lui donner un Fils plus grand que Jésus-Christ, qui est Dieu; et comme il n'est rien de plus grand que Dieu, rien après lui de plus grand que Marie. Elle a aussi été le chef-d'œuvre de la sagesse de Dieu, non-seulement par les lumières abondantes qui lui ont été communiquées, mais encore parce qu'elle a été choisie pour être la demeure et le sanctuaire de cette divine sagesse qui résidait en Dieu de toute éternité. Aussi le Saint-Esprit en fit-il le chef-d'œuvre de son amour, par la plénitude des grâces dont il la favorisa: plénitude de grâce si grande, que non-seulement Marie fut préservée, dès le premier moment de sa conception, de la tache du péché originel; elle n'a pas même ressenti, pendant sa vie, la moindre atteinte du péché, et que les richesses dont son âme est comblée, égalent la dignité où l'élève la maternité divine; en sorte que pour juger de l'abondance des dons qu'elle reçoit, il faudrait comprendre ce que peut faire de grand, en faveur de sa Mère, Celui qui est seul puissant: *Fecit mihi magna qui potens est.* (*Luc.*, I, 49.) Faut-il, après cela, s'étonner, mes frères, d'entendre les Pères de l'Eglise avouer ingénument l'impuissance où ils sont de louer dignement les grandeurs de Marie?

Quelles louanges, dit la foule des docteurs avec saint Augustin, quelles louanges, Vierge sainte, peuvent approcher de la grandeur de vos mérites? *Quibus te laudibus efferam, nescio.* L'impossibilité où nous sommes de parler dignement de vous, est précisément ce qui nous donne une véritable idée de votre élévation, et ce qui vous rend, à nos yeux, plus digne de nos hommages et de nos respects. Mais un motif bien pressant encore de vous être tous dévoués, c'est cet assemblage de vertus sublimes qui accompagna vos glorieuses prérogatives.

Ici, mes frères, j'entre dans un autre abîme dont je ne puis pénétrer la profondeur. Si la sainte Vierge reçut de son Dieu une plénitude de grâces, on peut dire que sa vie fut un prodige de vertus et de sainteté, parce que, toujours fidèle à la grâce, elle la laissa agir sur elle dans toute sa force et son étendue; en sorte que tous les moments de sa vie furent marqués par des actions de vertus, et parce qu'elle avait reçu plus de grâces que toutes les créatures ensemble, et qu'aucune de ces grâces ne fut en elle stérile, il faut nécessairement convenir, dit saint Chrysostome, que cette Vierge incomparable a surpassé en vertu tous les saints, qu'elle a eu plus de foi que les patriarches et les prophètes, plus d'amour que les apôtres, plus de patience et de fermeté que les martyrs. Mais à quel point surtout ne porta-t-elle pas l'humilité, la pureté? Loin de se prévaloir dans le monde de sa dignité de Mère d'un Dieu, pour exiger les déférences qui lui étaient dues, elle ferme les yeux sur tout ce qu'elle a de grand, elle oublie la noblesse de sa naissance, et ne se souvient que de l'humiliation de sa nature. Toujours elle se met au rang des plus simples servantes, et, pour mieux dérober au monde les faveurs qu'elle reçoit du Ciel, elle se confond dans la foule des femmes ordinaires, elle se soumet, quoique innocente, à une loi établie pour purifier du péché. Elle cache la sainteté de sa vie dans l'obscurité de la retraite, et s'étudie à demeurer inconnue aux yeux des hommes, pour ne plaire qu'à Dieu. O la plus humble des vierges! que cet abaissement volontaire où vous vivez, confond bien notre orgueil! Puissions-nous, à votre exemple, aimer le mépris et l'obscurité, et mériter comme vous les faveurs de notre Dieu, par l'humilité de nos sentiments et la pureté de notre cœur!

Vous le savez, mes frères, la pureté fut la vertu favorite de Marie: dès l'âge de trois ans elle se consacre au Seigneur par l'état de virginité qu'elle embrasse, vertu qui était alors en opprobre parmi les filles d'Israël. Aussi quelle attention à fuir tout ce qui peut flatter les sens? La vue d'un ange la fait trembler, elle aime mieux renoncer à être Mère de Dieu, que de rompre son engagement à une pureté virginale; et si elle consent enfin à son élévation, ce n'est qu'après s'être assurée de n'avoir pour époux que le Saint-Esprit. Or, ce sont ces sublimes vertus et tant d'autres que Marie a pratiquées dans un degré éminent, qui l'ont élevée à ce trône de gloire qu'elle occupe, et qui sont les fondements solides du culte religieux qu'on lui rend dans tout le monde chrétien. En vain les ennemis de sa gloire se sont-ils efforcés, et s'efforceraient-ils de détruire, dans l'esprit des fidèles, les sentiments de vénération qu'on a toujours réservés à ses augustes qualités. En vain les puissances de l'enfer ont-elles fait leur possible pour ôter aux hommes les consolantes ressources qu'ils trouvent dans sa protection; cette puissante Reine triomphera toujours des ennemis de son culte, et l'Eglise, toujours conduite par l'Esprit-Saint, se fera, dans tous les temps, un devoir de soutenir les intérêts de la Mère de Dieu. De là ces fêtes qu'elle a instituées en son honneur, ces temples qu'elle consacre à Dieu sous son nom, ces prières publiques qu'elle lui adresse, ces confréries érigées à sa gloire, ces sociétés religieuses qui combattent sous ses étendards. L'Eglise se tromperait-elle donc en inspirant et en soutenant une dévotion fausse et téméraire? Non, mes frères, ce sont les ennemis de l'Eglise qui se trompent; Dieu lui-même fait connaître leurs erreurs; les miracles qu'il opère, les grâces singulières qu'il accorde aux dévots serviteurs de Marie, prouvent assez qu'il se plaît à la voir honorer sous ces rapports; mais pour recevoir ces grâces, il faut mettre en pratique cette dévotion.

DEUXIÈME POINT.

En quoi consiste, mes frères, la véritable dévotion envers la sainte Vierge? A l'invoquer avec confiance, à l'imiter avec fidélité. Ces deux pratiques suivent naturellement les motifs que je vous ai proposés pour vous inspirer cette dévotion. En effet, si Marie est Mère de Dieu, quel crédit n'a-t-elle pas auprès de son Fils, et quelle confiance ne pouvons-nous pas avoir en sa protection? Si Marie est un modèle parfait de toutes les vertus, quels moyens plus efficaces de mériter sa protection, que d'imiter les exemples qu'elle nous a donnés?

Ce qui nous engage à mettre notre confiance aux personnes capables de nous faire du bien, c'est le pouvoir et la volonté qu'elles ont de nous en faire. Si elles n'avaient que le pouvoir sans la volonté, ou la volonté sans le pouvoir, notre confiance serait vaine; mais quand le pouvoir est accompagné d'une bonne volonté, c'est ce qui fait naître et soutient notre espérance, et nous autorise à demander des grâces. Or l'un et l'autre se trouvent en la sainte Vierge, dit saint Bernard. Elle est Mère de Dieu, et, par une suite nécessaire, Mère des hommes : sa qualité de Mère de Dieu nous assure de son pouvoir; sa qualité de Mère des hommes, de sa bonne volonté. Elle est la plus puissante et la meilleure de toutes les Mères, avec quelle confiance ne pouvons-nous donc pas nous adresser à elle dans nos besoins?

Que la sainte Vierge, en qualité de Mère de Dieu, ait tout pouvoir auprès de son cher Fils, c'est une vérité sur laquelle il n'est pas possible de former le moindre doute.

Que ne peut pas, en effet, la plus accomplie de toutes les Mères auprès de son Fils qui l'aime tendrement? Or, un fils aima-t-il jamais plus tendrement sa mère que Jésus-Christ aima la sienne? Pourrait-on croire que celui qui a commandé aux enfants d'aimer et de respecter leurs parents, manquât de déférence pour sa Mère? Ah! mes frères, n'employons point ici d'autre langage que celui de la nature. Que ne feriez-vous pas pour une mère que vous aimez tendrement? pourriez-vous lui refuser quelque grâce qu'elle vous demanderait, sans passer pour un ingrat, pour un monstre de nature? et pourriez-vous avoir des sentiments aussi injurieux à Jésus-Christ que de croire qu'il ressemblât à ces enfants dénaturés qui n'ont que de la dureté pour leurs parents? Ah! pensez mieux de la bonté d'un Fils qui tient à sa Mère, dans le ciel, le même langage que Salomon tenait autrefois à la sienne. Demandez, ma mère, tout ce que vous voudrez, mettez à l'épreuve la tendresse d'un fils; car il ne convient pas que je vous refuse quelque chose : *Pete, mater mea, neque enim fas est ut avertam faciem tuam.* Toutes mes grâces sont entre vos mains, répandez-les sur vos serviteurs; quoi que vous demandiez, il vous sera accordé : *Neque enim fas est ut avertam faciem tuam.* (*III Reg.*, II, 20.)

Nous admirons, mes frères, le pouvoir de ces grands serviteurs de Dieu dont l'Ecriture fait mention, qui avaient tant d'accès auprès de sa divine Majesté, que Dieu semblait se rendre obéissant à leur parole, comme il est dit de Josué : *Obediente Deo voci hominis.* (*Josue*, X, 14.)

Or, si les serviteurs ont eu tant de crédit auprès du Maître, combien grand ne doit pas être celui de la Mère auprès du Fils? Elle en a reçu tout pouvoir dans le ciel et sur la terre, dit saint Bonaventure, en lui appliquant les paroles de Jésus-Christ même : *Data est mihi omnis potestas in cœlo et in terra.* (*Matth.*, XXVIII, 18.)

Saint Antonin ajoute qu'il est impossible que Marie ne soit pas exaucée : *Impossibile est Mariam non exaudiri.* En sorte, continue le même Père, que la promptitude avec laquelle on lui accorde tout ce qu'elle demande, lui donne un crédit qui tient du commandement et de l'empire : *Rationem habet imperii.*

Quelle heureuse conséquence, mes frères, à tirer en faveur de ceux qui mettent leur confiance en cette divine Mère! puisqu'à l'étendue de son pouvoir elle joint la volonté la plus sincère de nous secourir. Nous sommes ses enfants, et elle nous aime avec tendresse; elle voit dans nous les frères de Jésus-Christ, et c'est à chacun de nous en particulier que ce divin Sauveur la donna pour Mère avant d'expirer sur la croix : *Ecce Mater tua.* C'est donc avec raison que nous pouvons dire que nous avons une Mère toute-puissante dans le ciel. Or, quoi de plus consolant? Pourrait-elle jamais oublier nos besoins, ou les voir d'un œil indifférent?

Non, mes frères, cette divine Mère, du haut point de gloire où elle est élevée, n'est pas tellement occupée de son bonheur qu'elle ne pense plus à nous. Elle nous sert d'avocat auprès de Dieu; et comme Jésus-Christ est le principal médiateur qui plaide notre cause auprès de son Père, comme dit saint Paul : ***Semper vivens ad interpellandum pro nobis*** (*Hebr.*, VII, 25), Marie emploie aussi sa médiation auprès de son Fils, en faveur de ceux qui réclament sa protection. C'est par cette puissante médiation qu'elle arrête le bras de la justice de Dieu, prêt à lancer ses foudres sur les hommes criminels.

Hélas! combien de pécheurs parmi ceux qui m'écoutent, seraient déjà précipités dans les enfers, si la sainte Vierge n'avait demandé grâce pour eux; si elle ne leur avait obtenu le temps de faire pénitence! Combien de pécheurs lui sont redevables de leur conversion; de justes, de leur persévérance; de saints, de leur gloire et de leur récompense dans le ciel! En un mot, la très-sainte Vierge est comme le canal par où toutes les grâces, tous les trésors du ciel nous sont communiqués : quiconque est favorablement écouté de Marie, l'est aussi de Jésus-Christ; et quiconque l'invoque avec confiance, est sûr d'être exaucé et de ressentir les effets de sa protection.

Recourez donc à Marie, conclut à ce sujet saint Bernard, ô vous tous qui vous regardez en ce monde comme sur une mer orageuse, agités de tempêtes, emportés par les flots, exposés à tous moments au danger de faire naufrage! si vous voulez n'être pas submergés, ne détournez pas les yeux de cet astre qui calme les orages: *Respice stellam, voca Mariam.*

Si vous êtes attaqués de tentations, comme de vents furieux qui se soulèvent contre vous, si vos passions vous poussent contre les écueils, si la colère vous entraîne au précipice, recourez à Celle qui peut faire cesser la tempête, et qui vous fera triompher de vos ennemis par les grâces qu'elle vous obtiendra pour les vaincre: *Voca Mariam.* Si, troublés par les remords de votre conscience et la grièveté de vos péchés, vous êtes tentés de vous précipiter dans l'abîme du désespoir, à la vue des terribles jugements de Dieu, pensez seulement à Marie, invoquez-la dans vos dangers, dans vos tribulations, dans tous vos besoins, et vous éprouverez de la consolation dans vos peines, vous sentirez votre espérance se ranimer, parce qu'il est impossible, dit saint Bernard, qu'un véritable serviteur de Marie puisse périr. Donnez-moi quelqu'un, dit-il, qui l'ait invoquée en vain, et je consens qu'il ne l'invoque plus.

Mais souvenez-vous, ajoute ce Père, que le moyen le plus efficace de vous la rendre propice, est d'imiter les exemples de vertu qu'elle vous a donnés: *Ut impetres ejus orationis suffragium, non deseras conversationis exemplum.* C'est en cette pratique, mes frères, que consiste principalement la véritable dévotion envers la sainte Vierge. Il faut l'honorer, il est bon et utile de l'invoquer avec confiance.

Mais se contenter de lui donner quelque marque de vénération, de lui adresser quelques prières, d'être agrégé à quelqu'une de ses confréries, et s'en tenir là précisément, sans se mettre en peine d'imiter ses vertus, c'est une dévotion superficielle et inutile. Pour être véritable serviteur de la sainte Vierge, il faut être serviteur de Jésus-Christ; obéir comme elle à sa loi, marcher comme elle sur les traces de ce divin modèle.

La sainte Vierge, il est vrai, est le Refuge des pécheurs : *Refugium peccatorum.* Elle leur obtient les grâces de conversion et de salut. Mais obtiendra-t-elle ces grâces de conversion aux pécheurs qui ne veulent pas se convertir, qui persistent opiniâtrément dans leurs désordres? Sauvera-t-elle ces pécheurs qui ne veulent pas profiter des grâces de salut? Non, mes frères, Dieu lui-même qui nous a créés sans nous, ne nous sauvera pas sans nous, dit saint Augustin; il ne faut donc pas, pécheurs, vous imaginer qu'à l'abri de quelques prières que vous adressez à la Mère de Dieu, de quelques pratiques de dévotion dont vous vous acquittez envers elle, vous n'ayez rien à craindre, parce que, dites-vous, vous êtes sous la protection de Marie qui ne vous abandonnera pas. Vous avez raison de mettre en elle votre confiance, de tout attendre de son pouvoir et de sa bonté; mais ce n'est plus confiance, c'est présomption, de croire que la sainte Vierge fera tout de son côté, tandis que vous ne voudrez rien faire du vôtre. Elle protège les pécheurs, mais elle a en horreur le péché. Elle prend trop de part aux intérêts de son cher Fils, pour autoriser les outrages qu'on lui fait; quiconque déclare la guerre à son Fils, encourt son indignation; ce n'est qu'en obéissant aux volontés du Fils, qu'on peut espérer les faveurs de la Mère.

Eh! comment cette Vierge, qui a été la plus élevée et la plus humble en même temps de toutes les créatures, accorderait-elle ses faveurs à ces hommes orgueilleux qui, tout remplis d'eux-mêmes, n'ont que mépris des autres; qui ne cherchent qu'à s'élever, à paraître ce qu'ils ne sont pas, tandis qu'ils ont tant de sujet de s'humilier, de s'abaisser?

De quel œil cette Vierge toute pure verrait-elle au nombre de ses enfants ces âmes charnelles et voluptueuses, qui repaissent leur imagination de pensées déshonnêtes, se livrent à des désirs grossiers, se plongent dans la fange et l'ordure du péché dont elle a tant d'horreur.

Quelles grâces peuvent espérer de cette Mère du divin amour, ces vindicatifs qui ne veulent point pardonner, ces médisants qui lancent leurs traits envenimés contre la réputation du prochain, ces injustes usurpateurs du bien d'autrui? Non, non, pécheurs, qui que vous soyez, ne vous flattez point de la protection et du crédit de la sainte Vierge dès que vous ne quitterez pas les voies de l'iniquité; ne croyez pas qu'à l'ombre de ses ailes vous puissiez vous mettre à couvert des passions criminelles que vous ne voulez pas dompter; n'espérez pas qu'après avoir passé votre vie dans le crime, elle vous obtienne la grâce d'une sainte mort. Il est impossible, je le sais, qu'un véritable serviteur de Marie périsse; mais si vous voulez être de ce nombre et avoir part à son amitié, cessez d'être les ennemis de son Fils ; commencez à quitter vos désordres, à changer de vie, et elle vous obtiendra les secours dont vous avez besoin pour rentrer en grâce avec Dieu : c'est en quoi sa puissante protection sert beaucoup aux pécheurs. Car les pécheurs, pour sortir de l'abîme du péché, ont besoin d'une grâce de choix qu'ils ne méritent pas; mais s'ils ont un véritable désir de retourner à Dieu, et que pour réussir dans ce bon dessein, ils recourent à la sainte Vierge, ah ! c'est alors qu'elle leur fait sentir son crédit en leur obtenant ces grâces fortes et puissantes, qui leur font recouvrer la liberté des enfants de Dieu.

Pour vous, âmes justes, qui possédez l'amitié de votre Dieu, et qui, en cette qualité, avez plus de part aux faveurs de la sainte Vierge, vous pouvez tout espérer de sa protection, si vous êtes fidèles à marcher sur ses traces. Adressez-lui de ferventes prières, elle vous obtiendra la persévérance dans le bien, et le bonheur de mourir de la mort des saints.

C'est pour obtenir tant de faveurs, que nous avons recours à vous, Vierge sainte, Mère de miséricorde, notre vie, notre espérance après Dieu : *Mater misericordiæ, vita, dulcedo, spes nostra.* Nous vous adressons nos vœux, nos soupirs dans cette vallée de larmes, où notre occupation est de gémir, de pleurer sur nos misères : *Ad te suspiramus.* Daignez jeter sur nous vos regards propices, afin de nous ménager, après notre exil, un accès favorable auprès de votre cher Fils : *Et Jesum benedictum*, etc.

Nous ne vous demandons pas, Vierge sainte, les biens périssables de ce monde; nous ne vous demandons pas même de nous obtenir la délivrance des maux de cette vie; ils peuvent être pour nous un sujet de prédestination, si nous en faisons un saint usage; mais nous vous prions de nous obtenir la patience de les souffrir en vue de notre salut. Obtenez-nous une grande horreur du péché, qui est le seul mal que nous ayons à craindre. Demandez pour nous cette pureté, cette humilité, et les autres vertus qui vous ont rendue si agréable à Dieu. Faites voir en cela que vous êtes notre Mère, faites-nous-le connaître surtout au moment de la mort, qui doit décider de notre sort éternel.

C'est surtout pour ce dernier moment que nous réclamons votre puissante protection, afin que l'ennemi du salut ne prévale point sur nous, et que la mort ne soit qu'un passage à la vie bienheureuse.

Outre les pratiques générales de dévotion envers la sainte Vierge, que l'on a proposées dans cette instruction, on recommande les suivantes : Réciter tous les jours quelques prières en son honneur, comme le Chapelet, les sept Allégresses; se mettre de ses confréries, comme du Rosaire, du Scapulaire. On peut aisément réciter le Rosaire dans le courant de la semaine, savoir, trois dizaines le Dimanche, et deux dizaines chaque autre jour, commençant toujours par un acte de contrition. Jeûner ou faire quelque mortification le Samedi en son honneur, en avoir une image dans sa chambre ; la saluer quand on passe devant quelque chapelle ou image, en disant : O Mater Dei, memento mei : *O Mère de Dieu, souvenez-vous de moi, maintenant et à l'heure de ma mort. Se la proposer pour modèle dans ses actions, surtout les personnes du sexe, en se demandant souvent: Comment la sainte Vierge priait-elle, conversait-elle avec le monde? quelle était son horreur pour les assemblées profanes, son amour pour la solitude, le silence?* etc.

EXORDE

Pour la Nativité de la sainte Vierge.

Jacob genuit Joseph, virum Mariæ, de qua natus est Jesus qui vocatur Christus. (*Matth.*, I, 16.)

Jacob engendra Joseph, époux de Marie, de laquelle est né Jésus, qui est appelé le Christ.

Telle est, mes frères, la noble idée que l'Evangile nous donne de cette incomparable Vierge, dont nous célébrons aujourd'hui la naissance : *Marie, de laquelle est né Jésus* : « *De qua natus est Jesus.* »

S'il est glorieux pour elle de tirer son origine de ce qu'il y eut de plus grand sur le trône de Juda, il faut convenir qu'elle a fait plus d'honneur à ses ancêtres qu'elle n'en a reçu d'eux : aussi l'Evangéliste, dans la généalogie qu'il fait de ses aïeux, s'attache-t-il davantage au rapport que Marie a avec Jésus-Christ, qu'à celui qu'elle a avec les rois et les patriarches dont elle descend : *De qua natus est Jesus.* Mais c'est parce qu'elle ne vient au monde que pour être Mère d'un Dieu, qu'elle y paraît d'une manière bien différente des autres mortels. Hélas! nous naissons tous esclaves du péché et enfants de colère : Marie, au contraire, vient au monde pure et sans tache; et au lieu des faiblesses et des mauvais penchants qui souillent les premiers instants de notre vie, cette enfant privilégiée est déjà, même en naissant, ornée des plus pures vertus, confirmée dans l'état précieux de la grâce.

Que cette naissance, mes frères, est donc glorieuse pour Marie, puisqu'elle est accompagnée de tant de prérogatives! mais aussi qu'elle est avantageuse pour nous! Car, si Marie vient au monde pour être la Mère d'un Dieu, elle annonce le salut à tout l'univers, puisque le Fils dont elle doit être la Mère, doit sauver tous les hommes. C'est une Aurore qui précède l'arrivée du Soleil de justice, lequel doit dissiper les ténèbres du péché, et rendre la vie à ceux qui sont assis aux ombres de la mort. Si Marie vient au monde pour être la Mère d'un Dieu, elle sera aussi la Mère des hommes, elle sera leur Avocate, leur Protectrice auprès de Celui qui l'a élevée à une si auguste qualité. Quel sujet de joie pour nous, mes frères, et quel motif de nous consacrer à elle par une sincère dévotion! Telle est l'intention de l'Eglise dans la célébration des fêtes de la sainte Vierge ; c est, non-seulement. d'exalter la gloire de cette divine Mère, mais encore d'inspirer aux fidèles une tendre dévotion pour elle. C'est aussi ce que je me propose dans cette instruction, où je vous ferai voir les motifs qui nous engagent à la dévotion envers la sainte Vierge, premier point; en quoi consiste cette dévotion, second point.

Il ne convient pas, Vierge sainte, de commencer un sujet où votre gloire est intéressée, sans avoir imploré votre secours. *Ave, Maria*, etc.

PRONE LXXVII.

Pour la fête de la Dédicace d'une église.

Domus mea domus orationis vocabitur. (*Matth.*, XXI, 13.)

Ma maison sera appelée une maison de prière.

Telle est, mes frères, la noble et avantageuse idée que nous devons nous former de nos églises, dès que par leur consécration elles ont été séparées de tout usage profane, pour servir au culte de la divine Majesté. Ce sont des maisons que le Seigneur a choisies pour sa demeure et pour y recevoir nos hommages : *Domus mea.* Ce sont les maisons où il veut écouter favorablement nos prières, et nous combler de ses grâces : *Domus mea domus orationis vocabitur.* C'est pour ces raisons qu'on fait la Dédicace de ces églises avec tant de solennité, et que chaque année on renouvelle la mémoire de cette consécration sainte, pour ranimer dans les fidèles les sentiments de respect et de piété que doit faire naître dans leurs cœurs la sainteté de la maison de Dieu. Saisis d'admiration, et tout transportés de joie que le Seigneur veuille bien habiter parmi nous, rendons-lui donc mille actions de grâces de ce qu'en nous fournissant l'occasion de nous acquitter de nos devoirs envers son infinie Majesté, il nous a procuré le moyen de trouver un accès favorable auprès de sa divine miséricorde ; deux vérités qui renferment l'esprit de cette fête, et dont nous trouvons la preuve dans les paroles de mon texte. Nos églises sont les maisons du Seigneur : *Domus mea;* nous devons donc lui rendre dans ces maisons les hommages les plus respectueux, premier point. Nos églises sont des maisons de prière : *Domus orationis ;* nous devons donc les fréquenter souvent, pour y demander à Dieu les grâces dont nous avons besoin, second point.

PREMIER POINT.

Quoique Dieu remplisse tous les lieux du monde par sa présence, et que partout il mérite nos adorations, il en est cependant où il fait sa demeure d'une manière plus spéciale, et où il exige de nous des hommages particuliers. Dès les premiers temps du monde, nous voyons un Abel, un Noé, offrir au Seigneur des sacrifices sur des autels érigés par ses ordres. Moïse dressa un tabernacle dont Dieu lui-même avait donné le plan ; Salomon dans la suite bâtit un temple magnifique au Seigneur, pour réveiller dans le peuple les sentiments de religion qu'il avait perdus par ses fréquentes chutes dans l'idolâtrie : et avec quelles pompeuses cérémonies la Dédicace de ce temple auguste ne fut-elle pas célébrée ? Des milliers de victimes immolées, le ciel obscurci par l'encens qu'on y brûle ; une infinité d'hommes prosternés pour rendre leurs hommages au Seigneur; un feu dévorant descendu du ciel, qui consume les victimes; la Majesté de Dieu même devenue sensible : tout conspirait à prouver que le Seigneur s'était choisi ce lieu, comme il le dit lui-même, pour y voir son nom honoré, et y ouvrir ses mains pleines de ses bienfaits sur ceux qui viendraient lui rendre leurs hommages : *Elegi locum istum ut sit nomen meum ibi in sempiternum, et permaneant oculi mei et cor meum ibi cunctis diebus.* (II *Paral.*, VII, 16.)

Mais qu'est-ce qui rendait le temple de Salomon si respectable ? C'était l'arche d'alliance si féconde en prodiges, c'étaient les tables de la loi que Moïse avait reçues de Dieu sur la montagne. Et que possédons-nous dans nos églises ? Interrogeons notre foi : *Quid est hoc ?* Qu'est-ce qui est renfermé dans nos sacrés tabernacles ? C'est le corps, le sang, l'âme, la divinité de Notre-Seigneur Jésus-Christ, l'Arche vivante de la nouvelle alliance, dont l'ancienne n'était que la figure ; nous y possédons l'Auteur même de la loi. Jésus-Christ, le souverain Législateur, le même qui est assis à la droite de Dieu, son Père, qui doit venir un jour juger les vivants et les morts, réside sur nos autels, comme sur son trône; le même amour qui l'a fait naître pour nous dans une crèche, qui l'a fait mourir sur une croix, le fait demeurer avec nous dans le sacrement de nos autels ; en sorte que nous pouvons dire avec plus de raison que le peuple juif, qu'il n'y a point de nation si privilégiée que nous le sommes, parce qu'il n'y en a point qui ait ses dieux si près d'elle que le nôtre l'est de nous : *Non est alia natio tam grandis quæ habeat deos appropinquantes sibi, sicut adest nobis Deus noster.* (*Deut.*, IV, 7.) Nous le possédons, en effet, ce Dieu de majesté, non-seulement par les effets sensibles de sa présence, comme le vit Moïse dans le buisson ardent, comme les Israélites dans la nuée qui parut sur le tabernacle ; mais nous jouissons de sa présence réelle dans sa sainte humanité, qui est unie hypostatiquement à sa divinité ; et nous pouvons dire avec plus de vérité que jamais, que c'est maintenant que Dieu a fixé sa demeure parmi nous, qu'il est notre Dieu et que nous sommes son peuple : *Ecce tabernaculum Dei cum hominibus, ipse Deus cum eis, ipsi populus ejus erunt.* (*Apoc.*, XXI, 3.) Aussi peut-on regarder nos églises comme un nouveau ciel que Dieu a créé pour notre consolation : *Ecce ego creo novos cœlos.* (*Isa.*, LXV, 17.)

De quel respect ne devons-nous donc pas être pénétrés en y entrant ? Avec quel saint tremblement ne devons-nous pas nous y présenter ? *Que ce lieu est terrible !* devons-nous dire ; *c'est un lieu véritablement saint, la maison de Dieu* : « *Quam terribilis... est locus iste !*

Non est hic aliud, nisi domus Dei et porta cœli.» (*Gen.*, XXVIII, 17.) En allant vers la montagne sainte où Dieu désirait lui parler, Moïse marche pieds nus, et n'approche qu'en tremblant. La terre où vous êtes, lui dit le Seigneur, est une terre sainte, dépouillez-vous donc de tout ce qui pourrait la souiller. (*Exod.*, III, 5.) Cet ordre donné au chef du peuple de Dieu est pour nous une loi pressante qui nous oblige à quitter, en entrant dans nos temples, tout ce qui blesse la sainteté du Dieu qu'on y adore, ces airs de vanité et d'immodestie, ces prééminences, ces distinctions de places où l'on veut paraître au-dessus des autres, parce qu'on est ou plus riche, ou plus qualifié; ces parures, ces ajustements mondains, par lesquels on semble disputer à la décoration des autels ; cette imagination dissipée, répandue sur toutes sortes d'objets étrangers ; ces affections terrestres qui rendent votre cœur esclave d'une idole qui l'occupe, et que vous venez peut-être chercher jusque dans la maison de Dieu, par des regards immodestes que vous lui adressez : ce sont, en un mot, toutes vos inclinations perverses, tous vos péchés. Car quoique la maison de Dieu ne soit point fermée aux pécheurs, la sainteté de ce lieu demande que du moins ils s'y humilient, et qu'ils n'ajoutent pas à leurs anciennes iniquités des irrévérences, seules capables de leur fermer le sein des miséricordes du Seigneur. Mais n'est-ce pas une chose étrange, que nos églises, qui sont le sanctuaire de la Divinité, soient traitées avec moins de respect que les palais des rois, que les maisons mêmes d'un simple particulier pour qui l'on aurait quelque considération ? On observe scrupuleusement jusqu'aux moindres bienséances; on évite les manquements les plus légers dans les appartements des grands de la terre ; et nos églises, qui sont les palais, le trône du Roi des rois, sont profanées par des enfants de l'Eglise : *Dilectus meus in domo mea fecit scelera multa.* (*Jerem.*, XI, 15.) Non contents d'offenser Dieu partout ailleurs, dans les maisons, sur les places publiques, dans les campagnes, ils portent l'insolence jusqu'à venir l'attaquer dans sa propre maison. Tandis que les anges s'y tiennent dans un profond respect, que les Puissances du ciel tremblent, *tremunt Potestates;* de faibles mortels, des vers de terre qui ne sont que cendre et poussière, fléchissent à peine les genoux. On en voit qui affectent une scandaleuse mollesse, ou dont l'air évaporé fait rougir et devient une occasion de chute pour ceux qui les environnent ; d'autres, par leurs discours profanes ou des ris scandaleux, interrompent le silence de nos redoutables mystères, détournent l'attention des assistants. Ah ! Seigneur, que ne faites-vous sortir des sacrés tabernacles des feux dévorants qui consument ces impies, ou que ne sortez-vous de votre sanctuaire pour les chasser comme vous chassâtes autrefois les profanateurs du temple de Jérusalem ?

Cependant, mes frères, de quel côté que nous jetions la vue dans nos églises, nous n'y apercevons partout que des objets dignes de vénération ; nous n'y voyons que des merveilles opérées par la toute-puissance de la miséricorde de Dieu : merveilles de miséricorde dans les piscines salutaires que nous voyons d'abord à l'entrée de ces temples, destinées non pas à laver les taches, à guérir les maladies du corps, comme celle de Jérusalem, mais à guérir les maladies de l'âme, à purifier de la lèpre du péché. Ici, ce sont des bains salutaires où les enfants de colère et de malédiction sont affranchis de l'esclavage du péché originel, et deviennent enfants de Dieu, héritiers du royaume céleste ; là, ce sont des tribunaux de miséricorde, où des enfants prodigues trouvent grâce auprès du meilleur des pères, et rentrent dans les droits qu'ils avaient perdus par leur désobéissance : levons les yeux et voyons ces chaires de vérité, d'où le Seigneur fait intimer ses volontés aux hommes, où les ignorants sont instruits, les aveugles éclairés, les pêcheurs convertis. Mais si nous pénétrons jusqu'au sanctuaire de ces temples, le plus surprenant de tous les prodiges, le plus éclatant de tous les miracles vient s'offrir à nos réflexions. Là, se présente à nous l'autel figuré du Calvaire, où Jésus-Christ renouvelle le sacrifice qu'il présenta autrefois à Dieu, son Père, sur cette sainte montagne ; sacrifice auguste, où l'on n'offre plus la chair et le sang des animaux, mais la chair et le sang de l'Agneau sans tache, de Jésus-Christ, Fils du Dieu vivant, seule victime digne d'être offerte à la Majesté de Dieu. Sacrifice universel qui renferme et surpasse tous les sacrifices de l'ancienne loi ; puisqu'il suffit pour rendre à Dieu tout l'honneur que l'infinie perfection de sa nature peut exiger, pour exprimer toute la connaissance que méritent ses bienfaits, pour apaiser sa colère irritée par nos prévarications, enfin pour obtenir toutes les grâces qui nous sont nécessaires. Or, ce n'est que dans nos églises où l'on peut offrir cet adorable sacrifice dont la vertu ébranle la terre et les cieux. Et c'est, dit saint Augustin, ce qui a toujours rendu nos temples si respectables, que dès les premiers siècles de l'Eglise, les portes en étaient fermées à certains pécheurs jusqu'après une pénitence de plusieurs années ; heureux encore, lorsqu'après avoir longtemps pleuré et gémi à la porte de ces églises, ils n'entendaient plus prononcer contre eux ces terribles anathèmes: Les choses saintes sont pour les saints, les pécheurs en doivent être exclus : *Sancta sanctis, foris canes!*

Si l'Eglise a relâché de son ancienne discipline, si elle permet à tout pécheur de pouvoir y entrer, ce n'est pas qu'elle croie ces lieux moins dignes de respect; mais par cette condescendance elle invite les pécheurs à entrer dans les sentiments d'humilité et de douleur qui conviennent à leur état ; elle les oblige même à participer aux mystères redoutables de la religion, pour qu'ils puissent trouver dans le sacrifice de nos autels, à la Table sainte, une source de grâces qui les convertissent et les soutiennent dans les combats journaliers qu'ils ont à livrer à leurs passions. Ranimez en vous, mes frères, la foi d'un Dieu présent à nos augustes temples, cela seul suffira pour vous inspirer le profond respect qui leur est dû, et un zèle ardent à en empêcher la profanation, à contribuer à leur établissement. Profond respect qui consiste à n'y paraître jamais qu'avec un maintien grave et circonspect, à réduire vos sens en servitude en présence de la majesté de Dieu, à captiver vos esprits et votre imagination par une attention soutenue aux saints mystères qu'on y célèbre. Zèle ardent pour la maison du Seigneur, qui consiste à prévenir ou arrêter les scandales qui s'y donnent, surtout de la part de ceux qui vous sont soumis ; à contribuer à leur décoration selon vos facultés et vos moyens. Vous devez regarder l'Eglise comme votre Mère : elle vous reçoit à votre naissance, et vous donne la vie spirituelle, elle vous nourrit à la sainte Table du pain des anges; elle vous guérit de vos infirmités; elle vous fournit les secours qui vous sont nécessaires à la mort, après laquelle elle reçoit votre corps pour le mettre dans son sein; on y prie pour vous pendant la vie et après votre trépas : que de motifs de lui marquer votre respect et votre tendresse? Pourriez-vous sans douleur voir cette Mère désolée dépourvue d'ornements, ses autels mal en ordre, chargés de poussière, tandis que vous avez tant de soins de vos appartements, que vous les chargez de mille embellissements superflus ; l'église est la maison de Dieu, *domus mea:* il faut donc y rendre au Seigneur vos respectueux hommages. C'est une maison de prière, il faut donc y venir avec confiance lui adresser vos vœux.

DEUXIÈME POINT.

Il n'en est point de notre Dieu comme des dieux des nations qui ont des yeux, et qui ne voient pas ; des oreilles, et qui n'entendent pas les prières qu'on leur fait. Le Dieu des chrétiens, qui est présent partout, qui voit et qui connaît tout, est toujours attentif à nos prières, en quelque endroit du monde qu'elles lui soient adressées. Sa libéralité n'est point bornée à certains temps, ni à certains lieux. Nos églises cependant sont les endroits où il s'est engagé de donner une attention particulière à nos prières, et où il répand sur nous ses bienfaits en plus grande abondance. C'est pourquoi nous les appelons des maisons de prière, où nous devons aller avec confiance implorer sa divine miséricorde : *Domus orationis vocabitur.* Le Seigneur avait déjà promis à ceux qui l'invoqueraient dans le temple de Salomon, ses plus insignes faveurs : *Mes yeux*, dit-il, *seront ouverts, et mes oreilles attentives aux prières qu'on fera dans ce lieu : « Oculi mei erant aperti, et aures erectæ ad orationem eorum qui in loco isto orabunt.* » (II *Paral.*, VII, 15) Aussi était-ce dans ce temple que le peuple de Dieu trouva toujours un secours assuré dans ses besoins. Si le ciel fermé par les péchés des hommes ne répandait plus sur la terre ces rosées bienfaisantes qui la rendent féconde, on courait au temple, et bientôt on voyait l'abondance succéder à la stérilité. Si les fléaux de la colère du Seigneur menaçaient les Israélites, si leurs villes étaient désolées par la peste, sur le point de tomber dans des mains étrangères ; prosternés au pied des saints autels, ils imploraient la clémence de leur Dieu, et sa justice aussitôt désarmée suspendait ses châtiments; en un mot, ils trouvaient dans le saint temple l'asile et le rempart le plus assuré contre les attaques de leurs ennemis.

Or, ce que le Seigneur accorda si libéralement au temple de Jérusalem, à cause de l'arche d'alliance qui y reposait, le refuserait-il à nos églises, qui sont la demeure de l'Arche sainte du nouveau Testament, de Jésus-Christ le Saint des saints, le digne objet des complaisances du Très-Haut? *Si le sang des boucs et des taureaux, si l'aspersion faite avec la cendre de la génisse sanctifiait ceux qui étaient souillés, en les purifiant selon la chair, combien plus*, dit l'Apôtre, *le sang de Jésus-Christ qui s'est offert à Dieu, a-t-il de pouvoir pour purifier les consciences, en apaisant la colère du Seigneur?* (*Hebr.*, IX, 13, 14.) Un Médiateur aussi puissant, qui a été exaucé par sa soumission respectable : *Exauditus est pro sua reverentia* (*Hebr.*, V, 7), ne doit-il pas nous faire tout espérer de la divine miséricorde, dès qu'il voudra bien employer sa médiation en notre faveur ? Or, c'est pareillement dans nos églises que Jésus-Christ emploie cette médiation ; une des fins pour lesquelles il réside dans nos sacrés tabernacles, est d'y faire pour nous l'office d'avocat auprès de son Père : *Semper vivens ad interpellandum pro nobis* (*Hebr.*, VII, 25); en sorte que, quand nous venons prier dans nos églises, Jésus-Christ prie avec nous, il demande pour nous; et si à raison de notre indignité nous ne méritons pas d'être exaucés, Jésus-Christ par ses mérites qu'il offre à son Père, supplée à ce qui nous manque, en soutenant par la force de ses prières la faiblesse des nôtres.

O vous donc qui gémissez sous le poids de vos misères, qui êtes accablés d'infirmités ! venez, entrez dans ce paradis terrestre, d'où sort une fontaine abondante, remplie non pas d'une eau matérielle qui arrose la terre, mais du sang de Jésus-Christ qui purifie les âmes; il ne tient qu'à vous de puiser à cette source de quoi vous désaltérer ; vous y trouverez tous les remèdes capables de guérir vos maux : *Haurietis aquas de fontibus Salvatoris.* (*Isa.*, XII, 3.) Etes-vous assaillis de tentations dont la présence vous trouble et vous inquiète ? venez à celui qui a vaincu le démon dans les déserts, et il vous fera triompher dans le combat. Etes-vous chargés d'iniquités qui vous font avec juste raison craindre les terribles jugements de Dieu ? venez ici lui en demander pardon, et il vous renverra justifiés comme le publicain. Etes-vous enveloppés de ténèbres épaisses, de doutes, de perplexités qui vous arrêtent dans le chemin du salut ? adressez-vous à Jésus-Christ, la source des lumières, et il vous éclairera comme l'aveugle de Jéricho. Etes-vous pressés par la faim et la soif, venez lui demander le pain qui vous est nécessaire, et il vous nourrira d'un pain bien plus excellent que celui qu'il multiplia en faveur des peuples qui le suivaient : c'est un pain descendu du ciel qui donne la vie à l'âme. Il vous donnera même le pain matériel, c'est-à-dire les secours qui vous sont nécessaires pour soutenir la vie du corps, pour fournir aux besoins d'une famille pressée par l'indigence. Etes-vous ensevelis dans le tombeau du péché et des mauvaises habitudes? il vous ressuscitera comme Lazare. Etes-vous affligés par des pertes de biens, par la mort des personnes qui vous sont chères? il vous consolera comme la veuve de Naïm ; non pas en vous rendant ces personnes, ces biens que vous avez perdus, mais en vous donnant la patience de supporter vos pertes, et la grâce de faire un saint usage de vos souffrances.

Car enfin, mes frères, c'est le même Jésus-Christ qui a opéré tant de merveilles sur la terre, que nous possédons dans nos sacrés tabernacles, aussi puissant et aussi disposé à nous faire du bien qu'il l'était en faveur de ceux qui s'approchaient de lui. Nous pouvons y trouver le même accès que les peuples qui eurent le bonheur de le voir. Bien différent des rois de la terre qui ne se laissent pas approcher de tout le monde, et que le grand nombre d'officiers et de grands rend presque inaccessibles, Jésus-Christ ne refuse à personne l'entrée de son palais ; le pauvre comme le riche, l'ignorant comme le savant y sont également bien venus, pourvu qu'ils apportent les dispositions qu'il demande pour leur faire du bien. Ah ! si les rois, les grands du monde en agissaient de même à l'égard de leurs sujets, s'ils étaient disposés et assez puissants pour leur faire tout le bien qu'ils pourraient désirer, faudrait-il forcer leurs sujets à se présenter pour obtenir des grâces? ne verrait-on pas leurs palais remplis d'une foule de misérables qui chercheraient du secours? et cependant, chose étrange ! les cours des princes regorgent d'une foule de personnes qui n'ont souvent que des rebuts pour récompense de leur assiduité, tandis que nos églises, ouvertes à tout le monde, où l'on trouve la source de tous les biens, sont désertes et abandonnées, ou fréquentées de très-peu de personnes; d'où vient cela, mes frères? de l'ignorance où l'on est de ses misères, du peu de désirs qu'on a de son salut, et qui plus est, du peu de foi dont on est animé ; foi que nous voyons à chaque instant s'affaiblir et diminuer sensiblement. Qui aurait cru dans ces temps reculés où l'Eglise encore dans le berceau, comptait parmi ses enfants des hommes constants et inébranlables dans la pratique du bien ; qui aurait cru, dis-je, que cette vertu fondamentale eût pu s'altérer au point où elle l'est maintenant, et que l'impiété et le libertinage, tour à tour sur le théâtre du monde, eussent pu venir jusqu'à se disputer la possession du cœur des humains? La foi, dit un grand évêque de notre France, est un flambeau qui se promène ; craignons, mes frères, craignons que cette lumière si nécessaire n'abandonne les contrées que nous habitons, pour éclairer un nouveau monde : ne passons aucun jour sans former les vœux les plus ardents pour la conservation de cette même foi, et nous verrons dans nos églises se multiplier les véritables adorateurs.

On se fait un plaisir de rendre de fréquentes visites à une personnne qu'on aime, ou qui peut nous être utile ; on ne trouve pas le temps long en sa compagnie, les jours entiers ne sont que des moments; et on néglige de visiter le plus accompli de tous les amis, le plus libéral des maîtres, le plus magnifique des rois ; ou si on lui fait quelque visite, c'est une visite très-courte ; on n'éprouve qu'ennui et dégoût en sa présence : c'est une preuve qu'on ne l'aime pas, et que l'on ne connaît pas les avantages que l'on en peut tirer. Ah ! si on aimait bien Jésus-Christ, si l'on connaissait le bien qu'il peut et qu'il veut nous faire, on l'irait souvent visiter; on ne passerait aucun jour sans s'acquitter de ce devoir. Je ne doute pas, mes frères, que vous n'ayez eu souvent le louable désir de visiter les endroits consacrés par les circonstances mémorables de la vie de Notre-Seigneur : oh ! que je voudrais bien, dites-vous, voir la crèche où il est né, le jardin des Olives où il a prié, la colonne où il a été attaché, la croix sur laquelle il a expiré, le tombeau où il a été enseveli ! Tous ces lieux, ces monuments sont respectables, j'en conviens ; mais nous avons dans nos églises la personne sacrée qui les a rendus tels, qui leur a communiqué la vertu salutaire de faire du bien à ceux qui s'en sont approchés, ou qui les ont touchés. Il n'est donc pas besoin d'aller si loin pour trouver les avantages que procure la visite des saints lieux, ou les monuments qui ont servi au mystère de la rédemption : vous les trouverez dans nos églises.

Vous faites quelquefois des voyages de dévotion aux tombeaux des saints, vous allez dans des églises où reposent leurs sacrées reliques, où ils sont particulièrement révérés, pour obtenir par leur intercession la guérison de quelque maladie, ou d'autres faveurs dont vous avez besoin : je ne blâme pas, je loue même ces sortes de voyages, pourvu que la piété, la modestie vous y accompagnent ; mais nous avons dans nos églises le Saint des saints, celui qui a donné aux saints le pouvoir d'obtenir les guérisons, de faire des miracles ; nous avons en personne celui qui a guéri les malades, fait marcher les boiteux, éclairé les aveugles, ressuscité les morts. Hé ! que n'allez-vous à la source des grâces? que ne lui rendez-vous de fréquentes visites, qui vous seront aussi avantageuses qu'elles vous sont faciles? Si Jésus-Christ ne résidait que dans une seule église du monde, vous seriez empressés d'y aller pour solliciter ses faveurs ;

faut-il que la bonté qu'il a eue de se reproduire en toutes les églises, pour vous faciliter les moyens de le visiter, ne serve qu'à vous rendre indifférents, disons plus, ingrats à son égard ?

Pratiques.— Ah ! mes frères, soyez plus reconnaissants envers ce Dieu de bonté, et plus sensibles à vos véritables intérêts. Que le fruit de cette fête et de cette instruction soit une ferme résolution de visiter Jésus-Christ dans sa sainte maison le plus souvent que vous pourrez, tous les jours, s'il vous est possible ; en vous acquittant de ce devoir envers Jésus-Christ, vous y trouverez votre solide intérêt, vous ne sortirez jamais sans remporter quelque faveur. Vous serez soutenus dans vos intentions, consolés dans vos afflictions ; vous obtiendrez la persévérance finale, la grâce d'une sainte mort.

Ce n'est pas encore assez, mes frères : pour entrer dans l'esprit de la fête, nous devons renouveler la Dédicace des temples vivants que Dieu s'est choisis au dedans de nous-mêmes. En qualité de chrétiens, nous sommes devenus les temples du Dieu vivant, dit le grand Apôtre : *Vos estis templum Dei vivi.* (II *Cor.*, VI, 16.) Nous lui avons été consacrés d'une manière spéciale à notre baptême; il faut donc nous conformer à la solennité de ce jour, dit le Vénérable Bède : ***Debemus congruere solemnitati quam colimus***; c'est-à-dire, que comme au jour de la Dédicace de nos églises, elles sont ornées plus magnifiquement, éclairées plus splendidement, que l'Office s'y chante plus solennellement, il faut de même orner nos cœurs, qui sont les temples du Seigneur, de l'éclat de toutes les vertus : nous devons y rallumer le flambeau de la foi, y faire brûler l'encens de l'espérance par de ferventes prières, briller l'or de la charité. Ces temples doivent être parés, au dedans, d'une dévotion solide, et au dehors, d'une édifiante modestie. Malheur donc à ceux, dit le grand Apôtre, qui profanent ces temples par le péché, qui osent y placer l'idole de Dagon, y faire brûler un feu étranger; le Seigneur les perdra : ***Si quis violaverit templum Domini, disperdet illum Dominus.*** (I *Cor.*, III, 17.) Malheur à ceux qui en font des retraites de voleurs, c'est-à-dire qui se livrent aux désirs déréglés de leurs cœurs, qui sont esclaves de leurs passions, qui font de leurs corps, membres de Jésus-Christ, des membres de prostituées, qui les détruisent par l'intempérance et par les excès où ils se livrent: Ils seront punis avec la même sévérité que le profanateur de nos églises. Qu'il n'en soit pas ainsi de vous, mes frères; renouvelez aujourd'hui la Dédicace de ces temples vivants par un renoncement sincère à toutes les pompes du monde, à toutes les œuvres de Satan, comme on l'a fait pour vous à votre baptême; que vos cœurs soient comme autant d'autels où vous offriez à Dieu des sacrifices d'holocauste pour reconnaître son souverain domaine, d'actions de grâces pour les biens que vous en avez reçus; offrez-y encore des sacrifices de propitiation par les œuvres de pénitence et de mortification que vous pratiquerez. C'est par le coup de marteau, que les pierres de cette église sont devenues propres à la construire ; c'est aussi par la pénitence et la mortification que vous deviendrez des pierres vivantes propres à composer l'édifice spirituel de la Jérusalem céleste, où l'on goûte une paix éternelle : ***Tunsionibus, pressuris, expoliti lapides, suis coaptantur locis per manus artificis, disponuntur permansuri sacris ædificiis.*** Amen.

LXXVIII.

DISCOURS POUR LA RÉNOVATION DES VOEUX DU BAPTÊME.

Renovamini autem spiritu mentis. (*Ephes.*, IV, 23.)

Renouvelez-vous donc dans l'esprit intérieur.

Ainsi parlait autrefois le grand Apôtre aux Ephésiens, pour les préserver d'une conduite semblable à celle des gentils, dont les passions honteuses et brutales ne pouvaient s'accorder avec la sainteté d'un chrétien. Souvenez-vous, leur disait-il, que la dignité de votre vocation exige de nous que, réglant notre vie sur les lumières de la vérité et sur les maximes de la charité, nous croissions tous les jours en vertus, par la grâce et sous la protection de Jésus-Christ notre chef; revêtez-vous de l'homme nouveau que Dieu a créé dans le baptême, afin que désormais il marche dans la justice et dans la sainteté qui conviennent à sa seconde naissance.

C'est aussi le même langage que je vous tiens aujourd'hui, mes chers enfants, à la vue des dangers multipliés qui menacent votre innocence baptismale dans l'âge où vous êtes. Souvenez-vous, dois-je vous dire avec l'Apôtre (I *Cor.*, I, 26), souvenez-vous de la dignité de votre vocation : honorés du titre d'enfants de Dieu, appelés à son éternel héritage, distingués des infidèles par le sacrement de la régénération, n'oubliez jamais que toutes ces prédilections et tous ces titres doivent faire votre gloire : aussi est-ce pour vous les rappeler que je vais vous conduire aujourd'hui au pied de ces fonts sacrés, pour y apprendre de nouveau que vous devez y chercher la source de votre gloire, et vous souvenir des obligations du contrat que vous avez fait avec Dieu. Ecoutez donc, enfants chéris, quelle est la fin que votre Dieu s'est proposée, en vous lavant de la tache originelle dans les eaux du baptême; et s'il en était quelqu'un parmi vous qui eût déjà souillé la robe dont on le revêtit en ce jour solennel où l'Eglise le reçut dans son sein, qu'il vienne aujourd'hui rougir de son ingratitude; qu'il vienne se renouveler dans cet esprit primitif qui doit toujours être le guide d'un véritable chrétien, et qu'il apprenne que si Dieu, par sa miséricorde, l'a séparé d'un nombre infini d'idolâtres, ce n'était que pour en faire un vrai adorateur en esprit et en vérité. C'est le but que je me propose dans cette auguste cérémonie, dans laquelle je conjure le Ciel de donner à ma voix la force de se faire entendre jusque dans le cœur de ceux qui ont perdu la grâce de leur baptême, afin qu'ils en pleurent la perte, et qu'ils la réparent; et que ceux qui l'ont conservée, y trouvent des préservatifs contre sa perte. Commençons.

Il est de foi, et le concile de Trente l'a décidé, que les hommes ne naîtraient jamais coupables, s'ils ne descendaient de la race d'Adam; il est encore de foi, que l'homme, devenu coupable, ne serait jamais justifié s'il ne renaissait en Jésus-Christ par la grâce du baptême. Cela posé, je vous adresse aujourd'hui, mes chers enfants, les paroles de Moïse au peuple d'Israël: Vous avez reçu, disait-il, de la part du Seigneur, des preuves non équivoques de sa bonté; il a fendu les eaux pour nous frayer un passage; il a terrassé vos ennemis; il a arrêté le soleil dans sa course; il vous a fourni une nourriture miraculeuse; ses anges, ses prophètes, ses miracles, tout a servi pour manifester sa protection sur vous; prenez donc garde que, puisqu'il s'est abaissé jusqu'à contracter alliance avec vous, vous ne démentiez jamais la parole que vous lui donnez, et que vous n'adoriez jamais d'autre Dieu que lui. (*Deut.*, XXIX, 1 seqq.) Vous avez reçu, mes chers enfants, dans le baptême, des signes encore plus grands de la bonté de Dieu; il vous a fait naître pour devenir ses enfants adoptifs; il a fait en votre faveur un testament qui vous donne droit à son héritage; mais souvenez-vous que la possession de si grands avantages est attachée à trois conditions, dont vous avez voué l'accomplissement. Prenez garde de ne jamais démentir la résolution que vous avez formée par la bouche d'autrui, de lui être fidèle. Prenez garde que, s'il a contracté alliance avec vous, ce n'est qu'à condition que vous voudriez le servir. Prenez garde enfin qu'en vous soumettant à son empire, vous avez renoncé au culte de Satan, à ses pompes et à ses œuvres.

Engagements d'autant plus grands, que c'est à un Dieu qu'ils ont été faits; que c'est pour posséder un Dieu que vous les avez faits; que c'est avec le sang de l'Homme-Dieu que vous les avez signés; que c'est en prenant à témoin les trois Personnes divines et le nom de Dieu, que vous les avez faits. Entrons dans le détail.

Vous avez cru, et vous croyez en Dieu le Père, dites-vous, Créateur du ciel et de la terre: *Credo in Deum Patrem omnipotentem, Creatorem cœli et terræ.* Développons ces mystères; c'est-à-dire vous avez reconnu la souveraineté de son être et la bassesse du vôtre; vous avez reconnu le pouvoir absolu qu'il a sur toutes ses créatures, et l'obéissance aveugle que vous lui devez. Vous avez cru, c'est-à-dire vous avez reconnu son éternité et les limites étroites de votre vie, sa sagesse et la petitesse de vos lumières, sa toute-puissance et votre dépendance. Vous avez cru; mais croyez-vous encore? Et pourquoi tant de révoltes contre lui, tant de désobéissance à ses lois, tant de mépris de ses ordres? Pourquoi ces murmures dans votre état, ces plaintes dans votre pauvreté, cet abattement dans vos disgrâces? Pourquoi cet orgueil secret de votre jeunesse, qui vous fait mépriser ce qu'il y a de plus saint et de plus respectable dans la religion? Vous ne croyez plus; je vous juge par votre propre bouche, parce que, dit saint Augustin, ce Dieu n'est honoré que par l'amour, et cet amour, s'il est sincère, doit se manifester par l'accomplissement de ses préceptes: *Nec colitur ille nisi amando.*

Je ne dis rien ici, mes chers enfants, à quoi quelques-uns d'entre vous ne puissent se reconnaître; mais allons plus avant. (Le prêtre se découvre et poursuit:) Croyez-vous en Jésus-Christ? *Credis in Jesum Christum?* en Jésus-Christ, modèle des prédestinés, juge des vivants et des morts? Vous sentez-vous assez de force pour imiter ce Dieu-Homme né dans une étable et mort sur une croix, vivant dans l'obscurité et mourant dans l'ignominie? C'est-à-dire, vous avez donc cru que le ciel ne serait votre partage qu'à ces conditions: qu'il fallait souffrir pour entrer dans la gloire; être humbles de cœur, pauvres d'esprit pour ressembler à votre modèle? vous avez donc cru qu'il fallait fuir les honneurs, craindre les plaisirs, affliger votre chair, jeûner et prier, pour conserver l'innocence de votre âme?

Cette promesse a-t-elle été rétractée de votre part? Et si elle ne l'a pas été, pourquoi tant d'ambition? Pourquoi si peu d'obéissance à l'égard de ceux qui ont droit de vous commander? Pourquoi ces sensualités, ces vanités, ces attachements? Pourquoi ce désir insatiable des plaisirs, cette irréligion affectée, ce mépris de l'Eglise, ces discours scandaleux? Vous ne croyez donc plus, puisque vos œuvres sont si contraires à votre foi? Vous ne tenez donc plus à vos engagements, puisque vous les remplissez si mal?

Ce n'est pas sans mystère que le prêtre, comme Jésus-Christ autrefois à saint Pierre, vous a demandé jusqu'à trois fois, non pas si vous aimez, mais si vous croyez; la répétition était nécessaire. Baptisés au nom de la sainte Trinité, il fallait s'assurer de l'engagement que vous contractiez avec ces trois divines Personnes; aussi le prêtre continue-t-il à vous demander si vous croyez en l'Esprit-Saint: *Credis in Spiritum sanctum?* En croyant au Père, c'est à un maître que vous vous êtes soumis; en croyant au Fils, c'est un modèle que vous acceptez; en croyant au Saint-Esprit, c'est un guide que vous vous êtes engagés d'écouter, un guide qui ne doit vous montrer qu'une route, un docteur qui ne doit vous enseigner qu'une science, un oracle qui ne doit vous tenir et vous apprendre qu'un langage, une voix qui ne se fait entendre qu'au fond d'une conscience droite.

Après la réponse remplie de fermeté, par laquelle vous vous êtes engagés de croire en lui, *Credo*, qui pouvait croire que dès votre jeunesse vous auriez renoncé aux lumières de cet Esprit, et que, tombés dans une ignorance coupable de ses droits sur votre cœur, on vous entendrait dire que vous ne savez pas seulement s'il y a un Esprit-Saint? *Neque si Spiritus sanctus est, audivimus.* (*Act.*, XIX, 2.) Car n'est-ce pas ignorer, mes chers enfants, cet Esprit-Saint, ou le méconnaître, que de se conduire toujours ou par caprice, ou par humeur, ou par passion? N'est-ce pas le méconnaître, que de ne consulter dans les plaisirs que la fougue d'une jeunesse téméraire, dans ses entreprises que son orgueil ou ses mécontentements, dans ses délassements que l'usage et les préjugés du monde? N'est-ce pas le méconnaître, que d'être toujours sourds à sa voix, quand elle vous sollicite au fond du cœur d'obéir à des parents, de fuir les mauvaises compagnies, de fréquenter les sacrements, de sanctifier les fêtes, de craindre l'oisiveté? Cependant voilà votre crime, et voilà votre obligation. Direz-vous que vous n'en connaissiez ni l'importance, ni l'étendue? C'est justement l'aveu que je voulais tirer de votre bouche. Mais pourquoi avez-vous accepté de plein gré la condition, en disant par la bouche de vos parrains : Je veux et je crois tout ce qu'on me propose ; je renonce à tout ce qui pourra mettre obstacle à cette croyance et à cette volonté? *Volo, abrenuntio.*

Y a-t-il quelqu'un qui se plaigne parmi vous, mes chers enfants, que les promesses qu'il a faites dans le baptême aient été forcées ou inconnues? Ne vous a-t-on pas demandé si vous renonciez à Satan, à ses pompes et à ses œuvres? A Satan, c'est-à-dire, si vous n'étiez pas résolus à lui déclarer la guerre, à lui interdire l'entrée de votre cœur, à renoncer à ses suggestions, à vous défendre de ses tentations : *Abrenuntias Satanæ?* A ses pompes, c'est-à-dire à tout ce que le monde estime et recherche, à l'affection aux biens de la terre, aux plaisirs des sens, aux louanges des hommes, à l'orgueil et à la vanité, *et omnibus pompis ejus?* A ses œuvres, c'est-à-dire à toute pensée, toute parole, dont la cupidité serait le principe; c'est-à-dire à ces railleries que le monde canonise et que l'Evangile condamne; à ces vengeances que le monde ordonne, et que Jésus-Christ défend ; à ces plaisirs dont le monde ne peut se passer, et dont la loi de Dieu interdit l'usage, *et omnibus operibus ejus?*

A cette question qu'avez-vous répondu, pères de famille? Que votre unique soin serait de bannir de vos maisons l'intempérance, la volupté, l'oisiveté, la médisance, l'irréligion : *Abrenuntio;* d'y faire régner l'amour de Dieu et de sa loi ; la connaissance des devoirs de ceux qui vous sont soumis, et l'application à les remplir : *Abrenuntio.* A cette question qu'avez-vous répondu, mères chrétiennes? Que la modestie serait votre partage, la douceur votre ressource, la patience votre soutien; que vous éviteriez la société de ces épouses indiscrètes qui n'ont de cette alliance que le titre; qu'on vous verrait les gardiennes irréprochables et de vos enfants et de vos domestiques; qu'une fausse complaisance ne vous ferait jamais oublier votre devoir : *Abrenuntio.* A cette question qu'avez-vous répondu, enfants de l'un et de l'autre sexe? Que votre obéissance aux ordres d'un père et d'une mère serait la preuve et le signe de votre fidélité à la loi de Dieu ; que votre gloire serait de conserver votre innocence, de fuir tout ce qui pourrait la ternir ou la faire perdre; que votre ambition serait d'acquérir les connaissances nécessaires pour vivre en chrétiens, et mourir en prédestinés : *Abrenuntio.*

Ne sont-ce pas là vos engagements, mes chers enfants? Les avez-vous jamais ignorés? J'en rappelle à cette voix encore bégayante qui s'exprimait par la bouche d'autrui, et qui, à toutes ces conditions proposées, ne tenait que le même langage. Quelque difficiles, disiez-vous, que soient les mystères qu'on me propose, je crois, *Credo;* quelque austère que soit la morale nécessaire pour m'ouvrir le ciel, j'en crois les articles : *Credo;* qu'il faille se haïr, se vaincre, se renoncer, se dompter, s'anéantir, je me renoncerai en tout et pour toujours : *Abrenuntio.* J'en rappelle, dans un âge plus avancé, à cette voix qui répétait sans cesse : Je ne suis créé que pour Dieu, pour l'aimer et le servir; c'est-à-dire, je crois que je ne suis créé que pour servir Dieu et non pas le monde : *Credo.* Je renonce à tout ce qui peut m'empêcher d'aimer Dieu : *Abrenuntio.* Je crois que les richesses attachent à la terre, que les honneurs enflent le cœur ; je mépriserai les unes et je fuirai les autres : *Credo, abrenuntio.* Je crois que pour être chrétien, il faut vivre dans la pénitence, persévérer dans la prière et mourir dans la grâce : *Credo ;* et je renonce à la délicatesse des sens, aux conversations inutiles et équivoques, au mensonge et à la volupté : *Abrenuntio.*

Avoir tenu ce langage, est-ce avoir ignoré ces engagements? Le tenir encore, est-ce prouver qu'ils ont été forcés? Eh bien! mes enfants, venez et ouvrez le livre de la régénération, et je vous y ferai voir quatre et six témoins qui déposent contre vous, et qui rendront témoignage à la liberté de votre engagement : le père, et ceux entre les bras de qui vous étiez, le ministre, son compagnon fidèle, et les spectateurs qui ont tout entendu : Je veux, j'accepte et je consens : *Volo.* C'est volontairement, sans contrainte et avec joie que je m'engage; encore trop heureux si je puis, sur ma parole, obtenir la délivrance de l'esclavage de Satan : *Volo.*

Elpidofore, s'écriait autrefois le diacre Murdton, en lui représentant la robe blanche dont on l'avait revêtu sur les fonts sacrés, voilà le vêtement qui t'accusera au jour des vengeances : je l'ai conservé pour attester ta perte : *Hæc sunt linteamina, Elpidofore, quæ custodivit diligentia mea ad testimonium tuæ perditionis.* Et moi, mes enfants, député aujourd'hui de l'Eglise, qui n'a point conservé la robe blanche dont elle vous a revêtus, mais la teneur de vos promesses, la signature de vos engagements violés et foulés aux pieds, c'est le même langage que je vous tiens : Voilà le livre qui qui fait foi de tout ce que vous avez promis ; vous n'avez rien tenu de vos promesses ; vous avez vécu jusqu'à présent sans foi, sans vertu, sans pénitence ; vous avez servi le monde, le démon et ses amis : vous avez profané, souillé, déshonoré la robe et le titre d'enfants de Dieu ; qu'allez-vous faire, malheureux? *Quid facies, miser?* Je ne vois plus dans vous de traces de l'innocence baptismale : *Non video vestem quam tibi dedi.* Vous avez perdu les marques de votre enrôlement au service de Jésus-Christ : *Perdidisti militiæ chlamydem.* Je ne vois plus sur votre front le caractère de l'auguste Trinité, qu'on y avait gravé : *Non video characterem Trinitatis.* Qu'on lie pieds et mains à tous les imposteurs, et qu'on les précipite dans l'abîme !

Eglise sainte, que sont devenus ces jours heureux, où l'on ne voyait dans votre sein que des enfants dont la seule ambition était de conserver l'innocence reçue dans le baptême? N'aurons-nous plus que la douleur de voir autant de prévaricateurs que de chrétiens? Ah ! du moins, mes chers enfants, si vous êtes de ce nombre, gémissez pendant qu'il en est temps, réparez la perte que vous avez faite, renouvelez aujourd'hui des promesses que vous avez violées, reconnaissez l'honneur d'appartenir à un Dieu aussi grand que le nôtre ; et que ces engagements que vous allez répéter, soient, en les observant fidèlement, le principe de votre récompense dans le ciel. Ainsi soit-il.

Ici, il faut lire la formule de la rénovation avec un flambeau allumé qu'on tient entre les mains.

LXXIX.

DISCOURS POUR LA PREMIÈRE COMMUNION DES ENFANTS.

Dicite filiæ Sion : Ecce Rex tuus venit tibi mansuetus. (*Matth.*, XXI, 5.)

Dites à la fille de Sion : Voici votre Roi qui vient à vous rempli de douceur.

C'était là le prodige, mes chers enfants, annoncé autrefois par le prophète, pour préparer Jérusalem à la réception d'un Maître, dont toutes les armes et la puissance étaient la douceur. Peuple fier et orgueilleux, lui disait-il, qui ne croyez devoir sortir de l'esclavage que par les victoires et la force d'un conquérant, apprenez à reconnaître votre vainqueur et votre roi, à l'appareil simple d'une douceur sans bornes et sans partage : *Ecce Rex tuus venit tibi mansuetus.* L'infortunée Jérusalem fit peu de cas de cet avertissement, et méconnut son Maître : aussi, proscrite et couverte d'ignominie, elle vit dans l'ignorance, et elle attend un nouveau roi, messie imaginaire.

C'est encore ce même prodige que je vous annonce aujourd'hui, mes chers enfants. Celui qui se dit votre roi, parce qu'il vous a conquis au prix de son sang, vient à vous pour la première fois, non avec l'appareil d'un monarque, mais avec les signes les plus éclatants de sa douceur ; non avec les foudres et les éclairs qu'il a seul le pouvoir d'exciter ou de retenir, mais avec des charmes qui sont l'apanage de sa royauté : préparez votre foi à lui rendre les hommages qu'il mérite, ou attendez-vous à la malédiction dont il frappe celui qui abuse de sa bonté.

Fut-il jamais de jour plus digne de vos réflexions? Sera-il jamais de moment dans votre vie plus heureux, si votre foi est vive? de grâces plus utiles, si vous savez en profiter? Sera-t-il jamais de moment pour vous plus funeste, si le Dieu que je vous présente sous les dehors d'une nourriture commune, est méconnaissable aux yeux de votre foi?

Aussi ne perdez rien de ce que je vais vous dire pour connaître le fruit d'une première communion saintement faite, et les malheurs qui suivent celle à laquelle on s'est mal préparé.

Première réflexion. — Pourquoi croyez-vous, mes chers enfants, que l'Eglise ordonne à ses pasteurs de n'admettre à la sainte Table que ceux qui sont arrivés à l'âge de discrétion? Pourquoi, arrivés à cet âge, ne les y admet-elle qu'après un examen sérieux, et de leur disposition et de la science nécessaire? C'est sans doute, comme parle l'Apôtre (I *Cor.*, X, 16 seqq.), pour leur faire sentir la différence qui se trouve entre cette viande céleste et le pain matériel ; c'est sans doute pour leur apprendre que la science, nécessaire à une première communion, est la connaissance des mystères et des maximes de la religion. Cela supposé, je dois donc croire que vous connaissez à travers ces nuages l'Homme-Dieu né dans une étable, la chair de Jésus-Christ crucifié sur le Calvaire ; je dois donc croire que vous sentez et l'alliance que vous allez faire avec lui, et les engagements que vous y contracterez ; je dois donc apercevoir dans vous l'empressement le plus marqué à prendre cette nourriture, et le courage le plus constant à embrasser la morale évangélique. Je ne vous dis donc plus avec Moïse : N'approchez qu'en tremblant de ces autels, parce que le Dieu qui y réside est terrible ; prenez garde de jeter indiscrètement vos regards sur cette arche, parce qu'il faut être de la race des Lévites pour la toucher. Et qui de vous ignore que, sous ces apparences du pain, est caché le Dieu qui habite les cieux de toute éternité, le Dieu qui a créé l'univers, et qui l'anéantira quand il voudra ; l'Homme-Dieu, sa chair, son sang, son âme et sa divinité ; l'arbitre de votre sort et de votre vie, le juge de vos vertus et de vos vices, le rémunérateur de votre fidélité, ou le vengeur de vos crimes.

Convaincus de ces vérités, quel doit être à vos yeux le prix de l'action que vous allez faire? Aujourd'hui, comme à Zachée (*Luc.*, XIX, 2-5), le Seigneur vous dit : Hâtez-vous de quitter cet arbre où une sainte curiosité vous a fait monter, pour me recevoir dans votre maison, parce que je suis la source du salut et de la vie. Aujourd'hui, comme aux apôtres, le Seigneur lui-même vous ordonne de vous assembler pour le voir et converser avec lui : *Ibi me videbitis ;* c'est-à-dire que le même Dieu qui honora de sa visite la maison de Zachée, va faire quelque chose de plus en votre faveur, il va vous donnera sa chair à manger et son sang à boire ; c'est-à-dire que le même Dieu qui se montre visiblement à ses apôtres après sa résurrection, pour les convaincre de son retour à la vie, sans se montrer de même aux yeux de votre corps, va se livrer entre vos mains pour vous nourrir de sa propre substance.

Les Israélites furent surpris qu'un Dieu aussi grand que le leur habitât dans un temple bâti de la main des hommes, quelque magnifique qu'il fût, et cependant sa présence n'y était pas réelle ; il avait seulement promis d'y recevoir leurs offrandes et d'y entendre leurs voix : *Ergone credibile est?* (II *Paral.*, VI, 18.) Quel doit être votre étonnement, mes chers enfants, vous qui êtes sûrs que ce même Dieu, tout grand qu'il est, après s'être revêtu d'une chair semblable à la nôtre, va s'unir à votre nature, former avec vous une même substance ! ah ! je sens pour vous mon cœur s'enflammer au récit de ces merveilles, ma chair tressaillir de joie, comme Jean-Baptiste dans le sein de sa mère, à la présence de la personne de Jésus-Christ.

Nation heureuse ! Enfants privilégiés ! Aujourd'hui votre Dieu fait choix de votre cœur pour y faire sa demeure ; aujourd'hui il vous annonce sa venue pour marque de votre salut ; aujourd'hui il vous fait présent de sa chair pour sanctifier la vôtre ; aujourd'hui il se donne à vous pour vous donner un droit au ciel ; aujourd'hui il devient votre partage, parce qu'il veut que vous soyez le sien ; aujourd'hui il fait solennellement son entrée dans votre âme, parce qu'il veut seul y régner et en être le confident.

De là jugez, mes chers enfants, du prix de cette action que vous allez faire. Si c'est un honneur si grand, quels sentiments de respect et de crainte n'a-t-il pas dû vous inspirer ? Si c'est un Dieu qui fait choix de votre cœur, est-il quelque chose après lui qui doive le partager ? Si c'est un Dieu qui vient à vous pour vous sanctifier, est-il rien qui doive vous détourner de la route qu'il vous trace ? Si c'est sa chair qu'il va mélanger avec la vôtre, doit-il rien vous échapper qui la souille ? S'il se donne à vous pour gage du ciel, qui est votre patrie, est-il rien qui puisse vous alarmer que la crainte de le perdre ? S'il entre solennellement dans votre âme, quelle précaution, quel soin n'avez-vous pas dû prendre pour la préparer ? quel soin pour l'y conserver jusqu'au dernier soupir de votre vie ?

Sont-ce là des avantages, et que supposent-ils dans un enfant bien instruit ? Un désir ardent de posséder un si bel Hôte, une science certaine des vérités apostoliques, un courage héroïque pour embrasser les maximes du christianisme, une détermination sincère pour renoncer à tout ce qu'il proscrit, un respect religieux pour la maison de Dieu, une obéissance chrétienne pour des parents qui sont les dépositaires de l'autorité de Dieu ; une faim et une soif de la justice, c'est-à-dire un désir sincère d'avancer dans la vertu et d'en connaître les règles. Voilà tout ce qu'opère une première communion saintement faite ; voilà ce qu'on doit admirer dans chacun de vous, après la réception du corps et du sang de Jésus-Christ. Est-ce là ce que vous entrevoyez, Seigneur, dans le cœur de ces chers enfants confiés à mes soins ? Leur foi est-elle assez vive pour percer les nuages qui vous dérobent à leurs yeux, pour vous rendre les hommages que vous méritez dans ces tabernacles ? Leur amour est-il assez ardent pour ne respirer que votre présence ? Leur cœur est-il assez pur pour recevoir un si grand Maître ? Scrutateur des cœurs, vainqueur rempli de douceur et de charmes, vous seul connaissez ceux à qui vous allez vous donner, vous seul savez les attirer et les rendre dociles. Ah ! qu'il n'en soit aucun qui mérite d'éprouver les malheurs d'une première communion mal faite ? et s'il s'en trouvait quelqu'un, qu'il tremble au récit des suites funestes de son crime : c'est ce qui me reste à vous faire sentir.

Deuxième réflexion. — S'il fallait, mes chers enfants, ne vous fournir que des exemples pour vous faire connaître les suites funestes d'une première communion mal faite, je vous représenterais le désespoir, la mort ignominieuse et l'enfer de Judas, disciple perfide et sacrilége, parce qu'il a la hardiesse de recevoir dans un cœur souillé la chair d'un Dieu-Homme qui en avait fait son apôtre : il ne trouve plus de ressource après son crime, parce qu'il ne sait plus profiter de la douceur et de la miséricorde de celui qu'il a trahi ; mais j'ai quelque chose de plus intéressant à vous dire. Que fait Jésus-Christ dans l'Eucharistie ? pourquoi s'y est-il placé ? Pour éclairer notre esprit, pour nourrir nos âmes, pour nous servir de guide, pour soutenir notre faiblesse, pour éteindre le feu de nos passions, pour allumer celui de son amour, pour nous donner des marques de tendresse, et pour recevoir les nôtres ; c'est là le plan de son amour ; et il ne s'est exposé à toutes les suites de cette mystérieuse institution que pour cette fin. Que fait un enfant qui ose participer à la sainte Eucharistie, sans les dispositions requises ? Il éteint le flambeau qui devait l'éclairer, il s'enfonce dans les ténèbres, dit le Prophète (*Psal.*, LXXXI, 5) ; il trouve la mort dans une nourriture propre à lui conserver la vie ; de son guide il en fait son persécuteur ; il ralentit l'ardeur de la flamme chaste et pure de l'amour divin, pour laisser une libre carrière au feu de ses passions ; de son ami il en fait son juge, de son Dieu son ennemi, de sa visite son crime, de sa réception son sacrilége, de son tendre baiser le signe de sa perfidie.

Faut-il s'étonner, après cela, du désordre qui règne parmi les enfants d'un âge encore tendre, où le nom seul du crime devrait être inconnu? Faut-il s'étonner si ces mêmes enfants, en croissant en âge, croissent en malice ? et les villes et les campagnes, pourquoi nous offrent-elles tant de libertins, tant de meurtriers, tant de scélérats, tant de fils dénaturés, tant de filles débauchées ? N'est-ce pas souvent parce que la plupart, introduits pour la première fois au festin du Père de famille, eurent la témérité d'y prendre place sans être revêtus de la robe nuptiale? Aussi ce Dieu outragé qu'a-t-il fait? Il les a livrés, en punition de leur sacrilége, à tous les désirs déréglés de leur cœur, dit l'Ecriture. (*Rom.*, I, 24.) Ils sont devenus dès ce moment la proie de leurs passions; le démon s'est emparé de leur cœur, il y a établi son règne : ce cœur n'a plus produit que des haines, que des injustices, que des larcins; ce cœur n'a plus engendré que des horreurs; il a secoué dès ce moment le joug de la religion, il est devenu incrédule, impie et prévaricateur.

Et ne croyez pas, mes chers enfants, que je cherche à vous exagérer les maux qui vous menacent. S'il en était quelqu'un parmi vous qui fût assez méchant pour approcher aujourd'hui du banquet sacré en un mauvais état, qu'il sache que l'énormité de sa faute surpasse de beaucoup celle de Caïn qui tua son frère : et pourquoi ne serait-il pas traité plus rigoureusement que lui ? Qu'il sache que son ingratitude est plus noire que celle des Israélites murmurant dans le désert : et pourquoi sa captivité ne sera-t-elle pas plus terrible? Qu'il sache que les villes infâmes de Sodome et Gomorrhe ne commirent jamais de forfait si horrible : et pourquoi le feu de la colère de Dieu ne tomberait-il pas sur lui ? Qu'il sache enfin que son crime est plus grand que celui des Juifs : et pourquoi la punition en serait-elle moindre?

Voulez-vous savoir la raison de ce que j'avance ? C'est qu'une première communion mal faite est la preuve de l'ingratitude la plus monstrueuse, l'irréligion la plus marquée. Comment cela ? Parce que le Dieu qui se donne à vous pour la première fois, en venant à vous avec toutes ses faveurs, a droit à votre reconnaissance; et quand au lieu de cette reconnaissance, il trouve un cœur qui ne daigne pas s'y préparer, un cœur qui ne veut point renoncer au péché, un cœur qui ne veut point s'éprouver, un cœur qui ne reçoit les marques de son amour que pour lui donner des preuves de son indifférence ou de sa haine, quel nom donnerez-vous à une pareille conduite, et quelle punition lui réservera-t-il? Je dis de l'irréligion la plus marquée, comment cela? Parce que, s'il n'y a rien dans la religion de si grand que Dieu, il n'y a rien aussi de plus criminel que de lui manquer de respect : parce que, s'il n'y a rien dans la religion de Jésus-Christ de si respectable que le sacrement de nos autels, il n'y a rien de si affreux que de le profaner; parce que, s'il n'y a rien dans la vie de l'homme de si essentiel, de si utile, de si digne de toute son attention que la communion, il n'y a rien de si impie, de si outrageant à Dieu que la communion faite dans l'inimitié de ce même Dieu.

Aussi savez-vous, mes chers enfants, la plainte qu'il fait lui-même par son Prophète ? Qu'un ennemi le maudisse et le couvre d'opprobres, ce n'est pas ce qui le surprend, la haine qu'il lui porte est le germe de ses malédictions; mais que celui qui se glorifie de son amitié, qui tient à honneur de lui appartenir, qui lui donne des signes de sa tendresse, ne se serve de ces signes que pour le trahir, que pour le vendre, que pour le mettre à mort ; voilà ce que son cœur porte avec peine; voilà ce dont sa tendresse se plaint; voilà ce qui change son amour en fureur.

La démarche que vous allez faire, mes chers enfants, est-elle une preuve de la haine que vous avez pour votre Dieu, du mépris que vous faites de sa chair adorable, du dédain que vous affectez pour le sacrement de nos autels, ou de l'amour que vous lui témoignez, et de l'honneur que vous ressentez de vous asseoir à sa table? Si vous ne prétendez que l'insulter en recevant son corps et son sang avec un cœur souillé, allez, retirez-vous, et trahissez-le sans lui donner un baiser. Si c'est un hommage sincère que vous lui offrez, un asile à sa tendresse, approchez, mangez, goûtez, rassasiez-vous à cette table mystérieuse; que les douceurs réservées aux cœurs innocents ou vraiment pénitents, soient votre partage; que cet aliment céleste vous dégoûte pour toujours du péché et des plaisirs; que le sang de l'Homme-Dieu coule dans vos veines pour les purifier, et que ce Dieu, ce vainqueur rempli de charmes, prenne sa place, et établisse pour toujours son empire au milieu de vous.

C'est la prière que je vous fais, ô mon Dieu, pour cette troupe chérie. Faites qu'elle vous connaisse aujourd'hui dans la fraction du pain; contractez avec elle une alliance dont elle ne brise jamais les nœuds. Si vous distinguez au milieu d'elle quelque perfide, frappez-le de crainte et d'effroi, et recevez en ce moment la prière humble et fervente de cette jeunesse qui, en se nourrissant pour la première fois de votre chair adorable, ne vous demande pour marque de vos bontés que le doux avantage de croître en amour pour vous. Elle confesse son indignité et son insuffisance : interprète de ses sentiments, je vous en fais l'aveu : prosterné au pied du trône de votre Majesté, je crie pour eux, avec cet aveugle de l'Evangile : Ah! Seigneur, ouvrez les yeux de ces aveugles-nés; faites qu'à travers les sombres nuages de leur foi, ils aperçoivent ce que vous êtes réellement, et que, goûtant le don précieux que vous allez leur faire, ils en évitent à jamais la profanation. Ainsi soit-il.

METHODE

POUR EMPLOYER LES PRONES QUI PRECEDENT DANS LE COURS D'UNE RETRAITE ET D'UNE MISSION.

La Retraite spirituelle étant comme une Mission abrégée, selon qu'elle sera plus ou moins longue, il sera facile de choisir, pour la remplir, ceux des Discours ci-après indiqués pour une Mission, qui paraîtront plus convenables aux circonstances du temps et des personnes.

Ceux qui, dans l'usage des Discours suivants pour une Mission, ne jugeront pas à propos de se servir des Textes et des Exordes qui dans cet Ouvrage sont toujours pris des Epîtres ou Evangiles du jour, pourront en substituer d'autres conformes aux sujets qu'on traitera.

POUR L'OUVERTURE ET LES PREMIERS JOURS DE LA MISSION.

PRONE Ier. *Les fruits de la parole de Dieu.*

Semen est Verbum Dei: « La semence est la parole de Dieu. » (*Luc.*, VIII, 12.)

1. Quels sont les obstacles au fruit des divines paroles? 2. Quelles dispositions faut-il apporter pour en profiter? *Voy. le Dim. de la Sexagésime.*

II. *De la vérité de la religion chrétienne.*

Voy. le Discours préliminaire de l'Ouvrage. On ne fera ce discours qu'autant qu'on le jugera utile ou nécessaire pour les personnes qui assistent aux exercices de la Mission.

III. *De la Foi.*

Simile est regnum cœlorum grano sinapis, etc. «Le royaume des cieux est semblable à un grain de sénevé,» etc. (*Matth.*, XIII, 32)

1. La foi doit être ferme, pour croire sans hésiter toutes les vérités que Dieu nous propose. 2. Elle doit être agissante pour observer les maximes que cette même religion nous enseigne. *Voy. le VIe Dim. après les Rois.*

IV. *Du Christianisme, ou des Chrétiens.*

Tu quis es? «Qui êtes-vous?» (*Joan.*, I, 20.)

1. L'excellence du christianisme, ou quelle est la dignité du chrétien? 2. Les devoirs du christianisme, ou quelles sont les obligations du chrétien? *Voy. le IIIe Dim. de l'Avent.*

SUITE DE LA MISSION.

Sur la nécessité, les obstacles, et les moyens de la conversion.

SUR LES MOTIFS DE LA CONVERSION.

PRONE Ier *De l'affaire du Salut.*

Ite et vos in vineam meam: «Allez-vous-en travailler à ma vigne.» (*Matth.*, XX, 49)

1. Rien de plus important que le salut. 2 Rien de plus négligé que le salut. *Voy. le Dim. de la Septuagésime.*

II. *Des moyens du Salut.*

Quid hic statis tota die otiosi? «Pourquoi demeurez-vous ici tout le jour sans rien faire?» (*Matth.*, XX, 6.)

1. Il faut travailler au salut avec confiance. 2. Il faut y travailler avec crainte. *Voy. le Dim. de la Septuagésime.*

III. *Du service de Dieu.*

Nemo potest duobus dominis servire: «Personne ne peut servir deux maîtres,» (*Matth.*, VI, 24.)

1. Les motifs pressants qui engagent à servir Dieu. 2. De quelle manière il faut le servir. *Voy. le XIVe Dim. après la Pentecôte.*

IV. *De la sainteté.*

Vidi turbam magnam quam dinumerare nemo poterat ex hominibus,. stantes ante thronum et in conspectu Agni: amicti stolis albis, et palmæ in manibus eorum: «J'ai vu une troupe que personne ne pouvait nombrer, ramassée de toutes les nations, qui étaient debout devant le trône et en présence de l'Agneau, revêtus de robes blanches, avec des palmes en leurs mains.» (*Apoc.*, VII, 9.)

1. L'obligation indispensable où nous sommes de devenir saints. 2. La manière de le devenir. *Voy. le jour de la Toussaint.*

V. *De la mort.*

Ecce defunctus efferebatur filius unicus matris suæ! «On portait en terre un fils unique!» (*Luc.*, VII, 10.)

1. Rien de plus certain que la mort; nous devons donc nous y préparer. 2. Rien de plus incertain que le temps de la mort; nous devons donc nous tenir prêts en tout temps. *Voy. le XVe Dim. après la Pentecôte.*

VI. *De la mort des bons et des méchant*

Noli flere: «Ne pleurez point.» (*Luc.*, VII, 14.)

1. Combien la mort des justes est précieuse devant Dieu. 2. Combien la mort des méchants est funeste. *Voy. le XVe Dim. après la Pentecôte.*

VII. *Du jugement général.*

Tunc videbunt Filium hominis, etc.: «Alors ils verront le Fils de l'homme.» etc. (*Luc.*, XXI, 27.)

1. Le pécheur sera, au jugement de Dieu, accablé de la plus amère confusion. 2. Le pécheur sera, au jugement de Dieu, condamné avec la dernière rigueur. *Voy. le Ier Dim. de l'Avent.*

VIII. *De l'enfer.*

Colligite primum zizania, et alligate ea in fasciculos ad comburendum: «Cueillez premièrement l'ivraie, liez-la en petites gerbes pour la brûler.» (*Matth.*, XIII, 30.)

1. Le réprouvé dans l'enfer endure la peine du dam. 2. Il y endure la peine du sens. Il les endure éternellement. *Voy. le Ve Dim. après les Rois.*

IX. *Du paradis.*

Gaudete et exsultate, ecce enim merces vestra multa est in cœlo: « Réjouissez vous, et faites éclater votre joie, car une grande récompense vous est réservée dans le ciel.» (*Luc.*, VI, 23.)

1. Cette récompense est grande par l'abondance des biens qu'elle renferme. 2. Elle est assurée à quiconque prend les moyens de la mériter. *Voy. le jour de l'Ascension.*

X. *Du petit nombre des élus.*

Multi sunt vocati, pauci vero electi: « Beaucoup sont appelés, mais peu sont élus. » (*Matth.*, XII, 14.)

1. Quelle est la cause du petit nombre d'élus ! 2. Ce que nous devons faire pour en être. *Voy. le XIX° Dim. après la Pentecôte.*

XI. *De l'amour de Dieu pour les hommes dans le mystère de l'incarnation.*

Venit fortior me, cujus non sum dignus solvere corrigiam calceamentorum ejus : « Il en vient un après moi, qui est plus puissant que moi, dont je ne suis pas digne de délier la courroie de ses souliers. (*Luc.*, III, 16.)

1. Quel a été l'amour de Dieu pour les hommes dans le mystère de l'Incarnation? 2. Quel doit être notre amour pour un Dieu incarné ? *Voy. le Discours pour le temps de l'Avent.*

XII. *Du bon Pasteur.*

Ego sum Pastor bonus : « Je suis le bon Pasteur. » (*Joan.*, X. 11.)

1. Comment Jésus-Christ a rempli la qualité de bon Pasteur. 2. Ce que nous devons faire pour être de fidèles brebis. *Voy. le II° Dim. après Pâques.*

Des obstacles à la conversion.

On peut être convaincu, être même touché des motifs de la conversion, et trouver bien des obstacles qui empêchent d'en prendre les moyens : parmi ces obstacles, il y en a de généraux, il y en a de particuliers; il faut les connaître, ensuite surmonter les uns et les autres.

Obstacles généraux à la conversion.

XIII. *Du délai de la conversion.*

Gaudium erit in cœlo super uno peccatore pœnitentiam agente, etc.: « Il y aura plus de joie dans le ciel pour un seul pécheur qui fait pénitence, que pour quatre-vingt-dix-neuf justes, » etc. (*Luc.*, XV, 7.)

1. Conversion différée, conversion incertaine. 2. Conversion différée, conversion difficile. *Voy. le III° Dim. après la Pentecôte.*

XIV. *De la fausse conscience.*

Cum venerit Spiritus veritatis, docebit vos omnem veritatem : « Lorsque l'Esprit de vérité sera venu, il vous enseignera toute vérité. » (*Joan.*, XVI, 13.)

1 Quels sont les principes d'une fausse conscience ? 2. Quels en sont les remèdes? *Voy. le IV° Dim. après Pâques.*

XV. *De l'abus des grâces.*

Redde rationem villicationis tuæ : « Rendez-moi compte de votre administration. (*Luc.*, XVI, 2.)

1. Quel est le crime d'une âme qui abuse de la grâce de Dieu? 2. Quel est son malheur? *Voy. le VIII° Dim. après la Pentecôte.*

XVI. *Du péché mortel.*

Tradetur enim gentibus, etc.: « Le Fils de l'homme sera livré, » etc. (*Luc.*, XVI, 32.)

1. Le péché mortel est l'ennemi de Dieu, par l'injure qu'il lui fait. 2. Il est l'ennemi de l'homme, par les maux qu'il lui attire. *Voy. le Dimanche de la Quinquagésime.*

XVII. — *De la tentation, cause du péché.*

Ductus est Jesus a spiritu in desertum, ut tentaretur a diabolo: « Jésus fut conduit par l'esprit dans le désert, pour y être tenté du démon. » (*Matth.*, IV, 1.)

1. Quelles sont les différentes tentations auxquelles l'homme est le plus sujet ? 2. Quels sont les moyens de les vaincre? *Voy. le Ier Dim. de Carême.*

XVIII. *De la mauvaise habitude, effet du péché.*

Miserere mei, Domine, Fili David, filia mea male a dæmonio vexatur : « Ayez pitié de moi, Seigneur, Fils de David, ma fille est cruellement tourmentée du démon. » (*Matth.*, XV, 22)

1. Quels sont les pernicieux effets de l'habitude vicieuse? 2 Quels en sont les remèdes? *Voy. le II° Dim. de Carême.*

Obstacles particuliers à la conversion.

Ces obstacles viennent de l'affection à certains vices particuliers, surtout aux péchés capitaux qu'on a peine à quitter, et qui sont néanmoins la source de plusieurs désordres.

XIX. *De l'orgueil.*

Omnis qui se exaltat, humiliabitur : « Quiconque s'élève sera abaissé. » (*Luc.*, XVIII, 14.)

1. Comment le superbe résiste à Dieu. 2. Comment Dieu résiste au superbe. *Voy. le X° Dim. après la Pentecôte.*

XX. *De l'avarice.*

Ecce homo hydropicus erat ante illum : « Il parut devant Jésus-Christ un homme hydropique. » (*Luc.*, XIII, 2)

1 L'avare est impie envers Dieu ; 2. dur et injuste à l'égard du prochain; cruel à lui-même. *Voy. le XVI° Dim. après la Pentecôte.*

XXI. *De la luxure ou impureté.*

Mulier, quæ sanguinis fluxum patiebatur, etc. « Une femme qui était malade d'une perte de sang, » etc. (*Matth.*, IX, 20.)

1. Quelles sont les causes du péché d'impureté? 2 Quels en sont les effets? *Voy. le XVI° Dim. après la Pentecôte.*

XXII. *De l'envie.*

Cum intraret Jesus in domum cujusdam principis Pharisæorum Sabbato manducare panem, ipsi observabant eum : « Jésus entrant un jour de Sabbat dans la maison du chef des Pharisiens pour y manger, ceux-ci l'observaient. » (*Luc.*, XIV, 1.)

1. Il n'est point de passion plus injuste, 2. ni plus aveugle que l'envie. *Voy. le XVI° Dim. après la Pentecôte.*

XXIII. *De la médisance.*

Solutum est vinculum linguæ ejus, et loquebatur recte: « La langue de cet homme se délia; il parlait librement. » (*Marc.*, II, 35.)

1. Rien de si commun que la médisance. 2 Rien de si difficile à réparer. *Voy. le XI° Dim. après la Pentecôte.*

XXIV. *De l'intempérance.*

Nolite solliciti esse dicentes : Quid manducabimus? etc. : « Ne vous inquiétez point en disant : Qu'aurons-nous pour manger? etc. (*Matth.*, IV, 21.)

1. L'intempérant est un homme sans raison. 2. Un homme sans religion. *Voy. le XIV° Dim. après la Pentecôte.*

XXV. *De la colère.*

Domine, salva nos, perimus : « Sauvez-nous, Seigneur, nous allons périr. » (*Matth.*, VIII, 23.)

1. Combien la colère est blâmable dans ses principes. 2. Combien elle est pernicieuse dans ses effets. *Voy. le VI° Dim. après les Rois.*

XXVI. *Du blasphème et du jurement.*

Quidam de Scribis dixerunt intra se: Hic blasphemat: « Quelques-uns des Scribes dirent entre eux: Cet homme blasphème. » (*Matth.*, IX, 3.)

1. Combien le blasphème et le jurement outragent Dieu. 2. Comment Dieu punit ces péchés. *Voy. le XVII° Dim. après la Pentecôte.*

NOTICE SUR REGUIS.

PRÊTRE DU DIOCÈSE DE GAP, CI-DEVANT DANS CELUI D'AUXERRE.

Réguis, curé dans le diocèse de Gap, a publié en 1766 *la Voix du Pasteur*, discours familiers d'un curé à ses paroissiens pour tous les dimanches de l'année, 2 vol. in-12, très-souvent réimprimés. Cet ouvrage, l'un des meilleurs en son genre, remarquable par la simplicité et l'onction qui y règnent, a encore été perfectionné par un pasteur animé du même esprit que l'abbé Réguis, sous le titre d'*Instructions familières*, imprimées d'abord en 5 vol., puis en 6, et enfin en 8 vol. in-12. La septième édition a paru en 1821. Ces instructions courtes et adaptées aux circonstances ne peuvent fatiguer l'attention du lecteur, et sont bien propres à ranimer le zèle trop éteint pour les intérêts de la religion, à combattre l'indifférence des chrétiens et leur lâcheté à en observer les préceptes.

ŒUVRES ORATOIRES

DE M. REGUIS,

PRÊTRE DU DIOCÈSE DE GAP.

LA VOIX DU PASTEUR,

DISCOURS FAMILIERS D'UN CURE A SES PAROISSIENS

POUR TOUS LES DIMANCHES DE L'ANNÉE.

PREMIÈRE DOMINICALE.

Veni, non in sublimitate sermonis (I *Cor.*, II, 1.)

PREFACE.

Mon dessein, en composant ces Prônes, n'était pas de les donner au public. Il n'a fallu rien moins que le suffrage et, si j'ose le dire, les sollicitations de plusieurs personnes éclairées pour me faire vaincre une certaine répugnance dans laquelle il y a vraisemblablement plus d'amour-propre que de modestie. Le jugement du public, qu'on ne saurait trop respecter et qu'on ne respecte peut-être point assez aujourd'hui, fera connaître si j'ai été bien ou mal conseillé.

Je les lui offre tels que mes paroissiens les ont entendus, excepté néanmoins que j'ai ajouté, surtout dans le second volume, beaucoup de détails qui auraient été inutiles et par conséquent déplacés dans ma paroisse, mais qui ne le seraient pas dans d'autres, et qui pourront rendre la lecture de ces instructions moins ennuyeuse, plus intéressante, et utile à un plus grand nombre de personnes.

Je ne dirai rien des auteurs qui ont écrit dans ce même genre. Je ne pourrais en parler que pour faire leur éloge, et cet éloge n'ajouterait rien au témoignage que le public leur a rendu. Je ne les connais pas tous à beaucoup près; mais parmi ceux que j'ai lus, il n'y en a point à qui je ne sois redevable. Ce que je désire pour mes faibles productions, c'est que l'auteur de tout bien daigne les bénir, et ensuite qu'elles vaillent la peine d'une critique raisonnable, qui, en relevant les défauts dans lesquels je suis tombé, m'apprenne à les corriger et à faire mieux.

DISCOURS FAMILIERS.

DISCOURS PREMIER.

Pour le premier Dimanche de l'Avent.

CROIRE EN JÉSUS-CHRIST.

Dicite filiæ Sion : Ecce Rex tuus. (*Matth.*, XXI, 5.)
Dites à la fille de Sion : Voici votre Roi.

C'est à vos pasteurs, mes chers paroissiens, que ces paroles s'adressent ; c'est nous qui sommes chargés de vous annoncer et de vous faire connaître ce Roi, qui est seul digne de régner sur les esprits par la vérité, et sur les cœurs par la grâce ; Jésus Christ, le maître que nous devons écouter, le modèle que nous devons suivre, la seule voie qui puisse conduire les hommes à la vie éternelle. Tous les livres de piété que vous lisez, toutes les instructions que vous entendez, les fonctions et tous les travaux de notre ministère, n'ont d'autre objet que de vous faire croître dans la connaissance de Jésus-Christ. Que je serais heureux, mes chers enfants, si je pouvais dire de vous ce que saint Pierre disait des premiers fidèles, que *vous aimez Jésus-Christ quoique vous ne l'ayez point vu ;* que *vous croyez en lui, quoique vous ne le voyiez point encore maintenant !* (I *Petr.*, I, 8.) Hélas! nous faisons profession de le connaître, de croire en lui, d'être chrétiens ; mais le sommes-nous en effet? Croire en Jésus-Christ, c'est avoir les mêmes sentiments, le même langage que lui, et désirer, tout au moins, de mener une vie conforme à la sienne. Croire en Jésus-Christ, c'est penser en chrétien, parler en chrétien, vivre en chrétien. Arrêtons-nous à ces trois points, consultons notre conscience, ne nous flattons pas, et voyons si nous pouvons dire comme saint Paul : *Je vis dans la foi du Fils de Dieu qui m'a aimé, et qui s'est livré lui-même à la mort pour l'amour de moi.* (*Galat.*, II, 20.)

PREMIÈRE RÉFLEXION.

Nous trouvons dans l'Epître de ce grand apôtre aux Philippiens, un passage qui renferme en abrégé toute la morale chrétienne. Mes frères, dit-il, ayez les mêmes sentiments, les mêmes affections que Jésus-Christ, *Hoc sentite in vobis quod et in Christo Jesu.* (*Philipp.*, II, 5.) Regarder les biens, les maux et toutes les choses de ce monde du même œil que Jésus-Christ les a regardés, en penser ce qu'il en a pensé, en juger comme il en a jugé ; c'est avoir les mêmes sentiments que lui : et si notre façon de penser se trouve presqu'en tout contraire à la sienne, il est visible que nous ne croyons point en lui.

Il y a bien de la différence, dit saint Augustin, entre croire Jésus-Christ et croire en Jésus-Christ. (Serm. 144, *de verb. Evang.*) Les réprouvés, les démons eux-mêmes croient Jésus-Christ ; ils savent aussi bien que nous, qu'il est Fils de Dieu, qu'il s'est fait homme, qu'il a souffert, qu'il est mort, et le reste : mais, parce qu'ils ont des sentiments tout à fait opposés aux sentiments de Jésus-Christ, on ne peut pas dire qu'ils croient en lui. Ecoutons à présent l'apôtre saint Paul : Quoique Jésus-Christ fût infiniment riche, puisque tout a été fait par lui, et pour lui, il a voulu naître, vivre et mourir pauvre (II *Cor.*, VIII, 9) : voilà le mépris des richesses et l'amour de la pauvreté. Quoiqu'il fût égal à Dieu son Père, il s'est anéanti lui-même jusqu'à prendre la forme d'un esclave ; il s'est rendu obéissant jusqu'à la mort de la croix (*Philipp.*, II, 6-8) : voilà l'amour des humiliations et des souffrances. Mépriser, fuir tout ce qui flatte l'orgueil, l'ambition, la cupidité, la sensualité des hommes ; voilà les sentiments de Jésus-Christ. Que chacun de nous interroge son propre cœur, et qu'il voie s'il n'a pas des sentiments tout contraires.

Bien loin d'aimer les humiliations, ne cherchez-vous pas à vous élever au-dessus des autres? N'avez-vous pas de l'aversion pour tout ce qui vous abaisse et vous humilie? N'est-ce pas de là que viennent votre peu de soumission et de respect envers vos supérieurs ; votre dureté, votre hauteur, vos mépris à l'égard de vos inférieurs ; ces airs de distinction que vous affectez parmi vos égaux ; cette sensibilité ridicule pour une parole, un geste, un rien qui choque dans votre esprit la bonne opinion que vous avez de vous-même? Je ne dis pas que vous aimiez à vivre dans l'oubli et le mépris des hommes, ni que vous couriez au-devant des humiliations et des opprobres. Je ne demande pas si vous êtes parfait ; mais je demande : Etes-vous chrétien ? c'est-à-dire : Regardez-vous les grandes places, la grande réputation, les louanges, tous les honneurs de ce monde, comme un peu de fumée qui aveugle, qui étourdit, qui tourne la cervelle, gâte l'esprit et le cœur à la plupart de ceux qui les aiment, les cherchent et s'y attachent?

Etes-vous content de l'état bas ou médiocre dans lequel la Providence vous a fait naître? Si la chose était à votre choix, ne préféreriez-vous pas un état qui vous relevât et vous mît bien au-dessus de ce que vous êtes? Mais s'il arrive qu'on vous méprise et que vous soyez humilié, le souffrez-vous de bon cœur, ou tout au moins avec patience? Regardez-vous cette humiliation comme une grâce que Dieu vous fait, et dites-vous, à l'exemple du saint roi David : Il était nécessaire, ô mon Dieu, que je fusse humilié ; c'est un grand bien pour moi, et je vous en remercie? (*Psal.*, CXVIII, 71.) Mon enfant, prenez garde : si les humiliations vous déplaisent, si vous aimez les honneurs, la gloire, les vanités de ce monde ; si vous cherchez à être flatté ; si vous mettez votre satisfaction dans l'estime et les louanges des hommes, vous pensez autrement que Jésus-Christ, vous avez des sentiments opposés aux siens, vous ne croyez point en lui, vous n'avez pas l'âme chrétienne.

La Providence vous a donné du bien, vous vivez à votre aise, vous n'avez besoin de personne, à la bonne heure, et béni soit Dieu ! Si je vous disais, comme Jésus-Christ à ce jeune homme de l'Evangile : ***Allez, vendez tout ce que vous avez, et donnez-le aux pauvres*** (*Matth.*, XIX, 21), vous pourriez me répondre que vous n'êtes point obligé à une telle perfection, et cela est vrai. Vous pouvez donc conserver votre bien, même l'augmenter par des voies justes et légitimes ; ce n'est pas là de quoi il est question ; il est question de savoir, et je demande : Avez-vous à l'égard des biens dont vous jouissez les mêmes sentiments que Jésus-Christ, qui a prononcé tant de malédictions contre les riches, et en pensez-vous ce qu'il en a pensé ? Ne pensez-vous pas, au contraire, qu'il vaut infiniment mieux être riche que pauvre, et ne regardez-vous pas la pauvreté comme un des plus grands maux qu'il y ait au monde ? ne mettez-vous pas votre confiance dans vos richesses, n'y attachez-vous pas votre cœur ? pensez-vous et pensez-vous bien sérieusement que la grâce de Dieu est préférable à tous les trésors de la terre ? aimeriez-vous mieux perdre tout votre bien, jusqu'à la dernière obole, que de perdre la grâce de Dieu ? et si dans ce moment il vous demandait le sacrifice de tout ce que vous possédez, seriez-vous prêt à le lui faire, le lui feriez-vous de bon cœur ? Si vous n'êtes pas dans ces dispositions ; si vous pensez tout différemment, vous ne croyez point en Jésus-Christ, vous n'êtes pas chrétien.

Et vous, mes chers enfants, qui ne vivez que du travail de vos mains, et qui très-souvent avez bien de la peine à vivre, ne désirez-vous pas d'être riches ? Ne portez-vous pas envie à ceux qui le sont ? Vous estimez-vous bien heureux de ressembler à Jésus-Christ, qui, pendant sa vie mortelle, n'a pas eu où reposer sa tête, et qui, dès sa plus tendre jeunesse, a vécu dans le travail et la pauvreté ? Avez-vous sur votre état les mêmes sentiments que Jésus-Christ ? Ne pensez-vous pas au contraire que vous êtes bien malheureux ? Et n'est-ce pas de là que viennent vos murmures, la mauvaise foi, le défaut de probité qu'on vous reproche ? Si vous vous déplaisez dans un état que Jésus-Christ lui-même a choisi par préférence, et par lequel vous avez le bonheur de lui ressembler, vous ne croyez donc pas en lui, vous n'êtes donc pas chrétiens.

Mais, de bonne foi, croyons-nous en Jésus-Christ, lorsque nous regardons et que nous fuyons comme le poison de notre vie les afflictions, les souffrances, les persécutions, les traverses, pendant que Jésus-Christ, attaché à la croix, ne cesse de crier : Bienheureux ceux qui pleurent, qui sont persécutés, qui souffrent pour la justice, pendant que la foi nous enseigne que les souffrances sont le chemin du Ciel, les signes de l'amour de Jésus-Christ, une marque essentielle de prédestination, et comme les arrhes de la vie éternelle ; pendant que nous voyons tous les saints aller au-devant des croix, les chercher, les embrasser, se réjouir, nager dans la joie au milieu des tribulations ? Bon Jésus, que notre manière de penser est différente de la vôtre ! nous craignons comme un très-grand mal ce qui selon vous est un très-grand bien. Ceux qui sont heureux à vos yeux sont malheureux aux nôtres ; nous disons bonheur et bénédiction à ceux à qui vous dites malédiction et malheur. Et avec cela, mes frères, nous croyons en Jésus-Christ ! Mais peut-on croire en Jésus-Christ, et avoir sur toutes les choses de ce bas-monde des pensées et des sentiments opposés à ses sentiments et à ses pensées ? Croit-on véritablement en Jésus-Christ quand on hait ce qu'il a aimé ; quand on fuit ce qu'il a cherché ; quand on loue ce qu'il méprise ; quand on estime ce qu'il réprouve ; quand on a dans l'esprit et dans le cœur une sorte d'antipathie pour ses maximes, et qu'on se trouve presque partout en contradiction avec lui ? Non, et il faut convenir, à notre honte, que la plupart de ceux qui se disent chrétiens, n'en ont rien moins que les sentiments ; aussi en voyons nous très-peu qui en aient le langage.

SECONDE RÉFLEXION.

Ils sont passés, les premiers siècles et les beaux jours du christianisme, où le nom de Jésus-Christ et les maximes de son Evangile étaient mêlés dans tous les entretiens des fidèles. On ne disait point, comme on fait aujourd'hui : ***La religion à part ; abstraction faite de l'Evangile ; indépendamment de Jésus-Christ.*** On savait que toutes les actions du chrétien devant se rapporter à Jésus-Christ, toutes ses pensées et tous ses raisonnements en fait de religion et de morale, doivent nécessairement être fondés sur Jésus-Christ, parce que sans lui il ne saurait y avoir ni vraie religion, ni saine morale, ni vertu solide. On le pensait, on le croyait, et l'on raisonnait en conséquence : nous le savons, nous faisons profession de le croire, et néanmoins nous raisonnons, la plupart du temps, comme si l'Evangile n'existait point, comme si nous ne connaissions pas Jésus-Christ. Le langage de la religion ne se trouve presque plus que dans les sermons, dans nos prières et dans les livres de piété : hors de là on ose à peine prononcer le nom de Jésus-Christ, comme si c'était un déshonneur à un enfant de parler le langage de son père, ou à un Français le langage de son pays. Chose étrange, mes frères ! on trouve très-bon qu'un officier parle de guerre, un magistrat de jurisprudence, un laboureur de la culture des terres, les artisans de leur métier; il est permis à chacun de s'entretenir, et chacun s'entretient volontiers de ce qui a rapport à son état et à sa profession : n'y aura-t il donc que les chrétiens qui n'oseront parler en chrétiens, qui rougiront de prononcer le nom de leur maître, de raisonner conformément à ses maximes, et de faire connaître qu'ils sont disciples de Jésus-Christ?

Je ne veux pas dire que l'Evangile doive faire la matière de tous les entretiens, ni qu'on doive mêler le nom de Jésus-Christ dans des conversations profanes. Il y a certaines compagnies dans lesquelles il faut suivre à la lettre cet avis de Notre-Seigneur : *Ne donnez pas les choses saintes aux chiens, et ne jetez pas les pierres précieuses devant les pourceaux, de peur qu'ils ne les foulent aux pieds et ne les déchirent* (*Matth.*, VII, 6.) C'est ce que fait celui qui, par un zèle indiscret et sans nécessité, parlerait des choses saintes devant certaines personnes qui ne peuvent souffrir ni l'Evangile ni ceux qui le pratiquent, et qui se font une espèce de gloire de tourner la piété en ridicule. Mais je voudrais, mon cher paroissien, que quand vous parlez du vice et de la vertu, des richesses et de la pauvreté, des plaisirs et des afflictions, de ce qui est bon ou mauvais, heureux ou malheureux, on reconnût à votre langage que vous êtes chrétien, et que vous en avez les sentiments. Je voudrais, ce sont les paroles de l'apôtre saint Jacques, qu'au lieu de dire comme vous faites, par exemple : *Aujourd'hui ou demain nous irons dans une telle ville, nous demeurerons là un an ; nous exercerons le commerce, nous gagnerons beaucoup* (*Jac.*, IV, 13, 16), et mille autres choses que vous projetez pour l'avenir, vous disiez toujours : *Si c'est la volonté du Seigneur et son bon plaisir, nous ferons telle ou telle chose.* Je voudrais que vous mêlassiez dans vos conversations quelques paroles qui eussent rapport à la religion et à la piété ; qui sentissent le christianisme, si je puis m'exprimer ainsi, et fissent connaître que vous êtes chrétien. Je voudrais que vous vous entretinssiez, au moins quelquefois, de ce que vos pasteurs vous enseignent dans leurs instructions , *de psaumes, de cantiques*, comme saint Paul y exhorte les fidèles (*Coloss.*, III, 16) : de ce que vous avez lu dans l'Evangile et les livres de piété, qui sont entre les mains de tout le monde ; que vos discours fussent assaisonnés du sel de la sagesse qui n'est autre que Jésus-Christ, la sagesse éternelle opposée à cette sagesse *terrestre, animale, diabolique* dont parle saint Jacques (*Jac.*, III, 15.) Car enfin, si nous faisons profession d'être chrétiens, pourquoi ne parlerions-nous pas en toute occasion le langage de la religion chrétienne ?

Je vous rends justice, monsieur, vous donnez à vos enfants de très-belles instructions sur la manière dont ils doivent se conduire dans le monde. Mon fils, ayez des sentiments d'honneur ; soyez honnête homme ; ne faites jamais de bassesse ; ayez soin de vous faire une bonne réputation, et ne vous liez jamais avec ceux qui en ont une mauvaise. Soyez doux, honnête, poli, prévenant, officieux : par ce moyen vous aurez des amis et tout le monde vous aimera. Ma fille, soyez modeste et retirée; souvenez-vous que la pudeur doit être particulièrement la vertu de votre sexe, et que sans elle toutes les bonnes qualités que vous pourriez avoir d'ailleurs, seraient comptées pour rien : ne soyez pas familière avec les jeunes gens; ne souffrez de leur part aucune liberté qui choque tant soit peu la bienséance; respectez-vous vous-même, si vous voulez que les autres vous respectent; cherchez à plaire par votre retenue et votre vertu, plutôt que par vos ajustements et votre figure.

Voilà certainement des avis bien sages et bien dignes d'un honnête homme; oui sans doute, mais un père païen disait la même chose à ses enfants. Pourquoi la religion n'entre-t-elle pour rien dans ces instructions qui sont très-belles d'ailleurs? Pourquoi ne pas dire : Mon fils, ayez la crainte de Dieu et observez ses commandements; car c'est en cela que consistent tous les devoirs et tout le bonheur de l'homme. Quelque riche que vous soyez, vous serez véritablement pauvre, si vous n'avez pas la grâce de Jésus-Christ, et quelque pauvre que vous puissiez être, vous serez riche si vous vivez dans sa foi, sa crainte et son amour. Avec Jésus-Christ, ceux qui nous paraissent les plus malheureux ne sont point à plaindre; sans lui, on ne saurait trop plaindre ceux qui paraissent les plus heureux. La plus haute science, sans Jésus-Christ, n'est que ténèbres et ne produit que l'orgueil; la vraie science est de connaître Jésus-Christ; si vous le connaissez bien, vous serez tel que vous devez être; vous saurez tout ce qu'il est nécessaire de savoir, parce qu'en lui sont renfermés tous les trésors de la science et de la sagesse. Attachez-vous donc à Jésus-Christ, mon enfant, et ne rougissez jamais de lui appartenir. Vous trouverez dans le monde des maximes, des préjugés, des usages absolument contraires à son Evangile ; je vous en préviens : mais sachez que ces maximes sont des mensonges, ces préjugés des erreurs, ces usages des abus; que tout doit céder à l'Evangile, que tout doit plier sous la loi de Jésus-Christ et se réformer sur elle. Fuyez donc, mon fils, fuyez la société des libertins et des impies qui sont ennemis de la croix de Jésus-Christ. Gardez-vous de compter ni sur votre vertu, ni sur vos forces, et souvenez-vous qu'il n'y a pas de vraie vertu, là où il n'y a pas de piété en Jésus-Christ ; que sans lui nous ne pouvons rien, et que, dans l'ordre du salut, nous ne sommes rien de bon sans la grâce. (S. AUG., lib. *De civ. Dei*, cap. 4.) Soyez charitable envers les pauvres, parce qu'ils sont les membres de Jésus-Christ; soyez affable, obligeant, officieux envers tous les hommes, parce que nous sommes tous frères en Jésus-Christ.

Et vous, ma fille, si vous voulez vous préserver de cet esprit de vanité, de cette envie de plaire, de cet amour de la parure et des plaisirs, qui sont les défauts les plus ordinaires à votre âge et à votre sexe; défauts qui conduisent presque toujours au vice; jetez-les sur votre crucifix, c'est là le vrai miroir des Chrétiens. Regardez-vous dans celui-là plus souvent que dans les autres, vous y verrez les taches de votre âme; vous y apprendrez à l'orner des vertus chrétiennes. Lisez l'Evangile plutôt que les romans, et soyez plus curieuse de vous rendre agréable aux yeux de Dieu, que de paraître aimable aux yeux des hommes.

Voilà ce que j'appelle parler en chrétien : j'en ai fait tout exprès l'application aux pères et mères, parce que les enfants parlent ordinairement le langage de ceux qui les instruisent. Tout dépend de l'éducation; si on leur parlait le langage de l'Evangile, ils en prendraient le goût, et contracteraient peu à peu l'heureuse habitude de penser et de raisonner conformément à ses maximes.

Je me souviens, à ce propos, de ce que dit saint Augustin, parlant de lui-même, au troisième livre de ses *Confessions* (chap. 4). Il avait lu, longtemps avant sa conversion, les livres d'un païen, qui lui avaient inspiré l'amour de la sagesse. Je me sentais, dit-il, animé d'un désir ardent de pratiquer les belles maximes que je trouvais dans ce livre; une seule chose me retenait, c'est que je n'y voyais point, ô mon Dieu, le nom de Jésus Christ votre Fils. Ce nom divin avait été gravé dans mon cœur, par votre miséricorde, dès mes plus tendres années; j'en avais, pour ainsi dire, sucé la douceur avec le lait, de sorte que tous les livres de morale où je ne le trouvais pas, quoique très-bien écrits, quoique pleins de sagesse et de vérité, ne me plaisaient qu'à un certain point et ne me ravissaient pas entièrement.

Bienheureux les enfants dont les père et mère, à l'exemple de sainte Monique, puisent dans l'Evangile toutes les leçons qu'ils leur donnent! à qui on ne dit pas seulement : Soyez honnête homme, mais soyez chrétien; attachez-vous à Jésus-Christ sans lequel tous ces prétendus sentiments d'honneur ne sont que du pur orgueil et ne peuvent jamais produire des vertus solides. Si les enfants étaient instruits et élevés de la sorte, l'esprit et le langage de la religion seraient plus communs dans tous les états; les vrais chrétiens ne seraient pas si rares, et nous ne verrions pas ce que nous voyons tous les jours, des personnes d'ailleurs estimables et réglées dans leurs mœurs, qui au fond ne sont que d'honnêtes païens et n'ont aucune vertu chrétienne.

Mes chers paroissiens, ayons Jésus-Christ dans le cœur, et il sera plus souvent sur nos lèvres. Pensons en chrétiens, et nous parlerons en chrétiens. Vous connaissez le proverbe : *De l'abondance du cœur la bouche parle.* (*Matth.*, XII, 34.) Lorsque nous aurons les mêmes sentiments que Jésus-Christ, nous parlerons le même langage. Cela ne suffit point. Parler en chrétien, c'est peu; il y a des hypocrites qui ont le langage de la piété. Penser en chrétien, ce n'est point assez; il y a des gens qui pensent très-bien et qui vivent très-mal. Agir en chrétien et se conduire en toutes choses suivant les maximes de l'Evangile, c'est le tout; c'est là vraiment connaître Jésus-Christ et croire en lui.

TROISIÈME RÉFLEXION.

Et, en effet, à quoi me sert de dire et de penser que les riches entrent difficilement dans le ciel; que la pauvreté, par conséquent, est préférable aux richesses, si je ne suis occupé d'ailleurs qu'à amasser de l'or et de l'argent, qu'à joindre maison à maison et acheter terres sur terres? A quoi me servira de penser que tout n'est que vanité, que la figure de ce monde passe, que c'est une folie d'y attacher son cœur et d'y mettre sa confiance, si, d'un autre côté, je ne travaille que pour m'avancer et m'élever dans ce monde; si je ne regarde jamais sans jalousie ceux qui, dans le même état où je suis, sont plus avancés ou plus riches que moi?

J'admire l'humilité profonde, le détachement, les mortifications, la patience des saints : quand je lis ce qu'ils ont souffert pour l'amour de Jésus-Christ, je les estime bienheureux, j'envie leur sort, je voudrais avoir été à leur place : voilà de beaux sentiments; mais si avec ces beaux sentiments je ne laisse pas de courir après tout ce qui flatte l'orgueil ou la sensualité, et d'éviter soigneusement tout ce qui afflige le corps et déplaît à la nature; si les jeûnes de l'Eglise me sont à charge, si je fuis les plus petites mortifications; si au moment de l'affliction je m'abandonne à l'impatience, quelquefois même au désespoir; si je me laisse aller à la tristesse, à l'abattement, au murmure, lors même que je souffre pour la justice, reconnaîtra-t-on dans cette conduite quelqu'un qui fait profession d'être disciple de Jésus-Christ?

Permettez-moi, mes chers paroissiens, de vous dire librement ma pensée : ne vous offensez pas de la vérité. Lorsque je vous vois ici assister à nos saints mystères, écouter la parole de Dieu, chanter ses louanges, je dis : voilà des chrétiens. Mais si je vous suis dans vos maisons, si j'examine vos démarches et votre façon d'agir en toutes choses, les chrétiens disparaissent, et je ne vois presque plus que les ennemis de la croix et de l'Evangile : l'ivrogne, l'impudique, l'avare, l'envieux, le médisant, le vindicatif; au lieu du disciple de Jésus-Christ on trouve le disciple du monde, l'esclave du péché, le serviteur du diable.

Et certes, vous ne me persuaderez pas que vous croyez en Jésus-Christ lorsque, bien loin de régler votre vie sur son Evangile, vous ne consultez en tout que vos intérêts temporels, votre plaisir, votre humeur, vos inclinations et cet amour malentendu dont vous êtes remplis pour vous-mêmes Quand je vous verrai vous quereller, vous noircir, vous déchirer, vous piller, chercher à vous détruire les uns les autres, vous venger de vos ennemis, ne pas vouloir faire la moindre démarche pour vous réconcilier avec eux, refuser un boisseau de blé à une pauvre veuve qui meurt de faim à votre porte, elle et ses enfants, tandis que vos greniers sont remplis en at cndant la chère année; enfin, quand je vous verrai aussi attachés à la terre, que si vous ne deviez jamais la quitter, ne vous embarrassant pas plus d'éviter le mal et de faire de bonnes œuvres que si vous n'aviez rien à espérer ni à craindre après votre mort : certainement, vous ne me persuaderez pas que vous croyez en Jésus-Christ, que vous faites profession d'être ses serviteurs et ses disciples. Les disciples de Jésus-Christ sont ceux qui désirent et s'efforcent, moyennant sa grâce, de suivre leur divin Maître et de pratiquer les vertus dont il nous a donné l'exemple.

Ecoutez là-dessus, et je finis, une belle pensée de saint Grégoire de Nysse, qui compare les chrétiens à des peintres. (Epist. 1.) Chacun de nous, dit ce saint docteur, est le peintre de sa propre vie. Notre âme est comme la toile, les vertus sont les couleurs, Jésus-Christ est le modèle que nous devons copier; cela est beau. De même qu'un peintre a dans l'esprit, dans l'imagination et devant les yeux, l'objet qu'il veut représenter sur la toile; ainsi le chrétien doit avoir dans toutes ses actions, les yeux continuellement fixés sur Jésus-Christ, et comme le pinceau conduit par la main du peintre applique sur la toile des couleurs semblables à celles qu'il trouve dans son modèle; de même notre volonté, aidée par la grâce, s'attachant à la pratique des vertus qui sont en Jésus Christ, s'efforce d'en exprimer l'image dans notre âme : de sorte que nous sommes plus ou moins chrétiens, suivant que nous avons plus ou moins de ressemblance avec Jésus-Christ. D'où il est naturel de conclure que si nous n'avons aucune ressemblance avec lui, nous ne sommes pas ses disciples; notre foi n'a rien de plus que la foi des démons; elle ne servira qu'à nous rendre plus coupables, et les mauvais chrétiens seront punis plus sévèrement dans les enfers, que les païens et les idolâtres.

Levez donc les yeux, mes frères, levez les yeux, et regardez Jésus-Christ, l'auteur et le consommateur de notre foi Dans quelque état que vous soyez placés; dans quelque situation d'esprit ou de corps que vous vous trouviez; quoi que vous fassiez, quoi que vous disiez, ou que vous pensiez, regardez Jésus-Christ, afin que vos pensées et vos sentiments, vos paroles et vos actions soient formés, et pour ainsi dire moulés sur les pensées, les sentiments, les paroles, les actions de Jésus-Christ, et alors vous pourrez dire que vous croyez en lui. Tout ce qui s'écarte de ce divin modèle n'est digne que de réprobation. Le bien même que vous pourriez faire, si vous ne le faisiez pas en vue de Jésus-Christ, ne serait d'aucune valeur devant Dieu, et ne vous servirait de rien pour la vie éternelle.

Mon Sauveur, mon adorable Sauveur, je suis rempli de confusion, je me reconnais indigne de porter le beau nom de chrétien, lorsque je compare mes sentiments, mon langage et ma conduite avec votre Evangile. Plus j'approfondis mon misérable cœur, plus j'y découvre des sentiments et des affections absolument contraires aux vôtres. Les humiliations sont un supplice pour moi; les souffrances me sont insupportables; la pauvreté n'a rien à mon goût que de méprisable et de rebutant. Je pense comme le monde, et je parle, hélas! comme lui, quoiqu'il prenne en tout et partout le contre-pied de votre Evangile, ô mon Dieu! Bien loin de vous avoir regardé comme le modèle que je devais suivre, je me suis conformé aux maximes de ce misérable monde que vous avez si hautement réprouvé par vos exemples comme par vos paroles. Si j'ai fait quelquefois des actions louables en elles-mêmes, j'ai plus souvent agi par raison ou par amour-propre que dans la vue de vous imiter et de vous plaire; de sorte que je n'ai pas même été chrétien dans mes bonnes œuvres, parce qu'elles n'ont pas été animées de votre esprit.

Changez mon cœur, ô divin Jesus, et réformez-en toutes les affections; que je pense comme vous; que je parle comme vous; que toutes mes actions soient faites en vous. Quoi que je dise ou que je fasse, ne me laissez point oublier que je suis chrétien, afin que, dans toutes les occasions, je pense, je parle, je me conduise en chrétien, et que, vous étant uni par une foi vive, ô mon bon Sauveur, j'avance de plus en plus, avec le secours de votre grâce, dans la connaissance de vos mystères et de mes devoirs. Que je vive de la vie de la foi, pour mourir de la mort des justes, et vivre ensuite éternellement avec vous dans le ciel. — Ainsi soit-il.

DISCOURS II.

Pour le deuxième Dimanche de l'Avent.

SE PRÉPARER AU JUGEMENT DE DIEU.

Attendite vobis, ne forte superveniat in vos repentina dies illa. (*Luc.*, XXI, 34.)

Prenez garde à vous, de peur que ce jour ne vous surprenne tout d'un coup.

Le bouleversement affreux de toutes les parties de l'univers, qui doit annoncer sa destruction, et qui fera sécher de frayeur tous les peuples de la terre, n'est pas, je vous l'avoue, mes chers paroissiens, ce qui m'effraye davantage. L'arrivée de Jésus-Christ qui, après avoir dissimulé longtemps et souffert avec une patience infinie les péchés des hommes, paraîtra tout à coup pour juger le monde et se venger de ses ennemis, voilà ce qui me fait trembler. Ce qui me fait trembler, c'est que la fin du monde arrivera bientôt pour moi; car aussitôt que j'aurai les yeux fermés, le soleil et la lune seront éclipsés à mon égard; la nature sera bouleversée dans ce misérable corps qui est comme un petit univers d'iniquité, et qui ne sera plus alors qu'un monceau de terre et un amas de pourriture. A peine aurai-je rendu le dernier soupir, que mon âme paraîtra devant son Juge pour entendre la sentence de bénédiction ou de malédiction qui décidera de mon bonheur ou de mon malheur éternel. Ce qui me fait trembler, c'est que ce Juge terrible est à ma porte, qu'il frappera quand j'y penserai le moins, et que cette nuit même peut être pour moi le jour du jugement, et la fin du monde.

Mais à quoi bon cette crainte si elle ne me rend pas plus sage? Lorsque nous sommes menacés de quelque grand malheur, la première pensée qui nous vient dans l'esprit, est de prendre toutes les mesures possibles pour nous en garantir. Y a-t-il donc un moyen d'échapper au jugement de Dieu? Oui : l'Apôtre saint Paul nous assure (I *Cor.*, XI, 31) que, si nous nous jugeons nous-mêmes, nous ne serons point jugés. Il faut donc que chacun se rende à soi-même le compte qu'il doit rendre à Dieu, et prononce ensuite une sentence qui prévienne la sentence de Jésus-Christ : c'est à quoi je viens vous exhorter aujourd'hui, mes chers paroissiens, de la manière la plus simple, et que je pense pouvoir vous être la plus utile.

PREMIÈRE RÉFLEXION.

Lorsqu'un homme a des comptes à rendre à un autre homme, il commence d'abord par se rendre compte à lui-même. Il entre dans sa chambre, ferme la porte, s'assied auprès de sa table, cherche ses papiers, rassemble ses mémoires, compte, calcule, prévoit les difficultés qu'on pourra lui faire, se prépare à y répondre, met tout en ordre, après quoi il se tranquillise : voilà qui est en règle, mon compte est prêt, je le rendrai quand on voudra.

Telle est la conduite que doit tenir un homme sage à l'égard des affaires de sa conscience, pour n'être pas surpris par le jour du Seigneur, et c'est l'avertissement qui nous est donné dans l'Evangile d'aujourd'hui. *Attendite*, prenez garde à vous. Mon cher enfant, prenez garde à vous. Croyez-moi, préparez vos comptes de bonne heure ; entrez dans votre chambre, fermez votre porte, c'est-à-dire, rentrez en vous-même, descendez dans votre cœur, fermez les yeux pour quelque temps sur les affaires de ce monde : recueillez votre esprit, fouillez dans votre conscience, repassez dans votre mémoire toutes les années de votre vie, examinez, comptez, et pour cela souvenez-vous que vous rendrez compte à Jésus-Christ comme un serviteur à son maître. Le maître donne des ordres, le serviteur doit obéir. Cette obéissance consiste à éviter ce qu'il défend, à faire ce qu'il commande et à le bien faire. Examinez donc et voyez ce qu'il vous a défendu, et que vous avez fait ; ce qu'il vous a commandé, et que vous n'avez pas fait, ou que vous avez mal fait.

Jetez d'abord un coup d'œil sur les années de votre jeunesse : examinez et comptez vos étourderies, vos caprices, vos extravagances, vos regards lascifs, vos pensées déshonnêtes, vos désirs impurs, vos paroles libres, vos fréquentations suspectes, vos libertés criminelles, vos postures indécentes, vos actions honteuses, vos chansons infâmes, vos lectures détestables. Aux dérèglements de cet âge qui devrait être, plus que tout autre, consacré à la vertu et au service de Dieu, comme les prémices et la plus belle portion de la vie, et que l'on prostitue presque toujours à la vanité, à la folie, au libertinage ; ajoutez les bizarreries d'une humeur chagrine et rebutante, les aigreurs d'un caractère violent et insupportable, les accès de votre colère, la fureur de vos emportements ; toutes les peines que vous avez causées, vous à ce mari, vous à cette femme, tous les mauvais exemples que vous avez donnés à vos enfants et à vos domestiques. Examinez et comptez les injustices, les fraudes, les usures, les rapines, les vols que vous avez commis dans votre travail et dans votre commerce. Examinez et comptez vos médisances, vos faux rapports, vos jugements téméraires, vos calomnies, vos inimitiés, vos jalousies, vos désirs de vengeance, et tous les fruits maudits des passions différentes dont vous avez été le malheureux esclave.

Mais eussiez-vous évité tous les crimes défendus par la loi de Dieu, vous ne serez pas justifié pour cela si vous n'avez point pratiqué les vertus qu'elle commande. Vous n'avez pas déshonoré le nom de Dieu par des jurements ou des blasphèmes; mais l'avez-vous béni, l'avez-vous adoré, remercié? lui avez-vous rapporté toutes vos actions? Vous n'avez pas profané le Dimanche ; mais l'avez-vous sanctifié? Vous n'avez point commis d'excès dans le boire ni dans le manger; mais avez-vous observé les jeûnes commandés par l'Eglise? Vous n'avez point employé votre temps à faire du mal; mais ne l'avez-vous pas perdu à ne rien faire? Vous n'avez pas volé le bien d'autrui; mais avez-vous fait bon usage du vôtre? Vous n'avez pas déchiré la réputation de votre prochain; mais l'avez-vous défendue, quand on l'a déchirée en votre présence? Examinez, comptez et souvenez-vous qu'il y a dans les enfers bon nombre de chrétiens dont on pouvait dire, pendant leur vie, qu'ils ne faisaient ni bien ni mal, qu'ils n'avaient ni vices, ni vertus; il y en a même qui ont fait de bonnes œuvres, et qui ont été condamnés pour les avoir mal faites.!

Et, en effet, à quoi me sert de prier, de jeûner, de faire l'aumône, de me confesser, de communier, et le reste, si je ne fais pas tout cela comme il faut? Voyez donc encore, et comptez : toutes les prières faites sans attention; toutes les Messes entendues sans dévotion; les confessions sans douleur et sans amendement; les communions sans fruit; les aumônes faites par vanité ou par compassion purement naturelle, sans aucun rapport à Jésus-Christ. Quelque bien que vous ayez pu faire, il est défectueux, il est inutile, il ne sera point récompensé, si vous n'avez agi que par goût, par tempérament, par humeur, sans aucune intention de plaire à Dieu, d'attirer ses grâces, d'effacer vos péchés, de gagner le ciel ou d'éviter l'enfer. Il y a plus; vous en serez puni, si vos bonnes œuvres n'ont eu d'autre principe que la vaine gloire et l'amour déréglé de vous-même.

Ce compte-là vous effraye, mes chers paroissiens; je n'en suis pas surpris et je tremble aussi bien que vous. Encore s'en faut-il bien que nous ayons tout dit. Le royaume du ciel est semblable à un homme qui s'en va dans un pays étranger, et qui, avant de partir, distribue à ses serviteurs une somme d'argent pour la faire valoir, et lui rendre compte de ce qu'elle aura produit, quand il sera de retour. C'est Jésus-Christ qui parle, et c'est de lui-même qu'il parle. Les serviteurs sont les hommes; l'argent à faire valoir sont les grâces que nous avons reçues : quel usage en avons-nous fait?

Je ne dis rien du bonheur que nous avons eu de naître, et d'être élevés dans le sein de l'Eglise; bienfait inestimable que Dieu n'a pas accordé à beaucoup d'autres qui en auraient fait meilleur usage : je parle des grâces particulières qu'il ne cesse de répandre sur chacun de nous. Examinez, mon cher enfant, et comptez : tant de bonnes pensées que vous avez négligées; tant de bons désirs auxquels vous avez résisté; tant de remords de conscience que vous avez étouffés. Tantôt sa Providence, et non pas le hasard, vous a conduit à une prédication qui semblait faite tout exprès pour vous; tantôt elle a fait tomber entre vos mains un livre capable de toucher les âmes les plus endurcies; dans un temps il vous est arrivé une affliction que Dieu vous envoyait pour vous faire rentrer en vous-même; dans un autre vous avez essuyé une maladie pendant laquelle vous avez formé de belles résolutions et fait de belles promesses : quel fruit avez-vous retiré de toutes ces grâces? Elles sont le prix du sang de Jésus-Christ, vous en rendrez compte jusqu'à la dernière goutte.

Mais enfin, après avoir passé les trois quarts de votre vie dans l'oubli de votre salut, vous avez mis ordre, par une confession exacte, aux affaires de votre conscience; à la bonne heure. Il ne s'agit plus que de savoir si vous avez acquitté les dettes immenses que vous avez contractées envers la justice de Dieu. Ces dettes sont vos péchés, et vous ne sauriez les acquitter que par la pénitence. Voyez donc et comptez : où sont vos mortifications et vos austérités, pour expier votre mollesse, vos impudicités, votre libertinage? Où sont vos jeûnes, pour expier votre gourmandise, votre ivrognerie, vos excès? Où sont vos aumônes, pour expier votre avarice? Avez-vous restitué le bien d'autrui? Avez-vous réparé le dommage causé au prochain, soit dans ses biens par vos tromperies et votre mauvaise foi; soit à sa réputation par votre mauvaise langue? Prenez garde : si tout cela n'est point acquitté, payé, réparé, votre compte n'est point en règle.

SECONDE RÉFLEXION.

Sur tout ce que vous venez d'entendre, mon cher paroissien, prononcez contre vous-même un jugement qui soit, en quelque sorte, une imitation du jugement de Dieu. Le jugement de Dieu sera sévère, exécuté sur-le-champ et sans retour. Jugez-vous donc d'abord avec sévérité, c'est-à-dire, suivant la justice. Nous sommes naturellement enclins à nous flatter. Aveuglés par l'amour-propre, pleins de douceurs et d'indulgence pour nous-mêmes, nous donnons à nos vices des couleurs qui font disparaître ce qu'ils ont de plus odieux. Vous êtes d'une hauteur insoutenable, d'une vanité puérile, d'une sensibilité ridicule, jaloux, opiniâtre : et vous appelez tout cela sentiment d'honneur, délicatesse, fermeté, amour du bien et de la justice. L'avarice la plus sordide est à vos yeux une sage économie; les passions honteuses, des petits écarts de jeunesse; la médisance, des saillies d'esprit; les discours sales, des plaisanteries qui égayent la conversation. Que si vous êtes d'assez bonne foi pour convenir de ce qui est vrai, quelles excuses ne controuvez-vous pas sur l'âge, le tempérament, l'éducation, l'exemple d'autrui, les bienséances de l'état, et mille autres raisons aussi frivoles les unes que les autres? Ah! qu'il n'en sera pas ainsi au jugement de Dieu! Le vice dépouillé des belles couleurs que vous lui donnez, y paraîtra tel qu'il est, également énorme et inexcusable. Vos prétendus sentiments d'honneur ne seront là qu'un orgueil raffiné; vos plaisanteries, des paroles infâmes; vos jeux d'esprit, des discours pleins de malignité. On jugera de tout, non pas selon vos idées, mais selon la vérité; non pas suivant vos passions, mais suivant la justice. Les raisonnements du pécheur seront convaincus de faux, et le péché n'aura plus d'excuse.

Jugez-vous donc, dès à présent, selon les règles de cette justice et de cette vérité, convenez et dites donc enfin : vous, par exemple : j'ai été et je suis encore un impudique, un libertin, un infâme ; vous : j'ai été et je suis encore de l'avarice la plus sordide; je n'ai aimé que l'argent; j'ai fait mille bassesses pour en amasser : lorsque mes greniers et ma cave étaient remplis, j'aurais voulu que la sécheresse ou la grêle ravageât les vignes et les moissons. Vous : je n'ai jamais eu que l'orgueil, l'ambition, la vanité en tête. Vous : j'ai une langue détestable, l'envie me ronge, la jalousie me dévore, le désir de la vengeance me poignarde. Convenez et dites donc enfin : je me suis enfoncé dans le péché comme dans un bourbier; j'en ai par-dessus les yeux et de toute espèce. Je ne m'en prendrai ni à mon tempérament, parce que je n'ai rien fait pour le dompter; ni à ma faiblesse, parce que je n'ai pas manqué de secours; ni aux occasions, parce qu'au lieu de les fuir, je les ai cherchées; ni aux mauvais exemples, parce que j'en ai vu de bons, et qu'il ne tenait qu'à moi de les suivre.

J'ai fait le mal parce que je l'ai voulu; si je ne ne l'avais pas voulu, je ne l'aurais pas fait. Voilà, mes chers paroissiens, comme on raisonne, comme on se juge soi-même, quand on veut prévenir le jugement de Dieu. Ce n'est pas tout : il faut agir en conséquence.

Le jugement de Dieu sera suivi d'une prompte exécution. Dès l'instant que Jésus-Christ l'aura porté, l'âme réprouvée sera séparée de lui, et rejetée au loin de devant sa face Dépouillez-vous donc du vieil homme, et rejetez-le loin de vous Rompez avec le péché, chassez-le de votre cœur, et que le Saint-Esprit, prenant sa place, le précipite comme dans le fond de la mer. C'est ainsi que vous éviterez cette séparation é cruelle de Jésus-Christ avec l'homme pécheur au jour du jugement. Je dis une séparation éternelle, parce que le jugement de Dieu sera sans retour, et tel doit être aussi le vôtre.

Les désirs, les projets de conversion sont presqu'aussi communs que les véritables conversions sont rares Dans le temps d'une mission ou d'une retraite, pendant une maladie longue et dangereuse, vous avez fait, mon cher enfant, des réflexions sérieuses, vous avez ouvert les yeux, vous vous êtes jugé sans vous flatter, vous avez maudit votre péché, vous vous en êtes séparé, et vous avez juré que ce serait pour toujours. Voilà qui est bien : mais qu'est-il arrivé ensuite, ah! qu'est-il arrivé? Les missionnaires sont partis, vous êtes sorti de votre retraite, votre santé s'est rétablie, vos idées ont changé peu à peu; tous ces péchés que vous aviez regardés, et que vous aviez eu raison de regarder comme des monstres, ont commencé à ne plus vous paraître si griefs : vous les avez rappelés, ils sont revenus, vous vous êtes réuni, vous avez fait la paix avec le démon, avec vos passions, avec le monde, vous avez révoqué le jugement plein de vérité et de justice que vous aviez prononcé contre vous-même. Telle est l'inconstance du cœur humain : on se juge, on se condamne dans un temps, puis on se flatte et l'on s'aveugle dans un autre. Ainsi se passe la vie, et arrive enfin le moment fatal de ce jugement irrévocable, ô mon Dieu! qui, bien différent du nôtre, nous unit à vous, ou nous sépare de vous pour jamais.

Mes enfants, mes chers enfants, ayons-le sans cesse devant les yeux ; je ne dis pas le jugement dernier qui doit être rendu à la fin du monde; hélas! plût à Dieu que notre foi fût assez vive pour nous peindre toutes les horreurs de ce jour terrible, et nous rendre comme présentes des choses que nous ne voyons que dans l'éloignement ; je parle du jugement particulier que chacun de nous doit subir au moment de sa mort, et qui ne peut pas être bien loin. Je parle de cette entrevue, de ce tête-à-tête que tu auras bientôt avec Jésus-Christ, ô mon âme. Ah! quelle entrevue! quel tête-à-tête! Pécheurs, qui marchez avec tant d'assurance dans la voie de perdition, que cette pensée vous frappe tellement qu'elle ne sorte jamais de votre mémoire.

Je paraîtrai bientôt devant un Dieu qui aura été le témoin de toutes mes iniquités et qui en sera le juge : que cette pensée vous fasse pâlir, et vous roule dans l'esprit pendant le reste de l'Office. Je paraîtrai bientôt devant ce même Dieu qui m'appelle aujourd'hui, et que je ne veux pas entendre ; qui me tend les bras, et à qui je tourne le dos. Que cette pensée ne vous quitte point lorsque vous sortirez de l'église, mais qu'elle vous suive dans votre maison. Je me trouverai bientôt vis-à-vis de ce Juge terrible qui aura compté jusqu'aux mouvements les plus secrets de mon cœur, qui me reprochera tout, qui se vengera de tout, qui sera pour lors inexorable, sans pitié, sans entrailles : que cette pensée soit la dernière que vous ayez le soir en vous couchant ; qu'elle trouble votre sommeil, qu'elle vous éveille en sursaut, qu'elle soit la première que vous ayez en vous levant. Je me trouverai bientôt tête à tête vis-à-vis de mon Juge, sans avocat, sans appui, sans défense, moi seul, vis-à-vis de Dieu seul, sans aucun espoir de miséricorde, parce qu'après la mort il n'y a plus de miséricorde. Que cette pensée vous occupe pendant votre travail; qu'elle vous accompagne dans vos voyages, qu'elle vous suive partout, qu'elle trouble vos divertissements, qu'elle empoisonne tous vos plaisirs, qu'elle vous persécute et vous tourmente, jusqu'à ce qu'enfin vous soyez pour ainsi dire forcé de chercher dans le service de Dieu la tranquillité de votre esprit, le repos de votre conscience, et la paix de votre âme.

Juge souverain des vivants et des morts, que j'appelle aujourd'hui mon père, mon Sauveur, mon doux Sauveur, le père des miséricordes, et le Dieu de toute consolation ; lorsque mon âme, à la sortie de mon corps, paraîtra devant votre tribunal pour vous rendre compte de ma vie, vous ne serez plus que mon Juge : je n'aurai de ressource et d'espérance que dans les bonnes œuvres que votre grâce m'aura fait faire, comme je n'aurai à craindre que mes péchés. Mes péchés et mes bonnes œuvres me suivront devant vous ; je serai dépouillé, séparé, abandonné de tout le reste. Que cette pensée est effrayante! rendez-la-moi, grand Dieu, plus effrayante encore. Que la crainte de vos jugements me pénètre jusque dans la moelle des os! Comme vous serez alors dépouillé de votre miséricorde, que je me dépouille aujourd'hui de toutes les délicatesses de l'amour-propre, de cette fausse tendresse que j'ai pour moi-même; que je sois armé au contraire d'une sainte sévérité pour me juger, me condamner, me punir suivant la justice ; afin qu'ayant ainsi prévenu votre jugement, je ne paraisse devant vous, ô mon Dieu, que pour recevoir la couronne que vous avez promise à ceux qui marcheront avec crainte jusqu'à la fin, dans la voie de vos commandements. Ainsi soit-il.

DISCOURS III.

Pour le troisième Dimanche de l'Avent.

SUR LE RESPECT HUMAIN.

Beatus qui non fuerit scandalizatus in me. (*Matth.*, XI, 5.)

Bienheureux celui qui ne prendra pas de moi un sujet de scandale.

Comme il n'y a rien de plus honorable que d'être serviteur de Jésus-Christ, rien aussi n'est plus infâme que d'en rougir et de n'oser le paraître. Je ne suis pas étonné qu'il y ait des hypocrites qui, sous l'extérieur et les apparences de la piété, cachent une âme coupable des plus grands crimes. Sans avoir la peine de pratiquer la vertu, ils jouissent des honneurs que les hommes lui rendent; et si, n'étant que des scélérats devant Dieu, ils ne peuvent attendre qu'une confusion éternelle dans l'autre vie, ils ont au moins l'avantage de passer pour gens de bien dans celle ci. Je suis moins surpris encore que les âmes vraiment chrétiennes cachent leurs bonnes œuvres aux yeux des hommes : elles craignent, avec raison, que la vaine gloire ne se glisse dans leur cœur, et que les louanges qu'on pourrait leur donner, ne leur servent de récompense. Mais il est inconcevable que, faisant profession de croire en Jésus-Christ, on puisse avoir honte de suivre son Evangile, se glorifier de ne pas le suivre, et tourner en ridicule ceux qui le pratiquent; parce que dans tout cela il ne paraît pas qu'on trouve aucun avantage, ni aucune sorte de satisfaction, et qu'au contraire on y découvre une lâcheté indigne, un aveuglement déplorable, un défaut de raisonnement et un orgueil secret qui se décèle lui-même.

PREMIÈRE RÉFLEXION.

Premièrement la honte de bien faire est une lâcheté indigne. Permettez moi, mes chers paroissiens, d'entrer ici dans un détail familier de certains cas qui ne sont malheureusement que trop ordinaires. Venez, mon enfant, examinez votre conscience, et dites la vérité : j'irais plus souvent à confesse; j'entendrais la Messe tous les jours, il y a certaines fêtes où j'aurais la dévotion d approcher des sacrements, mais que dirait-on? Il fait le dévot, *il mange les saints*, on ne voit que lui à l'église. Je me suis trouvé dans une compagnie où l'on tenait la religion sur le tapis; où l'on parlait sans respect des choses les plus respectables : je souffrais intérieurement, mais je n'ai osé répondre un seul mot. Qu'aurait-on dit de moi, si j'avais pris la défense de Jésus-Christ? En voilà un qui fait le prédicateur et le missionnaire. On a lu en ma présence un livre infâme, et je n'ai pas même eu la force de dire : ce livre est une production de l'enfer, dicté par l'esprit de ténèbres pour aveugler et corrompre les âmes. Il m'est souvent arrivé de me mettre à table et d'en sortir sans faire le signe de la croix, parce que j'étais avec gens qui m'auraient tourné en ridicule. D'autres fois..... En voilà bien assez; il n'en faut pas davantage pour mettre au jour votre lâcheté, et vous allez en être convaincu par votre propre bouche.

Comment traiteriez-vous un domestique qui rougirait d'être à votre service, qui n'oserait pas prononcer votre nom, qui craindrait d'ouvrir la bouche pour dire du bien de vous quand on en dit du mal? Que penseriez-vous d'un enfant qui rougirait de son père et de sa mère, qui aurait honte de passer pour leur enfant? Comment regarderiez-vous votre ami, s'il n'osait pas faire connaître qu'il est votre ami; s'il souffrait, sans mot dire, qu'on noircît votre réputation, et qu'on vous déchirât en sa présence? Il peut arriver qu'un homme de rien, qui a fait fortune, ait assez d'orgueil et assez peu d'esprit pour vouloir cacher sa naissance, et avoir honte de reconnaître ses parents; mais l'on voit bien pourquoi : c'est qu'il voudrait faire le seigneur sans qu'on y trouvât à redire, sans qu'on lui reprochât la bassesse de son extraction et l'obscurité de sa famille. Voilà sa raison. Quelle est la vôtre, lorsque vous rougissez d être enfant de Dieu, et de vivre en vrai serviteur de Jésus-Christ? Que trouvez-vous dans un tel père et dans un tel maître qui doive ou qui puisse vous faire rougir? N'êtes-vous pas le plus lâche de tous les hommes?

Chose étrange, mes chers paroissiens; le valet d'un grand seigneur se fait gloire d'être à son service : il tient à honneur de porter sa livrée; il fait sonner bien haut la naissance, le nom, le crédit, les richesses de son maître : il ne parle que de son maître. Si quelqu'un est assez hardi pour en dire du mal, il se croit insulté lui-même : il répond des injures, il éclate en menaces. Et vous, chrétien, vous serviteur de Jésus-Christ, vous qui avez reçu dans le baptême le sceau de Jésus-Christ, vous pour qui Jésus-Christ a donné sa vie, vous qu'il traite non pas comme son serviteur, mais comme son enfant et un enfant chéri, vous avez honte de lui appartenir, et vous n'osez marcher tête levée sous l'étendard de celui qui fait votre gloire? Au seul nom de Jésus-Christ le ciel, la terre, les enfers fléchissent le genou : les montagnes s'abaissent, les anges s'inclinent, l'univers tremble et s'humilie; et vous rougissez de le confesser publiquement et de rendre hommage à sa gloire?

Ah! il n'a pas rougi de paraître sur une croix infâme pour l'amour de vous, et vous rougissez de vous prosterner au pied de cette croix, de paraître dans son temple avec un extérieur modeste, les yeux baissés, les mains jointes, l'air dévot et humilié? Pour vous arracher à la puissance du démon, il a répandu tout son sang : et vous, par la seule crainte d'une petite raillerie, vous n'oseriez ouvrir la bouche pour sa défense, quand on critique son Evangile, quand on blasphème sa religion, quand on se raille de ses mystères? O Jésus-Christ, Jésus-Christ, vous vous vengerez un jour de ces âmes lâches : elles rougissent de vous devant les hommes, vous rougirez d'elles à votre tour. Ingrat! tu avais honte de m'appartenir : dans mille occasions, tu as fait semblant de ne pas me connaître : va, je ne te connais pas. Encore un mot sur cet article.

Rougissez-vous d'être honnête homme, ne vantez-vous pas au contraire à tout propos votre honneur et votre probité ? Pourquoi donc rougissez-vous d'être chrétien et de le paraître? Rougissez-vous de rendre à César ce qui appartient à César, et à tous les hommes ce que vous leur devez? Pourquoi donc rougissez-vous de rendre à Dieu l'hommage public de vos adorations, de votre amour, de votre reconnaissance, de votre zèle et de tous les sentiments que vous lui devez à tant de titres? La piété est-elle donc un crime ; la dévotion une tache qui diffame et déshonore les gens de bien? Mais de quoi ne sont pas capables les hommes, puisqu'on en trouve qui non-seulement rougissent de vous servir, ô mon Dieu, mais qui se font un mérite et une gloire de ne pas vous servir? C'est ce que j'appelle le comble de l'aveuglement et de la folie.

SECONDE RÉFLEXION.

Le vice, quelque couleur qu'on lui prête, a toujours quelque chose de bas qui déshonore l'humanité. L'irréligion, quelque nom qu'on lui donne, a toujours quelque chose qui révolte la raison et le sens commun: car enfin il y a un Dieu devant lequel les plus grands rois et les plus beaux esprits sont infiniment moins que n'est à mes pieds un ver de terre que j'écrase, si bon me semble. Chez tous les peuples et dans toutes les religions, la vertu rend les hommes estimables, comme le vice les rend dignes de blâme et de mépris. Il faut donc avoir perdu l'esprit pour imaginer qu'il y a de la gloire à ne pas s'humilier devant Dieu ; que c'est un mérite de ne point pratiquer la vertu ; que c'est une vertu de n'avoir point de vertu. Peut-on rien concevoir de plus extravagant, et pourrions-nous le croire, si nous ne le voyions tous les jours de nos propres yeux ?

Qu'un homme n'ait pas de religion et s'obstine à ne pas croire en Jésus-Christ, il est à plaindre; car comment ne pas plaindre quelqu'un, qui tantôt mettant ses mains sur ses yeux, vous crie qu'il ne voit pas clair; tantôt, regardant fixement le soleil avec de bons yeux, crie encore qu'il ne voit pas clair? C'est là une manie plus digne de compassion que de blâme. Qu'il entre dans nos églises avec un air effronté, comme s'il entrait chez son valet; tournant la tête à droite et à gauche; mettant à peine, au moment de l'élévation, un genou à terre, s'appuyant sur l'autre, avec un air de dédain, de nonchalance et d ennui, sans donner le moindre signe du respect qui est dû à la maison de Dieu ; à la bonne heure, et je me contente de dire : hélas! il aurait beaucoup mieux fait de ne pas venir à la Messe, car il n'y croit point, et il a scandalisé toute ma paroisse.

Mais que ce même chrétien, je l'appelle ainsi parce qu'il a reçu le baptême, veuille se faire un mérite et tirer vanité de son irréligion ; qu'il regarde avec un air de mépris et comme du haut de sa grandeur, ce pauvre peuple qui assiste avec respect aux saints mystères; qu'il se croie un personnage distingué, parce qu'il ne fait pas comme les autres des inclinations, des génuflexions des prières; qu'il dise avec un ton d'orgueil qui fait pitié : on ne me fait pas peur du diable, je ne suis pas peuple; les livres de dévotion sont pour les ignorants, et le chapelet pour les bonnes femmes : mes chers enfants, je vous le dis, il faut que Dieu l'ait abandonné, et que Satan lui ait tourné la cervelle. Si pour ne rien croire il était nécessaire d'avoir beaucoup d'esprit et beaucoup de science, je comprendrais comment on peut se glorifier de ne rien croire; mais il ne faut ni esprit ni savoir pour faire un incrédule, il ne faut que de l'orgueil et de mauvaises mœurs.

Se glorifier de sa naissance, de ses richesses, de ses amis, de ses bonnes qualités et de ses belles actions, c'est là l'effet ordinaire de l'amour-propre et de l'orgueil dont nous sommes malheureusement pétris. Il faut un rien pour nous enfler le cœur, et les hommes étant ainsi faits, il n'est pas étonnant que les plus sages eux-mêmes se laissent quelquefois aller à la vaine gloire; ce qui est étonnant, c'est qu'un libertin se glorifie de son libertinage, un vindicatif de sa vengeance, un médisant de ses bons mots; que des ivrognes disputent à qui boira davantage. Misérable! votre libertinage n'est que trop connu, et le scandale que vous causez n'est déjà que trop grand; n'est-ce point assez pour vous de faire le mal? faut-il encore que vous le publiiez et que vous en tiriez vanité? Parce que vos passions sont plus violentes, plus effrénées, plus honteuses; parce que vous avez le cœur plus corrompu; au lieu de gémir et de rougir, vous vous préférez à un autre, qui est moins corrompu et qui a fait moins de sottises! ô impudence! ô aveuglement!

Je ne saurais pardonner cette insulte, je l'ai sur le cœur; je voudrais bien l'oublier, mais cela est plus fort que moi. Je ne puis voir de bon œil cette personne depuis qu'elle s'est conduite à mon égard de telle et telle manière. A cela je réponds : Tant pis, mon cher enfant; demandez à Dieu qu'il vous donne des sentiments plus nobles et plus chrétiens. Vous savez que nous ne pouvons rien sans le secours de sa grâce, mais vous savez aussi qu'avec elle nous pouvons tout : priez-le donc qu'il purge votre cœur de ce mauvais levain de rancune : priez-le comme il faut, et il vous exaucera Mais qu'un chrétien vienne nous dire : Moi lui pardonner! il faudrait donc que je n'eusse point de cœur. Non; je me vengerai, mon honneur en dépend. Et puis quand il s'est vengé : Qu'il apprenne maintenant à me connaître : je lui ai fait voir qui je suis, et qu'on n'insulte pas impunément un homme de ma force. En parlant ainsi, il s'enfle et se glorifie en lui-même. De quoi? hélas, bon Dieu! de quoi? Il s'applaudit de ce qu'il n'a pas eu assez de noblesse dans l'âme, assez de générosité, assez de force d'esprit pour pardonner et oublier une injure. Il s'applaudit de vous avoir refusé, ô mon Sauveur, la grâce que vous demandiez pour son ennemi. Vous vous étiez mis entre les deux; il a mieux aimé vous percer vous-même que de ne pas se venger, et il s'en fait gloire. O aveuglement! ô folie!

Vous joignez à une langue mordante une humeur agréable et un caractère enjoué : vous ne sortez jamais de certaine compagnie qu'on ne dise : voilà un esprit tout à fait amusant.. Vous vous enflez pendant que les autres rient de vos bons mots et vous applaudissent; mais de quoi vous enflez-vous, bon Dieu! d'avoir déchiré cette personne qui ne vous a fait aucun mal, ou que vous n'avez jamais vue, ou que vous ne connaissez pas : d'avoir tourné en ridicule cette autre qui communie tous les huit jours; d'avoir ôté la réputation à celle-ci, qui passait pour honnête femme; d'avoir noirci celui-là, qui passait pour honnête homme. Vous vous applaudissez d'avoir commis peut-être dix péchés mortels dans une seule conversation. Ah! le monstre! et il vante sa langue! c'est un assassin qui vante le poignard avec lequel il vient d'égorger tout à l'heure dix personnes qui ne pensaient point à lui. Ainsi, par un renversement affreux de toutes les idées que nous avons communément du vrai et du faux, du bien et du mal, contre tous les principes de la religion, contre les lumières de la raison, contre les sentiments de la nature elle-même, les hommes s'aveuglent et s'étourdissent au point de rougir par une fausse et criminelle honte de ce qui ferait leur véritable gloire, pendant qu'ils cherchent et prétendent trouver leur gloire dans ce qui les couvre de honte et de confusion.

TROISIÈME RÉFLEXION.

Il me resterait à parler de ceux qui tournent en ridicule les personnes dévotes; mais comme le temps me presse, je n'en dirai que deux mots. Ecoutez, mon ami : vous vous raillez de cet homme qui fait de longues prières, qui se confesse et communie souvent, qui pardonne de bon cœur les injures, qui est rempli d'horreur pour le libertinage, qui fuit comme la peste la compagnie des libertins, qui rougit et se fâche d'un mot qui blesse la pudeur ou la charité. Dites-moi, je vous en prie, pourquoi le tournez-vous en ridicule? De trois choses l'une : ou vous le regardez comme un hypocrite; ou vous raillez la piété elle-même; ou vous êtes fâché qu'il vaille mieux que vous.

Pour le traiter d'hypocrite, il faut que vous ayez lu dans son cœur, que vous soyez parfaitement convaincu que toute sa dévotion n'est que pures grimaces. Lorsque l'extérieur est bon, il est naturel de penser que l'intérieur est de même. Vous, au contraire, parce que l'extérieur est bon, vous persuaderiez-vous que l'intérieur ne vaut rien? Un esprit bien fait cherche quelquefois à excuser le mal, en disant que l'intention peut avoir été bonne; et vous, en voyant ce qui est bien, jugeriez-vous que l'intention a été mauvaise? Voilà de bon fruit, dit-on, l'arbre qui l'a produit est d'une bonne espèce : et vous diriez au contraire : le fruit est bon, mais l'arbre n'en vaut rien? Non, vous n'êtes ni assez aveugle, ni assez méchant pour déraisonner de la sorte.

D'un autre côté, vous n'êtes pas impie jusqu'à vous moquer de la piété elle-même. Vous ne raillez pas cette personne parce qu'elle prie, puisque vous priez aussi; parce qu'elle se confesse et communie, puisque vous vous confessez et communiez aussi : mais vous la raillez parce qu'elle prie souvent, parce qu'elle se confesse et communie souvent; c'est-à-dire, parce qu'elle sent mieux que vous le besoin qu'elle a de la grâce, et qu'elle prie sans cesse pour l'obtenir; parce qu'elle sent mieux que vous la laideur du péché, et qu'elle en purifie souvent sa conscience; parce qu'elle aime Jésus-Christ plus que vous ne l'aimez, et qu'elle ne se lasse point de le recevoir dans le sacrement de son amour. C'est-à-dire, vous la raillez, parce qu'elle est plus exacte, plus chrétienne, plus parfaite que vous : sa conduite vous choque, parce qu'elle est une condamnation de la vôtre. C'est-à-dire, qu'en vous moquant de sa vertu, vous cherchez à vous dédommager de la confusion secrète que la vertu vous donne, en vous rappelant le peu de vertu que vous avez vous-même. Son humilité condamne votre orgueil; sa douceur, vos emportements; sa modestie, votre air évaporé; sa régularité, votre libertinage; sa sagesse, vos folies; sa dévotion, votre tiédeur; sa ferveur, votre lâcheté. Comme on est naturellement porté à excuser dans les autres les défauts que l'on reconnaît en soi-même, aussi est-on malheureusement enclin à désapprouver, ou au moins à déprécier dans les autres les vertus qu'on n'a pas soi-même la force de pratiquer. Et voilà la vraie raison pour laquelle les méchants se raillent des gens de bien. Qu'est-ce donc, ô mon Dieu, qu'est-ce donc que le cœur humain? Que de petitesses, que de misères n'y trouve-t-on pas, quand on l'approfondit et qu'on le développe!

Finissons, mes chers paroissiens, par où nous avons commencé. Heureux, ô mon Sauveur, heureux celui qui ne prend point de vous et de votre Evangile un sujet de scandale et de chute! qui préfère la qualité inestimable et le beau nom de chrétien à toute la gloire du monde; qui marche tête levée dans la voie de vos commandements; qui confesse votre saint nom publiquement, non-seulement dans l'assemblée des justes, mais encore et surtout dans l'assemblée des pécheurs; qui loue hautement la piété quelque part qu'elle se trouve; qui gémit en secret de sa faiblesse, et porte une sainte envie à ceux dont la vertu est au-dessus de la sienne : qui ne craint pas d'élever la voix au milieu de vos ennemis, pour prendre votre défense, et fermer la bouche aux prédicateurs du mensonge. Vous le récompenserez dès cette vie par un surcroît de sagesse, et vous l'introduirez après sa mort comme un serviteur fidèle, dans l'éternelle société de Dieu. Ainsi soit-il.

DISCOURS IV.

Pour le quatrième Dimanche de l'Avent.

SUR LA FRÉQUENTE COMMUNION.

Medius vestrum stetit quem vos nescitis. (*Joan.*, I, 26.)
Il y en a un au milieu de vous que vous ne connaissez pas.

Toutes les fois que je fais devant Dieu la revue de mon cher troupeau; considérant les dispositions des différentes âmes qui le composent; les devoirs qu'elles ont à remplir; les dangers où elles sont exposées; les tentations du malin esprit qui travaille continuellement à les perdre; la chute des unes, la faiblesse des autres le malheureux état de plusieurs; la tristesse alors s'empare de mon âme, je suis saisi de frayeur : mon courage est abattu, et j'abandonnerais les fonctions du saint ministère, si je n'étais rassuré en jetant les yeux sur ce divin tabernacle où le bon Pasteur, toujours présent au milieu de ses brebis, veille lui-même pour les garder, pour les nourrir et pour les défendre. Cette pensée me console; mon espérance se ranime; je reprends courage et je dis : mon bon Sauveur, je ne puis rien, mais vous pouvez tout : ce pain délicieux que vous leur avez préparé leur donnera des forces et les soutiendra contre les attaques du démon. Elles trouveront dans la communion de votre corps le remède souverain à tous maux, la source intarissable de tout bien; et à mesure qu'elles s'approcheront de votre table sacrée, j'aurai la douce consolation de les voir croître dans votre amour. Ici ma douleur se renouvelle, et peu s'en faut que je ne tombe dans le désespoir : cette table de laquelle j'espère tout, sans laquelle je n'espère rien, est aujourd'hui presqu'entièrement abandonnée !

C'est là, mes frères, sur quoi je ne puis m'empêcher de vous faire le même reproche que saint Jean-Baptiste faisait aux Juifs, et de vous dire dans toute l'amertume de mon cœur : *Il y en a un au milieu de vous, que vous ne connaissez pas!* Eh! comment pourrait-on le connaître, sans désirer de s'unir continuellement à lui dans un sacrement qui renferme toutes les richesses de la grâce, qui est l'abrégé de ses merveilles et de ses miséricordes? A quoi bon vous dissimuler ma pensée? Mes entrailles sont émues, mon zèle s'enflamme, je me sens rempli d'une sainte indignation, à la vue de cette indifférence mortelle que je remarque dans la plupart de vous pour le sacrement adorable de l'Eucharistie. Indifférence, éloignement, dégoût qui augmentent de plus en plus, et semblent annoncer dans ce siècle malheureux l'extinction totale de la foi. Réveillez cette foi, ô mon Dieu, dans le cœur de ceux qui m'entendent; ajoutez à mes faibles paroles la force et l'onction de votre grâce; afin qu'ils soient convaincus et touchés des raisons que je vais remettre sous leurs yeux pour les engager à nourrir souvent leur âme d'un pain sans lequel il leur est impossible de se sanctifier.

PREMIÈRE RÉFLEXION.

Je ne dirai rien aujourd'hui à ceux qui ne rougissent plus, ni devant Dieu, ni devant les hommes, de manquer au devoir pascal, qui vivent dans cette méchante disposition depuis plusieurs années, et sur qui les raisons les plus touchantes ne font pas la moindre impression.

Est-ce qu'ils ont changé de religion? Point du tout. Nous venons à l'église, disent-ils, nous entendons la Messe, nous prions soir et matin comme les autres. Venir à l'église, assister à la Messe, faire sa prière; on vit très-bien avec cela dans la religion catholique, apostolique et romaine. Mais vit-on en homme catholique, apostolique et romain? Ne les condamnons pas, ne disons rien de trop dur; regardons-les plutôt comme des âmes privilégiées à qui un ange est venu dire, apparemment de la part de Dieu, qu'ils auraient avant de mourir une longue maladie, pendant laquelle ils se confesseraient et communiera ent une fois pour toutes, et qu'après avoir marché à leur aise toute la vie dans le chemin qui conduit à l'enfer, ils arriveraient droit en paradis. Il est vrai que je ne voudrais pas me fier à un ange qui me prêcherait une telle morale; aussi, je vous avoue, mon cher paroissien, que votre tranquillité à cet égard me donne les plus cruelles inquiétudes; et que la pensée du danger affreux auquel vous vous exposez, empoisonne tous les moments de ma vie.

Je parlerai donc à ceux qui ne vous ont pas tout à fait abandonné, ô mon Sauveur, qui viennent encore se présenter, quoiqu'à peine une fois l'année, à votre table sainte, et je leur dirai : où sont les docteurs, les prédicateurs, les confesseurs qui vous ont instruits? dans quels livres avez-vous lu qu'il suffit de communier à Pâques? Que l'indifférence dans laquelle on vit à l'égard de la communion pendant le reste de l'année, n'a rien de criminel, rien de contraire à l'esprit de Jésus-Christ ni à l'intention de l'Eglise? Que celui qui, par pure négligence, sans aucune raison légitime, contre l'avis de son pasteur, et malgré ses exhortations, passe une année entière sans approcher des sacrements, ne risque rien pour son salut, et qu'il est parfaitement en sûreté de conscience?

Vous trouverez au *Livre des Actes* (II, 42), que les premiers chrétiens *persévéraient dans la doctrine des apôtres et dans la communion de la fraction du pain*, c'est-à-dire, qu'ils communiaient tous les jours. Vous trouverez dans le livre composé par saint Justin pour la défense de la religion, que de son temps on distribuait l'Eucharistie à tous ceux qui étaient présents au saint sacrifice, qui se célébrait tous les Dimanches; que les diacres la portaient aux absents; qu'il était permis aux fidèles de l'emporter dans leurs maisons afin qu'ils ne fussent pas une semaine entière sans la recevoir. Saint Chrysostome prêchait à son peuple, qu'on n'était pas digne d'assister aux saints mystères, quand on était indigne d'y communier; et que celui qui n'était pas coupable de péché mortel pouvait communier tous les jours. Saint Augustin prêchait aux nouveaux baptisés qu'ils devaient recevoir tous les jours le corps de Jésus-Christ hom. 60, *ad pop.*), et si l'Eucharistie est le pain quotidien, disait saint Ambroise (hom. 8, *in Matth.*), pourquoi ne le recevez-vous qu'au bout d'un an? (*De sacram.* lib. V.)

Mais, sans accumuler ici un nombre infini de passages tirés des saints Pères, qui tous s'accordent, se répètent, se confirment les uns les autres, dans lesquels on voit l'esprit et la doctrine de l'Eglise sur la communion fréquente passer de bouche en bouche et de siècle en siècle, je me contenterai de dire en un mot: vous ne trouverez pas un docteur catholique, pas un directeur orthodoxe, pas un livre de piété approuvé par l'Eglise, qui ne vous conseille le fréquent usage des sacrements, non pas simplement comme une pratique utile et louable, mais comme un moyen de salut sans lequel il est moralement impossible de se sanctifier.

Je communie à Pâques: cela suffit, l'Eglise n'en demande pas davantage. Mais s'il suffit de communier à Pâques, pourquoi donc tout ce qu'il y a de plus éclairé, de plus sage, de plus chrétien, de plus saint et l'expérience elle-même nous apprennent-ils le contraire? Je dis l'expérience: lorsqu'un pécheur rentre en lui-même, se convertit et travaille tout de bon à son salut, il ne persèvère et ne se soutient que par le fréquent usage des sacrements. Dès qu'il les néglige, qu'il s'en éloigne et se contente d'en approcher une fois l'an, nous le voyons bientôt se relâcher et retomber peu à peu dans son premier état. C'est par la fréquentation des sacrements que le juste devient encore plus juste, et fait de jour en jour de nouveaux progrès dans la vertu.

Parcourez toutes les paroisses: vous y trouverez des vices et des vertus plus ou moins, selon que les sacrements y seront plus ou moins fréquentés.

Mes chers paroissiens, rendez gloire à Dieu, et à chacun la justice qui lui est due: nous trouvons encore, grâces vous en soient rendues, ô mon Sauveur, de ces âmes vraiment chrétiennes dont la piété nous rappelle la ferveur des premiers siècles de l'Eglise; toujours rassasiées et toujours affamées, toujours enivrées et toujours altérées de la chair et du sang de Jésus-Christ. Nous en connaissons qui communient tous les mois, d'autres tous les huit jours, d'autres plus souvent encore. Vous direz qu'elles sont rares: hélas! oui, elles ne sont malheureusement que trop rares; mais enfin il s'en trouve, et n'y en eût-il qu'une seule dans chaque paroisse, il n'en faut pas davantage pour nous faire sentir la différence qu'il y a d'un chrétien qui communie souvent à un autre qui se contente de communier à Pâques.

Examinez leur conduite, non pas avec les yeux de la prévention et suivant les maximes du monde, mais de bonne foi, avec les yeux de la religion et suivant la vérité. Quel goût, quel empressement pour le service de Dieu! quelle assiduité aux Offices! quelle modestie à l'église! quelle dévotion dans leurs prières! quelle retenue dans leurs paroles! quelle réserve dans leurs conversations! quelle horreur pour le péché! quelle délicatesse de conscience! quelle régularité dans toute leur conduite! Le monde s'en moque, je le sais bien; peut-être avez-vous eu la faiblesse de les railler quelquefois vous-même; mais dans le fond vous ne sauriez vous empêcher de leur rendre justice. Lorsque vous serez au lit de la mort, vous voudriez avoir fait ce qu'elles font, et avoir vécu comme elles vivent.

D'où vient qu'elles ont tant de ferveur pendant que vous êtes si tiède; qu'elles sont si fortes dans la tentation, pendant que vous êtes si faible; qu'elles ont tant de goût pour la parole de Dieu, pour les livres et les discours de piété, pendant que tout cela vous ennuie? Interrogez-les; elles vous répondront que pour se réchauffer il faut s'approcher du feu; que pour vivre et avoir de la force, il faut se nourrir; qu'elles cherchent et qu'elles trouvent la grâce dans la source de toutes les grâces, dans la fréquentation des sacrements.

Mais enfin, Jésus-Christ nous ayant donné son corps pour être la nourriture de notre âme, et nous l'ayant donné sous les espèces et le symbole du pain qui est la nourriture ordinaire et journalière de notre corps, quelle apparence y a-t-il que, pour nourrir notre âme et nous conformer en ce point aux intentions de Jésus-Christ, il suffise de manger ce pain sacré une seule fois chaque année?

L'Eglise, dites-vous, n'en demande pas davantage. Mon cher enfant, cela n'est pas vrai: car l'Eglise universelle, assemblée au concile de Trente (sess. 13), nous avertit avec une affection toute paternelle, nous exhorte, nous prie, nous conjure par les entrailles de la miséricorde de notre Dieu, d'honorer les saints mystères du corps et du sang de Jésus-Christ de manière à les recevoir souvent. Nous désirerions, disaient les Pères du concile, que les fidèles communiassent non-seulement de cœur et d'affection, mais réellement et sacramentalement toutes les fois qu'ils entendent la Messe; et cette même Eglise avait dit auparavant dans le concile de Bâle d'après *tous les docteurs catholiques* (sess. 22), que pour avancer dans les voies du Seigneur, il est avantageux et même nécessaire de communier souvent. Si pour avancer dans les voies du Seigneur, c'est-à-dire pour se sanctifier, il est nécessaire de communier souvent, et tout chrétien étant obligé de travailler à sa sanctification, il ne suffit donc pas de communier une fois l'année, et il n'est pas vrai de dire que l'Eglise n'en demande pas davantage. Le commandement exprès qu'elle nous fait de communier à Pâques n'exclut donc pas l'obligation où nous sommes de communier plus souvent: et de même que les communions que l'on fait dans le courant de l'année ne dispensent jamais de la communion pascale, ainsi la communion pascale ne dispense point de celles que l'on doit faire pendant l'année. L'Eglise, il est vrai, n'en prescrit ni le temps, ni le nombre; cela dépend des besoins et des dispositions de chacun, et de mille circonstances qui varient à l'infini. Mais ne pas prescrire le temps auquel on doit faire certaines choses, ce n'est point en dispenser, lorsque d'ailleurs on prie, on conjure de les faire souvent.

Et certes, l'Eglise doit-elle être moins écoutée, quand elle prie et conjure les fidèles par les entrailles de Jésus-Christ de se présenter souvent à sa table, que quand elle leur ordonne de s'y présenter une fois l'année? Les prières, les supplications, les instances d'une mère qui se met pour ainsi dire à genoux aux pieds de ses enfants, ne font-elles pas connaître sa volonté, n'ont-elles pas même quelque chose de plus touchant, qu'un ordre formel accompagné de menaces? Et un enfant qui résiste aux prières d'une mère tendre, est-il moins coupable que celui qui désobéit à ses commandements? Encore une réflexion sur cet article.

De toutes les bonnes œuvres par lesquelles nous sommes obligés de sanctifier le Dimanche, il n'y en a qu'une seule dont l'Eglise nous fasse un commandement exprès, qui est d'entendre la Messe; elle laisse les autres à notre choix et à la dévotion de chacun. Voudriez-vous conclure de là que, pour sanctifier le dimanche, il suffit d'entendre la Messe, et que l'Eglise n'en demande pas davantage? Non, sans doute. Comment donc pensez vous que les fidèles ne sont pas obligés de communier plus souvent qu'à Pâques, par la raison que l'Eglise dans ses commandements ne parle que de la communion pascale?

Lorsque j'entends la Messe, je satisfais au précepte de l'Eglise; mais si je ne fais rien de plus, il est visible que je ne remplis ni le commandement de Dieu qui m'ordonne de sanctifier le Dimanche, ni l'intention de l'Eglise qui m'exhorte à le sanctifier, en passant au moins la plus grande partie de ce jour respectable dans la pratique des bonnes œuvres. De même, par la communion pascale, je satisfais au précepte de l'Eglise; mais si je m'en tiens là, par négligence, par dégoût, contre l'avis de mon pasteur, et sans aucune raison légitime, il est aussi visible que je ne remplis ni l'intention de Jésus-Christ qui veut que je regarde l'Eucharistie comme le pain quotidien de son âme, ni l'intention de l'Eglise qui me prie, me conjure de le manger souvent, qui désirerait que je pusse le manger tous les jours.

Est-il possible, ô mon Dieu, que nous soyons obligés de disputer avec votre peuple sur ce qu'il vous doit, ou ne vous doit pas à la rigueur? Vous voulez donc, mon cher enfant, *aller ric à ric*, avec votre Dieu, si je puis me servir ici de cette expression? C'est donc à dire que vous communiez à Pâques, par manière d'acquit seulement? Vous ne communieriez donc jamais, si l'Eglise ne vous en faisait point un commandement formel? Vous comptez donc pour rien les tendres invitations de Jésus-Christ, et cet amour immense qu'il fait éclater à votre égard en s'abaissant lui-même jusqu'à devenir votre nourriture? Mais si vous n'avez ni reconnaissance, ni sentiment, ni cœur, ni entrailles pour Jésus-Christ, ayez, du moins, un cœur et des entrailles pour vous-même.

SECONDE RÉFLEXION.

Ouvrez les yeux, et voyez que la santé, la force, la joie, la paix, la vie et le salut de votre âme sont renfermés dans le pain sacré que Jésus-Christ vous présente. Si vous vous tenez éloigné de la sainte Table, votre âme s'affaiblira, elle tombera dans la défaillance. Votre cœur se desséchera; vous perdrez le goût de la piété; le démon vous trouvera sans défense, il lui suffira de vous attaquer pour vous vaincre; il vous fera chaque jour de nouvelles blessures. Vos méchantes habitudes se fortifieront; vous en contracterez tous les jours de nouvelles; vous serez comme une terre sans eau, comme l'herbe des champs qui se fane, se dessèche, périt lorsqu'elle n'est point arrosée.

Hélas! je ne dis rien ici que vous ne sachiez par votre propre expérience. Si vous n'avez ni dévotion, ni force, ni vertu, ni sensibilité pour les choses du ciel et pour tout ce qui a rapport au bien de votre âme; si vos mauvaises habitudes sont toujours à peu près les mêmes; si vous êtes aujourd'hui ce que vous étiez il y a dix ans, comme vous serez dans dix ans ce que vous êtes aujourd'hui, un peu plus, un peu moins, suivant le temps, les occasions, les circonstances; si votre âme, au lieu de vivre, ne fait que languir; si vous tombez exactement chaque année dans ce péché mortel que vous savez bien, qui vraisemblablement vous conduira jusqu'au tombeau et du tombeau dans l'enfer: tout cela vient de ce que vous ne prenez point assez souvent cette divine nourriture, à laquelle Jésus-Christ a spécialement attaché la vie et la force de nos âmes.

Pour en être convaincu, souvenez-vous, je vous en prie, des dispositions où vous êtes lorsque vous faites vos dévotions: je vous vois longtemps à genoux; l'Office ne vous paraît pas trop long, vous n'êtes pas dissipé comme de coutume; vous avez l'air recueilli non-seulement à l'église, mais jusque dans votre maison; vous ne voudriez pas ce jour-là vous trouver en mauvaise compagnie; si le démon vous suggère quelque mauvaise pensée, vous la rejetez sur-le-champ; vous faites vos prières, vous lisez un bon livre avec plus de goût et de piété; en un mot, vous passez la journée comme vous devriez passer toutes les journées de votre vie; et j'ai assez bonne opinion de vous pour croire que vous voudriez être tous les jours dans les sentiments où vous êtes le jour que vous communiez. D'où vient à votre âme cette force, cette dévotion qui ne lui sont pas ordinaires, sinon de la nourriture angélique qu'elle a eu le bonheur de recevoir? Cette dévotion se soutient pendant un certain temps, mais elle se refroidit ensuite peu à peu. Si, dès le moment où vous sentez qu'elle diminue, vous reveniez à la source, votre âme ne retomberait pas dans son premier état : elle persévérerait dans la grâce; il y a plus : elle avancerait de grâce en grâce, de lumière en lumière et de vertu en vertu. Soyez donc de bonne foi, mon cher enfant, et convenez que si vous êtes si tiède, si faible, si imparfait, si pécheur, si mauvais chrétien, il ne faut s'en prendre qu'à cette négligence affreuse qui vous tient éloigné des sacrements, et vous laisse à peine le désir d'en approcher une fois l'année.

Vous me demanderez sans doute, mes chers paroissiens, quand est-ce donc qu'il faut communier, et combien de fois dans l'année? A cela je réponds qu'il n'est pas possible de donner là-dessus des règles qui puissent convenir à tout le monde. Je me contenterai donc de dire en général, sans entrer dans aucun détail sur les dispositions de chacun en particulier : si Dieu vous a fait quelque grâce singulière, si vous êtes relevé d'une maladie dangereuse; si vous êtes échappé à quelque grand danger, approchez-vous des sacrements. Vous ne sauriez marquer à Jésus-Christ, en qui et par qui toutes les choses nous sont données, vous ne sauriez lui marquer votre reconnaissance d'une manière qui lui soit plus agréable, et qui soit plus propre à attirer sur vous de nouvelles bénédictions. Si vous êtes sur le point de choisir un état de vie, d'entreprendre un long voyage ou quelque affaire de conséquence; si vous avez des doutes et de l'inquiétude sur le parti que vous devez prendre dans quelque occasion importante, approchez-vous des sacrements; c'est là que vous trouverez des lumières que la sagesse humaine ne donne point, lumières qui lèveront vos difficultés, qui éclairciront vos doutes, qui fixeront vos incertitudes, qui rendront la tranquillité à votre esprit, et la paix à votre âme, en vous faisant connaître le chemin que vous devez suivre.

Approchez-vous des sacrements, si vous avez du chagrin, un procès à soutenir, des pertes à essuyer, des persécutions à souffrir; si vous êtes tenté plus souvent ou plus fortement qu'à l'ordinaire; si vous êtes exposé malgré vous à quelque occasion de péché; si vous êtes obligé de vivre avec gens qui n'ont point ou fort peu de religion; si vous sentez votre ferveur se refroidir, votre dévotion diminuer; unissez-vous à celui qui est la force des faibles, le père des lumières, le Dieu de toute consolation. Vous goûterez les douceurs intimes qu'il a cachées dans cette manne mystérieuse, et qui ne sont connues que de ceux qui la reçoivent avec un cœur pur. Je dis avec un cœur pur; car en vous exhortant à la communion fréquente, je suppose toujours que vous vous en rendrez digne, autant que la faiblesse humaine peut le permettre.

Or, pour savoir si vous êtes en état de communier souvent, et dans quel temps et combien de fois dans l'année, gardez-vous bien, mon cher enfant, de vous en rapporter à vos propres lumières; mais suivez en cela, comme dans tout ce qui regarde les affaires de votre conscience, les avis de votre confesseur; découvrez-lui l'état et les dispositions de votre âme, ne lui cachez rien; et après cela laissez-vous conduire, pourvu néanmoins, et prenez bien garde à ceci, pourvu que vous ayez le bonheur de tomber entre les mains d'un homme sage qui ne soit ni trop sévère, ni trop facile; et c'est ici, mes chers paroissiens, que je vous conjure par les entrailles de Jésus-Christ de prier sans cesse pour vos pasteurs, afin que Dieu les remplisse de sagesse et d'intelligence, de manière que se tenant toujours dans un juste milieu, ils ne séparent jamais la sainte sévérité de l'Evangile d'avec la douceur de cette miséricorde infinie qui ne brise point le roseau cassé, et n'éteint pas la mèche qui fume encore.

Eh! quel fruit pourrions-nous faire parmi vous, si dans la conduite de vos âmes nous suivions les principes de cette morale outrée qui aggrave le joug de Jésus-Christ et le rend insupportable; qui décourage, dégoûte, rebute et lasse enfin les fidèles; qui, sous une fausse apparence de sévérité, conduit au relâchement le plus affreux? Que penseriez-vous de nous, si, en vous prêchant la perfection, nous vous privions du moyen le plus efficace que Dieu ait établi pour vous y conduire? si nous exigions que vous fussiez des saints pour recevoir un sacrement, sans l'usage duquel il est moralement impossible de devenir saint. Eh quoi! pourriez-vous nous dire, ma pauvre âme est glacée, et vous l'éloignez du feu que Jésus-Christ a allumé pour la réchauffer! elle meurt de besoin, et vous lui refusez le pain qui doit la nourrir! le joug que vous m'imposez n'est pas le joug de Jésus-Christ, je ne reconnais pas mon Sauveur au portrait que vous m'en faites; vous me le rendez terrible et presque odieux, jusque dans le sacrement de son amour.

Je sais que, pour en approcher, il faut avoir un cœur pur; mais lorsque j'ai purifié mon âme par la confession sincère de mes péchés, lorsque j'y renonce et que je les déteste; lorsque je fais des efforts pour détruire mes mauvaises habitudes, travaillant à réparer le passé, prenant les précautions nécessaires pour ne plus pécher à l'avenir; que voulez-vous davantage? Que je sois sans faiblesse, que je sois parfait, que je sois un ange? Ah! donnez-moi donc le pain qui nourrit, qui fortifie, qui sanctifie; qui donne à la brebis la force du lion, et la rend formidable aux puissances mêmes de l'enfer. Quoi! vous m'éloignez de mon Sauveur, pendant qu'il m'appelle; vous m'empêchez de m'asseoir à sa table, pendant qu'il m'y invite; vous voulez que je résiste aux tentations, et vous me mettez hors d'état de défense! que je vive de la vie de la grâce, et vous me fermez la source de toutes les grâces! Allez; vous n'êtes pas des pasteurs, vous êtes des loups; vous n'êtes pas les médecins des âmes, vous en êtes les bourreaux.

Voilà, mes frères, les reproches que nous aurions à craindre de votre part, si nous usions envers vous de cette sévérité rebutante, qui, sous le masque de la réforme, gâte et ravage tout; qui, sous prétexte de réprimer les abus, ruine les fondements de la piété dont elle n'a que les dehors orgueilleux et les grimaces pharisaïques.

Mais, d'un autre côté, à Dieu ne plaise que nous admettions à la sainte table ceux qui ne feraient pas leurs efforts pour s'en rendre dignes! A la vérité, pour communier souvent il n'est pas nécessaire d'être parfait, puisque la communion fréquente a été proposée de tout temps comme le moyen le plus sûr d'arriver à la perfection; mais il faut tout au moins désirer de le devenir, et y travailler avec le secours de la grâce, en ne conservant aucune attache criminelle qui puisse souiller notre âme et blesser les yeux du Saint des saints, qui s'unit à nous d'une manière si intime.

Au reste, mes chers paroissiens, dans tout ce que vous venez d'entendre, je n'ai eu d'autre intention que de vous faire sentir la nécessité de la communion fréquente. Je prie Dieu de tout mon cœur qu'il vous inspire et vous donne les dispositions qu'il faut y apporter; dispositions sur lesquelles chacun doit consulter son directeur après avoir demandé à Dieu la grâce d'en trouver un qui ait l'esprit de Jésus-Christ; qui soit exact plutôt que sévère; doux et facile, sans être faible; qui vous aplanisse le chemin du ciel sans l'élargir, qui vous conduise dans la voie étroite, sans vous la rendre encore plus étroite.

Lorsque vous serez parfaitement convaincus que la communion fréquente est nécessaire à quiconque veut travailler à son salut, vous en concevrez le désir pour peu que l'affaire de votre salut vous occupe; animés de ce désir, vous préparerez votre âme à manger dignement et avec fruit ce pain dont elle ne saurait se passer. Vous travaillerez à mener une vie assez chrétienne pour être en état de communier souvent, et vous trouverez dans la communion fréquente les grâces dont vous avez besoin pour mener une vie chrétienne. Car, si pour communier souvent il est nécessaire de bien vivre, aussi est-il vrai que pour bien vivre, il est non-seulement utile, mais nécessaire de communier souvent.

Divin Jésus, qui m'avez aimé jusqu'à vous anéantir sous les apparences d'un peu de pain, pour être la nourriture de mon âme, donnez-moi cette faim et cette soif spirituelles qui font soupirer les âmes justes après vous, comme après une source d'eau vive qui rejaillit à la vie éternelle. Embrasez mon cœur du feu de votre amour; que ce feu sacré détruise et consume toutes mes attaches charnelles, toutes mes affections vicieuses, de sorte que, vous recevant avec une conscience pure, je puisse goûter combien vous êtes doux, et que, goûtant les douceurs infinies de cette nourriture toute céleste, je ne sorte jamais de votre table sans brûler d'un désir plus ardent de m'en approcher de nouveau, faisant ainsi l'heureuse expérience de ce que vous avez dit vous-même : Celui qui mangera de ce pain aura faim encore; celui qui boira de cette eau n'en sera que plus altéré. C'est là, ô mon Sauveur, c'est là que je trouverai la lumière dans mes doutes, la force dans mes tentations, la consolation dans mes peines. C'est là que vous éclairerez mon esprit, que vous réchaufferez mon cœur, que vous essuierez mes larmes, que vous fortifierez ma faiblesse, et que vous ferez couler dans ma pauvre âme quelques gouttes de ce torrent de délices ineffables, dont les bienheureux seront éternellement enivrés dans le ciel. Ainsi soit-il.

DISCOURS V.

Pour le Dimanche dans l'octave de Noël.

SUR LA CONNAISSANCE DE JÉSUS-CHRIST.

Erat pater ejus et mater mirantes super his quæ dicebantur de illo. (*Luc.*, II, 33.)

Le père et la mère de Jésus étaient dans l'admiration des choses que l'on disait de lui.

Plus on étudie Jésus-Christ, plus on découvre de merveilles. Sa conception, sa naissance, sa vie, sa mort, son Evangile, sa religion, ses mystères, ont été depuis le commencement du monde l'espérance des patriarches, l'admiration des prophètes, la consolation des justes, la joie du ciel, le trésor de la terre, le bonheur de l'univers. Il n'est pas étonnant que la sainte Vierge, connaissant plus particulièrement que toute autre créature les desseins éternels de la Providence, fût ravie d'admiration à mesure qu'elle les voyait se développer et s'accomplir dans la personne de Jésus-Christ : mais il est étonnant que la plupart de ceux qui font profession de croire en lui, le connaissent à peine; qu'on voie parmi les chrétiens si peu d'empressement à chercher les trésors de la sagesse et de la science cachés en Jésus-Christ; qu'on trouve parmi le peuple des vieillards qui ne savent pas même les premiers principes du catéchisme, et qui disent l'avoir oublié; que parmi les gens d'une certaine façon, on trouve des personnes très-instruites et très-éclairées d'ailleurs, qui ne seraient pas en état de répondre, si on leur demandait raison de leur foi, qui ne connaissent rien ou presque rien de ce que les Livres saints nous enseignent.

Est-ce que pour connaître Jésus-Christ il faut être savant et *avoir lu*, comme l'on dit, *dans les grands livres?* Non. Le Fils de Dieu, en se faisant homme, devenu visible et sensible pour tous les hommes, a mis les plus ignorants et les plus simples, dès qu'ils sont éclairés par les lumières de la foi, à portée de l'étudier et de le connaître. Est-ce qu'il est possible à un chrétien d'oublier ce que ses parents, ses pasteurs lui ont appris de Jésus-Christ? Non. Parce que sa religion le lui remet sans cesse devant les yeux, et le rappelle journellement à sa mémoire. Voilà, mes chers paroissiens, sur quoi nous allons faire quelques réflexions familières dont j'espère, moyennant la grâce de Dieu, que vous serez touchés, si vous vous rendez attentifs, comme je vous y exhorte et vous en conjure.

PREMIÈRE RÉFLEXION.

Il n'y a point d'homme, quelque grossier que vous le supposiez, qui ne connaisse son père et sa mère. Celui qui, les ayant perdus étant jeune, ne se souvient pas de les avoir vus, ne laisse point de les connaître par tout ce qu'il en a entendu dire; et il vous dira lui-même : mon père avait un tel état, il vivait de telle manière, il est mort dans un tel temps. Puis il vous parlera de sa famille, de son bien, de ses prétentions, des torts qu'on lui a faits, des services qu'on lui a rendus et de mille choses qui se sont passées même avant qu'il fût au monde, qu'il n'a pas vues par conséquent, mais qu'on lui a dites et qu'il a très-bien retenues.

Faites venir le paysan le plus stupide, et dites-lui : Mon ami, bonne nouvelle; il vient de mourir à quarante lieues d'ici un homme riche qui a fait son testament en votre faveur. Je suis chargé de vous en donner avis. Allez donc et prenez vos mesures pour recueillir le bien qu'il vous a laissé. Que fera cet homme? Quoiqu'il soit ignorant et qu'il n'entende pas les affaires, il ne perdra pas un instant, il se transportera sur les lieux; bientôt il sera au fait de ce qui regarde la succession qui lui appartient, et la personne de celui dont il hérite. De retour dans sa maison, il en instruira sa femme, ses enfants, ses voisins et tous ceux qui lui en demanderont des nouvelles.

Quoi donc, mes frères, cet homme dont vous dites qu'il n'a que le baptême, tout borné qu'il est, ne manque ni d'intelligence, ni de bon sens, ni de mémoire, quand il s'agit de ses intérêts temporels; et vous voulez qu'il perde tout à coup le jugement, la mémoire et jusqu'au sens commun, lorsqu'on lui parle de Jésus-Christ, qu'on l'interroge sur sa religion et qu'on lui dit : Mon cher enfant, Jésus-Christ, le père de votre âme, est le Fils de Dieu qui s'est fait homme. Il a vécu plus de trente ans sur la terre, pour vous montrer le chemin que vous devez suivre. Il est mort pour l'amour de vous. Il a fait un testament en votre faveur. Vous êtes son héritier, et les biens qu'il vous a laissés valent infiniment mieux que tous les trésors du monde. Faut-il avoir plus d'esprit, plus de mémoire pour entendre et retenir ce qu'on nous apprend de la vie et de la mort de Jésus-Christ qu'il n'en faut pour entendre et retenir ce qu'on nous apprend de la vie et de la mort de nos père et mère, ou d'autres personnes que nous n'avons jamais connues?

Si Dieu ne s'était point fait homme, j'avoue que les personnes ignorantes et grossières ne pourraient pas s'élever aisément jusqu'à la connaissance d'un pur esprit; parce qu'un pur esprit n'a rien qui tombe sous les sens, ni qui frappe l'imagination. Mais un Dieu revêtu de notre chair qui a paru et habité visiblement parmi les hommes, que les hommes ont vu, qu'ils ont entendu, qu'ils ont touché de leurs mains, qui a bu, mangé, conversé avec eux; qui a prêché lui-même l'Evangile que nous croyons, établi la religion dans laquelle nous vivons, mérité par sa mort la vie éternelle que nous espérons, et marqué par ses exemples ainsi que par ses paroles la route que nous devons tenir pour y arriver: un Dieu qui s'est abaissé, qui s'est rendu sensible de cette sorte, n'a-t-il pas mis les hommes les plus simples à portée de l'envisager, pour ainsi dire, de l'étudier et de le connaître?

Lorsqu'on nous raconte l'histoire de sa naissance, de sa vie, de ses miracles, de ses souffrances, de sa mort; qu'il a été conçu par l'opération du Saint-Esprit, et renfermé neuf mois, comme les autres enfants, dans le sein de sa bienheureuse Mère; qu'il est né dans une étable, qu'il a mené une vie pauvre, que le peuple le suivait jusque dans le désert, et sur les montagnes pour entendre sa divine parole; que les malades de toute espèce couraient après lui, pour être guéris par sa puissance; que les Juifs le firent mourir sur une croix, que son corps fut enseveli et mis dans un tombeau, d'où il sortit glorieux le troisième jour; qu'il monta visiblement dans le ciel quarante jours après, en présence de ses disciples, et qu'il reviendra de même à la fin du monde pour juger les bons et les méchants : toutes ces choses étant sensibles, elles s'impriment aisément dans l'imagination et se gravent dans la mémoire de l'homme chrétien, quelque grossier qu'il puisse être.

Ajoutez à cela, que plus une chose nous intéresse et nous touche de près, plus elle s'imprime facilement dans notre esprit. Or, je vous le demande, mes frères, qu'y a-t-il dans le ciel ou sur la terre, qui nous intéresse davantage et qui nous touche de plus près que Jésus-Christ? C'est pour nous qu'il est né, qu'il a vécu, qu'il a souffert, qu'il est mort. Il n'y a personne qui ne puisse dire avec autant de vérité que l'apôtre saint Paul: Jésus-Christ m'a aimé; il s'est livré lui-même à la mort pour l'amour de moi. Il s'est abaissé jusqu'à moi, pour me rendre semblable à lui. Toute ma gloire est dans ses humiliations. Sa pauvreté fait ma richesse. Ses infirmités font ma force; ses souffrances, ma consolation; sa mort mon salut et mon espérance.

Jésus-Christ m'a aimé : ah! que cette parole est douce! tout ce qu'il a fait, il l'a fait pour l'amour de moi : ah! que cette parole est touchante! Si je n'ai pas un cœur de marbre, le seul nom de Jésus doit nécessairement m'attendrir. Son amour excite ma reconnaissance. La reconnaissance produit l'amour dans mon cœur; et mon amour pour Jésus me remplit d'une sainte curiosité sur tout ce qui concerne sa personne adorable. Je porte envie à ceux qui eurent le bonheur de le voir et de l'entendre. Je voudrais savoir dans le plus grand détail tout ce qu'il a fait, tout ce qu'il a dit, parcourir tous les lieux qu'il a sanctifiés par sa présence, baiser tous ses pas, et jusqu'à la trace de ses soupirs.

Mon esprit se promène en quelque sorte depuis l'étable de Bethléem jusque sur le Calvaire. Je me représente et il me semble voir mon Jésus vivant et conversant avec les hommes. Toute sa divine personne se peint vivement dans mon imagination. Ces yeux divins dont un seul regard convertissait les pécheurs; cette bouche aimable sur laquelle David avait vu, plusieurs siècles auparavant, toutes les grâces et toutes les bénédictions répandues; cette bouche dont le souffle mettait les démons en fuite, détruisait la puissance de l'enfer, remplissait les apôtres du Saint-Esprit; cette bouche dont le moindre soupir aurait suffi pour sanctifier le monde, qui d'un seul mot apaisait les tempêtes, chassait les maladies, ressuscitait les morts; cette bouche qui a parlé pour moi, prié pour moi, soupiré pour moi; ces mains toutes-puissantes dont le seul attouchement purifiait les lépreux, rendait la vue aux aveugles, faisait entendre les sourds, parler les muets, et marcher les paralytiques; ces pieds adorables qui ont fait tant de pas pour mon salut, que Madeleine eut le bonheur de baiser et d'arroser de ses larmes. Oui, je le répéterai encore, je voudrais pouvoir parcourir tous les lieux où il a passé, baiser tous ses pas et jusqu'à la trace de ses soupirs.

Tout cela est vrai; mais on n'y pense point. Chose étrange! qu'un chrétien ne pense point à Jésus-Christ, qu'il oublie, qu'il ignore tous les mystères de Jésus-Christ pendant que tout ce qu'il y a d'extérieur et de sensible dans la religion lui remet continuellement Jésus-Christ devant les yeux, le rappelle sans cesse à sa mémoire, et le met dans l'heureuse nécessité de ne le perdre jamais de vue.

SECONDE RÉFLEXION.

Mes chers enfants, écoutez-moi. De quoi s'agit-il dans les prédications que vous entendez, dans les sacrements que vous recevez, dans les fêtes que vous célébrez, dans les cérémonies que vous voyez, dans les prières que vous faites? Il ne s'agit d'autre chose que de Jésus-Christ. Lorsque vos parents vous ont appris votre religion, de quoi vous ont-ils parlé? Que disons-nous dans nos catéchismes, dans nos prônes, dans toutes les instructions que nous sommes obligés de vous faire, soit en public, soit en particulier; que vous prêchons-nous autre chose que Jésus-Christ?

N'est-ce pas lui qui vous fait enfants de Dieu dans le baptême, qui vous donne le Saint-Esprit dans la confirmation, qui efface vos péchés dans le tribunal de la pénitence, qui vous nourrit de sa propre chair à la sainte table; qui vous fortifie et vous console dans vos maladies, qui bénit et sanctifie vos mariages, qui vous envoie sans interruption des pasteurs pour vous éclairer, vous conduire et vous dispenser ses grâces?

Les fêtes que vous célébrez rappellent annuellement à votre mémoire les divins mystères qui sont l'objet de votre croyance. La fête de l'Annonciation vous fait souvenir du jour bienheureux où le Saint-Esprit forma dans le sein de la très-sacrée Vierge Marie le corps de Jésus-Christ, en la personne duquel la nature humaine fut unie à la nature divine. Neuf mois après, vous dites : Les fêtes de Noël; vous assistez à la Messe de minuit et l'on vous représente Jésus Christ venant au monde dans une étable, couché dans une crèche où de pauvres bergers sont appelés les premiers pour adorer le Sauveur des hommes. Quel est celui d'entre vous, qui en voyant les cérémonies du vendredi saint, ne s'imagine voir Jésus-Christ chargé des péchés du monde, couvert de plaies, couronné d'épines, rassasié d'opprobres, condamné à la mort, attaché à la croix? La seule pensée du jour de Pâques ne répand-elle pas la joie dans nos âmes, par le souvenir de la résurrection et du triomphe de Jésus-Christ?

Parcourez ainsi toutes les fêtes de l'année; celle des Apôtres qui ont fondé l'Eglise de Jésus-Christ; des saints martyrs qui ont versé leur sang pour la foi de Jésus-Christ; des saints évêques qui ont gouverné l'Eglise de Jésus-Christ; des saints docteurs qui nous ont transmis de main en main, de bouche en bouche et de siècle en siècle, les vérités enseignées par Jésus-Christ; de tous les justes, en un mot, de tout sexe, de tout état, de tout âge, dont nous honorons la mémoire, dont nous célébrons les vertus, dont la vie nous est proposée comme le modèle de la nôtre, et qui sont dans le ciel nos intercesseurs auprès de Jésus-Christ.

Aux fêtes de l'Eglise ajoutez les cérémonies et toutes les pratiques de la religion : vous voyez partout Jésus-Christ; tout vous l'annonce, tout vous en parle, tout le rappelle à votre souvenir. Le pain bénit est la figure de son corps; l'eau bénite représente le sang précieux qui lave nos âmes. Les processions, les bénédictions, les prières de l'Eglise retracent journellement à nos yeux l'image et le souvenir de Jésus-Christ.

Mais vous-même dans vos prières, le matin, à midi, le soir, de qui et à qui parlez-vous? Ne dites-vous pas tous les jours : Je crois en Jésus-Christ qui a été conçu, qui est né, qui a souffert, qui est mort, et le reste? Pouvez-vous faire le signe de la croix, sans penser à Jésus-Christ mort sur la croix pour l'amour de vous? Enfin tous les exercices de la religion et de la piété n'ont d'autre objet que Jésus-Christ. Tout commence, tout se fait, tout se termine par Jésus-Christ, et nous pouvons dire que Jésus-Christ est, en quelque sorte, aussi visible et aussi sensible pour nous, qu'il l'était pour ceux qui furent les témoins oculaires de sa vie et de sa mort.

O Galates dépourvus de sens! s'écriait l'apôtre saint Paul (*Galat.*, III, 1), par qui avez-vous été ensorcelés, jusqu'à ne pas vous rendre à la vérité, vous à qui on a fait une peinture si vive de Jésus-Christ et qui le voyez pour ainsi dire crucifié au milieu de vous? Ne pourrait-on pas faire à la plupart des chrétiens un reproche à peu près semblable? Qui est-ce donc qui vous a fasciné la vue? Qui vous empêche de connaître Jésus-Christ que vous avez sans cesse devant les yeux? Ah! c'est que vous ne donnez aucune attention ni à ce que vous voyez, ni à ce que vous entendez, ni à ce que vous dites, ni même à ce que vous faites, quand il s'agit de lui, de son Evangile, de ses mystères, de tout ce qui a rapport au culte extérieur de la religion qu'il a établie et que vous professez. Chacun s'occupe de ce qu'il aime. On ne s'occupe guère de vous, ô bon Jésus, parce qu'on ne vous aime point. Le marchand s'occupe de son commerce; le laboureur de ses terres; l'artisan de son métier; le riche de ses biens; le pauvre de sa misère; l'orgueilleux de son mérite; l'avare de son argent; le libertin de sottises; le curieux de nouvelles; mais de vous, ô mon Sauveur, point du tout, ou fort peu, parce qu'on ne vous aime point.

Seigneur, donnez-moi donc votre amour. Lorsque mon cœur en sera rempli, je m'occuperai de vous et de vos mystères. Les attraits divins, les charmes ineffables de cette beauté éternelle qui ravit les anges, devenus comme sensibles dans votre sainte humanité, seront mon étude, ma consolation, mes délices. Je penserai à vous et la nuit et le jour, et dans les actions les plus communes de ma vie. Le soir en me couchant je me souviendrai de votre mort; et le moment de mon réveil me fera souvenir de votre résurrection. La nourriture que je donnerai à mon corps me rappellera celle que vous avez préparée à mon âme; et pendant mon travail, je penserai à celui auquel vous vous êtes condamné vous-même pour l'amour de moi. Le souvenir de vos divines paroles répandra sur tous mes discours le sel de la sagesse; et le nom de Jésus sera sur mes lèvres, comme une garde de prudence et de circonspection. Ce nom si doux, ce nom adorable, toujours gravé dans mon cœur, toujours présent à ma pensée, retracera sans cesse à mes yeux votre douceur, votre patience, vos douleurs, votre croix, votre amour, vos miséricordes; Jesus-Christ le grand livre où les plus ignorants peuvent lire et doivent étudier; le miroir où tous les hommes doivent se regarder; le modèle qu'ils doivent imiter; la vérité qu'ils doivent chercher; le chemin qu'ils doivent suivre, la vie après laquelle ils doivent soupirer, et que je vous souhaite, mes chers paroissiens. *Au nom du Père*, etc.

DISCOURS VI.

Pour le Dimanche entre la Circoncision et l'Epiphanie.

SUR LES DEVOIRS DES PÈRES ET MÈRES.

Futurum est ut Herodes quærat puerum ad perdendum eum. (*Matth.*, II, 13.)

Hérode cherchera l'enfant pour le faire mourir.

Jésus-Christ vient de naître, et on le cherche déjà pour le faire mourir! Il est né dans vos cœurs, mes chers paroissiens; l'empressement avec lequel vous vous êtes approchés de lui pendant ces fêtes dernières; la piété avec laquelle vous l'avez reçu dans le sacrement de son amour, m'ont rempli de joie et de consolation. Mais prenez garde: le démon, jaloux de votre bonheur, s'efforcera de vous ravir ce trésor: l'ennemi de Jésus-Christ n'oubliera rien pour le faire mourir dans votre âme, en vous engageant de nouveau dans les péchés dont vous vous êtes confessés, et que vous avez promis de ne plus commettre. Conservez-le donc bien par la vigilance, par la prière, par la fuite des occasions, comme je vous l'ai recommandé tant de fois. Aujourd'hui, j'ai autre chose à vous dire.

Pères et mères, c'est pour vous que je suis monté ici. Dès qu'il vous est né un enfant, vous nous l'envoyez, et nous le baptisons. Savez-vous la pensée qui me vient dans l'esprit, et ce que je dis en moi-même, lorsque je vous le renvoie, après l'avoir mis au nombre des enfants de Dieu? Je dis ce que vous venez d'entendre tout à l'heure: Hérode cherchera cet enfant pour le faire mourir. Pauvre petit enfant! te voilà pur comme un ange: mais hélas! si Dieu te conserve la vie, dans quelques années d'ici, lorsque tu auras l'usage de raison, le démon cherchera ton âme pour la faire mourir: et je prévois avec douleur que tes parents ne s'en embarrasseront guère, qu'ils s'entendront peut-être avec lui, et l'aideront à te perdre. Pères et mères, soyez attentifs; vous allez entendre des reproches sanglants; je voudrais qu'ils ne fussent pas justes; mais si vous les méritez, vous êtes perdus, à moins que vous ne changiez de conduite.

PREMIÈRE RÉFLEXION.

Personne n'ignore qu'en mettant des enfants au monde, on ne s'engage par là même à les nourrir, à les élever, à les établir, chacun suivant son état et ses facultés. Voilà pour le corps. Mais ces enfants ont une âme; or, si les pères et mères sont obligés de prendre soin de leurs enfants pour tout ce qui regarde le corps; à plus forte raison doivent-ils veiller à la conservation de leur âme, puisque cette âme est infiniment plus précieuse que le corps. Je ne m'arrête point à prouver une vérité sur laquelle les lumières de la raison et les sentiments de la nature s'accordent si parfaitement avec les principes de la religion. Celui qui refuserait du pain à son enfant, qui ne se mettrait point en peine de pourvoir à ses besoins, serait regardé comme un monstre. Comment faudrait-il donc regarder celui qui ne s'embarrasserait pas de veiller sur l'âme de ses enfants, qui la laisserait périr, qui contribuerait même à sa perte?

Mais y a-t-il parmi les chrétiens des pères et mères coupables d'un aussi grand crime? S'il y en a? plus des trois quarts. Oui; plus des trois quarts. Je ne sais, mes chers paroissiens, si vous y avez jamais fait attention; ce que je sais, c'est que je parle d'après l'expérience, et je ne dis rien que je ne voie de mes propres yeux.

instruire ses enfants dans la religion et leur apprendre à connaître Jésus-Christ, corriger leurs défauts et réprimer leurs mauvaises inclinations; les faire marcher dans le chemin de la vertu en y marchant soi-même et en ne leur donnant que de bons exemples: voilà les obligations des pères et mères. Il n'y a pas une syllabe à rabattre. Pensez à présent, voyez et dites-moi s'il y en a beaucoup qui n'aient là-dessus aucun reproche à se faire?

Je ne parlerai point ici des riches et des grands du monde, qui se déchargent sur des étrangers de l'instruction et de l'éducation de leurs enfants. Je n'examine point si la sagesse et l'habileté vraies ou prétendues des maîtres à qui on les confie, dispensent devant Dieu les parents de veiller eux-mêmes sur leur conduite. Je ne dirai pas que leur vigilance à cet égard se borne presque toujours, à ce que leurs enfants aient l'esprit orné de sciences souvent inutiles, quelquefois pernicieuses; qu'ils s'embarrassent peu d'orner leur âme de vertus chrétiennes, et de former leur cœur à la piété.

Je laisse à penser si c'est de là que nous est venue, à la honte de l'humanité ainsi que du christianisme, une certaine engeance d'hommes efféminés, si néanmoins on peut encore les appeler des hommes, dont l'esprit, du matin au soir et du soir au matin, n'est occupé que de fadaises; qui ne savent rien, excepté le mal et les excès honteux d'une jeunesse effrontée; qui font profession ouverte d'impiété et de libertinage; qui à force de ne penser à rien de vrai, à rien de bon, à rien d'honnête, à rien de sage et de solide, semblent avoir perdu l'habitude et jusqu'à la faculté de penser? qui n'existent que par les sens et pour les sens; qu'on prendrait en un mot pour des automates plutôt que pour des hommes. D'autres que moi pourront décider si ce n'est point là une des principales causes de l'abâtardissement ou de l'extinction des plus nobles familles de l'Etat et si la mauvaise éducation n'amènera point enfin la décadence totale des mœurs, et par conséquent la ruine de l'Etat lui-même.

Je parle pour vous, mes chers paroissiens, qui presque tous élevez vous-mêmes vos enfants, et les avez toujours sous les yeux. Je parle à vous et je vous demande : Leur donnez-vous le pain qui doit nourrir leur âme? c'est-à-dire, leur enseignez-vous les vérités du salut? travaillez-vous à les graver dans leur mémoire, dans leur esprit et dans leur cœur? Hélas! ce que vous faites pour eux sur cet article, se réduit à leur apprendre tout au plus quelques mots de catéchisme, à *marmotter* quelques prières qu'ils n'entendent point, et que vous n'entendez peut-être pas vous-mêmes.

Nous lisons dans l'Ancien Testament que le Seigneur, après avoir commandé à son peuple de l'aimer et de le servir, ajoute ces belles paroles : ***Apprenez-le à vos enfants, instruisez-les, lorsque vous êtes assis dans votre maison, lorsque vous marchez, lorsque vous vous couchez ou que vous vous levez.*** (*Deut.*, XI, 19.) Qu'il serait beau de voir un père de famille assis dans sa maison au milieu de ses enfants, tenant un crucifix à la main : Venez, mes enfants, venez et regardez, voilà le grand livre des chrétiens, voilà le livre dans lequel les plus ignorants peuvent lire, ainsi que les plus savants. Voilà le livre où je veux que vous appreniez à vous aimer et à vous supporter les uns les autres; à souffrir avec patience le chaud, le froid, la faim, la soif, la nudité et toutes les afflictions qu'il plaira à Dieu de vous envoyer de quelque espèce qu'elles soient. Voilà le livre où je veux que vous appreniez la douceur, la modestie, la tempérance et toutes les vertus.

Regardez Jésus-Christ notre bon Sauveur attaché à la croix pour l'amour de nous: C'est le péché qui l'a réduit dans l'état où vous le voyez. Fuyez donc, mes chers enfants, fuyez le péché comme vous fuiriez devant une bête féroce qui viendrait pour vous dévorer. Fuyez la vanité, la jalousie, la médisance, les disputes, la colère, les jurements, la vengeance, le vol, le mensonge, les paroles sales, les discours et les actions déshonnêtes. Mes enfants, je vous aime comme mes entrailles et je ne vis que pour vous; mais j'aimerais cent fois mieux vous porter moi-même au tombeau, que de vous voir commettre un seul péché mortel, parce que le péché mortel fait mourir notre âme et crucifie Jésus-Christ.

Des enfants à qui l'on parlerait de la sorte ne manqueraient pas de faire mille questions qui donneraient occasion à un père de les instruire de leurs devoirs et de s'instruire lui-même. Mais non, ce n'est pas de vous qu'on leur parle, ô mon Dieu; on les entretient de toute autre chose; et dans la plupart des familles le nom de Jésus n'est presque jamais prononcé, ce nom adorable que les enfants devraient avoir dans la bouche dès qu'ils commencent à bégayer. Ils vous ont offensé mille fois avant même de vous connaître. L'ignorance dans laquelle on les laisse croupir, les plonge dans toutes sortes de vices qu'ils auraient évités s'ils avaient été instruits. Pères et mères, vous en répondrez devant Dieu. Cruels! vous laissez périr l'âme de vos enfants, faute d'instruction. Quelle sera votre excuse, lorsqu'il vous en demandera compte? Direz-vous que vous n'étiez point assez éclairés pour les instruire; que vous ne pouviez pas leur apprendre ce que vous ne saviez pas? Eh! que saviez-vous donc, si vous ne saviez pas votre religion? Mais de quoi vous avisez-vous de mettre des enfants au monde, si vous n'êtes point en état de remplir à leur égard la plus essentielle, la plus indispensable de vos obligations? N'est-ce point assez que votre ignorance vous perde; sans vous mettre dans le cas qu'elle en perde d'autres avec vous.

Il y a, dit-on, des pasteurs chargés de prêcher et d'instruire : oui; mais outre que vous êtes les premiers pasteurs de vos enfants, cette excuse vous couvre de confusion et vous rend encore plus inexcusables. Car s'il y a des pasteurs, pourquoi ne venez-vous pas les entendre? Pourquoi rougissez-vous d'assister à un catéchisme, où vous apprendriez la manière d'instruire vos enfants en vous instruisant vous-mêmes. Vous n'y venez point, souvent vous les empêchez d'y venir; vos troupeaux, vous le savez, et j'ai honte de le dire, vous sont mille fois plus chers que l'âme de vos enfants et de vos domestiques. Je finirai donc cet article en vous appliquant les paroles de Jérémie : L'animal le plus féroce découvre ses mamelles pour donner du lait à ses petits, la fille de mon peuple pousse la cruauté jusqu'à le refuser à ses enfants : *Sed et lamiæ nudaverunt mammam et lactaverunt catulos suos. Filia populi mei crudelis.* (*Thren.*, IV, 3.)

SECONDE RÉFLEXION.

Le second devoir des pères et mères est de reprendre, de corriger, de châtier leurs enfants : sur quoi je n'ai encore que des reproches à vous faire. Il faut que vous me pardonniez, mes chers paroissiens, supportez-moi, ne vous offensez pas de la liberté que me donne mon ministère; et si je suis forcé de vous dire des choses dures, ne vous en prenez qu'à vous-mêmes.

Je connais très-peu de familles où les enfants soient corrigés comme ils devraient l'être. Les uns, par une fausse tendresse, leur souffrent tout et les laissent vivre à leur fantaisie, sous prétexte qu'ils sont encore jeunes, et que l'âge amènera la raison. Oui, l'âge amènera la raison; mais les mauvaises inclinations et les méchantes habitudes, quand elles ne sont pas réprimées dès l'enfance, croissent avec l'âge, s'enracinent, et sont ensuite plus fortes que la raison. Tant qu'un arbre est jeune, on le plie, on le redresse comme on veut. Essayez de redresser un grand arbre : vous le romprez, vous l'arracherez plutôt que de lui faire perdre son pli. Ne dites-vous pas vous-mêmes que les enfants d'aujourd'hui naissent avec la malice? On ne saurait donc les corriger de trop bonne heure.

Saint Grégoire eut une révélation, dans laquelle il vit en enfer un enfant de cinq ans qui était mort en proférant des blasphèmes. Saint Augustin, dans ses Confessions, s'accuse devant Dieu des mouvements déréglés qui s'élevaient dans sa petite âme lorsqu'il était encore avec sa nourrice. J'ai connu des personnes vraiment chrétiennes qui châtiaient leurs enfants avec sévérité dès l'âge le plus tendre. J'en vois d'autres tous les jours qui rient et s'amusent de leurs petites sottises : sans faire attention que nous apportons du ventre de nos mères le germe de toutes les passions dont on n'arrête les progrès et les fruits qu'en les étouffant aussitôt qu'on les voit paraître.

D'autres, à la vérité, reprennent et corrigent leurs enfants, mais de quelle manière, bon Dieu! par caprice et par mauvaise humeur. La colère, les emportements, les malédictions, sont presque toujours de la partie; on ne les corrige pas, on les brutalise; on ne les châtie point; on les maltraite. Ce n'est plus un père, c'est un bourreau; ce n'est plus une mère, c'est une furie; ce ne sont plus des hommes, ce sont des lions. Et vous me répondez froidement : Je ne pourrais pas les châtier, si je n'étais point en colère; comme si, pour remplir ce devoir, il fallait manquer à tous les devoirs que la charité, la religion, l'humanité vous imposent. De là, qu'arrive-t-il? Il arrive que vos enfants, ou ne vous craignent point du tout, ou n'ont peur que des coups que vous leur donnez, et du bruit que vous faites. Ils ne craignent pas de vous déplaire, mais seulement d'être battus; et lorsqu'ils ne craindront plus d'être battus, ils s'embarrasseront fort peu de vous déplaire.

Quand un père ou une mère châtient leurs enfants par un motif de religion et de tendresse, ils commencent toujours par les reprendre avec douceur. Lorsqu'ils sont indociles et opiniâtres, ils élèvent le ton, mais ils ne se laissent point emporter à la colère. Ils sont fermes, mais non pas durs; ils sont sévères, mais non pas aigres; ils châtient, mais ils ne sont pas cruels. Mon enfant, je vous châtie parce que vous l'avez mérité. Vous avez fait le mal, il est juste que vous en portiez la peine; faites toujours bien, et vous ne serez jamais puni. Si je ne vous aimais pas, je vous laisserais vivre à votre tête; mais parce que je vous aime, je vous châtie, afin qu'en vous corrigeant de vos défauts, vous deveniez un honnête homme et un bon chrétien.

Heureux les enfants à qui l'on parle et qu'on élève de la sorte! Malheur à ceux qu'on ne reprend jamais sans les maudire, et sans accompagner la correction de jurements effroyables! On veut les corriger d'un vice et on les précipite dans un autre; que dis-je? dans mille autres, par le mauvais exemple qu'on leur donne.

TROISIÈME RÉFLEXION.

Les mauvais exemples des pères et mères font plus de tort à leurs enfants que toutes les instructions, toutes les corrections, toutes les réprimandes ne leur font de bien; et le peu de bien qu'ils pourraient en retirer, est presque toujours gâté, perdu, anéanti, par les mauvais exemples qu'ils ont sans cesse devant les yeux. Vous dites à votre enfant qu'il ne faut point jurer, vous le reprenez quand il jure, et il vous entend jurer à tout propos; et ce qui est plus ridicule encore, vous vous servez des termes les plus grossiers, en le grondant d'avoir dit des paroles grossières.

Vous lui prêchez la douceur et la patience, cela est très-bien; mais le moment d'après vous vous emportez contre sa mère, vous maltraitez un domestique, vous criaillez après vos voisins. Oserez-vous bien lui dire qu'il faut fuir l'ivrognerie et les cabarets, après y avoir passé vous-même la journée, et lorsqu'il vous aura vu rentrer ivre à la maison? qu'il faut pardonner à ses ennemis, pendant que vous lui laissez voir toute l'envie que vous avez de vous venger des vôtres?

Vous vous piquez, Madame, de donner une bonne éducation à votre fille. Vous l'avez parfaitement instruite sur les devoirs de la religion. J'aurais bien voulu entendre le beau sermon que vous lui avez fait sur la charité que nous devons avoir les uns pour les autres, après l'avoir entretenue des défauts de celui-ci et de celle-là; après avoir déchiré en sa présence tous ceux qui vous sont tombés sous la main; après avoir fait passer et repasser par votre langue tout le voisinage et toute la ville! Que vous avez bonne grâce à lui prêcher la pudeur, la modestie, la retraite, après avoir regretté mille fois devant elle les plaisirs de votre jeune temps, après avoir raconté peut-être parlant à elle, avec une sorte de complaisance et de satisfaction, la vieille histoire de vos inclinations, de vos faiblesses, de mille misères dont vous ne devriez parler qu'à Dieu pour lui en demander pardon, et dont vous ne devriez vous souvenir que pour en faire pénitence!

Venez vous plaindre après cela, pères et mères, de ce que vos enfants sont entêtés, opiniâtres, colères, violents, jureurs, blasphémateurs, jaloux, vindicatifs, médisants, libertins, ivrognes, et tout ce qu'il vous plaira. Ils suivent le chemin que vous leur avez montré; ils font ce qu'ils vous ont vu faire; ils oublient vos leçons, mais ils prennent garde à votre conduite. Ils ont les yeux sur vous, ils vous imitent, ils vous ressemblent. Que s'ils ont des vices que vous n'avez pas et que vous n'avez jamais eus, c'est presque toujours parce que vous avez négligé de les instruire et de les corriger de bonne heure, ou parce que vous ne vous y êtes pas pris comme vous auriez dû vous y prendre.

Finissons, mes chers paroissiens : tout ceci m'a mené plus loin que je ne pensais; encore n'ai-je pas tout dit. Mais en voilà bien assez pour vous engager à faire des réflexions sérieuses sur ce que vous devez à vos enfants, l'instruction, la correction et par-dessus tout le bon exemple. Arrêtez-vous à ces trois points, lorsque vous examinerez votre conscience; ne vous aveuglez point, au nom de Dieu, ne vous aveuglez point. Je vous dis la vérité devant Dieu, je n'exagère rien, je ne cherche point à vous tromper. Vous répondrez de vos enfants âme pour âme, et il est moralement impossible que vous vous sauviez, s'ils viennent malheureusement à se perdre par votre faute. Je dis faute d'avoir été suffisamment instruits, faute d'avoir été corrigés comme ils devaient l'être, faute d'avoir trouvé dans votre personne des exemples de vertu et de religion.

Soyez donc comme leurs anges gardiens; conduisez-les dans le droit chemin en y marchant vous-mêmes. Gardez leur âme comme la prunelle de vos yeux. Apprenez-leur à connaître Jésus-Christ, ayez soin de leur parler de lui dans toutes les occasions. Entretenez-les plus souvent de l'héritage qui les attend dans le ciel, que de celui que vous leur laisserez sur la terre. Par ce moyen, et avec la grâce de Jésus-Christ à qui vous devez les offrir tous les jours, en le priant de les bénir et de les sanctifier, vous les verrez croître en sagesse, à mesure qu'ils avanceront en âge; et, après avoir fait votre consolation dans ce monde, ils feront votre joie et votre couronne pendant l'éternité bienheureuse, que je vous souhaite.

DISCOURS VII.

Pour le premier Dimanche après l'Epiphanie.

SUR LES DEVOIRS DES ENFANTS ENVERS LEURS PÈRES ET MÈRES.

Erat subditus illis. (*Luc.*, II, 51.)

Jésus leur était soumis.

Je parlai Dimanche dernier aux pères et mères; je parlerai aujourd'hui aux enfants. L'exemple de Jésus-Christ soumis et obéissant à Joseph, ainsi qu'à sa bienheureuse Mère, m'en fournissent une belle occasion; je ne la laisserai point échapper; je déchargerai mon cœur, et je me livrerai aux sentiments que peut inspirer la conduite odieuse d'un très-grand nombre de personnes à l'égard de leurs pères et mères.

Vais-je répéter froidement ce qu'on apprend au catéchisme, ce qu'on récite soir et matin après sa prière : *Père et mère honoreras?* Celui qui demanderait s'il est vrai qu'on doit honorer son père et sa mère, ne mériterait pas qu'on lui répondît, parce qu'il n'y a rien à répondre à quelqu'un qui n'entend pas la voix de la nature, et qui paraît ignorer ce qu'elle a gravé dans le cœur des hommes les plus barbares. Je ne viens donc pas vous apprendre quelles sont vos obligations envers ceux qui vous ont mis au monde; mais je viens vous apprendre ce que vous êtes, ce que vous méritez, ce que vous avez à craindre, lorsque vous y manquez. Voyons donc si le mal dont je me plains existe; si le crime est aussi énorme que je voudrais le faire entendre, et quelle est la punition que méritent les enfants rebelles, insolents, dénaturés.

PREMIERE RÉFLEXION.

Plût à Dieu, mes chers paroissiens, que les enfants dont je parle fussent aussi rares que les monstres! Plût à Dieu que le désordre contre lequel je me récrie ne fût qu'une imagination de ma part, une vaine exagération et une fausse alarme! Mais, hélas! il n'est que trop réel; rien de plus vrai, rien de plus commun, rien de plus visible. Je vous prends tous à témoin des vérités que vous allez entendre.

Si je vous interrogeais les uns après les autres, il ne s'en trouverait peut-être pas un seul qui n'eût à se plaindre de ses enfants. Eh! combien de fois ne vous ai-je pas ouï dire qu'aujourd'hui les enfants, dès qu'ils ont un certain âge, ne veulent dépendre ni de père ni de mère; qu'ils secouent le joug, et qu'il n'est plus possible de les contenir dans le devoir! Je ne parle pas de ceux qui sont ce qu'on appelle proprement des enfants, mais de ceux qui sont en âge de penser, de réfléchir, de connaître leurs devoirs, et de faire usage de la raison que la nature a donnée à tous les hommes.

Qu'un père fasse des réprimandes à son fils dans lequel il aperçoit du dérangement et des dispositions au libertinage ; qu'il veuille le châtier pour son entêtement, sa vivacité, ses étourderies, ses sottises; qu'il lui commande des choses qui ne sont pas de son goût ou qui dérangent ses plaisirs; qu'une mère représente à sa fille qu'elle est trop curieuse dans ses ajustements, trop légère dans ses façons, trop libre dans ses discours, trop familière avec les jeunes gens; qu'elle la reprenne et la corrige parce qu'elle fréquente une compagnie suspecte, parce qu'elle forme une liaison dangereuse, parce qu'elle perd trop de temps au jeu, à la danse et aux autres amusements de son âge : vous voyez aussitôt l'orgueil, étouffant la voix de la religion et de la nature, se révolter ouvertement contre les avis les plus sages et les représentations les plus justes. De là viennent les excuses fausses, les raisonnements déplacés, les réponses aigres, les répliques insolentes, un silence affecté plus insolent encore, un air de mépris, des manières hautaines, la mauvaise humeur, *les bouderies* qui durent plusieurs heures, quelquefois plusieurs jours de suite; si bien que le père ou la mère sont obligés souvent de se dérider les premiers et de prévenir leurs enfants. Voilà comme ils vous écoutent, comme ils vous respectent et vous obéissent.

C'est bien pis, lorsqu'une fois ils ne sont plus sous votre dépendance, que vous les avez établis, et qu'ils sont leurs maîtres, ah! gardez-vous bien alors de prendre le ton d'autorité. De quoi vous mêlez-vous? Faites vos affaires, et laissez-nous faire les nôtres. Nous sommes en âge et en état de nous conduire. Est-ce que je suis un enfant? Tu n'es plus un enfant, cela est vrai, mais je suis toujours ton père; et quand tu aurais les cheveux gris, tu es toujours mon enfant, et je suis toujours en droit de te reprendre. Je n'ai que faire de vos réprimandes, gardez vos conseils, j'en sais autant que vous, je veux vivre à ma tête, laissez-moi tranquille, vous trouvez à redire à tout, vous en êtes insupportable. Quel langage, bon Dieu, quelles horreurs! dirait-on que c'est un enfant qui parle à son père? Non; il me semble entendre un maître qui répond au dernier de ses valets.

Et les personnes du bas peuple ne sont pas les seules qui en agissent de la sorte. Vous, Messieurs ou Mesdames, qui vous piquez d'avoir de l'éducation et des sentiments d'honneur, soyez de bonne foi. Vous ne vous servez pas des mêmes termes; vous n'êtes pas si grossiers dans la forme ; mais, au fond, êtes-vous plus respectueux et plus dociles? Je le demande à vos pères et mères.

Après ce que nous avons dit, on croirait qu'il n'y a plus rien à dire. Point du tout. Voici maintenant un autre spectacle. En faisant la visite de ma paroisse, j'entre dans une maison, où le premier objet qui se présente à ma vue est un vieillard que je trouve seul assis au coin du feu. Ses cheveux blancs, son corps usé par le travail et courbé sous le poids des années, m'inspirent d'abord des sentiments de respect et de vénération. Je m'approche pour lui parler; le chagrin, l'ennui, la douleur, sont peints sur son visage. Qu'avez-vous, mon cher ami? Vous me paraissez bien triste. Mais quoi! vous pleurez! qu'est-ce qui vous afflige? Est-il arrivé quelque malheur dans votre famille? Ah! Monsieur, je voudrais être mort, et je prie Dieu tous les jours de me retirer de ce monde, où je ne suis plus bon à rien, où je m'entends reprocher journellement le pain que je mange, et qui, la plupart du temps, est arrosé de mes larmes. Je suis le père de quatre ou cinq enfants; ces pauvres mains que vous voyez, n'ont travaillé que pour les nourrir; et après les avoir élevés, non sans beaucoup de peine, je me suis dépouillé, pour les établir, du peu que j'avais amassé à la sueur de mon front. Aujourd'hui que je n'ai rien, et que je suis hors d'état de gagner ma vie, mes enfants ne sauraient me souffrir. Ils se disputent à qui ne m'aura pas dans sa maison. Je suis ici comme par charité. Si je veux dire un mot, on me ferme la bouche; si je fais quelque représentation, car vous savez, Monsieur, que les vieux ont plus d'expérience que les jeunes, on dit que *je radote*; si je me plains de mon mal, on me souhaite la mort; il n'y a pas jusqu'à mes petits-enfants qui m'insultent, et qui font leur jouet des infirmités de ma vieillesse. Voilà quelle est ma situation; mais, je vous en prie, ne dites rien de tout ceci à mes enfants; ce serait encore pis, s'ils savaient que je vous ai fait des plaintes.

Vous m'écoutez, mes chers paroissiens, avec une attention singulière. J'aperçois sur votre visage un certain air et certains signes d'approbation, comme si vous disiez en vous-mêmes : Tout cela est vrai. Nous l'avons vu, nous l'avons entendu, nous le voyons tous les jours. A peine nos enfants savent-ils parler, qu'ils commencent à être rebelles. Devenus grands, c'est encore pis. Quand une fois ils sont leurs maîtres, nous n'osons plus leur rien dire. Lorsque nous sommes vieux et hors d'état de leur être utiles, nous leur sommes à charge. Notre vieillesse les ennuie, nos infirmités les dégoûtent; ils désirent notre mort, ils nous forcent à la désirer nous-mêmes, et on ne sait qui de nous ou de nos enfants sont les plus lassés de notre vie.

Eh bien! mes frères, ce que vous venez d'entendre, n'est donc point une histoire faite à plaisir? je n'ai donc fait que vous rapporter ce qui se passe journellement sous vos yeux? Mais on s'y accoutume, on n'y fait presque pas d'attention; à force de le voir, on n'y prend plus garde; et l'on parle comme d'une chose ordinaire, de ce qui est réellement un des plus grands crimes que les hommes puissent commettre.

SECONDE RÉFLEXION.

Vos père et mère, mon cher enfant, sont à votre égard comme l'image de Dieu ; de même que Dieu est le père, le conservateur, le sauveur de votre âme, ils sont les pères, les conservateurs, et comme les sauveurs de vôtre corps. Ce corps a été formé de leur propre substance, et vous êtes réellement la chair de leur chair, les os de leurs os, une portion d'eux-mêmes, et d'autres eux-mêmes. Combien de soins, de peines, d'inquiétudes, ne se sont-ils pas donnés pour vous nourrir et vous élever ? Quelles marques d'amour et de tendresse n'en avez-vous pas reçues dans votre enfance, lorsque vous reposiez sur leur sein, lorsqu'ils vous portaient dans leurs bras, lorsqu'ils vous faisaient asseoir sur leurs genoux ? Ils interrompaient leur sommeil pour vous faire dormir ; ils se dépouillaient pour vous vêtir ; ils se privaient du nécessaire, afin de pourvoir à vos besoins, quelquefois même à vos plaisirs.

L'amour de Dieu pour les hommes est infini, et cet amour, tout infini qu'il est, Dieu lui-même le compare à l'amour d'un père pour ses enfants, à la tendresse d'une mère pour le fruit de ses entrailles. Ce n'est donc point assez de dire qu'un enfant qui n'aime pas ses père et mère, est un ingrat, il faut dire que c'est un monstre ; qu'en leur manquant de respect, il commet une sorte d'impiété ; que les paroles insolentes à leur égard sont comme des blasphèmes ; les manières dures, les mauvais traitements, une espèce de sacrilége ; qu'un tel enfant foule aux pieds les lois les plus saintes de la religion ; résiste aux lumières les plus communes de la raison ; étouffe les sentiments de la nature ; viole ses droits les plus sacrés, et devient semblable aux animaux, qui, au bout d'un certain temps, ne connaissent plus ni père ni mère. Enfants qui m'écoutez, voilà qui vous couvre de honte ; mais voici de quoi vous faire trembler.

Le saint patriarche Noé, ayant planté la vigne, ne connaissant pas la vertu du vin, s'enivra, s'endormit, et pendant son sommeil se trouva découvert d'une manière contraire à la pudeur. Un de ses trois enfants l'ayant aperçu, courut aussitôt en avertir ses frères, lesquels, loin d'en faire, comme lui, un sujet de plaisanterie, prirent un manteau sur leurs épaules, et marchant à reculons, en couvrirent la nudité de leur père. Noé, ayant appris à son réveil ce que ses enfants lui avaient fait, bénit les deux derniers, et donna sa malédiction à l'autre et à toute sa race, le condamnant à être le serviteur et l'esclave de ses frères. Quel était le crime de Cham pour mériter un châtiment aussi terrible ? Il ne s'était pas révolté contre son père, il ne s'était pas moqué de lui en face ; il avait seulement jeté les yeux sur lui pendant qu'il dormait dans une posture indécente ; il avait découvert à ses frères ce qu'il n'aurait pas dû regarder lui-même ; et ce manque de respect pour un père endormi, qui passerait aujourd'hui pour un trait de jeunesse, ne mérite rien moins que sa malédiction.

Cela vous étonne, voici qui vous étonnera davantage : c'est Dieu lui-même qui parle à Moïse : *Si quelqu'un a un fils rebelle, qui ne veuille pas se rendre au commandement de son père ni de sa mère, et qui, en ayant été repris, refuse de leur obéir ; ils le prendront et l'amèneront devant les anciens de la ville : Voici notre fils qui est un rebelle et un insolent, qui ne veut point nous écouter et qui méprise nos remontrances. Alors le peuple le lapidera, et il sera puni de mort, afin que vous ôtiez le mal du milieu de vous, et que tout Israël soit saisi de crainte en voyant cet exemple.* (*Deut.*, XXI, 18-21.)

Malheureux enfants, qui au lieu de faire la joie de vos pères et mères, la douceur de leur vie et la consolation de leur vieillesse, ne leur causez au contraire que du chagrin, leur rendez la vie dure et la vieillesse insupportable, vous êtes donc des enfants de malédiction. Vous auriez donc été punis de mort si vous eussiez vécu sous la Loi de Moïse, et le peuple, par l'ordre de Dieu même, vous aurait assommés à coups de pierres. Plaise au Seigneur que tout ceci vous fasse ouvrir les yeux ! Vous voyez que je ne l'ai pas pris dans ma tête, et que je ne parle pas de moi-même.

Ecoutez encore, et je finis, écoutez les propres paroles du Saint-Esprit, tirées des livres de la Sagesse. Ah ! qu'elles sont belles ! gravez-les dans tous les cœurs, ô mon Dieu, par l'onction de votre grâce : *Celui qui honore son père et sa mère, amasse sur sa tête un trésor de grâces et de bénédictions ; il trouvera sa joie dans ses enfants, et sera exaucé au jour de sa prière. Celui qui craint le Seigneur, honorera son père et sa mère, et il servira comme ses maîtres ceux qui lui ont donné la vie. Honorez-les par vos actions, par vos paroles et par toute sorte de patience, afin que leur bénédiction demeure sur vous jusqu'à la fin. Car la maison des enfants est affermie par la bénédiction de leur père ; et la malédiction de leur mère la détruit et la ruine jusqu'au fondement.*

Mon fils, soulagez votre père dans sa vieillesse, et ne l'attristez pas, tant qu'il plaira à Dieu de prolonger ses jours. Que si vous voyez son esprit s'affaiblir, gardez-vous bien de le mépriser, à cause de l'avantage que vous avez sur lui. Ah ! combien est infâme celui qui abandonne son père, et combien est maudit de Dieu celui qui aigrit l'esprit de sa mère ! (*Eccli.*, III, 5-18.)

Voilà, mes chers enfants, ce que j'avais à dire aujourd'hui pour votre instruction. Faites-en votre profit, et Dieu vous bénira. Je me recommande à vos prières.

DISCOURS VIII.

Pour le deuxième Dimanche après l'Epiphanie.

SUR LE MARIAGE.

Vinum non habent. (*Joan.*, II, 3.)

Ils n'ont point de vin.

Les consolations intérieures, les douceurs de la grâce, la joie du Saint-Esprit sont admirablement bien comparées au vin, qui a la vertu de réjouir le cœur de l'homme et de dissiper ses inquiétudes. Une âme malheureusement privée de ce vin mystérieux, non-seulement ne trouve aucune consolation dans ses peines, elle trouve des peines jusque dans ses plaisirs. Quand je me représente les noces de Cana dans le moment où le vin y manque, je dis : Pauvres époux ! que vous êtes heureux d'avoir avec vous Celui qui change l'eau en vin, les épines en roses, les afflictions en joie ! la vôtre sans lui se fût changée en tristesse.

De là, jetant les yeux sur ce grand nombre de personnes qui s'engagent dans les liens du mariage, je dis : Pauvres chrétiens ! que vous êtes à plaindre, si Jésus-Christ n'assiste point à vos noces, si vous vous mariez sans le consulter, s'il ne bénit lui-même votre alliance ; au lieu du contentement que vous espérez trouver dans cet état, il sera pour vous une source intarissable de tribulations et d'amertumes. Combien de mariages mal assortis, et malheureux par conséquent! Combien de ménages où règnent le trouble et la désunion ! Vous le savez mieux que moi, mes chers paroissiens ; mais en savez-vous la cause? Je vais, moyennant la grâce de Dieu, vous la faire connaître, et vous apprendre ensuite les moyens par lesquels on peut éviter ou adoucir des maux qui ne sont, hélas ! que trop ordinaires.

PREMIÈRE RÉFLEXION.

Les parents donnent la dot et la maison ; il n'appartient proprement qu'à Dieu de donner une femme sage. Ce sont les paroles du Saint-Esprit au *Livre des Proverbes* (XIX, 14). C'est donc à lui qu'il faut la demander, cette femme sage. Le fait-on ? vous le savez : il est toujours consulté le dernier ; très-souvent même, il n'est pas consulté du tout.

Les uns se marient par intérêt. Mon fils, je vous ai trouvé un excellent parti ; c'est une fille déjà très-riche et qui sera plus riche encore dans la suite ; pour ce qui est de son caractère et du mérite personnel, ce ne serait jamais fait, si on voulait écouter tout le monde; il y a tant de mauvaises langues ! On dit qu'elle n'est ni trop économe, ni trop laborieuse ; fort entière dans ses sentiments, légère, évaporée, aimant le jeu, la danse, les plaisirs, la parure. Ce sont là des défauts assez ordinaires à son âge ; elle s'en corrigera. D'ailleurs un mari est toujours le maître, et, après tout, quand on trouve du bien, il ne faut pas regarder de si près à tout le reste. La demande en est faite, le mariage conclu ; c'est l'intérêt que l'on a consulté, c'est le bien qu'on épouse.

Il y en a d'autres qui, en se mariant, ne consultent que leur passion, et dont le but principal est de la satisfaire. Pauvre étourdi ! tu la veux donc ? C'est un parti pris, et tu as juré que tu n'en aurais jamais d'autre. Ah ! si tu cherchais la gloire de Dieu et le salut de ton âme ; si tu demandais les lumières et la grâce du Saint-Esprit, il dissiperait bientôt le fol amour qui t'aveugle et t'empêche de voir ce qui saute aux yeux de tout le monde. C'est un petit lion : point du tout, ce n'est que la vivacité, tu ne la trouves que plus aimable. C'est une petite langue d'aspic : point du tout, c'est un esprit agréable, ce sont des saillies charmantes. C'est-à-dire que ses défauts sont de bonnes qualités à tes yeux ? Eh bien ! mon enfant, ne consulte donc ni Dieu, ni les hommes ; n'écoute que ta passion, fais à ta tête : cette passion s'amortira, ce goût se passera, tu verras clair, mais il ne sera plus temps.

Venez, ma fille, que je vous parle ; voulez-vous donc vous rendre malheureuse pour le reste de vos jours ? Vous ne voyez pas que cet homme est toujours au cabaret, qu'il ne quitte point le jeu, qu'il est vif jusqu'à la brutalité ; que, dans les accès de sa colère, il est capable de se porter aux plus criminelles extrémités ? Mais vous ne savez donc pas que c'est un libertin déclaré ; qu'il en prend partout où il en trouve ; qu'en l'épousant, vous n'épouserez que les restes de son libertinage, et peut-être les fruits de ce libertinage qui vous feront périr. Ah ! si vous vouliez vous adresser à Dieu, et le prier qu'il vous éclaire ! mais, non ; tout cela ne vous touche point ; vous en êtes *coiffée*, vous l'aurez ; soyez donc malheureuse, puisque vous voulez l'être.

Ainsi, les uns ne cherchent que les richesses, les autres ne suivent que leur passion, et dès lors ce n'est pas vous, ô mon Dieu, qui présidez à de telles alliances, ce n'est pas vous qui les avez formées. C'est une passion aveugle qui a dicté les articles, qui a dressé le contrat, qui a conduit les époux au pied de l'autel, et qui leur a fait dire *oui*.

Prêtre de Jésus-Christ, que dites vous ? *Conjungo vos, « Je vous unis l'un à l'autre, au nom du Père, et du Fils, et du Saint-Esprit. »* L'avarice a dit avant vous : *Conjungo vos*, et les a unis, au nom de l'or et de l'argent qu'ils apportent. L'impudicité a dit avant vous : *Conjungo vos*, et les a unis au nom des pensées sales, des désirs impurs, des libertés honteuses qui ont souillé d'avance la sainteté du sacrement que vous leur administrez. Les trois personnes de l'adorable Trinité ne sont pour rien dans la conclusion de ce mariage. Le Père, qui unit autrefois Abraham à Sara, Isaac à Rébecca, Jacob à Rachel, ne le bénira point, parce qu'il n'est point de son choix. Le Fils, qui honora de sa présence les époux de Cana, n'y assistera point, parce qu'on ne l'y a pas invité. Le Saint-Esprit qui unit les cœurs par les liens du divin amour, n'y répandra pas sa grâce, parce qu'on ne l'a pas consulté.

C'est donc en vain, mes chers paroissiens, que nous disons *Conjungo vos, Je vous unis au nom du Père, et du Fils, et du Saint-Esprit*, à des époux qui ne se marient que par des vues toujours humaines, et par des motifs purement charnels. Ces paroles prononcées, au nom et en face de l'Eglise, ne sont à leur égard qu'une formule qui rend indissolubles des nœuds que la religion n'a pas formés; qui unit les deux extrémités de la chaîne dont ils sont liés l'un à l'autre, afin qu'ils ne puissent plus se séparer, quelque insupportable qu'elle devienne, et enfin qui ferme leurs entraves, de manière qu'il ne leur sera plus possible de les ouvrir et de s'en débarrasser. Voilà l'effet de nos paroles, mais elles ne produisent ni grâce ni bénédiction dans leur âme, parce qu'ils se sont engagés, et ont reçu le sacrement, sans avoir seulement pensé à consulter le Dieu de grâce et l'auteur de toute bénédiction.

De là, qu'arrive-t-il ? Après quelque temps de mariage, quand on n'est plus aveuglé, ni par l'esprit d'intérêt, parce qu'on tient l'argent qu'on voulait avoir; ni par les *amourettes*, parce que tout cela se passe bien vite dès qu'une fois on a prononcé le grand *oui;* les yeux s'ouvrent alors, les choses paraissent, et on les voit comme elles sont : ces défauts sur lesquels on s'était fait illusion, se découvrent peu à peu, et se montrent dans tout leur jour; ces autres que l'on espérait pouvoir corriger, ne font que croître de plus en plus, et deviennent insoutenables; ces biens dont on était si affamé, ne rendent pas le mariage plus heureux. Ils sont peut-être un sujet de reproche, ou une occasion de folle dépense.

Les agréments extérieurs du corps et de la figure qui avaient allumé cette passion, ne sont plus si piquants. On s'y accoutume, ils se passent, le goût s'use ; et cet amour tout charnel dont on se promettait de si belles choses, cet amour, qui, avant le mariage, grossissait à vos yeux les bonnes qualités et diminuait les mauvaises, ne produit plus le même effet. Il produit quelquefois un effet tout contraire. Il ne sert plus qu'à vous tourmenter par les accès d'une noire et basse jalousie, ou à vous faire commettre des péchés honteux que je n'oserais nommer, qui profanent la sainteté du mariage, dans l'usage duquel on croit pouvoir se permettre tous les excès d'une passion infâme.

Eh ! combien de fois n'a-t-on pas vu cet amour dont je parle se changer en haine, et des personnes folles l'une de l'autre, pour me servir de vos termes, en venir après le mariage, jusqu'à ne pouvoir se souffrir; se détester et trouver dans leur malheureuse union le commencement et l'image de l'enfer?

Oui, de l'enfer; car tel est un mauvais ménage. Il ne tenait qu'à moi d'éviter l'enfer, dit une âme damnée. Je n'avais qu'à écouter les pasteurs et suivre les inspirations de la grâce : ah ! si du moins le feu qui me brûle n'était pas éternel ! Il ne tenait qu'à moi de ne pas faire ce mariage, dit un mari mal tombé, ou une femme malheureuse ; je n'avais qu'à m'adresser à Dieu, et suivre les bons avis que m'auraient donnés des personnes sages, au lieu de n'écouter que ma passion. Ah ! si du moins il y avait quelque moyen de revenir sur mes pas et de rompre ce mariage !

Dans les enfers, un réprouvé a sans cesse devant les yeux les démons qui le tourmentent : dans un ménage où règnent la haine et la discorde, il faut habiter sous le même toit, manger à la même table, avec un mari qu'on ne peut souffrir, avec une femme qu'on déteste; à moins qu'on ne veuille, par une séparation scandaleuse, publier ses malheurs, en amuser le public, se déshonorer et devenir la fable de toute une ville. Le grand supplice des damnés est d'être privés de la vue de Dieu : il n'est présent dans les enfers que pour y entretenir des flammes éternelles, et un ver rongeur qui déchire les réprouvés. De même il n'habite point, ce Dieu de douceur et de paix, dans un ménage désuni où règne le trouble. Il n'est présent à l'âme d'un mari et d'une femme qui se haïssent, que pour les troubler par les remords de leur conscience.

Enfin les damnés se maudissent les uns les autres : ainsi fait on dans un mauvais ménage : plût à Dieu ne t'avoir jamais connu ! plût à Dieu ne t'avoir jamais envisagée ! maudit soit le jour où je t'ai appelé mon mari, maudit soit le moment où tu es devenue ma femme ! Eh bien ! je vous le demande, n'est-ce pas une vraie image de l'enfer ? Ecoutez-donc, mes chers enfants, la manière dont il faut vous y prendre pour éviter tous ces malheurs ; à quoi nous ajouterons deux mots, pour l'instruction et la consolation des personnes mariées.

SECONDE RÉFLEXION.

Etes-vous dans le dessein de vous établir ? Adressez-vous à Dieu, de qui seul vous devez espérer, vous, un mari qui vous rende heureuse; vous, une femme sage qui fasse la douceur de votre vie et l'ornement de votre maison. La fin du mariage n'est point d'assouvir les passions honteuses, mais bien d'y mettre un frein et de les contenir dans les bornes prescrites, de donner des enfants à l'Eglise, des serviteurs à Jésus-Christ, des citoyens au royaume du Ciel. Si c'est là le but que vous vous proposez en vous mariant, si vous cherchez par-dessus tout la gloire de Dieu et le salut de votre âme, Dieu ne permettra pas que vous fassiez un mauvais choix, et il bénira votre mariage.

Nous sommes les enfants des saints, disait Tobie à son fils, et par conséquent, nous ne devons pas nous marier à la manière des infidèles, qui ne connaissent pas le vrai Dieu. Seigneur, je vous fais l'arbitre de mon sort; je n'attends mon bonheur que de vous seul. Faites-moi donc connaître votre volonté. Si la personne que j'ai choisie, ou que l'on me destine, n'était point celle que vous m'avez choisie vous-même ; si cette alliance ne vous est point agréable, renversez nos projets, rompez nos desseins et donnez-nous d'autres sentiments.

Ne vous laissez jamais conduire par l'esprit d'intérêt. Ce ne sont pas les grands biens qui rendent les mariages heureux. Nous voyons des ménages pauvres, où le mari et la femme trouvent dans leur bonne union des douceurs et des consolations qui les rendent heureux dans leur misère; mais nous ne voyons pas que les personnes riches, quand le mari et la femme ne s'accordent point, trouvent dans leurs richesses la paix et le bonheur qui leur manquent.

Je sais qu'il ne faut pas s'exposer à mettre des enfants au monde, quand il n'y a ni d'un côté ni d'autre assez de bien ou d'industrie pour élever une famille suivant son état; mais je dis que la pauvreté, jointe à la vertu, vaut infiniment mieux que les richesses, quand elles sont séparées de la vertu; qu'un pauvre qui a la crainte de Dieu est préférable à un riche qui ne l'a pas; et qu'il est beaucoup plus sage de ne pas se marier, que d'épouser quelqu'un qui n'a ni dans le caractère, ni dans la conduite, rien de tout ce qui contribue au bonheur du mariage, ou qui a certains défauts qui le rendent presque nécessairement malheureux.

Ecoutez donc, mon cher enfant; si la fille qu'on vous propose, ou sur laquelle vous avez jeté les yeux, était, par exemple, d'une humeur aigre, hautaine, impérieuse, revêche; si elle avait malheureusement ce qu'on appelle une mauvaise langue, ah ! gardez-vous de vous y attacher, quelque riche qu'elle puisse être; elle serait comme une vipère dans votre sein, comme une teigne dans vos habits, comme un aspic dans votre maison, qui la rendrait redoutable à tous les gens de bien. Et vous, si le mari qu'on vous propose est un ivrogne, un jureur, un dissipateur; s'il passe dans le monde pour avoir peu de religion, ah ! au nom de Dieu, gardez-vous bien de vous y laisser prendre; quand il aurait tout l'or et l'argent possibles, vous seriez une femme malheureuse.

Mais votre penchant vous y porte, et ce penchant est devenu chez vous une passion qu'il n'est plus en votre pouvoir de réprimer. Mes chers enfants, je vous le dis, c'est par cette raison que vous devez encore plus vous défier de vous-mêmes. Lorsque l'amour se porte sur des objets qui n'ont rien d'estimable; lorsque celui ou celle que vous aimez n'a aucune des vertus qui nous rendent véritablement aimables devant Dieu et devant les hommes, ce n'est donc que le corps et la figure que vous aimez; et dès-lors ce n'est plus un amour raisonnable: c'est un amour de brute, qui ira toujours en diminuant à mesure que vous contenterez votre passion; qui s'éteindra tout à fait, ou se changera peut-être en haine, comme nous le disions tout à l'heure. Prenez donc garde de vous laisser jamais conduire par cette espèce d'amour. Priez Dieu, et priez-le avec instance, qu'il l'arrache de votre cœur par sa grâce; prenez toutes sortes de précautions et de mesures pour le vaincre et le déraciner; souvenez-vous enfin que les mariages d'*amourettes* sont ordinairement malheureux, toutes les fois qu'il n'y a pas de part et d'autre un certain mérite, certaines vertus, et surtout un grand fonds de religion.

Pour vous, mes frères, qui vous étant engagés dans le mariage sans faire toutes ces réflexions, n'avez pas reçu avec le sacrement, faute d'être bien disposés, les grâces qui y sont attachées, et sans lesquelles il est impossible de se sauver dans cet état; vous qui sentez aujourd'hui, par votre propre expérience, la vérité de ce que je viens de vous dire; ne vous désespérez cependant pas. Pour quiconque croit en Jésus-Christ, il n'y a pas de mal sans remède.

Cherchez donc en Jésus-Christ votre consolation. Offrez-lui et souffrez de bon cœur pour son amour et pour votre pénitence, des peines que vous auriez pu éviter, et que vous avez cherchées. Par ce moyen, seul capable de les adoucir, Jésus-Christ répandra sur votre mariage les bénédictions qu'il n'aurait pas manqué d'y répandre dès le commencement, si vous l'aviez invité à vos noces, c'est-à-dire, si vous vous fussiez mariés par des motifs plus chrétiens, d'une manière et avec des dispositions plus chrétiennes. Ainsi, moyennant la grâce de Dieu, qui n'est jamais refusée à ceux qui la demandent, vous ferez servir au salut de votre âme ce mariage qui semble avoir été fait comme tout exprès pour votre damnation.

Je finis, mes chers paroissiens, en adressant aux personnes mariées les paroles de l'apôtre saint Paul (*Ephes.*, V), si connues et si mal pratiquées. Maris, aimez vos femmes, comme Jésus-Christ a aimé son Eglise. Aimez-les, non pas de cet amour charnel et passionné, qui est la source de mille désordres; mais d'un amour chaste et chrétien, par lequel, le mari connaissant les défauts de sa femme, et la faiblesse naturelle de son sexe, la traite avec douceur, lui parle avec amitié, la souffre avec patience, la reprend sans aigreur, lui marque de la confiance et la consulte dans toutes les occasions où elle doit être consultée; la rassure dans ses inquiétudes, la console dans ses peines, se tient assidu auprès d'elle pendant ses maladies, la prévient en toutes choses, et la regarde enfin comme sa propre chair et un autre lui-même.

Et vous, femmes, respectez vos maris et soyez-leur soumises, comme l'Eglise est soumise à Jésus-Christ. Cette soumission consiste à leur obéir dans toutes les choses justes et raisonnables, à écouter leurs avis, à leur parler avec une certaine retenue, qui marque l'honneur et le respect que vous leur devez. Le mari, ajoute saint Paul, est le chef et le supérieur de la femme, comme Jésus-Christ est le Chef de l'Eglise.

Jamais il n'y aurait de querelles entre le mari et la femme, si cet amour d'un côté, et ce respect de l'autre, étaient bien gravés dans leurs cœurs, parce qu'alors ils supporteraient leurs défauts réciproques, ils s'en corrigeraient peu à peu par la douceur, la patience, et par le bon exemple qu'ils se donneraient mutuellement. Car enfin, d'où viennent les querelles dans le ménage? Est-ce de ce que le mari a un tel défaut et la femme en a un tel autre? Non, puisque nous voyons des ménages très-unis, quoiqu'il y ait des défauts de part et d'autre. D'où viennent-elles donc? Elles viennent de ce que le mari ne veut pas supporter les défauts de sa femme, ni la femme ceux de son mari.

Quoi donc, Monsieur, je verrai un homme qui vient de manger au cabaret son pain, le mien, celui de mes enfants, et je ne dirai rien? Il faut dire, mon enfant, mais il faut dire à propos. Ne voyez-vous pas que cet homme est changé en bête? Attendez donc qu'il soit redevenu homme, et alors vous pourrez lui parler. Il est rentré ivre à la maison, vous avez criaillé après lui dans ce moment-là; c'est vous qui êtes cause de la querelle.

Mais il est d'une humeur terrible, il s'irrite de la moindre chose, rien ne va jamais à sa fantaisie. Faites de votre mieux pour qu'il soit content; s'il vous reprend pour avoir mal fait, répondez avec douceur qu'une autre fois vous tâcherez de mieux faire. Si après cela il parle encore, laissez-le dire. Il y a temps de parler et temps de se taire. Taisez-vous, femme, lorsque votre mari est de mauvaise humeur; et vous, mari, taisez-vous, lorsque votre femme est en colère. Pour se quereller, il faut être deux. Celui qui commence a toujours tort, je le sais; mais celui qui répond mal, est infiniment plus coupable. S'il avait gardé le silence, ou dit une parole de douceur, il aurait évité la dispute; mais on ne veut rien se passer; à une parole dure, on en répond une plus dure; on s'aigrit mutuellement, *on jette de l'huile sur le feu*; au lieu de laisser tomber un mot échappé par humeur, quelquefois par mégarde, on le relève avec affectation, on y réplique avec aigreur, et de là les emportements, les jurements, le trouble dans les ménages.

Mettez-vous donc bien dans l'esprit, qu'en vous mariant, vous avez épousé, vous, tous les défauts de votre femme; que vous vous êtes engagé à l'aimer et à la supporter, quelque imparfaite qu'elle puisse être, parce que toutes ses imperfections n'empêchent pas qu'elle ne soit votre femme. Et vous, femme, souvenez-vous que vous avez épousé tous les vices de votre mari, que vous vous êtes engagée, devant Dieu et devant les hommes, à le supporter avec tous ses défauts, parce que, malgré ses défauts, il est toujours votre mari. Mes enfants, mes chers enfants, n'oubliez jamais que la patience, la douceur, la bonne union, la paix de Jésus-Christ sont l'unique remède, mais un remède infaillible pour adoucir vos peines et vous consoler dans vos afflictions.

Répandez votre bénédiction, ô mon Dieu, sur tous ceux de mes paroissiens qui sont engagés dans le mariage, ou qui pourraient s'y engager par la suite. Faites-leur connaître toute la sainteté de ce sacrement, l'image de l'alliance éternelle que vous avez faite avec l'Eglise votre épouse sans tache; afin qu'ils n'embrassent cet état que par des motifs raisonnables et chrétiens; qu'ils s'y comportent saintement; que leur union soit pure et honnête en toutes choses. Habitez vous-même dans chaque maison; soyez présent au milieu de chaque famille pour y faire régner la douceur, la patience, la paix : la paix, ce bien inestimable que vous seul pouvez donner, et le plus grand dont nous puissions jouir sur la terre. Renouvelez, en quelque sorte, dans tous les ménages, le miracle que vous fîtes autrefois à Cana; changez en consolations et en joie les peines qui en sont presque inséparables. Que le mari et la femme s'aiment en vous, ô bon Jésus, qu'ils soient unis en vous, qu'ils ne fassent qu'un cœur en vous et avec vous : de sorte qu'après avoir été unis sur la terre, ils le soient à jamais dans le Ciel. Ainsi soit-il.

DISCOURS IX.

Pour le troisième Dimanche après l'Epiphanie.

SUR LA PRIÈRE DU PÉCHEUR, QUI NE VEUT PAS QUITTER SON PÉCHÉ.

Cum descendisset Jesus de monte, secutæ sunt eum turbæ multæ; et ecce leprosus veniens adorabat eum. (*Matth.*, VIII, 1, 2.)

Jésus étant descendu de la montagne, une grande foule de peuple le suivit; et alors un lépreux venant à lui, l'adora.

En lisant ces paroles de notre Evangile, je me représente un jour de grande fête, où les fidèles se rassemblent en foule dans nos églises autour de Jésus-Christ qui descend du ciel sur les autels, et que la foi nous y découvre comme un roi au milieu de son peuple, comme un père environné de ses enfants, comme un médecin environné de ses malades. Les uns adorent avec une conscience pure le Dieu qui règne dans leur cœur, c'est son amour qui les amène : venez, âmes justes, venez lui offrir un sacrifice de louanges et d'actions de grâces, vous ne sortirez pas de sa présence, sans en avoir reçu de nouvelles bénédictions. Les autres paraissent devant lui avec une âme toute couverte de la lèpre du péché; mais ils sont rentrés en eux-mêmes, ils ont ouvert les yeux sur leur malheureux état. C'est le repentir et le dessein où ils sont de changer de vie, qui les conduisent aux pieds de Jésus-Christ. Viens, mon pauvre enfant, viens te jeter entre les bras de ton père, et lui offrir le sacrifice d'un cœur contrit et humilié.

Mais que vois-je, mes chers paroissiens! des âmes endurcies dans le mal, qui ne pensent à rien moins qu'à changer de vie, et qui cependant viennent se présenter devant Dieu, l'adorer et le prier à l'extérieur comme les autres. Conduite bien étrange sur laquelle je n'oserais dire ma pensée, si le Saint-Esprit, au XXVIIIe chapitre des *Proverbes*, n'avait pas dit en propres termes que *la prière de celui qui détourne ses oreilles pour ne point entendre la loi de Dieu, est une prière exécrable.* Mais si la prière de celui qui ne veut point entendre la loi de Dieu, est *exécrable*, qu'est-ce donc que la prière de celui qui résiste opiniâtrément, non-seulement à la loi, mais à toutes les inspirations de la grâce? Si vous la considérez, cette prière, par rapport aux dispositions du pécheur qui la fait, c'est un acte ridicule, plein de contradiction et de mensonge. Que si vous la considérez par rapport à Dieu, à qui elle est adressée, vous trouverez qu'elle est outrageante pour lui, et par conséquent impie. Approfondissons un peu cette réflexion, et fasse le Ciel qu'elle ne nous soit point inutile!

PREMIÈRE RÉFLEXION.

Le culte que nous rendons à Dieu est, sans contredit, la chose du monde la plus sérieuse; et la prière faisant la principale partie de ce culte, rien de plus sérieux et de plus respectable que la prière. C'est par elle que nous rendons hommage à l'Etre souverain qui a créé toutes choses, et qui les conserve par sa bonté. C'est par la prière que l'homme reconnaît devant Dieu sa dépendance et son impuissance à tout bien. C'est la prière qui élève notre âme jusqu'à lui, et qui le fait descendre jusqu'à nous. La prière pénètre les cieux, monte jusqu'au trône du Tout-Puissant, désarme sa justice, excite sa miséricorde, ouvre le trésor de ses grâces, les ravit, les enlève, si je puis m'exprimer ainsi, et revient chargée de toutes sortes de bénédictions. Qu'y a-t-il donc parmi les chrétiens de plus grand et de plus sérieux que la prière? Dans la bouche du pécheur endurci, elle n'est rien de tout cela, quoiqu'elle en ait les apparences.

Un homme qui est en état de péché mortel, qui ne veut point en sortir, qui ne veut point quitter ses habitudes criminelles, et qui prie dans cette disposition, parle précisément à Dieu, comme des acteurs parlent à un roi de théâtre. Les uns sont ses ministres, les autres ses officiers ou ses valets. Ils l'entretiennent des affaires de son royaume, de sa grandeur, de sa puissance, du nombre de ses sujets, des besoins de son peuple, de la gloire de ses Etats: ils s'inclinent devant lui, ils disent *Votre Majesté*, ils lui demandent des grâces.. . Mais tout cela n'est qu'un jeu; dès que la pièce est finie, le roi n'a plus de sujets, et les valets n'ont plus de maître.

La prière du pécheur dont nous parlons, n'a rien de plus sérieux. Il récite, soit à l'église ou ailleurs, son *Pater*, son *Credo* ou autre chose, comme on le lui a appris, ou comme il le trouve dans un livre. Il parle à Dieu de sa toute-puissance, de sa bonté, de sa justice, de sa miséricorde, du Paradis, de l'enfer. Il parle à Jésus-Christ de sa passion, de sa mort, de son sang, de ses mérites. Il parle de ses péchés, de sa faiblesse, de ses besoins. Il dit, Seigneur, Seigneur, mon Dieu, mon Dieu; il se met à genoux, il baisse la tête, il a les mains jointes. Mais tout cela n'est qu'un jeu, n'est que grimaces. Dès que la prière est finie, il n'y a plus de Dieu pour lui; c'est sa passion qui est son Dieu; c'est le péché qui est son maître; pendant sa prière même, il pense au plaisir qu'il a eu en le commettant, et à celui qu'il veut se donner en le commettant encore.

Cependant il fait tous les jours, et deux fois le jour, un acte de contrition; car il y en a un dans la prière qu'il récite soir et matin, et à laquelle il vous dira lui-même qu'il ne manque jamais ou presque jamais. Ecoutons-le, je vous en prie: *Seigneur*, dit-il, *je suis marri de tout mon cœur de vous avoir offensé, parce que vous êtes infiniment bon, et que le péché vous déplaît. Je fais un ferme propos de n'y plus retomber, moyennant votre sainte grâce.*

Voilà comme il parle: ne croiriez-vous pas, à l'entendre, qu'il est converti tout de bon, qu'il veut changer de vie, et que cette brebis égarée avant la fin du jour viendra se jeter entre les bras de son pasteur? Point du tout: cet acte de contrition ne signifie rien dans sa bouche, et cette bouche parlant à Dieu ne profère que des mensonges; car il est faux que ce pécheur se repente, il est faux qu'il veuille se convertir, il est faux qu'il veuille se confesser. Le regret d'avoir offensé Dieu, la volonté de ne plus l'offenser, la confession, la conversion, tout cela est bien loin de sa pensée, et dans cette disposition il ne laisse pas de dire: *Mon Dieu, j'ai regret de vous avoir offensé, je vous promets de n'y plus retomber et de m'en confesser au plus tôt.* Est-il possible de mentir avec plus d'impudence?

Appliquez le même raisonnement aux actes de foi, d'espérance, d'amour, et à tous les autres qui se trouvent dans sa prière: quelle affreuse contradiction! il dit, *je crois*; et il vit comme s'il ne croyait rien. Il dit, *j'espère*; et il vit comme s'il n'espérait et ne craignait rien. Il dit, *mon Dieu, je vous aime*; et il vit comme s'il le haïssait. Pendant sa prière, il a la voix de Jacob, il parle comme les chrétiens, il dit, *Jésus-Christ, la sainte Vierge, les saints*; *mon Père, mon Sauveur, mon Roi, votre Royaume, votre Loi, votre Volonté, vos Commandements, votre Eglise*; c'est la voix de Jacob, le langage de la religion; mais ses mains, c'est-à-dire, ses actions et toute sa vie, ses mains sont les mains d'Esaü, les actions et la vie d'un infidèle.

Oui, d'un infidèle. Car enfin je vous le demande: si vous fussiez né dans la religion des païens, si le Dieu que vous faites semblant de servir, et à qui vous parlez dans votre prière, commandait ou approuvait l'ivrognerie, l'impudicité, la vengeance, et les autres vices dont vous êtes l'esclave; mais si vous changiez tout à l'heure de religion au point de ne plus croire en Jésus-Christ ni à son Eglise, ni au paradis, ni à l'enfer, je vous le demande, vivriez-vous autrement que vous ne faites? Ivrogne, t'enivrerais-tu plus souvent? Impudique, serais-tu plus corrompu? Avare, serais-tu plus affamé d'or et d'argent? Vindicatif, haïrais-tu davantage ton ennemi? Médisant, aurais-tu la langue plus venimeuse?.... Vous avez donc l'âme d'un infidèle sous les apparence d'un chrétien, et lorsque vous vous mettez à genoux pour prier dans le malheureux état où vous êtes, avec la volonté d'y persévérer, vos paroles, vos gestes, votre posture, tout n'est que mensonge et contradiction. La prière dans votre bouche est un acte ridicule qui annonce et signifie des choses qui ne sont pas, et qui lui-même n'est rien de ce qu'il paraît être.

Enfin cette prière prétendue (au nom de Dieu, mon cher paroissien, ne vous choquez point de la manière avec laquelle je cherche à vous faire connaître et sentir votre aveuglement; si vous ne m'étiez pas si cher, je ne m'exprimerais pas avec tant de force), votre prière commence donc, et se termine par le signe de la croix. *Au nom du Père* qui vous a créé à son image, et cette image vous l'avez profanée en vous rendant semblable au démon que vous avez pris pour votre père, à qui vous obéissez, dont vous avez fait et dont vous voulez faire les œuvres. *Au nom du Fils*, qui vous a racheté par son sang, et ce sang vous le rendez inutile, vous le foulez aux pieds, en crucifiant de nouveau Jésus-Christ dans votre cœur, en conservant la volonté de le crucifier encore. *Au nom du Saint-Esprit* qui vous avait sanctifié par sa grâce, et cette grâce vous la rejetez; et cet esprit de vie, vous le chassez de votre âme, vous lui en fermez toutes les portes.

Dans ces affreuses dispositions, vous portez une main impure sur votre tête, remplie de toutes sortes de pensées, hormis la pensée de votre salut; de là sur votre cœur ouvert à toutes sortes de désirs, excepté au désir de votre salut; en un mot, vous formez sur ce corps dont vous avez fait le temple du démon, vous formez sur ce corps le signe de la croix, *au nom du Père et du Fils et du Saint-Esprit*, les trois personnes divines de l'adorable Trinité, que vous déshonorez par une vie toute païenne dont vous ne vous repentez point, et que vous ne voulez pas corriger, quoi que vos pasteurs disent, quoi qu'ils fassent, et quoi que Dieu fasse lui-même pour vous convertir; et dans cet état vous priez comme les autres. Mais est-ce assez de dire que votre prière est un acte ridicule, plein de mensonge et de contradiction? ne peut-on pas ajouter qu'elle est une insulte et un outrage fait à Dieu même; qu'elle est impie par conséquent et abominable?

SECONDE RÉFLEXION.

Les soldats ayant conduit Jésus-Christ dans le prétoire, et s'étant tous rassemblés autour de lui, le dépouillent de ses habits, jettent un manteau d'écarlate sur ses épaules, le couronnent d'épines, frappent sa tête avec un roseau, lui donnent des soufflets, lui crachent au visage; et après l'avoir traité de la sorte, ajoutant la raillerie à la cruauté, ils le saluent, se mettent à genoux devant lui et l'adorent. Fut-il jamais d'insulte plus amère que celle-là?

Pécheurs aveugles et endurcis, voilà ce que vous faites. Après avoir renouvelé en quelque sorte toutes les plaies de Jésus-Christ, après l'avoir *crucifié de nouveau en vous-mêmes*, suivant l'expression de saint Paul (*Heb.*, VI, 6); pendant que vous le tenez, pour ainsi dire, cloué sur la croix, par votre obstination à ne pas vouloir quitter ce péché qui l'y attache, vous vous mettez à genoux devant lui, vous l'adorez, vous l'appelez votre Roi, votre Dieu, vous lui dites : je vous aime, je suis marri de vous avoir offensé. Qu'y a-t-il au monde de plus outrageant?

Mais ce n'est pas là mon intention, lorsque je fais ma prière, et Dieu m'en préserve. Oh! mon enfant, la belle excuse! l'intention de celui qui commet un péché mortel n'est pas de perdre la grâce; la perd-il moins, et en est-il moins coupable? Non, parce qu'il sait bien qu'on ne peut pas faire ou dire ou penser telle chose qui est un péché mortel, sans perdre la grâce. L'intention des chrétiens qui sont aujourd'hui dans les enfers, n'était point de se damner; sont-ils moins damnés pour cela? non, parce qu'ils savaient bien qu'ils se damneraient en vivant comme ils ont vécu. L'intention de celui qui prie avec l'amour du péché dans le cœur, et avec une volonté déterminée de le commettre, n'est point de se moquer de Jésus-Christ, ni de l'insulter; est-il moins vrai de dire qu'il s'en moque? Non, parce qu'il sait bien que c'est se moquer de dire une chose quand on en pense une autre; de dire à Jésus-Christ : je vous aime, quand on ne l'aime point, et qu'on ne veut pas l'aimer, et qu'on l'outrage sans cesse; de lui dire : je n'y retomberai plus, je me confesserai au plus tôt, pendant qu'on ne pense à rien moins qu'à se confesser et à se convertir.

Mais quelle est donc votre intention, lorsque vous venez à l'église, que vous assistez à la Messe, que vous faites, soir et matin, ce que vous appelez votre prière? Elle est, dites-vous, de faire un acte de religion, de rendre à Dieu l'honneur et la gloire qui lui appartiennent. O aveuglement! ô impiété? vouloir honorer Dieu par des mensonges! c'est-à-dire, vouloir l'honorer par ce qui le déshonore, vouloir lui plaire par ce qui l'offense, vouloir le glorifier par ce qui l'outrage. O aveuglement! ô abomination! avoir le nom de Jésus-Christ sur les lèvres, et le tenir crucifié dans son cœur; allier ce qu'il y a de plus saint avec ce qu'il y a de plus détestable, le service de Dieu avec le service du démon; offrir à Dieu dans la prière une âme que l'on prostitue au péché; prostituer au péché une âme que l'on offre à Dieu dans la prière.

Malheureux chrétien, n'est-ce pas là ce que vous faites, lorsque, après avoir donné soi-disant votre cœur à Dieu dans la prière du matin, vous vous abandonnez à votre passion pendant le jour? lorsque, après avoir offert ce même cœur à Dieu dans la prière du soir, vous satisfaites votre passion pendant la nuit? et tout cela depuis plusieurs années, sans un effort pour vous corriger, sans un désir de changer de vie.

Semblable à un homme qui entretient dans sa maison une concubine à laquelle il prodigue toutes les tendresses de sa passion, pendant que la femme légitime n'en a que le nom et quelques devoirs extérieurs de bienséance; le pécheur dont je parle consacre à la malheureuse passion dont il est esclave toutes les affections de son cœur, pendant qu'il ne donne à Jésus-Christ que de vaines apparences, que quelques pratiques extérieures et une certaine routine de religion, faisant ainsi un alliage monstrueux et abominable des hommages qu'il paraît vous rendre, ô mon Dieu, avec les hommages qu'il rend en effet au démon, à qui son âme est entièrement dévouée.

Si, après tout cela, vous pensez que c'est une exagération de dire que la prière d'un tel pécheur est un outrage fait à Dieu même, parce qu'elle n'est qu'un tissu de mensonges et de contradictions, donnez donc un démenti au Saint-Esprit qui nous assure qu'elle est *exécrable*.

Il faut donc que je ne vienne plus à l'église, que je n'assiste plus à la Messe, que je ne fasse plus de prière. Ah! mon cher enfant, à Dieu ne plaise que ce soit là le fruit des réflexions que vous avez entendues! Venez et venez souvent dans la maison de Dieu, elle est le refuge et l'asile des plus grands pécheurs. Assistez et assistez souvent au saint sacrifice de la Messe, où le sang de Jésus-Christ n'est répandu que pour les pécheurs. Priez et priez souvent, parlez souvent à votre Dieu, mais dans tout cela, pensez donc, eh! pensez donc à ce que vous faites. Parlez à Dieu sérieusement, et tant que vous vivrez comme vous faites, ne lui dites point : mon Dieu, je vous aime, mais dites lui : mon Dieu je sens que je ne vous aime pas, changez mon cœur par votre grâce, et faites que je vous aime. Ne lui dites pas : mon Dieu, j'ai un grand regret de vous avoir offensé, je vous promets de n'y plus retomber et de m'en confesser au plus tôt, puisque tout cela n'est pas vrai. Mais dites-lui : mon Dieu, je sens que, bien loin de me repentir de mes péchés, j'ai dans ce moment même la volonté de les commettre encore. Ah! Jésus, ôtez-moi donc cette volonté détestable. Je sens que je ne veux pour le présent ni me confesser, ni changer de vie. Père des miséricordes, prenez donc pitié de moi, et faites que je le veuille.

Lorsque vous parlerez ainsi, et que vous parlerez sérieusement, croyez-moi, mon cher paroissien, votre prière sera précieuse devant Dieu, et si vous persévérez, elle sera infailliblement exaucée. Mais hélas! ce n'est point ainsi que vous priez, et bien loin de demander à Dieu votre conversion, vous seriez peut-être fâché qu'il vous convertît.

Bonté inépuisable de mon Dieu! à qui les âmes les plus endurcies sont toujours infiniment chères; qui ne retirez jamais au pécheur la grâce dont il a besoin pour vous prier, lors même que sa longue et opiniâtre résistance vous a pour ainsi dire forcé à lui retirer toutes les autres : ajoutez l'onction de votre divin Esprit aux paroles que vous avez mises dans ma bouche pour lui faire sentir à quel point il vous outrage, lorsqu'il ne prie que du bout des lèvres, en conservant au fond du cœur une volonté déterminée de persévérer dans le mal.

Et vous, âmes chrétiennes, qui aimez votre religion, qui en pratiquez les devoirs, qui avez horreur du péché, qui vous repentez sincèrement de vos fautes, et qui cherchez à vous en purifier par la pénitence, toutes les fois que vous avez eu la faiblesse de les commettre; ne croyez pas pour cela que ce que vous venez d'entendre ne vous regarde en aucune manière. Hélas! combien d'attaches secrètes qui restent cachées au fond du cœur et qui le partagent, pendant que vous protestez n'avoir d'autre maître que Jésus-Christ, et que, prosternées à ses pieds, vous lui jurez une fidélité inviolable! Pauvre cœur, pauvre cœur, que ta misère est grande! Combien de fois, ô mon Dieu, ce misérable cœur ne contredit-il pas en secret les paroles que je vous adresse? combien de fois mes prières ne sont-elles rien moins que l'expression de mes sentiments? combien de fois par cette raison ma prière s'est-elle tournée en péché?

Père des lumières, éclairez mon esprit; redressez mes intentions, purifiez mon cœur, et rendez-moi tel que je dois être, pour que ma prière s'élève comme un encens d'agréable odeur jusqu'au trône de votre miséricorde, et attire sur moi toutes les grâces qui me sont nécessaires pour arriver à la vie bienheureuse qui seule doit faire l'objet de mes désirs, et de mon espérance. Je vous la souhaite, mes chers paroissiens, au nom du Père, etc.

DISCOURS X.

Pour le quatrième Dimanche après l'Epiphanie.

SUR LES ENNEMIS DE NOTRE SALUT, ET SUR LA MANIÈRE DE LES VAINCRE.

Motus magnus factus est in mari, ita ut navicula operiretur fluctibus. (*Matth.*, VIII, 23.)

Une grande tempête s'éleva sur la mer, de sorte que la barque était couverte de flots.

Notre âme, sujette à mille passions, en butte à mille tentations, exposée à mille dangers, est vraiment semblable à une barque couverte de flots, à un vaisseau battu par la tempête qui sont à chaque instant sur le point de faire naufrage. Quiconque voudra veiller sur toutes les pensées de son esprit et sur tous les mouvements de son cœur, sentira par sa propre expérience que la vie de l'homme chrétien sur la terre est un combat perpétuel, une tentation sans relâche. Mais hélas! qu'ils sont rares ces chrétiens fidèles, qui, à l'exemple du saint roi David, portant *toujours leur âme dans leurs mains* (*Psal.* CXVIII, 109), ne la perdent jamais de vue! Mes chers paroissiens, deux choses m'affligent, et me font trembler : le nombre et la force des ennemis qui nous assiégent; la tranquillité dans laquelle nous vivons au milieu des dangers qui nous menacent. Une troupe de voleurs environne votre maison ; je tremble pour vos biens et votre vie, mais je tremble encore davantage, si pendant ce temps-là vous dormez tranquillement dans votre lit, et ne pensez à rien moins qu'à vous défendre. Ouvrons donc aujourd'hui les yeux sur les ennemis de notre salut; apprenons donc à les connaître, et nous verrons ensuite la manière dont il faut les combattre.

PREMIÈRE RÉFLEXION.

Nos véritables ennemis ne sont pas ceux qui noircissent notre réputation, qui nous dépouillent de nos biens, qui attentent à notre vie. Ce ne sont là que des instruments dont la Providence se sert pour nous sanctifier, en nous donnant occasion de pratiquer l'humilité, la douceur, la charité, la patience; et si nous avions un peu de foi, bien loin de les haïr, nous les en aimerions davantage. Nos vrais ennemis sont ceux qui travaillent à dépouiller notre âme de son innocence, à lui ravir les trésors de la grâce, à la faire mourir devant Dieu, et à l'entraîner dans les enfers. Ah! que de tels ennemis sont à craindre! Nous les trouvons au dedans, au dehors, à droite, à gauche, en tout et partout. Ils sont au dedans de nous; et si vous ne les connaissez point, permettez-moi, mon cher enfant, de descendre dans votre cœur, de les appeler par leur nom, de les passer en revue, de vous les faire toucher, pour ainsi dire, au doigt et à l'œil.

Voyez d'abord ce fol amour et cette complaisance secrète dont vous êtes rempli pour vous-même : vous vous glorifiez intérieurement de votre petit mérite, de vos richesses, de vos talents, de vos amis, de votre famille; méprisant les autres, vous mettant au-dessus de vos égaux, et au niveau de ceux qui sont au-dessus de vous : Je vaux bien celui-ci; je vaux mieux que celui-là; je défie qu'on trouve un meilleur ouvrier que moi dans la ville, ni un ouvrage mieux fait que le mien.

Ce peu de bien que vous avez acquis, peut-être par des voies injustes, et qui vous fait oublier votre ancienne misère; cette place où vous êtes parvenu et que vous remplissez, Dieu sait comment; la figure que Dieu vous a donnée, que vous croyez plus belle, ou plus agréable que celle d'un autre; un habit plus riche, ou plus propre que celui de votre voisin, et qui peut-être ne vous appartient point: tout cela et mille autres choses dont le détail serait infini, vous enflent le cœur; et cette enflure paraît dans vos discours, dans votre maintien, dans votre démarche. Vous êtes singulièrement attentif et sensible à la manière dont on vous parle, dont on vous aborde, dont on vous salue; un mot de travers échappé par mégarde, une petite plaisanterie, un accueil qui vous paraîtra plus froid ou moins honnête qu'à l'ordinaire; tout cela vous choque et vous fait pâtir. Voyez-vous, sentez-vous l'orgueil et la vanité qui vous poursuivent?

Si les affaires de votre voisin réussissent mieux que les vôtres; s'il lui vient une succession à laquelle il ne s'attendait pas; s'il fait quelque gain un peu considérable dans son commerce; si on lui donne une place à laquelle vous aspiriez; s'il gagne dans une affaire que vous avez manquée par votre faute, le cœur vous bat, vous pâlissez, vous rougissez; votre mine, votre silence plus que vos paroles, décèlent les mouvements de tristesse et de dépit qui vous agitent. Si au contraire il lui arrive quelque malheur qui l'humilie, quelque accident qui dérange ses affaires, quelque catastrophe qui l'abaisse au-dessous de vous; il faut que vous vous fassiez violence pour cacher la joie que tout cela vous donne. Son malheur vous réjouit, comme son bonheur vous afflige. Voyez vous, sentez-vous la jalousie qui vous pique, le serpent de l'envie qui siffle autour de votre âme?

Vous ne pouvez ni voir ni sentir cette personne qui vous a offensé, peut-être innocemment, ou qui peut-être ne vous a jamais offensé; vous ne sauriez en parler que pour en dire du mal, vrai ou faux, peu vous importe; vous prenez à tâche de la détruire, soit par vos discours ou autrement; vous goûtez une satisfaction singulière quand vous en entendez dire du mal; vous souffrez, vous laissez voir de l'humeur quand on en dit du bien; vous saisissez toutes les occasions qui se présentent de la mortifier et de lui nuire. Voyez-vous, sentez-vous la vengeance, la haine, l'animosité qui vous mènent et vous tourmentent?

Votre esprit est rempli nuit et jour de vos affaires, de vos occupations, de votre négoce; vous ne parlez que d'argent, vous y pensez sans cesse. Pendant vos prières et jusque dans la maison de Dieu, vous songez aux mesures qu'il faudra prendre, aux voyages qu'il faudra faire, aux personnes qu'il faudra voir, pour réussir dans cette affaire-ci, pour conclure ce marché-là. Vous iriez à trente lieues pour gagner une pistole; vous ne feriez point trente pas pour entendre une Messe; vous ne vous dérangeriez pas d'une ligne pour faire une bonne œuvre; et vous arracher un écu, ce serait vous arracher les entrailles. Dès qu'il s'agit de gagner, ou pour peu que vous craigniez de perdre, vous ne connaissez plus ni fêtes ni dimanches; il n'y a plus ni commandement de Dieu, ni commandement de l'Eglise, qui vous retienne. Voyez-vous, sentez-vous l'avarice qui vous ronge, qui vous tyrannise, qui vous aveugle, qui vous damne?

Mais qu'est-ce donc que cette manie que vous avez d'épier, d'éplucher, de critiquer éternellement les actions et la conduite d'autrui? vous mêlant toujours et à tout propos, de ce qui ne vous regarde point; allant de maison en maison, débiter ce qu'on dit et ce qu'on ne dit pas, ce que vous savez et ce que vous ne savez pas, avec une démangeaison singulière de parler de tout, de raisonner sur tout, de porter à tort et à travers votre petite sentence sur tout? Qu'est-ce donc que cette fureur? N'est-ce pas une espèce de démon qui vous tient par la langue, qui s'en sert comme d'un instrument pour troubler votre repos, et celui de quiconque a le malheur de vous connaître, ou d'habiter avec vous dans la même ville?

Mais n'est-ce pas l'impudicité qui vous presse et vous maîtrise, lorsque votre esprit, votre imagination, votre cœur, sont remplis du matin au soir, et du soir au matin, de pensées déshonnêtes, de représentations sales, de désirs impurs; lorsque vos yeux se portent si souvent, quelquefois malgré vous, sur des objets qui vous séduisent et vous corrompent; lorsque vous êtes toujours prêt à écouter ou à dire tout ce qui a quelque rapport à l'œuvre et aux plaisirs honteux de la chair.

Les voilà, mon enfant, les voilà, ces ennemis dont vous ne vous défiez pas, et auxquels vous ne prenez pas garde. Fouillez dans votre cœur, c'est là qu'ils sont cachés; je ne vous ai montré que les plus sensibles: plus vous fouillerez, plus vous en découvrirez. Comme les abîmes de la mer sont remplis d'une multitude infinie de poissons de toute grandeur et de toute espèce, ainsi le cœur humain renferme et nourrit une fourmilière de mauvaises inclinations, les unes plus fortes, les autres plus faibles, mais toutes à craindre; parce qu'il n'y en a pas une seule qui ne soit capable de nous perdre, si nous n'avons pas soin de la réprimer.

Les ennemis du dehors viennent se joindre aux ennemis domestiques, les fortifient, leur donnent des armes et les mettent en état d'exercer leur malignité. Toutes les créatures que le Seigneur a faites pour l'usage de l'homme, et qui peuvent indifféremment servir à son salut ou à sa perte, suivant l'usage qu'il en fait, deviennent pour nous une occasion de péché, à cause de notre mauvaise disposition.

La pauvreté, l'affliction, la douleur nous portent au désespoir ou aux murmures; comme les richesses, les honneurs, le bien-être nous portent à la dissipation, à l'oubli de nos devoirs et de nous-mêmes. Dans quelque état que l'on soit placé; de quelque côté que l'on se tourne, dans quelque situation que l'on se trouve; partout on rencontre des sujets de tentation, et des ennemis à combattre. Ici, ce sont de mauvais discours qui nous corrompent; là, de mauvais exemples qui nous entraînent; ici, de mauvais livres qui nous gâtent l'esprit; là, de mauvaises compagnies qui nous souillent le cœur.

Soit que vous veilliez, ou que vous dormiez; soit que vous mangiez, ou que vous buvez; soit que vous travailliez, ou que vous vous reposiez; vous avez des piéges à éviter et des tentations à craindre. Dans les visites que vous rendez, même celles que vous devez rendre; dans les plaisirs que vous vous permettez, même les plus innocents; dans les personnes que vous fréquentez, même les plus vertueuses; dans les occupations de votre état, même le plus saint, et jusque dans vos bonnes œuvres, dans vos prières, dans vos confessions, dans vos communions, dans vos jeûnes, dans vos aumônes: il y a dans tout cela des occasions de péché, des tentations à craindre, des ennemis à combattre, et si vous ne les voyez point, c'est que vous ne voulez pas y prendre garde.

Le démon, qui a juré notre perte, tourne sans cesse autour de notre âme, pour la faire tomber dans ses filets. Il se sert pour nous tenter de tout ce qui nous environne, et partout il nous tend des piéges. Il sait merveilleusement profiter du penchant que nous avons pour le mal, et mettre en œuvre de mille manières l'amour que nous avons pour nous-mêmes. Il étudie notre caractère; il sonde nos dispositions; il connaît le fort et le faible de notre cœur. Tantôt, c'est un lion rugissant qui nous attaque à force ouverte; tantôt c'est un serpent tortueux qui se plie, se replie, avance, recule, se glisse et répand son venin dans notre âme d'une manière imperceptible. Quelquefois, il se transforme en ange de lumière, et fait illusion aux âmes les plus parfaites. Sa malice, ses ruses, ses artifices ne sont connus que de ceux qui lui résistent; c'est le plus dangereux et le plus terrible de nos ennemis; c'est lui qui met en mouvement et fait agir tous les autres.

Tels sont, mon cher paroissien, les ennemis de votre salut, jugez vous-même s'ils sont à craindre, et jugez-en par le mal qu'ils vous ont fait, et par l'état où ils vous ont réduit. Repassez dans votre esprit toutes les années de votre vie, et voyez si depuis votre jeunesse vous n'avez pas été la victime, l'esclave, et le malheureux jouet du diable, du monde et de vos passions? Que si Dieu vous a fait la grâce de les vaincre, combien de violences n'a-t-il pas fallu vous faire? Quels combats n'avez-vous pas eu à soutenir? Qui pourrait compter toutes les pensées que l'esprit de ténèbres vous a suggérées, toutes les images dont il a cherché à salir votre imagination; tous les mouvements déréglés qu'il a excités, soit dans votre corps, soit dans votre âme? Quelle peine n'avez-vous pas eue et n'avez vous pas encore à rejeter ces pensées, à étouffer ces désirs, à réprimer ces mouvements, à secouer, pour ainsi dire, cette poussière du monde qui s'attache continuellement, même au cœur de l'homme le plus religieux et le plus juste?

Pour peu que vous soyez curieux de votre perfection, et que vous vouliez y travailler, vous sentirez par votre propre expérience la vérité de ce que dit l'apôtre saint Jean, que *tout ce qui est dans le monde, est ou concupiscence de la chair, ou concupiscence des yeux, ou orgueil de la vie*; que nous portons en nous-mêmes la semence, le germe de tous les vices: que chacun de nous est tenté, séduit, entraîné par son mauvais penchant; que tout ce qui nous environne peut être une occasion de péché; que le diable enfin, acharné à nous perdre, emploie tour à tour, et nos mauvaises inclinations pour nous faire abuser des créatures, et les créatures pour exciter nos mauvaises inclinations.

C'est alors que vous vous écrierez, tantôt avec saint Paul : Hélas! quand serai-je délivré de ce corps malheureux qui semble ne m'avoir été donné que pour me tourmenter, pour m'humilier, pour être l'instrument de toutes sortes de misères? tantôt avec le saint roi David : Ah! qui me donnera des ailes comme à la colombe, pour voler, m'enfuir, m'éloigner de ce misérable monde, où je ne rencontre partout que des piéges et des tentations de toute espèce!

Dans tout ce que je vois, dans tout ce que j'entends, dans tout ce que je dis, dans tout ce que je fais, je sens un poids qui m'attire vers le mal. Si je suis à table, c'est la sensualité, la gourmandise, l'intempérance ; si je me récrée, c'est la légèreté, la dissipation, les entretiens frivoles et inutiles ; si je travaille, c'est l'avarice, la vanité, l'ennui ; si je prie, c'est la négligence, les distractions, le dégoût. Dans les afflictions, c'est l'impatience; dans la prospérité, c'est l'orgueil; les louanges m'enflent le cœur; les injures excitent ma colère ; en un mot, partout des embûches, partout des pierres d'achoppement et de scandale.

Voilà, mes chers paroissiens, ce qui a fait trembler les plus grands saints ; ce qui a peuplé les déserts de tant de solitaires. Voilà le motif de tant de prières, de tant de jeûnes, de tant d'austérités; de cette vie retirée, cachée en Dieu avec Jésus-Christ, qui nous édifie, qui nous étonne et que nous admirons encore aujourd'hui à *Sept-fonts*, à *la Trappe*, à *la Chartreuse*, et dans toutes les maisons religieuses qui ont conservé l'esprit de leur première institution; où la ferveur et la régularité des enfants retracent à nos yeux l'humilité, la pauvreté, l'abnégation, les mortifications, la vie toute miraculeuse et tout angélique de leurs pères. Cachés dans l'intérieur de votre tabernacle, à l'ombre de vos ailes, ô mon Dieu, s'ils ne sont pas exempts de toute tentation, ils sont au moins à l'abri de mille objets qui nous séduisent et nous corrompent.

Cependant ils veillent, ils prient, ils tremblent; et cela tous les jours et à tous les instants, et jusqu'au dernier soupir, pendant que nous, exposés à toutes sortes de dangers et de tentations, environnés de précipices à droite, à gauche et de tous les côtés, nous sommes aussi tranquilles, et ne prenons pas plus de précautions, que si nous n'avions rien à craindre. Accoutumés à vivre au milieu de nos ennemis, et apprivoisés avec eux, nous ne pensons à rien moins qu'à nous en défendre. On ne prend garde à rien, on ne se méfie de rien, on donne tête baissée dans tous les piéges du démon ; on ne connaît pas même les tentations, parce qu'on ne résiste à aucune.

Je vous ai appris à les connaître : il faut vous enseigner maintenant la manière de les combattre et de les vaincre; mais parce que cette seconde partie nous mènerait trop loin, je vous la réserve pour dimanche prochain. Finissons, en disant avec le Prophète : Seigneur, éclairez mes yeux qu'ils soient continuellement ouverts sur mes ennemis, de peur qu'ils ne me surprennent, ne me donnent la mort, et ne se glorifient d'avoir prévalu contre moi. Que je sorte de mon assoupissement, que je me lève pour combattre par la vigilance, par la prière, par la fuite des occasions, par une attention continuelle sur tous les mouvements de mon cœur. Ce sont là, mes chers paroissiens, les moyens que Jésus-Christ nous a indiqués lui-même, et sur lesquels j'espère vous entretenir moyennant la grâce de Dieu et le secours de vos prières.

DISCOURS XI.

Pour le cinquième Dimanche après l'Epiphanie.

SUITE DU PRONE PRÉCÉDENT.

Inimicus homo hoc fecit (*Matth.*, XIII, 28)
C'est l'homme ennemi qui a fait cela.

L'homme, dans son origine, n'était pas, comme il est aujourd'hui, un composé de bien et de mal, de vices et de vertus. Son âme, sortie pure et sans tache des mains du Créateur, ne devait pas être assujettie à toutes les misères qui nous humilient ; mais le démon, jaloux du bonheur de notre premier père, le fit tomber dans la désobéissance. L'homme se révolta contre Dieu, et dès ce moment, il ne fut plus maître de lui-même. Sa chair, corrompue par le péché, se révolta contre son esprit ; et la loi de ses membres devenus les instruments du péché, fut contraire à cette loi sainte et éternelle que Dieu avait gravée dans son cœur.

De là vient ce mélange de bonnes et de mauvaises inclinations que chacun trouve dans soi-même. Les unes viennent de Dieu, le père de nos âmes et l'auteur de tout bien; les autres viennent du démon, le grand ennemi de Dieu et de nos âmes, qui dès le commencement a semé l'ivraie parmi le bon grain. C'est lui qui a fait tout le mal que nous voyons ; il l'a fait et continue de le faire, en employant pour cela les biens et les maux de cette vie, la corruption de notre chair, la faiblesse de notre cœur, et jusqu'à nos bonnes œuvres; de sorte qu'il n'y a rien, soit au dedans, soit au dehors de nous-mêmes, qui ne puisse être pour nous un sujet de tentation et une occasion de chute. En tout et partout, nous avons des piéges à éviter et des ennemis à combattre.

Je vous les fis remarquer dimanche dernier, mes chers paroissiens; je viens vous montrer aujourd'hui les moyens de vous en défendre; sur quoi je n'ai que trois mots à vous dire, *Veillez, fuyez, priez.* Si vous retenez bien ces trois mots, et si vous les mettez en pratique, je vous réponds, sur la parole de Dieu même, que tout l'enfer ensemble, déchaîné contre vous, ne sera pas capable de vous perdre.

PREMIÈRE RÉFLEXION.

Premièrement, *Veillez*. Ce n'est pas moi qui vous le dis, c'est Jésus-Christ. Si le père de famille savait l'heure à laquelle les voleurs doivent venir, il ne s'endormirait point, mais il veillerait pour ne pas laisser piller sa maison. Il fermerait bien toutes les portes, il serait attentif au moindre bruit, il n'ouvrirait à personne sans le connaître, il serait continuellement sur ses gardes. La maison que nous avons à garder, est notre âme; les voleurs sont le démon, le monde, nos passions. Et parce que ces voleurs sont toujours à notre porte, il faut donc toujours veiller, afin qu'ils ne puissent jamais nous surprendre.

Mais comment? Et qu'est-ce que cela signifie? Le voici : Vous veillerez sur vous-mêmes, si vous prenez garde à toutes les pensées qui se présentent à votre esprit, à tous les mouvements qui s'élèvent dans votre cœur, à toutes les paroles qui sortent de votre bouche, à tous les discours qui frappent vos oreilles, pour voir si dans tout cela il n'y a rien qui puisse blesser votre conscience.

Je veille sur moi-même, lorsque dans toutes mes entreprises, dans toutes mes actions, dans toutes mes démarches, j'examine devant Dieu, quels sont mes motifs et quelle est mon intention : n'est-ce point la vanité qui me fait agir ou parler comme je fais? n'est-ce point l'esprit d'intérêt? n'est-ce point la colère ou la mauvaise humeur? n'est-ce point l'envie ou l'animosité? n'est-ce point une inclination charnelle et impure? Mon âme, mon âme, prenons bien garde, que quelqu'un de ces serpents ne siffle dans nos oreilles, ne fasse mouvoir notre langue, ne fasse agir nos mains et ne conduise nos pas.

Un chrétien qui veille sur lui-même est semblable à un homme sage qui est obligé de marcher dans un sentier fort étroit, fort glissant, bordé de précipices à droite et à gauche. Voyez comme il marche avec précaution! comme il prend garde où il pose le pied! comme il fait attention à tous ses pas! Mes frères, dit l'Apôtre, prenez garde, *videte*, ah! prenez bien garde ; et à quoi? à la manière dont vous marchez dans la voie du salut, c'est-à-dire, à la manière dont vous parlez, dont vous agissez; à la moindre de vos pensées, au moindre de vos désirs, à la plus petite de vos actions. Veillez sur vos yeux, sur vos oreilles, sur votre langue, de peur qu'il ne vous arrive de regarder, de dire ou d'écouter quelque chose qui fasse tort à votre âme, et conduisez-vous en tout avec la plus grande précaution : *Videte quomodo caute ambuletis*. (*Ephes.*, V, 15.)

Faites à l'égard de vous-même ce qu'un père de famille fait à l'égard de ses enfants et de ses domestiques : le matin il donne ses ordres; le soir, il se fait rendre compte. Tous les matins, après votre prière, recueillez-vous un instant, pensez et prévoyez les occasions que vous pourriez avoir d'offenser Dieu pendant la journée.

J'irai dans une telle maison; je me trouverai en telle compagnie; je verrai telle et telle personne; j'entendrai tel et tel discours; je serai exposé à faire ou à dire telle chose; mais je prendrai telle et telle précaution, pour ne pas tomber dans le péché; mon Dieu, je vous le promets, faites-moi la grâce de vous être fidèle. Puis le soir, après votre prière, avant de vous mettre au lit : Eh bien! mon âme, ma pauvre âme, qu'avions-nous résolu ce matin? Mais qu'avons-nous fait? Hélas, mon Dieu, je suis toujours faible et misérable; je ne perdrai cependant pas courage; à demain, s'il y a demain pour moi, je me tiendrai sur mes gardes, mieux que je n'ai fait aujourd'hui. Mes chers enfants, cette pratique est excellente; c'est un conseil que je vous donne toujours dans le confessionnal, et je sais que tous ceux qui l'ont suivi s'en sont bien trouvés.

Donnons aux affaires de notre conscience la même attention, les mêmes soins que les personnes rangées et bien conduites donnent aux affaires de leur maison. Enfin, ne prenons pas moins de mesures pour la conservation de notre âme que nous n'en prenons pour la conservation de notre corps; et de même qu'un homme sage évite autant qu'il lui est possible tout ce qui pourrait abréger sa vie ou ruiner sa santé, fuyons aussi avec le plus grand soin tout ce qui serait capable de donner la mort à notre âme, ou de nous refroidir dans le service de Dieu.

SECONDE RÉFLEXION.

Fuyez, mon cher paroissien, *fuyez*. Et quoi? toutes les occasions prochaines du péché, c'est-à-dire toutes les occasions dans lesquelles vous ne vous trouvez jamais ou presque jamais sans offenser Dieu. Evitez-les, autant qu'il est en votre pouvoir, c'est-à-dire toutes les fois que vous n'avez aucune raison légitime et indispensable qui vous force à vous y exposer.

La vue, par exemple, et la fréquentation d'un tel ou d'une telle, vous donne des pensées déshonnêtes, et fait naître en vous de mauvais désirs : fuyez cette personne, dès que rien ne vous oblige à la voir et à la fréquenter ; fuyez-la, mon enfant, défiez-vous de votre faiblesse. Ne comptez par sur vos résolutions ; vous y avez été pris, vous le savez; ne vous y exposez donc pas davantage. La mauvaise pensée entre d'abord par les yeux ou par les oreilles : elle produit le désir; le désir entraîne le consentement, et consomme le péché dans le cœur. Votre expérience vous en a malheureusement appris sur ce point beaucoup plus que je ne pourrais et que je n'oserais vous en dire.

Comme il y a de certains aliments qui incommodent certaines personnes, et qui n'incommodent pas les autres; de même il arrive souvent que ce qui n'est pas occasion de péché pour les uns, en est une très-dangereuse pour les autres. Chacun doit là-dessus connaître son tempérament et ses dispositions particulières, pour se conduire et vivre en conséquence. Mais comme l'usage du poison et la fréquentation des pestiférés est à fuir pour quiconque veut conserver sa vie, ainsi la mauvaise compagnie et les mauvais livres sont à fuir pour tous ceux qui veulent conserver leur âme.

J'appelle mauvaise compagnie cet homme sans religion qui se moque de Dieu et des saints; qui ne s'embarrasse ni de l'Eglise, ni de ses commandements; qui ne connaît ni le carême, ni les pâques, ni la paroisse, ni le pasteur, et qui ne vient ici que pour scandaliser les fidèles. Fuyez, mon cher enfant, fuyez : si vous avez le malheur de le fréquenter, vous deviendrez peu à peu semblable à lui; il vous apprendra par ses discours, ainsi que par son exemple, à mépriser les choses les plus respectables et les plus saintes, à négliger les devoirs les plus indispensables et les plus sacrés. Il tournera la piété en ridicule, il vous détournera de l'Office divin, il vous dégoûtera de la parole de Dieu; s'il s'aperçoit que vous ayez des scrupules, il rira de votre simplicité; vous perdrez insensiblement le peu de religion qui vous reste; bientôt vous ne rougirez plus, peut-être vous ferez-vous gloire d'être aussi méchant, aussi impie que lui.

J'appelle mauvaise compagnie ce jeune libertin, corrompu jusque dans la moelle des os, qui se vante de son libertinage, qui ne s'occupe et ne parle que de sottises. Ah! gardez-vous bien de le fréquenter; il vous enseignera le vice, il corrompra votre cœur, il vous entraînera dans des lieux détestables, vous deviendrez un infâme comme lui.

J'appelle mauvaise compagnie ce joueur, cet ivrogne de profession. Quelque sobre et bien conduit que vous puissiez être, si vous le fréquentez, il vous gâtera; il vous dérangera de vos occupations, il vous fera perdre votre temps, passer la journée, peut-être la nuit, au cabaret ou au jeu; il vous y retiendra pendant les Offices; vous finirez par être, ainsi que lui, la désolation de votre famille, la fable de vos voisins, le scandale de la paroisse.

J'appelle mauvaise compagnie cette personne curieuse, inquiète, médisante, qui s'informe de tout, qui juge témérairement le prochain, qui n'en parle que pour censurer sa conduite, qui se mêle, qui fouille dans l'intérieur des ménages, qui passe sa vie à chercher, à fabriquer, à débiter des nouvelles, à faire courir des bruits, et que l'on appelle avec raison *la gazette* de la ville. C'est un caractère de cette espèce, que le Saint-Esprit, au XXIIe et au XXVIIIe chapitre de l'*Ecclésiastique*, appelle un caractère *odieux et maudit*. Fuyez-le donc, mon cher enfant; sans quoi vous deviendrez *odieux et maudit* vous-même. Il vous inspirera, peu à peu des sentiments de mépris ou de haine contre votre prochain. Sa langue, semblable à celle d'un aspic, portera le poison dans votre âme et y fera mourir la charité que nous devons avoir les uns pour les autres. Vous répéterez avec plaisir ce que vous n'aurez peut-être d'abord entendu qu'avec peine. On vous prêtera des discours que vous n'aurez pas tenus, on vous mettra dans les *caquets*, on vous suscitera des querelles, et Dieu sera offensé de mille manières.

Si la mauvaise compagnie est à craindre, la lecture des mauvais livres ne l'est pas moins, aujourd'hui surtout, que le libertinage et l'irréligion lèvent le masque et se montrent avec une impudence qui brave toutes les lois, et ne peut paraître supportable que dans un siècle aussi perverti que celui où nous avons le malheur de vivre.

Comme Jésus-Christ a établi des apôtres, des pasteurs, des docteurs pour la sanctification des élus, pour l'accomplissement du saint ministère, pour l'édification du corps de Jésus-Christ, ainsi le démon choisit parmi ceux qui lui appartiennent des docteurs, des prédicateurs, des ministres, pour travailler à la consommation du mystère d'iniquité prédit dans l'Ecriture, et auquel l'Antechrist doit un jour mettre le comble.

Eh! quel autre que l'esprit de ténèbres a pu enfanter ces livres exécrables qui renversent tous les principes, je ne dis pas seulement de la religion, mais de la raison et du bon sens, mais de l'honneur et de l'équité, mais de la nature elle-même? On les multiplie avec une espèce de fureur; on les imprime, on les débite avec une hardiesse qui n'eut jamais d'exemple. C'est une licence effrénée, qui ne connaît plus de maître : ni l'autorité d'un roi très-chrétien, ni les lois d'un royaume catholique, ni le zèle des pasteurs, ni la vigilance des magistrats ne peuvent plus la réprimer. C'est un torrent de malice et de corruption qui, après avoir inondé la capitale et renversé toutes les digues, se déborde dans les provinces, reflue jusque dans nos campagnes, y apporte aux habitants des villages, même chez le plus bas peuple, ces maximes affreuses qui leur apprennent à ne rien croire, à ne rien respecter pendant leur vie, comme s'il n'y avait rien à espérer ni à craindre après la mort, lâchant ainsi la bride à toutes les passions, étouffant tous les remords, ouvrant la porte à tous les crimes, donnant un libre cours à la source de toutes les infamies, de toutes les abominations, de toute la scélératesse dont les hommes peuvent être capables, quand ils ne sont plus retenus par la crainte d'un avenir, et par les remords de leur conscience.

Ce sont ces systèmes infernaux qui tôt ou tard renverseront du même coup l'autel, le trône, la magistrature, les lois, si le Dieu de nos pères qui veille sur la France, ne se lève enfin pour juger sa cause, et faire rentrer tous ces monstres dans les ténèbres d'où ils sont sortis.

Fuyez donc, mes chers paroissiens, ah! fuyez, je vous en conjure par les entrailles de Jésus-Christ, la lecture de ces ouvrages composés tout exprès pour pervertir les âmes; et si nous les rencontrions dans vos mains, ce qu'à Dieu ne plaise! ne trouvez pas mauvais que nous vous les arrachions, comme une mère effrayée arrache des mains de son enfant un poignard dont elle voit qu'il va se percer le sein.

TROISIÈME RÉFLEXION.

Mais je m'aperçois que l'heure s'avance, et je n'ai encore rien dit de la prière. C'est là cependant un point sur lequel j'aurais dû insister plus particulièrement. Encore un moment d'attention, je vous en supplie. Pendant que Josué combattait dans la plaine contre les Amalécites, Moïse était en prière sur la montagne, ayant les bras étendus et les mains élevées vers le ciel. Tant que ses mains étaient ainsi élevées, le peuple de Dieu battait les ennemis; dès que ses bras fatigués par cette posture gênante tombaient de lassitude, les ennemis avaient le dessus; de sorte qu'on fut obligé de soutenir les bras de Moïse ainsi étendus, jusqu'à la fin de la bataille, dans laquelle les Amalécites furent taillés en pièces, non par la valeur des combattants, mais par les prières du serviteur de Dieu. Oh! que cette figure est admirable pour nous faire sentir non-seulement combien la priere est efficace, mais combien elle est nécessaire contre les ennemis de notre salut.

Vous aurez beau veiller, vous aurez beau fuir; si vous ne priez point, si vous ne persévérez pas dans la prière, tous vos efforts seront inutiles et vous serez vaincu. Outre qu'il y a une infinité d'occasions qu'il n'est pas possible de fuir, dans lesquelles nous sommes nécessairement engagés par les devoirs de notre état, par la charité envers le prochain, par les besoins mêmes de la nature; outre qu'il ne nous est pas possible de nous fuir nous-mêmes, et que l'homme n'a pas de plus grand ennemi que son propre cœur, ne savez-vous pas ce qui est dit dans le Psaume: *Nisi Dominus ædificaverit domum*, « *Si le Seigneur ne bâtit lui-même sa maison, ceux qui la bâtissent travaillent en vain. Si le Seigneur ne garde point la ville, toutes les attentions de celui qui veille pour la garder ne servent de rien.* » (*Psal.* CXXVI, 1, 2.) Mais n'avez-vous pas entendu répéter cent fois cette parole de Jésus-Christ: *Sans moi vous ne pouvez rien faire?* (*Joan.*, XV, 5.) Non, mon Dieu, non, disait le saint roi David, je ne mettrai pas ma confiance dans mes armes, je n'attendrai pas mon salut de mes propres forces. Vous seul êtes mon espérance: si vous ne me couvrez de votre bouclier, si vous ne me cachez à l'ombre de vos ailes, je reste sans force, sans appui, sans défense, et je suis vaincu avant même de combattre.

Priez donc, mon cher enfant, priez, non par habitude et du bout des lèvres, comme on fait, hélas! presque toujours, mais du plus profond de votre cœur, comme quelqu'un qui est intimement convaincu de sa faiblesse, et qui sent vivement le besoin qu'il a de la grâce. Mon Dieu, venez à mon aide; Seigneur, hâtez-vous de me secourir (*Psalm.* LXIX, 2); voyez la multitude, la force, l'acharnement de ces ennemis qui assiégent ma pauvre âme; cet orgueil qui me domine, cette colère qui me transporte, ces désirs de vengeance qui me tourmentent, cette soif des biens ou des honneurs qui me brûle, cet esprit impur qui me suit partout et me tyrannise. Prenez pitié de moi, Seigneur, parce que je suis faible et misérable; mon âme est perdue, si vous ne venez à mon secours. Que si vous avez le malheur de succomber à quelque tentation, gardez-vous bien de perdre courage, mais relevez-vous sur-le-champ, et criez encore plus fort: Jusqu'à quand, ô mon Dieu, serai-je la victime de cette malheureuse passion? jusqu'à quand ma vie ne sera-t-elle qu'un tissu de faiblesses et de remords, de confessions et de rechutes, de promesses et d'infidélités?

Mais prenez garde, et souvenez-vous que si la vigilance et la fuite des occasions deviennent inutiles sans la prière, parce que nous ne pouvons rien sans la grâce, et que la grâce n'est point donnée à celui qui comptant sur ses propres forces néglige de la demander, nos prières aussi deviendront inutiles et déraisonnables, si de notre côte nous ne faisions pas des efforts, en veillant sur nous-mêmes, en fuyant les occasions du péché, autant qu'il est en notre pouvoir: parce que Dieu ne s'est point engagé à nous sauver sans que nous y mettions rien du nôtre, et que, dans l'affaire de notre salut comme dans toutes les affaires de ce monde, il ne faut pas oublier le proverbe si vrai et si connu: *Aide-toi, je t'aiderai.*

Veillez, fuyez, priez; ne séparez jamais ces trois choses. Veillez sur votre esprit, sur votre cœur, sur vos sens; gardez vos yeux et vos oreilles, qui sont comme les portes par où le péché entre dans notre âme; fuyez les occasions du péché, les mauvaises compagnies surtout, et la lecture des mauvais livres; ne vous exposez jamais volontairement et sans nécessité à la tentation: priez de tout votre cœur, priez avec persévérance et avec un désir ardent d'obtenir la force dont vous avez besoin pour la vaincre.

Examinez votre vie, et vous verrez que toutes les fois qu'il vous est arrivé d'y succomber, ç'a été ou parce que vous avez manqué d'attention sur vous-même, ou parce que vous vous êtes exposé mal à propos, ou parce que vous n'avez pas prié avec assez de ferveur et de persévérance. Veillez, fuyez, priez; si vous retenez bien ces trois paroles, vous saurez tout ce qu'il faut savoir pour devenir un saint, et vous deviendrez un saint, si vous le mettez en pratique.

Béni soyez-vous, Seigneur, mon Dieu, qui apprenez à mes mains à combattre, et à mes doigts à faire la guerre. (*Psal.* XVII, 35.) La vérité de votre divine parole est un bouclier impénétrable, avec lequel je repousserai les traits enflammés de l'ennemi. Votre miséricorde sera mon refuge, votre grâce ma force, votre protection mon salut. Avec un tel appui et de telles armes, je n'aurai point à craindre les flèches qui volent pendant le jour, ni l'esprit de ténèbres qui rôde pendant la nuit, ni les artifices du père du mensonge, ce démon du midi qui se transforme en ange de lumière pour faire illusion aux âmes justes. Heureux celui qui, étant au lit de la mort, pourra dire comme votre apôtre: *J'ai combattu un bon combat* (II *Tim.*, IV, 7); j'ai résisté, non pas moi, mais la grâce de Jésus-Christ avec moi, à tous les ennemis de mon salut. Me voilà donc au bout de ma course, le combat est fini, et j'attends avec confiance la couronne de justice que vous avez promise, ô juste Juge, ô mon bon Sauveur, à ceux qui auront combattu et persévéré jusqu'à la fin. Je vous la souhaite, mes chers paroissiens, cette couronne immortelle. *Au nom du Père*, etc.

DISCOURS XII.

Pour le sixième Dimanche après l'Epiphanie.

SUR LA RELIGION.

Hæc omnia locutus est Jesus in parabolis ad turbas. (*Matth.*, XIII, 34.)

Jésus dit toutes ces choses au peuple en paraboles.

Bienheureux le peuple qui voyait de ses propres yeux Celui que les anges ne se lassent pas de contempler! qui entendait de ses propres oreilles les paroles pleines de grâce et de vérité qui sortaient de sa bouche divine! ou plutôt, malheur à ce peuple ingrat et aveugle qui ne connut pas son bonheur; malheur à nous-mêmes si nous ne sentons pas le nôtre! Elevés dans la religion de Jésus-Christ, nourris dans le bercail et sous la garde de ce bon Pasteur, nous entendons sa voix et nous possédons, avec sa personne adorable, tous les trésors de la science, de la sagesse et de la grâce: que nous sommes heureux! que cette religion doit nous être chère! Plus on l'examine, plus elle paraît digne de régner dans tous les cœurs; et il est étrange de trouver, même parmi ses enfants, des hommes qui la haïssent, qui s'élèvent contre elle, qui s'efforcent de la détruire; car de quelque côté qu'on l'envisage, elle n'a rien que d'aimable. Aimable dans les vérités qu'elle nous enseigne, aimable dans les commandements qu'elle nous fait, aimable dans la tendresse qu'elle a pour nos âmes.

PREMIÈRE RÉFLEXION.

Aimable dans les vérités qu'elle nous enseigne. Vous les connaissez, mes frères, ces vérités précieuses qui sont la gloire, l'espérance, la consolation des chrétiens. Venez, mes chers enfants, nous dit cette religion divine, prêtez l'oreille et soyez attentifs à la voix de votre mère. Le Dieu que je propose à votre foi, n'a rien qui ne soit infiniment digne de vos adorations, de votre reconnaissance, de votre amour; comme vous n'avez rien vous-mêmes, excepté le péché, qui ne vienne de lui, qui ne soit digne de lui, et qui ne doive se rapporter à lui.

Il vous a créés, non pas comme des animaux sans raison, mais à son image, en vous donnant une âme immortelle comme lui-même, capable de le connaître et de l'aimer, qui n'est faite que pour le connaître et pour l'aimer. Ce n'est point par hasard que vous êtes venus au monde, il avait marqué de toute éternité le moment de votre naissance; il a compté vos jours et jusqu'au nombre de vos cheveux. Il veille sur vous avec une bonté infinie; il veut que vous l'appeliez votre père, et vous lui êtes chers comme la prunelle de ses yeux. Il ne vous a tirés du néant et placés sur la terre que pour vous faire mériter une vie éternellement heureuse, à laquelle il ne tient qu'à vous d'appartenir.

Il donne à tous les hommes des secours suffisants pour éviter le mal et faire le bien, parce qu'il veut sincèrement le salut de tous les hommes, parce que toutes les âmes lui sont chères et qu'il ne hait rien de ce qu'il a fait. Il souffre les méchants avec une patience dont lui seul peut être capable; il ne punit qu'à regret, et parce que, s'il ne punissait pas le crime, il serait aussi injuste que s'il ne récompensait pas la vertu. Quand il s'agit de répandre des grâces, *il étend la main* (*Psal.* LIV, 21), et déploie toutes les richesses de sa bonté; quand il faut punir, il semble que sa main se resserre et que son bras soit raccourci.

Levez les yeux, et voyez ce Médiateur tout-puissant, Jésus-Christ, placé entre Dieu et les pécheurs, qui s'est fait homme pour servir de modèle à tous les hommes, qui a souffert et qui est mort pour nous sauver de la mort éternelle; Jésus-Christ, qui non-seulement est assis à la droite de Dieu son Père pour vous servir d'avocat auprès de lui, mais qui habite réellement au milieu de vous en corps et en âme, continuant de s'offrir par les mains de ses ministres, comme une victime sainte toujours immolée et toujours vivante pour effacer les péchés du monde; Jésus-Christ dont le sang une fois répandu ne cesse de crier vers le ciel, non pas pour demander vengeance comme celui d'Abel, mais pour demander grâce et miséricorde. Mon Dieu, que vous me paraissez aimable, lorsque la religion chrétienne me parle de vous!

Qu'elle est aimable, cette religion qui me donne de telles idées de vous et de moi-même! Vous m'avez créé à votre image, mon âme est votre souffle, je viens de vous, je ne suis fait que pour vous; vous êtes mon premier principe et ma dernière fin. Rempli de cette pensée, je n'ai que du mépris pour la terre, je n'ai que du dégoût pour le monde; et tout ce qui n'est pas vous, ô mon Dieu, je le trouve indigne de moi. Vous vous êtes fait homme, vous avez été pauvre, vous vous êtes humilié, vous avez souffert, vous êtes mort; quelle source de consolations ne trouvé-je pas dans ces vérités? Les afflictions, la douleur, les humiliations, la mort elle-même, réunies et consacrées dans la personne de Jésus mon Sauveur et mon Dieu, changent, pour ainsi dire, de nature et de nom; elles se font désirer, et il y a réellement des hommes qui les désirent, qui les cherchent, qui les aiment et qui en font leurs délices; des hommes qui se dépouillent de tout pour ressembler à Jésus-Christ pauvre; qui maltraitent leur propre corps pour ressembler à Jésus-Christ souffrant: qui se réjouissent au milieu des tribulations, qui regardent la mort comme un gain et comme la démolition du mur qui les sépare de Jésus-Christ. Qu'elle est aimable, cette religion qui change ainsi l'amertume en douceur, les afflictions en joie, les humiliations en gloire, la douleur en plaisir, les épines en roses!

SECONDE RÉFLEXION.

Mais comment pourrait-on ne pas aimer une religion qui ne prêche que l'amour et la charité, qui fait le bonheur de tous ceux qui la pratiquent, et qui serait le bonheur de l'univers entier, si tous les hommes la pratiquaient? Parlez, religion sainte; quelles sont vos lois? quels sont vos commandements? que faut-il que je fasse pour acquérir la vie éternelle?

Vous aimerez votre Dieu de tout votre cœur et votre prochain comme vous-même (*Matth.*, XXII, 37-40); voilà l'abrégé de toutes mes lois; ce commandement renferme tous les autres, je ne vous en demande pas davantage. Aimez Dieu de tout votre cœur, c'est-à-dire en tout et partout, parce qu'en tout et partout il est infiniment aimable. S'il souffre les méchants, vous aimerez sa patience; s'il les punit, vous aimerez sa justice; s'il leur pardonne, vous aimerez sa miséricorde. Vous l'aimerez dans les richesses, parce qu'elles viennent de lui; dans la pauvreté, parce qu'il a été pauvre lui-même; dans les afflictions, parce qu'elles sont les marques de son amour.

Vous l'aimerez dans vos amis, parce que sans lui il n'y en a pas de véritables; dans vos ennemis, parce qu'ils sont vos frères; dans vos persécuteurs, parce qu'ils sont les instruments dont il se sert pour vous éprouver, ou comme les verges avec lesquelles il châtie ses enfants. Vous l'aimerez dans tous les hommes, parce qu'ils sont tous faits à son image; et dans toutes les créatures, parce que toutes sont l'ouvrage de sa puissance, de sa sagesse, de sa providence, de sa bonté.

Vous l'aimerez dans vos pensées et dans vos désirs, dans vos paroles et dans vos actions; tout cela ne serait pas digne de lui, s'il ne s'y trouvait au moins une petite étincelle de ce feu divin qu'il est venu apporter sur la terre. Sans cet amour, la foi languit, et l'espérance chancelle. Si cet amour ne commence pas au moins à naître dans un cœur, la pénitence est fausse, les confessions nulles, les communions sans fruit. Aimez donc, et faites tout ce qu'il vous plaira, parce que tout ce que vous ferez en aimant, sera précieux devant Dieu. Dans quelque état que vous soyez placé, dans quelque situation de corps ou d'esprit que vous puissiez vous trouver, vous serez nécessairement heureux, si vous aimez Dieu de tout votre cœur, et votre prochain comme vous-même.

Mes chers enfants, aimez-vous les uns les autres en Jésus-Christ et pour Jésus-Christ; que votre charité s'étende généralement et sans exception sur tous les hommes. Grands ou petits, riches ou pauvres, parents ou étrangers, amis ou ennemis, bons ou méchants, chrétiens ou infidèles, n'importe; que votre amour les embrasse tous dans le cœur de Jésus-Christ, parce que tous y sont renfermés, parce que la nature humaine de Jésus-Christ leur est commune à tous, parce que Jésus-Christ les aime tous et qu'il a donné sa vie pour tous. Bon Dieu! qui pourrait ne pas aimer une religion qui prêche une telle morale et qui tient un pareil langage?

Mais voulez-vous sentir en un mot, mes chers paroissiens, combien cette religion est aimable dans les commandements qu'elle nous fait? Supposez un royaume où chaque particulier les accomplisse de point en point; dans cette supposition, vous verrez disparaître tous les vices et régner toutes les vertus. Les supérieurs seront justes, modestes, affables, attentifs, bienfaisants; les inférieurs seront soumis, obéissants, tranquilles. Tous les riches seront charitables et désintéressés, tous les pauvres seront laborieux et contents. Vous ne verrez ni procès, ni dispute, ni trouble, ni division, ni fraude dans le commerce, ni médisance dans les conversations, ni excès dans les repas, ni impureté dans les discours, ni libertinage dans la jeunesse, ni infidélité dans le mariage; tous les pères feront le bonheur de leurs enfants; tous les enfants seront la joie et la consolation de leurs pères; tous les ménages seront unis; la vérité, la bonne foi, la douceur, la paix régneront partout; c'est-à-dire, qu'un royaume dans lequel tout le monde suivrait de point en point, chacun dans son état, ce que la religion chrétienne nous commande, un tel royaume serait la véritable image du paradis. O religion divine! comment peut-on ne pas vous aimer, quand on a le bonheur de vous connaître?

Que si, après tout cela, mes chers paroissiens, vous ne sentiez point encore pour elle ce tendre attachement dont elle est si digne, jetez donc les yeux, je vous prie, sur la tendresse qu'elle a elle-même pour chacun de nous.

TROISIÈME RÉFLEXION.

Dès l'instant que nous sommes venus au monde, elle nous imprime son caractère, elle nous marque du sceau de Jésus-Christ, nous reçoit entre ses bras, nous met dans son sein, et dès lors elle ne nous perd plus de vue. A peine avons-nous l'usage de la raison, qu'elle nous confirme dans la foi par un nouveau sacrement qui nous donne le Saint-Esprit avec l'abondance de ses grâces. Aussitôt que nous sommes en âge de discerner le corps de Jésus-Christ, elle nous fait asseoir à sa table, et quand une fois nous avons goûté sa chair et son sang, elle ne cesse de nous exhorter à nourrir souvent nos âmes de ce pain angélique. Si nous avons le malheur de tomber dans quelque péché qui nous fasse perdre la grâce, elle nous appelle et nous montre ce tribunal de miséricorde qu'elle ouvre dans tous les temps aux plus grands pécheurs, et dans lequel elle les enfante de nouveau en Jésus-Christ. Elle préside à vos alliances, elle bénit et sanctifie vos mariages, d'où elle espère recevoir de nouveaux enfants. Elle entretient un grand nombre de ministres qui se succèdent sans interruption les uns aux autres, et à qui elle partage les différents emplois que chacun doit remplir auprès de vous.

Pasteurs, prédicateurs, docteurs, travaillez sans relâche à l'instruction et à la sanctification de mes chers enfants. Offrez sans cesse pour eux le corps et le sang de Jésus-Christ. Expliquez-leur la loi, éclaircissez leurs doutes; instruisez, reprenez, corrigez; encouragez les faibles, soutenez les forts; rappelez ceux qui s'égarent; courez après ceux qui fuient; accablez de tendresse ceux qui reviennent; remettez les péchés, distribuez le pain de la parole à temps et à contre-temps; donnez à cette nourriture toutes sortes de goûts, apprêtez-la de mille manières suivant le caractère, les dispositions et la portée de chacun. Soyez simples avec les simples, savants avec les savants, faibles avec les faibles; accommodez-vous à tous les esprits, faites-vous tout à tous, allez, venez la nuit, le jour, dans tous les temps et dans tous les lieux; veillez, ah! veillez à la conservation des âmes; je vous les recommande, ne les perdez pas de vue, vous m'en répondrez au péril de la vôtre.

Oh! la bonne mère que la religion chrétienne! qu'elle est tendre pour ses enfants! Sont-ils malades? elle vient à leur secours; nouveaux sacrements, nouvelles grâces; elle se tient au chevet de leur lit pour recevoir leur dernier soupir, et remettre leur âme entre les mains de Celui de qui elle est sortie; elle ne la perd cependant pas de vue, et tandis qu'elle rend à la terre le corps qui lui appartient, elle prie avec une tendre inquiétude le Père des miséricordes, de placer dans son repos éternel cette âme qui est son image et le prix du sang de Jésus-Christ. Le zèle de la religion chrétienne pour le salut des hommes ne se borne point à ceux qui vivent dans son sein, il s'étend encore sur toutes les brebis qui ne sont pas dans sa bergerie; elle traverse les mers, elle court, elle vole d'un bout de la terre à l'autre pour les y amener; elle ne cesse de prier le bon Pasteur pour la conversion des Juifs, des païens, des hérétiques, pour ses plus cruels ennemis et pour ceux qui la persécutent.

O vous qui prenez à tâche de la décrier, cette religion sainte, qui ne pouvez la souffrir, qui vous déchaînez contre elle avec une espèce de fureur, la déchirant à tout propos et en toute occasion; dites-nous, eh! dites-nous quel mal vous a-t-elle donc fait? *Quid enim mali fecit?* (*Luc.*, XXIII, 22.) Est-ce parce qu'elle vous propose des mystères que vous ne sauriez comprendre? Mais ces mystères ne sont-ils pas autant de bienfaits, et la source de mille bienfaits? Et s'ils n'étaient que les inventions de l'esprit humain, ne devriez-vous pas lui savoir bon gré d'avoir inventé des mystères qui font tant d'honneur à la nature humaine, qui l'élèvent, l'ennoblissent jusqu'à la diviniser en quelque sorte?

Mais ces mystères, quel mal ont-ils fait à l'humanité? La religion chrétienne a-t-elle jamais ordonné à ses enfants de prendre les armes contre ceux qui ne voudraient pas les croire? Prétendriez-vous la rendre responsable des troubles de l'hérésie et de tous les malheurs qui en sont la suite? Eh! ne voyez-vous pas qu'il n'y aurait jamais eu ni trouble, ni hérésie, s'il n'y avait jamais eu d'esprit de la trempe du vôtre, de ces hommes ennemis de l'autorité, qui ne peuvent souffrir aucun joug, qui méprisent la domination et blasphèment la souveraine Majesté. Fit-on jamais un crime à une mère d'avoir des enfants rebelles et dénaturés qui mettent sa maison en désordre, qui déchirent le sein qui les a portés et arrachent les mamelles qui les ont nourris?

Voudriez-vous la charger des vices de ses enfants ou des imperfections de ses ministres? Mais ne voyez-vous pas que les chrétiens ne sont vicieux qu'autant qu'ils s'écartent des maximes de leur religion? qu'elle ordonne à ceux qui la prêchent de la pratiquer les premiers, d'être la lumière du monde et le sel de la terre, de répandre partout la bonne odeur de toutes les vertus?

Quel mal vous a-t-elle donc fait? *Quid enim mali fecit?* Est-ce parce qu'elle ordonne à tous ceux de qui vous dépendez ou qui dépendent de vous, à qui vous avez affaire ou avec qui vous êtes obligés de vivre, de contribuer à votre satisfaction et à votre bonheur? Est-ce parce qu'elle commande à votre épouse de vous honorer, de vous être fidèle, d'être l'ornement de votre maison et la douceur de votre vie? à vos enfants de vous obéir, de vous aimer, de ne rien faire qui puisse vous contrister et ternir votre gloire? à vos domestiques, de s'attacher à votre personne, de veiller à vos intérêts, comme aux leurs propres, de vous servir comme s'ils servaient Jésus-Christ même? Est-ce parce qu'elle commande à vos amis de ne pas vous trahir, à vos ennemis de vous pardonner, à tous les hommes de vous aimer, de ne toucher ni à vos biens, ni à votre réputation, ni à votre vie, et de vous traiter au contraire de la même manière qu'ils voudraient être traités eux-mêmes?

Quel mal vous a-t-elle donc fait? *Quid enim mali fecit?* Est-ce pour vous avoir donné une nouvelle naissance en Jésus-Christ? pour vous avoir nourris dans son sein et rendus participants de tout ce qu'elle a de plus précieux et de plus sacré? Voudriez-vous lui faire un crime de ses bienfaits? La semence de la foi que vous avez reçue dans le baptême, qui reste en vous malgré vous, que vous appelez la force du préjugé et qui vous donne encore quelques remords, vous est-elle odieuse au point d'échauffer votre bile, de vous mettre en fureur contre votre baptême, de vous faire déchirer les entrailles de votre mère, par la seule raison que vous y avez été conçus et qu'elle est votre mère?

Mais enfin, pourquoi ne vous déchaînez-vous pas avec la même force contre tant d'autres religions qui ont des mystères mille fois plus absurdes que les nôtres ne sont incompréhensibles, qui ne portent sur rien et n'aboutissent à rien? Pourquoi la religion chrétienne étant, de votre aveu, la plus parfaite de toutes, l'attaquez-vous préférablement aux autres? Est-ce parce qu'elle vous paraît plus sérieuse? Est-ce que vous la soupçonneriez d'être vraie? Est-ce que vous craindriez qu'elle ne le fût? Est-ce que vous auriez un dépit secret de ne pouvoir convaincre de faux une religion qui, depuis dix-huit siècles, triomphe de vous et de vos pareils? Et trouverait-elle la preuve de sa vérité jusque dans les efforts que vous faites pour la combattre?

Mes chers paroissiens, pardonnez-moi, je me suis oublié, je reviens à vous et je finis par une réflexion qui vient naturellement à la suite de ce que vous avez entendu : ce n'est rien de connaître la religion chrétienne; les pécheurs, les incrédules, les impies, les démons eux-mêmes la connaissent. Ce n'est rien de convenir qu'elle est belle, il n'y a que des hommes aveuglés par leurs passions qui puissent y trouver à redire. Il ne suffit pas de l'aimer, il faudrait avoir toute la malice et toute la noirceur de l'enfer pour haïr une religion qui n'a rien que d'aimable et qui ne hait elle-même que le mal. Connaître la religion, ce n'est rien; la trouver belle, c'est peu de chose; l'aimer, ce n'est point assez; la pratiquer et mener une vie conforme à celle qu'elle commande, c'est le tout.

Mille grâces vous soient rendues, ô mon Dieu, de ce que par un effet de votre infinie miséricorde, sans aucun mérite de notre part, vous nous avez choisis et fait naître dans le sein de la véritable religion. Attachez-nous-y de plus en plus par une foi vive, qui produise toutes sortes de bonnes œuvres. Faites que nous trouvions notre gloire et notre consolation dans les vérités qu'elle nous enseigne; notre bonheur dans l'observation de ses commandements; notre salut dans l'abondance des secours qu'elle nous procure, et par lesquels nous espérons qu'après avoir été appelés et sanctifiés sur la terre, nous serons glorifiés à jamais dans le ciel.

DISCOURS XIII.

Pour le Dimanche de la Septuagésime.

SUR LE TRAVAIL.

Quid hic statis tota die otiosi? (*Matth.*, XX, 6.)

Pourquoi demeurez-vous ici tout le jour à ne rien faire?

La première vérité que vos pères vous ont apprise, mes chers paroissiens, la première que vous apprenez vous-mêmes à vos enfants, est que Dieu nous a placés sur la terre afin que nous travaillions à gagner le ciel; d'où il suit que l'homme du monde le plus actif, le plus laborieux, le plus occupé, n'est qu'un homme oisif qui passe sa vie à ne rien faire, lorsque son but principal et sa fin dernière ne sont pas de sauver son âme, et de gagner le ciel. Tous les mouvements que je me donne ne me servent de rien, par conséquent, si je ne travaille point au salut de mon âme. Vous le savez, vous en convenez, vous le dites vous-mêmes. Quelle est donc mon intention, en vous adressant aujourd'hui les paroles de notre Evangile? serait-ce de vous engager à quitter vos occupations et votre état pour ne songer qu'à votre salut? Au contraire, je viens vous exhorter au travail, vous en faire sentir la nécessité, vous le proposer comme un des moyens les plus propres à notre sanctification; parce qu'en travaillant, nous faisons la volonté de Dieu, nous sommes utiles au prochain, nous évitons l'oisiveté qui, comme vous le savez, est la mère de tous les vices.

Ecoutez donc trois réflexions qui vous feront un bien infini, si vous voulez vous donner la peine de vous y arrêter et de les approfondir : le travail, considéré par rapport à Dieu qui nous y a tous condamnés, est une suite et une punition du péché; il faut donc travailler en esprit de pénitence. Le travail, considéré par rapport au prochain, est une obligation que les lois de la société nous imposent; il faut donc travailler en esprit de charité. Le travail, considéré par rapport à nous-mêmes, est un remède contre le vice; il faut donc travailler par un esprit de prudence et de précaution. Je ne serai pas plus long qu'à l'ordinaire.

PREMIÈRE RÉFLEXION.

Premièrement le travail, auquel Dieu a condamné tous les hommes, est une suite et une punition du péché. Malheureux Adam, qu'as-tu fait? j'avais préparé pour toi un séjour délicieux, une demeure enchantée, un paradis terrestre : en me désobéissant, tu as tout renversé, tu as tout gâté, tout perdu. Cette terre que j'avais bénie sera maudite à cause de ton péché; elle produira des épines de toute espèce pour te punir et pour exercer ta patience; tu ne vivras de ses fruits qu'en travaillant tous les jours de ta vie; les travaux se succéderont du printemps à l'automne et de l'automne au printemps, et tu mangeras ton pain à la sueur de ton front jusqu'à ce que tu rentres dans la poussière d'où tu es sorti.

Voilà, mes chers paroissiens, la sentence prononcée, dès le commencement, contre la terre et contre tous les pécheurs qui devaient l'habiter. Elle n'a été depuis qu'un séjour de peines et de fatigues, un lieu d'exil, une vallée de larmes. Les créatures que vous n'aviez faites, ô mon Dieu! que pour nos plaisirs et la douceur de notre vie, sont devenues les instruments de votre justice, et vous vous en servez, quand il vous plaît, pour répandre l'effroi, le trouble, la consternation sur la terre.

Tantôt vous appelez ces vents furieux qui accourent des quatre coins du monde pour abattre nos fruits, déraciner nos arbres, renverser nos maisons, troubler les abîmes de la mer, soulever ses flots et engloutir les vaisseaux dont elle est couverte; tantôt vous envoyez les eaux du ciel, qui tombent avec impétuosité, grossissent nos rivières, inondent nos campagnes, les couvrent d'un sable stérile, pénètrent jusque dans nos maisons, entraînent avec elles quelquefois les hommes et les animaux. Ici, vous commandez aux ardeurs du soleil de brûler nos moissons; là, pendant que vous faites gronder votre tonnerre, la grêle, pour obéir à vos ordres, se précipite avec fureur et ravage tout sans miséricorde; quelquefois vous rassemblez une multitude prodigieuse d'insectes qui rongent nos fruits, les dévorent, les perdent.

Que dirons-nous de ces guerres cruelles qui, depuis que la terre est habitée par des pécheurs, l'ont tant de fois abreuvée de leur sang et engraissée de leurs cadavres? de ces maladies contagieuses qui désolent tour à tour nos provinces, traînant après elles, partout où elles passent, la dévastation, l'horreur, la mort? de ces tremblements affreux devenus si communs depuis quelques années, qui semblent annoncer la ruine de l'univers, qui sont prédits par les Livres saints comme les avant-coureurs de sa destruction? Ne dirait-on pas, grand Dieu, que le souffle de votre fureur pénètre jusqu'au centre de la terre pour embraser le soufre qu'elle cache dans ses entrailles, pour produire ces violentes secousses qui en ébranlent les fondements et qui engloutissent des villes entières?

Les voilà, mes frères, les marques évidentes et les terribles effets de cette malédiction que Dieu prononça contre la terre, après le péché du premier homme. Eh! qu'a-t-elle été depuis, sinon le théâtre des misères humaines qui se succèdent sans interruption de siècle en siècle, et d'une année à l'autre? Terre avare qui ne donne ses fruits qu'à force de travail, et semble ne les donner qu'à regret; terre d'affliction et d'amertume, qui produit des épines non-seulement à ceux qui ouvrent son sein, et la cultivent à la sueur de leur front; mais encore à tous les pécheurs qui l'habitent.

Et en effet, mes chers paroissiens, nous les sentons, ces épines, dans quelque état que la Providence nous ait placés : l'artisan les trouve dans son métier; le marchand dans son négoce; les chefs de famille dans leur ménage; l'homme de guerre dans l'exercice des armes; le magistrat dans l'étude des lois; le pasteur dans les fonctions de son ministère; les grands dans leur grandeur; les riches dans leurs richesses. Parcourez vous-mêmes toutes les conditions, depuis le souverain jusqu'au dernier des sujets, et trouvez-moi une place, une charge, un emploi, une vacation, un métier, un état en un mot, dans lequel il n'y ait rien qui fatigue, rien qui gêne, rien qui dégoûte; ou plutôt dans lequel il n'y ait pas mille choses qui lassent, qui déplaisent, qui mortifient ou qui ennuyent.

Dans le commerce, par exemple, que de mouvements, de peines, de voyages, la nuit, le jour, par tous les temps et dans toutes les saisons de l'année? Dans le métier de la guerre, que n'a-t-on pas à souffrir? le chaud, le froid, la faim, la soif, toutes sortes d'incommodités, des fatigues de toute espèce, et par-dessus tout, exposer sa vie de mille manières.

Mais ceux dont la condition paraît plus douce ou moins pénible, quand on s'arrête à la superficie, l'avocat qui plaide pour la justice, le juge qui la rend, l'ecclésiastique occupé à l'instruction ou à la conduite des âmes, le ministre appliqué au gouvernement de l'Etat, quelles peines de corps et d'esprit n'ont-ils pas à essuyer? Combien de choses à savoir, de volumes à parcourir, de difficultés à éclaircir, de nuits à passer. Mais combien de caractères à étudier, d'esprits à ménager, d'intérêts à concilier, de précautions à prendre? A combien de propos, de reproches, de mortifications ne sont-ils pas exposés? Croyez-moi, mes chers enfants, les épines les plus piquantes sont attachées aux plus grandes places; ceux qui veulent en remplir exactement les devoirs le savent bien et le sentent encore mieux; il n'y en a peut-être pas un seul qui, dans certains moments, ne trouve sa condition plus dure que celle du laboureur et du mercenaire qui portent le poids du jour et de la chaleur. Les rois eux-mêmes les sentent ces épines; elles croissent dans leur palais et jusque sur le trône. Salomon rassasié de plaisirs et de richesses, ne trouve partout que peines, que travail et affliction d'esprit.

Exilé comme un criminel dans une terre maudite, je m'abaisserai donc en toute humilité, ô mon Dieu, sous le joug que vous avez imposé à tous les hommes. Les occupations de mon état, les peines de corps ou d'esprit qui les accompagnent, sont la suite des péchés de mes pères, je vous les offrirai donc en expiation de mes propres péchés, et je travaillerai, non pas simplement pour avoir de quoi sustenter cette misérable vie, ce serait travailler comme les païens qui ne vous connaissent pas, ô mon Sauveur; mon travail serait alors perdu pour le ciel, et je n'en aurais d'autre récompense que ce qu'il me produirait sur la terre; je travaillerai, non pour amasser des richesses et contenter mon avarice; non pas pour m'élever aux honneurs et contenter mon ambition; non pas pour me faire une réputation et nourrir mon orgueil; car mon travail alors, au lieu de me servir de pénitence, deviendrait lui-même un nouveau péché; mais je travaillerai, parce que vous l'avez voulu ainsi, parce que vous m'avez condamné, ô Dieu souverainement juste, à manger mon pain à la sueur de mon front tous les jours de ma vie; mon but principal et la dernière fin, que je me proposerai dans mon travail, sera de faire votre sainte volonté. De quelque nature que soient les épines, les peines de mon état, je les dévorerai, je les souffrirai de bon cœur pour l'amour de vous, et parce que je suis pécheur.

Telle est, mes chers paroissiens, la première raison qui doit nous faire embrasser le travail; nous le devons à Dieu qui nous y a condamnés comme pécheurs; mais nous le devons au prochain et à la société dont nous sommes les membres. Il est juste que nous travaillions pour les autres, puisque les autres travaillent pour nous.

SECONDE RÉFLEXION.

Vous êtes, dit l'apôtre saint Paul, *les membres les uns des autres* (*Rom.*, XII, 5.) Comme tous les membres du corps humain s'entr'aident, se nourrissent, se soutiennent mutuellement; de même il y a dans le monde différents états qui sont nécessaires les uns aux autres, et cela doit être : car si tous les hommes cultivaient la terre, qui est-ce qui rendrait la justice? qui est-ce qui nous défendrait contre les ennemis? qui est-ce qui remplirait les fonctions du saint ministère, et ainsi du reste?

Or remarquez, je vous prie, comme chacun dans son état travaille pour le service d'autrui. Le juge n'est pas juge pour lui; l'homme de guerre ne fait pas la guerre pour lui; le prêtre n'est pas prêtre pour lui; le marchand, le laboureur, le vigneron, l'artisan, le mercenaire travaillent tous les uns pour les autres, et, en un mot, quelque place que vous occupiez, quelque métier que vous exerciez, vous pouvez dire : je travaille pour une infinité de personnes qui travaillent pour moi. Ah! mes frères, que cette réflexion est bien propre à nous inspirer l'amour du travail, et à couvrir de honte les personnes oisives!

Quelle idée en effet peut-on se former d'un homme oisif? Il est semblable à ces excrescences de chair, aux loupes qui viennent dans le corps humain, qui se nourrissent du même sang et de la même substance que les membres les plus utiles; c'est un frelon qui dévore le miel des abeilles; c'est une mauvaise herbe qui consume le suc de la terre, destiné à nourrir les plantes utiles et nécessaires. C'est un ingrat qui ne fait rien pour personne pendant que tout le monde travaille pour lui. C'est un arbre inutile qui n'est bon qu'à jeter au feu. C'est une espèce de monstre dans la société, qui ne doit pas manger, dit saint Paul (*II Thess.*, III, 10), et qui ne mérite pas de vivre, parce qu'il ne travaille point. Et si cet homme oisif occupe malheureusement quelque place considérable, il est de plus un voleur public, qui jouit des honneurs et des revenus attachés à une charge dont il ne remplit pas les obligations; car ces revenus et ces honneurs ne lui appartiennent point en bonne justice, lorsqu'il ne remplit pas les engagements qu'il a contractés envers ses concitoyens parmi lesquels il n'occupe un rang distingué, que pour leur être plus utile, en portant un fardeau d'un plus grand poids et d'une plus grande considération.

Je n'ai point d'état, je vis de mes rentes, je ne suis redevable à personne. Vous n'êtes redevable à personne? Eh! regardez donc tout autour de vous, regardez-vous vous-même depuis les pieds jusqu'à la tête, et voyez combien de personnes ont travaillé et travaillent continuellement pour vous nourrir, vous vêtir, vous loger, vous procurer toutes vos commodités et toutes vos aises: combien d'autres travaillent à la conservation de vos biens, de votre santé, de votre vie, à votre instruction et au salut de votre âme? Tout cela ne mérite-t-il de votre part aucun sentiment de reconnaissance? Et n'êtes-vous pas un ingrat, si vous ne cherchez point à vous rendre utile d'une façon ou d'une autre, à cette société qui vous procure tant d'avantages?

N'y a-t-il point de misères cachées à découvrir et à soulager? des malades à visiter, des affligés à consoler, des procès à accommoder, des ennemis à réconcilier? Je ne parle pas de ceux qui ont du bien à faire valoir, une maison à gouverner, des enfants et des domestiques à instruire ; mais je dis : quel est le particulier qui n'ayant ni femme, ni enfants, ni ménage, ni embarras d'aucune espèce, et vivant de son revenu, soit à la ville ou à la campagne, ne puisse servir le prochain de mille manières, et employer la meilleure partie de son temps à toutes sortes de bonnes œuvres, qui étant faites par un esprit de charité, l'enrichiront devant Dieu, en même temps qu'elles le rendront précieux au corps de la société dont il est le membre?

Vous n'avez point d'état? tant pis; il faut en prendre un. Si vous aviez vécu chez les Egyptiens idolâtres, vous auriez été puni de mort; car ils lapidaient sans miséricorde quiconque n'avait ni métier ni profession. Mais quand vous n'auriez point d'état, quel est l'homme qui ne trouve à s'occuper quand il le veut bien, et à remplir le temps d'une manière utile aux autres et à lui-même? ce temps qui est si précieux, qui est si court, qui passe si vite, et duquel vous nous demanderez compte, ô mon Sauveur, jusqu'à la dernière minute; vous qui pendant votre vie mortelle, quoique vous ne fussiez point pécheur, quoique vous ne dussiez rien à personne, avez néanmoins été dans les travaux dès votre plus tendre jeunesse.

Bon Dieu! comment peut-on vivre sans rien faire? On vit, non pas en chrétien, non pas en homme, mais comme les animaux sans raison, ou comme les plantes qui végètent, avec cette différence que les plantes et les animaux vivent pour la gloire de Dieu et pour le service de l'homme, au lieu que les gens oisifs ne vivent que pour eux-mêmes, ou plutôt ils vivent pour déshonorer la religion et l'humanité par toutes sortes de vices, presqu'inséparables d'une vie oisive et inutile; troisième et dernière raison qui rend le travail nécessaire, et qui doit nous le faire aimer.

TROISIÈME RÉFLEXION.

Le Saint-Esprit l'enseigne, tous les docteurs l'ont répété, tous les prédicateurs le prêchent, tout le monde le dit, l'expérience le confirme, et rien n'est plus vrai : l'oisiveté est la mère, la maîtresse, l'école, la source de mille vices et de mille misères. Ne sortons pas de la paroisse, et abrégeons.

S'il y a des médisances, de faux rapports, des jugements téméraires, c'est l'oisiveté qui les produit : un homme assidu au travail et occupé de ses affaires; une femme laborieuse, appliquée du matin au soir à l'éducation de ses enfants et au soin de son ménage, ne s'amusent point à critiquer leurs voisins, et ne s'embarrassent guère l'esprit de ce qui ne les regarde pas. S'il y a de l'ivrognerie, c'est l'oisiveté qui en est presque toujours la cause. Quelqu'un qui aime le travail ne s'avise point d'aller perdre son temps et son argent au cabaret. S'il y a des querelles dans les ménages, elles viennent très-souvent de l'oisiveté. Dans une maison où tout le monde travaille, le pain ne manque jamais. L'oisiveté amène la pauvreté, et la pauvreté donne la mauvaise humeur. Mon cher enfant, je te le dis, tant que tu ne voudras pas t'occuper, tu seras toujours un impudique; et vous, qui êtes si curieux de conserver la plus belle et la plus aimable de toutes les vertus, vous la perdrez, si vous demeurez sans rien faire. Le travail dissipe les mauvaises pensées, éteint les mauvais désirs, il applique l'esprit, il dompte le corps; vous ne songerez guere au mal, lorsque vous serez occupé à des choses utiles.

Voulez-vous des exemples? lisez l'Ecriture. Tandis que Samson est occupé à combattre les ennemis de son peuple, il conserve sa force et sa gloire; dès qu'il s'endort aux pieds d'une femme, il perd sa force, sa vertu et toute sa gloire. Qui est-ce qui a fait tomber David? l'oisiveté. Tandis qu'il marche à la tête des armées, il est chaste, il est doux, il est juste. Demeure-t-il oisif dans son palais? le voilà qui devient tout à coup un adultère et un homicide. Tant que Salomon est occupé à bâtir le temple, il est le plus sage des rois; dès le moment qu'il n'a rien à faire et qu'il se repose, il devient aussi insensé qu'il a été sage.

Qui dit un homme oisif, dit un *vaurien* de toute façon; il veut tout voir et tout entendre; il s'informe de tout, il fait des questions sans fin sur mille choses qu'il doit ignorer, ou qui ne le regardent en aucune manière. Rien de si curieux, de si incommode, de si à charge que les gens oisifs : ils ne s'entretiennent que de niaiseries, ou des défauts du prochain, ou des affaires d'autrui, du temps qu'il fait, des bruits qui courent, des nouvelles qui se débitent, et très-souvent ils en inventent; rien de si médisant, de si envieux, de moins vrai que les gens oisifs. Si l'homme oisif est pauvre; c'est un voleur, parce que celui qui n'a rien, et qui ne veut point travailler, ne peut vivre qu'aux dépens d'autrui; s'il est riche, ses mains sont remplies d'impudicité. Il rôde du matin au soir, plutôt dans les mauvaises compagnies que dans les bonnes, sans savoir, la plupart du temps, ce qu'il cherche : il ne sait pas en se levant où il doit aller, ni ce qu'il doit faire dans la journée; et quand il se couche, il ne sait pas ce qu'il a fait, ou il est tout aussi avancé que le matin. Son esprit est continuellement occupé de pensées mauvaises ou inutiles; son cœur toujours rempli de mille désirs, de mille attaches qui n'aboutissent à rien de bon, à rien d'honnête, à rien de sérieux : en un mot, toutes les parties de son corps, et toutes les facultés de son âme, sont comme une source infectée d'où découlent la corruption des mœurs, et le poison de toutes sortes de vices. Voilà, mes frères, le portrait des personnes oisives, tel que je l'ai trouvé dans plusieurs passages des Livres de la Sagesse, et auquel je prie Dieu de tout mon cœur que personne de vous ne ressemble.

Ne vous laissez donc point aller à l'oisiveté; travaillez du matin au soir, et que le démon, qui rôde sans cesse autour de votre âme, vous trouve toujours occupés à quelque chose de bon et d'honnête. Nous sommes les enfants d'un père pécheur, et pécheurs nous-mêmes : le travail est une pénitence que Dieu a imposée à tous les hommes; travaillons donc en esprit de pénitence et d'humilité. Nous sommes citoyens, et les membres les uns des autres; travaillons donc pour nous rendre utiles à la société de laquelle nous retirons des secours de toute espèce; travaillons par un esprit de reconnaissance et de charité. Nous sommes naturellement enclins au mal, et sujets à mille passions différentes; efforçons-nous de les vaincre, moyennant la grâce de Dieu, par un travail assidu : le vice prend naissance, se nourrit et se fortifie dans le sein de l'oisiveté, comme les vers s'engendrent dans une chair morte et corrompue.

Et vous, grand Dieu, qui ayant établi tous les états et toutes les conditions, avez prescrit à chacun de nous la tâche qu'il doit remplir, faites luire sur nos âmes un rayon de cette sagesse éternelle qui préside à tous vos ouvrages; qu'elle préside à tous nos travaux, qu'elle demeure et travaille avec nous; qu'elle soit la règle de nos pensées; qu'elle dirige nos entreprises, qu'elle commence, conduise et finisse toutes nos actions, afin qu'elles se rapportent toutes à votre gloire, à l'utilité de nos frères et au salut de notre âme. C'est ainsi qu'après avoir travaillé sur la terre, pour l'amour de vous, pour l'amour de notre prochain, et pour notre propre sanctification, nous pourrons espérer, à l'heure de la mort, de recevoir par votre miséricorde, la récompense de notre travail, en nous reposant avec vous et en vous, ô mon Dieu, dans l'éternité bienheureuse. Ainsi soit il.

DISCOURS XIV.

Pour le Dimanche de la Sexagésime.

SUR LA PAROLE DE DIEU.

Semen est verbum Dei. (*Luc.*, VIII, 11.)

La semence est la parole de Dieu.

La parabole que vous avez entendue, mes chers paroissiens, n'a pas besoin d'explication, puisque notre bon Sauveur a bien voulu l'expliquer lui-même. Tout ce que j'ai à faire aujourd'hui pour votre instruction et pour la mienne, c'est d'examiner et d'approfondir le sens qu'il lui a donné, de nous l'appliquer, et de voir si la parole divine que nous entendons, vous et moi, depuis que nous sommes au monde, n'a pas été à notre égard, comme la semence qui tombe le long du chemin, sur des pierres ou parmi des épines. Le temps de la moisson approche insensiblement, c'est-à-dire, que nous avançons chaque jour vers notre dernière heure : le père de famille viendra bientôt visiter son champ ; malheur à la terre ingrate qui n'aura rien produit!

Pendant que le laboureur sème du grain dans son champ, il en tombe une partie le long du chemin, une autre enfin sur la bonne terre. Ce qui tombe le long du chemin est foulé aux pieds des passants, et les oiseaux le mangent ; ce qui tombe sur des pierres se dessèche, faute d'humidité; ce qui tombe parmi les épines, est étouffé par les épines, mais ce qui tombe dans la bonne terre, germe, lève, croît et donne du fruit. Que celui qui a des oreilles entende ce que tout cela signifie. et vous, divin Jésus, ajoutez à votre parole les douces inspirations de votre grâce, sans quoi elle nous serait toujours inutile.

PREMIÈRE RÉFLEXION.

Celui qui est sorti pour semer son grain est le Fils de Dieu, qui étant sorti du sein de son Père, est descendu sur la terre pour la cultiver lui-même, et y semer la parole de vérité, laquelle a été annoncée indistinctement à toutes sortes de personnes. Lorsqu'un laboureur sème, il a soin de ne jeter son grain que dans la terre qu'il a préparée pour la recevoir; tout ce qui tombe ailleurs, y tombe contre son intention. Il n'en est pas ainsi de Jésus-Christ qui a répandu la précieuse semence de sa parole, et sur les grands chemins, et dans les déserts, et sur les rochers, et parmi les épines, c'est-à-dire qu'elle est annoncée indifféremment aux riches et aux pauvres, aux grands et aux petits, aux bons et aux méchants, parce qu'elle a la vertu d'arracher les épines, de fendre les rochers, d'amollir les pierres, de changer les cœurs, et de faire du désert le plus stérile et le plus affreux une terre abondante et fertile en toutes sortes de bonnes œuvres.

Tels sont les effets que la parole de Dieu produirait sur chacun de nous, si nous voulions lever les obstacles que notre misérable cœur lui oppose : et si, en l'écoutant avec respect, nous demandions instamment la grâce de la mettre en pratique. Mais qu'est-ce qui s'embarrasse de les lever, ces obstacles? Qui est-ce qui s'embarrasse de mettre à profit la parole de Dieu? Les trois quarts de la divine semence périssent et demeurent sans fruit.

Elle est perdue d'abord pour ces hommes livrés à la dissipation, qui n'ont aucun principe de conduite, aucune règle de vie; dont l'esprit et le cœur, semblables à un grand chemin par où tout le monde passe, sont ouverts indifféremment à toutes sortes de pensées; qui ne savent ce que c'est que de veiller sur eux mêmes; qui écoutent et regardent tout ce qui se présente; qui parlent, qui agissent tantôt d'une façon, tantôt d une autre, suivant le temps, les lieux, les circonstances, suivant que l'occasion, ou la fantaisie, ou la passion les mènent. Dans ce moment, ils ont une bonne pensée ; la minute d'après, c'est un mauvais désir. Tout à l'heure ils chantaient les louanges de Dieu à l'église; au sortir de l'église ils iront chanter au cabaret ou ailleurs le dieu du vin et de la débauche. A deux heures ils vont au sermon, et ils disent : voilà qui est beau, cet homme prêche bien ; deux heures après, ils vont au spectacle, et ils disent, voilà qui est touchant, cet acteur-là fait des merveilles. Le matin ils liront un bon livre qui leur tombera sous la main ; le soir ils en liront un détestable, s'ils le rencontrent. Aujourd'hui ils parleront le langage de la religion; demain ils se moqueront des personnes pieuses. Ici, vous les entendrez dire du bien du prochain ; là, vous les verrez rire avec ceux qui le déchirent. En un mot, on ne saurait mieux les comparer qu'à un grand chemin ; les hommes, les animaux, les voleurs, les gens de bien, tout y passe; les uns vont, les autres viennent, on y en voit de toute figure, de toute couleur, de toute espèce. Tel est l'esprit, tel est le cœur, telle est l'imagination d une bonne partie de ceux qui nous entendent. Dans cette disposition, ils écoutent la parole de Dieu par habitude, par bienséance, quelquefois par pure curiosité, peut-être même à mauvaise intention, pour critiquer celui qui l'annonce; mais toujours sans aucun dessein d'en faire leur profit, sans penser même que c'est la parole de Dieu qu'on entend; on l'écoute comme on écouterait autre chose.

De là qu'arrive-t-il? Toutes ces pensées, tous ces désirs qui vont et viennent, passent et repassent dans cette pauvre âme qui ne cherche point à s'en défendre; toutes ces passions qui la maîtrisent et avec qui elle est apprivoisée, foulent aux pieds ce bon grain à mesure qu'il tombe. L'orgueil passe, va et vient, et le foule aux pieds; les désirs de vengeance passent, vont et viennent, et l'écrasent; l'impudicité passe, les pensées, les images sales vont et viennent comme il leur plaît, et l'enfoncent dans l'ordure; après quoi le malin esprit qui règne dans ce cœur, et qui veille continuellement pour le garder, enlève tout ce qui pourrait y être resté de cette bienheureuse semence, dont il connaît la vertu et dont il craint les fruits.

Voilà, mes chers paroissiens, l'Evangile tout pur. Je ne sais si vous l'entendez; pour moi je tremble toutes les fois que je pense à ce passage si connu de saint Augustin : « Celui qui écoute la parole de Dieu négligemment, n'est pas moins coupable que s'il laissait tomber à terre le sang de Jésus-Christ »

Si celui qui écoute la parole de Dieu avec négligence est aussi coupable qu'un autre qui laisserait tomber à terre le sang de Jésus-Christ, que sera ce de celui qui foule aux pieds cette parole, comme nous venons de le dire? Il n'est donc pas moins coupable que s'il foulait aux pieds le sang de Jésus-Christ, parce que la parole de l'Évangile est réellement le fruit et le prix de ce sang adorable. Malheureux! qui vous reconnaissez dans ce que vous venez d'entendre, vous commettez donc une espèce de sacrilége, toutes les fois que vous l'écoutez, cette parole de vie, sans y faire la moindre attention et sans aucun dessein de la mettre en pratique.

SECONDE RÉFLEXION.

Mon cher enfant, je vous rends justice; cela ne vous regarde pas; mais voici qui vous regarde : vous avez entendu la parole de Dieu avec une attention qui m'a édifié, vous l'avez reçue avec joie, vous l'avez conservée dans votre cœur, elle y a germé; car vous avez eu de bonnes pensées, de bons désirs; vous avez formé de bonnes résolutions; on a remarqué dans vos discours et dans votre conduite un certain air de religion et de piété qu'on n'y voyait point auparavant; vous avez été plus assidu aux Offices; vous avez assisté plus souvent à la Messe; vous avez été plus longtemps et plus modestement à l'église; enfin vous vous êtes approché des sacrements, et j'ai espéré que vous deviendriez un parfait chrétien : point du tout : votre cœur s'est trouvé malheureusement semblable à un champ où il n'y a qu'un peu de terre sur la superficie, et dans lequel, au premier coup de bêche, on trouve le tuf et les pierres. Le grain y germe, il lève; on voit d'abord une verdure qui réjouit et donne l'espérance; mais bientôt il se dessèche, faute d'humidité; tout cela périt aux premières chaleurs, parce qu'il n'y a point assez de fonds pour qu'il puisse y prendre racine. Il en a été de même de votre cœur : ces apparences de conversion et de piété n'ont eu qu'un temps : à la première tentation, elles se sont dissipées, mon espérance et ma joie se sont évanouies.

On a fait quelques plaisanteries sur votre prétendue dévotion; vous y avez été sensible, vous vous êtes mal défendu, et vous avez commencé par vous refroidir. Il vous est revenu qu'on avait déchiré votre réputation, et, au lieu de souffrir patiemment la calomnie, vous avez éclaté en injures. On vous a cherché chicane mal à propos; on vous a causé dans vos biens quelque dommage un peu considérable, et vous êtes entré en fureur. Cette personne dont l'amitié flatte votre vanité, ou dont la protection vous est nécessaire, a exigé de vous des choses qui ne s'accordaient point avec une conscience délicate; et la crainte de la désobliger, ou de perdre sa confiance, vous a fait agir contre vos propres lumières. Vous avez eu occasion de revoir cette autre avec laquelle vous aviez commis si souvent le péché déshonnête; l'absence et l'éloignement vous l'avaient fait oublier, vous croyiez votre passion éteinte; point du tout; un tête à tête auquel vous vous êtes exposé mal à propos, vous a fait connaître le peu de fonds qu'il y a à faire sur vos résolutions et sur vos promesses. En un mot, vous vouliez vous approcher de Dieu, et rentrer dans la voie du salut; mais cette bonne volonté n'a eu qu'un temps; vous vous êtes retiré dès que la tentation est venue; votre foi, qui paraissait vivre et promettre de bonnes œuvres, n'a plus été qu'une foi morte comme auparavant.

Hélas! mes frères, qui est-ce qui ne se reconnaît point ici de manière ou d'autre! les uns paraissent détachés des richesses, tant qu'on ne touche point à leurs intérêts : y touche-t-on? quelle attache, quelle avarice! Les autres paraissent humbles, tant qu'on les loue, qu'on les flatte ou qu'on ne touche point à leur réputation : veut-on les reprendre de leurs défauts? paraît-on les mépriser, leur fait-on quelque insulte? Bon Dieu! quelle sensibilité! quel orgueil! quel esprit de vengeance! Ceux-ci paraissent chastes, tant qu'ils sont éloignés de l'occasion, ou qu'ils ne sont point tentés: la tentation vient-elle? Quelle faiblesse! quelle corruption? Ceux-là paraissent doux et patients, tant que rien ne les contrarie, et que toutes choses vont à leur gré : veut-on les contredire, n'agit-on pas à leur fantaisie? quelle vivacité; quelle impatience! Sont-ils dans l'embarras, ou dans l'affliction? quel abattement, combien de plaintes, que de murmures! vous le savez, et il est inutile d'entrer dans un plus grand détail. Nous faisons de belles résolutions, nous sommes fidèles pour un temps, et, au moment de la tentation, nous nous retrouvons toujours à peu près les mêmes.

Ah! c'est que notre misérable cœur est une terre sans fonds, dans laquelle la parole de Dieu ne prend point racine, parce qu'elle n'a pas la profondeur de l'humilité. Faute d'humilité, nous comptons sur nos propres forces, nous ne veillons point assez, nous ne nous défions pas assez de nous-mêmes : nous nous engageons témérairement dans mille occasions qui sont pour nous des pierres d'achoppement et de scandale, contre lesquelles nous heurtons à chaque pas. Enfin, n'ayant pas l'humilité, nous ne prions point avec assez de ferveur pour obtenir la grâce, et dès lors cette grâce qui se répand sur les humbles, comme les eaux du ciel pénètrent et imbibent une terre qui a de la profondeur, les eaux de votre grâce, ô mon Dieu, ne pénètrent point dans notre âme, parce qu'elle n'a pas la profondeur de l'humilité. Ainsi la précieuse semence de votre parole, quoique nous la recevions avec joie, après avoir levé, se dessèche, et n'amène jamais les fruits d'une vie véritablement et solidement chrétienne. Mon bon Sauveur! que vos paroles sont vraies! qu'on les trouve admirables quand on les médite, et qu'on les approfondit!

TROISIÈME RÉFLEXION.

Mais qu'est-ce donc que ces épines qui étouffent une autre partie de la semence? Jésus-Christ nous l'apprend en trois mots: ce sont les inquiétudes, les richesses, les plaisirs de cette vie. Premièrement les inquiétudes: mon cher paroissien, vous le dites vous-même, et c'est là votre excuse toutes les fois qu'on vous reproche le peu de fruit que vous retirez de nos instructions, et cette négligence affreuse dans laquelle vous vivez par rapport à votre salut. Les embarras du ménage, l'établissement d'une famille, les mouvements qu'il faut se donner pour gagner sa vie, ou pour faire valoir son bien, des dettes à payer, un état à soutenir, des contre-temps qui surviennent, des malheurs qui arrivent, un ennemi qui vous tracasse, un procès qu'on vous suscite, une banqueroute qu'on vous fait, tout cela vous donne mille inquiétudes qui occupent votre esprit et l'absorbent, qui ne lui laissent ni le temps, ni la liberté nécessaire pour penser à l'affaire du monde la plus sérieuse, et la seule sérieuse. Voilà les épines qui étouffent la parole de Dieu.

Lorsque je serai délivré de tous mes embarras, et que j'aurai l'esprit tranquille, je mettrai ordre aux affaires de ma conscience, et je ne travaillerai plus qu'à mon salut: cette pensée ne vient pas de Dieu, c'est une illusion du démon. Oh! qu'il y en a qui s'y laissent prendre! Après un embarras, il en vient un autre; dans le temps où l'on croyait pouvoir être tranquille, on l'est moins que jamais. Ainsi d'une année à l'autre, la vie se passe; on arrive insensiblement au bout, sans avoir retiré aucun fruit de cette parole qu'on a mille et mille fois entendue; et même dans ce moment-ci, où vous paraissez l'écouter avec une si grande attention, votre pasteur, en vous l'annonçant, sème du blé dans les épines; les bonnes pensées que Dieu vous donne en vous exhortant par ma bouche, seront bientôt étouffées par les inquiétudes, les embarras, les affaires qui se succèdent journellement, et dont vous avez la tête remplie.

Vous ne vous mettrez donc jamais dans l'esprit, mon cher enfant, que le vrai secret de venir à bout de ses affaires, d'avoir l'esprit tranquille au milieu des plus grands embarras, c'est d'être attaché à Dieu, de le servir, de mettre en lui sa confiance, de demander ses lumières, d'attirer ses bénédictions, en cherchant par-dessus tout sa gloire et le salut de notre âme?

Oui, sans doute; mais hélas! ce n'est pas là ce que vous cherchez. Eh! que cherchez-vous donc? Le repos et le bien-être? Vous ne les trouverez qu'en Dieu. Mais que cherchez-vous donc? Les richesses? Ah! Dieu vous préserve d'y attacher votre cœur, et d'y mettre votre confiance, Il n'y a pas d'épines qui embarrassent et qui piquent comme celles-là. Elles piquent pendant qu'on les amasse: quand une fois un homme s'est mis en tête d'amasser du bien et de s'enrichir, il ne se donne point de relâche, et sacrifie tout à ses intérêts. Elles piquent quand on les possède. Les uns n'en deviennent que plus affamés: plus ils en ont, plus le désir d'en avoir s'augmente; ce désir est comme une épine qui est fichée dans le cœur, et qui le tourmente. Les autres en font mauvais usage. Tel était sage, retenu, chrétien dans un état de médiocrité, qui se livre à toutes sortes de passions depuis qu'il est devenu riche. Enfin elles piquent, elles déchirent quand on les perd: dépouiller un homme de son bien, c'est lui déchirer, c'est lui arracher le cœur et les entrailles. Prêchez les riches ou ceux qui veulent s'enrichir, vous semez du blé parmi les épines; c'est peine perdue, nous le savons par expérience. De tous les obstacles qui empêchent les fruits de la parole de Dieu, il n'y en a guère de plus grand et de plus difficile à vaincre que l'amour des richesses. Que ne dirait-on pas sur cet article? Mais il faut finir, et je n'ajoute qu'un mot sur ce que Notre-Seigneur appelle les plaisirs de cette vie.

Sans parler de certaines gens qui du matin au soir ne s'occupent que de leurs plaisirs, et ne pensent à autre chose, combien y a-t-il de chrétiens dont la conduite paraît d'ailleurs assez réglée, qui ne profitent point de la parole de Dieu? Savez-vous pourquoi, malgré toutes les instructions que vous entendez, vous êtes toujours à peu près le même? C'est que vous conservez au fond de votre cœur certains goûts, certaines attaches qui l'embarrassent, quoique, selon vous, il n'y ait aucun mal. Par exemple, je vous ai mille fois exhorté à fuir les cabarets; vous ne vous y enivrez pas, je le veux; mais pourquoi ne pourriez-vous pas vous résoudre à y renoncer? Il y a chez vous une sorte de passion pour le jeu; on a beau vous dire: ne jouez pas si souvent, ni si longtemps, et vous ne sauriez vous en empêcher. Vos danses n'ont rien de criminel, à la bonne heure; j'ai cependant peine à le croire; mais pourquoi ne voudriez-vous pas d'un confesseur qui vous les défendrait? Vous avez pour cette personne certain goût charnel dont vous ne vous défiez point assez, quoique vous n'ayez aucune intention criminelle; je vous ai conseillé plusieurs fois de ne pas rendre vos visites si fréquentes, comme aussi de ne pas vous trouver si souvent dans telle et telle compagnie; pourquoi donc avez-vous tant de peine à vous en priver?

Vous êtes singulièrement curieux de vous procurer toutes vos commodités et toutes vos aises: un directeur qui voudrait retrancher quelque chose dans vos habits, dans vos ajustements, dans votre dépense, vous mortifierait beaucoup, et vous auriez mille peines à vous y résoudre. Mon cher enfant, toutes ces attaches, et une infinité d'autres, sont vraiment des épines qui embarrassent votre cœur, qui empêchent que vous ne retiriez de la parole qu'on vous annonce les fruits que vous en retireriez, si vous saviez jouir des biens et des plaisirs innocents dont la religion permet l'usage, sans vous y attacher. Toujours prêt à y renoncer, si c'était la volonté de Dieu, et dès le moment qu'ils deviendraient nuisibles au salut de votre âme. C'est alors que vous pourriez dire avec le Prophète: ***Mon cœur est prêt, Seigneur, mon cœur est prêt; parlez, votre serviteur vous écoute.*** (*Psal.* LVI, 8.)

QUATRIÈME RÉFLEXION.

Bienheureux celui qui se trouve dans cette bonne et excellente disposition! D'abord il a soin d'écarter pendant qu'on lui annonce la parole de Dieu, toutes les pensées qui pourraient le distraire; ensuite il l'écoute avec un grand respect, non comme la parole d'un homme, mais comme celle de Jésus-Christ qui parle par la bouche de son ministre. Au lieu d'imaginer qu'on prêche pour celui-ci, ou pour celle-là, il se fait à lui-même l'application de ce qu'il entend, et il le rapporte aux différentes circonstances de sa vie. Il gémit en secret d'être tombé si souvent dans les défauts contre lesquels la prédication s'élève; il se promet de suivre, moyennant la grâce de Dieu, les bons avis que son pasteur lui donne, et de les mettre en pratique dans telle et telle occasion. A mesure qu'il écoute, cette divine parole s'imprime dans son esprit, elle descend et se grave dans son cœur. Lorsque la prédication est finie, il ne se dissipe point en regardant de côté et d'autre, mais il se recueille en lui-même, et tâche de penser pendant le reste de l'Office à ce qu'il vient d'entendre; car il n'y a pas de plus belle prière que de réfléchir et de méditer sur la parole de Dieu.

Lorsqu'il est sorti de l'église, il n'ouvre pas tout d'un coup les yeux et les oreilles à tous les objets qui se présentent, de peur que le démon ne lui enlève cette précieuse semence; mais il la conserve soigneusement dans son cœur, afin qu'elle y prenne racine. Lorsqu'il est rentré dans sa maison, il s'entretient avec ses enfants, sa femme, ses domestiques, de ce qu'il a entendu au prône; il leur fait faire attention à ce qu'il a trouvé de plus remarquable, et à ce qui l'a touché davantage. Enfin il ne manque jamais avant et après l'instruction, de demander à Dieu les lumières et la force dont il a besoin pour entendre et pour pratiquer les vérités précieuses qu'on lui annonce.

Que chacun de nous, mes chers paroissiens, voie à présent si ce sont là les dispositions avec lesquelles il reçoit la parole de Dieu, et quel est le fruit qu'il en a retiré depuis qu'il a le bonheur de l'entendre; s'il n'en a retiré aucun, qu'il voie donc ce qui l'en a empêché. Ce qui m'en empêche, c'est que mon cœur, semblable à un grand chemin, est ouvert à toutes sortes de pensées mauvaises ou inutiles; c'est que le démon, qui va et vient dans mon âme comme il lui plaît, et quand il lui plaît, enlève de mon esprit, de mon cœur et de ma mémoire cette divine parole presqu'aussitôt que je l'ai entendue. Ce qui m'en empêche, c'est ma légèreté, mon inconstance; c'est ma dureté, mon insensibilité pour les choses du ciel. Ce qui m'en empêche, ce sont les affaires, les embarras, les inquiétudes de ce bas monde; c'est l'amour des richesses, des plaisirs, de mille frivolités, de mille niaiseries que je préfère au service de Dieu et à la sanctification de mon âme; c'est que je me contente de dire que l'affaire de mon salut est la première et la plus pressée, pendant que je la traite comme si elle était la dernière de toutes; et qu'en effet le salut de mon âme est de toutes mes affaires celle qui m'occupe le moins, et à laquelle j'ai employé le moins de temps depuis que je suis au monde.

Pénétrez-moi, grand Dieu, du profond respect qui est dû à votre parole, quel que puisse être le ministre qui vous représente, et qui me l'annonce de votre part. Que je la reçoive avec empressement, avec reconnaissance, avec un désir sincère de la pratiquer. Donnez-moi un esprit de prudence, de retenue et de circonspection, afin que je conserve dans mon cœur cette précieuse semence de tout bien. Attendrissez, bon Jésus, attendrissez ce misérable cœur, ce cœur de pierre; rendez-le sensible, et qu'il soit donc enfin touché, pénétré des vérités saintes qui ne cessent de retentir à mes oreilles. Arrachez de ce pauvre cœur les inclinations charnelles et terrestres qui le corrompent, les affections qui le partagent, toutes les attaches qui l'embarrassent et qui étouffent en lui les bons sentiments qui naissent de la prédication de votre Evangile. Enfin rendez-moi semblable, ô mon Dieu, à une bonne terre qui ne trompe jamais l'espérance du laboureur, afin que le temps de la moisson, qui est l'heure de ma mort, étant arrivé, je puisse vous offrir les fruits d'une vie véritablement chrétienne, pour recevoir ensuite de votre miséricorde la récompense éternelle de ma fidélité et de mes bonnes œuvres. Ainsi soit-il.

DISCOURS XV.

Pour le Dimanche de la Quinquagésime.

SUR LES DIVERTISSEMENTS DU CARNAVAL.

Consummabuntur omnia quæ scripta sunt per prophetas de Filio hominis. (*Luc.*, XVIII, 31.)

Tout ce que les prophètes ont écrit touchant le Fils de l'Homme, va être accompli.

Représentez-vous, mes chers paroissiens, les assemblées tumultueuses des Juifs, lorsqu'ils tramaient la condamnation de Jésus-Christ dont ils avaient juré la perte; cette troupe de soldats et d'émissaires qui courent pendant la nuit, avec des lanternes, armés de bâtons et de poignards; qui vont le chercher au jardin des Olives, et l'arrêter comme on arrête les malfaiteurs. Remettez-vous devant les yeux les cordes dont il fut lié, les coups dont il fut accablé, les épines dont il fut couronné, la robe de pourpre dont il fut revêtu par dérision, les crachats dont il fut couvert, et tous les opprobres dont il fut rassasié, suivant la prédiction des prophètes. Tout cela se renouvelle et s'accomplit encore aujourd'hui dans ces assemblées où règnent la débauche et le libertinage, dans ces courses extravagantes, ces chansons, ces cris, ces discours remplis de licence et d'impudicité, cette joie pleine de folie, et tous ces divertissements ridicules qu'on appelle les plaisirs du carnaval; plaisirs dans lesquels certaines gens donnent tête baissée, jusqu'à oublier non-seulement qu'ils sont chrétiens, mais jusqu'à oublier qu'ils sont hommes. Conduite bien étrange, quand on la considère de sang-froid, avec les yeux de la raison et de la foi! C'est ainsi que je veux l'examiner aujourd'hui avec vous, mes chers enfants, afin que vous sachiez ce qu'il faut en penser; à quoi j'ajouterai deux mots sur la manière dont vous devez vous conduire dans l'usage de certains plaisirs innocents que la religion ne défend point, et qui sont plus ordinaires dans ce temps-ci que dans un autre.

PREMIÈRE RÉFLEXION.

Que les hommes, pour se délasser de leur travail, prennent de temps à autre quelque divertissement honnête; que les familles et les amis se rassemblent quelquefois dans des repas où il ne se passe rien contre la tempérance et la modestie; qu'on donne quelques moments au jeu ou à d'autres amusements qui par eux-mêmes n'ont rien de criminel, et que l'on peut offrir à Dieu, comme nous devons lui offrir toutes nos actions; à la bonne heure: les personnes les plus laborieuses et les plus régulières ne se refusent pas quelques moments de relâche et de récréation.

Mais que des hommes, et des hommes qui font profession de croire en Jésus-Christ, se livrent tout à coup, dans une certaine saison de l'année, aux divertissements et à la joie, comme s'ils avaient subitement perdu la tête; que le laboureur quitte sa charrue, l'artisan sa boutique, le marchand son négoce, comme si c'était un grand jour de fête; qu'on les voie courir dans les rues comme des insensés, le jour et la nuit, déguisés celui-ci d'une façon, celui-là d'une autre, suivis de la populace qui crie après eux, comme après des animaux d'une nouvelle espèce; qu'on ne quitte la table que pour passer au jeu, du jeu à la danse, et puis à la table encore; que les cabarets si pernicieux dans tous les temps, où les hommes vont comme des imbéciles perdre leur argent, leur repos, leur santé, leur réputation, leur âme; les cabarets sur la porte desquels on pourrait écrire: ici règnent l'ivrognerie et la crapule; ici règnent les jurements et les querelles; ici est le trouble des ménages, la ruine des familles, la source de tout mal et la destruction de tout bien; que les cabarets en un mot, dont je ne veux rien dire, parce que je craindrais de ne pas en dire assez de mal, soient remplis le jour et la nuit; que ceux-là même qui manquent du nécessaire oublient en quelque sorte leur pauvreté, pour crier comme les autres, *le carnaval, le carnaval*; que tout cela se pratique par des personnes qui viendront mercredi prochain entendre à genoux l'arrêt de mort prononcé contre elles, et que le prêtre leur répétera, en leur mettant des cendres sur la tête; qui viendront dans six semaines se prosterner ici et baiser avec respect la croix de Jésus-Christ: que tout cela se passe pendant que l'Eglise est en deuil, le saint Sacrement exposé, et que l'on est à la veille d'entrer dans un temps de pénitence et de mortification; vous conviendrez, mes chers paroissiens, qu'il y a dans une telle conduite, non-seulement de la folie, mais une sorte d'impiété, et que les divertissements du carnaval ne peuvent être qu'une invention diabolique.

Lorsque Dieu voulut créer notre premier père, les trois personnes divines tinrent, pour ainsi dire, conseil entre elles: *Faisons l'homme*, dit-il, *à notre image et à notre ressemblance*. D'abord il forma de terre ce corps dont la figure seule le distingue et l'élève si fort au-dessus de tous les animaux; puis il souffla sur son visage et y répandit un esprit de vie, c'est-à-dire une âme spirituelle, intelligente, immortelle comme lui. Cette âme qui est comme un rayon de la Divinité, se réfléchit en quelque manière, et se représente sur le visage de l'homme et dans son maintien extérieur; de là vient que l'Esprit-Saint, au *Livre de l'Ecclésiaste* (VIII, 1), dit que *la sagesse de l'homme reluit sur son visage*, et dans le psaume que nous chantons à Complies: *Vous avez imprimé sur nous, ô mon Dieu*, dit le Prophète, *la lumière de votre visage*. (*Psal.* IV, 7.)

Que faites-vous donc, mon cher enfant, lorsque vous vous abandonnez sans retenue à tout ce qu'on appelle les plaisirs du carnaval? Venez, réjouissons-nous; et pour nous réjouir, faisons l'homme à l'image et à la ressemblance des animaux sans raison, ne faisons plus usage de la nôtre; que notre âme cesse de penser et de réfléchir; éteignons les lumières du bon sens, livrons-nous à tous les mouvements d'une joie insensée. Que notre folie paraisse dans nos actions et dans tout notre extérieur, sur un visage défiguré, dans des habillements ridicules, dans nos courses, nos cris, nos chansons, dans tout ce que nous pourrons imaginer de plus singulier et de plus extravagant; faisons l'homme à la ressemblance de la femme, et la femme à la ressemblance de l'homme; inventons des figures qu'on ne trouve ni dans les hommes, ni dans les bêtes; oublions toutes les bienséances; renversons toutes les règles de la modestie, de la décence, de la nature elle-même; détruisons l'ouvrage de Dieu, effaçons son image autant qu'il nous sera possible, et perdons jusqu'à la figure humaine. On le dit et on le fait; si on ne le dit point, on le fait toujours. Première folie et première impiété.

Les divertissements du carnaval sont visiblement un reste et une imitation des fêtes que les païens célébraient, en ce même temps, pour honorer le Dieu du vin et de la débauche, c'est-à-dire le démon, qui se faisait adorer sous le nom des vices les plus infâmes: et ces fêtes, comment les célébrait-on? En se couvrant de peaux de bêtes, en se défigurant le visage, en courant avec des instruments, chantant, faisant du bruit, criant, dansant de la manière la plus indécente ; se livrant à de tels excès que le sénat, tout païen qu'il était, se crut obligé de les interdire dans Rome et dans toute l'Italie.

Mais ne voit-on pas les mêmes choses, pendant ces jours de scandale que le monde consacre au libertinage? On ramène donc dans le sein du christianisme les fêtes et les cérémonies des idolâtres ; on élève les autels du démon contre l'autel de Jésus-Christ; on mêle le culte du démon avec le culte de Jésus-Christ; et comme si les chrétiens étaient lassés d'être tels et de le paraître, ils veulent chaque année quitter pour un certain temps le personnage, les habits et jusqu'à la figure de l'homme raisonnable et du chrétien pour faire le personnage des païens et des bêtes. Seconde folie et seconde impiété.

Il y a quinze jours que l'Eglise a pris ses habits de deuil : elle a cessé les chants de joie; et l'on n'entend plus dans ses temples qu'un chant triste, ou plutôt les gémissements d'une mère affligée qui invite ses enfants à la pénitence ; et voilà que ses enfants, comme pour lui insulter, redoublent tout à coup leurs divertissements, dans le moment même qu'elle s'afflige. On dirait qu'ils font consister leur plaisir à la contredire; on dirait que sa tristesse ne sert qu'à rendre leurs plaisirs plus vifs et leur joie plus désordonnée.

Pilate, connaissant l'innocence de Jésus-Christ, essaya d'abord de faire entendre raison aux Juifs qui demandaient sa mort, et voulaient absolument qu'on le crucifiât : Quel mal a-t-il donc fait? je ne le trouve coupable d'aucun crime ; il est votre Roi, pourquoi le faire mourir? Toutes ces représentations ayant été inutiles, il imagina qu'il pourrait assouvir la fureur de ce peuple, en lui montrant Jésus-Christ couvert de plaies, et réduit dans un état capable d'inspirer des sentiments de compassion aux hommes les plus barbares. Il le fit donc fouetter cruellement, et ce corps adorable étant ainsi déchiré par une flagellation sanglante, Pilate le produisit devant le peuple en disant : *Voilà l'homme !* (*Joan.*, XIX, 5.) Spectacle touchant qu'on ne saurait se représenter sans être attendri, mais qui ne servit qu'à exciter davantage la fureur de cette populace aveuglée. Elle redouble ses cris : *Qu'on l'ôte de devant nos yeux, qu'on le crucifie !*

Il arrive ces jours-ci, mes chers paroissiens, quelque chose d'à peu près semblable. L'Eglise, affligée de voir ses enfants livrés à cette joie fausse et diabolique qu'elle réprouve, après leur avoir inutilement représenté par la bouche de ses ministres ce que je vous représente aujourd'hui, que fait cette bonne mère? Elle fait sortir Jesus-Christ de son saint tabernacle ; elle l'expose aux yeux de ces misérables chrétiens : *Voilà l'homme*, voilà votre Roi, votre Sauveur, votre Dieu, dont vous renouvelez toutes les souffrances par vos divertissemens profanes. Mes chers enfants, que faites-vous? Eh ! quel mal vous a-t-il donc fait, pour lui insulter et le traiter de la sorte ? Mon bon Sauveur ! vous vous montrez en vain ; c'est en vain que nous vous exposons dans tous les temples. Votre présence, bien loin d'apaiser la fureur de vos ennemis, ne sert qu'à l'irriter, et ces trois jours où vous paraissez exposé sur nos autels, sont précisément ceux où vous recevez les plus grands outrages. Troisième folie et troisième impiété. Mais toutes ces folies peuvent-elles être autre chose qu'une invention diabolique?

En effet, le Carême est un temps respectable pour lequel les plus mauvais chrétiens conservent encore, au moins à l'extérieur, certains égards de bienséance. D'un autre côté, les fidèles redoublent leur ferveur et leurs bonnes œuvres; les justes s'efforcent de devenir encore plus justes; il y a des pécheurs qui rentrent en eux-mêmes ; des âmes tièdes qui se raniment et se réchauffent ; les prédicateurs, les pasteurs redoublent leur zèle ; la parole de Dieu est annoncée plus fréquemment, et, ce semble, avec plus de force; elle est communément entendue avec plus d'empressement et plus de fruit; en un mot, il est vrai de dire, généralement parlant, qu'on fait plus de bien ou moins de mal dans ce temps-là que dans un autre. C'est une espèce de moisson pour Jésus-Christ ; autant de perdu pour le démon et comme il ne voudrait rien perdre, que fait ce malin esprit? il se dédommage d'avance du peu de bien que vous ferez, ou du mal que vous ne ferez point pendant le Carême. Ces jours de pénitence, de grâces, de salut, qui doivent nécessairement lui déplaire, dès qu'il les voit approcher, il redouble ses tentations, il vous aveugle, vous tourne la tête, et vous porte à je ne sais quelles extravagances dont vous n'êtes pas tentés dans un autre temps.

Car enfin quel autre que le serpent infernal, peut siffler à vos oreilles ces paroles que nous lisons au *Livre des Proverbes : Mangeons, buvons, divertissons-nous, parce que nous mourrons demain?* (*Sap.*, II, 6 ; *Isa*, XXIII, 13 ; I *Cor.*, XV, 32.) Demain commencent les jours d'abstinence, de jeûne, de mortification; ne pensons aujourd'hui qu'aux plaisirs et à la bonne chère. Demain on nous marquera sur le front d'un peu de cendres, comme autant de victimes condamnées à la mort ; que la gaieté, la joie, la folie paraissent aujourd'hui sur ce front. Bientôt on nous présentera la croix à baiser ; oh ! que cette cérémonie est triste ! on nous parlera de confession, que cette démarche est dure ! il faudra songer à faire ses pâques, et penser à la dévotion, que tout cela est désagréable ! bannissons aujourd'hui toutes pensées; remplissons de vin, de viandes, de chansons, de discours propres à nous égayer, cette bouche avec laquelle il faudra confesser nos péchés, baiser la croix, recevoir le corps de Jésus-Christ. Dédommageons-nous d'avance, faisons aujourd'hui ce que nous ne pourrons ou que nous n'oserions faire demain, et qu'il n'y ait rien de perdu : *Edamus et bibamus, cras enim moriemur.* Mon cher enfant, vous ne parlez pas tout à fait ainsi, je le sais;

mais vous dites l'équivalent. Quand vous ne diriez rien, vos actions parlent pour vous, et très-certainement votre conduite ne peut signifier autre chose.

Voilà donc à quoi se réduisent les plaisirs du carnaval ; voilà ce qu'ils signifient, et ce que vous devez en penser, pour peu qu'il vous reste de raison et de religion. Ce sont des folies qui déshonorent l'humanité, qui renouvellent la Passion de Jésus-Christ, qui font revivre les fêtes païennes, qui font verser des larmes à l'Eglise. C'est une sorte d'idolâtrie, une invention diabolique, et la honte du christianisme.

SECONDE RÉFLEXION.

Mais enfin, dites-vous, faut-il donc s'interdire dans ce temps-ci toute espèce d'amusement? s'enfermer chez soi, ne voir personne et vivre dans la retraite, pendant que les autres se divertissent? Ah! plût à Dieu, mes chers paroissiens, que nous fussions pénétrés des maximes de l'Evangile, au point de passer au pied des autels le temps que les autres passent dans les plaisirs! Plût à Dieu que n'ayant à vous reprocher aucun désordre, je n'eusse à vous prêcher que la perfection! mais hélas! nous sommes obligés de nous accommoder à votre faiblesse, et de nous rendre, pour ainsi dire, faibles avec vous. Je n'exige donc point que vous retranchiez absolument vos repas, vos assemblées, vos jeux et tous vos divertissements ; non; mais je dis : conduisez-vous donc au moins de manière que tous vos plaisirs soient innocents. Eh! ne saurait-on s'amuser sans offenser Dieu? N'oubliez jamais que vous êtes des créatures raisonnables, enfants de l'Eglise, serviteurs de Jésus-Christ.

Que votre retenue, votre modestie paraissent en toutes choses, et fassent connaître que vous êtes chrétiens. Qu'il n'y ait rien d'extraordinaire dans vos habits, rien de singulier dans votre maintien, rien de ridicule ou d'indécent dans tout votre extérieur. Point de courses extravagantes ni la nuit ni le jour; point d'assemblées tumultueuses; point de bruit, ni rien qui puisse causer du scandale. Qu'il n'y ait dans vos repas ni excès, ni sensualité, ni paroles libres, ni chansons dissolues. Que la table, le jeu et les autres amusements ne soient pas pour vous une occasion de péché; qu'ils ne prennent qu'une très-petite partie de votre temps, et que les devoirs de votre état n'en souffrent en aucune manière.

Puisque dans votre prière du matin vous offrez à Dieu toutes les actions de la journée, ne faites donc rien qui soit indigne de lui, et qui ne puisse lui être offert ; vous souvenant toujours de ces belles paroles de saint Paul : ***Soit que vous mangiez, soit que vous buviez, soit que vous fassiez autre chose, faites le tout pour la gloire de Dieu.*** (I *Cor.*, X, 31.) Or, vous sentez bien, mes chers enfants, qu'il est impossible de rapporter à la gloire de Dieu des choses qui par elles-mêmes l'offensent et le déshonorent.

Ah! que de réflexions touchantes ne fait pas une âme chrétienne, lorsque la nécessité, la bienséance, quelquefois même le devoir, l'engagent dans quelque divertissement qui n'a rien de criminel en lui-même! N'eussé-je commis qu'un seul péché mortel, quatre vies comme la mienne ne suffiraient pas pour le pleurer et en faire pénitence : je me donne du plaisir, pendant que je devrais verser des larmes : qui sait si Dieu me pardonnera, si je ne suis pas à deux doigts de la mort et de l'enfer? combien de personnes qui, après avoir passé la journée et une partie de la nuit à se divertir, ont été trouvées mortes dans leur lit le lendemain! première réflexion.

Il y a dans ce moment-ci une infinité de chrétiens qui se livrent à des actions infâmes, et aux excès les plus scandaleux; Jésus-Christ est outragé, la religion déshonorée, l'Eglise en deuil, et je me divertis! seconde réflexion.

Il y a dans le purgatoire, peut-être dans les enfers, un grand nombre d'âmes qui souffrent des tourments affreux pour avoir fait ce que je fais ; il y a sur la terre des personnes de tout sexe, de tout état, qui dans ce moment même souffrent des peines cuisantes soit d'esprit, soit de corps, qui les réduisent au désespoir : nous sommes tous frères; cependant je me divertis, tandis qu'elles sont abîmées dans l'affliction et dans la douleur. Il y a dans les cloîtres, même dans le monde, de saintes âmes qui gémissent, qui se condamnent à toutes les austérités de la pénitence, pour des péchés moins grands que les miens; elles s'affligent et je me réjouis! troisième réflexion.

Je finis par celle de saint Pierre Chrysologue. Puisse-t-elle, mes chers paroissiens, s'imprimer dans votre esprit de manière que vous ne l'oubliiez jamais! « Celui qui veut rire avec le démon, dit ce saint docteur, ne pourra pas se réjouir avec Jésus-Christ. » Or, c'est rire avec le démon que de se livrer à des plaisirs qui font rire le démon et pleurer les anges. Telles sont les folies du carnaval.

Ne permettez donc pas, ô mon Dieu, que nous nous laissions entraîner par ces maudites coutumes que l'enfer seul peut avoir inventées pour perdre les âmes. Cachez-nous, ô mon bon Sauveur, à l'ombre de vos ailes, dans l'intérieur de votre tabernacle, pendant ces jours de scandale, afin que nous ne soyons pas séduits par cette foule de mauvais exemples qui nous environnent. Faites que nous cherchions en vous le contentement de notre cœur; en vous, ô doux Jésus! hors duquel il n'y a point de plaisir innocent, ni de joie véritable. Soyez donc vous-même notre joie sur la terre, comme vous seul serez notre bonheur dans le ciel. Ainsi soit-il.

DISCOURS XVI.

Pour le premier Dimanche de Carême.

SUR LA PÉNITENCE.

Cum jejunasset quadraginta diebus et quadraginta noctibus, postea esuriit. (*Matth.*, IV, 2.)

Après que Jésus eut jeûné quarante jours et quarante nuits, il eut faim.

Nous voici arrivés, mes chers paroissiens, à cette sainte Quarantaine qui, depuis le temps des apôtres, a toujours été observée dans l'Eglise, pour honorer le jeûne de Jésus-Christ, pour expier nos péchés, et pour disposer les fidèles à célébrer dignement la grande fête de Pâques. Heureux celui qui, après avoir passé le Carême dans le jeûne et la mortification, sentira cette faim spirituelle qui fait désirer à notre âme le pain vivant dont elle doit se nourrir! Comme un malade, après avoir été purgé par toutes sortes de remèdes amers et désagréables, commence à sentir la faim; de même l'âme chrétienne, quand elle est bien purifiée par les saints exercices de la pénitence, ne manque pas de soupirer après la table de Jésus Christ; et alors on peut lui appliquer dans un sens très-véritable, ce que l'Evangile dit aujourd'hui de Notre-Seigneur : Après avoir jeûné quarante jours et quarante nuits, il eut faim : *Cum jejunasset*, etc., *postea esuriit.*

Mais comme il y a des malades qui ne peuvent pas se résoudre à prendre des remèdes qu'on leur prescrit à cause de leur amertume; ainsi voyons-nous la plupart des chrétiens s'effrayer et se boucher, pour ainsi dire, les oreilles, dès qu'il s'agit de pénitence; au point que nous n'osons presque pas leur en parler. Comment faut-il donc nous y prendre pour ne pas trahir notre ministère à cet égard, et pour le remplir en même temps d'une manière qui ne décourage et ne rebute personne? nous ferons ce que fait un médecin qui aime tendrement son malade, et qui compatit à sa faiblesse. Il commence par lui faire entendre que les remèdes qu'on lui propose sont absolument nécessaires pour le rétablissement de sa santé; puis il adoucit ces remèdes autant qu'il est possible de les adoucir, sans en diminuer la vertu. Il faut donc vous montrer premièrement, que tous ceux qui se sont abandonnés au péché, s'ils veulent en obtenir le pardon, doivent nécessairement en faire pénitence, et que pour cela il ne suffit pas de ne plus le commettre. Il faut vous indiquer ensuite la manière de faire pénitence, qui n'ait rien de trop effrayant, et qui n'en soit pas moins efficace. Mon bon Sauveur, vous êtes juste, mais votre joug est doux, et votre fardeau léger.

PREMIÈRE REFLEXION.

Si, pour effacer nos péchés, il suffit de ne plus les commettre, pourquoi dans l'Ancien Testament, ainsi que dans le Nouveau, toutes les fois qu'il s'agit d'apaiser la colère de Dieu, et d'obtenir miséricorde, n'est-il parlé que de jeûnes, de veilles, de cilices, de macérations, de gémissements, de pleurs et de toutes sortes de mortifications? Pourquoi saint Pierre pleura-t-il toute sa vie la faiblesse qu'il avait eue de répondre à une servante qu'il ne connaissait pas Jésus-Christ? faiblesse pour laquelle il répandit des larmes si amères et si abondantes, qu'il en avait les joues cavées et presque percées. Pourquoi saint Paul, après avoir été ravi au troisième ciel, châtiait-il son corps et le traitait-il comme on traite les esclaves? De peur qu'après avoir prêché aux autres, il ne fût réprouvé lui-même. Pourquoi David fit-il pénitence jusqu'à la mort d'un péché que le prophète lui avait pardonné de la part de Dieu? Pourquoi les habitants de Ninive, à la prédication de Jonas, se couvrent-ils de sac et de cendre, depuis le plus grand jusqu'au plus petit, et jusqu'au roi lui-même, qui descend de son trône, quitte ses habits royaux, prend un cilice, se couche sur la cendre, et publie un édit pour ordonner un jeûne universel, qui s'étend sur les animaux ainsi que sur les hommes?

Mais pourquoi voyons-nous aujourd'hui tant de saints pénitents qui s'enferment eux-mêmes dans ces maisons austères que tout le monde connaît, pour y mener une vie si dure qu'on n'y pense point sans frémir? pourquoi donc, après quarante et cinquante ans de pénitence pour des péchés moins grands que les vôtres et que les miens, tremblent-ils encore jusqu'au dernier soupir et ne cessent-ils de dire comme le prophète : *Qui sait si Dieu nous a pardonné?* (*Jon.*, III, 9.)

Mais enfin, si pour être justifié devant Dieu il suffit de ne plus pécher, rassurez-vous donc, pécheurs de tout âge, de tout sexe, de tout état; n'écoutez pas les prédicateurs qui vous effrayent : vous avez confessé vos péchés, vous en avez reçu l'absolution, vous avez récité quelques prières qu'on vous a prescrites, vous ne les commettez plus ces péchés, tranquillisez-vous, il n'en faut pas davantage; vous êtes aussi assurés du pardon et de la vie éternelle, que les pénitents les plus austères et les plus fameux.

Vous sentez d'abord, mes chers paroissiens, que cette pensée n'est pas raisonnable, et si je vous prêchais une telle morale, vous ne voudriez pas m'écouter. Examinons la chose de plus près, voyons d'où vient la nécessité de la pénitence; et pour tirer cette vérité au plus clair, considérez ce que c'est que le péché par rapport à Dieu, ce qu'il est par rapport à notre âme, et ce qu'il est par lui-même.

Le péché considéré par rapport à Dieu est une insulte, un outrage qu'on fait à sa majesté divine; c'est une révolte de la créature contre son Créateur, d'un enfant contre son père, d'un serviteur contre son maître; toutes ces expressions sont de l'Ecriture sainte, où Dieu lui-même se plaint en plusieurs endroits, que le pécheur le déshonore, qu'il lui ravit la gloire qui lui appartient, en lui refusant l'obéissance qui lui est due. Il faut donc lui faire réparation, lorsqu'on veut se convertir véritablement, obtenir le pardon de ses péchés et les effacer; il faut, en quelque sorte, lui restituer sa gloire, et lui faire justice.

Or cette réparation et cette restitution doivent se faire par les œuvres de la pénitence, suivant ces belles paroles du prophète Baruch (II, 12-18) : Nous avons commis l'iniquité, ô mon Dieu, nous avons violé vos commandemens, nous nous sommes révoltés contre vous; mais ouvrez les yeux, Seigneur, voici qui vous rend votre gloire. Voyez cette âme plongée dans la tristesse, abîmée dans la douleur, qui s'humilie et succombe sous le poids de son affliction, à cause du mal qu'elle a fait devant vous et contre vous; ce corps exténué par le jeûne, ces yeux languissants, ce visage abattu, cet air pénitent et humilié, tout cela vous fait justice, et vous rend votre gloire: *Et oculi deficientes et anima esuriens dat tibi gloriam et justitiam Domino.*

Et certes, Dieu n'est pas de pire condition que les hommes: si quelqu'un vous avait outragé, s'il vous avait ôté votre bien ou votre honneur, et que, pour toute réparation, il se contentât de ne pas revenir à la charge, seriez-vous bien satisfait? Comment voulez-vous donc que Dieu le soit, si, après l'avoir offensé de mille manières, et par toutes sortes de péchés, votre pénitence se réduit pour tout à ne plus les commettre?

Le péché considéré par rapport à notre âme est appelé très-souvent, dans les Livres saints, une blessure, une plaie; et vous savez que Jésus-Christ compare le pécheur à un homme tombé entre les mains des voleurs qui le dépouillent, le couvrent de plaies, et le laissent à demi mort. Ces voleurs sont vos passions, mon cher paroissien, c'est vous-même qui vous êtes dépouillé de cette belle robe que vous aviez reçue dans le baptême, qui avez blessé votre âme, et lui avez fait autant de plaies que vous avez commis de péchés depuis que vous êtes au monde. Représentez-vous quelqu'un qui, dans un accès de folie ou de frénésie, s'égratigne le visage, se mord les bras, se frappe la tête contre tout ce qui est autour de lui, s'agite et se tourmente de façon qu'il se meurtrit et se fait en plusieurs endroits des blessures très-vives et très-dangereuses: sa folie se passe, il revient à lui, voilà qui est bien; mais voilà des plaies, il faut les panser, y appliquer des remèdes: il n'a fallu qu'un instant pour les faire, il faudra bien du temps pour les guérir.

Le pécheur aveuglé par ses passions, pendant qu'il s'agite et se tourmente pour les contenter, blesse son âme de mille manières, ajoute plaies sur plaies; les mauvais désirs sur les mauvaises pensées, les actions criminelles sur les mauvais désirs, les impudicités sur l'ivrognerie, les calomnies sur la vengeance, les usures sur l'avarice, les imprécations sur les jurements, les blasphèmes sur les imprécations, que sais-je? dès qu'une fois on a perdu le ciel de vue, et qu'on ne pense plus à son salut, on donne, sans réflexion, dans tout ce que la passion inspire; on se heurte, on se blesse contre tout ce qui se présente.

Mais enfin après certain temps, le pécheur ouvre les yeux, il rentre en lui-même: je veux me convertir et changer de vie; il se confesse, reçoit l'absolution, et moyennant quelques prières, peut-être quelques jeûnes, ou quelques aumônes qu'on lui a ordonnées, cette espèce de pénitence une fois faite, il se croit quitte de ses péchés, il n'y pense plus, et il vit tranquille. Abus, mon cher enfant, abus. Les plaies que nous faisons à notre âme ne se guérissent point à si peu de frais; les vôtres saignent encore, elles ne sont pas fermées, elles ne se fermeront jamais, si vous n'y appliquez les remèdes de la mortification chrétienne.

La pénitence, dit le saint concile de Trente, est un baptême laborieux. Si la vôtre n'a rien de pénible, si vous oubliez vos péchés presqu'aussitôt que vous en avez reçu l'absolution, c'est une pénitence fausse, et une conversion plâtrée. N'est-ce pas là ce qui a fait dire à saint Ambroise, que quoiqu'il soit rare de trouver des chrétiens qui conservent leur innocence baptismale, il est encore plus rare d'en trouver qui la réparent après l'avoir perdue. Comment donc? Est-ce que nous ne voyons pas tous les jours des gens qui se confessent, qui accomplissent la pénitence que le prêtre leur impose, et même qui ne commettent plus les péchés qu'ils commettaient ci-devant? Oui, sans doute; mais il y en a peu qui, à l'exemple de David, les aient toujours devant les yeux pour en gémir, pour les pleurer, et en faire pénitence jusqu'à la fin de leur vie: c'est-à-dire qu'il y a peu de vrais pénitents, et que les conversions parfaites sont très-rares.

Ne soyez jamais sans crainte, dit le Saint-Esprit, *pour les péchés dont vous croyez avoir obtenu le pardon.* S'il faut toujours craindre pour les péchés dont on s'est accusé, dont on a reçu l'absolution, quand même on serait assuré du pardon, il ne faut donc jamais les oublier; il faut donc y penser toute la vie: et pourquoi? sinon pour en gémir toujours, et en faire toujours pénitence. Il ne suffit donc pas de s'en confesser, et de ne plus les commettre.

Enfin le péché considéré en lui-même est une action, une parole, un désir, un manquement contraire à la loi de Dieu. Or, quiconque agit contre la loi, est coupable; quiconque est coupable, mérite d'être puni. Et si Dieu ne punissait point les mauvaises actions, il serait aussi injuste que s'il ne récompensait pas les bonnes: c'est la réflexion de saint Basile. (*De judic. Dei.*) Lorsqu'il nous pardonne nos péchés, il change la peine éternelle qui leur était due, en une peine temporelle, et ne nous pardonne qu'à condition que nous subirons cette peine dont il ne peut pas nous dispenser, parce qu'il est essentiellement et souverainement juste, et qu'il ne saurait *se manquer à lui-même;* de sorte que la peine due à nos péchés est comme une dette que nous avons contractée envers cette justice éternelle, et qui ne peut être acquittée que par les œuvres de la pénitence, jointes aux mérites de Jésus-Christ, sans lequel nous ne pouvons rien faire qui soit méritoire devant Dieu.

Que les pécheurs ne s'imaginent donc pas, dit là-dessus saint Grégoire (*Pastor.*, part. III), que leurs péchés sont expiés, s'ils se contentent de ne plus les commettre: pour effacer ce qui est écrit, il ne suffit pas de ne plus écrire; et pour payer les dettes que l'on a contractées, il ne suffit point de ne pas en contracter de nouvelles.

Je finis tout ceci, mes chers paroissiens, par la réflexion que je faisais tout à l'heure: si au lieu de vous faire sentir la nécessité de la pénitence, je vous disais : Mon cher enfant, n'ayez aucune inquiétude sur les péchés de votre vie passée ; vous vous en êtes confessé, cela suffit, et il est inutile d'y penser davantage. Il est vrai que vous vous êtes révolté contre Dieu, et que vous l'avez déshonoré de mille manières par toutes sortes de péchés ; mais pourvu que vous ne les commettiez plus, il ne demande pas d'autre réparation. Il est vrai que vous avez fait à votre âme des plaies bien dangereuses ; mais pour les guérir, c'est assez de ne pas lui en faire de nouvelles. Il est vrai que vous avez contracté des dettes immenses envers la justice divine; mais pour les acquitter il suffit de ne pas vous endetter davantage Que diriez-vous, si je vous parlais ainsi ? Notre pasteur est bien relâché, il ne prêche pas comme les autres, et nous trouvons dans tous les livres de piété le contraire de ce qu'il nous enseigne. Cet homme-là nous trompe, il se trompe lui-même, ne nous y fions pas.

Chose étrange, mes frères : on veut que nous prêchions la vérité sans en rien rabattre, et lorsque nous la prêchons telle qu'elle est, on la trouve dure, effrayante, impraticable. Essayons donc de l'adoucir sans la blesser; et, après avoir montré la nécessité indispensable de la pénitence, voyons une manière de la faire qui n'ait rien de trop effrayant, qui ne puisse rebuter personne, et qui soit à la portée de tout le monde.

SECONDE RÉFLEXION.

Premièrement, réglez votre intérieur et votre extérieur, de sorte que vous fassiez servir aux bonnes œuvres toutes les facultés de votre âme et toutes les parties de votre corps qui ont servi au péché. C'est l'apôtre saint Paul qui nous enseigne cette manière de faire pénitence. Considérez-vous donc, mon cher enfant, avec la plus grande attention; descendez dans votre cœur, examinez vos pensées, vos désirs, vos actions, toute votre vie ; et vous verrez que vos yeux, vos oreilles, votre bouche, votre langue, vos pieds, vos mains, votre esprit, votre cœur, votre imagination, votre mémoire, tous les membres de votre corps, et toutes les puissances de votre âme, se sont réunis, se sont entendus et accordés entre eux pour offenser Dieu, qu'ils vous ont servi tour à tour et quelquefois tous ensemble, à commettre mille péchés.

Combien de regards impudiques! combien de regards de vanité! combien de regards de jalousie, de vengeance, de fureur! Misérables yeux, qui non-seulement avez été la porte par où le péché est entré dans mon âme, mais qui avez été comme un miroir dans lequel on a vu l'image des passions différentes dont j'étais agité, vous ne vous ouvrirez plus que pour annoncer la pudeur, la modestie, la douceur, le recueillement; et par là vous expierez mon air évaporé, ma dissipation, ma vivacité, mon orgueil, dont vous avez été si souvent les interprètes.

Cette bouche, cette langue qui ont servi à la sensualité, à l'ivrognerie, à la médisance, à l'impureté, à la colère ; cette bouche et cette langue, dont je me suis servi pour me perdre, je ne m'en servirai plus que pour me sauver; mon exactitude à observer les jeûnes commandés par l'Eglise, et d'autres que je m'imposerai moi-même, suivant mon état et mes forces; ma sobriété, ma retenue dans mes repas, expieront ma gourmandise et mes excès. Je dirai du bien de mes ennemis, je serai réservé dans mes discours, je garderai le silence lorsque j'aurais du plaisir à parler, je ne chanterai que les louanges de Dieu, je prierai souvent, et de cette manière j'expierai les péchés que j'ai commis par la langue.

Malheureuses mains! qui avez servi à l'avarice, aux vols, aux usures, à la vengeance, aux libertés déshonnêtes, à des actions honteuses, vous servirez à la restitution, à l'aumône, à toutes les œuvres de charité que je pourrai pratiquer dans mon état; vous travaillerez, et votre travail sera ma pénitence; je vous élèverai vers le ciel, pour exprimer les désirs de mon cœur; vous frapperez ma poitrine en signe de mon repentir ; vous serez pendant mes prières dans une posture qui marque la dévotion, la ferveur, la pénitence; vous serez en tout temps et en tout lieu, ainsi que tout mon corps, dans une attitude pleine de modestie, de décence et de retenue.

Mon esprit qui n'a été occupé jusqu'ici que de mes affaires, de pensées frivoles, criminelles ou inutiles, sera tout rempli de la pensée de mon salut, et des moyens de travailler à la sanctification de mon âme. Je mortifierai mon imagination, en me représentant les supplices affreux de l'enfer; je mortifierai ma mémoire par le souvenir des péchés que j'ai en horreur, et qui me couvrent de honte; je mortifierai mon cœur, non-seulement en étouffant les désirs qui pourraient le corrompre, mais en détruisant toutes les affections, toutes les attaches qui affaiblissent la dévotion, et refroidissent la charité; je porterai ainsi dans moi-même la mortification de Jésus-Christ en faisant servir aux bonnes œuvres tout ce qui, dans mon corps ou dans mon âme, servait ci-devant à l'iniquité.

Voilà, mes chers paroissiens, ce qu'on appelle faire pénitence, appliquer le remède sur le mal, se punir par où l'on a péché; de sorte que tout ce qui a servi à faire le mal, serve à le réparer par la pratique des bonnes œuvres.

Ajoutez à cela une résignation entière à la volonté de Dieu, dans tout ce qui vous arrive de fâcheux; souffrez patiemment en esprit de pénitence, les peines, les mortifications, les incommodités, toutes les misères de cette vie, et vous serez un vrai pénitent. La miséricorde de Dieu est si grande, dit le saint concile de Trente, que nous pouvons satisfaire à sa justice, non-seulement par les œuvres que les confesseurs nous imposent, ou que nous nous imposons nous-mêmes ; mais encore par les fléaux, les disgrâces, les afflictions auxquels tous les hommes sont exposés, et par toutes les misères qui sont attachées à la condition humaine.

Vous avez des ennemis qui déchirent votre

réputation, qui troublent votre repos, qui pillent votre bien, qui ruinent votre famille; un faux ami qui vous trahit, ou vous abandonne; un parent qui vous déshonore; un voisin qui vous chicane; une femme qui vous déplaît; un mari qui vous désole; des enfants qui vous affligent : voilà votre pénitence. La grêle a vendangé vos vignes, la sécheresse a brûlé vos moissons, les insectes ont dévoré vos fruits, la maladie a ravagé vos troupeaux, la mort a enlevé des personnes qui vous étaient chères; c'est une banqueroute qui vous a ruiné, c'est une longue maladie ou d'autres accidents qui vous ont épuisé; ce sont des infirmités qui vous accablent, des chagrins qui vous rongent : voilà votre pénitence. Ce sont les devoirs et les occupations de votre état qui vous tiennent continuellement en haleine, un travail qui vous tue, des voyages qui vous fatiguent, des courses qu'il faut faire, des nuits qu'il faut passer, des gens difficiles, des caractères bourrus, des esprits méchants, des humeurs insupportables à qui vous avez affaire; voilà votre pénitence. La faim, la soif, la nudité, le froid, le chaud, les mauvaises odeurs, tout ce qui déplaît, tout ce qui répugne, tout ce qui mortifie dans les plus petites choses comme dans les plus grandes; voilà votre pénitence : si vous la faites de bon cœur, vous deviendrez un saint.

Et pourquoi ne la feriez-vous pas? D'abord, vous êtes assuré qu'en l'acceptant, vous satisfaites pleinement à Dieu, puisque c'est lui-même qui la choisit et qui vous la donne. Couvrez-vous d'un cilice, jeûnez au pain et à l'eau, couchez sur la dure, pratiquez toutes sortes d'austérités; cela est très-beau et très-édifiant; mais il peut arriver que dans tout cela on se cherche soi-même et qu'au lieu de faire la volonté de Dieu on ne fasse que sa propre volonté. J'ai connu des personnes qui se seraient fait un plus grand scrupule de manquer à leurs jeûnes de dévotion qu'aux jeûnes commandés par l'Eglise. J'en ai vu d'autres qui entreprenaient, par un esprit de pénitence, des choses très-difficiles, et qui ne pouvaient souffrir une mauvaise odeur, la maladresse d'un domestique et d'autres misères semblables, sans quelque mouvement d'impatience et de mauvaise humeur. Tant il est vrai que notre propre volonté se trouve toujours mêlée dans les pénitences que nous choisissons nous-mêmes. Celles que Dieu nous choisit n'ont pas le même inconvénient, et nous sommes sûrs qu'elles lui sont agréables; première raison qui doit nous engager à les accepter de bon cœur.

D'un autre côté notre impatience et nos murmures rendront nos peines plus cuisantes au lieu de les adoucir; nous ne souffrirons pas moins et nos souffrances deviendront inutiles. Elles seront semblables en quelque sorte à la pénitence des damnés, qui ne les rend pas meilleurs et ne leur sert de rien, parce qu'ils maudissent éternellement la main qui les frappe.

Faisons donc, comme l'on dit, mes chers enfants, de nécessité vertu; et puisque nous ne saurions nous exempter des peines, des misères, des incommodités de cette malheureuse vie; souffrons-les avec résignation comme venant de la part de Dieu pour nous servir de pénitence. Seigneur, que vous êtes bon, et que les ressources de votre miséricorde sont admirables! je n'ai ni assez de piété, ni assez de courage pour m'imposer à moi-même une pénitence qui ait quelque proportion avec mes péchés; vous m'en avez donné une; que votre saint nom soit béni, je la reçois, je m'y soumets, je la ferai, moyennant le secours de votre grâce, tout le temps de ma vie. Il est vrai qu'elle n'est rien en comparaison de ce que je mérite : mais enfin elle est telle que vous la désirez, ô mon Dieu, puisque c'est vous qui me l'avez choisie.

C'est ainsi, mes chers paroissiens, que chacun dans son état, même au milieu du monde et dans les embarras des plus grandes affaires, peut expier ses péchés par une pénitence qui, à la vérité, n'a rien de singulier ni d'extraordinaire, rien qui soit capable d'effrayer personne, mais qui n'en est pas moins agréable à Dieu. Il faut ajouter à notre honte qu'elle n'en est pas moins rare. Eh! où sont les pénitents qui règlent leur intérieur et leur extérieur de façon que toutes les facultés de leur âme et tous les membres de leur corps qui ont servi au péché, ne servent plus qu'à la justice et aux bonnes œuvres? Où sont les pénitents qui souffrent sans jamais se plaindre, toutes les peines et toutes les incommodités de la vie? Ce sont là cependant, mes frères, les dispositions dans lesquelles tous les pécheurs doivent vivre, et qu'ils doivent conserver jusqu'au dernier soupir. On ne peut rien exiger de moins, et je vous tromperais bien certainement, si je rabattais un mot sur ce que vous venez d'entendre.

Pénétrez-nous, grand Dieu, de la crainte de vos jugements; donnez-nous l'esprit et l'amour de la pénitence. Faites-nous en sentir la nécessité, et ne permettez pas que nous nous aveuglions au point de croire que pour expier nos péchés, il suffit de nous en accuser et de ne plus les commettre. Inspirez-nous le désir, et donnez-nous la force d'accomplir ce qui manque à la Passion de Jésus-Christ, c'est-à-dire, la mortification de notre corps, de notre esprit, de notre cœur; la mortification de l'homme tout entier qui est devenu par le baptême un membre et une portion du corps de Jésus-Christ. Béni soyez-vous, ô mon Dieu, de ce que par un effet de votre infinie miséricorde, vous voulez bien accepter en satisfaction de nos péchés tout ce que nous avons à souffrir dans ce monde, lorsque nous les souffrons avec patience pour l'amour de vous. Soutenez donc notre faiblesse, donnez-nous cette résignation entière et absolue, par laquelle les peines de cette vie deviennent la plus belle pénitence que nous puissions faire, la plus agréable à vos yeux, et la plus propre à effacer nos péchés par les mérites de Jésus-Christ, dont le saint nom soit à jamais béni. Ainsi soit-il.

DISCOURS XVII.

Pour le deuxième Dimanche de Carême.

SUR LA PRIÈRE.

Mulier Chananæa clamavit dicens ei : Miserere mei, Domine, Fili David. (*Matth.*, XV, 22.)

Une femme chananéenne se mit à crier en disant à Jésus : Seigneur, Fils de David, ayez compassion de moi.

Cette prière est courte, mais elle part du cœur; elle est fervente, elle est exaucée. Nous prions souvent, nous disons beaucoup de paroles; mais ce ne sont guère que des paroles qui signifient, la plupart du temps, le contraire de ce que nous avons dans l'âme. On prie par habitude et par routine, sans penser ni à ce que l'on fait, ni à ce que l'on dit; de là vient qu'on est si rarement exaucé, tant pour les choses du Ciel, que pour celles de la terre. *Vous demandez et vous ne recevez point*, dit l'apôtre saint Jacques, *parce que vous demandez mal.* (*Jac.*, VI, 4.)

Il y a trois défauts qui rendent nos prières inutiles, même criminelles devant Dieu. Prier sans préparation; ne pas désirer ce que l'on demande; parler à Dieu d'une façon, et agir d'une autre. Mes chers paroissiens, prenons-y garde. et apprenons aujourd'hui quels doivent être nos sentiments et nos dispositions avant la prière, pendant et après la prière.

PREMIÈRE RÉFLEXION.

Tous les pénitents s'accusent d'avoir eu beaucoup de distractions dans leurs prières; mais il y en a très-peu qui s'accusent d'avoir prié sans préparation. Cependant les distractions et les sécheresses, dont tout le monde se plaint, viennent presque toujours de ce que l'on commence ses prières sans s'y être préparé auparavant. Le laboureur ne sème du grain dans son champ, qu'après avoir préparé la terre. On ne se présente point devant une personne de considération, à qui l'on veut demander quelque grâce, sans avoir pensé à ce qu'on doit lui dire. A plus forte raison ne devons nous pas nous présenter devant Dieu pour le prier, sans nous y être disposés. suivant cette parole du Saint-Esprit: *Préparez votre âme avant la prière, et ne soyez pas comme un homme qui tente Dieu.* (*Eccli.*, XVIII, 23.)

Toutes les fois que je prie, mon pauvre esprit est affaibli de mille idées qui le dissipent, sur mon ménage, mon négoce, les occupations de mon état, sur ce que j'ai fait, sur ce que j'ai à faire. Il me vient alors toutes sortes de pensées mauvaises ou inutiles, qui ne me viendraient point dans un autre temps; il semble que cela soit fait exprès, et que le malin esprit s'en mêle, pour troubler mon imagination, et me distraire par mille fantômes. Que le démon s'en mêle, n'en doutez pas, mon enfant, et soyez bien persuadé qu'il fera tous ses efforts pour vous empêcher de prier avec attention, parce qu'il sait que la prière bien faite est la source de toutes les grâces et de toutes les bénédictions du Ciel. De là vient que les plus justes ont quelquefois beaucoup de peine à rejeter les distractions, Dieu le permettant ainsi pour exercer leur patience; et certes, il en faut une bien grande, pour ne pas se rebuter au milieu de ces distractions et de ces sécheresses; ce n'est pas un petit mérite de passer tout le temps de la prière à les combattre, surtout lorsqu'elles ne viennent point par notre faute, et que nous avons pris les précautions nécessaires pour les prévenir.

Mais est-il bien vrai, mon cher paroissien, que vous n'êtes point distrait par votre faute? Et de bonne foi, comment est-il possible que vous ne soyez point distrait et dissipé dans vos prières, lorsque vous les commencez sans avoir fait aucune réflexion, ni sur la présence de Dieu, à qui vous allez parler, ni sur le besoin que vous avez de sa grâce, ni sur ce que vous voulez lui demander, ni sur ce que vous allez lui dire? Au sortir de vos occupations, peut-être de vos plaisirs, dont vous avez l'imagination toute remplie; au sortir d'une conversation inutile, peut-être criminelle, dont vous avez l'esprit occupé, vous récitez à la hâte, sans aucune attention, ce que vous appelez vos prières; est-il étonnant que vous soyez distrait? Vouloir avec cela prier dévotement et sans distraction, c'est vouloir l'impossible, c'est tenter Dieu. Comment donc faire? Le voici. La chose est toute simple; les plus ignorants et les plus grossiers peuvent la pratiquer comme les autres.

Lorsque vous voulez faire votre prière, retirez-vous à l'écart; éloignez-vous du bruit, prenez de l'eau bénite, mettez-vous à genoux, et, après avoir fait doucement et avec respect le signe de la croix, fermez les yeux, ayez les mains jointes ou les bras croisés, et dans cette posture, avant de commencer votre prière, recueillez-vous un moment, et dites en vous-même : Qui suis-je ? où suis-je ? et que vais-je faire? je suis une pauvre créature qui par elle-même n'a rien, qui par elle-même ne peut rien, qui par elle-même n'est rien. Je suis un homme faible, sujet à toutes sortes de misères et d'infirmités, sujet à beaucoup de passions, exposé à mille tentations et à mille dangers. Je suis un malheureux pécheur, coupable de plus de péchés que je n'ai de cheveux à la tête; je suis un criminel, condamné à l'enfer, et l'enfer sera mon partage, si Dieu n'a pitié de moi, et ne me fait miséricorde.

Mais où suis-je donc ici? Je suis en la présence de mon Créateur et de mon maître, en la présence de celui devant qui les anges tremblent, et qui d'un seul mot peut me faire rentrer tout à l'heure dans la poussière d'où je suis sorti. C'est lui qui a créé mon esprit, et qui connaît mieux que moi toutes mes pensées. Il a formé mon cœur, il connaît tous mes désirs, et il aperçoit jusqu'aux mouvements les plus imperceptibles de mon âme. Ses yeux, à qui rien n'est caché, sont ouverts sur moi; ses oreilles sont attentives à mes paroles. Je ne saurais le voir, ni l'entendre, ni le toucher, parce qu'étant un pur esprit, il n'a rien qui tombe sous les sens; mais il me voit, il m'entend, et c'est en lui que j'ai l'être, le mouvement et la vie. Me voici donc prosterné en sa présence, et pourquoi?

Pour reconnaître et confesser qu'il a tout, et que je n'ai rien que par lui; qu'il peut tout, et que je ne puis rien sans lui; qu'il est tout, et que je ne suis rien que par lui; qu'à lui seul appartient l'honneur, la louange, la puissance, la gloire. Je viens l'adorer, lui rendre les hommages qu'une créature doit à son Créateur, un enfant à son père, un serviteur à son maître. Je viens lui rendre mille actions de grâces pour tous les biens dont il m'a comblé dès le moment que j'ai été conçu dans le sein de ma mère; le remercier de m'avoir fait naître dans la véritable religion; de m'avoir conservé jusqu'à ce moment; d'avoir pourvu aux besoins de mon corps et de mon âme; de ne m'avoir pas précipité dans les enfers, comme je l'ai mérité tant de fois, depuis que je suis au monde. Je viens lui demander pardon de tous les péchés que j'ai commis, de ceux que je ne cesse, hélas! de commettre tous les jours de ma vie; le conjurer par le sang de Jésus-Christ mon Sauveur, de ne pas me traiter suivant mes mérites, mais d'avoir compassion de moi dans toute l'étendue de sa miséricorde.

Je viens lui offrir mon esprit et toutes mes pensées; mon cœur et tous mes désirs; mon âme, mon corps, mes biens, ma santé, ma vie; tout cela lui appartient; je viens le lui offrir et lui en faire le sacrifice. Je viens protester à ses pieds que je veux l'aimer par-dessus tout, que je ne veux rien aimer qu'en lui, et par rapport à lui; ou plutôt je viens lui demander qu'il me remplisse de sa crainte, qu'il m'embrase de son amour; parce que de moi-même je ne suis pas capable d'avoir aucun bon sentiment, aucune bonne pensée, pas même de prononcer son saint nom d'une manière qui lui soit agréable.

Voilà donc ce que je vais faire. Parler à mon Dieu, converser avec lui, moi qui ne suis que cendre et poussière; moi vile et indigne créature, je vais parler à mon Dieu; tout grand, tout puissant qu'il est, il veut bien le souffrir, et se rendre attentif à ma prière.

Oui: parce que je ne parle point et ne prie point en mon nom, mais au nom de Jésus-Christ son Fils. Mes adorations, mes offrandes, mes actions de grâces, toutes mes prières ne peuvent être agréables à Dieu qu'autant qu'elles sont faites au nom de Jésus-Christ. C'est donc lui-même qui va prier par ma bouche, ou plutôt Jésus-Christ est la bouche par laquelle je parle à Dieu et lui adresse mes prières, suivant la belle pensée de saint Ambroise: ***Os nostrum per quod Patri loquimur.*** (***De Isaac.***, cap. 8.) Mais si je prie au nom de Jésus-Christ, je prie donc au nom de tous les fidèles qui composent le corps mystique de Jésus-Christ; je ne prie donc pas pour moi seul, mais pour tout le corps et au nom de tout le corps des fidèles qui sont ainsi que moi les membres de Jésus-Christ, notre chef, par la bouche duquel je prie. Oh! que la prière d'un chrétien est donc quelque chose de grand et d'admirable! lorsqu'un chrétien prie comme il doit prier, c'est Jésus-Christ qui prie; c'est un membre de l'Église qui prie au nom et par la bouche de Jésus-Christ qui est le chef de l'Église.

Enfin si je prie au nom de Jésus-Christ, je ne dois donc demander que des choses qui puissent être utiles à mon salut, parce que Jésus-Christ n'a prié et ne prie que pour mon salut. Je pourrai bien demander quelque grâce temporelle, mais je ne dois la désirer que par rapport à mon salut, et prier Dieu qu'il me la refuse, s'il prévoit qu'elle puisse être nuisible à mon salut; autrement, je ne prierais plus au nom de Jésus-Christ, et dès lors *ma prière se tournerait en péché.* (S. August., *in Psal.* CVIII.)

Voilà, mes chers paroissiens, les pensées qui doivent occuper notre esprit, et les dispositions où nous devons être lorsque nous nous mettons en devoir de prier. Me voici devant cette majesté redoutable qui voit tout, qui sait tout, qui remplit le ciel et la terre. Ce n'est point à un homme que je vais parler, c'est à Dieu; moi ver de terre, moi pécheur indigne, je vais parler à Dieu, et lui parler au nom de Jésus-Christ et par Jésus-Christ. Oh! qu'elle est grande, qu'elle est respectable l'action que je vais faire. Seigneur, éclairez mon âme; remplissez-moi de votre esprit; mettez dans mon cœur des sentiments, et dans ma bouche des paroles qui soient dignes de vous.

SECONDE RÉFLEXION.

Après cette préparation, commencez vos prières; et soit que vous les récitiez par cœur, soit que vous lisiez dans un livre, prenez garde à ce que vous dites; voyez si vos sentiments s'accordent avec vos paroles; et souvenez-vous que c'est insulter à Dieu, et non le prier, que de lui dire une chose et d'en penser une autre. Si votre cœur ne désire point ce que votre bouche demande, vous parlez et vous mentez; mais vous ne priez point.

La plus belle de toutes les prières est celle que Jésus-Christ nous a lui-même enseignée, que nous appelons pour cette raison, l'Oraison Dominicale ou la *Prière du Seigneur*, et qui renferme en abrégé toutes les demandes que nous pouvons raisonnablement faire à Dieu, soit pour ce monde-ci, soit pour l'autre. Vous la récitez tous les jours, mon cher enfant, cette belle prière; vous la récitez soir et matin, et très-souvent plusieurs fois de suite: vous demandez de grandes choses; mais les demandez-vous sérieusement?

Désirez-vous de tout votre cœur que le nom de Dieu soit sanctifié; que tous les hommes le connaissent, l'honorent, le bénissent; que son royaume arrive, c'est-à-dire que le règne de la vérité, de la piété, s'étende et s'établisse de plus en plus par toute la terre? que Jésus-Christ règne sur tous les cœurs par la grâce, qu'il soit adoré, servi, aimé partout, et en particulier dans votre paroisse, dans votre maison, et dans votre famille? Y contribuez-vous en tout ce qui est de votre pouvoir? cherchez-vous les occasions de procurer la gloire de Dieu, ou tout au moins en profitez-vous avec joie, lorsqu'elles se présentent! Qu'avez-vous fait? qu'avez-vous entrepris? qu'avez-vous désiré de faire pour la gloire de Dieu, depuis trente et quarante ans que vous dites soir et matin : Seigneur, que votre nom soit sanctifié, que votre règne arrive?

En demandant que sa volonté soit faite sur la terre comme dans le ciel, n'avez-vous pas vous-même une volonté contraire à la sienne? Sa volonté est que vous travailliez à la sanctification de votre âme; que la sanctification de votre âme vous occupe plus que toute autre chose, et que tout ce que vous pouvez faire d'ailleurs se rapporte à la sanctification de votre âme. Sa volonté est que vous soyez pauvre, que vous soyez malade, que vous soyez affligé, que vous soyez humilié, que rien ne vous réussisse : est-ce de bon cœur que vous dites dans ces occasions : Seigneur, que votre volonté soit faite? Ne voudriez-vous pas au contraire qu'elle ne se fît point, toutes les fois qu'elle ne s'accorde pas avec vos inclinations et vos désirs?

Lorsque vous demandez votre pain quotidien, ne bornez-vous pas vos vues aux besoins de votre corps, sans penser aux besoins de votre âme, qui est la portion la plus précieuse de vous-même, que vous devez nourrir avec plus de soin que votre corps, et la nourrir avec le pain de la grâce, avec le pain de la parole de Dieu, avec le pain vivant descendu du ciel, Jésus-Christ dans le Sacrement adorable de l'Eucharistie? Est-ce là le pain que vous demandez, que vous désirez, que vous cherchez, lorsque vous dites : Seigneur, donnez-nous notre pain quotidien?

Mais parlez-vous sérieusement, et seriez-vous bien aise que Dieu vous prît au mot, lorsque vous le priez de vous pardonner vos offenses, comme vous pardonnez vous-même à ceux qui vous ont offensé? seriez-vous bien aise qu'il vous pardonne à condition qu'il n'oubliera pas vos péchés, qu'il s'en vengera tôt ou tard, qu'il ne voudra jamais vous voir? car c'est ainsi que les hommes se pardonnent ordinairement les uns aux autres.

Lorsque vous demandez à Dieu qu'il vous préserve de la tentation, n'êtes-vous pas dans le dessein de vous y exposer vous-même? Et ne conservez vous pas une attache secrète pour le mal, lorsque vous priez Dieu de vous délivrer du mal? Mon enfant, interrogez votre conscience; examinez-vous bien sur tous ces points, et voyez si votre cœur ne dément point vos paroles, quand vous récitez votre *Pater*. Car alors ce ne serait plus une prière, ce serait une dérision et une insulte.

Mais si vous désirez sincèrement d'obtenir les grâces que vous demandez à Dieu dans vos prières, comment peut-il se faire que vous les demandiez si froidement? Si vous avez la dévotion dans le cœur, comment peut-il se faire que l'indévotion, le dégoût, la dissipation, l'ennui soient peints sur votre visage et dans tout votre extérieur? Regarder çà et là, bâiller d'une manière indécente, s'appuyer nonchalamment, chercher des postures commodes, interrompre quelquefois sa prière pour un rien, parler avec précipitation sans s'écouter, sans faire attention à ce que l'on dit; courir à la fin où l'on voudrait être dès qu'on a commencé; regarder la prière comme une tâche incommode à laquelle on ne veut pas manquer, mais qu'on remplit de mauvaise grâce, comme si l'on n'y avait aucun intérêt; de bonne foi, mes chers paroissiens, est-ce ainsi que l'on prie, quand le cœur désire véritablement ce que la bouche demande?

Lorsque nous prions, dit saint Augustin, nous sommes comme des pauvres mendiants devant la porte du grand père de famille, Jésus Christ. (Serm. 15, *De verb. Dom.*) Voyez un pauvre qui demande l'aumône : son regard, ses gestes, le ton de sa voix, la manière pathétique et touchante avec laquelle il expose ses besoins, ses infirmités, sa misère, tout cela exprime le désir qu'il a d'obtenir ce qu'il demande. Vous-même, lorsque vous allez trouver une personne pour lui demander quelque service, dans une occasion pressante, n'êtes-vous pas tout occupé de ce que vous avez à lui dire et de ce qu'elle vous répondra? Vous avez les yeux fixés sur elle; vous parlez posément et honnêtement; vous ne pensez à autre chose. Si on vous refuse, vous insistez; et plus votre besoin est pressant, plus vous êtes pressant vous-même. Ah! que vous seriez dévot, si vous priiez comme vous priez les hommes, lorsque vous avez besoin de leur secours!

Mais il faut vous rendre justice : il y a certaines occasions où vous priez avec ferveur : lorsque vous vous trouvez exposé à quelque grand danger de perdre vos biens ou votre vie; lorsque n'ayant d'autre ressource que la Providence, vous vous adressez à elle, dans quelque malheur qui vous arrive, vous priez dévotement et de bon cœur; vous levez les yeux au ciel, vous avez les mains jointes, vous poussez de grands soupirs. Eh! mon Dieu, mon Dieu, prenez donc pitié de moi, mon bon Sauveur, venez à mon aide, je n'ai d'espérance qu'en vous! Pourquoi dans ces occasions votre prière est-elle si fervente? c'est qu'elle part du cœur, c'est que le cœur désire ardemment ce que la bouche demande. Delà vient que vous prenez de votre côté toutes les mesures qui sont en votre pouvoir, soit pour prévenir le malheur qui vous menace, soit pour vous tirer du danger et de l'embarras où vous êtes, et vous procurer les secours que vous demandez à Dieu. Votre conduite alors s'accorde avec votre prière; au lieu que quand il s'agit des choses du ciel, et des besoins de votre âme, vous priez d'une façon et vous agissez d'une autre; par où il est aisé de voir que vos prières ne sont la plupart du temps qu'une pure routine, et que vous ne vous souciez guère d'obtenir des grâces que vous demandez seulement du bout des lèvres, et même très-souvent sans y penser. Pour vous en convaincre, il n'y a qu'à comparer votre vie avec vos prières ; examinons les choses de près, et parlons si familièrement, que tous ceux qui ont des oreilles puissent nous entendre.

TROISIÈME RÉFLEXION.

La prière que vous faites tous les jours est composée de l'Oraison Dominicale, dont nous parlions tout à l'heure, du Symbole des apôtres, de la confession des péchés ; à quoi vous ajoutez des actes d'adoration, d'amour, d'espérance, d'offrande, de remercîment ; et je sais que la plupart d'entre vous finissent par réciter les commandements de Dieu et de l'Eglise.

A juger de vos sentiments et de votre conduite par le langage que vous tenez dans vos prières, on vous prendrait, mon cher enfant, pour un parfait chrétien. Vous demandez que le nom de Dieu soit sanctifié, que son règne arrive, que sa volonté soit faite ; quoi de plus beau et de plus édifiant? Mais, au lieu de le sanctifier vous-même, ce nom adorable, vous le déshonorez par des jurements, des imprécations, par des discours contraires à la charité ou à la pudeur ; vous êtes cause que les autres le déshonorent, et cela par vos mauvais conseils, vos mauvais exemples, vos scandales. Au lieu de faire régner Jésus-Christ dans votre cœur, vous y faites régner le démon, à qui vous obéissez et dont vous faites les œuvres : le démon de l'ivrognerie, le démon de l'impudicité, l'amour des richesses qui sont votre roi, votre dieu, votre tout.

Vous dites : Seigneur que votre volonté soit faite, pendant que vous voulez mille choses qu'il ne veut pas, et que vous ne voulez presque rien de ce qu'il veut ; pendant que vous êtes sans soumission, sans patience, sans résignation dans les peines que vous souffrez, et les malheurs qui vous arrivent.

Vous demandez votre pain quotidien, et vous faites servir à votre damnation les biens que la Providence vous envoie. Vous demandez votre pain quotidien, et vous mangez au cabaret dans un jour de quoi nourrir votre famille une semaine. Vos greniers sont pleins, vous avez de l'or et de l'argent dans vos coffres, pendant que les pauvres meurent de faim à votre porte ; et vous demandez votre pain quotidien ! Vous ne travaillez point, vous n'êtes utile à personne, vous vivez dans l'oisiveté, quoique vous soyez condamné comme les autres à manger votre pain à la sueur de votre front; et vous demandez votre pain quotidien, pendant que l'Apôtre nous dit (II *Thess.*, III, 10) que celui qui ne travaille point, ne doit pas manger!

Vous ajoutez ensuite : pardonnez-nous comme nous pardonnons, et vous êtes rempli de fiel contre vos ennemis ; préservez-nous de la tentation ; et vous vous y exposez, vous la cherchez ; délivrez-nous du mal, et le seul mal qui soit à craindre, je veux dire le péché, est celui que vous craignez le moins, ou que vous ne craignez pas du tout. Délivrez-nous du mal ; et vous conservez tranquillement une année entière, dix péchés mortels sur votre conscience. Que faites-vous donc? à quoi pensez-vous? Qu'est-ce que vous dites en récitant soir et matin cette divine prière, pendant que vos actions contredisent toutes les demandes qu'elle renferme ?

Je crois en Dieu le Père tout-puissant ; je crois en Jésus-Christ son Fils qui est né, qui a souffert, qui est mort ; je crois au Saint-Esprit, à la sainte Eglise catholique, apostolique et romaine, et le reste. O la belle profession de foi ! mais si vous croyez en Dieu, pourquoi vous arrive-t-il si souvent de penser et d'agir comme s'il n'y en avait point? S'il est votre Dieu, votre Seigneur et votre Maître, où est donc l'honneur que vous lui rendez? Où est le respect, où est la crainte, où est l'obéissance que vous lui devez? Et s'il est votre père, où est votre amour, où est la confiance que vous avez en lui? Si vous croyez en Jésus-Christ, pourquoi suivez-vous les maximes du monde, plutôt que l'Evangile? Pourquoi ne profitez-vous pas de tant de grâces qui sont le prix du sang de Jésus-Christ? Vous croyez au Saint-Esprit et à l'Eglise qui est son organe, pourquoi donc écoutez-vous des fables et des nouveautés profanes, au lieu d'écouter l'Eglise qui vous enseigne par la bouche des pasteurs? Vous dites soir et matin *je crois, je crois*. Eh ! de quoi vous servira de croire, si vous vivez comme ne croyant point?

Après cela, vous vous confessez, vous protestez devant Dieu, la sainte Vierge et tous les saints, que vous avez péché, et grandement péché ; vous ajoutez en frappant votre poitrine, que c'est votre faute, et votre grande faute. Vous suppliez instamment la bienheureuse Vierge et tous les saints de prier Dieu pour vous, afin qu'il vous fasse miséricorde ; cela est beau ; mais qu'est-ce que cela signifie, si, en frappant votre poitrine, vous conservez l'amour du péché dans le cœur? Si vous ne faites aucune pénitence de ceux que vous avez commis ; si vous ne prenez aucune précaution pour ne plus les commettre? A quoi vous sert d'invoquer la sainte Vierge et les saints, si vous marchez toujours dans un chemin tout opposé à celui qu'ils ont tenu pendant qu'ils étaient sur la terre, et qui les a conduits à la vie éternelle?

Vous récitez des actes d'adoration ; et vous faites un Dieu de vos richesses, de votre ventre, de vos plaisirs ; des actes de remercîment, et vous ne donnez à Dieu aucune marque de reconnaissance. Vous offrez votre cœur à Dieu ; et vous le donnez tout entier à vos passions. Votre bouche dit, mon Dieu, je vous aime, et vos actions disent encore mieux que vous ne l'aimez pas. Voyez, mon cher paroissien, voyez quelle contradiction entre la vie que vous menez, et les prières que vous faites.

C'est une habitude très-louable de terminer la prière du soir et du matin en récitant avec respect les commandements de Dieu et de l'Eglise. Mais celui qui les récite sans se mettre d'ailleurs en peine de les pratiquer, récite vraiment l'arrêt de sa condamnation:

Lorsque vous entendez dire à un impudique par exemple : *Impud que point ne seras ;* à un usurier : *Le bien d'autrui tu ne prendras ;* à celui qui ne sanctifie pas le dimanche : *Le dimanche tu sanctifieras,* et ainsi des autres ; ne prononcent-ils pas leur jugement et leur condamnation ?

De tout cela, mes chers paroissiens, il suit que, comme il est impossible de bien vivre sans bien prier, parce que nous ne pouvons rien sans la grâce, il est impossible aussi de bien prier quand on ne mène pas, ou qu'on ne désire point mener une vie chrétienne. Nous vivons mal, parce que nous prions mal ; et d'un autre côté, nous prions mal, parce que nous vivons mal.

Mes chers enfants, au nom de Dieu, je vous en conjure par les entrailles de Jésus-Christ et par le salut de votre âme, prenez donc garde aux prières que vous adressez à Dieu ; faites attention à ce qu'elles signifient. Elles renferment ce que nous croyons, ce que nous espérons ; ce que nous devons désirer, ce que nous devons faire pour gagner le ciel ; elles sont la règle de notre vie ; et lorsque vous les réciterez avec toute l'attention qu'elles méritent, vous y apprendrez encore mieux que dans nos instructions, et le bien que vous devez faire, et le mal que vous devez fuir ; vous y trouverez les grâces les plus abondantes, vous y puiserez les plus douces consolations.

Ne commencez donc jamais vos prières sans vous y être préparés auparavant, sans vous être bien pénétrés de la présence de Dieu qui vous voit, qui vous écoute, et qui connaît vos plus secrètes pensées. Souvenez-vous qu'il n'est pas possible de le tromper ; et que s'il découvre au fond de votre cœur le contraire de ce qui est dans votre bouche, votre prière, au lieu de l'honorer, le déshonore ; au lieu de l'apaiser, l'irrite ; au lieu d'être une bonne œuvre, est un péché ; de sorte que vous serez plus coupable après l'avoir faite, que vous ne l'étiez en la commençant.

Je suis rempli de confusion, ô mon Dieu, toutes les fois que je pense à la manière dont je vous ai prié jusqu'à présent ; et j'ai tout lieu de craindre que mes prières au lieu d'avoir attiré votre miséricorde, n'aient mérité que votre colère. Mon Sauveur, mon adorable Sauveur, apprenez-moi vous-même à prier. Faites que je ne me présente jamais devant vous sans avoir préparé mon âme, sans avoir réfléchi sur ce que je vais faire, sans m'être bien pénétré de votre puissance et de ma faiblesse, de votre grandeur et de mon néant. Éclairez mon esprit pendant mes prières ; éloignez-en toutes les idées qui l'embarrassent et le dissipent. Que dans ce moment, il soit occupé de vous seul ; de vous seul, ô mon Dieu, qui devriez occuper et remplir tous les instants de ma vie. Échauffez mon cœur pendant mes prières, formez-y par les opérations ineffables de votre grâce, les sentiments de piété, les bons désirs, les gémissements intérieurs d'une âme qui vous aime et qui soupire après vous. Que mon cœur désire véritablement ce que ma bouche vous demande ; que mes actions répondent à mes prières, et que la manière dont je vous servirai, ne soit pas contraire aux paroles que je vous adresse. Que je vous adore en esprit et en vérité ; que je vous aime, que je vous cherche, que je vous trouve, que je m'attache inviolablement à vous, et qu'enfin je vous possède éternellement dans le ciel. Ainsi soit-il.

DISCOURS XVIII.

Pour le troisième Dimanche de Carême.

SUR LA MÉDISANCE ET LES JUGEMENTS TÉMÉRAIRES.

In Beelzebub principe dæmoniorum ejicit dæmonia. (*Luc.*, XI, 15.)

Il chasse les démons par Béelzébub le prince des démons.

Voilà donc jusqu'où va la noirceur des Pharisiens, ces hommes abominables, à qui la doctrine, la sainteté, la personne même de Jésus-Christ sont tellement à charge, qu'ils ne peuvent plus ni le souffrir, ni le voir, ni l'entendre ! Comme il leur était impossible de nier la vérité de ses miracles, qui étaient connus de tout le monde, ils ne rougissent pas d'avancer qu'il les fait par la puissance du diable ; qu'il chasse les démons par Béelzébub qui en est le chef ; et, dans une autre occasion, ils osent lui dire en face qu'il est lui-même possédé du démon. C'est ainsi qu'à force de répandre dans Jérusalem tout ce que la malice et la haine la plus envenimée sont capables de leur inspirer contre Jésus-Christ, ils viennent enfin à bout de rendre sa doctrine suspecte et sa personne odieuse au point que ce même peuple, qui l'avait reçu trois jours auparavant avec des bénédictions et des cris de joie, demande qu'on le lui ôte de devant les yeux et qu'on le crucifie.

Hélas ! hélas ! cette malice qui animait les Juifs contre le Sauveur du monde, anime les hommes les uns contre les autres. Critiquer, juger, déchirer, noircir, condamner le prochain ; voilà quelle est la malheureuse occupation d'un grand nombre de personnes ; voilà de tous les vices le plus commun et le plus universellement répandu. Vice infâme qu'on ne saurait assez détester, et contre lequel un pasteur ne peut jamais s'élever avec trop de force ! Puissé-je, mes chers paroissiens, vous inspirer toute l'horreur qu'il mérite en vous faisant remarquer combien il est odieux, combien les suites en sont terribles, combien il est dangereux de fréquenter les personnes qui y sont sujettes.

PREMIÈRE RÉFLEXION.

Quand même l'Esprit-Saint n'aurait pas dit en propres termes que les médisants sont *l'abomination des hommes* (*Prov.*, XXIV, 9), et que celui qui parle à tort et à travers sur le compte du prochain, est *un homme maudit* (*Eccli.*, XXVIII, 15), les seules lumières de la raison suffiraient pour nous faire connaître la bassesse, l'injustice, la noirceur d'un caractère qui se plaît à critiquer et à médire.

Qu' y a-t-il en effet de plus bas et de plus indigne d'un honnête homme, que de se rendre soi-même l'accusateur de son semblable, sans autre motif que le plaisir d'en dire du mal? Lorsqu'un homme d'honneur est appelé en justice, et qu'il est forcé d'y comparaître pour servir de témoin contre quelqu'un, il n'y va qu'à regret, il ne parle qu'à mesure qu'on l'interroge, il ne dit que ce qu'il fait, et dont il est bien certain pour l'avoir vu ou entendu; il le dit sans aigreur, sans exagération, sans malice, et seulement parce qu'il y est obligé. Il souffre intérieurement, il voudrait pouvoir justifier la personne accusée devant le juge. Et vous, mon cher enfant, sans que rien vous y oblige, contre la loi de Dieu et de la nature qui vous le défend, vous accusez votre prochain; vous parlez sans qu'on vous interroge; vous dites ce qu'on ne vous demande pas, ou qu'on n'a pas droit de vous demander; vous dites ce que vous ne savez pas, très-souvent ce qui n'est pas; et vous le dites avec malice, avec aigreur, avec une certaine satisfaction que vous n'avez pas même l'esprit de dissimuler : quelle indignité!

Y a-t-il rien de plus bas que d'attaquer le prochain lorsqu'il est absent, et qu'il ne peut pas se défendre, c'est-à-dire dans un moment où la religion, l'humanité, quelquefois même la vérité nous obligent à prendre son parti? On dit de certains animaux que si l'un d'entre eux est attaqué, les autres accourent à son secours : les hommes ne sont pas ainsi faits, ô mon Dieu! lorsque dans une compagnie, on vient à mettre le prochain sur le tapis, c'est à qui jettera la première pierre; à peine est-elle jetée, qu'une grêle de coups de langue tombe de toutes les bouches : tout à charge, rien à décharge; au lieu d'excuser, on accuse, au lieu d'adoucir, on aigrit; on exagère, on aggrave, on noircit, on déchire; et qui? des personnes absentes, qui ne se méfient de rien, et qui la plupart du temps sont innocentes de tout ce qu'on débite contre elles : c'est la vipère qui pique le voyageur pendant qu'il est endormi. (*Eccle.*, X, 11.) Quelle bassesse!

Mais enfin, qu'y a-t-il de plus bas, que de faire le mal pour le mal, sans y trouver aucun intérêt, sans qu'il en revienne aucun avantage? Quand un voleur assassine les passants, c'est pour avoir leur dépouille; mais vous, quelle est votre intention, en déchirant ainsi votre frère? que vous en revient-il? le plaisir de lui faire du mal. Plus il y a de malignité dans vos discours, plus vous aimez à les tenir et à les répandre; plus les coups que vous lui portez sont sensibles, plus vous avez de plaisir à le percer : ah! l'infâme! on trouve néanmoins des gens de ce caractère qui se piquent d'honneur et de probité. Bon Dieu! quelle probité! et comment peut-on s'aveugler au point de ne pas voir qu'en déchirant la réputation du prochain, on commet l'injustice la plus criante!

Le magistrat, dans sa place et sur son tribunal, avant de rendre la sentence contre une personne accusée de quelque crime, fait assigner des témoins, les interroge à plusieurs reprises, les confronte les uns avec les autres; il interroge les parties, il écoute ce qu'elles ont à dire pour leur justification, il les confronte avec les témoins; il examine, il pèse, il combine, il vérifie scrupuleusement tous les faits; il compare sans partialité les accusations avec les défenses; et, après avoir pris toutes les précautions, et rempli toutes les formalités prescrites par la loi, il prononce une sentence, encore ne la prononce-t-il qu'en tremblant. Et vous, sans avoir entendu ni témoins ni parties, sans examen, sans confrontation, sans autre preuve que des rapports qu'on vous a faits, et des bruits qui courent vous jugez sans scrupule, et vous condamnez hardiment votre frère? On m'a dit ceci et cela, ce n'est pas moi qui l'ai inventé. Plaisante excuse! mais les personnes qui vous l'ont dit, sont-elles dignes de foi? voudriez-vous lever la main, et affirmer devant Dieu qu'elles ne vous ont point trompé, qu'on ne les a point trompées, qu'elles ne se sont pas trompées elles mêmes? Non. Quoi! misérable, vous ne seriez pas même en état de servir de témoin contre votre prochain, parce que vous ne pourriez rien affirmer contre lui, et vous le condamnez? où sont donc l'honneur et la probité dont vous faites profession?

A l'injustice on ajoute la noirceur, en donnant à la vertu même les couleurs les plus odieuses. Ah! Dieu vous préserve de passer jamais par cette langue maudite! elle vous prêtera des intentions que vous n'avez jamais eues; elle empoisonnera toutes vos actions et toutes vos démarches. Comme le vin le plus exquis se gâte et se corrompt, si on le met dans un vase plein d'infection et de puanteur; ainsi les qualités les plus estimables se changent en vices dans la bouche du médisant, qui est comparée pour cela dans le Psaume (V, 11; XIII, 5) *à un sépulcre ouvert*, rempli de corruption et de pourriture.

Si vous avez de la piété, il dira que vous n'êtes qu'un hypocrite; si vous faites des bonnes œuvres, il dira que vous agissez par ostentation, et par vaine gloire; êtes-vous ferme à soutenir la cause de Dieu ou celle du prochain, ou la vôtre? vous serez un entêté : fuyez-vous le monde? aimez-vous la retraite? vous serez un misanthrope; souffrez-vous patiemment une injure? c'est que vous n'avez point de cœur; êtes-vous économe? vous serez un avare et *un crasseux;* avez-vous amassé quelque peu de bien à force de travail et de fatigue? vous serez un usurier et un voleur; en un mot, la langue du médisant est un ver qui pique le fruit le plus sain et le tache; c'est une chenille qui salit les plus belles fleurs, en y laissant la trace dégoûtante de son écume. Telle sont, mes chers paroissiens, la bassesse, l'injustice, la noirceur de la médisance; jugez par là combien elle est odieuse et détestable.

Que si on fait attention au principe d'où elle part, on la trouve plus odieuse encore et plus détestable. Car enfin dites-moi, je vous en prie, que prétendez-vous en disant du mal de votre prochain? quel est le motif qui vous fait parler? Ce qui vous fait parler, c'est l'orgueil. Vous croyez vous relever en rabaissant les autres. Cet orgueil vous le faites paraître en voulant le cacher, lorsque vous dites : je ne me donne point pour être meilleur qu'un autre, mais je serais bien fâché qu'on pût me reprocher des choses pareilles. Ce qui vous fait parler, c'est l'envie ; le mérite de votre prochain vous porte ombrage, sa réputation vous gêne, les bonnes qualités qu'il a, et que vous n'avez pas, vous humilient ; il est plus riche, plus heureux, plus aimé que vous n'êtes ; cela vous chagrine : le dépit que vous en avez échauffe votre bile, et vous le déchirez *à belles dents*. C'est très-souvent jalousie de métier, il a plus de talents, il est meilleur ouvrier, il a toutes les pratiques ; voilà ce qui vous fait parler.

Ce qui vous fait parler, c'est la vengeance. Il a dit ou fait, peut-être son devoir l'a-t-il obligé à faire ou à dire quelque chose qui vous a déplu ; vous ne pouvez vous venger que par la langue ; vous rugissez comme un lion, vous sifflez comme une vipère. Ce qui vous fait parler, c'est une vanité sotte et mal entendue : vous voulez faire l'agréable, égayer la conversation, amuser la compagnie ; dès que vous cessez de médire, vous n'avez plus d'esprit ; vous voulez qu'on dise que vous en avez, et le prochain en est toujours la victime ; car si vous ne parliez jamais mal de personne, vous n'auriez rien que de très-ordinaire, peut-être seriez-vous fort ennuyeux ; et voilà, mon cher enfant, ce qui vous engage à médire. Voyez-vous comme l'on trouve dans la médisance le poison de l'orgueil, les petitesses de la vanité, le venin de la jalousie, l'aigreur de la colère, le fiel de la haine et de l'animosité? Approfondissez tant qu'il vous plaira, vous n'y trouverez autre chose ; c'est ce qui fait dire à l'apôtre saint Jacques (III, 6), que la langue d'un médisant est *pleine d'un venin mortel*, qu'elle est *un monde d'iniquité*, « *universitas iniquitatis.* » Bon Dieu, que la médisance est donc odieuse ; mais que les suites en sont terribles !

SECONDE RÉFLEXION.

C'est elle qui sème par tout la discorde et la division, qui brouille les amis, qui empêche les ennemis de se réconcilier, qui trouble la paix des ménages, qui aigrit le frère contre le frère, le mari contre la femme, la femme contre le mari. C'est elle qui empoisonne les bonnes actions, qui met au jour les mauvaises, qui répand quelquefois sur toute une famille des taches qui passent des pères aux enfants, d'une génération à l'autre, et qui ne seront jamais effacées. Ses paroles, dit un Prophète, sont semblables à des *flèches aiguës* et à des *charbons ardents*. (*Psal.* XIX, 4.) Elle est la source de tout mal, la destruction de tout bien, et les maux qu'elle produit sont irréparables.

Vous avez tenu à cet enfant des propos indiscrets sur le compte de ses père et mère ou de ses maîtres, qui ont diminué son respect, qui l'ont porté à la désobéissance et a la révolte ; il a fait mille étourderies et mille sottises ; c'est votre langue qui en est la cause. Par vos paroles inconsidérées et pleines de malignité, vous avez inspiré à cette personne des sentiments de mépris et d'aversion contre les ministres de l'Eglise, peut-être même contre son propre pasteur ; elle n'approche plus des sacrements, elle s'endurcit de jour en jour, elle n'aura bientôt plus ni foi ni loi ; c'est votre langue qui l'a perdue. Elle est cause, votre maudite langue, que ce marchand, cet artisan n'ont plus les mêmes pratiques, ni le même crédit ; que cette fille n'est pas pourvue, ou ne l'est pas comme elle aurait pû l'être ; que cette femme fait un très-mauvais ménage avec son mari ; que tels ou telles qui vivaient ensemble, ne se voient plus et se détestent.

Mais ce n'était pas là mon intention. Soit ; vous n'en êtes pas moins coupable ; vos paroles ont passé par mille bouches qui toutes ont renchéri les unes sur les autres ; chacun y a mis un peu du sien ; c'est la boule de neige qui grossit en roulant ; où, pour parler avec saint Jacques, c'est *une étincelle qui embrase une grande forêt*. (*Jac.*, III, 5.) Vous êtes responsable de tout le mal, parce que c'est vous qui avez jeté l'étincelle ; si vous n'aviez rien dit, on n'aurait rien répété, rien ajouté, rien inventé ; ce qui en sortant de votre bouche ne vous paraissait qu'une légère médisance, à force de répétitions et d'additions, est devenu une calomnie affreuse qui a sa première source sur votre misérable langue ; vous êtes par conséquent coupable de tout le mal qui s'en est suivi, et par conséquent tenu devant Dieu et devant les hommes de le réparer, comme vous l'avez appris au catéchisme. Le ferez-vous? rendrez-vous à celui-ci la réputation que vous lui avez ôtée, à celui-là les chalands que vous avez écartés? remettrez-vous la paix dans ce ménage? rétablirez-vous l'estime, l'amitié, l'attachement, la confiance que vous avez détruits et anéantis?

Mais publierez-vous sur les toits que vous êtes un impudent, un étourdi, un babillard ou un menteur? irez-vous vous décrier vous-même, sacrifier votre honneur et votre réputation, pour rétablir l'honneur et la réputation de votre frère? Vous le devriez en bonne justice, le voudrez-vous? Non ; quand même vous le voudriez, vous ne le pourriez pas, car ou vous avez dit vrai, ou vous avez dit faux : si vous avez dit vrai, vous ne pouvez réparer le mal que par un mensonge ; or, dans tous les cas possibles, le mensonge est un péché, et il n'est jamais permis de réparer les suites d'un péché par un autre. Si au contraire le mal que vous avez dit de votre prochain est faux, vous aurez beau vous en dédire, vous ne serez pas cru, au moins de tout le monde ; et quand même vous seriez cru, les paroles sorties de votre bouche empoisonnée ont volé de bouche en bouche, à dix, à vingt, à trente, à cinquante lieues ; elles ont été entendues et répétées par une infinité de personnes que vous ne connaissez pas. Eh bien ! sentez-vous le mal que vous avez fait, et l'impossibilité des remèdes? Comment donc vous y prendre? Consultez votre confesseur, et faites ce qu'il vous dira. Pour moi je tremble, lorsque je lis au XXIII° chapitre de l'*Ecclésiastique* (vers. 19), qu'*un homme accoutumé à proférer des paroles malignes et injurieuses, ne se corrigera de sa vie;* car s'il ne se corrige pas, il ne se convertira donc jamais; il mourra donc en réprouvé ! La fureur de critiquer, de médire, de juger, de condamner le prochain, est donc un signe de réprobation?

TROISIÈME RÉFLEXION.

De tout ce que vous venez d'entendre, mes chers paroissiens, il est naturel de conclure que les médisants sont à proprement parler des empoisonneurs publics, et qu'il est infiniment dangereux de les fréquenter. De là vient que le Saint-Esprit, au *Livre des Proverbes* (XXIV, 21), nous défend d'avoir aucune liaison avec eux : *Mon Fils,* dit-il, *craignez le Seigneur, et ne vous mêlez point dans la compagnie des médisants.*

Elle est en effet dangereuse de toute manière. Car, ou vous écoutez la médisance avec plaisir, ou vous l'écoutez indifféremment et sans rien dire, ou vous prenez le parti des absents. Si vous l'écoutez avec plaisir, vous êtes aussi coupable, même dans un sens, plus coupable que celui qui la fait, parce que l'air de satisfaction et d'approbation qui paraît sur votre visage, lui donne une certaine hardiesse qui rend ses discours plus piquants et plus venimeux. Si vous l'écoutez indifféremment et sans rien dire, vous péchez contre la loi naturelle qui veut que nous fassions à autrui ce que nous voudrions qu'on nous fît ; vous manquez à la religion qui vous ordonne d'aimer votre prochain comme vous-même. Ne seriez-vous pas bien aise que quelqu'un prît votre parti, si l'on parlait mal de vous en votre absence? Mais souffririez-vous patiemment qu'on vous insultât en face, qu'on insultât vos parents, ou vos amis? Non. Pourquoi donc n'avez-vous pas le même zèle pour tous ceux dont vous entendez dire du mal?

Vous vous trouvez dans une compagnie où l'on déchire votre prochain, sans que vous ouvriez la bouche pour le défendre ; et au sortir de là, vous dites en faisant votre prière : j'aime mon prochain comme moi-même; vous êtes un menteur, car si on avait dit de vous ce qu'on a dit de lui, le feu vous serait monté au visage, et très-certainement vous vous seriez défendu. D'ailleurs, en écoutant ceux qui médisent, même sans y prendre plaisir, vous participez à leur péché comme vous participeriez à un vol, si vous permettiez que l'on déposât chez vous des choses dérobées ; s'il n'y avait point de recéleurs, il y aurait moins de voleurs ; si personne ne voulait écouter les médisants, il n'y aurait point de médisances. Et il n'est pas aisé de décider lequel des deux est le plus coupable, ou celui qui médit, ou celui qui écoute médire.

Que si, pour remplir un devoir que la religion et la nature même vous imposent, vous prenez le parti des personnes que l'on attaque, vous vous exposez à une querelle : peut-être arrivera-t-il qu'au lieu d'imposer silence à celui qui médit, vous lui donnerez occasion d'en dire encore davantage. Pour soutenir un mensonge qu'il aura avancé et que vous relèverez, il en avancera dix autres ; il se déchaînera contre vous-même, et à peine serez-vous sorti, qu'on vous mettra sur le tapis et que vous serez déchiré à votre tour. Ainsi, de quelque manière que vous vous comportiez avec les médisants, vous en serez toujours la dupe.

Ajoutez à cela que leurs discours, quelque bons sentiments que vous ayez à l'égard du prochain, feront toujours sur votre esprit certaines impressions dont vous ne serez pas le maître. Vous avez beau dire, que vous n'y ajoutez point de foi, que vous n'y faites aucune attention ; à force de les entendre, on se prévient sans s'en apercevoir contre ceux qui en sont la victime. Ils font naître des doutes, des soupçons, dont on ne fait part à personne, si vous voulez, mais qui diminuent insensiblement l'estime, l'amitié, la confiance ; de sorte que la charité, cette vertu si précieuse et si délicate, c'est la réflexion de saint Bernard, se refroidit peu à peu, même sans qu'on y prenne garde, dans le cœur le plus simple, le plus droit et le plus chrétien. (Serm. 17, *de divers.* num. 4.)

Il est donc d'une conséquence infinie de n'avoir aucun commerce avec les médisants : leur bouche, dit saint Paulin (*Epist. ad Celant.*), est semblable à un cloaque ; plus on en remue les ordures, plus elles exhalent de puanteur. Il faut se tenir au loin, quand on ne veut pas être infecté. Comme il est difficile de respirer un air corrompu sans que la santé en souffre ; de même il est difficile et presque impossible de fréquenter la compagnie des médisants, sans que la charité soit altérée.

Mais enfin il y a des occasions que l'on ne saurait éviter, et où l'on est en quelque sorte forcé d'entendre médire. Mon enfant, c'est alors qu'il faut suivre les mouvements que l'honneur, l'humanité, la religion inspirent à un honnête homme ; vous élever avec force contre celui qui attaque votre prochain, et à l'exemple du saint homme Job, *Arracher* votre frère *d'entre les dents de la bête carnassière qui le déchire.* (*Job*, XXIX, 17.) Si vous n'en êtes pas capable, levez-vous et sortez. Si vous êtes forcé de rester et de vous taire, que la douleur et l'indignation soient peintes sur votre visage *Comme le vent du nord dissipe la pluie,* dit le Saint-Esprit au *Livre des Proverbes* (XXV, 23) ; *de même un visage triste arrête la langue des médisants.*

Et vous, grand Dieu, inspirez-nous par votre grâce toute l'horreur que mérite le vice infâme d'une mauvaise langue ; faites-nous-en sentir la bassesse, l'injustice, la noirceur, les suites funestes, l'impossibilité de les réparer, et la difficulté par conséquent d'en obtenir le pardon. Que chacun de nous puisse dire comme le saint roi David (*Psalm.* I, 1, 2), qu'il ne s'est jamais assis dans la compagnie des médisants, qu'il ne les a jamais écoutés que pour s'opposer à leur fureur, et pour les couvrir de honte. Mettez, ô mon Dieu, un frein à notre langue, une garde de circonspection à notre bouche, la prudence, la discrétion, la vérité, la charité sur nos lèvres. Ne permettez pas que nous proférions jamais des paroles injurieuses et malignes qui percent du même coup celui qui les dit, celui qui les écoute, et celui contre qui elles sont lancées. Que nous respections votre image dans tous les hommes, et le sang de Jésus-Christ dont ils sont couverts; de Jésus-Christ qui nous a tous rachetés, et dans la personne duquel nous sommes tous frères; de Jésus-Christ qui regarde comme fait à lui-même, et le bien et le mal que nous faisons au moindre des hommes. Faites que nous nous aimions, que nous nous supportions les uns les autres, ne perdant jamais de vue le séjour éternel de la paix, où les bienheureux ne sont qu'une même chose en vous, et avec vous. Ainsi soit-il.

DISCOURS XIX.

Pour le IVe Dimanche de Carême.

SUR CE QUE LA DÉVOTION SE TROUVE PLUS COMMUNÉMENT CHEZ LE PEUPLE.

Sequebatur eum multitudo magna, quia videbant signa quæ faciebat (*Joan.*, VI, 2.)

Une grande foule de peuple suivait Jésus-Christ, parce qu'ils voyaient les miracles qu'il faisait.

La multiplication miraculeuse de cinq pains avec lesquels Jésus-Christ rassasia le peuple qui l'avait suivi au nombre d'environ cinq mille âmes, présente tant de réflexions à la fois, que je ne sais, mes chers paroissiens, à laquelle m'arrêter. Vous parlerai-je de cette providence infinie qui, renouvelant chaque année le miracle de notre Évangile, commande aux fruits de la terre de renaître sans cesse, aux animaux de croître et de multiplier pour satisfaire à tous nos besoins? Ou bien, parce que l'homme ne vit pas seulement de pain, mais de toute parole qui sort de la bouche de Dieu, ne devrais-je pas vous entretenir plutôt de cette divine parole, qui, depuis Jésus-Christ jusqu'à nous, n'a cessé de se reproduire, de se multiplier, en quelque sorte, dans la bouche des pasteurs, pour nourrir les brebis qui leur sont confiées. Vous croyez peut-être qu'afin de vous disposer à manger l'Agneau pascal, je vais vous faire voir avec les saints Pères, dans la multiplication des pains, le mystère adorable de l'Eucharistie; ce pain vivant qui se multiplie tous les jours dans la main des prêtres pour la nourriture de nos âmes.

Nous avons parlé ou nous parlerons ailleurs de toutes ces choses; je m'arrêterai aujourd'hui à une autre réflexion que vous n'avez peut-être jamais faite; à la bienheureuse simplicité de ce pauvre peuple qui court après Jésus-Christ, et le suit jusque dans le désert, sans s'inquiéter de quoi ni comment il pourra y vivre. Ravis d'admiration et d'amour, à cause de la sainteté qui paraissait dans sa vie, de la sagesse qui brillait dans ses discours, de la puissance qui éclatait dans ses miracles, ils ne peuvent se rassasier de le voir et de l'entendre; ils oublient leurs besoins les plus pressants pour le suivre, pendant que les Pharisiens et les docteurs de la loi demeurent à Jérusalem, où ils ne sont occupés qu'à épier sa conduite, qu'à critiquer ses actions, et qu'à chercher les moyens de le faire mourir. Cela paraît étonnant, et nous aurions peine à le croire, si nous ne voyions encore aujourd'hui les exercices extérieurs de la piété chrétienne, relégués presqu'entièrement chez le peuple, pendant que ceux qui sont au-dessus de lui regardent la religion avec indifférence, quelquefois même avec mépris. Voyons d'abord, et en peu de mots, ce qui se passe à cet égard dans le monde; nous verrons ensuite ce qu'il faut en penser.

PREMIÈRE RÉFLEXION.

On trouve de vrais chrétiens, et le Seigneur a ses élus dans tous les états. Il y a parmi les grands et les riches des personnes remplies de religion et de piété. Il y en a parmi le bas peuple qui n'ont ni piété ni religion. A Dieu ne plaise que nous voulions ici juger qui que ce soit! Mais les biens et les honneurs de ce monde produisent ordinairement l'orgueil, et l'orgueil engendre une fourmilière de péchés qui, peu à peu, et quelquefois sans qu'on s'en aperçoive, en altérant la simplicité de la foi, détruisent la piété jusque dans sa racine.

Et en effet, où la trouve-t-on cette belle et précieuse simplicité de la foi? N'est-ce pas communément chez le peuple? Il croit, sans raisonner, ce que ses pères ont cru, ce que ses pasteurs lui enseignent. Il ne dispute point sur le *pourquoi* et le *comment*; il s'en tient à son catéchisme; il ne veut pas être plus habile que le Pape, les évêques et toute l'Eglise. Il écoute les pasteurs que Dieu lui a donnés pour le conduire, et il se laisse conduire. Au lieu que vous, Monsieur, vous raisonnez à tort et à travers sur la religion et ses mystères; vous critiquez sa doctrine, vous méprisez ses usages et vous vous moquez d'une pauvre femme, dont la foi simple et le cœur droit sont mille fois plus précieux devant Dieu, que toute la science des philosophes. N'avez-vous jamais lu dans l'Evangile, que ce qui paraît grand aux yeux des hommes est abominable devant Dieu, et que souvent celui-là est grand aux yeux de Dieu qui paraît méprisable devant les hommes? (*Luc.*, XVI, 15.)

Ce peuple que vous traitez d'ignorant et d'imbécile n'est point hébété au point d'imaginer, par exemple, qu'il est permis de faire gras les jours maigres pour les maladies à venir. Quoiqu'il travaille à des ouvrages pénibles qui épuisent le corps, encore plus que le jeûne et l'abstinence, il ne se croit pas dispensé d'observer à cet égard les commandements de l'Eglise, à moins qu'il ne soit malade sérieusement. Au lieu que vous, qui vous croyez fort au-dessus du peuple, n'êtes pas à beaucoup près aussi éclairé que lui sur cet article, ainsi que sur bien d'autres, lorsque vous pensez qu'il est permis de faire gras, quoiqu'on se porte bien, sans autre raison qu'une crainte frivole de déranger sa santé ou de l'affaiblir.

Jésus-Christ n'a pas établi le Carême; les hommes l'ont inventé; chacun là-dessus est son maître. Pour sanctifier le dimanche, il suffit d'entendre une Messe quelconque à la paroisse ou ailleurs, cela est égal. On n'est obligé d'assister ni aux Vêpres, ni aux autres Offices; les gens comme il faut n'y vont plus. Qui est-ce qui tient de pareils propos et mille autres semblables ? Vous le savez, mes frères, ce sont ordinairement les plus apparents d'une paroisse; et ils parlent de la sorte, non pas que dans le fond ils ne sachent bien le contraire, mais on prétend se donner du relief et se distinguer du peuple, avec lequel on rougirait de se confondre dans les pratiques de la piété chrétienne.

On porte cet orgueil jusque dans la maison de Dieu. Un pauvre paysan entre modestement dans l'église, se met à genoux, se prosterne, baise la terre et prie avec dévotion; pendant qu'un autre revêtu d'un habit qui annonce quelqu'un au-dessus du peuple, se contente de mettre un genou en terre, baisse à peine la tête, quand il devrait se prosterner; se tient debout quand il devrait être à genoux, assis lorsqu'il devrait être debout, et paraît quelquefois dans une posture qui blesse non-seulement le respect dû à la maison de Dieu, mais même les lois ordinaires de la bienséance. Vos regards pénétrants, ô mon Dieu, ne s'arrêtent point sur les habits; ils percent jusque dans le cœur et voient tout ce qui s'y passe. Hélas ! souvent les trésors de votre grâce et les richesses de votre amour sont cachés sous de misérables haillons, pendant qu'un corps revêtu de beaux habits renferme quelquefois une âme toute couverte de crimes.

C'est par suite de ce même orgueil, que les personnes dont je parle écoutent la parole de Dieu, non pour s'instruire, parce qu'elles croient en savoir assez, mais bien par bienséance, ou par curiosité, ou comme les Pharisiens écoutaient Jésus-Christ, à dessein de le critiquer et de le surprendre dans ses discours. De là vient que cette divine parole, au lieu de les éclairer, les aveugle; au lieu de les toucher, les endurcit; pendant que le peuple pour l'ordinaire l'écoute avec docilité, avec respect et en profite. Vous l'avez dit, grand Dieu : Ceux qui ne voient pas seront éclairés, et ceux qui s'imaginent voir plus clair que les autres seront aveuglés.

Mais où trouve-t-on la fréquentation de nos sacrements? qui est-ce qui environne nos confessionnaux? qui est-ce qui remplit la sainte table? le peuple. S'il y a dans nos paroisses des chrétiens qui se contentent d'en approcher une fois l'année, s'il y en a d'autres, ce qu'à Dieu ne plaise ! qui soient endurcis au point de manquer au devoir pascal, ce sont ordinairement des personnes au-dessus du commun. Le père de famille les avait invités les premiers; ils refusent d'y venir, et la salle du festin se remplit de laboureurs, d'artisans, de domestiques et de tout le bas peuple. Vous l'aviez prédit, Vierge sainte, dans cet admirable cantique où vous annonciez tant de merveilles, lorsque vous portiez dans vos entrailles le Dieu d'humilité, le Sauveur des petits, le père des pauvres : Ils ont été rassasiés pendant que les riches se sont retirés les mains vides: *Esurientes implevit bonis, et divites dimisit inanes.* (*Luc.*, I, 53.)

Il n'est pas étonnant, après cela, qu'à l'heure de la mort nous trouvions si peu de résignation dans les uns, pendant que les autres nous édifient par les sentiments d'une tendre confiance en Jésus-Christ, dans laquelle ils ont vécu, et avec laquelle ils meurent. Je parle pour avoir été moi-même le témoin et le dépositaire de ces sentiments; pour avoir reçu les derniers soupirs de ces bonnes âmes qui, n'ayant point été souillées par les grands crimes, ni troublées par les passions qui attachent si fort les hommes à la terre, après avoir vécu dans l'innocence, meurent en paix; remplies de cette foi simple dont elles ont l'habitude, elles ne regardent la mort que comme un passage à une meilleure vie. Pour peu qu'ils croient leur maladie dangereuse, ils demandent eux-mêmes les derniers sacrements, sans attendre qu'on les prévienne, et ne craignent rien tant que de mourir sans les recevoir, ou de ne pas les recevoir en pleine connaissance.

Il n'en est pas ainsi, vous le savez, de ceux qu'on appelle gens d'une certaine façon. La seule pensée de la mort les fait pâlir et les trouble; on ose à peine leur en parler quand ils en sont à deux doigts. Quand il s'agit des sacrements, ce n'est qu'à l'extrémité qu'on les propose; il faut amener les choses de loin; et en leur annonçant qu'ils doivent mourir, il faut, pour ainsi dire, leur faire espérer qu'ils ne mourront pas. Et après cela, bon Dieu ! quelles consciences ! quelles frayeurs ! ils ne rendent pas leur âme, c'est la mort qui la leur arrache.

Ainsi nous voyons presque toujours ceux qui, étant plus à portée de connaître les devoirs du christianisme, devraient les remplir avec plus d'exactitude, vivre au contraire à cet égard dans une indifférence qui va jusqu'au mépris et dont ils font gloire. Sur quoi, voici, mes chers paroissiens, quelques réflexions courtes mais solides, qui, moyennant la grâce de Dieu, feront impression sur les esprits raisonnables, s'ils veulent se donner la peine de s'y arrêter et de les approfondir. Il y a beaucoup de personnes qui, sans avoir un mauvais fond, ne laissent pas de donner dans certains travers, moins par malice que par un défaut de réflexion. Ecoutez donc, mon cher enfant, et si vous trouvez que votre pasteur dise vrai, ne méprisez pas les avis qu'il vous donne.

SECONDE RÉFLEXION.

N'est-il pas vrai d'abord, et ne convenez-vous pas que les actes de religion et de piété n'ont jamais déshonoré personne? que les sentiments de religion et de piété rendent au contraire les hommes plus estimables, dans l'estime de tous les gens de bien, même des libertins qui voudraient les tourner en ridicule? Ceux qui sont auprès des rois et des grands du monde, ne se font-ils pas honneur de les servir? ne donnent-ils pas journellement des marques publiques d'attachement et de zèle pour leur service? les courtisans ne cherchent-ils pas à se distinguer par leur assiduité, par une exactitude scrupuleuse à s'acquitter de tout ce qu'ils doivent au maître, dans les petites choses comme dans les grandes? En voit-on beaucoup qui prétendent se distinguer en affectant de ne pas suivre le prince et d'être moins assidus que les autres auprès de sa personne? Pourquoi prétendriez-vous donc, mon cher paroissien, vous donner du relief et vous distinguer du peuple, en affectant d'avoir à l'extérieur moins de piété que lui; en traitant de momerie certains usages universellement reçus dans l'Eglise; en parlant avec mépris de certaines pratiques de dévotion qui, à la vérité, n'en sont que l'écorce; mais l'écorce fait partie du fruit: elle en fait connaître l'espèce; elle le conserve.

A force de raffiner sur la dévotion, vous la réduirez à rien; croyez-moi, donnez-lui un peu plus de corps et de consistance; mêlez-vous dans la foule, c'est le vrai moyen de vous distinguer. Plus vous êtes au-dessus du peuple, plus vous serez remarqué, plus vous serez respectable, plus on sera édifié de vous voir confondu avec lui dans toutes les pratiques de la piété chrétienne. Penser et agir différemment, c'est petitesse d'esprit, c'est faiblesse d'imagination, c'est un défaut de sentiment et de noblesse dans l'âme. Première réflexion. En voici une autre :

C'est n'avoir point de cœur que de rester les bras croisés et de ne faire rien, ou presque rien pour son salut, tandis que les ignorants et les idiots y travaillent, quoiqu'ils aient beaucoup moins de secours extérieurs que vous n'en avez. Ils approchent des sacrements plusieurs fois dans l'année, et vous avez toutes les peines du monde à faire vos Pâques. Ils sont assidus à tous les Offices, et à peine entendez-vous la Messe. Ils oublient aisément une injure, et vous conservez quelquefois jusqu'à la mort des désirs de vengeance. Ils ne connaissent guère certaines passions honteuses, certains péchés énormes que vous commettez aussi facilement que s'il n'y avait aucun mal. N'en disons pas davantage; votre laboureur, votre vigneron, votre domestique ravissent le ciel que vous perdez; vous restez bien loin derrière ceux à qui vous commandez; et devant Dieu ils sont infiniment au-dessus de vous : allez, mon enfant, vous n'avez point de cœur. N'est-ce pas là ce que disait Augustin à un de ses amis : « Les ignorants ravissent le ciel, et nous le perdons, nous qui faisons les entendus et les habiles? » Il y a quelque chose de plus, à quoi vous ne prenez pas garde; un défaut de justice et de probité. Troisième réflexion.

C'est manquer à la justice; c'est n'être pas honnête homme que de ne point rendre à chacun ce qu'on lui doit. Or, plus vous êtes au-dessus du peuple, plus vous lui devez le bon exemple. C'est à vous, Monsieur ou Madame, à vous présenter des premiers, dès que la quinzaine est ouverte, à venir au confessionnal, non pas à certaines heures commodes, ainsi que vous le demandez quelquefois. Ces airs de distinction ne conviennent point à des pénitents; mêlez-vous dans la foule, passez à votre tour; que votre modestie et votre humilité paraissent aux yeux du peuple; qu'il apprenne par votre exemple la manière dont il doit s'approcher de ce tribunal si saint et si respectable; c'est à vous de paraître à la table de Jésus-Christ, non pas un jour ouvrable et comme en cachette, mais les jours les plus solennels, afin que le peuple à qui vous devez l'édification, soit édifié.

C'est à vous d'arriver les premiers à tous les Offices, sans attendre que l'eau bénite et la procession soient faites, ou que les petites heures soient chantées, comme si tout cela n'était fait que pour le peuple. C'est à vous de ne pas manger un œuf les jours défendus, sans que vos domestiques sachent que vous en avez besoin, et que vous en avez demandé la permission à l'Eglise. En un mot, c'est à vous de marcher à la tête dans toutes les cérémonies de piété. Le bon exemple n'est pas une œuvre de surérogation et de simple conseil; vous le devez, et vous manquez à la justice lorsque vous ne le donnez point. Que serait-ce donc si vous en donniez de mauvais! Vous seriez semblable à un homme riche qui, au lieu de payer une pistole qu'il devrait à un pauvre, lui en volerait une autre. Si toutes ces raisons, fondées sur la foi dont vous faites profession, et sur les sentiments d'honneur dont vous vous piquez, ne suffisaient pas pour vous convaincre et vous persuader, je pourrais ajouter qu'il est de votre intérêt que le peuple aime la religion et la pratique. Plus il sera chrétien, plus vous aurez lieu d'être content des services que vous en retirez et dont vous ne sauriez vous passer. Ceux qui cultivent vos terres, vos domestiques, ceux à qui vous vendez et de qui vous achetez, tous ceux qui travaillent pour vous, ménageront vos intérêts, vous seront fidèles, mériteront votre confiance plus ou moins, selon qu'ils auront plus ou moins de religion. Donnez-leur donc les exemples de cette piété qui *est utile à tout* (I *Tim.*, IV, 8), et faites-leur connaître que la véritable gloire consiste à suivre Jésus-Christ et à remplir avec fidélité les plus petits devoirs du christianisme. Distinguez-vous du peuple par votre dévotion, autant que vous êtes au-dessus de lui par votre rang, votre naissance ou vos richesses.

Et vous, mes chers enfants, lorsque ceux qui sont au-dessus de vous paraissent mener une vie moins régulière et moins chrétienne que la vôtre, gardez-vous bien de les mépriser et de vous préférer à eux pour cela. Pensez au contraire que si la Providence les avait placés dans votre état, ils seraient plus chrétiens que vous n'êtes; et que, si vous étiez exposés aux mêmes occasions et aux mêmes tentations qu'ils trouvent dans le leur, vous vaudriez peut-être moins qu'ils ne valent. Sachez qu'il y a parmi eux de vrais chrétiens dont la piété est bien au-dessus de la vôtre, et qui sont dignes de vous servir de modèles. Conduisez-vous de manière à ne pas mériter le reproche qu'on vous fait ordinairement, d'être dévots à l'extérieur, quelquefois jusqu'à la superstition, pendant que vous êtes remplis de mauvaise foi, de mensonges, de tromperies; colères, jureurs, ivrognes, voleurs, ingrats envers ceux qui vous font du bien.

Ils fréquentent les sacrements, dit-on, mais chez eux la bonne foi et la probité sont très-rares. Ils ne manqueraient pas un Office, ils vont à toutes les processions, ils sont de toutes les confréries, mais ils se lèvent la nuit pour piller nos jardins, voler nos fruits, vendanger nos vignes. Ils font bénir des herbes pour les maladies de leurs troupeaux; mais ces troupeaux mangent nos blés en herbe, ruinent nos moissons, détruisent nos bois. Ils sont dévots à l'église, ils prient longtemps, ils joignent les mains, baisent la terre; mais au sortir de là ils vont au cabaret, ils s'enivrent, ils n'ont dans la bouche que des jurements et des paroles grossières.

Mes enfants, voilà ce que j'ai quelquefois ouï dire; je veux bien croire qu'il y a de l'exagération, mais le tout n'est pas sans quelque fondement. Soyez donc sur vos gardes, pour ne pas tomber dans les vices dont on vous accuse; fuyez les cabarets, soyez sobres, évitez les jurements et les mots grossiers. Travaillez toujours fidèlement, ne trompez qui que ce soit, ne faites tort à personne. Honorez tous ceux que la Providence a mis au-dessus de vous, bons ou mauvais; ce n'est point à vous à les juger, ni à les reprendre. Ne soyez point ingrats envers eux, lorsqu'ils vous font du bien, en vous soulageant dans vos maladies et dans d'autres occasions où vous avez besoin de leur secours. En un mot, faites connaître par vos œuvres que vous n'avez pas seulement l'extérieur et l'écorce de la dévotion, mais que vous en avez l'âme, c'est-à-dire la crainte et l'amour de Dieu, qui consistent à faire ce qu'il commande, à éviter ce qu'il défend, à lui être fidèle dans les plus petites choses comme dans les plus grandes.

Souvenons-nous enfin, mes chers paroissiens, que nous servons tous le même maître, que nous sommes les membres les uns des autres, n'ayant qu'un même chef qui est Jésus-Christ, dans lequel toutes les distinctions se perdent et disparaissent; qui n'a égard ni à la pauvreté, ni aux richesses, ni au rang, ni à la naissance; devant lequel tous les hommes sont égaux, et qui ne les distingue les uns des autres que par leur bonne ou mauvaise vie. Que les petits honorent les grands, que les grands montrent aux petits le chemin de la vertu et la vraie dévotion! que le maître soit l'exemple de ses domestiques et de tous ceux qui travaillent pour lui! que les *notables* de la paroisse soient vraiment notables, c'est-à-dire remarquables par leur piété en paraissant à la tête des autres toutes les fois qu'il s'agit de remplir les devoirs de notre religion sainte, de rendre à Jésus-Christ, à la sainte Vierge et aux saints, les hommages publics de cette dévotion tendre et empressée dont un honnête homme ne doit jamais rougir, dès qu'il fait profession d'être chrétien.

Donnez-nous donc, ô bon Sauveur, donnez nous une foi simple, un esprit docile, un cœur droit. Eclairez, touchez, convertissez nos âmes, et faites-nous comprendre, ce n'est point assez, faites-nous sentir que la véritable science est de vous connaître; que la véritable gloire est de vous servir; que les véritables richesses sont les richesses de votre grâce; que le vrai bonheur consiste à vous aimer dans ce monde-ci et dans l'autre. C'est là, mes chers paroissiens, le bonheur que je vous souhaite. Au nom du Père, etc.

DISCOURS XX.

Pour le Dimanche de la Passion.

SUR LA CONFESSION.

Quis ex vobis arguet me de peccato? (*Joan.*, VIII, 46.)
Qui d'entre vous me convaincra de péché?

Il n'appartient qu'à Dieu, mes chers paroissiens, de tenir un pareil langage. Quelque grand que soit notre orgueil, car nous en sommes tous pétris, je ne pense pas qu'il puisse nous aveugler jamais au point de nous faire croire que nous sommes sans péché, et que notre vie est à tous égards irrépréhensible.

Mais on trouve toujours à se dédommager, soit en excusant de mille manières les péchés dont on est forcé de s'avouer coupable; soit en les regardant comme non avenus lorsqu'une fois on s'en est accusé dans le tribunal de la pénitence. On se tranquillise alors, on n'y pense plus, on les oublie, et peu s'en faut qu'on ne dise comme Jésus-Christ: Qui pourra me convaincre de péché? J'en ai commis, il est vrai, mais j'en ai reçu l'absolution, ma conscience en est déchargée et j'en suis quitte. Car voilà le langage, non pas d'un homme qui, vivant dans la crainte de Dieu, se confesse souvent dans le dessein de se corriger et de se perfectionner de plus en plus, mais le langage de ces chrétiens de nom qui viennent tous les ans une fois nous conter l'histoire de leur vie; décharger leur mémoire plutôt que leur conscience; se tranquilliser faussement par une confession, laquelle n'étant faite que par manière d'acquit, sans aucune intention de mener une vie plus chrétienne, ne sert qu'à les endurcir dans le mal, en ajoutant chaque année à leurs péchés un sacrilége d'autant plus effrayant, qu'ils s'imaginent faire une œuvre agréable à Dieu, en remplissant un devoir que la religion leur impose.

Lorsque je dis un sacrilége, je ne prétends pas, mon enfant, que vous m'en croyiez sur ma parole ; je vais remettre sous vos yeux ce qui précède votre confession, la manière dont vous la faites, le fruit que vous en retirez; après quoi vous jugerez vous-même, si vous avez raison d'être tranquille, ou si vous avez lieu de craindre que toutes vos confessions n'aient été autant de sacriléges.

PREMIÈRE RÉFLEXION.

Si, pour faire une bonne confession, il suffit de déclarer ses péchés à un prêtre, d'en demander pardon et de faire une certaine pénitence que le confesseur enjoint, le péché dont la religion nous fait un monstre n'aura plus rien qui doive si fort nous effrayer; rien ne sera plus aisé que de réparer la perte de la grâce, et le chemin du ciel, qui est si étroit, suivant la parole de Jésus Christ, sera vraiment une voie large, dans laquelle on marchera fort aisément, et où chacun aura pleine liberté.

Après avoir vécu pendant l'année sans gêne et sans contrainte, ne vous occupant que de vos affaires ou de vos plaisirs, sans vous embarrasser ni de dompter vos passions, ni de faire de bonnes œuvres, ni de corriger les défauts que vous avez, ni d'acquérir les vertus qui vous manquent, vous viendrez dans la quinzaine de Pâques raconter vos péchés à un prêtre; vous lirez dans un livre, ou vous réciterez par cœur des actes de contrition; vous direz quelques chapelets ou quelques psaumes pendant un certain temps, moyennant quoi tout sera dit : vous irez votre train ordinaire, vous ferez ce que vous avez fait, vous vivrez comme de coutume. Les Pâques reviendront, vous répéterez la même histoire; puis à recommencer pour l'année suivante, et ainsi jusqu'à la mort, c'est-à-dire que la confession, ce sacrement dans lequel vous déployez, ô mon Dieu, toutes les richesses de votre miséricorde, la confession ne sera plus qu'un jeu, et si les pécheurs la traitent sérieusement, ce ne sera que pour pécher avec plus de hardiesse : allons toujours notre train, nous nous en confesserons à Pâques.

Vous sentez, mon cher paroissien, que pour obtenir le pardon de ses péchés il faut quelque chose de plus, et s'il n'y a rien eu de plus dans vos confessions, vous devez conclure d'abord que vous n'avez donc rien fait qui vaille. Examinons la chose de plus près, revenons au catéchisme et parlons régulièrement.

Pour faire une bonne confession, il faut avoir un regret sincère de ses péchés et s'en repentir du fond du cœur, non pas parce qu'en les commettant vous auriez altéré votre santé, ou dérangé vos affaires, ou fait tort à votre réputation, ou bien parce que vous êtes obligé de découvrir à un confesseur des choses que vous voudriez pouvoir vous cacher à vous-même : si vous ne vous repentez de vos péchés que par des motifs de cette espèce, le regret que vous en avez est purement naturel, et ne vous servira de rien devant Dieu.

Il faut vous repentir d'avoir déplu à sa majesté infinie, de l'avoir offensé, de l'avoir déshonoré, d'avoir résisté à sa grâce, d'avoir abusé de sa bonté, de vous être éloigné de lui, d'avoir perdu sa bienveillance, d'être devenu son ennemi, de vous être mis dans un état qui lui déplaît souverainement et qui vous rend digne de toute sa colère. Voilà, mon cher enfant, ce qui doit exciter votre douleur et faire couler vos larmes ; si elle existe véritablement, cette douleur, vous n'aurez rien de plus pressé que de réparer le mal qui en est la cause, et de rentrer en grâce avec lui ; si, au contraire, vous passez tranquillement une année entière dans ce malheureux état, pendant qu'il ne tient qu'à vous d'en sortir, c'est une preuve que vous n'êtes point fâché d'y être.

Un homme qui, mal à propos et sans aucun sujet, se brouille avec son meilleur ami, mais qui, reconnaissant tout de suite son imprudence, en a un véritable regret, cet homme cherche naturellement l'occasion de se réconcilier ; il en profite, lorsqu'elle se présente, et si l'on fait pour cela quelques démarches vis-à-vis de lui, il ne manque pas d'y répondre; autrement on dirait, et on aurait raison de dire qu'il ne se soucie pas de réconciliation, et qu'il ne s'embarrasse point par conséquent d'être bien ou mal avec cet ami. La comparaison est sensible. Celui qui a eu le malheur de tomber dans un péché mortel, ou par faiblesse, ou par surprise, ou par sa mauvaise disposition, s'il a un véritable regret d'avoir perdu la grâce et d'être séparé de son Dieu, il ne pourra pas se souffrir longtemps dans cet état; il se pressera d'en sortir, il ira se jeter aux pieds du prêtre, et se réconcilier avec Dieu; si au contraire il ne voit venir qu'avec peine le temps de cette réconciliation ; si, bien loin d'aller au-devant, il recule toujours tant qu'il peut; c'est une marque qu'il se soucie fort peu de se mettre bien avec Dieu, et par conséquent qu'il n'est point fâché d'y être mal. Cela est clair.

Mais il est tout aussi clair que c'est là précisément le cas où vous êtes, mon cher paroissien, lorsque vous gardez une année entière plusieurs péchés mortels sur votre conscience, quoique vous ayez sous la main et à votre disposition des confesseurs toujours prêts à vous écouter et à vous réconcilier avec Dieu; lorsqu'au lieu de répondre à sa grâce qui vous rappelle, qui vous sollicite, qui fait toutes les avances de votre réconciliation, vous ne voulez entendre parler de confession que dans la quinzaine de Pâques; lorsque, bien loin de vous présenter tout au moins au commencement du Carême, comme on ne cesse de vous y exhorter, vous dites que vous avez tout le temps, et qu'il sera toujours assez tôt; lorsque la quinzaine étant arrivée, vous différez, vous reculez jusqu'au dernier jour; lorsque votre pasteur est obligé d'aller vous chercher, de vous presser, de vous traîner, pour ainsi dire, au tribunal comme un criminel à la potence.

Qu'est-ce que tout cela signifie? Ne vous flattez point, ne vous aveuglez point, voyez les choses comme elles sont, rendez-vous justice. Qu'est-ce que cela signifie? Cela signifie que si la quinzaine de Pâques était prolongée jusqu'à la Pentecôte, je ne me confesserais qu'à la Pentecôte; que si les Pâques n'arrivaient que tous les dix ans, je ne me confesserais que tous les dix ans; que si l'Eglise n'ordonnait pas expressément de se confesser une fois l'année, je ne me confesserais qu'à la mort. Vous l'avez dit, mon enfant: cela ne signifie pas autre chose. Il est donc clair comme le jour que ce n'est ni l'amour de Dieu, ni le regret de l'avoir offensé, ni le dessein de mieux vivre, qui vous engage à vous confesser à Pâques, et il y paraît bien par la manière dont vous vous confessez.

SECONDE RÉFLEXION.

Il serait inutile de parler ici de ces brebis errantes et gangrenées qui, n'allant à confesse que par respect humain, et parce qu'elles auraient honte de ne point faire leurs Pâques, s'en vont tous les ans chercher à droite et à gauche des confesseurs à leur guise, dont elles ne sont point connues, et qui, après avoir surpris une absolution, tantôt à l'un, tantôt à l'autre, viennent se présenter à la table pascale, et forcent leur pasteur à consommer leur sacrilége et leur réprobation en lui arrachant, pour ainsi dire, des mains le corps de Jésus-Christ. O aveuglement! ô abus infâme du ministère le plus saint! ô douleur! ô scandale! Mais ce n'est point à vous, mes chers enfants, que cela s'adresse, et à Dieu ne plaise que je sois jamais dans le cas de vous faire pareil reproche!

Vous avez entendu le canon du concile de Latran, dont les statuts de ce diocèse nous ordonnent de vous faire la lecture aujourd'hui, dimanche prochain, et le saint jour de Pâques. Vous remplissez sans fraude et de bonne foi le commandement de l'Eglise, qui veut que vous confessiez vos péchés à votre propre prêtre, ou à d'autres commis par lui, qui l'aident dans ses fonctions, et travaillent de concert avec lui à la sanctification de vos âmes. Vous n'avez rien à vous reprocher sur cet article, et avec tout cela je dis que la confession de ceux qui ne se présentent qu'une fois l'an, si l'on en juge par la manière dont elle est faite, n'a rien qui doive les tranquilliser. N'avez-vous point appris au catéchisme, que la confession doit être humble et sincère, entière et accompagnée d'une vraie douleur d'avoir offensé Dieu, avec un ferme propos de n'y plus retourner? Or, je ne vois pas, et il est infiniment rare que cela se trouve dans ces confessions qui se font par manière d'acquit une seule fois dans l'année.

Qu'est-ce qu'un chrétien aux pieds de Jésus-Christ dans le tribunal de la pénitence? C'est un criminel qui se présente devant son juge pour s'accuser lui-même, afin d'obtenir par-là son absolution et sa grâce. Je suis un misérable pécheur, indigne de porter le nom de chrétien, et d'être appelé l'enfant de Dieu. Je l'ai déshonoré par une vie entièrement opposée à ce que ma religion me commande. Je n'ai eu que du dégoût pour son service; je l'ai abandonné la plupart du temps pour mon plaisir ou pour mes affaires.

Je n'ai assisté aux Offices que par habitude; je suis presque toujours sorti de l'église comme j'y étais entré; toutes mes prières n'ont été qu'une pure routine; j'ai parlé à Dieu sans penser à lui, souvent même sans savoir ce que je lui disais. Les dimanches et les fêtes ont été pour moi, non pas les jours du Seigneur, mais des jours d'oisiveté, de divertissements, de débauche et de libertinage. Je ne me suis point embarrassé ni de garder mes yeux, ni de retenir ma langue; j'ai dit tout ce qui m'est venu à la bouche, j'ai regardé tout ce qui m'a fait plaisir, j'ai écouté tout ce qui flattait mon goût et mes passions. La vanité, la jalousie, l'animosité, l'impudicité sont entrées dans mon esprit et dans mon cœur, sans que j'aie rien fait pour les en empêcher. Il n'y a pas un commandement de Dieu sur lequel je n'aie quelque reproche à me faire. J'ai résisté à ses grâces, j'en ai abusé, je les ai méprisées, je suis un ingrat, indigne de paraître devant lui et perdu à jamais, s'il n'a pitié de moi dans toute l'étendue de sa miséricorde.

Voilà, mes chers paroissiens, le langage d'un vrai pénitent; est-ce ainsi que l'on s'accuse, quand on ne vient à confesse que par force? Vous le savez, ô mon Dieu, et nous les avons entendues ces confessions d'une année, que le faux chrétien regarde comme un supplice, qu'il ne fait qu'avec un dégoût mortel, et seulement par manière d'acquit. Ce n'est point un criminel couvert de honte et pénétré de douleur, qui s'humilie, qui s'accuse, qui demande grâce et s'en croit indigne; c'est un homme qui raconte une histoire, et qui la raconte mal, qui altère les faits, les diminue, les colore, et cherche toujours à paraître moins coupable qu'il n'est.

Le frère accuse la sœur, la sœur accuse le frère, les pères et mères rejettent la faute sur les enfants, les enfants sur les pères et mères. Le maître charge le domestique, le domestique charge le maître. Presque tous s'accusent les uns les autres. En récitant leur *Confiteor*, il disent *c'est ma faute;* en contant l'histoire de leurs péchés, ils disent, ce n'est pas ma faute. On s'excuse sur les occasions, sur les défauts d'autrui, sur la jeunesse, sur le tempérament, sur la force de l'habitude. Point d'humilité, point de sincérité dans ces confessions qui ne sont faites que par manière d'acquit, et de là point d'exactitude.

Le confesseur est obligé de faire mille questions, soit pour découvrir des péchés qu'on ne déclare pas, et dont il soupçonne avec raison le pénitent, soit pour connaître le nombre de ceux qu'on lui déclare, les circonstances qui les rendent plus ou moins considérables, ou qui en changent l'espèce. Il y a des choses qu'on voudrait ne pas dire et qu'on ne voudrait pas cacher; on les dit à demi, comme si nous étions obligés de deviner le reste. Pauvre pasteur, perce la muraille, fouille dans ce bourbier, tu trouveras des abominations.

On se contente de raconter en gros ce qu'on a fait et ce qu'on a dit; il est rare qu'on accuse les simples pensées. Mon enfant, vous savez que les pensées d'orgueil, de jalousie, de vengeance, d'impureté, ainsi que beaucoup d'autres, sont des péchés et quelquefois mortels, quand on s'y arrête le sachant bien, volontairement et avec plaisir; ne vous est-il point arrivé d'y tomber? Peut-être que oui; je ne m'en souviens pas, je n'en sais rien. Hé! comment se souvenir de toutes les mauvaises pensées auxquelles on peut avoir consenti depuis un an?

Il y a des circonstances qui aggravent le péché, on n'en dit pas un mot. Je me suis enivré, j'ai médit, j'ai commis le péché déshonnête par action, par désir, par paroles. Je me suis querellé, je me suis vengé ou j'ai voulu me venger, et autres choses semblables. Mais combien de fois tout cela est-il arrivé? Mais avez-vous commis quelqu'un de ces péchés le dimanche, les avez-vous commis dans l'église? Les avez-vous commis en présence de vos enfants et devant beaucoup de personnes? La réputation ou les biens de votre prochain n'en n'ont-ils rien souffert? Est-ce par surprise et par faiblesse que vous avez fait le mal, ou l'avez-vous fait par pure malice? N'avez-vous point ajouté péché sur péché, sous prétexte qu'en vous confessant, il ne vous en coûterait pas plus d'en dire beaucoup que d'en dire peu? J'en ai connu de ces misérables qui avalent l'iniquité comme l'eau, en disant: Ce péché-là ira avec les autres; si on n'en faisait point, on n'aurait rien à dire à confesse. Bon Dieu! quel étrange renversement de raison! quoi! ce qui devrait vous retenir; vous rend plus hardi à mal faire! un vrai chrétien se confesse pour ne plus pécher, et vous péchez pour vous confesser! mon pauvre enfant, vous faites bien voir que vous n'avez point de religion, que vos confessions, et rien, c'est la même chose.

Il y en a cependant, car il faut tout dire, qui prennent plusieurs jours pour examiner leur conscience, qui font ce qu'ils peuvent pour ne rien oublier, et qui disent assez les choses comme elles sont. Mais c'est avec un air de froideur, d'indifférence, d'insensibilité qui révolte; pas une parole, pas un gémissement, pas un seul ton de voix qui marque le regret et le repentir; ils répètent mot pour mot, comme un écolier fait sa leçon, ce qu'ils ont dit l'année d'auparavant; et ce qu'ils disent froidement aujourd'hui, ils le répéteront froidement l'année prochaine. Voilà ce qui me fait trembler.

Je sais que les soupirs, les larmes, l'air triste et pénitent ne sont pas toujours des marques infaillibles de conversion; mais je sais aussi qu'il est bien difficile de raconter avec la plus grande froideur et sans le plus petit signe d'émotion, des choses qui nous déplaisent, qui nous affligent et nous causent une douleur véritable, surtout lorsqu'elles sont de nature à devoir nous déplaire et nous affliger souverainement et plus que toute chose au monde, tels que sont nos péchés; mes chers enfants, cela est bien difficile, et il est bien étonnant que cela n'arrive que lorsqu'il s'agit de vos péchés.

Un homme qui ayant mérité la mort, espérerait obtenir sa grâce par l'humble et sincère aveu de son crime, ferait-il cet aveu et demanderait-il cette grâce de sang-froid? Un malade découvre-t-il à son médecin des plaies profondes et dangereuses, sans laisser échapper le moindre soupir? Lorsque vous faites part à un ami de vos peines, de vos chagrins, des malheurs qui vous sont arrivés, vos yeux, vos gestes, votre ton de voix, la manière de vons énoncer, tout cela n'exprime-t-il pas vos regrets, votre douleur, votre tristesse? Mais pourquoi est-ce donc que tout cela ne dit rien, lorsque vous vous accusez de vos péchés, lorsque vous découvrez à un confesseur les plaies de votre conscience, lorsque vous lui faites part des malheurs où vos misérables passions vous ont précipité? Comment peut-il se faire que les maux de votre âme soient les seuls dont vous parliez sans vous émouvoir, et pour lesquels vous ne donniez extérieurement aucun signe de la douleur qu'ils vous causent, et que vous prétendez avoir dans le cœur? Ah! dites plutôt, mon enfant, que votre cœur est aussi froid et aussi sec que vos paroles; dites que foncièrement vos péchés ne vous causent pas plus de douleur que vous n'en faites paraître dans votre confession; et la preuve en est qu'après cette confession, vous n'êtes ni plus chrétien, ni moins pécheur, ni plus sage qu'auparavant.

TROISIÈME RÉFLEXION.

Le regret d'avoir offensé Dieu renferme nécessairement la volonté de ne plus l'offenser; cette volonté, quand elle est sincère, nous porte aussi nécessairement à nous tenir sur nos gardes, à veiller sur nos sens et sur les mouvements de notre cœur, à fuir les occasions, à prier souvent, à faire de bonnes œuvres, à prendre toutes les précautions, à faire usage de tous les moyens nécessaires pour éviter les péchés dans lesquels nous voulons sincèrement ne plus retomber. Que si nous ne faisons rien de tout cela, c'est une preuve certaine que cette volonte prétendue n'a rien de sérieux, et que nous nous imaginons vouloir ce que nous ne voulons pas réellement.

Or, dites-moi, je vous en prie, mon cher paroissien, quelles mesures prenez-vous, après Pâques, pour ne pas retomber dans vos péchés ordinaires? Que faites-vous pour prévenir vos rechutes? Ne fréquentez-vous pas les mêmes compagnies? Ne vous exposez-vous pas aux mêmes occasions? Faites-vous un pas de plus ou de moins? Vous dérangez-vous d'une ligne, dans la crainte d'offenser Dieu? Il est donc visible que vous ne voulez pas sérieusement vous corriger, que votre repentir n'a jamais été sincère, que vos actes de contrition n'ont été que des mensonges, que vos confessions ne vous servent absolument de rien.

Et en effet, de quoi vous accusiez-vous il y a dix ans? D'impudicité, d'ivrognerie, de médisance, d'envie, de jurements, de brutalité. Qu'avez-vous sur la conscience, et de quoi vous accuserez-vous cette année? Colère, emportements, jalousies, médisance, ivrognerie, impureté. Vous avez toujours promis de vous corriger; vous le promettrez encore, et vous tiendrez vos promesses comme vous les avez tenues, parce que dans le fond vous ne vous souciez pas de devenir meilleur que vous n'êtes; c'est-à-dire, que vous vous confessez une fois par an, non pas dans l'intention de mener une vie plus chrétienne, mais seulement par habitude, par une certaine routine de religion, par manière d'acquit, pour pouvoir dire en vous-même. Je me suis confessé, j'ai fait mes Pâques.

Aveugle! vous ne voyez donc pas que c'est là une finesse du malin esprit et un piége qu'il vous tend? S'il vous proposait d'abandonner la confession, cette pensée vous ferait horreur, vous ne voudriez pas l'écouter; il vous laisse faire en vous retenant toujours à peu près dans les mêmes habitudes. Tu te confesseras, mais tu ne te corrigeras point; tu t'imagineras le vouloir, mais tu ne le voudras point, et tu viendras toujours à mon but. Il vous jette ainsi de la poudre aux yeux; vous donnez dans le panneau, et il gagne des sacrilèges.

Ces réflexions vous donneront peut-être des scrupules : tant mieux. Je prie Dieu de tout mon cœur qu'après que je serai descendu d'ici, vous soyez vivement tourmenté par les remords de votre conscience, et que, jetant un coup d'œil sur votre vie passée, vous disiez en vous-même : Ah! je me reconnais vraiment dans ce que j'ai entendu tout à l'heure. Oui, depuis trente et quarante années que je me confesse, je ne l'ai jamais fait qu'avec un dégoût affreux, avec une froideur et une indifférence mortelle. Je n'ai jamais vu venir qu'avec peine le temps de la confession, c'est-à-dire de ma réconciliation avec Dieu, temps après lequel j'aurais soupiré, s'il y avait eu dans mon cœur la moindre étincelle de cet amour, qui ne peut pas souffrir d'être séparé de ce qu'il aime. Et si je me suis confessé sans amour de Dieu, je n'ai donc fait que des sacrilèges!

Non, je le vois bien à présent, il n'y a eu dans mes confessions ni humilité, ni sincérité, ni exactitude, ni repentir véritable, ni volonté sérieuse de mieux vivre; puisque je n'ai jamais pris, que je n'ai pas même pensé à prendre aucunes mesures pour corriger mes défauts, pour vaincre mes habitudes, pour devenir meilleur et plus chrétien; je n'aurais donc fait que des sacriléges! Ah! je vais dès ce moment repasser dans l'amertume de mon cœur toutes les années de ma vie, et en réparer le désordre par la confession générale de tant de péchés, dont je n'ai malheureusement que trop à craindre de n'avoir pas obtenu le pardon, pour les avoir confessés sans amour, sans douleur, sans une volonté bien sincère de ne plus les commettre.

Béni soyez-vous, ô mon bon Sauveur, de m'avoir éclairé en me remplissant d'une frayeur salutaire. Donnez-moi donc cet amour qui couvre la multitude des péchés, qui efface les plus grands crimes. Que la crainte de vos jugements, mais par-dessus tout, votre amour, excitent en moi un repentir capable d'attirer sur ma pauvre âme toute la grandeur de vos miséricordes. Que cet amour, ce divin amour fonde la glace de mon cœur, et fasse couler mes larmes; qu'elles se mêlent avec votre sang adorable pour laver mes iniquités, afin que je me présente à votre table sacrée, non pas pour y manger ma condamnation, mais pour y recevoir le gage de la vie éternelle. Ainsi soit-il.

DISCOURS XXI.

Pour le Dimanche des Rameaux.

SUR LA COMMUNION.

Dicite Filiæ Sion : Ecce Rex tuus venit tibi. (*Matth.*, XXI, 5.)

Dites à la Fille de Sion : Voici votre Roi qui vient à vous.

Qu'elle est agréable et consolante pour vous, mes chers paroissiens, la nouvelle que nous sommes chargés de vous apprendre! qu'il est agréable et consolant pour moi d'en être porteur et d'annoncer l'arrivée de Jésus-Christ à un peuple qui l'aime, qui le cherche, et qui depuis quarante jours se dispose à le recevoir! Oui, mes chers enfants, vous êtes des brebis fidèles; vous avez entendu la voix de ce bon Pasteur; vous l'avez suivi, vous serez son peuple et il sera votre Dieu. Pourrais-je parler autrement, après avoir vu parmi vous pendant ce Carême tant de religion et de piété, tant de zèle et d'assiduité pour le saint sacrifice de la Messe, tant de goût et d'empressement pour la parole de Dieu?

Cette parole que vous avez écoutée avec une si grande attention n'est que la voix de Jésus-Christ, et la bouche de ses ministres n'a été qu'un instrument dont il s'est servi pour vous la faire entendre. Que si la voix de Jésus-Christ a fait sur vous des impressions si salutaires, que sera-ce donc lorsqu'il paraîtra lui-même, et que vous posséderez toute sa personne adorable dans le sacrement de son amour? Jérusalem, ouvrez vos portes, c'est le fils de David, le Roi de gloire, le Sauveur du monde qui arrive. Ma chère paroisse, voilà Jésus-Christ qui vient faire son entrée dans les âmes; courez au-devant de lui par vos empressements et par la vivacité de vos désirs. Que tous les cœurs s'ouvrent pour le recevoir, mais que tous les cœurs se purifient : le Saint des saints ne s'arrêtera, et n'établira sa demeure que dans les âmes pures et innocentes; les âmes pures et innocentes goûteront seules les douceurs ineffables de ses divines consolations.

Voyons donc en quoi consiste cette pureté de cœur, et quels sont les sentiments que la présence de Jésus-Christ inspire à ceux qui le reçoivent avec un cœur pur. Nous comprendrons par là dans quelles dispositions il faut être, soit avant de communier, soit dans le moment même de la communion, soit après avoir communié.

PREMIÈRE RÉFLEXION.

Je vous rends justice, mon cher enfant, vous êtes d'une exactitude singulière à déclarer toutes les fautes dont vous vous reconnaissez coupable : n'eussiez-vous oublié qu'un petit péché véniel, ne vous fût-il échappé, après votre confession, qu'une petite parole d'impatience, vous ne voudriez point approcher de la sainte table sans vous en être accusé auparavant. Vous avez donc déchargé aux pieds de Jésus-Christ et à l'oreille de son ministre le fardeau de toutes vos iniquités; les extravagances de l'orgueil, les bassesses de la jalousie, les petitesses de la vanité, les aigreurs de la colère, le scandale de vos différends, le poison de vos inimitiés, vos emportements, vos jurements, vos mensonges, vos injustices, vos actions ou vos paroles déshonnêtes, votre négligence, votre tiédeur, et en un mot, tout ce qui vous pesait sur la conscience. Ce sont là comme autant de branches de cet arbre maudit dont la racine est au fond de votre cœur; vous les avez coupées, vous les avez jetées pour ainsi dire sur le passage de Jésus-Christ, mais avez-vous été jusqu'à la racine?

Avez-vous arraché de ce misérable cœur toutes ces affections criminelles qui l'embarrassent, qui le souillent et le rendent impur aux yeux de Dieu? Ne conservez-vous pas intérieurement une attache secrète pour les péchés dont vous avez demandé pardon, que vous avez promis à Dieu et à votre confesseur de ne plus commettre?

Je ne demande pas, prenez bien garde, je ne demande pas si vous ne sentez plus aucune inclination pour le mal. Cette malheureuse inclination qui est une suite du péché d'Adam, et que nous apportons du ventre de nos mères, ne mourra qu'avec nous; elle se trouve dans les plus justes; et l'apôtre saint Paul, ce vase d'élection, ce prodige de grâce, après avoir été ravi au troisième ciel, sentait en lui-même une loi qui combattait la loi de Jésus-Christ. Ce penchant que tous les hommes ont pour le mal et qui est en nous malgré nous, bien loin de nous éloigner de la communion, doit nous engager au contraire à nous en approcher souvent, parce que l'Eucharistie, comme le concile de Trente (sess. 13) et tous les saints Pères l'enseignent, l'Eucharistie est le contre-poison du péché, un préservatif efficace contre la corruption de notre nature. Rien n'est plus capable d'amortir les feux de la concupiscence et d'affaiblir nos mauvaises inclinations, que le fréquent usage de la chair et du sang de Jésus-Christ.

Le penchant qui nous porte au mal, et l'attachement ou l'affection pour le mal, sont par conséquent deux choses bien différentes. Il y a des personnes très-chastes qui ont en horreur les péchés déshonnêtes, qui aimeraient mieux mourir que de les commettre, quoiqu'elles sentent en elles-mêmes un penchant qui les y porte. Saint François de Sales nous apprend qu'il était naturellement vif et enclin à la colère; il fut cependant l'homme le plus doux de son siècle. Ce n'est donc pas votre mauvais penchant qui souillera votre cœur, tant que vous le combattrez avec le secours de la grâce. Ce qui le souille, c'est une certaine attache que la plupart des pécheurs conservent pour le péché, lors même qu'ils en paraissent très-repentants et bien résolus de ne pas y tomber davantage.

Je m'accuse de m'être souvent enivré, je m'en repens de tout mon cœur; voilà qui est fait, cela ne m'arrivera plus; mais renoncer au cabaret, ne pas y remettre les pieds, c'est ce que je ne saurais promettre, et à quoi je ne puis me résoudre. Je m'accuse d'avoir commis le péché déshonnête, j'en ai un grand regret; je n'y retomberai de ma vie, moyennant la grâce de Dieu; mais ne plus voir cette personne, ne plus fréquenter cette compagnie; vous promettre que je ne tiendrai pas quelquefois, lorsque l'occasion s'en présentera, certains propos un peu libres pour m'amuser et pour égayer la conversation, c'est ce que je ne ferai pas, je ne saurais m'y résoudre. Mes chers paroissiens, je n'en dis pas davantage, vous m'entendez; interrogez votre conscience; soyez de bonne foi, et vous conviendrez que l'amour du péché reste souvent au fond du cœur, dans le temps même qu'on s'en accuse et qu'on promet de ne plus le commettre. Et de là, bon Dieu! que de confessions nulles, que de communions sacriléges!

Rompez donc, ah! rompez tout à fait les liens qui vous embarrassent et vous retiennent. C'est en vain que vous voudriez allier deux choses incompatibles, l'amour de Dieu avec l'amour de ce qui est défendu par la loi de Dieu. Purifiez-le donc, ce misérable cœur, de toutes ses affections charnelles; de sorte que vous puissiez dire comme le saint roi David : *Mon cœur est prêt, Seigneur, mon cœur est prêt.* (*Psal.* CI, 2.) Vous savez que dans ce moment je suis totalement détaché de tout ce qui m'a fait perdre votre grâce, et résolu de mourir plutôt que de m'y engager de nouveau. Oui, mon bon Sauveur, je fais le sacrifice du plaisir que j'aurais à voir cette personne avec laquelle je vous ai si souvent offensé; du plaisir que j'aurais à fréquenter cette compagnie qui m'a perdu; du plaisir que j'aurais dans ce cabaret, dans ces conversations, dans ces discours qui flattent mon goût et mes inclinations vicieuses; je vous sacrifie tout cela, j'y renonce, Seigneur; consommez votre ouvrage, faites descendre le feu du ciel sur le sacrifice que je vous offre. Que le feu brûlant de votre amour embrase mon âme; qu'il détruise toutes mes attaches criminelles; qu'il dessèche toutes les humeurs vicieuses du péché; qu'il consume tout ce qui pourrait vous déplaire.

Voilà, mes chers paroissiens, ce qu'on appelle purifier son cœur. Si le vôtre est dans cette disposition, vous le sentirez bientôt animé d'un désir ardent de recevoir Jésus-Christ. De même qu'un malade commence à sentir la faim et demande à manger, lorsque son estomac est purgé de la bile et de la corruption qui lui causaient du dégoût pour la meilleure nourriture; ainsi votre âme, purgée de toutes ces affections qui l'attachaient au péché, ne manquera pas de soupirer après ce pain délicieux que Jésus-Christ lui a préparé pour la faire vivre, pour la soutenir et pour réparer ses forces.

SECONDE RÉFLEXION.

C'est alors que vous direz, non pas en lisant dans un livre, mais de vous-même et de l'abondance de votre cœur : Allons, mon âme, allons nous prosterner à ses pieds. Levez les yeux, le voilà qui arrive : ouvrez-vous, ma bouche; ouvrez-vous, mon cœur; ouvrez-vous, toutes les portes de mon âme, *Attollite portas.* (*Psal.* XXIII, 7, 9.) Ah! que ce moment est délicieux : il s'est reposé sur ma langue, je l'ai reçu dans ma bouche, il est descendu dans mon estomac, je le tiens, je le possède, il est à moi, comme je suis à lui. Ah! que sa présence est aimable! que son entretien est doux! que sa conversation a de charmes! Parlez, mon bon Sauveur, parlez; votre serviteur vous écoute. Je ne laisserai point échapper une seule de vos paroles, je serai attentif aux moindres mouvements de votre grâce.

C'est dans ce moment que l'âme vraiment chrétienne entend au-dedans d'elle-même je ne sais quel langage secret qui la ravit : Me voilà, mon enfant, me voilà, ouvre les yeux et reconnais ton Sauveur : c'est moi que tu as si souvent offensé, que tu as si mal servi, pour qui tu n'as eu que froideur, que dégoût, qu'indifférence; mais je suis ton père, je te pardonne tout, j'oublie tout. Rends-moi donc amour pour amour; ne sois plus ingrat, ne te sépare jamais de moi. Quel mal t'avais-je donc fait pour m'abandonner ainsi? Je n'ai rien épargné pour gagner ton cœur; je te le demandais, tu me le refusais; je t'offrais le mien, tu n'en voulais point : mais enfin nous voilà réunis. Je me donne à toi sans réserve; tout riche, tout puissant que je suis, je ne saurais te donner davantage. Mon corps, mon âme, mon sang, ma divinité, tout ce que j'ai, tout ce que je suis, tu le possèdes; tu peux en jouir, il ne tient qu'à toi de le conserver. Voilà le trésor de mes grâces, la source éternelle de mes miséricordes, tu peux y puiser; le pain des anges, tu peux t'en rassasier; le vin mystérieux qui les enivre, tu peux t'enivrer toi-même de ce breuvage divin qui rafraîchira ton âme, et la remplira d'une telle force, que tout l'enfer réuni contre elle ne pourra ni la vaincre, ni l'ébranler.

Rassure-toi, console-toi, mon cher enfant, essuie tes larmes, reçois le baiser de paix que je te donne aujourd'hui, le signe et le gage éternel de mon amour. Ne t'effraye pas, ne crains rien, tes passions sont vives, je les amortirai; ta volonté est faible, je la fortifierai; tes plaies sont profondes, je les guérirai; ton cœur est froid, je le réchaufferai; il est dur, je l'attendrirai; il est sec, je l'arroserai. Il sera mêlé, confondu avec le mien, comme si nous n'étions qu'un cœur et qu'une âme.

Ah! mon aimable Jésus! c'en est assez, c'en est trop, je suis couvert de confusion; votre tendresse et mon ingratitude m'accablent. Mon corps a été l'instrument du péché qui vous déshonore, et ce misérable corps, vous en faites aujourd'hui votre temple! Toutes les puissances de mon âme se sont révoltées contre vous; cette âme ingrate, vous vous unissez aujourd'hui à elle, vous l'appelez votre épouse et votre bien-aimée! quel excès d'amour, et qui pourra le comprendre? quel prodige de miséricorde, et que pourrais-je y répondre? que puis-je faire autre chose que de m'abîmer, de m'anéantir en votre présence?

Vous voilà donc descendu dans mon cœur, ô divin Jésus! Ah! que de misères n'y découvrez-vous point! Pauvre cœur, pauvre cœur! source inépuisable de corruption, réceptacle de toutes sortes d'iniquités, labyrinthe affreux, abîme profond de ténèbres, où l'amour déréglé de moi-même se déguise sous mille formes différentes, s'enveloppe, se cache sous mille plis et replis, pour m'aveugler, me tromper, m'égarer, me perdre! Terre maudite, qui renfermes, couves et nourris dans ton sein le germe et la racine d'où sortent les adultères, les fornications, les vois, les homicides, les vengeances, les trahisons, les paroles aigres, les jurements, les imprécations, les blasphèmes, les médisances, les calomnies, les querelles, les inimitiés et tant d'autres fruits empoisonnés qui donnent la mort à nos âmes! Pauvre cœur, pauvre cœur, que ta misère est grande, et que tu es à plaindre!

Mais non, tu n'es plus à plaindre : le médecin tout-puissant, le Père des miséricordes, le Dieu de toute consolation est venu à moi; le remède à tous maux, le principe de tout bien, mon espérance, mon appui, ma force, ma joie, mon trésor, mon tout. Donnez-lui donc, ô mon âme, donnez-lui mille bénédictions. Abandonnez-vous aux transports de la reconnaissance la plus vive, de l'amour le plus tendre. Il efface vos iniquités, il guérit vos plaies, il vous arrache à la mort du péché, il vous comble de ses grâces, il vous couronne de ses miséricordes, il vous rassasie de tous ses biens, il fait revivre les jours de votre innocence, il vous rend votre première beauté; bénissez-le, mon âme, et que le jour où vous recevez tant de bienfaits ne sorte jamais de votre mémoire.

TROISIÈME RÉFLEXION.

Mes chers paroissiens, mes chers enfants, je vous le dis : vous deviendriez des saints, si vous conserviez toujours le souvenir de ce bienheureux moment où Jésus-Christ s'est donné à vous. Je me suis aperçu que vous appeliez le jour de votre communion *votre bon jour;* j'ai communié, *J'ai fait mon bon jour.* Oh! que vous avez bien raison de vous exprimer de la sorte! si cependant vous avez mangé le pain des anges avec un cœur pur. Oui, vous avez fait votre bon jour, lorsque vous vous êtes uni à Jésus-Christ, comme vous avez fait votre mauvais jour, lorsque vous vous êtes séparé de lui.

Lorsque vous vous livriez aux excès du vin et qu'il ne vous restait tout au plus que la figure humaine, vous faisiez votre mauvais jour. Lorsque vous commettiez cette action honteuse dont vous rougissez encore présentement, vous faisiez vraiment votre mauvais jour; lorsque vous juriez le saint nom de Dieu dans les accès furieux de votre colère, lorsque vous murmuriez contre sa providence, lorsque vous ne pouviez souffrir le mal qu'il vous envoyait, lorsque vous détestiez votre pauvreté, lorsque vous portiez envie à votre prochain, lorsque vous vous vengiez de votre ennemi ou que vous lui souhaitiez la mort, lorsque vous passiez les heures entières à déchirer la réputation de votre frère par vos médisances, par vos calomnies, par vos rapports et vos jugements vrais ou faux, mais toujours téméraires, injustes et criminels.

Vous faisiez votre mauvais jour, lorsque vous passiez au cabaret ou au jeu le temps que vous auriez dû passer à l'église; lorsque vous choisissiez le dimanche et les fêtes pour vaquer à votre commerce, pour courir loin de votre paroisse, à vos affaires, souvent à vos plaisirs et à votre libertinage. Hélas! il n'y a peut-être pas de jours dans l'année, où vous n'ayez pu dire le soir, après avoir examiné votre conscience : j'ai fait aujourd'hui une mauvaise journée. Ah! que de mauvais jours, et que vous pourriez bien leur appliquer ces paroles du *Livre de Job* (III, 3) : « Périsse à jamais le jour où le péché a pris naissance dans mon cœur, où j'ai perdu la grâce de mon Dieu, où je me suis séparé de Jésus-Christ! Que ces malheureux jours soient effacés, qu'ils ne soient point compris au nombre de ceux dont ma vie est composée; que leur mémoire périsse devant Dieu, je n'en conserverai le souvenir que pour les détester. Jours d'aveuglement, jours de malice, jours de corruption, jours d'impudicité, jours de vengeance, jours de débauche, jours d'injustice, jours perdus pour le ciel et consacrés à l'enfer, puissiez-vous ne revenir jamais!

Tels sont, mes chers paroissiens, les sentiments que vous devez avoir, lorsque vous dites : *J'ai fait mon bon jour.* Oh! qu'il est bon ce jour où Jésus-Christ a répandu sur votre âme toutes les richesses de sa bonté! Souvenez-vous-en donc, et que la pensée de ce jour bienheureux vous fortifie contre les tentations du démon.

Repassez dans votre esprit les dispositions soit intérieures, soit extérieures dans lesquelles vous avez été en vous approchant de la communion. Vous vous êtes prosterné humblement sur les marches du sanctuaire ; vous avez levé les yeux et vous avez regardé avec respect entre les mains du prêtre Celui que les anges ne se lassent pas de contempler. Vous avez étendu vos mains, vous avez ouvert votre bouche ; vous l'avez reçu sur votre langue ; votre corps tout entier a été sanctifié, consacré par l'attouchement de cette chair adorable qui s'est comme changée en votre propre substance. Voudriez-vous après cela profaner de nouveau ce corps et souiller ces membres?

Le jour que j'ai communié, mon corps a été comme un ciboire, comme un calice dans lequel on a mis le corps et le sang de Jésus-Christ. Celui qui prendrait les vases sacrés et les remplirait de fumier serait un impie et un sacrilége. Serai-je moins coupable si je fais servir à la corruption du péché ce corps dans lequel Jésus-Christ est descendu et où il s'est reposé comme dans son tabernacle ?

Dans le moment qu'il s'est donné à moi, mon esprit, mon imagination, mon cœur étaient remplis de lui et de ses mystères. Je pensais à mes péchés et à sa miséricorde, à ses bontés et à mon ingratitude ; je formais la sainte résolution de lui être fidèle. Pénétré de reconnaissance, embrasé d'amour, animé d'une piété tendre, je goûtais en moi-même je ne sais quelle douceur que je ne pourrais exprimer ; comment souffrirais-je après cela que cette imagination, cet esprit, ce cœur fussent encore souillés par des représentations sales, par des pensées d'orgueil, par des désirs d'impureté, de vengeance et tant d'autres auxquels je me suis ci-devant abandonné?

Non, j'ai fait un pacte avec mes yeux ; je ne l'oublierai point, et je dirai, lorsque l'occasion se présentera : Souvenez-vous, mes yeux, que vous avez vu l'Agneau sans tache ; vos regards ont été comme les interprètes de mon amour et de mes désirs. Fermez-vous, détournez-vous de ces misérables objets qui m'ont séduit. J'ai fait un pacte avec mes oreilles, je ne l'oublierai point, et je dirai : Souvenez-vous que vous avez entendu la voix de Jésus-Christ et celles de ses ministres, qui me disaient : le voici. Soyez donc à jamais fermées aux discours indécents, aux chansons déshonnêtes et à tout ce qui pourrait blesser la pureté de mon cœur.

J'ai fait un pacte avec mes mains, et je m'en souviendrai : lorsque je les ai élevées vers Jésus-Christ, elles ont exprimé mon empressement; lorsque j'ai frappé ma poitrine, elles ont exprimé ma douleur; lorsque je les ai jointes, en me prosternant en sa présence, elles ont exprimé la ferveur de mes prières. Non, je ne les souillerai plus ni par le vol, ni par aucune injustice, ni par des libertés criminelles. J'ai fait un pacte avec ma bouche et avec ma langue, je ne l'oublierai point et je dirai : ô ma bouche, ô ma langue, vous avez été consacrées par la chair de Jésus-Christ, ne servez donc plus aux excès du vin et des viandes, aux jurements, à la médisance, aux paroles injurieuses ou impures

En un mot, mon corps est devenu le temple de Jésus-Christ, je m'en souviendrai, et ce temple vivant ne sera jamais profané. Je veillerai sur mes sens ainsi que sur mon cœur, pour ne point laisser échapper mon bien-aimé. C'est lui qui a formé en moi cette bonne résolution, c'est lui qui la confirmera de manière que ni la vie, ni la mort, ni l'enfer ne seront capables de me séparer de son amour.

Voilà, mes frères, voilà ce que doit penser et sentir en lui-même un chrétien qui a reçu Jésus-Christ avec une conscience pure, avec un cœur sincèrement détaché de tout ce qui est contraire à la loi de Dieu et rempli d'un véritable désir de pratiquer cette loi sainte dans tous ses points. Voilà les sentiments et le langage d'un chrétien qui communie, non par manière d'acquit et pour dire : j'ai fait mes Pâques, mais qui communie dans l'intention de s'unir étroitement à Jésus-Christ, de sustenter son âme dont il connaît la faiblesse et le besoin qu'elle a de manger, et de manger souvent le pain de vie; qui court avec empressement à la table du Seigneur, comme une personne affamée se jette avidement sur la nourriture qu'on lui présente; qui soupire après Jésus-Christ comme dans les chaleurs de l'été un voyageur brûlant de soif cherche à se désaltérer dans le courant d'un ruisseau qu'il trouve sur sa route.

Plaise à Dieu, mes chers enfants, que vous soyez tous dans cette disposition, et qu'étant purgés de toute la corruption du péché, vous apportiez à la sainte table une faim spirituelle qui annonce la guérison et la santé de votre âme; qui lui fasse trouver dans le corps de Jésus-Christ une nourriture délicieuse, dont la vertu lui donne des forces et la mette en état de marcher fermement dans le chemin du ciel; de vaincre les ennemis qui pourront l'attaquer, de surmonter les tentations du diable, du monde et de la chair! Que le corps et le sang de Jésus-Christ soient un remède efficace contre l'enflure de l'orgueil, contre la soif brûlante de l'avarice, contre la corruption de l'impudicité, contre le venin de l'envie, contre le poison de la haine et de la vengeance, contre toutes les maladies auxquelles cette pauvre âme a été sujette.

Venez donc, ô Médecin tout-puissant; venez, tous mes paroissiens vous désirent. Je leur ai porté vos ordres; ils les ont reçus avec des sentiments pleins de respect et de reconnaissance. Je leur ai annoncé votre arrivée, ils se disposent à vous recevoir; et il me semble que j'aperçois dans ce moment, non pas cet ange qui remuait les eaux de la piscine, mais votre Esprit, ô mon Dieu, qui remue et trouble les consciences; les remords se réveillent aux approches de cette grande solennité; le pécheur même endurci ne saurait s'en défendre tout à fait. l'image de sa vie passée se présente à son esprit, ses péchés viennent se ranger en file dans sa mémoire et s'offrent à lui les uns après les autres, comme s'ils disaient : nous voici. Ce sont comme autant de vers qui le piquent, autant de monstres qui l'effrayent, autant de furies qui le tourmentent; c'est un fardeau pesant qui l'accable.

Ce trouble salutaire, ô mon bon Sauveur, est le commencement de vos miséricordes, le premier effet de cette voix puissante qu'ils ont entendue, lorsque vos ministres ont crié de votre part : *Fille de Sion, voilà ton Roi qui arrive.* Achevez votre ouvrage, grand Dieu, étendez votre bras, renouvelez vos prodiges; éclairez les aveugles, redressez les boiteux, faites marcher les paralytiques, ressuscitez les morts. Le pécheur est ébranlé, achevez de le terrasser; qu'il tombe à vos pieds, qu'il mette sa bouche dans la poussière, qu'il confesse son crime, que votre miséricorde le relève, qu'il se jette entre vos bras, qu'il vous baigne de ses larmes, qu'il soit absous, lavé, purifié, sanctifié; que nous ayons la douce consolation de l'introduire dans la salle du festin, de le faire asseoir à votre table et de l'en voir sortir embrasé de votre amour, plein d'un courage et d'une force qui le rendent formidable au démon même, lorsqu'il viendra l'attaquer et qu'il s'efforcera de le faire retomber dans son premier état.

Répandez, ô bon Pasteur, répandez sur ce cher troupeau de nouvelles bénédictions pendant cette sainte quinzaine. Lavez toutes les taches, purifiez tous les cœurs, préparez-y vous-même votre demeure, rendez-les dignes de vous recevoir. Qu'ils regardent les jours où ils auront eu ce bonheur comme les plus beaux jours de leur vie; qu'ils en conservent le souvenir, pour ne pas en perdre le fruit; que la communion à laquelle ils se préparent soit vraiment pour chacun d'eux le commencement d'une vie plus chrétienne et le gage de la vie éternelle. Ainsi soit-il.

DISCOURS XXII.

Pour le saint jour de Pâques.

SUR LA RÉSURRECTION SPIRITUELLE DES PÉCHEURS.

Jesum quæritis Nazarenum crucifixum; surrexit, non est hic. (*Marc.*, XVI, 6.)

Vous cherchez Jésus de Nazareth qui a été crucifié : il est ressuscité, il n'est point ici.

Je montai vendredi dernier dans cette chaire, le cœur serré, le trouble dans l'âme, les larmes aux yeux, pour vous annoncer, mes chers paroissiens, les souffrances et la mort de Jésus-Christ. Vous me voyez reparaître aujourd'hui pour un sujet bien différent; Jésus-Christ, votre espérance et la mienne, est sorti glorieux du tombeau; je viens vous annoncer sa résurrection et célébrer avec vous son triomphe.

Chaste Epouse de mon Sauveur, Eglise chrétienne, quittez vos habits de deuil, essuyez vos larmes, appelez, rassemblez vos enfants pour la plus grande de vos solennités. Qu'ils accourent en foule, que vos temples se remplissent jusqu'à l'entrée du sanctuaire, jusqu'au pied des autels. Jérusalem, Jérusalem, cessez vos gémissements, éclatez en transports de joie; vous allez briller d'une gloire nouvelle, l'on n'entendra plus dans votre enceinte que des cantiques de louanges ou d'actions de grâces: *Per vicos ejus alleluia cantabitur*. (*Tob.*, XIII, 22.)

A Dieu ne plaise qu'il y ait parmi vous, mes frères, quelqu'un de ceux que l'apôtre saint Paul appelle les ennemis de la croix de Jésus-Christ, qui portent le beau nom de chrétien et vivent comme des païens; qui disent le Carême, les Pâques, et ne font ni Carême, ni Pâques! Je lui dirais avec la sainte liberté que me donne mon ministère: Mon ami, que venez-vous faire ici? La joie que la résurrection du Sauveur répand dans l'Eglise, n'a rien de commun avec vous; puisqu'il n'est question chez vous ni de confession, ni de communion, ni de conversion, ni de pénitence.

Mais non: je me persuade qu'il n'y a personne ici qui mérite un pareil reproche. Les uns ont déjà mangé l'Agneau pascal, les autres s'y préparent. Tous ont baisé avec respect, avec un air dévot et humilié, la croix de Jésus-Christ; tous ont paru touchés des cérémonies qui ont retracé à nos yeux le triste spectacle de sa Passion et de sa mort. Je vous invite donc, tous tant que vous êtes, à vous réjouir de sa résurrection, dans l'espérance où je suis que vous désirez véritablement mourir au péché, afin de ressusciter à la grâce. Pour cela prenez bien garde, il ne suffit pas de se confesser et de communier, il faut se convertir: de sorte que, comme Jésus-Christ est véritablement ressuscité d'entre les morts, nous sortions aussi véritablement du tombeau de nos mauvaises habitudes, pour mener une vie mortelle et toute différente de celle que nous avons menée jusqu'à présent. Et parce que plusieurs s'imaginent être ressuscités, et vivre de la vie de la grâce, pendant qu'ils sont encore dans l'esclavage et la mort du péché, je viens examiner avec vous aujourd'hui quelles sont les marques de cette nouvelle vie. Sur quoi je me contenterai de vous rapporter et d'expliquer, après les saints Pères, un des plus beaux endroits de l'Ancien Testament, et une des plus belles figures de notre résurrection spirituelle.

PREMIÈRE RÉFLEXION.

Le prophète Elisée voulant ressusciter le fils de son hôtesse, s'enferme dans la chambre où le cadavre de l'enfant était étendu sur un lit, fait sa prière, monte sur le lit, se penche sur ce petit corps, et se couche sur lui de façon qu'il pose ses yeux sur ses yeux, sa bouche sur sa bouche, ses mains sur ses mains; de cette manière, il le ressuscite et le rend à sa mère. (IV *Reg.*, IV, 1 seqq.)

Or, l'Ecriture sainte remarque, et je vous prie de bien remarquer vous-mêmes trois signes de vie qui parurent dans cet enfant. D'abord la chaleur naturelle revint dans ses membres, et tout son corps fut réchauffé; puis il ouvrit la bouche et bâilla jusqu'à sept fois; enfin, il ouvrit les yeux, et à ce dernier signe le prophète reconnut qu'il était plein de vie.

Oh! l'admirable figure de ce que vous avez fait pour nous, mon bon Sauveur! Tous les hommes, depuis le péché d'Adam, étaient morts devant vous; le genre humain était à vos yeux comme un cadavre étendu sur un lit de misère et de corruption. Vous êtes descendu du ciel comme le prophète du mont Carmel; vous avez renfermé l'immensité de votre être, toute la plénitude de votre divinité, dans le petit espace d'un corps semblable au nôtre. Vous vous êtes abaissé, rétréci, anéanti, rendu faible, sujet à la mort et homme comme nous. Vous avez posé vos yeux sur nos yeux pour nous faire passer des ténèbres à la lumière admirable de l'Evangile; votre bouche sur notre bouche, pour nous remplir de votre esprit, et répandre sur nos âmes un souffle de vie plus précieux que celui qui anima le corps de notre premier père. Vous avez posé vos mains sur nos mains, en nous montrant dans votre personne l'exemple de toutes les vertus; et en faisant vous-même avec nous ce qui vous est agréable, vous nous avez rendus propres à toutes sortes de bonnes œuvres. Ce que vous avez fait pour la rédemption du monde pendant notre vie mortelle, vous le faites encore aujourd'hui pour chacun de nous, par le ministère des pasteurs qui vous représentent.

En effet, mes chers paroissiens, lorsque vous venez dans le tribunal de la pénitence, nous présenter une âme morte, étendue, pour ainsi dire, sur le lit de ses iniquités; ah! c'est alors que l'âme de votre pasteur se penchant, pour ainsi dire, sur la vôtre, s'efforce de la rappeler à la vie. Nous descendons dans le fond de vos cœurs, nous développons les replis de vos consciences; nous portons au milieu des ténèbres qui vous aveuglent la lumière de la vérité.

Tantôt, pour vous effrayer par la crainte des jugements de Dieu qui sont terribles, et dont la seule pensée a quelquefois converti les plus grands pécheurs, nous remettons sous vos yeux les châtiments éternels que Dieu prépare dans les enfers à ceux qui lui résistent et méprisent ses commandements. Tantôt, pour vous toucher et vous attendrir, nous rappelons à votre esprit la grandeur de sa miséricorde, l'abondance de ses grâces, les richesses de sa bonté, les marques d'amour et de tendresse qu'il n'a cessé de vous donner depuis que vous êtes au monde. Nous soupirons, nous gémissons, comme pour exciter vos gémissements et vos soupirs. Nous voudrions pouvoir vous communiquer tous les mouvements qu'une tendre inquiétude pour votre salut excite dans notre cœur; nous les exprimons de mille manières; nous nous efforçons de les faire passer de notre âme dans la vôtre.

N'est-ce pas là mettre en quelque sorte nos yeux sur vos yeux, notre bouche sur votre bouche? et ne mettons-nous pas nos mains sur vos mains, lorsque nous entrons dans le détail de vos actions, lorsqu'après vous avoir expliqué les vérités de notre religion sainte, nous vous apprenons la manière de les pratiquer, vous montrant ce qui est bien et ce qui est mal, appelant vos péchés par leur nom, vous indiquant les différentes espèces de bonnes œuvres que chacun de vous peut faire dans son état? Hé! plût à Dieu que, pour couronner l'œuvre d'un ministère aussi saint, nous pussions vous montrer, dans toute notre conduite, les exemples des vertus que nous vous prêchons! C'est là, mes chers enfants, ce que vous devez demander pour nous dans vos prières; de peur qu'en travaillant à la sanctification des autres, nous ne travaillions d'un autre côté à notre propre réprobation.

Tel est donc le ministère de grâce que nous exerçons à votre égard au nom de Jésus-Christ pour rendre la vie à vos âmes, et les délier par son autorité, des péchés qui leur avaient donné la mort. Jésus-Christ en personne met le sceau à votre réconciliation, et le comble à sa miséricorde, en vous donnant le baiser de paix dans le sacrement adorable de l'Eucharistie, où il renouvelle en notre faveur les merveilles de son incarnation, en se mêlant, en s'incorporant dans vous-mêmes, suivant l'expression de saint Chrysostôme (Hom. 24, *in Epist. ad Cor.*) pour répandre dans votre âme le souffle et le germe d'une nouvelle vie.

SECONDE RÉFLEXION.

Examinez donc à présent, mes chers paroissiens, et voyez si vous avez reconnu en vous-mêmes les trois signes de vie qui parurent dans cet enfant dont nous parlions tout à l'heure, et qui annoncèrent une véritable résurrection. D'abord la chaleur revint dans ses membres, et tout son corps fut réchauffé. La même chose est-elle arrivée à vôtre âme? Mon cœur, hélas! mon pauvre cœur était froid comme une glace; je n'avais aucun goût pour le service de Dieu; l'Office de la paroisse me paraissait toujours trop long; les instructions, les livres de piété ne me causaient que de l'ennui; je n'avais pas le moindre sentiment de dévotion dans mes prières. Mais, grâce au Seigneur, depuis que j'ai fait mes Pâques, je me sens un peu réchauffé, je prie Dieu de bon cœur, j'entends sa parole avec plaisir, il me semble qu'elle me touche, que j'ai un désir secret de la mettre à profit, et de mieux vivre que je n'ai fait. Je me sens tout autre depuis que je me suis approché des sacrements.

Courage, mon enfant, voilà déjà une bonne marque; c'est un premier signe de conversion, mais il ne suffit pas. Tout cela peut n'être qu'un peu de dévotion passagère. L'approche des fêtes, les cérémonies de l'Eglise, si belles et si touchantes dans ce temps-ci, une certaine tranquillité d'esprit que vous avez depuis que votre mémoire est déchargée de tous ces péchés qui vous pesaient si fort sur la conscience, une certaine retenue que vous inspirent les sacrements que vous avez reçus, tout cela peut vous donner un certain goût que vous n'aviez pas ; mais ce n'est point encore là une marque certaine de conversion. L'année dernière, vous disiez la même chose, et un mois après Pâques, vous ne valiez pas mieux qu'auparavant.

Votre cœur est un peu réchauffé, il est attendri. Ce n'est point assez : qu'il soit donc brisé par la douleur, qu'il se fende, si je puis m'exprimer ainsi, comme une terre sèche, pour recevoir les influences de la grâce; qu'il soupire après elle, et que votre bouche s'ouvre elle-même pour attirer l'esprit de Dieu; que vos gémissements pénètrent le Ciel, et qu'ils expriment toute la vivacité de votre amour et de vos désirs; en sorte que vous puissiez vous appliquer et dire avec vérité ces belles paroles d'un prophète : *Mon âme ne cesse de soupirer après vous, ô mon Dieu! elle vous désire pendant la nuit; il semble que mon cœur s'élance hors de mes entrailles, pour courir après vous; et dès la pointe du jour, je m'éveille, je vous cherche, et je suis tout occupé de ce que je dois faire pour vous trouver.* (*Isa.*, XXVI, 9.)

Si vous êtes dans cette disposition, mon cher paroissien, je commencerai à croire que vous êtes véritablement ressuscité; j'en serai convaincu, et ma joie sera parfaite, lorsque je vous verrai ouvrir les yeux, et que regardant tout autour de vous, comme un malade qui revient d'une longue et profonde léthargie, vous verrez toutes choses avec les yeux de la religion et de la foi.

Où étais-je donc, ô mon Dieu, lorsque vous avez pris pitié de moi, et que votre miséricorde m'a appelé? où étais-je donc? Sous la puissance du démon, à deux doigts de l'enfer, dans un état pire que le néant. Hélas! je n'en savais rien, je n'en voyais rien. Je m'étais apprivoisé avec mon ennemi; je commettais le péché sans scrupule, et je vivais dans la plus parfaite tranquillité. Quand on me parlait de confession, je disais qu'il serait toujours assez temps. Quand on voulait m'inspirer votre crainte, je répondais que vous étiez bon; et si l'on me menaçait de l'enfer, je me rassurais en disant que vous ne m'aviez que créé pour me perdre. Je n'avais pas des idées fausses, je raisonnais de travers; semblable à un homme qui rêve pendant son sommeil, qui voit des choses ridicules et impossibles, mais qui ne lui paraissent telles que quand il est bien éveillé.

Béni soyez-vous, mon bon Sauveur, qui m'avez ouvert les yeux. Oh! que les choses me paraissent bien différentes ! je vois, je reconnais, je sens la vérité de ce qu'on m'a répété tant de fois, et que je ne croyais point. La crainte de Dieu, sa grâce et son amour sont préférables à tous les trésors de la terre. L'orgueil, l'ambition, l'avarice, la sensualité sont un vrai délire ; les plaisirs que l'on aime tant, une illusion diabolique ; les richesses dont on est si affamé, un tourbillon de poussière que le vent emporte, et qui aveugle la plupart des hommes. La pauvreté, les humiliations, la mortification, les souffrances ne sont point un mal, comme je me l'étais imaginé; elles sont moins à craindre qu'à désirer ; ce sont les livrées de Jésus-Christ, le gage de son amour, la marque de ses élus, les arrhes de la vie éternelle. Malédiction sur l'avare ; malédiction sur l'impudique ; malédiction sur celui qui fait un dieu de son ventre, de son plaisir ou de son argent. Maudite passion qui m'as aveuglé ; maudite compagnie qui m'as perdu ; maudite créature qui m'as corrompu !

Voilà comme on pense, voilà comme on parle, quand on est véritablement converti. Sont-ce là vos sentiments, est-ce là votre langage, mon cher paroissien ? si cela est, votre conduite ne manquera pas d'y répondre, et je pourrai dire à ceux qui, ayant été témoins de votre vie passée, vous traiteraient encore d'avare, d'usurier, d'impudique, d'ivrogne, de mauvaise langue : pourquoi comptez-vous au nombre des morts un homme qui est plein de vie ? il est ressuscité, il est converti.

Ne le cherchez donc plus ni au cabaret, ni au jeu, ni dans les mauvaises compagnies ; vous ne l'y trouverez plus, il n'est plus le même ; et si vous doutez de sa conversion, voyez ses pieds et ses mains, c'est-à-dire ses actions, ses démarches et toute sa conduite. Voyez comme il prie avec dévotion ; comme il est assidu aux Offices de sa paroisse ; comme il est réservé dans ses discours, modeste dans son maintien, charitable envers les pauvres, patient dans les afflictions ; voyez comme il pardonne à ses ennemis, comme il souffre les injures, comme il parle avec douceur ; sa femme ne le reconnaît plus, ses enfants, ses domestiques sont édifiés ; ses voisins et tous ceux qui le connaissent disent : *Ce n'est plus lui.*

Oh ! comme il est changé ! quelle conversion, bon Dieu ! c'était un pilier de cabaret ; il n'y met plus les pieds, et il maudit le jour où il y est entré pour la première fois. C'était un brutal, il est doux comme un agneau. Toute la paroisse était scandalisée de ses débauches, aujourd'hui toute la paroisse est édifiée de sa retenue et de sa sagesse. Cet autre aurait vendu son âme pour un écu, il aurait vu les pauvres mourir de faim à sa porte, sans leur tendre un morceau de pain ; aujourd'hui il les cherche pour leur faire l'aumône, il va découvrir des misères cachées, pour les soulager.

Voyez-vous cette femme qui n'allait chez les voisins et ne les recevait chez elle que pour déchirer le tiers et le quart ? Sa maison était comme le rendez-vous des mauvaises langues, et une espèce de bureau toujours ouvert de médisance, de critique, de rapports, de caquets, de calomnie. Aujourd'hui elle ne parle du prochain que pour en dire du bien, ou pour excuser ses défauts, ou pour imposer silence à ceux qui en disent du mal. Oh ! la belle conversion ! Eglise de Jésus-Christ, mère des fidèles, réjouissez-vous, votre enfant est ressuscité.

Mes chers paroissiens, qu'en pensez-vous ? vous pensez et vous dites tout bas, qu'on ne voit guère de conversions comme celles dont je parle ; qu'il n'y a dans la paroisse après Pâques, ni moins de vices, ni plus de vertu qu'auparavant. Hé ! que vous sert-il donc de vous humilier, si vous ne changez pas de vie, s'écrie saint Augustin ? (Hom. inter. 50.) Vous jeûnez pendant le Carême, vous écoutez la parole de Dieu, vous faites la revue de vos consciences, vous vous confessez, vous vous prosternez, vous frappez votre poitrine, vous avez tout l'extérieur de la pénitence ; à quoi bon tout cela, si votre cœur, dans lequel nous ne pouvons pas lire, n'est pas véritablement changé ; si quelque temps après Pâques, malgré les promesses qu'on nous a faites, malgré les signes de vie qu'on nous a donnés, nous avons la douleur de voir que les impudiques sont toujours impudiques, les ivrognes toujours ivrognes, les avares toujours avares, les médisants toujours médisants, les vindicatifs, les envieux, les jureurs toujours les mêmes ? Vous trompez donc vos pasteurs ! vous jouez donc la religion ? c'est donc une foule de moqueurs et non de pénitents qui, dans ce temps-ci, environne nos confessionnaux, et nous accable !

Si cela est ainsi, que faisons-nous donc, malheureux que nous sommes, avec nos exhortations, nos épreuves, nos absolutions ? Nous prenons donc pour des brebis ceux qui n'en ont que la peau ? Vous abusez donc de notre ministère ? Vous nous faites donc servir à vos sacriléges, et ce ministère de vie n'est donc à votre égard qu'un ministère de réprobation et de mort ? Grand Dieu, que cette pensée est effrayante ! elle me trouble l'esprit, elle me déchire le cœur et le remplit d'amertume. Toujours faire ses Pâques, et ne jamais se corriger : ah ! que de profanations, que de communions indignes ! et j'y contribue peut-être moi-même, par trop de douceur et de condescendance, par une crainte excessive de rebuter les pécheurs ; pour ménager leur faiblesse en leur épargnant des épreuves qu'ils n'auraient peut-être pas la force de soutenir.

Mes chers enfants, vous le savez ; n'abusez donc pas, je vous en conjure les larmes aux yeux et par les entrailles de Jésus-Christ, n'abusez pas de cette facilité qui aboutirait enfin à perdre mon âme avec la vôtre. Ne me forcez pas à devenir plus sévère ; soyez-le vous-mêmes à votre égard, et souvenez-vous de ces belles paroles de saint Paul que nous chantons tous les jours jusqu'à l'Ascension : *Christus resurgens ex mortuis jam non moritur : « Jésus-Christ une fois ressuscité ne meurt plus ; la mort n'a plus d'empire sur lui.* (*Rom*., VI, 9.) Sa résurrection est le modèle de la résurrection de nos âmes; c'est-à-dire que la conversion du pécheur, quand elle est véritable, ne dure pas seulement un ou deux mois, elle dure toute la vie; elle en fait un homme nouveau, et il y a autant de différence entre un pécheur converti et celui qui ne l'est pas, qu'il y en a entre un homme vivant et un cadavre.

Voyez donc ce que vous étiez avant Pâques, voyez ce que vous êtes après; soyez votre juge, et ne vous flattez point. Si vous ne trouvez aucun changement dans votre façon de vivre, c'est une preuve que vous n'êtes pas ressuscité, que vous n'êtes pas converti, que vous nous avez trompés, et que vous vous êtes trompé vous-même.

Heureux et mille fois heureux le pasteur qui faisant, chaque année, dans la quinzaine de Pâques, la revue générale de son cher troupeau, a la douce consolation de voir qu'il avance de plus en plus dans le bien ; que les vices et les péchés diminuent ; que les vertus et les bonnes œuvres augmentent; que les mauvaises habitudes se détruisent; que les pécheurs se convertissent ; que les justes deviennent encore plus justes; que toutes les âmes se renouvellent de jour en jour et d'une année à l'autre dans la ferveur et la piété chrétienne. Mon Sauveur, mon bon Sauveur, c'est là tout ce que je désire et tout ce que je vous demande : les trésors de votre grâce, les richesses de votre amour, l'abondance de vos bénédictions pour ma chère paroisse.

Répandez donc sur nos âmes, ô source infinie de toute bonté, cet esprit vivifiant qui les réchauffe, les ranime et les fasse revivre. Formez vous-mêmes dans nos cœurs, ô mon Dieu, ces gémissements ineffables qui s'élèvent jusqu'à vous, et attirent votre miséricorde. Dissipez les ténèbres de nos passions; ouvrez nos yeux et faites-nous marcher à la clarté de votre Evangile, ce flambeau divin que vous avez apporté sur la terre, la lumière et la vie de l'univers. Que la grande fête de Pâques soit véritablement pour chacun de nous le passage du péché à la justice; qu'après avoir mangé la chair de l'Agneau qui efface les péchés du monde, nous marchions, sans jamais retourner en arrière, dans le chemin qui conduit à la vraie terre promise, le séjour des élus; pour y chanter le cantique de cet Agneau sans tache et célébrer avec lui une Pâque éternelle. Je vous la souhaite, mes chers paroissiens, au nom du Pere, etc.

DISCOURS XXIII.

Pour le premier Dimanche après Pâques.

SUR LES MOYENS D'AVOIR LA PAIX.

Pax vobis. (*Joan*, XX, 21.)

La paix soit avec vous.

Voilà, mes chers paroissiens, quel a été le fruit de l'incarnation et de la mort de Jésus-Christ, la paix. Dès le moment qu'il est sorti du sein de sa bienheureuse Mère, les anges, en publiant sa naissance, annoncent en même temps la paix aux hommes de bonne volonté. A peine est-il sorti du tombeau, après avoir réconcilié par son sang le ciel avec la terre, qu'il paraît au milieu de ses disciples pour leur annoncer et leur donner la paix: que la paix soit avec vous, *pax vobis*. Toutes les lettres que les apôtres écrivent aux fidèles, commencent ordinairement ou finissent par leur souhaiter la paix. *Que la paix* de Dieu, disait saint Paul, *cette paix dont la douceur surpasse tout sentiment et toute expression, conserve vos esprits et vos cœurs en Jésus-Christ.* (*Philipp.*, IV, 7.)

J'aime à me persuader, mes chers enfants, que vous avez goûté les douceurs de ce bien inestimable, lorsqu'après vous être réconciliés avec Dieu dans le tribunal de la pénitence, vous avez reçu le baiser de paix dans le sacrement de son amour. Conservez la donc cette paix délicieuse, la tranquillité de votre esprit, le contentement de votre cœur, la joie de votre âme, le bonheur de votre vie ; et pour cela, retenez bien trois avis que je vais vous donner, et que j'ai recueillis de plusieurs endroits de l'*Imitation de Notre-Seigneur*, ce livre admirable dont je ne cesse de vous conseiller la lecture, et que tous les chrétiens devraient savoir par cœur comme l'Evangile.

Premièrement, ne vous mêlez jamais des affaires dont vous n'êtes point chargé, ni de la conduite de ceux dont vous n'êtes pas responsable, et souffrez avec patience le mal que vous ne pouvez empêcher. Secondement, ne soyez pas trop sensible à ce que l'on peut dire ou penser sur votre compte, pourvu que vous n'ayez rien à vous reprocher, et n'ayez aucune attache trop forte pour qui ce soit, ni pour quoi que ce puisse être. Troisièmement, ayez toujours la conscience pure et en tel état que la mort ne puisse jamais vous surprendre. Si vous observez exactement ces trois points, vous aurez la paix avec Dieu, avec les hommes, et avec vous-mêmes. Prenez-y bien garde : je ne vous ai peut-être rien prêché de plus instructif et de plus utile.

PREMIÈRE RÉFLEXION.

Premièrement, ne vous embarrassez pas l'esprit des affaires dont vous n'êtes point chargé, ni de la conduite de ceux dont vous n'êtes pas responsable, et souffrez avec patience ce que vous ne sauriez empêcher. Que chacun de nous, après avoir gémi sur lui-même, s'afflige et gémisse devant Dieu, à la vue des péchés et des scandales qui croissent à vue d'œil, comme un torrent de corruption qui se déborde de partout et inonde aujourd'hui tous les états; que nous ayons pour les pécheurs ainsi que pour nous-mêmes cette haine parfaite dont parle David, et qui nous porte à prier pour leur conversion, ainsi que pour la nôtre, à la bonne heure : c'est un zèle que la charité inspire, et qui en est inséparable. Nous sommes les membres de Jésus-Christ et nous serions des membres morts, si nous étions insensibles aux outrages qu'il reçoit journellement dans son corps mystique.

Qu'un père et une mère de famille veillent sur la conduite de leurs enfants et de leurs domestiques, rien n'est plus juste ; c'est là une de leurs obligations les plus indispensables. Que le pasteur veille sur son troupeau; que le magistrat, l'homme de guerre, s'occupent à maintenir le bon ordre et la discipline dans tout ce qui est de leur ressort, il n'y a rien à dire ; ce n'est que pour cela qu'ils sont en place; et s'ils ne le faisaient pas, ils seraient visiblement des voleurs publics, en jouissant des revenus attachés à leur charge, parce qu'en bonne justice, suivant les principes de la raison et de la religion, le revenu attaché à une charge quelconque n'appartient légitimement qu'à ceux qui en remplissent les devoirs ; qu'une personne, par un motif de charité, donne à une autre des conseils qu'elle croit pouvoir lui être utiles, il n'y a rien de mieux ; c'est une bonne œuvre, et l'Evangile nous y exhorte.

Mais qu'il y ait des gens qui s'occupent tout le jour de ce qui ne les regarde en aucune manière ; qu'ils se fassent une occupation de porter, de rapporter, quelquefois même d'inventer des nouvelles sur le tiers et sur le quart; qu'ils s'entretiennent et s'inquiètent du matin au soir de ce que fait celui-ci, de ce que fera celui-là; qu'ils se mêlent dans l'intérieur des ménages, et dans des affaires où personne ne les demande ; qu'ils portent l'imprudence, la témérité, la démangeaison de voir tout , de parler de tout, jusqu'à s'entretenir avec chaleur des affaires de l'Eglise et de l'Etat, et des personnes qui les gouvernent; qu'on les voie approuver, blâmer, condamner, absoudre, juger de tout dans leur petit tribunal comme un aveugle fait des couleurs : vous conviendrez, mes chers paroissiens, que des caractères de cette espèce, qui ne peuvent se tenir en repos ni laisser les autres tranquilles, outre qu'ils sont dangereux dans la société, punissables devant Dieu et devant les hommes, ne sauraient jamais avoir la paix ni avec les autres ni avec eux-mêmes.

Eh ! mon enfant, de quoi vous inquiétez-vous ? Occupez-vous plutôt des affaires de votre ménage, de votre travail, de votre commerce et des devoirs de votre état dont vous rendrez compte à Dieu ; ne vous embarrassez pas du reste, où vous n'avez que faire ; laissez le monde aller comme il va, et souffrez sans rien dire ce que Dieu ne juge pas à propos d'empêcher et que vous ne pouvez empêcher vous-même. Jamais vous n'aurez l'esprit tranquille, tant que vous voudrez ce que Dieu ne veut pas, ou que vous ne voudrez pas ce qu'il veut. Il veut que vous soyez pauvre, que vous soyez malade, infirme, dans l'affliction et dans la douleur; il faut le vouloir aussi. Vous aurez beau vouloir le contraire, il n'en sera ni plus ni moins, et votre volonté n'étant pas conforme à la volonté de Dieu, ne servira qu'à vous tourmenter, à troubler le repos de votre âme, sans que vous soyez pour cela plus avancé.

Vous avez une femme, un mari, des enfants, des voisins difficiles, incorrigibles et qui vous paraissent insupportables : faites de votre mieux pour leur faire entendre raison ; mais dès que vous voyez que c'est peine perdue, tenez-vous tranquille. Vous avez devant les yeux des choses qui vous choquent, vous révoltent, vous scandalisent; gardez le silence, dès que vous n'y pouvez rien, et que vous n'en êtes pas responsable. *Qui mal fera, mal trouvera.*; ce qui vous déplaît, déplaît encore plus à Dieu; cependant il le souffre. Vous n'êtes ni plus sage ni plus puissant que lui, souffrez-le donc aussi ; ayez donc les yeux et les oreilles fermées pour tout ce qui ne vous regarde pas, et vous vivrez en paix, si, d'un autre côté, n'ayant rien à vous reprocher, vous ne vous embarrassez pas de ce que l'on dit ou de ce que l'on pense sur votre compte, également détaché de vous-même et de tout ce qui vous environne.

SECONDE RÉFLEXION.

La bonne réputation vaut mieux que les grandes richesses, dit le Saint-Esprit au *Livre de l'Ecclésiastique.* (XLI, 15.) Ayez donc soin de vous faire une bonne réputation par votre exactitude à remplir les devoirs de l'état où la Providence vous a placé, par une conduite qui ne blesse et ne scandalise personne, et dont tout le monde puisse être édifié, non pas dans l'intention de gagner l'estime des hommes, mais dans la vue de plaire à Dieu, de donner bon exemple au prochain, de répandre la bonne odeur de Jésus-Christ dont vous êtes le disciple et le membre, de faire glorifier son saint nom et de vous sanctifier vous-même. Après cela, soyez absolument insensible au bien et au mal que l'on pourra dire ou penser de vous.

Le plus grand ennemi de notre repos, c'est notre orgueil et notre amour-propre. Ce fol amour et cette tendresse aveugle que nous avons pour nous-mêmes, est la principale source de toutes nos inquiétudes. Nous sommes semblables à ces mères idolâtres de leurs enfants, qui veulent que tout le monde les trouve aimables et en dise du bien comme elles ; si quelqu'un y touche, tout est perdu. Voilà ce que nous sommes à l'égard de nous-mêmes. Nous voudrions que tout le monde dît du bien de nous, que chacun nous approuvât et nous flattât. Nous sommes d'une délicatesse et d'une sensibilité prodigieuses. Une petite louange nous enfle le cœur, un petit mot de mépris nous choque, une petite injure nous met aux champs. Or, avec cette sensibilité , mon cher enfant, il est impossible que vous conserviez votre âme en paix.

Car enfin, quelque parfait que vous puissiez être, vous manquerez toujours en quelque point, et, pour me servir de vos termes, il y aura toujours chez vous quelque chose *qui cloche* , parce que Dieu seul est sans imperfection. Il se trouvera toujours des gens qui apercevront vos défauts, qui relèveront et vous reprocheront vos fautes. Mais fussiez-vous irréprochable aux yeux des hommes, il y aura toujours quelqu'un à qui vous déplairez, qui vous trouvera des ridicules que vous n'avez pas, qui vous prêtera des intentions que vous n'avez jamais eues. Vous avez beau faire et beau dire, vous ne serez jamais du goût de tout le monde, et si vous êtes sensible aux discours des hommes, vous n'aurez jamais l'esprit tranquille.

Mais, dites-moi, je vous en prie, le bien ou le mal que les hommes disent ou pensent sur votre compte, vous rend-il meilleur ou plus méchant? Non. Vous n'êtes réellement que ce que vous êtes devant Dieu; il connaît le fond de votre cœur, il sera votre juge. Hélas! si les hommes vous connaissaient comme lui, ils diraient de vous, les uns moins de bien, les autres plus de mal. Bon Jésus! que sommes-nous, et qu'avons-nous par nous-mêmes? la malice et la corruption, le mensonge et le péché. Mais que sommes-nous, et qu'avons-nous encore? le mensonge et le péché, la corruption et la malice. Mes pauvres enfants, les paroles de blâme ou de louange ne sont qu'un peu de vent et un peu de bruit; il n'y en a pas une seule qui puisse faire tomber un cheveu de votre tête, ni ajouter une ligne à votre taille. Faites bien, et laissez dire; c'est un des meilleurs moyens que je connaisse pour avoir l'esprit en repos et vivre en paix.

Vous êtes morts, nous dit l'apôtre saint Paul, *et votre vie est cachée en Dieu avec Jésus-Christ*. (*Colos.*, III, 3.) Oh! les belles paroles! Voyez un homme qui vient de mourir : qu'on lui donne des louanges ou qu'on lui dise des injures; qu'on le flatte, ou qu'on lui crache au visage, on ne le voit ni rougir, ni pâlir, ni se mouvoir, ni donner aucun signe de sensibilité. Le vrai chrétien est un homme mort, c'est-à-dire qu'il n'est pas plus sensible aux discours et aux jugements des hommes que s'il était mort. Mon bon Sauveur, que nous sommes donc éloignés de la perfection chrétienne! Dieu d'humilité, détruisez cet orgueil qui nous dévore; guérissez par votre grâce l'enflure de cet orgueil qui nous rend si sensibles à tout ce qui nous flatte ou nous blesse; ce n'est qu'en devenant humbles comme vous que nous trouverons le repos et la paix de nos âmes. Nous la trouverons, mes chers paroissiens, la paix de notre âme, dans un détachement parfait de ce qui nous environne.

Il n'est pas défendu d'amasser du bien, pourvu qu'on ne fasse tort à personne, ni de jouir de celui que Dieu nous a donné, pourvu qu'on n'en fasse pas mauvais usage; mais si malheureusement vous y attachez votre cœur, jamais ce pauvre cœur ne sera tranquille : vous serez troublé par le désir d'avoir ou d'augmenter ce bien que vous aimez; troublé par la crainte de le perdre; troublé, déchiré, si la Providence vous l'arrache. Et n'est-ce pas là ce que nous voyons tous les jours?

Il en est de même de l'attachement que nous avons pour nos amis ou pour nos proches, lorsqu'il n'est pas selon Dieu. On entre dans leurs sentiments, on épouse leurs querelles; que de péchés ne commet-on point par amitié et par complaisance! Vient-on à les perdre, on est inconsolable, on se désespère. Mes chers enfants, n'aimons rien qu'en Jésus-Christ et pour Jésus-Christ; ne nous attachons qu'à lui; usons des choses de ce monde comme n'en usant pas, de sorte que nous soyons toujours prêts à faire à Dieu le sacrifice de nos biens, de notre santé, de nos amis, de notre famille, et à nous dépouiller s'il le veut, comme si on nous ôtait notre habit, et non pas comme si on nous arrachait la peau. C'est alors qu'au milieu des plus grandes afflictions, nous dirons avec le saint homme Job : *Le Seigneur me l'avait donné, il me l'a ôté; que son saint nom soit béni*. (*Job*, I, 21.) C'est alors que nous ne perdrons jamais, quoi qu'il arrive, la tranquillité de notre esprit, et la paix de notre âme; insensibles à tout, excepté aux reproches de notre conscience.

TROISIÈME RÉFLEXION.

C'est elle, ah! c'est elle seule qui doit troubler notre repos, lorsque le péché la souille et l'embarrasse. Comme la paix du cœur est la compagne de la grâce qui nous sanctifie et nous unit à Jésus-Christ, ainsi le trouble et les remords marchent à la suite du péché, qui nous fait perdre la grâce, et nous sépare de Jésus-Christ. Mon enfant, vous avez beau faire; tant que vous serez l'esclave du péché, vous n'aurez jamais l'esprit et le cœur parfaitement tranquilles.

Vous pourrez bien vous dissiper, vous distraire et oublier, dans certains moments, le malheureux état où vous êtes. Mais vous ne viendrez point à bout d'étouffer entièrement la voix de cette conscience; elle vous parlera au moins quelquefois. Tu te couches en bonne santé; mais si tu allais mourir cette nuit! Tu vas en campagne; mais si tu allais périr en chemin; mais si le tonnerre allait t'écraser; mais si la rivière allait t'engloutir; mais si la maladie qui court allait t'emporter. Vous le connaissez, vous le sentez ce ver qui vous pique, lorsque vous y attendez le moins; qui vous pique tout à coup dans certains moments jusqu'à vous faire battre le cœur; surtout lorsque nous montons ici pour le réveiller, pour l'exciter, afin qu'il vous morde, vous ronge, vous tourmente et vous fatigue, jusqu'à ce qu'enfin vous soyez comme forcé de chercher dans la grâce de Dieu, et dans votre réconciliation avec lui, le repos de votre conscience et la paix de votre âme. Je m'en suis aperçu, vous en êtes convenu, et je ne parle que d'après vous-même.

Prétendu bel esprit, qui faites l'intrépide, et vous montrez ferme comme un roc contre ce que les prêtres vous disent du jugement et de l'enfer; qui traitez tout cela d'histoires de revenants et de contes de vieilles; qui voudriez qu'on vous écoutât comme un oracle, lorsque avec un air d'assurance et de mépris qui fait pitié, vous avez la hardiesse de prononcer, en pirouettant sur le talon, *Morte la bête, mort est le venin*; et cela d'un ton qui annonce non-seulement toute la corruption de votre cœur, mais une profonde ignorance en matière de religion, et la plus parfaite ineptie en fait de raisonnement ; vous le dites, mais êtes-vous intimement convaincu que cette religion n'est qu'une fable? N'avez-vous là-dessus aucun doute dans l'esprit, aucune inquiétude sur le cœur, aucun remords dans la conscience? Etes-vous aussi certain de la bonté de votre système que les martyrs étaient assurés de la vérité pour le soutien de laquelle ils se faisaient égorger, et voudriez-vous vous faire égorger vous-même pour soutenir le contraire?

Quelle est donc votre position? la voici : un homme parlant à Jésus-Christ dans un temps où les motifs de crédibilité n'avaient pas le degré d'évidence et de force qu'ils ont acquis depuis, à mesure qu'ils se sont multipliés par la manière miraculeuse dont la religion chrétienne s'est établie et répandue par toute la terre; un homme disait à Jésus-Christ : Je crois, aidez la faiblesse de ma foi, secourez-moi dans mon incrédulité : *Credo, Domine, adjuva incredulitatem meam.* (*Marc.*, IX, 23.) Et vous, pressé par cette évidence qui vous accable, vous dites : Je voudrais bien ne rien croire, mais je sens que je crois encore; venez, esprits forts, avec vos écrits, vos impiétés, vos blasphèmes; venez au secours de mon incrédulité : *Credo, Domine, adjuva incredulitatem meam.*

Ah! que cette position est cruelle! lutter sans cesse contre la vérité; souffler de toutes ses forces contre une lumière qui embarrasse, sans pouvoir venir à bout de l'éteindre tout à fait! Je me tue de dire, et je tâche de me persuader qu'il n'y a point d'enfer, que l'âme meurt avec le corps; mais s'il y avait un enfer, et si mon âme était immortelle! je dis qu'on nous amuse par des fables; mais tout ce qu'il y a de plus éclairé, de plus savant, de plus saint, de plus respectable, depuis dix-huit siècles, a cru et pratiqué ce que je refuse de croire. Est-il bien certain que tous ces grands hommes n'aient été qu'une troupe d'ignorants, d'imbéciles, ou d'imposteurs? est-il bien certain que cette religion si sublime dans sa doctrine, si pure dans sa morale, ne soit que l'ouvrage de l'erreur et du fanatisme? O incrédules, que vous êtes éloignés de cette tranquillité dont vous faites parade!

Non, mon Dieu, non; il n'y a point de paix pour les impies, comme il n'y en a point pour les pécheurs. Mes chers enfants, soumettons-nous à Jésus-Christ, attachons-nous à lui; ayons toujours la conscience pure, et nous trouverons cette paix délicieuse qui est le fruit d'une vie innocente; cette tranquillité intérieure, ce doux repos de l'âme que le monde, avec tous ses biens et tous ses plaisirs, ne saurait nous procurer.

C'est en vain que je chercherais hors de vous, ô mon doux Sauveur, la paix que vous seul pouvez me donner. Faites donc par votre grâce que je la cherche désormais dans l'accomplissement de mes devoirs, dans la pratique de la vertu, dans la résignation et la patience. Que mon esprit ne s'embarrasse jamais des choses sur lesquelles je n'aurai point de compte à vous rendre. Que je sois également insensible aux louanges et aux mépris; n'écoutant que votre parole, ne craignant que vos jugements, soumis en tout à votre volonté sainte; obéissant avec respect à ceux que vous avez placés au-dessus de moi; commandant avec douceur à ceux qui doivent m'obéir; plein d'indulgence et de charité pour tous les hommes. Que mon cœur, attaché à vous seul, demeure fidèle et innocent à vos yeux, afin qu'il puisse goûter les douceurs ineffables de cette paix sans laquelle il n'y a pas de vrai bonheur sur la terre, et qui est l'image du repos éternel dont les bienheureux jouissent en vous dans le ciel. Ainsi soit-il.

DISCOURS XXIV.

Pour le deuxième Dimanche après Pâques.

SUR LE CARACTÈRE ET L'AUTORITÉ DES PASTEURS.

Cognosco meas et cognoscunt me meæ. (*Joan.*, X, 14.)

Je connais mes brebis et mes brebis me connaissent.

Bienheureux le pasteur qui, regardant son troupeau avec les yeux de la foi, n'y voit autre chose que des âmes faites à l'image de Dieu et rachetées par le sang de Jésus-Christ; des âmes dont il est chargé, dont il rendra compte au péril de la sienne! Bienheureux le troupeau qui, regardant son pasteur avec les yeux de cette même foi, ne voit en lui qu'un homme revêtu de l'autorité de Jésus-Christ pour paître et conduire les brebis commises à sa garde! C'est ainsi, mes chers paroissiens, que je dois vous connaître, et que vous devez me connaître. Cette connaissance fait les bons curés et les bons paroissiens; le défaut de cette connaissance fait les mauvais curés et les mauvais paroissiens. Si je suis un mauvais pasteur, vous ne pouvez que me plaindre, et prier Dieu pour ma conversion; mais s'il y a parmi vous de mauvaises brebis, je ne dois pas me contenter de les plaindre et de prier pour elles; le Seigneur m'ordonne d'élever la voix, de crier sans cesse pour les rappeler et les ramener au bercail. Mais comment y reviendront-elles, si elles n'entendent pas cette voix? Et comment voudront-elles l'entendre, si elles la regardent comme la voix d'un homme? Il faut donc leur apprendre, ou plutôt remettre sous leurs yeux ce qu'elles savent déjà, que la voix des pasteurs n'est pas simplement la voix des hommes, mais celle de Jésus-Christ, que le caractère des pasteurs et l'autorité qu'ils exercent sur les âmes, ne sont autre chose que la puissance et l'autorité de Jésus-Christ lui-même. Dès qu'une fois vous serez bien persuadés que dans toutes les fonctions du saint ministère, vos pasteurs tiennent la place de Jésus-Christ, vous conclurez nécessairement qu'il faut donc les écouter comme Jésus-Christ, qu'il faut donc leur être soumis comme à Jésus-Christ. Au reste, mes chers enfants, en remettant sous vos yeux ce que notre caractère a de plus saint et de plus respectable, ce n'est ni pour faire valoir nos droits, ni pour nous en glorifier; puisque nous ne saurions parler de la sainteté de notre état et de l'excellence de notre caractère, sans être couverts de confusion, et saisis de frayeur. Je ne viens donc pas m'élever au-dessus de vous, mais trembler devant vous; je viens renouveler mes douleurs; tout ce que je dirai pour votre instruction, m'humiliera moi-même en me rappelant mon indignité, la pesanteur de mon fardeau, le danger que je cours de perdre mon âme, en travaillant à la sanctification de la vôtre.

PREMIÈRE RÉFLEXION.

Si vous considérez dans votre pasteur ce qu'il est par lui-même, vous ne voyez en lui qu'un homme semblable aux autres, sujet aux infirmités de la nature et aux misères de l'humanité; qui a des vices ou des vertus; qui a de bonnes qualités ou qui en a de mauvaises. Vous aimez, vous estimez sa personne, vous vous y attachez plus ou moins suivant que votre inclination vous y porte, ou que vos intérêts le demandent, ou que votre humeur s'accorde avec la sienne. Mais, en le considérant comme votre pasteur, et selon Dieu, vous ne faites plus attention à ce qu'il est ou à ce qu'il n'est pas suivant le monde. Qu'il soit pauvre ou riche; de bonne famille, ou de la lie du peuple; savant ou non; qu'il soit un saint, ou qu'il se déshonore par une vie peu chrétienne, tout cela ne vous regarde point. Ce qui vous regarde, ce qui vous intéresse, ce que vous devez connaître, c'est son caractère et sa qualité de pasteur. Pour lui, sa naissance, ses vices, ses vertus. Son caractère n'est que pour vous; l'autorité qu'il exerce sur vos âmes, ne vient que de ce caractère; et si ce caractère est le même que celui de Jésus-Christ, l'autorité de votre pasteur n'est donc autre chose que l'autorité de Jésus-Christ lui-même.

Or il est évident, mes chers paroissiens, que le caractere des pasteurs est le même que celui de Jésus-Christ. Il n'y a véritablement qu'une seule bergerie, qui est l'Eglise catholique: qu'un seul troupeau, composé des fidèles répandus par toute la terre; qu'un seul pasteur, qui est Jésus-Christ: *Unum ovile et unus pastor*. (*Joan.*, X, 16.) Tous les papes, tous les évêques, tous les curés qui ont été chargés de conduire les brebis, et qui en seront chargés jusqu'à la fin des siècles, ne sont qu'un seul et même pasteur avec la personne adorable de Jésus-Christ. Lorsque nous baptisons, lorsque nous prêchons, lorsque nous consacrons, lorsque nous remettons les péchés, c'est Jésus-Christ qui prêche, c'est lui qui baptise, dit saint Augustin; c'est lui qui consacre, c'est lui qui absout. (Tract. 5, *in Joan.*) Quand vous voyez un prêtre à l'autel offrir le saint sacrifice, imaginez vous, dit saint Chrysostome (hom. 82, *in Matth.*), que ce n'est pas lui, mais Jésus-Christ qui a les mains étendues. Il se sert de notre bouche, de nos mains, de notre langue; il est, pour ainsi dire, confondu avec nous, et nous avec lui, pour remplir les fonctions du saint ministère. De même que *Dieu était en Jésus-Christ pour se réconcilier avec le monde*, c'est la belle pensée de saint Paul, Jésus Christ est dans les pasteurs pour continuer et consommer la rédemption du monde. (*II Cor.*, V, 19.) Ce même Jésus qui est assis à la droite de son Père, *dévorant la mort*, suivant le beau mot de saint Pierre (I *Petr.*, III, 22), est aussi dans la personne des pasteurs par le ministère desquels *il dévore la mort*, lorsqu'ils travaillent à la destruction du péché, à la sanctification des âmes; lorsqu'ils remettent sans cesse les péchés qui se commettent sans cesse; lorsqu'ils mangent journellement la victime chargée de tous les péchés du monde.

Comme tous les mouvements du corps humain partent de la tête, ainsi toutes les fonctions du ministère ecclésiastique partent de Jésus-Christ, qui est le chef de l'Eglise, la tête du corps pastoral. Les pasteurs en sont les yeux, la bouche, les mains, la langue, chacun suivant la place qu'il occupe et la fonction à laquelle il est appliqué. De là vient que Jésus-Christ, en parlant des pasteurs, dit formellement et en propres termes: *Celui qui vous écoute, m'écoute; celui qui vous méprise, me méprise; celui qui vous touche, touche la prunelle de mon œil*. (*Luc.*, X, 16.) Il est donc visible que le caractere et l'autorité des pasteurs, dans le gouvernement des âmes, ne sont que le caractère et l'autorité de Jésus-Christ, et que quiconque refuse de s'y soumettre, dans tout ce qui concerne leur ministère, ne résiste pas aux hommes, mais à Jésus-Christ.

N'y a-t-il donc aucun cas où les fidèles soient dispensés d'écouter et de suivre leur pasteur? Mes chers paroissiens, prenez garde; c'est ici un des principes fondamentaux de notre religion et le catéchisme tout pur. Il faut distinguer deux ordres de pasteurs dans l'Eglise. Le premier est celui des évêques, qui sont les successeurs des apôtres, et qui, ayant à leur tête notre Saint-Père le Pape, sont les dépositaires des vérités de la foi, nos juges et nos maîtres dans la foi; unis à la chaire de saint Pierre, ils forment ce corps pastoral dont le successeur de saint Pierre est le chef visible; ce corps dont les jugements en matière de foi sont toujours infaillibles, à cause des promesses de Jésus-Christ: *Allez, enseignez, voilà que je suis avec vous jusqu'à la consommation des siècles*. (*Matth.*, XXVIII, 19, 20.) Chaque évêque par conséquent a droit d'enseigner dans son diocese. Non-seulement, il en est le premier pasteur; mais il est établi pour veiller sur la conduite des autres. Il entre dans nos églises, et y exerce, quand il lui plaît, toutes les fonctions du sacerdoce, sans avoir besoin pour cela du consentement des pasteurs qui les gouvernent sous son autorité. Il donne des mandements, il publie des ordonnances pour le maintien ou le rétablissement de la discipline ecclésiastique, pour corriger ce qu'il y aurait de défectueux dans le culte extérieur, dans les prieres et les cérémonies de son Eglise, pour régler, en un mot, tout ce qui concerne l'administration spirituelle de son diocèse, le tout pour l'avantage de la religion et le salut des peuples; mais le tout conformément aux principes de la foi et aux règles fondamentales du corps pastoral dont il est le membre, et au nom duquel il agit.

Si un évêque, dans ses instructions, enseignait des choses contraires à la foi de l'Église universelle, il serait repris par les autres évêques, obligé de corriger et de rétracter ses erreurs. S'il refusait de le faire, il serait traité comme un hérétique, retranché du corps pastoral comme un membre pourri, et dès lors ses brebis seraient non-seulement dispensées de le suivre, mais obligées de le fuir. Tant que vous avez été uni par les sentiments d'une même foi au corps des évêques répandus dans tout le monde chrétien et attachés au Saint-Siége, nous vous avons écouté comme notre pasteur. Aujourd'hui, vous enseignez une doctrine qui est la vôtre et non pas celle de l'Eglise; vous être séparé de votre corps, vous n'avez plus de communication avec le chef visible de ce corps, vous n'êtes donc plus de ce corps; ce n'est donc plus Jésus-Christ qui parle par votre bouche et qui agit par votre ministère; vous n'êtes plus notre pasteur. Vous pouvez avoir encore l'habit et la houlette du berger; mais vous êtes un loup ravissant; nous vous reconnaissons à votre voix et à votre conduite; vous nous effrayez, nous ne pouvons plus ni vous voir ni vous sentir. Voilà, mes frères, ce que disaient les fidèles catholiques, aux pasteurs qui, dans les troubles de l'hérésie, avaient eu le malheur d'abandonner la foi et de se séparer du Saint-Siége. Jours de scandale et d'horreur, puissiez-vous ne jamais revenir!

Mais lorsqu'un évêque parle, enseigne et se conduit dans l'administration de sa charge conformément aux principes de la foi; tant qu'il demeure uni au corps des pasteurs et à leur chef visible, nous sommes certains qu'en l'écoutant nous écoutons Jésus-Christ; qu'en le suivant et nous attachant à lui, nous reposons comme des brebis dociles, dans le sein de l'Eglise notre mère, et sous la garde du bon pasteur. Ah! mes frères! de quelle profonde vénération ne devons-nous pas être pénétrés pour nos évêques? Ils sont les colonnes de l'Eglise, les dépositaires sacrés, et les conservateurs des vérités éternelles, qui sont notre trésor et notre espérance. Ils ont sur la terre le même rang et la même autorité que les apôtres; leur caractère auguste mérite de notre part les mêmes hommages que nous rendrions à l'un des douze apôtres, s'il paraissait au milieu de nous. Avec quel respect ne devons-nous pas regarder cette croix que l'évêque porte sur sa poitrine, comme pour nous faire entendre qu'il porte dans son cœur nos âmes rachetées par la croix, et qu'elles y sont gravées, ainsi que les noms des douze tribus d'Israël étaient gravés sur les pierres précieuses qui ornaient la poitrine du grand prêtre! Avec quel respect ne devons-nous pas baiser cet anneau pastoral, le signe de l'alliance qu'il a faite avec nous, par laquelle nous sommes devenus ses brebis et ses enfants, comme il est devenu notre pasteur et notre Père! Avec quel respect, mais avec quel empressement et quelle joie, ne devons-nous pas aller au-devant de lui et le recevoir, lorsque, faisant la visite de son cher troupeau, il paraît dans nos églises comme un ange de paix pour répandre sur nos âmes les dons du Saint-Esprit, pour les confirmer dans la foi, et leur communiquer une surabondance de grâces et de bénédictions! Mes chers enfants, écoutons nos évêques, attachons-nous à leur doctrine, honorons, respectons profondément leur personne, et prions sans cesse le Père des lumières, l'auteur de tout bien, qu'il les remplisse de plus en plus de cet esprit de sagesse et de force, de zèle et de piété qui leur est nécessaire pour gouverner l'Eglise de Dieu.

SECONDE RÉFLEXION.

Le second ordre des pasteurs est celui des curés. Ils n'ont qu'une autorité dépendante et subordonnée à celle des évêques. Mais cette autorité vient toujours du même principe, c'est-à-dire, mes chers paroissiens, que nous tenons auprès de vous la place de Jésus-Christ. Lorsque vous voyez un homme ordonné légitimement dans l'Eglise, et envoyé par l'évêque pour être votre pasteur, vous pouvez dire : voilà l'homme qui vient à nous de la part de Jésus-Christ pour conduire nos âmes, comme un pasteur conduit son troupeau, le fait paître, et veille à sa garde Voilà l'homme chargé des ordres de Dieu même, l'ambassadeur que Jésus-Christ nous envoie, revêtu de ses pouvoirs et de son autorité; chargé de nous instruire, de nous reprendre, de menacer, de crier au scandale, lorsqu'il y en aura; de remettre nos péchés, ou de les retenir, de nous admettre à la sainte table, ou de nous en exclure. C'est pour cela qu'en prenant possession de notre Eglise, il a ouvert et fermé le tabernacle, touché le livre des Evangiles; qu'il est monté dans la chaire, qu'il s'est assis dans le confessionnal: cérémonies respectables qui nous ont fait connaître la juridiction et l'autorité que Dieu lui a données sur nos âmes. Lorsque je vois dans la ville un homme chargé de veiller aux intérêts du roi, et de faire exécuter ses ordres, je dis : voilà l'homme du roi; lorsque j'en vois un autre chargé de porter la parole au nom de Jésus-Christ, de veiller à ses intérêts et à sa gloire; lorsque je le vois à l'autel, dans la chaire, au confessionnal, et dans les autres fonctions de son ministère, je dis : voilà l'homme de Jésus-Christ, voilà mon pasteur; c'est Dieu qui me l'a donné, c'est lui qui est chargé de mon âme, et qui en répondra. Lui seul a droit d'en prendre connaissance; c'est à lui par conséquent que je dois me faire connaître, et c'est pour cela que l'Eglise m'ordonne expressément de lui faire la confession de mes péchés au moins une fois chaque année. C'est de lui que je dois recevoir la communion à Pâques, l'instruction pendant ma vie, et les sacrements à ma mort. C'est lui qui doit recevoir mes derniers soupirs, et rendre mon corps à la terre, après avoir remis mon âme entre les mains de Jésus-Christ qui la lui a confiée. Tout autre que lui ne peut sans son consentement remplir à mon égard les fonctions de pasteur, ni à la vie ni à la mort.

Si mon propre pasteur menait publiquement une vie scandaleuse; s'il n'avait pas des lumières suffisantes pour me conduire, eu égard à mon état et à mes dispositions particulières, je pourrais, avec sa permission, mettre ma conscience entre les mains d'un étranger; si mon propre pasteur était publiquement et notoirement révolté contre les décisions de l'Eglise; s'il était notoirement coupable d hérésie; si dans ses prônes, dans ses catéchismes, au confessionnal, il enseignait des erreurs condamnées par l'Eglise, je pourrais et je devrais me séparer de lui, le fuir comme les brebis fuient le loup. Mais tant qu'il fera profession publique de croire et d'enseigner ce qu'enseigne l'Eglise catholique, apostolique et romaine; tant qu'il sera uni à son Evêque dans les sentiments d'une même foi, et par l'évêque aux autres évêques, par les évêques au Saint-Siége, par le Saint-Siége à l'Eglise, par l'Eglise à Jésus-Christ, Dieu veut que je l'écoute, que je mette en lui ma confiance, que je lui découvre les plaies de mon âme, soit à lui personnellement, soit à ceux qui travaillent conjointement avec lui et sous lui, au salut des âmes de sa paroisse dont il est le pasteur exclusivement à tout autre. Il est mon pasteur; c'est Dieu qui me l'a choisi, qui me l'a donné, qui m'a adressé à lui, qui l'a envoyé vers moi. Si je lui dérobe la connaissance de mon âme, sous prétexte que j'ai honte de lui découvrir mes faiblesses, ou parce que j'ai eu celle de le critiquer, ou par d'autres raisons de cette espèce, qui ne sont fondées que sur l'amour-propre; alors j'abuse du privilége en confiant mon âme à un étranger; je renverse l'ordre que Dieu a établi; je me prive des grâces particulières attachées au ministère de mon pasteur; je vais contre l'intention de l'Eglise, parce que l'Eglise, en me permettant de confier mon âme à un étranger, du consentement de mon pasteur, n'a certainement pas prétendu favoriser mon orgueil, mon amour-propre et ma fausse délicatesse. Il est mon pasteur, et comme tel, il est chargé de mon âme; s'il en est chargé, il doit la conduire; comment la conduira-t-il, s'il ne la connaît pas; et comment la connaîtra-t-il, si je la retire d'entre ses mains, pour la confier à des mains étrangères? Voilà, mes chers paroissiens, quels sont les sentiments et le langage d'une brebis qui connaît son pasteur. Malheur à ceux qui auraient d'autres sentiments et une autre conduite! Jésus-Christ leur déclare qu'ils ne sont pas du nombre de ses brebis.

TROISIÈME RÉFLEXION.

Si, après ce que vous venez d'entendre sur le caractère et l'autorité des pasteurs, il y a parmi les chrétiens des esprits hautains, indociles, rebelles et sans respect pour ceux qui tiennent la place de Jésus-Christ, que pouvons-nous y faire, et que nous reste-t-il à leur dire? Eh bien! ne nous écoutez plus, choisissez-vous d'autres maîtres, amusez-vous à des fables, conduisez-vous selon vos caprices; brûlez l'Evangile, inventez-en un autre, faites-vous une religion à votre fantaisie. Et puisque ce temps affreux prédit par saint Paul (II *Tim.*, IV), est enfin arrivé, bouchez-vous les oreilles, secouez le joug, laissez-vous emporter à tout vent de doctrine; flottez au gré des nouvelles opinions et des nouveaux systèmes (1); renversez, bouleversez, confondez tout; marchez les yeux fermés, sans guide et sans principes, partout où la fougue des passions vous emporte; mais sachez et souvenez-vous que celui qui écoute les pasteurs, écoute Jésus-Christ, que celui qui les méprise, méprise Jésus-Christ. Ne vous contraignez plus : soulagez votre cœur, vomissez, répandez sur les ministres de l'Eglise tout le fiel dont vous êtes remplis contre l'Eglise elle-même. Ne les regardez que pour les éplucher, ne les écoutez que pour les critiquer, traitez leur zèle d'entêtement et de folie, faites-leur un crime de leur sollicitude, de leur tendresse, de toutes les peines qu'ils se donnent pour la sanctification de vos âmes. Relevez leurs imperfections pour autoriser vos désordres; exagérez leurs faiblesses pour justifier vos excès; railleries, malignités, calomnies, noirceurs, mettez tout en usage pour avilir et rabaisser au niveau d'une autorité purement humaine le caractère et l'autorité de vos pasteurs. Méprisez-les, foulez-les aux pieds, traitez-les comme les excréments de la terre et les balayures du monde. Mais sachez et souvenez-vous que qui les touche, touche la prunelle des yeux de Jésus-Christ; que vous serez trop heureux de les avoir un jour au chevet de votre lit pour vous rassurer contre les frayeurs de la mort et de l'enfer, pour remettre votre âme entre les mains de ce Juge terrible, qui rugira comme un lion, et se vengera pour lors de tous les mépris qu'il aura essuyés de votre part dans la personne de ses ministres. Et cependant, nous ne cesserons d'élever nos mains vers le Ciel pour attirer sur vous les richesses de sa miséricorde; nous nous estimerons bienheureux d'avoir quelque part aux souffrances et aux opprobres de notre maître; nous répondrons à vos malédictions par des bénédictions, à vos blasphèmes par des prières, à vos persécutions par la patience.

A Dieu ne plaise, mes chers paroissiens, que vous méritiez en particulier des plaintes qui, faites en général, ne sont malheureusement que trop fondées! Non. Vous êtes des brebis dociles; vous connaissez vos pasteurs, vous écoutez leur voix; et c'est là-dessus que je fonde la douce espérance de vous voir croître de plus en plus dans la grâce et dans la connaissance de Notre-Seigneur Jésus-Christ. O bon Pasteur! bon Pasteur! veillez vous-même à la garde de toutes les brebis que vous m'avez confiées. Guérissez les

(1) *Longævus et honorabilis, ipse est caput; et propheta docens mendacium, ipse est causa.* (Isa. IX, 15.)

malades, fortifiez les faibles, ramenez celles qui s'égarent, et ne permettez pas que le démon, ce loup cruel qui rôde nuit et jour autour du bercail, me les ravisse et me les dévore. O Père très-saint ! conservez, par la vertu et pour la gloire de votre nom, toutes les âmes que vous avez mises sous ma conduite. Jetez sur moi-même un regard de miséricorde; prenez pitié de ma faiblesse et de mes misères; donnez-moi les lumières, le zèle, la force, la piété dont j'ai besoin pour travailler à leur sanctification et à la mienne, afin qu'après avoir fait dans ce monde ma joie et ma consolation, elles fassent un jour ma couronne dans le ciel. Ainsi soit-il. Mes chers enfants, ainsi soit il !

DISCOURS XXV.

Pour le troisième Dimanche après Pâques.

SUR LES DEVOIRS DES PASTEURS, ET LES PEINES DE LEUR MINISTÈRE.

Mulier cum parit, tristitiam habet, quia venit hora ejus; cum autem peperit filium, jam non meminit pressuræ. (*Joan*, XVI, 21.)

Lorsqu'une femme enfante, elle est dans la tristesse, parce que son heure est venue; mais lorsqu'elle a enfanté un fils, elle ne se souvient plus de ses douleurs.

Je remis sous vos yeux, dimanche dernier, le caractère et l'autorité des pasteurs de l'Eglise, pour vous inspirer les sentiments de soumission et de respect que les fidèles leur doivent, comme à des hommes qui tiennent la place de Jésus-Christ. Je viens vous entretenir aujourd'hui des peines attachées à leur ministère, et dont vous seuls êtes l'objet et la cause; peines que vous pourriez adoucir et auxquelles vous ne paraissez point assez sensibles. L'apôtre saint Paul, écrivant aux Galates, après leur avoir reproché leur inconstance, leur rechute, leur aveuglement, jusqu'à les traiter d'insensés, change tout à coup de langage; et, se livrant aux tendres mouvements de ce cœur vraiment paternel qui embrassait l'univers dans les entrailles de Jésus-Christ : *Mes petits enfants*, s'écrie-t-il, *que j'enfante de nouveau, jusqu'à ce que Jésus-Christ soit formé en vous : « Filioli mei, quos iterum parturio, donec efformetur Christus in vobis. »* (*Galat.*, IV, 19.) C'est là, mes chers paroissiens, ce que vos pasteurs ne cessent de vous faire entendre; c'est là ce que vous disent leurs exhortations, leurs inquiétudes, leurs travaux et tous les mouvements qu'ils se donnent pour le salut de vos âmes. Ils vous ont enfantés une première fois en Jésus-Christ par le baptême; mais, en perdant la grâce que vous aviez reçue, vous retombez dans un état pire que le premier, vous oubliez vos engagements, vous abandonnez Jésus-Christ, pour suivre les passions qui vous aveuglent; voilà ce qui fait gémir vos pasteurs, voilà la source des peines, des tribulations, des amertumes qui rendent leur vie si dure. Ce n'est pas là, il s'en faut bien, l'idée que vous en avez, et qu'on s'en fait dans le monde. Le monde a-t-il raison de prétendre qu'il n'y a pas d'état plus heureux que le nôtre? c'est ce que nous allons examiner. Mais pourquoi vous entretenir de nos peines? pour deux raisons. La première, afin que vous ne nous accusiez pas de vous parler de ce que vous nous devez, et point du tout de ce que nous vous devons. La seconde, afin que connaissant les peines de notre état, vous soyez touchés de compassion, et que cette compassion vous porte à les adoucir. Et comme vous ne pouvez les adoucir qu'en menant une vie chrétienne, il vous est utile, encore plus qu'à nous, de sentir les peines de vos pasteurs et d'en être touchés.

PREMIÈRE RÉFLEXION.

Vous savez, mes chers paroissiens, la sentence que Dieu prononça contre nos premiers parents. Malheureux Adam, la terre que tu vas cultiver, te produira bien des épines, et tu ne mangeras de ses fruits qu'à la sueur de ton visage. Malheureuse Eve, que tu es à plaindre ! les enfants que tu concevras dans ton sein, te causeront mille angoisses, et tu ne les enfanteras qu'en souffrant les douleurs les plus vives. Toutes les fois qu'un évêque envoie un ecclésiastique dans une cure, il pourrait lui tenir le même langage. Mon enfant, vous voilà curé; vous allez cultiver une portion de la vigne de Jésus-Christ, ah ! combien d'épines qui vous piqueront le cœur ! combien de raisins sauvages qui vous agaceront les dents ! combien de fruits amers qui vous déchireront les entrailles ! Vous serez comme la mère et la nourrice de toutes les âmes qui composent votre paroisse. Ah ! que ces titres de mère et de nourrice vous coûteront cher ! le travail, l'inquiétude, la tristesse, la douleur, voilà votre partage : *In dolore paries filios.* (*Gen.*, III, 16.) Il semble, mes chers paroissiens, que cela vous étonne. Voyons les choses de près. Peut-être que je me fais ici des monstres, et que tout cela n'est que dans mon imagination.

Ne craignez point que je vous fasse valoir le sacrifice que nous sommes obligés de vous faire de notre liberté, de notre temps, de notre repos, de notre santé, quelquefois même de notre vie. Etre à l'attache auprès de vous, comme une nourrice auprès de son enfant; passer les journées entières, souvent une partie de la nuit sur les livres, pour étudier la loi de Dieu, méditer, ruminer sa parole, afin qu'étant nourris nous-mêmes de cette parole, vous puissiez recevoir de notre bouche, et puiser dans nos instructions, comme un enfant dans le sein de sa mère, le lait précieux qui doit nourrir vos âmes, et les faire croître dans la grâce. Etre obligés de devenir enfants avec les enfants pour imprimer dans leur esprit, par la répétition éternelle des mêmes choses, les premiers principes de la religion, sans que nous puissions nous décharger entièrement sur autrui de cette fonction, une des plus pénibles et peut-être la plus essentielle de notre ministère. Etre obligés de courir au loin dans vos campagnes, tantôt pour donner à vos enfants, à vos domestiques ou à vous-mêmes, des instructions que vous ne venez point assez souvent chercher à la paroisse; tantôt pour vous visiter dans vos maladies, et vous administrer les sacrements, sans que ni les rigueurs de l'hiver, ni les chaleurs de l'été, ni les ténèbres de la nuit, ni la distance des lieux, ni la difficulté des chemins puissent nous en dispenser. Etre obligés, dans les temps de maladies épidémiques, de passer le jour et la nuit au milieu des morts et des mourants; d'avoir continuellement devant les yeux l'image de la mort, de la douleur et du désespoir: une femme qui pleure son mari, une mère ses enfants, des enfants leur père; entendre tous ces cris, être pour ainsi dire baignés de toutes ces larmes, ne les essuyer qu'en y mêlant les nôtres. Ah! que la position d'un pasteur est cruelle dans ces moments-là! mais être obligés, soit dans la quinzaine de Pâques, soit dans les autres temps de l'année, de nous présenter au confessionnal comme cette victime de l'ancienne loi, sur laquelle on mettait les péchés du peuple, ou comme Jésus-Christ au jardin des Olives, chargé des iniquités de l'univers. C'est là que tous nos paroissiens viennent, les uns après les autres, décharger sur nos épaules, chacun son fardeau particulier; l'impudique nous charge de sa corruption, l'avare de ses rapines, l'ivrogne de ses excès; celui-ci de ses médisances celui-là de sa rancune; l'un de ses jurements, l'autre de ses querelles; ils s'en retournent déchargés, et nous restons chargés; ils s'en vont soulagés et nous demeurons accablés. Mes chers enfants, si vous envisagiez vos pasteurs sous ce point de vue, vous ne pourriez guère vous empêcher de les plaindre.

Mais dans tout cela nous ne faisons que notre devoir, nous vous rendons ce qui vous est dû. Je ne dirai point avec l'Apôtre, que les biens dont vous jouissez par notre ministère sont infiniment au-dessus du peu que chacun de vous donne pour fournir à notre entretien; je dirai plutôt que, puisque le troupeau pourvoit aux besoins temporels du pasteur, il est juste que le pasteur pourvoie de son côté aux besoins spirituels du troupeau. Non. Je ne me plains point de ce que je suis obligé de faire pour vous. Je compte pour rien les fatigues du saint ministère; rien ne coûte quand on aime. Est-ce que je ne vous aime point? Ah! qu'aimerais-je donc, si je ne vous aimais pas? Nous lisons dans l'Ancien Testament, et Jésus-Christ l'a répété dans le Nouveau, que l'homme abandonnera son père et sa mère pour s'attacher à son épouse. Ma chère paroisse, tant que je serai votre pasteur, vous serez mon épouse; père, mère, frères, sœurs, parents, amis, je puis vous aimer encore; mais l'épouse que Dieu m'a donnée m'est infiniment plus chère que vous. Mes chers enfants, je suis votre pasteur, et vous êtes mon cher troupeau. Ma liberté, mon temps, mon repos, ma santé, tout cela vous appartient, je dois vous en faire le sacrifice, et par-dessus tout cela me sacrifier moi-même, s'il le faut, pour le salut de vos âmes. Mais si je trouve dans mon état des peines, des amertumes que vous puissiez adoucir, n'est-il pas naturel, et trouverez-vous mauvais que je vous ouvre mon cœur, et que je le répande devant Dieu en votre présence, que je donne un libre cours à mes plaintes et à mes gémissements?

Un pasteur est comme le père d'une famille nombreuse dans laquelle il se trouve toutes sortes d'esprits, d'humeurs et de caractères Et parce qu'il est redevable à tous, il est obligé de s'accommoder à la portée de chacun, de prendre tour à tour mille formes différentes, obligé de changer non-seulement de ton et de langage, mais, pour ainsi dire, d'humeur et de caractère. Tantôt ferme jusqu'à la sévérité, tantôt indulgent et condescendant presque jusqu'à la faiblesse. Tantôt il faut déployer toutes les richesses de la miséricorde, et paraître rempli de confiance jusqu'à prendre sur soi tout ce qui effraye les âmes timides, et produit en elles une crainte excessive qui approche du désespoir. Tantôt il faut faire la peinture effrayante des jugements de Dieu, pour troubler ces consciences que la longue habitude du mal a rendues comme insensibles; ces pécheurs endurcis qui ne craignent rien, lors même qu'ils ont un pied dans l'enfer. Il faut employer tour à tour, souvent tout à la fois, les caresses et les réprimandes, les prières et les menaces, les louanges et les reproches, suivant le temps et les circonstances. Comme la grâce agit sur les cœurs de mille manières, le pasteur, qui est le ministre de la grâce, et qui doit être l'image de Jésus-Christ, est obligé de donner à sa tendresse et à son zele des mouvements différents et des formes différentes, suivant les dispositions et les besoins de chacun. Faites-vous des progrès dans la vertu? Votre pasteur doit vous suivre de l'œil et s'élever avec vous, ouvrir à vos yeux les trésors de la sagesse et de la science cachés en Jésus-Christ. Retournez-vous en arrière? il doit revenir sur ses pas et reculer, pour ainsi dire, avec vous; entrer dans vos faiblesses, compatir à vos infirmités. Avec les ignorants et les faibles, il doit être comme une poule qui réchauffe ses petits sous ses ailes. Avec les sages et les parfaits, il doit être un aigle qui vole au-dessus de ses petits pour leur apprendre à voler. Que sais-je enfin? il est obligé de se montrer sous autant de formes qu'il y a de caractères différents dans sa paroisse. Chargé devant Dieu de toutes les âmes, il ne doit jamais les perdre de vue. Les unes s'égarent, il faut les rappeler: les autres sont perdues, il faut les chercher; celles-ci sont faibles, il faut les fortifier; celles-là sont malades, il faut travailler à leur guérison. Instruire les ignorants, reprendre les pécheurs, corriger les abus, crier au scandale, bon Dieu! quel travail et quelle source d'inquiétudes, combien de mesures à garder! que de précautions à prendre, d'esprits difficiles à ménager! Ce qui est approuvé par les uns est blâmé par les autres. Ce qui est un sujet d'édification pour les uns devient un sujet de scandale pour les autres.

Lorsqu'il y a dans une paroisse, ce qui n'arrive malheureusement que trop, des gens qui font profession publique de ne rien croire, qui blasphèment ouvertement contre la religion, qui voudraient que tout le monde parlât et agit comme eux ; qui, par leurs discours et leur conduite, empoisonnent une partie du troupeau, ah ! pauvre pasteur, que je vous plains (si cependant on doit plaindre ceux qui souffrent pour Jésus Christ), que de persécutions, que de mortifications, que d'avanies, si vous n'êtes pas un chien muet et un mercenaire ! ils vous haïront, ils vous détesteront, ils ne pourront ni vous voir ni vous souffrir. Plus vous serez irréprochable, plus vous leur deviendrez odieux ; votre douceur les aigrira, votre patience les irritera, vos vertus feront leur supplice ; la docilité du peuple, les fruits de notre ministère les désoleront ; l'attachement que les gens de bien auront pour votre personne, les louanges de ceux qui vous rendront justice les feront entrer dans une espèce de fureur. Ce ne seront plus des brebis, mais des loups acharnés contre le pasteur ; calomnier, noircir, mordre, déchirer, en tout temps et en toute occasion, à tout propos, à tout allant et à tout venant ; vous tendre des piéges ; vous creuser des précipices, vous susciter des ennemis ; se mettre l'esprit à la torture pour trouver quelque moyen de vous mortifier et de vous nuire, voilà quelle sera leur occupation. Mes chers enfants, je ne parle ni pour vous, ni pour moi qui suis un trop grand pécheur pour avoir une telle part au calice de Jésus-Christ. Mais combien de pasteurs qui savent par expérience la vérité de ce que je dis, et qui se reconnaîtraient dans le portrait que je viens de faire ? Ce qui les afflige, n'est pas d'être en butte à la haine des méchants ; le disciple n'est pas plus que le maître, et ils s'estiment bienheureux d'avoir quelque ressemblance avec Jésus-Christ. Mais ce qui les afflige et leur flétrit le cœur, c'est l'aveuglement et l'endurcissement des âmes qui leur sont d'autant plus chères qu'elles paraissent plus désespérées, et pour le salut desquelles ils donneraient de bon cœur leur vie. La perte des âmes, voilà, mes chers paroissiens, la source intarissable des amertumes qui rendent notre fardeau si pesant et notre condition si dure

SECONDE RÉFLEXION.

Si le pasteur, après avoir prêché, catéchisé, confessé, visité les malades, administré les sacrements, et rempli les fonctions extérieures de son ministère, de retour chez lui, pouvait avoir l'esprit tranquille, ce ne serait rien ; mais il n'y a pas de jour où sa pauvre âme ne soit flétrie par cette pensée : Qui pourrait compter les péchés qui se commettent aujourd'hui dans ma paroisse, et qui sait s'ils ne se commettent point par ma faute, et si je n'en répondrai pas devant Dieu ? C'est alors que son esprit se promène, pour ainsi dire, de famille en famille Dans cette maison règnent les emportements et la colère ; dans cette autre, l'avarice ; dans celle-ci, l'impureté ; dans celle-là, l'ivrognerie. Ici point de religion ; là on médit toute la journée. Un tel n'approche pas des sacrements, point de confession, pas même à Pâques ; un autre, au lieu de se corriger, semble devenir tous les jours plus méchant. Celui-ci ne paraît presque jamais à la paroisse ; celui-là ne sait pas un mot de sa religion. Celui-ci ne veut pas pardonner ; celui-là ne veut pas restituer. Enfin lorsqu'un pasteur, seul dans sa chambre, ouvre le catalogue de ses paroissiens, et les passe tous en revue, bon Jésus ! que de chagrins, que de soupirs, que de larmes ! Ces pensées cruelles viennent quelquefois l'assaillir pendant la nuit, troublent son sommeil, l'éveillent en sursaut et lui déchirent les entrailles. C'est alors que, répandant son cœur en votre présence, ô mon Dieu, il s'écrie tantôt avec le saint roi David : Hélas ! Seigneur, mes imperfections, mes faiblesses, mes iniquités ont été pour moi, depuis ma jeunesse, la source de mille peines, que ma tendre confiance en vos miséricordes a seule été capable d'adoucir ; mais depuis que vous m'avez élevé au gouvernement des âmes, il semble que toutes leurs iniquités viennent se joindre aux miennes pour mettre le comble à ma confusion et à ma douleur ; je suis saisi d'effroi, mon esprit se trouble, et peu s'en faut que je ne tombe dans le désespoir. *Exaltatus autem, humiliatus sum et conturbatus.* (*Ps.* LXXXVII.) Tantôt, avec le prophète Elie : Eh ! Seigneur, ôtez-moi de ce monde ; je n'ai ni plus de zèle, ni plus de force, ni plus de vertu, ni plus de succès que ceux qui m'ont précédé. La tristesse s'empare de mon âme ; je succombe sous le poids du fardeau : je ne suis rien, je ne suis propre à rien : *Tolle animam meam, non enim melior sum quam patres mei.* (III *Reg.*, XIX, 4.) Quelquefois il osera vous dire dans toute l'amertume de son cœur, comme Jérémie : Ah ! Seigneur, vous m'avez séduit, et j'ai été séduit : *Seduxisti me, Domine, seductus sum*, etc. (*Jerem.*, XX, 7.) J'avais espéré que votre parole imprimerait la crainte de vos jugements dans l'esprit du peuple à qui vous m'avez chargé de l'annoncer : et voilà que cette parole est devenue non-seulement inutile, mais un sujet d'opprobre et de dérision pour celui qui l'annonce. Fallait-il donc que je fusse dans le saint ministère pour passer mes jours dans l'humiliation et dans la douleur ? *Ut viderem laborem et dolorem, et consumerentur in confusione dies mei.* (*Ibid.*, 18.) Telle est, mes chers paroissiens, la position d'un pasteur qui, pénétré de ses obligations, tremble nuit et jour pour le salut des âmes, dont il sait bien qu'il doit rendre compte à celui qui a répandu son sang pour les racheter.

Mais nous sommes peut-être de ces pasteurs dont il est parlé dans le prophète Ezéchiel (chap. XXXIV), qui se nourrissent du lait des brebis, et se couvrent de leur laine, sans s'inquiéter de ce que devient le troupeau. Peut-être que, négligeant nos devoirs, ou ne les remplissant que par manière d'acquit, et seulement pour la forme, nous nous embarrassons fort peu du fruit que nos paroissiens retirent ou ne retirent pas de notre ministère. Peut-être que nous n'avons ni zèle, ni amour, ni entrailles pour les brebis de Jésus-Christ, et qu'il nous est parfaitement égal qu'elles se sauvent ou qu'elles périssent Si cela est ainsi, malheur et malédiction sur nous; nous sommes doublement à plaindre. Premièrement, parce qu'il y a des peines inséparables de notre état, communes aux bons et aux mauvais pasteurs. L'amour de Dieu et le zèle pour le salut des âmes, la tendresse d'un pasteur pour ses ouailles, lui font entreprendre de bon cœur les travaux du saint ministère, et supporter avec patience les peines qui y sont attachées. Mais ces peines conservent toute leur amertume, elles n'ont rien que de désagréable et d'ennuyeux; elles sont insupportables pour celui qui n'aime ni Jésus-Christ ni son troupeau. Secondement, si nous sommes de mauvais pasteurs, nous amassons sur nos têtes un trésor de colère qui éclatera au grand jour des vengeances; et, au lieu des inquiétudes que donne le zèle, nous serons bourrelés par les remords de notre conscience, et nécessairement déchirés par cette pensée désespérante : toutes les âmes dont je suis le pasteur, et qui se damnent par ma faute, je les retrouverai un jour et bientôt dans les enfers, où elles me maudiront, et où je les maudirai éternellement. Ainsi, de quelque manière qu'on envisage l'état des pasteurs, on trouvera qu'il est bien différent de ce qu'il paraît être, lorsqu'on s'arrête à la superficie; et, en examinant les choses de près, on sera forcé de convenir qu'ils sont à plaindre de toute façon. à plaindre s'ils ont du zele; infiniment plus à plaindre, s'ils n'en ont point.

Mais enfin, ne trouvons-nous aucune consolation dans notre état? Nous y trouvons, mes chers paroissiens, celle que vous nous donnez; vous êtes les seuls, après Dieu, de qui nous puissions en attendre. Obéissez, dit saint Paul, et soyez soumis à vos pasteurs, qui veillent pour le salut de vos âmes, comme devant en rendre compte, afin qu'ils le fassent avec joie et non en gémissant : *Ut cum gaudio hoc faciant et non gementes.* (*Hebr.*, XIII, 17.) Ecoutez-les comme Jésus-Christ, puisque c'est lui-même qui vous exhorte par leur bouche. Soyez-leur soumis comme à Jesus-Christ dont ils sont l'image, et dont ils tiennent la place auprès de vous; vivez avec piété en Jésus-Christ, le Père et le Pontife de vos âmes. C'est en vous conduisant de la sorte que vous rendrez notre fardeau moins pesant; que vous adoucirez nos peines : nous les compterons pour rien; nous les oublierons, dès que vous ne les rendrez pas inutiles. Lorsque nous verrons que vous travaillerez à devenir des saints, que vous prendrez Jésus-Christ pour votre maître et votre modèle; que vous formerez en vous par sa grâce l'image de ses vertus, en menant une vie conforme à la sienne; alors nous ne nous souviendrons plus de nos douleurs, comme une femme ne se souvient plus des siennes, lorsqu'elle a mis un enfant au monde. Vous serez notre joie, notre trésor, notre bonheur, notre gloire, et la douceur de notre vie; notre joie sera parfaite, dès que vous retirerez le fruit que vous devez retirer de notre ministère. Je finirai donc, mes chers paroissiens, par les paroles du grand Apôtre aux Philippiens, dans la belle Epître qu'il leur écrivit : *Si qua ergo consolatio in Christo. si quod solatium charitatis,* etc. (*Philipp*, II, 1 seqq.) Si votre cœur est encore susceptible de quelque mouvement de charité; si vos entrailles peuvent encore être émues par quelque sentiment de compassion, si nous pouvons espérer de votre part quelque consolation en Jésus-Christ, prenez pitié de vos pasteurs, ne les accablez pas, ne rendez pas leur fardeau insupportable, ne les abreuvez pas de fiel, ne mettez pas le comble au malheur de leur vie, en rendant tous leurs travaux inutiles par votre indocilité, par vos murmures; par un esprit d'indépendance et de révolte, qui est devenu malheureusement si commun, et qui est la source de tous les désordres qui nous affligent, de tous les scandales dont nous gémissons. Que Jésus-Christ, le bon pasteur, vous donne, mes chers enfants, la douceur, la simplicité, la docilité, qui sont la marque de ses véritables brebis, afin que vous puissiez être un jour placés à sa droite, et reposer dans son sein pendant la bienheureuse éternité, qui est promise aux brebis fideles, et que je vous souhaite. Ainsi soit il.

DISCOURS XXVI.

Pour le quatrième Dimanche après Pâques.

VOULOIR CE QUE DIEU VEUT.

Quia hæc locutus sum vobis, tristitia implevit cor vestrum. (*Joan.*, XVI, 6.)

Parce que je vous ai dit ces choses, votre cœur est rempli de tristesse.

Jamais tristesse ne fut, en apparence, mieux fondée et plus raisonnable que celle des apôtres. Quand un bon père, sur le point de mourir, rassemble autour de son it sa chère famille, et lui dit : *Mes chers enfants, il faut nous quitter, adieu: je m'en vais, et bientôt vous ne me verrez plus.* Ces paroles sont comme un coup de poignard : l'esprit de ces pauvres enfants se trouble; toute leur tendresse se réveille dans ce moment; la tristesse s'empare de leur âme; elle est peinte sur leur visage; les larmes coulent, la douleur éclate, on sanglote, on crie, on se désole. Rien de si naturel, et cela peut servir à nous faire concevoir quels durent être les sentiments des apôtres, lorsque Jésus-Christ leur annonça qu'il était sur le point de les quitter. Quoi donc, Seigneur, vous abandonnez ceux qui ont renoncé à tout pour vous suivre! Vous nous laissez au milieu de nos ennemis et des vôtres! L'ouvrage que vous avez commencé sera bientôt anéanti; que deviendront les disciples séparés de leur maître? que deviendra le troupeau, lorsqu'il n'aura plus de pasteur, et que pouvons-nous attendre autre chose que la confusion et le desespoir?

La tristesse des apôtres n'avait donc rien que de très-raisonnable en apparence; et cependant Jesus-Christ les assure qu'ils ne doivent point s'affliger : *Il vous est avantageux que je m'en aille; car si je ne m'en vais.*

point, le Consolateur ne viendra point à vous. « *Expedit vobis ut ego vadam.* » (*Ibid.*, 7.) C'est ainsi, mes chers paroissiens, que les hommes s'affligent, la plupart du temps, de ce qui devrait les réjouir, et se réjouissent au contraire de ce qui devrait les affliger. Nous ne connaissons point, ou nous ne connaissons qu'en partie les desseins de la Providence Tout ce qui ne s'accorde pas avec nos idées et nos préjugés nous déplaît et nous choque On ne juge que par ce que l'on voit, sans penser qu'il y a des choses cachées qu'il faudrait connaître pour juger sainement. De là viennent tant de fausses opinions, tant de raisonnements de travers, tant de fausses démarches, tant de soucis inutiles, tant d'inquiétudes et de peines d'esprit à pure perte.

Que notre âme serait tranquille, et que nous serions heureux, si nous n'avions d'autre volonté que celle de Dieu! C'est ce que je voudrais pouvoir vous persuader. En effet, quoi de plus raisonnable? Comme Dieu sait tout, qu'il a tout prévu et qu'il est infiniment sage, il n'ordonne rien, il ne permet, il ne souffre rien que pour de bonnes raisons. Comme il est tout-puissant, il tire le bien du mal même, jusqu'à faire servir la malice et les péchés des hommes à l'accomplissement de ses volontés éternelles.

PREMIÈRE RÉFLEXION.

Nous lisons dans la *Genèse* (I, 31) que Dieu, après avoir créé le ciel, la terre et tout ce qu'ils renferment, approuva lui-même son ouvrage, disant que tout était bon et très-bon : *Vidit cuncta quæ fecerat, et erant valde bona.* Lorsqu'il parlait ainsi, tout ce qui devait arriver à la suite de la création, ce mélange perpétuel de ce que nous appelons les biens et les maux de cette vie, était présent à ses yeux. Il voyait non-seulement les beautés et la magnificence de l univers, qui sont l'objet de notre admiration; les bienfaits et les richesses de sa bonté paternelle, qui sont l'objet de notre reconnaissance; la lumière du soleil qui nous éclaire pendant le jour et ranime toute la nature; les ténèbres et le silence de la nuit qui nous invitent au repos; les révolutions des astres qui suivent régulièrement la route qui leur est tracée, pour partager le temps, marquer les jours, les mois, les années; ces vents qui soufflent sans cesse pour agiter l'air que nous respirons et empêcher qu'il ne se corrompe; la course majestueuse des nuées, qui se promènent dans les airs, tantôt pour nous garantir des ardeurs brûlantes du soleil, tantôt pour répandre dans nos campagnes les pluies abondantes qui les fertilisent; les eaux de la mer et des rivières qui facilitent le commerce des peuples, qui portent d'un bout du monde à l'autre ce que la terre ne se lasse pas de produire pour nos besoins et pour nos plaisirs.

Dieu vit tout cela; mais il vit en même temps, et le bruit éclatant du tonnerre qui effraye les hommes, et la foudre qui les écrase. Il vit les inondations et les sécheresses; les ouragans qui déracinent nos arbres et renversent nos maisons; les tempêtes affreuses qui troublent la mer et engloutissent nos vaisseaux; les guerres sanglantes, les animaux malfaisants, la peste, la famine, tout ce que nous appelons les fléaux de sa justice; et tout cela fut trouvé digne de son approbation et de ses éloges; il prévit tout, il ordonna tout, il dit que tout était bien et très-bien, parce que tout devait servir à sa gloire et à l'accomplissement de ses desseins : *Vidit cuncta quæ fecerat, et erant valde bona.*

De là vient que le saint roi David, et les autres prophètes inspirés de Dieu, invitent si souvent les créatures, même celles qui paraissent nuisibles ou inutiles, à louer le Seigneur, à le bénir et à publier sa gloire. *Que tous les ouvrages du Seigneur le bénissent,* s'écrait Daniel dans la fournaise; *qu'ils louent, qu'ils exaltent son saint nom dans tous les siècles.* (*Dan.*, III, 57.)

Dieu prévit et ordonna de même tout ce qui regarde chacune de ses créatures en particulier; puisque Jésus-Christ nous assure qu'il ne tombe pas un passereau en terre, sans son ordre, et qu'il a compté jusqu'au nombre de nos cheveux. Cette maladie qui vous afflige, cette perte de biens qui vous désole; ces mauvaises années qui vous ruinent; cette mort dont vous êtes inconsolable; ces ennemis qui vous persécutent; ces chagrins domestiques qui vous dévorent; tant de choses qui vous déplaisent, qui vous inquiètent, vous tourmentent; tout a été prévu, ordonné, ou permis dès la création et avant la création du monde pour des raisons qui peuvent vous être cachées, mais qui sont nécessairement justes et bonnes : *Vidit cuncta quæ fecerat, et erant valde bona.*

Il semble que le péché, avec tous les maux qui en sont la suite, venant à se présenter aux yeux du Créateur, auraient dû l'empêcher de tirer le monde du néant. Pourquoi des hommes qui devaient remplir la terre de toutes sortes de crimes? pourquoi ces créatures qui devaient servir d'instrument à la colère divine? Vous le saviez, ô mon Dieu; et quoique tout cela vous fût présent, vous n'en fîtes pas moins ce que vous aviez résolu, et vos ouvrages n'en furent pas moins admirables, *et erant valde bona.* Le péché, qui est le plus grand et l'unique mal qu'il y ait au monde, le péché qui est la seule chose que vous n'ayez pas faite de tout ce qui est dans le monde; le péché qui vous déplaît souverainement, que vous défendez sous des peines si grièves, que vous punissez par des châtiments si terribles, vous le faites servir à l'accomplissement de vos desseins. Ce qu'il y a de plus opposé à votre volonté sainte, vous le faites entrer dans le plan et dans l'exécution de vos décrets éternels et immuables. O sagesse incompréhensible! la malice et la corruption des hommes qui défigurent la beauté de vos ouvrages, deviennent, par les ressources infinies de votre puissance, les moyens que vous employez pour amener ces mêmes ouvrages à leur perfection. C'est ainsi qu'un pilote habile, lorsqu'un vent impétueux agite les vagues de la mer et tourmente son vaisseau, dispose ses voiles de telle manière, qu'au lieu de retarder sa course, il la rend plus rapide, et le fait voler vers le port.

Et en effet, le premier et le plus grand des malheurs fut le péché du premier homme, puisque de là sont venus tous les péchés et tous les malheurs. Mais l'incarnation du Verbe, un Dieu fait homme pour les réparer, a procuré plus de biens à la nature humaine et de gloire à Dieu, que le péché n'avait causé de mal; et ce mal a été réparé avec tant d'avantage, que si le démon avait connu l'excellence du remède qui était entre les mains de Dieu, jamais il n'aurait tenté nos premiers parents de tomber dans la désobéissance; jamais le serpent infernal n'aurait fait au genre humain une telle plaie, s'il avait connu, ô mon bon Sauveur, le baume divin que vous deviez y appliquer. Aussi l'Eglise ne craint-elle pas de chanter ces belles paroles d'un saint Père, en parlant du péché d'Adam : Heureuse faute à laquelle un tel remède était préparé : *Felix culpa, quæ talem meruit habere redemptorem !*

Le plus grand crime qui jamais ait été commis, et qu'on puisse commettre, c'est le crime des Juifs qui ont fait mourir Jésus-Christ, et la mort de Jésus-Christ a détruit le règne de l'enfer, renversé les temples des idoles, enchaîné les démons, effacé les péchés, sauvé le monde. Qu'y eut-il de plus affreux que l'endurcissement des Juifs; et cet endurcissement, suivant l'apôtre saint Paul, fut le salut des gentils. Vit-on rien de plus barbare que le massacre des Innocents, ordonné par Hérode? Cette barbarie fit entrer des milliers d'anges dans le ciel. Les persécutions des tyrans qui faisaient mourir les chrétiens, sont quelque chose d'inouï : elles ont fait des millions de martyrs; elles ont rendu l'Eglise plus féconde, l'ont cimentée, l'ont affermie sur ses fondements. Ainsi l'aveuglement d'un peuple sert à la conversion d'un autre peuple, et les crimes des uns servent à la sanctification des autres.

Nous avons beau vous résister, ô mon Dieu, vos desseins ne s'accomplissent pas moins; et cette résistance qui nous perd parce que nous le voulons bien, n'empêche ni ne retarde l'exécution de ce que vous avez résolu dans le conseil de votre sagesse éternelle. Comme un torrent qui se précipite avec fureur du haut des montagnes dans une belle rivière, paraît d'abord interrompre sa course, ce qui ne sert ensuite qu'à la rendre plus rapide et plus majestueuse ; ainsi les péchés et la malice des hommes, qui s'efforcent de traverser les desseins de votre providence, vous servent à les exécuter, ô mon Dieu ; ils entrent sans le savoir dans les vues de votre sagesse infinie, contre laquelle ils se révoltent. Comme vous n'avez rien fait au hasard, il n'y a rien d'inutile dans vos ouvrages; et comme ce n'est point par hasard qu'ayant fait les hommes libres, vous ne les empêchez point de commettre le mal, leurs péchés mêmes ne vous sont point inutiles.

SECONDE RÉFLEXION.

Ah ! que notre esprit est borné, que nos lumières sont courtes ! Nos pensées ne peuvent s'étendre que jusqu'à un certain point. Pour bien juger des choses, il faudrait les voir sous toutes les faces, et nous ne les apercevons guère que d'un certain côté. Nous voudrions que certaines choses fussent d'une certaine manière qui nous paraît la meilleure; et nous ne voyons pas le mal qui en résulterait, si nos désirs étaient accomplis. Nous ne souffrons qu'avec impatience les maux qui nous arrivent, parce que nous ne voyons pas les avantages que nous pouvons en retirer, et que Dieu lui-même en retire pour notre salut, quelquefois même pour notre satisfaction dans ce monde. De là viennent nos regrets sur le passé, nos craintes, nos inquiétudes sur l'avenir, nos incertitudes, notre inconstance et tous les embarras d'esprit qui ne servent à rien qu'à troubler notre tranquillité.

Combien de fois arrive-t-il qu'on a du chagrin par la suite, de ce qu'on avait désiré comme un très-grand bien, et qu'au contraire, on a lieu de se réjouir de ce que l'on avait craint comme un très-grand mal? Combien de fois avons-nous trouvé l'affliction et l'amertume dans des choses où nous avions espéré trouver du plaisir et de la satisfaction? et combien de fois ce que nous aurions cru devoir nous causer bien des peines, a-t-il été la source de notre consolation? Mes chers enfants, nous sommes presque tous comme les enfants de Zébédée, nous ne savons ce que nous demandons. Pour bien juger au présent, il faudrait connaître l'avenir, et comme il n'y a que Dieu qui le connaisse, il n'y a que lui aussi qui sache ce qui est le meilleur et le plus utile, soit au bien général de l'univers, soit au bien de chacun de nous en particulier.

Les hommes sont faits d'une étrange sorte. Il n'y en a pas un seul qui ne cherche à se rendre heureux, et à mener une vie tranquille; il y en a cependant très-peu qui en prennent le chemin, qui est de vouloir ce que Dieu veut, et de ne vouloir autre chose. Presque personne n'est content de ce qu'il est, presque tous les hommes sont mécontents et se plaignent les uns des autres. Ce que les uns approuvent, les autres le blâment; ce qui est recherché par les uns, est méprisé par les autres. Chacun a ses idées, et se croit permis de critiquer tout ce qui ne s'accorde point avec elles.

Un simple particulier, au coin de son feu, raisonne à tort et à travers sur le gouvernement de l'Etat et sur celui de l'Eglise; il s'échauffe la cervelle à inventer des systèmes de réforme. Selon lui les ministres n'y entendent rien, et l'on verrait de beaux changements s'il était en place; il trouve partout des abus, et il imagine avoir dans sa tête des remèdes à tous les maux; il en vient quelquefois jusqu'à parler avec mépris des personnes les plus respectables et les plus sacrées. Eh ! mon ami, de quoi vous inquiétez-vous? laissons faire ceux que Dieu a établis pour nous conduire. Le conseil des rois, comme celui de la Providence, est rempli de secrets que nous ne connaissons pas. L'Etat a ses mystères, ainsi que la religion ; c'est folie que de vouloir pénétrer les uns et les autres, plus grande folie encore de vouloir que nos maîtres aillent suivant nos idées, de croire qu'ils sont moins entendus et moins habiles que nous.

Mais enfin, à quoi peuvent aboutir nos raisonnements, nos inquiétudes et toutes les peines d'esprit que nous nous forgeons à nous-mêmes sur mille objets qui très-souvent nous sont tout à fait étrangers, ou bien dans lesquels nous ne pouvons rien? Oh ! le mauvais hiver que voilà ! nous aurons des maladies au printemps; nous sommes menacés d'une mauvaise récolte; on parle de faire la guerre ; réformera-t-on les finances? diminuera-t-on les impôts? on devrait faire ceci, on ne devrait pas faire cela, et mille autres propos semblables. Bon Dieu ! que d'inquiétudes inutiles et de paroles perdues ! Tout cela peut-il avancer ou retarder d'une ligne les desseins de la Providence? Dites : Il arrivera ce qu'il plaira à Dieu ; Seigneur, que votre volonté soit faite sur la terre comme dans le ciel. Ne vous embarrassez que de l'accomplir vous-même cette volonté sainte, et soyez tranquille sur tout le reste, comme je vous l'ai dit tant de fois.

Un tel remplit mal les devoirs de sa charge; cet autre ne fait pas bien ses affaires ; celui-ci élève mal ses enfants ; celui-là n'établit pas les siens. En voilà un qui se ruine en folles dépenses; en voilà un autre qui se ferait pendre pour un écu. Celui-ci ne fait pas son métier; celui-là passe sa vie à ne rien faire. Mais qu'est-ce que tout cela vous fait, et de quoi vous occupez-vous l'esprit? Eh ! laissez les hommes aller comme ils veulent. Dieu le permet, il le souffre; il a ses raisons pour le permettre et pour le souffrir. Vous ne les connaissez pas, mais très-certainement elles sont justes. Ce qui vous paraît mal, est peut-être un bien. Dieu peut se servir du mal que vous voyez pour produire un plus grand bien que vous ne voyez pas ; et ce qui vous paraît un grand bien, produirait peut-être de grands maux. Enfin, après avoir bien pensé, bien réfléchi, bien raisonné, le parti le plus sage que nous ayons à prendre, c'est de remplir en Jésus-Christ et suivant les maximes de l'Evangile, les devoirs de l'état où la Providence nous a placés, et du reste vouloir ce que Dieu veut, ne vouloir que ce qu'il veut, et de la manière dont il le veut.

Grand Dieu, source inépuisable de sagesse, qui avez disposé toutes choses par poids et par mesures; qui conduisez vos ouvrages depuis le commencement jusqu'à la fin avec autant de douceur que de puissance et de force ; qui accomplissez toujours infailliblement ce que vous avez résolu de toute éternité, sans que les erreurs, la malice, les contradictions des hommes puissent rien changer aux lois de votre providence; Sagesse admirable et incompréhensible, dans les desseins de laquelle les péchés eux-mêmes, en perdant ceux qui les commettent, tournent au bien général de l'univers ; qui vous servez, quand il vous plaît, des plus grands maux pour produire les plus grands biens, éclairez nos âmes, afin que connaissant la faiblesse de nos lumières, nous adorions la profondeur de vos jugements, toujours aveuglément soumis et parfaitement résignés à vos volontés suprêmes et éternelles ; que toute notre attention se borne à connaître ce qui vous est agréable, afin de le pratiquer par votre grâce, et d'arriver enfin à cette vie bienheureuse où nous verrons la lumière dans le sein même de la lumière, où nous connaîtrons la vérité dans la source de toute vérité. Ainsi soit-il.

DISCOURS XXVII.

Pour le cinquième Dimanche après Pâques.

SUR LA CONFIANCE EN DIEU.

Pater amat vos. (*Joan.*, XVI, 27.)

Mon Père vous aime.

Que ces paroles sont douces ! qu'elles sont consolantes, et qu'elle est aimable la bouche d'où elles sont sorties ! Je vous avoue, mes chers paroissiens, que je ne saurais les lire sans en être attendri, car elles ne s'adressent pas seulement à ceux qui eurent le bonheur de les entendre ; c'est à nous que Jésus-Christ parle, ainsi qu'à tous ses disciples, quand il dit : ***Mon Père vous aime***, « ***Pater amat vos.*** »

Nous disions, dimanche dernier, que pour vivre en repos, il faut vouloir ce que Dieu veut; que tout ce qui arrive, arrive ou parce que Dieu l'ordonne, ou parce qu'il ne juge pas à propos de l'empêcher ; infiniment sage, il ne fait rien et ne souffre rien que pour de bonnes raisons ; infiniment puissant, il tire le bien du mal même, faisant servir jusqu'à nos péchés à l'accomplissement de ses desseins, à sa gloire et à la sanctification des hommes, qui est le grand but de la Providence et la fin de tous ses ouvrages, puisqu'il n'y a rien dans le monde qui ne serve ou qui ne puisse et ne doive servir au salut de ceux qui veulent se sanctifier. Ainsi, comme notre résignation parfaite aux volontés adorables du Tout-Puissant est fondée sur ce qu'il a bien fait tout ce qu'il a fait ; de même notre confiance en lui est fondée sur ce qu'il n'a rien fait que pour l'amour de nous. C'est cette confiance, mes chers paroissiens, que je veux vous prêcher aujourd'hui ; et pour vous l'inspirer, je remettrai sous vos yeux trois grandes vérités qui feront votre joie et vous rempliront de consolation. La première est que Dieu nous aime ; la seconde, qu'il ne nous perd pas de vue un seul instant; la troisième, qu'il connaît mieux que nous ce qui est utile ou nuisible au salut de notre âme.

PREMIÈRE RÉFLEXION.

Dieu nous aime. Hélas ! mes chers enfants, comment peut-il se faire que nous ne pensions point à cet amour, pendant que tout nous en parle et que toutes les créatures sont comme autant de bouches qui nous l'annoncent? Oui, Seigneur, le ciel et la terre, en publiant la magnificence de votre gloire, publient en même temps l'amour que vous avez pour nous. Les jours et les nuits se suivent et se succèdent sans interruption depuis six mille ans, pour dire aux hommes que vous les aimez ; le jour l'annonce au jour qui le suit, et la nuit porte à la nuit suivante les ordres que vous avez donnés pour le service de l'homme. Chaque jour et toutes les heures du jour, chaque nuit et toutes les heures de la nuit sont de nouveaux bienfaits de votre tendresse paternelle, de nouvelles preuves de votre amour.

Et quel amour, bon Dieu! qui veille à tout, qui pourvoit à tout, qui donne tout et qui se donne lui-même! quel amour, que notre indifférence ne refroidit point, que notre ingratitude ne lasse point, que nos péchés ne rebutent point! Que dis-je, nos péchés? ah! il semble au contraire qu'ils donnent à cet amour de nouvelles forces. Oui, mon Sauveur, quand le pécheur s'égare, c'est alors que vous criez après lui, et que vous le rappelez avec plus de tendresse; lorsqu'il vous perce le cœur, ce cœur divin, ce cœur qui est tout amour, vous le lui offrez en lui demandant le sien, et en vous plaignant amoureusement de ce qu'il vous le refuse et vous abandonne.

Plus un crime est énorme, plus les remords de la conscience sont vifs ; et parce que les remords ne sont autre chose que la voix de Dieu qui se fait entendre au fond de notre cœur, plus un crime est énorme, plus ce bon père élève la voix pour nous reprocher nos égarements, et nous rappeler aux principes de cette loi éternelle qu'il a gravée dans l'âme de tous les hommes. Mais les douceurs intérieures, les consolations secrètes, l'onction de la grâce, la joie du Saint-Esprit, la dévotion sensible, et si je puis m'exprimer ainsi, les plus tendres caresses de Jésus-Christ, à qui sont-elles prodiguées? Aux pécheurs nouvellement convertis.

Vous savez, mes frères, les commandements dont Dieu s'est servi pour nous faire connaître son amour et les richesses de sa miséricorde ; tantôt c'est un père qui retrouve un de ses fils qu'il croyait perdu : Voilà mon enfant, ah! c'est lui-même; il lui saute au cou, le serre entre ses bras : vite, vite, les plus beaux habits ; qu'on tue le veau gras, qu'on se réjouisse ; mon enfant, mon cher enfant, je te croyais perdu, te voilà retrouvé, je mourrai content. Tantôt c'est un pasteur qui abandonne son troupeau pour courir après une brebis égarée, qui la retrouve, la charge sur ses épaules, la rapporte au bercail : Ma chère brebis, que tu me causes de joie! je goûte cent fois plus de plaisir pour t'avoir retrouvée, que je n'en aurais eu si je ne t'avais jamais perdue. Ici, c'est une nourrice qui tient son nourrisson sur ses genoux, l'embrasse, le baise, le flatte, et lui fait mille caresses ; là, c'est un époux, dont les délices sont de n'avoir qu'un cœur et qu'une âme avec sa chère épouse. L'Ecriture sainte est remplie de comparaisons semblables, et je ne finirais point, si je voulais les rapporter toutes.

Ce n'est point assez, ô mon Dieu, de nous prouver votre amour par les effets et par des bienfaits sans nombre; comme si vous craigniez que nous en doutassions encore, vous ne cessez de nous dire que vous nous aimez ; vous nous le dites de mille manières, toutes plus tendres et plus touchantes les unes que les autres.

Trouvez-moi parmi les hommes une amitié qui approche de cet amour ; hélas! cette amitié ne consiste souvent qu'en paroles et en belles protestations ; quand il faut en venir à l'épreuve, il n'y a plus d'ami ; s'il s'en trouve de véritables, encore faut-il les ménager. Après un certain nombre de services rendus, le crédit s'use, l'amitié se lasse, les protecteurs se rebutent, et quand même on trouverait des amis qui ne se lassent point, combien de choses qu'ils ne peuvent pas, et dont ils ne sont pas les maîtres ; et néanmoins il y a des hommes en qui nous mettons notre confiance. Jugez de là, mes chers paroissiens, quelle doit être notre confiance en Dieu, qui peut faire tout ce qu'il veut, qui ne se lasse jamais de nous faire du bien, qui ne saurait ni nous oublier, ni nous perdre de vue un seul instant.

SECONDE RÉFLEXION.

Ecoutez comme il s'exprime lui-même par la bouche de ses prophètes : Je suis ton père, et tu es mon enfant ; ne crains pas que je t'oublie jamais. Une mère peut-elle oublier le fruit de ses entrailles? et quand même elle l'oublierait, je ne t'oublierai point. Toutes les pensées de ton esprit, tous les désirs de ton cœur, toutes les facultés et tous les mouvements de ton âme sont présents à ma pensée ; je t'ai comme gravé sur ma main, pour t'avoir sans cesse devant les yeux. (*Isa.* XLIX, 4, 15, 16.)

Quoi de plus capable de dissiper nos craintes, de calmer nos inquiétudes, de répandre la joie et la consolation dans nos âmes, que cette pensée : Dans quelque lieu que j'aille, dans quelque situation d'esprit ou de corps que je me trouve, mon Dieu est toujours avec moi : il me conduit pendant le jour, il veille à ma garde pendant mon sommeil, il est présent à mon travail; il m'accompagne dans mes voyages, il marche à mes côtés, il me tient par la main, il guide mes pas? Si je chancelle, il me soutient; si je tombe, il me relève ; si je m'égare, il me ramène. Depuis le moment où j'ai été conçu dans le sein de ma mère, ses yeux sont fixés sur moi ; il est aussi attentif à tous mes besoins, que si j'étais la seule créature qu'il y eût au monde ; à quelle heure du jour ou de la nuit que je veuille lui parler, il m'entend, et je suis certain d'être exaucé, si ce que je lui demande est avantageux au salut de mon âme. Oh! le bon ami! oh! le précieux ami, qui peut tout, qu'on trouve partout, et qui jamais ne nous abandonne!

Que de cérémonies, que de mystères pour aborder un grand du monde! il faut se présenter plusieurs fois à sa porte, attendre longtemps dans son antichambre avant d'obtenir une courte audience, pendant laquelle on vous écoute froidement, et après laquelle on ne se souvient guère de ce que vous avez dit. Combien d'allées et de venues, d'assiduité, de persévérance, pour obtenir quelque grâce de ceux-là mêmes que vous regardez comme vos protecteurs, et en qui vous mettez votre confiance ! Il n'en est pas de même avec vous, ô mon Dieu. Si je suis dans ma maison, je n'ai pas besoin d'en sortir pour vous trouver ; et si je suis dans les champs, il n'est pas nécessaire que je vienne vous chercher dans ma maison ; je vous trouve partout, et pour m'introduire auprès de vous, je n'ai besoin de personne ; je ne crains ni de vous lasser, ni de vous importuner, et je crains encore moins que vous ne puissiez pas faire ce que je vous demande, parce que rien ne vous est impossible.

Toutes les fois que les serviteurs de Dieu ont été exposés à quelque grand danger, ou qu'ils ont entrepris par son ordre quelque chose d'extraordinaire, que leur a-t-il dit pour les rassurer, pour les consoler, pour leur inspirer du courage et leur donner de la force ? rien autre chose, sinon : Je suis avec vous ; Abraham, soyez tranquille, faites ce que je vous commande, et ne craignez rien, parce que je suis avec vous Allez, Moïse, mettez-vous à la tête de mon peuple, tirez-le de l'esclavage, sortez de l'Égypte, humiliez Pharaon, passez la mer Rouge, et ne craignez rien, parce que je suis avec vous.

Mes apôtres, mes chers apôtres, je vous le dis : Vous serez dans le monde comme des agneaux au milieu des loups ; allez cependant, parcourez la terre, portez partout ma croix et mon Evangile, et ne craignez rien, parce que je suis avec vous. Non, Seigneur, s'écriait le saint roi David, quand j'aurais à combattre moi seul contre une armée entière ; quand je marcherais dans les ténèbres les plus affreuses et dans les ombres de la mort, je ne craindrais rien, parce que vous êtes avec moi. (*Psal.* XXVI, 3 seqq.)

Voilà ce qui donnait aux martyrs ce courage, cette intrépidité, cette force qui nous étonne. Dans les prisons, chargés de chaînes, sur les échafauds, au milieu des flammes, ils conservaient une âme tranquille, montraient un visage serein, et paraissaient insensibles. Le gril embrasé sur lequel saint Laurent fut étendu, était pour lui, ô mon Dieu, comme un lit de roses, parce que vous étiez avec lui.

TROISIÈME RÉFLEXION.

Mais n'est-il pas aussi avec nous, mes frères ? Pourquoi donc ces inquiétudes qui nous troublent, ces soucis qui nous rongent, ces chagrins qui nous dévorent ? Pourquoi tant de crainte dans les dangers, tant de faiblesse dans les tentations, si peu de patience dans nos peines ? C'est qu'au lieu d'avoir les yeux sur lui, comme il les a continuellement sur nous, nous ne voyons que les créatures dont il se sert pour nous éprouver ou pour nous punir. Nous recevons les biens sans reconnaissance, et les maux sans résignation, parce que nous ne prenons pas garde à la main toute-puissante d'où partent également les uns et les autres.

Dès qu'une chose nous flatte, nous la désirons, nous la cherchons avec ardeur, nous l'attendons avec impatience ; tout ce qui nous fait souffrir ou nous humilie, nous le craignons, ah ! nous le détestons ; il n'y a rien qu'on ne fasse pour s'en préserver. Nous voulons être nous-mêmes les arbitres de notre sort, et nous ne voulons pas nous mettre dans l'esprit qu'il nous arrive presque toujours de désirer ce qui nous est nuisible et de fuir ce qui nous serait avantageux.

Dieu le sait, mon enfant, et il n'y a que lui qui sache ce qu'il vous faut, et ce qu'il ne vous faut pas : laissez-le donc faire, et quoi qu'il arrive, reposez-vous-en sur lui avec une entière confiance. Vous êtes pauvre, vous menez une vie dure ; ce n'est point par hasard que vous êtes pauvre, pendant que d'autres sont à leur aise ; c'est par un ordre exprès de la Providence, qui fait que la pauvreté vous est nécessaire, parce que, si vous aviez été riche, vous vous seriez damné par l'orgueil, la vanité, l'ambition, l'impudicité, le libertinage et mille autres vices, dont la pauvreté vous a garanti. Vous courez depuis longtemps après une place à laquelle vous ne sauriez parvenir : c'est Dieu qui ne le permet point, parce qu'il voit que vous la rempliriez mal, et que vous n'y feriez pas votre salut. Vous étiez à votre aise, et voilà une banqueroute qui vous ruine ; il vous fallait ce malheur pour vous détacher des richesses. Vous avez des ennemis qui vous tendent des piéges, qui vous persécutent et vous tourmentent ; ces ennemis vous sont nécessaires pour vous rendre circonspect, pour éprouver votre charité, pour exercer votre patience. On a noirci votre réputation ; tant mieux, il fallait cela pour abaisser votre orgueil et vous humilier. Que sais-je enfin ? c'est une maladie, une mort, une perte qui vous désolent, et vous êtes inconsolable : mon pauvre enfant, si vous saviez tout le bien qui peut en revenir à votre âme, vous seriez bientôt consolé ; vous vous réjouiriez, au lieu de vous abandonner au chagrin comme vous faites.

Un petit enfant crie, parce que sa mère lui arrache des mains un couteau avec lequel elle prévoit qu'il se serait blessé ; un autre ne se sent pas de joie, quand on lui donne pour l'amuser une chose qui brille ou fait du bruit ; vous lui voyez donner toute l'attention dont sa petite âme est capable, à construire un château de cartes, ou à bâtir une maison de boue ; voilà précisément ce que nous sommes, des enfants : nous courons après des misères, nous jugeons des biens et des maux comme les aveugles jugent des couleurs. De là vient que la plupart du temps, comme nous disions dimanche dernier, ce qui devrait nous affliger nous réjouit, et ce qui devrait nous réjouir nous afflige.

Uniquement occupés des choses de ce bas monde, nous ne comptons pour rien les richesses de la grâce. Excessivement sensibles à toutes les peines qui nous arrivent, nous ne sentons pas les avantages qu'elles peuvent nous procurer. Courant, comme des insensés, après tout ce qui flatte nos goûts et nos passions, nous ne faisons pas réflexion combien ce que nous désirons si fort, nuirait au salut de notre âme.

Puis donc que nous sommes malheureusement ainsi faits, aveugles sur ce qui nous regarde, prenant le bien pour le mal, et le mal pour le bien, laissons-nous conduire comme des enfants dociles à ce Père infiniment bon, qui nous aime comme la prunelle de ses yeux, qui veille continuellement à notre garde, qui ne permet et n'ordonne rien qui ne puisse servir à la sanctification de nos âmes. Ne nous embarrassons que d'observer avec fidélité ses saints commandements, et du reste mettons notre sort entre ses mains, avec toute la confiance que mérite un père aussi tendre, aussi puissant et aussi sage.

Donnez-la-moi, grand Dieu, donnez-lamoi cette confiance, en me remplissant de votre amour, et d'un amour qui réponde à celui que vous avez pour moi! Confiance précieuse, qui dissipe mes craintes, qui bannise mes inquiétudes, qui anéantisse mes désirs, qui calme mes passions, qui répande dans mon âme cette douce tranquillité, sans laquelle il n'y a pas de bonheur sur la terre. Que mes yeux, ô mon Dieu, soient continuellement sur vous, comme les vôtres sont sur moi; que je vous voie sans cesse à mes côtés, afin que la pensée de votre divine présence soutienne ma faiblesse, ranime mon courage, me console dans mes afflictions, et me remplisse d'une telle confiance en vous, que rien au monde ne soit capable ni de m'abattre, ni de m'effrayer.

Mes chers enfants, mettez toute votre confiance en Dieu; je ne connais pas de moyen plus sûr, pour vivre heureux dans ce monde, et arriver au bonheur éternel que je vous souhaite.

DISCOURS XXVIII.

Pour le Dimanche avant la Pentecôte.

SUR LE PEU DE FRUIT QU'ON RETIRE DE LA PAROLE DE DIEU.

Hæc loculus sum vobis, ut cum venerit hora reminiscamini quia ego dixi vobis. (*Joan.*, XVI, 4)

Je vous ai dit ces choses, afin que quand le temps sera venu, vous vous ressouveniez que je vous les ai dites.

La plus grande, et même la seule consolation que puisse avoir un pasteur, dans les travaux de son ministère, est de voir que ses paroissiens deviennent meilleurs et plus éclairés, à mesure qu'il les instruit. Si ceux qui nous écoutent se ressouvenaient de ce que nous leur disons dans cette chaire; si l'Evangile que nous prêchons était en tout et partout la règle de leur conduite, notre joie serait parfaite, et nous n'aurions plus rien à désirer dans ce monde.

Mais, hélas! nous parlons, on nous écoute, et dès que nous sommes descendus, on oublie ce que nous avons dit. On nous écoute, et chacun va son train ordinaire, comme s'il n'avait entendu que des fables. C'est la réflexion que j'ai faite en lisant les paroles que je viens de vous rapporter. Réflexion bien triste! à laquelle je m'arrête, quoiqu'elle me navre le cœur et me remplisse d'amertume. Je prie Dieu, mes chers enfants, que vous en soyez touchés, et qu'elle ne vous devienne pas inutile comme tant d'autres.

La plupart des pasteurs, ceux-là même qui ont le plus de talent et le plus de zèle, après avoir gouverné une paroisse pendant un grand nombre d'années, y laissent en mourant à peu près les mêmes vices qui y régnaient lorsqu'ils y sont venus. Si quelqu'un les avait interrogés: Monsieur, il y a longtemps que vous êtes curé dans cette paroisse, et que vous vous appliquez, avec un soin infatigable, à l'instruction et à la sanctification de ceux qui la composent. Vous leur avez expliqué de la manière la plus simple et la plus intelligible les vérités de notre sainte religion; vous les avez exhortés, et en public et en particulier, de la manière la plus pathétique et la plus touchante: vous avez prêché, crié, tonné contre les pécheurs. Mais avez-vous eu la consolation de voir vos paroissiens devenir des hommes nouveaux? La divine parole que vous avez annoncée avec tant de force et de persévérance, a-t-elle déraciné les vices, extirpé les abus, et fait cesser les scandales? Les vérités éternelles dont vous ne cessez de nourrir votre troupeau, sont-elles enfin devenues le principe de sa conduite et la règle de ses actions?

Hélas! aurait-il répondu, que ne puis-je leur rendre ce témoignage! et pourquoi faut-il que je sois forcé de faire, à la plupart de mes paroissiens, le reproche que le Seigneur faisait autrefois à son peuple, par la bouche d'un prophète (*Isa.*, LXV, 2 seqq.): Je n'ai cessé d'étendre les mains et d'élever ma voix, au milieu d'un peuple, qui lui-même n'a cessé de résister à mes paroles, et de les contredire par ses actions. J'ai trouvé en arrivant des ivrognes, des impudiques, des avares, des usuriers, des envieux, des vindicatifs: je n'ai pas gardé le silence sur l'énormité de tous ces vices, ni sur les châtiments qu'ils méritent, ni sur les remords qui les accompagnent, ni sur les moyens de s'en corriger. J'ai employé tour à tour, et souvent tout à la fois, la sévérité, la douceur, les exhortations, les menaces, les reproches, les prières, les larmes. J'ai remis sous leurs yeux ce que les jugements de Dieu ont de plus terrible, ce que sa miséricorde et son infinie bonté ont de plus touchant; je ne me suis point tu, j'ai élevé ma voix, et suivant les ordres que vous m'en aviez donnés, ô mon Dieu, j'ai annoncé à votre peuple ses prévarications et vos vengeances.

Mais la parole de votre Evangile, adorable Jésus, a été dans l'esprit, et même dans la mémoire du plus grand nombre, comme ces figures qu'on trace sur le sable, et que le premier vent fait évanouir; ou comme les sillons d'un vaisseau qui fend la mer, et ne laisse après lui aucun vestige de la route qu'il a tenue. Les prophètes ont parlé en vain; on les a écoutés, et on n'a fait ni plus ni moins que si on ne les avait pas entendus.

Nous avons, il est vrai, la satisfaction passagère de voir votre parole écoutée avec une sorte d'empressement et avec une attention qui nous édifie d'abord et nous réjouit. Pendant que nous élevons nos mains pour vous offrir, ô mon Dieu, le sacrifice redoutable, pour annoncer votre Évangile et publier votre gloire, dans les jours de grande solennité, nous sommes environnés d'un peuple nombreux. La vue de cette multitude qui se presse jusqu'aux portes du sanctuaire, nous donne d'abord une joie secrète; mais quand je fais réflexion qu'au sortir de votre saint temple la plupart ne se souviendront plus ni de ce qu'ils ont vu, ni de ce qu'ils ont entendu, ni de ce qu'ils viennent de faire, ah! Seigneur, cette pensée change ma joie en tristesse, et mon cœur en demeure flétri : *Multiplicasti gentem, non magnificasti lætitiam.* (*Isa.*, IX, 3.)

Mon cher enfant, je vous rends justice : vous avez écouté avec une attention singulière l'instruction que votre pasteur vous a faite sur la nécessité de fuir les occasions du péché, surtout de ce péché honteux auquel vous êtes malheureusement sujet depuis longtemps. Vous avez senti toute la force des raisons qu'il a exposées pour tâcher de vous convaincre et de vous rendre plus sage; vous avez trouvé qu'il disait vrai, et vous ne doutez pas qu'il n'ait parlé pour vous comme pour les autres. Mais pourquoi donc a-t-il dit tout ce que vous avez entendu, sinon pour que vous vous en ressouveniez quand le moment sera venu de mettre en pratique les bons avis qu'il vous a donnés? Point du tout: dès en sortant de l'église, avant même d'en sortir, au lieu de penser à ce que vous venez d'entendre, vous cherchez des yeux cette personne qui est pour vous une occasion continuelle de péché: vous l'abordez, vous lui parlez à l'oreille : on donne aujourd'hui le bal dans une telle maison, je m'y trouverai, ne manquez pas d'y venir; j'irai vous prendre ce soir à telle heure pour la promenade; nous faisons demain une partie de plaisir, il y aura bonne compagnie, prenez vos mesures pour en être. Et vous parlez ainsi, mon enfant, tandis que cette parole du Saint-Esprit : *Quiconque aime le danger, y périra* (*Eccli.*, III, 27), retentit encore à vos oreilles? N'est-ce pas là fouler aux pieds l'Evangile qu'on vient de vous annoncer? N'est-ce pas là vous moquer de Dieu et de ses ministres?

Mais ne vous en moquez-vous pas ouvertement, lorsqu'au sortir d'un prône sur l'ivrognerie et contre les cabarets, dans lequel nous n'avons rien dit dont vous ne conveniez vous-même, vous allez de l'église au cabaret, où vous passez une partie de la nuit dans la crapule? lorsqu'au sortir d'un prône sur la médisance, et pendant lequel vous disiez tout bas, cela est bien vrai, vous passez de l'église dans une maison où l'on déchire, et où vous déchirez vous-même votre prochain? lorsqu'au sortir d'un prône, où l'on vient de vous dire de la part de Jésus-Christ qu'il n'y aura jamais de pardon pour celui qui ne pardonnera pas du fond du cœur, vous refusez le salut à votre ennemi, ou ne le lui rendez que de mauvaise grâce, quand il vous salue? lorsqu'au sortir d'un prône sur l'obligation de sanctifier le dimanche et d'assister aux Offices de la paroisse, vous partez tout de suite après la Messe pour aller courir à vos affaires, très-souvent à vos plaisirs et à votre libertinage? enfin, lorsque venant d'entendre ce que Dieu nous a commandé de dire sur la douceur, la paix, la patience, de retour dans votre maison, vous vous emportez pour un rien, vous criez, vous jurez, vous querellez, vous brutalisez votre mari, votre femme, vos enfants, vos domestiques; n'est-ce pas là vous moquer de Dieu et de vos pasteurs?

Le traître Judas avait encore le corps de Jésus-Christ dans la bouche, ses lèvres perfides étaient encore teintes de son sang adorable, lorsqu'il sortit du Cénacle pour aller vendre son maître et le livrer aux Juifs; et vous, pendant que la parole de Jésus-Christ, qui est le prix de son sang, est encore dans vos oreilles, vous la profanez, en faisant le contraire de ce qu'elle vous dit! Ne vaudrait-il pas mieux pour vous ne l'avoir jamais entendue?

Notre-Seigneur disait, en parlant des Juifs, dont l'endurcissement ressemblait à celui des démons : Si je n'étais point venu, si je n'avais point parlé à ce peuple, il ne serait pas coupable; mais je suis venu, j'ai parlé, je me suis fait entendre, il n'a plus d'excuse; et c'est là ce que nous disons aussi, mes frères. Si vous n'aviez pas des pasteurs pour vous instruire, pour vous exhorter et vous reprendre, peut-être seriez-vous excusables; mais toujours instruits, et vivant toujours comme si vous ne l'étiez pas; toujours exhortés, et toujours vicieux; toujours repris, et toujours incorrigibles, ne travaillez-vous pas à votre endurcissement, et n'y travaillons-nous pas nous-mêmes, lorsque nos paroles, au lieu de vous rendre meilleurs, vous bercent et vous endorment? lorsque l'instant d'après les avoir entendues, vous oubliez ce que nous avons dit, et faites précisément tout le contraire?

Moïse étant descendu de la montagne, tenant entre ses mains les tables de pierre, sur lesquelles Dieu lui-même avait gravé la loi qu'il voulait donner à son peuple, Moïse trouva ce malheureux peuple dansant autour d'un veau d'or, qu'il avait fabriqué pour l'adorer à la place de Dieu : ce saint homme, pénétré d'horreur et d'indignation à la vue d'un crime aussi abominable, jeta par terre les tables de la loi, et les mit en pièces. Nous avons reçu de Jésus-Christ et nous sommes chargés de vous annoncer les mêmes commandements qui furent donnés à Moïse : que si, après être descendu de cette chaire, vous suivant dans vos maisons, examinant vos actions et toute votre conduite, nous trouvons un peuple infidèle, dansant autour de l'idole qu'il s'est choisie; si les uns font un dieu de leur argent, les autres un dieu de leur ventre ou de leurs sales voluptés; si les uns sacrifient leur âme au démon de la vengeance, qui les anime; si les autres sacrifient à leur maudite langue l'honneur et la réputation du prochain; si, au lieu de Jésus-Christ et de l'Evangile, nous voyons régner les passions et l'esprit du monde; que nous reste-t-il donc à faire? Briserons-nous les tables de la loi, comme Moïse? Il faut donc brûler l'Evangile, au lieu de vous l'annoncer, et au lieu d'expliquer la loi du Seigneur, il faut déchirer les livres sacrés qui la contiennent?

Mes chers paroissiens, mes chers enfants en Jésus-Christ, vous qui êtes l'unique objet de mes soins et de ma sollicitude, l'unique objet de mes peines et de mes consolations; vous de qui dépendent et les douceurs et les amertumes de ma vie, faut-il que vous me forciez à vous dire des choses dures! ah! qu'il en coûte à mon cœur pour m'exprimer de la sorte! Que je serais heureux, si je n'avais que des louanges à vous donner, jamais de reproches à vous faire! pardonnez-les, je vous en conjure, mes très chers frères, à l'inquiétude que me donne votre salut, à cause du peu de fruit que plusieurs d'entre vous retirent de la parole qu'ils entendent depuis si longtemps, et qu'ils n'auront, hélas! entendue que pour consommer peut-être leur réprobation.

Si nous vous parlions de notre propre chef, vous seriez dispensés de nous entendre, et dans le cas où il vous plairait de donner quelque attention à nos paroles, vous pourriez ne plus y penser le moment d'après; à cela nous n'aurions rien à dire, parce que nous ne sommes que des hommes faibles et pécheurs comme vous. Mais ne voyez-vous pas que nous venons toujours ici l'Evangile à la main; que tous nos discours sont la répétition de ce que vous lisez vous-mêmes dans ce livre divin, et dans tous les livres composés pour l'instruction des fidèles? Ne savez-vous pas que je ne parle point en mon nom, mais au nom de Jésus-Christ; que ma doctrine n'est point à moi, mais à Jésus-Christ; que ma parole n'est point la parole d'un homme, mais qu'elle est vraiment la parole du Dieu auquel vous faites profession de croire? combien ne doit-elle donc pas vous être précieuse? avec quel soin ne devez-vous pas la recueillir et la conserver dans votre cœur, afin de vous en ressouvenir, lorsque l'occasion se présentera d'en faire usage et de la mettre en pratique!

Quand on publie dans la ville un édit du roi, ou quelque nouvel arrêt des tribunaux qui sont chargés de faire exécuter en son nom les lois du royaume, on ne se contente pas d'en écouter la publication, ou de lire dans les affiches les volontés et les ordres du souverain, mais chacun se met en devoir de s'y conformer, et chacun les exécute en ce qui le concerne. On ne s'embarrasse pas de savoir si celui qui les publie, ou qui est chargé de les faire exécuter, s'y conforme lui-même, ou ne s'y conforme point; s'il est digne, ou s'il n'est pas digne de la commission qu'on lui a donnée; ce n'est pas là ce qui nous inquiète, et en effet, cela ne nous regarde point. Ce qui nous regarde et nous occupe, c'est de suivre la loi et de nous régler sur elle, lorsque l'occasion s'en présente; et dès que le cas y échoit, nous donnons au prince des marques de notre obéissance, et du profond respect qui est dû à ses volontés sacrées. Chose étrange, mes frères, que nous n'ayons pas pour la loi Dieu les mêmes égards que nous avons pour celles des hommes! chose étrange que les lois des hommes une fois publiées, nous décident et nous règlent toutes les fois qu'il s'agit de s'y conformer, et que nous oublions la loi de Dieu, quand il faut en venir à la pratique, quoique les pasteurs nous la rappellent, et nous la remettent sans cesse devant les yeux.

Si les vérités qu'on vous prêche étaient au-dessus de votre portée; si elles n'avaient rien qui pût fixer votre esprit, ni se graver dans votre mémoire; si elles n'avaient aucun rapport avec vos actions et avec votre façon de vivre, je comprendrais comment vous ne vous souvenez pas de ce que nous avons dit. Mais dans toutes nos instructions, il n'y a pas une parole qui ne se rapporte à ce que vous faites. Vous ne faites rien, à quoi vous ne puissiez appliquer les saintes vérités que vos pasteurs vous expliquent, et qui ne puisse vous faire souvenir de ce que vous avez entendu.

Soit que je me lève, ou que je me couche; que je travaille, ou que je me repose; que je boive, ou que je mange; que je parle, ou que je me taise; que j'achète, ou que je vende; que je voyage, ou que je reste chez moi; dans mon négoce, dans mon ménage, dans mes visites, dans mes conversations; dans ma façon de vivre avec mes amis et mes ennemis, mes parents et les étrangers, mes domestiques, mes maîtres, mes supérieurs, mes inférieurs, mes égaux: dans tout cela et avec toutes ces personnes je ne fais rien, je ne dis rien sur quoi Dieu ne me parle et ne m'instruise par la bouche de mes pasteurs. Les actions les plus communes de ma vie devraient me faire souvenir de la loi de Dieu, parce que cette loi me prescrit la manière dont je dois faire les actions les plus communes de ma vie; de sorte qu'il n'y a pas un instant dans ma vie où la parole de Dieu ne puisse et ne doive me revenir dans la mémoire: *Hæc locutus sum vobis ut, cum venerit hora, reminiscamini quia ego dixi vobis.* (*Joan*, XVI, 4.)

Ce n'est point ainsi qu'on l'entend, ô mon Dieu! On vient à l'église, on fait des prières, on lit de beaux livres, on entend de belles instructions, et au sortir de là l'impudique court à ses plaisirs, l'ivrogne au cabaret, la femme à ses caquets et à ses médisances, l'avare à son argent, l'usurier à ses rapines, le vindicatif aux moyens de nuire à son ennemi; chacun suit la voie dans laquelle il s'est égaré, sans penser à votre parole, ô mon Sauveur, pas plus que si on leur avait raconté des fables, ou comme si l'on n'avait parlé pour personne.

C'est qu'on n'aurait jamais fini s'il fallait faire tout ce que disent les prédicateurs. Ils demandent beaucoup pour obtenir peu; car ils savent bien qu'on ne fera jamais le tout.

Voilà comme raisonnent certaines gens ; et dans la fausse idée où ils sont qu'il y a beaucoup à rabattre sur ce qu'on leur prêche, ils l'écoutent sans aucun dessein de le pratiquer; de là vient qu'ils l'oublient aussitôt après l'avoir entendu.

Mon cher enfant, je vous en avertis, prenez-y garde : c'est un péché mortel de ne pas sanctifier le dimanche, et vous êtes dans l'erreur en imaginant que pour le sanctifier il suffit d'entendre la Messe, qu'on peut faire après cela ce qu'on veut le reste du jour, et l'employer soit à ses affaires, soit à se divertir : voilà ce que nous prêchons; vous l'écoutez, mais vous pensez ensuite et vous décidez en docteur qu'après avoir assisté à la Messe, pourvu que d'ailleurs vous ne fassiez point de mal, vous n'êtes obligé à rien de plus, et qu'il n'y a rien à vous dire. Il est vrai que je ferais très-bien de passer les jours de dimanche et de fête dans le service de Dieu et la pratique de bonnes œuvres; mais, la Messe une fois entendue, le reste est de pure dévotion, et je ne serai pas damné pour ne l'avoir pas fait. Voilà ce que vous dites ; et comme d'ailleurs vous n'avez point assez de piété pour aller au delà de ce qui est d'une obligation absolue, vous ne vous mettez point en peine de pratiquer ce que l'on vous prêche, parce que vous croyez que le prédicateur exagère, et que vous n'êtes point obligé de faire tout ce qu'il dit. Examinez-vous bien là-dessus, mes frères, et vous verrez que c'est là ce qui rend presque toujours nos instructions inutiles à la plupart de ceux qui les entendent.

Le prédicateur fait son devoir; il est fait pour parler comme il parle. Oui, sans doute, le prédicateur fait son devoir; mais prenez garde que son devoir est de dire la vérité. Lorsque vous l'entendez crier avec l'Apôtre qu'il n'y a point de paradis pour les avares, les ivrognes, les impudiques, les médisants, les vindicatifs, il fait son devoir, qui est de dire la vérité ; il est donc vrai qu'il n'y a pas de paradis pour vous qui êtes un avare, un médisant, un vindicatif, un ivrogne ou un impudique, à moins que vous ne changiez de conduite en faisant ce que vous dit ce prédicateur. Lorsqu'il crie contre le scandale que vous donnez au public, il fait son devoir, qui est de dire la vérité ; la vérité est donc que vous êtes un homme scandaleux, une peste publique, un instrument dont le démon se sert pour perdre les âmes. Vous prononcez donc votre propre condamnation en disant que nous faisons notre devoir. Si ce que nous prétendons être mal n'est pas mal; si ce que nous appelons des péchés infâmes ne sont que des fautes légères; si ce que nous assurons être d'obligation ne l'est point, nous ne disons donc pas la vérité; nous sommes donc des menteurs : vous êtes donc un insensé de dire que nous faisons notre devoir, et encore plus insensé de venir nous entendre.

Mais enfin, croyez-vous de bonne foi que vous ne rendrez pas compte à Dieu de toutes les instructions que vous avez reçues depuis que vous êtes au monde, soit de la bouche de vos pasteurs, soit dans la lecture de tant de livres composés pour votre édification? Avez-vous bien pu vous mettre dans l'esprit qu'il ne se vengera point du peu de cas que vous en faites, et pouvez-vous lire sans trembler ces paroles de l'Esprit-Saint au *Livre des Proverbes* (I, 24-26) : *Vous avez négligé*, dit le Seigneur, *tous les avis que je vous ai donnés; vous ne vous êtes pas mis en peine de les suivre; vous avez méprisé mes exhortations, vous vous êtes moqué de mes réprimandes. Lorsque l'heure de votre mort*, ce moment terrible que vous ne sauriez envisager sans frémir et où je vous attends, *sera venue*, je vous laisserai crier à mon tour, *je me rirai de vous*, et me vengerai du mépris que vous faites aujourd'hui de ma parole.

Cette menace est effrayante. Prévenons-en les effets, mes chers enfants, en recevant la parole de Dieu, non-seulement avec le respect et l'attention qu'elle mérite, mais encore et surtout dans le dessein d'en profiter, et avec une volonté sincère de la mettre en pratique toutes les fois que l'occasion s'en présentera : de sorte qu'elle soit à notre âme comme un lait précieux qui la nourrisse et la fasse croître dans la grâce. Que cette divine parole passe de nos oreilles jusqu'au fond de notre cœur, comme la nourriture du corps passe de la bouche dans l'estomac. Et comme l'estomac digère les aliments et en fait une substance qui nourrit et fortifie toutes les parties de notre corps, qu'ainsi la parole de Dieu passe de notre cœur dans toutes les actions de notre vie, pour leur donner cette droiture, cette bonté qui les rendent méritoires devant Dieu, et dont elles manquent lorsqu'elles ne sont pas conformes à cette règle éternelle et invariable.

Esprit tout-puissant, dont l'Eglise célébrera dans huit jours les merveilles éclatantes et les ineffables opérations, gravez vous-même dans le cœur de tous mes paroissiens les vérités que je leur annonce. Qu'ils les conservent dans leur esprit, qu'elles ne sortent pas de leur mémoire. Que votre lumière les éclaire; qu'elle rectifie leurs pensées, purifie leurs désirs, amortisse leurs passions, guide leurs pas, redresse toutes leurs démarches et retienne leur volonté dans le sentier étroit de la justice. Rendez les saintes vérités, dont nous sommes les faibles ministres, tellement présentes à leurs yeux, qu'ils ne s'en écartent ni à droite ni à gauche, n'oubliant jamais que c'est vous-même qui les avez mises dans notre bouche.

Préparez-nous, ô divin Esprit, à recueillir les dons que vous répandrez sur vos fidèles, afin que nous ne célébrions point en vain la grande fête de la Pentecôte. Inspirez-nous un désir ardent de vous recevoir, et donnez-nous la force de lever tous les obstacles qui pourraient empêcher ou retarder votre venue. Que les tribunaux sacrés se remplissent: que les consciences se purifient ; que tous les cœurs s'ouvrent, comme on voit une terre séchée se fendre, ouvrir son sein et demander en quelque sorte les pluies abondantes qui la rafraîchissent et la fertilisent. Que nos désirs pénètrent le ciel, vous attirent, vous fassent descendre pour produire en nous les fruits d'une vie conforme à la parole sainte que vous nous faites annoncer, à la loi sans tache qui convertit les âmes et les conduit à la vie éternelle.

DISCOURS XXIX.

Pour le dimanche de la Pentecôte.

LES DONS ET LES FRUITS DU SAINT-ESPRIT.

Paraclelus Spiritus sanctus docebit vos omnia, et suggeret vobis omnia quæcunque dixero vobis. (*Joan.*, XIV, 26.)

Le Consolateur, qui est le Saint-Esprit, vous enseignera toutes choses, et vous fera ressouvenir de tout ce que je vous ai dit.

C'est aujourd'hui, mes chers paroissiens, que le Saint-Esprit étant descendu sur les apôtres, suivant la parole du Sauveur, ils furent subitement éclairés de cette lumière admirable qui s'est répandue par leur ministère dans toutes les parties de l'univers : revêtus de cette force surnaturelle qui a résisté aux puissances de l'enfer et soumis les nations au joug adorable de l'Evangile ; embrasés enfin de ce feu sacré que Jésus-Christ avait apporté sur la terre, et que le souffle de son esprit devait allumer dans les cœurs fidèles.

C'est aujourd'hui que l'Eglise naissante, enfermée dans le Cénacle comme dans son berceau, fut animée de ce souffle divin qui ne l'a jamais abandonnée, qu'elle a communiqué aux hommes à mesure qu'ils sont entrés dans son sein et devenus les membres de Jésus-Christ. C'est cet esprit de vie dont nous recevons, les prémices dans le baptême, qui nous donne un accroissement de grâce dans la confirmation, qui crée en nous un cœur nouveau dans la pénitence, qui se communique sous des symboles différents dans tous les sacrements de l'Eglise ; c'est lui qui, par la variété de ses dons, enrichit notre âme des trésors spirituels dont il est la source unique et inépuisable.

Heureux l'homme qui est animé de cet esprit, malheur à ceux qui en sont privés ! Esprit de science et de sagesse, esprit de courage et de force, esprit de douceur et de consolation, éclairez mon entendement, enflammez mon cœur, purifiez mes lèvres, et mettez dans ma bouche des paroles toutes de feu, qui, jointes à l'onction intérieure de votre grâce, inspirent à mes paroissiens un désir ardent de vous recevoir, en leur faisant connaître les effets merveilleux que vous produisez dans les âmes qui vous reçoivent.

PREMIÈRE RÉFLEXION.

Esprit de science et de sagesse. Dès l'instant que les apôtres en sont remplis, ces hommes grossiers, sans lettres, sans éducation, sans principes ; ces hommes qui ne comprenaient rien aux discours les plus simples de Jésus-Christ, qui n'entendaient pas ses paraboles, lors même que ce divin Maître les leur avait expliquées, deviennent tout à coup les plus éclairés, les plus sages de tous les hommes. Ce que les mystères ont de plus profond, ce que la religion a de plus sublime, les prophéties, les figures de l'Ancien Testament, qui était pour eux un livre scellé, tout cela se développe à leurs yeux ; ils pénètrent, ils sondent les adorables *profondeurs de Dieu même*. Ils entendent, ils parlent toutes les langues ; et ils parlent avec une sagesse qui confond les docteurs de la loi, ferme la bouche aux philosophes, dissipe les ténèbres du paganisme, éclaire les nations, ouvre les yeux à l'univers, et le force, pour ainsi dire, de chercher et de reconnaître dans la croix de Jésus-Christ les trésors de la vraie science et de la véritable sagesse.

Esprit de vérité, qui avez apporté sur la terre un rayon de cette lumière éternelle dont vous êtes le principe, bienheureux celui que vous instruisez et qui écoute vos oracles. Vous seul pouvez dissiper nos doutes, fixer nos incertitudes, détruire nos erreurs ; et vous répandez dans un instant sur les mystères de la religion et de la nature plus de lumière que nous ne pourrions en acquérir par un temps infini d'étude, de travail et de recherches. Avec vous les ténèbres s'évanouissent, les illusions disparaissent, tout s'éclaircit, tout se dévoile, tout s'aplanit aux yeux de l'âme chrétienne qui s'abaisse humblement sous le joug de cette foi simple, laquelle est le plus précieux de vos dons, la racine de tous les autres, le gage et comme les arrhes de la vie éternelle.

En effet, mes frères, lorsque nous sommes remplis de cet esprit de discernement et d'intelligence, nous distinguons, sans crainte de nous tromper, le bien d'avec le mal, la vérité d'avec le mensonge. L'homme fidèle, éclairé par cette lumière divine, ne se laisse point aveugler par les préjugés, ni conduire par les passions, ni entraîner par la coutume. Regardant toutes choses avec les yeux de la foi, jugeant de tout suivant les principes de la foi, il découvre en Dieu l'abîme infini de toutes les perfections possibles ; il sent que c'est une folie de vouloir comprendre par la pensée ce qui est infiniment au delà de toutes les pensées humaines ; il sent que la religion ne serait pas divine, si elle n'avait pas des mystères qui fussent au-dessus de notre raison, et que l'homme serait égal à Dieu, s'il ne trouvait rien en Dieu d'incompréhensible.

Intimement convaincu de cette vérité, le vrai fidèle s'abaisse profondément à la vue de cette majesté infinie. Il adore les nuages respectables qui voilent le Soleil de justice, et dérobent à notre faiblesse un éclat qu'il nous serait impossible de soutenir. Il se borne à croire ce qu'il a plu à Dieu de nous révéler, sans avoir la hardiesse de demander pourquoi il ne lui a pas plu de nous en révéler davantage.

De là, toujours conduits par la lumière du Saint-Esprit, nous descendons dans notre propre cœur pour considérer ce profond abîme d'aveuglement, de corruption et de misères; ce réceptacle de toutes les passions, cette pépinière de tous les vices, cette source féconde de toutes les faiblesses qui dégradent, qui déshonorent, qui avilissent, qui humilient notre misérable humanité. Nous levons alors les yeux vers Jésus-Christ, cherchant dans sa croix et dans son Evangile un remède efficace et universel qui ne se trouve point hors de lui.

Tels sont, mes chers paroissiens, les premiers fruits du Saint-Esprit, et les premiers pas qu'il nous fait faire dans le chemin de la véritable sagesse. Connaître Dieu et nous connaître nous-mêmes; connaître la distance infinie qu'il y a de lui à ses créatures; la souveraine dépendance où nous sommes à l'égard de cet Etre suprême, sans lequel nous ne savons rien, nous ne pouvons rien, nous ne sommes rien.

De là tous les sentiments d'humilité et d'abnégation que l'Esprit-Saint imprime dans l'âme d'un chrétien lorsqu'il y habite. Se défier de soi-même et n'avoir de confiance qu'en Dieu par Jésus-Christ, se détacher de soi-même et ne s'attacher qu'à Dieu par Jésus-Christ, renoncer à ses propres pensées, ne voulant rien connaître de Dieu et de sa religion que par Jésus-Christ, faire profession de ne rien savoir, de ne rien croire qu'en Jésus-Christ et par la croix de Jésus-Christ. Esprit d'humilité, il n'y a que vous qui puissiez poser dans notre âme ce fondement de toutes les vertus qui rendent les vrais chrétiens si aimables.

Eh! qu'y a-t-il de plus aimable que cette douceur, cette affabilité, cette bonté, cette patience qui marchent toujours à la suite de l'humilité chrétienne! Douceur, bonté, charité qui s'étendent sur les méchants comme sur les bons, sur les amis comme sur les ennemis, qui confondent tous les hommes et les embrassent tous dans le cœur d'un Dieu fait homme : douceur, bonté, charité que les païens eux-mêmes ne purent s'empêcher d'admirer dans les fidèles des premiers siècles. C'est là qu'ils reconnurent le doigt du Saint-Esprit et une vertu surnaturelle. Ils comprirent que la prudence de la chair, les lumières de la raison, et toute la sagesse humaine n'étaient point capables ni d'atteindre à des vérités si sublimes, ni d'inspirer des sentiments si relevés, ni de soutenir une conduite si admirable.

O vous qui résistez avec tant d'opiniâtreté à cet Esprit dont la lumière vous environne; qui prétendez vous donner du relief et passer pour philosophe, en traitant la religion de Jésus-Christ comme les sages païens traitaient l'aveugle superstition des peuples idolâtres; aveugles vous-mêmes au point de ne pas sentir combien il est ridicule de vouloir imiter les anciens philosophes, en combattant une religion que les plus éclairés, les plus raisonnables, les plus sages d'entre eux embrassèrent dès qu'ils la connurent.

Eh! dites-nous donc, je vous en conjure, quelle découverte avez-vous faite en matière de religion et de morale qui puisse nous tenir lieu de l'Evangile? Si, dans cet amas d'absurdités et de contradictions que vous avez rêvées et que vous débitez d'un ton si affirmatif, il y a quelque chose de vrai, de bon, d'honnête, de raisonnable, le Saint-Esprit nous l'a enseigné avant vous. Dès le moment que vous fermez les yeux à sa lumière et que vous abandonnez le fil de ses divines révélations, votre esprit s'égare, votre raison se perd, vous tombez dans un labyrinthe affreux; vous accumulez des erreurs, vous entassez des mensonges, vous vous précipitez d'abîme en abîme. Que nous lisions vos livres, que nous entendions vos discours, vous raisonnez tantôt d'une façon, tantôt d'une autre, suivant que votre imagination est montée, selon que votre cœur est affecté, suivant la portée des esprits que vous endoctrinez et que vous cherchez à séduire. Dans un écrit de cent pages, nous trouvons trente fois le pour et le contre; nous entendons dix fois de la même bouche le oui et le non, dans une conversation de deux heures. De même qu'en approfondissant les vérités que le Saint-Esprit enseigne, nous avançons de lumière en lumière; ainsi tombe-t-on nécessairement de ténèbres en ténèbres, quand on a le malheur de suivre les égarements de votre esprit et la vanité de vos pensées.

Quelle science, bon Dieu! qui, après des raisonnements infinis, se réduit pour tout à ne rien savoir de certain! quelle sagesse qui consiste à douter de tout, jusqu'à rejeter des vérités confirmées par le témoignage authentique et non interrompu de dix-huit siècles?. N'est-on pas bien éclairé lorsqu'à force de raisonner on ne sait plus ni d'où l'on vient, ni où l'on va, ni ce qu'on doit devenir? N'est-on pas bien sage, lorsqu'à force d'étouffer les lumières et les remords de sa conscience, on s'est enfin déterminé à vivre à tout hasard, comme s'il n'y avait rien après la mort.

Mais n'est-on pas arrivé au plus haut degré de sagesse, lorsqu'à force de corruption et d'orgueil, on a pris enfin sur soi de débiter hardiment que l'Evangile est une fable, la foi des chrétiens une folie, leur culte une superstition, les apôtres des imposteurs, les martyrs des fanatiques, la piété une illusion, le vice et la vertu de faux préjugés, l'enfer un épouvantail, le paradis une invention, la vie éternelle une chimère Quoi de plus sage, quoi de plus digne d'un esprit rare et profond que ces belles maximes suivant lesquelles, si l'on raisonne conséquemment, le plus grand scélérat possible, quand il est assez heureux, ou assez adroit pour échapper à la justice des hommes, n'a rien à craindre de la justice de Dieu; de même que l'honnête homme, l'homme juste qui aura pratiqué toutes les vertus, s'il s'est oublié, méprisé, persécuté sur la terre, n'aura jamais de récompense?

Oh! la belle science qui renverse jusqu'aux principes du sens commun, jusqu'aux premières notions qu'il nous donne de Dieu et de sa justice ! Oh ! la sagesse admirable qui risque tout sur des *peut-être ;* qui ne porte sur rien, qui n'aboutit à rien qu'à faire des impies et des scélérats, en secouant le joug de la religion, en brisant le seul frein qui puisse constamment retenir les hommes dans le devoir, et réprimer efficacement la fougue des passions humaines ! Allez, esprits superbes, vous n'êtes remplis que de vent, et n'avez que des fables à nous conter ; enveloppez-vous dans vos ténèbres, et taisez-vous. Venez, Esprit-Saint, vous qui êtes la vraie source de la science et de la sagesse ; venez répandre dans nos âmes une lumière pure, qui, en les éclairant, les remplisse de courage et de force pour mettre en pratique les vérités que vous nous avez enseignées, pour surmonter tous les obstacles que le démon, le monde et la chair opposent à notre salut.

SECONDE RÉFLEXION.

Jamais on ne vit rien de semblabe au changement que le Saint-Esprit opéra dans le cœur des apôtres. Ces hommes faibles et timides deviennent tout à coup des prodiges inouïs de courage et de force. Ces mêmes disciples qui avaient abandonné leur Maître au temps de la Passion, lui rendent aujourd'hui témoignage, le confessent, le prêchent avec une hardiesse et une intrépidité qui étonnent la Synagogue, et bravent tous ses efforts. Ils méprisent ses défenseurs, se moquent de ses menaces et de ses châtiments, lui reprochent hautemnet et en face d'avoir trempé ses mains sacriléges dans le sang du Fils de Dieu.

Ce même Pierre, qui avait tremblé devant une vile servante, porte publiquement la parole au nom de tous, marche à leur tête, préside à leurs assemblées, convertit les Juifs par milliers, passe de Jérusalem à Antioche, y établit son siège, le transporte à Rome, porte la foi jusque dans le palais de l'empereur, et convertit ses officiers ; élève la croix sur les débris des idoles, et pose dans le centre même de toutes les erreurs, le centre de la vérité dont il est le premier apôtre.

Douze hommes de la lie du peuple, sans autre science que Jésus-Christ, sans autre livre que sa croix, sans autre talent que la patience, sans autres armes que la vertu du Saint-Esprit, et la parole qu'il avait mise dans leur bouche, poussés, emportés par le souffle impétueux de cet Esprit tout-puissant, parcourent la terre, ruinent les temples des faux dieux, font taire leurs oracles, brisent leurs vaines images, détruisent les erreurs, abolissent l'iniquité, font régner la vérité, la justice et toutes les vertus. L'Esprit-Saint qui les anime, donne à leur parole une force, un attrait, une vertu toute divine qui change les cœurs, crée des hommes nouveaux, et renouvelle la face de la terre. Quelle force, grand Dieu, qui ayant à combattre le monde, les passions, les démons eux-mêmes, ne s'étonne de rien, résiste à tout, surmonte tous les obstacles, triomphe de toutes les puissances et de tout l'enfer réuni contre le Seigneur et contre son Christ !

Mais quel courage, quelle force dans les fidèles de ces premiers siècles ! Dès qu'une fois ils ont reçu le Saint-Esprit, la sévérité de l'Evangile ne les effraye point, les exercices de la pénitence ne les rebutent point, les tentations ne les ébranlent point, la fureur des tyrans, la rage des bourreaux, la cruauté des supplices ne font que ranimer leur courage, et leur inspirent une nouvelle fermeté.

C'est alors que le sang des martyrs, dont la terre fut si longtemps arrosée, rendit un témoignage éclatant à cet esprit de force qui leur faisait braver toutes les horreurs de tous les supplices ensemble. Debris respectables de ces victimes innocentes, de ces corps qui avaient été les temples du Saint-Esprit, reliques saintes et vénérables, qui paraissez sur nos autels à côté de l'Agneau sans tache, qui fut immolé pour vous, et à la gloire duquel vous fûtes à votre tour immolées ; vous, dont la vue réveille notre foi et ranime notre piété ; monuments augustes de la force invincible dont l'Esprit-Saint avait revêtu vos âmes, vous lui rendez témoignage encore aujourd'hui ; vous montrez encore à l'univers ce que peuvent les hommes, lorsqu'ils sont animés de cet esprit, et comment ce qu'il y a de plus faible, devient par sa vertu ce qu'il y a de plus fort et de plus héroïque. Hélas ! vous êtes passés, jours de triomphe et de gloire pour l'Eglise de Jésus-Christ ! Siècles heureux, vous êtes passés, et il semble que l'Esprit-Saint se soit retiré de dessus la terre.

Non, mes frères, non, il ne s'est point retiré : quoique ses effets ne soient plus si communs, à cause de notre peu de foi, ni si éclatants, parce que la religion une fois établie, n'a plus besoin d'autres miracles que de celui par lequel elle se soutient ; le Saint-Esprit n'opère pas moins au milieu de nous des merveilles, dont lui seul peut être le principe ; je veux dire le changement des cœurs et la conversion des âmes.

Un homme du monde, esclave de ses passions, faisant des réflexions sérieuses sur le salut de son âme, forme le dessein de changer de vie, va s'enfermer à Sept-Fonts, à la Trappe, ou à la Chartreuse, et devient un homme nouveau. Ses pensées, ses désirs, ses affections, son esprit, sa volonté, son cœur, sa figure même, tout cela est tellement changé, qu'on le reconnaît à peine aux traits de son visage. Il ne pensait qu'à la terre, et il ne pense qu'au ciel ; il n'aimait que le monde, et il n'aime que Jésus-Christ ; il se plaisait dans les repas et la bonne chère, et il jeûne tous les jours de sa vie ; il n'y avait pour lui ni linge trop fin, ni habits trop précieux, il est couvert d'un sac et revêtu d'un cilice ; il était couché mollement, et il couche sur la dure ; il passait les nuits à se divertir, et il se lève toutes les nuits pour chanter les louanges de Dieu. Son regard, ses discours, sa démarche, tout son extérieur, respiraient la légèreté, la vanité, l'orgueil, la mollesse ; depuis sa conversion, tout respire chez lui la gravité, la modestie, le recueillement, la piété, la mortification et toutes les vertus chrétiennes. Quel spectacle aux yeux des anges et des hommes !

Mais, sans aller chercher des exemples dans ces maisons de bénédiction, qui sont comme l'image du paradis sur la terre, ne trouve-t-on-pas au milieu du monde des pécheurs qui se sont convertis, même à la fleur de l'âge, et qui mènent la vie la plus édifiante, après avoir vécu de la manière la plus déréglée ? Interrogez les pasteurs, les directeurs, les missionnaires ; il n'y en a guère qui n'aient vu de leurs propres yeux quelque changement de cette nature ; qui n'aient eu la consolation de voir régner la vertu dans des cœurs qui auparavant étaient dominés par le vice.

Quel est donc le principe de cette révolution singulière qui se fait ainsi dans l'âme d'un pécheur ? Comment est-ce que cet impudique est devenu chaste, cet orgueilleux humble et modeste ? Comment cet autre, qui était vif jusqu'à la brutalité, est-il devenu si patient, si doux, si pacifique ? S'il s'est ainsi changé lui-même ; si, par les seules forces de la nature, il a vaincu tous les penchants de la nature, d'où vient que ses penchants se réveillent et reprennent le dessus, aussitôt qu'il compte sur ses propres forces, qu'il cesse de demander à Dieu la persévérance, en s'écriant avec le saint roi David : *Seigneur, ne m'abandonnez point, ne me rejetez pas loin de votre face, et que votre Esprit saint ne se retire point de moi ?* (*Psal.* XXVI, 9 ; L, 13.)

Il peut arriver qu'une passion soit surmontée par une autre : mais les vaincre toutes, changer la volonté, subjuguer le cœur, et se rendre maître de tous ses mouvements, un tel miracle n'appartient qu'à vous, ô Esprit tout-puissant, qui dès la naissance de l'Eglise avez changé les loups en brebis, et les persécuteurs en apôtres. Hé ! quel autre que vous pourrait donner à un homme faible le courage avec lequel il embrasse volontairement toutes les austérités de la pénitence ; la force avec laquelle il brise la longue chaîne de ses anciennes habitudes ; surmontant ce qu'il y a de plus capable d'effrayer la nature, lui qui ne connaissait d'autre loi que ses mouvements déréglés ; maltraitant son corps par les jeûnes, les veilles, les macérations, lui qui ne pouvait souffrir la plus légère incommodité, sans se plaindre ; passant des heures entières et plusieurs heures de suite aux pieds de Jésus-Christ, lui à qui une Messe d'une demi-heure paraissait insoutenable, et qui ne pouvait se tenir à genoux cinq ou six minutes de suite.

Ah ! divin Esprit, que vos effets sont admirables ! que vos impressions sont puissantes ! mais qu'elles sont douces ! Le feu sacré, qui éclaire nos âmes, et qui, en leur donnant un nouvel être, les rend capables de tout entreprendre et de tout souffrir, purifie nos cœurs, et nous fait goûter tout ce que le joug de Jésus-Christ a de plus attrayant et de plus aimable. Esprit de science et de sagesse, esprit de courage et de force vous êtes en même temps un esprit de douceur et de consolation.

TROISIÈME RÉFLEXION.

Qu'elle est abondante, s'écrie le Prophète, la douceur des consolations secrètes que vous répandez, ô mon Dieu, dans une âme fidèle qui marche avec crainte dans la voie de vos commandements ! C'est une joie toute céleste qui la dilate, une paix intérieure qui la ravit, les sentiments d'une piété tendre, qui la saisissent, la pénètrent, et l'enivrent, pour ainsi dire, de je ne sais quelle douceur, qui est au-dessus de tout autre sentiment, et qu'il n'est pas possible d'exprimer.

Dans ces moments de bénédiction, où cet esprit d'amour fait couler dans un cœur quelques gouttes du torrent de délices dont les bienheureux sont éternellement enivrés dans le ciel, toutes les passions se calment, les goûts de la chair se dissipent, les affections terrestres s'évanouissent ; tous les mouvements de la nature sont, pour ainsi dire, suspendus, et comme anéantis sous les impressions de la grâce. Ce que le monde a de plus flatteur, ce que les plaisirs ont de plus séduisant devient insipide et paraît méprisable à quiconque peut goûter le vin mystérieux de ces divines consolations. Il trouve ses richesses dans la pauvreté, sa joie dans les afflictions, sa gloire dans les opprobres ; la retraite, la prière, les mortifications, les gémissements, les larmes sont ses délices et son bonheur.

Vénérables solitaires, qui avez blanchi sous le joug de Jésus-Christ, qui méditez dans le silence les jours anciens et les années éternelles ; restes précieux du peuple saint que les Benoît, les Bernard, les Bruno arrachèrent à la corruption du siècle, et dont ils remplirent les déserts ; vous qui conservez encore l'esprit et la règle de vos pères, ne paraissant dans le monde que pour le condamner, n'ayant de commerce avec les hommes que pour faire rougir les pécheurs ; vous, dont la vue seule imprime le respect, inspire la modestie, réveille la piété, permettez-nous d'entrer dans ces retraites profondes où vous êtes ensevelis et cachés à l'ombre du sanctuaire ; souffrez que nous descendions jusque dans votre cœur, et que nous l'interrogions sur ce secret, qui n'est qu'entre lui et le Dieu de toute consolation, à qui vous vous êtes donnés sans réserve.

D'où vient cette paix délicieuse qui possède vos âmes dans la patience, et que le monde ne connaît pas ? D'où vient cette joie si pure, dont les impressions répandent jusque sur votre visage une grâce divine qui ranime la ferveur des vrais chrétiens, pique la conscience des méchants, réveille leurs remords et les couvre d'une secrète confusion ? D'où vient ce bien-être intérieur que vous ne voudriez pas changer pour tous les trésors de la terre ? D'où vient ce sentiment de piété qui vous rend la solitude si agréable, les mortifications si aisées, les larmes si douces? D'où vient que vous avez un si grand attrait pour la prière, pour le chant des psaumes, et pour tous ces exercices qui se succèdent d'une heure à l'autre, qui remplissent tous vos instants, qui se répètent tous les jours, et dans la pratique desquels les sécheresses mêmes, en vous rappelant votre faiblesse, en exerçant votre patience, en purifiant votre amour, les sécheresses mêmes servent à vous faire trouver les consolations plus douces? D'où vient enfin que vous ne vous lassez jamais de prier, de gémir, de verser des larmes, et que les moments où vous en répandez davantage sont les plus délicieux de votre vie? Vous l'avez dit, ô mon Dieu, votre esprit est mille fois plus doux que le miel; et la joie intérieure dont vous remplissez une âme qui vous aime, ne peut être comparée qu'aux joies éternelles du paradis, dont elle est l'image et l'avant-goût sur la terre.

Mes chers enfants, rendez vous-mêmes témoignage à cet esprit de douceur et de consolation. Il n'est pas que vous n'ayez goûté au moins quelque fois combien le Seigneur est doux, et que vous n'ayez senti quelques mouvements de cette joie spirituelle. Lorsque vous avez déposé aux pieds de Jésus-Christ et dans le sein de vos pasteurs le fardeau de votre conscience, n'avez-vous pas éprouvé au dedans de vous-mêmes une certaine satisfaction plus agréable et plus douce que le faux plaisir et la satisfaction misérable dont vous aviez joui en contentant votre passion? Lorsque, après vous être purifiés par la pénitence, désirant de vous unir à Jésus-Christ, vous vous êtes approchés de la sainte table, n'avez-vous pas trouvé ce jour-là dans vos prières, dans le chant des psaumes, dans la parole de Dieu, dans vos lectures de piété, un certain goût, un certain sentiment de dévotion qui vous a quelquefois attendris jusqu'à faire couler vos larmes? mais lorsqu'ayant été assaillis de cette tentation violente, vous avez eu le bonheur de la surmonter avec le secours de la grâce, et que l'esprit tentateur a laissé votre âme tranquille, n'avez-vous pas goûté les douceurs de cette manne cachée que le Seigneur a promises à ceux qui remporteront la victoire? Au lieu des remords qui vous auraient déchirés si vous aviez succombé à la tentation, n'avez-vous pas senti une joie pure qui a augmenté votre attachement et votre amour envers Jésus-Christ?

Ministres de mon Sauveur, dépositaires sacrés des faiblesses et des vertus, des peines et des consolations, et de tous les sentiments d'une âme fidèle qui, vous ayant donné sa confiance, vous découvre jusqu'aux mouvements les plus cachés de son cœur, combien de fois n'avez-vous pas été les témoins secrets des opérations ineffables de l'Esprit-Saint, qui changent en douceur et en joie ce que la pénitence a de plus amer, ce que la religion a de plus pénible?

Tels sont, mes chers paroissiens, les dons et les fruits précieux de cet esprit qui est à la fois la lumière, la force, la douceur, la consolation des âmes qui le reçoivent. Sans cette lumière nous ne savons rien; sans cette force nous ne pouvons rien; privés de ces divines consolations, nous avons beau faire, l'inquiétude, l'affliction, les remords, l'amertume viendront nécessairement, au milieu même de nos plaisirs, troubler le repos de notre vie.

Plaise à Dieu que toutes ces réflexions nous fassent désirer, par-dessus tout, les richesses abondantes de ce divin Esprit: et souvenons-nous qu'il ne se communique point aux âmes superbes, à celles qui suivent leurs propres lumières, qui comptent sur leurs propres forces, qui cherchent leur satisfaction et prétendent trouver le bonheur dans les créatures! Puissions-nous donc, mes frères, l'attirer et le faire descendre, cet Esprit vivifiant, par la vivacité de nos désirs, par la ferveur et la persévérance de nos prières, par un détachement absolu de tout ce qui est mal, renonçant à nos propres pensées pour ne suivre en toutes choses que ses divines inspirations! Envoyez votre Esprit, grand Dieu, renouvelez encore une fois la face de la terre, et que nous devenions des hommes nouveaux; esprit nouveau, pensées nouvelles, cœur nouveau, nouveaux désirs, nouvelles affections, nouveaux goûts, nouvelles attaches, nouveaux sentiments, nouvelle vie.

Venez donc, Esprit-Saint, hé! venez éclairer mon esprit, rechauffer mon cœur, fortifier ma volonté, soutenir ma faiblesse, adoucir mes peines, combler mon âme de vos dons, l'enrichir de vos fruits, et la remplir de vos célestes consolations. *Veni, Sancte Spiritus.* Venez et voyez cette robe précieuse que j'avais reçue dans le baptême; je l'ai traînée dans l'ordure du péché. Devenu semblable aux animaux immondes qui se vautrent dans la boue, malheureux que je suis, j'ai souillé, défiguré, perdu la robe de mon innocence. Venez donc, ah! venez la laver et lui rendre sa première blancheur. *Lava quod est sordidum.* Comme dans les chaleurs de l'été, l'herbe des champs languit, se fane et meurt quand elle n'est point arrosée, ainsi mon misérable cœur, si vous n'y répandez la rosée de votre grâce, ne sera devant vous qu'une terre arride et stérile. Ah! que cette sécheresse est cruelle! point de ferveur dans mes prières, point de goût pour votre parole, pas un soupir, pas une larme pour tant de péchés que j'ai commis, et que je ne cesse de commettre. Venez donc, ah! venez arroser ce pauvre cœur, et y faire revivre les fruits de votre divin amour: *Riga quod est aridum.*

En descendant de Jérusalem à Jéricho; en quittant la lumière de votre grâce pour descendre dans les ténèbres de mes passions, mon âme est tombée entre les mains des voleurs qui l'ont dépouillée et couverte de plaies. Venez donc, ah! venez panser ses plaies et guérir ses blessures: *Sana quod est saucium.* Ma volonté toujours rebelle ne cesse de vous résister et de se refroidir contre vos divines inspirations. Venez donc fléchir cette volonté, la rendre docile, la faire plier sous le joug aimable de mon Sauveur : *Flecte quod est rigidum.*

Dès qu'il s'agit d'apprendre ou de souffrir quelque chose pour votre gloire, je ne sens aucun zèle, aucune ardeur, je n'ai que de l'indifférence, presque toujours un dégoût affreux pour tout ce qui concerne votre service, et je suis froid comme la glace. Venez donc la fondre cette glace, et rallumer en moi le feu de votre saint amour : *Fove quod est frigidum.* Enfin, mes inclinations vicieuses m'entraînent continuellement vers le mal, elles m'aveuglent, je m'égare, je m'éloigne de vous; mon âme errante et vagabonde ne sait plus où elle est, sinon qu'elle est bien égarée ! Venez donc, ah! venez ramener cette brebis imprudente qui, en s'écartant de votre loi sainte, ne l'a cependant pas oubliée : *Rege quod est devium.* Faites, par la lumière et l'onction de votre grâce, que je connaisse mes erreurs, que je revienne de mes égarements, que je cherche le bien, que je l'aime, que je le pratique, que j'y persévère jusqu'au dernier soupir; et qu'à l'heure de ma mort, je puisse vous présenter dans mes bonnes œuvres les fruits et les dons de votre divin Esprit, ô mon Dieu, pour recevoir la couronne que vous leur avez promise. Ainsi soit-il.

DISCOURS XXX.

Pour le Dimanche de la Trinité.

SUR LA PROCESSION DU SAINT SACREMENT.

Euntes docete omnes gentes, baptizantes eos in nomine Patris, et Filii, et Spiritus Sancti... Et ecce ego vobiscum sum omnibus diebus usque ad consummationem sæculi. (*Matth.*, XXVIII, 19, 20.)

Allez, instruisez tous les peuples, les baptisant au nom du Père, et du Fils, et du Saint-Esprit... Et voilà que je suis avec vous tous les jours jusqu'à la consommation des siècles.

Quand nous aurions été ravis au troisième ciel comme l'apôtre saint Paul, quand nous aurions la clef de la science et de la plus haute sagesse, et que nous parlerions le langage des anges; nos pensées et nos expressions ne pourraient jamais atteindre jusqu'à la lumière inaccessible où le Seigneur a placé son trône, ni percer les nuages adorables qui environnent son éternelle majesté, pour comprendre le mystère profond d'un Dieu en trois personnes, que l'Eglise honore particulièrement aujourd'hui. Tous ceux dont le téméraire orgueil a voulu approfondir et concevoir la nature de la Divinité, ont été accablés par le poids immense de sa gloire, et retombant toujours, malgré leurs efforts, dans leurs propres ténèbres, ils se sont évanouis dans leurs pensées.

Le soleil éclaire, réchauffe, ranime la terre. Les rayons bienfaisants qui la pénètrent lui font produire tout ce qui est nécessaire pour la vie, le vêtement, les commodités, les plaisirs même des hommes qui l'habitent. Nous jouissons de ces biens sans nous amuser à regarder curieusement ce bel astre pour comprendre quelle est sa nature. Quiconque voudrait le fixer longtemps serait bientôt ébloui par l'éclat de sa lumière, de sorte qu'il ne verrait bientôt plus ni la terre, ni le soleil lui-même.

La foi nous apprend qu'il y a un seul Dieu en trois personnes : le Père qui nous a créés par sa puissance, le Fils qui nous a rachetés par sa sagesse, le Saint-Esprit qui nous a sanctifiés par sa grâce; que ces trois personnes sont réellement distinctes, que le Père n'est pas le Fils, que le Saint-Esprit n'est ni le Père ni le Fils, et que ces trois personnes, égales en tout, ne sont qu'un seul et même Dieu, un seul Dieu qui nous a créés, un seul Dieu qui nous a rachetés, un seul Dieu qui nous a sanctifiés. Jouissons avec reconnaissance des biens que l'auguste Trinité répand sur nos âmes, mais ne cherchons point à la comprendre; nous écriant avec les esprits bienheureux : ***Il est Saint, il est Saint, il est Saint, le Seigneur, le Dieu des armées ; le ciel et la terre sont remplis de sa gloire, que son saint nom soit à jamais béni.***

Je m'arrêterai donc aux dernières paroles de notre Evangile, et, en les appliquant à la présence de Jésus-Christ dans l'Eucharistie, je vous entretiendrai des dispositions avec lesquelles chacun de nous doit l'accompagner jeudi prochain, lorsque, sortant de son saint temple, il sera porté en triomphe dans nos rues et autour de nos maisons. Ah! mes chers enfants, que ne puis-je vous inspirer les sentiments de cette foi vive, de ce respect profond, de cette piété tendre dont nous devrions être pénétrés pendant cette auguste cérémonie! Divin Jésus, mes paroles ne feront rien, elles ne sont rien, si vous ne les accompagnez de votre onction. Daignez donc la répandre dans le cœur de ceux qui m'écoutent; qu'elle les éclaire, les touche, les attendrisse. Déliez ma langue, purifiez mes lèvres, et donnez à ma voix cette force qui ébranle, qui entraîne et persuade doucement les esprits, en mettant sous les yeux des fidèles ce que les vérités de la foi ont de plus touchant et de plus aimable.

PREMIÈRE RÉFLEXION.

L'amour infini de Jésus-Christ pour les hommes éclate singulièrement dans la promesse qu'il leur a faite d'être avec eux tous les jours jusqu'à la consommation des siècles, et sa présence réelle dans l'Eucharistie est une de ces vérités qui doivent nécessairement faire aimer la religion qui les enseigne : qui sont encore plus propres à gagner les cœurs par ce qu'elles ont de touchant, qu'elles ne sont capables de révolter l'esprit par ce qu'elles ont d'obscur et d'incompréhensible.

Un pécheur qui vit de manière à mériter l'enfer, n'aime point à croire qu'il y en a un, et qu'on y souffre des peines éternelles. Celui qui ne veut pas dompter ses passions et qui se laisse dominer par elles, n'aime point à croire que Dieu les condamne, ni qu'il doive punir certaines actions. Ces vérités sont dures, et s'il y a des hommes qui ne les croient point, c'est qu'ils sont intéressés à ne pas les croire. On ne ferme les yeux à la lumière que pour étouffer les remords, et il n'y a que les passions qui fassent les incrédules. Le cœur est corrompu avant que l'esprit se révolte et s'égare; on perd l'innocence des mœurs avant de perdre la simplicité de la foi.

Mais quel intérêt et quelle sorte de satisfaction y a-t-il à disputer contre les dogmes qui sont la gloire, le bonheur, la consolation de l'humanité, qui annoncent une bonté infinie, qui nous élèvent, nous ennoblissent, et nous rapprochent de notre Dieu au point de nous unir à lui de la manière la plus intime? Quel intérêt et quelle satisfaction y a-t-il à ne pas croire que Jésus-Christ soit mort pour le salut de tous les hommes; qu'il habite réellement au milieu de nous; que sa chair soit vraiment la nourriture, et son sang vraiment le breuvage de nos âmes, lorsque ces vérités sont fondées d'ailleurs sur des preuves incontestables et plus lumineuses que le jour même qui nous éclaire?

Quel intérêt ont pu avoir nos frères prétendus réformés, qui, quoique séparés de l'Eglise, sont toujours nos frères, et nos frères d'autant plus chers qu'ils sont plus à plaindre dans leur égarement, pour le retour desquels nous devons implorer sans cesse les miséricordes du bon Pasteur? quel intérêt, dis-je, ont ils pu avoir de nier la présence réelle? Si Jésus-Christ ne nous avait pas laissé, comme il l'a fait, toute sa personne adorable, ne devrions-nous pas désirer qu'il eût mis le comble à son amour, en enrichissant son Eglise d'un trésor qui fait sa plus douce consolation?

Quoi de plus doux et de plus consolant, en effet, que de croire et d'adorer le Sauveur du monde dans un sacrement, qui, en mettant sous nos yeux et dans nos mains le Verbe de vie, nous le rend presqu'aussi sensible qu'il l'était pendant sa vie mortelle? C'est votre présence, ô divin Jésus, qui rend nos églises si saintes et si respectables, nos cérémonies si augustes et si touchantes; c'est elle qui donne au culte extérieur des chrétiens, cette pompeuse magnificence, qui, en rappelant tour à tour vos divins mysteres, annonce la grandeur, la gloire, les miséricordes du Dieu que nous avons le bonheur de servir. Caché sous les espèces du pain et du vin, devenu l'objet sensible de nos adorations et de notre amour, vous êtes à la portée de notre faiblesse; en fixant nos regards, vous excitez nos affections; la vue de ce pain sacré rend nos hommages plus vifs, notre respect plus profond, notre piété plus tendre.

Ah! qu'il est glorieux, mais qu'il est doux pour les chrétiens de posséder le corps, le sang, et toute la personne de leur divin Maître! de le voir exposé sur les autels, de le recevoir dans leurs maisons, et, ce qui est encore plus admirable, de se nourrir de sa propre chair, et de devenir une même chose avec lui! Eglise chrétienne, que vous êtes riche, et que vos enfants sont heureux! *Elevez la voix, ô Sion, faites éclater votre joie. Que vos murs retentissent de cantiques de louanges et d'actions de grâces, parce que le Dieu de majesté, le Dieu d'Israël, habite au milieu de vous.* (*Zachar.*, II, 10.)

Tels sont les sentiments dont l'Eglise, notre mère, est pénétrée dans tous les temps, mes chers paroissiens; mais elle les fait singulièrement éclater dans la fête qu'elle a destinée spécialement, et qui est solennellement consacrée à célébrer le mystère du corps et du sang de Jésus-Christ. Nous la verrons, jeudi prochain, déployer toutes les richesses dont la piété des fidèles a décoré la maison de Dieu, et les vêtements sacrés de ses ministres; nous la verrons environnée de toute sa gloire, marcher en triomphe, et porter l'arche d'alliance autour du camp d'Israël. Vous paraîtrez alors, mon adorable Sauveur, comme un roi au milieu de son peuple, comme un père au milieu de ses enfants, comme un pasteur qui visite son troupeau. Les peuples, vous suivant en foule, rappelleront à notre souvenir les jours de votre vie mortelle, lorsque vous vous répandiez dans les villes et dans les campagnes comme une source féconde, d'où découlaient toutes sortes de grâces et de bénédictions, en faveur de ceux qui s'approchaient de vous avec cette foi sans laquelle il est impossible de vous plaire.

Ah! mes frères, qui nous la donnera cette foi vive! une foi semblable à celle de Zachée, qui, nous élevant au-dessus des sens et de tout ce qui nous environne, fixe nos yeux et nos affections sur Jésus-Christ, et nous rend dignes de le recevoir dans nos cœurs, comme ce Juif fidèle mérita par ses empressements le bonheur de le recevoir dans sa maison! (*Luc.* XIX, 5.) Une foi semblable à celle des deux aveugles, qui, l'ayant entendu passer, s'écrièrent, *Jésus, fils de David, ayez pitié de nous.* (*Matth.*, XX, 30.) Une foi semblable à celle des dix lépreux, qui, l'ayant aperçu de loin, se mirent à crier : *Seigneur, prenez compassion de nous!* (*Luc.*, XVII, 13.) Les aveugles recouvrèrent la vue; les deux lépreux furent guéris; et si nous n'obtenons pas les mêmes grâces, c'est que nous n'avons pas la même foi.

Jésus-Christ passant un jour dans les rues de Jérusalem, suivi d'une grande multitude de peuple, et allant ressusciter la fille de Jaïre, une femme attaquée depuis plusieurs années d'une perte de sang, que tous les remèdes de la médecine n'avaient pu arrêter, se mêle dans la foule, fend la presse, disant en elle-même : si je puis seulement toucher la frange de son vêtement, je serai guérie; dans cette pensée, pleine de confiance, elle s'approche derrière Jésus-Christ, elle touche avec respect la frange qui est au bas de sa robe, et à l'instant elle se trouve guérie. Notre bon Sauveur, dont les moindres paroles sont autant de leçons pour nous, se tournant alors du côté de ses disciples : *Qui est-ce qui m'a touché?* demanda-t-il. (*Luc.*, VIII, 45). Eh quoi! Seigneur, la foule vous presse de tous côtés, elle vous accable, et vous demandez qui vous a touché? Quelqu'un m'a touché, répondit-il, car j'ai senti une vertu sortir de ma personne, et en même temps ayant aperçu cette femme, il lui dit : Allez, ma fille, votre foi vous a sauvée.

Vous passerez, ô mon Dieu, vous passerez dans nos rues, vous paraîtrez jeudi prochain dans les places publiques, au milieu d'un peuple nombreux. Médecin tout-puissant, vous serez environné d'un grand nombre de malades que vous seul êtes capables de guérir. Combien d'aveugles, je veux dire de ces hommes qui, pleins de lumière et d'intelligence pour les affaires de ce monde, ont les yeux fermés pour les choses du ciel et les affaires de leur conscience! Combien de sourds, je veux dire de ces âmes insensibles, sur qui les vérités les plus terribles, mille et mille fois répétées, ne font pas plus d'impression, que s'ils ne les avaient jamais entendues! Combien de paralytiques, je veux dire de chrétiens lâches, qui, depuis qu'ils sont sur la terre, n'ont pas encore fait un pas dans le chemin du ciel; qui vivent dans un assoupissement mortel, et ne sentent presque plus ni le bien ni le mal de leur âme! Ils viendront se rassembler autour de votre arche sainte, ô Jésus! ils environneront le trône de votre grâce, mais hélas! auront-ils assez de foi pour percer les voiles respectables sous lesquels vous avez caché les rayons éclatants de votre gloire? auront-ils assez de foi pour atteindre et toucher en quelque sorte, par la vivacité de leurs désirs, votre humanité sacrée, d'où découle, comme de sa source, le baume divin, dont la vertu toute-puissante est le seul remède, duquel nous puissions espérer la guérison de notre faiblesse et de nos infirmités?

Mes chers enfants, je vous le dis, et je le dis avec douleur : le jour de la Fête-Dieu, les processions sont nombreuses, chacun s'empresse pour y assister ou pour les voir. Mais hélas! qu'il y en a peu qui cherchent Jésus-Christ et dont le cœur s'élance, si je puis m'exprimer ainsi, jusqu'à sa personne adorable! Bon Jésus, qu'il y a peu de chrétiens dont la foi soit assez vive pour attirer vos regards et vos bénédictions, si nous en jugeons par le peu de respect que l'on aperçoit dans la plupart de ceux qui vous accompagnent!

SECONDE RÉFLEXION.

Tapisser les rues, faire des reposoirs, chanter des hymnes, jeter des fleurs, brûler de l'encens sur le passage de Jésus-Christ, il n'y a rien dans tout cela que de très-louable. Mais les Bethsamites, lorsque l'arche d'Alliance passait sur leurs terres (I *Reg.* VI, 1 seq.), ne marquèrent ni moins d'empressement ni moins de zèle. Ils sont remplis de joie dès qu'ils l'aperçoivent, ils quittent leurs maisons, coupent du bois pour les holocaustes, ils accourent, s'assemblent, se pressent autour de l'arche; et avec tout cela Dieu frappe de mort cinquante mille d'entre eux, pour l'avoir seulement regardée avec trop de curiosité, quoique toute la sainteté de cette arche mystérieuse consistât à renfermer l'ombre des biens futurs et réservés à la nouvelle Alliance.

Que si l'on ne devait regarder qu'avec une frayeur religieuse la simple figure des biens dont la réalité fait aujourd'hui, ô mon Dieu, la gloire de l'Eglise chrétienne; si vous fîtes mourir sur-le-champ un lévite qui avait étendu la main pour soutenir l'arche sur le chariot qui la portait, jugez de là, mes frères, combien grand doit être le respect que ce même Dieu exige pour l'arche de la nouvelle loi, puisqu'elle renferme, non pas les tables de pierre où étaient gravés les dix commandements, mais la personne de celui qui, en apportant l'Evangile sur la terre, a gravé sa loi dans nos cœurs: non pas cette manne corruptible qui fut donnée aux enfants d'Israël par le ministère de Moïse, mais le véritable pain descendu du ciel, le pain des anges, le corps et le sang du Verbe fait chair, et devenu la nourriture de nos âmes; non pas la verge d'Aaron, mais Jésus-Christ lui-même, ce Pontife saint et sans tache, séparé des pécheurs, élevé au plus haut des cieux, et dont Aaron n'était que la faible image.

Quelle est donc la punition que méritent tant de chrétiens qui assistent à la procession du saint Sacrement, comme on assiste à une cérémonie profane? qui regardent le trône de l'Agneau, non-seulement sans piété, mais sans respect, dans lesquels on ne voit ni recueillement, ni modestie, mais un air de légèreté et de dissipation qui va quelquefois jusqu'à l'impiété? Ils grossissent la foule, ô mon Dieu, sans augmenter le nombre de vos adorateurs; ils vous suivent dans toutes les rues, sans penser à vous, et s'ils fléchissent le genou comme pour recevoir votre bénédiction, c'est d'une manière à faire voir qu'ils en sont indignes.

Mais que dirons-nous, mes frères, de ceux qui assistent à cette procession en état de péché mortel, avec une âme toute couverte d'iniquités, sans aucun désir de conversion, sans aucun dessein de changer de vie? Mon cher enfant, pensez-vous bien à ce que vous faites dans cette malheureuse disposition? Pendant que le prêtre porte dans ses mains le corps de Jésus-Christ, vous portez le péché dans votre cœur, et vous osez marcher ainsi à la suite de votre Dieu, comme pour insulter à sa majesté souveraine! Vous nettoyez, vous parez les rues, et votre âme croupit indignement dans les ordures du péché! Jésus-Christ se cache sous les apparences d'un peu de pain pour recevoir vos adorations; et vous paraissez à sa suite déguisé sous l'extérieur d'un enfant de Dieu, pendant que vous êtes réellement l'esclave du démon! Ah! vous avez beau chanter des hymnes, vous avez beau fléchir le genou et pencher la tête, pendant qu'il s'élève dans les mains du prêtre pour bénir son peuple. Ses regards pénétrants et redoutables percent jusqu'au fond de votre cœur; il découvre toute la malice et toute la corruption de ce misérable cœur que le Saint-Esprit avait choisi pour son temple, et dont vous avez fait le temple de l'esprit impur, qui y a établi sa demeure. Je vous parle de la sorte aujourd'hui, afin que jeudi prochain, cette réflexion vous revenant à l'esprit, vous sentiez plus vivement les remords de votre conscience; et que, rougissant du malheureux état où vous êtes, vous assistiez au moins à la procession avec les sentiments et dans la posture d'un pénitent qui déteste son péché, qui élève la voix, et crie après Jésus Christ comme ces lépreux de l'Evangile : Seigneur, prenez pitié de mon âme, et faites-moi miséricorde. Pécheurs qui m'écoutez, plaise à Dieu que mes paroles, bien loin de vous toucher, ne servent pas à vous endurcir davantage par le peu de cas que vous pourrez en faire!

Mon adorable Sauveur, vous leur parlerez vous-même en passant devant leur maison. Ils entendront au fond de leur conscience, une voix secrète qui leur reprochera leur aveuglement et leur insensibilité ; mais qui leur reprochera tout le déréglement de leur vie? Vous passerez devant la porte de l'impudique, et vous lui reprocherez ces actions honteuses qu'il cache avec tant de soin aux yeux des hommes, et qu'il ne rougit pas de commettre en votre présence ; devant la porte de cette langue de vipère, et vous lui reprocherez ses médisances, ses calomnies, ses faux rapports et tous les désordres qui en sont la suite ; devant la porte de ce cabaret maudit, où le démon de l'ivrognerie et du libertinage a établi sa demeure, pour la ruine et la damnation de tous ceux qui ont le malheur de le fréquenter ; devant la porte de ce chrétien prétendu qui assiste à la Messe, et ne fait point ses Pâques, qui se moque de votre Eglise et de ses commandements, qui, à la face et au grand scandale de la paroisse, viole chaque année une des lois les plus saintes et les plus sacrées de la religion.

Vous rougissez, mon enfant, le cœur vous bat, et vous dites, c'est moi-même. Vous avez raison, car c'est à vous et pour vous que je parle. Ne croyez pas que je parcoure ainsi toutes les maisons devant lesquelles Jésus-Christ votre maître et le mien passera jeudi prochain : non; je m'arrête à la vôtre, en le conjurant, du plus profond de mon cœur, de jeter sur vous un regard de miséricorde ; en vous conjurant vous-même, les larmes aux yeux, de ne pas vous roidir plus longtemps contre les inspirations de sa grâce, et de vous rendre enfin aux tendres invitations de son amour : de cet amour dont la seule pensée, pour peu qu'on veuille s'y arrêter et l'approfondir, est capable de réchauffer et d'amollir les cœurs les plus tièdes et les moins sensibles.

TROISIÈME RÉFLEXION.

Tout nous en parle, tout nous l'inspire dans le culte extérieur de notre sainte religion, et principalement tout ce qui a rapport au sacrement adorable de l'Eucharistie, qui est la consommation de ce divin amour, et où il se manifeste de tant de manières. Ici, renouvelant le sacrifice de la croix, Jésus-Christ s'immole lui-même dans les mains du prêtre; c'est l'Agneau dont il est parlé dans l'*Apocalypse* (XIII, 8), *qui a été mis à mort dès l'origine du monde ;* toujours vivant et toujours immolé, pour l'expiation de nos crimes. Là, il est descendu du trône invisible sur lequel il est assis dans nos tabernacles, vient se reposer dans notre bouche, et s'incorpore avec nous ; c'est la manne cachée qui nourrit les vrais Israélites dans le désert de cette misérable vie. Tantôt il paraît exposé sur nos autels pour réveiller notre piété dans certaines fêtes plus solennelles, ou pour exciter notre confiance dans les calamités publiques; tantôt il vient nous chercher jusque dans le lit de notre infirmité, où il se donne à nous comme un viatique salutaire qui fait la dernière et la plus douce consolation des mourants. Enfin, nous le trouvons tous les jours et à toute heure dans ce divin tabernacle, d'où il nous appelle, nous invite, nous attire, toujours prêt à recevoir nos hommages, à écouter nos prières, à nous prodiguer ses bienfaits.

Et pour revenir à la solennité sur laquelle je vous entretiens aujourd'hui, représentez-vous un grand roi qui, sortant de son palais, où il veille continuellement aux besoins et au bonheur de son peuple, se montre publiquement au milieu de ce peuple pour goûter la douce satisfaction de donner et de recevoir des marques publiques de cette tendresse réciproque qui unit le cœur du monarque et celui des sujets, fait le bonheur des sujets et la gloire du monarque. Les acclamations de joie d'un côté, les libéralités, la magnificence de l'autre, ont alors je ne sais quoi de plus vif et de plus touchant qui réveille dans le cœur du peuple l'amour qu'il doit à son roi, et dans le cœur du roi, l'amour dont il est rempli pour son peuple.

Vous nous aimez dans tous les temps, ô mon Sauveur, et vous êtes dans tous les temps le meilleur et le plus tendre des pères; comme aussi le feu de votre amour est toujours allumé dans le cœur de ceux qui vous sont fidèles. Mais il semble que ce feu divin prenne de nouvelles forces, et jette des flammes plus ardentes, lorsque vous paraissez dans nos rues avec cet appareil majestueux qui annonce votre gloire : porté sur le trône de votre grâce, comme autrefois Salomon, assis sur un trône d'ivoire, parcourait ses Etats, et visitait le peuple dont il faisait l'admiration et les délices. Ah ! mes chers enfants, ne vous semble-t-il pas que ce Dieu de toute bonté élève alors la voix, et que nos places publiques retentissent de ces paroles si aimables : *Mes délices sont d'habiter avec les enfants des hommes*. (*Prov.*, VIII, 31.) *Voilà que je suis avec vous jusqu'à la consommation des siècles.* (*Matth.* XXVIII, 20.) Mais ces paroles ne sont-elles pas comme des traits enflammés qui pénètrent dans les cœurs les plus insensibles? Comment pourrions-nous marcher à la suite de Jésus-Christ, l'accompagner de reposoir en reposoir, et ne pas sentir la moindre étincelle de cet amour qui donne la vie et la force à nos âmes?

Deux disciples de Notre-Seigneur l'ayant rencontré sur le chemin d'Emmaüs après sa résurrection, marchaient et s'entretenaient avec lui sans le connaître. Leurs yeux s'étant ouverts ensuite pendant qu'il mangeait avec eux, ils le reconnurent, et Jésus-Christ ayant aussitôt disparu : Hélas ! se dirent-ils l'un à l'autre, comment avons-nous pu le méconnaître? notre cœur n'était-il pas tout enflammé, lorsqu'il nous entretenait sur le chemin, et qu'il nous expliquait les Ecritures? Nous marcherons jeudi à la suite de Jésus-Christ comme les disciples d'Emmaüs; il ne tiendra qu'à nous d'écouter ses divines paroles et de nous entretenir avec lui. Ah! que son langage est doux, et que sa conversation a de charmes! Heureux celui qui vous écoute, ô mon Dieu, et qui se rend attentif à vos inspirations secrètes.

Il nous entretiendra de son amour et de notre ingratitude; des grâces qu'il nous prodigue, et du peu de fruit que nous en retirons. Il nous reprochera notre incrédulité, nos égarements, et la dureté de ce cœur inflexible, que les vérités les plus frappantes ne sauraient ébranler, que les plus touchantes ne sauraient attendrir ; ce cœur de pierre qui résiste à tout ce que la grâce a de plus attrayant, à tout ce que l'amour de Jésus-Christ envers nous a de plus tendre.

Grand Dieu! il viendra un jour où vous paraîtrez au milieu de votre peuple ; non pas dans cet état d'anéantissement où votre amour vous retient caché entre les mains de vos ministres, mais assis sur une nuée éclatante, revêtu de toute votre puissance et de toute votre majesté. Vous paraîtrez alors au milieu de nous, non pour offrir aux pécheurs les richesses de votre miséricorde, mais pour leur faire sentir les effets de votre justice ; pour vous venger de leurs mépris, de tant d'irrévérences, de tant d'impiétés que vous souffrez aujourd'hui avec une patience aussi admirable que votre amour est incompréhensible.

Ames justes, qui trouvez votre gloire et votre bonheur dans la fidélité que vous lui avez jurée, la solennité de son corps ne sera point à votre égard une cérémonie inutile. Vous y serez conduites par une foi vive; vous y assisterez avec une décence, une gravité, une modestie, un recueillement, une piété capables de fermer la bouche aux impies, de faire rougir les pécheurs, et d'inspirer à vos frères la crainte et l'amour du Dieu que vous servez. Il parlera lui-même à votre cœur: vous écouterez en silence cette parole intérieure, pleine d'une onction vivifiante dont vous serez toutes pénétrées. Vous sentirez alors je ne sais quelle joie secrète semblable à celle dont le saint roi David fut transporté à la vue de l'arche d'alliance. Ah ! ces transports ne furent sans doute si vifs que parce qu'il voyait en esprit, celui dont l'arche ne renfermait que l'ombre. Eclairé d'une lumière divine, il apercevait à travers ces ombres, le jour et le triomphe de Jésus-Christ; il le voyait et ses entrailles étaient émues, son cœur s'enflammait, il tressaillait de joie, et comme s'il n'eût plus été maître de ses mouvements, *il dansait devant l'arche de toutes ses forces.* (II *Reg.*, VI, 14.)

Sagesse éternelle de mon Dieu, qui, pour vous accommoder à notre faiblesse, nous avez prescrit un culte extérieur et sensible, comme le signe et l'expression du culte intérieur que toute créature raisonnable doit vous rendre en esprit et en vérité; c'est vous qui avez inspiré à votre Eglise l'auguste appareil des cérémonies qui donnent tant de majesté à ce culte; qui soutiennent notre foi, qui raniment notre piété; qui, en frappant nos sens, élèvent nos pensées et nos désirs jusqu'au trône invisible de votre gloire.

Nous nous empresserons donc à l'envi d'orner tous les lieux que vous devez honorer de votre présence, mais nous n'oublierons pas que notre âme est le temple que vous vous êtes spécialement consacré; nous nous souviendrons que l'innocence et la vertu sont le seul ornement qui puisse vous la rendre agréable. Nous jetterons des fleurs, nous brûlerons de l'encens sur votre passage ; mais ce ne seront là que les faibles marques de notre piété et de nos bonnes œuvres, qui doivent s'élever devant vous comme un encens d'agréable odeur, seul capable d'attirer vos regards et votre miséricorde. Le son des instruments, les hymnes, les torches ardentes, seront comme l'image et l'expression de la joie intérieure que vous seul pouvez donner à nos âmes, et du feu sacré de votre amour dont elles doivent être embrasées. Ranimez donc votre foi, mon adorable Sauveur, pénétrez-nous de ce profond respect que la vue de votre sanctuaire doit imprimer à tous les enfants de l'Eglise; et enfin jetez dans nos cœurs une étincelle de ce feu que vous avez apporté sur la terre, et dont les bienheureux brûleront éternellement dans le ciel. Ainsi soit-il.

DISCOURS XXXI.

Pour le second Dimanche après la Pentecôte.

SUR LA FRÉQUENTE COMMUNION.

Misit servum suum hora cœnæ, dicere invitatis ut venirent.. Et cœperunt simul omnes excusare. (*Luc.*, XIV, 17.)

Le Père de famille envoya son serviteur à l'heure du souper, dire aux conviés de venir... Et tous commencèrent à s'excuser.

Je suis persuadé, mes chers paroissiens, qu'en écoutant la lecture de l'évangile d'où j'ai tiré ces paroles, vous en avez vous-mêmes fait l'application, et que plusieurs d'entre vous n'auront pas manqué de se reconnaître dans la conduite de ces hommes qui, étant invités à un grand festin, au lieu d'y venir, s'excusèrent les uns d'une manière, les autres d'une autre. Car c'est ainsi qu'un très-grand nombre de chrétiens répond aux tendres invitations et aux vives instances que nous leur faisons de la part de Jésus-Christ qui les appelle à sa table, où, en se donnant lui-même, il épuise en quelque sorte les richesses de son amour, puisque tout grand, tout puissant qu'il est, il ne saurait donner davantage. Amour, hélas! que la plupart ne payent que de froideurs et d'ingratitudes!

On la couvre cette ingratitude, et on cherche à s'en justifier par des excuses sur lesquelles on peut bien se faire illusion et se tranquilliser, mais qui seront un jour discutées au tribunal suprême de celui qui voit tout, qui saura les réduire à leur juste prix et les prendre pour ce qu'elles valent. En attendant que vous paraissiez devant lui pour en rendre compte, je viens les examiner aujourd'hui avec vous ces excuses, et les voici:

Les uns, pour se dispenser de la communion fréquente, prétextent les occupations de leur état, l'embarras des affaires, et les dissipations qu'elles entraînent. Les autres, par une fausse humilité, faisant valoir le respect qui est dû à un sacrement si auguste, disent pour raison qu'ils ne sont pas dignes d'en approcher. Voyons si de telles excuses, au lieu de les justifier, ne feraient pas au contraire leur condamnation. Mon bon Sauveur, éclairez nos âmes et donnez-nous cette droiture de cœur sans laquelle l'iniquité est convaincue de se mentir à elle-même.

PREMIÈRE RÉFLEXION.

Les raisons qu'on emploie pour défendre une mauvaise cause, se tournent ordinairement contre elle et ne servent guère, quand on y regarde de près, qu'à la faire trouver plus mauvaise. Cela paraît surtout, mon cher paroissien, dans les raisonnements que vous faites pour vous dispenser des exercices de la piété chrétienne, et en particulier de la fréquente communion, lorsque vous vous excusez sur les occupations de votre état, sur l'embarras des affaires et sur la dissipation qu'elles entraînent. Pour peu qu'on veuille se donner la peine de réfléchir, on verra que ces occupations et ces affaires, non-seulement ne sont point un obstacle à la fréquentation des sacrements, mais que la fréquentation des sacrements devient au contraire plus nécessaire et plus indispensable, à mesure qu'on a plus de devoirs à remplir, parce que les sacrements sont la vraie source des grâces sans lesquelles il est impossible de les remplir comme il faut.

Et d'abord, que prétendez-vous dire avec ces occupations, ces affaires, ces embarras que vous faites tant valoir, que vous alléguez comme une raison triomphante et sans réplique? Est-ce que tout cela absorbe tout votre temps, de manière que vous ne pouvez pas trouver un seul jour, ni quelques heures pour vous recueillir et vaquer à la piété? Je pourrais, sans aller plus loin, vous répondre que le salut de votre âme vaut bien la peine d'être mis au nombre de vos affaires. Votre salut en est une qui mérite tout au moins que vous la comptiez parmi les affaires sérieuses et pour lesquelles il faut du temps. N'est-il pas bien étrange qu'une affaire de cette nature, la principale ou plutôt la seule pour laquelle vous êtes au monde, soit précisément la seule pour laquelle vous ne trouviez jamais de temps et à laquelle effectivement vous en donnez le moins.

Il y en aura pour l'éducation de vos enfants, pour l'établissement de votre famille, pour les fonctions de votre charge, pour vaquer à votre négoce, pour faire valoir vos terres, pour servir vos maîtres: et pour le service de Dieu, pour les affaires de votre conscience, pour le règlement de votre vie, pour la confession de vos péchés, pour la fréquentation des sacrements, vous n'aurez pas le temps d'y penser; et quand on vous en parlera, vous répondrez froidement que vous avez bien autre chose à faire.

Vous n'avez pas le temps? eh! il faut le prendre. Si vos autres affaires nuisaient à celles de votre salut, il faudrait ou les différer ou les omettre, parce que les plus pressées doivent naturellement passer les premières. Voilà une grande fête, je voudrais bien faire mes dévotions, mais il faut que j'aille dans un tel endroit, que je fasse telle chose, que je voie telle personne. Il peut arriver que vous ayez raison; mais pourquoi ne vous arrive-t-il jamais de dire: J'aurais une telle personne à voir, ou un tel voyage à faire, je les renverrai à un autre temps, parce que je veux faire mes dévotions un tel jour? Ne penserez-vous au service de Dieu qu'à vos heures perdues? ne travaillerez-vous à votre salut que lorsque vous n'aurez rien à faire? et les exercices de piété n'entreront-ils donc pour rien dans la distribution de votre temps? n'êtes-vous pas honteux de regarder comme la dernière et de réserver pour vos moments perdus une affaire qui tient le premier rang, et qui doit marcher à la tête de toutes les autres? Voilà d'abord ce que je pourrais vous répondre, et certainement vous n'auriez pas le mot à dire.

Mais je suis bien éloigné de penser que le temps vous manque, et que vous ne puissiez pas vaquer à la piété sans déranger vos occupations. Examinez, et voyez depuis le commencement jusqu'à la fin de l'année, combien de temps perdu ou mal employé; combien de fois avez-vous passé au jeu, au cabaret, au libertinage, les dimanches et les fêtes; ces jours respectables que vous auriez dû sanctifier par la prière, par votre assiduité aux Offices, par la pratique des bonnes œuvres et la fréquentation des sacrements! Il y a plus: Combien de fois avez-vous négligé vos affaires pour vos plaisirs! combien de voyages, de courses, de visites, de conversations inutiles et souvent criminelles! Je voudrais qu'on fût de bonne foi, que chacun se rendît justice et qu'on répondît franchement: Ce n'est pas le temps, c'est la dévotion que je n'ai pas; c'est la bonne volonté qui me manque.

Est-ce qu'on n'a pas vu des rois, des ministres, des généraux d'armée, des magistrats, des commerçants, des ouvriers, des mercenaires communier tous les mois, toutes les semaines, tous les jours, au milieu de ces mêmes occupations, de ces mêmes embarras qui, selon vous, sont un obstacle à la communion fréquente? Ce qu'on a vu, nous le voyons encore aujourd'hui. Grâces vous en soient rendues, ô mon Dieu; on trouve dans toutes les conditions, depuis les rois jusqu'au plus bas peuple, des exemples qui suffisent pour fermer la bouche à quiconque, vivant dans la même condition, n'a pas les mêmes vertus ni la même piété.

Et dites-moi, je vous en prie, les affaires publiques ont-elles été plus mal gouvernées, les peuples ont-ils été moins heureux sous les rois et les ministres dont nous parlons? Un général d'armée qui communie tous les huit jours est-il moins appliqué, moins propre à commander les troupes, à contenir les soldats, à faire observer la discipline, à maintenir le bon ordre? La communion fréquente empêche-t-elle un magistrat de rendre à chacun la justice qui lui est due? Croyez-vous qu'un père ou une mère de famille qui communie tons les dimanches, en élève plus mal ses enfants? qu'un maître soit plus mal servi par un domestique qui communie tous les mois? qu'un marchand ou un ouvrier ait moins de pratiques et fasse plus mal ses affaires parce qu'il communie souvent? Eh! par quel renversement affreux ce qui est utile à tout nuirait-il à tout? Comment se persuader que l'usage des sacrements, sans lequel il est moralement impossible de faire chrétiennement tout ce que l'on fait, soit une chose incompatible avec tout ce que les chrétiens ont à faire?

Mais les chrétiens des premiers siècles n'avaient-ils aucun devoir à remplir? ne trouvait-on chez eux ni bien à faire valoir, ni enfants à élever, ni famille à établir, ni magistrats, ni officiers de guerre, ni marchands, ni négoce, ni ouvriers, ni domestiques? Cependant ils communiaient tous les jours, et bien loin que cette sainte pratique nuisît à leurs occupations, chacun dans son état ne les remplissait que mieux, parce qu'il trouvait dans la communion les grâces dont il avait besoin pour les remplir comme il faut.

Et en effet, c'est là que vous avez préparé, ô mon Dieu, toutes les lumières et tous les secours qui nous sont nécessaires pour remplir avec fidélité les devoirs de l'état où nous avons été placés par votre providence: *Parata sunt omnia.* C'est là qu'en participant tous au même pain, nous goûtons de plus en plus cette grande vérité, que, ne faisant tous qu'un même corps, nous sommes tous les membres les uns des autres, et que, devenant par la communion une même chose avec vous, les chrétiens ne doivent faire entre eux qu'un cœur et qu'une âme, comme ils ne font qu'un même corps: *Unus panis, unum corpus, qui de uno pane participamus.* (I *Cor.*, X, 17.)

C'est là par conséquent que les uns apprennent à commander avec douceur, les autres à obéir sans murmure, et que nous apprenons tous à vivre contents de la place que nous occupons, sans nous élever les uns contre les autres, respectant les règles de la subordination, et nous y soumettant, comme les membres du corps humain ne s'élèvent point et ne murmurent point les uns contre les autres, mais s'entr'aident au contraire et se soulagent mutuellement.

Rempli de cette idée sublime que la religion chrétienne est seule capable d'inspirer, et que la communion fréquente nous rend familière, le disciple de Jésus-Christ, dans quelque état qu'il se trouve placé, en regarde les devoirs et les occupations comme un tribut de charité qu'il doit à ses frères, et bien loin que ces occupations soient un obstacle à la piété, elles la nourrissent au contraire et la fortifient par le motif dont elles sont animées, et qui en fait autant d'œuvres méritoires devant Dieu, de sorte que l'accomplissement de nos devoirs, lorsque nous agissons par ce motif de charité fraternelle, est plutôt une préparation à la sainte table qu'un obstacle qui puisse nous en éloigner, comme cette table sacrée nous rend à son tour plus propres à remplir nos devoirs, loin de déranger nos occupations et de nous en distraire.

Aussi voyons-nous que les âmes vraiment chrétiennes, animées de cette piété simple et chrétienne dans laquelle il n'y a ni singularité, ni affectation, ni ostentation, ni *cagotisme,* ne sortent jamais de la sainte table sans être remplies d'un nouveau courage et d'une force nouvelle pour remplir leurs devoirs avec exactitude. Le père et la mère de famille en reviennent plus attentifs à l'éducation de leurs enfants, plus circonspects à ne leur inspirer que des sentiments chrétiens, et à ne leur donner que de bons exemples. Le magistrat en revient plus éclairé sur les devoirs de sa charge, plus zélé pour la défense de la veuve et de l'orphelin, plus terrible contre le fort qui veut opprimer le faible. L'homme de guerre en revient plus ardent à défendre les droits du prince et l'honneur de la patrie, pour laquelle il brave les dangers avec d'autant plus d'intrépidité qu'il a plus de confiance en Jésus-Christ, qu'il est moins attaché à la terre et mieux préparé à paraître devant le Juge des vivants et des morts.

Au sortir de la sainte table, le maître est plus doux, plus patient, plus humain; le domestique plus obéissant, plus fidèle; le mercenaire plus laborieux et plus exact; le marchand plus scrupuleux et moins avide. Il est de fait que tous ceux qui communient souvent, non par habitude ou pour faire les dévots et s'attirer l'estime des hommes, mais dans la seule vue de se sanctifier, et avec toutes les dispositions requises, de quelque condition qu'ils soient, et quelque espèce de devoirs qu'ils aient à remplir; il est de fait qu'ils y sont plus assidus et plus fidèles.

Comment donc osez-vous, mon enfant, vous excuser après cela sur des occupations qui ne sont jamais mieux remplies que par ceux que la piété porte à se nourrir souvent de la chair de Jésus-Christ? Il n'y a donc chez vous que mensonge, mauvaise volonté, mauvaise foi, lorsque, pour vous dispenser de la communion fréquente, vous alléguez vos occupations et les devoirs de votre état, pendant que les personnes pieuses qui communient souvent sont celles qui, dans leur état, se distinguent par une conscience plus délicate, par une probité plus sûre, par une exactitude plus scrupuleuse : mais voyons des excuses d'un autre genre, et, puisqu'il faut s'exprimer ainsi, une dévotion et un respect à la nouvelle mode.

SECONDE RÉFLEXION.

Je veux parler de certaines gens qui, sous prétexte de rétablir la pureté de la morale, en ont renversé les principes; qui, sous le masque de la piété, ont ruiné le fondement de toute piété; dont la sévérité outrée peut bien faire des scélérats et des impies, mais non pas former de vrais chrétiens; qui, à force d'exagérer les dispositions nécessaires pour s'approcher de la communion, les font paraître et les rendent impossibles, afin d'avoir un prétexte plausible pour s'en dispenser : répétant sans cesse qu'ils ne sont pas dignes et ne faisant rien pour se rendre moins indignes. Je veux parler de certaines gens qui prêchent toujours la réforme, et ne se réforment jamais; qui s'élèvent avec plus d'orgueil que de zèle, avec plus d'amertume que de charité, contre la corruption du siècle, contre l'abus des sacrements et les communions sacriléges ; qui s'établissent hardiment en eux-mêmes les juges d une cause dont il n'appartient qu'à Dieu de connaître; enfin qui, pour démontrer et faire toucher au doigt le petit nombre des élus, réprouvent et damnent impitoyablement quiconque ne donne pas dans leurs idées, ou ne se conduit pas suivant leurs principes.

Ils disent que la communion fréquente ne convient qu'aux âmes parfaites, entièrement mortes à elles-mêmes, ayant un empire absolu sur toutes leurs passions ; qui ne tiennent plus à la terre, et dont la conversation et tous les désirs sont dans le ciel. Ils disent que Jésus-Christ n'est pas moins honoré par cette frayeur religieuse qui nous tient éloignés de lui, que par cette piété tendre qui nous porte à nous en approcher souvent : ils disent que pour manger la chair de Jésus-Christ il faut avoir la pureté des anges, et que nous devons répondre à ses invitations ce que lui disait saint Pierre : ***Retirez-vous de moi, parce que je suis un pécheur.*** (*Luc.*, V, 87.) Tout cela est beau, mon enfant, et il serait à désirer que vous fussiez une âme parfaite, absolument morte à vous-même, ayant un empire absolu sur vos sens, n'aimant plus rien sur la terre, et ne soupirant que pour le ciel.

Mais il y a deux choses à quoi vous ne prenez pas garde : la première est que pour vaincre les tentations, pour se détacher du monde et de soi-même, le fréquent usage de la communion est nécessaire, parce que nous trouvons dans l'Eucharistie, un remède puissant et efficace qui nous donne la force de repousser les attaques du démon, de dompter nos penchants, de réprimer peu à peu les saillies de cet orgueil, qui est la première source de nos misères, et d'arrêter les fruits qui poussent continuellement du fonds inaltérable de corruption qui est en nous malgré nous. Car c'est ainsi qu'on marche vers la perfection dont vous parlez; et ce n'est qu'en mangeant le pain céleste que nous aurons la force d'y marcher. Si vous attendez d'y être arrivé pour vous nourrir de ce pain, il est visible que vous n'y arriverez jamais; vous ne le mangerez donc jamais?

Le prophète Elie, poursuivi par Jézabel, obligé de fuir devant elle, accablé de douleur et de fatigue, n'en pouvant plus et presque réduit au désespoir, s'endort à l'ombre d'un arbrisseau, et à son réveil, trouvant près de lui un pain cuit sous la cendre et un vase d'eau, il entend une voix qui dit : ***Levez-vous et mangez, car il vous reste beaucoup de chemin à faire.*** (III *Reg.*, XIX, 7.) Elie se lève, mange, boit, et fortifié par cette nourriture miraculeuse, marche pendant quarante jours et quarante nuits, jusqu'au sommet de la montagne d'Horeb. C'était là, mon Sauveur, la figure du pain mystérieux que vous nous y avez préparé dans la divine Eucharistie, et des effets admirables qu'elle produit.

Poursuivi par les ennemis de mon salut, qui ne me donnent aucun relâche : exposé à toutes sortes de tentations, faisant chaque jour la malheureuse expérience de ma faiblesse, effrayé à la vue du chemin qui me reste à faire pour arriver à la perfection à laquelle vous m'invitez, ô mon Dieu ; couvert de honte, lorsque je jette les yeux, et sur les imperfections dont je suis pétri, et sur les vertus qui me manquent; hélas! m'écrié-je, ne vaudrait-il pas mieux mourir que de vivre, ou plutôt de languir comme je fais? Eh! qu'est-ce que ma triste vie? Un tissu de misères, une chaîne d'infidélités qui se succèdent et se répètent journellement. Tel est le langage d'une âme chrétienne, qui connaît ses infirmités et sa misère.

Mais quelle consolation pour elle, lorsque Jésus-Christ, le bon Pasteur, lui fait entendre sa voix du fond de ce tabernacle où il repose, et d'où il appelle les pécheurs : ***Venez à moi, vous tous qui êtes chargés et fatigués, et je vous soulagerai.*** Ah! que ces paroles sont douces, que cette invitation est tendre! Mon cher enfant, il vous reste encore bien du chemin à faire pour arriver à ce point de vertu et de sainteté qui est le terme de votre vocation, et vous êtes bien faible. Mais ouvrez les yeux, et voyez le pain sacré qu'on vous offre : prenez et mangez, et quand vous les sentirez s'affaiblir, vous le mangerez de nouveau. Le nombre de vos imperfections diminuera ainsi peu à peu; le chemin du ciel s'aplanira, pour ainsi dire, sous vos pas; et si vous êtes fidèle, bientôt vous y volerez, porté par la grâce que vous aurez puisée dans l'Eucharistie, en vous incorporant avec celui qui renferme la plénitude, et qui est la source intarissable de toutes les grâces.

Il est donc vrai, adorable Jésus, que vous n'êtes pas seulement le pain des forts et des âmes parfaites, mais le pain des faibles, et c'est aux faibles que vous adressez ces paroles pleines de bonté : *Venez à moi vous tous qui êtes chargés* et fatigués, *et je vous soulagerai*. C'est par vous, ô pain vivant, que les faibles deviennent forts, que les forts conservent leurs forces, et les augmentent. C'est par la vertu de ce pain que les passions s'amortissent, que les imperfections se corrigent, que les vertus se forment, se soutiennent, se perfectionnent.

Dites après cela que votre faiblesse et vos imperfections vous empêchent de vous approcher de Jésus-Christ, et que vous vous en éloignez par respect. Oui : mais une faiblesse que vous ne voulez pas guérir ; mais des imperfections dont vous ne voulez point vous défaire ; et par là vous faites bien voir que votre respect prétendu est une illusion, un faux respect, une pure hypocrisie ; et c'est à quoi j'ai voulu dire en second lieu que vous ne preniez pas garde. Car si votre respect était vrai, il serait nécessairement accompagné d'un certain sentiment de reconnaissance et d'amour, que la présence de Jésus-Christ inspire à tout fidèle qui a un cœur et des entrailles, et pour peu que vous eussiez une petite étincelle de cet amour, quels efforts ne feriez-vous pas pour vous rendre digne de vous unir à votre Dieu, et de répondre à ses invitations? Vous travailleriez donc à purifier votre cœur et à réformer votre vie, pour devenir agréable aux yeux de celui pour qui vous avez tant de respect. Mais ne voyons-nous pas au contraire que ceux qui communient rarement, à cause, disent-ils, du respect qu'ils ont pour ce sacrement auguste, sont presque toujours ceux qui le respectent le moins et qui y apportent moins de préparation quand ils s'en approchent? Sur quoi voici quelques réflexions dont je vous prie de ne pas vous offenser.

Vous dites donc, mon cher paroissien, que la présence de Jésus-Christ dans l'Eucharistie vous imprime un respect si profond, que vous ne pensez jamais sans frémir à la sainteté qu'il exige de ceux qui le reçoivent ; que vous êtes indigne d'approcher de sa table ; que vous avez bien de la peine à vous y présenter une fois l'année, et qu'il vous arrive quelquefois d'y manquer, tant vous avez l'âme timorée et la conscience délicate ! Mais permettez-moi de vous demander, si vous êtes pénétré d'un si grand respect pour le corps et le sang de Jésus-Christ, d'où vient que vous êtes parmi nous un de ceux qui paraissent en avoir le moins? d'où vient que vous assistez à peine, le dimanche et les fêtes, au Sacrifice du corps et du sang de Jésus-Christ, et que vous y assistez avec beaucoup moins de révérence et de modestie que ceux qui communient tous les mois? d'où vient que vous nous scandalisez au contraire par votre dissipation et vos immodesties? d'où vient que vous ne l'accompagnez jamais quand on le porte aux malades, et que vous posez à peine un genou à terre, quand il passe devant votre porte? d'où vient, en un mot, que dans toutes les occasions où les fidèles donnent à Jésus-Christ des marques du respect qu'ils lui doivent, vous êtes moins respectueux que tout autre?

Est-ce que les sentiments de ce respect ne se réveillent chez vous que quand on vous exhorte à vous approcher de la communion, comme si hors de là Jésus-Christ n'avait plus rien de respectable pour vous? Mais prenez garde encore ; plus ce respect sera vrai, plus vous vous efforcerez de purifier votre âme, et si vous attendez les Pâques pour communier, ce ne sera que pour le faire avec plus de fruit, en y apportant une plus longue préparation. Vous ne vous contenterez donc pas, comme vous faites, d'y penser aux approches de la quinzaine ; vous y penserez six mois d'avance, vous y penserez toute l'année ; vous serez donc occupé pendant une année entière de cette pensée : Je communierai à Pâques pour obéir à Jésus-Christ et à son Eglise ; car il est évident que mon respect serait une chimère, si je ne me mettais point en état d'obéir au commandement qui m'est fait sous des peines si rigoureuses. Rempli de cette pensée, *je recevrai Jésus-Christ à Pâques*, pensée qui, selon vous, est si effrayante, vous éviterez avec le plus grand soin tout ce qui pourrait souiller votre conscience, vous fuirez jusqu'à l'ombre du mal ; on ne vous entendra ni médire, ni vous emporter, ni tenir des discours trop libres. Vous serez patient dans les afflictions, vous pardonnerez de bon cœur les injures, vous assisterez à la Messe de tous les jours, autant que vos occupations pourront le permettre ; et vous prendrez si bien vos mesures, que, sans déranger vos occupations, vous puissiez y assister tous les jours ; vous ne lirez que de bons livres, vous ne fréquenterez que de bonnes compagnies, vous vivrez comme un saint pour vous préparer à recevoir Jésus-Christ à Pâques, vous serez l'exemple et l'édification de la paroisse. Eh ! malheureux ! n'êtes-vous pas un de ceux qui l'édifient le moins, pour ne pas dire un de ceux qui la scandalisent davantage? En quoi donc faites-vous consister votre respect pour Jésus-Christ, en quoi le faites-vous paraître? est-ce en abusant de ses grâces? est-ce en méprisant ses bienfaits? est-ce en fuyant quand il vous appelle? est-ce en disant que vous n'êtes pas digne, pendant que vous vivez de manière à vous rendre encore plus indigne? Ah ! ce respect affecté n'est donc qu'un voile dont vous couvrez la dureté de votre cœur, et le peu de cas que vous faites d'un sacrement à l'égard duquel vous vivez dans la plus parfaite et la plus criminelle indifférence. Il y a plus : ce respect apparent est un voile dont vous cherchez à couvrir l'attache que vous avez pour le mal, et la méchante disposition où vous êtes de ne renoncer à rien de ce qui flatte vos passions et votre amour-propre.

Vous sentez que, pour communier souvent,

il faudrait réformer vos mœurs et votre conduite : veiller sur vos yeux et sur vos oreilles ; mettre un frein à votre langue ; retenir tous vos sens dans les bornes marquées par l'Evangile ; faire plier votre âme avec toutes ses inclinations sous le joug de Jésus-Christ ; renoncer par conséquent à mille frivolités, à mille niaiseries qui vous attachent et vous retiennent. Vous le sentez bien ; mais parce que vous ne voulez vous faire aucune violence, et que la fréquentation des sacrements est incompatible avec la malheureuse liberté dans laquelle vous voulez vivre sans que rien vous gêne ; pour vous excuser de ce que vous ne fréquentez pas les sacrements aussi souvent que vous le devriez, vous tombez dans la plus absurde de toutes les contradictions, en disant que vous êtes pénétré de respect pour Jésus-Christ, pendant que vous ne cherchez rien moins qu'à lui plaire, pendant que vous ne craignez rien moins que de l'offenser. Voilà, grand Dieu, comme on vous respecte.

Je vais plus loin encore, puissé-je me tromper et en dire trop ! Vous craindriez que la fréquentation des sacrements ne vous détachât peu à peu du monde, qu'elle ne vous *jetât* dans la dévotion, pour me servir de vos termes, et ne chassât de votre cœur toutes ces affections dans lesquelles vous mettez votre satisfaction et votre bien-être. Ainsi les habitants de Génésareth prièrent Notre-Seigneur de se retirer de leurs terres, lorsqu'ils virent leurs pourceaux se précipiter dans la mer. Bon Jésus ! on redoute votre présence, on s'éloigne de vous, non par respect, mais parce que vous êtes l'ennemi du monde, et de ce qu'on aime dans le monde.

Je finis par une réflexion dont la vérité saute aux yeux, et que je ferai, mon cher enfant, non pas pour vous humilier et vous confondre, mais pour vous apprendre à vous connaître vous-même, à sonder les dispositions de votre cœur, à ne pas vous flatter et vous aveugler comme vous faites. Et cette réflexion, la voici : L'humilité que vous affectez en vous éloignant de Jésus-Christ, est une humilité pleine d'orgueil : orgueil en ce que vous prétendez être plus éclairé qu'un autre sur les dispositions qu'il faut apporter à la sainte table, vous faisant une sorte de mérite de ce que vous n'en approchez pas si souvent ; orgueil en ce que vous ne cessez de critiquer la conduite de ceux qui communient plus souvent que vous ; orgueil en ce que vous criez à tout propos au relâchement, à la profanation, aux sacriléges, vous qui êtes encore plus relâché dans vos mœurs que vous ne paraissez outré dans vos principes. Eh ! qui est-ce qui vous a établi le juge de vos frères et le scrutateur des consciences, pour accuser d'ignorance ou de sacrilége tels et tels dont on vous propose nommément l'exemple, quand on vous exhorte à la fréquentation des sacrements ? Il n'y a donc que vous qui ne fassiez point de sacriléges ; il n'y a donc que vous qui connaissiez les dispositions requises pour s'approcher de Jésus-Christ ; il n'y a donc que vous qui soyez pénétré de respect pour lui ; vous êtes donc les seuls, vous et vos pareils, qui ayez la conscience timorée et qui sentiez tout ce qu'il est nécessaire de sentir sur une action aussi respectable et aussi sainte ? Mais n'êtes-vous pas plutôt cet hypocrite qui aperçoit une petite paille dans l'œil de son frère, et qui ne voit point dans le sien une grosse poutre qui l'aveugle ?

Les voilà donc enfin ces excuses moyennant lesquelles on se croit quitte envers Jésus-Christ et dispensé de se rendre à ses invitations. Voilà donc à quoi elles se réduisent, quand on les regarde de près, avec les yeux de la raison et suivant les principes de la foi. Examinez, approfondissez, discutez, tournez, retournez tant qu'il vous plaira, vous ne trouverez dans les uns qu'une mauvaise volonté décidée, une mauvaise foi insigne ; dans les autres un faux respect, une humilité hypocrite ; dans presque tous une indifférence mortelle, qui va jusqu'au mépris et dont vous vous vengerez, grand Dieu, suivant ces paroles que vous avez prononcées dans votre colère : *En vérité, je vous déclare qu'aucun de ceux que j'avais invités ne goûtera mon souper.* (*Luc.*, XIV, 24.) Menace terrible, qui s'accomplit dans un sens très-véritable à l'égard de ceux qui s'éloignent de ce festin sacré et n'en approchent que rarement.

Ce n'est point à ceux-là que vous faites goûter, ô bon Jésus, les douceurs de cette manne délicieuse. Elle est pour eux une nourriture insipide, où ils ne trouvent que la sécheresse et le dégoût qui les suivent dans tous les exercices de notre sainte religion. Ils ne connaissent ni les gémissements intérieurs d'une âme qui soupire après vous, ni les larmes que l'onction de votre divin esprit fait répandre. Et, pendant que cette âme puise dans la communion de votre chair, comme un enfant dans le sein de sa mère, le lait précieux de vos ineffables consolations ; les autres, en s'éloignant de vous, languissent et se dessèchent comme l'herbe des champs quand elle n'est point arrosée : semblables à un homme qui s'affaiblit et se meurt faute de nourriture.

Rendez-nous sensibles, ô mon Dieu, aux tendres invitations que vous ne cessez de nous faire pour nous attirer à ce festin mystérieux que votre amour nous a préparé. Que les occupations de notre état, bien loin de servir de prétexte et d'excuse à notre indifférence, soient au contraire un motif qui nous engage à nous approcher souvent de votre table, afin d'y puiser les lumières et la force dont nous avons besoin pour remplir tous nos devoirs d'une manière qui vous soit agréable. Que la vue de nos misères, le sentiment de notre indignité, le respect dû à vos mystères redoutables, servent, non pas à nous éloigner de vous, mais à nous faire soupirer après vous, qui seul pouvez guérir nos infirmités, et nous animent à prendre toutes sortes de mesures et de moyens pour nous mettre en état de vous recevoir dignement et avec fruit. Que la piété fervente de ceux qui vous reçoivent souvent nous couvre d'une confusion salutaire, nous donne une sainte jalousie et nous remplisse d'émulation. De même que nous devons disputer à qui vous aimera le plus et vous servira le mieux, que nous disputions aussi à qui vous recevra plus souvent et avec des dispositions plus chrétiennes. Donnez-nous-les vous-même, Seigneur, ces dispositions; détachez-nous de ce monde et rendez-nous dignes de goûter, dans la communion de votre chair adorable, les douceurs qui y sont cachées; de sorte qu'étant toujours rassasiés et toujours affamés du pain des élus, nous trouvions vraiment sur la terre l'image et l'avant-goût du pain invisible dont ils seront éternellement rassasiés dans le ciel. Ainsi soit-il.

DISCOURS XXXII.

Le troisième Dimanche après la Pentecôte.

SUR LA CONDUITE QU'IL FAUT TENIR A L'ÉGARD DES MÉCHANTS.

Murmurabant Pharisæi et Scribæ, dicentes : Hic homo recipit peccatores, et manducat cum illis (*Luc.*, XV, 2.)

Les Pharisiens et les Scribes disaient en murmurant : Cet homme reçoit les pécheurs, et mange avec eux.

Rien n'est plus touchant, plus aimable, plus propre à gagner les cœurs que la bonté avec laquelle Jésus-Christ accueillait les pécheurs et les gens de mauvaise vie, lorsqu'ils venaient auprès de lui pour entendre sa divine parole; comme aussi rien n'est plus odieux que les sentiments et la conduite de ces Pharisiens hypocrites, pour qui cette infinie bonté était un sujet de murmure et de scandale. Ils ne savaient pas que celui qui a fait tous les hommes les aime tous, qu'il n'appartient qu'à lui de condamner les coupables et qu'il ne faut pas juger avant le temps, et qu'enfin celui qui se porte bien, loin d'insulter aux malades, doit avoir compassion de leur état et contribuer, s'il le peut, à leur guérison.

On trouve partout des hommes scandaleux et des gens de mauvaise vie; on trouve aussi partout des chrétiens qui, bien différents de leur divin Maître, au lieu de supporter les pécheurs avec bonté, ne cessent de crier après eux, les jugent, les condamnent, comme s'ils étaient assurés de leur réprobation. Et se faisant illusion à eux-mêmes, ils croient agir par un bon motif, prenant pour du zèle ce qui n'est au fond que de l'humeur, de l'orgueil, ou tout au moins un défaut de patience et de charité. Sur quoi je ferai trois réflexions, et vous donnerai trois avis, qui, moyennant la grâce de Dieu, vous seront très-utiles. Les voici : Souffrez les méchants, parce que Dieu les souffre. Plaignez-les et priez pour eux, parce qu'ils sont infiniment à plaindre. Fuyez leur société, de peur qu'elle ne vous pervertisse.

PREMIÈRE RÉFLEXION.

Souffrez les méchants, parce que Dieu les souffre, et il les souffre, dit saint Augustin, ou pour leur donner le temps de se convertir, ou pour exercer la vertu des gens de bien.

Rien n'est plus étonnant et plus digne de notre admiration que la patience avec laquelle Dieu souffre la malice de certains hommes qui semblent n'exister que pour le malheur des autres; soit qu'ils les pervertissent par l'impiété de leurs maximes, soit qu'ils les infectent par la corruption de leurs mœurs, soit qu'ils les tyrannisent par l'abus de leur autorité, soit qu'ils réunissent l'impiété, le libertinage et l'abus de l'autorité que donnent les grandes places; ce qui serait le comble du malheur et de l'injustice. Cependant Dieu les souffre, quoiqu'il ne tienne qu'à lui de les anéantir, et lors même que sa justice semble exiger qu'il étende son bras et qu'il décharge sur eux tout le poids de sa colère. Leur conduite l'offense, leurs iniquités l'outragent, leur malice lui déplaît souverainement, et il les souffre; et les regardant comme les enfants d'une famille dont il est le père universel et le conservateur tout-puissant, il commande au soleil de les éclairer, à la terre de les nourrir, aux animaux de les servir, à tous les hommes de les aimer et de respecter en eux son image.

Il les souffre et il veut qu'ils aient part, ainsi que les bons, aux suffrages de son Eglise, à la sollicitude des pasteurs, à la charité des fidèles. Il les souffre et il les laisse vivre sous la protection des lois qu'ils violent, dans le sein de la religion qu'ils déchirent, au milieu d'un peuple qu'ils scandalisent. Il les souffre, et enfin, à tous les biens extérieurs soit temporels et spirituels qu'ils partagent avec les justes, il ajoute l'onction intérieure de sa grâce. Il éclaire leur esprit et leur donne de bonnes pensées; il frappe à la porte de leur cœur et y excite de bons sentiments; il trouble leur conscience par des remords, il les appelle avec bonté lorsqu'ils reviennent, il les accueille avec des mouvements de tendresse qui font tressaillir de joie le ciel et la terre. Jugez après cela, mes frères, si c'est l'esprit de Dieu qui vous anime, lorsque vous haïssez ceux qu'il aime, lorsque vous maudissez ceux qu'il bénit, lorsque vous souhaitez la mort de ceux dont il veut conserver la vie.

Eh! qui êtes-vous, pour prescrire des bornes à la bonté de notre Dieu, pour marquer le terme de sa patience, pour vouloir que les entrailles de sa miséricorde se rétrécissent, que sa colère éclate, et que, venant pour ainsi dire, à vos ordres, il fasse descendre le feu du ciel pour dévorer les méchants ou entr'ouvre la terre sous leurs pieds et les engloutisse? n'est-ce pas là ce zèle impatient, indiscret et mêlé d'amertume, que Notre-Seigneur reprit avec tant de sévérité dans la personne des deux apôtres Jacques et Jean, qui voulaient faire descendre le feu du ciel sur une ville de Samarie, parce que ses habitants n'avaient pas voulu recevoir Jésus-Christ : *Taisez-vous*, leur dit-il, *vous ne savez point quelle est la douceur de l'esprit qui doit vous animer : « Nescitis cujus spiritus estis. »* (*Luc.*, IX, 55.)

Le prophète Jonas, après avoir menacé les

Ninivites d'une destruction prochaine, suivant l'ordre que Dieu lui avait donné, sortit de Ninive et alla se reposer dans un lieu d'où il espérait contempler bientôt la ruine de cette ville; mais voyant que rien n'arrivait, le voilà qui s'afflige, se met en colère et s'abandonne au désespoir. *Je l'avais bien dit*, s'écrie-t-il, *et je savais bien, Seigneur, que vous étiez trop bon et que vous ne demandiez qu'à pardonner; faites-moi donc mourir maintenant; il m'est plus avantageux de mourir que de vivre.* (*Jonæ* IV, 2, 3.) Cependant, comme il était incommodé par la grande chaleur, Dieu fit croître miraculeusement une plante qui, étant devenue tout d'un coup un arbrisseau, le rafraîchit par son ombrage et lui causa beaucoup de joie. Mais le Seigneur ayant fait mourir et dessécher cette plante dès le lendemain, Jonas, exposé comme auparavant aux ardeurs brûlantes du soleil, s'afflige de nouveau, se fâche et demande encore la mort. *Pensez-vous*, lui dit alors le Seigneur, *que votre colère soit bien raisonnable? Quoi, Jonas, vous regrettez amèrement une plante qui ne vous a coûté aucune peine, qui est crue sans vous, qui est née dans une nuit et morte la nuit suivante; et vous auriez voulu que j'eusse détruit la grande ville de Ninive.* (*Ibid.*, IX, 11.)

Mes chers enfants, il nous arrive souvent de raisonner avec aussi peu de réflexion et de justesse. On a devant les yeux des hommes méchants et corrompus, dont la conduite afflige tous les gens de bien. Les uns enrichis de rapines, engraissés de la substance du pauvre qu'ils oppriment et qu'ils dépouillent, ne vivent que pour contenter leurs passions. L'orgueil, la hauteur, la dureté, les injustices, la mollesse, les fornications, les adultères et tous les excès du libertinage sont les fruits de la prospérité dont ils jouissent et comme la corruption *qui sort de leur graisse* (*Psal.* LXXII, 7), suivant l'expression du saint roi David. Les autres, sans foi, sans loi, et pour m'exprimer avec l'Apôtre, *sans Dieu en ce monde* (*Ephes.*, II, 12), semblent n'avoir un esprit plus pénétrant et des connaissances plus étendues que pour prêcher l'erreur et ramener parmi nous les ténèbres que la lumière admirable de l'Evangile a dissipées. Après que leur langue impie a blasphémé sans pudeur tout ce qu'il y a de plus sacré sur la terre, leur bouche insolente ose s'ourvrir contre le ciel et attaquer l'éternelle majesté qui y habite.

Nous savons d'un autre côté les menaces terribles que Dieu fait contre les méchants; ses ministres ne cessent d'élever la voix et de répéter de sa part ces menaces effrayantes; on croit qu'elles sont sur le point de s'accomplir, que la mesure est comble, que le Tout-Puissant va déployer son bras et se venger de ses ennemis. On regarde, on examine, on attend, et quand on voit que vous gardez le silence, ô mon Dieu, on s'afflige comme Jonas, on s'irrite quelquefois jusqu'à murmurer et se plaindre de votre longue patience; on s'imagine brûler de zèle pour les intérêts de votre gloire; on se livre à des mouvements d'indignation que l'on croit justes et dont on s'applaudit. *Bene irascor ego.* (*Jonæ* IV, 9.)

Mais hélas! grand Dieu, que vos pensées sont éloignées des nôtres! ce n'est pas vous qui avez fait la mort ni qui l'avez introduite sur la terre; la perte des méchants n'a rien qui vous réjouisse; vous dissimulez leurs crimes, vous en retardez la punition, pour leur donner le temps de se reconnaître, parce qu'ils sont l'ouvrage de vos mains. Vous ne voulez pas que le pécheur périsse; et lors même qu'il s'obstine à vouloir périr, vous désirez qu'il se convertisse et qu'il vive. Cependant comme votre sagesse n'est pas moins infinie que votre bonté, la malice des pécheurs ne demeure point utile à vos desseins, et vous vous en servez pour exercer la patience, pour éprouver la fidélité, pour purifier la vertu des âmes justes.

Et, en effet, si Dieu n'eût pas souffert les tyrans; s'il les eût frappés de mort dès l'instant qu'ils avaient la pensée de persécuter les chrétiens, il n'y aurait jamais eu de martyrs, et sa puissance aurait moins éclaté dans la mort d'un persécuteur que dans cette patience héroïque qui, bravant les plus affreux supplices, se montrait plus forte que toute la puissance des tyrans.

Nous sommes étonnés que Dieu ait permis à l'esprit des ténèbres de susciter dans le sein du christianisme cette génération d'hommes pervers que l'on y a vus si souvent corrompre les vérités de la foi, et s'élever avec orgueil contre l'enseignement public de ceux qui en sont les dépositaires; cette race d'hypocrites qui, sous le masque de la réforme, minaient sourdement et s'efforçaient d'ébranler les fondements de l'Eglise; ces loups déguisés qui, par leurs artifices, cherchaient à tromper la vigilance des pasteurs pour se glisser adroitement dans le bercail où ils égorgaient les âmes à petit bruit; ces renards dont il est parlé au *Livre des Cantiques* (II, 15), qui gâtaient peu à peu et ravageaient insensiblement la vigne de l'Epouse, et qui, se cachant comme le serpent sous l'herbe, ne furent jamais plus à craindre que lorsqu'ils faisaient le moins de bruit; ces prophètes menteurs qui, sous prétexte de rétablir *la gloire de la grâce*, ruinaient les fondements de la liberté, désespéraient les pécheurs, prêtaient des armes à l'impie, fournissaient des excuses au libertin, ouvraient la porte à tous les crimes; qui, en prêchant la nécessité d'aimer Dieu, rendaient ses commandements impossibles, et apprenaient aux hommes à le haïr; qui, en prêchant l'humilité, s'élevaient insolemment contre les puissances les plus respectables; qui, en prêchant la tolérance, ne voulaient rien souffrir de ce qui s'opposait à leurs faux principes; qui, en prêchant la charité, déchiraient avec fureur quiconque avait assez de zèle pour leur résister; enfin qui, pour arriver à leur but, employaient tour à tour, et suivant les circonstances, la hardiesse, la ruse, la force, la fourberie, les préjugés du peuple, la crédulité des simples,

les passions, la faiblesse, les goûts, les erreurs de quiconque pouvait les étayer de son crédit ou de son autorité. Grand Dieu! quels maux n'ont-ils pas causés, quels ravages n'ont-ils pas faits dans votre sanctuaire? *Quanta malignatus est inimicus in sancto.*

Et avec tout cela, mes frères, l'apôtre saint Paul dit expressément qu'il faut qu'il y ait des hérésies; qu'elles sont nécessaires pour éprouver et pour faire connaître ceux qui sont fermes dans la foi. Dans un temps calme où les vérités du salut ne sont point attaquées, tous les chrétiens paraissent également fermes dans leur croyance; les froids, les tièdes, les fervents, les bons, les mauvais, tout est confondu. Mais une hérésie vient-elle à s'élever dans l'Eglise? ah! c'est alors qu'il se fait une espèce de discernement; chacun paraît tel qu'il est, et se montre quelquefois différent de ce qu'il pensait être. Les uns tombent, les autres chancellent : il n'y a que les vrais fidèles qui tiennent ferme; et pendant que la foi s'éteint ou s'ébranle dans les cœurs doubles, elle ne devient que plus vive et plus animée dans ceux qui ont en partage cette droiture, cette simplicité sans lesquelles notre religion est vaine.

De là, combien d'exemples de fermeté soit de la part des pasteurs, soit de la part des simples fidèles? C'est alors que les vrais enfants de l'Eglise se distinguent par leur soumission, pendant que les autres se révoltent et l'abandonnent, ou ce qui est encore pis, soufflent le chaud et le froid, boivent le doux et l'amer, et se font un système de religion à part, qui souffre tout et s'accommode de tout. Nous voyons enfin, après les troubles de l'hérésie, les vérités de la foi et de la morale paraître dans un plus grand jour, et avec un nouvel éclat. Les ouvrages composés pour les éclaircir et pour les défendre sont un trésor dont l'Eglise se trouve enrichie, et qui, dans les siècles suivants, lui fournit de nouvelles armes contre de nouvelles erreurs, et pour de nouveaux combats. Il est donc nécessaire qu'il y ait des hérésies pour éprouver la foi des fidèles, comme aussi la malice des pécheurs sert à éprouver la vertu des justes.

La charité, l'humilité, la douceur, la patience, voilà sans doute les plus précieuses de toutes les vertus chrétiennes, et comme l'abrégé de l'Evangile. Or, ces vertus ne paraissent jamais avec tant d'éclat dans l'homme juste, que lorsqu'il est en butte à la haine des méchants. C'est alors que la charité se montre dans le plus haut degré de perfection où elle puisse atteindre, qui est d'aimer ceux qui la persécutent.

Les méchants prennent à tâche d'humilier les bons; et c'est dans les humiliations que l'humilité se forme, se nourrit, et acquiert de la solidité. Les méchants insultent aux gens de bien, les outragent, s'appliquent à leur déplaire et à leur nuire, soit par des railleries, en se moquant de leur vertu; soit par des calomnies, en noircissant leur réputation; soit par des injustices, en les dépouillant de leurs biens; soit par les violences et la cruauté, en maltraitant leurs corps; et par là ils leur donnent occasion d'imiter la douceur de celui qui, étant condamné par les pécheurs, n'a pas ouvert la bouche pour se défendre, et s'est laissé conduire à la mort, comme un agneau que l'on mène à la boucherie.

Eh! mon enfant, que fera votre charité, si vous n'avez que des amis! que deviendra votre humilité, si tout le monde vous flatte et vous donne des louanges? comment pratiquerez-vous la douceur et la patience si vous n'avez rien à souffrir de personne? Y a-t-il un grand mérite à aimer ceux qui vous aiment, et qui sont aimables? en coute-t-il beaucoup de s'humilier devant Dieu, quand on n'est jamais humilié devant les hommes; et si vous n'éprouvez aucune espèce de contradiction de leur part, comment pourrez-vous savoir si vous avez de la douceur et de la patience?

Ce n'est donc pas sans raison, mes frères, que Dieu souffre les méchants; il faut donc que vous les souffriez aussi, et en admirant cette bonté infinie qui leur donne le temps de se convertir, et en adorant cette profonde sagesse qui fait servir leur malice à la sanctification des élus. Mais parce qu'il ne se contente pas de les souffrir, et qu'il leur offre outre cela toutes les grâces dont ils ont besoin pour revenir à lui, ne vous contentez pas vous-même d'imiter sa patience, imitez encore son amour; entrez dans les vues de sa miséricorde, plaignez ceux qui s'égarent, et ne cessez de prier pour leur conversion, afin que vous soyez les vrais enfants de votre Père céleste, qui fait luire le soleil de justice sur les bons et sur les méchants, qui répand la rosée de sa grâce sur les justes et sur ceux qui ne le sont pas.

SECONDE RÉFLEXION.

Plus ils s'égarent, plus ils sont à plaindre; plus ils s'endurcissent, plus ils sont dignes de compassion; et il faut, ou ne rien croire, ou être dépourvu de tout sentiment d'humanité, pour être insensible au malheureux état et à la position affreuse d'un chrétien qui, ayant perdu le ciel de vue, s'abandonne tout à fait à la corruption de son cœur. C'est une âme faite à l'image de Dieu, pour laquelle Jésus-Christ est mort, qui est toute couverte de son sang; et ce sang, cette mort lui deviennent inutiles. C'est un de nos frères conçu dans le même sein de l'Eglise notre mère commune, enfanté par le même baptême, élevé ainsi que nous dans la maison de Dieu qui est notre père commun, qui lui offre les mêmes grâces, et l'appelle au même bonheur. Ah! pourrions-nous voir de sang-froid que ce baptême, ces grâces, et toutes les richesses de la maison de Dieu sont perdues pour notre frère? Au lieu de lui insulter et de le maudire, ne devrions-nous pas plutôt nous attendrir à la vue de son état, et des malheurs qui le menacent? Bon Jésus! que nos sentiments à l'égard des âmes endurcies sont éloignés de cette bonté que vous fîtes paraître, lorsqu'en voyant la malheureuse Jérusalem, votre cœur divin s'attendrit, et fit verser à votre amour des larmes qui furent comme les prémices du sang que ce même amour devait, peu de temps après, répandre pour cette ville ingrate.

Les méchants sont aveugles et endurcis, parce qu'ils s'aveuglent et s'endurcissent eux-mêmes : ils ne périssent que parce qu'ils veulent périr, c'est leur faute, et ils ne doivent s'en prendre qu'à leur mauvaise disposition. Tout cela est vrai; mais en sont-ils moins à plaindre? Nous plaignons un homme que les voleurs ont maltraité; mais un frénétique qui se maltraiterait lui-même, qui s'arracherait les yeux, et se défigurerait le visage, serait-il moins digne de compassion? et n'est-ce pas sous ce point de vue qu'il faudrait envisager les méchants, pour entrer dans les sentiments de notre divin Maître, et nous écrier avec lui : Ah! pécheurs, si vous connaissiez les douceurs infinies de cette paix intérieure qui fait le bonheur des âmes justes; si vous pouviez voir et sentir combien la vertu que vous méprisez est aimable; combien les vices dont vous êtes esclaves sont odieux; combien les grâces que vous rejetez sont précieuses; combien les châtiments auxquels vous vous exposez sont terribles! Mais toutes ces choses sont cachées à vos yeux: Grand Dieu, source de toute lumière et de toute bonté, éclairez ces aveugles, ébranlez, touchez, convertissez, ramenez dans le chemin de la vertu, cette âme pour laquelle vous avez tant souffert; ne permettez pas, ô mon Sauveur, qu'elle devienne la proie du démon et des flammes éternelles!

Mais c'est le plus méchant de tous les hommes; un impie, un libertin, un infâme, qui ne respecte rien, qui ne croit rien, qui se moque de Dieu, de la religion, et de ses ministres; il est ce qu'il est, Jésus-Christ sera son juge; mais est-il plus méchant que les Juifs, qui, après avoir égorgé tous les prophètes, firent mourir le Fils de Dieu? et ce bon Sauveur, dans le temps même qu'ils le tenaient cloué sur la croix, au lieu de les charger d'injures, et de les accabler de reproches, levait les yeux au ciel, et disait : *Mon Père, pardonnez leur, car ils ne savent pas ce qu'ils font.* (*Luc.*, XXIII, 34.)

Mais c'est peine perdue, il ne changera jamais; telle vie, telle mort; quand on a vécu en scélérat, on meurt en réprouvé. Ah! que ce langage est peu digne d'un disciple de Jésus-Christ! Le scélérat qui fut crucifié à côté de lui, et auquel il promit le paradis, avait-il vécu en prédestiné? Je sais que l'exemple de son compagnon qui meurt en réprouvé à côté du Sauveur du monde, et tout couvert, pour ainsi dire, du sang qui efface les plus grands crimes, doit faire trembler les pécheurs encore plus que l'exemple du bon larron ne doit les rassurer. Je sais que pour bien mourir, il faut bien vivre, et qu'il est infiniment rare que l'on meure de la mort des justes, quand on a toujours marché dans la voie des méchants; mais que savez-vous si cet impie n'ouvrira pas les yeux, si ce libertin ne réformera pas ses mœurs, si celui en qui vous croyez voir des caractères de réprobation, ne deviendra pas un saint? Les miséricordes de notre Dieu ne sont-elles pas infinies, et ses jugements ne sont-ils pas impénétrables? Plus le salut de votre frère paraît désespéré, plus vos prières en sa faveur doivent être ferventes. Celles de sainte Monique obtinrent la conversion de son fils; celles de saint Etienne firent d'un persécuteur un apôtre; et après tout, quand même ce pécheur serait tout à fait abandonné de Dieu, ce que vous ne pouvez savoir, ni ne devez jamais penser, il n'en serait que plus digne de compassion; et les larmes que vous lui devez, n'en devraient être que plus amères.

Mais en priant pour les pécheurs, prenez garde sur toutes choses que vos sentiments de compassion à leur égard ne soient accompagnés d'orgueil, et d'une vaine complaisance pour vous-même, en vous croyant meilleur que ceux dont vous demandez la conversion. Souvenez-vous, mon cher enfant, de ce que je vous ai dit tant de fois, et que je ne saurais trop répéter; si vous n'avez pas les mêmes vices, vous avez dans le fond de votre cœur la racine d'où sortent les péchés les plus énormes : et, quoique vous ne portiez pas les mêmes fruits, vous n'en êtes pas moins un arbre de la même espèce. Souvenez-vous que foncièrement et par vous-même, vous n'avez rien de meilleur que les plus méchants, puisqu'il n'y a rien dans les plus méchants, dont vous ne pussiez devenir coupable, si vous n'étiez soutenu par la main puissante qui a formé tous les hommes du même limon.

Réflexion bien capable de vous humilier, qui que vous soyez, et quelque vertu que vous paraissiez avoir. Réflexion qui doit vous faire trembler toutes les fois que vous voyez de mauvais exemples, en vous inspirant une crainte salutaire qui vous attache de plus en plus à Jésus-Christ, et vous fasse tenir sur vos gardes, pour ne pas devenir semblable à ceux qui ont des sentiments pervers, ou qui mènent une vie scandaleuse. Et comme le moyen le plus sûr de ne leur pas devenir semblable, c'est de ne les pas fréquenter, la charité chrétienne et bien ordonnée qui veut que nous les souffrions, et que nous priions pour eux, veut aussi qu'en fuyant leur société, nous cherchions à nous garantir de l'impression que pourraient faire sur nous leurs mauvais discours, ou leurs mauvais exemples.

TROISIÈME RÉFLEXION.

Lorsque je dis qu'il faut éviter la compagnie des méchants, je n'entends pas qu'on doive n'avoir avec eux aucune espèce de commerce. Il y a un commerce de devoir et de nécessité, un commerce de charité ou de bienséance, un commerce de confiance et d'amitié. Quelque méchants que fussent nos supérieurs, s'il y en avait de tels, nous ne serions pas pour cela dispensés de les honorer, et de leur être soumis dans tout ce qui n'est pas contraire à la loi de Dieu. Ainsi, quelque méchant que l'on puisse supposer un pere ou un maître, il ne perd rien des droits que la nature, la raison, la religion lui donnent sur ses enfants ou sur ses domestiques, et il n'en est pas à leur égard moins respectable.

D'un autre côté, le besoin que nous avons les uns des autres, les occupations de chaque état, les devoirs même de la charité chrétienne nous mettent tous les jours dans le cas d'avoir affaire à des gens dont on peut dire qu'ils n'ont ni la conduite ni les sentiments chrétiens, et avec qui par conséquent il n'y a rien de bon à gagner pour notre salut.

Enfin, il y a un commerce de bienséance, et quoiqu'il y ait des personnes avec lesquelles on pourrait, absolument parlant, se dispenser de certaines bienséances, à cause qu'elles mènent assez publiquement une vie mal édifiante, il est encore plus sage de rendre à tous les hommes, quels qu'ils soient, ce que la politesse et l humanité exigent des uns à l'égard des autres. Je ne parle donc point, ni de ce que le devoir ordonne, ni de ce que le besoin exige, ni de ce que la bienséance prescrit, mais seulement d'une fréquentation habituelle à laquelle rien ne nous force; d'un commerce suivi que rien n'autorise; d'une liaison d'amitié dans laquelle aucun devoir ne nous engage. Sur quoi, mes chers paroissiens, voici ce que j'ai à dire pour votre instruction : Dieu vous fasse la grâce d'en profiter.

Si vous avez assez de lumières pour n'être pas ébloui par les faux raisonnements de l'impie qui déclame journellement contre la religion ; si vous avez assez de zèle pour défendre l'Eglise votre mère contre les vaines subtilités de l'hérétique, et contre les calomnies dont il s'efforce de la noircir; si vous avez une vertu à toute épreuve, qui ne puisse être ébranlée, ni par les discours impies, ni par les conseils impurs, ni par les exemples contagieux de ces hommes corrompus dont l'imagination, le cœur, les yeux, la bouche ne respirent que la mollesse, la lubricité, le libertinage; si vous avez assez de charité pour fermer la bouche aux médisants, pour prendre la défense des personnes absentes que l'on accuse, et que l'on déchire ; enfin, si vous ne fréquentez les ennemis de la religion que pour les éclairer ; les ennemis de l'Eglise, que pour les ramener dans son sein ; les ennemis de la vertu, que pour les rendre vertueux; et si d'ailleurs vous n'avez point à craindre que certaines liaisons ne fassent naître dans le public des soupçons raisonnables sur votre foi ou sur la pureté de vos mœurs, eu égard au pays que vous habitez, et aux circonstances dans lesquelles vous vivez : à la bonne heure, mon cher enfant, mêlez-vous dans la compagnie des pécheurs; liez-vous avec eux ; soyez l'apôtre de la vérité, l'apôtre de la charité, l'apôtre des bonnes mœurs. Confondez l'impie, faites rougir le libertin, mettez un frein à la langue du médisant; reprenez tous les vices, prêchez toutes les vertus, et répandez en toute occasion la bonne odeur de Jésus-Christ.

Mais si vous avez bien plus lieu de craindre que la compagnie des méchants ne vous corrompe, qu'il n'y a lieu d'espérer que la vôtre les convertisse ; si vous êtes un de ces hommes faibles, comme il y en a tant, qui n'ont aucune consistance dans l'esprit, et encore moins de lumières ; qui sont susceptibles de toutes sortes d'impressions; qui écoutent les rêveries d'un incrédule, soi-disant philosophe, aussi sérieusement que les discours les plus graves ; si vous êtes un de ces esprits flottants avec qui tout le monde a raison, et qui, après avoir parlé religion avec un hérétique, disent que c'est un honnête homme, qu'on ne dispute que sur des mots, et qu'il n'y a rien de décidé sur ces matières ; si vous êtes un de ces esprits crédules qui se persuadent aisément tout ce qu'on leur débite sur le compte du prochain ; qui le condamnent sur des *ouï-dire*; qui, sur des discours vagues et sans fondement, sur des rapports et des caquets de femmelette, perdent l'estime et la confiance qu'ils avaient pour une personne qu'on a cherché à noircir ; enfin, si vous n'avez pas de répugnance pour les conversations impures et deshonnêtes ; si vous vous connaissez au contraire la faiblesse de les entendre avec plaisir, et de vous en amuser comme les autres ; croyez-moi, mon enfant, vous risquez de devenir impie avec les impies, libertin avec les libertins, médisant avec ceux qui médisent, faible et chancelant dans la foi avec ceux qui l'ont tout à fait perdue. Et si l'on nous demande ce que vous êtes, nous dirons, pour toute réponse, le proverbe si rebattu et si vrai : *Dis-moi qui tu fréquentes, et je te dirai qui tu es.*

Hélas ! vous le savez bien, vous qui m'écoutez avec une si grande attention, et qui vous êtes reconnu dans ce que vous venez d'entendre. On vous a vu autrefois penser et agir chrétiennement ; vous aviez le langage et la conduite d'un vrai catholique; vous étiez plein de respect pour la religion, pour l'Eglise, et pour les pasteurs qui la gouvernent. Aujourd'hui, ce n'est plus de même. Depuis quand ces bons sentiments se sont-ils affaiblis chez vous, peut-être évanouis tout à fait? Depuis que vous êtes lié avec certaines gens qui ne croient rien, et qui s'en font gloire; ou avec d'autres qui abondent dans leur sens, et ne croient que ce qu'ils veulent. A force de les entendre, vous vous êtes accoutumé peu à peu à leur langage, et à leur façon de vivre. Ils ont tant vomi de poison en votre présence, que vous en avez avalé, même sans le vouloir. Il s'est attaché à vos entrailles, vous ne sentez pas votre mal ; mais si Dieu vous fait jamais la grâce d'ouvrir les yeux, vous connaîtrez la vérité de mes paroles, et vous vous repentirez de n'avoir pas suivi plus tôt les avis que je vous ai donnés si souvent, et que je vous répète aujourd'hui.

Et toi, mon cher enfant, depuis quand as-tu commencé à fréquenter les cabarets, et à devenir un *vaurien?* N'est-ce pas la compagnie d'un tel et d'un tel qui t'a perdu?

Que chacun jette les yeux sur toutes les années de sa vie, qu'il examine, qu'il se ressouvienne, et il verra si les vices auxquels il est sujet, ne viennent pas, au moins en grande partie, de ce qu'il a eu le malheur de fréquenter des gens vicieux.

Fuyez-donc, mon fils, fuyez, dit le Sage (*Prov.*, IV, 14 *seqq.*), la compagnie des méchants, et ne vous liez point avec eux, de peur que vous ne leur deveniez semblable. La pomme la plus saine se pourrira, si on la mêle avec des pommes pourries; il est difficile de se bien porter quand on respire un air contagieux : les maladies de l'âme se gagnent comme celles du corps; et de même que nous fuyons la maison des pestiférés, à moins que le devoir ou la charité ne nous y attirent, ainsi devons-nous fuir la compagnie des méchants, lorsque nous n'avons aucune raison légitime qui nous oblige à les fréquenter.

Ne permettez donc pas, ô mon Dieu, que notre conduite ait rien de commun avec celle des libertins et des impies; ni que nous soyons jamais exposés à puiser dans le commerce des pécheurs cette odeur de mort, qu'il est si difficile et presque impossible de respirer sans que la foi perde quelque chose de sa simplicité, ou les mœurs quelque chose de leur innocence. Inspirez-nous une sainte horreur pour les vices des méchants; mais inspirez-nous en même temps pour leur personne les sentiments de bonté, de douceur, de patience, qui sont la marque la plus certaine à laquelle on puisse distinguer les vrais disciples d'un Dieu qui ne s'est fait homme que pour sauver les pécheurs; qui se plaît à répandre une surabondance de grâce là où il trouve une surabondance de péché; et de la part duquel les plus grands pécheurs, quand ils reviennent à lui, reçoivent les plus grandes marques de tendresse.

Apprenez-nous, ô bonté infinie, à les souffrir comme vous les souffrez; à les aimer comme vous les aimez; à desirer leur conversion comme vous la désirez vous-même. Laissez-vous toucher, ô bon Pasteur, par les prières de votre Eglise, qui ne cesse de vous demander le retour de sa brebis égarée. Hélas! nous nous sommes égarés tous tant que nous sommes; et quoique nous n'ayons pas oublié votre sainte loi, il n'y a cependant pas de jour où nous n'ayons eu le malheur de nous en écarter. Convertissez-nous, grand Dieu, et detournez les effets de votre colère que nous avons tous méritée. Souvenez-vous de vos miséricordes, et quelque méchants que nous soyons, n'oubliez pas que nous sommes l'ouvrage de vos mains, et que vous nous avez aimés jusqu'à mourir pour nous mériter une vie éternellement heureuse. Je vous la souhaite, mes chers enfants. Au nom du Père, etc.

DISCOURS XXXIII.

Pour le quatrième Dimanche après la Pentecôte.

S'ATTACHER A SA PAROISSE.

Docebat de navicula turbas (*Luc.*, V, 3.)

Jésus-Christ enseignait le peuple de dessus la barque.

La barque de saint Pierre dans laquelle Notre-Seigneur entra, et d'où il enseignait le peuple qui l'avait suivi pour entendre la parole de vie qui sortait de sa bouche, était la figure de l'Eglise catholique, d'où ce même Jésus enseigne toutes les nations par le ministère des pasteurs qu'il a établis, et dont le successeur de saint Pierre est le chef visible. Ces paroles que nous appliquons à l'Eglise universelle, hors de laquelle il n'y a ni vérité ni salut, peuvent s'appliquer aussi, dans le même sens, à toutes les Eglises particulières, et à chacun des pasteurs qui les gouvernent, de sorte que, gardant toujours néanmoins les règles de subordination et de dépendance qui soumettent les uns à la juridiction des autres, on peut dire de chaque évêque dans son diocèse, et de chaque curé dans sa paroisse, ce que l'Evangile dit aujourd'hui de Jésus-Christ, qu'il enseignait le peuple de dessus la barque : *Docebat de navicula turbas.* Ou plutôt, c'est Jésus-Christ lui-même qui, dans la personne de ses ministres, distribue le pain de la parole, et dispense les mystères sacrés à tous les fidèles répandus par toute la terre, partagés en plusieurs Eglises qui, toutes vivant dans la profession de la même foi, forment un seul troupeau, dont il est le pasteur invisible et universel.

Il suit de là que, comme chaque pasteur est indispensablement obligé de paître et de conduire la portion du troupeau confiée à ses soins, ainsi chaque fidèle doit s'attacher à son Eglise et suivre le pasteur qui est chargé de la gouverner. Ou, si vous voulez que je m'explique plus clairement, de même que tout curé doit veiller sur ses paroissiens, les instruire, leur administrer les sacrements, ainsi tout paroissien doit se rendre assidu et s'attacher à son église paroissiale, comme une brebis à son bercail, et ne pas se fourvoyer dans des églises étrangères, avec lesquelles il n'a rien de commun, où il ne peut être reçu que comme un étranger, et où, toutes respectables qu'elles soient, il est visiblement déplacé, quand il s'y trouve au jour et à l'heure de l'Office paroissial. Voilà, mes chers enfants, ce que j'ai à vous dire aujourd'hui : vous apprendre à connaître et à aimer votre paroisse : vous montrer l'obligation où vous êtes d'assister aux exercices qui s'y font, et nommément à la Messe paroissiale. Sujet important sur lequel le relâchement et les abus sont portés aujourd'hui au dernier excès.

PREMIÈRE RÉFLEXION.

Abus étrange qui trouble le bon ordre, renverse les règles les plus sages de l'Eglise, et les lois même de la nature, en éloignant les enfants de la maison de leur père, en divisant le troupeau d'avec le pasteur, en le soustrayant à sa vigilance ; en mettant le plus exact, le plus zélé, le plus attentif dans l'impossibilité d'instruire les ignorants, de soutenir les faibles, de ramener ceux qui s'égarent, et de remplir, à l'égard de ses ouailles, la plus essentielle de ses obligations.

Eh ! quel abus plus étrange que celui-là, par lequel on s'imagine qu'un curé doit faire le prône tous les dimanches, mais que ses paroissiens ne sont pas obligés de l'entendre; qu'il doit offrir spécialement pour eux, ce jour-là, le saint sacrifice de la Messe, mais qu'ils ne sont pas obligés d'y assister ; qu'il doit unir ses prières aux leurs; mais qu'ils ne sont pas obligés d'unir les leurs aux siennes; qu'il est tenu de se rassembler avec eux, mais qu'ils ne sont pas tenus de se rassembler avec lui. Quelle contradiction ! quelles absurdités !

Mais lorsque, pour convaincre les fidèles de l'obligation où ils sont de se rendre assidus à leur paroisse, nous citons le commandement de l'Eglise, la décision des conciles, l'autorité des Pères, les statuts du diocèse, et de tous les diocèses du royaume, sur un point où les seules lumières de la raison et du bon sens devraient suffire, ne faut-il pas être bien aveugle et bien relâché, en fait de morale, pour répondre, comme on fait, que Dieu est partout, et que toutes les églises sont bonnes ?

Oui sans doute, il est partout ; il remplit le ciel et la terre ; il est présent au plus profond de nos cœurs, il est le témoin éternel de nos plus secrètes pensées. Et plût à Dieu que cette réflexion ne sortît jamais de votre esprit, et que, toujours pénétrés de cette divine présence, vous ne la perdissiez jamais de vue : vous seriez plus attentifs, et à faire ce qu'il vous commande, et à éviter ce qu'il vous défend. Mais quoiqu'il soit présent partout, il l'est plus particulièrement, c'est-à-dire que sa présence se fait plus particulièrement sentir dans les temples consacrés à son culte. C'est là qu'il a placé le trône de sa miséricorde ; c'est là que les fidèles accourent, pour implorer sa bonté ; c'est là qu'ils se rassemblent, et que leurs voix réunies rendent publiquement hommage à l'éternelle majesté qui y réside ; c'est là que nous offrons le sacrifice redoutable du corps et du sang de Jésus-Christ. C'est là vraiment la maison de Dieu, la porte du ciel, l'asile des pécheurs, la source des grâces. De là vient le profond respect, et cette frayeur religieuse dont le Seigneur veut que nous soyons pénétrés à la vue de son sanctuaire ; et sans qu'il soit nécessaire d'en dire davantage, qui est-ce qui ne sent pas la différence qu'il y a entre nos églises et les autres lieux, quoique Dieu soit présent partout ?

Il y a de même une grande différence pour vous, mon cher enfant, entre votre église paroissiale et les autres, quoiqu'on y serve le même Dieu, qu'on y offre le même sacrifice, qu'on y fasse les mêmes prières : c'est dans l'église paroissiale que vous êtes né en Jésus-Christ, et que vous avez sucé de la bouche de vos pasteurs, comme un enfant dans le sein de la mère, le lait précieux de la doctrine chrétienne ; c'est là qu'ils vous rompent le pain de la parole, et que vous devez manger l'Agneau pascal ; c'est là que vous demandez les derniers sacrements, et que votre corps doit être présenté avant de descendre dans le tombeau. L'Eglise paroissiale est donc la vraie maison des fidèles, et en qualité de paroissiens, ils ont un droit acquis sur tous les biens dont elle est remplie : droit acquis aux sacrements qu'on y donne, aux prières qu'on y fait, aux instructions qu'on y entend, à toutes les grâces qu'on y distribue; et vous sentez que tout cela ne peut point s'appliquer de même aux autres églises, où l'on ne vous doit rien, et où vous n'avez aucun droit à prétendre.

Nous honorons profondément les maisons religieuses où la vertu et la piété vont sagement se mettre à l'abri de la corruption du siècle. Nous sommes remplis de vénération, non-seulement pour l'état religieux, mais encore pour toutes les personnes qui sont revêtues d'un habit si saint, et d'un caractère si respectable. Nous les regardons comme des âmes privilégiées que le Seigneur a cachées dans l'intérieur de son tabernacle, où elles ne cessent d'élever les mains vers le ciel pour attirer sur le troupeau de Jésus-Christ, et sur le ministère des pasteurs, les bénédictions du Père des miséricordes. Nous joignons à ces sentiments celui d'une sincère reconnaissance, de ce qu'ils veulent bien sortir quelquefois de leur solitude, pour nous aider dans nos travaux, lorsque la moisson est abondante, et que le nombre des ouvriers, qui diminue, hélas ! tous les jours, n'est pas assez grand pour y suffire.

Mais avec tout cela nous vous dirons hardiment que leurs églises ne sont pas faites pour vous; que ce n'est point là votre place ; et que c'est un abus intolérable de courir aux couvents pendant que l'Eglise vous appelle à votre paroisse. Dites tant qu'il vous plaira, que nous parlons par jalousie : nous n'en disconviendrons pas : oui, sans doute, nous sommes jaloux, et nous faisons gloire de l'être. C'est une jalousie dont l'apôtre saint Paul nous donne l'exemple, et dont vous devriez nous savoir gré, puisqu'elle ne peut avoir d'autre principe que notre attachement pour vous, et la tendresse que nous avons pour vos âmes. En quoi, bien loin que nous craignions de déplaire aux religieux, nous sommes au contraire persuadés que nous entrons dans leurs sentiments, et que si quelqu'un d'entre eux paraissait dans cette chaire pour vous instruire, comme ils ont la bonté de le faire quelquefois, et qu'il vous entretînt sur ce que vous devez à votre paroisse, il ne vous tiendrait pas un langage différent du nôtre : son zèle l'emporterait plus loin, et voici ce qu'il ne manquerait pas de vous dire.

Ce n'est pas sans raison que vos pasteurs se récrient sur ce que plusieurs d'entre vous s'absentent habituellement de l'église paroisiale, et n'assistent presque jamais à l'Office divin que dans les nôtres. Et depuis quand nos églises sont-elles devenues des paroisses? Est-ce nous qui sommes vos pasteurs? Sommes-nous chargés de votre conduite, et rendrons-nous compte à Dieu de vos âmes? Qu'y a-t-il donc de commun entre nous et ces brebis errantes, vagabondes, qui désertent le bercail, qui se dérobent à la vue du pasteur, et n'entendent jamais sa voix? Nos églises sont-elles faites pour procurer aux mauvais chrétiens la malheureuse facilité de violer les lois les plus sacrées, et de manquer aux devoirs les plus indispensables?

Eh! dans quelle position nous mettez-vous vis-à-vis de vos pasteurs? n'avons-nous pas à craindre qu'ils ne nous accusent de vous attirer, et qu'ils ne nous fassent un crime de dire des Messes à toutes les heures, comme si nous voulions favoriser votre relâchement et votre désordre, en cherchant vos commodités. Ne les forcez-vous pas en quelque sorte, et ne nous forcez-vous pas nous-mêmes, à désirer que nos églises vous soient fermées, le dimanche, et qu'on renouvelle la défense expresse que le Pape saint Grégoire, et après lui le concile de Chalcédoine, nous firent autrefois de célébrer l'Office public dans les églises de nos monastères? *Missas publicas in cœnobiis fieri omnino prohibemus.*

Mais n'est-il pas bien douloureux, et si j'ose dire bien humiliant pour nous, de voir que nos églises sont comme le rendez-vous de tout ce qu'il y a dans la paroisse de moins chrétien, de plus déréglé, de plus scandaleux? ils ne paraissent jamais chez nous à l'heure de l'Office paroissial, ces vrais fidèles dont les mœurs pures et la vie innocente sont la consolation du pasteur et l'édification du troupeau. S'il y a des impies qui n'assistent à la Messe que pour sauver les apparences; s'il y a des libertins qui n'y viennent que pour mêler la fumée de leurs passions honteuses avec la fumée de l'encens qui brûle sur vos autels, ô mon Dieu; s'il y a de ces vierges folles, de ces femmes insensées qui s'étant levées à midi, après quelques minauderies devant un miroir, vont chercher en courant une Messe de douze ou quinze minutes; enfin, s'il y a des chrétiens sans respect pour la maison de Dieu, qui n'y viennent que pour interrompre les autres, et y causer du scandale; c'est dans nos églises que tout cela se rassemble. Bon Dieu! faut-il que tout ce qu'il y a de plus corrompu dans ce monde que nous avons quitté vienne porter une odeur de mort dans nos retraites, où tout doit respirer et répandre la bonne odeur de Jésus-Christ. Voilà, mes chers paroissiens, quelles seraient les plaintes amères de ce respectable religieux parlant ici à ma place; en quoi il ne ferait que dire ce qui malheureusement n'est que trop vrai.

Nous n'avons garde, à Dieu ne plaise, de trouver mauvais que vous fréquentiez leurs églises dans des temps où le devoir ne vous appelle point à la paroisse. Assistez à la Messe, aux Offices, et à d'autres exercices de piété, s'il y en a, pourvu que ce ne soit qu'aux jours ouvrables : nous vous y exhortons, bien loin de vous en détourner. Allez donc vous édifier en voyant la décence, la gravité, la modestie avec lesquelles ces vénérables religieux célèbrent l'Office divin. Allez et voyez sur leur visage et dans tout leur extérieur l'image de la piété intérieure qui les anime, et en même temps la condamnation de cet air dissipé, de ces manières évaporées, de cette légèreté pleine d'impatience, que vous faites paraître dans la maison du Seigneur. Allez et voyez la condamnation de vos regards curieux, de vos postures peu décentes, de vos conversations profanes dans le lieu saint; de votre tiédeur et de toute votre lâcheté dans le service de Dieu et les exercices de la religion. Allez donc, mais sachez et souvenez-vous que le dimanche et les fêtes vous rappellent à votre paroisse, que l'intention des religieux est de contribuer au salut des âmes, et non pas d'y nuire; que ces maisons de retraite, élevées au milieu de nos paroisses, sont faites pour les édifier, et non pas pour y troubler le bon ordre; que l'assistance aux Offices, et en particulier à la grand'Messe de paroisse, a été de tout temps pour les fidèles d'une obligation indispensable.

SECONDE RÉFLEXION.

Si, au lieu de vous exhorter, comme je le fais aujourd'hui, à remplir les devoirs d'un bon et fidèle paroissien, en vous rendant assidu à tous les exercices que nous faisons ici les saints jours de fête et de dimanche, je vous disais au contraire que rien ne vous y oblige, que vous pouvez vous en dispenser en toute sûreté de conscience; qu'il est parfaitement égal d'entendre la Messe à la paroisse ou ailleurs, d'assister à la Messe de paroisse ou d'assister à une autre; si, changeant tout à coup de langage, je vous disais: Mon cher enfant, ne vous gênez point, quand même vous ne viendriez ici que trois ou quatre fois dans l'année; quand même vous n'y paraîtriez pas du tout, cela ne doit pas vous inquiéter, il est permis à chacun de chercher ses commodités, et vous faites très-bien de chercher la vôtre. Cette Messe paroissiale est d'une longueur prodigieuse : c'est l'eau bénite, c'est la procession, c'est un prône qui ne finit point : en hiver, on y est glacé, en été on y souffre une chaleur excessive. Elle se dit d'ailleurs à une heure trop incommode; il faut se lever à huit pour s'y rendre à neuf, et l'Eglise est une trop bonne mère pour exiger de ses enfants, et, en particulier, des gens d'une certaine façon, qu'ils se lèvent à huit heures, ne fût-ce que deux fois par mois; il y aurait de la cruauté, surtout quand ils ont passé la nuit à jouer, à danser et à se divertir : tranquillisez-vous, croyez-moi, et laissez dire tous ceux qui voudraient vous donner des scrupules sur cet article.

Il est vrai que tous les conciles qui ont parlé de l'obligation où sont les fidèles d'entendre la Messe le dimanche et les fêtes, ont voulu parler de la Messe paroissiale. Il est vrai que plusieurs d'entre eux ont menacé d'excommunication quiconque s'en absenterait pendant trois dimanches consécutifs ; il y a même un concile de Paris qui ordonne aux curés de dénoncer au promoteur ceux de leurs paroissiens qui se trouveraient dans ce cas. Il est vrai que le concile de Trente dit expressément qu'on est *tenu* d'assister à la Messe de paroisse ; que la doctrine de ce concile sur ce point a été adoptée par un très-grand nombre de conciles provinciaux et de synodes tenus en France Il est vrai que tous les rituels du royaume, et les statuts de tous les diocèses ne recommandent rien tant aux curés que de bien inculquer dans l'esprit de leurs paroissiens cette obligation d'assister à la Messe paroissiale. Il est vrai encore que les casuistes de réputation décident en conséquence que c'est un péché mortel de manquer à la Messe de paroisse pendant trois dimanches consécutifs, quand on n'a pas de raison légitime qui en dispense ; il y en a même qui prétendent qu'on doit y assister tous les dimanches sous peine de péché, peut-être mortel encore, mais au moins véniel, toutes les fois qu'on peut le faire commodément. Tout cela est vrai, mais tous les casuistes, tous les rituels, tous les synodes, tous les conciles, toute l'Eglise ont poussé les choses trop loin, et on peut se dispenser de les suivre.

Vous pouvez donc choisir à votre proximité, un couvent d'honnêtes religieux où *l'Office se fait très-bien*, où l'on est commodément, où l'on ne trouve point comme à la paroisse, une foule de quêteurs qui vous demandent, l'un pour les pauvres, l'autre pour l'entretien de l'œuvre, celui-ci pour le saint Sacrement, celui-là pour la chapelle de la sainte Vierge. On n'y trouve point un prône allongé par l'annonce des fêtes, des vigiles, des jeûnes, par les prières qu'on y fait pour l'Eglise, pour les pasteurs, pour le roi, sa famille et son royaume, pour les veuves et les affligés, pour les voyageurs et les malades, pour tous les besoins temporels et spirituels de la paroisse : un paroissien a bien à faire de tout cela.

Est-ce qu'un paroissien doit s'embarrasser s'il y a de l'argent ou s'il n'y en a point dans la bourse des pauvres? Que la fabrique ait ou n'ait pas de quoi fournir à ce qui est nécessaire pour le service divin, que l'église paroissiale ressemble à l'étable de Bethléem, ou au temple de Salomon, qu'est ce que tout cela fait à un paroissien? Qu'a-t-il de commun avec le saint Sacrement, la sainte Vierge, les Saints, ni avec le culte qu'on rend aux uns et aux autres? Quelle obligation y a-t-il pour lui d'assister aux prières qu'on fait au prône, pour le Pape, l'évêque, le roi, les affligés, les malades, et pour lui-même?

Eh bien! mon enfant, que penseriez-vous si je tenais un pareil langage? Vous penseriez que j'ai perdu l'esprit; vous rougiriez pour moi ; vous vous boucheriez les oreilles pour ne pas entendre, et vous auriez raison. Mais si ce que j'ai dit est précisément ce que vous faites, vous convenez donc que vous faites mal, et que, pour satisfaire au précepte de l'Eglise, il faut assister habituellement à la Messe de paroisse. Je ne vous citerai donc ni les conciles, ni les docteurs, ni les statuts synodaux. J'en appelle à votre conscience ; et que ne vous dirait-elle pas si vous vouliez l'écouter?

Le troupeau dont je suis une brebis est à présent rassemblé avec mon pasteur dans la maison de Dieu; ils offrent tous ensemble le sacrifice du corps et du sang de Jésus-Christ, pour le remercier des grâces qu'il a répandues sur nous pendant la semaine, et lui demander pour la semaine suivante de nouvelles bénédictions. Ce sacrifice est offert aujourd'hui pour les paroissiens spécialement; pour tous, et au nom de tous en général; pour chacun et au nom de chacun en particulier; c'est donc pour moi-même qu'il est offert; pendant que mon pasteur et mes frères sont assemblés et prient pour moi, au lieu de me réunir et de prier avec eux, je me sépare et m'éloigne de leur assemblée.

C'est dans cette assemblée respectable que le prêtre, après avoir purifié l'eau par les exorcismes et les prières de l'Eglise, en fait l'aspersion sur le peuple, comme étant la figure du sang adorable qui se répand ensuite invisiblement sur nos âmes. C'est là que le pain bénit est distribué aux fidèles pour les faire ressouvenir qu'ils sont les enfants d'un même père, invités à la même table, nourris du même pain céleste dont le pain bénit n'est que l'image ; que, ne faisant tous ensemble qu'un même corps, ils sont les membres les uns des autres, et ne devraient faire par conséquent qu'un cœur et qu'une âme.

C'est là que le pasteur, environné de ses ouailles, leur fait entendre sa voix, et leur parle comme un père à ses enfants. Il entre dans le détail de leurs faiblesses, parce qu'il les connaît : son caractère de pasteur donne à ses discours un certain ton d'autorité qui en impose, un ton de tendresse qui touche, une liberté, une facilité qui prêtent du mérite aux choses les plus communes, qui relèvent en quelque sorte les expressions les plus familières. Ce qui paraîtrait singulier et insipide dans la bouche des prédicateurs étrangers, devient intéressant dans la sienne; ce qui est quelquefois chez eux un travail long et pénible n'est ordinairement chez lui qu'une effusion de cœur, et les premiers mouvements de ce zèle tout paternel qui lui tient lieu d'éloquence. Tout va bien, tout intéresse, tout plaît dans la bouche d'un bon père qui élève sa voix au milieu de ses chers enfants, soit qu'il les instruise, ou qu'il les reprenne, soit qu'il leur fasse des reproches, ou qu'il leur donne des louanges.

Mais enfin, n'eût-il ni facilité ni talent ; fût-il dans le cas de se plaindre, comme Jérémie, de ce qu'il ne saurait parler ; le Seigneur qui l'a envoyé vers vous, mes frères, saura bien lui ouvrir la bouche, et y mettre des paroles d'édification! elles n'auront pas, à la vérité, cette éloquence qui flatte l'esprit en chatouillant les oreilles, mais elles ne seront pas moins propres à vous toucher, si vous avez les sentiments d'une brebis simple et docile. Elles vous toucheront peut-être davantage que les discours éloquents et pompeux d'un étranger, à cause des grâces particulières attachées au ministère et à la voix de votre pasteur.

Réfléchissez donc, mon cher enfant, et sentez combien vous êtes coupable lorsque vous abandonnez votre paroisse pour vous habituer dans une autre église, où vous ne pouvez être reçu et souffert que comme un étranger. Vous manquez à la loi de Dieu qui vous ordonne d'y assister; à votre pasteur qui vous y appelle ; à vos frères qui se scandalisent de ne pas vous y voir; et, en vous excommuniant vous-même en quelque sorte, vous vous privez des bénédictions que Dieu se plaît à répandre sur une paroisse, lorsque tous ceux qui la composent, étant rassemblés dans le même lieu, leurs prières communes et leurs voix réunies pénètrent les cieux et s'élèvent jusqu'au trône de la miséricorde. Vous manquez donc tout à la fois à Dieu, à son Eglise, à ses ministres, à votre prochain, et à vous-même.

Les chrétiens des premiers siècles, malgré la défense des tyrans, allaient, au risque de leur propre vie, se joindre avec leurs frères dans les lieux souterrains où ils étaient obligés de se cacher, pour la célébration des saints mystères ; et vous, que rien ne gêne, sans autre raison que votre tiédeur, votre négligence, votre mollesse, vous manquez hardiment à un des devoirs les plus sacrés de la religion? Les anachorètes d'Egypte, lorsque le saint jour du dimanche était arrivé, quittaient leur solitude pour se rendre à la sainte assemblée des fidèles où présidait le pasteur, et d'où ils revenaient chantant des cantiques de joie et d'actions de grâces : et vous qui habitez au milieu des villes, peut-être à cent pas de votre église paroissiale, comme si vous n'aviez rien de commun avec le troupeau qui s'y rassemble, vous vous en séparez, vous vous en éloignez, et vous faites bande à part! examinez et jugez vous-même si votre conduite est dans les règles, devant Dieu et devant les hommes.

A Dieu ne plaise cependant, mes frères, que je veuille rien dire d'outré sur ce sujet? Vous savez que ma coutume n'est point de vous exhorter au delà de votre portée, et que je n'exige jamais rien que chacun de vous ne puisse pratiquer aisément, avec un peu de bonne volonté, moyennant la grâce de Dieu. Aussi ne vous prêché-je guère ce qui est le plus parfait, mais seulement ce qui est indispensable, et à quoi vous ne pouvez manquer sans péché. Je sais qu'il y a des raisons légitimes pour lesquelles on peut quelquefois se dispenser d'assister à la Messe paroissiale : les infirmités de la vieillesse, la distance considérable des lieux, jointe à la difficulté des chemins ; et indépendamment des raisons de cette espèce, d'autres encore plus particulières, sur lesquelles il ne m'est pas permis de m'expliquer ici, qui sont rares, et qui, grâces à Dieu, ne regardent ni vous ni moi ; en un mot, toutes les raisons qui, étant examinées devant Dieu, et de bonne foi, par quelqu'un qui ne cherche point à se flatter, paraissent justes et légitimes, peuvent le dispenser, dans certains cas, de la loi commune. Mais sur ce point, ainsi que sur une infinité d'autres, quand on a le cœur droit et la conscience timorée, on ne s'en rapporte pas tout à fait à ses propres lumières ; on consulte un directeur éclairé et exact; on lui expose ses raisons avec simplicité et, avec la même simplicité, on se règle sur sa décision.

Je me borne donc à dire en général que celui qui peut commodément assister tous les dimanches à la Messe paroissiale, est tenu d'y assister sous peine de péché véniel, qui peut devenir mortel dans certaines circonstances, dont le détail me conduirait trop loin. Je dis que celui qui, n'étant pas légitimement empêché, manque à la Messe paroissiale pendant trois dimanches consécutifs, commet un péché mortel. Je dis que, dans une maison bien réglée, le plus grand nombre assiste toujours à la Messe paroissiale ; qu'on y envoie les domestiques tour à tour, et que dans chaque famille il doit toujours y avoir au moins quelqu'un qui assiste à la Messe paroissiale. Voilà ce que nous avons appris, et ce que nous prêchons avec tous les pasteurs. Si quelqu'un vous enseigne le contraire, nous dirons hardiment qu'il n'a pas l'esprit de Jésus-Christ; qu'il ne connaît pas les lois de l'Eglise ; que sa morale ne vaut rien; qu'il se damne lui et ceux qui l'écoutent.

Inspirez donc à tous mes paroissiens, ô mon Dieu, les sentiments de respect, de reconnaissance, d'attachement, dont ils doivent être pénétrés pour cette église, leur véritable mère. Quils ouvrent les yeux et qu'ils s'attendrissent à la vue de ces Fonts sacrés sur lesquels vous leur avez donné une naissance mille fois plus précieuse, que celle qu'ils ont reçue de leurs pères ; à la vue de cette table si sainte où ils ont mangé pour la première fois l'Agneau qui efface les péchés du monde, et où ils sont obligés de faire la Pâque avec leur pasteur; à la vue de cette chaire d'où il fait entendre sa voix à ses brebis, distribuant à chacune la nourriture qu'il sait lui être la plus nécessaire et la plus utile.

C'est ici, ô Dieu riche en miséricorde, que nous trouvons la source de toutes vos grâces : source précieuse qui, par le moyen des sacrements, comme par autant de canaux sensibles, ne cesse de se répandre sur nous depuis notre naissance jusqu'à notre mort; qui nous suit avec les prières de l'Eglise, jusque dans le tombeau, et qui, rejaillissant au delà même de cette vie, va rafraîchir nos âmes dans ce lieu de souffrance où elles sont purifiées par le feu, avant d'entrer, ô

Dieu souverainement juste, dans le séjour éternel de votre gloire.

C'est ici vraiment cette montagne fertile dont parle votre Prophète, couverte dans tous les temps des pâturages les plus gras et les plus délicieux : *Mons Dei, mons pinguis*. (*Psal.* LXVII, 16.) C'est sur cette montagne que vos brebis accourent et se rassemblent autour de vous, ô bon Pasteur. C'est là que vous les nourrissez, que vous les engraissez, que vous les défendez, et qu'elles se reposent dans votre sein, s'attachant à vous comme à celui qui seul peut les sauver du loup ravissant, les rassurer, les consoler pendant cette vie, et les rendre à jamais heureuses dans l'autre. Ainsi soit-il.

DISCOURS XXXIV.

Cinquième Dimanche après la Pentecôte.

SE SUPPORTER LES UNS LES AUTRES.

Qui dixerit (fratri suo) : Fatue, reus erit gehennæ ignis. (*Matth.*, V, 22.)

Celui qui dira (*à son frère*) : *Vous êtes un fou, méritera d'être condamné au feu de l'enfer.*

Notre-Seigneur ne pouvait rien dire de plus fort pour nous faire sentir à quel point il veut que nous nous aimions et nous nous supportions les uns les autres : *Celui qui dira à son frère : Vous êtes un fou, méritera d'être condamné au feu de l'enfer !* Ces paroles n'ont-elles pas de quoi faire trembler ceux-là mêmes qui paraissent avoir le plus de douceur et d'indulgence pour les défauts du prochain? Car quel est l'homme si charitable, si sobre en paroles, quand il s'agit des défauts d'autrui, à qui, dans certaines occasions, il n'échappe quelquefois des termes à peu près semblables à celui dont Jésus-Christ nous fait un si grand crime? Il suppose sans doute que ces paroles partent du cœur, qu'elles sont accompagnées d'un mépris réel, et d'une certaine aigreur incompatible avec la charité chrétienne; et sans cela, comment pourrait-on croire qu'elles méritassent le feu de l'enfer? Oui : mais d'un autre côté, comment croire qu'un homme, à moins que ce ne soit par plaisanterie innocente, et avec un ton d'amitié, dise à un autre: *Vous êtes un fou*, sans quelque mouvement d'indignation ou de mépris, qui altère dans son cœur l'amour que nous devons avoir pour nos frères? Or, que ce sentiment de mépris mérite le feu d'enfer, nous ne pouvons pas en douter, sans donner aux paroles de Jésus-Christ une interprétation forcée, et dont elles ne paraissent pas susceptibles.

Il faut donc que la charité chrétienne soit une vertu bien délicate, s'il est vrai qu'une petite injure la blesse et la fasse mourir. Bon Jésus, que les hommes, selon vous, sont respectables les uns pour les autres! mais hélas! qu'ils se respectent peu! Et que deviendrons-nous, si vous nous jugez à cet égard suivant la rigueur de votre Evangile? La vertu qui nous y est le plus expressément recommandée, est précisément celle qu'on pratique le moins. Mes chers enfants, prenons-y garde, et supportons-nous les uns les autres. C'est à quoi je viens vous exhorter aujourd'hui, en remettant sous vos yeux deux raisons bien simples et bien propres à vous y engager. Les voici : premièrement nous avons chacun nos défauts, et nous sommes bien aises qu'on les supporte; il est donc juste que nous supportions ceux d'autrui. En second lieu, Dieu nous supporte et nous souffre les uns et les autres, tout imparfaits et tout pécheurs que nous sommes : à plus forte raison devons-nous donc nous supporter mutuellement.

PREMIÈRE RÉFLEXION.

Depuis la chute du premier homme nous apportons du sein de nos mères, où nous avons été conçus dans le péché, un fonds de misère et d'imperfection qui infecte tout le cours de notre vie, et notre misérable nature ne nous offre dès la jeunesse que des inclinations vicieuses à réprimer, que des vices à déraciner, que des passions à combattre. Semblables à une terre qui ne produit que des épines, et ne donne de bons fruits qu'à force de travail ; n'ayant de nous-mêmes que le mal et le penchant au mal, nous ne sommes sages et vertueux qu'à force de nous faire violence; et encore, malgré nos efforts, malgré les secours de la grâce, il n'y a pas un seul homme qui, avec toute sa vertu, puisse se flatter d'être irrépréhensible; de sorte que les plus vertueux, les plus sages, tout bien examiné, tout bien compté, ne sont que les moins vicieux, les moins imparfaits. Chacun a ses défauts : c'est une vérité dont tout le monde convient, qui s'est tournée en proverbe, et dont personne ne se fâche.

Mais d'où vient que les hommes conviennent aisément en général d'avoir des défauts, et ne souffrent qu'avec peine qu'on les accuse de tel ou tel défaut en particulier? D'où vient que le plus orgueilleux ne se croit point offensé, quand on dit de lui qu'il n'est pas parfait, et que le plus modeste n'aime pas qu'on lui reproche nommément quelque imperfection qui est en lui? C'est que les défauts et les imperfections en général sont une maladie commune à tous les hommes, au lieu que tel défaut en particulier ne se trouve pas chez tous. Or, comme celui qui est exempt de tel défaut, vaut mieux en ce point que celui qui en est atteint; comme d'ailleurs notre amour-propre est blessé, quand on dit qu'un autre vaut mieux que nous; de là vient que nous n'aimons pas à convenir de nos défauts, que nous trouvons mauvais qu'on les aperçoive et qu'on nous les reproche, quoique nous disions sans rougir : Je ne suis point parfait, j'ai mes défauts comme tout le monde.

Vous en avez donc, mon cher enfant, vous en convenez sans que votre amour-propre en souffre, parce que chacun a les siens. Mais vous ne voulez pas qu'on les nomme, ni qu'on les montre au doigt, ni qu'on vous en aime moins. Vous désirez au contraire qu'on fasse semblant de ne pas les voir, qu'on les excuse, ou tout au moins qu'on les supporte, et qu'on vous souffre tel que vous êtes. Cela est juste : mais si vous trouvez mauvais que votre prochain relève vos défauts, plus mauvais encore qu'il vous les reproche ; ce prochain, qui est de même nature que vous, doit-il trouver bon que vous releviez les siens, que vous les comptiez par vos doigts, et que vous les lui reprochiez? Vous voulez qu'il excuse les vôtres, qu'il les souffre avec patience; il le doit : la religion de Jésus-Christ et l'humanité l'y engagent. Mais n'êtes-vous pas homme, n'êtes-vous pas chrétien vous-même? Les lois de l'Evangile et les devoirs de l'humanité ne sont-ils pas faits pour vous comme pour les autres?

Eh! en vertu de quel privilége prétendriez-vous qu'on dût tout vous souffrir, vous passer tout, pendant que vous ne voudriez rien passer aux autres! Mais si cette prétention est injuste et ridicule de votre propre aveu, pourquoi donc avez-vous les yeux continuellement ouverts sur les défauts d'autrui, pendant que vous les fermez et que vous êtes bien aise qu'on les ferme sur vos propres imperfections? Pourquoi relevez-vous avec affectation, souvent avec malignité, presque toujours avec humeur, les défauts de votre frère, pendant que vous exigez qu'on dissimule les vôtres, et que vous êtes là-dessus d'une sensibilité qui est elle-même un défaut plus insupportable que les autres dont on vous accuse, et dont vous ne voulez pas convenir? Quand il s'agit des défauts du prochain, vous exagérez, vous aggravez, vous supposez peut-être ce qui n'est pas; et quand il s'agit des vôtres, vous excusez, vous palliez, vous ne voulez pas voir ce qui saute aux yeux de tout le monde. Cela est-il juste? est-il juste de vouloir que les autres soient parfaits, pendant qu'on est si imparfait soi-même?

Je ne suis pas parfait, cela est vrai: aussi ne me donné-je pas pour tel; mais je serais bien fâché qu'on pût me reprocher des défauts semblables à ceux que je vois dans certaines gens avec qui on est obligé de vivre, et qui sont en vérité bien insupportables. De quoi peut-on m'accuser après tout? je ne suis ni libertin, ni calomniateur, ni injuste. Je ne fais de mal à personne, je soulage les pauvres, quand je puis. J'ai des sentiments d'honneur et de religion, grâce à Dieu, et je le remercie tous les jours de n'être pas comme tant d'autres. Je ne prétends pas dire pour cela que je sois sans défauts; chacun a les siens; mais...... Bon, mon enfant; et voilà tout juste mon Pharisien qui rend grâces à Dieu, non pas de ce que son infinie bonté veut bien lui pardonner ses crimes, mais de ce qu'il n'est pas criminel comme tant d'autres; non pas de ce que sa miséricorde le souffre tout pécheur qu'il est, mais de ce qu'il n'est pas si grand pécheur que les autres; non pas de ce que sa justice ne le traite pas selon ses mérites, mais de ce qu'il a plus de vertu, plus de mérite qu'un autre. Quelle présomption!

Remercier Dieu des grâces qu'il vous a faites, en vous préservant de certains vices dont la racine est dans votre cœur comme dans celui de tous les autres, en ne permettant pas que vous ayez succombé à certaines tentations, ni que vous vous soyez trouvé dans certaines circonstances qui vous auraient perdu, parce que vous êtes faible et misérable comme tous les autres, à la bonne heure ; mais quel rapport y a-t-il entre les vices que vous n'avez pas, et ceux que vous croyez apercevoir dans votre prochain? Qu'ont de commun le libertinage, le défaut de probité, l'avarice, l'esprit de vengeance, les vivacités, la colère, et tout ce que vous reprochez à votre frère, avec l'honneur, la probité, la générosité, la douceur, les sentiments de religion, et toutes les bonnes qualités dont vous rendez grâces à Dieu?

Des sentiments de religion? vous n'en avez point, dès que vous manquez de charité pour votre prochain, relevant ses défauts, au lieu de les dissimuler ; les exagérant, au lieu de les excuser ; voyant toujours chez lui ceux dont vous croyez être exempt, et ne voyant jamais chez vous ceux dont il est exempt lui-même. Dès lors vos prétendues vertus ne sont rien ; vous n'êtes qu'un Pharisien plein d'orgueil : orgueil mille fois plus choquant que les vices dont vous accusez votre frère, et que vous remerciez Dieu de ne point avoir

Vous n'êtes ni adultère, ni fornicateur, ni injuste, ni vindicatif, ni jaloux, ni avare, ni dissipateur, ni joueur, ni ivrogne : à la bonne heure, et loué soit Dieu qui a pris pitié de votre faiblesse. Si vous aviez été mis à certaines épreuves ; si vous vous étiez trouvé dans certaines occasions, comme ceux que vous traitez avec si peu d'indulgence, peut-être auriez-vous fait pis, et vaudriez-vous moins qu'ils ne valent. Vous avez de la piété ; vous fréquentez les sacrements; vous observez les jours commandés par l'Eglise ; vous faites l'aumône ; vous visitez les malades : tout cela est beau. Prenez garde cependant que d'autres que vous en font encore davantage ; que les païens et les infidèles, avec les lumières et les grâces que vous avez, auraient été peut-être plus chrétiens que vous n'êtes. N'importe : vous n'avez aucun de ces vices grossiers et scandaleux qui vous révoltent dans la personne de votre frère : mais enfin vous n'êtes pas sans imperfection. Ne parlons point ici de ces faiblesses qui sont un secret entre Dieu, votre confesseur et vous; parlons seulement de certains défauts que tout le monde peut voir, et quels sont-ils? Ce n'est point à vous qu'il faut le demander. Il faut le demander à vos parents, à vos voisins, à vos amis, à vos domestiques, à ceux qui vivent habituellement avec vous, qui vous voient de près, qui sont à portée de vous étudier et de vous connaître. Que ne diraient-ils pas, si la charité que nous prêchons ici, ne leur fermait la bouche? Cette petite réflexion vous fait déjà peur et vous humilie.

Ils diraient qu'à la vérité vous êtes un honnête homme, incapable de faire tort à qui que ce soit, plein de sentiments d'honneur et de religion, mais qu'il y a dans votre caractère et dans votre conduite, des misères, des faiblesses, des inconséquences, des caprices qui ne laissent pas d'exercer la patience et la charité de ceux qui vous approchent; misères, imperfections qui sont aussi difficiles à supporter que certains vices dont vous êtes exempt, et qui vous déplaisent chez les autres. Ils diraient, par exemple, que vous manquez de fermeté dans les occasions où il faudrait en avoir, et que vous vous entêtez sur des minuties; que vous êtes trop attaché à vos sentiments, et que vous ne déférez point assez aux sentiments d'autrui; que vous trouvez bien tout ce que vous faites, et que les autres ne font jamais assez bien à votre fantaisie.

Ils diraient que, sans être ni avare ni dissipateur, vous paraissez quelquefois être l'un et l'autre, lorsque vous chicanez avec un ouvrier pour cinq sous, et que vous faites d'ailleurs la dépense inutile d'une pistole; que dans les choses nécessaires, vous regardez à tout de trop près, et que rien ne vous coûte quand il s'agit de superflu; que dans certaines occasions, vous manquez d'économie, et que dans d'autres vous manquez de générosité jusqu'à paraître *mesquin*.

Ils diraient que dans le fond vous êtes bon mari, bon père, bon maître, mais que votre femme, vos enfants, vos domestiques ne laissent pas de passer avec vous des moments très-désagréables; que vous êtes de bonne humeur partout, excepté dans l'intérieur de votre maison; prévenant, plein de politesse et de douceur pour les étrangers; impatient, aigre, bourru, quelquefois dur, peut-être brutal avec votre femme, vos enfants, vos domestiques; que ces enfants sont mal élevés; que vous êtes à leur égard, tantôt indulgent jusqu'à la faiblesse, tantôt sévère jusqu'à la cruauté; qu'aujourd'hui vous faites beaucoup de bruit pour un rien, et que demain vous fermerez les yeux sur des choses essentielles.

Ils diraient que vous êtes à la vérité, Madame, une femme de bien, et une bonne chrétienne; que vous faites beaucoup de lectures de piété, que vous allez souvent à confesse; que vous êtes très-charitable envers les pauvres, mais que votre dévotion amène quelquefois du bruit dans le ménage; que vous n'avez point assez d'égard et de complaisance pour votre mari; que vous lui faites des réprimandes, au lieu de lui faire des représentations; que vous prenez avec lui le ton d'un maître qui ordonne, au lieu d'avoir celui d'une femme respectueuse qui prie; que vous ne regardez pas d'assez près à la conduite de vos filles; et que pendant vos longues prières à l'église ou ailleurs, il se passe dans votre maison bien des choses dont vous rendrez compte à Dieu; que vous êtes difficile à servir, trop exigeante vis-à-vis de tout le monde; que vous vous scandalisez trop aisément; que vous donnez des avis à qui ne vous en demande point, dans certaines occasions où vous devriez vous contenter de prêcher d'exemple. Voilà ce qu'on dirait: et mettez-vous bien dans l'esprit, mon enfant, qu'on ne dirait pas encore tout. Moins vous apercevez ces défauts, plus les autres s'en aperçoivent, plus ils les trouvent incommodes; parce que ne les voyant point, vous ne vous mettez point en peine de les corriger, ou de les rendre plus supportables.

Enfin, et voici, mes frères, en quoi personne ne se rend justice. Nous ne voyons certains défauts dans notre prochain, et ils ne nous sont si à charge, que parce que nous avons les mêmes défauts, ou les défauts contraires. Vous supporteriez aisément cet homme qui manque de douceur et de patienee, si vous aviez vous-même de la patience et de la douceur. Vous ne seriez pas si choqué de ses vivacités, si vous n'étiez pas vous-même si vif et si sensible. Vous ne vous plaindriez pas que cet autre, dans les affaires d'intérêt que vous avez ensemble, dispute pendant une heure pour un écu de plus ou de moins, si vous ne regardiez pas vous-même d'aussi près que lui à un écu de plus ou de moins. Vous croyez avoir raison, il croit l'avoir aussi, et vous contestez ensemble. D'autres fois notre prochain ne nous paraît répréhensible, et nous ne sommes choqués de sa conduite, que parce que nous avons le défaut opposé à celui dont nous l'accusons. Quelqu'un qui a trop de zèle, et par conséquent un zèle faux et mal entendu, puisqu'en tout, ce qui est de trop est mauvais, et qu'il faut de la sobriété jusque dans la sagesse; quelqu'un qui a trop de zèle trouve toujours qu'on en manque dès qu'on n'en a pas autant que lui; et un autre qui en manque, prétend qu'on en a trop, lorsqu'on en a plus que lui. Un caractère vif et bouillant ne peut souffrir quiconque ne va point assez vite à sa fantaisie; un caractère mou appelle des étourdis tous ceux qui vont plus vite que lui. Un dissipateur traite son voisin d'avare, parce qu'il ne dissipe pas son bien et qu'il ne se ruine pas en folles dépenses; l'avare regarde comme des dissipateurs, tous ceux qui ne passent pas leur vie à entasser de l'or et de l'argent comme lui.

Ainsi les hommes, contents chacun de soi, apercevant la paille qui est dans l'œil de leur frère, y voyant quelquefois celle qui n'y est point, et ne sentant pas la poutre qui est dans le leur, vont toujours se plaignant les uns des autres, parce qu'ils sont tous plus imparfaits les uns que les autres. Et leurs défauts réciproques, qui devraient les engager à se supporter mutuellement, sont au contraire la cause pourquoi ils ne peuvent pas se souffrir.

Il faut donc le dire, mes chers enfants, et le dire à notre confusion: ce monde-ci est comme une grande infirmerie pleine de malades de toute espèce, qui, au lieu de penser à leur guérison, se reprochent leurs infirmités les uns aux autres; les aveugles se moquent des sourds, les sourds des boiteux, les lépreux des paralytiques. Eh! malheureux que nous sommes! regardons-nous plutôt nous-mêmes; et levons ensuite les yeux vers ce médecin tout-puissant qui tient dans sa main le remède efficace à toutes nos maladies;

et en lui demandant qu'il nous guérisse par l'onction et la vertu de sa grâce, admirons la bonté avec laquelle il nous souffre : et que la vue de cette infinie bonté nous ferme la bouche, les yeux, les oreilles sur les défauts et les imperfections de nos semblables.

SECONDE RÉFLEXION.

Les richesses de la bonté, de la douceur, et de la longue patience de notre Dieu, ne paraissent pas seulement en ce qu'il souffre tant de crimes qui déshonorent l'humanité, qui révoltent la nature, et font gémir tous les gens de bien, comme nous le remarquions, il n'y a pas longtemps (3° *Dimanche après la Pentecôte*). Ce Dieu souverainement bon, ne montre pas moins sa patience, en souffrant les faiblesses et les infidélités journalières de ceux qui, faisant profession de croire en lui et de le servir, en reçoivent de plus grandes grâces. Nous pouvons même ajouter que cette divine patience éclate davantage en quelque sorte, à l'égard de ses serviteurs, qu'à l'égard de ceux qui le contredisent, le blasphèment et déshonorent le nom de chrétien par une vie scandaleuse et toute païenne : puisque lui-même nous apprend qu'il est moins sensible aux outrages de ses ennemis, qu'aux infidélités de ceux qui paraissent attachés à son service.

Si mon ennemi, dit-il (*Psal.* LIV, 13-15), s'était élevé contre moi, j'y aurais été moins sensible : mais vous qui vivez dans ma maison comme mon ami, que je fais asseoir à ma table, que je nourris de ma propre chair, et à qui je fais goûter toutes les douceurs de cette nourriture délicieuse ; vous que j'appelle mon fils, et qui m'appelez votre père ; vous, âme chrétienne, ma sœur, mon épouse, ma bien-aimée ; vous, offenser ma bonté ! être infidèle à ma grâce ! vous écarter de la loi sainte que je vous ai donnée ! ah ! la plus petite infidélité de votre part, ne fût-ce qu'un seul de vos regards, une seule parole, une seule pensée ; le moindre dérèglement dans vos actions, ou dans vos désirs, tout ce qui ne s'accorde pas avec la fidélité parfaite que vous m'avez jurée, que vous me devez à tant de titres, et que je dois attendre de vous ; tout cela me blesse et me perce le cœur : *Vulnerasti cor meum, soror mea sponsa, in uno oculorum tuorum, et in uno crine colli tui.* (*Cant.*, IV, 9.)

Bon Jésus ! que sommes-nous donc à vos yeux avec notre vertu, notre piété, nos bonnes œuvres, et toute notre prétendue régularité ? que sommes-nous donc avec nos confessions, nos communions, nos prières, nos aumônes, nos jeûnes, et tous ces dehors de christianisme ! hélas ! que sommes-nous ! des brebis qui s'égarent sans cesse ; et que vous ramenez sans cesse; des enfants indociles qui vous désobéissent tous les jours, et à qui vous pardonnez tous les jours ; ils reviennent à vous le soir; et ils vous oublient pendant la nuit ; ils reviennent à vous le matin, et ils vous abandonnent pendant le jour; ils ne se lassent pas de vous offenser, et vous ne vous lassez pas de leur faire grâce.

Mes chers enfants, que chacun de nous examine sa propre vie. Interrogez ceux-là même qui paraissent les plus réguliers et les plus fervents : hélas ! vous diront-ils, cette misérable vie n'est qu'un tissu de faiblesses et d'infidélités, du matin au soir, et d'un bout de l'année à l'autre : toujours imparfaits, toujours pécheurs, toujours incorrigibles. Aujourd'hui, nous confessons nos péchés ; demain nous y retombons de nouveau : le matin nous formons de belles résolutions, avant la fin du jour nous les avons oubliées : dans certains moments nous avons de la ferveur, le moment d'après, c'est le relâchement et le dégoût. Tantôt forts, tantôt faibles : tantôt pleins d'une sainte ardeur, tantôt froids comme la glace ; tantôt recueillis, tantôt dissipés ; tantôt résignés, tantôt impatients; tantôt remplis d'une douce confiance, tantôt abattus presque jusqu'au désespoir. Nos confessions ne roulent que sur des rechutes, et nos rechutes rendent, la plupart du temps, nos confessions inutiles. Toujours enclins vers le mal, nous n'avons pour le bien ni fermeté, ni consistance : et cela, malgré les grâces de toute espèce qui nous préviennent, nous touchent, nous soutiennent, nous fortifient ; malgré l'abondance des secours extérieurs qui nous environnent. Bon Dieu ! que nous sommes insupportables, et que vous êtes patient ! En faut-il davantage pour faire rougir et confondre le chrétien qui manque d'indulgence pour les défauts et les imperfections de ses frères ?

Mais il est Dieu, et je ne suis qu'un homme. Eh ! c'est parce qu'il est Dieu, que les moindres fautes ont à ses yeux une malice infinie. C'est parce qu'il est Dieu qu'il devrait les souffrir, ce semble, avec moins de patience, puisque sa justice en demande sans cesse la punition. Mais il est bon, dites-vous, et sa miséricorde l'emporte sur sa justice. Eh ! imitez-la donc, cette bonté ; faites donc aussi que la miséricorde et la douceur, quand il s'agit des défauts d'autrui, l'emportent sur votre faux zèle, sur votre orgueil et votre sensibilité, sur votre mauvaise humeur, vos caprices et tous ces mouvements d'aigreur ou de mépris, d'indignation ou de malignité qu'excitent en vous les défauts et les infirmités de vos semblables.

Il est Dieu et vous n'êtes qu'un homme : eh ! c'est précisément par cette raison que vous n'êtes ni plus puissant, ni plus juste, ni plus sage que lui, pour ne pas vouloir souffrir les imperfections de vos frères, pendant qu'il les souffre, quoiqu'elles l'offensent, et qu'elles ne vous offensent point ; quoiqu'elles lui déplaisent infiniment plus qu'elles ne sauraient vous déplaire. Etes-vous plus jaloux de sa gloire et du salut des âmes qu'il ne l'est lui-même ? votre frère est-il l'ouvrage de vos mains ? vous a-t-il coûté trente ans de peine, de sueurs, d'humiliations ? avez-vous répandu votre sang pour le racheter ? vous l'aimez peut-être plus que Jésus-Christ lui-même ne l'a aimé ? Eh ! dites plutôt que vous ne l'aimez pas du tout. Dieu le souffre parce qu'il l'aime ; vous ne sauriez le supporter parce que vous ne l'aimez point ; et si vous n'aimez pas votre frère, vous êtes donc dans les ténèbres, dans un état de réprobation et de mort ; vous ne connaissez pas même le vrai Dieu : c'est l'apôtre saint Jean qui le dit dans la première de ses Epîtres. Lisez-la, si vous ne voulez pas m'en croire.

Je ne suis qu'un homme ! eh ! c'est parce que vous êtes homme, que vous devez souffrir les autres hommes. C'est parce que vous êtes homme, que vous devez savoir par votre propre expérience combien les hommes sont faibles et imparfaits ; combien ils sont aveugles sur leurs propres défauts ; combien ils ont de peine à s'en corriger lorsqu'ils les voient et qu'ils désirent de se réformer. Mais c'est parce que vous n'êtes qu'un homme que vous n'avez aucun droit de réformer les autres hommes ; à moins que votre caractère, votre place, les devoirs du sang, de l'amitié ou de la charité chrétienne ne vous engagent à les reprendre ; et alors ce ne sera pas l'humeur, mais la raison ; ce ne sera pas l'impatience, mais la douceur, qui régleront vos mouvements et vos démarches. Les défauts de votre prochain pourront animer votre zèle ; mais ils n'échaufferont pas votre bile ; ils exciteront votre charité, mais ils n'aigriront pas votre cœur ; ils pourront vous inspirer des sentiments de compassion, mais non pas de mépris ; il n'y aura ni fiel, ni dureté, ni raillerie piquante dans vos paroles, et vous n'en parlerez qu'à lui-même ; plus vous désirerez son amendement et sa perfection, plus vous le supporterez avec patience, plus vous le reprendrez avec douceur. Bien loin que ses défauts vous irritent et vous portent à l'humilier, ils serviront à vous humilier vous-même, en vous faisant ressouvenir de vos propres défauts dont la réforme vous intéresse, et doit vous occuper encore plus que celle des autres.

Et voilà malheureusement ce qu'on ne veut point entendre. On craint de se regarder et de se connaître, parce qu'on ne veut pas se réformer ; et, en ouvrant sur les défauts d'autrui des yeux de mépris ou de malignité, on s'oublie soi-même, on s'applaudit de n'avoir pas les mêmes vices pendant qu'on en a quelquefois de plus considérables dont les autres s'aperçoivent, et qu'ils critiquent à leur tour. Ainsi plusieurs personnes qui, toutes, ont le visage couvert de taches qu'elles ne voient point, se regardent mutuellement avec un air de raillerie et se montrent au doigt les unes aux autres.

Oui, mon Dieu, les vices et les imperfections de l'humanité sont vraiment à notre âme ce que les taches sont à notre visage ; et, votre Evangile est le vrai miroir où tous les hommes doivent se regarder. C'est là que chacun de nous pourra voir qu'il n'a rien par lui-même de moins difforme et de plus supportable que ce dont il est choqué dans la personne de son prochain ; que le même fonds de malice et de corruption se trouve dans tous ; et que votre grâce seule peut les distinguer les uns des autres. C'est là que nous apprendrons à nous étudier, à nous connaître, à nous humilier, et à n'apercevoir dans autrui, que ce qu'il a de meilleur et de moins imparfait que nous. C'est là, c'est dans votre Evangile, ô mon Sauveur, que nous verrons, comme dans un miroir fidèle, l'image de cette bonté infinie qui nous supporte, qui nous attend, qui nous prévient, qui nous aime, et qui ne cesse de nous faire du bien, tout imparfaits, tout pécheurs que nous sommes ; et enfin, c'est là que nous apprendrons à nous supporter, à nous aimer, à nous prévenir les uns les autres, comme les enfants d'une même famille dont vous êtes le père ; comme les brebis d'un même troupeau dont vous êtes le pasteur ; comme les membres d'un même corps dont vous êtes le chef, et qui doivent après cette vie, s'ils répondent à leur vocation, ne faire plus qu'une même chose en vous et avec vous, pendant l'éternité bienheureuse. Je vous la souhaite, mes frères. Au nom du Père, etc.

DISCOURS XXXV.

Pour le sixième Dimanche après la Pentecôte.

LA PROVIDENCE.

Unde illos quis poterit hic saturare panibus in solitudine ? (*Marc.*, VIII, 4.)

Où prendre dans un désert comme celui-ci assez de pain pour rassasier tout ce peuple?

Voilà, mes chers paroissiens, quel est le langage de ceux qui ne connaissent pas les ressources de la Providence, ou qui se méfient de sa bonté. Où prendre pour l'entretien, l'éducation, l'établissement de cette famille ? Comment réparer la perte que nous avons faite ? Comment sortir de cet embarras ? Heureux celui dont les coffres sont pleins d'or et d'argent. Ah ! qu'on a bien raison d'en amasser ! c'est le parti le plus sûr. Malheur à qui n'a d'autre ressource que la Providence.

Mais pourquoi se donner tant de peine, disent les autres ? La vie n'est déjà que trop courte, sans l'abréger encore par tant de soins, de travail et d'inquiétudes. Buvons et mangeons ; peut-être que demain nous ne serons plus ; quand nous n'aurons plus rien, nous ferons comme il plaira à Dieu ; il ne faut pas se défier de la Providence.

D'autres enfin, et c'est malheureusement le plus grand nombre, jouissent des biens que la nature ne cesse de produire pour le service de l'homme, sans faire attention à la main invisible qui les répand. Défaut de confiance dans les premiers : confiance mal entendue dans les seconds : aveuglement, insensibilité dans les troisièmes.

Mes chers enfants, ayons des sentiments plus raisonnables et plus chrétiens ; une tendre confiance envers ce Père infiniment bon, qui veille et pourvoit aux besoins de toutes ses créatures ; un esprit de sagesse, de vigilance et de sobriété dans l'usage des biens qu'il nous donne, mais qui, suivant les règles de sa providence, doivent être le fruit ou la récompense de notre travail ; soyons enfin pénétrés d'admiration et de reconnaissance, à la vue de cette source éternelle d'où ces mêmes biens ne cessent de couler sur la terre. Eclairez, touchez, ô mon Dieu, par l'onction intérieure de votre grâce, le cœur de tous ceux qui m'entendent, pendant que je vais les entretenir sur un sujet si important et si digne de toute leur attention.

PREMIÈRE RÉFLEXION.

Il faut avouer, mes chers paroissiens, qu'il y a dans la vie des événements bien fâcheux, des circonstances bien tristes, des situations bien cruelles, où l'on a besoin, pour se soutenir, de toute la confiance que peut inspirer la pensée d'un Dieu tout-puissant qui voit tout, qui veille à tout, et ne permet rien que pour notre plus grand avantage. Ici c'est une pauvre veuve chargée d'enfants, qui n'a que ses bras pour gagner leur vie et la sienne; là c'est une maison épuisée, ou par de longues maladies, ou par des banqueroutes, ou par d'autres accidents qui l'ont réduite jusqu'à manquer du nécessaire. Et sans entrer dans aucun détail, combien de personnes qui savent tout ce qu'on pourrait dire sur cet article, pour s'être trouvées elles-mêmes dans cet état de détresse où les amis, l'argent, le crédit manquent tout à la fois; où l'on n'attend aucun secours de la part des hommes; où toutes les ressources humaines paraissent épuisées, et où il ne reste plus que celle de la Providence? Mais qu'elle est consolante cette ressource, pour l'homme qui espère en vous, ô mon Dieu, sachant que vous n'abandonnez jamais ceux qui y espèrent!

C'est dans ces moments-là qu'un chrétien, après avoir regardé tout autour de lui, ne voyant personne qui puisse ou qui veuille lui procurer les secours dont il a besoin; après avoir inutilement cherché dans son esprit les moyens de sortir de l'embarras où il se trouve, levant enfin les yeux vers le ciel : Seigneur, s'écrie-t-il, vous connaissez mes malheurs, vous voyez ma situation, et vous êtes le seul qui puissiez venir à mon aide. Eh ! pourquoi n'y viendriez-vous pas? vous m'appelez votre enfant, et vous voulez que je vous appelle mon père. Un père abandonne-t-il son enfant? Quand même il y en aurait d'assez durs pour cela, ce ne serait pas vous, ô mon Dieu, qui êtes le meilleur et le plus tendre de tous les pères.

N'est-ce pas vous, Providence infinie, qui nourrissez les oiseaux du ciel, quoiqu'ils ne sèment, ni ne recueillent? qui pourvoyez aux besoins de tous les animaux, et qui avez préparé aux plus petits insectes de quoi subsister? Tous attendent de votre bonté la nourriture qui leur est propre; vous ouvrez dans tous les temps la main bienfaisante qui les a créés; tout ce qui respire sur la terre partage vos bienfaits, et se remplit de vos bénédictions. Ne m'avez-vous pas appris que j'étais bien au-dessus de ces animaux dont vous prenez tant de soin? Comment pourriez-vous donc abandonner une créature faite à votre image, qui a reçu tant de marques et des gages si précieux de votre tendresse paternelle?

Mais n'est-ce pas vous qui avez donné aux lis et à toutes les fleurs qui rendent nos campagnes si riantes, ces couleurs dont l'éclat et la variété surpassent ce qu'il y a de plus beau dans les ouvrages des hommes? Que si vous ornez, avec tant de complaisance, des fleurs qu'une matinée voit éclore, et qui se fanent le lendemain, comment oublieriez-vous celui pour l'amour duquel vous avez répandu tant de biens et tant de beauté sur la terre? Non, Seigneur, vous ne l'oublierez point ; vous étendrez votre main, je sentirai que vous êtes mon père : ma confiance est en vous, et je ne serai pas trompé dans mon espérance.

Tout cela est beau ; mais la Providence fera-t-elle des miracles? Car il y a certaines occasions où il en faudrait un pour nous secourir. Oui, mon cher enfant, elle fera des miracles. Ce qu'elle a fait autrefois, elle peut le faire encore aujourd'hui; sa puissance est toujours la même; et si nous n'en recevons pas des secours aussi prompts que nous le voudrions, c'est la plupart du temps, parce qu'au lieu de nous adresser à elle, nous attendons tout des hommes et de nos propres efforts. Ah ! si vous aviez un grain de cette foi qui transporte les montagnes, vous verriez bientôt vos peines s'évanouir, en jetant dans le sein de sa bonté paternelle ces chagrins dévorants, ces cruelles inquiétudes qui vous pèsent sur le cœur comme autant de montagnes sur vos épaules.

Je ne dis point que Dieu fera pleuvoir l'or et l'argent dans votre maison, comme il fit pleuvoir autrefois la manne et les cailles dans le désert, en faveur des Israélites; ni qu'il tirera l'eau d'un rocher comme il fit pour étancher la soif de ce peuple; ni que les oiseaux viendront vous apporter du pain par son ordre, comme au prophète Elie. Ce ne sont pas là les miracles que vous devez attendre; mais a-t-il besoin pour vous secourir de renouveler ces anciens prodiges? N'a-t-il pas d'autres moyens et d'autres ressources dans les trésors de sa providence? et croyez-vous qu'il ne puisse pas venir à votre secours, sans déranger les lois de la nature et le cours ordinaire des choses?

Il ne fera pas des miracles semblables à ceux dont nous venons de parler, mais il en fera d'une autre espèce. Il inspirera des sentiments de justice, de paix, d'humanité à ce plaideur qui vous ruine; il attendrira le cœur de ce voisin qui connaît votre misère; il conduira dans votre maison quelqu'une de ces âmes charitables qui cherchent des pauvres plus à plaindre que ceux qui mendient dans les rues; cette personne vous préviendra, elle vous épargnera la honte de demander, quelquefois même celle de recevoir, en vous faisant passer des secours par une main de laquelle vous puissiez recevoir sans rougir. Il fera naître quelque circonstance qui, en changeant votre position, vous présentera des ressources imprévues. Hélas! combien de fois n'a-t-il pas assisté ses fidèles serviteurs, au moment que tout paraissait perdu? et cela par des moyens qu'ils n'auraient jamais imaginés, ou par la voie des personnes sur lesquelles ils comptaient le moins?

Enfin, la Providence agira sur votre propre cœur, sur votre esprit, sur votre imagination. Elle vous donnera la hardiesse de faire certaines démarches auxquelles vous n'auriez jamais cru pouvoir vous déterminer, à cause de votre orgueil qui se trouvera humilié, parce que cela était nécessaire au bien de votre âme ; la force de vous réduire sans peine à un état de médiocrité qui d'abord vous avait paru insoutenable, et que vous aimerez ensuite peut-être mieux que celui où vous étiez auparavant; peut-être même cette Providence vous amènera-t-elle au point de la remercier de vos malheurs, et d'être bien aise qu'ils vous soient arrivés, même indépendamment des avantages que vous aurez pu en retirer pour votre sanctification. Mes chers enfants, je ne parle point en l'air; et je sais que plusieurs d'entre vous se reconnaissent dans ce que je viens de leur dire.

C'est ainsi que vous récompensez toujours la confiance de ceux qui espèrent en vous, ô mon Dieu, soit en leur accordant ce qu'ils vous demandent, soit en changeant leurs pensées et leurs sentiments, de manière qu'ils ne veulent plus être que ce qu'ils sont. Heureux celui qui au milieu des plus grandes tribulations se jette entre les bras et se repose dans le sein de votre providence! Il ne s'y reposera point en vain; il sentira les effets de cette bonté à qui rien n'échappe, qui pourvoit à tout ; et si, pour des raisons secrètes et par des vues de miséricorde, vous ne jugez pas à propos d'exaucer ses vœux, vous anéantirez ses désirs, vous le remplirez de cette résignation parfaite sans laquelle nous ne sommes jamais contents, et avec laquelle nous sommes toujours heureux. Vous donnerez à son âme une telle force, qu'il conservera sa tranquillité, qu'il trouvera sa consolation au milieu des plus cruels embarras, et dans la situation la plus amère. Avoir d'autres sentiments, c'est ne pas vous connaître; c'est faire injure à votre puissance, à votre sagesse, à votre bonté; c'est penser que vous ne pouvez pas nous faire du bien, ou que vous ne le voulez pas. Et cette seule pensée est un blasphème.

Mais si c'est insulter à la Providence, que de ne point espérer en elle dans le temps même qu'elle semble nous avoir oubliés; que sera-ce donc de nous en défier, lorsque nous ne manquons de rien, et que nous n'avons que des grâces à lui rendre? Si le souvenir de cette Providence doit nous empêcher de tomber dans le désespoir, lors même que tout nous paraît perdu, et que nous n'avons d'ailleurs ni ressource, ni consolation; que faites-vous donc, mes frères, si, n'ayant rien pour le présent qui vous mette mal à votre aise, vous portez vos inquiétudes sur l'avenir et sur des choses qui n'arriveront peut-être jamais! De quoi vous plaignez-vous, et quelle raison avez-vous pour vous défier de la Providence? Ne vous a-t-elle pas donné jusqu'ici de quoi vivre et de quoi vous vêtir? n'a-t-elle pas répandu sa bénédiction sur votre travail, sur vos troupeaux, sur vos terres, sur votre famille? vous a-t-elle jamais abandonnés? avez-vous jamais manqué du nécessaire? Non. Pourquoi donc sur l'avenir tant de soucis et tant d'inquiétudes?

Prenez garde : je dis des inquiétudes, et non de la prévoyance ; car à Dieu ne plaise que je veuille blâmer ici les précautions que tout homme sage doit prendre pour l'avenir. Notre-Seigneur ne dit pas qu'il ne faille point penser au lendemain; mais il veut que nos sentiments et notre conduite, à l'égard de ce lendemain, soient accompagnés d'une douce confiance en lui, qui bannisse toute inquiétude : inquiétude non-seulement injurieuse à sa providence, mais encore infiniment préjudiciable à notre salut et à celui des autres. Car c'est de là que vient cet esprit d'intérêt qui tourne tant de têtes, qui fait faire tant de sottises, qui fait commettre tant de bassesses, qui cause tant de désordres dans la société.

Maudit intérêt, c'est toi qui apportes la division, le trouble dans les familles, et brouilles quelquefois les meilleurs amis. C'est toi qui as enfanté les usures abominables, les vols, les rapines, la mauvaise foi, les supercheries, les fraudes, et presque toutes les injustices que les hommes commettent les uns à l'égard des autres. Maudit intérêt, c'est toi qui dépouilles la veuve, qui ruines l'orphelin, qui déchires les titres, qui arraches les limites, qui confonds, qui usurpes, envahis les héritages. C'est toi qui donnes au riche des entrailles de fer pour le pauvre; qui tiens enfermés dans un temps de disette des grains qui devraient porter l'abondance dans les marchés. C'est toi qui aveugles les hommes, qui leur donnes une fausse conscience, qui les détournes des devoirs les plus sacrés de la religion, qui les engages à profaner, par un travail défendu, les jours les plus saints et les plus respectables. C'est toi qui troubles leurs esprits, qui endurcis leurs cœurs, et précipites des millions d'âmes dans les enfers.

Et cet esprit d'intérêt d'où vient-il, sinon de ce que les hommes mettent toute leur confiance dans les biens de ce monde, craignant toujours d'en manquer, comme s'il n'y avait pas de Providence, ou qu'elle ne se mêlât de rien? Défiance, le dirai-je, qui va quelquefois jusqu'à porter dans le mariage même les excès d'un libertinage affreux, en s'opposant à la fin pour laquelle il a été principalement établi. Eloignez de nous, grand Dieu, l'image d'un crime détestable : faut-il que la crainte d'avoir une famille trop nombreuse porte des hommes et des chrétiens à de telles abominations! Mes chers enfants, reposons-nous sur la Providence, comme dans le sein d'une bonne mère qui n'abandonne jamais ceux qui mettent en elle leur confiance. Mais prenons garde, en même temps, que cette confiance soit raisonnable, et ne tentons pas la Providence, soit en vivant dans l'oisiveté qu'elle réprouve, soit en dissipant mal à propos les biens que nous avons reçus de sa bonté.

SECONDE RÉFLEXION.

C'est en vain que nous cultiverions la terre, si Dieu n'envoyait pas dans le temps, la pluie et les chaleurs nécessaires pour faire germer les fruits, et les amener à leur parfaite maturité; mais aussi les pluies et les chaleurs, sans nos travaux, seraient inutiles. Tel est l'ordre établi par la Providence. Elle a voulu que nous travaillassions conjointement avec elle, pour nous procurer les biens dont elle est la première source, dont l'usage n'appartient qu'à nous comme la gloire n'en appartient qu'à elle. Elle a voulu que ces biens dont nous avons besoin pour sustenter notre vie, fussent en même temps, et le fruit de la bénédiction qu'elle a répandue sur la terre, et le fruit du travail auquel elle a condamné tous les hommes.

Je ne vous répéterai point ici ce que nous avons remarqué ailleurs (*Dimanche de la Septuag.*), sur la nécessité de ce travail imposé à tous les états sans exception, et tellement indispensable, que, suivant la parole expresse de saint Paul : *Quiconque ne travaille point ne doit point manger.* (II *Thess.*, III, 10.) Je me contenterai de vous rappeler le proverbe si raisonnable et si connu : *Aide-toi, je t'aiderai;* et vous sentez vous-même que celui qui tente la Providence, n'est pas moins criminel qu'un autre qui s'en défie. J'appelle tenter la Providence, vouloir qu'elle fît tout, pendant que nous ne ferions rien : ce qui est absolument contraire à ses vues, et aux lois de son éternelle sagesse. Ecoutez-moi donc, mon enfant, et souvenez-vous bien de ce que je vais vous dire.

Si, dans certaines extrémités où Dieu permet quelquefois que vous soyez réduit pour vous faire sentir le besoin que vous avez de sa providence, et vous engager à recourir à elle, vous vous contentez de dire : Mon Dieu, mon Dieu, vous laissant abattre par le chagrin, vous abandonnant à une espèce de désespoir, sans vous donner aucun mouvement, sans prendre de votre côté aucune mesure pour vous tirer de l'embarras où vous êtes; si votre orgueil vous empêche de faire certaines démarches vis-à-vis de certaines personnes qui pourraient vous aider et qui vous aideraient vraisemblablement; si vous voulez, en un mot, que la Providence agisse toute seule, sans que vous y mettiez rien du vôtre; c'est vouloir ce qu'elle ne veut pas; c'est exiger qu'elle dérange ses lois ordinaires; c'est la tenter en lui demandant des miracles.

Si, n'ayant que vos bras, votre industrie, vos talents, pour gagner votre pain et celui de votre famille, vous êtes la plupart du temps sans rien faire, ou occupé à faire des riens; si vous ne travaillez pas du matin au soir; si, comme la fourmi, vous n'amassez pas dans la belle saison, de quoi vivre dans ce que vous appelez une saison morte; si vous dépensez le dimanche et le lundi au cabaret, la moitié de ce que vous avez gagné dans la semaine, mangeant en deux heures de quoi nourrir votre famille pendant deux jours : votre famille qui manque peut-être de pain ; malheureux que vous êtes! pendant que vous faites un Dieu de votre ventre, que vous vous divertissez, et que vous êtes ivre jusqu'à n'avoir plus de raison; allez, ne parlez pas de la Providence; ne la nommez pas seulement, vous êtes indigne de ses bienfaits.

Si, pendant que la misère vous poursuit, et que vous n'avez ni de quoi manger, ni de quoi vous couvrir, vous restez les bras croisés, sous prétexte que vous êtes de bonne famille, et qu'une personne comme vous n'est point faite pour gagner sa vie; avec votre bonne famille, et toute votre orgueilleuse délicatesse, vous mourrez de faim; toi, mon pauvre enfant, tu deviendras un *vaurien;* tu finiras par mendier ton pain ou par le voler, car il n'y a que deux métiers pour qui n'a rien et ne veut rien faire. Et vous, Mademoiselle, avec vos airs de distinction, vous finirez par vous donner au premier venu; vous vendrez, pour vivre, le peu d'honneur qui vous reste, et on dira tout bas, que vous êtes une libertine ; car c'est là ordinairement le métier de celles qui n'ont rien et qui ne veulent rien faire. Allez, mes enfants, il n'y a point de Providence pour vous. Pardonnez-moi, il y en a une ; mais c'est pour vous punir, car vous mourrez misérables.

Et vous qui, ayant un certain fonds et un certain revenu, n'êtes pas dans le cas de gagner votre vie comme les mercenaires, prenez garde : si vous ne faites pas valoir votre bien ; si vous vivez dans l'oisiveté; si vous n'agissez pas dans votre maison; si vous ne veillez pas sur vos domestiques; si vous n'avez ni ordre dans vos affaires, ni économie dans votre ménage; si vous dépensez dans six mois le revenu d'une année; si vous mettez en habits, en bonne chère, et en d'autres superfluités, au delà de ce que vos facultés peuvent permettre, sous prétexte que vous avez un état à soutenir, ou pour quelque autre raison de cette espèce ; vous auriez grand tort de compter sur la Providence. Votre maison fondra insensiblement; bientôt vous prendrez sur les fonds, comme on prend sur le revenu; vos contrats, vos terres, vos prés, vos vignes, s'en iront par pièces et par morceaux. Vos enfants n'hériteront que de votre misère. En revenant de vous accompagner au tombeau, ils seront obligés pour vivre ou pour payer vos dettes, de vendre jusqu'au lit où ils sont nés, et dans lequel vous venez de rendre l'âme. Trop heureux, si avant de mourir, vous n'essuyez pas la honte de recourir, pour avoir le nécessaire urgent, à la bourse de ceux dont les pères ont demandé l'aumône aux vôtres, et qui, par leur travail, leur économie et leur bonne conduite, ont attiré les bénédictions de la Providence, pendant que vous les avez détournées en abusant des biens qu'elle vous avait donnés. On trouve partout sur cet article des exemples qui font trembler, et qui, pour un homme sage, valent mieux que tout ce que nous pourrions lui dire.

Et certes, mes frères, ce serait être bien présomptueux et bien insensé, d'imaginer que la Providence fera des miracles pour entretenir dans l'oisiveté des hommes qu'elle a condamnés à manger leur pain à la sueur de leur front; pour veiller à la conservation de leur bien, pendant qu'ils le dissipent. La Providence est-elle donc faite pour favoriser nos passions, et n'aurions-nous de confiance en elle que pour mener tranquillement une vie oisive et déréglée? Non, mon Dieu, non. Dès que nous n'entrons pas dans vos vues, dès que nous renversons les lois que vous avez établies, nous sommes indignes de vos soins, et nous ne devons pas compter sur votre providence.

Toutes les créatures que vous avez faites pour notre usage, ô Dieu tout-puissant, sont comme des instruments par le moyen desquels vous pourvoyez à nos besoins; mais vous nous ordonnez de les employer nous-mêmes, et de nous en servir. Vous avez fait le soleil pour nous éclairer; mais il n'éclaire pas celui qui ferme les yeux à sa lumière. Vous avez donné la fécondité à la terre; mais il faut que nous la cultivions pour en recueillir les fruits. Vous avez répandu dans les plantes une vertu salutaire qui sert de remède ou de préservatif aux différentes maladies de notre corps; mais vous avez laissé aux hommes le soin de les cueillir, de les préparer, d'en extraire les sucs, et d'en faire usage. De même que nous ne pouvons rien sans le secours de votre providence; cette providence, à son tour, suivant les lois ordinaires, ne fait rien sans notre coopération; et par un effet de votre infinie sagesse, en mettant sous nos yeux, dans nos mains et à notre disposition les moyens que vous avez établis, et dont nous sommes obligés de nous servir pour satisfaire nos besoins, vous avez rendu votre providence tellement sensible, que nous sommes, pour ainsi dire, forcés de la voir et de la toucher en travaillant avec elle; ce qui nous met dans l'heureuse nécessité de ne la perdre jamais de vue; et néanmoins il y a des hommes qui ne la voient pas et qui jouissent de ses biens sans reconnaissance.

TROISIÈME RÉFLEXION.

O aveuglement! ô insensibilité du cœur humain! on sème, on recueille; on boit, on mange; on vend, on achète; on va, on vient; on travaille, on se repose; on voyage, on passe les mers; on amasse, on dissipe; on plante, on arrache; on édifie, on détruit; chacun fait servir à ses besoins, à ses plaisirs, à sa passion, à ses caprices, le ciel, la terre, la mer; tout ce qu'ils renferment, tout ce qu'ils produisent; on jouit, on dispose de tout, sans lever les yeux vers celui qui a tout fait, par qui tout existe, en qui nous avons l'être, le mouvement et la vie, sans le secours duquel nous ne pouvons pas arracher un cheveu de notre tête. Comme si les biens dont nous jouissons nous étaient dus, comme s'ils n'étaient que l'ouvrage de nos mains, ou les fruits de notre seule industrie!

Mais est-ce vous, répondez, faible et ingrate créature, est-ce vous qui avez marqué au soleil la route qu'il tient depuis six mille ans, pour éclairer tour à tour les différentes parties du monde? Est-ce par votre ordre qu'il paraît régulièrement le matin pour présider à votre travail, et qu'il se retire le soir pour vous inviter au repos? Est-ce vous qui avez donné à la terre sa fécondité, l'instinct aux animaux qui vous servent ou vous amusent, le suc aux fruits et aux plantes qui vous nourrissent? Est-ce vous qui formez les nuées, et qui les pressez dans votre main, pour en exprimer les pluies qui rafraîchissent et fertilisent nos campagnes?

Le laboureur sème le grain dans son champ; mais est-ce lui qui en tire cette quantité prodigieuse d'épis qui réjouissent la vue, en promettant l'abondance? Il y a planté un morceau de bois garni de racines; mais est-ce lui qui a fait toutes ces branches? d'où sont-elles venues? qui est-ce qui les a garnies de feuilles, ornées de fleurs, chargées de fruits? Vous couvrez la mer et les rivières de marchandises que vous transportez d'un bout de la terre à l'autre; mais est-ce vous qui avez ramassé les eaux de la mer comme dans un bassin, et qui faites couler les rivières? Vous avez des talents, de belles connaissances, une industrie et une adresse admirables; mais d'où tenez-vous tout cela? Est-ce vous qui avez donné à votre esprit l'intelligence, l'adresse à vos doigts, le mouvement et la force à votre corps? Est-ce vous qui faites circuler le sang dans vos veines, qui faites battre votre pouls, qui faites palpiter votre cœur? Répondez, et dites-nous donc si c'est vous qui êtes l'auteur de tant de merveilles?

Je dis des merveilles; je le dis à ceux qui voudraient voir des miracles, et je demande: faut-il être plus puissant pour arrêter le soleil dans sa course, comme Dieu fit autrefois à la prière de Josué, que pour conserver dans cet astre la lumière, la chaleur, et la régularité de son mouvement, sans que jamais cette lumière soit obscurcie, sans que cette chaleur s'affaiblisse, sans que ce mouvement s'arrête ou se ralentisse, ou se dérange d'une ligne? Faut-il être plus puissant pour nourrir cinq mille personnes avec cinq pains, que pour tirer annuellement d'une terre stérile par elle-même, de quoi nourrir tous les millions d'hommes et d'animaux qui l'habitent? Faut-il plus de puissance pour changer l'eau en vin, comme le fit Notre-Seigneur aux noces de Cana, que pour attacher sur le cep de nos vignes ces belles grappes qui nous le produisent, ou pour changer en sang les aliments de toute espèce qui font vivre et croître les animaux ainsi que les hommes? Est-ce un plus grand miracle de tirer de l'eau d'un rocher que de tirer d'un brin d'herbe, ou d'un morceau de bois plante dans la terre, des fleurs, des feuilles, des fruits qui ont mille couleurs, mille formes, mille goûts différents; qui ont mille propriétés et mille vertus différentes?

Aveugles que nous sommes! ces merveilles sont continuellement sous nos yeux, dans nos mains, dans notre bouche; nous les buvons, nous les mangeons, si je puis m'exprimer ainsi, nous les convertissons à tous nos usages, et nous n'y voyons rien qui réveille notre admiration! Et dans les ouvrages de votre providence, ô mon Dieu, l'homme n'admire la plupart du temps que son propre ouvrage, et trouve de quoi nourrir son orgueil dans ce qui devrait ne servir qu'à exciter dans son cœur les sentiments d'une tendre reconnaissance!

Un homme s'en va visiter ses terres; il se promène autour de ses héritages; il fait la revue de ses troupeaux, et regarde tous ces biens avec une complaisance secrète: cela est naturel. Mais ne serait-il pas naturel aussi de lever dans ce moment les yeux et les mains vers le ciel, en disant: Grand Dieu, que votre providence est admirable, et que vous êtes bon! mille grâces vous soient rendues pour tous les biens que vous m'avez donnés; faites que j'en jouisse sans y attacher mon cœur; qu'ils servent non pas à ma damnation, mais à mon salut et à votre gloire. Point du tout, ce n'est pas là ce qu'on dit; on se glorifie en soi-même: voilà qui est beau, je remplirai mes caves et mes greniers; mes troupeaux sont nombreux et en bon état, j'en ferai des sommes considérables; je ne manque de rien, je suis à mon aise, j'ai de quoi boire, manger, me divertir, et me procurer toutes les commodités de la vie.

Le marchand ne raisonne pas mieux, et n'a pas plus de reconnaissance, lorsqu'il remplit ou qu'il vide ses magasins; lorsqu'il fait la revue de ses marchandises, et qu'il voit ses profits dans le registre qu'il en tient. On peut faire le même reproche à presque tous les hommes, de quelque état qu'ils soient, quelque profession qu'ils exercent, celui-ci en cultivant la terre, ceux-là dans leur boutique, d'autres dans leur cabinet; chacun rapporte tout à soi, et ne voit partout que son propre ouvrage; comme si nos talents, notre industrie, nos travaux, n'étaient pas les dons de celui qui les a créés; comme si tout cela pouvait être quelque chose sans lui, et en un mot comme si on ne connaissait pas sa providence.

On la connaît, mais c'est pour s'en plaindre, lorsque tout ne va pas comme on le désire. Celui dont les terres, le commerce, le travail rapportent beaucoup, ne pense guère qu'il doit tout à la Providence. Lorsque ses affaires vont mal, qu'il est affligé par de mauvaises années ou d'autres malheurs, il murmure quelquefois contre elle: quelle ingratitude! et on y met le comble en faisant servir au péché les biens qu'elle ne cesse de répandre sur la terre. Les uns les font servir à la vanité, les autres au libertinage; ceux-ci aux excès de l'intempérance, ceux-là convertissent tout en or, et en font leur idole. Celui qui en a le plus commet ordinairement les plus grands désordres. Plus vous donnez, ô mon Dieu, plus on vous offense; et les hommes portent l'ingratitude jusqu'à tourner contre vous-même vos propres bienfaits.

Mais une chose m'afflige surtout, mes chers paroissiens, et me navre le cœur, toutes les fois que j'y pense. Le temps où la Providence nous invite à recueillir les fruits qu'elle nous a préparés, comme un bon père rassemble ses enfants et les fait ranger autour de sa table, lorsque l'heure du repas est venue; le temps de la récolte est celui où Dieu non-seulement est le moins servi, mais où il est le plus offensé: offensé par des travaux défendus le saint jour de Dimanche; offensé par des querelles, par des jurements, des imprécations. Seigneur, vos enfants disputent, se déchirent, blasphèment votre saint nom, pendant que vous les rassasiez de vos biens! offensé par les vols, la mauvaise foi, les tromperies. Tout cela n'est jamais plus commun que dans le temps de la récolte. Le maître se plaint des ouvriers, les ouvriers se plaignent du maître. Vous savez tout, ô mon Dieu, et vous les jugerez tous. Ce qui m'étonne et me fait trembler, c'est que j'entends toujours parler de vol, jamais de restitution. Il faut de deux choses l'une: ou que les uns se plaignent à tort et soient des calomniateurs; ou que les autres aient donc vendu leur âme, renoncé au paradis, et ne fassent que des sacriléges.

Faut-il s'étonner, après cela, si la Providence, irritée de notre ingratitude et du mauvais usage que nous faisons de ses biens, nous les enlève quelquefois lorsque nous sommes sur le point de les recueillir, et rend inutiles, dans un jour, les travaux de toute l'année? Ne faut-il pas s'étonner plutôt que sa colère ne se fasse pas sentir plus souvent? Insensés que nous sommes! le souffle de cette colère peut perdre chaque jour tous les fruits dont notre terre est couverte; les rigueurs de l'hiver, les gelées du printemps, la sécheresse, la grêle, les inondations, les insectes, tout cela est dans vos mains, et à vos ordres, Seigneur; vous n'avez qu'à dire un mot, tout sera ravagé, désolé, perdu. Nous le savons, et nous le craignons; et au lieu de détourner ces fléaux par une vie chrétienne, il semble au contraire que nous voulions les attirer, en redoublant le nombre de nos offenses, qui sont la vraie cause de tous les malheurs qui nous affligent ou nous menacent.

Source inépuisable de tout bien, grand Dieu, qui veillez continuellement aux besoins et à la conservation de vos créatures, inspirez-nous, par votre grâce, les sentiments dont nous devons être pénétrés à la vue des richesses, des bienfaits, des merveilles de votre providence. Que le pauvre et ceux qui se trouvent réduits à des extrémités fâcheuses, pleins de confiance en vous, méritent par leur patience et par un travail assidu, les secours qu'ils attendent de votre bonté paternelle. Que le riche et tous ceux qui ont le nécessaire jouissent sobrement, avec actions de grâces, avec sagesse et économie, des biens que vous leur avez donnés, sans les faire servir à contenter leurs passions ou à nourrir leur orgueil : n'oubliant jamais que celui qui a plus reçu aura un plus grand compte à rendre ; que le superflu des uns doit suppléer à ce qui manque aux autres, et que la même justice qui défend au pauvre de dérober, ordonne au riche de faire l'aumône.

Providence adorable de mon Dieu, soyez à jamais bénie pour tous les biens dont vous nous comblez. Continuez de répandre vos bénédictions sur les fruits de la terre ; et après les avoir conduits à leur maturité, faites que nous les recueillions en paix. Eloignez de nous les querelles, la mauvaise foi, et toute sorte d'injustice. Que chacun reçoive paisiblement de votre main ce qui lui appartient, et rien de plus. Que la trop grande attache pour ces biens passagers ne nous fasse jamais oublier que nous sommes tous frères, et que nos véritables richesses sont dans le ciel. Ce sont là, mes chers enfants, les richesses que je vous souhaite. Au nom du Père, etc.

DISCOURS XXXVI.

Pour le septième Dimanche après la Pentecôte.

NÉCESSITÉ DES BONNES ŒUVRES.

Omnis arbor quæ non facit fructum bonum, excidetur et in ignem mittetur. (*Matth.*, VII, 19.)

Tout arbre qui ne porte pas de bon fruit, sera coupé et jeté au feu.

Voilà, mes frères, ce que vous avez mille fois entendu, et ce que vous n'avez peut-être jamais bien compris. C'est nous qui sommes les arbres dont il est parlé dans l'Evangile. Les bons fruits sont nos bonnes actions ; les mauvais fruits sont nos péchés. Tout homme, dont les œuvres sont bonnes, est un arbre précieux devant Dieu, qui sera un jour transplanté dans la terre des saints. Tout homme dont les œuvres ne sont pas bonnes, quand même elles ne seraient pas mauvaises, est un arbre tout au moins inutile, que Dieu réprouve et condamne aux flammes éternelles. Il ne suffit donc pas pour être sauvé de ne point faire de mal, il faut outre cela pratiquer le bien, et faire de bonnes œuvres. Sur quoi nous voyons un très-grand nombre de chrétiens se tromper, et se perdre, faute de bien comprendre la vérité renfermée dans ces paroles : *tout arbre qui ne porte pas de bon fruit, sera coupé et jeté au feu.*

Les uns pensent que pour gagner le ciel il suffit d'éviter le mal, et ne se mettent point en peine de faire de bonnes œuvres, ni de rendre leurs actions bonnes. D'autres s'imaginent que pour faire de bonnes œuvres, il faut jeûner souvent, faire beaucoup d'aumônes, et de longues prières ; et n'ayant d'ailleurs ni assez de temps pour prier, ni assez de bien pour soulager les pauvres, ni assez de santé, ou de ferveur pour jeûner, ils se croient dispensés de tout cela, et ne pensent pas même à faire de bonnes œuvres. Enfin, il y en a très-peu qui sachent ce que c'est qu'une bonne œuvre.

Il est donc de la dernière importance de vous instruire sur ces trois points, et de vous apprendre premièrement, que personne n'est dispensé de faire de bonnes œuvres ; et qu'elles sont absolument nécessaires pour entrer dans le ciel ; secondement, que chacun dans son état peut aisément, avec la grâce de Dieu, pratiquer de bonnes œuvres. A quoi nous ajouterons deux mots sur les qualités que doivent avoir nos actions, et sur la manière dont il faut qu'elles soient faites pour être bonnes et méritoires devant Dieu.

PREMIÈRE RÉFLEXION.

Rien n'est moins raisonnable que le langage de certains chrétiens qui, quand on leur reproche leur tiédeur et leur négligence dans le service de Dieu, ne répondent autre chose, sinon qu'ils ne font point de mal. Que dites-vous là, mon enfant : je ne fais point de mal! Quoi! un religieux de la Trappe vêtu d'un cilice, couchant sur la dure, jeûnant tous les jours de sa vie, ne mangeant que des légumes mal assaisonnés, ne sortant jamais de sa solitude, ne parlant qu'à Dieu, ou ne parlant que de lui, passant une partie du jour à prier, l'autre à bêcher la terre, ou à d'autres ouvrages pénibles, se levant toutes les nuits pour chanter les louanges de Dieu, pendant plusieurs heures de suite ; un religieux de la Trappe qui mène la vie la plus austère et la plus sainte, ne cesse avec tout cela de gémir et de crier : Je suis un grand pécheur. Les plus grands saints ont tenu le même langage ; tous les chrétiens que nous voyons avoir le plus de piété et de ferveur, sont dans les mêmes sentiments, et disent la même chose. Et vous, qui n'avez ni ferveur ni dévotion ; vous qui ne faites rien, ou presque rien pour votre salut ; vous qui n'êtes devant Dieu qu'un arbre sans fruit, un serviteur inutile, vous ne laissez pas de dire froidement : Je ne fais point de mal? Vous sentez d'abord combien cette façon de penser est contraire à l'esprit de l'Evangile, puisque ceux qui sont les plus remplis de cet esprit tiennent à cet égard un langage tout différent du vôtre.

Mais quand même il serait vrai de dire que vous ne faites point de mal, n'ayant aucun de ces vices grossiers et palpables qui sont en même temps si indignes et du chrétien et de l'honnête homme ; quand même vous ne seriez ni impudique, ni avare, ni médisant, ni jaloux, ni vindicatif, ni colère ; hélas! ceux qui disent, je ne fais point de mal, ne sont jamais exempts de tous ces vices ; supposons néanmoins que vous ne soyez sujet à aucun, vous n'entrerez pas pour cela dans le ciel, si vous ne faites de bonnes œuvres.

Que faut-il faire pour gagner le ciel? Après avoir lu et relu toute la Bible, tout ce que les saints Pères et les docteurs de l'Eglise ont écrit ; tout ce que les livres de piété nous enseignent ; vous trouverez que tout se réduit à ces deux paroles : *Evitez le mal, et pratiquez le bien.* Ces deux choses doivent toujours aller ensemble : si vous les séparez, il n'y a rien de fait. Portez le cilice, jeûnez trois fois la semaine, priez sept fois le jour, donnez la moitié de votre bien aux pauvres; si d'ailleurs vous n'évitez pas le mal; si vous nourrissez par exemple des sentiments de haine, ou de mépris envers le prochain; si vous critiquez sa conduite, si vous déchirez sa réputation; si vous manquez d'obéissance ou de respect pour vos supérieurs; si vous vous laissez dominer par l'orgueil et la vaine gloire, vos bonnes œuvres ne sont rien, parce qu'un seul péché mortel détruit le mérite de toutes les bonnes œuvres possibles. D'un autre côté, soyez réglé tant qu'il vous plaira dans vos mœurs, honnête homme, ne faisant tort à qui que ce soit, évitant le mal, en un mot; si, avec cela, vous ne pratiquez pas le bien, vous ne faites que la moitié de ce qu'il faut faire pour être sauvé; et comme on ne se sauve point à demi, dès que vous en restez-là, vous ne faites rien.

Nous sommes comparés dans les Livres saints, tantôt au laboureur qui sème pour recueillir; qui recueille peu, quand il sème peu; qui ne recueille rien, quand il ne sème rien du tout; tantôt à un figuier que le père de famille a planté dans sa vigne, qu'il cultive, qu'il amende, dans l'espérance d'avoir du fruit, qu'il arrache lorsqu'il n'en donne point, quoique d'ailleurs il n'en produise pas de mauvais. La comparaison est sensible et n'a pas besoin d'une plus grande explication.

Le royaume du ciel nous est d'ailleurs proposé comme une récompense; et Jésus-Christ le compare au salaire d'un ouvrier qu'on paye le soir après qu'il a rempli sa tâche. Si le paradis est la récompense des bonnes œuvres, il n'y a donc pas de paradis à espérer pour quiconque ne fait pas de bonnes œuvres, comme un ouvrier qui n'a point travaillé, ne doit pas espérer de salaire. Jugez vous-mêmes si cela est juste : voudriez-vous payer des gages à un domestique qui resterait les bras croisés, et se contenterait, pour tout service, de ne pas faire de mal dans votre maison? Lorsque vous avez loué des ouvriers, n'exigez-vous pas qu'ils emploient fidèlement leur journée? Et s'ils revenaient le soir, sans avoir rien fait de ce dont vous étiez convenus, croiriez-vous leur faire injustice, en refusant de leur payer ce que vous leur aviez promis? Comment donc prétendez-vous que Dieu vous récompensera, si vous ne faites rien qui soit digne de récompense? Voyons là-dessus un beau passage de saint Paul.

Dites-nous, grand Apôtre, pourquoi tant de prières, tant de jeûnes, de veilles, de mortifications? Que faites-vous? écoutez, mes frères; ô la belle réponse! *J'achève d'accomplir en moi et dans ma propre chair, ce qui manque à la Passion de Jésus-Christ.* (*Coloss.*, I, 24.) Eh! que manque-t-il donc à la Passion de Jésus-Christ? N'a-t-il pas été depuis sa jeunesse dans les travaux et la pauvreté? N'a-t-il pas vécu plus de trente ans dans les humiliations et dans la douleur? Il a souffert, il est mort; les oracles des prophètes sont accomplis, tout est consommé; que faut-il davantage pour le salut des hommes?

Il est vrai que le sang de l'Agneau sans tache a lavé les péchés du monde, et que le prix de ce sang adorable est devenu pour nous tous un trésor inépuisable de grâces et de bénédictions : tout est consommé de la part de Jésus-Christ; mais tout n'est pas consommé de la nôtre; il nous a mérité par sa mort tous les secours dont nous avons besoin pour travailler à la sanctification de nos âmes; mais comme il n'a pas prétendu sauver les hommes sans qu'ils y missent rien du leur, et que notre sanctification doit être en même temps, et l'ouvrage de la grâce, et celui des bonnes œuvres qu'elle nous fait faire, cet ouvrage demeure nécessairement imparfait, lorsque nos bonnes œuvres ne sont pas jointes à la Passion de Jésus-Christ, de sorte que la Passion de Jésus-Christ et nos bonnes œuvres faisant ensemble la consommation de notre salut; lorsque nos bonnes œuvres manquent, la Passion de Jésus-Christ nous devient inutile, comme nos bonnes œuvres ne serviraient de rien sans la Passion de Jésus-Christ.

C'est que la sanctification de notre âme est un édifice spirituel dont Jésus-Christ a posé, ou plutôt dont il est lui-même le fondement. Si nous ne bâtissons rien sur ce fondement, il n'y aura jamais d'édifice. Fondement d'humilité, de douceur, de patience, de mortification : il faut donc élever sur ce fondement les œuvres d'humilité, de douceur, de mortification, de patience. Fondement de justice, de piété, de sainteté; il faut donc élever sur ce fondement les œuvres de l'amour divin et de la charité chrétienne. Voilà ce que saint Paul appelle *remplir ce qui manque à la Passion de Jésus-Christ.*

Ceci me fait souvenir de ce que dit ailleurs le même Apôtre, que Dieu *a préparé* à chacun de nous un certain nombre *de bonnes œuvres afin que nous les pratiquions.* (*Ephes.* II, 10.) Il les a préparées, c'est-à-dire qu'il nous les indique, nous les prescrit, nous en montre le modèle dans sa sainte humanité, nous les inspire par la grâce, et nous aide lui-même à les pratiquer. Vous avez tout disposé, ô mon Sauveur, pour l'édifice de notre salut; vous en avez dressé le plan, vous en avez posé les fondements; vous en avez, pour ainsi dire, préparé les matériaux; vous êtes vous-même à la tête de l'ouvrage, vous donnez abondamment tous les secours nécessaires, vous nous exhortez sans cesse au travail, et vous travaillez avec nous. Courage, mes frères, ne perdez point de temps; ce n'est que *par vos bonnes œuvres* que vous pouvez *rendre votre vocation certaine*, assurer votre prédestination et consommer votre salut. Ce sont les paroles de saint Pierre. (II *Petr.*, I, 10.)

Cela étant ainsi, mes chers paroissiens, comme la foi et même la raison ne nous permettent pas d'en douter; où en sommes-nous donc, et que deviendront tant de chrétiens qui ne pensent à rien moins qu'à faire de bonnes œuvres, et qui paraîtront devant Dieu les mains vides? Ce qui m'afflige surtout, je ne vous le cache pas, c'est de voir plusieurs d'entre vous, qui effectivement n'ont pas de vices considérables, et dont on peut dire dans un sens qu'ils ne font pas grand mal, se perdre néanmoins faute de pratiquer le bien, quoiqu'ils pussent le faire aisément s'ils voulaient y prendre garde. Car les bonnes œuvres que Dieu demande de nous sont à portée de tout le monde ; et il n'y a personne qui, dans son état, ne puisse facilement les pratiquer avec le secours de la grâce.

SECONDE RÉFLEXION.

Les choses que je vous commande, disait le Seigneur à son peuple (*Deut.*, XXX, 11, seqq.), ne sont point au-dessus de vous, ni au delà de votre portée, de manière que vous ne puissiez pas y atteindre. Il n'est pas nécessaire, pour les accomplir, de vous élever jusque dans le ciel, ni de traverser les mers et de passer à l'autre extrémité de la terre. Ce que je vous demande est dans votre bouche, dans votre cœur, tout autour de vous, et, pour ainsi dire, sous votre main. Voilà, mes chers enfants, ce que je répéterai aujourd'hui, pour votre consolation. Vous n'arriverez point à la vie éternelle sans faire de bonnes œuvres ; mais ne vous effrayez pas, et ne perdez pas courage. Les bonnes œuvres que Dieu vous commande n'ont rien d'extraordinaire ; vous n'avez pas besoin pour les pratiquer de quitter l'état où la Providence vous a placés, ni de vous retirer dans un cloître ; de passer votre vie dans la contemplation, ni d'exténuer votre corps par des jeûnes rigoureux et des mortifications singulières, ni de vous dépouiller de tout votre bien pour le distribuer aux pauvres. Quoique tous les chrétiens soient appelés à la perfection, ils ne sont pas cependant tous appelés au même genre, ni au même degré de perfection ; et la grâce de Dieu qui agit sur nos cœurs de mille manières différentes, emploie des moyens différents, pour la sanctification des hommes, et la perfection de ceux qui lui sont fidèles.

Je sais qu'on est obligé de faire l'aumône, quand on le peut ; que les riches y sont toujours obligés, parce qu'ils le peuvent toujours; que les personnes qui sont aisées sans être riches, doivent la faire à proportion de leurs facultés, quelquefois même au delà de leurs facultés, lorsque la nécessité du pauvre est extrême, et dans certains cas où la charité veut que nous prenions sur notre nécessaire. Je sais qu'il faut dompter la chair par le jeûne et par les autres austérités, lorsqu'elle se révolte contre l'esprit; chacun doit là-dessus se connaître et agir en conséquence, sans attendre qu'un directeur l'ordonne ou le conseille. Je sais enfin qu'il y a des jours spécialement consacrés au service de Dieu, et qu'il n'y a pas un jour où un honnête homme, tout occupé qu'il soit, ne donne au moins quelques instants à la prière. Mais je sais aussi que tout le monde ne peut pas jeûner, ni soulager les pauvres, et qu'il y a des personnes à qui leurs occupations permettent à peine de faire une courte prière, le soir et le matin.

Cependant toutes nos bonnes œuvres se réduisent au jeûne, à l'aumône et à la prière. Et s'il est vrai que personne ne soit dispensé de faire de bonnes œuvres, il faut donc qu'il y ait une espèce de jeûne que tout le monde puisse pratiquer; une espèce d'aumône que tout le monde puisse faire; et comme l'Apôtre nous avertit qu'il faut prier en tout temps, il y aura donc aussi une sorte de prière qui pourra s'accorder avec les plus grandes occupations.

Oui sans doute, et ceci est bien capable de ranimer et d'encourager les plus lâches. Oui, mon enfant, quelque délicate que soit votre santé, quelque faible que soit votre tempérament, quelque infirme que vous puissiez être, il y a un jeûne que vous pouvez aisément pratiquer. Fussiez-vous à l'aumône vous-même, vous pouvez la faire à autrui ; et quelque grandes que soient vos occupations, vous pouvez prier du matin au soir, sans les déranger. Cela est-il bien vrai? Regardez tout autour de vous, réfléchissez un instant, et vous verrez une foule de bonnes œuvres qui sont sous votre main, *que Dieu vous a préparées*, et qui vous enrichiront devant lui, si vous voulez, moyennant sa grâce, vous donner la peine de les amasser.

Vous pratiquerez un jeûne très-agréable à Dieu, toutes les fois que vous vous priverez, pour l'amour de lui, de certaines choses qui vous feraient plaisir ; car le jeûne ne consiste pas seulement à s'abstenir du boire et du manger, mais encore à s'abstenir de ce qui flatte nos goûts, nos inclinations, notre amour-propre. Je ne parle point ici de ce qui est expressément défendu ; je suppose que vous évitez le mal ; je parle seulement de ce qui peut être permis et dont on se prive par un esprit de mortification et de piété. Voyez d'abord de ce côté-là combien de sortes d'abstinence qui sont à votre portée; il n'y a pas de jour où vous n'ayez occasion d'en pratiquer quelqu'une.

Je pourrais aller aujourd'hui dans une telle compagnie où je m'amuserais comme les autres, honnêtement, il est vrai, et sans offenser Dieu ; mais je veux m'en abstenir cette fois-ci pour l'amour de lui. Je pourrais me trouver dans un tel repas où l'on fera bonne chère, je n'y commettrais aucun excès à la vérité, mais je veux m'en priver en esprit de pénitence ; ou, si je suis obligé d'y être, je profiterai de cette occasion pour mortifier ma sensualité, en m'abstenant de certains mets qui flattent mon goût plus que les autres. Je pourrais me donner dans ma maison, à ma table, dans mes meubles, dans mes habits, certaines commodités, certains agréments dont je serais flatté ; mais je m'en priverai en esprit de mortification : autant d'amassé pour le ciel. Voilà, mes frères, ce que j'appelle jeûner; et qui est-ce qui n'a pas journellement occasion de pratiquer ces sortes de jeûnes, ou d'autres semblables?

Mais y a-t-il un jeûne plus agréable à Dieu, que de faire ou de souffrir avec patience des choses qui nous déplaisent? Sans parler des maladies, des infirmités et des autres afflictions auxquelles cette misérable vie est sujette, n'avons-nous pas d'ailleurs tous les jours quelque occasion de nous mortifier, en souffrant patiemment ce qui nous gêne et nous répugne? Bon Dieu! que cet ouvrage m'ennuie! qu'il est désagréable et qu'il me déplaît! je pourrais bien m'en dispenser, si je voulais, car rien ne m'oblige à le faire plutôt qu'un autre qui me déplairait moins. Mais non. Je choisirai celui-là de préférence, et j'offrirai à Dieu ce qu'il a pour moi de pénible, ou de rebutant. Je vis avec une personne dont le caractère semble être fait tout exprès pour exercer ma patience; il ne tiendrait qu'à moi de m'en séparer, parce que rien ne m'oblige de demeurer avec elle. Non. Je me tiendrai comme je suis : autant d'amassé pour le ciel. On m'a dit des paroles piquantes, on a manqué à ce qu'on me devait : je pourrais répondre, et me faire rendre justice sans blesser la charité : point du tout; je mettrai ma main sur ma bouche, et je garderai le silence, par un esprit de douceur et de modération, en vue de Jésus-Christ qui m'en a donné l'exemple : autant d'amassé pour le ciel,

Et vous, mes pauvres enfants, qui travaillez toute l'année à des ouvrages pénibles, et qui êtes avec cela mal nourris, mal logés, mal vêtus; vous dont la vie est encore plus austère que celle des plus austères religieux, ah! quel trésor de bonnes œuvres n'amasseriez-vous pas, si vous souffriez avec patience, en vue de Dieu, le froid, le chaud, la faim, la soif, la nudité, les fatigues, tout ce qu'il y a de dur et de mortifiant dans votre état! Hélas! il ne vous en coûterait pas davantage, puisque d'un côté comme de l'autre il faut que vous fassiez ce que vous faites. Eh! pourquoi ne pourriez-vous pas au milieu de vos campagnes élever les yeux et les mains vers le ciel, et dire du fond de vos cœurs : Divin Jésus, je veux unir mes peines avec vos peines, mes sueurs avec vos sueurs et votre sang. Non, je n'envie point un état moins pénible et plus heureux. Je ne veux être que ce que je suis, parce que vous l'avez voulu; je bénirai votre saint nom en tout temps, et tous les jours de ma vie : dans les chaleurs de l'été, dans les rigueurs de l'hiver, je dirai avec votre prophète : Que le chaud, le froid, les vents, la neige, la glace, les frimas bénissent le Seigneur, et que sa volonté soit faite. (*Dan.*, IV, 64 seqq.) Avec de tels sentiments vos travaux et votre misère feraient, à l'heure de votre mort, des fruits précieux dont vous auriez les mains remplies, en paraissant devant Dieu.

Il est donc vrai que chacun, dans son état, peut se mortifier de mille manières différentes, et pratiquer enfin un jeûne aussi et plus méritoire que l'abstinence du boire et du manger, parce qu'il est ordinairement plus pénible. Et il n'est pas moins vrai qu'il y a une espèce d'aumône que tout le monde peut faire, car l'aumône ne consiste pas seulement à nourrir ceux qui ont faim, ni à couvrir ceux qui sont nus. Tous les services que nous rendons au prochain, soit pour les besoins de son corps, soit pour ceux de son âme, sont une aumône infiniment agréable à Dieu, lorsqu'elle est faite en esprit de charité.

Il n'y a guère de pauvre qui ne trouve dans son voisinage ou ailleurs quelqu'un de plus pauvre que lui. Quand on a peu, on donne peu. Quand on n'a pas de quoi donner, on prête. Combien de petits services les pauvres gens ne peuvent ils pas se rendre les uns aux autres? Celui qui n'est pas en état de fournir aux besoins d'un pauvre malade peut le visiter, et lui rendre d'autres bons offices. Celui qui n'a pas le moyen de tirer son voisin d'embarras peut le consoler dans son affliction; on donne de bons conseils et de bons exemples au prochain; on tâche de le détourner du mal, on l'engage à faire le bien, et en un mot, il n'y a personne qui ne trouve presque tous les jours occasion d'être utile aux autres, soit dans de petites choses, soit dans des grandes. Tout est grand, tout est précieux devant Dieu, quand on agit par un motif de religion et de charité, puisqu'un verre d'eau que l'on donne au nom de Jésus-Christ mérite, selon lui, la vie éternelle. Ne dites donc pas que vous n'êtes point en état de faire l'aumône. Quelque pauvre que vous soyez, vous trouverez mille occasions d'obliger des personnes plus pauvres et peut-être plus riches que vous.

Nous avons ajouté enfin que les hommes les plus occupés peuvent prier du matin au soir, et cela est encore vrai. Sans doute qu'un chrétien doit toujours commencer et finir la journée par se présenter devant Dieu pour lui rendre ses hommages, en récitant avec respect et à genoux ses prières accoutumées, à moins qu'il ne fût légitimement empêché. Sans doute que c'est une sainte et salutaire habitude, de se retirer à certaines heures marquées dans le courant du jour, soit pour prier, soit pour lire quelque livre de piété : ceux qui pouvant le faire commodément, ne le font pas, sont plus coupables qu'ils ne pensent; car ils se privent par là de beaucoup de grâces dont ils ont besoin pour éviter je ne sais combien de fautes, que le commerce des hommes et les embarras de cette vie entraînent presque nécessairement.

Mais il y a outre cela une sorte de prière qui peut se répéter à chaque instant; ou plutôt toutes nos actions, même les plus indifférentes, peuvent devenir une prière continuelle, lorsque nous cherchons en tout et partout à faire la volonté de Dieu. Les paroles que nous prononçons en priant, ne sont que le signe et l'expression de nos désirs : d'où il s'ensuit que nous prions véritablement toutes les fois que nous désirons la gloire de Dieu, sa grâce et la sanctification de notre âme. Et s'il est vrai que nous puissions avoir ce désir au milieu de nos plus grandes occupations, il est donc vrai que nous pouvons prier dans tout ce que nous faisons, et que toutes nos actions deviennent une véritable prière, lorsque la gloire de Dieu et notre salut sont le principal motif qui nous fait agir.

Une mère de famille, par exemple, occupée du matin au soir à l'éducation de ses enfants, à la conduite de ses domestiques et à régler l'intérieur de son ménage, prie donc du matin au soir lorsque dans tout cela son intention principale est de faire la volonté de Dieu. Le laboureur, les ouvriers, les marchands, le magistrat, le soldat ainsi que ses officiers, tous les hommes de tout état et de toute vocation prient donc véritablement lorsque leur premier dessein, le but principal qu'ils se proposent, en remplissant leurs devoirs, sont de plaire à Dieu et de faire sa volonté.

Offrez-lui donc, dès le matin, tout ce que vous devez faire dans la journée : priez-le de bénir votre travail, de régler vos démarches, de conduire tous vos ouvrages : conservez en vous même, et renouvelez de temps en temps pendant le jour cette bonne intention : elle donnera du mérite à vos actions les plus indifférentes, qui par ce moyen deviendront autant de bonnes œuvres. Eh ! quel est l'homme chrétien qui, au plus fort de son travail, ne puisse élever sa pensée et son cœur à Dieu, et dire intérieurement plusieurs fois dans la journée : Seigneur, ayez pitié de moi, venez à mon aide, éclairez, soutenez votre serviteur, et faites que tous les instants de ma vie vous soient agréables ?

Voilà donc, mes frères, une infinité de jeûnes qui n'incommoderont pas votre santé; une infinité d'aumônes pour lesquelles il ne faut ni or ni argent; une infinité de prières qui ne dérangeront pas vos occupations d'une ligne; une infinité de bonnes œuvres par conséquent, qui, avec le secours de la grâce, ne vous coûteront, pour les amasser, qu'un peu de réflexion, quelques petites violences, et un peu d'attention sur vous-même. Nous n'avons donc ni cœur ni intelligence, lorsque pouvant tout amasser, nous laissons tout perdre ; lorsque pouvant convertir en or tout ce qui nous environne, et nous enrichir devant Dieu, nous restons pauvres, dénués de tout bien, comme des arbres stériles, sur lesquels Jésus-Christ ne trouvera pas le moindre fruit, quand il viendra nous demander compte de notre vie, et de toutes les grâces qu'il nous a faites. Il y a quelque chose de pis, car nous rendons souvent mauvaises ou inutiles pour le salut, des actions, qui, en elles-mêmes, sont de bonnes œuvres. Voyons donc, et je finis, les qualités que doit avoir une bonne œuvre, et la manière dont il faut la faire pour qu'elle soit digne d'être récompensée dans le ciel.

TROISIÈME RÉFLEXION.

Remarquez, avant tout, qu'une action mauvaise par elle-même ne peut jamais devenir bonne, quelque droite et louable que soit l'intention qui nous fait agir. Celui qui ferait un mensonge pour sauver la vie à son prochain, commettrait toujours un péché, parce que le mensonge est un péché dans tous les cas possibles. Cela posé, nous disons (et ceci n'est que le catéchisme tout pur), nous disons que pour faire une bonne œuvre qui soit digne de la vie éternelle, il faut premièrement avoir la foi. Les prières, les jeûnes, les aumônes, et toutes les bonnes œuvres des infidèles ou des hérétiques, quoiqu'elles ne soient point des péchés, ne méritent rien devant Dieu, parce que, sans la foi, il est impossible de lui plaire : et de même que le sarment détaché du cep ne saurait porter de fruit, ainsi tout homme séparé de l'Eglise ne saurait faire aucune action qui soit digne de la vie éternelle.

Secondement, il faut être en état de grâce : quelques bonnes œuvres que puisse faire un chrétien, pendant qu'il est en péché mortel, elles sont des œuvres mortes, qui ne seront jamais récompensées dans le ciel. Nous ne pensons pas pour cela qu'elles soient mauvaises, ni que les pécheurs dans cet état ne doivent pas faire de bonnes œuvres; nous disons au contraire que par un pur effet de la miséricorde de Dieu, qui est infinie, ces bonnes œuvres pourront attirer sur lui la grâce d'une véritable conversion, s'il les fait principalement en vue de Dieu et de son salut. Cela étant ainsi, mes frères, quelle attention ne devons-nous point avoir à tenir notre conscience pure, de peur que nos bonnes œuvres ne soient perdues pour l'autre vie : et d'un autre côté ceux qui ont le malheur de croupir dans des habitudes criminelles, combien ne doivent-ils pas chercher à faire de bonnes œuvres pour détourner la colère de Dieu, et attirer les grâces dont ils ont besoin pour se convertir.

Troisièmement, il faut agir par un motif surnaturel, c'est-à-dire, par un motif qui ait rapport à la gloire de Dieu et au salut de notre âme. Car si vous agissez par un motif purement naturel; si vous ne rendez service au prochain que par un sentiment de compassion humaine, et pour votre propre satisfaction, comme un païen pourrait le faire, alors votre bonne œuvre pourra bien être récompensée sur la terre; mais vous n'aurez rien au delà. Que si vous agissiez par ostentation, par vaine gloire, ou par quelque autre motif criminel, votre bonne œuvre se tournerait en péché.

Enfin, et ceci me fait trembler, il faut que la grâce soit le principe de nos bonnes œuvres. Car si elles ne viennent que de notre propre volonté, si la grâce ne les fait point avec nous, elles ne seront point couronnées, quoique nous n'ayons, ce nous semble, d'autre intention que de plaire à Dieu. Parmi les bonnes œuvres, qui ne sont pas nommément d'une obligation indispensable, il peut s'en trouver que Dieu ne nous demande pas, bien qu'elles soient très-louables en elles-mêmes. Vous jeûnez trois fois la semaine, vous faites beaucoup d'austérités; plein de zèle pour le salut des âmes, vous vous donnez beaucoup de peines pour ramener dans le bon chemin ceux qui s'en écartent : cela est beau ; mais vous ne savez pas si dans tout cela vous agissez par le mouvement de la grâce, ou si vous n'agissez que par votre propre mouvement. Cette réflexion est effrayante, capable d'humilier les plus grands saints, et ceux qui font le plus de bonnes œuvres. L'Apôtre en était vivement pénétré, lorsqu'il disait : *Mes frères, travaillez à votre salut avec crainte et tremblement; parce que c'est Dieu lui-même qui vous fait vouloir et qui vous fait accomplir les œuvres du salut.* (*Philipp.*, II, 12, 13.) De sorte que toutes les bonnes œuvres qu'il n'inspire point, et qu'il ne fait pas avec nous, par conséquent ne sont point des œuvres de salut. Or, quel est l'homme assez présomptueux pour s'assurer que c'est Dieu qui l'inspire et qui agit avec lui, lorsqu'il fait des œuvres que Dieu ne lui commande pas nommément, et qui sont regardées comme des œuvres de surérogation? Humiliez-vous donc et tremblez, âmes justes, parce que vous ne savez pas si vos bonnes œuvres sont agréables à ses yeux comme vous ne savez pas si vous êtes dignes d'amour ou de haine.

Mais cette réflexion, et l'incertitude où nous sommes si c'est la grâce, ou le seul mouvement de notre volonté, qui est le principe de nos bonnes œuvres, ne peuvent-elles pas nous décourager et nous empêcher d'en faire? Bien loin de là, mes chers paroissiens, cette réflexion et cette crainte doivent au contraire exciter notre courage, redoubler notre zèle, et nous porter à faire une ample provision de toutes sortes de bonnes œuvres. Écoutez là-dessus un beau passage de l'*Ecclésiaste* (XI, 5, 6) : *Vous ne savez pas comment l'esprit qui est dans l'homme porte la vie et le mouvement dans les différentes parties de son corps, ni comment les membres de ce corps se forment dans le sein de nos mères; et vous ignorez de même tous les ouvrages de celui qui a fait toutes choses. Ne cessez donc pas de semer du grain dans votre champ, depuis le matin jusqu'au soir, parce que vous ne savez point lequel est-ce qui lèvera: que si tout ce que vous aurez semé vient à lever, ce sera encore mieux.* L'application de ce passage est aisée à faire. Comme vous ne connaissez pas les opérations secrètes et ineffables de cet esprit divin qui est l'âme de nos âmes, et qui souffle où il veut, ni la manière dont il crée en nous l'homme nouveau, en y formant l'image de Jésus-Christ suivant la pensée de saint Paul (*Philipp.*, II, 13), vous ignorez de même quelles sont les bonnes œuvres que la grâce opère ou n'opère pas avec vous. Pratiquez-en donc de toutes sortes, dans tous les âges et dans tous les temps de votre vie, parce que vous ne savez pas lesquelles seront vraiment des fruits dignes d'être couronnés par le juste Juge. Que si toutes sont agréables à ses yeux, vous paraîtrez devant lui avec des trésors infinis qui vous mériteront un degré immense de gloire.

Hélas, Seigneur! quel a donc été mon aveuglement, lorsque j'ai pensé pouvoir entrer dans le ciel, sans pratiquer de bonnes œuvres, et que je me suis tranquillisé en disant que je ne faisais point de mal, comme si ce n'était pas un grand mal de ne faire aucun bien; comme si les ouvriers qui n'ont rien fait, pouvaient espérer de salaire! Lâche et insensé que je suis! avec un peu d'attention sur moi-même, en me faisant quelques violences, sans prendre sur mes occupations ordinaires, j'aurais pu, depuis que je suis au monde, amasser une infinité de bonnes œuvres! Toutes mes actions auraient pu devenir méritoires, si j'avais eu soin de les faire au nom de Jésus-Christ, dans l'intention de lui plaire et d'accomplir sa volonté! Point du tout, j'ai agi presque toujours par des vues purement humaines; et toutes mes actions, la plupart même de celles que j'ai regardées comme de bonnes œuvres, ont été perdues pour le ciel.

Hélas! combien de fois n'ont elles eu d'autre principe que ma propre volonté; mon tempérament, mon caractère particulier, peut-être l'amour déréglé de moi-même, amour plein de détours et d'artifices, qui me fait illusion de tant de manières, qui se glisse jusque dans les actions les plus louables et les empoisonne, comme un ver qui pique le fruit et le gâte? O Dieu terrible dans vos jugements sur les enfants des hommes! vous n'êtes pas moins un Dieu de bonté et de miséricorde. Prenez donc pitié de mon aveuglement et de ma faiblesse; dissipez par la lumière de votre grâce les ténèbres épaisses dont je suis environné; faites-moi sentir l'indispensable nécessité d'amasser de bonnes œuvres pour l'autre vie; faites-moi connaître celles qui vous sont les plus agréables, et opérez vous-même en moi et avec moi, tout le bien que vous voulez que je fasse. Rendez-moi fidèle dans les petites choses comme dans les grandes; que le but principal de toutes mes actions soit d'accomplir votre sainte volonté, afin que mes jours se trouvent pleins devant vous; et qu'étant semblable à un arbre chargé de bons fruits, vous me jugiez digne, après ma mort, d'être transplanté dans le séjour des Bienheureux. Ainsi soit-il.

DISCOURS XXXVII.

Le huitième Dimanche après la Pentecôte.

SE PRÉPARER A LA MORT.

Redde rationem villicationis tuæ; jam enim non poteris villicare: ait autem villicus intra se, quid faciam? (*Luc.*, XVI, 2, 3.)

Rendez-moi compte de votre administration; car désormais vous n'aurez plus le maniement de mon bien. Alors l'économe dit en lui même, que vais-je devenir?

Lorsque je fais réflexion sur l'embarras de cet économe infidèle qui, étant accusé de malversation auprès de son maître, se voit forcé de rendre ses comptes dans le moment où il ne s'y attend pas, et où il ne pense à rien moins qu'à les mettre en règle; je me représente la surprise et l'embarras d'un mauvais chrétien, qui, uniquement occupé des choses de ce monde, aussi attaché à la terre que s'il ne devait jamais la quitter, se conduisant à l'égard de Dieu, à peu près comme s'il n'avait pas un compte à lui rendre, se sent attaqué tout à coup d'une maladie sérieuse, pendant laquelle on vient lui annoncer qu'il faut mourir. Mettez ordre aux affaires de votre maison et à celle de votre conscience, préparez-vous à rendre compte de votre vie, car bientôt vous ne vivrez plus. Si les approches de la mort ont toujours quelque chose d'effrayant pour ceux-là mêmes qui l'ont prévue, et qui s'y sont préparés, quelle impression de frayeur ne doit-elle pas faire sur quelqu'un qui ne pense point à elle, quand il la voit venir dans un temps où il la croyait encore bien loin, et où il n'est nullement disposé à paraître devant son Juge? Que fera-t-il? que deviendra-t-il? Arrêtons-nous d'abord à cette réflexion, mes frères, et nous verrons ensuite quelles sont les précautions que doit prendre tout homme sage pour n'être point surpris, et pour éviter le malheur d'une mort imprévue.

PREMIÈRE RÉFLEXION.

Je ne parle point de ces accidents si terribles et néanmoins si communs, où la mort paraît subitement sans qu'on la voie venir, et frappe comme la foudre sans qu'on l'aperçoive. Vous le permettez ainsi, ô mon Dieu, soit pour récompenser le juste en lui épargnant les horreurs de la mort; soit pour punir, dans le pécheur endurci, l'abus de vos grâces, en ne lui donnant pas même le temps de se jeter, avant son dernier soupir, dans les bras de votre miséricorde; soit enfin pour nous faire souvenir qu'il n'y a pas dans notre vie une seule minute dont nous puissions répondre; que cette vie ne tient qu'à un fil, que ce fil est dans votre main, et que vous le rompez quand il vous plaît, avec plus de facilité que nous ne rompons un fil d'araignée. Hélas! que nous sommes peu raisonnables et peu conséquents! Les exemples les plus frappants de ce genre de mort, ne font sur nous qu'une impression superficielle et passagère: en disant que nous pouvons mourir de même, nous allons notre train ordinaire, nous vivons comme si nous étions assurés d'avoir tout le temps de nous reconnaître et de nous préparer à bien mourir.

Ne parlons ici que des morts imprévues, qui viennent à la suite d'une maladie qui n'est ni assez longue pour donner au malade le temps de s'apprivoiser, pour ainsi dire, avec l'idée de la mort, et de pourvoir à son aise tant aux affaires de ce monde qu'à celles de son salut; ni assez courte pour lui épargner toute l'horreur qu'elle doit causer à quelqu'un qui se voit mourir au moment où il s'y attendait le moins.

Représentez-vous donc, je ne dis pas un de ces hommes qui n'ont ni foi ni loi, qui blasphèment la religion, qui se moquent de l'autre vie, et que la peur du diable cependant, plutôt que la crainte de Dieu, engage à demander un prêtre, moins pour être le ministre de leur conversion, que le témoin de leurs frayeurs; aussi tremblants, aussi lâches, lorsque la mort frappe à leur porte, qu'ils paraissent intrépides, lorsque, ne la voyant que de loin, ils la regardent en philosophes soi-disant, et raisonnent comme des impies.

Mais représentez-vous un de ces chrétiens, comme il y en a tant aujourd'hui, uniquement occupé de ses plaisirs ou de ses affaires; quoique dans le fond il croie et craigne les jugements de Dieu, il ne laisse pas de vivre comme s'il n'était point à craindre, ou comme s'il était assuré d'arriver à une extrême vieillesse. Il a dans sa tête je ne sais combien de projets pour l'avenir, et des projets quelquefois auxquels la plus longue vie ne pourrait pas suffire. Il ne pense point à la mort, ou, s'il y pense, c'est pour la voir dans un temps si éloigné, que cette pensée ne fait sur son esprit aucune impression, et ne l'engage à prendre aucune mesure pour s'y préparer.

C'est un marchand par exemple qui, nuit et jour, n'a la tête remplie que de son commerce. L'envie de gagner, la crainte de perdre le tiennent continuellement en haleine. En moins de dix années j'ai amassé trente mille francs; je me porte bien, grâce à Dieu, je puis vivre trente ans encore; si mes affaires vont toujours de même, j'achèterai des terres, des vignes, des maisons: j'établirai mes enfants, et je vivrai tranquille sur mes vieux jours.

C'est une de ces harpies, comme on en trouve partout, qui prennent de toute main, qui n'ont d'autre loi que leur intérêt, ni d'autre casuiste que leur fausse conscience, qui ne prêtent à leur voisin que dans la vue d'avoir sa dépouille lorsqu'il sera forcé de vendre pour vingt écus ce qui en vaut quarante; qui, après avoir acheté le champ qui tenait au leur, amassent pour acheter ce qui y tient encore. Conventions usuraires, marchés de filon, possession de mauvaise foi, tout leur est bon pourvu qu'ils gagnent; on les voit cependant faire régulièrement leurs Pâques. C'est que dans le tribunal ils ne disent jamais ce qu'ils sont, et que là on ne peut les juger que sur ce qu'ils disent.

C'est un impudique chez qui l'habitude de ce vice infâme est devenue comme une seconde nature. Mon enfant, vous ne songerez donc jamais à votre salut? Eh! que deviendriez-vous, si la mort allait malheureusement vous surprendre au milieu de votre libertinage? Dieu me fera la grâce de me convertir: je suis encore jeune, dans un tel temps je prendrai un autre train de vie, j'en ai le plan dans ma tête, et j'espère finir mes jours en vrai chrétien.

C'est un homme qui, après avoir gagné beaucoup, se voyant au-dessus de ses affaires, commence à bâtir pour se mettre au large, et ne pense plus qu'à se donner toutes ses commodités et toutes ses aises. C'est quelquefois une fille qu'on est sur le point d'établir: la demande en est faite; on travaille à dresser les articles, on fait de grands préparatifs; elle n'est occupée que de son futur ménage. C'est enfin telle personne qu'il vous plaira de supposer, et comme nous en voyons tous les jours qui se promettent une longue vie, se donnent des mouvements infinis, l'un pour s'enrichir, l'autre pour s'établir, un autre pour s'avancer dans le monde.

Pendant qu'il est ainsi occupé de ce qu'il fera dans un an, de ce qu'il fera dans dix et dans trente ; au milieu de ses projets, souvent au milieu de sa course et à la fleur de son âge, la mort qui a mieux compté que lui, et qui n'est entrée pour rien dans tous ces arrangements, ou du moins sur laquelle on n'avait pas compté sitôt, vient un beau jour frapper à la porte de cet homme qui la croit bien loin. Le frisson le prend ; ce n'est rien ; la fièvre augmente, il faut se mettre au lit ; ce ne sera rien encore. Il a le transport, ceci devient sérieux, il faut courir au médecin. On fait beaucoup de remèdes, le malade ne se trouve pas mieux ; la fièvre ne cède point ; elle devient continue, elle redouble, la poitrine s'embarrasse, la fluxion se forme, le médecin ne répond de rien, il parle des sacrements, il faut l'annoncer au malade ; cela n'est pas aisé, il le faut pourtant, il n'y a pas de temps à perdre ; on amène la chose de loin : votre maladie n'est pas dangereuse, mais elle peut le devenir, vous feriez sagement de prendre vos précautions, de mettre ordre à vos affaires et à votre conscience.

Quelle nouvelle pour quelqu'un qui ne pensait à rien moins qu'à mourir ! c'est un coup terrible qui l'étourdit, qui renverse tous ses projets, brouille ses idées, le dépayse d'abord, et le transporte comme dans un nouveau monde. Je venais de bâtir une maison ; les ouvriers y sont encore : je ne l'habiterai donc jamais ? Je viens d'acheter un domaine, je comptais le réparer et l'agrandir, je n'en jouirai donc pas ? J'aurais vendu cette année pour dix mille francs de troupeaux, j'aurais coupé des bois pour quinze ; au lieu de tout cela et de mille autres choses semblables, il ne faut donc penser qu'à mes funérailles ? A vos funérailles, non, mais à mettre de l'ordre dans vos affaires, afin que vous ne laissiez point d'embarras après vous. Mes affaires ! eh ! j'en ai une infinité de commencées, presque point de finies. Qu'on fasse venir ma femme et mes enfants, qu'on amène le notaire. Ah ! je n'en puis plus, attendons à demain, j'aurai peut-être la tête plus libre. Et combien de fois arrive-t-il qu'on ne le voit pas ce lendemain, et qu'on meurt ainsi sans avoir mis ordre à rien !

Au milieu de ces embarras, pendant que le malade a l'esprit occupé de ses affaires temporelles, et encore plus de son mal, arrive le confesseur : Eh bien, mon cher enfant, pensez-vous à paraître devant Dieu ? vous êtes-vous préparé à lui rendre compte de votre vie ? Hélas ! je n'y ai point encore pensé, j'attendais un tel temps, je voulais faire auparavant encore telle et telle chose, après quoi mon intention était de ne plus songer qu'à mon salut. Vous attendiez ? mais quelle certitude aviez-vous que la mort prendrait votre temps, et attendrait votre commodité ? je me portais si bien il y a huit jours ; qui m'aurait dit que j'étais si proche de ma fin ? Personne n'aurait pu vous le dire, mais le bon sens vous disait qu'on ne sait jamais en se couchant, si on ne mourra pas dans la nuit ; et vous deviez vous arranger en conséquence. Mais à la fleur de mon âge ! La mort ne distingue point les âges, elle s'en va frappant à droite et à gauche, et l'enfant qui est au berceau, et la jeunesse dans sa plus belle fleur, et l'homme fait dans toute sa force, aussi bien que le vieillard décrépit. Ainsi la faux tranchante du moissonneur coupe sans distinction tout ce qu'elle rencontre. Hélas ! oui ; mais je n'y pensais point ; il fallait y penser, mon enfant, vous n'étiez au monde que pour cela. Pensez-y donc enfin, puisqu'il n'y a plus moyen de reculer, et profitez du peu de temps qu'il vous reste pour mettre ordre à votre conscience.

Examiner sa conscience lorsque toutes les puissances de l'âme sont absorbées ; s'appliquer alors à une affaire qui demande toute l'attention dont un chrétien peut être capable quand il est en pleine santé ; confesser exactement ses péchés quand on ne se connaît presque plus, et qu'on parle à peine ; en concevoir l'énormité quand ont est, pour ainsi dire, incapable de rien concevoir : être pénétré de douleur d'avoir offensé Dieu, pendant qu'on n'est sensible à rien qu'à la violence du mal et à la crainte de la mort ; promettre de mener une vie plus chrétienne quand on n'a plus que quelques heures à vivre : dites-moi, je vous en prie, mes frères, quel fond y a-t-il à faire sur tout cela ? Est-il vraisemblable qu'un malade dont la mémoire, l'entendement, la volonté sont presqu'anéantis, puisse, dans un si court espace de temps, se préparer comme il faut à bien mourir, pendant que l'homme sage est persuadé que ce n'est pas trop d'y travailler et de s'y préparer toute sa vie ? Pendant que ce malade lui même, dans les projets de conversion et de pénitence qu'il avait formés pour je ne sais quel temps, avait résolu d'y employer plusieurs années ? Pendant que nous voyons la plupart de ceux qui reviennent d'une maladie dangereuse dans laquelle ils ont reçu les sacrements, se souvenir à peine de les avoir reçus, et quelquefois même ne s'en pas souvenir du tout ?

Mais ne disons-nous pas que les affaires sérieuses demandent du temps et beaucoup de réflexions, qu'il ne faut point agir légèrement et avec précipitation ? Qu'un ouvrage fait à la hâte, et auquel on n'emploie pas le temps qu'il exige, est ordinairement et nécessairement mal fait ? Est-ce que la mort n'est pas une chose sérieuse ? Le compte que nous avons à rendre, n'est-il donc qu'une bagatelle, et suffit il de penser à la mort, quand elle nous tient à la gorge, nous étouffe et arrache notre âme ?

On est bien forcé d'y penser dans ce moment-là où tout en parle : des enfants qui crient, un mari ou une femme qui se désolent, un testament à faire, les sacrements à recevoir, la tristesse peinte sur tout ce qui environne ce misérable lit sur lequel la cruelle mort a le bras levé. Ah ! que sa vue est effrayante pour qui ne l'attendait pas, pour qui ne l'avait jamais ou presque jamais envisagée ! Par combien de remords ne se sent-il pas déchiré dès qu'il la voit approcher ? Mais ces remords, quand on ne les écoute qu'à la dernière heure, ne conduisent-ils pas au désespoir plutôt qu'à la pénitence ?

Il y a une infinité de péchés qu'on se dissimule à soi-même, tandis qu'on se porte bien ; une infinité de choses sur lesquelles on se fait une fausse conscience ; on trouve le moyen d'accorder les maximes du monde avec les maximes de l'Evangile, et la plupart des hommes se font un système de morale à part qui s'accorde avec leurs goûts, leurs passions, leurs fantaisies. A l'heure de la mort les préjugés se dissipent, les illusions s'évanouissent, on voit les choses comme elles sont ; que faire alors ? Mon Dieu, je vous demande pardon ; Seigneur, ayez pitié de moi, et faites moi miséricorde : cela est bientôt dit, mais prenez garde.

Il y a trente ans que cet homme était dans le commerce : il ne volait pas sur les grands chemins, il ne coupait la bourse à personne ; mais il a commis une infinité de petites injustices qui, prises séparément, paraissaient n'être rien, et qui jointes ensemble font une somme considérable. On ne s'enrichit pas si vite quand on a la conscience délicate ; l'intérêt aveugle, la mort ouvre les yeux, et l'on voit pour lors que les deniers font des sous et les sous des livres ; toutes ces prétendues minuties s'amassent ; vous ne les comptiez pas, Dieu les a comptées ; quelle somme au bout d'un an, mais au bout de dix, mais au bout de vingt et de trente ! il faut restituer, ou donner ordre qu'on restitue, ou se damner. Que fera-t-il ? Le voilà qui se meurt, il n'a presque plus de connaissance.

Mon ami, vous allez rendre compte de vos fornications, de vos adultères, de tous les désordres, de tous les scandales que vous avez causés par votre libertinage. Pensez-vous à les réparer ? Ah ! je suis un misérable ! mon Dieu, je vous demande pardon : voilà qui est bien. Mais cette fille que vous avez séduite et déshonorée ne pourra plus s'établir ; mais il y a dans telle et telle famille un enfant qui vous appartient, et qui dans la suite partagera avec ses frères un bien qui n'est point à lui ; restons-en là, vous sentez aujourd'hui combien d'injustices viennent nécessairement à la suite de ces commerces infâmes dont vous faisiez un jeu, et malgré lesquels vous vous disiez homme d'honneur et de probité. Vous les reconnaissez maintenant ces injustices, ainsi que la nécessité de les réparer. Quel labyrinthe, bon Dieu ! quel embarras, et comment s'en tirera-t-il ? Le temps lui manque, la tête n'y est plus, il n'a pas quatre heures à vivre.

Par ces exemples, ainsi que par beaucoup d'autres semblables qui ne sont malheureusement que trop communs, vous pouvez juger, mes chers paroissiens, s'il est temps de régler nos affaires, soit pour ce monde-ci, soit pour l'autre, et de nous préparer à paraître devant Dieu, lorsque notre Juge frappe tout d'un coup à notre porte, et nous appelle pour lui rendre un compte auquel nous n'avons pas encore pensé. Ce que je dis ici, vous l'avez vu plusieurs fois de vos propres yeux. Il n'y a guère d'années où nous n'ayons vu mourir des personnes qui ont été surprises, qui ne pensaient à rien moins qu'à s'y préparer, qui jouissaient d'une santé parfaite, et qu'une maladie de quelques jours a enlevées à la fleur de leur âge.

Quel est le chrétien qui dans ces occasions ne fasse quelque retour sur lui-même, et quelques réflexions sur le peu de fond qu'on doit faire sur cette vie ? Voyez, dit-on, comme la mort nous surprend : il y a huit jours que cet homme se portait bien ; je l'ai vu dans une telle maison, il se réjouissait, il ne pensait qu'à se divertir ; et voilà son cadavre étendu devant sa porte. Quel dommage ! il faisait bien ses affaires, il avait amassé beaucoup de bien ; il avait encore d'autres projets ; il ne comptait pas mourir sitôt ; et en effet qui l'aurait cru ? tant il est vrai qu'il ne faut compter ni sur la jeunesse, ni sur la santé, ni sur la force de son tempérament. Belles réflexions, mais dont on ne profite guère. Mes chers enfants, soyons plus sages à l'avenir, et prenons si bien nos mesures, que la mort ne puisse jamais nous surprendre. Sur quoi, voici les avis que j'ai à vous donner aujourd'hui ; plaise à Dieu que nous en profitions vous et moi pour la réforme de nos mœurs et le règlement de notre conduite !

SECONDE RÉFLEXION.

La première précaution que nous avons à prendre pour n'être point surpris par la mort, est d'y penser, de la prévoir et de nous familiariser, pour ainsi dire, avec elle. Quand même tous les hommes ne seraient point sujets à mourir, et que nous pourrions espérer d'être du nombre de ceux qui ne mourraient point, il faudrait toujours penser à la mort comme nous pensons à un malheur qui nous menace, quoique nous ne soyons pas certains qu'il doive nous arriver. A plus forte raison devons-nous y penser, assurés comme nous sommes qu'elle arrivera infailliblement, et qu'elle sera suivie d'un bonheur ou d'un malheur éternel.

Cette pensée, je mourrai, n'a rien que d'effrayant, elle n'inspire que la tristesse ; elle n'est propre qu'à mettre du noir dans l'âme : cela est-il bien vrai ? Nous voyons l'apôtre saint Paul regarder la mort comme une chose avantageuse, et désirer la dissolution de son corps pour se réunir à Jésus-Christ. Nous voyons les premiers chrétiens courir au martyre comme les gens du monde courent à leurs plaisirs. Nous voyons des âmes justes qui soupirent après le moment où elles seront délivrées de ce misérable corps qui les embarrasse, et les empêche de s'élever dans le sein de celui d'où elles sont sorties, et qui est leur dernière fin.

Mais qu'est-ce que la mort après tout ? C'est la fin de mille misères qui, depuis notre naissance nous suivent partout et nous humilient ; la fin d'une multitude prodigieuse de besoins toujours satisfaits et toujours demandant à l'être ; la fin des inquiétudes qui nous troublent, des soucis qui nous rongent, des chagrins qui nous déchirent, des faux plaisirs qui nous corrompent, des passions qui nous tyrannisent ; la fin de nos désirs, de nos projets, de nos travaux, de tous les mouvements qu'on se donne sur la terre, et qui, à le bien prendre, devraient nous faire désirer le tombeau comme le lieu de notre repos, et le terme de toutes nos peines. Voilà ce que c'est que la mort, quand on l'envisage avec les yeux de la raison et de la foi.

Est-ce que vous voudriez vivre toujours? Non, mon enfant, vous êtes fait pour quelque chose de mieux que cette misérable vie. On ne désire de vivre que pour jouir de ce que l'on aime sur la terre, et parce que l'homme se lasse enfin de tout, il se lasserait aussi de toujours vivre. Puis donc que vous êtes né pour mourir, puisque vous n'avez rien de mieux à désirer dans ce monde que de faire une bonne mort, et que pour faire une bonne mort il faut nécessairement y penser, quel avantage trouvez-vous à éloigner cette pensée? Ce n'est pas la mort, dites-vous, qui effraye le plus, ce sont les suites. Et voilà précisément pourquoi il faut s'en occuper. Si vous ne pensez point à la mort, comment en préviendrez-vous les suites? comment vous préparerez-vous à bien finir votre vie, si vous ne pensez point, si vous oubliez qu'elle doit finir ?

Mais comment oublier une chose dont toute la nature nous parle, et que nous avons, pour ainsi dire, sans cesse devant les yeux? Interrogez tout ce qui vous environne; regardez-vous vous-même, et interrogez votre propre chair; de quelque côté que vous vous tourniez, vous n'entendrez qu'une *réponse de mort*. Tout s'use, tout vieillit, tout périt, tout passe. Les années, qui donnent l'accroissement à notre corps, sont autant de retranché sur ce petit nombre de jours qui fait la mesure de notre vie; et les années qui le font décroître, ne nous parlent que de sa destruction. Le temps qui coule avec rapidité, qui s'enfuit et emporte tout, nous entraîne et nous porte vers notre fin; la jeunesse se passe commme une fleur, et à peine avons-nous atteint cet âge où la raison, mûrie par l'expérience, nous apprend à nous connaître, qu'il faut songer à sortir de ce monde; nous commençons dès lors à sentir diminuer nos forces; et les facultés de notre âme, ainsi que les différentes parties de notre corps, sont bientôt comme autant de bouches qui nous entretiennent de notre fin, et nous appellent au tombeau. La mémoire s'use, l'imagination se refroidit, les désirs s'amortissent, les opérations de l'esprit se ralentissent, la vue, l'ouïe et les autres sens s'affaiblissent, les cheveux tombent, la peau se ride, les traits du visage changent, tout dépérit; et après que le temps nous a dépouillés, minés, et démolis, pour ainsi dire, peu à peu, la mort arrive, frappe le dernier coup et nous dévore.

Mais ne faut-il pas s'étourdir, s'aveugler et se faire une sorte de violence pour ne pas voir cette mort qui marche à côté de nous, qui nous suit comme notre ombre, qui nous tient comme par la main, nous pousse et nous précipite dans le tombeau dès que la dernière heure sonne, et cette dernière heure nous est inconnue, elle peut arriver chaque jour, elle arrivera infailliblement. N'est-ce pas là cet adversaire dont il est parlé dans l'Evangile, qui marche avec nous, avec lequel il faut s'accorder, de crainte qu'il ne nous livre à notre Juge, et que ce Juge inexorable ne nous livre ensuite aux bourreaux pour être ensevelis dans les enfers? Mes frères, ne cherchons point à nous étourdir sur un point de cette importance; accoutumons-nous, familiarisons-nous avec l'image de la mort : c'est une faiblesse indigne d'un chrétien, que de fermer les yeux pour ne pas la voir, et de boucher les oreilles pour ne pas l'entendre.

Regardez-moi bien, nous dit-elle : ne craignez pas de m'envisager. Ma figure est hideuse, elle vous épouvante, mais il faut vous y faire : cette figure est la parfaite image de ce que vous serez un jour; vous deviendrez tel que vous me voyez trait pour trait. Voilà ce que sont devenus, et comme j'ai traité vos parents, vos amis, vos connaissances. Venez, venez, descendez avec moi dans le tombeau : ouvrez ce cercueil, développez ce suaire : vous frémissez ; n'importe, découvrez, voyez et considérez le cadavre de cet avare, de cet ivrogne, de cet impudique, de cet impie qui a fait tant de bruit et tant de mal dans le monde, de cette femme que tout le monde idolâtrait, et qui s'idolâtrait elle-même. Voyez et considérez : c'est là mon ouvrage.

J'aime à surprendre et à frapper subitement celui qui ne m'attend pas, et qui ne pense point à moi. Pendant que son esprit est tout entier à ses plaisirs et aux choses de la terre, j'entre dans sa maison, je l'étends dans son lit, je suce le sang de ses veines, je bois, j'épuise, je taris en lui toutes les sources de la vie, je répands la pâleur sur son visage, je glace toutes les parties de son corps, je lui arrache son âme, et comme un loup affamé emporte dans sa tanière la proie qu'il vient d'égorger, j'entraîne ici ce cadavre, où je le dévore dans les ténèbres. Voyez et considérez, c'est ainsi que vous serez traité un jour, et ce jour n'est pas si loin que vous pourriez bien le croire.

Sortez à présent, et que l'image de ce que vous venez de voir, vivement empreinte dans votre esprit, ne vous permette pas de perdre jamais de vue votre fin dernière. Allez, Madame, allez passer deux heures devant votre miroir, et voyez-y, non pas ce que vous êtes, mais ce que vous serez dans peu. Allez, impudique, allez à vos plaisirs infâmes, et imaginez-vous me voir dans cette créature qui vous a tourné la tête, qui a corrompu votre cœur, qui vous fait faire tant de sottises. Allez, avare, allez compter votre argent, et souvenez-vous que je compte ainsi par mes doigts tous les instants de votre vie, et que mon compte sera plus tôt fini que le vôtre. Allez, ivrogne, et vous qui faites un Dieu de votre ventre, allez vous remplir de vin, de viandes, de crapule, et sachez que bientôt je m'enivrerai de votre sang, et m'engraisserai de votre cadavre. Allez, âme lâche, allez vous venger de votre ennemi, ou déchirer la réputation de votre frère, je vous déchirerai à mon tour; votre langue sera dans ma main comme une feuille sèche qu'on jette au feu, et dont il ne reste pas le moindre vestige.

Allez, hommes vains, contempler vos maisons, vos meubles, vos habits, vos terres, vos charges, vos domaines, vos troupeaux, vos greniers, vos marchandises, tout ce qui nourrit votre orgueil, votre ambition, votre avarice; mais souvenez-vous que je vous dépouillerai de tout cela pour le donner à d'autres, que je dépouillerai à leur tour. En échange de vos maisons je vous donnerai un cercueil; en échange de vos habits et de vos ameublements, un suaire; en échange de tous vos biens, la pourriture et les vers; en échange de ces honneurs, de cette gloire que vous aimez tant, la poussière et les humiliations du tombeau. Chargée d'exécuter les ordres du Tout-Puissant, je marche devant lui, j'ouvre la terre sous les pieds des faibles humains, je les précipite, je les entasse les uns sur les autres, et toutes les générations disparaissent successivement devant moi.

O mort que vous êtes cruelle! que votre image est effrayante! que votre langage est amer! que vos coups sont terribles! Oui, mes frères, la mort est cruelle, son langage est amer, son image est effrayante, et les coups qu'elle frappe sont terribles; mais puisque vous et moi devons nécessairement être sa victime, puisque son bras est levé sur notre tête, et qu'il n'y a pas moyen de lui échapper, il faut donc la prévoir, nous y attendre et nous y préparer, afin que nous ne soyons point surpris.

Je ne dis pas que vous ayez sans cesse devant les yeux l'image dégoûtante d'un cadavre dont les ch irs pourries nous représentent l'état futur de notre propre chair, ni que votre imagination et, pour ainsi dire, votre odorat soient continuellement frappés de la puanteur qu'elles exhalent. Non; mais je dis que dans toutes les actions de votre vie, vous soyez moins occupés de ce que vous êtes, que de ce que vous deviendrez. Je dis que cette pensée: Je mourrai, doit présider et commander à vos autres pensées, à vos désirs, à vos projets, à votre travail et à toutes vos démarches. Je dis que vous teniez vos affaires temporelles et spirituelles dans l'état où il faudrait, et où vous voudriez qu'elles fussent, lorsque vous serez au lit de la mort.

C'est imprudence et folie de dire, dans un an, dans quatre, lorsque j'aurai fini telle et telle chose, je mettrai mes affaires en règle, de manière que ma mort ne puisse causer ni procès, ni injustice, et que je n'aie rien à me reprocher; parce que c'est une folie de compter sur des années, sur des mois, quand on n'a pas même un seul jour à sa disposition, et dont on puisse répondre. Combien de fois avons-nous ouï dire : Cet homme en mourant a laissé sa femme et ses enfants dans de grands embarras, ses affaires n'étaient point en ordre; s'il avait vécu encore quelque temps, ce n'aurait pas été de même, son intention était de faire tel et tel arrangement, mais il a été surpris, car il ne comptait pas mourir sitôt. Mes chers paroissiens, croyez-moi : prenez vos mesures, faites vos dispositions sur toutes choses, pendant que vous êtes en pleine santé, suivant l'état présent de vos affaires, sauf à prendre d'autres mesures, si vos affaires changent de face. Renvoyer d'une année à l'autre des aumônes, des restitutions, des comptes à régler, et autres choses semblables, c'est s'exposer à ne jamais les faire. Contracter des dettes qui passent la valeur de ce que l'on possède en fonds, et compter sur un revenu qui n'est que viager, c'est s'exposer à mourir insolvable. Mes chers enfants, ce n'est pas sans raison que j'entre dans ce détail, et que je vous donne ces avis, nous voyons tous les jours des disputes, des procès, des injustices venir à la suite d'une mort imprévue, et que l'on croyait encore bien éloignée.

Mais si la crainte de la mort doit engager tout homme sage à tenir les affaires de sa maison en règle, combien devons-nous à plus forte raison mettre ordre aux affaires de notre conscience, qui sont infiniment plus sérieuses, puisque les autres ne sont sérieuses après tout qu'à cause de la conscience. Rendons-nous donc tous les jours un compte que Dieu peut nous demander tous les jours. Disons le soir en nous mettant au lit : Cette nuit-ci sera peut-être la dernière de ma vie. Je me couche, il est vrai, en bonne santé, il y a apparence que je vivrai encore demain: mais si au lieu de me retrouver ici, je me trouvais devant le tribunal de celui qui doit me juger? ce n'est point là une supposition chimérique; ce qui est arrivé, ce qui arrive encore tous les jours à tant d'autres, peut m'arriver à moi-même. Pénétrez-vous bien de cette pensée, mon cher enfant, et que les ténèbres de la nuit vous rappellent ces ténèbres profondes dans lesquelles nos corps seront bientôt ensevelis.

Enfin souvenez-vous de la mort dans toutes les actions, et dans toutes les circonstances de votre vie, et réglez là-dessus vos discours, vos démarches, vos délibérations; ce que vous avez à faire ou à dire, surtout dans certaines occasions particulières et de plus grande conséquence : lorsque je serai au lit de la mort, voudrais-je avoir fait ou dit telle chose? ferais-je ceci; dirais-je cela, me comporterais-je de cette manière, si j'étais assuré de mourir dans huit jours? Oh! que la mort est une bonne conseillère? Rien de plus sage, rien de plus sûr que les avis qu'elle donne à ceux qui la consultent. Consultons-la donc, mes chers paroissiens, entretenons-nous souvent avec elle, descendons quelquefois en esprit dans le tombeau, pour y voir à quoi se réduisent enfin tous les mouvements que les hommes se donnent pendant le court espace de temps qu'ils ont à rester sur la terre. C'est là que nous apprendrons à nous conduire sagement en toutes choses, et à ne rien faire dont nous puissions nous repentir à la mort. Ah! combien de regrets qui nous troubleront, combien de remords qui nous déchireront à notre dernière heure, pour n'avoir pas voulu la prévoir; combien de choses qu'on voudrait alors n'avoir pas faites, combien d'autres qu'on voudrait n'avoir pas dites. Pesez bien cette réflexion, mes frères, je n'en dirai pas davantage.

Et vous, grand Dieu, qui tenez dans vos mains les clefs de la mort, et le misérable fil de cette vie périssable; qui avez compté nos jours, et qui seul en savez le nombre; qui nous brisez quand il vous plaît comme nous brisons un vase d'argile; qui, par un effet de votre infinie sagesse, nous avez caché l'heure de notre mort, afin que cette cruelle incertitude nous tienne continuellement en haleine, et que nous soyons toujours sur nos gardes; Dieu juste, mais terrible, qui frappez quand on y pense le moins, et qui redemandez notre âme dans le moment où l'on ne pense point à vous la rendre, imprimez fortement dans notre esprit le souvenir de notre fin dernière, et que cette pensée salutaire nous serve de préservatif contre les attraits de la volupté, la corruption des mœurs, la séduction du monde et la violence des passions. Que la pensée de la mort soit pour nous comme une digue contre le torrent de la coutume, des préjugés, des fausses opinions, des mauvais exemples; qu'elle soit comme une lumière qui nous éclaire, qui guide nos pas, et nous retienne dans le sentier étroit de la vérité et de la justice; de sorte que, nous conduisant en tout et partout comme des hommes qui doivent mourir et vous rendre compte, nous soyons toujours prêts à mourir et à vous rendre compte.

Seigneur, préservez-nous par votre miséricorde d'une mort imprévue, de peur que nous ne soyons exposés à subir un jugement imprévu. Mort imprévue, compte imprévu, jugement imprévu, que vous êtes à craindre! faites que nous les craignions, ô mon Dieu, et que cette crainte nous engage à prendre, moyennant le secours de votre grâce, toutes sortes de mesures pour les prévenir; afin que, quand vous nous appellerez, nous soyons prêts à vous répondre. C'est alors que vous nous tendrez la main pour nous faire passer à cette vie bienheureuse, que vous avez promise à ceux qui attendent votre arrivée, qui la désirent et s'y préparent. Ainsi soit-il.

DISCOURS XXXVIII.

Pour le neuvième Dimanche après la Pentecôte.

RESPECT DANS LES ÉGLISES.

Ingressus in templum, cœpit ejicere vendentes in illo et ementes. (*Luc.*, XIX, 45.)

Jésus étant entré dans le temple, se mit à chasser ceux qui y vendaient et ceux qui y achetaient.

En voyant le Sauveur du monde, la douceur et la bonté même, entrer dans le temple, le fouet à la main, renverser les tables des changeurs et de ceux qui vendaient des colombes, chasser tous ces marchands comme des voleurs et des profanes, quoiqu'ils ne fussent placés que dans le parvis extérieur et à l'entrée du temple, quoiqu'ils ne vendissent que les choses nécessaires pour les sacrifices, quoique ce commerce enfin et cet usage fussent autorisés par les prêtres et les docteurs de la loi; nous pouvons juger par la conduite de Jésus-Christ à leur égard et par la sainte indignation dont il parut rempli, combien il doit être sensible à la manière indécente et irréligieuse avec laquelle un très-grand nombre de chrétiens paraissent dans nos églises, dont le temple de Jérusalem n'était que la figure, puisqu'il renfermait seulement l'ombre des véritables biens qui rendent aujourd'hui nos églises si saintes et si respectables. Je ne serais pas étonné, disait saint Chrysostome, que Dieu fît tomber la foudre sur eux et sur nous, qui sommes malheureusement les témoins de tant d'irrévérences, de profanations, de scandales qui se commettent dans le lieu saint.

Ah! qu'il est dur, qu'il est humiliant pour les ministres de la vraie religion, d'avoir pareil reproche à faire à ses enfants, pendant que les infidèles et les hérétiques se vantent, avec raison, d'être si modestes et si respectueux dans leurs temples. Mais que pouvons-nous faire autre chose que de gémir et de vous rappeler vos devoirs sur ce point, comme sur tous les autres? Plaise à Dieu, mes chers paroissiens, que vous soyez touchés par sa grâce, de ce que j'ai à vous dire aujourd'hui pour vous inspirer les sentiments dont un chrétien doit être pénétré, et les dispositions où il doit être lorsqu'il vient à l'église, pendant qu'il y est, et quand il en sort!

PREMIÈRE RÉFLEXION.

Il est étrange de voir le peu d'attention et d'empressement que la plupart des chrétiens font paraître dans tout ce qui a rapport au service de Dieu. Quand il s'agit de leurs affaires, même de leurs amusements et de leurs plaisirs, ils pensent, raisonnent, réfléchissent; lorsque le magistrat se rend au palais pour rendre la justice, lorsque l'avocat y va pour plaider la cause dont il est chargé; le marchand, le laboureur, l'artisan, le mercenaire allant à leur travail et à leur commerce, tous pensent à ce qu'ils ont à faire, à ce qu'ils feront, et ils s'en occupent; mais quand il est question de votre service, ô mon Dieu, l'on n'agit plus que par habitude et par routine. La chose du monde la plus sérieuse est précisément celle qu'on fait avec le moins de réflexion.

Lorsque vous allez chez quelqu'un que son rang ou sa naissance élèvent bien au-dessus de vous, soit pour lui rendre vos devoirs, soit pour lui demander quelque grâce, vous vous occupez, chemin faisant, de ce que vous devez lui dire, de l'affaire que vous avez à traiter, et vous vous disposez à paraître devant lui avec cet air de respect et de retenue que la présence de nos supérieurs nous inspire, que l'on remarque dans le peuple, quand il approche des grands; dans les grands, quand ils approchent du maître, et dans le prince lui-même, lorsque paraissant dans la maison de Dieu, il courbe sa tête royale, et abaisse profondément toute la majesté de sa personne sacrée devant le roi suprême, dont il est en même temps l'image et le premier sujet.

Mais quel est celui d'entre vous, mes frères, qui, en se disposant à venir dans ce saint temple, ait l'esprit occupé des affaires qui doivent l'y amener, et de la grandeur du Dieu tout-puissant qui y habite? Je vais, non pas chez un grand seigneur, ni dans la maison d'un prince de la terre, mais dans la maison du Maître des maîtres, devant lequel l'univers entier n'est que comme un grain de sable, ou comme une goutte de cette rosée qui précède le lever du soleil, et que ses premiers rayons font disparaître. Je vais dans le lieu qu'il a choisi, pour habiter au milieu des hommes, qui est spécialement consacré à son culte, et qu'il a rempli de son éternelle majesté. C'est là qu'il reçoit nos visites, écoute nos vœux, et nous distribue ses grâces. Là ses yeux sont ouverts sur nous, ses oreilles attentives à notre voix, ses mains toujours remplies de bienfaits, et toujours prêtes à les répandre. Là sont toutes les richesses de sa bonté, le trône de sa miséricorde, la source de ses bénédictions. Réjouissez-vous, mon âme, nous allons dans la maison du Seigneur, lui rendre nos hommages, bénir son saint nom, chanter ses louanges, écouter sa parole, lui exposer nos misères.

Ah! que j'ai de choses à lui dire, et qu'elles sont importantes les affaires que j'ai à traiter avec lui! combien de grâces n'ai-je pas à lui demander, combien de grâces n'ai-je pas à lui rendre? Mes biens, ma santé, ma vie, mon sort, mon éternité, tout cela est entre ses mains. Je lui parlerai de ma faiblesse, et il me fortifiera; de mes peines, et il me consolera; de mes péchés, et il me les pardonnera; de ma famille, et il la bénira; de mes inquiétudes, et il les dissipera. Seigneur, j'entrerai dans votre maison, je vous adorerai dans votre saint temple, et j'en reviendrai chargé de toutes sortes de bénédictions. Mes chers enfants, dites la vérité, sont-ce là les pensées qui vous occupent, lorsque les devoirs de la religion vous appellent à l'église, et que vous vous disposez à y venir?

Ah! sont-ce là les pensées qui vous occupent, lorsqu'après avoir employé toute la matinée à faire des marchés, à payer, à louer des ouvriers, ou à d'autres affaires semblables, vous venez à la hâte chercher une Messe quelquefois à moitié dite, regardant comme un temps perdu celui que vous employez à l'entendre? Lorsqu'après avoir passé deux ou trois heures au cabaret, la crainte de la police et non pas la crainte de Dieu, vous en fait sortir à l'heure des Offices, où vous apportez un esprit troublé par les fumées du vin dont vous vous êtes remplis: ou bien lorsque passant du jeu et de vos autres divertissements à l'église, vous vous entretenez en y venant, et jusqu'à la porte, de votre gain, de votre perte, de toutes les misères et de toutes les frivolités dont vous avez la tête remplie?

Mais de bonne foi, mon enfant, car, puisque l'occasion s'en présente, il faut que vous me permettiez de vous dire librement ma pensée; de bonne foi, songez-vous que c'est ici la maison de Dieu, lorsque, pour y venir, vous perdez je ne sais combien de temps à vous ajuster, à vous parer, non pas avec cette simplicité pleine de modestie que saint Paul recommande aux femmes chrétiennes, et que les femmes chrétiennes observent quand elles ne veulent plaire qu'à Dieu, mais avec une affectation ridicule et pleine de vanité, dans l'intention de vous faire regarder, d inspirer de l'amour aux uns et de la jalousie aux autres. Un tel et une telle se trouveront à l'Office. Celle-là se met de telle manière, je la vaux bien, pourquoi ne serais je point parée comme elle? Voilà ce qui vous occupe, et mille autres choses semblables que j'aurais honte de rapporter. On vous remarquera sans doute; mais on ne pensera point ce que vous croyez. On pensera bien plus, on dira tout haut que vous venez ici pour vous faire voir, que la vanité vous tourne la tête, que vous sortez de votre état, que ni votre naissance, ni vos facultés ne permettent point tout cet étalage, qu'on prendrait votre mère pour votre domestique, et votre père pour votre fermier; les jeunes gens qui vous courtisent pensent eux-mêmes comme les autres, et vous méprisent intérieurement; leur attachement pour vous n'a rien d'honnête, rien que de frivole, rien qui puisse vous conduire à un établissement solide. Vous vous damnez, et vous êtes cause qu'ils se damnent; vous profanez la maison de Dieu, et vous êtes cause qu'ils la profanent; combien de fois arrive-t-il qu'ils n'y viennent que pour vous y conduire et pour vous y voir, comme vous y venez vous-même, pour les voir et pour en être vue? Les marchands que Notre-Seigneur chassa du temple, y venaient vendre des colombes, et vous venez y vendre votre âme. L'orgueil, l'envie de plaire, peut-être des désirs infâmes, voilà donc ce qui vous amène ici. Bon Dieu, quels sentiments, quelles dispositions! Ah! mes chers enfants, prenez-y garde, examinez bien votre cœur, rendez-vous justice et vous conviendrez que je dis vrai.

Mais je parle à tous, ou du moins au plus grand nombre, lorsque je me récrie sur le peu d'empressement, sur la nonchalance, le dégoût, la dissipation que l'on remarque parmi vous, mes frères, lorsqu'il s'agit de vous rassembler dans le lieu saint. Nous voyons, il est vrai, un certain nombre d'âmes p euses qui assistent à la Messe tous les jours, qui viennent outre cela rendre leurs hommages à Jésus-Christ dans le courant de la journée; la piété, l'amour de Dieu, le désir de travailler à leur sanctification, les conduisent aux pieds des autels; mais la plupart des autres qu'on voit à peine ici les jours de fêtes, comment et pourquoi y viennent-ils? Vous le savez, ô mon Dieu, vous connaissez les dispositions de leur âme. Hélas! quand ils sortent de leur maison pour venir dans la vôtre, on dirait qu'ils y viennent malgré eux, il semble qu'on les y traîne; et en y venant ils pensent à toute autre chose qu'à ce qu'ils doivent y faire. On parle, on cause, on s'entretient de ses affaires, de ses plaisirs, on se dissipe de mille manières, et on y entre sans réflexion. Faut-il s'étonner après cela qu'on y paraisse avec si peu de respect et de modestie! Oui, mes frères, il faut s'en étonner; car enfin, quelque dissipés que vous puissiez être, lorsque vous venez dans la maison de Dieu, dès que vous y êtes entrés, vous êtes, pour ainsi dire, forcés d'y voir des choses qui fixent votre attention, qui réveillent votre foi, qui rappellent nécessairement à votre esprit ce que nos mystères ont de plus saint, de plus respectable et de plus propre à toucher quiconque n'a pas encore perdu tout sentiment de religion.

SECONDE RÉFLEXION.

Regardez tout autour de vous, et d'un bout à l'autre de ce temple. Tout vous y parle de votre Dieu, de votre vocation, de vos espérances, de ce que vous avez été, de ce que vous êtes, de ce que vous deviendrez; les pierres même de ces voûtes sacrées sont comme autant de bouches qui vous parlent et vous exhortent.

Dès en entrant vous trouvez dans cette eau matérielle, qui a été purifiée par les exorcismes et les prières de l'Eglise, l'image de l'eau invisible de la grâce qui purifie nos âmes, et rejaillit à la vie éternelle. En prenant de l'eau bénite vous confessez que vous êtes impur et indigne de paraître devant Dieu. Voilà d'abord de quoi vous humilier et vous anéantir en sa présence.

De là, le premier objet qui s'offre à votre vue, c'est l'image de Jésus-Christ crucifié. Ah! que cet objet est bien capable de rabattre votre orgueil, et de vous faire rentrer dans votre poussière. C'est là le grand livre des chrétiens, toujours ouvert, toujours lisible pour les ignorants comme pour les savants. C'est là où il faut que vous lisiez malgré vous la condamnation de vos parures immodestes, et de cet air évaporé avec lequel vous entrez dans la maison de Dieu. Comparez sa tête, couronnée d'épines et penchée sur son sein, avec la vôtre, dont le mouvement et l'attitude annoncent la légèreté, la vanité, la dissipation; ses yeux fermés avec les vôtres pleins de fierté, peut-être d'impudicité, qui tournent çà et là sans respect, sans modestie. Regardez les pieds et les mains du crucifix, regardez ensuite vos pieds et vos mains, misérable chrétien, et souvenez-vous que c'est là le Dieu que vous servez, et qui doit être votre modèle.

Portez plus loin vos regards, et voyez l'autel où ce même Jésus, comme sur un autre calvaire, renouvelle continuellement le sacrifice qu'il a offert sur la croix pour votre salut : cet autel seul ne déploie-t-il pas à vos yeux tous les mystères de la religion? C'est là que vous consommez votre justice, ô mon Dieu, en immolant tous les jours votre propre Fils. C'est là que vous consommez votre amour en nous donnant toute la personne de ce Fils adorable pour être la nourriture de nos âmes. C'est là que vous accomplissez les oracles des prophètes, toutes les figures, toutes les cérémonies de l'ancienne loi. Cet autel, ô divin Jésus, est comme le sein de votre mère dans lequel vous vous incarnez, comme la crèche où vous naissez, comme le calvaire où vous vous immolez, comme le ciel où vous êtes assis sur les ailes des chérubins à la droite de votre Père. C'est là que vous dévorez la mort et que vous donnez la vie; là vous payez pour nous, vous priez pour nous; là vous consolez les affligés, vous fortifiez les faibles, vous soutenez les forts; là vous renouvelez, vous rassemblez, vous perpétuez toutes les merveilles de votre puissance, de votre bonté, de vos infinies miséricordes. Ah! mes chers enfants, comment pouvons-nous jeter les yeux sur cet autel sans être pénétrés de respect, ravis d'admiration, embrasés d'amour; sans que nos entrailles soient émues, sans que notre cœur tressaille de joie et s'élance vers Jésus-Christ?

Mais si vous êtes trop charnel pour appliquer votre esprit à la contemplation d'un mystère qui est la consommation et l'abrégé de tous les autres, ou plutôt, puisqu'au lieu de fixer vos regards sur cet autel, vous les portez curieusement à droite, à gauche et derrière vous : voyez donc au bas de ce temple les fonts sacrés sur lesquels vous êtes devenus enfants de Dieu et de l'Eglise catholique. Ils vous rappelleront les engagements que vous avez contractés dans votre baptême et que vous avez mille fois violés; la grâce de l'innocence que vous y avez reçue, que vous avez perdue dès votre plus tendre jeunesse, et que vous n'avez peut-être jamais recouvrée. Regardez d'un autre côté ce tribunal de miséricorde, l'asile de l'espérance, la consolation des pécheurs; il vous rappellera vos péchés et vos confessions, vos promesses et vos infidélités, vos résolutions et vos rechutes, peut-être vos profanations et vos sacriléges.

Cette chaire, lors même que je ne parle point, ne vous fait-elle pas souvenir de l'Evangile qu'on y annonce, de la loi qu'on y explique, des vérités qu'on y prêche? Ne vous reproche-t-elle pas votre ignorance, votre aveuglement, la dureté, l'insensibilité de votre cœur, le déréglement de votre conduite, qui est toujours la même, malgré tout ce que vos pasteurs ne cessent de vous répéter ici; malgré les exhortations, les prières, les menaces dont cette chaire a retenti cent et cent fois? Regardez-la bien, et sachez qu'elle s'élèvera contre vous au jour du jugement, où le même Jésus, qui parle par notre bouche, se vengera du peu de cas que vous faites de sa parole.

Enfin, de quelque côté que vous jetiez les yeux, il n'est guère possible que vous ne fassiez quelque retour sur vous-même. Les tombeaux que vous foulez aux pieds, vous montrent le terme où vont aboutir et se perdre les vanités, la gloire et tous les plaisirs de ce monde. Les images des saints vous entretiennent de leurs vertus; leurs reliques vous disent qu'ils étaient hommes, qu'il ne tient qu'à vous de les imiter et d'arriver au bonheur dont ils jouissent. Les pierres mêmes, et la structure de ce temple vous représentent tout à la fois et l'union qui doit régner entre les chrétiens qui ne sont qu'un même corps en Jésus-Christ comme ces pierres ne font qu'un seul édifice, et l'union éternelle de tous les élus dans le ciel, lorsque le grand édifice de leur sanctification étant consommé, ils seront placés comme autant de pierres vivantes dans la céleste Jérusalem.

Que si la seule vue de nos églises et de ce qu'elles renferment suffit pour réveiller notre foi, pour nous imprimer du respect et pour exciter en nous les sentiments de la piété chrétienne, que sera-ce, mes frères, si vous ajoutez à tout cela les cérémonies augustes de notre sainte religion, les habits sacrés et mystérieux de ses pontifes, de ses prêtres et de ses autres ministres, les bénédictions, les aspersions, le chant des psaumes, les hymnes, les cantiques, le son des cloches, la solennité des fêtes, et cette pompe extérieure qui, en frappant nos sens, élève notre âme, la remplit de pensées toutes célestes et la transporte, pour ainsi dire, dans le séjour des bienheureux, où nous espérons voir face à face celui dont l'Eglise, dans ses cérémonies, annonce la grandeur, la gloire et la magnificence?

Réfléchissez à présent, mon cher paroissien, et dites-vous à vous-même : comment peut-il se faire qu'ayant ici sous les yeux tout ce qu'il y a de plus propre à inspirer et à nourrir la piété, j'en sorte quelquefois sans avoir eu aucun sentiment de piété? Par quelle sorte d'enchantement regardé-je l'autel, la chaire, le confessionnal, les fonts, la croix de Jésus-Christ, les images des saints et tout le reste, sans penser ni au sacrifice redoutable qu'on offre sur cet autel, ni aux vérités éternelles que l'on annonce dans cette chaire, ni aux engagements que j'ai contractés sur ces fonts, ni aux péchés que Dieu m'a pardonnés cent fois dans ce tribunal et dans lesquels je suis retombé cent fois : que si je pense à toutes ces choses, comment des pensées aussi sérieuses peuvent-elles s'accorder avec la dissipation, le dégoût, l'ennui, les postures indécentes, le manque d'attention et de respect; avec toutes les immodesties, toutes les irrévérences que je commets si souvent dans le lieu saint?

Mais est-il possible, grand Dieu, que les ennemis de votre croix viennent vous insulter jusque dans votre maison, et que vous n'ayez pas un lieu sur la terre où vous soyez à l'abri de leurs outrages? Faut-il que les libertins et les impies, acharnés contre votre Evangile et contre votre personne, vous poursuivent jusque dans votre tabernacle, et que nos églises soient à leur égard comme le prétoire de Pilate où vous fûtes rassasié d'opprobres? Eh! malheureux, n'est-ce point assez pour vous d'insulter à Jésus-Christ et de renouveler ses souffrances par vos impudicités et vos infamies, par votre avarice et vos injustices, par vos inimitiés et vos vengeances, par votre ivrognerie, vos jurements, vos brutalités? N'est-ce point assez que votre maison et tous les lieux que vous fréquentez aient été témoins de vos désordres? faut-il encore que vous veniez déshonorer la maison de Dieu et vous élever contre lui jusque dans le temple de sa gloire?

Et vous, mes frères, qui n'avez point à vous reprocher ces profanations, contre lesquelles nous ne saurions nous élever avec trop de force, gardez-vous bien cependant de faire des applications étrangères pendant que je parle, et d'accuser les autres au lieu de vous regarder et de vous accuser vous-mêmes. Votre manière d'être dans la maison du Seignenr n'a rien que de respectueux et d'édifiant : on ne vous y voit jamais, ni rire, ni causer, ni commettre aucune irrévérence : à la bonne heure; tandis que vous êtes dans le lieu saint, vous n'êtes occupés que de choses saintes; Dieu le veuille : mais de quoi vous sert d'avoir ici de bonnes pensées, de bons désirs, des affections pieuses, si dès que vous en êtes sortis, tout cela se dissipe et se perd, de sorte que vous n'en retiriez aucun fruit?

TROISIÈME RÉFLEXION.

La reine de Saba étant venue à Jérusalem pour voir de ses propres yeux tout ce qu'elle avait ouï dire de la gloire de Salomon, après avoir reconnu par elle-même l'étendue de ses lumières, la profondeur de sa sagesse, les richesses de son palais, la magnificence de sa cour et le bel ordre qui y régnait, cette princesse retourna dans ses Etats ravie d'admiration et emportant avec elle les magnifiques présents que Salomon lui avait faits. C'est vous, ô mon Sauveur, qui êtes le véritable Salomon; c'est en vous que sont renfermés tous les trésors de la science et de la vraie sagesse. C'est dans votre saint temple que vous avez rassemblé toutes les richesses de votre grâce. C'est ici que vous déployez à nos yeux, et que nous voyons de toutes parts les merveilles de votre miséricorde. C'est ici enfin, que vous répandez l'abondance de vos bénédictions sur toute âme fidèle qui vous cherche dans la droiture et dans la simplicité de son cœur.

Mais, hélas! où les trouverons-nous ces âmes fidèles? Quel est celui d'entre vous, mes chers paroissiens, qui, après avoir recueilli précieusement les bonnes pensées, les sentiments de piété qu'il a eus dans la maison de Dieu, les conserve quand il en est sorti, s'en occupe encore lorsqu'il est de retour chez lui pour l'édification de son âme, s'exhortant lui-même à vivre conformément à ce qu'il vient de faire dans le temple du Seigneur, à ce qu'il vient d'y voir et d'y entendre; soit qu'il ait assisté au saint sacrifice de la Messe, soit qu'il ait écouté la parole de Dieu ou qu'il ait chanté ses louanges; soit enfin qu'il y soit venu, comme il arrive quelquefois, pour voir les cérémonies de l'Eglise.

Je viens d'adorer Jésus-Christ immolé sur l'autel pour le salut de mon âme. Il m'a sacrifié son corps, son sang, toute sa personne adorable ; que pouvait-il me sacrifier de plus? Et moi, depuis que je suis au monde et que j'entends la Messe, quel sacrifice ai-je fait à mon Sauveur? que lui ai-je donné, que lui donnerai-je pour lui prouver mon attachement et ma reconnaissance? Hélas! il renouvelle tous les jours pour l'amour de moi, le mystère de sa Passion, et tous les jours je renouvelle, par mes péchés, ses humiliations et ses douleurs. O Jésus, que vous êtes bon, et que nous sommes ingrats!

Je sors de l'Office divin où j'ai chanté des psaumes et des hymnes avec cette même bouche que j'ai souillée tant de fois par des jurements, des paroles indécentes, des chansons infâmes. Hélas! mon Dieu, ma langue servira-t-elle toujours, tantôt à vous bénir, tantôt à vous maudire, tantôt à chanter vos louanges, tantôt à déshonorer votre saint nom? Vit-on jamais une fontaine jeter par la même ouverture de l'eau douce et de l'eau amère? Jusqu'à quand paraîtrai-je donc à l'église comme un serviteur de Jésus-Christ, et partout ailleurs comme quelqu'un qui ne connaît pas l'Evangile ou qui ne se met point en peine de le suivre?

Je viens d'entendre la parole de Dieu : ah! qu'elle est vraie, et que je me suis bien reconnu dans ce qu'on a dit sur la vanité, sur l'attachement aux biens de ce monde, sur la médisance, la jalousie, le pardon des injures! C'est pour moi, c'est à moi-même qu'on a parlé. Il y a dix ans, il y a vingt ans qu'on me prêche les mêmes vérités. Est il possible que je ne sois pas devenu meilleur depuis si longtemps que j'ai eu le bonheur d'être instruit à l'école de Jésus-Christ?

Voilà, mes frères, une partie des réflexions qui devraient, ce semble, vous suivre et vous occuper lorsque vous sortez d'ici. Pourquoi donc ces réflexions et beaucoup d'autres semblables ne font-elles jamais la matière de vos entretiens, quand vous êtes rentré chez vous au sortir de l'Office? Mais, du moins, pourquoi les pères et les mères ne prennent-ils pas occasion de ce que leurs enfants ont vu à l'église, et de ce qu'ils ont entendu, pour leur apprendre la religion, pour les instruire de leurs devoirs, pour leur inspirer l'amour de Dieu et le respect qui est dû aux choses saintes? Quand on les mène aux spectacles, ou dans les promenades publiques, ou à d'autres amusements, on leur fait remarquer ce qu'ils n'aperçoivent point, on leur explique ce qu'ils ne comprennent point, on leur fait mille questions, on répond à celles qu'ils font eux-mêmes, on profite de leur curiosité pour leur apprendre beaucoup de choses inutiles et quelquefois criminelles. Mais quand on les conduit à l'église où ils voient les fonts sur lesquels ils sont devenus enfants de Dieu, l'autel sur lequel on les a placés pour les offrir à Jésus-Christ, la table où ils doivent bientôt manger le pain des anges, la chaire qui est la vraie école où ils doivent s'instruire, les cérémonies qui rendent l'Office divin si majestueux et dont chacune a sa signification particulière ; pas un mot sur des objets aussi intéressants et aussi respectables. Eh! comment leur en parlerait-on, puisqu'on n'y prend pas garde soi-même? On y prend garde, si vous voulez, on y fait quelque attention dans le moment ; mais l'instant d'après que l'Office est fini, on pense à toute autre chose : on se lève précipitamment, on court, on se presse à la porte, on se livre à toutes sortes de dissipations.

Eh! qui croirait à vous voir, que vous sortez de la maison de Dieu, et que vous venez de traiter avec lui l'affaire la plus sérieuse que vous ayez au monde, je veux dire les affaires de votre conscience, de votre salut, de votre éternité? Qui croirait que vous venez d'assister au sacrifice du corps et du sang de Jésus-Christ, que vous sortez d'entendre sa parole, et de chanter ses louanges? Ne croirait-on pas plutôt que vous sortez d'une maison profane, dans laquelle vous ne vous êtes entretenu que de choses profanes? Il y a plus : si vous sortiez d'un temple païen, si vous veniez d'adorer le dieu du vin et de la débauche, le dieu des richesses, le dieu des plaisirs et du libertinage, auriez-vous l'air plus dissipé, plus évaporé, moins chrétien? Auriez-vous l'esprit plus occupé de votre jeu, de vos divertissements et de vos affaires? Mes chers enfants, ce n'est ni pour vous humilier ni pour vous confondre, que je parle de la sorte ; mais pour vous faire sentir qu'avec une telle conduite, ce que vous entendez, ce que vous voyez dans la maison de Dieu, les actes de religion que vous y faites, les grâces que vous y recevez, tout cela ne vous rend pas plus chrétiens, et vous devient absolument inutile. Ecoutez donc, et je finis, la manière dont il faut vous conduire, afin que le culte, que vous rendez à Dieu dans son temple, contribue à votre sanctification et à sa gloire.

Aussitôt que l'heure de l'Office est venue, et que la cloche sonne, imaginez-vous que c'est Dieu lui-même qui vous appelle ; partez sur-le-champ, et ne dites point, comme on fait quelquefois, nous y serons assez tôt. Partez avec joie, en disant en vous-mêmes ces paroles du psaume : *Je me suis réjoui quand on m'a dit : nous irons dans la maison du Seigneur. (Psal.* CXXI, 1.) Occupez-vous, en y venant, de ce que vous devez faire ; commencez à vous recueillir dès en sortant de votre maison, et causez en chemin le moins qu'il vous sera possible, afin que vous n'arriviez point ici avec une imagination remplie et embarrassée des choses de ce monde. Rappelez-vous, et dites en y entrant, les paroles du saint patriarche Jacob : Oh! que ce lieu est terrible ! c'est ici vraiment la maison de Dieu et la porte du ciel. Seigneur, que votre temple est admirable, non point par les ornements qui brillent à nos yeux, mais par les richesses spirituelles qu'il renferme, et que vous répandez sur vos fidèles serviteurs, qui viennent vous adorer ici en esprit et en vérité ! Entrez-y donc, mon cher enfant, avec un profond respect, et souvenez-vous que le temple du Seigneur ne mérite pas moins d'égards, et n'est pas moins respectable que la maison des grands et des princes de la terre.

Prosternez-vous ensuite aux pieds de Jésus-Christ, humiliez-vous profondément en sa présence, reconnaissez votre néant, et rendez-lui ici l'hommage public de vos adorations; exposez-lui les infirmités et la misère de votre âme, et priez-le de ne point permettre que vous veniez dans son temple sans vous enrichir des trésors spirituels qu'il vous y offre. Unissez votre intention et votre voix à celles de ses ministres, et de tous les fidèles qui sont rassemblés dans le lieu saint; que le chant et les cérémonies de l'Eglise vous rappellent la grandeur, la puissance, la gloire du Maître que vous servez : occupez-vous-en de manière qu'au sortir de l'Office, vous ne sachiez point qui y était, ou n'y était pas. Soyez-y dans une posture décente et respectueuse ; qu'on ne voie rien dans votre extérieur qui sente la négligence ou l'ennui, la vanité ou la dissipation ; que le recueillement et la modestie soient peints sur votre visage, non-seulement lorsque vous êtes ici, mais encore lorsque vous en sortez.

Regardez les pensées et les sentiments de piété que vous avez eus pendant l'Office divin, et la célébration de nos saints mystères, comme les fruits, et, pour ainsi dire, comme autant de gouttes du sang de Jésus-Christ. Ne souffrez pas que tout cela s'évapore et s'évanouisse aussitôt que vous avez perdu de vue l'autel et la croix, d'où sont découlées, comme de leur source, les saintes inspirations, les affections pieuses, et toutes les grâces que le Seigneur a répandues dans votre âme. Conservez-en le souvenir pour vous exciter à la vertu de manière que vous ne sortiez jamais de la maison de Dieu, sans être rempli d'un nouveau respect pour la religion, d'un nouveau goût pour les choses du ciel, d'un désir plus ardent de mener une vie conforme à la foi dont vous faites publiquement profession, lorsque vous venez adorer dans son temple celui qui a fait, et qui remplit le ciel et la terre.

Grand Dieu, qui, voulant habiter au milieu de nous, et rendre votre présence sensible en quelque sorte, avez renfermé dans nos églises les richesses et la gloire de l'éternelle majesté qui habite dans le ciel ; ouvrez les yeux de tous ceux qui viennent dans le lieu saint, afin qu'ils voient les merveilles que vous y opérez en faveur de votre peuple. Pénétrez-nous de respect et d'admiration, de reconnaissance et d'amour à la vue de votre sanctuaire. Que nous accourions toujours dans votre maison, avec un nouvel empressement, que notre ferveur et notre modestie soient l'édification des fidèles, et la consolation de nos pasteurs. Que nous cherchions ici, et que nous trouvions aux pieds de vos autels, une lumière pure qui dissipe nos ténèbres, qui conduise nos pas, qui règle notre vie; une onction divine qui réveille notre foi, qui ranime notre piété, qui nous remplisse de force et de consolation au milieu des peines qui nous affligent, des tentations qui nous assiégent, et de toutes les misères qui nous environnent; et enfin que votre maison soit vraiment pour chacun de nous, ô mon Dieu, la porte du ciel, par où nous arrivions à la vie éternelle. Ainsi soit-il.

DISCOURS XXXIX.

Pour le dixième Dimanche après la Pentecôte.

LA VRAIE ET LA FAUSSE DÉVOTION.

Duo homines ascenderunt in templum ut orarent; unus Pharisæus, et alter Publicanus. (*Luc.*, XVIII, 10.)

Deux hommes montèrent au temple : l'un était Pharisien et l'autre Publicain.

Quelle différence, mes chers paroissiens, entre ces deux hommes, dont l'un plein de confiance en lui-même, et de mépris pour son prochain, ne vient dans le temple que pour l'orgueilleux étalage de ses vertus et de ses bonnes œuvres, pendant que l'autre, vivement pénétré de sa faiblesse et de son néant, ne pense qu'à ses péchés, frappe sa poitrine, et conjure humblement le ciel de lui être propice ! Celui-ci obtient l'effet de sa demande, et s'en retourne justifié; au lieu que le Pharisien, avec tous ses jeûnes, ses longues prières, et ses prétendus mérites, n'a fait que nourrir son orgueil, et rentre dans sa maison plus criminel encore qu'il n'était quand il en est sorti. Notre Seigneur Jésus-Christ a voulu nous apprendre par cette parabole, que les plus grands pécheurs, lorsqu'ils se repentent et s'humilient devant Dieu, attirent sur eux les regards de sa miséricorde; mais qu'il a souverainement en horreur ceux-là mêmes qui paraissent au dehors les plus réguliers et les plus justes, quand ils s'applaudissent de leurs bonnes œuvres, se confiant en leur propre justice, et s'élèvent intérieurement au-dessus des autres. Il a voulu nous apprendre que les pratiques extérieures de la dévotion n'en sont que l'écorce, et ne servent de rien à celui qui ne travaille point à réformer son cœur, et à régler sa conduite sur les saintes maximes de l'Evangile. Ah ! combien de personnes qui se font illusion sur ce point, et s'aveuglent elles-mêmes ! Bon Dieu, que de faux dévots et de dévotions mal entendues! Voyons donc aujourd'hui, mes frères, premièrement ce que c'est qu'une dévotion fausse et mal entendue; secondement combien elle est préjudiciable à la religion, et au salut des âmes.

PREMIÈRE RÉFLEXION.

La dévotion des Pharisiens était fausse en ce que, dans les choses essentielles, ils donnaient dans le plus affreux relâchement, au lieu que dans les minuties ils étaient exacts jusqu'à la superstition; transgressant la loi dans ce qu'elle avait de plus sacré, pour s'attacher à des traditions humaines, et à des pratiques frivoles. Dévotion fausse en ce qu'ils étaient remplis de vaine complaisance pour eux-mêmes, et n'avaient que du mépris pour le reste des hommes. Clairvoyants, sévères, impitoyables sur la conduite d'autrui; aveugles, indulgents, endurcis sur leur propre conduite. Dévotion fausse en ce qu'ils faisaient leurs bonnes œuvres, non pas dans l'intention de se rendre agréables aux yeux de Dieu, mais pour attirer les regards, l'estime et la vénération du peuple, qui jugeait de leur intérieur par les apparences. De là ces reproches sanglants dont ils furent accablés de la part de Jésus-Christ. Serpents, race de vipères, sépulcres blanchis, guides aveugles, hypocrites, loups ravissants cachés sous la peau de brebis: voilà comme il les traitait; et plût à Dieu que parmi les chrétiens, jamais personne n'eût mérité des reproches semblables! Mais, hélas, les vices des Pharisiens ont malheureusement passé jusqu'à nous. Saint Jérôme s'en plaignait de son temps, et l'Eglise gémit encore aujourd'hui de trouver dans son sein ces hommes dont parle saint Paul, qui ont les apparences de la piété, sans en avoir les fruits.

Je ne dis rien des hérétiques qui, depuis les premiers jusqu'aux derniers, ont été les héros de la fausse dévotion, et des modèles achevés en fait d'hypocrisie. On les a vus affecter le langage et tout l'extérieur de la plus parfaite régularité, pendant qu'ils se livraient en secret aux plus infâmes déréglements. Sobres en public, intempérants, crapuleux dans le particulier; le visage mortifié, l'âme libertine; les dehors de l'humilité, de la douceur, de la patience, l'intérieur pétri de fiel, bouffi d'orgueil et de vaine gloire: voulant passer pour savants dans les Ecritures, instruits dans les grands principes de la morale, et ne se nourrissant l'esprit que de libelles, de livres défendus, ouvrages inspirés par la passion, conçus dans le sein de l'erreur et enfantés dans les ténèbres; voulant se donner pour des hommes d'oraison, et ne priant jamais que quand ils étaient vus et seulement pour être vus. Toujours réservés, toujours inquiets dans la crainte qu'on n'aperçût leurs vices, ou qu'on n'admirât point les vertus dont ils n'avaient que le simulacre. De là cet air empesé, ces manières affectées, ces contorsions, ces grimaces que la vraie piété ne connut jamais et que l'on pourrait appeler les livrées du mensonge.

Ne les a-t-on pas vus donner au public la scène scandaleuse de tout ce que la corruption des mœurs a de plus honteux, pendant que, dans les conversations particulières ils paraissaient scandalisés d'une parole équivoque, et quelquefois même d'une plaisanterie innocente? Mais ne les a-t-on pas vus se révolter contre les puissances, les déchirer dans leurs libelles, sans retenue, sans égards, sans respect pour les autorités les plus respectables; pendant qu'ils exerçaient d'ailleurs chacun dans leur place une autorité despotique sur ceux qui avaient le malheur de leur être subordonnés? Ne les a-t-on pas vus crier à l'injustice et à la persécution quand on a voulu réprimer leurs excès, pendant qu'ils creusaient eux-mêmes des précipices sous les pieds des hommes justes, et qu'ils faisaient jouer toutes sortes de ressorts pour les accabler, les détruire, les anéantir; crier à la profanation, pendant qu'ils étaient eux-mêmes publiquement des profanateurs et des sacriléges? Mais laissons là les hypocrites. Je reviens à vous, mes frères, et je dis que, parmi ceux qui s'adonnent de bonne foi aux exercices de la piété, il y en a beaucoup dont la dévotion est fausse et mal entendue.

Vous assistez tous les jours à la Messe, vous vous confessez tous les mois, vous jeûnez deux fois la semaine, et vous faites beaucoup d'autres pratiques marquées dans le règlement de vie que vous vous êtes prescrit. Voilà une belle écorce. Est-ce que nous blâmons tout cela? Non. Tout cela est très-bien et très-édifiant; mais je voudrais qu'en faisant ainsi beaucoup de choses que Dieu ne vous commande pas expressément, vous fissiez en même temps celles qu'il vous commande. Il ne demande pas que vous jeûniez deux fois la semaine, ni que vous donniez la dixième partie de votre bien aux pauvres, ni que vous fassiez tant de prières et tant de lectures; mais il demande que vous soyez doux et humble de cœur; que vous supportiez charitablement les faiblesses et les défauts de votre prochain; que vous remplissiez avec fidélité, dans la vue de lui plaire, les devoirs de l'état où sa Providence vous a placé; que vous souffriez avec patience et de bon cœur, pour l'amour de lui, ce qui vous déplaît, ce qui vous afflige, ce qui vous mortifie: voilà l'essentiel, et cependant, prenez-y garde, ce n'est pas là ce qui vous occupe davantage.

Votre amour-propre s'offense et s'irrite d'un mot, d'un geste, d'une petite démarche inconsidérée qui auront échappé à quelqu'un de ceux qui vous sont soumis, et qui doivent vous respecter. Vos domestiques et vos inférieurs disent que vous êtes haut et d'une humeur difficile: vos supérieurs, que vous négligez les devoirs de votre état; vos amis, que vous prêchez toujours, et que vous voulez réformer tout le monde; vos ennemis, que vous ne pardonnez rien, et qu'avec vous la plus petite injure ne demeure jamais impunie; que chez vous le ressentiment est plus vif, la colère plus aigre, la vengeance plus amère que chez d'autres dont la vie ne paraît pas, à beaucoup près, aussi réglée que la vôtre. Qu'est-ce donc que cette dévotion qui déplaît, qui est à charge au prochain, qui, au lieu de gagner les cœurs, choque et rebute ceux qui vous approchent?

C'est que les gens du monde et ceux qui n'ont point de piété ne peuvent pas souffrir les personnes qui en font profession. Cela n'est pas vrai : les hommes du monde, les libertins eux-mêmes honorent la piété; je dis plus, ils l'aiment lorsqu'elle est vraie et sans ostentation; simple sans affectation et sans grimaces. Un chrétien dont la dévotion est vraie ne cherche pas le monde, parce qu'il ne l'aime point, et il ne l'aime point, parce qu'il en connaît les dangers; mais quand il s'y trouve, il se prête à ses usages sans approuver ses abus : il ne suit pas ses maximes; mais il ne va pas toujours criant contre ceux qui ont la faiblesse et le malheur de les suivre. Il se réjouit avec ceux qui se réjouissent, il s'afflige avec ceux qui s'affligent, et se faisant tout à tous sans jamais blesser sa conscience, il rend la vertu et la piété tellement aimables, que chacun voudrait être vertueux et dévot comme lui. Toutes les fois que notre dévotion ne s'accorde point avec les sentiments d'humanité, de douceur, de bonté, de condescendance que la charité chrétienne doit inspirer, elle est nécessairement fausse et mal entendue.

Elle est fausse et mal entendue lorsqu'elle ne réprime pas les saillies de l'orgueil; lorsqu'elle n'étouffe pas les mouvements de colère et les désirs de vengeance, lorsqu'elle ne met pas un frein à notre bouche et qu'elle ne retient pas notre langue; enfin lorsqu'elle ne nous porte point à remplir toute justice envers Dieu et envers les hommes. Jeûner tous les vendredis, et, au sortir d'un repas où l'on s'imagine avoir fait pénitence, mettre le prochain sur le tapis, éplucher sa vie, relever ses défauts, critiquer ses démarches, déchirer sa réputation : être longtemps à l'église, et dès qu'on est rentré à la maison criailler, s'emporter contre son mari, sa femme, ses enfants, ses domestiques; trouver à dire sur tout, rebattre cent fois la même chose; et, après avoir prié pendant deux heures, se livrer à la mauvaise humeur le reste de la journée; faire beaucoup d'aumônes et des œuvres de charité, pendant que vos domestiques se plaignent que vous ne payez pas leurs gages, et les ouvriers que vous retenez leur salaire : quelle dévotion!

Mais quelle est la vôtre, mes chers enfants, lorsque vous manquez aux commandements de Dieu et de son Eglise, pour vous attacher à certaines pratiques, à certains usages qui sont à la vérité bons et louables en eux-mêmes, mais qui, par l'abus que vous en faites, ne sont plus de votre part qu'une routine et de pures momeries? L'église vous appelle à votre paroisse, et vous allez courir au loin sous prétexte de dévotion à tel saint et à telle sainte : vous criez contre nosseigneurs les prélats, parce qu'ils ont sagement retranché certaines fêtes, et vous passez les fêtes à boire et à vous divertir. Le laboureur a son patron, le vigneron a le sien, les artisans ont le leur; ils font chanter des Messes solennelles, ils y assistent, cela est vrai; mais avant et après, jusqu'à la fin de la journée, à quoi s'occupent-ils? Vous le savez, mes frères : on boit, on mange, on joue, on danse, puis on boit et on mange encore, on s'enivre, on se querelle, on offense Dieu de toutes manières. C'est ainsi qu'on chôme la fête, et l'on s'imagine la chômer par dévotion. Bon Dieu, quelle dévotion!

Sonner les cloches pour écarter les orages, faire des processions, des bénédictions, des neuvaines dans les calamités publiques, vous aimez tout cela, mes enfants, et, en effet, tout cela est bien. Mais croyez-vous de bonne foi que la dévotion consiste dans toutes ces choses, et que toutes ces pratiques soient agréables à Dieu, si vous ne vous mettez point en peine d'ailleurs de garder ses commandements? Hé! que signifient vos vœux, vos pèlerinages, vos confréries, vos processions, les croix que vous plantez dans vos champs, le pain, le sel, les herbes que vous faites bénir et d'autres pratiques semblables, si vous ne travaillez point d'ailleurs à corriger vos défauts et à dompter vos inclinations vicieuses? si vous êtes toujours envieux, jaloux, vindicatifs, ivrognes, impatients, emportés, médisants, menteurs, cherchant à vous tromper et à vous détruire les uns les autres; si vous ne fréquentez pas les sacrements, si vous ne sanctifiez pas le dimanche, si vous en employez la meilleure partie à vos divertissements et à vos affaires?

Je ne blâme point, à Dieu ne plaise! ces pratiques extérieures de dévotion; je les loue, au contraire, je vous les conseille, et vous y exhorte, parce qu'elles nourrissent la piété lorsqu'elle est véritablement dans le cœur, mais c'est dans le cœur qu'elle doit être, ce qui paraît au dehors n'est que le signe de ce qui doit être au dedans; et s'il n'y a rien au dedans, toutes ces démonstrations extérieures sont des mensonges; elles annoncent ce qui n'est pas, elles ne servent qu'à tromper les autres, et à vous tromper vous-mêmes; c'est le cœur que Dieu regarde, c'est le cœur qu'il demande; lorsque ce cœur n'est point à lui, lorsqu'il est plein d'orgueil et d'ambition, plein d'avarice ou d'impudicité, plein de mépris, de haine, de jalousie contre le prochain; lorsque ce cœur cherche en tout à se satisfaire, et ne fait aucune violence pour étouffer les désirs contraires à la loi de Dieu, toutes les pratiques de dévotion, tous les exercices de piété sont des grimaces, et rien de plus.

Qu'est-ce donc que la vraie dévotion? C'est un sentiment qui fixe et attache notre cœur au service de Dieu et à l'observation de ses commandements; c'est un sentiment par lequel nous aimons Dieu par-dessus tout, et le prochain comme nous mêmes. En aimant

Dieu par-dessus tout, nous cherchons à lui plaire, nous craignons de l'offenser. nous en évitons l'occasion. Nous sommes habituellement dans la disposition de lui sacrifier ce que nous avons de plus cher au monde, plutôt que de perdre sa grâce ; en aimant notre prochain, nous sommes doux, patients, compatissants, affables, officieux envers tous les hommes, parce qu'il n'y en a pas un seul qui ne soit notre prochain.

Le vrai dévot ne méprise personne, et n'a mauvaise opinion que de lui-même. Il relève les bonnes qualités, il loue les bonnes œuvres dans autrui : jamais il ne parle des siennes. Quand on l'offense, il se souvient qu'il offense Dieu tous les jours, et cette pensée étouffe dans son cœur tout sentiment d'animosité ; il pardonne tout, et ne se pardonne rien. Si le devoir ou la charité le forcent à reprendre et à exhorter les autres, il en fait toujours plus qu'il n'en dit, il prêche d'exemple sans se proposer pour modèle. S'il prie, ce n'est point par routine ni pour être vu ; mais parce qu'il sent le besoin qu'il a de la grâce. S'il jeûne, c'est pour mortifier son corps, pour dompter et affaiblir sa chair, mais non pas par ostentation ou par habitude, c'est en secret et non en public, à moins que ce ne soient des jeûnes commandés par l'Eglise. Il porte la mortification dans le cœur, et ne cherche point à la faire paraître sur son visage ; il aime la retraite, mais il n'a ni le caractère sauvage, ni l'humeur noire, ni l'abord froid, ni le ton sévère. Il est simple et modeste en tout, sans avoir rien d'affecté ni de singulier ; il remplit toutes les bienséances, il se prête quand il le faut à tous les usages qui n'ont rien de criminel ; il n'aime point à se distinguer des autres, et on ne le distingue que par la douceur de son caractère, la pureté de ses mœurs, l'égalité, la simplicité de sa conduite, et l'exactitude constante avec laquelle il remplit tous ses devoirs, sans se croire pour cela meilleur que ceux qui y manquent.

Si tous les chrétiens qui s'adonnent aux exercices de la piété se conduisaient de la sorte, nous n'aurions pas la douleur de voir la dévotion tournée en ridicule, parce qu'on appelle les honnêtes gens, suivant le langage du monde. Car, après tout, le vrai dévot n'est qu'un honnête homme qui fait profession de croire en Dieu et en Jésus-Christ, à son Eglise, et qui vit conformément à cette foi. Or, il n'y a que des insensés qui puissent tourner en ridicule une personne, précisément parce qu'elle croit en Dieu, en Jésus-Christ, à l'Eglise, et qu'elle règle sa vie sur sa croyance. Mais il y a malheureusement de faux dévots, on les confond avec les véritables, et on charge la dévotion elle même de tous les ridicules qui rendent les faux dévots si incommodes et si désagréables. Voilà le mal que produit la fausse dévotion; elle en produit bien d'autres : oh! qu'elle est dangereuse !

SECONDE RÉFLEXION.

Personne ne nuit plus à la religion que celui qui, ayant une réputation de piété, n'agit pas suivant les règles de la piété : c'est la réflexion de saint Grégoire ; et, en effet, c'est par là principalement que les hérétiques ont fait tant de mal à la religion. Mon enfant, défiez-vous de cet homme : il est imbu d'une fausse doctrine, entêté de nouvelles erreurs, rebelle aux décisions de l'Eglise, disciple fidèle d'une secte impie qui, à l'exemple de toutes celles qui l'ont précédée, sous prétexte de rétablir les vrais principes du dogme et de la morale, les renverse, les anéantit, et sape l'édifice par les fondements. Observez donc à son égard ce commandement exprès de Notre-Seigneur que vous avez lu si souvent dans l'Evangile : *Si votre frère refuse d'écouter l'Eglise*, qui parle, qui enseigne, qui juge par la bouche des premiers pasteurs unis au souverain Pontife, *qu'il soit à votre égard comme un paien et un publicain* (*Matth.*, XVIII, 17); c'est-à-dire comme un profane, un pécheur public, un ennemi de Dieu et de son Eglise. Voilà ce que nous disons d'après Jésus-Christ, notre maître et notre modèle.

Mais comment se défier d'un homme qui ne prêche que charité, qu'humilité, que mortification ? qui a lui-même des mœurs si régulières et si austères? Tous ses discours sont graves et mesurés; sa conversation est chaste ; il est pénétré de respect pour les choses saintes; il ne parle qu'avec frayeur de nos sacrements et de nos mystères. Il jeûne souvent, il fait de grandes aumônes, il vit comme un saint, au moins suivant les apparences : et voilà, mon cher enfant, en quoi il est plus dangereux. C'est un loup, dit Notre-Seigneur, qui, pour dévorer les brebis, en emprunte la peau ; c'est un arbre qui, sous de belles feuilles, cache des fruits empoisonnés. S'il paraissait au dehors ce qu'il est au dedans, il ne pourrait pas séduire les âmes simples. C'est par cet extérieur imposant qu'il cherche à gagner votre estime, pour attirer votre confiance : dès qu'il s'apercevra que vous l'en croyez digne, et que vous paraîtrez disposé à l'écouter, il vous entretiendra de ce qu'il appelle les grands principes, mais ce ne sera que par degrés et peu à peu qu'il vous découvrira le fond de son âme. Aujourd'hui un mot, demain un autre, suivant les occasions et les circonstances ; suivant que vous entrerez plus ou moins dans sa façon de penser, il distillera le venin dans votre cœur goutte à goutte, et vous serez empoisonné sans le savoir. Vous passerez de la lumière dans les ténèbres, croyant passer des ténèbres à la lumière. Pourquoi? Parce que le démon, pour vous tromper, aura pris la figure d'un ange.

Eh! qui est-ce qui voudrait écouter celui qui dirait ouvertement, par exemple, que la confession est un abus, que la communion est inutile, et qu'il faut réformer l'un et l'autre? Ce langage ferait horreur aux fidèles. Il faut emprunter le langage de la piété, relever à leurs yeux l'excellence de ce sacrement auguste, déplorer les profanations qu'on en fait journellement, gémir à tout propos sur tant de communions indignes, sur tant de directeurs relâchés; de là, passer aux dispositions sans lesquelles on ne fait que des sacriléges; et ces dispositions il faut les exagérer au point que le fidèle effrayé, désespérant de jamais parvenir à la perfection qu'on exige de lui, prenne le parti d'abandonner la communion : il s'en éloigne d'abord par respect; à mesure qu'il s'en éloigne, il en devient indigne de plus en plus; il perd jusqu'au désir de s'en rendre digne, et finit quelquefois par ne plus y croire.

Dire tout d'un coup que la confession est une tyrannie et une invention purement humaine, ce serait parler trop crûment, et ce n'est point ainsi qu'il faut s'y prendre pour séduire un catholique qui ne veut pas changer de religion; mais il faut mettre l'absolution à un si haut prix, la rendre si rare, et la vraie pénitence si difficile, que le pénitent lassé, rebuté, ne trouve plus en effet dans la confession, qu'une tyrannie insupportable, qu'il secoue le joug et ne se confesse plus qu'à Dieu.

C'est ainsi qu'on se couvre du manteau de la religion pour la détruire. On affiche un grand zèle pour la vérité; on se fait, à force d'hypocrisie, une réputation de sainteté qui séduit les peuples : on leur fait avaler le poison dans un vase dont la coupe est dorée, et les bords emmiellés. Non, rien n'est plus dangereux, dans les docteurs du mensonge, que les apparences de vertu dont ils se couvrent, et la fausse piété qu'ils affectent. Les libertins, les incrédules qui déclament sans cesse contre la religion, sont infiniment moins à craindre : *Nihil tam nocet Ecclesiæ quam qui perverse agens famam sanctitatis habet.*

Mais si l'hypocrisie des hérétiques a fait du mal, la dévotion fausse et mal ordonnée d'un grand nombre de catholiques en a fait peut-être davantage. Les hommes, toujours précipités dans leurs jugements, rejettent sur la dévotion les abus et les excès dont les faux dévots sont les seuls coupables; de sorte qu'aujourd'hui, suivant le langage ordinaire, un dévot n'est autre chose qu'un *cagot* et un hypocrite. Médire, critiquer, ne pardonner jamais, aimer ses commodités, chercher toutes ses aises, avoir l'humeur atrabilaire, un esprit rétréci qui s'attache à des minuties, n'être dans la société qu'un homme singulier et un censeur incommode : voilà l'idée qu'on se forme sans distinction de quiconque se dévoue aux exercices de la piété; fut-il jamais une opinion plus dangereuse? Eh! quel est l'honnête homme qui, avec une telle opinion, désire avoir de la piété, et ne craigne pas plutôt de devenir semblable à ceux qui font profession d'en avoir? Mais qui est ce qui est la cause d'un si grand désordre? qui est-ce qui décrie la dévotion? c'est le faux dévot qui prie par habitude, et qui déchire le prochain par un principe de religion; qui lit tous les jours l'Evangile, et se venge sans miséricorde, sous prétexte de venger la cause de Dieu; qui se récrie sans cesse et sur le caractère de celui-ci, et sur la conduite de celui-là, et sur le peu de religion d'un autre, non par zèle pour le bien, comme il le prétend (le vrai zèle n'est point amer); mais parce qu'il n'a ni l'esprit assez bien fait, ni le caractère assez liant, ni le cœur assez bon, ni l'âme assez noble et assez charitable pour vivre avec les hommes, et les supporter tels qu'ils sont. Qui est-ce qui décrie la dévotion? c'est vous, femme, qui êtes un ange à l'église, et un démon dans votre ménage; qui n'êtes jamais plus haute, plus impérieuse, moins soumise, moins prévenante, moins douce à l'égard de votre mari; que lorsque vous avez été à confesse; qui, en sortant de lire un fort beau chapitre de l'*Imitation* sur la patience, querellez un domestique pendant une demi-heure pour n'avoir pas fait assez proprement, ou assez bien, quelque misère à quoi vous ne devriez pas prendre garde. C'est vous qui décriez la dévotion, parce que la vôtre, au lieu de vous rendre plus douce, vous rend plus aigre et plus impatiente; au lieu de vous rendre plus attentive et plus exacte à tous vos devoirs, vous fait négliger le soin de votre maison, l'éducation de vos enfants, et les choses les plus essentielles.

C'est qu'on donne dans la dévotion par humeur, par tempérament, quelquefois par ambition, par intérêt ou par complaisance. Il y a des gens qui en font un métier, parce qu'ils ne peuvent plus en faire d'autre. De telles dévotions ne réforment point le cœur, ne déracinent pas les vices, ne rendent pas les hommes meilleurs et plus chrétiens; elles ne servent qu'à faire saillir les imperfections de ces faux dévots, et à les rendre plus insupportables. On s'en prend alors à la dévotion, de sorte qu'elle devient un sujet de scandale dans la personne de ceux qui trouvent le moyen de l'accorder avec leurs passions, et qui s'en servent pour les satisfaire. Cependant on s'imagine avoir de la piété, parce qu'on en fait les œuvres extérieures; n'est-ce pas là, mes frères, la plus dangereuse de toutes les illusions? Eh! qu'y a-t-il de plus commun?

On regarde ses jeûnes, ses aumônes, ses longues prières, ses confessions, ses communions, tous les différents exercices qu'on s'est prescrits, et on s'arrête là, on se confie dans sa propre justice, et on perd son cœur de vue. C'est là néanmoins qu'il fallait porter la réforme, et c'est par là qu'il fallait commencer. Point du tout; on nettoie, on orne les dehors du vase, on ne s'aperçoit pas qu'il n'y a rien au dedans qui respire l'odeur de la véritable dévotion; point d'humilité : rien de plus orgueilleux, de plus insensible qu'un faux dévot, et il se croit humble; point de douceur : rien de plus aigre, de moins patient que le faux dévot, et il est le seul à ne pas s'en apercevoir; point de charité : rien de plus vindicatif, de moins indulgent qu'un faux dévot, et il prend sa bile pour du zèle.

N'est-ce pas là cette voie dont il est écrit qu'elle paraît droite, et qu'elle aboutit à l'enfer? le faux dévot y marche. et il croit arriver dans le ciel. Qui est-ce qui lui ouvrira les yeux?

Souvenez-vous donc, mes frères, que la vraie dévotion n'est autre chose que la charité dont l'apôtre saint Paul fait un si beau portrait, au treizième chapitre de sa Ire *Epître aux Corinthiens.* (XIII, 4-8.) Le voici mot à mot, et je finis: *La charité,* dit ce grand apôtre, *est patiente, elle est douce, elle n'est point envieuse, ni dissimulée, ni superbe; elle n'est point dédaigneuse, elle ne cherche pas son intérêt, elle ne se met point en colère, elle ne soupçonne point le mal, elle ne se réjouit pas de l'injustice, mais elle se plaît dans la vérité; elle souffre tout, elle croit tout, elle espère tout, elle supporte tout.* Si ce n'est point là votre dévotion, quand vous donneriez tout votre bien aux pauvres, quand vous passeriez votre vie à jeûner, à prier, à faire de bonnes œuvres, votre dévotion est fausse et mal ordonnée.

Adorable Jésus, qui nous avez tracé dans votre Evangile et montré dans votre personne le parfait modèle de la vraie piété; de cette piété simple dans laquelle il n'y a rien d'affecté, rien de singulier; de cette piété solide qui, réformant les mœurs et corrigeant les imperfections de ceux qui la pratiquent, les rend nécessairement plus dignes de notre estime et de notre affection. Divin Sauveur, qui fûtes le plus doux et le plus aimable, comme le plus beau des enfants des hommes; vous qui, par la douceur et la simplicité de votre langage, de votre conduite, et de tout votre extérieur, faisiez les délices et l'admiration de toutes les âmes droites qui avaient le bonheur de vous voir et de vous entendre! vous qui ne prononçâtes jamais des paroles dures que contre la fausse dévotion des Pharisiens, et qui, déployant à l'égard des plus grands pécheurs tous les charmes de votre bonté infinie, ne traitâtes jamais ces hypocrites qu'avec un ton de mépris et d'indignation : donnez-nous l'esprit de la véritable piété, comme vous nous en avez donné les règles et l'exemple. Remplissez-nous d'une dévotion qui nous attache à la pratique de vos commandements; qui détruise notre orgueil, qui réprime nos vivacités, qui étouffe nos ressentiments; qui n'ayant rien de singulier, ne se fasse pas remarquer; qui, n'ayant rien de dur, ne choque personne ; qui nous rende dociles et soumis envers nos supérieurs, pleins de bonté et d'humanité pour nos inférieurs, prévenants, affables, indulgents à l'égard de tous les hommes, patients et résignés à votre volonté sainte dans les plus grandes afflictions, toujours humbles et détachés de nous-mêmes au milieu des biens et des vanités de ce monde; car tel est, ô mon Dieu, l'esprit de la vraie dévotion : vouloir tout ce que vous voulez, faire tout ce que vous commandez, aimer tout ce que vous aimez, et ne chercher en tout que vous-même. C'est ainsi qu'on vous trouve, et qu'on arrive au bonheur éternel que vous avez promis à ceux qui vous servent en esprit et en vérité. Ainsi soit-il.

DISCOURS XL.

Pour le onzième Dimanche après la Pentecôte.

SUR LA CONVERSATION.

Solutum est vinculum linguæ ejus, et loquebatur recte. (*Marc.*, VII, 35.)

Sa langue fut déliée, et il parlait fort bien.

Le défaut le plus ordinaire parmi les hommes, n'est pas d'avoir la langue liée et de ne pouvoir parler, comme ce muet de notre Evangile; mais de parler trop, de parler mal, de parler sans réflexion, sans nécessité, sans discrétion ; et l'une des plus grandes grâces que nous ayons à demander à Jésus-Christ, c'est qu'il lie notre langue, qu'il mette *une garde de circonspection* sur nos lèvres, qu'il nous apprenne à nous taire, afin que nous parlions à propos, puisque, pour parler à propos, il faut nécessairement savoir se taire.

La plus grande partie des fautes que nous commettons journellement, viennent de notre langue ou de celle d'autrui ; ce qui fait dire à l'apôtre saint Jacques, que la langue *est pleine d'un venin mortel, qu'elle infecte tout le cours de notre vie, et que celui qui ne pèche point par la langue, est parfait.* (*Jac.*, III, 8.) Sur quoi voici, mes chers paroissiens, trois avis que j'ai à vous donner, et que j'ai recueillis de différents passages des livres de la Sagesse, et du beau livre de l'*Imitation de Jésus-Christ.* Le premier est que vous ne disiez rien qui blesse la charité, dont nous devons être remplis les uns pour les autres. Le second, que vous ne parliez jamais avec passion, évitant le bruit et toutes sortes de disputes. Le troisième enfin, que vous soyez sobres en paroles et que vous ne vous répandiez pas en de longs discours. Charitables et indulgents; doux et modestes ; prudents et retenus ; voilà ce que nous devons être dans toutes nos conversations.

PREMIÈRE RÉFLEXION.

Je ne répéterai cependant pas ce que nous avons dit ailleurs sur la médisance, ce vice contre lequel tout le monde crie, et dont presque personne n'est exempt ; ce vice qu'on ne peut pas souffrir dans autrui, et qu'on se pardonne si aisément à soi-même ; ce vice dont on se confesse toujours, et dont on ne se corrige jamais; ce vice le plus contraire à la raison et à l'humanité, le plus grand ennemi de la religion et de la charité chrétienne ; ce vice qui, étant le fruit de la malignité, ne saurait trouver d'excuse dans la faiblesse humaine; ce vice enfin, qui cause des maux irréparables, et qui, par cette raison, ne laisserait aucun espoir d'obtenir miséricorde, s'il pouvait y avoir des péchés irrémissibles.

Je ne m'étendrai pas là-dessus, et je demanderai seulement : Quelle est donc cette fureur singulière de raisonner sans cesse sur la conduite et les défauts du prochain, et d'en faire la matière la plus ordinaire de la conversation? Quel est donc cet acharnement à blâmer, à critiquer, à mordre, à déchirer, à juger, à condamner, et cela sans droit, sans autorité, sans examen, sans preuves, presque toujours sans raison et sans justice? Qu'est-ce donc que cette manie de promener sa langue de maison en maison, de famille en famille, de parcourir tous les états sans épargner ni les ministres de la religion ni ceux du prince, ni ce qu'il y a de plus sacré et de plus respectable? Quelle est cette témérité orgueilleuse de citer à son tribunal, les petits et les grands, les ennemis, les parents, les étrangers, les vivants, les morts, ceux que l'on connaît, ceux que l'on ne connaît pas, de passer ainsi en revue la ville, le voisinage, la province, portant à tort et à travers des sentiments sur l'ambition de celui-ci, sur l'injustice de celui-là, sur l'incapacité de l'un, sur la mauvaise conduite de l'autre, et, en un mot, sur le compte d'une infinité de personnes absentes qui, possédées du même démon, donnent dans le même travers, et sacrifient à leur misérable langue la plus universelle, la plus ancienne comme la plus aimable de toutes les lois, qui ordonne aux hommes de s'aimer, de se supporter, de se respecter les uns les autres?

Est-il possible qu'ayant tous la même origine, qu'étant tous pétris du même limon, tous susceptibles des mêmes faiblesses, tous imparfaits, n'ayant rien par nous-mêmes qui nous mette au-dessus de notre prochain, étant tous dans le cas de demander qu'on nous excuse, qu'on nous épargne, qu'on nous pardonne, qu'on nous tolère, nous soyons les uns pour les autres un sujet continuel de critique ou de raillerie?

Mais est-il possible qu'étant tous enfants de Dieu, notre père commun, tous frères en Jésus-Christ, rachetés par le même sang, appelés au même bonheur, membres du même corps, nous poussions l'aveuglement, la lâcheté, la bassesse, jusqu'à exercer contre nos semblables la malice de notre cœur, et déchirer notre propre chair dans la personne de nos frères?

Je sais qu'il est moralement impossible de ne jamais parler du prochain. Comme la conversation roule ordinairement sur les choses humaines, et que les hommes ont nécessairement part à tout ce qui se fait et à tout ce qui se dit dans ce monde, on ne saurait parler des choses de ce monde sans parler des hommes; mais ne peut-on pas en parler sans en dire du mal? Quelle nécessité y a-t il de gloser sur leur conduite, de relever leurs défauts, de fouiller dans leur cœur et de leur prêter des intentions qu'ils n'ont jamais eues? Quelle nécessité y a-t-il de les tourner en ridicule et de se divertir à leurs dépens?

Entretenez-vous sur le compte du prochain, à la bonne heure: mais ne sauriez-vous en dire du bien? Il est plein d'orgueil et d'ambition; soit: mais il a fait de belles actions, il a rendu service à beaucoup de personnes: voilà de quoi vous étendre sans parler ni de son ambition ni de son orgueil. C'est un libertin: mais il est charitable, il est compatissant, il est officieux, il est bon ami: pourquoi ne pas vous arrêter à ces bonnes qualités et laisser là son libertinage? C'est un avare, je le veux: mais il a de bonnes mœurs; mais il élève bien ses enfants; mais peut-être fait-il de bonnes œuvres que vous ne connaissez pas; mais il a des talents, il a du zèle, il remplit exactement tous les devoirs de son état. N'y a-t-il pas là suffisamment de quoi fournir à votre conversation, sans qu'il soit nécessaire de parler de son avarice? Mais ce sont des défauts et non pas des vertus qu'on cherche: quelle indignité, bon Dieu! n'est-ce pas là ressembler à des animaux qui ne se plaisent et ne cherchent leur nourriture que dans la fange?

Mais il y a des gens dont on ne peut dire que du mal, parce qu'avec beaucoup de vices ils n'ont point de bonnes qualités. Cela est rare; peut-être même n'en connaissez-vous pas un seul. Supposons néanmoins qu'il y en ait de tels, eh bien! n'en parlez donc pas, ou n'en parlez que pour les excuser et pour les plaindre, vous souvenant qu'ils sont hommes et de même nature que vous. Au nom de Dieu, mes chers enfants, je vous en conjure par les entrailles de Jésus-Christ et par le salut de votre âme, ne vous entretenez jamais des absents que pour en dire du bien. Qui que vous soyez et quels qu'ils puissent être, mettez-vous dans l'esprit, une bonne fois, que de tous les vices, la médisance est le moins pardonnable, le plus bas et le plus indigne d'un honnête homme; que la charité réprime donc en vous ce malheureux penchant qui vous porte à critiquer et à médire. Qu'elle gouverne votre langue, qu'elle pèse toutes vos paroles, quand il est question du prochain, et qu'elle répande en même temps sur vos discours cette douceur, cette politesse, cette modestie qui rendent les hommes si aimables: vertus précieuses dont l'usage du monde ne donne guère que l'apparence, qui ne sont vraies, solides et incapables de se démentir que lorsqu'elles sont fondées sur la charité: douceur, modestie, politesse chrétienne qui bannissent de vos conversations le bruit, les disputes, les airs de suffisance et de hauteur, et tout ce qui ne serait pas suivant les règles de l'honnêteté ni de la bienséance.

SECONDE RÉFLEXION.

Le prophète Isaïe, en parlant de la venue de Notre-Seigneur, avait dit qu'il *ne crierait point, qu'il ne contesterait point, qu'il ne serait ni triste ni turbulent, et que le bruit de sa voix n'éclaterait pas dans les places publiques.* (*Isa.*, XLII, 14.) Il parut en effet tel qu'on l'avait annoncé: la douceur de sa conversation, les paroles pleines de grâces et de modestie qui sortaient de sa bouche, charmaient les esprits, gagnaient les cœurs et ravissaient d'admiration tous ceux qui avaient le bonheur de l'entendre. Il n'y eut jamais avec lui ni contestations ni disputes; il reprit les pécheurs sans chercher à les humilier, il gémit sur les coupables sans demander leur punition. Quand on le contredit, il n'insista point; quand on lui dit des injures, il ne s'irrita point; quand on l'accusa, il ne fit pas de longs discours pour sa défense; il ne parla de lui-même que pour rendre témoignage à la vérité, et pour la gloire de son Père. Il ne parla des hommes que comme un médecin parle des malades dont il désire la guérison; il ne parla aux hommes que pour les instruire et les sanctifier. Sa conversation n'eut rien d'amer, rien d'ennuyeux, rien de choquant ni de désagréable; son visage fut sérieux, mais non pas triste; ses manières simples, mais non pas singulières; tout son extérieur grave, mais sans hauteur et sans ostentation. Tous ses discours respiraient non-seulement la sagesse, mais l'humilité, la douceur, la bonté, la modestie. Heureux les disciples qui eurent part aux divins entretiens et à la douce familiarité du Sauveur du monde! Plus heureux encore les chrétiens qui, sans l'avoir vu, se le représentent vivant et conversant avec les hommes, et qui s'efforcent d'y vivre et d'y converser comme lui.

Bienheureux celui dont on peut dire *qu'il ne crie point, qu'il ne conteste point, qu'il n'est jamais ni triste ni turbulent, et que sa voix n'éclate* jamais d'une manière aigre, hautaine ou indécente! mais hélas! cette douceur dans les conversations est presque aussi rare qu'elle est aimable. Les uns pensent d'une façon, les autres d'une autre: chacun envisage les choses à sa manière. De là viennent la diversité des sentiments, la différence des opinions; et parce que nous sommes malheureusement pétris d'orgueil et remplis d'amour-propre, tout ce qui contredit nos idées nous choque, nous déplaît; nous voulons que les autres pensent et parlent comme nous, pendant que nous-mêmes ne voulons ni penser, ni parler comme ceux qui nous contredisent; et voilà souvent la source des disputes, des criailleries qui rendent si souvent la conversation bruyante et désagréable. On parle d'abord avec chaleur, de la chaleur on passe aux paroles aigres et à l'amertume, ce qui produit quelquefois des querelles sérieuses pour des misères. Ecoutez donc, mes chers enfants, et retenez bien ce que vous allez entendre, pour en faire votre profit toutes les fois que l'occasion s'en présentera.

Ne soutenez jamais avec opiniâtreté les choses qu'on vous dispute, quand même on aurait tort et que vous auriez raison, surtout si vous avez affaire à certains esprits qui sont opiniâtres eux-mêmes, ou ce qui est pis encore, à certains caractères bizarres qui se plaisent dans les contradictions et les disputes; qui ne sont jamais du sentiment des autres, et qui parlent quelquefois contre leur propre pensée, pour avoir le plaisir de contredire. Un tel caractère est infiniment désagréable, je le sais; mais plus il est désagréable, plus il y a de mérite à le supporter avec douceur; plus il est entêté, moins vous devez l'être; plus il est contredisant, plus vous devez éviter de lui donner matière à contradiction. Souvenez-vous que l'entêtement est toujours une marque d'orgueil ou d'ignorance et souvent de peu d'esprit. Lorsqu'on refuse de croire ce que vous dites, quoiqu'il soit vrai, et que vous en soyez pleinement certain, gardez-vous d'ajouter aucune espèce de serment ni de vous formaliser, ni de vous récrier sur ce qu'on n'ajoute pas foi à vos paroles; contentez-vous de dire *cela est* ou *cela n'est pas, tout ce que vous pourriez dire de plus serait de trop et partirait d'un mauvais principe.* C'est Jésus-Christ qui nous donne lui-même ce conseil plein de sagesse.

Lorsque vous entendez certains propos qui vous choquent, n'y répondez pas sur-le-champ, de peur qu'il ne vous échappe à vous-même quelque parole choquante. Gardez un profond silence toutes les fois que vous vous sentez ému, et attendez pour parler que vous soyez de sang-froid. On se repent presque toujours de ce qu'on a dit dans un mouvement de vivacité ou de mauvaise humeur, et l'homme sage ne doit rien dire dont il puisse se repentir. Ne contestez jamais avec quelqu'un qui met de l'aigreur dans ses discours et qui se laisse aller à l'emportement: que s'il lui échappe des paroles piquantes, ne vous en offensez pas pour cela: un esprit bien fait ne se formalise point de ce qui n'est pas dit à dessein de l'offenser; et regardant certains discours comme l'effet d'un premier mouvement dont on n'est pas toujours le maître, il dissimule, il se tait, non pas avec un air de mépris plus injurieux qu'une réponse amère, mais avec un air de prudence et de retenue mêlé de douceur et de cordialité.

Ne prenez avec qui que ce soit le ton affirmatif et impérieux: c'est le signe d'une âme présomptueuse, d'un esprit orgueilleux et hautain, qui, toujours content de ses propres idées, n'approuve que ce qu'il dit et méprise les autres quand ils ne disent pas comme lui. Lorsque vous conversez avec les ignorants, n'étalez point votre savoir, et ne cherchez point à briller avec des gens moins instruits que vous. Soyez simple avec les simples, parlez à chacun de ce qu'il entend et de ce qui l'intéresse. Quant à vous-même et à tout ce qui vous concerne personnellement, n'en parlez jamais sans necessité, soit en bien soit en mal, et toujours le moins qu'il vous sera possible. On ne parle guère de soi sans que l'amour-propre s'en mêle. Quelqu'un qui parle de ses bonnes qualités ou des actions qui lui font honneur, cherche des approbations et des louanges; et la plupart de ceux qui parlent désavantageusement d'eux-mêmes sont bien aises qu'on les excuse, qu'on les flatte, et ne disent du mal que pour faire dire du bien. Evitez donc d'amener la conversation sur tout ce qui peut vous attirer des louanges et nourrir votre orgueil; mais d'un autre côté, quand on vous loue, n'allez pas chercher de nouveaux éloges par une modestie affectée. Soyons simples en tout ; et soit qu'on nous loue, soit qu'on nous blâme, n'affectons jamais ni trop de sensibilité ni trop d'indifférence dans notre manière d'y répondre. Rentrons en nous-mêmes dans ces moments-là, et souvenons-nous que devant Dieu et devant les hommes, nous sommes toujours au-dessous de ce que nous devrions être.

Bannissez enfin de vos conversations tout ce qui ne s'accorde pas avec la modestie chrétienne. Que cette modestie paraisse sur votre visage, dans vos gestes, dans le ton de votre voix, et dans tout votre extérieur. Ne soyez pas de ceux qui crient ou qui déclament plutôt qu'ils ne parlent ; ni de ceux qui se livrent totalement à la dissipation et à des ris immodérés, vous souvenant de cette parole du Saint-Esprit, que *l'insensé fait éclater sa voix en riant, au lieu que l'homme sage sourit à peine.* (*Eccli.*, XXI, 23.) Mais encore une fois que votre modestie n'ait rien d'affecté, rien de sévère, rien qui choque en donnant à penser que vous avez bonne opinion de vous-même, et que vous méprisez les autres.

Je ne dirai rien, mes frères, de ces discours licencieux où le poison de l'impudicité passe de la bouche des uns dans l'esprit des autres, et de l'esprit dans l'imagination, et de l'imagination dans le cœur pour le corrompre, ou y entretenir la corruption. Si les moindres plaisanteries, les plus petites équivoques en matière d'impureté sont des péchés graves ; que sera-ce des conversations où l'on fait un jeu des choses les plus honteuses, en les exprimant de mille manières, en leur donnant mille couleurs différentes, en présentant sous toutes sortes de faces un vice que les chrétiens ne devraient pas même nommer, et dont la seule pensée, pour peu qu'elle s'arrête dans notre esprit, souille notre cœur, et donne la mort à notre âme. Mais je dis en un mot · Voulez-vous savoir quel est le remède le plus efficace contre tous les péchés de la langue ? Ne parlez jamais sans réflexion, et parlez peu. Partout où il y a une multitude de paroles, il y a ordinairement une multitude de péchés.

TROISIÈME RÉFLEXION.

Le cœur des insensés est dans leur bouche, la bouche des sages est dans leur cœur. Belle sentence du Saint-Esprit au *Livre de l'Ecclésiastique*.(XXI, 29.) C'est-à-dire que la langue des insensés les gouverne, et les maîtrise, au lieu que le sage gouverne la sienne et s'en rend le maître. Rien de plus aimable devant Dieu et devant les hommes, que celui qui sait parler à propos, et se taire quand il faut. Il ne se mêle pas dans la conversation quand elle roule sur des choses qu'il ne sait pas, et où il ne peut rien entendre. Il ne fait jamais de question pour s'instruire de celles qui ne le regardent pas, et qu'il lui est inutile de savoir. Avant de parler il pense à ce qu'il doit dire, parce qu'il sait que la parole étant une fois lâchée, il ne sera plus en son pouvoir de la retenir. La vérité, la simplicité, la candeur, la discrétion, la prudence accompagnent tous ses discours. On l'écoute volontiers, parce qu'il écoute les autres : on fait attention à ce qu'il dit, parce qu'il dit peu ; et il dit peu parce qu'il sait que nous rendrons compte à Dieu des paroles inutiles.

Il n'en est pas de même de celui que l'Esprit-Saint appelle un homme insensé, dont l'esprit semblable à *un vase rompu*, qui ne peut contenir aucune liqueur, se répand, s'évapore,se dissipe en mille discours frivoles qui n'aboutissent à rien. Pardonnez-moi, ils aboutissent à commettre une infinité de fautes dont on ne s'aperçoit pas, ou dont on ne se fait point de scrupule. *Celui qui parle beaucoup, blessera son âme*, dit le Sage (*Prov.*, VII, 36) : et il la blesse en effet de mille manières. Je suppose qu'il n'y ait dans ses discours ni médisance, ni impureté, ce qui est rare : mais il y a de l'orgueil et de la vanité ; mais il y a des exagérations et des mensonges ; mais il y a de la curiosité, de l'indiscrétion, de l'imprudence, de la dissipation, du temps perdu. Comme la langue des grands parleurs suit rapidement et sans réflexion le mouvement de leur âme, et que notre âme est malheureusement susceptible de beaucoup de mouvements déréglés, il est presque impossible que la conversation des grands parleurs ne soit pas déréglée.

Je dis qu'il y a de l'orgueil et de la vanité: qu'est-ce donc que cette démangeaison de parler toujours, de parler de tout, de raisonner sur tout, même sur des choses où l'on n'entend rien, et où l'on ne peut rien entendre ? C'est que l'on a bonne opinion de soi, et de ce que l'on dit ; c'est qu'on s'imagine penser mieux, et parler mieux que les autres. Prévenu de cette idée avantageuse, on dit tout ce qui vient à la bouche ; on met au jour tout ce que l'on pense, parce qu'on s'imagine ne penser rien que de raisonnable. C'est qu'on veut amuser la compagnie, s'y distinguer, y briller, y tenir le haut bout, et se faire écouter comme un personnage. N'y a-t-il pas dans tout cela de l'orgueil, de la présomption, une vanité sotte et ridicule ?

Je dis qu'il y a de l'exagération et des mensonges. Nous savons par expérience que ceux qui parlent beaucoup, mentent ordinairement beaucoup.Combien de fois arrive-t-il qu'on n'a rien à dire de vrai, d'utile, ou d'agréable, sur ce qui fait la matière de la conversation ? Combien de choses que l'on pourrait dire en quatre mots ? Mais quand on veut en dire mille, quand on veut absolument parler, quoi qu'il en coûte, il faut bien nécessairement inventer, supposer, exagérer, grossir les objets, imaginer des circonstances; et de là, que de propos hasardés, que de plaisanteries fades, que de narrations insipides, de contes ridicules, de discours qui ne signifient rien, dont tout le fruit est d'amuser les ignorants, et d'ennuyer les personnes sages !

Celui qui se mêle, et qui veut parler de tout, veut aussi tout savoir, et il s'informe de tout. Combien de questions inutiles, de questions imprudentes et indiscrètes? Comment ceci, pourquoi cela? Que dit-on? que fera-t-on? Ce sont des questions et des propos qui ne finissent point, tantôt sur des minuties, tantôt sur des choses essentielles qu'on doit ignorer, ou sur lesquelles un homme sage ne s'entretient qu'avec lui-même. Ce sont des réflexions imprudentes, quelquefois des secrets qui échappent ; gardez-vous bien d'en confier aucun à ces grands parleurs. Bon Dieu, qu'ils sont incommodes, qu'ils sont à charge! Leur langue est une espèce de fléau qui exerce la patience et la charité de tous les gens sensés qui les entendent.

Il faut donc toujours garder le silence? Non. Le Saint-Esprit nous apprend qu'il y a temps pour parler, et temps pour se taire; en tout il faut un sage milieu, parce que toutes les extrémités sont vicieuses. Mais je dis qu'il faut parler peu et à propos, jamais sans réflexion, jamais sans nécessité. Non pas que la conversation doive toujours rouler sur des matières sérieuses. Il y a des plaisanteries innocentes ; il y a des discours de pur amusement, qui récréent l'esprit sans offenser Dieu, sans blesser ni scandaliser personne ; et il en est de ces conversations comme du jeu, de la promenade, et des autres plaisirs que la religion permet, qui sont nécessaires pour le délassement du corps ou de l'esprit, et qui, par cette raison, ne sont pas criminels, pourvu qu'ils soient renfermés dans les bornes prescrites.

Mais je dis que dans ces conversations-là même, comme dans toutes les autres, il faut être sobre en paroles, gouverner sa langue, ne pas se livrer à son imagination, et à un certain *flux de bouche* qui annonce la légèreté, qui éteint l'esprit de recueillement dans lequel tout chrétien doit vivre. Vous vous plaignez, mon cher enfant, que vos prières sont remplies de distractions : je n'en suis pas surpris. Quand on parle tant avec les hommes, on n'est guère en état de parler à Dieu. Lorsque l'esprit s'abandonne à la dissipation, et se répand au dehors dans une multitude de paroles inutiles, il devient incapable de s'appliquer aux choses spirituelles, et de donner aux actes de la religion, toute l'attention qu'ils exigent. Parlez peu, et vous serez plus recueilli, plus attentif dans vos prières. Vous y aurez moins de distractions, et plus de goût.

Si vous ne parliez jamais de vous-même, ni de vos affaires, ni de votre famille, ni de tout ce qui vous regarde, que lorsqu'il est nécessaire d'en parler ; si vous ne parliez jamais des autres que pour excuser le mal, et pour louer le bien ; si vous ne parliez jamais des choses que vous n'entendez pas, ou si vous n'en parliez que pour vous instruire utilement avec ceux qui les entendent; si vous ne parliez jamais des affaires de l'Etat où vous n'êtes pour rien, et où vous ne pouvez rien comprendre ; si, uniquement occupé de vos devoirs, et du soin de votre maison, vous ne parliez jamais de ce qui se passe dans celle de votre voisin ; si vous gardiez pour vous-même les réflexions bonnes ou mauvaises que vous faites sur ce qui est arrivé, sur ce qui se passe, sur ce qui arrivera dans la suite, lorsque tout cela ne vous regarde pas, et que vos réflexions ne peuvent aboutir à rien d'utile ; enfin, si vous saviez converser, et vous entretenir avec votre âme, la posséder sans jamais la perdre de vue ; vous occuper plus souvent que vous ne faites de la brièveté de cette vie, de la mort qui vous menace, de l'éternité qui vous attend, du compte que vous avez à rendre, de la fragilité, de l'instabilité des choses humaines : croyez-moi, mon enfant, vous seriez plus sobre dans vos paroles, plus réservé dans toutes vos conversations. On parle beaucoup, parce qu'on réfléchit peu, et nous voyons que les personnes sages qui pensent beaucoup, et qui ont l'esprit occupé de choses utiles, sont ordinairement celles qui parlent le moins.

Mais la plupart des hommes ressemblent à ces arbres qui ont beaucoup de feuilles, et ne portent jamais de fruit, ou à certaines plantes qui ne poussent qu'en herbe. Beaucoup de paroles, peu de sagesse ; beaucoup de raisonnements, peu de raison ; la bouche toujours ouverte et prête à parler, l'esprit plein de vent, nulle solidité, point de consistance. Comme un vaisseau sans gouvernail et sans pilote est emporté çà et là par les vagues de la mer partout où le vent le pousse ; ainsi la langue de ceux qui parlent beaucoup, n'étant pas gouvernée par la réflexion et la sagesse, se répand, se promène s'égare en mille propos qui n'ont, la plupart du temps, ni suite, ni liaison, ni justesse, ni agrément ; parce qu'il est difficile et presqu'impossible de parler beaucoup sans dire beaucoup de frivolités, sans faire beaucoup de verbiage, sans commettre beaucoup d'imprudences, beaucoup d'indiscrétions, beaucoup de péchés.

Mettez donc un frein à notre langue, ô mon Dieu, et une garde de circonspection sur nos lèvres. Que la charité, la douceur, la prudence et la retenue, président à toutes nos conversations. Eloignez de nous les paroles de malignité, les paroles d'orgueil, les paroles impures. Qu'il n'y ait dans nos entretiens ni hauteur, ni présomption, ni entêtement, ni bruit, ni disputes. Que la simplicité, la candeur, la modestie paraissent dans tous nos discours, et dans notre maintien extérieur, non comme le masque trompeur sous lequel les hypocrites cachent une âme orgueilleuse et déréglée, mais comme les fruits et les signes véritables de cette sagesse intérieure qui a sa racine dans le cœur, qui est fondée sur la charité, sur l'humilité chrétienne, et par laquelle un vrai chrétien, possédant son âme, l'ayant toujours sous les yeux, et la tenant, pour ainsi dire, dans ses mains, en règle tous les mouvements, de sorte que ne souffrant rien de déréglé dans ses désirs ni dans ses pensées, il n'y ait rien d'imprudent, rien de désordonné dans ses discours.

Divin Jésus, qui, en conversant avec les

hommes, leur avez montré dans votre humanité sainte le modèle de toutes les vertus : gravez dans notre esprit l'image de votre personne adorable, afin que l'ayant sans cesse devant les yeux, nous y voyions, comme dans un miroir de sagesse, la manière dont nous devons converser les uns avec les autres. Que le souvenir de votre douceur et de votre infinie bonté nous rende doux, modestes, affables envers tous les hommes. Apprenez-nous, ô mon Sauveur, à converser avec vous et avec nous-mêmes sur nos péchés, sur votre justice, sur la figure du monde qui passe, sur notre fin qui approche, sur les peines de l'enfer qui sont préparées aux méchants, sur le bonheur éternel que vous réservez aux âmes justes, afin que nos pensées, nos désirs et notre conversation soient dans le ciel. Ainsi soit-il.

DISCOURS XLI.

Pour le douzième Dimanche après la Pentecôte.

SUR L'AMOUR DE DIEU.

Diliges Dominum Deum tuum ex toto corde tuo. (*Luc.*, X, 27.)

Vous aimerez le Seigneur votre Dieu de tout votre cœur.

Voilà, mes chers paroissiens, le premier et le plus grand des commandements, celui qui renferme tous les autres, l'abrégé de l'Evangile et de nos devoirs, l'abrégé de toutes les vertus et de tous les mérites. Je ne m'arrêterai point à vous prouver l'obligation indispensable que la nature, la raison ainsi que la religion, nous imposent d'aimer cet Etre suprême qui, étant le principe unique de tout bien, la source éternelle d'où découle tout ce qu'il y a de bon, tout ce qu'il y a de beau, tout ce qu'il y a d'aimable dans les créatures, est lui-même essentiellement, souverainement, uniquement aimable. Regardez le ciel et la terre, et tout ce qui vous environne ; tout ce que vous avez et tout ce que vous êtes, vous ne trouverez rien ni au dehors ni au dedans de vous-mêmes qui ne vous prêche l'amour de Dieu. Aimer Dieu de tout son cœur, est une chose si raisonnable, si juste, et en quelque sorte si naturelle, que ceux d'entre vous dont la façon de vivre est la plus incompatible avec l'amour de Dieu, ne laissent pas de prétendre et de se persuader qu'ils l'aiment. Qu'est-ce donc que cet amour dont tout le monde se flatte, et qui cependant est si rare ? En quoi consiste-t-il, et à quoi pouvons-nous connaître si nous l'avons, ou si nous ne l'avons pas ? C'est ce que nous allons examiner de la manière la plus simple ; après quoi nous verrons quel est notre aveuglement, et combien nous sommes à plaindre, lorsqu'au lieu de nous attacher à lui par-dessus tout, nous mettons les affections de notre cœur dans les choses de ce bas monde.

PREMIÈRE RÉFLEXION.

Il n'est pas nécessaire de faire ici de longs raisonnements, et un grand discours, pour vous expliquer, mes frères, ce que c'est que l'amour de Dieu, en quoi il consiste, et comment vous pourrez connaître si vous l'avez eu si vous ne l'avez pas. Notre-Seigneur Jésus-Christ, qui, en toute occasion, a dit beaucoup de vérités et peu de paroles, nous apprend en deux mots en quoi consiste cet amour. *Celui qui m'aime*, dit-il (*Jean.*, XIV, 23, 24), *gardera mes commandements ; celui qui ne m'aime pas, ne se met point en peine de les garder.*

Dans quelque état que vous soyez placé ; dans quelque situation que vous vous trouviez ; quoi que vous ayez à faire et à dire, et qui que vous puissiez être, Dieu vous fait entendre sa voix, et vous donne ses ordres. Il parle aux grands et aux petits, au riche et au pauvre, à celui qui vend et à celui qui achète, à celui qui commande et à celui qui obéit. Il assiste au conseil des rois, il marche à la tête des armées, il est assis au milieu des juges, il est présent partout ; partout il donne ses ordres, et fait connaître ses volontés.

Or, sa volonté est que du matin au soir vous soyez occupé à remplir les obligations de votre état ; que vous les remplissiez sans orgueil et sans ambition, sans humeur et sans impatience, sans négligence et sans dissipation ; sans injustice, sans fraude ; dans la vérité, dans la bonne foi, selon Dieu et votre conscience.

Sa volonté est que vous soyez soumis et respectueux envers ceux que sa Providence a placés au-dessus de vous ; que vous commandiez sans hauteur et sans dureté à ceux qui doivent vous obéir ; et que, ne faisant jamais à autrui ce que vous ne voudriez pas qu'on vous fît à vous-même, vous soyez rempli de douceur et de charité envers tous les hommes. Si on vous loue, il veut que vous vous humiliiez ; si on vous insulte, il veut que vous pardonniez ; que vous répondiez à la calomnie par des prières, aux mauvais traitements par la patience. Dans vos repas il vous ordonne la sobriété, dans vos conversations la prudence et la retenue, dans vos plaisirs l'innocence et la modération, dans vos peines la résignation et la confiance. Sa volonté, en un mot, est que, cherchant en tout et par-dessus tout le royaume du ciel et sa justice, vous fassiez servir à sa gloire, et à la sanctification de votre âme, les richesses, la pauvreté, les honneurs et les humiliations, les peines et les plaisirs, les biens et les maux de cette vie. Telle est sa volonté, tels sont ses commandements, et il vous déclare que celui qui l'aime véritablement, les gardera ; mais si vous dites que vous l'aimez, quoique vous ne les gardiez pas, l'apôtre saint Jean vous répond que vous êtes un *menteur*, et que la vérité n'est point dans votre bouche.

Voyez donc, mon cher enfant, examinez votre vie ; entrez dans le détail de vos actions et de toute votre conduite ; ne vous arrêtez point à ce que vous pensez, ni à ce que vous croyez sentir, ni à ce que vous dites. Les bonnes pensées, les affections pieuses, les mouvements sensibles d'une dévotion passagère; être touché, s'attendrir en lisant un beau livre, ou en écoutant la parole de Dieu; pousser de temps en temps un soupir vers le ciel; faire de belles réflexions sur la bonté de Dieu, sur sa miséricorde, sur sa justice, sur la brieveté de la vie, sur la vanité de ce monde; former de belles résolutions pour l'avenir; tout cela n'est que dans l'imagination, c'est une illusion toute pure, si d'ailleurs vous ne vous appliquez point à faire ce que Dieu vous commande, si vous ne vous efforcez pas d'éviter ce qu'il vous défend.

Le soir et le matin vous vous mettez à genoux, vous avez les mains jointes, vous récitez votre prière : Mon Dieu, je vous aime de tout mon cœur, de toute mon âme, de toutes mes forces, et vous croyez dire vrai; cependant deux heures après vous n'avez plus les mains jointes, elles sont ouvertes pour prendre des libertés criminelles, pour voler le bien d'autrui, pour faire du mal à vos ennemis, pour vous remplir de vin et de crapule. Cette même bouche, qui vient de prononcer un acte d'amour de Dieu, va se souiller, dès que l'occasion s'en présentera, par des jurements et des imprécations, par des rapports, des caquets, des médisances, par des baisers lascifs, par des déclarations insipides, des protestations folles à cette créature que vous avez séduite, ou que vous cherchez à séduire, et par toutes sortes de paroles qui offensent, vous le savez, qui déshonorent ce même Dieu à qui vous venez de dire, et à qui vous dites encore que vous l'aimez de tout votre cœur. Vous l'aimez de tout votre cœur! et quelles preuves lui en donnez-vous?

On dit communément, et cela est vrai, que les véritables amis se montrent tels dans l'occasion, et qu'il faut des occasions pour les connaître. Si, en vous protestant que je suis de vos amis, je ne fais rien d'ailleurs de tout ce qui peut vous être agréable; si je fais au contraire habituellement et de propos délibéré mille choses qui vous déplaisent, qui vous affligent; si, dans toutes les occasions où je pourrais et où je devrais vous donner des marques d'attachement, vous ne recevez de ma part que des marques d'aversion, de mépris ou d'indifférence. Croyez-vous que les protestations d'amitié que je vous fais soient sincères? Non, vous croirez et vous aurez raison de croire que je vous hais plutôt que je ne vous aime. Mon cher enfant, l'application est aisée à faire. Vous aurez beau dire cent fois le jour : mon Dieu, je vous aime de tout mon cœur, cela est bientôt dit, mais où sont les preuves de votre amour?

Lorsqu'un homme dit à un autre : je vous suis attaché, je vous aime, il se peut que ce langage soit sincère, et que cette amitié soit vraie, quoiqu'elle ne se manifeste que par des paroles : nous n'avons pas toujours le pouvoir ni l'occasion de donner aux personnes que nous aimons des marques certaines de notre amitié Il n'en est pas de même à l'égard de Dieu. Nous avons journellement occasion de lui prouver par les effets notre amour, notre attachement et le désir que nous avons de lui plaire : les passions différentes, qui nous agitent, mettent continuellement notre amour à l'épreuve, et il n'y a guère de jour où nous n'ayons occasion de faire à Dieu quelque sacrifice, et de lui donner par conséquent quelque marque de notre amour. Pensées d'orgueil, mouvements d'ambition, désirs de vengeance, sentiments de haine ou de jalousie, mouvements d'impatience, tentations impures, désirs des richesses; que sais-je enfin? notre misérable penchant nous porte sans cesse vers le mal, pendant que les lumières de notre conscience et les impressions de la grâce nous portent vers le bien. Or, c'est en résistant au mal pour suivre les impressions de la grâce, que nous donnons à Dieu des preuves de notre amour; et celui qui l'aime véritablement par-dessus toutes choses est dans la disposition habituelle de tout sacrifier, de tout perdre, plutôt que de le perdre lui-même.

Hélas! quels sacrifices ne fait-on pas tous les jours aux personnes à qui l'on veut plaire? quelles violences ne se fait-on pas pour attirer ou conserver leurs bonnes grâces? Vous le savez, mes frères, et pendant que je parle, vous dites tout bas, Cela est vrai. Arrêtez-vous donc à cette réflexion, jetez un coup d'œil sur ce qui se passe dans le monde, et voyez ce que l'amour des plaisirs, des honneurs, des richesses, produit dans la vie des hommes. Que ne sacrifient-ils pas à leur ambition, à leur avarice, à leur vengeance, à leur libertinage? on sacrifie son repos, sa santé, sa réputation; on sacrifie la probité, la justice, la religion, sa conscience, son âme; on vous sacrifie vous-même, grand Dieu, vous pour l'amour de qui on devrait sacrifier toutes choses, et après cela on ne craint pas de dire qu'on vous aime; mais encore une fois où sont les preuves de votre amour?

Lorsque vous aurez travaillé pour le ciel autant que vous avez travaillé pour la terre; lorsque vous aurez fait pour plaire à Dieu autant d'actes d'humilité que vous avez fait de bassesses pour plaire aux hommes; lorsque vous vous donnerez autant de mouvement pour amasser de bonnes œuvres, et vous enrichir devant Dieu, que vous vous en donnez pour agrandir vos possessions, et remplir vos coffres; lorsque vous souffrirez pour l'amour de lui la maladie, les afflictions, la pauvreté, avec autant de patience que vous souffrez le chaud, le froid, les veilles, les fatigues et mille autres incommodités, pour amasser du bien et pour contenter vos passions; lorsque vous vous ferez autant de violence pour pardonner à vos ennemis, et pour les aimer, que vous avez mis de fois votre esprit à la torture pour inventer les moyens de leur nuire; lorsque je vous verrai aussi occupé de votre salut que vous l'êtes de votre santé, de vos plaisirs, ou de vos affaires; lorsque vous passerez autant de temps devant votre crucifix que vous en passez, madame, devant votre miroir et à votre toilette; lorsque vous serez aussi attentive à régler, et l'intérieur de votre maison et l'intérieur de votre âme, pour vous rendre agréable aux yeux de Dieu, que vous êtes curieuse d'arranger vos cheveux, d'orner votre tête, de peindre votre visage, d'étudier, de compasser votre mine, vos gestes, jusqu'à votre langage, pour paraître agréable aux yeux des hommes; et, enfin, mes frères, lorsque vous travaillerez à régler vos pensées, vos désirs, vos attaches, vos démarches, toute votre vie, non pas suivant vos passions et vos intérêts temporels; non pas suivant vos goûts et vos fantaisies; non pas suivant ce qu'on dit et ce qu'on fait dans le monde, mais suivant les commandements de Dieu et de son Eglise; dites alors que vous l'aimez, et vous direz vrai; quand même vous ne le diriez point, vos actions parleraient pour vous : ce n'est que par les actions que l'amour de Dieu se fait connaître.

Mais si, au lieu de faire sa volonté, vous ne cherchez qu'à faire la vôtre; si la crainte de l'offenser ne retient jamais ni vos yeux, ni vos mains, ni votre langue; si la crainte de lui déplaire ne réprime point les saillies de votre orgueil; si elle ne contient pas votre ambition et votre avarice; si elle ne retient pas votre colère; si elle n'étouffe pas vos ressentiments, si elle ne met pas un frein à toutes les inclinations vicieuses qui vous portent au mal, ou qui vous détournent du bien; ne vous y trompez pas, mes frères, l'amour de Dieu n'est pas dans votre cœur. Quand on l'aime, on garde ses commandements; celui qui ne s'efforce pas de les garder, ne l'aime pas.

Est-ce que l'amour de Dieu nous rend impeccables? Non, mais il nous inspire une telle horreur pour le péché, que nous ne craignons rien tant que de le commettre: il nous rend attentifs et circonspects; il nous engage à prier souvent, à veiller sur nous-mêmes, à fuir les occasions, à user, pour nous maintenir dans la grâce, des moyens que Dieu a établis; à prendre, pour cet effet, les précautions que nous savons être les plus nécessaires, eu égard à notre position, à notre tempérament, et à nos dispositions particulières. L'amour de Dieu ne nous rend point impeccables, mais il est incompatible, cet amour, avec des habitudes criminelles, avec la persévérance et l'obstination dans le mal.

Le juste aime Dieu, puisque ce n'est qu'en l'aimant qu'on peut être juste; et cependant le juste pèche, mais les fautes qui lui échappent sont plutôt une suite de la fragilité humaine, que de la mauvaise disposition de son cœur. La violence des tentations, les occasions imprévues, les artifices du démon peuvent le séduire, mais la séduction ne dure qu'un instant, et son retour vers Dieu est aussi prompt que sa chute a été subite. De même qu'un voyageur, ayant heurté contre une pierre qui l'a fait tomber, se relève sur-le-champ, continue sa route et marche avec plus de circonspection; ainsi, lorsqu'un homme juste, marchant dans la voie des commandements, rencontre quelque pierre d'achoppement et de scandale contre laquelle il heurte, et qui le fait malheureusement tomber, il jette aussitôt les yeux sur Jésus-Christ; il l'appelle à son secours, il demande miséricorde, et ce Père infiniment bon lui tend la main, le relève, le console, le fortifie, de sorte qu'il marche avec une plus grande précaution et une nouvelle ferveur. Il n'y a rien, dit l'Apôtre, qui ne tourne à l'avantage du juste; ses péchés même y contribuent, ajoute saint Augustin : ils l'humilient en lui faisant connaître sa faiblesse; ils lui apprennent à ne pas compter sur ses propres forces, et à prier sans cesse pour obtenir la grâce de la persévérance. Le juste pèche, mais il ne croupit pas dans son péché, il n'en contracte pas l'habitude. Le sentiment qui domine en lui, c'est l'amour du bien et de la justice, le désir de plaire à Dieu, et la crainte de lui déplaire; telle est la disposition habituelle de son âme, qui, ne perdant jamais de vue l'objet de son amour, se porte continuellement vers lui de toutes ses forces.

Mais vous, qui ne vous mettez nullement en peine de réformer votre manière de vivre, quoique vous sachiez que votre manière de vivre n'a rien qui puisse vous rendre agréable aux yeux de Dieu; vous qui, après avoir commis un péché mortel, le gardez tranquillement sur votre conscience des années entières, ajoutant péché sur péché, quoique vous sachiez bien que dans cet état vous déplaisez à Dieu souverainement; vous, en un mot, qui ne faites rien pour lui, et qui ne craignez rien moins que de l'offenser, comment avez-vous le front de dire, et de dire, parlant à lui-même, que vous l'aimez de tout votre cœur? Que feriez-vous donc de plus ou de moins si vous ne l'aimiez pas? Hélas! si vous le haïssiez, l'offenseriez-vous davantage? Dites que vous aimez le monde, que vous aimez vos plaisirs, que vous aimez l'argent, que vous vous aimez vous-même, quand vous ne le diriez pas, on le voit bien; mais que vous aimez Dieu? non, ce n'est point ainsi qu'on se comporte à son égard, quand on l'aime. Pour peu que vous vouliez approfondir votre cœur et faire réflexion sur ce que vous venez d'entendre, vous serez forcé de convenir que vous ne l'aimez pas; et si vous pesez attentivement ce qui me reste à vous dire, vous sentirez quel est l'aveuglement de l'homme, et combien il est à plaindre lorsque, au lieu de s'attacher à Dieu par-dessus tout, et de se reposer en lui, il s'attache aux choses de ce monde, y cherche sa satisfaction et y met sa confiance.

SECONDE RÉFLEXION.

Il est étrange de voir les hommes de tout état et de toute condition s'attacher passionnément, les uns à une chose, les autres à une autre, chacun suivant son goût et ses inclinations particulières; regardez, par exemple, celui qui se laisse dominer par l'ambition : que de mouvements, que d'intrigues, que de menées, combien d'inquiétudes! que de ménagements à garder, d'injures à dissimuler, de couleuvres à avaler, de bassesses à faire! Mon ami, vous voilà enfin arrivé à ce que vous désirez, êtes-vous content? Non, cette place n'est ni assez distinguée, ni assez riche; je ne m'en tiendrai pas là, je veux quelque chose de mieux. Courage donc; recommencez sur nouveaux frais, nouveaux mouvements, nouvelles sollicitations, nouvelles intrigues, et presque toujours nouvelles bassesses. N'importe ; vous avez réussi, vous voilà encore à votre but, êtes-vous content? Non: quand on a fait un pas, on veut en faire quatre, on veut en faire mille. Insensé, vous ne voyez donc pas que votre cœur va toujours en s'élargissant? Plus on est élevé, plus on veut s'élever encore; plus on a de bien, plus on veut en avoir; les désirs augmentent, la cupidité s'irrite, les besoins se multiplient; et de là mille soucis, mille chagrins que l'on n'aurait jamais connus dans un état médiocre, ou même dans le sein de la misère et de la pauvreté.

De combien d'amertumes ne sont pas mêlés tous les plaisirs dont les hommes sont si avides? Y en a-t-il un seul, de quelque nature qu'il puisse être, qui ne porte son fiel avec lui? Et n'est-il pas passé en proverbe, qu'*il n'y a pas de rose sans épines?* La science, les talents, la réputation, la gloire, celle-là même qui est le fruit du vrai mérite, ne sont-ils pas ordinairement précédés, accompagnés, suivis de mille peines qui les empoisonnent, qui en altèrent la douceur, qui réduisent presque à rien la satisfaction qu'on y a cherchée? Satisfaction qu'on achète souvent bien cher avant d'en jouir, et qu'on paye quelquefois encore plus cher dans la suite. N'est-ce pas là ce qui faisait dire à Salomon ces paroles vraiment dignes du roi le plus sage qui fut jamais et qui connut mieux que personne la vanité, la caducité des choses humaines : Je me suis vu au comble de la grandeur, j'ai goûté de tous les plaisirs dont les hommes peuvent jouir sur la terre; je me suis appliqué à l'étude des sciences; j'ai considéré tout ce qui se passe sous le ciel, les talents, les travaux, les égarements, les erreurs de l'esprit humain; j'ai surpassé en gloire et en sagesse tous ceux qui ont été avant moi; et après avoir contemplé toutes choses, après avoir essayé de tout, j'ai reconnu qu'il n'y avait en tout que vanité, que peine et affliction d'esprit. (*Eccle.* II.)

Mais quel est l'homme, pour peu qu'il ait de l'âge et de l'expérience, qui ne se plaigne de la fortune, de ses parents, de ses amis, de lui-même? L'un vous dira : J'ai cherché un ami, j'ai cru l'avoir trouvé, je m'étais attaché à lui, et j'en ai été la dupe. L'autre : Je me suis attaché à ma famille, et cet attachement a été pour moi la source d'une infinité de chagrins et de mortifications. Celui-ci : J'ai travaillé pour le bien public, j'ai voulu me faire une réputation, j'ai ruiné ma santé, j'ai perdu mon temps, et je n'ai eu que des déboires. Celui-là : Je me suis donné des peines infinies pour amasser du bien, je croyais pouvoir après cela mener une vie tranquille, et je suis moins tranquille que jamais. N'en disons pas davantage : de tous ceux qui cherchent leur satisfaction dans les créatures, il n'y en a peut-être pas un seul qui, en comparant ses peines avec ses plaisirs, tout bien pesé, tout bien compensé, ne trouve que les plaisirs ne valent pas les peines, et ne convienne que c'est une folie de s'attacher aux choses de ce bas monde, et d'y mettre sa confiance.

Il n'y a que vous, ô mon Dieu, il n'y a que vous qui puissiez procurer à notre âme un bien-être solide, et des douceurs sans amertume, puisqu'avec vous les amertumes se changent en douceur et en consolation. Vous seul méritez d'être l'objet de nos recherches, de notre attachement et de votre amour, parce que vous seul êtes capable de remplir notre cœur et de le satisfaire. De quelque côté que je porte ma vue, en haut, en bas, à droite, à gauche, au dehors, au dedans de moi-même, je ne trouve rien en quoi je puisse me reposer avec une parfaite confiance; rien qui puisse donner à mon âme ce repos intérieur, cette douce tranquillité d'où dépend le bonheur de ma vie. Comme pendant une longue insomnie on se tourne de tous les côtés, et sur tous les sens, on change cent fois de place sans pouvoir en trouver une bonne, ni goûter les douceurs du sommeil, qui s'enfuit quand on croit le tenir, qui paraît revenir un instant, et qui l'instant d'après nous échappe encore; de même hors de vous, ô mon Dieu, nous ne trouvons qu'inquiétude, que peine et affliction d'esprit.

Supposons néanmoins, mes frères, que les choses de ce monde, auxquelles nous nous sommes attachés, nous procurent une satisfaction telle que nous la désirons, et que nous l'avons espérée; supposons que nos plaisirs soient sans amertume, que notre joie ne soit point mêlée de tristesse, et que notre bonheur soit parfait; quelque parfait qu'il puisse être, il n'est point à l'abri des révolutions humaines. Tout ce que nous aimons sur la terre ne tient à rien, et peut nous être enlevé d'un instant à l'autre : nos parents, nos amis, disparaissent successivement et nous échappent. Des circonstances imprévues nous éloignent quelquefois, et nous séparent pour toujours de ceux dont l'amitié et la société faisaient nos délices. A.

quoi tiennent notre fortune, nos biens, nos talents, notre esprit même? Combien d'accidents, de revers, de désastres peuvent nous ravir ce que nous avons de plus cher! Et quels chagrins, quels déchirements de cœur n'éprouve-t-on pas quand on vient à perdre ce à quoi on avait eu l'imprudence de s'attacher, et de coller son âme, si je puis m'exprimer de la sorte?

Il n'en est pas ainsi de vous, ô mon Dieu! Vous êtes un trésor que rien n'est capable de nous ravir; on pourra me dépouiller de mes biens, m'enlever ma réputation, m'arracher la vie. On pourra m'éloigner de mes parents, me séparer de mes amis; mais de vous, ô mon Dieu, jamais. Dans quelque lieu que j'aille, quoi qu'il m'arrive, dans quelque situation que je me rencontre, je vous trouverai partout. Oh! qu'il est bon de s'attacher à vous! Heureux celui qui vous aime, et qui n'a d'espérance qu'en vous!

Mais enfin, mon cher enfant, fussiez-vous assuré de jouir paisiblement toute votre vie de tout ce que vous aimez dans le monde; n'eussiez-vous à craindre aucun des accidents dont cette misérable vie est ordinairement traversée; fussiez-vous certain que ce qui vous attache à la terre ne vous sera point enlevé; il faut, après tout, que la mort vous enlève vous-même, et vous sépare de tout ce que vous aimez. Cette séparation est immanquable; elle n'est pas fort éloignée, et bientôt viendra le moment où vous serez forcé de dire comme les autres: Adieu mes parents, adieu mes amis, adieu ma charge, adieu mes terres, adieu tous mes biens, tous mes plaisirs, et toute la gloire de ce monde. De quel côté vous tournerez-vous dans ce moment-là? A qui tendrez-vous la main? à quoi vous prendrez-vous? à quoi vous attacherez-vous? Il n'y aura plus que Dieu sur qui vous puissiez porter vos regards. Il sera donc votre pis-aller et votre dernière ressource.

Vous pousserez des soupirs vers le ciel, vous crierez: Seigneur, Seigneur, mais l'aimerez-vous? L'amour qu'il exige est un amour de choix et de préférence; mais pourrez-vous dire que vous l'aimez par choix, lorsque vous n'aurez point à choisir? Que vous le préférez à tout le reste, lorsque tout le reste vous échappera malgré vous? Hé! qu'est-ce donc, ô mon Dieu, qu'est-ce que l'amour d'un chrétien qui, ne vous ayant point aimé pendant sa vie, se tourne vers vous en mourant, et dit d'une voix languissante: Mon Dieu, je vous aime de tout mon cœur? Ah Jésus! vous le connaissez ce cœur, vous voyez tout ce qui s'y passe, et vous savez s'il vous aime véritablement. Rendez-lui la vie, la santé, les forces; rendez-lui tout ce qu'il aimait dans le monde, et nous verrons si les protestations d'amour qu'il vous fait sont sincères. Vous n'y serez pas trompé, grand Dieu, et vous les prendrez pour ce qu'elles valent.

Attachons-nous donc à lui, mes chers enfants, pendant que nous pouvons encore lui donner des preuves de notre amour en le préférant à ce que nous avons de plus cher dans ce monde, de sorte que nous puissions lui dire dans toute la sincérité de notre cœur, comme l'apôtre saint Pierre: *Seigneur, vous savez que je vous aime* (*Joan.*, XXI, 16), et parmi tout ce qui m'environne, vous seul êtes l'objet de mes affections. J'aime mes parents, mes amis, les biens que vous m'avez donnés; mais je vous aime infiniment davantage, ou plutôt je n'aime toutes ces choses que par rapport à vous; et si je ne pouvais pas les conserver sans vous perdre, je ne balancerais point à vous en faire le sacrifice. J'aime les plaisirs innocents que vous avez permis à la faiblesse humaine, mais mon cœur n'y est point attaché; je suis prêt à vous les sacrifier dès le moment qu'ils deviendront pour moi une occasion de vous offenser, et de vous déplaire. Seigneur dépouillez-moi de tout ce que je possède, et de tout ce qui m'est le plus cher. Vous êtes le maître, je serai toujours content, pourvu que je ne vous perde pas, ô mon Dieu; vous me tiendrez lieu de tout, parce que je vous aime par-dessus tout.

Telles sont les dispositions, tel est le langage d'une âme chrétienne qui aime Dieu sincèrement, et qui lui est vraiment attachée. Mais hélas! s'il faut juger de notre amour par nos œuvres, qui sont ceux d'entre nous, mes frères, qui pourront tenir un pareil langage sans que leurs actions les démentent? Notre misérable cœur n'est-il pas rempli de mille attaches qui le séduisent, qui le corrompent, qui le retiennent, et l'empêchent de s'élever jusqu'à Celui qui doit être l'objet de toutes nos affections? Brisez donc, Seigneur, ah! brisez tous ces liens, détruisez toutes ces attaches, et remplissez-nous de votre amour: de cet amour qui se manifeste, non par des paroles et des protestations sans effet, mais par une fidélité constante à pratiquer vos commandements; par une attention continuelle à éviter tout ce qui pourrait vous déplaire, nous faire perdre votre grâce. Ouvrez nos yeux, et faites-nous connaître le néant de tout ce qui est dans le monde, où nous n'avons point de demeure permanente, afin que nous y vivions et que nous en usions comme des voyageurs, sans nous y arrêter, sans y chercher notre satisfaction, sans y mettre notre confiance: ne perdant jamais de vue le terme de notre voyage, où doivent se porter tous nos désirs, c'est-à-dire vous-même, ô mon Dieu, qui, nous ayant faits pour vous seul, n'avez pas permis que nous trouvassions de bonheur parfait sur la terre. Soyez donc vous seul l'objet de notre amour pendant cette vie, afin que nous n'en sortions que pour vous aimer éternellement dans le ciel. Ainsi soit-il.

DISCOURS XLII.

Pour le treizième Dimanche après la Pentecôte.

SUR L'ORGUEIL.

Occurrerunt ei decem viri leprosi. (*Luc*, XVII, 12.)
Dix lépreux vinrent au-devant de lui.

Parmi les différentes passions que nous avons à combattre, il en est une, mes frères, infiniment plus dangereuse que toutes les autres, et contre laquelle cependant nous sommes le moins en garde. Parmi ce grand nombre de péchés dont nous sommes coupables devant Dieu, il en est un sur lequel nous devrions nous examiner plus particulièrement, et auquel néanmoins nous ne faisons presque pas d'attention. Parmi les défauts que les hommes se reprochent les uns aux autres, il y en a un qui est le plus odieux, qui nous déplaît souverainement dans autrui, et que nous n'apercevons presque jamais dans nous-mêmes. La bonne opinion, l'estime, la vaine complaisance, l'attachement aveugle et mal entendu que nous avons pour notre personne ; cette personne à laquelle on rapporte tout ; ce *moi* qui est presque toujours l'objet principal de nos pensées, de nos désirs, de nos actions ; l'amour-propre, l'orgueil, voilà cette lèpre spirituelle qui infecte tout le genre humain, comme la lèpre corporelle corrompt toute la masse du sang, se répand dans toutes les parties du corps, les infecte et les défigure. C'est la réflexion à laquelle je m'arrête aujourd'hui, mes chers paroissiens, pour votre instruction et pour la mienne. Voyons donc si ce maudit orgueil n'est pas le plus universel et le plus dangereux de tous les vices, quoiqu'il soit le plus ridicule, et le moins concevable.

PREMIÈRE RÉFLEXION.

Je dis le plus universel, non-seulement parce qu'il infecte tous les états, et qu'il enfle plus ou moins le cœur de tous les hommes, qu'on le trouve dans la chaumière du pauvre, et sons de misérables haillons, aussi bien que dans le palais des grands, et sous des habits magnifiques, mais je dis qu'il est universel en ce qu'il est le père de tous les autres, la source universelle de toutes les passions humaines, la première racine de tous nos péchés, et qu'il répand son venin partout, jusque sur nos vertus, nos bonnes œuvres, et sur les actions les plus saintes.

C'est de l'orgueil que naissent l'ambition et la soif insatiable des richesses ; c'est lui qui fait les libertins et les impies ; c'est lui qui allume la colère, excite la vengeance, aiguise la langue des médisants, enfante la jalousie et les murmures, sème la division, amène la discorde, trouble le repos de toutes les sociétés, et nous empêche de goûter cette paix intérieure qui seule peut faire la douceur de notre vie, et sans laquelle nous ne sommes jamais heureux.

Otez l'orgueil, et vous verrez disparaître toutes les injustices que les hommes commettent pour s'élever les uns au-dessus des autres. Otez l'orgueil, et dès lors plus de guerre entre les souverains, plus de querelles entre les particuliers, plus d'envieux, parce que chacun sera content de son état ; plus d'ennemi, parce que tous les hommes seront justes et charitables. Le pauvre ne murmurera point contre le riche, le riche ne méprisera point le pauvre, le faible ne s'élèvera point contre le fort, et le fort ne cherchera point à opprimer le faible. Otez l'orgueil, et vous ne verrez plus cet esprit d'indépendance et de révolte qui fait chaque jour de nouveaux progrès, qui est le germe fatal des plus affreuses révolutions, qui nous menace des plus grands malheurs, qui engendre, suscite et entretient au milieu du christianisme la race des impies qui blasphèment tout, la race des hérétiques qui bouleversent tout, la race des libertins qui se moquent de tout.

Mais n'est-ce pas l'orgueil qui épuise la province pour entretenir dans la capitale le luxe, la mollesse et tous les vices qui en sont la suite ; n'est-ce pas lui qui, se répandant comme une maladie contagieuse de la capitale dans la province, porte ce même luxe dans les plus petites villes et jusque dans les villages, où l'on voit de petites marchandes, des ouvrières à la journée, suivre les modes et s'ajuster comme les femmes de la première distinction, où l'on voit certaines gens qui ne sont ni paysans ni bourgeois, se mettre comme des seigneurs, se priver du nécessaire dans l'intérieur de leur ménage pour acheter des habits, des robes, des coiffures, et je ne sais quels ajustements dont leurs père et mère n'ont jamais connu l'usage, et qui ne conviennent rien moins qu'à leur état et à leurs facultés ; où l'on en voit d'autres encore couverts de la poussière d'où ils sont nouvellement sortis, vouloir donner à leurs enfants une éducation brillante, les envoyer dans les grandes villes d'où ils ne rapportent, la plupart du temps, que des airs de suffisance et des mœurs corrompues qu'ils ne connaîtraient point, si on les tenait dans l'état où la Providence les a fait naître, labourant la terre, apprenant des métiers, ou exerçant celui de leur père, sans autre école que le catéchisme et les instructions de leurs pasteurs, sans autre éducation que la crainte de Dieu, la probité, l'amour du travail, et une vie innocente ? C'est ainsi que l'orgueil bouleverse toutes les conditions, désordre d'autant plus à craindre qu'il en entraîne une infinité d'autres après lui, et qu'il aboutit nécessairement à tout renverser et à tout perdre.

Mais n'est-ce pas l'orgueil qui enfante ces procès ridicules sur les droits, le rang, les préséances ; je ne dis pas dans les villes et parmi les personnes considérables, cela n'est point étonnant ; mais je dis dans les bourgs où tout est peuple, où les uns ne diffèrent des autres, que par un peu plus ou un peu moins de bien, par plus ou moins de misères ? N'a-t-on pas vu quelquefois dans des villages de trois ou quatre cents feux, de petites guerres civiles sur ce qu'il leur plaît d'appeler charges municipales, et droits d'officiers municipaux ? n'y a-t-on pas remarqué cent fois plus de chaleur, de morgue, de suffisance, qu'il n'y en aurait en pareil cas dans les plus grandes villes du royaume ?

Mais n'est-ce pas l'orgueil qui engendre cette jalousie amère et inquiète dont les habitants d'une même paroisse, au lieu de s'aimer et de vivre comme frères, sont animés ;

les uns contre les autres : jalousie qui les porte à se critiquer, à se noircir, à se nuire mutuellement, à s'affliger du bien, à se réjouir du mal, à se déchirer, à se manger, pour ainsi dire, les uns les autres? Quel est le principe de la colère, la source des inimitiés et de l'esprit de vengeance? L'orgueil, qui s'exhale en injures, et en menaces, en louanges pour soi et en invectives pour les autres. Est-ce que je suis fait pour ceci? Est-ce que je dois souffrir cela? Un homme comme moi! Un homme comme lui! Une femme de sa façon! Une femme de ma sorte! De là les inimitiés, l'amertume, les désirs de la vengeance : elle n'appartient qu'à Dieu, la vengeance; mais il a beau se la réserver, on usurpe ses droits, on s'assied sur son tribunal, on s'égale à lui, et l'homme bouffi d'orgueil. met tout en usage pour assouvir son ressentiment et sa haine.

Combien d'excuses, de prétextes, de raisons frivoles n'avez-vous pas à nous alléguer, lorsqu'il s'agit de vous réconcilier avec vos ennemis, et de faire pour cela quelques démarches! C'est dans cette occasion surtout que votre orgueil se manifeste, et que vous laissez voir toute l'enflure de votre cœur : Moi le premier! Moi faire des avances! C'est à lui et non point à moi, et toujours *moi :* bon Dieu, qu'est-ce que donc que ce *moi*, qui est si précieux à vos yeux, qui est si délicat, si sensible, et auquel on ne saurait toucher sans que vous jetiez les hauts cris? C'est un *rien* qui s'enfle, et sa sensibilité ne vient que de son enflure. Est-ce qu'il n'est pas permis de se faire rendre justice? Oui, mais il n'est pas permis de vomir du fiel, de se répandre en injures, de se faire justice soi-même. Mais vous êtes un orgueilleux qui vous croyez tout permis quand on vous offense.

D'où viennent les divisions dans les familles, le trouble dans les ménages, la mauvaise humeur, les caprices, les impatiences journalières, les excuses fausses ou déplacées? Tout cela n'a d'autre principe que l'orgueil. S'il y a des maîtres exigeants et difficiles, des domestiques indociles et murmurateurs, des maris brutaux, des femmes *revêches*, des enfants opiniâtres, des pères trop durs ou trop faibles, il ne faut s'en prendre qu'à l'orgueil qui fait qu'on rapporte tout à soi, chacun suivant son caractère, ses goûts et sa façon de penser. Ceux qui aiment le repos ne veulent rien qui les inquiète, ceux qui aiment leurs commodités ne veulent rien qui les gêne. Les uns aiment les honneurs et veulent des distinctions; d'autres aiment l'argent et ne pensent à autre chose, et par une suite nécessaire, chacun se révolte contre tout ce qui choque ses goûts, son humeur, ses idées, et ce qu'il y a de plus fâcheux, c'est que la plupart du temps, pendant qu'on ne cherche que sa propre satisfaction, on s'imagine n'aimer que le bien, la justice et la vérité.

De là vient que l'orgueil, quoiqu'il se glisse et se mêle partout, est cependant de tous les vices celui qu'on se reproche le moins. Il se déguise, se cache sous de belles couleurs, et on ne lui donne que des noms honorables. La fureur de se distinguer et de s'élever au-dessus des autres, s'appelle une noble émulation; la sensibilité qu'on laisse voir pour tout ce qui blesse l'amour-propre s'appelle avoir du cœur et des sentiments ; la manie de critiquer tout ce qui déplaît s'appelle amour de la justice et du bon ordre : c'est qu'on voudrait que tout fût bien, et que chacun fût tel qu'il doit être ; c'est qu'on est fâché que certaines gens aient si peu de raison, si peu de religion, et se conduisent si mal. Hélas! mon Dieu, combien de fois ce misérable orgueil ne se mêle-t-il pas dans les actions les plus respectables et les plus saintes! Hé! que sais-je si dans ce moment où je pense ne chercher que la gloire de Dieu et le salut de votre âme, je ne me cherche pas moi-même? Mon bon Sauveur, nous croyons avoir du zèle, et nous n'avons peut-être que de l'orgueil.

Maudit orgueil, que ton poison est subtil, que ton venin est contagieux! Tu noircis ce qui est blanc, tu rends mortel ce qui est salutaire; tu changes le bien en mal, les bonnes œuvres en péchés, les dévots en hypocrites, la lumière en ténèbres, les anges en démons. Qu'y a-t-il, par exemple, de plus agréable à Dieu que l'aumône? Mettez dans cette aumône un mot d'orgueil, ce qui aurait mérité la vie éternelle, vous rend criminel aux yeux de Dieu. Quoi de plus beau que la prière, le jeûne, la fréquentation des Sacrements, et tous les exercices de la piété chrétienne! Mettez dans tout cela le venin de l'orgueil, voilà des hypocrisies, des profanations, des sacriléges.

Lors même que la gloire de Dieu et la sanctification de notre âme sont le seul motif qui nous engage à faire le bien et à pratiquer la vertu, l'orgueil vient quelquefois après coup empoisonner nos bonnes œuvres quand elles sont faites; il les dévore, s'en nourrit et nous en fait perdre tout le fruit. Donnez-moi un homme qui ait mené la vie la plus chrétienne et la plus sainte ; si, à l'heure de la mort, quand il est prêt à paraître devant Dieu, le démon lui inspire une pensée d'orgueil, qu'il la reçoive, qu'il s'y arrête avec complaisance, qu'il cesse d'être humble et de paraître méprisable à ses propres yeux, il n'en faut pas davantage pour anéantir dans un instant ce trésor de mérites amassés pendant trente et quarante ans d'une vie tout angélique. C'en est fait de ses prières, de ses jeûnes, de ses aumônes, de ses mortifications et de sa longue pénitence.

Telle est la nature, tels sont les effets de l'orgueil, et les maux infinis qu'il cause dans la société, même dans l'âme de l'homme juste. Qui ne serait pas continuellement en garde contre ses artifices? Le Saint-Esprit a dit lui-même en deux mots tout ce que vous venez d'entendre. Vous lirez au *Livre de l'Ecclésiastique* (X, 15), que l'orgueil est le commencement, la première racine de tous les péchés : *Initium omnis peccati superbia. Prenez garde* disait le saint homme Tobie à son fils, *prenez garde, mon fils, que l'orgueil ne domine dans vos sentiments ou dans vos paroles ; car c'est de l'orgueil que viennent, et la perte de tous les hommes, et tous les malheurs qui les affligent : « In ipsa enim initium sumpsit omnis perditio.* » (*Tob.*, IV, 14.)

Mais enfin d'où peut venir cet orgueil ? sur quoi fondons-nous cet amour déréglé, cette vaine complaisance dont nous sommes remplis pour nous-mêmes? Le plus commun et le plus dangereux de tous les vices n'est-il pas en même temps le plus étrange et le plus ridicule ?

SECONDE RÉFLEXION.

Regardons-nous depuis les pieds jusqu'à la tête, descendons dans notre cœur, examinons notre vie, jetons les yeux sur tout ce qui nous environne, et dites-moi, je vous en prie, que sommes-nous, qu'avons-nous qui puisse nourrir notre orgueil ? la naissance, les places, les richesses, l'esprit, la science, les talents, les vertus elles-mêmes, qu'y a-t-il dans tout cela qui, loin d'enfler le cœur d'un homme qui pense, ne serve au contraire à l'humilier et à le confondre ?

On pourrait dire à ceux qui s'enorgueillissent de leur naissance, que le commencement et la fin de tous les hommes sont la chose du monde la plus honteuse et la plus humiliante. Après avoir été enfermés neuf mois dans le sein de nos mères, nous en sortons en jetant des cris, en versant des larmes, et, après avoir passé rapidement sur la terre à travers une foule d'infirmités, de peines et de misères de toute espèce, nous descendons dans le tombeau, comme pour nous cacher à la vue des hommes à qui nous faisons horreur dès que nous avons rendu le dernier soupir. Là, ce misérable corps qui est la moitié de nous-mêmes, et presque toujours malheureusement la moitié la plus chérie, ce misérable corps n'est plus qu'un amas de chairs et d'ossements qui se corrompent, se dessèchent et se réduisent enfin à quelques poignées de poussière. Là, comme dans le sein de leurs mères, les grands n'ont rien qui les distingue du plus bas peuple, et les épitaphes dont leur tombe est décorée, quelque magnifiques qu'elles soient, signifient après tout qu'ils étaient sortis nus du ventre de leur mère, et qu'ils y sont rentrés nus.

Je pourrais vous dire, mon cher enfant, qu'en remontant à la source de cette famille dont vous vantez l'ancienneté, la distinction, la noblesse, et peut-être sans remonter bien haut, on vous verrait sortir de tout ce qu'il y a de plus bas et de plus ignoble; qu'en fouillant dans cette famille, on y trouverait peut-être beaucoup de choses qui vous feraient rougir, et qui rabattraient votre orgueil. Je pourrais vous dire enfin, que les hommes n'étant pas les maîtres de choisir leurs parents, la naissance la plus illustre n'a rien, par elle-même, dont on puisse tirer vanité, puisqu'elle ne peut jamais être le fruit d'aucune espèce de mérite. Mais je laisse toutes ces réflexions ; en voici une autre :

Plus votre famille est distinguée, plus vous êtes obligé en honneur et en conscience, devant Dieu et devant les hommes, de vous distinguer vous-même par vos vertus et par une conduite qui soit à tous égards irrépréhensible ; car si votre manière de vivre n'est pas digne du nom que vous portez, et de l'éducation que vous avez reçue, votre naissance alors ne peut servir qu'à vous rendre plus méprisable. Examinez donc et voyez si, au lieu de nourrir votre orgueil, elle n'est pas au contraire pour vous un sujet de honte et d'humiliation ?

Est-ce donc parce que vous êtes au-dessus du peuple, que vous lui donnez toutes sortes de mauvais exemples? mauvais exemples d'autant plus contagieux, que vous tenez un rang plus distingué dans la paroisse. Est-ce parce que vous êtes au-dessus du peuple qu'on ne connaît dans votre maison ni vigiles, ni quatre-temps, ni carêmes, ni Pâques, et que vous vous dispensez hardiment des devoirs les plus sacrés du christianisme ? Est-ce parce que vous êtes au-dessus du peuple que vous ne rougissez pas d'être publiquement un fornicateur et un adultère, d'entretenir un commerce infâme au vu et au su de toute la paroisse, d'afficher le libertinage et l'irréligion, qui en sont la suite ordinaire ? Vous vous enorgueillissez de votre naissance : mais votre naissance, mise à côté de vos mœurs, n'est-elle pas pour vous le comble de l'ignominie ? Et quand même ce que je dis ici ne vous regarderait pas, n'avez-vous jamais lu ce qui est écrit, que les plus grands doivent être les plus humbles, (*Eccli.*, III, 20), et que celui-là seul mérite d'être élevé au-dessus des autres, qui s'abaisse et s'humilie au-dessous de tous? (*Matth.*, XXIII, 12.)

Ma place, ma charge, mes droits : qu'est-ce que cela signifie ? Cela signifie que vous êtes le serviteur et l'esclave du public, que vous êtes exposé à mécontenter une infinité de personnes, et à commettre beaucoup d'injustices. Toutes les places, toutes les charges, depuis la plus grande jusqu'à la plus petite, ne sont que des fardeaux sur les épaules de ceux qui les occupent. Je dis des fardeaux non-seulement à cause du temps, des soins, des peines qu'elles exigent ; des déplaisirs, des mortifications, des amertumes à quoi elles nous exposent ; mais encore et surtout à cause du compte qu'il faudra rendre à ce Dieu souverainement juste qui jugera tout, non pas suivant les idées et la fausse conscience que se font la plupart des personnes en place, mais suivant les règles immuables de la justice et de la vérité.

Combien y en a-t-il à qui l'on pourrait dire : La place que vous occupez n'est rien moins que le fruit de votre mérite : vous y êtes parvenu à force d'argent, à force de sollicitations, d'intrigues, de bassesses. Vous n'avez point les qualités requises pour vous acquitter des obligations qu'elle vous impose. Il faudrait avoir des lumières que vous n'avez pas, une prudence que vous n'avez jamais eue, une fermeté dont vous n'êtes point capable. Il faudrait aimer le travail, et vous n'aimez que vos plaisirs ; s'occuper du bien public, et vos intérêts personnels sont la seule chose qui vous occupe. Il faudrait avoir assez de zèle pour vous élever contre l'injustice, ou tout au moins pour ne pas la commettre vous-même, et vous êtes une de ces âmes lâches qui sacrifient tout à leur repos ou à leur ambition. Il y a une infinité de choses que vous devez faire par vous-même, et vous vous en déchargez sur autrui. Vous n'êtes presque jamais où vous devriez être toujours, et l'on vous voit presque toujours là où vous ne devriez jamais paraître. Ceux qui vous représentent ne font pas le bien que vous pourriez faire, et ils font très-souvent le mal que vous devez empêcher. On ne peut pas tout faire, mais on doit surveiller à tout, parce qu'on rendra compte de tout.

Et quel compte, grand Dieu ! que de reproches n'aurait-on pas à se faire; à combien de sortes de réparations ne serait-on pas tenu si l'on voulait se rendre justice ! Mais on s'aveugle, on suit le torrent, on ne voit plus que de loin les anciennes règles ; on les perd peu à peu de vue, bientôt on ne les aperçoit plus, on les oublie et l'on se persuade enfin qu'on ne doit faire que ce qu'on fait, qu'on ne doit être que ce qu'on est, lors même qu'on ne fait rien de ce que l'on doit faire, et qu'on n'est plus rien de ce qu'on devrait être.

Ceux-là même qui paraissent les plus vigilants et les plus exacts dans les fonctions de leur charge, combien de fautes n'y commettent-ils pas, et quel est l'homme qui puisse se flatter d'être irréprochable devant Dieu sur les devoirs de sa place ? Il n'y a pas jusqu'à un juge, un syndic, un collecteur de village qui, à l'heure de la mort, n'ait quelque reproche à se faire sur la manière dont il s'en est acquitté. Que sera-ce de ceux qui occupent les postes les plus importants ? Jugez-en vous-mêmes, et je vous demande s'il y a là de quoi enorgueillir, ou bien de quoi effrayer, et par conséquent humilier tout homme qui pense. Vous avez de beaux droits et de belles prérogatives, oui ; mais la plupart de ces droits n'ayant été dans leur origine que la récompense de la vertu, ils ne peuvent que vous couvrir de honte, si vous n'avez pas vous-même le mérite de ceux à qui furent accordés ces droits et ces prérogatives, et vous n'en jouissez que pour votre confusion. Ainsi, quelque considérable que soit votre place, de quelque manière que vous l'envisagiez, vous n'y verrez rien qui ne soit propre à vous humilier, surtout si vous réfléchissez sur cette parole du Saint-Esprit, que les supplices les plus cruels de l'autre vie sont réservés à ceux qui auront été les plus puissants dans celle-ci. L'orgueil est donc la chose du monde la plus ridicule dans un homme en place ; et il ne l'est pas moins dans ceux qui se glorifient de leurs richesses.

Quoi de plus révoltant que ce que nous voyons tous les jours sur cet article ? Des gens dont les pères travaillaient à la journée pour gagner leur vie ; des gens qui, dans leur jeunesse, ont exercé les métiers les plus bas ; des gens dont les proches parents croupissent encore aujourd'hui dans la misère, sont devenus, au bout d'un certain temps, les plus aisés, les plus riches de leur paroisse; est-ce là ce qui révolte ? Non. Ce qui révolte, c'est que dès lors qu'on est riche, on se méconnaît, on s'oublie au point d'affecter des airs de hauteur et de distinction, de ne plus connaître ses parents, de vouloir choisir à l'église et ailleurs les places les plus distinguées, de s'habiller, de se loger, de se meubler comme ce qu'il y a de plus honnête et de plus apparent dans la paroisse ; de ne plus appeler ses enfants par leur nom de baptême, de leur inspirer l'orgueil dont on est bouffi, et enfin d'imaginer que, parce qu'on est riche, on peut aller de pair avec tout le monde, comme si, en sortant de la misère, on avait changé de naissance, comme si, en changeant d'habit, on avait changé de nom. Bon Dieu, qu'est-ce donc que ce renversement d'esprit, et ce désordre affreux, de vouloir à toute force être ce qu'on n'est pas, et ne rien paraître de ce que l'on est, parce qu'on a des maisons, des terres, de l'or et de l'argent ; comme si les richesses ajoutaient ou diminuaient quelque chose à la personne de ceux qui les possèdent !

Mais ne voyez-vous pas, mon enfant, que votre orgueil, loin de faire oublier à vos semblables ce que vous étiez ci-devant, ne sert au contraire qu'à les en faire souvenir, et donne lieu à mille propos sur votre compte, d'autant moins charitables qu'ils ne sont peut-être malheureusement que trop vrais ? On dit que si vous aviez eu la conscience délicate, vous ne vous seriez point enrichi en si peu de temps ; on compte vos injustices, vos usures, vos bassesses, peut-être vos friponneries ; on dit que vous avez ruiné cette veuve, que vous avez dépouillé ces orphelins ; que si on voulait examiner les moyens dont vous vous êtes servi pour amasser du bien, on trouverait que la meilleure partie de celui que vous possédez ne vous appartient pas légitimement, et que vous devriez rougir de votre opulence, bien loin d'en tirer vanité.

Combien de réflexions humiliantes ne feriez-vous pas vous-même sur vos richesses, si vous les regardiez avec les yeux de la religion ? Je suis à mon aise, je suis riche : cela est vrai, mais que sais-je si une partie de ces biens n'est pas le fruit de l'injustice et de la rapine de mes pères, et s'ils ne brûlent point dans les enfers pour me les avoir amassés ? J'en ai amassé moi-même : mais si je devais paraître tout à l'heure devant Dieu, n'aurais-je aucun reproche à me faire sur la manière dont je les ai acquis ? Toutes les fois que j'ai acheté ou vendu, ai-je suivi scrupuleusement les règles de l'Evangile, les lois de l'Etat, les lumières de ma conscience ? J'ai du bien, mais c'est un article de ma foi que Dieu me demandera compte de l'usage que j'en aurai fait. Plus j'en ai, plus ce compte sera terrible. Et d'un autre côté Jésus-Christ m'assure qu'il est extrêmement difficile, et presqu'impossible aux riches d'entrer dans le royaume des cieux. Qu'y a-t-il de plus effrayant? et les riches s'enorgueillissent! *Pleurez, jetez les hauts cris*, dit l'apôtre saint Jacques, *pour les afflictions qui vous menacent et qui doivent vous arriver. En amassant du bien, vous avez amassé sur vos têtes un trésor de colère qui éclatera dans les derniers jours.* (*Jac*, V, 1, 3.) Ne voilà-t-il pas un grand sujet d'orgueil et de vaine gloire?

Mais vous avez de l'esprit, de la science, des talents; est-ce-là ce qui vous enfle le cœur! Bon Dieu! qu'est-ce donc que l'esprit, qu'est-ce que l'esprit aujourd'hui, suivant le langage ordinaire du monde? Chez les uns c'est le malheureux talent d'amuser une compagnie aux dépens du prochain, d'en faire un sujet de raillerie, de critiquer, mordre, déchirer pour égayer la conversation; ou bien de dire de bons mots sur les choses les plus honteuses, de représenter à l'imagination sous mille formes différentes les objets les plus obscènes, de répandre à pleine bouche le poison dont on se nourrit, et d'empoisonner le cœur de ceux qui ont l'imprudence d'y prêter l'oreille.

Chez les autres, c'est le talent de tourner en ridicule ce qu'il y a de plus saint et de plus respectable, de répéter ce qu'ils ont lu dans ces misérables brochures qui fourmillent de toutes parts, et dans lesquelles nos beaux esprits prennent à tâche de rassembler toutes les absurdités, toutes les impertinences, toutes les horreurs qu'ils ont trouvées éparses çà et là, comme si notre siècle était l'égout et le cloaque où l'on voulût ramasser les ordures de tous les autres.

L'esprit est le talent de faire fortune et de s'en frayer le chemin à force de bassesses, d'injustices, de fourberies; de jouer toutes sortes de rôles, de prendre tour à tour mille formes différentes suivant le temps: de se prêter, se plier à tout, au caractère, aux mœurs, à toutes les fantaisies, à tous les caprices, aux bizarreries, à l'extravagance même de ceux dont on brigue la faveur ou dont on craint l'autorité, qui peuvent servir ou nuire à ce qu'on appelle son avancement et sa fortune; s'ils sont libertins, se prêter à leurs faiblesses jusqu'à devenir le ministre infâme de leurs plaisirs; s'ils sont impies, déclamer contre la religion; s'ils ont de la piété, faire l'hypocrite; s'ils ont du zèle pour le bien, faire des coups d'éclat; s'ils sont lâches, leur sacrifier son devoir et son âme.

Un honnête homme qui, suivant en tout et partout les lumières de sa conscience, ne se règle que sur l'Evangile; qui, conservant toujours la forme de la religion qu'il professe, est aujourd'hui ce qu'il était hier, et croirait se déshonorer devant Dieu et devant les hommes s'il paraissait aujourd'hui différent de ce qu'il était hier; qui sacrifie son repos et sa fortune à son honneur et à son Dieu; cet homme-là n'a point d'esprit.

Un jeune homme sensé qui ne donne point dans le libertinage; qui, loin d'admirer les extravagances de nos prétendus philosophes, et de s'amuser à la lecture de tous ces compilateurs de mensonges ou de fadaises, n'en parle qu'avec mépris, ne louant, n'aimant que ce qui est vrai, ce qui est bon, ce qui est utile et honnête; ce jeune homme-là n'a point d'esprit.

Une femme chrétienne qui ne s'occupe que de son ménage, qui ne cherche à plaire qu'à son mari, qui trouve tous ses plaisirs dans l'éducation de ses enfants, et dans l'intérieur d'une maison bien réglée; qui ne sait lire que l'Evangile, l'Imitation de Jésus-Christ, ses Heures, cette femme-là n'a point d'esprit; c'est-à-dire, en un mot, que pour avoir de l'esprit, il faut être médisant, ambitieux, menteur, hypocrite, libertin, impie; voilà ce qu'on appelle avoir de l'esprit aujourd'hui. Là où est la droiture, la simplicité, l'innocence, la charité, la piété, il n'y a point d'esprit. Jugez, mes frères, si la réputation d'homme d'esprit doit avoir quelque chose de bien flatteur, et si l'éloge le plus mince qu'on puisse faire de quelqu'un n'est pas de dire qu'il a de l'esprit. Certes le démon lui seul a plus d'esprit que tous les hommes ensemble.

Mais il y a un bon esprit: oui, sans doute, et c'est un esprit de discernement qui, pour démêler le vrai d'avec le faux, et le bien d'avec le mal, juge de tout suivant les principes d'une raison éclairée par la lumière de l'Evangile. C'est un esprit de force qui résiste au torrent de la coutume et du mauvais exemple, qui dompte les passions, qui est ennemi de tous les vices, qui s'attache invariablement à l'étude de la sagesse, et à la pratique de la vertu; qui sacrifie tout à la justice et à la vérité, qui se sacrifie lui-même plutôt que de les abandonner, et de trahir sa conscience. C'est un esprit de crainte et de sobriété, qui, connaissant les bornes dans lesquelles il doit se renfermer, les respecte et s'y renferme; qui, saisi de frayeur à la vue des égarements monstrueux où le bel esprit de notre siècle entraîne les soi-disant philosophes, se retranche sagement dans la simplicité de la foi comme dans un asile hors duquel on n'est point en sûreté, hors duquel on a tout à craindre et rien à espérer; rien à gagner et tout à perdre. C'est un esprit de modération et de retenue qui ne se laisse point maîtriser par l'ambition, qui se contente de peu, qui diminue ses besoins en réprimant ses désirs; qui, ne perdant jamais de vue la maison de son éternité, ne se laissant pas éblouir par la figure du monde qui passe, s'attache inviolablement et par-dessus tout à l'Etre suprême qui ne passe point.

Voilà, mes frères, ce qui dans le langage non-seulement de la religion, mais de la raison et du bon sens, voilà ce qui s'appelle avoir véritablement de l'esprit. Quiconque gagne le ciel et sauve son âme, a certainement de l'esprit; quiconque la perd et se damne, est un insensé. N'avoir de l'esprit que pour se perdre et perdre les autres, c'est avoir de l'esprit comme les démons; et se glorifier de cet esprit, c'est le comble de l'aveuglement et de la folie.

Mais, après tout, à quoi se réduisent les lumières de l'esprit humain? Que savons-nous après une vie entière d'étude, de travail, de recherches? Nous savons qu'il y a une infinité de choses où nous ne comprenons rien, et où les plus habiles ne peuvent rien comprendre. Plus nous savons, plus nous sommes convaincus de notre ignorance, en apprenant que ce que nous savons n'est rien et moins que rien, en comparaison de ce que nous ne savons pas; de sorte que la plus haute science, loin de flatter l'orgueil, n'est réellement propre qu'à le confondre.

Si l'homme pouvait raisonnablement se glorifier de quelque chose, ce serait sans doute de ses vertus et de ses bonnes œuvres, puisque ce n'est que par là qu'il peut être vraiment estimable. Hé! point du tout; ses vertus et ses bonnes œuvres sont encore un sujet d'humiliation. Il n'est vertueux qu'à force de se contraindre; ses bonnes qualités sont mêlées d'imperfections; et le bien même que la grâce nous fait faire, en passant par nos mains perd toujours quelque chose de son mérite. Enfin, tout ce que nous avons de bon vient de Dieu, puisqu'il est le principe unique de tout bien; tout ce que nous avons de mal vient de notre propre fonds, qui est un abîme de misères. *Qu'avez-vous que vous n'ayez pas reçu, et si vous l'avez reçu, quelle gloire pouvez-vous en tirer?* C'est la réflexion de l'Apôtre. (I, *Cor.*, IV, 7.)

Ainsi de quelque côté que nous jetions les yeux, non-seulement nous ne trouverons rien dont nous puissions nous enorgueillir, mais nous ne trouverons rien qui ne puisse et qui ne doive nous humilier : la naissance, les places, les charges, les richesses, la science, l'esprit, nos vertus même et nos bonnes œuvres, tout cela rappelle notre faiblesse, notre ignorance, nos imperfections, nos misères, notre néant. Tout cela nous dit que par nous-mêmes nous n'avons rien, nous ne pouvons rien, et que nous sommes toujours infiniment au-dessous de ce que nous devrions être.

Que si nous trouvons des sujets d'humiliation dans les choses mêmes qui nourrissent notre orgueil, que sera-ce, mes frères, si nous jetons les yeux sur ce fonds inépuisable de corruption qui est dans le cœur de tous les hommes; sur cette foule d'inclinations vicieuses qui entraînent les uns dans les plus honteux déréglements, et qui sont pour les autres la matière de tant de combats et de tant de violences; sur cette multitude d'iniquités qui ont souillé toutes les années et tous les jours de notre vie? Nous avons été conçus dans le péché; nous sommes nés, nous vivons, nous mourrons peut-être dans le péché: nous n'avons par nous-mêmes que le mensonge et le péché. Si avec cela les hommes s'enorgueillissent, n'a-t-on pas raison de dire que l'orgueil est de tous les vices le plus étrange et le moins concevable?

Grand Dieu! devant qui toutes les créatures sont comme si elles n'étaient pas; qui détestez, qui avez en abomination tout homme superbe; qui accablez de malédictions, qui vous plaisez à humilier quiconque ose s'élever et s'enorgueillir en votre présence! jusqu'à quand l'amour aveugle de nous-mêmes nous séduira-t-il au point de nous faire croire que nous sommes quelque chose, pendant que nous ne sommes rien? Jusqu'à quand ne verrons-nous point que la seule noblesse, les seuls titres, la seule distinction dont un chrétien puisse se glorifier, c'est d'être devenu par son baptême votre enfant, le frère et le cohéritier de Jésus-Christ; que toutes les richesses de la terre sans votre amour sont une pauvreté véritable, et une affreuse indigence; que la vraie science consiste à vous connaître et à nous connaître nous-mêmes; que la vraie gloire est de vous suivre, et le vrai talent celui de faire valoir votre grâce!

Bon Jésus, qui vous êtes anéanti sous l'infirmité de notre nature pour guérir notre orgueil, et en réparer les suites funestes, imprimez vivement dans notre esprit le souvenir et l'image de vos abaissements, des humiliations et des opprobres dont vous avez voulu être rassasié. Que la pensée de cette humilité profonde dont vous avez été le parfait modèle, et que vous avez recommandée à vos disciples par-dessus tout, soit le remède et le contre-poison de cet orgueil qui est la source de toutes nos misères. Purifiez-nous, Seigneur, de cette lèpre contagieuse, et que nous voyions disparaître avec elle cette délicatesse vaine, cette excessive sensibilité qui se révoltent contre tout ce qui les blesse : nos vivacités, nos disputes, nos aigreurs, nos ressentiments, notre hauteur, notre indocilité, nos murmures, notre ambition, nos jalousies, en un mot, tous les vices, toutes les imperfections qui défigurent notre âme, qui troublent notre repos, qui nous éloignent de vous et nous perdent.

Faites que nous rapportions à votre gloire, ô mon Dieu, et jamais à la nôtre, nos pensées, nos désirs et nos démarches. Que les louanges des hommes ne nous touchent point; que les humiliations ne nous troublent point; que la prospérité n'enfle point notre cœur, et que les adversités nous portent à nous humilier de plus en plus sous votre main puissante. Que nous n'oubliions jamais cette parole sortie de votre bouche adorable, ô mon Sauveur, que pour vous suivre il faut renoncer à soi-même, que la porte du ciel étant étroite, il faut nécessairement s'abaisser, se rétrécir en quelque sorte, et devenir enfant pour y entrer; qu'il faut, à votre exemple, s'humilier sur la terre pour être élevé dans le ciel, et vous imiter dans vos divins abaissements pour avoir part à votre gloire éternelle. Ainsi soit-il

DISCOURS XLIII.

Pour le quatorzième Dimanche après la Pentecôte.

LE SERVICE DE DIEU.

Quærite primum regnum Dei et justitiam ejus. (*Matth.*, VI, 33.)

Cherchez premièrement le royaume de Dieu et sa justice.

La plus sérieuse, la plus indispensable, ou, pour mieux dire, l'unique affaire que nous ayons dans ce monde, c'est de mériter, par nos bonnes œuvres, la couronne de justice que Dieu réserve dans le ciel à ceux qui l'auront fidèlement servi sur la terre, et par conséquent de nous attacher au service de Dieu, puisque c'est là le seul moyen qui puisse nous conduire à la vie éternelle. Vous le savez, mes chers paroissiens, vous le dites, vos enfants le répètent, et les plus grands pécheurs conviennent qu'il faut par-dessus tout chercher le royaume du ciel et sauver son âme. D'où vient donc que nous voyons si peu de chrétiens chercher ce royaume et cette justice, en vivant avec piété en Jésus-Christ, et en suivant les maximes de l'Evangile? C'est que la plupart des chrétiens regardent le service de Dieu comme un service dur et désagréable, quoique lui-même nous assure que son joug est plein de douceur, que son fardeau est léger, et que nous y trouverons le repos de nos âmes. Examinons les choses de près, et voyons lequel des deux mène une vie plus dure, ou celui qui remplit avec fidélité les devoirs du christianisme, ou celui qui les abandonne pour suivre ses passions et vivre à sa liberté.

PREMIÈRE RÉFLEXION.

Venez donc, mon cher enfant, voyez les choses comme elles sont, et apprenez à ne pas vous faire un monstre de la piété, pendant qu'elle n'a rien qui, loin de vous effrayer, ne soit fait au contraire pour gagner votre cœur, pour vous attirer et vous attacher à elle.

Si je vous disais qu'en vous attachant au service de Dieu, vous serez obligé d'abandonner tout ce que vous avez et tout ce que vous aimez dans le monde, votre état et votre fortune, vos amis et votre famille, tous les plaisirs, tous les agréments dont vous pouvez jouir sur la terre, pour n'avoir de commerce qu'avec Dieu, le prier du matin au soir, ne penser qu'à lui, passer le reste de vos jours dans la retraite et la pénitence; il y aurait de quoi vous effrayer. Et cependant si cela était absolument nécessaire pour sauver votre âme, encore faudrait-il bien vous y résoudre: car après tout, qu'est-ce que le monde entier, en comparaison de votre âme? Et si vous venez malheureusement à la perdre, que donnerez-vous pour la racheter?

Mais ce n'est point là ce qu'on exige de vous. Le service de Dieu n'a rien qui ne puisse s'accorder avec votre état, votre avancement, votre fortune, et même avec vos plaisirs, quand vos plaisirs n'auront rien que de juste, d'honnête et de raisonnable. Exercez votre profession, vaquez à vos affaires, faites valoir votre bien, établissez votre famille, aimez vos parents, vivez avec vos amis, remplissez les devoirs et les bienséances de la société; donnez aux exercices du corps et aux amusements de l'esprit autant de temps qu'il en faut pour le délassement de l'un et de l'autre. L'Evangile ne défend point les plaisirs, quand ils sont conformes à la droite raison, il ne défend que les excès; et s'il ne les défendait pas, vous devriez vous les interdire, parce qu'ils nuisent toujours nécessairement à votre bien-être, à votre santé, à votre repos, à votre fortune.

Quel est donc le changement que la piété apportera dans votre personne, et dans votre manière de vivre? elle vous rendra plus attentif et plus assidu aux devoirs de votre état, plus humain, plus doux, plus affable envers tout le monde, plus sobre dans vos repas, plus réservé dans vos discours, plus modéré, plus sage dans le choix de vos plaisirs, plus avare de votre temps, plus soigneux de le bien employer, moins sensible aux revers de la fortune, plus patient dans les afflictions; c'est-à-dire, qu'en vous attachant au service de Dieu, vous deviendrez en tout plus estimable, vous serez plus tranquille et par conséquent plus heureux. Excepté le mal que votre conscience vous reproche, vous ferez ce que vous faites; vous agirez seulement par des motifs plus nobles, plus relevés, plus dignes d'un honnête homme et d'un chrétien. Au lieu de travailler par ambition et par vaine gloire, vous travaillerez dans la vue du bien public, dans un esprit de charité, dans un esprit de soumission, pour obéir à Dieu qui vous a condamné au travail. Au lieu de faire l'aumône et de rendre service au prochain par un sentiment de compassion purement humain, vous le ferez en vue de Jésus-Christ et pour l'amour de lui. En un mot, vous sanctifierez toutes vos actions; et sans y rien changer, pourvu néanmoins qu'elles ne soient pas mauvaises, vous en ferez autant de bonnes œuvres en les rapportant à la gloire de Dieu. Que trouvez-vous jusqu'à présent qui vous effraye et qui vous dégoûte de la piété?

Seraient-ce les pratiques extérieures de la religion? La prière, l'Office divin, l'abstinence, les jeûnes que l'Eglise prescrit, la fréquentation des sacrements? Hé! qu'y a-t-il dans tout cela qui puisse donner à un honnête homme de l'éloignement pour le service de Dieu? Ne reconnaissez-vous pas qu'il vous a créé, qu'il vous conserve, que vous ne pouvez rien sans lui, qu'il vous a donné tout ce que vous avez, qu'il vous a fait tout ce que vous êtes? Les sentiments de la nature, indépendamment de ceux que la religion inspire, ne vous portent-ils pas à rendre à l'Etre suprême l'hommage de vos adorations, de votre reconnaissance, de votre amour? Un enfant bien né se fait-il une peine de donner à son père des marques extérieures de sa tendresse et de son respect, surtout lorsqu'il est assez heureux pour trouver dans la personne de son père tout ce qu'on peut désirer de plus intéressant et de plus aimable ?

Vous faites-vous une peine de donner à vos amis des marques d'attachement et d'amitié ? N'avez-vous pour eux aucune espèce d'attention et de complaisance ? N'avez-vous ni respect ni égards pour vos supérieurs, ne vous gênez-vous en rien pour leur plaire ? Ne remplissez-vous parmi les hommes aucun devoir de politesse et de bienséance. Quoi, mon enfant ! Celui qui est tout à la fois votre maître, votre Seigneur, votre Roi, votre Père, votre meilleur ami, votre tout, serait le seul à qui vous ne voudriez donner aucun signe extérieur des sentiments que vous lui devez à tant de titres, et vous regarderiez comme une tâche incommode, pénible et ennuyeuse, de vous prosterner à ses pieds le matin, pour le remercier de vous avoir conservé pendant la nuit, et le prier de répandre sur vous pendant la journée de nouvelles bénédictions ; de répéter la même chose le soir, et le supplier de ne pas permettre que la mort vous surprenne dans le sommeil ?

Regarderiez-vous comme une tâche incommode et insupportable de consacrer un jour de chaque semaine au service de celui à qui tous les jours appartiennent ? Ou bien de répandre de temps en temps votre cœur en sa présence, aux pieds du ministre qui tient sa place, et de recevoir l'absolution de vos péchés, la tranquillité de votre esprit et la joie de votre âme ? Bien loin que la confession soit une chose dure, comme on le dit, n'est-elle pas au contraire, de l'aveu de tous les vrais pénitents, ce qu'il y a de plus consolant pour les pécheurs dans notre sainte religion ?

En quoi trouvez-vous donc que le service de Dieu soit pénible ? Sont-ce les jeûnes commandés par l'Eglise qui vous effrayent ? Mais l'Eglise y a-t-elle obligé ceux de ses enfants qui ont des raisons légitimes pour s'en dispenser ? Et ne porte-t-elle pas aujourd'hui l'indulgence et la bonté sur cet article aussi loin qu'elles peuvent être portées ? Mais ne se condamne-t-on pas soi-même à des abstinences et à des jeûnes mille fois plus sévères que ceux de l'Eglise, pour rétablir ou pour conserver sa santé ?

Non, mon Dieu, non, ce n'est point à cause de tout cela que la religion paraît dure, et qu'on l'abandonne. S'il était possible d'allier votre service avec le service du démon ; l'ambition avec l'humilité chrétienne ; l'avarice avec l'esprit de détachement ; la corruption des mœurs avec la sainteté de votre loi ; c'est-à-dire la lumière avec les ténèbres, et le paradis avec l'enfer ; si vous permettiez la haine et la vengeance, les fornications, les adultères, et tous les plaisirs honteux de la chair ; on ne refuserait point à ce prix-là de croire en vous et de vous servir ; le libertinage et l'ambition ne feraient plus d'impies. Mais, pour vous servir, il faut se contraindre, et l'on veut vivre à sa liberté ; vous voulez qu'on s'humilie, et on veut s'élever ; vous voulez qu'on pardonne, et on veut se venger ; vous voulez qu'on soit chaste, et on veut être impudique : c'est là ce qui effraye, ce qui rebute, ce qui révolte et paraît impraticable.

Impraticable, bon Dieu ! et comment y a-t-il donc des chrétiens qui, non contents de faire ce qui est d'une obligation étroite pour tous les hommes, vont beaucoup au delà de ce qui est commandé, et s'assujettissent eux-mêmes volontairement à tout ce que l'Evangile conseille de plus parfait ? Mais comment donc y a-t-il dans tous les états des personnes de tout sexe, de tout âge, de toute complexion, qui, sans sortir du monde, pratiquent toutes les vertus chrétiennes, et trouvent leur félicité dans le service de Dieu ! Il faut donc que le joug de Jésus-Christ ne soit pas si pesant et si désagréable qu'on se l'imagine, puisque ceux qui le portent le trouvent si doux, et que ceux qui ne le portent pas sont les seuls qui s'en plaignent. Certes, pour savoir si un maître est difficile à servir, il faut avoir essayé de son service, ou le demander à ceux qui en ont fait l'expérience. Or, de tous ceux qui ont renoncé au monde et à leurs passions pour embrasser les exercices de la piété et mener une vie chrétienne, il n'y en pas un seul qui ne vous dise avec David, qu'un jour passé dans la maison de Dieu, est préférable à mille jours passés dans la maison des pécheurs ; et avec saint Augustin (in *Conf.*), que la privation des plaisirs, dans l'usage desquels il faisait consister son bonheur, a mille fois plus de douceurs que tous les plaisirs ensemble.

Je pourrais donc vous dire, mon cher enfant, que vous avez sur le service de Dieu les idées les plus fausses ; que vous ressemblez à ces Israélites qui se figuraient la terre promise comme un pays inaccessible et inhabitable : *C'est une terre qui dévore ses habitants.* (*Num.*, XIII, 33.) Ce ne sont pas des hommes, ce sont *des géants monstrueux*, nous sommes trop faibles pour leur résister, nous ne viendrons jamais à bout de les vaincre. Je pourrais ajouter que ce qui paraît impossible à la faiblesse humaine, devient non-seulement possible, mais facile et agréable, avec le secours de la grâce. Je laisse toutes ces réflexions, et je demande s'il n'en coûte rien aux pécheurs pour satisfaire leurs passions, et si, tout bien examiné, leur vie n'est pas plus pénible et plus dure que celle d'un homme sage qui aime la vertu et qui la pratique.

SECONDE RÉFLEXION

Hé ! qui est-ce qui voudrait de notre morale, si nous exigions qu'on se donnât autant de mouvements pour gagner le ciel, qu'on s'en donne pour satisfaire sa cupidité ? Qui est-ce qui voudrait du service de Dieu s'il fallait autant de mortifications, de soucis, de déchirements de cœur, qu'en essuient ceux qui sont dévorés par l'ambition, et la soif des richesses, tourmentés par la vengeance, ou entraînés par le libertinage?

A quelles peines de corps et d'esprit ne sont point exposés les hommes ambitieux, qui aiment les honneurs et la gloire de ce monde? Avoir nuit et jour la tête remplie de mille projets qui se succèdent continuellement les uns aux autres; faire la cour à des gens qu'on méprise, parce qu'on a besoin de leur protection; donner à l'extérieur des marques d'attachement et de bienveillance à des gens qu'on déteste, parce qu'on craint leur inimitié: combien de ménagements à garder et de violences à se faire? Combien de visites ennuyeuses, de courses désagréables, de démarches pénibles, de sollicitations, de mouvements, d'inquiétudes! Et celui qui s'est mis en tête d'amasser du bien, quelles peines ne se donne-t-il pas? Il voyage la nuit comme le jour, en toute saison et par toutes sortes de temps; il souffre le froid, le chaud, la faim, la soif; il sacrifie son repos, sa santé; il expose quelquefois sa propre vie; et sans entrer dans un plus grand détail, il est visible que si les uns et les autres se donnaient pour le service de Dieu autant de mouvement et autant de peines qu'ils s'en donnent pour contenter leur ambition ou leur avarice, ils deviendraient des saints; et si, pour gagner le ciel, il fallait se tourmenter comme ils se tourmentent, le nombre des vrais chrétiens, quoiqu'il soit bien rare, le serait infiniment davantage.

Pardonner à ses ennemis et les aimer, cela est dur: il en coûte pour réprimer les désirs de vengeance; oui, mais ne vous en coûte-t-il rien quand vous vous y abandonnez, à ces désirs de vengeance? Ne mettez-vous pas votre esprit à la torture pour inventer les moyens de nuire à votre ennemi? N'en êtes-vous pas occupé la nuit et le jour? Le bien qui lui arrive, les louanges qu'on lui donne, ne sont-ils pas pour vous un sujet de mortification, et le fiel que vous conservez dans votre cœur n'est-il pas comme un serpent qui ronge ce cœur et le déchire? Prenez ainsi toutes les passions les unes après les autres, examinez, pesez, combinez, et vous serez forcé de convenir que s'il en coûte pour les compter, il en coûte encore plus pour les satisfaire.

Ici je prendrai la liberté d'interroger un de ces hommes qui, faisant consister le bonheur de cette vie dans les plaisirs des sens et la corruption des mœurs, se livrent à corps perdu à la plus honteuse de toutes les passions, et je lui demande: Si, avant que vous eussiez commencé à donner dans le libertinage, quelqu'un vous eût fait la peinture de la vie que vous avez menée depuis, et qu'il vous eût dit: Mon ami, écoutez-moi; vous avez deux partis à prendre, ou de réprimer vos passions, ou de vous y abandonner. L'un et l'autre a ses plaisirs, et ses peines; les voici, et vous choisirez.

En prenant le parti de la vertu et du service de Dieu, il faudra que vous évitiez d'abord, autant qu'il vous sera possible, la compagnie des libertins; que vous n'ayez avec eux d'autre commerce que celui qu'exigent les devoirs et les bienséances de la société. Vous aurez soin de ne vous lier d'amitié qu'avec des personnes sages et de bonnes mœurs. Vous ne lirez que des livres honnêtes et utiles; vous ne serez jamais oisif; vous chercherez des plaisirs innocents, dans certains exercices qui fortifient le corps, et le préservent en même temps de la mollesse et de la corruption d'une jeunesse lâche et efféminée, telle qu'on la voit aujourd'hui presque partout. Vous remplirez sans *cagoterie* et sans affectation, mais avec fidélité, tous les devoirs du christianisme; vous ne manquerez point de rendre à Dieu, soir et matin, les hommages que tout honnête homme doit lui rendre; et enfin vous choisirez un homme sage qui dirigera votre conscience, et dont vous suivrez les avis. Voilà, mon enfant, les peines que vous trouverez dans le service de Dieu. Les douceurs et les avantages dont vous jouirez en vivant de la sorte, seront d'avoir toujours l'âme tranquille et le cœur content; de vous faire une bonne réputation, de mériter l'estime, l'amitié, la confiance de tous les gens de bien; de vous préparer une vieillesse heureuse et exempte d'un grand nombre d'infirmités, qui sont ordinairement la suite d'une jeunesse déréglée; de n'être point déchiré par les remords à votre dernière heure, et de mourir en paix, avec la douce espérance de recevoir dans le ciel la récompense de votre vertu et de vos bonnes œuvres. Voici maintenant quel sera votre sort, si vous prenez le parti de vous livrer au libertinage.

Vous commencerez d'abord par oublier les principes de religion, et les leçons de sagesse que vous avez reçues dans votre enfance, et que vous avez suivies jusqu'ici. Vous mettrez de côté, non-seulement l'Evangile et tout ce qu'on appelle livres de dévotion, mais encore tous ceux où l'on parle le langage de la raison et du bon sens; où l'on apprend à jouir vraiment de soi-même, en se rendant maître de ses passions; à vivre avec soi-même en s'étudiant et en cherchant à se connaître selon Dieu et par rapport à Dieu; tous ces livres, en un mot, qui sont dictés par la sagesse, pour le bien de l'humanité; qui ne respirent que la vertu; qui inspirent les vrais sentiments d'honneur et la véritable grandeur d'âme, qui nourrissent l'esprit par des vérités solides, et forment le cœur par des maximes dont la pratique fait l'honnête homme, le bon citoyen, l'homme estimable et précieux à la société.

Au lieu de ces lectures qui seraient un préservatif contre les écarts et les écueils ordinaires à votre âge, vous meublerez votre mémoire, et vous nourrirez votre esprit de tous les contes qu'il plaît à nos beaux esprits de rêver et de répandre pour amuser quiconque aime à se repaître et à vivre de nouveautés, de suppositions, de conjectures, de *peut-être*, de fables, et de tous les misérables fruits d'une imagination qui se promène et s'égare de mensonge en mensonge, au milieu des brouillards épais qui, s'élevant du fond d'un cœur corrompu, troublent cette imagination, et la remplissent de je ne sais quelles idées qui se croisent, se choquent, se contredisent, se détruisent mutuellement, comme celles d'un homme qui rêve ou qui a le transport. Ce sera là, mon enfant, votre nourriture ordinaire et votre *pain quotidien;* plus il y aura de poison, plus vous en serez avide, et moins vous oserez dire que vous ne les avez jamais lus.

Ce ne sera pas tout de les lire, vous mettrez en pratique la nouvelle religion et la nouvelle morale que vous y aurez apprises; et regardant en pitié les années de votre innocence, où vous croyiez en Jésus-Christ, où vous alliez à confesse et faisiez vos Pâques, vous prendrez une nouvelle route, vous ne croirez plus en Dieu, et vous serez philosophe.

C'est alors que prenant aux dents le frein qui jusque-là vous avait retenu, vous suivrez, comme un cheval indompté, la fougue des passions qui vous emporteront de précipice en précipice; et, livré à tous les excès d'une jeunesse bouillante, vous sacrifierez à vos penchants votre repos, votre santé, vos biens, votre réputation, je ne dis pas votre âme, parce que vous aurez oublié que vous en avez une.

Tantôt cherchant à séduire et à corrompre une jeune personne, vous userez de mille artifices, vous jouerez toutes sortes de personnages pour avoir accès auprès d'elle. Plus vous trouverez de résistance et de vertu, plus votre passion sera vive et vous tourmentera; vous ne serez occupé qu'à lui plaire; vous la prierez, vous l'invoquerez comme une divinité, vous vous abaisserez jusqu'aux démarches les plus humiliantes, jusqu'aux attentions les plus serviles, jusqu'aux manières les plus basses; et après avoir secoué le joug de la vertu, croyant vous mettre en liberté, vous tomberez dans le plus honteux et le plus indigne esclavage.

Tantôt, sans aucun respect pour les droits sacrés du mariage, foulant aux pieds toutes les lois de la religion, de la raison, de la justice, de la nature elle-même; violant peut-être les droits de l'hospitalité ou de l'amitié, vous serez un adultère infâme, un sujet de trouble, de division, de scandale; et ce commerce sera pour vous la source journalière de mille soucis, une pépinière de soupçons, de jalousies, de craintes, d'inquiétudes de toute espèce qui renaîtront sans cesse pour vous tourmenter.

D'autre fois, entraîné non par la faiblesse de votre cœur, ni par les impressions de ce fol amour qui tourne tant de têtes, mais conduit seulement par un instinct qui ne diffère en rien de celui des bêtes, sans aucune espèce de sentiment, même sans passion, ne cherchant dans le libertinage que le libertinage même, vous irez dans ces lieux détestables dont le nom seul est une infamie, mettre le comble à la honte de l'humanité, et *faire des membres de Jésus-Christ les membres d'une prostituée.* (I *Cor.*, VI, 15.)

Mais les peines d'esprit et de cœur ne seront pas les seules épines que vous aurez à dévorer en vivant dans le libertinage : les infirmités du corps, la goutte, la sciatique, un estomac ruiné, une poitrine délabrée, un sang appauvri, une santé perdue peut-être pour toujours, une vie languissante ou plutôt un reste de vie; voilà ce qu'il en coûte ordinairement à ceux qui se livrent aux excès de cette misérable passion : sans parler des remords dont elle est suivie, qui reviendront toujours malgré les efforts que vous ferez pour les étouffer, et qui, après avoir empoisonné vos plaisirs pendant votre vie, vous feront peut-être mourir dans le désespoir.

Je vous demande donc à présent, si quelqu'un vous eût parlé de la sorte, dans le temps que vous aviez l'esprit et le cœur libres, et que vous n'aviez point encore abandonné le service de Dieu, n'auriez-vous pas été effrayé du portrait que je viens de vous faire? Ne vous aurait-il pas fait horreur, et n'auriez-vous pas regardé alors la vie que vous menez aujourd'hui comme la vie non-seulement la plus honteuse, mais la plus dure et la plus amère? Ah! vous avez quitté Jésus-Christ, le plus doux et le meilleur des maîtres, pour servir un tyran qui vous tourmente et ne vous donne point de repos. Vous l'avez abandonnée, cette source d'eau vive qui rejaillit à la vie éternelle, pour vous creuser des cloaques où vous ne trouvez que le bourbier dans lequel vous vous vautrez, sans jamais pouvoir étancher la soif qui vous dévore. Vous avez brisé le joug, vous avez cru être libre, et vous n'êtes qu'un esclave. Et cela est si vrai, que quand on vous exhorte à secouer le joug de vos passions, vous dites que vous ne le pouvez pas. Il y a plus : car dans certains moments d'ennui et de dégoût, vous le trouvez si pesant, que vous portez une secrète envie à ceux qui vivent dans la crainte de Dieu; qui, sages et réglés dans leurs mœurs, ne sont pas maîtrisés par leurs passions comme vous l'êtes.

Ah! mes frères, que nous sommes à plaindre, lorsque nous abandonnons le service de Dieu pour suivre les penchants déréglés de notre cœur, et la vanité de nos pensées! Au lieu d'un maître qui fait le bonheur de tous ceux qui le servent, nous en trouvons mille qui nous tyrannisent. L'ambition, l'amour des richesses, l'esprit impur, les jalousies, la haine, la vengeance; bon Jésus, que de tyrans, que de chaînes, quelle servitude! beaucoup de peines sans aucune consolation, et point de plaisir sans amertume, au lieu que dans votre service, ô mon Dieu, il n'y a point de peine sans consolation, et l'on y goûte des douceurs qui ne sont point mêlées d'amertume.

Seigneur, éclairez nos âmes par l'onction intérieure de votre grâce, afin que nous voyions et que nous goûtions combien il est doux de vous servir, combien il est dur de s'éloigner de vous et de s'égarer dans cette voie large et spacieuse où le pécheur, séduit par la fausse apparence d'une liberté imaginaire, se lasse inutilement à courir après un fantôme de bonheur qu'il pense toujours tenir, et qui toujours lui échappe. Voie trompeuse, où les fleurs que l'on croit apercevoir se changent en épines quand on les cueille; où les plaisirs et la joie sont une source d'amertumes; pendant qu'avec vous, ô mon Dieu, dans le sentier étroit de l'Evangile, la tristesse et les pleurs se changent en joie, et les épines en autant de fleurs d'où naissent les fruits de vos divines consolations; consolations précieuses et ineffables qui sont pour vos fidèles serviteurs non-seulement le gage, mais les prémices de l'avant-goût des douceurs que vous leur réservez dans l'éternité bienheureuse. Ainsi soit-il.

DISCOURS XLIV.

Pour le quinzième Dimanche après la Pentecôte.

NE PAS DIFFÉRER SA CONVERSION.

Adolescens, tibi dico : Surge. (*Luc.*, VII, 14.)

Jeune homme, levez-vous, je vous le commande.

Nous remarquions, dimanche dernier, que si la pratique de la vertu et le service de Dieu ont quelque chose de pénible à la nature, le pécheur qui se livre à tous ses penchants ne trouve pas, à beaucoup près, la satisfaction et le bonheur qu'il y cherche; que le joug de Jésus-Christ est incomparablement plus doux que celui des passions; et qu'enfin, tout bien considéré, il en coûte bien moins à l'homme sage pour se sauver, qu'il n'en coûte aux pécheurs pour se perdre.

Aussi voyons-nous tous ceux d'entre les chrétiens qui, sans avoir perdu la foi, ne mènent pas une vie chrétienne, faire pour l'avenir des projets d'amendement et de conversion, soupirer même quelquefois après le temps où ils se proposent de servir Dieu, et le regarder comme devant être le plus heureux de leur vie. Mais n'est-ce point une folie, mes frères, de renvoyer à l'avenir une affaire aussi importante que celle d'où dépend votre éternité? Vous comptez d'abord sur un temps qui n'est point à votre disposition; et ensuite, quand même vous seriez assurés de l'avoir, il n'est pas certain que vous en profitiez. C'est là-dessus que je vais vous entretenir aujourd'hui, en vous adressant les paroles de notre Evangile : *Adolescens, tibi dico: Surge.* Mon cher enfant, croyez-moi, levez-vous et marchez dans la voie du salut. Commencez dès à présent à vivre comme vous projetez de le faire dans un temps qui ne viendra peut-être jamais, et comme vous voudriez avoir vécu, lorsque vous serez arrivé à votre dernière heure.

PREMIÈRE RÉFLEXION.

Il est étonnant, et c'est une chose inconcevable, que n'ayant pas un seul instant à notre disposition, et dont nous puissions répondre, nous comptions néanmoins sur les mois et sur les années avec autant d'assurance que si le fil de notre vie était dans nos mains, ou que Dieu nous eût promis de nous laisser sur la terre aussi longtemps qu'il nous plaît de l'imaginer. Quelle pitié de voir une misérable créature, dont l'existence et la conservation sont un miracle continuel de la Providence; un homme faible qui, en se remuant pour faire un pas, n'est point assuré d'en faire un autre; qui, en se mettant à table, ne sait point s'il ne va pas avaler son dernier morceau; qui, en se couchant, ne peut pas dire : Je me lèverai demain; qui, en sortant de sa maison, n'est pas assuré d'y rentrer, et qui, en y entrant, ne peut pas dire : Je sortirai encore; semblable à un aveugle qui, marchant dans un chemin bordé de précipices ou couvert de pièges, ne pourrait poser les pieds nulle part sans craindre de tomber dans la fosse; quelle pitié de voir une créature ainsi faite, qui est aujourd'hui et qui demain ne sera plus, qui respire tout à l'heure, et qui l'instant d'après peut rendre son dernier soupir; quelle pitié de la voir promener ses idées et ses projets dans l'avenir, partager le temps, distribuer les années, marquer dans chacune ce qu'elle fera et ce qu'elle ne fera pas, ses peines et ses plaisirs suivant ses craintes ou ses espérances : disposer de cet avenir comme de son domaine, bâtir sur ce fonds aussi hardiment que s'il lui appartenait, ou qu'on lui en eût assuré la jouissance. Dans un an je ferai telle chose; dans quatre ans, telle autre; dans dix je serai en état de faire ceci; dans vingt je pourrai faire cela. Bon Dieu, quelle pitié, et quelle folie!

Je sais qu'il n'est pas défendu de prévoir l'avenir ni de former des projets qu'on ne peut exécuter que dans un certain temps, ni de prendre pour cela des mesures en conséquence, soit pour l'établissement de sa famille, soit pour la conservation de ses biens, soit pour les intérêts du public, soit pour ses affaires personnelles. Et certes, cette faculté de prévoir l'avenir et de s'occuper d'un temps qui n'est point encore, est une des plus belles prérogatives de l'homme et une des preuves les plus frappantes de la spiritualité de son âme, dont la pensée, se promenant dans la vaste étendue des siècles, voit le passé comme s'il était présent, et se rend l'avenir présent en quelque sorte par sa prévoyance, et la justesse de ses conjectures.

Mais enfin, de tous les projets que nous faisons pour l'avenir, il n'y en a pas un seul auquel nous ne soyons forcés de mettre cette condition : *si je vis, si j'ai le temps;* et comme pour travailler à notre salut, il faut nécessairement que nous vivions et que nous ayons le temps, lorsque nous renvoyons à l'avenir l'affaire de notre salut, il faut donc que nous disions, dans cette occasion comme dans toutes les autres : *si je vis, si j'ai le temps*, je travaillerai à mon salut.

Or, remarquez, mes frères, combien cette manière de raisonner est imprudente et pleine de folie : quand il s'agit des choses de ce monde, ce raisonnement-là est tout simple : *si je vis*, j'achèterai une charge, je bâtirai une maison, j'amasserai du bien, j'établirai mes enfants, et autres projets semblables ; mais, si vous ne vivez pas, qu'en arrivera-t-il? Si je ne vis pas, je ne ferai rien de tout cela, d'autres le feront à mà place; quand je serai mort, je n'aurai plus besoin de rien : voilà ce que vous dites, et, par conséquent, que vous ayez ou que vous n'ayez pas le temps d'exécuter ces sortes de projets, vous ne risquez rien : si vous vivez, vous pourrez faire ce que vous avez résolu ; si vous ne vivez pas, vous ne le ferez point, et tout ce qui pourra s'ensuivre ne vous regardera plus, lorsque vous ne serez plus de ce monde.

Mais dire : Dans quelques années d'ici, quand j'aurai un certain âge, quand mes enfants seront établis, quand j'aurai terminé cette affaire, quand je serai sorti de cet embarras, je travaillerai à mon salut, *si je vis, si j'ai le temps :* voilà sans doute un beau projet. Et si vous ne vivez pas, si vous n'avez pas le temps, répondez-moi, je vous en prie, qu'en arrivera-t-il? Vous ne ferez donc point votre salut, vous serez donc perdu à jamais, voilà donc votre paradis ou votre enfer que vous risquez sur un *si;* si je vis, si j'ai le temps, je travaillerai à mon salut.

On regarderait comme un insensé celui qui risquerait inutilement sa vie ou tout son bien sur un *si.* Allez solliciter vos juges aujourd'hui ; si vous attendez à demain, vous risquez de perdre votre procès, et vous êtes un homme ruiné. Prenez telle et telle précaution aujourd'hui ; si vous attendez à demain, vous risquez de perdre la vie. Je vous le demande, mes frères, s'avise-t-on de différer et de compter sur le lendemain dans ces sortes d'occasions? Non certes, et il y aurait de la folie. Il y aurait de la folie à différer d'un jour une démarche d'où dépendrait votre vie ou votre fortune : il y a donc bien de la sagesse à différer, non pas d'un jour, mais peut-être de dix ans une affaire d'où dépend votre éternité !

Mais j'espère que Dieu me donnera le temps : il connaît le fond de mon cœur, et il sait bien que mon intention est de le servir lorsqu'une fois... Eh! sur quoi fondez-vous cette espérance que Dieu vous donnera le temps? Parcourez toute la Bible, et trouvez-moi un seul endroit où Dieu promette du temps à ceux qui diffèrent leur conversion : vous en trouverez mille au contraire où il nous exhorte à profiter du présent, et à ne pas compter sur l'avenir. *Mon fils,* dit le Sage, *ne tardez pas de vous convertir au Seigneur, et ne différez pas d'un jour à l'autre; car sa colère éclatera subitement, et il vous perdra au jour de sa vengeance.* (*Eccli.*, V, 8, 9.) *Marchez pendant que la lumière vous éclaire, de peur que les ténèbres ne vous surprennent;* c'est Jésus-Christ qui parle. (*Joan.*, XII, 35.)

Hé ! que signifie la parabole de ces vierges insensées qui attendirent, pour mettre de l'huile dans leurs lampes, le moment où l'Epoux devait arriver? Il arriva pendant qu'elles étaient sorties pour faire leur provision; elles se présentèrent à la porte, mais elles la trouvèrent fermée : l'Epoux leur répondit qu'il n'était plus temps, et qu'il ne les connaissait pas. (*Matth.*, XXV, 1-13.) Jésus-Christ ne se compare-t-il pas à un voleur qui vient pendant la nuit, et à l'heure où il est le moins attendu? (*Matth.*, XXIV, 43.) Voilà comme il vous promet du temps : en vous assurant que vous ne l'aurez pas, que vous serez surpris si vous vous endormez, et qu'il n'y a rien au monde sur quoi vous deviez moins compter que sur le temps.

Mais il connaît le fond de votre cœur, et il sait que votre intention est de le servir dans un certain temps : oui, sans doute, et c'est là ce qui doit vous faire trembler; car que résulte-t-il de la bonne intention que vous avez de servir Dieu dans la suite? Il en résulte que vous ne voulez pas le servir encore pour le présent, et que pour le présent vous dites : Attendez, attendez, Seigneur, mon heure n'est point encore venue ; j'ai quelque chose de plus pressé, il faut que je le fasse d'abord, puis après je penserai à vous. Qu'y a-t-il de plus injurieux à Dieu que cette préférence? Voilà ce qu'il lit au fond de votre cœur : n'avez-vous donc pas plutôt lieu de craindre qu'il ne vous refuse le temps dont vous vous flattez, que vous n'avez lieu d'espérer qu'il vous l'accordera, et ne vous en rendez-vous pas indigne, en préférant dans ce moment-ci vos affaires ou vos plaisirs à son service?

Mais suivant le cours ordinaire de la nature, j'ai tout lieu d'espérer que je ne mourrai pas sitôt, et que j'aurai le temps de penser à mon salut. Je n'en sais rien. Tout ce que je sais, c'est que suivant le cours ordinaire de la nature, les hommes meurent à tout âge, que notre vie tient à très-peu de chose, qu'il faut un rien pour faire mourir sur-le-champ l'homme le plus sain et le plus robuste; que la santé la mieux établie n'est après tout que l'avant-coureur de la maladie et de la mort. Eh ! que pourrais-je vous dire sur cet article que vous n'ayez entendu cent fois, que vous ne pensiez, que vous ne disiez vous-même tous les jours, et dont vous n'ayez vu plusieurs exemples?

Supposons néanmoins que vous ayez le temps comme vous l'espérez à tout hasard, sans aucun fondement, sans que personne vous en réponde, et malgré la menace que Dieu vous fait de vous surprendre ; je dis que, suivant toute apparence, vous travaillerez à votre salut, dans ce temps-là, comme vous y travaillez aujourd'hui.

SECONDE RÉFLEXION.

Pour que vous fassiez dans la suite, à l'égard de votre salut, ce que vous ne voulez pas faire aujourd'hui, il faudra nécessairement, ou que vous ne trouviez pas de si grandes difficultés, ou que Dieu vous accorde de plus grandes grâces; or, il est évident que vous ne devez espérer ni l'un ni l'autre.

Je ne vous dirai point ici ce que vous savez par votre propre expérience, que les embarras de cette vie se succèdent continuellement, que le temps où l'on avait espéré pouvoir vivre tranquille, et ne s'occuper que de son salut, est quelquefois celui où l'on a moins de tranquillité que jamais; après un embarras, il en vient un autre : le temps coule cependant, et il s'écoule avec une rapidité singulière, les saisons se renouvellent, les années s'accumulent, l'homme avance à grands pas vers la maison de l'éternité, il se trouve à la porte en disant toujours à demain.

Mais je dis : Le plus grand obstacle que vous trouviez dans le chemin du ciel, et celui qui vous arrête par-dessus tous les autres, ce sont vos passions et les habitudes vicieuses que vous avez contractées. Or, ces obstacles, loin de diminuer, iront toujours en augmentant, et plus vous différerez, plus vous aurez de peine à les vaincre; prenez bien garde à ceci, je vous en prie.

Pour se convertir et travailler à son salut, il faut nécessairement deux choses : éviter le mal et pratiquer le bien. Faites tant de bonnes œuvres qu'il vous plaira, si vous vivez dans le péché, toutes ces bonnes œuvres ne vous serviront de rien pour le ciel. Evitez le mal, et ne faites point de bonnes œuvres, vous serez réprouvé, jeté au feu comme un arbre inutile. Or, nous savons que plus les habitudes sont anciennes, plus il est difficile de les déraciner, et de contracter des habitudes contraires. Rien n'est plus pénible que d'éviter le mal qu'on a toujours fait, et de pratiquer à un certain âge des vertus qu'on n'a point pratiquées dans sa jeunesse. De là vient cette parole du Saint-Esprit, hélas! elle n'est que trop confirmée par l'expérience : ***L'homme ne quittera point, pas même dans la vieillesse, la route qu'il aura tenue étant jeune.* (Prov., XXII, 6.)**

D'abord il est très-difficile de rompre ses anciennes habitudes : le pécheur qui diffère sa conversion dit quelque chose de plus; car il prétend que c'est pour lui une chose impossible, et c'est l'excuse ordinaire dont nous payent certaines gens lorsque nous les exhortons à changer de vie : ***Je ne saurais.*** Vous avez donc renoncé à votre salut, mon cher enfant? Non : un temps viendra où je me corrigerai, mais pour le présent je ne saurais.

Chose étrange, il ne veut pas se corriger parce que son habitude est trop forte; il dit qu'il ne saurait pour le présent, et il espère qu'il le pourra dans la suite. Quoi! plus un arbre est vieux, plus on le plie aisément! plus il est enraciné, plus il est aisé à déraciner; plus une maladie est invétérée, plus il est facile de la guérir, et les remèdes, quand on attend l'extrémité, sont plus efficaces que lorsqu'on les donne dès le commencement! Qui est-ce qui raisonna jamais de la sorte?

Mais il y a certaines passions qui s'affaiblissent à mesure qu'on avance en âge. Mes frères, prenez garde : il y a des passions où l'âge ne fait rien, et qui, bien loin de s'affaiblir, ne font que croître et se fortifier avec les années. Un vieil avare sur la fin de ses jours est plus attaché que jamais à son argent. La plupart des ivrognes que vous avez vus mourir, étaient au cabaret et ivres peut-être huit jours avant de se mettre au lit. Il en est de même de presque tous les vices. Tout le monde connaît la force de l'habitude, et nous conservons ordinairement jusqu'à la mort les mauvaises inclinations que nous n'avons pas eu soin de réprimer de bonne heure.

Il y a, cela est vrai, des passions qui ne sont plus si vives à un certain âge, mais il ne s'ensuit pas de là que le pécheur soit véritablement converti. Rendez à un vieillard la force et toute la vigueur de la jeunesse, et vous verrez ce qu'il faut penser de la conversion de ceux qui ne quittent le péché, que lorsqu'ils ne peuvent plus le commettre. Un vieil impudique ne fait plus ce qu'il a fait autrefois, mais le fond de son cœur est toujours à peu près le même. Ses pensées, son imagination, ses discours, et jusqu'à ses désirs, tout cela n'annonce que trop quelle est la force de l'habitude lorsqu'on n'a fait aucun effort pour la réprimer, et qu'elle est devenue comme une seconde nature.

Et d'ailleurs pour se convertir et travailler à son salut, il ne suffit pas de ne plus faire le mal, il faut pratiquer le bien; et pensez-vous qu'on se plie aisément aux actions de piété, lorsqu'on a passé plus des trois quarts de sa vie dans le dégoût, et l'éloignement de tout ce qui a rapport à la piété? Croyez-vous qu'un esprit, accoutumé depuis longtemps à ne s'occuper que de la terre, puisse, sans se faire de grandes violences, ne plus s'occuper que du ciel? Qu'un homme qui ne s'est, pour ainsi dire, nourri toute sa vie que d'ambition, d'avarice, d'impudicité, s'attachera facilement à la pratique des vertus contraires?

Pensez-vous qu'un homme qui n'a jamais prié que du bout des lèvres, sans réflexion, et seulement par manière d'acquit, c'est-à-dire, qui n'a jamais prié, deviendra tout à coup un homme de désirs et de prières? que celui qui n'a jamais ou presque jamais observé les jeûnes de l'Eglise, puisse aisément embrasser quand il voudra les exercices de la mortification et de la pénitence? Et sans entrer dans un plus grand détail, est-il vraisemblable qu'un homme accoutumé à ne se gêner sur rien, se gênera sur tout, et se pliera sans peine à tout ce que la religion a de plus pénible? Non, mon Dieu, non; votre fardeau est léger, votre joug est plein de douceur; mais c'est pour celui qui s'est accoutumé à le porter dès sa jeunesse. Malheur à ceux qui le rejettent ce joug aimable, dans l'intention de le reprendre lorsqu'ils auront vieilli sous le joug des passions! ils seront trompés dans leur espérance. Maintenant qu'ils pourraient le porter, ils n'en veulent point; et dans le temps où ils s'imaginent qu'ils le voudront, ils ne le pourront plus.

Ils ne le pourront plus, comme ils ne le peuvent point à présent par leurs propres forces : mais que ne peut-on pas avec le secours de la grâce? La grâce! Bon Dieu, que les hommes sont déraisonnables! Qu'ils sont injustes! Mais quelle idée vous êtes vous donc formée de la grâce? Vous la regardez donc comme un bien dont vous pouvez disposer à votre fantaisie? Vous pourrez donc la rejeter dans un temps pour la reprendre dans un autre; la mépriser aujourd'hui, et la recevoir demain? Est-ce que vous vous jouez avec la grâce? Est-ce que vous méprisez les richesses de la bonté et de la longue patience de votre Dieu? Eh! sur quel fondement avez-vous imaginé que la grâce, avec tous ses attraits et tous ses charmes, avec toute sa force et toute son efficacité, viendra tout d'un coup à vos ordres, lorsqu'après l'avoir rejetée pendant trente et quarante ans, il vous plaira de l'appeler et d'en faire usage?

Mais le peu de cas que vous en avez fait jusqu'à présent, et que vous en faites peut-être dans le moment même où je vous exhorte, ne devrait-il pas vous faire craindre que Dieu ne vous refuse à l'avenir la miséricorde qu'il vous offre aujourd'hui? Depuis que vous êtes au monde, il n'a cessé de vous appeler : combien de grâces intérieures, combien de bonnes pensées, de bons désirs, de remords de conscience? Et ces pensées vous n'y avez fait aucune attention; elles se sont évanouies; ces bons désirs ont été sans fruit; ces remords vous les avez étouffés et vous les étouffez encore. Grâces extérieures: il vous a envoyé des ministres pour vous instruire, et leurs instructions ne vous ont servi de rien; des afflictions pour vous faire rentrer en vous-même, et vous n'en êtes pas devenu plus sage. La mort de vos amis, de vos compagnons de débauche aurait dû vous effrayer, et vous n'en avez été ni plus ni moins votre train ordinaire. Vous avez résisté à toutes ces grâces, vous y résistez encore aujourd'hui : quelle apparence y a-t-il qu'il ne vous rejettera point à son tour? Ne vous a-t-on pas cent fois répété la menace qu'il a faite d'abandonner enfin ceux qui s'obstinent à lui résister?

Je vous ai appelés, et vous n'avez pas voulu m'entendre. Je vous ai tendu les bras, et vous avez détourné les yeux pour ne pas me voir. J'ai couru après vous, et vous avez fui devant moi. J'aurai mon tour. Je retirerai mes grâces, et vous tomberez dans l'aveuglement; lors même que vous crierez, je ne vous écouterai point. Vous me chercherez et vous ne me trouverez pas, et vous mourrez dans votre péché. Voilà, mes frères, ce qu'il a dit en propres termes; il l'a dit et il l'a fait, et nous voyons encore tous les jours les effets de ces menaces terribles.

Les Juifs étaient son peuple choisi et bien-aimé, il lui prodigua tous les soins de sa bonté paternelle, il souffrit longtemps ses infidélités avec une patience infinie; mais enfin ce misérable peuple s'étant endurci contre toutes les grâces, et les ayant rendues inutiles, il força, pour ainsi dire, le Seigneur à l'abandonner, et nous le voyons aujourd'hui comme une vigne déserte que le père de famille ne cultive plus, et sur laquelle les nuées du ciel ont ordre de ne plus répandre leur rosée.

Mais ne voyons-nous pas dans le sein du christianisme, au milieu de nous, et peut-être parmi ceux qui m'entendent, des hommes qui, à force d'avoir résisté aux inspirations de la grâce, ne sont plus touchés de rien; qui, à force d'avoir étouffé les remords de leur conscience, n'en ont presque plus, et vivent dans le crime avec cette tranquillité qui est ordinairement le signe d'une réprobation certaine? En sont-ils venus là tout d'un coup? Non.

Examinez, mon cher enfant, ce qui s'est passé dans votre âme depuis que vous avez eu le malheur de quitter le service de Dieu pour vous livrer à vos passions. Vivre dans l'habitude du péché mortel, est aux yeux de la foi la chose du monde la plus effrayante; quoi de plus effrayant que d'être ennemi de son Dieu! Mais vous vous êtes peu à peu familiarisé avec ce malheureux état qui d'abord vous a causé beaucoup de remords de conscience : les instructions de vos pasteurs, les livres de piété, les bons exemples, tout ce qui vous touchait autrefois ne vous touche plus, ou ne vous affecte que légèrement. Qu'est-ce que cela signifie? sinon que Dieu s'est éloigné de vous à mesure que vous avez persisté à vous éloigner de lui, et qu'il a retiré ses grâces à mesure que vous les avez opiniâtrement rejetées?

N'est-ce pas ainsi que s'accomplit sous nos yeux ce que dit Notre-Seigneur dans l'Evangile (*Matth.*, XXV, 15-29), en parlant de ce serviteur infidèle qui, au lieu de faire valoir le talent que son maître lui avait donné, l'enfouit et le cache dans la terre? Méchant serviteur, qu'as-tu fait de mon argent? Je l'ai caché. Qu'on le lui retire et qu'on le donne à un autre. Misérable chrétien, qu'as-tu fait de mes grâces? Rien. Je les retirerai donc, et je les donnerai à d'autres qui ne les rendront pas inutiles. Celui qui fera un bon usage de la grâce qu'il a reçue, en recevra de nouvelles, et celui qui la négligera en sera privé tout à fait : *Omni habenti dabitur, et qui non habet, etiam quod habet auferetur ab eo.*

Mais il est bon, ses miséricordes sont infinies. Nouvelle raison pour vous de craindre qu'il ne vous abandonne si vous différez plus longtemps de vous jeter entre les bras de cette miséricorde. Persévérer dans le mal sous prétexte que la miséricorde de Dieu est grande, c'est être méchant parce qu'il est bon; c'est là le comble de l'aveuglement et de l'ingratitude.

Concluons enfin de tout cela, mes frères, que la plus insigne de toutes les folies est de compter sur l'avenir pendant qu'on abuse du présent, et de rejeter les grâces que Dieu nous offre aujourd'hui, dans l'espérance qu'il nous en donnera toujours de pareilles. Folie insigne de renvoyer au lendemain notre conversion et notre salut, pendant que nous ne sommes rien moins que certains d'avoir le temps et les grâces dont nous avons besoin pour nous convertir et pour travailler à notre salut. Mes chers enfants, croyez-moi. Notre éternité n'est point une chose qu'on puisse risquer sur des *si* et des *peut-être*; et il est visible que tous les projets de conversion que vous faites pour l'avenir, sont une illusion de l'esprit malin. S'il vous tentait de renoncer pour toujours au salut de votre âme, vous ne voudriez point l'écouter : il le sait bien, et il s'y prend d'une autre manière en vous engageant à différer d'un jour à l'autre une affaire qui est celle de tous les jours et de tous les instants de votre vie. Il vous traîne de mois en mois, d'année en année, et en attendant, le temps se passe, les mauvaises habitudes se fortifient, les grâces diminuent, le cœur s'endurcit; en disant toujours à demain, on consomme peu à peu sa réprobation, et le pécheur se trouve enseveli dans les enfers, avec tous les beaux projets qu'il avait faits pour gagner le ciel.

Ne permettez pas, ô mon Dieu, que je sois plus longtemps le jouet d'une illusion si grossière, et néanmoins si commune et si dangereuse. Détruisez cette espèce d'ensorcellement, ce charme diabolique, qui me fascine les yeux, et m'empêche de voir que le temps présent et les grâces présentes sont la seule chose sur quoi je puisse compter pour assurer mon salut; que le lendemain n'est point à moi, et qu'en négligeant les grâces que vous m'offrez aujourd'hui je me rends de plus en plus indigne d'en recevoir de nouvelles; que si vous êtes bon, vous n'en êtes pas moins juste; que votre colère suit de près votre miséricorde; et enfin que cette colère est d'autant plus à craindre qu'elle a été précédée d'une plus grande miséricorde. Hélas! puisque j'ai eu le malheur de ne pas vous servir jusqu'à présent, faites du moins que je vous consacre, ô mon Dieu, les restes de ma misérable vie. Aujourd'hui, Seigneur, aujourd'hui, et non pas demain. Pliez-moi vous-même, ô Jésus, sous le joug de votre loi sainte, et que ce joug aimable étant comme inondé par l'onction abondante de votre grâce, après avoir fait la douceur de ma vie, fasse ma consolation à l'heure de ma mort. Ainsi soit-il.

DISCOURS XLV.

Pour le seizième Dimanche après la Pentecôte.

OBSERVATION DU DIMANCHE.

Si licet Sabbato curare? (*Luc.*, XIV, 3)

Est-il permis de guérir les malades le jour du sabbat?

Les Juifs qui n'avaient, sur tous les points de la loi, que des idées grossières, portèrent cette grossièreté jusqu'à imaginer que les bonnes œuvres elles-mêmes étaient défendues le jour du sabbat, et jusqu'à faire un crime à Jésus-Christ de ce qu'il opérait ce jour là des œuvres miraculeuses pour la guérison des malades. Ils célèbrent le sabbat, disait saint Augustin (*In Psal.* XCI; *De Gen. ad litt.* lib. IV, tract. 3, *in Joan.*), en le passant dans un repos plein de mollesse, dans une oisiveté lâche et voluptueuse : ils ne se reposent que pour vaquer à leurs plaisirs, et ne s'occupent que de niaiseries. De sorte que, sous prétexte d'obéir à la loi qui ordonne de garder le sabbat, ils emploient le jour du sabbat à transgresser les commandements les plus essentiels de cette loi sainte. Mais n'est-ce pas là trait pour trait la peinture de nos mœurs? Ne sont-ce pas là les sentiments et la conduite d'un très-grand nombre de chrétiens touchant la sanctification du dimanche, de ce jour si saint et si respectable qui, dans la loi de l'Evangile, a succédé au sabbat de l'ancienne loi?

Vous le savez, mes frères, vous le voyez : les abus, les profanations, les scandales, sur ce point, semblent être montés à leur comble; et le jour du Seigneur n'est presque plus aujourd'hui, que le jour de l'oisiveté, ou des divertissements et du libertinage. A cela que pouvons-nous autre chose, que gémir avec tous les gens de bien, et remettre sous vos yeux les raisons qui vous engagent à consacrer au service de Dieu, à la sanctification de vos âmes, ce jour que le Seigneur a fait spécialement et uniquement pour sa gloire et pour notre salut. Puisse-t-il, ce Dieu de toute bonté, joindre à mes paroles l'onction intérieure de sa grâce, afin qu'elles vous touchent et que vous en profitiez!

PREMIÈRE RÉFLEXION.

Le jour et la nuit sont à vous, ô mon Dieu, s'écrie le prophète. Ce bel astre qui répand la lumière dans l'univers, est l'ouvrage de votre main toute-puissante : vous avez fait les ténèbres et le silence de la nuit, afin que les hommes fatigués par les travaux de la journée, goûtent les douceurs du sommeil, et reprennent les forces dont ils ont besoin pour la journée suivante. C'est vous qui avez donné à l'aurore les brillantes couleurs dont elle est parée, lorsqu'à la fin d'une belle nuit, elle annonce le retour du soleil et nous invite à reprendre le travail auquel vous avez condamné tous les hommes : *Tua est dies et tua est nox, tu fabricatus es auroram et solem.*

Tous les jours appartiennent au Seigneur, mes frères, et tous par conséquent doivent être consacrés à sa gloire. Chaque jour est à notre égard un nouveau bienfait de sa providence, une partie du court espace qui nous est donné pour arriver à cette vie bienheureuse, pendant laquelle il n'y aura plus de nuit, mais un jour éternel dont le Seigneur sera lui-même la lumière immortelle. Malheur à l'homme qui consume dans l'oisiveté ou dans l'oubli de son salut, la meilleure partie de ces jours qui se succèdent sans interruption, qui coulent si rapidement, qui ne reviennent plus quand ils sont passés, et dont la perte est irréparable! Ils sont à vous, ô mon Dieu, ils sont à vous; et comme le mercenaire rend compte à celui qui l'a loué, de ce qu'il a fait pendant la journée; ainsi vous demanderez compte à chacun de la manière dont il aura rempli toutes les journées de sa vie : *Tua est dies et tua est nox.*

Quoique tous les jours appartiennent au Seigneur, il y en a un cependant qui doit lui être plus spécialement consacré, parce qu'il l'a lui-même choisi, et qu'il se l'est réservé tout entier. Ecoutez Moïse : *Voici ce que vous direz à mon peuple : Souvenez-vous de garder le jour du sabbat. Vous travaillerez pendant six jours ; mais le septième est à moi ; c'est un jour sacré auquel je vous défends de toucher, et quiconque ne l'observera pas, sera puni de mort.* (*Exod.* XXXI, 13-15.) Eh ! qu'y a-t-il de plus juste, mes frères, que de consacrer un jour de chaque semaine au service de celui à qui tous les jours appartiennent, qui nous a donné tout ce que nous avons, qui nous a faits tout ce que nous sommes, de qui nous dépendons en tout, et à la gloire duquel par conséquent nous devons rapporter tous les instants de notre vie.

Bienheureuses les âmes qui, par un effet singulier de son infinie miséricorde, sont appelées dans la solitude où étant délivrées des embarras du siècle, elles ne sont occupées qu'à le servir, et à chanter ses louanges ! Tous les jours sont pour elles les jours du Seigneur. Cachées dans l'intérieur de son tabernacle, elles font sur la terre ce que les anges et les saints font dans le ciel ; elles l'aiment, le bénissent, sans que rien les détourne d'une occupation si sainte et si délicieuse.

Mais tous ne sont point appelés à un état si parfait. Pendant que ce petit nombre d'âmes choisies méditent dans le silence et la paix les jours anciens et les années éternelles, le reste des hommes est occupé à des ouvrages de toute espèce. Les uns cultivent la terre, et tirent de son sein les richesses qui y sont renfermées ; les autres, appliqués à des arts et à des métiers différents, donnent mille formes différentes aux productions de la terre, pour les faire servir à tous les besoins, et à toute les commodités de la vie. Chacun travaille dans sa condition, et remplit les devoirs particuliers que cette condition lui impose : *Exibit homo ad opus suum, et ad operationem suam usque ad vesperam.*

Providence adorable de mon Dieu ! C'est de vous que viennent les talents, l'adresse, l'industrie, et toute la science des hommes. Vous présidez à nos travaux, vous conduisez nos ouvrages, vous dirigez nos opérations ; mais vous avez voulu qu'après avoir travaillé pendant six jours pour les choses de ce monde, nous ne fussions occupés le septième jour que des choses du ciel. A l'arrivée de ce jour si saint et si respectable, tous les travaux sont interrompus, vos temples se remplissent alors, et leurs voûtes sacrées retentissent de toutes parts de cantiques, de louanges et d'actions de grâces. C'est vous, grand Dieu, qui avez fait le ciel et la terre ; c'est votre main bienfaisante qui nous a conservés, et qui a béni notre travail pendant la semaine ; nous voici rassemblés pour vous en remercier, et vous demander pour la semaine suivante de nouvelles bénédictions ! Quoi de plus raisonnable et de plus juste ! *Vere dignum et justum est.*

Et quand même le Dieu que nous servons ne nous aurait pas fait un commandement exprès de lui consacrer spécialement un jour de chaque semaine, les affaires de notre conscience ne doivent-elles entrer pour rien dans la distribution de notre temps, et dans l'usage que nous en faisons ? Dieu n'a pas besoin, après tout, de nos adorations, ni de nos hommages ? Il se suffit à lui-même, et tout ce qu'il exige de notre part n'est qu'une suite nécessaire de notre dépendance, et du besoin que nous avons de ses grâces. Si le dimanche est le jour du Seigneur, parce qu'il a voulu qu'il lui fût consacré tout entier, nous pouvons dire aussi que le dimanche est le jour de notre salut, puisqu'en vaquant au service de Dieu, nous travaillons à notre sanctification ; de sorte qu'en le servant, nous travaillons pour nous-mêmes, et non pas pour lui, qui n'a besoin de personne.

Je sais qu'un véritable chrétien ne perd jamais de vue l'affaire importante de son salut, et qu'il conserve au milieu des plus grandes occupations l'esprit de recueillement et de piété. Je sais que notre travail, de quelque nature qu'il soit, bien loin de nous faire oublier ce que nous devons à notre âme, servirait au contraire à nous en faire souvenir, si nous étions vraiment animés de l'esprit de Dieu. Les uns, chargés de rendre la justice, se souviendraient, au milieu des fonctions respectables de la magistrature, qu'ils ont eux-mêmes dans le ciel un Juge sévère, qui n'est point aveuglé par la passion, ni séduit par les préjugés, ni corrompu par les présents ou les sollicitations ; et jamais ils ne s'assiéraient sur leur tribunal sans penser qu'un jour viendra où ils entendront de la bouche de Jésus-Christ une sentence sans appel, et un jugement irrévocable qui décidera de leur sort pour l'éternité. Les autres, dans l'exercice des armes, dans les fatigues et les périls de la guerre, se souviendraient de celle qu'ils ont à soutenir contre la séduction du monde, les artifices du démon, et leurs propres passions. Le zèle et la bravoure dont ils se piquent pour le service du roi et la défense de la patrie, les feraient rougir de n'être que des lâches, quand il s'agit du service de Dieu, et du salut de leur âme.

Le marchand, soit qu'il vende ou qu'il achète, soit qu'il fasse la revue de ses marchandises, ou qu'en parcourant ses registres il se rende compte de ses profits et de ses pertes ; le marchand se souviendrait qu'il a d'autres richesses à amasser, un tout autre compte à régler avec Dieu, et il penserait alors à ce livre fatal qui sera produit au dernier jour, et dans lequel chacun verra ses péchés et ses bonnes œuvres. Les mauvaises herbes, les épines, les pierres, la sécheresse, et tout ce qui nuit aux productions de la terre, rappelleraient, à tous ceux qui la cultivent, les peines qu'ils doivent se donner pour cultiver leur âme, et en arracher les inclinations vicieuses, qui les empêchent de produire les fruits de la justice chrétienne.

Les ouvriers de toute espèce, et enfin les hommes de tout état, en admirant les richesses et les merveilles de la Providence, dans ce nombre prodigieux de créatures qui sont sorties de ses mains, ne cesseraient de s'écrier avec le prophète : Que vos ouvrages sont admirables, ô mon Dieu ! Tout ce ce que vous avez fait, porte l'empreinte de votre sagesse infinie. Il n'y a rien sur la terre en quoi nous ne soyons forcés de reconnaître votre puissance ainsi que votre bonté ; rien qui ne soit propre à élever jusqu'à vous nos pensées et nos affections ; car si le moindre de vos ouvrages est admirable, que sera-ce de vous, ô mon Dieu, qui vous êtes joué dans la création de cet univers ?

Voilà sans doute, mes chers paroissiens, les sentiments dont nous devrions être pénétrés à la vue de toutes les choses sur quoi roulent notre travail et nos connaissances. Mais, hélas ! il arrive précisément le contraire ; et ce qui devrait servir à élever nos pensées vers le ciel, devient, par notre mauvaise disposition, un obstacle qui nous en détourne, et nous les fait oublier. L'ambition, la vanité, l'esprit d'intérêt président la plupart du temps à tous nos ouvrages. Uniquement occupés de mille choses qui nous paraissent aujourd'hui fort sérieuses, pour lesquelles nous nous agitons singulièrement, et que nous regarderons à l'heure de notre mort comme des jeux d'enfants et des niaiseries ; les affaires de notre conscience et la réforme de nos mœurs n'entrent jamais ou presque jamais pour rien dans le partage, et la distribution que nous faisons des mois et des années.

Telle est, vous le savez, mes frères, la légèreté de notre esprit, et la faiblesse de notre cœur, et par là vous devez sentir le besoin que nous avons de rentrer de temps en temps en nous-mêmes, de dégager notre esprit des pensées qui l'embarrassent sur les choses de ce monde, pour l'appliquer uniquement à la grande affaire de notre salut. Et croyez-vous qu'une affaire de cette importance ne mérite pas que nous y consacrions au moins un jour de chaque semaine ? C'est pour cela que le dimanche est établi ; et si Dieu nous ordonne de suspendre pendant ce jour-là nos travaux ordinaires, c'est afin que nous travaillions uniquement à la sanctification de notre âme.

Ainsi de quelque côté que vous envisagiez le dimanche, soit que vous regardiez le commandement que Dieu nous fait de le consacrer à son service ; soit que vous considériez le besoin que nous avons de nous recueillir de temps en temps pour donner une attention particulière aux affaires de notre conscience ; il est visible que la sanctification du dimanche est la chose du monde la plus nécessaire comme la plus juste, et de là vous comprenez aisément quelle est la manière dont il faut le sanctifier.

SECONDE RÉFLEXION.

Vous sentirez d'abord combien il est ridicule d'imaginer que pour sanctifier le dimanche, il suffit d'entendre la Messe, et qu'on n'est obligé à rien de plus. Bon Dieu, que les hommes sont déraisonnables ! Mais quelle est donc cette manie de s'étourdir et de s'aveugler sur un point aussi essentiel que celui-là ? Ne nous a-t-on pas dit mille fois qu'il y a deux commandements distincts, et qu'il ne faut pas les confondre : ***Le Dimanche tu garderas en servant Dieu dévotement :*** en voilà un, c'est le commandement de Dieu. ***Le Dimanche Messe ouïras*** : en voilà un autre, c'est le commandement de l'Eglise.

Lorsque j'entends la Messe, pourvu que j'y assiste d'esprit et de cœur aussi bien que de corps, j'accomplis le précepte de l'Eglise. Mais si je m'en tiens là, et que j'emploie le reste du jour à mes affaires ou à mes plaisirs, à ne rien faire, ou à faire des riens, il est évident que je ne sanctifie pas le dimanche, et que je viole par conséquent le précepte qui m'ordonne de le sanctifier. Autrement, il faut dire que le commandement de Dieu qui veut que je sanctifie le dimanche, et celui de l'Eglise qui m'ordonne d'entendre la Messe, ne sont qu'un seul et même commandement, ce qui est absurde.

La sanctification du dimanche n'est pas sans doute d'une obligation moins étroite que la sanctification des fêtes. Or, vous savez, mes frères, que parmi les commandements de l'Eglise, il y en a un par lequel il nous est enjoint d'assister à la Messe les jours de fêtes ; puis un autre qui nous oblige à sanctifier les fêtes ; mais si pour sanctifier les fêtes, il suffit d'entendre la Messe, à quoi bon faire un autre commandement pour nous dire de les sanctifier ? Il y a donc pour tous les fidèles, outre l'obligation d'entendre la Messe les jours de fêtes, une obligation particulière de les sanctifier ; il y a donc pour tous les fidèles, outre l'obligation d'assister à la Messe le dimanche, une obligation particulière de sanctifier le dimanche.

Le Dimanche tu garderas en servant Dieu dévotement. Il n'est pas dit une heure, ni deux, ni trois : qui dit un jour, ne dit pas une petite partie de ce jour ; mais le jour tout entier ou du moins la plus grande partie. Assister à la Messe, c'est sanctifier, si vous voulez, une petite partie du dimanche, mais non pas le jour du dimanche ; c'est servir Dieu pendant que la Messe dure ; mais si hors de là vous ne pensez plus ni à Dieu ni à vôtre salut, vous ne sanctifiez point le dimanche, vous commettez par conséquent un péché qui, de sa nature, est mortel, puisque, de propos délibéré, le sachant et le voulant bien, vous désobéissez à un commandement formel qui vous oblige à sanctifier le dimanche.

Si, pour sanctifier le dimanche, il suffit d'entendre la Messe, il faut donc rayer le troisième commandement du Décalogue, ou bien il faut dire que Dieu, en nous ordonnant de sanctifier le dimanche, a seulement voulu que nous restassions les bras croisés ce jour-là ; c'est-à-dire, qu'il nous a fait un précepte de l'oisiveté qu'il condamne : et alors le dimanche ne sera plus le jour du Seigneur, un jour consacré à son service, mais seulement un jour de repos, pendant lequel il sera permis à chacun de faire ce que bon lui semblera, pourvu qu'il s'abstienne de certains ouvrages qu'on appelle des œuvres serviles.

Vous pourrez donc, Madame, passer les trois quarts et demi de ce saint jour, partie à vous ajuster, partie à recevoir ou à rendre des visites. La promenade, le jeu, les conversations, les lectures frivoles rempliront votre journée; pourvu que vous ne cousiez ni ne filiez, vous aurez sanctifié le dimanche.

Le marchand pourra le passer à revoir ses registres, à visiter ses magasins, à calculer ses profits, à écrire à ses correspondants, ou bien à lire quelque livre défendu, ou quelque histoire qui le divertisse; pourvu que sa boutique soit fermée, il aura sanctifié le dimanche.

Le laboureur passera la journée à faire la revue de ses troupeaux, à visiter ses champs, à régler les comptes de ses domestiques, à louer des ouvriers, à faire des marchés, à compter avec son maître; pourvu qu'il ne laboure point la terre, il aura sanctifié le dimanche.

Les ouvriers pourront passer la matinée à porter de côté et d'autre les ouvrages qu'ils auront faits pendant la semaine et l'après-dînée à se divertir avec leurs amis, ou à visiter leur famille; pourvu qu'ils ne travaillent point ils auront sanctifié le dimanche.

Et encore : combien y en a-t-il qui le profanent par un travail défendu? C'est un ouvrier qui travaille jusqu'à trois ou quatre heures du matin, la nuit du samedi au Dimanche. Peu lui importe de désobéir à Dieu, pourvu que ses pratiques soient contentes. Ce sont des marchands qui pèsent, mesurent et livrent leurs marchandises à huis clos, comme si vous ne les voyiez point, ô mon Dieu, lorsque les portes sont fermées, comme s'il était permis de faire ce que vous défendez, pourvu qu'on ne le fasse point en public. Mais ce n'est pas vous que l'on craint, ce n'est pas votre commandement qu'on respecte, c'est la police et les amendes.

Et là-dessus encore quels relâchements, quels abus à la campagne dans le temps de la récolte! Quelle faiblesse de la part de ceux qui sont obligés de veiller à ce que la loi du prince, à cet égard, soit exécutée! Raisons frivoles de la part de ceux qui demandent la permission de travailler le Dimanche; facilité, lâcheté criminelle de la part de ceux qui les accordent. Je sais qu'il y a certains cas où l'on est forcé de travailler; mais je sais aussi qu'on les multiplie, qu'on forge, qu'on invente des nécessités, qu'on ne prend aucune précaution, et qu'on n'a sur cet article aucune sorte de prévoyance, parce que l'on compte sur le Dimanche comme sur un autre jour. On ne regarde point comme un inconvénient de travailler ce jour-là, on ne s'en fait point de peine, on est bien aise au contraire qu'on regarde cette journée comme une journée perdue.

Eh vraiment oui elle est perdue: perdue pour le ciel, et gagnée pour l'enfer; car si dans la loi de Moïse, qui n'était que l'ombre de la nouvelle loi, le Seigneur ordonna expressément qu'on assommât à coups de pierres un homme qui avait seulement ramassé un peu de bois le jour du sabbat, quel est donc le châtiment que vous réservez, ô mon Dieu, à ceux qui, par un travail défendu, violent la sainteté du Dimanche, infiniment plus respectable que le sabbat; vendant, achetant, faisant marcher leurs voitures, et cela pour des raisons qui leur paraissent bonnes; car tout est bon à qui s'est fait une fausse conscience. Mais vous les examinerez, grand Dieu, ces raisons, vous les pèserez au poids de votre justice. Ah ! mes frères, que vous serez loin de votre compte lorsque vous paraîtrez devant lui, et qu'il vous jugera, non pas suivant vos idées, mais suivant la vérité, suivant la loi qu'il vous a donnée, et les commandements qu'il vous a faits.

Eh! que dirons-nous donc de ceux qui passent la meilleure partie de ce saint jour au jeu, à la danse, au cabaret, et dans les plaisirs? Ce n'est plus là une simple profanation, c'est le comble de la profanation et du scandale; c'est une espèce de sacrilége et d'abomination, non pas dans le lieu saint, mais dans une journée toute sainte que Dieu lui-même a bénie, sanctifiée, consacrée.

Que vous preniez quelques heures de délassement et de récréation, ce n'est pas là ce que je blâme, pourvu que vos plaisirs soient innocents. Vous savez que je n'exige point de vous des choses qui puissent vous paraître trop rigides. Hélas! j'ai bien plus lieu de craindre que Dieu ne me condamne, pour avoir usé à votre égard de trop de douceur, et d'une condescendance qui va peut-être jusqu'à la faiblesse, que pour vous avoir traités avec trop de sévérité.

Mais lorsque nous voyons les relâchements et les abus sur la sanctification du dimanche portés à de tels excès, que le jour du Seigneur n'est presque plus qu'un jour de divertissement et de libertinage; le jour des danses, des jeux, de l'ivrognerie; le jour de la vanité, de la mollesse, des rendez-vous, des parties de plaisir, de l'impudicité, de tous les vices; lorsque nous voyons d'un côté de jeunes personnes qui passent la matinée à se *parer comme des chapelles*, (*Psal.* CXLIII, 12) pour venir étaler à la Messe leur figure et leurs ajustements, comme un mercier étale ses marchandises; d'un autre, de jeunes étourdis qui sont aussi curieux de se parer que les femmes, et qui bientôt s'habilleront comme elles; lorsque nous les voyons ne venir ici les uns et les autres que pour se faire voir, se tendre des piéges, se corrompre, se perdre mutuellement, ne s'occuper à autre chose du matin au soir, consacrer à la vanité, à la lubricité même, le peu de temps qu'ils passent dans la maison de Dieu; lorsque nous voyons des hommes s'établir dans un cabaret, n'en sortir que pour passer au jeu, puis du jeu au cabaret encore; lorsque nous voyons des femmes, je dis les plus apparentes comme les autres, se rassembler pour médire du tiers et du quart, faisant passer par leur langue tout leur voisinage et toute la paroisse; lorsque nous voyons enfin des personnes de tout sexe et de tout état employer le dimanche non pas à servir Dieu, mais à l'offenser; non pas à leur salut, mais à se damner: pouvez-vous nous savoir mauvais gré de crier à la profanation, au scandale?

Le jour de grâce est devenu le jour du péché; le jour de bénédiction, un jour de malédiction; et, ce qu'il y a de plus affreux, c'est que de tous les péchés il n'y en a point auquel on soit moins sensible. L'aveuglement, l'endurcissement des consciences sur cet article, sont au point que dans le moment même où je parle, vous m'accusez d'exagération, vous dites tout bas que c'est pousser les choses trop loin et qu'à ce prix-là il faudrait donc damner tout le monde,

Nous poussons les choses trop loin! Mais est-ce nous qui avons inventé la loi, qui avons fait les commandements? Pouvons-nous vous prêcher autre chose que ce qui est écrit; et qu'est il écrit? *Le Dimanche tu garderas en servant Dieu dévotement.* Qu'est-ce que cela signifie, sinon : Tu passeras le dimanche dans la prière, dans les exercices de la piété, dans la pratique des bonnes œuvres? Si ce n'est pas là en quoi consiste la sanctification du dimanche, dites-nous donc ce que c'est, et comment vous l'entendez.

Mais s'il est impossible de l'entendre ni de l'expliquer autrement, et si, au lieu d'employer le dimanche aux œuvres de la piété chrétienne, vous l'employez à vos affaires, à vos amusements ou à ne rien faire du tout; si ce jour consacré au service de Dieu est précisément celui où vous l'offensez davantage; si vous commettez plus de péchés le dimanche que dans toute la semaine, et si avec cela il n'y a presque personne qui, dans sa confession, s'accuse de ne l'avoir pas sanctifié; presque personne qui, en s'accusant d'avoir médit, de s'être enivré, d'avoir eu des désirs impurs, ou fait des actions déshonnêtes, ajoute : *Et cela m'est arrivé le Dimanche*, quoique ce soit là une circonstance qui rend le péché plus grief; enfin si, manquant habituellement à un précepte formel, à l'un des devoirs les plus sacrés de la religion, et vous rendant coupables, par conséquent tous les huit jours d'un péché qui est mortel de sa nature, vous ne paraissez pas avoir là-dessus le moindre scrupule; faut-il que vos pasteurs se taisent sur un point de cette importance, et que, se laissant entraîner eux-mêmes au torrent de la coutume, ils ajustent la sévérité de la loi au relâchement des mœurs? Il faut donc que, nous conformant au siècle, nous appelions bien ce qui est mal, permis ce qui est défendu, véniel ce qui est mortel; et, qu'élargissant le chemin du ciel, nous vous prêchions une autre religion et un nouvel Evangile?

Il faut donc vous dire qu'après avoir assisté à la Messe et à Vêpres tout au plus, il vous est permis d'employer le reste de la journée dans l'oisiveté ou les divertissements? Qu'en donnant au service de Dieu une heure le matin et autant le soir, vous êtes en sûreté de conscience? Que la Messe seule est d'obligation, et que les exercices de piété par lesquels les âmes ferventes croient devoir sanctifier le dimanche, sont des œuvres de surérogation, c'est-à-dire, en un mot, que le commandement de Dieu sur ce point n'est pas un commandement, mais un simple conseil? Si nous vous prêchions une telle morale, elle vous ferait horreur; nous vous prêchons le contraire, et nous poussons les choses trop loin!

C'est qu'apparemment nous passons d'une extrémité dans une autre, et qu'en tout il faut un sage milieu. Dites-nous donc encore une fois ce que cela signifie : *Le Dimanche tu garderas en servant Dieu dévotement?* Comptez, partagez les heures depuis le matin jusqu'au soir, combien pensez-vous devoir en donner au service de Dieu, pour que vous puissiez dire en vous couchant: J'ai sanctifié le dimanche. Sera-ce la moitié, le tiers, le quart de la journée? Il semble que cette question vous étonne et vous embarrasse : répondez-y comme il vous plaira : mais sachez et souvenez-vous bien que vos idées, vos raisonnements, tous vos prétextes et toutes vos excuses ne changeront pas un *iota*, ni aux commandements de Dieu, ni à ceux de son Eglise. Sachez et souvenez-vous bien que, pour sanctifier le dimanche, il faut que ce jour-là vous soyez occupés au service de Dieu, comme vous êtes occupés les autres jours à vos affaires temporelles; et que la récréation qu'il vous est permis de prendre ce jour-là ne doit pas être plus longue que celle des autres jours. Et certes, pourquoi prendriez-vous pour vos plaisirs sur un jour consacré à Dieu plus de temps que vous ne voudriez en prendre sur les jours destinés à vos occupations ordinaires? Le dimanche est un jour de repos, cela est vrai; mais un jour de repos quant aux choses de la terre, parce que c'est un jour de travail pour les choses du ciel et pour les affaires de votre éternité.

Après tout cela, mes chers paroissiens, vous nous demanderez sans doute : Comment employer au service de Dieu une journée entière, à quoi faut-il donc s'occuper du matin au soir pour n'avoir rien à se reprocher sur la sanctification du dimanche? Il est juste de vous répondre et d'entrer dans un certain détail; mais parce que ce détail me conduirait trop loin aujourd'hui, je le renvoie à dimanche prochain, et en attendant je vous conjure, par les entrailles de Jésus-Christ et par le salut de votre âme, de réfléchir sérieusement sur ce que je viens de vous dire. Ce n'est pas nous encore une fois qui avons fait ce commandement, nous ne pouvons que vous l'expliquer, et il n'y a pas deux manières de l'entendre : *Le Dimanche tu sanctifieras en servant Dieu dévotement.* Un précepte aussi clair que celui-là ne devrait pas avoir besoin d'explication, et il est étonnant, non pas qu'on y manque, hélas! mon Dieu, à quoi ne manque-t-on pas! mais il est étonnant de voir qu'un tres-grand nombre de chrétiens, dont la conduite paraît d'ailleurs assez régulière, violent ce commandement sans scrupule, jusque-là même qu'ils n'en parlent point dans leurs confessions. Je vous exhorte donc, mes frères, à venir entendre dimanche prochain ce qui me reste à vous dire sur ce sujet important, et je me recommande à vos prières.

DISCOURS XLVI.

Dix-septième Dimanche après la Pentecôte.

SUR LA SANCTIFICATION DU DIMANCHE. (SUITE DU PRÉCÉDENT.)

Diliges Dominum Deum tuum ex toto corde tuo. (*Matth.*, CXXII, 37)

Vous aimerez le Seigneur votre Dieu de tout votre cœur.

Après vous avoir exposé, dans mon dernier prône, les raisons principales qui nous obligent à sanctifier le dimanche, je tâchai de vous faire connaître, mes chers paroissiens, combien il est ridicule d'imaginer que, pour satisfaire à cette obligation, il suffit d'entendre la Messe, de donner une heure ou deux au service de Dieu, et de croire qu'après cela on peut employer le reste du jour à ses plaisirs ou à ses affaires. Pour achever ce que j'ai encore à vous dire sur le même sujet, je m'arrête à ces paroles de notre Evangile, que vous venez d'entendre : *Vous aimerez le Seigneur votre Dieu.* Et certes, s'il est vrai qu'il ne nous ait créés et mis au monde que pour le connaître, l'aimer et le servir de tout notre cœur, comme nous l'avons appris dès notre plus tendre enfance ; s'il est vrai, par conséquent, que nous devions consacrer à son service et à notre sanctification tous les jours et toutes les actions de notre vie ; comment peut-il se faire qu'il y ait parmi nous un si grand nombre de chrétiens qui s'aveuglent au point de lui dérober le jour même qu'il s'est spécialement réservé ? qui le regardent comme un jour dont ils sont les maîtres ? qui ne le distinguent des autres qu'en vivant dans une plus grande dissipation, avec moins de retenue et de piété qu'ils n'en font paraître dans le courant de la semaine ? Pour peu qu'il vous reste de foi, et que vous ayez encore quelques sentiments de religion (car je ne parle point à ceux qui n'en ont aucun), vous conviendrez que nous n'avons rien dit, et qu'on ne peut rien dire de trop fort contre un abus aussi étrange et néanmoins aussi généralement répandu. Mais quelles sont donc les bonnes œuvres par la pratique desquelles on peut sanctifier le dimanche, et à quoi faut-il s'occuper du matin au soir ? C'est à quoi je vais tâcher de répondre. Je répéterai peut-être une partie de ce que j'ai déjà dit, mais il y a certaines choses qu'on ne saurait rebattre trop souvent.

PREMIÈRE RÉFLEXION.

Nous devrions trouver fort étrange que des chrétiens à qui l'on donne six jours dans la semaine pour vaquer à leurs affaires temporelles, et qui savent si bien les employer, soient embarrassés et ne sachent que devenir si on les oblige à donner une journée au service de Dieu et à l'affaire de leur salut. Il est étonnant que des hommes continuellement distraits par leur travail, et qui se plaignent quelquefois de ne pouvoir, à cause de cela, penser au salut de leur âme, viennent vous dire froidement qu'ils ne savent à quoi s'occuper le dimanche, si on leur interdit le jeu, le cabaret et les autres divertissements.

Quoi, mes frères, lorsque nous vous exhortons à prier souvent, à vous recueillir, à penser à votre conscience, vous vous excusez sur vos occupations, sur les mouvements qu'il faut vous donner pour faire valoir votre bien, pour vaquer à votre commerce, pour gagner votre vie ; vous dites que vous avez à peine le temps de faire soir et matin votre prière, que vous êtes quelquefois forcé d'y manquer, que vous la faites ordinairement assez mal ; et lorsque le dimanche arrive, ce jour sacré pendant lequel il n'y a ni travail, ni commerce, vous dites que la journée est trop longue pour ne penser qu'à la piété ; vous vous plaignez que les Offices sont trop longs, qu'on vous appelle trop souvent à l'église ! Chose étrange ! pendant la semaine on n'a pas le temps de servir Dieu ; le dimanche, la journée est trop longue pour l'employer tout entière au service de Dieu. Voilà pourtant comme on raisonne. Mais entrons dans quelques détails, et comptons les heures de cette sainte journée qui paraîtrait insupportable, s'il fallait, comme l'on dit, ne penser qu'à la dévotion.

Je suppose d'abord que vous assistez tout au moins aux Offices de votre paroisse. Il faudrait ignorer les premiers principes de la religion pour se persuader qu'après avoir assisté à une Messe de demi-heure, on serait quitte devant Dieu de la sanctification du dimanche, comme si la sanctification d'un jour tout entier pouvait être l'affaire d'une demi-heure. Je ne répéterai point ici ce que nous avons dit ailleurs de l'obligation que l'Eglise impose à chaque fidèle, d'assister régulièrement à la Messe paroissiale, jusqu'à menacer d'excommunication ceux qui, sans avoir des raisons légitimes, y manqueraient trois dimanches de suite. (*Voyez le quatrième Dimanche après la Pentecôte.*)

Il est inutile, d'un autre côté, de répondre à ceux qui demandent si l'on est obligé d'assister aux Vêpres. Ce n'est jamais un vrai fidèle qui fait de pareilles questions. Il sent que la journée entière du dimanche devant être consacrée au service de Dieu, il est ridicule de demander s'il est permis de lui dérober le temps des Offices : et il se croit obligé d'y assister non-seulement pour lui-même, mais encore pour le bon exemple ; parce que ses voisins, ses enfants, ses domestiques pourraient être scandalisés de sa négligence à cet égard ; et parce que, d'ailleurs, s'il n'y avait point en général pour les chrétiens une certaine obligation d'assister, autant qu'ils le peuvent, à tous les Offices de leur paroisse le saint jour du dimanche, personne ne se ferait plus aucun scrupule de s'en absenter. Les prêtres se verraient bientôt seuls dans la maison de Dieu, et l'Office qu'ils y célèbrent n'aurait plus cet air de solennité que lui donne la multitude du peuple qui s'y rassemble; car, de même que la cour des rois est d'autant plus magnifique qu'elle est plus nombreuse, il semble aussi que le service divin soit d'autant plus majestueux que la foule y est plus grande.

Voilà comme pense un vrai fidèle, et il se croit obligé de contribuer pour sa part à la solennité de ce jour si respectable, où les enfants de Dieu doivent accourir dans son temple et s'édifier les uns les autres par un saint empressement qui annonce le zèle et la ferveur de la piété chrétienne. Que si des raisons légitimes, comme pourraient être la distance des lieux, la difficulté des chemins, ou un état de maladie et d'infirmité, le dispensent d'assister à tous les Offices, il fait alors, dans l'intérieur de sa maison, ce qu'il aurait fait à l'église. Il emploie à la prière, à la méditation, à des lectures pieuses, tout le temps que dure le service divin, et il en agit ainsi non pas croyant faire une œuvre de surérogation, mais pour s'acquitter d'un devoir indispensable. Et enfin, si quelque obstacle imprévu l'empêche de vaquer au service de Dieu dans ces moments-là, soit ici ou dans sa maison, celui qui voit le fond de son cœur, et qui en connaît la droiture, lui tiendra compte de sa bonne volonté, parce que ce n'est jamais ni par négligence, ni par un esprit d'intérêt, ni pour son plaisir, qu'il manque aux Offices de sa paroisse. Ce n'est donc pas lui qui nous fera cette question singulière, savoir si l'on doit assister à Vêpres. Ce sont des gens qui, à l'heure des Vêpres et des autres Offices, s'occupent de toute autre chose que du service de Dieu; et voici, par conséquent, ce qu'ils veulent dire et ce qu'ils nous demandent.

Ils demandent si c'est un mal de se mettre à table demi heure avant que les Vêpres sonnent, de manière que les maîtres étant à boire et à manger pendant que nous chantons ici les louanges de Dieu, ils n'y viennent jamais eux-mêmes, et mettent de plus leurs domestiques dans l'impossibilité d'y venir. Devraient ils, au moins le dimanche, régler l'heure du repas sur celle des Offices, en sorte que les maîtres et les valets ne fussent point à cet égard un sujet de mauvais exemple et de scandale?

Ils demandent si c'est un mal d'avoir les cartes à la main pendant que les ouailles sont rassemblées ici avec le pasteur; et s'ils devraient, quand la cloche sonne, quitter le jeu et leur plaisir pour le service de Dieu.

Ils demandent si c'est un mal de rendre ou de recevoir des visites inutiles, et quelquefois criminelles en elles-mêmes, dans les heures destinées à visiter Jésus-Christ dans son saint temple; de retenir chez soi ceux qui auraient la volonté de se rendre ici, et de les détourner de leur devoir jusqu'à tourner leur dévotion en ridicule. Devraient-ils dans cette occasion laisser voir qu'ils sont chrétiens, qu'ils ne rougissent point d'aller à Vêpres, et que leur maison est montée sur un ton de christianisme et de régularité?

Ils demandent si c'est un mal de prendre le temps des Offices pour visiter leurs champs, pour régler les affaires de leur commerce, pour conclure des marchés, pour passer des actes, pour lire des livres qui amusent, pour aller à la chasse, ou pour dormir et ne rien faire du tout. Devraient-ils, lorsque la cloche les appelle, laisser là tous les amusements et toutes leurs affaires, pour venir dans la maison de Dieu?

Il y a dans ces questions et dans d'autres semblables, si peu de bonne foi, si peu de religion, si peu de raison, elles sont si révoltantes qu'on a honte de les répéter, et d'y répondre. Quoi! des personnes qui, depuis leur lever jusqu'à la Messe, ne pensent qu'à leurs affaires ou à leurs plaisirs; qui, depuis la Messe jusqu'à Vêpres, ne parlent que d'affaires ou de plaisirs; qui, depuis les Vêpres jusqu'à la fin du jour, ne s'occupent que de leurs affaires ou de leurs plaisirs, oseront nous demander si elles sont tenues d'assister à Vêpres!

Non, mes enfants, non: il n'y a point de précepte formel qui vous oblige d'assister nommément, ni à Matines, ni à Vêpres, ni au sermon, ni au salut; mais il y a un précepte formel qui vous oblige expressément à quelque chose de plus que tout cela: car tout cela n'est l'affaire que de quelques heures; et le précepte dont nous parlons vous oblige à consacrer au service de Dieu, le dimanche tout entier, ou du moins la plus grande partie.

Le Dimanche tu garderas en servant Dieu dévotement, c'est-à-dire que le matin à votre réveil vous direz en vous-même: *Voici le jour que le Seigneur a fait* (*Psal.* CXVII, 24), et il l'a fait non pour être employé aux affaires de ce monde, encore moins aux divertissements, ni à l'oisiveté, mais à son service et à la sanctification de mon âme. Occupé de cette pensée, votre prière sera plus longue qu'à l'ordinaire; elle sera suivie d'un examen dans lequel vous rendrez compte des péchés que vous avez commis, et des grâces que vous avez reçues pendant la semaine: elle est passée, ô mon Dieu, cette semaine, et je n'ai rien fait pour mon salut, ni pour votre gloire; j'ai multiplié mes offenses, j'ai abusé de vos bienfaits: prenez pitié de moi, Seigneur, et faites que pendant ce jour consacré à votre service, je répare mes négligences, ma dissipation, mes infidélités, et que je me renouvelle dans la ferveur et dans votre amour.

Après votre prière et cet examen de conscience, vous lirez dans le nouveau Testament, le chapitre d'où l'on a tiré l'Evangile du jour, et vous le lirez à genoux, ou du moins dans une posture décente, avec toute l'attention, et tous les respects qui sont dus à ce Livre divin. Cette lecture disposera votre âme à recevoir, à retenir, et à mettre en pratique les instructions que nous vous faisons ici; et, en employant la matinée de cette sorte, vous porterez à la Messe paroissiale les pensées, les sentiments et toutes les dispositions d'un vrai chrétien; vous arriverez des premiers; vous serez des derniers à sortir, et vous y assisterez d'une manière également utile à l'édification des fidèles, et à votre propre sanctification.

Depuis la Messe jusqu'à Vêpres, excepté le temps du repas et d'une honnête récréation, vous vous occuperez, soit à quelque lecture ou à quelque conversation édifiante, soit à réfléchir sur ce que vous avez entendu de la bouche de vos pasteurs; soit enfin à vous entretenir avec Jésus-Christ dans le sacrement adorable de nos autels, en attendant que l'Office commence; vous y assisterez ensuite avec piété : et en élevant la voix pour chanter les louanges de Dieu, vous élèverez en même temps vos pensées et vos affections vers le ciel, où les Esprits bienheureux chantent éternellement les louanges du maître que vous servez.

Après être sorti des Vêpres, vous pourrez vous occuper, soit à la visite des malades, soit à consoler les pauvres et les affligés, soit à instruire vos enfants et vos domestiques, soit à lire le Nouveau Testament, l'*Imitation de Jésus-Christ*, la *Vie des Saints*, ou quelque autre livre semblable, et enfin, après avoir donné un peu de temps ou à la promenade ou à quelque autre amusement qui n'ait rien de criminel, vous vous retirerez de bonne heure: et de même que le matin vous vous êtes rendu compte de la manière dont vous avez passé la semaine, vous examinerez le soir la manière dont vous devez passer la semaine suivante. Vous aurez soin de prévoir les occasions que vous pourriez avoir d'offenser Dieu; vous formerez, en sa présence, le résolution de les éviter, et de lui être plus fidèle. Vous le prierez par les mérites de Jésus-Christ de répandre sur vous, sur votre maison, sur vos biens, sur tous vos ouvrages, de nouvelles bénédictions. Vous vous endormirez dans ces bonnes pensées, et le lendemain vous reprendrez votre travail avec une nouvelle confiance dans la bonté de ce Dieu tout-puissant, dont la main bienfaisante vous conserve, vous soutient, vous conduit, vous bénit dans tout ce que vous faites, pour remplir les obligations de l'état où il vous a placé.

SECONDE RÉFLEXION.

Ah! mes frères, quel changement ne verrait-on pas dans nos mœurs, si le dimanche était sanctifié comme il devrait l'être! Nous n'aurions pas la douleur de voir des ouvriers qui consument au cabaret ce qu'ils ont gagné pendant la semaine, et quelquefois une partie de ce qu'ils doivent gagner la semaine suivante. Nous ne verrions pas les querelles, le trouble qu'une telle conduite amène nécessairement dans leur ménage, en y amenant la misère. Nous n'aurions pas la douleur de voir ce qu'il y a de plus distingué dans la paroisse, passer à la table, au jeu, et à des amusements frivoles, le temps destiné au service divin, dont ils ne se mettent point en peine, et dont ils détournent leurs domestiques, donnant ainsi l'exemple de l'irréligion et du libertinage à ceux à qui ils doivent en honneur donner l'exemple de la vertu et de la piété.

Nous aurions au contraire la douce consolation de voir régner parmi vous l'esprit de recueillement, de modestie et de ferveur; non-seulement lorsque vous assisteriez aux Offices, mais dans l'intérieur de vos maisons, dans les rues même, et jusque dans les plaisirs innocents que la religion vous permet. Chaque fidèle uniquement occupé à l'affaire de son salut, pendant ce saint jour, repasserait dans l'amertume de son cœur toutes les années de sa vie, et faisant des réflexions sérieuses sur lui-même, il en deviendrait plus exact à remplir ses devoirs, plus attentif à rapporter toutes ses actions à Dieu, plus circonspect dans ses discours, plus patient dans ses peines, plus charitable, plus doux envers le prochain, plus vigilant sur la conduite de ses enfants et de ses serviteurs, plus sage, en un mot, et plus chrétien en toutes choses.

Heureux celui qui a contracté la sainte habitude de donner le dimanche tout entier au service de Dieu, et aux affaires de sa conscience! Il le voit toujours venir avec joie, non-seulement comme un jour de grâce et de salut, mais comme un jour de douceur et de consolation. *Oui, Seigneur*, dit-il avec le Prophète, *ce jour passé dans votre maison est infiniment préférable à tous les autres.* (*Psal.* LXXXIII, 11.) C'est aujourd'hui qu'étant délivré de toutes ces occupations qui me dissipent, mon âme, occupée de vous seul, se repose doucement en vous, et trouve vraiment sur la terre l'image de ce repos éternel dont les bienheureux jouissent dans le ciel.

Oh! que de bénédictions descendraient sur vous, mes chers paroissiens, si vous étiez fidèles à sanctifier le dimanche! bénédictions, je ne dis pas seulement sur vos âmes, mais sur vos biens, sur vos campagnes, sur tous vos ouvrages. Et pourquoi les bénédictions temporelles que Dieu promettait autrefois aux Israélites, quand il les exhortait à sanctifier le jour du sabbat, ne se répandraient-elles pas sur vous comme la récompense de votre fidélité à sanctifier le dimanche, qui est, pour les chrétiens, ce que le jour du sabbat était pour les Juifs? et par la même raison, pourquoi ne regarderions-nous pas la sécheresse, la stérilité, les maladies, et tant d'autrés fléaux comme la punition que méritent les chrétiens en profanant le jour du Seigneur de mille manières?

Venez vous plaindre après cela de ce qu'on a diminué le nombre des fêtes chômées. Vous ne sanctifiez pas le dimanche, quoiqu'il ne revienne que tous les huit jours, et vous trouvez mauvais qu'on ait retranché certaines fêtes? Mais ne pourrait-on pas appliquer ici ce que l'apôtre saint Paul disait de la loi de

Moïse, qu'elle semblait n'avoir été donnée aux Juifs que pour augmenter le nombre de leurs prévarications? Ne semble-t-il pas aussi que les fêtes ne soient multipliées que pour multiplier vos péchés, multiplier vos ivrogneries et vos débauches; multiplier vos danses et vos impudicités; multiplier vos jurements, vos querelles, vos profanations, vos scandales? ***Lex subintravit ut abundaret delictum. (Rom.,*** V, 20.) Bon Dieu! que n'aurions-nous pas à dire sur cet article, et que ne direz-vous pas vous-même, pour peu que vous vouliez vous donner la peine de réfléchir? Mais c'est là un point qui demande une instruction particulière; et je finis celle-ci en reprenant en peu de mots ce que vous venez d'entendre aujourd'hui, et ce que je vous disais dimanche dernier.

Il y a donc, et il est juste qu'il y ait, dans chaque semaine, un jour spécialement consacré au service de Dieu et au salut de notre âme, de sorte que le service de Dieu et le salut de notre âme doivent nous occuper ce jour-là, toutes autres affaires cessantes. Or, il est évident que, pour remplir ces deux objets, il ne suffit pas d'assister à la Messe, ni même aux autres Offices, parce qu'ils ne prennent pas, à beaucoup près, la plus grande partie de la journée, et que, pour sanctifier le dimanche, il faut employer aux exercices de la piété, et à la pratique des bonnes œuvres, au moins la plus grande partie de la journée.

Le commandement de Dieu qui nous ordonne de sanctifier le dimanche, n'est ni moins formel ni en matière moins grave que le commandement de l'Eglise, en vertu duquel nous sommes tenus d'assister à la Messe. Or, ne pas entendre la Messe ce jour-là, quand on le peut, est un péché mortel; je ne vois donc pas comment on pourrait excuser de péché mortel ceux qui ne sanctifient pas le dimanche.

Il n'y a personne, dans quelqu'état qu'il soit placé, qui ne puisse sanctifier le dimanche, et par conséquent il n'y a personne qui en soit dispensé. Ceux-là même qui sont absolument forcés de voyager, soit pour le service public ou pour des affaires personnelles, qu'il ne leur est pas possible de renvoyer à un autre jour, peuvent et doivent sanctifier le dimanche; partout on peut prier, s'occuper de saintes pensées, examiner sa conscience, faire des réflexions sur l'état et les besoins de son âme. Les malades se sanctifieront dans leur lit en unissant leur intention à celle de l'Eglise; en offrant leurs infirmités à cet Agneau sans tâche qui les a toutes prises sur lui, et qui s'immole sans cesse pour l'amour de nous.

Enfin, un des moyens les plus propres pour nous sanctifier, et pour attirer sur nous les bénédictions du Ciel, tant spirituelles que temporelles, c'est d'employer saintement le dimanche, réparant le passé, prenant des précautions pour l'avenir, faisant des réflexions sérieuses sur l'importance de notre salut, sur les jugements de Dieu, sur les vanités de ce monde, où nous ne faisons que passer; sur la maison de notre éternité, vers laquelle nous avançons de jour en jour, et où la plupart des hommes arrivent, hélas! sans s'en apercevoir, et dans le temps qu'ils ne pensent à rien moins qu'à rendre compte de leur vie.

Grand Dieu, qui avez compté tous les instants de cette vie fragile et passagère que nous employons si mal, quoique nous n'ayons été créés que pour vous connaître, vous aimer et vous servir, nous sommes, hélas! presque toujours occupés de toute autre chose que de votre service : inspirez-nous, par votre grâce, les sentiments de respect, de piété, de ferveur dont nous devons être pénétrés aux approches de ce jour qui est si respectable aux yeux de quiconque a le bonheur de vivre dans le sein de votre Eglise, et de connaître les mystères ineffables qu'il vous a plu de lui révéler.

C'est ici le jour, ô Dieu tout-puissant, où vous avez créé, dès le commencement du monde, la lumière qui nous éclaire; c'est le jour où Jésus-Christ, le Soleil de justice, la Splendeur de votre gloire, la Lumière de votre lumière éternelle, sortit glorieux du tombeau, et consomma par sa résurrection le grand ouvrage de notre salut. C'est le jour enfin où votre divin Esprit, descendu sur les apôtres, dissipa les ténèbres de l'erreur qui couvraient la face de la terre; et nous fit passer de ces ténèbres profondes à la lumière admirable de l'Evangile

Ne permettez donc pas, Seigneur, que nous profanions un jour si saint, ni par un travail défendu, ni par un repos oisif, et encore moins en nous abandonnant aux œuvres de ténèbres qui sont le péché. Mais faites plutôt que nous conduisant comme des enfants de lumière, nous soyons occupés du matin au soir aux exercices de la piété chrétienne; et si nous sommes obligés de les interrompre pour prendre quelques moments d'une récréation innocente, que ce soit sans perdre l'esprit de recueillement et de ferveur dont nous devons être animés ce jour-là plus que dans tout autre jour

Enfin, que notre exactitude à le sanctifier ce jour que vous avez béni et sanctifié vous-même de tant de manières, soit pour chacun de nous un remède contre la dissipation qu'entraîne presque nécessairement le travail qui nous occupe dans la semaine. Bénissez-le, ô mon Dieu, bénissez-le ce travail, et qu'il soit lui-même sanctifié par l'attention que nous aurons de vous l'offrir et de le rapporter à votre gloire; afin que nous soyons trouvés dignes de nous reposer un jour avec vous et en vous dans l'éternité bienheureuse. Ainsi soit-il.

DISCOURS XLVII.

Pour le dix-huitième Dimanche après la Pentecôte.

BON USAGE DES MALADIES.

Offerebant ei paralyticum jacentem in lecto. (*Matth.*, IX, 2.)

On présentait (à Jésus) un paralytique couché dans son lit.

Notre-Seigneur voulant guérir ce paralytique, commence par lui dire que ses péchés lui sont remis, et il veut que les Pharisiens regardent cette guérison comme une preuve du pouvoir qu'il a de les remettre : *Afin que vous sachiez que le Fils de l'homme a le pouvoir de remettre les péchés : levez-vous, dit-il, en s'adressant au paralytique, emportez votre lit, et allez-vous-en dans votre maison.* (*Matth.*, IX, 6.) Qu'est-ce que cela signifie, mes frères, sinon que les maladies sont une suite et une punition du péché, aussi bien que la mort, laquelle vient enfin consommer la dissolution de ce corps fragile, après qu'il a été miné peu à peu par les infirmités de la nature. D'où il s'ensuit que ces infirmités, en affligeant notre corps, sont en même temps très-salutaires à notre âme ; car elles nous rappellent deux grandes vérités que nous oublions presque toujours, quoique nous ne dussions jamais les perdre de vue : la première est que nous sommes pécheurs ; la seconde, que nous sommes mortels. Les maladies, en nous faisant souvenir de nos péchés, nous mettent dans l'heureuse nécessité de les expier par la pénitence ; et, en nous rappelant la pensée de notre mort, elles nous détachent du monde et nous préparent à bien mourir.

PREMIÈRE REFLEXION.

Nous trouvons, mes chers paroissiens, au dehors et au dedans de nous, une infinité de choses qui nous font sentir que nous sommes les enfants d'un père pécheur, et pécheurs nous-mêmes. Notre vie n'est qu'un tissu de misères, et les efforts que nous faisons pour nous rendre heureux sur la terre, sans pouvoir en venir à bout, prouvent non-seulement que nous devons espérer une meilleure vie, mais encore que nous avons mérité d'être malheureux dans celle-ci. La faiblesse et les humiliations de l'enfance, les passions de la jeunesse, qui est l'âge de l'imprudence et des égarements, les travaux et les inquiétudes d'un âge plus mûr; la faiblesse encore, et les infirmités de la vieillesse; tout cela nous avertit que nous sommes des enfants de colère, et il semble que la justice de Dieu nous poursuive comme des coupables, depuis notre naissance jusqu'à notre dernier soupir.

Mais les misères de l'humanité, qui nous sont communes avec tous les hommes, ne nous touchent point; il nous faut des malheurs personnels et des afflictions particulières pour nous faire souvenir que nous avons péché. Les mauvais traitements que les enfants de Jacob avaient faits à Joseph leur frère, ne leur revinrent dans l'esprit et ils ne sentirent l'énormité de leur crime, que lorsqu'ils se virent eux-mêmes dans les fers. Le superbe Antiochus ne se souvint des maux qu'il avait faits à Jérusalem, et de toutes les impiétés qu'il avait commises dans le temple, que quand il se vit abandonné de la fortune, accablé de malheurs et prêt à mourir. C'est au temps de l'affliction, et surtout dans les douleurs d'une maladie aiguë ou dangereuse, que le pécheur jette les yeux sur sa vie passée, et que ses péchés viennent se présenter avec toute leur malice et toutes leurs circonstances.

Je dis, surtout dans la maladie, parce que notre corps étant la partie la plus sensible de nous-mêmes et la cause de tous nos dérèglements, les douleurs qu'il souffre nous les rappellent, ces dérèglements, comme les coups que l'on donne à un enfant le font souvenir des fautes pour lesquelles on le châtie : et nous voyons que le saint homme Job, après avoir essuyé, sans murmure, la perte de ses enfants, de ses domestiques, de ses troupeaux et de tous ses biens, dès le moment que Dieu le frappe dans sa chair, ne peut plus retenir ses plaintes, et s'écrie tout juste qu'il est : *Peccavi, quid faciam tibi, o custos hominum? « J'ai péché, je le confesse; hé ! que ferai-je donc pour vous apaiser, ô Sauveur des hommes ! »* (*Job*, VII, 20.)

La plupart des chrétiens, tant qu'ils jouissent d'une parfaite santé, ne pensent à rien moins qu'aux péchés dont ils sont coupables. Les uns, totalement livrés à la passion qui les domine, oublient qu'ils ont dans le ciel un témoin éternel de toutes leurs actions et de leurs plus secrètes pensées : les autres, se faisant une fausse conscience et une espèce de morale qui s'accommode avec leurs goûts et leurs inclinations vicieuses, n'aperçoivent aucun mal où il y en a beaucoup ; et les péchés, même qu'ils ne peuvent se dissimuler, perdent toujours à leurs yeux une partie de leur énormité, par les excuses dont ils les couvrent, par les prétextes dont ils les colorent.

D'un autre côté, nous voyons des chrétiens dont la conduite paraît aujourd'hui irréprochable, cela est vrai, mais qui, ayant croupi autrefois dans des habitudes criminelles, ont commis une multitude de péchés dont ils ne se souviennent plus, ou au moins sur lesquels il ne paraît pas qu'ils aient beaucoup d'inquiétudes ; bien différents en cela du saint roi David qui n'avait jamais perdu son péché de vue, qui gémissait continuellement sur les fautes de sa jeunesse, et tremblait pour celles-là mêmes qu'il avait commises par ignorance.

C'est qu'il connaissait toute la sainteté de ce Juge terrible, aux yeux duquel les hommes les plus purs ne sont point sans tache; qui *a trouvé du dérèglement jusque dans ses anges* (*Job*, XV, 15) ; qui voit encore et punit les crimes des pères dans la personne des enfants jusqu'à la troisième et quatrième génération, qui réserve et consigne en quelque sorte nos iniquités dans les trésors de sa justice, pour nous en punir dans le temps, lors même qu'il nous les a pardonnées. Et voilà ce que nous sommes forcés de reconnaître et de confesser, quand la main de Dieu s'appesantit sur nous; quand elle frappe cette chair coupable, quand elle renverse dans un lit de douleur et d'infirmité, ces membres que nous avons fait servir à l'esclavage des passions, et qui ont été les instruments ou la cause de tous nos désordres. C'est alors que toutes les parties souffrantes sont comme autant de bouches qui rappellent au pécheur les déréglements de sa vie.

Ces yeux languissants, ou extraordinairement allumés par les ardeurs d'une fièvre brûlante, vous feront souvenir, mon cher enfant, des péchés que vous avez commis par ces misérables yeux. Ces lèvres pâles et tremblantes, ce palais desséché, cette langue chargée ou épaisse, vous rappelleront vos jurements, vos médisances, vos discours impudiques, vos baisers lascifs, votre intempérance, votre ivrognerie, vos excès; et, sans entrer dans un détail que vous pouvez aisément faire vous-même, ce corps, souffrant de la tête aux pieds, sera comme un témoin qui déposera contre vous, et fera, pour ainsi dire, passer en revue dans votre mémoire toutes les iniquités dont vous êtes coupable, et dans lesquelles il a toujours été de moitié.

Heureux si, regardant alors vos douleurs comme un remède appliqué sur les plaies de votre âme, vous baisez la main paternelle de ce médecin tout-puissant, qui ne blesse que pour guérir et ne châtie que parce qu'il aime. Vous crierez la tête, le cœur, les reins, la poitrine; mais les plaintes que la violence du mal vous arrachera, se changeront en autant de soupirs vers le ciel, et deviendront, par votre résignation, autant d'actes de pénitence.

Ah, ma tête! ah! malheureuse tête! qui as été si souvent remplie de pensées d'orgueil, et de projets d'ambition; que j'ai ornée avec tant de soin et de vaine complaisance; qui, par ton mouvement et tes différentes attitudes, as exprimé tant de fois les mouvements déréglés de mon âme, il est juste que tu souffres, et que je sois puni par où j'ai péché: maudite chair, qui as servi à tant de désordres, il est juste que tu en portes la peine! Que la fièvre exerce donc sur moi toute sa malignité; que la douleur déchire tous mes membres, qu'elle pénètre jusque dans la moelle de mes os: Seigneur, en multipliant mes infirmités, vous avez hâté mon repentir et accéléré ma pénitence. Vous ramenez à vous une âme égarée, qui, sans les maux que vous lui faites souffrir, ne serait peut-être jamais revenue: *Multiplicatæ sunt infirmitates eorum, postea acceleraverunt.* (*Psal.*, XV, 4.)

Pénétré de ces sentiments, vous souffrirez, mon cher paroissien, avec une résignation capable d'édifier toutes les personnes qui seront auprès de vous; et les remèdes qu'on vous prescrira pour le rétablissement de votre santé, serviront eux-mêmes à votre pénitence. La diète, les potions amères, les opérations douloureuses, tout cela deviendra méritoire par votre soumission. Mon bon Sauveur, vous fûtes abreuvé de fiel sur la croix, vous qui étiez innocent; je m'en abreuverai aussi moi qui suis coupable.

Quelle consolation pour un malade vraiment chrétien, de retrouver dans ses souffrances, au moins quelque légère image de ce que Jésus-Christ a souffert! Peut-il jeter les yeux sur celui que le prophète appelle *l'homme de douleur* (*Isa.*, LIII, 3), sans oublier les siennes? Ne regarde-t-il pas le lit de son infirmité, comme la croix sur laquelle il est étendu avec son divin Maître, et ne s'écrie-t-il pas alors: *Ce n'est plus moi qui vis, c'est Jésus-Christ qui vit en moi, je suis attaché à la croix avec lui!* Ah! mes frères, que de péchés expiés, quel trésor de mérites amassés dans le courant d'une maladie où l'on a l'esprit occupé de ces pensées, et le cœur bien pénétré de ces sentiments!

Mais vous, qui étant sujet à des infirmités habituelles, n'êtes presque jamais sans souffrir, quel trésor de mérites n'amasseriez-vous pas, si vous souffriez avec patience, si vous unissiez vos douleurs à celles de Jésus-Christ, si vous aviez soin de les sanctifier, et de sanctifier en même temps les remèdes dont vous usez pour les adoucir! Certes, nous regarderions comme un chrétien très-austère celui qui pratiquerait en esprit de mortification les abstinences que vous pratiquez vous même à cause de votre santé; ou qui, pour châtier son corps, lui ferait souffrir des douleurs semblables aux vôtres.

Eh! pensez-vous qu'il en coûte plus de jeûner tous les jours de sa vie, que de s'abstenir journellement comme vous faites, de mille choses que vous aimez, et dont vous êtes obligé de vous priver, parce qu'elles vous incommodent? Qu'est-ce que les cilices, les veilles, les macérations, et toutes les austérités de la pénitence, en comparaison de ce que souffre un homme attaqué de la goutte, ou de quelqu'autre maladie pareille? Nous regardons cependant comme de saints personnages ceux qui joignent à une piété solide, les mortifications extérieures dont nous parlons: pourquoi donc, mon cher enfant, ne deviendriez-vous pas un saint vous-même, en joignant les sentiments de la piété chrétienne aux douleurs que vous souffrez, et au régime de vie que vous êtes obligé de vous prescrire?

C'est une pénitence forcée: oui, mais en la recevant avec un esprit de soumission, comme venant de la main de Dieu; mais en reconnaissant que vos péchés en méritent bien davantage; mais en souffrant avec patience dans l'intention de les expier; votre pénitence alors devient volontaire, en quelque sorte, et vous n'avez pas moins de mérite que si vous vous y étiez condamné vous-même. Eh! pourquoi les pénitences que Dieu nous choisit, lui seraient-elles moins agréables que celles que nous aurions nous-mêmes choisies? Il est donc vrai, mes frères, que les maladies et les infirmités du corps humain sont infiniment avantageuses au salut de notre âme, lorsque nous les regardons avec les yeux de la foi, et que nous en faisons bon usage ; elles nous rappellent nos péchés et les expient, outre qu'elles nous font souvenir de la mort, et nous y préparent.

SECONDE RÉFLEXION.

Tout ce qui nous environne nous parle de notre fin. En comptant les années, les mois, les jours et toutes les heures, à mesure qu'elles s'écoulent, nous les mettons derrière nous, comme autant de retranché sur le peu de temps que nous avons à vivre. L'hiver qui dépouille nos campagnes, et le printemps qui les renouvelle, nous disent que nous vieillissons pour ne jamais rajeunir. Les besoins de la nature toujours satisfaits et toujours renaissants ; les précautions que nous sommes obligés de prendre pour conserver notre vie, nous avertissent qu'elle doit finir, et qu'elle ne tient à rien. Les papiers, les titres qui sont entre nos mains, ne nous parlent que de morts et de défunts. Les ouvrages, les monuments des siècles passés, en nous faisant admirer la science et les talents de ceux qui nous les laissèrent, nous disent en même temps que ces hommes célèbres ne sont plus. Les biens, les dignités, les charges que nous possédons, en nous rappelant la mémoire de ceux qui nous ont précédés, nous avertissent que nous ferons un jour place à d'autres. Nous ne saurions parler de nos amis, de nos proches, de tous ceux que nous avons vu successivement disparaître, sans penser que nous disparaîtrons à notre tour, sans entendre, pour ainsi dire, une voix qui s'élève du fond de leurs tombeaux, et nous y appelle.

Et cependant, ô insensibilité du cœur humain, il n'y a rien dont nous soyons moins occupés que de ces pensées ! L'image même de la mort, quand nous sommes forcés de la voir dans les cadavres que nous accompagnons au tombeau, ne fait sur notre esprit qu'une impression passagère, et le sentiment de frayeur qu'elle produit ne fait, pour ainsi dire, qu'effleurer la superficie de notre âme. La santé dont nous jouissons nous fait oublier qu'elle ne durera pas toujours, et nous ne voyons pas que les aliments qui servent à sustenter notre corps, l'usent en même temps, et en abrégent la durée : que les aliments les plus salutaires ne sont, à le bien prendre, qu'une espèce de poison qui ronge peu à peu nos intestins, qui altère insensiblement la qualité des humeurs dont la juste proportion entretient les sources de notre vie, et qu'enfin notre corps est une maison de boue que le moindre souffle peut renverser. Ainsi la plupart des hommes ne pensent point qu'ils doivent mourir, quoiqu'ils aient continuellement sous les yeux et sous la main les preuves les plus frappantes de leur mortalité.

Y pensait-il ce fameux Alexandre qui gagnait tant de batailles, *qui prenait les villes fortes de toutes les nations, qui tuait* ou subjuguait *les rois, passait aux extrémités de la terre,* et forçait *l'univers à se taire devant lui ?* Non : mais il y pensa lorsqu'il fut dans son lit malade ; il reconnut alors ce qu'il semblait ignorer auparavant, qu'il était mortel comme les autres hommes, et qu'il allait mourir : *Cognovit quia moreretur.* (I *Mach*, I, 1-6.)

Lorsque l'impie Antiochus, si célèbre par ses cruautés envers les sept frères Machabées, courait comme un furieux à Jérusalem, jurant d'ensevelir le peuple de Dieu sous les ruines de la ville sainte, pensait-il qu'il était mortel ? Non : mais il s'en souvint, et il y pensa, lorsqu'étant tombé de son char, et s'étant meurtri tout le corps, il vit ses chairs corrompues fourmiller de vers, s'en aller par pièces, et exhaler une puanteur insupportable à toute son armée et à lui-même : il se souvint alors, et il confessa qu'il n'était qu'un homme mortel : *Justum est mortalem non paria Deo sentire.* (II *Mach.*, IX, 1-12.)

Mais vous, chrétien, lorsque dévoré d'ambition et d'avarice, vous ne songez qu'à vous élever et à vous enrichir, criant toujours, *Apporte*, *Apporte*, sans jamais dire, c'est assez ; lorsque vous dépouillez la veuve, et ruinez l'orphelin pour étendre les limites de vos domaines, et agrandir vos héritages ; pensez-vous que la mort vous suit comme votre ombre, qu'elle est cachée comme un voleur derrière votre porte, qu'elle vous attend dans la ruelle de votre lit, et qu'elle vous frappera peut être la nuit prochaine ?

Lorsque, vous livrant à la jalousie, à la haine, aux désirs de vengeance qui troublent votre cœur et le déchirent, vous tendez des piéges à l'un, vous noircissez la réputation de l'autre ; jurant la perte de celui-ci, cherchant à ruiner celui-là, vous élevant avec orgueil contre tout ce qui vous nuit et vous déplaît : lorsque, dans les accès de votre colère, vous faites un bruit épouvantable qui met vos enfants et votre femme en fuite, qui scandalise vos voisins, qui fait de votre maison un enfer ; pensez-vous que vous n'êtes qu'un ver de terre, et qu'avant la fin du jour vous serez peut-être écrasé ?

Mais lorsque vous passez les journées entières, et les journées les plus respectables au cabaret, et dans la débauche ; lorsque vous suivez sans réflexion les mouvements d'une passion honteuse à laquelle vous sacrifiez votre honneur, votre repos, votre bien, votre âme ; pensez-vous que vous en avez une, et que cette nuit peut-être on viendra vous la redemander ? Non, mon enfant, non ; et la pensée de la mort est bien loin de votre pensée.

Mais vous y penserez, et vous y serez bien forcé, quand la maladie et les infirmités viendront fondre sur vous. Chaque membre qui souffre élève la voix, et semble *dire* alors *à la pourriture : Vous êtes mon père ; aux vers, vous êtes ma mère et ma sœur* (*Job.*, XVII, 14) ; à la terre, vous êtes le lieu de mon repos. La douleur, qui annonce le dérangement des parties différentes dont cette maison de chair est composée, annonce en même temps leur fragilité. Nous sentons alors ce que les passions, qui nous aveuglent et nous étourdissent, nous empêchent de sentir dans un autre temps ; que la vie de l'homme est vraiment semblable à une fleur qui se fane presqu'aussitôt qu'on l'a vue éclore ; à une nuée qui se dissipe, et dont il ne reste point de trace ; que nos jours s'évanouissent comme l'ombre, que notre corps se dessèche comme l'herbe des champs; que la vie de l'homme le plus robuste n'est qu'un souffle, qu'il en exhale, pour ainsi dire, une portion à chaque fois qu'il respire, et que les battements de son pouls, semblables à ceux d'une pendule, le poussent et l'avancent vers son heure dernière, qui sonne presque toujours au moment où il la croit encore bien éloignée.

Voilà, mes chers paroissiens, les réflexions salutaires dont il n'est guère possible de se défendre, soit dans le cours d'une maladie dangereuse où l'on flotte entre la crainte de la mort, et la misérable espérance de prolonger sa vie de quelques années ; soit dans un certain état d'infirmité habituelle où il semble qu'on ne vive que pour souffrir, et où l'on ne peut espérer de voir finir ses douleurs qu'avec sa vie. C'est alors que l'homme chrétien jette les yeux sur le tombeau dans lequel il doit bientôt descendre : il y descend en esprit, et là il considère l'état futur de cette chair corruptible qui lui cause tant de maux, qui lui est si fort à charge, qui ne demande qu'à rentrer, et à se reposer dans la poussière d'où elle est sortie; pendant que son âme, lassée de cette prison où elle ne trouve que des angoisses, soupire après le moment de sa délivrance ; et comme le mercenaire attend la fin d'un travail long et pénible, elle attend, avec la destruction du corps de péché où elle habite, la fin de ses douleurs et de toutes ses misères.

Divin Jésus, dont la chair innocente a été meurtrie et déchirée pour effacer mes iniquités ; lorsque par un effet de votre infinie miséricorde vous affligerez cette chair mortelle qui s'est tant de fois révoltée contre vous, faites que mes pensées et mes regards se fixent sur votre croix adorable ; que la vue de cette croix me rappelle le souvenir de mes péchés, afin que je les expie, en unissant mes douleurs à celles que vous avez souffertes pour l'amour de moi. Mais en même temps ne permettez pas, ô mon Dieu, que je sois insensible à cette *réponse de mort* (II *Cor.*, I, 9), que les infirmités de la nature font entendre à tous les hommes. Que je me dise alors à moi-même, *terre, terre, écoute la voix du Seigneur*, et prépare-toi à descendre dans ce tombeau où la pourriture et les vers t'attendent. Et vous, mon âme, préparez-vous à quitter cette habitation terrestre, et à rendre compte de ma vie. Mon bon Sauveur, inspirez-nous ces sentiments par votre grâce, afin que les maladies dont vous affligez nos corps pour sauver nos âmes, servent à nous purifier de plus en plus, et à nous faire mériter la couronne que vous avez promise à ceux qui souffriront avec patience dans l'union de votre croix, et de vos douleurs. Je vous la souhaite, mes chers enfants, cette couronne immortelle. Au nom du Père, etc.

DISCOURS XLVIII.

Pour le dix-neuvième Dimanche après la Pentecôte.

SUR LES RICHESSES.

Abierunt, alius in villam suam, alius ad negotiationem suam. (*Matth.*, XXII, 5.)

Ils s'en allèrent, l'un à sa maison de campagne, l'autre à son négoce.

C'est ainsi que la plupart des hommes répondent à la bonté de Dieu, lorsque nous les invitons de sa part aux noces de son Fils, je veux dire au royaume du ciel, où l'union de Jésus-Christ avec les élus, déjà commencée par la foi pendant cette vie, sera consommée par la charité dans l'éternité bienheureuse. Nous avons beau relever à vos yeux, mes frères, l'excellence des biens invisibles que le Seigneur vous a préparés ; il y a dans les biens de ce monde, je ne sais quel charme diabolique qui vous aveugle, vous séduit, et vous rend insensibles à toutes les invitations de la grâce. Il ne faut pas s'étonner si Notre-Seigneur compare les richesses à des épines; non-seulement elles étouffent dans vos cœurs la précieuse semence de la parole qui vous est annoncée, mais encore elles piquent et blessent de mille manières tous ceux qui ont l'imprudence d'y mettre leur affection. Eh ! quelles épines, bon Dieu ! Elles piquent pendant qu'on les amasse ; elles piquent lorsqu'on les possède ; elles piquent, elles déchirent quand on les perd : de sorte qu'elles sont vraiment la source de tous maux pour quiconque y attache son cœur, soit qu'il les cherche, soit qu'il en jouisse, ou que la mort l'en sépare ; grand sujet de consolation pour les pauvres ; belle matière à réflexion pour les riches et pour ceux qui veulent le devenir. Voyons si je n'avance rien de trop, et s'il est vrai que ces richesses, dont on est si avide, loin de se faire désirer, n'aient pas au contraire de quoi effrayer tout homme sage.

PREMIÈRE RÉFLEXION.

Lorsque l'Apôtre saint Paul a dit que *ceux qui veulent devenir riches, tombent dans la tentation et dans les piéges du diable, se laissant aller à une infinité de désirs vains et pernicieux qui précipitent les hommes dans la mort et la damnation* (I *Tim.*, VI, 9), il n'a rien dit qui ne soit confirmé par l'expérience, et que nous ne voyions tous les jours de nos propres yeux. De là ces usures criantes que nous trouvons partout, et chez le marchand qui vend à crédit, et dans le commerce des troupeaux, et dans les services prétendus que le riche rend au pauvre, soit en argent ou en denrées; usures à qui on donne toutes sortes de noms, et qu'on déguise de mille manières. Nous avons beau dire et beau faire, l'avidité du gain ne respecte ni les lois divines ni les lois humaines.

De là toutes les rapines et toutes les injustices ; rapine dans la levée des impôts ; de toutes les mains par où ils passent avant d'arriver dans les coffres du prince à qui nous les devons, il n'y en a peut-être pas une seule qui soit innocente. Rapine dans les tutelles; où sont les mineurs qui ne s'en plaignent point? Rapine chez les gens d'un certain état que je ne nomme point, à qui on a été obligé de fixer le nombre, et des lignes de chaque page, et des mots de chaque ligne, et qui, malgré ces précautions, multiplient les rôles, éludent la loi, et ruinent les plaideurs. La même cupidité qui anime ceux-ci, fait inventer aux autres cette fourmillière de subterfuges, de faux fuyants, de chicanes qui traînent le jugement en longueur et accumulent les frais dont ils s'engraissent.

Mais n'est-ce point à l'avidité du gain, autant qu'à l'esprit d'impiété que nous devons ce fatras de mensonges et d'impertinences dont le public est empoisonné aujourd'hui? Ces misérables livres qui perdent les mœurs et dans la ville et dans la campagne, se répandraient-ils comme ils font à la grande honte de notre siècle, si ceux qui les composent, qui les impriment, qui les débitent, ne sacrifiaient pas leur conscience, et ne vendaient pas leur âme à leur insatiable cupidité? Parcourez toutes les conditions, je n'en excepte pas une seule : examinez-en tous les désordres, cherchez-en l'origine, vous les verrez naître presque tous de l'amour des richesses.

Si les cabarets sont remplis pendant les Offices, à qui faut-il s'en prendre? A l'avidité des cabaretiers qui, pour gagner un écu, foulent aux pieds la loi de Dieu aussi bien que celle du prince. Si presque tous les gens de commerce profanent le saint jour du dimanche, courant aux foires, faisant des marchés, employant aux affaires de leur négoce, le temps consacré au service de Dieu, n'est-ce pas l'envie de gagner ou la crainte de perdre qui leur fait mépriser les lois les plus saintes de la religion?

Mais qui est-ce qui amène la disette et la cherté, je dis la cherté, même dans des années d'abondance comme nous la voyons aujourd'hui? D'où viennent les exploitations furtives, les abus, les fraudes qui se commettent dans les exportations quand elles sont permises? Et les greniers fermés dans l'espérance de ces permissions? et les permissions surprises, vendues, extorquées? Et ces murmures, ces révoltes qu'on ne saurait punir avec trop de sévérité? Mes frères, d'où vient tout cela, je vous le demande?

N'est-ce pas l'amour de l'or et de l'argent qui supprime d'anciens titres, qui en fabrique de nouveaux, qui enfante les meurtres, les empoisonnements et toutes sortes de brigandages? Qui remplit les prisons, et qui dresse les échafauds? N'est-ce pas lui qui, dans le siècle où nous sommes, a rendu tout vénal jusqu'à la justice, et quelque chose de plus sacré encore? N'est-ce pas lui qui a corrompu nos mœurs, qui a renversé toutes les lois de l'honneur, de la pudeur et de la décence? A quelles bassesses la soif de l'or et de l'argent ne porte t-elle pas les hommes? Le domestique vendra son maître, le maître sacrifiera son domestique ; l'ami trahira son ami; et l'on verra des personnes remplies d'orgueil et de fierté faire la cour à un valet, s'ils pensent qu'un valet puisse servir leur ambition et leur avarice.

N'est-ce pas cette soif insatiable qui ferme la bouche à la vérité, qui porte deux poids et deux mesures, quelquefois même jusque dans le sanctuaire de la justice? Qui, en éteignant dans tous les cœurs l'amour du bien public, a consommé la ruine des Etats les plus florissants? Hé! dès qu'une fois cet esprit d'intérêt est devenu le vice dominant, dès qu'on voit de toutes parts le bien public sacrifié à l'ambition et à l'avarice des particuliers, il faut bien nécessairement que tout se relâche, que tout s'ébranle, que tout s'écroule.

Ne parlez ni d'Evangile, ni de religion, ni de vérité, ni de devoir, ni de justice à celui qui est dévoré par la soif des richesses. Son Evangile, sa religion, sa vérité, c'est l'argent. Non pas qu'il en convienne, ni qu'il le pense; mais il interprète l'Evangile à sa façon, mais il l'accommode au temps ; comme si l'Evangile changeait avec les siècles, comme si Jésus-Christ était la coutume, comme si la foi devait suivre la variation des temps, des mœurs, des préjugés, des passions humaines. Vous l'avez dit, grand Apôtre : *La cupidité est la racine de tous les maux, la source de tous les malheurs : « Radix omnium malorum est cupiditas, quam quidam oppetentes erraverunt a fide et inseruerunt se doloribus multis. »* (*I Tim.*, VI, 10.)

Mais qu'est-ce donc que cette fureur? Est-ce que l'or et l'argent rendent les hommes plus sages, plus vertueux, plus estimables? Ah! mes frères, vous le savez, vous le voyez. Si le désir des richesses produit de grands maux, les richesses elles-mêmes, par le mauvais usage qu'en font la plupart de ceux qui les possèdent, en produisent encore de plus grands.

SECONDE RÉFLEXION.

Etre riche et en même temps être pauvre d'esprit et d'affection, modéré dans ses désirs, doux et humble de cœur, sage et réglé dans sa conduite; être riche et en même temps être l'œil de l'aveugle, le pied du boiteux, la consolation de la veuve, le protecteur de l'orphelin, le refuge des affligés, le père des pauvres ; être riche et faire régner dans sa maison, parmi ses enfants et ses domestiques, l'innocence, la vertu, la piété, n'ayant ni liaison ni commerce avec les impies, ne souffrant chez soi ni médisance ni libertinage ; être riche et accomplir avec fidélité tous les devoirs de la religion, observer les commandements de l'Eglise, et donner à sa paroisse l'exemple de la soumission et de la régularité en toutes choses ; être riche et avoir la crainte de Dieu, n'usant de ses richesses qu'avec précaution, comme un économe qui doit rendre compte, les employant à la pratique de toutes sortes de bonnes œuvres, et pour se sanctifier de toute manière : mes chers enfants, voilà ce que nous ne voyons guère.

Avoir de l'or et de l'argent sans y attacher son cœur, sans y mettre sa confiance, sans en faire son Dieu, sans en nourrir son orgueil, sans le faire servir à la vanité, au luxe, à la sensualité, à la mollesse, et aux autres passions; tout cela n'est pas moins difficile que de manier des épines sans se piquer, ou de faire passer *un chameau par le trou d'une aiguille.*

Mais être riche, et avoir les mains remplies d'iniquités, les yeux pleins de fornication, d'adultères et de péchés continuels comme parle saint Pierre (II *Petr.*, II. 12); le cœur bouffi d'orgueil, rongé par l'ambition, tourmenté par les désirs de vengeance; être riche, et mener une vie scandaleuse, entretenir publiquement un commerce infâme, et se livrer aux déréglements les plus honteux; être riche, et mépriser les lois les plus respectables de la religion, ne connaître ni confession ni Pâques, ne faire observer dans sa maison ni jeûne, ni abstinence; être riche, et ne s'occuper que de bonne chère, de jeux, de plaisirs, de libertinage; être riche, et vivre sans foi, sans loi, sans religion, *sans Dieu en ce monde* (*Ephes.*, II, 12): voilà ce que nous voyons; hélas! nous ne voyons presque autre chose.

Est-ce que les richesses sont mauvaises par elles-mêmes? Non. Le Seigneur a fait le pauvre et le riche. Les richesses viennent de lui; il n'y a rien que de bon dans ses créatures, dit saint Paul (I *Tim.*, IV, 4), rien qui ne puisse servir à la sanctification de ceux qui en usent d'une manière conforme aux lois et aux desseins de la Providence. Mais les richesses, en procurant à ceux qui les possèdent la facilité de contenter les passions dont le germe est dans le cœur de tous les hommes, deviennent pour eux un sujet continuel de tentation, et, en irritant la cupidité, elles font éclore une multitude de désirs inutiles et criminels qui renaissent perpétuellement les uns des autres.

Mon cher enfant, écoutez-moi : lorsque vous étiez dans un état de médiocrité, lorsque vous étiez obligé de travailler pour vivre, et d'user d'économie pour ne pas manquer du nécessaire, vous paraissiez dans ce temps-là sage et réglé dans vos mœurs, et dans toute votre conduite; simple et modeste dans vos habits; honnête, prévenant, affable envers tout le monde, parce que vous aviez besoin de tout le monde. Vous ne sortiez point de votre état; vous ne cherchiez point à vous mêler dans certaines compagnies, et vous n'en valiez que mieux : vous étiez plein de soumission et de respect pour vos supérieurs, doux et patient à l'égard de vos inférieurs; vous observiez fidèlement les jeûnes commandés par l'Eglise, vous fréquentiez les sacrements, vous étiez assidu aux Offices de votre paroisse, et aux instructions de vos pasteurs; vous meniez une vie chrétienne, vous étiez un homme estimable; mais depuis vous avez fait fortune, depuis que cette succession est tombée dans votre maison, depuis que vous avez épousé cette femme qui vous a donné du bien, vous n'êtes plus reconnaissable, mon enfant, et il vous est arrivé ce qui arriva au serviteur d'Elizée.

Son maître avait guéri de la lèpre Naaman, qui était un grand seigneur du royaume de Syrie, et qui, en reconnaissance de sa guérison miraculeuse, offrit au prophète de grands présents que l'homme de Dieu ne voulut point accepter; ce que voyant Giézi, son serviteur, dit en lui-même : *Mon maître a épargné ce Naaman de Syrie, et n'a rien voulu prendre; mais je courrai après lui, et j'en recevrai quelque chose;* il courut en effet, et il en reçut une somme considérable. *D'où venez-vous, Giézi, et qu'avez-vous fait,* lui dit Elizée, *j'étais présent en esprit, j'ai tout vu, vous voilà riche maintenant, vous allez acheter des plants d'oliviers, des vignes, des bœufs, des brebis, des serviteurs et des servantes; mais sachez que la lèpre dont Naaman a été guéri, va s'attacher à votre personne et à toute votre race.* En effet ce misérable serviteur parut à l'instant tout couvert de lèpre : *Exiit leprosus.* (IV *Reg.*, V, 20-27.)

Et voilà, mon cher paroissien, votre véritable figure : depuis que vous avez des terres, des vignes, des troupeaux, de l'or et de l'argent, on ne vous reconnaît plus, et vous ne vous connaissez plus vous-même L'orgueil dont vous êtes bouffi a changé votre ton, votre démarche, et jusqu'à l'air de votre visage. Vos richesses vous ont crevé les yeux, et vous ne voyez plus vos proches parents qui sont dans la misère. Elles vous ont fait perdre la mémoire, et vous avez oublié que votre père labourait la terre, et ne vivait que du travail de ses mains. Elles vous ont renversé l'esprit, et vous ne sentez point que vos habits, ceux de votre femme et de vos enfants ne conviennent point à gens de votre sorte. Elles vous ont corrompu le cœur, et vous êtes tombé dans certains déréglements que vous n'auriez point connus si vous n'étiez pas devenu riche. Elles vous ont rendu impérieux et intraitable : si quelqu'un vous manque ou vous déplaît, votre bile s'échauffe, votre colère s'allume, vous éclatez en menaces. Il faut que tout plie sous vous.

Votre foi n'est plus si simple, ni si pure depuis qu'étant devenu riche, vous avez été à même de fréquenter certaines gens qui n'ont pas de religion. Votre ignorance vous fait prendre pour des vérités les fables dont ils vous bercent; et parce que vous vous êtes avisé de vous vêtir comme eux, vous croyez qu'il est du bon ton de parler et de vivre de même. On ne vous voit plus que rarement à la paroisse : vous y voulez des places distinguées, vous craignez d'être confondu avec le bas peuple, c'est-à-dire avec vos frères, vos sœurs, vos oncles, vos tantes, vos anciens amis, vos compagnons d'apprentissage. Autrefois vous faisiez maigre presque tous les jours, et vous vous portiez bien; depuis que vous êtes riche, le maigre vous incommode, vous ne sauriez supporter le Carême, il vous faut des permissions de faire gras, et nous sommes bienheureux encore que vous daigniez nous les demander. Quel changement, bon Dieu! la simplicité, la douceur, la modestie, la tempérance, la pureté des mœurs, les sentiments de piété, la crainte de Dieu, tout cela s'est évanoui avec votre misère. La fierté, l'orgueil, l'esprit d'indépendance, la dureté, la sensualité, la mollesse, l'irréligion, le libertinage, tout cela vous est venu avec l'or et l'argent; et votre âme, semblable à Giézi, est toute couverte de lèpre : *Exiit leprosus.* (IV *Reg.*, V, 27.) Quel est donc ce poison caché dans les richesses, qui gâte ainsi l'esprit, change les mœurs, et rend un homme si différent de lui-même.

Mais tous les riches ne sont pas vicieux. Il y en a dont la conduite est irrépréhensible, qui fréquentent les sacrements, qui font beaucoup de charités, qui édifient leur paroisse. Cela est vrai; mais parmi ceux-là mêmes qui paraissent les plus réguliers, est-ce le plus grand nombre qui se sauve, et pensez-vous, mes frères, qu'il soit facile de conserver au milieu de l'abondance cette pauvreté de cœur sans laquelle les riches n'entreront jamais dans le royaume du ciel? Est-il aisé de se borner au simple nécessaire, quand on a de quoi contenter tous ses goûts et toutes ses fantaisies? Est-il aisé de pratiquer la mortification, quand on est toujours vêtu et couché mollement? Et en un mot, quand on ne manque de rien, est-il aisé de vivre dans le détachement de toutes choses?

Mais les personnes riches, qui paraissent irréprochables ne font-elles aucune dépense inutile? N'y a-t-il pas dans la paroisse des pauvres qui meurent de faim pendant que leurs chiens et leurs chevaux sont bien nourris? L'or et l'argent, qui brillent sur leurs habits et dans leurs meubles, sont-ils aussi nécessaires qu'on l'imagine? Ne se forge-t-on pas des nécessités? Et lorsqu'il faudra présenter à Jésus-Christ la recette et la dépense, n'y aura-t-il rien à rabattre, ni sur les habits, ni sur les valets, ni sur autre chose? Ce qu'on regarde comme nécessaire, ne sera-t-il point réputé pour superflu? Car enfin s'il est vrai que les riches doivent rendre compte de l'usage qu'ils auront fait de leurs biens, ils n'en sont donc que les économes? Ils ne peuvent donc pas en disposer comme bon leur semble? Les richesses, pour quiconque croit qu'il y a un Dieu, et qu'il y aura un jugement, sont donc, à le bien prendre, un fardeau terrible, un sujet de crainte et de tremblement, une source d'inquiétudes, de scrupules, de remords. Ce sont de vraies épines qui, après avoir blessé notre âme de mille manières pendant cette vie, la déchirent cruellement à l'heure de la mort.

TROISIÈME RÉFLEXION.

Représentez-vous donc, mes frères, dans ce dernier moment un de ces riches que vous appelez bienheureux, dont le sort vous paraît digne d'envie, et à la place duquel il semble que vous voudriez être. Le voilà donc enfin arrivé là où il faut que nous arrivions tous. Quels doivent être ses sentiments, et le trouble de son âme? J'ai amassé du bien; j'ai augmenté l'héritage de mes pères, j'ai vécu dans l'abondance, j'ai eu de quoi me procurer toutes mes aises, et fournir à tous mes plaisirs. De tout cela que me reste-t-il autre chose qu'une multitude de péchés dont ma vie n'aurait point été souillée si j'avais vécu dans la misère ou dans un état de médiocrité? Que me reste-t-il à présent de cette table bien servie, de ces habits magnifiques, de cette maison pleine de valets, meublée superbement, et dans laquelle j'ai regorgé de biens? Ne mourrais-je pas avec plus de confiance et de tranquillité, si je n'avais habité qu'une pauvre chaumière, si je n'avais été couvert que de haillons, si je n'avais eu que du pain à manger, et de l'eau à boire? Pauvres laboureurs, pauvres artisans, pauvres mercenaires, pauvres de tout état et de toute condition, que vous êtes heureux, et que je suis à plaindre! Orgueil, sensualité mollesse, fornications, adultères, vengeance, injustices, vous êtes les fruits de mon abondance et de ma prospérité, et ces misérables fruits sont tout ce qui m'en reste!

C'est alors, ô mon Sauveur, qu'on est forcé de rendre hommage à la vérité de vos divines paroles, et de s'écrier avec vous : Malheur aux riches, bienheureux sont les pauvres. Ah! que la mort est amère pour celui qui a mis sa confiance, qui a cherché son bonheur, et qui s'est reposé dans ses richesses! Vous les lui ferez vomir, ô mon Dieu, vous les tirerez, pour ainsi dire, de son ventre comme si vous lui arrachiez le cœur et les entrailles : *Divitias quas devoravit evomet, et de ventre illius extrahet eas Deus.* (*Job.* XX, 15.) Mes chers enfants, croyez-moi, je parle à des chrétiens, il n'y a point de pauvre parmi vous qui, à l'heure de la mort, voulût avoir été riche, et il n'y a peut-être point de riche qui, dans ce même moment, ne voulût avoir été pauvre.

C'est qu'il est horrible de tomber entre les mains d'un Dieu qui n'a paru sur la terre que pour prêcher le mépris des richesses et l'amour de la pauvreté; qui a vécu depuis sa jeunesse dans les travaux et la pauvreté; qui réprouvera également quiconque ne sera pas trouvé conforme au modèle qu'il nous a laissé dans sa personne. Eh! quelle conformité, quelle ressemblance y a-t-il entre ma vie et la sienne? Il s'est réduit volontairement à manquer de tout, jusqu'à ne point avoir où reposer sa tête, et j'ai voulu ne manquer de rien, et je n'ai cherché qu'à m'enrichir, et j'ai regardé la pauvreté comme le plus grand de tous les maux. Jésus-Christ, mon chef et mon modèle, a été couronné d'épines, et j'ai vécu délicatement : il a été abreuvé de fiel, et j'ai fait un Dieu de mon ventre. Depuis sa naissance jusqu'à sa mort il a été un *homme de douleurs*, et j'ai été un homme de plaisirs..... Mes frères, je vous le demande : l'image de Jésus-Christ crucifié, quand on la présente à un riche mourant, doit-elle lui inspirer beaucoup de confiance?

N'y trouve-t-il pas sa condamnation, ou tout au moins de quoi le faire trembler? Ne lui semble-t-il pas entendre de la bouche du crucifix ces paroles effrayantes: *Mortuus est dives et sepultus est in infernum: «Le riche est mort, et il a été enseveli dans les enfers?»* (*Luc.*, XVI, 22.)

Mais c'est peut-être un de ces hommes singuliers qui sont riches et pauvres en même temps, qui amassent toujours et ne jouissent jamais, qui sont mal nourris, mal vêtus, et se privent du nécessaire pour entasser de l'or et de l'argent dans leurs coffres. Passion vraiment inconcevable qui allie les deux contraires, la richesse avec la pauvreté, la possession avec la privation, l'abondance avec la misère; qui n'aime l'argent que pour le voir, le compter, le cacher, l'enfouir et enfouir avec lui son cœur, son âme, toutes ses affections, et toutes ses pensées. Oh! que le moment de la mort est un moment cruel pour cette espèce de monstre! Il voit autour de son lit ses héritiers qui soupirent après son dernier soupir, et qui tremblent qu'il n'en revienne. Il se les représente déjà comptant son trésor, se partageant, s'arrachant ses dépouilles, pendant que les vers s'arracheront son cadavre dans les ténèbres du tombeau, et que les démons emporteront dans les enfers cette âme que l'Apôtre appelle une âme idolâtre, et qui est, suivant la parole du Saint-Esprit, ce qu'il y a de plus méchant et de plus détestable sur la terre: *Avaro nihil est scelestius.* (*Eccli.*, X, 9.)

Bienheureux celui qui conserve, dans le sein même de l'abondance, cet esprit de pauvreté, de simplicité, de crainte, de sobriété, de retenue sans lequel la richesse et l'innocence furent toujours incompatibles! Heureux celui qui, réglant sa dépense sur ses véritables besoins, et non sur ses passions, se borne à ce qui est nécessaire, se contente de peu lors même qu'il a beaucoup, et regarde tout ce qui est superflu comme le patrimoine et la substance du pauvre! Heureux le riche qui, ne perdant jamais de vue les richesses de la grâce, y met toutes les affections de son cœur, et tient ce cœur parfaitement détaché des biens de la terre! il les quittera sans peine; la mort l'en dépouillera, ou plutôt il s'en dépouillera lui-même comme on se dépouille d'un habit. Ce dépouillement ne lui sera point sensible, et, en remettant paisiblement ses biens avec son âme entre les mains de celui dont il les avait reçus, il dira avec le saint homme Job: *Je suis sorti nu du ventre de ma mère, et j'y rentrerai nu: « Nudus egressus sum de utero matris meæ, et nudus revertar illuc.»* (*Job*, I, 21.)

Quant à vous, mes frères, dont l'âme est, pour ainsi dire, collée aux biens de ce monde, *pleurez, jetez les hauts cris* (*Jac.*, V, 1), à cause des malheurs qui vous menacent, et de là misère affreuse où vous serez réduits au dernier jour. La mort, en vous séparant de ces richesses dans lesquelles vous mettez votre confiance, vous déchirera comme on déchire celui à qui on arrache la peau; en regardant derrière vous, la durée de votre vie vous paraîtra comme un songe, et vous serez semblable à un pauvre qui, ayant rêve de l'or et de l'argent pendant son sommeil, se trouve les mains vides quand il s'éveille: *Dormierunt somnum suum, et nihil invenerunt omnes viri divitiarum in manibus suis.* (*Psal.* LXXV, 67.)

Dissipez donc, ô mon Dieu, par la lumière de votre grâce, ce charme qui fascine nos yeux, pervertit notre raison, séduit notre cœur, et entraîne tous nos désirs vers ces biens fragiles. Désirs insatiables, racine pestilentielle de tous les maux qui affligent votre peuple, et de tous les malheurs qui le menacent. Richesses maudites qui favorisent toutes les passions, qui servent à tous les crimes; biens funestes que vous donnez presque toujours dans votre colère, et avec lesquels il est si difficile d'entrer dans le ciel; épines cruelles, qui, après avoir fait mille blessures à l'âme, s'y attachent, la déchirent enfin par les regrets cuisants, par les remords qui la piquent, par la crainte de vos jugements, dont elle est troublée à l'heure de la mort.

Adorable Jésus, lorsque je vous vois naître dans une étable, vivre dans l'indigence, converser avec les pauvres, faire presque tous vos miracles en faveur des pauvres, donner aux riches malédictions sur malédictions, et mourir enfin nu sur la croix; tout ce que les richesses ont de séduisant disparaît à mes yeux, et je m'écrie avec vous: Bienheureux sont les pauvres qui ne se déplaisent point dans leur pauvreté! Malheur aux riches qui mettent leur espérance et cherchent leur consolation dans leurs richesses! mais aussi malheur aux pauvres qui désirent les richesses! Bienheureux les riches qui sont pauvres de cœur et d'affection; qui, menant une vie innocente, se servent de leurs biens pour amasser un trésor de bonnes œuvres, pour s'enrichir devant vous, ô mon Dieu, et acquérir le royaume du ciel! Je vous le souhaite à tous, mes chers paroissiens. Au nom du Père, etc.

DISCOURS XLIX.

Pour le vingtième Dimanche après la Pentecôte.

AUX MAITRES ET AUX DOMESTIQUES.

Credidit ipse et domus ejus tota. (*Joan.*, IV, 53.)
Il crut, lui et toute sa maison.

Plût à Dieu, mes frères, qu'en faisant la revue de notre paroisse, nous puissions dire la même chose de tous les chefs de famille, et rendre à chacun d'entre eux le témoignage que saint Luc, dans les *Actes des apôtres* (X, 2), rend au centenier Corneille, en disant de lui qu'il était religieux et craignant Dieu avec toute sa maison: *Erat religiosus et timens Deum cum omni domo sua!* Nous n'aurions pas la douleur d'entendre presque toujours les pères se plaindre de leurs enfants, les enfants de leurs pères; les domestiques de leurs maîtres, et les maîtres de leurs domestiques. Dans une maison vraiment chrétienne, où Jésus-Christ est connu et servi comme il doit l'être, chacun de son côté s'applique à remplir ses devoirs, de manière que tous étant satisfaits les uns des autres, la paix y règne, le Seigneur y habite, et y répand toutes sortes de bénédictions. Je me souviens d'avoir parlé aux pères et aux enfants ; je parlerai aujourd'hui aux maîtres et aux domestiques, pour engager les uns à ne point prendre à leur service ceux qui n'ont pas la crainte de Dieu, et les autres à ne servir que dans des maisons où l'on fait profession de vivre avec piété en Jésus-Christ.

PREMIÈRE RÉFLEXION.

Il y a trois sortes de personnes dont le Saint-Esprit a fait lui-même l'éloge, et qu'il met au rang des choses les plus précieuses : une femme sage, un véritable ami, et un bon domestique. Comme le soleil levant ranime et réjouit toute la nature, ainsi la femme sage fait l'ornement et la gloire de sa maison. Il n'y a pas de trésor comparable à un ami fidèle ; et celui qui a trouvé un bon domestique doit s'attacher à lui et l'aimer comme sa vie.

Vous n'avez pas besoin, mes frères, qu'on vous fasse l'énumération des qualités que doit avoir un domestique pour être tel que vous ne puissiez pas vous en plaindre. Vous les connaissez mieux que moi, ces qualités ; souvent vous en exigez beaucoup trop, et sans aucun égard pour les faiblesses de l'humanité, vous voudriez que vos domestiques fussent parfaits. Vous voulez donc, et vous avez raison de vouloir qu'un domestique soit fidèle, qu'il soit actif et laborieux, qu'il soit attaché non-seulement à vos intérêts, mais à votre personne.

Fidèle, pour ne rien détourner, ni souffrir qu'on détourne rien de votre maison ; fidèle pour gouverner, avec sagesse et avec économie, les biens que vous lui donnez en maniement ; fidèle et par conséquent sobre, afin que vous ne soyez pas obligé d'avoir continuellement les yeux partout où il peut porter la main ; fidèle et par conséquent discret, pour ne point rapporter dehors ce qui se passe dans l'intérieur de votre famille ; actif et laborieux, travaillant non pas au doigt et à l'œil, seulement parce que vous le commandez et que vous le voyez, mais travaillant par un motif de religion, et par un principe de conscience.

Vous désirez qu'il soit plein de zèle pour vos intérêts, et d'affection pour votre personne ; qu'il vous honore, qu'il vous soit soumis, qu'il supporte avec patience et qu'il souffre, sans mot dire, vos vivacités, les bizarreries de votre humeur, les inégalités de votre caractère ; qu'il soit sensible à vos peines et à vos plaisirs ; qu'il ne révèle point vos défauts, qu'il ne se plaigne de vous qu'à vous-même, et qu'en votre absence comme en votre présence il ne parle de vous qu'avec respect. Tout cela est juste, et tout cela vous le trouverez nécessairement dans un domestique qui a la crainte de Dieu, qui connaît sa religion, et qui la pratique.

Elle lui apprend, cette religion admirable, à vous servir comme s'il servait Jésus-Christ, à se conduire non par la crainte, ni par l'esprit d'intérêt, ni par la seule envie de vous plaire, mais dans l'intention de plaire à Dieu en remplissant les devoirs de son état. Il est persuadé qu'en vous honorant, il honore Jésus-Christ ; qu'en vous obéissant, il obéit à Jésus-Christ ; qu'en travaillant pour vos intérêts, il travaille à la sanctification de son âme. Oh ! qu'un domestique vraiment chrétien est un grand trésor dans une maison ! O qu'une maison est bien gardée, et qu'on y est bien servi par un domestique qui aime Jésus-Christ, et ne voit que lui dans la personne de ses maîtres !

Il y a plus : c'est qu'un tel domestique attire nécessairement sur son travail les bénédictions du ciel ; et comme son travail est tout au profit de son maître, les bénédictions du ciel se répandent sur la maison de celui dont les domestiques vivent avec piété en Jésus-Christ. Elles se répandirent sur la maison de Laban à cause de Jacob qui le servait (*Gen.*, XXX-XXXIX), et pendant que Joseph fut au service de Putiphar, Dieu bénit la maison de cet Egyptien, multiplia ses possessions, et la combla de ses grâces. Mais si le Seigneur bénit une maison à cause d'un serviteur fidèle, n'est-il pas à craindre qu'un domestique vicieux n'attire sa malédiction ?

Et d'ailleurs, quel fonds y a-t il à faire sur l'attachement et la fidélité d'un domestique qui n'a pas la crainte de Dieu ? Il ne vous servira que par intérêt, il ne vous obéira que par une crainte basse et servile. Lorsque vous veillerez sur lui, il travaillera ; dès que vous ne lui prescrirez point sa tâche, ou que vous aurez le dos tourné, il restera les bras croisés, ou se donnera du bon temps. Il pillera votre maison s'il croit pouvoir le faire impunément, et sans que vous vous en aperceviez. N'y a-t-il pas une infinité d'occasions où les domestiques n'ont à craindre que les remords de leur conscience, et où l'on est obligé de s'en rapporter à leur bonne foi ? Mais s'il n'y a chez eux ni bonne foi, ni conscience, où en êtes-vous ? Oh ! qu'un maître est tranquille lorsque ses serviteurs sont les serviteurs de Jésus-Christ ! Oh ! le bon garant ! oh ! la bonne gardienne que la religion dans un domestique ! Quiconque est fidèle à Dieu ne saurait être infidèle aux hommes ; abus, mes frères, abus de compter sur la probité de quelqu'un qui manque à sa religion et à son Dieu.

Mais dans une maison où il y a des enfants, quelles précautions ne doit-on pas prendre pour n'avoir que des domestiques sages et de bonnes mœurs ? S'il nous était permis de nous expliquer ici sur cet article, nous vous dirions des choses qui vous feraient horreur. Croyez-moi, mes chers paroissiens, et prenez-y garde ; les enfants d'une maison où les domestiques ont les mœurs corrompues sont vraiment comme des agneaux au milieu des loups. Or, je vous demande qu'est-ce qui peut vous garantir les mœurs d'un domestique, si ce n'est sa religion, sa piété, son exactitude à remplir tous les devoirs du christianisme? Là où il n'y a pas de sentiments de religion, il n'y a guère de bonnes mœurs; et s'il y en a, elles ne tiennent à rien.

Enfin à quoi n'êtes-vous point exposé, lorsqu'ayant eu le malheur de rencontrer un domestique vicieux, vous êtes obligé de vous en défaire? Il publiera vos défauts; il vous prêtera des vices ou des ridicules que vous n'avez pas, et dans la crainte que vous ne le fassiez passer pour ce qu'il est, il vous fera passer pour ce que vous n'êtes pas vous-même. Il dira que vous êtes d'une humeur insupportable, et trop difficile à servir; que vous payez mal, et que vous êtes trop intéressé; il fera semblant d'avoir vu chez vous des choses qui lui ont déplu et dont il paraîtra scandalisé, comme s'il avait quitté votre maison par délicatesse de conscience. Il révélera des secrets de famille, si vous avez eu l'imprudence de vous expliquer trop ouvertement devant lui. Il vous prêtera des discours que vous n'avez point tenus; il vous suscitera des querelles, et vous brouillera peut-être avec vos amis.

Avec un domestique qui a des sentiments de religion, et une conduite chrétienne, rien de tout cela n'est à craindre; soit que vous le congédiez ou qu'il se retire de lui-même, il ne manquera jamais à ce que la charité lui prescrit; il continuera de vous être fidèle, parce qu'il est fidèle à son Dieu; il cachera vos défauts; il ne publiera que vos bonnes qualités; il ne décriera point votre maison, et si la vérité ne lui permet pas d'en dire du bien, la charité lui empêchera d'en dire du mal.

Vous conclurez de là, mes chers paroissiens, que le choix des bons domestiques est d'une plus grande conséquence qu'on ne se l'imagine ordinairement. Je vois très-peu de maîtres qui prennent làdessus les précautions qu'ils devraient prendre. Oh! qu'il y en a peu qui puissent dire comme le saint roi David: Vous savez, ô mon Dieu, que dans le choix des personnes que je prends à mon service, je jette toujours les yeux sur ceux qui vous sont fidèles; si j'en connais dont les mœurs soient pures, dont la vie soit innocente, et qui aient de la piété, c'est à ceux-là que je donne la préférence. *Oculi mei ad fideles terræ... Ambulans in via immaculata hic mihi ministrabat.* (*Psal.* C, 6.)

Eh! ne savez-vous pas, mes frères, que dans l'ancienne loi le Seigneur avait défendu à son peuple de prendre des valets et des servantes parmi les idolâtres? Comment donc ne vous feriez-vous pas scrupule de prendre à votre service des gens qui n'auraient pas les mœurs chrétiennes? Ignorez-vous que les mauvais chrétiens sont pires que les idolâtres? C'est qu'ils se convertiront et se sanctifieront dans votre maison par les instructions salutaires, et les bons exemples que vous leur donnerez. Oh! la belle œuvre! mais qu'elles sont rares ces maisons respectables où les mauvais sujets deviennent bons! Et plût à Dieu que celles où les bons se gâtent et se corrompent fussent aussi rares!

Ici, mes frères, admirez, je vous en prie, l'aveuglement de ces maîtres insensés qui, loin d'imprimer à leurs domestiques un profond respect pour la religion, ne craignent pas de leur inspirer des sentiments tout contraires, soit par leurs discours, soit par leurs exemples. Comment ne voient-ils donc pas que si leurs domestiques avaient le malheur de penser sur la religion comme ils pensent eux-mêmes, ni leurs biens, ni leur vie ne seraient en sûreté? Hé! dites-moi, Monsieur, si ce domestique, devant qui vous vomissez des blasphèmes, s'est une fois mis dans la tête qu'il n'y a ni paradis, ni enfer, comme vous ne cessez de le dire ou de le faire entendre, qui est-ce qui l'empêchera de vous égorger dans votre lit pour avoir votre argent? la crainte des supplices? Mais l'espérance d'échapper à ces supplices n'enhardit-elle pas les brigands qui ne sont point retenus par la crainte de Dieu? Ne savez-vous pas que quiconque ne croit point un avenir est capable de tous les crimes, qu'il les commettra quand il en sera tenté, s'il pense pouvoir échapper à la justice des hommes?

Vous inspirez à votre domestique un mépris souverain pour l'Eglise et pour les pasteurs, c'est-à-dire, pour des hommes qui sont chargés, et qui ne cessent de leur dire: Mon enfant, honorez vos maîtres, soyez-leur soumis, obéissez-leur comme à Dieu même; que leurs intérêts vous soient aussi chers que les vôtres; attachez-vous à leur personne, et servez-les comme si vous serviez Jésus-Christ. Voilà ce que disent les pasteurs, et on trouve des maîtres qui apprennent à leurs domestiques à se moquer des pasteurs, et de ce qu'ils disent. Que feraient de plus ces hommes acharnés contre la religion de Jésus-Christ, si les ministres de cette religion, dans la chaire ou au confessionnal, disaient aux domestiques: moquez-vous de vos maîtres, insultez vos maîtres, volez, pillez vos maîtres; baissez, maltraitez vos maîtres.... O impies! que vous êtes ingrats! mais que vous êtes peu conséquents! mais que vous êtes aveugles! mais que vous entendez mal vos intérêts!

Mes pauvres enfants, vous dont la condition est de servir les autres, ah! Dieu vous préserve de tomber jamais dans les maisons dont je parle, ni dans aucune de celles où la piété ne règne point, et où par conséquent Dieu n'habite point. S'il est de l'intérêt des maîtres de choisir leurs domestiques parmi les vrais chrétiens, les domestiques à leur tour ne sont pas moins intéressés à ne servir que dans des maisons véritablement chrétiennes.

SECONDE RÉFLEXION.

L'homme, dans son origine, n'était point fait pour être soumis à ses semblables; c'est ce qui fait dire à saint Augustin (*De civit. Dei*, lib. XIX), que s'il n'y avait jamais eu de péché, il n'y aurait jamais eu de servitude, et nous lisons dans la *Genèse* que Noé, donnant sa malédiction à Cham, lui dit qu'il serait le serviteur et l'esclave de ses frères ; de sorte que cette servitude fut une des suites de son péché, et une partie de sa pénitence.

En effet, il est dur à l'homme de n'être pas maître de ses actions, d'être assujetti à faire du matin au soir la volonté d'autrui et non la sienne, d'être exposé à la mauvaise humeur et à tous les caprices de ceux qu'il est obligé de servir. Il faut vouloir ce qu'ils veulent, et ne pas vouloir ce qui leur déplaît; fermer les yeux sur leurs défauts, et les supporter avec patience. Vous n'êtes point chez vous, mes enfants, vous n'êtes point à vous ; vous allez, vous venez, vous travaillez non pas pour vous, mais pour le maître qui vous nourrit, qui vous paye, et qui par conséquent est en droit de disposer de votre temps et de votre personne, tandis que vous êtes à son service. Je conviens que c'est là une des extrémités les plus fâcheuses où l'on puisse être réduit dans ce bas monde.

Mais il n'y a point d'état si dur que la religion de Jésus-Christ n'adoucisse par les vérités qu'elle enseigne et les sentiments qu'elle inspire à ceux qui pensent et se conduisent suivant ses principes. Quelque dure que paraisse la condition de ceux qui sont obligés de servir les autres, elle devient douce et même agréable, quand ils ont le bonheur de rencontrer des maîtres qui font gloire d'être eux-mêmes serviteurs de Jésus-Christ et de vivre conformément à ses maximes.

Oui, mon cher enfant, tout ce que votre état a d'humiliant et de pénible disparaîtra si vous trouvez un de ces maîtres religieux et craignant Dieu, qui regardent leurs domestiques comme des créatures faites à son image, et rachetées par le sang de Jésus-Christ ; de Jésus-Christ qui, en mourant pour tous les hommes, les a mis en quelque sorte au même niveau, puisque tous étant ses frères et ses membres, ils ne sont en lui qu'une même chose sans distinction d'âge, ni de sexe, ni d'état ou de condition, les ayant tous réunis et confondus en sa personne, dans laquelle il n'y a plus ni Juif, ni gentil, ni Grec, ni Barbare, ni esclave, ni libre, ni noble, ni roturier. En vous, ô mon Sauveur, toutes ces différences se perdent et s'évanouissent; vous appelez au royaume du ciel les petits comme les grands, les pauvres comme les riches, et vous les jugerez tous sans égards ni ménagement pour la naissance, le rang, les qualités et tout ce qui est un sujet de distinction parmi les hommes. Heureux le domestique dont le maître, pénétré de ces vérités sublimes, traite tous ceux qui le servent non pas comme des serviteurs, mais comme des frères !

Vous ne serez point chez vous, cela est vrai ; mais vous serez chez lui comme un enfant chez son père, et l'attachement que vous aurez pour sa maison vous la fera regarder comme la vôtre. Vous serez obligé de lui obéir; mais vous obéirez sans peine, vous obéirez avec joie à un maître qui commandera toujours avec douceur, qui ne commandera que des choses raisonnables, qui ne cherchera point mal à propos à vous faire sentir ce qu'il est et ce que vous êtes.

Il vous représentera vos défauts, mais il ne vous les reprochera point : il vous reprendra de vos fautes, mais il ne vous brutalisera point; il vous fera la correction, mais il ne vous dira point des injures. Si vous avez des peines, il sera votre consolation; si vous êtes malade, il ne vous renverra pas aux charités publiques, mais il prendra soin de vous comme de lui-même. S'il a des raisons pour vous congédier, il aura soin de le faire avec tous les ménagements et toute la bonté que la religion inspire à un maître chrétien. Il vous rendra bon témoignage, autant qu'il pourra le faire sans blesser la vérité, sans tromper vos nouveaux maîtres, et s'il peut vous placer lui-même ailleurs sans engager sa conscience, il ne s'y épargnera point. Voilà, mon enfant, les avantages que vous trouverez à servir dans une maison où règne la piété en Jésus-Christ.

Mais Dieu vous préserve d'avoir à faire à quelqu'un de ces maîtres hautains et impérieux qui regardent leurs domestiques avec mépris, comme des hommes d'une espèce différente de la leur et les traitent en conséquence ; qui ont les manières sèches, le ton brusque, le commandement dur ; qui ne donnent jamais, au domestique le plus exact, la satisfaction de lui dire qu'il fait bien et qu'ils sont contents.

J'en connais de ces maîtres bourrus et insupportables qui ne commandent qu'en grondant, qui grondent aussi fort pour des minuties que pour des manquements essentiels, qui ne font jamais de réprimandes sans y ajouter des injures ou des menaces ; si leurs domestiques sont malades, ils les envoient à l'hôpital ; que si, par bienséance et dans la crainte d'être blâmés, ils les gardent chez eux, ils s'en inquiètent moins qu'ils ne s'inquiéteraient d'un cheval ou d'un chien qu'ils aiment. Heureux encore s'ils ne retiennent pas sur vos gages, les frais d'une maladie que vous aurez amassée en les servant ; et si, par un surcroît de lésine, ils ne vous rabattent point encore le temps pendant lequel cette maladie vous a mis hors d'état de faire votre service, sans compter la mauvaise humeur et les reproches qu'ils n'auront pas même l'humanité de vous épargner. Voilà ce qu'on gagne à servir dans les maisons dont les maîtres n'ont pas la crainte de Dieu.

Il y en a cependant, car il faut tout dire, qui ne sont rien moins que chrétiennes, et où les domestiques ne laissent pas d'être traités avec beaucoup de douceur et d'humanité. Cela est vrai, mais à quoi vous servira d'être bien pour le corps, si vous avez tout à craindre pour le salut de votre âme ?

Est-il bien aisé de servir Dieu dans une maison où l'on ne voit que de mauvais exemples, où l'on entend des discours qui ne respirent que le libertinage ou l'impiété? Conserverez-vous aisément le respect que vous devez à la religion et à ses ministres, si vous servez des maîtres qui déchirent cette religion et ses ministres? Ne vous détourneront-ils pas de vos devoirs de chrétien? Vous laisseront-ils la liberté de les remplir? Et d'ailleurs, à force de voir et d'entendre des gens qui ne connaissent ni pâques, ni confession, ni Carême, ni Quatre-temps, n'est-il pas à craindre que vous ne preniez peu à peu leurs principes et que vous ne finissiez par leur ressembler?

Un jeune homme quitte la charrue et les champs, va se mettre au service dans une grande ville, et tombe malheureusement dans une de ces maisons comme il y en a tant aujourd'hui. Quand il est sorti de chez son père, il était sage et réglé dans ses mœurs, il fréquentait les sacrements, il était plein de soumission et de respect pour l'Eglise; en un mot, il était chrétien. Quelques années après, on le voit revenir dans son village avec un air de hauteur et un ton de suffisance qui révolte tout le monde; il parle à tort et à travers sur la religion et sur les prêtres, il se moque de la confession et du Carême, il se tient debout pendant toute la Messe et pose à peine un genou à terre au moment de l'élévation; il n'assiste point aux Vêpres, ou s'il y paraît, c'est pour faire voir qu'il est du bel air de ne point rester aux Complies Il ne parle que de sottises, il se vante d'en avoir fait..... Bon Dieu, quel changement! Pauvre pasteur qui vous étiez donné tant de peine pour l'instruire, priez Dieu que ce petit grain de peste ne séjourne pas longtemps dans votre paroisse. Il n'a pas perdu un mot de tout ce qu'il a vu et entendu dans la maison de son maître; il en sait autant que lui, il déraisonne, il blasphème aussi bien que lui, et, à tous égards, il ne vaut pas mieux. S'il avait rencontré un maître chrétien qui lui eût inspiré la piété, qui eût veillé sur sa conduite, qui l'eût empêché de fréquenter mauvaise compagnie, il aurait continué de marcher dans la voie du salut, et le voilà dans le chemin et à la porte de l'enfer.

Prenez donc garde, mes chers enfants, de ne jamais vous mettre au service dans des maisons où le dérèglement des mœurs et l'esprit d'irréligion qui y règnent seraient pour vous un sujet de scandale et causeraient presque infailliblement la perte de votre âme. Ne vous laissez jamais conduire par l'esprit d'intérêt, et préférez toujours un maître qui a la crainte de Dieu, quoiqu'il soit moins riche, à un autre chez qui vous gagneriez quelque chose de plus, mais avec lequel vous risqueriez de perdre ce que vous avez de plus cher au monde.

Mais souvenez-vous en même temps, que la mauvaise conduite d'un maître ne dispense jamais ses domestiques du respect et de la soumission qu'ils lui doivent. Honorez-les donc quels qu'ils puissent être, et pendant que vous êtes à leur service, obéissez-leur dans tout ce qui n'est pas contraire aux commandements de Dieu et de l'Eglise. Sachez que, bien loin de publier leurs vices, vous êtes obligés à les cacher autant qu'il est en vous. Soyez-leur donc fidèles de toute manière, non-seulement tandis que vous êtes chez eux, mais encore lorsque vous en êtes sortis, et gardez-vous de jamais rien dire qui puisse faire tort à leur réputation, et souvenez-vous qu'un domestique, en décriant la maison d'où il est sorti, se décrie lui-même.

Et vous, mes frères, n'oubliez point, je vous en conjure, ce que je vous ai répété si souvent, et en public et en particulier, que vous devez à vos domestiques, ni plus ni moins qu'à vos enfants, l'instruction, la correction, et par-dessus tout le bon exemple; que vous êtes responsables, et que vous rendrez compte à Dieu de tout le mal qui se fait dans votre maison, faute par vous de veiller sur la conduite de ceux qui vous servent. Usez donc de votre autorité bien plus pour faire servir Jésus-Christ que pour vous faire servir vous-même, vous souvenant que plus vos domestiques seront fidèles à Dieu, moins vous aurez à craindre qu'ils ne vous soient infidèles, et plus vous aurez lieu d'en être contents. Veillez donc à ce qu'ils remplissent avec piété tous les devoirs du christianisme, qu'ils fréquentent les sacrements, qu'ils assistent à nos instructions, qu'ils sanctifient le saint jour du dimanche, qu'ils ne fréquentent point les cabarets, qu'ils ne s'adonnent point au libertinage, et si vous vous apercevez qu'ils aient les mœurs corrompues, après les avoir repris charitablement, congédiez-les, à moins qu'ils ne changent de conduite, de crainte qu'ils n'attirent la malédiction du ciel sur votre maison.

Marchez vous-même à leur tête dans les voies de la piété chrétienne, soyez le pasteur et le modèle de votre famille, comme vous en êtes le chef. Que vos discours, vos démarches, votre façon d'agir en toutes choses, soient comme un livre vivant dans lequel tous ceux qui composent votre maison puissent apprendre leurs devoirs, et se former par votre exemple à la pratique de toutes les vertus.

Et vous, grand Dieu, qui êtes le Maître des maîtres, et le Seigneur des seigneurs, répandez votre bénédiction sur toutes les familles de ma paroisse. Apprenez vous-même aux uns à commander, et aux autres à obéir. Remplissez-les de votre esprit, afin que les domestiques vous honorent, vous obéissent, vous servent dans la personne de leurs maîtres. Et que les maîtres, de leur côté, respectent votre image, et vous aiment dans la personne de leurs domestiques; que les uns et les autres unissent leurs voix à la fin de chaque journée, pour bénir ensemble votre saint nom, et que leur prière commune attire sur eux toutes sortes de grâces pour le temps et pour l'éternité. Ainsi soit-il.

DISCOURS L.

Pour le vingt-unième Dimanche après la Pentecôte.

LE PARDON DES ENNEMIS.

Sic Pater meus cœlestis faciet vobis, si non remiseritis unusquisque fratri suo de cordibus vestris. (*Marc*, XVIII, 35.)

C'est ainsi que mon Père, qui est dans le ciel, vous traitera, si chacun de vous ne pardonne point à son frère du fond du cœur.

Vous le savez, vous en convenez, vous le dites, mes frères, et c'est un article de foi : pour entrer dans le ciel, il faut non-seulement aimer Dieu de tout son cœur, mais encore aimer son prochain comme soi-même; et parce que nos ennemis, quelque mal qu'ils nous fassent, n'en sont pas moins notre prochain, il s'ensuit que pour entrer dans le ciel, nous devons aimer nos ennemis comme nous-mêmes, et à plus forte raison leur pardonner. Il s'ensuit que quiconque ne pardonne point, ne peut espérer de pardon, et qu'il n'y aura jamais de miséricorde pour celui qui refusera de faire miséricorde. Vous êtes si bien convaincus de cette vérité, que dans le tribunal de la pénitence, quand on vous interroge sur vos dispositions à l'égard de vos ennemis, vous répondez sans hésiter : *Je leur pardonne;* et que dans vos prières, vous ne craignez point de dire, parlant à Dieu : *Seigneur, pardonnez-moi mes offenses, comme je pardonne à ceux qui m'ont offensé.* Il est donc inutile que je m'arrête à prouver l'obligation indispensable où nous sommes de pardonner à nos ennemis et de les aimer, puisque tout le monde en convient; mais il ne sera pas inutile, il est même très-nécessaire de fouiller dans votre cœur, et de voir s'il est vrai que vous pardonniez à vos ennemis, comme vous le dites; très-utile encore et très-nécessaire d'examiner s'il est vrai que ce commandement soit aussi difficile et aussi dur que vous le prétendez.

PREMIÈRE RÉFLEXION.

Je lui pardonne de tout mon cœur, je ne lui souhaite aucun mal; et pour me servir de vos termes : *Le mal que je lui veux, puisse-t il m'arriver à moi-même...* Cela est bientôt dit; mais savez-vous ce que cela signifie dans la bouche d'un chrétien qui parle sincèrement? Le voici, et prenez-y bien garde: Seigneur, qui connaissez toutes choses, et qui découvrez tout ce qu'il y a de plus caché dans le fond de mon cœur, vous savez quel dans ce moment je ne conserve aucune espèce de fiel contre un tel, ou un tel, malgré toutes les raisons que j'ai de m'en plaindre, malgré tout le mal qu'il m'a fait, malgré tous les mouvements qu'il se donne pour me nuire. Il a vomi contre moi les injures les plus atroces, il a noirci ma réputation, il a décrié ma famille, il a maltraité mes enfants, il a voulu corrompre mes domestiques, il m'a brouillé avec celui-ci, il m'a calomnié auprès de celui-là, il a voulu me ruiner en me suscitant un procès injuste, il a cherché à m'enlever mes pratiques; que sais-je enfin? Il a cherché toutes les occasions de me perdre s'il avait pu; tout cela est vrai.

Mais il n'en est pas moins une créature faite à votre image, ô mon Dieu, il n'en est pas moins tout couvert du sang de Jésus-Christ qui l'a aimé, qui est mort pour lui, qui l'attend à pénitence, qui lui offre le pardon de ses péchés. Il est mon ennemi, cela est vrai, mais il n'en est pas moins mon frère. Régénéré par le même baptême, nourri dans le sein de la même Eglise, invité à la même table, appelé au même bonheur. Il est mon ennemi, cela est vrai ; mais ce caractère d'ennemi n'empêche point qu'il ne soit, ainsi que moi, le membre de Jésus-Christ notre chef commun; ce caractère d'ennemi ne lui ôte point les droits qu'il a sur mon cœur en qualité d'homme et en qualité de chrétien, parce que la haine qu'il a contre moi n'efface point en lui l'image de Dieu, ni le caractère de chrétien qui est ineffaçable.

Cette haine, dont il est animé contre ma personne, est infiniment plus injurieuse à Dieu qu'à moi-même ; cependant Dieu souffre mon ennemi, et au lieu de lui faire du mal, il ne cesse de lui faire du bien. Quoi, Seigneur! vous l'aimez, et je pourrais le haïr! vous le souffrez en votre présence, et je ne pourrais pas supporter la sienne! Vous allez au-devant de lui, et je détournerais les yeux pour ne pas le voir! Vous le traitez comme votre ami, vous l'appelez votre enfant, et je n'aurais que de l'aversion pour celui à qui vous donnez tant de marques d'amour et de tendresse! Vous veillez à la conservation de ses biens et de sa personne, et je voudrais nuire à sa personne ou à ses biens! Je maudirais celui que vous bénissez, je ferais la guerre à celui à qui vous offrez la paix et la miséricorde! Ah! les malédictions que je lui donnerais retomberaient sur vous, et le haïr, ce serait vous haïr vous-même. Non, mon Dieu, non. J'aimerai celui que vous aimez, je répondrai à ses malédictions par des bénédictions, à sa haine par des bienfaits, à ses persécutions par des prières.

Recevez donc, ô Jésus, le sacrifice que je vous fais de tous mes ressentiments. Allumez de plus en plus dans mon cœur le feu de votre divin amour; effacez-y jusqu'à la plus légère impression d'amertume, jusqu'au souvenir des mauvais traitements que j'ai reçus de la part de mon ennemi : éclairez-le lui-même, donnez-lui d'autres sentiments; faites-lui comprendre que sa haine et tout le fiel de son âme retombent nécessairement sur vous qui regardez le bien et le mal que nous faisons à notre prochain, comme si nous le faisions à votre personne elle-même. Qu'il ouvre donc les yeux, et qu'il voie ce qu'il fait; car il ne le voit pas, et il n'en sait rien : *Non enim sciunt quid faciunt.*

Voilà, mes frères, quels sont les sentiments d'un chrétien qui pardonne sincèrement à ses ennemis. Etes-vous dans les mêmes dispositions, et lorsque vous dites, je lui pardonne, votre cœur s'accorde-t-il avec votre bouche, votre conscience ne vous donne-t-elle pas un démenti? Fouillez dans ce cœur, écoutez-la cette conscience; nous voici devant Dieu qui voit tout, et que vous ne sauriez tromper : Seriez-vous bien-aise qu'il vous pardonnât comme vous pardonnez à vos ennemis, qu'il vous aimât comme vous les aimez, et non autrement? Parlez-vous dans toute la sincérité de votre âme, quand vous dites : Seigneur, pardonnez-moi comme je pardonne, traitez-moi comme je traite mes ennemis, conduisez-vous à mon égard de la manière dont je me conduis à l'égard de ceux qui me haïssent et me persécutent? Voilà ce que je vous demande, mon cher enfant; ne vous flattez point, et pensez-y bien avant de répondre.

Mais s'il est vrai que vous pardonniez à votre ennemi, et que vous l'aimiez sincèrement comme Dieu vous l'ordonne, d'où vient que nous avons une peine infinie à vous déterminer, quand il s'agit de faire vis-à-vis de lui quelques démarches de réconciliation? Moi le premier! moi faire des avances! S'il me salue, je le saluerai; s'il me parle, je lui répondrai, voilà tout: d'ailleurs qu'il se tienne comme il est, et moi comme je suis... Est-ce là le langage d'un homme qui n'a plus rien sur le cœur?

Je sais que dans certaines occasions, et avec certaines personnes, on n'est point obligé à faire les premières avances : il y a des esprits hautains, des caractères bizarres, des hommes méchants vis-à-vis desquels ces avances ne produiraient pas un bon effet, et qui, au lieu d'y répondre d'une manière chrétienne, n'en deviendraient que plus fiers et plus insolents : je n'entrerai dans aucun détail sur cet article, et je me contenterai d'observer que dans ces sortes d'occasions, on ne doit pas s'en rapporter tout à fait à ses propres lumières, parce qu'il est difficile de ne point se flatter quand on est seul juge dans sa propre cause. Il faut donc consulter un directeur sage, lui exposer les choses comme elles sont, et suivre ses conseils, soit qu'il vous exhorte à prévenir votre ennemi, soit qu'il juge que vous ne devez pas le faire. De cette manière vous n'aurez rien à vous reprocher, et vous serez en sûreté de conscience.

Mais êtes-vous en sûreté de conscience? Pouvez-vous dire hardiment que vous pardonnez à votre ennemi et que vous l'aimez, lorsque vous répétez à tout propos les griefs que vous avez contre lui; lorsque dans toutes les occasions vous renouvelez vos plaintes; lorsque vous regardez de mauvais œil les personnes qui lui sont attachées? Mais si vous lui pardonnez sincèrement, d'où viennent ces mouvements d'indignation qui s'élèvent de temps en temps dans votre âme? D'où vient ce ton d'indifférence, de mépris, d'amertume que l'on aperçoit dans vos discours, toutes les fois qu'il est question de votre ennemi? Un homme dont l'estomac est bien purgé a-t-il des aigreurs dans la bouche? A-t-on la bouche amère quand il n'y a pas de bile sur le cœur?

Mais enfin, si vous lui pardonnez sincèrement, pourquoi sentez-vous un plaisir secret lorsqu'on déchire sa réputation, ou que vous le voyez dans la peine? Pourquoi souffrez-vous, au contraire, si quelqu'un vous en dit du bien, ou s'il lui en arrive? Pourquoi fuyez-vous les occasions de le voir? Quelle est cette répugnance que vous avez à lui parler? Pourquoi ne voudriez-vous pas lui rendre les services que vous lui rendiez autrefois? Pourquoi seriez-vous fâché qu'il vous en rendît lui-même? Vous lui pardonnez, vous l'aimez : eh! si vous ne lui pardonniez point, si vous le haïssiez, tiendriez-vous à son égard un autre langage, auriez-vous une autre conduite?

Ce n'est point ainsi que vous en agissez envers nous, ô mon Dieu! quand une fois vous nous avez pardonné nos offenses, vous *les jetez derrière votre dos* (*Isa.*, XXXVIII, 17), pour ne plus les voir : elles disparaissent comme un nuage qui se dissipe, comme une masse de plomb qui se précipite au fond de la mer pour ne plus reparaître; vous en perdez jusqu'au souvenir, vous les mettez au rang des choses qui ne sont plus, ou qui n'ont jamais été. Malheur à celui qui n'oublie pas de même les offenses qu'il a reçues de ses ennemis; vous n'oublierez jamais les siennes.

Et certes, mes frères, si pour remplir à cet égard ce que la religion nous commande, vous vous contentez de dire : Je lui pardonne, sans vous faire d'ailleurs aucune violence, ni pour effacer de votre souvenir les insultes que votre ennemi vous a faites, ni pour le convaincre par votre façon d'agir que vous les oubliez sincèrement, et que vous conservez pour lui tous les sentiments de la charité chrétienne; si, en disant je lui pardonne, vous ne pouvez pas le souffrir; si, en disant je ne veux pas me venger, vous êtes bien aise qu'un autre vous venge; si, en disant je ne lui souhaite pas de mal, vous vous réjouissez intérieurement de celui qu'il souffre, certes, le pardon des ennemis n'est pas une chose bien difficile : les païens en font tout autant, les sages païens en faisaient davantage; votre justice n'a rien de plus que celle des Scribes et des Pharisiens, et vous n'entrerez jamais dans le royaume du ciel. Aimez vos ennemis, faites du bien à ceux qui vous font du mal, bénissez ceux qui vous maudissent, priez pour ceux qui vous persécutent; c'est Jésus-Christ qui parle, et qui parle, avec toute l'autorité d'un Dieu qui veut être obéi, et nous ne pouvons pas changer l'Évangile.

Cela est dur; oui, cela est dur à la nature orgueilleuse, aveugle, corrompue; mais pour un homme qui croit en Jésus-Christ, mais pour un chrétien qui voit les choses sans passion, avec les yeux d'une raison éclairée par les lumières de la foi, ce commandement n'est pas, à beaucoup près, aussi difficile ni aussi dur qu'il paraît l'être.

SECONDE RÉFLEXION.

Je pourrais dire, mon cher paroissien, que votre ennemi n'est peut-être pas aussi coupable que vous l'avez imaginé : vous

vous plaignez de lui, et je veux croire que vous avez de bonnes raisons; mais il se plaint de vous, et il a les siennes qui valent peut-être mieux que les vôtres. Il a des torts, vous en avez aussi, car il est rare que deux personnes se brouillent sans qu'il y ait des torts de part et d'autre : la différence n'est ordinairement que du plus au moins. Il a tenu des propos sur votre compte, il a déchiré votre réputation... Quelles preuves en avez-vous? Des rapports qu'on vous a faits? Mais depuis quand est-il permis de condamner les gens sans les entendre? Où en serions nous s'il fallait croire tout ce qu'on dit? Seriez-vous bien aise que vos amis ajoutassent foi aux discours d'une personne malintentionnée qui chercherait à vous brouiller avec eux? Ne savez-vous pas qu'on trouve partout des esprits méchants qui sèment la zizanie, qui fomentent les divisions, qui se plaisent dans le désordre? Ils iront chez votre voisin rapporter ce que vous n'aurez pas dit, et, au sortir de là, ils viendront vous rapporter des choses qu'il n'a jamais dites. On commence par se regarder de mauvais œil, on ne se parle plus avec la même cordialité; on n'a plus la même confiance, et parce qu'on se suppose mutuellement de mauvaises intentions, on interprète de travers les démarches les plus innocentes, les discours les plus simples. De la méfiance on passe à la froideur, de la froideur au mépris, à l'aigreur, à la haine; qui éclatent ensuite dès que l'occasion s'en présente; et le tout, parce qu'on a eu l'imprudence d'écouter un brouillon qui a débité des mensonges.

Voilà ce que j'ai trouvé la plupart du temps, lorsque j'ai voulu remonter à la source de vos inimitiés. Vous êtes trop crédules : quand une fois vous vous êtes mis dans la tête que tels et tels vous en veulent, vous croyez qu'ils n'ouvrent la bouche que pour vous décrier, qu'ils ne cherchent qu'à vous nuire, tandis qu'ils ne parlent jamais de vous, et qu'ils n'y pensent pas. Rabattez donc d'abord, mon cher enfant, tous les rapports, les caquets, les oui-dire; ayez au moins la charité de penser en vous-même que tout cela peut n'être pas vrai, et dès ce moment la personne contre qui vous êtes si irrité, commencera par ne plus vous paraître si odieuse.

Ce ne sont pas des oui-dire, il m'a chargé d'injures parlant à moi, et j'ai tout entendu de sa propre bouche : il a eu tort; mais est-il vraisemblable qu'un homme, à moins qu'il ne soit ivre ou insensé, dise des injures à un autre sans que cet autre lui ait donné aucun sujet de mécontentement? Il m'accuse de choses qui ne sont point; tant mieux, si elles ne sont point : il y en a d'autres qui sont, que Dieu seul connaît, et dont on ne vous soupçonne certainement pas. Mais ne l'avez-vous pas accusé à votre tour, ne vous êtes-vous pas défendu? Vous vous ressouvenez très-bien de ce qu'il vous a dit de piquant, et vous ne faites pas attention que vous lui avez répondu des choses tout aussi piquantes : cela est-il juste? Quand on a jeté tant de fiel, devrait-on en conserver encore?

Mais je laisse toutes ces réflexions, ainsi que beaucoup d'autres semblables. Je mets la chose au pis-aller, et je suppose que votre ennemi vous hait et vous persécute, sans que vous lui en ayez donné aucun sujet, sans que vous lui en ayez fourni le moindre prétexte. Je vais plus loin, et je suppose que vous lui avez rendu autrefois des services essentiels; qu'il vous a des obligations considérables, qu'il ajoute l'ingratitude à la haine, et qu'il vous rend le mal pour le bien; voilà sans doute ce qu'il y a de plus fort et de plus dur à digérer : c'est la haine de Caïn contre Abel, des enfants de Jacob contre Joseph leur frère, de Saül contre David, des Juifs contre Notre-Seigneur. Si vous écoutez les mouvements de la nature, un ennemi de cette espèce sera pour vous l'objet le plus odieux et le moins supportable; mais si vous écoutez la voix de la raison, de la religion et de la vraie sagesse, cet ennemi tout méchant qu'il est, deviendra l'objet de votre compassion, et il cessera par conséquent d'être l'objet de votre haine.

En ouvrant les yeux de la foi, vous ne verrez plus dans sa personne qu'un instrument dont la Providence se sert pour vous châtier, pour vous humilier, pour exercer votre patience, pour éprouver votre charité, pour purifier votre vertu, comme le saint roi David ne voyait que la main de Dieu dans la personne de Seméi, lorsque ce misérable vomissait des injures contre lui, le chargeait de malédictions, et lui jetait des pierres. *Laissez-le faire*, dit-il, *c'est le Seigneur qui lui a commandé de me maudire : hé! qui suis-je pour m'opposer aux volontés de mon Dieu, ou pour lui demander raison de sa conduite?* (II *Reg.*, XVI, 10.)

Je ne mérite point, de la part de mes ennemis, les mauvais traitements que j'en essuie, je ne leur ai fait aucun mal, je ne les ai jamais offensés, et ils me haïssent *gratuitement*. Cela est vrai, mais il n'y a rien que je ne mérite de la part de Dieu; j'ai péché contre lui, j'ai commis le mal en sa présence, il faut que j'en porte la peine. S'il juge à propos de faire servir la malice de mes ennemis à ma pénitence, et aux desseins de miséricorde qu'il a sur moi; si mes ennemis sont la verge qu'il a choisie pour me châtier, est-ce à moi de maudire et de briser cette verge? Ah! ce qui m'afflige, c'est qu'il la brisera lui-même, et la jettera au feu après s'en être servi; c'est que la haine de mes ennemis, qui est l'instrument de mon salut, est en même temps la cause de leur perte.

Mes frères, je me souviens à ce propos d'une belle réflexion de saint Chrysostome : Qui est-ce qui voudrait se fâcher contre un malade qui, dans les accès d'une fièvre violente, ayant le transport au cerveau, dirait des injures, et donnerait des coups à ceux qui sont autour de lui? N'a-t-on pas plutôt compassion de son état? Ne regarde-t-on pas ses discours, ses gestes et tous ses mouvements comme un effet de son délire? N'est-on pas plus occupé du mal qu'il souffre et qu'il se fait à lui-même, que de celui qu'il pourrait faire aux personnes qui le servent? Les agitations de ce malade sont causées par la fièvre qui lui trouble le cerveau; et les agitations d'un ennemi acharné contre vous sont causées par l'esprit malin qui le tourmente, par une passion furieuse qui met toutes les puissances de son âme en désordre.

Son esprit est dans les ténèbres, et il ne voit pas que vous êtes un homme semblable à lui, que vous êtes chrétien, que vous êtes son frère, et un des membres du corps de Jésus-Christ. Comme le malade pendant son délire ne reconnaît plus ceux qui sont autour de son lit, s'imagine y voir des choses qui n'y sont pas, et ne voit point celles qui y sont; de même votre ennemi, ayant l'imagination troublée par la haine dont il est animé contre vous, se figure voir dans votre personne des vices ou des ridicules que vous n'avez point, et il ne voit pas vos vertus, ni les bonnes qualités qui vous rendent estimable. D'un autre côté, l'envie, la jalousie, le dépit, la fureur, et je ne sais quels autres mouvements déréglés agitent son âme tour à tour, suivant les positions différentes où vous vous trouvez, suivant le bien ou le mal qui vous arrive, et en un mot, sa haine est comme une épine cuisante qui le pique toutes les fois qu'il pense à vous, comme un ver nourri de son fiel, qui lui mord sans cesse le cœur, qui le ronge, le déchire, le tourmente. Bon Dieu! quel état, et c'est vous qui en êtes la cause! cause innocente, à la bonne heure; mais en est-il moins digne de votre compassion? Pourriez-vous ne pas plaindre quelqu'un à qui vous causez tant de mal? Seriez-vous insensible à la perte de votre frère pour qui Jésus-Christ est mort; et bien loin de le haïr, ne vous écrierez-vous pas plutôt, à l'exemple de notre divin Maître, ah! Seigneur, prenez pitié de ce malheureux que la passion aveugle, et pardonnez-lui, car il ne sait pas ce qu'il fait.

Mais si vous n'aviez ni cœur ni entrailles pour l'âme de votre frère, prenez au moins pitié de la vôtre dont le salut ou la damnation dépendent du pardon que vous accordez, ou que vous refusez à vos ennemis: et pour vous faire sentir jusqu'où va l'aveuglement d'un chrétien qui cherche à se venger, écoutez-moi, ou plutôt écoutez Jésus-Christ lui-même. Voilà un homme riche à qui vous devez une somme considérable, qu'il vous est impossible de payer, il vous appelle et vous dit: Mon ami, tu me dois quatre fois plus que tu n'as vaillant, et il ne tient qu'à moi de te faire pourrir dans les prisons: mais je te tiendrai quitte de tout si tu veux remettre à ton voisin la pistole dont il t'est redevable. Ne tomberez-vous pas à ses pieds? N'embrasserez-vous pas ses genoux? Votre reconnaissance ne sera-t-elle pas au-dessus de toutes vos expressions? N'irez-vous pas sur-le-champ trouver ce voisin, et, en lui remettant la petite somme qu'il vous doit, ne le regarderez-vous pas comme quelqu'un à qui vous êtes redevable en quelque sorte de votre fortune et de votre repos? L'application est aisée à faire.

Jésus-Christ vous appelle: Viens, mon enfant, tu es redevable à ma justice d'une multitude de péchés, car tu en a commis de toute espèce; quand tu ferais pénitence dix mille ans, tu ne serais pas encore quitte envers moi, et tu ne peux attendre que l'enfer si je ne te fais miséricorde; mais rassure-toi, je te la promets cette miséricorde, à une condition seulement: c'est que tu feras toi-même miséricorde à tes ennemis, que tu leur pardonneras, que tu les aimeras, que tu leur feras du bien, et que tu en agiras avec eux comme j'en agis aujourd'hui avec toi. A cette condition je te pardonne tout, j'oublie tout, et ton âme sera plus blanche que la neige.

Ah! mon Sauveur, quelles sont aimables les ressources et toutes les adorables inventions de votre amour! J'ai mérité les peines éternelles de l'enfer, et vous m'en tenez quitte, pourvu que je pardonne à mes ennemis, et que je les aime. Hé! qu'est-ce donc que les insultes dont j'ai à me plaindre de leur part, en comparaison de ce que vous avez souffert de la mienne? Qu'est-ce que le mal qu'ils m'ont fait en comparaison de ce que vous avez souffert de la mienne? Qu'est-ce que le mal qu'ils m'ont fait en comparaison de celui que j'ai fait moi-même contre vous? Non, mon Dieu, non: à ce prix-là, le pardon des offenses les plus griéves, le pardon des ennemis les plus cruels n'ont plus rien de dur, ni de difficile. Vous exigez que je leur remette un denier, et vous remettez vous-même des sommes innombrables. Ah! Seigneur, quand vous m'ordonneriez de verser mon sang, et de donner mille vies si je les avais, pour l'amour de mes ennemis, ce ne serait encore rien au prix de la grâce que vous me faites en oubliant ainsi toutes mes iniquités.

Mes frères, mes très-chers frères, s'il y a quelqu'un parmi vous qui ne soit pas touché de cette dernière réflexion, je ne crains pas de dire qu'il est sans foi, sans cœur, sans sentiment, et qu'il n'a pas de plus cruel ennemi que lui-même; qu'il consomme sa réprobation, qu'il est déjà jugé par sa propre bouche, et que nous désespérons de son salut.

Toutes les fois que je me présente devant vous, ô mon Dieu, je suis couvert de confusion à la vue de ma misère. Les péchés sans nombre dont je me suis rendu coupable à vos yeux viennent se retracer en foule dans ma mémoire. Mon âme tombe dans la tristesse, mon esprit se trouble, la crainte de vos jugements me pénètre jusque dans la moelle des os, et je m'abandonnerais au désespoir, si je n'étais rassuré par la grandeur de votre miséricorde. Mais parce qu'elle n'est promise qu'à ceux qui feront eux-mêmes miséricorde, et que vous ne pardonnerez jamais à quiconque n'aura point pardonné, je tremble encore, je sonde mon cœur, et je me dis à moi même: n'ai je point une aversion secrète pour quelqu'un de mes ennemis? Je ne voudrais pas me venger, mais ne serais-je pas bien aise que Dieu me venge? Je leur pardonne de bon cœur, mais ne crains-je pas de les voir, ne les vois-je pas avec peine? Est-il bien vrai qu'il n'y ait chez moi ni fiel, ni froideur, ni aucune espèce de ressentiment? Prenez garde, mon âme, prenez garde ; si le pardon que vous leur accordez n'est pas sans restriction: si l'amour que vous leur portez n'est pas sincère; si ce n'est qu'un pardon en l'air, et un amour en paroles, c'en est fait, il n'y a pas de miséricorde pour vous.

Bienheureux celui qui peut dire comme saint Grégoire de Nysse (*De Orat. Dom.*): Seigneur, faites ce que j'ai fait : *Quod ego feci fac.* J'aurais pu me venger, et je ne me suis pas vengé, ne vous vengez point. J'ai prévenu mon ennemi, prévenez-moi par votre grâce. J'ai oublié le mal qu'il m'a fait, oubliez les péchés que j'ai commis. Je l'aime comme je l'aimais avant qu'il m'eût offensé ; aimez-moi donc, ô mon Dieu, comme si je ne vous avais jamais offensé. Traitez-moi comme je le traite, et ne me traitez pas autrement : *Quod feci fac.* J'ai fait ce que vous m'avez commandé, faites ce que vous m'avez promis : *Pardonnez et on vous pardonnera.* La voilà, ô mon Dieu, cette parole sortie de votre bouche : c'est cette parole qui dissipe mes craintes, qui ranime mon espérance, qui fait ma consolation, qui me répond de votre miséricorde. Quelque grandes que soient mes iniquités, en pardonnant à mes ennemis, et en les aimant pour l'amour de vous, je suis assuré de votre grâce en ce monde, et de votre gloire dans le ciel. Ainsi soit-il.

DISCOURS LI.

Pour le vingt-deuxième Dimanche après la Pentecôte.

RESPECT DU AUX PUISSANCES.

Cujus est imago hæc, et superscriptio? (*Matth.*, XXII, 20.)

De qui est cette image et cette inscription?

Le défaut de soumission aux puissances a été dans tous les temps, mes frères, la source principale des troubles qui se sont élevés et dans l'Eglise et dans l'Etat, où l'on trouve toujours malheureusement de ces esprits dont parle l'Apôtre, qui *méprisent la domination, et blasphèment la souveraine Majesté,* parce qu'en regardant la personne de ceux qui nous gouvernent, ils voient purement et simplement des hommes que l'ambition, la faveur, ou le hasard et la fortune ont élevés au-dessus des autres. La religion chrétienne nous en donne une idée bien différente ; elle nous apprend que la Providence, et non pas le hasard qui n'est rien, règle et ordonne elle-même tout ce qui se fait sur la terre ; que toute puissance vient d'en haut, et que résister aux puissances, c'est aller contre l'ordre que Dieu a établi: vérité précieuse, qui est seule capable de réprimer efficacement l'esprit de la rébellion, d'étouffer tous les murmures, et de retenir les peuples dans le devoir de l'obéissance. Que chacun de nous, en voyant l'état extérieur qui environne, et les chefs de la religion, et la majesté royale, dise donc en lui-même : *De qui est cette image et cette inscription?* «*Cujus est imago hæc?*» Qu'il écoute ensuite l'Evangile, et qu'il apprenne de Jésus-Christ à *rendre à César ce qui appartient à César, et à Dieu ce qui appartient à Dieu.* (*Matth.*, XXII, 21.)

PREMIÈRE RÉFLEXION.

Les pasteurs de ce royaume très-chrétien, en prêchant à leurs ouailles le respect et l'obéissance qui sont dus au souverain, ont l'avantage et la consolation de parler à un peuple qui s'est toujours singulièrement distingué par son zèle et un tendre attachement pour la personne sacrée de ses rois. Lors même que le malheur des temps, et les besoins de l'Etat forçaient Sa Majesté à demander l'augmentation des impôts, nous vous avons vus, mes chers enfants, oublier en quelque sorte votre misère pour plaindre celui que vous appelez votre bon roi, et dont vous ne parlez jamais que comme un enfant parle du meilleur des pères. Si je vous en parle moi-même aujourd'hui, ce n'est donc pas pour vous inspirer des sentiments que la nature a gravés dans le cœur de tous les Français, mais seulement pour vous apprendre à les sanctifier, ces sentiments précieux, en regardant la personne du prince comme l'image de la Divinité ; l'image de cette puissance suprême à laquelle tout l'univers doit être soumis; de cette Providence universelle qui veille à tout, et pourvoit aux besoins de toutes ses créatures ; de cette justice immuable qui récompense les bons, punit les méchants, et traite chacun suivant ses mérites.

Le roi, dit l'apôtre saint Paul (*Rom.*, XIII, 4,) est le ministre de Dieu, qui l'a revêtu de son autorité, autorité par conséquent souveraine et indépendante du peuple qui lui est soumis ; autorité dont il peut bien communiquer une portion à quelques-uns de ses sujets; mais dont la plénitude demeure toujours en lui comme dans la source d'où elle émane. Comme le soleil communique sa lumière sans en rien perdre, ainsi le Créateur communique à ses créatures une partie de sa puissance, quoiqu'elle demeure en lui tout entière.

Et d'où vient le profond respect que nous avons pour les ministres de l'Etat, pour les officiers de la justice, pour ceux qui commandent les armées, et pour toutes les personnes que le souverain emploie dans les différentes parties du gouvernement dont il est le chef unique? *Cujus est imago hæc?* C'est que nous reconnaissons en eux la portion d'autorité que Sa Majesté leur a confiée, qu'il leur conserve ou qu'il leur retire suivant l'esprit de conseil, de justice et de raison qui est le caractère propre de sa puissance souveraine. C'est que les uns sont comme la bouche du monarque qui juge ; les autres les bras du monarque qui combat ; d'autres les yeux du monarque qui veille ;

c'est que nous reconnaissons enfin dans le monarque lui-même le ministre et l'image du Dieu que nous servons.

C'est de lui seul que le roi tient son caractère et sa puissance; c'est à lui seul par conséquent qu'il doit rendre compte de l'usage qu'il fait de son autorité royale, parce que c'est à Dieu seul qu'il a prêté serment dans son sacre. C'est donc l'Evangile, et l'Evangile seul qui est juge entre son roi et son peuple. C'est donc vous, ô religion sainte, qui êtes vraiment placée entre nous et le monarque auguste qui nous gouverne; c'est donc vous qui êtes vraiment auprès de lui notre organe et notre avocate; c'est vous qui gravez dans son cœur, dès ses plus tendres années, conservez et protégez dans ce cœur royal la liberté, les intérêts, les droits de la nation qui a le bonheur de lui être soumise. C'est vous, ô religion divine, qui êtes vraiment la gardienne des liens sacrés qui nous unissent à lui; c'est vous enfin qui, en garantissant au roi la fidélité l'obéissance, l'amour de son peuple, garantissez à ce même peuple la sagesse, la justice, la modération, la bonté qui lui rendent son roi si cher, et qui l'attachent si tendrement à sa personne sacrée. Ah! mes frères, que nos intérêts et tous nos droits sont bien placés entre les mains d'un roi auprès duquel nous avons pour garants, pour médiateurs, pour avocats Jésus-Christ et son Evangile! Seigneur, couvrez de votre bouclier cette couronne précieuse dont l'indépendance fait notre sûreté, comme elle fait la gloire du monarque.

Mais quelle doit être notre reconnaissance à la vue de tous les avantages dont nous jouissons à l'ombre et par le bienfait de cette autorité royale? C'est à l'ombre et par le bienfait de l'autorité royale, que les ministres de la religion exercent en paix les fonctions sacrées du sacerdoce, et jouissent de tous les droits qui y sont attachés. C'est elle qui protége l'Eglise de Jésus-Christ contre les efforts de l'hérésie, contre les attentats de ces esprits rebelles qui mettent la désobéissance en principes, en font un système qui tend à renverser tout ce qu'il y a de plus saint et de plus sacré sur la terre. C'est à l'ombre, et par le bienfait de l'autorité royale, que les fidèles reposent avec confiance sous les *pavillons de Jacob*, et dans les *tentes d'Israël*. (*Num.*, XXIV, 5.) Semblable à ce chérubin armé d'un glaive étincelant, que Dieu avait placé à l'entrée du paradis terrestre, le roi garde la porte du sanctuaire, et défend les dispensateurs des saints mystères contre les entreprises des blasphémateurs et des impies.

C'est la majesté royale qui remplit le temple de la justice, qui préside à tous ses tribunaux, et nous les rend si respectables. C'est là que le prince, dans la personne des magistrats qu'il a choisis pour s'acquitter d'un devoir vraiment royal, et pour remplir, au nom de Sa Majesté, la plus auguste de ses fonctions, c'est-là, dis-je, que le prince veille sur les droits de chaque citoyen; c'est là qu'il est le protecteur de la veuve, le défenseur de l'orphelin, le père de son peuple. C'est là qu'il justifie l'innocent accusé, punit le coupable, et fait rendre à chacun ce qui lui appartient. Si nos biens, notre réputation, notre vie sont en sûreté; si nous reposons tranquillement dans notre lit, si nous voyageons avec autant de confiance sur les grands chemins que dans le milieu des villes, nous devons tous ces avantages au ministère public, et l'ordre de ce ministère public émane du prince; en quoi il est vraiment l'image de cette Providence universelle qui veille à tout, qui conserve et protége tout.

De là, mes frères, il est aisé de comprendre quel doit être notre amour et notre respect pour la personne du roi. Aussi voyons-nous que Dieu lui-même avait prescrit la manière de consacrer les chefs de son peuple, qui, dans l'Ecriture sainte, sont appelés les *oints du Seigneur*. (*Psal.* CIV, 15, *et alibi.*) De là cette vénération religieuse dont était pénétré David pour la personne de Saül, lors même que le Seigneur eut réprouvé Saül et choisi David à sa place. De là cette soumission parfaite que l'Evangile nous commande, et dont Jésus-Christ nous a donné l'exemple en payant lui-même le tribut à César, quoiqu'il ne dût rien à personne; de là vient enfin que les chrétiens des premiers siècles étaient les plus fidèles sujets des empereurs, quoique ces empereurs fussent païens, quoiqu'ils fusssent les ennemis et les persécuteurs de l'Eglise. C'est qu'un roi quel qu'il puisse être, idolâtre ou chrétien, catholique ou non, vicieux ou vertueux, ne perd rien de son caractère royal, ni des droits que ce caractère lui donne sur l'obéissance de ses sujets, à qui, dans aucun cas, il n'est pas permis de se révolter contre lui, quand même il s'agirait de leur propre vie.

Que si les premiers fidèles honoraient les empereurs païens, et leur étaient soumis en tout ce qui pouvait s'accorder avec l'Evangile de Jésus-Christ le maître des maîtres, à combien plus forte raison devons-nous respecter l'autorité royale, nous qui avons le bonheur de vivre dans un royaume dont les princes, par leur attachement inviolable à la religion catholique, apostolique et romaine, par leur zèle à la faire observer dans leurs Etats, par leur respect pour le Saint-Siége, et le vicaire de Jésus-Christ ont mérité les titres glorieux de rois très-chrétiens, de fils aînés de l'Eglise. Honorez-le donc, mes frères, et honorez-le dans la personne de tous ceux qui le représentent et qui l'aident à porter le poids immense de l'autorité royale.

C'est pour nous qu'ils travaillent, et quand même ils seraient tels que la calomnie les a si souvent dépeints, faudrait-il que les faiblesses qui leur seraient communes avec le reste des hommes nous fissent oublier les services qu'ils rendent à l'Etat, et les obligations que nous leur avons? Mais ne savez-vous pas qu'il est impossible de plaire à tout le monde, et que ceux qui occupent les grandes places, étant forcés de mécontenter une infinité de personnes, doivent nécessairement avoir beaucoup d'ennemis; cette seule raison ne doit-elle pas nous engager à ne point ajouter foi à tout ce qu'on débite contre eux? On les critique, on les juge, on les condamne, sans aucun respect pour le caractère dont ils sont revêtus, sans aucun égard pour la confiance dont sa majesté les honore; mais enfin ne savez-vous pas que les ministres ni le prince lui-même ne peuvent faire tout le bien qu'ils voudraient, et ne voyez-vous pas que c'est la plus criante de toutes les injustices, de vouloir les rendre responsables, et de tout le mal qui arrive, et de tout le bien qui ne se fait pas? Mes frères, mes frères, respectons toutes les personnes qui sont à la tête du gouvernement, revenons-en toujours aux paroles de l'Evangile, *Cujus est imago hæc, et superscriptio?* « *De qui est cette image et cette inscription?* » Et souvenons-nous que leur manquer, c'est manquer au prince lui-même. *Rendez donc à César ce qui appartient à César*, et en même temps *rendez à Dieu ce qui appartient à Dieu*. Car si la puissance temporelle est souverainement respectable, la puissance spirituelle ne l'est pas moins.

SECONDE RÉFLEXION.

Ces deux puissances, quoiqu'indépendantes l'une de l'autre, se tiennent, pour ainsi dire, par la main; le trône est appuyé sur l'autel, comme l'autel s'appuie sur le trône; ils se soutiennent mutuellement, et tout ce qui tendrait à ébranler les fondements de la religion, devrait nous faire craindre la décadence et la ruine de l'Etat lui-même: or, les fondements de notre religion sont établis sur le caractère et l'autorité dont Jésus-Christ a revêtu les ministres de son Eglise.

Mais si l'on méprisait ce caractère, si l'on résistait à cette autorité, si on rejetait les décisions qui émanent du corps des premiers pasteurs; si on appelait de leurs jugements, si on se moquait de leurs censures, si on les censurait eux-mêmes, où en serions-nous? Où en serions-nous si ceux qui doivent obéir voulaient commander, si nous avions la tête aux pieds, et les pieds à la tête, si les ouailles s'élevaient non-seulement au-dessus des pasteurs, mais contre les pasteurs; si on foulait aux pieds les lois sacrées de la hiérarchie, si on renversait toutes les règles de la subordination, de sorte que chaque évêque fût le pape de son diocèse, chaque curé l'évêque de sa paroisse, chaque fidèle le juge de sa foi? Il y aurait donc autant de schismes que de prêtres, autant de religions que de paroisses, autant d'Evangiles que de particuliers.

Nous n'en sommes pas encore là: grâces vous en soient rendues, ô mon Dieu: mais cet esprit d'indépendance, ce mépris de l'autorité la plus sacrée, qui font tous les jours de nouveaux progrès, ne nous menacent-ils pas des plus grands malheurs? Qu'est devenu ce tendre respect dont on était pénétré autrefois pour la personne du Souverain Pontife, le père commun des fidèles, le vicaire de Jésus-Christ, le chef visible de l'Eglise universelle? Cet attachement inviolable pour l'Eglise romaine, la mère et la maîtresse de toutes les Eglises, le centre immuable de la foi et de l'unité catholique? Ne voyons-nous pas tous les jours de simples fidèles insulter à son autorité, se moquer de ses anathèmes, appeler mal ce qu'elle appelle bien, et lui donner un démenti à la face de ce soleil qui les éclaire, de cet univers qui les voit, de ce Dieu qui entend leurs blasphèmes, et souffre leur impiété.

Avec quelle indécence ne parle-t-on pas aujourd'hui des évêques qui tiennent la place des apôtres, qui sont les colonnes de l'Eglise, nos peres et nos juges dans la foi, et comme la prunelle des yeux de Jésus-Christ? Quelle espèce de fiel ne vomit-on pas contre eux, quelles taches ne s'efforce-t-on pas d'imprimer à leur caractère auguste, de combien de manières ne cherche-t-on pas à les noircir? N'y a-t-il pas un scélérat dont la commission expresse et l'emploi unique sont de décrier l'épiscopat, le Saint-Siège avec tous ceux qui font profession d'y être constamment attachés, un calomniateur infâme qui ne rougit de rien, pas même de la patience avec laquelle on le souffre? Mais laissons-là toutes ces horreurs, et je demande:

Quel avantage peut-il revenir, soit au public, soit au particulier, du mépris que l'esprit d'impiété s'efforce d'inspirer aux fidèles pour les ministres de la religion? Si les peuples n'étaient soumis ni au pape, ni aux évêques; si les curés ne trouvaient plus ni soumission ni respect dans leurs paroissiens, la fidélité, la probité, la justice, le bon ordre régneraient-ils davantage dans chaque paroisse? La principale fonction de notre ministère n'est-elle pas d'exhorter continuellement les peuples qui nous sont confiés, à la pratique de toutes les vertus qui font l'honnête homme, le bon citoyen, le sujet fidèle? Ne prêchons-nous pas la soumission au roi et à toutes les personnes qui le représentent? N'exhortons-nous pas les sujets à payer les impôts sans murmurer, à ne point frauder les droits du prince, à craindre la justice, et à respecter ceux qui sont chargés de la rendre? N'est-ce pas les ministres de l'Eglise, en un mot, qui, par leurs instructions, soit publiques soit secrètes, travaillent sans cesse à réprimer tous les vices dans leur source, à maintenir, autant qu'il est en eux, la paix et le bon ordre dans chaque famille, et par conséquent dans chaque paroisse, et par conséquent dans chaque province, et par conséquent dans tout le royaume? Et les ministres de l'Eglise, envisagés sous ce point de vue, ne sont-ils pas le corps le plus nécessaire et le plus précieux à l'Etat?

Mais si on avilit leur caractère aux yeux de tout le peuple, si on lui apprend à mépriser leur autorité, le peuple n'aura plus de confiance dans ses pasteurs; s'il n'y a pas de confiance, leur ministère sera sans fruit, il deviendra tout à fait inutile; ou bien ils seront regardés non pas comme les serviteurs des fidèles, mais comme les valets du peuple. Leurs ouailles se croiront en droit de leur donner des ordres; elles demanderont les choses saintes non pas comme une grâce, mais comme une dette, et les dispensateurs des saints mystères ne seront plus que des commis gagés pour distribuer, à tout allant et à tout venant, le sang de Jésus-Christ, pour en abreuver les plus indignes et les plus scélérats, s'ils le demandent. On les forcera d'ouvrir le ciel quand ils doivent le fermer; on leur arrachera des mains les clefs que Jésus-Christ leur a données, et enfin l'église ne sera plus la maison de Dieu, mais une caverne de voleurs; les biens qu'elle renferme seront au pillage, et *l'abomination de la désolation sera dans le lieu saint.* (*Dan*, IX, 27.)

Il faut cependant convenir de ce qui est vrai; les impies qui déchirent les ministres de la religion, n'en veulent point à leur personne: Eh! comment pourraient-ils haïr leurs concitoyens, leurs parents, leurs alliés, leurs amis, leurs frères? Non, ce sentiment est contre nature. C'est donc l'Eglise elle-même qu'ils haïssent, et ils n'ont que trop réussi à faire mépriser son autorité; on se moque aujourd'hui de ses commandements; dans la plupart des maisons distinguées on ne connaît presque plus ni jeûne, ni abstinence, ni Carême, ni confession, ni Pâques. La peine d'excommunication dont elle menace les fidèles qui lisent des livres défendus, qui ne confessent pas leurs péchés au moins une fois l'an, qui manquent au devoir pascal, qui n'assistent pas à leur paroisse, et en un mot, qui désobéissent dans certain cas sujet aux censures ecclésiastiques, les menaces d'excommunication, et l'excommunication elle-même sont tournées en ridicule, on en fait un jeu; les enfants déchirent le sein de leur mère, ils lui donnent des soufflets, lui crachent au visage, la rassasient d'opprobres: ils renouvellent, ô mon Sauveur, dans votre corps mystique, les humiliations et toutes les avanies que vous souffrîtes autrefois dans votre sainte humanité.

Vous gardez aujourd'hui un profond silence, mais un jour viendra où vous vous éveillerez, grand Dieu, pour confondre vos ennemis. Enfants dénaturés, un jour viendra, et ce jour n'est pas bien éloigné, où les douleurs de la mort vous environneront, où toutes les horreurs de l'enfer, que vous avez perdu de vue, vous retrouveront, et viendront fondre sur votre âme; vous les appellerez alors ces ministres dont vous aurez méprisé l'autorité, dont vous aurez avili le caractère; ils vous présenteront le crucifix, en disant : *Cujus est imago hæc, et superscriptio?* « *De qui est cette image et cette inscription?* » Vous la reconnaîtrez pour lors cette image l'objet de vos mépris, de vos railleries, de vos insultes; vous la reconnaîtrez, mais sera-t-il temps? Lui restituerez-vous sa gloire, réparerez-vous les maux affreux que vous aurez causés par vos discours, vos écrits, vos exemples?

Ah! mes frères, mes très-chers frères, ne vous laissez point entraîner par le torrent de ces exemples et de ces discours contagieux qui se répandent de toutes parts contre les pasteurs de l'Eglise, et contre l'Eglise elle-même. Ne vous laissez pas corrompre par le souffle empesté de ces bouches infernales qui vomissent des blasphèmes contre le Seigneur et contre son Christ, qui foulent aux pieds les saints du Très-Haut, et qui bouleversent les temps, les mœurs, l'Evangile; qui, après avoir secoué le joug, s'efforcent de le briser et de l'anéantir; et dont la tête insolente s'élève contre ce qu'il y a de plus respectable et de plus saint parmi les hommes.

Soyez en tout et partout les enfants dociles de l'Eglise catholique, apostolique et romaine, dans le sein de laquelle vous avez été nourris. Recevez non-seulement avec respect, mais avec une soumission parfaite d'esprit et de cœur, tous les jugements qui émanent de ce tribunal souverain dont l'infaillibilité nous a été garantie par la parole de Jésus-Christ la vérité même. Respectez, dans la personne de ses ministres, son image et son autorité. Ne vous laissez point *emporter çà et là à tout vent de doctrine.* (*Ephes.*, IV, 14.) Souvenez-vous que l'Evangile ne change point, que Jésus-Christ était hier, qu'il est aujourd'hui, et qu'il sera dans tous les siècles. Appelez vrai et bon ce que l'Eglise appelle vrai et bon elle-même. Recevez tout ce qu'elle approuve, rejetez tout ce qu'elle condamne, et dites anathème à tout ce qui s'éloigne du respect et de la soumission parfaite qui sont dus à la véracité de ses jugements irréformables.

Apprenez d'elle, par la bouche de ses pasteurs, à voir et à respecter l'image de Dieu dans la personne du prince, afin que vous vous conduisiez en toute occasion comme de bons et fidèles sujets, obéissant non par crainte, mais par amour et par ce tendre attachement que nos rois méritent de notre part à tant de titres. Priez, et priez sans cesse pour la conservation de Sa Majesté, pour le bonheur, la prospérité et la gloire de ses Etats; afin que Dieu répande sur elle et sur cette famille dont le nom doit nous être si cher, toutes sortes de bénédictions.

Honorez profondément tous ceux que Sa Majesté honore elle-même en leur confiant une portion de son autorité. Comme vous respectez l'image de Dieu dans la personne du roi, respectez l'image du roi dans les ministres de son conseil, dans les magistrats qui rendent la justice en son nom, dans les officiers qui commandent ses armées, et en un mot, dans la personne de tous ceux qui vous apportent ses ordres, ou qui sont chargés de veiller à leur exécution, ne perdant jamais de vue ces paroles de saint Paul, que vous avez lues dans l'Epître d'aujourd'hui : *Le tribut à qui vous devez le tribut, les impôts à qui vous devez les impôts, la crainte à qui vous devez la crainte, l'honneur à qui vous devez l'honneur.* (*Rom.*, XIII, 7). Oh! les belles paroles!

Gravez-les donc, ô mon Dieu, dans le cœur de tous ceux qui m'entendent, éloignez de nous cet esprit d'orgueil, d'indépendance, de rébellion, qui est la première racine de tous les malheurs. Confondez les ennemis de l'Église qui sont nécessairement les ennemis de l'Etat, mais confondez-les dans votre miséricorde, en les éclairant, afin qu'ils voient toute la profondeur de l'abîme où ils se précipitent eux-mêmes, et ceux qui les écoutent. Que vos ministres, ô mon Sauveur, soient revêtus de cette force divine que vous leur avez promise, pour abattre toutes les hauteurs qui s'élèvent contre votre éternelle vérité. Que votre bras tout-puissant soutienne et protége *l'homme de votre droite* (*Psal.* LXXIX, 18) sur le trône où vous l'avez placé. Conservez en lui l'esprit de sagesse et de discernement qu'il a reçu avec l'onction de votre huile sainte, afin qu'il comprenne de plus en plus que si le bonheur de l'Etat dépend du respect, de la fidélité et de l'amour que les sujets doivent au prince, tous ces sentiments n'ont de solidité qu'autant qu'ils sont fondés sur les maximes de l'Evangile que nous prêchons, et sur la morale de Jésus-Christ dont nous sommes les ministres; que cette religion divine est le plus ferme appui du trône; et que les rois, en la protégeant, travaillent à leur propre gloire. Prolongez les jours de Sa Majesté, bénissez la maison de saint Louis; que les branches de cette famille auguste se multiplient et s'étendent de plus en plus pour le bonheur des peuples, et la gloire de votre saint nom. Ainsi soit-il.

DISCOURS LII.

Pour le vingt-troisième Dimanche après la Pentecôte.

SUR LES AFFLICTIONS.

Confide, filia; fides tua te salvam fecit. (*Matth.*, IX, 22.)

Ma fille, ayez confiance; votre foi vous a sauvée.

La consolation la plus solide et la plus douce que nous puissions avoir dans nos peines; le remède le plus souverain, et même le plus efficace pour tous les maux qui nous affligent, c'est la foi. Si, dans le temps de l'affliction, nous nous laissons aller à l'impatience, c'est que nous perdons de vue l'Evangile auquel nous faisons profession de croire, le Dieu que nous faisons profession de servir, les vérités éternelles de cette religion divine qui a la vertu d'adoucir ce que la nature trouve de plus amer, de plus cuisant, le moins supportable : d'où il arrive que les peines de cette vie, au lieu de contribuer à notre sanctification, deviennent la cause de notre perte.

Est-ce que les plaintes, les murmures, le défaut de résignation qui rendent nos souffrances inutiles pour le ciel, en diminuent l'amertume, et nous procurent du soulagement? Non, mes frères; vous savez vous-mêmes que l'impatience n'est propre qu'à aigrir le mal, et à nous le rendre plus sensible : en quoi nous sommes malheureux de toute manière. Car nous souffrons sans consolation, sans mérite, sans espérance, par conséquent, et ce qu'il y a de plus malheureux, c'est que nos afflictions, au lieu d'effacer nos péchés, produisent de nouvelles offenses qui méritent de nouveaux châtiments. Bon Jésus, éclairez donc nos âmes, ouvrez-nous votre Evangile, montrez-nous votre croix, et apprenez-nous à souffrir.

PREMIÈRE RÉFLEXION.

Vous avez des peines, mon cher enfant, vous souffrez, je le vois bien : c'est une maladie incurable, pour laquelle vous avez épuisé inutilement tous les remèdes de la médecine : ce sont des accidents, des malheurs qui vous ont réduit aux plus fâcheuses extrémités : c'est un enfant qui, par son indocilité, ses étourderies, son libertinage vous cause tous les jours de nouveaux chagrins : c'est un ennemi qui vous persécute, qui en veut à vos biens et à votre réputation ; qui est acharné contre votre personne. C'est la mort imprévue de ce que vous aviez de plus cher au monde : c'est la perfidie, les trahisons de quelqu'un que vous regardiez comme votre ami et dont vous avez été la dupe. Ce sont des chagrins domestiques qui vous rongent, et répandent l'amertume sur tous les instants de votre vie. Je conviens que tout cela est triste, j'entre dans vos peines, je compatis à vos douleurs. Ecoutez-moi cependant, et après avoir bien pesé les réflexions que vous allez entendre, vous jugerez vous-même s'il est vrai que vous ayez raison de vous affliger, et de vous désoler comme vous faites dans certains moments, où je vous vois livré à une tristesse excessive qui approche du désespoir.

Je pourrais vous dire d'abord qu'il y a dans le monde, dans la paroisse, dans votre voisinage, des gens plus malheureux que vous. Ceux-là même dont vous enviez le sort, ont peut-être des chagrins secrets que vous ne voudriez pas changer pour les vôtres. Je pourrais ajouter ensuite que vos plaintes n'aboutissent à rien, et qu'il n'en sera ni plus ni moins. Depuis que vous avez vomi des injures contre cet ennemi, qui cherche toutes les occasions de vous nuire, en êtes-vous plus avancé? La haine s'est-elle apaisée? Avez-vous détruit sa malice? Non. Depuis le temps que vous ne cessez de crier après ce mari qui vous désole par son ivrognerie, son jeu, ses folles dépenses, ses brutalités, son libertinage, en est-il devenu plus raisonnable? Non. Lorsqu'étant accablé de douleur ou de misère, vous vous êtes abandonné au désespoir jusqu'à vous souhaiter la mort, en êtes-vous devenu plus riche? Vos affaires en ont-elles mieux été? Avez-vous vu finir vos embarras? Vos peines ont-elles été moins cuisantes? Ou bien les morts sont-ils ressuscités? Non. Votre impatience n'a donc servi qu'à irriter vos douleurs, votre désespoir n'a donc été qu'un nouveau mal ajouté à tous les autres; mais un mal ajouté à un autre est-il un remède?

Voilà, mon enfant, ce que je pourrais vous dire, et vous me répondriez sans doute que vous avez entendu cent fois de pareils discours, que vous en dites vous-même tout autant à ceux qui sont dans la peine; que ce sont là des paroles, et non pas des consolations. Ouvrez donc les yeux de la foi, regardez en haut, et voyez au-dessus de votre tête la main paternelle qui vous châtie, qui vous éprouve, qui vous sanctifie. C'est elle qui est la première cause du mal que vous souffrez. Les maladies, la pauvreté, la malice de vos ennemis ne sont que les verges avec lesquelles Dieu vous frappe; ce n'est point aux verges qu'il faut vous en prendre, regardez la main qui les tient, c'est de là que partent toutes les disgrâces, tous les malheurs, toutes les angoisses dont vous vous plaignez.

Le saint homme Job la voyait, cette main puissante, et il ne voyait qu'elle au milieu de ses afflictions. Après avoir perdu, dans une seule journée, des biens immenses et une famille nombreuse, il ne fit éclater ses plaintes, ni contre le feu du ciel qui avait consumé une partie de ses troupeaux, ni contre les voleurs qui avaient emporté le reste, après avoir égorgé tous ses domestiques; ni contre ce vent impétueux qui renversa la maison où ses enfants étaient rassemblés, et sous les ruines de laquelle ils furent ensevelis. Ce n'est ni le feu du ciel, ni les voleurs, ni la tempête qui m'ont dépouillé de tout ce que j'avais au monde : c'est le Seigneur, *Dominus abstulit.* (*Job*, I, 21.) Et lorsqu'étant couvert d'ulcères, couché sur un fumier, sans ressource et sans consolation, sa femme lui faisait un crime de sa simplicité, l'accablait de reproches, l'exhortait à maudire le ciel, et à demander la mort: *Taisez-vous*, lui répondit-il, *vous parlez comme une femme insensée; si nous avons reçu les biens de la main du Seigneur, pourquoi n'en recevrions-nous pas les maux dont il nous afflige?* (*Job*, II, 10.)

Mais est-il possible que Dieu se plaise à nous affliger, lui qui est la bonté même, qui ne hait rien de ce qu'il a fait, et qui nous aime infiniment? Demandez donc aussi, mes frères, s'il est possible qu'un père châtie ses enfants; que la justice fasse porter aux coupables la peine qu'ils ont méritée; qu'un médecin donne à son malade des remèdes pleins d'amertume? Vaudrait-il mieux laisser cet enfant vivre à sa fantaisie, et ne point prendre garde à ce qu'il fait? laisser périr ce malade plutôt que de le sauver par des remèdes amers ou des opérations douloureuses? *Mais quel est le père*, dit l'apôtre saint Paul, *qui ne corrige et ne châtie pas son enfant? Que si Dieu ne vous châtiait point, vous ne seriez donc pas du nombre de ses enfants, il vous traiterait donc comme un étranger et un bâtard : « Ergo adulteri et non filii estis? »* (*Hebr.*, XII, 7, 8.)

J'ai quelquefois ouï dire à certains d'entre vous, mes frères : Hélas! quel mal ai-je donc fait pour que le Seigneur m'afflige de la sorte! Quel mal vous avez fait? Eh! prenez les commandements de Dieu les uns après les autres, et voyez s'il y en a un seul contre lequel vous n'ayez péché, soit par actions ou par désirs, soit par vos pensées ou par vos paroles. Quel mal vous avez fait? Regardez derrière vous, parcourez les années de votre jeunesse, repassez dans votre mémoire tous les jours de votre misérable vie; je n'entrerai dans aucun détail, entrez-y vous-mêmes, examinez, voyez, et demandez-nous donc après cela quel mal vous avez fait pour que le Seigneur vous afflige de la sorte.

Mais vous comptez pour rien votre mollesse, vos impudicités, ces habitudes honteuses dans lesquelles vous avez croupi si longtemps, et dont vous conservez encore aujourd'hui les misérables restes. Vous comptez pour rien votre orgueil, votre ambition, votre vanité, vos fausses délicatesses, vos vivacités, vos ressentiments, vos jalousies, vos aigreurs, vos vengeances. Vous comptez pour rien votre sensualité, votre intempérance, vos ivrogneries, vos débauches, et tous vos excès. Mais votre attachement désordonné pour les biens du monde, votre avarice, votre *lésine*, votre dureté à l'égard des pauvres; mais cette négligence affreuse dans le service de Dieu, cette insensibilité mortelle pour les choses du ciel..... Vous comptez tout cela pour rien, vous l'avez oublié, vous n'y pensez plus : en êtes-vous moins coupable devant Dieu? Et si vous êtes coupable, mon cher enfant, n'est-il pas juste que vous soyez puni?

Quelle pénitence avez-vous faite pour expier tant de fautes? Où sont vos jeûnes, vos mortifications, vos aumônes? Où sont vos bonnes œuvres, votre piété, votre ferveur? Que si, après tant de péchés, vous n'avez pas versé une seule larme; si, après tant d'infidélités, vous n'avez pas poussé un seul soupir; si, après tant d'avarice, vous vous contentez de donner quelques liards à un pauvre qui vous demande; si, après tant d'orgueil, vous ne voulez pas essuyer la moindre humiliation; si, après tant d'impuretés, vous ne châtiez point cette chair coupable, comment osez-vous vous plaindre de l'affliction que le Seigneur a fait tomber sur vous? Un criminel que l'on conduit au supplice se plaint-il des juges qui l'ont condamné, ou bien murmure-t-il contre les bourreaux qui exécutent la sentence? Il faut bien que le ciel se fasse justice puisque vous ne voulez pas la lui faire.

Que le pécheur est déraisonnable, ô mon Dieu! Il voudrait commettre le mal sans que vous l'en punissiez, c'est-à-dire qu'il voudrait que vous ne fussiez pas juste, que vous ne fussiez pas Dieu : eh! bien, Seigneur, laissez-le donc vivre tranquille; n'appesantissez pas votre main sur lui, laissez-le s'engraisser comme une victime destinée à la mort éternelle. Là, dans un feu qui ne s'éteindra jamais, vous aurez tout le temps de satisfaire votre justice. Epargnez-le dans ce monde puisqu'il le veut, et vous lui ferez faire éternellement une pénitence inutile dans les enfers. Ah! que dis-je, mes frères? Frappez, grand Dieu, frappez, dépouillez-moi de mes biens, ruinez ma santé, multipliez mes afflictions, coupez, brûlez, ne m'épargnez point ici-bas, pourvu que mes iniquités soient effacées, et que vous me fassiez miséricorde dans l'autre vie.

Mais vous avez mené jusqu'ici une vie innocente et irréprochable, vous avez servi Dieu dans la simplicité de votre cœur, vous avez marché avec crainte dans la voie de ses commandements, votre conscience ne vous reproche aucun crime par où vous ayez pu mériter les peines que vous souffrez, et vous ne voyez point la raison pourquoi Dieu vous afflige de la sorte. Ainsi parlait le saint homme Job, en prenant le ciel à témoin de son innocence; oui, mais il reconnaissait en même temps que le plus irrépréhensible et le plus juste aux yeux des hommes, est rempli d'une infinité de taches qui n'échappent point aux yeux de Dieu : *Quand j'aurais été lavé*, disait-il, *dans l'eau de la neige, et que la blancheur de mes mains éblouirait les yeux par son éclat, votre lumière, ô mon Dieu, me ferait paraître à moi-même tout couvert d'ordures. Et quand même il y aurait en moi quelque trace de justice, je n'aurais rien à répondre, et je conjurerais mon Juge de me pardonner.* (*Job*, IX, 30-32)

Ajoutez à cela, mes frères, que les afflictions ne servent pas seulement à expier les péchés que nous avons commis, elles sont de plus un préservatif contre ceux que nous pourrions commettre. Vous faisiez bon usage de vos biens, et cependant Dieu vous les enlève : c'est qu'il voyait dans votre cœur une disposition secrète à l'avarice ou à la prodigalité, peut-être à l'orgueil et à la vaine gloire. Ce qui d'abord avait servi à votre salut, serait devenu par la suite la cause de votre damnation : celui qui voit tout l'a prévu, et il vous les a ôtés, ce sont des grâces que vous avez à lui rendre. Il a permis que l'on ait noirci votre réputation par des calomnies, c'est que vous étiez trop prévenu en votre faveur, trop curieux de l'estime des hommes; il était nécessaire de vous mortifier, de vous humilier ; sans quoi cette complaisance secrète dont vous étiez rempli pour vous-même, vous aurait perdu; vous ne l'aperceviez peut-être pas, mais Dieu voyait l'enflure de votre cœur : il a voulu la guérir, et votre sensibilité a dû vous faire connaître votre orgueil, et le besoin que vous aviez par conséquent de cette humiliation.

Mais enfin, quel fond y a-t-il à faire sur l'humilité, la douceur, la modestie, la charité, la patience de quelqu'un qui n'a jamais été mis à l'épreuve? C'est dans le sein de l'affliction que les vertus chrétiennes se forment, se fortifient, et acquièrent de la solidité. De même qu'on éprouve l'or et qu'on le purifie par le feu, ainsi vous éprouvez les âmes justes, et les purifiez, ô mon Dieu, dans le creuset de la tribulation et des souffrances. C'est là, c'est dans ce creuset qu'elles reçoivent l'empreinte de Jésus-Christ, à l'image duquel il faut nécessairement que nous soyons trouvés conformes, pour être du nombre de vos élus.

Mes frères, écoutons l'apôtre saint Paul : il a fallu que Jésus-Christ ait souffert pour entrer dans la gloire de son Père : cela me fait trembler. Car s'il a fallu que le Fils de Dieu ait souffert pour entrer dans sa gloire, et s'il est impossible que nous arrivions à cette gloire par un autre chemin et par une autre porte que Jésus Christ, puisque Jésus-Christ est lui-même le chemin et la porte, il est donc impossible de se sauver autrement que par les souffrances : point d'autre chemin ni d'autre porte, il faut passer par là ou renoncer au paradis. Nous avons beau faire et beau dire, quiconque n'aura pas eu de part au calice de Jésus-Christ, n'aura point de part à sa gloire.

Ces vérités sont dures : j'en conviens. Mais il faut convenir en même temps qu'elles sont un grand sujet de consolation pour les personnes qui souffrent; il faut convenir que les peines les plus cuisantes perdent toute leur amertume, quand on les envisage avec les yeux de la foi, et qu'on en juge suivant les principes de l'Evangile.

SECONDE RÉFLEXION.

Représentez-vous donc, mes frères, un homme accablé de tristesse et abîmé dans la douleur, soit qu'il ait essuyé, par exemple, quelque mortification publique qui le déshonore, soit qu'il ait fait quelque perte considérable qui le réduit, pour ainsi dire, à la mendicité; soit qu'il ait été frappé d'une maladie incurable qui le retient dans son lit pour le reste de ses jours ; soit enfin que la mort lui ait enlevé une personne qui faisait la douceur de sa vie, ou bien de laquelle dépendait sa fortune et son bonheur; voilà ce que j'appelle des afflictions.

De quelque côté qu'il se tourne, il ne trouve hors de Jésus-Christ aucune consolation solide. Tantôt il s'accuse lui-même, et il est déchiré par des regrets : si j'avais fait telle chose, si j'avais pris telle mesure, ce malheur ne me serait pas arrivé. Tantôt il accuse les autres, et il est tourmenté par la rancune, le dépit, la haine, l'esprit de vengeance. C'est un tel ou un tel qui est la cause de mes malheurs, je ne lui pardonnerai jamais. Plus il réfléchit sur sa position, plus il la trouve cruelle ; ses réflexions ne servent qu'à aigrir sa douleur; il s'y abandonne, il se désespère, il se souhaite la mort, il la souhaite aux autres.

Quelquefois, pour réparer ses pertes et se retirer d'embarras, il commettra des injustices, il fera des bassesses ; il ne rougira de rien, il se croira tout permis ; pour mettre fin à ses maux, il livrera son âme à toutes les iniquités qui pourront y servir de remède. Oh ! qu'une âme affligée est à plaindre lorsqu'elle ne se tourne pas du côté de Jésus-Christ! sa douleur la suivra partout, et son affliction sera comme une plaie incurable. Mais que cette âme ouvre les yeux de la foi, quelles ressources, quelles consolations, quelles douceurs ne trouvera-t-elle pas dans les vérités précieuses que cette foi lui enseigne !

Oui, mon Dieu, oui, c'est vous qui m'avez envoyé le mal que je souffre : de quelque manière que cette affliction me soit arrivée, elle est venue à vos ordres, le jour et le moment en étaient marqués dans les décrets de votre providence éternelle. Comment donc oserais-je m'en plaindre, puisque vous l'avez ordonné ou permis ainsi? Non, *je garderai le silence, je n'ouvrirai pas la bouche, parce que c'est vous qui l'avez fait, ô mon Dieu : « Obmutui et non aperui os meum, quoniam tu fecisti. »* (*Psal.* XXXVIII, 10.)

Eh! pourrais-je regarder comme un mal ce qui vient de votre main paternelle? N'êtes-vous pas la justice, la sagesse, la bonté même, et tout ce que vous faites, Seigneur, ne le faites-vous pas pour mon plus grand bien? Vous me châtiez : je l'ai mérité, j'en ai mérité cent fois davantage. Lorsque je compare le mal que j'ai fait avec celui que je souffre ; en mettant mes iniquités d'un côté de la balance et mes afflictions de l'autre, ah! qu'il est énorme le poids de mes iniquités! ah! qu'il est léger le poids de mon affliction! c'est un contre mille. Joignez-y vos souffrances et votre mort; joignez-y votre sang et vos mérites ; joignez-y toute la grandeur de votre miséricorde, il n'y a qu'elle qui puisse faire pencher la balance et me sauver de l'enfer où mes iniquités m'entraînent. Vous m'affligez un instant sur la terre pour m'épargner des supplices éternels : quelles grâces n'ai-je pas à vous rendre? Béni soyez-vous, ô mon Sauveur, de l'affliction que vous avez fait tomber sur moi.

Elle m'était nécessaire pour me faire rentrer en moi-même. Je vous avais oublié, j'avais perdu de vue mes péchés et votre justice, j'avais mis ma confiance dans mes biens, dans ma santé, dans ma réputation, je m'étais reposé dans les créatures, je m'étais appuyé sur un bras de chair. Vous m'avez enlevé ces biens fragiles, ou vous les avez mêlés d'amertume; et par là vous m'avez fait connaître que vous êtes le bien unique sur lequel je doive compter, et en qui je puisse mettre ma confiance. Seigneur, que vous êtes bon de m'avoir ainsi arraché ce qui m'attachait si fort à la terre, ce qui nourrissait mon orgueil et ma vanité!

Hélas! je ne pensais point que je dépendais de vous en toute chose ; comme un jeune taureau qui n'est point accoutumé au joug, comme un cheval indompté qui ne connaît point le frein, je me livrais sans réflexions à tous les mouvements déréglés de mon cœur, je m'éloignais de vous, ô mon Dieu, je m'égarais, je me perdais, dans des voies détournées. Mais les coups que vous avez déchargés sur moi m'ont fait ressouvenir que j'avais un maître ; l'affliction que vous m'avez envoyée a été comme un frein que vous avez mis dans ma bouche, comme un joug sous lequel vous m'avez forcé de plier : *Castigasti me et eruditus sum quasi juvenculus indomitus.* (*Jerem.*, XXXI, 18.)

Mais qui suis-je donc, Seigneur, pour que vous m'ayez trouvé digne d'avoir part à votre calice? Ce calice adorable avec toute son amertume, n'est-il pas le partage des âmes justes? Les persécutions, les humiliations, les souffrances ne sont-elles pas l'apanage ordinaire de vos élus? N'est-ce pas ainsi que vous avez traité dans tous les temps vos serviteurs les plus fidèles? Votre croix, ô mon Sauveur, n'est-elle pas faite pour vos amis, et ne donnez-vous pas les plus pesantes à ceux qui vous sont les plus chers? Ces croix précieuses ne sont-elles pas destinées pour ceux qui ont le bonheur de marcher à votre suite, et celles qui, étant les plus lourdes ressemblent le plus à la vôtre, ne sont-elles pas pour eux le gage de votre amour, une assurance et comme les arrhes de la gloire que vous leur avez préparée?

Eh! d'où me vient donc ce bonheur que vous daigniez me traiter, ô mon Dieu, comme vous traitez les âmes choisies, moi qui ne suis qu'un misérable, indigne d'être appelé votre enfant, plus indigne encore de marcher à votre suite? Ah! c'est que vous voulez me mettre au nombre de vos véritables disciples, vous voulez que je devienne une de ces pierres vivantes qui doivent entrer dans l'édifice de la céleste Jérusalem dont vous êtes le fondement et la pierre angulaire. Vous m'avez tiré de la masse de perdition, comme l'ouvrier tire d'une carrière profonde et spacieuse une pierre brute qu'il taille, qu'il polit, lui donnant la forme qu'elle doit avoir pour remplir la place qu'il lui destine.

Oui, Seigneur, je suis vraiment une pierre informe, raboteuse, pleine de défauts et d'inégalités. Quelle froideur, quelle dureté, quelle insensibilité pour le ciel! Quel attachement, quelle faiblesse pour les choses de ce monde! Quel amour, quelle complaisance pour moi-même! Et cet amour déréglé, de combien de manières ne rend-il pas difforme à vos yeux cette âme que vous avez créée à votre image? Frappez donc, grand Dieu, frappez sur cette pierre, avec le marteau de l'affliction : coupez, brisez, taillez, redressez, aplanissez, unissez et rendez-moi tel que je dois être pour entrer dans l'édifice spirituel dont vos élus sont les pierres vivantes. Je reconnais vos desseins, je les adore ; je reçois non-seulement avec soumission, mais avec reconnaissance et avec joie cette affliction comme étant la marque la plus certaine de votre amour et de vos miséricordes.

J'embrasse de tout mon cœur la croix que vous avez vous-même chargée sur mes épaules : *O bona crux!* O croix précieuse, trésor inestimable dont je ne connaissais pas le prix, que j'aurais dû désirer et que je craignais, que j'aurais dû chercher et que je fuyais! Ah! je vois, je sens que vous êtes préférable à tous les plaisirs et à toute la gloire du monde. O humiliation, ô douleur, ô amertume, ô croix, que vous êtes chère! Vous me faites participer au calice que mon Sauveur a avalé, pour l'amour de moi, jusqu'à la lie. Ah! que je trouve de douceur dans ces amertumes, déconsolations dans ces souffrances, de joie dans cette affliction ! Oh ! que cette croix m'est précieuse, qu'elle m'est chère ! *O bona crux*.

Oui, mon Dieu, quand même j'aurais à choisir entre la croix que vous m'avez donnée, et les plaisirs passagers de ceux qui ont leur consolation dans ce monde ; quand je serais le maître de me décharger de cette croix, et d'éloigner le calice que vous me faites avaler, je garderais ma croix, parce que vous n'avez pas voulu descendre de la vôtre, je boirais ce calice, parce que vous me le présentez, et que vous voulez que je le boive. Adorable Jésus, ma croix unie à la vôtre sera mon trône et mon espérance ; j'unirai mes afflictions à vos douleurs, j'en ferai comme un *bouquet de myrrhe qui reposera sur mon sein*, et me servira de préservatif contre la corruption du péché, contre les odeurs de mort qui m'environnent : *Fasciculus myrrhæ dilectus meus mihi, inter ubera mea commorabitur*. (*Cant.*, I, 12.) Tel est le langage d'une âme chrétienne qui, au moment de l'affliction, élève ses pensées et fixe ses regards sur Jésus-Christ.

Quel est donc votre aveuglement, mes frères, où est votre foi, lorsque vous vous abandonnez à une tristesse excessive, et à des plaintes encore plus amères que la douleur qui vous les arrache ? Où est votre foi, lorsque, pleins d'impatience et de murmure, vous faites mille efforts inutiles pour rejeter loin de vous la croix que Jésus-Christ vous a donnée ; lorsque vous maudissez en quelque sorte le calice qu'il vous présente ? Mes chers enfants, il ne faut pas moins que vous la portiez, cette croix ; vous la traînez, elle n'en devient que plus pesante ; il ne faut pas moins l'avaler, ce calice, et vous ne le trouvez que plus amer. Vous avez beau vous impatienter, vous n'en souffrez pas moins, vous en souffrez davantage, vous souffrez inutilement, et après avoir été malheureux pendant cette vie, vous serez encore plus malheureux dans l'autre ; voilà ce que vous gagnez, et ce que peut vous produire votre impatience.

Il faudrait donc aller au-devant des croix, les désirer, les chercher, et courir après les afflictions, comme après un trésor ? Ah ! mes frères, plût à Dieu que notre foi fût assez vive, et notre amour envers Jésus-Christ assez ardent pour nous faire aimer les souffrances ! Les saints qui sont dans le ciel, n'avaient point une chair différente de la nôtre ; cependant ils se plaisaient dans les afflictions, ils les regardaient comme le plus précieux de tous les biens ; ils en faisaient leurs délices ; mais hélas que nous sommes éloignés de cette perfection !

Mais non, je ne dis pas que vous alliez au-devant des croix ; il y a plus (je parle humainement à cause de votre faiblesse), exemptez-vous des afflictions si vous le pouvez, apportez à vos maux tous les adoucissements possibles ; le dirai-je, fuyez les croix, eh bien ! fuyez les croix, à la bonne heure, mais du moins lorsque Dieu vous les envoie, et pendant que vous êtes forcé de les porter, portez-les donc avec patience, et ne dites pas comme vous faites tous les jours : Hélas ! que je suis malheureux, que je suis à plaindre ! Ne voyez-vous pas qu'en parlant de la sorte vous donnez un démenti à Jésus-Christ et à son Evangile ? Si vous n'êtes pas assez chrétien pour vous réjouir au milieu des tribulations, soyez-le du moins assez pour vous soumettre humblement à la volonté de celui qui vous afflige ; et lorsque vous dites : Seigneur, éloignez de moi ce calice, ajoutez au moins : Seigneur, que votre volonté soit faite et non pas la mienne, parce que votre volonté m'est toujours bonne et avantageuse, au lieu que la mienne est presque toujours mauvaise ; car, en vous demandant d'être délivré de mes douleurs, je ne sais pas ce que je vous demande.

Mes frères, écoutez-moi : lorsque vous avez du chagrin, vous trouvez une espèce de soulagement à décharger votre cœur dans celui d'un véritable ami ; la confidence que vous lui faites de vos peines, et la part qu'il y prend, semblent les adoucir, et vous donner une certaine consolation : eh ! mes chers enfants, y a-t-il un meilleur ami que Jésus-Christ ? Pourrez-vous en trouver qui vous aime davantage, qui soit plus sensible à vos vrais intérêts, qui les connaisse mieux, et qui puisse appliquer sur vos maux un remède plus prompt et plus efficace ? Ah ! venez donc, venez répandre votre cœur en sa présence toutes les fois que vous serez affligés. Enfoncez-vous, cachez-vous dans ses plaies adorables ; vos souffrances se mêleront, se perdront dans les siennes, comme les eaux d'une rivière vont se perdre dans les abîmes de la mer. Embrassez la croix de Jésus-Christ, mon cher enfant, et vous sentirez découler dans votre âme une vertu secrète qui adoucira, qui dissipera toute l'amertume de votre affliction.

Divin Jésus, lorsque je vous considère sur cette croix où je vous ai moi-même attaché, il me semble que vous faites entendre au fond de mon cœur, ce que vous disiez autrefois par la bouche de votre prophète : *Attendite et videte si est dolor sicut dolor meus*. (*Thren.*, I, 12.) Ame chrétienne, vous souffrez et vous vous plaignez ; mais ouvrez les yeux, fixez un instant vos regards sur ma personne ; voyez et considérez si vos douleurs ont quelque chose qui approche des miennes. Après avoir vécu trente années dans la pauvreté, dans les travaux et les humiliations, après avoir été accablé d'outrages, abreuvé de fiel, rassasié d'opprobres, j'ai expiré sur la croix où vous me voyez cloué pour l'amour de vous. Comparez ma pauvreté avec votre misère, mes humiliations, mes douleurs avec les vôtres ; ce que j'ai souffert de la part de mes ennemis, avec ce que vous souffrez de la part de ceux qui vous haïssent, examinez et voyez si votre affliction mérite d'être comparée à mes souffrances : *Attendite et videte si est dolor sicut dolor meus*.

J'ai livré mon corps à ceux qui le frappaient comme on frappe sur une enclume; j'ai tendu la joue à ceux qui me donnaient des soufflets et me crachaient au visage; je n'ai ouvert la bouche ni pour me défendre ni pour me plaindre quoique je fusse innocent, je me suis laissé conduire à la mort comme un agneau que l'on mène à la boucherie, et le tout parce que je vous ai aimé jusqu'à prendre toutes vos iniquités sur moi. Serait-il possible que vous, qui êtes coupable, ne voulussiez rien souffrir pour l'amour de celui qui, étant l'innocence même, a tant souffert pour l'amour de vous?

Mon bon Sauveur, que vos paroles sont vraies, qu'elles sont touchantes! elles me couvrent de confusion en me faisant sentir mon aveuglement, mon ingratitude et toute l'injustice de mes plaintes. Mais elles répandent en même temps dans mon âme une onction divine qui me pénètre, et fait évanouir mes douleurs. Oui, mon Dieu, votre croix est vraiment cette verge mystérieuse avec laquelle Moïse, votre serviteur et votre image, adoucissait les eaux de la mer, et une heure passée aux pieds de cette croix adorable me donne plus de consolation que tous les maux réunis ne pourraient me causer de souffrances. Ah! c'est donc là, c'est aux pieds de votre croix que je viendrai me consoler désormais, et me convaincre de plus en plus que les tribulations sont un effet de votre miséricorde, le gage de votre amour, et le chemin qu'il faut tenir pour arriver dans le séjour éternel de votre gloire. Je vous la souhaite, mes chers enfants. Au nom du Père, etc.

DISCOURS LIII.

Pour le vingt-quatrième Dimanche après la Pentecôte.

CONCLUSION DE LA DOMINICALE.

Cœlum et terra transibunt; verba autem mea non præteribunt (*Matth.*, XXIV, 35)

Le ciel et la terre passeront; mais mes paroles ne passeront point.

C'est aujourd'hui, mes chers paroissiens, le dernier dimanche de l'année ecclésiastique, pendant laquelle nous avons annoncé de la part de Jésus-Christ cette parole éternelle dont les chaires chrétiennes ne cessent de retentir pour la sanctification des uns et la réprobation des autres. Car il ne faut pas vous imaginer qu'il en soit de la parole de Dieu comme de certains remèdes qui ne peuvent faire de mal quand ils ne font pas de bien : non. Elle produit nécessairement un bon ou un mauvais effet dans l'âme de ceux qui l'écoutent. Lorsqu'elle ne les éclaire point, elle les aveugle; lorsqu'elle ne les touche point, elle les endurcit : *Verbum meum non revertetur ad me vacuum.* (*Isa.*, LV, 11.) Si vous la recevez avec respect, si vous la conservez dans vos cœurs, si vous la mettez en pratique, elle sauvera vos âmes; si vous la négligez au contraire, si vous la traitez avec mépris, si vous la rendez inutile à votre salut; après avoir servi à votre endurcissement, elle sera le sujet de votre condamnation. Mais de quelque manière que vous la receviez, et quelque usage que vous puissiez en faire, c'est sur elle que vous serez jugés, et non pas suivant vos idées particulières, ni suivant les fausses opinions que la plupart des hommes se forgent dans la tête en se faisant une religion et une conscience à leur fantaisie. De là vient que Notre-Seigneur, après avoir remis sous nos yeux l'image effrayante du jugement dernier, nous assure que le ciel et la terre passeront, mais que les oracles sortis de sa bouche ne passeront jamais. Je terminerai donc les instructions de cette année chrétienne en vous adressant ces mêmes paroles : *Cœlum et terra transibunt, verba autem mea non præteribunt.*

PREMIÈRE RÉFLEXION.

La liberté de penser, de raisonner, même d'écrire en matière de religion et de morale, est portée aujourd'hui à un tel excès, qu'il y a presque autant de religions que de consciences. Nos pères, dont la foi était d'autant plus pure qu'elle était plus simple, auraient regardé comme des monstres et des pestes publiques les incrédules et les impies de nos jours. Dans le siècle où nous vivons, presque personne ne s'en formalise; on dit froidement que *chacun a sa façon de penser*; et avec leur *façon de penser*, c'est-à-dire, de déraisonner, de blasphémer ce qu'il y a de plus saint, de tourner en ridicule ce que les hommes ont de plus sacré; avec leur *façon de penser*, c'est-à-dire, de fouler aux pieds l'Evangile, la religion, l'Eglise, ses ministres, ses sacrements, ses cérémonies, ses lois, ils ont répandu dans toutes les conditions un certain esprit de tolérance qui souffre tout, hormis la vérité.

Cette indifférence à l'égard de la religion commence à passer jusque chez le peuple. A force de voir et d'entendre des gens d'une certaine façon, même des gens en place, qui n'ont point de foi, qui ont les mœurs corrompues, qui font un jeu des fornications, des adultères, et du plus affreux libertinage; à force de les voir et de les entendre, le peuple s'est accoutumé peu à peu au scandale. Ces désordres ne lui inspirent plus la même horreur qu'ils auraient inspirée autrefois, et enfin il s'imagine que le mal n'est pas si grand, puisque tant de personnes plus éclairées que lui n'en font point de scrupule et qu'on les souffre.

Abandonner la confession et les Pâques, ne connaître ni jeûne ni abstinence, mépriser toutes les lois de l'Eglise, se moquer de ses menaces et de ses censures, entretenir un commerce infâme à la vue de toute une paroisse, on regarde aujourd'hui tout cela comme des niaiseries, on ne s'en cache plus, on en fait gloire; et ceux qui, dans les premiers siècles du Christianisme, auraient été retranchés de la communion des fidèles, privés de l'entrée de l'église pendant leur vie et de la sépulture ecclésiastique à la mort, ceux-là, confondus avec les vrais chrétiens pendant leur vie et après leur mort, ne sont pas traités d'une autre manière; on a pour le vice lui-même toute l'indulgence qu'on doit avoir pour la personne.

Celui qui fait profession ouverte de ne rien croire, qui se moque de ceux qui croient; celui qui a renoncé par conséquent à sa foi et à son baptême, qui assiste à la Messe, et en parle comme Calvin : qui fait semblant d'adorer Jésus-Christ à l'Eglise, et le blasphème dans sa maison, c'est-à-dire un apostat et un parjure, c'est-à-dire un menteur et un hypocrite, c'est-à-dire, un fourbe et un scélérat, qui, pour conserver sa place et son existence, se dit catholique, apostolique et romain, pendant qu'il déchire et blasphème la religion catholique, apostolique et romaine; celui-là est *un honnête homme qui a sa façon de penser.*

Le corrupteur infâme de l'innocence, qui, après avoir abusé de la faiblesse ou de la misère d'une pauvre créature, la déshonore et la fait servir à toutes les abominations de l'impureté, ou met au monde des misérables qui, n'ayant ni parents ni état, quoiqu'ils soient innocents de l'iniquité dont ils sont les fruits, ne laissent pas d'en porter la honte, celui là est *un homme qui a sa façon de penser.*

Celui qui, foulant aux pieds les droits sacrés du mariage, viole la foi conjugale, engage les autres à la violer, déshonore sa femme, ruine ses propres enfants pour entretenir son libertinage; porte l'injustice et le désordre dans une famille étrangère, en confondant les enfants légitimes avec ceux qui ne le sont pas, contre toutes les lois de l'équité, de la probité, de l'honneur, de la nature elle-même; celui-là est *un homme qui a sa façon de penser.*

Mais depuis quand les déréglements les plus affreux et les injustices les plus criantes ont-ils perdu aux yeux des hommes toute leur énormité? Depuis quand la loi de Dieu, celles de la raison et de la nature sont-elles changées? Est-ce que les cris et les écrits multipliés des libertins et des impies ont détruit la vérité de l'Evangile? Est-ce que la religion de Jésus-Christ n'est pas aussi vraie qu'elle l'était du temps des apôtres? Est-ce que ses ministres n'ont pas le même caractère et la même autorité? Est-ce que les lois de cette religion divine sont abrogées, et ceux qui les violent sont-ils moins coupables qu'ils ne l'auraient été s'ils avaient vécu il y a dix-sept siècles?

La diminution de la foi, le refroidissement de la charité, le relâchement des mœurs en forçant l'Eglise d'user de plus d'indulgence, ont-ils changé la nature des choses? Les enfants sont-ils moins coupables parce que leur mère est devenue moins sévère; et les crimes, parce qu'on les dissimule et qu'on les souffre, cessent-ils d'être des crimes? non, mes frères, non : l'Evangile est aujourd'hui ce qu'il était hier, et il sera dans tous les siècles ce qu'il est aujourd'hui! le ciel et la terre passeront, mais la parole renfermée dans ce livre divin ne passera jamais : *Verba autem mea non prœteribunt.*

Elle a détruit, cette parole toute-puissante, la vaine sagesse de ceux qui se prétendaient sages; elle a perdu la fausse prudence de ceux qui se disaient prudents; elle a confondu le Juif, le gentil, le Grec, le barbare, elle a renversé, brisé les cèdres du Liban, elle s'est élevée sur les débris de cette multitude prodigieuse d'opinions, de systèmes, d'erreurs où la raison humaine s'était égarée; les blasphèmes de l'impie, les extravagances du philosophe prétendu, les rêveries de l'hérétique, tout ce que l'orgueil ou la corruption des mœurs a inventé contre la pureté de la foi ou de la morale n'ont rien changé à la parole éternelle, qui est le fondement de notre foi et de la saine morale.

Les nuages se forment, s'élèvent, s'épaississent et s'évanouissent ensuite sans que la lumière du soleil souffre en elle-même ni changement, ni altération : il en sera de même, ô mon Dieu, de ces productions ténébreuses qui s'élèvent aujourd'hui avec tant d'insolence contre la vérité de votre Evangile; de ces ouvrages pestiférés, de ces écrits pleins d'horreur qui infectent nos villes et nos campagnes. Comme ces brouillards épais que nous voyons quelquefois nous apporter la puanteur avec les ténèbres, vous les dissiperez, grand Dieu; ils passeront, mais votre parole demeurera éternellement.

Vous passerez vous-mêmes, esprits orgueilleux, qui avez enfanté ces ténèbres, qui les multipliez, qui vous y plaisez comme dans votre élément, qui vous nourrissez de mensonges et de corruption, qui vivez dans le sein de l'Eglise pour déchirer les entrailles de votre mère, qui vous efforcez de lui arracher les yeux en vous acharnant contre ses ministres; qui, franchissant les barrières les plus sacrées, portez votre insolence et vos fureurs jusque dans l'intérieur du sanctuaire, de sorte qu'on peut vous appliquer dans un sens spirituel, mais très-véritable, ce que l'Ecriture rapporte de cet Antiochus qu'elle appelle *une racine pécheresse; « rudix peccatrix, »* qui plein d'un orgueil insolent entra dans le temple de Jérusalem, pilla, brisa, ravagea tous les ornements, toutes les richesses de la maison de Dieu; richesses, ornements qui étaient la figure et le symbole de nos sacrements, de nos mystères, et de tous les biens spirituels qui sont le trésor de l'Eglise chrétienne; mystères, sacrements que vous voudriez pouvoir anéantir par vos railleries, vos insultes, vos outrages, et tout le venin que vous vous efforcez de répandre sur la religion de Jésus-Christ et sur ceux qui la prêchent, et cela sans aucun égard, ni pour l'autorité royale, ni pour le caractère de ces magistrats respectables qui, de concert avec les premiers pasteurs, s'élèvent avec tant de zèle contre les blasphémateurs et les impies! *Intravit in sanctificationem cum superbia.... Et comminuit omnia* (1).

Mais n'êtes-vous pas cette *quatrième bête* prédite par Daniel (cap. VII), et dont il est écrit qu'elle élèvera la voix contre la souveraine Majesté, qu'elle humiliera, quelle *brisera*, qu'elle s'efforcera de détruire *les saints du Très-haut*, qu'elle *croira pouvoir changer les temps et les lois?* Ah! misérables écrivains qui osez vous dire philosophes, si vous n'êtes pas la bête, vous en êtes les émissaires et les ministres, mais vous n'aurez qu'un temps, *usque ad tempus*. Vous passerez vous et vos ouvrages; vous serez, ainsi que tant d'autres qui vous ont précédés, la preuve éclatante de ce qui est écrit au *Livre de Job : La gloire des impies est bientôt passée; la joie de l'hypocrite n'est que d'un instant. Son orgueil s'élevât-il jusqu'au ciel, sa tête touchât-elle les nues, il périra à la fin, il sera rejeté comme un fumier, et ceux qui auront vu sa grandeur passée diront : Où est il? « Quasi sterquilinium in fine perdetur, et qui eum viderant, dicent : Ubi est? »* (*Job*, V, 7.

Il n'en sera pas ainsi de votre parole, ô mon Dieu, ni de ceux qui l'écoutent et s'attachent inviolablement à la pratique de votre sainte loi. Pendant que le nom de l'impie tombera dans l'opprobre, *et pourrira*, suivant la belle expression du Saint-Esprit au *Livre des Proverbes* (X, 7), le nom et la mémoire du juste seront comblés d'éloges et de bénédictions : *Memoria justi cum laudibus, et nomen impiorum putrescet*.

Bouchez-vous donc les oreilles, mes chers enfants, toutes les fois que vous entendrez ces discours impies qui tendent à renverser le fondement de la foi dont vous avez fait profession, et rejetez avec horreur tout ce qui contredit la parole de l'Evangile que vos pasteurs vous annoncent. Mais prenez garde qu'en retenant les principes de cette foi, vous ne cherchiez à les ajuster avec les maximes du monde. Souvenez-vous que la morale de Jésus-Christ ainsi que sa doctrine ne souffre point d'alliage; qu'il vaudrait autant rejeter la loi que de la faire plier à vos goûts, et de vous faire une fausse conscience. Bon Dieu, qu'il y en a de ces fausses consciences!

Je l'ai dit souvent, et je le repète encore. Nous voyons tous les jours des chrétiens qui remplissent avec exactitude les devoirs extérieurs de la religion, et qui seraient fâchés d'y manquer. Ils sont assidus aux Offices, ils fréquentent les sacrements, et ils allient avec ces dehors de christianisme une ambition démesurée, un amour excessif pour les richesses, des sentiments d'animosité contre leurs ennemis. Il y a mille occasions dans lesquelles on accorde, je ne sais comment, la loi de l'Evangile avec la loi des passions, Jésus-Christ avec le monde.

Tous les hommes ont leurs penchants et leurs goûts particuliers; chacun a, pour ainsi dire, son péché favori : c'est sur celui-là qu'on s'abuse et qu'on s'aveugle soi-même. C'est sur celui-là qu'on trouve toujours les casuistes trop rigides, les confesseurs trop sévères, les prédicateurs outrés. Quand une fois le pécheur s'est fait une fausse conscience, les docteurs les plus habiles, les directeurs les plus éclairés, les prédicateurs les plus touchants ne sont pas capables de le faire démordre de son opinion. Vous lui rapporterez cent passages de l'Ecriture, l'autorité des saints Pères, les bulles des papes, la décision des conciles, c'est comme si vous ne disiez rien. On se flatte, on imagine des raisons, on trouve des prétextes, on se fabrique des excuses et l'on croit tout cela bien légitime; mais, de bonne foi, mes frères, pensez-vous que vos idées, vos raisonnements, vos erreurs puissent retrancher un *iota* de l'Evangile, ni changer un mot à la parole de Jésus-Christ? Ah! que vous serez loin de votre compte, lorsque vous paraîtrez devant lui, et qu'il appliquera sur toutes les actions de votre vie la règle immuable de sa justice et de son éternelle vérité! Vous sentirez pour lors toute la force de cet oracle sorti de sa bouche : *Verba autem mea non præteribunt : « Ma parole ne passera jamais. »*

SECONDE RÉFLEXION.

Les cieux et la terre, dit l'apôtre saint Pierre dans l'Epître que nous avons lue aujourd'hui, *sont conservés avec soin par la parole du Seigneur, et réservés pour le feu au jour du jugement et de la ruine des hommes impies.* (*I Petr.*, III, 7.) Ce bel univers dans lequel vous avez fait éclater, ô mon Dieu, la magnificence de votre gloire, disparaîtra tout à coup en votre présence; comme la cire se fond aux approches du feu, ainsi le souffle de votre bouche fera rentrer ce monde visible dans le néant d'où vous l'avez tiré par votre parole.

Tout ce que la science, les arts, les talents, l'adresse, l'industrie des hommes ont ajouté aux beautés et aux richesses de la nature; tous ces ouvrages dans lesquels sont en quelque sorte consignés la force et la faiblesse, la droiture et les égarements de la raison humaine : ce nombre immense de volumes nés les uns des autres, multipliés, accumulés, tantôt à la gloire de l'esprit humain, tantôt à sa confusion; pour l'honneur ou pour la honte du siècle qui les a vus naître; ce mélange perpétuel de lumières et de ténèbres, de mensonges et de vérités, de bien et de mal, tout cela devenu la proie des flammes, sera devant vous, ô mon Dieu, ce qu'est à nos yeux une poignée de poussière que nous jetons au vent, et dont nous ne voyons plus la moindre trace. Tout périra,

(1) *Antiochus, radix peccatrix..... intravit in sanctificationem cum superbia; et accepit altare aureum et candelabrum luminis, et universa vasa ejus, et mensam propositionis, et libatoria, et phialas, et mortariola aurea, et coronas, et ornamentum aureum, quod in facie templi erat, et comminuit omnia.* (I *Mach.*, I, 23.)

tout disparaîtra ; la parole de votre Evangile, ô Jésus, survivra seule à la ruine de l'univers. Les nations rassemblées au pied de votre tribunal suprême, ne verront entre elles et vous que l'Evangile, et c'est sur l'Evangile que tous les peuples seront jugés. Il n'y aura plus alors, mes frères, à alléguer ni la coutume, ni les préjugés, ni l'ignorance, ni les nécessités prétendues, ni les bienséances imaginaires, ni les erreurs du temps, ni les mœurs du siècle, tout cela ne sera point la règle du jugement que Dieu portera contre nous.

Sa parole annoncée dès le commencement par les patriarches et les prophètes, l'Evangile apporté sur la terre par Jésus-Christ, prêché par les apôtres dans tout l'univers, et qui, passant de bouche en bouche, est arrivée jusqu'à nous pour passer de même aux générations suivantes, jusqu'à la fin des siècles, cette parole éternelle sera seule notre juge. Ce ne sera plus le temps alors de dire comme on fait aujourd'hui : Je ne sais pas, je ne crois pas, je pense, je ne pense pas; votre façon de penser et de croire ainsi que votre façon d'agir, seront confrontées avec la parole que nous prêchons, et si votre vie ne se trouve pas conforme à l'Evangile, votre réprobation est assurée.

Mais je ne savais pas : vous deviez savoir. Vous aviez la Loi et les prophètes, vous aviez l'Eglise et les pasteurs; il fallait les consulter, les écouter, les suivre. N'avais-je pas dit que c'était moi qui parlais, et qui vous instruisais par leur bouche : *Celui qui vous écoute, m'écoute; celui qui vous méprise, me méprise.* (*Luc.*, X, 16.) La voilà, cette parole ; elle ne passera point, elle est restée pour vous confondre.

Mais je ne croyais pas : eh ! quelles raisons aviez-vous de ne pas croire? Que manquait-il à mon Evangile pour le rendre croyable ? L'établissement, les progrès, les persécutions, les triomphes de l'Eglise chrétienne, l'accomplissement des prophéties, ma naissance, ma vie, ma mort, mon sang, celui de mes martyrs, la conversion du monde, que vous fallait-il davantage ? La sublimité de ma doctrine, la sainteté de ma morale, les miracles de ma grâce... que devais-je faire de plus pour vous convaincre? Vous ne croyiez pas? Mais n'avez-vous pas fait des efforts pour résister à l'évidence des motifs qui vous pressaient de croire; pour éteindre la lumière qui vous gênait, pour étouffer les remords d'une conscience qui, jusqu'à votre dernier soupir, n'a cessé d'élever la voix contre votre incrédulité?

Voyez donc à quoi se réduit la force de ces raisonnements que vous avez entassés contre les vérités de mon Evangile? Où sont ces arguments victorieux, cette érudition profonde, cette philosophie dont vous faisiez l'orgueilleux étalage. Examinez, pesez, combinez.... Il n'y a plus rien; tout s'est évanoui : ma parole seule est restée : *Celui qui ne croira point, sera condamné.* (*Marc.*, XVI, 16.) La voilà, cette parole, c'est elle qui vous jugera.

J'ai fait comme les autres, j'ai suivi l'usage ; c'était la coutume... Belle excuse ! mais si la coutume était contraire à la loi, mais si l'usage était diamétralement opposé à l'Evangile, fallait-il sacrifier mes lois à la coutume, abandonner mon Evangile pour suivre l'usage? N'avais-je pas dit que la voie large où marchait le plus grand nombre, était une voie de perdition ? Parce que les autres perdaient leur âme, fallait-il que vous perdissiez la vôtre? Je n'ai jamais dit que je fusse la coutume, mais j'ai dit que j'étais la Vérité, *Ego sum Veritas.* (*Joan.*, XIV, 6.) La voilà, cette parole, elle ne passera point, c'est elle qui vous condamne.

Mais je ne pouvais point faire autrement : j'avais des protecteurs, des amis à qui je ne voulais pas déplaire; un état à conserver, une vie à gagner, une famille à établir. Si je m'étais conduit différemment, j'aurais perdu la bienveillance et la protection de ceux de qui dépendaient ma fortune et mon existence ; j'aurais perdu mes biens, ma tranquillité, peut-être ma vie... Eh ! bien, appelez-les donc maintenant à votre secours, ces hommes puissants à qui vous craigniez si fort de déplaire; qu'ils viennent donc vous protéger, et vous retirer d'entre les mains de ce Dieu, vivant : *Surgant et opitulentur vobis.* (*Deut.*, XXXII, 38.) Les ordres qu'ils vous ont donnés, les défenses qu'ils vous ont faites, leur ambition, leur politique, leurs fausses maximes, tout cela est passé ! Mais cette parole : *Il faut obéir à Dieu plutôt qu'aux hommes* (*Act.*, V, 29), cette parole n'est point passée, et cette parole vous confond, vous accable, vous ferme la bouche, et vous réprouve.

C'est ainsi, mes frères, que toutes les actions de notre vie, et tous les mouvements de notre âme seront confrontés avec la parole de Jésus-Christ ; toutes ces opinions, toutes ces idées, toutes ces façons de penser que l'ambition, l'avarice ou le libertinage se forgent, tous ces misérables systèmes que l'esprit d'irréligion enfante tous les jours pour la ruine de la foi, ces maximes impies, ces livres détestables, cet édifice d'erreur qui ne porte sur rien de vrai, sur rien de bon, sur rien d'honnête, sur rien de solide, s'écroulera à l'ouverture de l'Evangile, et au son de la parole de Dieu, il périra ; et toutes ces pierres de scandale seront renversées, brisées, pulvérisées, anéanties. Ces âmes lâches, ces maîtres d'erreur seront eux-mêmes précipités dans les ténèbres profondes et éternelles de l'enfer où ils puisent aujourd'hui tant de fausses opinions, tant de mensonges, tant de blasphèmes, tant d'horreurs et d'abominations.

Beatus vir qui non abiit in concilio impiorum : Heureux donc, et mille fois heureux, ô mon Dieu, *celui qui ne s'est point abandonné aux conseils des impies*, qui ne s'est point égaré dans la voie des pécheurs, qui n'a jamais suivi et encore moins enseigné les maximes corrompues du vice et du libertinage ! (*Psal.* I, 1.) Heureux celui que les mauvais livres n'ont pas séduit, que les mauvais discours n'ont pas perverti, et qui ne s'est point laissé entraîner par le torrent de la coutume et du mauvais exemple ! Heureux celui qui ne se conforme point au siècle présent, qui juge du vrai et du faux, du bien et du mal suivant les principes de la foi ; qui ne préfère point ses propres lumières à la lumière de Jésus-Christ, ni le langage des passions au langage de la raison et de l'Evangile ! Heureux celui qui règle ses pensées, ses désirs, et toute sa vie sur la loi de Dieu, qui met en elle toutes les affections de son cœur, et dont la volonté s'attache invariablement à cette loi sainte comme au centre de toute justice et de toute vérité !

C'est elle, mes chers paroissiens, qu'on a mise sous vos yeux dès vos plus tendres années. A peine avez-vous su bégayer le nom de Dieu, qu'on vous a parlé de sa loi, et fait entendre sa parole ; elle a été, cette divine parole, comme un lait précieux dont on a nourri votre âme pour la faire croître dans la grâce et dans la vertu. Elle est continuellement dans la bouche et dans les mains de vos pasteurs, comme une nourriture à laquelle ils donnent, pour ainsi dire, toutes sortes de goûts, et qu'ils apprêtent de mille manières suivant votre portée, vos besoins, et les dispositions particulières de chacun de vous.

Car nous ne cherchons point à vous amuser en flattant vos oreilles par des discours pompeux, par le subtil et vain étalage de l'éloquence humaine. Nous vous exhortons comme un père qui instruit ses enfants, comme une nourrice qui veille avec une tendre inquiétude sur le fruit de ses entrailles, parce que nous n'avons rien au monde de plus cher que le salut de vos âmes : *Quoniam charissimi nobis facti estis.* (I *Thess.*, II, 8.)

Que si nous avons le malheur de nous écarter nous-mêmes du chemin que nous montrons aux autres ; si vous apercevez dans notre conduite des choses qui ne s'accordent point avec l'Evangile que nous prêchons, souvenez-vous, mes chers enfants, qu'au jugement de Dieu on ne vous demandera pas ce que vos pasteurs auront fait, mais bien ce qu'ils vous auront enseigné dans cette chaire. Prenez pitié de notre faiblesse, et priez pour notre conversion, comme nous travaillons à la vôtre.

La doctrine que nous prêchons n'est point à nous, mais à Jésus-Christ qui nous a envoyés. Les pasteurs, qui vous ont instruits ici avant nous, ont tenu le même langage, et ceux qui viendront après nous vous enseigneront les mêmes vérités. Vous les trouverez, ces vérités précieuses, dans tous les livres composés pour l'édification des fidèles avec l'approbation des premiers pasteurs. Jamais ils ne furent plus répandus qu'ils ne le sont aujourd'hui ; jamais le pain de la parole ne fut plus abondant, jamais les hommes n'eurent plus de secours et de moyens de s'instruire dans la religion et dans la vraie vertu, jamais, par conséquent, l'ignorance ne fut moins pardonnable ; jamais le vice et l'irréligion n'eurent moins d'excuse.

Lisez-les donc, mes frères, lisez-les, ces livres dictés par la sagesse et la piété en Jésus-Christ, plutôt que d'aller vous empoisonner l'esprit et le cœur par la lecture de ces ouvrages que le père du mensonge a forgés, comme autant de pièges tendus pour prendre et perdre les âmes. Et quel est l'homme qui, ayant à sa disposition une source abondante d'eau vive, claire et pure, voudrait se laver ou étancher sa soif dans une eau bourbeuse, croupie, et pleine de puanteur ? Telle est néanmoins la folie et l'aveuglement de ceux qui préferent les rêveries, les fables, les ténèbres de l'incrédulité à la doctrine de l'Evangile.

Que ce livre divin soit donc votre nourriture ordinaire, et comme votre pain quotidien ; je dis l'Evangile expliqué par les évêques qui sont établis pour gouverner l'Eglise de Dieu, je dis les évêques unis à la chaire de Rome et au Souverain Pontife par les sentiments d'une même foi, car tout ce qui s'éloigne de l'obéissance et du respect qui sont dus à l'Eglise romaine, la mère et la *matrice* de toutes les autres, bien loin d'édifier, n'est propre qu'à la destruction de la foi et à la ruine des fidèles : *Quidquid a matrice discesserit..... substantiam salutis amittit.* (S. CYPR., *De unitate Eccles.*)

Daigne le Père des lumières et l'Auteur de tout bien graver lui-même sa loi dans nos cœurs, mes chers enfants, et joindre l'onction intérieure de son divin esprit aux paroles qu'il met dans notre bouche. Puisse-t-il vous inspirer par sa grâce non-seulement du dégoût, mais une sainte horreur pour tout ce qui paraît s'écarter de la foi que vous avez reçue dans votre baptême. Souvenez-vous de ce que saint Paul écrivait à Timothée. Je ne saurais mieux finir qu'en vous rapportant ses propres paroles.

Sachez, lui disait-il, *qu'il y aura dans les derniers jours, des temps rudes et périlleux. On verra des hommes enflés de leur mérite, qui n'aimeront qu'eux-mêmes ; avares, fiers, superbes, blasphémateurs, désobéissants à leurs père et mère* (c'est-à-dire à Jésus-Christ et à son Eglise), *ingrats, sans affection, sans foi, calomniateurs, intempérants, sans humanité, sans amour pour le bien ; traîtres, légers, inconstants, bouffis d'orgueil, amateurs des voluptés, ennemis de Dieu ;* ne les écoutez pas, *fuyez-les*, et, s'il est possible, n'ayez avec eux aucune espèce de commerce : « *Et hos devita.* » (II *Tim.*, III, 1-5 ; IV, 3, 4.) Ils n'auront qu'un temps ; leur folie et leurs erreurs paraîtront enfin dans toute leur évidence. Ils passeront avec tous ceux qui les écoutent et les suivent, avec tous ceux qui les protégent et les soutiennent. Le bruit qu'ils font sur la terre passera comme le bruit de la tempête ; et la vérité, semblable aux rayons du soleil, dissipera par son éclat tous ces nuages qui nous effrayent, éprouvent notre foi, exercent la patience, et font éclater la vertu de ceux qui souffrent pour la justice. Le ciel et la terre passeront, mais la parole de Jésus-Christ ne passera jamais : *Cœlum et terra transibunt, verba autem mea non præteribunt.*

Loi de mon Dieu, loi sainte, incorruptible, invariable, éternelle, qui décidez, qui réglez, qui ordonnez tout suivant la vérité; qui approuvez ou condamnez, qui corrigez, qui redressez tout suivant la justice, sans vous prêter à nos idées, sans vous plier à nos goûts, sans avoir égard à nos opinions! règle immuable, toujours indépendante des lieux, des temps, des coutumes, des personnes, des préjugés, des erreurs; loi de mon Dieu, soyez vous seule la lumière de ma conscience et la règle de ma vie; vous dissiperez les ténèbres que mes passions ont répandues dans mon âme, vous lèverez mes doutes, vous fixerez mes incertitudes, vous guiderez mes pas, vous détruirez toutes les illusions de l'amour-propre. En vous consultant, je ne craindrai point d'être trompé; en vous écoutant, je ne craindrai pas d'être séduit; en vous suivant, je ne craindrai pas de me perdre; et vous me conduirez infailliblement à Celui qui est la source éternelle de toute lumière et de toute bonté. Ainsi soit-il.

DEUXIÈME DOMINICALE.

Non ut confundam vos hæc scribo; sed ut filios charissimos moneo. (I *Cor.*, IV, 14.)

PRÉFACE.

L'accueil favorable que le public a fait à mes petits Prônes, me détermine à lui offrir une Dominicale plus étendue. La première n'est guère faite que pour la campagne, et pour les petites villes de province : celle-ci embrasse, si je ne me trompe, les devoirs, les vices et les vertus de toutes les conditions.

S'il y a dans ces nouveaux Prônes, mon cher lecteur, des choses qui ne soient point de votre goût, qui vous choquent, ou vous ennuient; prenez-vous en tantôt à moi, tantôt à vous-même. S'il y en a d'autres qui vous plaisent, qui vous touchent, qui vous édifient, n'en attribuez la gloire qu'au divin et seul aimable Auteur de tout bien; l'homme n'ayant de son propre fond que l'orgueil et les ténèbres qui en sont la suite.

DISCOURS PREMIER.

Pour le premier Dimanche de l'Avent.

SUR LE JUGEMENT DERNIER.

Tunc videbunt Filium hominis venientem in nube, cum potestate magna et majestate. (*Luc.*, XXI, 27.)

Alors on verra venir le Fils de l'homme sur une nuée, avec une grande puissance et une grande majesté.

Si, dans le moment où je me dispose à vous parler du jugement dernier, dont l'Evangile nous fait aujourd'hui la peinture effrayante, un ange descendu tout à coup du ciel et paraissant ici à ma place, vous annonçait de la part de Dieu, qu'avant la fin de l'année, toutes les villes et les campagnes de cette province seront ravagées et anéanties, soit par une pluie de soufre et de feu, comme il arriva autrefois à Sodome, soit par un glaive exterminateur semblable à celui qui frappa de mort tous les premiers-nés de l'Egypte; si cet événement horrible vous était annoncé de manière que vous ne pussiez pas en douter : je vous le demande, mes chers paroissiens, écouteriez-vous tranquillement une nouvelle de cette espèce? Votre sang ne se glacerait-il pas dans vos veines? Ne viendriez-vous pas en foule embrasser nos autels? Ne crieriez-vous pas miséricorde tous tant que vous êtes? Je viens aujourd'hui, et je viens de la part de Dieu vous annoncer un événement en comparaison duquel tous les fléaux du ciel et tous les malheurs arrivés sur la terre, depuis le commencement du monde, ne sont que comme quelques gouttes d'eau en comparaison de la mer entière; et je suis presque certain que la plupart de vous m'écouteront de sang froid; et si mes paroles font quelque impression sur leur esprit, ce ne sera tout au plus que l'impression de quelques instants, laquelle étant effacée avant même que nous ayons achevé l'Office, ils n'en commettront pas un péché de moins.

N'importe, votre pasteur vous dira toujours ce qu'il est chargé de vous dire, et il ne cessera de vous répéter ce que vous avez mille fois entendu. Que le monde finisse bientôt, ou qu'il dure encore longtemps, cela ne fait rien à la chose; il finira bientôt pour nous, puisque nous n'avons plus longtemps à vivre. Que depuis notre mort jusqu'au jugement dernier, il doive s'écouler une longue suite de siècles, ou seulement quelques-uns, cela ne fait rien encore. Après la mort, il n'y aura plus de temps, et mille ans alors seront à notre égard comme un jour. Ce qui nous intéresse, ce qu'il faut bien imprimer dans notre esprit, et sur quoi nous ne saurions assez réfléchir, le voici : un temps viendra où Dieu jugera le monde : cela est certain ; ma raison, ma conscience me le disent, et sans cela Dieu ne serait pas juste ; de sorte que le bon sens est sur cet article, ainsi que sur une infinité d'autres, parfaitement d'accord avec ma foi ; et quand je voudrais quitter ma religion pour en prendre une autre, je n'en trouverais aucune où l'on ne croie à peu près la même chose, pourvu que l'on y reconnaisse un Dieu et une justice.

PREMIÈRE RÉFLEXION.

Tout est vrai, tout est raisonnable dans ce que l'Evangile nous enseigne. Les mystères eux-mêmes qui sont l'objet de notre foi, ont quelque chose de si sublime, de si divin, de si touchant et de si aimable, qu'un homme de bon sens qui les médite et les approfondit avec un cœur droit, se sent bien plus porté à les admirer qu'à se plaindre de leur obscurité. Un Dieu fait homme et vivant avec les hommes comme l'un d'entr'eux ; un Dieu fait homme et nourrissant les hommes de sa propre chair, afin qu'ils ne fassent entr'eux et avec lui qu'un cœur et qu'une âme : que ce mystère est profond ! mais qu'il est honorable, qu'il est glorieux, qu'il est consolant pour la nature humaine ! Nous y trouvons, ainsi que dans tous les autres, les motifs les plus nobles, les plus relevés, les plus forts pour nous exciter à l'amour et à la pratique de toutes les vertus, pour nous porter à remplir inviolablement tous nos devoirs envers Dieu, envers le prochain, envers nous-mêmes, et à les remplir de la manière la plus digne d'une créature raisonnable.

Voilà, mes chers paroissiens, ce que nous pourrions vous dire, et sur quoi il serait nécessaire de nous étendre, si nous vous entretenions sur quelqu'une de ces vérités qui passent l'esprit humain, et que la foi nous enseigne. Mais celle dont il s'agit n'est point au-dessus des lumières de la raison. Cette raison elle-même nous dit que celui qui nous a créés doit nous demander compte de notre vie ; et nous ne pouvons pas plus nous flatter d'échapper au jugement de Dieu, que nous pouvons nous flatter de ne pas mourir.

Car s'il est vrai que les hommes dépendent essentiellement de Dieu, comme le croient tous les peuples, même les plus sauvages ; s'il est vrai que nous ayons en lui et par lui l'être, le mouvement et la vie ; s'il est vrai qu'en nous donnant une âme capable de connaître le bien et le mal, et qui peut se porter indifféremment à l'un ou à l'autre, il nous ait commandé de faire le bien et d'éviter le mal ; s'il est vrai qu'il ait gravé dans nos cœurs les principes de cette justice immuable qui est en lui comme dans sa source, et qui est en nous comme un rayon de sa lumière éternelle : il y a donc entre Dieu et les hommes des rapports nécessaires, et une dépendance inévitable. Nous sommes donc à l'égard de Dieu comme des enfants à l'égard de leur père, comme des serviteurs à l'égard de leur maître, comme des ouvriers à l'égard de ceux qui les ont loués. Or un enfant est comptable de ses actions à son père, le maître fait rendre compte à son serviteur et au mercenaire qu'il a loué. Le Maître des maîtres, le Seigneur des seigneurs serait-il donc le seul vis-à-vis duquel personne ne fût comptable ? Peut-on imaginer que celui qui a tout fait, qui gouverne tout, ne demandera compte de rien ? Il y aurait donc dans le gouvernement de votre Providence, grand Dieu, moins de sagesse, moins de justice, moins d'ordre qu'il n'y en a, je ne dis pas dans un royaume, je ne dis pas dans une ville, je ne dis pas dans une société quelconque ; mais dans la maison d'un simple particulier, quand elle est bien réglée !

Apparemment que la Providence ne veille sur rien et ne s'embarrasse de rien. Ce n'est donc qu'une puissance aveugle qui jette comme au hasard sur la terre des créatures raisonnables sans se proposer aucune fin, sans leur prescrire aucune règle de vie. Nous ferons de notre esprit et de notre corps l'usage que bon nous semblera, sans que le Créateur y prenne garde. Les hommes, sans aucun égard à ce que nous appelons bonne foi, probité, justice, partageront entr'eux, ou plutôt s'arracheront les fruits et toutes les richesses de la terre, comme si l'auteur de ces biens les avait livrés au pillage. Les hommes pourront se tromper, se friponner, se déchirer, s'égorger les uns les autres, sans être responsables de leur conduite à celui qui est la justice et la vérité par essence. Ils pourront se livrer à tous les écarts, à tous les égarements, à toutes les horreurs, à toutes les abominations dont est susceptible un animal raisonnable, quand il abandonne les lumières de la raison, ou qu'il en abuse ; et cela sans avoir de compte à rendre à celui de qui il la tient : comme si la même sagesse qui nous a donné des yeux pour voir, et des oreilles pour entendre, ne nous avait pas donné la raison, afin que nous vivions en hommes et non en bêtes.

Mais si ce sont là autant d'absurdités qui choquent le bon sens et le révoltent, les lumières du bon sens suffisent donc pour nous faire entendre que Dieu, dont la sagesse éclate dans la moindre de ses créatures, n'a point abandonné au hasard le plus parfait, le plus beau de ses ouvrages ; que s'il a marqué aux astres la route qu'ils doivent tenir, à plus forte raison a-t-il dû marquer aux hommes la voie qu'ils doivent suivre ; que s'il a renfermé la mer dans certaines limites, à plus forte raison a-t-il posé des bornes dans lesquelles notre esprit et notre cœur soient obligés de se contenir ; que s'il a établi un si bel ordre dans les différentes parties de cet univers qui est tout matériel, à plus forte raison a-t-il réglé les mouvements et les opérations de notre âme, qui est toute spirituelle. Il ne faut donc qu'un peu de bon sens pour nous convaincre que Dieu nous a prescrit certaines lois, et que nous lui rendrons compte, par conséquent, de la manière dont nous les aurons observées ; c'est-à-dire que nos pensées, nos désirs, ainsi que nos actions, doivent nécessairement être confrontées avec cette règle invariable de droiture, de vérité, de bonté, qui est en Dieu, et dont il a gravé l'image dans le cœur de tous les hommes.

Notre cœur, notre cœur, c'est lui qui nous reprend ou nous justifie. Notre cœur, notre cœur, les remords, le cri de notre conscience : voilà notre premier juge qui nous menace d'un autre plus grand que lui et nous l'annonce. Ecoutez là-dessus, mes frères, la réflexion de l'apôtre saint Jean. Si notre cœur, c'est-à-dire notre conscience, nous reproche nos égarements et les condamne; que ne ferez-vous point, ô mon Dieu, vous qui êtes plus grand que notre cœur, et qui connaissez toutes choses? *Si reprehenderit nos cor nostrum, major est Deus corde nostro et novit omnia.* (I *Joan.*, III, 20.)

Il est de fait que nous avons en nous-mêmes un juge qui discerne le bien d'avec le mal, qui nous condamne ou nous absout; qui nous effraye ou nous tranquillise. Lorsque vous avez fait une bonne œuvre, une action louable, ou que vous avez résisté à quelque tentation violente, le témoignage de votre conscience, quand même vous n'auriez pas d'autres témoins, ne vous donne-t-il pas une satisfaction intérieure, un plaisir secret, plus doux et plus pur encore que celui qu'on cherche dans les louanges et les applaudissements des hommes? S'il arrive au contraire que vous vous laissiez aller, soit par faiblesse ou par malice, à quelque action qui n'est pas honnête, ou qui est injuste; n'entendez-vous pas aussitôt une voix intérieure qui vous la reproche, quand même l'ayant commise dans le plus grand secret, vous n'auriez eu d'autre témoin que vous-même?

Je sais que l'habitude du crime étouffe peu à peu les cris de la conscience; je sais qu'il est un certain degré d'endurcissement, un certain abîme de corruption où le pécheur méprise et n'écoute plus la voix intérieure qui lui dit : Cela n'est pas bien. Misérable effronté qui marchez tête levée sous l'étendard du libertinage, qui vous êtes fait un front d'airain pour ne plus rougir de vos désordres; je sais, et je le crois bien, qu'à force d'impudicités et d'impudence, vous avez étouffé les remords. Vous les avez étouffés, incrédules, en renonçant à votre baptême, en vous revêtant du mensonge comme d'une cuirasse de fer qui vous rend inaccessibles aux traits les plus perçants de la vérité; en vous enveloppant de vos erreurs comme d'un voile épais et ténébreux qui vous cache le Soleil de justice. Voleurs trop illustres, trop accrédités, trop soufferts, trop soutenus, vous les avez étouffés à force de mauvaise foi, de rapines, de brigandages. Mais dites, si vous l'osez, que vous ne les avez jamais sentis.

Sangsues enivrées du sang public, votre cœur ne vous a-t-il jamais crié : Cela n'est pas juste? Fornicateurs, adultères, infâmes, votre cœur n'a-t-il jamais crié : Cela n'est pas permis? Esprits forts, ne vous a-t-il jamais dit : Tu as une âme, il y a un Dieu; un Jésus-Christ, un enfer, une éternité? Auriez-vous franchi d'un seul pas sans inquiétude, sans trouble, sans effort, sans combat, tous les degrés par où l'on arrive peu à peu de la probité aux excès de l'injustice, de l'innocence des mœurs aux excès du libertinage, de la simplicité de la foi aux excès de l'incrédulité?

Non, sans doute : votre cœur vous a longtemps repris, votre conscience s'est longtemps récriée. Combien de reproches n'a-t-il pas fallu essuyer de sa part avant d'en venir où vous en êtes? Eh! qui sait, si en écoutant la vérité que je prêche, vous n'êtes point en garde contre vous-même; si vous ne vous méfiez point encore de ses remords, qui peut-être ne sont qu'assoupis; si vous ne cherchez point à éloigner toutes les réflexions qui pourraient les réveiller et vous donner quelque inquiétude?

Or, je demande à présent, mes frères, s'il n'y a point au-dessus de nous un juge vis-à-vis duquel nous soyons comptables de nos actions les plus cachées, et des mouvements les plus secrets de notre cœur, pourquoi donc ces reproches de la conscience, qui viennent toujours à la suite d'une action criminelle? pourquoi cette crainte, ce trouble, ces remords?

Lorsqu'un serviteur a fait quelque manquement considérable, il est inquiet, parce qu'il est comptable de ses actions à son maître : lorsqu'un enfant qui vit dans la maison et sous l'autorité de son père, a fait quelque sottise, il n'est point tranquille, parce qu'il est comptable de ses actions à son père; sans cela ni l'un ni l'autre n'auraient rien à craindre. Le trouble de notre conscience, quand nous agissons contre ses lumières, prouve donc aussi que nous ne sommes pas indépendants, que nous avons un maître, un juge, un compte à rendre. Notre âme le voit, ce juge, par ce qu'elle en porte l'image; et les reproches que nous fait notre cœur, sont le signe certain, et comme le prélude des reproches que nous fera un jour celui qui est plus clairvoyant encore, plus sévère, plus grand que notre cœur. *Si cor nostrum reprehenderit nos, major est Deus corde nostro.*

Et de là, mes chers paroissiens, il faut nécessairement conclure que les hommes étant placés sur la terre comme des ouvriers que le père de famille envoie travailler à sa vigne, et qui reviennent le soir pour rendre compte de leur journée; les hommes en sortant de ce monde, doivent paraître devant Dieu pour rendre compte de leur vie, laquelle en comparaison de l'éternité n'est, hélas! que la journée, la petite journée d'un mercenaire.

Mais ne dirait-on pas, à voir notre manière de penser et de vivre, que nous sommes indépendants, et que nous n'avons pas de compte à rendre? Croirait-on, Madame, que vous soyez obligée de rendre compte de votre temps, lorsqu'on jette les yeux sur les misères et les inutilités qui remplissent vos journées depuis le commencement de l'année jusqu'à la fin? Que répondrez-vous à votre juge quand il vous demandera le livre journal de votre vie, mois par mois, jour par jour, heure par heure, depuis l'âge de six ou sept ans jusqu'à votre dernier soupir? Vous passera-t-il deux ou trois heures chaque jour pour votre toilette, quatre ou cinq pour votre jeu ou pour tout autre amusement aussi frivole, peut-être plus criminel? Autant pour recevoir ou pour rendre des visites rarement nécessaires, souvent suspectes, presque toujours nuisibles à votre salut ou à celui des autres? Vous passera-t-il neuf ou dix heures pour choyer votre inutilité, votre mollesse, votre vanité, dans un lit où vous semblez n'entrer que pour fuir la lumière du jour, et d'où il semble que vous sortez comme quelqu'un à qui cette lumière est à charge? Ne dirait-on pas, à voir tout cela, que vous êtes maîtresse de vos actions, que vous n'en êtes point comptable à celui qui vous a mise au monde? Mais est-ce donc pour cela qu'il vous y a mise? et pouvez-vous envisager sans frémir le moment où il vous fera rendre compte de votre vie?

Et vous, Monsieur, qui dépensez à tort et à travers les biens qu'il a placés dans vos mains; qui taillez, rognez, dissipez, amassez, comme bon vous semble; savez-vous que vous n'en êtes que l'administrateur et l'économe? De bonne foi, pouvez-vous imaginer que votre maître passera tous ces articles comme il vous plaît de les arranger? Tant pour ma table, tant pour mon jeu, tant pour mes plaisirs, tant pour je ne sais quoi, et pour autre chose. Cela serait bon pour quelqu'un qui n'aurait de compte à rendre à personne, ni de sa recette, ni de sa dépense; mais un serviteur prudent n'administre point ainsi les biens dont il est comptable à son maître. J'ai remis entre vos mains dix mille, vingt mille, trente, quarante mille livres de rente; j'avais réglé l'usage que vous deviez en faire, à quoi les avez-vous employés? Et quand vous n'auriez eu que ce que vous pouviez gagner à la sueur de votre visage, c'était mon bien, et vous m'en devez compte. Voyons-le donc, ce compte. Est-il en règle? Tout y est-il conforme aux ordres que je vous avais donnés, aux desseins à vous connus de ma sagesse et de ma providence?

Lorsqu'un tuteur infidèle ou négligent voit approcher la majorité de son pupille, et le moment où il sera forcé de lui rendre compte, quelles inquiétudes sur ce qu'il aurait dû faire et qu'il n'a pas fait! Sur ce qu'il a fait et n'aurait pas dû faire! Si mon pupille use de tous ses droits et me traite à la rigueur, je suis ruiné, je suis un homme perdu. Eh! comment donc oserons-nous paraître devant vous, ô mon Dieu! Il y a des fripons habiles qui trouvent le moyen d'échapper adroitement à la justice des hommes, il n'en est point ainsi de la vôtre. Vous considérez toutes nos démarches, vous mesurez tous nos pas, vous pesez la moindre de nos pensées: rien n'est si caché que vous ne le voyiez, que vous ne le comptiez, qui ne soit écrit, et dont il ne faille vous rendre compte.

Allez donc, allez maintenant, pécheurs de toutes les conditions et de tous les étages: distribuez votre temps, vos occupations, vos biens, vos plaisirs, sans autre règle que votre ambition ou votre vanité, votre sensualité ou votre malice, les goûts, les fantaisies, et tous les penchants d'une nature dépravée. Allez, misérables ivrognes, dévorer dans ce maudit cabaret le pain dont vous devriez sustenter votre famille. Allez, vindicatifs, tendre des piéges à vos ennemis, et mettre tout en usage pour leur nuire. Allez, impies, employer contre Dieu même les talents et tout l'esprit qu'il vous a donnés. Allez, libertins, prostituer votre cœur et toute votre personne aux déréglements et à l'infamie de vos passions honteuses: mais sachez que vous avez un maître, qu'il y a un juge au-dessus de vous et qu'il faudra lui rendre compte, de quoi? de votre temps jusqu'à la dernière minute, de vos biens jusqu'au dernier sou, de vos discours jusqu'à la moindre parole, de votre vie jusqu'aux mouvements les plus imperceptibles de votre âme.

Ah! mes frères, mes frères, si la pensée de ce compte terrible a de quoi faire trembler l'homme le plus juste, que deviendront les pécheurs dans la conduite desquels vous ne trouverez, ô mon Dieu, ni vérité, ni sainteté, ni ordre, ni droiture, ni règle d'aucune espèce! Mais si vos jugements doivent remplir de frayeur celui-là même qui n'a de compte à rendre que pour ce qui le regarde personnellement; que sera-ce de ceux qui sont comptables non-seulement de leurs actions, mais des actions encore et de la conduite des autres?

Pères et mères de familles, où en serez-vous, s'il est vrai que vous soyez responsables de vos enfants et de vos domestiques? Où en serez-vous, Monsieur, s'il est vrai que vous soyez responsable de tous les ordres que vous donnez, de tous les jugements que vous portez, des récompenses ou des peines que vous distribuez? Et responsable ensuite de tout le bien que vous devriez faire, et que vous ne faites pas; de tout le mal que vous devriez empêcher, et que vous n'empêchez pas; de tous les désordres que produisent votre inattention, votre négligence, votre paresse, votre lâcheté, l'ignorance ou l'oubli, et l'omission volontaire de vos devoirs, et des obligations que vous avez contractées?

Oui sans doute, oui cela me regarde, je le sais bien. Quand je ne serais chargé que d'une seule famille, quand je n'aurais à répondre que d'une âme seule, c'en serait assez pour me faire trembler, parce que je ne sais pas si cette âme ne sera pas damnée par ma faute; si elle ne s'élèvera pas contre moi au jugement de Dieu, pour me charger de malédictions, et m'entraîner avec elle dans les enfers; mais n'y a-t-il que les pasteurs qui soient responsables du salut des âmes? Et quel est le chrétien assez hardi pour se flatter de n'avoir aucune part aux péchés d'autrui? De n'en être pas la cause, de ne pas y donner lieu, soit par ses conseils, soit par ses exemples, soit par la négligence de ses devoirs? Négligence, je le répète, qui est la source la plus ordinaire de tous les maux qui affligent la société humaine.

Dites après cela : Je suis le maître, je fais ce que bon me semble. Plaisante maîtrise de quelqu'un qui ne saurait faire un seul pas, ni dire un seul mot dont il ne soit obligé de rendre compte ! Plaisante maîtrise de quelqu'un qui non-seulement ne peut rien faire, ni rien dire, qui ne peut même rien penser, sur quoi il ne doive subir le jugement le plus exact, le plus sévère, le plus inexorable. Plaisante maîtrise ! Ne pouvoir pas disposer d'un écu, d'une heure de temps, pas écrire une ligne, pas dire une seule parole sans être obligé d'en rendre compte, et d'en rendre compte à un juge qu'on ne peut ni tromper, ni surprendre, ni adoucir; un juge avec lequel il n'est pas possible de se justifier, de s'excuser, de déguiser quoi que ce soit. Voilà, mon cher enfant, voilà comme vous êtes votre maître, et comme il vous est permis de faire, de dire, de penser tout ce qu'il vous plaît.

Usez donc de votre maîtrise, élevez-vous comme un taureau dans votre puissance, rugissez comme un lion quand on vous résiste : opprimez la veuve, dépouillez l'orphelin, foulez aux pieds le pauvre ; vengez-vous des uns, déchirez les autres; pillez de toutes mains; contentez tous vos désirs, lâchez la bride à vos passions, moquez-vous de la Providence : courage, courage, serviteur insensé, dérangez, dissipez, bouleversez tout dans la maison de votre maître. Bientôt, bientôt, il arrivera; le voilà qui vient. Vous ne dites pas un mot, vous ne jetez pas un coup d'œil, vous ne dérangez pas une épingle dont il ne faille lui rendre compte et lui rendre compte non-seulement tête à tête dans quelques années, dans quelques mois, peut-être la nuit prochaine; ce compte et ce jugement particulier ne suffisent point, mais lui rendre compte en présence de tous les hommes et de tous les anges : car, comme il y aura un temps où la réprobation des uns et la prédestination des autres, qui sont aujourd'hui cachées, deviendront publiques; un temps où l'on publiera sur les toits ce qu'on dit maintenant à l'oreille ; il y aura un temps où les causes de cette réprobation et de cette prédestination, seront publiques aussi, afin que tout le monde en connaisse clairement la justice : afin que les œuvres de votre Providence soient justifiées à la vue de tout l'univers, ô mon Dieu; et que tout l'univers sache qu'il n'y a chez vous ni aveuglement, ni erreur, ni faiblesse, ni prévention, ni égard pour qui que ce soit, ni aucune espèce d'injustice; qu'avec vous il n'est point de faute sans châtiment, ni de vertu sans récompense.

SECONDE RÉFLEXION.

On s'est récrié dans tous les temps : on se récrie encore aujourd'hui sur ce que le vice est en honneur, et la vertu méprisée ; sur ce que les richesses et la gloire s'accumulent sur la tête du pécheur, pendant que le juste passe quelquefois sa vie dans la misère, dans les humiliations et les souffrances.

Avez-vous vu, connaissez-vous cet homme, qui sans autre mérite que le talent de donner à ses rapines les apparences de la justice, quelquefois même de la charité, pille, dépouille adroitement le tiers et le quart ; assistant le pauvre dans la vue seulement de consumer peu à peu par des intérêts usuraires le peu de sa substance, et d'envahir enfin son petit héritage ; bannissant de son commerce la droiture et la bonne foi ; profitant de l'extrémité où un honnête homme se trouve quelquefois réduit, pour acheter de lui trente écus ce qui en vaut cinquante. Je l'ai vu sortir de terre et s'élever ainsi comme une plante engraissée du suc de la veuve et de l'orphelin ; je l'ai vu n'user de ses biens que pour étaler aux yeux du public sa vanité, son luxe, son libertinage, souvent son impiété. Il a poussé néanmoins des racines profondes, il s'est vu le père d'une famille nombreuse, qu'il a richement établie. Il a vécu dans les plaisirs et dans l'abondance, et, après avoir joui toute sa vie de la plus parfaite santé, il a terminé une longue et heureuse carrière par une mort douce et tranquille : où est la justice?

Passez tous les états en revue; considérez et voyez : qui est-ce qui possède les plus grands biens ? Qui est-ce qui est élevé aux premières places ? Qui est-ce qui jouit des honneurs et de la gloire du monde ? Il y a parmi les grands et les riches, des hommes justes et vraiment respectables, comme il y a parmi le peuple et les pauvres des hommes sans mœurs et sans religion. Nous voyons, il est vrai, au moins à l'égard de ceux-là, quelque apparence de justice. Quand un scélérat obscur dont le nom n'est connu que par les brigandages, monte sur l'échafaud et reçoit publiquement la peine de ses crimes, voilà la justice.

Quand je verrai dans ma paroisse ou dans une autre, quelqu'un de ces hommes lâches, fainéants, ivrognes, débauchés, dissipateurs, qui, après avoir mangé tout ce qu'ils avaient, après avoir mis leur femme et leurs enfants à l'aumône, sont enfin obligés de la demander eux-mêmes, soit ouvertement et de porte en porte, soit en secret et d'une autre manière qui n'est guère moins humiliante; je dirai voilà qui est juste : cela est dans l'ordre. Son pasteur le lui avait prédit : mon cher enfant, vous menez une pauvre vie, vous avez des champs, des vignes, des prés, et avec tout cela vous courez à l'hôpital. Qu'est-ce que ce train-là, passer les trois quarts de sa vie au jeu ou dans les cabarets ; n'entrer dans sa maison que pour y jeter l'épouvante : quereller cette misérable femme qui ne vous a épousé que pour son malheur, la maltraiter, la rouer de coups, s'il lui échappe de vous faire quelque représentation ! Mais quel scandale ne causez-vous pas dans la paroisse ? Vos fornications et vos adultères sont presque publics : vous n'ouvrez la bouche que pour jurer, faire des imprécations ou dire des infamies; il semble que vous ayez perdu tout sentiment ou toute idée de religion. Vous verrez, mon ami, vous verrez ce qui vous arrivera. Toutes vos pratiques vous abandonneront, vous n'en avez presque plus. J'ai passé par votre vigne, elle est précisément semblable à celle dont le Saint-Esprit a fait lui-même la peinture (*Prov.*, XXIV, 30) : la vigne du paresseux, remplie d'un bout à l'autre d'épines, d'orties et de mauvaises herbes : vos champs sont en friche, vos prés ne produisent plus rien faute de culture et de soin. D'un autre côté vos dettes s'accumulent, vos créanciers se multiplient; je vois l'affreuse indigence venir vers vous à grands pas comme un voyageur qui court à perte d'haleine : croyez-moi, mon enfant, croyez-moi, changez de conduite. Non, il se moquait de tout ce qu'on pouvait lui dire, et tout ce qu'on lui a dit est enfin arrivé. Il n'a plus rien, la vermine le ronge, et il mourra sur un fumier : voilà qui est juste.

Lorsqu'un maître fripon après avoir longtemps caché ses malversations et ses rapines ou son libertinage secret, sous les dehors d'une vie régulière, peut-être sous le masque de la piété, vient enfin à être découvert, et que la Providence, jugeant à propos d'exposer aux yeux du public toute la noirceur de cette âme hypocrite, il essuie la confusion et souffre les châtiments qu'il a mérités : voilà la justice, et comme le prélude du jugement de Dieu.

Lorsque cette maudite langue qui a brouillé dix familles par ses inventions et ses faux rapports, est enfin reconnue pour ce qu'elle est : quand les personnes dont elle empoisonnait l'esprit et le cœur, en étant venues aux éclaircissements, elle a été convaincue de n'avoir parlé aux uns, sous prétexte d'attachement et d'amitié, que pour les indisposer et les aigrir contre les autres ; quand on a découvert ce couteau à deux tranchants, ce poison de la société; lorsque ce serpent caché sous la figure d'un honnête homme ou d'une honnête femme, s'est vu couvert de honte et chassé ignominieusement de toutes les maisons où il allait répandre son venin : voilà la justice.

Nous la voyons, cette justice, lorsqu'un homme de bien occupe les premières places, soit dans l'épée, soit dans la robe, soit dans les finances ou ailleurs, aimé, chéri, respecté, sa famille enrichie et honorée, plein de santé, jouissant de tout son mérite et de toute sa vertu, comblé de biens, de louanges, de toute sorte de bénédictions : voilà la justice.

Mais où est-elle quand cet homme de bien, ce citoyen vertueux est oublié, méprisé, maltraité peut-être, et couvert d'opprobres, pendant que cet autre si connu par le dérèglement de ses mœurs, par son impiété, ses injustices, est placé sur le chandelier d'où il ne répand qu'une fumée épaisse et malfaisante : lorsque cet homme juste traîne une vie languissante dans le sein des infirmités et de la douleur, pendant que son voisin, adonné à tous les vices, jouit de la meilleure santé : où est la justice? Lorsque cette famille si honnête, si régulière, si chrétienne est affligée de toutes les façons, pendant que cet autre, qui scandalise la paroisse par ses dérèglements, n'essuie ni malheurs, ni chagrins, ni inquiétudes : où est la justice? Lorsque cet ouvrier si laborieux, si sage, si plein de religion et de probité se voit étendu dans un lit et hors d'état de gagner sa vie, pendant que son voisin, qui n'a ni probité, ni vertu, ni religion, lui enlève toutes ses pratiques et gagne tout ce qu'il veut ; lorsque ce domestique si fidèle, si doux, si attaché aux intérêts de son maître est accusé faussement, condamné, mis à la porte, perdu de réputation : où est la justice?

Ne voit-on jamais en place des hommes sans mœurs, sans religion, sans talents ou avec des talents fort médiocres, abuser de leur autorité, vexer le peuple, opprimer les faibles, insulter à la misère publique ; et néanmoins ils ont du crédit, des honneurs, de l'or, de l'argent, des plaisirs, tout ce qu'ils désirent. Ils commettent mille injustices, et l'on n'ose se plaindre : ils pillent, et l'on s'incline devant eux. C'est un ignorant, et on lui dédie des livres ; c'est un orgueilleux, et l'on vante sa modestie ; c'est un honnête fripon, et on loue sa probité ; c'est un impudique, et on l'encense; il a tous les vices, et on l'honore comme s'il avait toutes les vertus : où est la justice ?

Mais où est-elle enfin à l'égard de ce malheureux qui blasphème la religion, déchire ses ministres, répand le poison de ses erreurs sur toutes les vérités de la foi ; distille le venin de sa malignité sur tout ce qu'il y a eu de plus saint, de plus respectable dans l'Église chrétienne : niant sans pudeur les faits les plus constants, les plus authentiques, bouleversant l'histoire, couvrant tous les siècles de ses ténèbres, foulant aux pieds toutes les lois de la droiture et de la vérité : s'égayant sur la Bible, déchirant l'Evangile, s'efforçant d'élever la chaire de l'incrédulité, le trône de l'impiété sur le tas énorme de ses blasphèmes, sur les débris de nos autels, sur les ruines du christianisme : du christianisme, cette religion si pure, si aimable, si digne de triompher dans tous les cœurs, de ravir l'admiration et l'amour de toutes les âmes bien nées. Et cet esprit superbe, ce prodige effrayant d'orgueil et de témérité, trouve des chrétiens perfides qui le suivent dans ses écarts monstrueux, qui le consultent et l'écoutent comme un oracle ! et ce soleil l'éclaire ! et cette terre le soutient ! et la Providence le conserve, le nourrit, le laisse vivre tranquillement et longues années dans le repos, et la gloire, où ses erreurs l'ont conduit et d'où il insulte tout à la fois à Dieu et aux hommes : où est la justice? car il y en a une, puisqu'il y a un Dieu. Où êtes-vous donc, grand Dieu ? Ne vous lèverez-vous jamais pour juger votre cause ?

Quoi, Seigneur, vous qui avez donné à l'homme des yeux et des oreilles, n'avez rien vu, rien entendu de ce qu'il a fait, de ce qu'il a dit ! pendant que vous punissez quelquefois dans vos plus fidèles serviteurs des fautes légères par des châtiments terribles ; pendant que vous laissez le juste dans la misère et l'oppression, vous prodiguez aux pécheurs la santé, les plaisirs, la joie et toute la graisse de la terre ! Vous abandonnez l'innocent aux persécutions et à toute la fureur de ses ennemis; puis vous souffrez que les persécuteurs jouissent tranquillement du fruit de leur malice et de leur iniquité ! Vous laissez l'hypocrite savourer en paix les fausses douceurs de la vaine gloire qu'il s'est acquise par ses fourberies, pendant que la vraie vertu, la piété sincère, demeure dans l'oubli, vit et meurt dans les humiliations ! Votre bras restera-t-il caché éternellement ? Ne le déploierez-vous jamais pour traiter chacun suivant ses mérites ?

Il le déploiera, mes frères, il l'a promis, il tiendra sa parole, et il se doit à lui-même de justifier aux yeux de l'univers les dispositions de sa providence, de rendre aux bons les louanges et la gloire qui leur étaient dues, et dont ils auront été privés; et aux méchants la confusion, l'opprobre, la douleur à quoi ils auront échappé pendant leur vie : *Reddidit justis mercedem laborum suorum.* (*Sap.*, X, 17.) Dieu *rendra* aux justes la récompense de leurs travaux. Remarquez bien cette façon de parler: on ne rend à quelqu'un que ce qui lui est dû légitimement, et dont il avait été frustré : *Opprobrium ejus restituet ei Dominus : « Le Seigneur restituera aux méchants leur opprobre.»* (*Osee*, XII, 14.) L'opprobre dont les réprouvés seront couverts sera donc une restitution, aussi bien que la couronne de gloire que l'on mettra sur la tête du juste, et la restitution est un acte de justice.

Pauvre veuve qui avez souffert sans murmurer l'abandon de vos proches, les mépris de vos voisins, la dureté impitoyable de vos créanciers, les vexations de vos oppresseurs : tous les jours de votre vie, sanctifiés par la patience et la prière, ont coulé dans l'affliction, dans l'amertume. Est-ce que je n'ai pas vu tout cela ? Je l'ai vu, j'ai tout compté, je n'ai pas oublié un seul de vos soupirs, pas une seule de vos larmes. Il est temps que je rende à votre vertu la récompense et la gloire dont vous avez été privée sur la terre. Il est temps que l'univers voie que je suis juste, et que comme les moindres fautes avec moi ne demeurent point impunies, ainsi la moindre des bonnes œuvres, ne fût-ce qu'un regard vers le ciel, ne demeure point sans récompense.

Pauvre domestique, pauvre artisan, pauvre journalier qui avez pratiqué dans une condition obscure toutes les vertus du christianisme, qui, sans autre livre que la croix, sans autre science que mon Evangile, sans autre maître que l'onction intérieure de mon esprit, avez marché constamment dans la voie des saints : votre vertu n'a point été connue sur la terre, votre piété n'y faisait aucune sensation; oubliés, cachés dans la poussière, pendant votre vie, à peine a-t-on sacrifié un méchant drap pour vous ensevelir après votre mort, à peine s'est-il trouvé un prêtre pour vous rendre les honneurs de la sépulture. Anges du ciel, venez les revêtir d'un habit de gloire en présence de ceux qui ont méprisé leurs haillons. Mettez sur leur tête la couronne de justice, et introduisez-les en triomphe dans le royaume éternel que je leur ai préparé, en présence de ceux qui les dédaignaient, et n'auraient pas voulu mettre le pied dans leur misérable chaumière.

Et vous, grands et riches de la terre, qui avez été si souvent un sujet de scandale pour mon peuple, qui avez donné occasion aux faibles de murmurer contre ma providence, et de la soupçonner d'injustice ; venez entendre votre arrêt, et que toute la terre sur laquelle vous avez fait tant de bruit, soit témoin de ma justice et des humiliations qui vous attendent.

Je ne vous fais point un crime de votre grandeur, c'est moi qui vous avais élevés ; ni de vos richesses, c'est moi qui vous avais enrichis ; mais vous avez fait servir au mépris de mes lois votre élévation et vos richesses, au lieu de les faire servir à votre sanctification et à ma gloire. Vous aviez nombre de domestiques, est-ce là votre crime? Non : votre crime est de les avoir corrompus par vos exemples, d'en avoir fait les ministres et les instruments de votre libertinage ou de votre vanité. Vous étiez logés, meublés, avec magnificence : est-ce là votre crime ? Non ; votre crime est de n'avoir cherché qu'à satisfaire votre orgueil ou votre mollesse, sous prétexte de remplir les bienséances de votre état; votre crime est de n'avoir jamais retranché une obole de vos dépenses, pour me donner à manger lorsque j'avais faim, pour me donner à boire quand j'avais soif, pour me couvrir lorsque j'étais nu. Vous étiez traînés dans de belles et commodes voitures; est-ce là votre crime ? Non ; votre crime est qu'on ne les a jamais vues à la porte des hôpitaux, où j'étais malade ; à la porte des prisons, où j'étais détenu, presque jamais à la porte de mon temple où j'avais lieu d'attendre de vous des hommages plus vifs et plus assidus, parce qu'outre la rosée du ciel qui vous était commune avec tous les fidèles, je vous avais donné la graisse de la terre préférablement à une infinité d'autres qui en auraient fait meilleur usage que vous. Comblés de bénédiction, vous ne répondiez à mes bienfaits que par votre indifférence, par vos mépris, votre ingratitude.

A tout cela je n'ai rien dit : je vous ai laissé vivre et mourir sans vous faire éprouver le moindre des châtiments que vous méritiez à tant de titres. Vos prévarications publiques, vos désordres secrets auraient dû attirer et accumuler sur votre tête la douleur et les humiliations : vous n'avez eu cependant que des plaisirs et de la gloire. Venez donc que je vous en dépouille et que, me justifiant aux yeux de l'univers, je vous *restitue* la douleur et l'*opprobre* éternels qui vous appartiennent. Cieux, terre, mer, peuples qui avez servi à sa gloire, et qui en avez été les témoins, soyez-le maintenant de son l'humiliation et de ma justice. Ma naissance, mon nom, mes titres, mes charges, ma grandeur, etc. Mon ami, vous voilà dépouillé de tout, et nu comme un ver. Ce n'est plus ni monsieur le duc, ni madame la duchesse, ni monsieur le marquis, ni monsieur le comte, etc. Toute cette fumée est évanouie, tout ce clinquant est fondu; plus de château, plus de train, plus de courtisans, plus rien.

Je l'avais prédit par mon prophète : *Nudavi femora tua.* (*Jerem.*, XIII, 26.) Je découvrirai ta nudité, j'ôterai, je déchirerai le voile qui couvre ta turpitude, j'exposerai au grand jour ton ignominie. Le voilà donc, le voilà! que le monde entier le reconnaisse pour ce qu'il est, et qu'on le traite en conséquence. C'est un impudique, un libertin, un infâme. C'est un fourbe qui a sacrifié la vérité, la droiture, son âme, son Dieu à son ambition ou à son avarice : voilà ses intrigues, ses trahisons, ses bassesses depuis trente ans jusqu'à la fin de sa vie. C'est un gueux enrichi; voilà ses usures, ses friponneries, ses rapines depuis qu'il est entré avec un habit de bure dans le commerce ou dans les finances. C'est un hypocrite : on le regardait comme un saint, et son cœur n'était pétri que de malice et de corruption. Voilà son orgueil avec les jeûnes, les prières, les aumônes, les confessions, les communions que cet orgueil a produits comme autant de crimes. Voilà ses impuretés; voilà sa malignité, son fiel, ses noirceurs; voilà ses profanations, ses sacriléges, la peau, les griffes, la gueule, les dents de ce loup déguisé en brebis : *Nudavi femora tua et apparebit ignominia tua.*

Mes frères, mes frères, point d'application. Tel paraît à nos yeux un réprouvé, qui est au nombre des élus; tel nous semble juste, qui paraîtra un jour au nombre des réprouvés. Ah! que de faux jugements seront réformés au jugement de Dieu; ah! que nous serons étonnés de voir à la gauche de Jésus-Christ, une bonne partie de ce peuple, de ce bas peuple, de vous, mes chers enfants, de vous qui remplissez nos églises, qui fréquentez nos sacrements, qui êtes si exacts dans les pratiques extérieures de la dévotion : vous qui seriez des saints, si vous saviez conserver la patience chrétienne au milieu de vos travaux et de toutes les peines auxquelles vous êtes exposés. Mais hélas! votre impatience, vos murmures, vos jalousies, vos divisions, vos querelles, votre mauvaise foi, vos tromperies, tant de vices que vous ne comptez pour rien, dont vous ne vous accusez guère, ou dont vous ne vous corrigez jamais, seront contre vous la matière d'un jugement terrible, et Jésus-Christ dont vous pourriez suivre les exemples bien plus aisément que les riches et les grands du monde, vous rejettera loin de lui, pendant que ceux-là, dont vous dites qu'ils font leur paradis sur la terre, contre lesquels vous murmurez, à qui vous portez envie, que vous condamnez et damnez d'avance, recevront à vos yeux la couronne de gloire dont vous les croyez indignes, et la recevront avec d'autant plus de justice, qu'il est bien moins aisé de se sauver dans leur état que dans le vôtre.

On y verra des chrétiens qui auront conservé la douceur, l'humilité, le mépris d'eux-mêmes, la pauvreté de cœur, dans un rang élevé, au milieu des grandeurs humaines, dans les richesses et l'abondance de toutes choses. Spectacle vraiment digne d'être exposé aux yeux et à l'admiration de l'univers.

Vous y paraîtrez, madame, accompagnée de cette famille moins illustre encore par sa naissance, que par la piété dans laquelle vous l'aurez élevée; de ces domestiques fidèles que vous aurez sanctifiés par vos leçons et par vos exemples; de ces pauvres que vous aurez nourris et vêtus; de ces malades que vous aurez visités, pansés de vos propres mains. Elles y paraîtront ces mains bienfaisantes remplies de bonnes œuvres. Jésus-Christ, qui en est l'objet, vous tendra les siennes, et vous introduira dans sa gloire, à la vue de l'éternelle confusion de ces femmes insensées, qui placées dans le même rang, vivant dans la même province, dans la même ville, à quelques lieues de votre château, gouvernent leur maison, et se gouvernent elles-mêmes comme si elles n'étaient pas chrétiennes.

Vous y paraîtrez, monsieur, chargé, enrichi de ces bonnes œuvres, qui auront répandu dans vos terres l'odeur précieuse et sanctifiante de vos vertus et de votre piété. Vous n'aurez été le seigneur de vos vassaux, que pour en être le père; vous n'aurez usé de votre autorité que pour maintenir le bon ordre, la justice, la paix dans toutes les familles, pour faire respecter la religion, et glorifier Jésus-Christ. Vous paraîtrez devant lui pour en recevoir la récompense qu'il vous a promise, et vous la recevrez à la vue et à la honte de tant d'autres qui ne connaissent leurs vassaux que pour en retirer la substance; qui ne paraissent dans leurs terres, que pour y porter le scandale, qui ne viennent dans nos églises, que pour donner au peuple l'exemple de leur tiédeur, de leurs irrévérences, de leur impiété; dont les domestiques, fidèles imitateurs du maître qu'ils servent, sans religion, sans mœurs, sans pudeur, corrompent notre jeunesse, pervertissent les âmes simples et infectent nos paroisses, de manière que le pasteur ne les voit arriver qu'en tremblant, comme ces nuées qui apportent la tempête, ou comme ces brouillards malfaisants qui répandent dans l'air le germe pestiféré de quelque maladie contagieuse.

Marchands avides, qui voudriez qu'on fît un Evangile tout exprès pour vous, qui prétendez allier la sévérité de la morale chrétienne avec les lois, les usages, ou plutôt les abus que votre insatiable cupidité a introduits dans le commerce, vous verrez à la droite de Jésus-Christ des hommes de votre état, qui, n'ayant pas voulu risquer leur éternité sur la foi de quelques méchants casuistes, et qui ayant sagement préféré le parti le plus sûr, se seront sanctifiés dans le commerce. Vous les verrez prendre possession de ces trésors que la teigne ne ronge point, que la rouille ne consume point, que les voleurs n'emportent point, et qui désormais ne sauraient leur être ravis, pendant que vous, aveuglés et comme ensorcelés par l'or et l'argent, vous serez précipités dans les enfers avec les fauteurs de vos usures et les complices de vos friponneries.

C'est alors que vous serez reconnu, ô mon Dieu, vrai, juste et saint, par tous les hommes et dans tous les siècles. C'est alors que vous développerez les ressorts cachés de votre éternelle sagesse aux yeux de ces esprits curieux et téméraires qui auront osé vous en demander compte. Vous vous cachez aujourd'hui en quelque sorte, abandonnant aux disputes des hommes les secrets de votre providence : aux raisonnements de l'incrédule, les mystères de votre Evangile ; aux raisonnements de l'hérétique, les vérités de la foi ; aux raisonnements du libertin, la sainteté de votre morale, et sa sévérité aux raisonnements du faux chrétien ; les ouvrages de la nature, la marche de cet univers aux conjectures des philosophes ; les méchants à la corruption de leur cœur, les bons aux railleries et aux persécutions des méchants.

Les hommes osent vous interroger aujourd'hui, vous juger même et vous condamner quelquefois. Vous les jugerez à votre tour et leur fermerez la bouche par la force accablante de votre éternelle vérité. Tout ce que vous avez permis ou ordonné depuis le commencement jusqu'à la fin des siècles ; le péché du premier homme avec toutes ses suites, votre Incarnation, votre Croix, votre Evangile, vos Sacrements, votre Eglise, le sein de cette Eglise déchiré par ses propres enfants, le flambeau précieux de la foi transporté successivement d'un royaume dans un autre, le petit nombre de chrétiens parmi tant de nations infidèles, et parmi ces chrétiens-là même, le petit nombre de vrais élus : les crimes impunis, la piété sans honneur, la vertu méprisée : tous ces mystères seront éclaircis, tous les doutes seront levés, toutes les contradictions prétendues disparaîtront, et votre vérité, grand Dieu, se montrera pour jamais dans tout son jour. Non-seulement, la foi me l'enseigne, mais la raison me dit que cela doit être ainsi ; parce que vous êtes souverainement juste, souverainement sage, infiniment saint, et qu'il faut enfin, que vous soyez connu pour ce que vous êtes.

J'adorerai donc en tremblant, ô juste Juge, cet océan de lumière qui vous environne, à travers les nuages respectables qui m'en dérobent l'éclat et la profondeur. Les rayons que vous laissez échapper qui m'éclairent et me suffisent, soutiendront ma faible raison, confirmeront ma foi, réjouiront mon âme, et conduiront infailliblement tous mes pas comme une lampe à la lueur de laquelle on marche dans l'obscurité de la nuit, en attendant que e jour arrive. Ma raison, ma foi, ma conscience dont la voix, comme la voix de trois trompettes, m'annoncent votre jugement et me menacent de votre justice. Ma raison, ma foi, ma conscience se tenant toujours par la main, et soutenues l'une par l'autre, marcheront sans cesse avec moi, et c'est avec elles que je pèserai toutes mes pensées, que j'examinerai scrupuleusement toutes mes actions, comme elles seront examinées au jour terrible de vos vengeances, en présence de tous les hommes que vous rendrez témoins de ma gloire ou de ma confusion. Puissé-je par votre miséricorde, adorable Jésus, éviter cette confusion ! Puissiez-vous me compter au nombre de ceux que vous couvrirez d'une gloire immortelle ! Ainsi soit-il.

DISCOURS II.

Pour le deuxième Dimanche de l'Avent.

SUR LE JUGEMENT DERNIER. (SUITE.)

Ecce ego mitto angelum meum qui præparabit viam tuam ante te. (*Malach.*, III, 1 ; *Matth.*, XI, 10.)

Voilà que j'envoie mon ange qui préparera le chemin par où vous devez marcher.

La sagesse et la bonté de notre Dieu paraissent singulièrement en ce qu'il nous avertit et nous prévient, quand il a résolu de faire éclater sa justice ou sa miséricorde, par quelque événement extraordinaire qui intéresse généralement tous les hommes. Lorsqu'il voulut punir la malice et la corruption du cœur humain, par un déluge universel, il donna ordre à Noé de construire une arche dans laquelle il pût se sauver lui et sa famille. Noé fut cent ans à construire cette arche ; tout le monde pouvait en savoir la raison, et ceux qui périrent n'avaient point à se plaindre ; ils étaient prévenus, il ne tenait qu'à eux d'y prendre garde et de faire pénitence. Avant que le Fils de Dieu descendît sur la terre, que n'avait-il pas fait pour préparer les hommes à sa venue ? Quelles précautions n'avait-il pas prises afin qu'on ne pût pas le méconnaître ? Par combien de prophètes ne s'était-il pas fait annoncer ? Sous combien de figures n'a-t-il pas représenté sa naissance, sa vie, sa mort, sa résurrection, son Eglise, tous les sacrements, tous les mystères de notre sainte religion, avant de se montrer lui-même en personne et de parler par sa propre bouche ?

Il doit revenir à la fin des siècles pour juger le monde. Outre qu'il s'est expliqué lui-même sur ce dernier événement de la manière la plus claire, et qui ne laisse pas le moindre doute, les prophètes l'ont prédit, les apôtres l'ont annoncé : il n'y a point de pasteur, point de prédicateur, point de livre de piété qui n'en parle. Ce n'est pas un ange seul, ce n'est pas une Elie, ce n'est pas un Jean-Baptiste. C'est une foule d'Elies et de Jean-Baptistes ; une multitude d'anges qui se succèdent continuellement les uns aux autres, pour annoncer la venue de Jésus-Christ. *Ecce ego mitto angelum meum.*

Je vous l'annonçai dimanche dernier, mes chers paroissiens ; et après vous avoir quittés, quoique je vous eusse entretenus pendant plus d'une heure, il me sembla néanmoins que je n'avais presque rien dit : tant il y a de réflexions à faire sur ce jour qui est appelé par excellence le jour du Seigneur, le jour de la colère et de ses vengeances. J'y reviens donc aujourd'hui, et sans trop savoir à quoi m'arrêter, je vous dirai ce qu'il plaira à Dieu.

PREMIÈRE RÉFLEXION.

Il y a près de dix-huit siècles que la terre est arrosée du sang de Jésus-Christ, et que les fontaines du Sauveur répandent de tous côtés les richesses de sa grâce, et l'abondance de ses miséricordes. Le chemin du ciel est frayé, la porte est ouverte, on nous invite, on nous exhorte ; ce n'est point assez, on nous presse, on nous force pour ainsi dire d'entrer, et l'on nous en facilite l'entrée de mille manières. Quels moyens de sanctification n'avons-nous point? Secours extérieurs dans la parole de Dieu, qui ne cesse de retentir à nos oreilles ; dans l'usage des sacrements que l'Eglise nous offre, et qu'elle nous presse de recevoir ; dans l'exemple des saints qui nous édifie, et nous encourage. Secours intérieurs dans les inspirations de la grâce, dans les lumières de notre raison, dans les remords de notre conscience. Eh ! depuis que Jésus-Christ est descendu sur la terre pour le salut des hommes, a-t-il cessé d'y travailler ? Mais n'y travaille-t-il pas depuis qu'il y a des hommes sur la terre? *Pater meus usque modo operatur et ego operor.* (*Joan.*, V, 17.)

Ouvrez maintenant les yeux, mes frères, et portant vos regards sur toutes les générations, arrêtez-vous un instant à considérer la malice, les égarements, et l'ingratitude des misérables humains. Parcourez les villes et les campagnes, examinez tous les âges et toutes les conditions. Où trouve-t-on la droiture, l'innocence, la piété? Où ne trouve-t-on pas le crime et le désordre? Bornez-vous à cette seule paroisse, et comptez si vous le pouvez tous les péchés qui s'y commettent, je ne dis pas dans un an, dans un mois, dans une semaine ; mais dans un jour, dans une seule famille, par une seule personne. Que sera-ce donc dans une grande ville, dans une province, dans un royaume et dans tous les royaumes de la terre? Chez les infidèles, les hérétiques, les juifs, les faux chrétiens, par tous les hommes ensemble. Ajoutez les iniquités d'un peuple à celles d'un autre peuple, les péchés d'un siècle à ceux d'un autre siècle ; et réunissant ainsi dans votre imagination les péchés de tous les hommes, de tous les peuples, de tous les siècles, formez-vous, s'il est possible, une idée du torrent d'iniquités qui s'enfle, se déborde, inonde, ravage tous les Etats, et brave pour ainsi dire la justice de celui qui voit toutes choses.

Et cependant, ô Dieu de toute sainteté, vous gardez un profond silence ; vous dissimulez, vous attendez, parce que vous êtes éternel et que votre heure n'est pas encore venue : elle viendra, et vos coups seront d'autant plus terribles que votre bras aura été plus longtemps suspendu : vos vengeances éclateront avec d'autant plus de fureur, que vous les aurez plus longtemps différées.

Le patriarche Noé se laissa surprendre par le fruit de la vigne qu'il avait plantée ; il s'endormit dans son ivresse, et parut découvert d'une manière peu décente. Ayant appris à son réveil qu'un de ses enfants lui avait manqué de respect, et avait osé faire de sa nudité un sujet de raillerie, il lui donna sa malédiction, à lui et à toute sa race. Tous les interprètes ont vu dans la personne, dans l'ivresse et le sommeil de ce saint patriarche, la vraie figure de Jésus-Christ, lequel enivré d'amour pour son peuple, attaché nu et endormi sur la croix, fut un sujet de raillerie et l'est encore maintenant, non-seulement pour les Juifs et les infidèles, mais aussi pour nos incrédules et tous les mauvais chrétiens qui lui insultent, le déshonorent, et donnent occasion aux ennemis de la foi de blasphémer son nom et son Evangile.

Vous y êtes encore, mon bon Sauveur, vous y êtes encore sur cette croix : vous mourez tous les jours, et votre sacrifice ne finira qu'avec le monde. C'est alors que, revenant de ce sommeil mystérieux, et quittant désormais cette croix qui aura été jusque-là le trône de votre miséricorde, la seule cause de votre longue patience, vous vous élèverez sur une nuée éclatante aux yeux de tout l'univers : divin agneau que l'on égorge journellement sans que vous ouvriez la bouche, vous paraîtrez alors comme un lion dont les rugissements feront sécher de frayeur tous les peuples.

Il se lèvera tout à coup, dit le prophète, semblable *à un homme puissant que l'ivresse a plongé dans le sommeil.* (*Jerem.*, XXIII, 9.) Il ouvre les yeux, il s'arrête comme s'il était étonné. Il aperçoit, compte, mesure d'un coup d'œil toutes les iniquités de la terre. Son regard seul jette l'effroi parmi les nations : le souffle de sa fureur renverse et brise les montagnes. Le soleil n'est plus que ténèbres, la lune se couvre de sang et d'horreur, les étoiles arrachées du firmament se précipitent les unes sur les autres. Tout est bouleversé, tout se dissout, tout périt. Et comme on voit la cire se fondre aux approches du feu, ainsi disparaît l'univers, et la nature rentre épouvantée dans le néant d'où elle était sortie.

Ah ! qui pourra jamais exprimer la colère du Seigneur au jour terrible de ses vengeances ! imaginez-vous, mes frères, un fleuve rapide et impétueux, retenu forcément dans son lit par des digues immenses construites à grands frais sur son rivage ;

mais qui venant à grossir par les torrents qui se précipitent du haut des montagnes voisines, renverse subitement toutes les digues, se déborde, se répand avec fureur dans la plaine, ravage les champs, déracine les arbres, entraîne tout ce qu'il rencontre; porte l'effroi, la désolation, la mort, dans tous les lieux qui se trouvent sur son passage. C'est ainsi, dit un prophète, que la colère de Dieu se répandra sur les pécheurs au dernier jour, comme un torrent de fiel et d'indignation. Rien ne sera plus capable d'arrêter son bras, ni de suspendre ses coups: *In ira absorbet peccatores*. (*Psal.* LVII, 10.)

Ézéchiel, prophète du Dieu vivant, qui vous êtes exprimé avec tant de force sur la vérité que nous prêchons ici, parlez vous-même et racontez-nous ce que vous avez vu, ce que vous avez entendu dans vos divins ravissements : *Ecce manus missa ad me, in qua involutus erat liber*. Je vis une main miraculeuse qui s'avançait et se présentait à moi, tenant une feuille roulée qu'elle déploya tout entière à mes yeux; qui etait écrite en dedans, en dehors, d'un bout à l'autre : *Expandit illum coram me, et erat scriptum intus et foris*. Et cette feuille effrayante, ce livre mystérieux, que contenait-il ? Qu'y avez-vous lu ? Il contenait, et j'y ai lu des lamentations; j'y ai vu des malédictions, des prophéties de malheur : *Lamentationes, et carmen, et væ*. (*Ezech.*, II, 9.)

Le voilà donc, grand Dieu, ce livre fatal, où sont écrites et consignées toutes les iniquités qui, depuis le péché d'Adam, se multiplient, s'accumulent, s'élèvent jusqu'au ciel et crient vengeance. Venez donc, pécheur, qui que vous soyez ou puissiez être; venez, lisez et comptez vous-même cette longue suite de prévarications qui ont souillé tout le cours de votre vie, depuis six ans jusqu'à quinze, depuis quinze jusqu'à trente, depuis trente jusqu'à soixante, et jusqu'à votre dernier soupir. Approchez et lisez : voilà ce que vous avez fait ou voulu faire, ce que vous avez dit ou voulu dire; ce que vous avez pensé, imaginé une telle année, un tel jour, à une telle heure du jour ou de la nuit. Tout le mal que vous n'avez point effacé par un sincère repentir est écrit ici en caractères ineffaçables avec une plume trempée dans le fiel de la colère de Dieu.

Tant que nous vivons ici-bas, aveuglés par nos passions, séduits par l'apparence trompeuse des biens ou des plaisirs de ce monde, entraînés par le torrent de la coutume, des préjugés, du mauvais exemple, nous ne voyons nos péchés qu'à travers un voile qui nous en cache le nombre ou la difformité. Il y en a que l'on ne voit point, il y en a dont on ne se souvient point. On excuse les uns, on dissimule les autres. On ne considère souvent les plus énormes que superficiellement, sans égard à leurs circonstances, à leurs effets, à leurs suites, qui sont quelquefois infinies, et produisent des maux irréparables. Nous ne donnons qu'une attention fort légère au préjudice qu'ils portent à autrui, quoiqu'il n'y en ait aucun et même point qui ne nuise au prochain d'une manière ou d'une autre, ne fût-ce que parce que n'y ayant aucun vice, aucun défaut, aucun péché qui ne nous rende moins bons, moins justes; il n'y en a aucun, par conséquent, qui ne nous rende moins propres à remplir ce que nous nous devons les uns aux autres. Ce n'est point ici le lieu d'approfondir cette réflexion, je le ferai ailleurs (1). Est-ce que nous voyons tout cela ? Est-ce que nous cherchons à le voir ? Y pensons-nous seulement ? Non, mais il y a un Dieu qui le voit, qui compte, qui écrit tout jusqu'à un *iota*.

Venez, impudique, approchez, lisez; vous en souvenez-vous ? Voilà jour par jour toutes les pensées qui vous ont roulé dans l'esprit, tous les mouvements qui ont agité votre cœur, tous les fantômes qui ont sali votre imagination. Lisez, lisez et comptez : un tel jour, une telle nuit avec celui-ci, avec celle-là. Lisez et comptez vos adultères, le lieu, le moment, les circonstances où vous les avez commis; vos fornications; votre mollesse, votre lubricité. Ce n'est point assez : lisez encore, et voyez donc cette génération de péchés dont votre malheureuse passion a été comme la tige. Cette âme était innocente, elle ne connaissait point le mal, vous le lui avez appris, vous l'avez corrompue, elle en a corrompu d'autres, et ainsi de suite. Il y avait cent ans que votre cadavre était pourri, lorsque les effets de votre libertinage duraient encore. Mais sans pousser les choses si loin, de combien de péchés n'avez-vous pas été la cause de votre vivant, dans votre famille, dans votre paroisse ? Voilà votre femme, votre mari, vos enfants, vos domestiques, vos voisins, vos amis, vos ennemis; qu'ils viennent, qu'ils se présentent, qu'ils parlent, je les ferai souvenir, moi, de tous les péchés qu'ils ont commis à votre occasion; ils vous en accusent, ils vous les reprochent, ils vous en chargent, et vous en serez puni.

Venez, incrédule, et lisez : voilà le moment où vous avez commencé à former des doutes sur les vérités de la foi. Lisez et comptez : voilà les degrés par où votre libertinage secret ou public vous a conduit insensiblement à l'incrédulité : voilà les inspirations et toutes les grâces que vous avez rejetées, les remords que vous avez opiniâtrément étouffés. Vous levâtes enfin le masque, et ne rougissant plus de rien, vous faisiez un jeu, même une gloire de ce qui vous couvrait de honte : voilà vos railleries indécentes, vos fades plaisanteries, vos bons mots pleins d'impiété : voilà vos blasphèmes et tous les efforts que vous avez faits pour achever d'éteindre, chez les autres comme chez vous, tout sentiment de religion; pour effacer jusqu'à la moindre

(1) Voy. le Dimanche de la Quinquagésime, seconde réflexion.

trace, les vérités saintes dont votre âme avait été imbue et les dons précieux de la grâce dont je l'avais enrichie.

Ennemi trop illustre de ma croix et de mon Evangile; enfin, enfin, vous êtes tombé entre les mains de votre Juge, vous qui ne vouliez en reconnaître aucun. Venez, venez que je vous oppose vous-même à vous-même, que j'arrache de votre bouche l'aveu de vos erreurs; le confession publique pour le coup, de l'orgueil, de la malice, de la corruption qui les ont produites. Venez donc, que je réunisse sur votre tête superbe toutes les malédictions, tous les malheurs, tous les supplices que chacun de vos misérables disciples a mérités en particulier; que je vous charge et vous punisse de tous les maux que vous avez faits jusqu'à ce moment. Allez, libertins, allez, impies, allez raisonner, écrire, blasphémer au milieu des flammes éternelles. Allez raisonner, écrire, prêcher, blasphémer avec les démons dont vous avez été l'organe, l'instrument, les émissaires et les apôtres. *Erravi, erravi*, je me suis trompé. Il fut un temps où cet aveu aurait pu vous sauver et vous attirer des éloges. Il ne sert plus maintenant qu'à vous couvrir d'opprobres à la face du ciel et de la terre. *Erravi, erravi*, ce sera là désormais le cri éternel du plus horrible désespoir : *Ite, maledicti, in ignem æternum.* (*Matth.*, XXV, 41.)

Esprit inquiet et malin, langue plus dangereuse qu'une épée à deux tranchants, et plus cuisante que des charbons enflammés, perturbateurs du repos public, poison de la société, ennemi juré de la paix et de la charité chrétienne, venez et lisez : voici le long chapitre de vos médisances, de vos railleries, de vos noirceurs. Voilà tout le fiel que vous avez vomi, toutes les divisions que vous avez occasionnées, tous les troubles que vous avez fait naître, toute la suite de maux dont la première cause fut votre misérable langue. Allez donc, allez entendre et répéter éternellement les malédictions et les hurlements épouvantables des démons et de vos pareils. *Ite.*

Avare, avare, venez, lisez et comptez : voilà le premier écu que vous avez mis dans vos coffres; voici la première somme que vous avez amassée et qui n'a servi qu'à vous affamer. Venez et lisez : vous souvient-il de cette lésine, de ces bassesses; vous souvient-il de cette dureté, de cette inhumanité; quand vous me laissiez souffrir la faim, la soif, la nudité, toutes les misères de la vie dans la personne de cette pauvre veuve, de ces pauvres petits orphelins, qui vous demandaient en mon nom quelques boisseaux de blé pour vivre, quelques aunes de toile pour se couvrir, et que vous renvoyiez, en disant : Dieu vous bénisse? Je les bénirai ou ne les bénirai pas, ce n'est point là votre affaire. Mais ils vous ont maudit, et leur malédiction a été le signe, l'avant-coureur, le gage de la mienne. Voilà ton or et ton argent : qu'il te sauve s'il peut, qu'il t'ouvre la porte du ciel. Va donc, âme de boue, va crier éternellement famine dans les enfers. *Ite.*

Ambitieux, voilà vos intrigues d'un bout à l'autre : les voies iniques et tortueuses par lesquelles vous vous êtes élevés; voici ensuite tous les péchés dont vous avez été la cause : les plaintes, les murmures, la haine, les malédictions de cette famille, de cet honnête homme, peut-être de cet ami que vous avez sacrifiés à votre ambition.

Vindicatif, lisez, et voyez non-seulement tout ce que vous avez fait pour nuire à votre ennemi; non-seulement les injures dont vous l'avez chargé, mais encore tous les désirs de vengeance que vous nourrissiez dans votre cœur. Lorsque votre imagination, échauffée par la haine dont vous étiez animé, vous le représentait, tantôt assassiné par des voleurs, tantôt trouvé mort dans son lit; lorsqu'il vous semblait voir ses troupeaux périr, sa maison brûler, ses enfants ou sa femme se déshonorer; quand vous vous plaisiez ainsi dans l'image des malheurs dont vous auriez voulu le voir accablé, je voyais vos pensées, je les considérais, je les écrivais, les voilà. Vous mettiez le feu à sa maison, lorsque vous désiriez la voir brûler; vous égorgiez ses troupeaux, lorsque vous désiriez les voir périr; vous l'égorgiez lui-même, lorsque vous souhaitiez sa mort.

Pilier de cabaret, viens et regarde : voilà jusqu'à un verre de vin, jusqu'à un morceau de pain, tout ce que tu as arraché de la bouche à ta femme et à tes enfants. Voilà ton ivrognerie et tes excès : les nuits que tu as passées à boire, les jours de fêtes que tu as profanés : voilà jusqu'à une syllabe, tes paroles sales, tes jurements, tout le bruit que tu as fait dans ton ménage, les péchés que tu as occasionnés à ta femme, à tes enfants; le scandale que tu as causé dans la paroisse. Je n'ai rien oublié, j'ai tout écrit : va donc, misérable, va t'abreuver et t'enivrer du fiel de ma colère dans les enfers. *Ite.*

Venez, venez, marchands, commerçants de toute taille et de toute espèce : venez enfin rendre compte jusqu'à la dernière obole de vos emplettes et de vos ventes, de vos prêts et de vos emprunts, de vos sociétés et de vos contrats. Vous aviez votre poids et votre mesure, j'avais ma mesure et mon poids. Vous aviez votre bilan, vos livres de compte; j'avais mon livre et mes registres. J'étais présent dans vos magasins, j'étais assis à la tête de votre comptoir, je vous suivais dans les foires, j'assistais à tous vos marchés : venez donc et voyons si votre livre, exposé au grand jour, pourra soutenir toute la sévérité des lois que j'avais établies et sur lesquelles vous deviez diriger votre commerce. Voyons s'il pourra soutenir l'eclat de la lumière que je vais répandre dans ce chaos où s'enveloppaient et se cachaient tous les artifices de cette cupidité aveugle qui, sur la foi de quelque confesseur ignorant et sans zèle, de quelque casuiste obscur et relâché, éludait avec tant d'adresse ce qui avait été le plus formellemeet décidé, en fait d'usure, par les docteurs les plus éclairés, par les pontifes les plus sages, par les conciles les plus respectables. Lisez maintenant et voyez : vous comptiez, pesiez, mesuriez, supputiez, calculiez à votre manière. J'ai pesé, moi, j'ai mesuré, compté, supputé, calculé à la mienne. Ah! que d'injustices découvertes! ah! que de fripons démasqués! Abîmes profonds de l'enfer, ouvrez vos portes à cette foule de barpies. Puissances ténébreuses, saisissez-vous de leurs âmes : ils vous les ont vendues, et désormais il n'est personne qui puisse les racheter et les retirer d'entre vos mains.

Vous êtes juste, Seigneur, et quel serait l'homme assez téméraire pour vous demander raison de votre conduite : permettez-moi cependant d'ouvrir la bouche, et daignez répondre à votre serviteur, quoiqu'il ne soit que cendre et poussière. Ces pécheurs de toute espèce, que vous jugez avec tant de sévérité, ou du moins la plupart d'entre eux, quoique portés au mal dès votre jeunesse, quoique livrés à leurs passions, n'ont pas laissé de mêler à leurs iniquités un certain nombre de bonnes œuvres. Ces bonnes œuvres, ne les comptez-vous pour rien? Resteront-elles sans récompense? N'entreront-elles pas au moins en compensation de leurs fautes? Leurs prières, leurs jeûnes, leurs aumônes, les services qu'ils ont rendus au prochain, leurs confessions, leurs communions, leur travail, leurs souffrances, tout cela ne leur servira-t-il de rien? De rien au monde. Je les ai comptées, ces bonnes œuvres prétendues, je les ai pesées au poids de mon sanctuaire. C'est un or faux, il y a les trois quarts d'alliage.

Leurs prières n'étaient que grimaces et pure routine, leurs jeûnes n'étaient qu'hypocrisie ou pure bienséance; leurs aumônes n'étaient que vaine gloire ou amour-propre; dans les services qu'ils rendaient au prochain, ils avaient leur propre intérêt en vue, je n'y étais pour rien, moi, et par conséquent je ne leur dois rien. Leur travail n'avait d'autre objet que la terre; leurs souffrances étaient accompagnées de plaintes et de murmures.

Quand même ils auraient prié, jeûné, souffert et pratiqué de bonnes œuvres par un motif surnaturel, ce n'a été que des œuvres mortes, parce qu'ils vivaient dans le péché. S'ils en ont fait quelques-unes en état de grâce, et qui aient eu toutes les qualités requises pour mériter le ciel, ils en ont perdu le fruit par les péchés qu'ils ont commis ensuite et dans lesquels ils sont morts. Enfin, ce qu'il y a de juste, de louable et de moralement bon dans leur vie, a été récompensé sur la terre. Ils en sont payés. J'ai béni leur travail et leurs entreprises, j'ai multiplié leurs troupeaux, j'ai fertilisé leurs champs, j'ai fait fleurir leur commerce, j'ai enrichi leurs enfants, je leur ai donné des amis, de la réputation, des honneurs, des charges, de la santé, une longue vie, une mort tranquille; ils sont payés. *Receperunt mercedem suam.* Le peu de bien qu'ils ont fait est payé; mais leurs péchés ne le sont point; ils subsistent et subsisteront éternellement devant moi. Allez, maudits, allez au feu éternel. Il est bien temps que je vous paye et que je me venge. *Ite, maledicti, in ignem æternum.*

Mais est-il bien croyable qu'une sentence aussi terrible puisse jamais sortir de la bouche de celui qui est le créateur, le père, le sauveur des hommes? Mes chers paroissiens, non-seulement la chose est croyable, c'est un article de notre foi : mais elle est évidemment juste, et tout ce que nous pourrons dire alors pour notre justification, ne servira qu'à mettre dans un plus grand jour notre malice et notre ingratitude. Tout ce que nous pourrons imaginer de plus touchant pour apaiser notre Juge ne servira qu'à l'irriter davantage : et voilà sans doute ce qu'il y a de plus effrayant.

SECONDE RÉFLEXION.

Venez donc, dit-il, par un de ses prophètes; venez, hommes et femmes, riches et pauvres, pécheurs de toutes les conditions et de toutes les espèces : disputons ensemble, dites vos raisons, je dirai les miennes; entrons en jugement, et pesons au poids de l'équité ce que vous avez à dire pour votre justification : *Judicemur simul; narra si quid habes ut justificeris.*

Vous le savez, mes frères, il n'est aucun péché qui n'ait son excuse toujours prête; et ces excuses, on en porte la vanité jusque dans le tribunal de l'humiliation, où l'on ne doit venir que pour s'accuser et se condamner soi-même. Mon cher enfant, vous n'y pensez donc pas? Avez-vous oublié que vous êtes chrétien, que bientôt il faudra mourir, et que vous avez un compte à rendre? L'ignorance, la faiblesse, le tempérament, la violence des passions, les tentations du démon, les mauvais exemples, et je ne sais combien d'autres excuses : voilà les raisons dont vous nous payez, et que pouvons-nous faire autre chose que gémir et vous prédire les malheurs qui vous arriveront un jour?

Si vous étiez né parmi les sauvages et ces nations barbares, qui n'ont jamais entendu parler de Jésus-Christ, vous pourriez vous excuser sur votre ignorance. Sans doute que ces hommes nourris dans le sein des ténèbres ou de l'erreur, ne seront point condamnés au jugement de Dieu pour n'avoir pas connu Jésus-Christ, s'il leur a été impossible de le connaître; ni pour avoir ignoré ce qu'ils n'auront pas pu découvrir par les seules lumières de la raison, et par le sentiment intime du bien et du mal que le Créateur a gravé dans l'âme de tous les hommes. Ils ne seront jugés que sur la loi naturelle, dont ils ne pouvaient point ignorer les principes; et encore seront-ils traités avec moins de rigueur que nous.

Mais vous, chrétien, qui avez eu le bonheur de naître, d'être élevé dans le sein de l'Eglise et dans le centre de la lumière; vous à qui l'on a parlé de Dieu et de l'Evangile dès que vous avez commencé à bégayer : vous que l'on n'a jamais cessé d'instruire, d'exhorter, de corriger, de reprendre : vous qui avez mille fois entendu de la bouche de vos pasteurs, et en public, et en particulier, ce qu'il y a de plus grand et de plus divin dans nos mystères; ce qu'il y a de plus pur, de plus parfait, de plus saint dans la morale; vous que l'on a conduit dans le chemin du ciel comme par la main, dont on a marqué, compté, mesuré tous les pas : à qui l'on a prescrit dans le plus grand détail, et point par point la règle qu'il fallait suivre : vous enfin qui n'avez rien pu ignorer de tout ce qui était nécessaire à savoir pour sauver votre âme; vous avez la hardiesse de vous excuser sur votre ignorance! si vous l'avez ignorée, c'est parce que vous n'avez pas voulu vous en instruire; parce que vous avez craint d'être instruit; parce que vous avez fui la lumière, pour pécher avec plus de tranquillité. Vous avez aimé les ténèbres pour vous épargner des remords : allez, votre ignorance prétendue, non-seulement n'est point une excuse légitime; elle est un nouveau péché qui vous rend plus coupable encore, et vous périrez avec elle.

La faiblesse humaine, les occasions, les mauvais exemples, les passions, les tentations et tout ce qu'il vous plaira; mes chers paroissiens, je vous l'avoue, peu s'en faut que je ne m'abandonne à un certain mouvement d'indignation, dont on ne peut se défendre quand on entend pareilles excuses. La faiblesse humaine, les passions, les tentations. Vous saviez donc tout cela! Vous aviez donc fait l'expérience de votre faiblesse! il fallait donc vous en méfier et prendre vos précautions en conséquence. Il fallait donc veiller sur vous-même, prendre garde à vous, et mortifier vos passions, et vous avez fait précisément le contraire, vivant dans la plus grande dissipation, et ne cherchant qu'à vous satisfaire en toutes choses. Il fallait recourir à celui qui vous offrait des secours de toute espèce pour vous soutenir et vous fortifier; pourquoi n'en avez-vous rien fait? Et pourquoi, malgré ce qu'on vous en a dit, n'en avez-vous rien voulu faire?

Vous connaissiez votre faiblesse, et vous comptiez sur vos propres forces, et vous vouliez marcher sans guide. Vous tombiez à chaque pas, et vous refusiez de donner la main à ce Dieu plein de bonté qui ne cessait de vous tendre la sienne! Eh! puisque vous connaissiez votre faiblesse, pourquoi ne demandiez-vous pas du matin au soir les grâces dont vous aviez besoin, et la force qui vous manquait? Pourquoi ne la cherchiez-vous pas cette force dans la fréquentation des sacrements, dans les exercices de piété, dans la parole de Dieu, dans la lecture des livres écrits pour votre édification? Quels secours n'aviez-vous pas contre cette faiblesse? Ils étaient plus abondants encore et plus efficaces que votre faiblesse n'était grande: Ils étaient à votre disposition : vous pouviez en user comme tant d'autres, et vous les avez négligés, vous les avez refusés, vous les avez méprisés, vous n'en avez pas voulu. A peine avez-vous prié soir et matin, et vous ne l'avez fait que par routine. A peine avez-vous approché des sacrements une fois l'année, et vous ne l'avez fait que par habitude ou par bienséance. La parole de Dieu vous endormait. Une lecture de piété vous ennuyait. Vous aviez besoin de tout, et vous ne vouliez user de rien. Allez : plus votre faiblesse était grande, plus vous deviez chercher des secours, les recevoir au moins quand ils vous étaient offerts; vous ne l'avez pas fait : donc plus votre faiblesse a été grande, moins elle vous excuse, et vous n'en êtes au contraire que plus coupable.

Les occasions, les occasions : qu'est-ce que cela signifie? J'en vois de trois sortes : celles où nous sommes nécessairement engagés par les devoirs de notre état; celles que nous rencontrons par hasard et sans les chercher; celles enfin où nous nous exposons volontairement nous-mêmes. S'il s'agit des dernières, taisez-vous, misérable, et n'allez pas vouloir excuser un péché par un autre. Quant à celles que vous avez rencontrées par hasard et sans les chercher, je réponds que le hasard n'est rien, qu'il ne faut pas vivre au hasard, qu'il faut savoir ce que l'on fait, où l'on va, qui l'on fréquente; qu'il faut marcher avec précaution et se tenir sur ses gardes; qu'un homme sage qui a le cœur droit et qui craint Dieu, ne se laisse pas si aisément surprendre. Que s'il a le malheur de tomber par surprise, sa chute le rend plus avisé, il se relève bien vite, et devient plus sage à ses dépens. Est-ce là l'effet qu'ont produit chez vous les fautes où vous êtes tombé par surprise et dans une occasion imprévue? Avez-vous travaillé à votre salut avec plus de précaution et de crainte? Etes-vous devenu plus vigilant? Vos prières ont-elles été plus ferventes? Avez-vous fait comme un voyageur, qui, étant tombé dans quelque précipice en passant par un chemin escarpé, s'efforce d'en sortir tout de suite, et ne passe plus par cet endroit-là, ou, s'il est obligé d'y passer encore, ne le fait qu'avec la plus grande précaution et en tremblant. Mettez la main sur la conscience, et dites, si vous l'osez, que vous en avez usé ainsi. N'est-il pas vrai au contraire que marchant les yeux fermés, vous avez donné tête baissée dans tous les piéges, dans toutes les tentations et tous les écueils? N'est-il pas vrai que, par votre imprudence et votre étourderie, tout a été pour vous une occasion de chute, un sujet de scandale?

Nous savons que chaque état, même le plus saint et le plus respectable, a ses tentations et ses dangers : mais nous savons aussi, nous le savons par expérience, et nous voyons qu'il y a dans chaque état des secours particuliers et des grâces puissantes, qui ne manquent jamais à ceux que Dieu y a véritablement appelés. Ainsi de deux choses l'une : ou vous étiez appelé à cet état, ou non. Si vous n'y étiez point appelé, il fallait le quitter ou réparer par une exactitude, par une vertu, par des efforts extraordinaires, ce défaut de vocation. Si vous y étiez appelé, vous avez eu les secours nécessaires pour en surmonter les tentations et les dangers, il n'a tenu qu'à vous d'en faire usage.

Mais les mauvais exemples? quelle excuse! N'en aviez-vous point de bons? Pourquoi donc ne pas suivre ceux-ci plutôt que les autres? Ah! vous étiez plus disposé à vous perdre avec les pécheurs qu'à vous sauver avec les justes : c'est donc dans la méchante disposition de votre cœur qu'il faut chercher la vraie cause de vos chutes et de votre réprobation, et non dans les mauvais exemples, ni dans les occasions, ni dans la faiblesse humaine, et dans tout le reste. Votre volonté, votre volonté, voilà le principe de tout le mal que vous avez fait; si vous ne l'eussiez pas voulu, vous ne l'auriez pas fait, votre perte ne vient que de vous-même. Votre damnation est votre ouvrage : *Perditio tua.*

Il paraît, mes frères, que cette réponse aux fausses excuses des pécheurs, sur laquelle je passe bien légèrement, comme vous voyez, fait une sorte d'impression sur vos esprits. Je ne doute pas au moins que vous en sentiez la justesse. Eh! si la vérité a quelque force dans la bouche des hommes, dont les plus éloquents ne font que bégayer comme Jérémie, quand ils parlent des jugements de Dieu; que sera-ce donc quand il plaidera lui-même sa cause, et qu'il nous accablera du poids de son éternelle vérité?

Tout cela est vrai, mais Dieu est bon : oui, sans doute, il est bon : nous ne saurions assez le dire, et chacun de nous a par-devers soi les preuves les plus touchantes de son infinie bonté. Il veille à la conservation de notre corps et au salut de notre âme, avec une tendresse dont on ne trouve parmi les créatures que de très-faibles images. Les richesses de sa bonté, la grandeur de ses miséricordes sont une matière inépuisable. Quand nous aurions passé notre vie à ne vous parler d'autre chose, nous ne ferions encore que commencer, et nous n'aurions rien dit en comparaison de ce qui resterait à dire. Mais enfin, cette bonté n'est pas une bonté aveugle ; cette miséricorde ne saurait favoriser l'injustice, et Dieu n'est pas moins infiniment juste qu'il est infiniment bon; il faut donc que la miséricorde et la justice soient réglées par cette éternelle sagesse qui fait tout avec ordre, tout par poids et par mesure, et chaque chose dans son temps. Ecoutez là-dessus ce que l'Esprit-Saint a dit lui-même au chapitre IIIe de l'*Ecclésiaste :* j'ai transcrit, et je vais répéter ce passage mot pour mot :

Toutes choses ont leur temps et tout passe sous le ciel, après le terme qui lui a été prescrit. Il y a temps de naître, et temps de mourir ; temps de planter, et temps d'arracher ce qui a été planté. Il y a temps de blesser, et temps de guérir ; temps de bâtir, et temps de détruire. Il y a temps de pleurer, et temps de rire ; temps de s'affliger, et temps de se livrer à la joie. Il y a temps de jeter les pierres, et temps de les ramasser ; temps d'embrasser, et temps de s'éloigner des embrassements. Il y a temps d'acquérir, et temps de perdre ; temps de conserver, et temps de rejeter. Il y a temps de se séparer, et temps de rejoindre : temps de se taire, et temps de parler. Il y a temps pour l'amour, et temps pour la haine; temps pour la guerre, et temps pour la paix.

Il y a donc par conséquent, mes chers paroissiens, le temps de la justice et celui de la miséricorde. Pendant que nous vivrons et qu'il y aura des hommes sur la terre, les bras de cette miséricorde seront ouverts. Elle est toujours prête à nous recevoir dans son sein. Elle se dilate, elle s'agrandit, elle s'étend, si je puis m'exprimer ainsi, à mesure que nos péchés se multiplient, et les plus grands pécheurs, quand ils reviennent sincèrement, sont ceux en faveur desquels elle éclate davantage, et sur qui elle répand avec plus d'abondance les douceurs ineffables de ses divines consolations. Elle suspend, elle arrête le bras de la justice; et dans nos afflictions les plus cuisantes, c'est elle qui nous blesse pour nous guérir, qui nous frappe pour nous relever, qui nous châtie parce qu'elle nous aime. Mais que les choses soient éternellement ainsi, cela n'est ni juste ni possible. Il faut que l'ouvrage du salut ou de la perte des hommes soit enfin consommé. Après le temps de la douceur, de la patience, de la miséricorde, doit donc nécessairement venir celui de la colère, de la justice, de la vengeance. Il n'y aurait sans cela dans l'œuvre de Dieu, ni ordre, ni sagesse, ni providence, et il se manquerait à lui-même.

Cette miséricorde, qui fait aujourd'hui notre espérance, disparaîtra donc alors de dessus la terre, et se retirera dans le ciel avec la croix qui était le trône d'où elle répandait à pleines mains toute sorte de bénédictions. Plus de croix, plus de croix, plus de Sauveur, plus de père, plus de refuge, tout est perdu à jamais. Plus de croix, plus de croix, et par conséquent plus de confession, plus de pénitence, plus de prêtres aux pieds desquels je puisse me prosterner; plus d'autels que je puisse embrasser ; plus de saints que je puisse appeler à mon secours; plus de soupirs, plus de larmes, plus de grâces à espérer. Plaies adorables qui êtes maintenant l'asile où je puis me mettre à l'abri de la colère de Dieu, vous serez fermées alors, et avec vous seront fermés pour toujours les trésors de la grâce et de la miséricorde. Je ne pourrai donc plus dire comme je dis aujourd'hui : Grand Dieu, jetez les yeux sur la face de votre Christ. Voyez les clous dont il est percé, les épines dont il est couronné. Voyez le sang qu'il a répandu et qu'il ne cesse de répandre.

Voyez-le s'immolant chaque jour sur nos autels pour effacer les péchés du monde. Ah! je dirai au contraire, mais dans un sens bien différent, dans l'excès du plus horrible désespoir, ce que les anges, assis sur la pierre de son tombeau après sa résurrection, dirent aux femmes pieuses qui étaient allées pour embaumer son divin corps : *Surrexit, non est hic.* C'en est fait, c'en est fait; il n'est plus ici. Autrefois il ressuscita, mais il mourait encore, quoique d'une manière mystérieuse, et il continuait d'offrir le sacrifice non sanglant de la chair adorable. Maintenant, maintenant, il est ressuscité pour ne plus mourir, et je l'entends prononcer avec un ton plein de fureur les paroles que l'apôtre saint Jean lui mettait dans la bouche, quand il voyait en esprit son dernier triomphe : *Fui mortuus et ecce sum vivens in sæcula sæculorum.* J'ai subi la mort, et je suis mort mille et mille fois par la main des pécheurs, qui n'ont cessé de me crucifier jusqu'à la fin des siècles : mais je vis aujourd'hui pour ne plus mourir, pour ne plus souffrir d'aucune manière. Je vis pour me venger enfin, pour me venger de tant d'outrages, et je m'en vengerai éternellement. *Fui mortuus et ecce sum vivens.*

Misérables membres qui avez été la croix sur laquelle je l'ai si souvent attaché! misérable cœur qui avez été comme le tombeau dans lequel je l'ai, pour ainsi dire, enseveli! voilà donc tout ce qui me reste, et qui me reste pour mon malheur. Ce corps, ce corps dont Jésus-Christ avait fait son temple lors de mon baptême, et qui fut ensuite consacré, sanctifié de tant de manières par les Sacrements de son Eglise. J'en ai fait l'instrument de mille désordres par lesquels j'ai renouvelé toutes les souffrances de mon Sauveur, que j'ai ainsi crucifié derechef en moi-même. C'en est fait, il a quitté cette croix, et je ne l'y tiendrai plus; il est sorti de ce tombeau, et il n'y rentrera plus : il m'a échappé pour toujours, et cette croix de chair, ce tombeau vivant est la seule chose qui me reste pour être désormais l'instrument de mon supplice, et la proie d'un feu qui ne s'éteindra jamais : *Surrexit, non est hic; ecce locus, ecce locus ubi posuerunt eum.* (*Matth.*, XXVIII, 6.) Tel est le langage du pécheur au dernier jour : tels seront ses regrets et son désespoir inutiles.

Joignez à cela, mes frères, les reproches sanglants de toutes les créatures qui auraient dû servir à son salut, et qu'il aura fait servir à sa perte; du soleil qui aura éclairé ses déréglements, des ténèbres qui les auront cachés; de la terre, de la mer dont il aura fait servir les productions à toute sorte d'iniquités; des anges qui auront veillé à sa garde, des saints qui auront prié pour lui, des âmes justes qui l'auront édifié, des pasteurs qui auront été chargés de sa conduite.

Ah! qu'ai-je dit, mes chers paroissiens, qu'ai-je dit : cette pensée me fait frémir, elle me trouble. Quelle réflexion, grand Dieu! mais quelle terrible vérité! moi-même, moi-même que je sois perdu, comme j'ai tout lieu de le craindre à cause de mes péchés, ou que je sois sauvé, comme je dois l'espérer, à cause seulement de son infinie miséricorde. Moi-même, votre pasteur, qui vous appelle mes chers enfants, qui vous aime comme ma vie, et qui la donnerais de bon cœur pour la sanctification de vos âmes; je m'élèverai alors contre ceux d'entre vous qui auront rendu notre ministère inutile, je les chargerai de reproches, et je les accablerai de malédictinns.

Je leur reprocherai le temps que j'aurai perdu à les exhorter; mes travaux, mes veilles, mes inquiétudes, et jusqu'au moindre pas que j'aurai fait pour la salut de leur âme; toutes mes instructions, et jusqu'à la moindre de mes paroles; les vœux de leur baptême qu'ils auront prononcés ou renouvelés entre mes mains; les promesses dont j'aurai été le témoin et le dépositaire, le sang de Jésus-Christ que je répands maintenant sur leurs têtes; les Sacrements que je leur offre, et qu'ils refusent ou qu'ils profanent. Je ne verse pas une larme, je ne pousse pas un soupir, je ne dis pas un mot pour leur édification, qui ne fasse alors la matière des reproches les plus amers. Votre pasteur, votre pasteur, au jour du jugement, sera le premier, le plus cruel, le plus impitoyable de vos accusateurs.

Eloignez de nous, ô mon Dieu! le malheur d'une destinée aussi affreuse; et pour cela, pénétrez-nous jusque dans la moelle des os, de la crainte de vos jugements. Que la pensée de ce jour d'horreur et de désespoir soit tellement gravée dans notres esprit, que nous ne la perdions jamais de vue. Dissipez donc par la lumière de votre vérité les ténèbres qui nous environnent et nous aveuglent. Brisez, ah! brisez par la force et l'onction de votre grâce puissante, les liens du péché qui nous embarrassent et nous retiennent. Ouvrez nos yeux sur nous-mêmes, afin que cherchant et voyant la vraie cause de nos péchés, non pas hors de nous, mais bien dans la corruption de notre cœur, dans la dépravation et la malice de notre volonté, nous travaillions tout de bon à le réformer, ce cœur, à redresser cette conscience, dont tous les replis doivent un jour être développés et mis à nu aux yeux des Anges et des hommes. Puisque la terre est encore remplie de votre miséricorde, puisque nous avons encore un Sauveur, une Croix, un Autel, une victime; nous implorons, en tremblant, cette miséricorde; nous vous offrons cette victime; nous nous jetons entre vos bras, ô Sauveur des hommes, ne nous perdez pas en ce jour terrible. Mais que le pasteur, placé alors à votre droite avec son troupeau, n'entende de votre bouche que des bénédictions, et se repose éternellement avec ses ouailles dans le sein de vos infinies miséricordes. Ainsi soit-il.

—

DISCOURS III.

Pour le troisieme Dimanche de l'Avent

SUR L'HOMME.

Tu quis es? (*Joan.*, I, 19.)
Qui êtes-vous?

Après vous avoir entretenu deux dimanches de suite, mes chers paroissiens, sur une vérité dont la seule pensée a fait trembler les plus grands saints, et converti quelquefois les plus grands pécheurs; je désespérerais, pour ainsi dire, de votre salut, si vous aviez écouté de sang-froid tout ce que la raison et la foi nous apprennent touchant le jugement de Dieu et la sévérité de sa justice. Mais je pense trop bien de vous, pour ne pas me persuader que jetant un coup d'œil sur votre personne et sur les années de votre vie, vous avez tremblé, au moins un instant, à cause de l'examen que doit en faire le souverain Juge, et du compte rigoureux que vous avez à lui rendre. Daigne le Père des miséricordes nourrir et fortifier en vous le fruit de sa parole divine. C'est dans cette confiance que je viens vous faire aujourd'hui la question que les Juifs firent autrefois à saint Jean-Baptiste. Qui êtes-vous? *Tu quis es?* Si quelque personne inconnue entrait maintenant dans cette église, et que, prenant chacun de vous en particulier, il lui demandât : qui êtes-vous? Ah! que d'orgueil et de vanité dans les uns! que de plaintes et de murmures dans les autres! que de dissimulations et de mensonges dans tous! Notre grand malheur est de ne point assez réfléchir sur ce que nous sommes par notre nature, et indépendamment de ce qui nous élève au-dessus ou nous abaisse au-dessous des autres; de ne point assez réfléchir sur ce que nous sommes devant Dieu et selon Dieu; nous arrêtant beaucoup trop à ce que nous sommes dans le monde et suivant le monde. Je suis homme, je suis chrétien : voilà ce qu'il m'importe de savoir et de bien savoir : voilà le point de vue sous lequel je dois m'envisager et me considérer moi-même.

PREMIÈRE RÉFLEXION.

Que vous soyez riche, ou que vous soyez pauvre, d'une famille distinguée ou de la lie du peuple; élevé au-dessus des autres ou placé au-dessous de tous; que vous ayez de la réputation, des honneurs, des charges; ou que n'ayant rien de tout cela, vous viviez dans l'obscurité, dans l'oubli et le mépris des hommes; maître ou valet, logé dans un palais, ou caché dans une chaumière; vêtu d'habits précieux, ou couvert de haillons; regorgeant de biens ou mourant de faim; sain ou malade; enivré de plaisirs ou accablé de douleur; tels que puissent être en un mot votre état, votre sort, votre position sur la terre, tout cela ne change rien à votre nature; vous n'en êtes ni plus ou moins un homme, c'est-à-dire, une créature douée de raison et d'intelligence : le reste vous est étranger. Votre âme a beau s'attacher, se coller aux biens de ce monde; ces biens-là ne sont pas vous. Vos domaines, vos troupeaux, votre charge, votre réputation ne sont pas vous. La richesse ou la pauvreté de votre maison, de vos habits, de vos meubles, de votre table, ne sont pas vous. Les louanges qu'on vous donne, les honneurs qu'on vous rend, les plaisirs qui vous environnent ne sont pas vous. La misère qui vous accable, les chagrins qui vous dévorent, les mépris que vous essuyez, les injures dont on vous charge, les douleurs qui vous tourmentent, tout cela, tout cela n'est point vous ; et tant que vous ne jetterez les yeux que sur ces choses-là, vous ne vous connaîtrez jamais vous-même. En venant au monde, vous étiez une créature raisonnable, et rien de plus. En sortant du monde, vous serez une créature raisonnable et rien de plus. Vous êtes sorti nu du sein de la terre, notre mère commune, et vous y rentrerez dénué de tout. Il faut donc, pour vous bien connaître, fermer premièrement les yeux sur ce qui vous environne de quelque manière que vous en soyez affecté; fixer ensuite vos regards sur cette âme raisonnable qui vous distingue des animaux, et ne faire attention à tout le reste, que pour examiner si vous en usez comme doit en user une créature raisonnable.

Or, pour peu que nous voulions réfléchir sur les facultés de notre âme, nous sentirons aisément que l'homme est vraiment l'image de Dieu. Nous trouverons dans notre raison l'image et comme un rayon de sa lumière divine. Il y a dans l'homme une sagesse, une prévoyance, une justice, une bonté, une puissance qui ne peuvent venir que de Dieu, et qui sont visiblement une participation de sa sagesse, de sa providence, de sa justice, de sa bonté, de sa puissance éternelle.

Arrêtez-vous ici un instant, mes frères, et voyez donc ce que c'est que l'homme. Il pense; ce n'est point assez, il réfléchit sur ses idées, il les considère, les pèse, les combine, les arrange et connaît les rapports qu'elles ont les unes avec les autres. Sa pensée vole, pour ainsi dire, dans un clin d'œil, d'un bout à l'autre de la terre : elle se promène dans les cieux et en mesure l'étendue ; elle descend dans les abîmes de la mer et en sonde la profondeur : elle s'étend en arrière, et voit le passé comme s'il était présent : elle se porte sur l'avenir par sa prévoyance et la justesse de ses conjectures. Fouiller, déterrer, découvrir ce qu'il y a de plus caché dans les vérités de la nature; concevoir ce qu'il y a de plus parfait et de plus sublime dans les vérités de la morale; enfanter, multiplier, accumuler des volumes innombrables sur toute sorte de matières : qu'est-ce donc que cette intelligence qui veut tout connaître, cette flamme qui pétille, s'élève, s'étend, s'efforce de pénétrer partout? Peut-on y méconnaître l'image de l'Intelligence suprême, dont le regard éternel voit tout à la fois ce qui a été ce qui est, ce qui sera, ce qui ne sera point, ce qui peut ou ne peut pas être?

Joignez à l'intelligence et à la pénétration de l'esprit humain la sagesse de ses réflexions, la prudence qu'il fait paraître, soit dans sa propre conduite, soit dans la conduite des autres. Lisez, je ne dis pas ce que l'Esprit-Saint a dicté à Salomon, sur les principes de la vraie sagesse, mais ce que les païens en ont découvert par les seules lumières de la raison, ce qu'ils ont pensé, ce qu'ils ont enseigné à leurs disciples. Représentez-vous ensuite quelqu'un de ces hommes qui se sont faits ou se sont fait remarquer par une prudence consommée, prudence qui paraît dans leurs actions, dans leurs paroles, dans leur démarche même, et dans tout leur maintien extérieur. Prudence qui règle leur manière de parler et d'agir avec leurs amis, leurs ennemis, les étrangers, leurs proches, leurs supérieurs, leurs inférieurs, dans la joie, dans l'affliction, dans les circonstances différentes et les divers événements de la vie. Prudence, sagesse qui brille dans leurs yeux, qui repose sur leurs lèvres, qui éclate sur leur front, qui paraît luire et se répandre sur leur visage, dit l'Esprit-Saint : *Sapientia hominis lucet in vultu ejus*. N'est-ce pas là une raison de cette sagesse profonde, qui est en Dieu, et dont nous trouvons dans tous ses ouvrages des traces si aimables et si touchantes?

Dans quelle source l'homme a-t-il puisé? qui est-ce qui lui a dicté les principes de la justice sur lesquels se trouve fondé tout ce qu'il y a de vrai, de bon, d'utile, de saint, de respectable dans les lois que les hommes ont faites pour régler les devoirs de la vie civile, pour conserver les droits de chaque particulier, pour maintenir l'ordre dans la société générale et dans chaque société particulière? Ayant pour but de rendre à chacun ce qui lui appartient, récompensant les uns, punissant les autres, donnant le branle et le mouvement à tous les états, et réglant la marche de tous les membres qui les composent.

D'où vient à l'homme ce sentiment intérieur par lequel il distingue ce qui est bien d'avec ce qui est mal ; ce qui est juste d'avec ce qui ne l'est pas? D'où lui vient cette conscience qui se récrie et se révolte dans certaines occasions, qui dans d'autres s'applaudit et goûte un plaisir secret, n'eût-elle d'autre témoin de sa vertu qu'elle-même? La justice des hommes n'est-elle pas visiblement l'image de la justice de Dieu? Et la satisfaction intérieure, le repos, la joie d'une conscience pure, ne nous donnent-ils pas, au moins, une faible idée du repos et du bonheur souverain que vous trouvez, ô être infiniment parfait, dans la contemplation de vous-même?

Mais cette bonté de cœur, qui rend un homme de bien si aimable, si cher à tous ceux qui l'approchent, qui en dépendent, dont il dépend, ou qui ont affaire à lui ; cette bonté qui le rend également sensible au bien et au mal de son semblable ; qui se réjouit avec les uns, s'afflige avec les autres, s'intéresse aux malheurs et au bien-être d'un chacun ; cette bonté qui souffre tout, pardonne tout, et ne sait point se venger ; qui embrasse les ennemis comme les amis, qui ne conserve le souvenir d'une injure que pour faire durer le plaisir intérieur qu'elle a goûté en la pardonnant ; cette bonté qui, se faisant tout à tous, rend les grands si affables envers les petits, les abaisse, les penche vers eux, et s'en fait pour ainsi dire adorer ; qu'est-ce que cette bonté? D'où est-elle venue dans le cœur humain, si le cœur humain ne porte point l'empreinte de la main bienfaisante qui le forma, qui le pétrit, si j'ose m'exprimer de la sorte, avec quelques gouttes de cette source infinie de bonté qui se répand sur tous les êtres, qui embrasse tous les hommes dans ses entrailles, qui fait luire son soleil sur les méchants ainsi que sur les bons, et qui remplit de ses bénédictions toute âme vivante?

A cela, mes frères, joignez cette autorité, cet empire que l'homme exerce non-seulement sur son propre corps, qui est comme une espèce de petit univers, dont il meut et gouverne à son gré les différentes parties; mais encore sur toutes les créatures qui sont à sa disposition. Il les unit, les désunit, les élève, les abaisse, les augmente, les diminue : il pourvoit à leur conservation, il les aide à se multiplier ; il assemble, il divise, il dissout, il pétrifie, il durcit, il amollit. Combien de formes différentes ne leur donne-t-il pas? Avec quelle prodigieuse variété ne les combine-t-il pas les unes avec les autres pour les faire servir à ses besoins, ou à ses plaisirs? Nous sommes nourris, nous sommes logés, nous sommes vêtus, nous éclairons les ténèbres de la nuit. D'où vient tout cela? De la terre qui produit tout : mais ces productions, que de formes ne reçoivent-t-elles pas sous nos mains? Ces productions sont-elles reconnaissables? Et n'y en a-t-il pas une infinité dont la plupart des hommes se servent sans savoir comment elles ont pris la figure sous laquelle elles lui paraissent si utiles ou si agréables?

N'entrons pas dans un détail qui serait inépuisable. Bornons-nous à ce qu'il y a de plus commun, et jetez les yeux sur la charpente, les planchers, les meubles de votre maison. Y reconnaissez-vous les arbres à l'ombre desquels vous vous êtes assis? Voyez-vous cette belle étoffe, qui ressemble à un parterre émaillé de fleurs. Y reconnaissez-vous ce fil imperceptible que vous avez vu vomir par une chenille dégoûtante, dans la blancheur et la finesse de cette aube, dont vous me voyez revêtu? Dans les feuilles de ce livre que vous tenez dans vos mains, reconnaissez-vous cette plante grossière de lin ou de chanvre que vous cultivez et recueillez annuellement dans vos terres? Dans les vêtements qui vous couvrent de la tête aux pieds, reconnaissez-vons la laine ou la peau des animaux que vous avez vus naître, que vous avez nourris, élevés, qui ne vivent et ne meurent que pour vous? Oui, mon Dieu! l'adresse, la force, l'industrie que vous avez données à l'homme sont vraiment l'image de cette puissance qui de rien a fait toutes choses, et il semble que pour rendre cette image plus sensible, vous nous ayez permis de vous surpasser et de renchérir sur la beauté de vos propres ouvrages.

Imaginons à présent, mes frères, et supposons pour un instant, que tout ce qu'il y a de juste, de bon, de grand, de beau, d'aimable ou d'admirable dans la nature et la raison humaine, se trouve réuni dans un homme qui rassemble en lui tout ce que la sagesse a de plus profond, tout ce que les sciences ont de plus lumineux, tout ce que les arts ont de plus rare, tout ce que la justice a de plus saint, tont ce que la bonté a de plus touchant : un homme enfin, qui joigne tous les talents et toutes les connaissances à toutes les vertus. Qui est-ce qui ne s'écriera point avec saint Augustin (*in Psal.* VIII) : O homme! vous êtes un ouvrage magnifique! le chef-d'œuvre du Créateur, et son ouvrage par excellence.

Lisez dans l'histoire ancienne et moderne la vie de ces personnages illustres qui ont été l'admiration de leur siècle, et dont la vie a fait tant d'honneur à l'humanité. Quelle noblesse! quelle élévation dans les sentiments! quelle grandeur d'âme! quelle générosité! quelle bonté! quelles entrailles! Ne sont-ce pas là comme autant de rayons de cette lumière que le souffle du Créateur a répandue sur l'esprit et dans le cœur de l'homme? Lumière précieuse, dont l'éclat rejaillit jusque sur notre visage, suivant la parole d'un Prophète : ***Signatum est super nos lumen vultus tui.*** (*Psal.* VI, 7.) Ce visage sur lequel viennent se peindre et paraissent comme dans un miroir, les mouvements de notre âme; ces yeux qui, dans un moment de joie ou d'affliction, s'élèvent naturellement vers le ciel; cette bouche qui dans certaines occasions s'ouvre d'elle-même pour invoquer notre Père commun; tout cela n'annonce-t-il pas une créature descendue du ciel, et dont vous seul êtes la fin dernière, ô mon Dieu! comme vous seul êtes son principe?

Mais l'activité de cet esprit dont les connaissances les plus étendues ne font qu'augmenter la curiosité; qui compte pour rien ce qu'il sait, en comparaison de ce qu'il voudrait savoir encore; la capacité de ce cœur, qui se dilate, s'élargit à mesure qu'il croit se satisfaire, ne prouvent-elles pas qu'il faut à notre esprit aussi bien qu'à notre cœur, quelque chose d'infini pour les contenter pleinement l'un et l'autre? Les efforts que nous faisons pour chercher la vérité ou pour trouver le bonheur, ne sont-ils pas semblables au mouvement continuel d'une flamme vive qui s'élève et qui s'efforce de s'échapper vers son centre? Le centre de l'esprit humain est donc une vérité éternelle? le centre du cœur humain est donc un bien infini? L'esprit et le cœur de l'homme, c'est-à-dire son âme, ont donc la divinité pour centre? elle en a donc été détachée? elle en est donc sortie? elle en est donc comme le souffle? et si j'osais m'exprimer ici avec un auteur païen, notre âme est donc en quelque sorte une portion de la divinité elle-même?

N'en disons pas davantage, et concevez, si vous le pouvez, comment après cela, des hommes qui veulent passer pour sages, qui se vantent d'avoir des lumières supérieures, qui se piquent de raisonner juste et prétendent savoir ce qu'ils disent, lors même que personne ne les entend, et qu'ils ne s'entendent pas eux-mêmes, ont néanmoins la hardiesse d'imaginer et d'avancer que l'homme n'est dans le fond, qu'un animal comme les autres; que le plus parfait des hommes ne diffère du plus stupide des animaux que par la différence des organes. Avoir le front de comparer les opérations machinales et uniformes des bêtes avec la sagesse et la variété qui éclatent dans les opérations humaines, c'est mettre les hommes au-dessous des bêtes, puisque celles-ci font dès leur naissance ce qu'elles doivent faire toute leur vie; au lieu que les hommes ne savent et ne connaissent que ce qu'ils ont appris. Il faut donc dire, ou que la science de l'homme n'est point une science ou que les animaux ont la science infuse. Ah! vraiment oui, l'homme est semblable, et n'est malheureusement que trop semblable aux bêtes, pendant que la raison le distingue et l'élève infiniment au-dessus d'elles; l'abus qu'il fait de cette raison le dégrade, le ravale et le met beaucoup au-dessous. Voilà, sans doute, ce qu'il y a de plus étonnant, et sur quoi nous ne saurions assez gémir : ***Homo, cum in honore esset, non intellexit : comparatus est jumentis insipientibus, et similis factus est illis.*** (*Psal.* XLVIII, 13.)

SECONDE RÉFLEXION.

N'est-il pas étonnant, en effet, que l'homme, qui est sorti de Dieu, et qui, s'arrêtant à peine un instant sur la terre, se presse de retourner à lui, s'occupe néanmoins de toute autre chose que de son origine et de sa dernière fin? N'est-il pas étonnant que les uns ne se considèrent eux-mêmes que pour s'enorgueillir de leur élévation pour contempler leurs richesses, ou s'applaudir de leurs afflictions; et que personne ou presque personne ne réfléchisse sur la dignité de son âme, sur l'excellence de sa nature, sur la noblesse et la grandeur de ses destinées? Venons aux détails, parcourons les conditions différentes et reconnaissons enfin toute l'irrégularité de notre conduite. Ce que nous disons, tout le monde le sait, chacun le voit : eh! que peut-on dire que tout le monde ne sache? On le sait, on le voit; mais sans réflexion, sans conséquence et comme si on ne le voyait pas.

Il ne nous appartient pas, mes frères, d'examiner les actions et la vie des personnes que la Providence a établies pour nous gouverner. Ceux qui *portent* et soutiennent *le poids de l'univers* ne doivent attendre de nous que l'hommage sincère du respect, de la fidélité, de l'obéissance qui leur sont dus : nous bornant à prier sans cesse pour eux suivant l'esprit de l'Eglise, afin que Dieu les éclaire et leur apprenne à donner au gouvernement de leur âme autant d'attention qu'ils en donnent à la conduite de ceux qui leur sont soumis; que sa grâce les fortifie et leur fasse mettre en œuvre pour conquérir un royaume éternel, la sagesse et l'intelligence qu'il leur a données en les élevant et les mettant à la tête de son peuple. Après cette observation sur laquelle on ne saurait trop insister, parce qu'il est nécessaire plus que jamais de rappeler les hommes aux sentiments de soumission, de respect et d'amour que la raison aussi bien que la Religion nous prescrivent à l'égard de ceux qui sont préposés pour nous conduire, permettez-moi de parcourir ici brièvement, sinon toutes les conditions, au mons les principales, de manière cependant que ceux dont nous ne parlerons pas puissent aisément s'appliquer ce que nous dirons aux autres.

Vous vous êtes acquis dans le barreau et dans les fonctions de la magistrature, monsieur, une réputation distinguée. Il y a trente ans que vous étudiez les lois; vous en connaissez l'esprit, vous en développez tous les sens, et vous en faites dans la pratique les applications les plus justes. Vous allez au-devant de toutes les difficultés, vous répandez la lumière dans les affaires les plus embrouillées. Vos décisions préviennent toujours la sentence du juge; souvent elles en font la règle. Vous mettez dans le plus grand jour, et vous présentez sous le côté le plus favorable les raisons qui viennent à l'appui des causes que vous êtes chargé de défendre. Il y a dans vos plaidoyers une éloquence vive et moelleuse qui ébranle doucement les esprits et les persuade. Les mauvaises raisons dans votre bouche prennent un tour séduisant; les faibles ont une force singulière, et les bonnes triomphent invinciblement des juges les plus prévenus contre votre cause. Vous avez un nom, et vous faites très-bien vos affaires. Loué soit Dieu qui vous a donné des talents; vous les avez cultivés par un long et pénible travail; vous en recueillez les fruits; cela est juste.

Je ne demande point si vous n'êtes pas enflé de ces talents; si vous ne les voyez pas avec trop de complaisance; si ce que vous valez de ce côté-là, n'est pas la chose du monde que vous ignorez le moins? ce n'est pas là ce que je demande. Je ne demande point si vous êtes volontiers l'avocat du pauvre, de la veuve, de l'orphelin, de celui qui est presque toujours la victime de l'injustice et la proie du plus fort, par la seule raison qu'il n'a pas le moyen de se défendre. Aux yeux d'une belle âme le bon droit joint à l'impuissance de le faire valoir, est de tous les titres le plus respectable, la plus forte de toutes les recommandations; il fait infiniment plus d'impression que l'or et l'argent sur un cœur vraiment ami des hommes et de la justice. Je ne demande point si pendant le temps qui vous est donné pour vous délasser à la campagne, vous cherchez à pacifier les différends qui s'y élèvent parmi les gens du peuple qui plaident souvent faute de s'entendre, excités même quelquefois par les membres ignorants et toujours affamés de ces petites justices subalternes qui vivent de chicanes et de l'ignorance d'autrui, consument en frais leurs parties sans qu'elles en soient pour cela plus avancées. Heureux celui qui est à même de faire régner la justice et la paix parmi ses semblables ; mais ce n'est pas là de quoi il s'agit maintenant.

Je demande si vous avez donné à l'étude de vous-même autant d'application que vous en avez donné à l'étude des lois et de votre profession. Avez-vous tourné, retourné, feuilleté, pour ainsi dire, votre âme, comme une espèce de code dans lequel sont gravées toutes les lois que votre créateur, votre maître, votre juge, vous a prescrites, et auxquelles vous êtes indispensablement obligé de vous conformer? Avez-vous parcouru ce code vivant pour en faire la règle de votre vie? Avez-vous approfondi les principes de cette raison qui vous distingue des animaux, et qui, bien examinés et discutés de bonne foi, dissipent les ténèbres que les passions, les préjugés, les fausses maximes du monde répandent dans notre âme? Y avez-vous découvert toutes les branches, tous les rapports de cette loi intérieure qui condamne les mouvements de l'orgueil, par la raison que l'homme, n'ayant rien de bon par lui-même, ne peut s'enorgueillir de rien? Les saillies et les efforts de l'ambition, par la raison que l'homme vivant en société avec ses semblables, et ne vivant point pour lui-même, doit remplir tout uniment les devoirs de l'état où la Providence l'a placé, sans autre motif que la gloire de Dieu et le bien public? Les bassesses de l'avarice, par la raison que l'homme valant mieux que l'or et l'argent, il ne doit point en être l'esclave? Toutes les espèces d'impudicités, parce qu'il n'y en a aucune qui ne soit contraire au bon ordre prescrit par la nature, et qui ne fasse rougir la raison? Je n'entre point dans un plus grand détail : on vous consulte et vous décidez, vous jugez. Mais vous-même consultez-vous en tout les lumières de votre conscience? Vous plaidez et vous gagnez votre cause; mais seriez-vous dans ce moment en état de plaider et de gagner devant Dieu la cause, la grande cause de votre éternité?

Ah! mes frères, mes frères, je ne le dissimule point, je le sens, je l'avoue; et je dirai donc ici hautement, à ma confusion, ce que vous dites tout bas pendant que je parle : et vous pasteur, qui vous donnez tant de peine pour connaître les âmes qui composent votre troupeau, vous donnez-vous les mêmes soins pour connaître la vôtre? La regardez-vous comme une paroisse plus étendue encore et plus difficile à gouverner que celle dont vous êtes chargé ici? Vous étudiez nos inclinations; mais étudiez-vous les vôtres? Vous êtes en état de rendre compte des vices et des vertus de vos paroissiens; mais avez-vous cherché, avez-vous découvert dans votre âme le germe des vertus et des vices qui sont la matière de vos instructions?... Ah! mes chers enfants, n'en dites pas davantage: mais tremblez et priez pour nous: hélas! que n'avons-nous pas à craindre, misérables que nous sommes, pendant que l'apôtre saint Paul, ce modèle achevé de la tendresse et de la sollicitude pastorale, tremblait pour lui-même, et craignait d'être réprouvé après avoir travaillé si efficacement et si glorieusement à la conversion de tant de peuples.

Oui, mes frères, oui, nous l'avons étudiée notre âme, et c'est là ce qui nous a aidé à connaître la vôtre. Malheur à nous si, comme celui qui s'étant regardé dans un miroir, oublie l'instant d'après quels sont les traits de son visage, nous ne prenons pas de notre âme tous les soins dont elle est digne de sa nature, et que ses besoins exigent. Mais enfin la vérité, quand même celui qui la prêche la pratiquerait point n'en est pas moins la vérité.

Quelle impression ne ferait-elle pas sur nos esprits et sur nos cœurs, si nous voulions y réfléchir, l'approfondir et nous l'appliquer! Oui, monsieur, vous deviendriez un saint dans cet état qui paraît si dangereux pour le salut, et dans lequel, selon vous, le salut est une chose presqu'impossible; vous deviendriez un saint dans l'exercice des armes, au milieu du tumulte de la guerre, si vous étiez aussi flatté de la noblesse de votre âme que vous êtes flatté de la noblesse de votre profession; si vous étiez aussi ardent à la défendre contre les artifices et les attaques de ses ennemis, que vous êtes ardent à défendre les intérêts et la gloire de votre prince; si vous vous montriez aussi brave, aussi intrépide quand il s'agit de combattre et de vaincre vos passions, vos préjugés, le respect humain, le faux point d'honneur, que vous paraissez l'être, et l'êtes effectivement, quand il faut aller à la tranchée, à l'assaut ou à la bataille; si vous étiez aussi touché de la gloire qu'il y a à se vaincre soi-même, à conserver son âme pure et innocente, que vous êtes flatté de celle que l'on acquiert dans votre état; si vous saviez manier les armes spirituelles que la religion vous fournit pour conquérir le royaume du ciel, avec autant d'adresse que vous maniez le glaive que le Dieu des armées a mis dans la main des rois; si vous connaissiez l'usage de ce bouclier mystérieux dont parle l'apôtre saint Paul; il veut dire les vérités de la foi; bouclier impénétrable contre lequel viennent se briser et se perdre les traits enflammés de l'ennemi; si vous couvriez votre tête de ce casque salutaire auquel le même apôtre a comparé la vigilance, l'esprit de sagesse et de précaution; si, vous souvenant que la vie de l'homme sur la terre est une guerre continuelle, vous y apportiez les sentiments, les dispositions, l'adresse, la valeur par lesquels vous cherchez à vous distinguer dans une guerre bien moins importante. Croyez-moi, monsieur, vous acquerriez devant Dieu une couronne immortelle, et vous y travailleriez tout de bon, si vous réfléchissiez sérieusement sur la dignité de cette âme qui vient de Dieu, qui est son image, et qui doit retourner à lui.

Eh! vous savez si bien commander et si bien obéir vous-même quand il est question du service; d'où vient que vous êtes si peu curieux d'obéir à Dieu, et de commander à vos passions? Quel dommage que des âmes comme les vôtres, dont le caractère paraît être la droiture, la franchise même; qui ont une façon de penser et des sentiments si nobles; qui sont disposées à tout sacrifier pour le service du roi et le bien de l'Etat, se dépouillent en quelque sorte de toutes ces belles qualités quand il s'agit du service de Dieu? qu'elles n'aient plus alors ni franchise, ni bonne foi, ni générosité? qu'elles s'oublient au point de se prostituer aux passions les plus honteuses, d'abandonner quelquefois tout exercice de religion, peut-être la religion elle-même? qu'elles aient la faiblesse de n'oser paraître vertueuses, et qui pis est, de se faire gloire de ne pas l'être! Ah! messieurs, messieurs, qui vous occupez si fort de votre naissance, de votre rang, de votre mérite et de votre avancement dans le service, oubliez-vous donc tout à fait que vous avez une âme faite à l'image de Dieu, et que vous ne vivrez pas toujours?

Mais les préjugés vous aveuglent, et le torrent vous entraîne. Daigne le Père des miséricordes ouvrir vos yeux et toucher vos cœurs par les charmes invisibles de sa grâce. Puisse-t-il vous couvrir de son bouclier, au milieu des dangers qui vous environnent, et de toutes les morts qui vous menacent, conserver et prolonger votre vie jusqu'à ce temps où l'on voit plusieurs d'entre vous rentrer de si bonne foi dans le chemin de la vertu, et donner le spectacle édifiant d'une piété d'autant moins suspecte, que vous êtes moins soupçonnés de manquer de droiture, et moins capables de dissimulation!

Il est un certain état et une certaine espèce d'hommes en faveur desquels nous n'oserions pas nous exprimer d'une manière si honnête et si consolante: une espèce d'hommes chez qui la droiture et la bonne foi sont presque toujours sacrifiées à l'esprit d'intérêt, à la soif de l'or qui les aveuglent et les ensorcellent. Il y a sans doute dans toutes les parties du commerce, et dans tous les emplois de la finance, des hommes vertueux et respectables qui ne perdent jamais de vue les principes d'équité naturelle qui sont gravés et innés dans notre âme; qui sont communs à tous les peuples et à tous les siècles; mais je dis: les hommes ne sont jamais moins hommes que lorsqu'ayant été à même par leur vacation et leur emploi, de tromper, frauder, piller, ils en ont enfin contracté l'habitude, au point qu'ils emploient tout ce qu'ils ont de raison, d'intelligence, d'adresse et de capacité, pour enterrer leur âme toute entière dans un abîme inépuisable d'artifices et de friponneries. Qu'ils se disent eux-mêmes où est leur entendement? où sont leurs pensées? où est leur cœur? où sont leurs désirs? Dans leurs magasins, dans leur comptoir, dans leurs bureaux, dans leurs livres et leur coffre-fort. De quoi s'occupent-ils du matin au soir, et d'un bout de l'année à l'autre? De leurs emplettes, de leurs ventes, de leurs profits et des moyens de les augmenter; de quelque manière que cela se fasse, tout leur est bon. Ils n'ont des yeux et des oreilles, des pieds et des mains, une tête, un esprit, un cœur, que pour amasser. Ce ne sont pas des hommes, ce sont des harpies voraces et insatiables, des sangsues qui ne disent jamais c'est assez, lors même qu'elles sont pleines du sang qu'elles ont sucé à droite et à gauche, qu'elles en sont toutes rouges, et en regorgent.

L'impression et le débit de cet ouvrage me produira dix mille francs de profit net: c'est un excellent coup à faire: mais c'est un ouvrage contre les mœurs; vous serez responsable devant Dieu de toutes les âmes qu'il perdra infailliblement. C'est un ouvrage plein d'impiété, qui fera peut-être plus d'incrédules qu'il ne vous produira de liards. C'est du poison que vous vendez à des gens qui ne l'achètent et ne peuvent l'acheter que pour s'empoisonner et se pervertir. Vous blessez non-seulement la religion, mais la probité, l'honneur, les sentiments d'humanité que nous devons avoir les uns pour les autres; les devoirs d'un citoyen honnête, qui, loin de nuire au bien de la société, doit au contraire y contribuer en ce qu'il peut dans son état, et de toutes ses forces. Comptez-vous tout cela pour rien? Pour rien au monde; ce qu'on appelle des âmes, des mœurs, des principes de religion, de probité, d'humanité, sont des mots que je n'entends point: tout ce que j'entends et veux entendre, c'est que tant d'exemplaires me produiront tant, et que je n'oublierai rien pour les multiplier et les vendre. Le ministère aura beau crier; la police aura beau faire: malgré toutes les défenses, toutes les recherches, toutes les poursuites, j'imprimerai, je débiterai, je m'enrichirai; voilà ce qu'il dit: s'il ne le dit point, il le fait; et au lieu d'employer l'esprit que Dieu lui a donné à réfléchir sur ce qu'il y a d'affreux dans une pareille conduite, il l'emploie à chercher, à imaginer les moyens de réussir dans son entreprise. Le mensonge, le parjure, la fourberie, tous les artifices d'une âme vendue au démon de l'intérêt sont mis en usage. Il pourrait se servir de ses talents, de son industrie, de son adresse, pour trouver quelqu'autre moyen de gagner sa vie, d'établir sa famille, et de faire ses affaires; il ne s'en sert que pour consommer le mal dont il a formé le projet; et toutes les puissances de son âme s'appliquent à perdre son âme avec celle des autres.

Appliquez à proportion le même raisonnement, non-seulement aux usuriers, aux avares, à tous les commerçants, qui ne connaissent d'autre loi que leur intérêt; mais encore, et surtout à ceux dont le métier et la vacation ne servent qu'au luxe et au libertinage: de quoi ne s'avise-t-on pas? Que n'a-t-on pas imaginé pour favoriser les passions, corrompre les mœurs, et faciliter la perte des âmes? Je ne puis, ni n'ose tout dire; mais je dis, en un mot, et il est visible que l'abus des arts et de l'industrie des hommes, les déshonore et les avilit autant et plus encore, que leur invention ne leur fait honneur.

Depuis quarante ans que n'ayant rien au monde, ou fort peu de chose, vous fûtes employé à six cents livres d'appointement dans ce bureau, où vous avez fait depuis tant de progrès, et qui vous a conduit à cinquante mille livres de rente; depuis quarante ans, monsieur, combien de minutes avez-vous employées à réfléchir sur la nature et la dignité de votre âme, sur ses devoirs et son éternité? Vous êtes devenu fort habile dans cette profession, ou si vous voulez, dans ce métier, qui de la chose la plus simple a fait la chose la plus compliquée, la plus embrouillée. Vous êtes consommé dans l'art de faire valoir les droits du prince, de les multiplier, et de vous engraisser à la faveur des ténèbres qui couvrent la marche tortueuse de vos opérations. Voilà l'usage que vous avez fait de votre esprit et de vos talents. Les avez-vous jamais appliqués à vous étudier et à vous connaître? Avez-vous jamais compté, vous qui comptez si bien; avez-vous jamais compté les grâces que Dieu vous a faites, les bonnes pensées qu'il vous a données, les remords par lesquels il a voulu troubler et alarmer votre conscience? Avez-vous compté par vos doigts les années de votre vie; les injustices, les iniquités dont vous l'avez souillée? Ouvrirez-vous les yeux, enfin, pour voir la main de ce Dieu terrible, qui voit tout, et juge les justices mêmes? La voilà, la voilà cette main; elle s'avance, et va bientôt, suivant la menace d'un prophète, vous ouvrir les entrailles, et en arracher cet or, cet argent, qui est le prix de l'âme qu'il vous avait donnée, et que vous avez vendue.

Chose étrange, mes frères, que la plupart des hommes n'aient de l'esprit, des talents, de l'adresse, que pour ce qui regarde le corps et les choses de cette vie; qu'ils aient de l'esprit et de l'industrie pour le mal, et que tout cela disparaisse, quand il s'agit de leur âme et de leur éternité! Interrogez le laboureur sur la culture des terres, sur le produit et la valeur des biens qu'il exploite, sur la manière de les améliorer et de les rendre fertiles: il vous répond à tout, parce qu'il a réfléchi sur tout. Interrogez l'artisan sur son métier, le procureur sur la chicane, une femme sur son ménage; vous trouverez que chacun est plus ou moins au fait de sa vacation. Demandez-leur ensuite s'ils connaissent leur âme, leur Dieu, leur religion; ils ne font plus que bégayer, ils ne savent plus ce qu'ils disent. Le plus stupide, quand il s'agit de ses intérêts ou de ses passions, vous laisse voir une prevoyance, une pénétration, une finesse qui vous étonnent : parlez-lui de son âme et de son Dieu, le voilà qui retombe dans sa brutale stupidité !

Faut-il satisfaire les penchants de la nature corrompue ; vous voyez l'impudique, le vindicatif, l'ambitieux, l'avare, déployer toutes les facultés d'une âme qui pense, qui réfléchit, qui combine, mesure ses coups ; qui surmonte et franchit tous les obstacles. Faut-il combattre ses passions, les bras lui tombent, et il s'abandonne au torrent. L'incrédule déploie tout l'esprit d'un démon, pour prouver que l'homme n'a pas plus d'esprit que la taupe. Les inventions, les raffinements du libertin en fait d'impudicités, font dresser les cheveux. Les animaux, les animaux sont en ce point au-dessus de lui, et il se sert de son esprit pour s'abaisser infiniment au-dessous d'eux. L'homme enfin, l'homme est quelquefois tel qu'on ne trouve plus chez lui aucune trace de sa raison. L'on ne retrouve son esprit que dans l'excès de ses désordres ; et dans certaines occasions on le croirait vraiment semblable aux bêtes, s'il n'était pas infiniment plus méchant, plus corrompu, plus brutal que les bêtes elles-mêmes. *Homo cum in honore esset, non intellexit ; comparatus est jumentis insipientibus, et similis factus est illis.* (*Psal.* XLVIII, 13.)

Rougissez donc, s'écrie ici saint Bernard (serm. 4, *in Cant.*), rougissez, ô homme, d'effacer dans votre âme l'image du Créateur, pour mettre à la place l'image et la ressemblance des animaux. Rougissez de traîner dans la boue cette âme descendue du ciel ; et puisqu'il vous a donné un esprit capable de le connaître, ne vous en servez pas pour le méconnaître, l'oublier, vous méconnaître, vous oublier vous-même, et outrager son saint nom. Il vous a donné un cœur pour l'aimer, et vous aimez tout, excepté lui. Souvenez-vous que toutes les facultés de votre âme, aussi bien que tous les membres de votre corps, sont l'ouvrage de Dieu ; que non-seulement il a fait tout cela, mais qu'il le conserve, que vous ne respirez et ne vivez que par lui. De sorte qu'en faisant servir votre esprit et votre corps au péché, vous faites de ses propres bienfaits les instruments de votre malice et de votre ingratitude ; le rendant, autant qu'il est en vous, le complice de vos désordres, comme il s'en plaint lui-même en termes formels, par un de ses prophètes. *Vous m'avez fait servir*, dit-il, *à vos iniquités : « Servire me fecistis iniquitatibus vestris. »* (*Isa.*, XLIII, 24.)

Qu'elle est noire, ô mon Dieu, qu'elle est abominable cette ingratitude ! Mon esprit, mon cœur, ma santé, ma force, mes talents, mon industrie, mes biens, tout ce que je possède, moi-même, tout ce que je suis ; tout cela vient de vous ; et je me sers de tout cela contre vous. De quelque côté que je me tourne, en haut, en bas, à droite, à gauche, au dedans, et hors de moi-même, partout je trouve votre ouvrage et vos bienfaits ; je trouve partout les instruments de mes désordres : de mon orgueil et de ma vanité, de mon avarice et de mes rapines ; de mon ambition, de mes vengeances, de mes débauches et de mon libertinage ; de mes erreurs et de mon incrédulité.

Je vous offense tous les jours, et pendant que je vous offense, le soleil m'éclaire, les ténèbres de la nuit me cachent ; la terre me porte et me soutient : l'air m'environne, je le respire, vous le souffrez, et tout cela se fait par votre ordre. Mon esprit voit le mal, et il s'y plaît ; ma volonté l'embrasse, mon cœur s'y attache et s'y colle. Ils appellent à leurs secours les membres de mon corps, et ces yeux, ces oreilles, cette bouche, cette langue, ces pieds, ces mains, tous ces membres que vous avez formés avec tant de sagesse et tant de bonté, viennent aux ordres de mon âme et l'aident à vous outrager ; fut-il jamais d'ingratitude et de noirceur pareilles ?

Ah ! Seigneur, si je ne suis pas encore descendu dans cet abîme d'aveuglement et de malice, où le pécheur ne fait plus que mépriser la sévérité de vos jugements, et se moquer de vos menaces, jetez sur mon âme, qui est votre image, un regard de miséricorde, et tendez-lui cette main bienfaisante, cette main paternelle dont elle est l'ouvrage, et faites-y revivre les traits de justice, de vérité, de bonté, que vous y imprimâtes en la formant, et que j'ai presque effacés, malheureux que je suis ! à force de me traîner et de me vautrer dans les ordures de ce misérable monde. Que je reconnaisse enfin la noblesse de cette âme, que je respecte sa dignité, que je ne perde jamais de vue le divin et éternel original sur lequel elle a été formée : vous, grand Dieu, vous le centre immuable d'où elle est partie, vers lequel elle doit tendre et s'élever de toutes ses forces. Puisse-t-elle ne quitter ce misérable corps, que pour s'envoler et se perdre heureusement dans le sein de vos infinies miséricordes ! Ainsi soit-il.

DISCOURS IV.

Pour le quatrième Dimanche de l'Avent.

SUR LE CHRÉTIEN.

Videbit omnis caro Salutare Dei. (*Luc.*, III, 6.)

Tout homme verra le Sauveur envoyé de Dieu.

Nous avons vu dimanche dernier, mes chers paroissiens, quelle est la dignité de l'homme créé à l'image de Dieu ; et comment par le mauvais usage qu'il fait des facultés de son âme, il efface en lui les traits de cette divine ressemblance, au point de devenir semblable aux animaux dans lesquels on trouve moins de malice et de brutalité que dans l'homme même.

Ce désordre frappant a son principe dans le penchant maudit que nous apportons du sein de nos mères, qui nous porte vers le mal, et nous y entraîne malgré les lumières de notre raison qui le hait, et de notre conscience qui nous le reproche. Mais ce penchant ne saurait être l'ouvrage du Créateur, dont toutes les œuvres sont la sagesse même, et qui, lors de la création du monde, voyant ce qu'il avait fait, trouva et dit que tout était bon et très-bon. *Vidit cuncta quæ fecerat, et erant valde bona.* (*Gen.*, I, 31.) Certes, si l'homme était sorti de ses mains tel que nous le voyons, porté à faire le mal qu'il condamne, et n'ayant pas la force de pratiquer le bien qu'il aime; non-seulement il ne serait point le plus beau des ouvrages de Dieu, ce ne serait qu'un être plein de contradictions, la plus imparfaite et la moins bonne de ses créatures.

Il faut donc dire, avec saint Augustin, que l'homme dans sa création fut semblable à un beau vase qui tombe et se brise en sortant de la main de l'ouvrier; et vous le permîtes ainsi, ô mon Dieu, pour avoir occasion de déployer toutes les richesses de votre miséricorde, en réparant la chute de notre premier père d'une manière si admirable, que l'homme est devenu plus grand encore et plus précieux devant vous, que s'il ne fût point tombé. Vérité consolante à laquelle je me suis arrêté, mes frères, pour vous dire quelque chose de la dignité du chrétien, sur les paroles du prophète Isaïe, rapportées par saint Luc dans l'Evangile d'aujourd'hui, touchant l'incarnation du Verbe et la naissance de Jésus-Christ, dont nous célébrerons demain la fête, et par laquelle le Sauveur des hommes est devenu visible aux yeux de toutes les nations : *Videbit omnis caro salutare Dei.*

PREMIÈRE RÉFLEXION.

C'est lui, c'est le Verbe fait chair, qui, prenant la nature humaine, y a retracé l'image de la Divinité, en y appliquant sa personne divine comme on applique un cachet sur la cire, pour graver de nouveau dans notre âme, mais d'une manière plus forte et plus éclatante, les traits de justice, de sainteté, de vérité, que notre premier père avait reçus dans sa création, mais que le péché ensuite avait presqu'entièrement anéantis. C'est lui, c'est le Verbe fait chair, qui, en se roulant dans la fange de nos misères, nous a retirés de l'abîme profond de corruption où nous étions précipités. C'est lui, qui prenant la figure d'un pécheur et la forme d'un esclave, nous a rachetés de l'enfer en se donnant lui-même pour prix de notre rédemption. C'est lui qui non-seulement nous a fait rentrer dans tous les droits que le premier homme avait perdus; mais qui étant devenu notre frère, nous a donné de nouvelles qualités et de nouveaux droits, en nous faisant participer à sa gloire, et partageant avec nous comme avec ses cohéritiers, toutes les richesses de son royaume. C'est lui qui nous donne un nouvel être, lequel est, pour ainsi dire, une portion de son être; une nouvelle vie, qui est une participation de sa vie. C'est lui enfin qui, par un excès d'amour à jamais incompréhensible, changeant la substance d'un pain matériel en sa propre substance, nourrit l'homme tout entier, et s'incorpore avec lui de manière que Jésus-Christ étant dans le fidèle, et le fidèle en Jésus-Christ, Jésus-Christ et le fidèle ne sont pas deux, dit Tertullien, mais une même chose, et voilà, mes frères, ce que c'est que l'homme racheté par un Dieu fait homme.

Voilà comme le Fils de Dieu s'abaissant jusqu'à notre nature, l'a prise dans les bras de sa miséricorde; et se relevant ensuite avec elle par sa résurrection, il l'a élevée dans le ciel et l'a divinisée en quelque sorte, la faisant asseoir avec lui à la droite de son Père. Je ne sais si vous m'entendez, et si vous concevez toute la grandeur du Chrétien, envisagé sous ce point de vue : mais c'est là notre foi; ce sont les principes, et les premiers principes de notre sainte religion. Entrons dans quelque détail, et tâchons de mettre à votre portée des vérités si sublimes, et en même temps si consolantes et si glorieuses pour l'humanité.

Nous recevons dans le baptême une nouvelle naissance par laquelle nous devenons enfants de Dieu, frères et cohéritiers de Jésus-Christ; de sorte que nous ne sommes plus simplement enfants de Dieu, par la raison qu'il est le Créateur et le Père de tous les hommes : mais nous devenons ses enfants par une adoption spéciale, en vertu de laquelle nous participons aux mérites de son Fils; et comme ce Fils a bien voulu partager avec nous les infirmités de notre nature, ainsi nous partageons avec lui la grâce et la sainteté dont il est la source, et d'où elles découlent dans l'âme de tous les fidèles.

En cette qualité d'enfants de Dieu et frères de Jésus-Christ, qui est lui-même la voie, la vérité et la vie, nous sommes dans la voie où l'on trouve la vérité, nous connaissons la vérité qui conduit à la vie, et nous puisons ainsi dans les sources du Sauveur la vraie lumière, qui seule peut éclairer infailliblement notre esprit, et les vrais biens qui seuls peuvent satisfaire pleinement notre cœur.

En qualité d'enfants de Dieu et frères de Jésus-Christ, nous sommes revêtus de ses habits, nous portons sa livrée et ses armes. Dès l'instant que nous entrons dans l'Eglise, on nous donne une nouvelle robe, une robe d'innocence : on imprime sur notre front et sur notre cœur la marque, le sceau de Jésus-Christ. Notre corps ainsi que notre âme étant consacrés, armés, fortifiés par ce signe respectable, nous sommes en état de résister aux puissances de l'enfer, et de vaincre tous les ennemis de notre salut.

En qualité d'enfants de Dieu et frères de Jésus-Christ, nous sommes avec lui et par lui les héritiers de ce royaume éternel qui lui appartient à double titre, puisqu'il le possède de toute éternité avec son Père à qui il est égal en tant que Dieu, et qu'il l'a de plus acquis par sa mort en se faisant homme. Voilà, mes chers paroissiens, quelle est notre naissance, et quelles sont nos qualités : voilà nos priviléges, nos droits, notre héritage, nos espérances.

Le chrétien n'est donc pas seulement, comme le reste des hommes, une créature raisonnable, qui, portant en elle-même quelques traces de justice, présente une image confuse de son créateur. C'est un homme qui a pris une naissance et une forme nouvelles; un homme créé de nouveau dans la justice, et dans tout ce que la vérité a de plus saint : l'héritier d'un royaume en comparaison duquel tous les royaumes de la terre ne sont rien ; semblables à un monceau de poussière, ils disparaissent, renaissent, disparaissent encore, et s'abîment successivement dans le gouffre des siècles. Le chrétien a droit à une couronne que personne ne peut lui disputer, parce que Jésus-Christ la lui a conquise au prix de son sang, et qui ne saurait lui être ravie dès qu'une fois il la tient, parce qu'elle est éternelle. Et tout cela je ne le prends pas dans ma tête; je l'ai lu dans l'Evangile, dans les écrits des Apôtres et des saints Pères, dans le Catéchisme que l'on vous enseigne dès l'enfance, et où l'on ne cesse de vous répéter que par le baptême nous devenons enfants de Dieu, enfants de l'Eglise et héritiers du paradis. Mais l'avez-vous entendu ? Non, mes chers enfants, non : ces vérités vous ennuient et vous endorment.

Si je disais à ce pauvre homme qui ne mange que du pain noir, qui le mange à la sueur de son front, ou qui le mendie : réjouissez-vous, mon ami ; on a découvert, par les registres de votre paroisse et d'autres titres incontestables, que vous descendez d'une des familles les plus nobles et les plus distinguées du royaume. Bientôt on va vous tirer de la poussière ; votre misère est finie ; plus de chaumière, plus de haillons, plus de pain noir ; adieu la bêche et la charrue : vous allez être dans peu logé, vêtu, nourri comme un grand seigneur. Mon pauvre enfant, si l'on vous donnait une pareille nouvelle et qu'elle fût vraie, la tête vous tournerait, j'en suis sûr, et cela ne serait point étonnant : mais que serait-ce que toute cette fortune, en comparaison de ce que vous êtes et de ce que vous pouvez devenir par votre qualité de chrétien?

Croyez-vous en Dieu et en Jésus-Christ? Oui : eh bien ! ce Dieu est votre père, vous êtes frère de Jésus-Christ. Croyez-vous qu'il y ait un paradis, c'est-à-dire, un royaume qui n'aura point de fin? oui : eh bien, c'est là votre héritage. Or, je vous demande, qu'est-ce que toute la gloire de ce monde, en comparaison de ce paradis? Qu'est-ce que le titre de roi, en comparaison du titre et de la qualité de chrétien? Qu'est-ce que l'univers entier, en comparaison de la couronne à laquelle un chrétien a droit de prétendre? rien sans doute, et moins que rien. Et vous bâillez, vous dormez, vous êtes sourd et muet quand on vous en parle. Votre pauvreté, vos afflictions, les peines de votre état, qui sont le vrai chemin du paradis, et qui vous y conduiraient infailliblement, si vous les souffriez avec patience, si vous saviez en faire un bon usage, tout cela vous déplaît et vous chagrine; vous vous en plaignez, vous en rougissez, vous en murmurez, comme si vous ne connaissiez pas Jésus-Christ, comme si vous ne vouliez pas de son paradis, comme si vous n'étiez pas chrétien.

Dites-moi, monsieur, je vous en prie, de quoi vous parlent tous ces flatteurs qui vous environnent ? Mais laissons-là les flatteurs : de quoi vous occupez-vous en jetant les yeux sur votre personne, et que vous échappe-t-il d'en dire, malgré votre éducation et votre modestie? Vous vous occupez et vous aimez qu'on vous parle de votre naissance, des alliances qui vous font honneur, de vos titres, de vos droits, de vos revenus, de vos talents, de votre réputation, et de tout ce qui peut flatter un homme qui aime le monde. Avez-vous réfléchi une seule fois en votre vie, et une demi-heure de suite sur votre qualité de chrétien? Avez-vous jamais pu soutenir une lecture ou un discours de trois quarts d'heure sur cet article? N'est-ce pas la chose du monde dont vous êtes le moins touché ? Hélas, hélas ! bien loin de vous glorifier par-dessus tout de la qualité inestimable que vous avez acquise, et du degré d'honneur où vous avez été élevé dans votre baptême ; n'y a-t-il pas une infinité d'occasions où non-seulement vous oubliez tout à fait votre qualité de chrétien, mais où vous avez honte de le paraître ?

Et vous, madame, qui passez à votre toilette les matinées entières, l'après-dînée au jeu, et le reste du jour à ne rien faire, à médire ou à faire des riens ; vous souvient-il que vous êtes chrétienne ? Et s'il vous en souvient encore, quel cas faites-vous donc de ce caractère respectable ? Que feriez-vous de plus ou de moins si vous ne croyiez pas en Jésus-Christ? Avez-vous formellement rétracté les vœux par lesquels vous avez solennellement renoncé au monde et à ses vanités, au démon et à ses œuvres, à la chair et à ses désirs corrompus? Vœux sacrés que vous n'avez d'abord prononcés, il est vrai, que par la bouche d'autrui, mais que vous avez ensuite renouvelés par votre propre bouche. Que si vous ne les avez pas rétractés, qu'attendez-vous de le faire ? Et pourquoi ce reste de christianisme dans l'extérieur, pendant que vous avez les sentiments et la conduite d'une païenne, et d'une païenne encore qui, chez les dames romaines, n'aurait point du tout passé pour être des plus respectables.

Si cette tête altière qui, par son mouvement perpétuel et ses attitudes différentes, annonce le vent et la vanité dont elle est remplie, n'avait pas été séparée des choses profanes et consacrée à Jésus-Christ, qui en a pris possession dès votre naissance, par l'imposition des mains de ses prêtres ; si elle n'avait pas été lavée par les eaux sanctifiantes du baptême; si elle n'était pas encore teinte du sang adorable qui a sauvé le monde; si cette bouche, ce front, ce visage tout entier n'avaient pas été sanctifiés par le souffle de l'Homme-Dieu, je me contenterais de regarder en pitié l'affectation avec laquelle vous vous étudiez à répandre sur ce visage je ne sais quels airs et quelles couleurs qu'il vous plaît, à vous, d'appeler les ris et les grâces, et que j'appelle, moi, avec tous les gens sensés, des singeries et des fadaises.

Si vous n'aviez pas reçu dans le baptême cette robe sainte et honorable, trempée dans le sang de l'Agneau, laquelle fut en vous la marque de la justice dont vous veniez d'être revêtue; je me contenterais de dire tout uniment, et sans vous en faire un grand crime, que n'ayant par vous-même ni assez de mérite, ni assez d'esprit pour vous faire remarquer, vous appelez au secours de votre vanité la richesse des habits, la variété des modes, les agréments de la parure; ou bien je regarderais tout cela comme des filets que vous avez tendus pour qui voudra s'y laisser prendre, et où viennent se prendre effectivement, qui? des gens qui n'ont guère plus de prudence et de raison que ces gros poissons que l'on sert sur votre table. Voilà ce que je penserais, et comme je pourrais m'exprimer, si vous n'aviez point été baptisée, si vous n'étiez pas chrétienne.

Mais prostituer à toutes les afféteries, à toutes les petitesses d'une vanité puérile, cette tête, ce front sur lequel on a imprimé le signe, et comme le cachet de celui que vous appelez encore votre Dieu; répandre le souffle de l'orgueil, établir le siége, les armes et tout l'attirail des vanités du monde, sur ce même visage où Jésus-Christ a soufflé par la bouche de ses ministres la grâce, la vie et la sanctification; mêler, pétrir le blanc et le rouge avec l'huile sainte et le sang de Jésus-Christ: disons tout en un mot, poser les livrées du démon sur les livrées de Jésus-Christ; appliquer le sceau du démon sur le sceau de Jésus-Christ. Ah! c'en est trop, et ce n'est point ainsi qu'on se joue de son baptême. Renoncez-y plutôt, et dites ouvertement que vous n'êtes plus chrétienne.

Mais si vous n'êtes plus chrétienne, pourquoi donc venir dans nos églises étaler aux yeux des fidèles le spectacle scandaleux de votre mollesse et de toute la corruption de votre cœur? Qu'y a-t-il de commun entre vous et ce temple? entre vous et cet autel? entre vous et cette croix? entre vous et cette chaire où vous nous forcez de vous faire rougir, si cependant il vous reste assez de front et de couleur naturelle pour rougir encore? Qu'y a-t-il de commun entre vous et ces femmes respectables qui, ne cherchant à plaire qu'à Dieu et à leurs maris, quoique d'un rang qui vaut bien le vôtre, ne connaissant pas de plus bel ornement que la modestie et la simplicité chrétienne, paraissent à côté de votre clinquant, comme des pierres précieuses enchâssées dans l'or le plus pur, et jettent un éclat majestueux, qui, aux yeux de la raison et de la vérité, aussi bien qu'aux yeux de la foi, obscurcit, efface et fait disparaître le faux éclat de ces vains ornements, parce que vous n'avez aucun ornement par vous-même? Qu'y a-t-il de commun enfin, entre vous et ces fonts sacrés sur lesquels vous devîntes autrefois chrétienne, et que vous ne sauriez envisager sans qu'ils vous reprochent votre apostasie? Ah! vous avez beau faire et beau dire, vous n'effacerez jamais le caractère que vous y avez reçu: il est ineffaçable; il vous suivra jusque dans les enfers, pour vous faire souffrir des peines beaucoup plus cuisantes que celles des païens et des infidèles.

Il nous y suivra nous-mêmes, mes frères, ce caractère sacré, pour doubler la rigueur des tourments affreux qui nous attendent, si nous avons le malheur de l'oublier, de le méconnaître, et de le déshonorer par nos œuvres: car ce que je viens de dire sur le compte de ces femmes vendues à la vanité du siècle, chacun de nous doit se l'appliquer à soi-même dans un autre sens et pour d'autres raisons, suivant que nous avons été plus ou moins infidèles aux engagements de notre baptême; suivant que notre manière de penser et de vivre a été plus ou moins conforme aux maximes de l'Evangile; suivant que notre misérable cœur a plus ou moins profané ces membres, ce corps tout entier que l'Apôtre appelle les membres de Jésus-Christ, et le temple de l'Esprit-Saint.

Ah! quel est celui d'entre nous qui peut se flatter d'avoir été constamment fidèle aux engagements de son baptême? d'avoir dans toutes les occasions, pensé, parlé, agi en chrétien, en vrai disciple de Jésus-Christ? Hélas! nous aimons plus ou moins le monde et ce qui est dans le monde. Nous suivons ses maximes, nous nous conformons à ses usages, nous ne vivons pour ainsi dire que de son esprit.

Après avoir solennellement renoncé au démon et à ses œuvres qui sont le péché, ne nous laissons pas aller à ses suggestions malignes? Ne les écoutons pas préférablement aux inspirations de la grâce et aux cris de notre conscience? Ne sommes-nous pas sans cesse la dupe de ses illusions? Ne donnons-nous pas tête baissée dans tous les piéges qu'il nous tend? Et après avoir juré un divorce éternel avec lui, n'obéissons-nous pas à toutes ses volontés comme des esclaves?

Nous avons renoncé aux désirs corrompus de la chair; nous avons promis de la crucifier avec toutes les passions dont elle est le pernicieux instrument. Bon Dieu! bon Dieu! qui est-ce qui la crucifie cette malheureuse chair? Qui est-ce qui peut dire comme saint Paul: *Je suis attaché à la croix avec Jésus Christ?* (*Galat.*, II, 19.) Mais à voir notre délicatesse et notre sensualité, à voir combien nous sommes curieux de procurer toutes ses aises à ce misérable corps, d'être logés commodément, couchés mollement, nourris délicatement, vêtus de toutes saisons et de toutes couleurs, nous prendrait-on pour les disciples de celui qui a voulu naître dans le sein de la pauvreté? qui, après avoir souffert volontairement et par choix, la faim, la soif, toutes les misères humaines, est mort abreuvé de fiel et rassasié d'opprobres sur une croix. Regardons-nous donc enfin avec les yeux de la foi, mes frères, rendons-nous justice et nous serons forcés de convenir qu'il n'y a rien, ou presque rien de commun entre nos actions et notre qualité de chrétien, que notre vie n'est rien moins que la vie des membres de Jésus-Christ; et si cela est ainsi, que deviendrons-nous? Quel sera notre sort? quelle peut être notre espérance? Mais encore, qu'est-ce que la vie du chrétien? Ecoutons l'apôtre saint Paul: *C'est une vie*, dit-il, *cachée en Dieu avec Jésus-Christ.* (*Coloss.*, III, 3.) Rien de plus solide et de plus sublime que cette pensée. Ah! que je voudrais pouvoir en développer tout le sens et la mettre à la portée des plus simples!

SECONDE RÉFLEXION.

La vie du chrétien est une vie cachée, parce que les principes intérieurs de cette vie n'ont rien de matériel ni de sensible; parce que les actions extérieures qui sont les fruits de cette vie, ont un mérite surnaturel, qui ne paraît point aux yeux des hommes. C'est une vie cachée en Dieu, parce que Dieu seul en est le témoin, l'objet et la fin dernière. Elle est cachée en Dieu avec Jésus-Christ, parce que tout ce qu'il y a dans cette vie de vraiment bon, de surnaturel et de méritoire, n'est tel que par les mérites de Jésus-Christ.

Les principes intérieurs de notre vie spirituelle sont les grâces différentes répandues dans nos âmes, par le moyen surtout des sacrements qui, communiquant cette vie aux membres de Jésus-Christ, c'est-à-dire aux chrétiens, leur donnent l'accroissement et la force, comme le sang qui circule dans nos veines porte la vie, le mouvement et la force dans toutes les parties de notre corps, si je puis me servir de cette comparaison. Or ces grâces, vous le savez, mes frères, sont cachées et invisibles.

Que voyez-vous dans le baptême? Quelques gouttes d'eau répandue sur la tête de celui qu'on baptise au nom du Père et du Fils et du Saint-Esprit. Voilà tout ce qui paraît à nos yeux; mais par cette action extérieure, l'âme du baptisé, qui était morte devant Dieu, reçoit une nouvelle vie; Jésus-Christ s'unit à elle, il se l'incorpore, c'est-à-dire, qu'il en fait un membre de son corps mystique.

Qu'y a-t-il de visible dans la confirmation? Un peu de chrême dont l'évêque marque le front du chrétien en forme de croix, après lui avoir imposé les mains. C'est là tout ce que vous voyez: mais par cette imposition des mains de l'évêque, le Saint-Esprit couvre invisiblement le fidèle de son ombre; il lui donne un accroissement de vie, il le fortifie et le confirme dans la foi; il met autour *des reins* de son âme, pour m'exprimer avec saint Pierre, une ceinture de justice qui la soutient et la retient dans le sentier étroit de l'Evangile; il lui donne ce bouclier, ce casque, ce glaive spirituels dont parle le même apôtre. Il l'arme comme un soldat qui se dispose à combattre, et qui, ne rougissant point de marcher sous l'étendard et à la suite d'un Dieu crucifié, peut vaincre avec lui et par lui, le monde, ses passions, et toutes les puissances de l'enfer.

Que voyez-vous dans le tribunal de la pénitence? Un homme, un pécheur devant lequel vous vous accusez vous-même de vos péchés, et qui vous les remet au nom du Père et du Fils et du Saint-Esprit; mais cet homme n'est qu'un instrument mû et appliqué sur votre âme, par la main invisible et toute puissante de celui qui rendit autrefois la vue aux aveugles et la parole aux muets, qui faisait marcher les paralytiques, et ressuscitait les morts. Vous entendez les paroles d'absolution que nous prononçons en son nom et qu'il prononce lui-même par notre bouche, quand vous êtes vraiment contrits et bien disposés: mais ce sang adorable qui se répand sur votre âme et la purifie, qui coule sur toutes vos plaies et les guérit: mais le bras de cette miséricorde infinie, qui vous ressuscite et vous relève, la robe de justice qu'elle vous rend, le baiser de réconciliation et de paix qu'elle vous donne, tout cela est invisible, tout cela se passe dans votre âme, en Dieu, avec Jésus-Christ: *Vita vestra abscondita est cum Christo in Deo.*

Nous trouvons dans l'Eucharistie la couleur, la forme, le goût du pain et du vin; c'est là tout ce qui paraît à nos sens; mais ce pain invisible qui rassasie éternellement les anges, et fortifie le cœur de l'homme chrétien; mais ce vin mystérieux qui le remplit de consolation et de joie; mais cette fontaine d'eau vive qui forme sur la terre un fleuve de bénédictions, et dans le ciel un torrent de délices; mais cette manne qui a toute sorte de goûts; mais cette source de vie ou plutôt l'auteur de la vie cachée sous les espèces et les apparences du pain; voilà ce qui ne se voit point et ne peut se voir: *Vita vestra abscondita est.*

Lorsqu'un chrétien est malade, on appelle auprès de lui les prêtres qui font des onctions sur son corps au nom de Jésus-Christ. On voit un peu d'huile bénite par l'évêque, et consacrée par les prières de l'Eglise; mais l'onction intérieure de la grâce qui console et fortifie le fidèle sur le lit de son infirmité; qui lui inspire la patience et la résignation; qui l'arme contre les tentations que le démon redouble ordinairement à notre dernière heure, qui le dispose enfin à faire généreusement le sacrifice de sa vie, et à remettre son âme en paix dans les mains de celui dont elle est sortie; cette onction intérieure, cette grâce, cette force sont *cachées en Dieu avec Jésus-Christ.*

Si vous assistiez au sacre d'un évêque ou à l'ordination d'un prêtre, vous ne verriez que des impositions de mains et d'autres cérémonies accompagnées de paroles saintes et respectables : mais la descente intérieure de l'Esprit-Saint et l'effusion de ses dons; mais ce détachement sincère des vanités du siècle, ce tendre attachement pour la personne de Jésus-Christ, ce feu de l'amour divin qui embrase le cœur du nouveau ministre, quand il connaît son bonheur et toute l'excellence de sa vocation ; ce zèle brûlant dont il est animé pour la sanctification des âmes, cet accroissement de zèle pour sa propre sanctification : vous pourrez bien voir les effets et recueillir les fruits de toutes ces grâces ; mais le principe en est *caché en Dieu avec Jésus Christ.*

Le mariage enfin n'est extérieurement qu'un contrat civil, dans lequel l'homme et la femme se donnent pour toujours l'un à l'autre ; mais ce contrat chez les chrétiens est un sacrement respectable qui verse dans l'âme des époux des bénédictions particulières, et propres à l'état qu'ils embrassent, lorsque la Providence les y a véritablement appelés. Mais ces liens visibles, cette union charnelle, sont l'image du lien spirituel et invisible, qui de deux cœurs n'en fait qu'un en Jésus-Christ ; et l'image encore de l'union mystérieuse et éternelle de Jésus-Christ avec l'Eglise son épouse sainte et sans tache : de sorte que le mari et la femme, quand ils sont vraiment chrétiens, ne font qu'une même chose et n'ont qu'une même vie, mais c'est une vie intérieure *et cachée en Dieu avec Jésus Christ.*

C'est cette vie cachée en Dieu avec Jésus-Christ qui a fait, et qui fait encore aujourd'hui les saints dans toutes les conditions. Ce que nous voyons de plus respectable dans leur personne, et de plus édifiant dans leur conduite : leurs prières, leurs aumônes, leurs jeûnes, leurs miracles, tout ce qu'il y a eu de plus extraordinaire, de plus éclatant dans leurs œuvres, n'aurait rien été si la grâce de Jésus-Christ n'en avait pas été le principe surnaturel et vivifiant ; s'ils n'avaient pas été animés de l'esprit de Jésus-Christ ; s'ils n'avaient pas vécu de la vie de Jésus-Christ : et d'un autre côté la vie la plus commune, les actions les plus ordinaires ont un mérite infini, et nous sanctifient quand elles sont faites en Dieu avec Jésus-Christ, quand nous vivons intérieurement en Dieu avec Jésus-Christ.

Voyez-vous ce pauvre artisan qui mange son pain à la sueur de son visage ; qui élève tout doucement sa famille en travaillant du matin au soir, et quelquefois une partie de la nuit ? C'est un homme simple, il n'a rien qui le fasse remarquer, on n'y prend pas garde : ceux qui le connaissent et qui ont affaire à lui, disent que c'est un bon homme, un honnête homme ; les autres n'en disent rien : eh bien ! cet homme-là est un saint : un saint ? oui, un saint. Que fait-il donc de si extraordinaire ? Rien. Il fait son métier comme les autres ; il a une femme, des enfants, des pratiques, des voisins, des connaissances : il va, il vient, il vaque à ses affaires, sans que rien le distingue et le tire de la foule.

Ce que l'on verrait en examinant sa conduite, c'est qu'il fait avec beaucoup d'attention et de piété sa prière du matin et du soir, qu'il est fort assidu aux offices de sa paroisse les jours de dimanches et de fêtes; qu'il ne va jamais au cabaret ; qu'il entend la Messe des jours ouvrables le plus souvent qu'il le peut sans déranger les devoirs de son état ; qu'il se laisse aveuglément conduire par son pasteur en ce qui regarde la fréquentation des sacrements, et qu'il communie soit en public ou en secret au moins une fois la semaine.

On s'apercevrait d'ailleurs qu'il a une femme très-difficile, et qu'il vit en paix avec elle ; qu'il a des enfants acariâtres, et qu'il les corrige sans impatience ; qu'il manque souvent des choses nécessaires dans son ménage, et que jamais il ne murmure ; qu'il n'a point de dispute avec ses voisins, ne médit de personne, et vit bien avec tout le monde : que s'il trouve parmi ses confrères des ennemis ou des envieux, c'est à ceux-là qu'il témoigne plus d'amitié, et à qui il cherche à rendre, dans l'occasion, les services qui dépendent de lui. Vous vous apercevriez encore qu'avant de commencer son ouvrage, et quand il le quitte, il fait le signe de la croix et se recueille quelque temps en lui-même ; qu'il parle peu, travaille fort vite et ne perd jamais un instant. Voilà tout ce que vous pourriez apercevoir dans son extérieur.

Mais s'il vous était permis de lire au fond de son cœur : ah ! c'est là que vous verriez cette vie cachée en Dieu avec Jésus-Christ. Dans la plus petite, la plus indifférente de ses actions, dans la moindre de ses paroles, son premier motif est de faire la volonté de Dieu, de lui plaire et de se sanctifier : il souffre quand il le faut la faim, la soif, le chaud, le froid, la douleur, les humiliations, sans murmure, sans impatience : cela est beau, mais ce n'est que l'écorce ; un païen pourrait en faire tout autant. Ce chrétien souffre pour Jésus-Christ ; il unit ses souffrances aux souffrances de Jésus-Christ, il souffre avec joie, il s'estime heureux de souffrir. Il trouve dans sa pauvreté, dans ses afflictions, une douceur et des consolations infinies : voilà le fruit, voilà cette *vie cachée en Dieu avec Jésus-Christ.*

Que pensez-vous de cette dame si distinguée par sa naissance, par le rang que son mari et sa famille tiennent dans le monde ? Quand vous voyez cette belle maison, ces habits riches, ces meubles précieux, ce grand nombre de domestiques, cet équipage, ce train, que pensez-vous ? Ce n'est pas là le chemin du ciel : voilà ce qui vous trompe ; cette dame-là est une sainte. Que fait-elle donc pour cela ? Rien de singulier, ni qui puisse paraître tel aux yeux des hommes.

Elle gouverne sa maison, elle en fait très-bien les honneurs, elle veille sur ses domestiques. Mais elle ne les tient point à la gêne; elle ne leur donne que de bons exemples; mais elle ne les prêche pas toujours. Elle a un directeur, mais il ne paraît point chez elle, et on ne le lui a jamais entendu nommer. Elle joue, elle se promène, elle reçoit des visites, elle en rend; on ne voit rien de singulier dans sa manière de vivre, et personne jusqu'ici ne s'est avisé de dire qu'elle soit ce qu'on appelle une dévote.

Interrogez ce domestique fidèle et chrétien à qui elle est obligée de se confier, et qui est témoin de sa vie privée : il vous dira que madame souffre avec une douceur et une patience admirables tous les défauts de son mari dont la conduite n'est pas, à beaucoup près, aussi régulière que la sienne : il vous dira que madame entre dans le plus grand détail sur les affaires de son ménage, et qu'il ne s'y fait jamais, de son aveu, aucune dépense inutile; que madame veille sans affectation, mais avec une attention infinie sur les mœurs de toutes les personnes qui la servent, et à plus forte raison sur celles de ses enfants; que madame n'est à sa toilette, et ne se pare que par bienséance et pour plaire à son mari; que madame a des heures marquées pour ses exercices de piété, mais qui ne dérangent rien, ne gênent personne, et dont on ne s'aperçoit presque pas.

Il vous dira que madame, outre les communions qu'elle fait publiquement pour donner à sa maison et au public l'exemple que doit donner une femme de son rang, communie très-souvent à des jours et à des heures où elle n'est connue de personne; et quant aux œuvres de miséricorde, visiter les malades, assister les pauvres, consoler ceux qui sont dans l'affliction, que ne vous dirait-on pas sur cet article? On vous en dirait beaucoup sans doute, et on ne dirait pas tout, parce qu'elle en cache une bonne partie. Voilà l'extérieur et l'écorce. Oh! que cela est beau! mais s'il était possible d'ouvrir son cœur et de mettre au jour les mouvements de cette belle âme, de développer les principes intérieurs et les ressorts cachés qui la font agir : ah! que cette âme est sainte! qu'elle est céleste! que cette vie est divine!

Vous la verriez se répandre en secret devant Dieu, et jeter aux pieds de la croix de Jésus-Christ toutes les vanités du monde qui l'environne, s'en dépouiller comme d'un vêtement qui lui est à charge, et dont elle n'use que pour paraître, comme Dieu veut qu'elle paraisse dans l'état où il l'a placée; vous verriez un cœur qui ne tient à rien de tout ce qui n'est pas Dieu; un cœur pauvre, mortifié, anéanti au milieu des richesses et des grandeurs humaines : vous verriez l'esprit de Jésus-Christ animer ses actions, ses paroles, ses désirs, ses pensées, leur communiquer un mérite infini, une vie surnaturelle et cachée en Dieu, comme la séve qui se répand du tronc dans les branches, les fait vivre et les rend fécondes.

Ici revient la belle parabole de Jésus-Christ qui se compare au cep d'une vigne, dont ses vrais disciples sont comme les sarments, c'est-à-dire que les œuvres du juste, uni à Jésus-Christ par une foi vive, agissant conformément aux principes de cette foi, par le mouvement de la grâce, et au nom de Jésus-Christ, les œuvres du juste ne sont plus simplement les œuvres d'un homme, mais celles de Jésus-Christ; c'est-à-dire des œuvres surnaturelles, des fruits célestes et divins, dont le principe est caché en Dieu avec Jésus-Christ, comme le raisin n'est pas seulement le fruit des branches qui en sont chargées, mais celui du cep qui porte les branches, du cep en qui la séve est cachée, d'où elle se communique aux branches et leur fait produire les grappes que nous voyons, également agréables au goût et à la vue. Mon Dieu, que cela est beau! et que le chrétien est admirable aux yeux de la foi, quand il agit en chrétien et qu'il vit de la vie de Jésus-Christ!

Grand Apôtre, vous aviez raison de le dire : Ce n'est plus lui qui vit, qui parle, qui agit, qui pense; c'est Jésus-Christ qui vit et agit en lui. (*Galat.*, II, 20.) Il a les mêmes rapports, la même liaison avec Jésus-Christ que le sarment de la vigne avec le cep, que les branches d'un arbre avec le tronc, que les membres du corps humain avec la tête; et voilà, mes frères, ce que c'est que le vrai chrétien; voilà quelle est la dignité où nous sommes élevés par le baptême, et à laquelle nous sommes tous appelés. Je vous laisse maintenant à penser quel est donc le crime de celui qui, oubliant son caractère de chrétien, est infidèle à sa vocation, et la déshonore par une vie antichrétienne. Il n'y a rien de plus fort que ce que dit l'apôtre saint Paul à ce sujet : *Prendrai-je donc les membres de Jésus-Christ pour en faire les membres d'une prostituée?* (I *Cor.*, VI, 15.) Mais prendrai-je les membres de Jésus-Christ, l'humilité même, pour en faire les membres d'un homme bouffi d'orgueil et dévoré par l'ambition? Les membres d'un avare, d'un vindicatif, d'un ivrogne, d'un impudique? Et en un mot prendrai-je les membres de Jésus-Christ, l'innocence et la sainteté même, pour en faire les membres d'une misérable créature qui ne veut suivre d'autre loi que celle des passions, d'une volonté perverse et désordonnée?

Ah! mes frères, mes frères, l'orgueil, l'impudicité, l'ivrognerie, la colère, la jalousie, la vengeance, tous les péchés en un mot, ont par eux-mêmes une malice infinie, qui que ce soit qui les commette; mais le péché dans un chrétien a de plus je ne sais quoi d'énorme, de noir, de monstrueux qui fait horreur et qui est inconcevable. Faire d'un membre de Jésus-Christ l'instrument du péché, n'est-ce pas en quelque sorte tourner Jésus-Christ contre lui-même? S'en prendre à sa propre personne, le traîner, le vautrer dans l'ordure des passions différentes qui nous dégradent et nous avilissent; voilà ce que nous ne voyons pas faute de réfléchir sur notre caractère de chrétien et sur l'excellence de notre vocation. Voilà, voilà ce qui fera un jour la matière d'un jugement terrible. Nous voudrions alors, nous voudrions n'avoir jamais été chrétiens: mais nous le serons éternellement pour être éternellement tourmentés avec plus de sévérité sans comparaison que les infidèles, si nous n'avons pas des sentiments et une conduite dignes du caractère auguste et divin dont nous sommes revêtus.

Mon Sauveur, mon bon Sauveur, en qui et par qui j'ai reçu dans mon baptême un nouvel être et une nouvelle vie: chef adorable dont j'ai le bonheur d'être membre, jetez un œil de miséricorde sur ce membre infidèle qui déshonore votre corps; ranimez en lui cet esprit de vie et de force, dont vous êtes le principe. Ouvrez, Seigneur, et fortifiez les yeux de ma foi, afin que je voie et que je sente tout ce qu'il y a de grand, d'excellent, dans la qualité de chrétien dont je suis honoré. Que cette pensée, je suis chrétien, frère et membre de Jésus-Christ, élève mon âme et m'inspire de tels sentiments que je regarde comme indigne de moi, non-seulement ce qui vous offense, mais tout ce qui n'est pas vous. Que tous les mouvements de mon cœur n'aient d'autre principe que votre grâce, et la volonté habituelle et constante de vous plaire en toutes choses. Que mes paroles et mes actions soient animées de votre esprit qui les vivifie, les sanctifie, les rende méritoires. Que demeurant et vivant en vous comme le sarment sur son cep, je produise par votre grâce toute sorte de bonnes œuvres: que ces bonnes œuvres soient en vous, qu'elles soient en moi, et par vous comme autant de grappes mystérieuses d'où je puisse exprimer le vin de vos ineffables consolations, vin délicieux qui fortifie et réjouit le cœur de vos élus sur la terre, pour les enivrer ensuite éternellement dans le ciel. Ainsi soit-il.

DISCOURS V.

Pour le Dimanche dans l'octave de Noël.

SUR LA PAROLE DE DIEU.

Ecce positus est hic in ruinam, et in resurrectionem multorum in Israel. (*Luc*, II, 34.)

Cet enfant que vous voyez est pour la ruine et pour la résurrection de plusieurs en Israël.

On a vu, dès que Jésus-Christ a paru dans le monde, nous voyons encore aujourd'hui de nos propres yeux, et l'on verra jusqu'à la fin des siècles l'accomplissement de cette prophétie, dans le bon ou mauvais effet que produit la parole de Jésus-Christ à l'égard de ceux à qui elle est annoncée. S'ils l'écoutent avec respect et en profitent, elle contribue à leur sanctification; elle contribue à leur perte, s'ils l'écoutent sans fruit, s'ils refusent de l'écouter, s'ils la méprisent ou en abusent: et dans ce sens on peut appliquer à chaque pasteur, tenant la place de Jésus-Christ dans sa paroisse, ce qui est de Notre-Seigneur lui-même dans l'Evangile d'aujourd'hui: ***Positus est hic in ruinam et in resurrectionem multorum.***

Ce pasteur est placé là pour le salut et pour la damnation de plusieurs; pour le salut de ceux qui recueilleront les fruits qu'ils doivent recueillir de son ministère; pour la damnation de ceux qui rendront ce ministère inutile: et voilà, mes chers paroissiens, ce qui me fait trembler toutes les fois que je monte ici pour vous annoncer la parole de Dieu. Je n'ai qu'à me louer, il est vrai, de votre attention et de votre assiduité; je ne suis pas à beaucoup près insensible à vos applaudissements. Mais tout cela devient ensuite pour moi un sujet de douleur et d'amertume, lorsque ceux-là mêmes qui nous écoutent avec joie et nous applaudissent, n'en deviennent cependant pas meilleurs. J'ai cherché cent fois dans ma tête la raison d'une conduite aussi bizarre, et je vous dirai aujourd'hui tout uniment, mes frères, de trois choses l'une: ou vous écoutez cette divine parole sans la connaître, ou bien vous ne vous l'appliquez pas, ou enfin, vous n'y réfléchissez point. Voyez donc vous-mêmes laquelle de ces raisons vous empêche d'en profiter? Hélas! peut-être les trois ensemble.

PREMIÈRE RÉFLEXION.

Les ministres chargés d'annoncer la parole de Dieu, ne sont, comme le disait saint Jean-Baptiste, parlant de lui-même, que la voix de celui qui crie; or celui qui crie n'est autre que Jésus-Christ. *Ma langue*, disait un Prophète, *n'est que la plume de celui qui écrit* (*Psal.* XLII, 2), c'est-à-dire de l'Esprit-Saint qui grave les vérités du salut dans nos âmes. *Calamus scribæ*, vous l'avez reçue cette parole divine, disait autrefois saint Paul aux fidèles, non pas comme la parole d'un homme, mais comme la parole de Dieu. (I *Thess.*, II, 13.) Maintenant au contraire, la plupart de ceux qui l'écoutent la regardent et la reçoivent, non comme la parole de Dieu, mais comme celle d'un homme, et voilà, sans doute, mes frères, une des raisons pour quoi ils en retirent si peu de fruit.

Que penseriez-vous d'un voyageur qui, ayant besoin de se laver ou de se rafraîchir dans les eaux pures d'une belle fontaine, se bornerait à examiner curieusement la construction extérieure du bassin qui les contient, et d'où elles se répandent? Mais n'est-ce pas là ce que vous faites, lorsque la personne, les mœurs, le langage du prédicateur occupent toute votre attention, la détournent de l'objet principal, et vous fait perdre de vue cette pensée: c'est Jésus-Christ qui me parle, c'est son Evangile que l'on me prêche?

Tantôt on le juge, et on lui reproche secrètement de ne point pratiquer lui-même ce qu'il prêche aux autres: tantôt on s'arrête à considérer la manière dont il remplit cette fonction du saint ministère, et on le juge encore. S'il a du talent, on dit cet homme-là parle bien. S'il en a peu : il ferait mieux de se taire. A-t-il de la réputation ? Est-il à la mode? (Bon Dieu! où en sommes-nous donc ? Des prédicateurs à la mode!) On y court comme à un spectacle profane, comme à une partie de plaisir. S'il n'est pas connu, et qu'il prêche bien, on demande : qui est celui-là ?

Nous savons que tous n'ont pas les mêmes talents, ni la même éloquence. Tous n'ont pas le même feu dans l'imagination, ni la même force dans l'expression, ni la même justesse dans l'esprit, ni la même clarté dans les idées, ni le même goût dans la manière de les arranger. Tous n'ont pas le même son de voix, ni les mêmes gestes, comme ils n'ont pas tous la même figure. Nous savons encore que les vérités de la foi paraissent avoir quelque chose de plus sublime et de plus touchant dans la bouche du ministre qui a ce qu'on appelle le talent de la parole ; et c'est là une preuve de notre peu de foi, ainsi que de notre fausse délicatesse : mais enfin qu'est-ce que tout cela fait au fond des choses ? Tous n'enseignent-ils pas la vérité? Ne travaillent-ils pas tous à inspirer l'amour de la vertu et l'horreur du vice aux fidèles qui les écoutent? Quel rapport y a-t-il entre leur personne et le caractère dont ils sont revêtus? Entre les vérités qu'ils prêchent, et la manière dont ils les prêchent ? Assurément cela n'y change rien.

D'un autre côté, prenez bien garde à ceci : vous savez à peu près tout ce que nous avons à vous dire, et nous prêchons moins pour vous apprendre des choses qui vous soient inconnues, que pour vous forcer en quelque sorte à réfléchir sur des vérités que vous connaissez ordinairement aussi bien que nous. Or, il n'est pas besoin pour cela d'un langage étudié, ni d'une éloquence extraordinaire. Quand même je me contenterais de vous lire tous les dimanches le beau discours de Notre-Seigneur sur la montagne, qui est aux cinquième, sixième et septième chapitres de l'Evangile selon saint Matthieu, sans vous dire un mot de plus, sinon, mes chers enfants, souvenez-vous que vous êtes chrétiens, et voyez si votre façon de vivre est chrétienne: cela devrait vous suffire; et la vue de cette chaire, pour un vrai chrétien, vaut seule une prédication. Les avares, les usuriers, les impudiques, les médisants, les vindicatifs, n'entreront jamais dans le ciel : voilà ce que nous disons de la part de Dieu, et vous le savez aussi bien que nous. Or que cela vous soit continuellement répété par un habile prédicateur, ou par le dernier de tous? Qu'est-ce que cela fait dans le fond ? rien au monde. La vérité, qui que ce soit qui l'annonce, n'est ni plus ni moins la vérité. Mais si le prédicateur fait le contraire de ce qu'il dit, eh bien! qu'est-ce que cela fait encore ?

Il serait à souhaiter que nous pratiquassions toujours nous-mêmes ce que nous sommes chargés de prêcher aux autres, et que notre vie fût une espèce de miroir dans lequel ceux qui nous écoutent pussent voir l'image et trouver le modèle des vertus auxquelles nous ne cessons de les exhorter : nous serions écoutés avec plus de respect, avec plus de confiance et plus de fruit. Les pécheurs de mauvaise foi qui viennent nous entendre, auraient un faux prétexte et une méchante excuse de moins à nous opposer : tout cela est vrai, et j'en conviens.

Mais d'abord, permettez-moi de vous demander s'il est vrai, comme vous le prétendez, que tels et tels fassent le contraire de ce qu'ils disent, n'est-il pas vrai aussi qu'il y en a une infinité d'autres qui annoncent les mêmes vérités et prêchent d'exemple? Pourquoi donc ne pas écouter et imiter ces derniers dont vous faites l'éloge, plutôt que de blâmer et néanmoins imiter le mal que vous apercevez ou croyez apercevoir dans la conduite des autres? Chose étrange! Vous accusez ce prédicateur, et vous le blâmez de faire le contraire de ce qu'il dit, et vous le faites vous-mêmes. Vous écoutez volontiers, vous louez cet autre, parce qu'il prêche d'exemple, et vous ne faites rien de ce qu'il vous dit : où est la bonne foi?

Mais je demande ensuite : que fait la conduite personnelle du prédicateur, aux vérités qu'il vous annonce de la part de Dieu? L'Evangile auquel vous faites profession de croire, que ce ministre le pratique ou ne le pratique pas, en est-il moins l'Evangile auquel vous faites profession de croire? Pensez-vous être bien reçu au jugement de Dieu en vous excusant sur ce que vos pasteurs ne pratiquaient point eux-mêmes ce qu'ils prêchaient à leurs ouailles? Serez-vous jugé sur ce qu'ils auront fait, ou sur ce qu'ils vous auront dit qu'il fallait faire? S'ils vous donnent de mauvais exemples, tant pis pour eux ; s'ils ne nous en donnent pas de bons, tant pis encore. Mais la parole qu'ils annoncent n'en est pas moins la parole de Dieu, et si vous ne l'écoutez point, tant pis pour vous.

Qu'une liqueur précieuse soit renfermée dans un vase d'or, ou dans un vase de terre, est-elle plus ou moins précieuse? Qu'une fontaine répande ses eaux par un canal de bois ou par des tuyaux de plomb, ces eaux en sont-elles plus ou moins pures, plus ou moins salutaires, lorsqu'il n'y a rien d'ailleurs qui les trouble ou qui en altère la qualité? Que le prédicateur soit un saint, ou qu'il n'ait pas l'esprit de son état, que vous importe, pourvu qu'il vous annonce la pure doctrine de Jésus-Christ?

Mais je demande encore : D'où savez-vous certainement que ce prédicateur ne pratique pas lui-même les vertus auxquelles il vous exhorte, et qu'il est sujet aux vices contre lesquels ils se récrie? Avant de prêcher sur la nécessité de l'aumône, vous a-t-il rendu compte de toutes celles qu'il a faites, et de tous les services qu'il a rendus au prochain? Faut-il qu'avant de prêcher contre votre avarice, il vous instruise parfaitement de l'usage qu'il fait de son revenu? Qu'il vous développe son cœur et vous fasse connaître les motifs de ses épargnes et de son économie ? Quand il s'élève avec tant de force contre votre libertinage qui est public, avez-vous à lui reprocher une vie scandaleuse ? Seriez-vous prêt d'affirmer devant Dieu qu'il a de mauvaises mœurs ? Voudriez-vous garantir la vérité de tous les bruits qui peuvent courir, et que vous semez peut-être vous-même sur son compte ? Les ministres de l'Eglise sont-ils à l'abri de la calomnie ? N'y sont-ils pas au contraire plus exposés que les autres ? Et ne cherche-t-on pas à leur imputer des vices qu'ils n'ont point, pour avoir soi-même un faux et misérable prétexte de ne pas faire ce qu'ils disent? Mais enfin qui vous a établi leur juge sur quoi que ce soit qui les concerne, par rapport à l'exercice de leur ministère? N'est-il pas étonnant que vous alliez les écouter et les juger comme si c'étaient des orateurs profanes ou des acteurs sur le théâtre ? N'est il pas singulier que vous soyez assis sur votre chaise, non pas comme un criminel sur la sellette, car tels devraient être vos sentiments et votre posture; mais comme un juge sur son tribunal pour prononcer votre sentence sur la personne, les mœurs, les talents d'un homme dans lequel vous ne devez voir que le ministre et l'ambassadeur de votre Dieu ? Est-ce donc là le cas que vous faites de sa parole? Et avez-vous oublié que cette parole est le fruit du sang de Jésus-Christ ?

Je n'entrerai dans aucun détail sur les effets admirables qu'elle a produits dès le commencement du christianisme, pour la conversion et la sanctification des âmes ; qu'elle produit encore maintenant et qu'elle produira jusqu'à la consommation des siècles, enseignant aux hommes ce qu'ils doivent croire, et pourquoi ; leur apprenant ce qu'ils doivent faire, et comment : réglant toutes nos actions, comptant, pesant toutes nos pensées, guidant nos pas dans le chemin de la vraie vertu ; étant, pour dire tout en un mot, la lumière pure et infaillible, la force toute-puissante, la plus douce consolation de nos âmes.

Je vous répéterai seulement ici, mes chers paroissiens, ce que je vous ai dit tant de fois ; savoir, que la parole de Dieu semblable aux rayons du soleil qui dessèchent la boue pendant qu'ils fondent la cire, produit toujours un bon ou mauvais effet sur le cœur de ceux qui l'entendent : avez-vous un cœur de cire, un cœur docile et sensible aux impressions de la grâce ? Il se dilatera, il se fondra pour me servir des termes du Saint-Esprit, aux approches de ces rayons aimables; et vous vous écrierez avec l'Epouse des Cantiques : *Mon âme s'est attendrie, elle s'est dilatée dès que j'ai entendu la voix de mon bien-aimé : « Anima mea liquefacta est, ut locutus est dilectus meus. »* (*Cant.* V, 6.) Si vous avez au contraire un de ces cœurs de boue, qui ne goûtent et ne veulent goûter que les choses terrestres et charnelles; qui résistent opiniâtrément à la lumière et aux mouvements intérieurs de la grâce ; ah! la parole de Dieu ne servira qu'à vous aveugler et à vous endurcir encore davantage.

Ecoutez là-dessus ce que le Seigneur disait à son prophète : Parlez, Isaïe, parlez à ce peuple. Mais il ne veut point m'écouter, et mes discours sont pour lui comme une musique importune et désagréable. N'importe, parlez toujours. Et pourquoi, Seigneur ? Pour l'aveugler et l'endurcir : *Excæca cor populi hujus.* (*Isa.*, VI, 10.) Moïse, parlez à Pharaon, et dites-lui de ma part qu'il laisse sortir mon peuple de l'Egypte. Je lui ai déjà parlé, il se moque de vos ordres et de vos menaces ; n'importe, retournez-y ; parlez-lui encore ; allez ; j'endurcirai son cœur, je l'ai endurci : *Indurabo cor Pharaonis.* (*Exod.*, VII, 3.)

Pasteur, criez sans cesse ; élevez, et faites entendre votre voix comme la voix d'une trompette. Instruisez, exhortez, reprenez, tonnez, menacez, ne vous lassez point : dites aux avares, aux usuriers, aux impudiques, aux vindicatifs, qu'il n'y a point de paradis pour eux, s'ils ne se convertissent ; qu'ils ont un pied dans l'enfer, que je vais dans peu frapper à leur porte, redemander leur âme, les juger et les réprouver pour toujours. Mon bon Sauveur, j'ai fait tout cela : j'ai répété cent fois les mêmes choses; c'est peine perdue. N'importe, criez toujours; et pourquoi donc? Pour les aveugler et les endurcir, puisqu'ils s'opiniâtrent à me résister. Ce n'est point en vain que j'ai envoyé ma parole, elle ne reviendra point à moi sans avoir produit son effet, sans avoir fait éclater ma miséricorde ou ma justice : ma miséricorde, à l'égard de ceux qui la reçoivent et la pratiquent; ma justice, à l'égard de ceux qui lui résistent et s'endurcissent contre elle. *Verbum meum non revertetur ad me vacuum.* (*Isa.*, LV, 11.)

Est-ce que Dieu, qui est la lumière et la bonté par essence, aveugle et endurcit positivement le pécheur ? Non, mes frères ; mais cette lumière contribue à notre aveuglement en ce que nous fermons les yeux pour ne pas la voir, quand elle se présente. Mais la parole de Dieu contribue à notre endurcissement, en ce que nous fermons les oreilles de notre cœur, pour ne pas entendre ce qu'elle dit, lorsque nous étouffons les remords, les bonnes pensées, les désirs de conversion qu'elle peut produire. Mettez un flambeau devant les yeux de quelqu'un qui ne veut pas voir la lumière : ce flambeau lui fait fermer les yeux. Criez en courant après une personne qui fuit et qui ne veut pas revenir ; vos cris la feront fuir avec plus de précipitation. C'est dans ce sens que la parole de Dieu nous aveugle, lorsque nous aimons les ténèbres ; c'est dans ce sens qu'elle nous endurcit, lorsque nous persistons à vouloir nous égarer et nous perdre. Il ne faut donc pas regarder la parole de Dieu comme un de ces remèdes qui, s'ils ne font pas de bien, ne peuvent pas faire de mal : elle est semblable au contraire, à certains remèdes violents qui renferment une vertu extraordinaire, et qui donnent infailliblement la santé ou la mort; et d'ailleurs :

Pensez-vous que Dieu soit insensible à la manière dont vous recevez la parole qui vous est annoncée de sa part, et à l'usage que vous en faites? Jugez-en vous-même : êtes-vous indifférent à la manière dont vos enfants reçoivent vos avis et vos réprimandes? Si vous en avez quelqu'un dont la mauvaise conduite vous afflige, vous lui parlez, vous lui faites parler, vous y prenez de toutes façons et n'oubliez rien pour le ramener. Mais s'il résiste à tout et vous donne chaque jour de nouveaux chagrins, ne vous refroidissez-vous pas à son égard? Etes-vous insensible à son indocilité? N'est-il pas beaucoup plus coupable à vos yeux que si vous ne lui aviez jamais rien dit? Oui, sans doute; et cela paraît tout simple. Il est donc tout simple aussi que Dieu se refroidisse à votre égard, mon cher enfant, si vous persistez dans vos désordres malgré les avertissements que ce bon Père ne cesse de vous donner par la bouche de vos pasteurs. Et savez-vous en quoi consiste ce refroidissement de la part de Dieu? C'est-à-dire que les grâces intérieures, les bonnes pensées, les saintes inspirations, les bons désirs, les remords de conscience; tout cela diminue peu à peu : c'est-à-dire que Dieu s'éloigne enfin de nous, quand nous persistons opiniâtrément à nous éloigner de lui; et à mesure qu'il s'éloigne, nous tombons dans l'aveuglement, parce qu'il est lui seul la lumière de notre âme. Aveuglement terrible qui conduit à l'endurcissement du cœur et à la réprobation éternelle. Voilà, mes chers paroissiens, où l'on arrive, non pas tout à coup, parce que notre Dieu est la patience et la bonté même; mais peu à peu, quand on abuse de cette longue patience, quand on ne fait aucun cas de ce qu'il dit; et c'est ainsi que sa parole devient à l'égard du pécheur qui n'en retire point de fruit, comme une espèce de poison lent qui dessèche insensiblement dans son âme, si je puis m'exprimer ainsi, toute l'onction de la grâce, au point qu'il se trouve totalement endurci et plongé dans un abîme profond de ténèbres, d'où l'on ne sort jamais sans un de ces miracles extraordinaires de la grâce, qui arrivent très-rarement, et sur lesquels il ne faut point compter. Telle est la nature, tels sont les effets de cette divine parole dont nous ne sommes que les porteurs et les ministres : il faut nécessairement qu'elle profite ou qu'elle nuise à ceux qui l'entendent. Ce n'est guère sur ce pied-là qu'on la regarde : première raison pour laquelle on en recueille si peu de fruit. Il y en a une autre : c'est qu'on l'applique presque toujours aux autres, plutôt que de se l'appliquer à soi-même.

SECONDE RÉFLEXION.

La plupart des hommes ont la singulière manie d'ouvrir les yeux sur les imperfections d'autrui, pendant qu'ils les ferment sur leurs propres imperfections; et Notre-Seigneur, en disant que nous apercevons une paille dans l'œil de notre prochain, pendant que nous ne voyons point la poutre qui est réellement dans le nôtre, nous fait sentir par cette comparaison, que nos défauts nous aveuglent en même temps sur ce qui nous regarde et sur ce qui regarde nos frères; de manière que nous ne voyons jamais les choses comme elles sont. Chez nous, ce qui est une poutre nous paraît un fétu; chez les autres un fétu nous semble une poutre; et de là vient que nous sommes si sévères à l'égard d'autrui, et si indulgents pour nous-mêmes. Car si nos propres défauts nous paraissaient aussi grands que les défauts du prochain, pourquoi n'aurions-nous pas à notre égard la sévérité que nous avons pour les autres? Et si les défauts du prochain nous paraissaient aussi petits que les nôtres, pourquoi n'aurions-nous pas pour lui l'indulgence que nous avons pour nous-mêmes? Plus on réfléchit là-dessus, plus on sent l'injustice et le ridicule d'une conduite pareille. Mais ce qui est injuste, criminel, ridicule dans tous les temps et dans toutes les occasions, doit le paraître bien davantage, lorsque, venant ici pour écouter la parole de Dieu et pour apprendre à réformer vos mœurs, vous regardez votre voisin au lieu de vous regarder vous-même, en lui appliquant avec malignité la parole qu'on vous annonce, qui s'adresse à vous, et que vous devez par conséquent n'appliquer qu'à votre personne. En vérité, voilà des dispositions bien chrétiennes!

Lorsque pour mettre certains vices dans un plus grand jour, nous faisons le portrait d'une personne qui aurait le malheur d'en être atteinte; vous l'appliquez sur-le-champ à un tel. Mais vous a-t-il rendu compte de sa vie? Avez-vous examiné en détail toutes ses actions? Avez-vous compté, pesé toutes ses pensées? Avez-vous sondé, approfondi les dispositions intérieures de son cœur? car il faudrait tout cela pour faire à sa personne la juste et infaillible application de ce que vous avez entendu.

Nous faisons des portraits : oui, sans doute, et nous ne les faisons point en l'air: ils ne sont malheureusement que trop d'après nature : mais nous les faisons d'après l'Ecriture sainte, d'après les Prophètes, les Apôtres, les Pères, l'Evangile. Nous faisons la peinture des mœurs, afin que vous regardant là comme dans un miroir, et comparant ensuite ce que vous êtes avec ce que vous devriez être, vous soyez plus frappés de la distance prodigieuse qui se trouve entre votre croyance et votre façon de vivre. D'un autre côté nous ne prêchons pas pour les bancs ni pour les murailles, et nous serions des insensés, si ce que nous disons ne regardait point les chrétiens qui nous écoutent; si parmi ceux qui nous écoutent il n'y avait personne qui pût s'en faire l'application. Mais c'est par le cœur principalement que les hommes sont ce qu'ils sont :

mais la conduite extérieure n'est qu'une partie du bien ou du mal que nous voyons au dehors; mais il n'y a que l'homme lui-même qui puisse connaître ce qui se passe dans son propre cœur; il n'y a donc que lui qui puisse se faire une juste application de ce que nous disons, et juger si le portrait que nous faisons lui ressemble.

Oui, oui, nous avons peint les mœurs d'un avare; et malheur à l'avare qui en nous écoutant n'a pas ouvert les yeux sur sa turpitude, qui ne s'est point reconnu dans la peinture que nous avons faite, qui n'a point dit : c'est moi, c'est moi-même: plus j'en ai, plus je veux en avoir encore; mon unique plaisir est d'amasser et de compter; je ne me soucie d'autre chose, ni du jeu, ni des habits, ni de la bonne chère, ni de ce qu'on appelle les commodités ordinaires de la vie; je me prive de tout cela, quelquefois même de l'honnête nécessaire, non par un esprit de mortification ou de sobriété, mais pour ne pas toucher à mon argent. Rendre service au prochain, prêter sans intérêt, soulager les misérables, faire gagner leur vie aux pauvres ouvriers, tout cela n'est pas de mon goût. Mon goût est d'amasser et de compter; je compte et j'amasse. L'or et l'argent me sont plus chers que mon honneur, plus chers que ma santé, plus chers que mon âme et que mon Dieu. Je sacrifie tout quand l'occasion se présente d'amasser. Mon honneur, ma santé, ma vie, mon cœur, mon âme tout entière sont dans ma bourse et dans mes possessions; dans les sommes que j'ai amassées et cachées soigneusement en tel et tel endroit que personne ne sait que moi; dans les acquisitions que j'ai faites ou que j'ai dessein de faire encore. Amasser, amasser, et toucher le moins qu'il est possible à ce que j'amasse, voilà mon faible, voilà ma passion; si je ne suis point avare, et un avare de la première classe, l'avarice n'est qu'un mot sans réalité.

Nous ferons le portrait de l'usurier, et malheur à l'usurier qui ne dira point : me voilà. L'intérêt des sommes que je prête *à jour*, fait la principale partie de mon revenu. Je ne prête jamais que dans la vue de faire valoir mon argent, et je regarde cette manière de le faire valoir comme la plus sûre et la plus commode. Mon intention principale n'est point de rendre service au prochain, mais d'arranger mes affaires. Lorsque mon débiteur a quelque possession qui me convient, je laisse accumuler les intérêts, j'ajoute de nouveaux prêts à la somme capitale, et je demande enfin mon remboursement, lorsque je vois ce débiteur dans l'impossibilité de le faire. Je prête du blé en hiver à ceux qui en manquent, avec promesse de leur part de m'en rendre à la récolte vingt-quatre boisseaux pour vingt. Je ne me suis jamais incommodé pour prêter mon argent; si ce prêt avait nui à mon commerce, je ne l'aurais pas fait; et au contraire, si je ne l'avais pas fait, mon argent serait demeuré mort dans mon coffre, ou bien je l'aurais fait valoir de manière qu'en risquant de gagner, j'aurais aussi risqué de perdre. Au lieu qu'en m'y prenant de l'autre façon, mon gain est sûr, je suis à l'abri de la perte, et toujours le maître de me faire payer le capital quand bon me semble. Je suis donc un vrai usurier : ou bien l'usure contre laquelle on crie tant, n'est qu'une chimère; et les Conciles, les Pères, les Docteurs, les Casuistes se font là-dessus un monstre, pour avoir le plaisir de le combattre.

Nous avons peint les mœurs du médisant, du semeur de rapports; et malheur à la langue maligne qui n'a pas dit, voilà mon portrait. Je suis un boute-feu, une vipère, une épée à deux tranchants, un vrai poison dans la société. J'ai brouillé le mari avec la femme; le frère avec la sœur; mon voisin avec ses amis. J'ai semé des bruits qui ont couru la paroisse, qui l'ont troublée, scandalisée. J'ai fait des maux infinis et irréparables. Quand je brûlerais dans le purgatoire jusqu'à la fin du monde, je ne les réparerais point; et si la miséricorde de Dieu n'était pas infinie, s'il y avait des péchés irrémissibles, je n'aurais donc qu'à m'étrangler comme Judas, crever comme lui, et aller joindre dans les enfers toutes les âmes désespérées. Miséricorde, mon Dieu, miséricorde; mettez dorénavant un frein à ma langue, et ne me punissez point en toute rigueur, des maux de toute espèce dont elle a été la cause.

Mes frères, mes très-chers frères, voilà quels seraient vos sentiments et votre langage, si vous écoutiez la parole de Dieu avec des oreilles chrétiennes, si vous aviez assez de bonne foi pour vous l'appliquer et vous rendre justice. Mais hélas! nous avons beau peindre vos défauts avec les couleurs les plus ressemblantes et les plus vives, votre passion vous aveugle, nos paroles vous endorment. Hé! que sais-je même si pour comble de malheur, les traits auxquels vous êtes forcés de vous reconnaître, ne vous piqueront et ne vous révolteront pas, loin de vous toucher et de vous convertir.

Ah! vous savez si bien remarquer ce que vous imaginez pouvoir appliquer aux autres! un tel, une telle ont eu leur bonne part dans ce que nous avons entendu aujourd'hui. Si cela pouvait leur faire ouvrir les yeux! voilà ce qu'on dit, et ce que disent surtout certaines personnes qui en écoutant ou en lisant nos instructions, reconnaissent ou s'imaginent reconnaître le portrait de chacun excepté le leur. Je ne suis ni usurier, ni avare; je ne donne point dans le libertinage; ma langue n'a jamais brouillé personne; ce n'est pas pour moi que l'on a prêché aujourd'hui; mais bien pour celui-ci et pour celui-là : Dieu leur fasse la grâce d'en profiter : comment appelez-vous ce langage? le zèle que ce faiseur ou cette faiseuse d'applications étrangères, ont pour la gloire de Dieu et pour la conversion des pécheurs, les fait sans doute parler ainsi. Point du tout : c'est le pur langage d'un Pharisien, c'est-à-dire, d'un franc hypocrite;

c'est-à-dire, d'un homme sans humilité, sans charité, sans christianisme par conséquent. Est-ce que la vraie charité ne nous ferme pas les yeux sur les défauts de notre prochain? Nous permet-elle de les voir autrement que pour les excuser ou pour lui faire une correction fraternelle, quand le devoir nous y oblige? Est-ce que la vraie humilité ne nous ouvre pas les yeux sur nos propres défauts? Nous permet-elle de les comparer aux défauts de notre frère, autrement que pour nous mettre au-dessous de tous. Et le vrai esprit du christianisme n'est-il pas un esprit d'indulgence, un esprit de douceur, de bonté qui pense difficilement le mal, qui dissimule, qui excuse, qui pardonne tout? Et pensez-vous que cet esprit soit compatible avec les jugements téméraires que vous faites ici en appliquant à votre prochain, ce que nous disons contre tel et tel vice? En vertu de quelle autorité prononcez-vous ainsi contre lui? Qui est-ce qui vous a établi son juge? Et comment ne voyez-vous pas qu'il y a dans ces sortes d'applications un orgueil insupportable, un défaut de charité d'autant plus dangereux que vous le prenez pour du zèle? Comment ne voyez-vous pas que la parole de Dieu entendue avec de telles dispositions devient pour vous l'occasion d'un péché peut être plus grand aux yeux de Dieu, que ceux dont vous vous vantez secrètement de n'être point coupable!

A la bonne heure; mais enfin, lorsque j'entends prêcher contre le libertinage, l'ivrognerie ou tel autre vice que ce soit; puis-je m'empêcher de voir que cela convient parfaitement à ce libertin, à cet ivrogne, à cet usurier, dont la conduite nous scandalise journellement? Soit : mais ce coup d'œil échappé sur la personne de votre frère, et qui encore ne vous échapperait pas, si vous n'étiez occupé que de votre propre cœur; ce coup-d'œil doit retomber dans l'instant sur vous-même, rabattre votre orgueil et vous anéantir devant Dieu. Misérable, à quoi vais-je penser, moi qui suis couvert d'iniquités, et capable de tous les péchés dont je ne me reconnais pas coupable : je suis rempli de défauts que je ne corrige point, et je veux que les autres se corrigent : les péchés d'autrui me scandalisent, et les miens ne m'inquiètent point. Ah! Seigneur, je le confesse : il n'y a personne ici de plus aveugle, de plus ingrat, de plus grand pécheur que moi. Si je ne suis pas avare, je suis prodigue : si je ne suis ni l'un ni l'autre, il est certain que je ne fais pas toujours de mes biens, l'usage que je devrais en faire. Si je n'ai pas les défauts d'un tel ou d'une telle, j'en ai d'autres qu'il n'a pas, et il a des vertus, des qualités estimables que je n'ai pas moi-même.

La parole qu'on lui annonce dans ce moment-ci opérera peut être sa conversion, pendant que cette même parole ne servira peut-être qu'à m'aveugler et à m'endurcir. Celui à qui je l'applique est peut-être un élu qui me reprochera un jour mon peu de charité, pendant que je suis peut-être moi-même avec tout le bien que je pense faire, un hypocrite et une âme réprouvée. Parlez-moi donc, ô mon Dieu, parlez-moi par la bouche de votre ministre, je l'écouterai comme s'il ne parlait que pour moi, comme si j'étais seul ici à l'entendre.

Mes chers paroissiens, croyez-moi : quand on écoute la parole de Dieu avec de telles dispositions, il n'est point à craindre qu'on s'occupe pendant le prône à faire des applications malignes et des jugements téméraires. Quelque sujet que nous traitions, quelques vices que nous attaquions, le véritable chrétien tire parti de tout, met tout à profit pour l'amendement de sa vie; et c'est ce que nous ferons, mes frères, si après avoir entendu cette parole, non comme celle des hommes, mais comme celle de Dieu; après nous en être fait l'application à nous-mêmes, nous la conservons dans notre esprit, y réfléchissant pour la faire passer dans notre cœur et en montrer les effets dans toute notre conduite.

TROISIÈME REFLEXION.

Il en est de la parole de Dieu à l'égard de notre âme, comme des aliments que nous prenons pour la nourriture de notre corps. Ce n'est point assez de porter ceux-ci à la bouche, il faut qu'ils descendent dans l'estomac, qu'ils s'y arrêtent, que la digestion se fasse, qu'ils se changent en chyle, le chyle en sang, et alors ce sang répandu dans toutes les parties du corps, leur donne la vie, l'accroissement et la force : arrêtons-nous un moment à cette comparaison : elle est on ne peut pas plus sensible, elle est tirée de l'Ecriture où nous lisons ce beau passage dans Jérémie : *Seigneur, j'ai trouvé votre parole, je l'ai goûtée, je m'en suis nourri, elle a causé à mon âme le plaisir le plus pur, elle m'a rempli de la joie la plus vive : « Inventi sunt sermones tui et comedi eos*, etc. » (*Jerem*, XV, 16.) Mes frères, disait l'apôtre saint Pierre (I *Petr.*, I, 2, 3); soupirez après cette divine parole, et recevez-la de la bouche de vos pasteurs, comme un enfant qui vient de naître, cherche les mamelles de sa mère, s'y attache et suce avec une innocente avidité le lait qui doit le nourrir et le faire croître; car c'est ainsi que ce lait spirituel nourrira votre âme, et la fera croître dans la grâce de Jésus-Christ.

Sur quoi, remarquez bien, mes chers paroissiens, ce que nous venons de dire, que la meilleure nourriture ne servirait de rien, si après qu'on l'a mâchée, et qu'elle est descendue dans l'estomac, on la rejetait tout de suite. Que faisons-nous avant de paraître ici pour vous instruire? Nous recueillons dans la Bible et dans les écrits des saints Pères les vérités du salut; et comme l'abeille compose son miel du suc qu'elle a ramassé dans le calice des fleurs dont nos prairies sont émaillées; nous composons ainsi, et préparons pour vos âmes, cette nourriture céleste dans laquelle le saint roi David trouvait mille fois plus de douceur que dans le miel le plus exquis. Ou, pour me renfermer dans la pensée de l'Apôtre, après que nous nous sommes nourris nous-mêmes de cet aliment divin, il s'en forme dans notre esprit et sur nos lèvres, comme dans le sein d'une nourrice, un lait spirituel que nous vous donnons, comme à nos chers enfants, et qui fait vivre vos âmes, lorsqu'après avoir sucé avec des lèvres pures et innocentes, vous le recevez dans un cœur simple et bien disposé.

Mais cette parole, de quoi vous servira-t-elle, si au lieu d'y réfléchir, de la méditer, de l'appliquer aux différentes actions de votre vie, vous l'oubliez aussitôt après l'avoir entendue, lors même que vous l'avez entendue avec plaisir, et que vous l'avez goûtée? De quoi vous serviront les bonnes pensées que vous avez eues en l'écoutant, si elles s'évanouissent l'instant d'après? Les bons désirs qu'elle a fait naître dans votre cœur, s'ils sont étouffés au sortir de l'église? Les larmes qu'elle vous fait quelquefois répandre, si de retour dans vos maisons, et à vos affaires vous n'y pensez plus?

Nous vous avons rappelé, mes frères, la sévérité des jugements de Dieu : nous nous sommes efforcé de troubler la fausse et malheureuse tranquillité, dans laquelle vous vivez par rapport à votre salut. Nous avons excité les remords de votre conscience : vous avez paru effrayés. Nous avons remis sous vos yeux la grandeur de ses miséricordes, ses bienfaits et votre ingratitude; vous avez paru attendris. Nous avons entendu vos soupirs, nous avons vu couler vos larmes, quelle consolation pour un pasteur! béni soyez-vous, ô bon Jésus, qui, joignant à votre faible voie l'onction intérieure de notre grâce, donnez à votre parole, une vertu puissante qui ébranle les cœurs et les attendrit; vous les répandez comme cette douce rosée que l'aurore distille sur les plantes en leur annonçant le retour du soleil; ou comme une pluie bienfaisante, qui dans les chaleurs de l'été, arrose la terre, ranime et reverdit nos campagnes. Que votre saint nom soit à jamais béni : mais hélas, mes frères, que notre joie est de peu de durée! et que nous payons ensuite bien cher ce moment de consolation; lorsqu'en examinant votre conduite nous la trouvons toujours à peu près la même.

Cet usurier a paru frappé des raisons par lesquelles nous avons tâché de le convaincre. Je commençais à espérer qu'il ouvrirait les yeux; qu'il restituerait tant de biens acquis injustement; qu'il réglerait son commerce suivant les lois de l'équité; qu'il reviendrait enfin à l'Evangile; point du tout. au lieu de s'arrêter à ces premiers rayons de lumière que la parole de Dieu avait fait briller à son esprit; au lieu d'approfondir les doutes, les réflexions qu'elle avait fait naître; il a refermé ses yeux qui s'étaient ouverts un instant, il a étouffé les remords de sa conscience; il s'est replongé dans les ténèbres que l'amour des richesses a répandues autour de son âme; il s'est appuyé de nouveau sur les misérables raisons que la cupidité a inventées, et par où il cherche à justifier ses usures.

L'avare a paru couvert de confusion; il a senti la bassesse de la passion qui le tyranise; il s'est reproché un moment cette soif insatiable, qui le brûle et le damne. L'impudique a été attendri; il a rougi intérieurement; il a désiré de rompre ses habitudes criminelles. Le vindicatif a été convaincu, il a paru s'apaiser; l'ivrogne a maudit les cabarets, pendant que nous les maudissions; le médisant a formé la résolution de mettre un frein à sa langue, d'être plus circonspect et plus charitable. Ce mari brutal a dit en lui-même que nous avions raison; cette femme s'est promise d'être plus douce, plus patiente, plus sage. Le petit enfant a pris les mamelles de sa nourrice, il suce son lait, il l'avale avec une joie qui brille dans ses yeux, dans ses petits gestes, dans les caresses enfantines qu'il fait à sa mère. Mais après avoir quitté son sein, au lieu de digérer ce lait, il le vomit, et ce qui devrait le nourrir lui a fait du mal. Voilà précisément, mes chers paroissiens, ce qui vous arrive.

Vous écoutez la parole de Dieu avec un empressement, une attention qui nous donnent d'abord les espérances les plus flatteuses : vous dites, cela est vrai, cela est beau; vous nous applaudissez, vous êtes semblables à des enfants qui jouent sur le sein de leur nourrice, qui la flattent et la réjouissent par leurs caresses. Mais à peine êtes vous sortis de ce saint temple, que vous rejetez ce que vous avez reçu avec tant de joie. Ah! vous ne la digérez point cette nourriture précieuse; elle ne s'arrête ni dans votre cœur, ni dans votre esprit, pas même dans votre mémoire, et pourquoi?

Demandez au médecin quel est le vice d'un estomac qui ne digère point, ou qui digère mal; dans lequel la meilleure nourriture s'aigrit et qui la rejette? il vous dira que c'est de la bile, que ce sont des glaires, des humeurs âcres, un mauvais levain qui fait aigrir les aliments les plus salubres, ou bien que c'est une faiblesse naturelle et une mauvaise constitution. Demandez-nous comment il peut se faire qu'après avoir reçu avec joie la parole de Dieu, vous l'éloignez ensuite de votre âme, comme un aliment que l'on avale et que l'on rejette ensuite? Ah! bon Dieu, c'est que mon cœur, mon misérable cœur est rempli de mille affections, de mille attaches qui le corrompent; mon esprit de mille pensées qui le dissipent; mon imagination de je ne sais quels fantômes qui la troublent; ma mémoire d'une infinité de choses qui l'embarrassent. Ah! c'est que je suis d'une faiblesse, d'une tiédeur, d'une nonchalance affreuse pour tout ce qui regarde mon salut; aussi froid pour l'affaire de mon éternité que je suis ardent et infatigable pour mes affaires temporelles.

Lorsque mon pasteur m'annonce la parole

de Dieu, je comprends, je sens la vérité de ce qu'il me dit; je la goûte, je désire d'en profiter, et j'en fais la résolution; mais ensuite mes affaires, mes plaisirs, ma méchante inclination font évanouir tout ce que j'ai entendu, tout ce que j'ai senti, tout ce que j'ai résolu. Oui, mais si je restitue, je suis ruiné, mes enfants seront à l'aumône, ce prédicateur est bien sévère; si les choses vont comme il dit, tous les marchands, tous les négociants seront damnés; il me semble que dans telle ou telle occasion, il n'y a pas autant de mal que l'on en trouve : voilà ce que dit l'usurier. Oui, mais je suis dans le feu de la jeunesse; comment rompre cette habitude? Comment renoncer à ceci et à cela? il le faudrait pourtant, je le sens bien, il viendra un temps où je me corrigerai; je n'en ai pas la force pour le présent, voilà ce que dit l'impudique. Oui, j'aime l'argent, mon plaisir est d'amasser et de compter; rien ne m'afflige comme la dépense; je ne fais point l'aumône, ma bourse n'est ouverte à qui que ce soit; mais après tout je ne vole point, je ne fais tort à personne; quel mal y a-t-il d'épargner sur ses habits, sur sa table et sur autre chose? Mon bien est à moi, ne suis-je pas le maître de l'amasser, de le contempler, de le compter, d'en faire ce que bon me semble? Voilà ce que dit l'avare, et ainsi des autres.

Quand on peint les différentes passions avec des couleurs naturelles; quand on en montre les causes et les effets; quand on confronte la vie du pécheur avec sa foi, il convient, il acquiesce, il rend hommage à la vérité, il voit clair un instant, c'est un homme endormi que l'on éveille à force de crier; on lui montre la lumière, il ouvre les yeux, il la voit, il se frotte les paupières, il étend les bras. Eveillez-vous, mon ami, et levez-vous. Ah! tout à l'heure; on se retire; il n'y pense plus, et le voilà rendormi. A tout cela quel remède? et que faut il faire? Mes chers enfants, le voici; je vous l'ai dit plusieurs fois, je le répèterai encore, et je ne me lasserai jamais.

Après avoir écouté la parole de Dieu avec l'attention et le respect qui sont dus à la parole de Dieu; après en avoir reconnu et senti la vérité par rapport à ce qui nous concerne personnellement, faites la réflexion suivante, et dites : ce que je viens d'entendre est vrai, il ma paru tel, j'en ai été touché, je le suis encore, je me sais bon gré de ce sentiment et j'en remercie Dieu; mais si je trouve cela vrai et bon dans ce moment-ci, pourquoi ne le trouverai-je pas tel demain, après-demain, toujours? On a répondu à tout ce que je puis alléguer pour ma justification, pour m'excuser ou pour apaiser les remords de ma conscience, et toutes mes raisons ne valent rien de mon propre aveu, j'en conviens, je le sens; pourquoi ne sentirai-je pas demain ce que je sens aujourd'hui? Est-ce que mes occupations, mes affaires ou mes plaisirs me feront oublier ce que l'on vient de me dire de la part de Dieu? Au contraire, puisque la parole que je viens d'entendre roule sur ce que je fais, sur ce que je dis, sur ce que je pense journellement.

Lorsque je vois ce cabaret, il me semble lire sur la porte ce que mon pasteur m'a prêché. Ici règnent l'ivrognerie et la crapule; ici règnent etc. et quand il l'a dit, j'ai ajouté tout bas, cela est vrai. Il faut donc que j'y renonce. Lorsque je vois mes champs, mes vignes, mes bois, mes troupeaux et tous les biens que la Providence m'a donnés, je me souviens de ce que mon pasteur a dit sur l'usage que je dois en faire; et quand il l'a dit, j'en ai été parfaitement convaincu. Il faut donc que j'use de mes biens comme un chrétien doit en user, c'est-à-dire que je les fasse servir par-dessus tout à la sanctification de mon âme. Lorsque, venant d'entendre le prône, je rentre dans ma maison, la vue de ma femme, de mes enfants, de mes domestiques, me rappelle tout ce que j'ai entendu, et à quoi j'ai applaudi, sur la manière dont je dois me comporter avec ma femme, mes enfants, mes domestiques. Il y a plus; la vue seule de ce pasteur, lorsqu'il vient chez moi, lorsqu'il me rencontre dans cette maison, où je passe des heures entières à médire; dans cette autre, où je commets des adultères; la vue seule de ce pasteur, quand il passe dans la rue, me rappelle ce qu'il a dit, la confusion secrète dont j'ai été couvert, les soupirs que j'ai poussés en l'écoutant, les larmes qui me sont échappées. Il est donc en quelque manière impossible que j'oublie totalement ce qui a fait sur moi tant d'impression. Ah! mon Dieu, conservez-la vous-même cette impression salutaire qui est l'ouvrage de votre grâce. Tenez-moi les yeux ouverts en sortant d'ici; tenez votre main sur ma bouche; tenez-la sur ma langue; tenez-la sur mon cœur, et affermissez-moi dans les sentiments que vous m'avez inspirés: *Confirma hoc, Deus, quod operatus es in nobis a templo sancto tuo.*

Je finis, mes chers paroissiens : vous m'aurez trouvé bien long aujourd'hui, mais je finis, et au nom de Dieu, réfléchissez donc, ne fût-ce qu'un demi-quart d'heure, sur ce que vous avez entendu. Ce soir, avant de vous mettre au lit et en vous endormant; demain à votre reveil et en vous habillant, réfléchissez-y encore; pendant votre travail, dans vos voyages, réfléchissez à ce que vous avez entendu ici; non-seulement aujourd'hui, mais toutes les fois que vous aurez assisté au prône. Ruminez, méditez cette divine parole, afin qu'elle vous soit profitable et que nous ayons la consolation de vous voir mettre en pratique les vérités saintes que nous sommes chargé de vous annoncer.

Et vous, Dieu tout puissant et tout bon, sans la grâce intérieure duquel celui qui plante n'est rien, celui qui arrose n'est rien; vous qui seul pouvez donner la vie et l'accroissement, préparez nos cœurs, pénétrez nous de respect, remplissez-nous d'empressement et de joie quand il s'agit d'entendre votre parole, mais remplissez-nous de frayeur à la vue des effets terribles d'aveuglement et d'endurcissement qu'elle produit dans l'âme de ceux qui en abusent, qui la rendent inutile. Faites qu'en l'écoutant, nous n'ayons les yeux ouverts que sur nous-mêmes, afin de nous l'appliquer, et de l'appliquer ensuite comme une règle immuable sur toutes les actions de notre vie. Ne permettez pas que notre cœur soit comme le cœur de l'insensé, semblable à un vase rompu qui laisse échapper la liqueur qu'on y a versée. Mais que votre parole demeure en nous, comme un germe précieux caché dans la bonne terre. Répandez enfin sur cette terre la rosée de votre grâce; échauffez-la par les rayons bienfaisants de votre divin amour, afin qu'elle produise les fruits d'une vie sincèrement chrétienne. Dieu le veuille, mes chers enfants, et l'accomplisse en vous tous par sa grâce. Ainsi soit-il.

DISCOURS VI.

Pour le Dimanche entre la Circoncision et l'Epiphanie.

SUR L'HOMME VOYAGEUR.

Surge, et accipe puerum et matrem ejus; et fuge in Ægyptum, et esto ibi usque dum tibi dicam. (*Matth.*, II, 13.)

Levez-vous, prenez l'enfant et sa mère; fuyez en Egypte et demeurez-y jusqu'à ce que je vous dise d'en partir.

En lisant ces paroles de notre Evangile, je me suis souvenu, mes frères, de ce que disait autrefois le prophète Jérémie, quand il voyait en esprit le Verbe fait chair vivant et conversant avec les hommes : ***Hé quoi! Seigneur, vous qui êtes l'espérance et le salut d'Israël, serez-vous dans votre terre comme un étranger à qui elle n'appartiendrait pas: ou comme un voyageur qui se détourne de son chemin, et qui entre dans une hôtellerie pour n'y demeurer qu'un peu de temps? Pourquoi ferez-vous ainsi comme un homme errant et vagabond qui n'a point de demeure fixe?*** (*Jerem.*, XIV, 8, 9.) Et en effet, lors même qu'il était encore enfermé dans le sein de sa mère, il quitta sa patrie pour venir à Bethléem naître dans la pauvre étable où ses parents furent forcés de loger. Peu de temps après il est emporté en Egypte, pour éviter la fureur d'Hérode. Il revient ensuite dans la Judée; il y vit comme un inconnu jusqu'au temps où il commence à prêcher l'Evangile; et après avoir paru dans le monde trois ou quatre ans, il meurt, ressuscite et retourne à son Père. Ne savez-vous pas ce qu'il disait parlant de lui-même : ***Les oiseaux du ciel ont des nids, les renards des tanières, et le Fils de l'Homme n'a point où reposer sa tête*** (*Matth.*, VIII, 20.) ***Les patriarches***, dit l'apôtre saint Paul, ***habitaient sous des tentes, et se regardaient comme des étrangers qui n'avaient point de demeure fixe sur la terre.*** (*Hebr.*, XI, 9, 13.) Lorsque Joseph présenta Jacob son père à Pharaon, roi d'Egypte, ***quel âge avez-vous***, lui dit ce prince? ***Les jours de mon pèlerinage***, répondit ce respectable vieillard, ***sont de cent trente ans, jours mauvais et en petit nombre.*** (*Gen.*, XLVII, 9.) Hé! mes chers paroissiens, que sont donc les nôtres? Qu'est-ce que notre vie? un voyage de quelques jours. Nous le savons, nous le disons quelquefois, mais bien loin de nous conduire comme des voyageurs qui ne font que passer sur la terre, la plupart des hommes y vivent et s'y attachent comme s'ils n'en devaient jamais sortir. Arrêtons-nous aujourd'hui à cette réflexion, et après l'avoir approfondie, tâchons, moyennant la grâce de Dieu, de vivre et d'agir en conséquence.

PREMIÈRE RÉFLEXION.

Il y a quarante, cinquante, soixante ans que je suis sorti du sein de ma mère, et que la main de Dieu m'a jeté, pour ainsi dire, sur cette terre, où j'ai passé successivement, et par un mouvement perpétuel d'un âge à l'autre, d'une situation dans une autre. J'ai vécu longtemps sans me connaître. Lorsque j'aurais pu m'étudier et me connaître, je me suis oublié moi-même; et tout ce que je sais aujourd'hui, c'est que je ne suis presque rien de ce que j'étais autrefois, et que bientôt je ne serai presque plus rien de ce que je suis maintenant.

Mon âme, enveloppée d'abord dans les ténèbres de l'enfance, n'était sensible qu'au plaisir ou à la douleur des sens; elle se réjouissait ou s'affligeait sans connaître la cause ni de sa douleur ni de sa joie. Mon corps, recevant chaque année un nouveau degré d'accroissement, prenait en même temps une autre forme, de nouveaux traits, et une figure nouvelle, pendant que mon âme acquérait d'autres idées et de nouvelles connaissances. Semblable à un voyageur, qui parcourt des pays différents, qui respire un nouvel air, qui voit de nouvelles productions; qui rencontre chaque jour des visages nouveaux, et des campagnes nouvelles.

Tantôt il trouve des pays fertiles, des campagnes riantes, un terroir délicieux; tantôt il traverse des montagnes arides, ne voit que des rochers, un terrain sec qui ne produit que des ronces et des arbrisseaux stériles. Aujourd'hui il voyage par un temps calme, un ciel serein, un air pur; demain il verra tout à coup le ciel se couvrir de nuages, le tonnerre grondera sur sa tête, la foudre tombera autour de lui, il sera comme inondé par un torrent de pluie, ou accablé sous les coups précipités d'une grêle affreuse.

Les différentes auberges où il est obligé de loger, les personnes qu'il y rencontre, la manière dont il est accueilli, traité, hébergé, lui fournissent chaque jour comme un spectacle nouveau et des scènes nouvelles. Le matin bien, le soir mal; un jour attaqué par les voleurs, et sauvant à peine sa vie; l'autre trompé par des filous, et réduit à mendier son pain. Voyageant tantôt avec des gens honnêtes, et recevant des compliments; tantôt avec des gens grossiers, qui lui disent des injures ; exposé, en un mot, à des événements de toute espèce, marchant toujours néanmoins, poursuivant sa route et arrivant enfin au terme de son voyage, d'où regardant derrière lui, il ne voit plus les peines ou les plaisirs de ce voyage que comme un songe qui s'efface peu à peu, se dissipe et s'évanouit.

Telle est notre vie, mes chers paroissiens; le petit nombre d'années qui la composent sont comme les journées d'un voyageur, qui se suivent et ne se ressemblent point, qui le portent continuellement dans de nouveaux lieux, lui offrent de nouveaux objets qui produisent de nouvelles idées et de nouvelles réflexions. Les différents âges de cette vie sont comme des climats différents dans lesquels nous voyageons; et de même que chaque pays a ses mœurs, ses coutumes, ses productions, ses incommodités et ses avantages; ainsi chaque âge a ses inclinations, ses goûts, ses occupations, ses peines et ses plaisirs. L'enfance est un pays, la jeunesse en est un autre, l'âge viril un autre, et la vieillesse enfin, ne ressemble presqu'en rien à tout ce qui l'a précédée.

Dans le premier on trouve les jeux et les ris; l'air y est pur et le ciel toujours serein; ou s'il s'y élève quelques petits nuages, ils ne s'y arrêtent point, et disparaissent aussitôt. Des mœurs innocentes, des manières naïves et enfantines, un langage aimable, une franchise qui ne se méfie de rien, et ne tend des piéges à personne; des jours sans afflictions, des nuits sans inquiétude, un sommeil tranquille : c'est une campagne émaillée de fleurs naissantes; c'est comme le matin et l'aurore de la vie. Ni les chagrins dévorants, ni les noirs soucis, ni aucune des passions qui souillent le cœur ou le troublent, ne sont connus à cet âge. Hélas! qu'on y passe rapidement! c'est le temps de la vie qui dure le moins; ce sont des plaisirs dont on jouit sans les connaître; on les goûte à peine, et quand ils sont passés, on ne s'en souvient que pour les regretter.

Arrive la jeunesse qui paraît comme un ciel nouveau et une terre nouvelle; c'est la zône torride, un climat brûlant, un amas de soufre et de salpêtre. C'est une terre semée de fleurs, il est vrai; mais de fleurs empoisonnées, qui couvrent les serpents dont elle est remplie; qui cachent les précipices dont elle est environnée. Terre dangereuse! où il est si difficile de passer sans perdre la simplicité du cœur, la pureté des mœurs, et la paix de l'âme! Terre séduisante! où la plupart des hommes enchantés par les faux plaisirs qu'elle leur offre, amassent des regrets dans le sein même de la joie, en cueillant des fleurs qui se changent bientôt en autant d'épines cuisantes dont ils se sentent piqués jusqu'à la mort. Age malheureux! dont le saint roi David (*Psal.* XXIV, 7 seqq.) pleura le reste de sa vie l'imprudence et les égarements, et aux fautes duquel le saint homme Job (cap. XIII, vers. 26 28) attribuait en partie la cause des maux terribles dont il était accablé. Heureux et mille fois heureux, ô mon Dieu, celui qui, en traversant cette région brûlante, n'a point perdu de vue votre sainte loi! Heureux le jeune homme qui marchant à l'ombre de vos ailes, *dit à la Sagesse : Vous êtes ma sœur, et à la Prudence : Vous êtes ma bonne amie* (*Prov.*, VII, 4) ! qui sort de cette terre avec des mains pures, avec un cœur sans tache et sans remords; qui regardant derrière lui, après l'avoir passée, goûte les douceurs de cette manne délicieuse que vous avez promise, ô mon Dieu! à quiconque remportera la victoire. Ce passage, hélas! n'est encore que d'un instant; ces fleurs, ces belles fleurs sont bientôt fanées.

Aux passions de la jeunesse succèdent d'autres passions plus terribles encore et plus dangereuses. Plus terribles, parce qu'elles sont accompagnées de moins de faiblesse, et d'une plus grande réflexion; plus dangereuses, parce qu'elles prennent souvent le nom et les apparences de la vertu. Ah! c'est alors, mes frères, que notre aveuglement et notre folie paraissent dans tout leur jour. Représentez-vous une troupe de voyageurs qui allant dans un certain pays où ils sont appelés pour recueillir une succession et des richesses immenses, s'amusent à toutes les niaiseries qu'ils rencontrent sur leur route, et perdent presqu'entièrement de vue la cause et le terme de leur voyage.

Les uns affamés d'or et d'argent, sont occupés nuit et jour à remplir leurs coffres; et sans jamais dire C'est assez, ils agrandissent leurs domaines, multiplient leurs possessions, accumulent des contrats. Il me semble voir un voyageur s'amusant sur le bord de la mer à ramasser des pierres ou des coquillages dont il se charge inutilement, qui lui font oublier le lieu où il va, et où il faut nécessairement qu'il arrive. Les autres enivrés, et pour ainsi dire ensorcelés par la vaine gloire de ce monde, font des efforts continuels pour s'élever au-dessus de leurs semblables, ayant toujours les yeux en haut et la tête levée pour monter d'étage en étage, sans jamais dire Je suis monté assez haut. C'est un voyageur qui abandonne son chemin pour courir après des oiseaux qui volent, qui se laissent approcher, qu'il croit tenir et qui lui échappent.

Ceux-ci ont la fureur de bâtir et de construire; ils élèvent, ils abattent, puis ils élèvent et détruisent encore. Ceux-là faisant un dieu de leur ventre, ne pensent qu'à boire et à manger, et ne sont jamais si contents qu'à la vue d'une table bien servie. C'est un voyageur insensé, qui s'amuse à tracer avec son bâton des figures sur le sable, ou qui s'arrête et se fixe dans son auberge pour y faire bonne chère. Parcourez ainsi tous les états; examinez les goûts différents et les différentes passions des hommes, vous trouverez partout des voyageurs imprudents, que tout dérange du droit chemin, que tout arrête, et qui ne pensent à rien moins qu'au but où ils doivent arriver.

Insensés que nous sommes! nous nous arrêtons à tout, pendant que tout passe o.

nous échappe. Le soleil dans sa course rapide, chasse devant lui nos jours, nos mois, nos années, et le soleil ne s'arrête jamais. Le temps qui nous porte sur ses ailes, dévide et roule avec précipitation le fil de notre misérable vie, et le temps ne s'arrête point. Il ne s'approche de nous que pour marquer sur notre front les années que nous avons vécu, et il nous crie en fuyant, que nous n'avons plus que très-peu de jours à vivre. Il flétrit notre teint, il ride notre visage, il change la couleur de nos cheveux; il en dessèche la racine et nous les arrache. L'homme se trouve tout à coup et sans s'en apercevoir dans ce dernier âge de la vie, lequel est comme un nouveau pays et un nouveau monde.

Tout change alors, tout lui annonce qu'il est sur le point d'arriver. Son esprit baisse, sa mémoire se perd, son imagination se refroidit, toutes les facultés de son âme s'affaiblissent. Ce qui le réjouissait autrefois l'afflige; ce qui le rassurait l'inquiéte; ce qui lui plaisait le choque et lui déplait. Glacé sous les neiges qui couvrent sa tête abâtue, son corps se replie sur lui-même, tous ses membres s'affaissent; ses jambes affaiblies comme celles d'un voyageur fatigué, le soutiennent à peine : il chancelle sur les bords de sa fosse qu'il voit à ses pieds. Il semble se courber et tendre les bras à notre mère commune, qui ouvre son sein pour le recevoir. Il y rentre enfin dépouillé de tout ce qu'il a ramassé sur sa route. La seule chose qu'il aurait dû voir, la seule qu'il n'a pas vue, ou à laquelle il a fait le moins d'attention, est alors la seule qu'il trouve, la seule qu'il voit, la seule qu'il lui reste : le tombeau.

Qu'est-ce donc que la vie de l'homme, et la vie la plus longue? Le voyage d'un jour. Les maisons que nous bâtissons avec tant de soin, que nous meublons avec tant de sensualité, ne sont au fond que des auberges, où nous entrons le soir et d'où nous sortons le matin. Nos biens, nos places, nos charges ne nous appartiennent point en propre; nous ne sommes tous qu'usufruitiers. La seule chose qui nous appartienne, c'est la maison de notre éternité, dont nous prendrons possession en y arrivant, et que nous ne quitterons plus désormais pour la céder à d'autres. Ici-bas le temps et la mort sont les maîtres du logis; ils nous y souffrent autant qu'il leur plaît, puisqu'ils nous en chassent sans nous avertir, et quand nous y pensons le moins. Nous avons beau nous arranger, nous reposer, nous tranquilliser dans ce logis, on vient un beau matin nous dire, Monsieur, Madame, il faut partir, il faut partir, mon ami, et l'on nous met à la porte. D'autres sur-le-champ couchent dans notre lit, prennent notre place à table, s'emparent de nos meubles, et de tout ce à quoi nous avions eu la folie de nous attacher. Ils en jouissent quelques instants; puis on les met dehors à leur tour. Les uns délogent, les autres arrivent, personne n'y est à demeure : *Generatio prœterit et generatio advenit.*

Et dans cette misérable auberge encore, que n'a-t-on pas à souffrir? Les valets y sont les maîtres; les maîtres y sont esclaves, tout y est plein de voleurs. Je dis que les valets y sont les maîtres; nous devrions commander à nos passions, et nos passions nous commandent. L'orgueil nous domine, il nous balance, il nous berce, il nous élève pour nous faire tomber ensuite et nous écraser. L'ambition nous tourmente, l'avarice nous tourne la cervelle, l'impudicité nous abrutit et nous vautre dans la fange. Autant de passions, autant de maîtres impérieux et cruels qui nous lient, nous tyrannisent, nous font faire presque toujours ce que nous ne voudrions pas, et nous empêchent de faire ce que nous voudrions. C'est un voyageur qui est tiraillé, entraîné à droite, à gauche, en avant, en arrière, que l'on attaque de tous côtés, et qui trouve partout des embûches. Eh! quel homme que ce voyageur? La faiblesse même. Le moindre bruit l'épouvante, un petit souffle le renverse, une pierre l'arrête, un papillon qui vole l'amuse, et l'homme dans sa course, quand il se considère de près ne peut que se faire pitié à lui-même.

Il sort du sein de sa mère, dit le saint homme Job (cap. XIV, vers. 2), comme une fleur qui sort du sein de la terre, qui paraît d'abord avec un certain éclat, mais qui bientôt après se fane, retombe aux pieds de sa tige, et rend à la terre ce qu'elle en a reçu. C'est une feuille dont le vert tendre réjouit d'abord la vue; mais cette couleur agréable passe bien vite : l'automne la dessèche et la jaunit, l'hiver la détache, elle devient le jouet des vents, et se perd enfin dans la terre qui l'a produite. C'est une fumée, un peu de fumée, une vapeur, une petite vapeur qui s'élève, s'épaissit, paraît quelque temps dans les airs, se raréfie ensuite, se dissout, se dissipe, s'évanouit pour ne plus reparaître.

Si vous coupez un arbre, dit encore le Saint-Esprit au *Livre de Job* (VII, 12), il pousse de nouvelles branches, il se couvre encore de feuilles, et sa racine ne meurt point; il n'en est pas de même à l'égard de l'homme qui marche dans une route par laquelle il ne repassera jamais. Les jeux de l'enfance, ces plaisirs innocents dont le souvenir réjouit encore notre imagination, ce temps aimable ne reviendra plus. La beauté, la vigueur, la gaieté, la force de la jeunesse, ne sont plus quand on est vieux, qu'un songe agréable qui s'est évanoui comme une ombre, et qu'il n'est plus possible de rattraper. Il est donc vrai que cette misérable terre est pour nous un pays étranger où nous nous arrêtons à peine, et dans lequel nous ne reparaîtrons jamais, quand une fois nous en serons sortis.

Allez après cela, mes frères, vous tourmenter jour et nuit pour amasser du bien, vous faire une réputation, vous élever aux honneurs, bâtir des maisons, comme si vous deviez passer votre éternité en ce monde. Faites des projets, repaissez-vous de chimères, établissez-vous ici-bas; mais établissez-vous y donc de manière qu'on ne puisse pas vous y disputer le terrain, et que vos terres, vos charges ne puissent pas vous être enlevées.

Retenez donc le temps qui fuit et qui vous emporte. Rompez, brisez sa faulx, et coupez ses ailes. Arrêtez le soleil comme Josué ; que le jour présent soit pour vous un jour éternel. Enchaînez les mois, les saisons et les années, afin que vous ne vieillissiez point. Empêchez vos cheveux de blanchir, votre peau de se rider, vos yeux, vos oreilles de s'affaiblir, vos jambes de chanceler ; affermissez-vous sur vos pieds, luttez avec la mort ; mettez à votre maison une garde qui l'empêche d'y entrer, comblez ce tombeau qui s'ouvre pour vous recevoir ; résistez au temps qui vous y pousse, et à la mort qui vous y précipite.

Avare, avare, amassez, entassez, remplissez vos coffres ; mais achetez donc des années, et ne mourez jamais. Ambitieux, élevez-vous ; mais élevez vous donc, et placez-vous au-dessus de la mort : quelle soit à vos ordres, qu'elle respecte vos jours et n'y touche point. Impudique, enivrez-vous de plaisirs ; mais rendez-donc votre chair incorruptible : faites qu'elle ne se dessèche, qu'elle ne vieillisse pas. Retenez toute la vigueur de votre jeunesse, et que ce sang qui bout aujourd'hui dans vos veines, ne se refroidisse donc jamais. Que si tout cela est impossible, si nous sommes entraînés invinciblement vers la maison de notre éternité ; s'il n'est pas en notre pouvoir de toujours vivre, ni même de vivre longtemps ; si nous ne faisons que passer sur la terre comme des voyageurs qui s'en vont pour ne plus revenir ; mes frères, mes très-chers frères, la tête nous tourne, nous sommes des insensés d'y vivre et de nous y attacher comme nous faisons.

Mais enfin, à quoi peuvent aboutir tant de réflexions, et des réflexions si tristes? Faut-il abandonner son état, ses biens, sa famille ? Et comme un voyageur se décharge de tout ce qui pourrait lui nuire et le retarder dans sa course, faut-il se dépouiller de tout pour ne penser qu'au tombeau, qui est le terme de notre voyage? Non, mes frères, non : l'apôtre saint Paul ne dit point de ne pas user de ce monde, mais il veut que nous en usions comme n'en usant pas, et que nous le regardions comme une figure qui passe. (I *Cor*, VII, 31.) Telle est la conséquence, tel est le fruit que vous devez tirer de ce que vous venez d'entendre. User du monde et de tout ce qui est dans le monde comme un voyageur use de ce qu'il trouve sur sa route. Car toutes les créatures, dit encore saint Paul, sont bonnes pour qui en fait l'usage qu'il doit en faire.

SECONDE RÉFLEXION.

Vous remarquerez d'abord, mes chers paroissiens, qu'un voyageur ne perd jamais de vue le terme de son voyage, qu'il s'entretient volontiers du pays où il va, de ce qu'on y fait, de ce qu'il doit y faire lui-même ; qu'il ne cherche point à se fixer sur sa route ; qu'il profite chemin faisant de ce qui peut lui être utile à son arrivée dans le pays où il va fixer sa demeure. Tels seront aussi nos sentiments, et telle sera notre conduite si nous sommes sages.

L'ambition et l'avarice qui attachent si fort les hommes à la terre, sont un terrible aveuglement et des maladies bien cruelles. Eh ! Monsieur, mettez-vous donc dans l'esprit que vous n'êtes qu'un voyageur en ce monde, et qu'une fois arrivé sur cette hauteur vers laquelle vous grimpez de toutes vos forces, vous découvrirez de nouveaux pays et d'autres objets qui produiront en vous de nouveaux désirs. Tenez-vous donc paisiblement dans l'état où la Providence vous a placé. Remplissez-en les devoirs avec une fidélité constante, sans autre vue que le bien public, la gloire de Dieu et la sanctification de votre âme ; de manière que si vous êtes ensuite placé plus haut, votre élévation soit le fruit de votre mérite, et non pas de vos efforts ambitieux, ni de vos intrigues. Jouissez tranquillement des avantages que vous procure votre position actuelle ; et supportez-en les peines avec patience, comme un voyageur jouit des agréments qu'il rencontre sur sa route, et en souffre aussi les incommodités.

Ne prévenez point le temps, ne hâtez point la course par vos désirs et vos inquiétudes. Hélas, hélas ! il ne coule que trop vite, il coule pendant que nous parlons, et nous entraine vers l'éternité. Laissez-vous donc conduire à ce temps et à la Providence qui règle tout, qui élève et qui abaisse comme il lui plaît. Vous n'êtes qu'un oiseau de passage : plus votre nid sera commode et agréable, plus vous aurez de peine à le quitter. La mort, la cruelle mort a tendu ses filets tout autour ; il faut nécessairement que vous y tombiez ; et cette chute vous sera d'autant plus sensible, elle sera d'autant plus dangereuse que vous tomberez de plus haut. Ne perdez donc pas de vue la fin qui vous attend ; elle approche ; vous avez beau ne pas y penser, elle n'en approche pas moins. Vous y arriverez tout à l'heure, vous y touchez, vous voilà dans le tombeau et devant Dieu.

Avare, que prétendez-vous avec tout cet or que vous amassez sur la route. Je ne demande pas ce que vous en faites : tout le monde sait que vous n'en faites rien. Je ne dirai pas qu'il vous charge, qu'il vous accable au point que vous ne sauriez faire un pas dans le chemin du ciel : mais je dis, qu'en ferez-vous en arrivant dans la terre où vous allez entrer ? Vous voyagez, et vous voilà bientôt rendu dans votre véritable patrie. Mourrez-vous avec votre bourse pendue au cou? Faudra-t-il enfermer ce trésor dans le cercueil avec votre cadavre? vous le présenterez peut être à votre juge : Eh quoi ! grand Dieu, est-ce donc avec de l'or et de l'argent que l'on apaise votre justice, que l'on se rachète de l'enfer et qu'on achète le paradis, quand on paraît devant vous les mains vides des bonnes œuvres auxquelles cet or et cet argent auraient dû être employés ?

Aveugles, aveugles ! Nous ne voyons point,

nous oublions qu'en arrivant dans cette nouvelle terre, nous serons dépouillés à la porte, de tout ce que nous possédons ici bas : que nos maisons, nos champs, nos prés, nos vignes, nos charges, nos revenus, ne sont que comme les équipages des voyageurs, qui vont dans un pays où tout cela leur est parfaitement inutile. Je me trompe, nous y porterons tout; le riche y entrera et paraîtra devant Dieu avec ses richesses; le pauvre avec sa misère et ses haillons; le magistrat avec la balance de la justice; le militaire avec ses armes; et tout cela pour servir à notre bonheur ou à notre malheur éternel, suivant l'usage que nous en aurons fait dans ce monde. Il faut donc en revenir à ce que saint Paul disait tout à l'heure (I *Tim.*, IV, 4) : toute créature est bonne pour qui en use sagement et selon Dieu.

L'Evangile dit : *Malheur aux riches* (*Luc.* VI, 24); et l'Esprit-Saint a dit : *Bienheureux le riche qui a été trouvé sans tache.* (*Eccli.*, XXXI, 8.) L'Evangile dit : *Heureux sont les pauvres*; (*Matth.*, V, 3.) et l'Esprit-Saint dit : *Malheur au pauvre inquiet et superbe.* (*Eccli.* XXV, 4.) L'Evangile a dit : *Heureux sont ceux qui pleurent* (*Matth.*, V, 5.), *malheur à ceux qui rient* (*Luc.* VI., 25); et l'Esprit-Saint dit qu'il fait nous tenir contents et nous réjouir pendant la vie en faisant le bien. Qu'est-ce que tout cela signifie? Cela signifie, mes frères, que les bienfaits de la Providence sont répandus sur notre passage, comme des provisions préparées pour les voyageurs, et qui peuvent devenir par l'usage que nous en faisons, l'instrument de notre salut ou la cause de notre perte.

Réjouissez-vous donc, Monsieur, à la vue des biens dont la Providence vous a comblé. Si vous y attachiez votre cœur, si vous y mettiez votre confiance; si vous les faisiez servir à la vanité, au luxe, à l'ambition, au libertinage; si, par un esprit d'ostentation ou de sensualité, vous appeliez nécessaire ce qui est superflu, ou, si par un esprit d'avarice vous regardiez comme superflu ce qui est véritablement nécessaire, si, tenant un registre exact de vos revenus et de votre dépense, suivant le conseil que nous donne le Saint-Esprit, vous n'aviez pas sans cesse la loi du Seigneur devant les yeux, comme devant lui rendre compte; certes, vos richesses vous perdraient, et bientôt vous iriez joindre le mauvais riche dans les enfers.

Mais non, vous êtes chrétien, vrai disciple d'un Homme-Dieu, qui pour être le modèle des pauvres et des riches, des petits aussi bien que des grands, parce qu'il est le Sauveur de tous, a réuni dans sa personne la pauvreté avec les richesses, la grandeur et les humiliations. Vous êtes riche, mais votre cœur est pauvre; vous possédez de grands biens, mais vous n'y êtes point attaché; c'est-à-dire, que si la main qui vous les donne jugeait à propos de vous en priver, vous ne laisseriez pas pour cela de la bénir et de lui rendre mille actions de grâces.

Ces richesses sont dans vos mains comme dans les mains de Dieu, les instruments de la bonté, de la miséricorde, de la bienfaisance que vous exercez en faveur des malheureux. En faveur de cet ouvrier à qui vous faites gratuitement des avances qui le mettent en état de gagner un pain qu'il aurait été forcé de mendier; en faveur de cette veuve que vous aidez à sustenter, à élever sa pauvre famille; en faveur de ces misérables orphelins à qui vous faites apprendre un métier sans lequel ils auraient été exposés à en faire un autre qui est vraiment l'opprobre de l'humanité. Ministre de la Providence qui nous fait l'aumône à tous, mais qui veut que nous mangions à la sueur de notre front le pain qu'elle nous distribue; vous avez soin que vos aumônes soient en même temps le salaire du travail de ceux à qui vous les faites, quand ils sont en état de gagner leur vie.

C'est ainsi, et de mille autres manières que les riches, quand ils sont sages, voyant qu'ils seront bientôt dépouillés de tous leurs biens, se pressent de les échanger contre d'autres plus précieux, qui leur ouvriront la porte du ciel, lorsqu'ils sortiront de ce monde. Qu'ils sont heureux! ils peuvent avoir tout le mérite de la pauvreté, sans éprouver ce qu'elle a d'humiliant. Ce sont des voyageurs portés dans une voiture commode et agréable; mais dont la route est marquée par leurs bienfaits; ils les répandent à droite et à gauche; ils tendent les deux mains à ceux qui implorent leur assistance : ils s'arrêtent, ils descendent, ils s'abaissent jusque dans la poussière, pour secourir les malheureux, ne voyant dans leur personne que des hommes semblables à eux, et les compagnons de leur voyage.

Voilà sans doute de beaux sentiments et une conduite admirable! Quel est le riche, pour peu qu'il soit homme, qui ne voulût être ainsi fait? Et néanmoins, quel est le riche qui soit ainsi fait. Notre-Seigneur, en parlant des docteurs de la loi, disait qu'ils avaient la clef de la science, et qu'ils n'y étaient point entrés (*Luc.*, XI, 53); ne pourrait-on pas dire aussi à la plupart des personnes riches, qu'ils ont la clef du ciel et n'y entrent point; qu'elle devient au contraire dans leurs mains la clef de l'enfer? Et cela, faute de penser qu'ils voyagent, que leurs maisons ne sont que des tentes, que la trompette va sonner bientôt, qu'il faudra plier bagage, se dépouiller de tout, partir, et paraître devant Dieu.

Et vous, mes pauvres enfants, qui d'un bout de l'année à l'autre, souffrez successivement toutes les incommodités, toutes les humiliations d'une condition misérable, consolez-vous. Ces misères sont des misères d'un jour : vous n'êtes là qu'en passant comme des voyageurs que le hasard, ou plutôt la Providence a conduits dans une mauvaise auberge. Encore un peu de temps, et vous arriverez dans votre patrie, où vous serez élevés en gloire autant que vous êtes humiliés dans cette vallée de larmes, si vous savez conserver jusqu'à la fin, la foi et la patience des élus. Encore quelques pas dans ce chemin qui vous paraît si désagréable, et vous entrerez dans le séjour du repos. Vous passerez encore quelque petite montagne, vous traverserez encore quelque petit désert; vous souffrirez, encore un peu la faim, la soif, les incommodités de la vie. Mais tout cela va finir, vous êtes sur le point d'arriver dans une terre où coulent des ruisseaux de lait et de miel, une terre qui produit tous les biens ensemble, et d'où toutes les misères sont bannies. On ne connaît dans cette nouvelle terre, ni la faim, ni la soif, ni la nudité, ni le travail, ni les fatigues, ni les chaleurs de l'été, ni les rigueurs de l'hiver : c'est un repos, ce sont des plaisirs, une joie, un bonheur dont vous ne verrez jamais la fin.

Regardez-là donc, mes chers enfants, cette terre bienheureuse, au lieu d'arrêter votre vue sur ceux qui étant placés dans une condition différente de la vôtre, peuvent vous paraître plus heureux. Gardez-vous de murmurer, comme les Israélites dans le désert par où Moïse les conduisait, en les exhortant comme je vous exhorte. Vous savez qu'ils furent exclus de la terre promise, à cause de leurs murmures. Eh! puisque vous êtes forcés de souffrir pendant ce court passage, souffrez du moins de manière que vous n'ayez point à souffrir ensuite éternellement.

Plus on réfléchit là-dessus, mes frères, plus on est étonné que les hommes puissent s'affliger ou se réjouir sérieusement d'autre chose, que de ce qui peut contribuer à les rendre heureux ou malheureux dans l'autre monde. On vous a dit des injures, on a noirci votre réputation, vous avez perdu votre bien, vous avez du chagrin, vous souffrez des douleurs aiguës et continuelles. Tout cela n'est rien, puisque tout cela va bientôt finir. Que sont-ce que les paroles et les discours des hommes auxquels vous êtes si sensibles? C'est un peu de vent qui incommode un voyageur, une petite bourrasque qui le tourmente quelques instants, le cri de quelque animal qui l'effraie. Marchez toujours, mon enfant, que cela ne vous afflige point, vous voilà bientôt arrivé dans le lieu de la vraie paix.

Quelques accidents que puisse essuyer un voyageur dans sa route, ne s'en console-t-il pas toujours par l'espérance de revoir bientôt sa patrie? Et si les peines qu'il souffre ne servent qu'à lui assurer et augmenter le bien-être dont il espère jouir à son arrivée, ses peines ne lui causent-elles pas plus de joie que de tristesse? Mais n'est-ce pas là ce que disait l'apôtre saint Paul aux fidèles? Pour un moment de tribulation, vous attendez une éternité de gloire. (II *Cor.*, IV, 17.) La vie la plus longue n'est qu'un moment, et un moment passe bien vite. Mais l'éternité est l'éternité.

C'est-là, mes chers paroissiens, la seule consolation vraiment solide que nous puissions avoir dans les peines de cette vie. J'habite un pays étranger, ce n'est point ici ma demeure, et il serait inutile par conséquent que je m'arrêtasse aux biens ou aux maux que l'on y trouve. Quand j'aurai bien couru après les honneurs; quand je m'attacherai aux richesses; quand je me serai fait un nom illustre: quand je me serai enivré de plaisirs; qu'est-ce que tout cela pour un voyageur qui passe? Qu'est-ce que la réputation la plus brillante et toutes les louanges que nous pouvons recevoir en ce monde? Les compliments que se font des personnes qui voyagent ensemble; elles se quitteront demain, et ne se souviendront plus de ce qu'elles ont dit. Que je laisse de grands biens à mes héritiers, ou que je leur en laisse peu, ou point du tout. Qu'on parle de moi quand je ne serai plus ici, ou que l'on n'en dise rien, qu'est-ce que tout cela me fait? Je voyage, je passe sur la terre; tout ce que je trouve sur ma route ne doit par conséquent me toucher qu'autant qu'il peut m'être utile ou me nuire dans l'autre vie.

Voyez-vous cette quantité prodigieuse d'hommes, de femmes, d'enfants, de vieillards qui remplissent les villes et les campagnes? Les uns sont habillés d'une façon, les autres d'une autre : ils ont toute sorte de mœurs, toute sorte de figures et de langage; les uns courent et se donnent beaucoup de mouvements; les autres se reposent et sont tranquilles : les uns amassent, les autres dissipent; les uns bâtissent, les autres détruisent; les uns rient, les autres pleurent; les uns meurent de faim, les autres sont ivres; les uns se battent, les autres se caressent. Qu'est-ce que cette fourmilière? Une troupe de voyageurs qui s'en vont tous dans les vastes et immenses pays de l'éternité. Les uns suivent la grande route, les autres marchent dans un petit sentier: ceux-ci se cachent dans les bois, les autres courent à travers champs : mais tous vont, tous sont entraînés malgré qu'ils en aient, et quoiqu'il leur arrive. Qu'un homme voyageant sur mer dans le vaisseau qui le porte, soit élevé sur le tillac, ou caché à fond de cale; qu'il soit à son aise dans une pièce séparée, ou confondu dans la foule, qu'il dorme ou qu'il veille, qu'il se querelle, ou qu'il vive en paix; il avance toujours, il est emporté, il vole vers le port.

O ma patrie, ô ma chère patrie! serais-je donc insensé au point de vous perdre de vue pour quelques poignées d'or et d'argent, pour quelques arpents de terre, pour un peu de fumée? serais-je semblable à un enfant qui vendrait l'héritage de ses pères pour un château de cartes, pour un rien; ou comme Esaü qui vendit son droit d'aînesse pour un misérable plat de légumes? Ah! que ma langue s'attache à mon palais, plutôt que je vous oublie. J'irai dans la maison du Seigneur; c'est-là la seule pensée qui puisse me procurer une véritable joie. Qu'on ne parle pas, ni d'amasser des richesses, ni de m'élever aux honneurs, ni de m'attacher à quoi que ce soit sur la terre; mais bien de cette ville sainte bâtie sur des fondements éternels, qui seule mérite le nom de ville et de royaume : *Ædificatur ut civitas.* (*Psal.* CXXI, 3.) Celles que l'on bâtit, et où l'on demeure ici-bas, ne sont que des tentes dressées pour quelques jours, et comme les cabanes des pasteurs. Le monde entier n'est qu'une figure qui passe dans un instant, et tous les biens, tous les plaisirs qu'il renferme, ne sont que des biens et des plaisirs en peinture. Les vrais biens, les vrais plaisirs, la vraie gloire sont dans la céleste Jérusalem. C'est-là que tous les vrais Israélites m'ont précédé, c'est-là qu'ils reposent et qu'ils m'attendent. Qu'on ne me parle donc pas d'autre chose.

Vous direz peut-être, mes frères, que ce ne sont là que les pieuses exclamations d'un homme qui a l'imagination échauffée. Mais s'il n'est pas vrai à la lettre que vous et moi ne soyons que des étrangers et des voyageurs sur la terre, comment appellerons-nous donc ce court espace de temps qui s'est écoulé depuis notre naissance jusqu'au moment où je parle; et qui doit s'écouler encore depuis ce moment, jusqu'à celui où nous descendrons dans le tombeau? Un homme qui passe dans les îles pour faire fortune, dans le dessein de revenir ensuite dans sa patrie, ne se regarde-t-il pas dans les îles comme un voyageur et un étranger? Quelle différence y a-t-il donc entre lui et nous? Il n'y en a que du plus au moins. Cet homme fait un voyage de dix, de quinze, de vingt années; et quand nous aurons poussé notre carrière au delà même des bornes ordinaires, nous n'aurons fait qu'un voyage un peu plus long que le sien.

Interrogez ce vieillard de quatre-vingts ans, qui est au lit de la mort, et qui va descendre dans le tombeau. Mon ami, que pensez-vous de cette vie dont vous allez voir la fin tout-à-l'heure, et comment la regardez-vous? Comme un voyage de quatre-vingts ans; et ce voyage de quatre-vingts ans me paraît aujourd'hui comme un songe qui n'a duré qu'une nuit. J'arrive, je me retire, j'entre dans ma patrie, adieu! je vais déposer dans le sein de la terre ce corps qu'elle m'avait donné; je le lui rends, et mon âme dégagée de cette prison, retourne à celui dont elle est sortie. Quatre-vingts années ne sont qu'un point, un point infiniment petit dans la durée des siècles, un point imperceptible dans les abîmes incompréhensibles de l'éternité.

Et après cela, mes frères, nous nous tourment- rons jour et nuit pour être plus ou moins heureux dans cette vie prétendue! nous nous laisserons dominer par l'ambition, ronger par l'avarice, corrompre par les plaisirs, abattre par les chagrins, dévorer par les soucis et par les inquiétudes? Nous embrasserons, nous tiendrons à deux mains cette terre qui nous échappe? Nous nous collerons contre cette ombre, et nous perdrons de vue cette éternité qui est derriere nous, et nous pousse; qui est devant nous, et nous attend?

Ah! mon Dieu, s'écriait le saint roi David (*Psal.* CXVIII, 37 seqq.), détournez mes yeux, de peur qu'ils ne soient éblouis par la vanité de cette figure qui passe : conduisez-moi, tenez-moi par la main dans cette voie où je suis obligé de marcher. Armez-moi vous-même comme un voyageur qui a une route pénible et dangereuse à faire. Que votre vérité opposée à tous les mensonges qui nous environnent, à cette fable du monde qui nous amuse, que votre vérité soit à mon âme ce qu'est à un voyageur la ceinture qu'il met autour de ses reins : qu'elle affermisse mes pas et me retienne dans les bornes étroites de la sagesse et de la justice, de manière que faisant servir à ma sanctification les biens et les maux de cette vie passagère, j'amasse toute sorte de bonnes œuvres, comme les seules richesses qui me resteront en arrivant au terme de mon voyage, pour me rendre éternellement heureux dans la terre des saints, ma véritable patrie. Daigne le Père des miséricordes vous y conduire tous par sa grâce, mes chers enfants : c'est le bonheur que je vous souhaite par-dessus tout. Au nom du Père, etc,

DISCOURS VII.

Pour le premier Dimanche après l'Epiphanie.

SUR L'ÉDUCATION.

Jesus proficiebat sapientia et ætate et gratia apud Deum et homines. (*Luc.*, II, 52).

Jésus croissait en sagesse, en âge et en grâce devant Dieu et devant les hommes.

C'est-à-dire, mes frères, que la grâce et la vérité dont ce divin enfant renfermait en lui-même la plénitude, éclataient au dehors dans ses paroles et ses actions, à mesure qu'il avançait en âge. C'est-à-dire, qu'il développait peu à peu aux yeux des hommes, les trésors de la sagesse et de la science qui étaient cachés en lui. Heureux les pères et mères aux enfants desquels on peut appliquer ces paroles de notre Evangile! mais cette sagesse qui fut toute entière en Jésus-Christ dès l'instant de sa conception, ne saurait être dans les enfants que le fruit des lumières et de l'expérience qu'ils acquièrent; le fruit surtout de l'éducation qu'on doit leur donner, et de laquelle je vais vous entretenir aujourd'hui. Vous faites déjà sans doute cette triste réflexion, que les enfants, au lieu de croître en sagesse, croissent en malice; que la raison semble ne se développer chez eux que pour leur faire perdre l'innocence, et qu'en avançant en âge, ils deviennent presque toujours moins raisonnables, moins hommes. Vous l'avez dit; cela n'est malheureusement que trop vrai : mais il est vrai aussi que c'est là ordinairement l'effet de la mauvaise éducation qu'ils reçoivent; et il est infiniment à craindre que la plupart des pères ne soient reprouvés devant Dieu pour cette raison. Ce qui paraît certain, c'est que la mauvaise éducation est la principale cause de la corruption des mœurs, des désordres qui règnent dans toutes les conditions, et des chagrins que les enfants donnent à leurs pères. De-là nous pouvons conclure d'abord, mes chers paroissiens, que l'éducation des enfants est de la plus grande importance; après quoi nous examinerons en quoi il faut la faire consister.

PREMIÈRE RÉFLEXION.

Soit que vous considériez, mes frères, l'avantage personnel de vos enfants, soit que vous fassiez attention au bien général de la société dont ils doivent être les membres ; soit que vous envisagiez votre propre satisfaction, vous sentirez que rien au monde n'est plus essentiel que de les élever comme il faut, et premièrement pour eux-mêmes.

Sans doute que vous êtes obligés non-seulement de nourrir vos enfants, de veiller à leur conservation et à leur santé, mais encore de les établir suivant leur état et vos facultés. à quoi il n'est pas, ou du moins il ne devrait pas être nécessaire de vous exhorter ; la nature seule vous y porte, nous trouvons dans les animaux eux-mêmes, les images les plus touchantes de la tendresse que les pères et mères doivent à leurs enfants ; et nous sommes indignés quand nous voyons certains d'entre vous consumer en folles et criminelles dépenses, un bien dont on peut dire dans un sens que vous n'êtes pas les maîtres, mais seulement les économes depuis que vous avez mis des enfants au monde. Misérable, qui passez le dimanche et les fêtes, souvent une partie de la semaine à vous divertir, à boire, à vous enivrer, pendant que les vôtres meurent de faim, et manquent de tout ; fallait-il leur donner la vie pour la leur rendre ensuite si malheureuse? Et vous, mes frères, qui donnant dans l'extrémité opposée, faites servir vos enfants de prétexte à votre avarice, et négligez totalement votre salut pour vos affaires temporelles ; Dieu veuille que ces mêmes enfants ne vous maudissent pas un jour dans les enfers, pour avoir reçu de vous un héritage qui ait été en bonne partie, le fruit de l'injustice et de vos rapines. Mais ce n'est pas là précisément de quoi il s'agit, ou plutôt ce que nous pourrions dire sur cet article se trouve renfermé dans les réflexions que nous allons faire ; plaise à Dieu qu'elles ne vous soient pas inutiles.

Lorsque nous faisons devant Dieu la revue des âmes que sa providence a confiées à nos soins, rien ne nous touche davantage que cette troupe d'enfants et de jeunes personnes qui, depuis cinq ou six ans jusqu'à dix-huit ou vingt, composent la principale portion de notre troupeau. Pauvres enfants, me dis-je souvent à moi-même, vous avez apporté du sein de vos mères le germe de tous les vices, et je vois avec douleur ce malheureux germe se développer sensiblement à mesure que vous avancez en âge. Vos mauvaises inclinations grandissent avec vous, et il me semble voir une pépinière d'arbres dont les uns ne porteront que des feuilles, les autres ne donneront que de mauvais fruits. Ceux-ci produiront des épines, ceux-là n'auront qu'une forme tortueuse et désagréable. C'est de là que sortiront un jour les ivrognes, les impudiques, les vindicatifs, les avares, les usuriers, les voleurs, les brutaux, les blasphémateurs, les impies. C'est là ce qui perpétuera dans ma paroisse la génération des pécheurs, dont la conduite m'abreuve de fiel et me couvre de confusion.

Et que me répondront-ils pour la plupart lorsque je les exhorterai à quitter leur méchantes habitudes? Ce que répondent aujourd'hui les pères : qu'ils sont malheureusement ainsi faits, que l'habitude du mal est devenue chez eux comme une seconde nature ; qu'ils voudraient bien ne pas être ce qu'ils sont ; mais qu'il n'est pas en leur pouvoir de se refondre. Que s'il leur était possible de renaître et de revenir sur leurs pas, il y a une infinité de choses qu'ils ont faites et qu'ils ne feraient point, une infinité d'autres qu'ils n'ont pas faites et qu'ils feraient : que la jeunesse est aveugle, qu'elle est à plaindre quand on ne la redresse point dans ses voies, et qu'on ne saurait lui rendre un plus grand service que de réprimer ses inclinations vicieuses. Que la bonne éducation vaut mieux que les richesses, parce que le fruit ordinaire d'une bonne éducation est la vertu, et que les plus grandes richesses n'ont rien qui puisse entrer en comparaison avec la vertu et les avantages qu'elle nous procure.

Voilà ce que disent ou pensent intérieurement, ceux-là même qui sont le plus abandonnés à leurs passions ; à moins qu'ils n'aient le cœur corrompu au point de dire sérieusement, je ne voudrais point être différent de ce que je suis, ce qui est rare et peut-être impossible. Non : il n'est pas d'homme si méchant qui, faisant réflexion sur les désordres de sa vie, ne voulût avoir suivi dès sa jeunesse une route différente, qui n'envie secrètement le bonheur de ceux qui se sont accoutumés dès leur bas âge à porter le joug de la vertu, laquelle est seule un bien solide et vraiment digne d'être recherché, le seul qui puisse nous tenir lieu de tous les autres, et sans lequel tous les autres ne sont rien.

Et en effet que deviendront vos enfants avec tous ces biens fragiles que vous leur amassez, si la sagesse sans laquelle on ne saurait être vraiment heureux ni dans ce monde-ci, ni dans l'autre, est le seul héritage que vous ne leur laissez point en les quittant : s'ils sont avares, ils mèneront une vie misérable : quoi de plus misérable qu'un homme qui ayant de l'or et de l'argent dans son coffre, n'ose pas plus y toucher que s'il ne lui appartenait point, ou n'y touche qu'en tremblant, et comme à une chose sacrée. S'ils sont prodigues ils se ruineront ; s'ils ne sont pas laborieux, la pauvreté, dit l'Esprit-Saint (*Prov.*, VI, 11), viendra fondre sur eux comme un voleur, ou l'oisiveté sera chez eux la source de tous les vices. S'ils sont bouffis d'orgueil, ils tomberont dans l'humiliation, parce que le Seigneur a dit qu'il humilierait les superbes, et qu'en effet il les humilie toujours de manière ou d'autre. S'ils sont jaloux et envieux, tout les inquiétera. S'ils sont colères et vindicatifs, ils ne passeront rien à personne, et personne par conséquent ne voudra rien leur passer. S'ils ont une mauvaise langue, on les haira ; s'ils sont menteurs, on les méprisera ; s'ils sont ivrognes, on les montrera au doigt ; s'ils sont libertins, ils perdront leur bien, leur réputation, leur santé peut-être, leur vie à la fleur de l'âge ; et tout cela, indépendamment de l'enfer où les passions nous conduisent presqu'infailliblement, lorsque nous n'avons pas eu soin de les réprimer de bonne heure. Que de malheurs! et la bonne éducation les prévient tous. Tel qui aurait été un démon est un ange, parce qu'il a été bien élevé; tel qui aurait été un ange est un démon, parce qu'il l'a été mal : ô le grand trésor! ô le trésor inestimable qu'une bonne éducation! Heureux, et mille fois heureux les enfants à qui on la donne!

Et ne dites pas, mes frères, qu'ils se corrigeront et se perfectionneront eux-mêmes avec le temps. Dites plutôt avec le Saint-Esprit, que le jeune homme qui a commencé à suivre une certaine route, ne la quittera pas même dans sa vieillesse. Un arbre ne conserve-t-il pas toujours le pli qu'on lui a donné ou laissé prendre quand il était jeune? Qui est-ce qui ne sait point par sa propre expérience, qu'il est extrêmement difficile et presque impossible de rompre les mauvaises habitudes que l'on a contractées dans sa jeunesse; et que la pratique de la vertu, au contraire, ne coûte presque rien à celui qui s'y est accoutumé dès son bas âge?

Mais on trouve quelquefois de mauvais sujets qui ont reçu néanmoins une éducation excellente; et l'on trouve des hommes très-vertueux, à qui l'on avait donné une mauvaise éducation, ou qui n'en avaient reçu aucune. Il y a des âmes bien nées qui se forment d'elles-mêmes; il y a des caractères méchants, qui résistent à tout; il y en a d'autres enfin, qui sans avoir un mauvais fond, oublient dans la suite les leçons de sagesse qu'on leur a données, et quittent le droit chemin dans lequel on les faisait marcher quand ils étaient jeunes.

Et de là que faut-il conclure? Il faut naturellement conclure que si cette personne a tant de bonnes qualités et de vrai mérite, quoique l'on n'ait pas pris soin de sa jeunesse, elle aurait donc été un prodige de vertu, si à ce beau naturel on avait joint une bonne éducation. Il faut conclure que si cet autre, malgré les peines que l'on s'est données pour lui former le cœur, n'est cependant qu'un mauvais sujet, il aurait donc été un monstre, si on l'avait entièrement abandonné à lui même. Il faut conclure enfin, que c'est-là une raison de plus pour donner à l'éducation des enfants toute l'attention possible. Si le fond est bon, l'éducation fera des merveilles; s'il est mauvais, elle pourra le réformer, ou le rendre moins méchant. Si la semence de vertu que l'on jette dans ces jeunes âmes, ne produit pas tous les fruits qu'on désirerait, elle en produit toujours quelqu'un : si ce n'est pas dans un temps, c'est dans un autre, et sans insister davantage sur cet article, tout le monde convient que la bonne éducation est le plus grand trésor qu'un père puisse laisser à ses enfants.

Mais il y a une chose à laquelle peu de personnes font toute l'attention qu'elle mérite. Ce serait la matière non pas d'un prône, mais d'un gros livre. Je ne puis m'y arrêter qu'un instant, parce que dans un sujet aussi vaste il n'est pas possible de dire tout. Je me contenterai donc de vous observer en deux mots, mes frères, que vos enfants appartiennent à l'Etat, qu'ils ne doivent pas seulement vivre pour eux-mêmes personnellement, mais pour la société dont ils sont membres, et dans laquelle ils occuperont une certaine place qui leur imposera certaines obligations, à quoi ils ne pourront manquer sans que la société en souffre.

Si tous les artisans étaient laborieux et fidèles; si tous les marchands avaient la vigilance et la probité en partage; si tous les magistrats étaient savants et intègres; si les avocats et les procureurs ne travaillaient que pour la justice et suivant la justice; si tous les militaires joignaient les bonnes mœurs à l'étude de leur métier; si tous les ecclésiastiques avaient des lumières suffisantes et une piété solide, et en un mot, si chaque particulier dans l'état où il est placé, remplissait exactement et constamment tous ses devoirs : n'est-il pas vrai que tout irait bien, et n'est-il pas vrai aussi que c'est là ordinairement le fruit d'une bonne éducation?

On peut donc regarder les enfants comme autant de pierres, ou si vous voulez, comme autant de pièces qui doivent servir à la construction d'un grand édifice, et qu'il faut, par conséquent, tailler, couper, travailler, en leur donnant la forme ou la solidité qu'elles doivent avoir pour remplir utilement, exactement, et sans grimace, la place qui leur est destinée. Comme tous les défauts d'un édifice proviennent de ce que les différentes pièces qui le composent ne sont point travaillées, ou disposées comme il faudrait : ainsi, tous les désordres qui règnent dans la société, viennent de ce que les citoyens qui en sont les membres, n'occupent point la place qu'ils devraient occuper, occupent au contraire celle qu'ils ne devraient pas, ou n'y font point la figure qu'ils devraient y faire.

Ce serait toujours un grand mal, si en manquant à vos devoirs, ou en les remplissant mal, vous ne faisiez tort qu'à vous seul; mais le prochain souffre nécessairement de votre négligence, ou de votre incapacité, comme il gagne toujours de manière ou d'autre, lorsque vous êtes tel que vous devez être, et que vous remplissez exactement toutes vos obligations. Cette réflexion bien approfondie suffit pour faire sentir aux pères et mères combien ils doivent être attentifs à examiner eux-mêmes la vraie vocation de leurs enfants. Quel est et jusqu'où s'étend le bien qu'ils font à la société quand ils lui donnent de bons sujets? Quel est et jusqu où va le préjudice qu'ils lui portent, quand ils lui en donnent de mauvais?

Les fruits de la bonne éducation que vous donnez à cet enfant se multiplieront pour ainsi dire à l'infini, et vous en partagerez le mérite. S'il entre dans l'Eglise, les peuples vous seront redevables en quelque sorte, de tous les avantages que leur procurera son zèle, ses lumières, ses bons exemples. S'il se marie, sa femme sera heureuse, ses enfants bien élevés, sa maison bien réglée. S'il prend le parti de la robe, vous aurez donné un protecteur à la veuve, un père aux orplebeins; vous aurez élevé un rempart contre l'injustice. Parcourez ainsi toutes les conditions et voyez vous-mêmes à combien de personnes vous rendez service en donnant une bonne éducation à vos enfants.

Les hommes vivant en société sont liés les uns aux autres par une infinité de rapports si nécessaires et si étroits, que les biens et les maux, les vices et les vertus sont en quelque sorte communs; je veux dire qu'un particulier ne saurait être vicieux ou vertueux sans que la société en souffre ou en retire quelqu'avantage; et par conséquent, quiconque est vicieux n'est pas vicieux pour lui seul, quiconque est vertueux, n'est pas vertueux pour lui seul, et dans aucun cas, il n'est pas vrai de dire : Cet homme-là ne fait tort qu'à lui-même, parce que nos vices de quelque espèce qu'ils soient, nous rendent nécessairement moins parfaits, moins propres à remplir nos devoirs, moins utiles à la société. De sorte qu'elle souffre toujours de nos imperfections, soit par le mal que nous faisons positivement au prochain, soit par la privation du bien que nous pourrions lui faire, soit enfin parce que celui que nous faisons serait encore mieux fait, si nous n'avions pas tel ou tel vice, tel ou tel défaut. Vous faites donc du bien ou du mal à une infinité de personnes, suivant que vous donnez une bonne ou une mauvaise éducation à vos enfants.

De là vient que l'Etat s'occupe de cet objet comme étant un des points les plus essentiels d'un sage gouvernement. De là ce grand nombre d'écoles en tout genre, que la libéralité de nos rois, ou le zèle des particuliers ont fondées pour instruire et former la jeunesse. Ce sont comme autant de pépinières d'où ces jeunes arbres seront transplantés les uns dans un lieu, les autres dans un autre pour servir aux besoins, à l'utilité, à l'ornement, à la gloire de l'Etat.

Mettez-vous donc enfin dans l'esprit, pères et mères, que vous répondrez devant Dieu de tout le mal que feront vos enfants, soit dans l'Eglise, soit dans l'épée, ou dans la robe, soit dans le cloître ou dans le monde, et dans quelque condition qu'ils soient placés, quelque métier qu'ils fassent, quelque profession qu'ils exercent, vous serez responsables devant Dieu non-seulement du mal qu'ils feront positivement, mais encore du bien qu'ils devraient faire et qu'ils ne feront pas, s'il est vrai comme on ne peut pas en douter, que cela vienne en tout ou en partie de la mauvaise éducation que vous leur aurez donnée. Et c'est là d'abord une des raisons pour lesquelles je dis qu'il est de votre intérêt de les bien élever indépendamment de leur avantage personnel, et de ce que le public a droit d'attendre, même d'exiger de vous sur un article de cette importance.

L'enfant sage, dit l'Esprit-Saint, *est la gloire de son père*, *l'enfant insensé fait la douleur de sa mère*. (*Prov.*, XV, 20). Quelle consolation ! quelle douceur ! d'avoir des enfants qui se portent au bien, qui sont aimés et estimés dans le monde ! Vous le savez, mes frères, et vous le sentez beaucoup mieux que je ne puis vous l'exprimer. Les louanges qu'on donne à vos enfants vous touchent autant et plus que celles qu'on vous donne à vous-mêmes. Un père se plaît dans son fils, cela est naturel. Et pourquoi? Parce que la vertu et le mérite du fils, sont censés être l'ouvrage de son père, le fruit de la bonne éducation qu'il en a reçue.

Un enfant se glorifie d'avoir un père vertueux ; cela est naturel encore ; mais il ne peut pas se glorifier du mérite de ce père comme d'un bien qui lui appartienne. Mon père est un honnête homme, il jouit d'une réputation sans tache ; il a l'estime et l'amitié de tous les gens de bien ; cela est consolant ; remerciez-en la Providence ; mais sa vertu, son mérite, sa réputation ne sont point à vous, et dans le fond vous n'y êtes pour rien ; c'est par la même raison que l'on plaint et qu'on ne blâme point les enfants, parce qu'ils auront le malheur d'avoir un père qui se déshonore. Les fautes sont personnelles, dit-on ; cela est juste.

Mais il n'en est pas de même des vertus ou des vices du fils par rapport au père. Ce jeune homme, cet honnête homme, dont tout le monde fait l'éloge, est mon fils ; c'est moi qui l'ai élevé ; c'est moi qui lui ai inspiré dès son bas âge ces sentiments qui lui font aujourd'hui tant d'honneur ; c'est moi qui jetai dans son âme les premières semences de la vertu et de toutes ces qualités qui le rendent si estimable. Sa modestie, sa douceur, sa générosité, son application au travail, la pureté de ses mœurs, la régularité de sa conduite, la réputation dont il jouit, tout cela est mon ouvrage; tout cela m'appartient, c'est le fruit de mes soins et des peines que je me suis données pour son éducation. Ah ! mes frères, si nous regardons avec des yeux de complaisance un arbre que nous avons planté ou greffé de notre propre main, qui a crû sous nos yeux et par nos soins ; si nous cueillons, si nous mangeons de ces fruits avec une satisfaction particulière, quelle doit être la consolation et la joie d'un père, quand il voit et goûte pour ainsi dire dans la vertu de ses enfants les fruit de la bonne éducation qu'il leur a donnée ?

Quelle douleur, au contraire ! quelle amertume ! lorsqu'un enfant se déshonore e se fait une mauvaise réputation ! Toutes les fois que son père entend prononcer son nom, ses entrailles sont émues de frayeur, dit le Saint-Esprit ; le cœur lui bat, il tremble qu'on ne lui annonce quelque fâcheuse nouvelle. Mon fils est vain et présomptueux, on l'aura humilié. C'est un brutal, il se sera fait quelque mauvaise affaire. C'est un joueur il aura perdu à se ruiner. C'est un prodigue, ses créanciers auront fait saisir son bien. C'est un libertin, il aura donné au public quelque scène scandaleuse. C'est un ivrogne il se sera battu au cabaret. Il manque de probité, l'on aura découvert quelque friponnerie. Que sais-je enfin? Le père d'un mauvais sujet a toujours quelque malheur à craindre, il est continuellement exposé à de nouveaux chagrins; chagrins d'autant plus cuisants qu'il est en partie la cause des écarts qui l'affligent, et que les fautes de ses enfants, quand il n'a point assez veillé à leur éducation, sont véritablement les siennes.

Ce mauvais sujet est mon enfant, les vices qu'on lui reproche sont mon ouvrage. Si j'avais étudié son caractère; si j'avais réprimé cette méchante inclination; si j'avais regardé de plus près à ses défauts et à sa conduite; si par une tendresse mal entendue, je n'avais pas dissimulé telle et telle chose dont je m'étais aperçu; si j'avais été plus délicat dans le choix et sur les mœurs des maîtres à qui je le confiais; si je ne leur avais pas donné une confiance aveugle, je n'aurais pas aujourd'hui la douleur de voir toutes ces sottises qui me navrent le cœur et me déshonorent.

Mes chers paroissiens, encore une réflexion qui m'échappait : vous vous plaignez presque tous que vos enfants n'ont ni tendresse, ni respect pour vous dans votre vieillesse; que vos infirmités, votre personne même leur sont à charge; qu'ils vous le font entendre, vous le font encore mieux sentir; et ce qui est le comble de l'horreur, ils vous reprochent ouvertement l'inutilité d'une vie caduque et languissante. Cela est dur; ah! que cela est dur; et qu'il y a de cruauté dans une pareille conduite! Mais à qui la faute? N'en accusez que vous-mêmes. Si dès le berceau vous leur aviez inspiré d'autres sentiments; si dès le berceau vous leur aviez donné d'autres exemples; s'ils n'avaient pas été mille fois témoins du peu de respect que vous aviez pour leur grand-père et leur grand'mère, les choses n'iraient point ainsi. C'est vous qui avez fait le mal, il est juste que vous en portiez la peine; et Dieu veuille qu'en souffrant avec patience un chagrin aussi cuisant, mais si justement mérité, vous puissiez expier les péchés qui en sont la cause! Dieu veuille que vous ne trouviez pas un jour ces mêmes enfants dans les enfers, pour vous y maudire éternellement les uns les autres!

Et vous, mes frères, dont les enfants sont encore en bas âge, veillez sur eux avec la plus grande attention; appliquez-vous par dessus tout à cultiver ces jeunes plantes, non-seulement pour leur avantage personnel et le bien public, mais aussi pour éviter les chagrins qu'il vous donneraient dans la suite si vous les éleviez mal; et pour vous préparer toute sorte de satisfaction, en leur donnant une éducation telle, qu'ils n'aient rien à vous reprocher sur cet article et qu'ils vous donnent au contraire mille bénédictions, lorsqu'ils recueilleront le fruit de vos soins, et qu'ils seront en âge de sentir toute l'importance du service que vous leur aurez rendu. Comment donc faire, et en quoi consiste la bonne éducation dont il s'agit? Je ne vous dirai là-dessus qu'une très-petite partie de ce qu'il y aurait à dire : le temps ne me le permet pas. Je suis obligé de me borner à quelques réflexions communes et familières : Dieu vous fasse la grâce d'en profiter.

SECONDE RÉFLEXION.

Apprendre de bonne heure aux enfants ce qu'ils doivent à Dieu, ce qu'ils doivent au prochain, ce qu'ils se doivent à eux-mêmes; les accoutumer dès leur plus tendre jeunesse à pratiquer ce que la loi de Dieu nous commande, ce que la charité nous prescrit, ce que la conscience nous dicte. Ces trois points embrassent et renferment tout ce que l'on peut dire sur l'éducation. Tout ce qui ne contribue pas à nous rendre agréables à Dieu, utiles au prochain, et vraiment heureux nous-mêmes, ne doit être compté pour rien ou pour peu de chose. Tout homme à qui l'on a fortement inspiré la crainte de Dieu dès son enfance, que l'on a accoutumé au travail dès sa jeunesse, et que l'on a mis à même de remplir fidèlement tous ses devoirs; celui-là, quel qu'il soit, a été bien élevé. Tout homme au contraire à qui l'on n'a point inspiré la crainte de Dieu, que l'on n'a point accoutumé au travail, et à qui l'on n'a point appris à se rendre utile à la société, celui-là peut dire : L'on ne m'a pas élevé comme il fallait. D'où il s'ensuit d'abord que pour donner une bonne éducation à ses enfants, ils n'est pas nécessaire d'avoir de grands biens. Un pauvre paysan qui n'a que ses bras pour vivre, peut donner à ses enfants une éducation excellente; et ceux d'un grand seigneur ou d'un homme riche, peuvent recevoir, et reçoivent souvent en effet, une éducation détestable.

Bien des gens ont aujourd'hui là-dessus une façon de penser bien légère et bien peu réfléchie, négligeant le point essentiel qui consiste à former le cœur et les mœurs de la jeunesse, pour les occuper à des misères à des inutilités, à des fadaises qui absorbent la meilleure partie de leur temps. J'appelle misères et inutilités tout ce qui ne rend pas un homme meilleur en soi, et plus utile au vrai bien de la société. Les personnes du peuple, même à la campagne et dans les villages, donnent dans le même travers, et s'imaginent que l'éducation consiste à savoir bien lire, bien écrire, parler, marcher, se présenter d'une certaine façon, et connaître beaucoup de choses. Les laboureurs, les artisans un peu aisés, veulent, disent-ils, donner de l'éducation à leur enfants, et les envoyer au collége : le plus bas peuple veut qu'ils aillent à l'école, et ils se sont mis dans l'esprit que leurs enfants, quand ils sauront balbutier dans un livre, et griffoner leur nom sur du papier ou sur les murailles de leur chaumière, en vaudront mieux que s'ils ne savaient rien de tout cela.

Les petites écoles de la campagne se trouvent supprimées dans toutes les paroisses où la communauté n'a pas un revenu suffisant pour entretenir un maître, parce qu'il n'est plus permis de faire des impositions pour cet objet. S'il y a des gens qui aient murmuré de cette réforme, tant pis. Ce n'est point à nous à examiner, encore moins à critiquer la conduite de nos supérieurs, et de ceux que la Providence a établis pour nous gouverner. Ils ont des lumières supérieures, aux nôtres, et nous devons penser qu'ils cherchent toujours notre plus grand bien. Ce qui peut avoir été bon dans un temps, peut cesser de l'être dans un autre. Les hommes abusent enfin de tout; et lorsque la chose dont on abuse n'est point essentielle, lorsqu'au lieu de produire le bon effet pour lequel on l'avait établie, elle produit un effet contraire, ou qu'elle donne occasion à un grand mal, il faut la supprimer sans miséricorde. Est-ce que les écoles dont il s'agit faisaient du mal? Avant de répondre à cette question, je vous prie, mes chers paroissiens, de me dire quel bien elles vous ont fait? Après quoi je vous ferai remarquer le mal qu'elles ont pu vous faire.

Vos enfants ont été à l'école, ils ont appris à lire et à écrire. Voilà qui est bien; mais quel usage font-ils de ce cette *lecture* de cette *écriture*? Quel avantage en retirent-ils? En labourent-ils mieux la terre? Manient-ils la bêche et la charrue avec plus d'adresse? Sont-ils plus habiles et mieux achalandés dans leur métier? Sont-ils plus forts, plus vigilants, plus laborieux? Les terres du paysan qui lit dans ses *Heures*, qui chante au lutrin, qui signe sur nos registres, sont-elles mieux cultivées et plus fertiles?

Mais ceux d'entre vous qui ont été à l'école, fréquentent-ils moins les cabarets? Passent-ils moins les dimanches et les fêtes au jeu, au libertinage? Ceux qui ont été à l'école, respectent-ils davantage la vieillesse de leurs pères et mère? Sont-ils plus doux, plus paisibles dans l'intérieur de leur famille? Valent ils mieux du côté des mœurs? Ont-ils moins de malice, plus de simplicité, plus de bonne foi? Sont-ils plus modestes, plus humbles, plus soumis, plus dociles aux avis et aux instructions de leurs pasteurs? Sont-ils plus assidus aux Offices? Approchent-ils plus souvent des sacrements? Sont-ils, en un mot, plus vertueux et plus chrétiens? Voilà ce que je demande : parcourez la paroisse et les paroisses voisines; voyez, examinez, comptez avant de répondre; et en attendant, faites-moi la grâce de m'entendre. J'ai vu moi-même, il y a longtemps, j'ai examiné, j'ai compté; ne vous offensez pas de ce que je vais vous dire.

Il y a dans ma paroisse du bien et du mal comme dans toutes les autres. Il y a des vices et des vertus. il y a de bonnes mœurs, il y en a de mauvaises. Il y a des esprits hautains et revêches; il y en a qui sont remplis de douceur, de modestie et de docilité. Il y a des esprits tranquilles, ennemis du bruit, des querelles, des procès. Il y a des esprits inquiets, turbulents, chicaneurs, tracassiers, ennemis de la paix et de la charité chrétienne. Il y en a qui écoutent avec simplicité la parole de Dieu, qui croient sans raisonner tout ce que la foi nous enseigne; il y en a d'autres qui s'avisent de raisonner sur le pourquoi et le comment, qui font les docteurs, qui s'imaginent en savoir autant que leur curé, parce qu'il ont chez eux une vieille Bible et la grande *Vie des Saints*, dans quoi ils lisent ou croient lire. Il y en a qui ont conservé jusqu'à leur mariage des mœurs pures et innocentes, sachant à peine ce que c'est que l'impureté : il y en a d'autres qui ont été corrompus dès leur plus tendre jeunesse, qui étaient plus instruits sur cette matière, et avaient plus de malice à quatorze ans que d'autres à trente. Enfin, il y a des hommes laborieux, qui, du matin au soir et d'un bout de l'année à l'autre, sont appliqués à leur travail et aux affaires de leur ménage; il y en a au contraire qui ont les bras croisés la plupart du temps, qui se font remarquer par leur fainéantise et leur lâcheté.

Or, après avoir examiné les choses de près, je trouve, et mes confrères trouvent aussi, que la plus grande partie de ce que nous avons de moins chrétien dans nos paroisses, est compris dans le nombre de ceux qui ont été aux écoles; et que tout ce qu'il y a de plus simple, de plus innocent, de plus chrétien ne sait ni lire, ni écrire. Sont-ce donc les écoles qui font le mal? Je ne le dis point: mais je dis, et prenez-y bien garde.

Premièrement: les enfants qui vont à l'école, s'accoutument à ne rien faire. Depuis l'âge de six ou sept ans jusqu'à quatorze ou quinze, ils passent une partie du temps à courir, à jouer, et contractent ainsi la malheureuse et détestable habitude d'une vie lâche et désœuvrée. Si vous saviez les occuper dans votre ménage à des ouvrages proportionnés à leur force; s'ils vous suivaient aux champs ou restaient dans votre boutique; s'ils étaient du matin au soir les compagnons ou les témoins de votre travail, ils deviendraient nécessairement laborieux, vigilants, actifs, ce qui est un des points les plus importants de la bonne éducation.

Secondement: les enfants ainsi attroupés dans une école se gâtent les uns les autres : il n'en faut qu'un pour en gâter trente. Les livres dont il se servent, leur donnent souvent occasion de penser, de se questionner, de s'instruire sur des choses qu'ils ne devraient jamais savoir, ou ne connaître qu'à vingt-cinq ans. Un maître de village, tel habile qu'il peut être, ne peut pas répondre des mœurs : outre qu'il en est très-peu qui aient le talent de les former; ils ne s'y croient point obligés, ils n'ont point assez de zèle pour y veiller; et quand même ils le voudraient, ils ne le pourraient pas. Si vos enfants étaient continuellement sous vos yeux: si vous aviez soin qu'ils ne fussent jamais livrés à eux-mêmes, et ne fréquentassent que bonne compagnie, vous conserveriez leur innocence; au lieu qu'ils la perdent, ou apprennent à la perdre dans vos écoles.

Troisièmement : le peu qu'ils savent en sortant de là, ne sert qu'à les enorgueillir, en leur faisant imaginer qu'il valent mieux que les autres. Ils sont ensuite remplis de présomption; ils parlent de ce qu'ils n'entendent pas; ils croient avoir des lumières qu'ils n'ont pas, et ne suivent que leur tête dans mille occasions où ils devraient demander conseil. De là, les fausses démarches, le ton impér eux, l'opiniâtreté, l'esprit de chicane: quand ils peuvent venir à bout de lire quelque pièce de procédure, où ils ne comprennent rien, ils pensent être aussi habiles que l'avocat ou le procureur qui l'a dressée. Ce sont des aveugles qui voient un peu, tant soi peu, si peu que rien, et qui veulent marcher sans guide. Ils prennent des arbres pour des hommes, une rivière pour un grand chemin, du jaune pour du rouge; ne vaudrait-il pas infiniment mieux pour eux qu'ils ne vissent rien du tout.

Ajoutez à cela que des colporteurs répandent dans les campagnes, aussi bien que dans les villes, je ne sais combien de misérables brochures également propres à corrompre la pureté des mœurs et la simplicité de la foi. Les personnes du bas peuple n'ayant point assez de lumières pour connaître le venin, le boivent, se gâtent, s'empoisonnent, et se moquent ensuite des prônes de leur curé.

Mais, les enfants qui ont appris à lire et à écrire, qui se sont un peu *dégrossis* à l'école peuvent ensuite quitter leur village, aller dans les bonnes villes, ou ils font quelquefois fortune; vous l'avez dit, et voilà précisément ce qu'il ne faut pas. C'est un désordre contre lequel on ne saurait prendre trop de précautions. Les villes se remplissent d'une foule de gens inutiles ou pernicieux. Les campagnes se dépeuplent, les terres demeurent en friche faute de cultivateurs, ou ne sont pas travaillées comme elles pourraient l'être. Cela fait trembler et crie vengeance.

Mais, les enfants qui vont à l'école, y apprennent leur religion: raison pitoyable. C'est vous qui devez leur apprendre ce qu'ils doivent croire, ce qu'ils doivent faire, et leur apprendre surtout à le pratiquer dès leur bas âge. Nous faisons le catéchisme, les dimanches et les fêtes et dans d autres temps; il ne tient qu'à vous d'y assister et d instruire vos enfants, comme nous les instruisons, et comme nous vous instruisons vous-mêmes. Vous êtes leur premier maître, et leur pasteur né. Il n'est pas nécessaire pour se sauver d être si savant dans la religion; il faut la pratiquer, et c'est en la pratiquant que l'on s'instruit.

Nous trouvons quelquefois dans le bas peuple des âmes à qui l'innocence, la droiture du cœur, la vraie piété tiennent lieu de maître. Elles ont en fait de morale des sentiments qui nous étonnent. Demandez-leur ce que c'est que l'orgueil, ou tel autre vice qu'il vous plaira, ce que c'est que telle et telle vertu? Cette âme simple ne saura pas vous répondre. Mais elle pratique toutes les vertus, l'ombre du péché l'effraie, le seul nom du vice lui fait horreur. Il y a plus: elle a des manières et un ton si honnête, une gaieté si sage, une humeur si égale, qu'on ne peut la voir sans la respecter. Ou a t-elle appris cette douceur, cette modestie, cette politesse qui sont des qualités à quoi l'on distingue les personnes bien élevées? Dans les livres? Elle ne sait pas lire. Par l'usage du monde? Elle ne connait que son village. Par la fréquentation de gens *éduqués*? elle ne voit que des personnes de sa sorte. Où sont les maîtres qui lui ont enseigné à régler ses pensées, à modérer ses désirs, à peser ses paroles, à se conduire avec tant de sagesse, à souffrir avec tant de patience, à pardonner avec tant de générosité? La prudence, la générosité la douceur, l'affabilité sont des mots qu'elle n'entend pas, ou qu'elle n'entend guère. Nous autres théologiens, gens éclairés, gens studieux, avons des bibliothèques et feuilletons *force livres*, nous définissons tout, nous expliquons tout, nous raisonnons sur tout. Cette bonne âme ne sait rien définir, rien expliquer; elle *n'argumente* sur rien, et pratique tout. Nous avons la clef de la science et restons dehors: elle sans étude, sans livres, entre et pénètre jusque dans l'intérieur du sanctuaire: *Quoniam non cognovi litteraturam introibo in potentias Domini*. (*Psal.* LXX, 16.)

Je me trompe: le chrétien dont nous parlons a des livres, et il sait lire. Ah! les beaux livres! c'est-là que doivent s'instruire les grands et les petits, les savants comme les ignorants: et quels sont ces livres? Le ciel et la terre, voilà le premier. La croix, la croix de Jésus-Christ, voilà le second. La conscience, voilà le troisième: quiconque sait lire dans ces trois livres, ne peut que devenir savant et sage. Quiconque ne sait pas y lire, n'est qu'un ignorant et un fou. Apprenez donc à vos enfants, mes chers paroissiens, à lire dans ces trois grands livres, et vous leur donnerez par ce moyen une excellente éducation.

Mon fils, regardez le ciel: voyez ces beaux astres qui se couchent et se lèvent avec tant de régularité; qui est-ce qui les a formés? Qui est-ce qui les conserve? Qui est-ce qui les fait mouvoir et rouler au dessus de notre tête? Ah qu'il est grand! qu'il est puissant! qu'il est aimable le Créateur de toutes ces choses! Adorez-le, mon cher enfant; élevez votre esprit et vos mains vers ce beau ciel, qui est la maison de votre Père. C'est-là que vous monterez un jour, si vous êtes sage, si vous êtes honnête homme et vraiment chrétien.

C'est de là que nous vient, comme vous voyez, la lumière qui nous éclaire, la pluie qui arrose nos champs, la rosée qui fait éclore nos fleurs, les chaleurs qui murissent nos fruits. Quel sujet d'instruction pour un enfant! les fleurs qu'il cueille, les fruits dont il se nourrit, les animaux qui lui servent, qui l'amusent ou qui l'effraient; combien de réflexions, que de leçons à lui faire sur tout cela? Sur la providence de Dieu, sur sa justice, sur sa puissance, sur sa bonté, sur tous ces divins attributs? Mais ils voient tout cela sans le voir; à qui la faute? Qu'est-ce qui vous empêche de le leur faire remarquer, de les accoutumer peu à peu à réfléchir, à raisonner sur ce qu'ils ont journellement sous la main et devant les yeux?

Allons, mon cher enfant, allons au travail ; c'est Dieu qui nous commande. Il veut que nous mangions notre pain à la sueur de notre visage. Notre campagne est belle, nous aurons une belle récolte ; c'est Dieu qui a béni nos travaux ; sans lui nous aurions beau travailler, nous ne serions rien. Entendez-vous cet oiseau qui chante : c'est Dieu qui l'a fait pour notre plaisir. Il bénit son Créateur à sa manière, et il nous enseigne à le bénir nous-mêmes dans tous le temps. Pour faire ces réflexions et beaucoup d'autres semblables, certainement il ne faut pas des livres.

Mais il est besoin de livres pour apprendre à vos enfants l'humilité, la douceur, la patience, la modestie, la charité la bienfaisance, la générosité, le pardon des injures, l'amour des ennemis? Prenez un crucifix à la main, montrez-le à votre fils ou à votre fille. Répondez aux questions qu'ils vous feront, répétez souvent la même chose ; accoutumez-les à lire dans ce livre, et vous verrez qu'il n'y a pas de maître qui vaille celui-là. Votre Sauveur est mort, et pourquoi ? Qui est-ce qui l'a fait mourir ainsi ? Les pécheurs ; c'est à-dire les orgueilleux, les envieux, les vindicatifs, les usuriers, les avares les voleurs, les médisants, les menteurs, les hypocrites : et toutes les fois, mon cher enfant, que nous commettons quelque péché, nous renouvelons les souffrances de Jésus-Christ. Faites donc toujours ce qu'il vous commande, évitez ce qu'il vous défend, aimez-le de tout votre cœur ; cela est bien juste puisqu'il est si aimable, puisqu'il nous fait tant de bien, et qu'il nous a aimés lui-même jusqu'à donner sa vie pour nous. Il vous voit, mon ami, il vous entend, car il est partout; et toutes les fois que vous ferez, que vous direz, que vous penserez quelque chose de mal, vous ne pourrez vous cacher de lui, et vous sentirez en vous-même quelque chose qui vous dira : Cela n'est pas bien. La conscience, mon enfant, la conscience, voilà un troisième livre; apprenez à y lire et à y suivre ce qu'il vous dit.

Or, il vous dit de ne point faire à autrui ce que vous ne voudriez pas que l'on vous fît à vous-même. Seriez-vous bien aise qu'on parlât mal de vous? Non: il faut donc ne jamais dire du mal de personne. Seriez-vous bien aise que l'on découvrît, que l'on publiât vos défauts? Non : il faut donc ne jamais publier, ni découvrir les défauts des autres. Ne seriez-vous pas fâché qu'on volât vos fruits? Sans doute : Hé bien ! mon enfant, il faut donc ne jamais toucher, ni aux fruits, ni à quoique ce soit de ce qui ne vous appartient pas. Voilà ce que dit la conscience ; voilà qui s'étend et peut s'appliquer à tout, quand il s'agit du prochain : la conscience, l'univers, la croix. L'univers la croix, la conscience; croyez-moi, mes chers paroissiens, vos enfants n'ont pas besoin d'autres livres. Avec ceux-là, ils apprendront parfaitement tout ce qu'ils doivent savoir dans la condition où la Providence les a fait naître. Ils y apprendront à se conduire sagement en toutes choses, à remplir exactement et selon Dieu les devoirs de leur état, à souffrir avec patience et en vue de Jésus-Christ, les peines de cette vie. Ils y apprendront à vous respecter, à vous chérir, à vous être soumis, à être le soutien et la consolation de votre vieillesse. Ils y apprendront à travailler beaucoup, à parler peu, à vivre tranquillement et à mourir en paix. Eh ! que leur faut-il davantage ?

Pensez-vous que pour avoir été à l'école, ils en feront mieux leurs affaires? J'ai déjà dit qu'ils les feront peut-être plus mal. La prudence que donne la crainte de Dieu est infiniment plus sûre que les petites lumières qu'ils pourraient acquérir dans vos écoles ; lumières, comme je l'observais tout à l'heure, plus dangereuses, plus nuisibles que profitables. D'où je conclus enfin, mes chers paroissiens, que les livres ne doivent entrer pour rien dans l'éducation de vos enfants ; que cette éducation doit se réduire à leur inspirer la crainte de Dieu, l'amour du travail, et une grande horreur pour tout ce qui blesse la conscience. Laissez donc les écoles, les collèges, les livres, les sciences aux enfants destinés à des emplois, dont on ne saurait remplir les obligations sans avoir fait des études.

Et vous, Messieurs, que la Providence a placés dans une condition plus relevée, mettez-vous bien dans l'esprit que la base d'une bonne éducation consiste dans ce que nous avons dit aux personnes du peuple. Il faut à vos enfants d'autres lumières et d'autres connaissances, mais ils doivent avoir les mêmes principes de vertu et de religion. Du côté de l'esprit, l'éducation doit être différente dans les états différents; mais pour ce qui regarde le cœur elle doit être la même dans tous les hommes, parce que la vertu, la religion, la piété doivent être communes à tous, et regardées comme le seul fondement solide de la vraiment bonne éducation.

Un homme qui se trouve placé dans un poste où il faut des lumières qu'il n'a pas, s'il est rempli de cette probité sûre qu'inspire le christianisme, travaillera de toutes ses forces à acquérir ce qui lui manque ou il quittera sa place. Il aura recours à des personnes sages qui seront comme ses yeux et ses bras, et le public ne souffrira point. Mais si cet homme n'a pas la crainte de Dieu il préfèrera vraisemblablement son intérêt personnel au bien public; il négligera ses devoirs, il n'aura que des vues basses, il perdra la confiance des gens de bien. Si d'un côté il fait quelque chose de bon, il le gâtera souvent d'un autre; et après tout, quand il aurait des lumières suffisantes, et que le public ne souffrirait en rien, il se perdra lui-même par son ambition, sa vanité, son avarice et tous les travers dans lesquels donne ordinairement celui dont la sagesse n'ayant pas pour principe la crainte de Dieu, n'est qu'une fausse sagesse, une prudence purement charnelle qui peut être utile aux autres; mais qui nous rend toujours inutiles à nous-mêmes.

Or, cette crainte de Dieu, et par conséquent la vraie sagesse n'entrent pour rien, Messieurs, ou pour peu de chose dans l'éducation que vous donnez à vos enfants. Qu'on interroge les maîtres sur lesquels vous croyez pouvoir vous décharger entièrement d'une fonction que vous devriez peut-être exercer personnellement : je dis, peut-être, parce que je ne veux point du tout examiner si les raisons que vous alléguez pour vous dispenser d'élever vous-mêmes vos enfants, ne sont pas quelquefois aussi minces que les raisons par lesquelles leurs mères se dispensent de les nourrir. Si les gouverneurs, ainsi que les nourrices, ne devraient pas au moins être sous vos yeux, et surveillés immédiatement par vous; si la raison et la nature, indépendamment de la religion, ne se récrient point contre l'usage qui a prévalu, et suivant lequel, après avoir mis des enfants au monde, on abandonne pour ainsi dire leur corps et leur âme entre des mains étrangères; je n'examine point tout cela, non plus que les qualités des maîtres à qui on les confie; que ne pourrait-on pas dire sur ce dernier article ? Combien de réflexions à faire ou plutôt de larmes à répandre !

Mais je dis : Interrogeons quelqu'un de ces maîtres, et demandons-lui ce que le père ou la mère lui ont le plus expressément et le plus fortement recommandé. Je veux que mon fils fasse de bonnes études, qu'il apprenne ceci et cela, qu'on l'élève de telle ou telle manière; fort bien. Et la crainte de Dieu ? Et les sentiments de religion ? Et l'amour de la vertu? Cela va sans dire, oui sans doute, aussi n'en parle-t-on pas la plupart du temps; et la plupart du temps aussi, monsieur le gouverneur agit-il parfaitement en conséquence, par la raison quelquefois, qu'on ne donne point aux autres ce dont on manque soi-même.

Je ne veux point que mon fils soit un dévot; vous avez raison, si par un dévot vous entendez un hypocrite, un homme singulier, un faiseur de momeries et de grimaces. Mais si par un dévot vous entendez un homme qui a la crainte de Dieu, un chrétien qui aime sa religion et qui en pratique les devoirs avec droiture et simplicité; qui remplit ceux de son état, non par ambition, par avarice ou par vanité, mais par un principe de conscience; si par un dévot vous entendez un homme qui pense, parle et agit conformément aux maximes de l'Evangile, qui assiste souvent à la Messe, qui fréquente les sacrements, qui observe le jeûne du Carême et les autres; c'est-à-dire un homme qui croit en Dieu, en Jésus-Christ, à l'Eglise, et ne rougit pas de vivre en conséquence; si c'est là ce que vous entendez; quand vous dites : Je ne me soucie point que mon fils soit dévot, vous ne savez donc, Monsieur (je vous demande pardon si je m'exprime de la sorte), vous ne savez donc ni ce que vous voulez, ni ce que vous dites. Car, vous voulez que vos enfants se distinguent dans l'état où ils seront placés; or, s'ils sont imbus, dès leur plus tendre jeunesse, de sentiments chrétiens; s'ils ont la vraie piété en partage, ils se feront nécessairement honneur, et vous feront honneur à vous-même, par leur application, par leur exactitude, par une conduite régulière dans quelque état que vous les placiez. Parce que la vraie piété a cela de propre, qu'elle rend tous les hommes tels qu'ils doivent être dans leur état.

Elle est dans un militaire le principe de son courage, de sa valeur et de son intrépidité; dans un homme de robe, le principe de sa droiture et de son intégrité; dans un commerçant, le principe de sa bonne foi, la voie la plus sûre, si non de s'enrichir précipitamment, au moins de se faire une réputation de probité qui gagne la confiance publique et donne un crédit solide; dans tous les états, en un mot, elle est le principe invariable des qualités et des vertus propres à chacun; elle est dans tous les chrétiens le seul fondement sur lequel on puisse solidement établir toutes les vertus; celles qui n'ont pas la crainte de Dieu pour principe, ne sont qu'un édifice bâti sur le sable, et quand même il serait vrai de dire que sans la crainte de Dieu il peut y avoir des vertus morales sur quoi l'on puisse compter, au moins sera-t-on forcé de convenir que la crainte de Dieu les rend encore plus solides. Quand même le chrétien sans piété pourrait être réellement et dans le fond un honnête homme, ce que je suis bien éloigné de penser, toujours est-il vrai que la piété ne peut que le rendre encore plus solidement et plus parfaitement honnête homme, d'où il faut conclure, et la conséquence est naturelle, que la voie la plus abrégée comme la plus sûre de former un citoyen, un vrai honnête homme, c'est de le former à la piété dès l'enfance et d'en faire un parfait chrétien.

Maîtres de musique, maîtres à danser, maîtres en fait d'armes, que sais-je. Nous sommes honteux de prononcer dans un lieu si respectable et si saint, le nom de tant de colifichets, de tant de misères. Tel est notre siècle, telles sont nos mœurs. On fait entrer tout cela dans le plan de l'éducation; à la bonne heure; mais les maîtres de la vertu, les maîtres des bonnes mœurs, les maîtres en fait de religion et de piété... Pauvres enfants, que vous êtes à plaindre! On vous fait instruire avec des soins infinis et à grands frais de mille choses, qui bien loin de contribuer à votre protection, devient presque toujours l'occasion ou l'instrument de votre perte; pendant qu'on néglige presque totalement la seule chose qui pourrait prévenir la corruption de votre cœur, et vous rendre vraiment aimable devant Dieu et devant les hommes. On dépense beaucoup de temps et beaucoup d'argent, pour orner votre esprit, pour manier votre corps; et l'on abandonne au hazard le germe des vertus et des vices, qui est caché au fond de vos cœurs, ou plutôt on étouffe les premières semences de justice que le Créateur a répandues dans nos âmes et l'on aide, l'on favorise de mille manières le penchant au mal, que nous apportons du sein de nos mères. Vous ne voyez, vous n'entendez presque rien qui ne soit propre à fomenter, à fortifier les passions naissantes, et si l'on vous parle quelquefois de la vertu, vos pères ou vos maîtres perdent ordinairement le fruit de vos leçons, par les mauvais exemples qu'ils vous donnent.

Ah! mes frères, qu'ai-je dit? les mauvais exemples. C'est la matière d'une longue suite de réflexions toutes plus tristes et plus amères les unes que les autres. Pères et mères, vous êtes presque toujours à cet égard les bourreaux de vos enfants. N'avez-vous jamais lu dans l'Evangile cette parole de Jésus-Christ : *Quiconque scandalise un enfant mérite qu'on attache une meule de moulin à son cou, et qu'on le précipite ainsi au fond de la mer!* (*Matth.*, XVIII, 6). A quel espèce de châtiment doivent donc s'attendre les pères et mères qui sont un sujet de scandale à leurs propres enfants! Je n'ai ni le courage, ni le temps aujourd'hui de vous en dire davantage sur cet article, et je finis par une réflexion sur laquelle on ne saurait assez insister.

Voulez-vous que vos enfants deviennent de bons sujets? ne vous contentez pas de leur prêcher la vertu, ni même de leur en donner l'exemple. Faites-la leur pratiquer autant qu'il sera possible à leur âge; afin qu'ils en contractent peu à peu l'heureuse habitude. Vous en ferez des hommes laborieux, si vous ne souffrez point qu'ils soient jamais sans rien faire; des hommes sobres et modestes, si vous écartez les habits trop précieux, les mets trop délicats, tout ce qui respire le faste, la mollesse, la sensualité; des hommes doux et patiens, si vous les obligez à faire du bien à ceux qui les offensent ou leur déplaisent; des hommes attentifs, exacts et rangés dans leurs affaires, si vous exigez qu'ils vous rendent compte de leurs petites dépenses. Voulez vous qu'ils deviennent humains, compatissants, généreux et vraiment charitables? Faites quelquefois passer par leurs mains vos aumônes et vos libéralités; qu'ils vous accompagnent chez les pauvres malades et ceux qui sont dans l'affliction. Accoutumez-les à voir la misère du pauvre et surtout à la sentir. Faites-leur visiter un domestique, un mendiant qui sera malade chez vous, qu'ils le servent eux-mêmes, et que leurs jeunes et innocentes mains s'accoutument de bonne heure à soulager et à servir Jésus-Christ dans la personne des misérables.

Enfin, et par-dessus tout, faites-leur pratiquer suivant leur portée toutes les œuvres de la piété chrétienne. Qu'ils ne passent point de jours sans lire et apprendre par cœur quelques endroits choisis de l'Evangile, des sentences de Salomon, et du livre divin, si justement appelé l'*Imitation de Jésus-Christ* Qu'ils fassent exactement leur prière le matin, à midi, le soir; avant de se mettre à table et quand ils en sortent; avant de commencer leur travail et quand ils le quittent. Ayez soin qu'ils vous accompagnent à l'église; qu'ils s'y tiennent auprès de vous, et que votre maintien extérieur soit pour eux comme un livre vivant où ils apprennent la manière dont ils doivent rendre à Dieu, dans son saint temple et ailleurs, le culte qui lui est dû. Et pour renfermer dans un seul mot la substance de tout ce que nous avons dit et de ce que nous pourrions dire encore : travaillez à former de vrais chrétiens, et vous aurez fait tout ce qu'il est possible de faire, soit pour le bien personnel de vos enfants, soit pour le bien commun de la société dont ils sont les membres, soit enfin pour votre propre intérêt et votre propre satisfaction; car c'est par ce moyen, et ce moyen seul, qu'après avoir fait votre joie et votre consolation dans ce monde, ils feront ensuite éternellement une portion précieuse de la couronne que vous devez leur préparer et attendre vous-même dans le ciel. Ainsi soit-il.

DISCOURS VIII.

Pour le deuxième Dimanche après l'Epiphanie.

SUR LE MARIAGE.

Vocatus est Jesus ad nuptias. (*Joan.*, II, 2.)

Jésus fut invité aux noces.

Parmi les différents états que les hommes ont à choisir, dans lesquels ils s'engagent, chacun suivant son goût, ses inclinations et les circonstances particulières qui le déterminent, il n'en est aucun dont le choix demande plus de sagesse que le mariage; et je vous ai souvent entendu dire que si l'on faisait sur cet article toutes les réflexions qu'il y aurait à faire, on ne se marierait jamais. Il s'agit de se lier par des liens indissolubles à quelqu'un dont le caractère et la façon de penser sont quelquefois et très-souvent opposés au caractère et à la façon de penser que l'on a soi-même. Il s'agit de faire irrévocablement le sacrifice de sa personne à quelqu'un que l'on ne connaît point ou sur le compte de qui on peut aisément se tromper. Il s'agit de mettre au monde des enfants qu'il faut ensuite nourrir, élever, établir, qui peuvent être, et ne sont que trop souvent la source de mille chagrins dont on est rongé toute la vie. Ce que j'ai à vous dire sur cette matière n'est pas, à Dieu ne plaise, dans la vue d'inspirer aux jeunes gens du dégoût pour un état qui est le plus nécessaire, puisqu'il fournit des sujets à tous les autres. Mon intention est de vous faire sentir combien il est important de consulter la Providence et de se consulter soi-même avant de s'engager dans cet état dont je rappellerai les obligations, tant aux personnes mariées qu'à celles qui pensent à se marier, pour apprendre ainsi aux unes et aux autres à se comporter de manière qu'on puisse dire de leur mariage comme de celui de Cana : *Vocatus est Jesus ad nuptias.* Jésus-Christ fut invité aux noces.

PREMIÈRE RÉFLEXION.

La Providence n'est pas sans doute, mes chers paroissiens, un être imaginaire et un mot sans réalité, ou bien une puissance aveugle : qui agisse sans savoir pourquoi ni comment. De même que dans la création du monde, elle n'a rien fait au hasard; ainsi, dans la conservation de cet univers, elle dispose toute chose par poids et par mesure. Et certes, y aurait-il moins de sagesse dans la conduite de la Providence qui gouverne les hommes, qu'il n'y en a, je ne dis pas dans la tête d'un monarque habile qui gouverne son peuple, mais dans celle d'un particulier intelligent qui gouverne sa famille? Or, le chef d'une maison bien réglée en distribue les différents emplois à ses enfants et à ses domestiques : il ordonne tout, il veille à tout; et, si telle est la Providence des hommes, comment pourrait-il se faire que Dieu, notre Père commun, qui a établi les conditions différentes, qui les conserve toutes et les bénit, n'eût mis aucun ordre dans cette grande famille? Qu'il n'appelât personne à un état plutôt qu'à un autre! Et que lui devant compte de nos moindres démarches, nous ne lui en dussions aucun sur celle qui est sans contredit la plus essentielle de toutes, je veux dire le choix d'un état? Cela n'est pas raisonnable, et l'on ne saurait douter que la Providence n'appelle aucun de nous à un certain genre de vie hors duquel nous ne sommes point dans la place où il nous voulait, et à laquelle il avait attaché des grâces absolument nécessaires pour notre sanctification.

Sur quoi vous remarquerez en passant que ce défaut de vocation est une des principales causes des désordres qui règnent dans le monde. Tel est mauvais ecclésiastique qui eût été bon officier : tel est mauvais officier qui eût fait un excellent avocat ou un magistrat respectable. Cette religieuse sans vocation aurait été une très bonne mère de famille; et cette mère de famille, qui accorde si mal sa dévotion avec les devoirs de son état, aurait été une parfaite religieuse. Ainsi la plupart des hommes vont de travers, parce que ce n'est pas la Providence qui les a placés où ils sont; et ne les y ayant point placés, elle ne leur donne point les secours dont ils ont besoin pour y faire ce qu'ils doivent et comme ils le doivent. D'où il est aisé de conclure d'abord, en général, combien il est essentiel d'examiner sa vocation, de la connaître et de la suivre.

Quand il s'agit de l'état ecclésiastique ou de la vie religieuse, tout le monde convient qu'il faut y être bien appelé! Quand il s'agit du mariage, je ne vois pas qu'on dise la même chose; et je vois encore moins sur quel fondement on peut imaginer que la vocation de Dieu n'est pas aussi nécessaire pour cet état que pour les autres. Bien loin de là; plus on réfléchit sur la nature, les engagements, les obligations et les suites du mariage, plus on sent la nécessité de cette vocation à l'examen de laquelle il faut apporter d'autant plus de circonspection et de prudence, qu'il est non seulement facile de se tromper, mais très-difficile de ne pas y être trompé. Cependant le mariage est de tous les états celui dans lequel on s'engage avec le moins de réflexion.

Je me trompe, mes chers frères; on en fait beaucoup, on prend beaucoup de précautions, on se donne toute sorte de mouvements pour faire un mariage honorable, un mariage riche, quelquefois un mariage de pure fantaisie : mais pour faire un mariage qui soit agréable à Dieu, je veux dire un mariage dans lequel le mari et la femme n'aient qu'un même esprit et un même cœur, un mariage qui soit un remède aux passions honteuses, qui mette fin aux égarements d'une jeunesse imprudente et libertine; un mariage où règnent la pureté des mœurs, la douceur, la patience, la paix en Jésus-Christ; un mariage qui donne à la société des membres vertueux et utiles, qui multiplie les vrais serviteurs de Dieu, qui contribue en même temps au bien public, à la gloire de l'Eglise chrétienne, et à la sanctification de ceux qui le contractent. N'est-il pas vrai, mes frères, que c'est là, ordinairement, ce dont on s'occupe le moins, et à quoi souvent l'on ne pense pas du tout? Ce sont là néanmoins les vrais motifs qui doivent animer les personnes qui se marient, et par lesquels se déterminent tous ceux que Dieu appellent véritablement à cet état.

Mais n'êtes vous point un de ces hommes singuliers qui se récrient si fort sur le célibat des prêtres et des religieux, pendant qu'eux-mêmes ne se marient point crainte de gêner leur liberté ou plutôt leur libertinage? Chose étrange! la vie célibataire embrassée par un motif de religion leur paraît ridicule; et le même genre de vie dans un homme du monde qui ne cherche que ses commodités leur paraît une vie très-raisonnable. Les prêtres et les religieux ne se marient point afin de vaquer plus librement au service de Dieu; les célibataires dont nous parlons ne se marient point, pour se livrer avec plus de liberté à tous leurs goûts et à toutes leurs fantaisies. Les uns renoncent au mariage pour faire à Dieu le sacrifice parfait de toute leur personne; les autres ne se marient point afin de pouvoir toujours passer d'un objet à un autre, ou pour assaisonner leurs plaisirs honteux par le goût que l'on trouve à faire des choses défendues. Les premiers ne se marient point, afin de servir plus librement et plus utilement l'Eglise; les seconds, pour ne point partager les embarras d'une condition dont les devoirs consistent à donner de bons sujets à toutes les autres. C'est par le désir de mener une vie plus parfaite que les prêtres ou les religieux renoncent au mariage : c'est par un défaut de vertu et de religion que la plupart des célibataires ne se marient point. Ceux-là renoncent au mariage pour n'être point partagés entre Dieu et le monde, pour se donner entièrement à Dieu; ceux-ci pour être tout entiers au monde et à leurs passions. Chez les uns, le célibat est un effort dont le motif est l'amour du bien public et de la perfection chrétienne; chez les autres, c'est un excès de sensualité, un amour exclusif de leur personne. C'est-à-dire, en un mot, que les uns vivent dans le célibat pour être quelque chose de mieux, les autres pour être quelque chose de pis. La vie des uns est une vie utile et honorable; la vie des autres est ordinairement une vie honteuse et inutile. Jugez de là, mes frères, laquelle de ces deux espèces de célibat est entièrement digne de blâme ou de louange!

Mais il y en a une troisième, et nous trouvons quelquefois des chrétiens qui mènent dans le monde et hors du mariage une vie très-régulière et très-exemplaire.

J'honore, vous dira l'un d'entre eux, j'honore la personne et j'admire la vertu de ceux qui abandonnent leurs biens et leur famille pour se sanctifier dans un cloître, ou qui entrent dans l'Eglise pour se consacrer entièrement au salut des âmes. Je ne doute point que les personnes véritablement appelées, soit à l'un, soit à l'autre de ces deux états, n'y trouvent de grands avantages et de grandes consolations. Mais l'un et l'autre exigent des sacrifices qui sont au-dessus de mes forces et imposent des obligations qui m'effrayent. Après avoir consulté le Seigneur, et m'être consulté moi-même, j'ai cru sentir que ce n'était point là ma vocation. Si quelqu'un me faisait apercevoir le contraire, je ne balancerais pas un instant, parce que je désire par-dessus tout d'être là où Dieu veut que je sois.

D'un autre côté, non-seulement je n'ai point de goût, mais je sens un dégoût positif et une répugnance formelle pour le mariage. Non pas que je trouve rien dans cet état qui ne soit utile et respectable. Il est le premier de ceux qui ont été établis sur la terre. Dieu lui-même en est l'auteur, et il répand sur ceux qu'il y appelle des bénédictions particulières. C'est une alliance sainte et inviolable, puisque Dieu l'a instituée pour produire des créatures faites à son image. Elle est sainte, parce qu'elle représente l'union mystérieuse du Fils de Dieu avec la nature humaine, et de l'Eglise chrétienne avec Jésus-Christ, qui a fait du mariage un sacrement auguste, par le moyen duquel les époux bien appelés et bien disposés reçoivent toutes les grâces qui leur sont nécessaires pour se sanctifier dans cet état, dont je conçois par cette raison toute l'excellence. Mais je suis effrayé en même temps des obligations que l'on y contracte.

Le religieux se lie par des vœux solennels et irrévocables, cela est vrai; mais en s'obligeant à l'observation de la règle qu'il épouse, il la connaît parfaitement, il a pratiqué pendant un temps assez considérable ce qu'elle a de plus difficile et de plus austère. L'ecclésiastique s'engage à servir l'Eglise; mais il y a plusieurs manières de la servir. Il y a dans cet état des emplois différents et des fonctions différentes. Il est permis de passer de l'un à l'autre, suivant le goût et les talents que l'on peut avoir. Un ecclésiastique n'est pas tellement attaché à telle Eglise qu'il ne puisse la quitter pour s'attacher à une autre, lorsqu'il y est déterminé par des motifs légitimes.

Il n'en est pas de même à l'égard du mariage. On ne connaît jamais parfaitement la personne que l'on épouse; et quand on la connaîtrait, on n'est pas assuré qu'elle sera toujours la même. Dès qu'une fois on est engagé, voilà qui est fait pour toujours. Il n'y a que la mort qui puisse rompre cette union; et cette union, par combien d'accidents ne peut-elle pas devenir insoutenable! Ce qui fait la douceur d'un mariage que Dieu lui-même a béni, devient, quand il le désapprouve et le maudit par conséquent, une source journalière et intarissable d'affliction et d'amertume. Quelle douceur de passer sa vie avec une personne avec laquelle on ne fait plus qu'un cœur et qu'une âme! Oui; mais quel supplice d'avoir sans cesse sous les yeux quelqu'un qui déplaît ou à qui l'on déplaît soi-même! quel tourment d'être attaché par des liens qu'il n'est pas possible de rompre, à quelqu'un qu'on voudrait n'avoir jamais connu, et qu'on regarde comme la cause d'un malheur auquel il n'y a point de remède!

Séparation de biens, séparation de corps, quelle ressource pour un honnête homme, pour une femme respectable! exposer aux yeux du public le scandale des divisions domestiques, lui donner le spectacle tragi-comique d'une antipathie qui, fournissant chaque jour de nouvelles scènes, divertit les uns, fait gémir les autres, devient l'entretien et la fable de tout un pays. Et encore, quand après beaucoup de bruit et de dépense on est venu à bout de rompre le lien qui retient les époux sous le même toit, on ne porte pas moins le joug, quoique séparés l'un de l'autre. Cet homme-là est toujours mon mari; cette femme-là est toujours ma femme. Point d'autre mariage tant que la mort ne viendra pas dissoudre celui que j'ai malheureusement contracté.

Enfin, de deux choses l'une : ou je serai heureux dans cet état : ou je serai malheureux; si la personne à qui je m'unirai me rend véritablement heureux, la seule pensée de la séparation qu'il faudra nécessairement subir à la mort me fera trembler. Que deviendrai-je lorsque j'aurai perdu ma compagne? Si au contraire je rencontre mal, il me semblera que la mort ne doive jamais arriver; et les hommes regardent ordinairement comme un mal sans remède celui qui ne peut finir qu'avec la vie.

D'après ces réflexions et beaucoup d'autres fondées sur l'expérience, j'ai résolu de passer ma vie, non pas dans le libertinage, à Dieu ne plaise! mais dans une condition libre, qui n'ajoute point des engagements particuliers aux devoirs généraux de la société civile, au bien de laquelle je contribuerai de tout mon pouvoir. Je sacrifierai au soulagement des pauvres et de tous les malheureux la meilleure partie de ce que j'aurai employé à l'établissement d'une famille; je me sanctifierai par de bonnes œuvres, dont la pratique me sera d'autant plus aisée que je serai plus libre sur l'usage de mes revenus; et de cette manière j'éviterai les dangers d'un état dont les engagements sont si forts, les obligations si étendues et si essentielles, et pour lequel je sens d'ailleurs une répugnance qu'il n'est pas en mon pouvoir de vaincre.

Quelqu'un qui pense de la sorte n'est pas vraisemblablement appelé au mariage. Hé! plût à Dieu que tous ceux qui s'en éloignent eussent des motifs aussi purs, des vues aussi louables, aussi dignes d'un honnête homme, d'un bon citoyen et d'un vrai chrétien!

Que si vous croyez avoir malgré tout cela, de bonnes raisons pour penser que la Providence vous appelle au mariage; si vous y êtes déterminé par la volonté de vos parents, la position de vos affaires ou par des motifs de conscience; si d'ailleurs vous êtes disposé à faire tous vos efforts moyennant le secours de Dieu pour vivre en paix avec un autre vous-même, pour supporter ses défauts et n'être pas rebuté par ses infirmités. Si vous vous connaissez capable de donner tous les soins qu'exigent l'éducation et l'établissement d'une famille; si vous avez principalement en vue la gloire de Dieu, le salut de votre âme et le bien public; il ne vous reste donc plus, après avoir demandé les lumières de l'Esprit-Saint, qu'à choisir une personne avec laquelle vous puissiez faire votre salut; ou, pour mieux dire, il ne vous reste plus qu'à trouver celle que Dieu lui-même vous a choisie.

Gardez-vous d'abord et par-dessus tout de vous prévenir pour ou contre qui que ce soit, avant de le connaître, soit par vous-même, soit par des gens dignes de foi, et qui vous soient attachés. Rien n'est plus dangereux que cette prévention; elle aveugle, elle empêche de voir les bonnes ou mauvaises qualités de la personne en faveur de qui l'on s'est prévenu : et s'il y a dans la vie une occasion où il faille se méfier de son goût particulier et de ses propres lumières, c'est quand il s'agit de choisir un mari ou une femme. Vous avez vos père et mère, votre famille, des amis; il y a des personnes sages et capables de vous donner les conseils dont vous avez besoin dans cette circonstance plus que dans toute autre : consultez-les donc, et regardez-les comme des instruments dont la Providence se servira pour vous faire connaître sa volonté.

Abraham, voulant marier son fils Isaac, envoya Eliézer, son serviteur, en Mésopotamie, pour lui chercher une femme. Ce serviteur fidèle, étant arrivé dans une certaine ville appelée Nachor, leva les yeux au ciel, et s'adressa au Seigneur et fit à Dieu cette prière : Seigneur, Dieu de mon maître Abraham, qui l'avez singulièrement béni dans toutes ses entreprises, qui avez présidé à toutes ses démarches et conduit tous ses pas, Dieu tout-puissant, qui faites servir quand il vous plaît les choses les plus simples et les moins remarquables à l'accomplissement de vos desseins; les grâces que vous avez faites à mon maître et la fidélité inébranlable qui l'attachent depuis si longtemps à votre service, ne me permettent point de douter qu'il ne m'ait envoyé par votre ordre et que votre ange ne m'ait conduit dans ce pays pour y chercher l'épouse que vous destinez à Isaac. Daignez donc me la faire connaître par un signe auquel je ne puisse pas me tromper. Voici le moment où les filles de la ville sortent pour puiser de l'eau. Si celle à qui je demanderai à boire est celle-là même que vous avez destinée au fils de mon maître, faites que non-seulement elle m'en donne, mais qu'elle m'en offre pour abreuver mes chameaux. Je reconnaîtrai à ce signe que vous avez exaucé les prières d'Abraham, et désigné vous-même l'épouse de son fils Isaac. Eliézer avait à peine achevé cette prière, lorsqu'il aperçut Rébecca qui s'en retournait après avoir puisé de l'eau. Il va au-devant d'elle, lui demande un peu d'eau pour boire; elle lui en donne, lui en offre ensuite et en puise elle-même pour ses chameaux. Il la suit dans la maison de Bathuel, son père; il la demande en mariage pour Isaac; on la lui accorde; tout réussit au gré de ce serviteur fidèle qui, peu de jours après, la conduit à son maître dont elle fait la consolation et le bonheur. (*Gen.*, XXIV, 12-67.) C'est ainsi que Dieu récompensa la foi d'Abraham en conduisant Eliézer vers l'épouse qu'il avait préparée à son fils; la foi d'Eliézer, en lui indiquant cette épouse par les signes que ce serviteur avait lui-même choisis et assignés à la Providence; et enfin la foi ainsi que la soumission d'Isaac et de Rébecca, lesquels se trouvent heureusement unis par la volonté de Dieu et de leurs pères. C'est ainsi, mes chers paroissiens, que la Providence bénit le mariage de ceux qui la consultent, qui se laissent conduire par elle, et par les avis des personnes sages dont elle se sert pour le traiter et le conclure.

Mais je vois avec douleur, mes frères, que dans vos alliances le moindre de vos soucis est de consulter la volonté de celui qui seul peut les bénir, et par qui seul elles peuvent être véritablement heureuses. Ce n'est pas que l'on ne prenne d'ailleurs beaucoup de mesures pour faire un mariage qui convienne à tous égards. Et il le faut bien dans un siècle surtout et dans un pays où la mauvaise foi et la corruption des mœurs rendent la méfiance et les précautions si nécessaires; où l'esprit d'intérêt, les préjugés, les bienséances, soit vraies, soit prétendues, mettent souvent des obstacles invincibles à certains mariages qui, sans cela, pourraient être fort heureux; il est si difficile, en un mot, d'assortir parfaitement et tout à la fois, la naissance, les biens et les caractères. Mais n'est-ce pas précisément à cause de cette difficulté qu'on devrait, dans une affaire de cette importance, ne pas se borner aux moyens que suggère une prudence purement humaine? Les difficultés qu'il y a de faire un mariage vraiment heureux ne devraient-elles pas engager non-seulement les personnes qui veulent se marier, mais encore les pères et mères qui veulent établir leurs enfants, à consulter la Providence, à demander les lumières d'en haut, avant même de faire aucune démarche sur cet article.

Seigneur, vous m'avez donné des enfants, et en les mettant au monde j'ai contracté l'obligation de les établir dans un état ou dans un autre. Mais je ne suis que le père de leur corps, et vous êtes celui de leur âme. Je vous les ai offerts dès le moment de leur naissance, et depuis lors je n'ai pas cessé de vous les offrir tous les jours, vous demandant pour eux la rosée du ciel et la graisse de la terre. Voici le temps, ô mon Dieu, de me faire sentir que vous avez exaucé ma prière : le bonheur de leur vie et le salut de leur âme dépendent du choix que nous allons faire. Ne permettez pas qu'une démarche de cette importance soit une démarche fausse ; que votre ange conduise nos pas, que votre lumière nous éclaire. Dieu de toute bonté, qui veillez sur les plus petits mouvements des moindres créatures, veillez sur les nôtres. Redressez, corrigez tout ce qui peut vous déplaire; et faites-nous connaître ce qui vous est le plus agréable. Croyez-moi, mes chers paroissiens, ou plutôt croyez-en à la parole de Dieu lui-même, une telle prière si elle partait du cœur, et d'un cœur droit, serait infailliblement exaucée.

Hé quoi ! mes frères, un homme sage et respectable, entre les mains duquel nous mettons nos intérêts, nous en rapportant à lui avec une entière confiance, n'oublie rien pour réussir au gré de nos désirs dans ce que nous demandons ; et vous voulez que Dieu, la bonté, la sagesse même, qui peut tout ce qu'il veut, ne fera rien pour celui qui s'abandonne aveuglément à sa Providence, qui ne fait aucune démarche sans la consulter, qui cherche par-dessus tout à connaître ses desseins, qui pense et agit en conséquence ? Ah ! si elle nous laisse faire dans cette occasion comme dans bien d'autres, tant de fausses démarches, c'est que nous pensons à tout, excepté à elle : il semble que nous puissions nous passer et de son secours et de ses lumières. Aveugles que nous sommes, nous abandonnons le seul guide qui puisse nous conduire infailliblement : et de là combien de faux pas ! que d'imprudences, que de chutes ! que de malheurs ! et pour ne pas sortir de notre sujet, combien de mariages suivis de repentir, d'amertume, et quelquefois de désespoir !

D'un autre côté, l'on s'y engage très-souvent sans s'être bien consulté soi-même pour voir si l'on a dans l'esprit et dans le caractère certaines dispositions sans lesquelles il est impossible de rendre un mari heureux, une femme heureuse, et par conséquent d'être véritablement heureux soi-même. Ecoutez encore ceci, et profitez-en, soit que vous soyez marié, soit que vous pensiez à l'être.

SECONDE RÉFLEXION.

Pour faire un bon ecclésiastique, il faut des mœurs, de la piété, de la science, du zèle, et un certain talent dans le genre de ceux qui servent à l'instruction, à l'édification, à la sanctification des âmes. Pour faire un bon religieux, il faut un renoncement sincère à tous les biens, à tous les plaisirs du monde et à sa propre volonté. Pour faire un bon ménage, il faut quelque chose qui, dans un sens, est plus difficile et plus rare que tout cela. L'ecclésiastique, comme nous le disions tout à l'heure, s'attache irrévocablement à l'Eglise ; mais il n'est pas tellement astreint aux temps, aux lieux et aux personnes qu'il ne puisse changer de position et trouver un remède à l'ennui ou aux difficultés de sa position actuelle Il peut passer de la conduite des âmes au chœur, du chœur à la conduite des âmes, ou même quitter l'un et l'autre pour s'appliquer uniquement à l'étude et à la prière. Dans le mariage, vous n'avez pas cette ressource : quelque gênante, quelque cruelle que soit votre position, vous ne pouvez pas la changer. Le religieux a fait vœu d'observer la règle; mais cette règle est juste, elle est sainte, elle n'est point capricieuse, elle est uniforme. Quand il l'observe, ses supérieurs sont contents, et il est heureux. Dans le mariage ce n'est pas de même ; il ne vous suffit pas pour y être heureux de remplir vos obligations, il faut encore que la personne à qui vous êtes uni remplisse les siennes. Votre bonheur dépend de son caractère et de sa conduite, autant et peut-être plus que de vous-même. Inconstance, caprice, humeur bizarre, défaut de sens, manque de raison, vous avez épousé tout cela, si tout cela se trouve malheureusement dans la personne que vous avez épousée. De plus : ce qui n'existe pas dans un temps peut exister dans un autre Les hommes ainsi que les femmes sont naturellement changeants, et il faut vous attendre à tout. Voyez donc et combinez bien la trempe de votre caractère avec la nature de vos engagements. Car le premier et le plus indispensable de vos devoirs sera d'aimer et de supporter la personne que vous aurez choisie, quelque insupportable qu'elle vous paraisse.

Oui, mademoiselle, si votre mari est un libertin, vous serez forcée de supporter son libertinage; d'avoir peut-être dans l'intérieur de votre maison et journellement sous vos yeux l'objet de sa passion et de votre douleur ; trop heureuse si l'on n'affiche pas la préférence ; si l'on n'exige pas de vous des égards et des attentions pour celle qui, à n'écouter que les mouvements de la nature, devrait nécessairement vous inspirer la haine et l'horreur.

Si vous épousez un homme colère, il vous faudra essuyer, sans mot dire, toutes les bourasques de son humeur violente, de ses emportements et de ses fureurs; il faudra tenir votre cœur à deux mains, arrêter votre langue, fermer votre bouche et paraître comme insensible pendant ces terribles accès de phrénésie, heureuse encore s'il ne pousse pas la folie jusqu'à s'irriter de votre douceur et de votre patience.

S'il est avare, vous serez la première victime de sa *lésine*, et forcée en quelque sorte de lui devenir semblable. S'il est dissipateur, vous verrez fondre votre maison peu à peu, le revenu diminuera, les dettes s'accumuleront, et vous vous trouverez bientôt à ce point de dérangement et de décadence qui annonce une chute prochaine et inévitable ; surtout si vous n'avez pas le talent d'administrer l'intérieur de votre ménage suivant toutes les règles de la plus sage et de la plus sévère économie. Il faut donc que vous ayez dans ces occasions et dans beaucoup d'autres semblables, assez de ressource dans l'esprit, assez de douceur dans le caractère, pour ramener peu à peu votre mari par des représentations sages et faites à propos, par une amitié constante, par une patience à toute épreuve, pour ne pas l'aigrir et le rendre plus méchant encore par des réflexions déplacées, par des manières brusques et hautaines, des reproches mordants, des paroles outrageantes, ou même par un silence affecté qui annonce le mépris et déplaît quelquefois plus que tout le reste.

Il est des maris difficiles, et j'en connais qui semblent faits tout exprès pour rendre une femme malheureuse ; mais il est des femmes aussi, et j'en connais, qui sont, pour ces sortes de maris, une occasion journalière d'humeur et d'impatience : des femmes impérieuses qui ne sauraient rien dire à un mari sur ses défauts sans prendre le ton de maître, et sans lui faire des réprimandes ; des raisonneuses éternelles qui moralisent à tout propos, et font autant de bruit pour une misère que pour des choses de conséquence; des femmes dont la langue aussi légère que leur tête vous lance à tort et à travers, sans prévoyance, sans réflexion, sans aucune retenue, des traits aigus qui percent le cœur et seraient capables d'irriter même les hommes les plus patients et les plus raisonnables. Voilà donc une source intarissable de querelles et de guerres domestiques; une source amère de tracasseries, de mortifications qui reviennent sans cesse et empoisonnent tous les moments de la vie ; c'est-à-dire, voilà l'enfer : et le tout parce qu'avant de se marier on n'a point assez réfléchi sur ses obligations, parce qu'on n'a pas consulté ses forces, parce qu'on n'a point prévu ce qu'il fallait prévoir pour combiner ses dispositions naturelles avec les engagements que l'on contractait.

Mettez-vous donc bien dans l'esprit, mademoiselle, que vous devez avoir par-dessus tout une grande douceur dans le caractère ; vous l'avez souvent ouï dire, et c'est un proverbe, en prenant un mari vous vous donnerez un maître. Il faut donc renoncer à votre volonté pour faire les siennes. Vous ne serez plus maîtresse de vos actions; il ne vous sera plus permis de dire : je veux. La docilité, l'obéissance, la soumission seront désormais votre loi et votre partage.

Si vous pouviez espérer d'acquérir un certain empire sur la volonté de votre mari, ce ne pourrait être qu'en travaillant à gagner son cœur par la bonté du vôtre, par votre retenue et par votre modestie, par une application constante aux affaires de votre ménage, au soin de votre famille, à l'éducation de vos enfants. C'est par là qu'une femme sage cherche à gagner le cœur de son mari ; et c'est par là qu'elle le gagne enfin tôt ou tard. Quand une fois elle est parvenue à ce point, ce mari revient peu à peu ; il se réforme et se plie insensiblement aux volontés d'une femme qui lui est chère, et dont il respecte la vertu. Il la regarde comme l'ornement de sa maison, le trésor de sa famille, la douceur de sa vie, et il met en elle toute sa confiance.

Certes, la Providence, en rendant l'homme maître des actions et de la personne de sa femme, a bien adouci le joug de celle-ci, en lui donnant des qualités par le moyen desquelles le mari puisse être, en quelque sorte, subjugué à son tour et devenir, pour ainsi dire, le serviteur de sa femme, quand elle a su gagner son cœur, non par les attraits passagers d'une beauté fragile, ni par les agréments frivoles d'un caractère apprêté, ni par les artifices et le déguisement d'une âme intéressée qui ne cherche que sa propre satisfaction, tout cela se passe, se dément, et n'a rien de solide. Mais je dis : quand elle a su captiver le cœur de son mari par l'innocence et la simplicité de ses mœurs, par la sagesse de sa conduite, par cette tendresse respectueuse que la religion inspire à une femme chrétienne, et dont elle lui fournit les motifs les plus nobles et les plus puissants.

A propos de religion; au nom de Dieu, Madame, ne vous avisez jamais de prêcher votre mari sur cet article. Quand je dis jamais, cela s'entend d'un certain ton et d'une certaine manière qui ne vous va point, et ne convient pas du tout. Si ce mari n'est pas aussi chrétien, aussi religieux qu'il devrait l'être, et que vous le désireriez ; si vous aviez la douleur de le voir donner dans les nouvelles opinions, et devenir l'apologiste de nos prétendus esprits forts. Dans tous ces cas-là, vous avez deux remèdes à votre disposition. Le premier est que sans parler de Dieu à votre mari, ou ne lui en parlant que peu et avec beaucoup de prudence, vous parliez souvent à Dieu des faiblesses et des erreurs de votre mari. Levant en secret des mains pures vers le ciel; conjurant le Père des lumières de le ramener à la droiture et à la simplicité de la foi, de le remettre par sa miséricorde, dans la voie de la vérité et de la vertu. C'est ainsi que sainte Monique travaillait à la conversion de son mari. C'est par ce moyen que sainte Clotilde obtint la conversion miraculeuse de Clovis son époux, et le premier de nos rois qui ait embrassé le christianisme.

Le second remède est le spectacle édifiant d'une vie constamment régulière et à tous égards irrépréhensible ; une piété solide dont les exercices extérieurs n'aient rien qui puisse choquer, ni même gêner votre mari, duquel vous devez ménager la faiblesse ; une piété qui non-seulement ne lui déplaise en aucun point, mais qui vous rende à ses yeux plus aimable, plus attentive à lui plaire, plus affable, plus empressée à l'égard de ceux qui viennent le voir, de manière que votre mari ne trouve point de maison plus agréable que la sienne quand vous y êtes, qu'il n'en sorte qu'avec peine, et qu'il y rentre toujours avec un nouveau plaisir. Croyez-moi, Madame, une telle conduite, jointe à des prières ferventes, ramènera, tôt ou tard, votre mari dans la voie que vous tenez vous-même, soit qu'il pèche du côté des mœurs, ou du côté de la foi. Il sentira sans que vous cherchiez trop à le lui faire sentir, les inquiétudes qu'il vous cause. La tendresse que vous lui aurez inspirée commencera l'ouvrage de sa conversion; votre exemple l'avancera beaucoup, et vos prières le consommeront, pourvu néanmoins que vous ayez épousé un homme et non pas un monstre. Heureux l'honnête homme qui a rencontré une telle épouse! Heureux les enfants qui naîtront d'une telle mère

Ils paraîtront d abord à ses yeux comme le fruit des bénédictions que la Providence a répandues sur son mariage. Elle trouvera dans leur personne comme autant d'images vivantes d'un époux qui par là lui devient plus cher, et à qui, par la même raison, elle est devenue plus précieuse et plus chère. Les jeux et les ris, qui sont comme l'apanage de l'enfance, folâtreront autour de cette mère respectable : leur aimable gaieté, leur naïveté, leurs saillies, leurs vives et innocentes caresses procureront chaque jour à la tendresse maternelle des moments délicieux capables d'adoucir les peines les plus cuisantes.

Ensuite elle les regardera comme de jeunes plantes destinées à remplir un jour dans le monde une certaine place qui, de quelque nature qu'elle puisse être, demande des vertus; et ces vertus, elle en jettera les premières semences dans leur âme; elle leur apprendra dès lors à connaître leur Créateur et le principe de tout bien; elle les accoutumera de bonne heure à lever leurs petites mains vers le ciel, à prononcer le saint nom de Dieu, et le nom adorable de Jésus-Christ, à le bénir et lui rendre hommage. Tels seront les premiers essais de leur bouche enfantine et d'une langue qui commence à se délier; ils croîtront ainsi sous les yeux d'une mère attentive à ne leur donner et à ne leur laisser prendre que des impressions salutaires. Pendant qu'ils joueront auprès d'elle, son imagination la transportera quelquefois dans le temps où il faudra leur donner un état; et cette pensée, sans lui causer des inquiétudes injurieuses à la Providence, la rendra toujours plus vigilante, plus économe, plus sage dans le gouvernement intérieur de sa maison.

Enfin, elle regardera ses enfants comme un dépôt sacré que Dieu a remis entre ses mains, dont elle répond, et dont elle rendra compte par conséquent au moins jusqu'à un certain point, à celui qui l'en a chargée. Elle partira de cette réflexion pour les former dès l'âge le plus tendre à la pratique de la vertu, et prévoyant les dangers où leur innocence sera exposée, lorsque, ayant atteint un certain âge, il ne lui sera plus possible de les retenir sous ses ailes; son attention principale sera de graver dans leur cœur les principes d'une vraie piété en Jésus-Christ, germe précieux de tout bien dont les passions et les mauvais exemples peuvent arrêter les fruits pendant un certain temps; mais qui ne meurt jamais tout à fait dans une âme bien née, lorsqu'elle a sucé avec le lait l'amour de la vertu et de la piété en Jésus-Christ.

Tels sont, mes frères, les devoirs, les occupations, les vrais plaisirs d'une mère chrétienne. Sa parure, ses ornements, son jeu, son trésor, sa joie, sont ses enfants; et je ne conçois pas comment les femmes d'un certain état, après les avoir mis au monde, les regardent à peine et les renvoient aussitôt hors de la maison et dans les bras d'une étrangère, comme un fardeau qui les a incommodées pendant neuf mois, et dont elles sont enfin débarrassées; comme si elles étaient mères par hasard, ou contre leur intention; comme si elles cessaient de l'être dès l'instant qu'elles le sont devenues, et qu'il s'agit d'en faire les fonctions véritables. N'en disons pas davantage; les préjugés, les faussses bienséances, les raffinements de la volupté, l'amour excessif des plaisirs ont étouffé la voix de la nature, et nous ferment la bouche. Je demande donc quel est l'homme raisonnable qui ne voulût avoir une femme telle que nous venons de la dépeindre? Sans doute, il n'en est aucun; mais en est-il beaucoup qui la méritent?

Le mari est le chef et le maître de sa femme; il a sur elle des droits que la nature semble avoir établis, que les lois ont fixés, que la religion autorise. Mais s'il a des droits que la femme doive reconnaître et respecter, il a des devoirs aussi qui renferment son autorité dans certaines bornes; et l'apôtre saint Paul, qui veut que les femmes soient soumises à leurs maris, veut en même temps que les maris aiment leurs femmes. (*Ephes.*, V, 25-33.) Non pas qu'une femme qui ne serait point aimée de son mari fût pour cela dispensée de lui obéir, comme le mari ne serait point dispensé d'aimer sa femme quand elle manquerait de soumission. Tel que soit un mari, sa femme doit lui être soumise en tout ce qui ne blesse pas la conscience. Telle que soit une femme son mari doit l'aimer et s'attacher uniquement à elle, hors le cas où il serait autorisé par les lois à la répudier solennellement.

Vous sentez, mes frères, qu'il ne s'agit point ici de cet amour purement charnel, et pour ainsi dire machinal, qui ne tient qu'à la partie inférieure de l'âme et qui est une sensation plutôt qu'un sentiment de cet amour, qui enfante la noire jalousie, et qui par une bizarrerie singulière n'est point incompatible avec la haine; de sorte que l'on hait quelquefois par réflexion la même personne que l'on aime par instinct. Ce n'est là qu'un amour de bête, la plus honteuse de toutes les passions, la plus capable de porter aux derniers excès quiconque se laisse dominer par elle.

Nous ne parlons donc pas de cet amour qui n'a d'autre objet qu'une chair fragile et corruptible, qui est fragile et changeant comme elle; qui s'affaiblit avec l'âge et que la vieillesse achève d'éteindre. Nous parlons d'un amour raisonnable; d'un sentiment réfléchi, fondé sur la reconnaissance de vos devoirs, sur la disposition habituelle et dominante où vous devez être de les remplir selon Dieu. J'aime l'épouse qu'il m'a donnée, non pas à cause de sa beauté, ou de ses agréments; cet amour n'aurait rien de solide, parce que les agréments se passent et la grande beauté se flétrit. Mais je l'aime à cause qu'elle est devenue par l'institution du Créateur, la chair de ma chair, et les os de mes os. Je l'aime parce qu'en la prenant pour mon épouse, je lui ai donné mon cœur en lui donnant ma main, de sorte que ne faisant plus qu'un avec elle, je ne puis pas plus la haïr que je puis haïr ma propre chair. Je l'aime enfin, parce qu'elle est ou peut devenir la mère des enfants qui nous représentent l'un et l'autre dans une même personne, sont l'image vivante de notre union, comme les gages et les fruits de notre tendresse. Voilà, mes frères, quels doivent être les fondements de cet amour conjugal que la nature inspire, que la Providence bénit, que la religion commande et sanctifie.

Cet amour si naturel, si raisonnable, si légitime, si chrétien, est la règle de ma conduite vis-à-vis de l'épouse qui en est devenue l'objet. C'est par une suite de ce sentiment que je supporte sans dégoût et avec patience ses défauts et ses infirmités; je ménage et respecte même la faiblesse naturelle de son sexe. Quoiqu'elle ne soit point en droit de me faire des leçons, je l'écoute toujours avec un ton d'amitié et de confiance qui puisse adoucir la peine qu'elle pourrait sentir en me trouvant d'un avis contraire au sien. Bien loin de disputer avec elle, ou de lui dire des choses mortifiantes, je relève, je loue tout ce qu'il y a de raisonnable et de juste dans ses réflexions; et quant à ce qui ne me paraît point tel, je lui suppose toujours de bons motifs, et je l'en loue encore Quoi qu'elle dise, je l'écoute et lui réponds toujours avec bonté, et dans les cas où la prudence exige que je me taise, mon silence n'a rien dont elle puisse être offensée.

Tout cela est fort beau, monsieur le prédicateur; mais si ma femme est hautaine, impérieuse, d'un caractère bizarre, d'une humeur capricieuse et insupportable; si elle fait en jeu, en habits, en parures, des dépenses exorbitantes; si elle abandonne totalement le soin de son ménage; si . . . . . Mon cher Monsieur, je vous plains et n'ai là-dessus qu'un mot à vous dire; beaucoup de douceur et de patience chrétienne. Mais si tout cela n'aboutit à rien? encore plus de douceur et de patience. Mais enfin, et au bout? Enfin et au bout, point *d'esclandre*. Mais si elle me ruine, si elle me déshonore, ne pourrai-je pas en venir aux remèdes violents? Violents! non; mais efficaces; mais appliqués de manière qu'elle ne puisse se plaindre qu'à elle-même de ce qu'ils auront d'amer; de sorte qu'elle soit forcée de dire : Je ne suis pas une femme, je suis un démon, et mon mari est un ange plutôt qu'un homme.

Je finirai par vous donner un avis au sujet duquel vous ne sauriez pousser trop loin la délicatesse du sentiment et de la conscience. Je veux dire que vous n'ayez jamais à vous reprocher d'avoir violé la foi conjugale. Il serait à souhaiter que tous les jeunes gens portassent dans le mariage, un cœur neuf que la volupté n'eût point amolli, et que le vice déshonnête n'eût point corrompu. Hélas! les plus belles années de leur vie sont presque toujours souillées par les suites honteuses de cette malheureuse passion. Nous en voyons quelquefois qui n'apportent aux pieds des autels où ils viennent contracter les engagements les plus respectables, qu'un corps affaibli par des plaisirs infâmes et prématurés; un tempérament usé par le libertinage; un cœur qui, pour s'être livré à toutes les fureurs d'une jeunesse bouillante, est incapable de goûter les plaisirs tranquilles et les innocentes douceurs de la tendresse conjugale.

Mais tout au moins, mon cher enfant, n'allez pas profaner la sainteté du mariage en ajoutant de nouveaux crimes et de nouvelles horreurs à la corruption et aux égarements de votre jeunesse. Souvenez-vous que l'adultère blesse tout à la fois la justice, la probité, l'honneur d'autrui et le sien; qu'il offense la nature, qu'il trouble l'ordre des successions légitimes et produit une infinité de maux, lesquels pour être secrets et cachés aux yeux des hommes, n'en existent pas moins devant Dieu, avec toutes leurs suites. Réfléchissez vous-même sur cet article, auquel je ne puis ni ne veux m'arrêter dans ce moment-ci; et vous serez forcés de convenir qu'un adultère n'est rien moins qu'un honnête homme.

Grand Dieu! qui après avoir créé l'homme à votre image, lui avez donné une compagne formée de sa propre chair, et avez exprimé dans leur alliance indissoluble, la figure de nos mystères les plus saints. Eclairez de votre lumière tous les fidèles qui pensent à s'engager dans cet état, afin qu'ils voient et qu'ils sentent la nécessité de vous consulter, et le danger où ils s'exposent de vivre et de mourir malheureusement, en faisant un choix que vous n'avez point fait vous-même. Qu'ils examinent et pèsent mûrement en votre présence les obligations qu'ils vont contracter, pour voir si elles ne sont pas au-dessus de leurs forces eu égard à leur caractère et à leurs dispositions. Qu'ils se préparent à la réception de ce sacrement auguste par une vie pure et innocente. Mais surtout qu'ils ne le profanent jamais, en violant la foi qu'ils auront jurée devant vous et à la face des autels. Que les douceurs d'un amour chaste et fondé sur celui dont l'un et l'autre des époux doivent brûler pour vous, ô mon Dieu!

soient leur plus solide consolation dans les peines qu'ils auront à souffrir. Adorable Jésus! qui avez sanctifié le mariage en assistant aux noces de Cana, et en opérant en faveur de ces bienheureux époux, le premier de vos miracles! Dieu de paix et de consolation, faites régner dans tous les ménages une paix solide. Versez dans l'âme de tous les époux le vin mystérieux de vos divines consolations, pour adoucir les peines soit intérieures, soit extérieures, qui sont inséparables de leur état. Faites que n'ayant en vous qu'un même esprit et un même cœur, leur union inaltérable et toute sainte, soit vraiment l'image de l'union et de la paix éternelles, qui font en vous et par vous, ô Jésus! la félicité des élus dans le ciel. Ainsi soit-il.

DISCOURS IX.

Pour le troisième Dimanche après l'Epiphanie.

SUR LA FOI.

Dixit Jesus centurioni : Vade, et sicut credidisti fiat tibi. Et sanatus est puer in illa hora. (*Matth.*, VIII, 13.)

Jésus dit au centenier : Allez, et qu'il vous soit fait selon que vous avez cru. Et à l'heure même son serviteur fut guéri.

C'est ainsi, mes chers paroissiens, que la foi guérit et sauve nos âmes, lorsqu'elle est simple, vive et inébranlable comme celle du Centenier, qui excita l'admiration de Jésus-Christ, mérita ses éloges et obtint à cet officier la guérison de son serviteur. La foi nous sauve, parce qu'en éclairant notre esprit d'une lumière pure et infaillible, elle nous met à couvert des erreurs où se précipitent et se perdent ceux qui ont le malheur de ne pas connaître ou de rejeter cette lumière divine. La foi nous sauve, parce qu'elle rend l'homme capable de s'élever à la pratique des plus hautes vertus, par les vues sublimes qu'elle lui donne, par les motifs puissants et les secours efficaces qu'elle lui fournit. Elle nous sauve en nous inspirant le désir, en nous apprenant la manière, en nous donnant la force de faire servir à notre salut les biens et les maux dont le mauvais usage est seul la cause de notre perte. Tels sont les avantages de la foi chrétienne, touchant laquelle je me propose de remettre sous vos yeux plusieurs réflexions, qui, à la vérité, n'ont rien que de très-commun; mais qui n'en sont pas moins solides, et sur lesquelles on ne saurait trop insister dans ces temps malheureux, où les pasteurs doivent s'efforcer plus que jamais, de prémunir leurs ouailles contre le venin de l'incrédulité.

PREMIÈRE RÉFLEXION.

Lorsque je considère les avantages, les ressources, les consolations de la foi chrétienne, et que jetant ensuite les yeux sur ceux qui n'en sont point éclairés, je compare leur position avec la nôtre, je me sens pénétré de la plus vive et de la plus tendre reconnaissance. Hélas! Seigneur, qui suis-je, et qu'ai-je fait pour que vous m'ayez enrichi de ce don précieux et inestimable, pendant que des nations entières en sont privées? Il ne m'appartient pas, grand Dieu! de vous interroger sur les secrets de votre Providence, ni de sonder les profondeurs adorables de vos jugements. Le choix que vous avez fait de cette créature indigne préférablement à tant d'autres, au lieu de m'humilier devant vous, et de rendre ma reconnaissance plus vive, ne servirait-il qu'à me faire raisonner sur un secret dont vous vous êtes réservé la connaissance? Et ce misérable pécheur placé dans le centre de la vraie lumière, se reposant à l'ombre de vos ailes, engraissé de vos biens dans le sein de votre Eglise, pousserait l'orgueil et l'ingratitude jusqu'à vous demander raison, jusqu'à murmurer contre vous de la préférence que vous lui avez donnée?

Non, mon Dieu, non ; je sais qu'il y a autant de distance de vos pensées à nos pensées, qu'il y en a du ciel à la terre. Je sais que toutes vos voies sont pleines de sagesse et de vérité, que la justice et la miséricorde président toujours à la distribution de vos grâces. Je sais que tous les hommes sans exception doivent paraître devant vous, pour rendre compte de leur vie. Je sais que vous jugerez sur l'Evangile tous ceux à qui l'Evangile aura été annoncé, que ceux qui n'auront connu, et n'auront pu connaître d'autre loi que leur conscience, auront cette conscience pour juge, de manière que vous serez trouvé juste en tout et envers tous.

Je fermerai donc les yeux, et je garderai un silence profond sur le sort que peuvent attendre les nations aveugles qui ont le malheur de ne pas vous connaître, ô Jésus; et à la vue des biens infinis que la foi me procure, je m'écrierai avec le Prophète et tous les fidèles ensemble : ***Lauda, Jerusalem, Dominum, lauda Deum tuum, Sion,*** etc. (***Psal.*** **CXLVII, 1.**) Eglise chrétienne, qui êtes la véritable Jérusalem, et la bienheureuse montagne de Sion, louez à jamais votre Dieu, le Père des miséricordes, qui vous a établie par la foi dans la connaissance de toute vérité; qui a répandu par elle sur vos enfants toute sorte de bénédictions!

Et en effet : que savons-nous, et à quoi l'esprit humain peut-il se fixer invariablement, lorsqu'il n'est pas guidé par les lumières de la foi? Si je lève les yeux vers le ciel, je vois une multitude prodigieuse de corps immenses qui paraissent se mouvoir et rouler au-dessus de ma tête, à une distance qui m'étonne, et dans un espace où mon imagination se perd. Pourquoi, et pour qui tous ces astres? Sont-ils faits pour la terre seule, ou si la terre est faite pour eux? Depuis quand ont-ils commencé d'être? Ne verra-t-on jamais la fin de leur mouvement, de leur course, de leurs révolutions? J'interroge là-dessus ma raison; et ma raison en me suggérant mille conjectures diverses, me plonge dans un abîme de doutes et d'incertitudes.

De là ramenant mes regards sur le globe

que j'habite, j'y vois parmi les animaux de toute taille, de toute couleur et de toute espèce, dont elle est remplie, des hommes que la raison élève infiniment au-dessus des autres créatures, qui toutes paraissent avoir été faites pour eux. Ils vivent en société, ils se font des lois, ils se gouvernent les uns d'une manière, les autres d'une autre. On voit des républiques, des royaumes se former, s'agrandir, s'élever, puis décroître, tomber et disparaître. On voit des peuples entiers passer de la barbarie à tout ce que les sciences et les arts ont de plus lumineux et de plus rare; d'autres au contraire passer de la science et de la politesse des mœurs, à la plus barbare grossièreté. Cette terre est comme un grand théâtre qui offre de siècle en siècle de nouvelles scènes, et produit de nouvelles révolutions. Il semble d'abord que les hommes soient jetés comme au hasard dans différentes parties du monde, par un mouvement aveugle qui les agite en tous sens, les emporte, les ramène de génération en génération, sans dessein, sans objet, sans ordre. Depuis quand la terre est-elle ainsi habitée? jusques à quand le sera-t-elle? J'ai beau interroger la nature, elle ne m'apprend rien de certain. Plus je raisonne, plus mes doutes augmentent, et moins je sais à quoi m'en tenir.

Que si je considère l'homme en particulier; il offre à mes yeux un mystère encore plus impénétrable. Du côté de l'âme, c'est une espèce de divinité. Son intelligence, ses lumières, ses réflexions, la combinaison prodigieuse de ses idées, son industrie, les ouvrages qu'il ajoute à ceux de la nature, et par lesquels il semble la surpasser : sa figure même, la majesté de son port, la noblesse de sa démarche, tout cela me remplit d'admiration. Et ce même homme, considéré sous un autre point de vue, réunit, pour ainsi dire, dans sa personne, tout ce qu'il y a de plus bas, de plus vil, de plus baissable dans les brutes. Comment accorder l'amour qu'il a naturellement pour ce qui est bon, juste et honnête, avec le penchant qui l'entraîne vers ce qui est injuste, déshonnête et tout à fait opposé à l'idée qu'il a du bien? Il aime la vertu et l'admire dans autrui, et il s'abandonne au vice : quelle contradiction! et d'où peut-elle venir dans une créature d'ailleurs si parfaite et si excellente.

On me dit que le monde est gouverné par une Providence; et je vois de mes propres yeux une infinité de choses qui ne me permettent pas d'en douter : mais d'un autre côté, quelle Providence! Les uns vivent dans la misère, pendant que les autres regorgent de biens : le vice est en honneur, quelquefois placé sur le trône, pendant que la vertu gémit dans l'oppression, ou rampe dans la poussière. On ne voit partout que crimes impunis. Le fils égorge son père, la femme son époux, les hommes, plus féroces que les animaux, se battent, se déchirent, s'assassinent, se mangent les uns les autres. L'histoire de presque tous les peuples est remplie de meurtres, de carnage, d'horreur : où est donc cette Providence?

Raison humaine, vous m'apprenez qu'il y a un Dieu; et en effet, toute la nature me l'annonce : mais vous m'apprenez en même temps qu'il est la vérité, la justice, la sagesse, la bonté même; qu'il voit tout, qu'il peut tout, qu'il pourvoit à tout, que rien ne saurait échapper ni à ses regards, ni à sa puissance, ni à sa justice. Que s'il y a des âmes vertueuses, il doit les récompenser; que s'il y a des hommes méchants, il doit les punir. Voilà ce que me dit la raison, et d'un autre côté, lorsque je veux raisonner sur certains faits, il me semble apercevoir tout le contraire. Les lumières de la raison ne suffisent donc pas pour m'éclairer d'une manière satisfaisante sur ce que je dois penser de la divinité, de ses ouvrages et de moi-même.

Ainsi le voyageur que les ténèbres de la nuit ont surpris, ne distinguant point les objets qui sont autour de lui, prend quelquefois les arbres pour des hommes, les montagnes pour des plaines, un chemin uni pour des précipices, jusqu'à ce qu'enfin le jour venant à paraître, les ténèbres se dissipent, chaque objet se montre sous sa forme naturelle, les montagnes s'élèvent, les vallées s'abaissent, les plaines s'étendent, tout se distingue, tout s'arrange aux yeux du voyageur satisfait, qui, regardant à droite et à gauche, devant et derrière lui, certain alors de sa route, marche sans crainte de s'égarer, à la lumière de l'astre bienfaisant qui l'éclaire. Voilà précisément ce qui nous arrive.

Lorsque voulant raisonner sur la nature et les attributs de Dieu, sur la manière dont il gouverne le monde, sur la fin pour laquelle il nous a créés, sur le culte que nous lui devons, sur la nature de notre âme, et sur mille autres choses semblables, nous n'avons d'autre lumière que celle de notre faible raison; nous ne trouvons partout que contradictions et que ténèbres. Mais dès l'instant que le flambeau divin de la foi vient à notre secours, et que notre esprit, soumis à la croyance de certaines vérités qu'il a plu à Dieu de révéler aux hommes, s'y fixe comme sur des principes certains, d'où il part pour raisonner sur tout le reste, se plaçant là comme sur un point de vue d'où il regarde le passé, le présent et l'avenir; alors les difficultés s'éclaircissent, les doutes s'évanouissent, l'économie de la Providence se développe aux yeux de l'âme fidèle : sa puissance l'étonne, sa justice l'effraye, sa bonté l'attendrit, sa sagesse la remplit d'admiration.

Dans tous les événements qui ont suivi la création du monde et la chute du premier homme, la foi me découvre une Providence admirable qui tend à sa fin par des voies incompréhensibles; mais avec une sagesse, une douceur, une force qui entraîne et porte infailliblement toutes les créatures au but de ses volontés éternelles. Les guerres, les maladies, les famines, tous les fléaux du ciel qui ravagent tour à tour les différentes parties de la terre, les troubles, les révolutions, la chute des royaumes; toutes ces choses envisagées avec les yeux, et suivant les principes de la foi sont les effets de cette justice immuable qui ne laisse rien d'impuni, qui fait quelquefois porter aux enfants la peine due aux péchés de leurs pères, à quoi ils ont ajouté leurs propres iniquités. Le fidèle en suivant de l'œil le progrès de la corruption et de la malice des hommes, voit le bras de Dieu suspendu jusqu'à ce que cette malice soit montée à son comble, et il voit ensuite ce bras terrible tomber et s'appesantir sur le peuple coupable et incorrigible, qui a méconnu son maître et s'est opiniâtrément révolté contre lui. La raison s'arrête aux causes naturelles; la foi porte sa vue plus loin; elle s'élève jusques à la cause première, et no voit dans les créatures que les instruments d'une main invisible qui frappe les uns, qui relève les autres; qui adopte ceux ci, qui rejette ceux-là, qui fait servir les plus grands désordres à l'ordre général et au bien universel, à l'accomplissement de ses desseins et à sa plus grande gloire. Dans les crimes impunis, dans les vertus sans récompense, la raison trouve d'abord la preuve d'une vie à venir où chacun sera traité suivant ses mérites; et la foi venant au secours de la raison, nous enseigne au sujet de cette vie future les vérités les plus capables de nous éloigner du mal et de nous porter à la pratique de la vertu.

Ce mélange singulier de grandeur et de bassesse que je trouve dans mon propre fond n'est plus un mystère pour moi, dès que la foi m'en apprend la véritable cause. L'homme créé dans la droiture et dans la justice, perdit sa beauté originelle, il mit au monde des enfants pécheurs comme lui, et viciés dans leur origine. Mais ce malheur a été réparé d'une manière si admirable, que la nature humaine a été élevée par l'incarnation du Fils de Dieu à un degré de gloire et de sainteté, bien supérieur à celui d'où elle était déchue dans la personne et par la chute de notre premier père.

De là, toujours guidé par la foi, je contemple le mystère ineffable d'un Dieu fait homme. Toute la suite et l'économie de la rédemption, les merveilles de l'Evangile, les richesses spirituelles de l'Eglise chrétienne, la source inépuisable des grâces et des bénédictions qu'elle renferme; la puissance divine qu'elle a reçue pour la sanctification des pécheurs; les fondements inébranlables sur lesquels cette Eglise est appuyée; et reconnaissant partout le doigt éternel de la vérité elle-même, je m'arrête et me repose dans son sein, faisant de bon cœur le sacrifice de mes faibles lumières à l'autorité sacrée que je suis forcé de reconnaître, et à laquelle je ne puis résister sans renoncer aux lumières les plus pures et les plus infaillibles de ma raison elle-même. Quelle consolation pour un chrétien, de trouver dans sa foi des principes certains et invariables, sur lesquels il s'appuie sans craindre de se tromper ou d'être trompé!

Le philosophe incrédule après bien des recherches et des raisonnements infinis, ne fait et n'enseigne rien de certain en matière de religion. La foi par une voie plus abrégée et plus simple nous découvre en Jésus-Christ et par Jésus-Christ, tout ce qu'il nous importe de connaître sur ce point capital: et la doctrine de l'Evangile n'est point un amas de superstitions et de mensonges, ce ne sont point des conjectures et des probabilités; ce sont des vérités à l'épreuve de l'examen le plus sévère, et qui ont résisté à tous les efforts que l'on a pu faire pour les combattre et les détruire. C'est un or pur mille fois éprouvé par le feu: c'est un argent qui a passé et repassé par le creuset: par le creuset des Scribes et des Pharisiens; par le creuset des faux apôtres; par le creuset des tyrans; par le creuset des hérétiques cent et cent fois; cent et cent fois encore par le creuset des philosophes, des esprits forts, des incrédules, de tous les ennemis du nom chrétien. Et de tous ces creusets la vérité de ma foi n'est sortie que plus pure et plus éclatante: *Argentum igne examinatum, probatum terræ, purgatum septuplum.*

C'est que tout est lié, tout se suit, tout est raisonnable dans la doctrine de la foi. Tout s'y trouve appuyé sur des faits dont l'existence est démontrée, dont l'évidence est aussi éclatante que le soleil. Plus je raisonne, plus j'approfondis avec un cœur droit, les vérités de ma religion; plus ces vérités me paraissent dignes d'être embrassées. Et plus je les embrasse, plus je les admire, plus je les aime, plus j'en sens la beauté, la justesse et toute la force. Mais sans insister davantage sur un point mille et mille fois rebattu et qu'on ne se lasserait jamais de rebattre, jugeons de la foi par ses effets, et apprenons à connaître l'arbre par ses fruits

SECONDE RÉFLEXION.

Je ne parlerai point, mes frères, des effets que produisit la foi dans la personne des patriarches, des prophètes, des justes de l'ancien testament, ni d'une multitude de martyrs, cette nuée de témoins, qui tous déposent en faveur de la foi; ni de la quantité prodigieuse de miracles dont l'histoire de l'Eglise est pleine, dont les preuves et les monuments existent, dont chaque siècle, même le siècle présent fournit des exemples, et dont la suite n'a jamais été interrompue chez le peuple chrétien, quoiqu'ils soient devenus plus rares à mesure qu'ils sont devenus moins nécessaires.

Je ne vous ferai pas remarquer les effets prodigieux de cette même foi dans les courses apostoliques, et les travaux immenses d'un saint François Xavier, qu'on ne croirait point, s'il était possible de les révoquer en doute; ni dans le zèle moins vif et moins impétueux, mais non moins vrai et non moins efficace d'un saint François de Sales, qui fut dans le siècle dernier la gloire de l'Episcopat et la plus douce consolation de l'Eglise de France; ou d'un saint Vincent de Paul, dont la charité inouïe n'a pu avoir d'autre principe que la foi d'un Dieu fait homme; ou d'une sainte de Chantal, qui a vécu presque de nos jours, et que tout le monde connait ; l'honneur de son sexe, le vrai modèle des dames chrétiennes, de celles-là principalement qui sont assez raisonnables pour vouloir, et assez heureuse pour pouvoir passer leur vie dans leurs terres. Quiconque ne trouvera rien que de naturel et d'humain dans la vie de ces illustres personnages sera ou bien méchant, ou bien aveugle et bien prévenu, ou tout à fait incapable de réflexion. Laissons-là, mes frères, ces œuvres extraordinaires et miraculeuses pour nous borner à des effets qui, quoique moins éclatants, ne sont pas moins une preuve sans réplique de la force que la foi seule peut donner à nos âmes.

Je veux parler, non des miracles de vertu, de ces prodiges de ferveur que la foi produit et entretient dans certaines maisons religieuses de l'un et de l'autre sexe, qu'elle seule peut produire et entretenir, mais je parle de cette génération d'hommes justes qu'elle conserve, qu'elle perpétue dans tous les états, au milieu des embarras du siècle, et qui rendent à Jésus-Christ un témoignage d'autant moins suspect, qu'ils cherchent moins à paraître, cachant sous le voile de l'humilité chrétienne les trésors ineffables de la grâce, comme autant de fruits divins de cette foi précieuse, dont la racine est cachée au fond de leur cœur.

Je parle de cette vie cachée en Dieu avec Jésus-Christ dont vivent les âmes justes, et qui pour tout homme raisonnable est la preuve la plus convaincante d'une force surnaturelle, dont le principe ne saurait être ailleurs que dans la foi. Ah! s'il m'était permis de manifester le secret des consciences, et d'exposer ici à vos yeux les pensées, les sentiments, les désirs, tous les mouvements de l'âme juste! quelle gloire, quel triomphe pour la foi chrétienne!

Dites-nous donc, madame, qui est-ce qui vous conduit dans les hôpitaux ou dans la chaumière des pauvres, aux pieds de ces malades de toute espèce, dont la vue seule inspire le dégoût et l'horreur? Quel sentiment vous anime lorsque vous vous abaissez jusqu'à panser leurs plaies de vos propres mains? Où avez-vous appris à oublier auprès de ce misérable lit votre naissance, votre rang et tout cet appareil de grandeur qui vous environne? Mais où avez-vous puisé cette douceur infinie, cette patience à toute épreuve avec laquelle vous souffrez depuis si longtemps les chagrins domestiques, les amertumes secrètes qui vous rongent le cœur, sans que jamais il vous soit échappé le moindre mot qui annonce le murmure ou l'impatience? Où avez-vous puisé ces maximes toutes saintes, suivant lesquelles vous accordez si bien les devoirs de votre condition, avec les exercices d'une piété qui réjouit les anges, et charme les ennemis même de la piété? Ces maximes admirables qui concilient parfaitement les bienséances de votre état, les égards que vous devez avoir pour votre mari, avec le sacrifice que vous avez fait, et que vous renouvelez chaque jour, de tout ce que le monde a de plus flatteur, de tout ce que la chair a de plus séduisant, de tout ce que la vanité a de plus dangereux? Par quel principe invisible et miraculeux étouffez-vons les saillies d'un orgueil que tout ce dont vous êtes environnée, semble devoir vous inspirer et nourrir? Les attraits de la volupté, dans une position où tout la favorise, la fomente et lui prête des armes?

Quel est le charme secret, qui vous attache et vous tient pour ainsi dire collée aux pieds de cette croix et de ces autels? D'où vient cette faim spirituelle qui vous fait continuellement soupirer après le pain mystérieux que vous mangez si souvent, et dont vous n'êtes jamais rassasiée? Quel est enfin le principe de tant de force, de tant de vertu, de tant de ferveur, d'une vie si pure et si angélique? Ah! vous vivez de la vie de la foi : c'est elle qui donne à votre mari, à vos enfants, à vos domestiques, à vos voisins, à toutes les personnes qui vous connaissent et vous approchent, le spectacle d'une vertu dont on ne trouva jamais d'exemple chez quiconque ne crut point ou ne vécut point en Jésus-Christ.

Et vous, monsieur, qui étant encore à la fleur de l'âge, après avoir passé une partie de votre jeunesse dans le sein des plaisirs, y avez renoncé tout à coup, quelle est donc cette lumière qui vous a si subitement éclairé sur la vanité du monde et le néant des choses humaines? D'où vous est venue cette force avec laquelle vous avez rompu les liens qui attachaient votre cœur, et dont vous pensiez ne pouvoir jamais vous débarrasser? Les devoirs de votre état sont la seule chose qui vous occupe aujourd'hui, et vous les remplissez avec une exactitude, une douceur, une patience qu'on ne remarquait point auparavant. La lecture de l'Evangile, les discours de piété vous attendrissent, nos sacrements font votre plus douce consolation : d'où vient ce changement? Quel en a été le principe? Quelle est donc cette main puissante qui tient aujourd'hui vos passions en bride? Qui enchaîne la volupté, les plaisirs des sens, toutes les inclinations vicieuses de la nature; auxquelles vous vous laissiez ci-devant emporter sans résistance? Interrogez-le, mes frères, interrogez tous ceux qui vivent avec piété en Jésus-Christ : ils vous répondront que cette force ne vient pas de leur propre fond; c'est la foi, c'est la foi, qui est la racine d'où partent tous ces fruits de bénédiction qui répandent une odeur si admirable dans l'Eglise de Dieu.

Mais ne trouvons-nous pas dans nos campagnes, même chez le peuple le plus grossier, comme je l'ai dit tant de fois, des personnes dont toutes les lumières naturelles se bornent à la culture de leurs champs, à la nourriture de leurs troupeaux, ou à l'exercice de leur métier, et qui portent néanmoins la pratique de la vertu à un degré capable d'exciter l'émulation des hommes les mieux éduqués et les plus instruits? Dites-moi donc, je vous en prie, quel est dans cette bonne âme le principe de la douceur, de la patience, de la résignation parfaite avec laquelle on la voit souffrir les peines de son état, les malheurs qui lui arrivent, le caractère difficile de ceux avec qui elle vit, les défauts du prochain, les mauvais traitements de ses ennemis? D'où lui vient cette charité qui la rend si désintéressée, si généreuse, si compatissante, si empressée de rendre à ses semblables tous les petits services qui dépendent d'elle? Qui est-ce qui inspire à cet homme sans éducation, des sentiments si nobles, et qui font tant d'honneur à l'humanité ? D'où lui vient cette délicatesse de conscience, qui craint jusqu'à l'ombre du mal, cette sobriété, cette modération en tout qui le retient dans les bornes de l'état où la Providence l'a fait naître, sans envie, sans murmure, sans avarice, content d'avoir, pour lui et pour sa famille, de quoi vivre et de quoi se vêtir; tout aussi content, lorsque Dieu permet, comme il arrive quelquefois, que le nécessaire lui manque?

Ah? c'est à nous, mes frères, qu'il faut demander d'où vient la vertu de ces hommes simples? elle vient de leur foi : voilà leur éducation, leur science, leur sagesse, toute leur philosophie ; et avec cette philosophie, ils maîtrisent leurs passions, ils s'élèvent au-dessus de la nature, ils vivent comme des anges. Ce n'est point ici un portrait fait en l'air, une supposition chimérique. Il n'est point de paroisse qui ne console son pasteur par quelque exemple de cette espèce ; et c'est là, je vous l'avoue, mes frères, une des choses qui contribuent le plus à m'affermir dans la foi : je sens qu'elle ne peut avoir sa racine que dans le ciel, lorsque je la vois produire des fruits si miraculeux et si divins sur la terre.

Réunissez maintenant dans votre imagination tous les siècles qui se sont écoulés depuis Jésus-Christ, et tous les hommes qui ont cru et vécu en Jésus-Christ ; rassemblez ensuite toutes les bonnes œuvres de tous les chrétiens ensemble ; le zèle brûlant des apôtres, les travaux immenses ; le zèle et les travaux des hommes apostoliques qui leur ont succédé jusqu'au moment où je parle. La patience héroïque des martyrs, la pureté des vierges, les mortifications des pénitents, les austérités des solitaires, les prières, les jeûnes, les aumônes, toutes les œuvres de piété de tous les justes : voilà les fruits de la foi.

Que si votre imagination se perd dans la vaste étendue de dix-huit siècles, bornez-vous au temps présent, à l'espace d'une seule année, même sans sortir du royaume. Parcourez toutes les maisons religieuses, tous les établissements de piété, toutes les familles chrétiennes, dans la capitale ou dans la province, à la ville ou à la campagne ; rassemblez dans votre esprit tout ce que les chrétiens y font pour la gloire de Dieu, pour le service du prochain, pour la conversion et la sanctification des âmes : voilà les fruits de la foi. Disons tout en un mot, et c'est le plus bel éloge que l'on puisse faire de notre foi ; à mesure qu'elle diminue, les mœurs se corrompent, les bonnes œuvres diminuent en même temps et à proportion. Faites revivre la foi des premiers siècles, et vous en verrez renaître les vertus. C'est qu'elle est le principe seul solide, la source vivante et intarissable de tout le vrai bien qui se fait sur la terre.

Jetez enfin un coup d'œil sur cette foule de pasteurs, de docteurs, de missionnaires, d'apôtres qui se succèdent sans interruption, et qui travaillent sans relâche à l'édification du corps de Jésus-Christ. Dites-moi quel est le principe de ce zèle impétueux qui les arrache du sein de leur patrie, les transporte au-delà des mers, pour annoncer l'Evangile aux nations barbares, pour planter la croix et répandre le sang du Rédempteur dans la terre des sauvages. Montrez-moi dans les fausses religions, je ne dis pas un zèle de cette nature, mais quelque sentiment qui approche de celui-là?

Le fanatisme n'a qu'un temps, et se renferme ordinairement dans les bornes du pays qui l'a vu naître. C'est un feu passager qui, après avoir consumé ce qu'il trouve autour de lui et à une certaine distance, s'éteint peu à peu, et ne laisse après lui que la confusion et les ténèbres. Mais ce feu, ce feu qui brûle dans le sein de l'Eglise catholique sans jamais s'éteindre, dont les flammes immortelles s'élancent d'un bout à l'autre de l'univers, portant dans tous les lieux où elles passent, la lumière, la vérité, la charité, la justice; ce feu qui dévore les erreurs, qui consume l'iniquité, qui dessèche la corruption, qui convertit les âmes, les sanctifie, les élève à une vie toute céleste ; grand Dieu, qui pourrait ne pas reconnaître à ces traits le feu brûlant que vous avez apporté vous-même sur la terre, que le souffle de votre esprit entretient dans le cœur de vos ministres, pour éclairer et embraser successivement tous les peuples, suivant l'ordre et les moments marqués dans les décrets immuables de vos éternelles miséricordes : ***Ignis est iste perpetuus qui nunquam deficiet.***

Ennemis de la foi, c'est en vain que vous vous efforcez de l'éteindre. Il est écrit que vous ne prévaudrez point contre elle. L'Eglise toujours féconde enfantera de nouveaux peuples sous un autre hémisphère et dans de nouveaux climats, pour la dédommager des pertes qu'elle pourra faire chez la nation ingrate qui secoue son joug et l'abandonne. O Dieu de toute bonté ! souvenez-vous de vos anciennes miséricordes remettez en votre présence les siècles heureux où la foi de nos pères, enrichie de bonnes œuvres réjouissait le ciel et la terre. Vous trouverez encore dans la génération présente des âmes fidèles qui retraceront à vos yeux les fruits abondants de vos bénédictions premières. Vous trouverez au milieu des villes les plus corrompues, non pas seulement cinq, dix ou cinquante justes ;

mais des centaines et des milliers de chrétiens qui n'ont pas fléchi le genou devant l'image de la bête qui blasphème votre saint nom : des chrétiens qui vous adorent et vous servent en esprit et en vérité. Vous trouverez la croix adorable de votre Fils plantée, et son sang répandu dans tous les lieux de ce vaste royaume. Au nom sacré de ce Fils, de cette croix, de ce sang, demeurez avec nous, Seigneur, et ne permettez pas que nous retombions dans les ténèbres d'où vous nous avez tirés pour nous faire passer à la lumière admirable de l'Evangile. Laissez tomber sur nous les fléaux de votre colère; nous les avons tous mérités; mais châtiez-nous comme un père châtie ses enfants, et conservez parmi nous le flambeau précieux de la foi, qui peut seule nous procurer des ressources solides dans nos malheurs et nous consoler véritablement dans tous les maux qui nous affligent ou nous menacent. Ah! mes frères, que n'ai-je le temps d'approfondir cette dernière réflexion? Mais elle me conduirait trop loin. Je ne vous dirai donc qu'un mot sur cet article.

TROISIÈME RÉFLEXION.

Représentez-vous un homme qui réunisse dans sa personne tout ce que les douleurs du corps ont de plus cuisant et de plus insupportable, tout ce que les angoisses du cœur ont de plus déchirant et de plus amer : un homme qui, ayant essuyé tout à la fois la perte de ses biens, de sa santé, de sa famille, de ses amis, de sa réputation, se trouve réduit au comble du malheur et de l'infamie. La seule idée de cette position fait frémir la nature, et nous en trouvons un exemple dans la personne de Job, dont la patience aussi bien que les malheurs sont connus de tout le monde. Or je demande quelle espèce de consolation pourrait trouver dans une affliction semblable à la sienne, celui qui ne serait point éclairé par les lumières de la foi, et qui ne croirait point en Jésus-Christ?

Que lui dira sa raison pour le consoler? Il faut souffrir; mais pourquoi faut-il que je souffre? pourquoi l'auteur de mon être, qui est essentiellement la bonté même, semble-t-il prendre plaisir à me tourmenter de la sorte? Pourquoi me traite-t-il comme l'on pourrait traiter son plus cruel ennemi? quelle gloire peut-il lui revenir de mes souffrances? Lorsqu'un homme se venge d'un autre homme, il dispute contre son semblable; il peut trouver de la gloire et de la satisfaction à le vaincre; mais que suis-je devant Dieu, pour qu'il fasse paraître sa puissance contre un ver de terre, contre une feuille sèche que le moindre vent emporte? Ces questions, ces raisonnements et beaucoup d'autres semblables, n'aboutissent à rien; et assurément il ne peut en résulter aucune espèce de consolation. Mais ne conduiront-ils pas plutôt aux murmures, aux imprécations, aux blasphèmes et au désespoir? Dans une pareille situation, l'homme le plus raisonnable d'ailleurs, s'il ne croit point en Jésus-Christ, pourra-t-il faire autre chose que d'appeler la mort à son secours, et se débarrasser lui-même d'une vie qui, quelque force naturelle que vous lui supposiez dans l'esprit, lui deviendrait absolument insupportable?

Il n'en est pas ainsi de l'homme chrétien. Il trouve dans sa foi les motifs solides et puissants de la plus douce consolation. Vous me faites souffrir, ô mon Dieu, parce que je suis enfant d'un père pécheur, et pécheur moi-même; c'est un effet de votre justice, je m'y soumets et j'adore vos jugements. Vous me châtiez comme un bon père châtie son fils; c'est une marque d'amour, je baise et bénis mille fois cette main paternelle qui me blesse pour me guérir. Vous me rendez la vie désagréable pour me détacher de ce misérable monde, et me faire soupirer après la vie bienheureuse par laquelle vous m'avez promis de couronner ma patience : c'est un effet de votre sagesse; qu'elle soit bénite à jamais. Vous me faites passer par le feu des tribulations, pour purifier mon âme et pour exprimer en moi l'image de mon Sauveur; c'est le gage de ma prédestination, le comble de votre miséricorde.

La foi m'apprend qu'il faut nécessairement souffrir ou dans ce monde-ci ou dans l'autre; que les tourments les plus affreux de cette vie ne sont rien, et moins que rien, en comparaison de ce que les damnés souffrent dans l'enfer; et la foi m'apprend d'un autre côté, qu'il n'y a pas de moyen plus sûr pour éviter l'enfer que de souffrir patiemment les peines de cette vie. La foi m'apprend que j'aurai d'autant plus de part à la grâce et à la gloire de Jésus-Christ, que j'aurai eu plus de part à ses souffrances, et que si je n'ai point de part à ses souffrances, je n'aurai jamais de part à sa gloire. Convaincu de ces vérités, et pénétré des sentiments qu'elles inspirent, je regarde la croix de mon Sauveur, je l'embrasse et ma bouche collée sur ses plaies, y suce, pour ainsi dire, un baume divin, dont la vertu toute-puissante fortifie mon âme et la remplit de consolation.

La foi ne rend point la santé à mon corps, mais elle m'élève au-dessus de la nature; elle fixe mes pensées et mes désirs sur les objets les plus consolants et les plus aimables, et en détournant ainsi mon esprit de ce qui cause ma douleur, elle m'y rend beaucoup moins sensible. Pendant que cette maison de boue se ruine et tend à sa fin, l'homme intérieur se fortifie, se renouvelle et acquiert chaque jour quelque nouveau trait de conformité avec Jésus-Christ, ce modèle divin dont les vrais élus doivent nécessairement être les copies.

La foi ne me rendra pas ces biens dont la perte m'a réduit à la misère; mais elle m'offre en échange des richesses éternelles que j'avais perdues de vue, que j'aurais oubliées tout à fait, que j'aurais perdues pour toujours, si la Providence ne m'avait pas mis dans l'heureuse nécessité de renoncer à ces biens qui passent, pour m'attacher uniquement à la recherche de ceux qui ne passent point.

La foi ne me rendra pas la réputation dont je jouissais, et que les calomnies de mes ennemis ou ma propre imprudence m'ont ravie ; mais la foi me fera trouver dans l'humilité chrétienne, des trésors et une gloire infiniment préférables à toute la gloire du monde. Et c'est pour me conduire à cette humilité si précieuse que la Providence m'a ménagé cette humiliation : que cette pensée est consolante !

Enfin, et pour ne pas entrer dans d'autres détails, quelque malheur que j'essuie, quelques peines que je souffre, quelque pays que j'habite, avec quelques personnes que je vive, dans quelque situation que je me trouve, et quoi qu'il m'arrive, en quoi j'ai besoin de consolation, je la trouverai dans ma foi et en Jésus-Christ. Hors de là point de remède souverain et universel aux peines de cette vie. Hors de là point de vraie consolation.

Tels sont en abrégé, mes frères, les principaux avantages de la foi chrétienne. Par elle nous puisons la connaissance de la vérité dans la source même de toute vérité. Avec elle il n'y a plus de *si* ni de *peut-être* : le chrétien dit positivement et affirmativement sur chaque article de sa foi : Je *sais*, je suis certain ; cela est ainsi, cela n'est point ainsi. Et le dit, non par ignorance, ni par préjugé, ni par entêtement, ni par faiblesse ; mais en examinant avec la dernière sévérité les raisons qui le déterminent à croire, en creusant les fondements sur lesquels est élevé l'édifice de sa foi, les trouvant fermes et inébranlables, il dit d'un ton ferme aussi, et inébranlable : Je sais, je suis certain, je crois, je ne pourrais point ne pas croire, et je souffrirais mille morts plutôt que de renoncer à cette croyance.

Je trouve la preuve la plus évidente des vérités que la foi m'enseigne, dans les effets surnaturels et prodigieux que cette foi a produits dès le commencement, qu'elle ne cesse de produire, et dont je fais moi-même l'expérience : dans les sentiments qu'elle m'inspire, dans les forces qu'elle me donne, et par lesquels je surmonte les plus fort penchants de la nature ; dans les consolations, les douceurs, la joie même qu'il me fait goûter dans certaines situations où je sens bien que la foi seule me soutient ; et que sans elle je m'abandonnerais au désespoir Foi précieuse, vous faites le repos et le bonheur de ma vie ; vous serez à la mort mon refuge et mon unique espérance !

C'est alors, mes chers paroissiens, que nous sentirons mieux que jamais tout le prix de ce don inestimable. Recevez, ô Pere très-saint, cet esprit qui est votre souffle. Fils adorable, recevez cette âme que vous avez enfantée sur la croix ; esprit d'amour, recevez ce cœur dans lequel vous avez répandu en tant de manières l'onction divine de votre grâce. Mon Dieu, je suis un misérable pécheur, et la vue de vos jugements me fait trembler. Mais ce pécheur est couvert du sang de votre Fils ; et ce sang vous demande grâce pour moi ; et ce sang m'ouvre la porte du ciel. Prêtres de Jésus-Christ, venez me laver pour la dernière fois dans ce bain sacré ; apportez à mon âme le pain des anges, le viatique du salut, le gage de la nouvelle vie que j'ai toujours espérée et à laquelle je vais bientôt passer. Croix de Jésus-Christ, sacrements de Jésus-Christ, suffrages de ma mère la sainte Eglise, venez à mon secours, et soyez ma consolation, comme vous l'avez toujours été. Je meurs, mais cette mort m'est avantageuse, puisqu'elle me réunit à Jésus-Christ, et que je verrai désormais face à face l'aimable et divin objet de ma foi. Je quitte ce corps de terre, mais je le quitte dans la ferme espérance qu'il me sera rendu à la résurrection générale, non tel qu'il est aujourd'hui sujet à la douleurs, à la corruption et à la mort ; mais impassible, incorruptible, revêtu de gloire et d'immortalité. L'incrédule mourant se précipite les yeux fermés, et sans espérance dans les noirs abîmes de l'éternité. Le fidèle mourant se jette avec réflexion et avec une tendre confiance dans les bras de Jésus-Christ, dans les bras, dans le sein, dans les entrailles de la miséricorde infinie de Jésus-Christ dont le saint nom soit à jamais béni. Ainsi soit-il.

DISCOURS X.

Pour le quatrième Dimanche après l'Epiphanie.

SUR LA FOI.

Ecce motus magnus factus est in mari, ita ut navicula operiretur fluctibus ; ipse vero dormiebat. (*Matth.*, VIII, 24.)

Voilà qu'il s'éleva sur la mer une grande tempête, de sorte que la barque était couverte de flots, et pendant ce temps-là lui (Jésus) dormait.

Je vous ai entretenu dimanche dernier, mes frères, sur les avantages de la foi, dans laquelle nous trouvons la lumière, la force et la consolation de nos âmes. Si elle ne produit pas toujours les effets salutaires dont nous avons parlé, c'est qu'il y a parmi nous un très-grand nombre de chrétiens qui ne sont pas instruits suffisamment, et ne cherchent point à s'instruire des vérités de la foi ; d'autres qui raisonnent trop et mal sur les mystères de la foi ; d'autres enfin qui ne règlent point leur vie suivant les principes de la foi. Dans les premiers la foi n'est pas assez éclairée ; dans les seconds, elle n'est pas assez simple ; dans les troisièmes elle est faible, languissante, et presque morte. Tel est l'état présent du Christianisme. Etat funeste qui met le comble à la douleur de l'Eglise, laquelle est vraiment semblable à cette barque dont parle notre Evangile, tourmentée par la tempête, et couverte de flots, pendant que Jésus y était endormi. Saint Bernard lui appliquait de son temps, et nous pouvons lui appliquer aujourd'hui avec encore plus de raison, ces paroles d'Ezéchias :

Ecce in pace amaritudo mea amarissima : « J'ai trouvé dans le sein de la paix, la plus amère de mes douleurs ! » (*Isa.*, XXXVIII, 17.) J'en ressentis une bien amère en voyant périr mes disciples par la cruauté des tyrans ; elle fut plus amère encore lorsque mon sein était déchiré par les hérétiques ; elle est infiniment amère aujourd'hui à cause des mœurs qui déshonorent mes propres enfants. Que chacun de nous s'empresse donc de consoler cette mère affligée, en s'efforçant de plaire à Dieu par une foi pure et éclairée ; une foi simple et parfaitement soumise ; une foi vive, et accompagnée de bonnes œuvres.

PREMIÈRE RÉFLEXION.

Tout ce que nous avons à faire pour sauver notre âme se réduit à croire ce qu'il a plu à Dieu de cous révéler, et à pratiquer ce qu'il nous commande : et parce qu'il est impossible de croire et de pratiquer ce que l'on ne connaît pas, le premier devoir du chrétien est de s'instruire dans la religion, comme le premier devoir d'un serviteur est de connaître et d'étudier la volonté de son maître, De là vient, mes chers paroissiens, qu'il est ordonné à vos pasteurs, sous les peines les plus graves, de vous annoncer et de vous expliquer sans cesse les vérités de la foi. Pourquoi serions-nous si expressément obligés de vous les répéter continuellement, si vous n'étiez pas obligés de les connaître ? nous serions dispensés de vous les apprendre si vous pouviez vous-mêmes être dispensés de les savoir.

Or les articles fondamentaux de cette foi, que l'on vous a expliqués dès votre plus tendre enfance, que l'on ne saurait vous répéter trop souvent, et sans la croyance desquels il n'y a point de salut, sont qu'il y a un seul Dieu, lequel est un pur esprit qui a toujours été, qui sera toujours, qui ne peut point ne pas être : qu'il a créé le monde et le conserve par sa puissance, le gouverne par sa sagesse ; connaît toutes choses passées, présentes et futures, même ce qu'il y a de plus caché au fond de nos cœurs ; veille et pourvoit à tout, pouvant faire tout ce qu'il veut, et ne voulant jamais rien que de juste. Infiniment saint, infiniment bon, souverainement aimable et parfait en toute sorte de perfections.

La foi nous enseigne qu'il y a trois personnes en Dieu, le Père, le Fils et le Saint-Esprit ; que ces trois personnes sont réellement distinctes, c'est-à-dire, que l'une n'est pas l'autre, quoiquelles ne fassent qu'un seul Dieu, n'ayant qu'une même nature et étant égales en toutes choses. La foi nous apprend que le premier des hommes ayant perdu par sa désobéissance aussitôt après sa création, la justice dans laquelle il avait été créé, et ayant perdu avec lui tout le genre humain la seconde de ces trois personnes divines, qui est le Fils, pour réparer un si grand malheur a bien voulu par un effet de son infinie miséricorde, se revêtir de notre chair, prenant un corps et une âme dans le sein d'une Vierge qui l'a conçu et enfanté, sans cesser d'être Vierge ; qu'il y a par conséquent en lui deux natures, la nature divine et la nature humaine, quoiqu'il n'y ait qu'une personne que nous appelons Jésus Christ, vrai Dieu et vrai homme tout ensemble.

La foi nous apprend que cet homme-Dieu après avoir vécu environ trente-trois ans sur la terre, et y avoir fait tout ce que les Prophètes avaient prédit qu'il devait y faire, est mort dans le temps et de la manière que ces mêmes Prophètes l'avaient annoncé ; condamné injustement par les Juifs et attaché à une croix, s'offrant ainsi comme une victime innocente pour expier les péchés du monde et sauver les hommes de la mort éternelle. Nous savons que ce même Jésus, le troisième jour après sa mort, sortit glorieux du tombeau où il avait été enseveli, et que quarante jours après sa résurrection, il monta visiblement dans le ciel où il s'assit à la droite de son Père, d'où il envoya dix jours après le Saint-Esprit à ses Apôtres comme il le leur avait promis ; et d'où il viendra une seconde fois sur la terre pour juger publiquement tous les hommes, et rendre à chacun selon ses œuvres.

Nous savons que les douze Apôtres remplis du Saint-Esprit, devenus des hommes nouveaux, parlant toutes les langues, se dispersèrent dans les différents pays de l'univers, pour annoncer suivant l'ordre de Jésus-Christ les vérités précieuses qu'il leur avait enseignées, et qui par eux sont venues jusqu'à nous de main en main et de siècle en siècle, comme elles passeront à ceux qui viendront après nous. par le ministère des Pasteurs qui se succèdent sans interruption, pour instruire et gouverner l'Eglise de Dieu.

Cette Eglige est l'assemblée de tous les fidèles qui croient en Jésus-Christ, dans laquelle comme dans toutes les sociétés bien réglées, les uns commandent, les autres obéissent ; les uns enseignent, les autres écoutent. Cette autorité que l'Eglise a reçue de Jésus-Christ pour instruire et pour gouverner, réside dans le corps des Evêques qui ont succédé aux Apôtres. C'est à eux qu'il est dit : *Allez, enseignez : celui qui vous écoute, m'écoute ; celui qui vous méprise me méprise.* (*Luc.*, X, 16.)

Cette Eglise est une, sainte, catholique et apostolique. Elle est une, parce que tous ceux qui la composent ont une même foi, une même espérance, un même chef visible qui est notre saint Père le Pape, et un même chef invisible qui est Jésus-Christ, en qui et par qui tous les fidèles sont membres les uns des autres, et ne font ensemble qu'un même corps. Elle est sainte, parce qu'elle n'enseigne rien et ne commande rien qui ne soit saint, et qui ne serve à nous sanctifier : elle est sainte, parce que hors d'elle il n'y a ni sainteté ni salut. Elle est catholique, c'est-à-dire universelle, parce qu'elle embrasse tous les lieux et tous les siècles, les justes de l'ancien Testament, comme ceux de la loi nouvelle, les âmes qui sont dans le ciel ou dans le purgatoire, comme celles qui ne sont pas encore sorties de ce monde. Elle est apostolique enfin, parce qu'elle a été élevée par les apôtres, comme un édifice inébranlable, visible aux yeux de tous les peuples, élevée, dis je, sur le fondement que Jésus-Christ a posé; et ce fondement n'est autre que Jésus-Christ lui-même.

Tous les hommes, sans exception, sont invités à entrer dans cette Eglise, et nous y entrons par le baptême, qui nous donne une nouvelle naissance en Jésus-Christ. Nous recevons dans la confirmation un accroissement de grâce. La rémission de nos péchés nous est accordée dans le tribunal de la pénitence. Nous sommes nourris du corps et du sang de Jésus-Christ dans l'Eucharistie. L'extrême-onction nous est donnée pour le soulagement de l'âme et du corps, quand nous sommes malades. L'ordre, séparant du commun des fidèles, ceux que l'Eglise a choisis pour ses ministres, les élève et les consacre aux différentes fonctions du sacerdoce. Enfin le contrat naturel qui unit légitimement l'homme et la femme, est dans l'Eglise de Jésus-Christ, un septième sacrement et une nouvelle source de sanctification. Ce sont là comme autant de canaux visibles par où le Saint-Esprit répand dans nos âmes les eaux invisibles et spriritueIles de la grâce. Nous les regardons, ces sacrements, comme les mamelles de l'Eglise notre mère commune, d'où nous tirons le lait qui nourrit nos âmes, et les fait croître en Jésus-Christ.

L'usage de ces sacrements fortifie notre foi, ranime notre espérance, nous enracine dans la charité, trois vertus qui sont des dons du Saint-Esprit, et sans lesquelles il ne saurait y avoir de salut. La foi est comme l'œil qui aperçoit les biens futurs de l'autre vie, l'espérance est comme la main qui les touche; la charité nous unissant à Dieu et à nos frères par Jésus-Christ, nous donne les prémices et l'avant-goût de ces biens invisibles. Il n'y aura plus de foi lorsque nous verrons face à face celui qui en est maintenant l'objet; il n'y aura plus d'espérance lorsque nous serons en possession des biens que nous espérons. Et c'est alors que la charité sera consommée, parce que les élus ne seront plus en Dieu et avec Jésus-Christ qu'une même chose.

Telles sont les vérités fondamentales que tous les chrétiens doivent connaître d'une manière plus ou moins étendue, il est vrai, suivant le degré de lumière et de grâce qui est donné à chacun, mais que tous sont obligés de savoir autant qu'il est nécessaire pour être certain de sa foi et en état d'en rendre compte. Les saints Pères comparent les vérités de la religion à un grand fleuve dans lequel les animaux, qui viennent y boire, s'enfoncent les uns plus, les autres moins; mais où le simple agneau se désaltère aussi bien que l'éléphant. Tous les fidèles ne peuvent pas s'enfoncer dans ce fleuve mystérieux; mais il n'en est aucun qui ne puisse et qui ne doive y boire les eaux du Sauveur, c'est-à-dire qui ne doive étudier et connaître suivant sa portée, ce qu'il n'est pas possible d'ignorer sans se perdre.

Et certes, mes frères, comment aurez-vous les sentiments et la conduite d'un vrai chrétien, si vous ignorez les vérités dont la connaissance produit ces sentiments, et qui sont la règle de la vie chrétienne? Quel respect aurez-vous pour les choses saintes, si vous en connaissez à peine le nom? De quelle manière et avec quel fruit approcherez-vous des sacrements si vous n'en connaissez point la vertu ni les dispositions nécessaires pour les recevoir dignement? J'ai honte de dire ce que j'ai vu moi-même sur cet article; des gens qui se confessaient de certains péchés énormes par la seule crainte de brûler dans les enfers. Ils m'ont avoué que si les peines de l'enfer ne consistaient qu'à être privé de voir Dieu, ils ne se seraint jamais confessés de ces crimes et qu'ils auraient continué de les commettre. Quelle horreur! Mais ces gens-là auraient-ils donné dans une pareille extravagance s'ils avaient connu le premier et le plus indispensable de tous les commandements? Auraient-ils imaginé qu'on pût recevoir l'absolution de ses péchés et se réconcilier avec Dieu, sans aimer Dieu? Non, sans doute. Ils l'auraient prié de jeter dans leur âme, au moins les premières étincelles de ce divin amour, et ils n auraient pas multiplié les sacriléges.

Combien y en a-t il qui ne connaissent ni le péché originel, ni ses suites, ni les effets du baptême, ni les engagements que l'on a contractés en le recevant. Hé! le moyen de vivre en chrétien quand on ne sait pas même ce que c'est que le chrétien, et en quoi il diffère de ceux qui ne le son pas? Avec quelle piété doit-on assister au saint sacrifice de la Messe, quand on ignore ce que c'est que la Messe? Quel respect, quelle confiance peut on avoir à l'égard des ministres de la religion, lorsqu'on ne connaît pas l'excellence du caractère sacré qu'ils ont reçu dans leur ordination, caractère ineffaçable et inséparable de leur personne; caractère par conséquent, qu'il est ridicule de *mettre à part*, comme on dit dans certaines occasions, où l'on s'imagine qu'il est permis moyennant ce, de manquer au respect inviolable qui est dû aux oints du Seigneur.

Mais, verrions-nous le mariage profané par tant de dissipations, de dissolutions, de débauches, de libertinage, si les personnes qui le reçoivent ou y assistent, connaissaient la grandeur et la dignité de ce sacrement respectable? S'ils savaient qu'il est ainsi que tous les autres le fruit de la mort de Jésus-Christ, et l'une des sources qui versent son sang adorable sur la terre? Le profanerait-on comme l'on fait par les fornications, les adultères et toutes sortes d'impuretés, si l'on savait que ces désordres dans les personnes mariées sont comme une espèce de sacrilége? Parcourez ainsi non-seulement les sacrements, mais encore tout ce qu'il y a de saint et de respectable dans l'Eglise, comme sont l'eau bénite, le pain bénit, la parole de Dieu, les processions, ou d'autres cérémonies; d'où viennent votre négligence, votre tiédeur, votre indifférence, vos mépris, vos profanations à l'égard de toutes ces choses? Ils viennent de votre peu de foi, et ce peu de foi vient en très-grande partie de ce que vous n'êtes pas instruits autant que vous pourriez et devriez l'être?

De là vient encore cet amas de superstitions ridicules que nous avons tant de peine à déraciner. Les jours heureux ou malheureux de la semaine, le présage que vous tirez du cri de certains oiseaux pour le bien ou le mal qui doit vous arriver, la foi que vous ajoutez aux songes, les devins, les sortiléges prétendus, les revenants, et ce qui est encore pis que tout cela, les paroles de l'Ecriture sainte, le signe de la croix mêlés avec des choses toutes profanes, où le malin esprit n'a quelquefois que trop de part.

Mais n'est-ce pas l'ignorance de votre religion et de vos devoirs qui produit les dévotions fausses ou mal entendues dont je vous ai parlé quelquefois? dévotions qui se réduisent à des pratiques extérieures, et ne contribuent en rien à la réforme des mœurs; dévotions suivant lesquelles on néglige l'essentiel pour s'attacher à des minuties. Je ne répéterai pas ce que j'en ai dit. (*Voy.* I*re* *Dominicale, X*e* Dim. après la Pentecôte.*) J'y ajouterai seulement un petit détail sur certains articles qui méritent toute votre attention.

Vous vous accusez, mes chers enfants, d'avoir eu des distractions dans la courte prière que vous récitez matin et soir, quand même ces distractions n'auraient pas été volontaires; et vous ne vous accusez point d'avoir fait pendant le reste de la journée, toutes vos actions sans élever votre cœur à Dieu pour les lui offrir, quoiqu'un de nos principaux devoirs soit de faire au nom de Jésus-Christ tout ce que nous avons à faire. Vous vous accusez d'être arrivé trop tard à la Messe ou de l'avoir tout à fait manquée, lors même qu'il n'y a pas eu de votre faute; et vous ne vous accusez point d'y avoir assisté sans attention, sans respect; quoique dans un sens il y ait moins de mal à ne pas l'entendre qu'à y assister de corps seulement et par routine, sans savoir ce que l'on y fait. Vous vous accusez d'avoir oublié quelquefois avant et après le repas, votre prière accoutumée, d'avoir fait gras un jour maigre, par ignorance, par mégarde, même dans un cas de besoin; et vous ne vous accusez pas d'avoir mangé ou bu avec excès et par pure sensualité; d'avoir dépensé au cabaret ce qui aurait été nécessaire aux besoins les plus pressants de votre ménage. Vous vous accusez d'avoir fait le saint jour du Dimanche, certains petits ouvrages dans l'intérieur de votre maison, nécessaires pour le moment, et en quoi il n'y a peut-être pas l'ombre du mal; et vous ne vous accusez point d'avoir passé la plus grande partie de ce jour respectable, à danser, à jouer, à vous divertir, ou à médire. Vous vous accusez des petites impatiences qui vous échappent vis-à-vis de vos enfants; et vous ne vous accusez point d'avoir totalement négligé leur éducation, de ne point leur apprendre le catéchisme, de ne pas les envoyer à celui que nous faisons ici, de prendre beaucoup moins de soin de leur âme que vous n'en prenez de vos troupeaux ou de vos terres. Négligeriez-vous ainsi les choses les plus essentielles, pendant que vous êtes attentifs à des minuties, si votre foi était éclairée, si vous étiez instruits des vrais principes de la religion.

Vous croiriez commettre une sorte d'impiété, en refusant par mépris de saluer une croix qui se trouve sur votre passage; vous avez raison: mais à deux pas de là vous rencontrez votre ennemi ou quelqu'un que vous croyez tel, et vous lui refusez le salut, ou vous attendez qu'il vous prévienne, quoique cet ennemi soit l'image vivante de Dieu et de Jésus-Christ. Vous faites l'aumône à des étrangers qui traînent quelquefois leur misère, mais plus souvent, et presque toujours, leur fainéantise, de village en village et de porte en porte; à la bonne heure, et Dieu veuille que vous ne leur fassiez pas l'aumône pour vous débarrasser de leurs importunités, ou pour ne pas vous exposer à leur ressentiment, plutôt que par un motif de charité chrétienne; mais vous refusez quelques boisseaux de blé ou de farine à cette pauvre veuve, à ces pauvres orphelins qui demeurent à votre porte, qui sont peut-être vos parents et dont vous connaissez la vraie misère. Vous donnez à je ne sais quels quêteurs qui viennent tous les ans comme des oiseaux de passage, votre blé, votre vin, votre huile et vos autres denrées, pendant que vous ne donneriez pas cinq sous pour l'entretien et la décoration de votre église: de votre église, où la lampe qui devrait brûler nuit et jour devant le Saint-Sacrement, brûle à peine le dimanche. Votre église, où tout annonce la négligence, l'avarice scandaleuse; j'ai presque dit, et ce ne serait pas trop dire, l'irréligion de ceux qui doivent fournir à son entretien, et qui au lieu de disputer à qui contribuera le plus à la décence du culte divin, disputent au contraire à qui fournira le moins, ou ne fournira rien du tout. Ils se chicanent, se tracassent, se battent, se mangent. Quel scandale! Ennemis de la foi, recriez-vous là-dessus; triomphez, vous avez raison, et vous trouverez un jour dans les enfers, ceux qui donnent une telle occasion et un si beau champ à vos railleries et à vos blasphèmes. Ce n'est pas là ce que je voulais dire; mais je dis: les pauvres de la paroisse meurent de faim; votre église manque de tout, et vous faites aux étrangers de larges aumônes. En vérité, voilà une charité bien entendue; voilà une foi bien éclairée!

Mais ce détail est ennuyeux, il déplaît, il ne finirait point, n'en disons pas davantage. Plus on réfléchit, plus on voit que la plupart d'entre vous s'égarent et font presque tout de travers, même leurs bonnes œuvres, faute de bien connaître les principes de la religion.

Il faut donc que la foi soit éclairée; il faut donc vous instruire et vous mettre dans l'esprit une bonne fois pour toutes, que ces excuses, Je ne savais pas, je ne croyais pas, je ne pensais pas, ne vous serviront de rien au jugement de Dieu, parce que vous ne manquez pas de moyens pour vous éclairer sur ce que vous êtes obligés de savoir et de croire. Plus votre foi sera éclairée, plus elle vous rendra propres et attentifs à faire le bien, à le faire à propos, de manière qu'il soit vraiment digne de récompense; pourvu néanmoins que cette foi soit en même temps simple et parfaitement soumise: raisonnable, mais non point tant raisonneuse.

SECONDE RÉFLEXION.

La simplicité de la foi ne consiste point à croire aveuglément et sans raisonner, tout ce que la religion chrétienne nous enseigne; et il n'est pas vrai qu'il faille renoncer aux lumières de la raison pour être au nombre des croyants et des vrais enfants de l'Eglise. C'est la raison, au contraire, qui nous conduit pour ainsi dire à la foi, lorsque nous faisons de cette raison l'usage que nous devons en faire. C'est la raison qui examine, qui pèse, qui combine les faits sur lesquels est appuyée notre croyance. C'est la raison qui fonde, qui approfondit, non pas les mystères de la religion, mais les fondements sur lesquels cette religion est élevée.

Nous savons, sans le secours de la foi, que les Juifs ont toujours attendu le Messie, et nous voyons de nos propres yeux qu'ils l'attendent encore. Nous savons que ce Messie avait été promis et annoncé par un grand nombre de Prophètes; que les écrits de ces Prophètes existent, et que l'espérance des Juifs est toujours fondée sur ces prophéties.

Nous savons, sans le secours de la foi, que Jésus-Christ a paru dans le monde, qu'il a réuni dans sa personne tous les caractères auxquels on devait reconnaître le Messie, et auxquels la meilleure partie des Juifs l'ont effectivement reconnu. Nous pouvons, sans le secours de la foi, comparer ce que les livres des Juifs annonçaient touchant la naissance, la vie et la mort du Messie, avec ce que l'histoire nous apprend de la naissance, de la vie et de la mort de Jésus-Christ; comparer ce que ces mêmes livres annoncent sur l'établissement de la loi nouvelle, avec ce que nous voyons de nos propres yeux dans l'établissement de l'Eglise chrétienne.

Il est permis à notre raison d'examiner tous ces faits, de les discuter, de les constater, de les combiner les uns avec les autres, pour en voir la liaison, l'enchaînement et toute la suite. Il y a des chrétiens sur la terre; d'où viennent-ils? Que disent-ils? Que croient-ils? Comment et pourquoi est-ce qu'ils existent? Raisonnez là-dessus tant qu'il vous plaira; si vous raisonnez juste, si vous aimez la vérité, si vous la cherchez de bonne foi et avec un cœur droit, vous la trouverez nécessairement, et vous serez chrétiens. La raison vous conduira comme par la main jusqu'à la porte du sanctuaire de la foi.

Si Jésus-Christ n'avait pas été véritablement le Fils de Dieu et le Messie annoncé par les Prophètes, aurait-il pu naître précisément dans le temps, dans le lieu, dans les circonstances, et de la manière qu'on l'avait prédit tant de siècles auparavant? Aurait-il dépendu de lui d'être traité, de souffrir, de mourir comme il était écrit que les Juifs traiteraient, feraient souffrir et mourir le Messie? Cela est-il vraisemblable?

Est-il vraisemblable que Jésus-Christ, dont les discours, les actions, et toute la conduite, de l'aveu même de ses ennemis, avaient quelque chose de surnaturel et de divin; Jésus-Christ, dont la sagesse profonde étonne encore aujourd'hui les incrédules, eût néanmoins poussé l'extravagance jusqu'à dire formellement qu'il était le Fils de Dieu, jusqu'à promettre positivement à ses disciples qu'il ressusciterait le troisième jour après sa mort; qu'il monterait dans le ciel; qu'il leur enverrait le Saint-Esprit, que son Evangile serait prêché par toute la terre, s'il n'avait pas eu le pouvoir de se ressusciter lui-même, de s'élever dans le ciel, d'envoyer le Saint-Esprit, de faire prêcher son Evangile et de le faire croire, c'est-à-dire, s'il n'avait pas été vrai Dieu comme vrai homme; et dans le cas où n'étant qu'un pur homme, il aurait dit pareilles choses et fait des promesses de cette nature, auraient-elles pu s'accomplir, comme on l'a vu, comme nous le voyons de nos propres yeux? cela est-il vraisemblable?

Mais est-il vraisemblable que ses Apôtres, qui l'avaient abandonné à sa mort, qui avaient perdu toute espérance de le voir ressusciter, qui n'étaient disposés à rien moins qu'à le croire ressuscité, eussent eu le courage de publier sa résurrection, de reprocher sa mort aux Pharisiens et aux princes de la Synagogue, s'ils n'en avaient pas été eux-mêmes convaincus au point de ne pouvoir pas la révoquer en doute? Que si les Apôtres avaient été trompés ou s'ils avaient voulu tromper les peuples, auraient-ils jamais pu venir à bout de faire croire, je ne dis pas aux ignorants et aux simples, mais aux savants et aux sages du siècle, le mystère incompréhensible d'un Dieu fait homme et mort sur une croix? Cela est-il vraisemblable.

Est-il vraisemblable que ces mêmes Apôtres, et des millions de martyrs après eux, aient pu, par les seules forces de la nature, soutenir les vérités de l'Evangile au milieu des plus affreux tourments et aux dépens de leur vie, sans être aussi certains de ces vérités, qu'ils le pouvaient être de leur propre existence? La plus haute sagesse, la vertu la plus pure, la vie la plus irréprochable et la plus sainte, peuvent-elles n'être que le fruit d'une aveugle opiniâtreté? peuvent-elles s'allier avec le plus outré fanatisme? Un seul exemple de cette espèce passerait pour un prodige, et la foule innombrable de martyrs dont le sang arrosa la terre pendant plusieurs siècles, n'aura rien que de très-naturel et de très-possible aux seules forces de l'humanité? Cela est-il vraisemblable? Est-il vraisemblable encore que tous les miracles qu'on dit avoir été opérés depuis Jésus-Christ jusqu'à nous, en faveur de la religion chrétienne, ne soient que des contes faits à plaisir, ou des prestiges et de pures illusions, sans en excepter un seul? Car un seul, dès qu'on le suppose vrai, prouve autant que tous les autres.

Enfin est-il vraisemblable, peut-on raisonnablement se persuader que l'Eglise chrétienne, qui, depuis dix-huit siècles, conserve inviolablement le dépôt sacré de sa foi, malgré les persécutions, les hérésies, la corruption des mœurs, les efforts de l'impiété, ne soit au fond qu'une assemblée de gens crédules et superstitieux qui se nourrissent de fables, qui se bercent de chimères comme les païens, les idolâtres ou les mahométans? La majesté de ses conciles, la sagesse de ses lois, la sainteté de sa morale, l'auguste appareil de ses cérémonies, l'ordre admirable qui règne dans les fonctions diverses et les différents degrés de son sacerdoce, le zèle de ses ministres pour la conversion des infidèles, la sanctification des âmes, pour le salut du monde entier, ne seraient-ce là que des inventions humaines, des sentiments naturels, des jeux d'enfants? Cette foule de grands hommes si célèbres par leurs lumières, par leur sagesse, et par leurs vertus, qui ont éclairé, soutenu, édifié, qui éclairent, édifient, soutiennent encore aujourd'hui l'Eglise catholique; tant d'hommes si savants, si graves, si respectables, si saints, ne seraient-ils qu'une troupe d'ignorants et d'imbéciles que l'on a trompés, ou bien un tas d'imposteurs qui ont travaillé, qui travaillent jour et nuit à tromper tout le monde?

Plus je raisonne là-dessus, plus je me sens forcé de convenir que le mensonge ne peut point réunir tous ces caractères de vérité, de sainteté, de sagesse. Non : la conservation de l'univers, la reproduction continuelle des animaux et des plantes, sont visiblement l'effet de ces paroles : *Croissez et multipliez.* (*Gen.*, I, 28.) La conservation, la stabilité, la fécondité de l'Eglise, sont aussi visiblement l'effet de ces autres paroles : *Allez, enseignez, je suis avec vous jusqu'à la consommation des siècles.* (*Matth.*, XXVIII, 19, 20.) Et comme celui qui a prononcé les premières est vraiment le Dieu qui a créé le monde, celui qui a prononcé les dernières est vraiment l'Homme-Dieu qui l'a racheté.

Que le Christianisme après cela propose à ma foi certains articles où ma raison se perd, et que je ne saurais comprendre, la chose me paraît toute simple. Il n'est pas surprenant que les vérités de la religion ayant pour objet l'essence divine, qui est un abîme impénétrable, les perfections du souverain Etre, qui sont infinies, les décrets, les œuvres, l'économie de sa sagesse qui est inépuisable, les effets de sa puissance ou de sa bonté, de sa justice ou de sa miséricorde; il n'est pas étonnant que les vérités de la religion, roulant sur des objets de cette nature, il y ait dans ces vérités des mystères qui passent toutes les lumières de l'esprit humain et lui paraissent inconcevables. Car il est impossible que l'esprit humain, renfermé comme il est dans certaines bornes, connaisse parfaitement les attributs de la Divinité avec tous les rapports qu'ils ont les uns avec les autres.

D'après cette réflexion, qui est celle de tout homme sensé, quand on me parle du péché originel et de ses suites, de l'Incarnation, de l'Eucharistie, de la prédestination et des autres articles qui me passent : Grand Dieu! m'écriai-je alors; les mystères qu'il vous a plu de révéler aux hommes, étonnent ma raison et la confondent. Mais je sais que vous êtes la justice, la bonté, la sagesse même; et parce que cette justice, cette bonté, cette sagesse n'ont point de bornes, mon esprit ne saurait les apercevoir que jusqu'à un certain point, au delà duquel sa vue se perd dans les nuages respectables que vous avez placés entre lui et la gloire inaccessible qui vous environne : *Nubes et caligo in circuitu ejus.* (*Psal.* XCVI, 2.)

Je trouve bien dans la justice des hommes quelques traces de votre justice; dans leur bonté, quelques traces de vos miséricordes; dans leur sagesse, quelques rayons de votre sagesse éternelle : mais ce ne sont là que des traits faibles, grossiers et imparfaits en tout, de vos perfections infinies. Ce que vous avez mis de bon et de juste dans mon âme, n'est que l'ombre la plus légère de ce que vous êtes. Mes raisonnements porteraient donc à faux, et je vous méconnaîtrais totalement, ô mon Dieu, si je voulais mesurer vos pensées sur les miennes, et comparer mes jugements avec les vôtres.

Je me renfermerai donc avec une humble simplicité, dans les bornes que vous m'avez prescrites; et content de ce qu'il vous a plu de me révéler, ayant d'ailleurs sur le fait de cette révélation la certitude la plus évidente et la plus parfaite, j'attendrai en silence que mon âme, dégagée de la prison obscure où elle est retenue, puisse voir clairement et à découvert les vérités éternelles qui sont maintenant l'objet de ma foi, par le moyen de laquelle il est juste que je vous sacrifie, ô Dieu tout-puissant, toutes les lumières de mon esprit qui ne s'accordent point avec vos divins oracles, comme je dois vous sacrifier toutes les inclinations de mon cœur qui sont contraires à votre sainte loi.

Il me suffit, et il doit me suffire d'être convaincu par des preuves incontestables et de la dernière évidence, que vous nous avez donné votre Fils unique pour nous instruire et pour nous sauver; que son Evangile ne saurait être l'ouvrage des hommes; que sa vie et sa mort ont été visiblement la vie et la mort d'un Dieu; qu'il a établi son Eglise sur des fondements inébranlables; qu'il la soutient et la gouverne lui-même par le ministère des Pasteurs qui ont succédé aux apôtres, et qui leur succéderont jusqu'à la fin des siècles; que les vérités de la foi n'ont jamais souffert ni changement, ni altération dans l'Eglise catholique, s'y étant conservées, malgré les troubles de l'hérésie, dans toute leur pureté, comme une source d'eau vive qui coule perpétuellement sans que rien soit capable d'en arrêter ou d'en détourner le cours.

Source divine, dont les eaux descendues du ciel y remontent et rejaillissent vraiment à la vie éternelle! Source précieuse, hors laquelle on ne trouve que les eaux croupissantes et bourbeuses de l'erreur et des opinions humaines! Source inépuisable, où le vrai fidèle puise heureusement la sagesse et la vérité! Toujours satisfait, et jamais rassasié, plus il approfondit sa religion, plus il découvre de merveilles; moins il lui en coûte de croire ce qu'il ne comprend point, parce qu'à travers les ténèbres qui l'arrêtent, il aperçoit un abîme de lumière dont il admire et adore la profondeur.

Esprits curieux et insatiables, si c'est la vérité que vous cherchez, voilà de quoi vous exercer et vous satisfaire. Sondez, approfondissez les mystères de la religion chrétienne: vous trouverez dans les ténèbres même qui vous révoltent, un éclat majestueux dont vous serez éblouis; et bien loin de critiquer ce que vous ne pouvez comprendre, vous sentirez, vous serez forcés de convenir que cela doit être nécessairement ainsi; qu'il doit y avoir dans l'Etre suprême et dans ses divines opérations des choses incompréhensibles, puisque dans les créatures il y en a une infinité que nous ne comprenons pas. L'union de notre âme avec ce corps qu'elle anime, qu'elle fait mouvoir à son gré, qui partage avec elle le plaisir ou la douleur, et qui en est l'organe; cette union si étroite, si intime, si admirable, est elle bien aisée à concevoir? Le changement perpétuel qui se fait de toute sorte d'aliment en chyle, en sang, en humeurs, en chair et en os; ce changement, est-ce une chose bien concevable?

Mais les naturalistes ne sont-ils pas arrêtés à chaque pas sur le *pourquoi* et le *comment?* sur ce qu'ils appellent les secrets de la nature ou de la Providence? Quel est celui d'entre eux qui en mille occasions ne soit forcé de s'écrier sur les mystères de la nature, comme nous nous écrions avec saint Paul sur les mystères de la Religion: *O altitudo!* Ce qu'il y a d'obscur et d'incompréhensible dans nos mystères, n'est donc pas une raison suffisante pour les rejeter. Bien plus, cette obscurité jointe à la lumière dont ils brillent d'ailleurs, est une nouvelle preuve que Dieu seul a pu révéler aux hommes des vérités de cette nature.

Voyez donc d'abord et considérez, mes frères, comme tous les articles de notre foi sont liés, comme ils tiennent les uns aux autres. L'Eucharistie, par exemple, le sacerdoce, le sacrifice de nos autels, supposent l'incarnation du Verbe; l'incarnation du Verbe est liée avec la Trinité des personnes en Dieu; la mort de Jésus-Christ suppose le péché originel, et le dogme du péché originel se trouve nécessairement lié avec toute la suite de notre croyance, depuis la création du monde jusqu'à Jésus-Christ, et depuis Jésus-Christ jusqu'à nous. Il n'en est pas de ces vérités comme des prétendus mystères du paganisme, ou des rêveries de Mahomet, qui ne sont fondées sur rien, qui n'aboutissent à rien, qui n'ont ni liaison, ni suite, ni consistance. Il y a un tel enchaînement dans les vérités fondamentales du christianisme, qu'il faut nécessairement ou les admettre toutes, ou n'en admettre aucune; et parce qu'il est impossible de tout rejeter, quiconque raisonne conséquemment, est nécessairement forcé de tout admettre. Edifice admirable de la religion chrétienne, dont toutes les parties liées ensemble, et placées dans une juste proportion, forment un tout à la perfection duquel on voit bien que l'esprit humain n'aurait jamais pu atteindre, et qui porte d'un bout à l'autre l'empreinte de la divinité dont il est l'ouvrage!

Voyez ensuite le rapport qu'ont nos mystères avec ce que les hommes ont vu de leurs propres yeux: nous croyons un Dieu en trois personnes; et ces trois personnes se sont manifestées successivement par des effets qui, quoique communs à toutes, sont néanmoins attribués spécialement les uns au Père, les autres au Fils, les autres au Saint-Esprit. Le Père a manifesté sa puissance dans la création de l'univers; le Fils paraissant ensuite sous le voile de notre chair a répandu la vérité, la sagesse et la miséricorde sur la terre. Le Saint-Esprit enfin s'est manifesté par la révolution étonnante qu'il opéra dans la personne des apôtres dont il fit des hommes nouveaux, en les remplissant de ce feu divin qui embrasa depuis par leur ministère toutes les parties du monde.

Trinité adorable des personnes divines, je vous reconnais à la diversité de ces opérations distinctes et successives, dont le principe unique et éternel est un seul Dieu qui a créé, racheté, sanctifié l'univers! Opérations ineffables! éternelle fécondité de l'essence divine qui ne cesse point d'agir et de se manifester dans la conservation du monde, laquelle est en quelque sorte une création continuelle; dans le sacrifice de nos autels, où se renouvelle journellement le mystère de notre rédemption; dans l'effusion intérieure de l'Esprit-Saint, qui convertit et sanctifie les âmes: *Pater meus, usque modo operatur, et ego operor.* Incrédules, y avez-vous bien pensé, quand vous dites que les mystères de la religion chrétienne ne sont que les inventions de l'esprit humain, les fruits d'une imagination échauffée par le fanatisme?

Mais si cela est ainsi, comment peut-il se faire que les dogmes de l'Evangile qui vous révoltent, avec la morale de ce même Evangile que vous admirez, forment néanmoins ensemble un tout merveilleux et indivisible? Comment peut-il se faire que la morale de l'Evangile s'élève d'elle-même sur les dogmes de l'Evangile comme sur un fondement nécessaire et inébranlable? Comment peut-il se faire que ces dogmes incompréhensibles soient autant de motifs qui portent les hommes à la pratique de toutes les vertus, et que les hommes arrivent réellement au plus haut degré de vertu et de perfection par la croyance de ces dogmes incompréhensibles, qui tous vont se réunir et se trouvent renfermés dans la personne de Jésus-Christ, d'un Dieu fait homme, d'un Dieu pauvre, d'un Dieu souffrant et crucifié, d'un Dieu qui, en prenant la nature humaine, a réuni tous les hommes dans sa personne adorable; qui, les enfantant sur la croix, en a fait autant de frères; qui, en les nourrissant de sa propre chair, a voulu qu'ils ne fussent plus entre eux par lui et en lui qu'une même chose, les assurant par-dessus tout qu'il regarderait comme fait à lui-même, soit le bien, soit le mal qu'ils se feraient les uns aux autres?

Edifice aimable de la charité chrétienne, de l'humilité, de la douceur, de la patience, et de toutes les vertus chrétiennes; que vos fondements sont divins! vous êtes vraiment établi sur cette pierre mystérieuse qui, détachée des célestes montagnes, s'est arrêtée dans le désert de cette misérable vie; et qui, étant frappée par la verge de votre justice, grand Dieu, a répandu sur la terre les eaux de la vie éternelle, la source inépuisable de mille et mille bénédictions! Bénédictions à notre naissance, bénédictions à notre mort; bénédictions aux pauvres, bénédictions aux riches; bénédictions dans la joie, bénédictions dans les souffrances; bénédictions pour tous les états, pour toutes les conditions, pour tous les âges, pour toutes les positions de la vie. Tels sont les fruits de l'incarnation, de la mort, des sacrements, des mystères de Jésus Christ.

Il ne faut point s'étonner après cela si les incrédules qui s'efforcent de renverser l'édifice de notre foi, se perdent dans un abîme de contradictions et d'absurdités, et si l'édifice d'erreur qu'ils élèvent à grands frais contre les mystères de Jésus-Christ, s'écroule continuellement sous leurs mains impies; comme cette fameuse idole des Philistins qui tomba autrefois en pièces devant l'arche d'alliance. Ce qu'il y a d'étonnant, c'est que les maîtres et les apôtres de l'incrédulité trouvent, dans le sein même de l'Eglise catholique, un si grand nombre d'admirateurs et de disciples qui croient aveuglement tout ce que ces nouveaux docteurs ont imaginé, et qui les écoutent comme des oracles. On marche après eux les yeux fermés; voilà d'où vient tout le mal, et sans cela, qui est-ce qui voudrait les suivre?

Si vous aviez voulu, monsieur, vous donner la peine d'approfondir les principes d'incrédulité répandus dans ces ouvrages, dont la lecture vous a conduit insensiblement à une apostasie secrète; si vous aviez voulu, d'un autre côté, vous donner aussi la peine d'apprendre assez bien le catéchisme des chrétiens pour être en état de le confronter avec le catéchisme des incrédules; c'est-à-dire, si vous aviez la droiture et la bonne foi d'un honnête homme qui cherche la vérité, et qui ne cherche autre chose; vous n'auriez point à vous reprocher, ce qui est bien honteux, et d'avoir cru les ennemis de votre religion sur leur parole, et d'avoir condamné cette religion sans l'entendre. Quoi! vous ne connaissez ni les livres saints, ni l'histoire de l'Eglise, ni les ouvrages composés pour la défense de la religion chrétienne; et une petite brochure, une satire, une méchante plaisanterie vous fait perdre la foi? Et vous risquez là-dessus votre éternité!

Il n'y a donc à prendre sur cet objet si important, que deux partis raisonnables, et les voici. Ou renfermez-vous simplement dans la croyance des vérités qui vous ont été enseignées dans votre jeunesse, que vous avez pratiquées pendant un certain temps, et dont vous vous êtes si bien trouvé; vivez ainsi avec le commun des fidèles dans le sein de l'Eglise votre mère, comme un enfant docile et soumis, sans tous ces vains raisonnements qui n'aboutissent point à vous rendre meilleur. Ou bien si vous faites tant que de *farcir* votre bibliothèque, et remplir votre esprit de tout ce que l'on ne cesse de dire et d'écrire contre la religion chrétienne, ornez donc aussi votre bibliothèque et nourrissez votre esprit de ce que l'on ne cesse de dire et d'écrire en faveur de la religion chrétienne; et, après avoir écouté ces incrédules fameux dont la réputation et les talents vous séduisent, écoutez aussi cette foule de grands hommes qui ont si heureusement allié les lumières les plus étendues et les talents les plus rares, avec toute la simplicité de la foi; ces écrivains célèbres dont la haute vertu prouve encore mieux que leurs écrits, la vérité de la religion dont ils ont fait l'apologie. Faites-leur au moins la grâce de penser qu'ils avaient le sens commun, qu'il n'est point impossible qu'ils aient raison, et ne les condamnez pas sans les entendre. Approfondissez également et sans prévention le pour et le contre. Examinez, comptez, pesez, creusez, fouillez et voyez si, hors l'Evangile et Jésus-Christ, vous trouverez dans les opinions humaines quelque chose qui vous satisfasse, à quoi vous puissiez vous fixer raisonnablement et sans rien craindre; de manière qu'à l'heure de votre mort, car vous mourrez, et bientôt, la façon de penser que vous aurez eue en matière de religion, ne puisse vous donner ni scrupules, ni remords, ni aucune espèce d'inquiétude.

Au reste, mes frères, quelques maux que l'esprit d'incrédulité dont nous parlons, et tous les autres ennemis de la foi, aient fait ou puissent faire à l'Eglise de Dieu; quelque affliction qu'ils lui causent, ses propres enfants l'affligent encore davantage, lorsqu'ils déshonorent par leurs mœurs la sainteté de la religion qu'ils professent. Je n'ai pas le temps, comme vous voyez, de m'arrêter à cette troisième réflexion, qui nous regarde tous plus ou moins, soit d'une manière soit d'une autre. Permettez-moi donc de vous renvoyer à dimanche prochain pour ce que j'ai à vous dire sur cet article, et finissons aujourd'hui par ces belles paroles du saint roi David : *Illumina oculos meos, ne unquam obdormiam in morte; nequando dicat inimicus meus, Prævalui adversus eum.* (*Psal.* XII, 4, 5.) Seigneur, faites sans cesse briller à mes yeux les rayons aimables de cette lumière pure que vous avez apportée sur la terre; de peur que je ne tombe dans cet assoupissement affreux qui conduit à la mort éternelle; de peur que l'ennemi de ma foi, ne se glorifie d'avoir prévalu contre vous, et de me l'avoir ravie. Ne permettez pas que je croupisse dans l'ignorance des saintes vérités qui doivent être la règle de ma conduite, ni que je me précipite dans les ténèbres de l'erreur avec ces esprits téméraires qui osent regarder fixement, sans retenue et sans respect, le trône inaccessible de votre gloire. Que ma foi soit éclairée, qu'elle soit raisonnable; mais qu'elle soit simple, et que par ma docilité à croire tout ce que vous m'avez enseigné, j'attire sur moi les grâces dont j'ai besoin pour accomplir tout ce que vous voulez que je fasse. Ainsi soit-il.

DISCOURS XI.

Pour le cinquième Dimanche après l'Epiphanie.

SUR LA FOI.

Cum autem dormirent homines, venit inimicus et superseminavit zizania in medio tritici. (*Matth.*, XIII, 35.)

Pendant que les hommes dormaient, l'ennemi vint et sema de l'ivraie parmi le froment

Nous lisons dans le même chapitre que les disciples de Notre-Seigneur lui ayant demandé l'explication de cette parabole, il leur répondit : *Celui qui sème le bon grain, c'est le Fils de l'homme; le champ, c'est le monde; le bon grain, sont les enfants de Dieu qui doivent être les héritiers de son royaume: l'ivraie, ce sont les enfants du malin esprit; l'ennemi qui la sème, c'est le diable; le temps de la moisson, c'est la fin du monde; les moissonneurs sont les anges: et comme l'on ramasse l'ivraie au temps de la moisson pour la faire brûler dans le feu; ainsi les anges ramasseront les réprouvés à la fin du monde et les jetteront dans les fournaises de l'enfer.* (*Matth.*, XIII, 37-40.)

La doctrine de la foi dont nous parlions dimanche dernier, et sans laquelle il n'y a point de salut, nous est très-bien représentée par ce bon grain que le père de famille sème dans son champ; et l'ivraie que son ennemi vient semer ensuite parmi le froment est une figure très-sensible, non-seulement des vices qui conduisent les méchants à la réprobation éternelle, mais aussi des erreurs par lesquelles l'ennemi de tout bien s'efforce de corrompre la pure doctrine de l'Evangile.

C'est cette malheureuse ivraie qui a exercé dans tous les temps, et qui exercera jusqu'à la fin des siècles le zèle et la patience de l'Eglise chrétienne. Tourmentée d'abord par les persécutions sanglantes des païens, troublée ensuite par la rébellion des hérétiques, elle trouve de plus dans son sein et parmi ses propres enfants l'objet de la plus amère douleur. Je ne parle pas de ceux qui, après avoir perdu la foi, professent encore extérieurement le christianisme; mais de ceux qui, croyant tout ce que l'Eglise nous enseigne, ne font cependant rien ou presque rien de ce que la religion leur commande. C'est là que nous en sommes restés la dernière fois, et sur quoi nous ferons aujourd'hui quelques réflexions familières, et propres au temps où nous vivons.

PREMIÈRE RÉFLEXION.

Les tyrans, les hérétiques et tous les ennemis de la foi ont causé sans doute de grandes afflictions à notre sainte Mère l'Eglise de Dieu; mais elle a triomphé de tous leurs efforts, ils n'ont point terni sa beauté; elle en a même retiré de grands avantages. Ceci demande quelque explication; ne vous ennuyez pas, mes frères, je vous en prie.

Il y a d'abord dans l'Eglise chrétienne une beauté intérieure et invisible, qui consiste dans l'innocence et la pureté des âmes justes, dans cette vie cachée en Dieu avec Jésus-Christ, qui réjouit les anges; et c'est de cette beauté intérieure que parle le prophète, quand il dit que la gloire de la fille du roi est au dedans d'elle-même : *Gloria filiæ regis ab intus.* (*Psal.*, XLIV, 14.)

Elle a de plus une beauté sensible, un éclat extérieur, qui consiste non-seulement dans la majesté de son culte et le divin appareil de ses augustes cérémonies; dans l'autorité sacrée de ses ministres, dans la sagesse de ses lois, dans la sainteté de ses maximes, dans l'administration des sacrements qu'elle dispense, dans la prédication de la parole qu'elle annonce; mais encore, et surtout dans la pratique des vertus et des bonnes œuvres de toute espèce, qui sont les fruits de la foi, de l'espérance, de la charité chrétienne. Fruits admirables, dont le détail est immense, qui se multiplient à l'infini, et par lesquels la religion catholique, l'Epouse de Jésus-Christ, s'élève, brille et paraît dans l'univers au milieu des fausses religions, comme un beau lis parmi les épines. Et n'est-ce pas là ce que le même prophète David dans le psaume que nous venons de citer, appelle les vêtements de l'Epouse, enrichis d'or et parsemés de fleurs, dont l'agréable variété réjouit le ciel et la terre, exhalant l'odeur toute divine de mille parfums? N'est-ce pas à l'odeur des vêtements mystérieux que les peuples accoururent en foule dans son sein de toutes les parties du monde? ne sont-ce pas les œuvres des premiers chrétiens qui répandirent par toute la terre la bonne odeur de Jésus-Christ, et forcèrent, pour ainsi dire, l'univers à plier sous le joug de l'Evangile?

Or vous savez, mes frères, que l'Eglise catholique, loin d'avoir rien perdu de cette beauté dans les différents combats qu'elle a eu à soutenir contre ses ennemis, en est sortie au contraire toujours plus pure et plus éclatante. Les persécutions inouïes qu'elle essuya dans les premiers siècles ne servirent qu'à multiplier ses enfants, et à les rendre célèbres par toute la terre. Chaste Epouse de mon Sauveur, le sang de vos martyrs mêlé avec celui du divin Agneau, rehausse encore aujourd'hui l'éclat de votre immortelle beauté; il annonce de génération en génération la puissance éternelle de Jésus-Christ, le triomphe de la vérité, la gloire de l'Evangile. Leurs saintes et précieuses dépouilles enchâssées dans l'or et les pierreries, exposées sur nos autels à la vénération des fidèles, sont un des plus beaux ornements de la maison de Dieu, un des plus glorieux trophées de la religion chrétienne, et l'une de nos plus douces consolations.

N'avons-nous pas vu ensuite les dogmes de notre foi et les vrais principes de la morale paraître dans un plus grand jour après les troubles de l'hérésie? A mesure que le père du mensonge a vomi des ténèbres et entassé des erreurs, l'Eglise catholique, tirant de son sein les vérités *anciennes et nouvelles*, a multiplié les preuves de sa foi, et fait briller à nos yeux de nouveaux rayons de lumière. Et vous, esprit superbes, qui semblez avoir formé le détestable complot de l'éteindre, cette foi, dans le cœur de vos compatriotes, que faites-vous autre chose en fouillant jusqu'aux enfers, avec une espèce de fureur, les fondements de cet édifice divin, sinon de mettre encore plus à découvert la solidité inébranlable de la pierre qui le soutient? Vos raisonnements, vos écrits, vos clameurs, vos blasphèmes ne sont-ils pas plus propres vis-à-vis de tout chrétien instruit et sensé, ne sont-ils pas plus propres à l'affermir dans sa foi qu'à la lui faire perdre? Vous avez des disciples : eh! à qui les devez-vous? est-ce à l'amour de la vérité ou bien à l'ignorance, à la prévention, à la faiblesse d'esprit, aux passions, aux mauvaises mœurs, à la corruption du cœur de ceux qui vous lisent ou vous écoutent?

Ah! mes frères, mes très-chers frères, la corruption du cœur, les vices qui règnent parmi les chrétiens, voilà, voilà quelle est la plaie la plus douloureuse de l'Eglise. Voilà cette plaie qui, en infectant ses propres membres, bien loin de la rendre plus belle et de contribuer à sa gloire comme ont fait les persécutions, les hérésies et la vaine philosophie du siècle, la défigure véritablement aux yeux des anges et des hommes. C'est nous, misérables, c'est nous qui causons à notre mère une douleur sans consolation, des humiliations sans gloire, des maux qui ne lui procurent aucun bien; nous qui faisons profession d'être ses enfants, qui nous félicitons, qui nous glorifions de vivre dans son sein, et chez qui néanmoins on trouve des vices semblables à ceux des païens qui la persécutèrent, des hérétiques qui l'ont abandonnée, des incrédules qui la détestent; nous qui reprochons aux Juifs d'avoir crucifié le Fils de Dieu, quoiqu'ils ne le connussent pas; et qui le crucifions nous-mêmes de nouveau, d'une manière à laquelle il est infiniment plus sensible; nous qui lisons avec horreur les persécutions que l'Eglise a souffertes de la part des tyrans, quoiqu'ils crussent faire une œuvre agréable à Dieu, et qui faisons nous-mêmes à la sainteté de l'Evangile, par le dérèglement de nos mœurs, une guerre mille fois plus dangereuse et plus cruelle; nous qui regardons avec des yeux de compassion, peut-être de mépris, ceux de nos frères qui se sont séparés de notre communion, et qui méritons de leur part, touchant la corruption de nos mœurs, des reproches aussi honteux que ceux dont nous les chargeons à cause de leurs erreurs touchant la foi qu'ils ont malheureusement abandonnée; nous qui faisons gloire de fermer la bouche à l'incrédule, et à qui l'incrédule ferme la bouche à son tour, quand il cherche dans nos mœurs les preuves de notre croyance; nous enfin, qui, ne tenant au christianisme que par une foi morte, semblons ne demeurer attachés au sein de l'Eglise que pour la déshonorer et pour l'abreuver de fiel par une conduite anti-chrétienne.

Je sais que les ennemis de cette Eglise, en nous reprochant la contradiction qui ne se trouve malheureusement que trop entre nos mœurs et notre croyance, ne sont pas néanmoins de bonne foi, lorsqu'ils prétendent tirer de cette contradiction une preuve solide contre les vérités du christianisme; parce que, s'il y a de mauvais chrétiens, il y en a aussi de bons; bien plus, la vie des chrétiens n'est répréhensible qu'autant qu'elle ne s'accorde point avec leur foi, et ils sont nécessairement vertueux lorsqu'ils vivent conformément à cette foi; de sorte qu'à le bien prendre et à raisonner juste, la conduite des mauvais chrétiens, aussi bien que celle des bons, prouve invinciblement la sainteté de la religion chrétienne. Il faut qu'elle soit bien sainte et par conséquent bien vraie, puisque ceux d'entre les fidèles qui agissent conformément à ce qu'ils croient, sont des hommes parfaits, et que les autres ne sont méchants que parce qu'ils vivent d'une manière opposée à leur croyance.

Mais il n'en est pas moins vrai que cette foi par laquelle nous tenons au corps de l'Eglise comme membres de Jésus-Christ, se trouvant jointe avec des mœurs tout à fait contraires aux maximes de l'Evangile, forme une espèce d'alliage monstrueux, qui défigure l'Eglise et la déshonore; qui donne lieu aux incrédules de la blasphémer, aux esprits faibles de l'abandonner, aux hérétiques de la calomnier, aux Juifs, aux infidèles de la méconnaître.

Elle renferme malheureusement dans son sein des hommes ambitieux et superbes, des hommes jaloux et vindicatifs, des adultères, des fornicateurs, des pécheurs de toute espèce; et voilà le triomphe de ses ennemis; voilà le grand prétexte à l'ombre duquel ils s'élèvent avec tant d'insolence contre ce qu'il y a de plus vrai, de plus saint, de plus sacré, de plus aimable sur la terre. Dissimulant par malice les hautes vertus, les œuvres éclatantes, les fruits admirables de la piété chrétienne dont l'Eglise catholique n'a jamais cessé de donner le spectacle au monde, ils s'attachent uniquement à ce qu'ils trouvent ou croient apercevoir de répréhensible chez les chrétiens, et ils le relèvent avec autant de malignité que de mauvaise foi.

En parcourant cette longue suite de Papes qui depuis saint Pierre ont gouverné l'Eglise universelle, qui ont édifié le monde chrétien par la sainteté de leur vie, par l'étendue de leurs lumières, par la sagesse de leur gouvernement ; les ennemis de la religion s'arrêtent à quelques-uns qui auront eu le malheur de joindre à de grandes vertus de grandes faiblesses, et ils partent de là pour calomnier, déchirer, décrier, diffamer le christianisme dans la personne sacrée de son chef visible. Parmi le grand nombre d'évêques dont la science, les talents, le zèle, la vertu, la piété, ont fait et feront dans tous les temps la gloire et la consolation de l'Eglise, ils vont déterrer dans les siècles passés ou dans le siècle présent quelques pontifes calomniés peut-être autant que coupables ; et là-dessus ils jettent les hauts cris, ils triomphent, ils vomissent des blasphèmes contre tous les forts et tout le camp d'Israël.

Il y a dans les différents ordres et dans les fonctions diverses du saint ministère, un très grand nombre d'ecclésiastiques irréprochables. On trouve dans tous nos monastères d'excellents et parfaits religieux. Les ennemis de l'Eglise ne voient point, et ne veulent pas voir tout cela. S'il se trouve malheureusement quelques ecclésiastiques ou quelques religieux qui n'aient point assez l'esprit de leur état, et qui s'oublient ; ah ! l'on frappe des mains, on s'applaudit, on crie au scandale et à la destruction : le seul nom de moine, ou de prêtre, est un opprobre et une infamie.

C'est ainsi que, dans une belle campagne remplie de toutes sortes d'animaux nécessaires, utiles ou agréables, nous voyons quelquefois une bande de corbeaux s'attrouper autour d'une voierie, croassant et faisant autant de bruit que si toute la terre en était couverte.

Jugez après cela, mes frères, de ce qu'ils doivent dire, lorsqu'en examinant les mœurs de toutes les conditions, ils trouvent partout une foule de chrétiens qui vivent à peu près comme s'ils ne l'étaient pas. Je n'ai garde d'entrer là-dessus dans un détail qui serait immense. Je me borne à deux points essentiels, qui sont le culte extérieur de notre religion, et les devoirs de la charité chrétienne. Rien au monde n'est plus humiliant et plus amer que les reproches dont les ennemis de la foi nous chargent à cet égard.

Vous vous glorifiez de posséder et d'avoir présente au milieu de vous, en corps et en âme, la personne de ce même Jésus qui vécut autrefois sur la terre et que vous adorez comme le vrai Dieu de l'univers et le Sauveur des hommes. Vous croyez qu'il descend sur vos autels, qu'il repose dans vos tabernacles; que sa chair est vraiment votre nourriture, et son sang votre breuvage. Mais si telle est votre foi, c'est donc vous qui êtes des impies ; car vous paraissez dans vos églises avec moins de respect, de retenue, de décence que vous n'en auriez dans la maison d'un honnête homme à qui vous iriez rendre visite. Les païens n'auraient certainement pas souffert que l'on commît dans le temple, et en présence de leurs idoles, pendant qu'on leur offrait de l'encens et des sacrifices, ils n'auraient pas souffert que l'on eût commis les immodesties que vous commettez en présence de Jésus-Christ, dans le moment même d'un sacrifice pendant lequel, croyant ce que vous croyez, vous devriez trembler de tous vos membres.

Mais si vous êtes véritablement persuadés que nos églises renferment ce qu'il y a de plus saint et de plus sacré dans le ciel et sur la terre, c'est donc vous, encore une fois, qui êtes des impies; car la plupart de ces églises, à la campagne, ressemblent plutôt à des granges, ou à des écuries, qu'à la maison de Dieu. Le linge qui couvre nos autels, qui sert à notre sacrifice, ou à nos cérémonies, est quelquefois tel qu'un honnête homme rougirait d'en avoir de pareil à sa table ou sur sa personne. Il a fallu que le ministère public ait porté des lois expresses qui chargent tels et tels de cette menue et misérable dépense ; il a fallu des menaces et des voies de rigueur pour les y contraindre ; on a vu sur cet article des disputes, des tracasseries, des procès qui vous couvrent de honte, et pour vous traiter comme vous nous traitez quelquefois nous-mêmes. De deux choses l'une : ou vous croyez, ou vous ne croyez pas. Si vous ne croyez pas, vous êtes des hypocrites ; si vous croyez, vous êtes donc, je le dis pour la troisième fois, vous êtes donc des impies.

Je ne dis rien de nos sacrements, à l'égard desquels votre conduite est aussi éloignée de votre croyance que le ciel est éloigné de la terre. Suivant les principes de notre foi, vous devenez par le baptême comme autant de dieux, et l'on trouve parmi vous des vices qui vous mettent au-dessous des bêtes. Vous devenez par la confirmation comme autant de soldats de Jésus-Christ, qui marchent hardiment sous l'étendard de la croix; qui ne rougissent point des humiliations et des opprobres de leur maître ; qui, dans toutes les occasions, rendent témoignage à la vérité de l'Evangile ; et l'on trouve parmi vous je ne sais combien de chrétiens que le respect humain empêche de faire publiquement les œuvres de la piété ; qui n'oseraient avoir un crucifix et de l'eau bénite dans leur chambre, qui auraient honte de faire le signe de la croix avant ou après le repas, et qui se cachent pour le faire. Vous dites et vous croyez touchant la confession et la communion des choses très-belles, il est vrai, et très consolantes ; mais ces deux sacrements ne sont à l'égard des uns qu'une habitude, une routine, un jeu ; chez les autres, c'est un supplice ; il faut qu'on les traîne, pour ainsi dire, à ce tribunal, où ils espèrent recevoir le pardon de tous leurs péchés ; à cette table, où ils croient manger le pain des anges ; à ce tribunal par conséquent, et à cette table, où ils devraient toujours courir avec un nouvel empressement. Ce qui, dans le langage de votre foi, s'appelle une source de grâces et de sanctification, n'est dans le fait pour la plupart de vous, qu'une occasion d'irrévérences, de mépris, de profanations et de sacriléges.

Vous avez, outre le dimanche, un grand nombre de fêtes, qui sont établies, les unes pour honorer ce que vous appelez les mystères de votre religion, les autres pour célébrer la mémoire, les vertus et la sainteté de vos apôtres, de vos martyrs et de tous ceux dont les reliques sont placées sur vos autels; mais ces fêtes, aussi bien que le dimanche, ne sont-elles pas réellement des jours de dissipation, de débauche et de libertinage? Que pourrait-on penser de vos mystères et de vos saints, si l'on en jugeait par la manière dont vous en célébrez la fête? Mais laissons là, pour un moment, ce culte extérieur, qui, par une bizarrerie singulière et une inconséquence pleine d'irréligion, annonce votre foi et la dément en même temps. Où trouve-t-on parmi vous cette charité fraternelle, qui, dans les principes de votre croyance, est fondée sur des motifs si sublimes et si divins?

Non-seulement vous êtes frères; mais ne faisant tous ensemble qu'un même corps avec Jésus-Christ dont la chair et le sang vous servent de nourriture, vous êtes tous membres les uns des autres. Il faut en convenir, cet article de votre foi est admirable; il a quelque chose de divin, et il serait capable, si vous agissiez en conséquence, de gagner tous les cœurs de l'univers à la religion chrétienne. Mais, j'en atteste ici vos pasteurs, qui veillent immédiatement à votre conduite, et qui sont les dépositaires sacrés de ce qu'il y a de plus caché dans les consciences; les querelles, les inimitiés, la vengeance, les jalousies, la médisance, les faux rapports, les jugements téméraires, la mauvaise foi, le mensonge, les faux serments, les procès injustes, l'usure, les vols, les empoisonnements, les meurtres, toutes ces horreurs ne sont-elles pas aussi ou presqu'aussi communes parmi vous que chez les peuples dont la religion ne ressemble à rien moins qu'à la vôtre?

Jésus-Christ vous a positivement assuré qu'il regarderait comme fait à lui-même tout ce que vous feriez à vos frères. Vous le croyez ainsi, et assurément cela est très-beau; mais vous ne le croyez donc que pour insulter à Jésus-Christ, pour déchirer, pour outrager Jésus-Christ, pour le maltraiter de toutes manières dans la personne de votre prochain? Les moindres fautes contre la charité doivent donc être regardées selon vos principes, comme autant d'outrages faits à Jésus-Christ. Eh! quels noms faudra-t-il donc donner à ce que nous appelions tout à l'heure médisance, calomnie, vengeance, noirceur...? Vous êtes donc mille fois plus coupables envers la personne de Jésus-Christ, que les Juifs eux-mêmes à qui vous reprochez sa mort; et les actions des peuples les plus barbares, commises contre l'humanité, ne sont donc rien en comparaison de ce que vous faites tous les jours contre les principes de la charité chrétienne!

Voilà, mes frères, une partie des reproches que font aux mauvais chrétiens les ennemis de notre foi. Je n'ai pas la force d'en répéter davantage, et je dis: si ces reproches ont quelque chose de si fort, de si humiliant, de si accablant dans la bouche des hommes, que sera-ce donc si nous avons le malheur de les entendre de la bouche de Jésus-Christ lui-même, lorsque nous paraîtrons devant lui pour lui rendre compte de nos œuvres? Misérable chrétien, où sont donc les fruits de cette foi, dont j'avais enrichi votre âme; dans laquelle vous avez vécu, et dont vous récitiez chaque jour le symbole? Vous m'avez reconnu pour votre Sauveur et votre modèle; quel fruit avez-vous retiré de mon sang, que j'ai fait couler sur vous par tant de canaux? De quoi vous a servi cette croix, devant laquelle vous vous prosterniez? Quelle ressemblance y a-t-il entre vous et moi? Qu'y a-t-il de commun entre vos sentiments et les miens, entre votre vie et la mienne?

Lâche et inutile serviteur; disciple infidèle et ingrat de Dieu fait homme, vous ne vous êtes point contenté d'enfouir ce talent, cette foi précieuse et inestimable qui pouvait et qui aurait dû vous produire des richesses éternelles; vous l'avez indignement alliée avec une vie toute charnelle et toute païenne. Voilà mon Evangile, voilà votre foi; et voilà votre orgueil, votre ambition, votre luxe, votre éternelle vanité. Voilà mon Evangile, voilà votre foi; et voilà votre avarice, votre cupidité insatiable, votre dureté à l'égard des pauvres que vous saviez être mes membres. Voilà mon Evangile, voilà votre foi; et voilà vos adultères, vos fornications, vos impudicités de toute espèce. Voilà mon Evangile, voilà votre foi; et voilà votre intempérance, vos excès, votre crapule. Voilà mon Evangile, voilà votre foi; et voilà votre froideur, vos mépris, pour le lieu saint, pour les jours saints, pour les choses saintes; voilà vos profanations, vos sacriléges, vos scandales. Mes ennemis ont blasphémé mon nom, je saurai bien les en punir; mais c'est vous qui avez été la cause de leurs blasphèmes, et vous serez puni au centuple.

Les habitants de Sodome au jour du jugement seront traités avec moins de sévérité que ce peuple malheureux à qui mes lumières, mes grâces, tous mes bienfaits ont été inutiles, et qui m'a payé de la plus noire ingratitude: voilà ce que j'ai dit en parlant des Juifs. Ah! vous êtes mille fois plus coupable qu'eux, infiniment plus coupable que les païens; je ne serais pas juste, si les peines qui vous attendent n'étaient pas infiniment au-dessus de celles qu'ils ont méritées. Ils seront punis pour avoir agi contre les lumières de la raison et de leur conscience; vous avez eu de plus la lumière de mon Evangile, la connaissance des mystères les plus saints, l'usage de mes sacrements, les trésors de mes grâces, vous avez abusé de tout. Cette foi, cette foi qui devait vous sauver de l'enfer, n'a donc abouti qu'à vous préparer un enfer plus terrible encore que celui des païens, des Juifs, des infidèles, de tous ceux qui ne m'ont point connu; et il vaudrait mieux à présent pour vous que vous ne m'eussiez jamais connu vous-même.

Ainsi et par conséquent, mes frères, le chrétien maudira éternellement le jour où il a reçu le baptême; les pasteurs qui l'ont instruit, les sacrements qu'ils lui ont administrés; ce confessionnal, cette table sainte, ces fonts sacrés, cette chaire, cet autel, cette croix, cet Evangile, et tout ce qui a été l'objet de sa foi, sera désormais l'objet de ses imprécations, de ses malédictions, de ses blasphèmes, l'objet d'un désespoir et d'une rage qui ne finiront jamais.

De là que devons-nous conclure, mes frères? Renoncerons-nous donc à notre baptême? Secouerons-nous le joug de la foi? Achèverons-nous d'éteindre une mèche, cette petite mèche qui fume encore? Le chrétien qui ne règle point sa vie sur sa foi, est assurément bien coupable, et il sera jugé plus sévèrement que s'il n'avait jamais connu Jésus-Christ; mais celui qui, après l'avoir connu, après avoir cru en lui, abandonne sa foi et renonce à son baptême, celui-là comble la mesure de tous les crimes, et de tous les malheurs. Ecoutez-donc avec attention ce qui me reste à vous dire.

SECONDE RÉFLEXION.

D'abord et par-dessus tout, quelque violentes que soient vos passions, quels que puissent être les égarements de votre cœur, à quelques excès de libertinage que vous ayez pu vous porter, quelque fortes que soient vos habitudes, et, en un mot, quelqu'opposition qu'il y ait entre vos mœurs et votre croyance, ne perdez jamais de vue les vérités saintes dont vous avez été imbu; ne rejetez point le joug de la foi, ne rompez point ce fil qui peut vous retirer de l'abîme le plus profond, et ne perdez pas cette précieuse semence de tout bien qui peut encore avec le temps devenir féconde et sauver votre âme; n'imitez pas l'exemple de ces malheureux qui s'irritent contre l'Evangile, parce que l'Evangile les condamne; qui foulent aux pieds les vérités du christianisme, parce qu'ils n'ont pas le courage de vivre en chrétiens; qui abandonnent la religion et la décrient, parce qu'elle ne s'accorde point avec leurs inclinations vicieuses. Que vos égarements au contraire soient pour vous un nouveau motif de demeurer fermes dans votre foi, et de vous tenir inviolablement attachés au sein de l'Eglise votre mère; disant en vous-mêmes dans toute la sincérité de votre cœur, et avec cette droiture dont tout honnête homme doit faire profession :

La religion chrétienne dans laquelle j'ai eu le bonheur d'être instruit, est sans contredit la plus parfaite de toutes les religions; ses ennemis même en conviennent, et tout homme sensé doit nécessairement avoir celle-là ou n'en avoir aucune. Je suis né, j'ai été nourri dans son sein : je l'ai professée jusqu'à ce jour, et s'il y a quelque peu de bien en moi, c'est à elle principalement que j'en suis redevable. Pourquoi donc voudrais-je l'abandonner maintenant et me ranger au nombre des incrédules? Serait-ce parce que j'ai des passions, et qu'elle me defend de les satisfaire? Mais ces passions ne changent rien à la vérité de ma religion, et ma religion à son tour ne change rien à la nature de ces passions. Telle et telle chose qui me plaît n'est point mal, parce que le christianisme la défend; mais le christianisme la défend, parce qu'elle est vicieuse en elle-même : ainsi, que je sois chrétien, que je ne le sois pas, le mal sera toujours mal, et quand j'aurais renoncé à ma foi je n'en serais pas plus avancé.

Abandonnerai-je ma religion pour pécher avec moins de remords? Mais les remords sont dans la conscience; la perte de la foi ne m'arrachera point cette conscience; je n'aurai pas moins à combattre les remords inséparables d'une vie déréglée, j'aurai de plus celui que me donnera mon apostasie; remords terrible qui me fera mourir en désespéré. Non je suis chrétien et je veux l'être. Je ne mène pas, il est vrai, une vie chrétienne; je me reconnais indigne de porter un si beau nom; je le déshonore par ma conduite; ce n'est déjà que trop sans y ajouter encore la plus noire de toutes les ingratitudes, et la plus insigne folie. Si je n'ai pas la force de pratiquer la vertu, je veux du moins conserver au fond de mon cœur l'amour de la vertu, et par conséquent l'amour d'une religion qui non-seulement les prêche toutes, mais qui aide à les pratiquer en procurant à la faiblesse humaine des secours qu'elle ne trouve point ailleurs.

Quant à vous, Messieurs, qui vous croyez députés par je ne sais qui pour détromper l'univers sur le fait du christianisme, vous avez de grands talents, une imagination brillante, une facilité singulière à dire, à écrire ce qu'il vous plaît. Vos ouvrages sont fort courus et fort accueillis; mais votre autorité n'est point à mes yeux d'un assez grand poids pour que je renonce à ma foi sur votre parole. Vous ne me persuaderez jamais que l'aimable et divin Auteur de l'Evangile n'ait été qu'un imposteur, les Apôtres des imbéciles, les martyrs des fanatiques; tous ces grands hommes que le christianisme a produits et qu'il produit encore, une troupe de gens à qui la tête a tourné, qui s'en vont prêchant des divisions et des fables aux quatre coins du monde. Je vous demande pardon ; mais, quoi que vous puissiez dire, je ne croirai point cela, et tout cela me paraît mille fois plus difficile à croire que les plus incompréhensibles mystères de ma religion.

D'un autre côté, je ne vois pas quels peuvent être les avantages de cette philosophie prétendue que vous faites sonner si haut, ni le bien qui en résulterait pour l'humanité, si jamais elle s'étendait parmi le peuple et dans nos campagnes. Je vois au contraire, que si malheureusement le peuple se mettait une fois en tête de regarder comme des fables tout ce que lui prêchent ses pasteurs, nos biens seraient au pillage, nos personnes ne seraient point en sûreté, il n'y aurait plus de frein qui tienne les passions en bride, nous verrions des choses épouvantables, et tout serait perdu. Ce n'est point un raisonnement en l'air, vous avez trop d'esprit pour ne pas sentir toute sa force, et trop de bonne foi pour ne pas convenir du fait. Aussi dites-vous qu'il faut nécessairement une religion au peuple, et lui donner sans balancer la religion chrétienne; vous le dites et vous faites tout ce qu'il faut pour l'anéantir: car enfin, sans un miracle de la Providence qui soutient l'Eglise contre tous vos efforts, serait-il possible que cet esprit d'incrédulité dont vous répandez le poison partout, ne passât jusque chez le peuple, et ne produisît les malheurs dont nous parlons?

Vous travaillez donc, messieurs, à bannir toute vertu de dessus la terre, et à y faire régner tous les vices, en travaillant de toutes vos forces à renverser la digue puissante qui s'oppose encore au torrent et nous sauve. Tout cela me fait trembler, je vous l'avoue, et m'inspire, ne vous en fâchez pas, une singulière horreur pour votre philosophie. Quant à votre personne, je n'en dis rien; je respecte en vous l'humanité, parce que ma religion m'apprend à respecter l'image de Dieu dans tous les hommes. J'honore vos talents, parce qu'ils sont en vous des dons du Créateur à qui vous en rendrez compte. Du reste, je garde le silence, et tout ce qui pourra m'échapper, c'est que je ne vois pas que vous en valiez mieux du côté des mœurs, ni que nos jeunes gens fassent plus d'honneur à leur état et à leur famille, depuis qu'ils lisent vos ouvrages, depuis qu'ils se donnent le bel air de penser, de parler, de vivre comme vous. Je conviens en même temps que mes mœurs ne répondent point à ma croyance, je conviendrai encore que de ce côté-là je ne vaux pas mieux que vous, que je vaux même, si vous voulez, moins que vous. Mais je crois en Dieu et en Jésus-Christ; j'espère en Dieu et en Jésus-Christ, et je répandrais mon sang s'il le fallait plutôt que de renoncer aux vérités que la foi catholique m'enseigne.

Tels sont les sentiments, tel est le langage d'un chrétien qui se laisse malheureusement entraîner à ses passions, mais qui ne pousse pas la folie jusqu'à briser le frein qui seul peut le ramener efficacement dans le chemin de la vraie vertu. C'est un enfant qui afflige le cœur de sa mère par une conduite peu régulière, mais qui conserve pour elle tout le respect, tout l'attachement, toute la tendresse qu'il lui doit.

J'ai une mère respectable qui souffre mes faiblesses et mes égarements avec une patience infinie. Elle ne se lasse point de m'exhorter; elle me sollicite, elle me presse, tantôt avec des paroles plus douces que le miel, et qui m'attendrissent quelquefois jusqu'aux larmes, tantôt avec une force et un ton de sévérité qui m'effraye; je l'écoute toujours avec respect, ses menaces même et les reproches dont elle m'accable ne font que me la rendre plus chère. Jamais je n'ouvre la bouche, ni pour la contredire, ni pour m'en plaindre.

O la meilleure et la plus aimable des mères, que je m'estime heureux d'être votre fils, en même temps que je me reconnais indigne de l'être! je sens toute la sagesse de vos paroles, toute la justesse de vos réflexions, toute la vérité, toute la bonté des conseils que vous me donnez, toute la justice des reproches que vous me faites. Ah! souffrez encore ce malheureux fils; continuez de l'offrir à Dieu dans la ferveur de vos prières; vous obtiendrez sa conversion, comme sainte Monique celle de son cher Augustin. J'embrasse ensuite les genoux de cette mère tendre, je lui baise les mains et je m'efforce d'adoucir au moins par les démonstrations de ma tendresse et de mon respect la douleur et les amertumes que je lui cause malheureusement d'ailleurs.

Pécheur qui m'écoutez, cette mère si bonne et si respectable, c'est la religion chrétienne, l'Eglise catholique; ce fils, c'est vous-même; elle vous a enfanté en Jésus-Christ, elle vous a nourri du lait de ses mamelles, et malgré vos écarts elle vous souffre dans la maison de Dieu avec une bonté que le Père des miséricordes est seul capable de lui inspirer. Plus vous l'affligez par l'irrégularité de votre conduite, plus vous devez faire des efforts pour la consoler par un respect profond et inviolable, par un tendre attachement qui paraisse tout au moins dans les occasions où il s'agit de la défendre contre les railleries, les insultes, les outrages de ses ennemis.

Ne louez donc jamais les talents de ceux qui écrivent contre elle sans gémir en même temps sur l'usage détestable qu'ils en en font. Si vous avez la malheureuse curiosité de lire leurs ouvrages, souvenez-vous, en les lisant, que vous tenez dans vos mains un libelle diffamatoire, où l'on attaque l'honneur de votre mère, où l'on répand le venin affreux de la plus grande calomnie sur ce que vous avez de plus cher au monde. Elle a trouvé dans tous les temps, elle trouve encore aujourd'hui de savants et zélés défenseurs: procurez-vous, par la lecture de leurs ouvrages, la douce consolation de voir la défaite et la honte des impies; la vanité de leurs pensées, la faiblesse de leurs raisonnements, la fadeur de leurs railleries, la duplicité de leur cœur, la malignité de leurs intentions, la corruption dont ils se nourrissent, les ténèbres dont ils s'enveloppent, l'artifice des piéges qu'ils tendent aux âmes simples.

A cette lecture, joignez celle de l'Evangile, mon cher enfant, de l'Evangile qui est le testament de votre Père; vous y verrez ses dernières et suprêmes volontés, les biens éternels que vous pouvez acquérir et que vous devez espérer, les peines éternelles qui sont réservées aux méchants et que vous devez craindre. Lisez, lisez, examinez, comparez, pesez, et que la droiture de votre cœur que je suppose faible, mais non pas perverti, séduit et non pas corrompu, vous ouvre la bouche et vous fasse crier dans un transport de joie et d'admiration : *Narraverunt mihi iniqui fabulationes, sed non ut lex tua.* (*Psal.* CXVIII, 85.) Non, Seigneur, non; tout ce que les ennemis du christianisme inventent et nous débitent, n'a rien qui puisse entrer en comparaison avec votre Evangile, avec la vérité, la justesse, la beauté, la sainteté de votre loi. Ce ne sont que des niaiseries, des fables, et comme les rêves d'un malade qui a le transport : *Fabulationes, sed non ut lex tua.*

A la lecture de ce livre divin, joignez une exactitude constante à remplir certains devoirs extérieurs par où l'on distingue ordinairement ceux qui conservent la foi d'avec ceux qui l'ont malheureusement perdue. N'abandonnez jamais l'exercice de la prière que vous avez appris dès l'enfance à faire le matin et le soir. Assistez régulièrement et avec respect au saint sacrifice de la Messe, les jours où elle est d'obligation. Observez sans rougir les jeûnes commandés par l'Eglise, à moins que vous n'ayez des raisons légitimes qui vous en dispensent, sur quoi vous devez garder plus de mesure qu'un autre qui mènerait une vie exemplaire. Lorsqu'une personne reconnue d'ailleurs pour avoir de la piété manque à ces sortes d'abstinences, on ne doute jamais qu'elle n'ait de bonnes raisons; mais si c'est quelqu'un d'une vie peu régulière, on le soupçonne presque toujours de violer les commandements de l'Eglise par mépris et par une espèce d'irréligion.

En quelqu'état que se trouvent les affaires de votre conscience, quelque peu disposé que vous soyez à changer de vie, ne manquez jamais de vous présenter au tribunal de la pénitence dans la quinzaine de Pâques. Mais je n'en serai pas plus avancé. Je vous demande pardon ; vous aurez obéi à l'Eglise, vous aurez édifié votre famille et votre paroisse, vous aurez évité le scandale, du moins jusqu'à un certain point. Mais je ne ferai point mes Pâques? C'est un grand mal; mais à ce mal il ne faut pas en ajouter un autre. Quoi! parce qu'on a le malheur de ne pas faire tout ce que l'on devrait, faut-il pour cela ne faire plus rien de ce qu'on doit? parce qu'on est infidèle dans un point faut-il abandonner tous les autres? et parce que vous n'êtes pas disposé pour le présent à rompre vos habitudes criminelles, vous ne prierez plus, vous ne jeûnerez plus, vous n'irez plus à confesse? Ne voyez-vous pas que c'est là un artifice du démon et que c'est un piége qu'il vous tend. Il craint qu'une constante et respectueuse fidélité dans la pratique de ces devoirs extérieurs n'attire sur vous des grâces qui opèrent peu à peu votre conversion ; et il vous en détourne sous prétexte que n'étant point encore disposé à vous convertir tout cela vous est inutile. Ce piége de l'esprit menteur est grossier, ne vous y laissez point prendre. C'est par là que les incrédules sont tombés insensiblement dans cet abîme de corruption et de ténèbres où ils ont absolument perdu de vue la main puissante qui seule pouvait les sauver, et qui les aurait sauvés, en effet, s'ils ne l'eussent pas tout à fait abandonnée. De la négligence on passe au mépris, du mépris à la révolte, à l'incrédulité, au blasphème.

Mes frères, mes très-chers frères, voyez donc où nous en sommes réduits vis-à-vis de certains chrétiens : nous n'osons presque plus leur dire : rompez cette habitude, quittez ce commerce honteux, venez vous jeter dans le sein de cette miséricorde qui vous tend les bras, faites cesser les gémissements, essuyez les larmes de cette mère qui souffre pour vous les cruelles douleurs d'un nouvel enfantement. Non, les exhortations les plus tendres sont inutiles, les menaces ne feraient que les aigrir et les rebuter. Il faut donc nous borner à demander grâce aux enfants pour leur mère, ou plutôt c'est elle-même qui la leur demande.

Mes chers enfants, n'est-ce point assez que vous me navriez le cœur par une vie tout opposée aux saintes maximes de l'Evangile? A tant de faiblesses, à tant d'infidélités, ajouterez-vous encore le mépris de la loi qui vous condamne, et la rupture de presque tous les liens extérieurs qui vous attachent à moi? Ne verra-t-on plus rien dans votre personne à quoi l'on puisse connaître que vous êtes encore mes enfants, et que vous me regardez encore comme votre mère? Ah! je vous en conjure par ces entrailles dans lesquelles je vous ai conçus, par ce sein qui vous a nourris, par les biens dont je n'ai cessé de vous combler depuis votre naissance, ne méprisez point votre mère.

Regardez toujours avec des sentiments mêlés de tendresse et de respect ces fonts sacrés où vous êtes devenus chrétiens ; cette chaire où je vous ai instruits dans la science du salut ; ce tribunal où j'ai tant de fois prononcé sur vous des paroles de paix et de miséricorde; cette table sainte où je vous ai nourris du corps et du sang de votre Jésus, car il est encore vôtre ; quoique vous vous soyez éloignés de lui, il n'est pas possible que vous l'ayez oublié. Que ce temple, cet autel, ce sacrifice, ces cérémonies soient toujours pour vous, même au plus fort de vos désordres, les objets de la plus tendre vénération, au point que vous ayez en horreur tout ce qui serait capable de vous inspirer des sentiments contraires; afin que dans la douleur que me causent vos égarements, j'aie au moins la faible consolation de trouver dans votre respect et votre attachement de quoi me faire espérer que vous reviendrez un jour, ô brebis imprudentes, dans le bercail et entre les bras du bon pasteur.

En attendant ce jour bienheureux après lequel je soupire, ayant sans cesse les mains levées vers le ciel pour demander la conversion de votre cœur et le salut de votre âme; conduisez-vous du moins, mon cher enfant, de manière que l'on puisse dire en parlant de vous: il est malheureusement entraîné par ses passions, et il ne mène pas une vie chrétienne, cela est vrai; mais il aime la religion, il respecte les choses saintes, et tout ce qui a rapport au culte extérieur; il honore sincèrement les ministres de l'Eglise, et toutes les personnes qui ont de la piété. Il prie soir et matin, il garde les jeûnes d'obligation; il assiste à la Messe; il entend la parole de Dieu avec un extérieur qui n'a rien que d'édifiant. C'est un arbre stérile, mais la racine vit encore; c'est une branche qui n'a point de fruit, mais elle a des feuilles, elle tient au tronc: il y a de l'espérance, parce qu'il conserve au fond de son cœur le germe précieux de la justification, le principe de la résurrection spirituelle.

A ce langage, mes frères, on reconnaît aisément les entrailles d'une mère qui, dans l'affliction que lui causent les vices de ses enfants, cherche à se consoler par l'espérance de les voir devenir meilleurs, qui les souffre avec une douceur et une patience admirables, qui semble s'estimer heureuse, lorsqu'ils ne s'oublient pas au point de la mépriser, de se révolter contre elle, et de se plonger dans les ténèbres de l'incrédulité. Mais avec tout cela elle ne saurait se dissimuler, ni leur dissimuler à eux-mêmes tout ce que peut avoir d'affreux aux yeux de Dieu, un chrétien qui joint la corruption des mœurs à la pureté de la foi, qui crucifie journellement ce même Jésus en qui il fait d'ailleurs profession de croire, et qu'il adore comme son sauveur et son Dieu.

Elle ne saurait nous dissimuler qu'en croupissant dans le mal dont la foi nous découvre toute l'énormité, nous nous exposons à un danger évident de la perdre: que comme cette foi se fortifie de plus en plus par la pratique des vertus chrétiennes, aussi s'affaiblit-elle de plus en plus par l'habitude des vices contraires; qu'il est difficile de persévérer constamment dans la croyance de certaines vérités, lorsqu'elles ne servent qu'à augmenter les remords et le trouble de la conscience; que la foi étant un don surnaturel, et la plus grande de toutes les grâces, on ne saurait la conserver que par une grâce spéciale sur laquelle on doit d'autant moins compter, que l'on s'en est rendu plus indigne, et qu'enfin quiconque ne s'applique point à produire les fruits de la foi, en réglant sa vie sur les vérités qu'elle enseigne, doit prendre pour lui la menace de Notre-Seigneur dans l'Evangile: *Le royaume de Dieu vous sera ôté pour être donné à un peuple qui en produira les fruits.* (*Math.*, XXI, 43.) Menace d'autant plus effrayante que nous en voyons les effets de nos propres yeux, non-seulement chez la nation juive à qui elle fut d'abord et nommément adressée, mais encore dans ces vastes pays qui furent pendant plusieurs siècles la terre des saints, et qui sont aujourd'hui ensevelis dans les ténèbres de l'erreur et de la superstition.

Je finirai donc tout ceci en vous adressant les belles paroles de l'apôtre saint Paul que nous chantons le dimanche à complies: *Vous êtes tous*, mes frères, mes très-chers frères, *vous êtes tous des enfants de lumière: « omnes vos filii lucis estis* (*I Thess.*, V, 5); les enfants de Jésus-Christ, la vraie lumière qui éclaire tout homme venant au monde; les enfants de l'Eglise, sur laquelle son divin époux répand les rayons de sa lumière éternelle, comme sur un miroir qui les réfléchit à nos yeux. A l'aide de ce flambeau divin, notre vue s'élève jusqu'au plus haut des cieux où elle découvre les biens ineffables qui sont préparés aux âmes justes; elle pénètre jusque dans les abîmes de l'enfer où nous apercevons en frémissant les supplices éternels qui sont réservés aux impies. Elle s'étend en arrière sur les siècles passés, elle se porte en avant sur les siècles à venir, et nous découvrons partout des vérités sublimes dont les unes ravissent notre admiration et notre amour, les autres nous remplissent de crainte ou d'espérance. Eclairés par la foi, *nous pouvons comprendre avec tous les saints quelle est la hauteur, la profondeur, l'étendue* (*Ephes.*, III, 18) de cette justice, de cette miséricorde, de cette sagesse dont les effets embrassent tous les temps, tous les lieux, tous les hommes et tout l'univers: *Omnes vos filii lucis estis.*

Gardons-nous donc, mes frères, de nous endormir comme ceux qui sont ensevelis dans les ténèbres. Hâtons-nous de faire les œuvres de la foi pendant que sa lumière nous éclaire. La nuit vient, elle s'avance à grands pas cette nuit terrible dont parle Notre Seigneur, laquelle va bientôt nous plonger dans les abîmes de l'éternité où personne n'aura désormais ni le pouvoir, ni le moyen, ni la liberté de rien faire qui le sauve. Ame lâche et paresseuse, dit l'Esprit-Saint, jusqu'à quand dormirez-vous? *Usquequo, piger, dormies?* (*Prov.*, VI, 9.) Vous vous assoupirez un peu, vous sommeillerez encore, vous croiserez encore les bras pour vous endormir, et voilà que l'affreuse indigence, cet état horible d'aveuglement et d'endurcissement où le pécheur, à force d'avoir méprisé sa loi, son Dieu, se trouve dépouillé de toutes les richesses de la grâce, sans foi, sans loi, sans Dieu en ce monde; cette indigence affreuse vous surprendra tout à coup comme un voyageur qui arrive au moment ou il n'était point attendu. *Veniet tibi quasi cursor egestas* (*Ibid.*, 10.)

Et vous, grand Dieu, qui par un pur effet de votre infinie miséricorde avez enrichi notre âme du précieux et inestimable don de la foi, conservez, augmentez, soutenez, fortifiez cette foi dans ces temps malheureux où l'esprit de mensonge semble faire ses derniers efforts pour nous l'enlever, et replonger dans ses premières ténèbres la plus belle portion de votre héritage. *Demeurez avec nous*, Seigneur, *parce qu'il est déjà tard, et que le jour est sur son déclin* (*Luc.* XXIV,

29.) Non-seulement il se fait tard et le jour baisse, parce que les jours de ma misérable vie se sont évanouis comme l'ombre, et que cette chair corruptible, semblable à l'herbe des champs qui se dessèche presque aussitôt qu'on l'a vue naître, s'avance rapidement vers le tombeau: mais il se fait tard et le jour baisse, parce que la lumière de la foi si vive, si brillante, et comme dans son midi, pendant les beaux siècles de l'Eglise, diminue sensiblement parmi nous. De même que l'on voit sur le soir, les ombres des montagnes grandir, s'étendre et couvrir peu à peu la terre qu'elles enveloppent bientôt tout entière après le coucher du soleil; ainsi voyons-nous avec frayeur l'esprit d'incrédulité, comme une montagne d'orgueil, répandre sur nous une ombre ténébreuse qui va toujours en croissant, et que les pécheurs préfèrent au soleil de justice, parce que celui qui fait le mal, hait et ne peut souffrir la lumière.

Le moment fatal où cette lumière aimable doit disparaître parmi nous, pour passer à d'autres nations et sous un autre hémisphère; ce moment est connu de vous seul, ô Dieu juste et terrible dans vos jugements! Eloignez-le par un surcroît de miséricorde, et n'abandonnez pas la génération présente; répandez une surabondance de lumière et de grâce là où il y a une abondance de corruption, d'erreur et d'aveuglement. Vous ne vous en irez point, Seigneur, et nous vous ferons une sainte violence pour vous retenir au milieu de nous: *Mane nobiscum quoniam advesperascit, et inclinata est jam dies.*

Prêtez l'oreille, ô Jésus, aux gémissements de votre Eglise, qui ne cesse de vous demander le retour et la conversion de ceux qui s'égarent. Père miséricordieux, Dieu de toute bonté, ouvrez les yeux et voyez le sang de votre Fils, qui coule de toute part sur un million d'autels, forme dans notre terre comme un fleuve de bénédictions. Ah! que ce spectacle vous attendrisse; que ce sang retienne votre bras, et suspende les effets de votre colère. Mais que ce sang dont nous sommes inondés se répande invisiblement dans nos âmes, pour y ranimer la foi que vous y avez plantée, pour la faire revivre et la rendre féconde en toutes sortes de bonnes œuvres; afin qu'à l'heure de notre mort, cette foi, au lieu de nous désespérer, nous console, au lieu de nous condamner, nous attire de votre part une sentence de miséricorde et de paix. Que vous trouviez en nous, ô mon Dieu, le caractère de chrétien, non pas comme un signe qui vous attire en nous faisant paraître à vos yeux plus coupables que les infidèles, mais comme un signe auquel vous puissiez reconnaître les vrais et dignes enfants de l'Eglise, les membres de Jésus-Christ votre Fils, et les héritiers de sa gloire! Ainsi soit-il.

—

DISCOURS XII.

Pour le sixième Dimanche après l'Ephiphanie.

SUR LA FOI.

Simile est regnum cœlorum fermento quod acceptum mulier abscondit in farinæ satis tribus, donec fermentatum est totum. (*Matth.*, XIII, 3)

Le royaume des cieux est semblable au levain, qu'une femme prend et met dans trois mesures de farine, jusqu'à ce que la pâte soit toute levée.

Voilà, mes chers paroissiens, une figure bien sensible de cette foi dont je vous ai entretenus dans mes dernières instructions. De même qu'un peu de levain fait fermenter, croître, lever la pâte, en relève le goût, et donne au pain une saveur qu'il n'aurait point sans cela; ainsi la foi, répandue dans nos âmes, élève notre esprit, dilate notre cœur, donne un mérite infini aux moindres vertus et aux actions les plus communes. C'est elle qui réduit à leur juste valeur les biens et les maux de cette vie. C'est elle qui nous découvre dans les ouvrages et dans les opérations les plus simples de la nature, une multitude d'images, qui, en nous représentant les mystères et les œuvres du royaume de Jésus-Christ, les mettent à notre portée, et nous en facilitent l'intelligence. De là vient que ce divin Sauveur instruisait ses disciples par des paraboles et par des comparaisons familières, qui, en cachant la vérité aux yeux des esprits superbes et incrédules, la découvrent et la rendent sensible aux âmes humbles qui joignent à la droiture du cœur la simplicité de la foi. Apprenons donc aujourd'hui, mes frères, à regarder les choses de ce monde avec les yeux de la foi, de manière que tout ce que nous y voyons serve à la nourrir et à la fortifier. C'est par là que nous terminerons ce que j'avais à vous dire sur les qualités et les avantages de la foi chrétienne.

PREMIÈRE RÉFLEXION.

Les richesses et la pauvreté, le plaisir et la douleur, la gloire et les humiliations, voilà, mes frères, à quoi se réduit ce que nous appelons les biens et les maux de ce bas monde. Tout notre vie se passe à chercher les uns et à fuir les autres: cela est naturel, mais la nature nous aveugle, elle nous trompe; et le chrétien qui dans la prospérité ou dans l'adversité, n'envisage pas sa position avec les yeux de la foi, et n'écoute là-dessus que les mouvements de la nature, celui-là voit blanc ce qui est noir, il voit noir ce qui est blanc, il raisonne de travers et se damne.

J'ai des fonds et des revenus considérables; ma cave, mes greniers, mon coffre-fort, tout est plein; ma fortune est solidement établie; je n'ai à craindre aucun revers qui puisse changer la face de mes affaires. Eh! dites-nous, monsieur, d'où vous sont venus tous ces biens? Je les ai reçus de mes pères, j'ai recueilli d'autres successions; j'ai commercé longtemps et avec succès; mon bien-être est le fruit de mon travail et de mes sueurs, le fruit de mes veilles, de mon talent, de mon industrie. Dieu soit loué : mais quel usage faites-vous de ces biens? Je me donne sans distinction le nécessaire et le superflu; je ne me refuse rien de ce qui peut contribuer à me rendre la vie agréable : maison commode et bien étoffée; table copieusement et délicatement servie; meubles, habits de toute saison et de toute couleur; voitures commodes et brillantes, domestiques nombreux, plaisirs, amusements de toute espèce; je suis dans l'abondance jusqu'au cou; nulle des incommodités à quoi sont exposés ceux qui n'ont pas de quoi vivre à leur aise, n'approche ni de ma maison ni de ma personne.

Je vous demande pardon, monsieur : la faim, la soif, la nudité environnent votre maison, et se traînent souvent jusqu'à vos pieds, dans la personne de ces misérables, qui fourmillent de toute part à la ville et à la campagne, qui ne manquent du nécessaire que parce que vous regorgez du superflu; qui meurent de faim, parce que vous faites trop bonne chère; qui sont nus, parce que vos habits sont trop riches; qui s'estimeraient heureux d'être aussi bien nourris que vos chiens, et aussi bien couchés que vos chevaux; qui manquent de tout, en un mot, parce qu'en tout vous faites mille dépenses qui vont bien au delà de ce qu'exigent les besoins communs de la vie, et les justes bienséances de votre état.

Voilà ce que tous les prédicateurs ne cessent de répéter au mauvais riche; et voilà ce que le mauvais riche n'entend point. Son âme, enivrée par les passions différentes que l'or et l'argent font éclore, que l'or et l'argent fomentent, nourrissent et entretiennent; son âme ainsi enivrée voit tous les objets de travers; c'est un animal engraissé qui n'aperçoit et ne regarde que la terre. Grand Dieu, jetez dans l'âme de cet homme riche un grain, un petit grain de cette foi qui fait les justes! ah! dès ce moment, les biens qu'il possède, l'usage qu'il en fait, les honneurs dont il jouit, les plaisirs qu'il se donne, tout cela prend à ses yeux une forme et des couleurs différentes; il voit ce qu'il ne voyait point, il fait des réflexions qu'il n'avait jamais faites, il sent ce qu'il n'avait jamais senti. Les fleurs dont il se couronne, envisagées avec les yeux de la foi, lui paraissent comme autant d'épines qui environnent son cœur et piquent sa conscience.

Cet homme dont je suis héritier avait amassé en fort peu de temps les biens que je possède aujourd'hui : les fortunes rapides sont ordinairement suspectes : je sais qu'il ne passait pas dans le monde pour avoir une conscience bien délicate. Je trouve dans ses papiers la preuve de ses usures; j'ai sous les yeux des familles qu'il a ruinées par les services qu'il leur rendait soi-disant, et dont il se faisait un mérite. Me voilà donc par cette raison et par d'autres semblables possesseur d'un bien dont une bonne partie a été acquise par des voies injustes; ce qu'on en dit et ce que j'en sais par moi-même est plus que suffisant pour me donner des soupçons raisonnables; et avec de tels soupçons je ne suis plus possesseur de bonne foi : il faut donc en venir aux recherches, aux éclaircissements, aux restitutions, et je suis tenu de faire à cet égard tout ce qu'aurait dû faire avant de mourir cet homme qui a donné son âme au diable pour laisser de grands biens à ses héritiers.

D'un autre côté, quand même ma conscience me rendrait ce témoignage consolant que je ne possède rien qui ne m'appartienne en toute rigueur de justice, les biens dont je jouis ne sont pas tombés dans ma maison par hasard; de quelque manière qu'ils me soient venus, c'est Dieu qui me les a donnés; il a eu ses raisons pour les donner à moi plutôt qu'à d'autres; mais quelles sont ces raisons? J'interroge ma foi là-dessus; et ma foi me suggère mille réflexions qui m'inquiètent, qui m'embarrassent, qui m'effrayent, et d'après lesquelles je ne suis flatté de rien moins que d'avoir beaucoup de biens.

Dieu me les a donnés peut-être dans sa colère pour me punir de mon avarice, de ma cupidité, de cet attachement excessif qui me fait entièrement oublier les richesses de l'autre vie; tu en veux; eh bien! tu en auras; en voilà donc jusqu'à la gorge; engraisse, engraisse-toi comme une victime destinée aux supplices de l'enfer. Tu ne comptes pour rien les trésors de l'éternité, tu ne les auras donc jamais. Bois, mange, donne-toi toute sorte de plaisirs, contente toutes tes passions, nage dans l'abondance; mais tu mourras demain, et passeras donc, puisque tu le veux, à une faim, à une soif, à une misère éternelles.

Les bénédictions temporelles que Dieu répand sur ma maison et cette graisse de la terre dont il me rassasie, sont peut-être la récompense passagère de ce qu'il y a de bon et de louable dans mes sentiments et dans mes actions. J'ai le cœur compatissant, je fais des aumônes, je rends volontiers service au prochain. La Providence, qui est juste, veut peut-être me récompenser de tout cela dans ce monde, pour me réprouver ensuite éternellement; parce que, d'ailleurs, je suis plein d'orgueil, je suis voluptueux, sensuel, je suis ou j'ai été un franc impudique.

Mais que dois-je penser, ô Jésus, de la manière dont vous en avez usé à mon égard, lorsque je regarde votre croix et que je lis votre Evangile? Vous dites malheur aux riches, et vous m'avez fait riche. Vous dites qu'il leur est presque impossible de se sauver, et vous m'avez fait riche. Vous avez paru sur la terre dépouillé de tout, n'ayant pas où reposer votre tête, ne prêchant que la pauvreté, n'ayant que des pauvres à votre suite, faisant presque tous vos miracles en faveur des pauvres, disant que c'est à eux qu'appartient le royaume du ciel; et vous m'avez fait riche. M'auriez-vous réprouvé, grand Dieu? ne m'auriez-vous enrichi, élevé que pour me précipiter ensuite dans les enfers? Je n'envisage point sans frémir la différence prodigieuse qui se trouve entre mon état et celui que vous avez choisi en venant au monde.

Et voilà sans doute, mes frères, ce qui a déterminé tant de saints personnages à suivre à la lettre le conseil de l'Evangile, en se dépouillant de tout pour suivre Jésus-Christ, pauvre et dépouillé lui-même de tout. Ils regardaient avec les yeux de la foi ces biens que nous ne voyons qu'à travers les ténèbres de notre cupidité. Les raisons qui nous portent à les désirer engageaient ces parfaits chrétiens à les craindre et à les fuir. Nous aimons les richesses, parce qu'elles nous fournissent les moyens de satisfaire nos passions ; et ils les fuyaient, parce qu'elles servent d'instrument à toutes les passions. Elles étaient à leurs yeux, aux yeux de leur foi, tantôt comme des épines qu'il est extrêmement difficile et presque impossible de manier sans se faire quelque blessure; tantôt comme un fardeau pesant qui embarrasse un voyageur, qui l'accable et l'empêche de marcher; tantôt comme la matière d'un compte terrible capable d'effrayer ceux-là même qui paraissent ne faire aucun mauvais usage de leurs biens; parce que tous les articles de votre dépense, mes frères, seront examinés et discutés au jugement de Dieu, non pas suivant les maximes du monde, non pas suivant les usages qui n'ont d'autre fondement que la vanité, la mollesse, la corruption du siècle; mais suivant les saintes maximes de l'Evangile. Combien de choses que nous appelons nécessaires et qui seront mises alors au nombre des superfluités? Que d'usages seront réputés abus! que de bienséances seront traitées d'imaginations et de chimères!

C'est ainsi que les richesses, avec tous les plaisirs qui peuvent marcher à leur suite, perdent aux yeux de la foi tout ce qu'elles paraissent avoir d'agréable et de flatteur aux yeux de la nature. Aux yeux de la nature, ce sont des fleurs après lesquelles tout le monde court; aux yeux de la foi, ce sont des épines qui font des blessures mortelles. Aux yeux de la nature, c'est un breuvage délicieux dont on n'est jamais rassasié ; aux yeux de la foi, c'est un poison d'autant plus dangereux qu'il est plus agréable à boire. Aux yeux de la nature, rien n'est plus à désirer; aux yeux de la foi, rien n'est plus à craindre. Ecoutez la nature : oh! que les riches sont heureux, et que les pauvres sont à plaindre! Ecoutez la foi : que les pauvres se réjouissent, parce que le royaume des cieux leur appartient; que les riches tremblent, qu'ils pleurent, qu'ils poussent des cris et comme *des hurlements* (*Jac.*, V, 1), à la vue des malheurs qui les menacent et les attendent.

Ah! mes enfants, mes chers enfants, vous qui sans cesse vous plaignez de votre misère; que vous seriez heureux, si vous ne l'envisagiez jamais qu'avec les yeux de la foi! je suis dans les travaux et la pauvreté depuis ma plus tendre jeunesse, pendant que d'autres vivent dans l'abondance et dans les plaisirs. On les honore, et je suis méprisé; ils logent dans de belles maisons, et j'ai à peine où reposer ma tête; ils jouissent de toutes les commodités de la vie, et j'en souffre toutes les incommodités; qu'ont-ils donc fait pour être si bien traités, et qu'ai-je fait moi-même pour l'être si mal? Voilà, mes frères, ce que dit la nature; et de là vos impatiences, vos murmures, votre jalousie, et tous ces désirs qui vous rongent inutilement, qui n'aboutissent qu'à rendre votre position véritablement malheureuse.

Foi précieuse, foi consolante, répandez un rayon, un petit rayon de votre lumière dans la boutique de cet artisan, dans la chaumière de ce manœuvre, dans la pauvre maison de cette veuve; éclairez-les, afin qu'ils voient tous les avantages de leur condition; qu'ils s'en félicitent et vous en rendent mille actions de grâces. Que je suis heureux, ô mon Dieu, d'être placé dans un état qui me donne quelque ressemblance avec celui que vous avez embrassé vous-même par choix, et auquel vous avez donné tant de bénédictions! que ma pauvreté me devient chère, lorsque je vous vois naître dans une étable, et choisir vos premiers adorateurs parmi de simples bergers! lorsque je me représente vos mains divines appliquées au travail dans la boutique d'un artisan, et que je vous vois manger votre pain à la sueur de votre visage! que ma pauvreté me devient chère! qu'elle est précieuse aux yeux de ma foi, lorsque je la vois ainsi consacrée et comme divinisée dans votre personne!

Mais que je suis heureux de n'avoir point à ma disposition ces biens fragiles et dangereux dont je ne me serais peut-être servi que pour vous offenser et pour me perdre! que je serai tranquille au lit de la mort, n'ayant pas de compte à vous rendre sur un article si épineux et si effrayant! ma pauvreté sera pour lors ma consolation et ma joie. Mon aimable Sauveur, j'ai porté votre livrée toute ma vie; une maison pauvre, des habits pauvres, une table pauvre, un pain trempé dans mes sueurs, souvent baigné de mes larmes. Telle a été ma vie, telle fut aussi la vôtre, ô Jésus ; recevez donc ce pauvre dans vos tabernacles éternels; ce pauvre qui n'a point murmuré, ce pauvre qui n'a rien désiré, ce pauvre qui n'aurait pas voulu changer sa pauvreté pour tous les trésors de la terre.

Appliquez ensuite, mes frères, ce que nous disons de la pauvreté aux autres peines de corps ou d'esprit qui sont communes à tous les états, que l'on trouve partout, et qui sont inséparables de la condition humaine; ah! que cette maladie est longue; ah! que ces douleurs sont cuisantes; ah! que cette humiliation est sensible ; ah! que ces ennemis sont cruels; ah! que cette injure est atroce; ah! que cette croix est pesante; voilà ce que dit la nature. Que la nature se taise et laisse parler ma foi ; cette maladie n'est pas trop longue ; ces douleurs ne sont pas trop cuisantes; elles ne le sont point assez, mes ennemis sont infiniment plus dignes de mon amour que de ma haine; cette perte de biens, au lieu de m'affliger, me réjouit; ces injures, ces humiliations n'ont rien que de juste, de bon, d'avantageux pour moi; cette croix, cette croix, de quelque espèce qu'elle soit, me paraît encore trop légère. Adorable Jésus, lorsque je considère vos croix, vos clous, vos épines, le fiel et tous les opprobres dont vous fûtes rassasié, mes peines se changent en plaisirs, mon affliction en joie, mes amertumes en douceur et en consolation. Le voilà donc, mes frères, le voilà ce levain mystérieux dont la vertu puissante, s'insinuant dans toutes les facultés de l'âme chrétienne, change ses goûts et ses affections, lui suggère des pensées, lui inspire des sentiments, lui donne une élévation une force, et verse dans elle des consolations dont la foi seule peut être le principe!

Quel goût céleste! quel mérite ne donne-t elle pas aux œuvres les plus indifférentes, aux moindres de nos actions lorsqu'elles en sont animées! Donnez un morceau de pain, un verre d'eau à un pauvre; ce n'est qu'un verre d'eau, un petit morceau de pain. Mais que cette aumône légère soit accompagnée d'une foi vive qui vous découvre Jésus-Christ dans la personne du pauvre à qui vous la faites; cette petite aumône vaut le paradis. Le pardon d'une injure, qu'est-ce que cela? un peu de violence que la raison fait à la nature, les païens en faisaient tout autant. Mettez là-dedans un grain de foi qui soit le motif du pardon que vous accordez à votre ennemi, et qui vous fasse aimer Jésus-Christ dans sa personne, ce petit sacrifice vaut la rémission de tous vos péchés et la vie éternelle. Ce domestique est maladroit, et je le reprends avec douceur; cette personne est d'une humeur difficile, et je la supporte avec patience. Je suis sujet à quelque infirmité habituelle, et je ne me plains jamais. Qu'est-ce que tout cela? peu de chose, les païens en faisaient tout autant. Ajoutez-y la foi; mettez ce levain dans cette farine; une petite violence, un instant de mortification, un petit service rendu au prochain, un bon désir, un regard vers le ciel, et mille autres choses semblables, qui par elles-mêmes sont des riens, changent tout à coup de nature lorsque la foi les anime; ils croissent, grandissent, s'étendent, s'élèvent, pénètrent le ciel, le ravissent et nous y portent.

Quel trésor de mérites n'amasserions-nous donc pas, mes frères, si dans nos souffrances, dans notre travail, dans notre façon d'agir avec le prochain, nous nous conduisions toujours suivant les lumières et les principes de notre foi? Mais hélas! nous n'avons qu'une foi morte, qui ne produit rien, qui nous est pour ainsi dire inutile; et nos bonnes actions elles-mêmes, le peu de bien que nous faisons, ne sont la plupart du temps d'aucune valeur devant Dieu, faute d'être animées par cet esprit de foi, qui seul peut les rendre méritoires; en quoi nous sommes certainement bien coupables; car il n'y a rien dans tout ce qui nous environne qui ne soit propre à la réveiller, cette foi, et toutes les créatures sont comme autant de maîtres qui nous instruisent, comme autant de prédicateurs qui nous exhortent.

SECONDE RÉFLEXION.

Les vérités les plus sublimes, et les plus hauts mystères de notre foi nous sont représentés, soit dans l'Ancien, soit dans le Nouveau Testament, sous des figures sensibles, qui les mettent, pour ainsi dire, à la portée de notre esprit, et nous en facilitent l'intelligence. Dieu ne se contenta pas de promettre un Sauveur aux hommes; il ne cessa de leur montrer dès le commencement du monde, et dans toute la suite des siècles, l'image de Jésus-Christ et de son Eglise. La mort d'Abel, la réprobation de Caïn, la construction de l'arche, le déluge universel, la vocation d'Abraham, le sacrifice d'Isaac, le mariage de ce dernier, la fuite, les travaux, le mariage encore de Jacob, les humiliations et la gloire de Joseph; un peuple nombreux sorti des douze patriarches, peuple célèbre que Dieu choisit, qu'il se consacra, qui parut toujours et qui paraît encore aujourd'hui comme séparé du reste des hommes; son séjour en Egypte, son retour dans la terre de Chanaan, les pains sans levain, l'agneau pascal, les portes teintes de son sang, le passage de la mer Rouge, la manne qui tombe dans le désert, l'eau qui sort d'un rocher, le serpent d'airain, l'arche d'alliance, les guerres, la paix, les victoires, les défaites, les succès, les revers du peuple de Dieu et tout ce que l'histoire sainte nous en apprend; cette histoire retrace d'un bout à l'autre, aux yeux de notre foi, les images les plus vives de la religion chrétienne, de ses sacrements, de ses mystères, de son culte, de ses combats, de ses victoires, de ses souffrances, de son triomphe, de ce qui lui est arrivé, de ce qui lui arrive, de ce qui lui arrivera jusqu'à la fin des siècles; et la religion chrétienne ne paraît jamais plus belle, plus majestueuse, plus divine, que lorsqu'on la considère dans les ombres et les figures de l'Ancien Testament.

Jésus-Christ paraît ensuite, et pour nous expliquer les secrets du royaume des cieux, il nous en découvre différentes images dans les choses les plus communes. Tantôt, c'est la semence que le laboureur jette dans son champ, laquelle produit au centuple quand elle tombe dans la bonne terre, mais qui ne produit rien quand elle tombe le long d'un grand chemin, sur des pierres, ou dans les épines. Tantôt, c'est un grain de moutarde, qui, malgré sa petitesse excessive, devient un arbre sur les rameaux duquel les oiseaux du ciel s'arrêtent et se reposent. Ici, c'est une somme d'argent, un talent que le père de famille donne à ses serviteurs pour le faire valoir, et dont ils doivent lui rendre compte. Là, c'est un peu de levain qu'une femme cache dans quelques mesures de farine. C'est ainsi que Notre-Seigneur instruisait ses disciples, et nous lisons, comme vous l'avez entendu dans l'Evangile d'aujourd'hui, que tous ses discours étaient accompagnés de paraboles. Il est donc vrai que les choses les plus communes qui sont journellement sous nos yeux, peuvent et doivent élever notre esprit à la connaissance des choses spirituelles, en nous les rendant sensibles, de manière que nous les touchions pour ainsi dire au doigt et à l'œil.

La foi m'enseigne que sans la grâce de Jésus-Christ, je ne puis et ne suis rien; et je le crois. Mais lorsque cette grâce invisible m'est représentée sous la figure du pain et des autres aliments qui nourrissent mon corps; sous la figure des habits qui le couvrent, et des ornements qui le parent; sous la figure du vin qui fortifie et réjouit le cœur de l'homme; sous la figure de l'huile que le charitable Samaritain versa sur les plaies de celui que les voleurs avaient maltraité; sous la figure d'une eau vive, qui lave les taches, qui désaltère et rafraîchit un voyageur fatigué, qui arrose et ranime les plantes; toutes ces choses, qui sont journellement sous mes yeux et à mon usage, retracent et rappellent sans cesse à mon esprit la vertu, les ineffables opérations, et tous les divins effets de cette grâce toute-puissante; de sorte que voyant dans les différents besoins de mon corps la vive image de mes besoins spirituels, je les conçois mieux et j'y deviens beaucoup plus sensible.

Malheureux que je suis! toute ma vie se passe à éloigner de moi la faim, la soif, la nudité, la douleur; et mon âme, mon âme, en comparaison, et au préjudice de laquelle ce misérable corps ne doit être compté pour rien, je la laisse périr de faim, de soif, de nudité; elle est remplie de taches, et des taches les plus affreuses; elle est couverte de plaies, et de plaies mortelles; pendant que j'ai à ma disposition, dans l'Evangile de Jésus-Christ, dans les sacrements de Jésus-Christ, dans la croix, dans le sang, dans la grâce de Jésus-Christ, un pain céleste qui m'est offert pour la nourrir; un vin délicieux dont elle pourrait s'enivrer; des eaux sanctifiantes qui sont faites pour la purifier; un baume divin, une huile mystérieuse qui guérirait toutes ses plaies; des vêtements de justice et de gloire, dont je pourrais la revêtir. Ah! Seigneur, serai-je toujours aveugle et ingrat jusqu'à laisser ainsi croupir dans la plus affreuse misère cette âme qui vous a coûté si cher, et à laquelle vous avez préparé tant de biens, pendant que je veille avec tant de soin et d'inquiétude à la conservation et au bien-être de cette chair mortelle, qui doit bientôt descendre dans la corruption et la poussière du tombeau?

Lorsque, levant les yeux au ciel, je vois ce bel astre qui éclaire successivement tous les peuples, c'est ainsi, m'écrié-je, que le flambeau divin de l'Evangile de Jésus-Christ, le vrai Soleil, le Soleil de justice, faisant le tour de la terre, éclaire successivement toutes les nations, jusqu'à ce que sa course étant achevée, il rentre avec les élus dans le sein de sa gloire, commençant un jour éternel pour les uns, et laissant à jamais les autres dans les ténèbres de l'enfer.

J'entends gronder le tonnerre, je vois la foudre tomber du ciel; une grêle affreuse ravage nos campagnes; ce n'est pas là ce qui m'effraye le plus. Mais quelle est la matière de cette grêle? Mes péchés. Où s'est elle formée? Dans mon cœur, qui est tout feu pour le mal et tout de glace pour le bien. Ah! c'est de là, c'est du fond de mon misérable cœur que s'élèvent ces vapeurs malignes et ténébreuses, d'où se forment ces nuées menaçantes; c'est moi, c'est moi-même qui ai jeté en l'air et contre le ciel, toutes ces pierres qui en descendent et retombent sur ma tête coupable.

Quelle est la cause de la sécheresse qui brûle mes champs, et fait périr mes fruits? Le feu de mes passions, qui me brûlent, me consument, me damnent. D'où viennent ces inondations? Ce sont les eaux de mes iniquités qui se multiplient, s'enflent, débordent et font tous ces ravages. Quel est ce poison répandu dans l'air, qui cause les maladies épidémiques? C'est le poison de mes péchés, la corruption de mon cœur, la contagion des mauvais exemples que je donne, de l'odeur de mort que je répands dans ma famille, dans ma paroisse, dans tout le voisinage.

Oui, grand Dieu! c'est dans mon cœur, comme dans une terre ingrate et stérile, que naissent, que croissent toutes les verges dont vous me frappez, toutes les épines qui me déchirent. Lorsque vous répandez vos bénédictions sur moi, je n'y suis pour rien, la cause n'en est que dans votre bonté infinie: mais les maux qui m'affligent sont mon ouvrage, et si je n'armais pas moi-même votre bras, jamais je ne sentirais les coups de votre justice. Je fais servir toutes vos créatures à mes péchés; vous les faites servir à vos vengeances, et après avoir été dans mes mains les instruments de cette malice qui s'élève contre vous, elles sont dans les vôtres les ministres, les instruments de cette colère dont les fléaux retombent justement sur moi, et dont je ne puis me plaindre qu'à moi.

Toutes les créatures sont bonnes, ô mon Dieu! puisque toutes sont votre ouvrage, puisque toutes annoncent votre puissance, publient votre sagesse, glorifient votre saint nom; je suis le seul qui le déshonore. Elles suivent la route que vous leur avez marquée; elles tendent invariablement à la fin que vous vous êtes proposée en les créant; elles sont ce qu'elles doivent être, toujours soumises à vos ordres. Aucune ne vous résiste, pendant que moi, misérable, continuellement rebelle à votre volonté sainte, je ne cesse de m'égarer hors de la voie que vous m'avez tracée, perdant presque tout à fait de vue la fin pour laquelle vous m'avez créé.

Chose étrange, mes frères; le feu est fait pour brûler, et il brûle; la lumière est faite pour éclairer, et elle éclaire; les arbres pour porter du fruit, et ils en portent; les rivières pour arroser la terre, et elles l'arrosent; les animaux, chacun suivant son espèce, remplissent la tâche que la Providence leur a prescrite; toute la nature poursuit constamment sa marche dans l'ordre qui lui est marqué: l'homme est le seul entre toutes les créatures qui n'obéisse point à la voix de Dieu, le seul qui s'oppose aux desseins de sa Providence. Jetez les yeux sur les animaux que vous nourrissez et qui vous servent. Vous leur commandez, et ils vous obéissent. Allez là, et ils y vont. Venez ici, et ils y viennent. Ils se mettent sous le joug, ils se baissent sous le fardeau; ils connaissent la voix et le ton, aussi bien que la maison et l'étable de leur maître. On dompte les plus furieux, on apprivoise les plus farouches. Quelle honte pour moi, qui sous les yeux et sous la main de Dieu, suis toujours indocile, toujours rebelle; méconnaissant la voix de mon créateur, secouant le joug, ne faisant que mes volontés, ne voulant dépendre que de moi-même.

Venez-nous dire après cela, mes chers paroissiens, comme vous le faites si souvent pour vous excuser : Nous sommes des ignorants, nous ne savons pas lire. Lorsque Jésus-Christ instruisait le peuple, il ne lui faisait pas de longs discours, il ne les renvoyait pas aux livres; ce ne sont pas les livres qui font les saints. Mais il lui apprenait à lire dans la nature. Voyez, disait-il, pour leur inspirer la confiance en Dieu, considérez les lis qui croissent dans vos campagnes! quelle blancheur! quelle beauté! quel éclat! et cependant ils ne filent point, ils ne travaillent point. Voyez-vous les oiseaux du ciel? Ils ne sèment, ni ne moissonnent, et votre Père céleste les nourrit. A combien plus forte raison ne prendra-t-il pas soin de vous, ô homme de peu de foi! (*Matth.*, VI, 25-34.)

Mais pourquoi ne lisez-vous pas dans cette terre que vous labourez, dans cette semence que vous y jetez; pourquoi n'y lisez-vous pas, comme dans un livre, l'explication des saintes vérités que vous avez si souvent entendues ici? Mon âme est le champ que je dois cultiver, la parole de Dieu est la semence précieuse que les pasteurs de l'Eglise ne cessent d'y répandre; ce grand chemin, ces pierres, ces épines, voilà l'image de mon misérable cœur : c'est un grand chemin, parce qu'il est ouvert à toute sorte de passions ; c'est un terrain pierreux par son endurcissement : cette foule de pensées inutiles ou criminelles, ces attachements déréglés, ces désirs terrestres, ces affections toutes charnelles, sont comme autant d'épines qui étouffent en moi le fruit de la parole de Dieu. Hélas! je cultive mon champ avec un soin infini, je me donne tant de peine pour arracher les mauvaises herbes, pour ôter les pierres, pour empêcher que les passants où les animaux n'y fassent du dégât; pendant que mon âme est comme une terre en friche, pleine de pierres et d'épines d'un bout à l'autre, comme un champ battu et coupé de mille sentiers par où tout le monde passe.

Cette vigne, cette vigne que vous taillez, que vous labourez, que vous provignez avec tant de complaisance, n'est-elle pas pour vous comme le livre de l'Evangile dans lequel vous entendez dire à Jésus-Christ : *Je suis la vigne, et vous êtes les sarments?* (*Joan.*, XV. 5.) Qu'est-ce que l'homme qui ne demeure point en vous, ô Jésus! c'est un sarment détaché du cep, et qui ne saurait produire aucun fruit. Votre grâce est cette séve précieuse qui passant du cep dans les branches, leur donne la vie et la fécondité. Ces belles grappes dont la vigne est chargée, me représentent les bonnes œuvres, les mérites de l'homme juste vivant de la foi, et riche devant Dieu par Jésus-Christ.

C'est ainsi, mes frères, que le vrai chrétien trouve dans les choses visibles, l'image des vérités que sa foi lui enseigne, et dont il doit se nourrir. Il est inutile de pousser plus loin un détail qui ne finirait pas, et je dis en un mot : dans quelque condition que vous soyez placé, quelle que soit votre position : hommes de guerre, hommes de cabinet, artisans, laboureurs, savants, ignorants, apprenez à lire avec les yeux de la foi dans la nature et les ouvrages de la Providence. Dans le ciel, sur la terre, dans la mer, au dedans et au dehors de vous-même, vous ne trouverez rien qui n'élève votre âme, qui ne porte vos pensées, vos désirs, vos affections vers Jésus-Christ, si vous avez le cœur droit, si vous vivez de la foi. Comme le sommeil est l'image de la mort et me la rappelle; ainsi le réveil est l'image de la résurrection, et me la fait espérer. Les habits dont je me couvre, et qui sont la dépouille des animaux, me rappellent le péché du premier homme, et la nudité affreuse d'une âme qui n'est pas revêtue de Jésus-Christ. Les soins que je suis obligé de donner à mon corps, me font ressouvenir des besoins encore plus pressants de mon âme. Ouvrez les yeux et les oreilles de la foi : tout vous instruit, tout vous prêche, tout vous exhorte.

Je finirai donc ici en vous rappelant en quatre mots le sujet des instructions que vous avez entendues sur la foi, elle est la lumière, la force et la consolation de nos âmes. Hors d'elle sont les ténèbres, la faiblesse, la corruption, le désespoir. Mais elle doit être éclairée, elle doit être pure, elle doit être simple, elle doit être surtout accompagnée de bonnes œuvres. Si c'est une foi morte, elle ne servira qu'à nous rendre plus coupables devant Dieu, et dignes de plus grands châtiments que les infidèles. La foi vive, qui, dans l'Evangile d'aujourd'hui, est comparée au levain que l'on met dans la pâte, élève notre âme, purifie nos intentions, donne un mérite infini aux actions les plus communes. Mais enfin il faut la nourrir cette foi, et nous avons pour cela, non-seulement les sacrements de l'Eglise et les exercices de la piété, mais nous avons encore, et nous trouvons dans toutes les parties de cet univers et dans les moindres des créatures, une infinité de paraboles semblables à celles dont Jésus-Christ se servait pour instruire le peuple; de sorte que la nature entière est comme un livre toujours ouvert aux yeux de la foi, et où elle découvre les mystères du royaume des cieux.

Il ne nous reste plus maintenant qu'à rendre d'immortelles actions de grâces au divin auteur et consommateur tout-puissant de cette foi; gémissant avec les vrais chrétiens sur ce qu'elle diminue d'un jour à l'autre, et nous écriant avec le Prophète (*Psal.* XI, 1 seqq.) : Sauvez-nous, grand Dieu, sauvez-nous dans ce siècle malheureux où vous avez permis aux puissances de l'enfer d'exciter tant d'orages et une si furieuse tempête contre votre Eglise. Les vérités les plus saintes sont peu à peu délaissées comme des vases précieux que l'on met au rebut, et dont on ne fait plus aucun usage. La contagion de l'incrédulité gagne et infecte tous les états; et il semble que nous touchions à ces temps affreux où le Fils de l'homme ne trouvera presque plus de foi sur la terre. Sauvez-nous donc, Seigneur, sauvez-nous, et ne permettez pas que nous nous laissions séduire par la fausse et artificieuse sagesse de cette race orgueilleuse qui s'efforce d'élever le trône de l'erreur sur les ruines de l'Evangile. Mais que les rugissements du lion infernal nous tiennent attachés de plus en plus au sein de l'Eglise notre mère, comme des brebis fidèles qui, à la vue et aux approches du loup, courent effrayées vers le bon pasteur, se rassemblent, se pressent autour de sa personne. Conservez dans nos cœurs toute la simplicité de la foi; mais d'une foi vive qui produise par votre grâce des fruits dignes d'être couronnés dans le ciel; afin qu'après nous avoir éclairés, soutenus, sauvés pendant cette vie, elle fasse, à l'heure de la mort, notre plus douce consolation. Ainsi soit-il.

DISCOURS XIII.

Pour le Dimanche de la Septuagésime.

SUR LE TEMPS.

Quid hic statis tota die otiosi? (*Matth.*, XX, 6.)

Pourquoi demeurez-vous là tout le jour sans travailler?

Le temps est court, la perte en est irréparable, l'enfer et le paradis sont au bout. Nous sommes, pour ainsi dire, dans les mains du temps : il nous conduit et nous traîne vers l'éternité; cela ne dépend pas de nous, mais le temps est dans nos mains, il est à notre disposition, nous pouvons arriver par lui à l'éternité bienheureuse. Voilà, mes frères, ce que vous avez mille fois entendu, ce que la foi, la raison, toute la nature ne cessent de nous répéter, et cependant il est très-peu de chrétiens qui, repassant dans leur esprit toutes les années de leur vie, puissent dire avec vérité : je n'ai point perdu de temps. Il en est encore moins qui puissent dire : je n'ai employé mon temps qu'à faire le bien. Il n'en est certainement aucun assez hardi pour oser dire : j'ai toujours employé mon temps comme Dieu voulait que je l'employasse, et par conséquent il n'est personne qui ne doive prendre pour soi, dans un sens ou dans un autre, le reproche de Notre-Seigneur à ces ouvriers oisifs dont il est parlé dans l'Evangile que vous venez d'entendre.

Vous savez, mes chers paroissiens, qu'une des choses sur quoi j'insiste le plus soit ici, soit au confessionnal, ou dans les conversations particulières, est la perte du temps, l'emploi et le bon emploi du temps. Je voudrais pouvoir vous rappeler aujourd'hui tout ce que je vous ai dit de plus vrai et de plus instructif sur ce sujet, qui est de la dernière importance.

PREMIÈRE RÉFLEXION.

Qu'est-ce que le temps, mes frères, considéré par rapport à nous? Le passé n'est rien, puisqu'il n'est plus ; l'avenir n'est point encore, et par conséquent il n'est rien. Le présent seul est quelque chose; mais ce n'est qu'un instant, un point imperceptible, qui échappe à mesure qu'on le saisit.

Vous voilà, mon cher paroissien, dans un âge avancé, dans ce dernier âge de la vie qui vous paraissait si éloigné lorsque vous étiez encore jeune. Tournez maintenant la tête et regardez derrière vous. Qu'est devenu le temps de votre enfance, le temps de votre jeunesse, le temps où votre corps était dans toute sa vigueur, et votre esprit dans toute sa force? Il vous a échappé, il s'est enfui comme un oiseau qui s'envole. Il ne vous reste que les rides qu'il a imprimées sur votre front, la faiblesse et les infirmités qu'il vous a laissées, les bonnes et les mauvaises actions auxquelles vous l'avez employé. Vous pouviez disposer de ces années à mesure qu'elles passaient sous vos yeux, et comme dans vos mains; aujourd'hui c'en est fait, vous n'en êtes plus le maître; vous ne l'êtes pas davantage de celles qui sont à venir, elles ne sont encore rien pour vous. Et voilà, mes frères, ce qu'il y a de plus humiliant pour l'homme, de plus terrible et de plus propre à nous faire rentrer dans notre poussière.

Qu'est-ce qu'un jour, un mois, une année? Rien, et cependant il n'est personne qui puisse dire : je suis le maître de cette année, de ce mois, de ce jour, pas même d'une heure : il ne faut qu'un instant pour amener le bout de cette petite chaîne dont le dernier anneau est le dernier de mes jours, après lequel il n'y a plus de temps. Lorsque je fais des projets pour l'avenir, mon imagination bâtit sur un fonds qui ne m'appartient pas. En disant je ferai ceci, je ferai cela, je suis forcé d'ajouter un *si*, un misérable *si* que le plus puissant roi de la terre ne saurait retrancher, et dont il dépend lui-même malgré toute sa puissance.

Jamais esclave n'a dépendu de son maître, et du maître le plus impérieux, comme nous dépendons du temps. Nous ne saurions faire un pas, dire un seul mot, ouvrir la bouche pour respirer sans que le temps nous le permette. Un regard, un soupir vers le ciel peut sauver une âme ; c'est l'affaire d'un instant, et cet instant à combien de pécheurs n'a-t-il pas été refusé?

Le temps est un maître capricieux et fantasque qui veut aujourd'hui une chose, et qui demain en voudra une autre. Aujourd'hui il amène la joie, demain il amènera la tristesse; aujourd'hui la santé, demain la maladie; aujourd'hui les richesses, demain la pauvreté; aujourd'hui la gloire, demain les humiliations; c'est une inconstance, une bizarrerie, une variété, des révolutions continuelles. Il nous porte d'un lieu dans un autre; il nous fait passer d'une situation à une autre ; d'une façon de penser ou de sentir à une autre; il nous tourne, nous retourne, nous berce, nous élève, nous abaisse et nous ballotte enfin dans tous les sens et de toutes les manières, sans que nous soyons jamais assurés le soir de ce qu'il nous amènera le matin, ni le matin de ce qu'il nous apportera le soir. La seule chose qui soit à notre disposition, c'est le bon ou le mauvais usage que nous pouvons faire de ce temps pendant qu'il passe.

De tous les moments qui passent, il n'en est pas un seul dont nous ne puissions dire : mon salut ou ma damnation ne sont point attachés à ce moment que je tiens et qui m'échappe. Cela fait trembler, et avec tout cela, les jours, les mois, les années s'écoulent et nous fuient, sans que nous y prenions garde. Il semble que nous méprisions le temps ; nous le prodiguons, nous le perdons comme si nous étions assurés d'en avoir de reste. La chose du monde la plus précieuse, et dont nous devrions être le plus avares, le temps, le temps est la chose du monde à quoi nous faisons le moins d'attention, et dont la perte nous est le moins sensible.

Je dis que nous devrions être avares du temps. Oh ! que cette avarice est honnête ! qu'elle est louable, qu'elle est digne de l'homme sage et du chrétien ! que nous avancerions nos affaires, soit pour ce monde-ci, soit pour l'autre, si nous faisions à l'égard du temps ce que font les avares quand ils amassent ou quand ils dépensent. Voyez comme ils comptent jusqu'à un sou, un liard et la moitié d'un liard. Ils craignent toujours de manquer du nécessaire, lors même que leurs fonds et leurs revenus nous assurent qu'ils ne manqueront jamais de rien. Et nous, sans être assurés d'un seul jour, nous en perdons mille. C'est que nous ne savons pas compter; c'est que nous ne réfléchissons ni sur la brièveté de ce temps, ni sur son incertitude, ni sur l'usage que nous devons en faire, ni sur le compte que nous sommes obligés d'en rendre, ni sur les trésors que nous pourrions amasser, si nous voulions le mettre tout à profit.

Comptez donc, mes chers paroissiens; calculez et voyez combien peu nous avons de temps à notre disposition, quand même nous serions assurés de pousser notre carrière jusqu'à une extrême vieillesse. Le manger, le boire, le dormir nous en prennent d'abord la moitié, et plus de la moitié ; nous passons ainsi la moitié et plus de la moitié de notre vie à ne pas vivre, ou à ne vivre que comme les animaux. Les heures du sommeil et des repas ne doivent donc pas être comptées, puisque nous ne sommes pas les maîtres d'en disposer, et qu'il faut les donner malgré nous à des besoins d'autant plus humiliants qu'ils nous sont communs avec les bêtes. Prenez ensuite sur ce qui nous reste le temps que les maladies et le soin de notre santé nous enlèvent encore, le temps que nous sommes pour ainsi dire forcés de donner à certains devoirs de pure bienséance, et qui, dans le fond, n'aboutissent à rien : les moments de relâche et de délassement que la faiblesse de la nature exige, et que l'homme le plus laborieux ne peut pas lui refuser. Ajoutez, comptez, voyez ce qui nous reste de libre, et à quoi se réduit enfin le temps dont nous sommes véritablement les maîtres : vous trouverez que nous avons à peine le tiers de la vie à notre disposition.

Avez-vous jamais réfléchi là-dessus, vous qui après avoir passé au lit, à table et au jeu les trois quarts de la journée, ne savez de quoi remplir le reste; demeurant les bras croisés comme quelqu'un à qui le temps est à charge, et qui est embarrassé de sa personne? Ame lâche, inutile aux autres et à vous-même, jusqu'à quand l'ennui empoisonnera-t-il toutes les heures que vous n'employez pas à manger, à dormir, à jouer ou à des entretiens inutiles? Jusqu'à quand rôderez-vous et promènerez-vous votre inutilité d'une maison dans une autre, pour partager votre ennui avec des gens oisifs comme vous, ou pour déranger, incommoder, ennuyer ceux qui connaissent le prix du temps et qui n'aiment point à le perdre? Comment ne rougissez-vous pas d'une telle vie, si cependant on peut appeler vie des jours vides de tout bien et de toute occupation raisonnable. Je ne prêche pas pour les murailles, je ne parle point pour les bancs; je connais ma paroisse, ceux à qui je m'adresse doivent m'entendre; à quoi vous occupez-vous du matin au soir?

Vous vous levez à sept ou huit heures, souvent plus tard; l'on ne vous voit que très-rarement à la Messe; que faites-vous jusqu'à midi? Vous vous promenez sur la place, où vous n'avez personne à voir; vous rôdez autour du marché, où vous n'avez rien à faire ; vous entrez chez votre voisin, à qui vous n'avez rien à dire ; ainsi se passe la matinée, non pas d'un jour ni de deux, ni de quatre, mais presque d'un bout de l'année à l'autre. Les après-midi sont tout aussi bien employées, partie à jouer, partie à demander ou à conter, quelquefois inventer des nouvelles; à s'entretenir des affaires d'autrui; à médire du tiers et du quart; je ne veux pas dire le reste, et Dieu me garde de dire tout !

Je vois d'un autre côté des artisans qui

abandonnent leur travail plusieurs heures de suite, pour courir çà et là, pour jouer ou s'amuser dans la rue à des niaiseries; des ouvriers qui n'ont pas de pain, et qui demeurent néanmoins sans rien faire, sous prétexte qu'on ne les loue point, ou qu'on veut les louer à trop bas prix; comme s'il ne valait pas mieux gagner peu, que de ne rien gagner du tout; comme si vous ne pouviez pas chercher de l'ouvrage ailleurs, quand vous n'en trouvez point dans la paroisse.

Venez, venez après cela nous prêcher misère : j'en connais très-peu de misères qui soient vraiment dignes de compassion; très-peu de pauvres qui ne soient tels, faute par eux de bien employer le temps. Quiconque a des bras, des jambes, la santé avec la force, ne doit manquer de pain que dans des cas extraordinaires et qui sont rares. Temps perdu, temps perdu! c'est vous qui engendrez la misère, qui remplissez les hôpitaux, qui faites les voleurs, qui êtes la cause de ces plaintes, de ces murmures continuels dont nous avons les oreilles battues et rebattues.

Le temps est dur, les impôts nous ruinent, les corvées nous accablent : à la bonne heure. Mais c'est précisément par cette raison qu'il ne faut point en perdre. Plus le temps est dur, plus il faut en être avare, et l'employer d'une manière utile. Il y a là-dessus une belle parole dans saint Paul : ***Racheter le temps, parce que les jours sont mauvais*** (***Ephes.***, V, 16) : et les jours sont mauvais de plusieurs manières.

Ils sont mauvais d'abord, parce que nous-mêmes ne valons rien, et que tous les jours de notre vie sont souillés par le dérèglement de nos mœurs, par des iniquités de toute espèce. Ils sont mauvais, parce qu'ils amènent continuellement de nouveaux soucis et des peines nouvelles. Ils sont mauvais, parce que les hommes n'ont presque plus ni charité, ni entrailles les uns pour les autres; le riche méprise le pauvre et l'oublie; le faible est opprimé par le fort; chacun ne s'occupe que de soi-même, de ses intérêts, de ses plaisirs; et ces belles âmes qui aiment le bien public, qui partagent sincèrement les peines et les plaisirs d'autrui, ces belles âmes ne se trouvent guère nulle part, il n'en est presque plus sur la terre. Les jours sont mauvais, parce que la nature va toujours en dépérissant; les hommes ne sont pas si robustes, la vie n'est plus si longue, la terre n'est plus si fertile, les saisons se dérangent, les récoltes abondantes sont rares : ***Dies mali sunt.***

Et c'est parce que les jours sont mauvais qu'il faut ***racheter le temps.*** On rachète ce qu'on a vendu. Rachetez donc, mes frères, ce temps que vous avez vendu, et que vous vendez journellement à la vanité, à l'oisiveté, à la mollesse, au libertinage, aux conversations inutiles, aux lectures frivoles, à l'intempérance des repas, à la fureur du jeu, à vos passions, de quelque espèce qu'elles soient, et à je ne sais combien de misères qui vous le ravissent, qui le dévorent ce temps précieux, et en absorbent la meilleure partie. Tout ce qui rend les jours mauvais doit être pour nous un nouveau motif de racheter le temps, et de le tourner à des usages qui rendent les jours moins mauvais à notre égard, tant en ce qui concerne nos affaires temporelles que par rapport à notre salut. Donnez à vos affaires et à votre salut tout le temps que vous perdez à ne rien faire, à faire des riens, ou à faire du mal, vous ne trouverez plus les jours si mauvais; ils seront pleins devant Dieu et devant les hommes, ils seront pleins pour le temps et pour l'éternité.

Mais de bonne foi, mes frères, pouvez-vous bien imaginer que Dieu ne vous demandera pas compte de votre temps? On vous le présentera, vous le verrez, le journal de votre vie. Voilà le temps que je vous ai donné, voilà l'usage que vous deviez en faire; voici l'usage que vous en avez fait. Voyez, madame, combien d'heures par jour à votre toilette; combien d'heures au jeu, combien aux spectacles, ou à d'autres amusements aussi frivoles et aussi criminels. Est-ce donc pour cela que je vous donnais du temps, et que je vous laissais sur la terre? Et vous, monsieur, qui au sortir d'un repas auquel vous donniez trois fois plus de temps que vous n'auriez dû, passiez à une autre table pour battre, mêler, démêler, arranger, combiner, en je ne sais combien de manières, des morceaux de cartons peints de noir et de rouge, et cela avec un sérieux, une gravité qu'ont à peine les ministres quand ils assistent au conseil d'Etat, le temps coulait; une heure, ce n'est rien; deux, trois se passaient, souvent quatre, quelquefois davantage. De quel droit, et en vertu de quel privilége prodiguiez-vous ainsi un temps dont vous deviez me rendre compte?

Vous sentez, mes chers paroissiens, que les détails sur cet article ne finiraient point; mais vous devez sentir aussi que la Providence nous ayant placés sur la terre pour un certain temps, elle a dû nous prescrire l'usage que nous devions en faire; elle nous l'a prescrit en effet, et il est incontestable que nous serons obligés de lui rendre compte, non-seulement de chaque année, mais de chaque jour, et de chaque minute; parce que Dieu nous a marqué la manière dont nous devons employer tous nos instants, au point qu'il nous demandera compte, et nous punira, même d'une parole inutile : à plus forte raison faudra-t-il lui rendre compte des actions inutiles, et à plus forte raison nous en punira-t-il, n'eussent-elles d'autre défaut que d'avoir été inutiles.

Mais enfin, à quoi faut-il donc employer le temps, et que doivent devenir tant de gens qui n'ont rien à faire?

SECONDE RÉFLEXION.

A quoi faut-il employer le temps, et que devenir quand on n'a rien à faire? La question est singulière; croirait-on qu'elle fût faisable? On nous la fait pourtant; et qui? Ce ne sera pas un magistrat respectable, ou cet avocat vraiment digne d'exercer une si honorable profession, lesquels, connaissant toute l'étendue des obligations qu'ils ont contractées; sachant combien il est difficile de démêler le vrai d'avec le faux, combien on doit craindre de décider, de juger en faveur de ceux qui ont tort, et au préjudice de ceux qui ont droit, ne cessent de parcourir ces volumes énormes où il est traité des lois anciennes et nouvelles, remontant jusqu'à leur origine, cherchant à connaître les vraies causes de leur établissement, pour en bien connaître l'esprit, et en faire une juste application. Droit naturel, droit écrit, droit coutumier, droit romain, droit français; explication sur explication, commentaire sur commentaire; étude immense qui demanderait dix fois plus de temps que l'homme le plus laborieux ne peut lui en donner, et après laquelle les plus éclairés ne s'asseyent qu'en tremblant sur le tribunal de la justice, ne croyant jamais avoir assez de lumières, se méfiant toujours de celles qu'ils ont, et s'appliquant par un principe de conscience à en acquérir journellement de nouvelles. Des hommes de cette espèce ne sont point embarrasés de leur temps, et ils ne demanderont pas quel est donc l'usage qu'ils doivent en faire.

Il n'en est point embarrassé, ce brave et vertueux officier qui fait consister le vrai honneur à s'acquitter fidèlement et avec distinction de ce qu'il doit au roi et à la patrie. Outre qu'il se croit obligé en conscience de veiller, au moins jusqu'à un certain point, sur les mœurs et la conduite de ceux qui sont à ses ordres, il veut savoir et connaître à fond la partie de l'art militaire dans laquelle il est employé; il donne à l'étude de son métier tout le temps qu'il a de reste, après avoir fait son service. L'histoire ancienne et moderne, la vie des grands capitaines, leurs vices et leurs vertus, les batailles qu'ils ont gagnées ou perdues; les places qu'ils ont défendues ou assiégées; le pourquoi, le comment, les temps, les lieux, les circonstances, tout ce qui peut contribuer à instruire et à former un bon officier, il veut le savoir; il lit, il écrit, il ne se croit jamais assez éclairé, ni assez habile, il n'a pas le temps de courir les ruelles; jamais il ne trouve les journées trop longues. Ce n'est pas lui qui demandera comment il doit s'y prendre pour les remplir.

Vous ne le demanderez point, madame, vous qui êtes occupée du matin au soir aux affaires de votre ménage; qui avez l'œil, souvent la main à tout, qui êtes la première gouvernante de vos enfants, et comme l'ange gardien de vos domestiques; qui voulez être instruite de tout ce qui se passe dans l'intérieur de votre maison; qui ne dédaignez pas d'entrer dans les plus menus détails, ni de vous abaisser jusqu aux occupations les plus communes, je dirai les plus basses, s'il pouvait y avoir quelque chose de bas et d'avilissant pour une maîtresse de maison dans tout ce qui regarde le soin de son mé age : vous qui êtes la mère des pauvres, le refuge des affligés, le médecin et la consolatrice des malades; vous qui regrettez comme un temps perdu toutes les heures que certains usages, certaines bienséances vous forcent de donner au jeu, aux visites, et à d'autres choses à quoi vous ne sauriez vous refuser sans vous donner un ridicule, ou sans déplaire à votre mari. Ah! les journées ne vous paraissent jamais plus courtes, que lorsque vous ne sortez pas de chez vous. Eussiez-vous le double de temps, vous ne trouveriez pas encore qu'il y en eût trop.

Il ne croit pas en avoir trop, ce laboureur, ce ménager, ce fermier, à qui chaque saison, chaque mois, chaque semaine, chaque jour amènent de nouvelles occupations : qui pendant l'été se lève toujours avant l'aurore, et en hiver deux ou trois heures avant le jour; qui occupe ses enfants, ses domestiques, et s'occupe lui-même dans l'intérieur de sa maison, lorsque le mauvais temps ne leur permet pas de travailler dans la campagne; qui combine les différents travaux avec les saisons différentes, de manière qu'il n'y a jamais de temps perdu, et qu'on l'emploie toujours à ce qui est le plus utile, le plus nécessaire et le plus pressant.

Demandez à cet artisan laborieux, s'il trouve les journées trop longues, et s'il a du temps de reste. Les pratiques ne lui manquent point; si elles lui manquent, il en cherche; s'il n'en trouve point assez, il se fait d'autres occupations, et il lui arrive souvent de veiller la plus grande partie de la nuit, soit pour contenter ses chalands, soit pour achever quelque autre tâche qu'il s'est lui-même donnée. Dans toutes les conditions, en un mot, quiconque veut remplir ses devoirs n'a jamais du temps de reste; et s'il en a, c'est qu'il ne connaît pas toute l'étendue de ses devoirs, ou qu'il ne veut pas les remplir. Devoirs de religion, qui embrassent tout ce qui regarde immédiatement le service de Dieu et la grande affaire de notre salut; devoirs de charité, qui comprennent tous les services que l'on doit, ou que l'on peut rendre au prochain; devoirs propres à la profession que l'on exerce, à la place que l'on occupe dans la société, au rang que l'on y tient, et qui imposent des obligations particulières.

Les devoirs de la religion et le soin que tout homme sage doit prendre de son âme demandent sans doute du temps. Si je me borne à faire soir et matin une courte prière sans piété, sans attention, sans dessein, sans but, par routine, comme une chose à laquelle on est accoutumé dès l'enfance, et qui vient machinalement à la suite des autres, j'avoue qu'il ne faut pour cela que très-peu de temps, et qu'il ne vaut pas la peine d'être compté. Quelques épingles, quelques boucles à votre frisure, quelque ajustement de plus ou de moins, vous en prennent davantage, madame, et ce que vous appelez votre prière ne sera qu'une très-petite partie de votre toilette, celle à laquelle vous donnerez le moins d'attention.

Mais si votre prière, mon cher paroissien, est vraiment comme elle doit être une effusion de cœur en la présence du Dieu tout-puissant et tout bon, en qui vous faites profession de croire, et de qui vous dépendez infiniment plus qu'aucune créature ne peut dépendre d'une autre, infiniment plus qu'on ne saurait le dire et le penser ; si votre prière est une effusion de cœur et d'un cœur sensible aux bienfaits de la Providence qui veille sur vous, d'un cœur pénétré de regret pour vos fautes journalières, d'un cœur soumis et résigné aux volontés saintes du Maître que vous servez, et aux ordres duquel vous devez être ; vous entendez qu'une telle prière ne sera pas l'affaire de quelques minutes; parce que les paroles même que vous prononcerez partant d'un cœur disposé de cette manière, feront naître les plus sérieuses réflexions sur des vérités que vous ne devez jamais perdre de vue : sur la mort qui vient vers vous à grands pas, et qui frappera bientôt à votre porte ; sur les péchés que vous avez commis, et le compte que vous avez à rendre; sur l'obligation où vous êtes de rapporter toutes vos actions à Dieu, c'est-à-dire d'agir en tout et partout dans la vue de lui obéir et de lui plaire. Ces réflexions et beaucoup d autres semblables accompagnent ordinairement une prière bien faite ; et d'ailleurs elles vous seront suggérées par la lecture de piété qui doit toujours en faire partie: or, tout cela demande du temps.

Quant à vous, mes chers enfants, qui n'avez point appris à lire, souvenez-vous de ce que je vous ai dit si souvent. Notre conscience est le plus instructif et le plus touchant de tous les livres. Il n'y a personne qui ne puisse lire dans la sienne. Ouvrez donc la vôtre, approfondissez-là, soyez attentif à cette voix intérieure, qui se fait entendre aux hommes les plus grossiers. O la belle lecture! ô l'excellente manière de prier! repassez dans votre esprit toutes les années de votre vie ; réfléchissez sur vos mauvaises inclinations et sur les moyens de les vaincre ; sur les grâces que Dieu vous a faites, et le peu de fruit que vous en avez retiré, sur les devoirs de votre état et la manière dont vous les avez remplis. Gémissez et demandez miséricorde pour le passé; formez devant Dieu des résolutions sincères, prenez des mesures et des précautions pour l'avenir; demandez, et ne cessez de demander les grâces dont vous avez besoin pour éviter le mal que Dieu vous défend, pour pratiquer le bien qu'il vous commande : voilà ce qu'on appelle prier. Tout le monde peut et doit prier de la sorte, et pour prier de la sorte, il faut du temps.

Ah ! mes frères, si, dans la distribution de ce temps, nous donnions au service de Dieu et aux affaires de notre conscience toute l'attention que mérite un objet aussi essentiel, nos obligations se multiplieraient à nos yeux et nous en connaîtrions toute l'étendue. Les devoirs de notre état se montreraient à nous sous une nouvelle forme, et avec des circonstances auxquelles nous n'avons jamais pensé. Il y a certaines choses que vous négligez, et qui vous paraîtraient essentielles ; il y en a que vous faites par autrui, et que vous vous croiriez obligés de faire par vous-mêmes ; d'autres, dont la connaissance vous semble inutile, vous paraîtraient nécessaires, et vous penseriez devoir vous en instruire : tout cela vous prendrait du temps. Hé ! quel est l'homme qui, donnant à ses affaires domestiques, à l'éducation de ses enfants, aux devoirs de son état, toute l'attention et tous les soins qu'ils exigent, aurait un seul moment de reste dans la journée?

Trouveriez-vous seulement une demi-heure, Madame, pour vous asseoir devant un miroir, si vous vouliez remplir scrupuleusement tous les devoirs d'une mère de famille? Ce sont des domestiques qui lèvent, qui couchent, qui promènent vos enfants, qui leur apprennent à lire, qui leur enseignent le catéchisme; pourquoi ne pas faire ces choses là vous-même? ou du moins, pourquoi ne pas être présente quand on les fait? Des valets et des servantes pour tout ; n'y a-t-il donc rien dans votre ménage que vous puissiez faire sans vous déshonorer? Ne verra-t-on jamais dans vos mains que des cartes ou des misères qui font pitié? Ne porterez-vous un sac à ouvrage que pour la forme et par contenance, ou ne sera-t-il rempli que de *drogues* et de frivolités? Ce n'est point ainsi que s'occupait la femme forte, dont le Saint-Esprit fait le portrait au trente et unième chapitre des *Proverbes;* et j'ai l'honneur de vous dire, Madame, avec tout le respect qui vous est dû, que votre conduite à cet égard n'est point du tout celle d'une femme sensée, rien moins que la conduite d'une femme chrétienne.

Tout cela est bon pour les pères et mères de famille qui ont une maison à gouverner; pour ceux qui ont une place, une charge, une profession dont les devoirs les occupent ; mais que doit faire une personne qui n'a rien de tout cela? Elle doit se faire des occupations qui remplissent utilement sa journée ; la partager et la régler de façon qu'il n'y ait point de vide. Quand même on ne serait point assez chrétien pour en agir ainsi par un principe de conscience, on devrait le faire pour prévenir l'ennui, qui est vraiment le poison de la vie. Les amusements, quand ils sont continuels, deviennent enfin insipides : ils ne sont constamment agréables que lorsqu'ils sont innocents ; et ils ne sont tels qu'autant qu'ils servent de délassement à des occupations sérieuses. Mais au bout, à quoi faut-il s'occuper? Et je demande : à quoi s'occupent ces solitaires respectables de l'un et de l'autre sexe, qui ne reçoivent point ou fort peu de visites, dont les récréations sont néanmoins si courtes, et qui ne connaissent pas toutes ces frivolités, auxquelles les personnes du monde sacrifient indignement la meilleure portion de leur vie?

Ils ont une règle qui ne leur laisse pas un instant de vide. Faites-vous-en une aussi, et suivez-la. Leur temps est partagé entre l'étude, la prière et le travail des mains. A quoi tient-il que vous ne partagiez ainsi le vôtre? Vous avez de plus ce que les solitaires n'ont point, une infinité d'occasions de rendre service au prochain. Vous ne sauriez employer votre temps d'une manière plus louable et plus digne de l'humanité. C'est une pauvre veuve qui travaille nuit et jour pour élever sa famille, et dont le pain est souvent baigné de larmes. Soyez le bienfaiteur, le consolateur, le père de cette pauvre famille. C'est un artisan qui a besoin d'être encouragé, qui gagnerait bien sa vie s'il avait le moyen d'acheter quelque fonds. Visitez-le de temps en temps; aidez-le de vos conseils et de votre bourse. Ce sont de pauvres malades qui périssent quelquefois faute de secours. Allez les voir, il ne faut pas être médecin pour donner des remèdes. Ayez des livres, instruisez-vous sur cet article; cueillez, faites cueillir, cultivez vous-même des simples. Ayez une petite provision de ces remèdes, qui, pour être peu coûteux, ne sont pas moins salutaires. Soyez l'ami des hommes, en un mot, et vous ne manquerez jamais d'occupation. Je ne vous en dirai pas davantage; un peu de raison, un peu de religion et de charité vous donnera des lumières, vous suggérera des expédients, vous fournira des ressources moyennant quoi toutes vos journées seront pleines devant Dieu; vous les trouverez délicieuses et jamais trop longues.

Je dis qu'elles seront pleines devant Dieu, parce que je suppose qu'elles seront sanctifiées par des motifs surnaturels; car tout ce que nous avons dit jusqu'ici, mes frères, sur l'emploi du temps, les sages païens l'ont dit avant nous, et l'ont pratiqué peut-être mieux que nous. Ce n'est point assez pour un homme qui croit en Jésus-Christ, d'employer son temps à des choses utiles et louables en elles-mêmes; il faut de plus agir par des vues chrétiennes, c'est-à-dire par des vues qui ne se bornent point à la terre, mais qui s'étendent sur la vie à venir, de sorte que notre but principal soit de plaire à Dieu par Jésus-Christ; sans quoi, quelque occupés que vous puissiez être, votre temps est perdu pour l'éternité.

TROISIÈME RÉFLEXION.

Seigneur, nous avons passé la nuit à la pèche, disait autrefois saint Pierre à Jésus-Christ : nous avons jeté nos filets de tous côtés, de toutes les façons, et à mille reprises; avec tout cela, le jour a paru que nous n'avions encore rien pris. (*Luc.*, V, 5.)

Ah! mes frères, combien y a-t-il de chrétiens, qui au moment de la mort et prêt à paraître devant Dieu, pourront dire la même chose? J'ai travaillé toute ma vie dans l'état où la Providence m'avait placé; j'ai passé les jours et souvent les nuits à remplir la tâche qui m'était imposée, ou que je m'étais donnée moi-même; j'ai élevé, j'ai établi une famille nombreuse; j'ai mis dans ma maison des domaines, des terres, des charges; j'ai doublé l'héritage de mes pères. D'un autre côté, j'ai rendu au prochain, dans toutes les occasions, les services qui ont dépendu de moi; je l'ai aidé de mes conseils, de mon crédit, de ma bourse; je n'ai rien moins à me reprocher que le temps perdu; et avec tout cela, je n'ai rien fait. Est-il possible, ô mon Dieu! qu'après une vie aussi occupée, après des jours aussi exactement remplis, je paraisse devant vous les mains vides? Est-il possible qu'un temps employé aux choses mêmes que vous m'aviez prescrites, ne soit qu'un temps perdu pour l'éternité?

Oui, mes chers paroissiens, cela est possible, et cela doit être ainsi, parce qu'on n'arrive point au royaume du ciel sans l'avoir cherché. Vous n'avez eu en vue que la graisse de la terre et votre propre satisfaction. Vous avez eu la graisse de la terre, et vous vous êtes satisfaits; voilà votre récompense. Vous avez été l'homme du monde le plus laborieux, cela est très-bien; mais les païens en faisaient tout autant, et parce que vous n'avez point travaillé pour le ciel, vous n'avez été qu'un homme oisif. Vous avez passé toute la nuit de cette vie à ne rien faire : *Nihil cepimus*.

D'où vient, mes frères, le mérite de nos actions? Je veux dire, qu'est-ce qui les rend agréables à Dieu et dignes d'une récompense éternelle? Ecoutez Jésus-Christ : ***Si votre œil est simple*** (***Matth.***, VI, 22); s'il est parfaitement sain, clair et sans tache, il éclairera tout votre corps et tous vos pas. S'il y a dans cet œil quelque taie, quelque humeur vicieuse qui l'obscurcisse, tout votre corps sera dans les ténèbres. Comme l'œil est le flambeau de notre corps, ainsi l'intention est comme le flambeau de notre âme. Si votre intention est droite, pure, surnaturelle; vos actions, pourvu qu'elles ne soient pas mauvaises d'ailleurs, seront droites, pures et d'un ordre surnaturel. Si votre intention est mauvaise, vos actions seront mauvaises aussi, quand même d'ailleurs elles seraient bonnes.

Répandez vos biens à pleines mains dans le sein des pauvres. Rendez au prochain tous les services imaginables. Si vous ne cherchez qu'à vous satisfaire en exerçant votre générosité; si vous n'avez ni Jésus-Christ, ni le paradis en vue, tout cela est perdu pour le ciel. Nous le disions dimanche, et je le répète, les actions les plus indifférentes, les plus communes, quand elles sont faites par un principe et des motifs surnaturels, méritent la vie éternelle à celui qui les fait en état de grâce. Les actions les plus belles, les plus extraordinaires, les plus éclatantes aux yeux des hommes, si elles ne sont faites que par des vues humaines, sans aucun rapport à Jésus-Christ, de telles actions ne sont d'aucun mérite devant Dieu : c'est peine perdue, c'est temps perdu pour le ciel.

Il ne suffit donc pas d'employer le temps à des choses utiles et louables en elles-mêmes, il faut que notre intention première soit de plaire à Dieu et d'accomplir sa volonté sainte. C'est vous, ô mon Dieu! qui avez veillé sur moi pendant mon sommeil, et qui m'avez conservé la nuit passée. Voici donc un nouveau jour que vous me donnez : je vais l'employer à remplir les devoirs de mon état, parce que vous le voulez ainsi. Comme un serviteur doit avoir les yeux sur son maître, pour connaître ses volontés et recevoir

voir ses ordres, j'aurai les yeux sur vous du matin au soir, ô mon Dieu, et sur vos divins commandements pour les accomplir en toutes choses. Je vous offre d'avance et vous conjure par Jésus-Christ de bénir les moindres de mes actions, et de les sanctifier de manière qu'elles soient vraiment dignes de vous être offertes. Si, dans le courant de mes occupations, il se glissait malheureusement dans mon cœur quelques sentiments d'ambition, d'avarice et de vanité ; si l'amour des créatures et de moi-même, se mêlant à votre amour, et au désir dominant que j'ai de vous plaire, venait sans que je m'en aperçusse, altérer la pureté de mes intentions, Seigneur, souvenez-vous de l'offrande que je vous fais au commencement de cette journée, et faites que je m'en souvienne pour la renouveler à toutes les heures du jour.

Mes frères, n'avez-vous jamais lu dans l'Evangile (*Matth.*, XIII, 47-49), que le royaume du ciel est semblable à un filet que l'on jette dans la mer, et qui ramasse des poissons de toute espèce, dont on fait ensuite le triage, choisissant les bons et mettant les autres au rebut? Ces poissons ne signifient pas seulement les justes et les réprouvés qui sont renfermés dans le sein de l'Eglise, et dont la séparation doit se faire à la fin du monde ; les saints Pères y voient encore l'image de nos actions dont Jésus-Christ fera le triage, mettant au rebut toutes celles qui auront eu pour principe l'amour de nous-mêmes, et n'ayant égard qu'à celles qui auront été faites en lui et par lui dans la pure intention de lui plaire. Cette intention est donc comme un filet avec lequel nous amassons des bonnes œuvres. Plus elle est droite, pure, sainte et surnaturelle, plus nos œuvres sont méritoires. Oh ! la belle aumône, oh ! le grand sacrifice ! oh ! la belle action ! oh ! le beau poisson ! Prenez garde; si le filet n'est pas en bon état, si l'intention n'est pas bien droite et bien épurée, adieu la bonne œuvre, vous ne tenez rien ; vous avez perdu votre temps.

Saint Pierre ne voulait pas souffrir que Jésus-Christ lui lavât les pieds. *Que faites-vous-là, Seigneur ? je ne le souffrirai jamais. Pierre, tu n'entends rien maintenant à ce que je fais, tu le sauras dans la suite; et en attendant, je te dis que si je ne te lave les pieds, tu n'auras point de part avec moi.* Point de part avec vous ? Ah ! mon divin Maître ! *lavez-moi, lavez-moi non-seulement les pieds, mais encore les mains et la tête, s'il le faut.* Non : *Celui qui est pur n'a besoin que de laver ses pieds.* (*Joan.*, XIII, 5-9.) Mes frères, je vous ai dit souvent, et je ne saurais trop vous répéter, que pour faire de bonnes œuvres dignes de la vie éternelle, il faut être en état de grâce ; autrement ce sont des œuvres mortes, que Dieu récompense, à la vérité, pendant cette vie, mais qui ne seront jamais couronnées dans le ciel. Il faut donc être pur pour faire des actions qui aient le paradis pour récompense. Cela ne suffit point, il faut aussi une intention pure. Lavez donc vos pieds, purifiez vos intentions qui sont comme les pieds qui portent notre âme à droite et à gauche. Ah ! qu'il faut peu de chose pour en souiller la pureté ! Que de poussière ! que de poussière s'attache aux pieds des voyageurs ! Secouons-la donc sans cesse cette poussière que l'amour de nous-mêmes répand sur presque toutes nos actions Mon Dieu, purifiez mon cœur; dissipez, anéantissez en moi toutes les vues terrestres et charnelles qui pourraient se mêler à l'intention que j'ai d'accomplir votre volonté du matin au soir, et tous les jours de ma vie : *Qui lotus est non indiget nisi ut pedes lavet.*

Je finirai par une réflexion sur laquelle on ne saurait trop insister. C'est que bien des personnes s'imaginent de la meilleure foi du monde, employer très-bien leur temps pendant qu'elles le perdent. Elles font des choses très-louables ; elles n'ont que de bonnes intentions, et cependant elles ne font rien qui vaille. Vous assistez tous les jours à la Messe ; toujours une heure à l'église avant qu'elle commence ; toujours une heure après qu'elle est dite. Longue prière le matin, longue prière le soir, longue visite au saint Sacrement dans l'après-midi ; force lectures de piété : tout cela est fort beau; mais si je m'informe de ce qui se passe dans votre maison, j'apprends qu'il y a beaucoup de choses qui devraient se faire, et qui ne se font pas ; d'autres qui devraient ne pas se faire, et qui se font. Je m'aperçois, en descendant dans un certain détail, que les affaires de votre ménage ne vont pas à beaucoup près comme elles devraient aller ; et d'un autre côté, je vois que vous pourriez visiter les malades, et que vous ne les visitez point : vous pourriez rendre à votre prochain beaucoup de services, et vous ne lui en rendez aucun ; il y a des choses dont vous pourriez et devriez vous mêler, vous ne vous en mêlez point : vous seriez fâché de donner une heure de temps, soit aux affaires publiques, soit à celles des particuliers ; vous n'êtes touché, vous ne vous inquiétez que de ce qui vous regarde personnellement ; et, en un mot, vous négligez les devoirs de votre état, votre charité se réduit à ne faire de mal à personne : d'où je conclus que, pensant faire la volonté de Dieu, vous perdez votre temps à faire la vôtre.

Un ecclésiastique doit aimer la retraite et l'étude : l'un et l'autre ont de grands attraits pour quiconque en a goûté les douceurs. C'est une occupation bien louable, que de feuilleter les livres saints et cette lecture est absolument nécessaires aux pasteurs, soit pour leur propre édification, soit pour l'instruction de leurs ouailles. Mais si je donne à l'étude et aux douceurs d'une vie retirée le temps que je dois employer aux fonctions de mon ministère ; si je ne visite pas les malades ; si je ne console pas les affligés ; si je ne vais jamais dans telle et telle maison où ma présence serait nécessaire pour y rétablir, ou pour y entretenir la paix ; si je suis avare de mon temps, au point de ne l'employer jamais ou presque jamais à ces choses-là et à d'autres semblables; de quel prix pourront être devant Dieu les occupations qui me tiennent ainsi renfermé chez moi? Mon travail est louable, mes intentions sont bonnes, tant qu'il vous plaira; mais c'est peine perdue et temps perdu, parce que mes devoirs en souffrent, et que mes devoirs doivent marcher avant tout.

Si, au lieu de vous faire ici, comme je le dis, des catéchismes et des instructions pendant le carême, j'allais prêcher des carêmes ou des missions dans d'autres paroisses; entendre la confession des étrangers et paître le troupeau d'autrui dans la quinzaine de Pâques, où mes propres ouailles ont besoin de ma présence et de mes soins plus que dans tout autre temps; qu'arriverait-il, et que penseriez-vous de moi? Prêcher des carêmes, c'est une bonne œuvre; faire des missions, c'est une bonne œuvre; mais dès que cette bonne œuvre est incompatible avec mon devoir de pasteur, quand je ferais des prodiges, je perds mon temps et mes peines. Jésus-Christ me commande de résider dans ma paroisse et de paître mon troupeau; tout ce qui me tire de là est contre la règle, et je ne fais plus la volonté de Dieu, à moins que ce ne soit dans des occasions et pour des raisons extraordinaires, par l'ordre exprès de mes supérieurs et malgré moi. Je m'applique à moi-même la vérité que je vous prêche, mes frères, afin de vous la faire mieux entendre. C'est une grande science que de bien employer son temps; mais la science des sciences est de l'employer à faire la volonté de Dieu, que nous confondons très-souvent avec la nôtre; ce qui n'arriverait pas si nous donnions aux devoirs de notre état toute l'attention et tous les soins qu'ils exigent. Que chacun de nous s'applique donc à faire, et à faire chrétiennement ce à quoi il a été appelé. C'est le seul moyen de ne jamais perdre de temps, et de n'en avoir jamais de reste.

Bon Dieu! bon Dieu! que de temps perdu! que de journées vides! je tremble toutes les fois que, jetant les yeux sur ma vie passée, je me rends à moi-même, Seigneur, le compte que vous me demanderez un jour de mon temps. Hélas! combien n'en ai-je pas perdu à vous offenser; et celui-là n'est pas simplement perdu pour le ciel, il est gagné pour l'enfer. Combien de temps perdu à faire des choses inutiles, ou à ne rien faire du tout, ou à faire autre chose que ce que vous m'aviez commandé? J'ai beau gémir et le regretter ce temps, il ne reviendra jamais. Tout ce que je puis faire, ô mon Dieu, c'est de mieux employer celui que vous me donnerez encore, et que vous me donnerez par un pur effet de votre miséricorde infinie, en vue de Jésus-Christ, mon Sauveur; de sorte que ce temps, avec les grâces que vous y avez attachées, étant le prix de sa passion et de sa mort, je dois regarder tous les instants de ma vie comme autant de gouttes de ce sang adorable dont chacune peut opérer ma conversion et mon salut. O temps, que vous êtes précieux! éternité de l'enfer, que vous êtes terrible! O temps, que vous êtes court! ô éternité, que vous êtes incompréhensible! grand Dieu, ou ne me donnez plus de temps, ou faites-moi la grâce d'en user de manière qu'il me conduise à la bienheureuse éternité. Ainsi soit-il.

DISCOURS XIV.

Pour le Dimanche de la Sexagésime.

HOMÉLIE SUR LA LECTURE DE L'ÉVANGILE.

N'est-il pas étonnant, mes chers paroissiens, que les trois quarts de ceux qui entendent la parole de Dieu, n'en deviennent ni plus chrétiens, ni plus sages, malgré ce grand nombre de pasteurs qui se donnent des peines infinies; qui dans tous les temps et dans tous les lieux, enseignent, exhortent, reprennent et tiennent sans cesse sous nos yeux les vérités de l'Evangile; malgré tous ces livres de piété où la loi du Seigneur est expliquée en tant de manières, et dans lesquels le pain de la parole est distribué aux fidèles avec une sorte de profusion et de prodigalité; malgré les mouvements intérieurs de la grâce qui nous éclaire, qui nous excite et nous porte continuellement à la pratique de la vertu; n'est-il pas étonnant que les trois quarts de cette divine semence ne produisent rien et demeurent inutiles? Non, mes frères, il n'y a rien en cela qui doive nous étonner, lorsque nous jetons les yeux sur le terrain dans lequel cette semence est répandue, lorsque nous considérons les dispositions où sont la plupart de ceux à qui cette parole est annoncée. Je viens de vous lire l'Evangile; vous avez entendu la parabole et l'explication que Jésus-Christ lui-même en a faite. Partons de là, et donnons à cette explication une certaine étendue.

PREMIÈRE RÉFLEXION.

Une partie de la semence tombe le long du grand chemin, et les oiseaux la mangent, ou les passants la foulent aux pieds. Ces oiseaux, dit Notre-Seigneur, sont la figure du démon, et par conséquent la figure de tous ceux dont le démon se sert pour empêcher le fruit de la parole de Dieu; et par conséquent la figure de ces esprits superbes qui, ne pouvant se contenir dans la simplicité de la foi, s'élèvent avec insolence contre les vérités qu'elle enseigne. Ne vous en fâchez pas, Messieurs, jamais comparaison ne fut plus juste. Tant que vous vous renfermez dans ce qui est du ressort de l'esprit humain; tant que votre étude et vos recherches se bornent à ces matières que le Créateur a livrées aux disputes des hommes, vous êtes de grands orateurs, de bons historiens, des poètes admirables; vous excellez dans tous les genres de littérature: nous rendons à la supériorité de vos talents, le bien sincère hommage de notre admiration et de nos éloges: vous êtes des aigles.

Mais dès que vous vous enfournez malheureusement dans les matières de religion, c'en est fait; vous n'êtes plus que de petits oiseaux, de ces petits oiseaux dont les haies de nos champs sont couvertes; et comme on les voit s'assembler au cri de la chouette, ainsi vous rassemblez-vous au cri de l'esprit menteur qui ne se plaît que dans les ténèbres. Incapables de vous élever à une certaine hauteur, vous ne faites que voltiger d'un buisson à l'autre, et de branche en branche. On vous voit rarement sur ces grands arbres dont la tête majestueuse s'élève vers le ciel, qui font l'ornement de nos campagnes, et à l'ombre desquels nous nous reposons. Ce qu'il y a de majestueux, de sublime, de divin dans la religion chrétienne, n'est point ce à quoi vous vous arrêtez. Vous vous cachez dans les buissons; vous jouez, vous vous ébattez, vous vous balancez sur ces petites branches. Quelque cérémonie pieuse, quelque pratique de piété que vous tournez en ridicule, quelque raisonnement puéril, quelque comparaison basse et indécente que vous imaginez contre nos mystères les plus saints; quelque trait d'histoire vrai ou faux sur lequel vous vous égayez anx dépens des prêtres; quelque bon mot dont tout le sel se réduit à un blasphème; voilà votre marche et votre savoir-faire. Si l'on vous chasse d'un buisson, vous passez dans un autre; si vous n'êtes point à l'aise sur une branche, vous sautez sur une autre, et de cette façon-là, nous sommes forcés d'avouer que vous êtes impénétrables. C'est temps perdu, c'est folie que de vous suivre dans vos raisonnements. Le Sage l'a dit au Xe chapitre des *Proverbes* (vers. 4): *Celui qui s'appuie sur des mensonges se nourrit de vent, il s'amuse à courir après des oiseaux qui volent ;* et certes, quiconque aime la vérité ne s'amusera jamais à vous suivre : *Qui nititur mendaciis pascit ventos, et idem sequitur aves volantes.*

Mais hélas! qu'il est petit le nombre de ceux qui aiment et cherchent la vérité! Les enfants des hommes, aujourd'hui plus que jamais, aiment le mensonge; ils se repaissent de vent et de chimères. Ce sont des enfants, des petits enfants qui courent après des oiseaux qui volent. Et ce n'est qu'à cette malheureuse disposition du cœur humain que vous êtes redevables, Messieurs, de ce grand nombre d'admirateurs aveugles qui vous lisent, vous écoutent, vous prônent comme des oracles. Eh! quel mal ne faites-vous point à la société humaine? Il faut nous le demander à nous qui, chargés par état de veiller immédiatement sur les mœurs, et de cultiver de nos propres mains le champ du père de famille, sommes à portée de voir le progrès de la corruption, et d'en connaître les causes.

Si la parole que nous annonçons, demeure presque sans fruit; si nos paroissiens n'ont plus le même respect qu'ils avaient autrefois pour les choses saintes; si les sacrements ne sont plus fréquentés; si le dérèglement des mœurs croît à vue d'œil dans toutes les conditions; s'il n'y a presque plus de bonne foi chez nos marchands; si nous ne voyons qu'usure, que rapine, que faux principes dans le commerce; si l'union et la paix sont si rares dans les familles; si les enfants se moquent de leurs pères; si les pères négligent l'éducation de leurs enfants; si les maris et les femmes ne font plus qu'un jeu des adultères; si nos jeunes gens n'osent plus être vertueux, et font gloire de leur libertinage; si l'amour de la vertu, en un mot, est presque éteint dans tous les cœurs; c'est parce que vous ne cessez de contredire les vérités de la foi qui détruit les vices dans leur racine. La vertu disparaît à mesure que la foi dépérit; et si la foi dépérit, à qui faut-il s'en prendre? Vous le savez, vous en convenez, vous vous applaudissez, et voilà le service que vous rendez à votre patrie.

Nos paroissiens n'ont pas encore déserté nos églises; ils écoutent encore la voix de leur pasteur; ils trouvent dans toute sorte de bons livres les vérités que nous prêchons; la voix intérieure de la grâce et de la conscience les leur rappellent: qu'arrive-t-il ensuite? et que devient cette précieuse semence : les oiseaux, les petits oiseaux qui voltigent autour du champ, viennent, l'enlèvent, et la voilà perdue.

Ce jeune homme avait assisté à une instruction chrétienne; il avait lu quelques pages d'un livre de piété; il avait eu, avec un ami raisonnable et vertueux, quelques conversations sur la vraie sagesse; il avait fait en conséquence des réflexions sérieuses sur lui-même, et formé le projet d'un nouveau genre de vie : vous aviez jeté dans son cœur, ô mon Dieu, les semences de la vertu; mais sa bibliothèque est fournie, et sa table toujours couverte de je ne sais quelles brochures dont le titre seul annonce la malice ou la frivolité : celle-ci a dix feuilles, celle-là quinze; l'une est imprimée à Londres, l'autre à la Haye; celle-ci porte le nom de son auteur, l'autre est anonyme : *Voilà qui est bon, voilà qui est charmant, voilà qui est admirable, voilà qui est écrit on ne peut pas mieux.* Ce sont-là ces petits oiseaux de toute couleur, de tout ramage, de tout instinct, qui enlèvent la parole de Dieu du cœur de ce pauvre jeune homme, qui a d'ailleurs d'excellentes qualités, et qui est très susceptible de bonnes impressions. Livres contre la foi ou contre les mœurs; puérilités, niaiseries; misérables auteurs d'impiétés ou de fadaises, c'est vous, vraiment, c'est vous qui êtes ces oiseaux dont il est parlé dans notre Evangile, et qui enlevez une partie de la divine semence.

Mais les paysans ne lisent point; mais les artisans ne lisent guère, et le peuple, dans les villages surtout, ne connaît pas plus les mauvais livres que les bons. Cela est vrai, mais ce peuple a des yeux, et il voit; mais ce peuple a des oreilles, et il entend. Ce domestique assiste à la Messe de paroisse et au prône de son curé, qui lui explique l'Evangile, et lui dit de fort bonnes choses; de retour à la maison, il trouve un maître ou une maîtresse qui lui en disent de fort mauvaises, et lui prêchent un autre Evangile, par leurs discours ou par leurs exemples. Pauvre laboureur, tu as beau semer, ces vilains oiseaux gâteront tout, et tes peines seront perdues.

Ce paysan ne sait pas lire; mais ce monsieur, dont la famille est tout ce qu'il y a de plus bas parmi le peuple; ce monsieur, qui sortit autrefois de son village pour chercher fortune, et qui, après l'avoir faite, on ne sait comment, est venu s'y remontrer sous un nouveau plumage; ce monsieur sait lire et il a lu; s'il n'a pas lu, il a vu, dit-il, et entendu parler des gens comme il faut, des gens éclairés, des gens d'esprit : il vient maintenant éclairer ses compatriotes : Quoi! vous faites ceci? vous croyez cela? Que vous êtes simples! C'en est assez quelquefois pour gâter l'esprit d'un paysan, pour lui faire révoquer en doute les vérités les plus saintes de la religion. Que dis-je, mes frères? Quiconque est à l'égard du prochain un sujet de chute et de scandale, celui-là est vraiment un des instruments du démon, un de ces oiseaux qui enlèvent la semence, qui empêchent le fruit de la parole de Dieu.

Cette personne, après avoir entendu prêcher son pasteur sur le pardon des injures, était toute disposée à faire vis-à-vis de son ennemi les premières démarches de sa réconciliation. Vous l'en avez détournée sous de faux prétextes : c'est vous qui avez enlevé de son cœur la parole de Dieu. Cette autre, après avoir écouté un prône sur la nécessité de fréquenter les Sacrements, avait pris la résolution d'en approcher plus souvent, et elle agissait en conséquence : vous l'avez plaisantée sur sa nouvelle dévotion, et elle en est restée là; c'est vous qui avez dévoré dans son cœur la semence de piété que Jésus Christ y avait répandue par notre bouche. Vous la dévorez, pères et mères, dans le cœur de vos enfants et de vos domestiques; vous gâtez, vous perdez, par vos mauvais exemples, le fruit de la parole que nous leur annonçons : vous êtes des anges de Satan à l'égard de ceux dont vous devriez être les pasteurs et les anges tutélaires.

Ah! malheureux que je suis! quelle pensée me trouble et vient dans ce moment-ci me couvrir de confusion! C'est moi, c'est moi que votre parabole regarde; c'est moi-même qui enlève du cœur de mes paroissiens la parole que je leur annonce, lorsqu'au lieu de la confirmer et d'en assurer les fruits par mes exemples, je la démens et la rends inutile. Les lèvres du prêtre gardent la science, et c'est de sa bouche que les peuples reçoivent l'explication de la loi, parce qu'il est le messager, l'ambassadeur, l'ange du Dieu des armées, *Angelus Domini*. Et, au sortir de cette chaire, cet ange, cet oiseau du ciel que les fonctions sublimes du sacerdoce élèvent si fort au-dessus de la terre; cet ange, après être descendu d'ici, se change quelquefois en démon, et détruit lui-même son propre ouvrage. Il a prêché la pénitence et la mortification; il a prêché la douceur et la patience; il a prêché le désintéressement, la charité, toutes les vertus : c'est l'ange de Dieu : *Angelus Domini*. Mais, hélas! après avoir parlé d'une manière, il agit d'une autre : j'ai dit blanc, et je fais noir; ce que j'ai bâti d'une main, je le détruis de l'autre; je suis un prévaricateur, un de ces ouvriers d'iniquité, qui, en paraissant devant vous, ô Dieu terrible, seront couverts d'opprobre et d'une éternelle confusion : *Deinde venit diabolus*.

Quelque humiliante que puisse être cette réflexion, je n'ai pas cru devoir la supprimer, mes chers paroissiens, afin que vous sachiez que nous ne parlons pas seulement contre vous, mais contre nous-mêmes; et que, bien loin de nous élever au-dessus de vous, lorsque nous vous reprochons vos faiblesses, nous sommes remplis de frayeur à la vue des nôtres. Puisse l'aveu que nous en faisons vous inspirer autant de compassion qu'elles nous inspirent de crainte, afin que vous priiez pour nous dans tous les temps, mais surtout lorsque nous paraissons ici pour vous annoncer l'Evangile! Gravez dans le cœur et dans toutes les actions de notre pasteur, ô mon Dieu, les saintes vérités que vous avez mises dans sa bouche; de manière que sa personne soit à notre égard comme un livre vivant, comme une prédication continuelle qui nous inspire l'horreur de tous les vices et l'amour de toutes les vertus.

Mais quand même tous vos pasteurs seraient des saints, et qu'ils joindraient les exemples de la plus rare vertu aux instructions les plus touchantes; à quoi cela vous servirait-il, mes frères, si votre cœur était semblable à un grand chemin où la semence est foulée aux pieds des passants? Nous entendons par les passants, le monde, c'est-à-dire, tous ceux qui marchent dans la voie large, et qui, vivant dans la dissipation, foulent aux pieds les maximes de l'Evangile; le monde, c'est-à-dire tous ceux qui suivent les inclinations de la nature, et se trouvent partout en contradiction avec la morale de Jésus-Christ. Lisez-là dessus, je vous en prie, le 54e chapitre du III° livre de l'*Imitation*; lisez aussi le sermon de Notre-Seigneur sur la montagne, aux V°, VI° et VII° chapitres de saint Matthieu, vous verrez comment la plupart des chrétiens foulent aux pieds la parole que nous prêchons; et s'il est possible qu'un cœur imbu de la morale que l'on prêche dans le monde, soit capable de goûter la morale de Jésus-Christ. Non; le cœur de celui qui aime le monde est vraiment semblable à un vase fêlé, un vase rompu qui ne saurait conserver cette liqueur précieuse : *Cor fatui vas confractum*. (*Eccli.*, XXI, 17.)

La parole de Dieu nous enseigne à mortifier nos passions, et le monde, foulant aux pieds cette parole divine, nous apprend à les contenter toutes. L'Evangile dit : Humilie-toi; le monde dit : Elève-toi. L'Evangile dit : Pardonne à tes ennemis; le monde dit : Venge-toi de tes ennemis. L'Evangile dit : Si l'on te frappe sur une joue, présente l'autre; le monde dit : Si on te donne un coup, donnes-en quatre. L'Evangile dit : Prie souvent, jeûne souvent, fais pénitence; le monde dit : Ce sont des cagoteries; pourquoi tant prier? pourquoi jeûner? Le paradis ne se prend point par famine. Si bien que la parole de Dieu est véritablement un signe de contradiction, et pour qui? Pour tous tant que nous sommes, il n'y a que du plus ou du moins, parce que nous aimons tous plus ou moins le monde, et ce qui est dans le monde. Telle est notre faiblesse, ou plutôt telle est la dureté, l'insensibilité de notre cœur, de ce misérable cœur qui est encore semblable à un terrain pierreux dans lequel la semence germe d'abord et croît jusqu'à un certain point; mais où elle ne prend point racine, de sorte qu'aux premières chaleurs elle se dessèche, et périt faute d'humidité. Hé! mes frères, quel est celui d'entre nous qui n'en ait pas fait la triste expérience?

Combien de fois la parole de Dieu ne vous a-t-elle pas touché, même attendri jusqu'aux larmes? Combien de fois en l'écoutant n'avez-vous pas formé le projet de mener une vie plus chrétienne? Je ne fréquenterai plus cette personne, elle me perd par ses conseils et par ses exemples; je n'irai plus dans cette maison, je n'en sors jamais sans avoir offensé Dieu. Je veux brûler tous ces misérables livres qui m'ont gâté l'esprit; j'approcherai des sacrements; je sanctifierai le dimanche; j'assisterai régulièrement aux exercices de piété qui se font dans ma paroisse. Dieu soit béni, mon cher enfant : allez donc, faites ce que vous dites, et vous vivrez. Il met la main à l'œuvre, il commence; le grain de froment a germé, on le voit verdir; mais hélas! quelque temps après le laboureur visite son champ, et il s'aperçoit que tous ces brins d'herbe languissent et se dessèchent, parce qu'ils n'ont pas de racine, parce qu'ils manquent d'humidité. Qu'est-ce que cela signifie?

Cela signifie que vous persévérez dans vos bons sentiments jusqu'au temps de la tentation. La tentation arrive, et les bons sentiments disparaissent. On vous propose une partie de plaisir, vous vous laissez entraîner, et vous vous livrez à mille désordres. Il paraît un livre dangereux qui fait du bruit; vous avez l'imprudence de le lire, il n'en faut pas davantage pour vous faire oublier toutes vos bonnes résolutions. Dieu vous éprouve par quelque affliction cuisante, par quelque humiliation à laquelle vous ne vous attendiez pas : c'est un ami qui vous trahit; c'est un ennemi secret qui éclate; c'est une femme, un enfant qui mettent votre patience à de nouvelles épreuves; adieu tous vos projets, et vous voilà tel qu'auparavant, parce que vous n'avez point de racine, parce que vous n'êtes point enraciné dans le vrai amour de Dieu. Votre cœur est une terre sans profondeur, parce que vous n'êtes point assez humble, et que vous avez trop compté sur vos propres forces; sans humidité, parce que l'onction intérieure de la grâce vous manque, à cause que vous ne la demandez pas avec assez de ferveur et de persévérance; et vous négligez de la demander, parce que vous ne sentez point assez combien elle vous est nécessaire. Jésus-Christ, Jésus-Christ! vous êtes à notre âme ce que la pluie est à la terre : quiconque s'imagine pouvoir faire quelque chose de bon sans vous, et autrement que par vous, celui-là se trompe et travaille en vain; c'est une terre sans eau, une plante sans racine; *Radices non habent.* Et d'un autre côté, quand même la parole de Dieu prendrait racine dans notre cœur, quand même elle ferait naître et nourrirait en nous les sentiments les plus chrétiens; nous n'en serons pas plus avancés, mes frères, si ces bons sentiments demeurent toujours sans fruit; s'ils sont étouffés par ces épines dont parle Notre-Seigneur; il veut dire les richesses, les plaisirs, les embarras et les inquiétudes de cette vie.

Est-ce que les richesses sont mauvaises? est-ce qu'il faut vivre sans souci? est-ce que tous les plaisirs sont défendus? Non. Il y a des plaisirs innocents. L'infirmité de notre nature les demande, la Providence nous les prépare, la religion nous les permet. Les soins, les embarras, les peines que l'on se donne pour les affaires temporelles et pour remplir les devoirs de l'état où l'on est placé, sont nécessaires sans doute et indispensables; les richesses en elles-mêmes, comme nous l'avons dit si souvent, n'ont rien que de bon, puisque c'est Dieu qui nous les donne, et que nous pouvons en acheter le ciel. Pourquoi donc et comment ces choses là nous sont-elles si nuisibles?

Est-ce que les épines sont mauvaises en elles-mêmes? ne sont-elles pas, l'ouvrage de Dieu; ne servent-elles pas comme les autres productions de la terre, à l'ornement de la nature? Les hommes ne savent-ils pas les tourner à des ouvrages utiles? Mais quand on s'y embarrasse mal à propos, dans ces épines; quand on les manie étourdiment et sans précaution, elles piquent, elles déchirent; mais quand elles sont déplacées, quand elles croissent au milieu du froment et en même-temps que lui, elles le suffoquent et le font périr : *Simul exortæ spinæ suffocaverunt illud.* C'est ainsi que les choses d'ici-bas nuisent à notre salut, non point parce que nous en usons, mais parce que nous en usons mal, sans sagesse, sans prudence, sans précaution; parce qu'au lieu de les regarder avec une sage indifférence, comme un voyageur regarde en passant ce qu'il trouve de commode ou d'agréable sur sa route, nous les désirons, nous les cherchons avec passion : notre âme s'y arrête, elle s'y fixe, elle s'y colle; et nos affections déréglées sont comme autant de racines par où ces plantes épineuses tiennent à notre cœur, l'embarrassent et y étouffent les bonnes pensées, les bons désirs, les réflexions salutaires qui sont le fruit de la parole de Dieu et de la grâce intérieure; parce que l'esprit de Dieu est incompatible avec l'esprit du monde; parce que l'amour de Dieu est incompatible, non pas avec les richesses; mais avec l'amour des richesses; non pas avec les plaisirs innocents que tout homme sage et chrétien peut se permettre, mais avec l'attache que l'on a pour les plaisirs et avec les excès que l'on y commet. Voilà comment et pourquoi ces épines nous embarrassent, nous piquent, nous damnent. Je ne sais si vous m'entendez, mon cher paroissien ; pour moi, je ne sens jamais mieux la vérité de cette parabole, que lorsque, jetant les yeux sur votre conduite, je vous vois embarrassé dans ces épines.

La Providence vous a donné du bien; vous avez de beaux domaines, des troupeaux nombreux, de l'or et de l'argent à votre service, vous ne manquez de rien ; je m'en réjouis, mon cher enfant, et je prie l'Auteur de tous ces biens, de répandre sur votre maison, sur vos possessions ainsi que sur votre personne, toute sorte de bénédictions. Qu'il fertilise vos terres; qu'il conserve et multiplie vos troupeaux; que votre maison croisse et s'élève, comme l'on voit au printemps l'herbe croître et s'élever dans la campagne !

Mais quand je vous vois tellement attaché à ces biens périssables, que vous perdez presqu'entièrement de vue les biens de l'éternité ; quand je vous vois tellement occupé à vos affaires temporelles, que vous négligez totalement l'affaire de votre salut; lorsque vous prenez à peine une demi-heure pour entendre la Messe quand elle est d'obligation ; lorsque vous avez toutes les peines du monde à prendre un jour tous les ans pour vous confesser et faire vos pâques; lorsqu'au lieu de dire j'en ai assez, vous vous tourmentez nuit et jour pour en avoir encore davantage ; lorsque à mesure que vos richesses augmentent, vous croissez en orgueil et en vanité; lorsque vous vous laissez aller à la tristesse, à l'abattement, aux murmures, dans les occasions où vous faites quelque perte considérable ; en voyant tout cela, je me souviens de notre Evangile, et je dis : Bon Dieu ! que cet homme-là est à plaindre! Ses richesses sont vraiment pour lui des épines dans lesquelles il est embarrassé, qui le piquent et le blessent de mille manières, qui remplissent son cœur et y étouffent presque tout sentiment de religion. J'aurai beau semer, ô Jésus! votre parole dans cette terre ; ces misérables épines en dévorent tout le suc; elles croissent en même temps que le bon grain et le suffoquent : *Simul exortæ spinæ suffocaverunt illud.*

Chacun est occupé dans son état ou doit l'être ; nous le disions dimanche dernier. Heureux celui dont toutes les journées sont tellement remplies du matin au soir, qu'il ne trouve jamais du temps pour faire le mal ou des choses inutiles ! Ces occupations sont bonnes, elles sont nécessaires, elles sont dans l'ordre de la Providence; mais dès qu'elles nous troublent et nous font perdre de vue notre fin dernière, elles deviennent pernicieuses et ne sont plus que des épines qui rongent notre cœur; qui le dessèchent et y éteignent les sentiments de la piété chrétienne. Notre-Seigneur ne trouvait pas sans doute mauvais que Marthe fût occupée aux soins de son ménage, dans une occasion surtout où elle avait le bonheur de recevoir chez elle un hôte aussi respectable ; mais il trouvait mauvais que son empressement allât jusqu'à la troubler et à la faire murmurer de ce que Marie sa sœur, assise tranquillement à ses pieds, la laissait servir toute seule.

Est-il étonnant que la parole de Dieu vous devienne inutile? Dans le moment même que nous vous l'annonçons ici, votre esprit est tout occupé de vos affaires temporelles, de votre ménage, de votre commerce, des voyages que vous avez à faire, des procès que vous avez à soutenir, des marchés que vous avez à conclure, et de mille autres choses qui sont comme des épines dans lesquelles vous êtes embarrassé, qui tiennent malheureusement à votre cœur, et empêchent le fruit des salutaires réflexions que la parole de Dieu peut y faire naître.

Il n'y a pas de mal à jouer ; mais jouer régulièrement tous les jours deux ou trois heures de suite ; mais jouer gros jeu ; mais jouer avec passion , voilà l'épine. Il n'y a pas de mal à rendre et à recevoir des visites ; mais y perdre un temps infini ; mais ne faire presque autre chose, voilà l'épine. Ce n'est point un mal d'aimer ses amis et sa famille ; mais s'y attacher jusqu'à leur sacrifier son repos et sa conscience ; jusqu'à ne pouvoir absolument se passer de leur commerce, jusqu'à se désespérer quand on vient à les perdre ; voilà l'épine. Ce n'est point un mal d'avoir une maison commode, des meubles décents, des habits propres, suivant son état, et de se procurer à un certain point les commodités de la vie ; mais s'attacher à ces choses là comme à des choses essentielles; ne pouvoir en souffrir la privation ; déranger ses affaires d'ai leurs, ou laisser manquer les pauvres du nécessaire, pour se procurer à soi-même le superflu ; voilà les épines. C'est un exercice très-innocent, même très-utile que la chasse, j'entends parler des personnes à qui la chasse convient, et à qui elle est permise; mais chasser du matin au soir presque toute l'année, et faire sa principale occupation de ce qui doit n'être qu'un amusement ; en vérité, monsieur, cela n'est pas supportable. On ne vous fait pas un crime d'avoir une table bien servie, mais ne parler que de bonne chère, ne s'occuper que de bons repas et de festins ; voilà comme les choses les plus innocentes en elles-mêmes deviennent autant d'obstacles dans la voie du salut et font perdre tout à fait le goût des choses spirituelles à ceux-là mêmes qui ont le cœur droit, dont les mœurs ne sont pas dépravées à un certain point, qui entendent volontiers la parole de Dieu, et qui ont l'âme foncièrement chrétienne.

C'est ainsi, mes frères, que les trois quarts de la semence demeurent sans fruit. Les oiseaux du ciel la mangent et les passants la foulent aux pieds, parce qu'elle tombe le long du grand chemin. Elle se dessèche et périt faute d'humidité, parce qu'elle tombe sur les pierres. Elle tombe enfin parmi les épines qui croissent en même temps et l'étouffent. Vous avez vu le mal ; reposons-nous un instant, et nous allons voir le remède.

SECONDE RÉFLEXION.

Après ce que vous venez d'entendre, mes chers paroissiens, il vous est aisé, de conclure vous-mêmes que le seul moyen de faire fructifier la parole de Dieu est d'éloigner tous les obstacles dont nous avons parlé, et qui nous la rendent inutile. Cachez donc d'abord et conservez au fond de votre cœur cette divine semence, de manière que rien ne puisse vous l'enlever ; ôtez, ôtez ces pierres d'achoppement et de scandale ; et parce que votre cœur est lui-même comme une espèce de roc sur lequel la parole de Dieu ne saurait prendre racine, appelez à votre secours la grâce toute-puissante de celui dont les derniers soupirs ébranlèrent l'univers et firent fendre les pierres. Mais arrachez enfin de ce misérable cœur toutes ces affections charnelles, tous ces désirs inutiles, qui l'embarrassent et le corrompent.

Vos sentiments et votre langage en fait de religion, mon cher paroissien, sont la chose du monde la plus édifiante ; vous avez le cœur droit, vous paraissez plein de bonne volonté ; la parole de Dieu vous plaît, vous la recevez avec joie, cela est vrai, mais elle vous sera toujours inutile, tant que vous ne la conserverez point par la vigilance et le recueillement, par le silence et la retraite, par la méditation sérieuse et profonde des vérités que vous avez entendues. Permettez-moi de vous le dire ici : vous êtes beaucoup trop dissipé, trop étourdi, trop attaché aux plaisirs et aux commodités de la vie.

La retraite et le silence ! Est-ce que nous sommes à la Trappe ou à la Chartreuse, pour vivre dans la retraite et pour garder le silence ? Ah ! plût à Dieu, Monsieur, que vous eussiez assez de raison et de piété pour vous retirer pendant huit ou dix jours chaque année dans quelqu'une de ces maisons si saintes et si respectables, pour y travailler avec Dieu à la grande affaire de votre éternité ! Vous y respireriez la bonne odeur de Jésus-Christ, comme un contre-poison efficace qui vous préserverait de l'odeur empestée et mortelle que l'on respire au milieu du monde. Plus votre genre de vie entraîne de dissipation, plus vous avez besoin de vous recueillir. Hé ! n'est-il pas étrange que les personnes les plus occupées donnent quelquefois au repos et au soin de leur santé, non pas une semaine, mais plusieurs, et cela sous des prétextes souvent frivoles, et qu'elles ne consacrent jamais deux jours de suite au repos et au soin de leur âme ? Je vais prendre l'air à la campagne, et me reposer une quinzaine de jours. J'irai aux eaux, quoique je me porte assez bien ; c'est un voyage de précaution, c'est une partie de plaisir, peut-être de libertinage. Mais pourquoi ne pas dire aussi : je vais me retirer pendant quelque temps sous les yeux et la conduite d'un directeur éclairé, pour faire la revue de ma conscience, pour dresser le compte que Dieu me demandera bientôt, pour méditer les jours anciens et les années éternelles. C'est là, c'est dans la solitude que Dieu fait entendre sa voix à l'âme simple et fidèle qui le cherche. C'est là qu'elle le trouve, qu'elle le tient et forme la sainte résolution de ne l'abandonner jamais. Ces âmes-là sont rares ; pas si rares que vous pensez : il n'y en a que trop pour votre honte et votre condamnation. Mais laissons les retraites et disons des choses auxquelles l'on ne puisse trouver ni excuse ni réplique raisonnable.

Dans quelque état que vous soyez placé, de quelque nature que soient vos occupations, y a-t-il un seul jour dans l'année où vous ne puissiez prendre une demi-heure, un quart d'heure pour vous recueillir et méditer la parole que nous vous annonçons ? Ne vous mettrez-vous jamais dans l'esprit que vous avez une âme à garder ; que pour la garder il faut veiller sur elle et considérer au moins quelquefois en Dieu et devant Dieu l'état où elle se trouve, comme le laboureur visite son champ, comme vous visitez une vigne et des arbres nouvellement plantés ?

Si vous saviez que votre maison fût environnée de voleurs, voudriez-vous dormir les portes et les fenêtres ouvertes ? Et si vous aviez un trésor à garder, l'abandonneriez-vous à la discrétion du premier venu ? Ce trésor est la parole que vous entendez dans ce moment-ci, et que vous avez mille fois entendue. C'est la bonne pensée, la sainte inspiration que vous avez eue en lisant un livre de piété ; ce sont les remords de conscience que vous avez sentis en telle et telle occasion. De quelque manière que Dieu vous parle, c'est toujours sa parole que vous entendez. Cette parole est une semence, et cette semence un trésor, parce que c'est la semence de tout bien ; parce qu'elle contient en quelque sorte toutes les espèces de bonnes œuvres qui entrent dans l'économie de notre salut, comme les racines, les branches, les fleurs, les feuilles, les fruits d'une plante quelconque sont renfermées dans la semence d'où elle provient. Si la semence périt, il ne peut y avoir ni feuilles ni fruits ; si la parole de Dieu ne demeure point en vous, elle ne saurait produire les œuvres de votre sanctification : tout est perdu si vous la laissez perdre. Il faut donc la conserver, et comment ? je l'ai dit et je le répète, vous êtes trop dissipé.

Quelle nécessité y a-t-il de lire sans distinction toutes sortes de livres ? Ne pourriez-vous pas retrancher d'abord la lecture de ces ouvrages où la religion et les bonnes mœurs ne sont point respectées, qui gâtent l'esprit, qui amollissent le cœur et le corrompent ? Ne pourriez-vous pas retrancher tant de lectures frivoles, après lesquelles vous n'êtes ni meilleur, ni plus instruit, qui ne vous remplissent que de vent et de misère? Ne pourriez-vous pas chasser tous ces oiseaux qui enlèvent de votre cœur la parole de l'Evangile?

Quelle nécessité y a-t-il d'être si fort répandu au dehors, de voir tant de monde, de rendre et de recevoir tant de visites, d'embarrasser votre esprit de tant d'affaires qui ne vous regardent point? Ne pourriez-vous pas fermer les yeux et les oreilles sur une infinité de choses qui vous dissipent inutilement? Quelle nécessité y a-t-il de vous informer de tout, de parler de tout, de parler toujours et de ne jamais garder le silence une heure de suite? Vous sortez d'entendre le prône; vous venez de faire une lecture de piété; vous avez assisté aux funérailles d'une personne dont la mort a fait sur vous les plus vives impressions : c'est la parole de Dieu. Pourquoi ne pas la cacher dans votre cœur et la nourrir par la méditation, au lieu de l'exposer tout de suite, comme vous faites, à tant de pensées, tant de discours et d'entretiens inutiles; à tous ces oiseaux qui vous l'enlèvent, à tous ces passants qui la foulent aux pieds et la perdent?

Mais vous êtes quelquefois seul; vous vous promenez, vous voyagez quelquefois seul; vous veillez quelquefois dans votre lit des heures entières. Ne pourriez-vous pas saisir ces moments pour faire de sérieuses réflexions sur la parole que vous avez entendue, pour l'imprimer fortement dans votre esprit, et l'enraciner dans votre cœur? Je pense à mes affaires; est-ce que votre salut n'en est pas une, ou bien est-elle de nature à se faire sans qu'on y réfléchisse, sans qu'on y pense? Ne vaut-elle pas bien la peine que vous y donniez du moins vos moments perdus? Quand je dis vos moments perdus, c'est une façon de parler qui m'échappe par un excès de condescendance pour votre faiblesse.

Quant à vous, mes chers enfants, qui êtes occupés dans votre boutique ou aux travaux de la campagne, qui vous empêche de penser et de réfléchir tout à votre aise sur la parole de Dieu? Le laboureur en conduisant sa charrue, le vigneron en cultivant sa vigne, l'artisan renfermé chez lui, n'ont-ils pas tout le temps de ruminer les vérités qu'ils entendent prêcher tous les dimanches? Nous sommes des ignorants, nous avons l'esprit bouché ; mauvaise raison. Hé! vous vous occupez si bien de vos intérêts et de vos affaires temporelles! Si vous en avez quelqu'une qui vous inquiète, vous y pensez le jour et la nuit. Si l'on vous a causé quelque dommage considérable, vous ne parlez d'autre chose. Vous réfléchissez si bien sur les moyens de vous venger, de vous défendre; sur les moyens de faire valoir vos terres ou votre argent. Est-il croyable que vous perdiez tout à coup la faculté de penser et de réfléchir lorsqu'il s'agit des vérités que la religion vous enseigne?

Vous avez raison, Monsieur; mais dès que nous sommes sortis de l'église, nous oublions tout ce que vous avez dit. Vous l'oubliez, mes chers enfants, parce que vous ne voulez pas vous donner la peine d'y penser; car tout ce que je vous prêche ici se trouve renfermé dans l'Oraison dominicale, le Symbole des Apôtres, les Commandements de Dieu et de l'Eglise que vous récitez soir et matin. Si vous récitiez tout cela avec attention, si vous réfléchissiez sur ce que vous dites, vous y trouveriez la parole de Dieu, vous vous ressouviendriez des vérités que je vous prêche, et je n'aurais pas la douleur de voir mes prédications et mes peines perdues. Disons plutôt, mes chers paroissiens, que nous avons des cœurs de pierre, dans lesquels la parole de Dieu ne saurait prendre racine, et à cela quel remède? Qui est-ce qui amollira ces pierres? qui est-ce qui brisera ces cailloux? qui est-ce qui fendra ces rochers? Mais auparavant, je demande : d'où vient cette dureté? Car, après tout et dans le fond nous avons un cœur de chair et non pas de pierre. Il est de chair quand la joie le dilate, quand la douleur le serre, quand les humiliations le flétrissent; il est de chair, quand les louanges le chatouillent, quand les mépris le révoltent, quand une petite injure le pique et l'irrite, quand l'envie le ronge, quand les désirs de vengeance le dévorent; il est de chair, quand il s'enfle dans la prospérité, quand il s'ouvre et qu'il s'élargit à la vue des biens et des honneurs de la terre; quand il se colle contre l'or et l'argent sans jamais dire, c'est assez; il est de chair, quand une beauté fragile le séduit, quand la volupté l'amollit, quand les plaisirs le corrompent; non-seulement il est de chair, mais il est d'une sensibilité, d'une délicatesse, d'une faiblesse, d'une corruptibilité qui va bien au delà de tout ce que l'on peut dire.

Grand Dieu! ce n'est que pour vous que nous avons un cœur de pierre. Ce cœur, ce misérable cœur qui sent jusqu'au vif les peines et les plaisirs de cette vie, devient tout à coup insensible dès qu'il s'agit de vous et de vos commandements. Ce cœur, ce misérable cœur, qui, semblable à un roseau que le moindre vent agite, est le jouet de toutes les passions, devient un roc inébranlable et tient ferme contre vos promesses, contre vos menaces, contre vos châtiments, contre vos bienfaits. Rien ne nous ébranle, rien ne nous effraye, rien ne nous touche, rien ne nous attendrit : ni le sang que vous avez répandu, ni la croix sur laquelle nous vous tenons attaché, ni les grâces que vous nous prodiguez, ni le compte que nous avons à vous rendre, ni l'enfer dont nous sommes menacés, ni la sévérité de vos jugements, ni la douceur infinie de vos miséricordes : tout cela ne fait sur nous aucune impression, ou ne fait que des impressions passagères et sans conséquence. Quel est donc ce prodige d'insensibilité, car c'en est un, et quelle en est la cause? Nous-mêmes.

Ce cœur est vraiment semblable à une terre que le laboureur ne cultive point, qui ne connaît ni la bêche ni la charrue. Rêvenons-y, mes frères, retournons à notre propre cœur. Ouvrons cette terre, ne craignons pas de l'approfondir et d'en sonder les abîmes. La parole de Dieu est comparée dans les Livres saints au marteau qui brise la pierre : *Malleus conterens petram.* (*Jerem.*, XXIII, 29.) Prenez en main ce marteau, vous qui m'écoutez, et frappez à grands coups, non pas sur autrui par des applications étrangères pleines d'injustice ou de malignité, mais sur vous-mêmes et sur votre conscience.

Les impudiques n'entreront point dans le ciel. Voilà la parole de Dieu : prenez ce marteau et frappez sans ménagement sur vos fornications, sur vos adultères, sur vos mollesses. C'est moi, c'est moi qui suis cet impudique, il faut donc me convertir ou me résoudre à brûler éternellement dans les enfers. Celui qui ne veille pas sur ses domestiques est pire qu'un infidèle. Voilà la parole de Dieu : prenez ce marteau et frappez à coups redoublés sur cette négligence affreuse dans laquelle vous vivez par rapport à ceux qui composent votre maison ; sur les désordres que vous souffrez, sur les mauvais exemples que vous donnez, sur les scandales que vous causez. J'ai donc renié ma foi. Je suis donc pire qu'un infidèle. Aimez vos ennemis; pardonnez et l'on vous pardonnera. Voilà la parole de Dieu. Prenez ce marteau et frappez donc sur ce cœur qui est dominé par la haine. Frappez sur ces ressentiments, sur ces désirs de vengeance, sur ce faux point d'honneur et cette fausse délicatesse; sur ces misérables prétextes, sur ces raisons frivoles par où vous prétendez justifier le refus du pardon. Je le refuse; donc il me sera refusé. N'en disons pas davantage : si notre cœur est endurci, c'est parce que nous le perdons de vue; il faut donc y revenir, le briser, et l'accabler, pour ainsi dire, de tout le poids de la parole de Dieu; en l'appliquant, cette parole, à tous les mouvements de notre cœur, aussi bien qu'à toutes les actions de notre vie.

Tout cela néanmoins ne servirait de rien, ô mon Dieu! si vous n'amollissiez vous-même notre cœur par l'onction intérieure de votre grâce. Votre parole est un marteau qui brise la pierre; mais ce n'est point par elle-même qu'elle produit un effet si miraculeux. Elle frapperait en vain nos oreilles, si votre main puissante appliquée immédiatement sur nos cœurs, n'y produisait ces mouvements invisibles, ces ineffables opérations qui les changent et les convertissent. Seigneur! vous nous l'avez promis par la bouche de votre prophète : Je vous ôterai ce cœur de pierre et je vous donnerai un cœur de chair. Accomplissez donc en notre faveur une promesse aussi consolante. Fondez, brisez, pulvérisez ces pierres, rendez-nous dociles à votre parole et, pour consommer votre ouvrage, arrachez de nos cœurs ces malheureuses épines, ces affections terrestres qui étouffent et rendent inutiles les bonnes pensées, les sentiments de piété qui sont le fruit, et de la parole que vous nous faites annoncer, et de toutes les grâces qui l'accompagnent.

Vous les avez vues, il n'y a qu'un instant, ces épines, mes frères, qui croissent en même temps que le bon grain et l'étouffent. Travaillez donc à les déraciner, et d'abord, soit que vous jouissiez des biens que la Providence vous a donnés, ou que vous soyez dans le cas d'en amasser de nouveaux, conservez votre cœur tellement libre et dans un si parfait détachement, que vous soyez toujours prêts à les perdre sans murmure, sans impatience, même sans regret, si telle était la volonté de Dieu. Je l'ai dit et je le répète, vous ne serez point réprouvés parce que vous aurez été riches; mais parce que vous aurez aimé les richesses au préjudice de votre conscience; mais parce que vous aurez négligé votre salut pour les amasser ou pour les conserver; mais parce que vous n'en aurez pas fait l'usage que vous deviez en faire. Cherchez donc par-dessus tout le royaume du ciel. Ayez pour principe de donner tous les jours un certain temps à la prière et à quelque lecture de piété. Sanctifiez le dimanche et regardez-le comme un jour sacré dont il ne vous est pas permis de disposer pour vos affaires temporelles. Fréquentez les sacrements, et faites-vous là-dessus une règle dont vous ne vous écartiez jamais. Lorsque vous comptez vos possessions et vos revenus, comptez en même temps les grâces que Dieu vous a faites, vos péchés et vos bonnes œuvres, vos vices et vos vertus. Regardez-vous non pas comme le propriétaire de ces biens, mais comme l'usufruitier, parce que bientôt ils vous seront enlevés pour être donnés à d'autres; non pas comme le maître, mais comme un simple économe qui doit rendre compte. Usez-en donc avec autant de crainte, de réserve, de précaution que si vous touchiez des épines. Achetez-en le ciel enfin, et de cette manière, bien loin de vous être nuisibles, elles seront pour vous une occasion de pratiquer la plus belle, la plus héroïque, comme la plus difficile et la plus rare de toutes les vertus, je veux dire la pauvreté chrétienne dans le sein même de l'abondance.

Les inquiétudes de cette vie sont d'autres épines; mais des épines encore qui ne nous piquent et ne nous blessent que parce que nous manquons de prudence et d'attention. Souvenez-vous donc bien, mon cher enfant, de ce que dit Notre-Seigneur, qu'à chaque jour suffit sa peine. Prévoyez l'avenir, parce qu'il peut arriver; mais ne vous inquiétez point de cet avenir, parce qu'il peut ne jamais arriver pour vous. Remplissez les devoirs de votre état par un principe de conscience, et du reste suivez avec tranquillité le fil des événements. Ce fil est dans les mains de Dieu, et d'un Dieu qui connaît vos besoins, qui vous aime, qui est votre père. Avec de telles précautions, les embarras et les inquiétudes de cette vie serviront à vous sanctifier par la patience, par la confiance en Dieu, par les motifs chrétiens, dont vous serez animé en travaillant non par intérêt ni par ambition, mais parce que Dieu le veut, comme il le veut, et tant qu'il le voudra.

Il en est de même de tous les plaisirs que la religion peut permettre. Ce sont des épines qui nous blessent, parce que nous en usons mal, et que notre cœur s'y attache. Prenez-les donc, mon cher paroissien, comme un pur délassement et un remède à l'infirmité humaine. Ne courez jamais après eux; usez-en quand ils se présentent; mais n'en usez qu'en passant et sans vous y arrêter, toujours prêt à y renoncer pour peu qu'ils deviennent nuisibles à vos devoirs et au salut de votre âme. Ce sont des épines; mais elles ne vous nuiront point moyennant cette précaution : vous y trouverez au contraire une occasion de pratiquer la pénitence, et de faire journellement à Dieu quelque sacrifice qui, pour n'avoir rien d'extraordinaire, n'en sera pas moins méritoire. Je pourrais jouer tous les jours; je ne jouerai que trois ou quatre fois par semaine. Je pourrais jouer plusieurs heures de suite, je ne jouerai que très-peu de temps. Je pourrais faire telle acquisition, telle dépense pour me procurer certaines commodités; mais j'ai le nécessaire; je suis décemment, je me priverai du reste. La compagnie me plaît, j'aime le grand monde; je resterai chez moi tel et tel jour de la semaine. C'est ainsi que le laboureur entendu fait servir à l'amélioration de son champ les épines et les mauvaises herbes qui y croissent; soit en les faisant pourrir dans la terre, soit en les brûlant pour en tirer une cendre qui la fertilise. Nous sommes des ouvriers sans intelligence : les richesses, les embarras, les peines et les plaisirs de la vie pourraient être pour nous autant de moyens de sanctification, et par notre maladresse, par nos affections et nos attaches déréglées, ce sont des épines et de mauvaises herbes enracinées dans notre cœur, où elles étouffent et anéantissent tout le fruit que nous pourrions recueillir de la parole de Dieu.

Répandez donc sur nous, ô source éternelle de tout bien et de toute vérité, répandez sur nous un esprit de conseil et de sagesse, un esprit de prudence et de précaution, un esprit de force et de piété, qui ferme nos oreilles aux discours des impies et des libertins, au langage séduisant et aux maximes trompeuses du monde; aux exemples pernicieux de toute espèce qui nous entraînent, et rendent inutiles les plus sages instructions de nos pasteurs, les impressions les plus touchantes de votre grâce. Brisez nos cœurs, ô mon Dieu, pénétrez-les de votre crainte, et que l'onction intérieure de votre divin amour les pénètre en même temps comme une terre molle et bien préparée, qui s'imbibe de la pluie, et n'en perd pas une seule goutte. Donnez-nous la force de déraciner, d'arracher ces épines, toutes ces affections charnelles qui embarrassent notre âme et l'empêchent de s'élever jusqu'à vous : que le feu de votre amour les consume, et que chacun de nous vous en offre un sacrifice, dont l'odeur s'élève jusqu'à votre trône, et qui engraisse notre âme; comme on voit le laboureur amasser en monceaux les épines qu'il a arrachées dans son champ, y mettre le feu et les réduire en cendres, faisant ainsi servir à l'amélioration de la terre, ce qui en empêchait la fécondité. C'est alors que votre parole, ô Jésus, passera de nos oreilles jusque dans le plus profond de nos cœurs; c'est alors qu'elle y germera, s'y enracinera, y croîtra comme la plante du froment dans une terre fertile et bien cultivée; de manière qu'après notre mort, nous paraîtrons devant vous, les mains pleines des bonnes œuvres qui auront été les fruits de votre divine parole, et que vous couronnerez, ô mon Dieu, dans la bienheureuse éternité. Ainsi soit-il.

DISCOURS XV.

Pour le Dimanche de la Quinquagésime.

SUR LE PÉCHÉ.

Illudetur, et flagellabitur, et conspuetur; et postquam flagellaverint, occident eum. (*Luc.*, VIII, 32, 33.)

On se moquera de lui, on le fouettera, on lui crachera au visage; et après qu'on l'aura flagellé, on le fera mourir.

C'est le péché qui a précipité le Fils de Dieu dans cet abîme d'humiliations et d'opprobres, dont il a été rassasié, suivant l'expression d'un prophète. (*Thren.*, III, 30.) C'est le péché qui le retient encore maintenant attaché sur la croix, qui tient ses plaies ouvertes, et qui le force à continuer son sacrifice, qui prolonge ses douleurs et renouvelle sa Passion dans le cœur de tous ceux qui le commettent, suivant cette parole si connue de saint Paul : *Rursus crucifigentes in semetipsis Filium Dei.* (*Hebr.*, VI, 6.) S'il n'y avait jamais eu de péché, ou le Fils de Dieu ne se serait pas fait homme, ou il n'aurait pas souffert; et si l'on pouvait supposer qu'après sa mort il n'y eût plus eu de péché, les sacrements établis pour les effacer, et qui sont comme les canaux par où son sang coule dans nos âmes, ces sacrements n'existeraient point, et cette innocente victime ne serait point immolée sur nos autels pour expier les péchés du monde. C'est donc le péché qui, non-seulement a répandu le sang de Jésus-Christ, mais qui continue à le répandre; et par conséquent quiconque commet le péché, trempe ses mains dans le sang de Jésus-Christ, le crucifie et se rend coupable de sa mort. C'est là, mes chers paroissiens, une vérité qu'on vous a mille fois prêchée, à laquelle vous êtes accoutumés et qui ne vous touche plus, quelque terrible qu'elle puisse être. Est-ce donc que je n'ai autre chose à vous dire aujourd'hui ? Je vous demande pardon. J'ai à vous parler du péché considéré par rapport à Dieu, par rapport au prochain, et par rapport à nous-mêmes. Ce que je dirai doit principalement s'entendre du péché mortel, comme vous le verrez; mais il faut l'appliquer aussi et à proportion aux fautes vénielles, parce qu'elles ont toujours une malice infinie; parce qu'elles refroidissent la charité, causent la diminution de la grâce, et nous disposent à la perdre ; parce qu'enfin nous ne pouvons jamais dire avec certitude, tel et tel péché dont je suis coupable, n'a point fait à mon âme une blessure mortelle.

PREMIÈRE RÉFLEXION.

Désobéir à Dieu, se révolter contre lui, mépriser ses commandements, et ne répondre à ses bienfaits que par la plus noire ingratitude : voilà, mes frères, ce que c'est que le péché dont la plupart des hommes font un jeu, qu'ils commettent avec si peu de réflexion, dont ils contractent si aisément l'habitude, et dans lequel ils vivent avec la plus parfaite sécurité. Je ne sais en vérité par où commencer une matière aussi étendue, ni quelle tournure donner à mon discours ; ni de quelles expressions me servir pour vous inspirer l'aversion et l'horreur que tout chrétien doit avoir même pour les moindres fautes.

Je passerai sous silence la plupart des raisons pour lesquelles le péché déplaît souverainement à Dieu. Je ne vous dirai pas qu'étant infiniment juste, il doit être ennemi de toute injustice ; qu'étant infiniment saint et infiniment parfait, il doit être ennemi de tout vice et de toute imperfection ; qu'étant lui-même la loi et la règle éternelle, tout ce qui s'écarte de la règle lui est nécessairement opposé ; que l'homme étant son image, tout ce qui s'éloigne de cette divine ressemblance, la moindre difformité, la plus petite tache doit nécessairement lui déplaire.

Je ne vous dirai pas qu'il est votre Maître, qu'il vous a donné ses ordres, qu'il les a gravés au fond de votre conscience, que vous ne pouvez pas les ignorer ; que votre désobéissance, et vos désobéissances réitérées, et votre désobéissance opiniâtre, sont une véritable révolte à laquelle Dieu ne doit pas être plus insensible que vous l'êtes vous-même à la moindre désobéissance de ceux qui sont à vos ordres.

Ouvrirai-je donc à vos yeux les abîmes de l'enfer où sont précipités les pécheurs, de l'enfer que les païens et les peuples de toute religion ont cru à leur manière ; de l'enfer dont l'éternité seule, indépendamment de ses rigueurs, doit nous faire sentir jusqu'où va la malice du péché? Car si le châtiment qu'il mérite est infini dans sa durée, il faut donc que le péché ait une malice infinie. Mais puisqu'il a fallu que Dieu lui-même se soit fait homme, qu'il ait souffert, qu'il soit mort pour se réconcilier les hommes, le péché a donc quelque chose d'horrible au-dessus de toute expression, au delà de tout ce que l'on peut comprendre et imaginer.

Vous ferai-je le détail des misères et des malheurs de l'humanité, qui sont véritablement de ce monde-ci, une vallée de larmes, qui sont comme vous savez, mes frères, les suites et la punition du péché dont toutes les créatures semblent demander à Dieu la vengeance, se déchaînant contre nous avec une epèce de fureur, toutes les fois que la Providence juge à propos de le leur permettre ? Quel ravage ne ferait pas le feu du ciel, aussi bien que celui qui est caché dans les entrailles de la terre et dans toutes les parties de cet univers, et dans les moindres productions de la nature, s'il lui était permis de s'enflammer, si la main puissante du Créateur ne le retenait pas dans l'espace et les bornes qu'il lui a marquées? La mer et les rivières sont toujours prêtes à nous engloutir. Les guerres, les maladies, les famines et tous les instruments de la colère de Dieu, quand il leur lâche la bride à un certain point, ne ressemblent-ils pas à des serviteurs fidèles qui courent çà et là avec une sorte de fureur, poursuivant les ennemis de leur maître, et voulant à toute force le venger des outrages qu'il reçoit journellement de la part des pécheurs ?

Si la foudre tombée du ciel réduit une maison en cendres, écrase plusieurs personnes, ou cause quelqu'autre malheur ; si la peste ou d'autres maladies épidémiques, dévastent certaines provinces ; si la sécheresse, la tempête, les inondations ont perdu dans une autre, tous les travaux et toutes les espérances de ses habitants; les nouvelles publiques annoncent ces accidents et d'autres semblables, comme des événements extraordinaires et surprenants : mais qu'est-ce que tout cela? ne devrait-on pas s'étonner plutôt de ce que les hommes étant aussi corrompus et aussi méchants qu'ils le sont, le soleil ne leur refuse pas sa lumière, l'air ne les étouffe point, la terre les porte et ne s'ouvre point sous leurs pieds, la mer les soutient et ne les engloutit pas dans ses abîmes ?

Toutes les créatures sont à notre service et à nos ordres ; et toutes les créatures deviennent par notre malice les instruments du péché ; nous les tournons contre Dieu même, et Dieu le souffre ; voilà ce qui doit nous étonner. Ah ! mes frères, mes frères, un temps viendra où cette même Providence qui a mis un si bel ordre dans l'univers y mettra la confusion et le désordre. Ce que nous appelons maintenant les fléaux du ciel ne sont que des gouttes, de petites gouttes de sa colère, ou plutôt les effets de cette miséricorde infinie qui nous frappe pour nous faire sortir de notre assoupissement ; les effets de cette bonté paternelle qui nous châtie quelquefois, parce qu'elle nous aime encore malgré notre indignité. Arrêtez-vous un instant à cette réflexion, vous qui avalez l'iniquité comme l'eau, et qui faites un jeu des plus honteux égarements. Que la vue de cette infinie bonté vous touche et vous fasse sentir combien les moindres péchés sont odieux, et combien vous êtes coupable.

Dieu est mon Père et je suis son enfant. Je suis l'enfant, et l'enfant chéri du meilleur et du plus tendre des pères. Voilà un fait, une vérité dont je suis aussi certain que de ma propre existence. Ce n'est point ici un de ces mystères où la raison humaine se perd ; ni la pieuse imagination d'une créature qui se flatte et se livre à l'enthousiasme. Il n'y a rien dans le ciel ni sur la terre qui ne me rappelle continuellement cette vérité consolante, et ne fixe mes regards sur la main paternelle qui m'a formé, sur la main bienfaisante qui me conserve. Je vois partout les traces d'une Providence attentive qui depuis l'instant qu'elle m'a donné l'être, veille sur moi sans jamais me perdre de vue.

N'est-ce pas pour mon service que tout l'univers est en mouvement? Dieu n'a-t-il pas commandé aux créatures de se ranger autour de moi, de se tenir à mes ordres, de servir à mes besoins et à mes plaisirs; que le soleil se lève régulièrement chaque jour pour m'éclairer; qu'il se couche de même, et se retire le soir pour m'inviter au repos; que la terre produise toute sorte de plantes, qu'elle nourrisse des animaux de toute espèce; que la mer et les rivières se remplissent de poissons, que toute la nature soit en branle pour le service de l'homme; que chaque saison lui apporte de nouveaux bienfaits, et lui offre de nouveaux plaisirs?

Mais ce n'est point pour moi seul que ces choses ont été faites, et les bienfaits de la Providence me sont communs avec tous les hommes. Nouvelle raison pour vous, mon cher enfant, d'admirer la bonté de votre Dieu et de vous attacher à lui; elle est d'autant plus aimable cette bonté, qu'elle s'étend à un plus grand nombre de créatures: votre amour par conséquent et votre reconnaissance ne doivent être que plus vifs. Mais si vous voulez des bienfaits qui vous soient personnels, parcourez donc tous les jours et tous les instants de votre vie: il vous a préservé de mille accidents qui vous auraient étouffé dans le sein de votre mère; et depuis que vous êtes au monde, il a éloigné de votre personne mille accidents à quoi vous n'auriez point échappé, sans un secours spécial de sa Providence. Les uns vous ont été connus, vous avez ignoré les autres; et ce qui doit vous toucher plus que tout le reste, c'est qu'il aurait pu vous laisser périr dès le premier instant que vous avez commis tel et tel péché. Il ne l'a pas fait, il semble au contraire qu'il ait veillé sur vous avec plus de soin; votre ingratitude et vos égarements multipliés n'ont pas diminué la tendresse et les bienfaits de votre père.

Parlez maintenant vous-même, et dites-nous ce que vous trouvez en lui qui vous déplaise, et qui puisse autoriser, ou tout au moins excuser votre désobéissance, et le peu de cas que vous faites de ses commandements. Jamais un enfant ne peut être autorisé à manquer de respect à son père; mais enfin il y a des pères injustes et capricieux, des pères durs et intraitables, des pères inhumains et cruels, et quoique tout cela ne puisse pas dispenser les enfants de ce qu'ils doivent à leur père, il semble néanmoins qu'en lui manquant, ils seraient en quelque sorte plus excusables que si ce père n'avait rien que de propre à le faire aimer. Dieu est votre père, la raison vous apprend ainsi que la foi, qu'il est souverainement parfait et infiniment aimable. Quel reproche avez-vous donc à lui faire?

Il ne vous a point fait assez riche? Il aurait pu vous rendre plus pauvre; si vous aviez été plus riche, vous vous seriez perdu. Il vous laisse quelquefois manquer des choses dont on peut le moins se passer: c'est pour vous mettre dans l'heureuse nécessité de sentir votre dépendance, de recourir à lui, et de ne pas tant compter sur vous-même. Il vous fait souffrir des douleurs aiguës, vous êtes presque toujours malade, c'est qu'il veut guérir votre âme, et ces infirmités vous sont nécessaires. De quelque côté que vous vous tourniez, vous n'avez que des grâces à lui rendre; vos afflictions elles-mêmes, les verges dont sa main paternelle vous frappe, en arrachant des plaintes à la nature, arrachent en même temps à votre raison et à votre foi, les hommages de votre reconnaissance. Réfléchissez donc, et voyez, mon cher enfant, quelle doit être la malice du péché par lequel, oubliant tous les bienfaits d'un père si bon, vous secouez le joug de l'obéissance, et devenez gratuitement son ennemi. Je ne veux que cette réflexion pour vous faire haïr le péché, si vous avez un peu de cœur, et si cette réflexion ne vous touche point, c'est que vous n'avez point de cœur.

Mais en commettant le péché, mon intention n'est point du tout de déplaire à Dieu, ni de perdre sa grâce; je voudrais au contraire qu'il ne défendît pas ce qu'il défend, qu'il ne commandât point ce qu'il commande, et je suis très-fâché que telle et telle action lui déplaise. Vous ne voyez donc pas, mon cher paroissien, que cette excuse et ce raisonnement sont un blasphème? Je voudrais que la loi de Dieu permît les fornications, les adultères, et toutes les impudicités dont je suis esclave: c'est-à-dire, je voudrais que la loi de Dieu fût impure, et que Dieu ne fût pas saint; je voudrais que Dieu permît le mensonge, la mauvaise foi, les tromperies, les usures, le vol; c'est-à-dire, je voudrais qu'il ne fût pas juste, et qu'il ne fût pas la vérité. Je voudrais qu'il me fût permis de contenter mes passions, que le mal que je fais ne fût point un mal, que Dieu ne le défendît point; c'est-à-dire, qu'il n'y eût en Dieu ni vérité, ni justice, ni sagesse, ni sainteté; je voudrais le rendre semblable à moi; je voudrais qu'il ne fût pas Dieu; je suis fâché qu'il existe, puisqu'il est lui-même la loi qui me gêne et que je voudrais anéantir: quelles horreurs!

A la bonne heure; mais pourquoi Dieu m'a-t-il fait ainsi? Pourquoi m'a-t-il donné des passions, s'il ne veut pas que je les satisfasse? Qu'on ouvre toutes les prisons, qu'on brise toutes les chaînes, qu'il n'y ait plus ni potences, ni échafauds: sortez, sortez, voleurs, brigands, assassins, malfaiteurs de toutes les espèces, vous voilà justifiés: et vous, magistrats, descendez de vos tribunaux, déchirez les lois, rompez, mettez en pièces la balance de la justice, il n'y a plus de coupables, il ne saurait plus y en avoir: mais celui-ci a voulu assassiner sa femme, celle-là a empoisonné son mari, cet enfant a égorgé son père, cette mere a étouffé son enfant. Mais en voilà d'autres qui ont commis des crimes abominables; vous vous trompez, il n'y a plus de crimes, ou s'il y en a, c'est à Dieu, c'est à Dieu seul qu'il faut s'en prendre; c'est lui seul qu'il faut en accuser. Mettez le feu à ses temples, renversez, foulez aux pieds ses autels, effacez son nom de dessus la terre, que la terre se change en enfer, que les hommes soient autant de démons, et que leurs bouches infernales, vomissant mille imprécations contre le ciel, ne cessent de crier : Pourquoi m'avez-vous fait ainsi? pourquoi m'avez-vous fait assassin? pourquoi m'avez-vous fait parjure? pourquoi m'avez-vous fait un monstre de libertinage? pourquoi m'avez-vous formé avec le germe et le penchant de tous les vices? Quelles horreurs encore! Comment ai-je la force de les répéter! et d'où sont sortis les monstres qui osent vomir un pareil blasphème : Pourquoi Dieu m'a-t-il fait ainsi?

C'est lui, c'est lui qui a fait toutes les créatures, parmi lesquelles il n'en est pas une seule qui ne puisse servir à sa gloire et à la sanctification des hommes; mais est-ce lui qui a créé l'usage détestable que les hommes en font? Cette épée dont vous percez, monsieur, le sein de votre semblable, c'est Dieu qui l'a faite, et vous auriez dû ne vous en servir que pour la défense de votre patrie. Ce bras qui la remue, cette âme qui commande une action si odieuse, sont l'ouvrage de Dieu sans doute; mais ce faux point d'honneur, ce défaut de noblesse et de générosité, cette perversité, cette malice, cette fureur; est-ce vous qui les avez faits, ô mon Dieu! et qui les avez mis dans le cœur de cet honnête assassin?

Misérable ivrogne, c'est Dieu qui a fait ce vin dont tu te remplis comme une outre; c'est lui qui a fait cette table que tu souilles par tes intempérances; c'est lui qui a fait cette bouche et ce ventre. Pécheurs de toute espèce, c'est Dieu qui a fait vos membres; mais est-ce lui qui en a fait l'instrument de vos désordres? Un fils à qui son père donne un poignard pour des usages légitimes, dira-t-il en l'enfonçant dans le sein de ce père, dira-t-il : pourquoi me le donniez-vous? Et cette réflexion ne sert pas seulement à mettre au jour toute la futilité des raisons que l'homme invente pour se justifier; elle nous fait sentir jusqu'où va la malice du cœur humain qui voudrait rendre son Créateur complice de ses égarements; jusqu'où va l'ingratitude et la noirceur des hommes qui tournent contre Dieu ses propres bienfaits!

Après cela, mes frères, nous vantons notre honneur, nous faisons parade de nos sentiments, nous avons le cœur bon, l'âme noble et généreuse. Chimères, chimères, illusions toutes pures, dont notre amour-propre se repaît, et dont il nous berce. Je n'ai là-dessus qu'une question à vous faire, et répondez-y. Que penseriez-vous d'un homme qui se conduirait à l'égard de son ami et de son bienfaiteur, de la manière dont vous vous conduisez vous-même à l'égard de Dieu à qui, de votre propre aveu, vous êtes infiniment plus redevable qu'un homme quelconque ne peut-être obligé à un autre? Comment traiteriez-vous celui qui manquerait ouvertement à tous les devoirs de l'amitié et de la reconnaissance, quel nom lui donneriez-vous? C'est un ingrat, un homme sans cœur, un malhonnête homme : et vous prétendez être homme d'honneur, quoique vous manquiez à Dieu dans les choses les plus essentielles; à Dieu qui est votre Créateur, votre maître, votre bienfaiteur, votre ami, votre père, et votre tout!

Mais suivant le langage ordinaire, on entend par un honnête homme celui qui ne fait tort à qui que ce soit, et dont la probité reconnue est à l'abri de tout reproche, à la bonne heure. Voyons donc si vos péchés ne nuisent à personne, et s'il est vrai, comme vous le prétendez, qu'ils ne fassent tort qu'à vous-même.

SECONDE RÉFLEXION.

Vous n'êtes pas, sans doute, mon cher monsieur, de ces hommes qui n'ayant point ou n'ayant que très-peu de religion, ne se contentent pas de lire toute sorte de livres contre les mœurs et contre la foi; mais qui les prêtent à leurs amis, les prônent, les répandent, ne parlent qu'avec éloge des auteurs, ainsi que des écrits, récitent les longs passages qu'ils en ont appris par cœur, les apprennent à d'autres; vantent les nouvelles maximes, glosent sur la Bible, chicanent l'Evangile, font le procès aux prêtres, s'égayent sur nos mystères, vont à la Messe par grimace, y assistent d'un air dédaigneux et comme par charité, s'amusent au retour aux dépens de celui qui l'a dite. De ces hommes singuliers que le maigre incommode les jours maigres, et qu'il n'incommode pas les jours gras; qui pour tout dire, en un mot, portent partout le mépris de la religion et le dégoût du christianisme. Vous n'êtes pas de ceux-là; car si vous en étiez malheureusement, vous ne pourriez pas vous vanter de ne faire tort à personne, vous feriez un tort infini à toute ma paroisse, vous anéantiriez le fruit de toutes mes instructions; j'irais me jeter à vos pieds, et vous conjurer par tout ce qu'il y a de plus saint et de plus sacré sur la terre, de garder au nom de Dieu, votre religion et vos livres pour vous, d'être décemment à l'église, de ne pas corrompre la simplicité de ces bonnes âmes, et de les laisser suivre paisiblement ce que Jésus-Christ leur enseigne; que vous mettez le désordre dans ma paroisse, que vous me préparez tous les jours de nouvelles peines, et qu'enfin votre conduite n'est rien moins que celle d'un honnête homme; parce qu'un honnête homme cherche à faire du bien à la société, au lieu que vous y faites beaucoup de mal.

Vous n'êtes pas de ceux pour qui les adultères et les fornications ne sont que des niaiseries, de petits écarts de jeunesse, des aventures, de bonnes fortunes; qui mettent tout leur esprit à plaisanter sur les choses les plus hideuses; qui rougiraient plutôt d'être chastes que d'être impudiques, se faisant un mérite et une gloire de leur libertinage. Si vous étiez de ce nombre, vous ne pourriez pas vous vanter de ne faire tort à personne. Cette fille que vous auriez séduite vous redemanderait son honneur, vous seriez chargé de tous les crimes qu'elle aurait pu commettre à la suite de celui dont vous auriez été la cause, vous répondriez devant Dieu de tous les sacriléges que le respect humain lui aurait fait ajouter à ses désordres : d'un autre côté vos propos libertins corrompraient les mœurs des personnes qui auraient le malheur de vous fréquenter; les pensées sales, les désirs impurs et les actions honteuses qui pourraient venir à leur suite, seraient le fruit de vos discours licencieux, et vous sentez bien qu'étant la cause de tant de mal, et portant à l'âme de votre prochain un tel préjudice, vous ne seriez point honnête homme. Que serait-ce donc si vous entreteniez publiquement quelque mauvais commerce? Vous seriez un homme scandaleux dans toute la signification du terme, et un homme scandaleux n'est assurément rien moins qu'un homme d'honneur. Je ne dis rien de l'adultère, l'un des plus grands fléaux de la société humaine, et qui, joignant l'injustice et le vol à la perfidie et au parjure, est absolument incompatible avec la vraie probité.

Votre langue n'est point une de ces langues maudites, qui ne savent fournir à la conversation qu'autant qu'elle roule sur les vices, les défauts ou les ridicules du prochain; qui tombent sur lui comme une bête carnacière fond sur sa proie, qui tantôt le déchirent à belles dents avec une vivacité qui va jusqu'à la fureur ; tantôt l'habillent de toutes pièces avec une adresse et une malignité plus coupables encore. Si c'était là malheureusement votre caractère, vous seriez le poison de la société, le perturbateur du repos public, et très-certainement vous ne pourriez vous flatter de rien moins que d'être honnête homme.

Vous n'êtes pas un de ces avares, qui amassent toujours et ne jouissent jamais; qui tirent de la masse commune tout ce qu'ils peuvent, et n'y mettent rien ou presque rien; qui tenant caché dans leur coffre un argent fait pour circuler, privent le public des avantages que cette circulation pourrait y produire, qui sont cause que cet ouvrier ne travaille point, ou n'est pas occupé comme il devrait l'être; qui diminuent le débit et par conséquent le gain de ce marchand; qui tarissant chacun a son profit les sources de l'abondance, contribuent, autant qu'il est en eux, à la disette et à la misère publiques. Certes, si vous étiez atteint de cette vilaine et horrible maladie, que le Saint-Esprit appelle la plus grande de toutes les méchancetés (*Eccli.*, X, 9), vous n'auriez pas le front de dire : Je ne fais tort à personne. Que serait-ce, si cet argent ainsi enfoui était le fruit de l'usure et de vos rapines? Que serait-ce si votre avarice vous empêchait de pourvoir vos filles, de procurer à vos enfants un établissement tel que vous le devez et qu'ils sont en droit de l'attendre : si pour aller à l'épargne, vous en faisiez de mauvais prêtres, ou des religieuses sans vocation?

Mais ne faites-vous tort à personne, monsieur, lorsque vous négligez les devoirs de votre état, et que vous sacrifiez à vos plaisirs le temps que vous devriez donner à vos affaires; lorsque le public souffre de votre négligence ou de votre incapacité? Pères et mères, ne faites-vous tort à personde, lorsque par vos mauvais exemples, vous communiquez à vos enfants tous les défauts que vous avez vous-mêmes; quand vous leur apprenez à être colères, violents, brutaux, médisants, jaloux, vindicatifs, ivrognes, libertins, et qu'ils sucent dans votre sein le poison de tous les vices dont vous êtes infectés?

Misérable! ne fais-tu tort à personne, lorque tu passes au jeu et au cabaret des journées entières, quand tu manges et bois? Bois et mange encore le pain et la pure substance de ta famille. Gens oisifs, gens inutiles, prodigues, dissipateurs, et vous tous qui vivez sans arrangement, sans règle, sans ordre dans vos affaires, ne faites-vous de tort à personne? Ces ouvriers qui ne sont pas payés, ces domestiques à qui vous devez plusieurs années de gages, ces enfants qui ne sont ni tenus, ni élevés, ni établis comme ils pourraient et devraient l'être, vous donneront un démenti toutes fois et quantes vous oserez dire que vos péchés ne font tort à qui que ce soit, et n'empêchent pas que vous ne soyez honnête homme.

Et vous, madame, qui passez un tiers de la journée à ne rien faire, l'autre tiers à faire des riens, et le reste à faire du mal, direz-vous aussi que vos péchés ne font tort à personne? Toutes les parties de votre ménage sont en souffrances ; vos domestiques sont les maîtres ; ce qui devrait se faire dans un jour, se fait à peine dans huit. Vous ruinez vos enfants et votre mari par votre jeu, vos parures, vos folles dépenses; et vous ne faites tort à personne?

Jeunesse, jeunesse, qui vous dressez mutuellement toute sorte de piéges, vous dont les habits, les coiffures, le langage, le ton, les manières sont comme des filets tendus pour perdre les âmes : dites donc aussi que vous êtes d'honnêtes gens, et que vous ne faites tort à personne. Ceux qui attentent à la vie, aux biens, à la réputation du prochain lui font tort; ceux qui corrompent ses mœurs et perdent son âme, ne lui en font point.

Voyez donc, mes frères, combien nos propres péchés nuisent à autrui, et de combien de manières ils lui portent préjudice. Il vous est aisé de les parcourir tous et de vous convaincre qu'il n'en est aucun dont le prochain ne souffre d'une manière ou d'une autre. Cet orgueil dont vous êtes bouffi, cette jalousie avec laquelle vous regardez les biens, les talents, la réputation de votre frère ; votre frère en souffre. Hé ! qui est-ce qui souffre de mon orgueil? Tous ceux que vous humiliez, que vous rebutez, au-des-us de qui vous vous élevez. Si vous n'aviez pas tant d'orgueil, vous ne seriez pas si emporté ; vous seriez plus doux et plus patient; vous seriez plus humain et plus affable: ceux qui ont affaire à vous ne souffriraient pas de votre part tout ce qu'ils en souffrent. Si vous ne portiez point envie à cette personne, vous donneriez à son mérite les éloges qui lui sont dus et que vous lui refusez; vous rendriez à cette autre des services que vous ne lui rendez pas. Quand même votre jalousie ne produirait pas d'autres effets, elle serait toujours préjudiciable à votre frère. Voici maintenant une autre réflexion.

Nous sommes tous faits les uns pour les autres. Chacun dans son état a des devoirs à remplir, et ces devoirs se rapportent nécessairement aux biens de la société dont nous sommes les membres; par conséquent, de même que le corps souffre quand il a quelque membre malade, ainsi le corps de la société souffre de nos faiblesses, de nos imperfections, de nos péchés. Mais il y en a qui sont connus de Dieu seul, et malgré lesquels je ne m'acquitte pas moins de ce queje dois au prochain. . . . . . Prenez garde; pour vous acquitter de ces obligations, vous avez besoin de certaines grâces que nous appelons des grâces d'état. Or il est certain que vos péchés, quelque secrets qu'ils soient, causent la diminution de ces grâces; la grâce diminuant, vous ne remplirez pas si bien vos devoirs, et le prochain en souffrira. Il en souffrira, fussiez-vous enfermé dans la solitude et totalement séparé du commerce des hommes. Dans ce cas-là, votre devoir serait de prier non-seulement pour vous, mais pour vos frères, de veiller, de jeûner, de chanter les louanges de Dieu, de faire pénitence non-seulement pour vous, mais pour vos frères; et par conséquent, si vous ne remplissiez point tous ces devoirs, ou si vous les remplissiez mal, vos frères en souffriraient. Or je demande si les fautes les plus légères d'un Chartreux sont dans ce sens-là (et ce sens-là est fondé sur une des vérités fondamentales de la religion, qui est que nous sommes tous membres les uns des autres), si les fautes d'un Chartreux, les plus légères et les plus secrètes, ne sont point sans conséquence pour le prochain, comment oserons-nous penser que nos péchés ne font tort à personne, nous qui vivons au milieu du monde, et qui sommes continuellement pour les autres une occasion de chute et de scandale?

Mes frères, ceci me regarde, je le sens bien, et j'en rougis non-seulement devant Dieu, mais devant vous. Mes péchés, de quelque espèce qu'ils soient et quelque cachés qu'ils puissent être, vous sont nécessairement préjudiciables. Comme les maladies et les infirmités d une nourrice nuisent à l'enfant qu'elle allaite, ainsi toutes mes faiblesses, toutes mes fautes, non-seulement celles que je commets dans l'exercice de mon ministère, mais celles-là même qui semblent m'être purement personnelles, les fautes ne vous sont point indifférentes; vous en souffrez parce qu'elles refroidissent en moi cette charité ardente qui est le principe du zèle, des lumières, de l'onction qui me sont nécessaires pour travailler efficacement à la sanctification de vos âmes. Je le confesse, j'en suis humilié: cette réflexion me fait trembler; mais les pasteurs ne sont pas les seuls qu'elle regarde.

Pères et mères de famille, elle est pour vous aussi bien que pour moi. Il n'est aucun de vos péchés qui ne nuise à ces enfants que vous devez élever selon Dieu, que vous devez lui offrir, et pour le salut desquels vous devez lui offrir des prières continuelles. Pas un de vos péchés qui ne nuise à votre mari, à votre femme, à vos domestiques; parce que vous avez des obligations à remplir envers eux, et que vos péchés vous privent des grâces dont vous avez besoin pour vous en acquitter comme il faut. Magistrats, officiers de guerre, hommes en place, qui que vous soyez artisans, ouvriers de toute espèce, ne dites point que vos péchés ne font tort à personne. Ils diminuent, ils éteignent en vous l'esprit de piété, et comme la piété est utile à tout, le défaut de piété doit nuire à tout.

Un homme plein de l'esprit de Dieu, mes frères, est un grand trésor dans la société, quelque place qu'il y occupe, quelque profession qu'il y exerce. Dans le militaire, c'est un esprit de fidélité, de prudence, de valeur, de courage et d'intrépidité. Dans le magistrat, c'est un esprit de discernement, de justice et de vérité; dans tous ceux qui gouvernent, c'est un esprit de sagesse et d'intelligence, un esprit de douceur, de force et d'équité. Dans les commerçants, c'est un esprit de droiture et de bonne foi; chez les artisans, les ouvriers, et les personnes de la plus basse condition, c'est un esprit de travail, de sobriété, de retenue et de paix. Dans les grands, c'est un esprit d'humilité. Dans les petits, un esprit de soumission. Chez les riches, c'est un esprit de détachement et de bienfaisance. Chez les pauvres, un esprit de patience et de résignation. Si cet esprit se perd, la société en souffre. Il n'est aucun péché qui ne refroidisse au moins et ne diminue cet esprit de piété; il n'en est donc aucun, quelque léger qu'il soit, dont on puisse dire qu'il ne fait de tort à personne. Ce n'est pas là tout. Voici autre chose, et je finis cette réflexion.

Comme il y a dans la société des fidèles une masse, un trésor de mérites qui font la beauté intérieure de l'Eglise chrétienne, et attirent sur elle de la part du divin Epoux ces regards dont il est si souvent parlé dans les Livres saints; il y a aussi une masse d'iniquités qui attire de temps en temps sur nous les fléaux de la colère divine. Et comme il n'est personne qui puisse dire: Je n'ai rien dans cette masse, je suis sans péché, il n'est personne donc qui puisse dire: Je n'ai contribué en rien à irriter la justice de Dieu, et je suis innocent des malheurs qu'elle a fait tomber sur son peuple.

Quelle est la cause de cette maladie affreuse qui fait tant de ravages dans la province? Pourquoi tant de veuves et d'orphelins dans cette paroisse? D'où vient cette guerre sanglante où périssent tant de milliers d'hommes, qui cause tant de carnage, tant de désordres, tant d'horreurs? Qui est-ce qui attire ces fléaux et d'autres semblables? C'est vous, c'est moi, ce sont mes péchés, ce sont les vôtres. Péchés publics, péchés secrets; péchés des grands, péchés des petits; péchés des pauvres, péchés des riches; péchés des laïques, péchés des prêtres; péchés des religieux, péchés des séculiers; péchés des vieux, péchés des jeunes; péchés de tous les états, de toutes les conditions, de tous les âges, de tous les chrétiens; péchés dont nous disons après cela qu'ils ne portent préjudice à personne.

Le saint roi David pensait bien autrement quand il disait : *Ne vous souvenez-vous point, Seigneur, des péchés de ma jeunesse, pardonnez-moi ceux que j'ai commis par ignorance* (*Psal.* XXIV, 7), *et purifiez-moi des péchés d'autrui : « Ab alienis parce servo tuo. »* (*Psal.* XVIII, 13.) Ah! mes frères, si nous pouvions comprendre toute la part que nous avons aux péchés d'autrui et aux maux qui en sont la suite! si nous pouvions apercevoir cet enchaînement, cette génération d'iniquités, qui se reproduisent et se multiplient les unes par les autres, nous verrions que toutes les personnes qui nous connaissent, celles qui vivent avec nous, à qui nous avons affaire, celles qui nous sont soumises ou de qui nous dépendons, commettent une infinité de péchés dont nous sommes la cause ou l'occasion, de près ou de loin, directement ou indirectement, de manière ou d'autre. Cette réflexion peut s'étendre à des détails infinis. Arrêtez-vous y donc, mes frères, approfondissez-la, et si vous n'êtes point touchés du préjudice que vos péchés portent au prochain, soyez-le du moins du mal qu'ils vous font à vous-mêmes.

TROISIÈME RÉFLEXION.

Le péché mortel que j'ai eu principalement en vue dans cette instruction, nous prive de la grâce sanctifiante, donne la mort à notre âme, anéantit le mérite de nos bonnes œuvres, et nous rend incapables d'en faire qui soient méritoires pour le ciel. Voilà, mes chers paroissiens, les malheureux effets que ce péché produit en nous, et à quoi néanmoins nous sommes si peu sensibles.

Il nous prive de la grâce sanctifiante : et savez-vous ce que cela signifie? La grâce actuelle est un mouvement intérieur du Saint-Esprit, qui nous porte au bien ou qui nous détourne du mal; c'est une lumière qui nous éclaire, qui nous prévient, qui nous fortifie et sans laquelle nous ne pouvons rien faire d'agréable à Dieu. Quoique cette grâce soit ordinairement plus abondante dans les justes que dans les pécheurs, elle est cependant commune aux uns et aux autres, et Dieu ne la refuse à personne. C'est par elle seule que les méchants peuvent se convertir : c'est par elle seule que les bons peuvent persévérer dans la justice.

La grâce habituelle et sanctifiante est une participation de la justice et de la sainteté de Dieu même, par Jésus-Christ. C'est elle qui nous unit à Dieu par Jesus-Christ; c'est par la grâce sanctifiante que notre âme vit en Dieu de la vie de Jésus-Christ. Rappelons ici cette belle parabole : *Je suis la vigne et les sarments.* (*Joan.*, XV, 5.) La grâce sanctifiante est à notre âme ce qu'est aux branches de la vigne la sève, que la souche leur communique. Otez cette séve, le sarment ne vit plus; ôtez la grâce sanctifiante, notre âme est morte devant Dieu.

C'est donc par la grâce sanctifiante que nous sommes les membres vivants de Jésus-Christ; par elle nous ne faisons qu'un avec lui, comme les sarments ne font qu'un avec le cep, ou comme les membres du corps humain avec la tête ne font qu'un. Voilà ce que nous sommes par la grâce sanctifiante; un seul péché mortel nous tire de ce bienheureux état, et nous prive de tous les avantages que ce bienheureux état de grâce nous procure.

Oui, mon cher paroissien, dès l'instant que vous avez commis un péché mortel, vous cessez de vivre en Jésus-Christ, vous n'avez plus rien de commun avec lui, parce qu'il n'y a rien de commun, dit l'Apôtre (II *Cor.* VI, 14), entre la lumière et les ténèbres, entre Jésus-Christ et Bélial. Votre âme est dès lors par conséquent un objet d'horreur aux yeux de Dieu, parce qu'elle n'est plus unie à Jésus-Christ, en qui seul le Père a mis toutes ses complaisances, et hors duquel rien ne peut lui être agréable. Comme vous viviez auparavant de la vie de Jésus-Christ qui est l'auteur et la source de la justice, vous vivez maintenant de la vie du démon qui est l'auteur et la première source du péché. Quel état affreux! comme par la grâce sanctifiante vous n'étiez qu'un avec Jésus-Christ, de même par le péché vous n'êtes qu'un avec le démon. Un chrétien en état de grâce, est, pour ainsi dire, un autre Jésus-Christ. Un homme en péché mortel est une espèce de démon.

En vous parlant de la sorte, je suppose, mon cher paroissien, que vous n'avez pas encore perdu la foi, que vous n'avez point perdu votre âme de vue, et que vous n'êtes point tout à fait insensible à ce qui lui donne la mort, et c'est le péché qui la lui donne. Il est pour elle ce qu'un poison mortel est pour votre corps. Voudriez-vous avaler du poison? Vous en avalez cependant lorsque vous commettez le péché; mais un poison infiniment plus dangereux et plus terrible que celui qui tue le corps.

Quels soins ne se donne-t-on pas pour conserver la vie et la santé de ce corps? Nous voulons qu'il soit bien nourri, bien vêtu, bien logé, qu'il ait toutes ses aises. Tout ce qui le menace nous effraye; tout ce qui le fait souffrir ou l'incommode, nous arrache des plaintes. Un accès de fièvre, un petit rhume, un mal de dents, une petite colique, hélas! une piqûre d'épingle nous fait quelquefois jeter les hauts cris. Que si nous sommes atteints d'une maladie dangereuse, quelles inquiétudes! quelles alarmes! Médecins, chirurgiens, remèdes de toute espèce, rien ne coûte, parce que, dit-on, nous n'avons rien de plus cher que la vie.

Quoi! la vie de ce corps qui est un amas de corruption, qui sera bientôt la pâture des vers, qui nous est commun avec les animaux, qui nous donne avec eux les rapports les plus honteux, et la ressemblance la plus humiliante; la vie de ce corps qu'il faut nécessairement perdre, est à nos yeux la chose du monde la plus précieuse; et nous compterons pour rien la vie de notre âme qui est l'image de Dieu, qui est immortelle, qui est le prix du sang de Jésus-Christ, et nous commettrons en jouant le péché qui lui donne la mort, en la privant de la grâce sanctifiante.

Mais que sommes-nous sans cette grâce, quelques biens que nous possédions d'ailleurs, de quelques avantages dont nous puissions jouir en ce monde? Ecoutez l'apôtre saint Jean Vous dites : Je suis riche, je ne manque de rien, j'ai de tout en abondance; et vous ne savez pas que vous êtes misérable, que vous faites pitié, que vous êtes aveugle, pauvre et dénué de tout. Tel est l'état d'un chrétien qui a perdu la grâce.

Nous appelons misérable celui qui n'a, ni de quoi manger, ni de quoi boire, ni de quoi se vêtir, ni maison où il puisse habiter. Mon cher paroissien, voilà où vous en êtes, lorsque le péché vous a séparé de Jésus-Christ; de Jésus-Christ qui est tout à la fois la lumière, la nourriture, le vêtement de nos âmes. Sans lui nous marchons dans les ténèbres et toutes nos actions sont des œuvres de ténèbres: sans lui notre âme est réduite comme l'enfant prodigue à la nourriture des animaux immondes, elle boit les eaux croupissantes de l'iniquité, parce qu'elle est séparée de celui qui est une source d'eau vive, de cette eau vive qui rejaillit jusqu'à la vie éternelle. Disons tout, en un mot : la nourriture de l'âme qui vit dans la grâce, est de faire la volonté de Dieu; la nourriture de l'âme qui vit dans le péché, est de faire la volonté du diable : quelle nourriture! quelle vie! Couvrez votre table de toute sorte de mets les plus ragoûtants et les plus exquis; buvez des vins et des liqueurs de toute espece; nourrissez, engraissez votre corps pendant que votre âme est assise à la table des démons, et commence à souffrir la faim et la soif éternelles qui sont le partage des réprouvés dans les enfers.

Parez-vous, madame, frisez vos cheveux, coiffez-vous à la grecque, à la turque, à la française : ornez votre tête, peignez votre visage, étalez dans vos habillements pompeux toute la vanité du monde à qui vous voulez plaire; votre âme n'en est pas moins dans la plus honteuse et la plus affreuse nudité, puisqu'elle est dépouillée de Jésus-Christ. Joignez à tous ces ornements la beauté la plus parfaite et la plus rare : un verset un petit verset du XIe chapitre des *Proverbes* (vers 22) va vous faire rougir. Savez-vous à quoi le Saint-Esprit vous compare? Me permettrez-vous de le dire, et de me servir ici de ses propres paroles? Votre beauté, vos ornements, je n'ose le répéter, je ne le dis qu'à regret, je vous demande pardon : votre beauté, vos ornements sont comme un anneau d'or au museau d'une truie : *Circulus aureus in naribus suis, mulier pulchra et fatua.*

Le péché enfin nous éloigne de la maison de notre père; il nous rend semblables à des enfants que l'on déshérite et que l'on chasse; ou plutôt nous nous déshéritons nous-mêmes. Nous renonçons aux droits et aux priviléges des enfants de Dieu. C'est être bien fou assurément, que de vendre son droit d'aînesse pour un méchant plat de légumes; mais celui-là l'est infiniment davantage, qui vend son paradis pour un plaisir momentané, pour une satisfaction passagère. Il vous vient une mauvaise pensée, un mauvais désir, c'est une suggestion du démon : la conscience parle, elle crie, on dispute quelque temps avec elle. Ferai-je cela? ne le ferai-je pas? misérable! tu vas perdre la grâce de ton Dieu; tu vas devenir son ennemi; tu vas renoncer au paradis : n'importe, je veux me satisfaire; et l'on se satisfait, et l'on vend le royaume du ciel, pourquoi? pour une fornication, pour un adultère, pour une mollesse, pour une médisance, pour une calomnie qui perd la réputation du prochain, pour une vengeance, pour un intérêt usuraire, pour un pot de vin, dont on s'enivre comme une bête. Vous dites qu'Esaü avait perdu l'esprit; mais où est le vôtre, lorsque vous vendez l'héritage de votre père, pour contenter votre passion?

Je me confesserai, je ferai pénitence, je ne mourrai pas dans cet état: autre folie. Hé! qui vous a répondu que vous ne mourriez point après avoir commis ce péché-là? mais quand vous seriez assuré de vivre, qui vous a répondu que ce péché vous serait pardonné? Dieu promet le pardon à ceux qui le lui demandent et se convertissent; mais pour vous convertir, il faut que Dieu vous prévienne. Un mort, un mort peut-il se ressusciter lui-même? un mort peut-il crier à haute voix: Qu'on me ressuscite? Lazare est mort depuis quatre jours : Jésus-Christ vient, il gémit, il pleure, il crie : *Lazare, sortez du tombeau.* (*Joan.*, X, 43.) Votre âme est morte; qui est-ce qui la ressuscitera? Il faut que Jésus-Christ vienne, car il n'y est plus, il n'y est plus; qui vous a dit qu'il reviendrait et qu'il vous rendrait la vie? Il faut nécessairement qu'il vous prévienne; quelle certitude avez-vous qu'il vous préviendra?

Mes chers enfants, nous comptons beaucoup trop sur le pardon. Nous croyons qu'il est aussi aisé de revenir à Dieu que de l'abandonner, de recouvrer la grâce que de la perdre. Mais est-il aussi aisé de ressusciter qu'il est aisé de mourir? Une plaie est-elle aussi facile à guérir qu'elle est facile à faire? Mais si le retour à Dieu est une chose si aisée, le nombre des élus n'est donc pas aussi petit que l'Evangile nous le fait entendre. Vous vous confessez à Pâques; vous êtes donc tous des saints après Pâques. Il est rare qu'un chrétien qui ne meurt pas subitement, meure sans confession; tous ceux qui se confessent à la mort sont donc des prédestinés, de quelque manière qu'ils aient vécu. Ah! mes frères, que nous connaissons peu les effets terribles du péché. Il aveugle notre âme, il l'affaiblit, il l'endurcit. Ces pécheurs qui ne voient plus rien, qui ne sentent plus rien, qui sont totalement abandonnés à la corruption de leur cœur, n'en sont pas venus là tout à coup, cela est vrai; mais il n'est pas moins vrai qu'un péché, un seul péché a commencé leur réprobation; et qu'un péché, un seul péché l'a consommée; un péché, un seul péché a comblé la mesure.

Il y a une mesure de grâces après lesquelles Dieu se retire; il y a une mesure de péchés après lesquels plus de miséricorde. Hé! qui vous dit que la grâce à laquelle vous résistez n'est pas la dernière, au moins de ces grâces fortes et privilégiées qui vous étaient destinées? et que le péché auquel vous consentez, n'est pas le dernier de ceux que Dieu a résolu de vous pardonner? qu'il n'est pas le dernier anneau de cette chaîne qui vous conduit à l'enfer? notre réprobation ainsi que notre salut a son commencement, son progrès et la fin. De même que chacune de nos bonnes œuvres est un pas vers le ciel, chacun de nos péchés est au contraire un pas vers l'enfer Vous pouvez bien savoir le chemin que vous avez fait; mais vous ne savez point celui qui vous reste à faire. Peut-être êtes-vous à la porte. Cette mauvaise pensée à laquelle vous vous arrêtez, ce désir impur que vous nourrissez, cette action, cette omission est peut-être votre dernier pas; peut-être ne manquait-il que cela pour consommer votre perte. Avant ce péché vous pouviez revenir encore, après ce péché le pourrez-vous? reviendrez-vous? vous risquez donc votre éternité à chaque péché que vous faites.

Ajoutez à cela, mes frères, qu'un seul péché mortel nous fait perdre le fruit de toutes les bonnes œuvres qui l'ont précédé. Prières, jeûnes, aumônes, confessions, communions, bonnes œuvres de toute espèce, tout cela disparaît devant Dieu dès que nous avons perdu la grâce. Comme les fruits attachés à une branche que l'on coupe et qui se détache du tronc, se dessèchent, se pourrissent, se perdent, lorsqu'ils ne sont point arrivés à leur maturité; ainsi les bonnes œuvres de celui que le péché sépare de Jésus-Christ, deviennent inutiles au moins tant que le péché subsiste dans les cœurs, parce que ces fruits-là n'arrivent à leur maturité que par la persévérance jusqu'à la fin, et par la mort dans la grâce.

A plus forte raison le péché mortel nous met-il hors d'état de rien faire qui mérite la vie éternelle. Jeûnez, priez, faites l'aumône et tout le bien qu'il vous plaira, ce sont des œuvres mortes. Elles pourront, à la vérité, par un pur effet de la miséricorde de Dieu, vous attirer les bénédictions du ciel, et des grâces qui vous aident à sortir du péché, si vous les faites dans cette vue: elles pourront être récompensées dans ce monde par des faveurs temporelles; mais elles ne seront jamais couronnées devant Dieu. Voyez donc, mes frères, ce que c'est que le péché, il anéantit le mérite de tout le bien que nous avons fait, et il nous met hors d'état de rien faire qui soit digne de la vie éternelle.

Mais enfin comptez-vous pour rien les remords de conscience dont il est suivi? Comme après avoir avalé du poison, l'on sent des douleurs intérieures, des tranchées, et un déchirement d'entrailles; ainsi le pécheur, après avoir contenté sa passion, sent au-dedans de lui-même un ver qui le ronge et le déchire. Ah! que ces remords sont vifs: ah! qu'ils sont incommodes: ah! qu'il est difficile de s'en débarrasser. Vous avez beau dire et beau faire, ce ver, ce ver, la vraie image de celui qui ronge éternellement les damnés, vous piquera toujours. Si vous goûtez des plaisirs, il viendra les empoisonner; si vous avez du chagrin, il en augmentera l'amertume; c'est pour mes péchés que je souffre. Les frères de Joseph ne sentirent jamais plus vivement les morsures de ce ver rongeur, que lorsqu'ils se virent arrêtés, emprisonnés. *Merito hæc patimur.* (*Gen.*, XLII, 21.)

La mort de vos amis et de vos proches, le tonnerre qui gronde sur votre tête, une maladie épidémique qui vous menace, quelque danger où votre vie est exposée, l'exemple des gens de bien qui vous couvre de confusion; les fêtes, les cérémonies, les prières de l'Eglise qui vous rappellent malgré vous le misérable état de votre conscience, tout cela ranime et réveille ce ver rongeur, et il vous déchire. Celui qui est bien avec Dieu, trouve la consolation et la joie dans le sein même de l'affliction. Celui qui est mal avec Dieu trouve l'affliction et l'amertume dans le sein même des plaisirs. Je parle à ceux qui ont encore une conscience et des remords. Je sais que le cœur s'endurcit enfin à force de les étouffer, et à Dieu ne plaise, mon cher paroissien, que vous soyez arrivé à ce comble de tous les malheurs! A Dieu ne plaise que vous soyez descendu jusqu'au fond de cet abîme, où le pécheur méprise tout, et se moque de tout! Ce n'est plus simplement le chemin de l'enfer, c'est l'enfer lui-même; dès qu'il n'y a plus de remords, il n'y a plus de conscience, plus de loi qui retienne, plus de Dieu que l'on craigne, tout est perdu; et c'est là néanmoins où le péché conduit peu à peu. De tous ceux que nous commettons, il n'en est pas un seul qui ne puisse nous y conduire.

En ai-je donc assez dit pour vous inspirer toute l'horreur qu'il mérite? Serait-il possible, mes frères, que vous fussiez tout à fait sensibles à l'injure que vous faites à Dieu, malgré la tendresse qu'il a pour vous; malgré les bénédictions de toute espèce dont il vous comble journellement? Seriez-vous insensibles au mal que vos péchés font, soit au corps de la société, en vous privant des grâces dont vous avez besoin pour remplir les devoirs de la place que vous occupez dans ce corps; soit aux particuliers, à l'égard desquels vous êtes une occasion de chute, un sujet de scandale, sans parler des fléaux que vos péchés, joints à ceux des autres, attirent sur la terre, et qui tombent souvent sur des personnes bien moins coupables que vous? Seriez-vous insensibles enfin au mal infini que le péché vous fait à vous-même, en vous privant de la grâce sanctifiante, au prix de laquelle tous les trésors de l'univers ne sont rien; en vous séparant de Jésus-Christ qui est la vie de votre âme, en vous réduisant dans un état où vous ne pouvez produire aucun fruit digne de la vie éternelle, et en détruisant le mérite des bonnes œuvres que vous avez précédemment amassées?

Ah! déchirez, grand Dieu, déchirez ce bandeau fatal qui cache à nos yeux l'énormité du péché mortel, et l'ingratitude de quiconque ne craint pas de le commettre en votre présence. Découvrez-nous toute la laideur d'une âme qui en est souillée, son aveuglement, sa nudité, sa pauvreté universelle, son impuissance à tout bien, le danger affreux où elle s'expose, la porte de l'enfer où elle est assise, ce gouffre éternel de malheurs sur le bord duquel elle se joue. Faites par votre grâce, ô mon Dieu, que nous soyons saisis de frayeur à la vue de ce glaive à deux tranchants, et à mille tranchants qui ne saurait nous blesser sans faire souffrir tout le corps dont nous sommes les membres. Dissipez ce charme infernal, cette illusion diabolique qui nous empêche de voir dans le péché, l'œuvre du démon, le meurtrier de Jésus-Christ, le poison de nos âmes, le germe de tous les maux, l'abrégé de tous les malheurs ensemble. Inspirez-nous une telle aversion pour lui, que son ombre seule nous épouvante et nous fasse fuir comme nous fuirions à la vue d'un monstre qui viendrait pour nous dévorer; et non-seulement de l'aversion pour les péchés qui nous donnent la mort, mais encore pour les fautes les plus légères qui souillent toujours la pureté de nos âmes, refroidissent la charité, nous conduisent à la tiédeur, et de la tiédeur à la mort. Dieu tout-puissant, changez nos cœurs, détruisez-y le règne du péché, faites-y régner la justice, et affermissez nos pas dans la voie qui conduit à la vie éternelle. Ainsi soit-il.

DISCOURS XVI.

Pour le premier Dimanche de Carême.

SUR LE JEUNE.

Cum jejunasset (Jesus) quadraginta diebus et quadraginta noctibus, postea esuriit. (*Matth.*, IV, 2.)

Jésus ayant jeûné quarante jours et quarante nuits, il eut faim ensuite.

Ce n'est pas pour lui-même que Notre-Seigneur a jeûné, il n'en avait pas besoin. C'est pour expier nos péchés qu'il s'est condamné au jeûne: c'est donc par le jeûne qu'on les expie, et que l'on en obtient le pardon. Voilà d'abord, mes chers paroissiens, la réflexion qui se présente naturellement à l'esprit; et cependant aujourd'hui on ne veut presque plus entendre parler de jeûne. Que celui qui est forcé de souffrir la faim ou la soif, les souffre avec patience: que celui dont le corps est affligé par la douleur, offre ses souffrances à Dieu et les unisse aux souffrances de Jésus-Christ: que l'homme s'humilie sous la main de Dieu, lorsque cette main le châtie; à la bonne heure: jusque-là on nous écoute, et nous sommes d'accord. Mais que l'homme se châtie lui-même, qu'il maltraite son propre corps, qu'il se condamne volontairement à souffrir la faim, la soif et les autres incommodités de la vie; c'est une morale que l'on n'entend point, et sur laquelle on a tant raffiné, que nous n'osons presque plus en rien dire.

Voici cependant, mes frères, le temps du jeûne, du grand jeûne des chétiens qui arrive. L'Eglise, pour ranimer la foi et la ferveur de ses enfants, les transporte dans le désert, et leur montre Jésus-Christ souffrant la faim, lui qui nourrit toute chair et qui remplit de ses bénédictions toute âme vivante. Quel spectacle! Ne devrait-il pas suffire pour nous faire sentir la nécessité du jeûne, et pour nous apprendre à le pratiquer?

PREMIÈRE RÉFLEXION.

Si les jeûnes et toutes les mortifications extérieures ne sont pas nécessaires pour le salut: si l'abstinence n'aboutit à rien: si c'est être dupe que de souffrir la faim quand on a de quoi manger, de coucher sur la dure, quand on peut être couché mollement; de traiter durement son corps, quand on a de quoi lui procurer toutes ses aises: si la privation volontaire de mille choses innocentes et permises en elles-mêmes, n'est d'aucune valeur, et de nul mérite devant Dieu: si c'est une erreur de penser qu'un visage exténué par le jeûne, un corps abbatu par les exercices de la pénitence, soient un objet capable de l'attendrir et d'apaiser sa colère, il faut donc brûler l'Evangile et toute la Bible; il faut donner un démenti à l'Ancien et au Nouveau Testament. L'Eglise qui ordonne le jeûne, les Pères de l'Eglise qui le conseillent, les Saints qui l'ont pratiqué, les vrais chrétiens qui le pratiquent encore, ne savent donc ni ce qu'ils font, ni ce qu'ils disent: le jeûne, l'abstinence, et toutes les mortifications de la chair ne sont qu'une pieuse illusion de l'esprit humain qui s'imagine voir dans ces sortes de mortifications une qualité, une vertu, un mérite qui ne s'y trouvèrent jamais.

Moïse ne savait ce qu'il faisait quand il jeûnait quarante jours et quarante nuits sur la montagne de Sinai, avant de recevoir les tables de la loi; et lorsqu'après les avoir brisées, il retourna sur la montagne, jeûna quarante jours et quarante nuits pour apaiser la colère de Dieu si justement irrité contre son peuple, Moïse ne savait ce qu'il disait.

Les Israélites faisaient une chose fort inutile lorsqu'ils se préparaient au combat par le jeûne; quand ils jeûnaient pour obtenir du Seigneur qu'il leur fît connaître sa volonté, pour faire cesser quelque fléau, pour demander quelque grâce particulière. Sara, qui fut mariée au jeune Tobie, demeure trois jours et trois nuits sans manger pour être délivrée du démon qui avait étouffé ses maris. Daniel jeûne pendant trois semaines pour obtenir l'intelligence de la vision qu'il avait eue. Judith, Esther se préparent par le jeûne à combattre les ennemis de leur peuple. David persécuté, humilie son âme par le jeûne. Josaphat attaqué par les Ammonites, ordonne un jeûne public. Tout le monde connaît le jeûne fameux des Ninivites à la prédication de Jonas. Les patriarches, les prophètes, les rois, les enfants d'Israël étaient donc dans l'erreur, quand ils regardaient le jeûne comme l'un des moyens les plus propres pour fléchir la colère de Dieu, et pour attirer sa miséricorde.

De l'ancien Testament, passez au nouveau: Jean-Baptiste jeûne dans le désert dès sa plus tendre jeunesse. Notre-Seigneur jeûne, ses apôtres jeûnent, saint Paul châtie son corps et le maltraite; tous les saints ont jeûné; tous les chrétiens qui font profession de vivre avec piété en Jésus-Christ jeûnent: l'Eglise prescrit deux jours d'abstinence par semaine: elle ordonne un jeûne public de trois jours à chaque saison de l'année; c'est par le jeûne qu'elle se prépare à célébrer ses plus grandes fêtes; c'est par le jeûne qu'elle se prépare à l'ordination de ses ministres: c'est par le jeûne qu'elle rend grâces à Dieu de ses bienfaits et qu'elle lui demande de nouvelles bénédictions. Ajoutez à tout cela ce que les saints Pères ont dit en parlant du jeûne: on est accablé par une foule d'autorités et de raisonnements, auxquels il est impossible de ne pas se rendre, et d'où l'on est forcé de conclure que le jeûne est donc un acte de religion, non-seulement utile, mais nécessaire et indispensable.

On ne se lasse jamais d'admirer les richesses et la bonté inépuisable de la Providence. Soit que nous voulions pourvoir à notre conservation, soit que nous voulions rétablir notre santé, ou nous procurer les plaisirs et les commodités de la vie, nous voyons tout autour de nous une infinité de créatures, qui sont pour ainsi dire à nos ordres. La terre, toujours en travail et toujours féconde, ne cesse de concevoir et d'enfanter pour le service de l'homme. De quelque côté que nous jetions les yeux, nous entendons comme la voix d'un bon père qui invite ses enfants à jouir des biens qu'il leur a préparés. Tenez, voici de quoi manger; tenez, voilà de quoi boire. Voilà de quoi vous vêtir et vous meubler: voici des forêts et des carrières pour vous bâtir des maisons. Il n'y a rien dans l'univers qui ne soit à l'usage des hommes: mais hélas! il n'y a rien dans l'univers dont les hommes n'abusent, et qu'ils ne fassent servir au péché.

Toutes les créatures, dit l'apôtre saint Paul, sont dans une espèce de souffrance; elles gémissent, elles soupirent après le moment où elles seront délivrées de la servitude honteuse à laquelle nous les assujettissons en les faisant servir à la corruption de notre cœur. Entre les mains de Dieu, toutes sont bonnes; entre les mains des hommes, toutes deviennent mauvaises. Entre les mains de Dieu, elles sont l'instrument de ses bontés ou de sa justice; entre les mains des hommes, elles sont l'instrument de leurs passions et de leur malice. Entre les mains de Dieu, elles publient sa gloire et bénissent son saint nom; entre les mains des hommes, elles déshonorent leur Créateur et publient notre ingratitude. C'est-à-dire, qu'entre nos mains les créatures sont vraiment dans l'esclavage, dans un état violent, forcées de servir contre celui-là même qui les a faites et les conserve: *Omnis creatura ingemiscit.* (*Rom.*, VIII, 22.)

Ne vous semble-t-il pas, mes frères, entendre leurs plaintes et les reproches dont elles nous chargent? *Abyssus dedit vocem suam, altitudo manus suas levavit.* (*Habac.*, III, 10.) La mer soulève ses flots et fait entendre sa voix: M'avez-vous donc fait, grand Dieu! pour servir l'insatiable cupidité des hommes? pour être le théâtre de leur avarice, de leur ambition, de la fureur qui les anime quelquefois les uns contre les autres? La terre crie et se plaint: Ils fouillent dans mes entrailles pour en tirer l'or et l'argent dont ils sont leur idole. Le soleil crie et se plaint: Ils me forcent d'éclairer les actions les plus honteuses. La nuit crie et se plaint: Ils me forcent de couvrir de mes ténèbres les crimes les plus détestables. Toutes les créatures se plaignent nous sommes les ministres et les instruments des passions humaines; nous servons à tous les vices, à tous les désordres, à toutes les horreurs dont les misérables humains sont capables: *Omnis creatura ingemiscit.*

Mais ne dirait-on pas dans certaines occasions, que ces créatures indignées veuillent secouer le joug et se révolter contre nous, lorsque le feu se précipite du haut du ciel, ou s'échappe des entrailles de la terre; lorsque la mer s'agite comme si elle voulait s'élancer au delà des bornes que le doigt de Dieu lui a marquées; lorsque le soleil brûle nos champs, lorsque les nuées nous refusent la pluie, lorsque la terre ne veut pas donner ses fruits, et que nos arbres n'ont que des feuilles; lorsque les insectes nous font une espèce de guerre, ou que la tempête ravage nos moissons; lorsque l'air infecté porte la contagion et la mort dans nos villes et nos campagnes? Ne dirait-on pas alors que les créatures lassées de servir à nos désordres, ne veulent plus se prêter même à un service légitime, et qu'elles s'efforcent de venger l'abus que nous en faisons?

Hé! quel est celui d'entre nous, mes frères, qui ne se reconnaisse coupable de cet abus, et qui ne soit forcé d'avouer qu'il s'est rendu indigne de tous les biens que la Providence a répandus sur la terre? Malheureux que je suis! j'ai abusé de tout, je mérite par conséquent d'être privé de tout. Quel usage ai-je fait de ce pain, de ce vin, de ces viandes? Combien de fois, ô mon Dieu! ne m'en suis-je pas servi pour vous offenser? Je suis indigne de manger et de boire. Mes habits, aussi bien que ceux de mon premier père, sont la dépouille des animaux, et ils devraient me faire ressouvenir que je leur suis devenu semblable ; et ces habits néanmoins, je les ai fait servir à la vanité, au luxe, à la mollesse, à l'impureté. Misérable! je devrais ne me couvrir que d'un sac, et ne coucher que sur la cendre. Je suis le fils et le trop fidèle imitateur d'un père qui mérita d'être chassé du paradis terrestre : je suis plus coupable que lui, et je voudrais cependant me faire ici-bas comme un paradis terrestre. Belles maisons, beaux jardins, meubles riches et commodes, je ne me refuse rien, pendant que je suis indigne de tout. Ah! Seigneur, agréez le sacrifice que je vous fais de telle et telle chose comme un aveu de mon indignité. Ces mets sont trop abondants, ces viandes trop délicates, ces vins trop choisis, ces habits sont trop riches, ces meubles trop précieux, cette maison trop agréable, ces campagnes trop belles pour un criminel et un misérable pécheur comme moi.

Voyez-vous, mes frères, comme le jeûne, c'est-à-dire, la mortification des sens, c'est-à-dire, la privation volontaire de ce qui flatte les sens; voyez-vous comme le jeûne vient pour ainsi dire naturellement à la suite d'une sincère pénitence, d'un cœur vraiment contrit et humilié? Voyez-vous comme les mortifications extérieures sont nécessairement le fruit d'une véritable conversion? Et que conclure de là, sinon qu'il n'y a pas de véritable conversion là où il n'y a point de mortifications extérieures?

Quelle apparence y a-t-il en effet, qu'on se repente sincèrement d'avoir péché, quand on use toujours avec la même complaisance et la même attache de tout ce que l'on a fait servir au péché? Vous vous avouez coupable. J'ai mérité l'enfer, je suis indigne de vivre, cela est bientôt dit : mais, je le pense, cela n'est pas difficile. Comment pourriez-vous penser différemment?

Mais le sentez-vous? Sentez-vous votre ingratitude et votre indignité? Que si vous les sentez, comment peut-il se faire que vous ne vous en punissiez pas vous-même, par la privation de certaines choses dont vous avez cruellement abusé, en les tournant contre celui qui vous les a données?

La vraie pénitence est une sorte de justice que nous exerçons contre notre propre personne, et cette justice, comme je vous l'ai dit plusieurs fois, doit être une imitation de la justice de Dieu : or la justice de Dieu, quand il veut nous faire miséricorde, nous punit souvent par la privation de ce dont nous avons fait un usage criminel, et à quoi nous nous sommes attachés plus qu'à lui. Tu as abusé de la santé, je t'en priverai; de tes richesses, je t'en dépouillerai; de ta grandeur, je t'humilierai ; je dirai à la mort, enlève-lui cette femme, cet enfant, ces troupeaux. Je dirai aux nuées, ne pleuvez point, et à la terre, ne produisez rien : *Arva non afferent cibum, abscindetur de ovili pecus.* (*Habac.*, III, 17.)

Mais quel est donc ce jugement que nous exerçons contre nous-mêmes? Où est cette indignation dont nous sommes remplis à la vue de tout ce qui a été l'instrument ou l'occasion de nos désordres! Je pourrais dire : Où sont ces verges pour châtier l'esclave qui s'est révolté contre son maître? Cet esclave est notre propre corps, et il s'est révolté de mille manières ; il a eu part à tous nos péchés, il est la moitié de nous-mêmes. Est-il juste, mais est-il possible que notre pénitence n'aille pas jusqu'à lui? Non-seulement cela n'est pas juste, il y a plus, et j'ose le dire, cela n'est pas naturel.

Hé! à qui persuaderez-vous que votre âme est pénétrée de douleur, si vous continuez de courir après les vanités et la fausse joie du monde? Est-il naturel de se livrer à tous les plaisirs qui se présentent, quand on a le cœur navré de regret et plein d'amertume? Est-il naturel de conserver la même attache pour ce qui a été la cause des péchés dont on jouit intérieurement? La vue de vos péchés vous afflige ; mais où sont les marques de votre affliction? Le Seigneur a dit : *Convertissez-vous.* Et comment? *de tout votre cœur.* Qu'est-ce que cela veut dire, de tout votre cœur? Cela veut dire des jeûnes, cela veut dire des pleurs, cela veut dire des gémissements, des cris, des lamentations, qui sont les signes d'un cœur humilié, d'un cœur mortifié, d'un cœur flétri, d'un cœur déchiré : ***Et in jejunio, et in fletu, et in planctu, et scindite corda vestra.*** (*Joel*, II, 13.)

Chose étrange, mes frères : lorsque nous sommes dans l'affliction à cause de quelque malheur qui nous est arrivé, cette affliction est peinte sur notre visage et dans tout notre extérieur. Voyez une femme respectable qui a perdu son mari, la consolation et le bonheur de sa vie, tout chez elle annonce la douleur dont elle est pénétrée. Plus de divertissements, plus de plaisirs. Les visites l'ennuient, le monde lui déplaît. Tout ce qui était pour elle un sujet de joie, ne sert plus qu'à lui rappeler la perte qu'elle a faite, et à renouveler ses douleurs. Nous avons perdu Jésus-Christ, l'époux de nos âmes; nous avons péché, nous nous repentons, nous avons un grand déplaisir de nos fautes, et ce déplaisir est tellement intérieur qu'il ne se manifeste au dehors par aucun signe. Est-ce que nous changeons de nature quand il s'agit de faire pénitence?

Lorsque nous péchons, nous avons des yeux et des oreilles, des pieds et des mains, et lorsque nous ferons pénitence, nous serons de purs esprits? Notre corps est de moitié dans nos péchés, et il ne sera pour rien dans notre pénitence? Ce corps et cette âme, vous le savez, sont si étroitement unis que la douleur ou le plaisir de l'un fait nécessairement le plaisir ou la douceur de l'autre, ce corps et cette âme ne sont ensemble qu'un seul homme, qui se réjouit ou qui s'afflige; et vous voulez qu'au lieu d'un homme il y en ait deux quand il faudra faire pénitence : l'un sera dans l'affliction, pendant que l'autre se réjouira ; l'un mangera, boira, fera bonne chère, sera couché mollement, aura toutes ses aises et ne souffrira pas la moindre mortification, pendant que l'autre sera pénétré de douleur et accablé de tristesse? Qu'en pensez-vous, mes chers paroissiens? Ne vous paraît-il pas que ces choses-là sont contre nature?

Madame a été à confesse, elle a fait ses pâques : elle est donc convertie? Oui et non; son âme est triste et affligée, son cœur est contrit et humilié; mais son corps n'est point affligé du tout; il n'est ni triste ni abattu, ni humilié. La gaieté, la joie sont répandues sur son visage, comme à l'ordinaire. Il est ajusté, paré, parfumé comme à l'ordinaire. Il est soigné, mitonné, choyé comme à l'ordinaire ; pas une minute de moins à la toilette, pas un verre d'eau de moins à table, pas une heure de moins au jeu, pas une parole, pas un clin d'œil de moins dans la conversation. Ce corps n'est privé d'aucune de ses commodités, il a ses coudées franches en tout comme à l'ordinaire; on ne le tient pas à genoux un quart d'heure de plus, on ne le souffre pas dans la moindre posture qui le gêne, ce n'est pas lui qui est converti, l'âme toute seule a fait les frais de la pénitence. Voyez-vous, mes frères, comme sans le jeûne et la mortification du corps, ce pécheur, quelque bonnes que lui paraissent les dispositions intérieures dont il se flatte, n'est converti qu'à demi, c'est-à-dire que sa conversion et sa pénitence ne sont vraisemblablement qu'une chimère.

Dites après cela, que le jeûne et la mortification du corps n'aboutissent à rien et ne sont pas nécessaires ; ou plutôt concluez avec saint Bernard, que l'homme tout entier doit faire pénitence, et que la pénitence du corps n'étant autre chose que le jeûne et la mortification des sens, il faut donc que chacun de nos sens jeûne et soit mortifié à sa manière, soit par la privation de ce qui le flatte, soit par la pratique de ce qui l'afflige et le fait pâtir, en sorte que nous portions dans notre chair aussi bien que dans notre cœur, *la mortification de Jésus-Christ* (*II Cor.*, IV, 10); autrement *la vie de Jésus-Christ ne paraîtra* point *dans notre chair* (*Ibid.*, 11), et par conséquent il n'y aura dans notre chair, aucun trait de ressemblance avec la chair de Jésus-Christ : elle ne sera donc jamais glorifiée : nous pourrons donc être prédestinés quant à l'âme, et réprouvés quant au corps. Notre âme jouira des délices éternelles du paradis, pendant que notre corps souffrira des peines éternelles dans les enfers. Quelle absurdité! Voilà néanmoins où conduit ce beau raisonnement : il faut mortifier le cœur; mais il n'est pas nécessaire de mortifier le corps.

Car enfin, c'est un article de foi que pour être prédestiné il faut nécessairement être trouvé conforme à Jésus-Christ. Or, Jésus-Christ a souffert non-seulement dans son âme, mais dans sa chair. Il faut donc de toute nécessité, que nous souffrions dans la nôtre. C'est là une vérité qu'il faut nous mettre bien avant dans l'esprit : c'est une pensée dont il faut nous armer, dit saint Pierre, non-seulement pour souffrir avec patience, quand cette chair est affligée par les maladies, mais encore pour l'affliger nous-mêmes, pour l'humilier, la châtier, la flétrir, la meurtrir par des mortifications volontaires : car les souffrances de Jésus-Christ n'ont pas été forcées Il a souffert parce qu'il l'a bien voulu, et il a souffert dans tout son corps : *Christo passo in carne, et vos eadem cogitatione armamini.* (*I Petr.*, IV, 1.)

Il a souffert la faim, quoiqu'il eût de quoi manger, puisqu'il pouvait changer les pierres en pain. Il faut souffrir quelquefois nous-mêmes la faim et la soif, quoique nous ayons des vivres en abondance. Il n'avait que des habits très-simples, quoiqu'il soit la splendeur du Père, et qu'il habille non-seulement les hommes, mais les plantes, témoins ces belles fleurs dont nos campagnes sont émaillées. Il faut donc imiter la simplicité de ses habits, et ne point faire tant de frais en parure. Il naquit dans une étable, quoique tous les palais de la terre fussent à lui : il faut donc n'être pas si curieux en logement et en meubles. Il passait souvent la nuit dans le désert, couchant sur la terre nue ; il faudrait donc souffrir quelquefois un lit plus dur ou moins mollet qu'à l'ordinaire. Il mortifia sa chair, quoique sa chair fût sans tâche et incorruptible; il faut donc mortifier la nôtre qui a été conçue dans le péché, qui est née du péché, qui est l'instrument de mille désordres, sans quoi, point de ressemblance avec Jésus-Christ, et point de salut par conséquent.

Demandez-nous après cela, mes frères, si Dieu se plaît à voir un chrétien qui maltraite son propre corps par le jeûne, les veilles, le cilice, et les autres macérations dont tous les saints nous ont donné l'exemple. Oui, sans doute, il s'y plaît, et doit nécessairement s'y plaire, non-seulement parce que le jeûne et toutes les mortifications de la chair sont un acte de justice; parce que cette chair s'étant élevée contre lui, elle doit s'humilier et s'affliger devant lui ; mais il s'y plaît et doit s'y plaire, parce qu'il voit dans ce corps mortifié par les exercices de la pénitence, l'image de Jésus-Christ, dont la chair a été meurtrie pour les péchés du monde. Il voit dans nos jeûnes les jeûnes de Jésus-Christ, dans notre pauvreté volontaire, la pauvreté de Jésus-Christ; dans les haires, les chaînes de fer, les disciplines sanglantes et les autres austérités de ces illustres pénitens dont la ferveur nous étonne. Dieu voyait les meurtrissures, les plaies, le sang, les épines, les clous, la croix, toutes les douleurs de ce Fils bien-aimé en qui seul il a mis ses complaisances, et par qui seul nous pouvons lui plaire, et hors duquel rien n'est agréable à ses yeux.

Ici revient la belle comparaison de saint

Grégoire de Nice (Epist. 1), dont je vous ai parlé quelquefois. Comme un peintre représente sur la toile les traits et les couleurs de l'original qu'il a devant les yeux et dans l'imagination, de même chacun de nous doit exprimer non-seulement dans son âme, mais dans son corps et dans toute sa vie, les traits et les couleurs qu'il trouve dans la personne et dans la vie de Jésus-Christ. Malheureux que je suis ! si cela est ainsi comme je ne puis en douter, quel rapport, quelle ressemblance y a-t-il entre ma chair et celle de Jésus-Christ ! Où est-donc l'image des épines dont je le vois couronné? Des verges qui l'ont ensanglanté; des clous qui ont percé ses pieds et ses mains; du fiel dont il fut abreuvé; l'image de ses jeûnes, de ses veilles, de ses fatigues, de ses gémissements, de ses larmes, de tout ce qu'il a souffert pour l'amour de moi? Grand apôtre ! vous vous glorifiez de porter dans votre corps la figure des plaies de Jésus-Christ, et c'est là-dessus que vous fondiez l'espérance de participer à sa gloire. Ma chair, ma misérable chair est donc la chair d'un réprouvé, puisqu'elle n'a aucune conformité avec la chair adorable de Jésus-Christ.

Il est inutile après cela, mes frères, d'ajouter avec saint Chrysostome, que le jeûne ranime et fortifie la foi, qu'il rend les hommes semblables aux anges. Je ne vous dirai point, avec saint Bernard et tous les saints Pères, que le jeûne, non-seulement efface les péchés dont nous sommes coupables, mais qu'il est un préservatif puissant contre ceux que nous pourrions commettre; que le jeûne et la prière sont comme deux ailes qui nous portent et nous élèvent jusqu'au trône de Dieu; et que l'un et l'autre sont également nécessaires. Je n'ajouterai qu'une réflexion, et la voici : Pourquoi dans vos prières, levez-vous les yeux et les mains au ciel? Pourquoi vous prosternez-vous? Pourquoi frappez-vous votre poitrine? Pourquoi remuez-vous les lèvres? Mais pourquoi toutes les cérémonies de l'Eglise? Pourquoi des temples, des autels, et un culte extérieur? N'est-ce pas afin que notre corps aussi bien que notre âme, rende hommage à celui qui a fait également l'un et l'autre? Mais la pénitence fait essentiellement partie du culte que l'homme tout entier doit à Dieu; et la pénitence, quand elle est vraie, humilie l'âme, afflige l'âme, la mortifie, la fait souffrir : elle doit donc aussi mortifier et faire souffrir la chair. Comment voudriez-vous que notre corps, qui est de moitié dans tous les exercices de la religion, ne fût pour rien dans notre pénitence, qui est un des plus indispensables pour les pécheurs.

Cette morale est dure, elle est effrayante : à la bonne heure, et tout ce qu'il vous plaira. Mais que voulez-vous que j'y fasse? Ce n'est pas moi qui l'invente; je ne saurais la changer, et très-certainement ni les maximes du monde, ni les relâchements du siècle où nous vivons, ni les vains prétextes dont chacun cherche à couvrir sa délicatesse et sa sensualité, ne changeront rien à la loi qui nous oblige de mortifier notre chair; le jeûne et l'abstinence que l'Eglise prescrit aux fidèles ne sont assurément qu'une petite partie de cette mortification corporelle. Hé ! plût à Dieu encore, que nous fussions assez chrétiens pour observer au moins, tout au moins, cette espèce de jeûne qui regarde le boire, et le manger ! Mais là-dessus, les faux raisonnements, la mauvaise foi, les transgressions, les abus sont tels qu'on trouve à peine des chrétiens dans le sein même du christianisme.

SECONDE RÉFLEXION.

Le jeûne n'est plus aujourd'hui que l'ombre de ce qu'il était dans les beaux jours de l'Eglise. Les premiers chrétiens jeûnaient dans l'Avent : on ne jeûne plus que dans le Carême. Les premiers ne mangeaient qu'une fois le jour et après le coucher du soleil. Aujourd'hui après avoir dîné à midi, on fait le soir un second repas qui ne diffère du premier que dans la forme. Les premiers chrétiens ne mangeaient ni œufs ni laitage : il n'est plus question maintenant de cette sorte d'abstinence. Ils jeûnaient la veille de toutes les fêtes chômées : la plupart de ces vigiles sont retranchées aujourd'hui, et même dans certains pays on a transféré le jeûne au samedi qui précède la fête, et l'on y a supprimé l'abstinence des Rogations; que sais-je encore, le jeûne et l'abstinence se réduisent peu à peu à rien, et sur ce rien combien de transgressions et de fausses consciences !

Je ne parle point à ceux qui ont tout à fait secoué le joug de la religion sur cet article comme sur bien d'autres : à ces catholiques prétendus, dans la maison desquels il n'est plus question ni de jeûne ni d'abstinence : qui laissent à peine à leurs domestiques la liberté d'observer le précepte de l'Eglise; qui rient tout bas, quelquefois tout haut, de la simplicité d'un honnête homme, lorsque se trouvant à leur table un jour maigre, il ne veut point faire gras; qui regardent enfin et le jeûne et l'abstinence comme une momerie, ou tout au plus comme une pratique de pure dévotion qu'il est libre à chacun de suivre ou de ne pas suivre. Un temps, un jour, une heure viendra (hé ! Dieu veuille encore que ce temps vienne !) ou monsieur ou madame seront étendus dans un lit, et dispensés pour le coup, de jeûner et de faire maigre. Ils demanderont un confesseur ; plaise à Dieu qu'ils le puissent et qu'ils le veuillent !

Mon Père, je n'ai jamais ou presque jamais observé aucun des jeûnes commandés par l'Eglise. Je me suis moqué de ceux qui les observaient. Non-seulement j'ai transgressé le précepte du jeûne, mais je l'ai méprisé, mais j'ai engagé les autres à le transgresser et à le mépriser; pendant le Carême, aux jours les plus respectables et les plus saints, ma table était servie comme celle d'un citoyen de Genève ; loin de m'en cacher, j'en ai fait gloire, je le confesse, je m'en accuse, j'en demande pardon à Dieu que j'ai indignement offensé, à l'Eglise dont je me suis moqué, à mes enfants, à mes domestiques, aux étrangers que j'ai scandalisés: voilà, monsieur, ce que vous direz, si Dieu vous fait la grâce de ne pas mourir en impie, et vous direz vrai; mais ce qui sera vrai alors, l'est aujourd'hui. Pourquoi donc ne pas faire dès aujourd'hui un aveu qui vous serait salutaire, au lieu qu'à l'heure de la mort il est infiniment à craindre qu'il ne vous soit inutile.

Mais je parle à ceux qui ne rougissent point de se dire enfants de l'Eglise, qui conviennent de l'obligation où l'on est d'observer le Carême quand on le peut, qui se trouvant à manger dans une maison chrétienne, s'excusent en quelque manière de ce que leur santé ne leur permet pas de faire maigre, qui dans leur voyage font connaître à l'aubergiste qu'ils ne méprisent ni l'Eglise ni ses commandements, qui demandent à leur pasteur la permission de faire gras, et qui regardent cette espèce de soumission, non pas comme un acte de politesse et de pure bienséance, mais comme une démarche nécessaire de droit, et dont on ne saurait se dispenser sans péché, quand on peut la faire. C'est à ceux-là que je parle, ils sont catholiques, ils croient avoir de bonnes raisons, mais ne se font-ils pas une fausse conscience? Qu'ils me permettent de leur faire ici quelques questions familières, qu'ils y répondent de bonne foi, et comme devant Dieu.

Vous dites donc, monsieur, que le maigre vous incommode, et que votre tempérament ne peut point absolument le souffrir; cela est-il bien vrai, en êtes-vous sûr, en avez-vous fait l'épreuve pendant un certain temps et à plusieurs reprises? Quoi! pour quelques pesanteurs d'estomac, ou quelques chaleurs de poitrine, ou quelque aigreur dans la bouche que le maigre vous aura causées et qui peut-être vous seront venues d'ailleurs, vous vous séparez tout à coup de la société des fidèles? Ces petites indispositions qui n'ont et ne peuvent avoir aucune suite dangereuse, qui ne produisent d'autre effet que de rendre le jeûne un peu plus pénible et plus méritoire : ces petites indispositions qu'éprouvent au commencement du Carême presque tous ceux qui le font, et malgré lesquels on ne se porte pas moins bien à Pâques, sont-elles une raison suffisante pour se dispenser de la loi commune?

Le maigre m'incommode : qu'est-ce que cela signifie? Car en tout, mon cher paroissien, il faut s'expliquer et s'entendre. Votre fidélité à observer le jeûne du Carême vous a-t-il causé quelque longue et dangereuse maladie? Les médecins vous ont-ils certifié sur leur honneur et conscience que vous ne pouviez faire maigre sans courir risque de perdre la vie ou la santé? Avez-vous l'estomac et la poitrine délabrés au point de ne pouvoir supporter douze ou quinze jours d'abstinence ecclésiastique? Avouez-le, mon cher enfant, vous n'en avez jamais fait l'épreuve : on fait maigre un jour ou deux, et parce que l'on sent quelque légère indisposition, voilà qui est fait, le maigre incommode, on ne peut le supporter. Hé vraiment! oui le maigre incommode, il n'est pas si nourrissant; le jeûne affaiblit le corps, il dompte la chair, et c'est pour cela qu'il est établi. Vouloir jeûner sans que le corps en pâtisse, c'est vouloir jeûner et ne pas jeûner, ce serait un jeûne sans effet, un jeûne en peinture, et ce raisonnement n'est point d'un homme sensé. Vous ne dormez pas si bien qu'à l'ordinaire, tant mieux; le jeûne consiste aussi à dormir moins qu'à l'ordinaire.

Mais ne vous arrive-t-il jamais de passer une bonne partie de la nuit à vous divertir, quoique vous sachiez que ces veilles vous incommodent? Ne vous arrive-t-il jamais de commettre aucun excès dans le boire et le manger, quoique vous sachiez que le moindre excès vous incommode, et même sans excès? Ne vous arrive-t-il jamais de manger ou de boire ce que vous savez par votre propre expérience être nuisible à votre santé? Y regardez-vous de si près quand il est question de vous satisfaire? Non, vous ne pensez donc à votre santé que lorsqu'il s'agit d'obéir à l'Eglise. Où est la bonne foi?

Mais soit, votre tempérament ne vous permet point d'observer le Carême en entier; ne vous permet-il pas au moins de faire maigre deux ou trois jours par semaine? Non, à la bonne heure encore; mais ne pourriez-vous pas vous borner à un repas et vous contenter le soir d'une collation canonique? Il n'est pas vrai que tous ceux qui sont dispensés de faire maigre soient par la même raison dispensés d'observer le jeûne qui consiste essentiellement à ne faire qu'un repas le jour : au contraire, le gras étant plus nourrissant que le maigre, le jeûne est moins difficile à ceux qui font gras qu'à ceux qui font maigre. Combien y a-t-il de personnes qui, par principe de santé, se bornent à un seul repas, et ne prennent rien le soir ou fort peu de chose? Combien qui se condamnent eux-mêmes à une diète de plusieurs jours, à cause de quelque légère indisposition et pour prévenir une maladie sérieuse? On jeûne trois ou quatre jours pour un accès de fièvre, on ne veut pas jeûner un seul jour par principe de religion et de conscience : où est la bonne foi?

Je suppose enfin que pour des raisons vraiment légitimes, vous soyez dispensé du jeûne aussi bien que de l'abstinence; pensez-vous être par là autorisé à ne mettre aucune différence entre les jours maigres et les jours gras, entre les jours de jeûne et les autres? La faiblesse de votre tempérament, la crainte de tomber malade, en vous empêchant de jeûner et de faire maigre, vous empêchent-ils aussi de vous borner à un simple bouilli le matin et au rôti le soir? Ces ragoûts, ces friandises, que l'on sert sur votre table, sont-ils aussi nécessaires à la faiblesse de votre tempérament? N'y sont-ils pas plutôt nuisibles? Est-ce par principe de santé que vous mangez dans le Carême aussi bien que dans le carnaval toute sorte de viandes sans distinction, même nombre de plats, mêmes desserts, mêmes vins, mêmes liqueurs, mêmes sensualités? N'est-ce pas abuser ouvertement de la permission que l'Eglise vous donne, et croyez-vous devant Dieu être, quant à ce, en sûreté de conscience? D'ailleurs :

Il y a deux choses à considérer dans le jeûne : premièrement, l'essence et le fond, qui consiste à mortifier le corps, non-seulement par l'abstinence du boire et du manger, mais encore par la privation de ce qui flatte les sens; voilà le fond et l'essence du jeûne : secondement, la forme du jeûne qui, suivant l'usage et le précepte de l'Église, consiste à ne faire qu'un repas le jour et à manger maigre. Vous pouvez avoir des raisons qui vous dispensent d'observer la forme ordinaire du jeûne, mais vous n'avez, ni ne pouvez avoir des raisons qui vous dispensent de ce qui fait essentiellement le fond de ce jeûne; l'Eglise n'en dispense et ne peut en dispenser qui que ce soit, parce que l'Eglise ne peut point dispenser ses enfants de faire pénitence, et la mortification de la chair, comme nous le disions tout à l'heure, est inséparable de la vraie pénitence.

J'ai cru devoir entrer dans ce détail, mes frères, parce que je me suis aperçu que plusieurs d'entre vous étaient dans l'erreur sur cet article, s'imaginant qu'en vertu de la permission qu'on leur donne de faire gras pendant le Carême, ils pouvaient se dispenser de toutes sortes de mortifications sur le boire et le manger, ainsi que sur autre chose. Je sais que la plupart n'en iront pas moins leur train ordinaire; mais je sais aussi qu'il y a des chrétiens de bonne foi, des âmes droites qui ont foncièrement la crainte de Dieu, et qui, lorsque je serai descendu, feront là-dessus des réflexions sérieuses.

L'Eglise, en me permettant de faire gras, suppose que j'ai pour cela des raisons légitimes, et sans les examiner, elle s'en rapporte à ma conscience : les ai-je bien examinées moi-même? sont-elles légitimes, en effet? ne me flatté-je point? Et lorsqu'elles seront pesées au tribunal de Jésus-Christ, ces raisons, que je crois si bonnes, seront-elles trouvées aussi bonnes qu'elles me paraissaient? Ne pourrais-je pas faire maigre au moins certains jours de la semaine, et lorsque je fais gras, ne pourrais-je pas, sans nuire à ma santé, retrancher beaucoup de choses de mon ordinaire? Je le puis, je le dois, cela ne souffre pas de difficulté, parce que la permission de l'Eglise se réduit, et doit se réduire à me dispenser de ce que je ne puis pas observer, vu la faiblesse de mon tempérament; je demeure donc tenu de pratiquer sur le fait du jeûne et de l'abstinence, tout ce à quoi la faiblesse de mon tempérament n'est point un obstacle.

L'Eglise, en me permettant de faire gras, n'entend point, et ne peut entendre me dispenser de mortifier mon corps et tous mes sens; je puis sans nuire à ma santé, retrancher telle chose à ma table, telle autre à mon jeu; telle chose à mes visites, telle autre à mes conversations, à mes lectures, à mes promenades; et si je le puis, je le dois pour faire une sorte de compensation. Pour cette compensation encore je puis visiter des malades, prendre sur mes plaisirs et sur mes commodités ordinaires de quoi faire des aumônes plus abondantes, assister tous les jours à la Messe, prier plus souvent, me tenir plus longtemps à genoux; chacun dans ce temps-ci doit augmenter le nombre de ses bonnes œuvres, ceux-là même qui jeûnent le plus exactement, à plus forte raison dois-je les multiplier, moi qui ne pratique ni jeûne ni abstinence.

Je ne doute pas, mes chers paroissiens, que quelques-uns d'entre vous ne soient touchés de ces réflexions; elles sont simples, elles sont dans le vrai, et je ne vois pas ce que l'on pourrait y répondre. Plaise à Dieu vous éclairer tous tant que vous êtes, afin que vous ne vous trompiez pas vous-mêmes, et que, bien loin de vous prévaloir et d'abuser des raisons qui vous dispensent d'observer le Carême, vous portiez au contraire une sainte envie au commun des fidèles avec lesquels vous êtes forcés de faire dans ces jours saints une espèce de divorce!

Que je suis à plaindre, ô mon Dieu, de ne pouvoir me joindre à mes frères, dans l'observance de ce jeûne sacré qui est une imitation du vôtre, et par lequel les vrais enfants de l'Eglise semblent vous faire une sainte violence pour désarmer votre colère, pour ouvrir les trésors de votre miséricorde, expiant leurs péchés et se préparant à célébrer la grande fête de Pâques! Oui, Seigneur, je suis couvert de confusion, me voyant ainsi séparé du troupeau comme une brebis malade, qui n'a pas la force de le suivre, et que l'on est obligé de nourrir à l'écart : mais si je n'ai pas la consolation de suivre la marche commune des fidèles, vous savez, ô mon Dieu, que je le désire, et que je m'en sépare à regret; ne me privez donc pas des grâces que les mortifications et les gémissements de votre Eglise humiliée dans le jeûne, attireront infailliblement sur elle. Donnez-moi la force en même temps de pratiquer d'ailleurs toutes les bonnes œuvres qui seront à ma portée, afin que je regagne d'un côté ce que je perds malheureusement de l'autre : telles sont les sentiments d'un vrai chrétien, que des raisons légitimes empêchent d'observer le jeûne et l'abstinence du Carême; il l'observe dans le fond quoiqu'il n'en conserve pas la forme, pendant que d'autres qui paraissent très-exacts dans la forme, pèchent essentiellement par le fond.

Oui, mon cher paroissien, je vous rends toute la justice qui vous est due; votre maison, pendant le Carême, est montée sur un ton qui annonce un bon catholique; jamais de gras pour qui que ce soit qui se trouve à votre table. Vous pensez que ceux qui ne se portent pas assez bien pour faire maigre, doivent dans ce temps-ci ne point manger hors de chez eux, qu'ils devraient même se cacher pour faire gras, s'il était possible, parce que leurs raisons de faiblesse et d'infirmité ne sont rien moins qu'écrites sur leur visage, et que ce visage fleuri avec une table servie en gras pendant tout le carême, peuvent scandaliser les âmes simples qui ne comprennent pas si bien que les médecins, comment une personne qui se porte bien partout ailleurs est cependant malade à table. Vous pensez très-bien, et en cela vous ne méritez que des éloges. Chez vous on fait maigre, chez vous on fait collation : voilà la forme sur laquelle vous êtes fort exact.

Mais, dans le fond, à quoi se réduisent votre jeûne et votre abstinence? Du poisson de toute espèce, des œufs de toute couleur; des mets de toutes les façons. Votre table est plus abondante et plus recherchée en maigre qu'en gras; vous faites plus de dépense. Pour peu que le poisson soit rare, on ne sait que manger, dit-on, nous mourons de faim, nous faisons bien pénitence ce Carême. Quelle pénitence, bon Dieu! et quel Carême! beaux jours de l'Eglise naissante, siècles de ferveur, qu'êtes-vous donc devenus! Aujourd'hui les uns se moquent du Carême et de l'Eglise; les autres pour la moindre incommodité demandent qu'on les en dispense; et parmi ceux qui l'observent encore, la plupart éludent la loi au lieu de l'accomplir.

N'est-ce pas éluder la loi que de compenser par la quantité ou par la délicatesse des mets ce que l'on perd du côté des viandes dont on s'abstient? N'est-ce pas éluder la loi et frustrer le jeûne de son effet, que de chercher en maigre ce qu'il y a de meilleur et de plus ragoûtant? N'est-ce pas éluder la loi et frustrer l'intention de l'Eglise que de manger dans un seul repas ce que l'on mangerait en deux? N'est-ce pas éluder la loi, de ne souffrir ni la faim ni la soif, et de ne se faire là-dessus aucune espèce de violence?

Combien de distinctions frivoles et de raisonnements puérils sur ce qu'on appelle la collation du soir? Cette collation qui, dans la bonne règle, ne doit être qu'un léger rafraîchissement, toléré plutôt que permis, n'est-elle pas devenue enfin un second repas qui ne diffère du premier que par la qualité des vivres? Nous ne jeûnons plus que pour la forme; nous ne faisons plus le Carême que par manière d'acquit, sans intention, sans but, par une espèce d'habitude et de routine, et sans fruit par conséquent. En voulez-vous la preuve? C'est que le vrai jeûne étant comme l'effet naturel d'un cœur contrit et humilié, il s'étend universellement à tout, il est joint à des prières ferventes, il est accompagné d'aumônes et d'autres bonnes œuvres, il abat le corps, il afflige l'âme, il humilie l'homme tout entier. Or, notre jeûne n'a rien et n'est rien de tout cela.

Le vrai jeûne ne se borne pas au boire et au manger. Nous avons des yeux, et ces yeux sont obligés au jeûne; nous avons des oreilles, et ces oreilles doivent jeûner à leur manière; nous avons des pieds et des mains, tout cela fait partie de ce corps qui doit être affligé, puni, châtié, dompté par le jeûne. Et je demande : Ces yeux sont-ils moins dissipés et plus retenus dans le Carême que dans un autre temps? Notre extérieur est-il plus modeste? nos habits sont-ils plus simples? notre parure est-elle moins recherchée? notre toilette est-elle plus courte? nos visites, nos promenades sont-elles moins fréquentes? nos tables à jouer sont-elles fermées? nos divertissements sont-ils plus rares, nos plaisirs moins vifs? nos conversations moins enjouées et plus chrétiennes? nos lectures moins amusantes et plus sérieuses? les cabarets sont-ils moins pleins? les places publiques et les autres lieux où le peuple se divertit, sont-ils moins fréquentés? de quoi se prive-t-on? en quoi se mortifie-t-on? où est notre jeûne? qu'est-ce que notre Carême? où est le christianisme?

Tout cet extérieur n'est pas nécessaire; la vraie pénitence est dans le cœur. Fort bien : mais cette pénitence, encore une fois, quand elle est vraiment dans le cœur, produit en dehors les mortifications qui, selon vous, ne sont pas nécessaires. Et lorsque cette pénitence ne produit rien, elle n'est sûrement pas dans le cœur. Les mortifications extérieures ne sont que les feuilles de l'arbre. Soit; mais où avez-vous vu des arbres chargés de fruits et sans feuilles? Les mortifications extérieures ne sont que l'écorce de la pénitence. Soit : mais où avez-vous vu des fruits sans écorce? Chaque fruit est enveloppé, dès en naissant, d'une peau qui le couvre, qui croît en même temps que lui, qui le conserve, qui en marque l'espèce, qui fait elle-même partie du fruit. Mais laissons là cette écorce : où est le fruit? où est votre humilité? votre douceur? votre charité? votre patience? Où sont les gémissements intérieurs d'une âme qui soupire continuellement vers Dieu? où sont les larmes que vous répandez en secret? où sont les prières ferventes que vous faites à huis clos? où sont vos aumônes et vos œuvres de miséricorde?

Mais il y a des hypocrites qui jeûnent avec exactitude, même avec sévérité; des Pharisiens qui font publiquement de longues prières, qui assistent à plusieurs Messes tous les jours, et qui n'en valent pas mieux pour cela; ils sont pétris d'amour-propre, bouffis d'orgueil, jaloux, vindicatifs, médisants, avares, peut-être impudiques et livrés à quelque libertinage secret. Ce sont des arbres qui ont de belles feuilles, ou si vous voulez des fruits dont l'écorce est belle, mais qui sont pourris en dedans et ne valent rien. Nous savons tout cela; mais dites moi, je vous en prie : Qu'est-ce que tout cela fait à l'obligation où vous êtes de jeûner vous-même, de mortifier votre corps? Quoi, parce qu'il y a des hypocrites qui jeûnent, il est inutile de jeûner? parce qu'il y a des hypocrites qui prient, il est inutile de prier? parce qu'il y a des hypocrites qui font des confessions et des communions sacriléges, il ne faut plus se confesser ni communier? Faites, faites par un principe de religion et d'amour de Dieu, ce que les hypocrites font pour s'attirer l'estime et les louanges des hommes.

Soyez réellement et dans le fond ce qu'ils paraissent être au dehors, et n'ayez aucun des vices qu'ils cachent sous le voile de la piété. Mais point du tout. Cet hypocrite est ambitieux, il est vindicatif, il est avare, il a de mauvaises mœurs; et vous êtes ambitieux, vous êtes vindicatif, vous êtes avare, vous avez de mauvaises mœurs : mais cet hypocrite jeûne, il a l'extérieur modeste, il prie souvent, il fait des aumônes; et vous ne jeûnez point, vous ne priez que très-peu, vous n'avez ni la modestie ni les autres vertus dont il a au moins les apparences. Il y a dans son extérieur des choses édifiantes qui ne sont point dans le vôtre; et vous avez dans l'âme les mêmes vices qui sont dans la sienne. Il n'a que des feuilles; mais il en a, et vous n'avez ni feuilles ni fruits. Chez lui l'extérieur est bon, l'intérieur ne vaut rien; chez vous l'extérieur est mauvais, et l'intérieur ne vaut pas mieux. Vous valez donc moins que l'hypocrite?

Concluons de là, mes chers paroissiens, que le jeûne et toutes les pratiques extérieures de la pénitence, ne servent qu'à nourrir l'orgueil, quand elle ne sont pas le fruit de la mortification intérieure. Cela est vrai; mais concluons en même temps, que la mortification du cœur produit nécessairement la mortification des sens; qu'elle nous rend modestes, sobres, tempérants, retenus en tout; qu'un chrétien dont le cœur est mortifié, ne regarde pas curieusement çà et là pour voir tout ce qui se présente; n'a pas les oreilles toujours ouvertes pour entendre ce que l'on dit et savoir tout ce qui se passe; qu'un chrétien dont le cœur est mortifié, ne se répand point en discours frivoles et en paroles inutiles; qu'il ne vit pas dans la dissipation et ne se livre pas indifféremment à tout ce qui le flatte; qu'un chrétien dont le cœur est mortifié n'est difficile ni sur le boire, ni sur le manger, ni sur le coucher, ni sur les habits, ni sur les meubles, ni sur la manière dont on lui parle, dont on le traite en quelque occasion que ce soit.

Concluons enfin que le jeûne et toutes les mortifications extérieures conservent, nourrissent, fortifient l'esprit de piété; que, comme la mortification du cœur produit la mortification des sens, celle-ci à son tour entretient et augmente la mortification du cœur; que l'une et l'autre sont également nécessaires pour retenir l'âme et le corps, l'homme tout entier dans la sainte sévérité de la morale chrétienne; pour imprimer dans toute sa personne, c'est-à-dire dans toutes les facultés de son âme et dans tous les membres de son corps, l'image de Jésus-Christ; l'image de son humilité, de sa douceur, de sa modestie, de sa patience, de sa charité; mais l'image de sa pauvreté, de ses humiliations, de ses douleurs, de sa croix et de toutes ses souffances.

Grand Dieu, qui par les douces et puissantes impressions de votre grâce, rendez, non-seulement facile, mais agréable ce qu'il y a de plus opposé aux mouvements de la nature, faites-nous embrasser avec joie pendant cette sainte quarantaine, la loi salutaire du jeûne et de la mortification! Que nos cœurs humiliés et vraiment convertis produisent au dehors les fruits d'une sincère pénitence, qui répandent dans votre Eglise la bonne odeur de Jésus Christ. Dissipez toutes les illusions par lesquelles notre amour-propre, notre fausse délicatesse, l'amour excessif de notre santé, nous abusent et nous trompent sur l'obligation indispensable où nous sommes tous de mortifier nos sens, soit d'une manière soit d'une autre. Que ce misérable corps, qui a été l'instrument ou l'occasion de nos péchés, soit aussi bien que notre âme humilié, courbé, abattu sous le joug de la pénitence; afin que le Carême soit vraiment pour chacun de nous un temps de grâce et de salut, un temps de bénédiction et de miséricorde; et comme une récolte abondante de bonnes œuvres dont nous avons les mains pleines, lorsque nous célébrerons la mémoire de vôtre Passion, ô Jésus, que nous pleurerons sur votre tombeau, que nous embrasserons votre croix, et que mangeant ensuite l'Agneau pascal nous chanterons avec l'Eglise le cantique nouveau qui est sur la terre comme le prélude de celui que les bienheureux chanteront éternellement dans le ciel. Ainsi soit-il.

DISCOURS XVII.

Pour le deuxième Dimanche de Carême.

SUR LA PRIÈRE.

Resplenduit facies ejus sicut sol, et vestimenta ejus facta sunt alba sicut nix. (*Matth.*, XVII, 2.)

Son visage devint brillant comme le soleil, et ses vêtements parurent blancs comme la neige.

Nous avons vu dimanche dernier, mes chers paroissiens, Notre-Seigneur Jésus-Christ dans le désert, affligeant son corps par le jeûne, s'humiliant ensuite jusqu'à permettre au diable de le tenter, et nous apprenant ainsi que le jeûne est un remède puissant contre les tentations de toute espèce qui nous assaillissent, qu'il faut nous y préparer par le jeûne, et que c'est par le jeûne qu'il faut les vaincre. L'Evangile d'aujourd'hui nous représente ce même Jésus dans une position bien différente. Il est tout éclatant de lumière; son visage est brillant comme le soleil, ses vêtements sont d'une blancheur éblouissante comme la blancheur de la neige; et saint Luc remarque que cette admirable transfiguration se fit pendant que Jésus priait : par où cet évangéliste semble nous faire entendre que Jésus-Christ, après avoir montré l'effet du jeûne dans la victoire qu'il avait remportée sur le démon qui le tentait, nous montre l'effet de la prière dans la forme gracieuse et toute céleste, sous laquelle il se laissa voir à ses apôtres sur le Thabor : ***Facta est, dum oraret, species vultus ejus altera.*** (***Luc.***, **IX, 29.**)

C'est par la prière, en effet, que nous élevant jusqu'au trône de Dieu, et conversant avec lui comme des enfants avec un père plein de bonté, comme un ami avec son ami, nous puisons dans son sein la lumière, la force, la consolation, toutes les grâces qui nous sont nécessaires dans cette misérable vie où nous sommes environnés d'erreurs et d'infirmités. C'est dans la prière que notre âme prend de nouvelles pensées, de nouveaux sentiments, de nouvelles affections, et pour ainsi dire une forme toute nouvelle : ***Facta est, dum oraret, species vultus ejus altera.*** Qu'il est glorieux pour nous, mes frères, de pouvoir nous entretenir avec Dieu, le consulter dans nos doutes et toutes nos entreprises, l'appeler à notre secours dans tous nos besoins ! que cette ressource est consolante, mais que nous en faisons peu de cas et peu d'usage !

PREMIÈRE RÉFLEXION.

Ochosias, roi d'Israël, s'étant laissé tomber des fenêtres du palais qu'il avait à Samarie, en fut très-malade, et il envoya de ses gens consulter Béelzébut, Dieu d'Accaron pour savoir s'il se rétablirait de sa chute. Le prophète Elie alla au-devant par ordre du Seigneur, et leur dit : ***Est-ce qu'il n'y a pas un Dieu en Israël, que votre maître envoie consulter le dieu d'Accaron? Retournez sur vos pas, et dites-lui qu'il mourra certainement.*** (IV *Reg*, I, 16.) Il mourut en effet peu de temps après, suivant la parole du prophète. Combien y a-t-il de chrétiens à qui nous pourrions faire un reproche à peu près semblable? On se donne des mouvements infinis, on met son esprit à la torture non pas pour connaître l'avenir, mais pour réussir dans des entreprises, dont le bon ou mauvais succès dépend de l'avenir, que l'on ignore et que l'on ne saurait connaître. Chacun forme des projets suivant son goût et sa passion, vous n'y êtes jamais ou presque jamais pour rien, ô mon Dieu, quoique vous seul sachiez ce qui doit nous être avantageux ou nuisible.

Les sages païens croyaient un Dieu, et pensaient que les hommes devaient le consulter en toutes choses. Moïse n'entreprenait et ne faisait rien sans entrer auparavant dans le tabernacle pour consulter le Seigneur. Le peuple d'Israël, ainsi que ceux de ses rois qui avaient de la piété, consultaient le Seigneur dans toutes les occasions de quelque importance. Les païens, soit dans les affaires publiques de la guerre et de la paix, soit dans leurs affaires particulières, avaient recours à leurs idoles : ils consultaient leurs oracles et en attendaient la réponse pour se déterminer. Et nous qui connaissons le vrai Dieu, nous qui avons un libre accès auprès de lui par Jésus-Christ, nous croirons pouvoir nous passer de ses lumières, et nous ferons tout sans le consulter? Avons-nous donc oublié qu'il y a au-dessus et au milieu de nous une Providence qui fait tout et gouverne tout? Avons-nous oublié que l'esprit humain est sujet à une infinité d'erreurs, qu'il se trompe et s'égare nécessairement, quand il n'est pas guidé par celui qui est seul la source de la vraie lumière, comme le principe unique de tout bien? Représentez-vous un aveugle qui marche sans guide, voilà précisément ce que nous sommes, lorsque Dieu ne nous conduit point par la main. Aveugles en tout, à moins qu'il n'éclaire notre âme, et nous fasse connaître ce qui est vrai, ce qui est bon, ce qui nous est le plus utile.

Aveugles sur nos défauts, l'amour-propre nous les cache, nous ne les voyons jamais tels qu'ils sont. Aveugles sur nos péchés, nous n'en connaissons ni la grièveté, ni le nombre; aveugles sur nos bonnes œuvres, souvent nous croyons faire des choses agréables à Dieu, et nous ne faisons rien qui vaille. L'amour-propre s'y mêle, la vanité les corrompt, le tempérament y a la meilleure part. Aveugles sur les moyens de sanctification que Dieu nous a préparés, qui nous sont propres, et sans lesquels nous n'opérerons jamais notre salut; il faut les connaître, les saisir, les mettre en usage. Que d'erreurs et d'illusions sur cet article! Dieu me veut-il où je suis? est-ce lui qui m'y a placé? y fais-je ce qu'il veut que j'y fasse, et comme il le veut? Aveugles pour les choses de ce monde; dans une infinité d'occasions nous ne savons quel parti prendre. Accepterai-je ce parti? soutiendrai-je ce procès? ferai-je valoir mon argent de cette manière ou d'une autre? entreprendrai-je ce voyage? m'ouvrirai-je à cette personne? faut-il que je relève les propos que l'on a tenus sur mon compte, et que je me justifie, ou bien dois-je les dissimuler et me taire? placerai-je mon fils dans cet état, consentirai-je à cet établissement pour ma fille?

Ce qu'il y a de plus fâcheux, c'est que très-souvent, après avoir pensé qu'il n'y avait rien de mieux à faire, il se trouve par l'événement et les suites que l'on a mal fait, et qu'on a tout lieu de se repentir. Je n'ai rien de mieux à faire que d'accepter la place qu'on me propose : et cette place vous a fait nombre d'ennemis très-dangereux; et cette place vous attire mille mortifications; et cette place a mis au jour votre incapacité, votre peu de sagesse. Vous aviez quelque réputation, vous l'avez perdue : vous étiez estimé, l'on vous méprise; vous aviez des amis, vous n'avez que des jaloux.

Je n'ai rien de mieux à faire que de conclure ce mariage; et quelque temps après, la mort vous enlève cette personne que vous aviez recherchée avec tant d'empressement, ou bien vous découvrez chez elle une humeur bizarre, un caractère méchant, qui fait le supplice de votre vie. Vous aviez cru être au comble de vos vœux, et vous voilà au comble de la douleur. Mais, sans entrer dans un détail inutile, ne voyons-nous pas tous les jours des gens qui se repentent de ce qu'ils ont fait, de ce qu'ils ont dit, lors même qu'ils ont cru bien faire et bien dire? Ah! si j'avais su; ah! si j'avais pu prévoir! Mon cher enfant, il fallait consulter celui qui sait tout et qui prévoit tout. Ne faites rien sans avoir demandé conseil, dit l'Esprit-Saint, et vous n'aurez jamais lieu de vous repentir. Eh! quel autre que vous, ô mon Dieu! peut donner des conseils si sages et tellement infaillibles qu'on ne puisse jamais se repentir de les avoir suivis? Il n'y a que vous, Seigneur, il n'y a que vous qui ne puissiez ni vous tromper, ni tromper ceux qui vous consultent. C'est donc à lui qu'il faut nous adresser, mes frères; et lorsque dans certaines occasions, nous prenons conseil des personnes sages, nous devons les regarder comme les organes dont Dieu se servira pour nous faire connaître sa volonté, après l'avoir prié instamment de leur inspirer et de mettre dans leur bouche ce qu'elles doivent nous dire et nous conseiller pour notre plus grand avantage.

Est-ce là ce que vous faites, mon cher paroissien? Vous êtes fort occupé de vos affaires, de votre fortune, de l'établissement de votre famille. Vous avez tel projet pour votre fils, tel autre pour votre fille, tel autre pour vous-même; et vous prenez humainement toutes les mesures que vous croyez les plus propres pour faire réussir vos desseins. A la bonne heure; mais êtes-vous entré dans votre chambre, suivant le conseil de Jésus-Christ, et là, fermant la porte sur vous, seul avec Dieu, répandant votre cœur en sa présence, lui avez-vous dit : Seigneur, qui êtes mon père et le Dieu de ma vie, je vous offre mes enfants afin que vous les bénissiez, et je vous conjure de me faire connaître le parti que je dois prendre pour celui-ci et pour celui-là. Ne permettez pas que je fasse rien de contraire aux vues que vous avez sur eux; et si ce que je me propose devait être nuisible à votre gloire, à leur salut ou au mien, trompez mes desseins, renversez mes projets, et rendez toutes mes démarches inutiles.

Me voilà sur le point de choisir un état de vie; je viens vous consulter, ô mon Dieu, et vous conjurer par Jésus-Christ, de me faire connaître celui auquel vous m'avez destiné, celui dans lequel vous m'avez préparé les grâces nécessaires pour en remplir les devoirs en honnête homme, en bon citoyen, en vrai chrétien. On veut me placer dans ce poste, on veut me charger de cette commission, Seigneur, je viens apprendre de vous ce que je dois faire. Faut-il que j'aille ou que je vienne? que j'avance ou que je recule? que je marche, ou que je m'arrête? *Parlez, Seigneur, votre serviteur vous écoute.* (I *Reg.*, III, 10.) Providence aimable, qui veillez sur les plus petits mouvements des moindres créatures, veillez sur les miens; guidez mes pas, tenez-moi par la main, et ne permettez pas que je me trompe. J'aurais dessein d'entreprendre un tel ouvrage : ce dessein vient-il de vous? N'est-ce pas l'esprit d'intérêt, l'amour-propre, la vaine gloire qui m'en a suggéré l'idée? Répandez dans mon esprit, ô mon Dieu! un pur rayon de votre lumière qui dissipe mes ténèbres, et me fasse connaître votre volonté.

Mes chers enfants, je vous ai souvent ouï dire, que pour avoir de la bonne eau, il faut aller à la bonne source; que pour avoir un bon conseil, il faut s'adresser à des personnes dont les lumières et la sagesse soient reconnues. Eh! où trouverez-vous plus de sagesse que dans la source même de toute sagesse? Qui est-ce qui pourra vous conseiller plus infailliblement que celui qui fait et ordonne lui-même toutes choses? Cela est vrai, Monsieur, mais Dieu ne parle point aux hommes; on a beau l'interroger, il ne répond rien, et sa voix ne se fait point entendre.

Sa voix ne se fait point entendre aux oreilles du corps; vous ne le verrez point face à face comme Moïse; il ne vous parlera pas d'une manière sensible, comme il fit à l'égard d'Abraham, de Jacob, de Samuel, et d'autres, auxquels il envoyait un ange qui prenait la figure et la voix humaine. Non, il ne faut pas vous attendre à pareilles faveurs, ni compter sur des révélations; mais il parle à l'esprit, il parle au cœur, il dispose de tous les événements, et il vous fera connaître sa volonté par des voies qui n'auront rien d'extraordinaire. Il vous donnera des pensées que vous n'auriez point eues; vous ferez des réflexions que vous n'auriez jamais faites; il inspirera, soit à vous, soit à d'autres, certaines démarches qui changeront la face de vos affaires; qui vous mettront dans le cas, même dans la nécessité de prendre le parti que Dieu sait vous être le plus avantageux. N'est-il pas le maître de tourner les esprits et les cœurs comme bon lui semble? Et ne voyons-nous pas tous les jours qu'il donne de nouvelles idées, de nouveaux sentiments, une nouvelle façon de penser à ceux qui s'adressent à lui avec confiance, avec des intentions pures, dans le dessein de connaître sa volonté, ne craignant rien tant que de ne pas la faire?

D'où vient qu'une affaire traitée devant Dieu et avec lui, aux pieds de ses autels, en demandant les lumières du Saint-Esprit, paraît quelquefois toute différente de ce qu'elle a paru, quand on n'a consulté que soi-même, ou que l'on s'est borné à consulter les hommes? Les choses se présentent alors sous un autre point de vue; on aperçoit des *si*, des *mais*, des circonstances que l'on ne voyait point; on prévoit des événements à quoi l'on n'avait point pensé; on sent naître des doutes, des scrupules que l'on n'avait pas auparavant. D'où cela vient-il? sinon de ce que Dieu répand sa lumière dans l'esprit de ceux qui le consultent, suivant la promesse qu'il en fait au XVIe chapitre des *Proverbes* (vers. 3) : *Exposez vos œuvres au Seigneur, découvrez-lui vos desseins, et il vous fera connaître s'ils sont justes : « Revela Domino opera tua, et dirigentur cogitationes tuæ. »*

Je suis à même de faire un tel commerce, une telle entreprise; ce parti-là me paraît avantageux, je n'y vois rien qui blesse la probité, j'y ferai bien mes affaires. A la bonne heure; mais, avant tout, allez passer une heure devant le Saint-Sacrement. Découvrez à Dieu votre dessein : entretenez-vous en avec lui; priez-le de vous éclairer, et je vous réponds, non sur ma parole qui n'est rien, mais sur la sienne qui est infaillible, que si vous le consultez dans toute la droiture de votre cœur, et dans la vue de connaître sa volonté, vous sortirez de cet entretien avec de nouvelles lumières. Ce que vous regardiez comme permis, vous paraîtra peut-être une injustice. Telle et telle chose que vous avez crue praticable en sûreté de conscience ou sans inconvénient, ne sera plus à vos yeux, ni si simple, ni si innocente, et en un mot, si le Seigneur approuve votre dessein, il vous y affermira, il vous suggérera les moyens les plus propres à le faire réussir. Que s'il ne lui est point agréable, il vous en détournera en vous donnant d'autres pensées; ou bien il disposera les choses de manière que vous serez forcé de l'abandonner : *Revela Domino opera tua, et dirigentur cogitationes tuæ.*

Monsieur le libraire, vous croyez de bonne foi, être le plus honnête homme du monde, et je le crois aussi. Votre commerce est permis, il est honnête, vous le faites honnêtement et ne trompez qui que ce soit. Voici un manuscrit de la bonne main; vous pouvez faire un excellent marché; mais c'est un ouvrage contre la foi, contre les bonnes mœurs, contre le gouvernement; on n'y épargne ni la religion, ni l'Etat; l'auteur est un de ces hommes qui ne croient et ne respectent rien; il sera couru comme bien vous pensez, et, à coup sûr vous gagnerez beaucoup d'argent. Quant au censeur, à l'approbation et au privilége, il y a beau moyen de s'en passer. Le voulez-vous? Pourquoi non? C'est là mon métier, il faut que j'en vive. J'ai un gros ménage à soutenir, un loyer considérable à payer, une famille à élever, les temps sont durs; mon état est d'imprimer ou de faire imprimer, et de vendre toute sorte de livres; qu'ils soient pour ou contre la religion, peu m'importe, pourvu que je les débite. Le *tant pis* et le *tant mieux* sont pour les auteurs; si nous voulions y regarder de si près, nous mourrions de faim.

Fort bien, mon cher enfant; mais si vous étiez sûr de perdre votre âme et de gagner l'enfer dans cette espèce de commerce, le feriez-vous? Non; eh bien! cela me suffit. Allez donc, je vous en prie, passer une heure devant Dieu; entrez dans votre chambre, fermez la porte, mettez-vous à genoux, et si cette posture vous incommode, asseyez-vous, mettez vos coudes sur vos genoux et votre visage dans vos deux mains. Vous voilà devant Dieu : vous ne le voyez pas, mais il vous voit, vous ne l'entendez pas, mais il vous entend. Parlez-lui donc, et consultez-le de bonne foi sur ce que vous devez faire. Eclairez-moi, Seigneur, éclairez-moi, je vous en conjure, et ne permettez pas que le démon de l'argent me fascine les yeux. Puis-je répandre cet ouvrage dans le public, sans blesser ma conscience? N'en dites pas davantage, mais dites le dans toute la sincérité de votre cœur; après quoi, recueillez-vous intérieurement, et rendez-vous attentif à la réponse de cet oracle divin et infaillible; car il ne manquera pas de vous répondre : Et quoi?

Que les marchands de ces sortes d'ouvrages sont aussi et même plus coupables que les auteurs, en ce que le libraire, à chaque exemplaire qu'il distribue, renouvelle le crime de l'auteur; qu'il est par conséquent responsable, et qu'il répondra infailliblement devant Dieu de tout le mal dont cet ouvrage sera la cause; qu'il distribue un poignard que le démon a forgé pour perdre les âmes; qu'il est plus punissable qu'un homme qui vendrait du poison à une troupe d'enfants ou de fous, sachant bien qu'ils l'achètent pour s'empoisonner; qu'il est lui-même l'auteur de tous les désordres, de toutes les impiétés, de tous les blasphèmes, de tous les scandales que produira la lecture de l'ouvrage qu'il débite; qu'il fait par conséquent un mal à jamais irréparable, et dont la seule pensée, lorsqu'il sera au lit de la mort, le fera peut-être tomber dans le désespoir; que les crimes d'un brigand traîné sur l'échafaud pour avoir assassiné deux cents personnes, sont moins horribles aux yeux de la foi que le crime d'un libraire qui forme avec l'auteur d'un livre contre la religion ou les bonnes mœurs, le détestable complot d'assassiner des milliers d'âmes, parce qu'aux yeux de la foi, la perte d'une âme seule est un plus grand mal que la mort corporelle de tous les hommes ensemble. Voilà, mon cher enfant, ce que Dieu ne manquera pas de vous répondre, si vous le consultez avec un cœur droit, et dans la vue de prendre le parti qui lui sera le plus agréable.

J'ai cité cet exemple, mes frères, afin que chacun de vous se l'applique dans le sens qui lui convient. Marchands, consultez le Seigneur sur les affaires de votre commerce : demandez-lui sur quel pied vous devez acheter, sur quel pied vous devez vendre. Demandez-lui si tel et tel marché n'est point usuraire; s'il est permis de frauder et d'altérer cette marchandise; permis de vendre plus cher au riche qu'au pauvre, plus cher à crédit qu'argent comptant, et d'exiger outre cela les intérêts des sommes provenantes d'une marchandise ainsi vendue à crédit; s'il est permis de profiter du besoin, de l'ignorance de l'acheteur pour lui survendre; s'il est permis de favoriser le dérangement et le libertinage d'un jeune homme de famille qui achète à crédit les marchandises au double de ce qu'elles valent, et qui les achète quelquefois pour les revendre argent comptant moitié moins qu'elles ne lui ont coûté. Demandez-lui enfin si dans tous les cas, sans exception, il est permis de vendre au plus haut prix ce que l'on a acheté au plus bas. Interrogez le Seigneur sur tous ces articles et sur une infinité d'autres.

Interrogez-le, Madame, sur les affaires de votre ménage. Prenez une heure chaque jour pour vous entretenir avec lui sur vos devoirs domestiques; sur l'éducation de vos enfants, sur le soin de vos valets et de vos servantes; sur votre parure, sur votre jeu, sur l'emploi de votre temps. Demandez-lui si dans toutes les dépenses qui vous paraissent nécessaires et indispensables, il n'y a rien de criminel ni de superflu.

Magistrats, avocats, procureurs, huissiers, vous tous qui êtes les ministres, les organes, les instruments de la justice, consultez

consultez le Seigneur, et apprenez-la de lui cette justice. Feuilletez le Code et le Digeste, les recueils d'édits et d'arrêts, les compilations et les commentaires, pâlissez sur les livres; tout cela est bien, tout cela est nécessaire; mais il est plus nécessaire encore de consulter le Seigneur. C'est lui qui enseigne toute vérité. Au crucifix, au crucifix; voilà le grand livre, le grand oracle des chrétiens. Consultez-le, mes frères, dans quelque état que vous soyez placé; que sa réponse vous détermine et vous serve de règle dans ce que vous avez à faire, sur ce que vous avez à dire, sur la manière dont il faut vous comporter en quelque occasion que ce puisse être.

Et vous, mes chers enfants, qui n'ayant point reçu d'éducation, n'avez pas les lumières qu'elle donne; vous qui comprenez à peine les vérités les plus simples de la religion, quelques efforts que nous fassions pour les mettre à votre portée; vous qui semblez n'avoir ni mémoire ni entendement quand il s'agit des choses spirituelles; vous que nous instruisons sans cesse, et qui toujours êtes ignorants; que nous exhortons sans cesse, et qui avez toujours les mêmes imperfections; vous qui sur une infinité d'articles vous faites une fausse conscience; attentifs, scrupuleux jusqu'à la superstition pour certaines choses, pendant que pour d'autres bien autrement essentielles, vous êtes d'une dureté, d'une opiniâtreté, d'une inflexibilité qui rebuteraient les anges : consultez le Seigneur, et priez-le de vous éclairer sur les points où il vous semble que nous sommes trop difficiles et trop rigides.

Consultez-le sur la sanctification du dimanche, et demandez-lui s'il est vrai qu'après avoir assisté, tant bien que mal, à la Messe et aux Vêpres, il vous soit permis d'employer le reste du jour à vos divertissements ou à vos affaires. Consultez-le sur les cabarets, et demandez-lui si vous pouvez selon Dieu et en conscience passer dans ce lieu maudit trois ou quatre heures de suite, malgré les péchés de toute espèce dont vous y êtes témoins, et que vous y commettez vous-mêmes. Demandez-lui si vous pouvez en honneur et en conscience y dépenser un argent qui est nécessaire dans votre ménage ; si vous n'êtes pas responsable de tous les péchés que votre femme commet, lorsque vous voyant rentrer sur les minuit, quelquefois plus tard, elle se livre au mouvement d'indignation qu'une telle conduite est capable d'inspirer, même à des personnes indifférentes. Demandez-lui si en agissant de la sorte, vous ne commettez pas, à l'égard de vos enfants, dont vous donnez le pain aux chiens, l'injustice la plus criante. Au crucifix, au crucifix, mes chers enfants, c'est là votre véritable pasteur; consultez-le donc, et nous verrons si sur l'article des cabarets, et sur les autres, il vous répondra des choses plus agréables que celles dont nous vous rebattons continuellement les oreilles, et que vous ne voulez point entendre.

Ah! mes frères, quelle réforme dans nos mœurs, si nous ne faisions rien sans consulter ce divin oracle! Oui, Monsieur, vous deviendriez un saint; oui, Madame, vous deviendriez une sainte, si vous preniez seulement une demi-heure, une petite demi-heure, chaque jour, pour vous entretenir avec Dieu sur les devoirs de votre état, sur vos affaires temporelles et sur celles de votre conscience. Mais on se garde bien de le consulter, et pourquoi? parce qu'on craint la réponse. Si l'avare consultait le Seigneur sur l'usage qu'il doit faire de son argent, que lui répondrait-il? Donne du pain à cette pauvre veuve, habille ces orphelins, paye les dettes de ce prisonnier, envoie des remèdes et du bouillon à ces pauvres malades, marie ces pauvres filles, fais gagner leur vie à ces ouvriers, donne quelque chose pour la décoration de cette église, fonds cet or et cet argent et fais une clef qui ouvre le ciel. C'est ainsi que vous répondriez à l'avare, si l'avare vous consultait, ô mon Dieu, et c'est là précisément ce qu'il ne veut point entendre.

Si vous cherchiez dans la prière, Monsieur, l'éclaircissement de ces difficultés qui vous révoltent en matière de religion ; si, avant de lire les ouvrages des incrédules, vous vous prosterniez devant Dieu pour lui demander ses lumières, vous entendriez au dedans de vous-même une réponse plus claire et plus sûre que celle de tous ces beaux esprits qui sont à vos yeux comme autant d'oracles. Pourquoi donc n'avez-vous pas recours à la prière, s'il est vrai que vous cherchiez la vérité dans toute la droiture de votre cœur? Est-ce que vous ne croyez pas en Dieu? est-ce que vous ne le regardez pas comme la source première de la vraie sagesse? Pourquoi donc ne pas le consulter? Soyez de bonne foi, et avouez-le franchement; vous craignez la réponse; vous fuyez donc la lumière lors même que vous semblez faire les plus grands efforts pour connaître la vérité.

Etendez cette réflexion, mes frères, et appliquez ce raisonnement à tous ceux qui ne consultent que leur passion, leur goût, leur fantaisie, soit qu'il s'agisse de leur salut ou de leurs affaires; et vous verrez que la seule raison qui les empêche de consulter le Seigneur, est la crainte qu'ils ont d'en avoir une réponse qui les inquiète, qui les trouble, qui dérange leurs idées, qui renverse les desseins qu'ils ont conçus, les projets qu'ils ont formés, et dont ils ne veulent pas démordre. De là qu'arrive-t-il? Il arrive que Dieu nous laisse faire et nous abandonne à nos propres lumières, c'est-à-dire à nos ténèbres et à notre sens reprouvé. Tu ne veux donc ni me consulter, ni m'écouter? Eh bien! pense, raisonne, agis à ta tête; et voilà la vraie cause non-seulement des erreurs où tombent certaines gens en fait de religion, de morale et de conscience; mais encore de nos erreurs et de toutes les fausses démarches que nous faisons dans les affaires de ce monde. Tu n'as pas voulu me consulter sur ce mariage; tu n'y trouveras que des amertumes, il fera le malheur de ta vie et sera la cause de ta damnation. Tu ne m'as pas consulté sur telle et telle entreprise, sur telle et telle démarche; tu y réussiras, mais elle te causera dans la suite mille chagrins et mille déboires.

A la prière, mes chers paroissiens, à la prière: ne décidons rien, ne nous déterminons à rien, n'entreprenons quoi que ce soit, ne faisons aucune démarche sans avoir consulté celui qui connaît toutes choses, celui dont les lumières et la sagesse sont infaillibles. Hélas! nous consultons les hommes, nous consultons nos amis, nous leur faisons part de nos affaires, et nous garderions un silence profond à l'égard de Dieu notre père, notre meilleur ami, notre tout? Ne lui faisons pas cette injure, mes frères; ayons recours à lui dans toutes les occasions, découvrons-lui nos pensées, répandons notre cœur en sa présence, non-seulement afin qu'il nous éclaire, parce que nous sommes aveugles sur tout ce qui nous regarde, mais afin qu'il nous aide lui-même à faire ce qu'il nous inspirera, et que sa main puissante nous soutienne dans la voie qu'il nous aura marquée; parce que nous sommes faibles, et que sans lui nous ne pouvons rien: *Revela Domino viam tuam et ipse faciet.*

SECONDE RÉFLEXION.

L'homme est naturellement timide, et cette timidité vient sans doute du sentiment intérieur qu'il a de sa propre faiblesse. Dans son enfance la moindre chose l'effraye, dans la vieillesse il cherche de l'appui plus que jamais; dans le courant de la vie il n'est presque jamais sans crainte. Le tonnerre gronde, il craint d'être écrasé. La maladie et la mort sont dans le voisinage; il craint qu'elles n'entrent chez lui. La contagion est sur les troupeaux; il craint qu'elle n'emporte les siens. Voyage-t-il dans un bois, il craint les voleurs. Les ténèbres de la nuit l'effrayent, les bêtes féroces le mettent en fuite, le cri de certains animaux l'épouvante, et il est des moments où le plus intrépide a peur de son ombre.

Cherche-t-il à réussir dans quelque entreprise, il craint qu'on le ne desserve, qu'on ne le supplante. Je veux avoir une telle place, d'autres veulent l'avoir aussi; l'emporteront-ils? l'emporterai-je moi-même? Je veux établir ma fille, ne la calomniera-t on pas? mon débiteur est ruiné, ne perdrai-je pas ma créance? J'ai toute ma fortune dans le commerce, n'essuierai-je pas quelque banqueroute? J'ai des ennemis, des envieux qui cherchent à me nuire, ne viendront-ils pas à bout de leurs desseins? cette personne est malade, si elle meurt je suis perdu, en réchappera-t-elle? On se craint quelquefois sois-même: je suis un étourdi, ne commettrai-je pas quelque imprudence? je suis facile jusqu'à la faiblesse, ne me laisserai-je pas gagner? je suis peu versé dans ces sortes d'affaires, ne serai-je pas trompé? L'homme vit ainsi dans des craintes et des inquiétudes continuelles; les grands ont les plus grandes, les petits ont les leurs: rien de plus faible, rien de plus timide que l'homme.

Cette faiblesse paraît surtout dans les malheurs qui nous arrivent, et dans les afflictions dont cette vie est généralement traversée. Que ne dit-on pas, que ne fait-on pas alors pour trouver du soulagement et de la consolation dans les créatures? Le premier mouvement de notre cœur, lorsque nous sommes affligés, est de se répandre au dehors, de chercher un appui et du secours hors de lui-même; de là vient que chacun veut avoir des amis et des protecteurs qui puissent l'assister au besoin, et quand le besoin arrive, que de plaintes, que de prières, que de supplications, que d'insistances!

Mais quels mouvements ne se donne-t-on pas pour réussir dans ses entreprises? on fait jouer tous les ressorts, on frappe à toutes les portes, on se prend à toutes les branches, on cherche partout des appuis, et ce qu'il y a de bien honteux, c'est que l'on emploie très-souvent toute sorte de moyens sans distinction: le mensonge, la calomnie, le parjure, les platitudes, les bassesses, rien ne coûte pourvu que l'on vienne à bout de ses desseins. Voilà, mes chers paroissiens, ce qui se passe dans le monde, voilà quels sont les hommes de tout rang, de tout état, de toute condition. Est-ce que nous les blâmons de chercher parmi les créatures les secours dont ils ont besoin? Non sans doute, pourvu qu'il n'y ait rien que de juste et d'honnête dans le but qu'ils se proposent, et dans les moyens dont ils se servent pour y arriver; mais je dis, pourquoi ne pas recourir d'abord et directement à la Providence, à laquelle rien n'est impossible et qui veut toujours notre plus grand bien? Est-ce que les hommes peuvent quelque chose sans elle? viendront-ils à notre secours si Dieu ne leur en inspire point la volonté, s'il ne les dispose point en notre faveur, s'il ne les rend pas sensibles à nos besoins?

Quel fond y a-t-il à faire sur les hommes à moins que Dieu ne les meuve et ne les fasse agir comme les instruments de sa bonté pour nous accorder les grâces que nous lui avons demandées? Les hommes qui nous aiment aujourd'hui et qui nous haïront demain! qui nous protégent dans un temps et nous abandonnent dans l'autre! les hommes que nos prières importunent, que nos instances fatiguent, dont l'amitié se refroidit et se lasse presque toujours à mesure que nos besoins augmentent et se multiplient! Non, mon Dieu; non, il n'y a que vous sur qui nous puissions compter infailliblement et sans crainte d'être trompés dans notre espérance.

Pauvre malade, il y a longtemps que tu souffres, tu as inutilement épuisé toutes les ressources de la médecine; c'est à moi, qu'il faut demander la santé et la patience. Viens, mon enfant, viens et je mettrai fin à tes douleurs, ou si elles sont nécessaires à ton salut, je te donnerai une telle force que tu les regarderas comme rien, je t'inspirerai de tels sentiments que tu ne voudrais pas changer cette maladie pour la plus brillante santé : *Demandez et vous recevrez, cherchez et vous trouverez, frappez et l'on vous ouvrira.* (*Matth.* VII, 7.)

Vous avez beau faire et beau dire, Madame, ce ne sont ni vos murmures, ni votre chagrin, ni vos larmes qui changeront le caractère et la conduite de ce mari. Eh ! que ne vous adressez-vous à celui qui change les cœurs ! vous parlez trop de Dieu à votre mari, et pas assez de votre mari à Dieu ; à la prière, à la prière : quoi ! la plus efficace, la seule vraiment efficace de toutes les ressources, sera-t-elle la seule dont vous ne ferez point usage ? *Demandez et vous recevrez, cherchez et vous trouverez, frappez et l'on vous ouvrira.*

Que signifient et à quoi peuvent aboutir ces plaintes éternelles que vous faites à tout le monde sur le compte de votre enfant ? que voulez qu'on y fasse et que peuvent y faire les hommes ? C'est à Dieu qu'il faut vous adresser, c'est à lui qu'il faut parler de votre fils, c'est à lui que sainte Monique demandait la conversion du sien. Mon Dieu, qui le formâtes dans mes entrailles, vous savez que je souffre à cause de lui, comme les douleurs d'un nouvel enfantement; prenez donc pitié de moi, et déployez en sa faveur les richesses de votre infinie miséricorde : *Demandez et vous recevrez, cherchez et vous trouverez, frappez et l'on vous ouvrira.*

Il faut avouer, mes frères, que nous sommes bien aveugles. Nous avons sous la main et à notre disposition, dans tous les temps et dans tous les lieux, une ressource aussi aisée qu'infaillible, et il semble que nous l'ignorions, ou que nous la comptions pour rien. On dirait dans une infinité d'occasions que nous n'avons point de Dieu, ou que sa Providence ne se mêle de rien, ou que nous ne voulons pas qu'il s'en mêle, ou qu'il ne puisse pas nous assister, ou enfin qu'il ne veuille point. Lorsque nous sommes dans l'embarras ou dans l'affliction, nos premières vues se tournent presque toujours du côté des créatures; et si nous avons recours à Dieu, ce n'est guère qu'après avoir épuisé toutes les ressources humaines. Ne vous mettez-vous donc jamais dans l'esprit, mon cher enfant, que Dieu non-seulement voit tout, mais qu'il règle et dispose lui-même toutes choses; qu'il ne tombe pas un passereau en terre, ni un cheveu de notre tête sans sa permission (*Matth.*, X, 29, 30), ou sans son ordre, et qu'il faut par conséquent s'adresser à lui en tout et pour quoi que ce puisse être.

Oui, Seigneur, dans quelque position que je me trouve, et quoi qu'il m'arrive, c'est vous qui serez ma ressource et mon appui. Si mes ennemis me persécutent, c'est à vous que je porterai mes plaintes, non pas pour vous demander leur perte, mais votre protection contre leur malice : vous apaiserez leur colère, vous changerez les dispositions de leur cœur; si vous ne le faites pas, je croirai que ces ennemis me sont nécessaires, et que leurs persécutions entrent dans le plan de ma prédestination et de mon salut; lorsque je souffrirai quelque peine de corps ou d'esprit, je m'adresserai à vous qui êtes le Dieu de toute consolation, je répandrai mon cœur en votre présence, j'arroserai votre croix de mes larmes, et vous ferez cesser mes douleurs ou bien vous les rendrez moins cuisantes, ou vous m'y rendrez moins sensible ; quelquefois vous me les ferez trouver agréables, vous me donnerez la force de les supporter, non-seulement avec patience mais avec joie, comme étant une preuve de votre amour et le gage assuré de votre miséricorde. Si je me trouve dans l'embarras par rapport aux nécessités de cette misérable vie, j'aurai recours à vous comme un enfant a recours à son père; tous les biens de la terre sont à votre disposition, toutes les créatures sont à vos ordres, je lèverai les yeux vers le ciel, et vous pourvoirez à mes besoins, soit d'une manière, soit d'une autre.

Que si la prière doit être notre première ressource quand il s'agit des choses temporelles, à combien plus forte raison, mes chers paroissiens, ne devons-nous pas y recourir dans nos besoins spirituels? jusqu'où ne va point la faiblesse de l'homme? à quel excès de déréglement n'est-il pas capable de se porter lorsqu'il est abandonné à lui-même ? Il n'y a sorte de crime et d'abomination dont les siècles passés ou le siècle présent ne fournissent des exemples, et saint Augustin remarque très-bien qu'un homme ne fait rien qu'un autre homme ne puisse faire, s'il n'est pas soutenu par celui qui a fait tous les hommes; que chacun raisonne là-dessus et juge de sa faiblesse par sa propre expérience.

N'allons chercher ni le prophète Elie qui, assisté du secours de Dieu, fait descendre le feu du ciel, et qui abandonné à lui-même tremble et fuit devant une femme ; ni le saint roi David qui, soutenu par son Dieu, épargne et respecte Saül, lors même que la Providence semble l'avoir livré entre ses mains et qui, abandonné à lui-même, fait massacrer un des plus braves officiers de son armée après l'avoir déshonoré par un infâme adultère ; ni Salomon le plus sage des hommes, tant que l'esprit de Dieu le conduit et le plus insensé lorsqu'il abandonne son guide; ni le Prince des apôtres, qui dans un temps renonce à tout pour suivre Jésus-Christ, marche sur les eaux, fait des miracles, et qui dans l'autre n'a pas même la force d'avouer, qu'il est son disciple, jure qu'il ne le connaît point, et cela parlant à une femmelette. Laissons là tous ces exemples qui font frémir ; consultons notre propre cœur, lisons notre vie, repassons-en toutes les années, et voyons jusqu'où va notre misère, notre corruption, notre néant.

A cette faiblesse naturelle, joignez les tentations de toute espèce auxquelles nous sommes exposés, les piéges que le démon nous tend.

les fausses maximes du monde qui nous éblouissent, les mauvais exemples qui nous entraînent, les illusions de l'amour-propre, l'humeur, le tempérament, les différents besoins de la nature, les devoirs de notre état, les affaires domestiques, les vices et les péchés d'autrui; en haut et en bas, à droite et à gauche, dedans et dehors, partout des dangers, partout des piéges tendus et des batteries dressées contre ce misérable atome que le moindre souffle peut renverser, et ces tentations, ces dangers sont en si grand nombre que le plus vigilant, le plus attentif, le plus sage, le plus fort, le plus juste peut tomber jusqu'à sept fois le jour. Doit-on s'étonner après cela de ce que dit l'Evangile, qu'il faut prier continuellement et ne jamais se lasser?

Demandez aux religieux de la Trappe et à ceux de la Chartreuse ce qui les engage à passer les trois quarts de leur vie dans la prière? demandez à toutes les âmes vraiment chrétiennes, pourquoi des prières si fréquentes, le matin, à midi, le soir, à toutes les heures du jour? Elles s'endorment en priant; si elles s'éveillent pendant la nuit, elles prient: le premier instant de leur réveil est une prière, la première action de leur journée est une prière; avant et après le repas elles prient, avant et après le travail et pendant le travail elles prient. Si Dieu les afflige elles prient, s'il les console elles prient. Dans leur maison, dans les champs, dans leurs voyages, en tout temps, en tout lieu, en toute occasion elles prient. On dit à cause de cela qu'elles sont fort pieuses; on les en loue et l'on a raison: mais, pour le remarquer en passant, comment peut-il se faire que les hypocrites prient pour se faire voir, et prétendent tirer vanité de leurs prières?

La prière est un aveu que nous faisons de notre faiblesse et de notre impuissance à tout bien; nous sommes devant Dieu quand nous le prions, comme des mendiants qui demandent l'aumône, comme des malades qui crient après le médecin. Quel est le mendiant qui prétende tirer vanité de ses humiliations et de ses instances vis-à-vis de ceux dont il attend l'aumône? Quel est le malade qui se glorifie des efforts qu'il fait et des mesures qu'il prend pour rétablir sa santé? Plus nos prières sont fréquentes, plus nous donnons à connaître que nos besoins sont pressants, et que notre misère est grande; nous disons alors non-seulement à Dieu, mais à tous ceux qui nous voient: Je suis un homme faible et misérable, naturellement enclin à toute sorte de déréglements et absolument incapable de faire aucun bien par moi-même.

Je le prie le matin de me soutenir pendant la journée, parce que sans lui je ferais autant de chutes que de pas; je le prie le soir de veiller sur moi pendant la nuit, parce que sans cela mon sommeil même ne serait point innocent; je le prie avant de commencer mon travail pour obtenir la grâce d'étouffer les sentiments d'ambition, d'avarice, de vaine gloire qui se glissent dans toutes mes actions, parce que je suis bouffi d'orgueil, pétri d'amour propre et plein d'attachement pour les choses de ce monde. Concevez-vous après cela, mes chers paroissiens, comment on peut tirer vanité de ses prières? j'ait fait cette réflexion en passant; vous en devinez la raison: il y a partout des Pharisiens, de faux dévots, qui prient par vanité; c'est une espèce de sacrilége, mais c'est en même temps la plus insigne folie.

Mais quelle nécessité y a-t-il d'exposer à Dieu nos besoins? ne les connaît-il pas aussi bien que nous? un père attend il que ses enfants le prient? un ami ne prévient-il pas son ami? Pourquoi la Providence qui voit tout ne fait-elle pas de même? Et je demande à mon tour, mes frères, si cela est ainsi, pourquoi ces temples et ces prières publiques communes à toutes les religions? pourquoi ces ministres placés entre Dieu et les hommes? ces prêtres, dont la fonction principale est de présenter à Dieu les vœux du peuple, et d'attirer sur le peuple les bénédictions du ciel? Mais pourquoi dans certaines occasions échappe-t-il aux personnes les moins religieuses de crier comme par un mouvement naturel, mon Dieu, mon Dieu? Il ne faut donc jamais le prier, ni de bouche, ni de cœur; que si cela est absurde, il faut donc lui demander nos besoins quoiqu'il les connaisse.

Il pourrait nous prévenir: oui, sans doute; aussi nous prévient-il en mille occasions, soit pour les besoins du corps, soit pour ceux de l'âme. Il n'attend pas vos prières pour faire germer le grain que vous jetez dans votre champ, pour couvrir vos arbres de fleurs, de feuilles, de fruits, pour faire lever ce soleil qui vous éclaire, pour renouveler chaque année toutes les merveilles de sa Providence. Il n'attend pas vos prières pour vous inspirer de bonnes pensées, de bons désirs, des sentiments de piété. Sa grâce nous prévient, et si elle ne nous prévenait point, nous serions bien à plaindre, puisque nous ne pouvons pas même prier sans qu'elle nous prévienne. Aussi la grâce de la prière ne manque-t-elle à personne, pas même aux pécheurs les plus endurcis; et c'est en quoi nous sommes infiniment coupables et tout à fait sans excuse, lorsque nous faisons le mal que Dieu défend, et que nous ne faisons pas le bien qu'il commande. Je ne puis pas: il ne tient qu'à vous de pouvoir, parce qu'il ne tient qu'à vous de demander la force qui vous manque. Il faut donc faire ce que vous pouvez avec la grâce présente, et demander ce que vous ne pouvez point sans une nouvelle grâce.

Mais enfin, pourquoi se fait-il prier? Premièrement, parce qu'il le veut, et à cela d'abord nous n'avons pas le mot à dire; trop heureux qu'il veuille bien nous écouter, et assurément les grâces qu'il donne valent bien la peine qu'on les lui demande. Secondement, il en agit ainsi pour nous faire sentir le prix de ses faveurs. Plus il nous prévient, moins nous sommes reconnaissants. Les bienfaits que la Providence répand sur les hommes sans se faire prier, sont précisément ceux auxquels nous sommes le moins sensibles, et nous n'en faisons presque point de cas : c'est la réflexion de saint Augustin (*De verb. Dom.*) : *Cito data vilescunt.* Si le printemps se passait sans qu'il parût ni fleurs ni verdure dans nos champs, nous crierions tous miséricorde; ce printemps revient chaque année avec tous ses charmes, aussi bien que l'automne avec ses trésors; quel gré en savons-nous à la Providence? Il est donc de sa sagesse, même de sa bonté de nous faire désirer certaines grâces, de ne les accorder qu'à nos prières, et après que nous les avons demandées longtemps; afin que nous en sentions mieux le prix, que nous les recevions avec plus de reconnaissance, que nous en fassions meilleur usage, et que nous ne perdions pas de vue la dépendance infinie dans laquelle nous sommes vis-à-vis de lui. Vous le savez, mes chers paroissiens, lorsque toutes choses réussissent au gré de nos désirs, nous nous laissons aller à l'orgueil, comme si nous étions nous-mêmes les auteurs de notre bien être : que serait-ce donc, si Dieu ne nous mettait jamais dans la nécessité de crier vers lui? Nous oublierions peu à peu qu'il est notre maître, et il n'y aurait bientôt plus de commerce entre lui et nous.

Car enfin, qu'est ce qui entretient ce commerce? La prière qui élève les hommes jusqu'à Dieu, et qui abaisse pour ainsi dire la Divinité vers les hommes; qui portant aux pieds du trône de son éternelle bonté les gémissements, les vœux des faibles humains, revient chargée de la rosée du ciel et de la graisse de la terre : qui nous humilie devant sa Majesté souveraine, attire ses regards paternels, et remue les entrailles de sa miséricorde. C'est elle qui l'apaise quand il est irrité, qui l'éveille quand il paraît endormi, qui le rappelle et le ramène quand il semble fuir loin de nous.

C'est la prière qui fait descendre la pluie du ciel; c'est elle qui écarte les nuages et ramène la sérénité. C'est la prière qui dans les fléaux publics arrête votre bras, ô mon Dieu! c'est elle qui nous arme de patience dans toutes nos peines, et qui verse sur nos plaies le baume précieux de vos divines consolations. C'est par elle que nous venons à bout de réprimer notre orgueil, d'étouffer nos ressentiments, de soumettre la chair à l'esprit. C'est elle qui dompte les passions, qui déracine les vices, qui produit, nourrit, augmente et perfectionne toutes les vertus.

La prière est à notre âme ce que la respiration est à notre corps, et de même qu'il est impossible de vivre sans respirer, ainsi est-il impossible que notre âme vive devant Dieu sans la prière. C'est par la prière que l'esprit de l'homme, débarrassé en quelque sorte de toutes les pensées charnelles et terrestres, vole, s'élève se repose dans le sein de la Divinité, contemple ses perfections infinies adore ses jugements, bénit sa Providence, chante ses miséricordes, se répand en louanges et en actions de grâces. C'est par le moyen de la prière que nous trouvons des lumières sûres dans nos doutes, la tranquilité dans nos inquiétudes, la patience, même la joie dans nos tribulations, la force et la victoire dans nos tentations, le calme et la paix de notre conscience. Par elle le pécheur se convertit, le juste persévère, l'ouvrage de notre salut s'avance et se consomme.

Ayons-y donc recours, mes frères, dans tous les temps et dans tous les lieux, tant pour nos besoins temporels, que pour nos nécessités spirituelles. Dans quelque situation d'esprit ou de corps que nous puissions nous trouver, levons les yeux vers le ciel, et appelons à notre secours ce Dieu plein de bonté dont nous sommes les enfants, et qui nous invite à nous adresser à lui-même, comme au meilleur et au plus tendre des pères. Consultons-le dans toutes les occasions, parce que nous sommes aveugles pour ce qui nous regarde, parce que tous les hommes sont sujets à une infinité d'erreurs, et que Dieu seul connaît infailliblement ce qui nous est le plus utile. Appuyons-nous sur sa main toute-puissante, parce que nous sommes la faiblesse même, et que sans lui nous ne pouvons rien faire qui soit agréable à ses yeux. Allons, mes chers paroissiens, allons puiser dans cette source éternelle de tout bien, les lumières, la force, les consolations dont nous avons besoin dans le cours de cette misérable vie; et nous sentirons immanquablement les effets de sa bonté, pourvu néanmoins que nous en approchions avec des dispositions convenables, dispositions sur lesquelles je vous entretiendrai dimanche prochain, moyennant la grâce de Dieu; et en attendant, je me recommande à vos prières.

DISCOURS XVIII

Pour le troisième Dimanche de Carême.

(*Suite du précédent.*) SUR LA PRIÈRE.

Alii tentantes signum de cœlo quærebant ab eo.) *Luc.*, XI, 16.)

D'autres pour le tenter lui demandaient un prodige dans le ciel.

A la prière, mes chers paroissiens, à la prière, dans quelque situation de corps ou d'esprit que vous puissiez vous trouver, de quelque nature que soient vos besoins; quoi qu'il vous arrive, et quoi que ce soit que vous ayez à faire, vos premières vues doivent se tourner du côté de la Providence, qui renferme dans ses trésors tous les biens que vous pouvez raisonnablement désirer, et des remèdes efficaces contre tous les maux que vous souffrez ou que vous avez à craindre. Si le moindre danger vous alarme, si la moindre affliction vous abat, si les moindres tentations vous renversent, si vous faites tant de chutes dans la voie du salut et tant de fausses démarches dans vos affaires temporelles, cela vient de ce que vous n'appelez point à votre secours celui dont la main paternelle et toute-puissante conduit, soutient, fortifie, console tous ceux qui s'adressent à lui. Nous le disions dimanche dernier; et il est étonnant que les hommes ayant à leur disposition une ressource aussi précieuse, ils en fassent si peu de cas et si peu d'usage. Mais que dis-je? tout le monde prie; soit que l'on vienne ici pendant le service divin, ou que l'on aille dans vos maisons le matin et le soir, on trouve les chrétiens en prière. Oui; si la prière consiste à remuer les lèvres, à prononcer des paroles sans réflexion et sans dessein, tout le monde prie. Mais si la prière est de toutes les actions la plus sérieuse et la plus grave; si la prière est une conversation dans laquelle l'homme s'entretient avec Dieu sur la grande affaire de son salut; certes, il y a très-peu de gens qui prient. La plupart des hommes font des prières en l'air et tentent Dieu comme les Pharisiens de notre Evangile, qui demandaient à Jésus-Christ un signe dans les airs, sans savoir ni ce qu'ils voulaient, ni pourquoi : *Alii tentantes signum de cœlo quærebant ab eo.*

PREMIÈRE RÉFLEXION.

Celui qui s'approche de Dieu, dit l'Apôtre, *doit commencer par croire qu'il existe: «Accedentem ad Deum oportet credere quia est.»* (*Hebr.*, XI, 6.) Est-ce que l'on doute de son existence? Non, sans quoi l'on ne s'approcherait pas de lui. Qu'est-ce donc que cela signifie? Cela signifie qu'en s'approchant de Dieu pour le prier, il faut croire en lui d'une foi vive qui le rende présent à notre esprit, qui imprime dans nos cœurs les sentiments de crainte, de respect, d'amour, de confiance dont nous serions pénétrés si nous l'apercevions avec les yeux de notre corps. Telle était la foi d'Abraham, qui marchait en la présence de cet Etre invisible, comme s'il l'avait vu de ses propres yeux : *Invisibilem tanquam videns sustinuit.* Telle était la foi du saint roi David, qui ne perdait jamais de vue la présence de son Dieu : *Providebam Dominum in conspectu meo semper.* (*Psal.* XV, 18.) Telle a été, telle est encore aujourd'hui la foi de tous les justes, qui ont continuellement dans l'esprit cette pensée: Dieu me voit, il m'entend et connaît infiniment mieux que moi tout ce qui se passe dans mon âme.

Eh! d'où pensez-vous, mes frères, que viennent à l'homme sage et sincèrement chrétien la prudence et la retenue que l'on remarque dans ses paroles, la modestie et la gravité qui paraissent sur son visage, dans ses regards, dans sa démarche et dans tout son maintien extérieur? D'où pensez-vous que lui vienne cette attention singulière qu'il donne aux moindres de ses actions, et avec laquelle il examine tous les mouvements de son âme; cette crainte qui retient tous ses sens, aussi bien que son esprit et son cœur, dans les bornes étroites de la tempérance, de la justice et de la vérité? C'est qu'il ne perd jamais l'idée de cet œil invisible qui toujours est ouvert et ne dort jamais, ni de ce témoin éternel à qui rien n'échappe, de ce juge saint et sévère qui compte nos pas, qui pèse la moindre de nos paroles et les mouvements les plus imperceptibles de notre cœur?

Mais d'où pensez-vous que venait chez les saints, dont la vie nous remplit d'admiration, cette humilité profonde, cet esprit d'anéantissement qui les tenait plusieurs heures de suite la face contre terre? Cette ferveur, ces extases pendant lesquelles ils paraissaient immobiles, ayant les mains étendues, les yeux élevés vers le ciel, ou collés sur la croix de Jésus-Christ? C'est qu'ils étaient vivement pénétrés de la présence de Dieu; de ce Dieu terrible dans ses jugements, mais dont les miséricordes sont infinies; qui est le principe de tout bien, la source unique du vrai bonheur, le trésor, la joie, la consolation de ceux qui s'attachent à lui, l'objet souverainement aimable de leurs vœux, de leurs désirs, de leurs tendres et ineffables empressements.

Ah! mes frères, si nous vivons dans la dissipation, et souvent dans l'oubli de nos devoirs les plus essentiels; si notre esprit se laisse aller indifféremment à toute sorte de pensée; si notre cœur s'embarrasse de mille affections criminelles et inutiles; si nous sommes ennemis du silence et de la retraite, ne sachant ce que c'est de nous recueillir et de vivre avec nous-mêmes: si nos discours, nos regards, notre démarche et toutes nos actions, au lieu d'annoncer un esprit modeste, tranquille et solidement pénétré de cette crainte qui tient toutes les passions en bride, annoncent au contraire la légèreté, l'inconstance, le trouble, l'étourderie; n'en cherchons pas d'autre cause sinon que la présence de Dieu est bien loin de notre pensée. La présence des hommes nous en impose et nous retient, à combien plus forte raison ne nous en imposeriez-vous pas, grand Dieu! vous devant qui les anges tremblent, si nous pensions que vous entendez, que vous voyez, que vous connaissez toutes choses?

Mais enfin, puisque nous ne sommes touchés que très-médiocrement de tout ce qui ne frappe point nos yeux ou nos oreilles, puisque les objets extérieurs et sensibles qui nous environnent et qui devraient, ce semble, nous rappeler sans cesse la présence de Dieu, ne servent au contraire qu'à nous la faire perdre de vue; au moins, hélas! tout au moins faudrait-il vous ressouvenir, mon cher enfant, qu'il vous voit, et qu'il vous écoute, lorsque vous lui rendez l'hommage de vos adorations, et que vous faites ce que vous appelez votre prière.

A la bonne heure, Madame, que les affaires de votre ménage, et trop souvent vos plaisirs vous occupant du matin au soir, et absorbant toutes vos pensées, vous fassent perdre de vue la présence de celui qui en est témoin, plût à Dieu que vous en fussiez continuellement pénétrée, vous en seriez plus attentive à remplir dignement tous les devoirs d'une femme, d'une mère, d'une maîtresse chrétienne; vous seriez moins vive et plus patiente, plus réservée dans vos conversations, moins curieuse de plaire aux hommes. Vous donneriez beaucoup moins de temps au jeu, à la toilette et à mille frivolités dont vous paraissez occupée comme de choses fort sérieuses ; vous seriez, en un mot, plus régulière à tous égards et plus respectable ; mais puisqu'il vous est impossible de conserver toujours l'idée d'un Dieu présent à tout ce que vous pensez, aussi bien qu'à tout ce que vous faites, rappelez-la tout au moins à votre souvenir, cette divine présence dans le temps de votre prière, et pénétrez-vous en de manière que vous paraissiez alors devant lui avec la décence, l'attention, le respect qui sont dus à sa majesté souveraine.

Au lieu de vous abaisser profondément et de vous anéantir en sa présence, vous êtes exhaussée sur un fauteuil dont le dos sert à votre tiédeur et reçoit vos bâillements. Cette posture est-elle respectueuse? est-elle décente? Pensez-vous que Dieu vous voit, que vous lui parlez et qu'il vous écoute? Juste ciel, quelle prière! Vous ne savez en la commençant ce que vous allez demander à Dieu ; vous ne prenez pas garde à ce que vous lui dites, et vous descendez de votre fauteuil sans savoir ce que vous lui avez dit. Pourquoi ne pas vous retirer à l'écart dans un coin de votre maison où personne ne vienne vous interrompre? pourquoi tant d'appuis et tant de délicatesse?

Nous savons que Dieu regarde le cœur; c'est le cœur qui gémit, c'est lui qui prie, c'est lui qui est exaucé. Nous savons qu'il est force hypocrites et faiseurs de grimaces ; que l'orgueil et la corruption du cœur se trouvent quelquefois cachés sous les dehors trompeurs de la prière la plus humble et la plus fervente. Nous savons enfin que devant Dieu, quand le cœur est plein d'une piété sincère, toutes les postures, comme tous les temps et tous les lieux, sont parfaitement égales. Que vous soyez assis ou debout, levé ou couché, à l'église ou à la maison, seul ou en compagnie, tout cela est indifféent. Eh! plût à Dieu que nous fussions des hommes assez intérieurs, assez peu sensibles aux choses extérieures pour conserver l esprit de recueillement et de prière dans tous les temps et dans tous les lieux, même au milieu des plus grands troubles? Notre vie serait alors une prière continuelle. Mais nous savons aussi que l'attention, le respect, la crainte, la ferveur qui doivent accompagner nos prières paraissent nécessairement au dehors quand le cœur en est bien pénétré. Nous savons que la posture et les mouvements de notre corps suivent pour ainsi dire naturellement les dispositions et les mouvements de notre âme.

L'hypocrite peut bien cacher l'orgueil sous les dehors de l'humilité, mais le vrai chrétien ne saurait cacher l'humilité sous les dehors de l'orgueil, ni la modestie sous les dehors de l'immodestie et de l'indécence, ni le respect sous les dehors de la négligence et du mépris, ni la ferveur sous les dehors de la tiédeur et de la nonchalance, ni la crainte de Dieu et le tremblement intérieur d'une âme qui en est pénétrée, sous les dehors de la hardiesse et de l'effronterie ; la piété, en un mot, ne se cache point sous le voile de l'irréligion et de l'impiété. Les apparences de la vérité ou de la vertu peuvent servir de masque au vice et au mensonge, mais les dehors du vice et du mensonge ne serviront jamais de marque à la vertu et à la vérité.

Ne dites donc pas, mon cher paroissien, pour excuser votre inattention et vos irrévérences, qu'il y a des hypocrites dont les dehors paraissent édifiants et qui dans le fond ne valent rien. Je l'ai remarqué ailleurs, et je le répète ici, vous valez en cela moins que l'hypocrite. Il cache sous les apparences de la piété les méchantes dispositions de son âme, au lieu que vous laissez voir au dehors le peu de religion qui est dans la vôtre. L'hypocrite passe pour ce qu'il n'est pas, et il édifie ; vous passez pour ce que vous êtes, et vous scandalisez ceux qui vous voient. Vous ne valez donc pas mieux? vous valez donc moins que lui?

Ah! mes frères, si lorsque nous nous présentons devant Dieu nous étions véritablement pénétrés de ce qu'il est et de ce que nous sommes, nous n'approcherions de lui qu'en tremblant ; nous ne trouverions jamais de posture assez basse et assez humiliante. Si nous faisions la moindre réflexion sur sa justice et sur nos péchés, sur sa puissance et sur notre faiblesse; sur sa providence et sur ses bienfaits, sur ce qu'il a de grand, de beau, d'infiniment aimable : ah! nous éprouverions tour à tour et souvent tout à la fois des sentiments d'admiration, de respect, de crainte, d'amour, de reconnaissance.

Voici donc à vos pieds, grand Dieu, cette misérable créature qui reconnaît avoir en vous et par vous seul, l'être, le mouvement et la vie. Je viens en faire hommage à votre Majesté souveraine, vous rendre le tribut de mes adorations, et protester en toute humilité que je ne sais rien, que je ne suis rien, que je ne suis rien sans vous et hors de vous.

Seigneur, que vous êtes bon de me souffrir en votre présence : ma misère et mon indignité, la malice, la corruption, les égarements de mon cœur, bien loin de vous rebuter, excite votre compassion. Vous m'exhortez tendrement à venir à vous, comme si vous aviez besoin de moi ; vous m'invitez à vous prier, et vous êtes toujours prêt à exaucer mes prières.

Ah! qui pourra donner à ce misérable cœur les sentiments de reconnaissance qu'il vous doit pour les bienfaits sans nombre dont je suis redevable à votre Providence et à vos infinies miséricordes? Qui pourra donner à mes yeux une source de larmes pour pleurer sur ma vie passée? Qui me donnera des ailes comme à la colombe, pour m'élever et me reposer en vous? O bonté! ô vérité! ô justice! ô beauté toujours ancienne et toujours nouvelle!

Vous seul, ô mon Dieu! vous seul pouvez mettre dans ma bouche des paroles qui soient dignes de vous. Pénétrez-moi de crainte à la vue de vos jugements ; remplissez-moi de confiance à la vue de vos miséricordes ; d'admiration et d'amour, à la vue de vos adorables et infinies perfections.

Dieu de toute bonté, source éternelle de tout bien, mon Père, ah ! que ce nom est doux ! mon Père, regardez en pitié votre malheureux enfant. Eclairez ses ténèbres, et apprenez-lui à faire votre volonté. Vous voyez ma faiblesse, soyez mon appui, ma force, et accomplissez vous-même en moi et avec moi tout ce qui vous est agréable par Jésus-Christ.

Par Jésus-Christ notre Seigneur, voilà, mes frères, ce qui distingue la prière des chrétiens d'avec la prière des infidèles. Tout ce que nous avons dit jusque-là, les sages païens l'enseignaient et le pratiquaient à peu près comme nous. Ils croyaient la Divinité, ils l'adoraient, ils l'invoquaient dans leurs besoins, ils reconnaissaient la Providence, ils la remerciaient de ses biens; et, quoiqu'ils n'eussent pas sur les perfections divines les lumières que nous avons, ils ne laissaient pas de craindre la justice de Dieu, de se confier en sa bonté, de trembler en sa présence et d'avoir dans leurs prières l'attention, le respect, la modestie que nous prêchons.

Avant que Dieu nous eût donné son Fils, les hommes pouvaient prier, et soit qu'ils fussent Juifs ou gentils, ou grecs, ou barbares, ils étaient ou n'étaient pas exaucés, suivant les dispositions de leur cœur, dont Dieu seul peut être le juge, parce que lui seul connaît ce qui s'y passe. Mais toutes les grâces accordées aux hommes, toutes les bénédictions répandues sur la terre depuis le commencement du monde, n'ont été accordées qu'en vue de Jésus-Christ; et depuis que le Fils de Dieu s'est revêtu de notre nature, il est lui-même notre bouche, dit saint Ambroise, nous ne pouvons prier que par lui. Or, voyez, mes frères, quelles conséquences suivent de ce principe, et ce principe est un des fondements de notre foi.

D'abord, nous ne pouvons demander que ce que Jésus-Christ demande. Eh ! que demande-t-il? La gloire de son Père et la sanctification des élus. Tout se réduit là, tout doit y aboutir; tout ce qui ne se rapporte point à cette fin, Jésus-Christ ne le demande pas, et ne doit entrer pour rien dans nos prières.

Seigneur, donnez-moi des richesses et de la gloire, vengez-moi de mes ennemis, délivrez-moi de ces peines, préservez-moi de ces humiliations, déchargez-moi de cette croix; voilà qui est bon : mais il faut nécessairement ajouter, je vous le demande par Jésus-Christ; et c'est comme si vous disiez : Au nom de Jésus-Christ, qui n'a pas eu où reposer sa tête, qui a vécu dans le travail, et dans la pauvreté, Seigneur, donnez-moi des richesses, afin que je puisse vivre commodément et sans rien faire. Au nom de Jésus-Christ, qui étant égal à Dieu, n'a pas dédaigné de prendre la forme d'un esclave, et de vivre dans l'obscurité, Seigneur, élevez-moi au-dessus des autres, faites que je puisse commander et que l'on m'obéisse. Au nom de Jésus-Christ qui a reçu avec une douceur infinie le baiser perfide du traître Judas, qui l'a fait asseoir à sa table, qui a prié pour ses bourreaux, Seigneur, vengez-moi de mes ennemis. Au nom de Jésus-Christ, couvert de crachats, déchiré de plaies, couronné d'épines et baigné dans son sang, au nom de Jésus-Christ abreuvé de fiel, rassasié d'opprobres, expirant sur une croix, Seigneur, délivrez-moi de cette croix, mettez fin à ces douleurs, épargnez-moi ces humiliations. Quelle prière, mes chers paroissiens ! et ce sont là néanmoins les prières que nous faisons avec le plus de ferveur.

Mais il est permis de demander des grâces temporelles au nom de Jésus Christ; oui, sans doute, pourvu que nous puissions désirer innocemment ce que nous demandons : oui, pourvu que nous demandions les choses de ce monde par rapport à celles de l'éternité ; oui, pourvu que nous demandions ces grâces temporelles dans la vue de les faire servir à la gloire de Dieu et à la sanctification de notre âme, cherchant par-dessus tout le royaume de Dieu et sa justice, ne désirant tout le reste que pour arriver plus aisément à la justice et au royaume des cieux. Nous pouvons ainsi demander certaines grâces temporelles, et les demander au nom de Jésus-Christ; mais prétendre que Jésus-Christ soit notre médiateur et notre organe, lorsque nos désirs se bornent aux choses de la terre, c'est vouloir que Jésus-Christ devienne l'instrument de notre ambition, de notre avarice, de nos ressentiments, de notre délicatesse, de notre répugnance pour tout ce qui mortifie notre chair ou notre amour-propre; c'est vouloir le faire servir à notre cupidité; c'est vouloir qu'il favorise les sentiments, les désirs, les maximes du monde, et qu'il prie pour lui ; or, il a dit expressément qu'il ne priait point pour le monde : *Non pro mundo rogo.* (*Joan.*, XVII, 9.)

D'après cette réflexion, il est aisé de comprendre le sens de ce que disait notre Seigneur à ses apôtres : *Jusqu'à présent vous n'avez rien demandé en mon nom.* (*Joan.*, XVI, 24.) Pierre, tu demandes que nous dressions des tentes sur le Thabor, et que nous y établissions notre demeure ; tu ne sais ce que tu dis : enfants de Zébédée, voulez-vous être assis l'un à ma droite, l'autre à ma gauche ; vous ne savez ce que vous demandez, il y a bien autre chose à faire avant que d'en venir là ; il faut avaler mon calice et arriver à ma gloire par les tribulations. Mes apôtres, vous êtes encore tout terrestres et tout charnels, vous ne demandez rien qui soit digne des desseins que j'ai sur vous et des biens que je vous prépare : *Usque modo non petistis quidquam in nomine meo.* Hélas ! mes frères, quel est celui d'entre nous qui ne mérite de la part de Jésus-Christ le même reproche ?

Nous demandons le rétablissement de notre santé, la conservation de nos biens, la cessation des fléaux qui nous affligent, la pluie, le beau temps, la destruction des insectes qui nous font la guerre. Nous prions le Seigneur pendant tout l'été d'écarter les orages, de bénir, de conserver, de multiplier notre blé, notre vin, notre huile et tous les fruits de la terre, cela est très-bien : mais dites-moi, mes chers enfants, je vous en prie, quelle est votre intention lorsque vous demandez à Dieu ces bénédictions temporelles? Ne les désirez-vous que pour sa gloire et pour votre salut? Ah! les années d'abondance et les années heureuses où la paroisse n'essuie aucune affliction publique, sont précisément les années, ô mon Dieu, où l'on vous offense davantage ; les iniquités de votre peuple se multiplient à mesure que vous multipliez vos bienfaits et que vous lui accordez les grâces qu'il vous demande.

Dieu nous exauce cependant, mes frères, lors même que nous lui demandons les biens de ce monde, sans autre vue que d'y vivre plus à notre aise ; oui, sans doute, il nous exauce, et tant pis; car il nous exauce très-souvent dans sa colère, c'est la réflexion de saint Augustin (epist. 354, édit. Bened.), *iratus dat.* Les Israélites, dégoûtés et lassés de la manne, demandent une nourriture plus solide et plus ragoûtante. Dieu les exauce, il fait pleuvoir en quelque sorte une nuée de cailles dans le désert, et comme si ces cailles avaient été un poison, ils meurent après les avoir mangées.

Mes chers paroissiens, ne demandons des grâces temporelles que dans la vue de les faire servir à notre salut, et ne les désirons qu'autant qu'elles serviront en effet à notre salut et à la gloire de celui qui nous les donne. Grand Dieu, jetez les yeux sur votre Christ : *Respice in faciem Christi tui.* C'est en lui que sont renfermées toutes les bénédictions que vous devez répandre sur la terre, et c'est par lui que vous les y répandez ; il est la source unique d'où elles coulent : *Regardez donc la face de votre Christ*, et donnez-moi par lui ce qui m'est le plus utile. Si la grâce que je vous demande doit contribuer à ma perte plutôt qu'à mon salut, c'est une malédiction plutôt qu'une bénédiction ; et cette grâce prétendue n'est point en Jésus-Christ; elle n'est pas renfermée dans les trésors de la miséricorde de mon Sauveur, mais dans les trésors de votre colère : *Iratus dat.* N'écoutez donc ma prière, ô mon Dieu, qu'après avoir jeté les yeux sur Jésus-Christ ; je ne veux prier que par sa bouche, je ne vous demande rien qu'en son nom, je ne désire rien que ce qu'il vous demande lui-même : *Respice in faciem Christi tui.*

Autre conséquence de ce principe : ceci est beau, mes frères, je vous l'ai dit plusieurs fois, et je trouve qu'on n'y fait point assez d'attention : si nous prions au nom et par la bouche de Jésus-Christ, nous prions donc au nom et par la bouche de l'Eglise, qui est le corps de Jésus-Christ. Notre prière, quand elle part d'un cœur vraiment chrétien, est donc la prière de tous les justes, de tous les bienheureux, de tout le paradis ensemble : c'est le cri de l'Eglise, le cri par conséquent et la prière de Jésus-Christ.

De là vient encore que l'homme chrétien ne prie jamais pour lui seul, mais pour tous les fidèles qui forment avec lui le corps mystique de Jésus-Christ : car quoique tous les membres de ce corps n'aient pas les mêmes besoins, comme ils n'ont pas les mêmes fonctions; la charité néanmoins qui les réunit tous en Jésus-Christ, les rend mutuellement sensibles aux besoins les uns des autres. Lorsqu'un membre souffre, tous les autres souffrent; lorsqu'un membre se réjouit, tous les autres se réjouissent ; de sorte que les désirs, les gémissements, les prières d'un seul, sont les désirs, les gémissements, les prières de tous ; et voilà, mes chers paroissiens, ce que c'est que la prière. Depuis que le Fils de Dieu s'est fait homme, tous les hommes ne font qu'un en lui et par lui. C'est en Jésus-Christ que Dieu le Père a mis toutes ses complaisances, c'est lui seul qu'il écoute, lui seul qu'il exauce, et qui mérite d'être exaucé : avec quelle confiance ne dois-je donc pas m'approcher du trône de votre grâce, ô mon Dieu! c'est l'Eglise qui prie avec moi et pour moi; elle vous parle au nom et par la bouche de votre Fils; Jésus-Christ est lui-même la bouche de l'Eglise, la bouche de ce divin et adorable chef, dont j'ai le bonheur d'être le membre : *Os nostrum Christus, per quod Patri loquimur.*

Faut-il s'étonner après cela que la prière des saints, lors même qu'ils vivaient sur la terre, ait eu des effets si prodigieux, les guérisons miraculeuses, les morts ressuscités, les plus grands pécheurs devenus des anges terrestres, les loups changés en pasteurs, et d'autres merveilles sans nombre, tout cela n'a rien dont nous devions être surpris. La prière accompagnée d'une foi vive en Jésus-Christ doit nécessairement obtenir ce qu'elle demande, parce qu'elle ne demande rien qu'au nom et par la bouche de Jésus-Christ. Si nos prières sont presque toujours inutiles; si elles nous sont quelquefois pernicieuses, c'est qu'elles ne sont point faites au nom de Jésus-Christ; c'est que nous prions sans confiance, nous n'avons point de foi; il y a plus, nous n'avons ni droiture ni charité.

SECONDE RÉFLEXION.

Je me souviens de vous avoir fait l'année dernière, au troisième dimanche d'après les Rois, une instruction familière sur la prière du pécheur qui ne veut pas quitter son péché; le second dimanche du Carême suivant, j'en fis une autre sur la prière en général. Il y avait dans l'un et dans l'autre certaines réflexions, dont j'appris ensuite que quelques-uns d'entre vous avaient été touchés par la grâce de Dieu ; mais comme je ne vous dis point à beaucoup près ce que j'avais à vous dire sur un sujet aussi important, je vais le reprendre aujourd'hui, puisque l'occasion s'en présente, afin que rougissant une bonne fois de la contradiction énorme qui se trouve entre la vie que nous menons et les prières que nous adressons à Dieu, nous prenions donc enfin le parti ou de vivre chrétiennement ou de changer la forme de nos prières, et par conséquent la forme de notre religion.

Laissons-là, mes chers paroissiens, toutes ces prières que vous lisez dans vos Heures ou que vous récitez par cœur : elles sont belles, énergiques, touchantes, vous les entendez ou vous ne les entendez pas, je n'en dirai rien ; je me borne à une prière que vous récitez plusieurs fois le jour, et à laquelle toutes les autres se rapportent; prière qui est commune aux grands et petits, aux ignorants et aux savants, que les rois récitent dans leur palais; aussi bien que le pauvre dans sa chaumière; prière qui est à la portée des plus simples, quoiqu'elle renferme ce qu'il y a de plus grand et de plus sublime; prière, en un mot, qui nous est venue du ciel, et nous a été enseignée par celui-là même à qui elle s'adresse. Je veux en examiner ici toutes les paroles, et vous jugerez vous-même, pécheur qui m'écoutez, si cette prière mise à côté de vos mœurs, n'est pas dans votre bouche la prière d'un moqueur ou d'un hypocrite.

Vous ne dites pas mon Père, mais notre Père, faisant ainsi profession d'avoir avec tous les hommes un père commun, et de regarder par conséquent tous les hommes comme vos frères. Les regardez-vous en effet sur ce pied-là, et les traitez-vous en conséquence? Où est cette douceur, cette patience, cette affabilité, cette bonté qui les souffre, les accueille, les protège, les console, les aime tous? Lorsque vous les dédaignez, parce qu'ils sont pauvres; lorsque vous les méprisez, parce qu'ils sont dans une condition obscure; lorsque vous enviez leurs biens ou leur mérite, de bonne foi, les regardez-vous comme vos frères, et comme ayant avec eux un père commun?

Où sont aujourd'hui les chrétiens qui partagent sincèrement les plaisirs et les peines du prochain, qui aient pour les malheurs d'autrui la centième partie de la sensibilité qu'ils éprouvent dans leurs afflictions personnelles? Qu'on aille dans les hôpitaux, chez les familles affligées, chez les pauvres malades de la campagne, où sont les frères qui les visitent, qui les consolent, qui les assistent dans leurs besoins? Hélas! nous oublions quelquefois que notre prochain est un homme semblable à nous, comment nous souviendrions-nous qu'il est notre frère? Et nous ne laissons pas de parler à Dieu comme si nous n'avions qu'un cœur et qu'une âme avec tous les hommes : nous sommes donc à cet égard des moqueurs ou des hypocrites. Je n'en dis pas davantage là-dessus; et je demande que signifie ce beau nom de Père, dans la bouche d'un chrétien dont les sentiments et la conduite ne sont rien moins que la conduite et les sentiments d'un enfant de Dieu?

Mon père, disait l'enfant prodigue, lorsqu'il fut rentré en lui-même et qu'il eut reconnu ses égarements, *mon père je ne suis pas digne d'être appelé votre fils* (*Luc.*, XV, 19-21) : il avait raison de l'appeler son père, et il sentit bientôt les effets de toute la tendresse paternelle; que le pécheur revenu sincèrement à Dieu, embrassant la croix de Jésus-Christ, et se jetant entre les bras de sa miséricorde, l'appelle d'un nom si doux, c'est un effet de la tendre confiance avec laquelle il demande et espère obtenir son pardon: C'est en vous appelant son Père que le pécheur vous touche, ô mon Dieu! et qu'il remue les entrailles de votre bonté paternelle.

Mais que vous osiez, mon cher enfant, appeler Dieu votre Père, lorsque vous lui dites, comme l'Enfant prodigue, sinon de bouche au moins de cœur, et par votre conduite : Mon père, je suis las de vivre dans votre maison et auprès de vous, votre présence me gêne, la soumission que vous exigez de moi m'est à charge; je veux être mon maître, donnez-moi donc ma légitime, afin que je m'en aille et que je m'éloigne de vous : donnez-moi la santé pour commettre des fornications et des adultères ; donnez-moi de l'or et de l'argent pour contenter mon orgueil, mon ambition, ma vanité, ma mollesse et toutes mes inclinations : votre Evangile est trop sévère, votre loi me paraît insupportable, je ne saurais vivre dans votre maison. Le nom de père dans la bouche d'un fils qui a de tels sentiments, le doux nom de père dans la bouche d'un fils ingrat qui, secouant le joug de l'obéissance et du respect, se dépouille de toute la tendresse filiale, le nom de père dans une telle bouche, n'est-il pas une dérision et une insulte?

Les Pharisiens se glorifiaient d'être les enfants d'Abraham ; ils faisaient sonner cette qualité bien haut. Abraham notre père ; notre père Abraham. Eh bien! leur disait Notre-Seigneur, si vous êtes les enfants d'Abraham, faites-en donc les œuvres; imitez-donc sa foi, son obéissance, son désintéressement, son humilité, toutes ses vertus qui l'ont rendu si agréable aux yeux de Dieu, si grand et si célèbre parmi les hommes. ***Si filii Abrahæ estis, opera Abrahæ facite.*** (***Joan.***, VIII, 39.)

Nous nous glorifions d'être les enfants de Dieu, et nous l'appelons notre Père; mais qu'y a-t-il dans nos œuvres à quoi l'on puisse reconnaître que nous sommes ses enfants. Il est la vérité, la justice, la bonté, la sainteté même. Quelle ressemblance avons-nous avec lui? Où est notre bonté, notre sainteté, notre justice? ***Soyez parfaits***, dit-il, *comme votre Père céleste est parfait* (*Matth.*, V, 48) ; non pas que nous puissions jamais atteindre à la perfection de ce modèle divin, mais afin que nous l'ayons sans cesse devant les yeux, et que nous l'imitions de toutes nos forces. Mes frères, mes frères, c'est là le moindre de nos soucis; et néanmoins, nous osons dire à Dieu tous les jours, notre Père, notre père : ***Pater***. Votre père est le diable, disait encore Jésus-Christ aux Pharisiens ; c'est à lui que vous ressemblez, c'est lui dont vous faites les œuvres; des œuvres de mensonge et de ténèbres; des œuvres d'orgueil, de malice et de corruption. Reproche sanglant et honteux qui nous regarde, que nous méritons autant et peut-être plus que ces fameux hypocrites : *Vos ex patre diabolo estis.* (*Joan.*, VIII, 44.)

Comparez, mon cher paroissien, comparez votre façon de penser et votre manière de vivre avec les demandes que vous faites à Dieu en récitant cette prière divine. Elle contient comme vous savez sept articles. Examinez-les vous-même les uns après les autres; soyez de bonne foi, rendez-vous justice, et voyez donc si vos actions ne démentent pas votre langage; si les dispositions de votre cœur ne sont pas diamétralement opposées aux paroles que vous avez dans la bouche.

Je vous ai souvent ouï dire qu'on ne parlait point sérieusement à Dieu, lorsque, avec la haine et les désirs de vengeance dans le cœur, on lui dit : *Mon Dieu, pardonnez-moi mes offenses, comme je pardonne moi-même à ceux qui m'ont offensé.* Il n'est pas vraisemblable en effet qu'un homme fasse sérieusement cette prière : ne me pardonnez point, Seigneur, vengez-vous, et traitez-moi comme je le mérite. Mais prenez garde qu'il en est de même à proportion, de toutes les demandes renfermées dans l'Oraison dominicale; et que cette prière n'est rien moins que sérieuse dans la bouche du chrétien qui ne mène pas, ou qui ne désire et ne s'efforce pas de mener une vie chrétienne.

Seigneur, *que votre nom soit sanctifié :* Qu'est-ce que cela signifie dans la bouche de cet homme violent et brutal, qui dans les accès de sa colère prend le nom de Dieu en vain, qui vomit des jurements, des imprécations, des blasphèmes contre sa femme, ses enfants, ses domestiques ; contre les animaux qui le servent, contre tout ce qui l'inquiète et lui déplaît? Il dit régulièrement deux fois le jour : *Notre Père, que votre nom soit sanctifié*, pendant que dix fois le jour, il outrage ce nom adorable. Mais que signifie cette prière dans la bouche d'un orgueilleux, qui, bien loin de chercher la gloire du nom de Dieu, ne cherche que les louanges et les applaudissements des hommes; dans la bouche d'un libertin qui scandalise la paroisse par le dérèglement de ses mœurs, et à l'occasion duquel le nom de Dieu est offensé tous les jours de mille manières ; dans la bouche de ce jeune étourdi ou de tel autre qu'il vous plaira, qui, élevant jusqu'au ciel le système et les ouvrages de nos prétendus esprits forts, les met au-dessus de l'Evangile; de l'Evangile qu'il ne lit point, qu'il n'a jamais lu, qu'il ne connaît pas, qu'il ignore parfaitement, et qu'il blasphème?

Vous vous trompez, Monsieur, ces gens-là ne prient jamais : ils ne prient jamais! Qui est-ce qui le dit? leurs domestiques, leurs amis, ceux qui les approchent et qui les ont suivis de près. Ils se lèvent et se couchent comme leurs chiens et leurs chevaux; mais ils ont des places, des charges, des honneurs qu'ils n'auraient certainement pas, s'ils ne faisaient profession de la foi catholique, et ils l'ont faite ; ils l'ont signée de leur propre main, ils ont juré qu'ils étaient chrétiens. Seraient-ils capables de pousser jusqu'à ce point l'hypocrisie, l'imposture, la fourberie! ils sont ce qu'ils sont; mais enfin ils ne prient point ; car s'ils priaient, ils ne manqueraient pas de dire : Etre des êtres, daignez répandre sur moi quelques rayons de votre lumière, et faites-moi connaître la vérité. S'ils vous tenaient ce langage, ô mon Dieu, dans toute la sincérité d'un cœur droit qui cherche de bonne foi la vraie sagesse, vous les exauceriez infailliblement, et ils ne donneraient pas comme ils font dans un si grand nombre d'erreurs et d'extravagances. Ils ne croient donc pas en Dieu? Je n'en sais rien; mais nous y croyons, et je ne vois pas qu'en le déshonorant par notre conduite, nous puissions dire mieux qu'eux : *Seigneur, que votre nom soit sanctifié.*

Où est notre zèle pour sa gloire? Quand on touche à notre réputation, à nos droits, à notre personne, il semble que nous soyons des divinités : on manque à ce qui m'est dû, l'on m'offense, l'on m'insulte; mon honneur, mon honneur! A la bonne heure; mais l'honneur et la gloire de votre Dieu, ne les comptez-vous pour rien? J'aurais voulu, disait le saint roi David (*Psal.* CIII, 35), pouvoir exterminer tous les pécheurs, c'est-à-dire, j'aurais voulu que Dieu les convertît ; je désirais de voir toutes les iniquités bannies de dessus la terre. Hélas! mes frères, il n'est rien au monde qui nous occupe moins, et à quoi nous paraissions plus insensibles. Dans nos familles même, dans l'intérieur de nos maisons, nous ne pensons à rien moins qu'à faire adorer et bénir le nom du Seigneur par ceux qui les composent.

Où sont les maîtres aussi exacts, aussi attentifs, aussi difficiles vis-à-vis de leurs domestiques par rapport au service de Dieu, qu'ils le sont en ce qui regarde leur propre service? A peine s'avise-t-on s'ils assistent ou s'ils n'assistent pas à l'Office et aux instructions de la paroisse; s'ils font régulièrement leur prière; s'ils fréquentent les sacrements; s'ils ne lisent pas de mauvais livres; s'ils ne tiennent pas de mauvais discours; s'il n'y a point parmi eux quelque libertinage secret. Qu'ils servent Dieu ou qu'ils l'offensent, on ne s'en met point en peine, pourvu qu'ils remplissent leur tâche; et néanmoins on ne laisse pas de dire soir et matin : *Seigneur, que votre nom soit sanctifié.* « *Sanctificetur nomen tuum.* » Ce n'est pas une prière; c'est une dérision, ou ce n'est rien du tout.

Il y a une chose, mes frères, qui contribue infiniment à la gloire de Dieu, qui réveille et nourrit la foi dans le cœur des peuples : je veux dire la décence et la majesté du culte divin. Je ne dis pas la richesse et la magnificence des églises; mais je dis la décence et la propreté Qu'est devenue sur cet article la piété des premiers fidèles? On est fort curieux aujourd'hui d'avoir de belles maisons, des meubles et des habits précieux ; le luxe s'est étendu jusque dans nos misérables campagnes. Nous autres Pasteurs savons mieux que personne le mal qu'il y fait, et très-certainement il aura des suites funestes. Mais le temple du Seigneur, mais les vêtements sacrés de ses ministres, mais la décoration de ses autels, mais la beauté, la propreté au moins et la décence de sa maison, la gloire et la majesté de son culte; c'est là un point sur lequel nous sommes tous ou presque tous dans la plus parfaite indifférence.

Qu'on entre dans la plupart de nos églises, à la campagne; qu'on visite les aubes, les ornements, les nappes de l'autel où l'on immole, où l'on mange la chair de l'Agneau sans tache, on est rempli d'indignation pour peu que l'on ait un reste de foi. Les honnêtes gens ne voudraient pas couvrir leur table de linge pareil à celui qui couvre la table où repose le corps de Jésus-Christ. La toile qui est à leur usage n'est jamais trop fine, jamais trop propre, jamais trop chère : et ce qui doit servir au sacrifice redoutable de nos autels, à ce qu'il y a de plus saint et de plus sacré sur la terre, on le trouve toujours assez bon, toujours trop cher, quelque grossier, quelque vil, quelque indécent qu'il puisse être. On dit après cela trente fois le jour : *Notre Père, que votre nom soit sanctifié;* mais on le dit comme une chanson : nous le disons, hélas! parce que nous sommes payés pour le dire. Nous avons le nom de Dieu dans la bouche, nous le glorifions du bout des lèvres; mais le cœur est bien loin de là : ce misérable cœur qui est rongé d'avarice, que l'ambition dévore, que la volupté amollit, où le péché règne, où le vice triomphe, où les saintes maximes de l'Evangile sont mises au rebut, et nous avons la hardiesse de dire : *Notre Père, que votre nom soit sanctifié, que votre règne arrive!* « *Adveniat regnum tuum.* »

C'est un grand royaume, et un royaume bien difficile à gouverner que le cœur de l'homme. La nature s'y soulève sans cesse contre la raison; et lorsque la raison, soutenue par la grâce de Jésus-Christ, ne réprime pas les mouvements déréglés de la nature, le cœur de l'homme est vraiment alors comme une république en désordre, où tout est sens dessus dessous. Ceux qui devraient obéir commandent, ceux qui devraient commander obéissent. L'esprit d'erreur et d'iniquité y tient la justice et la vérité captives; l'esprit d'avarice y étouffe tous les sentiments de noblesse, de bienfaisance et d'humanité; l'esprit d'ambition et d'orgueil y foule aux pieds la modestie, la sobriété, la pauvreté, l'humilité chrétiennes; l'esprit d'intérêt s'y élève au dessus de la probité; l'esprit de jalousie, de malignité, de haine, de vengeance, étouffe la voix de la charité; l'esprit impur corrompt, souille, prostitue les membres de Jésus-Christ à toutes les horreurs du libertinage. Tel est le cœur de l'homme, quand il se livre aux penchants de la nature corrompue; quand il croupit sans résistance dans l'esclavage des passions qui le gouvernent, le gourmandent, le tyrannisent.

Il n'en est pas ainsi dans la personne du juste. La chair s'y élève contre l'esprit, mais l'esprit à son tour s'élève contre les mouvements de la chair et les réprime. La nature le porte à l'orgueil, et il est humble; à la colère, et il est doux; à la vengeance, et il aime ses ennemis; à la mollesse, et il se mortifie; aux plaisirs honteux, et il est chaste. De là vient cette guerre intestine, ce combat perpétuel qui le tient continuellement en haleine. Ecoutez l'apôtre saint Paul : *Je sens,* dit-il, *dans mes membres, une loi qui s'oppose et résiste à la loi de mon esprit. Malheureux que je suis! qui est-ce qui me délivrera de cette chair mortelle et sujette à la corruption?* (*Rom.* VII, 24.) La grâce de Dieu par Jésus-Christ. Venez donc, ô Jésus! ah! venez établir dans mon cœur le règne de la justice, soumettez-y toutes les passions; faites-y triompher toutes les vertus, et ramenez-y la douce paix qui les accompagne. *Adveniat regnum tuum.*

Que votre règne arrive : O la belle prière dans la bouche d'un chrétien qui se fait violence, et qui lutte sans cesse contre son mauvais penchant! Hélas! que je suis à plaindre, ô mon Dieu; je ne désire rien tant que d'être doux et humble de cœur à votre exemple, et je me sens porté à l'orgueil et à la colère. La chasteté me paraît la plus aimable de toutes les vertus; j'ai en horreur tout ce qui la blesse, et je sens, comme saint Augustin, ces misérables plaisirs qui me tirent par la robe de ma chair. Je connais la fragilité, le néant de toutes les choses de ce monde, et son faux éclat m'éblouit, et ses vanités m'entraînent.

Arrivez, Seigneur, arrivez : *armez-vous de votre glaive.* (*Psal.* XLIV, 4.) Etablissez dans mon cœur le règne de votre grâce toute-puissante. Que la sainteté de votre loi, la beauté de votre Evangile, la douceur, les charmes, l'onction divine du joug aimable que vous avez imposé aux enfants des hommes triomphent de toutes mes passions, de manière que vous commandiez seul à mon âme, et que vous seul soyez obéi : *Adveniat regnum tuum.*

Mais qu'est-ce que cela peut signifier dans la bouche d'un chrétien qui croupit volontairement dans l'habitude du péché? Nous n'avons pas d'autre roi que César, disaient autrefois les Juifs; ôtez ce Jésus de devant nos yeux, qu'il disparaisse et qu'on le crucifie : *Non habemus regem nisi Cæsarem.* (*Joan*, XIX, 15.) Eh! que dites-vous autre chose, mon cher enfant, en menant la vie que vous menez, et dont vous rougissez pendant que je parle? Otez cet Evangile, ce crucifix, ce Jésus. Sa vue me gêne et m'importune; qu'il aille régner dans un autre cœur que le mien, je n'en veux point. Cette créature, mon plaisir, ma liberté, mon argent, ma passion, voilà mon roi, je n'en reconnais point d'autre : *Non habemus regem nisi Cæsarem.* Avec de tels sentiments, qui ne sont que trop bien prouvés par votre conduite, vous avez le front de dire soir et matin : *Seigneur, que votre règne arrive.* Ainsi, les Juifs, après l'avoir couronné d'épines, fléchissaient le genou devant lui, en disant : *Salut au roi des Juifs.* (*Matth*, XXVII, 29.) N'est-ce pas faire un jeu de la prière ?

N'en faites-vous pas un jeu, lorsque vous demandez à Dieu que sa volonté soit faite, tandis que dans le fond de votre âme vous n'êtes disposé à rien moins qu'à la faire ; tandis qu'il n'y a pas un seul de ses commandements auquel vous obéissiez de bon cœur et de bonne grâce? Comment accordez-vous cette prière avec la tristesse et l'accablement où votre cœur s'abandonne, quand il vous arrive quelque malheur ou quelque humiliation ? Avec les plaintes, les murmures que vous faites éclater et qui vont quelquefois jusqu'aux imprécations et au désespoir ? Mais êtes-vous de bonne foi, et désirez-vous sincèrement que la volonté de Dieu soit faite, lorsque, de votre côté, vous ne prenez aucune mesure, ni pour la connaître, ni pour l'accomplir ? lorsque vous résistez opiniâtrément aux inspirations du Saint-Esprit, aux mouvements de la grâce, aux remords de votre conscience ? Il faut avouer, mes chers paroissiens, que nous faisons un singulier personnage, en récitant notre *Pater*. Nous disons à Dieu tous les jours : *Seigneur, que votre volonté soit faite*, et nous ne voulons jamais, ou presque jamais ce que Dieu veut, et notre volonté, du matin au soir, se trouve presqu'en tout en contradiction avec la sienne.

Nous demandons ensuite *notre pain quotidien.* Ah ! mes frères, c'est ici que l'ingratitude et la noirceur du cœur humain paraissent dans le plus grand jour. Nous demandons à Dieu notre pain quotidien, et il nous donne non-seulement le nécessaire, mais l'agréable et le superflu. Quel usage en faisons-nous ? L'homme ne tourne-t-il pas tous les jours contre le ciel, les biens que le ciel répand tous les jours sur la terre ! Ce pain, ce vin, ces viandes, ces habits, cet or, cet argent, tous les bienfaits de la Providence ne deviennent-ils pas, entre nos mains, les instruments ou l'occasion de presque tous nos désordres ?

Venez, misérable ivrogne, ma douleur, ma croix, le scandale de ma paroisse ; venez, mon cher enfant, écoutez votre pasteur, et soyez enfin touché des représentations qu'il ne cesse de vous faire. Vous dites, soir et matin, au moins quand vous n'êtes pas ivre : *Notre Père, donnez-nous notre pain quotidien.* Savez-vous ce que cela signifie dans votre bouche ? Seigneur, donnez-moi du vin, afin que je m'en remplisse, que je m'enivre, oui, que je m'enivre dans ce cabaret, où je profane tous les Dimanches et toutes les fêtes de l'année, où je déshonore votre saint nom, où je vous offense de mille manières : *Donnez-moi mon pain quotidien.* J'ai vendu pour payer le cabaretier presque toute ma petite récolte ; je dois encore mes tailles, mes créanciers me poursuivent, ma femme et mes enfants sont nus, je suis nu moi-même ; je ne sais où prendre pour vivre et pour me vêtir, ni comment passer l'hiver ; j'ai tout mangé, j'ai tout bu, le cabaret a tout englouti. *Notre Père, donnez-nous notre pain quotidien.*

L'avare prie et demande son pain quotidien. Mes greniers et ma cave sont pleins, j'attends la disette pour vendre. Cette pauvre famille est réduite à la mendicité : tant pis pour elle. Cette pauvre veuve n'a point de pain : qu'elle en cherche. Ces pauvres orphelins sont nus : qu'ils s'habillent. Cet honnête homme vient d'essuyer une grosse perte, et il se trouve dans l'embarras ; qu'il s'en tire. Je ne prête rien, je donne encore moins ; je ne rends service à personne : *Notre Père, donnez-nous notre pain quotidien.* C'est-à-dire, donnez-moi de l'or et de l'argent pour en faire une idole, que je mette à votre place et que j'adore au lieu de vous. C'est ainsi, mes frères, que les hommes demandent leur pain quotidien; chacun veut avoir part aux biens de ce monde, et pourquoi ? Celui-ci pour contenter son avarice ; celui-là pour satisfaire son ambition, ou sa vanité ; l'un pour entretenir son luxe ou son libertinage, l'autre pour se venger de ses ennemis, ou pour les faire sécher d'envie. Disons tout en un mot : nous vous demandons, grand Dieu ! des armes pour vous faire la guerre; nous vous demandons des poignards pour vous percer le sein.

Mais par le pain quotidien notre Seigneur entend aussi le pain de la grâce, et tous les secours spirituels dont nous avons besoin pour vivre chrétiennement; et sur cet article, encore, les dispositions de notre cœur ne s'accordent point du tout avec notre prière. Ce pain quotidien qui doit nourrir et fortifier nos âmes, c'est la parole de Dieu que je vous annonce ; quel cas en faites-vous, mes frères ? Mes très chers frères, quel cas en faites-vous ? Comment la recevez-vous ? Quel fruit en retirez-vous ? Elle vous ennuie, elle vous lasse, elle vous endort, elle vous damne. Ce pain quotidien, c'est Jésus-Christ le pain des anges, dans le Sacrement adorable de nos autels. Nous vous invitons, nous vous exhortons, nous vous pressons ; Notre Seigneur ne cesse de crier lui-même : Venez, prenez et mangez. Comment répondez-vous à ses invitations et aux nôtres? Vous faites la sourde oreille, vous secouez la tête, vous tournez le dos, vous n'en voulez point. Ce pain quotidien sont les grâces intérieures, les opérations secrètes du Saint-Esprit qui nous porte au bien, ou qui nous détourne du mal. Vous demandez à Dieu ce pain, et il vous le donne ; mais vous le rejetez à mesure qu'il vous le présente ; vous ne le demandez donc pas sérieusement ? Vous êtes donc des moqueurs, lorsque vous dites : Seigneur, donnez-nous votre grâce, qui est le pain quotidien de nos âmes.

Ne sommes-nous pas des moqueurs lorsque nous demandons à Dieu qu'il nous préserve de tomber dans la tentation et qu'il nous délivre du mal, c'est-à-dire du péché, le seul mal qu'il y ait au monde ? Car enfin, mon cher paroissien, si votre prière était sérieuse, vous craindriez la tentation ; si vous la craigniez, vous ne la chercheriez pas, vous la fuiriez au contraire; vous prendriez des précautions, vous feriez des efforts pour l'éviter, ou pour vous mettre en état de la vaincre, lorsque vous ne pourriez pas la fuir. Vous useriez pour cela des moyens que Dieu vous a préparés, que la religion vous présente, que vos pasteurs vous prescrivent, que votre position, votre caractère, votre tempérament, vos besoins particuliers exigent. Vous ne liriez pas tels et tels livres, vous n'auriez point de liaison avec telles et telles personnes; vous ne paraîtriez que très-rarement, et seulement par bienséance dans telle et telle maison; vous feriez tous les jours quelques lectures de piété, vous mettriez de l'ordre dans vos occupations, vous régleriez votre vie, vous ne seriez jamais oisif, vous supprimeriez les visites et les entretiens inutiles, et, en un mot, si vous craigniez la tentation, vous seriez en garde contre elle; vous prendriez vos précautions : vous n'en prenez aucune, vous ne la craignez donc pas, et si vous ne craignez pas, pourquoi demandez-vous à Dieu qu'il vous en préserve? Comment osez-vous le prier qu'il vous délivre du péché, pendant que vous vous exposez sans nécessité, sans crainte, sans précautions, sans ménagement, sans réserve, à tout ce qui peut être pour vous, à tout ce qui est réellement pour vous une occasion de penser, de dire, de désirer, de faire ce qui est mal, de commettre le péché, de tomber dans les filets du diable? Ce n'est pas là prier, c'est se moquer, c'est tenter Dieu, c'est lui demander des miracles en l'air comme les Pharisiens : *Alii tentantes signum de cœlo quærebant ab eo.* (*Luc.* XI, 16.)

De ce que nous avons dit, et qui n'est rien en comparaison de ce qu'il y aurait à dire sur une matière aussi vaste, concluez, mes chers paroissiens, que l'Oraison dominicale est non-seulement la plus belle de toutes les prières, mais encore la plus étendue, la plus solide, la plus touchante de toutes les instructions; que les paroles dont elle est composée, quoique l'on ne mette pas deux minutes à la réciter, renferment néanmoins et rappellent à notre esprit, quand elles sont bien méditées, tous les principes de la morale chrétienne.

Nous y apprenons que tous les hommes ayant un Père commun, tous les hommes sont frères, qu'ils doivent s'aimer par conséquent et vivre les uns avec les autres comme des frères. Nous y apprenons que notre patrie, notre héritage, nos véritables biens étant non sur la terre où nous ne faisons que passer, mais dans le ciel, qui est le royaume de notre Père, et d'où notre âme est sortie, c'est là que doivent se porter toutes nos pensées et toutes les affections de notre cœur : c'est là que doivent aboutir par conséquent toutes nos démarches; que l'espérance d'y arriver doit faire notre plus douce consolation dans les peines de ce bas monde, où nous voyageons comme des étrangers, et qui est vraiment à tous égards un séjour de douleur et une vallée de larmes. Espérance fondée non sur nos propres mérites, mais sur les mérites de Jésus-Christ, n'y ayant d'autre nom sur la terre en vertu duquel nous puissions espérer le salut et le royaume du ciel.

Que ce nom adorable doit être profondément gravé dans nos cœurs, que nous devons l'avoir sans cesse dans notre bouche pour le bénir, l'invoquer, le sanctifier, contribuant de toutes nos forces par nos prières et par nos exemples à ce qu'il soit connu, invoqué, béni, sanctifié dans tous les temps et dans tous les lieux, afin que la volonté de Dieu notre Père soit faite par Jésus-Christ sur la terre comme dans le ciel; afin que la grâce et la vérité de Jésus-Christ triomphe de toutes les erreurs et de toutes les passions humaines.

Elle nous apprend, cette oraison divine, que pendant les jours de notre pèlerinage nous dépendons en tout de la Providence, mais d'une Providence aimable, qui veille et pourvoit à tous nos besoins; mais d'une Providence pleine de sagesse, qui pour nous rendre plus sensibles à ses bienfaits exige que nous lui demandions tout ce qui nous est nécessaire, et que nous travaillions nous-mêmes avec son secours, soit pour la nourriture et la conservation de notre corps, soit pour la sanctification et pour le salut de notre âme. Elle nous apprend enfin, cette admirable prière, que Dieu seul peut nous soutenir au milieu des dangers et des tentations qui nous environnent; que lui seul peut nous défendre contre les artifices du malin esprit, nous préserver de la corruption du siècle, fortifier notre âme contre la faiblesse et la fragilité de la chair, contre la malheureuse impression que font sur nous les plaisirs, les biens, les vanités de ce monde; que la grâce de Dieu par Jésus-Christ est seule capable de nous délivrer du mal, c'est-à-dire du péché, le plus grand de tous les maux, l'unique mal qui soit véritablement à craindre; mais que nous devons, de notre côté, faire tous nos efforts pour éviter le mal dont nous voulons que Dieu nous préserve, et qu'il n'y a pas moins de présomption à compter sur la grâce, quand on s'expose soi-même à la tentation sans nécessité, qu'il y en aurait à compter sur ses propres forces dans les occasions du péché où l'on se trouve malgré soi.

Je finirai donc, mes frères, par les paroles du Saint-Esprit, que je vous ai rapportées si souvent, et que vous trouverez au XXVIIIe chapitre des *Proverbes* (vers. 9): *La prière de celui qui détourne ses oreilles pour ne pas entendre la loi est une prière exécrable :* « *Qui declinat aures suas ne audiat legem, oratio ejus erit exsecrabilis.* » La prière que vous nous avez enseignée vous-même, ô Jésus, est donc une prière exécrable dans la bouche du chrétien qui ferme l'oreille de son cœur aux saintes maximes de l'Evangile, et qui résiste opiniâtrément aux inspirations de votre grâce; elle est exécrable dans la bouche de ce philosophe prétendu, de ce raisonneur éternel qui fait semblant de chercher la vérité, mais qui déraisonne, éternellement et ne veut point l'entendre; exécrable dans la bouche de ce libertin qui fait la sourde oreille et se moque des pasteurs de l'Eglise, quand ils l'exhortent à changer de vie et à faire cesser le scandale qu'il donne à ses voisins et à toute la paroisse; exécrable dans la bouche de l'usurier qui viole sans pudeur les lois de Dieu, de l'Eglise et de l'Etat; exécrable dans la bouche de l'avare, qui ferme les yeux pour ne pas voir sa turpitude, et pour ne pas se reconnaître dans les portraits qu'on a faits mille fois de sa bassesse et de sa méchanceté : *Avaro nihil scelestius* (*Eccli.*, X, 9); exécrable dans la bouche de l'hypocrite, qui cache ses défauts secrets sous le voile respectable de la piété chrétienne.

Elle est exécrable dans la bouche de celui qui, au lieu de sanctifier le nom de Dieu, le déshonore; au lieu de le bénir, le blasphème, et donne occasion aux autres de le blasphémer; qui, bien loin de désirer que votre règne arrive, ô Jésus, le détruit dans son propre cœur par ses affections criminelles, et dans le cœur d'autrui par ses discours ou par ses exemples; qui, en disant du bout des lèvres, que votre volonté soit faite et non la mienne, dit au contraire, dans le fond du cœur, que ma volonté se fasse et non pas la vôtre; qui vous demande son pain quotidien, et fait servir au péché tous les bienfaits de votre Providence; qui, de la même bouche dont il vous demande pardon et miséricorde, vomit des injures, des calomnies, des malédictions, tantôt en secret, tantôt ouvertement contre la personne, la famille de ceux qui l'ont offensé, ou qu'il regarde comme ses ennemis; qui ne s'embarrasse enfin ni de fuir la tentation et le danger, ni de combattre ses passions, ni d'éviter le mal; qui vit sans précaution, sans sagesse, sans règle, et avale l'iniquité comme l'eau; dans la bouche d'un chrétien ainsi disposé, l'Oraison dominicale, cette prière descendue du ciel, la seule qui puisse nous conduire, et dont toutes les paroles sont sorties de votre bouche divine, ô mon Sauveur, cette prière d'un chrétien qui ne vit pas suivant l'Evangile, est donc une prière exécrable: *Qui declinat aures suas ne audiat legem, oratio ejus erit exsecrabilis.*

Ah! mes frères, mes très-chers frères, ouvrons les yeux une bonne fois, et comme je l'ai déjà dit, de deux choses l'une: ou ne prions plus, ou que nos sentiments et notre conduite s'accordent donc enfin avec nos prières. Que dis-je, ne prions plus; ah! prions sans cesse au contraire, et ne nous lassons jamais de prier; mais prions avec foi: mais prions avec respect et avec crainte; mais prions avec amour et avec confiance; mais que les dispositions de notre cœur ne démentent point les paroles de notre bouche. Purifiez donc ce cœur, ô mon Dieu, purifiez, sanctifiez cette langue; qu'ils s'unissent pour bénir votre saint nom, pour implorer votre bonté, pour vous rendre mille actions de grâces, pour chanter votre justice et vos infinies miséricordes.

Notre Père qui êtes dans les cieux, que votre nom soit connu, adoré, *sanctifié* par toute la terre; *que votre règne arrive*, qu'il s'étende sur tous les hommes; *que votre volonté soit faite sur la terre comme au ciel; donnez-nous aujourd'hui notre pain quotidien*, le pain matériel dont nous avons besoin chaque jour pour sustenter notre vie, le pain invisible de nos âmes qui ne nous est pas moins nécessaire, qui est infiniment plus précieux, qui est au-dessus de toute substance: *Pardonnez-nous nos offenses comme nous pardonnons nous-mêmes à ceux qui nous ont offensés*, et ne *nous laissez pas pas succomber à la tentation, mais délivrez-nous du mal*, c'est-à-dire du péché, car il n'y en a pas d'autre, et conduisez-nous à la vie éternelle. Ainsi soit-il.

DISCOURS XIX.

Pour le quatrième Dimanche de Carême.

SUR L'AUMÔNE.

Accepit ergo Jesus panes, et cum gratias egisset, distribuit discumbentibus. (*Joan.*, VI, 11).

Jésus prit donc les pains, et après avoir rendu grâces, il les distribua à ceux qui étaient assis.

Jésus-Christ naissant dans une étable, menant une vie pauvre et laborieuse, a été le modèle, non-seulement des pauvres, mais de tous les chrétiens; en sorte que tous les chrétiens sont obligés d'avoir le cœur sincèrement détaché des biens du monde, et absolument dépouillé de toute affection pour les richesses. Jésus-Christ nourrissant les pauvres, et rassasiant cinq mille âmes avec cinq pains d'orge et deux poissons, a été le modèle, non-seulement des riches, mais de tous les chrétiens, en sorte que tous les chrétiens doivent, quand ils le peuvent, secourir le prochain dans ses besoins, et lui rendre, par un principe de charité, tous les services qui sont en leur pouvoir, et qu'ils souhaiteraient qu'on leur rendît à eux-mêmes, s'ils se trouvaient dans une position pareille à la sienne.

Toutes les bonnes œuvres par lesquelles nous devons *rendre certaine notre vocation* (II *Petr.*, I, 10) à la foi, à la grâce et à la vie éternelle, se réduisent à la prière, au jeûne et à l'aumône. Nous entendons par le jeûne toutes sortes de peines et de mortifications, soit que nous les souffrions chrétiennement, lorsque Dieu nous les envoie pour nous punir ou nous éprouver, soit que nous nous y condamnions nous-mêmes en vue de Jésus-Christ et par un esprit de pénitence: nous entendons par la prière tous les actes du culte que nous rendons à Dieu par Jésus-Christ, et l'aumône comprend aussi tous les actes de bienfaisance que nous exerçons à l'égard de nos frères au nom et pour l'amour de Jésus-Christ. Nous avons parlé en dernier lieu du jeûne et de la prière; faisons aujourd'hui, mes chers paroissiens, quelques réflexions sur l'aumône: le sujet est plus important que vous ne pensez, c'est un point sur lequel on s'abuse communément plus que sur tout autre, et il est infiniment à craindre qu'un très-grand nombre de chrétiens ne soient réprouvés au jugement de Dieu, par la seule raison qu'ils n'auront pas fait l'aumône comme ils auraient pu et dû la faire.

PREMIÈRE RÉFLEXION.

On ne trouve rien dans les livres saints de plus expressément recommandé que l'aumône, rien à quoi le Saint-Esprit donne de plus grands éloges et promette des récompenses plus magnifiques : vous accumulerez la gloire et les richesses, ô mon Dieu, dans la maison et sur la tête de l'homme juste, vous élèverez sa postérité, vous la rendrez puissante sur la terre ; la mémoire de sa justice ne passera jamais, elle sera éternellement accompagnée de louanges et de bénédictions. Savez-vous pourquoi, mes chers paroissiens? C'est parce que l'homme juste a eu des entrailles de charité pour ses frères et les a soulagés dans leurs besoins ; nous le chantons à vêpres tous les Dimanches : ***Dispersit, dedit pauperibus*** (*Psal.* CXI, 9) ; il a répandu ses biens avec libéralité dans le sein des pauvres, il a été le refuge, le protecteur des pauvres; il a été l'œil de l'aveugle, le pied du boiteux, le consolateur des affligés, la ressource de tous ceux dont il a pu soulager la misère; et remarquez bien, mes frères, je vous en prie, que la charité envers les pauvres relève tellement le mérite des autres vertus, que les autres vertus sans celle-là font beaucoup moins de sensation, elles ne sont presque pas aperçues. Fussiez-vous jour et nuit en prières, jeûnassiez-vous au pain et à l'eau, portassiez-vous la haire et le cilice, quand même vos austérités et votre ferveur seraient connues de tout le monde, si pouvant faire l'aumône vous ne la faites point ; si vous ne cherchez pas à soulager les misérables, tout le reste est compté pour rien ou pour peu de chose.

Est-ce que chaque vertu n'a pas son mérite particulier ? Cet homme est d'une modestie, d'une douceur, d'une affabilité qui enchante ; on n'aperçoit rien dans sa personne ni dans ses discours qui puisse le faire soupçonner de s'estimer lui-même et de mépriser les autres ; rien qui blesse tant soit peu la charité, rien qui annonce la colère ou la mauvaise humeur: il paraît également insensible au bien et au mal que l'on peut dire ou penser de lui; l'animosité, la haine, les désirs de vengeance sont des sentiments qu'il ne connaît pas, il n'a point de fiel: quant aux devoirs extérieurs de la religion il s'en acquitte avec une régularité avec une ferveur dignes d'être proposées pour modèles à toute la paroisse.

Qui est-ce qui est plus exact que lui à tous nos exercices? qui est-ce qui paraît dans la maison de Dieu avec plus de décence, de modestie et de recueillement ? Il entend la Messe tous les jours, il a des heures marquées pour la prière et pour des lectures de piété; toutes ses conversations sont édifiantes, et ce n'est point une dévotion qui nuise aux devoirs de son état, il les remplit avec la plus sévère exactitude : qui est-ce qui veille avec plus d'attention sur la conduite de ses enfants et de ses domestiques? Où trouverez-vous une maison plus rangée, un ménage mieux ordonné, moins de dépenses inutiles, plus de régularité en tout? Cet homme est un parfait chrétien, cette femme-là est une sainte; voilà qui est admirable ; mais attendez, s'il vous plaît, il y a un article ; un petit article dont on ne dit rien, ou dont on ne parle pas avantageusement, et cet article, passez-moi le terme, cet article est précisément ***le point qui emporte la pièce.***

Si le chrétien dont vous parlez joint à ces qualités excellentes et à ces rares vertus une tendre charité pour les pauvres ; s'il les accueille toujours avec bonté; s'il écoute volontiers le détail de leurs peines et de leurs misères ; s'il ne les renvoie jamais sans consolation, s'il les visite de temps en temps, s'il s'informe de leurs besoins; si dans leurs maladies il leur fait donner du pain, du vin, du bouillon, des remèdes, faute de quoi la plupart des pauvres malades, de la campagne surtout, périssent ou traînent une vie languissante; s'il a pour principe de rendre service à tout le monde, et de ne rien refuser à personne de tout ce qui est en son pouvoir; si dans son livre de dépense il y a l'article des pauvres, et une somme proportionnée à ses facultés, à la position actuelle des pauvres, à la cherté du pain, à la dureté des temps ou de la saison; s'il est, en un mot, ce qu'on appelle un homme officieux, compatissant, charitable et libéral envers les pauvres ; oui, cet homme-là est un saint, cette femme-là est une sainte.

Mais si cet homme avec toute sa vertu et sa piété paraît insensible aux peines et à la misère d'autrui ; s'il vit à cet égard dans la plus parfaite indifférence ; si, quand un pauvre l'aborde pour lui demander l'aumône ou quelque service, cet homme si respectable d'ailleurs, quittant l'air gracieux et honnête qu'il a ordinairement avec tout le monde, prend un air sérieux, un ton sec, un visage glacé, comme si c'était l'insulter que de lui demander l'aumône ; si pouvant assister le pauvre, il lui répond ce que dit l'apôtre saint Jacques : ***allez, «ite»*** (*Jac.* II, 16); vous périssez de froid, il y a du bois dans les forêts, *allez* en ramasser; vous êtes nus, il y a de l'étoffe chez les marchands, *allez* en acheter; vous n'avez point de pain, il y en a chez les boulangers, on vend du blé sur la place, *allez* en chercher, *ite*; vos créanciers vous poursuivent, il faut les payer ; on vous fait un procès injuste, et vous n'avez point de quoi vous défendre ; cela est malheureux, mais je ne vous conseille pas de plaider. Vous êtes forcé de vendre vos bœufs pour avoir du pain, et vous ne pourrez plus labourer, je vous plains, mais que faire, il faut prendre patience. Adieu, mon ami, je suis bien fâché, mais je ne puis rien faire pour vous: *ite, calefacimini et induimini.* Ne vous semble-t-il pas, mes frères, qu'il manque quelque chose d'essentiel à la vertu, à la piété de ce chrétien, d'ailleurs si estimable?

Mais il est humble et modeste, doux, patient et mortifié. Il est parfaitement honnête homme, bon père, bon mari, bon maître; il remplit exactement les devoirs de sa condition. A la bonne heure, tout cela est assurément fort louable; mais tout cela ne sent point encore la vraie odeur de Jésus-Christ. Jésus-Christ a paru sur la terre comme un fleuve de bénédiction, qui répand toute sorte de biens partout où il passe, suivant la belle expression d'un évangéliste: *Pertransiit benefaciendo.* (*Act.*, X, 38.) Et vous, Monsieur, vous, Madame, avec votre régularité, vous ne faites du bien à personne, ou vous n'en faites que très-peu, quoique vous puissiez en faire beaucoup. Que doit-on penser de votre vertu, de votre piété? Que pouvez-vous en penser vous-même? Ne seriez-vous pas de ceux dont il est parlé au livre des *Proverbes* (XVI, 25) qui s'imaginent marcher dans la voie droite, et qui courent à la mort? Je n'en sais rien, mais écoutez la réflexion de l'Apôtre:

Si quelqu'un a des biens de ce monde, et que voyant son frère en nécessité, il lui ferme son cœur et ses entrailles, comment l'amour de Dieu demeurerait-il en lui? (I *Joan.*, III, 17.) Comment peut-il se faire que l'amour de Dieu soit dans votre cœur, si vous êtes insensibles à la misère des pauvres? L'amour de Dieu et l'amour du prochain sont inséparables. C'est une illusion toute pure d'imaginer que l'on aime Dieu, quand on n'aime point le prochain, et ce n'est pas une moindre illusion de croire qu'on aime le prochain, quand on ne s'inquiète pas du tout de ce qui le regarde, quand on ferme les yeux sur ses besoins, et les oreilles pour ne point entendre ses plaintes. L'amour du prochain, ainsi que l'amour de Dieu, ne consiste point en paroles: il faut quelque chose de plus, c'est une vérité dont tout le monde convient; la charité qui ne produit rien n'est que dans l'imagination, c'est une charité en peinture.

Je reviens donc à la réflexion de l'Apôtre, et je vous demande, mon cher paroissien, comment il peut se faire que vous ayez l'amour de Dieu, si, voyant votre prochain dans le besoin, vous lui fermez votre cœur et vos entrailles. Vous le reconnaissez, ce prochain, dans la personne des pauvres; saint Jean les appelle vos frères, et d'un autre côté vous ne sauriez disconvenir que celui-là n'aime pas son prochain qui n'a point d'entrailles pour lui. Il est donc question de savoir si vous avez un cœur et des entrailles pour les pauvres. En avez-vous? et où sont-ils?

Lorsque vous voyez dans votre rue et à votre porte ce misérable ouvrier chargé de famille, qui a perdu ses pratiques faute de pouvoir faire les avances nécessaires dans son commerce; qui peut-être a été forcé de vendre ses outils pour acheter du pain à ses enfants, qui est sur le point de voir enlever ses petits meubles, de fermer sa boutique, et d'envoyer sa famille à l'aumône; lorsque vous voyez votre frère dans cette affreuse extrémité sans prendre aucune part à sa peine, sans lui prêter le moindre secours, où sont votre cœur et vos entrailles?

Lorsque vous voyez sans pitié ce pauvre laboureur, qui, par un enchaînement de disgrâces, est réduit à l'affreuse nécessité de laisser la plupart de ses fonds en friche, parce que les pertes et les malheurs qu'il a essuyés l'ont mis hors d'état de les faire valoir; lorsque vous le voyez forcé de vendre son pré, sa vigne, ses bœufs, ses chevaux, pour donner du pain à ses enfants ou pour payer les charges; lorsque, sachant qu'il a le cœur navré, qu'il ne sait plus où donner de la tête, et qu'il est prêt à tomber dans le désespoir, vous vous contentez de dire: cela est fâcheux, cette famille est bien à plaindre; où sont votre cœur et vos entrailles?

Lorsque, voyant cette misérable veuve, qui, malgré sa vigilance, son activité, son travail et toute son économie, ne peut pas venir à bout de donner à ses enfants le pain qu'ils lui demandent avec des cris qui lui percent le cœur; lorsque, voyant dans la rue, à l'église ou à votre porte ces petits innocents nu-pieds, tête nue, affublés de quelques haillons qui leur couvrent à peine la moitié du corps, grelottant de froid, et qui s'estimeraient bien heureux d'être couchés et nourris, je ne dis pas comme le dernier de vos valets, mais comme vos chiens; lorsque voyant vos frères dans cet état, vous leur dites: Dieu vous bénisse, Dieu vous assiste, ou que votre charité se réduit à leur donner quelque liard, quelque morceau de pain; où est votre cœur? où sont vos entrailles?

Où sont-ils, quand il y a de pauvres malades dans la paroisse, dans les hameaux, dans ces misérables chaumières qui couvrent néanmoins ce que l'Etat a de plus précieux, je veux dire les bras, les bras qui nous font vivre tous tant que nous sommes? je ne dis point les bras qui filent l'or et la soie, qui nous fabriquent de belles étoffes, qui font des habits, des meubles, des équipages brillants; je ne dis point les bras qui habillent, qui coiffent, tantôt à la française, tantôt à l'anglaise, aujourd'hui à la grecque, demain à la turque. Je ne dis point les bras des orfévres, des bijoutiers, des faiseuses de modes, des comédiens, des faiseurs de romans et d'historiettes, c'est-à-dire les bras qui travaillent à nous amollir, à nous efféminer, à nous corrompre, à nous perdre; c'est-à-dire les bras qui ont ébranlé, renversé, détruit les Etats les plus florissants, qui minent, qui ébranlent, qui renverseront enfin le nôtre; mais je dis les bras qui labourent nos terres, qui remplissent nos caves et nos greniers, qui engraissent nos troupeaux, qui fournissent à nos véritables besoins; qui sont la vie, la force, le soutien de l'Etat; ces bras, en un mot, dont les autres ne peuvent point se passer, et qui pourraient se passer eux-mêmes de presque tous les autres; ces bras, ces hommes si précieux, si chers aux yeux de tout bon citoyen, périssent quelquefois, faute de bouillon, faute de remèdes, faute de vin et de bonne nourriture.

C'est à nous, pasteurs, c'est à nous qu'il faut demander jusqu'où va la misère de ces pauvres gens, lorsqu'ils sont malades: à nous qui sommes obligés par état de les visiter, d'entendre leurs confessions, ou plutôt le détail effrayant de leurs besoins, la longue histoire de leurs misères: à nous qui voyons de nos propres yeux, qui touchons de nos mains le lit pitoyable sur lequel ils souffrent, les haillons dont ils sont couverts, le pain qu'ils sont forcés de manger, le potage et les autres aliments dont ils nourrissent la fièvre qui les consume; à nous, à nous, qui entendons leurs soupirs, qui sommes baignés de leurs larmes; et à nous cependant qui sommes toujours assez riches, qu'on accuse de thésauriser, quoique nous n'ayons qu'une très-petite portion du lait et de la laine de nos troupeaux. Nous visitons, nous administrons les pauvres malades; mais avons-nous le moyen de fournir à tous le pain, le vin, le bouillon, le médecin, le chirurgien, les remèdes, sans quoi il faut nécessairement qu'ils périssent.

Oui, qu'ils périssent; et ce n'est ni la fièvre, ni la fluxion de poitrine, ni la pleurésie, ni la colique, ni tout ce qu'il vous plaira qui les a tués: c'est vous-mêmes; vous-mêmes qui pouviez les secourir et qui ne l'avez pas fait. Si dès l'instant que vous avez appris la maladie de ce misérable, vous lui aviez envoyé votre médecin ou votre chirurgien; si vous lui aviez donné ensuite un peu de ce bouillon, de ce vin qui dans la plus parfaite santé ne vous manquent jamais, et qui sont ordinairement un des meilleurs remèdes que l'on puisse donner aux pauvres malades de la campagne; si vous vous étiez donné la peine de le visiter de temps en temps, et de voir la manière dont il était conduit, cette maladie n'aurait pas eu de suite; vous l'avez abandonné, il est mort; voilà son malheureux cadavre enveloppé dans un méchant drap; c'est vous qui l'avez tué. Sa femme s'arrache les cheveux, ses enfants jettent les hauts cris; c'est vous, Monsieur, c'est vous, Madame, qui êtes la cause de ces pleurs, de ces lamentations, de ce désespoir: *Non pavisti, occidisti.*

Dites après cela que vous avez un cœur et des entrailles pour les pauvres; dites que vous les regardez comme vos frères, et que vous les aimez comme vous-même. Reposez-vous tranquillement sur le témoignage de votre conscience, qui ne vous reproche ni vol, ni homicide, ni adultère, ni fornications, ni colère, ni désirs de vengeance, ni négligence dans les devoirs de votre état. Reposez-vous sur la vie régulière que vous menez: vie retirée, vie occupée, vie pénitente et mortifiée, mais vie sans aumône, quoique vous puissiez la faire, et par conséquent vie de réprouvé.

Oui, sans doute, vie de réprouvé. Ce n'est pas moi qui vous le dis, lisez l'Evangile; lisez, lisez, ne vous étourdissez point, ne vous abusez pas. Rien au monde de plus clair, de plus incontestable, et sur quoi l'on puisse moins chicaner que ce passage tant rebattu: ***Allez, maudits, dans les flammes éternelles.*** (**Matth., XXV, 41.**) Eh! pourquoi, vous le savez, mes frères, vous l'avez entendu mille fois. J'ai eu faim, et vous ne m'avez pas donné à manger; j'ai eu soif, et vous ne m'avez pas donné à boire; j'étais nu, et vous ne m'avez point habillé; j'étais dans la prison, et vous ne m'avez point visité; retirez-vous donc de moi: allez, maudits, allez au feu éternel. Mon cher paroissien, prenez-y garde: si vous méritez ce reproche de la part de Jésus-Christ; si vous ne soulagez pas vos frères dans leurs besoins selon votre pouvoir: votre vie, quelque régulière, quelque louable, quelque sainte qu'elle paraisse d'ailleurs, est la vie d'un réprouvé.

Mais les pauvres seront donc eux-mêmes réprouvés, car ils ne peuvent pas faire l'aumône. Je vous demande pardon: il n'est guère de pauvres qui ne puisse quelquefois assister gens plus pauvres que lui; s'il ne le peut point, il doit en avoir la volonté. Nous voyons des pauvres très-charitables, qui partagent avec d'autres les aumônes qu'on leur fait. Les pauvres peuvent se visiter, se consoler et se rendre mutuellement mille petits services. S'ils ne font pas l'aumône d'une façon, ils la font d'une autre. La bonne volonté chez eux sera réputée pour le fait; et s'ils n'ont ni cœur, ni entrailles, ni charité pour leurs frères, ils seront réprouvés, ou bien il faut brûler l'Evangile. Mais ce n'est pas là de quoi il s'agit: je parle à ceux qui ne sont point pauvres, et qui ont suffisamment de quoi vivre dans leur état, quoiqu'ils ne soient pas riches.

L'apôtre saint Jean ne dit pas, prenez bien garde à ceci, mes frères, je vous en prie; l'apôtre saint Jean ne dit point: Si quelqu'un est riche; mais il dit: *Si quelqu'un a des biens de ce monde: « Si quis habuerit substantiam hujus mundi. »* Il parle donc à tous ceux qui ont un certain revenu proportionné aux besoins communs de la nature et aux dépenses qu'ils sont obligés de faire dans leur état. Que ce revenu soit le produit de leur fonds, ou le fruit de leur travail et de leur industrie, n'importe; dès là qu'ils ont un revenu suffisant pour vivre suivant leur condition, c'est à eux que l'Apôtre s'adresse.

Il s'adresse par conséquent à ce bourgeois aisé, qui a des fonds et des revenus honnêtes; à ce laboureur, à ce fermier qui sont toujours nourris, vêtus, entretenus convenablement à leur état. Il s'adresse à cet homme, qui, n'ayant ni femme ni enfant, jouit d'un revenu qui suffi ait pour l'entretien et l'établissement d'une famille; à ce marchand qui fait un gros commerce et de gros profits; à cet ouvrier qui est bien achalandé, qui a des fonds et gagne fort au delà de ce qui lui est nécessaire. Toutes ces personnes et d'autres de la même classe, ont des biens de ce monde : c'est donc à elles que s'adresse l'apôtre saint Jean.

A plus forte raison doit-il s'adresser à ceux qui occupent de grandes places, qui ont des emplois lucratifs, et dont les gros revenus vont bien au delà des dépenses qu'ils sont obligés de faire. Prenez garde : je dis les dépenses qu'ils sont nécessairement obligés de faire pour remplir les devoirs et les bienséances de leur état, mais non pas les dépenses qu'ils jugent à propos de faire pour contenter leur vanité, leur mollesse et toutes leurs fantaisies. Autrement, les plus riches n'auraient jamais rien de trop, ils n'en auraient jamais assez, ils seraient quelquefois plus pauvres que les pauvres même, ce qui est absurde. Je dis donc les dépenses, qui devant Dieu et au jugement des personnes sages et chrétiennes, sont absolument indispensables. Et là-dessus, mes frères, combien de faux raisonnements! combien d'excuses frivoles! jusqu'où ne pousse-t-on pas les abus?

J'ai des revenus considérables, cela est vrai; mais je dépense à proportion. Tant pour ma table, tant pour mon écurie, tant pour mes valets, tant pour ma garde-robe, tant pour les spectacles, tant pour mon jeu et mes menus plaisirs, sans compter l'entretien et l'éducation de mes enfants. Eh! pour moi, votre Sauveur et votre maître, pour moi qui vous ai donné tous ces biens, et qui dans la personne des pauvres souffre la faim, la soif, la nudité, toutes les misères de la vie; pour moi, rien? Quoi! vous ne pourriez pas retrancher quelque chose sur votre table, sur vos habits, sur vos bijoux, sur vos meubles, sur votre train, votre jeu, vos plaisirs! Mes frères, mes frères, cela me fait trembler; et quand j'y pense, je ne suis point du tout étonné d'entendre dire à Jésus-Christ qu'il est extrêmement difficile, et presque impossible aux riches d'entrer dans le ciel.

J'ai amassé du bien, cela est vrai; mais il m'en faudrait encore davantage pour arrondir ce domaine, pour établir ces enfants, pour acheter cette charge. Hé! quelle nécessité y a-t-il d'acheter cette charge? Pourquoi ne pas demeurer dans l'état où la Providence vous a placé? pourquoi ne pas marier vos enfants à vos pareils? pourquoi leur donner une éducation au-dessus de leur naissance? Si vous sortez de votre état, si vous augmentez vos dépenses à mesure que vous avez plus de revenus, vous n'aurez jamais rien de reste. Si, parce qu'un paysan est à son aise, il veut élever ses enfants comme le bourgeois élève les siens; si le bourgeois et le marchand, parce qu'ils se sont enrichis, veulent acheter des terres, des charges, marier leurs filles à des seigneurs, et donner à tous leurs enfants un état qui leur fasse oublier l'obscurité de leur origine; jamais personne n'aura de superflu, il n'y aura plus de riches, et que deviendra donc le bien et la substance du pauvre?

Je dis le bien et la substance du pauvre : car tout ce qui ne vous est pas nécessaire pour boire et manger selon votre état; pour vous vêtir, vous loger, vous meubler selon votre état; pour entretenir, élever, établir votre famille dans votre état et non dans un autre; tout cela ne vous appartient point, c'est la substance et le bien du pauvre. Qui est-ce qui l'a dit? les patriarches, les prophètes, Jésus-Christ, ses apôtres, tous les Pères, tous les docteurs qui ont parlé de l'aumône; et le bon sens suffit pour nous faire entendre que la Providence ayant fait le pauvre comme le riche, elle doit pourvoir aux besoins du pauvre comme elle pourvoit aux besoins du riche. Or, elle n'y aurait point pourvu, si, donnant tout aux uns et rien aux autres, elle n'avait pas chargé ceux qui sont dans l'abondance de donner à ceux qui manquent du nécessaire.

Si celui qui a plus n'est pas tenu de donner à celui qui a moins; si le riche qui regorge de tout ne doit rien au pauvre qui manque de tout, il n'y a donc point de Providence, ou ce n'est qu'une Providence aveugle, injuste, capricieuse, c'est-à-dire qu'il n'y a point de Dieu. Que si, au contraire, il y a un Dieu et une Providence, cette Providence doit charger ceux qu'elle enrichit de fournir aux besoins de ceux qu'elle laisse dans la misère : elle a donc assigné au pauvre sa nourriture sur les biens du riche. Les biens du riche sont donc par le droit naturel et divin hypothéqués au pauvre, c'est-à-dire, chargés d'une redevance dont le riche ne peut point se rédimer. De sorte qu'en toute rigueur de justice, le pauvre qui manque du nécessaire a droit acquis sur le superflu du riche. C'est la raison, c'est la nature, c'est la Providence qui le lui donne. Que si le riche n'a point de superflu comme il le prétend, alors de deux choses l'une : ou la Providence assigne le pain du pauvre sur un fonds chimérique, ce qui est absurde, ou le riche dépense plus qu'il ne doit et vole le pauvre, ce qui, à la lettre, n'est malheureusement que trop vrai. Mon cher enfant, disait à son fils le saint homme Tobie : *Ne frustrez pas le pauvre de son aumône. De son aumône*, c'est donc un bien qui lui appartient et auquel il a droit de prétendre : « *Fili, eleemosynam pauperis ne defraudes.* (*Tob.*, IV, 7; *Eccli.*, IV, 1.)

Est-ce que mon bien n'est pas à moi? Il est à vous en payant les charges, et l'aumône en est une. Quels sont les titres du pauvre? nous l'avons dit : la loi naturelle, l'Evangile, la justice, l'humanité, voilà ses titres. Est-ce qu'ils ne sont pas aussi respectables que les édits du prince, en vertu desquels vous payez la taille, le vingtième ou les autres impôts? ou qu'un contrat par devant notaire, qui vous oblige de payer à autrui certaines redevances? Toute la différence qu'il y a entre l'aumône et les autres charges, c'est qu'il faut prélever celles-ci, avant même de prendre ce qui vous est nécessaire pour vivre; au lieu que vous prélevez ce qui vous est nécessaire pour vivre avant de payer l'aumône. Encore y a-t-il certains cas pressants où l'humanité vous oblige à donner au pauvre une partie de ce nécessaire. Quiconque n'entend pas ce langage est un homme sans cœur, sans charité, sans humanité, sans entrailles, le voleur, l'assassin des pauvres. Ce n'est point un homme, c'est un tigre et un réprouvé. Voilà de l'humeur : non, mes frères; non, c'est la vérité toute pure, et quand même le zèle et la charité dont nous devons être remplis pour les pauvres iraient jusqu'à nous irriter, jusqu'à nous indigner contre la dureté du riche qui l'abandonne, ce mouvement d'indignation ne serait-il pas bien pardonnable?

Eh! qui est-ce qui pourrait s'en défendre à la vue de cette cupidité insatiable qui, comme la bouche et les gouffres de l'enfer, ne disant jamais c'est assez, envahit, dévore, engloutit, absorbe des biens immenses, pendant que des milliers de citoyens, pétris du même limon, leurs semblables, leurs frères, languissent dans l'indigence, et souffrent tour à tour, d'un bout de l'année à l'autre, toutes les extrémités de la misère la plus affreuse?

Monarque bienfaisant et vraiment digne de régner sur un peuple qui vous appelle son *bien-aimé*, l'affliction du pauvre a retenti jusqu'à vos oreilles; les entrailles paternelles de votre charité royale en ont été émues. Que l'on agrandisse, que l'on multiplie les hôpitaux; que tous les mendiants s'y rassemblent, qu'ils s'y dépouillent de leur misère, bénissant à jamais la main auguste qui les nourrit. Plaise à Dieu, mes frères, plaise à Dieu que les intentions pieuses du meilleur des rois ne soient point frustrées! plaise à Dieu que des administrateurs avides ne cherchent point à s'enrichir aux dépens des pauvres! plaise à Dieu que les hôpitaux ne deviennent pas comme autant de prisons plus affreuses encore que la mendicité! De sorte que les pauvres, au lieu de s'écrier qu'ils sont heureux d'avoir un prince et un père si bon, s'écrient au contraire les larmes aux yeux et le désespoir dans le cœur : De quel crime sommes-nous donc coupables?

Lorsque dans chaque paroisse le superflu des uns suppléera aux besoins des autres; lorsque le seigneur, le décimateur, le curé, les notables se concerteront pour occuper tous ceux qui sont en état de gagner leur vie, et pour donner du pain à ceux qui ne peuvent point travailler, on ne verra plus alors de mendiants rôder d'un lieu dans un autre, et apprendre à tout le monde le peu de charité, la dureté, l'inhumanité, la mésintelligence de ceux qui, jouissant du meilleur et du plus beau revenu d'une paroisse, sont les protecteurs nés, et doivent être les pères de tous les pauvres qui l'habitent. Eh! y a-t-il beaucoup de paroisses dans le royaume qui ne produisent au delà de ce qu'il faut pour nourrir chacun suivant son état?

Disons-le donc encore, mes frères : si nous sommes accablés par cette foule de mendiants qui assiége nos portes; si nous voyons des familles entières forcées de déserter leurs paroisses, et d'aller chercher du pain dans les paroisses étrangères; si les pauvres malades de la campagne périssent quelquefois faute de secours; s'il y a des misérables qui se pendent, se noient de désespoir, ou qui s'abandonnent au vol et aux rapines, qui est-ce qui est coupable de tous ces désordres? qui est-ce qui en répondra devant Dieu? Le riche qui en est témoin, qui en connaît la cause, qui est obligé d'y pourvoir, et qui ne s'en met point en peine.

Mais enfin, pourquoi la Providence n'a-t-elle pas mis plus d'égalité dans la distribution de ses biens? et je demande avec saint Paul (*I Cor.*, XII, 14, 7) : que deviendrait le corps humain si tous les membres étaient les mêmes, et avaient les mêmes fonctions? si tous étaient des yeux, où seraient les oreilles, et comment pourrait-il entendre? si tous étaient des oreilles, où seraient les yeux, et comment pourrait-il voir? si tous étaient des pieds et des mains, où serait la tête? si dans le corps de la société tous les membres étaient égaux; si toutes les conditions étaient égales, si tous les hommes pouvaient se passer les uns des autres, qui est-ce qui les lierait? comment pourraient-ils vivre ensemble? qui est-ce qui pourrait commander? qui est-ce qui voudrait obéir si tous étaient également riches? Il faut donc nécessairement qu'il y ait du haut, du bas, du moyen, des grands, des petits, des riches et des pauvres par conséquent.

Disons donc avec le Sage, et suivant les principes de l'Evangile, que *le riche et le pauvre se sont heureusement rencontrés sur la terre.* (*Prov.*, XXII, 2.) Comme le pauvre a besoin du riche, ainsi le riche ne saurait se passer du pauvre. Le pauvre se sanctifie par la patience et par un travail qui fournit aux besoins du riche. Le riche se sanctifie par ses aumônes, en partageant avec le pauvre une partie des biens que la Providence ne lui a donnés qu'à cette condition. Et ces biens périssables, répandus dans le sein du pauvre, deviennent comme une eau sanctifiante qui lave tous les péchés du riche, comme une clef précieuse qui lui ouvre la porte du ciel, comme une voix puissante qui s'élève jusqu'au trône de Dieu, qui remue jusqu'aux entrailles de sa miséricorde et attire sur la personne de celui qui fait l'aumône, toute sorte de bénédictions.

Riches du siècle! s'écrie l'apôtre saint Jacques, pleurez, jetez les hauts cris dans l'attente des maux qui vous menacent; et nous pouvons dire dans un autre sens : riches du siècle, poussez des cris de joie à la vue des biens infinis que vous pouvez acquérir par vos aumônes, quelques péchés que vous ayez commis. Eh! de quels péchés vos richesses ne sont-elles pas l'occasion ou la cause? A quelles tentations ne vous exposent-elles pas? combien de vices ne forment-elles pas? Quelques péchés que vous ayez commis, l'aumône bien faite les effacera tous; elle vous fera trouver la grâce, la miséricorde et la vie éternelle. Prenez garde, je dis l'aumône bien faite. Renouvelez ici votre attention, je vous en prie, et pardonnez-moi si je suis un peu plus long aujourd'hui qu'à l'ordinaire.

SECONDE RÉFLEXION.

Je suppose d'abord, mon cher paroissien, que le bien dont vous jouissez vous appartient légitimement. Il y a pour celui qui vend et pour celui qui achète; pour celui qui prête et pour celui qui emprunte; pour celui qui fait la levée des impôts, et pour celui qui les paye; pour le propriétaire et pour le fermier; pour le maître et pour le valet; pour les ouvriers et pour celui qui les loue; pour celui qui pèse et pour celui qui mesure; pour celui qui compte et pour celui qui partage; pour le créancier et pour le débiteur; pour celui qui teste et pour celui qui hérite; pour celui qui parle et pour celui qui se tait; pour celui qui défend et pour celui qui accuse; pour les huissiers, les procureurs, les avocats, les témoins, les rapporteurs, les juges, aussi bien que pour les parties; il y a pour toutes ces personnes des règles d'équité que la conscience dicte, que la religion prescrit; des lois émanées du prince, des coutumes autorisées par les lois et qui en ont la force. Il faut donc se conformer à ces règles: quiconque s'en écarte pour son profit et au préjudice d'autrui, ne peut pas légitimement jouir de ce profit, et il est tenu à la rigueur de réparer ce préjudice.

Si les biens que vous possédez étaient le fruit de vos usures, de votre mauvaise foi, de vos rapines; si vous aviez profité de l'indigence où votre prochain se voyait réduit pour acheter ses meubles ou ses immeubles bien au-dessous de leur valeur; si vous aviez trompé les acheteurs en frelatant vos marchandises, en donnant pour bon ce qui ne valait rien ou beaucoup moins que vous ne le fai siez entendre; si vous aviez vendu à faux poids ou à fausse mesure; si vous aviez rendu quelque faux témoignage en justice; si, étant juge vous-même, vous aviez sacrifié le bon droit à la faveur et aux sollicitations, ou si vous aviez rendu, par une ignorance coupable, quelque jugement injuste; si vous aviez extorqué par surprise un testament à ce moribond, au préjudice de ses légitimes héritiers; et pour tout dire en un mot, si dans les voies que vous avez prises pour amasser du bien, dans les affaires que vous avez eues avec le prochain, vous n'aviez pas toujours suivi les règles de la justice, de la bonne foi, de la conscience, il faudrait commencer par faire des restitutions, vous dépouiller de tout ce qui ne vous appartient pas, et, quand nous saurions ce qui vous reste, nous parlerions d'aumônes. Ce que l'on distribue aux pauvres, après avoir volé le tiers et le quart, n'est point une aumône, c'est un fonds aliéné injustement, qui rentre dans la masse commune, quand on ne connaît pas les différents particuliers à qui il appartient. Lorsqu'on les connaît, c'est à eux et non point aux pauvres qu'il faut rendre ce que l'on a volé ou ce que l'on a hérité de quelque honnête voleur.

Je suppose ensuite que vous payez exactement vos créanciers, vos domestiques et tous ceux qui travaillent pour votre compte; les aumônes que vous feriez à leur préjudice seraient moins des aumônes qu'un vol: c'est de notre bien, mes frères, du nôtre, et non pas de celui d'autrui, que nous devons faire l'aumône; du nôtre, et non pas de celui que nous avons acquis ou que nous retenons injustement.

Après cette observation, à laquelle bien des gens ne s'arrêtent pas autant qu'ils devraient le faire, donnant à Pierre ce qu'ils ont pris à Paul, s'imaginant avoir le mérite de l'aumône, pendant qu'ils ne font que des restitutions; voulant passer pour charitables, tandis qu'ils ne sont que des fripons honnêtes, qu'un reste de conscience force à regorger par-ci par-là quelque morceau de la substance qu'ils ont dévorée en ruinant peut-être des familles entières; jetant ainsi, par la plus révoltante de toutes les hypocrisies, le manteau de la charité sur la personne d'un usurier, d'un trompeur, d'un filou, d'un banqueroutier, d'un homme de mauvaise foi, engraissé de vols et de rapines; après cette observation, je dis que chacun doit faire l'aumône à proportion de ses facultés.

Si vous avez beaucoup, donnez avec abondance. Si vous avez peu, faites part de ce peu à ceux qui en ont encore moins. (*Tob.*, IV, 9.) C'est le conseil du saint homme Tobie à son fils; et là-dessus, mes chers paroissiens, je sais que vous avez toujours mille questions à faire. Qu'est-ce que cela signifie, avoir beaucoup et donner beaucoup, avoir peu et donner peu? Tel a beaucoup, qui n'a rien de trop; tel a peu, qui en a de reste. Il faut donc que vous me permettiez, mes frères, d'entrer dans quelques détails sur cet article, afin que vous puissiez juger à peu près si vos aumônes sont proportionnées à vos revenus et aux besoins des pauvres; car, sans cela, vous n'êtes point en sûreté de conscience.

Saint Paul parlait à tous les chrétiens quand il disait: *Mes frères, contentons-nous de ce qui est nécessaire pour vivre et pour nous couvrir.* (I *Tim.*, VI, 8.) La vie et le vêtement, qui est-ce qui s'en contente? L'avare qui voudrait convertir en or tout ce qu'il touche, et le vrai chrétien qui voudrait vendre tout ce qu'il a pour en acheter le royaume du ciel. Je ne parle point de cette avarice sordide et ignominieuse, qui se prive du nécessaire le plus urgent, qui manque à tous les devoirs et à toutes les bienséances; je parle de ces hommes qui passent dans le monde pour être et qui sont effectivement ce qu'on appelle fort serrés, qui économisent, qui épargnent sur tout, qui se retranchent tant qu'ils peuvent sur tous les articles, et ne se permettent pas la plus petite dépense qui ne soit absolument indispensable.

Si leur économie et leur sévérité à supprimer tout ce qui n'est pas nécessaire avaient pour objet le soulagement des misérables; s'ils employaient leurs épargnes à nourrir ceux qui n'ont point de pain, à vêtir ceux qui sont nus, à doter quelques pauvres filles, à faire apprendre un métier à de pauvres enfants, leur réputation serait tout autre; on dit, cet homme-là est un avare; on dirait, cet homme-là est un saint.

Eh bien! mes frères, pourquoi ne feriez-vous point en faveur des pauvres une partie des épargnes que font pour amasser du bien ceux dont l'économie vous paraît excessive? Pourquoi ne pas porter sur tous les articles de votre dépense cet esprit de sobriété, qui retranche tout ce qui est superflu, et se borne au simple nécessaire? Je dépense tant pour ma table; je pourrais l'entretenir décemment avec beaucoup moins : voilà de quoi soulager plusieurs familles. J'ai quantité d'habits dans ma garde-robe; je puis en retrancher une partie, je puis en porter qui ne soient pas si chers et qui seront tout aussi propres : voilà de quoi vêtir quelques-uns de ces misérables, dont la nudité crie vengeance contre le luxe de nos habits et de nos vaines parures.

Vous dépensez beaucoup, Monsieur; vous avez donc beaucoup? Beaucoup de mets sur votre table, beaucoup de linge et d'habits dans votre garde-robe, beaucoup de blé dans vos greniers, beaucoup de vin et de liqueurs dans vos caves, beaucoup de provisions dans votre maison, beaucoup d'argent dans votre bourse; vous devez donc donner beaucoup à ceux qui n'ont rien.

Si, pendant que vous avez de tout en abondance, vous vous contentez de donner quelques sous et quelques morceaux de pain aux mendiants qui vous importunent; si vous ne donnez pas la centième partie de vos rentes, pas même le quart de votre véritable superflu, quel gré pensez-vous que Dieu vous sache de ces aumônes légères et sans proportion à vos facultés? Souvenez-vous de ce que nous disions tout à l'heure : l'aumône est une dette, il faut l'acquitter en entier. Donner peu quand on a beaucoup, ce n'est l'acquitter qu'en partie; et prétendre s'excuser sur ce qu'avec beaucoup on n'a rien ou fort peu de reste, ce n'est pas s'excuser, c'est se condamner soi-même.

Si vous ne faisiez pas si bonne chère; si vous n'étiez pas si curieux, si vain, si recherché, si sensuel en tout; si vous ne jouiez pas si souvent; si vous ne jouiez pas si gros jeu; si vous n'achetiez pas tant de livres, qui ne vous servent de rien ou dont la lecture ne vous fait peut-être que du mal; si vous ne vouliez pas toujours vous agrandir et toujours accumuler; si vous saviez une bonne fois mettre fin à vos désirs, à vos projets, à votre cupidité, vous auriez du reste, vous trouveriez de quoi faire des aumônes abondantes et proportionnées à votre revenu.

Et vous, mes chers enfants, qui pensez être quittes devant Dieu, pour quelques petites charités que vous faites aux mendiants lorsqu'ils viennent assiéger pour ainsi dire vos maisons; si vous mettiez de côté vingt ou trente sous que vous dépensez au jeu et au cabaret tous les dimanches et fêtes, vous auriez là de quoi donner du pain pendant plusieurs mois à ce misérable voisin qui en manque les trois quarts de l'année. Cette aumône ne serait point au-dessus de vos forces, puisque vous en dépensez le montant et plus à profaner les jours du Seigneur, et que vous n'en êtes pour cela, s'il faut vous en croire, ni plus riches ni plus pauvres.

Voulez-vous, mes chers paroissiens, être sur le fait de l'aumône, en sûreté de conscience? Ne craignez jamais de donner trop; craignez toujours, au contraire, de ne pas donner assez. Ne vous contentez point de plaindre les misérables, ni de leur faire quelques petites aumônes qui n'ont aucune proportion avec leurs besoins; secourez-les efficacement; ayez égard à leur misère encore plus qu'à vos facultés. Je ne puis rien faire de plus : cela n'est pas vrai. Et ces greniers de blé, et ces sacs de farine, et cette provision de vin, d'huile et de mille autres choses que Dieu vous a données? et cet argent que vous tenez là fermé? Tout cela m'est nécessaire : mais vous ne dépenserez pas tout cela dans un jour, ni dans un mois, ni dans quatre; mais on ne vous demande pas le tout. Quoi! mon cher enfant, dans la crainte de ce qui peut vous arriver dans six mois, dans un an, et qui n'arrivera peut-être jamais; vous souffrirez dans ce moment-ci que votre frère manque de pain pendant que vous en avez de reste?

Ah! que vous entendez mal vos intérêts! vous regardez comme perdu pour la terre tout ce que vous donnez aux pauvres. On a beau vous dire, qu'indépendamment de la récompense qui vous est promise dans l'autre vie, Jésus-Christ s'est engagé à vous rendre le centuple dans celle-ci. Vous ne sauriez le croire; c'est un langage que vous n'entendez pas et que vous ne voulez pas entendre. Mais pourquoi ne pas croire ce que l'on voit de ses propres yeux? Il se trouve encore quelque une de ces maisons charitables, où l'on donne de toute main et dont les aumônes paraissent exorbitantes; elles n'en deviennent que plus riches. Si elles employaient en folles dépenses ce qu'elles donnent aux pauvres, elles seraient ruinées. Voyez-vous que l'aumône les appauvrisse? bien loin de là, on les voit fleurir et prospérer plus que les autres. C'est donc un miracle? miracle ou non, c'est un fait dont tout le monde convient, et qui ne doit pas nous surprendre; c'est l'accomplissement des promesses de Jésus-Christ.

Comment est-ce que cela peut se faire? de mille manières. Il faudrait, pour en rendre raison, connaître tous les ressorts et toutes les ressources de la Providence, tous les moyens dont elle se sert pour enrichir une maison sans que l'on y voie rien d'extraordinaire; il faudrait connaître tous les malheurs qui auraient pu lui arriver et dont ses aumônes l'ont préservée; il faudrait voir cette main invisible et toute-puissante, qui bénit le commerce et les entreprises de ce marchand, les terres de ce laboureur, le travail de cet ouvrier, multipliant au centuple les fruits de leurs sueurs, et cela par des voies qui paraissent toutes simples, qui sont à la vérité dans l'ordre commun de la Providence, mais que la Providence dispose tout exprès en faveur de celui qui donne libéralement et ne compte jamais avec les pauvres.

Donnez, et l'on vous donnera. C'est Jésus-Christ lui-même qui parle ainsi. Eh! que voulez-vous de plus formel? Donnez donc toujours, mes frères. Si vous avez beaucoup, donnez beaucoup; si vous avez peu, donnez peu, mais donnez toujours, et Dieu vous le rendra. Quand un pauvre demande l'aumône, il la demande au nom de Dieu. Quand il ajoute : Dieu vous le rendra, il parle sur la parole de Dieu. Quand il dit ensuite : Dieu vous le rende, il fait une prière qui est infailliblement exaucée, soit que cette prière soit une bénédiction ou une malédiction : *Date et dabitur vobis.* (*Luc.*, VI, 38.)

Je ne dis pas cependant, mes frères, qu'on doive faire l'aumône à tous les pauvres indifféremment, sans distinction, sans discernement, sans choix; il y a des pauvres privilégiés et qui sont dans le cas d'une juste préférence. D'où sont-ils? quel est leur état? quels sont leurs besoins? quels sont leurs vices ou leurs vertus? Toutes ces questions sont raisonnables, et l'on doit avoir égard à tout cela dans la distribution des aumônes.

Les pauvres des paroisses où sont situés vos fonds et d'où vous tirez vos revenus doivent, sans contredit, passer avant tous les autres. Dans la répartition des impôts, vos domaines sont taxés pour le compte de la paroisse dont ils font partie, et pour partager les charges locales à proportion des fonds que vous possédez dans le lieu. L'aumône est une charge, une espèce d'impôt, comme nous l'avons déjà remarqué. Il y aurait donc une sorte d'injustice à donner aux étrangers le pain des enfants, et les aumônes que vous pouvez faire ailleurs ne doivent jamais être au préjudice des pauvres qui habitent les lieux où sont vos biens et vos revenus.

Les pauvres de votre paroisse viennent ensuite, et doivent être secourus avant les étrangers, qui sont quelquefois des vagabonds qui mendient par goût autant que par nécessité; métier dangereux, presque toujours suspect de vol, de libertinage et d'irréligion; métier infiniment nuisible et au public et à ceux qui ne rougissent point de le faire; métier contre lequel on ne saurait prendre trop de précautions, et dont tout bon citoyen doit détourner les pauvres de toutes ses forces.

Je ne parle pas de ceux qui mendient hors de leur paroisse avec la permission, sous la protection et la recommandation de l'évêque : permissions, certificats qui sont quelquefois surpris, d'autres fois supposés, et auxquels on ne doit s'en rapporter qu'à bonnes enseignes.

Je ne dis rien des religieux ni des ermites qui sont reconnus pour être d'honnêtes gens; qui ont l'esprit de leur état, qui respectent leur habit et le font respecter aux autres; qui édifient les fidèles par leur bonne vie et conversation. C'est une charité fort louable et une aumône bien placée, pourvu cependant que les ermites ne quêtent point hors du district qui leur est assigné; pourvu que les religieux se bornent aux paroisses où ils prêchent, confessent, disent la messe, et sont de quelque utilité au pasteur dans les fonctions de son ministère; pourvu encore que les aumônes qu'on leur fait soient sauf et sans préjudice de ce que l'on doit aux pauvres et à l'église de la paroisse. L'église de la paroisse doit être ornée avant l'église du couvent; et il n'est ni juste ni naturel d'envoyer au couvent un pain qui manque aux pauvres de la paroisse.

Parmi les pauvres de la paroisse il faut encore du choix; les malades, les estropiés, les infirmes, les vieillards, les veuves, les orphelins, les pauvres honteux, doivent être à la tête de ceux à qui vous distribuez des aumônes. Les pauvres qui ont de bonnes mœurs et de la piété, qui sont paisibles, laborieux, économes, doivent être préférés à ceux qui ne mènent point une vie assez chrétienne, qui sont jaloux, murmurateurs, prodigues, fainéants, soupçonnés de vol ou de libertinage.

Sur tout cela, mes frères, il faut beaucoup de prudence et de précautions pour connaître les véritables besoins de chaque pauvre, pour proportionner l'aumône à ses besoins, pour ne pas se laisser surprendre par leurs mensonges et par les exagérations de leur misère, à quoi ils sont ordinairement fort sujets; pour prévenir leurs murmures et les querelles qui s'élèvent entre eux à cette occasion. Il faut de la prudence pour ne pas entretenir l'oisiveté de ceux à qui on fait l'aumône; quiconque peut gagner sa vie et celle de sa famille n'est point dans le cas d'avoir part aux aumônes, soit publiques ou particulières; la plus belle qu'on puisse leur faire, la seule qu'ils puissent raisonnablement demander, est qu'on leur fournisse de manière ou d'autre le moyen de manger du pain à la sueur de leur front par un travail honnête et proportionné à leurs forces. Il est des personnes très-charitables qui ne font jamais l'aumône autrement qu'à ceux qui sont en état de gagner leur vie.

Et remarquez en passant, mes frères,

combien cette façon de faire l'aumône doit être agréable à Dieu. C'est une imitation de sa providence qui nous fait l'aumône à tous, mais qui veut que nous gagnions par notre travail le pain qu'elle nous donne : vous faites ensuite deux bonnes œuvres à la fois, nourrissant le pauvre et le préservant en même temps de l'oisiveté, qui est le plus dangereux de tous les vices, comme vous savez, et la source d'une infinité d'autres : ajoutez à cela que vous cachez par ce moyen votre aumône sous le voile de la justice.

Et, certes, ce n'est pas un petit avantage de pouvoir dérober ses aumônes à la vue, aux louanges et aux applaudissements du monde. L'avare cache son argent et craint toujours qu'on ne lui enlève son cher trésor. Un homme sage, qui voyagerait avec des gens suspects, se garderait bien de leur montrer une bourse richement garnie; c'est ainsi que le vrai chrétien voudrait pouvoir se cacher à lui-même ses bonnes œuvres. Il sait que l'amour-propre est un vrai filou qui nous enlève le fruit de nos meilleures actions, lorsque nous ne sommes point en garde contre ses artifices; il sait que l'on en perd tout le mérite quand on a la faiblesse de s'arrêter aux louanges que l'on reçoit de la part des hommes, et qui nous servent alors de récompense. Suivez donc autant que vous le pourrez, mes chers paroissiens, le conseil qui nous est donné dans l'Evangile. Tenez vos aumônes secrètes, bien loin de les publier; que votre main gauche, c'est-à-dire l'amour-propre et la vaine gloire, ne sache point ce que fait votre main droite, c'est-à-dire la droiture de votre cœur et de votre intention, qui doit être d'assister et d'honorer Jésus-Christ lui-même dans la personne du pauvre.

Jésus-Christ dans la personne des pauvres! oui, mes frères, c'est Jésus-Christ qui nous demande l'aumône par leur bouche; c'est lui seul que nous devons regarder, c'est à lui seul que nous devons la faire, et voilà ce qui rend l'aumône si précieuse devant Dieu; voilà comment un verre d'eau que l'on donne au nom et pour l'amour de Jésus-Christ, mérite une récompense éternelle. Ouvrez donc les yeux de la foi dans toutes les occasions où la misère des pauvres se présente à votre esprit; ouvrez les yeux de la foi lorsqu'ils vous conjurent au nom de Dieu de les assister.

Voyez-vous cette pauvre veuve qui n'a pas de pain, et qui ne sait où en prendre; ces pauvres petits enfants qui sont à ses trousses, et dont les cris affamés déchirent les entrailles de leur malheureuse mère? voyez-vous ces pleurs? entendez-vous ces gémissements? Ce n'est ni la veuve ni l'orphelin qui crie, c'est Jésus-Christ : c'est lui qui a faim, c'est lui qui a soif, c'est lui qui est nu, c'est Jésus-Christ qui souffre, qui gémit, qui est tout baigné de larmes : *Esurivi... sitivi... nudus eram.* (*Matth.*, XXV, 34 seqq.) Voyez ces misérables dont la maison a été brûlée ou emportée par les inondations, ou qui, ayant été réduits à la mendicité par quelque autre désastre, n'ont plus ni feu ni lieu; c'est Jésus-Christ qui n'a pas où poser sa tête. Voyez ce prisonnier qu'un enchaînement de malheurs a précipité dans ce cachot, où il est couvert de misère et d'infamie; c'est Jésus-Christ qui est en prison : voyez cet autre à qui l'on a suscité un procès injuste, et que l'on veut dépouiller, par la seule raison qu'il n'a pas le moyen de plaider et de se défendre: c'est Jésus-Christ entre les mains de ses bourreaux. Venez et voyez, dans les hôpitaux ou ailleurs, les pauvres malades remplis d'infirmités, couverts de plaies, accablés de douleur; c'est Jésus-Christ étendu sur la croix : ce sont les infirmités, les plaies, les souffrances de Jésus-Christ.

Ah! je ne suis point étonné de voir le plus saint de nos rois servir lui-même les pauvres avec un respect aussi profond et plus profond encore que celui avec lequel il était lui-même servi par les officiers de sa table; et pour citer des exemples tout récents, nos pères n'ont-ils pas vu la bienheureuse mère de Chantal servir de ses propres mains les pauvres malades, panser leurs plaies, faire elle-même leur lit et rendre les plus bas offices? Que dirai-je de saint Vincent de Paul, fondateur célèbre de cette congrégation si respectable, si régulière, si fervente, si répandue partout, si digne de l'être, dont le zèle et les travaux vraiment apostoliques sont un des plus beaux ornements de l'Eglise de Dieu, une de ses ressources les plus efficaces dans ce siècle malheureux, et l'une de ses plus douces consolations? Tout le monde sait que saint Vincent de Paul embrassa tous les pauvres, toutes les nécessités, toutes les misères dans les entrailles de Jésus-Christ; il les nourrissait par milliers et dans la capitale et dans les provinces; jamais père n'eut tant de tendresse pour ses enfants. Lorsque la reine lui eut ordonné de se servir d'une voiture à cause de ses infirmités et de son grand âge, il ramassait de pauvres estropiés dans les rues, les mettait à côté de lui et les conduisait à Saint-Lazare; il voulut avoir à sa table et à ses côtés deux pauvres vieillards que l'on servait toujours les premiers, pratique admirable de charité vraiment digne du père des pauvres, et qui depuis a été régulièrement conservée par tous les supérieurs généraux de cette illustre congrégation. Mais cela n'est point étonnant; c'est vous, mon bon Sauveur, c'est vous que saint Vincent voyait, et que ses dignes enfants voient dans la personne des pauvres.

Non, je ne m'étonne point de ce que les femmes de la plus haute qualité, soit dans les hôpitaux, quand elles sont à la ville, soit dans la chaumière des pauvres, quand elles sont dans leurs terres, oublient en quelque sorte leur rang, aussi bien que la délicatesse de leur sexe, et deviennent non-seulement les médecins, mais les servantes des pauvres malades; apprêtant elles-mêmes leurs remèdes, et croyant honorer leurs pieuses mains en pansant les ulcères les plus affreux et les plus dégoûtants. C'est vous, ô Jésus, c'est vous seul qu'elles visitent, qu'elles pansent, qu'elles traitent, qu'elles nourrissent, qu'elles caressent dans la personne des misérables ; on dirait qu'elles aperçoivent sensiblement dans les plaies des pauvres le lieu et la marque de vos clous, et, dans le pus qui en sort, le sang adorable qui sortit des vôtres.

Enfin je ne suis pas étonné de voir tous les véritables chrétiens se distinguer principalement par une tendre charité envers les pauvres; les accueillir toujours avec bonté, s'occuper de leurs besoins, s'en informer; les prévenir, y pourvoir quelquefois même aux dépens de leur propre nécessaire; envoyer aux malades, non pas les restes de leur table, mais ce qu'il y a de meilleur, jusqu'à s'en priver eux-mêmes pour le leur donner; joignant ainsi la mortification à l'aumône. Cela ne m'étonne point: ils voient Jésus-Christ dans le pauvre, ils ne voient que lui, et ils agissent en conséquence.

Ce qui doit nous surprendre, mes frères, est de voir parmi nous des chrétiens sans compassion et sans entrailles, qui non-seulement ne s'informent pas et ne se mettent point en peine de savoir si Jésus-Christ a faim ou s'il a soif, s'il a des habits ou s'il en manque, s'il souffre ou s'il ne souffre point dans la personne de ses pauvres; mais qui craignent même de connaître leur misère, et ne voudraient jamais en entendre parler; des chrétiens qui détournent les yeux pour ne pas voir le pauvre, qui ne pensent à son malheureux état que pour s'applaudir intérieurement de n'avoir rien de commun avec son indigence; qui non-seulement ne préviennent jamais ses besoins, mais qui le renvoient presque toujours les mains vides, ou ne lui donnent que très-peu de chose; encore ne le donnent-ils qu'à contre-cœur et de mauvaise grâce, et après s'être fait longtemps prier, et accompagnant quelquefois leurs minces et inutiles aumônes de reproches, de propos humiliants et injurieux. Quelle horreur! le refus de l'aumône quand vous pouvez la faire, ou l'aumône faite de mauvaise grâce, ne serait de votre part qu'un acte d'inhumanité, si vous ne faisiez pas profession de croire en Jésus-Christ ; mais de la part d'un chrétien le refus de l'aumône, quand il peut la faire, ou l'aumône accompagnée d'injures, est une vraie impiété envers Jésus-Christ lui-même.

Chose étrange, mes chers paroissiens; nous nous rassemblons ici aux pieds des autels, et pourquoi? pour demander l'aumône à Jésus-Christ. Nous le prions soir et matin, que demandons-nous? qu'il nous fasse l'aumône ; Seigneur, donnez-nous notre pain quotidien. Veut-on de la pluie et du beau temps pour les fruits de la terre: Monsieur le curé, des processions, des neuvaines ; vos troupeaux sont-ils attaqués de quelques maladies contagieuses: Monsieur, priez Dieu pour nous, dites des messes; si la mortalité continue, nous sommes ruinés. Cela est très-bien, mais au sortir de là vous rencontrez Jésus-Christ qui vous demande l'aumône à son tour, par la voix du pauvre, par la voix et les gémissements de cette veuve, par les cris et la nudité de ces orphelins, par les cris et les besoins de ces malades, et vous faites semblant de ne pas les voir, et vous détournez vos oreilles pour ne pas les entendre ; vous renvoyez, vous rebutez, vous méprisez Jésus-Christ dans la personne du pauvre que vous foulez pour ainsi dire aux pieds, comme la boue dans laquelle il rampe. Qu'aurez-vous à répondre à Jésus-Christ, lorsque vous paraîtrez devant lui et qu'il vous reprochera votre ingratitude?

Ah! Seigneur, vous m'avez trompé, vous m'avez séduit, c'est un piége que vous m'avez tendu. Eh! comment pouvais-je penser que c'était vous qui me demandiez l'aumône, qui vous traîniez dans les rues, qui étiez accablé de misère et de douleur ; comment pouvais-je penser que vous fussiez caché sous ces haillons, dans cet hôpital, dans ces prisons, dans ces misérables chaumières? *Quando te vidimus esurientem*, etc. (*Matth*, XXV, 44.) Ce n'est pas moi qui vous ai séduit, c'est votre cupidité, votre dureté, votre avarice, votre peu de foi. Ne vous avais-je pas dit, en termes exprès, que donner ou refuser au moindre des miens, c'était me donner ou me refuser à moi-même : que vous fallait-il de plus clair et de plus précis? comment donc entendiez-vous ma parole, et quel autre sens pouviez-vous donner à mon Evangile? Allez, maudits, mon heure est venue, j'ai mon tour : retirez-vous, je ne vous connais point, et vous ne me verrez jamais.

Encore une réflexion, mes frères, et je finis. A qui que ce soit qu'on refuse l'aumône quand on peut et qu'on doit la faire, c'est à Jésus-Christ lui-même qu'on la refuse : mais prenez garde, ce n'est pas toujours lui qui la reçoit, et dès qu'il ne la reçoit point, elle est absolument inutile pour la vie éternelle. Or il ne la reçoit point quand on la fait par vaine gloire, comme nous l'avons déjà dit, dans la vue de passer pour charitable, de s'attirer l'affection des pauvres dont on peut avoir besoin dans certaines occasions. Il ne la reçoit point quand on la fait en état de péché mortel, à moins que ce ne soit dans la vue d'obtenir la grâce d'une véritable conversion. Vouloir que Jésus-Christ reçoive l'aumône qu'on lui fait d'une main, pendant qu'on le crucifie de l'autre, c'est vouloir une chose impossible. Si quelqu'un donnant un écu à un pauvre lui enfonçait en même temps un poignard dans le sein, comment appelleriez-vous cette aumône? A plus forte raison Jésus-Christ ne recevrait-il point l'aumône de celui qui la ferait dans l'intention de pécher avec plus de liberté. Je suis un impudique, mais Dieu me pardonnera, parce que j'ai fait beaucoup d'aumônes; ce serait vouloir engager Jésus-Christ dans un marché abominable; ce serait vouloir, en quelque sorte, acheter de lui des fornications et des adultères : voilà des aumônes, ne prenez pas garde à mes péchés, et laissez-moi vivre à ma fantaisie. Nous pourrions dire à un tel chrétien ce que disait saint Pierre à Simon, lorsque celui ci voulait acheter à prix d'argent le pouvoir de donner le Saint-Esprit : *Va, misérable, que ton argent périsse avec toi : « Pecunia tua tecum sit in perditionem.»* (*Act.*, VIII, 20.)

Je demande à présent, mes frères : vous est-il souvent arrivé de faire au sujet de l'aumône toutes les réflexions que vous avez entendues aujourd'hui? l'avez-vous regardée comme une redevance annuelle, dont tous vos biens sont chargés au profit des pauvres? Vous savez, vous dites fort bien, et vous avez raison de dire que ceux qui jouissent des revenus de l'Eglise doivent les distribuer aux pauvres, quand ils ont prélevé modestement ce dont ils ont besoin pour vivre et pour se vêtir. Mais aviez-vous jamais pensé que votre superflu fût, aussi bien que le nôtre, le pain, la substance, le patrimoine des pauvres?

Comment avez-vous raisonné sur votre superflu et sur votre nécessaire? Nous voici devant Dieu et Jésus-Christ à qui nous rendrons bientôt compte jusqu'au dernier liard de la recette et de la dépense. N'en faites-vous aucune qui ne soit indispensable dans votre état, et sur laquelle vous ne puissiez pas retrancher une obole, sans manquer aux devoirs et aux bienséances de vôtre état? En prendriez-vous à témoin le père, le protecteur, le vengeur des pauvres, Jésus-Christ, qui est présent sur cet autel et qui nous écoute?

Ah! grand Dieu! je suis forcé de l'avouer, et je l'avouerai ici à ma confusion; je n'ai jamais ou presque jamais eu pour les pauvres ni les yeux de la foi ni les entrailles de la charité chrétienne. Combien de fois aurais-je pu les secourir sans me gêner en aucune manière? et je ne l'ai pas fait. Combien de fois aurais-je pu leur rendre service sans qu'il m'en eût rien coûté? et je ne l'ai pas fait. C'est donc vous, ô mon Sauveur, c'est vous qui avez essuyé mes refus, mes mépris, ou toute ma froideur et mon indifférence!

Hélas! si j'ai fait quelques aumônes, ce n'a été presque toujours que par un sentiment de compassion naturelle, sans aucun rapport à vous, ô Jésus! et ces aumônes n'ont eu aucune proportion, ni à mes facultés, ni aux besoins des pauvres. Je les ai faites par hasard et presque sans intention; par respect humain et par bienséance, ou pour me débarrasser du pauvre qui criait après moi. Aumônes légères; aumônes inutiles; aumônes criminelles; aumônes accompagnées de mépris, de reproches, peut-être d'invectives; aumônes faites du bien d'autrui; aumônes faites dans l'habitude du péché mortel, sans aucun désir de conversion. Quelles aumônes! et de quel œil, ô mon Dieu! les avez-vous regardées? Changez donc mon cœur, vous qui avez éclairé mon esprit. Que je vous voie, que je vous aime, que je caresse, si j'ose m'exprimer ainsi, votre sainte humanité dans la personne des pauvres : que je m'occupe de leurs besoins; que je les prévienne, que je les visite, que je les console et les assiste de tout mon pouvoir, dans la seule vue de vous plaire, de racheter mes péchés et de sanctifier mon âme, afin qu'au jour terrible de vos vengeances je n'entende point de votre bouche une sentence de réprobation, mais ces paroles consolantes que vous adresserez à tous vos élus : *Venez, les bien-aimés de mon Père; venez, j'ai eu faim, et vous m'avez donné à manger; j'ai eu soif, et vous m'avez donné à boire; j'étais nu, et vous m'avez habillé.* Venez donc recevoir la récompense que je vous avais promise, et prenez possession du royaume éternel que je vous ai préparé. Je vous le souhaite à tous, mes chers enfants, au nom du Père, etc.

DISCOURS XX.

Pour le Dimanche de la Passion.

SUR : QUI ÊTES-VOUS?

Quem teipsum facis? (*Joan.*, VIII, 24.)

Qui prétendez-vous être?

La réponse de Notre-Seigneur dans cette occasion, ainsi que dans toutes les autres, est remplie de sagesse, elle est sans réplique. Vous me demandez qui je prétends être? Interrogez mes actions : si je me glorifie moi-même, ma gloire n'est rien; mais les œuvres que je fais au nom de mon Père, me rendent témoignage et vous font suffisamment connaître ce que je suis. Si je vous faisais aujourd'hui la même question, mes frères, je ne sais trop ce que vous auriez à me répondre : à vous voir et à vous entendre on dirait, tantôt que vous êtes des animaux sans raison, et que vous n'avez point une âme immortelle; tantôt que vous n'avez point un corps sujet à la corruption, et que vous êtes des anges; tantôt que vous êtes comme autant de dieux sous qui tout doit plier, et qui ne dépendent de personne. Mais enfin, que prétendez-vous être, mon cher auditeur : *Quem teipsum facis?* Vous êtes un homme, et non pas une brute; vous êtes un homme, et non pas un ange; vous êtes un homme, et non pas un dieu. Vous êtes un homme, et non pas une brute; il ne faut donc pas vous avilir jusqu'à vous rendre semblable aux animaux, en éteignant les lumières de la raison qui vous en distingue. Vous êtes un homme, et non pas un ange; il faut donc vous humilier et vous tenir sur vos gardes, à la vue de cette chair corruptible, dans laquelle votre âme est embarrassée comme dans un filet, et qui est pour vous une source intarissable de misères et de tentations. Vous êtes un homme enfin, et non pas un dieu; il ne faut donc pas vous enorgueillir et vous élever comme un taureau en présence de celui qui vous a créé, ni vous attribuer l'honneur, la gloire, l'autorité, la puissance qui lui appartiennent exclusivement à tout autre. Trois réflexions auxquelles je m'arrête et que je vais approfondir, moyennant la grâce de Dieu, pour votre édification et pour la mienne.

PREMIÈRE REFLEXION.

Il est aussi aisé de dire : ***Quand on est mort, tout est mort***, et de vivre en conséquence, comme un animal sans raison, qu'il est aisé de dire : ***Il n'y a point de Dieu***, et de vomir des blasphèmes. Il suffit pour cela d'être né avec des inclinations basses et brutales, de s'y livrer aveuglément, en fermant les yeux pour ne pas voir la lumière. Il n'y a rien en cela de bien difficile. Le plus ignorant de tous les hommes, l'esprit le plus mince et le plus borné, peut en dire et en faire tout autant. Mais avancer sérieusement, avec connaissance de cause et toute réflexion faite, que notre âme est de chair et de sang, qu'elle meurt avec le corps, que le plus beau génie de l'univers n'a rien de plus beau que la taupe ; excepté que son cerveau, ses yeux, ses oreilles et ses autres organes, ne sont pas construits comme ceux de la taupe : avancer sérieusement, et avec connaissance de cause et toute réflexion faite, qu'entre le cheval et celui qui le monte, entre le bœuf et le laboureur, entre le berger et son troupeau, entre les animaux et les hommes, il n'y a d'autre différence que l'arrangement et la diversité des parties intérieures et extérieures qui composent le corps humain et celui des autres animaux : être soi-même convaincu de pareilles absurdités, et prétendre pouvoir les persuader à quiconque n'est point absolument dépourvu de sens commun ; cela n'est pas aisé, cela n'est pas vraisemblable, cela n'est pas possible.

Lors donc, mon cher enfant, que vous entendez dire à ce monsieur, dont vous êtes le fermier ou le domestique; ou bien à ce monsieur qui est votre voisin, votre ami, qui passe pour un homme d'esprit, qui lit beaucoup et vous prête des livres; qui ne se confesse point, qui ne prie jamais, qui se moque des sacrements et de l'Eglise, que tout le monde connaît, en un mot, pour n'avoir point de religion; lorsque vous lui entendez dire que le paradis et l'enfer sont des contes, qu'après la mort il n'y a plus rien, et que l'autre vie est une chimère; lorsque vous le voyez sourire, hausser les épaules, et témoigner, par ses gestes comme par son langage, que la simplicité des fidèles lui fait pitié, qu'il ne craint ni la mort ni l'enfer; qu'il est bien au-dessus de ces préjugés, qu'il veut vivre et mourir en philosophe ; ne vous y trompez point, il ne croit pas un mot de tout ce qu'il dit, c'est pure *fanfaronnade.*

Il est vrai qu'il fait tous les efforts imaginables pour se le persuader; mais l'incrédulité qu'il affecte est tout entière dans son cœur. Il voudrait de tout son cœur mourir sans conséquence comme les bêtes, et qu'il n'y eût rien au delà ; il voudrait que l'immortalité de l'âme, les peines et l'éternité de l'enfer fussent réellement des chimères. Il n'est rien qu'il ne fasse pour s'étourdir là-dessus : il saisit avec une avidité singulière tout ce qui lui paraît propre à favoriser l'opinion monstrueuse qu'il tâche de forger dans sa tête ; et parce que cette opinion n'a ni fondement ni vraisemblance, les raisonnements qu'il fait sont cousus de toutes pièces, sans ordre, sans liaison, sans suite : il dit tantôt blanc, tantôt noir, aujourd'hui le *pour*, demain le *contre :* c'est une imagination démontée qui tantôt veut unir des choses incompatibles, tantôt séparer des choses inséparables ; confondant pêle-mêle le mensonge et la vérité, le oui et le non ; bouleversant toutes les idées, et ne sachant au bout, ni ce qu'il veut dire, ni ce qu'il doit penser.

Ce n'est pas une petite affaire d'effacer jusqu'à la moindre trace l'idée d'immortalité, que le Créateur a imprimée dans nos âmes. On peut bien fermer les yeux pour ne pas voir une lumière qui incommode, et que l'on déteste; mais l'éteindre tout à fait et l'anéantir, c'est autre chose. On peut bien se boucher les oreilles et s'étourdir, pour ne point entendre la voix de cette conscience qui gêne, qui inquiète, qui effraye, qui trouble ; mais lui imposer silence et l'étouffer entièrement, de manière qu'elle ne souffle plus et qu'il n'en soit plus question, c'est autre chose.

Appelez donc à votre secours, monsieur, tous les maîtres d'incrédulité ; rassemblez à grands frais leurs écrits dans votre bibliothèque ; interrogez-les tour à tour comme autant d'oracles; non pas pour vous instruire de ce qui est, mais pour vous aider à croire ce que vous voudriez qui fût : non pas pour trouver la vérité, mais pour vous affermir dans la résolution que vous avez prise de rejeter aveuglément tout ce qui choque votre orgueil et les autres passions qui vous dominent. Ce n'est point assez : il faut n'avoir aucune espèce de commerce avec les défenseurs du christianisme. Gardez-vous donc bien de lire leurs ouvrages. Quelques talents, quelque réputation que puissent avoir ces auteurs, quelque pures que soient leurs mœurs et leur intention, ils écrivent contre les incrédules, ils combattent votre façon de penser ; cela suffit : le titre seul de leurs ouvrages doit vous les rendre odieux. N'en eussiez-vous lu que la table, c'en est assez pour les traiter d'ignorants, d'enthousiastes, de fanatiques, pour les tourner en ridicule, les mettre au rebut et regarder en pitié ceux qui les ont lus, les lisent et en font l'éloge.

Est-il vrai que l'homme soit une créature raisonnable et vraiment faite à l'image de Dieu, comme les chrétiens le prétendent et comme l'ont pensé les plus éclairés, les plus sages, les plus respectables d'entre les philosophes païens? Ou bien n'y a-t-il dans l'homme que de la chair et du sang, comme dans les autres animaux; d'où il ne résulte qu'une machine construite d'une certaine façon et dont les ressorts s'usent, périssent et se réduisent en poudre? Voilà sans doute, mes frères, une question aussi étonnante, aussi ridicule, aussi révoltante que celle-ci ; est-il bien vrai qu'il y ait un Dieu ? Mais s'il est des hommes qu'un pareil doute, et une question de cette nature ne révolte point; ne doivent-ils pas la regarder comme la plus grave, la plus sérieuse, la plus importante que l'homme puisse se faire à lui-même? Mon âme est-elle immortelle, comme on l'a pensé dans tous les temps et chez tous les peuples de l'univers? Une telle question, lorsqu'on fait tant que de l'agiter, ne doit-elle pas être examinée, discutée avec la plus sérieuse application, avec le plus grand sang-froid, avec toutes les recherches et toutes les précautions imaginables.

Il faut donc écouter, lire, peser, combiner tout ce que l'on dit de part et d'autre. Quiconque cherche la vérité de bonne foi, ne méprise rien, ne néglige rien de ce qui peut l'aider dans cette recherche; pas même les prônes d'un curé de campagne, qui est forcé de traiter ces matières, parce qu'il y a dans sa paroisse ou dans le voisinage quelqu'un de ces messieurs à qui ses paroissiens ont entendu dire qu'*après la mort, tout est mort*. A plus forte raison doit-on lire les ouvrages composés tout exprès pour répondre aux difficultés et aux chicanes des incrédules. Je ne dis point qu'il faille décider la question à la pluralité des voix; elle serait terminée bien vite. Mais je dis qu'il faudrait tout au moins se demander à soi-même, comment il peut se faire qu'une poignée d'hommes, qui d'ailleurs ne se piquent pas de pousser bien haut la pratique des vertus morales, aient plus de sens et plus de lumières que tous les peuples ensemble, parmi lesquels on trouve une foule de grands hommes dont les lumières et les vertus valent assurément bien celles de l'incrédule qui enseigne le matérialisme tout pur, ou qui met en avant des principes dont il faut nécessairement conclure que notre âme n'est point immortelle, et que l'homme meurt tout entier.

Jeune étourdi, est-ce là ce que vous avez fait avant de renoncer à votre croyance? Vos maîtres nous reprochent de croire sur la parole de Jésus Christ dans la doctrine, la vie, la personne duquel ils sont forcés de reconnaître quelque chose de surnaturel et de divin. Ils nous reprochent de croire sur la parole des apôtres qui, par leurs vertus autant que par leur doctrine, ont changé la face de la terre: sur la parole de plusieurs millions de martyrs qui ont souffert les tourments les plus affreux pour sauver cette âme dont vous dites qu'elle périt avec le corps: sur la parole de l'Église chrétienne qui depuis dix-huit siècles est la lumière, l'édification, le prodige du monde, par les vertus héroïques dont elle a donné le spectacle à l'univers. On nous reproche de croire d'après un témoignage de cette force: et vous, d'après une petite brochure, d'après une centaine de vers, d'après une chanson, d'après une fade plaisanterie; d'après les propos ou les écrits, et sur la parole d'un homme qui, quelques lumières que vous lui supposiez, n'est enfin qu'un homme, et un homme d'autant plus suspect, d'autant moins digne de foi qu'il donne un démenti à tous les autres; d'après cela, et sur une pareille autorité, sans examen, sans preuves, sans autre forme de procès, vous vous inscrivez en faux contre la révélation, vous changez de croyance, vous renoncez à votre baptême; vous ne voulez plus vivre que comme les bêtes, parce que vous vous imaginez devoir mourir comme elles!

Mais qui êtes-vous donc, et quels sont vos maîtres pour vous élever avec tant d'orgueil contre la science de Dieu: *Quem teipsum facis?* où sont vos titres d'infaillibilité? où sont vos preuves? Jésus-Christ a fait les siennes; les Apôtres ont fait les leurs; l'Eglise catholique fait journellement les siennes; et toutes ces preuves accablent l'univers sous le poids de leur autorité. Où sont les vôtres et celles de vos maîtres? Qui sont-ils encore une fois, et qui prétendez-vous être vous-même: *Quem teipsum facis?* N'est-il pas étonnant, je ne dis pas qu'on les écoute, mais qu'on les souffre, mais que l'on ne crie point après eux comme après les calomniateurs publics de la nature humaine, qu'ils couvrent d'opprobre et d'ignominie en mettant les hommes au rang des bêtes.

Celui qui dit à son frère, vous êtes un fou, mérite le feu d'enfer (*Matth.*, V, 22): ce sont les paroles de Jésus-Christ, Hé! que méritera celui qui dit, non pas à un homme seul, mais à tous les hommes ensemble: vous n'êtes que des animaux comme les autres; et c'est folie à vous d'imaginer que vous soyez faits à l'image de Dieu, que vous ayez une âme immortelle, et que vous deviez vivre après votre mort. Les éléphants se bâtissent des maisons, les renards se creusent des tanières; les oiseaux se construisent des nids; les animaux, chacun dans son espèce, sont aussi raisonnables que vous pouvez l'être dans la vôtre; et cette raison dont vous faites si grand bruit, n'est chez vous, aussi bien que chez eux, qu'un instinct tout matériel, c'est-à-dire, le mouvement d'un corps organisé que l'impression des objets extérieurs met en branle.

Mais pourquoi ne pas dire aussi que le bœuf mugit, que les chevaux hennissent, que les corbeaux croassent, que les crapauds et les serpents sifflent; que le langage, les raisonnements et toute la sagesse de l'homme ne sont que l'effet d'un instinct semblable à celui des bêtes? Ah! mes frères, mes très-chers frères, où en sommes-nous donc aujourd'hui? Nous savons bien que l'homme, abandonné à ses passions, se dégrade lui-même, et devient quelquefois semblable aux animaux: mais que l'homme avec toute sa raison, lors même qu'il en fait le plus saint usage; l'homme avec toutes ses lumières et toutes ses vertus, ne soit qu'un peu de boue que le temps dessèche, que la mort réduit en poussière et anéantit; mais que cette quantité prodigieuse de volumes qu'on appelle les productions de l'esprit humain; ces arts inventés, multipliés, perfectionnés, et qui annoncent une intelligence presque divine: ces lois, ces tribunaux, cette justice qui est une vraie imitation de la justice de Dieu; que toutes ces merveilles n'aient d'autre principe qu'un instinct semblable à celui qui fait agir les animaux lorsqu'ils travaillent pour se nourrir, pour se loger, pour conserver leur espèce ; eût-on jamais cru que des hommes, et des hommes estimables d'ailleurs par leur talent et l'étendue de leurs connaissances, eussent pu donner dans d'aussi étonnantes et d'aussi révoltantes absurdités ?

Cette pensée : mon âme ne mourra point ; elle vivra éternellement devant Dieu, parfaitement heureuse si j'ai pratiqué la vertu, souverainement malheureuse si je me suis abandonné au vice : cette pensée, mon âme ne mourra point, est sans doute le motif le plus efficace, même le seul raisonnable qui puisse porter les hommes à éviter le mal et à pratiquer le bien. Mais si l'homme doit mourir tout entier comme les bêtes ; qu'est-ce donc que le vice ? qu'est ce que la vertu ? que sont-ce que les lois et la conscience ? rien : ce sont des mots et des noms sans réalité. Il n'y a chez les animaux ni justice ni injustice ; ni vice ni vertu ; ni remords ni conscience ; et tout cela n'est donc rien chez les hommes, si les hommes n'ont rien de plus que les animaux. Ah ! messieurs, messieurs, à quoi nous réduisez-vous ? à quoi vous réduisez-vous vous-mêmes ? *Quem teipsum facis ?*

Cette pensée, mon âme ne mourra point ; je ne ferai que passer de cette vie-ci à une meilleure, cette pensée est la plus solide et la plus douce consolation que nous puissions avoir en ce monde. L'espérance d'être débarrassés un jour de ce misérable corps est le seul motif qui puisse nous faire supporter patiemment toutes les misères dont il est la source. Vous tirerez enfin mon âme de la prison où elle est retenue, ô mon Dieu ; elle s'envolera dans votre sein, pour bénir éternellement votre saint nom, pour chanter à jamais vos infinies miséricordes. Mais si cette âme doit périr avec le corps, quelle sera notre espérance ? A moins que vous ne la trouviez dans cette pensée : après ma mort je ne serai plus rien ; pensée non-seulement affreuse et désespérante ; mais qui, bien approfondie, renferme la plus absurde contradiction. Qu'est-ce donc que l'on vient nous dire, et à quoi veut-on nous réduire ? *Quem teipsum facis ?*

Cette pensée, nous vivons après notre mort, est le principe du respect que nous avons pour les cendres de nos pères, de nos amis, des grands hommes qui ont vécu parmi nous. Respect, piété, envers les morts, qui sont communs à toutes les nations : de là les cérémonies et tous les honneurs de la sépulture. Mais si notre âme n'est plus dès l'instant que notre corps a cessé de vivre ; qu'est-ce que tout cela signifie ? le cadavre d'un homme n'a rien de plus respectable qu'un *chien mort ?* Nos cimetières, nos tombeaux, nos mausolées n'ont rien de plus respectable que la voirie, où l'on jette les animaux. Ah ! messieurs, messieurs, que vous ont fait les hommes pour les avilir de la sorte ? Voyez donc encore une fois à quel point vous vous avilissez vous mêmes. *Quem teipsum facis ?*

Mes chers paroissiens, je frémis toutes les fois que je pense au principe qui produit des opinions aussi monstrueuses. Hé ! quel est ce principe, sinon la corruption du cœur et le charme diabolique des plaisirs sensuels ? Quand on ose avancer que les hommes sont en tout semblables aux bêtes ; de deux choses l'une : ou l'on a commencé par vivre comme elles ; ou l'on cherche à secouer le joug de la raison, pour ne plus suivre que les mouvements aveugles de la nature. Quiconque se met au rang des bêtes leur ressemble déjà par ses mœurs ; ou bien les regardant comme plus heureuses que l'homme, en ce qu'elles n'ont ni vertus à pratiquer, ni commandements à garder, ni enfer à craindre, il prend l'affreuse résolution de se confondre avec elles pour s'abandonner sans remords à toute la brutalité des passions qui le dominent. Voilà ce qui me fait trembler.

Car enfin si c'est là où conduit la corruption et le déréglement des mœurs, que n'avons-nous pas à craindre ? les mœurs furent-elles jamais plus corrompues ? les hommes furent-ils jamais plus sensuels et moins raisonnables ? Jetez les yeux sur ce qui se passe dans le monde, parcourez les différentes passions des hommes, et vous verrez à quel point ils s'avilissent pour les satisfaire. Entrez dans cette maudite taverne, voyez ce malheureux ivrogne, et faites comparaison de lui avec les animaux qu'il nourrit dans son étable. Ses yeux se troublent, sa langue s'épaissit, il bégaye comme un enfant, il ne peut pas se soutenir, il a perdu connaissance. Les morceaux empuantis de vin qu'il regorge remplissent et infectent les tables du cabaret. Est-ce un homme ? est-ce une bête ? Mais où sont les bêtes que les excès du boire ou du manger aient jamais réduites dans un état semblable à celui-là ?

Dites-moi, mon cher paroissien, lorsque vous abandonnant à votre colère, vous paraissez transporté de fureur, écumant de rage, vomissant des imprécations et des blasphèmes, qu'êtes-vous alors ? un homme ou un lion ? un homme ou une louve à qui l'on enlève ses petits ? un homme ou une vipère envenimée ? Vous êtes quelque chose de pis. La haine, la jalousie, les désirs de vengeance, les trahisons, les fourberies, les calomnies, les noirceurs, tout cela vous met bien au-dessous des animaux les plus furieux et les plus féroces.

Mais que voit-on dans les animaux qui approche des excès où sont capables de se porter et où se portent effectivement les hommes en fait de libertinage ? Le Prophète les compare au cheval et au mulet, qui sont dépourvus de raison et d'intelligence : *Sicut equus et mulus quibus non est intellectus.* (*Psal.* XXXI, 9.) Hé ! plût à Dieu que les hommes abandonnés à cette malheureuse passion ne fussent pas plus bêtes que les bêtes elles-mêmes ! Celles-ci, toujours fidèles aux lois de la Providence, se renferment dans les bornes que le Créateur leur a marquées. Misérables qui m'entendez, et qui savez mieux que moi ce que je veux dire, de combien de manières n'outragez-vous pas les saintes lois de la nature ? Ah ! si je pouvais, sans souiller mes lèvres, entrer dans le moindre détail sur cette matière, de quelles horreurs, de quelles abominations ne vous ferais-je pas l'affreuse peinture? Estomacs ruinés, poitrines délabrées, tempéraments usés, jeunesse blême, tremblante et vieille à trente ans, gouttes, sciatiques, membres perclus, maladies honteuses dont le nom seul est une infamie; parlez, parlez à ma place, et dites donc ce que je n'oserais dire moi-même.

Tel est, mes frères, tel est l'usage que l'homme fait de la raison, ce pur rayon de la lumière éternelle, ce présent du ciel, ce don inestimable qui annonce l'excellence de notre origine et la fin glorieuse à laquelle nous sommes destinés. Il semble que nous n'ayons une âme spirituelle et intelligente que pour inventer, pour multiplier les moyens de satisfaire les passions qui nous déshonorent. L'avare se sert de son esprit pour thésauriser et se faire une idole qu'il met à la place du vrai Dieu; l'usurier, pour ruiner la veuve et l'orphelin; l'envieux pour calomnier ou pour médire; l'ambitieux pour écarter tous les obstacles qui s'opposent à son insatiable cupidité; l'incrédule pour forger des armes contre la foi; l'impudique pour raffiner sur des horreurs, pour imaginer quelque nouvelle espèce de libertinage. Chacun s'égare ainsi dans la voie malheureuse qu'il a choisie, et sa raison, sa raison, ce flambeau divin que Dieu lui a donné pour le guider et le contenir dans le chemin de la vertu; il ne s'en sert, hélas! que pour se creuser des précipices, pour y descendre, pour s'y enfoncer, pour consommer l'ouvrage maudit de sa réprobation éternelle.

Ouvrez-donc les yeux, mon cher paroissien, ouvrez-les yeux, voyez, reconnaissez, et sentez enfin ce que se doit à elle-même une créature raisonnable, faite à l'image de Dieu. Que cette pensée: *Je porte en moi l'image de Dieu*, vous remplisse d'une noble et sainte émulation. Regardez comme indigne de vous tout ce qui pourrait ternir la beauté de cette image divine: mais souvenez-vous en même temps que vous portez ce trésor dans un vase de terre dont la fragilité doit vous tenir dans une crainte continuelle. Souvenez-vous que si, d'un côté, la nature de votre âme vous élève infiniment au-dessus des animaux; de l'autre, cette masse de chair qui vous est commune avec eux, n'a rien qui ne doive vous humilier et vous faire trembler. Vous êtes un homme et non pas une brute; mais aussi vous êtes un homme et non pas un ange.

SECONDE RÉFLEXION.

Qu'est-ce que notre corps, mes chers paroissiens? A combien d'humiliations et de misères ne sommes-nous pas assujettis par rapport à lui? C'est un amas de corruption, une source intarissable d'immondices, un cloaque dégoûtant que l'on vide toujours et qui toujours se remplit; un vase impur et naturellement infecté, qu'il faut toujours nettoyer, et qui toujours est sale. C'est un animal vorace qui en dévore une infinité d'autres, qui se couvre de leur dépouille; qui se nourrit de leurs cadavres et rassemble en lui la pourriture de tous. C'est un mélange de chairs, d'ossements, de sang, de bile, de pituite, d'humeurs de toute espèce, et toutes plus dégoûtantes les unes que les autres. C'est le rendez-vous de toutes les infirmités le siége de la douleur, la proie de la mort qui le poursuit dès qu'il est au monde, qui le menace à chaque instant, qui le saisit enfin et le dévore.

Qu'est-ce que ce misérable corps? une machine qui ne se meut et ne subsiste que par un miracle continuel de l'Ouvrier tout puissant, dont il est comme le chef-d'œuvre; tellement sujette et dépendante de tout ce qui l'environne, qu'on ne sait lequel des deux admirer davantage, ou l'acharnement de toutes les créatures qui travaillent à sa destruction, ou la puissance et la bonté de la main invisible qui la conserve. Les ténèbres l'aveuglent, la lumière l'éblouit, le bruit l'étonne et l'ébranle, le printemps la dérange, l'été l'incommode, l'automne lui amène les fièvres, l'hiver la glace et la transit, les insectes la piquent au dehors, les vers la rongent au dedans, et avec tout cela, il lui faut du chaud et du froid, de l'humide et du sec, des jours et des nuits, du repos et de la fatigue. Tout ce dont notre corps a besoin pour subsister, contribue nécessairement à le miner et à le détruire. Tout ce qui le fait vivre le pousse, l'avance et le précipite dans le tombeau.

Qu'est-ce que la force et la beauté dont nous sommes si curieux? Hélas! quelques accès de fièvre flétrissent le plus beau visage, altèrent l'homme le plus robuste; trois ou quatre jours d'une maladie sérieuse nous rendent quelquefois méconnaissables. Hé! qui pourrait compter les maladies différentes auxquelles notre corps est assujetti? De toutes les parties qui le composent, il n'en est aucune qui soit à l'abri des infirmités et de la douleur. Qui pourrait faire le détail des causes qui les produisent, des remèdes dont il faut se servir, des précautions qu'il faut prendre pour les guérir ou s'en préserver? le plus grand de tous les biens dont nous puissions jouir sur la terre, je veux dire la santé, sans laquelle on ne saurait goûter de vrai plaisir, le plus grand de tous les biens est en même temps le plus fragile. De quoi dépend-t-elle cette santé? Des aliments dont nous usons, de l'eau que nous buvons, de l'air que nous respirons, du travail, du genre de vie auxquels nous sommes engagés. Et à quoi tient-elle encore? vous le savez, mes frères, le moindre dérangement dans les humeurs et dans les plus petites parties de notre corps, quelques gouttes de sang de plus ou de moins, quelques humeurs plus ou moins vicieuses, quelques fibres plus ou moins relâchées, peuvent nous priver de la vue, de l'ouïe, du goût, de l'usage de nos membres, nous déchirer les entrailles, nous faire jeter les hauts cris, nous mettre à deux doigts de la mort.

Mais fut-il jamais de fardeau plus pesant et plus incommode? Fut-il jamais de croix plus humiliante et plus insupportable? Le mercenaire se décharge quelquefois de son fardeau et se repose pour le reprendre ensuite. Mais ce misérable corps étant une portion de nous-même, il n'y a pas moyen de nous en débarrasser un seul instant : il faut nécessairement le porter ou le traîner partout avec soi; et quand on ne peut plus ni le porter, ni le traîner, on reste accablé de tout son poids dans un lit, dans un fauteuil, d'où cette lourde masse ne peut sortir qu'avec le secours d'une main étrangère.

Lorsqu'Abraham fut arrivé au pied de la montagne sur laquelle il avait ordre d'immoler son fils Isaac : Restez-là, dit-il à ses domestiques, *et attendez avec l'âne*, jusqu'à ce que mon fils et moi venions vous rejoindre, après avoir adoré le Seigneur. ***Exspectate hic cum asino; et cum adoraverimus revertemur ad vos.*** (*Gen.*, XXII, 5.) Que notre âme serait heureuse, ô mon Dieu! si elle pouvait se débarrasser de ce corps, qui est comme une bête de charge, au moins, tout au moins, lorsqu'elle s'élève vers la sainte montagne pour vous rendre l'hommage de ses adorations. Si elle pouvait dire à ses yeux, à ses oreilles, à ses sens, qui sont comme ses domestiques : restez là, ne me suivez point, et attendez que j'aie adoré le Seigneur. ***Exspectate hic cum asino.*** Mais, hélas! cet animal, ces esclaves nous suivent jusqu'au pied de votre trône, et ils nous y suivent, non pas pour partager avec notre âme les sentiments de respect et de piété avec lesquels nous devons paraître devant vous; mais pour nous nuire, nous distraire, nous interrompre dans la plus respectable et la plus sainte de nos actions. Ces yeux veulent tout voir, ces oreilles veulent tout entendre, ces bras veulent des appuis, ces genoux se fatiguent, tout ce corps se lasse et languit en votre présence.

Je dis que tous les sens de notre corps sont comme les domestiques de notre âme; et cependant, mes frères, quel est le maître plus impérieux et plus difficile à contenter que ce misérable corps? qu'il ait faim, ou qu'il ait soif, qu'il veuille se coucher ou qu'il se lève, il faut être à ses ordres et le servir à point nommé. Tantôt il a froid, il faut le réchauffer; tantôt il a chaud, il faut le rafraîchir; quand il est fatigué, il faut lui donner du repos; quand il est malade, il lui faut des remèdes. Ses besoins réels, joints aux nécessités imaginaires, nous occupent du matin au soir, d'un bout de l'année à l'autre, pendant toute la vie, et nous ne vivons que pour notre corps.

Jetez un coup d'œil, mes frères, sur les hommes de toute condition; voyez les soins, les peines et tous les mouvements qu'ils se donnent. Pourquoi cela? Pour mettre ce corps à son aise, pour le loger commodément, pour le coucher mollement, pour le nourrir délicatement, pour le mettre à l'abri du chaud, du froid, de la nudité, des maladies, et de toutes les incommodités auxquelles il est sujet : tous les arts sont inventés pour lui, il met à contribution la nature entière, et nous sommes véritablement ses esclaves.

Et quel esclavage, bon Dieu! dans quels désordres ne nous entraîne-t-il pas? A quelles bassesses ne nous fait-il pas descendre, lorsque nous ne prenons pas le dessus, et que notre âme, devenue pour ainsi dire toute charnelle, oubliant sa dignité, ne se conduit plus que par les sens et se roule avec eux dans la fange? Grand Apôtre! vous sentiez toute la dureté, toute la honte de cet esclavage, lorsque vous soupiriez avec tant d'ardeur après le moment heureux où cette prison de chair étant détruite, vous pourriez voler sans que rien vous arrêtât dans les bras de Jésus-Christ.

Et en effet, mes chers paroissiens, qu'est-ce que ce corps pour ceux-là même qui, bien loin de le flatter et de s'en rendre esclaves en lui donnant tout ce qu'il veut, le mortifient au contraire et le réduisent en servitude? Qu'est ce que cette chair, même à l'égard de l'homme juste qui la tient soumise à l'esprit, et fait régner Jésus-Christ sur tous ses membres? Hélas! c'est une prison ténébreuse, d'où l'on n'aperçoit la vérité qu'à travers des voiles obscurs, comme un prisonnier étroitement renfermé voit à peine quelque faible lueur à travers les ténèbres qui l'environnent.

De là vient notre ignorance parfaite sur une infinité d'objets qui sont bien au-dessus de notre raison, et à quoi cette faible raison ne saurait atteindre. De là, nos erreurs sur une infinité d'autres où nous prenons le blanc pour le noir, le faux pour le vrai, la lumière pour les ténèbres. De là, les inégalités, l'inconstance de notre humeur et de notre façon de penser. Les idées et les affections de notre âme dépendent presque en tout de la situation de notre corps; et ce corps n'étant presque jamais dans le même état, nos idées, nos affections, nos goûts, n'ont ordinairement ni solidité, ni consistance. Tantôt gais, tantôt tristes; tantôt recueillis, tantôt dissipés; tantôt pleins d'espérance et de courage, tantôt faibles, abattus et comme désespérés. Ce qui aujourd'hui nous paraît aisé, demain nous semblera difficile; ce qui nous plaît aujourd'hui, nous le rejetterons demain; il est rare que notre âme se trouve longtemps de suite dans la même assiette.

Ne voyez-vous pas comme les différents âges de la vie amènent des pensées et des inclinations différentes : *Lorsque j'étais enfant*, dit l'Apôtre, *je pensais, je parlais, j'agissais comme les enfants; devenu homme, j'ai quitté les pensées et les goûts de l'enfance* (I *Cor.*, XIII, 11); car elle a ses goûts particuliers, ainsi que la jeunesse; l'âge viril a les siens qui disparaissent ensuite et changent dans la vieillesse qui en a d'autres. Pourquoi tant de changements et de vicissitudes dans les affections de notre âme? sinon parce qu'elle est unie à un corps sujet à mille révolutions, à travers lequel nous voyons les ouvrages et les desseins de la Providence, *comme dans une énigme et dans un miroir* (*Ibid.* 12.) Cela est bien dit, *une énigme et un miroir.* L'univers est vraiment, ô mon Dieu! une énigme qui renferme le secret de votre éternelle sagesse; un miroir qui réfléchit à nos yeux les rayons de la lumière inaccessible qui vous environne; mais une énigme susceptible d'une infinité de sens; vous seul en savez le vrai mot, et vous seul pouvez nous l'apprendre; mais un miroir qui est dans un mouvement perpétuel et qui éblouit notre faible vue. *Per speculum in ænigmate.*

Lorsqu'après cela nous voyons des esprits superbes, enflés de leur prétendu savoir, mépriser les disciples de Jésus-Christ, les regardant comme une troupe d'aveugles conduits par la superstition et le fanatisme, parce qu'ils préfèrent la lumière de l'Evangile aux faibles lumières de leur raison: ne vous semble-t-il pas, mes frères, entendre un prisonnier qui, voyant ses compagnons se réjouir à la lueur d'une lampe qui vient éclairer le cachot où il est renfermé avec eux, leur crie de toutes ses forces: Eteignez cette lampe, nous n'en avons que faire; ouvrez seulement les yeux comme je les ouvre, et vous verrez clair. Otez, ôtez cette lumière, elle est inutile; elle est incommode: oui, sans doute, elle est incommode, elle est à charge, elle est odieuse à celui qui aime les ténèbres, et qui s'en couvre comme d'un manteau pour faire le mal avec plus de tranquillité; mais cette lumière n'est jamais à charge à celui qui n'aime et ne fait rien que d'honnête. Il la cherche toujours, au contraire, et il vous suit, ô Jésus, pour ne pas s'égarer, en attendant que cette prison de chair étant détruite, son âme s'envole librement dans votre sein et vous contemple librement face à face: *Tunc autem facie ad faciem.*

Jusque-là, mes chers paroissiens, l'âme vraiment chrétienne, continuellement occupée des jours anciens et des années éternelles, ne cesse de gémir comme la colombe au milieu des infirmités qui l'environnent. Elle gémit dans cet abîme profond de misère où elle est comme ensevelie; elle gémit sous le poids humiliant de cette lourde masse qu'elle est forcée de traîner, et qui souvent l'entraîne dans le précipice malgré ses efforts, ses précautions et toute sa vigilance. Elle gémit enfin dans cette prison obscure où elle n'a d'autre consolation que Jésus-Christ, dont la lumière et la vérité peuvent seules la soutenir jusqu'au moment heureux de sa délivrance. *Quasi columbæ meditantes gememus... multiplicatæ sunt enim iniquitates nostræ.* (*Isa.*, LIX, 11, 12.)

Tels devraient être, mes frères, nos vrais sentiments et le langage de tous les chrétiens; mais, hélas! que nous en sommes éloignés! cette chair maudite est l'objet, le tendre, l'unique objet de nos complaisances. Nous ne la regardons pas comme un fardeau qui nous accable, mais comme l'instrument et la compagne de nos plaisirs. Nous ne nous piquons pas de la soumettre et de lui commander; nous ne rougissons pas de lui obéir et de la servir comme des esclaves. Misérables d'être si universellement assujettis à notre corps; plus misérables encore d'aimer nos chaînes, de nous plaire dans notre prison, et de n'envisager qu'avec horreur le moment où elle sera détruite!

Monsieur le prédicateur, cela est fort beau: mais nous ne sommes pas des saints pour maltraiter notre propre chair, à l'exemple de saint Paul dont vous parliez tout à l'heure, et de tous ces pénitents fameux dont les austérités m'effrayent. Vous n'êtes pas des saints, mes frères, il faut donc travailler à le devenir; c'est pour cela, et ce n'est que pour cela que vous êtes au monde. Mais je ne dis point que vous maltraitiez votre chair. Vous n'en auriez pas la force; je dis seulement, ne souffrez point qu'elle soit la maîtresse, et qu'elle vous maltraite elle-même. Car, dites-moi, je vous prie: n'est-ce pas votre chair qui est la maîtresse presqu'en tout? n'est-ce pas elle qui commande? n'est-ce pas vous qui obéissez, qui rampez comme son esclave?

N'est-ce pas votre chair qui est la maîtresse lorsqu'elle vous entraîne au cabaret pour s'y remplir de vin et de crapule? n'est-elle pas la maîtresse lorsqu'elle vous fait consentir à ces actions honteuses dont vous rougissez intérieurement pendant que je parle? n'est-elle pas la maîtresse lorsqu'elle vous fait faire tant de dépenses inutiles pour la nourrir, la loger, la coucher, la parer, pour contenter tous ses goûts et toutes ses fantaisies? est-ce vous qui commandez à vos appétits, ou si vos appétits vous commandent? est-ce vous qui gouvernez votre langue, ou si votre langue vous mène? lorsque vos yeux s'arrêtent sur des objets que vous ne devriez point regarder; lorsque vos oreilles sont attentives à ce que vous ne devriez point écouter; qui est-ce qui est le maître? vous ou votre passion? vous ou votre chair? n'est-ce pas elle qui commande? ne lui obéissez-vous pas au doigt et à l'œil?

Mais quand il s'agit de faire pénitence et d'expier tous les désordres où cette malheureuse chair a eu tant de part, qui est-ce qui est le maître? Il faudrait se priver de tel plaisir, pratiquer telle mortification; cela serait bien juste. Voilà ce que dit la conscience, la religion, la raison, la justice. Hé! que répond la chair? je ne veux point, je ne saurais, cela me gêne et m'incommode. Elle résiste, elle se plaint, elle murmure: moi, souffrir la faim et la soif! moi, porter du linge si grossier et une étoffe si commune! moi, coucher sur la dure! moi, me priver de tel plaisir, de telle commodité! non, non, je veux avoir toutes mes aises, ôtez-moi tout ce qui me gêne, donnez-moi ceci, et puis encore cela. Elle parle en maîtresse et en souveraine: lui avez-vous jamais répondu sur le même ton? l'avez-vous jamais contredite? lui avez-vous jamais rien refusé, à moins qu'il n'ait point été en votre pouvoir de la contenter? et la bonne volonté dans ce cas est réputée pour le fait. Vous êtes donc son esclave. Quelle honte, mes frères, et que pourrions-nous dire là-dessus pour notre défense?

La chair est faible, vous avez raison; mais

ne voyez-vous pas qu'en la flattant et en lui donnant tout ce qu'elle désire, vous ne faites qu'augmenter sa faiblesse. Ne voyez-vous pas que plus on lui accorde, plus elle demande? Que ses appétits s'irritent et se multiplient à mesure qu'on les satisfait, et qu'elle n'en devient par conséquent que plus faible? Si vous l'aviez accoutumée à se contenter du nécessaire, elle ne vous tourmenterait pas pour avoir mille superfluités. Si vous l'aviez accoutumée à souffrir les besoins et les incommodités de la vie, elle n'y serait pas si sensible; elle ne se révolterait pas comme elle fait, si vous l'aviez domptée, si vous l'aviez toujours soumise à l'esprit et à la raison. Vous l'avez écoutée, flattée, choyée, engraissée: c'est un serviteur que vous avez gâté en le traitant avec trop de réserve, avec trop de complaisance et de délicatesse; il s'est révolté contre vous; il est le maître, et vous êtes son esclave: *Qui delicate nutrit servum suum, postea sentiet eum contumacem.* (*Prov.*, XXIX, 21.)

Mais à propos de cette faiblesse, comment osons-nous la mettre en avant, et la faire servir d'excuse à toutes nos fautes, pendant que d'un autre côté nous nous en méfions si peu? Combien de fois vous êtes-vous trouvé, mon cher enfant, dans telle et telle occasion sans offenser Dieu, jamais, ou presque jamais, parce que la chair est fragile: mais puisque la chair est fragile, pourquoi donc l'exposez-vous si légèrement et sans aucune nécessité? Pourquoi des visites si fréquentes dans cette maison? Pourquoi ces promenades, ces spectacles, ces tête à tête? Pourquoi ces romans, ces historiettes, ces fadaises, ces livres contre la religion et les bonnes mœurs? Vous dites pour excuser vos péchés que la chair est faible, que vous êtes un homme et non pas un ange; et vous vous exposez aux tentations aussi hardiment que si vous étiez un ange et non pas un homme. Où est la bonne foi?

Soyez plus conséquent, mon cher paroissien; que cette pensée, je suis un homme et non pas un ange, au lieu de servir de prétexte et d'excuse à vos égarements, ne serve qu'à vous rendre plus sage et plus précautionné contre votre faiblesse. Puisque cette chair malheureuse est en vous la source de mille désordres, ne suivez donc pas avec si peu de précaution et tant de facilité, ses inclinations vicieuses. Ne maltraitez point votre corps, à la bonne heure; vous n'en auriez pas le courage, quoiqu'il le méritât bien à cause des péchés dont il a été l'instrument ou l'occasion: mais au moins rendez-vous-en le maître et ne le flattez point tant; ne lui prêtez pas des armes contre vous-même. Regardez-le comme un domestique dont le service vous est nécessaire, qu'il faut nourrir, et dont il faut prendre soin, il est vrai; mais non pas engraisser, de peur qu'il ne se révolte, et ne commande pendant qu'il doit obéir. Que la chair soit en tout soumise à l'esprit, que l'esprit à son tour soit soumis à Dieu; et qu'ainsi l'homme tout entier, humilié profondément sous la main puissante qui l'a formé, rende continuellement hommage au maître souverain de toutes choses, à qui seul appartient la puissance, l'honneur, la gloire dans tous les siècles. C'est là ce que j'ai entendu en commençant, lorsqu'après avoir dit que vous étiez un homme et non pas une brute, que vous étiez un homme et non pas un ange, j'ai ajouté que vous étiez un homme et non pas un Dieu. Belle matière à réflexions, si le temps me permettait d'entrer dans un certain détail sur cet article: mais je ne puis vous dire que deux mots.

TROISIÈME RÉFLEXION.

Nous ne sommes pas des dieux; qu'y a-t-il là de nouveau? Rien sans doute. Ce que nous venons de dire sur nos misères, n'a rien qui ne rabatte notre orgueil, et ne nous fasse rentrer dans la poussière. Mais si nous ne portons pas la folie jusqu'à nous croire des dieux, au moins poussons-nous la témérité jusqu'à retenir pour notre personne ce qui appartient à Dieu seul; jusqu'à nous attribuer ce qui lui est dû exclusivement à tout autre. Je veux dire la gloire du peu de bien qui est en nous, le mérite de nos actions, ce droit de sonder les cœurs, de juger nos semblables, d'exercer la vengeance. Voyez, mes frères, comment et en combien d'occasions nous nous mettons, pour ainsi dire, à la place de la Divinité, lui enlevant sa gloire, usurpant ses droits, rapportant à nous-mêmes ce qui ne doit être rapporté qu'à elle.

L'honneur et la gloire sont à Dieu seul, parce qu'il est la source unique de tout bien: à nous la honte et la confusion, parce que nous n'avons de nous-mêmes que le mensonge et le péché. Voilà le vrai et la justice: *Soli Deo honor et gloria* (I *Tim.*, I, 17), *nobis autem confusio faciei nostræ.* (*Baruch*, I, 15.) *Je suis le Seigneur, je suis le maître, et je ne donnerai point ma gloire à un autre* (*Isa.*, XLII, 8.) Grand Dieu, vous l'avez dit: mais ce n'est point ainsi que nous l'entendons. A nous les honneurs, à nous les louanges, à nous la puissance et la gloire. J'entends et je prétends que l'on m'honore; j'entends et je prétends que l'on m'obéisse; j'entends et je prétends que l'on me craigne et que l'on me respecte. Ce langage n'appartient qu'à Dieu, mais n'est-ce pas le langage de presque tous ceux qui ont quelque autorité dans le monde.

Que l'on vous respecte, que l'on vous craigne, que l'on vous obéisse, tout cela est juste; parce que Dieu qui a fait les grands comme les petits, vous a départi une portion de son autorité souveraine pour l'exercer dans votre état et en son nom, sur les personnes qui vous sont soumises. Que si votre autorité vient de Dieu, si vous n'êtes que les instruments de sa Providence; pères et mères, maîtres et maîtresses, magistrats, officiers de guerre, pasteurs de l'Eglise, et vous qui êtes établis au-dessus des autres; c'est donc à Dieu et non point à vous que l'on doit obéir; c'est donc lui qu'il faut respecter et non pas vous ; c'est donc lui et non pas vous qu'il faut craindre.

Et certes, mes frères, si le respect et l'obéissance de nos inférieurs se bornent à notre personne, que deviendront cette obéissance et ce respect lorsque notre personne, nos mœurs, notre conduite, n'auront rien que de méprisable? Nos inférieurs pourront donc se dispenser de ce respect et de cette obéissance, non-seulement lorsque nous serons, mais lorsqu'ils nous croiront indignes de leur commander; et notre autorité sera donc dépendante de l'opinion vraie ou fausse, bonne ou mauvaise, que l'on aura de notre personne. Que si cela est ridicule et impraticable, il faut donc en revenir à ce grand principe que Dieu seul commande, que Dieu seul préside, que Dieu seul est élevé dans la personne de ceux qui président, qui commandent, qui gouvernent, qui sont élevés au-dessus des autres. C'est donc lui seul, monsieur, qui doit être le vrai objet de tous les égards qui vous sont dus. Quand vous les rapportez à vous-même, au lieu de les rapporter à lui, vous commettez donc un vol et une rapine; vous confisquez donc à votre profit, si je puis me servir de ce terme, un encens qui appartient à Dieu seul : vous vous appropriez donc un bien dont il est le vrai et unique propriétaire, parce que la source de l'autorité que vous exercez n'est qu'en lui : *Ego Dominus.*

D'où viennent ces talents qui vous ont acquis une si grande réputation? ces bonnes qualités, ces vertus qui vous rendent si aimable, cette conduite pleine de sagesse que l'on admire et à laquelle on applaudit? D'où vient cette intelligence qui vous fait passer pour un des plus habiles ouvriers qu'il y ait dans la ville et bien loin d'ici, qui vous attire tant de pratiques et tant d'éloges? Quel est le principe de tous ces dons? est-ce vous? Non; pourquoi donc prendre pour votre compte et retenir pour votre personne les louanges que vous recevez?

Mais je vous accuse peut-être d'un crime dont vous n'êtes point coupable. Oui, sans doute : vous vous oubliez vous-même et vous ne désirez en toutes choses que la plus grande gloire de Dieu. La gloire de Dieu! hé! pourquoi donc êtes-vous si avide d'honneurs et de louanges? pourquoi les recherchez-vous avec tant d'empressement? pourquoi les mendiez-vous avec tant de bassesse? Useriez-vous de tant d'intrigues, feriez-vous jouer tant de ressorts, commettriez-vous tant d'injustices pour vous avancer et vous élever dans le monde, si vous aviez en vue la gloire de Dieu et non pas votre propre gloire? Mais lorsqu'on ne rend pas à votre propre naissance, à votre rang, à votre mérite, tout ce que vous prétendez être en droit d'exiger; ce dépit secret, ces mouvements d'indignation, cette haine, ces désirs, ces projets de vengeance sont-ils l'effet du zèle dont vous brûlez pour la gloire de Dieu, ou ne sont-ils que les murmures pleins d'aigreur, les plaintes amères de ce *moi*, de ce *moi*, de cette petite divinité qui rapporte tout à elle-même? *Ego Dominus.*

Je parlais tout à l'heure de vengeance : ah! c'est là, mes frères, c'est là que les hommes s'oublient et veulent être autant que Dieu. A moi la vengeance; j'aurai mon temps, et je me vengerai. Qui est-ce qui peut parler de la sorte? Il n'y a que vous, Seigneur, il n'y a que vous : *Mihi vindicta.* (*Deut.*, XXXII; *Hebr.*, X, 38, 35.) Et néanmoins les faibles et misérables humains ne craignent pas de tenir le même langage; il m'a manqué, il m'a humilié, il m'a insulté, il m'a calomnié, moi et ma famille, je me vengerai : il m'a brouillé avec mes amis; il m'a suscité un procès injuste; il s'est joint à mes ennemis pour me nuire, il m'a fait perdre ma place, il m'a ruiné, je me vengerai; il a coupé mes bois, il a cueilli mes fruits; ses troupeaux ont ravagé mon champ, il a pillé mon jardin, il cherche toutes les occasions de me faire du mal, il ne peut pas me souffrir; je me vengerai : *Mihi vindicta.* Croirait-on que c'est un homme qui parle, ne dirait-on pas que c'est un Dieu? Hé! qui est-ce qui parle de la sorte? Nous tous, mes frères, ou presque tous, quand on nous résiste, quand on nous offense, quand on touche à nos biens, à notre réputation, à notre personne : *Mihi vindicta.*

Et nous parlons ainsi quelquefois sur des *ouï-dire*, qui n'ont de fondement que dans notre imagination : nous parlons ainsi d'après des jugements faux et téméraires, portés avec précipitation, sans examen, sans preuves, contre des personnes innocentes. Il n'appartient qu'à Dieu de juger les hommes; n'importe, nous usurpons ses droits, nous montons sur son tribunal, nous lui arrachons sa balance, et non contents de prononcer sans miséricorde sur les défauts et la conduite de notre prochain, nous descendons dans son cœur, nous pesons ses intentions et ses plus secrètes pensées, nous exerçons notre censure et notre malignité sur tous les plis et les replis de sa conscience. Que faites-vous de plus, ô mon Dieu! et que font de moins la plupart des hommes? Mes chers paroissiens, qu'en pensez-vous?

Mais que pensez-vous enfin de ce que nous avons dit aujourd'hui? Vous êtes par votre nature infiniment au-dessus des animaux qui n'ont pas comme vous une âme spirituelle et raisonnable; combien de fois cependant vous est-il arrivé de paraître moins raisonnables qu'eux, en vous abandonnant aux vices grossiers qui dégradent et déshonorent l'humanité : tels que sont l'intempérance, l'ivrognerie, les actions honteuses, les emportements de cette colère qui vont jusqu'à la fureur, cette haine, ces désirs violents de vengeance qui vont jusqu'à la rage. Combien de fois n'avez-vous pas oublié que votre âme était faite à l'image de votre Créateur, qu'elle était faite par conséquent pour commander à vos passions et non pas pour leur obéir.

Mais avez-vous jamais bien pensé que si la raison vous élève au-dessus des bêtes, cette masse de chair qui vous est commune avec elles n'a rien qui ne doive vous couvrir de confusion et de crainte? Avez-vous jamais bien pensé jusqu'où va la faiblesse, la fragilité, la corruption de cette misérable chair, qui dès à présent est la nourriture des vers, et qui bientôt ne sera plus autre chose? Avez-vous jamais pensé que votre âme renfermée dans ce corps de terre, comme dans une obscure prison, embarrassée dans les liens de la chair et du sang, accablée sous le poids de cette lourde masse, ne voit, ne fait, ne peut rien sans le secours du Créateur qui l'a formée de son souffle, sans la grâce du Sauveur qui l'a rachetée de son sang, sans la lumière de l'Esprit-Saint qui l'éclaire et la sanctifie.

Ah! mes frères, mes très-chers frères, n'oublions jamais que notre chair est le plus dangereux de nos ennemis, qu'il est d'autant plus à craindre qu'on le ménage davantage, et que l'on ne saurait trop prendre de précautions contre lui. Souvenons-nous que ce misérable corps est l'instrument de presque tous nos péchés, qu'il peut nous entraîner dans les plus affreux désordres, qu'il faut nécessairement ou le dompter ou lui obéir, et que lui obéir est le plus honteux de tous les esclavages. Ne perdons jamais de vue les infirmités de toute espèce à quoi nous sommes assujettis, et que la vue de ces infirmités réprime notre orgueil et toutes les saillies de notre amour-propre, lorsque les hommes nous louent, nous honorent, nous craignent ou nous aiment; lorsque les hommes nous offensent, nous haïssent, nous persécutent; lorsqu'il s'agit de prononcer sur les défauts, les actions, la conduite d'autrui, nous souvenant alors et dans toutes les occasions, que Dieu seul est bon, que Dieu seul est saint, seul sage, seul grand, seul puissant, seul vraiment digne de louange et de gloire; et pour finir en un mot par où nous avons commencé, qui que vous soyez, mon cher enfant, quelque espèce de passion qui vous tourmente, quelque talent, quelque mérite, quelque vertu que vous puissiez avoir, quelque rang, quelque autorité que vous ayez dans le monde, souvenez-vous et n'oubliez jamais que vous êtes un homme et non pas une brute, un homme et non pas un ange, un homme enfin et non pas un Dieu.

Seigneur, vous m'avez donné la raison qui me distingue des bêtes; mais qu'est-ce que cette raison si la lumière de votre Evangile ne vient dissiper les ténèbres qui l'enveloppent; elle ne servira qu'à m'égarer, à me perdre en me précipitant dans le labyrinthe affreux des opinions humaines, dans cet abîme inépuisable de doutes, d'incertitudes, d'illusions, d'erreurs, où descend et s'enfonce de plus en plus quiconque raisonnant sur vos ouvrages, ne tient pas le fil précieux de vos divines révélations.

Fortifiez-la donc, ô mon Dieu, fortifiez-la cette raison, par le secours de votre grâce, afin qu'elle réprime efficacement les inclinations vicieuses de la chair, et que mon âme ne participe point à la corruption qui l'environne. Vous avez sanctifié, ô Verbe divin, la masse universelle d'où cette chair a été tirée, en vous faisant chair vous-même; faites-donc que je respecte votre chair dans la mienne, et que je m'efforce de rendre la mienne semblable à la vôtre, ô Agneau sans tache, en la mortifiant, en l'attachant à votre croix avec ses vices et ses convoitises; que je commence à mener dans cette maison terrestre la vie des anges, cette vie cachée en Dieu avec vous, jusqu'à ce que mon âme dégagée des liens qui la retiennent, aille se réunir heureusement à la source éternelle d'où elle est partie. Ainsi soit-il.

DISCOURS XXI.

Pour le dimanche des Rameaux.

SUR LA CONFESSION.

Dicite filiæ Sion : Ecce Rex tuus venit tibi mansuetus (*Isa*, LXII, 11; *Matth.*, XXI, 5.)

Dites à la fille de Sion : Voici votre Roi qui vient à vous plein de douceur.

Il y a dix-huit siècles, mes chers paroissiens, que cette promesse toujours ancienne et toujours nouvelle, s'accomplit d'une génération à l'autre en faveur de la fille de Sion, qui est l'Eglise chrétienne; elle s'accomplira jusqu'à la fin du monde, et jusqu'à la fin du monde les ministres de Jésus-Christ annonceront aux hommes la venue de ce *Roi plein de douceur.... qui nous a visités dans les entrailles de sa miséricorde.* (*Luc.*, I, 78.)

Lorsque Dieu parlait à son peuple par le ministère de Moïse et des prophètes de l'ancienne loi, il ne l'entretenait guère que de sa puissance, de sa justice, de sa souveraine autorité : *Je suis le Seigneur, le Dieu des armées* (*in Scriptura passim*), *le Dieu des vengeances* (*Deut.*, XXXII, 35; *Psal.* XCIII, 1), *un Dieu jaloux* (*Deut.*, IV, 24); *tremblez à la vue de mon sanctuaire.* (*Levit.*, XXVI, 2.) Mais lorsqu'il a paru lui-même, et qu'il nous a parlé dans la personne de Jésus-Christ, il a pris un langage et un ton bien différent : *Je suis le bon pasteur* qui viens chercher les brebis perdues, et donner ma vie pour elles. (*Joan.*, X, 11 seqq.) *Venez à moi, vous tous qui êtes chargés et fatigués, je vous soulagerai.* « *Venite ad me.* » (*Matth.*, XI, 28.) Que ces paroles sont douces! que cette invitation est tendre! que ce ton est aimable! Nous voudrions pouvoir ne vous entretenir jamais d'autre chose; et cependant nous osons vous parler à peine de cette infinie bonté, qui ne sert la plupart du temps qu'à vous tranquilliser mal à propos, en vous inspirant une confiance excessive et présomptueuse.

Mais enfin comment dérober à vos yeux un objet dont tout vous parle et que tout vous annonce? Ah! cette croix, ces plaies, ce sang qui coule encore, vous disent assez, et ne vous disent, hélas! peut-être que trop, que les miséricordes du Seigneur sont infinies, et que les effets de sa tendresse pour les pécheurs sont au-dessus de tous ses autres ouvrages. Ce tribunal, ce tribunal qui est ouvert dans tous les temps, et surtout pendant la sainte quinzaine que nous avons commencée aujourd'hui, ce tribunal est pour vous la plus belle prédication que vous puissiez entendre sur la miséricorde de Dieu. Entrons-y donc, mes frères, voyons ce que l'on y fait en notre faveur, vous en serez touchés, si vous êtes capables de réflexion, et vous sentirez aisément ce que vous devez faire vous-mêmes pour recueillir avec les vrais enfants de Jésus-Christ les fruits de cette bonté admirable qui éclate singulièrement dans le tribunal où nous voyons l'accomplissement de tout ce qui est écrit au psaume LXXXIV, et en particulier dans ce beau verset qui renferme le sens de tous les autres : *Misericordia et veritas obviaverunt sibi; justitia et pax osculatæ sunt.* « *La miséricorde et la vérité se sont rencontrées, la justice et la paix se sont heureusement embrassées.* »

PREMIÈRE RÉFLEXION.

Quelle différence, mes chers paroissiens, entre les tribunaux de la justice, où l'on traîne les criminels, et ce tribunal de miséricorde où des criminels viennent eux-mêmes se rendre sans contrainte et de leur plein gré! Là, ce sont des huissiers, des archers qui cherchent le coupable, le poursuivent, s'en saisissent, le traînent dans la prison devant les juges : c'est un appareil effrayant, qui augmente ses remords et lui fait sentir d'avance toute la rigueur de la justice. Ici, au contraire, ce ne sont que des invitations et les invitations les plus tendres : Venez, mon cher enfant, venez où votre conscience et votre Dieu vous appellent; venez vous jeter aux pieds et dans les bras de ce Juge, qui n'a sur vous que des pensées de paix et des vues de miséricorde. Le ministre qui le représente, a ordre de vous recevoir avec toute la douceur, toute la bonté de celui dont il tient la place.

Il ne brisera point ce faible *roseau* que les vents des passions ont agité de tant de manières, qu'ils ont plié, rompu, courbé, renversé dans la fange. Non : il le relèvera doucement, il le redressera et lui rendra sa première forme; il l'affermira sur son pied, pendant que la main invisible et toute-puissante de Jésus-Christ l'enracinera dans la charité, lui donnant par sa grâce la consistance et la fermeté d'un arbre vigoureux qui résiste aux vents et à la tempête.

Il n'achèvera pas *d'éteindre la mèche qui fume encore.* Ne vous restât-il qu'une petite étincelle de foi, ne craignez pas qu'il vous désespère, ni qu'il vous accable de reproches. L'esprit de Dieu, mille fois *plus doux que le miel*, soufflera doucement sur cette bluette imperceptible, et rallumera cette mèche à demi-éteinte : *Arundinem quassatam non conteret et linum fumigans non extinguet.* (*Isa.*, XLII, 3)

Dans les tribunaux séculiers, les juges doivent se dépouiller pour ainsi dire de tout sentiment de compassion envers les coupables, et s'armer de toute la sévérité de la loi, dont ils sont les ministres. Cette sévérité, peinte en quelque sorte sur leurs visages, intimide le criminel, répand le trouble et la consternation dans son âme. Dans le tribunal de la pénitence, le visage du Juge n'a rien d'effrayant; il n'a rien au contraire qui ne rassure le coupable et ne lui réponde de son pardon. Là, on lit d'avance sa condamnation dans les yeux du juge; ici on y lit une sentence d'absolution et de paix. C'est un pasteur qui retrouve sa chère brebis et la charge sur ses épaules; c'est un père qui voit revenir un enfant qu'il croyait perdu. Il court au-devant de lui, il lui tend les bras, il le serre tendrement sur son sein, il mêle ses larmes avec les siennes.

Bien plus : celui qui est assis dans ce tribunal est un homme faible comme les autres coupable peut-être de péchés semblables à ceux dont on s'accuse devant lui, ou tout au moins, sujet aux mêmes infirmités et aux mêmes tentations. De sorte que vous pouvez lui appliquer, quoique dans un autre sens, ce que dit l'apôtre saint Paul, en parlant de Jésus-Christ : nous n'avons point affaire à un Pontife qui, n'ayant jamais fait l'épreuve des faiblesses humaines, ne puisse y compâtir. Celui qui est le dépositaire des vôtres, mon cher enfant, les connaît par sa propre expérience.

La vue des misères qui lui sont communes avec vous, bien loin de le rebuter, l'attendrit : ses entrailles sont émues de compassion, et ses péchés sont, en même temps que les vôtres, le sujet de ses gémissements et de ses larmes. Et c'est ici, mes frères, que nous ne saurions trop admirer la sagesse et la bonté de notre Dieu.

Si c'était un ange et non pas un homme qui fût assis sur ce tribunal, je ne l'aborderais qu'en tremblant, je n'oserais pas même l'aborder. Ce pur esprit, dirais-je en moi-même, ne connaît point les faiblesses de l'humanité : il ne sait point jusqu'où va l'empire des sens sur la raison, il ignore les mouvements désordonnés de cette chair corruptible, il ne les a jamais sentis. Couvert comme je suis de tant de misères, oserai-je paraître devant lui, qui est revêtu d'innocence et de sainteté? Je suis un brutal; sait-il ce que c'est que la colère, et combien il est malaisé dans certaines occasions de conserver son sang-froid, de pratiquer la douceur et la patience? Je suis vindicatif; a-t-il jamais senti en lui-même des désirs de vengeance, et peut-il savoir combien il est difficile de les étouffer? Je suis un impudique; a-t-il la moindre expérience sur toutes ces sortes de tentations?

Ah! si ce ministre chargé de me juger et de me réconcilier avec Dieu était un homme semblable à moi; s'il avait un corps comme le mien; s'il savait par expérience jusqu'où va la faiblesse humaine; si le diable, le monde et la chair lui tendaient les piéges qu'ils me tendent; s'il avait des ennemis qui le persécutassent, des gens fâcheux et incommodes qui exerçassent sa patience ; une vie à gagner, un état à soutenir, des bienséances à garder, des tentations de toute espèce à essuyer; s'il était forcé de traîner partout avec lui une chair fragile et sujette à la corruption comme la mienne, ah! je ne rougirais point de découvrir mes faiblesses; mais n'étant sujet à aucune des passions qui me tourmentent, de quel œil verra-t-il les dérèglements de mon cœur? mes péchés ne le rempliront-ils pas d'indignation, et voudra-t-il seulement me souffrir en sa présence? Voilà ce que nous pourrions dire, si le ministre de Jésus-Christ dans ce tribunal était impeccable.

Eh bien! Seigneur, vous avez prévenu nos désirs. Le ministre que vous avez établi pour me juger, est pétri du même limon que moi. L'autorité sacrée dont il est revêtu, la fonction auguste qu'il exerce, m'impriment le plus profond respect. Mais il est homme: la faiblesse, la fragilité de la nature qui m'est commune avec lui, m'encouragent et me remplissent de confiance. Il s'affligera sans doute en voyant le nombre et la grandeur de mes iniquités; mais il n'en sera point surpris; plus mes péchés seront énormes, plus ses entrailles seront émues d'une tendre compassion. Voyez, mes frères, quelle bonté de la part de Dieu, d'avoir donné, non pas à des anges, mais à des hommes faibles comme nous, le pouvoir de vous juger en son nom et de vous absoudre!

Mais, quelle est la source de ce jugement? Dans les autres tribunaux, on fait assigner des témoins, on reçoit leur déposition avant d'interroger les coupables. Ici, point d'autre témoin que vous-même, nulle déposition que la vôtre, nulle confrontation qu'avec votre conscience: et votre déposition encore demeure ensevelie sous le plus inviolable de tous les secrets, au point que nous sommes censés, et que nous devons l'ignorer vis-à-vis même du pénitent qui nous l'a confiée. Sur quoi, mes frères, écoutez une réflexion qui doit augmenter à l'égard de vos pasteurs l'attachement, la confiance, le respect que vous leur devez à tant de titres.

Comme un pasteur dans le tribunal de la pénitence est vraiment l'image de Jésus-Christ, chargé des péchés du monde; il est de même dans sa paroisse l'image de Dieu, qui fait tout, et qui garde néanmoins un profond silence, ne distinguant point dans la distribution des biens et des maux les innocents d'avec les coupables; faisant également luire son soleil sur les méchants et sur les bons; répandant la pluie du ciel sur le champ de celui qui l'offense et méprise sa sainte loi, comme sur le champ de celui qui la respecte et la pratique. C'est ainsi qu'un pasteur, quoiqu'il connaisse ce qu'il y a de plus secret dans les consciences, ne distingue jamais, ni dans le commerce ordinaire de la vie, ni dans les fonctions de son ministère, ceux dont la malice et la bonté lui sont également connues. Lui eussiez-vous fait dans ce tribunal sacré la confession la plus humiliante; lui eussiez-vous découvert les crimes les plus énormes, il aura pour vous la même estime, la même affection qu'il pouvait avoir avant de connaître l'intérieur de votre âme: et si la déclaration que vous lui avez faite produisait chez lui quelque changement à votre égard, ce ne pourrait être que de vous rendre plus cher à ses yeux, d'augmenter en lui les sentiments d'estime et de bienveillance dont il doit être rempli pour tous ses paroissiens, et dont il doit leur donner des marques publiquement et en toute rencontre. Il y a plus.

Dans les autres tribunaux, ce qui était secret devient public: dans celui de la pénitence, ce qui était public devient pour ainsi dire secret. Quelque publics qu'aient été vos désordres, lorsqu'une fois vous les avez mis sous le sceau de la confession, non-seulement votre pasteur, à l'oreille duquel vous vous en êtes accusé devant Dieu, ne peut plus vous les reprocher, ni applaudir à ceux qui vous les reprochent; mais encore, si votre conversion est sincère, si vous édifiez la paroisse autant que vous pouvez l'avoir scandalisée, vous fermez la bouche à tout le monde; votre pénitence est alors comme un voile respectable, qui dérobe aux yeux du public les taches de votre vie passée; on oublie ce que vous avez été, l'on ne voit plus que ce que vous êtes.

Enfin, dans les autres tribunaux, le criminel chargé par les témoins et convaincu par sa propre bouche, se retire couvert de honte, et plein d'un trouble affreux dans l'attente des supplices qu'on lui prépare. Ici, au contraire, le criminel en s'accusant se décharge, et laisse aux pieds de son juge, le fardeau pesant dont il était accablé, ces noires inquiétudes, ce trouble intérieur, ces remords cuisants qui agitaient et déchiraient sa conscience. *Mon âme, bénissez le Seigneur*, s'écrie-t-il avec le Prophète, *bénissez le nom du Seigneur qui vient d'effacer vos iniquités.* (*Psal.* CII, 1, 2.) Il les a fait disparaître comme une nuée que le vent dissipe; il vous a retiré des portes de l'enfer; il a guéri toutes vos plaies; il vous a couronné de sa miséricorde et de ses bénédictions.

Ici revient, mes chers paroissiens, la belle parabole de l'enfant prodigue, que l'on vous a si souvent rapportée, et qu'on ne se lasse jamais de répéter. Ce pauvre enfant, lorsqu'il eut ouvert les yeux sur ce misérable état où l'avait réduit son libertinage, et qu'il eut formé la sage résolution de retourner à son père, ne s'attendait pas vraisemblablement à être bien reçu. Il me faudra essuyer de la part de mon père les reproches les plus amers; il me faudra porter tout le poids de la juste indignation qu'a dû lui inspirer ma conduite. Je n'ai pas voulu vivre avec lui; j'ai demandé ma légitime, il me l'a donnée; j'ai tout mangé, il ne me reste plus rien: me voilà sans pain, sans habits, tout défiguré, je me fais peur à moi-même; oserai-je paraître devant lui? voudra-t-il me reconnaître pour son fils, et ne serais-je pas trop heureux qu'il voulût seulement me souffrir au nombre de ses domestiques?

O entrailles paternelles! ô bonté! ô miséricorde à laquelle on ne saurait penser sans être attendri jusqu'aux larmes! Lève-toi, mon enfant; va, les choses n'iront pas comme tu penses. Il n'attendra pas, pour te reconnaître, que tu sois arrivé à ses pieds; quelque méconnaissable que tu sois, il t'apercevra du plus loin, parce qu'il ne t'a jamais perdu de vue. C'est là mon fils : ah! mon enfant, mon cher enfant; il tressaille de joie, il se laisse tomber sur son cou : des plaintes? des reproches? pas un mot, il n'en est pas question. Mon père, j'ai péché: cela suffit, tout est oublié, ne pensons plus qu'à nous réjouir. Qu'on apporte vite à mon fils un habit digne de son premier état : qu'on prépare un grand festin, qu'il soit accompagné de musique, et que toute la maison soit dans la joie. Mais c'est un libertin qui a mangé tout son bien avec les femmes : Qu'on ne me parle point du passé, je ne m'en souviens plus; la seule chose qui me touche et m'occupe, c'est que mon enfant était perdu, et que je l'ai retrouvé. *Perierat et inventus est.* (*Luc.*, XV, 24, 32.)

Pécheur, mon très-cher frère, qui, après avoir imité les égarements de l'enfant prodigue, êtes venu enfin vous jeter aux pieds et dans les bras de Jésus-Christ, faites-vous à vous-même l'application de cette parole admirable; et d'abord comment êtes-vous rentré en vous-même? et par quelles réflexions vous êtes-vous déterminé à changer de vie? Les voici :

Je n'ai ni le cœur ni l'esprit tranquilles depuis que j'ai tout à fait lâché la bride à mes passions et que j'ai abandonné l'usage des sacrements. Mes péchés sont comme autant de serpents qui piquent, rongent, bourrèlent ma conscience; les jugements de Dieu me remplissent de terreur, et la seule pensée de la mort m'épouvante. Quand je me mets au lit, je crains que le diable ne m'étouffe; quand je voyage, je crains que les voleurs ne m'assassinent; quand le tonnerre gronde, je tremble qu'il ne m'écrase. Si je suis dans la joie, elle est troublée par mes remords; si j'ai du chagrin, je demeure sans consolation; de quelque côté que je me tourne, il me semble entendre une voix qui me dit : Si tu mourais dans cet état, tu serais perdu. Et, après tout, que gagné-je à vivre comme je fais? Trouvé-je quelque part la satisfaction et le bonheur que je cherche? Non, plus j'amasse, plus je veux amasser; plus je suis élevé, plus je veux m'élever encore; plus je commets ces actions honteuses, plus je veux les commettre. J'ai beau faire, je ne trouve rien, dans la vie que je mène, qui me contente parfaitement, et mon âme, privée de la grâce de Dieu, n'est toujours que plus affamée : *Fame pereo.* (*Ibid.*, 17.)

Jetant ensuite les yeux sur les vrais serviteurs de Jésus-Christ, j'ai dit en moi-même : que les bons chrétiens sont heureux! Leur âme n'est pas continuellement déchirée par des remords; tous leurs plaisirs sont purs et sans amertume, parce que tous sont innocents. Dans leurs afflictions ils lèvent les yeux vers le ciel avec une tendre confiance, et ils se trouvent remplis de consolation. Celui qui est en état de grâce se lève, se couche, voyage tranquillement. La pensée du Dieu qu'il sert, et qui l'accompagne partout, le rassure et le fortifie dans quelque danger, dans quelque situation qu'il se trouve. Cette pauvre femme, ce pauvre paysan, le dernier d'entre les fidèles qui vous sert, ô mon Dieu, dans la droiture et la simplicité de son cœur, est infiniment plus heureux que moi. Il mange le pain des anges, il est rassasié des biens que vous distribuez à vos enfants, et participe à tous les trésors de votre Eglise : *Quanti mercenarii in domo patris mei abundant panibus* (*Ibid.*), pendant que mon âme est réduite à la plus affreuse misère, et à la plus honteuse nudité : *Fame pereo.* C'en est fait, je ne saurais plus me souffrir dans cet état; je retournerai vers mon père, j'irai me jeter à ses pieds et lui demander miséricorde.

Vous l'avez dit, mon cher paroissien, et vous l'avez fait. Comment vous a-t-il reçu? de quelle tranquillité n'avez-vous pas joui dès les premiers moments de votre réconciliation? Jésus-Christ ne vous a-t-il pas prodigué ses caresses, si j'ose m'exprimer ainsi? N'avez-vous pas goûté toutes les douceurs de la piété la plus tendre? N'avez-vous pas été rempli de ces consolations ineffables, de cette onction divine, de ce fruit délicieux de la grâce qui, répandue sur le joug du Sauveur comme une huile mystérieuse, le rend si doux, si léger, si aimable, fait disparaître toute difficulté dans la pratique de la vertu, et change en fleurs toutes les épines?

Oui, mes frères, tous les attraits, tous les charmes de la piété viennent se répandre comme un fleuve de bénédictions dans une âme vraiment pénitente, dès les premiers instants de sa réconciliation avec Dieu. Elle ne marche point, c'est la grâce qui la porte; c'est le bon pasteur qui l'a chargée sur ses épaules. Ames justes, serviteurs fidèles qui entendez ce langage, et que les sécheresses dans la vie spirituelle mettent si souvent aux plus rudes épreuves, quoique vous ayez toujours été constamment attachés à Jésus-Christ, ne soyez point jaloux de la tendresse avec laquelle il traite votre frère nouvellement revenu à lui. Réjouissez-vous plutôt avec l'Eglise qui a retrouvé l'enfant qu'elle avait perdu. Joignez votre voix au chœur des anges, qui célèbrent dans le ciel sa conversion et son retour. Il fallait que Dieu répandît une surabondance de grâces là où était auparavant une abondance de péchés; il fallait que la paix la plus profonde et la plus douce tranquillité succédassent au trouble de cette âme pécheresse, aux remords qui la déchiraient, et dont elle est maintenant délivrée.

Ici nous pourrions faire une question à

nos frères séparés, qui ayant aboli l'usage de la confession sacramentelle, ne se confessent plus qu'à Dieu; et en supposant que chez eux il y a des pécheurs qui se convertissent, nous pourrions leur demander si, après cette confession faite à Dieu seul, ils sentent la tranquillité du cœur succéder aux remords et aux déchirements de la conscience? si, après cette confession faite à Dieu seul, ils éprouvent un soulagement sensible, comme quelqu'un qui s'est déchargé d'un grand fardeau? si, après cette confession faite à Dieu seul, ils ont, pour la pratique de la vertu, pour les exercices de la piété, pour les choses du ciel un goût, un attrait qu'ils n'avaient point auparavant?

Non, mes frères, mes très-chers frères, non : vos confessions faites à Dieu seul ne sont suivies ni de cette paix intérieure, ni de cet accroissement de grâce qui remplit de joie, de consolation et de force, le catholique romain, lorsqu'après la confession de ses péchés, faite à son pasteur dans la personne duquel sa foi lui découvre Jésus-Christ, il entend de la bouche de ce pasteur, comme de la bouche de Jésus-Christ, ces paroles si consolantes : Je vous absous : *ego te absolvo*. Hé! qui est-ce qui nous l'a dit? Ceux d'entre vous qui sont rentrés dans le sein de l'Eglise, leur véritable mère, et qui, après avoir confessé leur aveuglement, ainsi que les désordres de leur vie, ont senti pour le coup, la paix intérieure dont nous parlons, et dont le sentiment leur avait été, de leur propre mouvement, parfaitement inconnu jusque-là.

Mes frères, écoutez moi, je vous en prie. Quel est l'homme, de quelque religion qu'il puisse être, qui, demandant à Dieu le pardon de ses fautes, ne voulût entendre une voix qui lui dît : *Je t'accorde le pardon que tu demandes; je t'absous de tous tes péchés?* Quel est l'homme qui ne regardât ce miracle comme la faveur la plus singulière? Nous trouvons, dans le sacrement de pénitence quelque chose de mieux et de plus certain. Ce n'est point une voix miraculeuse sur laquelle il serait aisé de se tromper. Le moyen qu'il a plu à Dieu de choisir pour nous réconcilier avec lui d'une manière sensible, n'est point susceptible d'erreur ni d'illusion. C'est un homme que je vois, que je connais, que je touche, à qui je parle et qui me répond. Si vous demandez à ce pasteur d'où lui vient l'autorité qu'il prétend avoir de remettre les péchés, il montrera les pouvoirs qu'il tient de l'évêque, l'évêque présentera les siens, et l'on remontera ainsi d'un pasteur à l'autre jusqu'à Jésus-Christ, qui donna les clefs du ciel à ses apôtres, d'où elles sont venues de main en main jusqu'à nous, et qui passeront ainsi de main en main jusqu'à la consommation des siècles.

Pierre, voilà les clefs du ciel; mes apôtres, je vous les donne; les péchés que vous remettrez seront remis, ceux que vous retiendrez seront retenus. Tel est le fondement de notre foi et le motif de notre confiance. Cet homme, légitimement ordonné dans l'Eglise, muni de tous ses pouvoirs et assis dans ce tribunal pour entendre la confession de mes péchés, est chargé, de la part de Dieu, non pas seulement de me déclarer que mes péchés me sont remis, mais de me les remettre lui-même et de me dire : *Je vous absous*, au nom du Père, qui vous a créé ; au nom du Fils, qui vous a racheté ; au nom du Saint-Esprit, qui dans ce moment vous sanctifie par mon ministère.

Le pécheur n'a jamais, il est vrai, une certitude parfaite sur le fait de sa justification; jamais il ne doit être sans crainte pour les péchés qui lui ont été remis : non, sans doute; mais la crainte qui lui reste est accompagnée d'une tendre confiance, qui calme ses remords, dissipe le trouble de son âme et lui rend la paix du cœur que le péché lui avait fait perdre : confiance fondée sur la parole de Jésus-Christ et sur l'infaillibilité de ses promesses. J'ai confessé, ô mon Dieu! à ce ministre qui tient votre place, tous les égarements de ma vie. C'est vous qui m'avez donné la force de vaincre à cet égard les répugnances de la nature orgueilleuse. J'ai fait les aveux les plus humiliants, et je les ai faits sans dissimulation, sans déguisement, sans hypocrisie : ma sincérité, ma candeur, ma bonne-foi, le regret dont je me sens pénétré, le dessein que j'ai de mieux vivre à l'avenir, les démarches que j'ai faites, les mesures que j'ai prises pour rompre mes habitudes criminelles; ce sont là, ô mon Dieu! autant de grâces dont je vous suis redevable, autant de preuves par conséquent de votre miséricorde et du pardon que vous m'avez promis. J'ai donc tout lieu d'espérer que vous aurez ratifié dans le ciel la sentence d'absolution que votre ministre a prononcée en ma faveur sur la terre. Cette douce confiance me remplit d'une joie pure et inexprimable, dont il me semble que vous seul, ô divin Esprit! pouvez être le principe.

Concluez de là, mes chers paroissiens, que le sacrement de pénitence est, sans contredit, la plus vraie, la plus solide, la plus douce consolation, l'un des plus grands avantages que les hommes puissent trouver et trouvent réellement dans le sein de l'Eglise chrétienne. Concluez ensuite que ce sacrement admirable, par les effets surnaturels qu'il produit sensiblement dans nos âmes, devient une des preuves les plus solides et les plus frappantes de la vérité, aussi bien que de la sainteté du christianisme : cette religion toute céleste, dont les ministres sont comme autant de Dieux qui ouvrent et ferment le ciel, qui répandent visiblement sur les hommes des grâces, des consolations, dont la source ne peut être que dans le ciel, et qui hors l'Eglise de Jésus-Christ, ne se trouvent chez aucun peuple de la terre. Mais, hélas! jusqu'où ne va pas sur ce point, ainsi que sur une infinité d'autres, l'aveuglement, l'insensibilité, l'ingratitude de la plupart des Chrétiens ?

SECONDE RÉFLEXION.

Nous trouvons encore, grâce à Dieu, et nous trouvons dans tous les états, des âmes vraiment timorées, qui ont le péché en horreur, et qui, pénétrées de reconnaissance à la vue de ce bien sacré, viennent continuellement s'y purifier des moindres taches : elles y entrent toujours avec un sentiment plus vif de leur misère, avec une contrition plus parfaite, avec une nouvelle crainte des jugements de Dieu, et toujours elles en sortent avec une volonté plus ferme dans le bien, avec un amour plus pur, avec une piété plus tendre, avec un accroissement de zèle pour la perfection chrétienne.

Qu'il est consolant pour nous, mes frères, d'entendre tous les mois, tous les huit jours, quelquefois plus souvent, la confession d'un vrai disciple de Jésus-Christ ! Pendant que nous admirons l'innocence et la pureté de son cœur, il gémit sur sa faiblesse, sur ses misères, et arrose le tribunal de ses larmes : nous le voyons tout brûlant d'amour, et il s'accuse d'être tiède ; il avance journellement de lumière en lumière, de grâce en grâce, de vertu en vertu, et il se plaint, il se reproche, il s'accuse d'être toujours le même.

Ah ! nous comprenons alors ce que c'est que la faim et la soif de la justice. Venez, âme bienheureuse, venez, vous serez rassasiée. Je me trompe : vous ne le serez que dans le ciel. Plus vous boirez de cette eau pendant les jours de votre pèlerinage, plus vous en serez altérée ; plus vous aurez le cœur pur, plus vous verrez combien le Dieu que vous servez est saint, combien vous êtes éloignée de la perfection à laquelle il vous exhorte, quand il dit : *Soyez saint comme je le suis moi-même* (*Levit.* XI, 44.) Et c'est ainsi, mes frères, que le juste oubliant à l'exemple de saint Paul (*Philipp.*, III, 13), oubliant les progrès qu'il a faits dans les voies du ciel, étend sa vue et ses désirs sur ce qui lui reste à faire pour atteindre la perfection à laquelle il est appelé, suivant cette parole du Saint-Esprit : *Que le juste s'efforce de devenir encore plus juste ; que celui qui est saint se sanctifie encore davantage.* (*Apoc.*, XXII, 11). Telle est la façon de penser de tout vrai chrétien, et quiconque ne pense point ainsi n'a pas l'esprit du christianisme.

Où est donc votre christianisme, mon cher enfant ? où est votre religion et votre foi, lorsqu'au lieu d'admirer la ferveur des âmes pieuses dont nous parlons ; au lieu de les imiter ou de porter tout au moins une sainte envie au zèle dont elles brûlent pour leur sanctification, vous pliez froidement les épaules, et comme si elles vous faisaient pitié ; je ne conçois pas, dites-vous, ce que ces gens-là peuvent dire à confesse ? Vous ne le concevez pas, je le crois bien, vous n'avez pour cela ni le cœur assez pur, ni l'œil assez simple : mais si vous ne concevez pas ce qu'elles peuvent dire, apprenez ici, à votre confusion, ce qu'elles ne disent pas.

Elles ne disent pas, j'ai commis vingt adultères, trente fornications, cinquante mollesses. Je nourris habituellement mon esprit de pensées impures, j'entretiens volontairement dans mon cœur des désirs infâmes, je me livre, sans retenue, à toute sorte de libertinage, et ce libertinage, je l'ai dans les yeux, dans les oreilles, dans les mains, sur ma langue, dans tout mon corps, et je suis couvert de la tête aux pieds de cette lèpre honteuse. Ils ne disent pas : je vais au cabaret fêtes et dimanches ; je m'y enivre presque toujours, je blasphème le nom de Dieu ; je scandalise ma femme, mes enfants, mes voisins, toute la paroisse. J'entre en fureur pour des riens, et je ne respecte alors ni les hommes qui m'entendent, ni Dieu et ses anges qui me voient ; je jure par tous les saints, il n'y a sorte d'imprécation et d'horreur qui ne soit sortie de ma bouche.

Ils ne diront pas : j'ai une mesure pour acheter et une autre pour vendre, j'exige l'intérêt des sommes prêtées sur un simple billet ; je donne à mon voisin vingt boisseaux de blé dans l'arrière-saison, à condition qu'il m'en rendra trente à la récolte ; je prends de toutes mains, je pille de toute manière, je friponne de toutes mes forces ; je ne respecte pas plus la réputation du prochain que je ne respecte ses biens ; je raille sa personne, je critique ses actions, je relève ses défauts, je méprise ses bonnes qualités, je tourne sa vertu en ridicule : ma langue a fait manquer un bon établissement à cette fille ; ma langue a privé cet ouvrier de ses meilleures pratiques ; ma langue a brouillé cette femme avec son mari, cette belle-mère avec sa bru, cet homme avec son ami, ce paroissien avec son pasteur.

Ils ne diront pas : je manque habituellement aux devoirs de mon état dans les choses essentielles ; je ne veille point sur la conduite de mes enfants ; je ne me mêle point du tout de celle de mes domestiques ; je néglise la culture de mes terres, le travail de mon métier, l'exercice de ma profession, les affaires de mon ménage, et cela pour jouer, pour aller à la chasse, à la pêche, pour me divertir ou faire des riens ; mes plaisirs tiennent toutes mes affaires et tous mes devoirs en souffrance.

Ils ne diront pas : je ne sanctifie jamais ou presque jamais ni dimanches ni fêtes ; je vais à l'office sans savoir pourquoi ni comment, je m'y amuse avec le premier venu, je me moque de la parole de Dieu, je glose sur le prédicateur ; mon air évaporé, mes irrévérences scandalisent tous ceux qui s'en aperçoivent ; je ne vais là que pour me faire voir ; je m'habille, je m'ajuste et me pare en conséquence. Pour avoir de quoi contenter ma vanité sur cet article, je vole mon mari, je trompe mon père et ma mère, je vends pour un écu ce qui en vaut deux à cette recéleuse, à cette petite marchande qui vit de mes friponneries et des siennes.

Ils ne diront pas : quoique ma prière du soir et du matin ne dure pas six minutes, je ne la fais guère que par routine, sans attention, sans respect, nonchalamment appuyé sur mon lit ou sur une chaise, bâillant, dormant à demi : souvent je ne la fais pas du tout; je me mets à table et j'en sors sans penser à Dieu, je n'examine jamais ma conscience, je ne m'embarrasse point de fuir les occasions du péché, je ne me fais violence sur rien, je me satisfais sur tout autant que je puis. Voilà ma vie et mon christianisme.

Non, mes frères, non, ceux qui se confessent souvent n'ont pas toutes ces choses à dire : mais vous, mon cher paroissien, qui avez peut-être à dire tout ce qu'ils ne disent pas, comment peut-il se faire que vous vous présentiez à peine dans ce temps-ci au tribunal de la pénitence? Vous ne concevez pas comment ce chrétien qui, selon vous, doit n'avoir presque rien à dire, se confesse néanmoins tous les mois; mais est-il bien aisé de concevoir que vous qui auriez tant de choses à dire, ne vous approchiez de ce sacrement qu'une fois l'année? Nous savons que le juste pèche jusqu'à sept fois le jour; et parce que la confession est salutaire toutes les fois qu'on a péché, rien n'est moins étonnant que de voir le juste se confesser même tous les jours. Mais vivre comme vous faites, et ne vous confesser avec cela qu'une seule fois dans l'année, voilà qui est étonnant, voilà le cas de se récrier et de dire : *Je ne conçois pas.*

Je ne conçois pas comment un chrétien qui est en péché mortel, peut se lever, se coucher, aller et venir tranquillement avec cette pensée : Si tu mourais tout à l'heure, ce qui est très-possible, tu irais à tous les diables. Je ne conçois pas comment un malade qui a le médecin à sa porte, et qui, pour recouvrer la santé n'a qu'à le vouloir, aime mieux laisser enraciner sa fièvre, et attendre, pour avoir recours au remède, que la maladie ait empiré. Mon ami, voilà une plaie dangereuse, appelez un chirurgien et faites-vous panser. Non, il faut attendre qu'elle s'agrandisse, qu'elle soit bien envenimée, et qu'au lieu d'une plaie, il y en ait dix. Mon cher enfant, vous avez commis un péché mortel; c'est une plaie bien terrible, il n'en est pas de plus dangereuse; allez vous montrer au prêtre. Non, il faut attendre que cette habitude soit bien enracinée, que le mal soit presque incurable. Un peché mortel, c'est bien la peine vraiment! attendons qu'il y en ait par douzaines et par trentaines : nous verrons à Pâques. Voilà qui est fou, et ne se conçoit point.

Chose étrange, mes chers paroissiens; les innocents viennent s'accuser sans cesse et demander miséricorde; les coupables attendent que le précepte et les menaces de l'Eglise les traînent pour ainsi dire au tribunal. Ce chrétien si sage, si vertueux, si réservé, si attentif sur lui-même, se purifie continuellement des moindres fautes qui échappent à la fragilité humaine. Et vous, mon enfant, dont la conscience est chargée de toutes sortes de péchés, qui sont mortels pour la plupart, ne pensez à vous confesser qu'aux approches des Pâques! Est il bien possible que rien ne vous touche, que rien ne réveille votre foi? Ni les remords de votre conscience, ni les exhortations de votre pasteur, ni l'exemple de vos frères, ni la vue de ce tribunal que vous avez devant les yeux, qui semble vous appeler et vous exhorter lui-même? Oui, oui, je dis que ce tribunal vous exhorte. Ne vous semble-t-il pas, en effet, y voir Jésus-Christ qui vous tend les bras? Ne vous semble-t-il pas entendre ces paroles sorties de sa bouche adorable : *Venez à moi, vous tous qui êtes chargés, vous tous qui êtes fatigués, venez à moi, et je vous soulagerai.* (*Matth.*, XI, 28.) Ah! que cette invitation est tendre! ah! que ces paroles sont aimables! qu'elles sont touchantes! Faut-il les écrire en gros caractères sur les planches de ce confessionnal? Eh bien, nous les écrirons, afin que vous ne puissiez pas le regarder sans entendre la voix du Pasteur qui vous appelle; afin que ce bois même, ce bois vous parle et vous reproche votre ingratitude.

Ah! mes frères, si dans toute l'Eglise de Dieu il n'y avait qu'un seul homme qui eût le pouvoir de remettre les péchés, on irait à lui des extrémités de la terre. Heureux, dirait-on, heureux le peuple au milieu duquel habite ce ministre du Dieu vivant! Chrétiens aveugles et insensés, âmes ingrates! vous êtes environnés d'une foule de ministres qui sont, pour ainsi dire, à vos ordres, qui vous préviennent, vous invitent, vous pressent en vous offrant de la part de Dieu la grâce inestimable de votre réconciliation : que répondez-vous? à Pâques, à Pâques.

Eh bien! les voilà ces Pâques, la voilà cette quinzaine que vous avez attendue et qui vraisemblablement arrive encore trop tôt à votre fantaisie. Je vous verrai donc en foule assemblés autour de ce tribunal, cela devrait me réjouir, point du tout : je me représente la piscine de Jérusalem, autour de laquelle se rassemblait une multitude de malades de toutes espèces qui attendaient le moment où l'ange agiterait les eaux de cette piscine; car celui des malades que l'on y jetait dans ce moment-là était guéri. Mais l'ange ne remuait les eaux qu'en certain temps; et parmi ce grand nombre de malades, il n'y en avait jamais qu'un qui recouvrât la santé. Ah! qu'il est à craindre que la même chose n'arrive à l'égard de cette foule de catholiques *à gros grains*, qui se pressent autour du tribunal pendant la quinzaine de Pâques, et n'y paraissent plus ensuite jusqu'à l'année d'après. Y en a-t-il beaucoup qui recouvrent la santé de leur âme dans cette piscine mystérieuse; et qui se retirent véritablement justifiés? Je n'en sais rien; mais lorsque je considère les dispositions avec lesquelles ils s'en approchent, et la vie qu'ils mènent ensuite, je tremble qu'il n'y en ait pas même un seul.

Et d'abord la confession doit être accompagnée de l'humilité la plus profonde. Où est la vôtre? où est votre humilité, lorsqu'au lieu de rentrer dans votre poussière et de vous anéantir non-seulement devant Dieu, mais devant les hommes, vous rougissez d'être confondus dans la foule, prétendant que l'on ait pour vous des égards, que l'on use de ménagement, que l'on vous traite avec distinction, à cause de votre rang et de vos richesses. Sachez qu'ici comme dans le cimetière, tous les cadavres sont égaux; je dis tous les cadavres, me souvenant de la vision qu'ent le prophète Ezéchiel, lorsque l'esprit de Dieu le conduisit dans une vaste plaine toute remplie d'ossements desséchés, et lui donna cet ordre : Prophète, souffle sur ces cadavres, et ils vivront. (*Ezech*, XXXVII, 5.)

Telle est la vraie image des pécheurs qui environnent nos tribunaux; voilà ce que vous êtes, mes frères: vos âmes sont mortes devant Dieu, jusqu'à ce que Jésus-Christ répande sur elles, par notre bouche, un souffle de vie qui les ressuscite. Cette réflexion est d'autant plus humiliante qu'elle est plus juste; la faites-vous? l'avez-vous jamais faite?

Mais où est votre humilité, lorsqu'au lieu d'accuser votre malice et la corruption de votre cœur, vous accusez la violence des tentations, la force ou la faiblesse de votre tempérament, les occasions où vous êtes engagé, les personnes à qui vous avez affaire, comme si vos péchés pouvaient être à d'antres qu'à vous; les sottises de votre femme, de votre mari, de vos enfants, de vos domestiques, de vos voisins, sont leurs péchés, mais votre impatience, votre aigreur, votre colère, votre animosité sont les vôtres. Le mal que cet ennemi vous a fait est un péché qui le regarde, mais la vengeance que vous en avez tirée ou que vous avez désiré en tirer est un péché qui ne regarde que vous. Les injures qu'on vous a dites sont le péché de celui qui les a dites; mais celles que vous avez répondues sont les vôtres. Lorsque notre première mère, tentée par le serpent, mangea du fruit défendu, elle pécha par sa propre faute, et ne devait point accuser le serpent. Lorsque Adam, tenté par Eve, mangea de ce même fruit, il pécha par sa propre faute, et ne devait point s'en prendre à sa femme. Le serpent me l'a fait faire, ma femme en est la cause; vaines excuses que Dieu n'écouta point, et qui ne servirent qu'à les rendre plus coupables. Je vous l'ai dit cent fois, mes frères, si vous ne vouliez point pécher, vous ne pécheriez point; vous péchez donc, parce que vous le voulez; c'est donc votre volonté seule qu'il faut accuser, parce qu'elle seule est coupable : ces tours, ces détours, ces préambules, ces longues et inutiles histoires sur le pourquoi et le comment, dans la vue de vous justifier, de vous excuser, de diminuer à nos yeux la grièveté de vos fautes, tout cela n'est qu'orgueil; ce ne sont que des artifices de l'amour-propre, et vous êtes bien éloignés de cette bonne foi, de cette candeur qui doit accompagner le pur aveu et la nue confession de vos fautes.

Je dis la bonne foi : hé! mon Dieu, où est-elle donc? Lorsque vous allez chercher dans les couvents ou ailleurs, hors de votre paroisse, des confesseurs qui ne vous connaissent pas, à qui vous voudriez pouvoir cacher votre nom, votre état, votre situation, et tout ce qui met un confesseur à portée de voir plus clair dans la conscience de son pénitent. Y a-t-il de la bonne foi à choisir des confesseurs que vous imaginez être moins clairvoyants ou moins instruits de votre façon de penser et de vivre? C'est un bonhomme qui n'y regarde pas de si près; il écoute tout ce qu'on lui dit sans fouiller plus avant; on se confesse, et il absout : en effet, pourquoi tant de questions? chacun a sa conscience, et doit se connaître.

Vous avez raison, mon cher paroissien, chacun a sa conscience, et doit savoir ce qui s'y passe; chacun a ses affaires, et doit les connaître mieux que personne; chacun a son tempérament, et doit savoir ce qui lui est nuisible ou salutaire. Pourquoi donc, quand il s'agit de votre santé, recourez vous toujours au médecin qui passe pour le plus habile? Pourquoi désirez-vous qu'il vous fasse mille questions sur votre maladie et sur toutes les choses qui peuvent l'avoir occasionnée? Pourquoi lui faire vous-même tant de questions sur votre état actuel, sur la nature de votre tempérament que vous devez connaître mieux que lui? devriez-vous souffrir seulement qu'il vous tâtât le pouls? Monsieur, j'ai la fièvre, une fluxion, une pleurésie, donnez-moi vite un remède, et allez vous-en, je ne vous en demande pas davantage.

Pourquoi consultez-vous, autant que vous le pouvez, les plus habiles avocats avant que d'entreprendre un procès considérable? Le premier venu, le plus ignorant n'est-il pas aussi bon que les autres? qui est-ce qui doit connaître vos affaires mieux que vous-mêmes? Preuve insigne de mauvaise foi! Quand on consulte les médecins sur la santé, les gens de loi sur ses affaires, on s'adresse toujours à ceux que l'on croit les plus éclairés; vous n'oubliez rien pour mettre le médecin parfaitement au fait de votre tempérament, l'avocat parfaitement au fait de votre cause; et quand il s'agit des maladies de votre âme et des affaires de votre conscience, vous craignez que le confesseur ne soit trop éclairé, qu'il ne sache trop bien son métier, qu'il ne soit trop bien au fait de ce qui vous regarde; vous craignez qu'il ne fouille trop avant dans votre cœur, qu'il n'examine de trop près votre conduite. Eh ! où en seriez vous s'il était instruit de tout, et s'il vous faisait les questions qu'un autre pourrait vous faire sur vos prêts, sur vos contrats, sur vos achats, sur vos ventes, sur toutes les parties de votre commerce? J'ai commis le péché déshonnête : ce sont des adultères ou des fornications; je m'en accuse, je n'y retomberai plus, cela est bientôt dit, et l'absolution est bientôt donnée; mais si ce confesseur savait que cette fille demeure à votre porte, qu'elle est continuellement dans votre maison, et qu'elle y amène journellement des disputes; s'il savait que cette femme demeure chez vous avec son mari, qu'ils sont vos fermiers ou vos domestiques; s'il savait que votre pasteur et ses vicaires vous ont refusé, ou tout au moins ont voulu vous différer l'absolution, jusqu'à ce que vous eussiez mis fin à vos désordres et au scandale que vous causez dans la paroisse, soit par vos usures, que tout le monde connaît, soit par votre libertinage, qui n'est que trop public; s'il savait, s'il savait... mais n'en disons pas davantage. Il ne sait que ce que vous lui dites, et vous seriez bien fâché qu'il sût tout : allez, mon enfant, allez, vous tromperez les hommes, vous vous tromperez vous-même; mais Dieu sait tout, et vous ne le tromperez sur rien.

Supposons néanmoins que votre confession soit vraie et sincère à tous égards, de quoi vous servira-t-elle si votre contrition ne l'est point? Or là-dessus, mon cher paroissien, vous avez tout à craindre, et pourquoi? Premièrement, parce qu'il n'y a pas de vraie contrition sans amour de Dieu; c'est une extravagance, et une extravagance pleine d'impiété, d'imaginer qu'on puisse être réconcilié avec Dieu sans l'aimer, sans avoir au moins un commencement d'amour qui nous attache à lui comme à la source de toute justice et de toute sainteté : or quelle apparence y a-t-il que vous aimiez Dieu, lorsque ayant commis, peut-être huit jours après Pâques, un péché mortel qui vous prive de sa grâce et vous sépare de lui, vous attendez les Pâques suivantes pour vous en confesser, quoique Dieu vous prévienne lui-même que nous vous exhortons sans cesse de sa part, et qu'il fasse ainsi toutes les avances de la réconciliation? Ah! que ce défaut d'amour fait des confessions sacriléges! mais apparemment qu'après avoir passé toute l'année sans aimer Dieu, vous commencez à l'aimer lorsque la quinzaine arrive; puis, quand elle est passée, vous ne l'aimez plus. Apparemment que l'on n'est point obligé de l'aimer sans cesse : grand Dieu! est-ce donc ainsi que l'on se joue de vous et de vos commandements!

D'un autre côté, prenez garde, la vraie contrition renferme nécessairement une volonté sincère de ne plus pécher à l'avenir. Or, si la volonté que vous dites avoir de ne plus pécher à l'avenir et de mener une vie plus chrétienne est une volonté bien sincère, d'où vient qu'elle est presque toujours sans effet? Je ne suis pas impeccable, vous avez raison; quoique je retombe dans le péché, ce n'est pas à dire pour cela que j'aie fait un sacrilége, vous avez raison encore; mais si vos rechutes viennent de ce que vous n'avez pris aucune précaution pour persévérer dans la grâce; mais si vos rechutes viennent de ce que vous vous exposez volontairement et sans nécessité aux mêmes occasions qu'auparavant; mais si vos rechutes viennent de ce que vous n'avez suivi aucun des conseils que votre pasteur vous avait donnés pour les prévenir, fréquentant toujours les mêmes personnes, lisant les mêmes livres, n'usant d'aucun des remèdes que le médecin de votre âme vous avait prescrits pour la fortifier dans les tentations et la conserver dans la grâce, quelle apparence y a-t-il que la volonté de ne plus pécher soit chez vous une volonté bien sincère? Je n'y retomberai plus, mais je ne ferai rien de ce qu'il faudrait faire pour n'y plus retomber; je n'y retomberai plus, mais je me comporterai de manière qu'il sera presque impossible que je ne retombe. Qu'est-ce donc que cette volonté? une illusion toute pure, une imagination, un rêve, une vraie chimère; et voyez donc si ce n'est pas ainsi que vous dites tous les ans à Pâques, je n'y retomberai plus.

Naaman s'étant lavé dans les eaux du Jourdain, suivant le conseil du prophète Elisée, chez lequel il était venu de fort loin pour être guéri de la lèpre; Naaman s'étant lavé dans les eaux du Jourdain, en sortit parfaitement guéri, et sa chair devint aussi pure, aussi saine et aussi fraîche que celle d'un petit enfant : *Restituta est caro ejus sicut caro pueri parvuli.* (IV *Reg.*, V, 14.) Les eaux de ce fleuve, qui, dans la suite furent sanctifiées par l'attouchement du corps adorable de Jésus Christ, lorsqu'il voulut y être baptisé par saint Jean, étaient la figure non-seulement des eaux baptismales qui lavent notre âme du péché originel, mais encore de la pénitence, qui est comme un second baptême, qui rend au pécheur bien disposé la robe d'innocence dont il aurait été revêtu dans le premier. Heureux le pénitent de qui l'on peut dire avec vérité, dans un sens spirituel, ce que l'Ecriture rapporte de Naaman ! Ce pécheur, après s'être lavé dans ce fleuve de miséricorde qui arrose l'Eglise chrétienne, en est sorti aussi pur qu'il était en sortant des fonts sacrés où il venait de renaître en Jésus-Christ : *Restituta est caro ejus sicut caro pueri parvuli.* Il a la douceur et la simplicité d'un enfant; il a le désintéressement et la confiance d'un enfant; il n'a pas plus de fiel, pas plus d'animosité qu'un enfant; il a des mœurs aussi pures, il n'a pas plus de malice qu'un enfant de deux jours : *Restituta est caro ejus sicut caro pueri parvuli* Je vous le demande, mes frères, y a-t-il beaucoup de pénitents à qui l'on puisse rendre ce témoignage? Je tremble, je tremble, lorsque jetant les yeux sur la vie que vous menez après Pâques, je ne vois point ou presque point de changement dans vos mœurs.

Ouvrez donc enfin les yeux, mon cher paroissien, allez au fait et au fond de votre conscience; vous viendrez à confesse dans le courant de cette quinzaine, et vous y viendrez peut-être pour la dernière fois; qu'il n'en soit pas de cette confession comme des autres. Mes frères, mes très-chers frères, je vous en conjure par les entrailles de celui qui est assis invisiblement sur ce tribunal; n'abusez pas des grâces qu'il vous offre et vous prodigue, pour ainsi dire, dans ces jours de réconciliation et de miséricorde; prenez garde que Jésus-Christ, Jésus-Christ présent dans ce tabernacle, pendant que nous lèverons la main pour vous absoudre, ne la lève lui-même pour vous charger de sa malédiction. Misérables, qui ne craignez point de cacher ou de déguiser vos impuretés secrètes, qui vous servez peut-être de la confession pour les couvrir aux yeux de ceux qui vous en soupçonnent; et vous qui ne parlez jamais dans le tribunal ni de vos usures ni de vos rapines, qui pillez toujours et ne restituez jamais, à qui pensez-vous avoir affaire? Nous écouterons cette confession trompeuse et sacrilége; nous serons dans la bonne foi, et nous dirons : *Je vous absous.* Mais vous entendez au fond de votre conscience une voix plus forte que la nôtre qui criera; et moi qui ait tout vu, qui sais tout, qui étais présent à ce vol, à cette action honteuse, moi qui suis le maître, je te condamne; mon sang, mon sang que tu foules aux pieds dans ce moment-ci, mon sang demande vengeance, et tu ne m'échapperas point.

Source infinie de bonté, qui non-seulement recevez le pécheur quand il vient se jeter entre vos bras, mais qui le prévenez vous-même par tant de grâces et de tant de manières! Divin Jésus, qui avez répandu tout votre sang pour former le bain sacré où nos iniquités sont lavées, donnez-moi les dispositions avec lesquelles je dois m'approcher de ce tribunal; faites qu'en le voyant je sois attendri, qu'en y entrant j'ouvre mon cœur et le répande devant vous aux yeux du ministre qui tient votre place; que je lui découvre à nu toutes les plaies de mon âme, que je lui en fasse connaître toutes les infirmités, afin qu'il puisse y appliquer des remèdes convenables, et que l'absolution qu'il me donnera, sortant comme de votre propre bouche, me remplisse de joie et de consolation, en faisant succéder aux remords et au trouble de ma conscience cette paix profonde et délicieuse qui est le fruit d'une confession faite avec un cœur ouvert, plein de droiture et de sincérité, pénétré de repentir et vraiment converti à vous, ô mon Dieu, qui êtes le principe de ma justification et le centre de mon bonheur. Croix de Jésus, plaies adorables, parlez vous-mêmes à mes paroissiens; larmes, soupirs, cri de Jésus sur le Calvaire, qui ébranlâtes l'univers, ébranlez, troublez maintenant la conscience de tous les pécheurs. Renouvelez, en faveur de ceux qui m'entendent, les prodiges qui éclatèrent à votre mort; fendez ces rochers, amollissez, brisez ces pierres, ouvrez ces tombeaux et rendez la vie à toutes les âmes que le péché a fait mourir; déchirez ce voile d'iniquité qui dérobe aux yeux des pécheurs endurcis les richesses de votre grâce. Que toutes ces âmes mortes devant vous, ô mon Dieu, ressuscitent véritablement avec vous, pour mener une vie nouvelle, qui soit le commencement de la vie bienheureuse que vous nous faites espérer dans le ciel. Ainsi soit-il.

DISCOURS XXII.

Pour le saint jour de Pâques.

SUR LE DEVOIR PASCAL.

Præcedit vos in Galilæam; ibi eum videbitis, sicut dixit vobis. (*Marc.*, XVI, 7.)

Il s'en va devant vous en Galilée; c'est là que vous le verrez, comme il vous l'a dit.

Les femmes pieuses qui avaient recueilli les derniers soupirs de Jésus-Christ, étant allées à son tombeau pour embaumer le corps de leur divin Maître, y trouvèrent un ange sous la figure d'un jeune homme vêtu de blanc, qui leur dit : *Vous cherchez Jésus de Nazareth qui a été crucifié, il n'est point ici. Allez donc, dites à ses disciples et à Pierre qu'il vous a précédé et qu'il vous attend en Galilée, comme il vous l'a dit.* Je me sers aujourd'hui des mêmes paroles, mes chers paroissiens, pour vous inviter au festin de cet Agneau sans tâche, qui vient d'être immolé pour effacer les péchés du monde. Jésus-Christ vous a précédé et il vous attend non pas en Galilée, mais sur la montagne mystérieuse dont parle Ezéchiel (XL, 2), où le bon Pasteur rassemble autour de lui et nourrit de sa propre chair ses brebis fidèles qu'il connaît, et qui le connaissent. Cette montagne est l'Eglise catholique, où les disciples du Sauveur avec Pierre son vicaire, recueillent les fruits de sa résurrection, et voient avec joie l'accomplissement de ses promesses. C'est là que le peuple chrétien célébrera jusqu'à la fin des siècles la véritable Pâque, c'est-à-dire le passage du Seigneur; passage des ténèbres à la lumière, du péché à la grâce, de la mort à la vie. O le beau jour, le beau jour! *Est enim phase, id est transitus Domini.* (*Exod.*, XII, 11.)

Mais hélas! nos plus grandes solennités ne sont presque plus maintenant que des jours de tristesse et d'affliction. La Pâque du Seigneur est méprisée par les uns, profanée par les autres, et la joie que cette fête répand dans l'Eglise n'est pour la plupart des chrétiens qu'une joie charnelle et toute profane. A quoi sommes nous donc réduits, mes frères? A gémir, à nous plaindre, à verser des larmes dans un temps où l'on ne devrait entendre ici que des cantiques de louanges et d'actions de grâces.

PREMIÈRE RÉFLEXION.

Autrefois, et il n'y a pas longtemps, mes frères, les pasteurs pouvaient aisément compter, et l'on montrait au doigt, pour ainsi dire, les chrétiens qui ne s'acquittaient point du devoir pascal ; et le nombre de ceux qui n'approchaient des sacrements qu'une fois l'année, était moins grand que ne l'est aujourd'hui le nombre de ceux qui ne s'en approchent pas du tout, ou qui s'en tiennent éloignés plusieurs années de suite. Quelle douleur pour nous, et qu'un pasteur est à plaindre d'avoir été appelé à la conduite des âmes dans un siècle aussi malheureux que le nôtre !

Si vous étiez, mon cher paroissien, quelqu'un de ces misérables qui ont perdu la foi, qui ont renoncé à leur baptême, et qui ont apostasié, sinon publiquement et dans la forme, au moins dans le fond et le secret de leur cœur, je ne serais point étonné de leur conduite sur le fait des Pâques, et je ne vous en demanderais pas la raison. Mais vous faites encore profession de la foi catholique, résolu de vivre et mourir dans le sein de l'Eglise votre mère ; pourquoi donc vous séparer ainsi de la société des fidèles? Pourquoi vous excommunier en quelque sorte vous-même, en manquant au plus sacré, au plus indispensable de tous les devoirs du Christianisme? Ne pourrais-je pas vous appliquer ici ce que disait Notre-Seigneur en parlant des Juifs, quoique dans une occasion différente. Ce peuple ressemble aux enfants qui sont assis dans la place publique, et crient à leurs compagnons : nous vous avons chanté des airs lugubres, et vous n'avez point témoigné de tristesse ; nous vous avons chanté des airs gais, et vous n'avez point marqué de joie : *Lamentavimus et non planxistis ; cecinimus et non saltastis.* (*Matth.*, XI, 17.)

Que n'avons-nous pas fait (je parle à ceux qui, depuis plusieurs années, ne fréquentent plus les sacrements), que n'avons-nous pas fait pendant ce carême, soit en public, soit en particulier, pour vous exciter à la pénitence et vous ramener dans la voie du salut? Ah! mes frères, mes très-chers frères, vous le savez : nous avons mis en usage tous les moyens qu'ont pu nous suggérer les vives et cruelles inquiétudes que vous nous causez par votre conduite. Nous nous sommes efforcé de réveiller les remords de votre conscience par la crainte de la mort qui vous menace, du jugement de Dieu qui vous attend, de l'enfer, de l'enfer où vous êtes prêts à descendre. Nous avons cherché à vous attendrir en déployant à vos yeux les richesses de cette miséricorde infinie que vous méprisez, dont vous abusez, et qui ne sert qu'à faire paraître votre ingratitude. L'Eglise a pris ensuite ses habits de deuil: un chant triste et lugubre a succédé à ses cantiques de joie. Elle n'a plus entretenu les fidèles que des souffrances et de la mort de son divin Epoux. Elle a retracé à vos yeux, dans ces saintes cérémonies, le mystère ineffable de la croix : les prêtres, prosternés au pieds des autels et de cette croix, comme s'ils avaient été sur le Calvaire, vous ont invités à recueillir le sang qui coulait des plaies de Jésus-Christ, et à mêler avec ce sang adorable les larmes d'une sincère pénitence. Mais hélas! le tout a été inutile. Nos exhortations, nos prières, nos supplications, nos instances, l'affliction, les gémissements, les tendres invitations de l'Eglise votre mère, tout cela n'a fait aucune impression sur vos cœurs : *Lamentavimus et non planxistis.*

Aujourd'hui l'Eglise a changé de décoration; elle a pris un autre ton, elle vous tient un autre langage : mes chers enfants, réjouissez-vous, Jésus-Christ est ressuscité ; venez, venez chanter son triomphe et célébrer la victoire qu'il a remportée sur toutes les puissances de l'enfer. Allez au-devant de lui, il vous attend avec ses disciples dans la salle du festin. Voyez comme vos frères y accourent, voyez comme ils se rassemblent, comme ils se pressent autour de la table sacrée, pour manger la chair du divin Agneau ; hâtez-vous donc de laver dans son sang cette robe que vous avez malheureusement souillée ; hâtez-vous de purifier votre cœur pour célébrer dignement la Pâque avec les vrais fidèles, et chanter le cantique nouveau dont tous les temples retentissent. Non, vous n'êtes pas plus touchés de la résurrection de Jésus-Christ que vous ne l'avez été de sa mort ; et vous prenez aussi peu de part à la joie de l'Eglise, que vous en avez pris à sa douleur : *Cecinimus et non saltastis.*

Que vous laissiez passer toutes les fêtes de l'année sans vous approcher de la sainte Table, c'est là, je vous l'avoue, mes frères, un grand sujet d'affliction pour nous. Mais enfin, la charité chrétienne, la bonne opinion que nous devons avoir les uns des autres, nous engagent à croire que vous avez ou pensez avoir pour cela de bonnes raisons; et après tout, quoique ceux qui se bornent à la communion pascale, ne remplissent point le vœu de l'Eglise qui désirerait que les fidèles pussent communier tous les jours, ils accomplissent néanmoins le précepte qui n'oblige pas à davantage. Mais les Pâques, les Pâques ! mais ne point faire ses Pâques ! Vous vous séparez donc du corps des fidèles? vous ne voulez donc plus être membre de Jésus-Christ? vous ne voulez donc plus appartenir à l'Eglise? et si cela est ainsi, pourquoi venir à la Messe? pourquoi ne pas secouer tout à fait le joug de la religion? pourquoi prendre la qualité de catholique apostolique romain? pourquoi ne pas faire ouvertement profession de calvinisme? Nous n'aurions plus rien à dire; et personne ne se formaliserait plus de votre conduite à l'égard de la confession et des Pâques. Mais vouloir passer pour catholique, exiger de nous des certificats en conséquence, tandis que l'on ne donne point de marques de catholicité, voilà qui révolte et n'est pas supportable.

Je vais à la Messe : vraiment il y en a

bien d'autres. On y a vu des Juifs, des Turcs, des Protestants; nous y voyons tous les jours des gens qui ne croient pas en Jésus-Christ, et qui blasphèment l'Evangile. Vous venez à la Messe, parce que la discipline de l'Eglise a changé à cet égard; si elle vous traitait suivant la sévérité des premiers siècles, nous ne vous souffririons point ici, et quoiqu'elle soit devenue plus indulgente, vous n'en êtes pas moins coupable; vous n'êtes pas moins chargé devant Dieu des anathèmes prononcés contre ceux qui ne se confessent pas au moins une fois l'an, et qui ne communient pas tout au moins à Pâques. Qu'on leur défende l'entrée de l'Eglise pendant leur vie, et qu'après leur mort ils soient privés de la sépulture ecclésiastique; telle est la loi que nous publions ici tous les ans. L'Eglise néanmoins se contente de gémir sur votre désobéissance; elle vous tolère, elle vous attend, elle ne lance pas nommément contre votre personne l'excommunication que vous avez méritée, mais la méritez-vous moins pour cela? êtes-vous moins au nombre de ceux qui, suivant la rigueur de la loi, doivent être chassés de l'Eglise pendant leur vie, *et jetés à la voirie* après leur mort? Cela seul ne devrait-il pas vous faire trembler si vous avez encore de la foi? et si vous l'avez perdue, que venez-vous faire ici? vous êtes donc un franc hypocrite?

Est-ce donc qu'il ne saurait y avoir des raisons légitimes qui dispensent un chrétien de faire ses Pâques? Non, il peut se trouver dans un état qui l'oblige et le force de renvoyer à un autre temps l'accomplissement de ce devoir, mais il n'est aucune raison qui puisse l'en dispenser. Je ne me sens pas disposé; il faut vous disposer, mon cher enfant. Je suis brouillé avec telle et telle personne; il faut vous réconcilier. Je suis dans une habitude criminelle; il faut la rompre. Je n'en ai ni la volonté, ni la force; il faut toujours vous présenter au prêtre, faire pour le moment ce que vous pouvez, et demander à Dieu qu'il vous fortifie. Mais à quoi bon se présenter au prêtre lorsqu'on ne se sent pas disposé à changer de vie? La méchante disposition où vous êtes de persévérer dans le mal est, sans contredit, mon cher paroissien, la plus dangereuse et la plus terrible de toutes les maladies de votre âme. Dans cet état, par conséquent, plus que dans tout autre, il faut recourir au médecin, vous présenter à votre pasteur ainsi que l'Eglise vous le commande.

Mon père, je suis un misérable, un usurier, un vindicatif, un ivrogne, un impudique. Je croupis depuis longtemps dans telle et telle habitude; et ce qui est encore pis, je ne me sens point du tout disposé à la rompre. Je viens cependant me jeter aux pieds de Jésus-Christ et aux vôtres pour obéir à l'Eglise, et afin que, connaissant la malheureuse disposition de mon cœur, vous demandiez à Dieu qu'il le change et me convertisse. Dites-moi, mon cher paroissien, je vous en prie, à quoi tient-il que vous ne fassiez cette démarche? Pour se mettre en état de communier, il faut vivre autrement que vous ne faites; cela est vrai; mais pour se présenter au prêtre, que faut-il? un peu de foi, un peu d'humilité, un peu de soumission et de respect envers l'Eglise qui vous l'ordonne. Eh! que savez-vous si cette démarche ne changera point les dispositions de votre cœur?

Lorsque Naaman, dont nous parlions dimanche dernier, se fut présenté à la porte d'Elisée, ce prophète lui fit dire d'aller se laver dans le Jourdain. Ce Naaman était un grand seigneur qui était venu de fort loin pour être guéri de sa lèpre, et qui s'attendait à être tout autrement reçu. Il s'imagina qu'on se moquait de lui: plaisant remède! me laver dans le Jourdain; est-ce que les eaux de mon pays ne sont pas aussi bonnes et meilleures que tous les fleuves d'Israël? Il se retirait donc ainsi en murmurant, plein de colère et d'indignation. Eh! seigneur, lui dirent alors ses domestiques, si le prophète vous avait ordonné quelque chose de bien difficile, vous devriez le faire sans balancer; à plus forte raison devez-vous tout au moins essayer d'un remède aussi aisé, aussi simple et qui ne vous coûte rien du tout. Venez, seigneur, venez, obéissez au prophète; si vous n'êtes point guéri, vous n'en serez pas plus malade. (IV *Reg.*, V, 1, seqq.)

Permettez-moi, mon cher paroissien, de vous tenir le même langage. Nous voici à Pâques, je conviens que pour manger dignement l'Agneau pascal, il y a bien des choses à faire, et des choses qui dans ce moment-ci vous paraissent impraticables. Mais il y en a une qui est assurément fort aisée. Présentez-vous au prêtre; c'est par là qu'il faut commencer, faites d'abord ce premier pas, et faites-le par un esprit de soumission à l'Eglise. Cet acte d'obéissance attirera sur vous des grâces qui rendront votre conversion moins difficile. Peut-être sortirez-vous du tribunal tout autrement disposé que vous ne pensez; peut-être en sortirez-vous avec un cœur nouveau, comme Naaman sortit du Jourdain avec une chair nouvelle; et après tout, si vous n'êtes point parfaitement guéri, vous n'en serez pas plus malade.

Seigneur, disait à Jésus-Christ un homme couvert de lèpre, si vous voulez vous pouvez me rendre pur. Dites-lui la même chose, mon cher enfant: Vous connaissez, ô mon Dieu, toute la force de cette méchante habitude qui tient ma volonté captive; vous pouvez la changer, ô Jésus, cette volonté détestable; changez-la donc, faites-moi vouloir ce que je ne veux pas. Est-ce que vous seriez fâché que Dieu vous convertît par sa grâce? Sondez, approfondissez votre cœur; seriez-vous fâché que Dieu le changeât? ah! mes frères, vouloir persévérer dans le mal est sans doute une disposition affreuse; mais craindre que Dieu ne change cette volonté, serait une disposition diabolique. Et ne semble-t-il pas que ce soit la disposition de ceux qui ne veulent pas même se présenter au prêtre, comme s'ils craignaient que cette démarche ne les disposât à se convertir.

Quel scandale pour la paroisse! Et quand même le public ne s'en apercevrait point, quel exemple pour vos enfants et vos domestiques! Un de vos devoirs les plus essentiels est de veiller à ce que tous fassent régulièrement leurs Pâques; mais si vous-même ne les faites point, qu'aurez-vous à leur dire s'ils y manquent? La moindre représentation sur cet article serait déplacée dans votre bouche. Quelle honte pour le chef d'une maison, lorsque sa famille ne peut pas vivre chrétiennement sans fuir l'exemple de celui qui la gouverne!

Mais enfin, avez-vous donc oublié ce qui est écrit touchant la Pâque des Juifs, qui n'était que la figure de la nôtre? *Quicunque non fecerit phase exterminabitur de populo suo.* (*Num.* IX, 13.) Ah! si l'on devait exterminer sans miséricorde quiconque n'observait point à cet égard la loi de Moïse, quoique cette loi ne fût que l'image de l'Eglise chrétienne; à quel châtiment ne doit point s'attendre celui qui méprise la loi de la nouvelle alliance, l'Eglise elle-même, la personne même de Jésus-Christ? Si le Juif qui ne mangeait point l'Agneau pascal en mémoire de la délivrance miraculeuse des Hébreux, et de leur sortie d'Egypte, était regardé comme un ingrat; si comme tel on le jugeait indigne de vivre, à combien plus forte raison est indigne de vivre un chrétien qui refuse de manger le divin Agneau, dont le sang a retiré les hommes de l'esclavage du démon. Le vrai fidèle se fait un devoir de célébrer tous les ans le jour anniversaire de son baptême, en communiant ce jour-là par un sentiment de reconnoissance pour le bienfait inestimable de sa rédemption; et vous, mon cher paroissien, ne célébrerez point l'anniversaire de la délivrance générale, ce jour à jamais solennel où le fils de Dieu a consommé par sa résurrection le grand ouvrage de la rédemption du monde?

Si vous ne mangez point la chair du Fils de l'Homme, vous n'aurez point la vie en vous. (*Joan.*, IV, 54.) C'est Jésus-Christ lui-même qui parle; c'est à vous que ces paroles s'adressent. L'apôtre saint Paul disait aux fidèles qui vivaient de la vie de Jésus-Christ: *Vous êtes morts, et votre vie est cachée en Dieu avec Jésus-Christ.* (*Coloss.*, III, 3.) O la belle mort! ô la belle vie! heureux celui qui peut dire: ce n'est pas moi qui vis, c'est Jésus-Crist qui vit en moi! Mais que dirons-nous de vous, mon cher enfant, qui ne mangez pas la chair de Jésus-Christ? Vous êtes mort, et votre mort est cachée en Dieu avec Jésus-Christ. Elle est cachée en Dieu, qui seul connaît toute la laideur d'une âme morte devant lui. Vous avez encore aux yeux des hommes quelque apparence de vie: vous venez à l'église, vous écoutez nos instructions, vous récitez certaines prières, vous faites avec nous certains exercices de piété, vous conservez la forme extérieure de la religion, comme un cadavre conserve la figure humaine; mais l'esprit de vie n'est point en vous; votre âme est morte devant Dieu avec Jésus-Christ, c'est-à-dire que Jésus-Christ est à votre égard comme s'il n'était pas ressuscité; vous le retenez dans le tombeau, il n'est point ressuscité dans votre âme. Quel état! où est donc votre foi, où est votre christianisme?

Mes frères, écoutez encore ceci: je visite ordinairement, après Pâques, toutes les familles de ma paroisse, non-seulement pour vous exhorter chacun en particulier à persévérer dans les saintes résolutions que vous avez prises pendant la quinzaine, mais encore pour vous renouveler le témoignage de mon attachement, du désir que j'ai de vous plaire à tous selon Dieu, et de tous les sentiments qui doivent animer un pasteur à l'égard de ses ouailles. Sentiments qui embrassent sans exception les bons et les mauvais, les tièdes et les fervents, ceux qui ont fait leurs Pâques et ceux qui ne les ont pas faites. Je vous aime tous; les uns, parce qu'ils sont fidèles à Jésus-Christ; les autres, parce que nous nous efforçons de les enfanter de nouveau en Jésus-Christ; les uns, parce qu'ils font notre joie et notre consolation; les autres, parce que nous voudrions pouvoir les embraser de ce feu sacré que le souffle de Jésus-Christ a répandu sur la terre; les uns enfin, parce qu'ils sont dans le bercail et dans le sein du bon pasteur; les autres, parce qu'il faut courir après eux comme après des brebis égarées. C'est ainsi que nous vous aimons et vous embrassons tous dans les entrailles de Jésus-Christ: *Cupio omnes vos in visceribus Christi.* (*Philipp.*, I, 8.)

Savez-vous donc, mes chers paroissiens, ce qui me vient en pensée lorsque j'entre dans vos maisons? Je me représente la porte des Israélites, laquelle devait être teinte du sang de l'agneau pascal que l'on avait mangé dans chaque famille. Voici les paroles du Seigneur à Moïse, et de Moïse à son peuple: *Vous recevrez le sang de l'agneau dans un vase; vous poserez ce vase sur le seuil de la porte; vous tremperez dans le sang un petit bouquet d'hysope et vous en teindrez le haut de la porte et les deux poteaux.* (*Exod.*, XII, 22.) Je ne m'arrête point à vous faire remarquer ici l'image de la croix parfaitement exprimée sur la porte des Israélites, mais je dis en entrant dans vos maisons. Grand Dieu! vous frappâtes de mort toutes les maisons de l'Egypte où l'on n'avait pas mangé l'agneau pascal, et dont la porte n'était pas marquée de son sang: ah! de quelle plaie frapperez-vous donc ceux de mes paroissiens qui n'ont pas célébré la Pâque? Il me semble voir d'abord l'ange exterminateur, je veux dire le démon, faire chaque jour à leur âme de nouvelles plaies. Plaies d'adultères, de fornications, de mollesse; plaies d'envie, de fiel, d'animosité, de vengeance; plaies d'avarice, d'usures, de vols, de rapines; plaies d'ivrognerie, de crapule, de débauche; plaies de toute espèce qui font mourir votre âme de mille morts: mais, hélas!

ces plaies sont invisibles, et vous ne les sentez pas du tout.

Il faut donc vous dire, mes frères, que cet ange exterminateur est le ministre de la colère de Dieu, qui éclate et se fait sentir de tant de manières. C'est lui, c'est l'ange exterminateur qui a passé par vos campagnes lorsqu'on les a vues ravagées par la grêle, brûlées par la sécheresse, emportées par les inondations. C'est l'ange exterminateur qui a excité ces orages, qui a déraciné ces arbres, qui a fait périr tous ces fruits dès leur naissance. C'est l'ange exterminateur qui est entré dans vos étables, qui a frappé vos troupeaux malgré vos remèdes et votre désespoir. Il entrera dans votre maison quand vous y penserez le moins; il frappera votre mari, votre femme, vos enfants, vous-même. S'il ne vous frappe pas d'une façon, il vous frappera d'une autre. Comme il y a toute sorte de bénédictions dans les trésors de sa miséricorde, il y a aussi dans les trésors de sa colère toute sorte de malédictions.

Et ne dites pas que dans les fléaux publics l'ange exterminateur dont je parle frappe indistinctement sur les biens et la personne des justes, comme sur les biens et la personne des pécheurs Oui, sans doute, et c'est là ce qui devrait vous faire trembler. Le seul Jonathas attira la colère de Dieu sur toute l'armée de Saül; et ce, par une faute ce semble bien légère, puisqu'il n'avait fait que porter un peu de miel dans sa bouche. Le royaume d'Israël fut frappé de la peste, qui dans l'espace de trois jours emporta soixante-dix mille hommes; et cela pour le péché du seul David, qui par une curiosité, sans doute criminelle, avait fait faire le dénombrement de son peuple. Il ne faut donc qu'un pécheur scandaleux pour attirer la malédiction de Dieu sur toute une paroisse.

Mettez, mettez toutes vos cloches en branle pour écarter ces nuées terribles qui menacent votre récolte. Demandez-nous des processions, des bénédictions, des exorcismes, des prières publiques, pour apaiser la colère de Dieu : tout cela est fort bon. Mais dites à ce vindicatif : réconcilie toi, et fais tes pâques; à ce maudit usurier, restitue et fais tes pâques; à cet ivrogne, corrige toi, renonce au cabaret, et fais tes pâques. Dites à ce libertin : finis ton vilain commerce, romps cette habitude honteuse, et fais tes pâques. Les voilà, mes frères, les voilà ces nuées malfaisantes qui vous apportent la tempête, ces insectes qui dévorent vos fruits, ces brouillards empoisonnés qui répandent la contagion sur vous et sur vos troupeaux. Voilà les arbres maudits qui fournissent à la justice de Dieu les verges dont il vous frappe. Voilà les mains criminelles qui arment le bras de l'ange exterminateur, et qui sont une des principales causes de tous les maux dont la paroisse est affligée. Je dis une des principales causes, mais non pas la seule. Ah! que de communions inutiles! que de communions inutiles, que de communions indignes et sacriléges! Anges de paix, qui environnez cet autel, qui êtes rangés autour de cette table sacrée; qui tenez en tremblant les coins de cette nappe, qui êtes témoins de tant d'irrévérences et de profanations; ah! si vous aviez des yeux pour pleurer, vous répandriez sur la chair du divin Agneau les larmes les plus amères.

SECONDE RÉFLEXION.

Grâces à Dieu, mes chers paroissiens, quoique la piété paraisse refroidie plus que jamais dans ce malheureux siècle, où il semble que la foi s'éteigne dans tous les cœurs; où l'on entend de tous les coins du monde les cris confus et horribles de l'incrédulité qui s'efforce d'étouffer le cri de l'Evangile, de la raison et de la conscience; malgré les railleries également indécentes et insipides par lesquelles nos incrédules, misérables échos d'une hérésie dont les excès et l'extravagance font rougir encore aujourd'hui ceux-là même qui l'ont sucée avec le lait; malgré l'acharnement, la fureur, j'ai presque dit la rage avec laquelle les ennemis de l'Eglise travaillent à lui ravir son trésor et à bannir la vérité de dessus la terre. Grâce à Dieu, les vrais croyants, ceux qui célèbrent la pâque de Jésus-Christ, forment encore le plus grand nombre dans toutes les provinces de ce royaume.

Vous voyez, grand Dieu, la malice et les efforts opiniâtres de la race orgueilleuse et pleine d'impiété, qui, suivant les traces de cet empereur, aussi fameux par ses superstitions que par son apostasie, voudrait convaincre de faux la promesse que Jésus-Christ nous a faite d'être avec nous jusqu'à la consommation des siècles, comme Julien voulait rebâtir Jérusalem pour convaincre de faux la parole de Jésus Christ, qui en avait prédit la ruine entière. Dieu tout-puissant, renouvelez aujourd'hui le prodige par lequel vous fîtes éclater alors l'inébranlable vérité de vos divins oracles; et comme les fondements que cet empereur faisait creuser vomirent des globes de feu qui consumèrent les ouvriers et firent abandonner l'entreprise, faites que ces ouvriers d'iniquité, qui ne cessent d'approfondir par de vains raisonnements les mystères de votre Evangile, et de creuser dans les fondements de notre foi, voient sortir de ces fondements comme des globes de feu qui les frappent, non pas de mort, non, mon Dieu! vous ne voulez la perte de personne; mais des globes de feu qui les frappent d'étonnement et d'admiration; mais des globes de feu qui, dissipant les ténèbres dont ils s'enveloppent, leur fassent apercevoir tout ce qu'il y a de majestueux, de divin, d'infiniment aimable dans la doctrine de Jésus-Christ; mais des globes de feu qui dévorent leur iniquité, qui en fassent des hommes nouveaux, qui les embrasent d'un amour sincère pour la véritable sagesse, qui les rendent aussi ardents à chercher ce qui est vrai, ce qui est bon, ce qui est honnête, qu'ils sont ardents à courir aveuglément, et à perte d'haleine, après des fantômes qu'ils embrassent toujours et qui toujours leur échappent.

Ah ! mes frères, que nous sommes heureux ! nous tenons, nous embrassons la vérité incarnée, celui en qui sont renfermés tous les trésors de la science de Dieu, tous les secrets de sa justice, de sa miséricorde, de sa Providence dans la création et le gouvernement de cet univers. Nous avons au milieu de nous la source de toute lumière et de toute bonté, de la joie la plus pure, des consolations les plus douces, de la paix la plus profonde, du bonheur le plus parfait. Nous tenons et nous embrassons non-seulement l'Evangile, ce livre divin, à l'ouverture duquel il faut que la sagesse humaine se taise, et n'ouvre la bouche que pour rendre hommage à son auteur ; nous tenons et nous embrassons, non pas l'ombre, l'image, la figure de Jésus-Christ, mais Jésus-Christ lui-même, toute son adorable personne, la vraie chair, le vrai sang de l'Agneau qui fut immolé sur la croix, qui s'immole sans cesse sur nos autels pour effacer les péchés du monde.

Quelle joie ! quelle consolation pour les pasteurs de l'Eglise, de voir pendant cette quinzaine le peuple chrétien accourir en foule et se presser aux portes du sanctuaire, autour de la table de Jésus Christ, malgré la dépravation du siècle, malgré l'esprit d'irréligion qui s'applaudit hautement de ses progrès et du ravage qu'il fait dans la maison de Dieu. Mais, hélas ! mes chers paroissiens, la joie que vous nous causez n'est pas de longue durée : elle se change tout d'un coup en tristesse, lorsque nous faisons réflexion sur la manière dont plusieurs d'entre nous s'acquittent d'un devoir si saint et si respectable.

Moïse, parlez aux enfants d'Israël, et dites-leur : *Voici comme vous mangerez l'agneau qui doit être immolé dans chaque famille ; vous le mangerez avec des pains sans levain et des laitues sauvages ; vous vous ceindrez les reins ; vous aurez des souliers aux pieds, un bâton à la main, et vous mangerez à la hâte, comme des voyageurs qui sont pressés de partir : car c'est la pâque, c'est-à-dire le passage du Seigneur.* (*Exod.*, XII, X *seqq.*). Tout cela est rempli de mystères et renferme de grandes instructions sur la manière dont nous devons manger nous-mêmes le véritable Agneau pascal. Vous sentez, mes chers paroissiens, que je n'ai pas à beaucoup près le temps de m'arrêter à chacune de ces figures, sur lesquelles les interprètes des Livres saints ont dit des choses admirables. Je me bornerai donc à deux ou trois réflexions, et je tâcherai de mettre à la portée de vos esprits une partie de ce que nous lisons à ce sujet dans les écrits des saints Pères.

Soit que la ceinture serve à relever et à retenir les habits comme chez les Juifs, qui étaient vêtus d'une robe longue ; soit qu'on la mette autour des reins pour rendre le corps plus ferme et plus agile ; l'apôtre saint Paul nous apprend que les vérités de la foi, les réflexions sérieuses sur les vérités que la foi nous enseigne, sont à notre âme ce que la ceinture est à notre corps : *State succincti lumbos mentis vestræ in veritate.* (*Ephes.*, VI, 14.) Soyez debout et marchez d'un pas ferme, ayant autour des reins de votre âme la vérité comme une ceinture qui l'empêche de flotter çà et là, qui retienne et contienne dans la sainte sévérité de l'Evangile toutes les pensées de votre esprit et toutes les affections de votre cœur, de manière que vous ne restiez point accroché, si j'osais me servir de ce terme, à toutes les épines, à tous les encombres qui se trouvent sur votre passage : toujours inébranlable dans votre croyance, ne perdant jamais de vue l'objet invariable de votre foi, n'usant des choses de ce monde qu'avec la plus grande circonspection, avec une retenue et une sobriété parfaites. C'est encore la réflexion de saint Pierre : *Ceignez*, dit-il, *les reins de votre âme, soyez réservés et parfaitement sobres en tout : « Succincti lumbos mentis vestræ, sobrii perfecte.* (I *Petr.*, I, 13.) Que ces paroles sont admirables ! heureux celui à qui il est donné d'en comprendre tout le sens, et de pratiquer la morale qu'elles renferment !

Mon cher paroissien, vous pensez à faire vos pâques ; mais quelle est votre vie depuis un an ? je ne parle point à ceux qui fréquentent les sacrements et qui mettent de l'ordre dans les affaires de leur conscience, je parle à vous, qui, pour y penser, attendez la quinzaine de Pâques : il y a une année entière que vous vivez dans la dissipation, pour ne pas dire dans le désordre. Qu'est-ce que votre foi ? une foi sans fermeté, sans consistance ; une foi morte qui ne produit rien, qui ne vous rend pas meilleur, qui ne vous fait point faire un seul pas dans le chemin de la vertu ; qu'est ce que votre foi ? le verbiage imposteur d'un incrédule vous étourdit, son effronterie vous en impose, ses mensonges vous éblouissent, ses fades plaisanteries vous inspirent une fausse honte : ce qui devrait vous affermir vous ébranle ; ce qui devrait ranimer et augmenter votre foi, l'affaiblit, la diminue et en altère la simplicité.

Du côté des mœurs, point de règle, nul principe de conduite, vous tournez à tout vent, partout où vos goûts, vos fantaisies, vos passions vous emportent ; courant ainsi vers l'éternité sans trop savoir où vous allez, ni ce que vous pourrez devenir : semblable à un homme qui voyagerait étant vêtu d'une robe fort longue, fort ample, toujours traînante et sans ceinture, tout vous arrête, tout est pour vous une occasion de chute et de scandale. Je vois beaucoup d'ordre et d'activité dans vos affaires temporelles, nul ordre, nulle activité dans les affaires de votre salut.

La quinzaine arrive cependant, vous êtes encore chrétien, et vous pensez à faire vos pâques : si vous y aviez pensé tout au moins dès le commencement du carême ; si, dès les premiers jours, *ceignant les reins de votre âme*, vous aviez recueilli et ramené devant Dieu vos pensées, vos désirs, et les dispositions différentes de ce misérable cœur où tout est en désordre pour les examiner dans la vérité, pour les confronter avec les saintes règles de l'Evangile; si après avoir commencé le carême par la confession de vos péchés, vous l'aviez passé dans le recueillement, dans les exercices de la piété, dans la pratique des bonnes œuvres, vous éloignant du monde, supprimant le jeu, les amusements, les visites et les entretiens inutiles; assistant à la messe tous les jours, visitant et soulageant les pauvres, ne lisant que des livres de piété, vous rendant compte à vous-même de votre vie passée; feuilletant, si je puis m'exprimer ainsi, les registres de votre conscience, combinant les grâces que vous avez reçues, avec l'usage que vous en avez fait, comme un homme rangé dans ses affaires confronte sa recette avec sa dépense, comme un marchand visite ses magasins et son comptoir, calcule ses profits ou ses pertes; si vous aviez fait, en un mot, au moins pendant le carême, ce qu'un chrétien sérieusement occupé de son salut pratique tous les jours de sa vie; ces choses-là auraient ranimé votre foi, excité votre espérance, rallumé en vous le feu de l'amour divin, et nous aurions lieu d'espérer que vous mangeriez l'Agneau pascal avec les dispositions d'un vrai Israélite.

Point du tout: après avoir vécu pendant le carême, comme pendant le reste de l'année, dans toute sorte de dissipation: mêmes compagnies, mêmes jeux, mêmes plaisirs, même viande peut-être et même table, sous des prétextes ordinairement frivoles, avec des permissions surprises et de nul effet par conséquent; après avoir ainsi passé les trois quarts et demi de cette quarantaine respectable, comme vous aviez passé le carnaval à peu de chose près; vous venez, et quelquefois encore sur la fin de la quinzaine, vous présenter au tribunal d'où vous passeriez de suite à la sainte table, si nous voulions vous en croire. En vérité, mon cher paroissien, ou vous ne faites vos pâques que par manière d'acquit, par habitude, par grimace, et pour sauver les apparences, ou vous ne pensez point à ce que vous faites.

Mais où sont ces laitues sauvages dont les Israélites devaient assaisonner l'Agneau pascal, et avec lesquelles nous devons manger la chair de Jésus-Christ? Entendez-vous bien ce que cela signifie? la laitue sauvage est amère; où est donc l'amertume de votre pénitence? où sont les œuvres de mortification que vous avez pratiquées pendant le carême? de quoi vous-êtes vous privé? qu'avez-vous souffert? qu'avez-vous fait pour mortifier vos sens? Ces yeux, ces oreilles par où il est entré dans votre âme tant de vanités, tant d'inutilités, tant de misères et de corruption; cette langue, cette langue sur laquelle nous posons en tremblant le corps adorable de Jésus-Christ, cette bouche qui s'ouvre pour le recevoir, après s'être mille fois ouverte pour l'offenser: où est en un mot la mortification de Jésus-Christ, que le chrétien doit porter dans son corps aussi bien que dans son cœur, *afin que la vie de Jésus-Christ paraisse dans notre chair mortelle*, ce sont les paroles de saint Paul? (*II Cor.*, IV, 10, 11.) D'où il faut conclure que nous ne saurions vivre de la vie de Jésus-Christ, si notre chair n'a aucune ressemblance avec la sienne; et certes la nécessité de cette ressemblance dont je vous ai parlé si souvent, ne se fait jamais mieux sentir que lorsque la chair de Jésus-Christ devient la nourriture de notre âme, et que nous faisons pour ainsi dire une même chose avec lui.

Je vais manger la chair de l'Agneau, cette chair divine qui fut affligée, blessée, meurtrie, mortifiée de tant de manières, transie de froid et baignée de larmes dans la crèche de Bethléem; cachée, anéantie pendant trente années dans la boutique d'un artisan; dans la pauvreté, les travaux, les humiliations d'une vie obscure, tombant de soif et de lassitude sur le puits de Jacob; condamnée dans le désert à un jeûne de quarante jours, accablée sous le poids de mes iniquités jusqu'à suer sang et eau dans le jardin des Olives; couverte de crachats, meurtrie de coups, déchirée de verges, couronnée d'épines, trempée dans son sang, clouée sur une croix, abreuvée de fiel, rassasiée d'opprobres: grand Dieu! cette chair innocente s'unit et sert de nourriture à la mienne.

A la mienne, qui ne peut souffrir ni le chaud ni le froid sans murmurer, ni la faim ni la soif sans se plaindre; à la mienne que j'habille avec tant de soin, que je pare avec tant de complaisance, que je promène avec tant de vanité, qui marche si fièrement, qui repose si mollement; que je nourris, que je loge avec tant d'apprêts et de sensualité, avec tant de précautions et de délicatesse; à la mienne que le jeûne incommode, que le maigre rebute, que la moindre mortification alarme, qui a la pénitence en horreur, qu'une petite indisposition effraye, à qui une piqûre d'épingle, une mauvaise odeur arrache des cris et des grimaces; la chair de Jésus-Christ crucifiée s'unit et sert de nourriture à un misérable qui est ennemi de la douleur, des croix, des humiliations. Ah! Jésus, quelle ressemblance, quelle union peut-il y avoir entre votre chair et la mienne?

Mes pauvres enfants, qui êtes exposés à souffrir, et qui souffrez réellement *d'un bout de l'année à l'autre*, toutes les incommodités, toutes les misères de cette vie; quelle consolation pour vous, lorsqu'en vous asseyant à la table de Jésus-Christ vous pouvez lui présenter dans votre chair au moins quelques traits de ressemblance avec la sienne; dans votre pauvreté, votre travail, vos sueurs, l'image des travaux, de la pauvreté qu'il embrassa dès sa plus tendre jeunesse: que vous seriez heureux, s'il trouvait en même temps chez vous, au moins quelque légère imitation de son humilité, de sa douceur, de sa patience, de sa parfaite résignation aux volontés de son Père. Mais hélas! vous gâtez tout par vos impatiences et vos murmures, sans que vous soyez pour cela plus avancés. Ah! vous ne manquez pas de ces plantes amères que nous devons mêler avec la chair de l'Agneau pascal ; elles croissent sous vos pas, elles vous environnent, vous êtes forcés de les dévorer, et vous ne les dévorez qu'en murmurant; vous voudriez pouvoir changer en douceur toutes les amertumes de votre vie : eh! que devient alors le mérite de votre pauvreté, le mérite de vos travaux et de vos souffrances? Tout cela est perdu, faute de résignation, et vous demeurez inutilement chargés de votre misère, sans avoir aucune ressemblance avec Jésus-Christ, parce que vous ne pratiquez aucune des vertus dont il nous a donné l'exemple.

Et vous, mes frères, dans quelque état que vous soyez placés, avec quelle confiance ne devez-vous point vous asseoir à la table de Jésus-Christ, lorsqu'il vous a trouvés dignes de participer à ses douleurs et de boire dans son calice? Ces afflictions qui vous accablent, ces chagrins domestiques qui vous dévorent, ces ennemis qui vous persécutent, ces infirmités habituelles qui vous rendent la vie si désagréable; et si j'étais assez heureux pour parler à des âmes choisies qui soupirent après la perfection, ces dégoûts involontaires dans le service de Dieu, cette sécheresse affreuse dans tous les exercices de la vie spirituelle, ce délaissement intérieur, cet abandon presque semblable à celui dont Jésus-Christ se plaignait sur la croix; les voilà, les voilà, ces plantes amères que vous mêlerez avec la chair de l'Agneau, si vous les sanctifiez par la patience.

Mais les laitues sauvages que nous devons tous y mêler, et sans lesquelles cette viande céleste nous donne la mort au lieu de nous donner la vie; les laitues sauvages sont les sentiments d'un cœur vraiment contrit et humilié, les dispositions intérieures où se trouvait le saint roi Ezéchias, quand il disait : « *Je repasserai toutes mes années devant vous, ô mon Dieu, dans l'amertume de mon âme : «Recogitabo tibi omnes annos meos in amaritudine animæ meæ.* » (*Isa.*, XXXVIII, 15.) Eh! où trouve-t-on aujourd'hui, mes chers paroissiens, je ne dis plus des membres mortifiés, je ne dis plus des corps exténués par les saintes rigueurs de la pénitence, je ne dis plus une chair meurtrie, crucifiée, portant en elle-même l'image de la chair de Jésus-Christ; mais je dis, où trouve-t-on maintenant des cœurs véritablement contrits, des âmes vraiment affligées à la vue du mal qu'elles ont fait?

Où sont, mes frères, où sont les marques de la tristesse que doit vous inspirer la vue des péchés que vous avez ajoutés cette année aux péchés dont vous vous accusiez l'année dernière? est-ce pendant le carnaval que vous avez paru, ou que vous avez été tristes? ne semblait-il pas au contraire que vous voulussiez, et ne vouliez-vous pas en effet vous dédommager d'avance, en doublant, en triplant, en portant jusqu'aux derniers excès les divertissements, les plaisirs, la joie auxquels un reste de pudeur vous empêcherait de vous livrer pendant le carême? Nous avons vu des jeux, des danses, des festins; les cabarets remplis jour et nuit; les rues pleines de je ne sais quelle espèce d'hommes à qui la tête avait tourné, courant, criant, ou plutôt hurlant, comme si les brebis de notre troupeau avaient été subitement changées en loups, comme si les chrétiens étaient devenus idolâtres, comme s'ils avaient renoncé Jésus-Christ pendant le carnaval, pour célébrer les fêtes du paganisme dans l'ivrognerie et la crapule, par des folies, par des extravagances de toute espèce. Misérables! sont-ce là les laitues amères que vous prépariez six semaines avant l'ouverture des Pâques, pour mêler avec la chair de l'Agneau pascal?

Mais ces folies ont disparu dès le mercredi des cendres; vous vous êtes prosternés avec nous devant cet autel; vous avez mêlé votre voix au chant lugubre et aux gémissements de l'Eglise; vous avez subi le joug de l'abstinence, et votre joie s'est tout à coup changée en tristesse : mais quelle tristesse! Dieu le sait, et nous aussi. Ah! le triste temps que le Carême! toujours des œufs, toujours des légumes, toujours de l'huile et du beurre; quand serons-nous à la fin? Nous en tenons pourtant deux semaines; nons en tenons quatre, nous en tenons cinq. Ah! que cette semaine sainte est terrible! enfin, enfin et grâce à Dieu, nous sommes à Pâques. Voilà ce que vous dites, mes chers enfants, voilà ce que nous avons entendu; voilà comment et pourquoi vous êtes tristes, pendant le carême. Vos péchés, vos péchés n'entrent pour rien dans votre tristesse; ce ne sont pas vos péchés qui vous affligent.

Je me trompe, vos péchés vous inquiètent; ils vous pèsent à cause de la confession que vous êtes obligés d'en faire. Ah! que cette confession est humiliante! quelle est désagréable, quelle est pénible! On la fait pourtant; on décharge sa mémoire, on récite des actes de contrition, on lit de fort belles prières dans ses Heures; puis on mange l'Agneau pascal. Mais les laitues amères; les regrets du cœur, l'affliction, l'amertume du cœur, la haine sincère, l'horreur et la détestation du péché, où sont-ils? Je vous le demande, mes frères, répondez-moi; où sont les effets de votre repentir? ou sont les marques de conversion que vous nous donnez après Pâques? Je le disais dimanche, je le répète aujourd'hui, je ne me lasserai jamais de le dire : n'est-il pas infiniment à craindre que la contrition et l'amour de Dieu, sans lesquels on profane les sacrements, ne soient que dans votre imagination et sur vos lèvres? n'est-il pas à craindre qu'au lieu de cette amertume salutaire dont vous devriez être pénétrés à la vue de vos fautes, vous ne conserviez au fond de votre cœur ce levain de corruption et de malice, je veux dire, un attachement secret pour les péchés que vous avez promis à Dieu et à nous de ne plus commettre?

Les Israélites devaient manger l'agneau pascal avec du pain sans levain. Il leur était même défendu, sous peine de mort, d'avoir du pain levé dans leurs maisons au temps de la Pâque. Vindicatifs, impudiques, ivrognes, envieux, médisants, pécheurs de toutes les façons, qui avez fait, ou qui pensez à faire vos Pâques, appliquez-vous à vous-mêmes cette figure. Vous êtes-vous bien purgés de ce vieux levain qui avait aigri, qui avait corrompu toutes les affections de vôtre âme, et qui avait multiplié vos iniquités comme le levain matériel dont nous nous servons fait croître la pâte?

J'ai souhaité du mal à mon ennemi j'ai cherché à lui en faire dans sa réputation, dans ses biens, dans sa personne ou dans sa famille; voilà votre confession; mais vous lui pardonnez sincèrement, et vous êtes bien résolu de vous conduire à cet égard en honnête homme et en vrai chrétien. Point du tout: quelque temps après Pâques vous avez occasion de nuire à cet ennemi, et vos premiers sentiments se réveillent, votre haine se ranime; vous aviez tout oublié, vous vous ressouvenez de tout; votre colère se rallume, et vous saisissez l'occasion qui se présente pour vous venger. Voyez-vous comme ce vieux levain fermente? Il était donc resté dans le fond de votre cœur.

Que de péchés honteux! quelle faiblesse! quelle corruption! cela fait trembler! j'y renonce, j'en demande pardon à Dieu, je n'y retomberai plus: voilà qui est bientôt dit; mais si vous ne conservez intérieurement aucune attache pour ces sortes de péchés; si vous en avez toute l'horreur que vous prétendez avoir, et qu'ils méritent, pourquoi donc n'avez-vous pas le même éloignement pour tout ce qui vous expose sans nécessité à l'occasion de les commettre? Pourquoi toujours ces conversations si libres, ces fréquentations dangereuses, ces lectures plus que frivoles, et tant d'autres misères sur quoi vous n'êtes pas plus en garde après la quinzaine qu'auparavant? Ne voyez-vous pas que ce méchant levain fermente encore dans votre esprit, dans votre imagination, dans votre cœur?

J'ai fait mes pâques, j'ai fait mes pâques: savez-vous ce que cela signifie? nous l'avons dit en commençant. Cela signifie: j'ai passé du péché à la grâce; j'ai passé du vice à la vertu; de l'orgueil à l'humilité; de la colère à la douceur; de la haine à l'amour de mes ennemis; des murmures à la résignation et à la patience. J'ai passé de l'ivrognerie à la plus exacte sobriété; d'une vie impure à des mœurs chastes; de la dissipation au recueillement; de l'oisiveté au travail; du relâchement à la ferveur; et pour tout dire, en un mot, j'ai passé de la mort à la vie; je suis ressuscité avec Jésus Christ. Voilà, mes frères, ce que cela veut dire, j'ai fait mes pâques.

Mais dans la bouche d'un très-grand nombre de chrétiens, cela ne signifie autre chose, sinon, j'ai parcouru en gros, et j'ai confessé de même, les péchés dont je me suis souvenu depuis l'année dernière; on m'a donné l'absolution, j'ai communié, m'en voilà quitte jusqu'à l'année prochaine. Ah! cette pâque est vraiment le passage, le simple passage du Seigneur, *transitus Domini* Oui, mon Dieu, vous passez dans ces âmes, mais vous ne faites que passer; vous ne vous y arrêtez point, vous n'y laissez même aucune trace de votre passage; l'on n'y voit rien à quoi l'on puisse reconnaître que vous y avez passé: mêmes inclinations, mêmes pensées, mêmes désirs, mêmes habitudes, même vie qu'auparavant.

Ne passeriez-vous donc ainsi, ô Jésus, dans l'âme et le corps de mes paroissiens, que pour y recevoir de nouveaux outrages, pour y être crucifié de nouveau dans le temps même que nous célébrons la fête de votre résurrection glorieuse? Votre sang, votre sang qui doit arrêter le bras de l'Ange exterminateur, deviendrait-il au contraire un signe de réprobation et de mort chez la plupart de ceux qui m'entendent? Victime adorable, seriez-vous dans la main des pasteurs qui vous conduisent d'une bouche à l'autre, partout où ils veulent, seriez-vous dans nos mains comme un agneau que nous conduirions nous-mêmes à la boucherie? Je frémis d'horreur, et j'oublie que ce beau jour ne doit être consacré qu'à chanter la gloire de votre triomphe.

Triomphez donc, ô divin Agneau; ressuscitez et triomphez dans l'âme de tous mes paroissiens. Purifiez-les de ce vieux levain dont ils sont malheureusement infectés, et qui a produit chez eux tant de désordres: levain de malice et de méchanceté; levain d'envie et de jalousie; levain d'aigreur, d'amertume et d'animosité; levain d'orgueil et d'amour-propre; levain d'ambition et d'avarice; levain d'impureté, de corruption, de libertinage. Dieu tout-puissant, faites mourir tous les vices dans ma paroisse; ressuscitez-y toutes les vertus. Ramenez, ah! ramenez au bercail, par votre miséricorde, ces brebis imprudentes dont les erreurs et l'indocilité nous causent la plus amère douleur; que nous ayons enfin la douce consolation de faire la Pâque avec eux; mais qu'ils la fassent, et puissions-nous la faire tous ensemble, mes chers enfants, avec une foi vive, une conscience pure, un cœur vraiment pénétré de repentir et sincèrement dégagé de toute affection criminelle! Mon Sauveur, mon aimable Sauveur, ressuscitez, vivez dans nos âmes pour ne plus y mourir; vivez, triomphez, régnez sur tous les pécheurs de la terre, pour les sanctifier et les conduire à la bienheureuse éternité! Ainsi soit-il.

DISCOURS XXIII.

Pour le Dimanche de Quasimodo.

SUR LA PAIX DE LA CONSCIENCE.

Pax vobis. (*Joan.*, XX, 19.)

Que la paix soit avec vous.

Que nous serions heureux, mes chers paroissiens, si l'autorité que nous avons reçue de Jésus-Christ pour la conduite et la sanctification de vos âmes, s'étendait jusqu'à vous donner cette paix qu'il apporta sur la terre, que les anges publièrent dès sa naissance, qui devait être le fruit de sa mort, et qui fut le premier don qu'il fit à ses disciples, aussitôt après sa résurrection ! Mais l'exercice de notre ministère ne va point jusque-là. Nous pouvons bien vous dire, dans le tribunal de la pénitence : je vous absous, au nom du Père, et du Fils, et du Saint-Esprit; nous pouvons bien vous distribuer sa divine parole, comme nous le faisons dans ce moment-ci; le faire descendre lui-même sur nos autels, et vous donner ensuite à manger sa chair adorable. Mais la paix du cœur, cette paix délicieuse que les impies cherchent en vain, que les hypocrites ne sauraient goûter, que les mauvais chrétiens ne connaissent point; cette paix, qui est le trésor de l'homme juste, l'image et comme l'avant-goût de ce repos, de ce bien-être éternel, dont il espère jouir dans le ciel; il n'y a que Jésus-Christ en personne qui puisse vous la donner, mes frères, et il n'y a que ses vrais disciples qui la reçoivent. Tout ce que nous pouvons faire est donc de vous la souhaiter, et de vous apprendre à ne pas la confondre avec la malheureuse tranquillité dans laquelle vivent tant de chrétiens, et qui est chez eux le fruit d'une fausse conscience.

PREMIÈRE RÉFLEXION.

Tous les hommes ont leur conscience. Le catholique a la sienne, l'hérétique a la sienne, le Juif a la sienne; les mahométans, les idolâtres, les sauvages même ont la leur. Chacun, dans son état, a sa conscience. L'homme de robe a la sienne ; le militaire a la sienne; l'ecclésiastique a la sienne; les financiers, les marchands, les artisans, les mercenaires ont la leur. Chaque pécheur a sa conscience : l'ambitieux a la sienne ; le vindicatif a la sienne, le libertin a la sienne; les voleurs, les avares, les usuriers ont la leur; et avec tout cela, mes frères, comme la vérité est une, comme la raison est une, comme il n'y a qu'un Dieu, la conscience n'étant autre chose que le cri intérieur de la vérité, de la raison, de Dieu lui-même, qui est la raison éternelle et la vérité par essence, la conscience doit être une aussi, et la même dans tous les hommes, parce que vous avez imprimé le lumière de votre visage, ô mon Dieu, dans l'âme de tous les hommes.

D'où vient donc que cette conscience ne tient pas à tous le même langage? D'où vient que les uns voient blanc ce que les autres voient noir? que ce qui paraît mauvais aux uns paraît bon ou indifférent aux autres? C'est que la plupart des hommes substituent à la véritable conscience, qui est la pure lumière de la raison, une conscience fausse qu'ils se font eux-mêmes; et cette fausse conscience est l'ouvrage des passions, de l'ignorance, des préjugés qui les aveuglent.

Je ne dirai rien ici, mes frères, de ceux à qui Jésus-Christ n'a point été annoncé; vous les jugerez, ô mon Dieu, non pas sur l'Evangile, dont ils n'auront eu aucune connaissance; non pas sur la loi qu'ils se seront eux-mêmes forgée, mais sur cette loi intérieure que vous avez gravée dans le fond de notre cœur, et qui leur est commune avec les autres hommes. Je parle de la conscience des chrétiens; de nous, mes frères, qui avons eu le bonheur de naître et d'être élevés dans le centre de la vraie lumière, et à qui l'ignorance ou les préjugés de l'éducation ne pourront jamais servir d'excuse, parce que nos préjugés en matière de religion sont vrais, notre éducation chrétienne, notre ignorance volontaire; parce qu'étant environnés d'une foule de docteurs qui expliquent la loi, d'apôtres qui la prêchent, de pasteurs qui nous conduisent, et ayant, pour nous éclairer, des secours de toute espèce, notre conscience, quand elle est fausse, ne peut être que l'ouvrage de notre malice, de notre corruption, de notre mépris, ou tout au moins de notre indifférence pour la loi de Dieu.

Si notre conscience n'est point éclairée comme elle devrait l'être ; si elle ne nous dicte point ce qu'elle devrait nous dicter; si elle ne crie point pour nous accuser et nous reprendre, lorsqu'elle devrait crier, ce n'est pas que nous ne puissions, c'est que nous ne voulons pas nous instruire : et, dans cette misérable disposition (ô qu'il y en a de ces sortes de consciences !), l'homme jouit d'une fausse paix, qui est le signe de sa réprobation, comme une longue et profonde léthargie est le signe et l'avant-coureur d'une mort prochaine.

Or il y a, parmi les chrétiens, quatre sortes de personnes qui se font plus communément une fausse conscience et jouissent de cette paix funeste dont nous parlons : je veux dire les vindicatifs, les avares, les tièdes et les faux dévots. Le vindicatif s'imagine aimer ses ennemis pendant qu'il les hait, et il se tranquillise. L'avare s'imagine qu'il aime Dieu, pendant qu'il n'aime que son argent, et il se tranquillise. Les âmes tièdes se tranquillisent sur ce qu'elles ne commettent point de péchés mortels, ou fort peu, et qu'après les avoir commis elles s'en confessent. Les faux dévots croient embrasser Jésus-Christ, pendant qu'ils s'embrassent eux-mêmes. Tous ces gens-là fréquentent les sacrements; ils se confessent, on les absout, et ils font leurs pâques.

Le vindicatif a été à confesse, il a fait ses pâques. S'il s'est adressé à son pasteur, ce pasteur, qui connaît son ouaille et la suit de l'œil, n'aura pas manqué de l'interroger : Mon cher enfant, vous avez des ennemis, qui est-ce qui n'en a pas ! leur pardonnez-vous, les aimez-vous? Je ne leur souhaite point de mal, je les aime en Jésus-Christ. Vous les aimez en Jésus-Christ : mais savez-vous bien ce que cela signifie? Aimer ses ennemis en Jésus-Christ, c'est les aimer comme Jésus-Christ a aimé les siens, et il les a aimés jusqu'à donner sa vie pour eux. Il a prié pour ceux qui l'avaient couronné d'épines, qui lui avaient craché au visage, qui avaient déchiré son corps à coups de fouets, qui l'avaient cloué sur la croix, qui l'avaient abreuvé de fiel et rassasié d'opprobres. Aimer ses ennemis en Jésus-Christ, c'est les aimer comme on aime les membres de son propre corps, comme les membres s'aiment, s'assistent, s'entr'aident, se soulagent les uns les autres. Est-ce ainsi que vous les aimez? Pauvre pasteur, vous avez beau dire : l'on vous écoutera ou l'on ne vous écoutera point; mais vous n'aurez jamais que cette froide réponse : Je ne lui veux point de mal, je l'aime en Jésus-Christ. Que si vous pensez devoir exiger de votre pénitent quelque marque de ce pardon et de cet amour prétendus; quelque démarche qui blesse et mortifie son amour-propre, vous ne trouverez plus en lui ni la douceur d'une brebis fidèle qui écoute et suit avec simplicité la voix de son pasteur; ni la droiture d'une âme timorée, qui tremble toujours de ne pas faire ce qu'elle doit : ce ne sera plus une confession, mais une dispute; et si vous ne portez pas la condescendance jusqu'à la faiblesse, jusqu'à trahir votre ministère, il ira se confesser à un étranger qui, ne le connaissant point, ne lui fera pas tant de questions, et lui donnera l'absolution *vaille que vaille*.

Est-ce que sa conscience ne lui reproche rien au sujet de son ennemi? Rien; mais il conserve le souvenir de tous les griefs qu'il a ou prétend avoir contre lui, et il les rappelle à tout propos; mais il écoute avec un plaisir secret ceux qui en disent du mal, et si quelqu'un en dit du bien, il ne l'écoute qu'avec peine; mais dans les assemblées publiques il affecte toujours d'être d'un avis contraire au sien, et il saisit vivement l'occasion de le contredire; mais il pense, il parle et se conduit en tout comme quelqu'un qui est foncièrement plein d'aversion et de mépris, ou tout au moins de froideur et de la plus parfaite indifférence. N'importe; il ne lui veut point de mal, il l'aime en Jésus-Christ, et sa conscience est, à cet égard, dans la plus parfaite tranquillité.

Mais encore : comment arrange-t-il sa conscience avec la parole de Jésus-Christ? *Aimez vos ennemis, faites du bien à ceux qui vous font du mal; bénissez ceux qui vous maudissent; priez pour ceux qui vous persécutent* (*Matth.*, V, 44); jamais rien au monde ne fut plus précis ni plus clair. Oui, clair pour une conscience droite qui aime la lumière, la cherche et craint toujours de se tromper; mais pour la fausse conscience que le vindicatif s'est faite lui-même, les paroles de Jésus-Christ n'ont ni la force, ni le sens que nous leur attribuons. Il leur donne je ne sais quelle tournure, il les interprète je ne sais comment. Il embrouille tellement l'Evangile qu'on ne l'entend plus; et l'obligation d'aimer ses ennemis se trouve réduite à rien. C'est l'ouvrage de la fausse conscience, qui, au lieu de se plier et de se redresser sur la règle, s'efforce de courber la règle et de lui faire prendre le mauvais pli qu'elle veut lui donner; mais parce que cette règle est invariable et inflexible, on la rompt, on la brise, on met l'Evangile en pièces pour l'ajuster à la fausse conscience que le cœur a forgée, et l'on se tranquillise. Ma conscience ne me reproche rien; je ne veux de mal à personne, j'aime tout le monde en Jésus-Christ.

Mais si cette conscience qui ne vous reproche rien sur un des points les plus délicats de la morale chrétienne, n'est pas une conscience aveugle et frelatée, d'où vient que dans le cours d'une maladie dangereuse, pendant laquelle vous avez reçu les sacrements comme quelqu'un qui pense toucher à sa dernière heure, demandiez-vous que l'on vous fît venir telle et telle personne avec laquelle, lorsque vous étiez en santé, vous ne vouliez avoir aucune sorte de commerce, quoique vous lui pardonnassiez, et que vous l'aimassiez soi-disant en Jésus-Christ?

Pourquoi cette conscience, auparavant si tranquille, se trouble-t-elle tout à coup aux approches de la mort, et tient-elle un autre langage? Si la paix dont jouissait le vindicatif se portant bien, était vraiment la paix de Jésus-Christ, pourquoi s'évanouit-elle dans le temps d'une maladie sérieuse, pour faire place aux scrupules, à l'inquiétude, aux remords? Ah! ce n'était donc qu'une fausse paix et une fausse conscience; la conscience que la passion s'était faite, la conscience du vindicatif. Les frayeurs de la mort font revivre la véritable conscience, la conscience du chrétien. Il voit alors, il sent qu'il ne suffit pas de dire, je pardonne, mais qu'il faut pardonner du fond du cœur; qu'il ne suffit pas de dire, j'aime, mais qu'il faut aimer réellement et agir en conséquence. Il voit alors, il sent que ce pardon et cet amour prétendu en Jésus-Christ n'étaient qu'un pardon et un amour en paroles, et que la tranquillité dans laquelle il vivait à cet égard était une illusion toute pure. Faux pardon, faux amour, fausse paix, fausse conscience, fausses confessions, communions indignes, profanations, sacriléges : *Dicentes pax, et non erat pax*. (*Jerem.*, VI, 14)

Le vindicatif à l'heure de la mort change ordinairement de conscience; mais l'avare n'en change point, et il s'endort avec cette fausse paix qui lui a fait illusion pendant sa vie; qui est-ce qui le dit? tous ceux qui ont connu, qui ont vu mourir des avares. L'ivrogne convient de ses excès; le libertin de son libertinage; le médisant de sa malignité; le vindicatif de ses vengeances, l'homme colère de ses brutalités; le voleur de ses rapines; mais l'avare, l'avare ne convient point de son avarice, et c'est là sans doute une des raisons pourquoi le Saint-Esprit, au Xe chapitre de l'*Ecclésiastique*, vers. 9, nous dit en termes formels, qu'il n'est rien sur la terre de plus méchant, de plus odieux, de plus scélérat que l'avare : *Avaro nihil scelestius*.

Pendant sa vie il jouit de la paix la plus

profonde, et nous en connaissons qui ont d'ailleurs tous les dehors de la plus sincère piété. C'est un homme estimable, respectable même à bien des égards; on ne saurait que lui reprocher, tant qu'on ne touche point à son argent. Touche-t-on cette corde? il déraisonne tout à coup comme s'il avait perdu l'esprit : ce n'est plus un homme, c'est un ours, sans charité, sans humanité, sans entrailles : il n'a des yeux et des oreilles que pour son argent; il le compte, puis il le regarde et le compte encore. Avec cela il fréquente les sacrements; il est fort exact à toutes les pratiques extérieures du christianisme, et sa conscience est en paix.

Cette conscience devrait lui dire : Fais des aumônes. Point du tout; elle lui dit : Tu n'es pas assez riche. Elle devrait lui dire : pourquoi dix mille francs dans un coffre? Tu dois à la société de faire circuler cet argent, et tu ne saurais le cacher ainsi, sans causer à cette société, dont tu es membre, un préjudice considérable. Non, elle lui dit, au contraire : Garde cet argent, on ne sait ce qui peut arriver; *il faut une poire pour la soif.* Elle devrait lui dire : ton avarice te damnera; c'est un péché capital, un vice abominable, puisque l'apôtre saint Paul dit que c'est une vraie idolâtrie. Point du tout, cette conscience le rassure et lui dit : tu ne voles pas le bien d'autrui; tu ne fais tort à personne, tu n'es ni libertin, ni médisant, ni ambitieux; tu as des sentiments de religion, tu remplis tes devoirs de chrétien, tu n'as rien à te reprocher, et il est tranquille.

La mort arrive, même tranquillité. Ministre de Jésus-Christ qui êtes appelé pour administrer les derniers sacrements à cet avare, il est inutile que vous lui fassiez là-dessus la moindre question. Monsieur, j'ai conservé mon bien, je ne laisse point de dettes, mon testament est fait, il y a pour les pauvres une somme assez honnête, qui leur sera distribuée après mon décès : fort bien. Mais l'avarice n'a-t-elle point été votre passion dominante? Non; j'ai aimé mes intérêts comme un autre, cela est permis et se doit : mais je n'ai ni pris, ni envié le bien d'autrui, et là-dessus ma conscience est parfaitement tranquille. Des legs pour les pauvres! dis donc des restitutions, misérable. Ah! ces legs ne te sauveront point. Donnez, donnez-lui donc vite le corps de Jésus-Christ, et que ce nouveau Judas l'embrasse et le baise pour la dernière fois de sa vie.

Ah! qu'il y en a, qu'il y en a de ces avares! Seront-ils touchés de nos réflexions? Non, parce qu'ils n'imaginent point que ces réflexions soient faites pour eux. S'ils craignaient du moins que cela ne les regardât, s'ils avaient l'âme assez timorée pour dire intérieurement, après nous avoir entendu : Serait-ce pour moi qu'on a parlé? ne suis-je point un de ces avares contre lesquels les prédicateurs de l'Evangile s'élèvent avec tant de force? Je passe pour tel dans le public : est-ce le public qui se trompe ou moi qui m'aveugle? Grand Dieu! troublez cette fausse paix; éclairez, redressez la fausse conscience de ces avares, moyennant laquelle ils font un mélange horrible de votre culte avec celui de l'argent dont ils se sont fait une idole. Mais éclairez aussi et redressez la conscience de ces âmes qui s'imaginent être en paix avec vous, et qui ont la paix avec elles-mêmes, pendant que vous êtes sur le point de les réprouver, de les rejeter loin de vous, comme l'on rejette une nourriture insipide et dégoûtante.

Vous savez, mes chers paroissiens, comment Jésus-Christ lui-même s'exprime sur le compte d'une âme tiède : *Il vaudrait mieux*, dit-il, *que vous fussiez, ou tout froid ou tout chaud, parce que vous n'êtes ni l'un ni l'autre, je commencerai à vous vomir de ma bouche.* (*Apoc.*, III, 15, 16.) Le vindicatif disait tout à l'heure : Je ne veux point de mal à mon ennemi; l'avare : Je ne fais tort à personne; et les âmes tièdes, sans trop se soucier de faire le bien, se tranquillisent et vivent en paix, sous prétexte qu'elles ont encore une certaine horreur pour les péchés qui leur feraient perdre la grâce. Je ne veux pas me damner, mais je ne veux pas être un saint; comme s'il y avait un milieu entre les justes et les réprouvés, entre vouloir se sanctifier et vouloir se perdre.

L'âme tiède est donc semblable à une eau qui, à la vérité, n'est pas froide, mais qui n'est pas bouillante, et n'a que très-peu de chaleur; elle va toujours en se refroidissant, à moins qu'on ne la rapproche du feu. Ainsi la charité diminue et se refroidit toujours de plus en plus dans les âmes tièdes; elles ne font d'abord qu'exciter à l'égard de Dieu comme l'envie de vomir; mais il les vomit enfin tout à fait, sans qu'elles s'en aperçoivent.

Votre facilité à commettre des péchés véniels, parce qu'ils ne vous paraissent que véniels, dégénérera peu à peu en mépris de la loi, et ce mépris est incompatible avec la grâce. Vous n'aviez d'abord commis ce péché mortel que par faiblesse, vous le commettrez par malice, ou du moins vous deviendrez plus faible de jour en jour. Vos chutes seront plus fréquentes, vos confessions ne seront enfin qu'une espèce de routine; l'amour de Dieu et la contrition qui doivent les accompagner perdront peu à peu le degré de chaleur et de force qui est absolument nécessaire pour être justifié. Mais quel est ce degré de chaleur, ce degré de ferveur où commence le vrai amour de Dieu, sans lequel on n'est point justifié, même dans le sacrement de la pénitence? Nous n'en savons rien; et voilà pourquoi nous ne pouvons jamais dire : je suis assez fervent, je ne veux pas monter plus haut. C'est là néanmoins ce que disent les âmes tièdes, sinon de bouche, au moins de cœur, et par leur manière d'agir. Contentes de ce qu'elles sont, elles ne cherchent point à être quelque chose de mieux. Elles s'arrêtent, se tranquillisent, et leur âme est en paix. . .

Mais quelle paix? Vous souvenez-vous, mes frères, de ce que nous disions dans l'Evangile du troisième Dimanche de Carême : *Quiconque n'est point avec moi est contre moi. Celui qui n'amasse point avec moi, dissipe.* (*Matth*, V, 48.) Ce sont les paroles de Jésus-Christ. Ames tièdes, voyez-donc si ce n'est point à vous qu'elles s'adressent. Etes-vous avec Jésus-Christ? Vous le croyez; mais Jésus-Christ est un feu brûlant et comme le brasier de l'amour divin; mais Jésus-Christ ne cesse de vous crier: *Soyez parfait comme votre Père céleste est parfait.* (*Matth.*, V, 48.) Mais Jésus-Christ conduit et fait avancer de lumière en lumière, de grâce en grâce, les âmes fidèles qui sont et marchent avec lui. Non-seulement vous n'avancez point, vous ne désirez pas même d'avancer : vous n'êtes donc point avec lui? Vous êtes donc contre lui? Vous n'avez donc qu'une fausse paix et une fausse conscience?

Celui qui n'amasse point avec moi, dissipe. Eh! qu'avez-vous amassé? Qu'amassez-vous avec Jésus-Christ? Vous ne faites point de mal, soit : ce n'est pas ici le moment d'examiner ce que cela signifie. Mais où est le bien que vous faites? Où sont les provisions que vous amassez pour l'éternité? La grâce de Jésus-Christ est comparée à une somme d'argent que l'on a placée et qui doit produire un certain intérêt tous les ans. Que vous a-t-elle rapporté? Où est le produit de ce capital céleste, si je puis m'exprimer de la sorte? Vous n'amassez rien : vous dissipez donc; vous perdez, vous anéantissez les fruits du sang de Jésus-Christ : votre vie est donc une vie inutile, une vie de réprouvé par conséquent, puisque l'Evangile vous compare à un arbre que l'on arrache et que l'on brûle, par la seule raison qu'il ne porte pas de fruit. Ah! mes frères, mes frères, la cognée est à la racine de l'arbre, et vous ne le voyez point. Grand Dieu! vous commencez à les vomir, et ils ne le sentent point; vous les vomissez enfin, vous les rejetez tout à fait sans qu'ils s'en aperçoivent, et ils sont tranquilles; ils vivent, ils meurent en paix : fausse paix, fausse conscience des âmes tièdes. *Pax et non erat pax.* Celle des faux dévots est encore pire.

Et par les faux dévots, je n'entends pas les hypocrites qui cachent la corruption de leur cœur sous les apparences de la piété, qui prient, jeûnent, se confessent, communient par des vues d'intérêt, et vivent de sacriléges. Non, il n'est pas vraisemblable que de telles âmes jouissent d'aucune espèce de tranquillité. Quand on agit contre sa propre conscience, quand on prémédite le crime; quand on s'y abandonne jusqu'à le commettre par principe; quand on foule volontairement aux pieds ce que l'on sait y avoir de plus saint et de plus sacré; quand on n'embrasse Jésus-Christ que pour le trahir comme l'infâme Judas, on n'évite point les remords qui lui déchirèrent les entrailles, et la crainte horrible de périr misérablement comme lui, est un sentiment dont il n'est guère possible de se défendre.

Mais j'entends par les faux dévots ceux qui s'imaginent faire la volonté de Dieu, pendant qu'ils ne font que leur propre volonté; qui s'imaginent aimer Jésus-Christ, pendant qu'ils n'aiment qu'eux-mêmes; qui comptent sur leurs efforts autant et plus que sur le secours de la grâce; qui, à l'exemple des Pharisiens, se reposent sur leur propre justice; qui regardent le paradis comme une récompense due à leurs mérites prétendus; qui méprisent les autres, lorsque les autres ne pensent point comme eux, et ne vivent pas de même; qui n'excusent rien et se scandalisent de tout; qui gémissent continuellement sur la conduite d'autrui, et s'applaudissent en secret de n'être point comme le reste des hommes; qui, au lieu de cacher leurs bonnes œuvres sous les dehors d'une vie commune où il n'y a rien d'extraordinaire, se distinguent, se font remarquer à l'Eglise, à la maison, à table, au jeu, dans la conversation, partout; qui abusent du temps, de la patience, peut-être de la faiblesse de leur directeur, pour lui raconter je ne sais quelles histoires, quelles illusions, quels prétendus scrupules, au lieu d'une confession simple, nue, modeste et pleine de confusion; qui se confessent moins par humilité que par amour-propre, moins pour purifier leur cœur que pour tranquilliser leur conscience; comme s'ils voulaient en venir au point que vous n'eussiez plus, ô mon Dieu, aucun reproche à leur faire; comme s'ils prétendaient pouvoir être quittes envers vous, cherchant ainsi la paix de leur âme, non pas en vous, ô Jésus! mais dans eux-mêmes, non pas dans votre miséricorde, mais dans leur propre justice.

La trouvent-ils cette paix? Hélas, ils ne la trouvent souvent que trop. Je me confesse, je communie tous les mois, toutes les semaines. Tant de prières et de lectures le matin, autant l'après-midi et le soir. Une telle heure devant le Saint-Sacrement, une telle autre dans mon oratoire. Je jeûne le vendredi, je visite les malades, je fais l'aumône; et d'ailleurs ma conscience ne me reproche point de péchés mortels. Je ne suis ni avare ni dissipateur; je ne suis sujet ni à l'envie, ni à l'impudicité, ni à la colère; je ne m'emporte que contre les ennemis de la religion; mais c'est une sainte colère. S'il ne tenait qu'à moi, je mettrais en pièces cet incrédule; je ne vois ce libertin qu'avec horreur. Cet homme ne connaît ni le Carême, ni les pâques, je ne puis pas le souffrir.

Tel est le langage, telle est la façon de penser du faux dévot, et il s'en applaudit; il prend l'amour-propre pour l'amour de Dieu, la bile pour du zèle, l'amertume d'un caractère orgueilleux, d'un caractère dur et inhumain, pour l'aiguillon de la charité. Après avoir jeté sur les autres des yeux de fureur, de mépris ou de pitié, il les ramène doucement sur lui-même, la comparaison qu'il fait de sa vie avec celle d'autrui fixe les regards et la complaisance secrète de l'amour-propre. Il s'arrête là, il s'y repose, se tranquillise, s'applaudit et se donne pour ainsi dire le baiser de paix. Quelle paix, bon Dieu! l'amour-propre qui s'embrasse et se caresse lui-même! Quelle paix reçue et goûtée, non dans le sang, les mérites de Jésus-Christ, mais dans notre propre sein, dans nos œuvres, dans les plaies de notre propre chair, nos jeûnes, nos mortifications et tous nos prétendus mérites. Divin Jésus! ce n'est pas vous qui donnez cette paix, c'est le faux dévot qui se la donne lui-même, et qui est d'autant plus loin de vous qu'il croit en être plus proche. ***Dicentes pax, et non erat pax***

Voilà donc, mes frères, comme les faux dévots, les tièdes, les avares, les vindicatifs se reposent et vivent en paix sur le témoignage trompeur d'une fausse conscience. Hélas! il y en a bien d'autres, et quand on y regarde de près, on voit avec douleur que la plupart des chrétiens suivent malheureusement cette voie funeste dont il est dit qu'elle paraît droite et qu'elle aboutit à l'enfer. Les uns croupissent volontairement dans l'ignorance des plus importantes vérités, et des obligations les plus indispensables du Christianisme. Nous avons beau les expliquer et les faire toucher au doigt, on ne veut pas les entendre, et l'on nous écoute à peu près comme si nous ne contions que des fables. Ceci vous regarde, mes chers enfants, vous qui oubliez aujourd'hui ce que vous avez entendu hier, et qui ne vous souviendrez plus demain de ce que vous entendez aujourd'hui. Lorsque vous venez à confesse, vous n'avez presque rien à nous dire, et cependant vous n'êtes pas des saints. Mais vous ne voyez pas vos péchés, parce que vous ne connaissez pas vos devoirs; ignorance coupable en ce que vous pouvez et devez vous en instruire; avec cela, vous vivez tranquilles et votre conscience est en paix : fausse paix, parce qu'elle est le fruit de votre ignorance et de l'ignorance la plus coupable.

D'autres, avec des lumières suffisantes, se font une conscience aisée qui ajuste, qui concilie l'esprit de Jésus-Christ avec l'esprit du monde, les maximes de l'Evangile avec les inclinations de la nature; l'humilité chrétienne, l'abnégation de soi-même avec l'orgueil et l'ambition; l'amour des richesses avec la pauvreté de cœur; l'esprit de mortification avec le luxe et la mollesse; et pour tout dire, en un mot, l'amour de Dieu avec l'amour désordonné de soi-même; la sévérité de la loi avec la corruption des mœurs; c'est-à-dire enfin la lumière avec les ténèbres, le paradis avec l'enfer, et embrassant au lieu de la vérité qui troublerait et redresserait leur fausse conscience, embrassant un fantôme de leur façon, ils vivent et s'endorment dans une fausse paix qui les conduit à la mort éternelle.

Ah! mes chers paroissiens, si la fausse paix et la fausse conscience dont nous parlons se trouvent quelquefois chez ceux-là même dont la vie paraît la plus régulière et la plus fervente; qu'est-ce donc que notre conscience et la paix dont nous jouissons, nous qui n'avons aucune espèce de ferveur et dont tout le mérite se réduit à remplir, en gros, les pratiques extérieures de la religion? nous qui prions par routine, qui nous confessons par habitude, qui recevons Jésus-Christ dans un cœur glacé? Mais qu'est-ce que cette paix, qui ne peut soutenir les moindres épreuves; qui s'évanouit dans les humiliations; qui nous abandonne dans les afflictions et les revers de cette vie, et à laquelle succèdent le trouble, l'impatience, le murmure, le désespoir, lorsque notre orgueil est offensé, lorsque notre amour-propre est blessé, lorsque Jésus-Christ nous charge de sa croix, et nous présente son calice à boire? Mon aimable Sauveur! la paix, la paix que vous donnez à vos vrais disciples n'est point ainsi faite; elle est fondée sur le témoignage d'une conscience droite et éclairée, dont vous seul êtes la lumière et la règle.

SECONDE RÉFLEXION.

Je dis que la paix de Jésus-Christ, la vraie paix du cœur est fondée sur le témoignage d'une conscience droite, et j'appelle une conscience droite celle d'un honnête homme qui, faisant sincèrement profession de croire en Jésus-Christ, a pour principe de consulter en tout et partout l'Evangile; qui ne règle point sa façon d'agir et de penser sur la coutume, les maximes, le langage du monde, parce que l'esprit du monde est diamétralement opposé à l'esprit de Dieu; ni sur les inclinations de la nature, parce que les inclinations de la nature, depuis la chute de l'homme, sont presque toujours contraires à la raison; ni sur les lumières de cette raison, précisément parce que cette raison est bornée, parce que l'esprit humain est sujet à une infinité d'erreurs et d'illusions.

Mais un honnête homme qui fait sincèrement profession de croire en Jésus-Christ, ne dirige, ne règle sa conscience que sur la parole de Jésus-Christ, et parce que cette divine parole, toute simple et toute claire qu'elle est, n'a pas laissé d'être profanée par une infinité de fausses interprétations de sens détournés et controuvés tantôt par les hérétiques, qui voulaient la faire servir de fondement à leurs erreurs; tantôt pour les incrédules, qui se sont efforcés de la convaincre de faux; tantôt par ces pharisiens modernes, dont la sévérité outrée dessèche toute l'onction qui rend, ô Jésus, votre joug si léger, si doux, si aimable; tantôt par les docteurs d'une morale non moins funeste, qui, en élargissant la voie et la porte du ciel, égarent les âmes dans les routes perdues de l'iniquité; parce que cette divine parole a été un sujet de chute pour tous les esprits orgueilleux qui ont abondé dans leur sens et l'ont expliquée à leur fantaisie: un honnête homme qui fait sincèrement profession de croire en Jésus-Christ reçoit l'Evangile de la main de l'Eglise, à qui Jésus-Christ l'a confié comme un dépôt inviolable, comme un livre cacheté qu'elle seule peut ouvrir et interpréter sans erreur : l'Eglise est donc pour lui un oracle sûr et infaillible; il n'en consulte, il n'en écoute pas d'autre, soit qu'il veuille s'éclaircir sur ce qu'il doit croire, soit qu'il ait besoin de s'instruire sur ce qu'il doit pratiquer. Voilà, mes frères, ce que j'appelle dans un chrétien un cœur droit, une conscience droite.

Voulez-vous l'entendre parler lui-même avec l'Apôtre : *Scio cui credidi et certus sum* (*II Tim.*, I, 12), je sais à qui je crois, comment et pourquoi je crois, et je suis certain de tenir, d'embrasser la vérité; ma foi n'est point fondée sur des probabilités sur des vraisemblances et de simples conjectures. Je ne dis point cela pourrait être, il y a toute apparence que cela est ainsi; mais je dis : cela est ainsi, et non autrement : je laisse le philosophe raisonner à perte de vue, imaginer, inventer, supposer; niant tout, ne prouvant rien, monter, descendre, se plier, se replier en tous sens, se montrer sous mille formes différentes; parler sans fin et ne rien dire, trancher du docteur et ne rien apprendre à personne; fuyant la vérité, tantôt parce qu'elle choque son orgueil, tantôt parce qu'elle gêne ses passions; les contradictions dont il est plein, et ses écarts monstrueux servent à m'affermir dans ma croyance, et c'est la seule impression qu'ils puissent faire sur un honnête homme qui a l'œil simple et le cœur droit.

Vous le savez, ô mon Dieu! cette droiture de cœur, cet œil simple, cette pureté d'intention, je ne cesse de vous les demander : si je pouvais me tromper en écoutant l'Evangile et l'Eglise qui me l'explique, c'est vous qui m'auriez trompé. Plus je considère la pureté, la beauté de cet Evangile, la sainteté, la majesté, l'autorité de cette Eglise, plus ma religion me devient chère, et j'entends au fond de ma conscience une voix qui me crie : Jésus-Christ seul est la vérité, l'Eglise de Jésus-Christ enseigne seule la vérité. J'écoute cette voix, et je jouis à cet égard de la tranquillité la plus parfaite, de la paix la plus douce, la plus profonde; les raisonnements, les cris, les blasphèmes de l'incrédule, bien loin de troubler cette paix, ne servent qu'à m'en faire mieux sentir tout le prix. La comparaison que je fais d'un chrétien qui est ferme dans la foi, avec un autre qui est emporté çà et là par le vent des opinions humaines, me fait trouver de nouvelles douceurs dans la paix et la tranquillité de ma conscience.

Lorsque cette conscience éclairée par la lumière de l'Evangile me reproche la faiblesse de mon cœur, et la contradiction qui se trouve entre mes mœurs et ma croyance, je n'étouffe pas ces remords, je ne dispute point avec la loi qui m'accuse d'infidélité, je ne l'accuse pas d'être elle-même infidèle; je ne m'élève point avec orgueil contre l'inflexibilité de la règle qui me condamne, je ne la calomnie point, je ne la blasphème point, je ne dis pas : elle est trop dure, elle est odieuse et insupportable; le christianisme n'est que l'ouvrage des hommes, l'invention des prêtres, les rêveries des moines, la politique des rois, les superstitions du peuple. Non, mais conservant toute la droiture de mon cœur, au milieu de mes plus grandes faiblesses, je respecte, j'adore, j'aime la loi qui fait ma condamnation, et je m'écrie avec le saint roi David (*Psal.* CXVIII, 176) : Seigneur, je me suis égaré comme une brebis imprudente, cherchez donc, et ramenez, ô mon Dieu! ce serviteur infidèle; quoiqu'il ait eu le malheur de violer votre sainte loi, il ne l'a cependant pas oubliée; elle est juste, elle est irréprochable; c'est moi, c'est moi qui m'égare et qui mérite de porter tout le poids de votre colère.

Quoi! parce que je suivrai une route qui mène droit à l'enfer, faudra-t-il que je dise, il n'y a point d'enfer? parce que je suis un impudique, faudra-t-il que je dise, ce qu'on appelle impudicité n'est point un mal? dirai-je qu'il est permis de se venger, parce que je n'aurai point assez de noblesse et de force dans l'âme pour pardonner une injure? parce que je ne vivrai pas suivant l'Evangile, faudra-t-il que j'accuse ma religion de faux et que je blasphème l'Evangile?

Mais je la trouvais si vraie, si belle, si aimable cette religion, lorsque je menais une vie chrétienne, lorsque mon cœur innocent et libre n'était point encore assujetti à ces passions qui aujourd'hui le dominent. Ce qui me paraissait alors si vrai, si beau, si honnête, a-t-il cessé d'être tel, depuis que mon cœur est devenu plus faible? les lumières de la raison deviennent-elles plus pures, plus vives à mesure que le cœur se gâte? Misérables passions, vous m'entraînez dans un abîme de misère, mais vous n'en viendrez jamais jusqu'à ébranler ma foi; et du profond de cet abîme, loin d'étouffer le cri de ma conscience, j'élèverai la voix vers le trône de la miséricorde, et je m'écrierai dans toute la droiture de mon cœur : Dieu tout-puissant, triomphez de ma volonté rebelle, donnez-moi la force de pratiquer la vertu que j'aime toujours, d'éviter le mal que je commets, et que je déteste. Voilà, mes chers paroissiens, quel est le langage d'un honnête homme qui conserve au milieu de ses égarements la droiture de son cœur et de sa conscience.

De là, si j'avais l'honneur de parler à quelqu'une de ces personnes à qui les ouvrages répandus partout contre la foi chrétienne, ont malheureusement gâté l'esprit, je ne lui dirais point : quelle est cette nouvelle façon de penser? qui est ce nouvel apôtre que vous préférez à Jésus-Christ? qu'avez vous fait de votre raison? qu'est devenu votre bon sens? et à quel piège vous êtes vous donc laissé prendre? Non, je ne lui dirais pas tout cela; mais où est la bonne foi? où est la droiture du cœur et de la conscience?

La droiture du cœur est une de ces qualités dont tout le monde se pique, parce que sans la droiture du cœur, sans la bonne foi, il ne saurait y avoir de probité: c'est le défaut de droiture et de bonne foi qui fait les fripons, les fourbes, les imposteurs; mais n'est-ce pas ce même défaut de droiture et de bonne foi qui fait aujourd'hui tant d'incrédules, tant d'impies et de blasphémateurs? N'est-ce pas ce même défaut de droiture et de bonne foi qui enrichit les auteurs, engraisse les libraires, remplit de mensonges, d'erreurs, de fables, les provinces ainsi que la capitale, et nous menace de replonger le royaume et l'univers dans ses premières ténèbres?

N'est-ce pas ce même défaut de droiture et de bonne foi, qui, après avoir jeté dans les plus honteux écarts, les maîtres de l'incrédulité, tient la vérité captive dans le cœur de leurs misérables disciples? Où est la droiture et la bonne foi, lorsqu'ils condamnent la religion sans l'entendre? lorsqu'ils lisent avec une singulière et criminelle avidité tout ce que l'on écrit contre elle, pendant qu'ils ne donnent pas la moindre attention aux raisonnements de ceux qui écrivent pour la défendre? N'est-ce pas là faire le procès à l'Evangile comme les Juifs le firent à son divin Auteur? n'est-ce pas condamner son Eglise comme il fut condamné lui-même? Où est donc, je le répète encore, où est la bonne foi, la droiture du cœur et de la conscience?

Car enfin, ou vous cherchez la vérité ou vous ne cherchez dans le fond qu'à vous étourdir et à secouer le joug du christianisme tel qu'il puisse être. Si vous cherchez la vérité, pourquoi ne pas vous arrêter également à tout ce qui peut vous aider dans cette recherche? pourquoi ne pas tout entendre sans prévention et sans partialité? pourquoi ne pas balancer attentivement le pour avec le contre; pourquoi vous conduire comme quelqu'un qui craint la lumière, qui se plaît dans les doutes, qui pense et vit au hasard, sans aucun principe certain? Que si vous cherchez à secouer le joug pour vous mettre à l'aise et pécher avec moins de remords, où est donc encore un coup la bonne foi, la droiture de votre cœur et de votre conscience? Dites-nous, je vous en prie, si jamais vous avez eu le courage d'approfondir ce cœur, d'interroger et d'écouter cette conscience? quel témoignage vous a-t-elle rendu? quelle réponse en avez vous eue? La tranquillité d'esprit que vous affectez, la paix intérieure dont vous prétendez jouir, est-elle le fruit des réflexions sérieuses que vous avez faites sur vous-même, ou n'est-elle que le fruit malheureux des efforts que vous avez faits, pour étouffer vos remords, pour rejeter la lumière, pour vous aveugler et vous endurcir?

J'appelle une conscience droite celle qui ne craint point de se déplier à ses propres yeux, de se voir, de se considérer, de s'interroger et de se répondre; qui dans le doute prend le parti le plus sûr, qui préfère toujours ce qui est vrai à ce qui n'est que vraisemblable. J'appelle une conscience droite celle d'un marchand, par exemple, qui, lorsque les prônes de son curé ou les questions que ses confesseurs lui ont faites, lui ont donné de l'inquiétude sur certains articles, au lieu de regarder cette inquiétude comme un vain scrupule à quoi il ne doit point s'arrêter, s'y arrête au contraire, examine avec la plus sérieuse attention toutes les parties de son commerce, ses achats, ses ventes, ses prêts, ses emprunts, confrontant le tout avec les saintes règles de la morale chrétienne, s'adressant ensuite pour éclaircir les difficultés, non pas à des personnes ignorantes, faibles ou relâchées, dans la vue d'en avoir une décision favorable, mais à des personnes éclairées, exactes et sur l'avis desquelles il puisse se reposer et se tranquilliser avec connaissance de cause.

J'appelle une conscience droite celle d'un chrétien qui ne cherche point de prétexte pour se dispenser de ses devoirs, ni de mauvaises raisons pour se justifier quand il a manqué. Faux prétextes, fausses raisons, fausses excuses! Quoi de plus commun dans tous les états: il faut à madame des robes de toutes les façons et de tout prix; il lui faut je ne sais combien de sortes d'ajustements, de parures, de bijoux, de colifichets, cela ne finit point. Cet article de votre dépense est exorbitante, votre mari s'en plaint, l'intérieur de votre ménage en souffre; les pauvres sont nus, votre conscience crie, autrement vous n'auriez point de conscience. Que lui répondez-vous pour l'apaiser? des paroles flatteuses: Je suis jeune, mon mari est riche, c'est la mode; une personne de mon âge et de mon état ne saurait paraître décemment dans le monde, à moins de frais. Peut-on se passer de ceci? doit-on se priver de cela?... Madame, madame, votre conscience n'est pas droite; lisez l'Evangile, écoutez l'Apôtre parler de leurs ajustements aux femmes chrétiennes; tous vos raisonnements ne sont que les prétextes de votre mollesse et de votre vanité. Il est des femmes de votre état et de votre âge qui remplissent parfaitement toutes les bienséances, qui ont plus de revenu que vous n'en avez, et qui ne font pas à beaucoup près autant de dépenses que vous en faites: au cœur, au cœur, à la conscience, et non pas toujours à la coutume, à la mode, à la futilité, à la corruption du siècle: *Redite, prævaricatores, ad cor.* (*Psal.* XLVI, 8)

Monsieur, vous dépensez beaucoup trop en bâtiments, en meubles, en jeu, en frivolités; vous ne vous refusez rien de tout ce qui peut contenter votre orgueil, vos goûts, vos fantaisies; la misère du pauvre crie, et votre conscience crie pour lui, si vous en avez une. Que répondez-vous? Quand on a du bien, il est permis de se donner toutes ses aises; la religion ne condamne pas ces dépenses, lorsqu'elles ne portent préjudice à personne; je fais gagner les marchands et les ouvriers, c'est une charité, la plupart des pauvres sont des fainéants et des voleurs.

Quand on a du bien, il est permis de se donner le nécessaire, le commode même et l'agréable, si vous voulez, jusqu'à un certain point; mais non pas l'inutile, le frivole, et tout ce que demande une cupidité aveugle et insatiable : la religion ne condamne point ces dépenses; je vous demande pardon, elle condamne toutes les vaines superfluités; elles ne portent préjudice à personne : vous vous trompez, elles portent préjudice à tous ceux qui manquent du nécessaire : vous faites gagner les marchands et les ouvriers, c'est une espèce d'aumône; oui, si vous dépensez à cette intention et non pas pour vous satisfaire. Mais il s'en faut bien que vous en agissiez ainsi par un motif de charité. La vraie charité n'exclut point la modestie, la tempérance et cette sobriété en tout qui forme le caractère du vrai chrétien; les pauvres sont des fainéants et des voleurs, parce qu'au lieu de les assister en leur procurant un travail utile et honnête, vous engraissez des marchands et des ouvriers qui ruinent l'Etat; c'est votre luxe qui entretient leur brillante inutilité, pendant qu'elle arrache le pain de la bouche du laboureur qui sème et ne recueille point, qui nourrit, engraisse une foule de gens inutiles, et meurt de faim : au cœur, au cœur, à la raison, à la justice, à la conscience; au fait, au fait, et non pas toujours à la vanité, à la mode, au désordre affreux de ce malheureux siècle : *Redite, prævaricatores, ad cor.*

Misérables cabaretiers, qui êtes la peste et la ruine de nos paroisses dans lesquelles vous levez sur tous ceux de nos paroissiens qui fréquentent vos indignes tavernes, une espèce d'impôt aussi fort que la taille, le vingtième, la capitation, l'industrie, et tous les impôts légitimes; que vous dit la conscience, lorsque les enfants volent leur père, lorsque le père vend le pain de sa femme et de ses enfants, pour payer cinquante, soixante parties de débauche qu'ils ont faites dans le courant de l'année, et dont vous avez été les ministres? C'est mon métier et mon gagne-pain, tant pis pour ceux qui en abusent; je donne à boire et à manger à qui m'en demande; je n'appelle personne; que voulez vous que j'y fasse?

Ce que je veux que vous fassiez? que vous obéissiez à Dieu, à l'Eglise, au roi et à la police; je voudrais que vous ne donnassiez point à boire aux personnes du lieu pendant les Offices de la paroisse, ni même aux étrangers, lorsque la chose ne serait pas absolument nécessaire. Je voudrais que votre porte fût impitoyablement fermée, non-seulement à des heures indues, mais dans tous les temps, aux ivrognes et à tous ceux pour qui votre maison est une occasion de dérangement et de débauche; à ceux qui dévorent chez vous, la plus pure substance de leur famille; à ceux dont la femme et les enfants chargent et le cabaret et le cabaretier de mille malédictions; à ces misérables ouvriers qui vous apportent régulièrement chaque semaine la meilleure partie de leurs profits. Je voudrais ne voir chez vous que des gens honnêtes, sobres, chrétiens, incapables de commettre le moindre excès.

Ah ! si le ministère pouvait être instruit de tout le mal que vous faites! ah! s'il savait comme nous, les profanations, les scandales et tous les malheurs que vous occasionnez ! s'il savait que la dépense de tels et tels chez vous, se monte plus haut que leur cote au rôle de la taille! S'il savait les disputes, les querelles, les horreurs que votre cabaret amène dans l'intérieur des ménages; il ferait murer vos portes, il ferait raser vos maisons. Mes chers enfants, pardonnez-moi; le zèle m'emporte, je le sens bien; mais combien de fois, ne vous ai-je pas fait en particulier les représentations les plus douces et les plus amicales? Combien de fois ne vous ai-je pas forcés de convenir que vous ne pouviez pas être innocents des désordres dont votre cabaret est la cause, et qu'il ne tient qu'à vous d'empêcher? Est-ce que vous ne voyez pas tout cela? Est-ce que votre conscience ne vous reproche rien sur cet article? A la conscience, au cœur, à la vérité, à la justice; et non pas toujours au métier et à l'intérêt. Les comédiens et les comédiennes dont le métier est infâme; ces femmes abominables qui vivent de prostitutions, et ne subsistent que par leur infâmie, peuvent dire aussi bien que vous, c'est mon métier et mon gagne-pain, je n'en ai pas d'autre. Au cœur, au cœur, à la conscience. *Redite, prævaricatores, ad cor.*

Que vous dit-elle cette conscience, lorsque nous prêchons sur l'usure? Tu retires des intérêts d'une dette à jour; cela est-il dans toutes les règles? L'intérêt est-il légitime quand on conserve tous les droits de propriété sur le capital? Que répondez-vous? j'ai rendu service à mon débiteur; j'aurais fait valoir mon argent d'une autre manière. Plaisant service ! moyennant lequel vous sucez le plus beau, le meilleur, le plus liquide de ses sueurs et de sa substance; Plaisant service! moyennant lequel, votre argent vous rapporte clair et net, sans risque et sans travail, ce que ne vous rapporte certainement pas la plus fertile de vos terres, toutes charges faites; plaisant service ! moyennant lequel, sans sortir de chez vous, sans craindre ni la sécheresse, ni les inondations, ni la tempête, vous vous faites de belles et bonnes rentes, avec pleine et entière liberté d'exiger, quand bon vous semblera, les fonds aussi bien que les intérêts; plaisant service! qui vous fait vivre du travail d'autrui, et sans lequel vous ne sauriez peut-être comment placer votre argent, ou bien vous le placeriez de façon que, si vous risquiez de gagner, vous risqueriez aussi de perdre!

Je l'ai tiré d'embarras : à la bonne heure, pour le moment; mais l'argent ou les deniers que vous lui aviez prêtés, ne font que passer par ses mains et se consument. Où prendra-t-il ensuite de quoi vous payer l'intérêt? Sur les fonds qui, rognés ainsi d'une année à l'autre, passeront enfin dans la masse de vos propres fonds; et voilà comme vous avez tiré d'embarras ce misérable ; voilà comme vous lui avez rendu service. O le plaisant service! ô la singulière espèce de charité! qui ruine des familles entières, qui dévaste tout un village, quand il s'y trouve malheureusement quelqu'une de ces harpies adroites qui, sous prétexte d'être le refuge du pauvre, achèvent peu à peu de le ruiner, et deviennent enfin propriétaires d'une bonne partie des champs, des prés, des vignes de cette paroisse, dont ils étaient, à les entendre, le soutien et comme les anges tutélaires. Au cœur, au cœur, à la justice, à la conscience: *Redite, prævaricatores, ad cor.*

Que vous dit-elle, cette conscience, sur l'abstinence et le jeûne du Carême? Tu fais gras, tu ne jeûnes point, quoique tu jouisses d'une santé aussi bonne et peut-être meilleure que celle de bien des personnes fort exactes sur cet article; cela est-il permis? Ne scandalises-tu pas ta femme, tes enfants, tes domestiques, tes voisins, tous ceux qui voient le peu de cas que tu fais des règles de l'Eglise? Et que répondez-vous à cela? Le maigre m'incommode. Le maigre vous incommode; mais en êtes-vous bien sûr? En avez-vous fait l'épreuve de bonne foi et à plusieurs reprises? Avez-vous consulté là-dessus un médecin vraiment chrétien? et quand même votre tempérament ne pourrait point supporter le maigre, lui faut-il des ragoûts matin et soir? Est-ce donc ainsi que vit un malade? Mais si le maigre vous incommode, pourquoi mangez-vous indifféremment du maigre et du gras, suivant que l'occasion s'en présente et que les choses vous plaisent? Quoi! sous prétexte que le maigre vous incommode, vous ne pratiquerez pendant le Carême aucune espèce de jeûne ni d'abstinence, et votre goût, votre sensualité seront la seule règle que vous suivrez dans ce temps-là comme dans tout autre. Au cœur, au cœur, à la conscience: *Redite, prævaricatores, ad cor.*

J'appelle donc, et enfin une conscience droite, celle d'un chrétien qui ne craint point ses propres réflexions; qui dans sa manière de penser et de vivre, dans l'usage de ses biens, dans le gouvernement de sa maison, dans l'éducation de ses enfants, dans les pratiques extérieures du christianisme, ne se permet rien; sur quoi, les choses étant pesées mûrement et devant Dieu, examinées suivant les maximes de l'Evangile, sans déguisement, sans détour, sans flatterie, sans mauvais prétexte; sur quoi, dis-je, sa conscience éclairée par toutes les voies à lui possibles, lui fasse de justes reproches. Que si par une suite de la fragilité humaine, il s'écarte malheureusement de la règle, bien loin de s'excuser, il s'accuse, se condamne, se repent, se corrige. Et c'est ainsi que la droiture de la conscience ramène tôt ou tard un honnête homme à la pratique de la vertu qui, jointe à une tendre confiance en Dieu, produit la paix du cœur et nous rend aussi heureux que nous pouvons espérer de l'être sur la terre.

Prenez garde : je dis la pratique de la vertu jointe à une tendre confiance en Dieu. *Ma conscience ne me reproche rien*, dit l'Apôtre saint Paul; *mais je ne me crois pas pour cela justifié.* (*I Cor.*, IV, 4.) Mon âme est en paix, non pas précisément à cause du bon témoignage que me rend ma conscience; mais à cause de la miséricorde infinie de mon Dieu. Soit que je me sente coupable, soit que ma conscience ne me reproche rien, je n'espère mon salut que de cette miséricorde. J'embrasse la croix de mon Sauveur, et je me repose tranquillement à l'ombre de cet arbre de vie. La voilà, mes frères, la voilà cette paix intérieure que donne Jésus-Christ, et que l'on ne trouve point hors de lui; paix solide, inaltérable, accompagnée de douceur et de consolation.

Elle est solide, parce qu'elle est vraie; elle est vraie, parce qu'elle est fondée, non sur les vains raisonnements que font les pécheurs de mauvaise foi, pour s'excuser, s'aveugler, s'étourdir et se tranquilliser faussement; mais sur le témoignage d'une conscience qui ne dissimule rien, qui ne me pardonne rien, avec laquelle je ne dispute point pour justifier mes faiblesses, convenant avec elle de tout ce qu'elle me reproche, ne cherchant à l'appuyer et à me tranquilliser que par mon repentir et par la pensée de votre miséricorde, ô Jésus, qui êtes mon unique espérance!

Mon âme est en paix, et cette paix est inaltérable. Si je me reposais sur les créatures, je ne pourrais y trouver qu'une fausse paix, laquelle serait nécessairement troublée de mille et mille manières. Me reposerais-je sur ma santé? Mais, qu'est-ce que la santé? aujourd'hui bien portant, demain malade. Sur mes biens? mais je puis les perdre, et quand je n'aurais à craindre aucun des accidents qui peuvent me les enlever, il faudra nécessairement que je les quitte. Sur mes amis ? hélas! il n'en est point, ou il n'en est guère de véritables; aujourd'hui l'amitié, demain la haine ou l'indifférence, et après tout quelque solide que puisse être l'objet sur lequel je me reposerai, dès que cet objet ne sera pas Dieu lui-même, la seule idée de la séparation qu'il faudra tôt ou tard essuyer, troublera nécessairement la satisfaction, la douceur que j'y aurai cherchées.

Mais qui est-ce qui me ravira la paix que je goûte en Jésus-Christ? La perte de mes biens, de ma santé, de mes amis, de ma réputation, de ce que j'ai de plus cher au monde? Ah! c'est dans le sein même de la douleur et des humiliations, que vous répandez, ô mon Dieu, les consolations les plus douces et les plus abondantes sur une âme fidèle qui vous aime par-dessus tout, et qui met dans vous seul sa confiance. Si quelque chose pouvait troubler cette paix intérieure, ce seraient les remords de ma conscience; mais dès l'instant qu'ils me piquent, je me jette entre les bras de Jésus-Christ; je me cache dans ses plaies, je m'enfonce dans son côté ouvert, je me baigne dans son sang: qui est-ce qui me tirera de là? Qui est-ce qui m'arrachera d'entre les bras de Jésus-Christ?

Ah! pécheurs, si vous saviez, si vous pouviez comprendre quelle est la douceur de cette paix inestimable dont jouissent les vrais disciples de Jésus-Christ! Si vous pouviez comparer le trouble des passions avec la tranquillité d'une conscience pure! Mais ce trésor est caché à vos yeux; et la joie du Saint-Esprit, ce sentiment inestimable qui fait le bonheur des âmes justes, vous est absolument inconnu. Que vous êtes à plaindre de ne pouvoir goûter un instant de paix qu'en étouffant les remords de votre conscience, et en détournant les yeux pour ne pas vous voir tels que vous êtes. Position affreuse d'un chrétien qui ne veut pas subir le joug aimable de l'Evangile, et qui est en guerre avec son Dieu.

Si je me regarde moi-même, si j'approfondis mon cœur, si je confronte mes actions, mes désirs, mes pensées avec la règle éternelle qui les condamne, je me sens déchiré, bourrelé par les remords de ma conscience. Le souvenir de la mort que je ne saurais éviter, et qui peut-être est à ma porte, l'idée d'un Dieu nécessairement juste, dont je méprise les commandements, et à la vengeance duquel je ne saurais me soustraire; l'image des peines éternelles que j'ai méritées et qui m'attendent; tout cela m'inquiète, m'effraye, me trouble, et empoisonne tous les jours de ma vie.

Il faut donc si je veux jouir de quelque tranquillité, que je commence par étouffer les remords de ma conscience, que je lui ferme la bouche, que je la rende insensible à force de la blesser, que je la couvre de ténèbres à force de résister à ses lumières: et ce n'est pas l'affaire d'un jour; elle crie, elle se plaint, elle dispute longtemps; et pendant ce temps-là je suis en guerre avec moi-même. Quand je serai venu à bout d'imposer silence à cet implacable ennemi de mon repos, ce ne sera point assez; il faudra que je le bannisse de ma pensée, que je le chasse tout à fait de mon souvenir, que je ne me permette point la moindre réflexion sur moi-même; autrement, voilà le trouble et la frayeur qui recommencent.

Quel état! ne pouvoir vivre en paix avec soi, sans se fuir comme on fuirait son plus cruel ennemi. Mais comment se fuir toujours? comment se distraire continuellement de la vue de soi? Le cœur de l'impie et du pécheur est semblable à une mer agitée, cela est vrai. Mais n'y a-t-il pas certains instants de calme où l'on est, pour ainsi dire, forcé d'être tête à tête avec ce *moi?* Hé! que devient alors cette paix dont les pécheurs se vantent de jouir? Non, non, ils ont beau faire et beau dire; il n'y en a point pour eux de véritable. *Non est pax impiis.* (*Isa.*, LVII, 21.)

Que *la paix de Dieu*, mes chers paroissiens, *garde donc vos esprits et vos cœurs et fasse tressaillir* (*Philip.*, IV, 4, 7) votre âme d'une joie toute sainte et toute céleste. C'est le beau souhait que faisait l'Apôtre saint Paul, aux fidèles de son temps, et le plus beau que je puisse vous faire: *Pax Dei.* Non la paix, la fausse paix que donne le monde, et que les hommes cherchent en vain dans les plaisirs passagers, dans les biens fragiles de ce monde. Mais *la paix de Dieu*, c'est-à-dire, la paix dont jouit une âme qui s'attache uniquement à Dieu, qui se porte habituellement vers lui comme vers sa fin dernière et le centre de son vrai bonheur. Non la paix, la fausse paix d'une conscience qui craint la lumière, qui cherche à s'aveugler et à s'étourdir; mais la paix d'une conscience droite qui craint les ténèbres, qui cherche la lumière, la suit et ne la perd jamais de vue. La paix de Dieu, c'est-à-dire, la paix d'une âme qui est bien avec son Dieu, qui s'appuie sur lui, et se repose doucement en lui. *Pax Dei.* La paix de Dieu, c'est-à-dire la paix d'une âme que la gloire du monde n'éblouit point, que les plaisirs n'amollissent point, que les afflictions ne troublent point; toujours tranquille, toujours ferme et inébranlable, toujours invariablement attachée à Dieu par Jésus-Christ: *Pax Dei exsultet in cordibus vestris.* (*Coloss.*, III, 15.)

Donnez-nous-la vous-même, ô Jésus, cette paix si désirable, comme vous la donnâtes à vos disciples. Et parce qu'elle doit être le fruit de la victoire que nous remporterons sur nos passions, donnez-nous la force de les vaincre; armez-nous d'une foi pure, d'une foi vive et inébranlable avec laquelle nous puissions combattre efficacement à droite et à gauche les ennemis de notre salut; ne perdant jamais de vue le fond de notre propre cœur; toujours attentifs à la voix de notre conscience; ayant sans cesse l'Evangile devant nos yeux et dans nos mains comme un flambeau pour éclairer nos ténèbres, comme une règle pour mesurer tous nos pas. C'est ainsi, et non autrement, que nous goûterons en vous, et par vous, ô Dieu de toute consolation, cette paix délicieuse et ineffable qui est sur la terre le gage précieux de la paix dont vos élus jouiront éternellement dans le ciel. Ainsi soit-il.

DISCOURS XXIV.

Pour le deuxième Dimanche après Pâques.

SUR LE BON PASTEUR.

(Lecture de l'Évangile au x chapitre de saint Jean.)

Le voilà donc en personne ce bon Pasteur qui avait dit tant de siècles auparavant, par la bouche de son prophète : *Je viendrai moi-même, et je visiterai mes brebis, comme un pasteur visite son troupeau ; je les rassemblerai de tous les pays de la terre, je les ferai paître moi-même sur les montagnes d'Israël, le long des ruisseaux, dans les pâturages les plus gras et les plus abondants : je ramènerai celles qui se sont égarées ; je guérirai les malades, je fortifierai les faibles ; elles se reposeront autour de moi, je les conduirai dans les sentiers de la vérité, de la droiture et de la justice.* (*Ezech.*, XXXIV, 11-16.) *Je suis le bon Pasteur, je connais mes brebis, et mes brebis me connaissent. Je suis le bon Pasteur, et je donne ma vie pour mes brebis.* (*Joan.*, X, 11, 14.) Quoi de plus tendre, de plus touchant, de plus propre à ravir tous les cœurs ? et quel est celui d'entre vous, mes frères, qui pendant la lecture de l'Évangile, n'a point senti ses entrailles émues, ne s'est pas félicité mille fois d'avoir été nourri dans le bercail de ce bon pasteur, et au nombre de ces brebis qui sont l'objet de sa tendresse et de ses infinies miséricordes ?

Mes chers paroissiens, je vous l'avoue, mon imagination, mon esprit, mon cœur sont tellement affectés, pénétrés par la douceur de ces paroles : *Ego sum pastor bonus*, que je ne sais par où commencer, ni de quelle manière m'y prendre pour vous entretenir aujourd'hui sur une matière si belle, si vaste, si intéressante. Heureuses les brebis qui connaissent le bon pasteur ! plus heureuses encore celles qu'il connaît pour être vraiment siennes !

PREMIÈRE RÉFLEXION.

Heureuses les brebis qui connaissent le bon Pasteur ! heureux le peuple chrétien qui vit dans le sein de l'Eglise ! c'est elle qui est la vraie montagne d'Israël, d'où le bon Pasteur appelle, et où il rassemble ses brebis de toutes les parties du monde. C'est-là qu'il les conduit par un sentier, hors duquel il n'y a que précipices. C'est-là qu'il les fait paître dans des pâturages, hors desquels il n'y a que des terres arides ou des herbes empoisonnées. C'est-là qu'il leur donne cette vie précieuse, sans laquelle on ne trouve plus que les ténèbres et les horreurs de la mort.

Voulez-vous savoir quel est ce sentier ? Jésus-Christ. Quels sont ces pâturages ? La parole de Jésus-Christ. Quelle est cette vie ? La vie de Jésus-Christ. C'est lui-même qui nous l'apprend : *Je suis la voie, la vérité et la vie.* (*Joan.*, XIV, 6.) Quiconque ne suit pas cette voie, s'égare et se perd. Quiconque n'écoute point cette vérité, se repait de vent et se nourrit de mensonges. Quiconque ne vit pas de cette vie, demeure dans la mort du péché, et devient enfin la proie de la mort éternelle.

La voie par où le bon Pasteur conduit ses brebis est étroite à la vérité ; mais elle est unie, elle est aisée, elle est douce. Point du tout, disent les pécheurs ; la morale de l'Evangile est sévère ; elle est dure et impraticable, elle n'a rien que de rebutant. Eh ! sans doute ; elle n'a rien que de rebutant aux yeux de cette misérable nature qui nous est commune avec les bêtes, mais aux yeux de cette raison qui nous met si fort au-dessus d'elles, qu'y a-t-il dans la morale, dans les actions, dans la vie, dans la personne de Jésus-Christ, qui ne charme, ne ravisse, n'enchante l'esprit et le cœur de tout homme, dont la façon de penser est honnête.

Ah ! mes frères ! transportez-vous dans ce temps bienheureux où il conversait visiblement parmi les hommes. Imaginez-vous marcher à sa suite avec cette foule de peuple qui l'environne, tantôt à Jérusalem ou sur les bords de la mer ; tantôt dans le désert et sur la montagne. Ecoutez ses paroles, examinez ses actions, comptez tous ses pas, et dites-nous donc : dans quelle occasion le voyez-vous agir ou parler d'une manière dure et rebutante ?

Serait-ce lorsqu'on lui présente une femme adultère qui, suivant la loi de Moïse devait être lapidée, et sur laquelle on lui demande son avis ? Ah ! voyez-le donc écrire avec son doigt divin les péchés de cette femme sur le sable ; il ne se relève que pour couvrir ses accusateurs de honte et de confusion. *Que celui d'entre vous, qui est sans péché lui jette la première pierre.* (*Joan.*, VIII, 7.) Puis il se baisse et il écrit encore, et pourquoi ? sinon pour effacer le crime de l'adultère : *Allez*, lui dit-il, *et ne péchez plus.* (*Ibid.*, XI.)

Serait-ce lorsqu'il compare le pécheur à un jeune étourdi qui demande sa légitime, abandonne la maison paternelle, mange tout son bien dans le libertinage ; puis rentrant en lui-même, vient se jeter aux pieds de son père qui, le voyant venir de loin court audevant lui, l'embrasse, le serre étroitement sur son sein, ne lui fait pas le moindre reproche, le traite avec plus de douceur et de bonté que s'il n'eût jamais fait de sottises ?

Serait-ce lorsqu'il se compare lui-même à un pasteur qui a cent brebis, et qui en ayant perdu une, laisse les quatre-vingt dix-neuf autres pour la chercher, la trouve, la prend dans ses bras, la charge sur ses épaules, la ramène au bercail, et veut que tout le monde le félicite de l'avoir trouvée ? Quelle bonté ! quelles entrailles ! quelle miséricorde ! Ce que les évangélistes ont écrit de lui, n'est presque rien en comparaison de ce qu'il a fait. L'apôtre saint Jean dit que le monde entier ne pourrait pas contenir un livre qui en renfermerait le détail ; et toutes ses œuvres furent des œuvres de bonté, de douceur, de miséricorde et de bienfaisance. Et ce peu, ce peu, ces quatre lignes, que les évangélistes nous ont laissées, ravissent l'admiration de l'univers.

Je me trompe, mes frères : il y avait à Jérusalem une espèce d'hommes que Jésus-Christ traita toujours durement. C'étaient les Pharisiens, ces hypocrites devenus si fameux par les malédictions dont il les chargea ; ces misérables qui, au lieu d'admirer la sagesse de ses discours, la sainteté de sa vie toute miraculeuse, n'étaient occupés qu'à lui tendre des piéges, ne l'interrogeaient, ne l'écoutaient que dans la vue de le surprendre : *Ut caperent eum in sermone.* (*Matth.*, XXII 15.)

Eh ! qui est-ce qui joue aujourd'hui le même rôle ? qui est-ce qui tend des piéges à Jésus-Christ ? qui est-ce qui s'efforce de lui ravir ses disciples ? qui est-ce qui n'ouvre l'Evangile et toute la Bible où Jésus-Christ parle d'un bout à l'autre, que dans le dessein de le censurer, de le convaincre de faux, s'il était possible ? Qui est-ce qui épluche aujourd'hui avec si peu de bonne foi et avec tant de malignité, les paroles et la conduite de Jésus-Christ, dans la personne des patriarches et des prophètes, dans les figures de l'Ancien Testament, où l'Homme-Dieu est peint avec des couleurs si frappantes, depuis le premier mot de la *Genèse* jusqu'au dernier de Malachie.

Qui sont ceux dont les vains efforts ont produit et produisent sans cesse tant de mensonges, tant d'absurdités et de reproches ? Qui sont les prôneurs éternels de la loi naturelle qu'ils violent par principe, comme les Pharisiens ne cessaient de prôner la loi de Moïse, dont ils violaient et apprenaient aux autres à violer les points essentiels ? Qui est-ce qui s'efforce de substituer à l'Evangile, la loi de toutes les passions, comme les Pharisiens substituaient de vaines traditions à la loi de Dieu ? Qui sont ceux qui donnent à leur folie le nom de sagesse ? qui veulent passer pour philosophes, qui s'affichent pour tels dans tous les coins ; qui appellent les disciples de Jésus-Christ, des ignorants, des esprits faibles, crédules et superstitieux ?

Ah ! que la lumière de l'Evangile leur est à charge ! qu'elle leur est odieuse ! jamais on ne vit une image plus ressemblante de la haine et de la fureur des Pharisiens contre la personne de Jésus-Christ, que dans la haine des incrédules contre son Eglise. Que disait cette race de vipères dont les restes malheureux promènent encore aujourd'hui sur la terre les signes funestes de leur crime, de leur réprobation et du châtiment terrible qui les accable ? Que disaient-ils en parlant de celui qui paraît au milieu d'eux, comme le plus sage, le plus juste, le plus aimable, ainsi que le plus beau d'entre les enfants des hommes ? Qu'on l'ôte de devant nos yeux, nous ne pouvons plus le souffrir ; sa vue seule nous est à charge : *Gravis est nobis etiam ad videndum.* (*Sap.*, II, 15)

Eh ! que disent maintenant autre chose nos incrédules ? Qu'on ôte cette religion de devant nos yeux : ces mystères, ces prêtres, ces autels, ces sacrements, ces cérémonies, cette Eglise, ce culte, tout cela nous choque, nous déplaît, nous est à charge : ***Gravis est nobis etiam ad videndum.***

Bon Jésus ! quel mal leur avez-vous donc fait ? Ah ! mes frères, celui qu'il faisait aux Scribes et aux Pharisiens. Il les accuse, il les condamne, il découvre la malice et la corruption de leur cœur. C'est un flambeau incommode qui, en éclairant les ténèbres dans lesquelles ils cherchent à s'envelopper, trouble le repos et la paix dont ils veulent jouir. Qu'on l'éteigne, qu'il n'en soit plus question. Que les prêtres de Jésus-Christ ; les mystères, les sacrements de Jésus-Christ ; le culte, l'Eglise de Jésus-Christ disparaissent de dessus la terre. ***Improperat nobis peccata legis..... Gravis est nobis etiam ad videndum.***

Et néanmoins, ô divin Agneau, lorsque ces loups altérés de votre sang demandèrent qu'on vous fît mourir, vous ne dites pas un seul mot pour vous défendre. Vous n'ouvrîtes la bouche que pour demander leur pardon, et le dernier regard que vous jetâtes sur eux fut un regard de compassion et de miséricorde. Vous l'aviez dit, et vous le confirmâtes par votre exemple : ***Le bon Pasteur donne sa vie pour ses brebis : « Bonus Pastor animam suam dat pro ovibus suis. »***

Mais cette bonté, cette tendresse, ces entrailles de miséricorde que fit paraître le bon pasteur, et qui le rendirent si aimable pendant sa vie mortelle, ne sont-elles pas maintenant ce qu'elles étaient alors ? N'est-ce pas lui qui depuis dix-huit siècles ne cesse de courir après les brebis égarées ? N'est-ce pas lui qui va les chercher dans les quatre parties du monde, au delà des mers, dans les îles les plus reculées, chez les nations les plus sauvages, au nord, au midi, du levant au couchant jusqu'aux extrémités de la terre ? N'est-ce pas lui qui leur fait entendre sa voix dans cette chaire, qui les embrasse, les charge sur ses épaules, leur donne le baiser de paix dans le sacré tribunal ? N'est-ce pas lui qui panse leurs plaies, qui guérit leurs infirmités, qui fortifie leur faiblesse, qui les sauve de la fureur du loup et les fait reposer dans son sein ? N'est-ce pas lui qui crie sans cesse à tous les peuples : ***O vous qui êtes chargés et fatigués, venez à moi, et je vous soulagerai.*** (*Matth* , XI, 28.) Prenez mon joug sur vous, il n'a rien de dur, rien qui doive vous effrayer ; il n'a rien que de doux et d'infiniment aimable.

Que si, parmi les ministres préposés à la conduite des âmes, il s'en trouvait quelques-uns qui voulussent aggraver son joug, et qui, par une dureté rebutante, éloignassent les brebis du bercail, au lieu de courir après elles ; qui les accablassent de reproches, quand elles reviennent, au lieu de les accabler de douceurs et de toute la tendresse de Jésus-Christ ; ah ! ce ne serait là ni le langage, ni le ton, ni l'esprit du bon pasteur.

La voix de l'Eglise, qui est comme la bouche de Jésus-Christ, peut bien quelquefois être accompagnée de reproches : mais ce ne sont que des reproches d'amour. Si dans certaines occasions, elle crie avec l'Apôtre : *O insensés, qui est-ce qui vous a fasciné les yeux? qui vous a donc ensorcelés au point que vous résistiez opiniâtrément à la vérité* (*Galat.*, III, 1), qui vous éclaire et vous poursuit? elle finit toujours par se livrer aux mouvements de sa tendresse. Mes petits enfants, mes chers enfants, pour qui je souffre des douleurs semblables à celles d'une mère en travail, jusqu'à ce que je vous aie enfantés de nouveau en Jésus-Christ : *Filioli quos iterum parturio.* (*Galat.*, IV, 19.) Tel est l'esprit de l'Eglise, tel est son langage; telle est la voix et le langage du bon Pasteur.

Sa voix est douce, à la bonne heure, son langage est aimable; mais le joug qu'il impose à ses disciples n'est ni aussi doux ni aussi léger qu'on voudrait le faire entendre. Ah! venez donc, venez rendre témoignage à Jésus-Christ, chrétiens de tout état, de tout sexe, de tout âge, qui avez porté son joug dès votre jeunesse, ou qui, après l'avoir abandonné, y êtes ensuite revenus.

Je ne dis pas vous, grand Apôtre, qui dans le sein même des tribulations les plus cuisantes, embrassiez ce joug comme une source intarissable de joie, de douceur et de consolation, quand il était chargé de chaînes, quand il était arrosé de vos sueurs et de votre sang. Vous qui regardiez la qualité de serviteur de Jésus-Christ comme le plus glorieux, le plus riche, le plus précieux de tous les titres, et qui portant l'univers entier dans les entrailles de votre charité, auriez voulu rassembler tous les hommes dans le bercail du bon Pasteur.

Je ne dis pas vous, généreux martyrs, que ni les menaces des tyrans, ni l'appareil effrayant des supplices les plus affreux, ni la cruauté des bourreaux, ni toutes les horreurs de la mort ne purent arracher d'entre les bras de Jésus-Christ; vous qui, sur les échafauds, sous le glaive, au milieu des flammes, l'embrassiez plus étroitement que jamais, ce joug aimable, et qui auriez sacrifié mille vies plutôt que de l'abandonner.

Mais je dis vous, vénérables solitaires, qui, renonçant aux plaisirs et à toutes les vanités du monde, vous êtes volontairement dépouillés de tout ce que vous pouviez y posséder, pour servir uniquement Jésus-Christ. Venez, venez lui rendre ici témoignage; il semble que vous ayez aggravé son joug en ajoutant aux obligations communes de tous les chrétiens les engagements particuliers de la vie religieuse; à l'humilité chrétienne, le vœu et la pratique de la plus parfaite obéissance aux volontés d'un supérieur; à la pauvreté de cœur, une pauvreté réelle, un dépouillement absolu de toute espèce de propriété; à la tempérance chrétienne, un jeûne rigoureux et continuel; à la mortification intérieure, les veilles, les cilices, les macérations de la chair. Que n'avez-vous pas ajouté au joug de Jésus-Christ? Couchés sur la dure, être vêtus grossièrement, interrompre chaque nuit votre sommeil pour chanter les louanges de Dieu plusieurs heures de suite; ne manger précisément que pour sustenter un corps que vous immolez chaque jour, et que vous ne nourrissez que pour être immolé encore. Certes, si le joug de Jésus-Christ a quelque chose de dur, ce doit être pour vous, qui le doublez, qui le triplez, qui joignez à l'observation des commandements, la pratique de tous les conseils évangéliques. Dites-nous donc ce qui en est, et ce que vous en savez par votre propre expérience.

Ah! Seigneur, s'écrient-ils avec le prophète, qu'il est bon, qu'il est doux de vous servir, et de porter votre joug dès la jeunesse! (*Thren.*, III, 27.) Un jour, un seul jour passé à l'ombre de vos ailes, dans l'intérieur de votre tabernacle, dans ce coin privilégié du bercail où le bon Pasteur a caché un certain nombre de brebis, plus tendrement chéries; un jour, un seul jour, passé dans cette bienheureuse retraite, aux yeux d'une âme que Jésus-Christ y a lui-même placée, est préférable à mille jours de plaisirs passés dans le monde et dans l'esclavage des passions. (*Psal.* LXXXIII, 11.)

Mais sans consulter les chrétiens qui, par une grâce spéciale, sont appelés à la perfection de la vie religieuse, interrogeons, mes frères, ceux qui dans le monde mènent une vie régulière et vraiment chrétienne; ils sont rares dans tous les états; rares tant qu'il vous plaira, peut-être pas si rares qu'on le prétend. J'interrogerai le premier venu : écoutons ce qu'il va nous dire.

C'est un militaire qui n'a pas encore quarante ans; il y en a vingt qu'il est au service. Il a conservé dans ce dangereux métier l'intégrité de sa foi et la pureté de ses mœurs; il a vécu en homme d'honneur, en vrai chrétien, en bon catholique; il a constamment porté le joug de Jésus-Christ; toujours docile à la voix du bon Pasteur, cette brebis ne s'est jamais égarée. Eh bien! Monsieur, le joug de Jésus-Christ est-il si pesant? La pratique des vertus chrétiennes est-elle impossible? Ce pasteur que vous avez suivi avec tant de fidélité, vous a-t-il rendu la vie si dure?

J'avais, en entrant au service, des principes et des sentiments de religion; j'ai sans cesse demandé à Dieu la grâce de ne jamais m'en écarter, et je l'en priais d'autant plus instamment que je me voyais exposé à de plus grands dangers de les perdre; la crainte de devenir semblable à ceux de mes compagnons qui vivaient dans le désordre, et qui, n'ayant presque plus aucun sentiment de religion, me paraissaient fort à plaindre; cette crainte faisait sur moi les plus fortes impressions. Je me suis donc tenu attaché inviolablement à la pratique de la vertu. Je n'ai lu que de bons livres, je n'ai fréquenté habituellement que des maisons et des personnes respectables; je me suis appliqué à l'étude de mon métier dans la vue de me rendre utile à ma patrie; je n'ai jamais abandonné l'usage des sacrements; partout où je me suis trouvé, j'ai cherché un directeur sage à qui je rendais compte de ma vie, à qui je confessais mes faiblesses, et dont je suivais les avis; je ne me suis répandu dans le monde qu'autant que l'exigeaient mes devoirs ou la bienséance, et je me suis toujours grandement méfié de moi-même. Avec ces précautions, et moyennant la grâce de Dieu, j'ai heureusement échappé au naufrage; les petites railleries qu'il m'a fallu essuyer d'abord, outre que j'étais bien dédommagé par le témoignage de ma conscience, ces petites misères n'ont eu qu'un temps, et comme je ne me suis jamais avisé de censurer la conduite de mes camarades, évitant d'ailleurs toute espèce d'affectation dans la mienne, j'ai gagné enfin l'estime et l'amitié de tous. Bien loin que j'aie trouvé le joug de la religion insupportable, il a été ma consolation dans mes peines; mon espérance, ma ressource, mon salut dans les dangers; il fait encore aujourd'hui la douceur de ma vie, et lorsque regardant derrière moi j'envisage les précipices où je serais tombé en l'abandonnant, je rends mille actions de grâce à Jésus-Christ, qui m'a sauvé par sa miséricorde.

C'est un commerçant, à qui l'avidité du gain n'a point fait secouer le joug des règles que la morale chrétienne prescrit. Les fortunes rapides m'ont toujours paru fort suspectes; ce que j'ai entendu aux prônes de notre pasteur touchant les abus qui règnent dans le commerce, a fait sur moi les plus fortes et les plus salutaires impressions. Je n'ai point oublié ces paroles du Saint-Esprit au chapitre XIII des *Proverbes : Le bien amassé à la hâte diminuera;* mais *celui qui se recueille à la main,* et peu à peu, *se multipliera heureusement.* J'ai donc eu pour maxime de suivre toujours le sentiment des casuistes les plus sévères, persuadé qu'un homme sage ne risque point son éternité sur des probabilités et des vraisemblances; que dans le doute il faut prendre le parti le plus sûr, quand il ne s'agit surtout que de gagner un peu plus ou un peu moins.

Avec cette façon de penser, qui a singulièrement servi à tranquilliser ma conscience, jamais les affaires de mon commerce ne m'ont empêché de remplir les devoirs de ma religion. Le dimanche et les fêtes ont toujours été à mes yeux des jours respectables que j'ai cru devoir consacrer entièrement au service de Dieu, plutôt que de les employer aux occupations de mon négoce, lesquelles, quoi qu'on en dise, ne sont pas moins des œuvres serviles pour les marchands, que le travail de la terre est une œuvre servile pour le laboureur.

Peut-être ne me suis-je point enrichi autant que j'aurais pu le faire, si je n'avais pas regardé de si près à la loi de Dieu et à celle de son Eglise; mais j'aime infiniment mieux laisser moins de bien à mes héritiers et sauver mon âme, que de la perdre pour les enrichir : car, après tout, quand on amasse, on amasse pour les autres et non pour soi; mais quand on se sauve ou qu'on se damne, c'est pour soi et non pour les autres.

Vous me demandez s'il m'en a coûté beaucoup pour réprimer cette avidité, si ordinaire chez les personnes de mon état, et pour me conduire suivant les maximes de l'Evangile. Non, le joug du christianisme n'a jamais rien eu d'effrayant à mes yeux; il a fait au contraire, il fait encore maintenant la douceur de ma vie, et c'est par lui que j'espère mourir en paix.

Et vous, Madame, qui le portez si constamment ce joug au milieu du monde qui le déteste; vous qui ne mettez ni blanc ni rouge, qui ne vous parez que par bienséance; qui jouez peu, qui n'allez point aux spectacles; qui, outre la prière commune que vous faites matin et soir avec toute votre maison, avez des heures marquées dans la journée, pour des exercices de piété; qui assistez avec tant d'exactitude et conduisez vous-même aux Offices de la paroisse, vos enfants et vos domestiques; vous, en un mot, dont la vie est à tous égards si régulière, si chrétienne, si édifiante, ne trouvez-vous pas bien pesant, bien dur, bien incommode ce joug avec lequel il faut qu'une femme laisse voir tout uniment les traits de laideur ou de maturité que la nature ou le temps a imprimés sur son visage? N'êtes-vous pas bien malheureuse de ne paraître jamais à l'opéra, au bal, à la comédie, et de renoncer en même temps à toutes ces jolies brochures qui courent le monde? Comment pouvez-vous souffrir ce crucifix placé vis-à-vis votre miroir; ces tableaux, ces estampes, qui prêchent toujours morale et dévotion? Pourquoi ne pas faire comme les autres, vous donner du bon temps, et jouir agréablement de la vie?

Faire comme les autres, je m'en garderai bien. Je suis chrétienne non-seulement pour la forme, mais dans le fond de mon cœur, et de la meilleure foi du monde. Je lis l'Evangile, je le trouve admirable; j'y crois, je tâche, avec le secours de Dieu, de régler ma vie en conséquence, et je m'en trouve parfaitement bien. La conduite des autres qui pensent et agissent différemment n'est point mon affaire; je ne m'en mêle point, je n'y prends pas garde; je ne censure personne, je ne juge qui que ce soit, j'ai bonne opinion de tout le monde; mais l'Evangile, et non l'exemple d'autrui, me sert de règle, parce que je suis chrétienne, et très-enchantée de l'être.

Me donner du bon temps : aussi m'en donné-je, ou plutôt, c'est Dieu qui me le donne. Le temps que j'emploie à l'éducation de mes enfants, à l'instruction de mes domestiques, au soin de ma maison, aux différents détails de mon ménage; ce temps-là est bon et très-bon. Le temps que j'emploie à faire des lectures, qui me fortifient dans les sentiments de religion que l'on m'a inspirés dans mon enfance; celui que je passe aux pieds des autels ou du crucifix, pour offrir à Dieu mes peines, pour lui demander la patience, pour le prier de répandre ses grâces sur mon mari, sur ma famille, sur tout ce qui m'appartient ou m'intéresse, et de me donner à moi-même celles dont j'ai besoin pour remplir fidèlement tous mes devoirs ; ce temps-là est bon est très-bon : celui que j'emploie à soulager les pauvres, à consoler les affligés, à visiter les malades, à leur préparer des remèdes, ce temps-là est bon tant pour moi que pour les autres, et je ne vois pas comment il n'est pas aussi bon que si je l'employais à me divertir, à me mirer, à m'ajuster, à dormir le jour, ne sachant que faire, et à veiller la nuit pour jouer, danser ou faire des riens.

Que je jouisse de la vie! Eh! c'est là précisément ce que je cherche et que je trouve dans la pratique de l'Evangile. Pour jouir de la vie, il faut être maître de soi, et non pas esclave de ses passions; esclave de son jeu, de sa parure, de ses inclinations, de ses plaisirs; esclave du monde, de ses préjugés, de ses frivolités, de ses folies, de je ne sais combien de misères, qui entraînent, dissipent, étourdissent au point qu'il n'est pas possible d'être un instant avec soi-même. Eh! comment jouir de la vie, quand on n'est jamais avec soi? Non, mon Sauveur, non: pour posséder son âme et la posséder en paix, il faut porter votre joug, et se tenir inviolablement attaché à vos saintes maximes; il faut se reposer dans le bercail et à l'ombre du bon Pasteur.

Brebis imprudentes, brebis errantes et vagabondes, livrées à la merci et à toute la fureur des loups, c'est vous qui êtes à plaindre; c'est vous à qui l'on pourrait demander : « Comment avez-vous le courage de mener une vie qui à l'heure de votre mort sera la source des regrets les plus cuisants et de la plus amère douleur, et peut-être d'un affreux désespoir? »

Mais vous qui trouvant le joug de Jésus-Christ trop pesant et insupportable, l'avez secoué pour vivre au gré de vos passions; ne vous plaignez-vous jamais de celui que vous vous êtes vous-même imposé? Ne portez-vous pas quelquefois une envie secrète au bonheur de ceux que vous n'avez pas la force d'imiter? Le trouble des passions, les remords de votre conscience, la crainte de mourir subitement dans un état de réprobation, n'ont-ils rien d'amer, et n'arrachent-ils jamais à votre cœur cet aveu secret : la prétendue félicité que je m'étais promise est une vraie chimère.

Il n'en est pas ainsi des vrais disciples de Jésus-Christ : vous n'en trouverez pas un seul qui se plaigne de son joug et qui envie le sort des pécheurs qui l'ont rejeté; pas un homme chaste et réglé dans ses mœurs qui envie le sort des libertins; pas un homme sage et modéré dans ses désirs, qui porte envie aux ambitieux et aux avares : disons tout en un mot, parmi ceux qui ont embrassé tout ce que la mortification chrétienne a de plus dur et de plus effrayant pour la nature, vous n'en trouverez pas un seul qui envie le sort de ces mondains qui paraissent nager dans le plaisir et vivre dans les délices.

Savez-vous, mes frères, qui sont parmi nous ceux à qui le joug de Jésus-Christ doit nécessairement paraître dur et désagréable? Les demi-chrétiens qui voudraient bien ne pas se damner; mais qui voudraient bien aussi ne pas renoncer à tout ce qui damne. Ils voudraient entrer dans le ciel; mais ils voudraient être dispensés de certaines choses, sans quoi il n'est pas possible d'y arriver. Ils ont des ennemis, par exemple, il faut leur pardonner et les aimer : ô que cela est dur? pourquoi la vengeance n'est-elle pas permise? Il faut se priver de certains plaisirs; ô que cette morale est sévère! pourquoi ces plaisirs sont-ils défendus? Les Pâques arrivent; ah! que cette confession est humiliante! qu'elle est pénible, que ce joug est pesant. Il est pesant, je l'avoue, il n'a rien que de désagréable quand, au lieu de le porter, on le traîne en murmurant comme vous faites; quand on veut servir Dieu sans renoncer à soi-même, quand on veut être attaché à deux maîtres, dont l'un commande ce que l'autre défend, non-seulement il est difficile alors de porter le joug de Jésus-Christ avec joie, c'est une chose impossible, et de tels chrétiens ne goûteront jamais, ô mon Dieu, les douceurs que vous avez réservées à ceux qui vous aiment sans partage, qui vous cherchent de toute l'étendue et dans toute la sincérité de leur cœur. Il n'est donné qu'à ces âmes fidèles de voir, de sentir, de goûter combien vous êtes doux, combien votre joug est aimable.

Que n'ai-je le temps, mes chers paroissiens, de vous entretenir de ces douceurs intérieures, de ces consolations ineffables, de cette huile mystérieuse dont le joug de mon Sauveur est tout inondé! que ne puis-je vous parler de ces pâturages délicieux qui donnent la vie à toutes les vraies brebis du bon pasteur; je veux dire la grâce et la vérité dont il renferme en lui-même la plénitude; je veux dire la science et la sagesse dont les trésors sont cachés dans sa divine et adorable personne : je veux dire, les bénédictions de toute espèce dont il est la source unique et intarissable; je veux dire cette surabondance de vie, cette vie cachée en Dieu avec Jésus-Christ, que l'homme charnel ne connaît point, et qu'il ne saurait concevoir, parce que ne vivant que par les sens, et pour les sens, il ne peut pas goûter les choses spirituelles!

Ames justes, âmes ferventes, qui tendez à la perfection, qui soupirez continuellement vers celui auquel vous vous êtes données sans réserve : brebis chéries et privilégiées, vous m'entendez, et vous en sentez plus dans un instant que tous les prédicateurs ensemble ne pourraient vous en dire. Pour vous, mes frères, qui ne comprenez point ce langage, mes paroles ne serviraient guère qu'à vous endormir : trop heureux, si ce que vous venez d'entendre sur les qualités du bon pasteur, vous inspirait tout au moins pour lui quelques sentiments d'amour, et un désir sincère d'acquérir les qualités qui distinguent et à quoi l'on reconnaît ses véritables brebis.

SECONDE RÉFLEXION.

La brebis est simple et fidèle; elle est douce et n'a point de fiel : ce sont là, mes chers paroissiens, les qualités que nous devons avoir pour être au nombre de ces bienheureuses brebis que le bon pasteur reconnaît pour être vraiment les siennes; qualités qui nous rendent nécessairement aimables, non-seulement devant Dieu, mais devant les hommes. Et d'abord quoi de plus aimable que cette simplicité qui fait le caractère du vrai chrétien, et que l'on remarque dans sa façon de penser, dans son langage, dans ses mœurs, dans toute sa conduite? (*Voy. au VI° Dimanche après Pâques, le Prône entier sur la simplicité chrétienne.*)

Il n'embarrasse point son esprit d'une multitude de connaissances qui lui seraient inutiles, parce qu'elles ne le rendraient pas meilleur, qui lui seraient nuisibles au contraire, parce qu'au lieu de le rendre plus propre à remplir les devoirs de son état, elles ne serviraient qu'à le distraire et à l'en détourner. Il ne rougit point d'ignorer ce qu'il n'est pas obligé de savoir; peu curieux de s'en instruire, la science du salut et celle de son état sont les seules qui l'intéressent: connaître Jésus-Christ, et Jésus-Christ, à l'exemple de saint Paul, est la seule chose dont il se glorifie. Il ne cherche point la sagesse ailleurs que dans l'Evangile, et toute prudence qui n'est pas conforme à ses saintes maximes lui paraît suspecte, dangereuse, fausse, indigne d'un disciple de Jésus-Christ.

Comme il est incapable d'user d'artifice et de déguisement, il ne les soupçonne point chez les autres; et quoique la prudence qui accompagne toujours sa simplicité, l'engage à se tenir sur ses gardes, comme si l'on pouvait le tromper ou lui tendre des piéges; il est cependant bien éloigné d'imaginer qu'on le veuille, et de soupçonner dans autrui des motifs dont il n'est pas susceptible lui-même.

Il ne pense point le mal; quand il ne peut pas le dissimuler, il l'excuse autant qu'il est possible par la droiture de l'intention qui peut avoir été bonne; et lorsque ni l'un ni l'autre ne sont susceptibles d'aucune interprétation favorable, il rejette tout le mal sur la faiblesse et l'infirmité humaines : il a le mensonge et la dissimulation en horreur, quoiqu'il ne dise pas tout ce qu'il pense, il ne dit jamais ce qu'il ne pense point; ses discours ainsi que ses actions portent le caractère de la vérité, de la candeur; ce qu'on appelle dans le monde ruse, finesse, savoir-faire, sont pour lui des mots et des qualités inconnues; son adresse consiste à éviter les piéges du diable; sa finesse est de bien démêler les artifices de l'amour-propre; sa politique, de commander à ses passions et de bien gouverner sa conscience; son savoir-faire, d'amasser de bonnes œuvres et gagner le ciel.

Dans quelque état qu'il soit placé, dans quelque position qu'il se trouve, son esprit ne sort jamais de son assiette; qu'il occupe un rang distingué ou qu'il soit confondu dans la foule, qu'il nage dans l'abondance ou qu'il soit dans la pauvreté, dans l'affliction comme dans la joie, il voit toujours les choses comme du même œil : rien ne l'élève, rien ne l'abat, rien ne l'étonne; parce qu'ayant l'œil simple et voyant la main de Dieu partout, il croit simplement que les choses étant ainsi, c'est ainsi qu'elles doivent être; peu curieux d'en chercher les raisons et d'interroger la Providence sur des secrets qu'elle ne doit point révéler, puisqu'elle les cache.

Heureuses les âmes simples! c'est à elles que la vérité se fait connaître : nous savons par expérience, et je l'ai remarqué bien des fois, qu'un homme du peuple avec cette simplicité chrétienne dont nous parlons, jointe à une piété solide, a plus de lumières sur les choses de Dieu, qu'un philosophe superbe qui a pâli sur les livres. Cette âme simple, sans raisonner à perte de vue, appelle vrai ce qui est vrai, et bien ce qui est bien : au lieu que le philosophe, qui n'a rien moins que l'œil simple, à force de raisonner sur tout, embrouille tout, appelle bien ce qui est mal, et mal ce qui est bien; disant qu'il est dans les ténèbres pendant que la lumière l'environne, et donnant le nom de lumière aux ténèbres les plus épaisses. Vous ne vous montrerez jamais à lui, ô mon Dieu! tel que vous vous montrez aux âmes simples : il ne vous connaîtra point, ô bon Pasteur! il n'entendra point votre voix, parce qu'il n'est pas du nombre de vos brebis, parce qu'il n'a point cette aimable simplicité qui en fait le caractère.

Mais où est-elle cette belle simplicité? On ne trouve dans toutes les conditions et presque dans tous les hommes que mensonge, que déguisement, qu'artifice. Chez les militaires, qui semblent faire singulièrement profession d'une noble franchise, ce n'est presque plus aujourd'hui qu'une politique artificieuse, toujours prête à sacrifier l'intérêt commun à son intérêt personnel; et pour ne rien dire ici qui ne soit de mon sujet, s'il se trouve parmi eux quelqu'un dont la foi et les mœurs soient simples, on les tourne en ridicule. Ces âmes si franches qui se disent encore chrétiennes, rougissent de paraître telles; leur langage en fait de religion n'est plus ce langage simple et plein de droiture qu'avaient leurs pères. Ils ne prononcent le nom de Dieu que pour le blasphémer, le nom de Jésus-Christ que pour l'insulter; ils ne parlent qu'avec dérision des choses les plus saintes et les plus respectables. Belle école pour la jeunesse! aussi qu'est-ce que notre jeunesse aujourd'hui? Non-seulement dans cet état, mais dans tout autre, ce devrait être l'âge de la simplicité en tout, c'est celui, hélas! où l'on en trouve le moins.

Oui, Monsieur, qu'est-ce que ce jargon que vous avez substitué au langage simple et naturel d'un honnête homme? qu'est-ce que ce ton, cet air doucereux, ces regards tantôt étourdis, tantôt composés? ces minauderies, ces fatuités, ces manières efféminées? Ne sauriez-vous parler simplement et sans affectation? faut-il pour être sur le bon ton, avoir l'air d'un fat ou d'un imbécile? Mais que sont-ce que ces habits, ces ajustements, cette frisure dont les petites révolutions composent à peu près toute l'histoire de votre vie? Les païens, la jeunesse païenne, auraient rougi de s'avilir jusqu'à ce point; et chez le peuple chrétien, la jeunesse, l'espérance de l'Etat n'est plus aujourd'hui qu'un tas d'automates qui se meuvent par artifice. Rien de naturel, plus de simplicité; ils ont des miroirs et des toilettes comme les femmes; ils sont pleins de minauderies, de grimaces, mous, lâches, efféminés, comme les petites maîtresses : voilà le siècle présent, et s'il est vrai que nous allions toujours de mal en pis, que sera-ce donc que la génération suivante?

Mais ce qu'il y a de plus révoltant, c'est qu'on veuille du fard, de l'apprêt jusque dans le langage, le ton, les gestes de ceux qui annoncent la parole de Dieu. Bientôt il faudra que nous allions aux spectacles profanes pour apprendre à déclamer l'Evangile. Il nous faudra prendre le ton et les gestes du théâtre où l'on étale toutes les maximes du monde pour prêcher Jésus-Christ crucifié qui le condamne : quelle infamie! Ah! Seigneur, si j'étais assez malheureux pour avilir jusqu'à ce point un ministère aussi saint; si ma voix, au lieu d'être la voix du pasteur qui cherche et appelle ses brebis, n'était que la voix d'un mercenaire qui les oublie, pour se chercher lui-même; qui, loin de courir après elles, court après les applaudissements et la vaine gloire du monde; que ma langue s'attache à mon palais; que cette chaire s'écroule sous mes pieds et m'écrase.

Donnez donc, ô mon Dieu, donnez à tous les ministres chargés d'annoncer votre parole, le goût de cette aimable simplicité qui est un de ses principaux caractères. Qu'il n'y ait dans notre langage, dans notre ton, dans nos gestes, dans tout notre extérieur, rien qui sente la vanité, l'affectation, l'envie de plaire autrement que selon vous, et en Jésus-Christ, au nom duquel *nous instruisons, nous reprenons, nous exhortons tous les hommes, afin de rendre tous les hommes parfaits en Jésus-Christ.* (*Coloss.*, I, 28)

Mes frères, croyez-moi : si vous aviez la simplicité des vraies brebis, vous n'auriez pas les oreilles si délicates; vous ne seriez pas si difficiles. Mais il en est aujourd'hui de la nourriture de l'âme comme de la nourriture du corps. On veut des ragoûts de toutes les couleurs et de toutes les façons; les mets simples lassent, ennuient, dégoûtent. On veut aussi des discours étudiés, compassés, peignés; ce n'est pas du fruit, ce sont des fleurs que l'on cherche; ce n'est pas un pain solide et substantiel, c'est de la crème fouettée que l'on demande : plus de simplicité dans l'esprit, et encore moins dans le cœur.

Malheur au cœur double, dit l'Esprit-Saint : « *Væ duplici corde.* » (*Eccli.*, II, 14.) Eh! qui est celui d'entre nous, mes frères, qui peut se flatter de n'être pas sous cette malédiction? Comment vivons-nous les uns avec les autres? Quel est celui qui n'use pas de finesse, d'artifice, de dissimulation, de mensonge? Chez le marchand on ne trouve presque plus autre chose. L'industrie, le savoir faire sont des noms que l'on donne à la mauvaise foi, aux fourberies, à l'art infâme de se tromper réciproquement. Et cela dans tous les états et dans les affaires de toute espèce.

N'est-ce pas cette duplicité de cœur, ce défaut de droiture et de bonne foi, qui a forcé la justice à multiplier les lois, à mesure que les hommes ont multiplié les détours, les faux-fuyants, les chicanes? Et ces lois, ces lois établies contre l'injustice, ne deviennent-elles pas souvent des armes dont on se sert contre la justice elle-même. Avocats, procureurs, huissiers, gens de palais : *Je ne dis point ceci pour vous confondre* (I *Cor.*, IV, 14); il y a parmi vous des chrétiens vraiment dignes par la simplicité de leur cœur, d'être au nombre des brebis de Jésus-Christ; mais je demande à certains d'entre vous : lorsque le bon Pasteur séparera ces brebis d'avec les boucs, quel sera votre sort? les brebis sont-elles si fines, si rusées, si pleines d'artifices? les brebis sont-elles des renards, des léopards, des serpents tortueux qui se plient et se replient? des vipères qui cherchent à surprendre et à piquer *le voyageur endormi?* Les brebis sont-elles des harpies? sont-elles des loups qui hurlent après leur proie? après la substance de la veuve, l'héritage de l'orphelin, le sang du pauvre que l'on opprime, que l'on égorge comme un agneau qui n'a pas la force de se défendre?

Quelles brebis! et vous croyez en Jésus-Christ, et vous l'appelez par son nom! Et quand vous serez à l'agonie, le prêtre dira sur vous comme sur les autres : *Puisse le bon Pasteur vous reconnaître pour sa brebis, et vous placer au nombre de ses élus.* Quelle brebis! c'est la réflexion que je fais, mes chers paroissiens, toutes les fois que je récite les prières des agonisants sur certaines personnes : *Ovem suam te bonus Pastor agnoscat atque in electorum suorum grege constituat.* Que le bon Pasteur vous reconnaisse pour sa brebis. Mais à quoi donc, ô mon Dieu, pourrez-vous le reconnaître pour tel?

C'est un ouvrier qui a usé de mille petits artifices pour se faire valoir aux dépens des autres; qui les a décriés, calomniés, pour enlever les pratiques. C'est un homme qui, soit qu'il ait acheté où qu'il ait vendu, a eu le mensonge sur les lèvres; qui en a fait autant de centaines, qu'il a parcouru de foires ou de marchés. C'est un fermier qui a trompé son maître par je ne sais combien de ruses et de friponneries. C'est un laboureur qui a inventé dix façons de frauder la dîme ou les droits seigneuriaux. C'est un père de famille qui, dans la vue de procurer à ses enfants un établissement plus avantageux, s'est donné pour avoir du bien quatre fois plus qu'il n'en avait réellement. C'est un débiteur qui a inventé mille chicanes pour faire perdre à son créancier, ce qui lui était légitimement dû. C'est quelqu'un de ces petits bourgeois de village, qui remontrent à leur curé, qui glosent la Bible, chicanent l'Evangile, font les entendus et les fins en matière de religion. Qu'en dites-vous, mes frères? Pensez-vous que le bon Pasteur reconnaisse tous ces gens-là pour ses brebis? quelles brebis!

Mais la brebis ne connaît ni détours ni ruses. Elle suit simplement son pasteur, elle ne s'écarte point du troupeau; ou si elle s'en écarte, elle cherche à y revenir; elle bêle pour se faire entendre : le pasteur crie, elle connaît sa voix, elle revient, elle n'est pas tranquille jusqu'à ce qu'elle ait rejoint les autres. Pécheurs, pécheurs; brebis infidèles qui m'écoutez; vous dont l'égarement nous cause tant de douleur et répand l'amertume sur tous les instants de notre vie; jusques à quand disputerez-vous avec le Pasteur qui vous cherche et vous appelle? Jusques à quand ne répondrez-vous à notre voix et à nos tendres invitations que par des raisons frivoles, des excuses sans fondements, des prétextes pleins de mensonges et de mauvaise foi?

Ah! si nous n'avons pas la consolation de vous voir revenir aussi promptement que nous le voudrions dans les bras du bon Pasteur, répondez du moins à sa voix d'une manière, et sur un ton à quoi nous puissions reconnaître le bêlement d'une vraie brebis : *Erravi, erravi;* je me suis égaré, je me suis trompé. Le voilà ce cri, et comme le bêlement d'une brebis imprudente, qui dans le précipice où elle est tombée conserve la simplicité de son cœur, et ne cherche point à justifier son égarement; *erravi.* Ces misérables plaisirs m'ont séduit; cette passion maudite m'a entraîné; ces mauvais exemples m'ont corrompu; ces livres détestables m'ont étourdi; ma propre volonté m'a perdu : *Erravi, erravi sicut ovis quæ periit.* (*Psal.* CXVIII, 176.)

Je reconnais mon erreur, je la confesse, j'en rougis; mais, hélas! je n'ai pas la force de rompre les liens qui tiennent ma volonté captive. Cette habitude criminelle est aujourd'hui chez moi comme une seconde nature. Les devoirs, les bienséances de mon état deviennent par la méchante disposition de mon cœur, une occasion journalière de péché; le respect humain, la crainte de ce qu'on dirait dans le monde; l'idée que je me suis faite des difficultés qu'on trouve dans le service de Dieu; toutes ces raisons, quoique j'en sente la frivolité, m'empêchent de renoncer au mal que je hais, et d'embrasser la vertu que j'aime.

Venez donc, ô bon Pasteur, venez vous-même chercher cette malheureuse brebis. Tendez-lui votre main, et retirez-la de l'abîme où elle s'est précipitée. Dissipez, ô mon Dieu, par la lumière de votre grâce, les ténèbres qui m'environnent; brisez les entraves qui me retiennent, changez mon cœur et donnez-moi la force de vous suivre : *Quære servum tuum.* (*Ibid.*)

Et vous, prêtre de Jésus-Christ, qui êtes préposé à la garde de son troupeau, ayez à mon égard les entrailles de cette miséricorde dont vous êtes le ministre. Jamais je ne vous ai méconnu; je vous honore et vous aime toujours comme une brebis doit aimer son pasteur. Prenez donc pitié de mon état. Plus je suis égaré, plus je suis digne de votre compassion, et plus j'ai besoin de toute la tendresse qu'un pasteur doit avoir pour son ouaille. Que ma résistance ne vous lasse point; que ma faiblesse vous touche; que mes infirmités vous attendrissent; que vos mains charitables élevées vers le ciel, vos prières ferventes et continuelles, attirent enfin sur moi la grâce d'une sincère conversion.

Exhortez, reprenez, criez, ne m'épargnez point; je ne méconnaîtrai jamais la voix de mon pasteur, elle me sera toujours chère; qu'elle m'accable de reproches, qu'elle m'épouvante par des menaces, qu'elle me couvre de confusion, je ne détournerai jamais l'oreille pour ne pas l'entendre : soit que vous répandiez *le lait et le miel qui fond sur la langue* (*Cant.*, IV, 11) de mon Sauveur; soit que vous me perciez de *ce glaive à deux tranchants qui sort* de sa bouche (*Prov.*, V, 4), qui pénètre jusque dans les replis les plus cachés de mon âme, et la blesse dans les endroits les plus sensibles; vous serez toujours à mes yeux le ministre et l'image du bon Pasteur. Je me suis éloigné de lui, mais je ne l'ai jamais perdu de vue; j'ai transgressé vos commandements, ô mon Dieu, mais je ne les ai point oubliés : *Quære servum tuum quia mandata tua non sum oblitus.* (*Psal.* CXVIII, 176.)

Tel est, mes frères, le langage d'un chrétien, qui dans ses égarements conserve la simplicité de son cœur; qui adore, qui aime, qui chérit les saintes maximes de l'Evangile, lors même qu'il a le malheur de s'en écarter. Mais hélas! combien en voyons-nous, qui, non contents de résister à la voix du bon Pasteur, se bouchent les oreilles pour ne pas l'entendre; la méconnaissent, la méprisent, ne peuvent pas la souffrir? La loi qui les condamne leur devient odieuse par là même qu'elle les condamne; et dès lors ces brebis égarées deviennent comme autant de loups déchaînés contre l'Evangile et contre les pasteurs qui l'annoncent.

Grand Dieu! qui, après avoir changé en serpent la verge de Moïse, changeâtes ensuite ce même serpent en verge, changez en brebis ces loups acharnés contre votre Eglise. Le démon de l'orgueil, l'esprit impur, l'esprit de ténèbres et d'incrédulité a bien pu changer les brebis en loups; mais vous seul, ô Dieu tout-puissant! pouvez changer de nouveau en brebis les loups qui vous persécutent. Donnez-leur donc, ô Source infinie de tout bien! cette simplicité de cœur. sans laquelle il est impossible de parvenir à la connaissance de la vérité; impossible d'y revenir quand on l'a malheureusement abandonnée;

donnez-aussi à tous tant que nous sommes, cet esprit de douceur et de patience, cette esprit de paix et de charité sans lequel nous ne serons jamais du nombre de vos véritables brebis.

La brebis est un des animaux les plus doux, les moins enclins à nuire, les plus incapables de faire du mal à qui que ce soit, Non-seulement la brebis n'attaque point, elle ne se défend pas même quand on l'attaque ; elle se meut à peine sous la main de celui qui la tond; elle ne se révolte point sous la main de celui qui l'égorge; elle ne se plaint que par des bêlements qui annoncent bien moins l'aigreur qu'ils n'excitent la compassion, à cause de la douceur qui les accompagne. Tel fut le divin Agneau qui se laissa conduire à la mort sans se plaindre; tel fut le bon Pasteur entre les griffes des loups furieux qui mettaient en pièces sa chair adorable; tels furent ces apôtres et ses disciples qu'il laissa dans le monde comme des agneaux au milieu des loups; tels sont encore aujourd'hui les véritables chrétiens : le caractère du vrai chrétien est par-dessus tout un caractère de charité, de douceur et de patience.

Douceur qui lui ferme la bouche quand Dieu le frappe et l'afflige; je n'ai pas le mot à dire, Seigneur, parce que c'est vous qui m'avez envoyé le mal que je souffre; *Obmutui et non aperui os meum, quoniam tu fecisti.* (*Psal.* XXXVIII, 10.) Vous m'avez dépouillé de mes biens, vous avez enlevé mes enfants, vous avez éloigné mes amis, vous avez ruiné ma santé, que votre saint nom soit béni; vous êtes le maître; si ce n'est point assez, faites-en encore davantage : voilà ce que dit le vrai chrétien, et il ne sait dire autre chose. Quand Dieu le frappe, les soupirs, les gémissements qui échappent à la nature souffrante ne sont ni des plaintes, ni des murmures; mais seulement les signes de sa douleur et de la sensibilité qui donne un nouveau mérite à sa patience et à sa résignation. Ce ne sont pas les hurlements affreux d'un loup que les bergers assomment, ce sont les tendres bêlements d'une brebis qu'on immole. Frappez, Seigneur, frappez, je suis trop heureux que vous m'ayez trouvé digne de souffrir pour l'amour de vous; je consens de bon cœur à être dans ce monde-ci la victime de votre justice, dans l'espérance d'être ensuite l'objet de votre éternelle miséricorde.

Ah! qu'elle est rare, mes frères, cette douceur, cette patience, où sont les chrétiens que Dieu châtie sans qu'ils se plaignent; qu'il humilie sans qu'ils murmurent! où sont les brebis qu'il dépouille de leur laine sans qu'elles jettent les hauts cris comme si on leur arrachait la peau? Quelles peines n'a-t-on point à nous faire entendre raison et à nous consoler dans les premiers moments de quelque affliction cuisante? vous le savez; on crie, on se lamente, on se désespère, on s'irrite, on s'emporte contre tout ce que l'on imagine être la cause du mal que l'on souffre; contre les hommes, contre Dieu, contre soi-même. Quelles brebis!

Mais la brebis n'est point malfaisante; elle est sans venin, sans amertume, sans aigreur contre celui-là même qui l'égorge; et nous ne voyons pas que les brebis se disputent, se battent, se tuent, se mangent les unes les autres. Grand Dieu! ce n'est donc point un troupeau de brebis que vous m'avez donné à garder; mais une troupe de vipères qui s'enveniment, s'enflent, aiguisent leur langue, et lancent les unes contre les autres les traits de la plus noire malignité! Jaloux, envieux, calomniateurs, aigres, emportés, violents, brutaux; point de famille où il n'y ait quelque dispute; point de société où il n'y ait quelque division; point de compagnie où il n'y ait quelque médisance, le mari et la femme, le père et les enfants, les frères avec les frères, les amis même avec les amis se piquent et s'insultent, se divisent, se déchirent souvent pour des niaiseries.

Où sont donc, ô bon Pasteur, où sont vos brebis? que sont-elles devenues? où pourrai-je donc les trouver? Au cabaret? ce sont des boucs et des animaux immondes; dans l'intérieur de leur maison? ce sont des lions ou des serpents; dans leur commerce? ce sont des renards et des harpies; dans les tribunaux de la justice où ils se traînent les uns les autres? ce sont des chiens qui s'arrachent leur proie, qui se battent, se mordent, se déchirent; dans le partage de leurs biens après la mort de leurs pères? ce sont des corbeaux qui croassent autour d'une voirie. Ici même, ici aux pieds des autels? ce sont des paons orgueilleux qui viennent étaler leur plumage, leurs vaines parures, devant l'image d'un Dieu crucifié; ce sont des singes dont les génuflexions, les inclinations, les prières ne sont plus que des momeries et des grimaces.

Ah! mes frères, mes très-chers frères, mes enfants, mes très-chers enfants! quel langage suis-je donc forcé de vous tenir, pour vous faire ouvrir les yeux, et vous forcer vous-mêmes en quelque sorte, de voir qu'il n'y a rien ou presque rien dans vos sentiments, ni dans votre conduite en vertu de quoi vous puissiez espérer que le bon Pasteur vous reconnaisse jamais pour ses véritables brebis.

Mais si la tendre sollicitude dont nous sommes remplis pour le salut des âmes, échauffe notre imagination et nous fait paraître le mal plus grand qu'il n'est; si la crainte de vous voir devenir la proie du loup ravissant, grossit à nos yeux les vices qui règnent parmi vous; si vous n'êtes pas tels que nous venons de vous peindre; si le zèle nous emporte trop loin : eh! dites-nous donc, mes frères, où est la simplicité, où est la douceur dont je parle et qui distingue les vrais brebis d'avec celles qui n'en ont que la peau?

Où est votre simplicité, en quoi la faites-vous paraître? Est-ce dans vos discours? Mais ils sont pleins de déguisements, de mensonges; et l'on dirait que vous ne conversez les uns avec les autres que pour vous tromper réciproquement. Est-ce dans votre conduite? mais elle est pleine de détours, de dissimulation et d'artifice : est-ce dans vos habits? bon Dieu! il est affreux et inconcevable, il faut le voir pour imaginer jusqu'où l'on porte aujourd'hui la vanité, la folie, l'extravagance sur cet article. Dans nos campagnes, dans nos misérables campagnes, les personnes du peuple, du plus bas peuple, parlent de modes et d'ajustements; il leur faut des étoffes de toute couleur, de la soie, des parures; ils vendent leur pain pour en acheter : et ces petits merciers qui courent de village en village, *et qui vendent un écu ce qui ne vaut pas trente sous*, viennent tous les ans lever une espèce d'impôt qui met certaines gens hors d'état de payer les impôts légitimes; tribut odieux que les ménages les plus pauvres payent à la vanité, à la frivolité, au luxe, à la dépravation de notre siècle.

Est-ce dans le service de Dieu que paraît votre simplicité? mais la plupart font consister la dévotion dans des choses extérieures : ils se chargent, comme les Pharisiens, de mille petits exercices qui, bien loin de les rendre foncièrement plus chrétiens, ne servent qu'à nourrir leur orgueil; conservant avec les dehors et les apparences de la piété, tous les raffinemnets, toutes les délicatesses, toute la sensibilité de l'amour-propre; un attachement excessif à leur propre sens, à leurs intérêts, à leur personne; le fiel de la vengeance, le venin de l'envie, la fine malignité de la médisance à laquelle ils donnent ordinairement le nom de zèle pour le bien, pour le salut du prochain, pour la plus grande gloire de Dieu. Point de simplicité dans la plupart des dévotions, et par conséquent point de vérité; ce n'est qu'une écorce grossière, rude, pesante, sous laquelle on ne trouve rien moins que le véritable esprit du christianisme.

Mais votre douceur où est-elle? lorsque Dieu vous châtie, je ne vois qu'impatience, que plaintes, que murmures, que désespoir. Si quelque chose vous déplaît, si quelqu'un vous offense, votre bile s'échauffe, le feu vous monte au visage, et pour un mot vous en répondez mille. Si l'on vous pique, vous mordez; si l'on vous mord, vous déchirez; si l'on vous déchire, vous dévorez. Vous répondez aux injures, par des outrages; aux outrages, par des imprécations; aux imprécations, par des blasphèmes : voilà votre douceur; voilà votre simplicité; voilà vos brebis, ô Jésus! les reconnaissez-vous pour telles?

Jetez donc, ô bon Pasteur, jetez un regard de compassion sur ce misérable troupeau; donnez vous-même à toutes les âmes qui le composent cette simplicité, cette douceur, sans lesquelles nous ne saurions être au nombre de vos brebis. Attirez-nous à vous, ô mon Dieu, par les douces et puissantes impressions de votre grâce; que les infinies amabilités de votre adorable personne, les douceurs ineffables de votre joug, l'odeur de vos divins parfums, de votre bonté, de votre patience, de cette miséricorde qui n'a point de fin, nous fassent courir après vous, et nous retiennent dans votre bercail, toujours dociles à votre voix, toujours prêts à vous suivre dans ce sentier étroit, mais infaillible, par où vous conduisez vos brebis jusqu'au sommet de cette bienheureuse montagne, sur laquelle vous les rassasierez éternellement dans les pâturages délicieux que vous leur avez préparés avant le commencement des siècles. Ainsi soit-il.

DISCOURS XXV.

Pour le troisième Dimanche après Pâques.

SUR LES PEINES DE CETTE VIE.

Plorabitis et flebitis vos. (*Joan.*, XVI, 20.)

Vous pleurerez et vous gémirez.

Voilà, mes chers paroissiens, ce que le monde ne veut point entendre, et ce qui lui inspire tant d'aversion pour la morale de l'Evangile. Mais si l'homme est né pour souffrir, si les peines de cette vie sont inséparables de notre nature, au moins dans l'état où nous la voyons présentement, il y a donc de l'injustice, il n'y a pas de raison, il y a de l'ingratitude à trouver mauvais que Jésus-Christ annonce l'affliction et les pleurs. Quand il ne les aurait pas annoncées, nous n'aurions pas moins à souffrir. Et bien loin que nous ayons à nous plaindre de Jésus-Christ sur cet article de sa morale, nous avons au contraire mille actions de grâces à lui rendre, de ce que la croix sur laquelle nous sommes nécessairement attachés, est devenue par le mérite de la sienne, l'instrument de notre salut; de ce que par un effet de son infinie sagesse, cette voie de douleurs et d'affliction par où nous sommes forcés de marcher, est devenue le chemin qui conduit au bonheur suprême. Des maux inévitables produisent le plus grand de tous les biens, les épines qui nous piquent de toutes parts, sont devenues la matière d'une couronne immortelle; c'est en quoi la doctrine de Jésus-Christ est principalement admirable, et singulièrement consolante. Ne nous plaignons donc plus de ce qu'il prêche les afflictions. Elles sont comme l'apanage de notre nature; elles sont utiles et nécessaires à tous les hommes; elles sont aux yeux de la foi, non-seulement indispensables, mais précieuses au point que le vrai chrétien les craint bien moins qu'il ne les désire.

PREMIÈRE RÉFLEXION.

Depuis le moment de sa naissance, jusqu'à celui de sa mort, l'homme est rempli, environné de toute sorte de misères. Peines de corps, afflictions d'esprit; peines communes, afflictions personnelles; peines qui lui viennent de la part d'autrui, peines qu'il se fait à lui-même. Il ne vient au monde que pour souffrir, pour être déchiré par les épines qui naissent continuellement sous ses pas, et dont toute la terre est couverte.

A combien de maladies n'est-il pas sujet? A combien de dangers sa vie n'est-elle pas exposée? Combien d'accidents ne troublent-ils pas son repos? il n'est aucun de ses membres, aucune des parties de son corps qui ne puisse lui occasionner les douleurs les plus aiguës. Parmi les êtres qui l'environnent, il n'en est pas un seul qui ne puisse devenir la cause de son affliction. Les choses dont il peut le moins se passer, lui sont quelquefois les plus nuisibles; et dans ce qui est absolument nécessaire pour la conservation de sa vie, il n'y a rien qui ne puisse le faire souffrir et la lui rendre désagréable.

L'exemption des infirmités et des misères humaines est un privilége qui ne s'achète point, qui ne s'acquiert point, qui n'est donné à personne. Elles ont les grandes et les petites entrées dans le palais des rois, aussi bien que dans la chaumière du pauvre. Elles ne respectent ni les richesses, ni les grandeurs, ni la puissance, ni la force. Les humiliations naissent dans le sein de la gloire, et la douleur du sein même des plaisirs. Les noirs chagrins voltigent autour de la joie la plus vive, et les maladies cruelles menacent la plus brillante santé. *Il y a dans la main du Seigneur*, dit le Prophète, *un calice de vin mêlé d'amertume, dont il abreuve tous les pécheurs de la terre: « Calix in manu Domini, vini meri plenus misto... bibent omnes peccatores terræ.* » (*Psal.* LXXIV, 8, 9.) Allez où il vous plaira, vous rencontrerez partout cette main et ce calice. L'amertume, l'affliction viennent toujours se mêler à ce qu'il y a de plus agréable dans ce monde. Choisissez de tous les états celui qui vous semble le moins pénible, et de toutes les positions, celle que vous croyez être la meilleure, vous y trouverez des croix, et de quelque côté que vous vous tourniez, vous sentirez des épines.

Rien de plus juste que la réflexion de saint Augustin. Il compare l'homme à un malade qui se tourne et se retourne dans son lit, sans pouvoir trouver une bonne place. Tantôt il se couche sur le dos, tantôt sur le ventre; maintenant sur le côté droit, ensuite sur le côté gauche; il ne se trouve bien nulle part. S'il lui arrive de se sentir un peu mieux, ce mieux ne dure qu'un instant; l'inquiétude et la douleur recommencent bientôt, et l'instant d'après il se plaint encore. Telle est notre vie: les efforts que nous faisons pour nous délivrer d'une croix, nous en font rencontrer une autre. L'affliction nous suit comme notre ombre: si elle disparaît quelquefois, ce n'est que pour mieux nous surprendre: elle fond sur nous tout à coup au moment où nous l'attendons le moins, et nous n'y sommes que plus sensibles.

Ce pays-ci me déplaît, je m'y ennuie; je suis forcé d'y vivre et d'avoir affaire avec des gens dont le caractère ne me va point: j'y ai des envieux et des ennemis. Tout cela m'est à charge. Si j'habitais tel ou tel pays, je n'aurais point à souffrir ce que je souffre. C'est là ce qui vous trompe, mon cher enfant: vous trouverez partout à peu près ce qui vous fait souffrir là où vous êtes. Ou bien vous y rencontrerez d'autres sujets de déplaisirs et d'affliction; peut-être y trouverez-vous des croix beaucoup plus lourdes que les premières, et qui vous feront repentir de n'être pas resté où vous étiez.

La plupart des choses que les hommes désirent avec passion, ne paraissent agréables que de loin et dans les premiers moments de la jouissance. Les épines qui environnent l'objet de nos désirs ne s'aperçoivent point à l'œil; on n'y voit que ce qui flatte; mais quand une fois on le tient, ces épines se découvrent peu à peu; elles piquent, on les sent, on trouve des désagréments, des mortifications, des peines que l'on n'aurait pas prévues, et que l'on ne pouvait prévoir. Point de plaisirs sans douleurs; point de satisfaction pure; point de contentement parfait dans ce bas monde. Les choses qui nous y paraissent les plus agréables, sont comme un vin trompeur qui brille, qui pétille dans le verre, et semble devoir être délicieux; mais il est mêlé de fiel; mais il a toujours au moins quelque fil d'amertume: *Calix vini meri plenus misto.*

Que je serai heureux quand j'aurai établi ma famille! pas si heureux que vous le pensez. Une famille à élever et à établir donne bien des peines; une famille établie donne quelquefois de grands chagrins. J'exercerai ce métier, cette profession, je ferai ce commerce; j'occuperai cette place jusqu'à un tel temps, après quoi je vivrai tranquille. Vous vous trompez; cette tranquillité sera troublée par des événements qui vous amèneront de nouveaux soucis, et vous causeront des peines d'une autre espèce. Les inquiétudes, les afflictions, les croix sont comme une troupe d'ennemis acharnés contre la nature humaine; ils nous suivent, ils nous trouvent partout, et partout ils nous tourmentent. Peines dans le barreau, peines dans l'Église; peines dans l'exercice des armes, peines dans le commerce; peines à la ville, peines à la campagne; peines dans le travail et dans le repos; peines dans le cloître aussi bien que dans le monde; peines des riches, peines des pauvres; peines de tous les états, peines partout. Eh! pourquoi? parce qu'on trouve partout d'autres hommes, parce qu'on se trouve partout soi-même.

Nous trouvons partout d'autres hommes; et si la société nous procure de grands avantages, elle nous procure aussi bien des peines. Les rapports que nos besoins mutuels nous forcent d'avoir les uns avec les autres, et la dépendance, par conséquent où nous sommes les uns vis-à-vis des autres, ne sont-ils pas la source journalière d'une infinité d'inquiétudes et d'afflictions, d'une infinité de mortifications et de déboires? Le père est un sujet d'affliction pour le fils, le fils pour le père; le frère pour le frère, et l'ami pour son ami. Les petits sont à charge aux grands; les grands inquiètent les petits. Les méchants sont la croix des bons; les bons à leur tour sont une espèce de croix pour les méchants ; et les hommes sont presque toujours la cause ou l'occasion de nos peines les plus cuisantes. Il y a des gens qui vous haïssent, qui vous nuisent, qui vous tourmentent ; et ils vivent. Il y en a d'autres qui vous aiment, qui vous sont utiles, qui vous protégent; et ils meurent. Vos inférieurs vous résistent; vos supérieurs vous mortifient; vos égaux vous supplantent. Vous trouverez de faux amis qui vous trahiront, des ennemis qui vous persécuteront, des calomniateurs qui vous noirciront. Ce que l'homme a de plus cher au monde, ses biens, sa réputation, sa vie même, est pour ainsi dire à la merci des autres hommes, pendant qu'il est lui-même à la merci de ses propres passions, dont il est l'esclave et qui le tyrannisent.

Les vrais perturbateurs de notre repos, nos ennemis les plus cruels, les bourreaux de notre vie sont nos passions, et chaque âge en amène pour ainsi dire de nouvelles. La jeunesse est continuellement agitée par l'amour excessif du plaisir et des amusements frivoles. Quelles peines ne se donnent pas les jeunes gens pour secouer le joug de la dépendance sous laquelle ils sont retenus et satisfaire toutes leurs fantaisies? Avec quelle vivacité ne portent-ils pas leurs vues et leurs désirs, sur le temps où ils doivent être maîtres de leurs biens et de leurs actions? L'étude, le travail à quoi l'on veut qu'ils s'appliquent, les gène, leur déplaît; c'est là leur croix, et il n'y a guère de jours qu'ils ne disent: Quand est-ce que j'en serai débarrassé? de là ils passent insensiblement à l'âge où les idées sérieuses succèdent aux frivolités de la jeunesse. Autres inclinations alors, autres mœurs, nouvelles passions, et par conséquent nouvelles peines.

L'avarice, l'ambition, l'amour de la gloire, la jalousie, la haine, les projets de vengeance, sont comme autant de verges dont les misérables humains se frappent, se déchirent eux-mêmes; et après avoir été tourmentés, soit au-dedans, soit au-dehors, de mille manières, ils voient arriver la vieillesse avec ses incommodités, avec ses soupçons, ses inquiétudes, sa mauvaise humeur; elle amène aux uns la surdité, aux autres la privation de la vue; elle ôte la mémoire de celui-ci, l'usage de la raison à celui-là, l'usage de ses membres à un autre. L'esprit et le corps d'un vieillard sont ordinairement le rendez-vous de toutes sortes d'infirmités, et au milieu de ses infirmités, la mort, contre laquelle il a lutté dès en naissant, devenue enfin la plus forte, le renverse et le cache dans un tombeau. Voilà l'homme. Il s'arrête à peine sur la terre, et pendant ce court passage, il est tout à la fois le jouet de la fortune, l'esclave de ses passions, la victime de la douleur, la proie des afflictions, des maladies et de la mort. Il s'arrête à peine sur la terre, et ne s'y arrête que pour souffrir: *Homo natus de muliere, brevi vivens tempore, repletur multis miseriis.* (*Job.* XIV, 1.)

Il est donc inutile, mes frères, et c'est une illusion toute pure d'imaginer que nous puissions trouver dans ce bas monde, une position, une façon d'être où nous n'ayons rien à souffrir. Nous pourrions bien quelquefois changer une croix pour une autre; mais chercher à les éviter toutes, c'est temps perdu. Il faudrait pour être à l'abri de l'affliction et de la douleur, n'avoir aucune espèce de commerce ni de rapport avec nos semblables; ce qui est impossible: il faudrait n'en avoir aucun avec notre propre corps, ce qui est absurde. Il faudrait être tout à fait exempt de passion, ce dont personne ne peut se flatter; il faudrait ne dépendre d'aucune créature, et nous dépendons de toutes. Vivre et souffrir sont donc à l'égard de l'homme, deux choses inséparables. Les pleurs que nous versons en venant au monde, les grimaces que nous faisons en le quittant, sont comme le cri de la nature, qui ne cesse de répéter ce que le saint homme Job vient de nous dire: *Homo natus de muliere, brevi vivens tempore, repletur multis miseriis.* L'homme sortant du sein de sa mère, passe rapidement sur la terre, environné, assailli, poursuivi, tourmenté par des misères sans nombre, et dont il n'est pas en son pouvoir de se garantir.

Le seul parti que nous ayons à prendre, est donc de tourner à notre profit les afflictions et les peines de cette misérable vie; car autant qu'elles sont inévitables, autant elles nous sont utiles, même nécessaires pour nous rappeler ce que nous devons à Dieu et au prochain, pour nous détacher du monde et de nous-mêmes, pour nous faire souvenir des péchés dont elles sont la suite et la juste punition, aussi bien qu'un préservatif puissant contre ceux que nous pourrions encore commettre.

SECONDE RÉFLEXION.

Lorsque Dieu nous comble de ses biens, et que tout réussit au gré de nos vœux; lorsque sa main bienfaisante semble nous flatter et nous caresser, si je puis m'exprimer ainsi; c'est-à-dire, lorsque nous devrions par un juste sentiment de reconnaissance, lui donner des marques plus singulières de notre amour et de notre attachement à son service : c'est précisément alors que nous commençons à nous refroidir; nous nous détachons de lui peu à peu, et nous le perdons quelquefois tout à fait de vue. Saül ne commence à se méconnaître et à transgresser le commandement du Seigneur, que lorsque le Seigneur l'a choisi par préférence à tous les enfants d'Israël, pour le mettre à la tête de son peuple. David ne devient adultère et homicide que lorsque la main de Dieu l'a retiré de la garde des troupeaux pour le placer sur le trône. Si le cœur de Salomon se déprave et se pervertit jusqu'à devenir idolâtre, c'est dans le temps où son Dieu le rassasie de plaisirs, le comble de gloire et l'élève au-dessus de tous les rois de la terre. Les hommes sont malheureusement ainsi faits; la prospérité les gâte, les éloigne de Dieu et de la vertu; il faut, pour les y ramener, des disgrâces, des afflictions, des verges qui lui fassent sentir qu'il a un maître sous la main puissante duquel il doit se tenir et s'humilier dans tous les temps.

Vous meniez autrefois, mon cher paroissien, une vie régulière et chrétienne; vous aviez des mœurs et de la piété; c'est que vorte position n'était ni si aisée, ni si agréable qu'elle est aujourd'hui. Depuis que la Providence vous a tiré de la misère; depuis qu'elle vous a rendu la santé; depuis qu'elle vous a délivré de ces embarras, de ces peines, qui vous tenaient dans un état d'humiliation; vous avez commencé dès lors à servir Dieu avec beaucoup moins de ferveur, votre piété s'est ensuite refroidie d'un jour à l'autre, et il semble maintenant que vous ayez perdu tout sentiment de religion. Qui est-ce qui vous ouvrira les yeux? Nos instructions, nos exhortations, nos prônes n'y feront rien; les bons exemples, les inspirations de la grâce, les remords de la conscience, tout cela n'y fera rien. Levez-vous donc, grand Dieu! prenez les verges de l'affliction, frappez sur ses biens, sur sa famille, sur sa personne, sur ce qu'il a de plus cher au monde, et il se souviendra de vous, il se tournera vers vous: *Imple facies eorum ignominia et quærent nomen tuum, Domine. Psal.* (LXXXII, 17.)

Et en effet, mes frères, dites-moi, je vous en prie, quand est-ce que vous vous souvenez de votre Dieu? quand jetez-vous des regards et des soupirs vers le ciel? quand priez-vous avec plus de ferveur? Est-ce lorsque tout vous prospère? que vous ne manquez de rien, et que rien ne vous inquiète? Est-ce dans la joie que vous pensez à Dieu? que vous vous humiliez devant lui? que vous rendez hommage à sa puissance et à sa justice? Non. Mais lorsque la sécheresse brûle vos campagnes; lorsque la tempête menace votre récolte; lorsque les insectes dévorent vos fruits; lorsque la paroisse est infectée de quelque maladie contagieuse. Miséricorde, mon Dieu: Monsieur le curé, des processions, des prières publiques. Votre peuple se souvient alors de vous, Seigneur; il court aux pieds de vos autels, il s'humilie et vous reconnaît pour le Maître souverain de ses biens et de sa vie.

Vous connaissez la parabole de l'enfant prodigue; elle peut nous être appliquée dans cette occasion, comme dans bien d'autres. *Mon père, donnez-moi ma légitime;* on la lui donne, et aussitôt il abandonne son père, il fuit, il s'en va je ne sais où, bien loin de la maison paternelle: il passe sa vie dans les festins et dans les plaisirs, dans la débauche et le libertinage: il ne pense pas plus à son père que s'il n'en avait point. Se ressouviendra-t-il enfin qu'il en a un? oui, lorsqu'il se verra réduit aux plus honteuses extrémités; sans cela, ce fils ingrat aurait peut-être oublié pour toujours le meilleur et le plus tendre des pères.

Nous sommes semblabes à ces enfants, ou plutôt à ces esclaves, qui s'oublient, se gâtent, deviennent libertins et indociles; quand ils ont affaire à un maître trop doux et trop patient, il faut des verges pour les ramener et les contenir dans leur devoir. Nous sommes semblables encore, si j'osais me servir ici de cette comparaison, et si vous vouliez me le permettre, nous sommes semblables à ces matelots, qui chantent, se divertissent, s'enivrent, se querellent, jurent, blasphèment quand ils ont le vent en poupe, quand la mer ou la rivière est calme, et qu'ils ne voient point de danger. La tempête arrive, les flots se soulèvent, ils se voient sur le point de périr, ils se souviennent alors qu'il y a un Dieu; ils lèvent les yeux vers le ciel, et ces mêmes bouches qui vomissaient tout à l'heure des horreurs, adressent les prières les plus ferventes et font des vœux à celui qui excite des tempêtes et les apaise d'un seul mot, lorsque bon lui semble. Voilà l'homme. Est-il dans la prospérité, dans la joie, il se méconnaît et vous oublie. O mon Dieu! l'affliction vient-elle fondre sur lui, il se souvient de vous, et rentre en lui même: *Imple facies eorum ignominia et quærent nomen tuum, Domine.*

Mais où en serions-nous, mes chers paroissiens? Jusqu'où ne porterions-nous pas l'orgueil, l'insolence, la mollesse, la sensualité, l'oubli de Dieu et de nous-mêmes, sans les afflictions qui nous arrivent de temps en temps, qui nous domptent et nous humilient? Nous résisterions à nos supérieurs; nous foulerions aux pieds nos inférieurs; nous ne pourrions pas souffrir nos égaux. Si notre cœur n'était pas de temps en temps, ou resserré par la douleur ou flétri par l'humiliation, ou retenu par la crainte, il se livrerait bientôt à tous ses penchants il ne se ferait plus de violence.

Oui, mon cher enfant, si vous n'essuyiez jamais, ni maladie, ni perte de biens, ni mauvaise récolte; si vous n'aviez ni chagrins au dedans, ni ennemis au dehors, ni aucune espèce de mortification, vous deviendriez tout à fait insupportable. Il vous faut des contre-temps, des revers, des humiliations qui rabattent votre orgueil, qui répriment votre vanité, qui vous rendent moins revêche, plus souple, plus traitable, qui renversent vos projets de vengeance, qui vous mettent dans une espèce de nécessité d'abandonner ce commerce criminel, de rompre cette maudite habitude, de mener une vie plus régulière et plus chrétienne. Il faut des afflictions encore pour vous rendre plus sensible aux peines d'autrui, plus humain, plus compatissant, plus charitable.

On voit assez froidement chez autrui le mal que l'on n'a jamais éprouvé soi-même, et nos propres malheurs sont l'exhortation la plus touchante qui puisse nous être faite pour nous engager à secourir les malheureux de toutes nos forces. Si jamais vous aviez été réduit aux cruelles et affreuses extrémités de l'indigence, vous vous attendririez plus aisément à la vue de ceux qui souffrent la faim et la nudité. L'image de leur misère se présenterait à votre esprit toutes les fois que vous prenez vos habits ou que vous vous mettez à table. Vous sentiriez dans ce moment-là votre cœur se flétrir, vos entrailles seraient émues, et ce sentiment de compassion devenu plus vif par le souvenir de ce que vous auriez souffert de pareil, vous forcerait, pour ainsi dire, à leur abandonner, je ne dis pas votre superflu, mais même quelquefois une partie de votre nécessaire.

On a répandu dans le public des bruits qui vous mortifient, qui vous humilient, qui vous déshonorent; cela est dur. Eh bien! puisque vous sentez combien cela est dur, soyez donc vous-même plus circonspect, plus réservé, plus charitable, quand il est question des défauts, de la conduite, de la réputation d'autrui. Vous êtes cruellement poursuivi par un créancier inexorable; cela est dur. Eh bien! puisque vous sentez combien cela est dur, soyez donc vous-même plus humain, plus patient à l'égard de ceux qui vous doivent, et qui sont pour le moment dans l'impossibilité de vous satisfaire. Vos inférieurs vous résistent, vous méprisent et se moquent de votre autorité; cela est dur. Eh bien! puisque vous sentez combien cela est dur, soyez donc vous-même plus respectueux, plus docile, plus soumis envers vos supérieurs; mais ces supérieurs vous humilient et vous maltraitent; ils sont d'une hauteur et d'une sévérité insupportables: tant pis pour eux; mais tant mieux pour vous. Apprenez donc à ne pas être vous-même si haut, si impérieux, si rigide avec ceux qui doivent vous obéir. Soyez donc d'un abord plus aisé, ayez un visage moins froid et plus ouvert, un air plus affable et plus gracieux, un ton plus doux et plus cordial à l'égard de tous ceux que la Providence a placés au-dessous de vous. N'en disons pas davantage sur cet article, et convenons, mes frères, que les mortifications, les humiliations, les afflictions, de quelque espèce qu'elles puissent être, sont la vraie école où les hommes apprennent avec combien d'humanité, de bonté, de douceur, de charité, ils doivent se traiter les uns les autres, ou plutôt la vraie école dans laquelle ils se forment à la pratique de toutes les vertus.

Donnez-moi un homme qui n'ait jamais essuyé aucune sorte d'affliction ni dans son âme, ni dans son corps; ni dans ses biens, ni dans sa réputation: un homme à qui jamais on n'ait résisté, qui n'ait jamais souffert aucune espèce d'humiliation, et aux désirs duquel, en un mot, il n'y ait jamais eu ni contradiction ni obstacle. Un tel homme sera vraisemblablement sujet à beaucoup de vices, puisque rien n'aura reprimé les inclinations vicieuses que nous apportons du sein de nos mères. Et très-certainement il n'aura aucune vertu, puisqu'il n'aura été mis à aucune épreuve. La moindre contradiction, l'affliction la plus légère, la plus petite humiliation troublera son âme. L'ombre seule du mal sera capable de l'effrayer, de l'abattre, de le renverser; il ne saura rien souffrir, Pour le savoir il faut l'apprendre; et pour l'apprendre, il faut nécessairement souffrir.

Je suis à l'épreuve de tout, disait l'apôtre saint Paul parce que j'ai eu à souffrir de toute manière. *J'ai souffert la faim, la soif, le chaud, le froid, la nudité,* toutes les misères de la vie. *J'ai été battu de verges trois fois; j'ai été lapidé une fois; j'ai fait trois fois naufrage; il n'y a sorte de périls où je ne me sois vu exposé; périls sur la mer et sur les fleuves; péril dans les villes et dans les déserts; périls chez les Juifs et chez les païens; périls du côté des voleurs; périls de la part des faux-frères;* périls, afflictions, souffrances partout. (II *Cor.*, XI, 23-27.) Ainsi parlait ce grand Apôtre, et c'est par là qu'il était devenu inébranlable, et comme insensible au milieu des plus grandes tribulations.

C'est dans les tribulations en effet que notre âme se fortifie, s'aguerrit et devient intrépide contre les revers et les coups de la fortune, au point que rien ne l'abat, rien ne la trouble, rien ne l'ébranle, parce qu'elle est préparée à tout et à l'épreuve de tout. De même qu'une personne, élevée trop délicatement, a le tempérament si faible et si délicat, que la moindre chose altère sa santé; au lieu qu'une autre élevée durement a un tempérament robuste qui résiste à tout, et que rien ne dérange: ainsi notre âme accoutumée à souffrir s'endurcit contre les afflictions; elle y devient de jour en jour moins sensible; elle les voit enfin venir sans s'émouvoir; elle conserve sa tranquillité dans le sein même de la douleur; les peines, les misères de cette vie ne lui font guère plus d'autre impression que de la détacher du monde et d'elle-même.

Eh! quel est l'homme raisonnable qui au moment de l'affliction ne fasse quelque réflexion sérieuse sur la fragilité des choses humaines et sur son propre néant? Cette personne faisait la douceur de ma vie, et m'en voilà séparé pour toujours. J'avais établi sur ces fonds, sur cette charge, sur le produit de ces terres, je ne sais combien de projets; et me voilà frustré de toutes mes espérances. J'avais regardé cet enfant comme le bâton et la consolation de ma vieillesse, et la mort me l'enlève, ou bien il me déshonore, et me fait périr de chagrin. Je m'étais reposé sur cet ami, et il m'abandonne. J'espérais qu'après bien des années de travail et de peine, je serais enfin tranquille dans mes vieux jours; et voilà des infirmités qui me rendent la vie ennuyeuse. Qu'est-ce donc que cette misérable vie? Et comment pouvons-nous y être si fort attachés? elle se passe dans l'inquiétude, elle coule dans le sein de la douleur et de l'affliction; chaque âge, chaque année nous apporte quelque nouvelle croix. On s'était promis des douceurs; et il faut avaler du fiel. On avait espéré la joie; et l'on rencontre la tristesse. On croyait trouver le repos; et l'on nage dans la tribulation.

Mais qu'est-ce donc que l'homme au dedans et au dehors duquel sont une foule d'ennemis qui le tourmentent ou le menacent? Un coup de langue lui enlève sa réputation; un accès de fièvre l'altère; un petit dérangement dans les fibres de son cerveau lui fait perdre l'esprit. Ses biens sont exposés à mille accidents. Hélas! des insectes, de misérables insectes dont les uns s'attachent à ses fruits, d'autres à sa personne, lui font quelquefois une espèce de guerre, dont il ne peut pas se défendre; et l'homme s'enorgueillit! et il s'élève non-seulement contre ses semblables, mais contre vous, ô mon Dieu! Ah! frappez, frappez, afin qu'il ouvre les yeux, et qu'il se connaisse. Réflexions sages, mes chers paroissiens: et c'est principalement au temps de l'affliction que nous en sentons la justesse et la solidité. L'homme qui n'a rien à souffrir et à qui tout rit, oublie Dieu; il oublie les autres et s'oublie lui-même. Il lui faut des afflictions pour le ramener au devoir; il lui en faut pour le faire ressouvenir des péchés dont il est coupable, et dont il est juste qu'il soit puni.

Si quelqu'un jette une pierre en l'air, dit le Sage, *elle retombera sur sa tête.* (*Eccli.*, XXVII, 28.) Vous en avez jeté mille, et lorsque vous vous sentez frappé, vous osez vous plaindre! Ah! étonnez-vous plutôt de ce que vous n'êtes pas écrasé. Vous avez fait des pertes considérables: à qui faut-il s'en prendre? à ce voleur qui vous a coupé la bourse? à ce banqueroutier qui vous a ruiné? à ce faux ami, dont la fourberie vous coûte si cher? à cette maladie qui a fait périr vos troupeaux? au feu qui a consumé votre maison? à la tempête qui a moissonné vos blés, ou vendangé vos vignes? Point du tout: ce n'est pas de là que viennent les coups dont vous avez été frappé! Regardez en haut; vous avez lancé des pierres contre le ciel; elles sont retombées sur votre tête.

Comment usez-vous des biens que la Providence vous a donnés? Ne les faites-vous pas servir à l'ambition ou à l'avarice? à la vanité, au luxe, à l'impudicité, à la débauche, au libertinage? Vos iniquités se sont élevées contre le ciel, comme autant de pierres que vous y avez lancées: la colère de Dieu vous les renvoie; c'est de là que partent les coups dont vous êtes frappé. Ces biens périssables, après avoir été dans vos mains l'instrument de votre rébellion et de vos désordres, ont été dans les mains de Dieu la cause de votre douleur, l'instrument de sa justice et de ses vengeances.

Vous souffrez des douleurs aiguës dans toutes les parties de votre corps; mais toutes les parties de votre corps n'ont-elles pas servi au péché? Mais les maux qui vous affligent ne sont-ils pas la suite naturelle de votre intempérance, de vos plaisirs, de votre lubricité, de vos veilles, de votre dissolution, de vos excès en tout genre? Souvenez-vous donc de tous ces déréglements; frappez votre poitrine, et taisez vous.

Cet enfant vous donne mille chagrins. A qui la faute? Sa mauvaise conduite n'est-elle pas le fruit de la mauvaise éducation ou des mauvais exemples que vous lui avez donnés? Son indocilité n'est-elle pas la suite de cette lâche complaisance, de cette fausse tendresse que vous avez eue pour lui? Il vous manque essentiellement; cela est dur: mais n'avez-vous jamais manqué vous-même à vos père et mère? Souvenez-vous donc de vos fautes; frappez votre poitrine, et taisez-vous.

Rien ne nous est plus avantageux, mes frères, que d'avoir sans cesse devant les yeux, les péchés de notre vie passée. Pourquoi? Parce que ce souvenir nous humilie, nous tient en crainte, et nous excite à la pénitence; parce que Dieu n'oublie nos péchés qu'autant que nous ne les oublions pas nous-mêmes; et cependant nos fautes passées sont ordinairement la cho.e du monde qui nous occupe et nous inquiète le moins. Nous n'y penserions peut-être jamais, si l'affliction ne venait de temps en temps réveiller nos remords et troubler la fausse paix de notre conscience. Il faut que vous paraissiez le fouet à la main, juste Dieu! pour nous forcer en quelque sorte à ouvrir les yeux sur cette multitude d'iniquités qui ont souillé toutes les années de notre vie.

Tant qu'un fripon n'est pas poursuivi par la justice, et qu'il se croit en sûreté, il est bien moins occupé du mal qu'il a fait que de celui qu'il veut faire encore; mais quand il se voit arrêté, emprisonné, condamné, puni, c'est alors que ses friponneries, ses vols, ses brigandages viennent en foule se présenter à son imagination, et il se souvient de tout. Jusque-là il avait étouffé la voix de sa conscience; maintenant cette conscience lui ferme la bouche à son tour, et le force de dévorer intérieurement toute l'amertume des reproches dont elle l'accable, sans qu'il puisse répondre autre chose, sinon: Tout cela est vrai, tout cela est juste; je m'en souviens, j'ai mérité tout ce que je souffre: *Nunc reminiscor.* (I *Mach.*, VI, 12.)

Je me souviens à présent des maux que j'ai faits à Jérusalem, disait autrefois un des plus cruels persécuteurs du peuple de Dieu, lorsque la Providence, après s'en être servi comme d'une verge pour châtier et humilier les Juifs, brisa la verge, humilia le superbe Antiochus lui-même, qui se vit déchu tout à coup de ses orgueilleuses prétentions et frustré de ses folles espérances. *Je me souviens*, ah! *je me souviens maintenant*, s'écrie-t-il, *des maux que j'ai faits dans Jérusalem: « Nunc reminiscor malorum quæ feci in Jerusalem. »*

Je me souviens de l'impiété avec laquelle je suis entré dans le lieu saint, et de tous les excès que j'ai osé y commettre. J'ai profané la table sur laquelle étaient exposés les pains du Seigneur; j'ai renversé, brisé, foulé aux pieds ce qu'il y a de plus saint et de plus respectable chez ce peuple. (*Ibid.*, 23.) J'ai couvert les enfants du Très-Haut de flétrissure et d'opprobre; j'ai plongé les prêtres dans les larmes et dans l'humiliation. (I *Mach.*, III, 51.) Ceux qui avaient du zèle pour la loi ont été contraints de s'enfuir pour échapper à mes fureurs, et de chercher des retraites où ils pussent se cacher dans leur fuite. (I *Mach.*, I, 56.)

J'ai fait déchirer et brûler les livres qui contenaient la loi et les préceptes du Dieu d'Israël. J'en ai défendu la lecture sous les peines les plus terribles. (I *Mach.*, I 60.) J'ai voulu forcer les vrais serviteurs de ce même Dieu, de rompre l'alliance qu'ils avaient faite avec lui, de renoncer à leurs vœux, à leurs sacrifices, et à toutes les cérémonies de leur religion. (*Ibid.*, 43 seqq.) Leurs jours de fêtes ont été changés en jours de pleurs Le comble de l'ignominie où je les ai réduits a égalé celui de leur gloire, et leur haute élévation a été changée en deuil et en larmes. (*Ibid.*, 42.) Il n'y a sorte d'injustice, de cruauté, d'horreur, que je n'aie commise dans la ville, dans le temple, dans le sanctuaire, partout, et j'ai été, soit par moi-même, soit par mes émissaires, le fléau et comme *le mauvais démon d'Israël* « *In diabolum malum in Israel.* (*Ibid.*, 38.)

Enflé de mes succès et aveuglé par mon orgueil, j'avais formé dans ma tête le vain projet de renverser la religion, les mœurs, les lois, les coutumes du royaume de Juda; je voulais qu'il prît celles des nations voisines et des autres peuples. (*Ibid.*, 4.) Ah! je ne voyais point au-dessus de moi, ou plutôt je méprisais la main puissante de cette majesté souveraine qui m'arrête aujourd'hui, me frappe et me couvre de confusion. Dans quel état suis-je maintenant réduit! Dans quel abîme d'affliction me vois-je plongé! moi qui étais si content, si chéri, si fier au milieu de ma puissance, me voici accablé de tristesse, rongé d'inquiétude, faible, languissant, mourant dans une terre étrangère. (I *Mach.*, VI, 11.) Je me souviens à présent des maux que j'ai faits à Jérusalem, et je reconnais qu'ils m'ont justement attiré ce que je souffre : *In quantam tribulationem deveni !.... qui jucundus eram et dilectus in potestate mea ! nunc vero reminiscor malorum quæ feci in Jerusalem.... Cognovi ergo quia propterea invenerunt me mala ista.* (*Ibid.*, 12, 13.)

Antiochus, avant que Dieu l'humiliât, ne pensait point au mal qu'il avait fait. Mais vous, mon cher paroissien, pensez-vous à celui que vous avez fait vous-même depuis que vous êtes au monde ? Ah ! je l'ai dit et je le répète, c'est là ce qui vous occupe le moins. Vos verges, mon Dieu, vos verges ; poursuivez ce criminel, arrêtez-le, frappez-le; frappez sur ses biens, sur son honneur, sur sa personne, sur ce qu'il a de plus cher ; abreuvez son âme de fiel, et il se souviendra de ses crimes.

On trouve quelquefois des vieillards qui disent : Moi ! je ne fais point de mal ; et qui sont là-dessus fort tranquilles. A la bonne heure que vous ne fassiez plus aujourd'hui le mal que vous faisiez autrefois ; et vraisemblablement si vous ne le faites plus, c'est que vous ne pouvez plus le faire. Mais ne comptez-vous pour rien celui que vous avez fait étant jeune ? Justice de mon Dieu! frappez sur ce vieux pécheur, accablez-le de toutes les infirmités, de toutes les angoisses de la vieillesse. Ah ! Seigneur, Seigneur! ah! mon Dieu! ah! je me souviens; oui, je m'en souviens : *Nunc vero reminiscor*. Je m'en souviens, je m'en repens, je vous en demande pardon; oubliez les péchés de ma jeunesse.

Il y a des personnes, et j'en connais, qui vous diront froidement : Je ne fais point de mal et ne sais presque de quoi me confesser. Vous ne savez de quoi vous confesser? Attendez, mon ami, attendez, on va vous l'apprendre. Arrive tout à coup le moment de l'humiliation et de la douleur ; c'est un revers de fortune, c'est une maladie sérieuse, c'est une mortification publique, c'est un accident cruel et imprévu. Oh ! le bel examen de conscience! Demandez-lui alors s'il est vrai que sa vie soit innocente et irréprochable au point qu'il ne sache de quoi s'accuser lorsqu'il vient à confesse, et vous entendrez sa réponse. Oh ! la belle confession ! oh ! qu'elle est exacte ! qu'elle est sincère ! qu'elle est humble ! l'affliction qui le presse est comme une sorte de question qui lui arrache l'aveu non-seulement des péchés énormes qui ont souillé sa vie passée, mais d'une infinité d'autres qu'il commet journellement, dont il ne s'aperçoit point, et qui ne lui donnent pas la plus petite inquiétude. L'aveu de son orgueil, de sa vanité, de sa sensualité, de toutes ses fausses délicatesses ; l'aveu d'un attachement excessif pour ses biens, pour sa famille, pour sa personne, pour les plaisirs et les commodités de cette vie ; l'aveu de son indifférence, de son peu de sensibilité à l'égard des pauvres et de tous ceux qui sont dans l'affliction ; l'aveu de sa tiédeur, de ses négligences dans le service de Dieu, du peu de zèle qu'il a pour la religion, pour l'Eglise, pour le salut du prochain, aussi bien que pour sa propre satisfaction ; l'aveu de ses manquements journaliers aux devoirs de son état, des motifs d'ambition, d'avarice, de vaine gloire, qui se mêlent dans tout ce qu'il fait ; l'aveu même de ces fautes presque imperceptibles, dont les âmes les plus timorées ne sont jamais tout à fait exemptes. Le moment de l'affliction est un moment de lumière : on voit alors, on convient de tout sans déguisement de bonne foi, sans excuse. Et comme les peines que l'on souffre inspirent de l'éloignement et de l'aversion pour ce qu'il les a occasionnées ; de là vient que les afflictions qui sont la peine du péché que l'on a commis, sont en même temps un préservatif contre ceux que l'on pourrait commettre.

Il n'est guère de pécheur qui dans le moment où Dieu le frappe ne craigne les jugements de Dieu, et ne commette le mal avec plus de retenue. De quelque espèce que soient nos passions, l'humiliation et la douleur les rendent moins vives et moins impétueuses. Les afflictions sont à l'homme ce que la bride, l'éperon, le fouet sont au cheval ; elles rabattent l'orgueil, répriment l'ambition, étouffent la colère, amortissent les désirs de la chair ; elles nous rendent plus circonspects, plus sages, plus retenus ; elles nous forcent à nous humilier sous la main puissante de celui à qui l'on ne résiste jamais impunément, et qui sait toujours bien nous faire sentir qu'il est le maître.

Tels sont, mes chers paroissiens, les avantages que l'on retire des afflictions : les païens eux-mêmes les ont sentis, et leurs philosophes ont dit à peu près sur cet article tout ce que vous venez d'entendre. Mais les disciples de Jésus-Christ envisagent ces afflictions sous un autre point de vue; ils y voient quelque chose de plus. Souffrez-moi, je vous prie, encore un instant et je finis.

TROISIÈME RÉFLEXION.

Il en est des réflexions que nous venons de faire, et de mille autres semblables, comme de ces longs discours que les amis du saint homme Job inventaient pour le consoler, et qui ne le consolaient pas du tout ; bien loin de là, car au lieu d'adoucir ses douleurs, ils ne servaient qu'à les lui faire trouver plus amères.

En effet, si lorsque je suis accablé de chagrin, assommé d'ennui et de tristesse, vous me présentez pour toute consolation le tableau effrayant des peines et des misères de cette vie, disant qu'elles sont inévitables, que nul homme n'en est exempt, et que puisqu'il n'est pas possible de s'en garantir, il faut donc les supporter avec patience ; tout cela est fort beau, mais je n'y vois rien de consolant, et votre harangue servira plutôt à me rendre la vie odieuse ; car enfin, si je ne suis venu au monde que pour souffrir, si je ne puis pas vivre sans souffrir, il valait donc infiniment mieux ne pas naître. Je n'ai donc qu'à *maudire la nuit où j'ai été conçu*, et le jour où mes yeux y ont vu pour la première fois la lumière. Je m'abandonnerai au désespoir; j'appellerai la mort à mon secours; j'irai au-devant d'elle; je la saisirai comme la seule voie par où je puisse échapper à des maux qui me paraissent insupportables.

Vous dites que ce sont là des verges dont Dieu me frappe et qui me sont nécessaires pour me punir, pour m'humilier, pour me faire rentrer en moi-même, pour me ramener dans le devoir et m'y contenir; soit. Je serai donc humilié, j'aurai le cœur flétri ; je rentrerai en moi-même, et je serai déchiré par les remords; la crainte me retiendra ; je deviendrai, si vous voulez, plus souple, plus traitable, et il m'en sera bien force ; mais dans tout cela, je ne vois rien de consolant, et les verges dont vous me parlez ne me seront pas moins odieuses. Les étrivières que l'on donne à un esclave quand il le mérite, lui sont nécessaires, utiles, avantageuses, mais il les a en horreur; plus elles lui sont nécessaires, plus il les craint, et plus il les craint, plus il les déteste. Ainsi, et par la même raison, détesterai-je toujours moi-même les maux que je suis obligé de souffrir, tant que vous ne m'en parlerez que sur ce ton-là. Taisez-vous donc, et laissez-moi si vous n'avez rien de plus consolant à me dire : *Consolatores onerosi omnes vos.* (*Job*, XVI, 2.)

Non, mes frères, non, la sagesse humaine, quoi qu'on en dise, et quelque beaux discours qu'elle nous fasse, n'est qu'une très-faible ressource dans les afflictions. Si les motifs de consolation que la raison seule nous suggère, peuvent nous inspirer une sorte de patience ; ils peuvent aussi, quand on les approfondit et qu'on les voit d'un certain côté, nous porter au murmure, et nous conduire au désespoir. Il faut donc recourir à l'Evangile; envisager les afflictions avec les yeux de la foi, et alors tout change de face.

Dès que la religion me présente un Dieu fait homme, et qui ne s'est fait homme que pour souffrir, pour embrasser tout ce qu'il y a de plus humiliant, de plus douloureux, de plus amer dans les peines de cette vie ; pour arroser de ses larmes, de ses sueurs, de son sang, les épines dont cette terre est couverte : ah! que ces épines deviennent précieuses à mes yeux ! ah! que les blessures qu'elles me font sont douces! Lorsque je vois l'Homme-Dieu ramasser dans sa personne toutes les eaux des tribulations humaines, et en former avec son sang, comme un fleuve de bénédictions qui porte ses élus dans l'océan du bonheur et des délices éternelles; ah ! j'entre sans crainte dans ce fleuve ; je nage dans la joie au milieu de ces tribulations.

Que votre sagesse est profonde, qu'elle est admirable, ô mon Dieu ! Les maux inséparablement attachés à notre nature sont devenus par votre incarnation et par votre croix, la source des véritables biens. De même que les afflictions naissent du sein des plaisirs et de la fausse joie du monde ; ainsi vous faites naître la joie, la consolation, la paix de nos âmes, du sein même des afflictions et de la douleur. Comme les biens d'ici-bas n'ont que des apparences trompeuses; comme les douceurs qu'ils promettent sont toujours mêlées de fiel, et renferment un poison qui nous déchire ensuite les entrailles : ainsi, le calice que vous nous présentez, ô Jésus, et qui n'offre rien que de rebutant aux yeux de la nature, renferme des douceurs ineffables qui en corrigent toute l'amertume ; ou s'il y en reste encore, elle ne sert qu'à le rendre plus précieux aux yeux de notre foi, et à nous le faire trouver plus agréable : *Calix in manu Domini, vini meri plenus misto.* (*Psal.* LXXIV, 9.)

Les afflictions que Dieu vous enverra, mon cher paroissien, vous feront souvenir de vos péchés ; elles exciteront les remords de votre conscience. Souvenir amer, remords cuisants, cela est vrai ; mais elles vous annonceront en même temps que Dieu vous aime encore, et qu'il veut vous pardonner. Vous y verrez les effets de sa miséricorde, les gages de sa tendresse, un signe de prédestination. Quoi de plus consolant ! Ah ! les larmes que répand un vrai chrétien au moment de son affliction, les sentiments qu'il éprouve et dont il est pénétré en embrassant la croix de Jésus-Christ, ont je ne sais quel goût divin ; son âme respire je ne sais quelle odeur céleste qui la réjouit, qui la fait soupirer après les consolations éternelles, dont les élus sont enivrés dans le ciel. Oui, mon aimable Sauveur, en embrassant vous-même la douleur, les humiliations et toutes les peines de cette misérable vie, vous leur avez communiqué un goût exquis, une odeur délicieuse qu'elles n'auraient jamais eus sans vous; qui attire vos vrais disciples, qui les entraîne, les fait courir après votre calice et votre croix, au point que la plus grande de leurs afflictions serait de n'en avoir aucune. *Curremus in odorem unguentorum tuorum.* (*Cant.*, I, 3.)

Je dis, mes frères, que pour un homme qui croit en Jésus-Christ, la plus grande de toutes les afflictions serait de n'en avoir aucune. Quelque étrange que cette réflexion puisse vous paraître, vous serez forcés de convenir qu'elle n'a rien que de très-juste. Pour en sentir toute la vérité, supposez et représentez-vous un chrétien qui, n'ayant point de croix, et jetant les yeux sur celle de Jésus-Christ, raisonne sur lui-même suivant les principes de sa foi, et d'après les maximes de l'Evangile.

J'ai commis depuis ma jeunesse un grand nombre de fautes, que je ne saurais me dissimuler. En examinant les uns après les autres, les commandements que Dieu m'a faits, je n'en trouve aucun sur lequel ma conscience ne me reproche quelque transgression; et j'ajoute encore tous les jours de nouveaux péchés à ceux de ma vie passée. Dieu le sait, il a tout vu, il voit tout. Je sais moi-même à n'en pouvoir douter, qu'étant la sainteté par essence, il doit avoir le péché souverainement en horreur. Et néanmoins, il ne m'a donné jusqu'ici aucune marque de sa colère. Pourquoi ne me punit-il pas comme il en punit tant d'autres qui sont moins coupables que moi? Que signifie ce silence? il dit et je l'ai mille fois entendu: *Je châtie ceux que j'aime.* (*Apoc.*, III, 19.) Vous ne m'aimez donc plus, ô mon Dieu, puisque vous ne me châtiez point? vous m'avez donc renoncé pour votre enfant? vous m'avez donc effacé du livre de vie? je n'ai donc plus à espérer, ni grâce, ni miséricorde? ma réprobation est donc consommée? vous ne me punissez pas en ce monde, vous avez donc résolu de me punir éternellement dans les enfers?

Il y a plus, mon cher paroissien: quand même vous auriez toujours mené une vie régulière et innocente; quand même votre conscience ne vous reprocherait rien, vous ne seriez pas pour cela justifié: parce que n'avoir point de croix est un signe de réprobation; et il faudrait encore vous écrier à la vue de Jésus-Christ souffrant et crucifié: Je tremble, grand Dieu, je tremble; et la crainte de vos jugements me pénètre jusque dans la moelle des os, quand je fais réflexion à la manière dont vous en usez avec moi. Eh! pourquoi donc, Seigneur, n'ai-je point de part à vos humiliations, à vos douleurs, à vos souffrances? Pour quelle raison éloignez-vous de moi le calice dans lequel vous faites boire vos élus? pourquoi ne me mettez-vous pas dans le creuset de la tribulation, par lequel vous faites passer tous ceux qui vous sont agréables? serais-je donc à vos yeux comme un de ces vases que l'on a mis au rebut; comme une de ces pierres que l'ouvrier ne taille point et qu'il rejette, parce qu'il ne les trouve point propres à entrer dans la construction de son édifice?

Ah! Jésus, ne rejetez pas ainsi l'ouvrage de vos mains. Prenez le marteau, le ciseau des afflictions; frappez, coupez, taillez cette pierre, et rendez-la digne d'être placée dans la céleste Jérusalem. Mon Sauveur, mon adorable Sauveur, faites-moi boire dans votre calice; étendez-moi sur votre croix; couronnez-moi de vos épines; percez-moi de vos clous: afin qu'ayant ainsi dans ma personne, quelques traits de conformité avec la vôtre, je puisse espérer d'être du nombre de vos élus. Ainsi penserait, ainsi parlerait, mes frères, un chrétien à qui Dieu n'aurait point encore envoyé des afflictions; et il raisonnerait juste. Car enfin, les prédestinés sont ceux que Dieu a résolu de rendre conformes à l'image de Jésus-Christ son Fils. Saint Paul l'a dit en termes formels, et c'est un article de foi. Or, pour être conforme à Jésus-Christ, il faut nécessairement des afflictions. Sans cela, point de conformité avec ce divin modèle, et sans cette conformité, point de salut; mais aussi quand on souffre avec lui et comme lui, on est assuré d'être glorifié avec lui. *Si compatimur et conglorificabimur*, dit l'apôtre (*Rom.*, VIII, 17); et voilà ce que j'appelle une consolation solide. Le chemin qui conduit au ciel, est celui que Jésus-Christ a tracé, par où il a passé lui-même, et par lequel tous les saints ont marché à sa suite; le chemin des afflictions, nous n'en connaissons pas d'autre. Si la Providence ne me conduit point par ce chemin, ma vie est la vie d'un réprouvé. Mais lorsque j'y marche, je vois le paradis au bout: et si je persévère jusqu'à la fin dans la patience, je suis assuré de mon salut. Voilà, mes frères, encore une fois, ce qu'on peut appeler des consolations solides.

Qu'est-ce qui peut me rassurer contre les jugements de Dieu? sont-ce mes vertus et mes bonnes œuvres? mes confessions, mes communions, mes jeûnes, mes prières? Non: tout cela peut être fort bon; mais tout cela peut être aussi fort mauvais. Ma propre volonté, mon amour-propre s'y mêlent souvent et gâtent tout. Mais les afflictions que Dieu m'envoie, les croix dont il me charge; voilà ce qui me rassure et me remplit de confiance. Lorsque la justice de Dieu est irritée à un certain point contre le pécheur, elle ne l'afflige plus, elle ne le châtie plus, elle le laisse tranquille; c'est un enfant abandonné à lui-même. Tout est perdu: *Exacerbavit Dominum peccator; secundum multitudinem iræ suæ non quæret.* (*Psal.* X, 4.) Mais il m'afflige, il me châtie: donc il m'aime; donc il veut me pardonner; donc il me pardonne: voilà ce qui me rassure et fait ma consolation.

Quand on veut arracher une vigne, on ne s'embarrasse plus de la tailler; on ne la laboure plus, on la laisse croître et s'étendre à sa volonté : mais quand on veut la conserver, on la taille, on la plie, on la redresse, on coupe tout ce qui est superflu. Les afflictions sont à notre âme ce que la serpe est à la vigne. Viennent-elles à manquer? preuve que la main de Dieu se retire et nous abandonne.

...Je demande à présent, mes frères, où est notre foi, lorsque bien loin de nous réjouir dans les afflictions, nous ne les souffrons pas même avec patience? Seigneur, retirez votre main de dessus moi, ôtez ce fouet, brûlez ces verges, ne me châtiez point; délivrez-moi de cette croix, elle me fait horreur, elle m'est insupportable, je n'en veux point : quel langage! Voilà pourtant ce que nous disons non-seulement de cœur, mais de bouche, par nos plaintes, par nos murmures, par notre conduite, par tous les efforts que nous faisons pour rejeter loin de nous les croix que Dieu nous présente et dont il nous charge.

Quelle sera donc à l'heure de la mort la position d'un chrétien qui, n'ayant eu que de l'aversion pour les croix, se trouvera n'avoir aucune ressemblance avec Jésus-Christ crucifié? on lui en présentera l'image; mais cette image, au lieu de lui inspirer la confiance, ne servira qu'à le remplir de confusion et à faire naître dans son esprit des pensées de désespoir. Ne vous semble-t-il pas, mes frères, entendre une voix terrible sortir de la bouche du Crucifix : Misérable chrétien, quelle ressemblance y a-t-il entre vous et moi? voilà mes épines, voilà mes clous, voilà mes plaies, voilà mes souffrances. Où sont les vôtres? Je vous ai envoyé des croix, mais vous les avez rejetées, elles n'ont servi qu'à m'attirer des murmures de votre part. Vous avez souffert sans résignation, sans amour, et par conséquent sans mérite; allez, il n'y a rien de commun entre vos afflictions et les miennes, vous n'avez rien qui me ressemble, et je ne vous connais point.

Heureux donc alors, et mille fois heureux le chrétien qui pendant sa vie aura *porté dans son corps* et dans son cœur *la mortification de Jésus-Christ.* (II *Cor.*, IV, 10.) Quelle joie! quelle consolation à la vue de ce Dieu crucifié! Seigneur, voilà vos plaies, et voici les miennes; voilà vos humiliations, et voici les miennes; voilà vos souffrances, et voici les miennes; voilà votre croix enfin, et voici les miennes; voilà celles de ma jeunesse, voilà celles d'un âge plus avancé; voici les croix de ma vieillesse, je ne m'en suis jamais plaint, je les ai toujours reçues et embrassées en vous rendant mille actions de grâces; permettez-moi donc de vous dire aujourd'hui ce que vous disiez autrefois de vos apôtres : *Infer digitum tuum huc et vide manus meas et pedes meos.* (*Joan.*, XX, 27.) Approchez, Seigneur, approchez votre main divine, et touchez les plaies que vous m'avez faites; voyez ce que j'ai souffert pour l'amour de vous, dans mes biens, dans ma santé, dans mon honneur, et par tous les endroits les plus sensibles : voyez, touchez et soyez fidèle à vos promesses, la voix de mes iniquités s'élève et crie contre moi; mais la voix de mes souffrances unies aux vôtres crie encore plus fort, et vous demande miséricorde.

Mes chers paroissiens, qu'en pensez-vous? sont-ce des fables que je vous conte ou des vérités que je vous prêche? Si ce sont des fables, il faut donc brûler l'Evangile; mais si ce sont des vérités et comme autant d'articles de notre foi, les afflictions de cette vie n'ont rien qui ne doive les faire désirer, bien loin de les faire craindre; il faudrait donc les appeler si elles ne venaient point : jugez de là quel est notre aveuglement, lorsque nous regardons le temps où Dieu nous les envoie, comme le plus malheureux de notre vie.

Je ne suis donc plus étonné, ô mon Dieu, de voir vos apôtres et tous vos vrais disciples, courir après les souffrances et se réjouir dans le sein des tribulations : ils y voyaient les verges d'un père qui châtie ses enfants avec d'autant plus de sévérité qu'il les aime davantage : ils y voyaient, ô Jésus, vos épines, vos douleurs, votre croix, et ils s'estimaient bienheureux d'avoir quelque part à votre calice : ils y voyaient le chemin du ciel, les signes consolants de leur prédestination, le gage certain de cette vie éternellement heureuse que vous avez préparée à vos élus. Ouvrez donc mes yeux, Seigneur, afin que je voie moi-même, et que je découvre dans les afflictions les biens inestimables qu'elles renferment, les douceurs, la joie, les consolations ineffables dont elles sont la source. Hélas! que je les aime ou que je les haïsse, que je les embrasse ou que je les rejette, je n'en souffrirai pas moins; elles sont inséparables de la condition humaine, elles me suivront partout, et tant que je ne les recevrai pas avec soumission, avec patience, avec amour, je souffrirai comme les réprouvés : au lieu d'être attaché à la croix avec vous, ô mon Sauveur, j'y serai attaché avec ce mauvais larron qui vomissait contre vous des imprécations et des blasphèmes. Ah! préservez-moi d'un malheur aussi terrible, faites que je souffre non-seulement avec résignation, mais avec joie; que j'aille au-devant des afflictions, bien loin de les fuir. Chargez-moi de votre croix, quelque pesante qu'elle me paraisse, elle sera toujours légère en comparaison de ce que j'ai mérité; légère en comparaison des peines de l'autre vie, légère en comparaison du poids immense de gloire que vous destinez à ceux qui souffrent pour vous, avec vous et en vous. Ce sont là, mes chers paroissiens, les souffrances, les croix et la gloire que je vous souhaite. Au nom du Père, etc.

DISCOURS XXVI.

Pour le quatrième Dimanche après Pâques.

SUR LA PATIENCE.

Nemo ex vobis interrogat me : Quo vadis? Sed quia hæc locutus sum vobis, tristitia implevit cor vestrum. (*Joan.*, XVI, 5, 6.)

Aucun de vous ne me demande où je vais? Mais parce que je vous ai dit ces choses, votre cœur se trouve rempli de tristesse.

Tel est, mes chers paroissiens, le reproche que faisait Notre-Seigneur à ses disciples, lorsqu'il était sur le point de les quitter pour retourner à son Père ; et tel est aussi dans un sens très-vrai, le reproche qu'il pourrait faire à ceux d'entre nous qui s'abandonnent à la tristesse dans certains moments où il semble que Dieu se retire et les abandonne. C'est alors qu'il faudrait étudier les desseins de la Providence, réfléchir sérieusement et profondément méditer sur cette adorable sagesse qui nous conduit par des voies presque toujours incompréhensibles, mais toujours justes; soit qu'elle nous humilie et nous afflige, soit qu'elle nous relève et nous console ; nous plaçant tantôt dans une situation, tantôt dans une autre, comme il lui plaît, et nous faisant passer par toute sorte d'épreuves. Si nous interrogions là-dessus Jésus-Christ, il nous répondrait intérieurement ce qu'il disait à ses Apôtres : ***Expedit vobis.*** (*Joan.*, XVI, 7.) Cette épreuve vous est utile, elle vous est nécessaire; notre cœur, notre conscience, notre vie nous instruiraient souvent des raisons pour lesquelles Dieu en use ainsi avec nous; et l'égalité, la tranquillité, la paix de nos âmes seraient le fruit de ces réflexions. Point du tout, uniquement occupés de ce que notre position présente a de flatteur ou de désagréable, nous nous soucions fort peu d'examiner pourquoi Dieu permet que telle et telle chose arrive ainsi et ainsi; de là vient que nous ne savons supporter ni les biens ni les maux de cette vie.

Dimanche dernier je vous parlais des afflictions, je viens vous entretenir aujourd'hui sur la patience; peut-être vous répéterai-je quelque chose de ce que j'ai dit, et tant mieux : je voudrais qu'il me fût permis de vous remettre sans cesse sous les yeux, tout ce qui est le plus capable de vous porter à la pratique d'une vertu dont nous avons si grand besoin, soit vis-à-vis de Dieu, soit vis-à-vis du prochain, soit vis-à-vis de nous-mêmes.

PREMIÈRE RÉFLEXION.

Nous sommes les jouets de la fortune, qui place, déplace, élève, abaisse, afflige, console les misérables humains et les berce au gré de ses caprices : tel est le langage du monde ; mais les chrétiens ne pensent et ne parlent point ainsi. Tout ce qui arrive au dernier des hommes, aussi bien que ce qui arrive aux plus grands rois de la terre, n'arrive et ne peut arriver sans une permission expresse de celui dont la sagesse infinie atteint d'un bout à l'autre de l'univers, d'un bout à l'autre des siècles, d'un bout à l'autre de notre vie ; embrassant jusqu'aux moindres des créatures, jusqu'à un cheveu de notre tête ; disposant de tout avec une force à laquelle rien ne résiste, mais avec une douceur qui laisse une entière liberté aux hommes; de sorte qu'ils ne font jamais ce qu'ils ne veulent pas faire, quoiqu'ils ne fassent rien que Dieu ne veuille ou ne permette ainsi : *Attingens a fine usque ad finem fortiter; suaviterque disponens omnia.* (*Sap.*, VIII, 1.)

C'est sa main toute sage et toute puissante, qui, après avoir formé les membres de notre corps dans le sein de nos mères où nous avons été animés d'un souffle divin, nous tire de cette prison et nous introduit dans ce bas monde, pour nous conduire à travers un mélange continuel de biens et de maux, à ce bonheur suprême dont il nous inspire le désir, et qu'il promet à quiconque s'abandonne parfaitement à ses volontés toutes justes et toutes saintes.

C'est la main de Dieu et non pas la fortune ou le hasard qui nous porte d'un lieu dans un autre ; qui nous met tantôt dans une position, tantôt dans une autre ; qui nous fait passer comme bon lui semble de la joie aux afflictions, des afflictions à la joie ; de la pauvreté aux richesses, des richesses à la pauvreté; de la gloire aux humiliations, des humiliations à la gloire; et celui-là est ce que j'appelle patient avec Dieu, qui supporte sans s'émouvoir les biens et les maux de cette vie, conservant l'égalité de son âme, dans quelque situation qu'il se trouve. Toujours ferme et plein de confiance sous la main de Dieu, quand elle le frappe ; toujours humble, toujours plein de retenue et de circonspection dans la main de Dieu, quand elle l'élève ; de sorte que la prospérité ne l'enfle point, et qu'il ne soit jamais abattu par les disgrâces.

Vous êtes affligé, mon cher paroissien ; n'en accusez point les créatures, c'est la main de Dieu qui est sur vous : armez-vous donc de courage; tenez ferme, supportez la main du Seigneur, et attendez avec patience qu'il vous console : ***Exspecta Dominum, viriliter age, et confortetur cor tuum, et sustine Dominum.*** (*Psal.* XXVI, 14.) Vous ne souffrez rien qu'il n'ait prévu, qu'il n'ait ordonné, qui ne fût résolu dans ses décrets éternels et immuables. Le temps et le lieu de cette affliction étaient marqués avant votre naissance. Il était écrit qu'une telle année, un tel jour vous seriez mis dans le creuset c'est la main de Dieu qui vous y a mis, et qui vous y retient pour des raisons que vous connaissez, ou que vous ne connaissez pas, mais qui sont nécessairement justes, et très-certainement relatives à votre plus grand bien. Supportez donc cette main divine, elle vous tirera du creuset, lorsque vous y penserez le moins; vous en sortirez comme un argent raffiné, comme un or épuré, comme une pierre précieuse sort de la main de l'ouvrier, plus belle et plus précieuse encore : *Sustine Dominum.*

L'affliction passera, mais le fruit que vous en retirerez ne passera point; et la suite vous en fera connaître tout le prix. Vous m'avez fait passer, ô mon Dieu, par la fournaise des afflictions; elles m'étaient nécessaires, je le vois à présent, et je vous en rends mille actions de grâces. Ah! qu'il est bon, qu'il est utile à l'homme de souffrir, et d'attendre en silence que votre volonté s'accomplisse sur lui : *Sedebit solitarius et tacebit quia levavit super se.* (*Thren.*, III, 28.) Je vois, je sens au-dessus de moi la main paternelle qui me châtie; je m'humilierai donc sous les coups dont elle me frappe pour me guérir ; je les recevrai avec une résignation parfaite, je les porterai avec une tranquillité pleine de confiance ; je n'ouvrirai pas la bouche pour me plaindre, Seigneur ; je chercherai en vous seul ma consolation, et je l'attendrai de vous seul : *Læva ejus sub capite meo, et dextera illius amplexabitur me.* « *Il met sa main gauche sous ma tête. et sa main droite m'embrassera.* » (*Cant.*, II, 6.) Dans la main gauche du Seigneur sont les afflictions, dit là-dessus saint Bernard. (Serm. 51, *in Cant.*) Il la pose sous notre tête, et sur notre tête, parce qu'il nous soutient en même temps qu'il nous afflige ; mais après ces moments d'épreuve et de tribulations, il nous embrasse de sa main droite, dans laquelle sont les consolations et les douceurs : *Delectationes in dextera ejus.* (*Psal.* XV, 11.) Ah! que je souffre! ah! que cette maladie est longue! ah! que cet enfant me donne du chagrin! les inquiétudes me rongent, les soucis me dévorent, le malheur me poursuit. Non, mon cher enfant, ce n'est pas le malheur qui vous poursuit, c'est la main gauche du Seigneur qui est posée sur vous : *Læva ejus.* Patience, patience, bientôt vous sentirez sa main droite vous embrasser. Après la tempête et le froid, viennent le calme et la bonnace : *Dextera illius amplexabitur me.*

Lorsque nous sommes affligés, mes frères, notre âme est pour ainsi dire sous le pressoir. Si le raisin n'était point écrasé, il se dessécherait, il se pourrirait; mais étant mis sous le pressoir, il rend un jus délicieux, qui fortifie et réjouit le cœur de l'homme. C'est ainsi que l'homme chrétien tire du sein même de l'affliction, ces douceurs intérieures qui lui donnent une nouvelle force et le remplissent d'une joie toujours céleste, quand il ne résiste point à la main de Dieu qui le presse, le foule, l'écrase en quelque sorte, comme on écrase le raisin sous le pressoir. Eh! que vous servirait-il de lui résister, à cette main toute-puissante? A quoi pourraient aboutir les efforts que vous feriez pour la rejeter et vous en débarrasser? Si vous ne voulez point vous tenir sous le pressoir avec Jésus-Christ, vous y resterez sans Jésus-Christ. Souffrir sans Jésus-Christ, ah! c'est souffrir sans consolation, et sans espérance; ce qui est l'image et comme le prélude des tourments que souffrent les âmes damnées.

Messieurs les incrédules, qui vous moquez ouvertement de ce que la foi vous enseigne sur cet article, quelle figure faites-vous sous la main de Dieu, quand elle vous frappe? car vous n'êtes point à l'abri de ses coups, et plût au ciel que vous sussiez mettre à profit les humiliations qu'il vous ménage! Mais comment la soutenez-vous cette main lorsqu'elle s'appesantit sur votre tête? Les beaux propos ne vous manquent point; vous faites les braves; mais au fond, quel est le motif de votre patience prétendue? Que gagnez-vous à souffrir? Qu'espérez-vous en souffrant? Quelle espèce de consolation trouvez-vous dans vos peines? Celle qu'y trouvaient les sages païens? Mais les païens ne faisaient pas difficulté de se donner eux-mêmes la mort dans certaines occasions, où ils ne pouvaient plus supporter la vie, ce qui est le comble de la faiblesse, aussi bien que le comble de la folie et du désespoir. Votre unique ressource, lorsque vous remontez à la première cause de vos douleurs, et que vous approfondissez les choses à un certain point, vous qui aimez tant à raisonner sur tout et à tout approfondir; votre unique ressource est donc de blasphémer l'Auteur de votre être, de rejeter et de lui rendre, avec indignation, la vie malheureuse qu'il vous a donnée? Prenez-le comme il vous plaira : si dans certains moments où cette vie vous est à charge, vous ne prenez pas le parti de vous en débarrasser, c'est que vous n'avez pas la force de mourir; et si vous vous en débarrassez, c'est que vous n'avez pas la force de vivre. Voilà ce qui résulte de vos principes. Et vous êtes des esprits forts!

Non, mes frères, non, ce n'est que par faiblesse qu'un homme raisonnable à qui la vie est à charge, peut la retenir ou s'en défaire lorsqu'il ne croit point en Jésus-Christ. Il n'y a que la vue de votre croix, ô Jésus! et le souvenir de vos souffrances qui puissent vous faire bénir l'auteur et le conservateur de votre vie, dans un temps où elle ne nous offre rien que d'amer, ou elle nous accable de douleur et de tribulation. Sans Jésus-Christ j'ai beau demander pourquoi je souffre, il ne me vient d'aucune autre part une réponse qui me satisfasse, qui me console, qui me donne du courage, qui me porte par des raisons solides, à souffrir avec patience; et enfin, ce n'est qu'en Jésus-Christ et par Jésus-Christ que l'homme peut soutenir, sans être ébranlé, ce que le monde appelle les coups de la fortune, et nous, chrétiens, les coups de la Providence ; qu'il peut les soutenir sans perdre l'égalité de son âme, je ne dis pas seulement dans les afflictions, mais encore dans le sein de la joie et de la prospérité, ce qui n'est pas moins difficile, peut-être plus. Tel a montré au temps de l'affliction une force et une patience admirables, qui a paru ensuite dans la prospérité le plus vain et le plus faible des hommes. Dans l'adversité nous sommes éprouvés d'une façon, et dans la prospérité nous sommes éprouvés d'une autre. Celle-ci est aussi bien que celle-là, comme une pierre de touche, par le moyen de laquelle on distingue le vrai or d'avec ce qui n'en a que l'apparence.

Lorsque je vois un chrétien dans l'affliction : Patience, lui dis-je, mon cher enfant, attendez le Seigneur, et tenez ferme sous la main qui nous humilie. *Exspecta Dominum... sustine Dominum.* Mais j'en vois un autre à qui tout rit, que les richesses, les plaisirs et la gloire environnent, je crierai de toutes mes forces : Patience, Monsieur, patience; tenez ferme sous la main de Dieu qui vous élève ; prenez garde que cet or et cet argent ne vous éblouissent, que ces plaisirs ne vous corrompent, que cette élévation ne vous fasse tourner la tête. La Providence vous a placé dans une terre dangereuse ; elle est remplie de serpents venimeux, dont la piqûre est mortelle. Ces plaisirs sont du poison, cette gloire est une fumée qui étourdit ; vous marchez, pour ainsi dire, sur des charbons ardents ; si vous vous y arrêtez, vous êtes perdu. Armez-vous donc de courage : *Viriliter age.* Il faut des précautions, une sagesse et une force extraordinaires pour passer sain et sauf au milieu de si grands dangers. Tenez donc votre cœur à deux mains, si je puis m'exprimer de la sorte, fortifiez-le contre la volupté, contre l'avarice, contre l'ambition et la vaine gloire. Méfiez-vous de tous ces ennemis qui vous assiégent, qui vous menacent, qui vous tendent des piéges continuellement, et dont vous serez la victime, si vous n'y prenez pas garde : *Viriliter age et confortetur cor tuum.*

Cette position, qui vous paraît si agréable, est une épreuve par où la Providence juge à propos que vous passiez; mais vous ne faites qu'y passer : la main qui vous élève aujourd'hui vous abaissera demain. Aujourd'hui l'abondance, demain la pauvreté ; aujourd'hui le plaisir, demain la douleur; aujourd'hui la gloire, demain les humiliations ; aujourd'hui la vie, demain la mort. Attendez donc le Seigneur, et ne le perdez jamais de vue, quelque part que sa main vous conduise : *Exspecta Dominum.* Etes-vous dans l'affliction, attendez le Seigueur, qui viendra bientôt essuyer vos larmes. Etes-vous dans la joie, attendez le Seigneur qui vous frappera tout à coup, lorsque vous y penserez le moins. Dans quelque situation que vous vous trouviez, regardez-la comme une épreuve par laquelle Dieu vous fait passer, non pas pour savoir ce que vous êtes, il le sait; mais afin que vous appreniez vous-même à vous connaître.

Examinez donc et pesez attentivement, mon cher paroissien, les divers mouvements de votre cœur, dans les positions différentes et dans les événements divers qui partagent votre vie. Voyez quelles sont vos pensées, vos désirs, vos discours, votre conduite dans le temps de l'affliction. Voyez ensuite quelles sont vos pensées, vos attaches, votre façon de parler et d'agir dans un autre temps où la Providence vous comble de ses faveurs. Ce n'est qu'en vous regardant vous-même dans ces différentes situations, que vous apprendrez à vous connaître. Quiconque n'a eu que des peines, ne peut pas savoir quel il est, parce qu'il ignore l'impression que le bien-être aurait fait sur lui ; et quiconque n'a jamais eu du chagrin à un certain point, ne peut pas se connaître, parce qu'il ignore comment il l'aurait supporté. Souffrez donc que la main de Dieu vous éprouve, et soutenez ses épreuves de manière qu'il vous trouve fidèle en tout et par tout. Fidèle et inébranlable dans l'abondance comme dans la pauvreté, dans les tribulations comme dans la joie, au comble des honneurs comme dans le sein des humiliations. Fidèle en particulier, et plein d'une confiance inébranlable dans certains moments où il semble que tout soit perdu. C'est alors qu'il faut espérer contre toute espérance, à l'exemple de ce patriarche devenu si célèbre par sa foi et par les bénédictions prodigieuses dont elle fut récompensée.

Abraham, prenez votre fils Isaac, et allez me l'offrir en sacrifice sur cette montagne. (*Gen.*, XXII, 2.) Mais, Seigneur, vous avez donc oublié vos promesses au sujet de cet enfant? Ne m'avez-vous pas assuré qu'il serait le père d'un grand peuple, et que toutes les nations de la terre seraient bénies en lui? Voilà, mes frères, ce qu'Abraham aurait pu répondre. Point du tout, il ne dit mot, il se soumet, il obéit; c'est là tout ce qu'il sait faire. Il ne doute pas que Dieu ne tienne sa parole, lors même qu'il paraît l'avoir rétractée. Et pourquoi? Parce qu'il est juste et fidèle dans ses promesses.

Rien n'est plus capable d'exercer la foi et la patience de l'homme juste, que la prospérité des méchants, à qui Dieu permet quelquefois de persécuter les gens de bien, et de persécuter Jésus-Christ lui-même? Où êtes-vous, Seigneur? où êtes-vous? voyez-vous ce qui se passe sur la terre? Vos ennemis triomphent, tous leurs discours sont pleins de malice, toutes leurs voies sont perverties, corrompues et pleines d'impiété : cependant ils vivent tranquilles dans le sein des plaisirs et de la gloire, pendant que vos plus fidèles serviteurs sont dans l'oppression et couverts d'opprobres. Où êtes-vous pendant ce temps-là?

Mais où êtes-vous dans le temps de ces furieux orages qui s'élèvent contre votre Eglise, lorsque les impies ouvrent leur bouche contre le ciel, et que leur langue, se promenant par toute la terre, distille le venin de l'erreur sur les vérités les plus précieuses de la foi, blasphème ce qu'il y a de plus saint et de plus respectable dans le christianisme? Vous gardez un silence profond, et il semble que vos yeux soient fermés sur tous ces désordres. Oui, mes frères, il le semble; et c'est là ce qui exerce la foi et la patience des saints : *Hic est patientia et fides sanctorum.* (*Apoc.*, XIII, 10.) Mais ne vous pressez point, et *attendez le Seigneur*, il a tout vu, il voit tout, il a ses raisons pour souffrir ce qu'il ne tiendrait qu'à lui d'empêcher; ces raisons sont justes, et vous les connaîtrez dans la suite. Encore un peu de temps, et vous verrez éclater sa justice; encore un peu de temps, et vous le verrez déployer les richesses de sa miséricorde; encore un peu de temps, et vous verrez quelle sera la fin des justes et celle des pécheurs. Ce temps vous paraît long, les jours vous semblent des années; mais devant Dieu, mille années sont comme un jour. Laissez-donc faire la Providence, et souffrez ses retardements : *Qui crediderit non festinet.* (*Isa.*, XXVIII, 16.)

C'est une grande vertu, mes chers paroissiens, que de savoir attendre patiemment l'heure et les moments de cette Providence adorable, de manière que nous ne soyons jamais ni abattus par les plus grands malheurs, ni enorgueillis par la plus brillante prospérité, ni ébranlés à la vue des désordres qui règnent dans le monde; et ce n'est pas une moindre vertu de savoir vivre avec les hommes, sans jamais perdre de vue celui dont ils sont l'image, celui en qui et par qui nous sommes tous frères, celui qui les souffre et les aime tous. Si nous sommes patients avec Dieu, nous le serons aussi, et par conséquent avec les hommes.

SECONDE RÉFLEXION.

Vouloir jouir des avantages que nous procure le commerce des hommes, et ne vouloir pas souffrir les désagréments qui en résultent : cela n'est ni juste, ni praticable. De trois choses l'une, mes frères. Ou il faut absolument renoncer à la société humaine; ou il faut vivre dans les disputes, la mauvaise humeur, les tracasseries; ou il faut prendre le parti de supporter tous les hommes, ce qui est sans contredit le plus raisonnable et le plus sage.

Alter alterius onera portate : « *Portez le fardeau les uns des autres.* » (*Galat.*, VI, 2.) Plus on réfléchit sur cette parole de saint Paul, plus on en sent toute la justesse. Il ne dit point : Que chacun de vous porte son fardeau : non; parce que le fardeau des uns ne pèse que sur les épaules des autres. Nos propres défauts ne nous pèsent point, ah! ils ne nous pèsent point, ou ils ne nous pèsent que très-peu. Ce sont nos frères qui en portent tout le poids, et qui en sentent toute la pesanteur.

Vos vivacités, votre colère, vos emportements, votre brutalité sont un grand fardeau, et pour qui? Pour votre mari, pour votre femme, pour vos enfants, pour vos domestiques, pour vos voisins, pour tous ceux qui ont affaire à vous, et qui contredisent vos volontés. Les défauts de celui qui commande, sont un fardeau pour celui qui doit obéir; et les défauts de celui qui doit obéir, sont un fardeau pour celui qui commande. Les défauts des enfants, sont un fardeau pour le père; et les défauts du père, sont un fardeau pour les enfants; les défauts des ouailles, sont un fardeau pour le pasteur; et les défauts du pasteur, sont un fardeau pour les ouailles. C'est ainsi, mes chers paroissiens, que nous nous chargeons les uns les autres. Le pauvre jette son fardeau sur le riche, celui-ci jette le sien sur le pauvre. Le méchant dit à l'homme de bien : Voilà mon fardeau; et celui-ci, quelque bonnes qualités qu'il puisse avoir, dit au méchant : Voilà le mien. Eh! où en serions-nous donc, mes frères, si nous ne voulions pas consentir à cet échange, à ce commerce de charité? Mais il n'est pas possible de s'en défendre; et la vertu ne consiste pas précisément à porter le fardeau du prochain, il nous en est bien force. La vertu consiste à le supporter, à le soutenir, à le souffrir avec patience, en quoi nous ne faisons rien que de juste à la rigueur; parce que ce prochain qui nous charge de son fardeau, est forcé à son tour de porter le nôtre.

Je pourrais vous dire : Madame, prenez patience avec ce mari; vos murmures, vos querelles, tout le bruit que vous pourriez faire ne le rendront pas meilleur; vous vous inquiétez, vous vous tourmentez à pure perte. Je pourrais vous dire : Monsieur, prenez patience avec cette femme; il n'y a plus moyen de vous en débarrasser, il faut prendre votre parti, vos regrets sont inutiles; votre colère, vos emportements n'y feront rien. Je pourrais dire en un mot, à tous ceux pour qui les défauts d'autrui sont un sujet d'impatience, de murmure ou de mauvaise humeur : Mes frères, mes frères, tout cela n'aboutit à rien; souffrez donc patiemment et avec douceur des défauts qu'il n'est point en votre pouvoir de corriger. Mais je dis quelque chose de mieux, et à quoi il n'y a pas de réplique.

De deux choses l'une : ou vous avez des défauts, ou vous n'en avez pas. Si vous avez votre part dans la masse des imperfections et des faiblesses et des folies humaines; si vous apportez, si vous jetez dans cette masse, votre fardeau comme les autres y apportent le leur : le fardeau de votre ambition et de votre avarice; le fardeau de votre jalousie, de vos soupçons, de vos jugements téméraires, de vos indiscrétions, de vos caquets; le fardeau de votre inconstance, de vos caprices, de vos bizarreries, de votre mauvaise humeur; le fardeau de votre vanité, de votre sensibilité, de vos fausses délicatesses : mais si vous y apportez, si vous y jetez le fardeau de vos déréglements et de votre libertinage, le fardeau de votre irréligion et de vos scandales, n'est-il pas singulier que vous soyez étonné d'y trouver le fardeau des autres, et que vous ne vouliez point l'y souffrir? N'est-ce pas là, je vous le demande, la plus criante de toutes les injustices?

Mais vous êtes parfait : ah! dès lors je n'ai plus rien à vous dire. Vous serez donc le plus humble, le plus doux, le plus charitable de tous les hommes. Plus vous serez parfait, plus vous supporterez patiemment ceux qui ne le sont pas. Moins vous aurez de défauts, moins vous aurez de peine à supporter les défauts des autres; et c'est par là que vous approcherez de plus près de ce modèle divin qui a pris sur lui toutes nos infirmités, parce que lui-même n'en avait aucune.

Mes frères, mes frères, l'esprit et le cœur de l'homme sont sujets, aussi bien que son corps, à des maladies dont personne ne peut se flatter d'être tout à fait exempt. Nous sommes tous malades; mais on souffre les malades; on ne leur reproche, ni la fièvre qui les brûle, ni la paralysie qui leur ôte l'usage de leurs membres; ni le mal aux dents qui leur fait jeter les hauts cris; ni la colique qui leur déchire les entrailles: on les plaint au contraire, surtout quand on est malade soi-même, et que l'on sait par sa propre expérience, combien telles et telles douleurs sont aiguës. Pourquoi donc ne compatissons-nous pas aux infirmités que le prochain souffre dans son âme, comme nous compatissons à celles qu'il souffre dans son corps? Ah! pourquoi? La raison en est toute simple: c'est que nous ne voyons pas, nous ne sentons pas nos propres misères.

Lorsque votre corps est attaqué de quelque maladie violente, vous le sentez: Ah! que je souffre, ah! que ce mal est cruel! Mais quand l'orgueil vous enfle au point de vous défigurer et de vous rendre insupportable; quand l'avarice ou l'ambition tiraillent votre cœur; quand l'impudicité l'amollit et le corrompt; quand la colère agite et fait bouillonner votre sang; lorsque l'envie vous ronge, que les désirs de vengeance vous déchirent, que la fureur de critiquer et de mordre vous tourmentent, vous ne vous plaignez pas, vous ne dites point: Ah! que je souffre! ah! que cette maladie est cruelle! ah! que je plains les personnes qui en sont atteintes! Non: parce que vous ne sentez pas votre mal; voilà pourquoi vous ne compatissez point au mal d'autrui. Et voilà, mes chers paroisiens, pourquoi nous voyons avec si peu d'indulgence les vices, les défauts, les faiblesses, les infirmités de nos semblables.

D'où vient que les personnes les plus sévères pour elles-mêmes sont ordinairement les plus indulgentes à l'égard d'autrui; et que ceux qui ne se pardonnent rien, pardonnent aisément tout aux autres? Cela vient d'abord de ce qu'ayant les yeux continuellement ouverts sur leurs propres défauts, ils ne prennent pas garde à ceux de leurs frères, à moins que le devoir ne les y oblige. Cela vient ensuite de ce que travaillant à vaincre leurs passions, ils sentent combien il en coûte, et plaignent par conséquent tous ceux qui ont des passions à vaincre. Rien ne les révolte, rien ne les choque, rien ne les étonne, ils ne se récrient sur rien. Ils voient les défauts du prochain, sans être émus autrement que par un sentiment de compassion; parce qu'en s'étudiant eux-mêmes, ils ont appris que le cœur de l'homme est un abîme de misères et d'infirmités. En travaillant à se réformer, ils ont appris combien cette réforme est pénible, combien il est difficile d'en venir à bout.

Mais la plupart des hommes se pardonnent tout, et ne pardonnent rien aux autres; toujours criant, toujours se plaignant, tout les choque, tout les inquiète, ils se scandalisent de tout; et c'est principalement le caractère des faux dévots. Oui, Madame: avec tout cet attirail de dévotion, vous êtes aussi éloignée de la vraie piété, que le ciel est éloignée de la terre. Qui est-ce qui me l'a dit? votre peu de charité, votre peu de patience à l'égard du prochain. Point de patience avec votre mari; point de patience avec vos domestiques; point de patience avec vos voisins, ni avec personne. Tout vous inquiete, tout vous donne de l'humeur. Je ne saurais voir..... Je ne puis souffrir..... Cela est insupportable. Cela est affreux. Cela fait trembler. Ces gens-là n'ont point de religion....., ils n'ont point de foi. Et vous n'avez point de charité, ce qui est encore pis. Vous ne sauriez voir, vous ne pouvez souffrir; mais Dieu voit et il souffre; mais il vous voit, et il vous souffre. Vous allez à confesse tous les mois, peut-être plus souvent; vous dites toujours la même chose; vous êtes donc toujours la même, et Dieu vous souffre.

Cela est insupportable! Insupportable pour vous, mais non pas pour quiconque connaît les hommes et les aime. *Cela est affreux!* Toutes les maladies de l'âme sont affreuses, mais les malades n'en sont que plus à plaindre; ceux-là surtout, qui comme vous ne sentent point leur mal, et ne s'occupent qu'à considérer celui qu'ils voient, ou qu'ils s'imaginent voir dans les autres. *Cela fait trembler!* Vous avez raison; mais l'homme sage, le vrai chrétien commence toujours à trembler pour lui-même; et vous paraissez fort tranquille. Tremblez donc de ce que vous n'êtes contente que de vous-même; de ce que vous ne prenez patience qu'avec vous-même.

Revenez, revenez à votre cœur; apprenez à connaître et à sentir la faiblesse humaine. Descendez dans cet abîme où cet amour-propre se cache et vous perd. Ne vous arrêtez pas toujours à la superficie. Descendez, approfondissez, voyez et apprenez à être plus compatissante, plus indulgente, plus douce, plus charitable, quand il est question des défauts de votre prochain. Dans tous vos exercices de piété qui sont d'ailleurs très-louables, vous croyez embrasser Jésus-Christ, et vous en êtes à cent lieues. Quiconque embrasse véritablement Jésus-Christ, embrasse en même temps tous les humains dans les entrailles de sa miséricorde, parce que tous y sont renfermés.

Oui, mon adorable Sauveur, vous avez embrassé tous les hommes dans les entrailles de votre infinie bonté: la nature humaine s'était perdue, vous l'avez cherchée, vous l'avez prise, vous l'avez chargée sur vos divines épaules. Ah! Jésus, quel fardeau! les iniquités de tous les hommes! de tout l'univers! de tous les siècles! et vous l'avez porté sans murmurer; et jamais il ne vous est échappé le moindre reproche; ou ce n'a été que des reproches de tendresse. Vous en étiez accablé de cet énorme fardeau dans le jardin des Olives; votre belle âme en parut effrayée; vous fûtes saisi d'horreur en le voyant, et néanmoins vous l'avez porté, vous l'avez élevé avec vous sur la croix. Vous avez succombé sous sa pesanteur, il vous a coûté la vie. Quelles entrailles! vous n'aviez aucune part dans la masse de nos iniquités, et vous avez pris sur vous cette masse entière. C'est ainsi, ô mon Dieu, que le fardeau de chaque homme en particulier étant devenu le vôtre, lorsque nous supportons notre prochain, c'est vous-même que nous supportons; c'est vous qui êtes devenu l'objet de cette douceur, de cette patience, avec laquelle les hommes doivent se supporter les uns les autres.

O artifice admirable! si je puis m'exprimer ainsi; ô artifice admirable de l'amour divin! ô adorable invention de la sagesse éternelle! Un Dieu fait homme se charge de toutes les iniquités et les attache à la croix avec lui; de sorte que ce n'est plus l'homme qui dit à son semblable : Supportez-moi; c'est Jésus-Christ qui dit à chacun de nous : Supportez-moi dans la personne de votre frère. Supportez-moi dans la personne de ce supérieur qui vous humilie, qui vous inquiète, qui vous tourmente : je me suis chargé de ses bizarreries, de sa dureté, de ses injustices. Supportez-moi dans la personne de cet inférieur qui vous résiste, qui vous désobéit, qui se révolte : je me suis chargé de son ignorance, de sa faiblesse, de son indocilité. Maîtres, supportez-moi dans la personne de vos domestiques : domestiques, supportez-moi dans la personne de vos maîtres. Supportez-moi, riches, dans la personne des pauvres; et vous, pauvres, supportez-moi dans la personne des riches. Qui que vous soyez, supportez-moi dans la personne de votre prochain tel qu'il puisse être. Ne voyez ses péchés que sur la croix, où j'ai attaché tous les péchés du monde, et dans le sang où je les ai lavés, quelque pays qu'il habite, quelque religion qu'il professe : tels que soient ses vices ou ses erreurs; ne voyez que moi. J'ai donné ma vie pour lui : je l'ai acheté, il m'appartient. Quand vous le souffrez, c'est moi que vous souffrez, c'est moi qui vous tiendrai compte de votre douceur et de votre patience.

Cela étant ainsi, mes chers paroissiens, il est inutile de vous faire de longs discours, pour vous exhorter à souffrir avec patience les infirmités de votre prochain. Ce n'est plus aux hommes que vous avez affaire, c'est à Jésus-Christ. Supportez donc Jésus-Christ, et Jésus-Christ vous supportera. Fermez les yeux sur les iniquités de vos frères, et il fermera les yeux sur les vôtres, comme il s'y est formellement engagé : *Nolite judicare, et non judicabimini; nolite condemnare, et non condemnabimini : « Ne jugez point, et vous ne serez point jugés; ne condamnez point, et vous ne serez point condamnés. »* (*Matth.*, VII, 1.) Prenez-y garde, et souvenez-vous-en bien : la mesure dont vous vous servirez vis-à-vis de votre prochain, me servira pour vous mesurer vous-même Je pèserai vos actions dans la balance où vous aurez pesé les actions de votre prochain : *Eadem quippe mensura qua mensi fueritis, remetietur vobis.* (*Ibid.*, 2.)

Mais enfin, et en vérité, nous faisons pitié avec notre humeur, nos vivacités, nos impatienees. Eh! bon Dieu! qui sommes-nous donc, pour vouloir que les hommes soient faits, et que tout aille à notre fantaisie? Qui êtes-vous pour faire tant de bruit dans votre maison et ailleurs? Qui êtes-vous pour entrer en fureur comme vous faites, parce que vous aurez souffert de la part de votre prochain quelque dommage dans vos biens, ou dans votre honneur prétendu? Qui êtes-vous pour crier à tout propos contre celui-ci, contre celui-là, contre tout le monde? Mes chers paroissiens, je vous l'avoue, vos disputes, vos querelles, vos divisions m'affligent d'un côté; mais, d'un autre, vous me faites vraiment pitié. Eh! qui êtes-vous donc, encore une fois, pour vous enfler ainsi et vous élever les uns contre les autres?

Eh bien! mes frères, ne vous passez rien; ne souffrez rien. Critiquez-vous, piquez-vous, mordez-vous, déchirez-vous mutuellement. Maris, ne passez jamais de jour sans maltraiter vos femmes; femmes, querellez sans cesse vos maris. Pères et mères, ayez sans cesse la main levée sur vos enfants. Maîtres et maîtresses, criez, pestez contre vos valets; valets, murmurez du matin au soir contre vos maîtres. Courage, mes enfants, tourmentez-vous de toutes vos forces. A quoi bon tant de douceur et de ménagements! Trop de patience est un abus : les hommes si endurants sont des imbéciles; n'endurez donc rien de la part de qui que ce soit. Ne passez rien à personne.

Si l'on vous dit une parole offensante, répondez-en mille. Si l'on vous donne un coup, rendez-en dix. Si l'on vous prend une obole, prenez un écu. Si l'on vous arrache une plante de blé, arrachez un arbre. Repoussez, rejetez, renversez, brisez tout ce qui vous déplaît. Irritez-vous, indignez-vous, vomissez des injures et des imprécations contre tous ceux dont la façon de penser et de vivre vous choque et vous révolte. Confondez, écrasez dans votre imagination tous les pécheurs de la terre. Est-ce que cette femme-là ose se montrer? est-ce que cet homme-là mérite de vivre? est-ce que ces gens-là sont supportables? Non, mon enfant; non, ne les supportez donc pas; envoyez-les tous à l'autre monde, puisqu'ils vous déplaisent et qu'ils vous gênent si fort dans celui ci. Quelle pitié!

Mais enfin, à quoi pensez-vous que puissent aboutir vos murmures, vos emportements, vos clameurs, et que vous en revient-il? Les fruits de la patience sont la paix, qui est le plus doux et le plus précieux de tous les biens : les fruits de l'impatience sont l'aigreur, les animosités, les disputes, la guerre qui est le moins supportable de tous les maux. Les fruits de la patience sont la tranquillité de l'esprit et la paix du cœur : les fruits de l'impatience sont l'agitation du sang, la bile, la mauvaise humeur, l'inquiétude et le trouble de l'âme. Les fruits de la patience et de la douceur sont d'avoir l'estime, la bienveillance, l'amitié de tous les gens de bien : les fruits de l'impatience sont d'être haïssable, insupportable aux autres et à soi-même. Je dis, et à soi-même, ce qui me fait souvenir de ma troisième réflexion. Je ne la ferai pas bien longue, et je ne vous demande plus qu'un instant de cette patience que je vous prêche : *Sed et supportate me.* (II *Cor.*, XI, 1.)

TROISIÈME RÉFLEXION.

Les défauts, les faiblesses, les infirmités du prochain excercent notre patience; mais nos propres misères ne l'exerceront pas moins, si nous y regardons de près; si nous aimons la vertu, si nous travaillons à devenir tels que nous devons être et que nous voudrions avoir été, lorsque Dieu nous redemandera notre âme. Oui, mes frères, tout homme sage et chrétien, tout homme qui pense, qui raisonne, qui ne vit point en brute, ne trouve rien de plus insupportable que lui-même.

Je ne dis rien de cette masse de chair, dont les besoins, tantôt réels et tantôt imaginaires, nous occupent du matin au soir, depuis le commencement jusqu'à la fin de notre vie. Se coucher, se lever, boire, manger; puis se coucher, se lever, boire et manger encore, sans qu'il nous soit possible d'empêcher que la faim, la soif, le sommeil, ne reviennent sans cesse à la charge et ne nous tourmentent régulièrement chaque jour. Ah! cette sorte de misère n'a rien de déplaisant à nos yeux; nous l'aimons plutôt, et bien loin de nous borner en gémissant à ce dont la nature ne peut point se passer, nous avons le malheureux secret de nous forger toujours de nouveaux besoins, de multiplier nos entraves, d'appesantir notre joug, d'augmenter, d'aggraver la plus dure, la plus humiliante de toutes les servitudes.

Mais je parle de cette guerre intérieure, que l'homme est obligé de soutenir contre lui-même. Il trouve dans sa propre personne, je veux dire dans sa chair, je veux dire dans ses sens, je veux dire dans ses passions, il trouve dans sa propre personne, un maître qui le tyrannise; un esclave qui se révolte contre lui; un ennemi qui lui tend toute sorte de piéges. L'apôtre saint Paul se plaignait de cette tyrannie quand il disait : *Je fais le mal que je hais : « Quod odi malum illud facio.* » (*Rom.*, VII, 15.) Il gémissait de cet esclavage, quand il s'écriait : *Qui me délivrera de ce corps de mort? « Quis me liberabit de corpore mortis hujus?* » (*Ibid.*, 24.) Et les bienheureux se réjouissent à jamais dans le ciel, d'avoir échappé à ces piéges : *Laqueus contritus est, et nos liberati sumus.* (*Psal.* CXXIII, 7.)

Quand un domestique vous déplaît, vous le mettez à la porte; quand lui-même ne peut pas vous supporter, il vous quitte : vos ennemis, si vous en avez, ne sont pas toujours à vos trousses, ou du moins vous n'êtes pas obligé de vivre avec eux; vous ne les avez pas nuit et jour à vos côtés. Il n'en est pas ainsi de cet homme animal, et tout charnel, qui vous fait la guerre; il vous suit partout; vous êtes forcé de le traîner partout; vous ne pouvez point vous séparer de vous-même. Votre vie sur la terre sera donc un combat perpétuel, mon cher paroissien, à moins que vous n'abandonniez la partie, et que cédant à votre ennemi, vous ne vous livriez aveuglément à tous les désirs de la nature, comme font ces misérables chrétiens qui, lassés de lui résister, et désespérant de pouvoir jamais la vaincre, mettent les armes bas, et s'abandonnent à sa discrétion. Ennuyés, dégoûtés, lassés de toutes les violences qu'il faut se faire pour marcher dans le sentier étroit de la vertu, ils prennent le large et courent au gré de leurs passions dans cette voie spacieuse qui aboutit à l'enfer. Malheur à eux, dit le Saint-Esprit : *Malheur à ceux qui ont perdu la patience, qui ont quitté les voies droites, et qui se sont détournés dans des routes égarées. Que feront-ils?* Que deviendront-ils, *lorsque le Seigneur commencera à examiner toutes choses*, et qu'il leur fera rendre compte de leurs œuvres? *Væ his qui perdiderunt sustinentiam*, etc. (*Eccli.*, II, 16.)

Que si vous ne vous êtes pas absolument dévoué à tous les malheurs qui attendent dans l'autre vie quiconque n'aura pas été juste dans celle-ci, il faut donc vous armer de patience, mon cher enfant, parce que vous ne viendrez jamais à bout de vous débarrasser de cet ennemi domestique. Vous ne viendrez jamais à bout, malgré votre vigilance, vos précautions et tous vos efforts, d'étouffer entièrement la voix de cette maudite nature qui veut toujours ce que la raison ne veut pas; qui murmure, se plaint, dispute, chicane lorsque nous ne voulons pas lui accorder ce qu'elle demande. Eussiez-vous atteint le degré de perfection où saint Paul avait été élevé, *vous sentiriez encore dans vos membres une loi qui contredirait la loi de votre esprit*, et vous seriez forcé de vous écrier avec ce grand Apôtre : *Malheureux que je suis! « Infelix ego homo!* »

Malheureux que je suis! je voudrais pratiquer la douceur, et la colère m'agite le sang, le feu me monte au visage, il faut que je tienne, pour ainsi dire, mon cœur à deux mains, et que je me fasse la plus grande violence. Je voudrais effacer jusqu'au souvenir des injures que j'ai reçues; je voudrais n'éprouver, à la vue de mon ennemi, que des sentiments de paix, de bienveillance, de charité, d'amitié fraternelle; et point du tout : lorsque je vois cet ennemi ou que je me le représente, je sens au-dedans de moi-même je ne sais quels mouvements d'aversion, d'aigreur, d'animosité, qui me portent à la vengeance; ils me déplaisent, je les désapprouve, je les réprime : cela est vrai. Mais je ne les sens pas moins et ils reviennent toujours, malgré le sacrifice que je vous en ai fait, ô mon Dieu, et que je continue de vous en faire. Je voudrais être chaste, je voudrais avoir la pureté des anges, s'il était possible. Je fuis, j'ai en horreur tout ce qui pourrait insinuer ce détestable poison dans mon âme, et néanmoins les plaisirs impurs me tirent par la robe de ma chair, embarrassent mon esprit, souillent mon imagination, m'inquiètent, me troublent, me tourmentent. Malheureux que je suis! *Infelix ego homo!* Ah! qui me délivrera de cet ange, et de tous ces anges de Satan qui me donnent des soufflets, qui m'humilient et me couvrent de confusion?

Ce n'est point là, mon cher enfant, ce que vous devez espérer. Saint Paul avait souvent demandé à Dieu la même grâce; elle ne lui fut point accordée. Cette infirmité, ces combats vous sont nécessaires, pour vous tenir dans l'humilité, pour éprouver, pour purifier, pour perfectionner votre vertu; et d'ailleurs la grâce de Jésus-Christ, si vous vous appuyez sur elle, et non sur vos propres forces, suffit pour vous soutenir au milieu de tous ces combats. Patience donc, patience; ne la perdez jamais, ne vous découragez point, lors même que vous vous sentez ébranlé; pas même lorsque l'ennemi a prévalu contre vous. Que vos péchés vous humilient, mais qu'ils ne vous étonnent point; qu'ils vous inquiètent, mais qu'ils ne vous troublent point; qu'ils vous affligent, mais qu'ils ne vous découragent point.

Vous avez fait une chute terrible et bien honteuse : qu'y a-t-il là d'étonnant? vous n'êtes ni plus saint que David, ni plus sage que Salomon, ni plus fort que saint Pierre, et que tant d'autres qui sont tombés. Il fallait cela pour vous apprendre jusqu'où va votre faiblesse. Apprenez donc ce que vous êtes, et ce que nous sommes tous. Devenez sage à vos dépens. Or celui-là seul est sage, qui ne compte pas sur lui-même. Vous y avez trop compté; vous n'aviez point assez pris de précautions; vous ne vous étiez point assez appuyé sur la main toute-puissante de celui sans lequel il est impossible de se soutenir : il l'a retirée un instant, pour vous faire sentir de quoi vous êtes capable sans elle. Patience donc, patience, mon enfant, regardez Jésus-Christ, tendez-lui les bras, prenez la main que sa miséricorde vous présente : Levez-vous, marchez, et soyez dorénavant sur vos gardes.

Mes rechutes m'inquiètent, m'affligent, me désolent au point que je suis quelquefois tenté de perdre patience. Quoi! toujours même faiblesse et mêmes imperfections! toujours même légèreté, même dissipation, mêmes imprudences! toujours même curiosité, même vanité, même amour-propre! toujours même sensibilité pour tout ce qui flatte mon orgueil! toujours même répugnance pour tout ce qui le blesse! toujours même sensualité dans mes repas, dans mes habits, dans mes meubles! toujours mêmes impatiences avec le prochain; mêmes négligences dans les devoirs de mon état; même tiédeur dans le service de Dieu! toujours se confesser, et toujours tomber; toujours promettre et ne pas tenir; toujours nouvelles grâces, et toujours nouvelles infidélités. Ah! que je me trouve insupportable! ah! que je me déplais à moi-même; vous avez raison, et je vous l'avais bien dit. Mais je me trouble et je perds patience : vous avez tort.

Là où est le trouble, là est ordinairement l'orgueil, et non pas l'esprit de Jésus-Christ, qui est un esprit de douceur, un esprit de paix et de patience. Lorsque la vue de vos imperfections trouble la tranquillité de votre âme, vous devez craindre que l'amour de vous-même ne produise cet effet plutôt que l'amour de Dieu. Comment prendrez-vous les mesures nécessaires pour réformer votre vie, si vous avez l'esprit troublé? On ne fait jamais rien qui vaille, quand on n'est pas de sang-froid. Il faut se reprendre, se corriger, se châtier soi-même, comme l'on corrige les autres, sans vivacité, sans humeur, sans impatience, lors même que l'on est forcé d'user de remèdes violents, et d'en venir aux plus grandes extrémités.

Il y a un trouble salutaire qui vient de la crainte des jugements de Dieu. Je le sais, et ce n'est pas de celui-là que je parle. Une âme ainsi troublée, bien loin de s'impatienter et de perdre courage, s'arme au contraire d'un courage nouveau, et d'une nouvelle patience; et au lieu de perdre le temps à se désespérer, elle prend des mesures efficaces pour réparer le mal qu'elle a fait. Plus ce mal est grand, plus il en coûte pour y remédier; et plus il en coûte, plus il faut de patience. Tremblons, mes chers paroissiens, tremblons à la vue de nos iniquités, et de cette justice terrible aux yeux de laquelle rien n'échappe, et qui ne laisse rien d'impuni; mais ne nous laissons jamais aller à cette espèce de trouble qui annonce le découragement; regardons Jésus-Christ, et jetons-nous dans le sein de son infinie miséricorde.

Regardez Jésus-Christ, mon cher paroissien, tenez vos yeux collés sur sa croix dans ces moments d'ennui et d'accablement intérieur où votre âme triste jusqu'à la mort, ne peut plus se supporter elle-même. Regardez alors Jésus-Christ, de peur que cette tristesse excessive ne vous jette enfin dans le désespoir, comme il arrive à ces misérables, qui, ne pouvant plus supporter la vie, prennent l'affreuse résolution de s'en débarrasser, et se précipitent aveuglément dans ces noirs abîmes, où ils seront éternellement la proie de la rage et du désespoir. Attentat horrible! frénésie diabolique dont nous ne voyons malheureusement que trop d'exemples; surtout depuis que la vaine philosophie de notre siècle a répandu ces systèmes destructeurs de toute vertu et de tout bien, qui apprennent aux hommes à ne rien respecter ni dans le ciel, ni sur la terre, pas même leur propre vie. Bon Jésus! que l'homme est à plaindre, quand il vous perd de vue et vous abandonne!

Elevez-vous donc vers lui, mon cher enfant, lorsqu'il vous arrive d'éprouver cette tristesse mortelle dont nous parlons. Souvenez-vous alors de celle qu'il éprouva lui-même dans le jardin des Olives. Divin Jésus, mon âme est triste jusqu'à la mort. Fortifiez-moi, vous seul êtes mon espérance. Je sens que la vie m'est à charge; soutenez ma faiblesse et ne m'abandonnez pas, mon Dieu, ma patience, ma force, mon salut, mon tout. Voilà, mes frères, quelle doit être notre ressource et le motif de notre patience, soit que Dieu nous éprouve par des afflictions, soit que les hommes nous inquiètent, soit enfin que la cause de notre tristesse soit toute renfermée dans nous-mêmes. C'est en Jesus-Christ, et en lui seul que nous la trouverons cette patience d'où dépendent essentiellement le repos, la tranquillité, le bonheur de notre vie.

Considérez, mes chers paroissiens, voyez et sentez combien elle nous est nécessaire pour soutenir la main de Dieu dans les différentes épreuves par où il lui plaît de nous faire passer. Nécessaire au temps de l'adversité, pour ne pas murmurer contre lui, et pour tenir ferme dans ce creuset où il nous purifie. Nécessaire au temps de la prospérité, pour ne pas nous enfler d'orgueil, et pour tenir ferme encore dans cette autre espèce de creuset où il nous éprouve. Toujours inviolablement attachés à Jésus-Christ, toujours inébranlables dans notre foi et dans notre confiance, soit qu'il nous élève ou qu'il nous abaisse, soit qu'il nous enrichisse ou qu'il nous réduise à la pauvreté, soit qu'il nous place au milieu des plaisirs et de la gloire, soit qu'il nous jette dans le sein de la douleur et des humiliations.

Voyez et sentez combien elle nous est nécessaire cette patience, pour conserver en tout et partout à l'égard de notre prochain les sentiments de la charité fraternelle; pour voir ses défauts sans le mépriser, ses vices sans le haïr, ses égarements sans lui insulter; pour supporter la dureté de ceux qui nous commandent, l'indocilité ou la grossièreté de ceux qui doivent nous obéir, les imperfections de ceux avec qui nous sommes obligés de vivre, les faiblesses de nos amis, les persécutions de nos ennemis, l'insensibilité de nos proches; pour vivre en paix avec tous les hommes, avec ceux-là même qui sont ennemis de la paix; pour éviter la médisance dans les conversations, les tracasseries dans les affaires, les emportements dans le ménage, les reproches dans les corrections, l'humeur et la vivacité dans les disputes; pour réprimer en nous tous les mouvements contraires à la douceur, à la charité chrétienne, lorsque nous voyons ou que nous entendons des choses qui nous déplaisent, nous choquent, nous piquent, nous révoltent ou nous scandalisent.

Voyez et sentez combien elle nous est nécessaire enfin cette patience, pour nous supporter nous-mêmes et ne nous pas décourager à la vue des misères qui nous environnent. Misères du côté de notre chair dont les besoins, les appétits, l'insatiable cupidité ne nous donnent point de relâche, qui est la source de nos douleurs, la cause de nos tentations, une pierre d'achoppement, l'instrument de tous nos désordres, un ennemi domestique dont nous ne saurions nous défaire, et avec lequel il n'est pas possible d'avoir la paix. Misères du côté de l'esprit: les afflictions le troublent, la joie le dissipe, la science l'égare, l'ignorance l'abrutit. Il est le jouet de ses pensées, la victime de son inconstance et de ses erreurs. Misères du côté du cœur: la prospérité l'enfle, l'adversité l'abat, la gloire le bouffit, les humiliations le flétrissent, la douleur le déchire, les plaisirs les corrompent, toutes les passions le tourmentent; et en un mot, notre grand fardeau, notre grande croix, notre grand ennemi, c'est nous-mêmes. Voyez donc encore une fois, mes chers paroissiens, quelle est la patience dont nous avons besoin dans le cours de notre misérable vie!

Il n'y a que vous, ô Jesus, il n'y a que vous qui puissiez me l'inspirer efficacement; éclairé par la lumière de votre Evangile, je verrai dans tout ce qui pourra m'arriver ici-bas, la main de cette Providence adorable dont les desseins peuvent bien en être cachés; mais dont toutes les œuvres sont des œuvres de sagesse, de justice, de miséricorde; et ne perdant jamais de vue cette main divine, je demeurerai ferme et inébranlable au milieu des révolutions et des vicissitudes humaines.

Je verrai dans la personne de mon prochain, non-seulement un frère; mais votre image et vous-même, ô Jésus, dans le cœur duquel sont renfermés tous les hommes. Les imperfections de mes frères seront comme un miroir dans lequel je découvrirai mes propres imperfections; et cette vue me les fera supporter avec patience, lors même qu'ils me paraîtront le moins supportables. Je verrai tous les péchés du monde attachés à votre croix, tous les hommes baignés dans votre sang, cachés dans vos plaies; de sorte que vous serez vous-même et vous seul, ô mon Sauveur, la cause, le motif, l'objet de ma patience.

Je verrai enfin dans les différentes infirmités de cette chair corruptible, dans la faiblesse de mon cœur, dans la violence de mes passions, dans mes chutes, dans mes iniquités un remède toujours prêt contre mon orgueil, un sujet continuel d'humiliation qui, en me rappelant sans cesse mon néant, m'élèvera vers vous, ô source unique et inépuisable de toute justice, de toute vérité et de tout bien; m'appuyant, me reposant sur vous seul, je me trouverai rempli de cette confiance inébranlable avec laquelle on s'attend à tout sans inquiétude, on voit tout sans émotion, on souffre tout sans murmure. Toujours patient envers vous, ô mon Dieu, et toujours fidèle, par quelques épreuves que vous me fassiez passer; toujours patient avec mon prochain, quelque imparfait, quelque vicieux qu'il puisse être, toujours patient avec moi-même dans quelque situation que mon âme puisse se trouver; je goûterai les douceurs de cette paix inestimable, qui est le fruit de la patience, et l'image du repos éternel dont les élus jouissent par vous, avec vous et en vous, dans cette terre de bénédiction où l'on ne peut arriver que par la patience. Je vous la souhaite, mes frères, au nom du Père, etc.

TABLE

DES MATIÈRES CONTENUES DANS CE VOLUME.

J. BILLOT, DIRECTEUR DU SEMINAIRE DE BESANÇON.

PRONES REDUITS EN PRATIQUE POUR LES DIMANCHES ET PRINCIPALES FETES DE L'ANNEE.

REGUIS, PRÊTRE DU DIOCÈSE DE GAP.

FIN DU TOME XCV.

Paris. — Imprimerie J.-P. MIGNE.

Lightning Source UK Ltd.
Milton Keynes UK
UKHW010908021118
331648UK00006B/175/P

9 780483 003170